U0595782

科学技术传播百科全书

ENCYCLOPEDIA OF SCIENCE AND TECHNOLOGY COMMUNICATION

[美] 苏珊娜·霍妮阁·普瑞斯特 **主编**
王大鹏 尹 霖 甘 晓 等 **译**
李大光 **校订**

中国科学技术出版社
·北 京·

图书在版编目（CIP）数据

科学技术传播百科全书 /（美）苏珊娜·霍妮阁·普瑞斯特主编；王大鹏，尹霖，甘晓等译 .—北京：中国科学技术出版社，2020.6

书名原文：Encyclopedia of Science and Technology Communication

ISBN 978-7-5046-8332-8

Ⅰ. ①科… Ⅱ. ①苏… ②王… ③尹… ④甘… Ⅲ. ①科学技术—传播学 Ⅳ. ① G206.2

中国版本图书馆 CIP 数据核字（2019）第 276191 号

Encyclopedia of Science and Technology Communication by Susanna Hornig Priest

著作权合同登记号：01-2017-2252

策划编辑	郑洪炜　史朋飞
责任编辑	郑洪炜　李　洁
封面设计	尚町工作室
正文设计	中文天地
责任校对	焦　宁　邓雪梅　张晓莉
责任印制	马宇晨

出　　版	中国科学技术出版社
发　　行	中国科学技术出版社有限公司发行部
地　　址	北京市海淀区中关村南大街 16 号
邮　　编	100081
发行电话	010-62173865
传　　真	010-62173081
网　　址	http://www.cspbooks.com.cn

开　　本	889mm × 1194mm　1/16
字　　数	2400 千字
印　　张	76.25
印　　数	1—1000 册
版　　次	2020 年 6 月第 1 版
印　　次	2020 年 6 月第 1 次印刷
印　　刷	北京盛通印刷股份有限公司
书　　号	ISBN 978-7-5046-8332-8 / G · 844
定　　价	880.00 元

（凡购买本社图书，如有缺页、倒页、脱页者，本社发行部负责调换）

科学传播学术委员会

Academic Committee for Science Communication

编辑委员会

Editorial Board

主编简介

About the Editor

苏珊娜·霍妮阁·普瑞斯特博士（Susanna Hornig Priest, Ph.D.）是美国拉斯维加斯州内华达大学新闻与媒体研究教授。她曾获得华盛顿大学传播学博士学位、拉斯维加斯州内华达大学社会学硕士学位、加利福尼亚大学伯克利分校人类学学士学位。她从 1989 年开始从事大众传播理论与研究方法本科与硕士生教学，研究重点是科学在美国社会和文化中的作用及其在大众媒介中的表达，公众参与科学、科学决策及舆论形成。同时，她也对新媒体技术的社会角色感兴趣。

普瑞斯特博士是美国新闻和大众传播教育协会研究与出版委员会（Research and Publications committees of the Association for Education in Journalism and Mass Communication）的会员，也是该协会科学传播兴趣小组（Science Communication Interest Group）组长。她还是美国科学促进会（American Association for the Advancement of Science）会员，曾经担任《公众理解科学》（*Public Understanding of Science*）杂志副主编，目前是《科学传播》（*Science Communication*）杂志主编。普瑞斯特博士经常担任各种学术项目、政府机构、公众舆论议题和学术杂志的顾问。目前她还承担美国国家科学基金会（National Science Foundation，U.S.）及其他组织资助的课题研究项目。

她的 30 多篇论文及近 20 本书籍章节被引用，另外，还出版了 2 部专著。

绪　论

Introduction

跨学科领域的科学传播

在学术界，“科学传播”既包括一系列专业（科学新闻和公众信息工作），又涉及跨学科学术研究专业。其大部分研究旨在提高我们对传播复杂信息的最佳方式的理解，特别是面向非科学家公众的科学传播。科学传播专家关心为人们提供关于健康、环境和技术及科学本身的有用信息，为了做到这一点，我们还需要提高对人们思维方式、舆论的形成以及处理信息方式的理解。我们需要确定提供人们实际需求的信息和需要了解的信息的最佳方式。我们需要了解一些非常复杂的问题，包括公众舆论和新闻背后的实际科学事件以及可能提出的伦理、环境和其他政策问题。

大多数科学传播学者使用社会学、行为学的工具和技术或人文学科知识来分析信息和论据，并评估其影响力。像其他传播学者一样，他们也关注信息获取与在民主社会中做出更好决策之间的关系。他们会分析与信息获取和信息传播相关的伦理和政策问题，如信息与权力之间的关系等。使信息在传播中更有效的研究通常被描述为“有用的”，意思是指向一个具体的实际用途，以使传播的功能更有效；科学传播研究也具有“关键的”作用，也就是更直接地指向对社会冲突和问题的分析，如权力的不公平分配或影响。科学传播中的议题往往超越科学领域本身，如对伦理或环境正义的研究。

为了提出和回答这些领域的研究问题，科学传播学者通常会接受社会科学培训，如传播研究、媒体研究、社会学或政治学，或者密切相关的人文领域学科，如哲学或修辞学。科学传播实践工作者可能接受过新闻或公共关系等领域的专业培训。他们也可能是确认将自己的部分或全部职业生涯投入传播活动中具有重要意义的科学家。因此，广泛的学科交叉使得这个领域更有趣。

媒体理论与科学传播研究

像其他传播学者一样，科学传播学者通常应用媒体理论来了解媒体信息或其他媒体内容的影响。他们将议程设置、培养等概念应用到科学传播问题和案例中，这些概念往往来源于政治传播研究或媒体传播研究，然后将其应用于科学传播问题和案例研究。他们使用典型的社会和行为科学研究方法，如调查、试验、焦点群体座谈会、访谈和观察等，以补充我们在这一领域的知识。他们还可能分析消息的修辞或研究其伦理和政治含义。案例研究可能会侧重如三英里岛附近核灾难等重要历史事件所提供的经验教训。其他科学传播学者则关注科学传播与科学新闻的历史，其中包括知名科学家为吸引公众对其研究成果的关注所付出的努力。

有时，研究结果并非源自传播学，而是源自与社会运动性质直接相关的社会科学研究。例如，从社会运动研究所得出的资源动员理论或行动者网络理论等，有助于我们了解环境运动的形成，以及更新更具体的与食品添加剂等化学物质或被认为特别有害的技术的运动出现的原因。政治和广告活动的理论和研究有助于我们了解如何设计公共卫生运动，例如，促进接种疫苗、戒烟或避免接触艾滋病病毒/艾滋病或食源性疾病。这些文献还用于围绕是否发展有争议的科学或技术（如干细胞研究或核能发电）进行相关社会运动的设计（赞同或反对的意见）。

科学传播中独一无二的理论和研究领域是风险传播。人们往往难以理解以概率表达的信息，但他们通常非常了解几乎所有的新技术都有风险和益处。衡量一项新技术的风险多于益处至少是应用社会价值观的一个问题，因为它是一个数值计算的问题，但知道如何帮助人们开始使用可靠的科学信息仍然是重要的。了解人们如何对可能性表达的风险信息做出反应的社会心理学，可以促使这一目标的实现。

科学传播专业实践

除了学术领域重要的问题，对解决这些问题同样感兴趣的是科学传播专业实践者，而不是学者。这些问题包括战略和道德决策，有时与学者的关切和见解密切相关，但有时也无关。例如，记者应如何报道气候变化议题？对人类活动导致气候变化这一观点，科学界有正反两种态度，如果对它们同样进行报道以使报道的观点“平衡”，是否会误导公众认为科学共同体平等接受两种不同看法？是否应该宣传持不受欢迎理论的特立独行的科学家的意见——毕竟有时其观点可能会被证明是正确的，还是应该将被同行评议后发表的、被广泛接受的科学结论作为新闻进行报道？因为学者是专业团队的成员，所以他们在研究这些问题时必须决定要做什么。

少数科学期刊在评议过程完成之前不会公开讨论科学成果，也不会在刊物上公开发表有关内容。这有助于避免未经测试的结果被广泛宣传，尤为重要的是，某些报道可能会使某人以某种方式改变饮食习惯、医疗方式，甚至导致可能损害健康（至少使得财产受损）的行为。但这也会耽搁新的研究结果向公众传播，并降低科学透明度。科学传播学术界可能会洞察这些专业和政策困境，但最终这些政策决策通常不能通过研究来解决。

一些批评者认为，科学和环保记者应该在他们的报道正式刊发之前请科学家进行审查，甚至记者应该获得授权才能与科学家进行合作，但是对于其他人来说，这些建议似乎与新闻自由不一致。另外，认为天气新闻记者至少应参加一些气象科学培训的舆论压力也越来越大。科学记者应该接受基础的科学训练吗？或者这是一个利益冲突，因为在科学变得有争议时，这可能使他们不太可能倾向于某一边。接受过科学教育的人对大多数科学进步感到乐观是很自然的事情。但是，记者是因为富有同情心而成为更好的记者，还是因为不能进行批判性报道而变得无足轻重呢？

然而，从事科学传播的人不仅是科学记者，医师、护士以及希望与患者在人际关系上更好沟通的医疗专业人员也是科学传播者。为政府工作的公共信息专家、为大学工作的公共关系专家或科技公司中的专家，以及为非营利组织、非政府组织工作的环保倡导者也是科学传播者。随着全球传统的新闻采访组织进行经济结构调整，我们的社会向高度依赖科学技术的经济和生活方式发展，科学传播专业的范围有可能以目前尚无法想象的方式拓展。全球日益增强的公众参与科学决策和科学政策制定的呼吁也拓展了我们对实践科学交流最佳方式的思考。

充分利用科学家的资源和科学信息作为专业工作的资源，需要具有特殊的技能。政府机构、大学和研究机构的令人迷惑的“迷宫”正在提供这种信息。像其他类型的信息来源一样，这些组织往往有自己正在努力推广的议题。在世界各地，科学发展状况差别很大，科技政策和有类似风险政策的制定方式也不尽相同。在分析国际趋势和科学问题时，这些发展和政策差异可能很重要。科学本身具有的伦理和法律意义使得科学本身变得复杂，令人望而生畏，同时，科学也迫使我们面对各种社会和政策问题。

这本百科全书的内容

这本百科全书试图在一本书中提供尽可能多的相关问题的信息。虽然大部分信息可能已在其他地方出版，但它们分散在图书馆中，涉及从科学、工程到医学，从社会和行为科学、人文科学到新闻和公共关系专业领域的许多内容。这本百科全书的目标是在一个来源中提供尽可能多的信息，并为读者提供清晰的导航，指出在哪里可以搜索到更多信息。

如果新闻专业本科生和研究生（包括学习科学新闻和环境新闻专业课程以及一般新闻专业课程的学生）承担了科学相关主题报道或其他研究任务，这是他们应该选择的书。正在学习传播学、大众传播学和媒体研究的任何年级的学生，如果正在撰写课程论文或设计研究项目，并有兴趣了解更多关于这个跨学科领域的知识，将会发现这本书的价值。还有那些可能是也可能不是科学专家，但刚刚步入这个领域的记者、新闻官员和公共关系专家，如果需要寻找一个可以快速获得信息和指导的信息源头，这本书是不错的选择。

这本百科全书中的词条，内容涵盖从媒体理论与研究应用到科学、技术、环境和健康问题，科学技术争议性问题和知名科学家传播者传记案例研究，科学新闻实际工作研究及其面临的问题，关于使用科学信息来源的指导、与科学有关的重要机构以及主要工作的有价值信息（主要是美国的组织，尽管词条内容包括非洲、欧洲、拉丁美洲、东亚、澳大利亚、加拿大、印度和墨西哥的科学和科学传播状况）。我希望通过把这些独特的科学传播材料聚合在一起，集结成书，进一步推动这个领域的研究，新手们能够更为轻松地从中获得启迪。

跨学科领域本质上具有挑战性，但其本质上也是有趣的。跨学科界限交流的问题是重大的，但也是非常迷人的。其迷人之处在于，这种交流会使我们对事物自然秩序的假设产生怀疑。我希望这本书的读者能够迎接挑战，学会欣赏这些挑战的复杂性和细微差别。

Susanna Hornig Priest

苏珊娜·霍妮阁·普瑞斯特
内华达大学，拉斯维加斯

中译本序

Preface for Chinese Edition

作为2010年出版的这本百科全书英文版的主编，我很高兴地得知，中国的同人对将其翻译为中文很感兴趣，他们已经和赛吉出版公司签订了协议。中国对公众的科学传播的兴趣似乎正在快速增长，因此，我确信这个项目将对中国的科学传播界具有实质性的帮助。

我是一名在大学任教多年的教授，目前兼任相关学术刊物《科学传播：理论与实践结合》（*Science Communication: Linking Theory and Practice*）主编。对我来说，这个翻译项目显然是求之不得的。1989年，我在美国得克萨斯农工大学（Texas A&M University）建立了第一个科学技术传播领域研究生学位课程。我们的课程是当时新闻学系的一部分，这种课程设置说明了我们对媒体理论和新闻实践在科学传播中应用的重视（在后来的数年中，许多中国学生来到这所学校学这个专业）。

然而，我很快了解到，尽管由于文化背景的不同，人们对“科学传播”的定义有很大差异，但是类似的课程和教学计划已开始在世界上许多其他地方出现。科学传播涵盖的领域比科学新闻学或科学写作更广泛，也比大学、政府和研究机构所奉行的传统科学延展更广泛。新课程、新教学计划和新思想不断涌现。虽然科学新闻在美国和其他地方早已在传播中应用，但其逐渐转向更广泛的科学传播概念，有助于把这项工作置于另一种更丰富的背景之中。

从那时开始，科学传播从业者、（尤其是）在教学和研究领域的科学传播学者及在各自领域中对国际发展感兴趣的人，开始参与国际联合会交流会议的活动和研究，如公众科学技术传播国际联合会（Public Communication of Science and Technology，PCST，PCST的主旨是对公众进行科学技术传播，至今仍然活跃）。以提高质量、知名度和有效性的科学传播研究和实践为目的的广泛的全球化运动正在逐步形成。

尽管在这一运动的初始阶段，其狭义定义为以提高公众对科学的理解为工作目的，但随着对更复杂的新问题研究的开展和视野的开拓，形成了具有更广泛定义的新观点，更多地强调公众参与，而不仅是公众的理解。

广泛多样的观点引发了许多需要思考的问题。科学传播与管理之间的关系是什么？科学的信息如何能最有效地传播给发展中国家以及发达国家的人？在这些问题上，科学博物馆、大学以及媒体组织的角色是什么？也许最核心的问题是：在试图向不同的受众传播科学知识的时候，科学传播者应该考虑哪些非传统的形式？然后，他们应该如何分析和评估？

在国际科学传播界思考这些问题和许多其他问题时，一组新的词汇表开始出现，其中许多元素都包括在这本百科全书内。在开始编写这本书时，我最初的目的是从美国的立场出发进行内容细节设计，因此这本书的内容会仅限于与美国相关的内容。但当我开始拨打寻求捐款的电话时，我收到了来自世界其他地区的许多回应，于是决定扩大这个项目的内容，把其他国家也纳入其中。但是，我知道我们关于亚洲国家，特别是中国和印度这样的大而多样化国家的信息收集，在最初的内容设计中是有所欠缺的。这样做不是我们的选择，而是由现实条件决定的。尽管中国已经发展成科学传播的重要力量，但是其大部分工作并非用英文表述的。从这个意义上讲，我特别高兴看到这本书翻译成中文。

科学和技术传播不是万能的，也就是说，它并不是解决所有问题的灵丹妙药。然而，农业、医学和工程学等应用领域的科学进步，意味着世界上许多人的生活质量有了很大的提高，这些进步的影响因其有效传播而放大。在更纯粹的理论领域的科学进步引发了许多人的兴趣，也点燃了他们对科学的向往和期待，同时，也不断加深了我们对世界和宇宙的理解，并不断提升了我们对科学实践和理论领域未来发展的美好企盼。即使今天我们这些幸运的人接受了长期的教育，也往往不能完全掌握期刊原创文章中表述的科学工作的意义。科学传播仍然极其重要。

Susanna Hornig Priest

苏珊娜·霍妮阁·普瑞斯特
内华达大学，拉斯维加斯

译者序

Translator's Preface

本书是由美国学者启动，由多个国家科学技术传播领域学者撰稿完成的，是世界第一部科学技术传播百科全书。我们历经大约两年时间将其翻译为中文出版，期待其能够成为这个领域具有重要学术价值的研究参考资料。

科学和技术从诞生之时就在传播。这是由科学发展的本质决定的，而不是人为的制度规定。长期以来，很多人认为科学普及就是将科学知识通俗化的过程或方法。但是，在科普实践过程中，由于对科学普及的本质的不理解，而导致中国在科普中与世界的共同认识存在差异。我们应该将科学技术传播的视野从纵向拓展至科学技术史和人类文明史，横向扩展至世界范围不同文化所构成的不同模式，将我们自己的科普模式融入世界，从而寻找普遍存在的规律，探求中国的科普在全球化过程中的地位和角色。

纵观历史，在科学技术传播的演变过程中，传播模式随着目的的变化发生了变化。

15—17 世纪，主要的科学技术传播力量是西方传教士。1517 年，德国教士马丁·路德的《九十五条论纲》掀起了宗教改革运动。在反对天主教宗教改革中，作用最大的是耶稣会。西班牙贵族依纳爵·罗耀拉与沙勿略等教士共同创办了耶稣会。耶稣会成立以后，成为罗马教廷反宗教改革的主要力量，即开始向美洲和亚洲传教，以此弥补因宗教改革失去的教徒，同时也积累财富，增强势力。以利玛窦为代表的耶稣会士在中国遭遇到的反对力量，使得他们为达到传播基督教义目的而不得不“曲线传教”。而敲开中国封闭大门的基本武器，就是自鸣钟、望远镜等技术器物。为了争取文人术士的支持，天文学、数学、机械制造以及地理知识也传进了中国。利玛窦等人传教失败，传播科学却取得一定成功。正如李约瑟所说：

> 在文化交流史上，看来没有一件足以和 17 世纪耶稣会传教士那样一批欧洲人的入华相比，因为他们充满了宗教的热情，同时又精通那些随欧洲文艺复兴和资本主义兴起而发展起来的科学……即使说他们把欧洲的科学和数学带到中国只是为了达到传教的目的，但由于当时东西两大文明仍互相隔绝，这种交流作为两大文明之间文化联系的最高范例，仍然是永垂不朽的。

18 世纪，科学和技术以外交和经济为目的。以技术器具作为礼品敲皇帝之门，在客观上具有一定的技术传播的作用。1793 年，英国特使乔治·马嘎尔尼勋爵受英国政府之命以贺乾隆帝八十二大寿为名出使中国，在这次西欧国家政府首次向中国派出的正式使团中，在其

700 多名随员中就包括天文数学家、艺术家、医生和技术人员。在“贡品”中有望远镜、地理仪器、图书、毯毡、前膛枪、绘画、车辆、船式、乐器等，总计 600 箱，还有一艘英国当时最先进的 110 门炮舰模型。除此之外，还有一只热气球。乾隆帝在承德避暑山庄接见马嘎尔尼。马嘎尔尼建议大清和英国互派使者，开放宁波、舟山、天津、广州中一地或数地为贸易口岸，允许英国圣公会派教士到中国传教，允许英国商船自由进出广东，减免英商船的税收和各种费用等。乾隆接受了“贡品”，然后说：“并无更需尔国制办物件。”乾隆仅喜欢其中的部分玩意儿，而将马嘎尔尼献上的当时最先进的前膛枪和炮扔到了圆明园的仓库中。当 1860 年英法联军火烧圆明园时惊讶地发现，约 70 年前马嘎尔尼献给清帝的先进武器已生锈毁坏，清兵却用弓箭、长矛以及落后的大炮抵抗联军。

在马嘎尔尼与中国建立外交关系和通商贸易关系的努力失败后，1853 年，美国海军准将马修·佩里率领舰队进入江户湾的浦贺，将美国总统写给日本天皇的信交给德川幕府，要求同日本建立外交关系和贸易关系。这个史称“黑船事件”的尝试却取得了成功。在整个谈判过程中，佩里率领的 9 艘“黑船”中的 3 艘蒸汽驱动的先进战舰和长达 1.6 千米（1 英里）的可以编码、发报和解码的电报线路引起了日本人的兴趣。但是，真正让日本人兴味十足的是“黑船”带来的“黑马”——一台与小毛驴大小相当的小型蒸汽火车头。在 45.7 厘米（18 英寸）铁轨上可以吼叫奔跑的小火车头让日本人惊讶无比。随后，幕府将军阿部正弘就答应了佩里的要求。严格来讲，是技术产品的传播打开了日本已封闭 200 多年的国门。1868 年，日本开始了“明治维新”。

推翻帝制后，中国进入了由中国科学家和知识分子自己成立组织并开始系统建立科学技术研究体系、有组织进行科学技术传播活动的阶段。这两个组织是：① 1914 年成立的中国科学社（Science Society of China）。该组织于 1915 年创办《科学杂志》（杂志于 1960 年停刊，1982 年复刊）。② 1932 年成立的中国科学化运动协会。该组织开展中国科学化运动，于 1933 年创办《科学的中国》杂志（1933—1937 年）。这个时期的主要特征是：中国科学社以留美科学家为主的学者以“科学救国”为目的，模仿英国皇家学会的模式，自发成立组织，积极开展关于科学普及的讨论和以普及科学知识为主的科普活动。科普概念和理论呈现多元化现象。中国科学化运动协会则以国民政府官员和科学家为主，同样开展以“科学救国”为目的的科学普及概念的讨论。但是与中国科学社不同的是，中国科学化运动协会的人员多来自政府当局和有影响力的知识分子。他们已经意识到科学与中国传统文化之间的关系，对科学技术的普及提出具体的纲领和目标，讨论的范围更为广泛和深入，涉及科学知识、科学方法、科学精神与创造的科学。这两个组织的经费由政府和个人资助。科普概念开始出现统一化趋势。尽管当时留学回国的科学家和学者科学普及的思想已经非常先进，但是他们还是认为，中国的主要问题是社会的“贫”“陋”与人民的“愚”“拙”。这是最初的科学普及活动根据当时中国的社会实际情况而确定的科普的目的。

1928 年，梁启超在《大学院公报》发刊词上将科学普及与科学研究等同看待：

> 一曰实行科学的研究与普及科学的方法：我族哲学思想，良不后人，而对于科学，则不能不自认为落伍者……且不但物质科学而已，即精神科学如心理学美学等，

> 社会科学如社会学经济学等，西人已全用科学的方法，而我族则囿于内省及玄想之旧习……近虽专研科学者与日俱增，而科学的方法，尚未为多数人所采用，科学研究机关更绝无仅有。盖科学方法非仅仅用于所研究之学科而已，乃至一切事物，苟非凭藉[①] 科学，明辨慎思，实地研究，详考博证[②]，既有所得，亦为偶中；其失者无论矣。本院为实行科学的研究与普及科学的方法起见，故设立中央研究院以为全国学术之中坚；并设立科学教育委员会以策划全国教育之促进与广被。

梁启超先生的“科学普及”思想在其后几十年内都具有重要的影响。中华人民共和国成立后，《中国人民政治协商会议共同纲领》第四十三条提出：“努力发展自然科学，以服务工业、农业和国防的建设。奖励科学的发现和发明，普及科学知识。”在 1950 年 8 月 27 日《人民日报》刊发的题为“有计划有组织地展开人民科学工作”的社论中再次明确了科普的意义：“新中国的科学研究工作必须与科学普及工作结合起来。我国工农大众迫切需要科学知识来扫除他们的迷信思想，保护他们的健康，改进他们的生产技术，提高他们的生产效能。”科普的实用性以及经济利益观点在中国近代科学技术发展历程中占据主要地位。

直至改革开放后，我国对科学普及的观点仍然是立足于发展经济的观点。1994 年 12 月 5 日的《人民日报》刊发《中共中央、国务院关于进一步加强科学技术普及工作的若干意见》，指出：“普及科学文化教育，将人们导入科学的生产、生活方式，是把经济建设转移到依靠科技进步和提高劳动者素质轨道、实现我国经济发展战略目标的关键环节。”在 2002 年发布的世界上唯一一部科普法——《中华人民共和国科学技术普及法》第六条中提道：“国家支持社会力量兴办科普事业。社会力量兴办科普事业可以按照市场机制运行。”

长达百年的科学普及思想，坚持的是以科学技术知识教育大众，使中国公众的科学知识水平能够在社会发展和经济发展中起到积极的作用，提高公众的文化水平，增强国力，在世界上树立中国的强国形象。

近几十年，以英国、美国为主的西方国家对已经进行了长达几个世纪的科学技术传播活动进行了学术讨论和思考。一般认为，科学家和媒体一直是采用线性模式进行传播活动的。在线性模式中，传播的源头是科学家，传播的末端是公众。这个阶段将科学家描述成真正科学知识的生产者，然后把知识“翻译”成通俗易懂的语言，以便向更多的公众传播。而公众只是被动的接受者和没有多少权利、整齐划一的群体。线性模式基于这样一种认识：科学家是不同于一般人的专家，他们的知识是理性的、更为高级的，而公众的知识仅是感性的，是可以被忽略的。因此，科学知识的传播是由科学家向公众单向流动的过程，呈现出线性的模式。这种线性模式最大的问题是硬性的教育导向的思维方式，将普通公众想象成什么都不懂的空桶，而科学家的任务就是向这个空桶里放东西。科学家认为，只要这个空桶里放的东西和他们自己脑子里的东西是一样的，那么，公众的思维就会是理性的，是热爱科学的，公众必定会支持科学事业，公众理解科学的目的就达到了。但是，这种线性模式所导致的结果却与科学家希望获得的结果相反。公众对科学权威性的怀疑加剧，对科学家所做的科学研究

---

① 藉，现代汉语通借。

② 证，现代汉语通征。

更加不理解，面对三英里岛事件、疯牛病事件、切尔诺贝利核泄漏事件以及转基因技术等则更加迷惘，对科学的未来充满怀疑。而科学家认为公众拒绝接受科学知识灌输是因为他们缺乏知识，从而导致公众对科学敬而远之。这种教育导向的传播模式最大的弊端是传播的主体忽略了人的社会性，忽略了一个事实，那就是，在你的科学知识到达他们的大脑之前，他们由于自己生活的环境和特定文化的影响，已经对自然和客观事物有了自己的认识和固定的看法。复杂的知识使他们认为科学果然很复杂，一般人根本就不可能理解，从而重构了他们与科学之间的距离。科学传播宣告失败。

美国从 20 世纪 70 年代开始的对公众的科学素养和态度调查表明：①对科学感兴趣不等于科学知识水平高。②科学知识水平高不等于对科学支持程度高，有时甚至恰恰相反。③科学素养与对科学的态度之间呈非线性关系。也就是说，科学素养水平越高，对科学技术（尤其是技术的应用）越有可能持怀疑态度。科学素养与科学态度呈现负相关趋势。科学家开始迷惑不解：这到底是怎么回事？在电子网络时代和电子信息时代，科学技术传播能够达到什么目的？这个目的与科学家和政府预设的目标一致吗？多元化是可以被研究和探索的吗？影响多元传播的因素到底是哪些？对其进行研究的意义又在何方？

在英国上院科学技术委员会（U.K. House of Lords Committee on Science and Technology）发布的《第三报告》（*Third Report*）中指出：

> 社会与科学的关系正处在一个关键的时期。我们所用的“科学”一词指生物科学、物理科学以及它们的技术应用。一方面，从未有过一个时代像今天这样，涉及科学的问题如此激动人心，如此令公众感兴趣，涌现如此多的机会；另一方面，一系列事件动摇了公众对政府接受的科学建议的信心，这种信心的动摇在疯牛病一役的惨败中达到顶峰。许多人对包括生物技术和信息技术在内的科学领域所提供的巨大机会深感不安，似乎其进展远超出了他们的意识所及的程度和能够同意的程度。而公众的不安、误解和偶尔的彻底敌意又反过来在科学工作者当中制造了浓厚的忧虑气氛。

在科学技术传播阶段试图让公众参与科学技术的决策，在决策过程中让公众充分利用他们的地方知识和智慧来弥补科学家知识体系中的缺憾和不足。科学技术的传播模式开始进入一个注重文化多元性，在传播的过程中根据不同文化“语境”有效传达科学议题，让公众通过“共识会议”制度参与决策的阶段。

科学技术作为科学家和技术专家的成果以信息的形式进入传播领域后，其信息与科学家学术小圈子中的学术交流遇到的命运完全不同。不同的信仰（包括宗教信仰）、文化背景、历史、制度、群体心理等多种因素，产生复杂多样的反应。尤其是在媒体多元化时代，科学技术传播的研究面临着前所未有的考验。而汇聚了多种知识和研究信息的百科全书则具有重要的参考价值。

《科学技术传播百科全书》的作者是 300 多位与科学技术传播有关的跨学科的专家和研究人员。其中 240 多位科学技术传播学者撰写了完整的词条，甚至长达数页的内容。词条内容包括媒体理论、科学、应用技术、环境和健康中的问题，对科学技术和知名科学传播者的传记争议问题的案例研究，对科学新闻实际操作和所面临的问题的研究以及关于利用科学来源的指导。所涵盖的知识内容涉及社会传播基本理论、社会学、科学社会学、新闻学、传播学、世界著名科学传播学者、著名科学传播作家与作品、著名科学传播活动家、世界各国的科学传播组织与活动、社会学调查、科学素养研究、科学教育、科学伦理学、科学哲学、物理学、生物学、有关法律与争论等。这个译本对于中国科学传播领域的学者和高等院校师生都具有较高的参考价值。希望这本书能够对中国研究者有所帮助。

特别感谢译者（王大鹏、尹霖、甘晓、刘萱、刘伊纯、李妍、李雅峰、杨晶、步凯、张越月、韩洪涛）艰苦的翻译工作，原文中涉及的学科内容庞杂，涉及的国家和地区以及不同的文化与语言文字繁杂多样，他们在繁忙的工作和家庭生活之余，挤出时间完成如此繁重的翻译工作，令人感动和敬佩。

尽管译者付出了艰苦的劳动，但是，翻译错误一定会存在，更何况文化差异巨大，一定会导致理解上的差异。敬请读者批评指正。

李大光

中国科学院大学人文学院教授

撰稿人及译者名单

Contributors

撰稿人名单

Eric A. Abbott
Iowa State University
Len Ackland
University of Colorado at Boulder
Robert W. Adler
University of Utah
William Allen
University of Missouri
Joachim Allgaier
University of Vienna, Austria
Nick Allum
University of Essex, United Kingdom
David Amber
Freelance Science Writer
José Azevedo
Porto University, Portugal
Ayelet Baram-Tsabari
The Technion, Israel
Luca Tancredi Barone
Freelance Science Journalist
Deborah R. Bassett
University of Washington
Alice Bell
Imperial College, London
Stephen A. Banning
Bradley University
John C. Besley
University of South Carolina
Linda Billings
George Washington University
Susana Biro
Universidad Nacional Autónoma de México
Rick Borchelt
U.S. Department of Agriculture
Jason Borenstein
Georgia Institute of Technology
Frederic E. Bouder
King's College London
Bonnie Bressers
Kansas State University
S. Camille Broadway
University of Texas at Arlington
Dominique Brossard
University of Wisconsin–Madison
Joe Browder
Environmental Issues Consultant, Washington, D.C.
Massimiano Bucchi
University of Trento, Italy
Estrella Burgos
National Autonomous University of Mexico, Mexico City
Karen Burnham
University of Houston
William E. Burrows
New York University
Radford Byerly Jr.
University of Colorado
Archie Carr III
Wildlife Conservation Society
Christian F. Casper
North Carolina State University
Leah Ceccarelli
University of Washington
Bobby Cerini
Australian National University
David Chittenden
Science Museum of Minnesota
Rochelle Christian
Australian National University
Michel Claessens
European Commission
Karina Clement
Commonwealth Scientific and Industrial Research Organisation (CSIRO), Australia

Cynthia-Lou Coleman
Portland State University
Peter Collins
The Royal Society
Colleen Connolly-Ahern
Pennsylvania State University
Julia B. Corbett
University of Utah
James Cornell
International Science Writers Association
Susan E. Cozzens
Georgia Institute of Technology
Lisa Craypo
Samuels and Associates
Ned Crosby
Promoting Healthy Democracy, Minneapolis
Urs Dahinden
University of Applied Sciences HTW Chur, Switzerland
Tinsley Davis
National Association of Science Writers
James W. Dearing
Kaiser Permanente Colorado
M. Robin DiMatteo
University of California, Riverside
Alistair S. Duff
Napier University, United Kingdom
Sonya Forte Duhé
University of South Carolina
Sharon Dunwoody
University of Wisconsin–Madison
John Durant
MIT Museum
Edna F. Einsiedel
University of Calgary
Gerald L. Epstein
OTA, the Office of Technology Assessment Alumni Network
Larry E. Erickson
Kansas State University
William Evans
University of Alabama
Declan Fahy
Dublin City University, Republic of Ireland
Steven L. Fales
Iowa State University
Andrea Feldpausch
Texas A&M University
Martina Franzen
University of Bielefeld, Germany
Lynn J. Frewer
University of Wageningen, the Netherlands
Sharon M. Friedman
Lehigh University
Lynne Timpani Friedmann
Friedmann Communications
Steve Fuller
University of Warwick, United Kingdom
Miguel García-Sancho
Spanish National Research Council (CSIC)
Michele S. Garfinkel
J. Craig Venter Institute
Barbara Gastel
Texas A&M University
Ellen J. Gerl
Ohio University
Joye C. Gordon
Kansas State University
Hannah Grankvist
Linköping University, Sweden
Clair Grant-Salmon
SciDev.Net
Ted Greenhalgh
University of Nevada, Las Vegas
Robert J. Griffin
Marquette University
Joshua Grimm
Texas Tech University
Jacob Groshek
Iowa State University
Alan G. Gross
University of Minnesota
Karl Grossman
SUNY College at Old Westbury
James A. Guikema
Kansas State University
William Kinglsey Hallman
Rutgers, The State University of New Jersey
Megan K. Halpern
Cornell University
Joseph E. Harmon
Argonne National Laboratory
Gavin D. J. Harper
Cardiff University
Lisa M. Butler Harrington
Kansas State University
Claire Harris
Commonwealth Scientific and Industrial Research Organisation (CSIRO), Australia
Kelly B. Haskard
Texas State University, San Marcos
J. Scott Hauger
Techné
Robert L. Heath
University of Houston
David Henry
University of Nevada, Las Vegas

Susana Herrera Lima
ITESO, Guadalajara, Mexico
Heidi Lee Hoerman
University of South Carolina
Richard Holliman
The Open University, United Kingdom
Julie Homchick
University of Washington
Yue Hu
George Mason University
Jerry L. Hudgins
University of Nebraska-Lincoln
Lee Humphreys
Cornell University
H. Scott Hurd
Iowa State University
Deborah L. Illman
University of Washington
Jann Ingmire
JAMA & Archives Journals
Gerald Jaax
Kansas State University
Lela Jacobsohn
The Children's Hospital of Philadelphia
Branden Johnson
New Jersey Department of Environmental Protection
Richard Johnson-Sheehan
Purdue University
Karyn Ogata Jones
Clemson University
Marina Joubert
Southern Science
LeeAnn Kahlor
University of Texas
Aries Keck
Loki Studios
William Keith
University of Wisconsin–Milwaukee
Lisa Keränen
University of Colorado at Boulder
Vincent Kiernan
Georgetown University
William J. Kinsella
North Carolina State University
Jan Knight
Columnist, SEJournal
Henry Ko
Monash University, Australia
Van Kornegay
University of South Carolina
Bill Kovarik
Radford University
Marjorie Kruvand
Loyola University Chicago
Kate Ksobiech
University of Nevada, Las Vegas
Jennifer Kuzma
University of Minnesota
Sally Lawrence
Samuels and Associates
Joan Leach
University of Queensland, Australia
Suman M. Lee
Iowa State University
Bruce V. Lewenstein
Cornell University
Ragnar E. Löfstedt
King's College London
Robert A. Logan
University of Missouri (Emeritus)
Nancy Longnecker
University of Western Australia
Jose A. Magpantay
University of the Philippines
Edward W. Maibach
George Mason University
Lesa Hatley Major
Indiana University Bloomington
Alejandro Manrique
Freelance Science Writer
Jessica Marshall
University of Minnesota
Lucia Martinelli
Istituto Agrario di san Michele all'Adige, Italy
Luisa Massarani
Museum of Life, Rio de Janeiro, Brazil
Katherine A. McComas
Cornell University
Alan H. McGowan
The New School, New York
Merryn McKinnon
The Australian National University
Mike McRae
Commonwealth Science and Industrial Research Organisation, Australia
Jennifer Medlock
University of Calgary, Canada
Michael D. Mehta
Thompson Rivers University, Canada
Felicity Mellor
Imperial College London
Matteo Merzagora
TRACES (Théories et Réflexions sur l'Apprendre, la Communication et l'Education Scientifiques), Paris
Howard W. Mielke
Tulane University

Ellen Mika
OTA, the Office of Technology Assessment Alumni Network
Carolyn R. Miller
North Carolina State University
Jon D. Miller
Michigan State University
Steve Miller
University College London
Tiago Moreira
Durham University
Patricia Moy
University of Washington
Henk A.J. Mulder
University of Groningen, the Netherlands
Lawrence Mullen
University of Nevada, Las Vegas
Jessica Nash
Youngstown State University
Chandra Mohan Nautiyal
Birbal Sahni Institute of Palaeobotany, Lucknow, India
Kathryn A. Neeley
University of Virginia
Kurt Neuwirth
University of Cincinnati
Jeff Niederdeppe
Cornell University
Kristian Hvidtfelt Nielsen
Aarhus University, Denmark
Matthew C. Nisbet
American University
Mary Nucci
Rutgers University
Garrett J. O'Keefe
Colorado State University
Cristina Olivotto
European Space Agency
William P. Palmer
Curtin University of Technology
Shobita Parthasarathy
University of Michigan
Manoj Patairiya
National Council for Science & Technology Communication
Amy R. Pearce
Arkansas State University
Greg Pearson
National Academy of Engineering
Joseph N. Pelton
Arthur C. Clarke Foundation
Núria Pérez-Pérez
University of Pompeu Fabra, Barcelona
Hans Peter Peters
Forschungszentrum Jülich, Germany
Tarla Rai Peterson
Texas A&M University
Nick Pidgeon
Cardiff University
Jérôme Pierrel
Université de Bordeaux, France
Diego Pineda
Immunizations for Public Health
Andrew Pleasant
Rutgers University and Canyon Ranch Institute, Tucson
Gail Porter
National Institute of Standards and Technology
Maria Powell
University of Wisconsin–Madison
Susanna Hornig Priest
University of Nevada, Las Vegas
Margaret S. Race
SETI Institute
William Ramsey
University of Nevada, Las Vegas
Carol Reeves
Butler University
Chubo Ren
Washington State University
William D. Rifkin
University of New South Wales, Australia
Anthony J. Roberto
Arizona State University
Simone Rödder
University of Bielefeld, Germany
Michael Rodemeyer
University of Virginia
Lulu Rodriguez
Iowa State University
Tee Rogers-Hayden
University of East Anglia
Aldemaro Romero
Arkansas State University
Connie Roser-Renouf
George Mason University
Melanie Fridl Ross
University of Florida
Steven S. Ross
Corporate Editor, Broadband Properties Magazine
Katherine E. Rowan
George Mason University
Cristine Russell
Council for the Advancement of Science Writing
Jacinta Sagona
Royal Melbourne Hospital, Australia
Sergei A. Samoilenko
Kansas State University
Sarah Samuels

Samuels and Associates
Peter M. Sandman
Risk Communication Consultant
Dietram A. Scheufele
University of Wisconsin
Steven Selden
University of Maryland
P. Simran Sethi
University of Kansas
James Shanahan
Boston University
Jae-Hwa Shin
University of Southern Mississippi
Michael Siegrist
ETH Zurich, Switzerland
Helena Silverstein
Lafayette College
Janas Sinclair
University of North Carolina at Chapel Hill
Cobi Smith
Australian National University
Kim Smith
North Carolina A&T State University
Brian G. Southwell
University of Minnesota
Richard A. Stein
Princeton University
Jocelyn Steinke
Western Michigan University
S. Holly Stocking
Indiana University
Daniel Stout
University of Nevada, Las Vegas
Kristen Alley Swain
University of Mississippi
Dafna Tachover
Law Offices of Dafna Tachover, Princeton Junction, New Jersey
Karen Taylor
University of Alaska Fairbanks
Ricky Telg
University of Florida
Toby A. Ten Eyck
Michigan State University
Paul B. Thompson
Michigan State University
Stephen Thornton
University of Limerick, Ireland
Denise Tillery
University of Nevada, Las Vegas
Natalie Tindall
University of Oklahoma
Simon Torok
Commonwealth Scientific and Industrial Research Organisation (CSIRO), Australia
Chris Toumey
University of South Carolina
Mark Tucker
Purdue University
Tari Turner
Monash University, Australia
Rae Tyson
Former USA TODAY Environment editor
Sheldon B. Ungar
University of Toronto Scarborough
JoAnn Myer Valenti
Tampa, Florida, (Emerita Professor)
Shari R. Veil
University of Oklahoma
Vivianne H. M. Visschers
ETH Zurich, Switzerland
Alana M. Vivolo
The Children's Hospital of Philadelphia
Caroline S. Wagner
SRI International and George Washington University
Paul Walker
Murray State University
Sherrie Flynt Wallington
Harvard University
Bud Ward
Editor, The Yale Forum on Climate Change & the Media
Eric Thomas Weber
University of Mississippi
Thomas M. Welch
Iowa Department of Transportation
Catherine Westfall
Michigan State University
Bryan B. Whaley
University of San Francisco
Summer L. Williams
Westfield State College
Amelia A. Williamson
Freelance Science Writer
Kris Wilson
Emory University
Kim Witte
Michigan State University
Qingjiang Yao
University of Iowa
Chance York
Kansas State University
Tanya Zanish-Belcher
Iowa State University
Xiaoquan Zhao
George Mason University

译者名单

校　订　李大光

翻　译　（按姓氏笔画排序）

王大鹏　尹　霖　甘　晓　刘　萱　刘伊纯　李　妍

李雅峰　杨　晶　步　凯　张越月　韩洪涛

中译本说明

Notes to Chinese Edition

一、词条安排

1. 词条排序

《科学技术传播百科全书》英文原版书的词条排序，采用按英文单词首字母排序的方式。鉴于中译本的读者对象——科学传播领域学者及从业者，具备相应专业背景及英语阅读能力，同时为避免采用词条中译名排序可能导致的因译法不同造成的原文检索困难，中译本词条排序采用英汉对照、按英文单词首字母排序的方式。

2. 词条翻译

为方便读者使用本书，特别是考虑到中国读者以本书为导航，查阅相关文献、与国外学者开展学术交流的需要，中译本对词条中各部分内容是否全部翻译为中文，采用了不同的处理方式。其中：

词条名称采用英汉对照方式呈现；

词条内容以中译文呈现；

词条撰稿人姓名、参见词条名称以英文呈现；

参考文献按照《文后参考文献著录规则》修订后，以英文呈现。

二、附录翻译

为既能向读者传递具有核心价值的信息，又方便读者以本书为线索开展对外学术交流，中译本对附录相关内容是否全部翻译为中文，采用了不同的处理方式。

1. 附录 A

附录 A“条目列表”供读者查询关于科学新闻、科学写作、科学传播、健康和环境领域的大学或学院学术科目或课程。中译本对附录 A 中学术机构、学校名称和课程主要内容均进行了翻译，以便读者能够快速了解其核心信息；相关机构的联系方式以英文呈现，方便读者使用。

2. 附录 B

附录 B“注释参考文献”收录了大部分与本书词条有关的文献，并对文献做出简要介绍。为方便读者了解文献信息，进而通过该附录查阅原始文献，中译本对文献名称、简介进行了翻译，对文献出版信息按照《文后参考文献著录规则》修订后，保留了英文呈现方式。

三、计量单位

中译本采用国际标准计量单位，将原书使用的非标准单位统一换算为标准计量单位，并在其后括注原书单位。

四、索引安排

中译本在采用英汉对照、按英文单词首字母进行词条排序的基础上，按中文词条汉语拼音排序方式编制索引，作为检索方式的补充。

Contents

目 录

A

D

E

F

G

H

I

K

L

T

U

Abortion 堕　胎

在不考虑道德、宗教和法律因素的情况下，堕胎只是终止怀孕。但是对于堕胎，至少对于有关堕胎的辩论来说，并不是简单的事情。有关是否应该堕胎以及何时堕胎在法律上可以被允许的争论，一直是所谓的文化论战的核心议题。关于堕胎的辩论影响了政党政治、选举活动、法律议程以及司法任命。它还导致了政治集会、抗议、封锁道路、炸弹袭击以及对支持堕胎人士的杀戮。持久的争论和争议触及干细胞研究、性教育、计划生育、人口控制甚至更多方面，使得堕胎一直是个有新闻价值的话题。

从道德、宗教和文化的角度看，堕胎就是谋杀。有些人把堕胎看作为了确保完全的解放而应该不受任何限制的基本人权，无论是基于隐私、自由、平等还是自主。对很多人来说，堕胎的道德性取决于在怀孕的哪个阶段进行堕胎或者个人选择堕胎的原因。有关堕胎的观点不仅千差万别，而且通常还慷慨激昂且不可调和。在那些站在堕胎对立面的人当中寻求妥协方案是徒劳无益的，并且在这种辩论的情况下，鼓励对不同观点的容忍也会显得毫无原则。

不过，确实有大量的妇女终止她们的妊娠，而堕胎在很多国家也是被允许的，放宽对堕胎的法律限制也是全球的趋势。尽管有这种趋势，但是在过去的20年里美国对堕胎的规定却变得越来越严苛。

虽然对于堕胎的争论持续地出现在很多方面和场合，但是美国联邦最高法院（U.S. Supreme Court）在对术语和辩论的框架进行界定方面发挥了核心作用。在对堕胎的发生率进行概述之后，本词条将勾画出美国联邦最高法院如何把美国宪法（U.S Constitution）理解为既赋予人们有选择堕胎的权利，又允许政府在管理这项权利中具有相当的自由裁量权。

堕胎的发生率

据估计，全球每年有超过4000万起堕胎事件。虽然这个数字似乎有下降的趋势，但是大概每5个孕妇中就有1个会进行堕胎。根据古特马赫研究所（Guttmacher Institute）的统计，2003年全球堕胎的比率（适龄妇女堕胎人数占比）为29‰。

有关堕胎的政府规章也千差万别。然而，越来越严苛的规定并不必然与堕胎比率的下降相符，而有时候堕胎比率较低的地方反而是那些在法律上允许并且随时可以堕胎的地区。例如，规定（除极少情况外）堕胎合法的西欧是世界上堕胎比率最低的地区，只有12‰。相反，在法律限制更加常见的非洲地区，其堕胎比率据估计达到29‰。法律的限制并不总是与较低的堕胎发生率相一致，通常它还会与不断增加的健康风险相重叠。例如，古特马赫研究所的报告指出，在允许堕胎的法律存在的地区堕胎通常是安全的，而在具有严苛限制的地区堕胎则是存在危险的。

美国堕胎的比率也在下降，从 1981 年的 29‰降到了 2005 年的 19‰。尽管如此，据估计除流产外，美国 22% 的妊娠被终止，导致每年约有 120 万起堕胎事件发生。

堕胎和美国联邦最高法院

在 1973 年以前，是否限制堕胎的决定权掌握在美国各州手中。在 20 世纪 60 年代以及 70 年代早期，大多数州认定非特殊情况下的堕胎属犯罪行为，虽然 1967—1972 年对这些规定的限制有所放宽，但是美国联邦最高法院介入堕胎的争论后，堕胎在全美国范围内具有了合法性。

罗伊诉韦德案

1973 年，美国联邦最高法院削减了对堕胎进行监管的州政府的权力，宣布了颇受好评也常常被嘲弄的罗伊诉韦德案的判决结果。根据 7∶2 的投票结果以及法官哈里·布莱克门（Harry Blackmun）撰写的决定，联邦最高法院推翻了得克萨斯州的一条法令。该法令认定堕胎行为是犯罪，除非堕胎的目的是出于“保护怀孕妇女生命”。通过宣布妇女堕胎的基本权利植根于宪法规定的保护个人隐私权以及宪法第十四修正案（Fourteenth Amendment）规定的保护个人自由的权利，联邦最高法院做出了上述决定。这项决定使得全国范围内严格限制堕胎的法律条款失去了法律效力。

联邦最高法院对罗伊案中处于争议的法令采用了严格且保护性的司法审查。然而，它并没有授予公民选择堕胎的绝对权利。联邦最高法院认为，随着孕育技术的进步，州对监管堕胎的兴趣不断上升，特别是允许政府在两个时间点上采取行动：怀孕的中三个月和后三个月。根据联邦最高法院的规定，第二个三个月（即中三个月）的开端也正是州出于保护妇女健康的正当理由对堕胎进行管理的时期。相反，对于前三个月是否进行堕胎要由孕妇本人和她的医生决定。后三个月开端是胎儿生存能力的起点，此时胎儿能够在子宫外生存了，并且此时也是州对未出生婴儿的关切变得足以令人信服的时期。但是即使在这个阶段，州也不能阻止为挽救妇女生命而必须进行的堕胎行为。简言之，罗伊案认为对于堕胎的监管必定以政府强制性利益为依据。把这个标准用于孕期的前 6 个月，州也许不能剥夺堕胎的权利，而只能对怀孕 4~6 个月的孕妇进行管理以便保护女性的健康。此外，在怀孕的 7~9 个月，州也许会监管甚至会禁止堕胎来保护未出生的胎儿，除非女性的生命或者健康受到威胁。

罗伊案件的判决引发了新的反堕胎运动，并提出了一系列考察最高法院裁决权限的立法倡议。最高法院宣布妇女享有宪法赋予的选择堕胎的基本权利，对此，许多州迅速做出回应，制定了旨在限制妇女参与堕胎程序的法案。这些议案的条款包括禁止公共经费资助堕胎，要求住院堕胎，禁止投放有关堕胎服务的广告，宣布特定堕胎程序非法，未成年人堕胎要有父母的授权，已婚妇女堕胎要有配偶的通知书。此外，州还把这些事情看作知情同意条件、等待期以及生存能力测试。

这项立法运动宣告了争议诉讼时代的到来。在罗伊案宣判后的 10 年里，联邦最高法院推翻了对生育权进行控制的所有尝试，虽然它赞同禁止利用公共资金对堕胎进行资助。然而，在 20 世纪 80 年代中期及 90 年代，联邦最高法院的结构发生了变化，随之而来的是法律判例的改变。

宾夕法尼亚州计划生育诊所诉凯西案

1992 年，最高法院做出了关于宾夕法尼亚州诉凯西案计划生育的决定，审查了宾夕法尼亚条例、规定知情同意、24小时等待期、未成年人父母同意以及已婚妇女的配偶通知。联邦最高法院重申除配偶通知书要素之外的法律的合宪性，推翻了早先被否决的知情同意条款和等待期，还相应缩减了罗伊案中应有的保护功能。很显然，虽然罗伊案的支持者认为州不能把胎儿具有生存能力之前进行的堕胎规定为非法，但凯西案抛弃了怀孕三个分期的说法，并且宣布州从妇女一怀孕就有权利保护潜在的生命体。在和宪法一致的情况下，州可能会宣布支持妇女分娩而不是堕胎，以及出台旨在说服妇女选择分娩而非堕胎的法律。此外，凯西案降低了罗伊案中联邦最高法院适用的司法审查的标准，这特别适用于政府在涉及基本权利方面做出的规定。凯西案认为州在证明堕胎限制的正当性方面只需要一个理智的而非强制的利益，除非这种限制给妇女带来了“不合理的负担”；换句话说，除非它给妇女终止妊娠强加了“实质性的障碍”，否则这种限制应该依据宪法来进行审查。

虽然凯西案使得先前提出宪法保护个人堕胎自由的规定又回到了起点，但是也许该案最著名的就是它没有做什么，只是推翻了罗伊案。联邦最高法院拒绝推翻罗伊案，且一再强调罗伊案的核心思想，宪法第十四修正案保护妇女在胎儿具有生存能力之前选择终止妊娠且不受州不必要干涉的权利。

既没有出现反堕胎力量希望改变的局面，也没有像主张堕胎合法的团体想象的那样失败，然而凯西案仍然改变了堕胎争论的形势。凯西案促使各州采取旨在劝阻堕胎的措施，尽管不是阻止，也释放出了州代表对未出生婴儿堕胎进行限制的信号。

冈萨雷斯诉卡哈特案

也许最近发生的最引人注目、最有争议的成功案例就是立法禁止所谓的晚期人工流产。尽管在细节上各不相同，但这些法案禁止了一种终止妊娠的方法，据该手术的支持者称，这种方法降低了发生医疗并发症的可能性，但反对者称，这种方法不仅可怕，而且等同于杀婴。这个禁令的联邦政府版本于2003年颁布实施，它禁止医生开展明知会导致婴儿死亡，但却为了进行堕胎手术而让活的婴儿的整个头部或者胎儿脐带以上的躯干部分离开女性阴道的行为。然而也有例外，那就是为了挽救女性的生命可以进行这种操作，但是联邦法案并没有融入更普遍性的健康例外规定。

联邦最高法院支持联邦政府在2007年就冈萨雷斯诉卡哈特案出台的禁止部分生产式堕胎的禁令，推翻了斯腾伯格诉卡哈特案，其2000年的决定驳回了一项类似的内布拉斯加法律。联邦最高法院认为该禁令的法律目的就是提高政府在对人类尊严权利方面的尊重，尽管法律允许采用其他的堕胎方式来终止处于争议当中的生命。联邦最高法院同时还规定缺乏健康例外个案从表面上看在设定必要限制方面没有影响。联邦最高法院强调如果让妇女面临严重的健康威胁，那么这个禁令是违宪的，从而对这个立场进行了辩护。然而，联邦最高法院还认为可用的安全替代方式、与健康危险相关的医疗的不确定性以及国会的调查结果都显示，该禁令并没有给妇女带来健康的危害，他们有足够的理由相信妇女在法律上并没有过多的负担。

虽然联邦最高法院在冈萨雷斯案件中的法律含义仍然有待观察，但是对于反堕胎运动来说，象征性的和政治性的胜利则是显而易见的。联邦最高法院第一次禁止特殊堕胎方式并且对缺乏明确健康例外的堕胎法规进行背书。另外，该决议意味着反堕胎运动的动员达到了顶峰，并且干扰了利用特殊手段进行堕胎的叙述。就像联邦最高法院在2007年裁决中阐述的那样，该程序涉及未出生婴儿的分娩。这种被立法者、激进分子、权威人士以及联邦最高法院不断地重复着的绘声绘色的描述，使得反堕胎运动在修辞上占据了上风，并且最终转变成了立法和司法上的胜利。

现在随着反堕胎运动支持增加在堕胎方面授权利用超声波的法律条款，这种诉诸图像的修辞还在持续使用。如俄克拉荷马州制定了一项要求医生在进行堕胎手术前进行超声检查的法案，以让婴儿的图像可以展示在女性的视野中，并且为女性进行讲解。立法者把这个措施鼓吹为确保采取堕胎行为的女性可以充分知情的一种手段，但是反堕胎运动的支持者认为超声检查立法的目的是把婴儿的图像资本化，并且劝说女性不要堕胎。

未来展望

超声波检查条款在下层法院已经受到挑战，而且有可能在接下来的几年里成为联邦最高法院的备审案件。即便不是这些措施，其他措施也有可能进入高等法院进一步裁决的列表。例如，反堕胎运动力主把法律人格界定为从受精的时刻开始，并从此刻开始拥有随之而来的权利。如果这种条款获得通过，它们就会像以前通过的条款那样成为挑战法律的对象。

除了对有关堕胎的直接政府监管进行裁决，法院还面临着堕胎辩论引起的各种类型的案件。静坐、路边咨询、封锁道路以及在堕胎诊所前进行的其他形式的抗议活动导致的立法斗争，使得宪法第一修正案有关言论自由的权利与获得医疗服务的权利独立起来。言论自由的案件也从政府限制联邦资金的受资助者获取堕胎信息和相关建议的工作中产生出来。还有因可以从州购买的“选择生命”专业牌照而产生的涉及宪法第一修正案的其他案件。

控制堕胎的持续努力引发了对联邦最高法院是否应该推翻以前罗伊案裁决的不断质疑。对推翻以前裁决的展望持续地刺激着反堕胎运动的支持者以及提倡堕胎合法的支持者，其中一方主张当选的共和党应任命保守派的法官，而另一方则主张当选的民主党在司法遴选过程中应该用罗伊案作为案例标准。

联邦最高法院对罗伊案的支持仍然微乎其微、不确定，而且还面临着人员的换岗。随着前主法官威廉·伦奎斯特（William Rehnquist）的去世以及罗伊案的恶意批评者兼共同撰写凯西案裁决的法官桑德拉·戴·奥康纳（Sandra Day O’Connor）的退休，大法官约翰·罗伯茨（John Roberts）以及法官塞缪尔·阿利托（Samuel Alito）开始掌权，他们对生育选择的态度不明朗。与奥康纳同时退休的还有凯西案裁决的另一个作者大卫·苏特（David Souter）法官。此外，法官约翰·保罗·史蒂文斯（John Paul Stevens）也年近 90 岁，其他几位法官的年龄也有 70 多岁，有些还面临着严重的健康问题。

当然，还有一些影响法官选择并且导致对联邦最高法院未来将如何转向的猜测的其他问题——有些是引起分歧的。但是潜在的法官对宪法赋予人们堕胎权利的态度是最前沿的问题，对于持续存在的文化论战一无所知以及监管生育决定的持续努力表明，联邦最高法院在堕胎辩论中的核心作用将会消失。

撰 稿 人：Helena Silverstein

另请参阅：Reproductive Medicine；Science and Politics；Stem Cell Research

参考文献

[1] BALKIN J M.（Ed.）. What Roe v. Wade should have said：The nation’s top legal experts rewrite America’s most controversial decision [M]. New York：New York University Press，2005.

[2] GINSBURG F D. Contested lives: The abortion debate in an American community [M]. Berkeley: University of California Press, 1998.

[3] Gonzales v. Carhart: 550 U S, 124, 2007.

[4] HULL N E H, HOFFER W J, HOFFER, P C. (Eds.). The abortion rights controversy in America: A legal reader [M]. Chapel Hill: University of North Carolina Press, 2004.

[5] MCDONAGH E L. Breaking the abortion deadlock: From choice to consent [M]. New York: Oxford University Press, 1996.

[6] Planned Parenthood of Southeastern Pa. v. Casey: 505 U S, 833, 1992.

[7] Roe v. Wade: 410 U S, 113, 1973.

[8] ROSE M. Safe, legal, and unavailable? Abortion politics in the United States [M]. Washington, DC: Congressional Quarterly Press, 2006.

[9] SALETAN W. Bearing right: How conservatives won the abortion war [M]. Berkeley: University of California Press, 2003.

[10] Stenberg v. Carhart: 530 U S, 914, 2000.

[11] TRIBE L H. Abortion: The clash of absolutes [M]. New York: W. W. Norton, 1992.

Active Audiences and Science 积极受众与科学

积极受众是一个术语，指对特定公众议题有着深刻认识，积极参与其中并愿意就此采取行动的群体。在一个社会中，受众通常被看作无序的一群人，或者是一般大众的一种松散形式，不必然与特定的议题相关联。然而，当说到积极受众，这个概念类似于积极公众，即对某个议题充满兴趣的群体，他们参与到这个议题中，并且是解决问题的积极参与者。

正如积极受众概念所显示的那样，一些因素把积极受众和消极受众区别开来。

第一,一些诸如对某个议题的认知水平或者知识的认知因素是重要的。人们是否把特定问题作为重要社会议题，决定了他们采取积极还是消极的态度。例如，把生物恐怖主义的威胁看作重要议题并对此有深入了解的人和那些对此一无所知的人相比，前者更可能成为积极受众。

第二，个人对议题的参与是重要的。即使当人们认为某个议题在社会上是重要的，而人们把这个议题当作“他们自己的”问题的程度或者他们认为这个议题直接影响他们生活的程度，决定了作为受众的活跃程度。例如，虽然人们认为生物恐怖主义的潜在威胁是一个重要的社会议题，但并不认为这是“他们自己”的议题，所以他们也不会成为积极受众。他们可能不会关心这个议题，因为他们认为政府应该负责解决这个问题。人们与某个议题的个人关联越大，越有可能变得更积极。

第三，人们不仅通过所谓的认知路径来看

待某个议题，对某个议题的情感依赖水平也在区别积极受众和消极受众方面发挥着重要作用。当人们对某个特定议题或者解决该议题的方式感到愤怒、失望或者无助的时候，积极受众就会出现。对某个议题高涨的公众情绪也会促使积极受众的出现。例如，很多韩国人对韩国政府决定在2008年对美国牛肉重新开放国内市场感到愤怒。由于担心疯牛病的肆虐，韩国政府曾经禁止进口美国牛肉产品。韩国民众把政府重新打开国内市场的决定看作轻率且不负责任的行为，为了贸易利益而牺牲了公众的健康。记者、政府官员、激进团体和公民围绕这个议题展开了科学和技术方面的争论和辩论（美国和韩国政府有关疯牛病的检疫体系是否可信，是否来自饲养期短于三年肉牛的牛肉产品要比长于三年的牛肉产品更安全，以及疯牛病的实际危害概率等）。然而，仅有知识以及个人参与不足以解释成千上万的公众在大街上对政府进行持续数月的日夜示威。公众陷入了对其健康安全的强烈恐惧中，以及对政府更加强烈的愤怒中。

积极受众并不是一个固定的概念，而是一个基于情境和环境变动的动态概念。当条件吻合的时候，消极受众很快就可以变成积极受众。一个触发性事件或事故有可能迅速地改变人们的知识水平、个人参与程度和情感投入，并迅速地把他们转变成积极受众。这种转变也有可能是随着时间的推移逐渐发生的。有些学者特别关注消极受众的转化以及他们变成积极受众的可能性。

一般认为，传播技术的变迁和发展以及人们彼此交流的方式深刻地影响着积极受众的形成以及他们的行为。以互联网的使用、博客、社交媒体以及移动传播为特点的新的传播环境改变了信息在社会中流动的方式。这样的环境为人们超越时间和空间的限制来生产、传播并与他人交流观点和看法，提供了前所未有的机遇。现在，人们有能力就某个议题或问题在网络空间进行自我组织，并在解决问题方面变得更积极。例如，个人可以把自己使用残次品（烧坏的笔记本或者破损的玩具）的经历的视频片段上传到YouTube或者类似的网站，他们的这些经历在网络社区中迅速传播开来。自然而然地，网络空间上新兴的具有经验证据的积极受众变成了强大的社会实体。如果公司和其他机构不能有效地和这些受众进行沟通，那么他们就有可能面临损害自己名声和事业的风险。

那么，关于积极受众，什么样的沟通才是有效的呢？很多在公众活动和公共关系领域的学者和从业者通常都赞同采用双向的沟通策略。双向的沟通首先开始于认真且真诚地倾听积极受众的想法。即使有时候积极受众的声音并不十分清晰、一致，但是为了了解围绕着某个议题的积极受众的核心思想和感受，我们强烈建议要付出真诚的努力。通过持续地适应调整组织的利益以适应积极受众的利益，找到双方彼此接受的共同点，组织能够与积极受众进行有效沟通并解决冲突。找到共赢的空间通常是有效沟通的关键。

撰 稿 人：Suman M. Lee

另请参阅：Attentive Public；Audiences for Science；Online Media and the Sciences；Public Engagement；Public Relations and Science

参考文献

[1] GRUNIG J E. Publics，audiences and market segments：Models of receivers of campaign messages [M]//C T SALMON (Ed.). Information campaigns：Managing the process of social change. Newbury Park，CA：Sage，1989：197-226.

[2] GRUNIG J E. A situational theory of publics：Conceptual history，recent challenges and new research [M]// D MOSS，T MACMANUS，D VERCIC (Eds.). Public relations research：An international perspective. London：International Thomson Business Press，1997：3–48.
[3] HALLAHAN K. Inactive publics：The forgotten publics in public relations [J]. Public Relations Review，2000，26：499–515.
[4] LEE S，RODRIGUEZ L. The four publics of antibioterrorism information campaigns：A test of the situational theory [J]. Public Relations Review，2008，34：60–62.
[5] PRICE V. Communication concepts 4：Public opinion [M]. Newbury Park，CA：Sage，1992.

Actor-Network Theory 行动者 – 网络理论

行动者 – 网络理论自 20 世纪 80 年代初出现以来，在社会学领域取得很大成功。它参考了社会学、地理学、组织学习、政治科学和文化研究。行动者 – 网络理论的一个重要的维度就是——确切地说，它并不是一个理论。也就是说，它并不是由对世界的状态进行预测的一系列互相关联的条件式命题构成的。相反，行动者 – 网络理论是能让研究人员调查并整理经验材料的一个具有延展性的概念性工具和方法论策略，行动者 – 网络理论有助于我们理解涉及关键行动者的科学和科学政策议题的行动动力学。就这点而论，它为理解这些领域的传播模式提供了情境。行动者 – 网络理论对科学、技术和社会相互作用的旨趣，应该能使其成为科学传播专业学生和该领域学者钟爱的资源。

一个有助于行动者 – 网络理论成功的因素，就是社会科学家认为的需要理解 20 世纪 80—90 年代出现的新形式的社会经济组织，在这种新的形式中，网络和流动——金钱的流动、信息的流动、知识的流动等超出了单一民族和国家的领土范围和监管形式。在这种新的经济形式中，社会科学家和政策制定者认为研究和创新至关重要。问题是如何理解知识在社会中的作用：是科学和技术“推动”或促进了经济社会的变化，还是经济社会驱动力“拉动”新的理念和创新？对于这个问题，行动者 – 网络理论给出了有用且精彩的回答：社会关系和社会结构同科学知识和技术手段之间存在着持久且动态的互动关系。正是这个科学、技术与社会的共同作用的理念——囊括于社会性技术这个理念中才使行动者 – 网络理论有别于其他理解社会中的科学的方法。为了能够理解这些理念的重要性，有必要回顾一下行动者 – 网络理论逐渐形成的知识情境。

行动者 – 网络理论的出现

行动者 – 网络理论在社会科学知识变迁的丰富情境下产生。20 世纪 70 年代中期见证了“新”的科学社会学，它主张不仅要研究管理科学家行为的制度规范，而且要理解科学知识与产生这种科学知识的社会情境之间的关系。这促使一系列研究的出现，与神经病学或者统计数据截然不同的知识主张被认为是彼此联系的科学家的社会网络或者强大的社会群体塑造的。这意味着新的发现和发明受到了这些群体的经济和社会利益而非试验和运用理性的驱动，尤其是在那些存在着不确定性和争议性的议题上。

20 世纪 80 年代早期，两位法国社会学家——布鲁诺·拉图尔（Bruno Latour）和迈克尔·卡伦（Michel Callon）对科学家应该被看作其他人兴趣和策略的被动接受者，因此科学仅是一种社会建构的看法发起了挑战。相反，他们认为在设计项目、试验或者撰写论文的时候，科学家应积极地与强势的社会团体合作，对他们有关社会组织和经济组织的理想以及变化产生影响。在拉图尔和卡伦看来，这是一个互动的动态过程，其中试验和物质现实发挥着重要作用。

为了描述这个过程，他们采用了转译这个概念。借助法国科学哲学家和数学哲学家迈克尔·赛瑞斯（Michel Serres）的工作，拉图尔和卡伦提出了科技变革是一个转译的过程。首先，它使得社会或者经济问题转变为一个科学问题（为了降低汽车污染，我们需要设计可供选择的引擎方案），这需要把一系列复杂的问题简化为（转译为）可信且可行的试验。如果这个转变得到利益团体和科学家同行的认可，研究人员就有可能在一系列限定的工具和概念内解决这个问题。

其次，如果达成了某种结果，实验室中产生的目标和想法就会在现实世界中进行验证。一个新的社会现实和技术现实就产生了：人们之间以及人和事物（汽车）之间的新关系或者网络也在同样的过程中产生。但是需要注意的是，转译过程中的所有步骤都通过条件从句（即“如果”的陈述）进行预测，而行动者 - 网络理论的研究者感兴趣的是对建立这些网络的成功和失败之处进行描述和理解。就像网络的成功一样，仅着眼于社会力量或者物质力量不能解释其失败。因而，为了避免猜测这个过程中的驱动力存在于何处，行动者 - 网络理论的研究人员倾向于把社会实体和物质实体看作同等地参与到网络中的行动者。相应地，一个行动者 - 网络是人和非人实体之间的一系列关系，由存在关系的一项特殊活动（从粒子物理学到汽车设计、神经外科、初等教育）汇集到一起。

行动者 - 网络理论与公众理解科学

行动者 - 网络理论对知识生产过程中各种行动者角色的假设提出了质疑。自 20 世纪 80 年代以来，在公众理解科学领域，研究人员采用科学社会学来对他们认为的科学政策制定者的主要假设进行了批判：知识必须传递给忽略了科学事实的公众。社会中的科学的缺失模型是以“外行是公认的科学知识缺乏的人”为基础的。这种观点明显地忽视了人们拥有的同其社会情境和物质情境高度相关的知识：在日常生活中，他们在何处以及如何共处。此外，学者认为科学和社会间没有明确的界限，相反这些分类实际是社会协商的结果，并且他们认为在假定公众存在的问题上，政策制定者忽视了理解公众关注的问题的丰富且多元的方式，不同的外行群体通过这些方式对科学进行竞争，并提供知识的严肃认真的替代形式。

为了理解这个现象，如 20 世纪 80 年代所设想的那样，行动者 - 网络理论显得准备不足，因为它倾向于强化并支持处于该网络中心的科学家和工程师的观点。为了解决这个问题，受行动者 - 网络理论影响的学者着眼于如医学经济学或者生物学领域不同形式的知识产生和互动的方式。同时还表明用网络这个概念在理解这个复杂且多元的过程中过于局限。一种网络的存在标志着定位点和关系，然而在捕捉这个过程中需要的是把流动性囊括进来的理念，社会性科技关系的部分变动并不会导致整个网络的崩溃。

因此，一个重要的研究领域涉及理解草根群体在创造新的研究领域中如何合作。在这个方面，至关重要的是知识生产不受到权威、合法性或者专业领域的主张的限制：流动性不仅对于知识生产来说是重要的，而且对于外行群体参与集体决策也是重要的。主动地模糊科学和社会界限的过程，表明社会重要性和政治重要性上更复杂的视角。不仅知识形态的多元性对大多数现代社会产生的公共空间施加影响，而且这些社会见证了产生这些知识形态的群体身份和机构形式的扩散。这意味着把公众看作“外行”或者“专家”是不充分的，因为专业知识的主张是多元的（“专家型患者”），而且这对我们看待科学传播的方式有影响。

不应把科学传播看作传播信息或者影响公众考虑话题方式（公共关系模型）的一个问题。有必要承认这种社会复杂性和政治复杂性。自20世纪80年代以来，这涉及了对知识被嵌入社会实践的方式的认可。为了更好地理解这些，利用阿尔茨海默病领域的研究和创新的案例也许是有用的。在生物化学领域，对导致痴呆的潜伏期风险状况表征的研究兴趣和公共投资逐渐增加。人们认为对痴呆的早期诊断，尤其是对阿尔茨海默病的诊断，将促进这种疾病的预防并降低这种疾病在普通公众中的发病率。然而，在研究外行和专家团体定义和谈论正常和异常认知老化的差异不同路径中，看护者、患者和提议者发现阿尔茨海默病风险条件很大程度上与他们的生活无关，他们更赞同在探索护理方式上投入更多的人力与财力。

这个观点不同于较年轻公民的观点，他们最珍视这种风险条件的知识如何帮助他们谋划未来。随着这个研究的清晰明朗，科学的专业知识已经不足以设计整个问题并界定其情境了。有关痴呆的问题，在拉图尔所谓的“一种关注的角度”上有多元的看法（即该研究什么以及如何研究），有各种各样的观点，尽管这些观点在不确定研究重点和问题时没有被公开探讨过。正是从这个视角人们才理解了来自学者和政策制定者不断增加的设计公众讨论体系的呼声，这个体系可以支持异质群体和全体公众之间的对话互动以找到、塑造并解决研究问题。

对话传播

在这方面，针对对话传播的形式开展研究以及实际应用是特别重要的。虽然仍然是个新兴的研究领域，但是对话传播的方法，通常会引用俄国哲学家和符号语言学家米哈伊尔·巴赫金（Mikhail Bakhtin）的工作，凸显了传播的互动和共同生产的特性。就这点而论，对话是一种有质量的传播，可以通过组织化或者技术性手段予以强化或者阻止。在社会性技术网络的形成和消亡方面，这与行动者－网络理论方法有很多相似性：有必要理解哪种组织化和技术性手段对共同关注的对话和集体探索起到了支撑作用。

对话的理想是重要的，但是从科学家、研究人员或者强势群体的视角来看，对话的工具也可以成为合法化的技术。为此，有必要构建“对话论坛”，传播的规则要调整到适合当前的议题。不确定性很高的以及界定不清的议题有时候可能促使不同群体之间真正合作关系的出现，而在科学强烈构建且享有持续制度支持的问题中，也许需要建立其他规则来平衡这种交流。这些议题应该成为对传播的对话形式和互动知识生产之间关系进行支持的研究和政策议程的核心部分。

撰 稿 人：Tiago Moreira

另请参阅：Deficit Model; Latour, Bruno; Merton, Robert K.; Public Understanding of Science

参考文献

[1] CALLON M, LASCOUMES P, BARTHE Y. Acting in an uncertain world: An essay on technical democracy [M]. Cambridge: MIT Press, 2009.

[2] LATOUR B. Science in action [M]. Cambridge, MA: Harvard University Press, 1987.

[3] LATOUR B. Reassembling the social: An introduction to actor-network-theory [M]. Oxford, UK: Oxford University Press, 2005.

[4] LAW J, MOL A (Eds.). Complexities: Social studies of knowledge practices [M]. Durham, NC: Duke University Press, 2002.

Africa, Science in 非洲科学

有着8.4亿人口的非洲远远落后于到2015年减少一半贫困人口的联合国千年发展目标。非洲大陆在很多方面一直与长期贫困、饥荒、猖獗的疾病、内战以及政治动荡做着斗争。环境退化、农业落后、饮用水缺乏、人口增长、快速城镇化以及生物多样性的消失，加剧了非洲让人畏惧的挑战。非洲大陆在教育和前沿科学方面做得都不好。先进的科学和技术受到了教育和研究基础设施落后、急剧的人才流失以及不断扩大的数字鸿沟的阻碍。非洲对科学出版物的贡献率仅占全球的1.4%，这其中南非和埃及占据了绝大部分。虽然改善科学传播并不能自动地解决非洲的问题，但是显然这对于问题的解决有所贡献。

如此薄弱的教育体系和不发达的科学和技术基础，绝不可能让非洲强大和富裕起来。政策领袖们承认，只有借助科学知识和技能才能改善非洲的生活质量。在建设全洲的科学和创新能力方面需要强大的领导力和大量的投入。没有这些，非洲在很大程度上仍将继续被排除在全球以知识为基础的经济体系之外。

在非盟（African Union）的支持下提出的“非洲发展新伙伴计划”（New Partnership for Africa's Development，NEPAD），旨在解决非洲大陆面临的各种挑战。它促使产生了一个作为非洲复兴战略框架一部分的非洲科学行动计划，并力图利用科学和技术来实现经济社会发展目标。

非洲科学院网络

在提升非洲科学和技术形象以及为非洲各国政府提供政策支持方面，非洲科学院网络发挥了重要作用。美国国家科学院（U.S. National Academies of Science，NAS）通过非洲科学院发展计划（African Science Academy Development Initiative，ASADI）对这个网络提供了支持，经费来自比尔（Bill）及梅琳达·盖茨基金会（Melinda Gates Foundation）。总部位于肯尼亚内罗毕的非洲科学院（African Academy of Sciences，AAS）的目标是通过促进网络协作、能力建设、科学卓越性和相关性的计划来驱动非洲的科学和技术变革。发展中国家科学院（Academy of Science for the Developing World）在非洲科学院内设置了撒哈拉以南非洲地区的区域办公室，对在研究上取得成就的人予以支持，并支持向政策制定者传播研究结果和成果。在马达加斯加、塞内加尔、津巴布韦、肯尼亚以及加纳也有国家分会。最后，非洲大多数国家的科学院都归属于非洲科学院网络。

泛非洲的科学机构、网络和研究中心

在“非洲发展新伙伴计划”的支持下，非洲科学与技术部长理事会（African Ministerial Council on Science and Technology）为非洲的发展就科学、技术和创新制定政策以及设定优先性的高水平平台。位于南非比勒陀利亚的国际科学理事会（International Council for Science）非洲区域办公室则在推动着科学合作、能力建设以及非洲科学家的流动，并在保护和利用非洲本土知识方面进行投资。该组织还努力促进科学和政策之间更紧密的联系，促进科学信息的价值在非洲广泛传播，推动更平等地获取科学信息，以及促进所有科学家——不分种族、国籍、语言、政治立场和性别——在国际科学研究上的参与。

联合国教科文组织（United Nations Educational, Scientific and Cultural Organization, UNESCO）在非洲有一个位于肯尼亚内罗毕的区域科技局（Regional Bureau for Science）的总部。联合国教科文组织建立了非洲科学和技术机构网络（African Network of Scientific and Technological Institutions, ANSTI）来培训年轻的科学家以及拓展资深科学家的阅历。非洲科学和技术机构网络还出版《非洲科学和技术杂志》（*African Journal of Science and Technology*）。国际发展研究中心（International Development Research Centre）通过位于塞内加尔达喀尔和肯尼亚内罗毕的区域办公室为相关研究提供服务和资助，重点是对政策制定产生影响的研究。国际农业研究磋商小组（Consultative Group on International Agricultural Research）在非洲有很多研究中心，包括贝宁非洲水稻中心（Africa Rice Center）、尼日利亚国际热带农业研究所（International Institute of Tropical Agriculture）、肯尼亚国际家畜研究所（International Livestock Research Institute）以及肯尼亚世界农林中心（World Agroforestry Center）。非洲的社会科学研究发展（Development of Social Science Research）理事会的总部位于塞内加尔的达喀尔，主要着眼于社会科学的研究。位于南非的科学和工业研究理事会（Council for Scientific and Industry Research）以及同样位于南非的在社区卫生和艾滋病研究领域处于领先地位的医学研究理事会（Medical Research Council）是非洲地区活跃在研究领域的几个机构。

非洲的高等教育

总部位于加纳阿克拉的非洲大学协会（Association of African Universities）力图提升非洲高等教育的质量以及促进非洲大学在非洲大陆科学和技术发展中的作用。该协会有来自45个非洲国家的近200个成员，然而占据研究型大学份额最多的区域是南非。南非的国家研究基金会（National Research Foundation）对本国的研究工作进行资助和协调，同时还管理着卓越研究中心、专业研究主席以及国家研究设施组成的网络。

科学新闻、科学传播以及科研新闻服务

非洲科学和技术潜力的可持续发展需要政策制定者和公众的支持。因而，非洲的很多机构现在也紧随世界潮流，在让科学技术通过大众传媒让更多普通公众获取方面以及其他提升公众对科学的兴趣、鼓励公众参与科学的活动中进行投资。例如，南非科学技术进步局

（South African Agency for Science and Technology Advancement）在本国协调开展了一系列科学传播活动，包括全国科学周、科学奥林匹克竞赛以及“科学平台月”。

不断出现的证据记录了非洲科学传播活动和科学传播组织的持续发展。每年有近6万人参加在南非东开普省举办的年度非洲科学节活动（SciFest Africa）。非洲科学节还在非洲南部的其他地区孵化出了几个小型的科学节。南非的科学中心之间也通过南非科学与技术中心协会（Southern African Association of Science and Technology Centers）开展合作。在非洲有几个科学记者网络，包括乌干达科学记者协会（Uganda Science Journalists Association）以及大非洲之角气候记者网络（Network of Climate Journalists of the Greater Horn of Africa）。世界科学记者联盟（World Federation of Science Journalists）通过在线课程和业务指导促进着非洲地区科学新闻能力的提升。致力于非洲的科学技术新闻以及让基于研究的政策建议更易于被政府和机构决策者获得的新闻服务机构，包括非洲科学新闻服务社（Africa Science News Service）、非洲研究网、科学发展网以及科学在非洲（Science in Africa）。

撰 稿 人：Marina Joubert

另请参阅：Europe, Research System in; National Development, Science and Technology in

参考文献

[1] The African Academy of Sciences：www.aasciences.org.
[2] The African Network of Scientific and Technological Institutions：www.ansti.org.
[3] The New Partnership for Africa's Development：www.nepad.org.
[4] South African Agency for Science and Technology Advancement：www.saasta.ac.za.
[5] United Nations Education, Scientific and Cultural Organization, Science in Africa：www.unesco.org/science/science_africa.pdf.

Agenda Setting and Science
议程设置与科学

1963年，伯纳德·科恩（Bernard Cohen）意识到新闻媒体可能不会告诉人们怎么想，但是确实在告诉人们该想什么。这种观察就是议程设置理念的萌芽。议程设置认为媒介议程在任何特定的时间都与公众议程相关。此外，这种关系是因果性的：新闻媒体使人们把对他们来说重要的议题置于自己议程的重要位置之上。麦克斯韦·麦库姆斯（Maxwell McCombs）和唐纳德·肖（Donald Shaw）在北加利福尼亚教堂山（Chapel Hill）的选民中对这一理论进行了首次测试。他们发现新闻媒体议程（采用对主要新闻媒体内容分析的方法来测量）和公众议程（采用1968年选举期间犹豫不决的选民调查）具有高度相关性。从那时开始，众多的研究证实、放大并拓展了这一理论，该理论一直都是研究媒介效果的重要理论之一。

主流观点认为大众媒体在塑造公众舆论方面的作用是有限的，而议程设置则是对这个主流观点进行回应的一部分。与诸如教化以及沉默的螺旋等理论一起，议程设置发现了媒介影响具有不同类型的方式，而没有声称媒体具有非常强大的影响，这种断言在20世纪早期的一些观察中曾得到过阐释。就此而言，这些较新的理论为媒介效果提供了中间立场的解释。

议程设置理论首先用来考察新闻议程和公众议程之间的简单相关性。后来的测试试图阐明二者的因果关系，一系列测验议程设置的方法也纷纷出现。有些方法考察总体上的议程设置并就此与总体的公众议程进行对比。其他方法在微观层次上研究议程设置，测试个人议程是否和新闻议程存在关联。还有些方法研究随着时间推移议题所展示出的显著性，把议题报道的跌宕起伏和公众舆论系列数据进行比较来建立可能的因果关系。另外，还有一些研究利用了实验的方法，特别是探究接触特殊的新闻报道是否会影响个人对议题的反应。通常这些研究涉及追踪某些理论家与议程设置理论关联起来的框架或者铺垫的问题。

大多数议程设置研究都是关于政治议题的，而关注科学或者技术的则比较少。然而，来自议程设置的一项观察是与科学和环境议题高度相关的。议程设置认为不显眼的议题（这些议题从个人经验来说并不十分明显）更容易受到议程设置的影响，因为我们更多地依赖媒体来决定那些议题是否重要。

因为科学、技术和环境议题通常都是不显眼的议题，所以媒体对这些议题的报道对于吸引公众的关注可能是特别重要的。有些案例表明了这种影响的重要性。研究人员发现公众对环境议题的关注和媒体对这些议题的报道存在着关联，这也与议程设置的影响相一致。此外，媒体对这些议题的关注通常是周期性的。1972年，安东尼·唐斯（Anthony Downs）对此提出了一种解释，他认为环境议题起初看起来特别危险，因而也容易引起关注，然而公众最终会意识到解决环境问题的代价，然后把他们的注意力转移到其他地方。尽管一些学者对他的理论细节提出了质疑，但从20世纪60年代到今天，已有多位研究人员证明了注意力的周期性模式。

即使是环境这个显然十分重要的议题也很少出现在公众议程的榜首。像经济、战争、犯罪、移民这样的议题往往会掩盖科学和技术议题。因而，公众高度依靠媒体提醒他们进行重要的科学辩论。像植物生物技术（包括用于粮食作物的转基因技术）、医学上的干细胞技术、气候变化的争论等议题，都会获得循环报道。而公众对这些议题的关注也会在这些循环中增加。

因而，议程设置理论和框架研究一起，已经开始探索更复杂的对这些议题如何引发关注然后如何在政策领域内对这些议题进行处理的动力机制。有些科学问题，如酸雨，在政策范围内得到了解决，而后公众的关注也消失了。其他议题，如美国的转基因食品，从来没有产生足够的异议以引起政策的关注，而后媒体的关注再次消失了。然而，其他议题会经历多个循环，随着再次引发对某个议题关注的具体突发事件的出现，对此的关注也会跌宕起伏。就气候变化而言，至少出现了两个主要的媒体关注循环：一个出现于20世纪80年代末期和90年代早期，另一个出现在近些年。可能由于这个难以驾驭的问题没有容易采取的解决之道，因而当事件显现出值得公众关注时，很有可能新闻关注的其他循环周期就会出现。

对有关科学的议程设置的一个结语：几乎没有证据表明对科学的关注单纯地来自现实世界事件的驱动。虽然新的科学研究和环境条件可以展现为获取新闻关注的机遇，就像伪科学事件和政治辩论引起的对科学的关注一样。议程设置告诉我们：公众，就其本身而言，不可能关注科学和技术议题。新近的研究超越了议程设置，正聚焦于框架的议题，尤其是框架在决定不同的利益相关者在任何给定的科学辩论中如何设法向公众以及政治共同体传达他们对这个议题看法的问题。

撰 稿 人：James Shanahan

另请参阅：Agricultural Biotechnology；Climate Change，Communicating；Cultivation Theory and Science；Framing and Priming in Science Communication；Spiral of Silence and Science

参考文献

[1] DOWNS A. Up and down with ecology：The "issue-attention" cycle [J]. Public Interest，1972，28：38–51.

[2] MCCOMBS M，REYNOLDS A. News influence on our pictures of the world [M]//J BRYANT，D ZILLMAN (Eds.). Media effects：Advances in theory and research. Mahwah，NJ：Lawrence Erlbaum，2002：1–18.

[3] MCCOMBS M，SHAW D. The agenda-setting function of the mass media [J]. Public Opinion Quarterly，1972，36：176–187.

[4] NISBET M，HUGE M. Attention cycles and frames in the plant biotechnology debate：Managing power and participation through the press/policy connection [J]. Press/Politics，2006，11 (2)：3–40.

Agricultural Biotechnology 农业生物技术

农业生物技术是利用现代生物技术工艺，特别是基因序列中的 DNA 重组，让粮食作物和动物的新品种具有有用的遗产性状的技术。20 世纪 90 年代中期，在粮食作物中引入的第一个转基因引发了一场持续到今天的重大全球性争议。在美国，很多农民种植转基因作物，据估计有 75% 的加工食品中含有来自转基因作物的成分。然而，在欧洲，基于对安全、环境影响、利益缺失以及道德和伦理议题的关注，人们对转基因食品和作物有着强烈的抵制情绪。另外，欧盟（European Union，EU）对转基因生物采取了更加严格的监管，很少有转基因生物获得许可。

众多研究试图对美国和欧盟公众舆论在转基因食品和作物方面的明显分歧进行解释。一些研究考察了欧洲媒体对生物技术争议更广泛报道所带来的影响，包括更多地关注生物技术的反对者。虽然媒体报道和关注点的不同可能解释了欧洲和美国对转基因所表现出的反应的一些不同，但是研究表明其他因素也可能与此相关，并且大西洋两岸的公众舆论要比政策制定者大体上认为的更加复杂和微妙。

技 术

基因是包含能让所有有机体发挥作用的遗传指令的DNA序列。基因通过一系列步骤控制着特殊有机体中成千上万种蛋白质的表达，除其他因素之外，还可以解释特定有机体的特征或者性状。这种遗传性状对农业来说价值巨大；自然发生的微小的基因变异就会使一种植物尝起来是甜的，而另一种则是苦涩的。几个世纪以来，人们一直对作物和动物进行遴选和杂交，以期生产出更有营养的或者更容易生长的食物。结果，几乎今天所有的粮食作物和动物都和它们的远古祖先在基因方面存在着差异。

1973年，赫伯特·博耶博士（Dr. Herbert Boyer）和斯坦利·科恩博士（Dr. Stanley Cohen）掌握了从一个有机体中“切割”基因序列，对基因序列进行重组，或者把它“粘贴”在其他有机体内，让基因保留其原始功能的技术。因为植物、动物和人类共有一些基因，所以这种新的基因剪接技术——称为DNA重组或者重组DNA转化——使得基因（及其有用的性状）在完全不相关的有机体间进行转接成为可能。这项技术为动物和作物培育者培养新的品种带来了全新的机遇。有机体不再需要在性别上兼容了；在细菌中发现的一个有用基因可以拼接到玉米株中。进而，仅增加一个单一的新基因的能力就可以让培育者比传统的试错法育种方式获得更多的精确性和可预见性，加速了有用的新品种的发展。虽然所有的植物和动物经由传统育种方式在遗传方面发生了改变，但是基因修饰或者基因工程的通俗意义指利用DNA重组技术来修饰某种植物或者动物。

转基因食品介绍

农业生物技术在真正意义上的采用始于1996年孟山都公司（Monsanto）在商业上推广一种大豆，该大豆的基因进行了修饰以抵抗孟山都公司的农达除草剂。这种新的性状使农民通过在整块田地里喷洒抗农达除草剂而不杀死大豆作物的方式来更容易地铲除杂草。利用类似的生物技术手段，可以用来自细菌中的基因对像玉米、棉花、马铃薯这样的作物进行修饰，以让这些作物具有抗虫害能力。病毒防护也同样被植入一些商业价值不大的作物中，如木瓜。较大的农业生物技术公司有孟山都公司、杜邦公司（DuPont）和先正达公司（Syngenta）。

到2008年，也就是转基因作物被引入农业仅13年后，美国农业部（U.S. Department of Agriculture，USDA）预测在美国种植的作物中，有80%的玉米、92%的大豆以及86%的棉花都是生物技术品种。从这点来看，农业生物技术是美国历史上推广最迅速的农业技术。

美国和欧洲的公众舆论

美国转基因食品的广泛生产以及积极的反对意见的明显缺乏，通常与欧洲对转基因的抵制形成反差。虽然欧洲和美国的公众舆论对生物技术存在差异，但是大西洋两岸消费者的态度都比通常所描述的要微妙且复杂得多。

研究表明，大多数美国人仍然对基因修饰食品一无所知，也不知道转基因食品在多大程度上已经上了他们的餐桌。有些研究还表明转基因食品这个议题在美国的显著性很低。国际食品信息委员会（International Food Information Council）的调查表明，在对食品安全这个自发的问题作出回应方面，极少数受访者把转基因食品看作一个问题。还有研究表明转基因食品问题在整个食品安全领域处于重要性较低的位置。

另外，公众舆论研究表明，相当少的美国人在安全、环境影响、道德和伦理的基础上表达对食品生物技术的反对或者关切。在某些情况下，这些结果和欧洲民意调查结果没有太大的差别。一些研究表明，美国可能存在对转基因食品的反对意见，但这些意见较少受到媒体关注。苏珊娜·H.普瑞斯特（Susanna H. Priest）认为，美国公众反对意见相对缺乏，可能是因为阻碍异见人士公开表达自己对主流观点看法的“沉默的螺旋”效应，而主流观点在一定程度上是由媒体对这一问题的报道所构建和强化的。

研究还表明美国人的观点与欧洲人类似，受到了生物技术使用目的的影响。因而，与让植物更容易生长相比，在利用生物技术来生产药物或改善营养上，美国民众的支持更多一些。这项研究表明消费者可能采用功利主义的风险－收益分析方法来形成自己的观点。其他研究考虑了被认为会影响公众对生物技术态度的其他因素，包括教育和知识水平、信任和群体认同、对生物技术的态度以及对政府、科学家和专家的信任等。

如同欧洲晴雨表和其他研究所表明的那样，大多数欧洲人也对转基因食品的安全性和环境风险表示关切，并且他们还对美国农民和美国跨国公司从转基因食品获利持疑问。显然，在这个议题上欧洲人比美国人更不相信政府、科学家和专家，他们更愿意相信消费者和环保积极分子。公众的反对态度在欧洲要比美国更明显。即使在获得欧洲政策制定者批准的转基因食品为数不多的几个案例中，由于消极的公众舆论以及对激进分子反对的担心，超市和餐馆也不会提供这些食物。

一些研究考察了媒体在影响美国和欧洲的舆论以及反对意见存在分歧上的作用。虽然精英媒体对欧洲生物技术议题的报道框架和美国类似，但是欧洲媒体更加关注存在异议的观点，特别是促进欧洲反对观点表达的合法化。相比较而言，美国媒体倾向于反映更多的官方、工业领域和科学领域的主流观点。另一个影响公众舆论和媒体报道的因素是：尽管早些时候曾作出与事实相反的保证，但是，1996年英国政府公开承认，食用感染疯牛病的牛的肉实际上可能导致严重的人类疾病。媒体对疯牛病危机达到饱和程度的报道，导致欧洲对食品供应安全的大范围恐慌，以及对政府承诺的不信任，当时也正是第一批转基因作物被引入欧洲的时候。

政策分歧

对生物技术的分歧还体现在公共政策领域，美国和欧盟委员会（European Commission）采用了完全不同的政策途径。美国的监管政策所根植的原则是：生物技术不存在特有的风险，且一种产品的任何风险都应该根据该产品的自然属性而非其生产的过程进行评估。因而，所有新的食品，不论是来自转基因作物还是来自传统作物，都应该用同一种方式进行监管。在美国，转基因产品和其他产品，如食品、除草剂和药物，采用同一法律进行监管。因为转基因食品通常被看作与传统食品“实质上等同”，因而不要求对转基因食品贴上标签。

相反，欧洲采用了基于程序的监管手段。所有的转基因作物和食品都要在专门适用于生物技术产品的法律下进行安全审核和审批。欧盟还要求来自转基因作物的大多数食品都要贴上标签，而且产品“从农场到餐桌”都要可追溯其来源。欧盟的监管手段反映了名为“预防性原则”的一种宽泛政策，该政策认为在存在着科学的不确定性以及对环境或者公共健康有显著且不可逆转的危害的地方，采用限制措施是恰当的。虽然有几种转基因作物和食品通过了欧盟的安全审查，但是几乎没有一种获得了欧盟政治决策程序的最终许可。在2006年，世界贸易组织（World Trade Organization，WTO）站在了美国的一边，认为欧洲1999—2003年未能批准转基因作物的做法违反了贸易协议。

全球应用

世界其他国家对农业生物技术的采用则喜

忧参半。政府和农民就如何在潜在利益与欧洲的反对、消费者的担心、潜在的环境危机以及市场不确定性之间进行权衡。这种担心在2002年得到了充分的证明，当时几个遭受饥荒的撒哈拉以南非洲国家起初抵制美国提供的含有转基因品种的玉米食品援助。然而，世界范围内采用基因修饰作物的国家在不断增多。2007年，根据获取农业生物科技应用技术国际服务机构（International Service for the Acquisition of Agri-Biotech Applications）的数据，全球种植转基因作物的面积从2003年的6770万公顷增加到1.143亿公顷，大多数（86%）种植转基因作物的耕地仅位于4个国家：美国（50%）、阿根廷（17%）、巴西（15%）和加拿大（7%）。另外9%来自中国和印度的转基因棉花，其余的5%分布在全球17个国家。除当前种植转基因作物的23个国家外，其他29个国家监管审批进口了至少一种转基因作物。

转基因食品的视角

虽然生物技术的支持者认为生物技术是植物和动物育种技术的直接扩展，但是反对者倾向于将其看作彻底的背道而驰。支持者强调DNA重组育种比传统育种更安全、更精确，因为和传统育种中随机地交换遗传物质，所以它涉及仅切割已选的具有已知功能的遗传物质。他们还认为生物技术的风险和很多其他公认的与育种形式相关的风险没什么两样，包括突变。然而，批评者回应说当前的DNA重组技术不能控制被插入遗传物质的基因组的位置，这会导致难以预料的后果。他们还认为区别很大的物种的遗传物质组合是全新的，而且会产生不确定的风险。

食品安全问题

这些迥异的观点致使人们质疑来自转基因作物或者动物的食品的安全性问题。来自美国国家科学院（National Academy of science）的报告显示，美国的监管机构和大多数科学家的立场是：虽然生物技术可能从理论上改变了一种食物的毒性或者营养价值，但是这样做的风险和传统育种中出现的风险类似。美国食品和药品监督管理局（U.S. Food and Drug Administration，FDA）认为来自转基因作物的大多数食品和传统食品“实质上等同”，因而也和传统食品一样安全。另一个问题是一种新的基因是否会让某些消费者出现食品过敏反应。这个问题出现在了星联玉米的案例中，这是环境保护署（Environmental Protection Agency）出于对这种新引入的蛋白质会成为食品过敏源的担心而拒绝批准的一种转基因品种。有些批评者担心某些转基因食品中作为基因重组过程副产品的抗生素抗性基因有可能会加剧人类的抗生素耐药性问题，但是美国食品和药品监督管理局的立场是：这种风险很小。

生物技术的支持者将12年来美国市场上转基因食品对人体健康产生不良影响的任何报道的缺失，看作转基因食品安全的证据。批评者回应说没有持续的政府监管和研究项目来关注这样的影响。他们还指出缺乏对人类的长期测试以及对某些动物的喂食研究，认为这会发现潜在的不利影响。支持者则反驳这些研究的重要性。

支持者还认为转基因食品要比传统食品更安全、更有营养。如抗虫玉米更不容易遭受毒枝菌素的污染。生物技术还被用来研发具有叶红素的水稻品种，以缓解那些几乎完全以米饭为主食人群的维生素A缺乏症。

环境问题

转基因作物还引发了一些环境问题。一系列环境问题涉及转基因植物和动物向其他植物和动物传播这种与众不同的基因的可能性。批评者将这称作“生物污染”，并认为一旦出现这种情况，就难以消除。已经在墨西哥偏远地区的本土玉米品种中发现了商业化转基因作物的基因序列。同样，人们还担心转基因抗除草剂的性状最终会传入和油菜籽有较近关系的杂草中。

基因流动是一种自然现象。问题不是这种现象是否会发生，而是这种基因转移是否有可能持续存在，以及如果存在的话是否会产生环境差异。生态学家认为与众不同的性状很有可能会消失，除非它们以某种方式为植物或者动物提供了超越其竞争对手的适合度优势。在提供给国家科学院的报告中，科学家对来自转基因动物基因流动的担心要多于来自转基因植物。例如，在某些情况下，逃进海里并与野生鱼类交配的多产的转基因鱼会导致野生物种的完全消失。在这种情况下，问题就是物理的和生物的隔离系统是否强大到足以降低这种风险。

像传统的化学杀虫剂一样，被修饰得可以抗虫的植物会引发额外的环境问题。一种担忧就是对益虫以及其他“非目标”昆虫的潜在威胁。1999年的一份转基因玉米会杀死帝王蝶的报告引发了一场全球性的风暴反应。后来的研究表明在现实情况下，帝王蝶的幼虫不太可能暴露于抗虫玉米花粉致死的水平。另外一个问题是如果害虫长期处于抗药的环境中，它们会进化出抗药性，使植物（以及杀虫剂）失效。截至2008年，虽然在中国出现了这方面的报道，但害虫对转基因作物的抗药性并没有成为美国的一个主要问题。

生物技术的支持者指出了转基因作物带来的一系列环境效益。让农民获得亩产更高的技术意味着用更少的土地可以种植更多的食物。更有效的耕作方式，特别是在发展中国家，可以减少把边际土地（如热带雨林）变成耕地的压力。转基因作物减少了农民在一些植物上使用化学杀虫剂的用量，并且抗虫害作物让农民更容易采用免耕技术，这有利于保持水土的完整性并减少水土流失。支持者还指出未来转基因作物的潜在环境效益，如抗旱作物可以减少对水的需求。

然而，在更广泛的范围内，有些批评者将生物技术视为不可持续的农业工业化体系的一部分，而这种体系依赖的是单一栽培、廉价石化制品和短期的技术手段。

道德和伦理问题

1998年，当英国查尔斯王子（Prince Charles）认为转基因食品把人类带入了他认为只属于上帝的一个领域时，他对生物技术的道德和伦理问题表达了自己的关切。美国和欧洲的公众舆论调查都证实了，很多人认为科学家在用生命的基石“扮演上帝”。调查还表明部分出于道德和伦理的关切，和转基因植物相比，公众对转基因动物体现出更为显著的不安。

经济问题

生物技术的经济效益问题也一直处于争论中，特别是经济效益如何分配的问题。有关生物技术作物对美国农民而言更有利可图的证据也很混杂。虽然农民因不购买杀虫剂或者免耕而节省了支出，但是这些被节省的支出至少部分地被转基因种子的高昂价格（以及可能的较低产量）对冲掉了。然而，对生物技术种子品种的快速采用，显然表明大多数美国农民在生物技术品种中找到了价值。

此外，有些农民还抵制孟山都公司的政策，即严禁农民保留种植转基因作物而生产的种子，并且在下一季继续种植这些种子。孟山都公司认为需要这样的限制措施来保护其获得专利的转基因种子免遭非法复制的损害。批评者认为给种子申请专利并通过法律许可和生物手段（如使种子不育的基因）来限制种子的复制是不公平的，特别是对发展中国家的小农场主来说。

还有些经济问题与对转基因种子和花粉迁移到环境中的管理相关。发现在自己的土地上长了自己并不需要的转基因作物的农民可能会承担侵犯专利的责任。有机作物种植者不想转基因作物的花粉和种子与自己的粮食作物混合杂交，因为这会使他们的全部作物滞销。这些问题以及相关问题是美国和加拿大各种各样诉讼案件的主体，这些案件可能会解决那些无意的基因流动的责任问题。

结 语

围绕着农业生物技术的全球争议受到了基于反应风险、受益和信任不同视角的公共舆论的驱动——社会价值受到文化、历史以及媒体和传播努力的塑造。寻找这些争议的短期解决方案可能是十分困难的。

撰 稿 人：Michael Rodemeyer

另请参阅：Department of Agriculture，U.S.；Food Safety；Precautionary Principle

参考文献

[1] BROSSARD D，SHANAHAN J，NESBITT T C.（Eds.）. The public，the media and agricultural biotechnology [M]. Oxfordshire，UK：CAB International，2007.

[2] FEDEROFF N，BROWN N M. Mendel in the kitchen [M]. Washington，DC：Joseph Henry Press，2004.

[3] GASKELL G，ALLANSDOTTIR A，ALLUM N，et al. Europeans and biotechnology in 2005：Patterns and trends [J/OL]. Eurobarometer，2006，64（3）[2008-08-13]. http://ec.europa.eu/research/press/2006/pdf/pr1906_eb_64_3_final_report-may2006_en.pdf.

[4] JASANOFF S. Designs on nature [M]. Princeton，NJ：Princeton University Press，2005.

[5] PRIEST S H. A grain of truth：The media，the public and biotechnology [M]. Lanham，MD：Rowman & Littlefield，2001.

[6] PRIEST S H. Public discourse and scientific controversy：A spiral-of-silence analysis of biotechnology opinion in the United States [J]. Science Communication，2006，28（2）：195–215.

[7] PRIEST S H，BONFADELLI H，RUSANEN M. The "trust gap" hypothesis：Predicting support for biotechnology across national cultures as a function of trust in actors [J]. Risk Analysis，2003，23（4）：751–766.

Agricultural Communicators of Tomorrow 未来全国农业传播者

未来全国农业传播者（National Agricultural Communicators of Tomorrow，National ACT）是一个大学生组织，它力图在当地、美国国内以及国际上激发人们对农业传播职业的兴趣；促进学生与高校提供农业传播学术项目的教学人员之间的交流；为学生和农业传播专业人员的个人发展和职业发展提供机会。其会员主要是对农业传播有极大兴趣的本科生和研究生。在美国和加拿大的大学共有超过 15 个分会隶属于未来全国农业传播者组织。

未来全国农业传播者和农业传播专业人员在每年的农业媒体峰会（Agricultural Media Summit）上召开一次会议。它还赞助一些年度活动，包括仲春职业发展研讨会，这是一个学生可以从专业人员那里获取有关自己传播素材的反馈并获取奖学金的竞赛活动。一个由学生组成的负责人团队以及指导教师负责管理未来全国农业传播者。希望设立分会的大学可以访问该组织的网站获取资料。

未来全国农业传播者发端于 1968 年，当时来自伊利诺伊大学（University of Illinois）的农业传播专业的学生提出了成立一个全国性学生群体的构想，并且向有农业新闻和农业传播课程的大学发放了问卷。来自 22 所大学的反馈表明，有 15 所大学的 250 多名学生参加了这样的课程。调查对象认为成立一个农业传播的全国性学生组织是有价值的。作为这些鼓舞人心的反馈的一个结果，来自伊利诺伊大学、爱荷华州立大学（Iowa State University）和密苏里大学（University of Missouri）的学生和指导教师于 1969 年年初在爱荷华州的柏林顿召开会议，研讨成立这样一个组织的可行性并且策划召开全国性会议。这个最初的群体设想一个全国性组织可以为全国的学生提供专业发展机会、领导力、社交机会以及让全国的农业传播和农业新闻学生进行互动的渠道。经过两次会议之后，该组织的策划者起草了一个章程并请求美国农业传播者教育协会（American Association for Agricultural Communicators in Education，AAACE，即众所周知的 ACE）作为其主管单位。美国农业传播者教育协会成员于 1969 年的会议上同意了这项安排。1970 年 7 月，来自 7 所大学的 23 名学生与美国农业传播者教育协会会谈，并成立了未来的美国农业传播者协会（American Association of Agricultural Communicators of Tomorrow），也就是未来全国农业传播者。这些大学包括科罗拉多州立大学（Colorado State University）、特拉华河谷学院（Delaware Valley College）、乔治亚大学（University of Georgia）、伊利诺伊大学、爱荷华州立大学、密苏里大学和俄亥俄州立大学（Ohio State University）。

虽然未来全国农业传播者在过去的这些年发生了很多变化，但是一些观念一直是该组织的重要组成部分。第一个就是未来全国农业传播者把整个事业领域同农业传播联系起来的能力。该组织赞助的国内项目、区域性项目和分会性项目努力反映所有学习农业传播和农业新闻的学生的利益。在未来全国农业传播者年度竞赛的种类中可以发现关于学术和职业多元性的优秀案例。第二个观念就是和各种专业的农业传播组织保持联系。多年来，未来全国农业传播者在很多方面和这些组织一起开展工作，包括和不同组织联合召开全国性会议，提供辅导项目、奖学金以及实习机会。这种合作关系的价值通常不是短期能体现的，或者不能在未来全国农业传播者组织的成员在校期间呈现出来。而当他们毕业后用这种人际关系来寻找工作并建立与农业传播的关系网络时，其价值就体现出来了。第三个观念是为学生提供那些他们从事农业传播职业所需知识的学习机会。这种观念通过多种方式得以实现。例如，当学生参加评比时，他们会得到对自己技能的评估，并掌握提高技能的方法。此外，讲习班还为学生提供机会，让他们在进入农业传播领域时更多地了解对他们的要求。

撰 稿 人：Ricky Telg

另请参阅：Agricultural Journalism；Association for Communication Excellence

参考文献

[1] ETTREDGE T M，BELLAH K A. A curriculum for university agricultural communication programs：A synthesis of research [C/OL]. Proceedings of the 105th annual meeting of the Southern Association of Agricultural Scientists，Agricultural Communication Section. Dallas，TX，2008. [2009-04-27]. http://agnewsarchive.tamu.edu/saas/2008/Ettredge.pdf.

[2] MORGAN A C. Competencies needed by agricultural communication undergraduates：An industry perspective. Proceedings of the 106th annual meeting of the Southern Association of Agricultural Scientists，Agricultural Communication Section [EB/OL]. [2009-04-27]. http://agnews.tamu.edu/saas/2009/morgan.pdf.

[3] National Agricultural Communicators of Tomorrow：http://gonact.org.

[4] REISNER A. An overview of agricultural communications programs [J]. Journal of Applied Communications，1990，74 (2)：8-17.

[5] RHOADES E，RICKETTS J，IRANI T，et al. Critical thinking dispositions of agricultural communication students [J]. Journal of Applied Communications，2005，89 (1)：25-34.

[6] TELG R W，IRANI T. Integrating critical thinking into agricultural communication curricula [J]. Journal of Applied Communications，2005，89 (3)：13-22.

[7] TOOMEY A C，TELG R. Critiquing the contest：Assessing the benefits of a collegiate academic competition [C/OL]. Proceedings of the 106th annual meeting of the Southern Association of Agricultural Scientists，Agricultural Communication Section. Atlanta，GA 2009. [2009-04-27]. http://agnews.tamu.edu/saas/2009/toomey.pdf.

Agricultural Journalism
农业新闻学

就像一些从业者描述的那样，农业新闻学这个传播学的专业领域聚焦于报道从“农场到餐桌”或者“从门口到盘子”的食品体系的新闻和消息。农业新闻记者在报道这些专业话题时面临一些非同寻常的挑战，这些挑战包括横跨农民、跨国农业综合企业和消费者利益的科学、技术、经济、政治、环境、健康以及社会的影响。

在很多方面，农业新闻学只是一个好的新闻学科——获得一则报道的精确信息，核实并评估事实，把对立的观点不偏不倚地阐述出来，清晰且准确地撰写新闻报道，同时确保独立性和客观性。然而，农业新闻记者还需要在包括食品体系的科学、技术、市场、健康风险以及公共政策等领域具有额外的专业知识和相关的资源。

这些记者必须时刻准备报道植物分子生物学、乙醇和其他生物燃料产品的化学影响、农业杀虫剂的环境影响、集约化动物饲养经营的出现和所谓的农业产业化的其他方面，以及诸如全球定位系统和计算机数据库这些新技术在农场中的应用等。当公众关心食品安全、食品成本、气候变化的影响时，为不断增长的人口提供食物的问题比以往任何时候都越发重要。

农业新闻学的根源

过去两个世纪里北美农业的重大变化体现了农业新闻学的历史。农业新闻学起源于北美人对在美洲大陆耕作的可靠信息的需求。美国第一份农业期刊《农业博物馆》(*Agricultural Museum*)出版于1810年。该刊物编辑大卫·威利牧师(Reverend David Wiley)认为需要这样一份出版物，因为在农业方法上“普通农民的改变是缓慢的”。威利把提供信息以及这些农民“更开明的邻居”的案例作为改变他们偏见的方式。他承诺向读者提供耕作方法的最新信息，因为在他看来当时可用的“杂志、博物馆以及其他期刊成果对农学家的服务不足”。

《农业博物馆》只维持了两年，但是其他期刊相继出现。在大多数情况下，这些期刊的报道范围更广泛，包括作物、家畜和园艺。这些出版物包括1819年创刊的《美国农民》(*American Farmer*)，以及19世纪30年代创刊的《耕童》(*Plough Boys*)和《新英格兰农民》(*New England Farmer*)。《美国农民》的出版商约翰·斯图亚特·斯金纳(John Stuart Skinner)被认为是美国农业新闻学之父，他也是马里兰州巴尔的摩邮政局的局长。

自此之后，新的农业杂志数量迅速增加。很多取得了成功，但也有一些昙花一现。到1840年，共有30种农业出版物，总发行量超过10万份。在19世纪中期的月刊中最著名的是《美国农学家》(*American Agriculturalist*)，它以在文章中刊载农业科学知识和耕作的实践内容为特色。新的印刷技术、扩张了的交通运输网络以及为农村地区的免费邮递服务，使得农业出版物更便宜且更易获取。随着农业耕作拓展到中西部地区和美国西部，农业信息的需求也不断增加。

19世纪后半叶，日报增加了农业作家。赠予大学里的农业试验场在一系列农民感兴趣的话题上发布了信息公报。1880—1920年，农业杂志的数量从157份增长到400份，总发行量在1920年则达到了1700万份。随着专业农业新闻记者机会的不断增加，农业新闻教育的大学课程也开始增加。第一个农业新闻课程在1905年开设于今天的爱荷华州立大学（Iowa state University）。即使北美人口变得越来越城市化，这个趋势也仍在持续。

20世纪的农业新闻学

在20世纪的大部分时间里，农民以及农业新闻记者需要紧跟农业领域科学概念的出现和技术进步不断加快的步伐，包括新机械、杂交育种、土壤肥料、农业化学、基因修饰作物、利用计算机操作管理农业以及所谓的精细农业。农业新闻记者采取了新的传播技术。在20世纪20年代，广播首先及时地向农村地区播报天气状况、作物信息与市场报告，以及有关政府项目的农业建议和信息。美国农业部（U.S. Department of Agriculture）和当地电视台在20世纪40—50年代通过电视向农村地区传送农业新闻。在快速发展的广告业的帮助下，杂志也保持同步，到1955年共有390份出版物，总发行量超过2000万份。很多农业综合企业开始发行自己的农业杂志，并和独立的出版公司竞争。1970年，平均每个农场有7份农业出版物。

随之而来的是艰难的时刻。20世纪80年代的农业危机期间，大量的订阅者失去了土地，杂志广告下降，迫使很多出版机构关门停业。农场数量减少，但是规模扩大了，这让农业专业信息的需求不降反升。农业出版机构紧跟这个趋势。在最具综合性的农业杂志中，《农业期刊》（*Farm Journal*）、《进步农民》（*Progressive Farmer*）和《成功农业》（*Successful Farming*）得以幸存。很多出版物，如《猪肉》（*Pork*）和《奶牛场管理》（*Dairy Herd Management*），讨论了专业的农业利益。

加拿大记者托马斯·帕里克（Thomas Pawlick）的调查显示，美国和加拿大的报纸和广播电台对农业新闻的报道从1970年开始显著下降。这导致帕里克所谓的农业从公共意识里消失了的“无形农业”的趋势。出现这种趋势的部分原因是所有权高度集中的传媒公司削减支出的措施淘汰了很多农业作家。同时，到1990年只有2%的美国人生活在农场里。帕里克认为非农业人口仅从大都市日报的食品版块中获得农业新闻，这类新闻越来越提供着眼于食品来源的消费者导向的报道。

20世纪晚期，只有不到20所美国大学有为农业出版机构和主流媒体培养记者的农业新闻课程。在20世纪90年代和21世纪，很多大学的课程开始转向农业传播项目，更多地定位于培养在农业综合企业的公共关系和广告、农业推广、学术界、政府部门和特殊利益群体中谋求职位的学生。

和其他新闻专业从业者（如商业、环境和科学）类似，农业新闻记者有时候被认为是农业及其产业、政治和技术精英的坚定倡导者，而非对强大的农业机构所具有的权威发起挑战的独立的、视野开阔的观察者。一些批评者认为这种农业的自我宣传反映了农业传媒不愿意报道争议性话题，也不愿意对诸如环境、水污染和食品安全这类话题的农业利益进行质疑。

例如，20世纪80年代，作为《新农场杂志》（*New Farm*）的编辑兼出版商的有机农场主乔治·德沃尔特（George DeVault）批评说，作为农业新闻记者职业会员组织领导机构之一的美国农业编辑协会（American Agricultural Editors Association，AAEA）在很大程度上是由参与到农场供货商公共关系当中的“老男孩和老女孩”组成的“一个错综复杂的兄弟会”，而农场作家则被流放成发布这些供货商产品新闻稿的人。其他人认为由于经济问题导致的很多农场媒体公司受众的下降以及广告收入的减少，使农场杂志编辑更愿意在报道选题和布局上向广告商的愿望卑躬屈膝，这进一步损害了媒体组织的公信力。

另外，很多农业新闻记者认为他们作为食品体系信息独立把关人的完整性是完好无损的。和其他农业媒体机构一样，美国农业编辑协会认为自己是不受农业综合企业影响的，并且它的道德准则认为会员应该避免利益冲突并在工作中做到诚实、精确、周密且公平。农业新闻记者认为，因为他们在农业中的兴趣、背景和人际关系，所以他们最适合解释农业的科学、技术、商业、社会和公共健康的复杂性。

虽然很多农业出版物至少把它们信息产品的一部分移到了互联网上，但是未来的农业新闻有可能存在于塑造其开端的同样的力量中：公众对解读清晰、易于理解且精确可靠信息的迫切需求。然而，就像农事在过去两个世纪里已经发生了剧烈的变革一样，那些报道和撰写农事的人也在试图适应农业在 21 世纪的现实情况。这些现实包括公众缺乏对农业的理解，农村与城市冲突的不断加剧，企业权力的上升，家庭农场的消失，对农事环境影响的担心，对食品质量和安全、基因工程、营养、国际市场、传染病以及全球食物获取的质疑。简言之，如今的农业仅被视为彼此关联的全球食物体系的一部分。

如农业新闻学者吉姆·伊万斯（Jim Evans）和欧文·罗伯茨（Owen Roberts）所言，农业报道已经发展成了越来越以城市地区以及某些农村地区的消费者为目标人群的食品、科学、贸易或者其他相关报道。人人种田现象不复存在，但是每个人都要吃饭。农业新闻记者，特别是那些长期以来着眼于农产品报道的人，正尽力解决其必须报道的全球食品体系多元意义的变迁。他们还需要适应新的受众对信息的需求，即这个体系如何运作、如何变化，以及这些变化对农场内外的普通人意味着什么。

撰 稿 人：William Allen

另请参阅：Agricultural Communicators of Tomorrow; Career Paths, Science/Environmental Journalism; Climate Change, Communicating; Environmental Journalism; Food Safety

参考文献

[1] BOONE K, MEISENBACH T, TUCKER M. Agricultural communications: Changes and challenges [M]. Ames: Iowa State University Press, 2000.

[2] EVANS J, ROBERTS O. (n.d.). Great laments in ruralurban relations—and why these issues are so difficult to cover [NB/OL]. www.ifaj.org/fileadmin/user_upload/Professional_Development/2008_urban_rural_relations2.pdf.

[3] PAWLICK T F. The invisible farm: The worldwide decline of farm news and agricultural journalism training [M]. Chicago: Burnham, 2001.

[4] WILEY D. Introduction [J/OL]. Agricultural Museum, 1810, 1 (2): 1–3. http://books.google.com.

Alcohol, Risk Communication for 酒精危害传播

旨在抑制酒精过度消费的危机传播代表着传播研究的一个重要领域，这在很大程度上是由于酒精滥用给个人和社会带来一系列消极的后果。根据疾控中心（Centers for Disease Control and Prevention）的资料，过度的酒精使用成为一种严重的公共健康危机。实际上，重度饮酒（每个男性平均每天喝两瓶酒或者每个女性平均每天喝一瓶酒）以及酗酒（每个男性一次喝5瓶或者更多的酒，每个女性一次喝4瓶或者更多的酒）是美国与生活方式相关的第三大死亡原因。此外，过度的酒精使用还与一系列的社会弊病相关，包括交通事故、犯罪活动、饮酒者间的人身伤害等。显然，政府和其他社会机构在最小化过度酒精消费的影响方面存在着既得利益。

与过量饮酒相关的负面结果催生了各种以大众传媒为基础的阻止或者节制饮酒的社会宣传。然而值得一提的是，基于媒体宣传的成功取决于某些媒体——特别是电视的公信力，这些媒体通过模仿不健康的行为以及轻视威胁健康的行为展示的负面效果。研究表明社会宣传的结果好坏参半。反过来，这引发了另外一个以人际传播模型为基础的研究流派，有些研究着眼于经验学习。

保护动机理论

由罗纳德·W. 罗杰斯（Ronald W. Rogers）在保护动机理论上做出的具有里程碑意义的研究为很多社会宣传提供了理论基础，包括那些旨在抑制过度酒精使用的活动。保护动机理论概述了在什么条件下个体有动机去改变行为以保护自身健康。根据这个模型，人们改变不健康行为的动机如下：①感知到的健康威胁的严重程度很高。②认为自己容易受到健康行为消极效果的影响。③改变行为方式很有可能在减轻他们意识到的健康威胁方面非常有效。④改变健康行为的成本很低。⑤强烈地认为自己能够改变当前的行为。

基于保护动机理论的反酒精滥用社会宣传通常依赖于恐惧诉求，强调过度酒精使用以及酗酒的负面后果。这种形式的运动已经在全球很多国家开展，包括英国、澳大利亚、加拿大以及美国。虽然这些运动在传播与饮酒相关的威胁方面取得了成功，但是研究表明在帮助个体意识到其饮酒行为的危险性方面是不太成功的，主要是因为这种运动在避免导致危险性饮酒行为方面没有提供建议。

传播文献表明，恐惧诉求的效果成败参半。在一项健康传播信息策略的分析中，研究人员发现那些获得着眼于健康行为个人后果信息的男性和女性在健康动机方面存在着明显的差异：男性对没有感情色彩的信息反馈最积极，而女性则对有感情色彩的信息反馈最积极。与其类似，有关个人后果的生动的信息似乎可以增加白人受众的健康动机，但却可以极大地降低非白人受众的健康动机。这些发现表明，当以特定群体为目标时，反酒精传播可能会更有效果。

社会规范运动

大学生面临的酗酒行为危险程度很高。根据研究，这是因为大学生一般认为在大学期间过量饮酒是正常的，他们认为过量饮酒是在同龄人中提升个人社会地位的一个途径，宿醉以及与危险饮酒相关的其他消极后果是一种仪式。在一项对全美国超过 1.7 万名学生的具有里程碑意义的研究中，H. 韦斯利·铂金斯（H. Wesley Perkins）和亨利·韦克斯勒（Henry Wechsler）发现在大学期间对饮酒消费规范的认知是学生个人酗酒的最重要表征：学生越认为酒精在他们大学的文化中发挥重要作用，其在大学期间遇到与酒精相关的个人问题的可能性也越大。

作为抵制这些观点的一个手段，几乎超过一半的大学都基于社会规范采取了旨在阻碍酗酒行为的媒介运动；很多运动得到了旨在改变高校学生对待饮酒的态度的联邦经费的支持。这些运动努力确保让学生了解在大学里饮酒并不像他们想象的那样流行。例如，在加利福尼亚大学伯克利分校（University of California Berkley）开展了一场“不要告诉我如何聚会”的运动，其特点是由在校学生和众人分享他们节制饮酒但仍然可以享受美好时光的经历。这些运动的设想是一旦那些过高估计他们同学饮酒能力的学生理解了实际的规范，他们饮酒的行为很有可能会与这些规范保持一致，从而降低在大学里过度饮酒和酗酒的概率。

根据公开的研究，社会规范运动的结果也是错综复杂的。例如，在他们就某大型高校开展的有关社会规范运动的评估中，林赛·D. 普朗克（Lindsey D. Polenc）、安·玛丽·马杰（Ann Marie Major）和 L. 欧文·阿特伍德（L. Erwin Atwood）发现，虽然超过 90% 的学生知道他们学校的这项运动——运动信息醒目地刊登在校园及周边社区投放的广告中，但是被调查的学生中只有不到 1/3 真正相信该运动的信息，而这些学生在聚会中的饮酒量大多在 4 瓶以下。他们的研究表明，过度饮酒者——社会规范运动的主要目标群体很有可能是受该运动影响最弱的一个群体，他们从朋友的行为那里获取一些提示，而不是从大学校园中。

其他研究支持了这些发现。例如，考察一系列与健康相关的社会规范议题的研究，如锻炼、吸烟和酗酒，发现就酒精而言，酗酒最明显的表征就是个人对酒精的态度。也就是说，那些说自己喜欢喝到酩酊大醉的学生更容易酗酒，而那些认为喝多了对身体有害的学生则不容易酗酒。在这些研究中，对某个大学里“普通”学生酒精消费量的规范判断不是酗酒行为的显著表征。

此方面最广泛的一项研究是于 1992 年开始并于 2006 年结束的哈佛大学公共卫生学院酒精研究学院（Harvard School of Public Health College Alcohol Study）的研究。该研究表明，和那些没有开展社会规范运动的学校相比，开展了该运动的学校的学生饮酒行为并没有明显下降。然而，酒精研究学院的这些研究成果引起了广泛的争论，因为酒精研究学院的研究没有包括对所发起的活动的效果进行任何调查评估，而且管理者对存在社会行为的规范活动的自我报告被用于确定社会规范行为模式以及非社会规范库内容。

社会情境体验式学习模型

个人经历的重要性以及个人对饮酒的态度是决定学生是否参与到有风险的与酒精相关的危害行为的一个重要因素：学生、家长甚至全体教员共享虚构的校园饮酒情节的信息，从而强化了大学期间过度饮酒是一种规范的观点。有关预期的饮酒行为的大量信息从一个人传递到另一个人的事实促使一些研究人员探讨把人际传播引入酒精认知运动中。琳达·C. 莱德曼（Linda C. Lederman）和琳达·斯图尔特（Linda Stewart）的社会情境体验式学习模型被用来开展将中介信息和人际互动纳入的运动，该运动把学生的同辈作为传播中介。

健康运动中社会情境体验式学习有效性的关键是参与。体验式学习意味着学生必须参加那些强化反危险饮酒信息的活动。如杜克大学（Duke University）在 2000 年通过一系列无酒水聚会来尝试抑制过度饮酒行为。然而，当他们意识到其目标受众——过度饮酒者和酗酒者避免参加这个活动时，他们被迫放弃了这个策略。

鼓励学生参加健康运动的方式之一是专题培训课程。通过这种方法，传播反危害饮酒信息的学生可以把这些活动作为其作业的一部分。例如，罗格斯大学（Rutgers University）承担的"你确定"运动在高级传播课程中给学生提供一个帮助大学执行其社会规范运动的机会，经由他们在宿舍楼开展的一系列活动把这些信息直接传播给大一学生，让他们设计海报并对运动的效果进行研究。很多学生认为在这项运动中作为年轻学生的榜样的经历对其饮酒行为有积极影响，让他们更加意识到同龄人的压力并更少地参与危险的饮酒行为。一般学生群体对该运动有所认识，也理解该运动所传递的信息。但是还不清楚该运动是否对大学中危险饮酒行为的减少有所贡献。

特殊群体

虽然大学生在反危害饮酒运动中得到了较大的关注，但是另一些运动确定了要达到的特别目标，这些目标被认为是针对容易发生危险饮酒行为而制定的。未成年饮酒者是一个受到特殊关注的群体，虽然青少年饮酒是违法的，但是还有人顶风作案。由于酒精广泛的可获得性，美国卫生部（U.S. Department of Health）把它称为青少年的"首选药物"。一项调查显示，美国 12 年级的学生中有 3/4 曾经尝试过饮酒，其中 29% 在 2 周的时间里有过酗酒行为。

鉴于未成年人饮酒的危险后果——包括对内分泌系统造成损害的可能性，而内分泌系统负责管理骨骼、器官和肌肉的正常发展——美国国家酒精滥用和酒精中毒研究所（National Institute on Alcohol Abuse and Alcoholism）把采取措施控制未成年人饮酒作为首要工作。美国政府表示基于家庭和学校的干预项目对于减少未成年人饮酒是重要的干预措施，交流和体验式学习是该项目的主要组成部分。通常，这些人际的方法会和环境干预（如通过征税提高酒类的价格，加强执法行为，零容忍政策）以及媒体活动一起为未成年人及那些有意或者无意向未成年人卖酒的社区成员，营造一个促使其意识到饮酒有害健康的环境。政府的"未成年人饮酒预防运动"包括为家长、学校和社区提供的信息资源以及由广告公司 Deutsch Inc. 和环球顺化（Global Hue）发起的广告理事会公共服务运动，其口号为"未饮酒前的告诫"。这个媒体运动包括电视商业广告、无线电商业广告、杂志广告和电视广告，并鼓励家长在他们的孩子未成年且不太可能会倾听之前就和他们交流酗酒的危害。

所有的危险酗酒行为都可能影响饮酒者之外的人们的生活，怀孕妇女的饮酒行为可能会给胎儿带来直接的影响，因为从母体接受酒精可能会让胎儿患上酒精综合征，美国卫生和人类服务部（U.S. Department of Health and Human Services）的药物滥用和精神健康服务管理局（Substance Abuse and Mental Health Services Administration）将这种综合征描述为"一个涵盖性术语"，它包括一系列可能导致的身体、精神、行为和（或者）学习障碍。避免胎儿酒精综合征的唯一途径就是女性在怀孕期间戒酒，美国疾控中心（U.S. Center for Disease Control）建议所有怀孕的妇女——甚至是那些计划怀孕的妇女绝对不能饮酒，因为没有证据表明怀孕期间饮多少酒是安全的。然而，研究表明源于政府渠道的绝对戒酒的信息的一个问题是其与孕期妇女从媒体或者直接从医生那里收到的信息相抵了，即孕期饮酒有一个"安全限制"。

用于抵制孕期妇女收到的关于饮酒的综合信息——包括酒类广告中包含的积极信息的一种活动类型，是基于社区的窄播运动。窄播运动利用媒介渠道到达小型受众群，特别是面临危险的人群。加利福尼亚大学洛杉矶分校（University of California，Los Angeles）的研究人员在南加利福尼亚两个不同的较为落后的社区开展了两个社区驱动的活动——由在公共设施、零售商和诊所中发放印刷广告组成，其目标受众是 18~35 岁的女性。他们发现到诊所就诊的女性最有可能记住她们看到的抗胎儿酒精综合征的信息，这表明女性对生育问题的参与可能会提高她们对胎儿酒精综合征信息的关注。这是一个重要发现，因为它表明在把抗胎儿酒精综合征的信息传递给首要人群的时候，昂贵的大众媒体——广播和电视的利用也许没有必要。

从人际关系的视角来看，对话研究被用来考察女性怀孕期间哪种声音能在她们决定是否饮酒方面发挥重要作用。一项基于爱荷华大学（University of Iowa）的研究发现，以孕期女性或者认为自己怀孕的女性为目标人群的反对饮酒的媒体信息，应该在个人层面上（在孕期决定不饮酒是一个积极的决定）以及母性的层面上（好的母性包括在做决定的时候会考虑到胎儿的健康与福利）进行强调。该研究还表明关系的亲密程度会使另外一个人在怀孕期间更有可能被说服禁酒。这表明也许可以利用家庭成员向可能存在危险的个体传播人际的抗胎儿酒精综合征的信息。

结　论

显然，在抵制危险饮酒行为方面，交流是一个重要的武器。依靠中介的运动已经表明其在提醒人们关于危险饮酒和酗酒的潜在威胁方面是成功的。但是保护动机模型表明对威胁的理解以及相信治疗方法的低费用和可行性应该会促使人们改变消极的行为习惯。研究发现，诉诸恐惧心理来改变危险人群饮酒行为的结果喜忧参半，部分原因是大学生把喝酒看作一种规范以及短暂大学生活的一部分。他们认为喝酒可以让其符合社会目标并受到欢迎，因而愿意承担过度饮酒的消极后果。该领域的研究还在持续，并且目前正集中于将媒体运动和人际交流策略结合起来，除提高人们的意识外，还要影响人们行为的改变。

实际上，饮酒危机传播的一个主要趋势是多元的信息传播。这个趋势在为特定高危群体量身定制的运动中十分明显，这些群体包括未成年人和孕期妇女。通过不同的人际渠道，包括基于学校和社区的活动以及同龄人的建议，在不同媒体中采用酒精危害提示的组合策略，似乎最有可能提升人们的意识，而且还会带来行为的改变，这也是所有饮酒危机传播最希望达到的效果。

撰稿人：Colleen Connolly-Ahern

另请参阅：Anti-Drug Campaigns；Anti-Smoking Campaigns；Communication Campaigns in Health and Environment；Health Communication，Overview

参考文献

[1] BAXTER L A，HIROKAWA R，LOWE J B，et al. Dialogic voices in talk about drinking and pregnancy[J]. Journal of Applied Communication Research，2004，32（3）：224–248.

[2] CAMERON K A，CAMPO S. Stepping back from social norms campaigns：Comparing normative influences to other predictors of health behaviors [J]. Health Communication，2006，20（3）：277–288.

[3] CISMARU M, LAVACK A M, MARKEWICH E. Alcohol consumption among young consumers: A review and recommendations [J]. Young Consumers, 2008, 9 (4): 282–296.

[4] CONNOLLY-AHERN C, BROADWAY S C. "To booze or not to booze?" Newspaper coverage of fetal alcohol spectrum disorders [J]. Science Communication, 2008, 29 (3): 362–385.

[5] GLIK D, PRELIP M, MYERSON A. et al. Fetal alcohol syndrome prevention using community-based narrowcasting campaigns [J]. Health Promotion Practice, 2004, 9 (1): 93–103.

[6] KELLER P A, LEHMANN D R. Designing effective health communications: A meta-analysis [J]. Journal of Public Policy & Marketing, 2008, 27 (2): 117–130.

[7] LEDERMAN L C, STEWART L P, RUSS T L. Addressing college drinking through curriculum infusion: A study of the use of experience-based learning in the communication classroom [J]. Communication Education, 2007, 56 (4): 476–494.

[8] PERKINS H W, WECHSLER H. Variation in perceived college drinking norms and its impact on alcohol abuse: A nationwide study [J]. Journal of Drug Issues, 1996, 26 (4): 961–974.

[9] POLONEC L D, MAJOR A M, ATWOOD L E. Evaluating the believability and effectiveness of the social norms message "Most students drink 0 to 4 drinks when they party." [J]. Health Communication, 2006, 20 (1): 23–34.

[10] ROGERS R W. A protection motivation theory of fear appeals and attitude change [J]. Journal of Psychology, 1975, 91 (1): 93–114.

[11] WECHSLER H, NELSON T F. What we have learned from the Harvard School of Public Health College Alcohol Study: Focusing attention on college student alcohol consumption and the environmental conditions that promote it [J]. Journal of Studies on Alcohol and Drugs, 2008, 69 (4): 481–490.

Alien Abduction 外星人绑架

外星人绑架在流行文化中是一个公众非常熟悉的主题。根据那些宣称被绑架了的人的描述，外星人绑架指外星智能生物对人类的实际扣押或者绑架。自 20 世纪中期空间探索出现以来，作为报纸报道和杂志专题、自白书和科幻、电视纪录片和大制作的好莱坞电影以及数以万计网页的焦点，外星人绑架话题的热度曾经跌宕起伏。研究外星人绑架这个话题（见本词条“研究和信息”）最权威的科学家约翰·E. 麦克（John E. Mack）称外星人绑架是一种“现象”。采用这个命名方法，麦克把外星人绑架这个话题作为适合科学研究的议题，仅此而已。到他得出其研究项目结果的时候，他仍然没有解开外星人绑架的秘密。截至目前，还没有人能够对这一现象给出让亲身经历者、对此深信不疑的人以及对此质疑的人都满意的解释。没有人能证明外星人绑架是真实的，但是也没有人证明它是不真实的。

宣称被绑架的人（下称被绑架者）以及他们的支持者认为外星智能生物确实存在并且实际上造访过地球，还从地球上带走了人类。在空间科学共同体中，人们普遍接受的观点是生命可能存在于地球之外的某个地方。然而，迄今还没有人发现外星生命存在的证据。即使是接受地外生命有存在可能性这个观点的科学家也不必然接受有关外星智能生命的观点或者这些智能生命能够以光速在空间进行远距离飞行的可能性。

假定在外星人绑架的真实性这个问题上，科学是可以依赖的最高权威，那么事实是对于外星生命、外星智能生命、外星飞船或其他技术以及外星智能生命是否曾经造访过地球，科学还没有发现任何证据，或者相反，确证过任何主张。任何及所有这些事情存在的可能性，对于科学家以及致力对此进行探索的其他人而言，都是一个尚未解决的问题。

叙　事

关于外星人绑架的报道几乎都是采用第一人称描述的（至少有一个人报告说见证了外星人绑架）。有些被绑架者会讲述一个单独的绑架事件，还有些会讲述多年来的多次绑架事件。外星人绑架的报道通常会涉及外星飞船，通常称之为不明空中异象的不明飞行物，就是我们所说的不明飞行物。

外星人绑架的描述通常有一个共同的轮廓，以当代科学认为在已知的物理世界中不可能（或者极为不可能）发生的事件为特征。被绑架者被扣押，被从建筑物（通常是家里）、交通设备或者户外带走，并被某种能量束运走或者被从地球上运输到外星环境中。运输工具通常是一艘飞船，至于飞船的位置似乎和外星人绑架不是特别相关。

据说假定为起源于外星的类人生物实施了这些绑架行为。这些生物的类人特征包括智能（也就是说有研发技术的能力）和二足性。大多数被绑架者把这些生物描述为看起来像流行文化中随处可见的外星人原型的形象：没有头发，是二足生物，有两只眼睛、两条胳膊和两条腿。据说一些外星人是友善的，有些则不那么友好。

被绑架者通常说他们看到强光的照射，他们似乎失去了重力，飘浮在空中，可以穿过固体物质，并且被扒光衣服，被限制住行为或者处于瘫痪状态。很多外星人绑架叙述中的一个重要特点是外星人对他们进行类似医学检查的身体检查，他们通常报告说会有创口或者感到疼痛。有些被绑架者说外星生命在他们的身体里安装了植入物，还有人说他们的伤口有疤痕。也有人说外星人让她们怀孕且有时候还移走了混血的胎儿。外星人绑架报道的其他方面包括心灵感应交流、意识改变、精神认知以及对地球上环境状态的泄露。

也许最有名的外星人绑架故事就是巴尼（Barney）和贝蒂·希尔（Betty Hill）夫妇的叙述了。他们宣称自己于1961年被外星人从车里绑架，当时他们正在从魁北克蒙特利尔开往新罕布什尔州朴次茅斯的路上。他们的故事在书籍、电视和电影中被反复提及，并为很多其他有关外星人绑架的媒体所重述。

理　论

心理学家、精神病学家、揭穿真相的人和记者为外星人绑架现象提供了多种可能的解释。这些理论包括睡眠窒息、睡眠性麻痹、噩梦、幻想、幻觉、垂死经历、体外经历、癔症、虚假记忆、被压抑的或者复原的记忆、施虐幻想、精神病综合征、逃脱自我的欲望、人格病态（如幻想倾向性）以及共享的文化错觉。被绑架者和其他人认为这些理论中没有一个能够合理地解释这种现象。

来源于弗洛伊德学派心理分析理论的被压抑的或者复原的记忆的观点为某些人可能应付创伤的方式提供了一个可能的解释，如外星人绑架。20 世纪 90 年代，被压抑的或者复原的记忆的观点被激烈地讨论，被组织起来的心理学共同体的成员认为弗洛伊德学派所谓的被压抑的或者复原的记忆是错误的记忆。这个群体建立了错误记忆综合征基金会（False Memory Syndrome Foundation），目标是用错误记忆的观点取代被压抑的或者复原的记忆的观点。心理学家伊丽莎白·洛夫特斯（Elizabeth Loftus）是错误记忆理论的一个著名的倡议者，她（和其他人）通常是整个 20 世纪 90 年代媒体有关外星人绑架报道的专家来源。洛夫特斯是该基金会的成员。

其他对外星人绑架进行解释的理论包括政府阴谋论。被绑架的观点通常和政府掩盖外星生物造访或者出现在地球上的观点相关，尤其是在所谓的罗斯维尔事件报道中，即宣称 1947 年一艘外星飞船坠毁在新墨西哥州。另外一个可能的解释就是人类需要神话般的叙事来让现实的特定方面去神秘化。

研究和信息

20 世纪 90 年代，哈佛医学院（Harvard Medical School）精神病学终身教授兼情绪创伤领域的权威专家麦克开始了一个为期 10 年的外星人绑架研究项目——超凡体验研究项目（Program for Extraordinary Experience Research，PEER）。麦克的研究倡议引发了争论、批判和公共宣传。麦克认真地对待被外星人绑架的主张，他认为被绑架者经历了某种形式的创伤并且需要得到重视。该项目的结论没能为外星人绑架提供一个合理的解释。现在该项目的档案由约翰·E. 麦克学院（John E. Mack Institute）保管。对外星人绑架现象进行研究的其他著名研究者包括艺术家巴德·霍普金斯（Budd Hopkins）和坦普尔大学（Temple University）的历史学家大卫·M. 雅各布斯（David M. Jacobs）。

麦克研究工作存在争议的一个方面是，利用催眠术（一种目前有争议的研究方法）来帮助被绑架者唤醒他们的经历。作为一个医学博士和学术研究人员，麦克有资格研究外星人绑架。霍普金斯是一个自封的外星人绑架现象研究人员，他也用催眠术来帮助被绑架者唤起个人经历。

1992 年，一个关于外星人绑架的学术会议在麻省理工学院（Massachusetts Institute of Technology）召开，麦克和麻省理工学院的物理学教授大卫·普理查德（David Pritchard）担任大会主席，发言人包括霍普金斯和雅各布斯。会后出版了《外星人讨论》（*Alien Discussions*）论文集，作家 C. D. B. 布莱恩（C. D. B. Bryan）还就此撰写了一本畅销书。

其他学者、研究者和观察家也在研究外星人绑架现象，其中有些是名副其实的专家，有些则是自封的权威人物。国会图书馆（Library of Congress）就外星人绑架还编制了一个较大的文献目录，包括案例研究、会议报告、心理学分析和社会研究。

然而，关于外星人绑架的众多文学作品要比学术文章流行得多。大量的边缘媒体涉及外星人绑架的话题，包括大众出版的或者自助出版的图书、视频以及一些杂志，比如《命运》（*Fate*）（宣称“自 1948 年以来就一直在出版”），《飞碟评论》（*Flying Saucer Review*）（宣称于“1955 年开始出版的国际性杂志……自从 20 世纪 50 年代开始菲利普亲王就阅读这本杂志”），《奇异时代》（*Fortean Times*）以及《神秘》（*Mysteries*）。外星人绑架还是不明飞行物和边缘科学会议的流行议题，比如不明飞行物和圣经预言，文化的接触以及年度不明飞行物网络（annual Mutual UFO Network，MUFON）讨论会。这些会议的发言人和参与者中既有对外星人绑架深信不疑的人，也有对此持怀疑态度的人。

互联网让人们可以获得有关外星人绑架的海量信息，这些信息来自不同的组织，从外星人绑架美国危机处理中心（Alien Abduction Crisis Centers of America）和所有其他人族的领土到恶意外星人绑架研究、不明飞行物网络以及《真理搜寻者评论》(*Truthseekers Review*)，这些信息如果不是绝大多数也有很多是难以被证实的。很多有关外星人绑架的网站，包括 alienresistance.org 网站［抵抗外星人这个术语已经注册了商标］，alienhub.com 网站以及 aliencentral.com 网站，并没有提供这些信息内容的来源。

传统科学世界观的支持者倾向于认为对外星人绑架的宣称在逻辑上和理性上是站不住脚的。诸如怀疑探索委员会（Committee for Skeptical Inquiry，CSI）这样的自称的怀疑主义者检查并驳斥了外星人绑架的说法。怀疑探索委员会认为它自己是一个致力“从负责任的、科学的视角对超自然现象和边缘科学的主张开展批评性调查”的组织。以前，怀疑探索委员会是对声称超自然现象进行科学调查的委员会（Committee for Scientific Investigation of Claims of the Paranormal）。怀疑探索委员会持续出版《怀疑探索者》(*Skeptical Inquirer*) 杂志，该杂志定期探讨外星人绑架的议题。J. 艾伦·海尼克不明飞行物研究中心（J. Allen Hynek Center for UFO Studies，CUFOS）提供外星人绑架的信息，包括在该研究中心的《国际不明飞行物记者》(*International UFO Reporter*) 杂志中发表题为“外星人绑架和研究者的偏见：如何让你迷路”（Abductions and Researcher Bias：How to Lose Your Way）的文章。

结　论

虽然学界对这个话题的兴趣很小，但是外星人绑架已经成为一种流行文化特权，并催生了一个市场。这个话题衍生的一系列产品，有些有实际用处，而有些纯粹为了娱乐。消费者可以购买防止外星人绑架手册、外星人绑架保险、外星人绑架灯、绑架游戏和保险杠贴纸，阻止外星人绑架、阻拦不明飞行物以及阻断外星人联系的设备，家用外星人绑架工具包以及地球位置的身份识别牌，以确保被绑架者可以返回地球。亚马逊网站（Amazon，com）甚至有一个外星人绑架的消费者社区。

有线电视和好莱坞电影产业为外星人绑架提供了各式各样的内容，其范围涉及纪录片、系列片、福克斯（FOX）电视台、科幻频道（Sci-Fi，现在是 Syfy）、探索频道（Discovery）和历史频道上的迷你剧以及包括《X 档案》(*X-Files*) 在内的电影。

对于学生、研究人员、媒体和大众传媒从业者来说，外星人绑架这个话题没有最终的、权威的信息渠道。任何对探索外星人绑架现象感兴趣的人都应该对研究过程中采集到的信息的真实性和可靠性进行独立的判断。

撰 稿 人：Linda Billings

另请参阅：Astrobiology；Search for Extraterrestrial Intelligence（SETI）；Skepticism

参考文献

［1］BILLINGS L. Sex! Aliens! Harvard? Rhetorical boundary-work in the media（a case study of the role of journalists in the social construction of scientific authority）［C］. Indiana University，2005.

［2］BRYAN C D B. Close encounters of the fourth kind：Alien abduction，UFOs，and the conference at M.I.T.［M］. New York：Knopf，1995.

［3］CSI：The Committee for Skeptical Inquiry：www.csicop.org.

[4] Fate magazine: http://fatemag.com/wordpress/about/welcome-to-fate.
[5] Flying Saucer Review: www.fsr.org.uk.
[6] JACOBS D M. (Ed.). UFOs and abduction: Challenging the borders of knowledge [M]. Lawrence: University of Kansas Press, 2000.
[7] LOFTUS E, KETCHAM K. The myth of repressed memory: False memories and allegations of sexual abuse [M]. New York: St. Martin's, 1994.
[8] MACK J E. Abduction: Human encounters with aliens [M]. New York: Scribner, 1994.

Alternative Energy, Overview 替代能源概论

替代能源来源于那些可更新的、不会耗尽自然资源或者不会破坏环境的资源，或者可替代化石燃料（煤炭、天然气和石油）的资源。比如，来源于流水、太阳和风的能源，从地球热量中采集的地热能，以及来自植物物质或者废弃物质的沼气。鉴于全球大部分地区面临的迫在眉睫的能源危机，替代能源对于科学传播人员来说无疑会成为一个更加重要的领域。

可再生能源可以短期储存并且不会消失。绿色能源，作为可再生能源的一个子集，是一种可以给环境带来最大益处的清洁能源。比起传统发电技术来说，用绿色能源发电给环境带来的影响会较小，并且不会产生人为因素引起的温室气体排放。棕色能源，即不可再生的或者产生污染的能源，通常会消耗大量的水；它需要采矿、钻探或萃取；或者会在燃烧过程中排放温室气体和空气污染物。对于核能的分类还处于辩论中，它不排放温室气体，但是也需要采矿、萃取，并且会有长期的辐射废料的储存问题。

对石油价格飙升、全球能源安全以及温室气体影响的担心，拉动了多种可再生能源产业的发展。到 2007 年中期，140 多家可再生能源公司的投资超过 1000 亿美元。主要的商业行动包括表示合格的可再生能源产生 1 兆瓦时电能证据的绿色标签以及能源和环境设计先导的绿色建筑评级系统。

在过去一个世纪里，可再生能源的商业化涉及三代技术的产生。已经在经济上具有竞争力的第一代技术包括生物能、水力发电以及地热和地热电力；已经具备市场且正在研发的第二代技术包括太阳能加热、光伏以及新形式的生物能；还需要继续投入研发精力以做出重大贡献的第三代技术包括高级生物质气化、生物精炼技术、太阳能热电厂、干热岩地热发电和海洋能。

用来表示一种能源技术效率的净能量分析，可对一种技术为社会带来的能量总量和发现、萃取、生产、传送所需要的总能量以及其他将该能量升级为可用形式所消耗的能量进行对比。能源投资收益率是一种测量净能量的方法，它是传送的能源与能源费用的比率。另外一种方法是寿命周期成本分析，它比较的是所产生的电能与生产、传送、建造、操作和技术生命周期其他阶段所需要的能量总量。

太阳能

太阳每小时向地球传输的能量相当于人类每年消耗的能量总量。阳光照射 20 天所产生的能量等于全球储存的可用的煤炭、石油和天然气能量的总和。太阳能可以通过被动式的日光照射、把阳光转变为电能的屋顶太阳能电池板以及利用太阳的热量来产生蒸汽的大型太阳能发电厂加以利用。

光伏电池片利用薄的多晶硅薄膜把太阳能转变为电能。太阳能电池阵（一系列光伏电池片）所产生的电能取决于天气条件、太阳的位置以及电池阵的容量。在次优的条件下，太阳能可以通过熔盐进行储存，熔盐造价很低并且可以有效地传导热量。超薄的纳米薄膜板的价格相当于传统光伏电池片的一半。每个光伏模块的平均价格在 1975 年是 100 美元 / 瓦，到 2010 年下降到 2 美元 / 瓦。

自 2002 年以来，光伏产品每年大概增加 50%。虽然太阳能是全球增长最迅速的能源技术，但是在 2007 年其产生的电能还不到美国全部电能的 0.05%，并且只占到全球电能的 0.66%。在利用光伏发电的国家和地区中，目前排在前五位的是日本、中国大陆、德国、中国台湾和美国。虽然德国是首屈一指的太阳能市场，但是美国可用的太阳能总量远远超越德国，因为德国一年中大概有 2/3 的时间都是多云的天气。

太阳能车是通过安装在车辆表面的电池板获得的太阳能进行驱动的电动汽车的原型。大多数太阳能车都是为了竞赛而生产的。然而，市场上现在也可以买到安装在车辆顶棚用来发电的小型光伏电池片，它每天产生的可再生电能可以让车辆行驶约 80.5 千米（50 英里）。配有太阳能电池的纯电动汽车可以延长行驶里程，并且在它停在阳光下的时候可以进行充电。

其他对太阳能的实验性应用包括太阳塔、太阳热池、温差电池、太阳能热化学过程、光化学电池以及太阳能跟踪装置。太阳塔是一个大型的温室，里面的空气被阳光加热，涡轮把膨胀的空气转变成电能。太阳热池是一个收集和储存太阳能的盐田。把异质材料之间的温度差异转变成电流的温差电池已经被用在了为深空探测任务提供能量方面。

热化学和太阳能热化学过程利用太阳能来引发化学反应以产生可储存和传送的燃料。比如，利用加热太阳能集光器产生的氢燃料可以促使天然气的蒸气重组，并且还可以利用集中的阳光来分解氧化锌，然后氧化锌会和水发生反应产生氢气。由浸泡在电解质中的半导体组成的光电化学板可以利用阳光促进化学反应，比如电解。

追踪光伏系统可利用低沸点液体的运动所引起的不平衡对太阳的运动作出反应。该系统产生的电能要比轴固定式的光伏系统产生的电能多 25%。光能风车就是这样一种设备，加载在主轴上的一系列叶轮，每个叶轮都有暗面和亮面，当吸收到光的时候，暗面就会变热，同时亮面则把光反射回去并保持低温，每个风向标上气体从热的一面向冷的一面的运动都会引起叶轮的转动。

被动式的太阳能方法在不利用光伏电池片、其他主动机械系统或者其他能源的情况下，把阳光转化为低级能量。这些技术把阳光转化为可用的热能，促进空气流通以实现通风或者保存热能。被动式的太阳能技术包括直接以及间接地获取太阳能的空间加热、水加热装置和蓄热体，用于控制室内温度的相变材料，加强厨房、炉子和烟囱自然通风的装置，地球掩护装置和日光浴室。对太阳的运动作出反应的遮阳系统用于建筑物中，以在冬天实现最大化的天然采光以及降低刺眼的眩光和冷却负荷。

风　能

风力发电利用风力涡轮把风能转变为电能。

大多数风力都可以发电，虽然风车也被用来磨谷物或抽水。单个风力涡轮可以为偏远地区提供电力，但是大型的风力电厂都和电网连接在一起。虽然风力发电的成本相对较低，但是各地的风力差异巨大。当风速极高的时候，大多数风能都来自当时的狂风大作。相比于火力发电厂，风能的产出是不连贯的，而且利用风力的设施需要后备发电机。常见的反对安装风力涡轮的理由是，这会给鱼类、蝙蝠和鸟类的生存带来威胁，但是和人类其他行为引起的动物死亡数目相比，风力涡轮的致死数可以忽略不计。到 2008 年，风力发电占到全球电能消耗的 1%，这个数目在 2000—2007 年增加了 5 倍。风能可能占美国能源消耗总量的 20%。

地热能

地热是地表下储存的热量或者从大气、海洋中吸收的热量产生的能量。全球 70 多个国家已实现了地热的商业化应用。最容易获取的地热资源是接近地表的天然温泉。这些区域主要位于中美洲、东非、美国、印度尼西亚和菲律宾。在大多数地区，采用干热岩地热发电技术利用在地表几千米以下发现的高温岩石来产生地热。

地热被向下泵入钻孔中的高压水穿过高温岩石的缝隙，并被挤入另外一个钻孔，蒸汽涡轮或者电站系统把水携带的热能转化为电能，然后冷却水被回灌到地下重新加热。地热电站不受环境条件的影响并能持续不断地运转，但是它们可能会引起小型地震。2007 年，地热提供的能源不到全球能源总量的 1%。然而，利用诸如干热岩开采这样的系统，整个地球可提取的潜在地热能源可以供全球使用几千年。地表以下约 1 万米（3.3 万英尺）范围内储存的地热能源总量是全球石油和天然气总储量的 5 万倍还多。

另外一项地热技术是地源热泵，它是一个位于地表以下几米或十几米的供暖和空调系统，可以在冬天捕获可利用的热能并在夏季把这些热能传回地表。这项技术也被称为地下换热系统或者地源热泵，几乎任何区域都可以采用这一技术。虽然安装地源热泵的费用可能是传统供热系统的 2 倍，但是它可以把供热和冷却系统的费用降低 35%~70%。

生物燃料

生物燃料来源于生物质，这种有机物以化学能的方式存储阳光。生产生物燃料为城市垃圾、农业垃圾和工业垃圾提供了一个处置机制。生物燃料来自粪便、其他可降解的垃圾以及活体或者近期死亡的生物体物质。普通的植物材料包括玉米、大豆、废木、细条芦笋、作物残渣、秸秆、麻、柳树、甘蔗和棕榈。虽然生物燃料向大气中排放的二氧化碳量和化石燃料一样多，但是这些排放物被认为是碳中和的，因为生物燃料在生长过程中从大气中吸收了二氧化碳。虽然美国的生物能源产业产生的电能只占美国电能总量的 0.5%，但是这些生物能源避免了每年因燃耗化石燃料而向大气中排放 110 万吨二氧化碳。

生物质处理方法包括生物质腐烂中的厌氧消化生产甲烷、发酵和蒸馏生产乙醇、真空状态下加热有机废物生产可燃气体、生物质的临氢气化生产甲烷和乙烷、用高温高压的一氧化碳和蒸汽对生物质加氢转化生产燃油、对高纤维的有机废物进行分解蒸馏生产乙醇以及对废木进行酸催化生产和蒸馏糖分。

用来生产生物能源的能源作物收割和维护的成本都较低。燃料乙醇能相对容易地从普通作物（比如甘蔗和玉米）中生产出来。旨在依靠灵活燃料来驱动的小汽车、卡车和小型面包车的混合燃料中，乙醇的含量达到 85%。驾驶灵活燃料汽车的消费者可以根据价格和可用性来选择使用何种燃料。每公顷藻类产生的能量是地面作物的30多倍。如果藻类燃料取代美国所有的石油燃料，它需要约3.9万千平方米（15000平方英里）的土地，这还没有占到美国2000年种植玉米面积的1/7。

产生于木头、草类或者植物不可食用部分的纤维素乙醇，在化学成分上和其他途径生产的乙醇是一样的。作为玉米乙醇的一个择优替代品，纤维素乙醇来自丰富且多样的原材料。与新配方的汽油相比，纤维素乙醇可以降低85%的温室气体排放，而如果利用天然气为玉米乙醇的生产提供能量，那么玉米乙醇通常根本不会减少温室气体排放。纤维素乙醇需要进行更多的处理以使发酵过程中用到的微生物更容易获得。

通过把石油与氢氧化钠和甲醇或者乙醇混合的方式生产的生物柴油，可以利用提取自油菜、大豆、芥末、亚麻、向日葵和麻中的油料以及植物油废料、动物脂肪和下水道中生长的藻类进行生产。这些生物柴油和矿物柴油混合后，可用于任何柴油发动机。2004—2005年，美国生物柴油的市场份额数量增长了3倍多，而到2006年年底则增长了4倍，其消费总数超过了37.9亿升（10亿加仑）。

电动汽车

混合动力电动汽车在20世纪90年代末被广泛使用，该类型的汽车结合了传统的推进系统和车载的充电储能系统来提升燃料的效率。它们通常使用一个有小电机的小型且多速的内燃机，并且通过再生制动来延长蓄电池充电，很多会在怠速时关闭且在需要时重启。混合动力电动汽车的类型包括电动内燃机、气体力学、燃料电池、液压机械以及人/环境混合动力。气动混合动力车利用车载的空气压缩机来牵动活塞，在有热交换器的维修站可以实现快速充电，或者把汽车的插头插入家庭电源几个小时后也可以充满电。人/环境混合动力汽车的例子是电动自行车、太阳能电动车以及利用车载光伏电池片、网格充电电池或者踏板来提供能源的第三代混合动力车。

燃料电池利用氢燃料和空气中的氧气发生反应来产生电能和热量，而不产生二氧化碳。燃料与电解质中存在的氧化剂发生化学反应。燃料电池通过催化发挥作用，把燃料中的电子和质子分开并且迫使电子在电路中流通从而把化学能转化为电能。燃料电池是压缩的，且质量较轻，没有主要的运转部件，还十分可靠。只要维持必需的电流，燃料电池就可以持续工作。氢气燃料电池以氢气为燃料，以氧气为催化剂。从氢气中电化学萃取的能量效率不高，因为它需要向水里或者碳氢燃料中添加大量的能量。氢气和用来产生氢气的能源一样清洁。虽然氢气燃料电池产生的废物只有水和热量，但是在生产氢气的过程中也会造成污染，因为氢气的产生通常需要燃烧汽油或者天然气。如果氢气和燃料电池的价格能够大幅度下调并且实行有效的刺激政策，燃料电池汽车到2050年将会占到汽车市场份额的1/3。

插入式的混合动力电动汽车，也就是所谓的网格连接的混合动力车或者可选气体的混合动力车，有一个内置的内燃机和可以利用家庭外接电源或者其他电源设备进行充电的电池。充电工具包和服务设备可以把现有的混合动力电动汽车变成充电汽车。大多数这种汽车都是轿车、公用载重汽车、公共汽车、摩托车和军用车辆。给电气化运转的插电式混合动力车充电的成本不到汽油成本的1/4。如果它们的电池利用可再生的能源进行充电，那么插电式混合动力车不消耗化石燃料。电能的流动可以逆转，从而让它们在应急状况下为家庭提供电能，以及把多余的电能卖给电网公司。

所有的混合动力电动汽车都是通过储存在可充电的电池设备、电机和电机控制设备中的化学能源来获取动力的，而非内置的内燃机。

电池可以利用电网进行充电，但是如果电池利用可再生能源进行充电，那么这种汽车不产生任何污染。

水　能

很多水力发电厂的运营时间超过了100年。水能是清洁、廉价且能被距离水源很远的地方采用的能源。然而，大规模的水力发电系统在水库建设和泄洪的时候会排放大量的二氧化碳，并且会破坏生态系统。水能的利用形式包括水电坝、水车、驱动机器的水轮、河流、小溪和海洋中的无水坝水力发电、人工漩涡的涡电以及海洋波浪和潮汐的能量。

目前，还处于萌芽状态的海洋能源产业利用浮标、水下涡轮和其他设备使海洋波浪产生的能量变成电能，并使海水脱盐及抽取海水。海浪是恒定且可预测的，它有很高的能量密度。另外一种形式的海洋能源是蓝色能源，它来自海水和淡水之间含盐浓度的差异。每平方米的海洋可以产生10万瓦的电能，而每平方米面积上所产生的太阳能也才只有1000瓦。未来海洋波浪能源设备会覆盖更大的海洋面积，这也促使人们对渔业健康发展以及生态环境给予更大关注。

影响因素

政策因素、舆论导向、公众参与度以及消费理念均可能阻碍替代能源的采用。一些能源系统的美感缺憾会对房地产的市场价值产生负面影响。可再生能源技术同传统技术相比的较高昂造价、能源生产人力培训的欠缺、集权化的电厂对国家电网的市场控制以及把具有商业可行性的创新和众多小型能源并入电网的难度，也阻碍了可再生能源的使用。

政府政策通常对现存的传统能源偏好胜过可再生能源，对近期的偏好胜过长期。化石燃料补贴、净计量电价结算制度和电网互联设施的欠缺、可再生能源项目不充足的融资方案、禁止性的准入准则以及对消费者采用可再生能源刺激的不足，都抑制了可再生能源的发展。降低所得税、增加环境破坏性活动的税收以及为能源创新提供补贴，将会为可再生能源提供一个更有前景的市场。

撰稿人：Kristen Alley Swain

另请参阅：Biofuels；Environmental Defense Fund；Fuel Cell Technology；Solar Energy；Wind Power

参考文献

[1] BROWN L R. Plan B 2.0：Rescuing a planet under stress and a civilization in trouble [M/OL]. New York：W. W. Norton，2006. www.earth-policy.org/Books/PB2/Contents.htm.

[2] International Energy Agency. Worldwide trends in energy use and efficiency [M/OL]. Paris：Organisation for Economic Cooperation and Development，2008. www.iea.org/Textbase/Papers/2008/indicators_2008.pdf.

[3] KRUPP F，HORN M. Earth：The sequel：The race to reinvent energy and stop global warming [M]. New York：W. W. Norton，2008.

[4] Renewable Energy Policy Network for the 21st Century. Renewables 2007 global status report [R/OL]. Paris：Author，2009. www.ren21.net/globalstatusreport.

[5] United Nations Environment Programme. Changing climates：The role of renewable energy in a carbon-constrained world [R/OL]. Paper prepared for Renewable Energy Policy Network for the 21st Century，

2006. www.risoe.dk/rispubl/art/2006_120_report.pdf.
[6] Worldwatch Institute. American energy: The renewable path to energy security [R/OL]. Washington, DC: Author, 2006. www.worldwatch.org/files/pdf/AmericanEnergy.pdf.

Alternative Medicine 类医学

越来越多的成年人和儿童是类医学的常客，并寻求有关这些疗法的信息，所以理解类医学的历史、问题和趋势对于科学传播者来说变得越来越重要。本词条将对类医学进行讨论，尤其是它的历史以及在美国的现状。本词条将总结梳理传统药物与类医学的主要区别，描述那些持续存在争议的领域，并识别传播研究中的差距。虽然类医学在全球都有所使用且对我们有所启示，但是本词条将主要述及美国的类医学。

简　史

严格说来，类医学指不利用传统医药的疗法。在探讨替代药的时候，通常涉及的术语包括补充和类医学以及传统、补充和类医学。补充医学指和主流疗法共同使用的疗法，传统医学指早于西方医学并且在世界上很多地方的传统社会中仍然采用的医疗实践。综合医学和整体医学也是用来指代类医学的术语。这两个术语都指通过类医学和主流医学的融合来解决患者健康问题的方法。

常规医学还称为对抗疗法、主流医学、西方医学、生物医学方法以及基于科学的医学。从全球的角度来说，类医学指那些在工业化国家的主流西方医学实践领域之外所使用的方法，比如美国、加拿大、英国、澳大利亚和欧洲。很多这些实践都源于发展中国家，比如中国和印度，或者源于工业化国家的原住民，因而它们被认为是传统医学而非类医学。在认识到上述所有不同的重要性之后，为了保持一致，本词条中将用类医学这个术语来指代替代医学、补充医学、综合医学和传统医学，并把它作为传统西方医学的对立物。

如今在美国大规模采用的类医学起源于各种自然疗法和医学流派与 19 世纪早期至 20 世纪早期兴起的传统医学之间的争斗。这些早期疗法的出现，是对 19 世纪早期医学实践的无效以及给患者带来痛苦的回应。各种类医学方法，比如顺势疗法、水疗和催眠术，在 19 世纪 80 年代和 20 世纪早期得到了普及，这反映了当时的政治趋势，包括医学知识的民主化以及对浪漫主义时期艺术和文学的认同，其自然是具有高度价值的。虽然类医学广受欢迎，但是从业者和各种思想流派并没有得到有序的组织，到 20 世纪早期，类医学不再广受欢迎，公众的注意力转移到那个时期的科学发现上来。

类医学在 20 世纪 60 年代末至 70 年代再次浮出水面，人们对类医学的兴趣超过传统医学，其原因在于这是越战期间注入美国的对权威的不信任和主流理想破灭的大规模反文化传统的一部分，另一原因是传统卫生保健的价格在 80

年代飞涨。虽然类医学在80年代的受欢迎程度有很大提升，但是其在很大程度上没有得到常规医学机构的承认，这种情况一直持续到90年代早期，经过了两个世纪之后，常规医学这个领域得到了联邦政府和学界的认同。

1991年，美国国会（U.S. Congress）通过了一项拨款200万美元在国立卫生研究院（National Institutes of Health）建立类医学办公室（Office of Alternative Medicine）的法令。1993年，类医学在美国使用情况的第一次大规模调查结果对外公布，该结果表明34%的美国成年人使用过类医学，这个数字要比以前预想的高很多。1996年，华盛顿州通过了美国有关类医学的第一部法律，要求本州的每个健康保险计划都应该包括获得许可的类医学从业者提供的医疗服务。1998年，类医学办公室扩展为国家补充和类医学中心（National Center for Complementary and Alternative Medicine），其预算也增加到5000万美元，这反映了一种更广泛的社会趋势，即对类医学赋予了更高的价值，并且把类医学当作主流医学的补充而非取代主流医学。随着综合医学这个术语越来越用于指代类医学，这种趋势得以持续发展。比如，1996年，医师安德鲁·威尔（Andrew Weil）在亚利桑那大学医学部（Department of Medicine at the University of Arizona）开展了综合医学研究计划，这也是全国范围内第一个综合医疗永久项目。包括哥伦比亚大学（Columbia University）在内的其他大学也紧紧跟随。综合医学模式似乎可能持续到21世纪。

类医学和主流医学的区别

类医学和主流医学的主要区别包括对从业者的培训、实证基础以及医学模式的选择。主流医学是由医学专科学校或者受过医学训练的医师和护士以及取得了医学博士学位、注册护士等护理专业资质、精神病学博士等其他资质的人开展的实践。类医学从业者并不需要特别的许可，直到21世纪早期，还没有几所学校为这些从业者提供官方认可的培训。主流医学主要基于西方科学学科的实证传统。类医学则基于很多不同的传统，包括神秘的和精神的传统，比如印度教和中国医学中的阴阳哲学。在西方传统看来这些方法是不科学的，因为它们在实证方面是无法被测试和证明的。

主流医学传统上依靠患者护理的生物医学模型，它强调对患者的身体治疗，是一个权威主义的传播风格，并缺乏预防保健。相反，类医学从业者采用患者护理的生物心理社会学模型，它强调在解决患者健康问题的时候关注患者生命的各个方面，是一个以患者为中心的传播方法，并且有预防保健。自20世纪后半叶以来，很多主流医学从业者开始在进行患者护理的时候采用生物心理社会学方法，因为患者对这种方法的喜好程度增加了，从而取代了早期患者护理的父权制模型。

一开始，类医学从业者和接受过培训的传统医师之间的关系是有争议的。然而，随着越来越多的科学研究支持了流行的类医学疗法在对待具体健康状况方面的有效性（比如，针灸在治疗与偏头疼和癌症相关的疼痛方面很有效），更多的医师和卫生保健专家会向他们的患者介绍优选的类医学疗法。对1982—1995年开展的调查研究数据的分析表明，美国很多医师会向他们的患者介绍流行的类医学疗法，包括针灸、整脊疗法以及按摩。然而，这个结果表明医师不太可能向他们的患者介绍那些有效性缺乏科学证据的类医学疗法或者会取代常规医学的类医学疗法，比如顺势疗法和中草药。

也有证据表明，与其他一些卫生保健专家相比，比如护士或者精神病学家，美国和加拿大的一些医师对类医学的态度更消极。然而，总体上来说，常规医学卫生保健专家表示，他们希望获取更多有关类医学的信息和教育。对类医学从业者认知的研究表明，他们倾向于把类医学看作常规医学的补充，而不是用它取代常规医学。虽然二者的关系得以明显改善，不再像前两个世纪那样彼此仇视，但是常规医学和类医学服务的提供者还需要更多的互动和合作，特别是要确保接受这两类护理人员服务的患者能够获得安全且有效的治疗。

美国人采用类医学的类型和频率

美国最流行的类医学方式是针灸、传统中国医学、物理疗法、营养补剂、整脊疗法、按摩、冥想和瑜伽。国家补充和类医学中心把类医学归纳为下面5个宽泛的类别：完整医药体系（比如物理疗法）、身心医学（比如冥想）、基于生物的疗法（比如利用草药和补充剂）、以操纵和手法为基础的疗法（比如整脊疗法）和能量医学（比如治疗性触摸）。

2007年的国家健康调查（National Health Interview Survey）显示大约有38%的美国成年人曾用过一种或多种类医学疗法，而2002年的数据为36%。该调查发现妇女、有较高教育背景的人和较高收入的人采用类医学的比例最大。在采用类医学的所有年龄组中，40~69岁的比例是最高的。采用类医学最多的人群是美洲印第安人/阿拉斯加本地人、白人、亚洲人、美国黑人和西语人，其中美洲印第安人/阿拉斯加本地人和白人采用类医学的比例最高，分别为50.3%和43.1%。

美国最常用的10种类医学按照使用顺序分别为非维生素和非矿物质自然产品（比如草药补剂）、深呼吸、冥想、脊椎按摩和整脊疗法、按摩、瑜伽、节食疗法、渐进松弛、意向引导、顺势疗法。最常用到的3种补充剂是鱼油/Ω-3脂肪酸、葡萄糖胺和紫锥菊。类医学被美国人最常用来治疗背痛、脖子痛和关节痛。2007年的调查包括了对美国儿童利用类医学的第一次调查，结果显示美国大约有12%处于18岁以下的儿童利用过类医学，最常用的是用维生素和补充剂来治疗背痛和脖子痛以及头伤风和支气管炎。白人儿童最有可能利用类医学，此外还包括身体状况不好的儿童、父母有较高教育背景的儿童、父母采用类医学的儿童以及无法支付常规医学费用的儿童。

虽然大多数美国人把类医学和常规医学结合起来使用，但是大多数患者都不会同给自己采取常规医学疗法的大夫探讨他们使用类医学的问题。在一个广为引述的于1990—1997年开展的调查中，大卫·M.艾森伯格（David M. Eisenberg）和他的同事发现，在美国采用类医学的患者中，只有不到40%的患者会向给他们进行常规治疗的大夫谈及自己使用类医学医疗的事情。不对外说的原因包括他们担心会从大夫那里得到否定性的答复或者大夫并没有问他们这些事情。这个趋势在开展调查的10年间都没有发生变化，而且这个趋势也为处方药同草药以及补剂之间潜在的不良互动带来了风险。总体上来说，造访类医学从业者的患者1990—1997年增加了47.3%。这种增长和更多的人采用类医学相关，而不是同一批采用类医学的人多次造访。

鉴于美国采用类医学的年度支出可能会超过270亿美元，这个数字相当于花在所有常规医学上的费用，思考什么动机促使人们采用类医学是一个有意思的研究话题。对类医学的历史研究表明，早在19世纪患者就为类医学所吸引，原因是他们享受类医学从业者给他们提供的个性化的和长期的关注，也由于他们对常规医学对他们特殊身体条件提供的护理水平的不满。这些原因在目前来说依然适用。

社会学家认为人们之所以采用类医学或者是由于他们对主流医学的不满，他们想更多地掌控自己的健康，或者因为他们发现类医学与他们个人对健康问题的看法更相一致。一项研究发现那些说自己采用类医学的人更有可能认同环境保护论、女权主义、精神性和自我成长心理学。英国的研究表明，英国公民采用类医学的动机是由于积极的医患关系、松弛、赋权和自我意识。美国和其他国家的很多族群社区更喜欢传统医学而非常规医学。这其中的原因包括对家庭、社区和精神性的重视，而这些往往是西方医学中所缺失的。在过去20年里对类医学使用的强化，表明公众对健康和保健的观念正在发生变化，即更重视整体的、以患者为中心的方法。

争　议

涉及类医学的持续争议包括指责类医学（特别是草药和补剂）没有经过测试，是不安全的；类医学虽然无害但是类医学疗法对患者来说可能没有用处，消费者被欺骗了；对政府是否该对类医学进行管制的分歧。

当艾森伯格和他的同事在1990年发现只有不到40%的患者会同他们的医师探讨类医学的问题时，他敦促医师在和患者谈论类医学的问题时要更加积极，特别是当草药补剂的利用可能会给医师开具的处方带来潜在的危险时。然而，来自1997年的调查数据表明，患者还是不会向他们的医师披露他们使用类医学的情况。鉴于草药补剂是美国最常用的替代药物而且至少发现了17种膳食增补剂会严重地影响肾功能，很多批评者指责不受管制的类医学产品会给消费者带来健康和安全风险。1999年，美国食品和药品监督管理局（U.S. Food and Drug Administration）在一些使用者出现了永久性皮肤变色和器官变色后禁止把胶体银作为药物销售，然而，在美国国内的很多保健食品店里，胶体银仍然被作为营养补充剂销售。

其他批评人士则指责类医学纯粹成为一个大买卖的医学骗术。1990—1997年，美国在类医学上的花费增加了45.2%，仅营养补充剂一项就花费了230亿美元。斯蒂芬·巴雷特（Stephen Barrett）曾是一名精神病医生，也是“提防庸医”网站（Web site Quackwatch）的创始人，他赞赏类医学表面上发挥了安慰剂作用的有效性，同时也呼吁对类医学采用控制的临床试验来科学地决定哪种类医学疗法是有效的。

在政府是否该对类医学进行管制的问题上存在着巨大的分歧。1994年，美国国会通过了《膳食补充剂保健与教育法案》（Dietary Supplement Health Education Act），该法案禁止食品和药品监督管理局对草药和膳食补充剂进行管制，除非它们含有对人体健康产生已知危害的成分。一些批评者认为需要联邦政府对草药和膳食补充剂进行管制以确保产品质量和消费者安全。一些类医学的批评者认为管制意味着赋予了可疑的类医学治疗方法合法性。一些支持类医学的人则反对联邦管制，他们觉得管制可能会让产品更加昂贵，而且购买起来相对困难，也是对消费者关于自身健康护理选择自由的干涉。

类医学传播的当前话题

基本没有从学术上对类医学的媒体表征、新闻报道和传播进行的研究。健康传播学者呼吁对类医学的媒体表征、从服务提供者到消费者的信息、服务提供者以及使用者对健康和健康护理理解的认同进行分析。在科学传播领域几乎没有开展过针对类医学的研究。这也许是长久以来科学思想把类医学当作伪科学的偏见所导致的结果，以及研究者担心他们的成果可能会被盗用以支持可疑的疗法所导致的结果。

一些与传播相关的议题对类医学这个领域产生了影响。这包括类医学从业者和常规医学从业者之间沟通的缺乏，以及向患者开展有关类医学健康性和安全性沟通的缺乏。在患者为什么以及如何决定采用类医学、如何获取关于类医学的信息、他们对类医学治疗的坚持，以及对类医学信息的公众认知等方面几乎没有开展任何研究。更没有研究关注类医学从业者和常规医学从业者之间的互动。为了改善研究、教育和实践，两个领域之间需要更多的合作。

20 世纪 90 年代初互联网的迅速普及以及随之而来的信息易得性，创造了一批同前人相比在决定自己治疗方法方面更积极的患者。研究表明，网络上大多数健康相关信息都是由外行而非医学专家撰写的，并且这些信息中大约有 1/3 会推荐那些科学上尚未证实的以及有潜在危害的类医学疗法。其他研究表明，网络上有关类医学信息的数量让使用者应接不暇，强化了患者因此而产生的采用“主流医学”建议的效果。

近期就公众对科学和医学态度的研究表明，人们从多种途径获取信息，包括互联网、大众传媒、朋友和家庭成员。公众对健康和保健的理解也受到多种因素的影响，包括个人的文化信仰和宗教信仰。大众传媒对公众有重要影响的理论，在很大程度上被那些与人们信仰相适应的理论摒弃了。在具有多元背景的人们如何理解健康和保健以及健康组织如何有效地满足他们的需求方面，还要开展更多的研究。

结　论

类医学在受欢迎程度和使用频率方面还在持续上升。随着健康组织找到一些把类医学方法融入常规方法中以更好地为不同人群提供服务的方式，类医学很有可能成为综合医学。不是从总体上摒弃类医学，医师需要对类医学疗法更加了解以学会如何与患者有效地沟通，他们中的很多人都在使用类医学疗法。需要对人们理解和了解他们的健康以及保健的多种方式开展研究，以便保健专家可以和不同的人群进行交流，特别是在跨文化的背景之下。

类医学对全球的健康产业和经济都有一定的启示，包括种植传统医学中草药的发展中国家的出口机会，为没有西方医学设备或者从业者的贫困社区和农村社区提供保健服务，通过对未成年人的健康状况提供干预式治疗和自我治疗仪的使用降低医疗费用。

需要开展对类医学疗法有效性和安全性的科学研究。对于美国联邦政府是否需要对草药和补剂进行管制以及是否需要为类医学从业者开展认证并颁发许可证等方面的分歧也许还将持续。还需要以媒体报道和网络信息的形式为公众提供可靠的信息。保健专家越来越多地呼吁就类医学，特别是草药和膳食增补剂，对他们自己和患者开展教育。

撰稿人：Deborah R. Bassett

另请参阅：Health Communication, Overview; Health Communication and the Internet; Physician-Patient Communication; Pseudoscience; Science Communication and Indigenous North America

参考文献

[1] ASTIN J. Why patients use alternative medicine: Results of a national study [J]. Journal of the American Medical Association, 1998, 270 (19): 1548–1553.

[2] BARNES P, BLOOM B, NAHIN R. Complementary and alternative medicine use among adults and children: United States, 2007 [J]. National Health Statistics Reports, 2008, 12: 1–24.

[3] BODEKER G, BURFORD G. Traditional, complementary and alternative medicine: Policy and public health perspectives [M]. London: Imperial College Press, 2007.

[4] Commission for Scientific Medicine and Mental Health: www.csmmh.org.

[5] Committee on the Use of Complementary, Alternative Medicine by the American Public, Board on Health

Promotion and Disease Prevention. Complementary and alternative medicine in the United States [M]. Washington, DC: National Academies Press, 2005.

[6] DU PRÉ A. Communicating about health: Current issues and perspectives [M]. Mountain View, CA: Mayfield, 2000.

[7] EISENBERG D M, DAVIS R B, ETTNER S L, et al. Trends in alternative medicine use in the United States, 1990–1997 [J]. Journal of the American Medical Association, 1998, 280: 1569–1575.

[8] National Institutes of Health National Center for Complementary and Alternative Medicine: http://nccam.nih.gov.

[9] Quackwatch, Inc.: www.quackwatch.org.

[10] Weil Lifestyle, LLC: www.drweil.com.

[11] WHORTON J C. Nature cures: The history of alternative medicine in America [M]. New York: Oxford University Press, 2002.

American Association for Public Opinion Research 美国公众舆论研究会

公众对各种议题——无论是社会、政治还是科学议题的情感和看法都是任何民主制度的核心问题。公民向政策制定者表达自己的观点和利益诉求，而政策制定者在执行政策的时候应该考虑这些观点。负责向广大公众传播他们所处世界的信息的新闻媒体将事件、议题和关注点放在重要的位置，而且通常也报道与这些关注点相关的公众舆论。对科学以及其他许多议题来说，民意调查是新闻的主要内容。

在他们日常的互动中，有些公民向其他人寻求信息和建议，而另外一些人则会试图说服他们的朋友和家人采纳特别的观点或者为特定候选人投票。实际上，对特殊议题公众舆论的评估以及对塑造这些看法的动力的鉴别在理解社会方面是很重要的。尽管研究公众舆论的理论和方法论是不同的，但对这个领域感兴趣的人通常会求助于美国公众舆论研究会（American Association for Public Opinion Research，AAPOR）。

该组织成立于 1947 年，是由对公众舆论研究和评估感兴趣的个人组成的非营利性专业组织。它的成员均匀地遍布在各个学术领域（包括传播学、健康科学、政治科学、心理学等学科）、商界（市场研究公司、民意研究机构、新闻媒体）、政府和其他非营利组织中。

该组织与其“兄弟组织”和世界公众舆论研究会（World Association for Public Opinion Research）一起，通过其活动及其七个地区性分会的活动，致力实现几个关键使命，包括发展与公众舆论研究相关的理论和方法论以及维持其专业标准。

公众舆论理论和方法的发展

美国公众舆论研究会以各种形式促进公众舆论研究的发展。其官方杂志《公众舆论季刊》

（*Public Opinion Quarterly*）的读者遍布各学科领域，其内容包括公众舆论的理论研究和方法论研究、公众舆论趋势分析以及相关著述的书评。

该组织还通过其年会提升公众舆论研究。在其会议上，来自全球的研究人员呈现各种议题的最新研究成果，包括选举与表决（比如种族和性别的影响、投票选择的党派性或者出口民调的准确性）、方法论议题（包括衡量问题、抽样、问卷设计、访谈员效应、网络调查以及无应答的问题）对特殊政治议题和社会议题的公众舆论（比如保健、环境、同性恋婚姻、干细胞研究以及移民）。该会议的一些分论坛还讨论用于采集公共舆论数据的最新技术以及技术转移（比如只用手机的电话用户数目的增加）对所收集的数据效度的影响。

专业标准

该协会致力在各个阶段维持科学能力和完整性的高标准，从数据采集到这些数据的报告。该组织负责制定与公众舆论研究相关的一系列标准。比如，回应率或者说配合一项调查的合格样本单位的比例（一般来说就是个体的应答者），近年来下降明显。这个下降的趋势值得关注，因为它使得公众舆论数据的使用者质疑所开展的调查的质量。根据这个观点，当一项调查中超过一半的被访者拒绝对此进行回答的时候，人们对这个调查还能相信多少？

尽管这个设想通常很流行，但是研究表明高反应率的调查和低反应率的调查并没有什么区别，这种想法在调查专家中失去了市场。为了解决涉及反应率和相关统计数据的计算中的误解和不连贯性，该组织出版了一套文件，来概述调查组织技术（如面访、电话访问、邮件和网络调查）不同模型对这些数据的计算。该机构还为这些计算方法提供在线的反应率计算器。

该机构的标准延伸到数据的报告方面。根据其最小披露的标准，它希望公众舆论研究者报告涉及研究如何开展的具体细节。这些信息包括该调查的赞助者、数据采集者、采集时间、样本规模、问题确切的措辞以及数据采集的模式等。这些信息的披露能让其他人更好地评估调查的结果。

对广泛公众的教育和互动

与该组织有关的议题不仅对那些对公众舆论感兴趣的研究者有影响，而且对广泛的公众也有影响。比如，该组织对专业标准的关注包括记者如何报道公众舆论数据，特别重要的是要考虑有多少新闻报道会包括调查数据。美国公众舆论研究会与以新闻为导向的波因特研究所（Poynter Institute）合作，开设了一门在线新闻民意调查课程，培训感兴趣的团体批判性地、准确地报道民意数据。对于对如何批判性地使用民意数据感兴趣的更广泛的受众，美国公众舆论研究会在其网站上强调了在评估给定研究时应该提出的一些问题。

鉴于民意调查（包括网络调查、选举调查、出口民意调查等）开展的频率越来越高，以及调查结果和对调查进行解释的变量越来越多，该组织通常开创一些活动来评估选举调查和出口民意调查的精确性。研究会承担了一些有关同一议题的民调结果为何最终的结论会截然不同，以及调查者的人口统计学因素是如何影响出口民调结果的研究。另外，由于调查十分常见，对民众是否能区别有效的科学调查和非法调查的关切也在不断提升。该组织努力就后者（即非法调查）对外行进行教育，这个类别包括“推送调查”或者问卷，它们看似是政治调查而实际上是旨在说服投票者以特定方式投票的电话。当发现拙劣的调查或者不科学的调查被报道为正当合理的调查时，该组织还会和媒体进行接触。

鉴于调查的广泛采用以及公众舆论在民主

体系中发挥的重要作用，该组织致力改进公众舆论调查的执行和理解的努力有助于阐释位于社会核心的议题。

撰 稿 人：Patricia Moy

另请参阅：Deliberative Polling；Science Indicators，History of the NSB Project on；Surveys

参考文献

[1] American Association for Public Opinion Research：www.aapor.org.

[2] GAWISER S R，WITT G E.（n.d.）. 20 questions a journalist should ask about poll results [M/OL] 3rd ed. [2009-7-12]. http://ncpp.org/?q=node/4.

[3] KEETER S，MILLER S，KOHUT A，et al. Consequences of reducing nonresponse in a national telephone survey [J]. Public Opinion Quarterly，2000，64（2）：125-148.

American Association for the Advancement of Science（AAAS）美国科学促进会（AAAS）

美国科学促进会（以下简称科促会）（American Association for the Advancement of Science，AAAS）是一个致力通过教育、行动和引领作用促进世界科学发展的非营利组织。它成立于1848年，是世界上最大的科学团体，由近12万个个人会员和机构会员组成，同时还有代表1000万个体科学家的大约262个专业学会和科学院所。科促会的总部位于华盛顿特区。

除了会员活动和教育拓展活动，每周科促会都会出版同行评议杂志《科学》（*Science*），这本杂志被认为是世界上最著名的科学期刊。科促会还出版众多的时事通讯、图书和报告，同时它还是开展以提升全球理解科学水平为目标的项目的先锋团体。

EurekAlert!

作为其拓展活动的一部分，科促会运行着全球新闻服务 EurekAlert! 门户网站，通过这个网站，从事研究的大学、医学中心、杂志、政府机构、公司和其他组织可以向媒体和大众发布有关科学、医学和技术的新闻。该网站上线于1996年，为工作在60个国家的大约5500名记者以及大约5000名公共信息官提供服务，公共信息官是从事媒体相关工作的典型人群或者公共关系人员。

EurekAlert! 提供英文、西班牙文、法文、德文、日文和中文版本的新闻。除了发布传统的新闻通告，公共信息官还可以向在线多媒体库上传数字影像、视频材料和音频材料作为印刷的新闻材料的补充。

公众可以在 EurekAlert! 查询数据库，自由地获取有关科学技术和医学话题的突发新闻报道和深度信息资源。

为了帮助研究机构发布科学新闻，EurekAlert! 还为公共信息官和公共关系管理者组织传播研讨会，以让他们有机会从代表各种各样新闻机构（包括纸媒、网络媒体和广播机构）的记者那里深入了解他们在寻找什么样的科学新闻故事。

年 会

在科促会年会上，来自全球各学科的科学和技术专家集中到一起探讨新的研究、新近出现的趋势以及科学、技术与社会的互动等话题。该年会是同类会议中受欢迎程度最高的一个跨学科的科学盛事，其范围包括科学、教育、工程和技术。

在为期5天的会议中，超过1万名科学专家、企业家、教育工作者和政策制定者会参加大会。除大会报告和专题报告之外还会举办几百个专题研讨会。一系列旨在让学龄儿童和公众参与的专题活动也会同时举办。作为教育资源，专题报告、研讨会的音频和视频，以及往届会议的市政厅均可供公众使用。

该年会新闻中心注册的人数达到1000人，包括记者（纸媒、广播媒体和网媒）、自由作家、编辑、制片人、公共信息官、科学新闻教授和学生。

新闻中心的注册人员会收到年会期间发布的很多研究新闻的每日简报。新闻中心的注册者还可以通过在线的“文章库”获取发言人的报告和背景材料的副本。在新闻中心可获取会议期间发布的设有发布时限的新闻通稿，EurekAlert! 一般会提前发布通稿。大多数材料都是由公共信息官在年会期间为支持他们研究人员的报告而准备的。

刚刚进入该领域的科学作家和科学传播人员以及正在接受培训的新闻学学生都可以在会议上获得由科促会与全国科学作家协会（National Association of Science Writers）共同提供的指导机会。

《科学》

这本每周出版的国际性科学期刊的编辑工作重点是发布重要的原创性科学研究以及研究评述。不同于其他着眼于具体领域的科学期刊，《科学》期刊覆盖了全部的科学学科，并由于最近几十年来生物技术和遗传学的发展而特别关注生物学和生命科学。

《科学》的印刷版读者、机构用户和在线读者群总数大约达到100万人。该期刊接受全球作者的学术论文。在《科学》期刊上发表文章的竞争十分激烈，在提交的论文中只有不到10%有机会发表。所有文章在发表之前都会经过同行评议。

《科学》期刊还发布与科学相关的新闻，对科学政策的见解以及科学家和其他关注科学和技术广泛应用的人感兴趣的内容。

科促会的公共项目办公室（Office of Public Program）和公共信息官紧密合作来协调在《科学》期刊上即将发布的科学研究成果的新闻公告和媒体报道。比如，当来自某机构的论文计划在《科学》期刊上发表时,《科学》会提前通知该机构的公共信息官，他可以发布新闻通告并且通过科促会的网站关联上相关的影像材料，并且在发给记者的每周《科学》资料包中提到这些材料。

科促会的其他新闻资源

科学此刻：包括来自《科学》期刊新闻工作人员每日新闻的门户网站。

科学广播：以寓教于乐的形式呈现的每天60秒的广播特辑，其覆盖范围涉及科学、技术和医学的发现。听众可以通过免费电话或者网络提交科学问题。

儿童科学：满足少年读者兴趣的新闻通稿和艺术品的门户网站。

科学资源：为超过1500所大学、医学中心、图书馆和其他研究组织的公共信息官提供持续更新的、可搜索的人员联系信息的国际数据库。这些资源有助于记者和其他科学传播者找到他们需要的专家或者信息资料，以及时且准确地完成新闻报道。

订阅源：提供来自网站的免费内容，比如科促会网站（aaas.org）、EurekAlert！和在线的《科学》期刊，其内容包括头条文章、概要以及网络上全文的链接地址。

《科学》期刊多媒体中心

多媒体中心提供的科学内容不仅有文字，还有图片、音频和动态的视频。

科学播客：围绕着《科学》期刊及其相关网站的每周更新的在线音频广播。

科学影像：呈现有趣的、新奇的或者吸引人的科学图片以及和《科学》网站上其他一系列内容和特写相关联的影像图库。

图片和幻灯片：展示和《科学》网站上的内容相关的吸引人的图片或者图片故事。

视频和研讨会：包括与《科学》特刊中相关的视频报告以及《科学》中研究论文的补充视频材料。

科学在线研讨会：遴选取得突破性研究进展的论文作者，在线讨论他们的成果。

互动：海报、图解和其他材料的网络加强版。

社会媒体

科促会利用社会媒体来扩大会员外展活动。在科促会位于脸书（Facebook）上的群组中，有很多机构的个人项目的粉丝专页，比如《科学》期刊、《科学》生涯、EurekAlert！以及“科学此刻”。该组织的会员和其他对科学感兴趣的人都可以浏览这些粉丝页面。

在专业网站领英（LinkedIn）上，科促会为全球会员创建了一个虚拟的名片夹，并且为讨论和工作招聘设置了论坛。一个独立的群体连接着科促会前任和现任的科技政策研究员（Science & Technology Policy Fellows）。推特（Twitter）提供来自《科学》期刊和“科学此刻”的最新消息以及由《科学》专门提供的新闻事件现场报道。科促会和《科学》期刊在 YouTube 上都有自己粘贴精选组织的视频及研究相关视频的频道。

传播奖

科促会的科学新闻奖（Science Journalism Awards）表彰对普通公众做出的杰出报道，并对记者在科学、工程和数学方面做出的报道进行奖励。自 1945 年启动以来，该奖项已经被授予 300 多名记者，以奖励他们在大型和小型报纸、杂志、电视、广播、网络和儿童科学新闻方面取得的成就。

获奖的记者有助于提升公众对科学的理解和鉴赏，他们的作品是其他作者效仿的最好范例。独立的审查和评估委员会根据科学的精确性、主动性、原创性、解释的清晰性以及在提供公众理解科学的价值等方面遴选获奖的记者和报道。由记者、编辑和科学家组成的委员会负责审查和评判这些入围的内容。获奖内容的副本可以通过在线档案库查询。

科促会的公众理解科学和技术奖（Award for Public Understanding Science and Technology）授予在科学普及方面作出突出贡献的科学家和工程人员。

科学传播：科学家和工程人员的工具

研究机构和出资机构越来越意识到更多的科学家需要直接参与到教育和公众拓展活动中。促进信息共享以及公众和科学间彼此尊敬的科学家和工程人员对于科学的公众传播以及公众参与科学都是重要的。然而，传统的科学训练通常并不打算让科学家和工程人员在学术界之外成为有效的传播者。

为了回应科学传播的这个需求，科促会的公众参与科学和技术中心（Center for Public

Engagement with Science and Technology）和国家科学基金（National Science Foundation）共同合作为科学家和工程人员提供资源，即通过网络或者区域性研讨会来帮助研究人员同公众进行更广泛的沟通交流。

广泛地传播科学：科学家和工程人员工具包网络资源，包括如何接受媒体采访的小贴士，以及如何识别公共拓展活动机会的网络研讨会。

在区域研讨会中，小规模的互动参与者学习如何把数据整合压缩成有意义的信息、准备媒体采访、通过社会网络（比如脸书）获取新的受众，并练习在发言中使用的道具和身体姿势。这种研讨会是在网络资源的支持下完成的，该资源提供了一系列工具和背景材料，帮助科学家成为会讲故事的人。

科促会的科技政策研究员

研究员身份是奖励那些对学习科学与政策的结合点感兴趣并能把他们的科技知识和分析技能用于联邦政策领域中的高素质的个人的。

研究员身份促进了科学家和工程人员在公共政策领域的参与度和显示度，并支持科促会实现其目标，即通过科学的注入改善公共政策制定并提升公众对科技的理解。

精选的议题

通过与学校、科学记者、科学博物馆和科学中心开展的合作，通过广播、电视和网络广播以及通过把科学翻译成更容易理解的术语的众多出版物，科促会在把科学带给公众方面长期立于不败之地。

科促会的公众参与科学和技术中心就吸引国内和国际关注的很多话题提供了开展多方对话的渠道，这些议题包括：干细胞移植和克隆，进化论和科学教育，科学、技术和国家安全，生物恐怖主义，能源政策，可持续发展，环境，气候变化，遗传医学，新出现的传染病，转基因食品，空间探索，纳米技术。

该中心对一系列持续开展的活动提供支持，这些活动旨在提升公众对科学本质以及科学家工作的认识和理解，通过创造政策制定者、普通公众和科学共同体之间对话的机制来提升公众对科学研究和政策议程的参与度。这些活动包括：①就一些议题（比如海洋、进化论和气候变化）开展的市政厅会议。②在科促会年会期间通过与地方大学、科学中心和其他组织合作开展“家庭科学日”活动。③在科促会总部举办“与科学家会面”活动。④通过与当地的意见领袖、政策制定者、学校董事会成员、神职人员和新闻媒体合作，制订“全球本土化”策略来促进当地公众对全球性科学相关议题的参与。⑤通过提供新闻的机会，比如报纸专栏和科学对话－科促会专家和发言人服务，利用科学观察和新闻服务来增加科学领袖的数量。

科促会的部门

科促会有 24 个部门，每个部门都对该组织的特定议题负责。记者、公共信息官和科学传播专业人员通常归属于 Y 部门，即科学和工程共同利益部门（Section of General Interest in Science and Engineering）。这些部门的首要目标是为每年的科促会年会准备和提交研讨会议题。在这方面，Y 部门通常是提供科学传播方面研讨会议题的主要来源。

这些部门还从其部门成员内部提名“科促会会员”这一荣誉的候选人。他们是科促会内部对促进科学及其应用做出公认的艰苦卓绝努力的广受尊敬的科学家和工程人员。在 Y 部门成员中，那些被选为科促会会员的人大多是全国性顶尖的科学新闻记者和科学传播专业人员。

部门委员会成员和部门官员为科学作家和公共信息官提供领导通道服务，以增加他们在科促会内部的责任以及在更大的科学传播共同体内的显示度。这些在他们的职业发展过程中都被认为是有价值的事情。

附属机构

科促会的附属机构包括262个学会和科学院，为超过100万的会员提供服务。在这些附属机构中，着眼于科学传播和教育拓展活动的是州和区域科学院、科学编辑委员会（Council of Science Editors）以及全国科学作家协会。

科促会和这些组织以及其他组织建立联系，并把这作为实现科促会基本目标的途径，其基本目标是："深化科学家的工作，促进他们之间的合作，促进科学自由和科学责任，在提高人类福利方面提升科学的效率，促进公众对科学方法在人类发展中的重要性和期望的理解和欣赏。"

撰 稿 人：Lynne Timpani Friedmann

另请参阅：Embargo System；Science；Scientific Societies

参考文献

American Association for the Advancement of Science：www.aaas.org.

American Medical Association 美国医学协会

美国医学协会（American Medical Association，AMA）是公共健康信息和最新医学研究进展信息的重要来源。对于寻求最近临床医学信息的保健专家以及就医学和健康议题为公众撰写报道的科学记者来说，该协会是最值得信任的信源之一。

美国医学协会由内森·戴维斯（Nathan Davis）博士于1847年建立。在提倡高水平的医学教育以及在美国创造一个更好的卫生保健服务系统方面，它是一个工具性组织。该组织是美国最大的医生组织，它还帮助医生救助患者，就像该组织的使命中阐述的那样："提升医学的艺术与科学以及公共卫生的改善。"美国医学协会通过各种渠道来实现这个使命。该协会的领导层以及代表大会对医学面临的重要议题制定政策，包括公共卫生领域的议题。该协会的科学和公共卫生委员会（Council on Science and Public Health）就医学、科学和公共卫生议题提供信息和建议。该协会还通过帮助清除获得公共卫生保健的障碍以及消除种族卫生保健的歧视来持续改善美国的保健制度。

该协会向公众提供医学和健康方面信息的一个重要方式是利用它多种多样的出版物。《美国医学协会期刊》（*Journal of the American Medical Association*，*JAMA*）是世界上首屈一指的同行评议医学期刊之一。它创刊于1883年，戴维斯博士是第一任主编。该期刊每年出版48期，同时也是全球发行最广的一本医学期刊。该刊每年收到大约6000篇来自全球的研究论文，这些论文的作者都希望自己的研究成果发表在这本期刊上。实际上，这些来稿中大约只有8%有机会发表。被接受的稿件要经过严格的同行评议程序，在同行评议中专家会对出版前的论文认真地进行评审，统计学家也会评审其中的数据，稿件的编辑还会和作者一起确保论文符合出版的版式和完整性标准。

该刊在编辑方面独立于美国医学协会，这意味着协会对期刊内容不能施加任何影响，主编对于发表哪篇文章有最终决定权。除了通过原创的、重要的文章来实现发表最好的医学科学论文这个目标，该刊还有一些重要的目标：努力教育医生、其他卫生保健专家以及广大公众。

美国医学协会出版的专业医学期刊共有9种，统称为《档案》（*Archives*）系列。这些期刊包括《儿童和青年医学档案》（*Archives of Pediatrics & Adolescent Medicine*）、《普通精神病学档案》（*Archives of General Psychiatry*）、《神经学档案》（*Archives of Neurology*）、《皮肤科档案》（*Archives of Dermatology*）、《外科档案》（*Archives of Surgery*）、《眼科档案》（*Archives of Ophthalmology*）、《内科档案》（*Archives of Internal Medicine*）、《面部整形外科档案》（*Archives of Facial Plastic Surgery*）和《耳鼻咽喉－头颈外科档案》（*Archives of Otolaryngology-Head & Neck Surgery*）。《内科档案》是双月刊，《面部整形外科》隔月出版一期，其余的期刊都是月刊。和《美国医学协会期刊》类似，这些《档案》系列期刊在编辑方面也独立于美国医学协会。《美国医学协会期刊》和《档案》系列期刊组成的10本同行评议期刊家族在医学研究领域表现强势。

《美国医学协会期刊》和《档案》系列期刊中发表的研究通常会出现在各种网站、报纸、广播和电视的报道中。通过各种媒体机构中每天见到的新闻报道的数量可以明显地看出公众获取最新医学新闻的兴趣。在向公众传播信息方面，这些期刊有着严格的规定。遵守《美国医学协会期刊》和《档案》系列限时禁发协议的记者，可以从期刊提前获取医学论文，这意味着在双方同意的时间之前将不会有任何新闻被发布、出版或者播放。

设定这个协议的目的是让记者有时间去阅读这些医学论文并在撰写报道之前对作者进行采访。编辑喜欢这种安排，因为这是信息发布的有序程序，他们认为这个程序会提升最终改善患者护理和公共卫生的报道的精确性。当然这些规则也有例外，特别是当需要立即发布的涉及极端公共卫生事件的论文时。最大的挑战是让那些在医学和科学方面知识水平各不相同的外行能够理解这些信息。《美国医学协会期刊》和《档案》系列期刊也有擅长于把复杂的医学语言翻译成媒体和公众可以理解的内容的传播专家。

世界上一些久负盛名的医学图书也是出自美国医学协会。《美国医学协会文献格式手册》（*AMA Manual of Style*）到目前为止已经出版十余版。这是一本设定医学出版准则的首要参考书，该书包括术语列表、出版中的法律问题和伦理问题以及版权议题等。《医学文献用户指南》（*Users' Guides to the Medical Literature*）是另外一本重要的参考书，它有助于读者正确地理解医学论文以及帮助医生把这些信息用到患者临床治疗方面。该协会还出版了很多帮助医生的临床图书以及涉及医学业务方面的实用图书。

在通过教育、发表最新的研究论文以及提倡改善公共卫生以帮助医生救助患者方面，美国医学协会有着悠久的历史。通过新闻媒体传播这些信息以及当前利用网络直接把这些信息传播给消费者，是协会的一项重要拓展活动。协会以及《美国医学协会期刊》和《档案》系列期刊通过各种出版物和论坛，比如代表大会以及协会的决策性机构，把服务拓展至广大医生。但是他们还希望"到达"患者——卫生保健的消费者，以确保患者尽可能地了解医学信息，并且获得其需要的卫生保健服务。

撰 稿 人：Jann Ingmire

另请参阅：American Medical Writers Association; Embargo System; Health Communication, Overview; Health Communication and the Internet; Medical Journalism

参考文献

[1] American Medical Association：www.ama-assn.org.

[2] FONTANAROSA P B. Update on JAMA's policy on release of information to the public [J]. Journal of the American Medical Association，2008，300 (13)：1585-1587.

American Medical Writers Association 美国医学作家协会

早在约翰内斯·古登堡（Johannes Gutenberg）发明印刷机很久之前，我们今天所知的医学写作的种子就已经埋下了。想想希腊医生希波克拉底（Hippocrates），他除了因"西方之父"而知名，也在收集大量图书方面取得了公认的成就，这些图书被认为是现存最古老的完整医学典籍。时光飞速前进了几个世纪，来到了传播行业羽翼渐丰的时代。今天，数以万计的现代医学期刊摆满了图书馆的书架，为消费者提供的健康书籍通常也会成为畅销书中的领导者，医药法规文件也是汗牛充栋，各种类型的医学文章散布于数之不尽的网站、报纸和杂志上。更不要说还有一大群正在对这些副本进行研究的作家以及一大批对这些作家的作品进行修饰的编辑了。

1940 年，一群医生意识到需要有一个致力于就这门技艺对有抱负的医学作家和编辑进行教育的组织。他们创办了美国医学作家协会（American Medical Writers Association，AMWA）来促进医学传播的卓越性，并为实现这个目标而提供教育资源。这个协会现在是世界上医学传播者最重要的资源。作为一个非营利性组织，美国医学作家协会把全球工作在健康和医学所有领域的 5600 多位传播者和教育者招致麾下。该组织提供一个广泛的教育项目，为社交和互动式的会议举办论坛，促进职业道德的提升，运行维护提供翔实信息的网站并且出版季刊《美国医学作家协会期刊》（*AMWA Journal*）。

美国医学作家协会的会员是兼收并蓄的，包括行政管理人员、广告人员、大学教授、其他教育人员、自由作家和自由职业编辑、期刊编辑、多媒体生产者、医药作家、公关人员、出版商、记者、研究人员、剧作家、统计学家、学生、工作在学术机构的作家和编辑、译者和其他人员。

医学传播的路径

美国医学作家协会的会员在医学传播领域中从事不同的职业。很多人在转行到更具技术性的医学传播领域之前是科学研究或者卫生保健领域的专业人员。这些人通常都有科学、医学或者相关领域的学位（通常是高级学位）。实际上，大约有 54% 的会员具有科学或者卫生保健学位。大约有 20% 的会员具有新闻学、传播学、英语或者人文学科的学位。在从事医学传播之前，他们中的很多人都供职于公共关系、广告、营销、企业通信、出版或者教育部门中的非技术性传播职位。

2007 年的一项调查显示，只有 4% 的美国医学作家协会会员具有医学写作或者技术写作的学术学位。然而，随着教育机构扩展了提供医学传播学历或者证书的项目，把医学传播作为未来职业的毕业生人数也不断增加。美国医学作家协会会员可享受的服务包括免费获取从全国 1700 多个医学传播者中采集的定期薪资调查的数据，非会员也可以通过付费的方式获取这些数据。

美国医学作家协会的资源

美国医学作家协会为把医学传播作为职业的作家和编辑提供各种资源，使得他们能胜任这一工作，同时他们对技巧娴熟的传播者和雇主进行匹配。这些资源包括持续教育的机会、会员独享的服务，比如在线招聘、获取邮件列表、搜索自由职业者会员的数据库（非会员经申请也可以使用）以及和经验丰富的医学传播者交流的机会。

美国医学作家协会既为新手也为经验丰富的医学传播者提供了超过 100 次的研讨会，旨在提升他们在医学传播领域各方面的技能。这些研讨会通常在每年秋天美国医学作家协会为期 3 天的年会期间举办，有些在其他情况下举办，比如在当地的会议或者某公司办公所在地的会议。这些研讨会中很多都是美国医学作家协会认证项目的一部分。它共提供 3 种证书：核心证书、基础科学证书以及高级证书。参加该项目需要修够已完成研讨会的学分才可以获得证书；参加人员可以在各种普通研讨会或者专业研讨会中进行选择。

核心研讨会帮助参与者提升编辑、写作、传播和文献学方面的技巧；学习如何发展和管理自由职业；学会为医药行业、公共关系部门、广告部门、营销部门、网络或者多媒体部门撰写材料的必要技能；了解教育作者和编辑的最新方法；提高数据分析技巧。高级研讨会为经验丰富的医学传播者在某些议题的撰写、编辑、管理、文献检索、教育以及其他感兴趣话题方面提供深入交流的机会。科学研讨会为与会者提供更深入理解科学和医学基本概念的机会，有些核心的认证研讨会被认为是自我学习的契机。

基础科学项目是为那些大学教育中没有强调科学以及那些希望在自己原先的科学研究领域之外拓展知识的医学传播者而准备的。这些项目的特色是基础科学、解剖学和生理学、疾病诊断方法和治疗方法的初级研讨会。这些研讨会为撰写科学文章提供信息和工具，包括术语、基本概念和体系、通常使用的方法以及主要参考文献和资源。

高级认证研讨会是给那些已经获得美国医学作家协会核心证书的人或者那些在相关领域有至少 5 年工作经验的人准备的。获得高级证书需要至少全程参加 8 个高级研讨会。有些高级研讨会则要求参加者先获得核心研讨会的证书。

撰 稿 人：Melanie Fridl Ross

另请参阅：Medical Journalism

参考文献

American Medical Writers Association：www.amwa.org.

Anti-Drug Campaigns 禁毒运动

本词条描述的是美国最近30年来开展的大规模公众禁毒教育、预防和传播运动。文中采用了一些禁毒运动的具体案例，并强调了这些案例的目的、方法和效果，比如，“只是说不”（Just Say No）、抵制非法药物滥用教育（Drug Abuse Resistance Education，DARE）、全国青少年禁毒媒体运动（National Youth Anti-Drug Media Campaign，NYAMC）以及项目警告运动（Project ALERT campaigns）。虽然对20世纪80年代以来禁毒运动的描述可能会对美国禁毒运动的近期演变提供一些见解，但是本词条并不想对这些努力做完整的历史记录。本词条的焦点在于公共卫生教育和传播运动（Public Health Education and Communication Campaigns），这与其他的行动有所不同，比如那些解决供需议题的运动。因而其他的政策行动和法律倡议（比如增加对使用者的惩罚）在本词条中并未涉及。这个集中的角度可以为读者提供更充分的细节，以便对美国近几十年来开展并实施的大众传媒禁毒运动以及基于学校的禁毒运动有更深刻的理解。

科学传播的重要作用

近年来，我们见证了利用大众传媒传递健康信息的增加，比如禁烟、禁毒以及支持接种疫苗运动等。另外，新闻机构也越来越多地加入向普通公众传播健康信息的行列中来。对大众传媒的成功运用增加了健康相关信息在那些过去无法企及的公众中的曝光度。社会网络工具[比如脸书（Facebook）和推特（Twitter）]的引入，为健康信息的传播特别是向青少年的传播，提供了额外的、创新性的工具。

和全国公共卫生的其他领域一样，全美国和地方解决青少年使用违禁药物的努力越来越倾向于采用以预防为目标的大众传媒运动。政府和非营利部门对大众传媒运动的广泛采用已经拓展到青少年违禁药物使用的领域之外。一些典型例子包括美国疾病控制与预防中心（U.S. Centers for Disease Control and Prevention）的青少年体育活动运动、儿童健康推广计划以及美国遗产基金会（American Legacy Foundations）的戒烟媒体运动。全国性机构决定对这些通常花费巨大的大众传媒运动进行投入，反映了对这种公共卫生传播运动方式有效性的某种程度的信任。这其中隐含的假定是：解决健康问题时节约的开支和其他产出会远远超过财务成本。

美国青少年使用违禁药物的问题

12~18岁的青少年使用违禁药物是近几十年来最明显的公共卫生问题。在经历了20世纪80年代的相对急剧下降之后，监测未来研究（Monitoring the Future，MIF）的研究表明，13~19岁的青少年以及13岁以下的青少年的药物使用问题在1991—1997年呈现迅速增长趋势。在过去的10年里，监测未来的研究表明，虽然迷幻药、可卡因和镇静剂的使用达到了高峰后的平稳状态，但年轻人使用违禁药物（比如大麻、安非他命和晶体脱氧麻黄碱）的趋势有所下降。此外，在某些情况下，药物的使用有所增加，比如呼吸剂和二亚甲基双氧苯丙胺（MDMA，俗称摇头丸）。监测未来的研究表明，8年级的青少年中有将近15%的人使用过违禁药物，而到高中毕业的时候，几乎有超过一半的人曾经尝试过违禁药物。

与违禁药物使用相关的花费是很高的。2004年，美国国家毒品控制政策办公室（U.S. Office of National Drug Control Policy，ONDCP）估计美国社会每年应对违禁药物使用的花费达到1810亿美元。另外，违禁药物使用对于青少年的身体和生理以及家庭和他们周围的社区都有重大危害。药物滥用及精神卫生服务管理局（Substance Abuse and Mental Health Services Administration）和其他组织性的权威机构一致认为早期的违禁药物使用可能会导致终生依赖，还会引发其他不健康的、危险的行为，比如少年犯罪、暴力威胁和相关伤害，以及过早的性行为，包括意外怀孕和接触性传播疾病。

在青少年使用的所有违禁药物中，大麻是最常使用也最容易获得的药物。在监测2008年的调查中，32%的12年级学生表示在过去12个月里使用过大麻，这个比例在10年级学生中有25%，在8年级学生中有10%，在被抽样的12年级学生中有将近85%认为大麻容易得到。近年来，美国国家毒品控制政策办公室把处方药以及非处方药的滥用看作美国药物滥用增长最快的一种形式，特别是在青少年中。2007年，5%~10%的12年级学生为了获得快感而使用过这些药物，6%~7%的12年级学生使用过非处方镇咳药和感冒药，有10%使用过凡可汀（Vicodin），有5%使用过盐酸羟考酮控释片剂（OxyContin）。

当代禁毒运动

“只是说不”运动

在时任总统里根和“美国禁毒战”（U.S. War on Drugs）的领导下，南希·里根（Nancy Reagan）在20世纪80年代发起了“只是说不”的公众禁毒运动。这项运动是一个多元化介入策略，也成为很多活动的保护伞，包括基于教室的课程以及全国大众传媒信息活动。

休斯敦大学（University of Huston）社会心理学教授理查德·I. 埃文斯（Richard I. Evans）博士和他的研究团队在20世纪70年代开展的一项研究着眼于药品滥用预防并促进社会教育模型的构建。这个模型促进了“只是说不”运动的发展，方法是向青少年传授社交技巧，激励其自我赋能（即树立对他们技巧和能力的信心）来克服同龄人的压力。这个运动试图通过提供对朋友或者其他同龄人提供的药物各种说“不”的方式来教给人们一些拒绝的技巧，其目标是让年轻人避免药物滥用。

“只是说不”运动包括公共服务广告、教室课程、娱乐教育和大众媒体报道。除对这项运动的材料和教室课程进行支持的公共经费外，南希·里根作为第一夫人的身份使得她获得了更多的媒体关注，从而能有机会出现在电视脱口秀节目和娱乐节目中，并且接受媒体采访以及发表署名文章。另外，当“只是说不”运动传递的信息被融入当时流行的电视节目情节中时，它也实现了寓教于乐的目标，如《细路仔》（*Different Strokes*）以及《庞姬·布鲁斯特》（*Punky Brewster*）。通过各种传播渠道，据估计到1993年，该活动的受众超过2500万人。

因为“只是说不”运动受到习俗的限制，并且是置于“美国禁毒战争”的时间表内，因而大多数的评价性评论更广泛地集中于禁毒战争的全部努力上，而非该运动本身。一些研究人员认为禁毒战争对非法药物滥用没有任何效果，还有人认为非法药物滥用在里根上台并对毒品宣战之前的几年里就已经出现了下降的趋势，并且那时这个趋势还在持续下降。相反，人们普遍认为禁毒战争的主要影响就是吸毒者和毒品供应商监禁率的上升。根据美国司法部（U.S. Department of Justice）报告，1980—2001年州监狱和联邦监狱收押的吸毒者和毒品供应商人数上升迅速。

对“只是说不”运动（包括对“只是说不”海报、T恤衫和其他材料的接触，对南希·里根演讲和公开露面活动的报道等）的科学评估非常稀少。然而，很多其他药物滥用预防活动（除了那些以酒精和烟草为目标的活动）在此期间开始涌现，并且和“只是说不”运动的理念结合起来，因而这些运动也和“只是说不”运动的名字关联起来。在这期间采用了心理学灌输方法的很多不同的预防措施，都被看成是“只是说不”运动的组成部分。一些研究者坚信有证据表明这些预防措施取得了成功，特别是当社会灌输和（或者）同龄人压力的抵制方式与社交技巧培训结合起来的时候。虽然这些评估研究确实表明这些运动有积极的效果，但是这些被评估的干预措施并不完全是与“只是说不”运动相关的，而且其着眼点是烟草的使用而非违禁药物的使用。

其他的评估聚焦于基于学校的违禁药物使用预防项目，其结果更加模棱两可。另外，研究者和其他人还提出了批评性意见，认为这项运动的思想体系在让青少年远离违禁药物使用方面是不奏效的，而且虽然在其所陈述的目标方面没有取得成功，但是“只是说不”运动成功地实现了更具政治性的目标，即让家长相信学校至少在学生中尝试做一些有关药物滥用问题的事情。

抵制非法药物滥用教育项目

另外一个广泛推行的校园禁毒项目是抵制非法药物滥用教育项目（DARE），它也是另一个经常和“只是说不”联系起来的运动。该项目开创于20世纪80年代早期，并成为20世纪应用最广泛的药物使用教育课程之一。到1986年，美国国会（U.S. Congress）通过了《无毒品校园和社区法》（Drug-Free Schools and Communities Act），该法要求学校采用药物滥用预防项目，这推动了抵制非法药物滥用教育项目的进一步传播，甚至在其开展了10多年后，这个项目仍然是美国资金雄厚且长期持续的项目。立法也帮助维持危险行为预防项目的持续经费保障，比如1994年《改善美国学校法》（Improving America’s Schools Act）对抵制非法药物滥用教育项目的支持。截至2008年，该项目还在全美国持续开展，这也是它运行的第25个年头。

虽然抵制非法药物滥用教育项目传递的信息通常类似于基于课堂的其他禁毒教育课程，但是抵制非法药物滥用教育项目和其他项目不同的地方在于受过训练的法律执行人员会在各个阶段给学生上课。在最初的构想中，地方法律执行指导员在学校开展班级课程，主要是通过演讲的形式。在抵制非法药物滥用教育项目的后续版本中，该项目旨在通过利用技术、小组讨论和角色扮演来让学生有更多参与的机会，而法律执行人员的角色也更像是教练而非权威人物。该项目的内容重点仍然是药物滥用的风险和危害性后果，以及对同行压力的抵制和拒绝接受毒品的策略，它试图说服青少年抵制使用毒品。有时候该项目还要求学生签署不使用毒品的宣言。

在人员覆盖面方面，该项目的受众是从幼儿园到12年级的学生，大约有75%的美国学区执行了某种形式的抵制非法药物滥用教育项目。截至1990年，该项目约覆盖了美国3000多个社区以及大约2000万学生。在该项目执行的不同时期，各种渠道显示该项目每年覆盖近1000万学生。

抵制非法药物滥用教育项目在美国的行政管理费用估计每年超过10亿美元。抵制非法药物滥用教育项目的经费来自一些不同的联邦部门和私人资本，包括基金会、公司和个人。另外，抵制非法药物滥用教育项目对州和地方执法部门法律执行人员的培训通常是在其他政府渠道提供的资金下运行的，比如司法部门的拨款，州政府机关，县、市、学区和警察机关，以及其他私人资本（如个人和当地社区举行的筹款行动）。

然而基于学校的抵制非法药物滥用教育项目没有取得什么效果。一些研究人员发现，抵制非法药物滥用教育项目课程对总体的违禁药物滥用几乎没有效果。另外的证据表明，抵制非法药物滥用教育项目可能只是推迟了药物滥用，也就是说参与该项目的青少年参与违禁药物使用的概率和那些没有参加该项目的青少年是一样的，只是他们会在年长一点儿的时候使用违禁药物。从20世纪90年代早期到2007年开展的多个调查指出，接触抵制非法药物滥用教育项目会具有反效应，即那些完成该项目的青少年比那些没参加的青少年更容易参与违禁药物使用。

有证据表明，即使有效果抵制非法药物滥用教育项目的禁毒效果也是非常有限的，所以时任卫生局（Surgeon General）局长大卫·撒切（David Satcher）博士在2001年把抵制非法药物滥用教育项目归结为药物滥用预防项目“毫无效果”的行列。2003年，美国政府问责办公室（U.S. General Accountability Office）报告说这个项目在特定的人口亚群中产生了适得其反的效果，而且和那些没有参加该项目的青少年相比，该项目对后来具有更高比例参与药物滥用地完成了该项目的青少年具有潜在的反效应。

美国无毒品伙伴关系

1986年成立的非营利组织美国无毒品伙伴关系（Partnership for a Drug-Free America，PDFA）是广泛利用印刷媒体和广播公益广告（public service announcements，PSAs）的早期推进者。作为美国广告代理商协会（American Association of Advertising Agencies）的一个初始项目，驱动该组织的目标是通过利用广告和大众传媒来影响年轻人对禁毒的态度、信仰和其他认知，以降低他们对毒品的需求。其根本信念是：如果广告可以说服消费者购买某件产品，那么它也有可能影响人们的健康行为选择，包括是否尝试使用毒品。

1987年，美国无毒品伙伴关系由于其利用广告核心来开展抗麻醉剂运动而出名。“吸毒后你的大脑会变成这个样子。”这个广告把吸毒者的大脑看作一个鸡蛋，当吸毒时大脑的形状就像是一个煎过的鸡蛋。1989年，除了其他的美国无毒品伙伴关系的公益广告，该广告还被时任美国总统乔治·H. W. 布什（George H. W. Bush）称赞为“强硬有力且目标精准”。美国无毒品伙伴关系还由于另外一个著名的广告运动而为人们所熟知，即惊呼“我从你身上学会了吸毒”。在这个公益广告中，一个父亲在他儿子的卧室中发现了一个装有毒品和吸毒工具的盒子，他把这些东西拿到儿子面前，并极力想知道儿子是如何染上毒瘾的。他儿子的回答就是上述那句话，这表明儿子是从父亲那里学会了这种行为。这个广告声称“使用毒品的父母，其孩子也会使用毒品”，因而强调了父母在孩子决定是否使用毒品方面的重要作用。

这个媒体运动为后来的运动铺平了道路，比如全国青少年禁毒媒体运动，美国无毒品伙伴关系也在这方面开展合作。

全国青少年禁毒媒体运动

1998年，美国国家毒品控制政策办公室开创了全国青少年禁毒媒体运动，这是一个大规模的健康传播运动，直到2008年12月还在运作当中。这个运动的主要目的有3个：预防吸毒、增加年轻人拒绝使用非法药品的自主权以及说服偶尔吸毒者停止这种行为。这些目标的受众是9~18岁的青少年。全国青少年禁毒媒体运动的主要焦点是防止萌生使用毒品（特别是大麻）的想法。

1998—2004年，美国国会为支持这项运动提供了将近10亿美元的经费，这包括付费的媒体广告和与公民以及诚信服务组织联合开展的社区拓展运动。全国青少年禁毒媒体运动利用多媒体手段对家长和孩子进行覆盖，除了广播、网络版和印刷版广告，还大量使用电视广告、活动网站、家长技能宣传册以及基于学校的一些材料。

该运动为孩子和家长设计了不同的活动。为家长准备的内容试图让家长知道自己对孩子抵制毒品有着重要的影响。作为这种努力的一部分，为家长准备的运动主要围绕着“家长：抵制毒品”这个品牌来进行，以及利用这个品牌活动及其他活动（比如“传播：抵制毒品”）来改善富有成效的家长行为，并让家长利用实践技巧对孩子进行毒品方面的教育。

对孩子的运动则围绕着“我抵制毒品”的品牌来进行，以使孩子们有自我意识，并对他们的个性给予支持。在活动一开始，孩子们会通过网络（如邮件）的形式被问及是什么动机让他们不吸食毒品或者反对毒品。这个方法得到了“你对禁毒的态度是什么”，成为运动的引导口号，并且会让孩子们用他们自己对“禁毒”的看法来形成一些短语，比如“足球：我抵制毒品的方式”，因而强化了对抵制毒品的积极替代方式。

其他稍后的广告聚焦于毒品使用的消极后果以及对毒品的抵制技巧，特别是自2002年开始该项目把焦点收缩于大麻的使用方面。特别是该运动通过显示吸食大麻的即刻危害来表明这是一项危险的行为，该运动也是全国青少年禁毒媒体运动所指代的大麻运动的一部分。近年来，该运动转向了“超越影响”的方法以使年轻人抵制同龄人的压力，认识到吸食大麻的消极后果，并且选择超脱于毒品影响的生活方式。

在该运动充分开展几年后，国会授权的官方评估报告说其结果是让人失望的。虽然该运动可以利用多种媒体渠道并且获得了大量的媒体报道，但是对该运动的评估发现，它对年轻人对大麻使用的意识、动机或者行为方面没有积极效果。来自全美国家长调查（National Survey of Parents）的数据对该运动的评估显示，该运动没有持续的禁毒效果。此外，2008年罗伯特·霍尼克（Robert Hornik）、莱拉·S.雅各布松（Lela S. Jacobson）、罗伯特·欧文（Robert Orwin）、安德拉·皮塞（Andrea Piesse）和格雷姆·卡顿（Graham Kalton）在其报告中认为，评估的结果显示这项运动对于年轻受众有非故意的反效应：长久以来，和那些较少接触这些信息的人相比，更多地接触该运动信息的人更有可能表现出支持毒品的结果，包括对大麻的使用表现出更大偏好。

随后的研究对涉及这个运动媒体广告的反效应给予了佐证。对这些禁毒运动信息较高的接触程度可能会明显地增加年轻人对大麻的注意力。这种高显示度可能表明使用大麻的行为是一个对大部分目标受众具有影响的重要问题，或者表明“每个人都在这样干”。换句话说，这项运动广告的累积成果是一个元信息，它表明大麻的使用在同龄人中是非常流行的。这种“大麻被普遍使用”的观念反过来导致了一些支持大麻使用的结果。这个发现的意义是对剔除反效应预测这个焦点的强化，其中特别强调通过测试广告的集合以及多元的接触而非单个广告的预测来对聚集效应进行评价。

成功的潜在模型

并不是所有的禁毒运动都对青少年违禁药物使用起不到任何效果或者产生了负面效果。有些校内项目和基于社区的媒体运动降低了未来违禁药物使用的危险性因素，降低了毒品在青少年中的泛滥。

“警告”项目尝试给青少年提供抵制滥用药

物压力的有效策略，这些被滥用的产品包括酒精、大麻、烟草和吸入剂。其首要目标是阻止滥用药物的开始，阻止那些已经使用毒品的人成为常规使用者，并且影响那些与毒品使用相关的危险因素。校内基于技巧的课程包括 11 堂课，每周教授 1 次并且在次年还有 3 个环节。这个项目的目标是教授 7 年级和 8 年级的学生如何识别内部压力和外部压力，提高他们抵制亲毒品社会影响的技巧以及自我效能，并且建立不使用毒品的信仰和意识。

在课堂上开展的“警告”项目包括小组活动、角色扮演练习（包括对所授技巧的演练）、指导性视频，并让教师或者青少年作为指导者来促进课堂讨论。“警告”项目从 1995 年开始以来就被广泛采用，从那时开始，这个项目大概在 3500 个美国学区内得以开展，并且有超过 4 万名教师被培养成干预指导者。2003 年，兰德公司（RAND Corporation）的菲利斯·L. 埃里克森（Phyllis L. Ellickson）、丹尼·F. 麦凯弗雷（Daniel F. McCaffrey）、邦妮·戈什－达斯狄达尔（Bonnie Ghosh-Dastidar）和道格拉斯·L. 朗肖尔（Douglas L. Longshore）基于多个随机的控制组研究发现，“警告”项目在阻止大麻、酒精和烟草的使用方面是有效果的，在阻止大麻使用方面的效果最大。与其他学生相比，在参加“警告”项目的学生中有 38% 不太容易开始吸食大麻。

其他基于学校的方法，比如“学校禁毒教育计划”（SMART 和 STAR），也在一些研究中显示出了预防毒品使用的积极效果，基于学校和社区的媒体运动在预防大麻使用的有效性方面展示出了强有力的结果，特别是当和校内的预防性课程一起开展的时候，比如“要受自己的影响”项目。

对运动进行强有力的评估的重要性

即使认识到这些案例，但是我们仍然必须谨记：媒体运动会产生计划外的、不理想的效果。就像上述对当代禁毒运动的回顾中显示的那样，和根本什么都不做相比，公共服务和健康传播运动确实有可能产生反效应，并且让受众变得更糟。一些观察性的研究得出结论：公共健康运动和干预性措施，包括禁毒项目，会产生不理想的效果，特别是对这些运动目标受众的亚群来说。

这些警示降低了对禁毒运动进行完全的严格意义上的评估的重要性。这包括以预防形式进行的形成性评估以及为评估该运动执行效果而进行的总结性评估。这些评估应该被置于旨在对这些运动内容进行设计以及用于预测影响路径的行为改变模型的理论情境下，通常这些是重叠的。

更重要的是，有力的评估可以对这些运动进行持续的改善。因此，对反效应的担忧无论如何都不是进行评估的唯一甚至是主要动力。除此之外，自信地展示其积极的效果和拓展其效应的规模，应该为继续开发战略、评估减少吸毒的效果产生更积极的作用。认真评价禁毒运动是从过去的工作中吸取教训并为今后的行动提供信息的关键手段。

撰 稿 人：Lela Jacobsohn and Alana M. Vivolo

另请参阅：Anti-Smoking Campaigns；Communication Campaigns in Health and Environment；Vaccines，Fear of

参考文献

［1］BUKOSKI W J，EVANS R I.（Eds.）. Cost-benefit/cost-effectiveness research on drug abuse prevention：Implications for programming and policy［M］. Washington，DC：U.S. Government Printing Office：59–82.

[2] Drug-Free Schools and Communities Act of 1986, Pub. L. No. 99–570, Subtitle B of Title IV, 1986.

[3] ELLICKSON P L, MCCAFFREY D F, GHOSH-DASTIDAR B, et al. New inroads in preventing adolescent drug use: Results from a large-scale trial of Project ALERT in middle schools [J]. American Journal of Public Health, 2003, 93: 1830–1836.

[4] ENNETT S T, TOBLER N S, RINGWALT C L, et al. How effective is Drug Abuse Resistance Education? A meta-analysis of Project DARE outcome evaluations [J]. American Journal of Public Health, 1994, 84: 1394–1401.

[5] FISHBEIN M, HALL-JAMIESON K, ZIMMER E, et al. Avoiding the boomerang: Testing the relative effectiveness of anti-drug public service announcements before a national campaign [J]. American Journal of Public Health, 2002, 92: 238–245.

[6] HORNIK R C, JACOBSOHN L S, ORWIN R, et al. Effects of the National Youth Anti-Drug Media Campaign on youths [J]. American Journal of Public Health, 2008, 98: 2229–2236.

[7] Improving America's Schools Act of 1994, Pub. L. No. 103–382, 1994.

[8] JACOBSOHN L S, HORNIK R C. High brand recognition in the context of an unsuccessful communication campaign: The National Youth Anti-Drug Media Campaign [M]//W D EVANS, G HASTINGS (Eds.). Public health branding applying marketing for social change. New York: Oxford University Press, 2008: 147–160.

[9] JENSEN E L, GERBER J, MOSHER C. Social consequences of the War on Drugs: The legacy of failed policy [J]. Criminal Justice Policy Review, 2004, 15: 100–121.

[10] JOHNSTON L D, O'MALLEY P M, BACHMAN J G, et al. Monitoring the Future national results on adolescent drug use: Overview of key findings, 2007 [M]. Bethesda, MD: National Institute on Drug Abuse, 2008.

[11] LYNAM D R, MILICH R, ZIMMERMAN R, et al. Project DARE: No effects at 10-year follow-up [J]. Journal of Consulting and Clinical Psychology, 1999, 67: 590–593.

[12] SLATER M D, KELLY K J, EDWARDS R W, et al. Combining in-school and community-based media efforts: Reducing marijuana and alcohol uptake among younger adolescents [J]. Health Education Research, 2006, 21: 157–167.

[13] Substance Abuse and Mental Health Services Administration, Office of Applied Studies. The relationship between mental health and substance abuse among adolescents [M]. Rockville, MD: Author, 1999. [OAS Analytic Series No. 9, DHHS Publication No. (SMA) 99–3286]

[14] U. S. General Accounting Office. Youth illicit drug use prevention: DARE long-term evaluations and federal efforts to identify effective programs [EB/OL]. (2003–1–5) [2008–12–5]. www.gao.gov/new.items/d03172r.pdf.

[15] U.S. Office of National Drug Control Policy. The economic costs of drug abuse in the United States: 1992–2002 [R]. Washington, DC: Executive Office of the President, 2004. (Publication No. 207303)

Anti-Smoking Campaigns 禁烟运动

禁烟运动是一项通常涉及各种大众媒体的以降低吸烟人口为目的的活动。这些活动包括通过付费媒体宣传来减少吸烟，通过媒体贡献的公益时间来开展禁烟运动，以及对一系列尝试使公众意识到吸烟的负面效果。美国和其他国家有着悠久的禁烟运动历史，对吸烟及其危害的科学知识的改变也在不断地书写着禁烟运动的历史。对从这些运动中吸取的教训进行认真研究，可以对科学和技术传播产生更广泛的思索。本词条首先简要介绍在美国吸烟的历史，然后概述自 1960 年以来出现的禁烟运动。之后对禁烟运动效果的证据进行综述，特别关注在这些运动中发挥过效果的具体信息形式。本词条以对当代禁烟运动一些议题的讨论收尾，包括不同人群之间吸烟者比例的差异以及对持续经费支持的关切。

美国吸烟的趋势

在过去几个世纪里，在美国吸烟的普遍程度十分不同。随着美国机器卷烟技术带来的大规模生产和销售，吸烟在 19 世纪末逐渐流行起来。虽然有些组织表达了对吸烟危害健康的关切，但是烟草消费在 1900 年至 20 世纪 60 年代早期急剧上升。由于烟草公司成功地把吸烟和爱国主义以及美国军队在第二次世界大战期间的付出联系起来，吸烟者的比例在 20 世纪 40 年代出现了猛增的趋势。到 20 世纪中期，吸烟被看作一种在社交上可接受的行为。

20 世纪 50 年代晚期和 60 年代早期见证了对吸烟危害健康的关切的不断增加，而 1964 年出版的第一份关于吸烟危害健康的卫生局局长报告（Surgeon General's Report）使这些关切达到了顶峰。自 60 年代晚期开始，美国的吸烟者比例有所下降，而在 1986 年出版的卫生局局长报告中对二手烟危害进行阐述以及 1998 年通过的《总和解协议》(Master Settlement Agreement）对否认产品会危害健康的烟草公司给予惩罚之后，美国的吸烟者比例出现了加速下降的趋势。今天，美国大概有 20% 的成年人吸烟。

1960 年以来的禁烟运动

美国第一个全国的媒体协同禁烟运动发生在 1967—1971 年。禁烟活动成功地说服了联邦通信委员会（Federal Communications Commission）对烟草广告采用公平经营原则（Fairness Doctrine)，这个原则要求广播电台每播放 3 个烟草广告就必须播放 1 个免费的禁烟广告。这项法律活动推动了禁烟广告在公共广播中的广泛传播，这些广告大多聚焦于吸烟对健康的危害。学者估计广播公司用于播放禁烟运动相关信息的广告时间价值超过 2 亿美元。当 1971 年所有的烟草公司同意终止为他们的产品播放广告时，这项运动也结束了。

接下来的 20 年时间见证了一些和吸烟有关的受控的社区介入实验的发展和评估。这些实验在小型的配对社区中开展了禁烟媒体运动影响以及更广泛的社区努力（基于学校的烟草教育、社区教育和其他活动）的评估活动。比较著名的案例包括芬兰的“北卡雷利阿”项目（North Karelia Project)、加利福尼亚州的“斯坦福三个城市和五个城市”项目（Stanford Three-

City and Five-City Projects）、“明尼苏达州心脏健康”项目（Minnesota Heart Health Program）、澳大利亚的“为生命禁烟”项目（Quite for Life Programs）以及美国的停止吸烟社区干预试验（Community Intervention Trial for Smoking Cessation，COMMIT）。这些尝试通常把禁烟和更广泛的努力（比如改善饮食的信息）结合起来，以降低公众患心脏病的风险。

从20世纪80年代中期开始，一些州开展了禁烟运动以减少吸烟。明尼苏达州于1985年发起了第一个州级的预防吸烟运动，紧随其后的大规模运动出现于加利福尼亚州（1990年）、马萨诸塞州（1994年）、亚利桑那州（1995年）、俄勒冈州（1997年）和佛罗里达州（1997年）。类似的是，澳大利亚也在1997年开展了一个全国性的禁烟媒体运动。大多数这种活动的信息焦点从仅关注吸烟的健康危害扩展到了其他议题，比如尼古丁上瘾、二手烟的危害、烟草公司在产品营销中的欺骗性行为。

20世纪90年代末期，两个事件有力地促进了禁烟运动的发展。一个是1997年食品药品监督管理局（U.S. Food and Drug Administration，FDA）决定对医药产品直销广告的规章进行限制，另一个是1998年46个州的司法部部长和5个最大的烟草公司签订了《总和解协议》。食品和药品监督管理局的决定使得医药公司通过广播广告直接向消费者销售戒烟药物合法化，而《总和解协议》则给各州提供了用于开展禁烟运动并成立美国遗产基金会（American Legacy Foundation）的大量经费，这个新成立的基金会在2000年开展了一项全国性协同运动“真相”来干预青少年的吸烟行为。“真相”运动每年的花费超过1亿美元，其传播的信息主要聚焦于烟草公司对其有害产品向青少年进行营销的方面。两大烟草公司，菲利普·莫里斯（Philip Morris）和罗瑞拉德（Lorillard），也在20世纪90年代末期开展了全国性的禁烟运动，不过有些学者对其行为的动机和效果提出了质疑。

这些禁烟运动资源的注入使得美国公众接受禁烟信息的概率大大增加。根据梅勒尼·维克菲尔德（Melanie Wakefield）及其同事在2005年所做的研究，平均每个美国家庭在2003年能接触到12个医药广告、6个公共健康组织赞助的禁烟广告、3.5个烟草公司赞助的禁烟广告。而在那些对禁烟运动给予经费支持的州，公民接触禁烟信息的概率更大。

禁烟运动的效果

有关禁烟运动的研究非常广泛。对这个话题的研究受制于各种方法论的限制，这些限制阻止了对哪种类型的运动在减少吸烟率方面具有最大化效果的决定性评估。然而，目前我们所知的信息强烈地支持了禁烟运动是阻止年轻人开始吸烟以及劝说成年人戒烟的有效策略的这一主张。

禁烟运动取得成功的第一个证据来源于20世纪60年代末期对公平经营原则的分析。一系列研究得出的结论是：全国性协同运动降低了美国人1967—1971年的吸烟者比例。

来自20世纪70—80年代开展的受控的社区干预试验的证据，则表明禁烟运动的效果有些扑朔迷离。一方面，这些试验活动中的几个（“北卡雷利阿”项目、“斯坦福三个城市和五个城市”项目、“明尼苏达州心脏健康”项目）发现和没有接受禁烟干预措施的社区相比，那些接受了禁烟干预措施社区的吸烟率比较低。另一方面，也有几个活动（“斯坦福三个城市和五个城市”项目和美国的停止吸烟社区干预试验）在受干预的社区和控制组社区之间没有发现什么不同。这些结果导致人们对禁烟运动在降低吸烟人口比例的作用方面产生了一定程度的怀疑。然而，罗伯特·霍尼克（Robert Hornik）认为这些试验没有发现任何不同的原因，是控制组社区从外部资源接触了大量的禁烟信息，比如全国的新闻媒体。这些试验中的被干预群体和控制组群体在研究期间见证了吸烟率的下降，这也佐证了禁烟运动确实使吸烟行为有所减少的事实。

对州和国家层面禁烟运动的评估证明这些努力降低了年轻人开始吸烟的比例并增加了成人戒烟的比例。澳大利亚及美国加利福尼亚州、佛罗里达州和马萨诸塞州那些设计完好的评估措施表明这些运动降低了本地区的吸烟者比例。相关数据还表明"真相"运动在21世纪初有助于降低美国青少年吸烟者的比例。其他研究表明戒烟药物的医药广告增加了人们戒烟的尝试和成功概率。来自受控的试验、对州和全国性禁烟运动的评估以及对医药广告效果研究的综合性见解表明：几乎所有的系统性评价认为禁烟运动在降低青少年和成人吸烟者比例方面是有效果的。大多数研究还认同当和学校或者社区的禁烟干预措施双管齐下的时候，媒体运动是最有效果的。

关于何种形式的禁烟信息在降低青少年和成人吸烟率方面是最有效的，证据则不那么明显。在现存运动中使用的信息主题可以大概分为五个类别：吸烟的长期后果（疾病和死亡）、吸烟的短期影响（比如口臭、气短）、二手烟的危害、烟草公司的行为或者帮助烟民戒烟的资源。对每个方法对应效果进行评估的努力受制于这样一个事实：几乎没有任何一个运动单独地利用一个信息主题。对效果的评估还取决于该运动的目标群体。比如，帮助烟民戒烟的共享资源的信息好像不可能吸引那些想尝试吸烟的青少年，但对于那些有戒烟想法的成年人来说可能是恰当的。

尽管存在这些警告，但对吸烟长期后果的情感信息在劝说青少年避免吸烟以及促进烟民戒烟方面似乎是特别有效果的。同样，把有关吸烟后果的信息和烟草公司用来对其致命产品进行营销的信息结合起来的禁烟运动，在降低青少年吸烟方面是有作用的。对在各种受众中效果最大化的戒烟信息的具体特征还有很多需要了解。

禁烟运动的当代议题

未来的禁烟运动面临着各种挑战。其中一个主要问题是教育水平导致的吸烟者比例的重大差异。吸烟在美国成年人中的普遍程度在过去的几十年里下降明显，但是在此期间因教育水平导致的吸烟者比例的不一致也在上升。和受过良好教育的吸烟者相比，禁烟运动通常在促进没有受过多少教育的吸烟者停止吸烟方面没有什么效果。受过较少教育的吸烟者在维持终止吸烟上面临着重大障碍，包括不容易获得治疗、更放任的职场文化和政策、对戒烟较低的社会支持以及他们所处社会环境中更多的压力来源等。未来的运动在促进这些群体戒烟方面需要考虑这些障碍。

未来禁烟运动资源的可用性存在着很大的不确定性。虽然《总和解协议》旨在为各州提供资源以开展禁烟运动，但是很多州却把这些资金用于其他目的。曾经赞助过大型运动的几个州，包括佛罗里达州和马萨诸塞州，用于该运动的经费预算被州议会减少了或者取消了。全国性的运动也经历了经费的大规模削减。"真相"运动年度预算从2000年的1亿美元缩减到2008年的大约2000万美元。对于禁烟运动是否会继续获得经费支持还不确定，特别是在经济不稳定时期。

撰稿人：Jeff Niederdeppe

另请参阅：Anti-Drug Campaigns；Cancer Prevention and Risk Communication；Communication Campaigns in Health and Environment；Drug Advertising；Surgeon General，U.S.

参考文献

[1] AVERY R, KENKEL D, LILLARD D R, et al. Private profits and public health: Does advertising of smoking cessation products encourage smokers to quit? [J]. Journal of Political Economy, 2007, 115: 447–481.

[2] BRANDT A M. The cigarette century: The rise, fall, and deadly persistence of the product that defined America [M]. New York: Basic Books, 2007.

[3] HOPKINS D P, BRISS P A, RICARD C J, et al. Reviews of evidence regarding interventions to reduce tobacco use and exposure to environmental tobacco smoke [J]. American Journal of Preventive Medicine, 2001, 20 (Suppl. 2): 16–66.

[4] HORNIK R C. Public health communication: Evidence for behavior change [M]. Mahwah, NJ: Lawrence Erlbaum, 2002.

[5] Office of the Attorney General. (n.d.).1998 Master Settlement Agreement [M/OL]. http://ag.ca.gov/tobacco/msa.php.

[6] NIEDERDEPPE J, KUANG X, CROCK B N, et al. Media strategies to promote smoking cessation among socioeconomically disadvantaged populations: What do we know, what do we need to learn, and what should we do now? [J]. Social Science and Medicine, 2008, 67: 1343–1355.

[7] U.S. Department of Health and Human Services. The role of the media in promoting and reducing tobacco use [M]. NCI Tobacco Control Monograph Series Vol. 19. Washington, DC: U.S. Department of Health and Human Services, National Institutes of Health, National Cancer Institute, 2008.

[8] WAKEFIELD M, SZCZYPKA G, TERRY-MCELRATH Y, et al. Mixed messages on tobacco: Comparative exposure to public health, tobacco company-and pharmaceutical company-sponsored tobacco-related television campaigns in the United States, 1999–2003 [J]. Addiction, 2005, 100: 1875–1883.

Architecture, Sustainable 节能环保建筑

建筑在文化上通常被看作一项以设计为基础的生产在视觉上和美学上具有赏心悦目建筑环境的产品的活动，节能环保建筑的设计要求对实现这个目的的新兴可用技术有所了解，并且要较好地掌握“建筑科学”这个应用领域。从业者把这些原则应用于建筑设计当中，建筑技术人员通过对这些用来降低建筑能源和原料要素需求的技术的功能性理解来指导自己的工作。扎实的科学和技术传播使它在这方面具有相关性，向公众阐明看似抽象的概念可以在日常生活情境中派上用场。

有关科学如何通过节能环保建筑这个介质

进行传播的例证有很多，包括被动式太阳能设计的理念、内嵌碳排放的概念、对依靠自然能量流动的产品的使用、各种塑料制品的含义、替代性建筑材料、绝缘体以及替代能源技术的发掘等。

被动式太阳能设计的理念是在对地球－太阳关系的几何学知识以及入射太阳辐射对地球表面任一地点的袭击的理解中形成的，包括对昼夜变化和季节变化的理解。一些节能环保建筑的设计依赖于热质量系统来储存热能从而平衡一天中的温度变化，乃至在某些应用中的季节性温度变化。对这种建筑的探索可以作为传播关键热力学概念的平台，以及不同材料比热容积知识的传播平台。另外，一种被称为“相变材料”的新建筑材料可以用于储存热能；对这些材料属性的探索可以作为探讨物质状态以及当应用热量时物质的状态是如何变化的触媒。

内嵌碳的概念对于社会理解建筑设计材料的选择至关重要，这样建筑商就可以在建筑中使用不同的材料，而这些材料在制造过程中消耗的能源更少，从而生产出碳强度更低的产品。这些术语在20世纪后期进入建筑词汇，这些词汇的基础是能量转换过程和效率的扎实知识。如果能量转换过程的效率在每个阶段都可以计算，并且燃烧给定单位燃料的碳释放量已知，那么就有可能计算出生产给定数量的一定材料需要排放多少碳。

另外，也有可能把那些利用自然能量流动的材料和其他材料进行比较。比如，木材和自然产品的开发可以作为一个主题，在这个主题下多元的话题，比如光合作用、植物细胞生物学和纤维素纤维，可以作为一个分支；这些材料的开发也可以用来探讨是什么让这些用于建筑中的人造产品有了结构强度。相比之下，把塑料制品作为外墙材料和饰面材料使用的增加可以用来开发与石油化学相关的丰富议题，随着塑料制品的使用在建筑中的增加，塑料制品因其出身卑微而最终具有不可持续性的问题得到了更现代化的解决方案，比如生物塑料，其可以从自然产品中制取的优点，拓展了现代塑料的用途。

水泥和混凝土制品是传统建筑中使用最广泛的材料，然而，若想对水泥生产行业碳排放的探索能够实现，同时应传授与煅烧程序的理解相伴而来的分子科学。在寻找水泥的降低碳排放的替代材料方面，也有可能探索传统的建筑技术，这些技术可以用来探测石灰，石灰以前被用作灰浆来混合砖和石头。鉴于对水泥的影响的认识，学生们可以探索石灰的循环以及促进石灰在不同阶段进行循环的化学过程。这可以通过潮解过程的展示来实现，在这个过程中氢氧化钙的水化作用会引起较高的吸热反应。

虽然绝缘体材料可能是个枯燥的议题，但是它却是一个可以用来传播热传导——通过传导、对流和辐射的科学多元议题，也是一个用来传播不同的绝缘体被用来降低建筑材料热传导机制的多元话题。从多种多样的绝缘产品的一端产生了天然绝缘材料，比如羊毛，这为探索羊亚科动物的毛囊如何产生羊毛以及羊毛的缩放和卷曲如何帮助保存空气并从而起到绝缘效果提供了一些机会。秸秆可以作为提供绝缘效果以及绝缘形式的结构材料。开发这种材料可能涉及要让公众对其属性以及材料性能背后的科学提出问题。对更现代的绝缘材料进行开发的对话交流可以作为一个对制造这些材料的材料科学和化学进行讨论的平台——相比之下，你可以看看用来制造“太空毯”并使卫星部件隔绝太阳辐射的聚酯薄膜。通过对热传导不同方法的讨论，传播者可以考察为什么这些材料会有不同的应用——我们为什么在家里用羊毛，在太空使用太空毯？热传导的科学如何促进对这些材料的使用？

最后，关于这个问题：是什么让我们在建筑物中感到舒服？传播热舒适性的最好方法就是让它不存在。如果受众在热量方面感到不适，然后就会有对这种效果进行的讨论。为了理解热舒适性，首先要理解人类生理学和代谢率背后的科学，并与人体和环境之间的热传导的理解结合起来。

此外，节能环保建筑越来越多地使用整合的可再生能源技术，这些技术本身也为科学传播提供了丰富的机会。从业者可以把建筑技术看作可以在既定的参数下组装起来以实现特定性能的黑箱元件，但是科学家会质疑这个设备如何工作。

太阳能光伏技术可以用在科学传播中以理解光子学的一些基本原则以及光电效应如何应用在半导体的 P-N 节点上，以使得硅晶片产生电能。第二类产生电能的太阳能电池板——格拉策电池板或者光化学电池板在建筑一体化的形式中也有可能有越来越多的应用。利用有氧化锡涂层的载玻片、花色素苷染料（来自红浆果）和碘可以建设格拉策电池板。对这种设备光化学原理的解读可以传播一系列分子科学概念，比如还原反应和氧化作用以及化学反应被用来传输电子的过程。

太阳能热水技术大概分为两个体系：平板集热器和真空管集热器。围绕这两种技术都可以开展科学传播。实际上，很多现代的太阳能集热器都采用了选择性表面——这可以作为传播材料科学的知识点。建筑一体化的风力涡轮机是可以在比传统效用规模小的风力涡轮机上利用风能的一系列新技术的集合。虽然大规模的风能是一项在经济上比较成熟的技术，但是对于小规模风能的功效也有着激烈的争论，特别是在风能资源不达标的地方安装涡轮机。对于风速和转子直径如何和风能的产出直接相关的研究，可以用来传播能源转换、空气动力学和能量定律的概念。对贝茨定律的探索可以用来解释为什么涡轮机从风中获取的能量是有限的。

热泵是可以从外部资源摄取热量并为建筑物提供热量的设施。其优势在于用来摄取热量的能量输入——通常是电能，要远远小于利用抗热材料移走的热能总量，因此和传统的解决方案相比，既定单位能源的热量输出得以改善。热泵的开发可以用来解释热力学第二定律，热能自身并不能从一个较凉的物体转移到一个较热的物体中去，是热泵技术使得热能在物体间发生转换。此外，通过让受众观看热泵中热量的循环过程，比如蒸汽压缩式冰箱的能量循环，科学传播者可以同受众一起探讨被看作闭环式的热力学定律。

撰 稿 人：Gavin D. J. Harper

另请参阅：Alternative Energy，Overview；Solar Energy；Sustainability

参考文献

[1] ALREAD J，LESLIE T. Design-tech：Building science for architects [M]. Burlington，MA：Architectural Press，2007.

[2] BROWN T S. The science of building [M]. Charleston，SC：BookSurge，2006.

[3] MCMULLEN R. Environmental science in building [M]. New York：Macmillan，2007.

Asilomar 阿西洛马会议

通常称为阿西洛马的这个著名会议的官方名称是重组 DNA 分子国际会议（Conference on Recombinant DNA Molecules），该会议于 1975 年在加利福尼亚州阿西洛马会议中心（Asilomar Conference Centers）举办。超过 100 位顶尖科学家——其中大部分是生物学家，也有物理学家和众多律师以及新闻界的成员齐聚一堂，共同提出对重组 DNA 技术（又称为转基因技术）进行约束的指南。会议留下来的遗产是十分重要的，不仅因为这是一个科学家自愿地解决他们工作中一些危害的重要历史时期（在这里主要指生物危害），还因为他们这样做可能避免了更严格规定的实施。

同样，虽然阿西洛马会议被认为是关于转基因危害的激动人心的辩论，但也被称为学界内的辩论，限制了公共话语。对那些对科学和技术传播感兴趣的人来说，阿西洛马会议可以被当作一个分析科学、技术与社会关系的透镜。对阿西洛马会议的参考可以帮助人们提出质疑，这些质疑包括：有争议的议题是否应该留在公众辩论中；如果这些议题通过辩论被真正地从公众领域中移除了，那么这些议题是否能单纯地以科学的术语进行界定，若是这样，会带来什么后果。

从关切到建议

阿西洛马会议不应该被看作一个由生物学的新发展所激发的事件，而应该被看作伴随着生物学的发展而出现的未知的一个创举。在 20 世纪 70 年代早期，研究人员发现了如何切割和拼接不同物种的 DNA，伴随而来的是对这些试验是否会创造出新的危险性有机体的担忧的不断增加。阿西洛马会议的一个关键人物是这次会议的主席保罗·伯格（Paul Berg），他是斯坦福大学医学中心（Stanford University Medical Center）的生物化学博士，并且一直从事重组 DNA 技术的研究。在 1972 年的一项试验中，他把 SV40（猿猴病毒）切割（或者劈）成了片段，然后他又把另外一种病毒（λλ 噬菌体）劈开，并把这两种病毒的 DNA 拼接起来。他的计划是把这个新的基因材料放到实验室中的大肠杆菌（*E.coli*）菌株中。然而，由于同事的提醒，他并没有继续这个试验，因为他担心试验的成果会逃逸到外部环境中，并感染实验室的工作人员。

对与重组 DNA 技术相关的潜在危害的担心促使一组科学家给美国国家科学院（National Academy of Sciences，NAS）上书要求成立专门委员会调查其中涉及的风险。随后国家科学院成立了一个委员会，该委员会建议召开一个从业者的国际会议来探讨这些问题，同时对所有的重组 DNA 试验采取暂停措施。

因而可以认为阿西洛马会议是源于科学家自己对研究的关切。会议研究并出版了遏制风险和一些建议原则。这些原则认为在设计采用重组 DNA 技术的试验方面应该总是把遏制的议题考虑在内，并且遏制的效果应该反映所涉及的以及可能出现的预估危险。

这些建议适用于含有新创造的有机体的各种层次的生物和物理障碍，是以试验的感知风险为基础的，并且在最低程度、低度、适度和高度之间存在着差异。虽然最低风险程度遏制建议包括不许在实验室吃喝东西这样的事情，但是高风险程度的遏制建议则包括使用旨在含有高传染微生物药剂的设施。这些设施都备有隔离系统，并有空气锁，有移走废气、废液和固体废物中污染物的系统。

此外，阿西洛马会议的参加人员提出对那些他们认为不能被他们推荐的预防措施所涵盖的试验进行自愿暂停。这些试验既包括对来源于高致病有机体或者含有有毒基因的重组 DNA 的克隆，也包括利用可能产生出具有潜在危害产品（无论是对人类、动物还是植物）的转基因来开展的大规模试验。

撰 稿 人：Tee Rogers-Hayden

另请参阅：Agricultural Biotechnology; Consensus Conference; Deficit Model; Public Engagement; Risk Analysis

参考文献

[1] BERG P, BALTIMORE D, BRENNER S, et al. Summary statement of the Asilomar Conference on recombinant DNA molecules [J]. Proceedings of the National Academy Science, 1925, 72 (6): 1981–1984.

[2] GOTTWEIS H. Governing molecules: The discursive politics of genetic engineering in Europe and the United States [M]. Cambridge: MIT Press 1998.

[3] HINDMARSH R, GOTTWEIS H. (Eds.) Recombinant regulation: The Asilomar legacy 30 years on [J]. Science as Culture [Special issue], 2005, 14 (4): 299–412.

[4] ROGERS-HAYDEN T. Asilomar's legacy in Aotearoa New Zealand [J]. Science as Culture [Special issue], 2005, 14 (4): 393–410.

[5] ROGERS-HAYDEN T, HINDMARSH R. Modernity contextualises New Zealand's Royal Commission on Genetic Modification: A discourse analysis [J]. Journal of New Zealand Studies, 2002, 1 (1): 41–62.

[6] Royal Commission on Genetic Modification. Report of the Royal Commission on Genetic Modification [M]. Wellington, New Zealand: Author, 2001.

Asimov, Isaac 艾萨克 · 阿西莫夫

艾萨克 · 阿西莫夫（Isaac Asimov，1920—1992）一直以来都被认为是 20 世纪最多产的科学作家以及所有体裁作品最多产的作家。他总共出版了近 500 部著作，包括上百部非虚构类作品，并且他对于科幻小说和科普的发展都有着深远的影响。

阿西莫夫于 1920 年 1 月 2 日出生在苏联的彼得罗维奇。1923 年，他全家移居到美国，并在纽约的布鲁克林定居下来。阿西莫夫于 1928 年成为入籍公民。他们家在美国经营一家糖果店，该店也出售科幻杂志。阿西莫夫从少年时代开始就是一个十足的科幻迷。

他是一个聪明绝顶的孩子，在上学之前就能够阅读书籍了，并且上学后还不断跳级，所以他 15 岁时就进入了赛斯专科学校（Seth Low Junior College），并于 1939 年毕业于哥伦比亚大学（Columbia University），那时他年仅 19 岁。

他的第一个作品发表在他高中的文学杂志上。他在《惊奇故事》（*Astounding Stories*）杂志上发表了一封读者来信，该杂志的主编约翰 · W. 坎贝尔（John W. Campbell）在阿西莫夫的早期作家生涯中发挥了引导作用。当阿西莫夫于 1938 年完成第一部科幻小说《宇宙瓶塞钻》（*Cosmic Corkscrew*）并把它投给坎贝尔的时候，坎贝尔拒绝刊登，但是他鼓励阿西莫夫继续从事写作。《惊奇故事》于 1939 年发表了阿西莫夫的第一篇专业作品《逃离灶神星》（*Marooned Off Vesta*），并于 1941 年发表了其著名的作品之一《夜幕低垂》（*Nightfall*）。

阿西莫夫与《惊奇故事》[后来改名为《惊奇科幻故事》（*Astounding Science Fiction*）] 以及坎贝尔本人的关系见证了阿西莫夫一些最重要作品的产生，从《机器人》（*Robot*）到《基地》（*Foundation*）系列。在 20 世纪 50 年代，阿西莫夫作品的发表范围从《惊奇科幻故事》拓展到了《银河科幻小说》（*Galaxy Science Fiction*）和《幻想与科幻小说》（*Fantasy & Science Fiction*），同时他还在高曼出版社（Gnome Press）出版小说，后来还在双日出版社（Doubleday）出版图书。

他的小说和短篇小说集包括《苍穹微石》（*Pebble in the Sky*）、《我，机器人》（*I，Robot*）、《繁星若尘》（*The Stars，Like Dust*）、《基地》、《基地和帝国》（*Foundation and Empire*）、《太空洪流》（*Currents of Space*）、《第二基地》（*Second Foundation*）、《钢穴》（*Caves of Steel*）、《火星人的方式与其他故事》（*Martian Way and Other Stories*）、《永恒的终结》（*End of Eternity*）以及《裸阳》（*Naked Sun*）。阿西莫夫还为孩子们撰写推理小说和丛书，以保罗 · 弗拉兰（Paul French）的笔名创作了《幸运儿斯塔尔》（*Lucky Starr and the Pirates of the Asteroids*）系列小说，比如《大卫 · 斯塔尔：太空奇兵》（*David Starr，Space Ranger*），《幸运儿斯塔尔与小行星上的海盗船》（*Lucky Starr and the Pirates of the Asteroids*）以及《幸运儿斯塔尔与金星之海》（*Lucky Starr and the Oceans of Venus*）。作品集和选集包括《机器人视觉》（*Robot Visions*）以及在他去世后出版的《魔术：最终幻想文集》（*Magic：The Final Fantasy Collection*）。后来，他的一些小说和短片被拍成了电影，包括《我，机器人》[①] 及《双百人》（*Bicentennial Man*）。

作为阿西莫夫 20 世纪 40 年代和 50 年代作品的集大成之作，《基地》系列首先在杂志上以故事的形式被发表出来，然后以三部曲——《基地》《基地和帝国》《第二基地》的形式被整合到一起。这个对一个臆想的未来社会的历史进行追溯的系列是受到爱德华 · 吉本（Edward Gibbon）《罗马帝国的衰亡》（*Decline and Fall of the Roman Empire*）的启发。这个系列作品在 1966 年的世界科幻大会（World Science Fiction Convention）上作为有史以来最好的科幻系列而荣膺雨果奖（Hugo Award）。阿西莫夫在 20 世纪 80 年代继续创作了《基地边缘》（*Foundation's Edge*）这个续集。他最后一部小说《迈向基地》（*Forward the Foundation*）于他去世后的 1993 年发表。

阿西莫夫在 20 世纪 40—50 年代的科幻创作和他在数十年后重返科幻之间出现了中断。同时，从 1949 年开始，阿西莫夫在波士顿大学医学院（Boston University's School of Medicine）开始了教学生涯，而后他一直受雇于该大学，直至终老。从 20 世纪 50 年代开始，阿西莫夫开始写非科幻作品。第一本是《生物化学与人体新陈代谢》（*Biochemistry and Human*

① 《机械公敌》。——译者注

Metabolism），这本书也是他和波士顿大学医学院的同事合著的。除了在科幻领域的职业，他还是一个成绩卓著的科普人员。对于外行来说，他是一个完美的科学诠释者，他涉猎的领域十分广泛，包括物理学、数学、天文学和地球科学。

他还涉猎科学之外的话题，比如圣经（Bible）和莎士比亚（Shakespeare）。他也因自己出众的公开演讲能力和讲故事的能力而闻名于世，他还撰写了几部自传，包括《记忆犹新》（*Memory Yet Green*）、《我，阿西莫夫：回忆录》（*I. Asimov：A Memoir*），以及其去世后发表的自传体丛书《人生舞台》（*It's Been a Good Life*）。

阿西莫夫获得的众多奖项包括其小说荣膺的雨果奖，以及因他对科幻领域做出突出贡献而获得的雨果特别奖（1963）。阿西莫夫获得的其他奖项包括美国科幻作家（Science Fiction Writers）的美国大师奖（America Grand Master Award，1986）。1997 年他进入了科幻与奇幻名人堂（Science Fiction and Fantasy Hall of Fame）。1966 年 10 月《幻想与科幻小说》（*Fantasy & Science Fiction*）为了纪念阿西莫夫做了一期专刊，从 1976 年开始阿西莫夫的名字便和《艾萨克·阿西莫夫科幻杂志》（*Isaac Asimov's Science Fiction Magazine*）杂志联系在了一起。美国人文协会（American Humanist Society）于 1984 年授予阿西莫夫"年度人文学者"称号（Humanist of the Year），后来他成为该协会的会长。

阿西莫夫的作品拓展至出版和摄影领域，阿西莫夫的一生，从 1920 年到 1992 年，与 20 世纪大科学的崛起并行，并与科幻的崛起交织在一起。

撰 稿 人：David Amber

另请参阅：Science Fiction

参考文献

[1] ASIMOV I. In memory yet green：The autobiography of Isaac Asimov 1920–1954 [M]. New York：Doubleday，1979.

[2] ASIMOV I. In joy still felt：The autobiography of Isaac Asimov 1954–1978 [M]. New York：Doubleday，1980.

[3] ASIMOV I. I. Asimov：A memoir [M]. New York：Doubleday，1994.

[4] ASIMOV I，ASIMOV J J. It's been a good life [M]. Amherst，NY：Prometheus，2002.

[5] ASIMOV I，ASIMOV S. Yours，Asimov：A life in letters [M]. New York：Doubleday，1996.

[6] Isaac Asimov Home Page：www.asimovonline.com.

Association for Communication Excellence 卓越传播协会

农业、自然资源、生命和人文科学卓越传播协会（Association for Communication Excellence in Agriculture, Natural Resources, and Life and Human Sciences, ACE），简称卓越传播协会，是为那些在科研院所以及政府机构里主要从事农业和应用传播的学者和传播从业人员提供服务的重要专业组织。这个国际性组织成立于1913年，当时其名称是美国农业院校编辑协会（American Association of Agricultural College Editors, AAACE）。这个时期美国农业传播的其他里程碑性事件包括1905年第一次在大学里出现农业新闻学课程，1914年设立的合作推广局（Cooperative Extension），以及1916年出现的第一个农业广播新闻。

美国农业院校编辑协会在1978年把名称改为教育中的农业传播者（Agricultural Communicators in Education），而后于2003年开始采用现在的名称。该组织名称的变更反映了其会员专业角色从20世纪初主要发行出版物和开展基于印刷媒体的传播工作到现在的出版、营销、管理和信息技术等广泛的专业内容的演变。这个新的命名也反映了赠地大学的传播工作从最初的农业议题扩展到了环境和消费科学领域。

卓越传播协会通过提升专业传播领域的显示度以及为会员提供职业发展机会来实现其使命。该组织550名会员的职业发展需求通过14个特别兴趣小组来满足，这些小组跨越的领域包括电子媒体、平面设计、远程教育、写作、研究、管理、多样性和国际事务等。该组织还通过其推进的“批评和奖励机会”项目（Critique and Awards Program）来满足会员的职业发展需求，这些计划对其会员卓越的传播工作给予奖励。该组织还通过其著名的鲁本·布里格姆奖（Reuben Brigham Award）对那些在农业、自然资源、生命科学和人文科学领域做出重要贡献的非会员进行奖励。该奖项设立于1947年，是根据该行业早期一位值得尊敬的领导者名字命名的，他在20世纪20年代中期担任过该组织的第11任会长。

卓越传播协会的标志性活动是其举办的国际会议。会议每年举办一次，在大萧条时期暂停了1年，在第二次世界大战期间暂停了3年。会议设立数十个职业发展论坛，展示新的技术，著名发言人和演讲者会做报告，还提供社交机会，组织就重要产业议题进行的小组讨论会。协会会员对技术的兴趣还进一步通过每2年举办一次的联合会议——全国技术推广大会（National Extension Technology Conference）得以满足。同时它还召开区域性会议、特殊研讨会，设立教育项目，比如，媒体关系一点通全国研讨会（Media Relations Made Easy）以及领导学院（Leadership Institute）。全年下来，协会通过其网站和聚焦于各种传播议题的电子清单向其会员和同行传播相关信息，还定期出版时事通讯，从1919年就开始以各种标题传播相关信息，同时还出版一些专著，比如《传播者手册》（*Communicator's Handbook*），到目前为止该书已经发行第4版。

开展教学、研究和管理研究项目的农业传播和农业新闻教学人员参加了协会的特别兴趣小组，在这些小组中他们可以共享课程材料，阐述自己的研究，并探讨该领域的一些议题。虽然他们算是协会会员中的少数，但是院士们通过帮助指导传播从业者活动的专题研究和评估项目对协会做出了突出的贡献。他们还对农业传播和应用传播不断发展壮大的学术文献做出了贡献。通过与1970年成立的未来农业传播者（Agricultural Communicators of Tomorrow）的全国学生组织进行合作并指导该组织的学生会员，协会对高校的农业传播项目进行支持。

随着美国农业院校编辑协会设立了全国农业传播项目（National Project in Agricultural Communications），20世纪50年代早期对农业传播奖学金的关注让人们备受鼓舞。凯洛格基金会（Kellogg Foundation）赞助的项目包括为农业传播院士和从业者在这个过程中为其会员提供的基于研究的教学材料，为改善赠地大学的传播提供咨询服务以及赞助各种传播研究。美国农业院校编辑协会的成员在一些话题上担任作家和演讲者的重要角色，比如口头传播、书面传播和培训。虽然该项目于1960年正式结束，但是由于其对同行的重要影响而让人们铭记于心，同时它也被看作卓越传播协会历史上的一个里程碑性事件。

今天，卓越传播协会通过其年会、特别研讨会以及其同行评审的季刊——《应用传播期刊》（*Journal of Applied Communications*）来向其会员发布研究和职业发展信息。就像刊名所表现的那样，《应用传播期刊》的内容包括其对实践和实用话题的独特关注，比如各种类型受众和读者的分析，对新出现的传播技术的案例研究，以及农业传播课程的开发等。该期刊被认为是农业传播和农业新闻领域一个主要的学术成就来源。

卓越传播协会的历史文件和档案材料可以从位于马里兰州贝兹维尔的国家农业图书馆（National Agricultural Library）的特色馆藏中获取。

撰 稿 人：Mark Tucker

另请参阅：Agricultural Communicators of Tomorrow；Agricultural Journalism；Land Grant System，U.S.

参考文献

[1] American Association of Agricultural College Editors. AAACE：Origin and development，1913–1967[M]. Champaign：University of Illinois，1967.

[2] Association for Communication Excellence in Agriculture，Natural Resources，and Life and Human Sciences. The records of Agricultural Communicators in Education（ACE）[EB/OL].（2002-7）[2008-9-29]. www.aceweb.org/publications/ace_archives_registry.pdf.

[3] Association for Communication Excellence in Agriculture，Natural Resources，and Life and Human Sciences：www.aceweb.org.

[4] CARNAHAN，W E. The presidents of ACE [M]. Columbus：The Ohio State University，1993.

Asteroid Impacts 小行星撞击

小行星是和其他行星一起绕太阳飞行的小型石质物体。有些小行星的轨道让它们很接近地球。在20世纪80年代，来自众多学科领域的科学家就和地球发生碰撞的小行星是否导致了恐龙的灭绝进行了辩论。在20世纪90年代，一小部分天文学家和国防科学家认为，未来小行星撞击地球的可能性是对文明的一种威胁，并且要求立刻采取措施。撞击灭绝假说和小行星撞击威胁在媒体报道中广为传播，并且吸引了公众的兴趣。这两个事件说明了大众媒体的多学科研究的发展和在推广新的研究课题中的作用，以及这可能会导致的紧张局势。它们有时候也可以作为自然科学和国防科学之间既散漫又制度性的紧密关系的案例。

灭绝假说

1980年，地质学家沃尔特·阿尔瓦雷茨（Walter Alvarez）同他的父亲——诺贝尔物理学奖得主路易斯·阿尔瓦雷茨（Luis Alvarez）以及核化学家弗兰克·阿萨罗（Frank Asaro）和海伦·米歇尔（Helen Michel）一起，提出在意大利北部峡谷发现的富含铱元素的黏土层是一个直径10千米的小行星撞击地球的证据。他们预测在地球的其他地方也有可能发现类似的黏土层，这个预测后来得到了证实。他们提出的地球化学证据还表明这个黏土层位于白垩纪（Cretaceous）和第三纪（Tertiary，即第三纪界限）之间，因而小行星撞击地球与恐龙灭绝发生在同一个时代。他们发表在《科学》（*Science*）期刊上的论文吸引了多学科领域的科学家。物理学家、地质学家、天文学家、古生物学家和进化生物学家都参与到撞击假说有效性的辩论中。大体上，虽然物理学家基于地质学证据和有关小行星的天文学知识很快地接受了这个假说，但是生命科学家拒绝这个假说，因为它不能解释化石记录的完整复杂性。

因其和恐龙、全球性灾难以及明星科学家——比如电视上的天文学家卡尔·萨根（Carl Sagan）和古生物学家兼大众科学作家史蒂芬·杰伊·古尔德（Stephen Jay Gould）都提供了自己的观点——进行了有新闻价值的结合，所以接踵而来的争议被快速地转换成了报纸和杂志文章以及电视纪录片。比如，《时代》（*Time*）杂志在阿尔瓦雷茨团队的论文发表在《科学》的前一年就对他们的发现进行了简要的叙述，并且在接下来的几年里，该杂志曾5次深入报道这个话题。这些报道使得恐龙在公共文化中占有重要地位。较早的研究者已提出撞击是一种灭绝机制，记录了第三纪界限黏土层中特殊金属的含量，并且确定是在恐龙灭绝时代发生了撞击，这让阿尔瓦雷茨的假说有了广泛的受众。

媒体报道和科学期刊中的评论都有助于将地质学和地球化学学科之外的科学家的注意力吸引到这种地球化学的发现上来。20世纪80年代中期开展的一项调查发现，30%的英国和德国古生物学家说他们首次听到的撞击灭绝假说来自科学评论，而非研究论文，还有10%的人说他们首次听到的这个消息来自大众媒体。

这种辩论有时候变得异常激烈。阿尔瓦雷茨说古生物学家是“集邮者”；古尔德称物理科学家“傲慢自大”；古生物学家罗伯特·巴克（Robert Bakker）说小行星撞击的观点“更多地成了一种宗教”，而非有科学基础的东西。尽管媒体在调用多学科方法上发挥了作用，但是科学家通常指责媒体破坏了辩论，并充满了敌意。学科的传播实践也受到了指责和批评。当一些天体物理学家带着地外机制可以解释定期出现的灭绝事件这样的主张进入争议中的时候，《自然》（*Nature*）的主编约翰·马多克斯（John Maddox）抱怨他们通过把预印本在选定组的同事中流传的方式设法规避传统的科学出版渠道——在物理学和天文学中是标准惯例的事情，在其他领域则不是。

新撞击的威胁

在墨西哥尤卡坦半岛发现了一个规模较大的同期火山口的研究发表于 1991 年，该研究对一次撞击在第三纪灭绝事件中发挥了某些作用的观点提供了进一步的支持，虽然这种作用的确切性质还有待讨论。此时，一组天文学家和行星科学家开始用过去撞击的证据来唤起人们对未来撞击可能性的关注。过去数十年积累的证据表明，撞击是太阳系动力学的一个持续性特征，而不是太阳系历史上的一个完整阶段。改善了的探测方法意味着天文学家正在识别越来越多的近地小行星，行星探测器揭示了其他行星上的撞击范围。未来撞击的可能性由阿尔瓦雷茨和其他人在 1980 年为美国航空航天局（National Aeronautics and Space Administration，NASA）制订新愿景的过程中进行了讨论。次年，NASA 对在科罗拉多州斯诺马斯举行的讨论小行星撞击对人类社会的后果的会议进行了赞助，在对小行星的讨论和把彗星看作人类灾难预兆的传统流行观点之间达成了一致。

然而，在 1989 年之前，撞击威胁并没有进一步吸引科学界的注意，当年 NASA 对 1989FC 小行星的近距离观察的新闻发布会吸引了广泛的媒体报道。几乎在同一时间，行星科学家克拉克·查普曼（Clark Chapman）和天文学家大卫·莫里森（David Morrison）的畅销书《宇宙中的灾变》（*Cosmic Catastrophes*）出版，该书有一章内容是有关小行星撞击威胁的。不断加深的公众形象带来了政治兴趣，进而产生了国会授权 NASA 的两次研讨会，一次是有关近地小行星探测的，另一次关于潜在撞击发生偏向的手段。

探测研讨会（Detection Workshop）建议建设一个新的天文望远镜网络来监测所有直径大约 1 千米的近地物体，该网络名为太空卫士巡天（Spaceguard Survey）。10 年后，这项调查对一半这样的物体进行了编目，并且发现没有一个在与地球发生碰撞的航向上。拦截研讨会（Interception Workshop）在洛斯阿莫斯国家实验室（Los Alamos National Laboratory）举办。大多数参会人员都是武器科学家，有一些还与战略防御计划（Strategic Defense Initiative，SDI）这个被批评人士称为“星球大战”的基于太空的导弹防御系统紧密相关。武器科学家认为最大的威胁来自那些直径小于 1 千米的小行星，并建议采取一种让小行星偏转系统和导弹防御系统可能兼容的行动。

战争产品向人们告知其对科学的影响。对小行星撞击形成的火山口的研究已经通过核武器试验的结果与非核战场形成的弧坑之间的对比得到了推进。现在科学家讨论的是用核武器使入射的小行星发生偏转的可能性，以及减少以太空为基础的防御盾来保护地球。很多天文学家和行星科学家对武器科学家提出的建议感到不安。然而，他们还经常援引战争用语来描述撞击的威胁，比如把小行星称为“杀手”“敌人”“导弹”和“隐身武器”，并且多年来他们持续地与武器科学家会面讨论各种应对技术的优点。美国对太空卫士巡天的两种贡献都利用了军事设施。

媒体在宣传中的作用

民用科学家和武器科学家都利用科幻故事来陈述他们对一个受到威胁的地球的看法。比如，太空卫士巡天的名字来自科幻小说作者阿瑟·C. 克拉克（Arthur C. Clarke）在其 1973 年的小说《与拉玛相会》（*Rendezvous With Rama*）中描述的类似的调查。克拉克在 1992 年发表在《时代》杂志上的短篇小说以及 1993 年出版的小说《上帝之锤》（*Hammer of God*）中进一步阐述了他有关小行星探测体系的观点。持撞击观点的科学家所引用的另外一部科幻小说是《魔王之锤》（*Lucifer's Hammer*）以及拉里·尼文（Larry Niven）和战略防御计划的倡导者杰里·普耐尔（Jerry Pournelle）在 1977 年创作的具有强烈种族主义色彩的后彗星攻击时代的幸存者故事。撞击威胁在电影中也有所呈现。受到 1967 年麻省理工学院（Massachusetts Institute of Technology，MIT）学生对小行星伊卡鲁斯（Icarus）近地点预测的广泛报道的激发，1979 年的 B 级影片《地球浩劫》（*Meteor*）讲述了一个试图让与地球的轨道发生碰撞的小行星偏向的故事。类似的场景也出现在了 1998 年的两部好莱坞电影中：《天地大冲撞》（*Deep Impact*）和《绝世天劫》（*Armageddon*）。1998 年的这两部电影都聘用了科学顾问，并且进一步促进了撞击威胁的公共形象。

撞击威胁的可见性被 1994 年撞击木星的舒梅克－列维 9 号彗星（Comet Shoemaker-Levy）所产生的图像进一步强化了，这个事件再次吸引了广泛的媒体报道。多年来，科学家积极地推动撞击威胁说。有些人就这个话题创作了科普图书，比如查普曼和莫里森。其他人则为报纸供稿，或者同意接受电视纪录片的采访。他们把小行星建构为一种需要对其采取某种行动的危险天体，从精算风险评估的角度对撞击设定了框架，推导出 50 万年一遇的年死亡率，并且把这同更熟悉的危险导致的死亡率进行了比较，比如食物中毒。他们建立了推广性组织卫士巡天基金会（Spaceguard Foundation），鼓励政治团体［比如联合国（United Nations）］考虑这种撞击威胁，并成功地号召政府为探测调查提供经费。然而，尽管做了这些推广性努力，但媒体在处理这个议题的时候往往会让科学家十分沮丧。

随着天文学调查开始处理大量的天体，他们偶尔会排除那些尚未被充分观测的小行星在某个具体日期会和地球发生碰撞的可能性。对一个具体的小行星在不久将来的某个具体日期和地球发生碰撞的预测，通常是新闻媒体的日常报道。虽然新闻记者通常利用条件性东西、双引号和幽默来发出撞击不大可能发生的信号，但是科学家认为有关新闻没有传递与潜在撞击相关的不确定性以及微小的可能性。他们还抱怨“玩笑因素”，并认为科学家的公信力被有关排除这种撞击的修订计算的后续报道损害了。1998 年 3 月有关小行星 1997 XF11 的报道引起了特别的关注，并引发了如何对新观测数据的发布进行管理的讨论。一方面，天文学家需要提醒其他天文学家，以便进行深入的观测；另一方面，有些人认为只有全面检查且确定的数据才能向公众发布。随着一批积极的业余天文爱好者加入了监测小行星的队伍，公众和科学家之间的分歧并不那么直接了，有些科学家担心截留信息会遭受“掩饰”的指控。

在一次试图控制媒体报道的事件中，行星科学家理查德·本泽尔（Richard Binzel）用一个颜色代码数字标度来为广大观众总结单个小行星所带来的威胁，他把这命名为都灵危险指数。然而，新闻记者并没有理会这是一个根据主观的分类做出的预测性量表。另外一个更概念性的强劲尺度——巴勒莫量表在意大利和美国被用于计算小行星调查，但是天文学家认为制作这个量表的数学推导不适合公用。然而，当 2002 年小行星 NT7 成为第一个利用这个量表推导出的在未来100年里可能撞击地球的小行星并表明撞击的风险要比背景风险大很多时，媒体捡起了这个话题，再次用打趣的标题制造了一个轻松愉快的报道，比如英国《每日星报》(*Daily Star*)的文章是《绝世天劫就在这》(*Armageddon Outta Here!*)这个报道在持撞击观点的科学家中间激发了如何更好地控制媒体的另一轮辩论。媒体议程成功地把小行星撞击放到了媒体日程上，并借此提升了这个议题的政治形象以及确保了他们调查的经费，但是科学家不愿意接受记者做出的“世界末日”不可避免的报道的新闻价值。

撰 稿 人：Felicity Mellor

另请参阅：Astronomy，Public Communication of；Gould，Stephen Jay；National Aeronautics and Space Administration，U.S.；Sagan，Carl；Science Fiction

参考文献

[1] CLEMENS E S. Of asteroids and dinosaurs：The role of the press in the shaping of scientific debate [J]. Social Studies of Science，1986，16：421–456.

[2] DAVIS D. “A hundred million hydrogen bombs”：Total war in the fossil record [J]. Configurations，2001，9：461–508.

[3] GLENN W.(Ed.). The mass extinction debates：How science works in a crisis [M]. Stanford，CA：Stanford University Press，1994.

[4] MELLOR F. Colliding worlds：Asteroid research and the legitimization of war in space [J]. Social Studies of Science，2007，37：499–531.

Astrobiology 天体生物学

天体生物学是广大公众十分感兴趣的话题，随着在越来越多的太空探索任务中开展天体生物学调查，这种兴趣很有可能会增加。天体生物学是有关宇宙中生命的起源、演化、分布和未来的一项研究。这是一个多学科交叉的研究领域，涉及天文学、生物学（特别是微生物学和进化生物学）、化学、地球科学和行星科学、物理学以及很多混合学科或者分支学科的知识和专业技能。在较低的程度上，它还涉及对人文学科（主要是哲学和神学）和社会科学的研究。其他天体上可能存在生命（或者过去存在过生命）的看法显然能抓住公众的注意力。

天体生物学包含对生命前化学的证据（促使生命起源的化学步骤）、太阳系中火星和其他天体上过去或者现在生命的迹象、太阳系中生物生存环境以及太阳系外宜居星球的搜寻。它还包括着眼于对地球上生命起源和早期生命进化的理解以及对地球本身理解的实验室研究和田野研究，对生命适应地球上（比如气候变化）和太空中（比如宇宙射线和弱重力）挑战的可能性的研究。如今，在行星探索任务中的天体生物学调查首先着眼于决定其他天体环境现在或者曾经是否适合居住。

对现存或者过去地外生命证据的搜寻，应该与搜寻地外生命前化学或者适居性的证据相区别，对地外生命证据的搜寻应该与搜寻地外智能生命的证据相区别。对地外智能生命证据的搜寻是一项完全不同于搜寻地外生命证据的事业。搜寻地外智能生命的项目是寻找作为智能生命标志的地外技术的证据，比如，既不是自然起源的也不是其他已知来源的无线电信号。

对地球上生命起源和演化的研究，对地球本身及其姐妹星球起源和演化的研究，对宇宙中生命起源和演化的研究，以及对宇宙本身起源和演化的研究互相缠绕。在对这些话题的研究中，天体生物学家了解到我们所知道的生命——也就是以碳为基础的细胞生命，实际上在所有极端的陆地环境中都能生存，从遭受核辐射的区域到永久冻土区域和地球的地表深处。同时那些对地球上生命的起源、演化和分布的研究也正在揭示出生命是极具韧性的，这些相同的研究正在帮助揭示生命及其环境是如何高度相互依存的，促进对地球上生命和其他地方存在生命可能性的理解，提升对地球环境历史和演化的理解。

美国国家航空航天局（National Aeronautics and Space Administration，NASA）出资赞助了一项着眼于三个基本问题的天体生物学研究项目：生命如何开始和演化？地球之外是否有生命，如果有，我们如何发现？生命在地球上和宇宙中的未来是什么样的？全球的天体生物学研究也往往着眼于这三个问题。澳大利亚、加拿大、法国、德国、俄罗斯、西班牙和英国以及越来越多的国家都在资助天体生物学研究。

天体生物学这个术语于 1995 年正式出现于太空科学的词典中，那时 NASA 设立了自己的天体生物学项目。然而，天体生物学所涉及的学科并不新鲜。对宇宙中生命的起源、演化和分布的科学研究在 1958 年 NASA 成立之前就已经顺利开展了。比如，作为宇宙中生命的起源、演化和分布研究的基础的宇宙演化理论在 20 世纪之前就出现了，研究生命起源的化学进化理论可以追溯到 20 世纪 20 年代，在模拟早期地球环境下实验室合成氨基酸首次出现于 1953 年。

1959 年，科学家杜撰了外空生物学这个术语来描述宇宙中生命的起源、演化和分布的研究。NASA 在 1959 年资助了第一个外空生物学计划，并在 1960 年确立了一个外空生物学研究项目。NASA 的“维京号”（Viking）于 1976 年登录火星，它包括三个旨在寻找生命证据的生物学试验。科学共识是这些试验没有获得火星上有生物活性的任何证据。尽管如此，一些科学家仍在对这些结果的解释进行着争论。

1995 年，NASA 拓展了外空生物学的边界，把太空生物学作为一个除了外空生物学和演化生物学，还包含对星际空间化学进化的研究、行星形成和演化的研究以及地球的自然历史研究的项目。从 1995 年开始，天体生物学领域快速发展，探索的步伐非常轻快，地外生命的可能性现在已成为一个严肃的科学问题。1996 年，NASA 资助的科学家宣布，他们在火星陨石（ALH 84001）上发现了他们认为的远古微生物生命的化石证据。然而，科学共识再一次认为，虽然火星上过去微生物生命的化石证据很可能存在，但是对 ALH 84001 的分析没有对火星生命产生任何证据。

与太空生物学相关的一些研究发现包括：火星上过去甚至现在存在液态水，木卫二（Europa）上有冰层覆盖的液态水的海洋，发现了成百上千个太阳系外行星，土星（Saturn）的卫星土卫二（Enceladus）上冒出的水冰颗粒羽状物，土卫六（Titan）地表之下存在液态水的可能性，以及在不断扩大范围的极端地球环境中找到了微生物生命的新形式。

发现地外生命的证据是一项艰巨的任务。设备必须极端敏感，太空飞船必须无菌，以免污染结果。在原地分析行星材料比在地面实验室分析受到更多局限，并且迄今还没有行星材料样品被采集并送回地球。天体生物学家正在鉴别释放出地外生命可能向我们知道的那样存在的信号的生物标志物，比如在行星大气中特定气体存在的某一水平。地球生命是碳基，需要把水作为溶媒，还需要能量（太阳能、地热能或者化学能）。同时，他们还试图界定那些我们不知道的地外生命的生物标志物——非碳基的，利用水之外的东西作为溶媒，也许还涉及不同的能量来源和化学反应。

撰 稿 人：Linda Billings

另请参阅：Astronomy，Public Communication of; National Aeronautics and Space Administration，U.S.; Planetary Protection; Search for Extraterrestrial Intelligence（SETI）

参考文献

[1] Committee on the Limits of Organic Life in Planetary Systems，Committee on the Origins and Evolution of Life，National Research Council. The limits of organic life in planetary systems [M/OL]. Washington，DC：National Academies Press，2007. www.nap.edu/catalog.php?record_id=11919.

[2] DICK S J，STRICK J E. The living universe：NASA and the development of astrobiology [M]. New Brunswick，NJ：Rutgers University Press，2004.

[3] GRINSPOON D. Lonely planets：The natural philosophy of alien life [M]. New York：HarperCollins，2003.

[4] NASA Headquarters Library，Astrobiology bibliography：www.hq.nasa.gov/office/hqlibrary/pathfinders/astro.htm.

Astronomy, Public Communication of
天文学大众传播

天文学大众传播和其他学科的大众传播的特性有很多共同之处：它是由科学家和其他人完成的。随着时间的推移，受众在不断增加，得益于材料和社会方面的因素，现在的受众还包括女性、孩子和大多数社会阶层；所有可资利用的媒体都被使用了。恒星、行星和彗星这样的话题从一开始就是流行文化的一部分。空间和时间总是会触发我们的想象力，并激起我们的恐惧和敬仰。但是不同于中微子或者线粒体，恒星和星系是仍然能被非专业人士研究的自然界的一部分。所以今天的业余人员可以参与到有关宇宙的新知识的生产中。

行星和恒星向来都是文化的一部分，甚至在天文学本身存在以前。除了日历的计算这个明显的用处，它们还被纳入从宇宙生成论到民间传说的万事万物中。也许是因为它们是我们在天空中看到的最大的东西以及它们的运动是规律性的，所以太阳和月亮被古人崇拜，比如古埃及人和阿兹台克人。所有天体的位置被（并一直被）认为对我们的生活具有影响。另一方面，彗星更壮观也更难以预测，并且通常被看作厄运的征兆。

随着我们对宇宙了解的加深，宇宙这个话题并没有消失，只是适应了当地的情境。19 世纪末，伟大的传奇出现在科幻小说中，英雄与各种尺寸和形状的恶棍利用最狂野的能想象得到的技术在星系和黑洞中激战。如今，我们对未知的恐惧仍然存在，并且对彗星的恐惧被对不明飞行物的恐惧取代了。对宇宙的知识和疑问激发了所有高级文化形式的作品，比如绘画和音乐。在诗歌中，我们可以发现一些很好的例子，比如丁尼生（Alfred，Lord Tennyson），他有很多科学家朋友，对行星的信息很好奇；或者约翰·厄普代克（John Updike），他自己写了很多有关科学的诗，取笑中微子的“态度”。

我们认为天文学大众传播与第一个天文学家同时出现，因为他们总是与普通公众有接触。但是非天文学家在这种尝试中也是能成功的。这些案例中的第一个就是《关于多重世界的对话》(*Conversations on the Plurality of Worlds*)，这也是最好的案例之一，它是由法国诗人贝尔纳·德·丰特奈尔（Bernard de Fontenelle）在17 世纪末写的一本令人愉快的著作。在法庭上一个女士和一个男士之间的这种敏捷的对话被安排在六个夜晚，对太阳、月球、行星以及它们的顺序和运动进行了讨论。通过这本书，当时的普通读者知道了尼古拉斯·哥白尼（Nicolaus Copernicus）的日心说，特别是笛卡尔（Cartesian）理解世界的方式。这本书可能成为一本畅销书，因为它在形式和内容之间找到了适当的平衡：丰特奈尔把很沉重的科学装入了宫廷文化非常友好的形式中。我们这个时代一个类似的畅销书作者的优秀案例就是蒂莫西·费瑞斯（Timothy Ferris），他不是职业科学家，他 2002 年的图书《在黑暗中观察》(*Seeing in the Dark*）记录了业余天文学家的重要角色。

也许有史以来最著名的天文学家和科学传播者就是美国人卡尔·萨根（Carl Sagan）了，但是他绝对不是单独一个人。古往今来，所有的职业天文学家都在向其周围的人传播着他们的成果。在 17 世纪开始的时候，伽利略·伽利雷（Galileo Galilei）就谈论和撰写他用望远镜所获得的发现以及这些发现对我们世界观的启示。为了展示望远镜这个设备的用法以便其他人可以证实他的成果，他甚至还旅行到意大利其他的城市。从那时开始，很多其他人也是这么做的，比如卡米伊·弗拉马利翁（Camille Flammarion），他对其他行星上存在生命的可能性非常感兴趣，或者阿瑟·艾丁顿（Arthur Eddington），他向普通公众解释相对论这个非常复杂的话题。当皇家学会（Royal Society）和天文台开始出现在欧洲的时候，他们都在我们今天所说的公共关系方面花费了一些时间和精力。在艾萨克·牛顿（Isaac Newton）的时代，他和其他人几乎没有接触，但是他总是确保自己和皇家学会的成果能在英格兰以及海外众所周知。诸如位于巴黎、罗马和格林尼治的天文台都允许观众参观，并且为广大观众制作简单的文字材料。如今，可以从美国国家航空航天局（National Aeronautics and Space Administration，NASA）、欧洲空间局（European Space Agency，ESA），以及全球的每个天文台和很多个体研究人员那里看到类似的努力。

由天文学家生产的有关宇宙的知识总是能吸引大批观众。随着时间的推移，这些仅受诸如业余时间、阅读能力或者研究对象等社会因素或者物质因素所限制的知识，在文化上被认为是恰当的。如前所述，早在 17 世纪女性就受邀阅读有关宇宙的著作或者对宇宙进行讨论。到 18 世纪，科学被认为是也适合儿童的一个话题。小且插图精美的图书的主要目标就是教授儿童阅读，并给他们提供道德指导，但是这些图书也包括天文学和自然的其他部分。《适应年轻先生和女士理解力的牛顿哲学体系》（*Newtonian System of Philosophy Adapted to the Capacities of Young Gentlemen and Ladies*）就是另外一个畅销书例子。这本被认为是汤姆·特莱仕库普（Tom Telescope）撰写的英文书被当时的批评家称为“杂乱的哲学”。这是一个有关自然的对话，但是是发生在儿童之间的。

每个时期传播天文学的手段通常包括了当时可用的所有东西。至少从 17 世纪开始，做公开演讲和出版图书就已经是惯例，随着发明和新手段的完善，其他产品也会加入这个行列。诸如广播和电视等大众媒体的出现对天文学在社会中的传播进一步产生了影响。如今，我们可以在杂志文章和广播、电视节目中看到这个主题。在所有这些例子中，我们收听、阅读或观看来自科普人员的信息。互联网是不同的，它给人更好的感觉，因为它让我们与信源和其他读者有一定程度的互动。但是完全参与到不同的活动中也是仍然有可能的：通过望远镜的目镜观测。这些工具是在 17 世纪发明的，任何能买得起的人都可以拥有一副望远镜。

实际上，长久以来，在职业天文学家和业余天文学家之间没有明显的区别。拥有一副好望远镜并能进行认真且相关观测的任何人，都可以被认为是一个天文学家。但是在 19 世纪物理学和化学的引入以及大型且昂贵的望远镜的建设，标志着天文学职业化的开端。这个过程可以通过考察阿格尼丝·M. 克勒克（Anges M. Clerke）的一生及其作品进行理解，尽管她有能力和知识，但是她被排除在职业天文学之外。从 20 世纪初开始，只有几个被授予专业学位并能利用非常精准设备的人被认为是职业天文学家，其他人都被视为业余爱好者。

如今，业余爱好者也有很多种。有些人喜欢制作自己的望远镜，很多人只是购买望远镜并且喜欢观测，参与到小组中的所有人都会共享他们的经验。全球有众多业余天文学家小组，庞大的组织如英国天文协会（British Astronomical Association），小型的组织只在很小的城镇或者村子里有十几个人。业余爱好者并不是不与他人交往，他们甚至还与职业天文学家互动，以讨论最新的成果，或者参与到有助于生产新知识的观测中。有适合于各种爱好的大量工作，从独自搜索新的彗星到对变星进行认真的协同观测。

撰稿人：Susana Biro

另请参阅：European Space Agency；Galileo Galilei；National Aeronautics and Space Administration，U.S.；Sagan，Carl；Search for Extraterrestrial Intelligence（SETI）

参考文献

［1］CHAPMAN A. The Victorian amateur astronomer：Independent astronomical research in Britain 1820–1920［M］. West Sussex，UK：Praxis，1998.

［2］FERRIS T. Seeing in the dark［M］. New York：Simon & Schuster，2002.

［3］FONTENELLE B. Conversations on the plurality of worlds［M］. London：Tiger of the Stripe，2008.

［4］LIGHTMAN B. Constructing Victorian heavens：Agnes Clerke and the “new astronomy.”［M］//B GATES，A SHTIER（Eds.）. Natural eloquence：Women reinscribe science，Madison：University of Wisconsin Press，1997：61–65.

［5］RIORDAN M，TURNEY J. A quark for mister mark：101 poems about science［M］. London：Faber &

Faber，2000.

[6] SECORD J. Newton in the nursery：Tom telescope and the philosophy of tops and balls，1761–1838 [J]. History of Science，1985，23：127–151.

Attenborough, David 大卫 · 爱登堡

作为最著名的自然历史摄影师之一，大卫 · 爱登堡（David Attenborough，1926— ）激发了全世界公众对他们赖以生存的且与动物和植物共享的地球的无限遐想。在跨度超过 50 年的广播职业生涯中，爱登堡的足迹遍布全球，让普通公众可以接近那些曾经难以接近的自然和科学领域。他是 20 世纪最著名的科学名人和科学传播者。

爱登堡于 1926 年 5 月 8 日出生于英国伦敦。他在家里的三个孩子中排行老二。他的同胞兄弟包括一个哥哥理查德（Richard）和一个弟弟约翰（John），还有两个妹妹——他父母在第二次世界大战期间收养的两个来自欧洲的犹太难民。

在很小的时候，爱登堡就对他周围的世界感到好奇，他童年的大部分时间都用在了采集石块、化石和其他自然制品上。他的一个妹妹曾给了他一块有早期动物遗迹的琥珀，这是多年后他的一部电视纪录片的焦点。收藏成为他一生的激情所在：爱登堡至今仍然喜欢收集化石和书籍。

爱登堡在人生的早期就决定，如果他能够继续接受高等教育，那么他将学习动物学、植物学和地质学，当他于 1945 年获得剑桥大学（University of Cambridge）的奖学金时，他确实这么做了。1947 年，他加入皇家海军开始服兵役，驻地为北威尔士和福斯港湾。

爱登堡作为一个传播者的职业生涯始于霍德 & 斯托顿出版公司（Hodder & Stoughton），在那里他的工作是编辑儿童科学教材。他后来到了英国广播公司（BBC），在 20 世纪 50 年代出任制片人，该频道只有六名小组成员。他制作了一系列非虚构类节目，其范围从采访、布道到政治、烹饪和芭蕾舞。在最终于 1965 年成为英国广播公司第二频道（BBC2）的领导者之前，爱登堡进入了自然历史节目中。

英国广播公司第二频道有一个其他频道都没有的播放节目的政策。在这种角色中，爱登堡把很多新的节目和运动介绍给了电视观众，比如斯诺克、县城之间的一天板球赛，并把诸如《亨利八世的六个妻子》（*Six Wives of Henry Ⅷ*）这样的电视节目关联起来，这是专门为这个频道制作的节目。在 20 世纪 60 年代，纪录片——特别是 50 分钟时长的纪录片在电视上很少见，并且在爱登堡和英国广播公司第二频道引入系列纪录片之前，它们在电视上根本不存在。

爱登堡在电视上的首秀完全是一次偶然。1954 年，因为突发疾病，现场直播节目《动物园探奇》（*Zoo Quest*）预定的主持人在节目开始最后一刻被取消了。因为这是一档现场节目，取消或者利用其他材料都不是切实可行的选择，所以爱登堡被从控制室召唤出来亲自主持这档节目。1957 年，爱登堡组建了英国广播公司的旅行与探索部（Travel and Exploration Unit），这让他可以制作和主持《动物园探奇》和其他纪录片及系列片，比如《旅行者故事》（*Travelers' Tales*）和《冒险》（*Adventure*）。

当爱登堡在 1969—1972 年因担任英国广播公司的节目总监而需要担任管理角色时，他离开了一线几年时间。1973 年，他辞去了管理工作并且回到制作纪录片的工作中。他为英国广播公司制作了很多标志性的系列片，包括众所周知的《生命》（*Life*）系列，即《生命的进化》（*Life on Earth*）、《活力星球》（*Living Planet*）和《生命之源》（*Trial of Life*）。

这些首次制作的系列片内容十分丰富，主要着眼于生态学、分类学和生命的不同阶段。之后爱登堡把注意力转移到了专题系列片，包括南极洲上的生命的纪录片《极地动物》（*Life in the freezer*）、《植物的私生活》（*Private Life of Plant*），以及关于爬行动物的《冷血生命》（*Life in Cold Blood*）。《生命》系列总共有 79 个作品。

爱登堡常常用他的节目来提升环保意识，包括人类对自然环境的影响以及阻止或者扭转这些影响的方式等。他还是一个倡导在学校教授进化论和自然选择理论并强烈抵制神创论和智能设计的人。

在这方面，爱登堡拥有科学和学术共同体授予他的一些荣誉。这些荣誉包括命名或者重命名物种，比如中生代的蜥蜴，新几内亚的一个新单孔目哺乳动物品种，爱登堡长尾针鼹，以及已知最古老的胎生鱼类化石爱登堡母鱼，这些都是向爱登堡在强调各种地点、物种和环境的科学重要性方面所发挥的作用表达的敬意。爱登堡还被授予了位于阿伯丁的莱斯特大学（Universities of Leicester）和伦敦埃克赛特大学（Exeter University of London）以及金斯顿大学（Kingston University of London）的荣誉学位。

他通过自己的纪录片为公众做出了巨大贡献，因而于 1985 年被封为爵士。他因对公众理解自然环境的重大贡献而获奖众多，包括笛卡尔杰出科学传播行动奖（Descartes Prize for Outstanding Science Communication Actions，2004），因推动公众利益科学的尼伦伯格奖（Nierenberg Prize，2005）以及为表彰他在促进公众对生态学的认知和理解方面的杰出贡献而颁发的英国生态和环境管理研究所（Institute of Ecology and Environmental Management）奖章（Institute Medal，2006）。

在 2008 年发行了纪录片《冷血生命》之后，爱登堡从制作纪录片的岗位上隐退。然而，他仍然是在科学上具有重要意义的事件的公众发言人，如抑制人口增长以保持可持续的环境水平，以及健康意识运动（血压和高血压）。他还继续推动着环保意识和可持续发展理念，强调个体的行动会产生很大的影响。爱登堡的声音仍然是野生动物纪录片的代名词，他的作品还将继续激发人们对周围世界的兴趣。

撰 稿 人：Merryn McKinnon

另请参阅：Environmental Journalism；Television Science

参考文献

[1] ATTENBOROUGH D.（Writer）. Trials of life：A national history of behaviour [Documentary series] [M]. Collins，UK：BBC，1990.

[2] ATTENBOROUGH D. Life on Air：Memoirs of a broadcaster [M]. London：Random House，2002.

[3] British Broadcasting Corporation.（n.d.）. Sir David Attenborough. [Science & Nature：TV and Radio Follow-Up] [EB/OL] [2009-5-30]. www.bbc.co.uk/nature/programmes/who/david_attenborough.shtml.

Attentive Public 热心公众

热心公众指社会中这样一个群体，他们对某一话题或者议题具有浓厚的兴趣，并且自认为在此方面见多识广。这个术语是加布里埃·埃尔蒙德（Gabriel Almond）于1950年在有关外交政策议题中公众意识和公众参与中首次提出的议题专业化这个较宽泛概念的一部分。唐纳德·狄凡恩（Donald Devine）把这个概念应用于普通的政治问题，界定了政治上的热心公众。虽然热心公众的用法在文献中并没有得到推广，但是获得了那些不去投票并且放弃政治进程的人的极大关注。此外，这个概念对于科学传播者来说非常重要，因为这界定了一类重要的受众，并且有助于对这类受众采取恰当的传播手段。

乔恩·米勒（Jon Miller）和肯尼斯·普瑞维特（Kenneth Prewitt）把这个概念应用到了科学和技术政策中，并且能识别出那些据称对科学和技术议题兴趣浓厚并且声称“见多识广”的热心公众。除了应用于科学和技术政策以及普通的政治问题，该概念还被用于能源政策、本地学校政策以及科学政策的跨国研究。对热心公众的早期统计，发现美国大约有10%的成年人可以称为是科学和技术方面的热心公众。

在后来的研究中，关注度范式有所扩展，包含了任一专门议题或者一组议题的热心公众、感兴趣公众以及其余公众。在这个概念中，热心公众的成员既对某个议题兴趣浓厚，又认为在该议题上见多识广；感兴趣公众对某议题或话题具有兴趣，但是并不认为自己见多识广；剩余公众对任一具体议题或一组议题的兴趣水平都不高，且通常对其理解或者认知水平也较低。

关注度与议题专业化

为了理解热心公众这个观点的基本原理和功能，了解美国政治系统的目前结构以及过去几十年来发生的巨变很重要。第二次世界大战结束后的几十年里，大多数公民面临着对工作时间越来越多的挑战。虽然几十年来大多数工业部门任职者一周的工作时间都是相对稳定的，但是很多专业性工作和技术性工作的有效工作时间却在增加。同时有两人在工作的家庭数量近几十年来也在持续增加。大多数的夜晚，美国普通居民的选择非常广泛，他们有50~150个有线电视频道、几千个视频出租店、多场现场的音乐或戏剧表演、体育赛事、社区大学或者大学课程以及数以万计的网站。正如很多著名学者所说的那样，过去几十年里对个人时间的争夺越来越激烈，而这种压力仍在持续。

在对个人时间进行竞争的市场中，政治议题和公共政策议题只是其中之一。每个个体公民都必须决定在其中投入多少时间、精力和资源来确保和维持自己对政治问题的知晓度和对参与采取公开的行为。有证据表明，政治议题在很多成人的时间份额中已经下降。这种追随或者不追随政治事务的决定被称为政治专业化。虽然对成人的政治专业化有很多测量，但是一个简单的指标就是在全国或者地方性选举中花时间去投票的成人比例。

在那些决定把一定的时间和精力投入公共政策议题的民众中，还有涉及对选择的议题进行追踪的第二级的专业化。单是全国性议题的范围，对于任何一个想保持知晓的人来说都有些宽泛，再加上州和地方性议题，潜在的公共政策议题的整个范围对于个人来说就更广泛了。同时，很多政治议题的信息门槛也在提高，要求为了对任何给定的公共政策议题都十分了解的人要有更专业化的信息。不可避免的是，追踪政治事务的公民都必须把其注意力集中在相当一小部分议题上，研究表明，没有公民会跟踪两个及其以上的议题领域。这种着眼于有限范围的议题被称为议题专业化。然而，值得注意的是，这和完全围绕着一个强烈感受的立场的单一议题不是同一个过程，而是有关个体希望仍能充分了解情况的一系列话题的理性且不断收窄又不必然要公开的过程。

那些选择追踪一个具体议题或者一组议题并且认为对这个领域相当见多识广的公民就是该议题的热心公众。因而，那些跟踪外交政策议题的公民可以称为是外交政策的热心公众，关注农业政策议题的公民就是农业政策的热心公众。一个人可能不只是一个议题的热心公众，但是如上所述的原因，没有几个人能跟踪很多个议题。

议题关注度的后果

对某个议题热心的人更有可能会跟踪各种新闻媒体上这个议题相关的信息，同他的朋友和家人探讨这个议题，在做出政治选择决策的时候会采用与这个议题相关的候选人和政党的立场，联系公职人员督促他们采取特殊的行动方案。认识到这种兴趣的专业化，国家和州政府层面上的很多候选人会试图在兴趣共同体内谋求支持并且承诺对特定群体要求的政策立场给予支持。在某些情况下，在热心公众中可能存在着高水平的政策协议，但是有时候也有着深刻的分歧。热心公众对诸如核电这样的科学和技术议题的持续分歧就是一个恰当的例子。同样值得注意的是，信息资源的持续专业化也促进了热心公众的发展。有线电视频道的增加、互联网的可用性以及专业网站呈指数增加，不仅和其他活动争夺受众的时间，并且在几乎任何议题上以更低成本（金钱和时间）提供了更多的信息，这在人类历史上尚属首次。现在数百万对几乎任何议题或者题材有浓厚兴趣的成人在网络空间中找到相关信息和同行都是有可能的。这个变化的全部含义在几年内可能还不能完全被理解，但是首先促进议题专业化发展的所有因素仍然在发挥作用且重要性还在提高。

对科学传播者的影响

话题专业化的出现给科学和技术传播者带来了新的机遇和挑战。热心公众和感兴趣公众已经是科学信息的一个现成市场了。《纽约时报》（*New York Times*）上“科学”版块的发展和成功直接得益于美国热心公众的增加。“科学”版块为几百万目标受众提供精准的信息，他们找到并购买这些资讯的渠道并且能够阅读和理解其内容。随着这些资源能够让数百万热心公众通过网络获取，国家科学院、工程院和医学院（National Academies of Sciences, Engineering, and Medicine）出版的报告（印刷版和电子版）的销量也出现了大幅增长。

同时，要求对医学议题和症状的解释在科学上精确且概念上简洁的需求也越来越多且越来越重要。健康专家告诉数百万成人说他们有些症状至少在一定程度上和其遗传有关。有关他汀类药物的商业电视广告能够向成人观众传达这样一种信息，即不受欢迎的胆固醇过高可能和他们吃的东西以及和他们的一个或者多个亲属有关。只有少数美国成人能在足以了解大量新医疗信息的水平上理解基因结构和遗传特征在线信息资源，比如 PubMed、WebMD 以及类似的网站，普及性及其使用的增加证实了公众对这个领域综合性信息的兴趣和需求。

显然，传播只停留在一个层次上是不够的（即便曾经合理过）。最专业且成熟的受众——

科学和技术的热心公众以及其他科学议题和话题的热心公众需要更多的专业素材，而其他受众则需要简洁的素材。科学传播是一个持续增长的领域，但是一个细分市场以及多元化的热心公众的出现也是这个过程中的一部分。

撰 稿 人：Jon D. Miller

另请参阅：Health Communication and the Internet；National Academies，U.S.；Online Media and the Sciences；Science Indicators，History of the NSB Project on

参考文献

[1] ALMOND G A. The American people and foreign policy [M]. New York：Harcourt Brace，1950.

[2] DEVINE D J. The attentive public [M]. Chicago：Rand McNally，1970.

[3] MILLER J D. The American people and science policy [M]. Elmsford，NY：Pergamon，1983.

[4] MILLER J D. Public understanding of，and attitudes toward，scientific research：What we know and what we need to know [J]. Public Understanding of Science，2004，13：273-294.

[5] MILLER J D，KIMMEL L G. Biomedical communications：Purposes，audiences，and strategies [M]. New York：Academic Press，2001.

[6] MILLER J D，PARDO R，NIWA F. Public perceptions of science and technology：A comparative study of the European Union，the United States，Japan，and Canada [M]. Chicago：Chicago Academy of Sciences，1997.

[7] MILLER J D，SUCHNER R，VOELKER A. Citizenship in an age of science [M]. Elmsford，NY：Pergamon，1980.

[8] POPKIN S L. The reasoning voter [M]. Chicago：University of Chicago Press，1994.

[9] PRIOR M. Post-broadcast democracy [M]. New York：Cambridge University Press，2007.

[10] PUTNAM R D. Bowling alone [M]. New York：Simon & Schuster，2000.

[11] ROSENAU J A. Citizenship between elections [M]. New York：Free Press，1974.

Audiences for Science 科学受众

科学新闻记者经常被指责既崇拜科学又崇拜“客观性”。通常，他们为那些已经对科学感兴趣、被说服对科学的价值深信不疑且已经决定对科学给予支持的人撰写新闻。这描述了一种类型的科学新闻记者，他们可能没有恰当地处理一些关注和争议，并且有时候试图通过片面的信息来发挥某种公共关系代理人的作用，而不是充当社会的监视者。

所以特别讽刺的是，说服研究已经表明最具说服性的信息通常具有两面性，既承认批判又对论点进行全力支持。

在人们认为自己伦理的、环境的、健康的、

安全的、经济的以及其他基于价值的关切得到解决而非忽视的地方，他们对科学的支持可能是最强的。虽然学者描述的科学的热心公众或者感兴趣公众可能倾向于接纳新的科学发展，但是这两类人只是少数。忽视对科学的批判、无法解决公众的关切且自认为受众会喜欢绝大多数科学新闻，很可能导致难以获得其他公众的支持或者令其产生兴趣。

然而多数科学新闻似乎认为存在着整体性的亲科学受众（我们可以把他们称为科学的“粉丝”），并且会忽视很多更典型的读者。这些读者受过良好的教育，但是并不总是无条件地信任科学上特定发展的价值。实际上，科学的受众是多元的，并且不同于科学新闻记者通常所想象的那样。

只为科学的粉丝撰写科学新闻或者“改变”科学世界观的新闻，会失去一次重要机遇。意见广场能够促进健康的民主辩论，这个观点在自由民主理论中已经完全确立起来了。我们之中那些乐见更广泛的公众意识和对科学观点接受的人，应该接纳对最广泛的辩论的鼓励，而不是试图转而依赖宣传手段。公共辩论、公共参与以及对批判和关切的考虑都应该得到鼓励。

和大多数原则一样，这也可能存在例外，有时候公众没有时间来辩论。比如，专家说我们现在必须解决气候变化的问题。类似的是，迫在眉睫的流行病、食品安全危机、飓风疏散以及其他社会性突发事件都要求采取迅速的集体行动，而非进一步地讨论。然而，长期来看，培养公众对科学的支持取决于我们能否更好地利用公共协商的机会。

科学受众的多样化

单一的、同质的科学受众几乎是不存在的。相反，存在着对科学的兴趣水平和兴趣类型各不相同的公众或者受众——有些富有激情，有些则半信半疑。不过科学的热心公众只占到那些紧密跟踪科学发展的人群的一小部分，他们的范围从科学工作者到投资人，再到那些只是对科学有浓厚兴趣的人。还有很多其他公众，他们对科学的发展轨迹也很关切，特别是当认为科学触及他们的生活时。

在经济社会发展高度依赖于科技进步的今天，很多人意识到了自身健康和生活质量取决于科学、医学、环境和技术的进步。为了在尽可能多的受众成员中赢得对科学的支持，科学传播者需要把科学的发展与日常更广泛的各种关切联系起来。只把目光着眼于最有激情且最具参与性的社会群体可能达不到覆盖科学的潜在受众的目标。

依靠技术来工作、娱乐或者去杂货店买东西的任何人，他自身的健康取决于良好的医疗服务；他的生活质量受到我们成功保护的环境的影响；他的工作受到技术进步的影响。简言之，每一个人都是科学信息的潜在受众。

换句话说，几乎每个人都在一定条件下对科学的某一方面有所关注。然而，有时候需要向人们展示这其中的关联。

科学的受众包括工人、护士和医生助理、患者、厨师、场地管理员、园丁、程序员、士兵和海员、农民、学生、林务人员、交通规划者、教师、消费者、喜爱逛公园的人、管理公园的人、车主、骑行爱好者、飞行员、环保人士、自然资源管理者、电子产品的设计者和用户，以及所有需要医疗服务、交通、住宅、工作以及食品的人。一句话，所有人都是科学的受众，不仅仅是极客、书呆子和拥有博士学位的人。

不仅当科学和技术被认为是有用的时候，人们会对它极其感兴趣，而且当它似乎是有害的时候，情况也是如此：当科学和技术似乎威胁到人们生活环境的完整性，挑战他们的伦理原则、生活方式，或者让其自身和家庭的安全遭到威胁的时候。在很多情况下，知识或者意识与态度之间并不能非常好地相关联的一个原因，在于人们因持保留意见或者反对而可能对相关情况已经相当了解，而不仅因为他们是粉丝。

科学传播者需要全盘考虑这些受众，不能只关注为那些最密切地关注科学新发展的一小部分人包装信息。

虽然有相当数目的科学和技术广播以及出版物（特别是杂志）是直接面向那些对科学有特殊兴趣的群体的，但是通常报纸（无论是纸质的还是网络版的）则不然。报纸为科学提供较少空间的当前趋势，在某些方面可能是令人遗憾的，但是如果报纸促使科学和技术回到头版上（比如首页或者电子版上的同等位置），科学和技术在这里被作为生活和经济的普通组成部分，那么这可能会因祸得福。专业的报道有自己的受众，但他们只是芸芸众生。

精英和其他专业受众

虽然几乎每个人都是潜在的科学和技术受众的一部分，但还是有一些对科学具有特定兴趣的非常重要的专业受众——大多由社会精英组成，其中最主要的是科学家。

像《科学》（*Science*）和《自然》（*Nature*）这样重要的科技期刊，包括的不仅是以学术期刊风格撰写的研究报告，而且还包括新闻、政策、反思、来信和其他评论，以及为受过一定教育但不是科学家的受众撰写的研究综述。这些受众可能是想了解弦理论的社会学家或者想了解考古学最新进展的化学家。

换句话说，就像它们是科学期刊一样，这些内容混杂的期刊也是有关科学的新闻杂志。它们代表的是一个连续的端点，而另外一个端点则是出现在报纸和一般用途的杂志上有关这种类型的科学的纯粹大众科学的报告。《科学美国人》（*Scientific American*）和《发现》（*Discovery*）杂志则介于二者之间，它们代表的是为受过一定教育且对科学感兴趣的受众撰写的素材，并不必然是科学的专业受众。对科学进行报道的电视节目，比如众所周知的《新星》（NOVA），也是为类似的受众服务的。

政策精英和决策精英是和科学具有特殊关联的另外一个多元群体，无论他们是否对科学具有个人兴趣。在美国上议院或者下议院，只有少数成员接受过科学训练，那里的工作人员也只有极少数接受过科学训练。那些关注科学的领导和管理不同政府机构的人，包括那些为科学家提供研究资助的人，可能也接受过科学训练，但是他们中的很多人并不从事科学工作。

有些机构和组织意识到这是一个问题，并且采用了各种手段来解决这个问题。比如，国家科学基金会（National Science Foundation，NSF）在其资助决策部门的很多关键岗位上采用轮岗的做法——科学家、工程人员和社会科学家拿出一年到两年的时间来为该机构工作，但是他们并不打算以此为职业。美国科学促进会（American Association for the Advancement of Science，AAAS）有一个旨在把曾接受过科学相关领域培训的人（通常他们的工作范围广泛）放到与决策者或者机构管理者共同工作岗位上的“科技政策研究员”（Science and Technology Policy Fellowships）特别项目。

然而，一般来说，那些就职于立法机构对科学和政策规章进行思考的人不必然要接受过科学的培训，那些领导和管理政府科技相关机构的人可能接受过科学的培训，但是他们中的很多人现在都不从事科学研究工作。

从战略性传播或者公共关系的角度来看，这些决策精英是科学的关键受众，但是他们不太可能定期阅读科研论文或者专业的科学杂志，也不太可能在网上浏览科学博客。然而，他们有可能确实会阅读主流报纸和新闻杂志。对于这些受众来说，对政策议题的报道至少和对科学本身发展的报道同等重要。

因而，对这些精英受众而言，美国重要新闻机构中资深科学新闻记者数量的减少可能是一种特殊的损失。只有极少数出版物，比如《科学与技术议题》(*Issues in Science and Technology*)，真正地专攻科学政策议题，单靠它可能无法填补差距。

不同的受众，对科学不同的观点

科学信息和科学专家的观点都不一定足以对从凡夫俗子到高层决策者这些不同受众的科学和技术观点进行塑造。比如，美国和欧洲的公共舆论研究都表明，人们对于科学和伦理在科学决策中的重要性上是存在分歧的，并且在专家观点和普通人观点哪个更重要上也是存在分歧的。

虽然并不是每个人都是科学的粉丝，但是美国的文化通常是非常亲科学和亲技术的，尽管在宗教和政治上存在着巨大的多样性，这反过来意味着重要的亚群可能是怀疑科学和技术的，或者是反对科学和技术的某些因素的。然而，即便是在这样一个亲科学的文化中，也只有 1/4~1/3 的人认为科学总体上是良性的，科学事实比伦理更重要，并且科学政策的决策权最好留给科学专家。这表明有关政策伦理的讨论应该向某些受众或者公众开放，新闻报道几乎不会致力于这个领域。

因为科学事实只是形成科学态度很小的一部分因素，那么对于公共舆论的形成来说，什么才是重要的呢？对有关生物技术争议（如转基因食品、克隆和干细胞研究）的分析表明，对领导者或者发言人，无论是科学的、环保主义的、政治的还是宗教的，不同的信任模式与不同的非科学家受众如何思考这些议题有着很大的关系。虽然有人可能把这看作证实了受众和公众在他们看来是无理性的（或者说至少是非理性的）这种假设，但是这种观点是有局限性的。

倾听专家或者其他意见领袖的观点本身没有什么无理性之处。某个不是物理学家并想了解物理学的人会被建议去咨询那些从事物理学的人。对特定科学和技术发展的伦理或者政策不确定的人可能会被建议去咨询那些具有伦理或者政策专业知识的人。到目前为止，一切都好。我们对受众的观点被某些有影响力的他者所说服的趋势有所上升持保留意见，因为我们担心人们可能会听信了错误的专家——无论是在科学议题上还是科学政策议题上。因为所有的价值都不是共享的，特别是在美国明显的多元化社会中，谁也不能说哪个专家是“可争取的”一方。

此外，通过社会放大效应，与人们的关切（比如各种形式的生物技术）产生共振的风险通常会获得大量的公众关注和阐述，而其他风险（比如各种形式的纳米技术）则被弱化了，并且几乎不会受到公众的关注。

这种情况没有简单的解决方法，也许在这方面我们至多能够推动这种形式的对话，让每个人都接触到可供选择的观点，这听起来是最理想的。缩小新闻洞对这种情况无济于事，把互联网的出现作为主要的新闻渠道也是如此，除非人们学会了把目光投向那些最有可能强化其观点的权威专家之外。

然而在广泛共享的价值中可能会找到一些希望，这些价值就是健康、和平、政治稳定、经济安全、正义和环境完整性。科学在为这些价值服务的过程中将会在各处找到热心公众。

未来的科学受众

科学新闻的受众是多元的，但是现存的新闻体系如何为他们更好地服务——特别是在诸如 21 世纪前 10 年期间，在此期间严重的经济压力给专业报道带来了影响吗？虽然特殊的出版物和强调新闻的广播素材为某些专业受众提供了服务，但并不是每个人都会花时间在大多数科学和技术议题上自我充电。一般用途的新闻机构，从（传统形式和新媒体形式的）报纸到新闻杂志到广播电台，在填补空白方面面临着巨大的压力。

一些研究性大学开始把主动权掌握在自己手中，它们联合起来形成了自己的直达新闻消费者的研究网站，被称为未来性网络。但是期待这个或者其他类似的宣传性努力在科学和技术方面充当新闻记者的把关人角色似乎是不合理的，更不要说为所有受众——从普通公民到政策专家，或者就所有议题——从科学本身到科学的社会和伦理启示提供相关的且可获得的信息了，整个社会可能会对此感兴趣，并且愿意考虑。

幸运的是，发展新形式科学传播的努力比比皆是，从科学博物馆到更主动地解决一系列科学和技术议题的科学中心，到利用像科学咖啡馆和公民陪审团来把象牙塔中的科学和公民辩论联系起来的新形式。我们还知道科学存在于各种出乎意料的场所中，从科幻到广告，甚至在海报和 T 恤衫上。

但是“买者自慎”更强烈地适用于如今科学和技术信息的受众，因为科幻、广告和研究性大学的宣传手段都不是在讲述整个故事，虽然网站覆盖了全方位的视角，但它们的质量是无法预测的，并且它们的议程可能是看不见的。科学传播的新边界需要强调对科学信息消费者的批判性思维技巧的培养，这是我们所有科学传播者的责任。

撰 稿 人：Susanna Hornig Priest

另请参阅：Active Audiences and Science；Deliberative Democracy；Science Indicators，History of the NSB Project on；Science Literacy

参考文献

[1] GASKELL G，EINSIEDEL E，HALLMAN W，et al. Social values and the governance of science [J]. Science，2005，310：1908–1909.

[2] MILLER J D，PARDO R，NIWA F. Public perceptions of science and technology：A comparative study of the European Union，the United States，Japan，and Canada [M]. Chicago：Chicago Academy of Sciences，1997.

[3] PRIEST S. North American audiences for news of emerging technologies：Canadian and U.S. responses to bio- and nanotechnologies [J]. Journal of Risk Research，2008，11 (7)：877–889.

[4] STURGIS P J，ALLUM N. Science in society：Re-evaluating the deficit model of public attitudes [J]. Public Understanding of Science，2004，13 (1)：55–75.

Australia, Science in 澳大利亚的科学

澳大利亚幅员辽阔，人口却不多。虽然澳大利亚的人口只占全球人口的0.3%，但是由于其拥有生机勃勃的科学共同体，因而贡献了全球2%的研究成果。本词条将介绍那些与澳大利亚的科学最相关的主要机构和组织的基本信息，以及让科学传播者有所受益的澳大利亚的机构。

政　府

联邦创新、工业、科学和研究部（Federal Minister for Innovation，Industry，Science and Research）对包括联邦科学与工业研究组织（Commonwealth Scientific and Industrial Research Organization，CSIRO）、澳大利亚研究理事会（Australian Research Council，ARC）、澳大利亚海洋科学研究院（Australian Institute of Marine Science）、澳大利亚核科学技术组织（Australian Nuclear Science and Technology Organization）、国家科学中心（Questacon）以及澳大利亚创新、工业与科研部（Department of Innovation，Industry，Science and Research，DIISR）在内的一系列组合机构负有管理责任。澳大利亚创新、工业与科研部拥有一系列部门，包括科学和研究部门，并且对协同研究中心（Cooperative Research Center）项目、国家科学中心以及全国科学周进行监督。澳大利亚创新、工业与科研部设置了首席科学家办公室（Office of the Chief Scientist），负责就一系列科学和技术议题向政府提供建议。全国科学周开始于1997年，其活动包括遍及全国的公共活动，比如科学展示、科学研究及相关议题。

大　学

澳大利亚有37所公立大学，只有2所私立大学。其中有38所大学都加入了澳大利亚大学联合体（Universities Australia），该联合体提供有关澳大利亚大学的信息，教育政策和研究政策的发展以及对政府政策的建议。

和其他大多数世界经合组织（Organization for Economic Cooperation and Development）的国家相比，大部分澳大利亚的研究人员都受聘于高等教育机构。根据澳大利亚副校长委员会（Australian Vice Chancellor Committee）在2004年的报道，在美国，不到20%的研究人员受聘于大学和政府机构，而这个比例在澳大利亚几乎接近80%。类似的是，澳大利亚大多数研究基础设施都位于大学或者其他公共机构中。因而，澳大利亚的大学是获取当前科学研究信息的重要渠道。

八校联盟（Group of Eight）是澳大利亚大多数研究性大学的联盟。这些大学有广泛的学科基础以及很强的专业教育队伍。它们在规模和建校时间上各异。2008年，澳洲国立大学（Australian National University）有13400名学生，莫纳什大学（Monash University）有58000名学生；墨尔本大学（Melbourne University）成立于1853年，而莫纳什大学成立于1958年。这八所大学都有众多的国际学生和国际合作。实际上，国际教育是澳大利亚第三大或者第四大出口创汇收益渠道。

联邦科学与工业研究组织

联邦科学与工业研究组织是全国性的科学

组织。它成立于1926年，旨在开展一些支持农业、矿业和制造业发展的研究。联邦科学与工业研究组织的科学家做出了很多在国际上有重大意义的成就，包括1956年原子吸收光谱分析法的发明以及20世纪80年代塑料（聚合物）钞票的发展。

该机构组织完善，并在澳大利亚境内受到广泛的尊敬和支持。其6500名员工分布在16个部门和9个旗舰部门中。这些部门涵盖了广泛的学科，包括昆虫学、材料科学和能源技术等。

该机构组建了跨学科的旗舰部门来开展着眼于在国内具有重要意义的具体议题的研究。以产业伙伴和合作为特色的旗舰项目创立于2003年，到2009年，该旗舰项目已包括气候适应、预防保健、水资源和小众市场制造业。

地方机构

每个州和地区有对它们自己的研究和活动进行支持的不同机构。各州教育部门对小学和初中教育负有主要责任。对某些科学领域负有责任的其他州级机构包括初级产业局（Department of Primary Industries）以及环境与保护、水资源、矿业、能源、创新和产业相关机构等。

研究基金

在澳大利亚，对科学研究的支持是由下面一系列不同机构和组织来完成的。

澳大利亚研究理事会

澳大利亚研究理事会是澳大利亚政府的法定主管部门。它管理着国家竞争性经费项目（National Competitive Grants Program），其提供的经费在科学、社会科学和人文学科的科研和科研培训方面所占的份额较大。澳大利亚研究理事会为政府在研究方面的投入提供建议。

国家健康和医学研究理事会

国家健康和医学研究理事会（National Health and Medical Research Council，NHMRC）是健康和医学研究的主要经费提供方。除了提供研究经费，该机构还对健康护理和医学研究方面的伦理行为提供指导，并为政府、保健专家以及整个社会提供健康方面的建议。

协同研究中心

协同研究中心由澳大利亚联邦政府（Australia's federal government）于1991年成立。从那时起，共在6个部门建立了168个协同研究中心，涉及制造技术、信息和通信技术、矿产和能源、农业和基于农村的制造业、环境、医药科技。

协同研究中心的主要特色是研究机构和产业之间的伙伴关系。所有的协同都包括至少一个大学合作伙伴，并且大多数都包括联邦科学与工业研究组织。这些研究机构的重要目标是商业化、技术转移和教育。

农村研发机构

15个农村研发机构（Rural Research and Development Corporations）覆盖了农业产业的各领域。通过竞争性申请和评审程序，农村研发机构把从种植户征收的税收以及政府提供的经费分配给研究者。通过在研发领域的一些工作，2006年该机构的报告显示澳大利亚的农业生产率在过去25年里翻了两番。

科学中心和博物馆

澳大利亚的主要互动性科学中心和博物馆包括堪培拉的国家科学中心（Questacon），悉尼的动力博物馆（Powerhouse Museum），珀斯的科技馆（Scitech）以及墨尔本的科学展览中心（Scienceworks）。

这些地方的观众络绎不绝，每个首府的博物馆和很多区域性中心都提供教育资源和科学传播资源，一系列其他场所也提供这些资源，比如位于塔斯马尼亚的澳洲南极事务局（Australian Antarctic Division）以及位于西南威尔士州帕克斯的澳大利亚射电望远镜。

本土科学

一般认为澳大利亚的土著居民是距今5万~6万年从亚洲移居过来的。从20世纪末开始，人们越来越认识到本土知识的重要性和价值。本土科学为澳大利亚数千年来累积的环境变迁提供了相关的知识。消防管理就是一个本土科学与西方科学合作的典范。

学术团体、组织和联盟

这些机构包括澳大利亚科学院（Australian Academy of Science）、澳大利亚技术科学与工程科学院（Australian Academy of Technological Sciences and Engineering）、澳大利亚人文科学院（Australian Academy of the Humanities）以及社会科学院（Academy of Social Sciences）等。

澳大利亚科学和技术协会联合会

为了回应1984年联邦预算削减了科学经费，澳大利亚科学和技术协会联合会（Federation of Australian Science and Technology Societies，FASTS）于1985年成立。它由60个科学协会和学会组成，旨在促进政府、产业和科学共同体在政策议题上达成共识。澳大利亚科学和技术协会联合会为议会委员会提供相应的证据，并就特定议题组织论坛，同时还组织年度的科学与议会（Science Meets Parliament）会面活动，大约有200名科学家与议员面对面交流。澳大利亚科学和技术协会联合会还依照其职权为总统提供有关总理科学、创新和工程委员会（Prime Minister's Science，Innovation and Engineering Council）的建议。

澳大利亚科学教师协会

澳大利亚科学教师协会（Australian Science Teachers Association，ASTA）是8个州和地区的科学教师联盟。它促进科学教育专业的发展，并为大约4000名会员提供教育资源和职业发展机会。澳大利亚科学教师协会出版期刊《教授科学》（*Teaching Science*），并组织年会。

澳大利亚科学媒介中心

澳大利亚科学媒介中心（Australian Science Media Center，AusSMC）是一个全国性的、独立的、非营利组织。它成立于2005年，目标是通过主流媒体为公众提供基于证据的科学。它为新闻记者提供独立的新闻服务，当重大科学事件出现时为记者提供可靠的信息以及专家的联系方式。

澳大利亚科学传播者

澳大利亚科学传播者（Australian Science Communicators，ASC）是一个伞式组织，其成员包括科学家、记者、教师和传播者。它为科技传播专业人员组织会议，通过促进科学新闻和其他科学传播形式的水准提升来推动科技传播专业人员的发展。

撰 稿 人：Nancy Longnecker

说　　明：八校联盟主席A.D.罗宾逊（A. D. Robson）于2008年提供个人信息。

另请参阅：Europe，Research System in；National Development，Science and Technology in

参考文献

[1] Council of Rural Research & Development Corporations' Chairs：www.ruralrdc.com.au.

[2] Australian Bureau of Statistics：www.abs.gov.au.

[3] Australian Government. (n.d.). Our country [M/OL]. [2008-11-5]. www.australia.gov.au/about-australia/our-country.

[4] Australian Vice Chancellor Committee. Beyond backing Australia's ability：The AVCC response [M/OL]. [2008-11-5]. www.universitiesaustralia.edu.au/documents/publications/AVCC-Response-to-BAA2.pdf.

[5] Commonwealth Scientific and Industrial Research Organisation. The history of CSIRO：A summary of CSIRO's history and its achievements [M/OL]. [2008-11-5]. www.csiro.au/org/CSIROHistoryOverview.html.

[6] MICHIE M. Why indigenous science should be included in the school science curriculum [J]. Australian Science Teachers Journal，2002，48（2）：36-40.

[7] Tropical Savannas CRC. (n.d.). Fire agreement to strengthen communities [M/OL]. [2008-11-5]. www.savanna.cdu.edu.au/view/250363/fire-agreement-to-strengthen-communities.html.

[8] Universities Australia：www.universitiesaustralia.edu.au.

Avian Flu 禽流感

禽流感（Avian Flu 或 avian influenza，AI）是一种由通常感染鸟类的流感病毒引起的传染性呼吸道疾病。虽然禽流感病毒的特征是种特异性的，但是它们能获得传染人类的能力。其中一种流感病毒被归类为高致病性的 H5N1，已经感染了 80 多种野生鸟类，导致数百万只家禽死亡，并且让几百人染病，超过一半的患者去世。很多人都是通过与被感染的禽类亲密接触而染上 H5N1 病毒的。然而，公共卫生官员担心的是这种病毒可以发展成一种在人际间容易传播的形式，导致能在全球迅速传播的疾病暴发。作为回应，国家层面和国际层面的健康组织做出了大量的努力来筹备并阻止流感大暴发的潜在影响，包括通过沟通来提醒和教育公众的尝试。因为禽流感对人类具有潜在威胁，所以新闻媒体通常对禽流感的发展密切关注。为了更好地理解禽流感的威胁，本词条将考察流感的基础科学，禽流感对野生禽类、家禽和人类的影响，它引发流感大暴发的可能性，以及为了对此进行回应做了哪些工作。

流感的基本知识

流感（influenza）这个术语据说是来源于意大利语的“influence”。流感病毒隶属于核糖核酸病毒的正黏液病毒科，流感病毒分为 3 个类型，即 A 型、B 型和 C 型。A 型病毒导致鸟类、人类和其他哺乳动物的感染；B 型病毒通常只感染人类；C 型病毒很罕见，会感染人类和鸟类。

A 型流感病毒根据从它们表面投射出来的穗状物的结构蛋白还可以进一步分为 3 个亚型。其中一种穗状物含有糖蛋白血凝素（H），这是一种帮助病毒附着并穿透宿主细胞的酶；另外一种类型的穗状物含有神经氨酸酶（N），它帮助病毒进入宿主细胞并在复制后退出。目前已知共有16种不同的糖蛋白血凝素和9种不同的神经氨酸酶，可以产生144种可能的组合。可以根据糖蛋白血凝素和神经氨酸酶的特殊组合对病毒的亚型进行区分。根据美国疾控中心（Centers for Disease Control and Prevention，CDC）资料，人类感染主要是由含有H1、H2、H3以及N1和N2蛋白质的A型流感病毒所引起的，目前只有几个亚型（即H1N1、H1N2以及H3N2）在人群中普遍流行。

动物（包括人类）通过产生对这些糖蛋白血凝素和神经氨酸酶蛋白质的抗体，获得对流感病毒的保护免疫。然而，病毒的突变可以引发这些蛋白质的化学物质变化，从而产生现有抗体无法识别的新病毒菌株。结果，一个病毒中相对较小的变化（抗原漂移）会让人们不止一次地轻易患上流感。A型流感病毒和B型流感病毒每年都会导致季节性流感暴发。因为病毒是一直在变化的，所以对于流感来说没有普遍有效的疫苗。因而，每年的流行性流感疫苗都必须进行更新以同当前流行的流感病毒相匹配。

意外的、重大的突变（抗原转移）只会偶尔发生，但是却会产生没人能够免疫的新菌株，从而引发大流感的可能。根据世界卫生组织（World Health Organization，WHO）的资料，在20世纪共发生过3次这样的流感大暴发。1918—1919年，被称为“西班牙流感”的H1N1型流感病毒使全球大约1/3的人染病，导致4000万~5000万人死亡，很多人都是在感染几天后去世的。后续的流感因为用了抵抗病毒的疫苗，所以稍显温和且受到了一定的控制。1957年，被称为“亚洲流感”的H2N2病毒导致大约200万人死亡，1968—1969年，被称为“香港流感”的H3N2病毒导致大约100万人死亡。

鸟类中的禽流感

所有已知的A型流感病毒亚型都会感染鸟类，因而被称为禽流感病毒。根据其感染和杀死家禽（比如鸡和火鸡）的能力，禽流感病毒菌株可以被进一步分为低致病性的（LPAI）和高致病性的（HPAI）。

有相同糖蛋白血凝素和神经氨酸酶蛋白质组合的病毒（如H7N7或者H5N1）既有低致病性的变体，也有高致病性的变体。然而，大多数禽流感病毒都是低致病性的菌株，其症状通常比较轻微或者根本不会显示出来。因而，它们可能不会轻易地被察觉，特别是在野生鸟类中，在被感染的时候通常不会显示出症状。实际上，根据世界卫生组织的说法，所有的16H和9N亚型的流感病毒都会感染野生水禽，比如鸭子、鹅以及天鹅。对野生鸟类的例行检查几乎总是对某些禽流感病毒呈阳性，虽然大多数都是无害的。然而因为禽流感持续地出现在野生鸟类群体中，所以水禽成为这些病毒的天然宿主。

虽然低致病性流感病毒通常不会给野生鸟类带来伤害，但是美国农业部（U.S. Department of Agriculture，USDA）注意到这些病毒在家禽中会引发一些症状，包括缺乏活力和胃口不佳，出现青紫色斑、浮肿、流鼻涕、咳嗽和打喷嚏、腹泻、身体不协调、软壳蛋或畸形蛋，以及产蛋量下降。虽然这些症状通常是中性的，但是却可以给鸟类带来不适，并且给养殖户带来经济损失。

相反，高致病性流感病毒在家禽中的暴发通常危害巨大。它们传播得非常迅速，从而导致很多器官和组织的病变，引发大量的内出血。结果，整个群体的死亡是经常发生的，通常是在感染后的48小时内。实际上，上千只鸟类相继死亡都与高致病性的H5N1流感病毒的暴发相关。

只有H5和H7亚型的流感病毒被认为是高

致病性的。然而，低致病性的 H5 和 H7 流感病毒形式也是存在的。实际上，根据世界卫生组织的说法，H5 和 H7 流感病毒通常是以低致病性的形式被引入家禽中的。然而，如果它在家禽群体中传播开来，该病毒就会在几个月内变异成高致病性的形式。结果，在家禽中发现的任何 H5 或者 H7 流感病毒都被严肃地对待。

禽流感病毒一旦被引入，就会通过直接接触在鸟类中传播。它还可以通过接触被感染鸟类的排泄物、血液、唾液或者鼻腔分泌物，被污染的表面（比如污垢或者笼子）或者其他物质（比如水或者食物）传播。此外，禽流感病毒还会通过活禽（野生的或者家养的）的移动在农场之间传播，通过被污染的设备、车辆、蛋托、条板箱和笼子传播，以及通过那些与病毒有过接触的人们的衣服和鞋子传播。世界卫生组织认为如果把高致病性流感病毒冷冻起来，它可以无限期地存活下去，并且能在环境中长期存活，特别是在温度比较低的时候。比如，已经证明高致病性的 H5N1 流感病毒能于 4℃的环境中在鸟类粪便中存活至少 35 天，能在 37℃下存活 6 天。此外，根据美国农业部的说法，1 克被感染的粪便中含有的病毒就足以让 100 万只鸟感染。因而，为了防止禽流感病毒被引入它们自己的群体中，家禽生产商通常会采用严格的生物安全程序。这些程序包括严格控制接触他们农场的人和车辆，保护禽类不与野生鸟类接触，对衣服、鞋、表面和设备进行消毒。

为了减少疾病的传播，当在家禽中发现 H5 或者 H7 类型的病毒时，可能被感染的家禽就会被杀死，并且它们的尸体会受到特殊的处理。如果可行，有时候会对周围禽类进行疫苗接种以进一步降低疾病传播的威胁。然而，当这些方法被用于大型商业农场时才是最有效的，那里的禽类都是室内养殖的。

对于发展中国家的农村地区来说，对流感病毒的控制更加困难，那里的家禽通常都是养在自家后院的。结果，高致病性的 H5N1 禽流感成为有记录以来最大也是最严重的一次，这个记录出现于 1997 年的东南亚。亚洲、非洲和欧洲的不少国家都被 H5N1 病毒感染，从而导致数百万家禽的死亡。此外，为了控制疾病的传播，被报道具有高致病性禽流感病例的国家被施加了严格的贸易限制，禁止出口未煮熟的禽类产品。这导致的经济损失是非常严重的，特别是对于那些以家禽为重要的蛋白质和经济收入来源的国家。然而，高致病性的 H5N1 流感病毒仍然是一个威胁，引发新的禽流感暴发并扩散到新的区域，可能通过候鸟的迁徙或把野生鸟类和家禽作为食物、宠物、种畜，以及斗鸡的合法和非法贸易。

人类中的禽流感

A 型流感病毒会感染很多动物种类，包括鸟类、猪、鲸鱼、马、海豹、猫、白鼬和其他哺乳动物，也包括人类。虽然大多数禽流感病毒通常都是无种特异性的，但是它们可以通过变异或者基因重组而获得感染人类的能力。这通常通过中间动物来实现，比如猪，这些动物既容易受到通常让鸟类感染的禽流感病毒的感染，又容易受到那些让人类感染的禽流感病毒的感染。如果人类禽流感病毒和鸟类禽流感病毒同时出现在猪身上，它们的遗传信息就会混合，产生出具有传染人类能力的新病毒，而且来自鸟类禽流感的蛋白血凝素和神经氨酸酶蛋白质不能被现有的人类抗体识别。

疾控中心报告说某些低致病性流感病毒会感染人类，从而导致一系列症状，从非常温和的（比如结膜炎）到流感样的疾病（比如发热、咳嗽、嗓子疼、肌肉酸疼）。某些高致病性的流感病毒也会传染人类，引发一系列从中性到严重甚至是死亡的疾病，引发呼吸系统疾病（比如肺炎、急性呼吸道疾病或者病毒性肺炎），有时候还伴有恶心、腹泻以及神经系统疾病。尤其令人担忧的是高致病性的H5N1病毒。自2003年以来，该病毒已经让亚洲和非洲的几百人染病，导致超过一半的患者死亡。

目前世界卫生组织认为同被感染家禽的直接接触以及与被它们粪便所感染的表面或者物体的直接接触，是人类感染高致病性H5N1的主要途径。大多数人类感染的案例都出现在亚洲和非洲的农村地区，那里的家庭在自己的后院养殖家禽。这些家禽通常四处游走，共享孩子们嬉戏的户外空间，还会进到屋里。因为被感染的禽类粪便中有大量病毒，所以这种环境为人类接触病毒提供了大量的机会。

不幸的是，因为后院养殖的家禽是这些地区很多家庭的重要收入和食物来源，所以这些家庭很有可能会在发病迹象出现时销售或者食用这些禽类。虽然在74℃的水中煮沸禽类或者蛋类被证明能有效地灭活H5N1流感病毒，但是人们在屠宰、去除内脏、准备煮沸等过程中会接触到流感病毒。

大流行性流感

虽然高致病性H5N1流感病毒导致的大量人口死亡是非常可悲的，但是公共卫生官员特别担心当人类被感染的时候，流感病毒的遗传物质会与季节性流感病毒的遗传物质相混合，从而使得直接的人际传播变得可能。这激发了国内健康组织、国际健康组织和私人企业付出大量的努力来筹备并阻止潜在的流感大暴发所产生的影响。这些努力包括密切监控禽流感的暴发，根据现有的H5N1菌株来研发诊断试剂和疫苗，囤积那些在治疗被感染者或者阻止疾病的扩散方面可能会有用的抗病毒药物和其他药剂。因为流感暴发导致的患病人数和死亡人数可能会严重超过可用的资源，并且带来严重的社会动荡，所以公共卫生运动也着眼于帮助个人、学校和企业来为阻止流感暴发做准备。

撰稿人：William Kingsley Hallman

另请参阅：Centers for Disease Control and Prevention, U.S.; Communication Campaigns in Health and Environment; Department of Agriculture, U.S.; Health Communication, Overview; Pandemics, Origins of

参考文献

[1] U.S. Department of Agriculture: www.usda.gov/birdflu.

[2] U.S. Department of Health and Human Services: www.pandemicflu.gov.

[3] U.S. Department of Health and Human Services, Centers for Disease Control and Prevention: www.cdc.gov/flu/avian.

[4] U.S. Geological Survey, National Wildlife Health Center: www.nwhc.usgs.gov/disease_information/avian_influenza.

[5] World Health Organization: www.who.int/en.

Beat Reporting 专题报道

媒体开发系统为他们的听众 / 读者提供所关注的信息，并覆盖当地出现和进行中的各种事件。专题报道是新闻编辑系统的一部分，用来管理新闻优先报道顺序。专题是潜在新闻报道的主题细分。典型的新闻专题包括警务、法院、政府、教育、商业、体育、健康、科学、旅游、娱乐以及生活方式。与“片警”（在指定地区巡逻的警察）类似，专题记者也可以被指定于某一特定地区。例如，政府专题通常细分为城市、区县、州 / 省、国家政府专题。

专题还可以根据级别划分。例如，教育专题可以被分为基础教育专题和高等教育专题。同样，法院专题可以被分为州法院专题和联邦法院专题。较大的专题也可以按不同的兴趣话题细分。体育专题通常按照水平划分（高中、大学、职业体育），也可以按照不同的体育项目（足球、篮球、棒球或冰球等）划分主题。通常而言，新闻机构规模越大，它所涉及的专题报道范围越广泛，专题越详细。在规模较小的机构中，一个记者可能负责整个娱乐专题。较大的媒体可以分别由不同的记者负责电影、剧院、电视、艺术和音乐专题。

专业专题报道需要额外的背景和专业知识，规模很小的媒体（如只有 5 个或更少的记者）通常没有健康、科学和技术专题报道。在规模稍微大些的机构中，可能由一个记者负责这 3 个专题。在最庞大的媒体机构中，这些专题可以由多个记者负责，每个专题还可以被细分为若干不同主题，例如，科学专题有时可以被分为生命科学、环境科学和自然科学专题。《纽约时报》（*New York Times*）是少数几个仍然保有独立科学部门的媒体之一，2002 年有 20 多个专职作者和固定供稿人为其科学部门工作。

工作期望

媒体机构通常指派记者做普通报道或专题报道。普通记者没有特定主题或指定报道地区，而是根据需要进行新闻报道，利用情报对突发新闻事件做出回应，以及为专题报道记者提供协助。专题报道记者需要在各自的领域内发挥主题相关的专业知识，构建权威消息来源，并且制定报道主题。专题记者不但负责其专业领域内的突发事件，还需开展长期的调查型、特写式并且有趋向性的专题报道，这种报道通常被称为“深度报道”。

记者对专业主题的展开和相关资源的关系网络是专题报道的主要优势。因为具备经验和专业知识，科学、技术和健康专题的记者有足够的背景知识以便：①理解报道所涉及的专门术语、基础概念，以及消息来源的隐含假设。②预测未来的突破性进展和识别发展趋势。大型专业资源网络可以为专题记者提供更多现成的有资质的人员，可及时对专题的发展进行评论，还可以为类似报道主题提供更多更好的思路。总而言之，将新闻涵盖领域细分为不同的专题可以提高相关主题的深度和广度。

质疑和挑战

专题报道理应提供更好的新闻，但它同时还对良好的新闻覆盖面形成了挑战和阻碍。专题报道工作会影响记者对新闻的概念化和处理方式。例如，在报道医疗改革新闻时，政务记者会侧重于改革过程中的政治分歧或者某个提案所获得的票数，经济商业记者则可能会从医疗改革对企业盈利、小业主或保险业的影响这些方面进行报道，医疗保健记者则会注重于改革对医疗消费者或者医疗服务提供者造成的影响和后果。用各种不同的观点和方式切入解读社会话题，能够促进新闻机构繁荣发展。然而他们会遇到的一项质疑是，长线专题记者在报道时可能会仅从自己的专题角度出发，从而限制了对新闻的解读，或者把与专题不相干的观点排除在报道之外。

愿意与记者沟通的可靠的专业资源是专题报道的优势之一。然而，专题记者需要小心避免对专业人士的过度依赖，否则会限制观点和潜在新闻报道思路。专题记者会与同样的专业人士进行频繁联系，而成功的记者则会和他们发展积极良好的关系。他们在此遇到的挑战是，要在与专家保持友好关系的同时避免迎合他们，也无须隐瞒新闻以免疏远他们。负责长线专题报道的记者有时会遇到这样的问题，他们开始为相关专家而不是读者写作，选择专家感兴趣的主题，使用记者自己和专家所熟悉的术语，而不是读者所熟知的。这绝对是科学新闻报道中的一个潜在问题。

尽管科学专题记者在处理科学主题时比普通记者和其他专题记者具备更丰富的知识和技能，潜在主题所涉及的范围之广泛仍然需要他们奋发努力。如果不是就职于拥有多名科学记者的大型新闻机构，他们就必须能够在物理、环境科学和生命科学之间切换自如，可能今天报道天文学新闻，第二天就要报道动物学新闻。除非是就职于专题高度细分的最大型新闻机构，否则他们可能需要多年时间来获取所需的专业知识，对范围广泛的主题提供可靠的报道。

由于科学、医疗卫生和技术专题被认为具有专业性，被指派负责这些专题的通常是撰写其他专题多年的资深记者。让资深记者撰写专题能够提高报道的质量。然而，当新闻机构进行重组和裁员时，资深记者通常是企业收购和安排提前退休的对象。例如,《波士顿环球报》（*Boston Globe*）进行早期成本削减措施时，提前退休的员工就包括五名资深科学记者。而《波士顿环球报》则从此放弃了科学版块。

专题报道是媒体有效涵盖多个主题领域新闻的方式。它们还能反映出新闻机构的偏好和优先级，具体反映在员工配置、财务经费以及致力报道涵盖的领域范围。新闻编辑部内的劳务分工可以显示新闻机构在科学、技术和医疗领域的侧重程度。如果一个新闻机构雇用了一个科学记者、一个医疗健康记者，但是有多个政务、教育、警务和法院记者，那么可以由此看出此机构的报道侧重范围和对不同主题的重视程度。

撰 稿 人：S. Camille Broadway

另请参阅：Career Paths，Science/Environmental Journalism；Newspaper Science Pages

参考文献

［1］CORNELL J. The rise and fall...and possible rise again...of science journalism［R］. Paper presented at the meeting of the First International School of Scientific Journalism and Communication（Communicating Energy） held at the Ettore Majorana Foundation and Center for Scientific Culture, Erice, Italy, 2009.

[2] LACY S, MATUSTIK D. Dependence on organization and beat sources for story ideas: A case study of four newspapers [J]. Newspaper Research Journal, 1984, 5 (2): 9–16.

[3] MCCLUSKEY M. Reporter beat and content differences in environmental sources [J]. Journalism and Mass Communication Quarterly, 2008, 85 (1): 83–98.

[4] SHOEMAKER P, REESE S. Mediating the message: Theories of influence on mass media content [M] 2nd ed. White Plains, NY: Longman, 1996.

Big Science 大科学

在阿尔文·温伯格(Alvin Weinberg)的《大科学之反思》(*Reflections on Big Science*)和德瑞克·德·索拉·普莱斯(Dereck de Solla Price)的《小科学与大科学及其他》(*Little Science, Big Science... and Beyond*)这两本物理学家所撰著作的影响下,“大科学”一词在20世纪60年代开始流行起来。他们两位都着重于科学项目飞速增长的规模和经费,认为这种规模增长是第二次世界大战后科学领域的特色,并且对此种大科学的风靡所带来的后果感到担忧。温伯格在他那本经常被引用的书中指明大科学的三重“疾病”:“媒体病、金钱病和行政病。”媒体病起源于大型昂贵的项目需要得到公众的支持,此种需求导致科学研究结果除了在科学期刊上发表,还需要在流行的大众期刊发表,于是科学和新闻之间的界线变得模糊起来。金钱病是不加思考进行的仓促投资。行政病是大型项目中典型的过度行政管理。

尽管温伯格暗示向普通读者进行科学传播的形式会导致“疾病”,但他还是迅速地在非科学刊物上发表了评论文章。对大科学的讨论往往是由专业的自身利益所塑造的。20世纪60年代身为橡树岭国家实验室行政人员的温伯格,告诉公众大科学应该被限制在国家级实验室内以防止扩散。对大科学的抨击在数十年后依然经久不衰。例如,在20世纪90年代,有人觊觎分配给“人类基因组计划”的资金,于是他们在对媒体或国会发表讲话时会用“大科学”一词指代此计划,希望这个词病态的内在含义会扰乱“人类基因组计划”。

其他一些科学家找到办法颠覆了“大科学”这个词。例如,从20世纪60年代后期开始,那些提倡建造新的更大型粒子加速器的人利用企业的资金和规模主张提倡更大的资金预算。这些倡议人利用美国对宏伟计划的偏爱,争论说国家在这种大型设备上迅速增加的预算显示了此种研究的优越性。下一步则辩论说这种优越的(实际上非常昂贵的)科学研究需要更多的资金以保证其持续发展和繁荣,从而最终完成其伟大的使命。此提议说此种大型项目恢宏又伟大,因此有助于提升国家威望,这种说法还被用来影响联邦预算。地区性媒体还经常补充说这种大型工程会为其所在地区增加就业机会。

研究科学企业和科学史的学者通常会延续温

伯格和普莱斯发表的研究方向。有些人归纳了若干不同领域内增长的影响，例如，高能物理、空间科学、激光和大型生物科学领域。还有人质疑大科学是当代现象这一说法，细节甚至追溯到第二次世界大战之前天文实验室内某个使用复杂设备和流程的团队。还有一些人会根据工作管理控制的方式将大科学分类。比如，他们注意到本地管理的粒子加速器或大型望远镜和长期汇总的独立研究项目（比如“人类基因组计划”）之间的区别。这些也引发了一种对大科学各种不同方向思考的研究，不再强调个案而是转而关注科学研究规模的增长。

与此同时，一些学者开始质疑普通人群使用“大科学”这个标签究竟是否合适。他们意识到这是一个意味深长的词语，因为长期以来它都被科学家用来赢得公众和联邦财务官员的支持。这些谨慎的学者担心，那些有意投资大型工程（而非辩论支持或反对此类项目投资）的人所挑选的措辞并不适合他们的目的。一方面，对大科学概念不加批判的接受可能意味着接受那些促成大规模工程的价值观。这种担忧并不是没有来由的：研究大科学的学者几乎将他们所有的时间和注意力都用在那些最大的项目上，尤其是高能物理和天文方面的项目。批评者还发现另一个问题：对他们来说，“大科学”这个词本身意指大型研究项目最重要的特点即为其增长和规模。在他们看来，大科学的学者会因此限制研究主体的参数和批判视角。为了避免对规模本身的过度关注，这些学者建议关注形成和促进大规模工程开发的系统和关系网络。他们还鼓励对各种不同科学领域（如生物科学）的大型项目进行更多研究，以及针对各种不同规模的大型科学项目（如大型粒子加速器，但不必是最大型的）的调查研究。

不论这些争论的优劣，学者们仍旧为大型研究的持续发展而感到着迷。例如，有些人认为大科学已经发展为某种他们称为“巨科学”的东西。这种新形式的大科学起始于 20 世纪 70 年代末期，尽管当时大型科研项目所需的资源（科学家和联邦预算）开始变得紧俏，但是所用仪器的价格、团队、官僚机构和时间跨度仍在增加。其结果是研究人员不得不在所有可能的地方进行缩减。在巨科学时代，资源变得非常稀有，研究人员所面对的可能只是非常有限的测量和试验，设备只能供有限数量的项目使用，国家也只能提供有限数量的设备。就这个层面而言，巨科学实际上比大科学更小。

然而，温伯格可能对 21 世纪的大科学仍然感到不满。很明显，金钱病、行政病和媒体病仍然广泛存在。大型研究需要大量注入资金，还需要广泛的关注度来募集所需资金，以及研究所需的复杂大型设备，再加上如此巨大开销所带来的对公众和联邦政府所负义务的压力，以上这一切都导致了更多数量的科学项目行政管理人员。大型科研项目的规模、开销和公共责任的需要，也必然导致媒体和公众对其产生极大的关注，这些项目的拥护者也比以往更加需要媒体记者的帮助。

撰 稿 人：Catherine Westfall

另请参阅：Human Genome Project；Particle Accelerators

参考文献

[1] DE SOLLA PRICE D. Little science, Big Science...and beyond [M]. New York: Oxford University Press, 1963.

[2] CAPSHEW J H, RADER K. Big Science: Price to present [J]. Osiris, 1992, 7: 3–25.

[3] GALISON P, HEVLY B. (Eds.). Big Science: The growth of large-scale research [M]. Stanford, CA:

Stanford University Press, 1992.

[4] WEINBERG A. Reflections on Big Science [M]. Cambridge: MIT Press, 1967.

[5] WESTFALL C. Rethinking Big Science: Modest, mezzo, grand science and the development of the Bevalac, 1971–1993 [J]. Isis, 2003, 94: 30–56.

Bioethicists as Sources
作为媒体专家的生物伦理学家

在科学技术新闻报道中，生物伦理学家被越来越多的记者作为专家引用。在各种有争议的话题（如转基因食品、人类克隆、纳米技术）的推动下，生物伦理学通过媒体逐渐获得了公信力和重要性，关于生物伦理的报道也随之发展起来。尽管很多读者并不了解生物伦理学家和他们的工作内容，记者和他们还是发展出了互惠互利的双赢关系。

生物伦理学家专注于研究生命科学、健康和技术领域内的伦理问题。生物伦理研究在20世纪60年代后期出现于科学、医药和伦理的交叉领域。随着时代变迁，他们开始取代神职人员和哲学家，成为公认的精神道德指导专家。生物伦理学家可以帮助患者和医疗专家做出艰难的医疗决策，比如在临终关怀方面。他们也参与科学技术政策制定，为研究机构、医院、政府部门和法庭提供科学、医疗和技术发展相关伦理问题的咨询服务。

20世纪90年代之前，负责科技板块的记者主要用科学家、医生和工业/政府官员作为专家资源。从那时开始，记者把生物伦理学家也加入了自己的咨询专家名单，让他们帮助解释科技发展经常带来的生物伦理议题。但是生物伦理学家在新闻媒体中仍然相对低调，直到1997年，多莉（Dolly）绵羊成为第一只被克隆的哺乳动物为止。克隆技术可以从一个动物个体制造出一个全新的、与其具有完全一致的基因组的后代。报道多莉的记者找到生物伦理学家来解释和评论克隆技术及其在道德伦理方面的影响，包括人类被克隆的可能性。世界各地媒体关于多莉的报道使得生物伦理学家成了社会知名人士。2004—2005年，他们在特丽·夏沃（Terri Schiavo）（一名受到不可逆转的脑损伤的佛罗里达女性，激发了一场关于生存权和死亡权的激烈讨论，并受到了媒体的密切关注）的死亡事件中再次成为热议的专家。

记者在收集新闻素材的过程中使用的专家资源和其他类型的新闻资源有所不同。记者希望专家能增加其报道内容的可信度和权威性；专家为其报道提供评论和背景素材。但是对记者来说如何选择专家不是件容易事，比如哪位专家真的具备相关专业知识，而哪些人仅了解相关信息。而且尽管公众舆论调查显示人们越来越不相信专家，却有研究显示记者在各个方面对专家的依赖都在增加。然而，总体而言，关于专家都是些什么人或他们如何发挥作用，以及记者如何判断专家的专业水平方面的研究则几乎没有。

生物伦理学家经常在有重大伦理意义的科学、医药和技术新闻中作为专家资源出现。他们为题材广泛的各种新闻提供消息和意见，包括卡特琳娜飓风（Hurricane katrina）后受困于新奥尔良医院（New orleans hospital）的患者死亡事件、消费者是否应该被告知食物经过辐射杀灭微生物的辩论、干细胞研究进展，以及使用高科技手术延长宠物生命。

引用生物伦理学家作为新闻专家资源牵扯到若干特殊的问题。问题之一是专家各种不同的背景和观点。在众多分类中仅举几个例子来说：他们专业不同，有哲学家、科学家、医生、神学家或律师；信仰不同，比如天主教徒、新教徒、佛教徒、穆斯林或犹太教徒；世界观不同，比如保守派、自由派、女权主义者或者自由意志主义者。解决道德两难问题时，每个类型的生物伦理学家都能提供独特的观点和方法。所以尽管存在这些根本差异，记者仍然倾向于互换使用他们的专家意见。在大多数使用了生物伦理学家专业意见的新闻报道中，某位专家的意见被引用，就意味着这位专家的观点代表了整个业内的意见。这个问题值得注意，因为两个作为专家资源的科学家会在解释干细胞为何物时给出几乎同样的回答，而两个生物伦理学家在对干细胞研究的伦理问题上几乎不可能给出相似的观点。

另一个问题是，同一个生物伦理学家会被新闻报道多次引用。尽管在美国大约有2000名生物伦理学家，但其中只有很少几位成为被媒体频繁引用的专家。这些专家多数口才良好并且容易被采访到。他们熟悉记者的工作方式，并且能够在记者的截稿期限前提供引人入胜的言论。需要负责所有类型新闻报道的记者通常习惯性地依赖于那些回应及时并且言谈风趣的专家，然而多次重复引用同样的几个专家可能会限制生物伦理问题的讨论范围。

作为媒体专家，生物伦理学家更有可能被要求提供观点而不是事实。虽然他们在报道中会充当不同的角色，但更多情况下他们是作为评论家和怀疑论者出现。于是，记者通常会用他们来平衡抵消科学家、研究人员和政府官员在科技问题上的乐观看法。因此，生物伦理学家有助于强化这些问题的辩论基础，使新闻报道更具报道价值。

在21世纪，随着科学技术发展，记者仍将继续求助于生物伦理学家来阐释和评论这些发展所带来的生物伦理议题。通过频繁引用专家意见，记者增加了生物伦理学家的影响力和可信度，进一步使得他们继续作为媒体专家出现在报道中。

撰 稿 人：Marjorie Kruvand

另请参阅：Ethical，Legal，and Social Issues（ELSI）；Interviewing Scientists；Scientists as Sources；Understanding Expertise；Visible Scientist

参考文献

[1] BOYCE T. Journalism and expertise [J]. Journalism Studies，2006，7（6）：889–906.

[2] GOODMAN K W. Philosophy as news：Bioethics，journalism and public policy [J]. Journal of Medicine and Philosophy，1999，24（2）：181–200.

[3] PENCE G E. The bioethicist and the media [J]. The Princeton Journal of Bioethics，1999，2（1）：47–52.

[4] ROSENFELD A. The journalist's role in bioethics [J]. Journal of Medicine and Philosophy，1999，24（2）：108–129.

Biofuels 生物燃料

寻找并开发新的能源是我们未来的一项主要挑战，并且将持续出现在新闻报道中。本词条将简单介绍一种开始引发关注的替代能源：生物燃料。这是一种从生物质中产生的能量（固态、液态或气态）。生物质是任何能够被反复制造使用的有机质，因此，生物燃料被认为是一种可再生能源。生物质能的来源为太阳能，通过光合作用捕获的太阳能量，与空气中的二氧化碳结合后，以多种植物化合物的形式转换为化学能。通过采集这些植物，将其转换为可用的燃料，并将其燃烧获得所需能量后，二氧化碳被释放到大气中，重新开始循环。

生物燃料与化石燃料不同，后者来源于数百万年前生长和沉积的植物，煤和石油就是化石燃料。当化石燃料燃烧时，大量在远古时期就已固化的碳被释放到大气中，使大气中二氧化碳含量大幅增加，超过植物和其他生态系统的吸收能力。自工业革命开始以来，150 年间持续增加的化石燃料用量将大气中二氧化碳水平从 150 毫克 / 千克增至 330 毫克 / 千克，使得大气层保温（温室效应）并导致全球气候变化。

生物燃料的兴起并不仅出于减少碳排放的需要，而且也因为人们逐渐意识到全世界正在面临石油枯竭。交通运输所用的液体燃料对工业经济至关重要，随着石油价格逐渐攀升（2004—2008 年增长了 4 倍）以及全球石油需求开始超过供给的现实所迫，许多国家开始在交通运输方面使用生物燃料。目前，主要的生物燃料是由植物碳水化合物制成的乙醇，以及主要由植物油制成的生物柴油。2006 年，全世界乙醇总产量约为 379 亿升（100 亿加仑），生物柴油产量约为 61 亿升（16 亿加仑）。全球 90% 的生物燃料产量集中在欧洲、美国和巴西。欧洲国家偏好使用油菜籽制造的生物柴油，而美国和巴西则更多使用由玉米和甘蔗制造的乙醇。

第一代生物燃料是由甘蔗或玉米淀粉制造的乙醇以及由大豆油、芥花油或棕榈油制成的生物柴油。废弃的动物脂肪也可以被制成生物柴油。乙醇的制造过程是这样的：将从玉米粒中提取的淀粉分解为糖，然后用酵母将糖发酵产生乙醇。用甘蔗作为原料的话，只要将糖压榨出来并发酵即可。这个过程数百年来一直被用于制作各种酒精饮品，技术已经非常成熟。生产生物柴油的方法是将植物油与甲醇混合，产生甲酯（生物柴油）和副产品甘油，甘油本身也有很多其他用途，比如用于化妆品中。第一代生物燃料曾引发争议，因为担忧将食用作物和粮田转为生产燃料会在食品体系引发负面后果，因此，美国能源部（U.S. Department of Energy）和美国农业部（U.S. Department of Agriculture）一致决定第一代生物燃料将只占美国液态交通运输燃料需求的 15%。为了降低美国的石油依赖，美国国会（U.S. Congress）通过了 2007 年再生燃料标准，要求在 2022 年之前每年生产 1363 亿升（360 亿加仑）生物燃料。

要达到这个目标则需要生产第二代生物燃料，其使用一系列不同的转换技术，利用非食用生物质作为原料。在生物化学转换过程中使用草、秸秆或木材中的植物纤维来制造乙醇。植物纤维主要由纤维素［6 个碳的多糖聚合物（链）］和半纤维素（5 个碳的多糖聚合物）构成。酶将纤维素和半纤维素分解为糖，然后微生物将糖发酵为乙醇。这个过程比将糖或淀粉转化为乙醇更难，因为植物纤维含有大量木质素，此物质将纤维黏结在一起，使植物具有硬度。因此，想要使酶发挥作用需要先去除木质素。这个步骤成本高且耗时长，但是技术发展使得这一过程有所改进，在新技术的帮助下若干商用纤维素乙醇工厂得以兴建。生物燃料的一个替代生产技术是热化学转换，利用高温和受控空气将生物质转换为燃气或生物燃油。燃气可以直接燃烧，或者用生物化学转化过程将其转变为多种燃料，例如，乙醇、氨气、氢气和柴油。生物燃油在成分上与石油相当，采用与石油提纯相似的方法同样可以将其转换为不同的燃料。

第二代生物燃料所面临的一个主要挑战是如何生产生物质才能不对食品生产造成竞争，也不会对环境产生负面影响。制造第二代生物燃料需要种植、收割、运输和储存大量的原材料。现存的农业基础设施不是为此而设计建造的，因此需要重新进行设计。长距离运输生物质并不经济，因此生物燃料生产行业大概需要在地理上分散开，每个地区都有各自不同的主导生物质原料。有些地区会用秸秆作为生物质原料，另一些地区则可能使用专门的燃料作物，如草和树木。尽可能多地使用多年生植物对保持水土非常重要。美国在 2005 年就有 2.45 亿吨市政固体垃圾，这类垃圾也是潜在的生物质原料，尤其是对热化学转换技术而言。

事实上，生物燃料不会是未来燃料领域的全部。世界上无法生产足够的生物燃料来取代石油基燃料。在廉价的化石能源时代即将结束的年代，风能和太阳能以及其他新能源都是必要的，还需要同时提高效率和能量转化率，才能满足国家和世界对能源的需求。

撰 稿 人：Steven L. Fales

另请参阅：Alternative Energy，Overview；Climate Change，Communicating；Department of Agriculture，U.S.；Department of Energy，U.S.

参考文献

[1] BROWN R C. Biorenewable resources：Engineering new products from agriculture [M]. Ames：Iowa State University Press，2003.

[2] MASTNY L. (Ed.). Biofuels for transport：Global potential and implications for sustainable energy and agriculture [M]. Sterling，VA：Worldwatch Institute，2007.

[3] PERLACK R D，WRIGHT L L，TURHOLLOW A F，et al. Biomass as feedstock for a bioenergy and bioproducts industry：The technical feasibility of a billion-ton annual supply[M/OL]. Oak Ridge，TN：U.S. Department of Energy. http://feedstockreview.ornl.gov/pdf/billion_ton_vision.pdf.

Bioinformatics 生物信息学

生物信息学的发展推动了如今新闻中报道的遗传学和基因组学的许多进展 。例如，2000年6月26日，时任英国首相托尼·布莱尔（Tony Blair）和美国总统比尔·克林顿（Bill Clinton）通过卫星连接举行了一次联合发布会，宣布“人类基因组计划”工作“草图”的完成。《纽约时报》(*New York Times*) 发表了惊人的头条新闻:“人类生命基因密码已被科学家破译。”对构成人类基因组的30亿对染色体进行排序是十余年工作历程的高潮。

生物信息学的定义

鲍琳·霍格维格（Paulien Hogeweg）和本·赫斯博(Ben Hesper）在1978年创造了“生物信息学”这一名词，用以指代对生物系统中信息处理进程的研究。生物信息学将计算机信息技术应用于分子生物领域以及其他常见生物学领域。曾经有一段时间，生物学大部分研究都发生在解剖实验室里、试管中和显微镜下。随着基因技术的发展，生物学开始从主要进行数据收集的学科转向生成海量数据的学科。当今许多科学家将生物信息学的下一个阶段称为系统生物学——一种解决新出现的更复杂生物学问题的新方法。

复杂分析工具的应用

生物信息学的主要任务是搜索生物数据库，对比序列，研究蛋白质结构。系统生物学涉及基因组学、蛋白质组学和生物信息学信息的整合，创建对生物学本质的全面整合体系。

生物信息学的产生源于生物数据库的存在。1956年，在一项对胰岛素的研究工作中，第一个蛋白质的氨基酸序列被测定，几年之后建立了最早的生物信息学或生物学数据库。数据库建成之后，搜索序列数据库的工具也开始出现。由于这些早期的努力，在自动化收集序列信息方面获得了显著进展。生物化学和仪器的飞速革新使我们得以确定一些生物体的完整基因组序列，并有可能阐释100多种原核和真核基因组。互联网则是现在进行基因组研究的虚拟实验室。

在20世纪90年代初期，欧洲原子能机构(European Organization for Nuclear Energy，CERN）的科学家在互联网（早先在美国发展起来的计算机网络，目前已经普及）上发明了万维网（World Wide Web，WWW）技术。作为一个平台，网络解决了分子生物学数据库的维护、升级、访问和整合方面的许多问题。从某种程度上来说，没有万维网，“人类基因组计划”就不可能实施。

每个生物体内的信息都存储在它的遗传物质（DNA和RNA）中。人类基因组只是许多已知的完整基因组序列之一。“DNA元件百科全书计划”[ENCODE Project（ENCyclopedia of DNA Elements)] 的最终目标是开发全面鉴定人类基因组功能组件的方法，包括编码区和常规区。

罗德里克·古伊格（Roderic Guigó）是基因组计划登顶竞赛中的主要角色之一，他曾说，生命始于核苷酸在基因组中开始排列的时刻。决定生物体之生物学特征的是核苷酸的特定顺序，而不是其物理和化学性质。

人类基因组测序现已完成，此外，18种古生菌、155种细菌、超过30种真核生物[据2009年4月24日《科学》(*Science*）杂志中的报告牛基因组测序也已完成]，还有很多其他细胞器和病毒的基因序列现已知。

这些信息被存储在一些重要的数据库中，包括含有核苷酸序列文档的国际核苷酸序列数据库（International Nucleotide Sequence Database Collection），它位于美国马里兰州贝塞斯达市美国国家生物信息中心（U.S. National Center for Biotechnology Information，NCBI）内的基因库中，位于英国辛克斯顿的欧洲生物信息研究所（European Bioinformatics Institute）的EMBL核苷酸序列数据库或EMBL库（EMBL Nucleotide Sequence Database，or EMBLBank），以及位于日本三岛市国立遗传学研究所（National Institute of Genetics）的日本生物信息和DNA数据库中心（Center for Information Biology and DNA Databank of Japan）。

蛋白质的氨基酸序列存档文件由蛋白质数据库共同体（United Protein Database）维护，此共同体合并了SWISS-PROT蛋白质序列数据库、蛋白质序列鉴定数据库（Protein Identification Resource）以及蛋白质编码区序列数据库[①]（Translated EMBL）。有三个系统使用网络技术实现对所分配数据库中基因组信息的访问，它们分别是欧洲的欧洲分子生物学实验室（ENSEMBL）和美国的NCBI及基因组浏览器（Genome Browser）。

基因组信息的实现是通过RNA和蛋白质的合成。然而，并不是所有的DNA在蛋白质或结构RNA中都有表达。大部分基因含有被称为内含子的内部非编码区。DNA序列的有些区致力控制机制，而对于大量区域，我们还不了解其功能。相对而言，蛋白质具有各种不同的三维构造，在结构和功能上发挥不同的作用。最初，生物信息学关注的是基因组研究，但是如今也扩展到蛋白质组研究，包括基因表达模式和蛋白质功能相关的相互作用的复杂网络。

比对：结构和功能

核苷酸或氨基酸残基序列比对通常表示为一个矩阵里的行。在没有计算机的年代，DNA序列、RNA核苷酸或者蛋白质氨基酸都是人工汇编、分析并比对的。之后，人们用算法解决了这些问题。算法是一整套精确具体的解决问题的步骤方法。当计算机出现后，计算生物学家开始将这些手工算法输入计算机中。

总体而言，这门被称为生物信息学的新学科可以被总结为一个词：比对。在生物信息学中，序列比对是排列DNA序列、RNA核苷酸或蛋白质氨基酸的方法之一，以便识别可能由序列中的功能、结构或演化关系导致的基因片段相似性。序列–结构–功能，这是目前分子生物学和生物信息学的中心概念。

蛋白质序列比对已经成为现代分子生物学研究的基本任务。一些比对技术被记录在案，相应的工具也被制成免费软件和商业软件。两种最常用的程序分别为基本局部比对查询工具（BLAST）和核酸与蛋白序列同源性比对软件（FASTA）。BLAST寻找不同序列间的局部相似区域。程序将核苷酸或蛋白质序列与序列数据库比对，并计算匹配的统计显著性。BLAST可以被用于推断序列之间的功能和演化关系，并帮助鉴定基因家族成员。BLAST被开发用于取代较早期的FASTA，以便在不牺牲过多精确度的前提下提供更快的运算。

在确定一个或一族序列是否已经存在于数据库中时，这些程序可以作为一个理想的出发点。这些程序运行的结果能够为基因产物的功能、效用和完整性提供证据。通过序列侧写分析或相似短序列比对分析（利用多重序列比对中获得的信息来构建和搜索序列模式），序列搜索技术的灵敏度得到了提升。

① 将EMBL库中的DNA序列转译为蛋白质编码区序列，提供了蛋白质序列数据源。——译者注

一门应用科学

计算机对当今基因组学的发展是必不可少的，它不仅可以用来测定序列，而且还可以用来开发生物学和医学应用程序。计算机程序被用于从现代分子生物学数据档案（包含关于基因组和蛋白质的信息）中进行推论，在其中建立关联，并做出有用且有意义的预测。正因为有了生物信息学，才使得生物系统信息检索成为可能。生物信息学可以应用的范围十分广泛：分子生物学、临床医学、药理学、生物技术、法医学、人类学和许多其他学科。

撰 稿 人：Núria Pérez-Pérez

另请参阅：Gene；Human Genome Project；Internet，History of

参考文献

[1] CLAVERIE J-M，Notredame C. Bioinformatics for dummies [M]. Hoboken，IN：Wiley，2003.

[2] GUIGÓ SERRA R. Bioinformàtica [bioinformatics]. Les biotecnologies：Treballs de la Societat Catalana de Biologia [The biotechnologies：Works of the Catalan Society of Biology]，2007，58：11-24.

[3] LESK A M. Introduction to bioinformatics [M]. Oxford，UK：Oxford University Press，2008.

Bioterrorism 生物恐怖主义

2001年秋天，一场使用装有炭疽孢子的信件进行的生物恐怖袭击杀死了5名美国公民。此次袭击被美国联邦调查局（Federal Bureau of Investigations，FBI）称为美国炭疽事件，引起举国震惊，并将本土生物恐怖袭击引入公众视野。生物恐怖袭击和生物战极为相似，都使用生物有机体作为武器。两者都利用微生物或毒素的致命或破坏作用，都注定会在政策分析和科学交流中成为重要主题。然而，生物恐怖袭击和生物战通常在一些重要特征上有所不同。这些差异可能包括使用动机、发动袭击所需的资源、可能的犯罪人、潜在目标、交付策略和潜在影响。

生物战是国家支持的行为，定义为故意使用生物体中提取的微生物或毒素，用以造成人类、动物和/或植物死亡或疾病。生物战剂通常用于军事目的，具有潜在的作战（直接用于战场）和战略（交战区之外）用途。相比之下，生物恐怖袭击则是随机使用致病微生物或毒素，通常用于非军事目的。例如，对人群或国家的打击或恐吓，寻求报复，影响国内或国际政策。生物恐怖袭击比较不可能有国家政府赞助。

在某些情况下，生物武器能够造成大量伤亡，导致大范围恐慌或严重经济损失。似是而非的威胁甚至恶作剧都会造成深远和破坏性的影响。正是这个潜力使得生物制剂与核武器和化学武器一起，跻身三大经典大规模破坏性武器之列。生物恐怖袭击和生物战普遍受到各国刑法或国际条约和协议的禁止。

生物战历史

数十年来，使用生物有机体作为武器的可能性一直都引起各方关注。实际上，有大量历史事件涉及使用故意污染的物质造成人类严重疾病。传说中，塞西亚弓箭手（前440年）将箭头沾上死尸的血液来增加射箭时的杀伤力；蒙古人将瘟疫死者的尸体抛入克里米亚被围困的城墙（14世纪）；在美国原住民部落中有目的地分发被天花病毒污染了的毯子。

在20世纪，全球军事和意识形态冲突促使世界上许多工业化国家试图开发生物武器。在第二次世界大战期间，日本帝国陆军的一些部队秘密实施攻击性生物战计划，包括利用战俘做终极试验，对毫无防备的平民使用生物武器。“冷战”期间，美国和其他国家秘密实施关于人类、植物和动物病原体的攻击性生物战研究和发展计划。1969年，美国单方面终止了其攻击性生物战计划。

由于生物武器计划广泛激增，国际社会开始试图对其加以约束。1972年《禁止生物武器公约》（Biological and Toxin Weapons Convention，BTWC）是第一个禁止生产和使用一整个类别武器的多边裁军条约，从理论上停止了签约国的攻击性生物战计划。然而，并没有有效的核查制度用于监督对条约的遵守情况，违反《禁止生物武器公约》的证据越来越多，于是美国、英国和俄罗斯签署了《关于生物武器的三边条约》。不论是《三边条约》还是《禁止生物武器公约》，都不能准确评估双重用途的生物项目和设备——其可用于和平或防御目的与攻击性军事目的。

即使在“冷战”之后，政府资助的秘密攻击性生物战计划的前景仍然处于国际合规化和公众健康的两难境地。生物恐怖主义是“冷战”期间国家资助的生物战计划的遗物。控制国家资助的《禁止生物武器公约》项目中的特殊生物武器或病原体的增加或非法扩散，成了最大的生物防御挑战之一。分子生物学上的巨大进展提供了反击生物恐怖主义的关键工具，市售的生物技术设备大幅提高了生物武器专家为了不法目的增强现有病原体有效性或设计制造新型微生物的可能性。

综　述

微生物无所不在，数以万亿计，存在于几乎所有已知的环境中，就我们所知它们对生命至关重要。相对少数的一部分微生物对人类、植物和/或动物有害或具有致病作用。有很多因素可以影响一种特定生物体是否能够致病，还有很多其他因素可以使它成为造成大规模破坏的潜在武器。以下简单介绍生物战和生物恐怖主义中的重要因素。

武器化

大部分潜在生物战或生物恐怖主义威胁都需要武器化过程来使其生效。武器化通常是一系列复杂的过程，准备、处理旨在优化生物体伤害效力的传递系统。在多数情况下，武器化涉及在保持或增强制剂致病性的同时，将其制成气雾剂或使其具有通过空气传播的能力。空气传播的袭击可以远距离实施，能够大幅增加受害者数量，并且难以被发现和对抗，能够降低犯罪者被捕的可能性。经典制剂例如炭疽、瘟疫病原体、肉毒杆菌毒素以及兔热病病原体，都需要一定程度的武器化才可造成大规模伤亡。然而，有些病原体的内在特征使其不需要复杂的武器化技术即可成为有效的武器。

高度传染性的病毒，如天花和口蹄疫病毒就是实例。由于复杂性和对基础设施的要求，在历史上，国家的资助被认为是生物武器化成功所必需的。然而，先进的生物技术方法和设备的普遍可用性已经显著地改变了这种情况。2001年美国炭疽事件造成5人死亡，17人受伤，显示了评估武器化能力时所面临的复杂挑战。

根据已公布的报告，7封已知的炭疽信件中所使用的炭疽孢子的特性和质量各有不同。据报道，早期信件中的孢子经过较粗糙的处理，很少或没有显示出使用了先进技术手段的迹象，而其他样本则显露了精密的特质，这表示始作俑者训练有素且能力出众，甚至可能有国家资助。关于武器化的明确结论，即使有的话，也未对公众公开。

可用性

生物武器专家必须首先获得一个生物体，才能将其用作武器。大部分被认为可用来作为生物武器的制剂天然富含于植物、昆虫、动物或人类体内，为潜在的犯罪者提供了多种可用的资源。例如，炭疽、瘟疫、肉毒杆菌、兔热病、口蹄疫以及马脑炎病毒。天花是最可怕的生物武器之一，因其只有一个天然宿主——人类。全球疫苗接种计划根除了作为天然存在疾病的天花，在理论上不可能从自然环境中获取天花病毒。政府、产业和学术方面的传染性疾病和生物防御研究计划在其工作中使用病原性生物做研究。为降低失窃风险或者潜在具有双重作用的研究为生物武器所利用的可能性，实验室控制、安保和监管措施在近几十年内大幅增强。先进的生物技术使得对已知病原体进行基因改造和强化，甚至创造新型生物武器成为可能。最后，保密的或者已终止的攻击性生物武器计划中的危险生物体或生物武器被扩散的可能，是一个长期引人关注的问题。

非对称，威慑力，报复

拥有顶尖军事力量的优势之一是，对手会意识到发起公开袭击很有可能导致迅速且严重的报复性回应。因此，强有力的军事力量通常是对袭击的有效威慑。然而，如果犯罪者没有被精确地识别出来，而是融入平民百姓中，或者被确认与单一民族国家有关联，威慑和报复的力量便在很大程度上被抵消。独行人士或小团体成员购买、盗窃或制造生物武器就不太会被报复威胁吓倒。国家无法对威胁做出成比例的应对，这被称为非对称性。

农业恐怖主义

农业恐怖主义是恶意利用植物或动物病原体，使其在工业或食品部门造成重大疾病或破坏，并构成极大威胁的恐怖主义。“冷战”期间，生物战计划投入了大量资源，用于开发、武器化和测试主要影响植物和动物目标的制剂，其目的是开发武器来破坏农业基础设施和国家经济。能够生产大量安全且廉价的食物的能力对国家的繁荣富强至关重要。因此，针对农业基础设施的成功袭击能够给国家经济造成可怕的后果，引起的涟漪效应将远超商品直接经济损失。口蹄疫尤其对农业构成巨大威胁。

口蹄疫病毒的独特性使其成为经济上的生物恐怖袭击武器的理想候选。它在世界大部分地区都常见，易于从自然界获取。它能在动物之间通过空气轻易传播，无须武器化技术，并且可作用于多种动物宿主。牛和猪的集约型饲养使它们尤其容易患口蹄疫。由于目前没有有效的疫苗，易感动物群中传入口蹄疫会导致向非感染国家的肉类出口立刻停止。一次口蹄疫暴发的预计损失可达数百亿至数千亿美元。尽管口蹄疫不是人类疾病危害，其引起的经济损失、心理作用和生物恐怖袭击的象征作用仍将成为举国灾难。

对　策

我们在应对生物恐怖主义时最大的弱点也许是我们缺乏针对生物武器的有效应对措施，如疫苗、抗生素、抗病毒药物和防护装备。每个或每种潜在生物制剂都有不同的特征，使得相对应的防御措施或策略各有不同。目前确认已有数十种潜在生物武器，我们只对其中少数具备应对措施。

生物恐怖袭击的力量：案例分析

2001 年 9 月下旬至同年 11 月，至少 7 封包含或白或棕的炭疽粉末的信件通过美国邮政系统被投递。5 人随后死于肺部炭疽感染，另有 17 人被孢子感染致病。此次袭击造成了前所未有的深远影响。他们使深受“9・11”恐怖袭击打击的国度重陷恐惧，使美国邮政瘫痪，导致数千人接受抗生素治疗，并造成公众对政府的信任危机。执法机关和情报机构投入了大量资源，试图查明并逮捕罪犯，然而并没有获得明显进展。大规模生物防御举措开始启动，包括紧急响应程序和广泛的生物防御设施建造项目。疫苗、治疗和其他医疗对抗措施研究和开发项目得到强化。雄心勃勃的探测器开发项目启动，例如，“生物盾牌计划”（BioShield）旨在为人口稠密地区发生的气雾型生物武器攻击事件提供重大警报。新的全面对生物安全和安保条例的实施，改变了生物医药研究的局面。

和实际发生的事件相比，5 起死亡所引起的这些反应似乎小题大做。然而，生物武器所能导致大规模伤亡的潜在可能直接导致了如此强烈的反应。如果使用更高效的散播手段和更易传播的孢子，美国炭疽袭击事件有可能造成相当大规模的灾难。多数人认为，这一最终造成数百亿美元开销的事件，很有可能是个人或小团体花费几千或几万美元完成的。在美国炭疽袭击事件犯人被捕之前，人们无法知道其动机，但是这起重大事件戏剧化地展现了生物恐怖袭击作为不对称手段的力量。

撰 稿 人：Gerald Paul Jaax

另请参阅：Centers for Disease Control and Prevention, U.S.; Cold War Rhetoric

参考文献

[1] ALIBEK K, HANDELMAN S. Biohazard: The chilling true story of the largest covert biological weapons program in the world—told from inside by the man who ran it [M]. New York: Random House, 1999.

[2] Centers for Disease and Control and Prevention, Emergency Preparedness and Response: www.bt.cdc.gov/bioterrorism.

[3] MILLER J, ENGELBERG S, BROAD W. Germs: Biological weapons and America's secret war [M]. New York: Simon & Schuster, 2001.

[4] U.S. Army Medical Department, Borden Institute. Medical aspects of biological warfare. In The textbooks of military medicine [M/OL]. Washington, DC: Department of Defense, Office of the Army Surgeon General, U.S. Army Medical Department, Borden Institute, 2007. www.bordeninstitute.army.mil.

Bovine Somatotropin（BST or BGH）牛生长激素（BST 或 BGH）

牛生长激素（bovine somatotropin，BST；bovine growth hormone，BGH）是牛在自然哺乳过程中分泌的一种激素。从 20 世纪 30 年代起，为了满足消费者对牛奶和其他乳制品的需求，开始零星出现给奶牛注射天然牛生长激素以增加产奶量的事例。20 世纪 80 年代，人们发现牛生长激素可以人工合成，使其更易获取。这种经由人工合成获得的牛生长激素英文缩写为 rBST，也叫重组牛生长激素——它是用重组 DNA 或基因工程技术制成的。同样，rBGH 也用于指代重组牛生长激素（两个术语可互换）。这是分子基因工程最早的应用之一，制造奶酪的人工凝乳酶也在差不多同一时间开发出来。

20 世纪 90 年代后期，关于重组牛生长激素的研究论文已经超过 1800 篇，反映的是对基因工程的强烈科学兴趣，而非对奶牛养殖的突然关注。但是与此同时，开始出现关于意图改变牛奶生产方式的辩论，并引发大量媒体报道，这是关于农业生物技术的众多辩论中最早的辩论之一。由于对重组牛生长激素的使用存在各种不同的观点，这对于风险沟通人员来说是一个特别的挑战。有些乳牛场主认为重组牛生长激素是一种增加牛奶产量（和利润）的手段，另一些人则担心这样会增加大型乳牛场相对小型家族农场的竞争力。重组牛生长激素的使用也引发了一些关于食品安全和动物福利的争论。本词条回顾了关于将人工激素用于乳牛所引发的动物福利、食品安全和工业化食品生产方面的主要争论。

动物福利问题

正如动物福利专家所指出的，用于食品生产的动物通常受到巨大的压力。这些动物在不同的地点间频繁移动——在一个地方出生或孵化，在另一个地方早期生长，然后又换一个地方后期生长，最后再换一个地方被屠宰，居住区域可能狭小或拥挤，被喂养的饲料通常使它们在短时间内迅速长大。这种工业生产系统旨在帮助饲养动物的人获得利润。这些动物不是宠物，而是农夫、农场主、肉类加工者和食品工业中其他人的投资品。让动物长得越大越快，从这个动物身上获得的利润就越多。

然而，就像在人类身上使用类固醇一样，加快生长速度会导致很多问题。年幼的动物体重过大会造成关节和重要脏器出现问题，还会导致其他健康问题。随着人工合成牛生长激素的使用，奶牛被要求比正常情况下产更多的牛奶。虽然有些奶牛能够承受这额外增加的产量，但是有些牛乳腺会出现炎症，患上乳腺炎。受到疾病侵扰的动物必须接受药物治疗，于是与人类接触更加频繁，导致更多的压力。有些研究甚至表明，注射过重组牛生长激素的动物寿命往往更短。

动物权益活动家认为，为了动物福利应该禁止使用牛生长激素。牛乳腺炎是一种由于过量产奶导致的疾病，所以动物在两方面遭受折磨——它的健康受到影响，还必须花更长时间站在挤奶机上产奶。他们还争论，如果不能禁止牛生长激素的使用，那么至少应该给使用激素的牛所产的奶制品贴上标签，这样消费者可以选择购买不使用牛生长激素（或者更确切地说是重组牛生长激素）的奶制品。这被视为一种让消费者表达其动物关注的途径，有调查显示人们希望使用食品标签来标注各种方面的问题。工业利益方则反对标签，因为标签很容易提供虚假信息。在许多食品相关议题中，标签仍然是一个问题。从技术方面而言，所有的乳制品中都有少量天然产生的牛生长激素，而且人们仍不清楚使用了人工合成牛生长激素后所产的牛奶和未使用的牛奶中天然激素水平是否有所不同。在美国，这场争论最终平息了，有些观察家将此归因于 20 世纪 90 年代中期新闻媒体报道变得更加积极。

食品安全

以上所讨论的两个问题可能会引起读者对食品安全的警惕：乳品生产过程中使用人工合成激素（重组牛生长激素）和使用药物治疗患乳腺炎的奶牛。由于牛奶供应中已存在天然牛生长激素，许多科学家和奶农认为使用额外的牛生长激素（无论激素是天然的还是人工合成的）生产的牛奶不会给食用的人带来任何问题。跨物种生长激素暴露研究发现，尽管同物种的生长激素暴露会有影响（如人类生长激素可用于发育不良的儿童），但并没有证据表明跨物种的相互作用（如人类接触牛生长激素）。因此，即使使用重组牛生长激素会导致牛奶中生长激素水平更高，也不太可能对食用牛奶的人群造成任何影响。超过 30 个国家的监管机构认为使用重组牛生长激素是安全的，而且患有乳腺炎的牛在痊愈之前通常会被停止产奶，所以治疗所使用的抗生素在牛奶中的药物残留应该不是问题。

然而，另一些人认为牛奶中应该只含有天然所含的那些成分，而增加牛体内的牛生长激素水平就是非天然的，即使这种物质本就存在于牛奶中（而且研究显示使用重组牛生长激素不会增加牛奶中的牛生长激素含量）。考虑到很少有证据对添加的牛生长激素的安全性提出质疑，一些人提出暂停使用牛生长激素，直到牛生长激素对人体的安全性得到更多医学检验（以及重组牛生长激素和天然产生的牛生长激素是否真的相同）。一些团体甚至宣称，使用重组牛生长激素生产的牛奶会致癌。而且，有些药物在乳腺炎等疾病治疗停止很长时间后仍然会存于动物体内。许多被认为对动物安全的药物尚未被批准对人类使用，一旦这些药物残留进入食品供应链会造成什么后果也是未知的。一些人认为接触动物抗生素会削弱人类免疫系统，使有害微生物产生抗药性，从而使抗生素失效。

对食品安全和奶制品的关注引起的问题之一是，奶制品是美国农业部（U.S. Department of Agriculture，USDA）给出的膳食金字塔的主要组成部分。根据美国农业部的推荐，多数人每日应当摄入 2~3 份奶制品。虽然摒弃奶制品能让消费者免于接触重组牛生长激素和多数奶制品中包含的天然饱和脂肪酸，但是这对骨骼和牙齿健康很不利。放弃奶制品和继续消费它们同样都会引起健康方面的问题。

工业化食品生产

与人或动物使用任何其他药物一样，使用牛生长激素同样要花钱。利润很低的农夫可能无力购买新药物，有些人会担忧他们更多的市场份额将会被那些能够负担新药和新技术的大农场主夺去。大型奶牛场可以用重组牛生长激素促进的牛奶生产的利润购买更多的奶牛，生产更多的牛奶，进一步降低成本。小型农户发现竞争越发困难，所以他们必须将牛奶和奶制品售光，或者瞄准机会寻找利基市场。在美国有些州，小型乳牛场是农业认同的一个整体部分，例如，威斯康星州和佛蒙特州，还有曾经激烈地表达过反对重组牛生长激素意见的地区，称这可能会在对小乳牛场的直接影响之外造成更大的经济影响。例如，旅游业可能也会受到冲击。

虽然我们大多数人可能会喜欢牛奶的低价

（历史上牛奶价格曾深受美国和其他地方政府津贴的影响），但是越来越集中的食物供应引起了一些顾虑。如上所述，一个局限的空间内的动物越多，这些动物遭受压力的风险越高。更多的压力会导致更多的健康问题，这就意味着用于治疗的药物更多。食品生产中的动物涉及的药物越多，药物残留最终进入食品供应的机会越大。规避以上循环实际上对小型乳牛场主有利，因为他们能保持动物压力水平低于大型乳业。还有人认为使用了重组牛生长激素的价格可能和不使用激素是一样的。大型乳牛场可以生产更多牛奶，但是也花了更多钱来给动物治疗，如果出了什么差错还要花钱公关。

对于集约型食品供应的另一个担忧是，一旦生产过程中发生了问题，问题可能会迅速扩散。在美国，出售给消费者和奶制品制造商（如奶酪制作商）的牛奶必须经过巴氏灭菌，也就是说牛奶需要被加热到一定的温度（72℃，持续15~20秒）以杀死可能传播疾病的细菌（比如结核病菌和李斯特菌）。科学家尚未发现任何微生物演化出对此高温的抗性，所以经过正确处理的牛奶应该不会引起大部分疾病（尽管巴氏灭菌法对牛生长激素毫无作用）。然而，牛群中有些牛会被选择性屠宰。一旦任何一只被选择性屠宰的牛感染了某些疾病，这些疾病就有可能进入到食物供应链中，并且在短时间内大范围传播。如果牛奶供应链上大型生产设备出了什么问题的话（假如巴氏灭菌失败），同样的事情也会发生，人们会在问题被发现和解决之前喝掉大量有问题的牛奶。

一些食品，比如花生酱、菠菜和番茄，更加凸显了这个问题。尽管只有一两个食品生产工厂或地区受到感染，但是食品从这些中心地区广泛散播的方式可以在几天或数周内迅速将问题传遍整个地区（或者更远，散布整个国家甚至传到国外）。牛奶比较特别，比其他一些食物保质期短，但这也意味着我们购买牛奶后会在很短的时间内食用。一旦发生问题，比如2003年发现的一起牛奶中混有蛋酒的事件，消费者可能在听说产品召回消息之前就已经遇到了问题（如蛋酒事件中，遇到问题的人仅限于对蛋过敏人群）。

许多人认为使用重组牛生长激素是安全的，因为它和牛奶中天然存在的成分非常相似，另一些人则对此表示不确定。任何对此感到好奇或担忧的人都有很多机会从所有这些观点中了解更多。

撰 稿 人：Toby A. Ten Eyck

另请参阅：Agricultural Biotechnology；Department of Agriculture，U.S.；Food Safety；Recombinant DNA

参考文献

［1］GREGORY N G，GRANDIN T. Animal welfare and meat production［M］.Wallingford，UK：CABI，2007.

［2］LEISS W，POWELL D. Mad cows and mother's milk［M］. Montreal，QC，Canada：McGill-Queen's University Press，1997.

［3］NOTTINGHAM S. Eat your genes（Rev. ed.）［M］. New York：Zed，2003.

Breast Cancer Communication 乳腺癌信息传播

关于乳腺癌的信息在人类沟通的所有领域和语境内广泛传播。乳腺癌的筛查、诊断和治疗的某些方面导致了争议，而科学和技术革新及发现使得学者、活动家和其他人对乳腺癌的讨论发生了转变。传播学是提高对乳腺癌认知度的重要工具，有助于引导公众采取适当的预防措施。

美国大众媒体对乳腺癌的成因、诊断、治疗和存活率的报道历史并不长，引起广泛关注的是对贝蒂·福特（Betty Ford）和南茜·里根（Nancy Reagan）相关经验的报道。时至今日，媒体对乳腺癌的报道覆盖面广泛多样，从诊断治疗到资金募集和研究，以及与该疾病相关的遗传因素等问题。对于乳腺癌的公开讨论受到了各种草根组织、私人组织和政府组织的努力的极大影响，这些组织旨在提供教育，提高对乳腺癌的认知度，资助研究，以及增加对筛查、诊断和治疗疾病的设备的使用。

乳腺癌从20世纪末开始成为一个高度政治化的健康主题，国家志愿机构和其他组织结成联盟合作，为乳腺癌筛查计划增加联邦预算，影响决策制定者投入更多资金用于乳腺癌研究，保护乳腺癌幸存者的权益。包括苏珊·科曼乳腺癌基金会（Susan G. Komen for the Cure）在内的这些组织，一直致力于影响地方、州和联邦政策，为广大公众提供关于乳腺癌的教育，并资助乳腺癌研究和外展活动。美国癌症协会（American Cancer Society）等组织也开展旨在帮助乳腺癌幸存者及其家人应对疾病和愈后问题的服务。

一些组织为了筹措资金和提高疾病认知度，与营利性机构建立了合作关系，这种合作引起了一些人的批评，他们质疑乳腺癌出现在产品和服务的营销活动中是否道德。尽管存在批评，但这种行为仍然在美国文化中获得了立足点，标志性的粉红丝带最早被佩戴于衣领上来表示对乳腺癌认知的支持，现如今作为一个标志象征随处可见——酸奶标签、麦片包装盒，以及有线电视网络徽标。乳腺癌运动参与者所做的各种努力的结果，因每年10月份被定为“乳腺癌防治月”（Breast Cancer Awareness Month）而达到了顶峰，这是一个极为成功的社会宣传活动的典范。

最近的一些与乳腺癌发病风险相关的基因突变的科学发现，同样影响了关于乳腺癌的媒体报道，并且对关于乳腺癌的人际交流、组织沟通和专业传播都产生了明确影响。对BRCA基因的发现使得医学专家（如遗传学家和遗传学顾问）也参与到关于乳腺癌的传播中，并且导致了关于这些信息应该如何使用以及谁应当有权限获得这些信息的公开伦理辩论。关于组织风险（如对此种信息有访问权限的雇主或保险公司）的公众和政治性讨论，促使立法者计划对此采取措施以防止基因歧视，无论是乳腺癌相关还是其他任何疾病的遗传倾向。

发现自己有乳腺癌遗传倾向的女性可能以各种方式管理自己的行为模式。比如，她们可能选择什么也不做；她们可能会多做自我筛查；她们可能与家人、朋友、遗传顾问或其他医学专家讨论她们的个人风险；她们可以采用预防性乳房切除术（预防性去除一侧或双侧乳房）。显然，对此种患病倾向的了解会给女性自身及其家人造成巨大的压力和焦虑，她们通常采用特殊的沟通行为来尝试缓解焦虑和不确定性。当我们继续了解基因在乳腺癌发展过程中的作用时，遗传顾问等专家在健康管理方面所起的作用也是值得传播学家深入研究的。

对乳腺癌的早期探查也并非毫无争议。学者、活动家和医学专业人士都批评过目前的筛查方法，并呼吁在这方面进行改进。尽管乳腺 X 线检查被普遍用作 40 岁以上女性乳腺癌筛查和诊断的主要方式，但是这种方法尤其被批评为一种不合适或过时的技术手段。对于乳腺癌早期发现的一般建议是乳房自检，曾经有建议让 18 岁以上所有女性每月进行一次乳房自检，但是基于一项广为人知的研究结果，自检行为并没有导致乳腺癌诊断比例增长，于是对乳房自检的建议开始减少。另一个引起广泛争议的发现是激素替代疗法（一种广泛使用的用于抵消更年期负面影响的疗法）与乳腺癌风险增加相关。

乳腺癌的发生会对家人之间的沟通和关系造成显著影响，特别是当一个家庭发现有乳腺癌遗传倾向时。在试图为乳腺癌幸存者提供支持时，家庭成员可能会因他们所扮演的角色和期待感到矛盾与冲突，患者本人则可能会为诊断结果对家人造成的影响感到担忧。家人在应对或寻求乳腺癌遗传倾向的相关知识时同样表现出矛盾的一面。乳腺癌幸存者及其家人经常寻求其他人的支持，试图应对诊断结果。与癌症、人格和疾病相关的文化和宗教信仰可能会影响关于乳腺癌信息的沟通，以及寻求诊断、治疗和支持的程度。其他能够给乳腺癌幸存者及其家人提供支持性沟通的包括医疗专家、朋友、志愿者组织和教会成员，以及政府组织的代表。这些正式和非正式的交流活动可能是人与人之间直接进行或者通过中介进行，或者二者皆有。

随着更多的人能够获取互联网技术并能够自如使用，互联网作为一种技术革新将会给现在和将来的乳腺癌信息传播带来显著影响。互联网已经开始作为乳腺癌幸存者和其他相关各方的一个重要交流资源，它不仅能提供信息和支持，还能作为信息共享和宣传的平台。基于计算机和计算机辅助的乳腺癌教育项目，以及量身定制的筛查干预，也成了在乳腺癌信息沟通中使用科技手段的新方法。

撰稿人：Karyn Ogata Jones

另请参阅：Cancer Prevention and Risk Communication；Computer-Tailored Messages；Health Communication，Overview

参考文献

[1] ANDRYKOWSKI M A，MUNN R K，STUDTS J L. Interest of learning of personal genetic risk for cancer：A general population survey [J]. Preventive Medicine，1996，25（5）：527–536.

[2] CHAMPION V，RAY D，HEILMAN D，et al. A tailored intervention for mammography among low-income African-American women [J]. Journal of Psychosocial Oncology，2000，18（4）：1–14.

[3] GREEN J，RICHARDS M，MURTON F，et al. Family communication and genetic counseling：The case of hereditary breast cancer [J]. Journal of Genetic Counseling，1997，6（1）：45–61.

[4] JONES K O，DENHAM B E，SPRINGSTON J K. Effects of mass and interpersonal communication on breast cancer screening：Advancing agenda setting theory in health contexts [J]. Journal of Applied Communication Research，2006，34（1）：94–113.

[5] JONES K O，DENHAM B E，SPRINGSTON J K. Differing effects of mass and interpersonal communication

on breast cancer risk estimates: An exploratory study of college students and their mothers [J]. Health Communication, 2007, 21 (2): 165–176.

[6] JONES K O, PELTON R. Attribute agenda setting and breast cancer in newspapers [J]. Journal of Health & Mass Communication, 2009, 1 (1): 77–89.

[7] THOMAS D B, GAO D L, RAY R M, et al. Randomized trial of breast self-examination in Shanghai: Final results [J]. Journal of the National Cancer Institute, 2002, 94 (19): 1445–1457.

Canada, Science Communication in
加拿大的科学传播

对加拿大的科学技术政策格局来说，传统精英主义的咨询建议征询方式仍是主导，尽管如此，仍然有一些新的趋势涌现。很多时候，面向公众的传播模式是一种从政策或科技精英向普通大众的单向信息流动。不过，这一情况正在经历一场试验性的转变，呈现出更多体现公众参与的形式，以促进传播的双向互动，这些形式为公众、专家和政策制定者提供了对话以及相互学习讨论的平台。

在很大程度上，这些更具参与性的实践活动仍然是试验性的。就加拿大目前的情况来看，将更具包容性的双向传播机制整合成为加拿大科技系统的日常实践方式，这一方法仍然存在障碍。本词条旨在识别并描述这些障碍。首先，我们会讨论加拿大的议会结构，包括首相和内阁的角色，以及这一机构对于科学技术传播所产生的影响。之后，阐述联邦政府部门进行公共咨询的标准化模板——这一模板强化了单向的、政府驱动的传播模式，并进一步说明为什么这一模式对应用更具对话性的、非专业技术性的传播模式造成了困难。最后，会重点讨论加拿大在应用更具参与性的传播模式方面所做的试验性工作，进而审视克服这些障碍的方法——其中包括在传统的单向传播模式之外，更频繁地应用双向传播模式的工作实践，并得出结论。

加拿大科学技术传播的政府语境

加拿大坚持沿用基于威斯敏斯特体系的议会制度，这一点与英国类似。立法机构由议会下院、议会上院两院组成。议会下院包括 308 名经选举产生的代表全国各个选区的议员，上院则包括由总理任命的 105 名议员。通常来说，执政党会赢得议会下院的多数席位，这一制度能够给予执政党（特别是总理）实质性的权力，以推行其施政政策（相比之下，美国采取的是总统制，立法机构和行政机构相互独立）。

理论上说，对于选民与政府间的沟通，议会下院发挥着重要作用。2000 年，一项有关加拿大政府的民意调查显示，2/3 的加拿大公民认为，与选区选举出的下院议员交流是保障公民参与政治议题的重要途径。然而，尽管下院议员将倾听选民的诉求放在很重要的位置（通过市政厅集会、在选区办公室会见或其他方法），但将选民的意见反映给党团会议或者总理本人都极为困难，特别是当在某一重要问题上，选民的意见与执政党的立场有冲突的时候，反映选民的诉求就更为不切实际。通常来说，在加拿大的下院议员中，个人主义并不被提倡。

在加拿大议会系统内部，另一个讨论科学技术议题的渠道是议会委员会。这些常设委员会通常会组织相关立法议案的公众听证会，听取证人（听证会代表）的意见，参加听证会的代表可能包括科学技术领域的专家、利益相关方、公务员或独立公民。然而，在实际操作中，常设委员会通常只会提供很少的机会用于科学技术议题的讨论，而非专家身份的听证会代表则更是凤毛麟角。一般来说，常设委员会会依据正式的听证流程，就议案中某一具体细节听取某领域专业代表的意见，而不会听取政治证人就指导议案的根本价值和原则所展开的辩论。有关科学技术议题的传播交流还被敌对的或小利益集团式的互动所限制。另外，媒体并不会充分报道这些活动，也就切断了又一个可能引起更广泛讨论或者辩论的机会。

此外，政府、社会群体、公众之间的沟通还可能通过公众质询或皇家委员会渠道开展，这一模式虽然并不经常使用却颇具特色。皇家委员会和质询机制是由联邦内阁发起建立的，通常为了一个或者两个目的：①就某个复杂或有争议的政策难题收集建议（如皇家委员会关于新的生殖技术的建议）。②就某一具体的事件展开事实调查，比如克莱维（Krever）关于加拿大血液保障系统的质询。委员会和质询机构都是由政府独立组织的，并且有权开展调查、雇用职员、传唤相关证人、调取相关资料。它们被视为研究政策的重要机制，对于引发更广泛的公共辩论也大有帮助。伯杰调查（Berger Inquiry）关于在麦肯齐河谷（Mackenzie Valley）修建石油管网的质询就是体现上述两项功能的范例。怀疑者则认为，政府组织委员会的目的在于避免有关政策问题的矛盾，而不是提出矛盾，而且政府也并不一定要落实这些建议。委员会是根据独立的事件组成的，因此，对于开展面向公众和利益相关方的定期的、持续的深入咨询来说，委员会并不是一个建制化的机构。

在监管方面，公众咨询是所有部门和机构的要求。根据监管改革的内阁指令（Cabinet Directive on Streamlining Regulation），这些监管机构必须认识到某一事件的利益相关方，并在整个政策制定过程中，赋予其“参与开放、有意义和对等协商”的能力。满足这一要求的工作之一，就是在加拿大政府的官方出版物《加拿大公报》（*Canada Gazette*）上发布被提议的政策条例草案。这使感兴趣的团体和个人有机会审查拟议的法规草案并发表意见，虽然这已经是在规则制定过程的最后阶段。

政府促进公众参与的传统模式

在过去10~15年中，联邦政府更积极地就科技政策发展的议题与公民及非专业领域的利益相关者接触。这项工作大部分是由公共服务机构组织的，公共服务机构是一个无党派倾向的团体，由历届政府中留任的专业人士组成。公共咨询通常由特定部门（如健康、工业或农业）以特定方式组织。一般的咨询流程包括以下内容：背景文件的准备和分发，在每省至少一个主要中心地区组织一系列同利益相关者的会议或焦点小组讨论（反映出平衡区域间代表性的重要性），拟定问题和答案，公布1~800的电话号码和网站，以允许公众提交意见，并提供一个工作簿以便让公民就具体问题作出回应。通常在政策制定过程的最后阶段并且决策面临压力时，这些公众交流工作才会被提上议程，这使得政策在经过一轮公共咨询活动之后，没有机会再次回到公民之中做进一步意见征询。此外，专家委员会依然主导着科技政策咨询工作，而与之相比，公众咨询活动的数量和影响力都要小得多。

许多政府部门特别是总理办公室，越来越频繁地使用民意调查作为获得公民反馈的主要方式。通常来说，政府部门的主要关注点是参与咨询调查的总人数，因为部长们大都喜欢有更多的人参与咨询，而不管所谓的“参与”可能多么肤浅。在这种情况下，构建一种更为开放互动的传播对话模式一直被认为是一个过于雄心勃勃的目标。此外，对加拿大来说，以科学为基础的决策框架是影响公众参与科学技术政策进程的另一个障碍。这一框架基于所谓“科学合理”的路径，其中的决策制定则基于技术和“客观”的风险评估，使得难以在政策制定过程中融入更多“主观的”或具有价值取向的内容。对于这一路径，如果没有特别设定一个切入点以帮助公众参与政策制定的话，公众确实鲜有发挥重要作用的机会。

吸引公众参与的尝试

尽管存在上述情况，其他一些（促进公众参与的）方法依然在浮现。这一部分将重点介绍加拿大联邦政府尝试的一些更具包容性的公众咨询模式。

议会委员会

为了更直接地听取公民个人的意见，议会委员会开始尝试在线咨询，并将此作为委员会工作进程的一部分。例如，2005 年，结合其在加拿大精神健康、精神疾病和吸毒成瘾方面的工作，社会事务、科学和技术常设委员会创建了一个网站。网站使用了一个咨询工作手册，提供问题综述，并结合在线调查问卷询问公众对于当前精神卫生系统的看法，请公众就精神卫生系统改革的不同设想进行判断。精神卫生服务的提供者、服务对象、家属和有关公民提交了 1200 多份在线调查反馈。不幸的是，议会的背景（这一咨询是由议会发起的）影响了咨询的结果，也凸显更长期深入地开展咨询工作所面临的挑战，就在在线咨询期行将结束时，新一届政府选举开始了，委员会被解散（等待新政府就任后重组）。

委员会与质询

罗曼诺委员会（Romanow Commission）是作为事实调查委员会而设立的，其就“加拿大医疗卫生的未来”报告所做的工作（2001—2002 年），被认为是有史以来加拿大进行的最全面深入的公众咨询实践。它纳入了许多标准的联邦咨询方法，例如，保证省和地区的代表数量，举办专家研讨会，并为利益相关者和公民提供公开的公众听证会。在咨询过程中，还采用了电视论坛（与公民的电话会议），在大学校园内举行的政策对话会以及在线咨询调查表（超过 20000 人完成了这一调查表）等方法。这一工作中最具创新性的部分是在加拿大各主要中心城市举行了共计 12 场公众对话，每场对话随机选择 40 位参与者。

这些深入的对话活动探讨了彼时公众对医疗卫生系统的看法，并能够深入探究潜在的价值问题，进而考虑如何与不同的意见进行权衡。对于医疗卫生领域来说，以前的咨询努力好像已经得出结论——加拿大人不可能在如何提供医疗卫生服务的问题上达成妥协，而且加拿大精英团体广泛持有这样的观点。而罗曼诺委员会咨询过程的重要之处在于，这些讨论提供了一种方法，允许在考虑基本价值取向的基础上进行权衡协商。咨询的结果在所涉及的 12 个群体中非常一致，并最终被一项后续的包含 1600 名代表性样本的电话调查所证实。这些讨论也影响了委员会的最后报告。首先，报告纳入了公众对话过程中公众对医疗卫生系统透明度和问责制度的要求（这是委员会成员意想不到的）。其次，最终报告建议对公众意见进行定期的后续追访（并未实现）。

政策创新

2001 年，加拿大卫生部（Health Canada）尝试了基于公民陪审团模式的公众参与方法，这一方法被称为审议性咨询。咨询的主题是异种移植——将动物器官移植到人类身上。这是一个充满争议的过程。卫生部于 1999 年发布了《加拿大异种移植标准提案》（*Proposed Canadian Standard for Xenotransplantation*）草案，并被建议举行公众咨询。公民陪审团和其他一些审议性咨询模式（比如共识会议）通常是为了应对诸如异种移植等复杂问题而准备的，因为这些问题尚有一些需要学习的内容，并且需要促进技术和社会方面的融合，才能进一步决定采取哪种政策方案。在公民陪审团模式中，陪审团成员是随机选择的（通常来说，大致与他们所在的地区或州的人口统计资料相匹配）。陪审团成员会收到有关议题的背景信息，从各种各样的背景信息中（在异种移植的问题中，这些背景信息可能涉及法律、传染病、伦理、动物福利和器官接受者）了解相关知识并向专家提问，然后在陪审团范围内讨论相关问题并最终做出自己的判断。加拿大各地举行了 6 个公民论坛，共有 107 名参与者参加，同时还进行了公民电话调查和网络调查，并向利益相关群体邮寄了调查问卷。负责监督整体咨询工作的公共咨询小组认为，最有参考价值的数据来自公民论坛，并清楚地表明了“普通”公民可以应对复杂的政策问题。然而，自 2002 年公共咨询小组报告发布以来，加拿大就没有再就这一问题进行进一步的公众咨询，也尚未最终确定一项关于异种移植的标准，因此很难评估公众咨询的工作如何融入了政策制定的过程之中。

围绕生物技术的争论常常是一剂催化剂，促使联邦政府支持开展更深入的公众参与活动和公众对话。与先前发布的没有提及公众参与的版本不同，1998 年发布的《加拿大生物技术战略》（Canadian Biotechnology Strategy）呈现出巨大的变化，公民参与成为这一战略的 3 个关键性支柱之一。这一战略还发起创立了加拿大生物技术咨询委员会（Canadian Biotechnology Advisory Committee，CBAC）。该委员会承担了双重任务，既提供政策建议，又为所有加拿大公民提供参加关于生物技术政策“全国对话”的机会。加拿大生物技术咨询委员会是开创性的，因为它提供的组织机构可以为该委员会开展公众参与活动提供持续的资金支持（这与大多数临时性参与的本质迥异），同样重要的是，通过一个协调委员会，加拿大生物技术咨询委员会可以直接与高层决策者（参与生物技术政策的 7 个部门的部长）联系，因而提供了将公民意见传达到政府高层的机会。加拿大生物技术咨询委员会的另一个独特之处在于，委员会中除了专家（伦理、经济、生物学等领域），还有两位外行人。

然而，加拿大生物技术咨询委员会也被批评对一些需要咨询的问题界定得过于狭隘。例如，转基因食品的问题就导致 50 多个非政府组织拒绝参与加拿大生物技术咨询委员会发起的与利益相关者的进一步磋商。为了回应这些批评，加拿大生物技术咨询委员会与利益相关者团体一起，创建了一个对话方式（关注于转基因食品，但可以广泛适用于其他科学技术问题），旨在促进社会、伦理、环境和健康影响等不同领域的利益相关者之间就某一特定技术进行讨论。这一方式使科学对话更加建构化，以便参与者可以详细讨论风险和收益，并表达不同的可接受水平。这一方式标志着向更具互动性的传播和对话迈出了一步，但是直到 2007 年加拿大生物技术咨询委员会解散，这一方式都没有被使用过。

结　论

大多数时候，加拿大科学技术问题的公众沟通都是在临时抱佛脚的情况下完成的。对于让公民持续参与有关政策问题的对话，政策精英和决策者对其价值和益处仍然持怀疑态度。无论从关于科技问题自上而下的传播来看，还是从被严格限定的公共咨询机会来看，总体上说，公众沟通又回到了传统的单向沟通模式。此外，有关政策问题的公众意见往往超出技术讨论的范畴，对于这些技术范畴以外的公众意见来说，以科学为主导的决策模式仅仅提供了一个非常狭小的空间，最重要的是，将双向传播的方法融入加拿大的科技管理体制需要政策文化的根本性转变。虽然联邦政府已经进行了一些协商参与形式的试验，但目前的政策环境阻碍了更广泛的变革。充斥于政府和公共服务部门之中的普遍怀疑主义仍然是一个问题，但更重要的是，政府高层仍缺乏变革的领导力和政治意愿。加拿大政治制度将很多权力集中于总理办公室，权力的集中在近期保守党领导的政府中只会进一步加强。越来越多的决策在政府最高层级中进行，几乎没有来自公众和利益相关者的意见，更不用说执政党中的下院议员了。

撰稿人：Jennifer Medlock

另请参阅：Citizens Jury；Consensus Conference；Deliberative Democracy；Public Engagement；Town Hall Meetings

参考文献

[1] GAMBLE D. The Berger Inquiry：An impact assessment process [J]. Science，1978，199：946–952.

[2] MAXWELL J，ROSELL S，FOREST P-G. Giving citizens a voice in healthcare policy [J]. British Medical Journal，2003，326：1031–1033.

[3] PHILLIPS S，ORSINI N. Mapping the links：Citizen involvement in policy processes [M/OL]. Discussion paper prepared for Canadian Policy Research Networks，Ottawa，ON，Canada，2002. www.cprn.org/doc.cfm？doc=169&1=en.

[4] TURNBULL L，AUCOIN P. Fostering Canadians' role in public policy：A strategy for institutionalizing public involvement in policy（Research Report P|07）[M/OL]. Ottawa，ON，Canada：Canadian Policy Research Networks，2006. www.cprn.org/doc.cfm？doc=1404&1=en.

Cancer Prevention and Risk Communication 癌症预防及风险沟通

与健康相关的危险因素涉及个体发生健康负面事件的概率，如被诊断为癌症。当然，危险因素的重要意义不仅在于负面事件发生的可能性，而且还在于其引发疾病的严重性，以及该危险因素对发病率和死亡率的潜在负面影响。风险沟通指医生和患者之间关于健康相关危险因素信息的公开交流，进而就预防和治疗做出更明智的决定。对于罹患癌症的风险、可行的预防措施（如癌症筛查）等问题来说，尽管医生和患者可能是最主要的沟通者，但是风险信息还会通过媒体、公共卫生运动以及研究人员在科学期刊上发表的科学发现等渠道得以传播。无论这些风险信息是出现在医生办公室里，还是出现在广告和营销领域中，对于公众而言，重要的是能够理解这些信息。

在癌症预防的语境中，风险沟通涉及几个要素：关注行为、环境或遗传风险，讨论各种癌症筛查程序的风险和益处，为有癌症家族史的公众开展遗传咨询。这种风险沟通是科学技术传播的形式之一。医生、科学家、记者和患者等许多个体传播了健康风险和癌症的相关信息，为确保做出正确的决策，信息的清晰度至关重要。此外，由于癌症既是死亡的首要原因，但又可以通过改变相关危险行为（如吸烟）而得以预防，因此，向公众传播癌症的风险是相当重要的。本词条讨论了有效的癌症预防活动的类型，在这些活动中有效的风险沟通是至关重要的；同时还讨论了关于健康风险感知的理论、医生和患者之间的沟通（特别是信息交流、有关癌症筛查的风险和益处的讨论、共同决策）以及影响“健康传播中的风险沟通”有效性的因素。

预防、行为以及风险沟通

研究证明，癌症筛查对于预防某些类型的癌症是最有效果的，包括乳腺癌、子宫颈癌和结肠直肠癌。对适龄妇女来说，一年一次的乳腺 X 线检查对于乳腺癌的早期预防是有效的。尽管关于何时开始筛查尚存争议，但许多研究建议 40 岁以上的妇女应 1~2 年进行一次乳腺 X 线检查，而对于 40 岁以下的妇女，除非受到明显的风险因素影响或出现明显症状，通常不需要检查。

一些研究结果表明，乳腺 X 线检查对于 50 岁以上的女性最为有效。对于 21 岁以上的年轻女性，巴氏涂片是宫颈癌早期检测的有效方法。宫颈癌筛查率通常很高，这得益于诸多因素，包括公众教育运动、列入女性年度妇科检查中的常规检查、女性患者以及保健医生对宫颈癌知识的知晓水平较高。结肠直肠癌也可以早期检测，50 岁之前可以进行便潜血试验、乙状结肠镜检查或其他筛查试验，50 岁后可以进行结肠镜检查，这些筛查方法降低了结肠直肠癌的死亡率。尽管有证据证明结肠直肠癌筛查的益处，但由于各种筛查方法的复杂性以及对患者的要求（如灌肠和可能使用镇静剂），结肠直肠癌的筛查率仍然很低。

有关筛查的风险沟通重点在于促进人们定期接受适合其年龄段的检查。如果就诊者对于常规筛查的好处存在一些疑虑（例如，对于前列腺癌的前列腺特异性抗原测试），风险沟通最好能够集中于为就诊者提供信息以帮助其根据风险和益处做出明智的决定。癌症预防还可能涉及健康行为，例如，低脂饮食、戒烟、少量或适量饮酒、定期运动以及为危险人群提供咨询服务以促进健康行为。癌症预防的风险沟通还可能包括遗传咨询，指向具有某些特定癌症遗传因素的患者提供潜在较高风险的信息，特别是乳腺癌和结肠直肠癌信息。这种沟通的重点是告知年轻患者乳腺 X 线检查或预防性手术与乳腺癌的关系，以帮助她们在考虑风险和收益的情况下做出合适的选择，并明确哪些风险是可以忍受的，而哪些风险应该通过预防措施降低。

患者的风险感知

风险沟通过程中的一个关键因素是患者对风险的感知。感知涉及个人对某种癌症严重性的认知程度以及其对控制风险的信念程度。对于某一后果，人们对其严重性的认知水平往往不尽相同，这可能是由于人们对疾病的知识和经验不同造成的。例如，人们对结肠直肠癌的严重程度认知差异很大。在与患者的沟通中，医疗卫生专业人员必须注意患者对疾病风险的感知程度。比如，有证据表明，女性通常会高估他们一生中罹患乳腺癌的风险。当与患者沟通乳腺癌风险时，医生需要记住这种认知偏倚。同样，由于缺乏对疾病和风险因素的了解，人们可能低估结肠癌的风险。准确理解风险是认识到筛查益处的前提。

一些经过充分验证的理论试图解释患者是如何基于对个人风险的考虑，做出采取预防性保健行为的决策的。健康信念模型是最早被提出的理论模型之一，这一模型指出，一些必备因素可以促使患者采取预防性保健行为。首先，患者必须认识到某种疾病的严重性，他们属于易感人群或正暴露在风险之中，并且采取预防行动的收益超过为之付出的成本。其次，患者必须对自己的行为能力具有自我效能或自信，以降低其风险。患者对疾病易感性的认识是风险沟通中的一个关键因素。例如，相比那些认为自己患病风险低的人，如果个体认为自己罹患宫颈癌的风险很高，就更可能定期进行宫颈癌筛查。因此，为提高癌症筛查率或其他预防性行为而使用的干预手段，应专注于个性化的风险沟通并提供能够直接回应患者个人关注和需要的信息。

风险沟通的有关因素

几种常见的策略可以指导所有类型的传播者（包括科学家、医疗卫生专业人员和媒体成员）开展风险沟通工作。其包括以下步骤：确定沟通风险的目的，确定哪些人应该接受相关信息，考虑这些受众的看法，确定沟通的最佳渠道，在适当的语境下以易于理解的方式描述风险，并向沟通对象提供可以采取的行为建议，或者告诉受众从哪些途径可以获得更多额外的信息。

对于癌症预防相关的风险沟通来说，医疗保健提供者和患者之间的沟通是一种中心传播模式。这种传播模式的关键要素在于以患者可以理解的方式传递信息，并且充分沟通，有足够的时间用于交流以确保患者完全理解相关内容。如果患者没有完全了解有关癌症筛查风险和益处的信息，那么患者就不太可能遵循医疗卫生人员提供的建议。因此，有一点要求至关重要，那就是以尽可能使患者理解的方式呈现风险信息并与患者确认他们能够理解所讨论的内容。明智的做法是避免使用专业术语或是大多数患者不熟悉的医学词汇，还可以请患者复述一下他们刚刚接收到的信息。另外，给予患者足够的时间来询问他们可能感到疑惑的任何问题也是必要的。

风险沟通的呈现会涉及定性或定量两方面信息。定量信息以概率或数字表示，还可能涉及相对风险、绝对风险或风险比。相对风险是暴露于风险的人群发病情况与未暴露于风险的人群发病情况的百分比。绝对风险是终生发病风险的百分比。风险比涉及一种潜在结果的概率，它是人们面临某种风险的概率与人们不面临此风险之概率的比值。使用这些术语可能会使患者感到困惑，因此解释的清晰性对于帮助患者理解是至关重要的。风险的定量信息应以平衡的形式呈现，例如，绝对风险和相对风险可以一起呈现，并且应该清楚地表达出：相对风险涉及比较，而绝对风险涉及终生风险。

盖得·吉格兰泽（Gerd Gigerenzer）的研究显示，风险呈现应该透明，即在考虑条件概率及其相关频率的情况下，将百分比转换成频数。但其他研究也表明，以百分比表示风险可能是更合适的沟通策略，能够让当事人清晰地了解所面临的风险，尽管对于一些患者而言小于1%的百分比可能难以解释。数字语言至关重要，诸如“很少”或“很可能”的词语对不同的人可能意味着不同的意思。使用公认可接受的语言或术语描述不同级别的风险可能是有帮助的，比如大于1%的风险水平（假设，被认为高风险）或0.1%~1%风险水平（假设，被认为中等风险）。

单独的定量信息可能难以理解。关于风险的定性信息可能涉及诱发癌症的原因以及风险因素及其后果。这样的信息可以放在具体情境中，例如，通过放映电影与当事人讨论其预防某些癌症的策略或治疗的经验。其他使风险情境化的方法还可能包括将某些癌症的死亡风险与死于其他疾病（如冠心病）或死于车祸的风险进行比较。

定性或定量形式的风险信息可以通过多种方式呈现，包括视觉的（影像化的）、数字的和文字的。图表呈现可能对患者有所帮助（如使用直方图、折线图或饼图）。一些证据表明，使用几种形式的组合来呈现风险信息（如视觉的、数字的和文字的）可能是最有效的，也是最受欢迎的。对患者有益的信息还可以在图表或图片中呈现，以说明采取某些预防行为而减少的死亡（如每年筛查结肠癌）。当然，通过定性或定量的形式说明可能的副作用或负面结果也是很重要的，因为需要向患者提供正反平衡的观点。

信息框架是风险沟通的另一个方面。关于癌症预防行为的信息可以被描述为受益（如生存）或损失（如死亡）。受益框架的信息侧重于通过采取保健行为获得积极的结果或是避免负面的结果，而损失框架的信息则集中于由于未能采取保健行为而导致的负面结果。例如，在预防皮肤癌的案例中，受益框架的信息可能是“涂抹防晒霜有助于促进皮肤的健康”，而损失框架的信息可能是“如果不使用防晒霜，会增加皮肤癌发生的可能性”。

在损失和受益方面都构建信息框架可能是最平衡的呈现风险信息的方法。同样，调整关于癌症风险的信息则涉及使信息更有针对性，以更适合于某一特定个体的关注点和需求，进而促进行为的改变（如针对某女性对乳腺 X 线片的关注）。在癌症预防中，信息的修饰也可应用于个人的生活方式风险因素（包括吸烟、缺乏运动或未能食用充足的水果和蔬菜）。虽然许多人害怕癌症，但恐惧信息通常不足以说服吸烟者改变行为。例如，戒烟信息可能会呈现由于癌症的影响而无法正常说话的人，但是只有在这些信息适当地激发了个体的恐惧并且提供了可以用于改变行为的特定信息的情况下，这些信息才可能对大多数患者的行为改变施加影响。

共享决策

在过去几十年中，医生和患者之间沟通的典型模式发生了变化，从医生占支配地位并作为主要决策者转变为医生和患者合作并共享医疗决策过程。这种变化要求患者知情并愿意在自己的治疗过程中承担合作伙伴的角色，也需要医生愿意分享决策权并与患者一起工作。在治疗过程中，知情且积极的患者倾向于更愿意承担治疗决策的义务并且更为遵循治疗建议。在共享决策的过程中，实现每个特定患者的个性化需求是至关重要的。例如，一些患者可能喜欢关于风险的定量信息，而另一些患者可能喜欢定性信息。对于医疗卫生工作者来说，需要通过交流和询问来确定患者的偏好。

一些工具可以帮助共享决策的过程。决策辅助工具通过几个步骤指导患者收集做出决定所需要的信息，可能有助于患者在不同选择之间做出决定。决策辅助工具包括视频、交互式计算机程序、网站和小册子等，有助于风险信息呈现和决策过程讨论。决策辅助策略涉及患者和医生一起讨论所设想的方案，考虑这一方案的原因、期望的结果、概率、其他选择、风险、费用以及最后一步——做出是否采取这一方案的决定。另外，还有乳腺癌风险决策模型，其能够基于个人罹患乳腺癌的风险、癌症引起的健康风险等知识，并结合筛查的益处和成本，帮助女性做出是否接受乳腺癌筛查的决定。

其他可能影响风险沟通和癌症预防活动的因素还包括医疗护理服务的可及性、个体文化信仰、健康素养或计算能力等。如果由于贫困或其他原因，个体获得医疗资源的机会有限，他们就可能无法接受适当的癌症筛查或接受必要的健康行为咨询。文化信仰可能影响特定族裔群体的筛查率，例如，在西班牙裔女性中，乳腺 X 线片和巴氏涂片（子宫颈涂片）的筛查率比在其他族裔群体中低。许多人对健康信息的理解不足，特别是不能很好地理解与健康信息相关的数字。对许多人来说，无法清楚地认识癌症预防活动的风险和益处可能是采取预防措施的障碍。对于卫生工作者来说，需要注意到这些障碍；大规模的风险沟通运动也应该针对最高风险群体（高危人群）。

撰稿人：Kelly B. Haskard and M. Robin DiMatteo

另请参阅：Breast Cancer Communication; Communication Campaigns in Health and Environment; Health Communication, Overview; Physician-Patient Communication; Risk Communication, Overview

参考文献

[1] ARKIN E B. Cancer risk communication: What we know [J]. Journal of the National Cancer Institute Monographs, 1999, 25: 182–185.

[2] CROYLE R T, LERMAN C. Risk communication in genetic testing for cancer susceptibility [J]. Journal of the National Cancer Institute Monographs, 1999, 25: 59–66.

[3] EDWARDS A, ELWYN G, MULLEY A. Explaining risks: Turning numerical data into meaningful pictures [J]. British Medical Journal, 2002, 324 (7341): 827–830.

[4] FISCHHOFF B, BOSTROM A, QUADREL M J. Risk perception and communication [J]. Annual Review of Public Health, 1993, 14: 183–203.

[5] GHOSH K, CRAWFORD B J, PRUTHI S, et al. Frequency format diagram and probability chart for breast cancer risk communication: A prospective, randomized trial [J]. BioMedCentral Women's Health, 2008, 8: 18.

[6] JULIAN-REYNIER C, WELKENHUYSEN M, HAGOEL L, et al. Risk communication strategies: State of the art and effectiveness in the context of cancer genetic services [J]. European Journal of Human Genetics, 2003, 11 (10): 725–736.

[7] LIPKUS I M, SKINNER C S, DEMENT J, et al. Increasing colorectal cancer screening among individuals in the carpentry trade: Test of risk communication interventions [J]. Preventive Medicine, 2005, 40 (5): 489–501.

[8] NEKHLYUDOV L, PARTRIDGE A. Breast cancer risk communication: Challenges and future research directions: Workshop report (United States) [J]. Cancer Causes and Control, 2003, 14 (3): 235–239.

[9] SCHWARTZ L M, WOLOSHIN S, WELCH H G. Risk communication in clinical practice: Putting cancer in context [J]. Journal of the National Cancer Institute Monographs, 1999, 25: 124–133.

[10] VERNON S W. Risk perception and risk communication for cancer screening behaviors: A review [J]. Journal of the National Cancer Institute Monographs, 1999, 25: 101–119.

Career Paths, Medical Writing/Medical Journalism 职业路径，医学写作与医学新闻

医学写作，包括医学新闻，已经越来越被传播专业人员公认为一个专业的工作领域。

这一领域存在各种职业机会，医学作家的教育途径已越来越明确，各种专业组织正在为医学作家服务。本词条说明了相关的职业生涯发展、教育途径和专业组织机构。本词条主要关注美国的医学写作，但大部分内容也同样适用于其他国家或地区。

职业路径

大众媒体的医学记者是最常见的医学作家。发行量大的报纸通常会雇用专门的医学记者。美联社（Associated press）等报业集团就雇用了医学记者，其文章会被许多报纸转载或刊发在其他刊物上。医学记者的报道包括医疗研究进展、新的医疗保健技术、卫生政策问题以及卫生行业内的新事件。他们还会撰写一些以健康为主题的专栏文章，还有一些人会对医疗领域的负面事件进行调查性报道。

其他大众媒体也会雇用医学作家。新闻、期刊等的雇员中也设有医学作家的职位，许多杂志还会发表医学领域内一些自由作家的文章。国家电视新闻网和一些地方电视台、国家公共广播都有医学记者。医学网站也会雇用医学作家。一些医学作家还会撰写面向公众的科普书籍。

许多医学作家在公共信息或公共关系的业务领域中工作，包括医院、医学院、健康相关协会，如美国心脏协会（American Heart Society）和美国癌症协会（American Cancer Society）等机构。与医学相关的新闻稿、通讯文章、其他出版物、小册子、网站等的内容通常都是由这一领域的医学作家准备的。在国家卫生研究院（National Institutes of Health）和疾病预防控制中心（Centers for Disease Control and Prevention）等政府机构中工作的医学作家也会完成类似的工作。一些公共关系机构也有医学作家。许多医学作家最初担任报纸记者，之后开始职业转型进入公共信息或公共关系行业，而由医学公共关系行业转行成为医学记者则并不常见。

在制药、生物技术以及医疗设备产业领域也有医学作家的一席之地。比如，在批准某一新药之前，食品药品管理局（Food and Drug Administration）要求药物必须进行大量的试验以确保安全性和有效性。医学作家会参与到准备药物报告的工作中。在医疗产业领域工作的医学作家还会撰写患者须知、面向医学专家的情报资料、新闻稿以及用于网络发布的相关材料。

一个与之相关的职业是医学编辑。一些医学编辑受雇于大众媒体、公共信息机构、公共关系办公室或是医疗健康领域的公司。还有一些编辑供职于出版社、杂志社或其他面向健康领域专业从业人员的项目机构。另外，还有一些医学编辑帮助医学领域研究人员在投稿之前修改润色论文。英语已经成为科学领域的国际语言，许多非英语国家的作者特别需要医学编辑的帮助。一些医学传播者从一开始就专职于医学编辑工作，而另一些可能是从医学作家转型成了医学编辑。

无论是医学作家还是医学编辑，他们可能供职于某一专门机构，也可能是自由作者。其中一些人既有工作职位，又做自由写手。

教育路径

一直以来，在医学写作领域几乎无法获得正式教育，因此，医学作家一般都来源于相关专业，并在工作中学习医学写作。很多人主修新闻专业、文学专业或是获得了生物、生物医学领域学士及以上学位。一些人毕业于医学院校或是获得了其他卫生健康领域的专业学位。医学写作更易于吸引那些既喜欢写作又对生物医学领域感兴趣的人。

近年来，医学写作的正规教育机会有所增加。医学新闻、药学方向的医学写作等学科都有了硕士学位课程。此外，通过更普遍的本科课程和研究生项目，尤其是在科学新闻专业内，人们都可以获得医学写作培训。

无论他们研修什么学位，未来的医学作家都可以从传播学和科学的课程中受益。他们也可以受益于医学写作实习。提供这种实习机会的机构包括杂志、其他大众媒体、制药公司及其他相关领域的公司，以及医学院校、政府机构、协会和医院的公共信息办公室。医学写作的实习可以为就业提供宝贵的经验和帮助。

通过举办医学写作会议等方式，专业协会可以提供医学写作方面的指导。这些指导可以帮助那些没有经过学术训练的人进入医学写作领域。这些专业协会也是继续教育机会的重要来源之一。由于传播学领域和医学领域都在不断发展，医学作家必须不断地学习。

专业协会

各种专业协会为医学作家服务。医疗卫生记者协会（Association of Health Care Journalists）主要面向供职于大众媒体的医学卫生记者。美国医学作家协会（American Medical Writers Association）主要服务于在制药业、医学机构或协会、医学期刊工作的作家、编辑以及自由撰稿人。专门面向药物传播领域工作者的组织包括药物信息协会（Drug Information Association）等。相关领域的其他组织，例如，美国科学作家协会（National Association of Science Writers）、科学编辑委员会（Council of Science Editors）和美国公共关系协会（Public Relations Society of America）等，都有许多医学作家或医学编辑会员，并提供与医学写作相关的诸多服务。医学写作和相关领域的协会出版该领域的期刊、在互联网上发布信息资源、召开会议并组织其他一些工作，促进医学作家之间的交流。这些协会可以成为寻求医学写作教育机会和工作机会的有效途径。

撰 稿 人：Barbara Gastel

另请参阅：American Medical Writers Association; Beat Reporting; Health Communication, Overview; Medical Journalism; National Association of Science Writers

参考文献

[1] GASTEL B. Health writer's handbook [M]. 2nd ed. Ames: Iowa State University Press, 2005.

[2] GRAY T, HAMILTON C W. Findings from the 2007 AMWA salary survey [J]. American Medical Writers Association Journal, 2008, 23 (1): 4-8.

[3] IVERSON C, CHRISTIANSEN S, FLANAGIN A, et al. AMA manual of style: A guide for authors and editors [M]. 10 th ed. New York: Oxford University Press, 2007.

[4] KANEL S, GASTEL B. Careers in science editing: An overview to use or share [J]. Science Editor, 2008, 31 (1): 18-22.

Career Paths, Science/Environmental Journalism 职业路径，科学 / 环境新闻

使用两种不同的网络地图服务并不总会规划出相同的路线，但最终，无论哪条路线都会帮助用户到达同一个目的地。对于科学记者和环境记者来说，找到他们“正确”的职业路径也是同样的道理。的确，规划路径的不同可能仅仅取决于规划者本身。

如果问一位学者，他（她）可能更倾向于推荐一种传统的方法：新闻学院。如果问一位科学家，建议则可能完全不同。如果要问三位在职的记者，提问者可能会得到三个不同的答案。什么是正确的答案呢？可能并不存在所谓的“正确答案”。事实上，无论哪一种可选的答案都会让提问者实现他们的目的。只是一些选择可能比另一些花费的时间稍长些。但是有些选择可能会显著增加最终从事这一领域工作的可能性。

新闻学院将提供强大的学术背景，更不用说收获一系列近乎真实的新闻从业经验了。当学生完成作业，比如为学校的报纸撰稿，他们会逐渐适应新闻业的严格考验。但对于从事科学新闻或环境新闻的报道工作来说，他们可能并没有机会接触必要的科学背景知识或环境背景知识。

其他人则会建议一个科学学位，并将新闻技能的学习作为毕业之后的选择。这一模式已被广播、电视以及一些基于网络的科学、健康和环境网站广泛使用。毫无疑问，很多人已经注意到，不少医生都会在这些媒体上讨论健康相关的话题。换句话说，具有科学背景被认为比拥有新闻学学位更为可取。基于这样的假设，就完成“用易于理解的方式向外行人阐述某一复杂问题”这一工作来说，教医生如何成为一名记者可能比培训一名新闻毕业生更快。

在这一职业道路上，具有科学背景还有助于采访科学家，因为科学家更有可能与明显了解某研究领域的人畅所欲言。然而，科学记者的成功并没有一个设定好的套路。那么最好的路径是什么呢？假设科学和新闻两个专业的综合背景可能是最好的一种选择，那么以下建议就值得考虑。

即将进入大学的学生应该寻求一所科学和新闻学专业项目实力都比较雄厚的学校。已经在大学的学生应该重点考虑补充自己的新闻学或科学课程的学习。理想的情况是在这两个领域都潜心钻研：学生应该学习科学，也应该练习如何写作。寻求一个科学专业可能更为有益；良好的统计基础可能是非常宝贵的。

还有其他有所帮助的建议吗？毫无疑问，学生应该加入一个基于科学报道的新闻团体。大多数此类团体都为学生会员提供了会费优惠。这些团体提供了极好的机会，在其中既可以学习专业技能，又能够与科学家和其他记者建立联系。当事人还应该考虑工作的机会。以环境记者协会（Society of Environmental Journalists，www.sej.org）和全国科学作家协会（National Association of Science Writers，www.nasw.org）这两个组织为例，无论对在职的记者还是学生，这两个组织都提供了大量的会员福利。这两个组织提供信息通信，其中包含很多关于重要议题的文章，并组织资源丰富的会议活动，几十年来的实践证明，这些会议对学生和记者都大有裨益。

此外，这两个组织还资助了一系列工作坊，并提供了其他拓展职业经历的机会，而且都提供了渠道，帮助会员接触学术机构、政府机构或其他科学组织提供的更多机会。这些机构组织的研讨会为很多科学和环境相关问题提供了宝贵的知识背景。

从事科学新闻或环境新闻报道这一职业还需要准备什么？那就是应该多读和多看，包括网站、科学出版物和主流新闻媒体。除了有线电视上提供的大量科学节目，所有这些媒体都掌握了向非专业的观众讲解复杂问题的传播技巧。有很多经验可以从成功的专业人士那里学习。人们应该找到那些本身是科学家，但又具有写作经验的大学教师，也应该找到那些理解科学写作的新闻学教授，然后学习他们的想法和智慧。

还应该考虑实习。科学实习可以帮助人们理解复杂的问题。新闻实习有助于教会人们如何传播这些信息。而且，无论是科学实习还是新闻实习，都可能潜在地引导当事人拥有大学毕业之后的第一份工作，或者如果已经毕业并正在另一个领域内工作，实习经历也有助于职业的转换。

最后，并没有明确通向成功的程式。如果与十多名记者谈话，可能会有十几种进入这一职业领域的不同意见。但最终，如果这些意见可以被提炼成一个关键点也并不奇怪：那些对这一领域感兴趣的人，对于科学和新闻两方面的关注都不可偏废，这会提高职业生涯成功的可能性。

撰 稿 人：Rae Tyson

另请参阅：Career Paths，Medical Writing/Medical Journalism；Environmental Journalism；National Association of Science Writers；Society of Environmental Journalists

参考文献

[1] National Association of Science Writers：www.nasw.org.

[2] Society of Environmental Journalists：www.sej.org.

Carson, Rachel 蕾切尔·卡逊

蕾切尔·卡逊（Rachel Carson，1907—1964）是美国海洋生物学家和作家，《寂静的春天》（*Silent Spring*）的作者，并因此书闻名遐迩。该书记录了不当使用DDT等杀虫剂对环境造成的影响。《寂静的春天》出版于1962年，并首次连载于《纽约客》（*New Yorker*）杂志，书中的信息直击公众的良知，但也在其反对者之中饱受非议。这本书被认为是环境运动和“绿色”运动的开端。卡逊的其他著作还包括《海风下》（*Under the Sea-Wind*）、《我们周围的海洋》（*Sea Around Us*）、《海之边缘》（*Edge of the Sea*）和《神奇感知》（*Sense of Wonder*）。

早年生活和职业生涯

卡逊出生于宾夕法尼亚州，从小就着迷于

大自然和海洋。小时候，卡逊就展现出对大自然的尊重和崇拜。1929 年，卡逊毕业于宾夕法尼亚女子学院（Pennsylvania College for women）并获得文学学士学位。大学毕业后，卡逊获得了伍兹霍尔海洋生物实验室的奖学金。1932 年，卡逊从约翰霍普金斯大学（Johns Hopkins University）毕业，获得动物学硕士学位。

在美国渔业局一位导师的帮助下，卡逊获得了一个作家的兼职职位。随着在政府内的级别逐渐提升，卡逊成了专业期刊和消费者出版物的编辑和作家，她是一位自由写手，为《巴尔的摩太阳报》（*Baltimore Sun*）、《科利尔报》（*Collier's*）、《读者文摘》（*Reader's Digest*）和《大西洋杂志》（*Atlantic*）撰写文章和书评。

1937 年，卡逊在《大西洋杂志》发表了文章《海底》（*Undersea*），激发了其对专业写作的兴趣。1941 年，她的第一本书《海风下》获得了巨大成功，之后第二本书《我们周围的海洋》成为畅销书。在《我们周围的海洋》成功之后，卡逊从联邦政府辞职，完成了她的第三本书《海之边缘》，该书带领读者探索了不同的海岸构造和海洋动物。

《寂静的春天》的起源

写作《寂静的春天》的设想在卡逊心中酝酿多年。在 20 世纪 40 年代中期，卡逊认识到 DDT 的危险。1957—1958 年发生的关于禁止在空中向私人财产喷洒 DDT 的诉讼，最终促使卡逊开始撰写关于这些化学品的文章。

卡逊与霍顿·米夫林（Houghton Mifflin）出版社和《纽约客》杂志签署了出版合同，根据协议，卡逊将担任一本书的编辑，该书主要关注有毒物质造成的环境影响，卡逊撰写的章节也会出现在该书上。随着研究的进行，卡逊意识到，应该由一位单独的作者来专门负责撰写这本书，而这个人就是她自己，这本书就是《寂静的春天》。该书最初的标题是“人对地球：寂静的春天”（*Man Against the Earth*, *Silent Spring*），其关注于常用化学农药的毒副作用，以及人类不负责任地危险使用这些杀虫剂、除草剂和杀真菌剂。

1962 年，作为《纽约客》的一系列连载文章以及霍顿·米夫林出版社的新书,《寂静的春天》出版了。在文章被首次连载以及整本书付梓前，化学工业制造商发起一项反对运动，反对的焦点瞄准了卡逊本人以及《寂静的春天》的可信性。化学公司向立法者、编辑、出版商和有影响力的公民散布反对信息。霍顿·米夫林出版社和《纽约客》被迫不再发表卡逊的作品，而且反对派还试图控制和压制媒体对这一问题的报道。

《寂静的春天》引导美国公众参与了一场关于农药危害的公开辩论。一些人将《寂静的春天》视为一种呼吁，让人们重新考虑农药滥用的问题，并审视社会与自然的联结。而另外一些人则认为,《寂静的春天》是错误地且带有偏见地误导了美国公众，并将其视为现代社会的终结，他们声称卡逊要求禁止使用所有农药（事实上卡逊并没有提出这样的主张）。卡逊自己写道，她无意完全禁止化学杀虫剂的使用。相反，她试图避免不加区分地向不了解其风险的公众提供“有毒的和生物学上有效的化学品”。根据普丽西拉·墨菲（Priscilla Murphy）的观点，这一辩论中最引人注目的焦点之一在于，辩论的热门话题是由一个人、一个唯一的作家发起的，其唯一的平台其实是作者和读者组成的“简单的二元组合”。《寂静的春天》入选“月度好书俱乐部”榜单，消费者联合会还为其成员推出了一个特别版本。卡逊出现在一个特别的新闻节目“CBS 报告”中，该节目仅靠有限的广告客户支持运作，而一个化学公司则威胁“停止和取消”其广告投放。

卡逊花了四年半的时间研究并写作《寂静的春天》，在此期间，卡逊遭受了个人的挫折和健康问题，她的母亲去世了，而她本人也于

1960 年被诊断出患有乳腺癌，癌症迅速转移。1964 年 4 月 14 日,《寂静的春天》出版两年后，卡逊逝世。

撰 稿 人：Natalie Tindall

另请参阅：Environmental Journalism; Narrative in Science Communication

参考文献

[1] CARSON R. Silent spring [M]. 40th anniversary ed. Boston: Houghton Mifflin, 2002.

[2] LEAR L. Rachel Carson: Witness for nature [M]. New York: Henry Holt, 1997.

[3] LYTTLE M H. The gentle subversive: Rachel Carson, Silent Spring, and the rise of the environmental movement [M]. New York: Oxford University Press, 2007.

[4] MARCO G J, HOLLINGWORTH R M, Durham W. (Eds.). Silent Spring revisited [M]. Washington, DC: American Chemical Society, 1987.

[5] MURPHY P C. What a book can do: The publication and reception of Silent Spring [M]. Boston: University of Massachusetts Press, 2005.

[6] WADDELL C. (Ed.). And no birds sing: Rhetorical analyses of Rachel Carson's Silent Spring [M]. Carbondale: Southern Illinois University Press, 2000.

Carver, George Washington 乔治·华盛顿·卡弗

乔治·华盛顿·卡弗（George Washington Carver，约 1864—1943），农业科学家、教育家、慈善家。

卡弗生于奴隶家庭，出生时间大约在 1864 年。卡弗的母亲玛丽·卡弗（Mary Carver）是一位奴隶，从属于摩西（Moses）和苏珊·卡弗（Susan Carver），生活在密苏里州的戴孟德·格罗夫（Diamond Grove）。没有一个确切的说法明确谁是卡弗的父亲。婴儿时期，卡弗和他的母亲被奴隶掠夺者绑架，虽然卡弗最终被送回了原来的奴隶主家庭，但他的母亲再也没有回来。卡弗由摩西和苏珊·卡弗抚养长大，年轻的他学习了关于植物和当地社区的一切知识。从一开始，卡弗就致力于努力学习，他相信这是上帝的旨意，在青少年时期，他就离开了家，到附近的密苏里州尼欧肖镇闯荡。在那里，卡弗与安德鲁（Andrew）和玛丽亚·沃特金斯（Mariah Watkins）住在一起，并开始在当地接受学校教育。最终，卡弗成为著名的农业科学家、科学教育家和科学传播者。

为了继续他的学业，卡弗又从密苏里州前往堪萨斯州，希望能够拓展受教育的机会。卡弗顺利从高中毕业，但却因为自己非裔美国人的身份被高地学院（Highland College）拒绝入学。卡弗在田园和洗衣房打工度日。1890 年，卡弗得以进入辛普森学院（Simpson College，印第安纳州、爱荷华州）学习，在那里，他显露出艺术和植物学方面的天赋。卡弗的艺术老师艾塔·巴德（Etta Budd）注意到卡弗独立生存的能力。通过她的父亲约见了约瑟夫 · 巴德（Joseph Budd）——爱荷华州农业学院［Iowa Agricultural College，IAC，现在的爱荷华州立大学（Iowa State University），位于爱荷华州埃姆斯市］园艺系主任，她鼓励卡弗继续在植物学和园艺学方面精进。1892 年，卡弗进入爱荷华州农业学院学习，专攻植物学和真菌学，研究真菌。在爱荷华州农业学院期间，卡弗参加了韦尔奇 · 伊格莱克迪克文学协会（Welch Eclectic Literary Society），在学生军事连中被选为司务长，并成为基督教青年会的活跃成员。虽然仍有早年间种族隔离制度的影响，但卡弗最终还是赢得了全体学生的信任，随后学生们都称他为"博士"。1894 年，卡弗与爱荷华州农业学院的同学一道参加了于芝加哥举办的哥伦比亚世界博览会（Columbian World Exposition），并展出了自己的绘画作品。卡弗是爱荷华州农业学院毕业的第一位非洲裔学生，并为他所在的高年级班创作了班诗。

毕业后，爱荷华州农业学院聘请卡弗作为植物学助理教员，他还担任学院的技术推广专家，因为学院是一个政府拨款的公立机构，因此承担这样的社会责任。1896 年，卡弗获得硕士学位，不久后，塔斯基吉学院［Tuskegee Institute，现在的塔斯基吉大学（Tuskegee University）］主席布克 · T. 华盛顿（Booker T. Washington）以个人名义邀请卡弗来校任教，卡弗接受了邀请。卡弗与爱荷华州农业学院的联系让他在职业生涯中受益终身。在爱荷华州农业学院期间，他与三位未来的美国农业部（U.S. Department of Agriculture）部长建立了联系，他们是詹姆斯 · "塔玛 · 吉姆" · 威尔逊（James "Tama Jim" Wilson）、亨利 · A. 华莱士（Henry A. Wallace）和亨利 · C. 华莱士（Henry C. Wallace）。

在塔斯基吉学院，卡弗被任命为农业科技和乳制品科学系主任和教师，他发现这一工作非常具有挑战性。他协调系所工作，讲授课

乔治 · 华盛顿 · 卡弗毕业照，1894 年，爱荷华州农业学院。征得同意后翻拍。图片来源：爱荷华州立大学图书馆，特别馆藏部

程，并专注于农业研究以及全国范围内的技术推广工作。他还被任命为塔斯基吉实验站（Tuskegee's Experiment Station）主任，并为向非洲裔美国人聚居的农业社区推广技术和新型农作物付出了巨大的努力。他赞助成立了农民研究所，建立了在当地社区巡游的流动农业示范学校［车轮上的学校，称为"杰塞普（Jesup）车"］，并出版了许多关于农业和食品制作的技术推广简报。在 1925 年的简报《如何种植花生和 105 种食用方法》中，卡弗为农民提供了一个既营养又能涵养土地的选择，以替代当地以棉花为基础的农业系统，在那段时间里，棉铃象鼻虫给棉花种植带来了巨大风险。卡弗关于食用和工业用途的研究不仅仅局限于花生作物，还包括甘薯、棉花、黏土、玉米、大豆和山核桃。卡弗被称为"农业化工之父"，因为他将有机农作物材料引入工业用途。他获得了一项基于花生作物的化妆品发明专利和其他两项发明专利，他还发起成立了卡弗 · 潘诺公司（Carver Penol Company），用于销售一种由木榴油和花生油混合而成的按摩油。然而，卡弗与公众分享其研究和发现的目标一直没有改变。在其职业生涯中，卡弗还是一位杰出的植物收集者，为植物学收藏贡献了许多标本。

然而，卡弗真正的天赋在于他的教学能力和他深入浅出地向公众讲解科学知识的能力。无论在课堂上，还是面向白人听众和社区的技

术展示，这种科普才能都让他受益匪浅。20 世纪，随着社会发展，卡弗频繁收到演说邀请，并于 1921 年代表花生种植者在美国众议院筹款委员会（U.S. House of Representatives Ways and Means Committee）进行了演讲。尽管卡弗直接经历了种族主义的影响，但在公众看来，卡弗是没有敌意的，并且已经超越了种族主义的争论。卡弗被视为一个古怪的天才研究员，他简陋的衣着与他每天在纽扣孔上佩戴的鲜花形成鲜明对比。他在全国各地向农业和工业团体演说，并与托马斯 · 爱迪生（Thomas Edison）、亨利 · 福特（Henry Ford）、圣雄甘地（Mahatma Gandhi）和其他社会知名人士建立了友谊。虽然卡弗确实没有教派，但却深受宗教的影响，他总是将他的研究和教学工作看作上帝计划的一部分。

卡弗一生中获得了许多荣誉，当选了皇家学会（Royal Society）的会员（1916 年），获得斯宾家恩奖章（Spingarn Medal）（1923 年），并因其对南方农业发展做出的杰出贡献获得了罗斯福奖章（Roosevelt Medal，1942 年）。1941 年，塔斯基吉学院乔治 · 华盛顿 · 卡弗博物馆（George Washington Carver Museum at Tuskegee）落成。卡弗于 1943 年 1 月 5 日逝世，但他所收获的荣誉仍在继续。1943 年，卡弗的出生地密苏里州的戴孟德市被认定为国家纪念地。两枚纪念邮票（1947 年和 1998 年）和 50 美分的硬币（1951 年）也成为授予卡弗的荣誉。卡弗入选了美国名人堂（Great Americans，1977 年），并入选了国家发明家名人堂（1990 年）。卡弗还获得了辛普森学院、罗切斯特大学（University of Rochester）、塞尔玛大学（Selma University）和爱荷华州立大学的荣誉学位。

撰稿人：Tanya Zanish-Belcher

另请参阅：Land Grant System，U.S.

参考文献

[1] KITCHENS J W，KITCHENS L B.（Eds.）. George Washington Carver papers at Tuskegee Institute archives[Microfilm][C]. Tuskegee，AL：Carver Research Foundation，Tuskegee Institute，1975.

[2] KREMER G R.（Ed.）. George Washington Carver in his own words [C]. Columbia：University of Missouri，1987.

[3] MCMURRY L O. George Washington Carver：Scientist and symbol [M]. New York：Oxford University Press，1981.

[4] Legacy of George Washington Carver（Iowa State University）：Web site available at www.lib.iastate.edu/spcl/gwc/home.html.

Censorship in Science 科学中的审查制度

“审查制度”一词通常指禁止淫秽材料或不雅的材料，而不会涉及科学的陈述。许多美国人听说过对于各种名人的审查，这些人大都被指控行为污秽或是谈吐下流，很多情况涉及广播直播中的个人诽谤。然而，审查制度可能意味着更多事情，而不只是试图阻止受众接触到不宜接触的材料。例如，审查制度也用于描述在战争状态或其他国家紧急情况下实施的新闻限制。而历史上最著名的审查案例之一其实是关于科学的——发生于16世纪初的伽利略案。伽利略（Galileo）主张宇宙的中心是太阳，而非地球，宗教领袖则斥之为异端邪说。在伽利略生活的年代，教会是自然世界有关问题的绝对权威。

在现代，人们已经建立了各种机制，试图确保公众接触到的是“好的”科学，即所发布的科学发现基于被认可的科学研究方法。一个关键的机制是同行评议程序，这意味着科学论文将由其他同行进行评估，且通常是匿名的，他们会审视某一研究是否按照公认的标准进行的。一些被拒稿的科学家可能声称他们正在受到审查，但许多科学家认为同行评议制度并非审查制度，而是提供了检查和再修改的机会，以继续保持科学研究的合法性。

与论文的发表相比，其他情况则并不那么清楚明了。有一些研究领域，如超自然现象（鬼魂、不明飞行物、神秘失踪）并不像人们熟悉的物理学、生物学或心理学等学科那样被视为正当的研究。是否将科学界对这种研究的反应视为一种审查制度，依然是一个悬而未决的问题。然而，在其他一些情形之中，为审查别人正在进行的研究工作而花费的精力则是显而易见的。而且，审查制度并不仅限于极端主义者所持有的观点或几个世纪前的久远事件。近些年来，我们依然可以发现许多关于科学审查的例子。

气候变化

根据《纽约时报》（*New York Times*）2003年6月19日的报道，布什政府修改了来自美国环保部（Environmental Protection Agency，EPA）的报告，删除了报告中很多关于气候变化影响的内容。几天后，2003年6月23日，《波士顿环球报》（*Boston Globe*）的一篇评论文章指出，乔治·布什（George W. Bush）声称他在寻找他认为的与气候变化相关的可靠科学。此后不久，美国环保部部长克里斯蒂娜·托德·惠特曼（Christine Todd Whitman）便离开了她的职位。

惠特曼不是唯一被卷入有关全球变暖争议话题的人。美国国家航空航天局（National Aeronautics and Space Administration，NASA）的科学家詹姆斯·汉森（James Hansen）曾得出结论，地球气候的历史轨迹显示，全球气温的上升超过了依据历史自然过程可以预测的情况。在20世纪80年代末，汉森报告了这些发现之后，许多法案被提交给国会，旨在减少（或至少是控制）在美国产生的碳排放（如汽车尾气排放、煤炭精炼厂的排放）。2001年，布什成为总统之后，没有任何被提交的法案最终成为法律，而布什也宣称其关于限制碳排放的竞选承诺是不现实的。几年后，布什任命的政府官员被指控阻止记者采访汉森和其他意见与白宫相左的NASA科学家。

编辑一份报告并不总是意味着它已被审查，审查制度也不是指不同意别人的某种观点。当某一信息在传播过程中被删除或是其出版受到限制的时候，当为了压制某一发现而改变原有信息含义的时候，或是当有人被噤声的时候，才能被称为审查。换句话说，如果汉森的观点是真实的，而有人并不同意这一观点，这并不能称作审查。但是，如果汉森被告知要保持安静，或是他发言的机会以及报告自己科研发现的机会被夺走，那么这才是审查制度。

濒临灭绝的物种

商业和政治利益支持的活动可能对我们星球的动植物造成负面影响，有许多关于这一问题的研究报告。如果濒危动植物的议题成为商业利益和政治利益所支持的活动的“拦路虎”，那么，当科学家研究这些负面影响时，科学家的报告往往会被那些有可能失去利益的集团改变或噤声。在美国的各个地方，商业利益一直在与动物学家、生态学家和生物学家抗争，抗争的焦点在于其商业行为（如采矿或伐木）对某一地区造成的影响。斗争手段包括要求法院发布“禁言令”，当科学家及其研究结果的报告显示某项新的业务活动可能对动植物产生负面影响的时候，禁止传播这些研究结果。然后，商业团体可能会雇用他们自己的科学家来做一项研究，通常这些商业团体雇用的科学家会得出不同的结论——在某个地区的商业开发不会对当地的生态系统产生负面影响。

据称，在斑点猫头鹰（受伐木业影响）、海龟（受捕虾业影响）和海豚（受捕捞金枪鱼影响）等案例中，都发生了对生物学报告的审查。在每一个案例中，批评者都在控告，那些显示目前或规划的商业开发会危害生物生存的科学报告受到了压制。虽然报告最终被公布，揭示了人类行为和动物之间的冲突，但利益个人和利益集团依然被指控试图施加影响，阻止公众了解这些研究结果。

人类起源

在 1998 年出版的《考古学禁区》（*Forbidden Archeology*）中，作者迈克尔·A. 克雷莫（Michael A. Cremo）和理查德·L. 汤普森（Richard L. Thompson）认为：人类物种在地球上存在的时间要比普遍认为的时间长得多，但主流科学家拒绝接受这一观点。

该书的作者认为，智人的进化可能需要很长的时间。这就是说，我们人类确实是数百万年演化的结果。作者主张，考古学家和古生物学家陆续发现了一些更为古老的类人动物化石，这些化石证明人类在时间线条上可能比目前接受的观点延伸得更为久远。这些考古学家或生物学家认为，已经发现的数百万年前的骨骼碎片显示出与人类 DNA 相似的结构片段，但是试图公布这些发现的人却被告知他们的科学发现是没有根据的，并且也不符合当前有关人类进化的科学观点。

其他科学家则认为，书中所说的观点是极其可笑的，几乎没有任何书中提出的所谓证据能够用于检测。例如，在 20 世纪 60 年代墨西哥的霍亚勒克考古遗址的发掘研究中，就没有任何可用的证据——有人说这是因为墨西哥政府拿走了所有文物并收藏起来，因此无法对文物进行更多的检测。最初的研究团队声称他们使用了标准的科学断代方法，发现这些出土文物有 25 万~30 万年的历史，但是目前的科学观点则认为，人类直到距今 1 万~2.5 万年前才来到美洲。这些关于人类更早出现的证据，是否真的受到了那些持相反观点（认为人类在更晚的时候才来到美洲）的学术既得利益者的审查？

在科学共同体内，许多科学家的全部职业生涯和声望都建立在某一特定的理论观点上，因此，采信新的理论观点则可能意味着他们一直所珍视的想法是错误的。虽然《考古学禁区》

的作者克雷默和汤普森的观点可能是错误的，但是他们声称支持他们理论的证据已经被审查所压制。

审查和生物恐怖主义

2002 年 4 月，美国微生物学会（American Society for Microbiology）主席阿比盖尔·萨利尔斯（Abigail Salyers）在《科学》（*Science*）杂志上发表了一篇社论，社论涉及 2001 年发生炭疽病菌生物恐怖主义袭击事件后的美国政府的审查制度。萨利尔斯在文章中称，政府官员开始担心，恐怖分子可能会利用有关病毒学和其他疾病的科学研究结果在美国国内外发动生物战争。鉴于这些担心，一些部门的政府官员致力于推动政府对科学论文和相关科学知识传播的监管。然而，萨利尔斯认为，如果审查科学出版物，将会引起公众对于安全问题的错误认知，而且在紧急情况下，科学家可能无法获取亟须了解的某些信息。

保护公众是许多科学家和政府官员的切实关切，特别是在诸如“9·11”袭击等危急时期。萨利尔斯认为，21 世纪初的几年里，公众舆论开始反对科学家，因为人们开始质疑科学界似乎缺乏应有的责任感。科学家经常说，他们的工作是纯粹的科学，如果科学导致了不良事件的发生，那也是别人错误地利用了他们的想法而导致了错误的结局，而并非科学工作本身的过错。这种对责任的推脱更可能招致对科学研究及其结果的审查。

从杜绝伪科学的角度来说，如果完全公开科学家的研究方法和研究过程，包括资金来源等信息，可能是对我们最好的保护，而非审查。在本词条涉及的每一个案例中，都可以发现反对意见和冲突意见，还没有涉及完全审查的案例，意味着事件只有某一面能够为人所知。伴随着新的传播技术的出现和普及，比如电话和互联网，完全审查是极为罕见的。然而，强大的利益驱动仍然可能扭曲科学的结果。近年来，烟草业制造出了堪称历史上最为臭名昭著的案例之一，一些科学家陆续声称，经过他们多年的研究，吸烟既不会上瘾也不会构成健康威胁。一些科学家拒绝公布研究的结果，这算得上某种形式的自我审查，也可能反映出科学家对于遭到报复的恐惧——或者仅是薪水的损失。未来我们很可能会见到更多类似的案例。

撰 稿 人：Toby A. Ten Eyck

另请参阅：Conflicts of Interest in Science；Galilei，Galileo；Peer Review；Research Ethics，Overview；Scientific Ethos

参考文献

[1] ATKINS R，MINTCHEVA S.(Eds.). Censoring culture [M]. New York：New Press，2006.

[2] COLLINS H，PINCH T. The golem [M]. New York：Cambridge University Press，1998.

[3] GEDICKS A. The new resource wars [M]. Boston：South End Press，1993.

[4] VAUGHN J. Environmental politics：Domestic and global dimensions [M]. Belmont，CA：Wadsworth，2006.

Center for Science in the Public Interest 公共利益科学中心

公共利益科学中心（Center for Science in the Public Interest，CSPI）将自己描述为一个具有“双重使命”的消费者权益组织：①开展创新研究，倡导健康和营养项目。②向消费者传播有关健康和福利的有益信息。公共利益科学中心成立于1971年。在其创建伊始及之后几十年来的工作中，公共利益科学中心已经成为活动家拉尔夫·纳德（Ralph Nader）开创的消费者权益运动的延伸。

公共利益科学中心的创始人是迈克尔·F. 雅各布森（Michael F. Jacobson，微生物学博士）、化学家阿尔伯特·弗里克（Albert Fritch）和气象学家詹姆斯·沙利文（James Sullivan）。自1978年以来，迈克尔·F. 雅各布森一直担任该中心的执行主任。共同创始人在纳德回应型法研究中心（Nader's Center for the Study of Responsive Law）有过短暂的合作经历。纳德回应型法研究中心成立于1975年，总部也在华盛顿特区，旨在开展研究并参与教育项目设计，以倡导美国的主要机构关注公民及消费者的需求。

公共利益科学中心拥有超过90万名会员和60名员工，一直重点关注健康领域，特别是涉及食品安全和营养的问题，以及各种与消费者有关的其他问题。正如其网站上所说明的，公共利益科学中心制定的主要目标是：

（1）在食品、酒精、健康和环境等领域向公众和政策制定者提供实用、客观的信息，并开展相关研究。

（2）向监管、司法和立法等机构倡导公民在上述领域和其他问题上的权益。

（3）确保科学技术为公共利益所用，并鼓励科学家从事支持公共利益的活动。

公共利益科学中心的简报《营养行动健康通讯》（*Nutrition Action Healthletter*）不仅是其向公众提供信息的主要渠道，而且也是这一非营利组织的主要资金来源（通过订阅费）。在公共利益科学中心大约1700万美元的年度预算中，捐赠收入占5%~10%（2006年的数字）。这些捐款来自亨氏基金（Heinz Endowments）、洛克菲勒家族基金（Rockefeller Family Fund）、洛克菲勒基金会（Rockefeller Foundation）、贝尔登基金（Beldon Fund）、C.S. 基金（C.S. Fund）和罗伯特·伍德·约翰森基金会（Robert Wood Johnson Foundation）等组织。公共利益科学中心强调，其不接受来自企业或政府的捐款，《营养行动健康通讯》也不接受广告。

公共利益科学中心带头付出的努力使得1990年《营养标签和教育法案》（Nutrition Labeling and Education Act）得以通过，该法案要求大多数食品包装上标明该食物营养信息的标签。早期公共利益科学中心的运动还包括反对使用亚硫酸盐防腐剂，该物质被认为能够引起过敏反应并导致了众多消费者死亡。这一运动促使食品药品监督管理局（Food and Drug Administration，FDA）禁止在新鲜水果和蔬菜加工中使用亚硫酸盐类物质。公共利益科学中心有关餐厅用餐营养价值的研究引起了全世界的关注。通过诉讼并引起媒体关注，公共利益科学中心努力阻止欺骗性的食品标签和广告，这些案例不胜枚举。在一项成功阻止了餐馆和食品加工商使用反式脂肪的运动中，公共利益科学中心一直处于活动的最前沿。《波士顿环球报》（*Boston Globe*）

曾经将公共利益科学中心描述为美国最受尊重的营养倡导组织。

鼓励更健康的儿童饮食也是公共利益科学中心关注的焦点之一。中心与全国范围内的公民团体和立法议员合作，将营养品质差的食物逐出学校。其“诚实的科学”项目开发了一个数据库，涵盖了近5000名科学家、医生和营养学家，这些专家被认为与食品、能源、化工和其他相关公司有财务关系往来。这一项目促使管理机构从咨询委员会名单中剔除这些与公司有利益往来的专业人员，还促使了包括《华盛顿邮报》（*Washington Post*）和《纽约时报》（*New York Times*）在内的主要报纸媒体明确告知义务：当其引用某位科学家的观点，而该科学家曾经为企业提供咨询服务或接受过企业捐赠的时候，应该告知读者。

一篇自传体的记录介绍了公共利益科学中心几十年来的历史发展，这一介绍刊登于中心的网站。在其中，执行主任雅各布森回忆道，当他在1969年离开麻省理工学院（Massachusetts Institute of Technology）时，他刚刚获得微生物学博士学位，他有很多职业机会可以在“学术界、政府和产业企业中”谋求发展。但在1970年，在“世界地球日”庆祝活动结束几天后，雅各布森来到了华盛顿特区，他决定利用他“所经受过的科学训练来帮助解决”一些美国的“健康或环境问题”。雅各布森提到，他最初在拉尔夫·纳德的办公室工作，完成了一本关于食品添加剂的书；也是在那里，他遇到了另外两位科学家，帮助他在不久之后创建了公共利益科学中心——一个把“我们的关注变成行动”的方式。

公共利益科学中心同样也会受到批评。一份材料显示，消费者自由中心（Center for Consumer Freedom）研究主任大卫·马特思科（David Martosko）将公共利益科学中心称为“激进的营养运动组织”，并称“没有任何一样好吃的东西”没有被公共利益科学中心控诉过。这一材料在网上发布，同时也在2003年食品药品监督管理局举办的有关肥胖问题的公共会议上提供给与会各方。作为对这一批评的回应，公共利益科学中心在其“诚实的科学”网站上，列出了作为非营利组织的消费者自由中心所接受的来自企业的合作经费，包括一张来自菲利普莫里斯公司（Philip Morris Corporation）90万美元的捐赠收据，以及来自食品餐饮行业大量的小额资助经费。

雅各布森出版的图书（公共利益科学中心的雇员被列为共同作者）有《更绿色饮食的六个争论：以植物性食材为主的饮食为何能够保护你的健康和你身边的环境》（*Six Arguments for a Greener Diet: How a Plant-Based Diet Could Save Your Health and the Environment*）。

撰 稿 人：Karl Grossman

另请参阅：Communication Campaigns in Health and Environment; Food and Drug Administration, U.S.; Health Communication, Overview

参考文献

[1] Center for Science in the Public Interest: www.cspinet.org.

[2] JACOBSON M J, Staff of the Center for Science in the Public Interest. Six arguments for a greener diet: How a plant-based diet could save your health and the environment [M]. Washington, DC: Center for Science in the Public Interest, 2006.

[3] Nutrition Labeling and Education Act of 1990, Pub. L. No. 101–535.

Centers for Disease Control and Prevention, U.S. 美国疾病预防控制中心

美国疾病预防控制中心（U.S. Centers for Disease Control and Prevention，CDC）是美国卫生福利部（Department of Health and Human Services，HHS）的一个内设机构。它致力通过预防和控制疾病、残疾，提升公民健康和生活质量，并且准备应对美国新出现的健康威胁。对于职责范围内的议题，美国疾病预防控制中心是重要的信息提供方；对于新发生的卫生健康相关问题，来自疾控中心的信息通常构建了突发新闻报道的主要内容。此外，疾控中心内部的国家健康营销传播中心（National Center of Health Marketing）提供了有关健康传播工作的资源和信息。传播是疾控中心完成公共卫生使命的核心。

美国疾病预防控制中心的前身是传染性疾病中心（Communicable Disease Center），创建于 1946 年 7 月 1 日，位于乔治亚州的亚特兰大。当时，它是美国公共卫生服务中心（Public Health Service）的一个分支机构，美国公共卫生服务中心则隶属于美国卫生、教育和福利部（Department of Health，Education and Welfare），即后来的卫生福利部。成立伊始，疾控中心主要关注于控制疟疾流行，主要通过使用杀虫剂 DDT[①]。然而，这个小型机构的创始人约瑟夫・W. 莫斯廷（Joseph W. Moustin）则设想疾病预防控制中心能够在公共卫生领域发挥更为重要的作用。莫斯廷推动疾控中心拓展自身的工作使命，工作囊括除结核病和性传播疾病之外的全部已知传染病，彼时结核病和性传播疾病的防治工作由设在华盛顿特区的单独机构负责。莫斯廷的设想实现了，疾控中心迅速成为美国流行病学工作的中心。

疾控中心成功的关键之一是疾病监测。1949 年，亚历山大・朗缪尔（Alexander Langmuir）发起了有史以来第一个疾病监测计划，以监测疾病的进展情况。伴随这一计划的实施，美国确认国内已经彻底消除了疟疾，这是早期疾控中心在公共卫生方面取得的一系列里程碑式成果之一。随后，疾病监测计划成功地将儿童中发生的脊髓灰质炎病例溯源到有缺陷的疫苗。监测计划还追踪了 1957 年大规模流感流行的原因。这些成就表明，疾控中心在保护公民健康方面发挥了不可或缺的作用。不久后，疾控中心最终承担起监测和应对性传播疾病和结核病的责任。到 20 世纪 70—80 年代，疾控中心已经成功追踪并监测了众多的新发疾病，包括退伍军人病（1976 年）、中毒性休克综合征（1980 年）和获得性免疫缺陷综合征（艾滋病，1981 年首次被疾控中心记录）。

疾控中心继续扩大其工作内容，启动新的项目并延续已有的项目。伴随着在 20 世纪 50—60 年代各种新项目的开展，疾控中心发展成为一个更加多元化的机构，其工作范围扩大到监测传染病之外的公共卫生领域（如健康传播）。因此，1970 年，其机构名称更改为美国疾病控制中心，CDC 的缩写得以保留（由原来的传染病控制中心保留下来）。作为其发展壮大的工作之一，疾控中心开始参与全球疾病控制工作中的国际公共卫生合作计划项目。这一合作计划最引人注目的贡献之一是于 1977 年正式在全球范围

① 杀灭蚊虫以减少病毒的传播媒介。——译者注

内消除了天花。美国疾控中心是目前世界上仅有的两个保存有活体天花病毒的储存库之一，活体天花病毒被保存在4级生物安全实验室，这是生物安全实验室的最高等级。

根据1992年的《预防性健康卫生修正案》（Preventive Health Amendments），美国国会（U.S. Congress）将疾控中心的名称再次更改，改为美国疾病预防控制中心，正式承认疾控中心在预防“疾病、伤害和残疾”方面做出的贡献，已经家喻户晓的名称首字母缩写“CDC”得以保留。进入21世纪，美国疾控中心的工作范畴不断拓展，远远超出了传统的公共卫生意义。作为对“9·11”以及随后的炭疽杆菌袭击的回应，疾控中心承担起保护美国免遭生物恐怖主义的责任。

目前，美国疾控中心被公认为全美最重要的公共卫生机构，年度预算达到88亿美元（2008财年）。除了位于乔治亚州亚特兰大德卡尔布的总部，疾控中心还在位于全美和波多黎各的10个地点设有分支机构。2005年，美国疾控中心完成了25年来第一次重大组织结构调整。在新的组织结构下，大约15000名员工分别隶属于疾控中心主任办公室、协调中心和国家中心。协调中心是在主任办公室和各病种国家中心之间新增的层级，承担领导组织层面的工作。协调中心的设置意在促进跨机构领域的合作和创新，进而更好地整合不同病种国家中心的工作。协调中心包括全球卫生协调办公室（Coordinating Office for Terrorism Preparedness）、恐怖主义及突发事件应对协调办公室（Coordinating Office for Terrorism Preparedness and Emergency Response）、国家职业安全和健康中心（National Institute for Occupational Safety and Health）、环境卫生和环境伤害预防协调中心（Coordinating Center for Environmental Health and Injury Prevention）、卫生信息和服务协调中心（Coordinating Center for Health Information and Service）、健康促进协调中心（Coordinating Center for Health Promotion）和传染性疾病协调中心（Coordinating Center for Infectious Diseases）。4个协调中心监督具体领域的国家中心的活动，另外3个协调中心则负责处理全机构范围内的各种问题。

美国疾病预防控制中心成立几十年来一直致力于通过对疾病、损伤、残疾的预防和控制来保护美国公民的健康并提升公民的生活质量。与仅治疗疾病或提供疾病照料不同，疾控中心的使命关注于健康保护和健康维持。从传染病到生物恐怖主义到环境危害，疾控中心继续在广泛的领域内对健康威胁进行监测。疾控中心的专家随时准备到达暴发疾病的地点，找出原因，并提供技术援助。疾控中心还资助了国家和地方卫生部门、相关组织和学术机构从事更广泛的公共卫生项目和研究工作。美国疾病预防控制中心具有广泛的影响，毫无疑问，其有关健康问题的观点、指导以及建议惠及了每一位美国公民。

撰 稿 人：Chubo Ren

另请参阅：Communication Campaigns in Health and Environment; Health Communication, Overview; Health Communication and the Internet; Public Health Service, U.S.

参考文献

[1] Centers for Disease Control, U. S. Historical perspectives: History of CDC [J]. Morbidity and Mortality Weekly Report, 1996, 45 (25): 526–530.

[2] Centers for Disease Control, U.S.: www.cdc.gov.

[3] Government Accountability Office, U.S. Centers for Disease Control and Prevention: Changes in

obligations and activities before and after fiscal year 2005 budget reorganization（GAO-08-328R）[M]. Washington，DC：Author，2008.

[4] SENCER D J. CDC's 60th anniversary：Director's perspective [J]. Morbidity and Mortality Weekly Report，2006，55（27）：745-749.

Chernobyl 切尔诺贝利

1986年4月26日凌晨1时23分左右，位于乌克兰普里皮亚季附近的切尔诺贝利核电站4号机组发生爆炸，数百万放射性粒子进入大气层。超过35万人不得不从白俄罗斯、乌克兰和俄罗斯受污染最严重的地区撤离或重新安置。放射性物质形成云团飘浮到欧洲大部分地区，并随着放射性降雨重新回到地面。事故发生几十年后，仍有大约450万人继续生活在被辐射的区域。本词条概述了造成这一巨大事故的诸多因素，以及几代切尔诺贝利幸存者长期以来所受到的影响。信息传播的失败是其中一个重要的原因，有关灾难幸存者命运的故事至今仍然不时出现在新闻报道中。

灾难的原因

人为因素、技术因素、制度问题以及沟通失效，几个因素共同导致了切尔诺贝利的灾难。直至今日，这些多方面的失败所造成的后果依然存在。

人为因素

操作人员正在RBMK-1000石墨慢化铀反应堆上进行试验，以确定在反应堆出现故障的情况下，涡轮机转子继续运动将消耗多少能量。按照计划，试验应从1986年4月25日下午开始。然而，根据基辅的电力调度员的电力调度需求，该发电机组脱开电网的时间被延迟了。但同时，因为当天的值班操作员已经开始根据试验需要减少反应堆的电力输出，所以4号机组只能在核心冷却系统关闭的情况下保持运行，这一做法明显违反安全规则。

4月26日清晨，进行试验的操作员也违反了多项核安全规则。操作员关闭了自动控制系统，阻断了保护系统，并将运行反应储备降低到允许水平以下，最终导致应急功率降低系统失效。为了快速增加功率，操作员还手工去除了一些石墨（慢化反应）控制棒，使得反应堆对温度波动变得更加敏感。当冷却水过热并变成蒸汽时，石墨控制棒无法迅速降低反应堆温度。由于温度过高，所插入的石墨控制棒顶端已经出现了变化，这一变化反而进一步增加了反应堆的温度。最终所产生的爆炸炸毁了反应堆顶部千吨重的所谓“安全盖”，并将燃烧的石墨和放射性核素喷射到空气中。

在整个工厂中，很少有操作人员实际接受过核技术培训。大多数操作人员是电气工程师，仅具有燃煤热电厂或天然气热电厂的工作经验。虽然在一般的火力发电厂中发生的爆炸无疑也会导致破坏性灾难，但并不会像核电厂爆炸那样，在事故发生之后的数百年内，仍会发现由于放射性颗粒污染而引起的癌症。彼得·古尔德（Peter Gould）在对民主制度对切尔诺贝利的影响进行的分析中认为，电气工程师和原子能工程师之间几乎没有任何共享的知识体系。曾在切尔诺贝利工作的核物理学家格里戈里·梅德维杰夫（Grigori Medvedev）记录说，操作员的聘用和晋升并不是基于他们在核技术领域的知识和工作能力，而是基于操作员的政治地位以及他们过去与火电厂厂长共事的关系。在试验期间绝不应该忽略安全程序，但是操作人员几乎完全不了解这种松懈的工作纪律可能造成的巨大破坏。最终，包括总工程师和电站主任在内的6名操作人员因违反工作规定而被起诉。

技术因素

本质上来说，石墨慢化反应堆比常见的水慢化反应堆更为危险。在水慢化的核电站中，反应堆的活性随着温度的升高而降低。而在石墨慢化的核电站中，反应堆活性随着温度升高而增加，这导致当反应堆输出能量减少时，反应堆会变得不稳定。控制棒的设计被特别提到，其成为促成这一灾难的因素之一。控制棒发挥“控制”作用的地方位于石墨棒的尖端。虽然完全插入反应堆中的控制棒确实会减慢反应堆反应，但石墨棒尖端实际上加速了反应速度。当操作人员试图将控制棒快速地插入已经过热的反应堆中时，这种设计缺陷并不为操作人员所知。在学者中，查尔斯·佩罗（Charles Perrow）是谈论核能管理所具有的复杂特性的学者之一。具体到切尔诺贝利事故，他认为，安全系统中人浮于事实际上是造成事故的主要原因。

制度问题

操作人员对于核电站发生事故的可能性几乎一无所知。所有关于核电站的意外事件被苏联政府过滤，核电站发生“故障”的报告被扣压，不仅不为公众所知，也不让苏联其他核电站的工作人员知晓。在发生切尔诺贝利事故6年前，美国三英里岛核电站曾发生重大事故，而切尔诺贝利核电站的工作人员却继续工作，他们相信一种假设，那就是苏联核电站绝不会发生事故。尽管米哈伊尔·戈尔巴乔夫（Mikhail Gorbachev）推行改革和更加公开化的政策，但已然存在的官僚机构扼杀了有关工业生产的任何负面消息。在《窒息》（*No Breathing Room*）中，梅德维杰夫详细描述了他与政府审查官的斗争，在发生切尔诺贝利事故几年前，他向政府官员据理力争，希望能够发表文章以警告可能发生的核灾难风险。由于政府拒绝承认任何错误，操作人员也就没有机会从其他核设施发生的事故中吸取经验。这一制度催生了傲慢的态度，显示出管理部门对培训要求及安全规章的忽视。即使在爆炸之后，保密的政策仍在继续，导致了更多的伤亡，也削减了公众对于政府的信任。

沟通失效

在爆炸发生之后，操作人员错误地认为反应堆仍然完好无损，甚至忽视了那些有关反应堆已经受损的报告，操作人员因此一直受到辐射的影响。数百名不知情的消防员被派到着火的屋顶，返回时已经受到核灼伤。在接下来的10天中，直升机将沙子、黏土和矿石倒入火中，而军事人员则徒手从已经严重受损的反应堆周围收集散布的放射性石墨。据估计，有60万名“清理者”（这一词语用于描述那些参与清理工作的人员）暴露在高剂量的辐射之下，直到反应堆最终被埋藏在混凝土石棺中（这一石棺目前正在变质）。据官方报道，这一事故直接造成的死亡人数仅为31人。然而，在爆炸后不久，莫斯科的官员就要求医生不要将遭受辐射作为事故死亡的原因。

反应堆仍然完好——这一假设也拖延了附近区域人员的疏散工作，一直拖延到1986年4

月 27 日下午 2:00，致使附近成千上万居民受到辐射。率先被疏散的是普里皮亚季地区的居民以及距离反应堆约 10 千米（6 英里）范围内村庄的居民。人们被告知只是临时性疏散，要轻车简从，不必带行李。然而，直至今日，普里皮亚季镇仍然是一个充满了个人生活物品的鬼城，由于其放射性水平仍然太高，无法允许居民返回居住。更糟糕的是，由于辐射扩散不均匀，一些撤离者被安置到了遭受核污染更为严重的地区，不得不进行二次撤离。到 1986 年 5 月底，切尔诺贝利市和周边约 29 千米（18 英里）半径范围内的村庄也被撤离。

在普里皮亚季地区居民疏散期间，核爆炸产生的放射云正在向欧洲扩散，即使如此，苏联政府也没有发出任何公共警告提示其他国家。4 月 28 日，苏联政府发表声明，承认切尔诺贝利核电站发生了事故，但表示一切都已经得到控制，而在这之前，瑞典已经检测到了核辐射。在苏联，“五一”劳动节的庆祝活动仍照常在户外举行，即使一些放射性降雨落在游行队伍之中。充满乐观主义的新闻报道谴责西方媒体所炒作的“谎言”。不过，随着牛奶和食品中的辐射水平开始增加，政府发出了自相矛盾的警告，进一步削减了中央政府的公信力。苏联政府的官方消息是，事故已经得到有效控制，但是孩子们应该留在室内，禁止食用家庭自己种植的食物以及自己制作的牛奶。

苏联政府并不是唯一一个发布自相矛盾信息的政府。无论在东欧还是西欧，都有一些国家采用了辐射平均数值，以弱化这一事故带来的风险。彼得·古尔德分析了受核事故影响国家的反应。他发现，除了德国，越是依赖核能源的国家，越具有操纵或压制周围真实辐射水平的倾向。在有些国家，人们被要求留在室内，食用进口牛奶和食品，直到辐射水平下降。而另外一些国家，有的根本没有发出警示信息，有的只发布安抚民心的信息。不同国家媒体的报道交织在一起，没有人知道应该相信谁。而美国媒体和官员极力夸大事故遇难人数和辐射影响，进一步加剧了混乱。

这一事故的直接原因包括人为因素、技术因素和制度问题，导致了极其严重的后果。然而，如果在事故发生后能够进行合适的信息沟通，生命本可以得到挽救，灾难性的后果也可能得以减轻。接下来的部分将重点讨论灾难带来的多重后果，直至今日，这些后果仍然影响着人们的生活。

灾难的后果

切尔诺贝利核辐射事故究竟造成了多么严重的后果，这一问题仍然存在争议。由于缺乏切尔诺贝利事故发生之前的居民健康评价报告，因此很难进行事故发生前后的比较。此外，苏联的解体和由此造成的经济衰退只会进一步增加健康损害的风险。虽然不同的组织仍在继续争论事故所造成的影响，但大多数人同意，事故带来的最大的健康风险之一在于当地居民的精神健康状况，对于切尔诺贝利对他们造成了何种影响和将会造成何种影响，人们心中存在着不安全感和不确定性。

健康影响

联合国原子辐射效应科学委员会（United Nations Scientific Committee of the Effects of Atomic Radiation，UNSCEAR）报告称，当地甲状腺癌病例数增加与切尔诺贝利爆炸有关。具体来说，2002 年，在爆炸后暴露于碘放射性同位素的儿童和青少年中，确诊了大约 4000 例甲状腺癌病例，未来还可能发现更多病例。切尔诺贝利论坛（Chernobyl Forum）是国际原子能机构（International Atomic Energy Agency）、世界卫生组织（World Health Organization）和其他国际组织发起的定期会议，根据该论坛的报告，在日本广岛和长崎原子弹爆炸之后，实体癌症（如肺癌）甚至白血病的发病数有所上升，但在切尔诺贝利爆炸后，还没有发现类似的联系。另外，尽管有关切尔诺贝利的慈善网站上刊载了许多受到影响的儿童照片，但辐射效应科学委员会报告说，还没有发现切尔诺贝利事故与出生缺陷的增加有所联系。然而，切尔诺贝利事故发生后，由于人们对出生缺陷的恐惧，堕胎率有所增加。其他组织则报告了与辐射效应科学委员会相矛盾的癌症病例数量。例如，《关于切尔诺贝利的另一份报告》（*Other Report on Chernobyl*）预测切尔诺贝利的事故导致附近地区因癌症死亡的人数增加了3万~6万人（与正常的死亡情况相比）。

社会和经济影响

逃离家园的人们失去了原有的工作，失去了自己的家园和他们已经习惯的社交群体。受污染的土地无法用于农业生产。苏联解体所造成的经济崩溃加剧了切尔诺贝利事故的后果，进一步导致失业率增加、出生率下降以及整体生活水平下降。尽管政府不允许采摘当地的蘑菇、浆果和其他食品，但对于没有其他食物来源的人们来说，除了食用这些受污染的食品之外并无其他选择，这进一步增加了他们受到的辐射暴露量。由于移民安置和土地使用限制等原因所造成的贫困，更多的人要求享受受切尔诺贝利事故影响的政府救济，因此他们给自己贴上了切尔诺贝利受害者的标签。

心理影响

受到切尔诺贝利污染而带来的污名导致了更严重的心理压力和更糟糕的健康感知。事实上，一些人认为，相比于辐射造成的死亡，由于心理压力和恶劣的生活条件而衍生的次级影响导致了更多的死亡。在受污染最严重的区域，宿命论颇为流行，特别是在承担了当年事故清理工作的群体中，有人自杀的报道也见诸媒体。吸烟、饮酒、吸毒、滥交等行为也有所增加，特别是在年轻人之中，他们在切尔诺贝利事故发生时尚是孩童。灾难的幸存者已经被污染，这种信念进一步降低了人们对其他疾病风险的感知。公众对低剂量辐射所造成的长期影响一直无法确定，这种感受持续侵蚀着公众对政府机构的信任。尽管确定切尔诺贝利事故所造成的影响实属必要，但持续不断的研究也确实助长了切尔诺贝利幸存者的无助感。

撰 稿 人：Shari R. Veil

另请参阅：Crisis Communication；Nuclear Power；Three Mile Island

参考文献

[1] ABBOTT P，WALLACE C，BECK M. Chernobyl: Living with risk and uncertainty [J]. Health，Risk & Society，2006，8（2）: 105–121.

[2] BURLAKOVA E B，NAIDICH V I. 20 years after the Chernobyl accident: Past，present，and，future [M]. New York: Nova Science，2006.

[3] GOULD P. Fire in the rain:The democratic consequences of Chernobyl [M]. Baltimore:Johns Hopkins University Press，1990.

[4] MARPLES D R. Belarus: From Soviet rule to nuclear catastrophe [M]. New York:St. Martin's，1996.

[5] MARPLES D R. The Chernobyl disaster：Its effect on Belarus and Ukraine [M]// J K MITCHELL（Ed.）. The long road to recovery: Community responses to industrial disaster.chap. 7. New York: United Nations

University Press，1996.
[6] MEDVEDEV G. The truth about Chernobyl [M]. New York:Basic Books，1991.
[7] MEDVEDEV G. No breathing room [M]. New York: Basic Books，1993.
[8] MOULD R F. Chernobyl record:The definitive history of the Chernobyl catastrophe [M]. Bristol，UK:Institute of Physics，2000.
[9] PERROW C. Normal accidents:Living with high-risk catastrophes [M]. Princeton，NJ:Princeton University Press，1999.
[10] United Nations Scientific Committee of the Effects of Atomic Radiation. Sources，effects and risks of ionizing radiation [R]. UNSCEAR Report to the General Assembly，with Scientific Annexes，United Nations，New York，2000.

Children's Television and Science 儿童电视与科学

作为一种教育和学习的媒介，电视有着巨大的潜力。特别是对儿童来说，这种动态的、色彩斑斓且通常配有音乐的传播媒介天然地具有吸引力。儿童主动地观看电视并且能从符合年龄要求的内容以及相关内容中学习到很多知识。在进入正规教育环境之前，儿童就接触到了电视提供的产品，这也对儿童有巨大的影响。他们的所见影响他们的行为、价值观和学习。

根据《科学教学材料》(*Sourcebook for Teaching Science*)，美国儿童每年看电视的时间为人均1500小时，而在校的平均时间只有900小时。研究表明在工业化国家里，美国学生对科学的兴趣是最低的，有些高年级学生已经放弃了科学课程。鉴于美国人在科学方面的表现相对较差但却用大部分时间来看电视这种情况，通过电视这种媒介来提升他们对科学的兴趣以及扩展其科学知识的潜力则是巨大的。本词条阐述此前美国把科学带入儿童电视节目的一些努力，并且考察科学教育节目对科学的喜好、科学学习以及刺激科学兴趣方面的可能影响。

观看电视节目的动机根据节目类型的不同以及儿童类型的不同而有所差异。比如，为娱乐、为增加或者减少社会接触、为消磨时间、为避免做其他事情以及为获取有关世界的一些信息而观看电视节目等。不同于为学校课程而精心策划的媒体内容，大多数在商业频道上播放的儿童电视节目在很大程度上都没有得到监管，也没必要证明自己的教育价值。看电视时间的增加和学习成绩的下降以及消极的健康状况存在着关联。

为了解决这个问题，国会通过了《1990年儿童电视法案》(Children's Television Act)，该法案要求以年轻人为受众的电视节目必须满足其教育和信息需求，这让节目有了实质性的改善。虽然很多早期的家庭和成人科学节目影响了儿童科学节目，但是下文会提到一些更值得注意的因素。

儿童科学节目的历史

商业网络电视台在第二次世界大战后的美国开始兴盛，甚至在早期的内容测试中，制片人在电视节目表中安排了信息片段和科学片段。儿童科学电视节目正是从这个广阔的教育性节目领域里发展起来的。然而任何一个节目要想取得成功，都要让广大观众不仅能得到娱乐还能有所启发，但是很多早期电视节目仅把向观众传播科学内容作为目标。过了几年，电视网络的数量开始增加，媒体呈现技能得以改善，观众的注意力也开始在各种选择之间分化，有些节目开始使用更让人兴奋的方法和视觉技术。动态产品的引入尤其让年轻观众沉迷，儿童电视节目很快就注意并捕获到这种偏好。到 1951 年，电视网络每周播放的儿童节目达到 27 小时。儿童教育节目在 1953 年达到顶峰，在 1960 年前开始急剧下降，而在此之后的 10 年略有回升，之后又出现了下滑的趋势且一直持续到 20 世纪 90 年代，并从 90 年代到 21 世纪初稳步回升。

于 1951 年首映的《奇才先生》（*Watch Mr. Wizard*）就是让科学对于儿童来说有趣且易于理解的商业节目的早期尝试。主持人堂·赫伯特（Don Herbert）以简单且非正式的方式进行着试验演示。这个节目的特点是它的儿童帮手，其目标观众是 12 岁的儿童，该节目在全国广播公司（National Broadcasting Company，NBC）网络中一直播放到 1965 年。《奇才先生》获得过 3 次托马斯·阿尔瓦·爱迪生国家媒体奖（Thomas Alva Edison National Mass Media Awards）以及著名的皮博迪奖（Peabody Ward）。在其鼎盛时期，该节目在全国管理过近 5 万个奇才先生俱乐部。教师也在课堂上利用这个节目的主题，奇才先生的产品成为孩子们追捧的对象，包括科学工具包和图书。几十年之后，这个节目催生了更新的、节奏更快的《奇才先生的世界》（*Mr. Wizard's World*）（尼克儿童频道，1983—1991）。

从 1954 年开始，由迪士尼工作室（Walt Disney Studios）制作的《迪士尼乐园》（*Disneyland*）通过动画和电影的结合展示了科学的神奇以及家庭的本质。该节目起初在美国广播公司（American Broadcasting Company，ABC）网络中播放，这个极其成功的系列创造了一个把自然当作角色和情节的引人入胜的自然历史叙述模式。在节目运行的 12 年里，节目的 20% 都与科学、自然、空间以及技术有关。

在 20 世纪 60 年代，政府支持起源于《1967 年公共广播法案》（Public Broadcasting Act）的非营利广播体系，其目的是为各年龄段的人提供信息和教育。此后不久，新成立的公共广播公司（Public Broadcasting Service，PBS）开始打造自己的科学节目品牌。其间比较卓越的是儿童电视工作坊（Children's Television Workshop，CTW），通过公共广播公司上为学龄前儿童提供教育性节目促进了儿童节目的革命性变化。比如《芝麻街》（*Sesame Street*）（从 1969 年持续到现在），在这档节目中引入了一些预见性的片段。虽然经费的减少以及较低的公众意识使得儿童电视工作坊不太成功，但是儿童电视工做坊在 1974 年制作了第一档健康系列节目《感觉良好》（*Feeling Good*）。这档节目的特色是名人嘉宾以及幽默感很强的角色，它帮助人们做出明智的健康选择，并在健康饮食和锻炼方面为少数民族和经济社会地位较低的家庭提供了教育。

1980—1988 年的《3-2-1 连接》（*3-2-1 Contact*）成为美国第一档把科学思维以及科学意识作为专题的儿童电视节目。在其顶峰阶段，这档节目的观众达到 700 万人，并且在 26 个国家同时播放。它引入了年轻的主持人以及流行的乐队，在节目中 3 位年轻的科学侦探利用科学概念和问题处理技巧来解决特别深奥的问题，从而为后来的儿童教育节目设立了标准，并且对于年轻观众来说这一直是一种有效的形式。和这档节目并存的是获得了全国科学记者大奖（Science Journalism Award）的《牛顿的苹果》（*Newton's Apple*）。

20世纪90年代，也许是对儿童电视工作坊的直接回应，或者仅是因为竞争压力的增加以及有线网络激增所带来的频道容量的扩大，儿童科学节目出现了前所未有的发展。很多节目被介绍给了美国的年轻观众，包括《科学小子比尔·奈》（*Bill Nye the Science Guy*，公共广播公司）、《比克曼的世界》（*Beakman's World*，学习频道）、《咪咪旅行记》（*Voyage of the Mimi*，公共广播公司）以及《神奇校车》（*Magic School Bus*，公共广播公司）。

20世纪80年代和90年代有线电视和卫星电视的大规模扩张极大地拓展了儿童的选择权以及对信息的接触。1996年，著名的有线频道少儿探索频道（Discovery Kids）开播。它是常规探索发现频道（Discovery Channel）的副产品，把焦点放在科学、历史和空间技术上。在接下来的10年里，以科学为隐性主题或显性主题的大量儿童电视节目出现在电视屏幕上，包括《好奇的乔治》（*Curious George*，公共广播公司）、《迪亚哥》（*Go，Diego，Go*，尼克儿童频道）、《任务发现》（*Assignment Discovery*）以及《动物星球》（*Animal Planet*，学习频道）。

如今，许多原创的甚至更现代的儿童科学节目在全球范围内的联合组织中运行，并在一个或多个美国广播或有线电视频道上播出。电视节目经常有专门的互联网网站，提供互动内容和过去剧集的流媒体视频。

科学节目的乐趣

由于有观看非教育性节目的大量机会，随之而来的问题就是：儿童是否自愿观看科学节目以及即便如此，他们是否享受这个节目。这两个问题的答案都是肯定的。正如为儿童设计的任何一档节目一样，一些因素对科学节目的趣味性具有影响。儿童是眼光挑剔的评论家，因而节目呈现的类型和格式，包括节目的长度、速度，音乐的利用、动画、幽默、音效、图表、特效以及科学内容的层次，都应该最大化地满足适龄儿童的注意力和愉悦感。同样，节目制片人认为儿童注意力的持续时间较短并且喜欢那些他们可以关联起来的易于辨别的角色和故事。基于此，科学节目一般在30分钟左右，并利用儿童演员，覆盖的主题也与自然相关。此外，研究表明儿童观众更愿意自觉观看并享受那些利用新闻特写把科学植入其中的节目，而不是那些公然标榜其内容是科学的节目。

研究还表明接触不同类型的电视节目可能会影响儿童对科学和科学家的信任和态度。比如，经常观看科幻节目的儿童对科学表现出很高的喜好程度。另一方面，经常观看非教育性动画节目与对科学家的低评价存在相关性。

教授科学

相较于其他节目而言，儿童教育电视节目可以更有效地教授一些主题。比如，通过电视传授的数学和科学话题要比历史、文学或者人文话题更成功。普遍的结论是科学概念可以（通过电视节目）教授并且会被儿童观众长久地记在脑海里，但是还有其他重要的考量。

拿《芝麻街》来说。它是被广泛研究的一档儿童节目，并且研究结果支持了学龄前儿童可以从这个节目学到影响教育成功的一些技能的主张。在5岁时观看教育节目——包括《芝麻街》的常规观众，后期会在高中的科目中表现优异，包括数学和科学。尽管有这些数据，对在把预见性的片段引入《芝麻街》早期剧集的有效性的考察表明科学内容的呈现是恰当的，但是那个时候的版式设计在教授这些概念的时候不太有效。这是由于在呈现信息时缺乏一定的架构，而此后的状况有所改变。

更多的研究同样支持了节目的架构对于理解提取自电视的科学来说是重要的这种观点。

比如，当科学内容被嵌入相关情境并通过相关情境来呈现的时候，年龄稍大的儿童可以学到更多。在教授科学的时候，与利用自身的情境或者脱离情境来呈现概念相比与故事形式的情境紧密衔接的科学概念更有效。对关键科学概念的重复与图表展示以及几个不同例子的结合也被认为是有效的策略。教师或者家长引导的对科学素材的观后讨论也能促进对于信息的理解、综合以及维持。

虽然在把电视作为一种教学工具方面存在着有利的论点，但是也没有必要把电视作为课堂、实验室或者家庭互动科学体验的替代品。一些研究并不认为电视消费比高质量的心智操控或者发现式学习更可取。

榜　样

一些研究结果认为年轻男性比年轻女性对科学有更积极的态度，参加更多的科学活动，也更有兴趣从事与科学相关的职业。这种具有性别特性的行为、态度和特点与热播电视剧中的形象存在着关联。在儿童节目中的角色扮演表明同女性角色和女性科学家相比，男性角色和男性科学家均是女性的两倍。

女孩更有可能把科学家看作男性，倾向于给科学赋予一种阳刚的形象，对科学、科学家和科学活动拥有消极的态度。这种社会化类型已经成为人们关注的问题，因为电视节目非常频繁地仅展示性别角色的基本形象或者刻板形象。从《强尼探索》（*Johnny Quest*，美国广播公司）到《吉米历险记》（*Jimmie Neutron*，尼克儿童频道），对儿童节目的系统观察表明大多数角色在性别上都是千篇一律的，女性通常代表性不足且较少位于节目的中心。女性通常被描绘成实验室助手或者科学记者，成为科学专家的频率较低。鉴于儿童希望自己能像流行的同性别的名人那样，电视节目中女科学家的形象——能力强、知识渊博且富有吸引力，可以当作那些在现实生活中没有榜样的年轻女孩的重要榜样以及有关科学的信息来源。和这个看法相一致的是，一些研究结果也支持通过观看有女性角色参与的节目会给她们带来积极的影响并让她们享受科学。然而，也存在一种可能的反冲效应：在科学角色中看到女性的男孩可能会表达一种更加强化的信念——科学这个领域不适合女性。

一个与此相关的问题是以代表性不足的少数民族为主要角色的科学节目的缺乏。人们越来越意识到在以成人和儿童为受众的电视中少数民族始终没有成为科学的主角。只有到最近十余年，制片人才考虑纠正这种失衡。一些较新的儿童科学节目更加普遍地在主持人和嘉宾方面体现种族和民族的多样性，并对日益发展的交替背景和利益体现出日益增加的敏感性。比如，《蜻蜓电视》（*Dragonfly TV*，公共广播公司）给通过利用应用科学概念而得以解决的现实生活问题增加了现代图形和流行音乐，很多时候都是由女性和少数民族担任主持人。

结　论

对儿童电视几十年的研究表明，科学节目可以成功地以儿童为目标受众，增加他们对科学的学习、乐趣和鉴赏，改变他们对科学的态度。这种媒介对于影响在校生对科学的追求以及后来从事科学相关职业方面，蕴含着巨大的潜力。儿童电视节目可以教授科学内容，但是有很多因素影响着它的效果。越来越多的研究表明，为儿童准备的科学节目中的角色榜样影响着年轻观众对科学的看法。

撰 稿 人：Amy R. Pearce

另请参阅：Communicating Science to Children; Nye, Bill; Television Science

参考文献

[1] Children's Television Act of 1990，47 U.S.C. §§ 303a，303b，394，1990.

[2] HOFFERTH S L，SANDBERG J F. How American children spend their time [J]. Journal of Marriage and the Family，2001，63（2）：295–308.

[3] HUSTON A C，WRIGHT J C. Television and informational and educational needs of children [J]. Annals of the American Academy of Political and Social Science，1998，557：9–23.

[4] LAFOLLETTE M C. A survey of science content in U.S. television broadcasting，1940s through 1950s [J]. Science Communication，2002，24（1）：34–71.

[5] MARES M L，CANTOR J，STEINBACH J B. Using television to foster children's interest in Science [J]. Science Communication，1999，20（3）：283–297.

[6] Museum of Broadcast Communications.（n.d.）.Children and television [EB/OL]. [2008–07–28].www. museum.tv/archives/etv/C/htmlC/childrenand/childrenand.htm.

[7] Public Broadcasting Act，47 U.S.C. § 396.1967.

[8] STEINKE J，LONG M. A lab of her own? Portrayal of female characters on children's educational science programs [J]. Science Communication，1996，18（2）：91–115.

Citizen Science 公民科学

本词条阐述了促使艾伦·欧文（Alan Irwin）提出公民科学概念的公众理解科学领域的发展。艾伦的概念改变了公众理解科学理念的方向，从公民的视角探索科学－社会议题以及他们认为相关的东西。这种观点启发并影响了一系列正规和非正规的科学技术传播活动和项目，本词条的第二部分将对此进行阐述。

在 20 世纪 80 年代，科学共同体成员之间在公众如何看待科学上存在着一些不满。一系列主要的定量调查也表明，公众并不具备足够的科学素养以促使他们做出有关科学的明智决策。那时的另外一个趋势是，由于一系列科学危机的出现而使得公众对科学和技术专业知识信任的缺失不断增加，比如苏联切尔诺贝利核电站的辐射事故或者疯牛病暴发所涉及的科学的不确定性。很多公民意识到他们高度依赖科学和技术专家来评估、计算、衡量以及预测新技术或者特定的科学、技术、医学和环境政策的实施所带来的潜在风险和收益。

因为很多影响公民日常生活的新的危机、风险和危害都起源于科学和技术的实践活动，所以公民开始越来越怀疑科学专家。公民科学计划在启发公众对科学的兴趣以及提高和培养公众更好地理解科学方面付出了大量的努力。因而，为了更好地传播科学知识以及对公众进行科学教育，开展了一系列推广策略和活动。

这些活动背后的假设就是接受更多科学教育的公众能接受更多的科学并更好地欣赏科学的价值。从这个角度看，在有着良好教育的科学专家和未能接受很好教育的公众间存在着一个分歧，这些公众“忽视”科学并且需要专家对其进行教育。这种认定科学－社会的不对称关系的简化模型认为，公众是缺乏科学知识的。这个模型很快就受到了抨击，并被一系列批评家贴上科学传播缺失模型的标签。

对科学－社会关系进行经验主义调查的科学研究学者和社会学家发现，实际上情况更加困难和复杂。比如，一般认为有些公民出于各种原因而故意地选择不接受科学知识。所有对他们进行科学教育的努力都会付诸东流，因为他们并没有把处理科学问题当作自己的分内之事。从这点看，处理科学和技术问题应该是专家的任务。其他研究发现，专家的科学知识过于抽象而难以应用到具体的情境和当地的情境中。在这种情况下，科学专家无法把他们的专业知识应用于相应的情境中，因为他们没能把公民的本土知识融入其中。实际上，在某些情况下，公民的本土知识和情境化知识会和专家的专业知识发生冲突，专家会在公民中丧失公信力，因为他们无法提供适应当地情况的解决办法。不仅科学家没有考虑到与他们的问题相关的公民的看法和关切，而且非专家的公民在利用他们从科学和技术专家那里获得的建议时也存在问题。

这类研究的总体结论是，并不是社会公众忽视科学，而是在公众到底对科学怎么想、了解哪些知识以及科学共同体建构公众的方式被忽视了。最终结果是出现了一个被放宽并模糊了的专业知识的概念以及对公民情境化知识的价值和相关性有了一种更好的理解。

艾伦的公民科学概念

因此，英国社会学家艾伦提出了公民科学的概念来对科学和社会的关系进行考察，不仅从科学共同体的角度，而且从受到科学和技术发展影响的公民的角度。艾伦认为受到具体科学和技术发展影响的公民不应该被单纯地看作被动受众。科学不是铁板一块：它由对不同话题起作用并采用不同研究方法的五花八门的科学学科组成。同样，公众也不是铁板一块。公众的个人经历和知识、学业成就、文化背景、个人信仰、收入等都不同。科学传播的缺失模型无法对公众的异质性提出质疑，“公众”应理解为具有一系列情境化专业知识的各类公众。对专家知识和外行知识之间分歧的进一步研究，考察了科学共同体对外行知识的吸收利用。

这项研究的一个结论是，情境化的外行知识通常有助于科学知识，并可以成为科学知识的组成部分。然而，这仍然是一个非对称的过程，因为科学专家肯定还要对公民的本土知识和情境化知识进行证实以便这些知识可以进入科学领域。鉴于此，还应该注意到像查尔斯・利德比特（Charles Leadbeater）和保罗・米勒（Paul Miller）这些作者的工作。他们认为，很多没经过专业训练的热衷者在他们的爱好方面，比如在天文学、开源软件发展或者音乐制作和传播中，十分先进以至他们实际上是根据专业标准来开展这些活动的。这些所谓的专业的业余人士通常没有接受过任何形式的专业培训，但他们通常有助于专业领域的发展。

艾伦还调查了把公民不同的情境化经验和本土经验融入科学和技术专家的工作程序和实践中以让双方受益的切实可行的方式。他认为必须要考虑到科学研究成果与公民日常生活的相关性，特别是如果这些成果会影响到公民的生活。此外，严肃对待公民关切的观点以及把公民的看法作为科学研究相关起点的观点，也是缓和普通公民和科学专家之间紧张关系并拉近距离的一种方式。

科学商店作为公民科学的理想类型

艾伦提供了一个把科学商店作为公民和科学专家间互动的理想类型的案例。有很多不同种类和类型的科学商店，但是这种项目背后的基本观点是公民带着出现在其当地环境中的问题进入科学商店。科学商店的任务是把公民的这些问题转译成科学问题，并在科学共同体内寻找可以为公民提供解决方案的相关专家。换句话说，科学商店问的是“科学可以为公民做些什么”。

这种形式的科学－社会互动可以教给我们很多有关社会和科学本身的知识。比如，艾伦认为公民界定的很多问题都具有跨学科的性质，并且和科学学科的区分不相符。因而，通常难以找到具有解决来自日常生活情境问题相关专业知识的专家。此外，这个研究表明科学社群难以对参与科学商店项目的科学专家给予奖励。比如，在大多数情况下，根据公民需求而得出的成果不太可能发表在同行评议的期刊上，但是仍然需要投入大量的资源来解决这些通常十分复杂且困难的问题。

公民参与科学研究

公民科学这个术语现在也被用来描述涉及公众参与科学以及非正规科学教育活动的一系列措施。在这些基于大学和其他科研机构所开展的项目中，没有经过专业科学训练的志愿者参与到真正的科学研究之中。和科学商店的理念相比，这种互动由通常告诉非专业人员如何对研究项目有所贡献的科学专家进行指导。在大多数情况下，志愿者的工作有助于数据采集，比如为康奈尔鸟类学实验室（Cornell Laboratory of Ornithology）观察鸟类，观测当地的降雨量或者通过个人电脑提供一些计算服务。科学家将采集这些信息并加以分析，然后在科学期刊上发表研究结果。这些项目背后的理念是，参与真正的科学研究项目会带来强大的学习效果，并且让公民成为真正的科学研究的一部分可以突破仅仅来自科学和技术专家的单向传播的局限性。

然而，几乎没有研究着眼于这种公民科学项目的影响，而且对公民科学项目的评估也存在困难。同时，公民科学项目参与者的自我选择过程确保了很多志愿者已经对科学具有了超过普通公众的浓厚兴趣。

科学的公民身份的科学教育

公民科学的概念影响了很多国家的正规科学教育。科学的公民身份的科学教育这一理念的目标，是让年轻公民为在科学和技术“富足”的社会中适应日常生活做好准备。很多涉及决策的政治议题和辩论都与科学和技术理论、知识及其解释存在着关联。公民身份这个政治概念不仅意味着公民权利，还意味着公民的义务，比如参与对作为整体的社会产生影响的决策的责任。

因而，在科学教育中，科学的公民身份的方法对于公民有效地参与到科学和技术达到饱和的社会中是至关重要的前提条件，也是必要的准备。一般认为要做到见多识广并且形成个人的观点，公民就需要对社会如何塑造科学以及科学如何塑造社会产生一种看法。此外，公民需要对科学的过程有一些了解，以便于他们可以理解科学主张的可靠性和有效性是如何评估的，并且对影响其生活的科学和技术做出明智的判断和决定。这个观点认为当公民知道如何处理科学信息和知识的时候，他们将更有能力对牵涉他们生活并且涉及科学内容的议题进行参与并做出决定。

单独依靠科学家无法为社会科学问题提供双方满意的解决方案，在很多情况下，科学专业知识会遭到反向专门知识的反对。理由是科学的公民身份方法需要培养可迁移技能的通识教育，以便公民可以批判地评估有关科学的新信息并参与科学议题的决策。对公民身份的科学进行教育的各种项目也包括科学和技术如何在媒体中传播的课程，因为对于未来的大多数公民来说，媒体是重要的科学信息来源。一些科学教育专家主张帮助未来的公民在需要的时候把科学知识应用到他们个人情境中的科学教育。因此，科学课程的内容必须要有用且和学习者的生活相关，并且不仅是为那些选择把科学和技术作为自己职业的少数民族成员设计的。在这个意义上，学校的科学教育必须对科学、技术和知识生产这个新的社会情境有所反映，帮助年轻人本能地参与到科学相关的议题中。

撰 稿 人：Joachim Allgaier

另请参阅：Chernobyl；Deficit Model；Mad Cow Disease（BSE）；Public Understanding of Science；Science Shops

参考文献

[1] IRWIN A. Citizen science：A study of people，expertise and sustainable development [M]. London：Routledge，1995.

[2] LEADBEATER C，MILLER P. The pro-am revolution：How enthusiasts are changing our economy and society [M]. London：Demos，2004.

[3] PHILLIPS T，LEWENSTEIN B，BONNEY R. A case study of citizen science [M]// C DONGHONG，J METCALFE，B SCHIELE（Eds.）.At the human scale：International practices in science communication. Beijing，China：Science Press，2006：317–334.

[4] RATCLIFFE M，GRACE M.Science education for citizenship：Teaching socio-scientific issues [M]. Maidenhead，UK：Open University Press，2003.

Citizens Jury 公民陪审团

公民陪审团的发展历程可以追溯到 1971 年。1971 年 1 月以及 1971 年 3 月，来自德国伍珀塔尔的彼得·迪内尔（Peter Dienel）以及来自美国明尼苏达州明尼阿波利斯的内德·克罗斯比（Ned Crosby）各自创造了公民陪审团的模式。虽然彼时，迪内尔称之为公民规划小组（*Planungszelle*），而克罗斯比称之为公民委员会（Citizen Committee），但两者都显示出相似的理念，即与法庭陪审团类似的民主程序能够在多大程度上应用于公共政策问题的讨论，使公民能够作为陪审员参与到合理且信息通畅的讨论之中。

迪内尔创造的方法来源于两个方面的启发，其一来自他在会议中心工作时观察到许多团体之间的对话；其二来自他从自己的社会学博士学位研究中总结出的有关民主的观点。他决定采取小组的形式，小组由 20~25 名随机选择的公民组成，小组活动持续 4~5 天。迪内尔介绍一些持有各种不同观点的证人与小组成员进行交流。通常，小组成员会被分成更小的群体，以增强彼此之间的沟通了解。迪内尔的创新之一是同时在相邻的房间内就同一话题举行两个公民规划小组讨论，证人在两个小组之间穿插发言。

克罗斯比的方法来自他博士论文研究中的理论，这一理论是关于社会伦理和决策制定的。他随机选择了一群人，让群体成员能够以合理的方式讨论公共政策，在这种情况下，群体成员可以相互表达各自的关切（从伦理理性道德哲学家那里借鉴的方法）。同时，克罗斯比也意识到，许多社会心理学中的小群体研究显示出，在某些群体动力学的影响下，人们会呈现非理性行为。因此，他提出构建陪审团的形式，以尽量减少这种群体动力学的负面影响。1985年，当迪内尔和克罗斯比互相了解到对方的工作时，他们发现，分别提出的这两个方法极其相似。

根据克罗斯比和道格·内瑟卡特（Doug Nethercut）在书中（2005）的介绍，以下7个要素构成了公民陪审团的工作进程。

（1）随机选择参与者，参与者应该能够代表社区的综合意见。

（2）更大的群体（但不超过24人）更有利于审议。

（3）证人（而不是陪审团成员）应该提供高质量的信息并回答陪审员的问题。

（4）审慎优化审议程序，促进高质量的审议工作。

（5）尽量消除陪审团成员固有的偏见。

（6）努力制定公平的议程和听证程序。

（7）为陪审团审议提供足够的时间（通常为5天）。

在20世纪90年代，公民陪审团模式在全世界得到更广泛的推广。1994年，伦敦公共政策研究所（Institute for Public Policy Research，IPPR）推出了一本手册，将公民陪审团模式介绍到英国。彼时，为了保持公民陪审团程序的一致性，杰弗逊中心[①]在美国为公民陪审团注册了商标，以防止其被滥用于商业用途［杰弗逊中心（Jefferson Center）准备让任何人免费使用这种方法，只要使用人严格遵循标准程序］。然而，伦敦公共政策研究所并没有效仿商标化的模式，这意味着，在英国任何人都可以根据他们自己所设想的方式组织公民陪审团审议。最终，公民陪审团在英国得到了更广泛的推广，最乐观的估计是，超过300个公共决策事件是以公民陪审团的名义运作的。目前，澳大利亚也在以特定的形式运作公民陪审团模式，类似的过程正在世界各地蔓延开来。

今天，许多方法可能被称为公民陪审团。与原本的方法相比，这些模仿公民陪审团的方法各有不同，一些人质疑这些模仿的方法是否能像原先的公民陪审团方法那样有效。然而，到目前为止，尚没有研究人员对各种公民陪审团模式进行大规模的评估，也就没有经过比较的证据能够证明公民陪审团模式的成功。即便如此，许多人仍认为公民陪审团是审议式民主的重要工具。不过，公民陪审团的未来发展还不清晰。《审议式民主手册》（*Deliberative Democracy Handbook*）的作者约翰·加斯蒂尔（John Gastil）和彼得·莱文（Peter Levine）在其书中提到，总体来说，社会舆论对审议式方法的兴趣增长很快，但他们同时提到，目前尚不可知这一趋势究竟是可持续的，还是已经到达了顶峰即将消退。

展望公民陪审团模式在科学技术传播中的运用，一个可能的方向是尝试将不同的审议方式与公民陪审团结合起来。这些可能方式包括长期审议的方法，如公民集会，或纳入复杂的事实检查方法，如共识发展会议（consensus development

① 美国的一家非政府组织。——译者注

conferences）。这些方式可以使参与审议的公民得到帮助，以理解科学技术议题中的分歧，同时让科学家和技术人员将有价值的问题提交给公民审议。

撰 稿 人：Ned Crosby

另请参阅：Consensus Conference；Deliberative Democracy；Deliberative Polling；Public Engagement

参考文献

[1] ABELSON J，FOREST P G，EYLES J，et al. Deliberations about deliberative methods：Issues in the design and evaluation of public participation processes. Social Science and Medicine，2003，57：239–251.

[2] CROSBY N，NETHERCUT D. Citizens juries：Creating a trustworthy voice of the people [M]//. J GASTIL，P LEVINE（Eds.）.The deliberative democracy handbook：Strategies for effective civic engagement in the 21st century. San Francisco：Jossey-Bass，2005：111–119.

[3] GASTIL J，LEVINE P.（Eds.）. The deliberative democracy handbook：Strategies for effective civic engagement in the 21st century [M]. San Francisco：Jossey-Bass，2005.

Clarke, Arthur C.
亚瑟 · C. 克拉克

关于亚瑟 · C. 克拉克（Arthur C. Clarke，1917—2008）有很多不同的描述，比如一个真正的博学者、科学家和发明家、宇宙梦想家、卫星通信之父。在 90 年的生命旅程以及 70 年的职业生涯中，克拉克完成了近 100 本书的写作，包括小说类作品和非小说类作品。一直以来，克拉克致力于探索世界和宇宙的奥秘。在科学和工程写作中，克拉克开启了许多新的科学之门，特别是在雷达和卫星通信领域。通过写作，克拉克不仅启发了几代人，而且开创性地构想了地球同步卫星系统，奠定了当今全球电子通信系统的基础。

克拉克最为人称道之处是他的科幻小说，他的科幻小说赢得了这一领域的全部顶级荣誉。事实上，仅《与拉玛相会》(*Rendezvous With Rama*）一部作品就包揽了雨果奖（Hugo）、星云奖（Nebula）、木星奖（Jupiter）和坎贝尔纪念奖（Campbell Memorial）。之后，克拉克还获得了埃德加奖（Edgar Award），这一奖项以埃德

亚瑟 · C. 克拉克的照片
（由医学博士 Karl H. Anders 提供）

加·艾伦·坡（Edgar Allan Poe）的名字命名。

克拉克的经典小说作品包括《童年的终结》（*Childhood's End*）、《天堂的喷泉》（*Fountains of Paradise*）以及《3001：最后的太空漫游》（*3001: The Final Space Odyssey*）（这部作品预言了一项被称为“空间电梯”的发明——一个带有未来主义色彩的设备，有朝一日可以将人类和货物运送到“克拉克轨道”。这是克拉克众多预言中尚待实现的预言之一）。

如今，克拉克完成的图书作品以及几乎数不清的短篇故事已经被翻译成多种文字。然而，真正让克拉克在全球范围内声名大噪的却是他与史丹利·库布里克（Stanley Kubrick）合作为电影《2001：太空漫游》（*2001: A Space Odyssey*）改编的电影剧本。这一剧本根据克拉克的短篇小说《前哨》（*The Sentinel*）改编而来。美国电影协会（American Film Institute）将《2001：太空漫游》列为“有史以来的十佳电影”之一。讽刺的是，在电影播出之后，克拉克才得以抽身并最终完成了这一让他声名大噪的作品。

引人注目的科幻小说作品使克拉克成名，但科幻写作其实只是他的众多天赋之一。他的科学文章、科学发明和科学研究使其被称为“一个真正的博学者”。他的作品涉及科学、能源、海洋、环境、数学、计算机、通信、世界和平、未来主义、政治等诸多主题，并总是渗透着他讽刺式的英国幽默。在1962年创作的《未来概况》（*Profiles of the Future*）中，亚瑟·克拉克提出了著名的“克拉克三定律”，展现出这位备受景仰的大师的精神：

定律一：如果一个年高德劭的杰出科学家说某件事情是可能的，那他可能是正确的，但如果他说某件事情是不可能的，那他也许是非常错误的。

定律二：要发现某件事情是否可能的界限，唯一的途径是跨越这个界限，从不可能跑到可能中去。

定律三：任何非常先进的技术，初看都与魔法无异。

在科技界，克拉克备受尊重和赞赏，这主要得益于克拉克的科学文章。包括约翰·格林（John Glenn）在内的许多航天员都将克拉克看作第一个给予他们启发的人。1945年春天，克拉克发表了一篇论文，其中概述了一个激进的新想法。这一想法解释了3颗由火箭发射的位于地球同步轨道上的通信卫星如何能够通过地面上的基站构建一个覆盖全球的通信网络，而不需要在天空中穿梭。当年晚些时候，克拉克在《无线世界》（*Wireless World*）全文发表了其论文《地外传输》（*Extra-Terrestrial Relays*）。这一论文具有里程碑式的意义，它详细解释了地球同步轨道的轨道力学。克拉克指出，以地面为参照物，在地球表面上方约35870千米（22230英里）的圆形轨道上行进的卫星会在天空中相对地面静止不动。这是因为，位于这一精确高度的“神奇”轨道（能够使卫星运行）具有恰到好处的速度，卫星每天围绕地球行进一圈，而且这一速度能够产生足够的离心力正好抵消卫星在这一高度所受到的地球引力。只有这一种解决方案能够同时满足这一系列特定条件——没有其他轨道能满足这些特定条件。

当年，克拉克在《无线世界》发表的文章甚至不是封面文章，他仅获得了15英镑的稿费。然而，如今，克拉克的文章最终催生了一个数十亿美元的行业，现在有300多颗地球同步卫星在太空中运行。在这一特定轨道中运行的同步通信卫星每天提供超过10000个卫星电视频道、数百万电话和移动通信频道，以及全球范围内多个互联网连接频道和数据传输频道。为了纪念克拉克，国际天文学会（International Astronomical Union）将这一特殊的轨道命名为“克拉克轨道”（Clarke Orbit）。

地球同步通信卫星并不是克拉克对人类做

出的唯一贡献。第二次世界大战开始后，他进入英国武装部队，起初从事会计工作。后来，人们发现克拉克具有很强的数学天赋，克拉克被晋升为技术官员。在这一职位上，克拉克开始技术工作，其工作内容就是后来人们所说的无线电测向，也被称为雷达。他为地面控制进场雷达的发展做出了重大贡献，这一雷达系统也是当今飞机自动驾驶着陆系统的基础。这是克拉克在 25 岁时所取得的工作成果，当时他为英国雷达公司（British Radar Establishment）工作，并得到了诺贝尔奖得主路易斯·W. 阿尔瓦雷茨（Luis W. Alvarez）的指导（阿尔瓦雷茨后来成为为“曼哈顿计划”工作的物理学家之一，参与研发了原子弹）。据报道，在第一次测试中，正是克拉克建议将配备地面控制进场雷达设备的卡车安排在离降落跑道更远的地方。如果没有克拉克提出这样的建议，他和阿尔瓦雷茨几乎肯定会死于这次试验，历史也很可能将被改写。

如同艾萨克·牛顿（Isaac Newton）那样，克拉克并非出身于名门世家，他的父亲是一位农民，生活在英格兰萨默塞特。克拉克出生在英国的海滨城镇曼海德，后来搬到汤顿市并开始入校学习。年轻时代，在休斯语法学校就读期间，克拉克就表现出了数学和科学方面的特殊才能。在十几岁的时候，克拉克就已经开始进行火箭试验和光学通信试验，并且对望远镜和天文学产生了浓厚的兴趣，这一兴趣伴其终生。克拉克 19 岁时参加了英国公务员考试，并取得了极优异的成绩。1936 年，克拉克在伦敦市政府工作时，就因为数学上的奇才而为人所知，人们为他起了个绰号：“白厅（英国政府）最快的计算尺”。由于当时只有 20 岁，克拉克也是最年轻的公务人员。

第二次世界大战结束后，克拉克认识到自己必须接受更多更高层次的教育。于是他进入伦敦国王学院（Kings College，London）学习，并且快速完成了学业课程，只用了两年的时间便获得了学位，这对于一般的学生来说几乎是不可能完成的创举。1948 年，克拉克获得了学位。当时克拉克只有 31 岁，已经发表了好几篇技术文章，并拉开了科幻写作生涯的序幕。到了 20 世纪 50 年代初，在短短的几年里，他已经跃居科幻作家的前列。

许多人认为克拉克是一位坚定的单身主义者，终身未娶，但事实上，1953 年 6 月 15 日，正当职业发展如日中天的时候，经过了 3 周旋风般的恋爱后迅速求婚，克拉克在纽约迎娶了妻子玛丽莲·梅菲尔德·克拉克（Marilyn Mayfield Clarke）。玛丽莲·梅菲尔德·克拉克美貌过人，是一个大型度假村的营销总监。从许多方面来说，这一婚姻都是出乎意料的选择。玛丽莲是美国人，一个严格的长老会教徒，有着惊人的美貌，善于交际，绝对不是一个科学家或知识分子。因此，对于克拉克——一个典型的英国人，不可知论者，一位充满智慧和知识渊博的科学家，并不英俊的作家来说，这一婚姻可能并不是最好的组合。

当这对新婚夫妇搬到英国的乡村定居时，克拉克依然痴迷于写作，婚姻关系很快出现了危机。1953 年的圣诞节，婚礼结束后仅 6 个月，对宗教认识的分歧导致了两人之间明显的裂痕。1954 年 1 月，克拉克的写作生涯已经取得成功，他和玛丽莲协议离婚。这似乎很自然地开启了克拉克生活的新篇章。

克拉克后来对新的水肺（水下呼吸器）技术很感兴趣，并前往澳大利亚游览了大堡礁。从那时开始，克拉克就一直训练自己，他能在水中控制呼吸 3~4 分钟。对于那些无法期望进入太空的人来说，海洋提供了另外一个迥异的世界，并且提供了可以在地球上进行的失重体验和冒险体验。这使得克拉克专注于海洋探索，并在 20 世纪 50 年代将他的探索经历写成了好几本书。游览大堡礁后，他又去了科伦坡和斯里兰卡的西南海岸线，那里也有奇幻般的海洋世界值得探索。

因此，克拉克最终决定在斯里兰卡科伦坡定居，并在科伦坡度过了余生。在那里，他不仅从事写作，并且与一位斯里兰卡的当地人合作，共同组建并经营了“水下旅游有限公司”（Underwater Safaris），公司为游客和探险家提供水肺（水下呼吸器）潜水服务。

在 90 年的生命中，克拉克的成就令人惊叹。他在卫星通信、雷达、海洋热能转换以及其他许多方面，为我们提供了重要的开创性的技术分析。他完成了有史以来最令人难忘的科幻作品。他曾参与了几部电影的创作，特别是《2001：太空漫游》。他是一个富有天赋的运动员和潜水员，也是世界顶尖的乒乓球选手之一［这毫不奇怪，他发明了一个乒乓球机器人陪练，机器人能够以约 97 千米（60 英里）的时速发球，克拉克得以练习接发球］。克拉克两次担任英国星际协会（British Interplanetary Society）主席，获得无数奖项，其中包括伊丽莎白女王（Queen Elizabeth）和大英帝国授予的骑士爵位。克拉克的思想富有创新性，他同时也是一位具有丰富智慧和学识的高尚学者。“亚瑟·查尔斯·克拉克基金会”（Arthur C. Clarke Foundation）继续以克拉克的名义奖励世界上最具创新精神的艺术人士和科学人士。

撰 稿 人：Joseph N. Pelton

另请参阅：Satellites，Science of；Science Fiction

参考文献

MCALEER N. Arthur C. Clarke：The authorized biography［M］. Chicago：Contemporary Books，1992.

Clean Air Act 清洁空气法案

《清洁空气法案》（Clean Air Act，1963）是一项具有里程碑意义的联邦环境法，旨在减少美国的空气污染。舆论普遍认为，这一法案是 20 世纪后期美国在改善空气质量和减少健康问题方面取得的巨大成功，其通过限制工厂、发电厂和机动车辆等设备有害物质排放，改变了美国人的生产生活方式，而这些有害物质导致了烟雾、酸雨、有毒空气污染和其他空气污染的产生。这一法案产生了巨大的整体效益，拯救了无数的生命，节约了数万亿美元。即便如此，数百万美国居民仍然呼吸着受到污染的空气。空气污染、空气污染产生的影响以及公众在应对这一问题中的进展一直见诸新闻报道，特别是在城市地区。本词条将简要介绍这一应对空气污染的最重要的基础性法律。

今天广为公众所知的《清洁空气法案》实际上是联邦立法的一部分，可以追溯到 1955 年。该法案促进了有关空气污染性质及其健康影响的科学研究，并引起了地方、州和联邦政府等多个层级逐步推进空气污染控制项目。这一法案规定了六种主要类型的污染物：颗粒物、地面臭氧、一氧化碳、硫化物、氮氧化物和铅。目前，美国环境保护局（U. S. Environmental Protection Agency，EPA）认为，颗粒物和地面臭氧是对人类健康威胁最大的物质。

《清洁空气法案》由第159号公共法案和随后几年增加的若干修正案组成，国家领导人认识到，第二次世界大战后的城市化、城郊的扩展、工业发展以及车辆的频繁使用加剧了空气污染的严重程度和复杂性。法案和修正案加强了联邦环境执法力度。国家的领导者担心空气污染会对居民、农作物、牲畜以及公民财产造成损害。

联邦的第一部空气污染法是1955年颁布的《空气污染控制法》（Air pollution Control Act），该法授权对空气污染展开研究。1963年的《清洁空气法案》扩展到对污染问题监测的研究，并帮助州和地方机构制定或改进污染控制项目。1966年的《清洁空气法案》修正案增加了资助，以延续空气污染控制项目。1967年的《空气质量法案》（Air Quality Act）扩展了联邦在监督和控制国家空气质量标准方面的作用。

20世纪60年代，公民文化的变化以及环境意识的提高促使公众要求联邦政府在应对空气污染方面做出更大的努力。在1970年1月的国情咨文中，理查德·尼克松（Richard Nixon）总统提出了一系列关于环境问题的建议，其中一项建议直接促成了环境保护局（Environmental Protection Agency）的成立，另外一些建议则希望通过《清洁空气法案》加强联邦政府在治理空气污染方面的作用。1970年年底，经国会通过并经尼克松签署，1970年《清洁空气法案修正案》（Clean Air Act Amendments）正式成为法律并生效，这一修正案建立了国家空气质量管理的框架体系，这一体系一直沿用至今。

新组建的环境保护局是一个执行机构，其从公共卫生服务部（Public Health Service）中接管了法案监管职能，而此前，公共卫生服务部一直监督《空气污染法》的执行。根据新的法案，环境保护局的官员制定了渐进而全面的联邦空气质量标准，并开始履行其得以扩大的执法权力。环境保护局向各州提供了关于空气质量标准的指导，各州负责制订并实施州一级的工作计划，最终要达到国家标准。该法案的另一个重要规定在于其要求大幅度削减机动车辆的排放。

基于《清洁空气法案》，环境保护局的第一个成功案例是从汽油中消除铅（推广使用无铅汽油）。吸入的铅会对人体产生毒性，研究发现，铅会损伤大脑和其他器官；铅对儿童的影响更大，可能导致学习障碍、智商降低和其他健康问题。自20世纪70年代中期开始，环境保护局推动逐步淘汰含铅汽油。在之后的20年里，空气中和儿童血液中的铅含量水平急剧下降。

机动车、炼油厂和化学工业设施产生的空气污染，是该法案处理的另外一个主要污染问题。以机动车产生的污染问题为例，1970—2005年，美国车辆行驶的总里程增长了178%。美国75%的一氧化碳排放、超过一半的氮氧化物排放是由机动车产生的，大约50%能够导致烟雾的挥发性有机物排放也是由机动车产生的。环境保护局要求汽车制造商研发清洁发动机（更低排放的发动机），炼油厂提供更清洁的燃料。此外，污染问题严重的地区被要求建立汽车、卡车和公交车的车辆检测保养计划。今天，新车的排放量已经比1970年减少了至少90%。

1977年和1990年的《清洁空气法案修正案》加强了联邦法律控制空气污染的权威。在其他方面，这些修正案强调了对新兴科学技术的应用、污染防护的不足、酸雨以及100多个国家公园的空气能见度指标，包括优胜美地、大峡谷和大烟山公园。目前,《清洁空气法案》要求公开工业设施和其他固定污染源的空气污染监测报告。它还建立了空气质量指数，即最著名的橙色代码和红色代码，天气预报员用不同颜色来表示当地的空气污染程度，特别是臭氧污染。

围绕该法案的争议之一在于如何评估污染物造成的健康风险，并在科学研究结果尚不确定的情况下建立一个包括健康安全限值的空气质量标准。一些法案的批评者认为，对于确定一些污染物的安全水平要求并没有科学研究作为基础，如地面臭氧。然而，环境保护局的官员则坚持认为，在已知的严重健康影响和未知的健康影响这一对连续统一体之间，存在着合理和安全的标准。问题在于关键点的取舍选择。鉴于多年以来科学家对特定污染物的风险有了更清晰的了解，环境保护局根据新的证据调整了标准。

该法案要求，保护公众健康是制定空气污染标准的唯一基准，而不应基于成本和可实现性，但是，在实际操作中，设置和修订标准的过程充满了专家分歧、政治冲突和法律诉讼。工业和环境团体不断地对环境保护局提起诉讼，但是总体来说，环境保护局对健康风险和污染标准的判断已经被包括美国最高法院（U.S. Supreme Court）在内的联邦法院支持。一些批评者指责环境保护局对空气污染问题的反应过于缓慢，给工业企业、州和地方政府带来了不必要的行政负担。

除了减少空气中的铅污染，这一法案还使政府在应对全国范围内的其他空气污染问题方面取得了重大进展。例如，硫氧化物和氮氧化物也是该法案致力于控制的两种主要污染物，到 1990 年，这两种污染物排放已经大幅减少。然而，美国许多地区，特别是一些大城市，仍然在与空气污染做斗争。这些地区的一氧化碳、颗粒物和臭氧水平仍然高于国家标准，并造成了严重的健康问题。

在人口、能源消耗、车辆使用和经济活动稳步增长的情况下，美国实现了空气质量的显著改善，注意到这一点极为重要。1997 年，美国环境保护局提交给国会的报告显示，据估计，1970—1990 年，这一法案产生的累积效益在 6 万亿 ~50 万亿美元。该报告还估算，执行该法案的费用约为 0.5 万亿美元（5200 亿美元）。一些专家认为，既然已经取得了这样的成就，也就意味着美国不再需要这一法案了。然而，其他许多人则认为，实现这一法案的许多主要目标尚需几十年的时间，而特别是考虑到气候变化的影响将在未来几十年中发挥作用，空气污染的风险仍然很高。

撰 稿 人：William Allen

另请参阅：Clean Water Act；Endangered Species Act；Environmental Protection Agency，U.S.；Toxic Substances Regulation

参考文献

[1] BACHMANN J. Will the circle be unbroken：A history of the U.S. National Ambient Air Quality Standards [J]. Journal of the Air & Waste Management Association，2007，57：652-697.

[2] Clean Air Act，42 U.S.C. §7401-7626，1963.

[3] FINDLEY R W，FARBER D A. Environmental law in a nutshell [M]. St. Paul，MN：West，2004.

[4] U.S. Environmental Protection Agency. The plain English guide to the Clean Air Act（Publication No. EPA-456/K-07-001）. www.epa.gov/air/caa/peg.

Clean Water Act 清洁水法案

《清洁水法案》(Clean Water Act)，又被称为《联邦水污染控制法》(Federal Water Pollution Control Act)，是美国治理地表水（河流、湖泊、沿海水域和湿地等，不包括地下水）污染的主要联邦法规。该法案对于美国水污染控制工作产生了广泛的影响，这也意味着，对于科学传播参与者以及对美国水污染政策感兴趣的公众来说，了解这一法案很重要。1972 年，美国国会（U.S. Congress）正式通过了这一法案，法案的形式一直保留至今，这一法案从两个主要方面改变了美国的水污染控制法律和政策。首先，《清洁水法案》扭转了一个传统观念。传统观念认为，在危害性已经产生并得到证实之前，可以将污染物排入河道。取而代之的规定是《清洁水法案》禁止向河道排放污染物，除非按照政府的要求增加污水处理设备或其他设施，并获得政府颁发的排放许可证，以保护公众健康和自然环境。如今，排放企业的压力在于符合相应的排放限制和其他要求，而不再是应对公众或下游受影响用户已经证明受到的损害。

其次，这一法案将污染的概念扩展到有毒化学废物或污水的概念之外。法案对污染的定义涵盖了几乎全部人为改变国家水域完整性的行为，这一定义能够囊括水体特征的变化，如水文、河岸条件、沉积物质量情况、生物多样性等。法案展现出雄心勃勃的目标，不仅是禁止废物排放，而且是保持美国水环境的“化学、物理和生物完整性”，并且恢复原有的水体生态环境。

自从 1972 年国会通过这一法案以来，在治理某些形式的水污染方面，美国已经取得了重大进展。目前，绝大多数美国人能够享受到现代下水道管网系统和污水处理厂的服务，并已经在很大范围内消除了霍乱、伤寒等水生传染性疾病的急性暴发。工业化学品直接排放到河道的情况已经被禁止，减少了人体健康和环境质量所经受的风险。然而，这些问题都还没有被完全解决，其他一些扩散性更强但同样有害的水污染情况还未能引起足够的关注。因此，虽然《清洁水法案》确实能够称得上取得了阶段性成功，但在完全实现这一法案的目标之前，还有更多的工作要做。

历 史

直到 20 世纪中叶，美国主要诉诸习惯法（不成文法）形成有关水污染事件的法律处理方案，习惯法的法律原则是由法官通过个案的裁决而确立的。尽管个案裁决往往仅局限于特定案件的事实，但是通过众多个案裁决判例的日积月累，一个具体的法律体系逐渐演变出来。然而，依靠这种分散的决策系统解决诸如水污染这样的全国性问题依然充满困难。通常来说，主要的污染源是局部化的，但其带来的损害却能够影响更大范围的人口，几乎没有谁有足够的驱动力或资源，作为个体原告提出减少污染的诉讼。

在政府提出类似的案件诉讼时，往往很难满足严格证据要求以证明环境损害确实存在，而只有证明了损害确实存在，公众才可能获得赔偿救济。造成这一情况的部分原因在于尚缺乏必要的科学方法来证明某一污染源和损害之间存在联系。例如，在著名的密苏里州诉伊利诺伊州公共妨害案件中（1906），最高法院法官奥利弗·温德尔·霍姆斯（Oliver Wendell Holmes）发现，密苏里州无法证明通过芝加哥河“水流倒转”作用，芝加哥向下游密西西比河排放的污水与圣路易斯伤寒的发病率增加之间存在关联①。

1899年，美国国会修订了《河流和港口法案》（Rivers and Harbors Act）。这是一项旨在提供联邦援助并规范水道航行的联邦法律，这一法案要求任何可能阻碍船只航行的行为都应事先取得美国陆军工程兵团（U.S. Army Corps of Engineers）的许可。这一法案的相关条款旨在管制向河道排放垃圾的行为，其中一些条款规定，向河道丢弃垃圾或其他废料的行为可能干扰船只通行，同样需要获得许可，因此，这一法案在后来也被称为“垃圾法案”（Refuse Act）。在20世纪60年代之前，这一法案完全针对其早先设计的目的——保护航行，但从20世纪60年代开始，联邦政府运用这一条款来解决日益严重的工业水污染问题。在诸多判决中，美国最高法院（U.S. Supreme Court）裁定，这一法案的有关条款具有足够的广度，能够涵盖化学污染和物理（实质物品）阻碍等影响航行的行为。然而，在面对全国范围的水污染问题时，这一孤立的法案条款仍然显得捉襟见肘，而且很少适用。

第一部旨在专门处理水污染问题的联邦法律是1948年的《联邦水污染控制法》（Federal Water Pollution Control Act）。然而，由于不愿意对各州的土地利用和水资源政策等传统领域施加过多的干涉压力，在随后20多年里，联邦在水污染控制中的作用主要限于为建设城市污水处理设施提供联邦资金支持。1965年，美国国会修订了法律，要求各州对州际水域采取相同的水质标准，并建立了一个解决州际水污染争端的机制，尽管当时这一机制稍显烦琐。

面对不断增长的公众压力，为解决日益严重的水污染危机，美国国会在一份为1972年修正案审议准备的报告中总结道：国家水污染控制法律和相关政策“几乎在每一个方面都不够”。为此，国会几乎将相关法律完全推倒重写，并以压倒性的优势推翻了尼克松（Nixon）总统对新法案的否决意见，通过了新的法案（尼克松总统否决法案是由于他对新法案提出的联邦污水处理厂补贴价格持有疑义，并非因为尼克松反对制定一个更强有力的国家水污染控制法）。在随后几年中，尽管美国国会又通过了几条补充修正案（主要是1977年和1987年修正案），但就1972年版法律所制定的基本方法来说，其在各个方面都保持了完整性。

主要条款及要求

在《清洁水法案》中，美国国会采取了多方面的水污染控制方法。这一联邦法案并不是为了取代各州和各地方的工作，而是建立了联邦、州和地方政府之间的伙伴关系，以期解决各个方面的问题。这一法案包含了在全国范围内适用的最低原则和要求，这些原则和要求得到联邦政府的支持，因为根据美国宪法（U.S. Constitution）中的商业条款，联邦政府对美国境内的通航水域拥有管辖权力。而且，根据美国宪法的最高条款，这些最低限度的水污染控制要求还替代了与一些与之相悖的州和地方的法律。但是，在满足这些最低要求的前提下，国会还为各州和地方政府留下了相当大的调整空间，能够保证各州和地方政府根据当地条件和优先问题因地制宜地施行《清洁水法案》。

1972年的《清洁水法案》改变了美国水污染控制法，新的法案完全禁止未经许可的污染物排放，确保实现最低限度的污水处理要求（个体排放者的管道末端义务）并符合周围环境

① 20世纪初，为使芝加哥河的城市污水不继续污染密歇根湖水，芝加哥河水流方向被倒转，通过运河向南汇入密西西比河水系。——译者注

水质标准（这一标准为全部水体设定了排放目标，而且考虑了来自不同污染源的污染物）。通过一系列行政裁决、民事裁决或刑事裁决，法案中的要求得以执行，同时，任何受到影响的个人也能够对违反该法案的行为提起公民诉讼。

更确切地说,《清洁水法案》禁止任何人将任何污染物从任何点污染源（不连续或有边界的排放通道，如管道或沟渠）排放到任何通航水中。《清洁水法案》所涵盖的排放者必须获得由美国环境保护局（U.S. Environmental Protection Agency, EPA）或经美国环境保护局认证的州一级水质机构颁发的排放许可证。这一许可证制度强化了污水排放限制，也反映出来自两个方面的更严格的排放控制。

首先，所有排放者必须至少满足“技术限制”要求，对于某类设施产生的污染物，美国环境保护局会确定在使用最佳技术的情况下，该污染物能够达到的处理标准。使用同类设施的排放者应用的污染处理技术至少要与美国环境保护局确定所能达到的处理标准一样严格。先进技术的应用效果会因排放者的类型、污染物的种类和其他因素而变化，但是都在追求实现零排放的法定目标，进而完全消除通航水域的污染物排放。采取技术限制的第二个目的是国家标准的公平统一。全国各地的排污者，只要情况类似（如同一行业领域），都要满足相似或相同的污染控制要求，通过这一规定，国会防止了一种情况的出现，即不同州之间通过降低污染控制要求争夺投资，扩大就业。

其次，排放者必须满足更严格的“基于水质的”限制，以确保排放达到河道水质标准。这些标准涉及所有水域的规划用途（如游泳或其他与水接触的娱乐活动、饮用水、鱼类和水生生物保护用水等）以及保证满足上述用途所需达到的水质标准。水质标准由各州制定，但需要环境保护局审查并批准，当各州的标准无法满足要求时，环境保护局要求采用联邦标准。

水质标准弥补了基于污水处理技术的个体点源污染限定体系的不足，其能够确保流域内所有来源的累计总污染不会破坏水源的原本用途，例如，捕鱼、游泳和提供公共饮用水等。对于那些尽管实行了现有的污染控制要求，但仍然被污染的水体，法律要求各州计算在不违反标准的情况下该水体能够接收的污染总量，并在流域内对污染总量实行配给制，进而制定并实施减少污染的策略，以最终达到标准。

《清洁水法案》中的另一项规定能够让人联想到前文提到的“垃圾法案”，该项规定授权美国陆军工程兵团采用美国环保局使用的监管标准，对向美国水域中放置疏浚材料或填充材料的行为颁发许可证。这一规定主要用于保护湿地，由于人们希望将湿地转化为可供发展的干地，湿地经常遭到填充材料的破坏，但却牺牲了湿地重要的水生生态系统功能和野生动物栖息地功能。这一规定的实施是有争议的，因为这一规定适用于大量的个人土地所有者，而并非仅针对相对少数的工业设施，而且，一些土地所有者认为，拒发许可证或是颁发许可证的种种条件已经构成违宪，因为这一规定“侵犯”了他们的个人财产，违反了美国宪法第五修正案和第十四修正案。

《清洁水法案》的其他条款还关注了来自更为分散的污染源的污染，如农场和采伐场所，这些污染源被称为非点源污染，它们或是产生了污染的径流，或是产生了对水体的其他损害。最值得注意的是，尽管像前文提到的那样,《清洁水法案》在控制点源污染方面已经做出了巨大的努力,《清洁水法案》仍然要求各州采取全面的非点源污染控制计划，旨在确保这一大类污染源不会出现违反水质标准的情况。然而，与点源污染控制项目不同，环境保护局没有权力要求各种污染源采取最低限度的限制标准，而且即使认为各州工作不够充分，环境保护局也同样缺乏实施非点源污染控制项目的权力。

遗留的事项与难题

尽管如前文所述，几十年来，在《清洁水法案》的推动下，美国的水污染治理工作取得了显著进展，但是几个关键问题仍然困扰着美国水污染控制工作。首先，尽管点源污染物排放量大幅减少，但美国相当一部分河流、湖泊和沿海水域仍然不符合水质标准。此外，仍然能够经常看到来自各州的报告，这些报告是损害发生的真实指标，如渔业提示、海滩和贝类养殖场（被迫）关闭以及类似的证据，表明污染仍在持续。

造成这种持续污染的一个主要原因在于，相比于点源污染控制，法律对非点源污染的控制力不从心，而非点源污染仍是现存的造成美国水域污染的最大污染来源。类似的，环境保护局和各州更加关注减少化学污染物的排放，而一定程度上忽视了水体的物理、水文和其他方面的变化，这些变化仍然持续地对水体造成相当程度的损害。例如，一条溪流可能由于过度取水灌溉而受到损害，这一损害程度可能与直接污染相当，鱼类也可能因为疏浚河道和开凿河岸受到伤害，这一伤害可能与直接向河道倾倒废物相当。

近年来，《清洁水法案》所涵盖的水体范围的不确定性，影响了这一法案的实施。在一系列案件中，最高法院已经减少了这一法案定义的“美国水域”所包括的水体种类。通常在分歧严重的判决中（一些法官提出了反对意见），最高法院裁决认为，国会通过的《清洁水法案》只包括与通航水域具有“重要联系”的湿地和支流，也就是说，法院没有考虑其他水体在整个流域健康中的作用。然而，大多数专家认为，湿地以及更小支流的水环境健康对下游更广大水域的完整性是至关重要的。

结 语

《清洁水法案》是一部非常成功的环境法律，显著减少了向水体中排放化学污染物和生物废物的情况。然而，由于依然存在被污染的径流、水生栖息地破坏减少以及法律尚未涵盖的其他因素，美国境内许多水体水质仍然在继续恶化。因此，《清洁水法案》雄心勃勃的法定目标尚未完全实现。

撰稿人：Robert W. Adler

另请参阅：Carson, Rachel; Clean Air Act; Environmental Impact Statements; Environmental Protection Agency, U.S.

参考文献

[1] ADLER R W, LANDMAN J C, CAMERON D M.The Clean Water Act 20 years later [M].Washington, DC: Island Press, 1993.

[2] ARNOLD C A. (Ed.). Wet growth: Should water law control land use? [M]. Washington, DC: Environmental Law Institute, 2005.

[3] Clean Water Act, 33 U.S.C. §1251 et seq, 1972.

[4] CRAIG R. The Clean Water Act and the Constitution [M]. Washington, DC: Environmental Law Institute, 2004.

[5] Missouri v. Illinois, 200 U.S. 496, 1906.

[6] NOVOTNY V, BROWN P. (Eds.).Cities of the future: Towards integrated sustainable water and landscape management [M]. London: IWA, 2007.

[7] Rivers and Harbors Act, 33 U.S.C. § 403, 1899.

Climate Change, Communicating 气候变化传播

气候变化是一个紧迫的问题。气候学家把气候变化看作人类所面临的前所未有的挑战，并警告：如果我们要避免气候变化的最坏后果，就必须立即对气候变化的威胁做出反应。在促成这种反应方面，有效的传播是必要的，但是鉴于气候科学的复杂性以及当前易变的信息环境，加之高度的党派性、有目的的虚假信息以及公众的误解，除此之外，还有一些巨大的障碍需要克服。如果传播者想在有助于阻止这种威胁的决策方案和个人行为改变方面教育公众并让公众参与进来，那么，这些障碍一定能够得到成功的解决。

联合国政府间气候变化专门委员会（Intergovernmental Panel on Climate Change，IPCC）警告：如果不大幅降低人类所排放的二氧化碳，人类文明将面临未来洪灾、旱灾、作物减产、极端天气、物种消亡以及数以亿计人口迁移极大增加的风险［联合国政府间气候变化专门委员会是1988年由联合国和世界气象组织（World Meteorological Organization）联合成立的对气候变化的相关文献进行总结和评审的国际性科学组织］。气候变化不可避免——实际上，气候变化已经在发生，但是气候变化最坏的影响仍然可以通过降低温室气体排放的恰当的公共政策以及广泛采取的个人行为和商业行为而得到缓解。

鉴于以下一些障碍，对于传播者来说，就这个议题的紧迫性对公众进行告知，就政策选择以及应对气候变化的个人手段和商业手段对公众进行教育，是一项具有挑战性的工作。

（1）公众对气候变化起因和后果的理解程度并不高，而且对于缓解气候变化影响的方法措施也没有很好的认识。

（2）缓解气候变化的行动为政党性和产业领域的虚假信息宣传所阻碍。

（3）新闻报道中的公平原则使得一小部分怀疑主义者获得的发言权远远超过他们的人数或者他们证据的数量，他们观点的发表促使在公众中出现了一种实际并不存在的广泛争议。

（4）对于大多数美国人来说，气候变化这个议题在政策上的优先性还较低，在这些争议性的观念得以克服且公众对我们所面临的危险以及在避免这种风险上我们必须采取的行动有清晰的理解之前，这种情况还将持续下去。

全球机构，最主要的是联合国政府间气候变化专门委员会，呼吁立即且大量地减少二氧化碳排放。虽然美国在过去十余年里行动有些迟缓，但是奥巴马（Obama）政府和国会（Congress）通过立法、监管和刺激消费等措施在降低美国二氧化碳排放方面迈出了重要的步伐。

鉴于公众对气候变化危险的意识正在增强，公众对这些行动的反应通常比较积极。2008年秋，大多数美国人认为各级政府在解决气候变化方面都应该采取更多的措施。超过2/3的人认为气候变化正在发生，有1/3的人把气候变化看作对他们本人及家庭的一种威胁——即便他们认为气候科学家仍然存在着分歧。一半左右的美国人认为人类可以缓解全球变暖的问题，但是在这一点上还不清楚我们所做的是否是当下急需的。在那些认为国家采取减少全球变暖的行动会带来积极和消极结果的人中，超过90%认为国家应该采取行动，尽管他们很担心。

然而，很多美国人仍然认为这个问题距离他们十万八千里——气候变化的威胁只会在未来出现在离自己很远的人类身上，或者只会影响动植物，而非人类。有 1/5 的人还不确定应该相信什么，甚至有些人还对气候变化的真实性、人类行为对气候的影响或者变革的必要性持怀疑态度。

本词条回顾了美国媒体对气候变化报道的方式，聚焦于延缓了解决方案进展的因素。然后转向气候变化传播的细节，详述需要对公众进行什么教育以及如何教育。

气候变化的媒体报道

1988 年 6 月里酷热难当的一天，美国国家航空航天局（National Aeronautics and Space Administration，NASA）的科学家詹姆斯·汉森（James Hansen）对一个参议院委员会说，温室效应正在改变着气候，并且干旱和热浪将增加。这是第一次引起公众对气候变化的关注。由于他和其他科学家开始敲响这个警钟，科学记者也面临着报道一个需要重要专业知识的具有重大公众意义的全新且极端复杂的科学议题。研究表明，这些媒体人对气候变化中包含的基本科学缺乏理解，为了对此进行弥补，他们倾向于“平衡性”的报道风格，寻求气候议题的反对性声音，在 20 世纪 90 年代初，他们在获取信息方面越来越转向政客和利益集团而非科学家。因为无法对气象学家主张的有效性进行评估，他们依赖平衡性原则，在这个议题上为公众提供正反双方的观点，让公众自己决定有关气候变化风险的主张是否有效。

对媒体报道来说，平衡性报道是一个历史悠久的做法，这个原则为新闻报道增加了争议性和戏剧性。但是在气候变化这个语境下，它在公众意识中制造了一种有关争议的错误印象。媒体利用的反对性观点来自一小部分持怀疑主义的科学家，他们中的大多数受到煤炭行业和石油行业的资助。这些怀疑主义者在很大程度上游离于科学共同体的边缘地带，在媒体而非同行评议的学术期刊中宣传自己的观点。他们循环往复地夸大并歪曲研究，但是普通公众不太可能察觉到他们的曲解。

联邦政策制定者利用这些为数不多的反对声音把公众讨论以及立法行为维持在决定气候变化是否真实存在的初级阶段，因而阻止了美国应该如何应对这个问题的公共政策讨论。平衡性报道因而也使得一小部分怀疑主义者和成千上万的支持气候变化这个共识观点的科学家形成对峙状态，为这些极少数的人提供了强有力的媒体平台。另外，也有详尽的证据表明布什政府压制科学信息、弱化气候变化危险的报告以及夸大气候变化科学的不确定性水平。

当气候变化这个问题第一次出现在媒体上的时候，党派性还很微弱；但是在 20 世纪 90 年代末期，党派性开始发展起来，那时美国正在讨论《京都议定书》（Kyoto Protocol），这是由 182 个国家（不包括美国）在 1997 年签订的减少温室气体排放的协议。由于公众在直接评估科学证据方面存在困难，因而大多数人依靠他们自己信任的渠道的信息来评估气候变化危险的有效性。当保守派的声音开始对气候变化危险的存在提出异议的时候，共和党人和民主党人在这个议题上开始出现极化，而今气候变化已经成为对这两个政党进行区分的决定性议题之一。

此外，媒体报道中对怀疑主义者观点的呈现加剧了美国公众对气候变化真实性及其原因的科学争议的误解，从而延迟了对移民政策的支持以及联邦立法的通过。科学家的传播以及公众缺乏对科学方法的理解可能也有助于科学争议和辩论的公众认知。科学家强烈的倾向（基于他们的训练）是强调其科学研究的局限和不确定性，而公众从科学家的阐述中推断出的意思则是科学家间存在着分歧且他们对这个问题也不确定。实际上在一些调查中，同科学家对气候变化的真实性和起因达成一致相比，更多的美国人更确信气候变化正在发生。很多人认为只要科学家对这种危险还不确定，立法或者个体行动就为时尚早——这种立场被一些党派宣传为推迟对气候变化进行立法时所采取的一种延缓策略。在公共政策和个体以及商业实践上，制造变化是困难的，而保持现状则相对容易些。只要对争议的看法依然存在，公众的惯性就有可能会阻止这种变化。

联合国政府间气候变化专门委员会所呈现的证据明显地反驳了对争议和不确定性所持的任何论断，对 1993—2003 年发表在科学期刊中近千篇论文的综述也是如此。那些文章中没有一篇不认同气候变化是由人类行为引发的。此外，一项对气候变化“投影效果”等级以及用灾难、紧迫、比以往的想象更糟糕以及不可逆转来描述这种效果的语言进行的比较研究发现，“投影”的影响证明了这些术语的正当性，而不是怀疑主义者所认为的大惊小怪。

虽然媒体报道制造了党派分歧，但是也有迹象表明这种分歧正在弱化：2008 年两党的总统候选人都赞成通过立法来应对气候变化，怀疑主义者获得的媒体关注也减少了，保守主义的政治家和福音派基督徒在公开场合呼吁采取激进行动的人数也越来越多。随着政府和国会通过宏观的新政策来降低排放，超越气候变化是否具有人类起因并促使我们为提出解决办法而进行全面讨论的氛围已然成熟。

气候变化传播所面临的挑战

鉴于上述环境，传播者可以自问：我们需要告诉公众什么？一般来说，美国人的科学素养还不高，而对于气候变化这个特别的议题，公众在很多维度上都存在着困惑，最明显的就是臭氧层损害和气候变化之间的差别。虽然大多数美国人意识到了气候变化，但是对于很多美国人来说这只意味着他们听说过这个议题，既不了解其成因，又不了解其后果，而这两方面都有着重要的启示，下文将对此进行阐述。

在考虑需要传播什么之前，认识到人们在采用任何信息内容方面有自己的原因是至关重要的。为了成功地向受众传播信息，必须理解公众的动机以及满足公众预设的信息需求，同时还要给公众提供与他们做出正确决策相关的有效信息。公众的动机和传播者的动机存在区别：通常人们获取科学信息的目的是在社交活动中使用，满足公众应该对公共议题有所了解的社会规范，或者是这些信息因为某些原因而对个人有一定的用处。由于气候变化牵涉特别复杂的信息，其准入成本非常高，也就是说，在这方面成为专家需要花很大的精力，这也妨碍了公众积极寻求并专注于这个话题的信息。

虽然传播者可能倾向于教授公众气候变化背后的科学，告知公众这个问题的政策选择并且鼓励明智且有见解的讨论和辩论，但是十分重要的是这些目标在公众的意识里并不必然是最重要的。说服——改变人们对这个议题的看法也很可能得不到结果。

媒体可以十分有效地开展的工作就是传播这个议题的重要性：当某个议题被大量媒体报道时，公众就会认为这个议题十分重要。同时基于以下几个原因，公众极可能通过媒体报道的数量来评估气候变化议题的重要性。

（1）它牵涉复杂的科学，一般公众对此理解甚少。

（2）它有着长期且渐进的影响，任何一个单一的个体都不能轻易地觉察到。

（3）其影响是全球性的，因而距离大多数美国人十分遥远。

（4）它无法轻易地和任何一个单独的重大事件建立联系，比如卡特里娜飓风（Hurricane Katrina）。我们可以正当地说气候变化增加了诸如飓风这类事件出现的频率，但是并不能说气候变化引发了任何具体的事件。

不幸的是，在向公众传播气候变化重要性方面，让媒体具有强大影响力的这一特性也同时使得媒体不太可能对这个议题的报道持一种坚定且持续的立场：新闻媒体倾向于重大的、不连续的以及当地的事件。重大的或者异常的事件会引发媒体报道，比如和这个议题相关的政治事件，但是气温缓慢的累积性变化以及降雨不太可能成为激动人心的爆料，因而其关注度也较小。所以，这个议题并不是媒体自然地倾向于宣传的，公众也不太可能意识到它的重要性。

对气候变化成因的传播

如果人们不理解气候变化的成因，那么在评判那些抑制气候变化影响的选择上他们将会有困难。此外，研究表明当人们对事情的起因有清晰理解的时候，他们对于采取有效措施的打算会更强烈。因而，一个见识广博的人需要对温室效应以及导致温室效应的温室气体排放有所了解。

不幸的是，温室效应和臭氧消耗这两个观念在公众的心里存在着竞争：很多美国人认为正在发生的气候变化是因为臭氧空洞让更多的热量进入地球，所以气候变化这个众所周知的环境议题和臭氧空洞被混为一谈，这已经存在了很长时间。由于对其成因存在困惑，很多美国人错误地认为消除气溶胶的使用可以延缓气候变化。氟氯碳中的气溶胶的使用很早就被禁止了，因为它们导致了臭氧空洞，消除气溶胶对气候变化没有任何影响。

传播一个有用的气候变化模型仍然是一个重大挑战，美国人的科学素养不高让这变得更加困难。大约有 2/3 的公众不具备科学素养，3/4 的人无法阅读和理解那些有基本科学建构的新闻，比如 DNA、分子或者辐射。鉴于这些局限，传播者试图寻找一个一阶理论或者桥接比喻，一个可以向公众传播温室效应及其影响的清晰、简单且具体的形象。

与臭氧消耗形成对照的另外一个方面是有用的。臭氧层上的空洞获得的媒体报道要比气候变化少得多，但是公众对此的意识则很强。存在于臭氧消耗中潜在的桥接比喻可以帮助公众迅速地理解它：《星球大战》（*Star Wars*）、“战略防御计划”（Strategic Defense Initiative）、视频游戏和儿童电视节目都描述了被盾牌遏制的外部的威胁。更广义地说，天花板上的一个洞的比喻被广泛地使用且容易被任何人理解。

相反，气候变化还没有可以让公众容易且迅速地对气候变化的威胁有所了解的清晰比喻。气候变化这个术语看起来无关痛痒，鉴于气候和天气间存在着较大的混淆，气候变化可能被阐释为其危险只不过跟季节变迁一样。全球变暖和温室气体都存在着积极的含义，全球变暖就好像是说地球被一条毛毯包裹。关于全球处于烈焰中的越来越多的画面既没有传达造成这种变化的原因，也没有提出解决方案，并且会引起恐惧，下文将会讨论这个有问题的组合。传播者需要强化对一个比喻的寻找，这个比喻应该容易理解，隐含着气候变化的起因和潜在后果，阐释需要采取什么样的行动，并且能确保人们的反应是有效的。这似乎是一个不可能完成的任务，但是看看天花板上的洞这个比喻，确实包含了上面提到的各个方面。

对气候变化后果的传播：讨论危机

很多美国人仍然没有意识到气候变化的危险性后果，并且认为暖冬、漫长的夏季以及较长的生长期是有好处的。那些意识到这种危机的人也认为这些事情只会发生在未来那些距离自己十万八千里的人身上。结果，大多数美国人并没有把气候变化作为优先的政策选择。与此相比，经济、伊拉克战争、教育或者健康更重要一些——共和党和民主党都这样认为。然而，那些确实意识到这种危机的人，在个人变化以及支持积极的政策行动上意愿更强烈。研究表明，意识到气候变化是一个严重国家问题的人倾向于有下列5种观点：

（1）气候变化是真实的。

（2）他们确信这种真实性的存在（相对于那些认为气候变化有可能是真实的人而言）。

（3）气候变化对于人类来说有害。

（4）人类引发了气候变化。

（5）人类可以解决这个问题。

虽然大多数美国人现在赞同气候变化是真实的并且人类引发了气候变化，但是在气候变化的后果对人类产生严重影响以及我们有能力消除这种后果方面的理解还存在不足。

那么，传播者所做的一种尝试就是用厄运来临的警告使人们认识到这种情况的严重性。利用恐吓-刺激的信息来激发人们采取行动具有直觉的吸引力，动机恐吓模式对广泛自我保护行动的功效得到了大多数实验性研究的支持。

然而，众多作者反对在气候变化问题上采用这种模式，因为这有可能导致公众拒绝，他们会抵制、曲解或者回避这些信息。恐吓有时候甚至会让人产生无助和绝望的情绪：比如，人们可能会想，既然我们注定都要灭亡，那节约能源还有什么用？传播者有理由询问作者是否有必要采用恐吓性的内容，如果答案是肯定的，那么也应该防止这类信息产生逆火效应。

任何警告气候变化危险的信息都应该明确地提出解决方案——这些方案既可行又有效。单独的恐吓可能会有逆火效应，但是伴有解决方案的恐吓可以在公众中培育希望和决心。

气候变化传播的价值和框架

鉴于这些信息的紧迫性，传播者很容易忘记媒体使用的最重要效果就是强化既有的信仰，而不是说服和行为改变。人们有选择地利用与他们既存的价值和信仰相一致的媒体内容，而这些信仰进一步被这些内容强化。由于这个问题的党派性，有选择地接触媒体内容以及强化的效果极有可能出现在气候变化传播中。

研究表明民主党通常有强烈的平等主义价值取向，这导致他们严肃地对待环境威胁，因为这些威胁伤害了人类和其他物种，让他们无法获得适于居住的环境。相反，共和党人通常有强烈的官僚主义和个人主义价值取向，倾向于偏好传统价值和实践，并且反对政府干涉个人自由。因而，共和党人把环境法规看作较大的威胁，而民主党人则把环境危害看作较大的威胁。

当气候变化的信息框架和公众的价值保持一致时，个体更容易关注这些内容，也更容易受到这些内容的影响。由于保守主义不太可能对上文讨论的具有高风险的信息做出回应，有些传播者试图用对他们的价值观具有吸引力的信息来影响他们——强调绿色科技的商业机遇和经济机遇，能源独立对国家安全的优势，以及我们对于子孙后代进行保护的责任。

另外一个讨论框架聚焦于气候变化对公共健康带来的后果——这种危害会发生在当前的美国本土居民身上。比如，哮喘的增加、心脏病的增加以及媒介传播的疾病。用北极熊取代家里的易感人群，传播者有可能会在那些认为这种威胁遥不可及且同时从争议中的政治问题领域转移到广为接受的公共健康领域的人群中，增加这个议题的显著性。

个人行为变化是传播所面临的特殊挑战

到目前为止，几乎没有研究测量过人们在多大程度上改变了其行为方式以阻止气候变化。人们确实告诉过民意调查者他们正在改变个体行为，但是很多人坦言他们在到底该采取什么类型的转变方面存在困惑。大量有关怎么做的图书、时事通讯、博客以及公益宣传有时候也会与应该改变什么的建议彼此矛盾，希望能从不断增长的绿色消费市场中获利的广告商也进一步混淆了这些信息。给产品贴联邦政府标准标签，比如能源星项目（Energy Star program），有助于消费者对这些互相冲突的主张进行归类整理。

此外，一些最重要的行为——交通、饮食、家庭能源利用以及产品消费（即过度消费）习惯是根深蒂固的。随着美国人对于气候变化的起因和后果的了解越来越多，他们在改变个人行为方面也可能会更有动力，但是即使是最好的传播在帮助人们改善根深蒂固的行为习惯方面也只能到此为止。很多人在能够对他们的生活方式产生巨大改变之前，需要对他们目前所能得到的条件做出更好的选择（如一辆能够搭载所有家庭成员的超省油汽车）。

结　论

为了有效地告知公众气候变化的信息，传播者必须不断地强调且澄清其严重性，并同时给人们提供希望和解决这些问题的可接受的选择。用与最佳科学证据相一致的生动且具体的案例和轶事为气候变化对人类生活的影响注入活力，有可能会增加公众对解决这个问题的个人行为、商业行为和公共政策的接受程度。

公众每天面临着各种话题的众多信息，对大多数信息都是粗略地看一眼并随之忘记。为了应对这个趋势，气候变化传播应该持续且长期地呈现清晰的信息。有些教师认为重复是所有技能之母，这显然也是有效公众传播模式的一个重要组成部分。

鉴于信息的强党派性和复杂性，明智地选择信息渠道也是气候变化这个议题有效传播的一个极端重要的因素。然而，渠道是把双刃剑：著名的民主党名人［如戈尔（Gore）］的言论，离间的共和党人数量和他们说服的民主党人数量一样多。让政见迥异但在气候变化问题上立场一致的自由派和保守派代表人物南希·佩洛西（Nancy Pelosi）、纽特·金里奇（Newt Gingrich）出现在同一媒体活动中，是一种有效的方法。另外一个选择就是寻求和任何一派都不匹配的渠道，比如公共健康官员。

对公共健康活动的长期研究表明，个体行为的改变和重要的公共政策的变化很少是一步到位的。相反，改变通常都是潜移默化且需要分很多步骤的。很多观察家指出，作为一个国家，我们适应了不可持续的生活方式，但是对改变的需求是紧迫的，传播者最好认识到人们正处于变化过程的不同阶段。有些人已经高度自觉地采取了绿色的生活方式；有些人还不认为气候变化已经出现或者认为不需要任何形式的改变。

鉴于这种信仰和实践的广泛分布，如果传播者根据其目标受众的普遍观念和行为而传播信息，那么他们就需要加强其影响力。对于那些还没有意识到这个问题的群体，应该强化对风险的传播。然而，对于那些已经意识到风险的人来说，那些解释该改变什么和如何改变的信息以及改变将有效避免最坏后果的信念，可能是更有效的。

撰稿人：Connie Roser-Renouf and Edward W. Maibach

另请参阅：Agenda Setting and Science；Environmental Journalism；Public Engagement；Uncertainty in Science Communication；Weather Reporting

参考文献

［1］KOLBERT E. Field notes from a catastrophe：Man，nature，and climate change［M］. New York：Bloomsbury，2006.

［2］MAIBACH E，ROSER-RENOUF C，LEISEROWITZ A. Global warming's six Americas 2009：An audience segmentation analysis [EB/OL]. http://climatechange.gmu.edu.

[3] MANN M E, KUMP L R. Dire predictions: Understanding global warming: The illustrated guide to the findings of the IPCC [M]. New York: Kindersley, 2008.

[4] MOSER S C, DILLING L. (Eds.). Creating a climate for change: Communicating climate change and facilitating social change [M]. New York: Cambridge University Press, 2007.

Cloning 克 隆

克隆（无性生殖）是对复制人或动物的遗传物质的一系列过程的总称。在科学家的眼中，克隆是一种细胞或生物体复制的过程，将带有遗传信息的单个细胞或生物体复制成两个或更多个带有相同遗传信息的细胞或生物体。细菌、植物和动物中的无性繁殖是自然中天然存在的克隆现象，另外，克隆物质也能通过各种有目的的技术策略产生。

在关于克隆的媒体报道和公共辩论中，克隆的概念通常指人工克隆而不是自然的复制，而且这一术语主要指通过克隆程序（而不是亲本繁殖）衍生的个体。人们关于克隆，流行的刻板印象是：一个亲代的副本、年龄相仿、长相相似。

有关克隆的辩论提供了一个让我们得以观察新技术发展选择的社会意义的机会。有一些研究关注这些辩论，如克隆的概念是如何被建构的。研究表明，在第一个克隆的哺乳动物——著名的绵羊多莉（Dolly）试验成功的消息公布后，关于克隆人类的预期已经从科幻小说转变成为科学实践；同时，克隆也变得极具争议。媒体学者和社会科学家关注塑造辩论话语的杂乱无章的框架和策略，并关注这一特定技术的讨论是如何与科学在民主社会中的作用这一更广泛的议题连接起来的。本词条讨论了技术科学的发展，以及媒体和公众对于动物和人类克隆的争论。

克隆的科学与技术

克隆这一术语是在 20 世纪初被提出的。它来源于古希腊语 κλων，希腊语中的意思是“嫩枝”，意指一棵嫩枝就可以孕育一棵新的植物的过程。克隆的基本特征在于绕过有性生殖的过程。克隆的 DNA 片段能够培育产生细胞或胚胎，是分子生物学领域中的一项重要技术。克隆需要胚胎学、遗传学和生殖技术等学科的知识。克隆技术与另外两项关键技术相互补充，分别是遗传工程（遗传物质从一个有机体转移到另一个有机体）和基因组学（绘制、测序以及对组成生物体的全部遗传物质进行功能性分析）。

如今，科学家应用各种克隆策略，通过在诸如细菌那样的单细胞生物体中转移并扩增 DNA 片段，每一位生物学学生都能够克隆基因。这一方法能够产生某一 DNA 片段的多个副本，并且可以用于将某个基因引入不同物种的基因组之中。

通过分裂胚胎实现细胞克隆或胚胎克隆，则对技术的要求更加苛刻。动物胚胎学的基础研究可以追溯到19世纪末，德国胚胎学家汉斯·德里奇（Hans Driech）由分离的海胆胚胎培养出了多个个体。在20世纪初，汉斯·斯潘曼（Hans Spemann）成功地去除了蝾卵的细胞核，在细胞中，细胞核含有绝大部分遗传物质。

然后，将来自另一个早期胚胎的细胞核植入这一卵细胞中，实现了对卵细胞的再核化。在用另一个胚胎细胞的细胞核替代了卵细胞中原有细胞核的同时，斯潘曼已经开始思考使用某种特定细胞的细胞核。20世纪50年代，美国胚胎学家罗伯特·布里格斯（Robert Briggs）和托马斯·金（Thomas King）实现了这一想法，他们将处于不同发育阶段的蝌蚪体内的细胞核转移到了未受精的青蛙卵中。

促进哺乳动物成功克隆的第二项技术创新是体外受精技术。1978年，人类卵细胞体外受精技术成功孕育出第一个婴儿，从那之后，辅助生殖技术被逐渐采用。有人认为，体外受精技术的发展及其大规模使用不仅对克隆技术的能力发展十分重要，而且由于体外受精被认为是正常的没有异议的技术，体外受精得以合法化，这一合法化促使社会舆论出现了对于克隆技术的文化思考，催生了处理克隆技术应用问题的法律框架。

胚胎学家开发了核移植技术，生殖技术的精细化帮助人们获得了操作哺乳动物卵细胞的技术，这些技术的发展最终引发了显微操作技术的出现。这一技术包括，将供体细胞的细胞核转移到卵母细胞中，而卵母细胞中原有的细胞核和相关遗传物质则被清除。随后用化学试剂或电流处理含有供体细胞DNA的卵母细胞，以刺激细胞分裂。目前最常使用的核移植方法是体细胞核移植，其中供体细胞核可以来源于任何体细胞——除了精子或卵细胞。

体细胞核移植技术产生了基因组克隆：即仅在移植的细胞核中携带的遗传信息与供体亲本的遗传信息相同，而并不是全部的遗传物质组成都与亲本相同，这是因为DNA也存在于动物细胞的细胞核外部。绵羊多莉是应用体细胞核移植技术培育的第一个哺乳动物，由来自成体绵羊组织的细胞发育而来。多莉因此并不同于芬兰多塞特郡羊的基因组克隆，在多塞特郡羊的基因组克隆培育中，细胞核取自多塞特郡羊的乳腺细胞，而卵细胞则取自黑脸母羊，多塞特郡羊的细胞核被注射到黑脸母羊的卵细胞中。

在多莉之前，科学家认为，胚胎细胞分化为特定体细胞的过程是不可逆的。在经历了276次失败的尝试之后，多莉的出生证明，在乳腺细胞的发育过程中，并不存在不可逆的改变：一个已经专门用于生物体中特定角色的细胞，可以在其细胞核转移到卵细胞时被重新编写程序。

2008年，加利福尼亚的研究人员使用来自成年人皮肤细胞的DNA制造了五个人类胚胎，旨在提供可用的人类胚胎干细胞来源。胚胎干细胞具有分裂和自我更新的能力，并能够发育成不同种类的体细胞。因此，胚胎干细胞被认为是具有研究前景和治疗前景的工具。从克隆的胚胎获得的干细胞具有独特的优势，即如果患者本身是（用于培养干细胞的）体细胞的供体的话，那么，在由该干细胞培养出的器官移植后，患者的身体不会产生排异反应。

另一项研究是将成体体细胞“再编程”，使其形成一种与胚胎干细胞类似的细胞，即所谓的诱导多能干细胞。2009年，通过将单个基因植入成体细胞的基因组，这一想法在小鼠中得以实现。再编程成体细胞避免了对人卵母细胞的需要，并且不必使用真正的胚胎干细胞，因此，规避了人类卵子捐赠、将胚胎用于研究目的等相关的伦理问题。

一些科学家尝试寻找人类卵母细胞的替代来源，他们也正在研究制造人类–动物混合胚胎（通常被称为杂交胚胎），在英国，随着2008年《人类受精和胚胎学法案》（Human Fertilisation and

Embryology Act）生效，这一技术已经合法化。

动物克隆

显微操作技术的发展促成了莫利（Molly）和麦甘（Megan）的诞生，这两只羔羊由胚胎干细胞的细胞核克隆发育而来。1996 年，在苏格兰爱丁堡的罗斯林研究所（Roslin Institute），显微操作技术成功实现了成年体细胞的细胞核移植，创造了克隆羊多莉。多莉出生于 1996 年 7 月 5 日，当创造多莉的科学家将这一研究成果发表在科学期刊《自然》（*Nature*）上后，多莉立即成为头条新闻。

伊安·维尔穆特（Ian Wilmut）和同事合作完成的文章计划于 1997 年 2 月 27 日发表，但一位科学记者和英国《观察家报》（Observer）于 2 月 23 日便打破了新闻封锁，该记者从一个准备播出的电视片中获得了这一消息。在几个小时的时间内，多莉获得了世界的关注，这样的关注一直贯穿于多莉 6 年的生命之中。2003 年，克隆羊多莉死于呼吸道感染。它的身体标本目前在苏格兰爱丁堡的国家博物馆（National Museum）中展出。

多莉不是第一个克隆的哺乳动物，但它却得到了全世界科学界和媒体的关注，原因在于孕育多莉的胚胎细胞核来自成年绵羊完全分化的体细胞——一个成熟动物的细胞，该成体的特征是已知的。从那时起，研究人员在实验室或畜棚之中从相应动物的成年体细胞中克隆了小鼠、牛、兔、猫、猪、山羊和犬等，包括 Polly（另一只诞生于爱丁堡的绵羊），Snuppy（韩国，犬），Uschi（德国，牛），Copy-Cat（美国，猫）和 Injaz（阿联酋，骆驼）。但是，在每 100 次尝试中，只有 1~2 个能够存活的健康后代，动物克隆的安全性和效率仍然很低，流产、死胎、畸形和发育异常是非常常见的。

克隆动物的主要目的在于家畜的基因改良，兼具了医学目的和商业目的。通过将人类基因移植到动物体内，科学家创造出了转基因绵羊、转基因山羊和转基因牛，在这些动物的乳汁或血液中，产生了人类蛋白或抗体。转基因动物也可以用作糖尿病和异种器官移植等疾病研究的模型：在未来，转基因猪可能可以向人类患者提供器官，如心脏、肝脏和肾脏等。

动物克隆也用于创造更高产的动物，因此转基因动物可能更具商业价值。其中一个例子是克隆高品质育种公牛，可以增加从特定亲本动物（供体）获得的精子数量。通过创造一个遗传基因相同的双胞胎，私人公司也可以提供已故宠物猫或宠物狗的替代品。

克隆人

克隆能够在人类中自然发生，其存在形式为单卵双胎，也被称为同卵双胎。单卵双胞胎来源于单个受精卵，因此它们拥有相同的基本遗传基因构成。当然，它们并不是像文字所暗示的那样完全一模一样。就创造或复制一个人的意义来说，人类克隆的想法已经在神话、宗教话语和流行文化中存在了相当长的时间。20 世纪 60—70 年代，在普遍的科技乐观主义背景下，科学家提出了人类克隆，并将其作为一种具有潜在收益的选择，提出人类克隆的科学家包括诺贝尔奖得主乔舒亚·莱德伯格（Joshua Lederberg）和詹姆斯·D. 沃森（James D. Watson）等。

20 世纪末，克隆羊多莉的诞生改变了人类克隆的可能性，将其从科幻小说变成了科学实践。对于将细胞核替代技术应用于人类细胞后发生的情况，人们做出了区分，为研究使用而创造的人类胚胎细胞（最终会被毁掉）不同于将该项技术用于人类生殖。

治疗性克隆指通过体细胞核转移技术克隆一个人类胚胎，进而从中分离出胚胎干细胞并用于治疗，这一技术的应用并不涉及通过将胚胎植入子宫而产生遗传上相同的个体。在很大程度上，治疗性克隆也被称为研究性克隆，用以表明这一技术的治疗性前景尚不明朗。与治疗性克隆相反，生殖性克隆则在使用体细胞核转移技术克隆人类胚胎后，将其植入女性的子宫，使女性怀孕。

支持生殖性克隆的主要原因是扩大生殖的可能性。克隆技术支持者对治疗性克隆和生殖性克隆的区别提出了挑战，他们辩称，生殖性克隆是试管授精技术的延伸，并且也是治疗不孕不育症的方法，因此是一种治疗性克隆疗法。在多莉诞生之后，出现了许多有意克隆人类的消息。1997 年 12 月，美国物理学家理查德・希德（Richard Seed）宣布，他准备开展人类克隆，目的是为不孕不育的夫妇生产孩子。2001 年 3 月，肯塔基大学（University of Kentucky）生殖生理学荣誉教授帕诺斯・扎沃斯（Panos Zavos）和因帮助绝经后妇女怀孕而成名的意大利生育专家塞维里诺・安蒂诺里（Severino Antinori）共同举行了一次媒体活动，宣布了他们克隆人类的计划。

2002 年圣诞节刚过，拉耶尔教派（Raëlians）（一个相信人类生命是由外星人创造的宗教教派）在一场加利福尼亚州好莱坞举行的媒体发布会上，宣布了一个名为伊娃（Eve）的克隆婴儿降生的消息，拉耶尔教派的科学导演布里吉特・布瓦瑟利耶（Brigitte Boisselier）成为这场发布会的焦点。2004 年，扎沃斯教授再次公布了一次胚胎移植，而胚胎是从一名已故儿童的身体组织克隆而来的。

为了回应扎沃斯于 2004 年发布的消息，14 位英国科学家联名发表了一封公开信，他们在信中呼吁新闻记者停止报道那些未经证实的有关人类生殖性克隆的消息。但不同于布瓦瑟利耶或希德，扎沃斯有一些科学证据，因此应该被认真对待。问题是，对于科学记者来说，并没有简单的方法来了解某人是否成功地完成了人类克隆的尝试，并且，在每一个案例中，这些“特立独行”的信息公告都得到了全球新闻界广泛的报道。

2004 年和 2005 年，韩国研究人员黄禹锡（Woo Suk Hwang）及其同事发表了有关创造人类胚胎干细胞和由体细胞建立干细胞系的工作，这一工作是突破性的，也是有关人类克隆的消息第一次得到一本高质量科学期刊的同行评议。然而，两项工作的结果都被证明是捏造的，两篇科学论文也均被撤回。此外，韩国首尔国立大学（Seoul National University）成立的调查委员会还发现，黄禹锡逼迫其实验室的年轻成员捐赠卵子以用于克隆实验。

媒体与公共辩论中的克隆

关于多莉的辩论

在电影和流行书籍中，动物和人类克隆已经出现了 100 多年，而当今大多数关于克隆的新闻报道则以多莉的诞生作为克隆出现的参考时间点。从一开始，关于多莉的报道就不仅局限于讨论动物克隆。许多学者认为，多莉出生后引发的激烈辩论表明，克隆羊的出现明确表明人类克隆已经为时不远。引发情绪激烈的辩论的原因正是这种对于人类克隆的设想，而非动物克隆的事实。

克隆的消息具有新闻价值，这是因为其与根深蒂固的神话想象以及流行想象相联系：对人类克隆前景的想象中交织着吸引力与恐惧、科学家和政治家等利益相关者的角色、科学机构的宣传策略以及人类与生俱来的（潜藏于动物本性之中的）对于名字和图像的兴趣。在人工造人的故事中、对《圣经・创世纪》的神话想象中、对流行小说和电影——特别是科幻题材故事的想象中以及对所有相关故事的想象中，都体现着“扮演上帝”主题的悠久历史，已经揭示了克隆议题引起反响的原因。关于克隆，这些已经确立的文化表征成了辩论的框架。

印刷媒体和电影中的克隆

总体来说，与基因组学一样，有关克隆的媒体报道受到特定媒体事件以及独立科学家发布公告的影响。然而，关于克隆的辩论是生物医学范畴内典型的媒体话语热点，因为在很大程度上，这些辩论由具有一定地位的参与者引发，诸如科学家和政府领导者。各种发言者提出不同的论点和立场，试图建构这一辩论。科学传播学者追踪了许多立场界限的划分，发现其中最主要的立场界限包括动物和人类之间的界限、独立科学家和科学机构之间的界限、将胚胎作为细胞集合的理性观点与将胚胎作为潜在人类的观点之间的界限以及生殖性克隆和治疗性克隆之间的界限。

埃里克·詹森（Eric Jensen）将1997—2004年英国精英媒体的报道与1978—2003年拍摄的流行电影进行了比较，发现了两个尖锐的话语差别：新闻话语将克隆描述为未来希望之一，并表现出未来能够治愈疾病的乐观态度，尽管目前技术尚不成熟。而电影叙事则将克隆建构为本质上危险的、经常被像弗兰肯斯坦故事中那样的科学怪人操纵的行为，人类生殖克隆最终将被用于破坏性的目的。埃里克总结认为，辩论引发了、合法化了并且复制了对治疗性克隆不加批判地全盘接受的观念，将治疗性克隆作为治疗方法和希望所在，同时使得人们对生殖性克隆产生了恐惧。

这种选择分离，是为了将某一种选择与另一种被认为是不道德的选择分离开，从而合法化一个良好的、没有伦理问题的选择。这是在关于技术创新的辩论中常用的划分界限的策略，并且已经被用于有关基因治疗案例的辩论。

布里吉特·奈里其（Brigitte Nerlich）和戴维·克拉克（David Clarke）的研究证实，通过运用隐喻，关于克隆的新闻报道强化了科学和科学家的刻板印象。将克隆称为产品或拷贝，引发了进一步推论，比如将克隆作为达到目的的手段，或克隆儿童供消费者选择。在一些优秀的文学作品和流行电影的介绍中，如玛丽·雪莱（Mary Shelley）的《弗兰肯斯坦》（*Frankenstein*）、奥尔德斯·赫克斯利（Aldous Huxley）的《勇敢新世界》（*Brave New World*）以及电影《从巴西来的男孩》（*Boys from Brazil*）和《丈夫一箩筐》（*Multiplicity*），充斥着有关打开潘多拉盒子的争论，就像历史文献中对优生学和种族灭绝的争论一样。

流行电影中的灾难场景建构了公共政策辩论，在辩论中，生殖性克隆被视为威胁因此必须被禁止。多萝西·尼尔金（Dorothy Nelkin）和苏珊·林德（Susan Lindee）认为，从20世纪60年代起，人类克隆已经与基因工程和人工创造生命联系在一起，而这两者正是恐怖电影和科幻作品中经常出现的主题。遗传决定论开始盛行：人的个性和行为被简化为一个人的基因。诸如《千钧一发》（*Gattaca*）这样的电影，展示了面向宗教或其他价值观的社会，转向一个将社会个体简化为由基因构成的社会。后来才有一些其他清晰的尝试，并制造出了另外一种想象，比如2003年，德国和加拿大联合制作的电影《蓝图》（*Blueprint*），提出克隆也许是一个可以接受的生殖选择。

然而，在大多数电影和新闻报道中，出现了各种反对人类生殖性克隆的观点，这些反对观点主要关注于克隆技术的可行性、克隆对心理健康的影响（特别是当面对失去独特性的风险时）以及克隆对整个社会的影响，例如，对优生学的恐惧、家庭结构的解体或是出现反乌托邦式的社会，即越来越多的人是为了满足特定目的而被制造的。关于克隆的伦理辩论集中于胚胎的道德主体地位：早期的人类胚胎是否应该被视为人？

克隆的支持者认为，在这些反对意见中，只有宗教或道德方面的担心可能是确实存在的。

支持者认为，那些宣称克隆不会成为真正选择的人们低估了市场的力量，也低估了个人渴望的力量，而这两者都是应用克隆技术的背后推动力。

琼·哈兰（Joan Haran）和同事所做的研究显示，在英国精英媒体中，流传着对于宗教和其他集体行动主义的负面认识，这意味着这些精英阶层实际上已经被从传统大众中驱离出来，而且在一定意义上，精英阶层已经被定位于反对预期的公共利益的角色。然而，在美国的话语体系中，宗教团体被认为与生物医学监管的相关讨论相关性更强。

根据个人对“科学在社会中的作用”这一问题的研究立场，媒体学者和社会科学家试图对辩论进行解释。科学共同体试图通过审查有关科学家在辩论中设置的议题范围来维护自己的权威，这一行为招致了一些媒体学者和社会科学家的批评。包括英国科学媒体中心（Science Media Centre in the U.K.）在内的一些科学机构也开展了相应工作，以反对一些独立（异议）科学家的言论，并希望能够确保公众对人类生殖克隆的反对不会干扰治疗性克隆的应用及其经济价值。

其他学者则将治疗性克隆和生殖性克隆的界限归因于媒体本身，这些媒体受到利益驱动，如果政府政策支持治疗性克隆应用，媒体将有利可图。然而，另外一些学者则强调，需要更好的充分的政治讨论和伦理讨论来克服现存的偏见，这些偏见将克隆与优生学、对上帝的亵渎和人类个性丧失联系在一起。这些学者认为，对人类克隆的认识应该基于科学事实，而非来自文学或电影。

马特·尼斯贝特（Matt Nisbet）和布鲁斯·莱文斯坦（Bruce Lewenstein）对美国报纸媒体有关生物技术的报道进行了纵向分析，结果表明，总体上有关生物技术报道的取向是积极的，强调了科学进步和经济前景，但是20世纪90年代末，有关克隆问题的辩论偏离了这一趋势。研究人员将这场辩论描述为一场危机，其中有关伦理问题和不同意见的报道数量急剧增加。在其他研究中，苏珊娜·普瑞斯特（Susanna Priest）认为，这些争议并不在于科学事实或对科学事实的解释，也不在于其中暗含的政策倾向，而在于应用某些技术所带来的伦理问题。关于多莉的争论改变了媒体生物技术报道的框架，将有关伦理问题的争论完全纳入框架之中，另外，媒体的报道很大程度上都限定在这一框架之内。这也意味着，媒体的报道将会维持现有的力量分配，而不会打乱它[①]。

研究者认为，无论是乐观的印刷媒体的言论，还是大众电影中并不和谐的情景画面，都体现出有关这一问题的公共讨论日臻贫乏，并且破坏了充分沟通、基于理性的理想化辩论情境，理想情境下的辩论应该有助于在考虑生物医学进展的情况下，处理有关社会期望的种种问题。虽然关于克隆的辩论拓展到关于科学监管、科学在塑造社会中的作用等更为深远的议题，但这一辩论也充分暴露出现存的问题，那就是缺乏切合实际的、独立的科学评论。

公众认知

有关公众认知的研究显示，公众对人类克隆存在着大量的反对意见。在多莉出生之后，针对美国和英国公民的民意调查显示，公众认为应该将人类克隆列为非法行为，大多数记者、伦理学家和政策制定者也持相同的观点。此外，研究还揭示了一种深刻的矛盾，公众一方面相信科学的力量，但同时又并不信任科学及其监管体系。公众对于克隆可能造成的威胁——身份、个性、人类尊严以及道德不可接受性给予了广泛的关注，但很少或根本没有分析过克隆对人类意味着什么，或是究竟是什么使人们在

① 媒体报道将会继续呈现对不同意见的关注并呈现克隆议题的伦理争议。——译者注

道德上心生反感。

尽管人类生殖克隆可能是一项有益的工作，但由于公众认为其有一种脱离社会控制的趋势，人类生殖克隆依然被公众拒绝接受。在回应公众的矛盾态度以及不信任情绪时，科学家和政治家应专注于运用媒体传播的力量，媒体既是导致公众对科学信任下降的原因，也是解决这一危机的潜在方法。

结 语

关于动物克隆和人类克隆，存在着两种截然不同的观点。虽然用于医疗和商业目的的动物克隆正在获得越来越多的合法性，但人类克隆仍然面临着众多争议。人类克隆被区分为治疗性克隆和生殖性克隆，进而治疗性克隆得以与对人类复制的恐惧和担忧区分开来，取而代之的，治疗性克隆与通常在基因组学话语体系中出现的治愈疾病的希望这一特点联系起来。

尽管在再生医学的未来图景中，治疗性克隆已经占据了中心位置，但是生殖性克隆仍然与科幻小说中的反乌托邦的形象相关联。这一领域的研究重点已经从完全克隆人类转变为克隆过程的显微操作，从细胞中去除细胞核的操作已经转变为多克隆位点的操作。

撰 稿 人：Simone Rödder

另请参阅：Gene；Maverick Science and Journalism；Science Fiction；Stem Cell Controversy；Watson，James D.

参考文献

[1] ALCIBAR M. Human cloning and the Raelians：Media coverage and the rhetoric of science [M].Science Communication，2008，30：236–265.

[2] HARAN J，KITZINGER J，MCNEIL M，et al. Human cloning in the media：From science fiction to science practice [M]. London：Routledge，2008.

[3] Horst M. Cloning sensations：Mass mediated articulation of social responses to controversial Biotechnology [J]. Public Understanding of Science，2005，14：185–200.

[4] HWANG W S，RYU Y J，PARK J H，et al. Evidence of a pluripotent human embryonic stem cell line derived from a cloned blastocyst (retracted) [J]. Science，303：1669–1674.

[5] Hwang W S，Roh S，II Lee B C，et al. Patientspecific embryonic stem cells derived from human SCNT blastocysts (retracted) [J]. Science，2005，308：1777–1783.

[6] JENSEN E. The Dao of human cloning：Utopian/dystopian hype in the British press and popular films [J]. Public Understanding of Science，2008，17：123–143.

[7] KLOTZKO A J. (Ed). The cloning sourcebook [M]. New York：Oxford University Press，2001.

[8] MAIO G. Cloning in the media and popular culture [J]. EMBO Reports，2006，7：241–245.

[9] NELKIN D，LINDEE M S. The DNA mystique：The gene as a cultural icon [M]. New York：W. H. reeman，1995.

[10] NERESINI F. And man descended from the sheep：The public debate on cloning in the Italian press [J]. Public Understanding of Science，2000，9：359–382.

[11] NERLICH B，CLARKE D D. Anatomy of a media event：How arguments clashed in the 2001 human cloning debate [J]. New Genetics and Society，2003，22：43–59.

[12] NISBET M C, LEWENSTEIN B V. Biotechnology and the American media: The policy process and the elite press, 1970 to 1999 [J]. Science Communication, 2002, 23: 359–391.

[13] PRIEST S H. Cloning: A study in news production [J]. Public Understanding of Science, 2001, 10: 59–69.

[14] SILVER L M. Thinking twice, or thrice, about cloning [M]//A J KLOTZKO (Ed.). The cloning sourcebook. New York: Oxford University Press, 2001: 61–69.

[15] Stanford Encyclopedia on Philosophy. “Cloning”: http://plato.stanford.edu/entries/cloning.

[16] WILMUT I, SCHNIEKE A E, MCWHIR J, et al. Viable offspring derived from fetal and adult mammalian cells [J]. Nature, 1997, 385: 810–813.

[17] WILMUT I, TUDGE C, CAMPBELL K H. The second creation: Dolly and the age of biological control [M]. Cambridge, MA: Harvard University Press, 2001.

Cold War Rhetoric
“冷战”修辞

第二次世界大战“如闪电一般”结束时，1947年，橡树岭科学家协会（Association of Oak Ridge Scientists）的约瑟夫·拉什（Joseph H. Rush）观察发现，战争使科学有了“政治上的趣味”，并使科学家对政治产生了兴趣。这些兴趣表现在关于“冷战”的修辞中，这些修辞定义了之后40多年的大部分公共话语。各种各样的事件标志着“冷战”的开始，比如，1945年8月6日和9日，日本广岛和长崎原子弹爆炸；日本在原子弹爆炸不久之后宣布投降。1947年3月，杜鲁门（Truman）总统在对美国国会（U.S. Congress）发表的讲话中阐述了杜鲁门主义，对希腊和土耳其展开援助；同一年，乔治·F. 肯南（George F. Kennan）的《匿名外交部备忘录》（*Foreign Affairs*）出版，主张美国采取遏制苏联的对抗性政策。这种种事件或者事件之间的某些联系也许可以说明，“冷战”的起源证明了修辞在美国外交政策中的重要性。虽然没有人能够对核武器在实质上的重要性提出异议，但是为诸如投降行为、向盟国提供援助等诸多事件赋予意义的，是修辞所发挥的作用。

修辞学起源于公元前6世纪，彼时西西里岛的锡拉丘兹（Syracuse）暴政刚刚被推翻，而修辞学则被看作一种关于说服的实用技巧。推翻暴政之后，民众发现自己陷入了一个复杂的情况——民众有权自由地做出自己的决定，但他们不确定应该如何选择。在接下来的几十年里，修辞学开始出现并日臻成熟，无论在审议公共政策、立法机构制定法律方面，还是在法庭解决法律适用性的争议时，在仪式性场合就事件、领导、社区价值等发表祝词或谴责时，修辞都成为一种重要技巧。在这些情境下，演讲者试图通过他们自己的专业知识（精神），通过他们评估和吸引观众感情的技能（情感），并通过在合理而强有力的逻辑证据基础上建构引人注目的信息（理性）来影响受众。这些根源演变成为修辞传统的基础，基于这样的基础，演讲者（以及后来的作家）会考虑情境的动态性和语境的动态性，准备其想要传达的信息，并通过合适的信息传播渠道以影响受众。

2500年之后，修辞学依然包括说服话语的展现及其分析，但与此同时，修辞学的意义和用途也得以显著扩大。因此，在20世纪的最后25年，“冷战”修辞的学术研究时兴以来，研究关注了倡导者的论证模式、语言选择、对意识形态的诉求、叙事学和神话的运用、公开演讲的技巧以及其他诸多方面。除对公共政策协商话语这一传统的话语修辞学评估之外，学者还研究了电影、大众文化、隐蔽和公开行为、小册子和社会运动等媒介中的修辞使用；研究还涵盖了修辞在建构社会现实中的作用及许多其他议题。然而，尽管对“冷战”修辞的探索研究越来越多样化，但任何科学技术百科全书里都会反复出现一个主题：科学逐渐成为政治话语的中心，在政治生活中，科学家扮演的角色变得越来越重要。两个方面的事实能够阐明上述观点：其一，20世纪40年代出现了科学家运动；其二，某些总统在政治修辞中运用了科学。

科学家作为“冷战”修辞学家

美国使用原子弹标志着“冷战”的开始，即使这一观点还存在不少异议，但下面的观点可能就没有多少分歧了——原子弹引发了科学家对政治的集体兴趣，推动了20世纪40—50年代的科学家运动。尽管绝大多数参与原子能科学研究的人（大多数研究显示，约有90%参与原子弹的科学家）在第二次世界大战后立即团结起来，要求站在国际主义的立场上促进核能的利用，并促进将核能的利用限制在民用领域，但科学家运动不是一个统一的集体行动。在“冷战”早期出现了一些新问题，对这些问题的关注消解了科学家运动创立初期的团结，这些问题包括：科学在军事规划、忠诚计划、民防中的角色，原子弹和氢弹试验造成的遗传后果等。

科学家运动的两个不同派系——理想主义派和现实主义派最终占据了运动舞台的中央，争夺科学家同行以及美国公众的关注和支持。战争结束之后，理想主义者立即得到了广泛支持。在1946年两次重要的立法争论中，通过一次精心策划并得到良好执行的运动，理想主义派获得了支持。1946年，梅－约翰逊议案的失败以及麦克马洪议案的通过，都可以从中找到理想主义派的作用，前者支持在战后发挥强大的军队角色，以控制原子弹，而后者建议确保将原子能限制在民用范围。

第一波理想主义运动的情况显示，科学家新发现了对政治议题的兴趣。运动的三个维度反映了科学家从实验室转向政治领域的能力：他们认识到教育公众有关原子核知识的重要性，认识到自身在教育过程中应该发挥的作用，以及了解自己所应该采取的信息传播策略。虽然现实主义派的主张不同于理想主义的观点，但随着“冷战”的持续发展，为了实现自己的修辞目的，现实主义派采取了与理想主义派相同的技巧。

对公众的教育过程从地方一级的组织开始，这是合乎逻辑的。“曼哈顿计划”（Manhattan Project）旨在研发原子弹，而该计划所包括的国家实验室遍布全国各地。伴随着科学家在政治角色方面的重要性越发清晰，一些科学家团体开始涌现，例如，芝加哥原子科学家协会（Atomic Scientists of Chicago）、洛斯阿拉莫斯科学家协会（Association of Los Alamos Scientists）、橡树岭工程师和科学家协会（Association of Oak Ridge Engineers and Scientists）、剑桥科学家协会（Association of Cambridge Scientists）等。在当时，这些团体认识到它们的潜在力量根源于团结，因此这些地方团体更广泛地扩展自身的联系网络，首先是原子科学家联合会（Federation of Atomic Scientists）的成立，最终演变成为美国科学家联合会（Federation of American Scientists）。一旦组织起来，科学家便组建发言（宣传）机构，赞助系列讲座，并请科学家撰写相关的科学文章，针对公众开展知识传播，这些文章通常发表在《读者文摘》（*Reader's Digest*）、《周六文学评论》（*Saturday Review of Literature*）、《美国新闻和世界报道》（*U. S. News and World Report*）以及《纽约时报杂志》（*New York Times Magazine*）等流行期刊上。更多的专业学术期刊也开始出现，促进科学家间相互学习，同时也面向潜在的意见领袖提供专业信息。《原子能科学家公报》（*Bulletin of the Atomic Scientists*）创建于1945年12月，迅速成为该领域中最为引人注目的报刊，并逐渐发展成为原子科学家眼中“有良知的期刊”。教育目标一旦确立，意见基础日渐巩固，言论修辞的注意力便转向了组织成员在教育过程中的作用。

最终，他们承担了公民科学家的工作，在塑造战后的社会组织形态方面，这一工作被证明是极为重要的。对于形成一种与政治事务相关的社会思潮来说，极为关键的第一步是科学家克服自己和美国公众之间的分裂状态。造成这一分裂的部分原因是科学家缺乏在公众之中的存在感，科学家在自己的工作中使用公众难以理解的复杂语言，并形成了一种避世隐居的形象。为了克服这种分裂，理想主义派的战略家首先寻求建立科学家的可信度，使科学家成为公众人物，然后寻求公众和科学家相互之间的身份认同。通过在公众中以及政治领导人中构建科学家的专业气质、专门知识和道德责任，科学家运动建构了科学家群体的可信度。公民科学家成功地宣传了梅-约翰逊法案和麦克马洪法案，这很大程度上归功于他们提升群体身份认同的技能，这一身份认同的提升来自他们自己的价值观、愿望以及他们试图说服的决策者。

联合会常设委员会的科学家与国会议员进行了小范围会面，并发表了公开演讲，展示了三个有影响力的科学家群体特征。他们表现出对国会的尊重，表明他们不想为自己谋求控制力或权力，并将公共利益置于首位。总之，他们肯定了其他社会方面的价值观，并有说服力地辩明了科学领域和非科学领域之间存在着文化意义上共同的联系。一旦公众和政策决策者将公民科学家视为他们共同价值观的盟友，科学家团体面临的挑战就变成了在这一价值观的指导下创造和提出一些信息，以支持同一个世界的世界观（理想主义者在国际主义的立场上倡导限制核武器）。

此外，当第二次世界大战的盟友刚刚发现已经彼此对立的时候，语言就立即定义了他们的新角色。例如，美国领导人继续将反对苏联的国家称为“盟国”，而与苏联步调一致的国家则被称为俄罗斯的“附庸”。类似地，理想主义派的战略家清楚地知道，他们对问题的界定以及对目标的描述密切关乎他们所持的主张获取成功的预期。因此，在战争刚刚结束之后，他们将和平作为其信息传播的中心，并将发展和科学定义为保障和平的重要工具。例如，洛斯阿拉莫斯科学家协会的物理学家罗伯特·奥本海默（J. Robert Oppenheimer）和罗伯特·威尔逊（Robert Wilson）就表示，和平是事关“合作还是毁灭”的选择。而奥本海默、威尔逊以及他们的同事所支持的合作就包括利用科学和技术进步的资源来促进和平。

在20世纪40—50年代的美国，“进步”作为一个具有说服性的词语，有着已经不能再被夸大的至高力量。从大萧条到第二次世界大战，经过了近20年的牺牲与奉献，公众渴望能够享受到战后科学和技术发展所预示的物质利益。因此，一家电器制造商的全部印刷和电子媒体广告几乎都带有这样的口号：“通用电气，进步是我们最重要的产品。”科学家也认识到“进步”对于公众的吸引力，并将进步定义为科学家工作的基本价值。奥本海默在《星期六文学评论》的一篇文章中写道，科学发现内化着研究者对和平的承诺，因为在一个科学和技术被用于战争的世界中，“不仅科学家的偏好和品位处于危险之中，他们信念的实质也通常面临危机：这一信念的实质在于，普遍认可知识、科学力量和进步的绝对价值”。而且，在理想主义者看来，和平与进步依赖于科学探索的国际合作，包括与战后美国的对手合作。

然而，随着“冷战”的加剧，理想主义派对世界共同控制核研究的呼吁受到诸多打击，问题颇多，特别是当1/3的核科学研究与战争相关时。此外，科学家从事间谍活动所带来的启示，以及其他人对于向外方披露研究情况的否认，暴露了理想主义者的弱点。从轻来说，理想主义者的形象是极为天真幼稚的，从重来说，可能是极为危险的。

尽管如此，公民科学家并没有从政治话语中消失。相反，理想主义者被现实主义者接替，而现实主义者对“科学在‘冷战’中的作用”这一问题的认识明显不同于他们的前辈。尽管与理想主义者的思想认识存在实质性分歧，但现实主义者使用的修辞显示出两派在运用说服策略和方法方面有着明显的相似之处。像理想主义者一样，现实主义修辞也强调可信性、和平和语言使用，尽管二者表达的内容不同。他们构建了一种诉求，旨在经过间谍丑闻后，重建科学家的可信性。

因此，现实主义者的任务并不是为了在公共事务中创建一种科学的社会思潮，而是要向公众保证，科学家也同样认识到，在“冷战”的背景之下，要警惕来自对手的恶意。但是，这并不意味着其态度倾向于发动战争，现实主义者（同理想主义者一样）也表达了对和平的承诺。只是，现实主义者不同意“合作或毁灭”的说法，而是认为军事力量是确保和平的最佳方法。现实主义者也并没有拒绝科学技术在追求进步方面的重要性，而是力促这样一个观点——科学技术研究最重要的结果是保证国家在军备竞赛中立于不败之地。与此同时，科学家成为战后政治文化中有影响力的角色，他们在实验室中的工作成果越来越在主流政治话语中凸显出来。关于这一点，也许没有比总统修辞更为明显的例子了。

总统修辞中的科学

在任何一篇对“冷战”修辞的评述中，总统的讲话都是核心。从哈里·杜鲁门（Harry Truman）开始，一直延续到乔治·H. W. 布什（George H.W. Bush），东西方的紧张局势渗透到每次总统的外交政策讲话和决定之中。决策来源于总统会议的审议讨论，而科学发现则是审议讨论中必不可少的组成部分。原子能和空间探索两个领域既相互独立又相互关联，成为两个重要的科研成就，反映了科学在“冷战”修辞中的中心地位。正如在科学家运动中，修辞在目的、论据等方面具有的多样性一样，即使各派之间的话语习惯存在着相似之处，也并不存在唯一的“冷战”总统修辞模式。相反，仅从现有的对杜鲁门总统、艾森豪威尔（Dwight Eisenhower）总统、约翰·肯尼迪（John Kennedy）总统和罗纳德·里根（Ronald Reagan）总统等的研究中，就揭示出他们使用了广泛的主题，并且尝试了很多可以评估效果的表述方法。

当然，从某种意义上说，杜鲁门的重要性来自其所处的历史时期，在他主政美国白宫期间，各种事件聚集在一起，欧洲战场和太平洋战场的战争宣告结束。但也因如此，他认识到美国在战争与和平中发挥领导力的重要性，也认识到言论力量与政策制定之间的关系。宣布发展原子弹、对杜鲁门主义的解释、对科学在战后外交中的作用阐述以及对技术在转变国内文化中的重要性说明，只是众多例证中的四个例子，但已足以反映杜鲁门对言语修辞的认识。核问题也影响了艾森豪威尔的修辞，但太空时代的到来使得科学与政治之间的联系比杜鲁门所能想象的更为复杂。尽管从评价演讲者的角度来看，艾森豪威尔只能算是小有声望，但他绝对称得上一个宣传领域的大师。在1953年发表的《原子能与和平》（Atoms for Peace）的演讲中，艾森豪威尔表现出了极强的概念化能力，既明白需要表达什么，也明白需要如何表达，这一演讲既阐述了和平时期原子能的潜在作用，又警告苏联不要低估美国的意志。1957年，艾森豪威尔发表了关于科学和安全的重要演讲，旨在减轻苏联发射人造卫星给美国公众带来的恐惧。在1961年的卸任告别演讲中，艾森豪威尔提醒，伴随着20世纪科学技术的快速进步，“军事与工业复合体”能够在很大程度上实现。

1962年，肯尼迪在任期初始就经历了古巴导弹危机的考验，进而在指导1963年《禁止核试验条约》（Nuclear Test Ban Treaty）的谈判中表现出了老练的“冷战”外交技巧。另外，肯尼迪曾宣布美国将在20世纪60年代末实现“人类登月计划”，也证明其所具有的预见性。太空计划被誉为潜在的无可限量的科学研究资源，在“冷战”说服策略中使用太空计划的例子也同样数不胜数。里根总统就提供了一个例子，他将太空研究与核武器政策合并，为了便于阐述“战略防御计划”[①]（Strategic Defense Initiative，SDI），在1983年的电视演讲中，里根向全国观众阐述了“战略防御计划”的目标。他问道：“如果自由的人民能够安全地生活，知道自己的安全不是基于‘如果遭受苏联打击，美国将会立即采取报复行动’的话语威胁，而是在苏联的战略弹道导弹打击到我们的家园或我们的盟国之前，我们就可以将其拦截或摧毁，我们的生活将会怎样？”里根的愿景提供了一个替代方案，不再依赖于“合作”或“毁灭”之间的口头准则，而是暗示美国要“通过力量实现和平”，并要有能力防御其他国家的核武器。

也许可以预见，批评者会嘲笑里根的国家防御计划像科幻小说那样不切实际，而里根的支持者则将这一政策视为天才的灵光闪现。无论是哪一种观点最终被证明是完全正确的，里根提出的“国家防御计划”概念都使得科学在总统演讲中的作用达到了自杜鲁门以来的巅峰。仔细阅读总统们的讲话可以发现，尽管不同总统对科学、技术、外交事务和国内政策等问题的看法确实存在重大差异，但他们的话语中都有一些反复出现的主题，其中包括有关“冷战”总统修辞的一些惯用话语或是论证体系。当然，并不是所有“冷战”期间的总统都采用了相似的言论或政策，但正如理想主义科学家和现实主义科学家在倡导不同的论点时都注意到了类似的话语挑战一样，不同的总统也都会回到共同的主题。作为第一个面对核时代挑战的总统，杜鲁门的修辞提供了一个合适的视角，我们可以通过这一视角洞悉这一主题在总统修辞中的出现和演变历程。

1945年8月6日，在从波茨坦会议（Potsdam Conference）返回美国的途中，国务卿亨利·史汀生（Henry Stimson）向杜鲁门汇报了一条消息，指出在之前一天，美国已经投下了第一颗原子弹。杜鲁门随即发表声明，宣布了这一对日本广岛的毁灭性攻击，这也为杜鲁门当局就有关核能议题的公共话语所采取的策略以及其话语修辞的方针埋下了伏笔，在随后，这一修辞方针经常定义总统关于技术创新的评论。杜鲁门最初的目标致力在国际主义立场下控制核能，只要与苏联达成一项带有可核查承诺的协议，这一目标就可以达到。然而，越来越多的怀疑和忧虑开始出现，担心苏联有关控制核武器进展并不完全真实，这很快导致了一场精心策划的运动，并将核力量作为美国“冷战”外交政策的一个组成部分。和平是首要目标，而现实存在的苏联威胁也要求杜鲁门通过军事力量维护和平。但是，因为这样的修辞表述容易激发起美国公众的“核恐惧”，所以杜鲁门还同

① “星球大战计划”。——译者注

时致力于另一方面工作，即为利用原子能提供定义——原子能并非是一个因其在日本释放的破坏力而被记住的功绩，而是一种具有无限潜力的自然力量，并且可以造福人类。

杜鲁门公开承诺对原子能进行国际管控，承诺与其他国家共享科学知识，并承诺一旦达成令人满意的军备控制协定便着手裁减军备，确凿的证据表明，杜鲁门的这些承诺都是真心实意的。然而，战后世界格局的现实很快要求在制定政治决策时选择另一种应用核能的方法。因此，杜鲁门提出了直接与核优势相关的外交政策，这一政策成为艾森豪威尔的“原子能为和平服务”战略和里根的“通过军事力量实现和平”战略的前身。

杜鲁门修辞中的四个典型特征体现了这一政策。首先，在其政府关于原子能时代美国政策的思考中，杜鲁门明确了和平处于中心地位。比如，在费城的吉拉德学院（Girard College）讲话时，杜鲁门提道：“长期以来，我们所付出的努力以及美国政府所付出的努力，都是致力世界的福祉与和平，而不是为了破坏世界。世界的和平，就是我们工作的目标。”杜鲁门的批评者很快注意到，原子弹在广岛和长崎造成的死亡并没有体现这一目标，杜鲁门反驳称，他和顾问团队已经深思熟虑过这一问题，并比较了在广岛和长崎造成的死亡数量以及尽快结束战争能够拯救的日本人和美国人的数量。杜鲁门称，这是他作过的最困难的决定。但他也认为，世界已经看到，在战争中发明的破坏性技术转变成了在和平时期推动进步的发动机，而且他确信这一转变将会重复发生。

在提出的第二个主题中，杜鲁门辩称，苏联的顽固态度是存在的唯一障碍，影响了世界各国共享美国在原子能方面所取得的成果。1946 年，一个由来自美国、英国、加拿大、法国、中国和苏联的领导人组成的委员会讨论了国际核能控制的问题。美国提出，一旦形成有效的国际管制制度，美国就会停止制造原子弹，销毁现存的核武器，并向相关国际机构提供有关原子能科学和武器生产的详细知识。只有苏联对这一提议持怀疑态度，要求选择性否决其他国家掌握核相关信息的提议。这种要求不仅表明了达成国际协定的障碍，而且也预示着外交关系中逐渐增长的敌对、紧张和保密态度。直到 1949 年，苏联自己的核武器研制成功，军备竞赛全面展开。

为了回应苏联对合作控核的抵制，“冷战”总统修辞的第三个特征浮现出来。杜鲁门把美国比作慈善的守护者、平等的领航人，负责带领西方国家立于科学研究的前沿。他发誓要领导盟友取得“实验室战斗”的胜利，就像他们在空中、陆地和海洋战斗中取胜一样。虽然杜鲁门受到共同利益的激励，根据自己的需求追求技术成就，但他也更加致力于使用科学来促进并维护自由。正如 1950 年杜鲁门在乔治·华盛顿共济会纪念馆（George Washington Masonic Memorial）发表的外交政策讲话中所指出的，美国的信念，“提升了几代人的勇气和希望。同时，通过科学的进步，世界各国已经被共同的人类命运团结在一起。今天，相比于历史上的任何时期，我们的安全和发展都更紧密地与其他国家的自由和自治联系在一起”。

这样的表述使苏联注意到美国将在国际事务中引领重要的技术发展，但同时，杜鲁门在广岛公告中做出的和平承诺也要求他阐明原子能的国内应用价值。在杜鲁门剩余的总统任期中，他至少在四个方面推动了这一承诺：将核能研究与自然科学研究联系起来，特别是与太阳能联系起来；将原子能描绘成为现有国内技术的延伸，例如，与保证农业生产的水能资源相提并论；调整核能时代的利益预期，使之与国家未来的承诺相一致；将科学活泼化、生动化，像谈论人类的某种特征一样谈论科学技术。正如 1948 年杜鲁门访问美国科学促进会（American Association for the Advancement of

Science）时谈到的：“相比于其他方面，我们对诚实和不妥协的科学常识之需要超乎一切……（科学）方法的特点是开放的心态、诚实和毅力，最重要的是，坚定追求知识和真理的热情。”

通过给单调枯燥的科学赋予活泼的气质，杜鲁门不仅预设了艾森豪威尔、肯尼迪和里根等几届总统的总统修辞，而且还预设了修辞学研究本质的重大变化。到20世纪50年代，核能时代主题已经出现在流行文化的形式中，比如迪士尼工作室（Walt Disney Studio）的作品《原子，我们的朋友》（*Our Friend the Atom*），诸多科幻小说作品以及电影作品。相比于科学家运动以及总统话语中的修辞倾向，在这些文化形式中能够运用更多的“冷战”修辞。但是，即使修辞的功能和使用范围发生了变化，理解修辞的出发点也是一直稳定不变的，那就是，确定信源（传播者）如何通过适当的媒体，概念化（定义）信息并传递信息，以适应具体的情境或语境变量，并对受众产生影响。

撰 稿 人：David Henry

另请参阅：Manhattan Project；Nuclear Weapons；Oppenheimer，J. Robert；Rhetoric of Science；Space Program，Overview

参考文献

[1] BOSTDORFF D M. Proclaiming the Truman doctrine：The cold war call to arms [M]. College Station：Texas A&M University Press，2008.

[2] BROCKRIEDE W，SCOTT R L. Moments in the rhetoric of the cold war [M]. New York：Random House，1970.

[3] GADDIS J L. The cold war：A new history [M]. New York：Penguin，2005.

[4] LANGSTON T S. The cold war presidency：A documentary history [M]. Washington，DC：CQ Press，2007.

[5] MANN J. The rebellion of Ronald Reagan：A history of the end of the cold war [M]. New York：Viking，2009.

[6] MEDHURST M J.（Ed.）. Eisenhower's war of words：Rhetoric and leadership [M]. East Lansing：Michigan State University Press，1994.

[7] MEDHURST M J，BRANDS H W.（Eds.）. Critical reflections on the cold war：Linking rhetoric and history [M]. College Station：Texas A&M University Press，2000.

[8] MEDHURST M J，IVIE R L，WANDER P，et al. Cold war rhetoric：Strategy，metaphor，and ideology [M]. East Lansing：Michigan State University Press，1997.

[9] OSGOOD K. Total cold war：Eisenhower's secret propaganda battle at home and abroad [M]. Lawrence：University of Kansas Press，2006.

[10] PARRY-GILES S J. The rhetorical presidency，propaganda，and the cold war，1945–1955 [M]. Westport，CT：Praeger，2002.

[11] Public Papers of the Presidents. The American Presidency Project，University of California，Santa Barbara：www.presidency.ucsb.edu.

[12] WITTNER L S.Confronting the bomb：A short history of the world nuclear disarmament movement [M]. Stanford，CA：Stanford University Press，2009.

Colonizing Other Worlds 太空殖民

无论是在有关星际探索的官方话语体系和社会舆论中，还是在科幻小说的情境中，殖民其他星球的想法一直存在，并且贯穿整个太空探索时代。对于殖民外太空的想法，人们通常提出的理由是：履行人类使命，遵从人类生物学上的需要，将地球的生命散播到整个宇宙之中，将经济发展拓展到太空空间，并保护人类免受全球灾难的威胁。

太空殖民化的最主要支持者来自太空探索倡导团体以及航空航天工业。而殖民其他星球所面临的挑战则包括以下几个方面：空间运输以及空间基站运行成本高昂，还没有充分了解不同程度的重力变化对人类和其他生物造成的影响，以及需要重新考虑新的人类社会应该如何在非地球陆地的环境中运行。美国政府的空间政策一直避免使用“殖民化”一词，因为其含有消极的含义。然而，殖民化仍然是空间探索倡导者中一个常用的流行术语，经常与“定居点”一词共同出现。

21世纪，空间探索的倡导者继续促进太空飞行，太空飞行被视为满足一种生物的必然需要，太空飞行还被作为将美国自由企业私有财产主张、资源开发和商业发展权利扩展到太阳系及更广泛空间的手段。大众媒体倾向于复制这些观点，却很少分析这些观点的意识形态基础以及其在技术和经济等方面的合理性。

历 史

20世纪20—40年代，空间探索倡导者提出并推动了征服、开发和殖民外太空的想法。其中最著名的当属苏联太空飞行理论家康斯坦丁·齐奥尔科夫斯基（Konstantin Tsiolkovsky）、美国火箭制造商罗伯特·戈达德（Robert Goddard）和德国的维尔纳·冯·布劳恩（Werhner von Braun）。齐奥尔科夫斯基受到19世纪末俄罗斯神秘主义哲学家尼古拉·费奥多罗夫（Nikolai Fyodorov）的影响，他相信人类命中注定要离开地球并拓展到太空。

在早期倡导空间殖民化的人中，还包括科幻小说作家奥拉夫·斯塔普莱顿（Olaf Stapledon）和火箭设计师克拉夫特·艾克里克（Krafft Ehricke），前者声称人类应该对其他行星进行殖民并利用其资源为地球利益服务，后者则声称人类的命运应当拓展到整个宇宙。20世纪50年代，一些著作的出版也进一步传播了殖民其他星球的想法，比如记者威利·李（Willy Ley）于1959年出版的《太空征服》（*Conquest of Space*），以及发表在《科利尔》（*Collier*）杂志上的一系列连载文章《人类将会征服太空》（*Man Will Conquer Space Soon*），太空艺术家切斯利·博尼斯戴尔（Chesley Bonestell）为图书和连载文章绘制了插图。迪士尼公司（Walt Disney Company）也为这一思想的普及发挥了作用。

20世纪60年代，美国和苏联的人类航天计划和登月竞赛将公众的注意力集中在人类向太空拓展的想法上。20世纪70年代，殖民太空的想法得到了物理学家杰拉德·K. 奥尼尔（Gerard K. O'Neill，1927—1992）的大力推动，当时其正在普林斯顿大学（Princeton University）任教。奥尼尔向未来主义者、航空航天领域的专业人士、公众乃至美国国会（U.S. Congress）介绍了其在外太空建立人类殖民地的想法。奥尼尔构想，在地球和月球之间的平动点上建立一个悬空的大规模人类殖民地，在月球上设立一个采矿的前哨基地，为太空中的人类社区生产建筑材料，并在太空中建设一个太阳能发电基站，为太空中的人类社区提供燃料。在当时，对于人口快速增长、有限的地球资源、逐渐减少的化石能源供应和环境退化等问题的担忧在公共话语中占有显著位置，因此，从某些方面来看，奥尼尔提出的在太空中建设人类殖民地的想法似乎是有吸引力的。

从那时起，美国政府制订了若干项将人类活动扩展到太阳系的计划，包括1986年国家空间委员会（National Commission on Space）的报告，1989年乔治·布什（George H.W. Bush）总统的空间探索计划（最终并没有得到政府基金资助）和2004年小布什（George W. Bush）总统提出的“空间探索愿景”。在2008年的总统选举中，民主党议员批评小布什的“愿景”是另一个得不到充分资金支持的计划。

与此同时，航天界和大众媒体——电影、电视、流行杂志、书籍以及电脑游戏继续发挥着关键作用，维持并普及太空殖民的想法。在品类繁多的关于太空殖民的媒体产品中，下面列举的仅是其中很少的一部分:《冲出宁静号》（*Serenity*，电影）、《太空堡垒》（*Battlestar Galactica*，电视节目）、金·斯坦利·罗宾逊（Kim Stanley Robinson）的《红火星、蓝火星和绿火星》（*Red Mars*，*Blue Mars*，*and Green Mars*）系列丛书和“光晕”（*Halo*，视频游戏）。为品类繁多的有关太空殖民议题的媒体产品编撰目录显然超出了本词条的范围。在公众中，殖民其他星球的想法一直颇为流行，这可能也表明公众支持在太阳系中扩大人类的生存空间。当然，这也可能只是一个简单的现象，表明大多数公众觉得思考一下人类在地球以外的空间生活的场景是有趣的。

理论基础

殖民外太空的普遍理由是追求人类文明的保存和永恒。例如，天文学家和公共科学家卡尔·萨根（Carl Sagan，1934—1996）就倡导一种观点，即人类必须在地球之外的环境中建立定居点，以确保当地球遭到彗星或小行星撞击时，不会对地球及其居民带来毁灭性的破坏（萨根曾经说过，相比于“太空殖民地”，他更喜欢“太空城市”这一术语，以避免“殖民地”一词带来的负面含义）。另外一些人支持建立太空殖民地的理由是应对地球快速增长的人口。当然，只有在人们认为人口增长不受约束的情况下，这一理由才说得通。

行星工程是一个由太空殖民的支持者开发的术语，用于描述使用技术手段改变其他星球物理环境的想法。另外一个专业术语——外星环境地球化则被用于描述行星工程的某一特定形式，即对另外一个星球的物理环境进行工程改造，使其像地球环境一样适合人类居住。

行星工程和外星环境地球化的概念主要被作为思考星球环境演变的工具。无论是行星工程还是外星环境地球化，其所需要的技术条件远非当今人类的技术水平所能及，而且人们既无意愿也根本负担不起相关技术开发所需要的巨大投资。此外，行星工程或外星环境地球化可能危及地球之外原有的生命形式，如果这些生命确实存在的话。对其他星球进行改造所涉及的工程伦理学问题也是一个值得考虑的主要因素。

太空殖民是人类与生俱来的遗传倾向，或者说，太空殖民是人类命中注定之事，这些想法其实更像是一种信仰而并非事实。当然，无论如何，这种信仰是广泛存在的。历史学家将对地球和外太空的探索和殖民视为一种文化现象而不是生物现象，也就是说，探索和殖民化是特定时期特定地点的产物，与彼时语境下的社会、经济和政治环境密切相关。现代（17—20世纪）的探索是为了扩大商业利益，提出政治主张以及显示军事力量。在21世纪，为在太空中拓展人类存在而采取的一系列征服和开发行为，可能是合适的或可行的，但也可能不是。

将地球经济发展到太阳系，会衍生法律、道德和其他诸多相关问题，除了被一个小规模的空间法专家团体讨论过的部分问题，还有大量的问题尚未得到讨论，比如对地外空间资源归属权的主张问题、太空中的私有财产权问题以及太空商业活动的法律监管制度条件等（见下文“法律与政策”相关内容）。

意识形态

太空殖民通常被构建为一种实用性行为，但事实上，它包含的意识形态因素与实用性因素不相上下。在美国的文化叙事中，疆界开拓、不断进步、天赋使命、自由企业以及坚固的个人主义等思想尤为突出。这种关于“美国代表着什么”的叙事故事构成了美国例外主义的理由。它提供了一种美国式的信仰体系，一种意识形态。这种意识形态将美国人建构为独立的、开拓性的、机智的、创造性的和特殊的。它确立了自由民主和资本主义市场经济是建构国家政治经济的唯一可行形式。

太空殖民是事关人类命运的问题。这一想法基于一种假设，人类天生就有探索自然的基因，有能力和权力掌控自然。这一信念深植于一种想法的中心，那种想法认为，为了人类利益，外层空间正是等待被征服和利用的前沿阵地。而嵌入这一（太空是等待征服的疆域）概念中的假设是，人类对自然（包括宇宙）拥有且本就应该拥有支配权。

在倡导太空殖民的国家叙事中，美国的太空倡导运动和倡议已经有效运用了这种国家叙事所维系的价值观和信念。所谓的太空倡导草根团体，如火星协会（Mars Society）、国家空间学会（National Space Society）、太空研究所（Space Studies Institute）和空间前沿基金会（Space Frontier Foundation）等，都得到特许，以促进将人类社会扩展到太阳系的想法的传播。

L5协会（L5 Society）是国家空间学会（Space Studies Institute）的先驱，成立于1975年，旨在推动太空殖民化，当时这一协会得到了普林斯顿大学物理教授奥尼尔的支持（见上文所述的“历史”部分）。《空间殖民化》（*The Colonization of Space*）是奥尼尔完成的有关这一主题的第一篇论文，发表在1974年9月的《今日物理》杂志上。奥尼尔采用了“高空疆界”这一术语，将外层空间描述成为一种可供开发和定居的环境。在里根政府时期，这一术语被太空军事的倡导者借鉴，将他们眼中的近地空间描述成为需要被武装化的领地。

1977年，奥尼尔成立了太空研究所，推进他的太空殖民化议程。20世纪80—90年代，该研究所就一些议题进行了研究并举办了相关的研讨会议，这些议题包括太空能源与材料、月球和小行星工程材料以及到达所谓的“高空疆界”的方法。1988年，一些将殖民太空作为天赋使命的倡导者创立了空间前沿基金会，以推动太空殖民议程。火星协会成立于1998年，也同样倡导太空殖民。

政府修辞

因为“殖民化”一词具有消极的含义，所以美国政府关于空间探索的修辞特别避免使用“殖民化”，而是更倾向于使用“定居点”或“前哨基地”。尽管如此，在过去50年中，无论是开拓疆土的隐喻，还是强调发展的意识形态，以及对美国例外主义的信念，都广泛流行于政府关于将人类活动扩展到太空的修辞表述以及支持者团体的修辞宣传中。

罗纳德·里根总统任命的国家空间委员会制定了空间探索的长期发展目标，并完成了

《开拓太空边界》(*Pioneering the Space Frontier*)报告，这也是该委员会完成的最后一份报告。该委员会断言，人类注定要在其他星球定居，并将自由企业制度扩展到太空。乔治·布什政府在其关于民用太空项目的官方修辞中，论述了将人类活动扩展到太空边界的必要性，克林顿政府的太空政策延续了人类不可避免地拓展太空的观点，小布什政府继续奉行了一项议程，即通过“空间探索愿景”，将空间资源纳入地球上的经济领域。

法律与政策

1967年，联合国（United Nations）通过了《关于各国探索和利用包括月球和其他天体的外层空间活动所应遵守原则的条约》(United Nations Treaty on Principles Governing the Activities of States in the Exploration Including the Moon and Other Bodies)，通常被称为《外层空间条约》(Outer Space Treaty)，这是人类空间活动的基本法律框架。根据这项条约，为了良好愿景和“所有国家的共同利益”，我们应该探索并利用外层空间，外层空间应该是“全人类的共同领域”。条约规定，空间探索和发展应该在“遵循国际法”的前提下开展，所有国家都可以“自由进入”所有“天体”。条约禁止“通过使用、占领或以任何其他方式”对空间的“任何部分”主张主权并施行国家占有。条约缔约国有义务对该国政府或非政府组织实体实施的“国家活动”承担责任。

《外层空间条约》没有具体涉及太空中人类的前哨基地、定居点或殖民地，但是为其运作提供了一个法律框架。对于管理太空中的人类定居点来说，一个管理制度可能是必要的。一段时间以来，空间法律及政策方面的专家一直在就一个问题展开辩论，即这一条约是否以及如何影响太空中的商业运作、地外资源归属权主张以及人类在太空的长期活动。国际空间法研究所[International Institute of Space Law，国际宇宙航行联合会(International Astronautical Federation)的一个分支机构]和联合国和平利用外层空间委员会(U.N. Committee on the Peaceful Uses of Outer Space，COPUOS)是空间法研究的智库[联合国和平利用外层空间委员会有两个常设的附属委员会：科学和技术分委会(Scientific and Technical Subcommittee)和法律分委会(Legal Subcommittee)]。在全球范围内，一些大学也聘有空间法和政策方面的研究专家，或设立了相关的研究机构。

大规模、长期的人类太空定居点还遥不可及，远远超出了支持者可能预想的未来时限。空间运输费用高昂，关于太空技术发展的法律、监管和伦理道德等方面的问题尚须进行深入的全球对话，这些问题都是长期存在的障碍。对太空殖民来说，即使并非根本无法实现，但也至少可以确定其进展一定极为缓慢。

撰 稿 人：Linda Billings

另请参阅：Astrobiology; Space Program, Overview

参考文献

[1] BILLINGS L. Ideology, advocacy, and space flight: Evolution of a cultural narrative [M]// S J DICK, R D LAUNIUS (Eds.). Societal impacts of space flight.Washington, DC: National Aeronautics and Space Administration, 2007: 483-500.

[2] CLARKE A C. (Ed.). The coming of the space age [M]. New York: Meredith Press, 1967.

[3] LEY W. The conquest of space [M]. New York: Viking Press, 1959.

[4] O'NEILL G K. The high frontier: Human colonies in space [M]. New York: Morrow, 1977.

[5] PYNE S J. Seeking newer worlds: The future of exploration [R]. Sarton Lecture, American Association for the Advancement of Science, Denver, CO, 2003. www.public.asu.edu/~spyne/FUTURE.pdf.

[6] SAGAN C. Pale blue dot: A vision of the human future in space [M]. 1st ed. New York: Random House, 1994.

[7] United Nations treaty on principles governing the activities of states in the exploration and use of outer space, including the moon and other bodies, commonly known as the outer space, 1967: www.oosa.unvienna.org/oosa/SpaceLaw/outerspt.html.

Communicating Science to Children 面向儿童的科学传播

儿童是科学传播中一些最具争议的话题的中心。无论是疫苗接种、气候变化，还是营养、基因遗传学或数字媒体等议题，与科学、健康和技术议题有关的新闻报道通常都带有儿童的图片。但是毫无疑问，这些报道所面向的受众其实是成年人。当然，除了新闻媒体的报道，大量的科学传播也是针对儿童的，至少在学校中确实如此。学校中传播的科学知识显然并不像科学新闻中的知识那样富有争议，学校中的科学知识是如此稳定，几十年（甚至几个世纪）都不过时。

本词条的标题可能多少有些太过说教的意味，但从许多方面来看，这一定义也是实事求是的。当科学传播的对象是年轻受众时，缺失模型方法（即假设观众是无知的，并需要科学指导）是可以被广泛接受的，所以很多儿童的生活都围绕着学习。可以说，“儿童的科学传播”这一话语中的所有格形式的撇号可能是错位的[①]：儿童可能是相关媒体产品的受众，但他们不一定拥有这些产品的所有权。在一些情况下，儿童相互之间科学传播的例子也都是由成年人发起、调解、控制甚至审查的，很多时候，这些行为主要被成年人的两方面想法所引导：其一是成年人所理解的儿童观念，以及成年人所认为的（无论是现在还是未来）能够影响年轻人的科学问题。

儿童科学传播的场所

儿童的科学传播发生在很多不同的场所，也出现在各种媒体或多媒体形式中。虽然年轻人更接近电子传播媒介，但是面向儿童的科学传播也同样可能在室外进行，将科学、认识自然、健康教育和户外运动几项工作结合起来，这一方式具有强大的传统。可以说，大多数的儿童科学传播都是在某种形式的学校环境中进行的，即使在课堂之外，非正式学习以及“寓教于乐”的产品也都标有教育政策项目的标志，或至少反映出学校课程的主题以及对学校课程的关注。

作为科学传播领域的一部分，学校科学在某些方面值得特别注意，那就是学校科学经受着大量非科学家的严格检查：父母、非科学专

① 英文中 childrens' 的。——译者注

业教师、商人、政治家、社区领袖和其他职业的人们。正如多萝西·内尔金（Dorothy Nelkin）在其关于创造主义争论的研究中所表述的那样，教育经常被看作一种意识形态工具、一种用于社会改革的工具，同时，有时又与改革自相矛盾，被用于捍卫传统的文化价值观。这些特点使得学校科学成为一个富有争议的主题，而不仅仅限于科学知识本身。关于儿童的科学传播还有一个悠久的传统，那就是通过科学教育让儿童发现上帝创造的宏大图景。可以说，即使是目前明确的非宗教的科学教育也不断回响着这样的信息，只是改为通过将科学崇高化的方式实现。还有另外一个传统，就是利用从科学知识中总结的例子来进行社会思想的教育，例如，“蚂蚁”或“星尘”的寓意，就将科学研究化作道德课程或政治课程比喻。

值得注意的是，一些科学传播场所非常吸引儿童，而其他一些科学场所则往往忽略年轻观众。科学博物馆长期以来与年轻人有关，特别是一些互动展品。确实，一些博物馆担心，追逐年轻人这一细分市场会损害博物馆的品牌（虽然有一些博物馆同样靠引起成年人怀旧的童年科学回忆获得收益）。年轻人接触的媒体与针对成年人的媒体迥然不同，专门针对年轻人（成年人禁入）的媒体数量与拒绝18岁以下未成年人浏览的成人媒体数量一样丰富。这可能是出于对儿童安全的关切，因此明确限制了孤身前来的成年人。这也可能是因为成年人不想被他们所认为的幼稚的东西打扰，还可能是由于媒体生产者认为某种禁止成年人观看的审美趣味对年轻的观众更有吸引力。

值得强调的是，博物馆其实也是一个充满跨年龄内容的科学传播的场所。家庭学习项目通常基于这样的认识，即如果想与成年人交流，那么很可能必须要同时满足陪伴他们的孩子；反之亦然。关于科学玩具也可能存在类似的情况：化学实验装置等科学玩具可能并不会寻求教育成年人，但是他们经常将可供家长和孩子共享作为产品卖点。相比之下，针对7岁以上儿童的电视节目、网站和书籍更倾向于直接且专门针对儿童。在面对不同类型和年龄组别的年轻人时，这些媒体形式差异很大：针对青少年的滑板科学网站通常被认为与面向婴幼儿的婴儿爱因斯坦（Baby Einstein，DVD）有着完全不同的年龄特性和关系。

儿童与科学的想象

科学与儿童之间的关系并不是一个简单的问题。在这一领域的工作中，有一系列相关议程、历史、标准以及关注点需要人们考虑。可以说，至少在一定程度上，这种复杂性是由于科学和儿童定义方式的多样性造成的。每一种有关科学和儿童的不同定义都产生了不同的思考问题的方式，这些问题包括面向年轻人的科学传播的目的、方式、内容、意义及伦理道德。

我们可能会设想，儿童天真幼稚，需要学习成熟和专业的科学知识，但是，我们不应该总将儿童假设于比较的底部。有关儿童的浪漫印象将儿童刻画为天性纯真的、在某种程度上与自然相契合的形象，这些正面形象可能与科学的破坏性、腐败和不自然的形象并列出现。同样，在某种程度上，我们可能会将科学想象为孩子气的，他们充满好奇、幽默顽皮，出于同样的原因，孩子们也可以或者说应该被认为是小科学家。

儿童的一个重要特征在于他们不断变化，这使他们成为科学传播所要面对的有趣且多变的受众。孩子们不断长大，通过不断接触科学传播的信息，可能终有一天会成为专业的科学家。因此，科学传播将儿童视为当前的门外汉，而同时，也将儿童视为潜在的内行人。一些教育学家采用半库恩式的科学进步（科学革命）的想法，希望后代能够挑战科学正统，以领导更好的科学研究（这些教育家同时也会提及目前科学范式权力的核心拥有者，以促进反抗）。在科学传播中，对儿童受众双重性身份的认识也是学校科学中诸多争论的核心：我们将学生未来的身份定义为科学家还是公民？有些人认为科学课程可以兼顾两种身份，而其他人则担心，通过赋予孩子一个未来的角色，我们不可避免地通过某种方法损害了他们在其他方面的创造力。

儿童能动性与科学

将儿童的科学传播描述为代际霸权的一种形式，这样的描述可能只是临时性的。然而，目前存在着儿童对成年人的依赖和代际连续性的问题，鉴于这些问题，儿童边缘化的议题与性别边缘化、种族边缘化或阶级边缘化等议题显著不同。尽管如此，儿童权利的不平等依然值得我们反思，儿童文化身份的不同也需要我们注意。科学政策问题可能往往与矫正儿童的生活有关（无论是将儿童视为目前的儿童还是以后的成年人），但这些政策在很大程度上仅被认为是父母一代的议题而忽略了儿童的意见。

儿童健康政策可能是对儿童处于科学被动地位这一看法的最大挑战。儿童患者可以根据自己的身体情况总结出专业知识，就像成年人一样。另外，还有一些儿童患者知识社区，支持厌食症网站可能是类似社区中最具争议的一个，但同时也是更能够提供常规支持的一个。另一方面，父母的感觉和知识对儿童健康也非常重要，值得注意的是，年轻患者可能需要或希望依赖于成年人的支持和指导。

环境议题也提出了极具争议的儿童代理问题。由于环境政策被假设是面向未来的，因此相关政策最有可能影响年轻一代。然而，值得重申的是，大卫·白金汉姆（David Buckingham）警告，儿童新闻节目中生态学话题的流行，可以被看作一种标签，将这一议题划定为儿童的话题，而非需要立即解决的事关年轻一代未来需求的问题，由此便可以推迟采取行动（逃避成年人的责任）。

教育政策可能能够改变儿童科学传播中的缺失模式。探索性学习是一个有趣的研究案例，其流行于20世纪中后期，在一些科学中心运动涉及的领域仍然盛行。简单来说，探索性学习根植于以下一些观点：向儿童灌输上一代的信仰观念是错误的，应该允许儿童自由地根据自己的喜好探索自然。然而，正如许多评论家所指出的，只有当人们认为科学研究是直接在实验台与自然世界的简单互动中完成的情况下，探索性学习的观点才有所作用。几个立足于教室的民族志学家指出，在实践中，探索性学习高度倾向于教师领导，学生完成的任何挑战科学正统的结果都被视为实验误差。

科学、技术和社会（STS）教育运动也可能对儿童缺失的传播模式有所改变（STS是一个首字母缩略词，也指与科学和技术研究有联系的更多学术领域，但在本词条中，这一首字母缩写仅指科学、技术和社会本身）。这一运动保持着典型的教育者立场，即科学知识是有用的，儿童应该接受科学教育，但是理解科学比知道科学知识本身更为重要。确实，这种对科学的理解可能被学生用来抵抗科学机构的势力。然而，值得注意的是，任何对科学政策的参与很大程度上是以学生今后的生活（即成年之后的生活）为出发点的，而不是当他们还未成年时就让他们牵涉其中。此外，围绕科学、技术与社会的教育还存在各种争议，这些争议倾向于关注科学家、教育家、教师、商人或政治家是否应该在构建科学课程中发挥更大的作用；只有在讨论到是否能够维持儿童的兴趣时，儿童才能提出自己的看法。

结　论

在某些情况下，接受科学传播的儿童可以被看到，却没有被倾听。许多科学新闻的中心议题关乎儿童，然而他们却很少能够参与关于科学政策的讨论。另外，儿童是大量科学传播产品的受众，这些产品往往由成年人生产，主要是传授那些已经确定的科学观点。一般来说，科学传播的受众缺失模型可能会受到批评，因为这一模型将非科学家受众比作像孩子一样无知，但当受众真的是儿童时，缺失模型却在很大程度上被认为是没有问题的。儿童具有很多明显的特征，他们更顽皮，更具好奇心，更无知或者更天真，这些特征可以被视为接受教育或者训练的挑战，引发担忧，但同时，特别是对于那些着眼于培养未来科学家、致力于发展开创性想法和产品的人来说，这些特点也可以被看作一种令人兴奋的潜能。还有一些观点认为，至少从某种形式的民主精神来说，年轻人应该被赋予更多谈论科学的权利。

也许，儿童的科学传播终究是一种代际霸权的表现形式。同样，也许在面对科学问题时，儿童缺乏代理人（能够替自己表达观点的人）的情况是真实存在的，同样，儿童对科学缺乏能动性可能是合理的，或者说，文化规范的引导要远大于科学传播的细节。任何这些问题都没有简单的答案，儿童科学传播的理论可以归结为相当复杂的哲学问题（或者，更务实地说，可以归结为儿童科学传播参与者的具体知识）。无论个人的观点如何，儿童参与科学的代际政治问题（代与代之间所形成的文化权力关系）是值得注意的。

撰 稿 人：Alice Bell

另请参阅：Children's Television and Science; Kuhn, Thomas; Nye, Bill; Popular Science and Formal Education; Science Centers and Science Museums

参考文献

[1] BELL A. The childish nature of science: Exploring the child/science relationship in popular non-fiction [M]//A BELL, S DAVIES, F MELLO (Eds.).Science and its publics. Newcastle, UK: Cambridge Scholars, 2008: 79–98.

[2] BUCKINGHAM D. The making of citizens: Young people, news and politics [M]. New York: Routledge, 2000.

[3] DRIVER R. The pupil as scientist? [M]. Buckingham, UK: Open University Press, 1983.

[4] MICKENBERG J.Tools of science [M]//J MICKENBER.Learning from the left: Children's literature, the cold war and radical politics in the United States. Oxford: Oxford University Press, 2006: chap.6.

[5] NELKIN D.The creation controversy: Science or scripture in the schools [M]. New York: W.W. Norton, 1982 .

[6] TOON E. Teaching children about health [M]// J GOLDEN, R MECKEL, M PRESCOTT (Eds.). Children and youth in sickness and in health.Westport, CT: Greenwood, 2004: 85–106.

[7] TURNER S. School science and its controversies; or, whatever happened to scientific literacy? [J]. Public Understanding of Science, 2008, 17 (1): 55–72.

Communication Campaigns in Health and Environment 健康与环境问题的传播活动

纵观历史，传播活动一直是公共信息的载体，并承担着说服公众的功能。推动传播活动的议题包括宗教、政治和文化因素，近些年来，推动传播活动的因素还包括商业产品和服务的营销、价值驱动的目标以及经济和社会发展。这些活动往往能够为公众提供科学和技术信息，无论是在暗中作为支持活动诉求的基础，还是明确地作为活动诉求的核心。到目前为止，这种以科学技术信息为基础的传播活动最明显地运用在环境和健康等议题之中，这也是本词条想要说明的重点。

根据罗纳德·赖斯（Ronald Rice）和查尔斯·阿特金（Charles Atkin）的观点，在健康与环境议题的语境下，有一个合适的关于公共传播活动的宽泛定义，即这一活动针对大规模的且“相对明确的”受众，试图通过“告知、说服或激励”促使受众行为改变；传播活动通常被设计为寻求“非商业利益”，并且通过“有组织的传播活动”（包括利用大众媒体且经常由人际传播提供补充）直接向更广泛的个体和社会公众传播信息。技术发展表明，个人和社交媒体正在发挥着越来越重要的作用，而且社区级别的参与和分享也变得越来越重要。

成功的活动所具有的特点

几十年来，研究人员进行了关于公共传播活动的应用和效果问题的诸多实证研究和理论研究，基于对成功活动案例进行的观察，研究人员总结出了四个重要的技巧和策略：

（1）选取适合于特定主题、背景、受众和目标的社会科学理论，规划并设计传播活动。基于理论的设计不仅有助于从先前成功（或不成功）的案例中吸取理论和证据经验，而且还提供了严格的框架，有助于策略规划和对产出结果实事求是的预期。可供参考的理论可能包括社会学习理论模型和推理行为理论模型等经典心理学模型，创新扩散的社会路径、框架分析和内容分析等基于传播学的理论概念，多层面风险分析与传播模型，以及诸如社会营销等更通用的理论范式。为即将开展的项目选择一个合适的理论基点可能是一项艰巨的工作，但它却是至关重要的。

（2）在活动开始之前，最好进行形成性评估（过程评估）分析，在有效的方案规划和设计中，形成性评估分析已经显示出重要的价值。这种分析包括了解受众对于相关活动议题的知识、态度、动机和行为，并了解受众的沟通模式和偏好。更广泛地说，形成性评估分析应该注意到活动所在地的具体情况或社区环境，包括机构资源、公共反应机制的可用性和可获得性，以及组织或社区领导人对活动目标所持的态度意愿（支持或反对）。通过专家访谈、焦点小组座谈以及问卷调查等方法，针对目标受众就活动主题和传播内容等问题进行预调查是非常有价值的。

（3）应该促进与活动相关的个人和社区参与到活动规划、设计和执行工作中，这一方法可以在多个层面上产生更大的效果。这一方法可以帮助活动组织者更清楚地了解受众对某一问题的看法，而受众的看法可能与活动组织者的想法显著不同。如果要求受众采取措施来解决某一问题，在各种选项中，那些潜在可行的措施更可能获得受众的意见反馈，而那些倍受众拒绝接受的措施则并不会达到目的。当然，某一种措施并不可能适合所有人。公众的参与能够提供有关受众群体变化的（或受众细分）更精细的描述，从而帮助活动组织者规避关注于所有受众的宏观叙事的尝试。最后，公众参与可以构建更多的公众对问题的带入感，尽量避免产生自上而下的等级化传播的感觉。等级化传播是一些政府机构传播活动的典型特征，其活动常被认为不够有效。

（4）在考虑受众构成和传播情境的基础上，传播活动应该制定清晰、适当并且最终可量化的工作目标。这些目标应在概念和操作层面加以明确，以便在活动结束时进行评估。应该明确提出完成目标的技巧和策略，利用专业的传播内容和传播材料，并制订一个经过精心设计的传播计划。虽然上述内容看上去是显而易见的，但是许多公共部门的传播活动都缺乏可测量的目标，或是没有对获得足够资源以实施高质量传播的活动给予足够的关注，任何一个极佳的原始设想都可能被类似的缺点所埋葬。实施一个恰当的传播活动还有最后一个需求，那就是一份最终总结性评估报告。

公众健康传播活动与公共环境传播活动的比较

就上述所有特点来说，几十年来，公共健康传播项目的实施远远领先于环境和自然资源传播项目。健康传播项目的良好实施主要受益于以下几个方面：更悠久的项目传统、更广泛的支持系统、与个人更相关的公共利益话题，随之而来的为解决卫生健康问题而提供的财政支持，以及大量的各个级别的卫生健康机构更为团结一致的协作。就传播项目资金而言，美国国立卫生研究院（National Institutes of Health，NIH）一家机构的健康促进和研究经费就远远超过了资助环境传播项目的经费，环境传播项目往往更依赖于来自非营利倡导机构的资源。这种区别也可能在一定程度上导致了健康传播活动与环境传播活动在可信性方面的差距。

尽管如此，当今的环境传播活动和健康传播活动采用了许多相同的技巧和策略，包括理论模型、评估方法等。环境传播活动主要在规模和复杂性方面不及后者。这两种类型的传播项目都是为了服务公共利益，两者都需要来自个体公民的意志支持。这些活动试图构建公众的问题意识以及对潜在解决方案的认知，告知、构建或是改变公众观点或态度，促进并最终影响公共行为。健康传播活动自然而然地倾向于更为个人化的行为，因此有着更为显著的结果。心脏病预防、癌症筛查、疫苗接种、有益的营养习惯以及减少物质滥用等，这些传播倡导议题影响着每个人每天的身体、心理和社会行为模式，特别还包括身心功能和自我意识。

无论是作为个体还是作为社会成员，我们可能会自然而然地将个人健康置于生活中最重要的位置。我们感性地认为，个人和家庭的生存，以及在某些情况下人类种群的生存，往往处于危险之中。另外，许多（即使不是大多数）健康传播活动针对公共健康议题，同时带有一种有益于全人类的暗示，而并非仅对个人有益。因此，个体的行动被提升到服务于更好的公共利益的高度。

然而，在很大程度上，环境传播活动隐含或明确地针对更好的公共利益和生态利益，而个体行为仅被假定是环境传播活动的目标对象。极端一点来说，物理环境的存在对个人生存至关重要，但几乎不可避免地，这种可能性（物理环境的破坏）离日常生活更远。也许有一天，气候变化可能导致人类末日，但“有一天”能够很容易地被理解为一个遥远的——即使不是根本看不见的事件。它不是指这里和现在；它离我们生理和心理的直观感受更远，更有争议，也更不确定。

与此类似，在大多数民意调查中，倡导节约能源、资源回收利用、保护水和空气以及保护其他自然资源、栖息地和非人类物种等的议题都能够得到压倒性的支持，但它们却不太可能进入大多数公众的日常活动之中。可以肯定的是，许多公众可能并不关心自己的健康，或者说，他们在日常生活中可能会忽视大多数有关健康的注意事项，但即便如此，相比于健康传播活动，保护外部环境仍然是更难以推广的议题。事实上，当面对那些直接危及人类健康的环境风险时——如氡泄漏（放射性气体泄漏）或饮用水污染，旨在补救这些问题的传播活动获得成功的可能性相当高。

环境传播活动的信息设计进一步受到环境问题的性质及其潜在解决方案的制约。相互关联的概念是生态系统的固有属性，“更具持续性”观念的推广工作需要思考生物科学、物理科学、社会科学及其与世界间复杂的相互作用，往往还需要与人文、文化、政治和经济力量相结合。对于某一具体的研究问题，一些学科领域内会出现相互矛盾的证据，这是科学的特征之一，但是在环境领域，矛盾常常会上升为有关科学方法的争论，比如哪一种学科的方法更为适用——是生物学还是物理学。当然，如果某个活动议题涉及多学科交叉的应用，那么证据可能会变得更加混乱。相关的例子比比皆是，比如如何促进公众更好地了解气候变化、空气质量、土壤质量、水质以及人类发展在整个自然循环中的角色。这种冲突在简单地勾勒问题框架时就会出现，更不用说描述可能的解决方案了。

此外，通常来说，无论是否取得了预期效果，环境传播活动的结果都不能够立即被观察到，这也就失去了行为改变倡导活动中的一个重要激励因素。那些被建议的有利于环境治理的行为，通常涉及风险，包括相对较大的经济风险——至少是否能够收到回报或取得最终的成功具有一定的不确定性。在许多情况下（即使不是大多数情况），环境传播运动的成功并不依赖于个人或小群体的行为变化，而是依赖于大众或社区中关键群体的变化，这使得许多传播活动必须深入系统的综合计划之中，不仅必须影响个人，而且也要影响组织——往往是体制机构和政治机构。

上述几段列举了关于环境传播活动面临的困难，并不是想要暗示人类健康问题及其解决方案本身就非常简单。但是相对来说，至少在公众看来，健康传播活动往往更容易被可视化，也更容易被理解。

重要的策略模型：扩散与社会营销

在长期的实践中，两个具有广泛研究基础的策略模型应用于健康传播活动和环境传播活动，并已经取得了一定的成功，这两个模型分别是“创新的扩散”模型和“社会营销”模型。它们方法不同，因此，我们应该考虑清楚几个问题：在各种各样的不同策略中，我们到底应该选择什么样的策略作为活动实施的基础？这些策略是用于健康领域还是环境领域的？这些策略在什么具体情境下更为适用——至少可以作为更可行的活动规划的起点？创新的扩散模型源于社会变革计划，可以追溯到20世纪40年代，其关注于将新的农业技术实践普及给农业生产者，并对这一扩散过程的两个组成部分进行了集中研究。第一个部分更倾向于以社会系统为基础，它研究了一项新的技术或产品在特定人群中得以普及的几个阶段，这几个阶段通常被定义为创新者、早期采用者、早期多数群体、晚期多数群体和落后群体或未采用群体。对成功的普及工作来说，在创新者和早期采用者之后，创新普及的速度会显著加快，不同阶段之间的时间差会缩短，通常会有20%~25%的人口最终采用新的产品。不同阶段群体之间的影响模式会因人口和创新特征而有所不同。

第二个组成部分更加个体化，它研究了接受新技术这一过程中的个体特征，涵盖对创新的认知、说服、决策、采纳应用和决策确认等多个阶段。新技术的特点会影响其被接受的过程，包括相比于现有技术的优势、与个人或文化价值的兼容性、使用的复杂性、在试用期间的适用性和易用性以及确保他人能够观察到应用创新的结果。基于这种行为观点的传播活动已经成功地应用于诸多领域，包括将更具环境兼容性的创新技术引入农业实践、在医疗卫生领域推广新的医疗技术以及大量的商业产品创新推广实践。

社会营销是一个更年轻的范式，发展于20世纪70年代，其基于这样的假设，即以传统的商业营销手段来策划某些公共传播活动，能够促进一些个人变化和社会变化。例如，基于营销概念的5P模式（产品、价格、渠道、促销和定位）已经被应用于一系列健康相关产品和传播实践，与那些结果不太理想的传播活动相比，社会营销范式具有一定的竞争优势。尽管社会营销范式在其适用性方面仍有限制，但这一范式强化了对于传播活动初期市场调研或需求评估的重视，并且加强了对不同模式间行为变化成本的关注。起初，社会营销范式较常用于健康传播项目之中，后来在环境传播领域的应用也取得了一些成功，特别是在将社会营销范式与社区营销计划相结合时。

一直以来，社会营销被视为一种以交换为基础的模型，涉及投入并获得相应的产出。而创新扩散模型则更加基于社会关系，与之关系更密切的是群体和个人之间的社会动力学因素。这两种模型都深化了我们对于传播活动产生社会影响这一过程的看法，特别是在涉及健康、环境、其他科学或循证学科的传播活动方面。在每一种特定的情境下，都有一系列社会心理学和相关的社会科学理论可以归入其中。

传播活动的伦理学考量

无论采用什么样的模型或者理论，尽管健康和环境传播活动的初衷通常是好的，但这些活动同样可能面临着伦理问题。一直以来，人们就担忧这些传播活动希望通过说服技巧来影响个体行为，如果这些传播活动有效，那么类似的传播活动同样可以被用于有效地对抗公众利益。那些得到积极鼓励的社会影响会不会在什么时候成为带有国家目的或其他社会制度目的的宣传活动？是不是许多传播活动都可以被看作带有这些宣传目的？是谁决定了哪些问题能够得到政府的认可或是得到公民基金资助和支持？这些决定是如何做出的？同样，一些健康传播或环保传播活动源自模糊不清的甚至是有缺陷的证据，因此必须考虑这些活动的伦理学问题。鉴于许多媒体传播活动仅仅提供了相对简单的信息，这些活动到底是希望受众做出更多情绪化的反馈还是理性的反馈呢？

活动评估及其影响

在与健康相关的传播活动中，应用社会科学研究和评价方法已经有大约50年的历史了，这些传播活动至少具有一定的内部效度或外部效度。但即使如此，仍有大量的传播项目没有进行评估，或是最多进行了一些伪造的敷衍了事的评估工作，这一问题在地方以及州一级层面尤为突出。环境传播项目的评估情况则更不容乐观。毫无疑问，费用是一个主要因素。一个充分的健康或环境项目评估工作，从形成性过程分析的适用性到充足的样本数量、完善的测量设计和测量方法，直至进行总结性评估，所需的花费通常大大超出活动本身的预算。

当然，评估费用的合法性必然会打击到一种理念，这一理念乐于运作大规模的公共活动，但却鲜见收效。此外，也可以说，通过全面地评估某一类型的示范性活动，这一过程中积累的评估经验可以被用于未来的活动评估之中；在某一系列活动评估中积累的经验也可以移植到其他类别的活动评估之中。多年以来，在健康传播活动中适当运用恐惧诉求所积累的经验教训提供了一个鲜活的案例：在某些情况下，恐惧诉求可能并不起作用（例如在已有高恐惧的情境下使用恐惧程度高的信息），但在另外一些情况下，恐惧诉求可能能够发挥作用（如在低恐惧的情境下使用恐惧程度高的信息，以建立对某一问题的意识，并立即采取某种行动以帮助平息恐惧）。类似的，通过对过去20年传播活动的总结，公共卫生和环境运动中构建了社区介入和社区参与的模式，这一模式也在一定意义上被视为形成性分析工作的成果，在许多案例中，在开始真正的传播活动之前，组织方就已经开始培养当地社区对某一问题及活动本身的兴趣。

一直以来，美国联邦政府，特别是国立卫生研究院发挥了巨大的作用，促进并资助了对主要健康传播活动的评估。大多数联邦政府资助的活动必须是可评估的，而且在大多数情况下，这些活动的组织方会对活动评估工作给予经费支持。在这一背景下，多年以来，已经出现了数千份有关活动效果的研究报告，其中极少数可能是敷衍了事的，但许多是在活动过后进行的实质性的数值评估，也有一些是在活动前后精心设计的全面现场调查，还有极个别的经过验证的、基于理论假设检验的效果研究。后两种类型的效果研究定期发表在一些关注健康传播问题的学术期刊，也可能发表于有关传播研究或公共卫生研究等议题的更广泛的出版物之中。

尽管研究证据经常是矛盾的，但偶尔也可能是压倒性的。对诸多效果研究报告进行的复杂的元分析提供了一些深入的说明。这些研究通常的结论是，健康传播活动已经对部分公众的健康行为产生了影响（显然，部分公众是目标人群中具有显著统计学意义的那一部分群体）。在目标人群中，受影响的群体所占的实际百分比通常在10%左右，但这一数值具有高度变异性。这提出了一个与政策相关的问题，即（就某一传播活动来说）影响10%的人口究竟是足够了还是仅说明成本效益最好？相比于通过评估研究本身得出的结论，哪一个结论更适合在政治经济的视角下处理问题？

研究表明，健康传播活动所导致的行为变化更可能来自人际影响，社区层面、其他组织参与以及社会网络对行为改变的影响在增加。传统的大众传播媒介似乎更多地在促进认识、传播知识、改变态度倾向和提升行为动机等方面发挥了作用。其他许多因素也在影响传播活动的结果，包括人口统计资料、生活方式习惯、获得健康信息的来源、健康支持设施、个人感知、价值观、个人社交网络，以及其他一些有时候看上去与健康实践风马牛不相及的个人性格因素。

至于个人媒体（自媒体）和社交媒体技术所产生的影响，研究人员正在尝试使用新的范式和技术来简单地观察和测量这些现象。传统观点认为，相比于“旧的”电子媒体和印刷媒体，这些新媒体的基本特点是传播速度更快、信息更具交互性，在这一特性之下，能够构建起更为有效的人际传播和社会网络传播模式。假设这些新媒体可以提升亚人群的信息可及性——包括在以前的活动中无法覆盖到的还没有接受过信息服务的群体，那么进而就可以提供更贴近个人偏好的定制消息和干预信息，也就增加了传播活动产生影响的潜在可能性。

前文的论述关注于健康传播活动的评估及影响，是因为目前绝大部分已经完成的工作是针对健康传播活动的。而在环境传播活动方面，更为成功的活动最可能与社区一级的组织参与有关，包括针对政府和其他决策机构的公共倡导工作。社会科学的测量方法并不易于评价这些工作的影响，但并不能否定那些经验性证据，证明这些活动获得了有意义的产出成果。我们必须正视气候变化议题在公共议程上的凸显，这一点已经通过对媒体报道和公众舆论的分析得以证明。公众对节能行为的关注度不断提升，而相关文字记录也提供了进一步的证据，证据中还包括无数社区层面的资源回收工作以及其他为环境保护所付出的努力。在一定程度上，在商业产品和消费者行为中发生的绿色革命可能是由于经济压力和精明的商业营销而催生的假象，但在许多方面，绿色革命也源自正式和非正式的环境传播活动。

撰 稿 人：Garrett J. O'Keefe

另请参阅：Diffusion of Innovations；Evaluation of Science Communication；Health Literacy；Planned Behavior，Theory of；Social Marketing

参考文献

[1] COX R. Environmental communication and the public sphere [M]. Thousand Oaks，CA：Sage，2006.

[2] HORNIK R C.（Ed.）.Public health communication：Evidence for behavior change [M]. Mahwah，NJ：Lawrence Erlbaum，2002.

[3] ISRAEL B A，ENG E，SCHULZ A J，et al. Methods in community-based participatory research for health [M]. San Francisco：Jossey-Bass，2005.

[4] MCKENZIE J F，NEIGER B L，SMELTZER J L. Planning，implementing and evaluating health promotion programs [M].5th ed. San Francisco：Pearson，2009.

[5] MCKENZIE-MOHR D，SMITH W. Fostering sustainable behavior：An introduction to community-based social marketing [M]. Gabriola Island，BC，Canada：New Society，1999.

[6] O'KEEFE G J，SHEPARD R L. Overcoming the challenges of environmental public information and action programs [M]// J DILLARD，M PFAU（Eds.）.The handbook of persuasion：Theory and practice Thousand Oaks，CA：Sage，2002：661–690.

[7] RICE R E，ATKIN C K. Public communication campaigns [M]. 3rd ed. Thousand Oaks，CA：Sage，2001.

[8] RICE R E，ATKIN C K. Public communication campaigns：Theoretical principles and practical applications [M]//J BRYANT，M B OLIVER（Eds.）.Mass media effects，3rd ed. Mahwah，NJ：Lawrence Erlbaum，2009：427–452.

[9] SANTOS S. Risk communication [M]//M G ROBSON，W A TOSCANO（Eds.）.Risk assessment for environmental health. San Francisco：Jossey-Bass，2007：463–488.

[10] SCHIAVO R. Health communication：From theory to practice [M]. San Francisco：Jossey-Bass，2007.

[11] SEXTON K，MARCUS A A，Easter K W，et al. Better environmental decisions：Strategies for governments，businesses and communities [M]. Washington，DC：Island Press，1999.

Community "Right to Know" 知情权共同体

1986 年，美国国会（U.S. Congress）通过了《紧急事件应对和社区知情权法案》(Emergency Planning and Community Right-to-Know Act, EPCRA)。尽管这一法案作为独立的法律进行辩论并得以通过，但最终成了 1986 年通过的另一项法律《非常基金修正及再授权法案》(Superfund Amendments and Reauthorization Act, SARA）的一部分。因此，原有的知情权法案既可被称为《紧急事件应对和社区知情权法案》，也可被称为《非常基金修正及再授权法案（第三章）》。这一至关重要的法案要求有关责任方向公众披露有关有毒化学物质泄漏的事件信息，为公众和记者提供有关事件的重要信息源，而且以强大的法制力量推动了环境信息公开。

这一新法律的提出基于对两次紧急情况的回应，第一起事件是 1984 年发生在印度博帕尔的联合碳化物工厂（Union Carbide）化学品泄漏事故，这一事故是灾难性的；另一起事件发生于 1985 年，联合碳化物工厂位于西弗吉尼亚州因斯特杜特社区的生产设备发生了化学品泄漏，尽管不是灾难性的，却也造成了巨大的影响。由于该法案专门适用于化工领域的紧急事件，这一法案建立了一个响应网络——国家应急响应委员会（State Emergency Response Commissions）和地方应急计划委员会（Local Emergency Planning Committees），而且，该法案规定，每一个有可能发生化学相关紧急事件的机构都必须制订自己的应急计划。

但是,《紧急事件应对和社区知情权法案》中最著名的部分却与应急计划几乎没有关系。法案的第 313 条要求美国环境保护局（U.S. Environmental Protection Agency, EPA）建立一个有毒物质排放清单，这是一个应用于全国范围的清单，囊括了每个有屋顶的厂房、发电厂等设施向空气、水、土地进行的日常化学品排放。这些工业设施必须每年提交他们的有毒物质排放清单报告。几年后，美国环境保护局向公众发布了相关数据——不仅包括排放总数，还包括国内每个设施的原始排放数据。有兴趣的公众可以查看相关章节，以了解任何一家机构的化学品排放情况，或是了解某一地理区域内的化学物质排放情况。第 313 条正是《紧急事件应对和社区知情权法案》中有关社区知情权的部分。

重要的是，第 313 条没有关于化学物质排放的任何规定。这一条的目的并不是控制物质排放，而仅仅是关于公布有关排放的具体情况。尽管如此，却并未削减这一法律条文的革命性影响。并且，由于那些影响受宣传和市场驱动，其在许多方面并不受美国联邦政府监管政策变化的影响。即使在面对小布什总统任期内的环境宽松取向时，年度有毒物质排放清单的规定仍继续向企业施加了强大的压力，要求企业削减被列入有毒物质清单的污染物排放量。

在《紧急事件应对和社区知情权法案》获得通过之后，美国环境活动家已经习惯于使用一年一度的有毒物质排放清单数据。相比于该法律对数据公开提出的里程碑式要求，一些环境活动家更倾向于关注第 313 条条款存在的（实质性）缺陷，但无论如何，这一法案称得上是有史以来最有效的环境法律之一。

对于其他领域的环境监管规定来说，这一

法案提供了一个经验：当企业在从事公众反对的活动时，可能并没有必要直接中止该项活动，可以要求企业向公众披露相关信息，公众自发形成的力量完全可以中止该项活动。当然，面对诸如全球变暖等问题时，仅扩大有毒物质释放清单范围以囊括温室气体排放是远远不够的，但这肯定是一个有用、简单并且可以在早期采用的方法。

知情权的企业义务

有毒物质排放清单迫使设施管理者至少能够了解它们正在排放的物质，它不只是一个满足社区知情权的法案，还是一部要求企业履行知情义务的法律。传统上来说，大多数设施的管理层几乎对其设施的排放情况一无所知，这一点可能会让很多读者感到惊讶。这不仅是家庭小作坊（中小企业）的真实运转情况，甚至跨国公司所拥有的巨大复合式企业也是如此。

显然，在某些情况下，管理层不知道排放情况是因为他们根本不想知道——往往是因为其律师建议他们最好不要知道。在美国，有毒物质责任法已经不断发展完善，相比那些不清楚排放情况的企业，一家明知道在排放潜在危险化学物质的企业更容易受到侵权诉讼，即使两家企业排放的化学物质一模一样。因此，相比于“我们知道，但我们不认为这需要修正”来说，“我们不知道”是一种更好的防御策略。

在有毒物质排放清单出台之前，企业通常没有义务描述其物质排放情况。但是，如果他们自愿从事这一工作，可能就有义务告知其利益相关者。于是这些企业会面对一个经典的“第二十二条军规”案例（Catch-22）：要么选择告诉利益相关者，并招致诉讼，要么选择信息保密，如果不小心走漏了风声，就迅速扑灭消息。显然，至少对于企业来说，最好是不要知道排放情况，尽管这样做明显不利于其邻居或是企业员工。可以说，在《紧急事件应对和社区知情权法案》要求企业履行信息披露义务之前，要求企业了解危险性物质的信息是不合理的。尽管对于医生来说，如果他们考虑了某种可能的诊断，即使错误地认为该诊断并不适用，他们也会处于更好的法律状态中。但对于工厂的管理层来讲，如果他们从来没有想要弄清楚自己的设备中排放出来的是什么东西，他们才会处在更有利的法律状态下。然而，自 1986 年以来，法案的第 313 条要求企业了解其正在排放的有毒物质，无论企业是否具有主观意愿。因此，也就消除了以“无知”为借口为自己辩护的可能性。

在《紧急事件应对和社区知情权法案》的第 313 条生效之前，即使没有诉讼辩护的不利影响，排放设施的管理层也可能并不会了解排放情况。例如，设想一下，一个电线制造商几十年来一直在乔治亚州经营着一个铜冶炼厂，可能根本就没有想过他的熔炉会不会排放二噁英。只有当二噁英被列入有毒物质排放清单中时，该企业才会认识到，它的设备不仅产生需要报告的二噁英排放，而且实际上在有毒物质排放清单所涵盖的设施中，其铜冶炼厂是最大的单点二噁英排放源，也是全美最大的排放源之一。一旦企业了解到二噁英的排放情况，它显然必须有所应对。当核算完各种减排技术的成本后，经营者很快决定关闭冶炼厂。

压力、竞争、诉讼和畜牧业

如果排放并没有违反联邦法律或州法律，为什么电线制造商觉得有义务采取一些应对之策以减少二噁英排放呢？进而，更普遍来说，尽管有毒物质排放清单并没有强制要求任何减排措施，为什么这一清单大幅度促进了降低排放？可能至少有以下五个原因：

外部压力 有毒物质排放清单公布了有毒物质的排放数字。地方活动家在决定发起什么样的活动时，会关注这些数字；当地记者在决定报道素材时，会关注这些数字；当地居民在寻找自己的关注点时，会关注这些数字；工人在考虑自己工作场所的安全程度时，会关注这些数字；投资者在研究哪些股票可能遭受环境争议的影响时，会关注这些数字。所有这些关注很容易转化为对某一个设施的压力，因为关于排放和排放趋势的问题会反复出现。

内部压力 即使这些问题还没有出现，企业也知道问题可能会随时到来。因此，企业管理层寻求实现更低的有毒物质排放清单总体数值，这形成了巨大的内部压力。模糊的企业目标——可持续性和企业的社会效益等，需要可信的可追踪的测量指标。目前，每一家美国企业每年都会发布一份年度环境报告或企业社会责任报告，这些报告中都会包括一个关于有毒物质排放清单的章节。而且，每个企业都希望其有毒物质排放清单的排放量呈现下降的趋势。

竞争 很大的压力来自竞争。只有真正的专家才能够弄清楚某种化学品究竟累积到多大程度才会引发严重的问题。答案取决于化学品本身——有毒物质排放清单中的一些化学品可能以吨为计量单位，而另外一些则可能以几分之一盎司为单位计量。答案还取决于排放的地点，相同量的垃圾运输到填埋场所产生的危害可能比直接堆起来要小得多。但是对公众来说，他们不必了解这些专业知识，与每一个人都相关的其实是信息的比较。哪个企业是本地区最大的排放源？哪个企业的排放量进入了全国前十名？那些成功地在列表中排名较低的企业，实际上是让其他企业代替自己暴露于公众监视之下，因此激励了其他企业努力降低自己的有毒物质排放排名。

诉讼 像活动家、记者、邻居、工人和股东一样，原告律师也会研究有毒物质排放清单列表，寻找那些集体诉讼胜算较高的案例。对企业来说，降低列表中的排名也就降低了成为诉讼目标的可能性。对于那些已经成为诉讼目标的企业，降低在列表中的排名提供了一个更积极的范例，以应对潜在的原告以及陪审团。

节约成本 有毒物质排放清单反映了化学品的浪费。伴随着有毒物质排放清单的实施，很多企业都发现，企业在生产过程中浪费了大量有用的化学品，并为之深感震惊。特别是在清单制度实施早期，设施运营者经常发现，当他们把回收的化学品重新作为原材料用于企业生产或是转换为其他生产的原材料时，他们的有毒物质减排量远远超出了为减排所付出的投入。

因此，有毒物质排放总量已经下降，而且这一下降令人印象深刻。想象一下，所有行业、所有设施、所有化学品的排放总量（为了可比性，从有毒物质排放清单覆盖了全部化学品和所有行业时起计算）：1988 年，总排放量共 301 万磅，到了 2006 年，总排放量为 124 万磅，降低 59%（同期，美国人口增加了 22%）。除了 1997 年和 2004 年，总的有毒化学物质排放量每年都在下降。在小布什政府执政的前 6 年中，2000—2006 年，有毒物质总排放量从约 73 万千克（160 万磅）下降到约 56 万千克（124 万磅），下降了 22%。

无论任何人想做跟自己相关的排放趋势分析，都可以在线获取美国环境保护局发布的数据，可以选择地区、行业、一种或多种化学品，并观察 1988—2006 年每年的数据统计结果。

三项附加的收益

此外，还值得提及的是，《紧急事件应对和社区知情权法案》的第 313 条还在另外三个方面产生了令人满意的影响。

（1）作为政策制定的工具。一直以来，有毒物质排放清单都是政策制定的有力工具，为立法者、监管机构、企业甚至地方应急计划委员会提供决策信息。如果人们通过地理区域分析有毒物质排放数据，便可以知道污染热点在哪里——哪些临近的区域正在遭受最严重的污染，进而结合流行病数据了解哪些疾病最容易受到污染物的影响。人们根据行业分析数据可以知道对某种污染物来说，究竟哪些工业生产过程是最大的污染源头，进而可以就改变或替换这些生产过程采取行动。人们根据企业分析数据可以知道企业领导者以及排放有毒物质的“坏蛋”究竟是谁。人们通过化学品分析数据可以了解哪些污染物在逐渐消失，哪些污染物排放在进一步恶化，进而便能了解哪些污染物最应该受到研究关注和监管管理，以评估其影响，并更好地控制这些污染物。所有相关信息都是公开的。政策制定者、企业、活动家以及社会公民都在使用相同的在线数据库。

（2）催生了一大批效仿者。有毒物质排放清单为联邦和州的许多知情权法律打开了大门。在第 313 条的带动下出现的联邦法律包括：

《危险公示标准》[Hazard Communication Standard，由职业安全与健康管理局（Occupational Safety and Health Administration）管理]：规定雇主必须提醒他们的员工工作场所中有关化学品的危害，并就每种化学品提供详细的材料安全数据表。

《海滩法案》[Beach Bill，2000 年《清洁水法案》（Clean water Act）修正案]：要求当海滩变得不适合游泳或开展其他娱乐活动时，各州应通知公众。

《安全饮用水法案》（Safe Drinking Water Act，最初于 1974 年通过，于 1986 年和 1996 年修订）：要求当饮用水中指定污染物水平超标时，公共供水企业应告知客户，并每年向每个客户邮寄一份年度报告，告知供水系统中的污染物水平以及与每种污染物相关的健康关注点。

《证券交易委员会条例》（Securities and Exchange Commission Regulations）：要求上市企业披露其超过某些限值的环境负债信息，并说明即将采取的应对行动。

《清洁空气法风险管理计划》（Clean Air Act Risk Management Plan）：要求超过使用年限的极端危险化学品设施模拟其最严重的事故情况，并向该设施周围的居民说明可能发生的情况、可能造成的最坏影响以及企业正在采取的预防措施。

许多州和地方政府也制定了自己的知情权法律。最著名的州知情权规定是加利福尼亚州第 65 号命令，其最初来源于一份选民倡议，并于 1986 年（与《紧急事件应对和社区知情权法案》同年）被采纳。这一命令要求，在将个人暴露于列出的致癌物质或生殖毒素之前，企业应提出警告。正是由于第 65 号令的原因，加利福尼亚州的杂货店、餐馆和其他公共设施中设有警告标志。也正是由于这一规定，成千上万的消费品成分发生了改变，因为制造商寻求规避 65 号令要求的标签警告义务。

（3）建立了一个经过验证的原则。有毒物质排放清单确认了知情权概念对环境改善起到的推动作用。在 1986 年法案刚刚获得通过时，没有人能够预料到要求企业发布排放数据这一措施能够产生如此强大的压力，遏制并减少了污染物的排放。但至今，已经没有人怀疑这一点。

此外，公众实际上应该有权知道他们的空气和水中混入了什么，这一理念诉求在 1986 年时也并不普及。在今天，这一要求看上去平淡无奇，甚至大多数企业的管理者也持有同样的观点。但在 1986 年，许多环保专业人士认为，普通大众并不知道这些排放数据所为何用，因此获取排放信息的权利应该仅限于技术专家开展评估所用，而且企业应该有权就排放标准与监管机构进行谈判，而不必向多管闲事的公众披露机密信息。

另外，说服立法者需要采取良好的风险沟

通策略。1981年，在国会通过《紧急事件应对和社区知情权法案》五年之前，宾夕法尼亚州费城提出了美国历史上第一个市级的知情权法令。当充满怀疑态度的市议会安排听证会时，一位法令的支持者在听证会会场后方安置了一个大型金属气罐以证明自己的观点。气罐内装满了压缩空气，但标签标示其中含有未知的化学品。当她阐述费城需要知情权法令的原因时，她随意地打开了气罐的阀门，伴随着气体涌出气罐时发出的令人不安的"咝咝咝咝"的声音，支持者继续发言。当几个议会成员问罐内的气体是什么时，法令的支持者向议员保证，气体是安全的，议员没有必要知道气体是什么，因为专家相信这些气体没有风险。议会制止了继续释放气罐空气的行为，该法令也获得了通过。

知情权的风险沟通

《紧急事件应对和社区知情权法案》的第313条要求每个带有屋顶的生产设施须将其排放情况告知周边居民以及其他利益相关者，但这一告知并不是技术层面的（并不进行详细规范）——所有关于排放的技术层面的信息需要报告给美国环境保护局。企业知道美国环境保护局会将他们的有毒物质排放清单数据公开。聪明的企业很快意识到，他们自己率先发布信息是明智之举。

与今天相比，在网络时代到来之前，公开信息具有诸多不便，法案第313条推动了工业设施经营者与附近居民之间的数千次环境对话。1998年，在环境保护基金会（Environmental Defense Fund，EDF）开始通过网络将所有有毒物质排放数据公布时，沟通的需求变得更加紧迫。环境保护基金会创建了原始的排放记分卡网站[①]，该网站成为早期局地工业排放信息（填报及发布）的主要网站。后来，美国环境保护局开发了类似的记分表网站，环境保护局的"有毒物质排放资源管理器"（TRI Explorer）网站的用户友好性极佳，已经成为搜索有毒物质排放信息时指向的网站（自2005年以来，早先环境保护基金会的记分卡网站已经与环境保护基金会分开管理，遗憾的是，记分卡已经不再更新）。

因为就当地工业设施与附近居民对话提出了强制性要求，所以法案的第313条为当时出现的风险沟通领域注入了一剂强心剂。第一个关于风险沟通的全国性会议简单命名为"全国风险沟通会议"（National Conference on Risk Communication）。这一会议由环境保护基金会、国家科学基金会（National Science Foundation）和美国环保局联合资助，举办于1986年，正是《紧急事件应对和社区知情权法案》获得通过的那一年。在随后的10年中，如何解释有毒物质排放清单中的数字成为风险沟通的主要议题。如今，许多知名的风险沟通从业者以及风险沟通顾问的职业生涯都是从帮助企业解释其有毒物质排放开始的，在这一过程中，需要沟通的并不仅是排放量的多少。

有毒物质排放的风险沟通一直集中于某些议题：为什么某些数字上升或下降，与特定排放相关的风险有多大，企业早前的承诺履行得如何，以及企业准备对未来做出什么承诺。如果一家企业愚蠢到坐等环保局公布数据，或是坐等社会活动家或记者发现这些数据，那么有毒物质排放的风险沟通则会在很大程度上集中于企业对这些信息一直保密的原因。

当企业与利益相关者谈论他们的有毒物质排放量时，通常带有至少四个典型目标，主要包括：

（1）在一些评论家引用某些数字并将企业置于被动地位之前，将这些数字应用于企业认为合适的语境之中。风险沟通认为，这并不意味着告诉人们没有什么可担心的，而是意味着帮助企业解释，在企业的立场上，哪些排放是

① 记分卡是为某一要求而精心设计的指标体系。——译者注

更令人担忧的，哪些排放则不那么重要（即使排放总量很大）。

（2）将公众的注意力集中于企业在控制有毒物质排放方面的进步。如果一家企业对风险沟通有所了解，它会将这些改进情况以及随之而来的公众信誉提升及时发布给那些最积极地给企业施加压力的利益相关者。当企业分享信誉时，这些改进变得更为可信。

（3）解释企业在有毒物质排放方面的不足——排放量上升或没有取得足够的下降。了解风险沟通的企业会抱有歉意地解释这些不足，而不会自我辩护，同时还会提出可行的改进目标。聪明的企业还会建立问责机制，表明其正在为实现目标而努力奋斗。

（4）承认并确认公众对于排放的关注。这是一个距离有毒物质排放数字本身最远的目标。公众对于企业的排放表达了愤怒和恐惧，恐惧和愤怒的多少在更大程度上是一种处理问题的方式，而不是实际的数据。良好的风险沟通不仅仅意味着解释数据，它还意味着确认公众的担忧，为企业过去的行为道歉，并与公众分享控制排放的方法以及企业信誉。

环保人士有时会担心，企业"良好"的风险沟通技巧可能会取代实际的减排努力。有时候，企业也确实希望如此。但是，试图改善与利益相关者的关系，而又不提高实际表现，这种关系的改善是不可能的。公众很快就会明白，所谓的改善只是一种战略性的分散公众注意力的方法——仅是一种维护公共关系的手段，这会使公众产生更大的愤怒和恐惧。

但是，仅靠改善有毒物质排放水平，而不改善与利益相关者的关系，也是行不通的。公众会一直感到不安，因此往往不会注意到数字的下降。因此，企业必须两者兼顾。这是风险沟通的核心经验之一。而《紧急事件应对和社区知情权法案》第313条的知情权要求，成为总结出这一经验的首要领域。

有毒物质排放清单的不足

《紧急事件应对和社区知情权法案》第313条最严重也是最明显的缺点在于：它没有解决与各种污染物相关的风险，而仅关注了污染物的数量。对环境或健康影响来说，"污染物的磅数"是一个非常粗略的衡量标准。公众真正需要的知情权其实在于这些污染物的危害性有多大，而不是有多少东西被排放到空气、水或土壤之中。即使一个科技方面的门外汉也能够意识到，风险取决于正在排放的物质以及排放的地区，而不仅是排放的数量。

环境保护基金会的记分卡提供了一个初步的风险测量方法，基金会也进行了一些更为复杂的风险测量尝试。它将有毒物质排放清单的数据、国家空气有毒物质评估（National-scale Air Toxics Assessment，NATA）的数据和地理信息系统数据（通过谷歌地球获取）等三种数据合并为一种被称为"有毒物质清单及评估资源管理器"的信息系统（TRI-NATA Explorer），最终计划使人们能够识别出自己面对的风险，至少是空气风险。另外，尽管年度有毒物质排放清单报告引发了关于风险的对话，但人们在对话中仅传递了关于污染物排放量的信息。

其他被经常提及的缺点还包括：

（1）只有在政治上活跃的利益相关方围绕信息进行动员（或者企业预测利益相关方有可能这样做）时，知情权才能转化为行动。因此，不足为奇的是，在绝大多数情况下，有毒物质排放清单对排放的影响主要发生在政治参与活跃的社区。

（2）有毒物质排放清单的一些导向是错误的。为了减小排放的数值，企业可以将包含在排放清单内的化学品替换为排放清单外的化学品，或者将以"吨"为单位排放的大排放量化学品转换为排放量小得多的化学品。这些方法不一定能够降低排放带来的风险或危害，相反实际上可能增加了风险。同样，企业可以将高排放的生产过程外包给其他企业，或是雇用其他企业在其他地区处理废物，这些方法都可以减少某个企业自身的排放量，但却并不会减少总排放量。

（3）有毒物质排放清单数据来自企业自我报告，还没有有效的方法来监督其准确性。在许多情况下，它们根本不是数据；收集真实的数据是一项繁重的工作，因此很多数据其实来自“合理的估计”。

（4）有毒物质排放清单只涵盖600多种化学品——远不及所有的化学品排放种类。关于哪些化学品应该添加到清单中（或从清单中删除），经常引发争论。

（5）自2005年以来，环保局一直试图削弱（一位评论家称之为“取消”）有毒物质排放清单项目，将年度报告变为两年一度的报告，并将某些化学品强制报告的最低限制提高10倍。有些努力已经取得了部分成功。

（6）还有一项正在进行的运动，要求联邦知情权法律取代那些更为严格的州级法律的规定，例如加利福尼亚州第65号令。

尽管存在这些缺点，但有毒物质排放清单已经证明了其价值所在。相比于美国任何其他法律，有毒物质排放清单的优势在于，它确定了信息透明度可以促进环境改善，因此增加透明度——知情权是一种有效的环境监管措施。

撰稿人：Peter M. Sandman

另请参阅：Environmental Defense Fund; Environmental Journalism; Environmental Protection Agency, U.S.; Risk Communication, Overview; Toxic Substances Regulation

参考文献

[1] Emergency Planning and Community Right-to-Know Act，40 C.F.R. §350–372，1986.

[2] FLORINI A，STIGLITZ J E. The right to know：Transparency for an open world [M]. New York：Columbia University Press，2007.

[3] The Right-to-Know Network：www.rtknet.org.

[4] Safe Drinking Water Act，42 U.C.S. § 300f et seq，1974.

[5] Superfund Amendments and Reauthorization Act，42 U.S.C. § 9601 et seq，1986.

[6] U.S. Environmental Protection Agency. (n.d.). Toxics Release Inventory program [EB/OL]. [2008-08-15]. www.epa.gov/tri.

[7] U.S. Environmental Protection Agency. (n.d.). TRI Explorer [EB/OL] [2008-08-15]. www.epa.gov/triexplorer.

Computer-Tailored Messages 计算机定制信息

试想一下，一个人想要说服别人戒烟或开始锻炼，或是选择某个政治候选人或政治立场，抑或是购买某个特定企业的特定产品。以前的理论和研究表明，加强信息内容与个人的相关性是提高说服成功率的好方法。例如，如果想要说服某人开始锻炼，可以从询问其认为锻炼能够带来的最大好处（例如，减肥、更好的健康状况、改善形体、增强力量或减轻压力）和锻炼面临的障碍（例如，成本、时间、对自己体形感到难为情、运动是无聊的或者曾经锻炼的失败经验）开始。然后，传播者并不需要逐一解决每人每条有关开始锻炼的想法，而是可以为每个人定制专门的信息，专注于影响其开始锻炼的重要心理动机。

一直以来，开发和传播定制信息困难颇多且花费高昂，大范围的开发和传播则更甚。然而，随着计算机和其他通信技术的不断发展，通过计算机定制信息使得个性化的传播成为可能并且颇为实用。定制信息希望基于某一用户特有的特征，开发信息内容并传播到该用户。通常来说，创建一条定制消息首先会要求个人回答一系列问题（例如，关于他们的信念或行为），然后使用计算机算法（一系列指令或决策规则）生成针对个体的高度定制化的消息。比如，个体可能会被问及一系列有关其对肾脏疾病易感性认知的问题，然后便会接收到计算机定制的消息，专门针对当前易感性认知较低的人群，以提升预防疾病的意识。最终的信息可以采用各种形式（如信函、小册子或网页）并且可以通过各种渠道（邮寄信件、互联网邮件、电话、个人掌上助理等）传递到个人。

为了提供参考的依据，定制信息通常与通用类信息和针对性信息相比较，这两类信息仍然非常常见，但是没有或几乎没有任何定制化内容。通用类信息面向一般公众中的大量个体，但是并没有针对该群体内的任何特定亚群体或个体的定制性内容。通用信息的一个例子是，为一般公众设计的肾脏疾病预防小册子或网页。对通用类信息来说，其中的一些信息可能与每一位读者都相关，但是读者必须通过搜索大量潜在的不相关信息后，才能找到适用于自己的内容。

针对性信息指针对一般人群中的特定亚群体开发的信息，这些亚群体在一个或多个方面具有相似的属性，如人口统计变量（如种族）、心理变量（如威胁感知或反应效能水平）或是行为变量（如行为变化的某个阶段）。针对性信息的一个例子是，为40岁以上的拉美裔群体专门设计的肾脏疾病预防小册子或网页——该亚群比一般人群的肾脏疾病患病风险更大。相比通用类信息来说，针对性信息有所改进，因为它们考虑了亚群体的重要特性，并运用了一些定制化内容来增加信息与该群体内个体的相关性。然而，针对性信息仅使用一种版本的信息内容传播给亚群体内的所有成员，因此并没有解决那些可能因人而异的重要因素，而这正是计算机定制信息所期望克服的弱点。

计算机定制信息的有效性

几十项相关研究以及几项元分析的结果提供了令人信服的证据，证明计算机定制信息可以是一个改变知识、观念和行为的有效方法。

在各种不同理论观点的指导下，定制信息涉及众多主题和目标受众，相比于没有接收到信息或仅收到通用类信息或针对性信息的个体来说，定制信息更可能改变公众行为。如果计算机定制信息涉及受众的多个特征，并且基于行为和其他相关理论进行设计开发，其说服效果可能更好。大量证据表明，计算机定制信息是有效的，在某些情况下，这些信息可以与医疗保健提供者、专业顾问、同伴或其他协助者一道，在一对一的、小组的或是课堂情境中开展干预工作。

不同传播情境中的应用

虽然计算机定制信息在健康传播领域中更为常见并已经围绕其进行了深入的研究，但在市场营销以及政治传播等领域中，人们也会经常使用定制信息（在这些传播情境中，使用计算机定制信息有时会被冠以其他名称，如精准投放等）。例如，基于个人搜索或购买历史，亚马逊（Amazon）等零售商会在推荐产品时使用基本的定制信息功能，TiVo[①] 也提供类似的服务，会基于人们观看记录或收藏的电视节目向用户提供建议。谷歌（Google）的搜索关键词广告和雅虎（Yahoo）的搜索竞价排名都使用类似的方式，根据用户在搜索引擎中输入的内容生成定制广告。

一个更明显的定制信息的例子是，亚马逊会邀请用户使用推荐向导功能，使用户更主动地参与到定制信息的流程之中，推荐向导包括一系列问题以及评分系统，旨在帮助亚马逊向用户提供更有效的个性化建议。同样，TiVo 也具有一项功能，观众可以评价他们所观看的节目内容，比如喜欢和不喜欢，通过这些评价，TiVo 能够在未来向用户提供更好的定制化建议。

在政治领域，那些为各种候选人或政治诉求游说的人可以向潜在的选民提出几个简单的问题，然后根据选民回答的情况制作一个简短的定制视频。此外，候选人可以尝试找出潜在选民所关心的最重要的问题，然后通过电话、电子邮件、直投或拜访等方式与每位选民沟通有关议题的信息。简而言之，政治家可以使用计算机定制的信息，并以各种方式调整信息，最终面向个体传播这些信息。有很多能够应用计算机定制信息的情境，本词条中讨论的例子仅仅是其中的一小部分。

结　论

计算机定制信息代表了一种相对新颖且投入产出比理想的传播方式，其能够在各种传播情境中提供定制化内容，并传播给大量个体。此外，在受众具有必要设备的前提下，通过互联网传播的计算机定制信息还具有按需传播的特点，这一方式增加了信息的传播潜力，可以在任何时间、任何地点将信息传播给任何受众。最后，计算机定制信息兼具大众媒体和人际传播的一些优点，可以将交互性的、易于接收的信息传播给大量个体。健康传播领域以及其他风险沟通领域的工作人员可能会愈发认识到计算机定制信息这一策略的实用性和有效性。

撰 稿 人：Anthony J. Roberto

另请参阅：Communication Campaigns in Health and Environment；Fear Appeals；Risk Communication，Overview

① 一种数字录像设备，能帮助人们非常方便地录下和筛选电视上播放过的节目，类似于国内的有线电视机顶盒。——译者注

参考文献

[1] GOODMAN B, RUSHKOFF D. (Writers & Directors).The persuaders [Television series episode] [M]//R DRETZIN, B GOODMAN, M SOENENS (Producers).Frontline. Boston, MA: WGBH Educational Foundation, 2003.

[2] KREUTER M, FARRELL D, OLEVITCH L, et al.Tailoring health messages: Customizing communication with computer technology. Mahwah, NJ: Lawrence Erlbaum, 2000.

[3] NOAR S M, BENAC C, HARRIS M. Does tailoring matter? Meta-analytic review of tailored print health behavior change interventions [J]. Psychological Bulletin, 2007, 133: 673–693.

[4] NOAR S M, BLACK H G, PIERCE L B. Efficacy of computer technology-based HIV prevention interventions: A meta-analysis [J]. AIDS, 2009, 23: 107–115.

[5] NOAR S M, HARRINGTON N G, ALDRICH R S.The role of message tailoring in the development of persuasive health communication messages [M]//C S BECK. (Ed.).Communication yearbook 33. New York: Lawrence Erlbaum, 2009: 73–134.

[6] SOHL S J, MOYER A.Tailored interventions to promote mammography screening: A meta-analytic review [J]. Preventive Medicine, 2007, 45: 252–261.

Conflicts of Interest in Science 科学中的利益冲突

1942 年，社会学家罗伯特·默顿（Robert Merton）将“无私”作为科学家的四个行为规范之一，这意味着科学家不应与他们的研究有情感或金钱关系。尽管批评家认为默顿的规范过于理想化，但是过去几十年来，在科学共同体内对科学家的客观性立场给予了越来越多的关注，因为科学家面临着为研究寻找资金资助的压力。除了一些例外情况，新闻媒体对此类问题鲜有报道。本词条提供了利益冲突的定义，并讨论了有关利益冲突管理的问题，进而列举了一些科学利益冲突的案例，以及有关科学利益冲突的研究观点概述。

利益冲突的定义

在科学家群体内，存在着对利益冲突的控告，无论这种冲突是真实发生的还是潜在的。很少有问题能够像这些来自科学群体内部的指控那样，对科学结果的真实性产生如此多的质疑。利益冲突广义的解释是，当个人、团体或组织能够从某一决策或产出中获得利益，并且这些主体又有机会对决策过程或产出过程施以影响以获得他们偏好的决定或产出时，利益冲突就出现了。在 2001 年合作出版的关于利益冲突的书籍中，迈克尔·戴维斯（Michael Davis）提供了一个更加精确的定义：当个人被要求代表某个人或组织做出判断，而其判断又有特定的利益纠葛，可能导致其做出与在没有利益纠葛的情况下不同的判断时，利益冲突就会发生。有利益冲突的科学家可能指代那些就某一结果有既得利益或利害关系的科学家，表明那些科学家可能会受到影响，以支持自己的利益。

科学提供了许多可能引起利益冲突的情境。例如，如果一个科学家从某个特定的机构获得资金，然后被要求评估该机构所生产的产品功效，那么该科学家就会产生资金利益冲突。具体来说，与没有资助关系的情况相比，资金利益可能影响科学家对该产品给予不同的评价。另外的例子发生于医生接受制药公司的礼品时，虽然接受礼品不一定是不道德的，但它可能导致医生更偏爱某一种药物，而不是另一种具有同样疗效的药物。另外，如果一位科学家受邀参加项目申请书的评审，而其中一份项目书是由他的合作者或是以前学生提交的，也会出现利益冲突的情况。与没有关系的申请人相比，业已存在的科学家与合作者或学生之间的关系可能导致科学家对该项目书提出更有利的评审意见。

辨析偏见和利益冲突之间的差异是十分重要的。偏见指个人的判断不是中立的，意味着他对某一个观点具有倾向性。有利益冲突并不是说存在着个人偏见，而是指只有在满足某种条件时，偏差才会发生。在上一段列举的例子中，利益冲突的状态并不一定导致有偏见的决定，但是利益冲突使得有偏见的决定更有可能发生。

在关于利益冲突的讨论中，戴维斯描述了三种利益冲突可能导致偏见决定的情况。在第一种情况下，个人存在利益冲突，但其没有意识到，因此，也没有力求减少利益冲突对判断产生的真实或潜在的影响。虽然这个人没有刻意欺骗，但利益冲突仍然可能导致个人（不知不觉地）以不公正的方式行动。在第二种情况下，个人意识到了利益冲突，但刻意隐藏起来。按照大多数标准，蓄意不披露利益冲突会被视为一种不道德的行为，更不用说在这一行为下，当事方根本不会为力求减少结果偏差而付出努力。在第三种情况下，个人意识到利益冲突并主动将其公开，但仍然不回避作出判断。虽然公开这一情况好于避而不谈，但利益冲突意味着发生偏差的可能性仍然很大。此外，如果人们不赞成有利益冲突的个人参与的决定，就很可能会损害决策过程的公信力。

解决科学家群体中的利益冲突问题变得更加重要。为此，对于某些类型的利益冲突，一些指南能够帮助科学家确定他们是否应该从潜在的妥协状况抽身出来。例如，科学正在朝着资金安排和利益冲突透明化的方向发展，在论文同行评议中，要求作者披露资金利益冲突的声音越来越多。然而，即使这样的透明度要求也未必能够减少偏差。一些观察家已经开始质疑，科学家是否可以在从企业获得资助的情况下，仍保持公正中立。例如，关于食品和饮料行业的研究发现，相比于与该行业没有关系往来的研究者，与行业存在资金往来的作者——尽管在文章中充分披露了与企业的关系，仍然更倾向于发表支持该行业产品的观点。

利益冲突的类型

虽然经济利益冲突是最明显的、最受监管的，也是最经常被披露的，但许多其他类型的利益冲突依然存在，包括专业、个人和意识形态上的利益冲突等。正如前面提到的例子，专业关系可能导致科学家在文章评审过程中，对其研究领域中的同事（或竞争者）提交的文章给予更多（或更少）的支持。为了减少潜在偏见的可能性，科学的同行评审制度通常是盲审，因此评审者无法知道他们所评审的文章的作者。如今，大多数期刊要求作者删除文章中任何可用于识别文章作者的信息。当然，同行评议的过程并不总是完美的，有时评审人能够通过检查参考文献或是嵌入文章的文档属性信息（如果是电子文本的话）来辨别作者的身份。

当科学家的某位家庭成员与科学家的研究结果有利害关系时，可能会发生个人利益冲突。这种利益关系可能导致科学家迫于压力失去研究的客观性，以期产生有利于家庭成员的结果。按照这一思路，在医学科学研究中，由于潜在的失去客观性的风险，医学研究并不鼓励医生参与自己家庭成员的治疗。意识形态的利益冲突可能产生于宗教或政治观点之间，进而可能迫使科学家诋毁某些研究领域，或是怀疑某些研究发现，因为这些研究领域或发现与科学家个人的世界观或政治倾向相冲突。例如，宗教观点可能会导致一些科学家反对人类胚胎干细胞的研究，或者可能导致其他一些科学家贬低与进化论相关的研究结果。

然而，到目前为止，经济利益冲突是科学中最为突出的利益冲突，而且，由于科学家面临着为个人研究寻找外部资金支持的压力，这一情况似乎可能出现得更加频繁。这样的支持越来越多地来自一些企业合作伙伴，他们因为要看到其投资回报而产生经济利害关系。尽管美国政府依然占有美国科学研究和科学发展资助的最大份额，但美国国家科学委员会（U.S. National Science Board）的报告显示，在近年来资助科学研究的经费中，政府性资金正呈现减少的趋势，而企业资金则不断增长。在传统意义上由美国政府机构资助的研究领域中，企业资金资助的增加引发了新的伦理问题。在发表于 2002 年的一篇文章中，约翰·齐曼（John Ziman）讨论了科学的两大传统领域——学术上的科学和工业中的科学如何在最近几十年变得更加纠缠不清，导致科学面临的伦理困境不断增加。这些问题可能包括科学家倾向于追求具有更大商业潜力的研究，而非更基础的科学研究或学术研究。另外，由于大学鼓励并奖励校内科学家为其研究工作寻求资助或申请专利，因此大学也需要对可能发生的学术不端行为实施更多的监督。年度利益冲突披露制度已经成为一种标准，旨在识别科研系统内部潜在的不当行为。

当然，并不是所有企业都蓄意对他们所资助的科学研究结果施加影响。然而，有些时候，科学家和企业伙伴之间的关系可能会催生利益冲突的表象，即使并没有真正的冲突存在。例如，根据 2003 年的一篇新闻报道，美国食品药品监督管理局（U.S. Food and Drug Administration）一个咨询委员会的公告遭到了舆论批评：该委员会建议允许硅胶乳房植入物重返消费市场，但公众发现该委员会成员组成包括许多名整形外科医生。事实上，即使是建议，有时也会因为其与利益冲突相关而招致公众怀疑科学家的发现。而另外，有时科学家试图以更具道德意义的方式开展工作，但在资助机构面前，这一理想化的想法常常显得不合时宜。在一个臭名昭著的案例中，一位研究人员检验了一种新的艾滋病药物的有效性，但研究的资助机构并不想公开相关的研究数据，并限制该研究人员发表研究结果。尽管受到了资助方的影响，《美国医学协会杂志》（*Journal of the American Medical Association*）还是发布了部分数据。

当一个行业通过建立研究中心或（掩盖某种活动的）合法组织试图使其研究合法化时，另外一些臭名昭著的案例出现了，这些案例同样关乎科学中的利益冲突。通常，这些工作会毫不含糊地表现出一种态度——看上去坚定拥护科学的客观性。但很少有人能够认识到（这些机构背后的利益关系），例如，可靠科学促进联盟（Advancement of Sound Science Coalition）曾经是某一合法组织的名称，其由香烟和其他消费品制造商菲利普·莫里斯公司（Philip Morris）发起设立。诸如“可靠科学”和“垃圾科学”之类的词语是由利益集团杜撰的，他们试图使科学证据政治化，并在某些时候拖延行政机构的行动。

为了掩盖研究资金来源，一些企业已经建立了自己的研究团体。在这方面，美国烟草公司的一些案例最为明显，他们试图“清洗”科学数据。例如，在20世纪80年代后期，三家烟草公司共同发起成立了室内空气研究中心（Center for Indoor Air Research），研究烟草烟雾（二手烟）对室内空气质量的影响问题。虽然该中心宣称其任务是促进公正中立的科学研究，但一些观察家认为，该中心使用了来自烟草公司的专项资助，进而支持烟草公司的利益，并转移公众对于烟草烟雾危害的关注。

公众观点与媒体报道

鲜有研究真正检验了公众对科学利益冲突的看法以及这些看法如何影响了公众对于科学结果的信任度。其问题在于，公众对科学利益冲突的了解程度究竟如何。就美国食品药品监督管理局咨询委员会成员中真实存在或是潜在可能的利益冲突问题，一些研究调查了公众容忍这一问题的意愿程度。研究发现，当公众相信能够有公平的程序确保利益冲突得到妥善管理时，他们更倾向于接受实际或潜在的利益冲突。

利益冲突为科学的诚信带来了风险，诸如忧思科学家联盟（Union of Concerned Scientists）和公共利益科学中心（Center for Science in the Public Interest）等美国利益团体一直致力于提高公众对这一问题的认识及关注度。例如，忧思科学家联盟特别关注联邦政府如何使用科学证据以及如何对待科学家等问题。一个负面案例来自《纽约时报》（*New York Times*），2007年，《纽约时报》的一篇报道显示，某联邦机构致力打压另一个联邦机构有关全球气候变化的研究。公共利益科学中心则会发布科学家和企业之间的经济利益关系情况，并在其网站上维护着一个可供搜索的公共数据库，用户可以查找某位科学家并查看其研究的资助方。

就通常意义上的科学信息传播来说，大多数人通过电视获知科学信息，其次是通过互联网。尽管一些调查报告中出现的明显例外已经揭示了科学中真实存在的利益冲突情况，但媒体可能并不会在一般性报道中过多关注科学的利益冲突问题。丹尼尔·库克（Daniel Cook）和其他研究人员研究了2004—2005年发表于报纸媒体的1000多篇科学报道，发现这些报道通常并不涉及科学家的利益冲突问题，即使这些利益冲突已经披露于科学期刊上。随之而来的一个问题在于，缺乏对科学家经济关系的披露可能导致公众缺乏对科学利益冲突的认识。到目前为止，还没有人研究过在电视或互联网媒体有关科学发现的新闻报道中，是如何呈现科学家之间的利益冲突的。

关于记者如何报道科学中的利益冲突这一问题，有些人可能会质疑记者是否有责任在一般性新闻报道中披露与利益冲突相关的情况；或者说，有关披露利益冲突的信息是不是发表在社论版面更为合适。而另外，记者应该公正地报告信息来源中存在的潜在偏见，这一观点几乎没有人反对。但无论这些问题如何解决，相比于科学期刊中的利益冲突信息披露程度，大众媒体还有很长的路要走。

撰 稿 人：Katherine A. McComas

另请参阅：Center for Science in the Public Interest；Merton，Robert K.；Peer Review；Research Ethics，Overview；Union of Concerned Scientists

参考文献

[1] BROWN D. Scientists report bid to block publications of an AIDS study：Results not favorable to biotech

firm's antiviral product [N]. The Washington Post, 2009–11–01 (A10).

[2] COOK D M, BOYD E A, GROSSMANN C, et al. Reporting science and conflicts of interest in the lay press [J]. PLoS ONE, 2007, 2 (12): e1266.

[3] DAVIS M. Introduction [M]//M DAVIS, A STARK. (Eds.).Conflict of interest in the professions.New York: Oxford University Press, 2001: 3–19.

[4] DEAN C. Scientists criticize White House stance on climate change findings [N]. The New York Times, 2007–01–31 (17).

[5] HILTS P. Company tried to block report that its HIV vaccine failed [N]. The New York Times, 2000–11–01 (A26).

[6] International Committee of Medical Journal Editors.Conflict of interest [J]. Lancet, 1993, 341: 742–743.

[7] LESSER L I, EBBELING C B, GOOZNER M, et al. Relationship between funding source and conclusion among nutrition-related scientific articles [J]. PloS Medicine, 2007, 4 (1): 41–46.

[8] LEVINE J, GUSSOW J D, HASTINGS D, et al. Authors' financial relationships with the food and beverage industry and their published positions on the fat substitute olestra [J]. American Journal of Public Health, 2003, 93 (4): 664–669.

[9] MCCOMAS K, TUITE L S, WAKS L, et al. Predicting satisfaction and outcome acceptance with advisory committee meetings: The role of procedural justice [J]. Journal of Applied Social Psychology, 2007, 37 (5): 905–927.

[10] MERTON R K. The sociology of science: Theoretical and empirical investigations (N. W. Storer, Ed.) [M]. Chicago: University of Chicago Press, 1973.

[11] National Science Board. Science and engineering indicators 2008 [M]. Arlington, VA: National Science Foundation, 2008.

[12] ROWLAND C. Chief of FDA panel says implants vote "misguided": Safety of silicone is called unproven. The Boston Globe, 2003–11–05 (A1).

[13] ZIMAN J. The continuing need for disinterested research [J]. Science and Engineering Ethics, 2002, 8 (3): 397–399.

Consensus Conference 共识会议

共识会议是专门为公民（或公民与专家）设置的论坛，用以讨论社会面临的科学、技术和健康问题。最初的共识会议模式来源于 20 世纪 60 年代美国医疗保健部门的医学研究评估方法。时至今日，这一方法被用于将专家聚集到一起，就某个医学或研究问题的研究证据情况达成共识。20世纪80年代，这一方法由丹麦国家科学技术委员会（Danish Board of Technology）改造，并将公民陪审员的作用引入技术评估的过程之中。变革之后的方法得以将普通公民小组和专家小组聚集在一起，并为普通公民提供一个机会，使得公民能够在充分学习某一议题、听取一系列专家意见并提问以及审慎考虑的基础上，审议某个技术问题，进而提出建议并指出尚须解决的主要问题。

公民共识会议的概念基于两个前提。首先是一种理念，即公民有权对影响他们生活的问题发表意见。在过去，科学技术的议题常常被视作这一理念的例外，这些问题被留给技术专家。共识会议是一系列公共协商模式的一种，这些公共协商模式旨在将科学技术带回公共领域。这些有关技术评估的协商模式包括各种各样的方法：公民陪审团、协商投票、情境研讨会以及其他的公众参与形式——这些形式将公共议题讨论过程与依赖于信息资源和专家的知识学习过程结合在一起。协商投票（对某一问题进行讨论后所做的民意调查）结合了民意调查（随机选择的一组公民参与者，样本量约为1000人）的特点和协商讨论的特点。情境研讨会使公民（或包括公民、利益相关方代表和政策制定者在内的混合群体）考虑在未来某一问题可能出现的不同情况或场景，并讨论问题的解决方案。在情境研讨会中，还会讨论有关未来行动或政策的新想法和建议。公民陪审团会选择一些公民并邀请他们听取关于社区或政策决策的证据，进而作出判决，在很大程度上，选择公民陪审团的方法与形成法律陪审团的方法相同。

共识会议的第二个前提是，非专业人员能够掌握和处理复杂的技术问题，并且可以提出专家未曾考虑的有价值的见解。

共识会议程序通常涉及4组参与者：咨询委员会、公民小组（外行组）、专家组和项目管理团队。外行小组由不同背景的公民组成。专家小组的定义范围广泛，不仅包括科学专家，还包括与某一技术领域相关的专家，如法律学者或法律从业者、监管者、伦理学家、职业专家（如农民）、来自不同利益组织或倡导组织的专家以及具有经验性专业知识的个体（如器官移植患者）。有时，有冲突的专家意见会同时出现。

选择外行小组成员的常用方法是，向1000或2000名随机选择的成年公民发出邀请函，在回应邀请的人中选择15~20名，并尽可能在年龄、性别、教育、职业和常住地等方面体现出差异。

被选中的公民会收到一份关于会议主题的详细介绍，通常包括背景文件或一系列相关阅读材料，以便小组成员能够充分了解议题内容并向专家提出问题。在之后不久的两个周末中，这些公民代表会与专家会面，并在会面过程中获得更多的信息。选定公民代表之后的第一个周末，公民代表相互结识，开始准备与会议主题有关的问题。他们还参与选择专家，选出他们希望听取意见的专家。随后，在第二、第三个周末，这些专家会收到邀请，并提供与会议议题相关的信息，这些信息可能涵盖经济、科学、法律、社会和伦理等很多方面。

第三个周末通常还会包括一个向公众、媒体和政策制定者开放的会议。在第一天，选定的专家会做简短的介绍。第二天上午，公民小组会请个别专家详细说明或进一步澄清他们的观点。会议听众也有提问的机会。之后会议休会，公民小组成员会利用第二天下午的时间继续审议有关问题并准备最终的报告。公民小组有时会分组工作，分别完成最终报告的一部分。一位文字秘书（非公民小组成员）会在会场协助公民小组完成最终报告。最终报告起草完成后，小组成员会继续对草稿进行意见反馈，就关键点进行辩论，并就报告中的想法和建议达成共识。一些公民小组会一直工作到深夜。共识会议的程序鼓励公民小组成员能够就发现的问题和提出的建议达成共识。

在会议的第三天和最后一天，公民小组会向专家、听众以及媒体提交报告文件。专家有机会进一步解释文件中的误解，并纠正其中的事实错误。但是，专家不能对公民小组表达的意见产生影响。这份公民报告通常会交给议会成员或是其他相关的政策决策者。

在整个过程中，专家和公民小组的作用均被明确界定，这一过程是透明的，并有翔实的文件记录。报告中鲜见相关少数群体的声明，这是因为报告基于这样的事实——公民小组的共识是通过公开审议而达到的，该过程强调明确界定核心问题或需要解决的问题，并且认识到，一个没有被不同观点所分裂的问题更可能得到决策者的回应。

咨询委员会通常由 3~4 位成员组成，他们的专业知识能够满足议题所需要的广度。这些咨询委员会顾问在共识会议项目团队中发挥了关键作用，他们最先圈定了讨论某个议题时可能涉及的关键问题。他们也是确定介绍性材料框架的关键，帮助公民小组熟悉某一议题。此外，项目管理团队会帮助编制有关议题的基本文件，在某些情况下，项目管理团队还有可能聘请一位记者或科学作家将信息总结成一份 15~20 页的背景文件，使得外行公民更易理解相关内容。这份文件旨在概括性地介绍某一议题，并描述相关技术发展的现状，包括主要进展、尚不确定的问题或是专家意见的冲突。之后，这些基础性材料还需要得到咨询委员会的批准。

一些议题更适用于采用共识会议的方法进行讨论。例如，与时事相关的技术问题（在媒体等公共领域受到关注的问题）以及有争议的技术问题（可能是公共领域辩论的主题，或是考虑某一新的有争议的技术是否能够被采用）。通过共识会议的讨论，这些技术问题可以受益于多方不同观点的启发，能够依靠各方专家的力量澄清某一议题不同方面的问题，公众的看法和立场也得以明确。转基因食品是这类问题的例子之一，该问题成为许多国家共识会议的焦点，包括澳大利亚、加拿大、丹麦、韩国、英国和美国等。

共识会议阐明了不同专家及其观点之间的冲突，并展现了公民知识与专家知识之间时而出现的知识流动，因此，共识会议被视为一种打开专业知识黑箱的方法。共识会议是一个过程，揭示了公民在考虑某种特定的技术是否应该以及应该如何融入社会时，公民所看重的价值观取向。

撰 稿 人：Edna F. Einsiedel

另请参阅：Citizens Jury；Deliberative Democracy；Deliberative Polling；Science Café；Technology Assessment

参考文献

[1] JOSS S，DURANT J.（Eds.）. Public participation in science：The role of consensus conferences in Europe [M]. London：Science Museum，1995.

[2] MEDLOCK J E，DOWNEY R，EINSIEDEL E F. Governing controversial technologies：Consensus conferences as communication tool [M]//D BROSSARD，J SHANAHAN，T C NESBITT（Eds.）.The Public，the media，and agricultural biotechnology.Oxford，UK：CABI International，2007，chap. 13 .

Conversation and Science Communication 对话与科学传播

21世纪，虽然许多人生活在一个充斥着大众媒介信息的环境中，但人们之间的谈话仍然是大多数人生活中的日常内容，而当代科学就是其中一个话题。这样的谈话能够成为一种信息源，既可能补充也可能反驳大众媒体机构所传播的信息。因此，学者越来越多地将社交网络中的对话作为科学传播研究的重要对象，这一点并不令人奇怪。除了考虑人们之间的谈话如何促进或阻碍科学教育这一问题，许多学者还认为，工作于科学机构之外的人们如何看待和讨论科学问题，对于科学治理和政策制定至关重要。

日常对话与正规科学教育

目前，学者还没有充分了解如何最有效地将专门的科学知识转化为公众理解的信息，也没有完全明确在科学研究中，公众意见与官方支持之间的中心动力学作用。简单地承认公民之间的谈话可以在塑造公众对科学的理解中发挥作用还远远不够，事实上，这一论述成为学者重要的争论点之一。有些人认为，正规科学教育是最合理的，也许也是理想的知识传播途径，因此倾向于强调正规教育的作用。然而，另一些专家则认为，即使在课堂之外发生的传播活动不是了解公众态度、公众理解和公众行为的核心，也至少是至关重要的一个方面。

关于公众如何理解科学，有一个被称为“普及化”的观点。从这一观点来看，科学家应该成为知识的开发者和传播者，然后以简单易懂的形式传播知识。然而，其他研究者对“科学普及”的观点提出了挑战，他们认为，对于科学知识如何在社会中发挥作用或者科学知识应该如何在社会中发挥作用来说，普及化的观点仅仅是一个过于简单的描述。作为另一种选择，一些学者强调受众的中心地位，这是因为受众不仅参与到科学话题之中，而且往往生产科学话题，对于与社会相关的科学发展以及缓解社会对科学的关切来说，这些话题极为必要。与科学普及不同，受众中心的观点认为，公众理解科学的过程应该被描述为世俗化的在科学家和各种公众之间更为平衡的传播过程。从这个角度来看，科学普及所蕴含的等级制度应该为更平等的信息交流取代。

在社会表象理论传统中工作的科学传播学者常常支持世俗化的观点，在某些方面甚至超越了该观点，他们将日常社会生活描述成科学知识传播的首要约束。从这个角度来看，正是因为正规的科学知识促进了基本的社会交互作用，而社会交互作用是日常生活的一部分，因此，这些知识对于科学专业的门外汉来说才显得重要。人们在与他人的交往中使用科学知识，因此，对科学传播感兴趣的社会表象论学者声称，公众对科学知识的理解以及某种知识的公共优先次序最终形成于两个方面：其一是这种知识与现有公共话题的共同意义空间，其二是人们所看到的科学研究与生存、社会互动等基本行为之间的联系。这一观点说明了为什么外行人在谈论科学话题时有所偏好。在日常生活中，有些话题所引起的共鸣可能比其他话题更为引人注目。此外，在社会表象理论传统中工作的学者承认，有些时候，对科学事实的不准确表述对个体而言也有作用。

定义对话

究竟什么样的活动能够被称为“对话”呢？总体来说，人际传播学者同意这样一种观点：如果一个人的行为模式在某种程度上受到另一个人的影响，进而表现出不同于两人接触之前人们所预期的行为，则可认为两个人之间发生了互动。此外，大多数人际传播学者认为，人际沟通要求两个（或更多）交流伙伴之间都具有相互交流的取向，换句话说，沟通伙伴都需要意识到他们是互动的参与者。当这种互动以言语的形式发生时，我们就可以将其称为“对话”。那么，什么是关于科学的对话呢？学者普遍认为，给予科学对话一个宽泛的界定是有益的，而且，假设任何对话均与科学对话相关，同样是有益的，只要这些对话能够影响或加强与当代科学研究有关的观点或信念。在杂货市场上，两个人关于转基因水果的讨论不一定能够明确被称为“谈论科学”，但他们参与的这一行为对科学传播学者来说可能非常重要。

因此，科学对话建构了科学信息重复的简单机制，也建构了参与者暴露于科学相关知识的简单机制，但不仅如此，科学对话还包括相对复杂的二元变量或群体变量，容易受到人类需求、欲望以及环境约束等一系列相关因素的影响。科学对话并不是简单等同于接触科学教育材料，也不总是与正式规划的科学传播工作目标相一致。

科学对话发生在哪里？在工作休息期间，同事在饮水机周围的原始对话并不是与科学传播学者有关的唯一对话类型。尽管有关人际传播的早期研究侧重于面对面的互动，但现在，许多学者认为人们之间的交流可能发生在各种情境之中。例如，传播学者关注各种各样的社交电子应用，无论是在线的还是通过其他途径的，如电子公告板、电子邮件、聊天室和短信。其研究表明，在线讨论可能是具有重要意义的。虽然有些时候，对话的参与者确实报告称，在线对话和面对面对话之间存在一些差异，但证据表明，无论如何（无论是否具有差异），各种人际交流都能够影响想法，并能够强化科学教育工作，抑或是使科学教育进一步复杂化。

对话与科学传播相关，因此有关对话的研究仍面临着许多重要的挑战。例如，有关对话的统计测量已经超越简单的频率统计指标，这一研究方法的进展已经让大众传播学者感到苦恼。尽管人际传播学者能够评估人与人之间的交流情况，但如何能够将这些评估方法纳入大规模调查研究和活动评价之中，一直是学者所面临的困难。

预测与科学相关的对话

在什么情况下，我们能够期待人们谈论科学呢？在一定程度上，我们知道，预测对话发生的一般性因素似乎在某些方面也同样适用于与科学技术有关的对话。学者发现，个人差异和个性倾向能够预测某个人谈论科学的可能性。例如，一般来说，那些倾向寻求强烈感觉的人更有可能报告最近发生过的与科学相关的对话，即使在控制了教育程度、职业（受雇于科学相关机构）等其他预测科学对话发生的因素之后，这一关系仍然成立。

至少有一个特别的因素看起来与谈论科学明确相关，那就是个人对参与科学对话的信心。这种信心可能与个人对自己理解科学、技术、工程、数学等相关概念的能力认知有关。对于决定一个人是否会参与周围人有关科学技术的对话这一问题来说，个人知识及个人对该知识的信心可能发挥着重要作用。

接触某些类型的教育媒体内容可能会提高一个人对特定问题的理解感知以及对话能力。在所有其他条件相同的情况下，我们可以预测，接触过某一议题的公众更可能就该议题展开讨论。"探索及科学突破节目评估项目"凸显了这一模式。该项目由美国国家科学基金会（National Science Foundation）资助，并由美国物理学会（American Institute of Physics）执行。来自该评估的实验数据表明，通过加强对科学理解的感知，接触科学新闻能够间接地影响个人有关科学的对话。

对话对科学传播效果的影响

对话究竟是如何与机构或团体发起的正式科学传播工作产生连接的呢？从事人际传播和大众传播交叉研究的学者提供了一些帮助，他们确定了谈话和媒体活动可以相互影响的三种主要方式。这三种方式包括对话作为媒体活动的预期产出或意外产出、对话作为媒体活动效果的中介以及对话作为媒体活动效果的调节器。

许多科学传播工作意在促进公众讨论科学，因此，在这些情况下，对话可能被视为有组织的科学传播工作的产出。同时，在许多情况下，人们之间的对话能够间接地向没有机会接触原始材料的公众提供信息及观点，也就扩大了暴露于原始科学教育材料的受众范围。两个人有关全球气候变暖的对话，可能实际上提供了间接接触有组织科学教育活动的机会，因为对话中的某一个人可能会引用从之前接触的材料中学习的知识，或是明确提及该材料所倡导的信息。在这种情况下，我们可以将人际传播视为科学传播项目效果的中介。在第三个方面，人们认识到，人们之间的对话可以影响科学传播工作成功的可能性。对有争议的科学研究来说，宗教社群的讨论可以抑制公众对大众媒体某一科学报道的反应。类似的例子还包括，在社交网络中发生的谈话能够加深参与者对乳腺癌筛查指南的印象，而有关筛查指南的信息最初出现在科学新闻之中。

上述人际对话的三种角色暗示了一系列可能性，这些可能性不仅能够解释以往科学技术传播文献中的一些研究发现，而且还可以为未来的研究提供假设。

未来的科学传播项目评估可能需要考虑到受众中存在的社交网络，以及在这些社交网络中发生的关于特定科学技术议题的对话。

撰 稿 人：Brian G. Southwell

另请参阅：Evaluation of Science Communication；Popular Science and Formal Education

参考文献

[1] HILGARTNER S. The dominant view of popularization：Conceptual problems，political uses [J]. Social Studies of Science，1990，20：519–539.

[2] HWANG Y，SOUTHWELL B G. Can a personality trait predict talk about science? Sensation seeking as a science communication targeting variable [J]. Science Communication，2007，29（2）：198–216.

[3] SOUTHWELL B G，TORRES A. Connecting interpersonal and mass communication：Science news Exposure，perceived ability to understand science，and conversation [J]. Communication Monographs，2006，73（3）：334–350.

[4] SOUTHWELL B G，YZER M C. The roles of interpersonal communication in mass media campaigns [M]// C BECK.（Ed.）. Communication yearbook 31. New York：Lawrence Erlbaum，2007：420–462.

[5] WAGNER W. Vernacular science knowledge：Its role in everyday life communication [J]. Public Understanding of Science，2007，16（1）：7–22.

Council for the Advancement of Science Writing 科学写作促进委员会

科学写作促进委员会（Council for the Advancement of Science Writing，CASW）创建于太空时代来临之际，几十年来，一直致力提高大众科学新闻的写作质量。科学写作促进委员会是一个由杰出的记者和科学家领导的非营利教育机构，开发并支持了大量的教育项目和教育资源，旨在增加公众对科学的理解。另外，科学写作促进委员会还向所有媒体的记者、编辑和作者提供信息，希望媒体从业者能够更好地理解一些重要的科学技术进展，并不断推广更好地传播实践方法，以将这些科技发现及其重要性传达给广大受众。

科学写作促进委员会的开创性工作包括每年为记者和其他科学作家提供为期四天的有关前沿科学的培训计划、设立科学记者旅行奖学金、设立研究生科学新闻教育津贴、改进地方科学报道、设立年度医学科学报道奖以及为科学共同体（科学家）提供有关科学新闻的培训。在这些工作之中，科学写作促进委员会与其他新闻组织密切合作。

鉴于科学写作促进委员会在提高面向公众的“科学新闻的质量”方面所作出的努力，2003 年，美国国家自然基金会（U.S. National Science Foundation）的监管机构——美国国家科学委员会（National Science Board）将著名的公共服务奖（Public Service Award）授予了科学写作促进委员会。

科学写作促进委员会的历史

20 世纪 50 年代，科学技术的爆炸性发展为记者带来了新的挑战，记者需要解释诸多科学问题，如脊髓灰质炎疫苗是如何发挥作用的、DNA 的结构是什么以及为什么卫星不会从天上掉下来等。虽然长期以来，主要的媒体一直设有专业的科学作家，但苏联于 1957 年年末发射第一颗人造卫星，随即引发公众对于有关太空竞赛报道的巨大需求，越来越多的记者被指派报道相关议题。彼时，一部分知名的科学作家认识到，需要为记者提供更好的培训，培训内容不仅针对空间探索的议题，还应包括其他科学技术的新发展，以提高科学新闻和科学专题的报道质量。

为了实现这一目标，1959 年，作为一个非营利教育组织，科学写作促进委员会正式成立，并于 1960 年年初举行了第一次会议。委员会的创始人是全国科学作家协会（National Association of Science Writers，NASW）的活跃分子，全国科学作家协会是一个成立于 1934 年的职业性会员组织。另外，科学写作促进委员会的独立、非营利身份使其能够募集所需的资源，以支持进一步培训科学作家的计划，从而提高公众对科学的理解。多年以来，基金会、科学机构和协会、政府机构、企业和个人都为科学写作促进委员会提供了资金支持。尽管如此，科学写作促进委员会的项目依然聚焦于新闻工作者，而且其工作决策仍然由其强大的专业人员和管理委员会决定（没有受到各种金主的影响）。该委员会由大约 15 名杰出记者、教育工作者和公共信息官员组成，并由科学家担任顾问。

科学的新视野

“科学的新视野”项目是科学写作促进委员

会实施其教育愿景的核心，这是一个为记者设计的年度项目，介绍世界领先的科学思想，展示不同学科中最具发展前景的新进展，包括物理学、环境科学、生物医学以及工程技术等。该项目的组织者希望能够在某一科学发现成为新闻之前，深入了解其进一步发展的潜力，并使科学家能够清楚地向记者解释自己的研究工作以及科学发展潜在的社会影响。

从 1963 年开始，新视野项目已经发展成为一个有影响力的会议，无论对刚入行的科学记者、经验丰富的科学记者，还是其他传播者来说，皆是如此。这一雄心勃勃的计划所体现出的广度和深度，使得科学写作的从业者能够了解最新的科学发现，并逐渐熟悉他们以前并没有接触过的领域。这一项目还为记者提供了接触顶尖科学家的机会。许多在项目中做过报告的科学家后来赢得了诺贝尔奖以及其他著名的科学奖项，并成为学术带头人和政府领导者，包括总统科学顾问在内。

新视野项目由科学写作促进委员会独立发起，并从各类教育、政府或私人机构中寻找最好的、最顶尖的科学研究。每年，这一项目都由不同的大学或研究中心主办，这些主办机构同样是业内杰出者。会议期间，项目还会举办研讨班、非正式聚会，并为与会者提供参观实验室或进行实地考察的机会，能够让与会者亲眼看到一手的科学研究（而不是二手资料）。近年来，主办过该项目的机构包括得克萨斯大学奥斯汀分校（University of Texas at Austin）、斯坦福大学（Stanford University）、西北太平洋国家实验室（Pacific Northwest National Laboratory）、约翰·霍普金斯大学（Johns Hopkins University）和卡内基·梅隆大学（Carnegine Mellon University）。

自成立以来，科学写作促进委员会一直与全国科学作家协会保持着密切的关系。2005 年，两个组织联手为科学作家提供了一站式培训服务：在科学写作促进委员会的新视野项目之后，随即举办了全国科学作家协会的专业发展与技能研讨会。2010 年，耶鲁大学（Yale University）举行的新视野会议标志着两个重要的纪念日——全国科学作家协会成立 75 周年，同时也是科学写作促进委员会成立 50 周年。

新闻记者与科学家的延伸

长期以来，科学写作促进委员会将改善科学新闻和科学传播实践作为优先考虑的工作任务，支持科学作家以及年轻的科学写作爱好者接受教育并寻求专业发展。科学写作促进委员会向资源有限的科学专业记者，包括小型媒体的工作人员和自由撰稿人等提供旅行奖学金，资助他们参加新视野会议（New Horizons）和全国科学作家协会举办的讲习班。为了支持新生代的科学作家，科学写作促进委员会的泰勒/布莱克斯利奖学金（Taylor/Blakeslee Fellowships）为研究生科学写作教育提供学习津贴，目前已经有至少 100 名学生接受了资助。

科学写作促进委员会还乐于创造机会，让小型媒体的编辑记者能够与经验丰富的科学作家建立联系，以鼓励地方性媒体的科学报道。它将地方性媒体记者派往专业的科学新闻编辑部，并面向非科学专业的印刷媒体记者和电子媒体记者举办了地区性的讲习班，这些讲习班涉及环境、卫生保健以及儿童心理学等主题。鉴于互联网网站正在越来越多地向公众提供科学信息，科学写作促进委员会还希望扩大其培训工作，以提高互联网网站报道内容的准确性。

科学写作促进委员会的网站也提供相关的科学写作资源，包括《科学写作职业指南》（*A Guide to Careers in Science Writing*）。委员会还为相关出版物提供财政支持，以提高科学报道质量，包括美国科学作家协会出版的《科学作家现场指导》（*Field Guide for Science Writers*）以及美国科学作家协会的季刊《科学作家》

（*Science Writers*）。委员会还资助出版了科学作家维克多·科恩（Victor Cohn）和他的同事刘易斯·柯普（Lewis Cope）完成的《新闻和数字：统计数字的报道及其在健康和其他领域存在的争议》（*News and Numbers*：*A Guide to Reporting Statistical Claims and Controversies in Health and Other Fields*）。

科恩是科学写作促进委员会的创始人，并长期作为《华盛顿邮报》（*Washington Post*）的健康和医学作家。在他的记忆中，委员会于2000年设立了一年一度的维克多·科恩优秀医学科学报道奖（Victor Cohn Prize for Excellence in Medical Science Reporting），以表彰在过去5年中为医学报道工作作出卓越贡献的个人。多年以来，已有多名来自《纽约时报》（*New York Times*）、《每日新闻》（*Times Newsday*）、《华盛顿邮报》《华尔街日报》（*Wall Street Journal*）、《纽约客》（New Yorker）、美联社（Associated Press）、国家公共广播（National Public Radio）等公共媒体的知名记者以及杰出的自由撰稿人获此殊荣。

自成立以来，科学写作促进委员会就致力于促进科学界参与到改善公共科学信息的工作之中。很多著名的科学家长期参与该项工作，其中包括委员会顾问、诺贝尔奖得主、物理学家莱昂·M. 莱德曼（Leon M. Lederman）以及斯坦福大学（Standford University）的生物学家唐纳德·肯尼迪（Donald Kennedy）。委员会认识到，需要鼓励研究人员说明他们的工作及其潜在的社会影响，因此，委员会面向科学会议的与会者以及科学机构组织了有关科学写作和科学传播的小组讨论会和研讨会。这些非正式项目提供了机会，能够让杰出的科学作家阐述科学家与新闻媒体交流的必要性以及科学家与新闻媒体交流的方法策略等问题，这些项目特别关注更年轻的研究人员——他们可能不太熟悉新闻媒体，也更不情愿与新闻媒体打交道。

近年来，科学写作促进委员会赞助了在耶鲁大学（Yale University）、杜克大学（Duke University）、约翰·霍普金斯大学（Johns Hopkins University）和哈佛大学（Harvard University）等举办的研讨会。其赞助的研讨会还在美国科学促进会、西格玛赛科学研究会（Sigma Xi）、剑桥科学节（Cambridge Science Festival）等机构的聚会中举办。

全球拓展

对清晰、准确和有见地的科学新闻业的需求从未像今天这样巨大，因为全世界的公民都面临着具有挑战性的公共问题——其中很多问题涉及大量的科学内容，包括气候变化、能源需求、核扩散、干细胞研究、转基因食品以及进化论。虽然美国主流的印刷媒体和电子媒体正在大量削减科学写作工作职位以及科学新闻的报道数量，但在世界范围内，科学新闻业正在不断扩大，特别是在发展中国家。另外，对于在世界范围内提高科学新闻报道质量这一工作来说，互联网的快速发展提供了新的机会，也提出了新的挑战。

科学写作促进委员会致力于在世界范围内提高科学写作的质量。1979年，它与美国科学作家协会共同带领一个科学作家的官方代表团访问中国，彼时，中国的大门刚刚重新向西方记者打开。在基金会的赞助下，它还组织了1991年美国科学记者对非洲的访问以及1995年对中美洲和南美洲的访问。2007年，它资助了阿拉伯科学作家协会（Arab Science Writers Association）的领导人赴美访问。阿拉伯科学作家协会是一个新成立的机构，并与美国科学作家协会建立了合作伙伴关系。2009年，科学写作促进委员会当选为世界科学记者联合会的首个非正式成员，该联合会由来自非洲、美洲、亚太地区、欧洲和中东地区的数十个成员组成，联合会在促进国际科学新闻工作、发达国家与发展中国家科学作者交流方面发挥了领导作用。

2011年，美国科学记者与他们的阿拉伯同行一道，在开罗举办联合会的世界性会议，美国科学作家协会是会议的资助方之一。

撰稿人：Cristine Russell

另请参阅：Career Paths，Medical Writing/Medical Journalism；Career Paths，Science/Environmental Journalism；National Association of Science Writers；National Science Foundation，U.S.；Space Program，Overview

参考文献

[1] BISHOP J E.CASW history：The 5 W's of CASW，2005. http://casw.org/casw/history.

[2] COHN V，COPE L.News and numbers：A guide to reporting statistical claims and controversies in health and other fields [M]. 2nd ed. Ames，IA：Wiley-Blackwell，2001.

[3] Council for the Advancement of Science Writing：http://casw.org.

[4] National Association of Science Writers：http://nasw.org.

Creationism 神创论

神创论是一种信仰，它相信宇宙是由一个神圣的实体创造的，在犹太教和基督教神学体系中，这一神圣的实体被称为上帝。对于地球的形成问题，在神创论者之间有着不同的理解，但大多数创造论者认为，宇宙是从虚无创造出来的，进化论并不能解释生命的发展，人类和猿类有着不同的祖先，大洪水如《圣经》(*Bible*)所记载的那样覆盖了地球。在某些情况下，科学传播、科学教育的倡导者会与严格的神创论者产生冲突。而这些冲突通常很受媒体的关注。

神创论者可以分为两类：年轻地球神创论者和古老地球神创论者。年轻地球神创论者严格遵循《圣经》中出现的人有关造人故事的文字解释，认为整个宇宙是在6天里创造的，24小时为一天。他们对地球确切年龄的认识在一定程度上有所不同，有些人估计地球是在距今1万~2万年前被创造的，而另外一些人则认同爱尔兰大主教詹姆斯·乌泽(James Ussher)的估计，推断地球是在公元前4004年的10月22日(星期六)晚间的某个时候被创造的。年轻地球神创论者(也称为严格的神创论者)相信上帝创造了世界(和人类)，基本上就是现在地球和人类的样子。他们拒绝接受人类(或其他生物)是由低等生物形态演变而来的观点。

古老地球神创论者遵循神创造一切的神创论信仰，但他们认为，神创造地球的时间远远早于年轻地球神创论者给出的日期。一些古老地球神创论者相信间隔创造理论，即在《圣经·创世记》(*Biblical account of Creationism*)的第一节和第二节经文记述的故事之间，存在一段时间:(①起初神创造天地。②地空虚混沌，渊面黑暗，神的灵运行在水面上。在两节经文记述之间存在着时间间隔，即①和②不是连续发生的）。其他人遵循日代理论，即在 6 天内创造地球和宇宙的故事是真实的，但他们认为每一天可能远远超过 24 小时（可能一天长达几百万年）。还有一些人认为，上帝创造了某些动物，有限的进化（微型演化）解释地球上现存的各种各样的物种种类（例如，他们可能相信上帝创造了猫，之后演变成了老虎、狮子、豹等）。这些古老地球神创论者对世界的认知得到某些科学证据的支持，如放射性测年，但总体来说，科学家并不接受古老地球神创论者的观念。

尽管神创论者往往是虔诚的信徒，仅受过低级别的正规教育，但一项调查显示，约有 25%的大学毕业生相信某种形式的神创论。至于公众舆论，调查一直显示，40%~50%的美国人接受《圣经》中有关世界创造的描述，而也有相似比例的公众接受人类随着时间演变而来的进化论。这些调查的准确性一直受到质疑，因为调查并没有区分年轻地球神创论者和古老地球神创论者，而且通常也不清楚受访者对调查所使用的术语和概念的熟悉程度。此外，这也不一定意味着学校课程应该作出改变：根据民意调查的数据，虽然不到一半的美国人相信进化论，但大多数美国人仍然认为学校应该讲授进化论。

在 19 世纪中叶，美国的高等院校仅进行有限的基础科学实践。其中很多机构由教会管理运营，约 1/3 的大学教师是神职人员。然而，1850—1900 年，随着研究生教育的进一步发展，学术界发生了根本性转变。大学教授开始从事更多的研究活动，从个别大学到更大的领域，对宗教的忠诚度也发生了变化。因此，达尔文主义很快被接受，而且由于学者开始出版更多研究论述，这些大学教授（而不是中学教师）也开始撰写更多的教科书。其结果是，到 20 世纪，进化论已经被完全融入生物学教科书之中，而神创论则从这些教材中消失了。

纵观整个 20 世纪初期，教授进化论的想法几乎没有遇到什么阻力。普通公众对于进化论并不存在严重的敌意，即使是宗教领袖也没有反对在学校讲授进化论。然而，到了 20 世纪 20 年代，宗教激进主义运动取得了全面发展，城市化的加剧和人口结构的变化所带来的不安情绪在一部分人群中引起了共鸣。

这些宗教激进主义者总体上相信对《圣经》的字面解释，并认为有必要把美国从无神论和现代主义所带来的邪恶中拯救出来。20 世纪，美国初中入学率空前增长，进而出现了美国历史上高中入学率增长最快的一段时期。彼时，普通公众对进化论知之甚少，许多家长认为，进化论的思想违背了他们的宗教信仰。宗教激进主义者抓住了这一点，发起了反对进化论运动，并将之作为帮助美国解决该时期社会弊病的方法。禁止讲授进化论的法律很快在肯塔基州和俄克拉荷马州立法机构获得通过，而最受全国关注的则是田纳西州通过的反进化论法案。

斯科普斯审判

1925 年，田纳西州的立法机构通过了《巴特勒法》(Butler Law)，法律规定，《圣经》教导人们神创造了人类，公立学校的教师教授任何有违该条教义的内容都是非法的。当美国公民自由联盟（American Civil Liberties Union，ACLU）得知田纳西州通过了该项法律后，刊登了一则广告，寻找一位愿意违反法律（以身试法）的田纳西州老师。田纳西州代顿市的领导人看到了相关宣传，并将之视为一个能够让小城声名大噪的机会，他们可以举办一次进化论和神创论之间的法庭论战。在与科学教师约翰·斯科普斯（John Scopes）协商后，逮捕令发出，斯科普斯因违反《巴特勒法》而被逮捕。而美国公民自由联盟也有了判例案件（检验某条法律是否符合宪法的试验案例）。

检方邀请前国务卿和总统候选人威廉·詹宁斯·布莱恩（William Jennings Bryan）代表田

纳西州，其被称为“伟大的普通人”，并且在当时刚刚发起了反进化论运动，布莱恩同意即使不要补偿也要参加案件辩论。著名律师克拉伦斯·达罗（Clarence Darrow）自愿为被告方辩护，这两个人成为审判中的主要人物。这一案件引起了媒体的广泛关注，广播直播了法庭的实况，超过2300家日报媒体追踪报道了这一审判进展。之后，伴随这一案件的是一系列慷慨激昂的演讲，达罗争辩言论自由，而布莱恩则争辩维护价值观和传统的权利。

法官坚持认为，这一案件的核心在于斯科普斯是否违反了法律，而不在于进化论是否正确，因此，法官没有允许专家证人出庭作证。为了应对这一问题，达罗采取了一个著名的策略，他要求布莱恩站到专家的立场上为《圣经》的真实性作证。在控辩双方质证的环节，达罗提出的质疑显示，即使布莱恩本人也不能接受对《圣经》纯粹字面意义的解释。庭审按预期时间结束，裁定斯科普斯违法行为成立——他被罚款100美元。达罗和美国公民自由联盟提起上诉，但布莱恩无法看到案件的后续发展了，在审判结束后5天，布莱恩在睡眠之中去世。

上诉后，田纳西州最高法院以技术性错误为由，撤销了对斯科普斯的定罪，因为一审结束后100美元的罚款是由法官征收的，而不是陪审团。结果，斯科普斯被释放，但是同时，根据法律规定，最高法院的改判也防止了美国公民自由联盟继续向国家最高法院上诉。这一判决不仅阻止了案件是否符合宪法的检验（这是美国公民自由联盟一开始的计划），也对进化论的教学产生了寒蝉效应。“进化论”以及涉及达尔文主义的词汇从教科书中消失了，有一些内容为宗教话语所取代。

到1942年，大部分美国高中教师没有向学生讲授进化论。在佐治亚州和南卡罗来纳州等地，反进化论群体迫使拒绝教授神创论的生物学教授辞职。密西西比州通过了一项禁止教授人类进化的法律，1928年，阿肯色州选民也投票通过了一项反进化论法案，63%的选民支持该法案。在一些州，反进化论的观点所向披靡，在密苏里州，一位立法者甚至建议，违反反进化论法律应该被判处在圣路易斯动物园（st. Louis Zoo）监禁一个月。

然而，虽然在斯科普斯案件中，斯科普斯得到了有罪判决，神创论者取得了胜利，但许多人认为，斯科普斯案件实际上伤害了神创论者的立场，而并非帮助了他们。神创论者成为新闻界的笑柄，特别是在布赖恩法庭陈词之后。媒体报道把审判称为反进化论运动的尴尬。在布赖恩去世之后的几年里，布莱恩的支持者确实让更多的州通过了禁止教授进化论的法律，促进了神创论的发展，但反进化论运动很快便偃旗息鼓。布赖恩的个人魅力是反进化论运动的脸面，当他去世时，运动扩散到南方以外各州的能力大大减弱了。到1928年，宗教激进主义者更关心的事件是虔诚的天主教徒阿尔弗雷德·史密斯（Al Smith）正在竞选美国总统。1929年，美国经济出现大萧条，要求在学校教授神创论已经不再是一个迫切的问题了。

审判中的神创论

随着反进化论运动热度的下降，科学研究的资助经费开始缓慢增长，第二次世界大战期间，增长速度进一步加快。然而，苏联在1957年成功发射了人造地球卫星，引发了美国全国性的恐慌，而美国的科学教育状况也遭到了尖锐批评。爱德华·拉森（Edward Larson）在关于神创论诉讼案例的研究中谈到，1927年，美国国家和联邦政府支持科学研究的支出总和占当年国民生产总值的0.02%。而到了1960年，这一支出已经占到当年国民生产总值的1.5%。科学研究经费增长愈发迅速，这一政策对科学教育产生重要影响。

教科书中又重新出现了进化论的内容，国家开始废除反进化论的相关法律（包括造成斯科普斯被逮捕的田纳西州法律）。虽然在反进化论运动的早期，其重点是阻止讲授与人类进化相关的内容，但到了 20 世纪 60 年代，反进化论运动的目标已经变成了强制教授宇宙神创论。然而，进化论者也有了支持其观点的动力，并开始通过法院诉讼进行反击。

神创论主义者试图阻止反进化论法律消失的趋势，但在 1965 年，另一起诉讼案件出现了，这一诉讼挑战了 1928 年阿肯色州通过的法律，根据该法律，在公立学校教授进化论是犯罪行为。这一案件的原告——苏珊·艾珀森（Susan Epperson）是一个虔诚的基督徒，也是阿肯色州本地居民。苏珊是一个理想的原告，因为其可能不会受到有关美国公民自由联盟或其他外部组织干涉诉讼的指控。阿肯色州废除了反进化论法律，但这一决定受到阿肯色州总检察长办公室的挑战，并被阿肯色州最高法院推翻。不同寻常的是，阿肯色州最高法院采取了一个极为特殊的举动，其仅用了两句话形成的未署名的意见便推翻了废除法律的决定。1968 年，美国最高法院受理苏珊·艾珀森对阿肯色州的诉讼，并作出了最终裁决。美国最高法院（Supreme Court）认为，通过阻止教授进化论，阿肯色州正在试图在公立学校中建立一种宗教立场，进而支持了那些遵循《圣经》字面解释的人。

面对这一判决，神创论者团结一致发起了一系列运动，依据从教科书中提出的进化论的缺陷（或者至少是教科书中有关进化论的免责声明），质疑进化论的正确性。1970 年，神创论者发起了他们的第一场法律诉讼，赖特（Wright）诉休斯敦独立学区，一位女孩的父母认为，女儿的老师在学校只教授进化论，这侵犯了女儿的宗教自由权。然而，法院裁定，神创论不应在教室里得到与其他课程相同的时间。1972 年，威洛比（Willoughby）诉斯蒂夫（Stever）案的原告认为，通过教授进化论，政府正在试图将世俗主义作为美国的官方宗教。这一论点也被法庭驳回。

神创论的科学

面对多次诉讼失败以及艾珀森案的既定判例，神创论者重新集合起来，发展出了神创论的科学，并将其作为一种能够将神创论纳入公立学校的方法。根据神创论科学,《圣经》应该被视为一个科学文本，因此，科学观察必须符合《圣经》内容。如果观察结果不符合《圣经》中的内容，那么这一观察结果要么是不正确的，要么就是被魔鬼（撒旦）歪曲了。因此，神创论者没有再争辩进化论是一个不道德的想法，不应在公立学校出现，而是改变了策略，他们辩称神创论科学是一种可以在科学意义上替代达尔文主义的选择。在亨利·莫里斯（Henry Morris）的《创世纪洪水》（*Genesis Flood*）出版之后，出现了一波模仿莫里斯的严格解读圣经的浪潮，产生了一批学术观点，支持年轻地球神创论者的思想，同时强调了进化论科学和神创论科学享有相同课程时间的重要性。这一观点将在一个重要的诉讼案件中得到检验，这一案件再次让阿肯色州成为焦点。

1982 年，麦克莱恩（McLean）诉阿肯色州教育委员会案被称为另一个“猴子案件”，但这一案件与之前的斯科普斯案不同。威廉·奥弗顿（William Overton）法官一直非常依赖于先前的判例，因此他允许很多专家证人为控辩双方作证。另外，由于奥弗顿法官由时任美国总统吉米·卡特（Jimmy Carter）直接任命，他不必担心法官改选，因此也就不关心舆论意见。虽然其他法官对神创论和科学之间的界限避之不及，但是奥弗顿却迎头面对这一问题。他在判决中明确指出，神创论科学是“宗教伪装成科学”，因为它“并不满足成为科学的条件”，神创论科学不应该出现在公立学校中。

智能设计论

紧随着奥弗顿“从学校课程中删去神创论科学”的判决，智能设计论的观点出现了。而与智能设计论相关的公众运动发源于 1991 年，彼时，伯克利大学（Berkeley University）的法学教授菲利普·E. 约翰逊（Phillip E. Johnson）发表了文章《达尔文的审判》（*Darwin on Trial*），对进化论进行了批判。五年之后，迈克尔·J. 贝希（Michael J. Behe）所著的《达尔文的黑盒子：生物学对进化论的挑战》（*Darwin's Black Box: The Biological Challenge to Evolution*）一书，进一步厘清了这一概念。贝希认为，像一个捕鼠器一样（在缺少某些组件的情况下无法正常工作），人类也具有某些“不可缩减的复杂”过程（基因表达的级联反应 genetic cascades、假基因 pseudogenes、克雷布斯循环 Krebs cycles 等），意味着他们不可能是通过进化逐步形成的，因此一定是由某位设计师创造出来的。虽然这一设计师被假定为无所不能的，但贝希并没有给出设计师的定义。科学家几乎一致拒绝接受这种智能设计论的观点，并认为这是一个神创论者提出的类似于特洛伊木马式的策略，其目的是让神创论回到公立学校的教学课程之中。

一些州立学校董事会已经在讨论是否将智能设计论包含在课程内容之中，比如俄亥俄州和堪萨斯州。2005 年，宾夕法尼亚州多佛市的父母起诉学区，要求在课程内容中教授智能设计论，替代进化论。在基茨米勒（Kitzmiller）诉多佛市一案中，约翰·琼斯（John Jones）——乔治·布什总统任命的法官裁定，要求就进化论的不确定性作出陈述的法律违反宪法（2004 年，宾夕法尼亚州多佛学区命令所属公立学校的教师，在九年级的科学课上宣读一个声明，说进化论作为解释生命起源的理论“并不完善”，而“智能设计论”是另一种“科学理论”）。在判决中，琼斯指出，智能设计论本质上是一种伪装的宗教，正如 23 年前奥弗顿就神创论科学作出的判决一样。虽然在全国范围内，一些学校董事会仍然主张在公立学校中为智能设计论和进化论安排同样的教学时间，但神创论、神创论科学以及智能设计论仍然徘徊在教育合法性的边缘。

撰稿人：Joshua Grimm

另请参阅：Intelligent Design in Public Discourse；Religion，Science，and Media

参考文献

[1] EVE R A，HARROLD F B. The creationist movement in modern America [M]. Boston：Twayne，1991.

[2] LARSON E J. Trial and error：The American controversy over creation and evolution [M]. New York：Oxford University Press，2003.

[3] MOORE R. Evolution in the courtroom：A reference guide [M]. Santa Barbara，CA：ABC-CLIO，2000.

[4] NELKIN D. The creation controversy：Science or scripture in the schools? [M].New York：W. W. Norton，1982.

[5] SCOTT E C. Antievolution and creationism in the United States [J]. Annual Review of Anthropology，1997，26：263–289.

[6] YOUNG C C，LARGENT M A. Evolution and creationism：A documentary and reference guide [M]. Westport，CT：Greenwood，2007.

Crick, Francis 弗朗西斯·克里克

弗朗西斯·哈利·康普顿·克里克（Francis Harry Compton Crick，1916—2004）不仅是DNA分子双螺旋结构的共同发现者之一，而且还在其漫长的科学职业生涯中长期作为科学传播者。克里克出生于英国北安普敦附近，其父亲是一个鞋匠，在第二次世界大战前夕，克里克在伦敦大学学院（University College，London）开始攻读物理学博士学位。战争期间，他为英国皇家海军（U.K. Royal Navy）设计水雷及水雷探测设备。像战后许多物理学家一样，克里克决定转行研究生物学，并于1947年申请了资助。之后，他进入英国剑桥大学（Cambridge University）开始研究细胞生物物理学，并在1949年开始进行蛋白质晶体学研究，重新加入了马克斯·佩鲁茨（Max Perutz）的生物系统研究小组，该小组内设于由劳伦斯·布拉格（Lawrence Bragg）领导的卡文迪许实验室（Cavendish Laboratory）。在那里，克里克将蛋白质结构作为博士研究方向，但在其毕业之前，1953年7月，他与詹姆斯·D. 沃森（James D. Watson）共同发现了DNA分子双螺旋结构。

在剑桥大学（Cambridge University），克里克还参与创建了欧洲第一个分子生物学实验室（Laboratory of Molecular Biology，LMB）。同年（1953年）晚些时候，鉴于他与詹姆斯·D. 沃森、马鲁斯·H. F. 威尔金斯（Maurice H. F. Wilkins）在DNA研究方面的工作，他们一同获得了诺贝尔生理学或医学奖。在分子生物学实验室中，克里克先后致力研究基因编码以及染色体结构。1977年，他离开了分子生物学研究领域，开始从事神经科学方面的研究工作。在这一新的工作领域，克里克在加利福尼亚州圣地亚哥的萨克研究所（San Diego，California）工作，并专注于意识方面的研究。

作为分子生物学家，克里克是分子生物学界最著名的理论家。克里克确实从事实验工作，但正如马特·里德利（Matt Ridley）在克里克的传记中所指出的，克里克最伟大的技能是猜想，这一评价恰如其分。在职业生涯中，克里克完成了许多论文，提出了很多理论假说和模型。有关DNA双螺旋结构的论文就是其中之一。他具有将大量的事实综合于一个理论模型之中的卓越能力，他还善于以清晰并吸引人的方式阐述新的理论。在20世纪60年代，新生的分子生物学领域有很多与细胞相关的新术语，这在当时也确实成为分子生物学的特点之一。

虽然生物化学家将细胞看作生产蛋白质的工厂，但分子生物学家则将细胞看作处理从DNA到蛋白质信息传递的信息机器。这两个比喻都是强有力的，但后者更为时尚，特别是在第二次世界大战后的年代，计算机已经开始普及。从分子生物学的角度来看，DNA将遗传信息存储到4个碱基（A，C，G和T）序列中。DNA序列被翻译成蛋白质序列，蛋白质序列由20个字母组成的字母表排列组合而成[①]。从DNA翻译成蛋白质，需要详细的基因序列和复杂的生物化学过程。这一信息传递过程的每一步研究都有克里克的贡献，其原理在1950—1965年被逐渐发现。克里克提出了分子生物学

① 20个字母分别对应着20种氨基酸的简写代号，而这20种氨基酸排列组合形成蛋白质，缺少B、J、O、U、X、Z 6个字母。——译者注

领域遗传信息传递的主要理论框架，也就是人们常说的“中心法则”。

在揭示了双螺旋结构、阐明了遗传信息的存储和复制机制之后，克里克试图在理论上破译基因序列，但没有成功。无论如何，克里克在理论（如适配子假说和摆动假说）和实验实践上［与悉尼 · 布伦纳（Sydney Brenner）共同发现了氨基酸的密码子是由 3 个一组的碱基组成的，又称三联体密码］都作出了无与伦比的贡献。适配子假说指出，蛋白质并不是直接在 DNA 上模塑出来的，在两者之间还存在衔接分子。这一分子很快被发现，被称为转移 RNA。摆动假说解释了为什么不同的 3 个碱基组合在蛋白质字母表中具有相同的意义。

在 20 世纪 60 年代末，克里克认为，分子生物学已经为全世界理解，像其他分子生物学家一样，克里克转向胚胎学研究，最后转向神经科学研究。在解决了许多人所认为的生命之谜（即 DNA）之后，他试图解决意识之谜。贯穿克里克整个职业生涯的一条主线是与活力论的斗争。活力论认为，生活不能通过标准的物理学和化学定律来解释（生物体与非生物体的区别就在于生物体内有一种特殊的生命“活力”，它控制和规定着生物的全部生命活动和特性，而不受自然规律的支配。它认为有某种特殊的非物质因素支配生物体的活动）。克里克在他的第一本书《分子和人》（*Of Molecules and Men*）中解释了他的观点。可惜的是，在神经科学领域，克里克并没有取得像分子生物学研究那样的成功。克里克利用他作为诺贝尔奖得主的声誉，吸引着科学家从事意识问题的相关研究。他在意识研究方面的主要合作者是年轻的神经科学家克里斯托夫 · 科赫（Christof Koch）。

双螺旋结构最终在大众文化中取得了标志性的地位。安东尼 · 巴林顿 · 布朗（Anthony Barrington Brown）于 1953 年拍摄的克里克和沃森盯着双螺旋模型的照片经常被复制。在知名的图书《双螺旋》（*Double Helix*）中，沃森将这一发现描述为一场为争夺诺贝尔奖的竞赛，涉及丰富多彩的人物特性。该书的第一句话广为人知，显示出沃森和克里克的碰面从来没有发生在谦和的气氛之中。这本书描述的故事成了科学竞赛的范例。起初，克里克试图说服沃森不要出版这些轶事，克里克认为这本书是沃森的自传，是写给外行看的。结果，故事经由沃森单方面阐述，而双螺旋背后的科学被简化了。后来，克里克改变了他的判断，承认沃森的书里确实涵盖了大量的科学。

克里克没有写发现双螺旋的个人故事，但他为罗伯特 · 奥尔比（Robert Olby）的《双螺旋的路径》（*Path to the Double Helix*）撰写了序言，在序言中，他赞扬了奥尔比着墨于双螺旋发现过程中科学方面的故事。关于双螺旋结构的发现，英国广播公司（British Broadcasting Corporation）制作了一部剧情纪录片（即一半是纪录片，一半是情景剧）《生命故事》（*Life Story*），并于 1987 年播出。虽然克里克在自传中谈到，这部片子是成功的，其间讲述的故事也不错，但事实上，克里克还是更关心科学本身而不是与科学相关的故事。确实，克里克认为，DNA 结构不是由沃森和克里克创造的，而恰恰相反，沃森和克里克是由 DNA 结构创造的。在克里克为《科学美国人》（*Scientific American*）撰写的有关遗传密码或大脑意识的科普文章中，以及克里克写的每本书中，科学的结果都是主要的内容，而并非科学家。

克里克的《分子与人类》（*Molecules and Men*）一书根据讲座内容整理出版，而他的第二本书《生命》（*Life Itself*）则扩展了克里克有关生命起源的假说，这一假说是他和莱斯利 · 奥格尔（Leslie Orgel）共同提出的。其主要论点是，由于人们无法解释遗传基因为何能够普遍存在，那么可以推测生命可能起源于外太空。克里克的第三本书《疯狂的追求》（*What Mad*

Pursuit）是一本科学自传，而他的最后一本书《惊人的假说》（*Astonishing Hypothesis*）则站在唯物主义者的立场上，对精神世界和自由意志发起了攻击。

尽管克里克是一位一流的科学家和科学传播者，但在20世纪70年代有关DNA重组的公众争论中，克里克却缄默不言。他没有参加1975年2月在阿西洛马（Asilomar）召开的基因重组会议，也没有像沃森一样负责“人类基因组计划”。相反，克里克看起来更喜欢推测一个新的科学假设，而对科学政策不感兴趣。2001年，惠康信托基金（Wellcome Trust）和遗产彩票基金（Heritage Lottery Fund）获得了克里克的全部论文，并可以在线公开查阅，进一步提升了克里克作为科学家的公众形象。克里克直到生命的最后一周，仍专注于神经科学的研究。他的最后一篇论文《屏状体的功能是什么》（*What is the Function of the Claustrum*），也关于人类大脑，完成论文后仅几天，克里克因癌症去世。

克里克和多琳多德（Doreen Dodd）于1940年结婚，育有一子迈克尔·弗朗西斯·康普顿·克里克（Michael Francis Compton Crick）。他们于1947年离婚，2年后，克里克与奥黛尔·斯皮德（Odile Speed）结婚，育有两个女儿：加布里埃尔（Gabrielle）和杰奎琳（Jacqueline）。

除诺贝尔奖之外，克里克还是英国皇家学会（Royal Society）的会员（1959年当选），并获得了功绩勋章（Order of Merit）。

撰 稿 人：Jérôme Pierrel

另请参阅：Human Genome Project；Watson，James D.

参考文献

[1] CRICK F H C. Of molecules and men [M]. Seattle：University of Washington Press，1966.

[2] CRICK F H C. Life itself：Its origin and nature [M]. New York：Simon & Schuster，1981.

[3] CRICK F H C.What mad pursuit：A personal view of scientific discovery [M]. New York：Basic Books，1988.

[4] CRICK F H C. The astonishing hypothesis：The scientific search for the soul [M]. New York：Scribner，1994.

[5] OLBY R. The path to the double helix：The discovery of DNA [M]. Seattle：University of Washington Press，1974.

[6] OLBY R. Francis Crick：Hunter of life's secrets [M]. Cold Spring Harbor，NY：Cold Spring Harbor Laboratory Press，2009.

[7] RIDLEY M. Francis Crick：Discoverer of the genetic code [M]. New York：Atlas Books/HarperCollins，2006.

[8] WATSON J D. The double helix：A personal account of the discovery of the structure of DNA [M]. New York：Atheneum，1968.

Crisis Communication
危机传播

无论是卡特里娜飓风（Hurricane Katrina）等自然灾害，还是“9·11”事件等人为悲剧，这些突发事件都被认为是一种危机。与某一机构、行业或企业相关的任何负面事情都能够被称得上是一种危机。危机影响机构的声誉、产品或者服务。广义来说，危机是一种不稳定的破坏性情况。常见的危机类型可能包括火灾、人员伤亡、企业并购、谋杀、裁员、诉讼，或者与之相关的任何事情。无论发生频率的多寡，危机都是一个重大事件。无论是判断飓风的移动路径，还是判断某种技术发生错误的原因，大多数危机都涉及科学或技术的某些因素。

危机传播指在危机情况发生之前、发生过程中以及情况稳定之后分别需要传播什么样的信息。在无论什么样的危机之中，有效沟通都是至关重要的因素。此外，还有一点极为重要，那就是在危机发生时，谁应该作为传播者（信息发布者）以及应该发布什么样的信息。本词条旨在为危机传播工作提供最基本指导。

制订计划

对于某个机构来说，什么样的危机可能对机构产生影响呢？尽管人们都希望危机永远不会发生，但做好准备也极为重要。这也正是制订危机传播计划的必要性。无论机构大小，都应该有一套危机传播计划预案。这一计划应包括与机构内外关键人员的联络、应急计划、撤离计划，以及必要情况下详细的非现场操作细节。计划应该是细致周全的，也需要进行测试，以确保计划能够成功运行。

选择一位发言人

在危机传播计划预案之外，还必须确定机构的发言人。从大多数危机传播案例来看，很多时候，机构的发言人是机构内承担公共关系或公共传播工作的人员。然而，根据危机不同的严重程度，一些公共关系专家认为，一名机构内部的高级官员或是具有一定权威和知名度的人应当作为机构应对危机时的主要联系人或发言人。如果一些问题是某个发言人无法回答的，机构还可以组成一个发言人团队。无论是个人还是团队，发言人都必须是经过谨慎选择的，并且能够充分了解自己所承担的角色。很多时候，发言人本身与发言的内容同样重要。另外，机构保持口头立场和书面立场的一致性也极为重要。

需要遵循的规则

机构还必须意识到，媒体随时随地关注着有无危机事件发生。事实上，媒体的存在应该被视作一个能够帮助机构向公众发布信息的机会。适当的危机传播培训不应该发生在危机发生时，而应事先准备好。机构中的任何关键人员都应该做好准备，如果有必要的话，能够在应对媒体时担任起机构发言人的角色。

当危机真正发生时，媒体需要即时的、全天候的信息发布。通常情况下，媒体往往会在机构内部人员意识到危机事件之前，就对危机事件有所察觉。所以，媒体在机构关键人物面前突然提及某一危机事件，这一情况并不应该令人感到惊讶。

一旦危机发生，对企业或机构来说，如何应对媒体极为重要。一个完善的危机沟通计划应包括：媒体的采访区域规划；如果机构资产信息不可公开，发言人应该如何应对媒体；机构是否为媒体准备了非现场的媒体工作区；一旦媒体到达危机现场，媒体的问题应该如何回应。机构应该提供简要的介绍，甚至举行新闻发布会，不断更新媒体所关心的信息。在危机发生期间，与媒体进行战略性沟通需要遵循以下规则：

规则 1：准备、准备和准备 在发生危机时可能没有多少时间做准备，而准备新闻采访的最简单方法是使用五个 W 来介绍目前的情况——谁、什么事、什么时间、什么地点、为什么会发生，有时还需要介绍目前的情况究竟如何。这些事实是记者报道中必须包括的内容。很有可能的是，新闻发布会中，在记者提出任何问题之前将会首先介绍这五个 W 的内容。

规则 2：熟悉主题 当被要求应对一场危机时，一个合格的新闻发言人必须了解有关这一主题的一切可能性。由于发言人已同意接受采访，很可能事先已经同意，或者已经决定举行新闻发布会，因此，新闻发言人应该做好准备并充分了解事件的相关情况。

规则 3：准确 如果记者提出一个问题，而机构的发言人不了解具体情况或并不确定，发言人应该告诉记者何时会了解相关情况并给予记者反馈。发言人必须做到言论准确。相比于马上得到一个错误的答案，记者更喜欢准确的答案，即使时间稍晚。有时还有一种可能，随着互联网的普及性不断增强，记者已经提前做了功课，对某些问题有了自己的一些答案。虽然记者可能已经知道答案，但他们仍然需要发言人面对镜头说明答案。记者也可以验证公众（通过互联网等渠道）给予记者的答案是否准确。

规则 4：提供可引用的信息 告诉记者的每一个字都有可能在本地或全国的晚间电视新闻节目中播出，或者在早报上刊登，甚至是登上互联网的新闻头条。这意味着，对记者说的每一个字都是极为重要的，因此发言人必须遵循这样一条规则：他们提供的信息必须是适于引用的。最适合引用的话语片段或是原声采访要有激情，而不是充满了数字或是统计数据。最适合引用的话语片段通常不应超过 15 秒。这一时间要求也是有原因的：电视新闻节目的平均时长约为 30 分钟，一旦减去了商业广告、天气预报和体育新闻，新闻的实际时长是 6~8 分钟。如果一整则新闻报道或新闻消息包的时长大约是 1 分钟，而记者必须在事件报道中引用多方观点，那么机构发言人分到 15 秒的时间已经是非常幸运了。具有引用价值意味着信息必须短、紧凑、切中要点。

规则 5：选择三个关键点 当准备与媒体沟通时，发言人应至少选择用于采访的三个关键点。这些要点应该能够被引用于报纸报道或是在晚间新闻中播出。

那么，什么样的消息是关键消息呢？无论什么样的危机，一些基本规则有助于形成关键信息点。很多关键信息 / 消息其实只是基本的常识。例如，人的生命几乎总是最为重要的这一点，需要首先提及。大多数危机至少涉及对个体生命的潜在影响，因此，极为重要的一点在于，发言人应该代表个人、企业或是机构，就危机事件对公众生活的影响表示敏锐关注。例如，化学炼油厂发生爆炸，员工下落不明。在这一情况下，即使炼油厂可能不得不停止生产，最重要的一点也应该是寻找失踪的员工。当有员工失踪时，谈论经济影响是不合时宜的。另外的关键点可能是爆炸是否已经被控制。最后一个关键点也许应该是如果爆炸的碎片损坏了周边公众的房屋，公众应该如何寻求帮助。

有时候，记者在采访中提出的问题可能不是发言人想要讨论的问题。如果记者确实试图将事件引导到其他方向，发言人应该将讨论的内容拉回到三个关键点。为了实现这一点，发言人可以使用一些表述方法，例如，“最重要的一点在于……”或是“这是一个好问题，但我希望你能够理解的是……”。在这些表述方式的引导下，发言人必须确保对话桥接到了原有的关键点。

桥接并不意味着逃避记者的问题。尽管桥接是一种插入关键消息的有效技巧，但是发言人或其他信息发布者仍然需要回答记者的问题。这意味着发言人需要有策略地传达信息。发言人需要清楚地知道问题的答案应该是什么。无论记者有多少五花八门的方式提出同样的问题，发言人的回答都应该万变不离其宗。

在传达关键信息时，发言人需要举止得体。这不仅意味着发言人要着装合适，也意味着要有适当的情感表达。真诚和人性有助于增强发言人的可信度。

规则 6：不要絮絮叨叨、东拉西扯 无论是面对印刷媒体或是电子媒体的记者，与记者交谈时，发言人切记不可闲言碎语。这意味着，发言人应该确保回答内容短小精悍，并且切中要害。正如前文所指出的，回答问题的时长应该以秒计算，而不是以分钟计算。如果一个发言人絮絮叨叨，媒体很可能不会再提出采访要求。发言人必须记住，新闻播出的时长有限，而文字记者可能需要对采访进行录音。无论是印刷媒体记者还是电子媒体记者，工作中通常都面临着紧迫的截稿期限，记者并不希望整理大量的视频或音频采访资料或是做大量笔记，以期得到完美的原声片段或是引语。

如果一个发言人东拉西扯，他很可能也违背了谈到过的规则——适于引用。当发言人接受采访时，他必须做到紧紧围绕问题的关键点；否则，他很可能会错过表达其自身一方立场观点的绝佳机会。

规则 7：永远不要说“无可奉告” 在许多公众看来，“无可奉告”的回应就像是大声宣誓了个人或机构有罪。设想一下，如果一位被告走出法庭，记者将麦克风伸到被告面前，此时如果被告人说无可奉告，许多人自然而然会认为被告隐瞒了某些真相。通常的认知逻辑是：如果这个人没有做错什么，为什么他不回答媒体的问题呢？

“无可奉告”也可能意味着失去了一个阐述重要信息的机会。发言人应该竭尽所能，考虑每一种采取其他回答方式的可能性，而不是不发表评论。通常来说，这一情境是一个使用桥接技巧回到三个关键点的好时机。

规则 8：不要回答“假设”性问题 很多时候，我们都会听到记者问“那么，如果……”。这是回答问题的底线——发言人不应该试图回答这些假设性问题。回答一个假设性问题只会带来更多的麻烦。例如，试想一下，怎么会有人愿意回答下面这个问题：如果太阳明天不能照常升起呢？发言人不应该靠个人猜测或推断回答问题。相反，他们应该使用桥接技术，并将采访拉回到关键点。

规则 9：不要使用不宜公开的非正式信息 发言人应对媒体时，最好的办法是认识到记者的工作是获取信息。因此，任何人在媒体面前说的任何话，或是任何呈现在记者面前的内容都应该是能够公开发布的正式发言，这意味着发言人所说的任何内容都可以被引用并公开信息来源。事实上，优秀的新闻专业人士经常要求记者将信息来源保存在采访记录中。

有人认为，没有公开发布的非正式信息不应该被记者引用，或是只有在经过媒体新闻主管批准或其他极少数情况下才可以使用。一些职业记者组织——如服务于电子媒体记者的广播新闻电视新闻理事会（Radio-Television News Directors Association）、职业记者协会（Society of Professional Journalists）等的伦理规章中均提及了信源引用的问题。此外，一些没有公开发表的信息中，往往有某个事件的背景信息，能够更好地还原事件的全貌，没有人会认为记者引用这些背景信息不妥。

今天，许多记者都会使用互联网作为获取背景信息的工具。当然，除此之外，记者也可能寻找专家提供信息，帮助记者理解正在报道的某些问题。一般来说，记者不会寻求直接引用这些信源（信息提供者）提供的信息。但信息提供者和记者都必须明确约定这些信息是否仅用于了解某一事件的背景。

此外，没有摄像机并不意味着受访者没有被记录。发言人应该记住，记者的工作是讲故事，因此，告诉记者的任何事情都可能被视为正式的公开发言。

规则 10：注重视觉效果 应对媒体时应遵循的最后规则是注重视觉效果，特别是在与电视新闻记者打交道时。毕竟电视是一种视觉媒介，即使是印刷媒体也会使用照片和图像。视觉效果可能有助于让普通观众了解一些通常难以用语言解释的问题，对于科学事实来说尤其如此。比如，如果试图说明某种物体的大小，就可以使用每个人都能看到的物品做类比。举例来说，发言人可以说某种化学物质的排放量仅仅是一个易拉罐或矿泉水瓶容量那么多。如果量大得多，那么合适的类比可以是平均尺寸的游泳池容量或是一个足球场大小的容量。

如果发言人能够做到上述 10 条应对媒体时应该遵循的规则，他们就可能有更好的机会、更有策略地传播他们想要传达的信息。对于机构来说，这也是一个能够从机构的立场出发阐述事实的机遇。

在危机情况下，信息传播是一项非常关键的工作，而且这种传播必须贯穿整个事件过程，从危机事件之前，到危机事件之中，直至危机事件之后。无论是天灾还是人祸，在所有危机情况中，信息发布者必须用事实战胜人们对灾祸的恐惧。在危机期间，传播是相关机构必须尽其所能利用好的工具。

撰 稿 人：Sonya Forte Duhé

另请参阅：Disaster Coverage；Exxon Valdez；Hurricane Katrina；Public Relations and Science；Three Mile Island

参考文献

[1] ANTHONISSEN P. Crisis communication：Practical PR strategies for reputation management and company survival [M]. London：Kogan Page，2008.

[2] COOMBS W T. Ongoing crisis communication：Planning，managing，and responding [M]. Thousand Oaks，CA：Sage，2007.

[3] FEARN-BANKS K. Crisis communications：A casebook approach [M]. Mahwah，NJ：Lawrence Erlbaum，2007.

[4] LEVICK R，SMITH L. Stop the presses：The crisis and PR desk litigation reference [M]. 2nd ed. Washington，DC：Watershed Press，2007.

[5] ULMER R R，SELLNOW T L，SEEGER M W. Effective crisis communication：Moving from crisis to opportunity [M]. Thousand Oaks，CA：Sage，2006.

Cultivation Theory and Science 培植理论与科学

培植理论出现于20世纪60年代末期，成为该时期有关大众传媒效果的另一种理论，在该时期，有关大众传媒效果的主要理论方法大多强调了大众媒体的短期影响和直接影响。培植理论由宾夕法尼亚大学安纳伯格学院（Annenberg School，University of Pennsylvania）的乔治·格伯纳（George Gerbner）首先提出并加以阐述。培植本身被视为“文化指标”框架的三个组成部分之一。格伯纳的观点集中于媒体信息更长期、细微和间接的影响。

在格伯纳看来，每个社会都自有一套讲故事的方法——传递关于文化的思想，包括关于科学、科学家和环境的基本认识。这些思想并不是在一个单一的程式或是短期阶段内传递的。相反，他们经常深藏于每个人都听说过的故事中，并且在社会成员如何看待自己和自己的文化这一问题上，这些思想构建了相当统一的认识基础。例如，反复描述科学家受人尊敬的英雄形象可能是要传达一个基本的信念，即科学家帮助社会。另外，反复描述具有邪恶意图的或是意外造成社会伤害的疯狂科学家的形象，则可能会传播对科学家和科学的潜在怀疑与关切。随着时间的推移，通过一些目前仍有争论的心理机制，受众以一种被动的方式吸收着这些潜在的信息。

文化指标

格伯纳的文化指标方法认为，20世纪50年代电视出现了，成为大众传媒的一部分，在1970年前后几乎成为每个家庭的必备物品，并且已经成为社会的讲故事者。这是因为电视存在于所有家庭之中，人们观看电视的时长比接触任何其他信息传播媒介都要多。美国居民平均每天观看约3小时的电视节目。在20世纪60年代，电视频道匮乏，这意味着每个人都被提供同样的节目组合。即使在当前媒体环境中，尽管大多数美国人能够收看到超过200个节目频道，但大众所观看的实际节目和节目类型也仍然大致相同。

文化指标框架主要包括以下三个方面：

（1）制度作用。这一部分探究影响媒体信息选择、制作和传播的制度性压力与限制。格伯纳的关注点在于，商业公司以营销和利润为驱动力所创造的媒体信息，其产出是旨在宣传产品的故事，以及旨在吸引、抓住受众的图片，以向受众推销产品。

（2）信息系统分析。这一部分量化并追踪了媒体内容中最稳定、最普遍和最经常性出现的影像。在这一情况下，选择几周时间的电视节目，并采用内容分析的方法，能够对电视节目中潜在的主题或故事进行分析。

（3）培植分析。这一研究通常用于衡量电视对观众认知现实世界的影响程度。观众在电视上看到的是描绘出的现实（电视现实），而不是客观事实，通过分析观众对这一问题的认知可以认为，电视对人们所说的故事具有长期的影响。这些电视观念反过来又导致人们改变行为。

培植理论的初步应用集中在电视和暴力行为的相关研究，这在很大程度上是由于20世纪60年代末到70年代社会舆论关注电视对公众暴力行为产生的影响，特别是对儿童的影响。

格伯纳和同事从国家心理健康研究所（National Institute of Mental Health）、国家科学基金会（National Science Foundation）和其他资助方那里获得了大量的研究资助，使他们能够在这一特定领域发展并验证培植理论。之后，这一理论还被应用于暴力行为之外的许多其他领域，包括性别、年龄、环境、健康和科学等。

电视和暴力研究记录了电视节目中存在的暴力形式，远远超过了其在社会中的真实存在。1990 年，南希·辛格诺瑞丽（Nancy Signorielli）在对文化指标方法的进一步研究之中，以过去 17 年为一个整体时段，发现在黄金时段和周末的电视节目中，63%~80%的节目至少包含一些暴力因素。文化指标方法的基本前提在于，有关暴力的全部的以及潜在的信息才是重要的，而不是暴力发生的情境，因此，研究对电视节目中的谋杀、殴打和其他暴力行为的数量进行了仔细计数——无论是卡通节目中的暴力还是新闻节目中的暴力。由于几乎所有人都看过这些类型的节目，因此研究得出结论，尽管人们看似观看着各种不同的节目，但效果将是相当一致的（因为暴力内容已经遍布于各种节目之中）。

为了测量观看电视中负面内容对观众可能产生的影响，研究人员构建了两个指标，一个用于测量“异化和阴暗”，另一个用于测量“世界平均指数”。第一个指标使用诸如“不管有些人怎么说，许多普通人的生活情况、生活条件变得越来越差，而不是越来越好（同意 / 不同意）”之类的题目进行测量。第二个指标使用诸如“你认为，大多数时候，人们都乐于助人，还是人们只顾自己”之类的题目进行测量。结果表明，那些看电视时间越多的观众（通常定义为每晚观看 4 小时或更长时间），在上述两个指标上得分越高。

培植理论与科学

1987 年，格伯纳开始研究那些与科学有关的问题是如何被电视节目培养的。在电视内容方面，格伯纳发现，虽然在 83% 的时间中科学家是以正面形象出现的，但事实上，医生呈现正面形象的比例达到了 95%，而警察呈现正面形象的比例达到了 97.5%。因此，相比之下，科学家被描绘得并不太积极。在电视节目中，5% 的科学家杀了人，而 10% 的科学家被杀身亡，使得科学家成为电视节目所呈现的所有职业群体中暴力行为比例最高的群体。鉴于这些结果，格伯纳认为，观看电视会使公众对科学家和科学持有更负面倾向的认知。

一项全国性调查包括了公众对科学的态度（支持或反对）的测量指标，在这一调查中，格伯纳发现，越是沉迷于电视的公众越是对科学持有较少的支持态度。而在根据年龄、报纸阅读或是观看公共广播公司（Public Broadcasting System，PBS）科学纪录片等行为分类形成的亚群体中，也呈现出这一结果（即在亚群体中也是看电视越多，越对科学持负面态度）。格伯纳总结认为，主流化效果正在形成，即在所有亚群体中，那些严重沉迷于电视节目的人可能最不信任科学家（也就是说，他们将最有可能提供“电视上的答案”）。因此，即使与其他亚群体相比，那些观看公共广播公司科学纪录片的人总体上对科学的态度更为积极，但是在公共广播公司的观众中，那些沉迷于电视的观众同样会对科学有更少的积极评价。

詹姆斯·沙纳罕（James Shanahan）和凯瑟琳·麦科马斯（Katherine Mclomas）将培植理论方法应用于电视对环境问题的呈现。他们发现，总体来说，电视节目中很少见到有关环境的内容。相反，他们发现，电视节目强烈偏爱于呈现城市场景和室内场景。他们认为，这将导致那些沉迷于电视的观众较少地关心环境问题。在随后的调查中，他们发现了多样的结果。观看电视较多的观众更不太愿意为环境牺牲，但是对于特定污染问题的态度，观看电视较多的观众和观看电视较少的观众之间并没有区别。

苏珊娜·普瑞斯特（Susanna Priest）研究了生物科技方面的大众媒体内容及公众反馈。她的结论是，虽然大众媒体可能具有长期的、潜移默化的和间接的影响，但是观众仍然会具有他们自己的认知模式或议程，这些认知模式或议程同样会给大众传媒的报道施加影响。公众对于科学的基本认知可能来自大众媒体长期呈现的科学形象，而当诸如生物技术等问题出现时，这些基本认知也会与大众媒体的内容产生互动，并指导着人们对于大众媒体内容的解读。

评估总体影响

1997 年，迈克尔·摩根（Michael Morgan）和詹姆斯·沙纳罕分析了过去 20 年中与培植理论相关的研究文章，他们所做的元分析显示，培植理论的研究涵盖了从暴力到科学的诸多议题，在电视议题的长期呈现与受众的世界观之间，存在着潜在的培植相关性，相关系数为 0.09（代表一种正相关关系，但是关系相对较弱）。沉迷于电视的观众（这部分人大都受教育程度较低）可能所受影响更大。这意味着，随着时间的推移，长时间观看电视能够影响社会公众对科学、暴力或是其他议题的观点，尽管这些影响可能相对较小，但却是持续性的。格伯纳认为，尽管电视对公众产生的影响绝不是最强大的，但这一影响却是最常见、最普遍和最广泛共享的。

撰 稿 人：Eric A. Abbott

另请参阅：Television Science

参考文献

[1] GERBNER G. Science on television：How it affects public conceptions. Issues in Science and Technology，1987，3：109–115.

[2] GERBNER G，GROSS L. Living with television：The violence profile. Journal of Communication，1976，26（2）：173–199.

[3] MORGAN M，SHANAHAN J. Two decades of cultivation research：An appraisal and meta-analysis [M] // B R BURLESON（Ed.）. Communication yearbook 20. New York：Routledge，1997：1–46.

[4] PRIEST S H. Information equity，public understanding of science，and the biotechnology debate [J]. Journal of Communication，1995，45（1）：39–54.

[5] SHANAHAN J，MCCOMAS K. Nature stories：Depictions of the environment and their effects. Cresskill，NJ：Hampton Press，1999.

[6] SIGNORIELLI N. Television's mean and dangerous world：A continuation of the cultural indicators perspective [M] // N SIGNORIELLI，M MORGAN.（Eds.）.Cultivation analysis：New directions in media effects research. Newbury Park：Sage，1990：85–106.

Darwin, Charles
查尔斯·达尔文

查尔斯·罗伯特·达尔文（Charles Robert Darwin，1809—1882），皇家协会（Royal Society）会员，英国博物学者，发现和发表了令人信服的证据，说明所有物种的生命都是通过长期自然选择的过程从共同的祖先进化而来。关于达尔文进化理论的争论是一个关于观察一些特殊方法的独特的例子：即在社会上验证科学和实验科学的方法。他的著作在英国维多利亚时代的社会中最为畅销，他的理论得到几代权威学者的推广和普及，包括现在仍然在世和写作的权威人士。生物是经过变异进化产生的事实逐渐为科学界所接受，也被达尔文时代的大多数普通公众接受。他的自然选择的理论在 20 世纪 30 年代被广泛地看成解释进化过程的主要理论，也形成了现代进化论的理论基础。用现代方法来审视，达尔文的科学发现是生命科学中的具有共识的理论，提供了解释生命多样化的逻辑基础。

“比格尔号”的旅行

22 岁时，达尔文还是一个年轻的大学生，计划着当一名牧师的职业生涯。此时，26 岁的海军军官罗伯特·菲茨罗伊（Robert FitzRoy）接到“比格尔号”舰（“小猎犬号”）的命令，执行第二次到南美海域的航海测量任务。罗伯特决定随行带上一名博物学家，他应具有研究“比格尔号”将要进入的陌生海域的能力。为此，达尔文受到约翰·史蒂文斯·亨斯洛（John Stevens Henslow）的推荐参加本次航海。约翰·史蒂文斯·亨斯洛是达尔文的植物学教授，达尔文师从亨斯洛学到了很多科学方法。1831 年，达尔文收到一份令他十分惊喜的邀请函，作为一名博物学家参加这次环球航海。这次“比格尔号”航海给达尔文的探索提供了一生难得的经历，为他终身致力于的理论研究打下了良好的基础。

从英格兰的普利茅斯出发，“比格尔号”的第一个停泊港是佛得角群岛。然后，航行向巴西推进，停靠在塞尔瓦多·巴伊亚。次年，“比格尔号”经过里约热内卢、蒙得维的亚、巴伊亚·布兰卡港、巴塔可尼亚和马尔维纳斯群岛，然后比格尔号经瓦尔帕拉索和利马到达加拉帕格斯群岛，之后穿越太平洋折返向亚洲，先后访问了澳大利亚、毛里求斯岛、开普敦，然后再到巴西，最后返抵英格兰。这次环球航海历时 5 年（从 1831 年 11 月到 1836 年 10 月），达尔文在以后出版的《自传》（*Autobiography*）中将这次航海称为“生命中最重要的事件”。

1838 年 5 月，航海结束时，菲茨罗伊把《陛下之舟与“比格尔号”考察之旅》（*Narrative of the Surveying Voyages of His Majesty's Ships Adventure and Beagle*）作为第一次和第二次航海

的正式航海日记编辑成书出版，共有四卷，达尔文的《记录与评论》(*Journal and Remarks*)(1832)即为其中的第三卷，记录了旅行的历程及观察到的自然史和地质概况。达尔文为吸引一般读者的特殊兴趣，缩减了某些章节而扩展了另一部分章节，以使该书更加适于非专业读者阅读。达尔文把对科学的兴趣变成了他对科学探索的毕生追求和贡献。他如饥似渴地阅读了亚历山大·冯·洪堡(Alexander von Humboldt)的旅行科学杂记，同时也阅读了他的有关加那利群岛的著作。对达尔文产生重要影响的另一个人是天文学家约翰·赫歇尔(John Herschel)，其著作《原始对话》(*Preliminary Discourse*)成为关于科学调研方法的权威指导。查尔斯·莱尔(Charles Lyell)所著的《地理学原理》(*Principles of Geology*)打开了达尔文的眼界，莱尔认为地球是经过漫长时期渐进演变而形成其特征的。

自然选择性变异理论的成熟

自“贝格尔号”航海归来，达尔文就对物种间的关系产生了兴趣。达尔文所遇到的物种包括那些在孤立的岛屿(如加拉帕格斯群岛)里生存的物种。经过对单个物种所做的明确翔实的观察和对他们之间联系的思考，达尔文得出一个简单的结论：事实上所有物种都是有联系的。化石提出了很多关于物种起源的问题，它们清楚地显示出：在过去的时代里，现在还生存的很多物种就已经存在；在地球历史的不同时代出现过很多新的物种；新的物种倾向于在同类物种以前生存过的地方出现。

此时达尔文开始考虑成家，并选定了他的表妹艾玛·韦奇伍德(Emma Wedgwood)。1839年2月他们结婚了。之后不久，达尔文的身体健康状况日趋变坏，此后艾玛一直照料他的生活。

在化石上所显示出来的新旧物种之间的关联变成一条证据链的主线，引导出达尔文的自然选择导致变异的理论。他指出所有的生物都是由变异而从一个共同的祖先延续下来的。由于达尔文担心他同事们的看法，他的观点一直秘而不宣。1858年达尔文完成了他的理论写作，此时一个名为阿尔弗雷德·华素·华莱士(Alfred Russel Wallace)的年轻自然学家给了他一份阐述同样观点的论文，促使他们立即(1858年1月)在《林奈学会学刊》(*Journal of the Linnean Society*)上联合发表了他们的论文。

1859年出版的达尔文的巨作《物种起源》(*On the Origin of Species by Means of Natural Selection*)深受欢迎。第一版在出版当天就售罄。它以通俗易懂的文字写成，读者很容易理解书的内容。1859年，进化论被广泛接受，虽然其机理仍有存疑。1860年，尽管有无以计数的对达尔文的理论或支持或反对的书评和著作，《物种起源》一书又再版了3000册。

《人类的由来及性选择》(*Descent of Man, and Selection in Relation to Sex*)1871年首次发行。1874年做了较大修改后发行了第2版。达尔文相信物种是变异的产物，因而他也不能回避这样一个观点：人类必须遵从同样的法则。在自传中，达尔文详细叙述了《人类的由来及性选择》是怎样遵从《物种起源》的逻辑的。

现代综合进化论

很明显，当今世界对进化论的认识与达尔文所认为的一样，他的基本观点保留了下来。现代综合进化论是一组概念(由几个概念组合而成)，来自几个生化学分支，特别是基因和种群生化学引导出一个理论，认为突变和变异是在群体中进行的，这一点非常重要(它说明人们意识到突变和变异在种群中进行的重要性)。这样自然选择就变成了一个过程，它改变了基因在一个群体中的频率，并以此界定进化论。

现代综合进化论也称为新综合论、现代综合论和综合进化论。进化论机制的现代理论在三个方面不同于原始达尔文主义。第一，它认识到除自然选择外的更多进化机制。第二，它认识到特性是通过称为基因的分离实体而遗传的。第三，它假设物种形成是由于很小的基因变化的逐渐积累而进行的。这一点是有关进化论争论意见的主要观点。现代综合进化论是关于进化是怎样在基因层面（基因水平）、显性型的和群体中进行的理论，而达尔文进化论却主要与组织学、物种和个体相关联。

这些阐述是不为达尔文所了解的，因为他和他那个时代的人不知晓基因。现代综合进化论表明孟德尔基因学与自然选择和渐进进化是相一致的。捷克修道士格雷戈尔·孟德尔（Gregor Mendel）因研究豌豆某些特性的遗传而被称为“基因之父”。孟德尔认为这些特性的遗传是遵循某些特定法则的，这些法则在他之后被命名。他证实基因因素表现的像一个不可分割的颗粒，在杂交过程中它们自己不参与其他物体，也不被其他物体接受（不相混合和稀释）。当时，孟德尔的论文没有受到重视，直到1900年才被重新发现。最终，在20世纪早期，现代综合进化论解决了生物学家的很多困难和疑惑。

当代神创论的争辩

当年，达尔文就认识到他的进化论思想的主要线索不能被直接观察到，仅可从直接证据中推演出来。达尔文在自传中写道，他逐渐认识到旧的神创论提供了虚假的历史。神创论意味着要把《圣经》（*Bible*）特别是关于起源的章节，看成研究宇宙的历史、生命的历史以及人类的历史的确切的指导原则。神创论强烈地反对进化论创造世界的思想，特别是对达尔文在其《物种起源》一书中描述的世界。达尔文知道如果一个理论不是从一个可见的事实中推导出来的，那就只不过是一个假设。但是今天，基于现代综合进化论，进化论被大量证据证实了。

撰 稿 人：Núria Pérez-Pérez

另请参阅：Creationism；Intelligent Design in Public Discourse；Mendel，Gregor

参考文献

[1] BOWLER P J. Evolution：The history of an idea [M]. 3rd ed. Berkeley：University of California Press，2003.

[2] Complete Work of Charles Darwin Online：http://darwin-online.org.uk.

[3] DARWIN C. Autobiographies（M NEVE & S MESSENGER，Eds.）[M]. New York：Penguin，2002.

[4] DARWIN C. The illustrated origin of species [M]. London：Faber & Faber，1979.

[5] Darwin Correspondence Project：http://www.darwinproject.ac.uk.

[6] ELDREDGE N. Charles Darwin，discovering the tree of life [M]. New York：W. W. Norton，2005.

Dawkins, Richard 理查德 · 道金斯

克林顿 · 理查德 · 道金斯（Clinton Richard Dawkins，1941— ）是英国科普作家和动物学家，牛津大学（Oxford University）“公众理解科学”（Public Understanding of Science）首席教授。2001年当选为英国皇家协会（Royal Society）的会员，1977年当选为英国皇家文学协会（Royal Society of Literature）的会员。他出版的著作是对达尔文进化论的普及，防止了科学唯理论主义，批评了宗教主义，对进化论理论作出了独特贡献。他的几乎所有著作都是面向非专业读者的。

道金斯1941年3月26日生于肯尼亚内罗毕，其父在第二次世界大战期间加入联军。道金斯在牛津大学本科学习时的专业是动物学，博士学习时专攻动物行动学，即研究动物行为的科学。他获得了博士学位，并在诺贝尔奖获得者行为学家尼克 · 廷伯根（Niko Tinbergen）麾下工作。之后，道金斯相继在加利福尼亚大学伯克利分校（University of Californias Berkeley）和牛津大学当教授，1990年在牛津大学时他被任命为动物学专业审稿人。

《自私的基因》

道金斯的职业生涯始于1976年，他的第一部著作《自私的基因》（*Selfish Gene*）同年发行。道金斯继续他的开创性工作和经典的科普写作。他认为达尔文的自然选择是在基因层面上进行的，而有机体则是基于基因复制的媒介而存在的。书中观点认为，看似利他的动物行为，如鸟类冒着生命危险发出有食肉动物来袭的警告，来自自私的基因，为的是确保它们自身的生存。

该书被译为13种文字，仅英文版就售出15万多册。1989年又再版出售，2006年再次发行30周年纪念版，并一起发表了评论文章《理查德 · 道金斯：科学家如何改变我们的思维方式》（*Richard Dawkins*: *How a Scientist Changed the Way We Think*）。评论家一致给予该书高度褒奖，称誉该书应用巧妙的类比和引人入胜的类推方法传播科学思想。

道金斯没有泾渭分明地把科普工作和原创科学工作区分开来。即使他的主要工作对象是非专业读者，他也把《自私的基因》一书看作对科学知识的创造性贡献。它是现代科普写作的开拓者，提出那些还没有在科学界内所认同和接受的思想和看法。他凭借新达尔文主义科学家如威廉 · 汉密尔顿（William Hamilton）、罗伯特 · L. 特里弗斯（Robert L. Trivers）、G. C. 威廉姆斯（G. C. Williams）和约翰 · 梅纳德 · 史密斯（John Maynard Smith）的工作，把传统的达尔文进化论和流行的遗传学融合起来。

道金斯在本科学习时就开始对动物学的哲学维度发生了深厚的兴趣。《自私的基因》一书的中心思想引发了20世纪70年代后期在哲学和道德方面的思考和争论。

随着昆虫学家 E. O. 威尔逊（E.O.Wilson）富有争议的《社会生物学》（*Sociobiology*）一书的出版，批评人士反对道金斯将基因人格化，倾向于用他生动的比喻来解释基因生存策略。这些批评家包括英国神经生物学家史蒂文 · 罗斯（Steven Rose），他提出道金斯的观点是基因决定论的范畴，是从自由主义的政治角度出发而写的。对这些批评道金斯不断地进行否认。道金斯在政治上是中间偏左，他说他在选举时一般会选劳动党或自由党。关于《自私的基因》，道金斯说他不赞成基于进化论的道德，并质疑人类没有被强迫去接受他们的自私基因的驱使。

达尔文的战争

在对达尔文学说进行政治和哲学解读时，自私的基因是众多科学和文化辩论的议题，这些辩论统称为“达尔文的战争”。在这场辩论中有好几位主要参与者，但最突出的人物是道金斯和哈佛大学的古生物学家史蒂芬·J. 古尔德（Stephen J. Gould）。他们的学术争论（在他们的科普著作中都有阐述）集中在对动态进化论所做的不同的专业解释。然而，他们又联合起来，旗帜鲜明地反对神创论，因为反对神创论可使他们的观点可信，不过道金斯拒绝直接辩论神创论。

道金斯的第二本著作是《延伸的表现型》（*Extended Phenotype*），这是唯一一本道金斯有意面向生物学专业人士而写的书。该书将道金斯《自私的基因》的原始概念延伸至这样一个观点：即基因能够伸展到远离其分子界限的地方，有时进入另一个有机体，以增加进化生存的机会。道金斯把这本书看成他原创研究的主要著作。

他的第三本著作《盲眼钟表匠》（*Blind Watchmaker*）获得了《洛杉矶时报》（*Los Angeles Times*）文学奖和皇家协会文学奖。这本书对进化论是如何创造他称为自然界的美丽生物的复杂性做了扩展性阐述，这也是道金斯在其多部著作中探究的主题，如《伊甸园之河：达尔文的人生观》（*River Out of Eden*：*A Darwinian View of Life*）、《攀登不可能的山峰》（*Climbing Mount Improbable*）、《先祖的传说》（*Ancestor's Tale*）和《地球上的伟大表演：进化论的证据》（*Greatest Show on Earth*：*The Evidence for Evolution*）。《恶魔的教士》（*A Devil's Chaplain*）是以前发表的关于科学和社会议题的论文全集。

《盲眼钟表匠》是驳斥神创论和智慧设计论的著作。它论证人类眼睛的结构和蝙蝠声呐系统不是由一个更高智慧的东西设计的，而是伴随着时间的变迁，通过代与代之间基因的复制自然渐进演变而形成的。道金斯工作的原始特性就是他自主创造的形象、生物形态的计算机程序，这涉及与生物生命形态相同的复杂模式。

“公众理解科学”教授

1995 年道金斯被牛津大学任命为查尔斯·西蒙尼“公众理解科学”教授（Charles Simonyi Professor of Public Understanding of Science）。这是牛津史上第一位该领域的教授，这个教职是由微软前执行主席查尔斯·西蒙尼（Charles Simonyi）为推动科学文化教育而提供资金设立的。之后该教职由在某些科学领域里为科学普及教育作出贡献的杰出科学家担任。

道金斯在任职期间出版的第一本书是《解析彩虹：科学、错觉和求知欲》（*Unweaving the Rainbow*：*Science*，*Delusion and the Appetite for Wonder*），该书把科学武装成文化力量，揭穿各种形式的伪科学，向伪科学思想挑战。

在《自私的基因》一书中，道金斯也把达尔文论应用到文化的发展中去，书中使用了“文化基因”这一概念。文化基因复制文化的传播，类似于生物复制单位的基因。自然选择也因此被用于解释思想是如何通过历史和社会进行传播的。歌曲、理论、信仰和价值观就是文化基因的实例，但是在道金斯著作中使用最多的实例是宗教。

类比为计算机病毒，道金斯认为宗教是精神的病毒，它易感于由寄生和自我复制思想而引发的感染。科学观念也是一个文化基因，科学观念是能够复制成功的，因为有证据表明这一点，而作为一种观念的信仰是不能复制的，因为它无法达到必须由通过科学方法复制而得到的证据表明的标准。为证明这一点，道金斯越来越把文化批评的重心放在对宗教的批判上。他在《上帝的迷思》(*God Delusion*)一书中明确地阐述了他的观点。《上帝的迷思》尖锐地批驳了一系列神创论者提出的神学论点。该书售出150多万册，并迅速引来众多反驳，包括作家约翰·康沃尔（John Cornwell）的《达尔文的天使：对〈上帝的迷思〉的天使反击》(*Darwin's Angel*: *An Angelic Riposte to The God Delusion*)，以及牛津大学宗教研究家阿里斯特·麦克格拉斯（Alister McGrath）与乔安娜·克里卡特·麦克格拉斯（Joanna Collicutt McGrath）合著的《道金斯的迷思？无神论者宗教激进主义和神的否定》(*Dawkins Delusion? Atheist Fundamentalism and the Denial of the Divine*)。

道金斯与更为广泛的无神论、怀疑论和人文主义的文化运动结盟。他设立了理查德·道金斯理性与科学基金会（Richard Dawkins Foundation for Reason & Science），以推动理性的科学思考，反对他认为来自系统愚昧的对科学的攻击。

道金斯为多家刊物写作，被聘为不同媒体的特约评论员，在多家电台出席节目，如BBC的旗舰科学节目《地平线》(*Horizon*)和英国电视第四频道的纪录片《查尔斯·达尔文的天才》(*Genius of Charles Darwin*)、《理性的敌人》(*Enemies of Reason*)、《万恶之源》(*Root of All Evil*)。他主编了2003年版的《美国科学与自然佳作》(*The Best American Science and Nature Writing*)和2008年版的《牛津现代科学写作》(*Oxford Book of Modern Science Writing*)，并为数本书作序。

道金斯拥有数个文学和科学荣誉博士头衔，荣获了很多荣誉：因引领大众科学教育而获得英国皇家学会迈克尔·法拉第奖（Royal Society's Michael Faraday Award），因对英国文化所作的贡献而获得莎士比亚奖（Shakespeare Prize）。他有一个女儿，现在和第三任妻子——演员拉拉·沃德（Lalla Ward）在牛津生活。

撰稿人：Declan Fahy

另请参阅：Creationism; Darwin, Charles; Gould, Stephen Jay; Intelligent Design in Public Discourse; Religion, Science, and Media

参考文献

[1] CORNWELL J. Darwin's angel: An angelic riposte to The God Delusion [M]. London: Profile Books, 2007.

[2] DAWKINS R.The extended phenotype [M]. New York: W. H. Freeman, 1982.

[3] DAWKINS R. The blind watchmaker [M]. New York: Longman, 1986.

[4] DAWKINS R. The selfish gene [M]. 2nd ed. Oxford, UK: Oxford University Press, 1989.

[5] DAWKINS R. River out of Eden: A Darwinian view of life [M]. New York: Basic Books, 1995.

[6] DAWKINS R. Climbing mount improbable [M]. New York: W. W. Norton, 1996.

[7] DAWKINS R. Unweaving the rainbow: Science, delusion and the appetite for wonder [M]. New York: W. W. Norton, 1997.

[8] DAWKINS R. A devil's chaplain: Selected essays [M]. Boston: Houghton Mifflin, 2003.

[9] DAWKINS R. The ancestor's tale [M]. Boston: Houghton Mifflin, 2004.

[10] DAWKINS R. The God delusion [M]. London: Black Swan, 2007.

[11] GRAFEN A, RIDLEY M. Richard Dawkins: How a scientist changed the way we think [M]. Oxford,

UK：Oxford University Press，2006.

[12] KOHN M. A reason for everything：Natural selection and the English imagination [M]. London：Faber & Faber，2005.

[13] MCGRATH A，MCGRATH J C. The Dawkins delusion? Atheist fundamentalism and the denial of the divine [M]. Downers Grove，IL：InterVarsity Press，2007.

Deductive Logic 演绎逻辑

演绎逻辑属于推理的范畴，它是科学和技术的基础，因此对科学传播和其他与科普教育相关的领域来说非常重要。事实上，推论逻辑在所有计算机使用的地方都非常重要。推论逻辑不仅用于哲学领域，还构成了所有计算机编码的基础，常在计算机科学课程中教授。

逻辑本身通常被理解为推理的关系和原则。“推理过程”这一短句一般指使用某种方法使一个或几个句子给出能令人相信的结论的理由，而句子本身却不是这个意思。例如，当说“杰克比汤姆高，而汤姆又比艾伦高”时，人们就可从这两句话中得知杰克肯定比艾伦高。这个例子就是演绎逻辑的实例。

演绎逻辑与归纳逻辑完全不同。归纳逻辑是一种建立在某些前提或条件下的推理，这些前提以一定程度的可能性和相似性支持推理出来的结论。例如，当吉尔看到外面的云彩，她推断将会下雨。她不能确定这一点，这不是她的错。除非表明肯定会有下雨的迹象，否则吉尔不能确认天气将会怎样。相比之下，当看到着火时，可以认为这里肯定有氧气。这是真实的，因为着火本身就是一个需要氧气的过程。因此任何一个有火的地方就一定有氧气存在。

涉及事物本质的论据，如火和氧，与归纳论据是不同的。然而，重要的是不要想当然地认为在所有的演绎论证中，其结论在本质上不是来自前提条件的，因为证据只是一个不确实的证据。我们可以用以下例子做一个说明：杰克是一个单身汉，因此他是一个已婚人士。这是一个演绎论证，但这是一个错误的论证，因为独身的本质特征被错误地与结婚联系起来了。事实上，单身汉是指未婚者。上述论证可以称为演绎，但却是无效的演绎。有效的演绎应是这样的：杰克是一个单身汉，因此杰克是没有结婚的。

演绎论证有几种类型，最简单的一种是定义论证，单身汉的例子就是这样一种论证。但是鉴于所使用的定义中隐含的因果关系对特定的论证目的而言可能有利也可能不利，因此，如何定义术语就非常重要了。关于如何正确定义术语经常会引发争辩，某些公开辩论过的实例包括“行星”“婚姻”“敌对方”等术语。

另一种演绎类型称为自然演绎。自然演绎一般指论证采用的形式。自然演绎中有一些论证常常形成的模型。当一些人用其他术语和范畴代入精心设计好的演绎论证中去时，这些形式也从来不会推导出虚假的结论，这就是有效论证的论据（这样的论证称为有效论证）。例如，一种被称为肯定前提的论证形式，在逻辑研究中尤为常见和重要。在肯定前提模式中，论证者说如果某个条件 P 是真的，而条件 Q 也是真的，那么他或她则会声称 P 是真的。这种形式的论证一再被证明是不容置疑的。虽然在细节上或许会有错误，但该形式本身是不会使人从真实的前提中得出虚假结论的。如果一个论证有正确的形式，但前提不是真实的，则该论证虽有效但有缺陷。事实上，那些既是无效的演绎论证又是有虚假前提的演绎论证的论证，都可被认为是有缺陷的演绎论证。因此，从技术上来说，一个合理的论证是有效的、前提真实的演绎推理。

演绎论证的次级分类叫作命题逻辑，与韦恩图和韦恩分类一起使用。一定种类的事物会有一些必然的结果。如“所有人都是有道德的”，基于这种说法，那么“没有人是不道德的”就是真实的。如果有人知道“有些水果是苹果”，那么他们也知道“没有水果是苹果”就是假的。在这些例子中，像这样的说明很明显地看起来是真实的，但这些例子是选择出来的，因为他们要简单地证明这些原则。所以在技术层面上，为了避免错误，验证一种推理方式是非常重要的。

演绎论证的目的不是追求看似真实的结论。对一个演绎论证的结论的验证，是看这个演绎论证的结果是否是真实的。如果有真实前提的论证结论是虚假的，那么这论证似乎就是无效的。演绎论证质量的检验称为反例法。这种方法不是在某些前提下检验结论是否正确，而是在相同的形式下是否能够用不同的术语产生一组真实的前提和一个错误的结论。

这个非常重要，因为如果答案是“是”，有些人就不能肯定地说那个论证中的真实前提一定支持所得出的结论。

撰 稿 人：Eric Thomas Weber

另请参阅：Inductive Logic；Scientific Method

参考文献

[1] COPI I M. Introduction to logic [M]. New York：Macmillan，1986.

[2] HURLEY P J. A concise introduction to logic [M]. 8th ed. Belmont，CA：Wadsworth，2003.

[3] TOULMIN S. The uses of argument [M]. New York：Oxford University Press，1994.

Deficit Model
缺失模型

至少在西方世界里偶尔会出现一阵恐慌：政客、媒体专家和普通公众并不具有足够的科学知识对科学本身和科学所呈现的议题进行评价、欣赏并且理性地探讨。这种恐慌出现于 19 世纪 20 年代的英国，导致英国科学促进协会（British Association for the Advancement of Science）的成立。在 20 世纪 50 年代，当美国科学家和政客发现俄国人成功地发射了第一颗人造卫星之后，他们大吃一惊；调查结果显示普通美国公众对科学所知甚少。这个调查结果是在教学中增加科学素养内容的强大驱动力。20世纪80年代中期出现的科学研究经费危机与对以日本为首的“亚洲四小龙”的经济超过欧洲的担心，催生了在欧盟各国开展的促进公众理解科学的行动。尽管措辞发生了变化，把对话和辩论纳入其中，但让公众参与科学背后的目标仍然是对公众在科学素养方面存在缺失的补救。凡是涉及科学的地方，公众的认知就存在着缺失，而解决这种缺失正是科学共同体的责任。简言之，那正是缺失模型所需要的。

在1985年，皇家学会（Royal Society）——英国最著名的科学学会发布了《公众理解科学》（*Public Understanding of Science*）报告，催促媒体应该报道更多的科学，并且告诉科学家他们依旧有向公众传播其所做工作的义务，从而改变存在了几十年的风气，即认为那些热衷于向公众宣传自己工作的研究人员是自私自利的炒作者。相反，成千上万的科学家，从名不见经传的博士研究生到耄耋之年的皇家学会会员，都被鼓励甚至有时候被资助去做公开讲演、参与科学展览以及与媒体合作，所有这些目标都是促进公众理解科学和提升公民素养。牛津大学（Oxford）学者杰夫里·托马斯（Geoffrey Thomas）和约翰·杜兰特（John Durant）在1987年分析了这个活动的动机，发现其动机十分广泛，包括宏观经济学和国家荣誉，让公民能够参与到明智的民主辩论中，让他们过上充实的生活，提供公众道德行为指南。

托马斯和杜兰特后来调查了公民科学素养的水平——由知道十几个关键的科学事实知识、理解科学方法以及欣赏科学的社会重要性所界定，他们发现用这种方式界定科学素养，大多数公民都显得对科学很无知。美国以前的调查显示了类似的结果；后来，整个欧洲的调查也印证了这个（前景黯淡的）状况，而欧盟采取了措施来改善这种状况。此外，与以前只关注公民和社会的关系不同的是，调查已经全球化了。日本、印度、中国、韩国、巴西和南非（这里只提几个非欧盟、非美国的国家）所开展的调查都表明了公众中科学素养的缺失。

调查结果和结果所展示的缺失

这些调查背后的理念是这些结果提供了一些绩效指标，正如经济活动的指标一样，可以采取一些行动来提升这些绩效。而位于这种假设背后的，是有时候明显但通常是隐性的理念，即知道更多的科学就会更加喜欢科学。那么这个公众在科学方面有所缺失的模型所依赖的证据是什么呢？

在美国和欧盟定期开展且在其他国家不时开展的科学素养调查，往往表明了类似的结果。50%~60%的普通公众能够正确地给出一套包含12个判断题的测试的答案（也就是知识测验），这也许表明公众的科学素养比例介于50%~60%。但是当回答这份问卷的公众同时被问到科学地学习某些东西意味着什么的时候，这个比例就会减半。当人们认为占星术（而非天文学，或者和天文学一样）是科学的时候，这个减半了的数字又会打折扣，导致更为悲观地认为公民科学素养的比例低于20%。所以得出的结论就是公民应该更多地了解科学——有一种缺失需要被填补。

同样的调查通常不仅会问公众知道什么，而且还会问他们的兴趣是什么以及他们认为自己的消息有多灵通。结果很明显：例如，那些认为自己对体育非常感兴趣的人会认为他们的消息十分灵通。但是认为自己对关于科学的事物（包括医学）非常感兴趣的人会觉得他们没有自己希望的那样消息灵通。所以有证据表明，公众意识到他们在科学方面存在着缺失，并且他们也希望知道更多——他们期望这种缺失被弥补。顺便说一句，人们认为他们在科学方面的兴趣是其在体育方面的两倍左右——虽然简单阅读在商业上成功的报纸并不会意识到这些。

最后，从个人层面上来说，在知道更多的科学和对科学持更加积极的态度之间有一定的相关性，虽然这种关系比科学传播的缺失模型所展现的过于简单的版本更复杂一些。

对缺失模型的批判

过去20年来的大部分有关科学素养和公众理解科学的运动都是基于以下三个前提而开展的：公众需要知道更多的科学；他们希望知道更多科学；如果他们知道更多的科学，他们就会更加喜欢科学。一个清晰的战略计划便可以（也确实）展开了。那么结果是什么呢？

一开始，调查结果的绩效指标方法（至少在一定程度上）是白费力气了：尽管一系列计划和被资助的活动旨在提升主要的调查员所界定的科学素养，但是科学素养指标年复一年地处于静止状态；如果正确地回答知识测验的公众总数有所增加的话，那么对科学兴趣的水平则有所下降（如1992—2005年欧洲晴雨表的调查结果）。这并不是一个简单的缺失模型所展示的，但也许是“熟悉了就会觉得很平常”的一个例子。

对缺失模型进行最直截了当批评的人之一是艾伦·格罗斯（Alan Gross）。他用一句话对缺失模型进行了总结，缺失模型认为公众在科学方面是缺失的，但与此同时科学的供给却是充足的。在他看来，这个模型意味着需要一种被动公众，让科学自身适应公众的有限能力和经历，从而才可以让科学得以传播。而科学传播的缺失模型是自上而下的、单向的且居高临下的。它没有考虑到存在于公众个体或者社会群体中的外行的专业知识。同时其传播过程也不是旨在向公众授权或者对新知识进行协商。此外，对科学－社会动力学的分析指出，历史上在总体的缺失模型中至少有三个可辨认的隐性缺失：与美国在苏联卫星发射后提升公民科学素养最初行动相关的知识缺失；体现在1985年后开展的公众理解科学运动中的公众态度缺失；就像宣布缺失模型已终结——专家对公众理解的缺失，公众的希望和需求同科学传递的内容之间的错位相结合的信任的缺失，或者危机。

缺失模型的终结

对缺失模型的批判也许会给人留下一种印象，这种科学传播方法显然已经过时且在很大程度上为人们抛弃。作为一个处理科学和公众之间关系的真正方法，缺失模型就其本身而言显然是不充分的。也就是说，在接受过科学训练的研究人员所知的与普通公众所知的之间存在着缺口或者缺失。如果科学家要获取工资收益，那么这些经费至少要通过纳税人以直接的方式或者通过消费者以间接的方式来支付。很明显，对那些耗时费力且耗资巨大的研究项目的事实真相进行传播是有价值且重要的：这些项目对以全体、组织或者个体而存在的公众有着一定的影响。科学对于全球变暖、健康甚至是个人对生命起源或宇宙起源的看法都有着重要影响。因而在这个意义上来说，缺失模型仍然继续存在。

这个良好的已过时的缺失模型仍然以另外一种更加隐蔽的方式活跃着且发挥着作用。今天有关科学传播的修辞学全都是关于科学和社会（或者说是社会中的科学）的，运用了其主要作用的双向的传播、对话、辩论、参与等。那么这些工作的实际效果如何呢？

在欧洲，争议性科学的一个主要领域就是转基因食品，以及是否在农村、超市的货架上或者公民的胃里要有转基因食品存在的空间。在2003年，英国政府决定开展一场公共对话活动，并投入超过100万美元来搞清楚英国公民如何看待这个议题。焦点小组、公开会议、民意测验都得到了同样的结果：不！但那不是政府或者科学共同体真正想听到的结果。虽然转基因食品在英国或欧洲其他国家并不是随处都可以买到，但是有一种强烈的感觉，那就是公众给出的答案是错误的，公众需要被更好地说服以便让欧洲的生物技术公司可以把转基因食品在他们本国的市场上销售。

所有这些都提出了一个问题，如果说服公众，让他们认识到政府和科学家是正确的，那么向参与、对话和辩论的转变仅是对双向科学传播是一种必要条件的认识吗？如果是这样，一个新的需要克服的缺失就是公众缺乏倾听的能力。也许不是这样：也许公众已经听到但是并不喜欢他们所听到的；也许真正的缺失是缺乏对代表科学家和政客的倾听。总之，如果要出现真正的对话，双方都要学会倾听并且学会发出自己的声音。

撰 稿 人：Steve Miller

另请参阅：Attentive Public；Audiences for Science；Public Understanding of Science；Science Literacy

参考文献

[1] Gross A G.The roles of rhetoric in the public understanding of science [J]. Public Understanding of Science，1994，3（1）：3–23.

[2] THOMAS G，DURANT J. Why should we promote the public understanding of science? [M]//M SHORTLAND（Ed.）. Scientific literacy papers. Oxford，UK：Oxford University Department for External Studies，1987：1–14.

Deliberative Democracy 协商民主

协商民主是一个政治上需要建立在公民协商基础上合法决策的理论。这个理论与在很多民主社会中行使的纯粹的集中选举截然不同，也与经济中的以自我利益为中心的讨价还价不同。协商民主与科学技术交流理论相适应，因为广义理论不仅为权贵人士，同时也为所有人提供了参加、参与和获取知识的机会。

与科学和技术的公众参与方法（如科学咖啡馆）相比，协商民主过程一般更重视结论和决策而不是单纯的讨论。 虽然提高知识和参与度在两种形式中都很有益，但协商的过程特别关注某种明确的结论。共识会议特别追求这种类型的结论，公民陪审团和协商投票选举就是这样做的。

一些有争议的问题，如干细胞研究、核能和转基因技术都是协商民主倡议的讨论议题，旨在保证政治决策反映人民的利益和优先权，因而也是合理和合法的政策。

协商民主与更公平的决策有关，因为人们认为，当公众讨论时，人们考虑公共利益，而不仅仅是他们自己的利益。而当个人选举时，人们一般倾向于考虑自身利益，而不是考虑对他人的影响。公开讨论问题能鼓励人们仔细考虑各自观点的合理性和他人如何能接受他们的观点。从不同的视点来考虑问题、讨论问题能使态度改变，因而也能更加符合公众的利益。通过协商，有希望看到公民和他们的代表达成一个全体都愿意接受的决策，尽管接受这一决策的个人理由是不同的。

另外，公开讨论和协商可使人们收集更多的信息，由此得出有较高教育水平的更为公平的意见。这样的知识传递比起需要政治理论来说，更强烈地需要科学和技术的交流。因为审议可以有充足的时间和资源倾听不同的观点，并且因为它鼓励考虑理性的论据，所以通常会促进公众对科学和技术的理解——有争议的政策问题通常涉及科技内容。

然而协商民主应该怎样进行是协商本身的课题。一些权威人士认为，理性不应是一个对协商参与者的严格要求。实际上，辞藻华丽和富有情感的争论在协商过程中有其有效合理的地方，只要说服技巧不涉及强迫行为或简化统一表决的程序，就不应把它排斥在决策过程之外。另一些人对专家的这种优越感持有异议，他们主张科学的客观性，特别是对政治决策进行辩护或发布通告时，应考虑科学后面的价值评判。

协商理论家对公众是否持有固有的不同利益和意愿是有分歧的，审议的过程常涉及矛盾争议，除非人们的价值观和意愿完全一致。无论怎样，尊重他人提出的意见都是有效磋商的重要条件。因为协商并不能保证一定能达成有共识的决定，因此协商过程必须要有更广泛的民众参与，更有效地反映不同的观点意见，如果最终决定不能为一些意见所采纳，协议就会因人们认为其意见没有在结果中得到反映而失去它的意义。为此，协商的程序和最终的决策必须是透明的，这样人们就会看到他们的审议和观点得到充分的反映。

审议过程透明能防止审议被操纵。有较大权力和沟通技巧的能言善辩的群体和个人能够左右审议过程，因此不能保证通过讨论，使那些能更好地反映公众利益的意见和观点胜出。政治公平为审议理论家所关心。虽然不能奢望每一个人都参与到审议过程中来，但应重视有理性沟通能力的人的参与权，审议的方式应为不同类型的人易于掌握和利用。

“协商民主”一词于 1980 年在约瑟夫 · M. 贝赛特（Joseph M. Bessette）的《协商民主：共和政府中的多数原则》（*Deliberative Democracy：The Majority Principle in Republican Government*）中首次出现。这一思想源自对宪政民主的一次讨论。很多协商民主理论家把对协商民主的关注聚焦在议政条件时这一理念的应用。然而，在科学技术的交流中，有其他理念的组织也使用协商程序这一理念。协商民主的理念也日益在保健科学领域中的决策环节使用，有时在与患者和看护者协商后形成机构的意见。

撰 稿 人：Cobi Smith

另请参阅：Citizens Jury；Consensus Conference；Deliberative Polling；Science Café；Upstream Engagement

参考文献

[1] ELSTER J.（Ed.）. Deliberative democracy [M]. Cambridge，UK：Cambridge University Press，1998.

[2] FISHKIN J，LASLETT L. Debating deliberative democracy [M]. Malden，MA：Blackwell，2003.

[3] GUTTMAN A，THOMPSON D. Why deliberative democracy? [M]. Princeton，NJ：Princeton University Press，2004.

Deliberative Polling 协商式民意调查

詹姆斯·S. 菲什金（James S. Fishkin）率先提出，把公民与专家之间对话的随机样本意见的总体性与高质量公众参与度的公民之间对话的特点结合起来作为一种方法，在协商式民意调查中使用。协商式民意调查也经常包括旨在把审议的经验传播给广大公众的媒体。

如果被随机取样的公众能够有时间和智慧认真思考和参与某一个科目，协商式民意调查的目标就是发现这些公众在想什么。相反，大多数公众意见调查涉及的调查对象对所调查题目了解较少、参与较浅，得出的答案不太确定，意见较肤浅。与协商民主的政治理论相一致，协商式民意调查也为参与者提供倾听精选出来的专家对某一论题的多视角考虑的意见，之后提供机会在参与者和训练有素的会议主持人间就这一议题开展讨论。

虽然大多数的协商式民意调查并不把调查重心放在有关科学的议题上，但也有不少调查的主题是关于科学的，如能源问题；还有一些是政策问题，如卫生保健和住房等需要社会科学研究和思考的问题。

协商式民意调查面临的主要问题是成本问题，因为调查需要在一个地方聚集足够多的样本才能够进行随机样本抽取，至少要几百，有时更多，但大多数形式的公民协商仅有很少的参与者（常少于 20 人）。其他一些旨在促进公民协商的调查形式需要参与者共同工作，以提交联合报告或共同意见陈述书，而协商式民意调查的方式却依赖于参与前问卷调查、参与后问卷调查，以及参与者评估参与的影响。最后像大多数的公开调查一样，协商式民意调查只是为决策者提供一些意见，但有些参与者利用一个周末集中审议一个议题是希望他们的观点得到更多重视。尽管协商式民意调查的过程只会引起关于某些（并不一定是所有的）专题的意见的变化，但它始终能增强公众对相关知识和专题的理解。

菲什金还提议，鉴于协商式民意调查的这些效果，政府应该考虑设立国家的公民讨论日，即先于主要选举日前的协商日。讨论日的目的是加强公民对选举候选人的考量。

撰 稿 人：John C. Besley

另请参阅：Citizens Jury；Consensus Conference；Deliberative Democracy；Public Engagement

参考文献

[1] ACKERMAN B A，FISHKIN J S. Deliberation day [M]. New Haven，CN：Yale University Press，2004.

[2] FISHKIN J S. The voice of the people：Public opinion and democracy [M]. 2nd ed. New Haven，CT：Yale University Press，1997.

[3] MCCOMBS M E，REYNOLDS A. The poll with a human face：The National Issues Convention experiment in political communication [M]. Mahwah，NJ：Lawrence Erlbaum，1999.

Department of Agriculture, U.S. 美国农业部

美国农业部（U.S. Department of Agriculture，USDA）成立于1862年，行使对食品、农业、自然资源和相关问题的领导和管理的国家职能。农业部部长由美国总统指派，担任内阁成员，负责管理农业部的政策和项目。本词条简要概述美国农业部的职能范围、农业部的下属部门和代理机构，提供了解有关美国食品和农业等问题最新信息的捷径。

农场和外国农业服务局（Farm and Foreign Agricultural Services，USDA）通过商品流通、信贷提供、农业环保、灾害管理和紧急救助等项目的实施，致力于增强农业经济发展。

农场服务局（Farm Service Agency，FAS）由国家和州县机构直接管理。地方（州县）委员会成员由地方生产者选举产生，负责解决地方事务。委员会委员给农场经营者颁发经营农场项目的证书，支持信贷，发放补贴和提供灾害救助。

外国农业服务局（Foreign Agricultural Service，FAS）主要负责美国农业部的国际事务，包括改善国外市场的准入条件和美国农产品的竞争地位，开立新的市场，提供食品援助和对外提供技术帮助，并和美国贸易代表机构共同协调农业贸易的谈判。

风险管理局（Risk Management Agency，RMA）由三个分支机构组成：保险服务处、产品管理处和风险控制处。该部门的职能是促进、支持和规范风险管理以加强农业经济的稳定性。RMA管理和经营保险公司联邦农作物：核准保险费率，管理补贴，支持产品和为私人保险公司再保险。

食品、营养和消费者服务局（Food，Nutrition and Consumer Services）的工作有：消除饥饿，通过联邦营养援助、饮食指导、营养政策协调和营养教育来促进美国公民的健康状况。

营养政策和促进中心（Center for Nutrition Policy and Promotion）的职能是：制定和促进食品指导原则，规定和协调营养教育政策，并为消费者、决策者、专业人士和媒体普及营养研究成果。

食品和营养服务局（Food and Nutrition Service）通过对营养援助项目的管理，向儿童和低收入群体提供食品和营养教育，如食品标记计划，国立学校午餐项目，妇女、婴儿和儿童计划，以及紧急食品援助项目等。

食品安全局（Food Safety）监管肉、家禽、鸡蛋等产品的商业供给，以保障食品安全，使用适当的商标和包装。在职能范围内与食品和药品管理机构、疾病控制和防御中心、环境保护机构协同工作，实施国家的食品安全战略计划。

食品安全和监测局（Food Safety and Inspection Service）负责制定食品安全标准，维持检验的监管，监督肉类和家禽产品的召回，强制实施规则标准。

营销和标准管理计划局（Marketing and Regulatory Programs）为美国农业产品的营销和标准管理提供便利，设定国内和国际动植物健康和治疗的标准。

农业营销局（Agricultural Marketing Service，AMS）对食品、纤维、特别是粮食制定标准，划定等级，整合营销，包括棉花、乳制品、水果、蔬菜、家畜、种子、家禽和烟草。AMS监管营销合同，管理研究和促进项目，购买联邦食品计划的商品。

动植物健康检验局（Animal and Plant Health Inspection Service，APHIS）通过规范转基因生物，管理1966年的动物福利法，支持野生动物危害管理保护和促进美国农业产品的健康。APHIS严密监视瘟疫和疾病的发生，以便迅速消除瘟疫和疾病的暴发和减少对农业产业的威胁。

谷物检查、包装机械以及牲畜栏管理局（Grain Inspection，Packers，and Stockyards Administration）负责联邦谷物检查服务、包装机械和牲畜栏计划。联邦谷物检查服务通过制定质量标准、规范加工程序，监管联邦、州和私人检查机构和加强服务等为谷物的营销提供便利。包装设备和牲畜栏计划旨在监督、检验和调查家畜、肉类、家禽的竞争情况以避免和预防虚假和欺骗的贸易行为。

自然资源和环境保护局（Natural Resources and Environment）作为USDA的职能部门，由内政部拨款，由农业部管理，职责是保护良田，防止对自然资源和环境的破坏。

森林服务局（Forest Service，FS）负责管理国家森林和草地。FS的任务是持续地维护国家森林和草地的健康、多样性和生产力。

自然资源保护局（Natural Resources Conservation Service，NRCS），以前称为土地保护服务局，负责提供技术和财政帮助，鼓励对土地、水和其他自然资源的保护。NRCS也按照国家资源目录评估美国自然资源的状况和发展趋势。

农业研究、教育和经济局（Research，Education and Economics，REE）通过对农业的研究、分析和教育的整合，努力创造一个安全的、可持续的、有竞争力的食品体系。该机构的职能包括探索和传播与农业研究、经济分析、统计和高水平的教育相关的生物、自然和社会科学知识。

农业研究所（Agricultural Research Service，ARS）是美国农业部的主要科学研究机构。ARS的研究分成三个主要领域：①动物养殖、产品评价和安全。②国家资源和持续发展的农业体系。③谷物生产产品评估和安全。

国家研究、教育和发展整合合作局（Cooperative State Research，Education，and Extension Service，CSREES）通过本国众多的高等教育机构和其他合作机构来提供资金，开展农业研究、教育和发展项目。CSREES还管理4–H青年发展计划。

经济研究中心（Economic Research Service，ERS）负责组织实施相关课题的研究，如与食品、种植、自然资源和乡村发展有关的信息经济和政策问题。ERSD的四个研究分支是食品经济、信息服务、市场和贸易经济以及农村经济。

国家农业统计局（National Agricultural Statistics Service，NASS）每年都会进行数百次调研，并出具涉及美国农业发展各个方面的报告；此外，农业统计局每五年会在全美各州县进行一次农业人口普查，这些都会作为持续有效的数据源。

乡村发展局（Rural Development，RD）的宗旨是通过提供财政和技术资源帮助乡村发展。RD提供资金支持公共设施和服务，如乡村的水和污水系统、住房建设、健康医疗、急救服务、电和电信服务。

撰 稿 人：Shari R. Veil

另请参阅：Agricultural Biotechnology；Agricultural Journalism；Food and Drug Administration，U.S.；Government Public Information

参考文献

[1] Animal Welfare Act of August 24，1966，Pub. L. No. 89–544，1966.

[2] U.S. Department of Agriculture：www.usda.gov/wps/portal/usdahome.

Department of Energy, U.S. 美国能源部

美国能源部（U.S. Department of Energy，DOE），受美国能源秘书长领导，负责能源政策和核安全。它的职责主要是管理国家核武器项目，为美国海军生产核反应堆、能源保护、能源相关项目的研究提供保障，组织实施放射性物质废弃物的处理以及国内能源的生产。美国能源部最初的工作重点放在能源安全、核能源安全、科学探索和环境保护等责任上。在第二次世界大战和 1970 年能源危机之间，很多负责执行能源政策的联邦机构隶属于 1977 年时的美国能源部总部，受美国能源部管理。与能源相关的问题涉及很多事情，如从核能到能源生产的替代物，从全球对动力车能源不足的恐慌到引起新闻界、出版界和其他科学领域的关注等，所有这些都促使人们重新审视美国能源部的角色定位。

2006 年的《先进能源新技术提案》（Advanced Energy Initiative）强烈要求美国能源部增加研究清洁能源技术的经费，包括加大对零排放燃煤工厂、光能、风能和核能的投资，以及给乙醇生产研究、发展电动和氢燃料机动车的大众市场提供更多资金。该提案旨在开发的技术包括单独使用电池可行使 40 千米半径的插电式混合动力电动车，到 2012 年在成本上比玉米质乙醇更具有竞争能力的纤维质乙醇，到 2020 年氢燃料电池车的大量生产。美国能源部还保证为如下技术投入新的资金：清洁煤研究，核废料处理和增值风险，促进开发清洁、可靠、负担得起的核能源。美国能源部还努力使太阳能光电技术成本在 2015 年更具竞争力，以及扩大风能的使用。

2007 年颁布的《能源独立和安全行动法案》（Energy Independence and Security Act）强制要求美国汽油使用量到 2017 年减少 20%。该法案还要求到 2017 年要生产约 13249 万升（3500 万加仑）的可再生燃料，用于替代 15% 年度计划内汽油使用量以及改革汽车的平均燃料经济总量标准。

能源信息管理局的主要机构

能源信息管理局（Energy Information Administration）是美国能源部内负责统计的机构，它负责官方数据的汇集、预测、分析，为政策制定提供信息，确保有效市场、公众对能源的了解和与经济及环境部门的互动作用。按照法律规定，数据提供工作不受政策制定影响，该局也不参与制定政策的讨论和建议。美国能源部发布范围广泛的周、月和年度关于能源生产、储存、需求、进出口的报告，提供某些专题的分析和报告。

美国能源部国家能源安全管理局（National Nuclear Security Administration）负责管理美国核武器储备、防止核武器扩散、海军用核反应堆项目、辐射物质紧急事件处理。安全运输机构承担核武器和材料的安全运输，管理其他保障国家安全的事务。

联邦能源协调委员会（Federal Energy Regulatory Commission）管理战略石油的储备、天然气、水电和电力的洲际间调配。该局为国家经济、环境和安全的利益承担协调天然气、水电项目以及其他能源产业的事务。它为这些产业的发展提供预测，努力为公平、有竞争能力的市场提供稳定的、可消费得起的能源。委员会致力于促进发展稳固的能源基础设施，建设有竞争性的市场，防止操纵市场的行为。美国能源部网络安全办公室（DOE Office of Cyber Security）始终保持对计算机突发事件咨询能力提供服务，自 1989 年起，就一直发行计算机安全刊物。它还提供关于如何防范互联网病毒、欺骗和其他恶意事件的咨询。

国家实验室

美国能源部比任何其他联邦机构为基础和应用科学研究提供了更多的资金，它雇用了 30000 多名科学家和工程师。美国能源部研究资金大多是通过拨付给下属 21 个实验和技术中心进行资助的，这些中心都隶属于国家实验室系统。

埃姆斯实验室（Ames Laboratory）研究合成、分解和处理稀土金属以及稀土金属的合成物，指导能源的生成和储存。阿尔贡国家实验室（Argonne National Laboratory）是美国第一个国家实验室，是美国能源部最大的综合学科研究中心。它承担 200 多项科研项目，范围从原子核的研究到全球气候变化，跨越整个科学领域。

布鲁克海文国家实验室（Brookhaven National Laboratory）开展物理、生物医学和环境科学、能源技术和国家安全研究。费米国家加速器实验室（Fermi National Accelerator Laboratory）通过基础高能物理研究来开展物质和能源的基础性研究。爱达荷国家实验室（Idaho National Laboratory）引导环境的应用工程研究以及能源、科学和国防领域的研究。

劳伦斯·伯克利国家实验室（Lawrence Berkeley National Laboratory）引导生物学、纳米科学、新能源系统和集成电路计算机系统领域内项目的研究。劳伦斯·利佛摩尔国家实验室（Lawrence Livermore National Laboratory）负责核储存的设计和工程。洛斯·阿拉莫斯国家实验室（Los Alamos National Laboratory）负责核威慑能力（核拆除）的研究。国家能源技术实验室（National Energy Technology Laboratory）负责的项目是保证美国化石能源资源在不影响后代生活质量的前提下，满足日益增长的可消费得起的能源需求。

国家可再生能源实验室（National Renewable Energy Laboratory）发展可再生能源、可提高能源效率的技术以及设定国家能源和环境目标。新布伦斯维克实验室（New Brunswick Laboratory）包括核材料测量室（Nuclear Materials Measurements）、参考材料实验室（Reference Materials Laboratory）和国家授证机构（National Certifying Authority），提供测量、校准和标准服务。橡树岭科学和教育研究所（Oak Ridge Institute for Science and Education）研究职业病对健康的损害，评估环境的清洁状况，应对放射性医疗的紧急事件，以及支持国家安全和突发危机的预防准备工作。

橡树岭国家实验室（Oak Ridge National Laboratory）主导研究增加清洁能源的可用性，增加能源数量，恢复和保护环境，保护国家安全。太平洋西北国家实验室（Pacific Northwest National Laboratory）努力增强美国的能源能力，降低对进口石油的依赖，预防和抗击恐怖主义，降低人类活动对环境的影响。普林斯顿等离子物理实验室（Princeton Plasma Physics Laboratory）研究等离子和核聚变科学，在核聚变的实践和实用性中所需要的理论、实验和技术创新的发展方面，起到了引领国际的作用。放射性和环境科学实验室（Radiological and Environmental Sciences Laboratory）主要研究质量保障的测量技术，提供技术支持和质量保障的测量。

桑迪亚国家实验室（Sandia National Laboratories）开发保障核武器安全储放技术，加强能源基础设施的建设，减少大规模杀伤武器的扩张和破坏环境的潜在风险，发现确定对国家安全的新的威胁。萨瓦娜河生态实验室（Savannah River Ecology Laboratory）通过生态研究、教育和其他项目来独立评估萨瓦纳河国家实验室（Savannah River National Laboratory）的核物质使用效果。斯坦福线型加速器中心（Stanford Linear Accelerator Center）负责设计、建造、运行电子加速器和相关的实验设施，以便用于高能物理和同步加速放射研究。托马斯·杰斐逊国家加速器实验室（Thomas Jefferson National Accelerator Facility）用连续高能电子光去探索核子和核的基本夸克和胶子结构。

美国能源部及其承包单位还承担核武器的设计、试验和制造。核武器的核成分由洛斯·阿拉莫斯国家实验室设计和制造，而劳伦斯·利佛摩尔国家实验室也设计这些核成分，桑迪亚国家实验室负责工程（建造），内华达试验基地（Nevada Test Site）负责系统的试验，得克萨斯州的潘泰克斯军械工厂（Pantex Ordnance Plant）负责的武器和弹头的拆装。

撰稿人：Kristen Alley Swain

另请参阅：Alternative Energy，Overview；Fuel Cell Technology；Nuclear Power

参考文献

[1] Council on Environmental Quality，Executive Office of the President of the United States Advanced Energy Initiative，2006：http://georgewbush-whitehouse.archives.gov/ceq/advanced-energy.html.

[2] Energy Independence and Security Act of 2007, Pub. L. 110–140, 2007.

[3] U.S. Department of Energy：www.doe.gov.

Dewey, John 约翰·杜威

约翰·杜威（John Dewey，1859—1952）1859年10月20日生于内华达州伯灵顿，是20世纪最著名和最有影响力的哲学家。他1879年毕业于佛蒙特大学（University of Vermont），于1881年和1882年分别在宾夕法尼亚、佛蒙特教授高中课程，此后进入约翰·霍普金斯大学（Johns Hopkins University）攻读博士，1884年获博士学位。1886年与爱丽丝·奇普曼（Alice Chipman）结婚。爱丽丝·奇普曼于1927年逝世后，杜威于1946年与罗伯特·洛维茨·格兰特（Roberta Lowitz Grant）结婚。1952年约翰·杜威去世后，罗伯特·洛维茨·格兰特仍然健在。杜威一生中的大部分时间是在美国内战、世界大战中度过的，更不用说还经历了各种动荡、工业发展和社会变革。作为一名学者，约翰·杜威的影响可谓巨大，涉及哲学、心理学、社会科学和教育学等诸多领域。在民主社会中，他的工作有助于把社会关注的重点放在知识传播这一关键任务上。

约翰·杜威因在教育界的杰出成就而享有极高声誉，他对社会的巨大影响是其他同时代哲学家无法比肩的。约翰·杜威的名著《民主与教育》（*Democracy and Education*）是在1916年之后出版的，在此之前，美国的教育照搬英国的教育体系。这个教育体系是建立在一些学者称之为知识的库存理论的基础上的，按照这个教育系统的方法，教师把一个权威的思想放置在和储存到学生空泛的思维中去，不鼓励创造性的思维，对权威的疑问和挑战被视为异类。而约翰·杜威看到人们不准备，也不被允许去了解并解决他们自己的社会生活环境中遇到和想到的问题。他认为：这种情况意味着这样的教育总体上是刻板而毫无生机的，与学生的兴趣毫无联系，因此常常显得毫无意义。约翰·杜威认识到在民主的社会里，学生需要通过一个如何设法了解和解决他们周围的问题的学习过程而得到指导和教育。按照杜威的观点，有时历史可以帮助我们解决问题，有时要去创造性地解决问题，但是研究主题的整体观点是要再学习、再创造。杜威认为教育应该明确和解决的整体目标是：教育出有更高智慧的公民，公民智慧越高，越有能力去追求和实现自己的目标以及和谐地共同生活。

杜威的实用主义哲学和民主主义哲学在很多学科，如教育、社会、心理和哲学学科影响巨大，这是在他整个工作时期的社会环境中很少见到的。杜威在思考了知识和探索的首要因素之后，逐渐形成并坚持对于教育的观点。按照传统的探究知识主体的方法，思想只不过被认为是存在于世界上的某种事物的图像或是镜子。用这种比喻法来指导所有的人类科学研究，人们应该去制作越来越正确的图画。他们的目的就是要明确这种做法，忽略科学家的目的性和愿望去探究科学，他们的目的是收获一个确定的世界。虽然杜威认识到并强调应该避免这种不公正和错误的引导以及缺乏主动性的科学研究方法，但也意识到无法避免始终从一个给定的观点去探究科学的研究方法，即按照哲学家伊曼努尔·康德（Immanuel Kant）的现代观点来看，杜威注意到我们感受到的在世界上的事物一定会受到观察者的限制。

在回答这些发展问题时，杜威更愿意用比喻法来说明问题，即把知识和思想看成一张地图。这张地图是为了某一个目的而绘制的，虽然这张图本身并没表现出它是缺乏客观性的或是有偏见的。然而，它仍然会表现得忽略某些事而又专注于另一些事。此外，地图只是一种在一定程度上代表世界上某种事物的工具，但是从来不会被错当成一张完美的图画，只是对人们所绘制的真实事物的反映。同时，还要判断这张地图是否有用和是否是一张好地图。如果这张地图确实能帮助某人从 *A* 点到达 *B* 点，或它能帮助一个人得到画这张地图的目的之外的其他客观的收获，那么这就是一张真实有用的地图。

当地图的这个比喻被恰当地使用，杜威进而又把探究和科学想象成一个探究客观事物真相的过程，有些客观事物没有正确的形式，对其需要重新思考。进而观察、试验和假设等方法就能被开发出来，用于研究更多我们希望弄清楚和解决的问题。有时我们发现对想研究的某个问题的认识和看法是不明确的或不正确的，或实际上并不是一个问题，或者需要用一些其他的方法予以修正。杜威认为这是正常的，是探究过程中的一个关键部分。在《逻辑：探究的理论》（*Logic: The Theory of Inquiry*）这部有影响力的著作中，杜威提出了他的观点：怎样用有别于传统的知识和科学理论方法去重新思考探究科学的过程。如果不去认识我们正在研究的课题的目的，就很容易被误导到错误方向或去研究那些不值得我们努力研究的问题。因此，杜威的科学探究理论把人的目的看作应进行公开研究、完善和讨论的事物。他争辩说，公众的反馈和争论是提高人类智慧最为强大的力量。

随着批评界和公众审视后对他的认可，杜威提出了一个坚定的民主主义理论。他认为科学探究需要公众责任，进而需要受过教育的大众参与和为争论开辟渠道。学校不仅应为富裕阶层所用，更应为所有公民所用。因此，杜威成为呼吁公开教育的积极提倡者，并被称为“公开教育的守护神”。

20—21 世纪，技术哲学开始显现出来，成为一个非常重要的研究领域。工业化和机械化为人类带来了丰厚的成果，使人类生活更加舒适、寿命更加长久，但同时也给人类带来了灾难性的代价。如果说杜威是提倡通过教育和科学提高人的智慧的先导者，那么技术进步的批评者就认为杜威是这个问题的一部分根源。例如，马丁·海德格（Martin Heidegger）的技术哲学的跟随者认为：人们，比如杜威，并没有认识到这些由技术导致的担忧。但事实上，杜威早就表现出他对技术发展的代价极为担忧，他自己也萌生了技术哲学的最初理念。

南伊利诺斯大学（Southern Illinois University）杜威研究中心（Center for Dewey Studies）主任拉里·希克曼（Larry Hickman），就非常广泛地论述了杜威技术哲学这一课题。他解释说要搞清楚技术和科学的问题，就必须更进一步地利用技术和科学。要更合乎科学地去驱动解决因工业发展引起的环境恶化，可以重复利用和有效利用燃料的电灯泡和汽车是在技术科学的帮助下发展起来的。总之，就像希克曼表述的那样，杜威技术哲学坚持认为技术发展是智慧应用于研究问题、解决问题的结果。因此，当技术发展出现一些问题时，我们一定不能放弃科学和技术。事实上，科学和技术需要进一步的提高，那些代价和问题是能够被减少和消除的。从这个意义上来说，杜威是一名科学的捍卫者。

新闻和通信研究也能在杜威的一个理论中找到指导性原则。在其著名的著作《经验与自然》（*Experience and Nature*）第 55 章里，杜威阐述了为什么通信是人类所拥有的工具中最伟大的工具。就像上面论述地图的观点一样，工具是用于开发、改善和完成目标的，所以通信也是工具。杜威把通信描述得非常杰出，通信就是一块建筑基石，所有的公共需求都是建立在这块基石之上的。如果没有能力让一个人所拥有的思想迅速地传递给另一个人，那么科学家、政治家、教育家和新闻记者的团队就不可能形成。这样，我们明白了杜威关于科学和技术的观点如何引导他去发现工具（如语言）的巨大潜力。语言、科学和技术都是工具，人类能够集中使用它去扩大他们的幸福，进一步去探究和解决新的问题。使用语言、教育、科学和技术，人类就能够追求越来越伟大的人类目标。

撰 稿 人：Eric Thomas Weber

另请参阅：Deliberative Democracy; Scientific Method

参考文献

[1] DEWEY J. Democracy and education [M]. New York: The Free Press, 1944.

[2] DEWEY J. The later works, 1925–1953: John Dewey: Vol. 1. 1925: Experience and nature (J A BOYDSTON, Ed.) [M]. Carbondale: Southern Illinois University Press, 1988a.

[3] DEWEY J. The later works, 1925–1953: John Dewey: Vol. 2. 1926: The public and its problems (J A BOYDSTON, Ed.) [M]. Carbondale: Southern Illinois University Press, 1988b.

[4] DEWEY J. The later works, 1925–1953: John Dewey: Vol. 12. 1938: Logic: The theory of inquiry (J A BOYDSTON, Ed.) [M]. Carbondale: Southern Illinois University Press, 2008.

[5] DEWEY J, HICKMAN L A, ALEXANDER T M. The essential Dewey (Vols. 1–2) [M].Bloomington: Indiana University Press, 1998.

[6] HICKMAN L. John Dewey's pragmatic technology [M]. Indianapolis: Indiana University Press, 1992.
[7] HICKMAN L. (Ed.). Reading Dewey: Interpretations for a postmodern generation [M]. Indianapolis: Indiana University Press, 1998.
[8] HICKMAN L. Philosophical tools for technological culture: Putting pragmatism to work [M]. Indianapolis: Indiana University Press, 2001.
[9] RORTY R.Philosophy and the mirror of nature [M]. Princeton, NJ: Princeton University Press, 1979.

Diffusion of Innovations 创新扩散理论

扩散是一个多视角的概念，指创新持续地在社会成员中传播扩展开来的社会变化。要在研究和实践上理解“创新扩散”这一词，关键在于认识到它的重点在扩散上：①扩散是一个过程，是随着时间的推移而持续发生的一个固有的活动过程（图 D1）。②扩散是一种人及其所在群体之间的关系，当个人决定回应他们以前听闻的创新时，把这种关系作为在社会关系的框架中的渠道而相互影响（图 D2）。③扩散是一种感知，是创新特性潜在的接受者感知创新，一部分人会决定他们是否采用这些创新。④说明扩散中社会媒体环境背景下的促进和限制的力量。

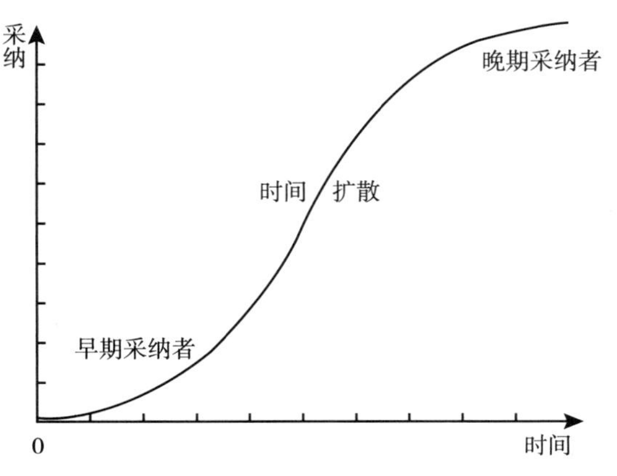

图 D1　扩散是一个随着时间的推移所显示出来的非线性社会影响过程

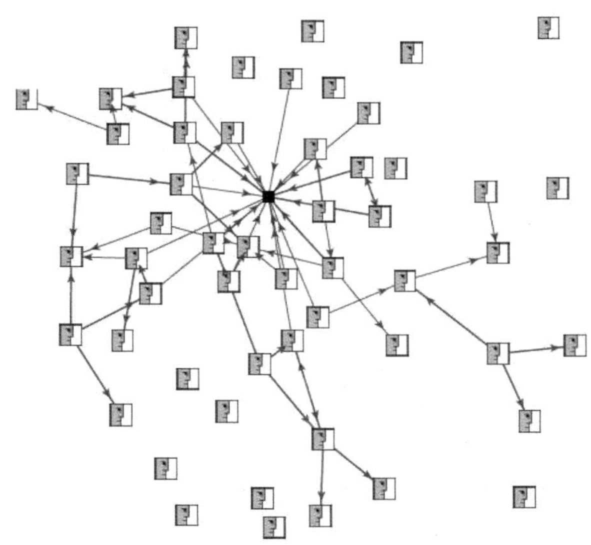
图 D2　创新的生成者和搜寻者的社会关系网图

注：箭头显示建议搜寻的方向；黑色实心节点是非官方的意见领袖，意见领袖所生成的创新能更迅速更完整地扩散出去

早期的研究者至少可追溯到德国社会哲学家佐治亚·西梅尔（Georg Simmel）和法国社会学家加布里埃尔·塔尔德（Gabriel Tarde），他们在小众群体和社区内的层面上和从微观层面过程到宏观层面过程的社会演变之间的关系中提出关于仿效行为的理论。在此后 100 年里，研究者

倾向于使用扩散的概念，既可以是在部门、系统以及国家的宏观社会层面的扩散，也可以是在国家变化层面上的扩散；还包括社会心理学和地方关系交际水平以及这些关联是如何影响采用创新的类型的［此为伊莱休·卡兹（Elihu Katz）和保罗·拉扎斯菲尔德（Paul Lazarsfeld）的经典研究内容］；以及研究个人是怎样以判定正反两面优劣的形式来感知创新的（即心理学层面的扩散）。自20世纪60年代开始，通过在哥伦比亚、巴基斯坦、巴西、尼日利亚、印度、芬兰、韩国、坦桑尼亚、玻利维亚和越南等国家和地区发展通信业，扩散这一概念得以实施和应用，有目的地传播了适于当地社会的创新。

自2000年始，扩散的研究就开始追溯和解释下列扩散现象：学前班这一事物遍及全世界的跨文化普及，美国50个州的择校政策的蔓延，烟草控制政策在加拿大和美国政治司法界的反复的扩散，社区健康系统计划的参与方法的采用，电子商务的扩张发展，以及社会规范在少女中的在线传播。正是基于诸如此类的研究，形成了5500多份关于重要概念及其常规扩散模式的出版文献，传播学学者埃弗瑞特·M. 罗杰斯（Everett M. Rogers）出版的《创新的扩散》（*Diffusion of Innovations*）系列是关于这些文献的最佳汇编版本。扩散这一概念对如下学科的理论和概念的发展有着重要作用，如社会学习理论、科技的传播、传播的策略、社会网络理论、娱乐教育以及翻译学研究的科学和实践。

扩散实例

假设有一位化学教授，想证明自己专业发展的意愿，因为她为期三年的晋级审核时间只剩一年了。她自愿参加一个半日制的讨论科学的问题导向式学习研讨会，研讨会由她所在的大学组织，目的是提高教学质量。虽然她对研讨会有兴趣，但没有任何行动。三个星期以后，她在邮件收发室与一位她喜欢的高级助理教授做了一次交谈。虽然她从来没有看过其他的教授讲课，却非常赞赏这位同事的教学能力。因为她听到学生随意地评论这位同事是一个好教师，同时这位同事还获得了大学教学奖。在邮件收发室里，获奖教师告诉化学教授，她在讲授构建主义时反复利用飞行物提升讲课效果。化学教授非常注意地倾听，她提到了问题导向学学习研讨室。获奖教师说她组织过很多关于问题导向学习的课程。回到办公室，化学教授决定给她的学生试一试问题导向学习式的授课。

上述一幕演示出典型的个人扩散决策过程：知识是通过（讨论会上）单向的信息传播获取的，说服则是（在交谈过程中）通过社会影响力的双向交流，以非官方的局部主导意见的形式出现的，最终作出了尝试新教学实践的正向决策。需要注意那些没有作出正向决策的情况：仅仅是信息本身，不论什么样的形式，都不足以促使个人采取正向决策。当潜在的采用者只是间接接触仍处于探索期的创新，即使创新成本和效益有重大意义，这些创新也不足以让采用者作出正向决策，那么谈话就是关键。

并不是任何一个人都能够用有效的方法唤起化学教授对问题导向教学方法的记忆，只有她相信是有经验的和值得相信的人才能做到。如果是不担任此项角色或任务的其他人仅以一般方式来推广和倡导问题导向教学法，化学教授很可能不会决定尝试。在开启扩散的过程中，意见主导者仅占系统成员的一小部分（一般是5%），而随意招募的人，如志愿者或自荐者、市场营销或广告以及没有具体责任的权利人士如公司董事长或大学系主任等，一般起不到有效的作用。

扩散的主要成分

根据罗杰斯的概念，一项创新是潜在的采

纳者所感知到的新型的事物，包括新的思想和理念、明确的和暗喻的知识、新的工艺流程或模式、新的政策以及有价值的信用系统。一般来说，扩散过程的重点放在科学和技术的创新传播上。在扩散的模式中，2.5% 是最先的采纳者，称为创新者，接下来的 13.5% 叫作早期采用者（指局部的非正式的意见引领者），再随其后的是早期的多数派，约占 34%，之后是晚期的多数派，约占 23%，最后是落后者，约占 16%。在概念上，扩散把个人称作创新不同阶段的行进者，即对于新的事物，他们先要面对，然后明确含义，之后才进行常规应用。

在扩散的过程中，新颖性是非常重要的，因为新颖的感知会在潜在的采纳者的意识中产生不确定性，如他们应该对创新做什么，他们应该怎样回应出现在他们面前的创新事物。不确定性进而又引起了不安和认识偏差，这些会促使个人首先寻找介绍创新的书面信息（特别是通过有效的媒体传播渠道如互联网），然后寻找能否较好地实施创新的评估信息（大多数通过人际交流和观察他人的行为来获取，无论有无中介）。从这一点来看，感知创新的属性就变得重要了。简单地说，怎样低成本、有效地观察创新引发的结果，怎样稳定地试用创新等，都是与个人层面的采纳和系统内的扩散有关的创新属性。

在扩散的过程中，通常大量的特别是媒体信息的传导，会先于个人的传导，后者是通过信息传播网络和局部网络传播的。由于人们总是愿意和志同道合的人交流，所以交流的真实意愿和认知是不同的，人是有差异的，这些都会减缓扩散的速度。创新在小圈子里和与传播者个人相同的网络里能迅速扩散，但是种族、行为和态度不同的其他群体中传播扩散，则需要花费数年才能达到接受的效果。

微观现象与宏观现象的连接

很多传播学者采用宏观结构的视角来看待扩散，特别是人口计划、人口统计学、经济学、国际关系学、人类学和语言学等。这些学者认为革新是能影响社会的力量和能引起社会变革的工具，如同议程构建或议程设置一样。扩散的宏观取向对学者有很强的吸引力，因为它是可推演的，仅建立在简单的数学自然法则上的可能性很小，这个数学自然法则仅描述了一个逻辑（S 形或指数型的）增长曲线（图 D1）。营销学、流行病学、人口统计学和政治学等学科的科学家创建并测试了扩散的数学模型，该模型建立在宏观取向的前瞻性潜能和修辞法的基础上。

另一些学者包括很多传播学研究者，在微观分析层面上认识扩散，他们把重点放在如下几个方面：预测个人或组织主动作出决定的可能性，人际关系在传播创新信息中的作用，地区社会网络与决策的联系。

扩散模型，特别是罗杰斯研究的模型，对于提供深思熟虑的解释是非常重要的，这些解释是建立在研究宏观变化过程与微观个体层面的连接关系的基础上。这个解释显示出微观层面的采用者（通常是个人）是受到系统影响的；同时，系统的变化也有赖于个体的活动。扩散理论是能够令人信服地把宏观层面与微观层面联系起来的极少数的社会理论之一。

大众媒体、专业媒体和新式媒体

对扩散具有影响力和广泛吸引力的创新构想而言，大众传播渠道是最为有效的。当处于探求中的创新还只是一个想法时，意识到创新就等同于接受创新。但是，单位或组织必须是客观的，他们需要更多创新采纳者。要采纳创新，他们必须实施一项新的实践活动，购买一项服务，或承诺研究一个新的规则。在这些情况下，大众传播就要开展宣传，提高大众创新认识，发起找寻信息的行动。对于特别有吸引力的创新（如新的医疗程序或疾病预防干预方法），专业媒体（如有专门目标读者的杂志、行业实时通讯和会议文集）可以起到扩散创新意识的作用。

新媒体，特别是互联网和便携式电信，不仅加快了人们对创新的认识，还给人以很高的传播期望值。新媒体内容具有特别的版式，如量身定制的互动的互联网网页（可同时容纳几个创新表述）等形式，能实现如下作用：鼓励潜在的和实际的采纳者的选择意志和主人翁精神，展示创新的社会模型，增加传播创新的有效性。例如，客户定制网页有助于用户在采纳创新的过程中所进行的改进，以达到其预期目的。通过限制和劝阻改版来坚持创新的保真度与采纳是负相关的。在扩散式健康竞赛中，便携式数字设备和手机传播能增强采纳创新的意愿。

创新的质量和扩散

很多人认为高质量，特别是同时又伴有低价格的创新会引起扩散加速的效果。这种预期常常事与愿违。很多创新有一定扩散基础是由于其他的因素，如时尚效果，管理者担心落后于竞争对手，或由于负有管理责任而减弱采纳的意愿。在这两个例子中，扩散是广泛的，但实行和使用是受到限制的。

在论述扩散的文献中有很多实例说明，质量优异的创新未必得到广泛的应用，甚至多年以后发布创新消息并进行宣传时仍然如此。这种情况对于经过试验验证的、与同类成果相比更为高效的“最佳创新”而言也很常见。同样常见的情况是，创新在同一组织内的扩散采纳速度比在不同组织中速度快。就创新扩散而言，最好的创新通常并不等于被采纳的创新。

来自论述扩散文献的这些案例不仅是这些高效高质但没扩散的创新案例；在另一些案例中，创新是对于采纳者有着很重要意义的创新，在有关该创新信息没有传播前就已扩散了，如卡罗尔·莫内尔（Carol Conell）和塞缪尔·科恩（Samuel Cohn）研究的，18世纪煤矿工人的罢工行为被迅速地效仿。时髦和时尚定期发生，因而把创新当作时尚而由潜在的采纳者接受，是可高度期待的。其他的研究还记载了无效创新的扩散。

总之，虽然有效性与主动性之间是典型正相关的，但相关性是较弱的，其他因素和采纳有着更高的相关性。社会影响就是这些因素之一。

扩散是一个社会过程

意见领袖（通过扩散传递）影响着其他人有关创新的决策。扩散能否是一个有效开展的过程，意见领袖是一个原因。一个创新资源或创新发起者开始仅需要将创新传播到有潜在采纳者的小分支单位，继而再将创新扩散到一个社会系统。创新者现有的影响及其范围应是跟随者能够触及的，同时只要意见领袖的态度是欢迎新的实践和跟随者能认可创新意见领袖，意见领袖就能做好其余的工作。意见领袖的社会影响力无论通过谈话还是树立榜样，都是推动扩散曲线上升的因素，呈现S形的特征。意见领袖也应为创新没有扩散负责，因为他们忽视了创新（被动拒绝），或者发言反对创新（主动拒绝）。高端集合研究显示，意见领袖在组织间和地区、国家中是有影响力的。

不同的个人采纳创新所用的时间是不同的。对某些人而言，他们的个人圈子或参照组中的一个或两个人会先于他们采纳创新；对另一些人而言，他们的个人网络和参照组中的几乎所有人都在他们之前采纳了创新。这种差异性就是阈值，对于任何一种创新都是因人而异的。

1943年布莱斯·赖安（Bryce Ryan）和尼尔·格罗斯（Neal Gross）发表了他们的观察结果，首先提出扩散应被理解为一个社会过程。虽然知识的获取大部分是通过信息的单向传导得到的，但劝说和建议却是通过社会影响的双向传导发生的，特别是随着新的通信技术不断提高着信息查询的能力，情况更是如此。大部分的双向传导是以局部的意见领袖的形式开展的，这些意见领袖或准备传播创新，或已经在传播创新，或已经影响到其他人的决定。仅靠信息，不论是一对一的商谈或是在训练研讨会的研讨，万维网、宣传小册子等形式都不足以促使个人作出积极决定，或者即使潜在的采纳者认真地考虑了创新成本和效益后感受到探索中的创新是会有结果的，也是如此。

意见领袖被认为是专家，是值得信赖的、有影响力、有诚信、有人气的、易于接近和交往做朋友的人。意见领袖的这种特质往往是长时间形成的，也能持续地、跨社会系统地发挥作用，如在医院、学校、城镇以及分布广泛的网络中。然而，在干预工作中，不能要求意见领袖做得太多，这样他们的工作才能特别有效率。要求意见领袖用他们一般不去对同事用的方式去倡议、去劝说建议、去敦促推进、去教育（使用创新），就等同于把非正式任务正式化，意味着要求他们在系统内冒危及其地位的风险。

借助于意见领袖干预扩散创新

甄别挑选非正式的意见领袖并加以招募用于扩散活动，很多干预研究证实此法具有较强的生命力。我们可通过思考无效的分娩实践的国际问题来理解这一课题。

在数以千计的医院里，循证分娩护理实践法未被充分采用，而无效和有害的实践方法却在继续使用。以前墨西哥和泰国做过努力，想通过学习最新的有关循证分娩护理法的信息来改善分娩陪护操作，但结果是对助产士的改变收效甚微。费尔南多·奥尔萨（Fernando Althabe）和同事决定尝试请意见领袖参与实行循证分娩法的实践，寻找方法是通过已经形成的社会经济问卷的管理方法来甄别挑选与社会不同系统有较好联系的非正式的意见领袖（图D2），然后在医院与意见领袖面谈。2008年在《新英格兰医学杂志》(*New England Journal of Medicine*）上公布了这项研究决定，随机与19家阿根廷和乌拉圭的医院签约，这些医院愿意接受多层面的行为干预，包括意见领袖、实验室、训练、一对一的学术调查、回访和信息反馈。

与对照（控制）医院相比，干预医院的满意的实践结果增加，不满意实践结果下降。干预医院首先通过问卷甄别选择意见领袖，然后面试招募，继而帮助实践循证分娩护理。在意见领袖签约工作的第三阶段，后叶催产素的使用率已从2.1%上升至83.6%。意见领袖指导助产士是18个月干预循证分娩获取成功的关键，在此期间，意见领袖用积极的语言和同事交谈循证分娩实践，非常热情地去帮助他们实践。更重要的是，在干预结束后，这种变化还持续了12个月。

撰 稿 人：James W. Dearing

另请参阅：Conversation and Science Communication; Opinion Leaders and Opinion Leadership; Translational Research

参考文献

[1] ALTHABE F, BUEKENS P, BERGEL E, et al. A behavioral intervention to improve obstetrical care [J]. New England Journal of Medicine, 2008, 358 (18): 1929-1940.

[2] CONELL C, COHN S. Learning from other people's actions: Environmental variation and diffusion in French coal mining strikes, 1890-1935 [J]. American Journal of Sociology, 1995, 101 (2):

366–403.

[3] DEARING J W, MAIBACH E, BULLER D. A convergent diffusion and social marketing approach for disseminating proven approaches to physical activity promotion [J]. American Journal of Preventive Medicine, 2006, 31 (Suppl. 4): S11–S23.

[4] KATZ E, LAZARSFELD P F.Personal influence: The part played by people in the flow of mass communications [M]. New York: Free Press, 1955.

[5] MANNING K C, BEARDEN W O, MADDEN T J. Consumer innovativeness and the adoption process [J]. Journal of Consumer Psychology, 1995, 4 (4): 329–345.

[6] ROGERS E M. Diffusion of innovations [M]. 5th ed.New York: Free Press, 2003.

[7] RYAN B, GROSS N C.The diffusion of hybrid seed corn in two Iowa communities [J]. Rural Sociology, 1943, 8: 15–24.

[8] WEIMANN G. The influentials: People who influence people [M]. Albany: State University of New York Press, 1994.

Digital Divide 数字鸿沟

数字鸿沟一般指接受新事物较快的个人或人群由于接触和使用通信技术（如互联网）而获得相对优势。这种鸿沟或称分界，大部分被认为是数字上的，因为20世纪后半叶的很多技术进步是建立在数字基础上的，而不是模拟技术上的。虽然一些学者把数字鸿沟这一术语的使用限制在互联网的扩散和应用上，但也有很多学者将数字定义在一个较宽泛的领域，包括种类繁多的信息通信技术，如手机、卫星电视接收器以及个人电脑。当这些技术最初被开发出来的时候，由于成本高昂导致使用受到限制并引起了社会的分层，这一现象没能引起太多的关注。然而近年来，由于数字通信设备（同时带有智能配件）能被经济的大量生产，并可为数量众多的个人所利用，这种差异就逐渐明显起来了。

埃弗雷德·罗杰斯（Everett Rogers）担纲建立了一个典型的创新扩散的S形曲线图，显示出只要先进技术得到接受，采纳者的数量就会持续增长。重要的是，由于经济、技术、政治和文化等因素的差异性，数字传媒技术并不能一致地在国内和国际的各个人群中以同样的速度得到普及。作为差异性采用率的结果，差异鸿沟就产生了，进而使用数字技术者与不使用数字技术者之间的距离就会扩大。必须注意数字鸿沟所产生的作用要超越技术自身实际的扩散。大多数学者现在都同意技术、数字以及其他都是脱离价值的，因此应看作是确定的，这就是说技术不是天生好的还是坏的。相反地，这些属性和其他的道德特性存在于使用技术的个人身上和应用通信技术的重要用途上。就数字鸿沟发生的结果来看，因为个人理解这些技术有不同的使用功能，这就造成数字通信技术的不均衡扩散，进而又常常强化了社会经济、政治和文化的差异。

那么，数字鸿沟是以什么样的方式在不同社会阶层上产生的，这一点也同样重要。第一，特别容易观察到的个人层面的数字鸿沟是，能接触和有能力掌握数字技术优势的个人可使自己处于优越于那些很少接触数字技术和仅有较低数字技术水平的人。第二，有些国家整个地区在技术上都落后于人口扩散曲线，洲际间的数字鸿沟在这些地区的人口中表现得越来越明显。这种形势更加重了这些地区（如偏远农村）的经济和文化与其他地区的差距。第三，不同国家有着或高或低的数字技术扩散水平，因此洲际间的数字鸿沟也在这些国家中显现出来。由于欠发达国家有限的资源和基础设施阻碍了他们的发展，数字鸿沟这种特别的表现态势在欠发达国家较为突出，甚至导致这些国家不能在全球化的市场上公平竞争。

换句话说，数字通信技术的不均衡分布会使社会差异的产生得以维持，甚至加剧，而不能为社会经济、政治和文化发展提供更多的机会，建设公平的社会平台。此外，数字鸿沟产生的作用在各个社会层面都能感受得到，并且这种作用还在不断地扩大和释放出来。有这样的例子：某个个人、地区或国家能够赶上一定程度的数字技术进步的步调，但是新发明到达的速度仍能使他们处于技术落后地位，完全不能与更先进的对手并肩行进。这种状况在进入广泛的互联网和万维网 2.0 的应用时代表现得特别明显，在线人群中只有相对非常小的一部分人能够充分利用互联网中最可参与的和最为有效的功能。

几乎所有的学者和政策制定者都同意数字鸿沟需要在所有社会层面上予以缩窄。然而，填平鸿沟始终是一项具有挑战性的任务。信息和通信技术最有可能给具有资源且能较早采纳它们（在分布曲线中）的个人、组织和国家带来利益。虽然还未证实的科技投资要承担风险，但是那些具有一定水平的技术资源和经验的个人和组织是可能承担这些风险的。据报道，在某些情况下通信技术是可能呈现跳跃式发展的，这种现象说明在技术、金融和人力资源投资的各阶段是可能避让风险的。有一个例子可以很好地说明这一点：在一些国家里虽然海陆的电话基础设施很少甚至欠缺，但手机却得到较为广泛的使用，但类似于这样的其他例子则很少被观察到。这种缺乏实践例子的现象使学者认为跳跃式的发展可能大部分只是一个理论观点而缺乏实际应用价值。

研究还表明，简单地提供使用数字媒体技术似乎不可能完全解决现存的数字鸿沟。这是因为不是所有的使用者都能够像那些有更多经验的使用者一样应用相同的功能和技术。这就是次级数字鸿沟的表现，即使在那些早已接触和使用数字通信技术的人中间也是这样。因为数字鸿沟可能会跨社会和技术层面或在同等的社会和技术层面内发生作用，所以相对于拥有技术、财政和人力资源能去开发现代数字媒体技术的人、组织和国家，信息和通信技术仍然会对一部分数字技术水平低的个人、组织和国家形成威胁。

撰 稿 人：Jacob Groshek

另请参阅：Diffusion of Innovations；Knowledge Gap Hypothesis；Technological Determinism；Technological Literacy

参考文献

[1] NORRIS P. Digital divide：Civic engagement，information poverty，and the Internet worldwide [M].

New York: Cambridge University Press, 2001.

[2] ROGERS E.Diffusion of innovations [M]. 5th ed.New York: The Free Press, 2003.

[3] SUNSTEIN C R.Republic.com 2.0 [M]. Princeton, NJ: Princeton University Press, 2007.

[4] VAN DIJK, J A G M.The network society: Social aspects of new media [M]. Thousand Oaks, CA: Sage, 2006.

Digital Rhetoric and Science 数字修辞与科学

修辞学，在历史上被定义为劝说活动中的符号使用，包括语言的使用。有人提出所有的交际都是修辞的活动，在交际中寻求改变看法和影响行动。有些人认为科学不是修辞学的，或用其他的词来说，科学知识简单地揭示事实和清晰地提示这些事实而不需要去劝说。然而，很多通信研究、英语和修辞学领域里的科学家和学者提出如下质疑：当科学家提出他们的研究成果时，他们不会仅报告事实，还会就如何解释发现成果、建立可信度以及尝试建立工作信心和为工作而充满激情等问题提出意见。劳伦斯・普雷利（Lawrence Prelli）认为科学讨论的目的在于劝说他人对特殊现象给出专门的解释，同时像所有的修辞学一样，科学用辞也在很大程度上受到有倾向性听众的影响，还受到事情发生所在地理区域和文化的影响。因此，17 世纪英格兰的科学用辞就不同于 19 世纪美国的用辞。同样，关于地质学用辞的争论也不同于天体物理学和分子遗传学用辞的争论。我们可以预期科学用辞会受到通信媒介、科学大会的口头讨论、出版的杂志以及各种形式电子数字媒介的影响，尤其是受互联网和万维网的影响。

如果说修辞学是一门劝说的艺术，数字修辞学就是数字媒介（网站、博客、维基）中的劝说艺术。相互有一定距离的科学家在传统上是通过专业大会、邮件或在科学杂志发表文章进行交流沟通的。虽然科学家现在仍然使用这种方式开展交流，但大多数的互动是在线进行的。很多科学家，特别是受聘在大学任职的科学家，都保持着交流科研信息的专业网站。科学家也利用电子邮件交流，他们还利用电子邮件列表与有相同专业兴趣的科学家群体开展讨论。这样的活动产生于大科学兴起的时代。大科学始于“曼哈顿计划”（Manhattan Project），来自全国和全世界的学者聚集在一起对大课题开展工作，特别是那些高能粒子物理等领域，这些领域需要使用很多很专业的设施，如位于法国和瑞士边界的大型强子对撞机。很多使用大型强子对撞机开展研究的专家都在线上进行工作交流。数字媒体能使科学家彼此远距离工作，并快速进行交流。

不论是单个机构的小群体科学家在一个实验室工作，还是数百名科学家的全球协同工作，研究项目的结果必须定期发布。当科学家要报告研究结果时，他们常常在线发表文章。有一些线上杂志还允许读者在线发表评论，这为科学家提供了讨论最新研究发现的新途径。现在大多数主要资助机构也需要通过电子系统提交项目申请书，如政府补贴和国家科学基金会快速通道系统（National Science Foundation's Fastlane System）。很多科学家也在博客上给其他科学家或公众，或同时给两者写科学文章，他们给维基（Wikis）投稿，读者也可以利用它进行编辑和修正。

受数字媒体影响的科学用辞的重要因素包括听众、作者和方式。我们将在以下章节讨论这些。

听众与科学交流

交流的最基本层面发生在两个参与者之间，即发出方和接收方。在较广泛一点的层面上，交流在一个社区内进行。科学界的听众可以是同一个单位的同事，也可以是全球各地的合作者，或者是在一个特殊研究领域内一起工作的许多科学家。一个特别的科学家在专业上与其他科学家群体互动的事物叫作“无形学院”（Invisible College）。无形学院这一术语突出了两个非常重要的联系，一个是存在于同事之间的特别重要的专业联系，另一个是在不同机构工作的（相对于在一个单位或同一个部门而言）研究者之间非常重要的专业联系。通过让更多的交流在公开场合在线进行，数字媒体可使这些无形学院比它们以前更有形化和具体化。

听众在修辞学中是一个重要因素，因为交流的目标听众是交流活动的结构、形式和修辞目的的主要因素之一。例如，安·布莱克利（Ann Blakeslee）研究这样一个现象：一群物理学家向一个主要读者为化学家的杂志投稿，他们非常仔细地撰写文章，因为物理学家意识到他们不能用以往写给物理学家的方法去写一篇给化学家的文章，所以他们就把自己的研究与他们认为化学家也感兴趣的问题联系起来。数字媒体因为发布方式不同使潜在的读者范围扩大了，这样，其他的群体如公众就会有比以往更多的渠道。其结果就是科学交流的排他性减弱了。这个作用似乎在有关科学的博客上显得特别真实，因为这类博客的读者中既有科学家也有外行人。

数字媒体有别于传统印刷媒体的另一个重要方面是它的互动性，它使听众的作用有别于印刷媒体，就像芭芭拉·沃妮克（Barbara Warnick）指出的，电子媒体允许使用者与其他使用者互动，与他们使用的文件互动，甚至与电子系统本身互动。詹姆斯·P. 扎蓬（James P. Zappen）认为，由电子媒体提供的互动作用比劝说更加强调语言的使用，因为它促进互动构建知识。这样学生和公民就能够借助于新的方式为科学贡献力量，影响资金提供的决策或提供有关鸟和其他自然现象的野外观察资料。

作者身份

数字媒体使我们对作者的身份及其写作产生很多假设和疑问。这不仅是因为数字媒体提供了可以进行合作写作的新技术［如“谷歌文档”（Google Docs）和大公司内部使用的类似于“莲花注解”（Lotus Notes）的专用系统］，而且还因为数字媒体让我们更难判断作者是否原创以及能否掌控文章的撰写。因为数字文章易于复制，所以会出现部分文章被仿制或成为另一文章的部分内容，或者一篇文章被更改后又发送回原创作者的情况。此外，人们看到的文章可能是包括链接或在链接环境内可以使用的数字著作而远非原创文章，此外读者可按照自己的思路去链接或脱离文章，而非按作者的思路去链接。

传统的修辞学告诉我们，作者的特性可能是劝说中最重要的因素，因为在我们相信某些事物之前必须判断作者的信誉。在科学领域中，这种判断常常根据作者职业的隶属关系、专业技能、作者使用的方法和推理的质量而作出。在数字环境中，由于缺乏作者对其作品的控制，听众是很难作出判断的。芭芭拉·沃妮克提出建议，在这种情况下，我们可以借助于某些方法判断作者的可信度，如不考查某个特定的作者而去考查文章所处的数字环境。例如，性质（如引导的难易度、专业知识和便利性）对于医疗网站（如医学情报联机系统）的可信性可能不像对媒体网站（如 CNN）那么重要。

数字媒体也使科学作者修改数据显示成为可能，如电子微写器或科学设备显示的其他数据，通过加重着色和对比，或借助于改变图形等方法。为了保护数据的可信度，很多科学杂志制定了严格的指导原则，规定了允许更改的种类。

类型与媒体

科学家利用各种媒体、各种交流方式和各种类型的文章进行交流。一个媒体就是一种交流的技术或传播工具，如电子邮箱或博客。一种文章类型则是一类有共同特点的文章的集合，通常拥有相似的文章形式并在某个媒体中出现于同一位置。近来学者认为文章的社会作用是决定其类型的最重要特性。换句话说，召集研究团队开会的电子邮件和一份请求同事索要信息的邮件看起来非常相似，但是实际上是要去完成不同的任务，所以它们可被看作不同的类型。

通过特定团体所采用的文章类型我们可以对该团体有诸多了解，包括其价值观和社会构成。甚至对比科学家在不同领域内所使用的交流方式也能受到启发。例如，高能物理学家经常广泛使用在线预印本，这些预印本是在康奈尔大学（Cornell University）主办的 arXiv 电子印刷库（网址 www.arxive.org）上发表的文章草稿。这些电子打印是该科学领域内的科学家获取最新研究信息的主要方式。首先在印本里报告过的研究常常以后会在传统的杂志上发表。这些领域在杂志上发表的文章一般不用于交流最前沿的研究，却实际用于标记这些工作在专业上是有效的，这样科学家就能获取做这些工作的信用凭证。相反，生物化学科学家一般不通过印本交流新的研究，而是通过传统的杂志进行研究交流，同时传统的杂志也兼有职业流通媒介的作用。这些领域中印本位置上的差异反映出高能物理的区域比生物化学区域要小得多，联系也紧密得多，这是因为高能物理研究领域更愿意以不太正式的审核方式交流比较重要的研究发现。

新的媒体使其他新的印本的使用成为可能，包括电子注释、在线杂志上的讨论、在线实验室笔记本报告近期新的数据，以及科学家和行外人士在博客上讨论科学界的最新课题。

结　论

随着越来越多的科学上的交流以数字的形式展开，这些交流的修辞学性质就越来越多地引起研究者的关注。这一领域中将来研究的重要课题有：当信息源不能确切地被查明时读者应怎样确定在线资源的可信性，这些在两个科学领域之间是如何变化的，相同的观念和表述如何跨多层次的文本使用（有时又称为互文本的现象），杂志的预期转让，研究文献的修改完善，科学家在博客和其他线上媒体上的公开交流如何开展等。

撰稿人：Christian F. Casper and Carolyn R. Miller

另请参阅：Audiences for Science; Big Science; Invisible College; Scientific Journal, History of

参考文献

[1] BAZERMAN C. Shaping written knowledge: The genre and activity of the experimental article in science [M]. Madison: University of Wisconsin Press, 1988.

[2] BLAKESLEE A M. Interacting with audiences: Social influences on the production of scientific writing[M]. Mahwah, NJ: Lawrence Erlbaum, 2001.

[3] CRANE D. Invisible colleges: Diffusion of knowledge in scientific communities [M]. Chicago: University of Chicago Press, 1972.

[4] CRAWFORD S Y, HURD J M, WELLER A C. From print to electronic: The transformation of scientific communication [M]. Medford, NJ: Information Today, 1996.

[5] PRELLI L J. A rhetoric of science: Inventing scientific discourse [M]. Columbia: University of South Carolina Press, 1989.

[6] SWALES J M. Research genres: Explorations and applications [M]. Cambridge, UK: Cambridge University Press, 2004.

[7] WARNICK B. Rhetoric online: Persuasion and politics on the World Wide Web [M]. New York: Peter Lang, 2007.

[8] ZAPPEN J P. Digital rhetoric: Toward an integrated theory [M]. Technical Communication Quarterly, 2005, 14: 319-325.

[9] ZIMAN J. Public knowledge: The social dimension of science [M]. Cambridge, UK: Cambridge University Press, 1968.

Disaster Coverage 灾难报道

科学和技术对生命的每一个部分都发挥着作用。当灾难发生时，不论是突然的、惨重的、广泛的灾难还是缓慢的、局限在某一局部发生的灾难，人们都会去寻找专家，提出问题，问明原因和寻求建议。也会访问科学技术交流者，请求帮助他们渡过灾难。

在理解灾害为什么会发生、灾后怎样恢复和重建方面，科学和技术有着非常重要的作用。当地震和海啸发生时，科学家如地震学家、地质学家会被问及有关问题，解释地球的构造板块和它们的移动是如何引起灾难结果的。人们会问气象学家飓风是怎样形成的，问气候学家飓风会否因为气候变化而增加发生的频率。如果工厂发生爆炸或在化学处理过程中发生错误，工程师、化学家或物理学家就会被咨询，要求解释发生事故的原因。

灾害可以引起高度压力、焦虑、恐惧、死亡意念、悲痛，特别是失去亲人和财产而受到直接影响的人们更是如此。所问及的主要问题常常是：为什么这个会发生？要保证灾难不再发生我们应该怎样做？

本词条讨论在受灾情况下对科学家和技术专家提出的可能的任务和责任，对参与公开讨论的专家提出的应予考虑的关键问题。本词条中的案例研究总结了2009年澳大利亚维多利亚森林火灾后澳联邦科学与工业研究组织

（Commonwealth Scientific and Industrial Research Orgnization，CSIRO，澳大利亚最大的研究机构）的媒体报道。建议组织将关注和工作的领域放在传播正确的科学、应答关于灾害的咨询上。

科学交流与灾难的关系

任何一个传播灾难科学的计划都要考察沟通的观点，这一点很重要。有时候，单个的科学家或集体的科学家都必须正式地制订交流计划，因为他们将直接作用于灾难。有时专家为帮助社会去了解灾难会从专家的视角做相关解释，但交流计划与这类解释有很大的区别。

大量的已发表文献和在线信息都记载了非常好的关于灾难的实践活动，为负责处理和交流灾害的组织提供了信息，为防备灾害和直接引发灾害的事物（如化工厂的爆炸）提出建议。科学和技术代表在引发灾难的事情中是应该发挥其作用的，还会受邀去回答相关问题，这些都会影响参与的个人和他们所在机构的声誉，甚至引起法律和刑事诉讼。

新闻周期

当灾难最初发生时，所在地似乎没有留下什么与外界联系的传输基础设施。灾难发生现场的信息沟通人员和记者必须发挥特别重要的作用。媒体成为连接灾害影响区域和外界的至关重要的纽带。

灾难发生后，公众会试图得知事件真相，政府会努力处理事态的发展以及告诫群众，这些即刻会引起媒体的关注，尽力去报道相关事项至全国各地和世界。专家将尽力去解释发生的事情，提供专业的考虑视角和观点。社区工作者必须接听来自世界新闻记者的数以百计的询问电话。

随着在线和其他媒体发出的即时访问，有关灾害的报道将会迅速地传向整个世界：2001年印度古吉拉特邦发生地震时，约170万人使用了互联网。印度报纸报道了这一媒体利用互联网在线发布报告的情况，并由此形成了网上社区。学者克里斯·古德里奇（Kris Kodrich）和梅林达·拉提特利（Melinda Laituri）发现互联网的使用引起了对印度古吉拉特邦地震的了解和认识，帮助创立了一个超越国界的全球社团，从而实现了多线路沟通。

灾害之后，有着相关经验的科学家的媒体形象开始得以提高。虽然，传递关于灾害成因及其影响的正确信息非常重要，但在那些充满感情色彩的时间段里，科学家不应显得投机，这也同样非常重要。公众可能会将科学评论误解成为个人或机构的自我推销。专家和宣传人员应当帮助媒体重视这一现象，而不要不合时宜地去推介他们的组织。同样明智的做法还有，只推出那些有较高声誉、受过传媒训练和有传媒经验，在特定领域内是专家的代言人。

另一个应当考虑的问题是，要慎重地对待传出的信息的语言感情色彩，悲观基调的信息可能会引发不必要的恐慌。在那种情况下，向公众提供意见的专家必须考虑悲观论调对身处灾害中的大众的灾难性影响，必须保证这些意见不仅要在科学上是正确的，同时还要考虑到公众的利益得失。在灾后不久的敏感时期内，如果灾害在不久后会再次发生，对灾害发生的客观解释有助于缓解公众的担忧和惊慌，也能帮助受影响地区灾后恢复重建。

受灾害影响区域里有一个常见的抱怨：最初的关切很多，之后的兴趣则减少，生活和生计的重建需花费数年的时间。

当灾难严重期渐渐过去时，公众将开始探究灾难更深层次的解释和更长期的影响，这样将形成一种状况：公众会转向科技界索要答案。媒体也将再次报道灾难，但是他们会寻找观察事件的新的视角，他们可能会聚焦于责任方及其对灾难应承担的责任大小，而对这一话题的重视可能会导致来自媒体和社会的不正确和过于情绪化的关注。在一段较长的时期内都会要求专家提供灾后清理和重建的建议，向媒体、政府，甚至法律界就关于灾难及其影响和相同的事件会否再次发生等咨询提供意见。在灾害发生的各个阶段，也会要求宣传员在专家和公众之间发挥服务和协调的作用。

案例研究：2009 年 2 月澳大利亚森林火灾

2009 年 2 月 7 日，南澳大利亚维多利亚地区发生巨大灾难性森林火灾。该区域遭受广泛的生命和财产的巨大损失。澳联邦科学与工业研究组织在森林火灾研究方面拥有很强的专业知识技能和丰富的经验，包括火灾的火情、抗火灾材料、气候变化对火灾风险的影响。这方面的科学专业知识也吸引很多公众，包括火灾预警及险区团体和个人，州和国家管理火、森林、水和环境的机构，农庄和土地资源的使用者，一般公众，决策者和政治家。

在准备制定森林火灾交流策略中应对上述广泛的人群予以考虑，这种活动在 2009 年 2 月付诸实践。这场森林火灾聚集了来自地区和国际新闻界的众多媒体，对澳大利亚联邦科学与工业研究组织提出了数百个问题。火灾发生后的 10 天，媒体涌向该机构的询问达至高峰，而大多数集中在灾后 2 天。

媒体最初试图让该机构的科学家提供对下列问题的观察：

（1）这场森林火灾为什么有如此大的灾难性？

（2）这场火灾是以什么样的方式形成这样的火势的？

（3）如果遇上森林火灾人们应该怎样做？

（4）这场火灾是否与气候变化有关？

火灾发生后的那个星期，对事件的进一步分析展开了，很多人就预警系统是否充分、保护系统的有效性（如地堡）等提出问题。媒体随后则更细致地提出了如下问题：

（1）谁应对这场灾害负责？

（2）火灾的状态、蔓延和运动是怎样的？

（3）火和燃料的装载管理以及燃火的控制应遵循哪些原则？

（4）地堡和其他防御火灾的方法是否有效？

（5）对火灾的适当应对措施（关于火灾管理机构“走或留”政策，即准备、留守和防御或尽早离开）有哪些？

（6）气候变化是否与森林大火有联系？

（7）未来的皇家协会（Royal Association）将在类似灾情中发挥什么作用？

（8）相关资金是否充足、是否正确地专项用于火灾研究？

在世界各地和澳大利亚联邦科学与工业研究组织有关森林火灾交流报道的在线记录中，澳大利亚占 66%，北美占 19%，欧洲占 8%，亚太地区占 2%，亚洲占 2%，中东占 2%，非洲占 1%。

据进入澳大利亚联邦科学与工业研究组织网站的访问者的分析揭示，在火灾后的 2 周里，森林火灾导言的页面浏览量和森林火灾研究概论页面浏览量增加了近 10 倍。来自搜索火灾信息人员的额外网络流量每周增加近 10000 页面浏览量（高峰时，每周约增加 220000 页面浏览量）。该组织认为，大多数媒体的咨询带来了科学的正确传播的结果。

组织策略

为确保合适的专家能够建设性地参加森林火灾的公开讨论，CSIRO 即刻启动了一项危机交流策略。该策略旨在做如下工作：

（1）准备和支持科学家在灾害发生时解释所在领域的科学常识。

（2）有效处理大量的媒体和公众的询问。

（3）向媒体提供信息的人员应是相关研究领域专家和有经验的澳大利亚联邦科学与工业研究组织的发言人。

（4）监测潜在问题和相关的媒体报道。

该策略根据三个主要的指导原则来运作：第一，为媒体获取来自 CSIRO 的专家意见提供便利。第二，焦点集中在科学上（特别是在发言人的专业领域）。第三，避免猜测火灾成因，以免抢先于官方调查和皇家委员会发布信息。该策略规定 CSIRO 执行的操作步骤如下：

（1）迅速召集具有相关知识的专家和宣传工作人员，保持与他们的密切联系，如通过每日电话会议。

（2）绘制和传播联系人列表，以备有效的内部使用和确认联系人。

（3）与组织联系人迅速联系（包括管理和法律的接触以及媒体联络），与外部利益相关者（如联合科学机构和与灾害相关的政府责任部门）迅速联系。

（4）设立专门的 24 小时中心联系点，以备媒体、政府和一般公众询问。

（5）帮助发言人提炼关键信息，保证这些关键信息在媒体中被广泛讨论，并从其他组织的相关部门找出获取关键信息的广泛途径。

（6）建立该组织网站的专题信息页面，包括摘要信息、发言人简介、普通的问题和回答（这些在减轻科学家获取基本信息的负担方面效果特别好）。

（7）通过咨询和协助来管理与利益相关者的关系，对发言人提供积极有效的支持，包括现场媒体的联络。

（8）给专家提出穿戴合适的衣物和携带合适设备的建议，以便专家访问受灾区。做到这一点特别重要，专家因官方身份易于被当地群众辨认，受灾地区因为受灾害影响可能滋长对游客的厌恶感。

（9）每日跟踪媒体对相关问题的报道。

（10）避免发言人过度疲劳，方法是细致处理各种询问，简化对主要科学家的组织需求。

（11）主动界定媒体报道的区域范围，明确媒体查询可能涉及的区域。

总之，以上各点应予以考虑，以保证灾害期间提供相关的科学信息。

要制订能够应对任何灾难的工作预案。在灾害发生之前应具备当前的、清晰的、有据可查的和有良好支持力度的工作程序，这一点非常重要。这可以使任何一个组织在灾害发生时能够迅速作出反应。当事件发生时以及关于谁可能受到影响和什么潜在的后果会产生等问题出现时，要尽可能地在所需的相关科技范围内集思广益。这个处理过程将会花费时间，但是也会毫无疑问地帮助紧急应对和增加实施程序的信心，因为实施程序会对科学家、组织、媒体和一般公众带来最好的处理结果。

要尽可能多地与公众建立联系。在灾害期间，代表们将毫无疑义地呼吁其他人获取支持和指导。如果一项策略事前与管理层、法律顾问、媒体指导者和相关政府部门讨论过，那么就会比较容易和快捷得到执行。要确保每一个人理解这个程序、支持这个程序，以及当需要支持时要做好准备去帮助执行这项程序。

要建立适当的科学界和媒体界的联系。界定好专业的可能范围，在未来灾害发生时，可召唤该领域的专家，确定与合伙人和合作组织以及媒体的相关联系，这些非常重要。还必须保证科学家发言人具有媒体培训经历和应对局势的能力。在灾害发生和与之相连的公众兴趣高涨期间，媒体发布会是远比无数个人访谈更为有效的信息传播工具。

要发现和讨论关键信息。在可利用的时间里，发现易于被理解的清晰的关键信息是很重要的。这些信息应在关键发言人中间讨论过。关键发言人也应该接受来自该组织相关部门的其他人的调查，以确认他们具有多样性的专业意见。在多学科的领域内，很多专家对已经发生的事件都会提出一个有效的观点，应该对这些观点的差异点和共同点加以识别。一旦关键信息产生，就应提供给所有参与交流工作的人员。由受过训练和有与媒体打交道经验的专家发布清晰的信息，会给公众和媒体提供一个吸纳正确科学知识的最好机会。这些协调活动和准备工作可减少信息出现混乱的可能性，保持科学家和组织行动的一致性。

要确保资源充足、专家胜任。在组织里，专业的沟通专长是至关重要的，还应有充足的资源，包括媒体联络工作人员、网络作家、设计师、科学作家，以及该领域的行政人员和业务支持。

小　结

在帮助公众认识自然灾害和人为灾害是什么、在哪里、为什么、什么时候、怎样发生的过程中，科学技术发挥着重要的作用。当灾害发生时，会产生很多痛苦、灾难、恐惧和损失，科学技术专家需要去解释灾害背后的科学，他们有责任提供准确的信息，这些应该得到直接受到灾害影响的地区和公众的尊敬和重视。在很多情况下，机构宣传员在受灾地区人员获取准确信息和得到可信的专家指导中发挥着巨大作用。

在灾害发生的事例中，虽然利用机会窗口是提高科学意识的合规方法，但是社会可能会粗暴地去判断一位专家。专家可能被认为是当时情况下的一个机会主义者，名誉和诚信将会受到威胁。专家采取适当的交流能够帮助公众应对灾害，对未来可能发生的灾害做好准备；交流工作处理不当有可能导致受灾地区遭受进一步的和更重的损害，同时也会损害发言人及其所在机构的声誉。

撰稿人：Claire Harris，Simon Torok，and Karina Clement

另请参阅：Chernobyl；Crisis Communication；Risk Communication，Overview；Three Mile Island

参考文献

[1] BARUCH F. We need the right words to weather the storm [N/OL]. The Washington Post. 2005 [2009-07-15]. www.washingtonpost.com/wp-dyn/content/article/2005/09/30/AR2005093002078.html.

[2] Chui G. Earth sciences [M]//D BLUM，M KNUDSON，R M HENIG (Eds.). A field guide for science writers.2nd ed. Oxford，UK：Oxford University Press，2006：236-242.

[3] GUNAWARDENE N. Reporting disasters：How to keep a cool head when all hell breaks loose. Blog posted to Moving images，moving people [EB/OL].（2009-07-12）[2009-08-21]. http://movingimages.wordpress.com/2009/07/12/reporting-disasters-how-to-keep-a-cool-head-when-all-hell-breaks-loose.

[4] GUNAWARDENE N，NORONHA F.(Ed.). Communicating disasters：An Asia Pacific resource book. Bangkok，Thailand：UNDP Regional Centre in Bangkok and TVE Asia Pacific [EB/OL]. www.tveap.org.

[5] KODRICH K，LAITURI M. The formation of a disaster community in cyberspace：The role of online news media after the 2001 Gujarat earthquake [J/OL]. Convergence：The International Journal of Research Into New Media Technologies，2005，11（3）：40-56.doi：10.1177/135485650501100304.

[6] LEISS W，POWELL D.Mad cows and mother's milk：The perils of poor risk communication [M]. 2nd ed. Montreal，QC，Canada：McGill-Queen's University Press，2004.

Discourse Analysis and Science 话语分析与科学

话语分析是在社会背景下的话语特性的研究，包括书面话语和口头话语。对书面话语来说，它的特性包括词语的选择、语法结构、文本的组织策略或相关文本的组合。如果用于科学交流，话语分析就要集中在实验室的笔记本、已发表的研究文章、技术报告、教科书和公众交流上，所有这些分析都是在它们所处的特殊社会背景下进行的。研究人员也研究草稿、修改笔记和其他未完成的文本，这些都为研究人员提供了观察作者的选择和交流策略的视角。话语分析的重点在于语言是如何形成的以及如何被社会结构和制度塑造的，它为科学传播者在写作时所做的选择以及这些选择是如何受到社会和制度力量影响的提供了洞见。话语分析帮助研究人员和专职从业者去识别科学话语的习惯是怎样形成的，社会力量是如何塑造和维护它们的。

为了说明话语分析是怎样使我们更好地去理解科学和技术交流的，本词条将更详细地讨论话语分析的定义，展示我们所做的问题研究的具体事例，解释一些话语分析最重要的工作，简要介绍有关科学的语言和修辞学研究的争论。

背景和事例

话语分析始于社会语言领域，其研究重点始终是语言与社会机构、团体和价值之间相互作用的方式。具体而言，社会机构可以包括教育体系和出版体系；社会价值可以包括个人或机构的声望和名誉；社会团体的范围可以涵盖整个学科领域（如所有生物学家），也可以指专业分支的小型研究团体（如几位生物学家组成的“评估受发展威胁的湿地”课题小组）。话语分析研究方法已被应用于科学传播中，作为审视科学知识通过语言构建和传播方式的总体趋势的一部分。使用这一方法的学者始于如下假说：我们使用的语言以有力的方式作用于我们的观念和社会习俗。

分析语言与社会机构之间的关系可以采用多种研究方法。一个研究者可以近距离地研究一名科学家，阅读其项目资金申请书，查看其同行和评论者的评审意见，对其进行采访以便发掘其技术文稿背后蕴含的理性思维。研究者还可以分析科学家的社会地位：是已获得终身职位的科学家还是仅获得项目赞助？审稿人的意见是如何受到学科内持续争论的影响的？该科学家是如何应答这些意见的？当他（或她）要努力获得研究资金时，可以获得哪些资源？同样，一个使用话语分析的研究者研究了一个介绍新技术的新闻稿的案例，该研究者观察了一名采访技术专家的作家，按照作家用来起草和修改新闻稿的过程，他采访了这个作家，了解为什么这个题目被认为是重要的，文本将如何分发。

话语分析作为一种研究方法，也许其最有争议的假设是这样一个概念：科学的专门语言可以使科学研究成为可能的意见。为证明语言和科学语言之间的相互关系，语言学家迈克尔·哈利戴（Michael Halliday）研究了这样的现象：早期的科学作家如艾萨克·牛顿（Isaac Newton）常常把动词（如折射）名词化。这个语言学的分析揭示出科学的语言如何使科学研究者以抽象过程的方法去看世界，例如，光的行为可被概括为一套自然法则。那么，哈利戴就提出科学的语言与现代科学思想共同发展，也使现代科学思想成为可能。

科学的相对论观点和语言

社会学家布鲁诺·拉图尔（Bruno Latour）和斯蒂夫·伍尔格（Steve Woolgar）以及语言学家格雷格·迈尔斯（Greg Myers）都认为，语言既构成科学知识，同时其构成也受科学知识的影响。一些批评家把这些学者的意见与科学的相对论联系起来，如拉图尔和伍尔格声称：科学事实通过社会的解构和表述成为科学知识，而科学知识又可被浓缩为科学家群体公认的一系列观点，无须再赘述客观事实。然而，关于社会机构、价值和团体影响科学语言和被科学语言所影响这一概念，未必是一个相对论的立场。可以在不忽视科学和对自然的准确表述之间的特别关系的情况下，分析科学语言与它周围社会背景的关系。无论自然事实与社会构成相关与否，话语分析要研究的都是经过人际关系、社会机构、价值和团体的影响之后，自然事实的表述方式如何。

撰 稿 人：Denise Tillery

另请参阅：Latour，Bruno；Rhetoric of Science

参考文献

[1] GEE J P. Introduction to discourse analysis：Theory and method [M]. New York：Routledge，1999.

[2] HALLIDAY，M A K.Writing science：Literacy and discursive power [M]. Pittsburgh，PA：University of Pittsburgh Press，1993.

[3] LATOUR B，WOOLGAR S. Laboratory life：The social construction of scientific facts [M]. Princeton，NJ：Princeton University Press，1986.

[4] MYERS G. Writing biology：Texts in the social construction of science [M]. Madison：University of Wisconsin Press，1990.

Drug Advertising
药物广告

当人们在美国打开电视机的时候，他们就会发现，除了戏剧和新闻，电视中充斥着引诱人们吃汉堡、采购汽车以及同他们的大夫探讨用药方面的大量广告。处方药投放的广告，也就是直销广告于 1997 年后出现在电视、广播和杂志中，也改变了消费者了解药物的场景。在此之前，大多数患者都是从医生、朋友以及家庭成员那里得到药物相关信息的。而如今，美国的消费者通常在和医生、护士或者药剂师沟通之前就已经在电视和网络上了解了处方药的信息。

对争议的评估

药物广告在很多方面存在着争议，反对者认为当低价且普通的药物能够满足需求的时候，营销活动为高价新药创造了一种不必要的需求。反对者谴责这种广告在北美创造了一种药物文化，即解决健康问题的方法通常是吞下一颗药丸。另外，支持直销广告的人认为药物广告能够帮助消费者识别释放出潜在疾病信号的症状，并且促使消费者约见能更好地治疗疾病的医生。药物广告让消费者了解更多知识并因而对患者就疾病和治疗方法进行教育，有些精神健康的倡导者还认为药物广告降低了周围条件的污名，比如抑郁。

对药物广告的争议出现在大众媒体不太关注的药物公司的网站上、医学出版物中、美国的立法机关里，以及消费者权益保护的博客中。比如，在一项针对 1997—2004 年的有关药物直销议题的新闻报道和评论性报道的研究中，研究人员在美国 8 大主流日报中找到了 216 篇报道——差不多每种报纸一年有将近 5 篇这样的报道。药物营销的反对者认为消费者受制于药物广告的侵袭，而消费者并没有受邀参加有关这个议题的讨论。换句话说，自 1997 年开始出现的药物广告并没有征求最容易受到这些广告影响的人的意见，那就是患者。

虽然消费者在药物营销文化中是至关重要的，但是医生却声称他们在决策制定过程中被忽视了。作为直销广告的一个结果，有些大夫说患者需要药物。由于药物广告的出现，研究人员发现某些患者更易于让他们的大夫给他们开那些在电视广告中出现的某一具体名称的药品。虽然某些药品并不适合于某些患者，但是很多医生在屈从于患者这种要求方面感到有压力，并担心不管自己是否给他们开这种药，患者都能找到获取这些药品的渠道。有些医生说他们不得不开一些不必要的药物，而不是失去一个患者。

趋势的变迁

当药物公司开始直接以患者为目标的时候，药物广告导致医药领域发生了彻底的变革，改变了患者对健康信息的思考，改变了患者和医生之间的关系。从一种观点来说，患者接受医疗保健更多是以消费者为中心或者受到市场驱动的。换句话说，随着权力从以医生为中心的医疗体系转移到以患者的需求和选择为中心的体系，对消费者口袋（金钱）以及注意力的竞争得到了强化。医药社会学家把这看作反补贴权力理论，患者、医生、医院、保险公司、州属机构和联邦机构在一个复杂的健康网络中争夺权力和权威。这很像约翰·肯尼思·加尔布雷思（John Kenneth Galbraith）提出的经济体系中的制衡理论，医药领域中的反补贴权力理论认为随着该系统中的一个群体获得更多的金融基础，权威会发生转移。

直销广告的灌输使权力从医生转移到消费者，从联邦监管机构转移到医药公司。在美国，在食品药品监督管理局（U.S. Food and Drug Administration，FDA）对处方药广告的监管放松管制之后的 10 年间，药物支出所带来的影响是前所未有的。在放松管制的第一年，药物广告的支出总额达到 10 亿美元。10 年后，也就是 2007 年，用在药物广告上的总支出达到 54 亿美元。换个角度来说，根据世界粮食计划署（World Food Programme，WFP）总部的估计，相同数额的支出将可以完全消除非洲地区的饥荒。

经济成本和社会成本

药物广告的影响还涉及消费者的口袋。患者在药品上每消费 4 美元就有 1 美元用在了药物广告上。如今，药物支出空前高涨，有些批评者将其描述为物价飞涨。2001 年，美国人花在处方药上的费用达到 1406 亿美元，比上一年增加了 15% 还多，而 2005 年达到 2520 亿美元——这个数字相当于丹麦的国内生产总值。根据凯撒家庭基金会（Kaiser Family Foundation，KFF）的统计，药品支出是健康领域支出“增长最迅速的部分"。

自直销广告出现以来，药品价格涨了2倍还多的事实是无可辩驳的，但是这些广告对于消费者是否具有教育作用尚不清楚，其中部分原因在于研究人员把注意力放在了药物广告是否带来了更多的药物销量上，而不是尝试着判定直销广告是否助推了消费者知识的增加。因而，批判者控诉药物广告创造了一种对药物的需求，而不是就药物的使用和功效对患者进行教育。

调查表明，当患者和医生讨论广告宣传的药物时，他们很可能想让医生给他们开这些药物，而研究人员发现患者的这种需求随着时间的推移在不断地增加。自1997年以来，每3个患者中就有1个和他/她的医生探讨过在电视中看到过的药物，《预防杂志》（*Prevention Magazine*）开展的全国调查显示，几乎有1/2的患者和他们的医生谈论电视广告中的药物。研究人员把这种研究发现看作广告发挥作用的一个指标。确实，这个调查还发现那些要求他们的医生开特定药物的患者多达75%。反对直销广告的人认为医生为满足患者的要求而开出的价格昂贵且未必适合的药品最终推高了药品的价格。

万络（Vioxx）的案例

在一个引人关注的案例中，人们谴责对万络这种药物需求的广告，美国一些立法机关的成员指责药物公司诱导消费者购买有危害的药物。在研究中表明万络（一种止痛药）和严重的心血管疾病（心脏病和中风）之间存在着关联后，曾被大肆宣传的万络在2004年下架。万络的营销活动十分密集，每年的广告费用大约为1.6亿美元，大大超过百事可乐这种软饮料每年的广告费用（1.25亿美元）。美国参议院（U.S. Senate）的领导人呼吁对药物直销广告施加限制，要求美国政府问责局（Government Accountability Office，GAO）对这个议题进行研究，并且开始考虑对药物广告进行联邦政府限制。

制造万络的默克公司（Merck）同意为2.7万起就万络提起的诉讼支付48.5亿美元，以了结诉讼。参议员也指责食品药品监督管理局对于药品安全疏于防范。2007年，加利福尼亚州国会议员亨利·韦克斯曼（Henry Waxman）提出了一项在为期36个月的时间里禁止播放直销广告的议案，并且授权食品药品监督管理局审查药物广告。韦克斯曼对制药工业主张药物广告可以教育消费者的说法进行了公开批判，并且认为药物营销素材扭曲了药物的科学证据。他说药物广告对处方药的益处大肆吹捧，对其危害却一笔带过，并且药物广告也没能教育消费者。

如今的广告

尽管万络这种药物存在着屡见报端的争议，但是在引导消费者方面直销广告仍然发挥着重要作用：最受欢迎的药物还是那些被大肆营销的。根据一家追踪药物营销的公司——艾美仕市场研究公司（IMS Health）的统计，抗抑郁剂稳坐2007年药物销量榜单的第一位；其他销量最多的药物种类包括血脂调节剂（治疗心血管病）、可待因和止痛药组合、抑制剂（治疗高血压和充血性心力衰竭的药物）以及β–受体阻滞药（治疗心律失常和高血压）。

《福布斯》（*Forbes*）杂志认为销量领先的品牌药物包括辉瑞公司控制胆固醇的立普妥、哮喘吸入剂舒利达葛兰素史克、血液稀释剂波立维、百时美施贵宝以及赛诺菲安万特、胃灼热片耐信［阿斯特拉捷利康公司（Glaxo Smith Kline）］以及降低胆固醇的抑制素辛伐他汀（默克公司）。在每种情况下，上述任何一种药物都在大肆营销。比如，《消费者报告》（*Consumer Reports*）显示，2007年立普妥的广告费是1.81亿美元，紧随其后的是花费了1.75亿美元的波立维。在2003年，葛兰素史克用在舒利达上的广告费用高达1.21亿美元，阿斯特拉捷利康公司为耐信投入了970

万美元的广告费，默克公司花在辛伐他汀上的广告费达到 910 万美元。

批评者认为营销费用最好用在为穷人提供健康服务或者研发新药上，并且医药公司指定用在药物营销方面的费用是研发新药经费的 2 倍多。在美国，直销广告对处方药销售的作用也影响到了其他国家如何看待药物营销。2008 年，加拿大和欧盟考虑通过立法允许直销广告行为。然而，《英国医学杂志》(*British Medical Journal*) 一篇评论的作者建议不要允许直销广告，他们认为在保证药物广告就药物风险提供精确且均衡的信息方面以及为消费者带来益处方面，没有任何一个国家取得了成功。这些作者认为当政府允许这种广告时，患者所享受的服务质量就会恶化。显然，对于处方药广告的争议仍然在全球范围内不断出现。

撰 稿 人：Cynthia-Lou Coleman

另请参阅：Food and Drug Administration，U.S.；Physician-Patient Communication；Science in Advertising

参考文献

[1] ANGELL M. The truth about the drug companies：How they deceive us and what to do about it [M]. New York：Random House，2004.

[2] AVORN J. Powerful medicines：The benefits，risks，and costs of prescription drugs [M]. New York：Random House，2005.

[3] BREGGIN P R，BREGGIN G R. Talking back to Prozac：What doctors won’t tell you about today’s most controversial drug [M]. New York：St. Martin’s，1994.

[4] CARDY P，CAYTON H，EDWARDS B. Keeping patients in the dark：Should prescription medicines be advertised direct to consumers? [M]. Philadelphia：Coronet Books，1999.

[5] KRAMER P. Listening to Prozac：A psychiatrist explores antidepressant drugs and the remaking of the self [M]. New York：Penguin，1997.

[6] NESI T. Poison pills：The untold story of the Vioxx drug scandal [M]. New York：St. Martin’s，2008.

[7] PETERSON M. Our daily meds：How the pharmaceutical companies transformed themselves into slick marketing machines and hooked the nation on prescription drugs [M]. New York：Farrar，Straus & Giroux，2008.

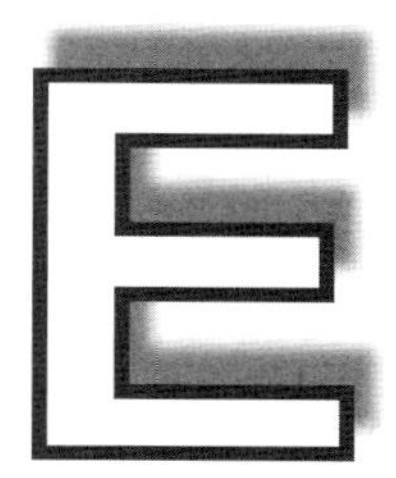

East Asia, Science Communication in 东亚科学传播

虽然地处同一区域，但是在东亚不同的社会体制下有着截然不同的政策和经济体制，这也使得科学传播模式大不相同。本词条介绍东亚几个主要国家和地区的科学传播。

中国大陆

自从 1919 年“五四运动”提出科学和民主的概念以后，科学在中国公众话语中逐渐占了上风，特别是在 1949 年中华人民共和国成立之后。20 世纪 70—80 年代，中国流行着的一句话：“学好数理化，走遍天下都不怕。”中国政府为普及科学技术作出很多努力，这可以看作中华人民共和国科学传播的原始形式。

中国科普研究学者朱效民（Xiaomin Zhu）把中国的科普分为 5 个历史阶段。第一个阶段是组织建设时期（1949—1958）。一开始，中华人民共和国政府把国家急需促进科学普及写入临时宪法，并由科学普及协会（PST Association）实施这项政策。1958 年年末，科普协会在 27 个省份，超过 2000 个城市以及县，大约 460 万个本地社区中设立了科普组织，大约有 1.027 亿成员和志愿者。

第二个阶段是广泛实践时期（1958—1966）。起初，科学普及协会和科学家协会（Association of Scientists）合并，成立了中国科学技术协会（China Association for Science and Technology, CAST）。中国科学技术协会把中国科学家组织起来，有效促进了科学实践在工业和农业产品上的应用，同时还鼓励工人和农民学习科学技术。

第三个阶段科普协会进入了停滞时期——“文化大革命”时期（1966—1976）。这一时期大多数中国科学技术组织被废弃或者关闭了。

第四个阶段是恢复发展时期（1976—1990）。1978 年全国科学大会（National Science Conference）的召开，被广泛称为“科学的春天”。在会上，邓小平指出“科学技术是第一生产力”，并且把科学技术发展放到中国发展的优先地位。在 10 年间，中国科学技术协会开办了 13000 个乡镇级农业技术学校，培养了约 8000 万农民。中国科学技术协会还设立了 600 多辆科学流动电影放映车，以便在交通不发达的乡村地区放映电影和播放无线广播。1986 年，新办的《科技日报》（*Science & Technology Daily*）面向全国发行，该报由中华人民共和国科学技术委员会［后改名为科学技术部（Ministry of Science and Technology）］、国防科学技术工业委员会（Committee of Science and Science in National Defense）、中国科学院（China Academy of Science）和中国科学技术协会联合创办。

1980 年，来自美国科学促进会（American Association for the Advancement of Science, AAAS）的代表团见证了中国的科普发展。报道

称美国科学促进会讲述了中国如何运用电影、收音机和电视进行科技传播。科技电影主要以健康、自然历史、新技术等为主题，在科技传播中扮演了极其重要的角色，尤其对乡村地区更为重要。1979 年，上海共展出了 200 部科普电影，约有 16 万观众，上海附近的农村公社，大约有 10 万人次共观看过 100 场科普电影。几乎每个中国人都通过收音机和扩音器听过广播，各级广播电台都会有一定量的科普节目。当时全国只有 4 个电视频道和 300 万台电视机，但是仍然可以保证播放几个小时的教育节目，主要是以电子、计算机、外语为主题的电视讲座。在黄金时段，每周大约有 1 个小时播放科学类节目。

第五个阶段是反思探索时期（1990—1998）。自 1992 年后，科学技术协会和科技部开始进行两年一次的科学素质调查（1998 年除外）。政府和公众对早前调查所揭示的公众科学素质水平较低以及很多人开展如算命等迷信活动的这一情况表示担忧。1991 年召开的第一次全国科普理论研讨会（National Symposium）达成了一项共识，即科普需要承担起抵制迷信的责任。1994 年，第四届国际公众理解科学会议（Public Understanding of Science）在北京举办。中国的科普研究人员开始在国际科学传播的基础上重新审视传统科普的概念。

在朱效民阐述科普的第五个阶段之后，中国的科学传播模式发生了变化。2002 年，颁布了《中华人民共和国科学技术普及法》（PST Low），并表明大众传媒应该在科普中发挥其优势。2006 年，《全民科学素质行动计划纲要（2006—2010—2020）》颁布实施。更多的大众传媒开始致力于科学传播工作。2002 年，大约有 250 份科普期刊和报纸出版发行，总发行量达到 5300 万份。2001 年，中央电视台（China Central Television）开设了科教频道，每天的节目时长大约为 20 小时。许多地方台也纷纷创建自己的科教频道。2007 年的一项民意调查显示，90% 的中国人主要从电视上获取科技信息，其次依次是报纸（60%）、人际交流（35%）、广播（21%）、科学杂志（13%）和图书（12%）。

中国的一些主流报纸比如《人民日报》（*People's Daily*）和《中国日报》（*China Daily*）等科学新闻总量在下降。科学记者贾鹤鹏（Hepeng Jia）曾认为科学新闻单调乏味的刻板印象是导致科学新闻数量下降的部分原因。

北京大学科技传播中心（Peking University Science and Technology Communication Center）的吴国盛（Guosheng Wu）认为，应该更加强调双向交流的科学传播，另一位研究人员刘华杰（Huajie Liu）也认为中国正处于从科普向公众理解科学转变的中间阶段，前者是自上而下的模型，而后者则是缺失模型。中国的一些地方开始从缺失模型向反思模型转换，反思模型是一种从公民的视角检视科学的对话模型。

中国香港

在中国香港，政府是科学传播活动的主要推动者。创办于 1971 年的教育频道是致力于科学和教育项目的政府电视台。该节目还在香港两个商业电视频道中播放。此外，政府还从媒体中购买时间段和版面来宣传科学和健康活动。科学传播的另一个主要场所是香港科学馆（Science Museum），该馆于 1991 年对外开放。展馆共四层，包括常设展览厅（6500 平方米）、特备展览厅（745 平方米），可容纳 500 件展品。同时还配备有计算机教室、科学影院、互动游戏设施等。科学馆经常与学校一起举办活动。

香港科学家也从事科学传播。例如，2004 联合国教科文组织（UNESCO）杰出女科学家奖得主叶如玉（Nancy Ip）女士认为，科学家需要向公众伸出援助之手，帮助人们理解科学对社会的贡献和影响。她参与大众传媒和科学展览中的科学节目制作，提供同学生以及公民交谈的机会。科学家组织如香港天文学会（Hong kong Astronomical Society），也助力于促进科技传播。

也有研究着眼于香港公众对媒体中科学内容方面的反应。比如，李家文（Kamen Lee）对香港的3035名未成年女性进行了调查，发现她们更容易被媒体中有关环境的广告吸引，而不是理性的判断或者论断。他还发现，在像香港这样拥有集体主义传统的社会中，个体期望其他人和他们一起承担责任，并且不太可能会表现自己。除纯信息之外，科学和健康传播活动还需要增加个人对责任的承担意识并付诸行动。

中国台湾

学者通常把1987年作为中国台湾传播研究重要的一年，那一年有关媒体的实体法和限制被取消了。在1983年之前，科学新闻仅是教育新闻和文化新闻的一个类别。但是1983—1988年（当禁令被完全解除），大众媒体使其科学新闻队伍制度化了。台湾杰出的科学传播学者谢瀛春（Yingchun Heish）认为，在1988年以前，大众媒体会定期地报道科学。然而她的研究表明这些报道通常强调的是非科学的主题。当1976年，丁肇中（Samuel C.C.Ting）获得诺贝尔物理学奖后，媒体的报道多聚焦于其个人背景，涉及科学研究时就只是简单介绍。当媒体管制被取消之后，谢瀛春和韩尚平（音译，Shangping Han）（台湾的科学记者）都注意到，台湾开办了很多新媒体，并且已有的媒体也总体扩展了报道量，但是科学新闻的总量却没有增加，而迷信故事、风水方面的信息却大大增加。

韩尚平认为这一时期台湾报纸中有关科学新闻数量稀少的原因包括以下几个方面：①报纸管理者并没有十分看重科学新闻的价值，也许是因为他们并没有把教育公众看作自己的责任。②科学新闻主要来自政府或者公共关系部门的新闻发布会，这限制了科学新闻的来源，也有失偏颇。③科学家不太愿意和记者交流，因为科学家担心这会损害他们的名声或者让他们陷入麻烦之中。④媒体只喜欢某些题材的新闻故事，比如有关政府政策的、高科技的（例如，计算机方面、核能的和医药科学方面的），还有那些在海外学习的科学家的故事。他还发现了另外一个有损科学新闻的因素，只有新手才会被分配去做科学新闻报道。社会学家李逸园（音译，Yiyuan Li）认为还有三方面的社会因素阻碍了台湾的科学传播：①权威。在集体主义的社会中，科学家、记者和公众倾向于遵从政治领袖、老板、老师，并且倾向于把科学当成权威。②实用主义。大众媒体只关注实用技术，而忽略了其基本的科学价值。③当现代化摧毁了儒家的统治后，迷信仍然盛行。谢瀛春也注意到台湾的教育体系是高中就分文理科，这降低了公众的科学素养，并且培养了C.P.斯诺（C.P.Snow）所谓的“两种文化”模式。

在21世纪，官方不再是科学新闻的主要渠道。2003年对台湾3份主流报纸的内容分析发现，63%的科学报道讨论的是有关技术产品的购销活动，这些内容把销售人员、医生、管理者或者顾客当作信息来源。大约有1/3（29%）的报道谈论的是产品和技术本身，这些会引用工程师、技术人员或者技术组织的内容。只有9%的报道和科学理论或者研究相关，并把科学家作为信息来源。此外，大多数这类纯科学报道还是从国外媒体翻译的。为了增加媒体对纯科学的报道，2007年，台湾科学委员会推出了台湾科普和科学传播推广计划（Taiwan Science Popularization and Communication Promoting Plan），截至2009年，共对15部电影、9个新闻节目和专栏、5个电视和报纸上与科学相关的特色节目和专栏进行了经费补贴，还赞助了一系列致力于科学的演讲和展览。

2002年，共识会议被引入台湾，并被用来解决20多项具有争议性的科技问题。这类会议一般会有20多位公民参与，他们阅读的综合性材料由专家提供，然后自行讨论并与专家进行讨论，提出其对相关政策的建议。这个过程会在电视上进行直播。2004年开展了一项涉及两个共识会议的研究：代孕母亲以及产前测试和筛查。该研究发现共识会议可以提升参与者和受众的科学素养，并且改变他们的态度。通过参与这类共识会议，公民可以辨别出偏见以及专家的刻板印象。

日　本

日本公众的科学素养水平在东亚地区是相对较高的。1991年的调查显示，3%的日本人是有科学素养的，虽然这个比例不是很高，但是却高于大多数亚洲国家。日本人对待科学技术的态度也相对较为积极。根据2005年的调查，51%的日本人认为纳米技术在一定程度上对社会是有用的，37%的人认为非常有用。但是政府仍然有一种紧迫感，因为1999年开展的第三次国际数学与科学研究对38个国家的中学生进行了调查，结果发现日本学生并不喜欢科学和数学，虽然他们在知识测试中的成绩都还不错。1996年，日本通过了《科学技术基本法》（Basic Law of Science and Technology），其中一个目标就是所有的日本人，包括青少年，都应该有提升对科学的理解和增加对科学兴趣的机会。自1996年始，日本发布了3次科学和技术基本计划（FY1996—2000，FY2001—2005，FY2006—2010）（Science and Technology Basic Plans），目的在于造福社会并鼓励公众支持科学技术。

传播科学知识的主要工具仍然是大众媒体。一次调查显示，大约70%的日本民众主要从电视中获得科学和医学信息。农业、林业和渔业技术创新学会（Society for Techno-Innovation of Agriculture，Forestry and Fisheries）开展的一项调查显示：60%的日本公众从电视和报纸中了解转基因技术。日本媒体的科学报道有着悠久的历史。大多数报纸和电视台在20世纪50—60年代建立了科技团队，报道内容涵盖了核能、太空、计算机科学等。报纸也被认为比电视更可靠、更精确。但是对《朝日新闻》（*Asahi Shimbun*）和《读卖新闻》（*Yomiuri Shimbun*）这两份发行量分别为800万和1000万的主要报纸进行的内容分析得出，其对转基因食品的报道侧重于对公众利益的应对。科学杂志的历史可以追溯到第一次世界大战结束时。虽然20世纪80年代日本的经济泡沫使得其科学杂志的繁荣时代结束了，但是一些有影响的杂志仍然拥有很大的读者群，比如:《牛顿》（*Newton*）和《触发》（*Trigger*）。

类似于日本科学委员会（Science Council of Japan）这样的政府机构要求科学家担当科学传播者的角色，并且定期地组织论坛以促进科学家和记者之间的交流。日本科学家和记者保持着良好的联系。一项跨国调查研究表明，71%的日本科学家近3年来至少接受过一次媒体采访。相比于美国、英国、法国和德国的研究结果，很少有日本科学家（47%）对与媒体的接触感到满意，很多人感到喜忧参半（32%）甚至不满意（5%）。虽然日本科学家认为记者认真地听他们陈述其科学研究过程和成果，但是他们认为自己的研究并没有被很好地解释出来，部分原因是记者喜欢问一些有偏见或者不公平的问题。2011年在东京举办的科学记者国际会议期间，日本科学家批评记者喜欢消极新闻，过分地强调一些研究的风险而误导公众，追求那些无关紧要且易于报道的研究而忽视了重要且复杂的项目，书写马虎且用了很多行业术语，在选择话题时会受到政客的诱导。记者则抱怨大学里没有恰当的课程供他们学习。

科学家也受到了批评，批评他们在科学传播中做得还不够完美。自1997年以来，为了融入国际学术界，日本科学家逐渐把英语作为其首选的工作语言，而使得科学家同日本的政客、记者和公众逐渐疏远了。模棱两可的术语也是另外一个障碍。对64名生命科学研究人员开展的一项调查发现，他们在4个不同的维度使用小鼠模型这个术语。研究人员的意思可能是在老鼠身上取得的结果还不能应用于人类，媒体报道则可能侧重于其可能的应用。

现在，日本的科学家正在努力与公众进行接触。位于东京的一些大学的科技专业的学生组织了一个名为“从零到一”（Zero to One）的小组，他们促进年轻科学家之间开展跨学科的讨论，并在学校里开设科学课程。从2005年起，出现了很多科学咖啡馆，在这里公众可以和著名科学家聊天，观看科学电影，或者利用其中的科学图书馆。一旦公众在灾难后失去对科学家的信心，这些拓展活动就变得十分重要，比如因输血而传染的艾滋病以及JCO公司的核泄漏等。共识会议于1998年在日本出现。这是一个公民要求科学家对其要求给予回应的理想论坛，并且被用来解决一些争议性议题，比如转基因食品、互联网和社会、纳米技术等。

韩　国

为了保住其在信息科学中的领先地位，1999年韩国政府发布了《愿景2025：韩国科学技术发展长期计划》（Vision 2025: Korea's Long-Term Plan for Science and Technology Development）。该计划中包含了一些建议，比如国家鼓励“公众对科技政策的认知”。韩国科学基金会（Korean Science Foundation，KSF）在其使命陈述中也主张“提高公众对科学和技术方面的理解和认识”，并且在以下几个方面作出了努力：电视、纸媒和网络。

电　视

科学电视是一个专门的科学频道，在MST、KFS和YTM媒介集团的协议下，于2007年开播，实行全天24小时播出。韩国科学基金会还对其他电视频道制作的节目和传播项目进行赞助。国有的韩国教育广播系统运行1个电视频道、1个广播频道和3个卫星频道，这些都致力于青少年的教育和课外教育，包括科学技术教育。大多数节目也可以在线观看。

纸　媒

自2004年以来，韩国科学基金会为11个选定的报纸撰写科学报道的员工、记者和自由撰稿人提供经费支持。从2006年起，韩国科学基金会还鼓励这些报纸对欧美和日本的科学发展进行报道。2007年，韩国科学基金会开始赞助《青年科学和经济报》（*Youth Science & Economic Newspaper*）。研究发现韩国主流报纸在其科学报道中提供的科学信息很少。一项研究表明，在黄禹锡造假的丑闻中，《朝鲜日报》（*Chosun Ilbo*）这个规模最大、历史最长、最高端的报纸首先把这项“成就”看作国家荣誉，然后在其造假丑闻被曝光后还竭尽全力为其辩护。另外一项研究就《朝鲜日报》和《朝民族日报》（*Hankyoreh*）（一份与《朝鲜日报》相对应的自由报）在1999—2000年对政府有关公共卫生政策进行抗议的情况进行了研究。研究显示，两份报纸都倾向于把政府官员和医生作为主要的信息来源，并且逐字逐句地引用他们的发言，而对其中所涉及的科学很少进行解释或者提供背景信息。

互联网

到2008年年底，韩国的互联网普及率达到76%，这在亚洲是很高的。韩国科学基金会设立了有关科学的网站（www.scienceall.com）以供青年学生、家庭主妇等公众浏览。该网站提供有关科学试验的动漫、音频以及视频、3D游戏；还有科学家及其专业知识的开放数据库，以及科学记者对其事实进行查证的背景信息数据库。截至2006年年底，该网站的注册用户大约有226万人。韩国科学基金会还在2003年发布了在线报纸——《科学时报》(*Science Times*)，该报纸从周一到周五都发稿。到2007年11月，大约有22万成人和70万学生订阅了这份在线报纸的通讯。

西江大学（Sogang University）的研究人员金善洙（Hak-Soo Kim）认为，韩国需要从代表科学家观点的缺失模式转向一个公众参与科学的新模式。金善洙对两次全国调查的数据进行了分析，发现27%的韩国人倾向于把科学与特定的产品联系起来（如电脑、电子设备、交通设施等），17%的人把科学与研究活动联系起来（试验、显微镜、实验室等），13%的人把科学与评价联系起来（好、有用、困难、复杂等）。公众会选择自己关心的，而不只是遵从科学家希望公众所知道的。金善洙提出了改善韩国科学传播的3个建议：①话题应该是公众愿意参与的。②传播应该努力把存在争议的话题同科学家解决问题的能力联系起来。③建立一个让人们积极参与的科学共同体是很必要的。

撰 稿 人：Qingjiang Yao

另请参阅：Cloning；Consensus Conference；International Science Journalism Associations；Public Understanding of Science；Snow，C. P.

参考文献

[1] CHEN D-S，DENG C-Y. Interaction between citizens and experts in public deliberation：A case study of consensus conference in Taiwan [J]. East Asian Science，Technology and Society：An International Journal，2007，1：77–97.

[2] CHENG D，ZHOU H. Science communication on demand [M]//M CLAESSENS (Ed.). Communicating European research. Dordrecht，the Netherlands：Springer Netherlands，2005：31–35.

[3] ISHIZU S，SEKIYA M，ISHIBASHI K-I，et al. Toward the responsible innovation with nanotechnology in Japan：Our scope [J]. Journal of Nanoparticle Research，2008，10：229–254.

[4] KIM H-S.A new model for communicative effectiveness of science [J]. Science Communication，2007，28 (3)：287–313.

[5] Korea Science Foundation.Scientific C=content [EB/OL]. [2009–10–11].www.ksf. or.kr/en/sub02/sub2_02.jsp?gubun=2.

[6] LEE K. Making environmental communications meaningful to female adolescents：A study in Hong Kong [J]. Science Communication，2008，30 (2)：147–176.

[7] LOGAN R A，PARK J，SHIN J–H. Elite sources，context，and news topics：How two Korean newspapers covered a public health crisis [J]. Science Communication，2004，25 (4)：364–398.

[8] PETERS H P，BROSSARD D，CHEVEIGNÉ S D，et al. Interactions with the mass media [J]. Science，2008，321：204–205.

[9] PITRELLI N. The new “Chinese dream” regards science communication [J]. Journal of Science Communication，2005，4 (2)：1–5.

Effective Graphics 有效图形

通过计算机图形的使用，信息图形、信息设计和可视化象征着科学传播和大众媒体领域间有了交集，例如，新闻和平面设计。科学家、图形艺术家、记者甚至受众有了各式各样的工具可将定量数据和复杂的工艺流程转化为视觉的形式呈现出来。

本词条简要探讨了数字数据视觉显示的历史和背景，研究了最常用于传达这些概念的视觉形式，并讨论了有效使用背后的原理和过程。

历　史

图形符号在书面文字出现之前已成为一种被普遍应用的表达形式，尽管随着时间的推移复杂字母系统得以发展，但有效图形仍然是传递信息的必要手段，通常配合书面文字一起使用。

最早出版的一批书使得信息检索和存储更加容易，但它们也为新的视觉传播形式的出现创造了机会。早在 9 世纪，图表就开始出现在手稿中，用于描绘哲学信仰系统和家谱。图纸被用于给最早出版的医学和植物学书籍加插图说明。

在 16—17 世纪开发的新的科学工具为信息可视化带来了更新、更准确的方法。航海指南针、无液气压表和气泡水准仪都是新发明的典型案例，这些发明对绘制地形测量图和航海图的准确性有显著改进。

一些图形的发明仅是为了寻找表示定量数据的新方法。统计学图形，例如，我们所熟悉的饼形图、条形图和线形图，经常出现在现在的流行媒体和科学期刊中。苏格兰著名作家和工程师威廉・普菲尔（William Playfair）在 1786 年出版的《商业和政治图集》（*Commercial and Political Atlas*）包含 44 个图表，分析了英国贸易平衡的财富值变化，这是统计学图形首次出现在图书中。

在 20 世纪 20 年代，维也纳社会与经济研究博物馆（Vienna Museum of Social and Economic Studies，VMSES）的艺术家开创了一种制作信息图形的风格，使用程式化符号来表示数字和平均值的比较。这个系统被设计为能被任何人（无论何种语言或文化的人）可读的信息，这项技术被艺术家称为“ISOTYPE”，全称是“国际印刷图片教育系统”。

随着互联网的出现，一些出版商开始在网上发布和打印版本，这些对信息可视化来说既是机遇又是挑战。通常在使用在线翻译时，打印图形的可读性存在着问题，这是由于它们本身字体小，而且艺术线条也不能在屏幕上清晰呈现出来。因此，出版商就必须决定是否要把每个图形制作两个版本，或者在线版本打印时选择不复制图形。

尽管面临着新的挑战，新兴媒体还是会考虑尝试一些新的信息呈现形式。在线信息图形包含了动画制作以及与用户之间的互动。这样一个网站，在很多人看来，还能使用户上传他们自己的数据组以及分析他们所使用的超过 19 种不同形式的图形。

信息图形的正确运用

多种图形的呈现形式恰到好处地诠释了不同类型的定量数据。最合适的图形类型取决于可用的数据以及图形的创建者希望显示的数据。在选择图形形式时有几个策略需要考虑：

（1）呈现整体中的一部分。

（2）观察两个数据点之间的关系。

（3）比较一个与另外一个的值。

（4）根据时间推移跟踪上下趋势。

（5）分析文章的主题或者思想。

（6）空间面积的应用数据模式，如一个国家或者洲的界限。

（7）物理环境中的自然现象呈现。

（8）历史事件表的呈现。

（9）展现过程或成因以及效应关系。

以下是数据可视化呈现的一些常见形式，以及数据处理和可视化设计的指导方针。

表　格

表格用于文章或者数量信息的排列，通常按照等级、间隔或字母顺序排列，也有其他多种多样的排列方式，如纵横交错的网格。以下是以表格呈现的数据组的指导原则：

（1）数字应以有意义的模式排列：升序或降序，按时间顺序或类的间隔。

（2）当以类排列时，间隔应该相等，并且不能有重叠的间隔。

组距排列：例如，有特定人口的家庭平均收入的排列，分为 4 个组，每个组的数据总额等于 1.5 万美元。

1~14999 美元

15000~29999 美元

30000~44999 美元

45000~59000 美元

圆形分隔统计图表（饼图）

圆形分隔统计图表是用于表示整体和部分之间关系的，例如，数据按照百分比排列。圆形分隔统计图表不必局限于被分割成为几块的环形排列。任何一个图形都可以按照比例准确地划分成几个部分（例如，美元直角坐标图），也适合用于整体与局部的比较。

圆形分隔统计图表在限定表示 8~10 个部分的时候效果最佳。超过 10 个部分时通常难以标注，并且图形很难看清楚，因此，此时使用圆形分隔统计图表就没有多少意义了。当分组数目变得很多时，数据就应该被合并或者被分为几种类型，或是利用其他的图形样式，这时就应该使用表格。

条形图和柱状图

条形图和柱状图适用于比较不同小组相互之间的频率。两者唯一不同的是：在柱状图中，组别（如国家名称）排在横轴，数值（如贫困率）排在竖轴。在条形图中，组别排在竖轴，数值排在横轴。

那为什么要选择另外一个呢？最主要的原因就是在图形中为图表分配的空间是垂直的还是水平的。柱状图更多时候趋向于在竖轴上占更多的空间，而条形图通常是在横轴上。还有一点，假如分组的标签很长的话，那比起把它放到水平的柱状图上，不如把它放在垂直的条形图上显得更简单明了。

条形图和柱状图最关键的选择原则就是确保价值量表中的数值不能被提高也不能被降低，或以其他方式曲解条形和柱形的对比。例如，在柱状图中分布在 75~95 数据组中的所有数值点，当竖轴的数值表范围在 0~100 之间时的差异会远小于在 50~100 之间的差异。

散点图

散点图表示若干数值变量和在图表横轴和竖轴上的一连串点与圆点（各数值）之间的关系，散点图还能有效地将包含两组变量的数据组中的所有点以图形的方式呈现出来（图 E1）。

每个在分布图中的圆点和点都表示一段数据，通常来说，在数据组中的所有的点都在图中呈现出来，创建一个人口普查表。除此之外，点的大小也可以监测到第三个变量，较大的点

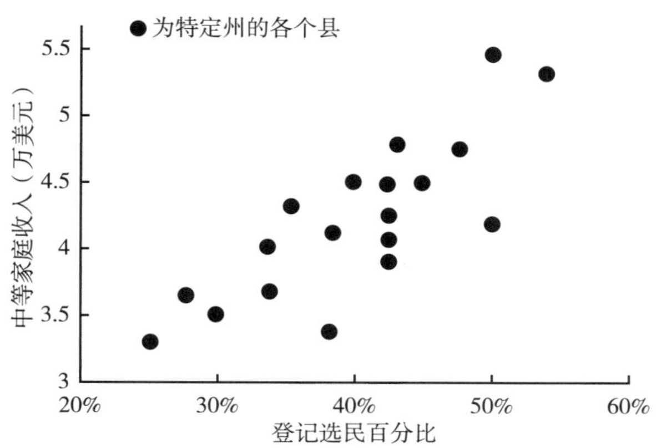

图 E1　散点图，显示一个州中每个县的人口登记百分比的家庭收入

表示的值更高一些，较小的点表示的值较低一些（图 E2）。

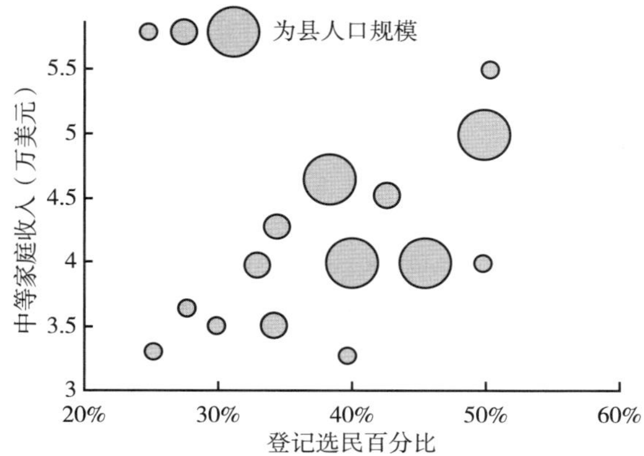

图 E2　一个稍微复杂的散点图，每个不同大小的原点表示每个县以及反映了该县的人口规模

标签云或者文字云

标签云或者文字云是一种相对较新的图形形式，通过字体大小和颜色来显示其重要性，为形象化地分析文档和网站的文本内容提供了一种手段。两个类似文档的标签云或文字云可以用于比较的可视化工具。例如，一个比较奥巴马（Obama）就职演说中最经常使用的话与乔治・布什（George Bush）讲话的文字云可以说明两个演讲关键词的差异。图 E3 提供的文字云来自一个有关传播问题授权提议的文本。

折线图

折线图用于表示一段时间间隔内的数据趋势，例如年、小时或季度，其中竖轴表示一些分类值（如收入），横轴表示一些基于时间的值（如年龄、月份或年份）。几乎所有数据组都具有与它们相关联的一些时间元素，因此可以绘制在折线图上。

地　图

地图可以分为 3 个不同的类型：用于定位的地图，显示行政区域数据的地图（如国家区域内传染病率），绘制显示自然现象数据的地图

图 E3　文字云图表是一种较新的图形形式，反映了给定文本中相对重要的词语

（如平均降雨量或降雨高度）。

用于显示行政区域数据的数据示意图通常会用几种颜色或阴影图例来显示变化。当制作一个图例来测量示意图中的一个变量（如贫困率）时，设计者应该只使用一种颜色，深色阴影代表较大的值，较浅的阴影代表较小的值。当在示意图显示多个变量时（如最高经济作物现状），最好使用独特的颜色来表示每个变量。另外，在构建图例时，显示的数据区间应相等，各区间不应重叠起来。

图例可以应用于一个国家的贫困率示意图，例如，可能有4个区间，且每个区间占10个百分点，阴影的颜色随着贫困率的增加而逐渐加深：90%~99%是黑色，80%~89%是深灰色，70%~79%是浅灰色，60%~69%是白色。

图　表

图表可以用于表示过程、因果关系或事件的顺序，还可以用于识别简单的示意图。这些类型的图形对于读者来说能更好地呈现信息，对读者更具有吸引力。然而，绘制人员往往需要做大量的研究和花很长时间绘制图表。与上述提到的其他图形形式不同，图表通常不能由计算机软件自动生成，而是需要一个有着娴熟插画技巧的艺术家，以及一个能够以清晰、简洁的方式把复杂程序中的关键点提炼出来的人。

总　结

自从旧石器时代的艺术家第一次在拉斯科[①]洞穴的墙上绘制了原始但细致入微、富有想象力的图像后，可视的图像就被用来辅助文本，使之更好地呈现所要表达的信息，成为传达复杂思想的工具，表达大信息量的一种手段，以及解释复杂过程进而找出隐藏在定量数据中的模式和趋势的方法。

数据可视化是一个跨学科领域，一部分是艺术，另一部分是科学。它使复杂的数据与图形相结合，更好地帮助人类认识和理解所要传达的信息。随着显示视觉信息这种强大新工具的使用，科学家、新闻记者、教育工作者和社会人士有更多的机会在创造新的信息可视化形式方面分享成果和相互合作，把新见解与世界分享，共同发展。

当信息图形经过适当的构思、设计和制图后就能把数据更加清楚明白地呈现出来，这些有效图形证实了“一图胜千字”的实用效果。

撰 稿 人：Van Kornegay

另请参阅：Visual Images in Science Communication

参考文献

[1] HOLMES N. Designer’s guide to creating charts and diagrams [M]. New York：Watson-Guptill，1990.

[2] MEGGS P B，PURVIS A W. The history of graphic design [M]. 4th ed.Hoboken，NJ：Wiley，1998.

[3] MEYER E K. Designing infographics [M]. Indianapolis，IN：Hayden Books，1997.

[4] SALKIND N J. Statistics for people who hate statistics [M]. 2nd ed.Thousand Oaks，CA：Sage，2004.

[5] TUFTE E. The visual display of quantitative information [M]. 2nd ed.Cheshire ，CT：Graphics Press，2001.

① 位于法国多尔多涅省，洞穴内有旧石器时代的壁画。——译者注

Einstein, Albert
阿尔伯特·爱因斯坦

阿尔伯特·爱因斯坦（Albert Einstein，1879—1955）是历史上最具影响力的著名科学家之一。他以狭义相对论和广义相对论闻名于世，并且通过著名的质能方程等式（$E=mc^2$）来表示质量、能量的当量关系。1905年经常被世人称为他的奇迹年。这一年，爱因斯坦发表了5篇论文，其中一篇（有关于光的量子理论）使他在1921年获得诺贝尔物理学奖。爱因斯坦已然成为20世纪最受人追捧的科学天才，即使在去世半个世纪后，他的照片仍然无处不在。

1919年，在全日食期间进行测量之后，爱因斯坦的广义相对论被证明是正确的，从此他的人气迅速飙升，成为国际名人。《时代》（*Time*）杂志在1999年的最后一期将他评为“世纪伟人”。爱因斯坦的理论从根本上改变了人们对宇宙的看法，为现代物理学奠定了基础，并推进了人类历史上诸多意义重大的科技进步。

早年经历

阿尔伯特·爱因斯坦1879年3月14日出生于德国乌尔姆市的一个犹太人家庭。爱因斯坦对科学首次表现出浓厚兴趣是在他5岁的时候，那时他的父亲向他展示了指北针，并向他解释了其中的原理，指出磁性使指针总是指向北方。他对自然界中不可见的力量着迷，这个试验给他留下的印象对他产生了深远的影响。

爱因斯坦从6岁开始在德国慕尼黑的天主教小学接受启蒙教育。他于1888年升到中学，并在入学第二年对物理、数学和哲学产生了兴趣。在11岁时，爱因斯坦就可以独立完成毕达哥拉斯定理的证明，而在12岁的时候，他已经自学了微积分。

1894年，爱因斯坦的家人搬到了意大利，把他独自留在了慕尼黑完成学业。然而，爱因斯坦并不高兴，在他的老师告诉他由于他对课程不尊重、以后将一事无成后，他离开了学校。次年，爱因斯坦想提前两年到瑞士联邦理工学院（Swiss Federal Polytechnical Institute）念书，但是在入学考试中，他的非科学学科考试不合格，所以未能如愿。1896年，他再次参加考试，并且成功考上了。4年后，爱因斯坦毕业，1902年，他开始了在瑞士伯尔尼专利局（Swiss Patent office in Bern，Switzerland）的工作。

奇迹之年

1905年，当爱因斯坦25岁的时候，他在学术上有了突飞猛进的进展。在瑞士伯尔尼专利局工作的业余时间，他发表了5篇科学论文，其中包括了他最重要的3篇论文。就在那一年，爱因斯坦提出了其创新性的光量子理论，这个理论帮助他证明了原子的存在，还能解释布朗运动，且从根本上改变了人们对空间和时间的看法，他还提出了科学界最著名的方程式：$E=mc^2$。

爱因斯坦提交了他这一年的第一篇文章，即在1921年让他获得诺贝尔物理学奖的那一篇，这篇论文刊登在3月份的《物理学年鉴》（*Annalen der Physik*）上，并于3月后出版。论文“探索了关于光的生产和转化的观点”（On a Heuristic Point of view Concerning the production and Transformation of Light），爱因斯坦提出了他具有创新性的光量子假说。两个世纪以来，科学家都认为光是连续的光波。然而，爱因斯坦则认为光实际上是由许多点状粒子——光量子组成的，后来被定义为量子。把光看成粒子，为爱因斯坦的量子理论奠定了基础，并且能够解释光电效应，这个问题已经困扰科学家长达 20 年。

4 月 30 日，爱因斯坦完成了论文《分子大小的新测定法》（*A New Determination of Molecular Dimension*），在论文中他研究了液体中分子的性质。当时，仍然没有明确的证据证明分子或原子的存在，爱因斯坦试图确定分子的大小，从而更接近于证明它们的存在。爱因斯坦于 7 月份将其论文提交给苏黎世大学（University of Zurich），并于 1906 年 1 月正式获得博士学位。

在完成毕业论文 11 天后，爱因斯坦又向《物理学年鉴》杂志投了另一篇文章——《热的分子运动论所要求的静液体中悬浮粒子的运动》（*On the Motion of Small Particles Suspended in Liquids at Rest Required by the Molecular-Kinetic Theory of Heat*）。在这篇论文中，爱因斯坦不仅能够证明原子和分子是实际上存在的，还解释了著名的布朗运动现象。80 多年来，科学家一直试图弄明白为什么像花粉这样的粒子悬浮在液体中进行无规则运动。爱因斯坦表明这是液体中分子之间发生的数百万次随机碰撞的结果。该论文于 7 月发表，成为爱因斯坦最引人注目的作品。

6 月，爱因斯坦向《物理学年鉴》投了他关于狭义相对论的著名论文，题为《论动体的电动力学》（*On the Electrodynamics of Moving Bodies*），并于 9 月发表。爱因斯坦的相对论是他自 1899 年以来就一直在研究的一个理论思想，文中他提到所有统一的运动都是相对的，而非绝对的，也没有绝对的静止状态。这意味着物理定律在所有参照系中是相同的——无论是静止还是以恒定速度运动。他的理论还指出，光的速度是恒定的，随着速度越来越快，时间就会变慢。爱因斯坦的理论被称为狭义相对论，这是因为它只适用于相对于另一参照物以匀速移动的观察者。爱因斯坦花了 10 年时间将他的加速运动理论扩大到广义相对论中。

爱因斯坦提交狭义相对论的论文 3 个月后，发表了关于相对论的后续短篇论文《物体惯性和它所含的能量有关吗》（*Does the Inertia of a Body Depend on Its Energy Content*）。这篇发表在 11 月的《物理学年鉴》中，在长达 3 页的论文中，爱因斯坦提出他的结论，即质量和能量是同一件事物的不同形式，并且它们是可互换的。这个理论奠定了爱因斯坦著名方程 $E = mc^2$ 的基础，尽管他在 1907 年之前没有确切地写下这个方程，但还是导致了 40 年后原子弹的诞生。

很难相信，即使在奇迹年之后，爱因斯坦在科学界仍然不是很有名，更不用说在世界各地。直到爱因斯坦的广义相对论被证明是正确的，才使他获得名人地位。

广义相对论和成名经历

经过 10 多年的研究，爱因斯坦终于可以扩展他的相对论了，包括加速度、重力，他的论文《广义相对论的基础》（*Foundations of the General Theory of Relativity*）于 1916 年在《物理学年鉴》上发表。爱因斯坦的新理论结合了他的狭义相对论理论和艾萨克·牛顿（Isaac Newton）的万有引力理论，并将万有引力描述为时空的弯曲，是一种几何效应。根据爱因斯坦的理论，时空弯曲就像保龄球放置在橡胶片的中心。因此，引力仅是物质在弧形时空中行进的结果。爱因斯坦的新理论不仅简化了牛顿的万有引力理论，还解释了水星轨道计算中长期存在的问题。

爱因斯坦的广义相对论也为引力领域的光线弯曲做了新的预测。爱因斯坦预测到，当远距离的恒星的光线穿过太阳附近的强引力场时就会弯曲。为了证实这一预测，科学家在正常条件下测量一个遥远恒星的位置，然后将其与正对准靠近太阳时的光线所进行的测量进行比较。如果恒星的位置发生改变，那爱因斯坦的预测就是正确的，但是试验要求拍摄恒星时是日全食。

1919 年 5 月 29 日，再一次出现了日全食，在赤道附近的非洲西海岸和巴西能看到日全食，科学家分别来到这两个地方验证爱因斯坦的预测。3 个月后，照片被拿来做了研究和分析，测量证实引力场确实会使光线弯曲，证实了爱因斯坦的观点是正确的。当 11 月份这则新闻一经公布，爱因斯坦立即成为国际明星，并且受到来自世界各地媒体和粉丝的追捧。

1917 年，爱因斯坦在广义相对论中增加了宇宙学恒量这一理论。当时科学家坚信宇宙是静态固定的。爱因斯坦为了使用他的理论研究有关宇宙静态，在方程式中引入了宇宙常数——一种反对重力拉力并使宇宙不会崩溃的力量。12 年后，美国天文学家埃德温·哈勃（Edwin Hubble）发现宇宙不是静止的，是会膨胀的，并且由于大爆炸而扩张，所以爱因斯坦把宇宙常数从他的方程式删除，并称之为他“最大的错误”。

然而，1998 年，科学家发现宇宙不仅在扩张，而且正在加速扩张。这意味着必须有一种力量克服重力的拉动，使宇宙的扩张加快。科学家称这种力量为暗能量，所以 80 年以后，爱因斯坦所谓的“最大的错误”归根结底不见得算是一个真正的错误。

原子弹的发明和爱因斯坦的晚年经历

1939 年，爱因斯坦学习了用铀和核裂变来产生爆炸链式反应的研究。他很快意识到这很可能导致大规模毁灭性炸弹的生产，1939 年 8 月，他给富兰克林·D. 罗斯福（Frankling D. Roosevelt）总统写了一封信，在信中警告德国科学家可能已经在从事这方面的研究了。因此，罗斯福组织了一批人开始研究铀，但是进展很缓慢。1940 年，爱因斯坦听说柏林的科研人员在连锁反应研究方面取得了巨大的进展，很有可能会制造大爆炸，于是他再次给罗斯福写了信，敦促他加紧美国在这方面的研究。作为回应，罗斯福召开了一系列会议，在 1941 年 12 月推进了“曼哈顿计划”（Manhattan Project）的实施。

罗斯福邀请爱因斯坦参加会议，但是爱因斯坦拒绝了，他不想过多地卷入进去，即使他很想参加。尽管在 1940 年 6 月，爱因斯坦已经正式成为一个美国公民，但还是有一些人认为爱因斯坦是一个潜在的威胁。他基本上在暗中从事有关炸弹的研究。

1944 年，爱因斯坦开始重新考虑原子弹的制造意图，并鼓励政策制定者重新考虑其行为。1945 年 3 月，很明显德国并没有核炸弹，而且这个国家的战败已成定局。爱因斯坦写了一封信给罗斯福，表达了他的担忧，并表示没有必要在胜局已定的情况下还投下核炸弹。然而，罗斯福直至去世前都没有收到这封信。1945 年 8 月 6 日，美国在日本的广岛投下了第一颗原子弹。3 天后，又在日本长崎投下了第二颗原子弹。

当美国政府发布了关于原子弹的进展报道时，爱因斯坦感到非常沮丧，他认为他 1939 年写给罗斯福的信在推动“曼哈顿计划”方面发挥了重要作用。爱因斯坦说，如果他知道德国不会成功制造出原子弹，他就不会给罗斯福写信了。

1955 年 4 月 11 日，在他去世前几天，爱因斯坦与英国哲学家贝特朗·罗素（Bertrand Russell）和其他几位著名科学家签署了联合声明，敦促所有国家放弃使用核武器。6 天后，即 4 月 17 日，爱因斯坦死于主动脉瘤破裂引起的内出血。爱因斯坦对科学前所未有的贡献为现代物理学铺平了道路，从根本上改变了人们对宇宙的理解，推动了诸多领域的重大进步，这使他成为所有时代最著名的科学家之一。

撰 稿 人：Amelia A. Williamson

另请参阅：Manhattan Project; Nuclear Weapons; Visible Scientist

参考文献

[1] BRIAN D. Einstein：A life [M]. New York：Wiley，1996.
[2] CALAPRICE A，LIPSCOMBE T. Albert Einstein：A biography [M]. Westport，CT：Greenwood Press，2005.
[3] ISAACSON W. Einstein：His life and universe [M]. New York：Simon & Schuster，2007.
[4] WHITE M，GRIBBIN J. Einstein：A life in science [M]. New York：Dutton，1994.

Embargo System 禁发制度

禁发制度是一种在新闻来源方和记者之间以协议形式存在的信息发布原则。该协议规定新闻来源方让记者在新闻信息对外公开之前获知信息，作为回报，记者需要同意在一定时期内不把新闻信息传播出去。

新闻行业一直在实施允许制度。然而，这种制度的使用在有关科学和技术的新闻报道中尤为普遍，最常见的是在主要期刊上发表的有关研究的新闻中，因为在报道科学技术主题时所感受到的困难与科学机构对获取信息的控制相关联。

例如，《科学》(*Science*) 是在星期五出版的杂志。但是，被选定的记者可以在发布日前一周阅读期刊内容。在这个禁止传播期间，记者可以查找资料来源，准备一篇文章或广播报道，但这则新闻不能传播出去，直到发行之前一天下午 2 点才允许传播。

参与到其中的记者都知道他或她不会有竞争对手"抢先报道"该信息，因为所有人都同意遵守相同的发布时间。如果禁发的消息泄露出来，那么该禁发制度就会被撤销，并且同意禁发的记者可以立即自由地传播这个消息。如果被追查到是接受禁发制度的记者泄露了信息，那么该杂志可以通过拒绝再给予新闻信息来对该记者进行处分。

在报道技术类新闻的记者中，禁发制度被当成是"非公开协议"，或简称为 NDAs，它用于正式协议的法律合同期限之后。非公开协议通常用于利用新的计算机硬件和软件管理新闻时效。

禁发制度的拥护者认为，通过让记者有足够的时间消化技术方面的资料和访问相关专家，他们可以更加准确、全面地推进新闻工作。另外，根据 1998 年艾略特·马歇尔 (Eliot Marshall) 关于禁发制度的讨论，医学期刊的禁发制度是有时限的，这样一来医生就可以在新闻允许传播的同时收到他们的期刊，并可以阅读有关的期刊文章，在了解情况的前提下，及时回答患者的问题。对这些说法的实证支持充其量是模棱两可的。

文森特·基尔南 (Vincent Kiernan) 在 2004 年所报道的那些禁发制度批判者认为，这一制度使新闻工作者倾向于强调对少部分期刊进行研究，同时阻碍了记者继续对科技机构进行独立的调查研究。

一个常见的错误是将禁发制度与英格尔芬格规则（Ingelfinger）相混淆。许多期刊都遵循英格尔芬格规则，这个规则以弗兰兹·英格尔芬格（Franz Ingelfinger）的名字命名，他是《英格兰医学》（*New England Journal of Medicine*）杂志的编辑，在1969年明确地提出了这一说法。英杰芬格规则旨在通过宣布该杂志不会在发布以前向公众传播相关研究的信息来约束科学家的行为，但该规则并没有规定新闻工作者可以对他们获得的信息做些什么。

新闻允许制度的起源不明。在美国，其先驱者是在1924—1950年担任《美国医学协会杂志》（*Journal of the American Medical Association*）编辑的莫里斯·菲什拜因（Morris Fishbein）。霍华德·W. 布莱克斯利（Howard W. Blakeslee）是美联社（Associated Press）驻芝加哥记者和杰出的早期科学记者。根据菲什拜因1969年的自传，他每周都会让布莱克斯利查看《华尔街日报》（*The Wall Street Journal*）的样稿，引导其阅读那些自己认为最有新闻价值的文章。

最初，禁发制度的声势大部分来自记者而不是科学机构。由于科学和医学新闻在20世纪30—40年代发展成为独立的学科专业，早期的科学和医学记者试图与那些怀疑新闻工作者的技能和动机的科学家建立起信任。文森特·基尔南在他2006年出版的《科学禁发制度》（*Embargoed Science*）中指出，记者认为禁发制度能够帮助挖掘出更准确和严谨的科学与医学新闻报道。

一开始确保科学家间的合作很困难，但后来，特别是在第二次世界大战后的科学热潮中，科学家和他们的组织开始认识到新闻报道的益处多过风险。因此，根据基尔南的《科学禁发制度》，他们开始接受关于期刊和会议文件的禁发制度。

20世纪60年代，电视成为日报最强劲的竞争对手，科学记者内部以及同科学界之间出现了关于科学禁发制度是否使某些媒体受益多于其他媒体的讨论。例如，在晚间禁发时间段，电视台能够在晚间新闻中报道科学发明这类大事件，而日报只能在第二天早晨才报道这个新闻，已过了新闻时效期，更不要说按照基尔南的《科学禁发制度》那样，在第二天的晚报上登出了。

在接下来的几十年里，特别是随着20世纪80年代开始的生物技术和制药行业研究的发展，投资者等非新闻工作者也开始试图搜索禁发信息。据马歇尔1998年报道，这些秘密信息能影响股票价格和政府监管行为。

互联网的发展使禁发制度被重新修正。禁发信息以前通过传真和邮件传递，现在可通过杂志出版商授权登录的方式从网站下载。最有名的网站是由美国科学促进会（American Association for the Advance of Science）运营的“Eurekalert!”，该协会为自己的科学网站和其他出版社的期刊传播禁发信息。互联网技术扩大了可供使用的禁发信息的数量，并将其传播到世界各地。

然而，这种日益扩大的影响也削弱了用于使禁发制度持续存在的社会控制。很少一部分参与禁发的新闻记者相互认识，从而削弱了违反禁发制度的社会约束。一般来说，社交网络技术的发展、使用自由度的提高、信息权限的下放，似乎注定会使禁发制度在未来几十年内出现“漏洞”。

撰 稿 人：Vincent Kiernan

另请参阅：American Association for the Advancement of Science（AAAS）；Interviewing Scientists；Nature；Science

参考文献

[1] Definition of "sole contribution." [J].New England Journal of Medicine，1969，281：676-677.
[2] FISHBEIN M. Morris Fishbein，MD：An autobiography [M]. Garden City，NY：Doubleday，1969.
[3] KIERNAN V. Embargoes and science news [M].Journalism and Mass Communication Quarterly，2004，80：903-920.
[4] KIERNAN V. Embargoed science [M].Champaign：University of Illinois Press，2006.
[5] MARSHALL E. Embargoes：Good，bad or "necessary evil"？[J]. Science，1998，282：860-867.

Endangered Species Act 濒危物种法案

有关拯救濒危物种，只有很少一部分的立法机构能够采取适当的行动。有关人士可能会撰写一些有关濒危植物或动物的文章和书籍，通过发表演讲和亲自示范来引导民众。有经济实力的人可能会试图购买相关物种的重要栖息地，从而长期地保护这些栖息地。这种举措往往是很有效的，也经常作为拯救濒危物种运动的成功案例出现。但是，随着1973年《濒危物种法案》(Endangered Species Act) 的引入，一种强有力的新工具应运而生：诉讼。这个法律为自然资源保护者提供了非常有限的选择手段。

物种灭绝这个可怕的后果加速推动了《濒危物种法案》的出现，该法案现在仍然拥有众多支持者。濒危物种指生物系统中有消失危险的物种。在生物体系中，灭绝显然是不可逆转的状况，灭绝即永远消失。

在自然界中，灭绝的发生可能会持续很长一段时间，也可能是由于一些突发性的灾难性事件所导致的。一个新的物种要适应环境，随着每一代的基因变化而逐渐变化，只有这样才能在竞争中胜出，取代其前身（使其灭亡）。从地下挖掘的化石记录了远古时代的灭绝和新生的过程。在那个突发状况频发的年代，行星运动、火山爆发、地震以及海啸等反常现象，都有可能导致物种的灭绝。大约6500万年前，恐龙突然从地球上消失，现在普遍认为这是地球被小行星撞击而导致的结果。据推测，这次可怕的碰撞之后，灰尘、水蒸气和其他碎片已经足以使整个星球的大气层变得越来越暗，给地球带来了无休止的冬天，使得巨型爬行动物无法生存。

在现代，物种常常因为人类的不当行为而面临灭绝的危险。这种风险的具体原因分为三大类：第一，过度开采资源，如过度捕捞鱼类，过度狩猎或砍伐树木。第二，栖息地被破坏，包括环境污染。第三，外来物种入侵，导致来自其他大陆的动植物相互竞争，从而排斥当地生物群。无论是组织的行为还是个体的行为，都有可能使物种置于灭绝的危险之中。由于《濒危物种法案》的颁布，对危害到物种的团体可以正式提出诉讼，危及物种的一方必须要出庭。在法庭上，他（她）可以自由地为己方辩护，没有谁能猜到法庭的审判最终结果会如何，任何一方都可能胜诉。的确，如果严格遵守法律，监管机构履行责任，依据法律措施来保护物种，那就不需要法律诉讼了。根据法律规定，应在濒危物种境况与人类诉求之间权衡利弊，在确保野生动物生存的前提下调整人类活动。

情况并非总是如此。对于美国的几代人来说，一些有利于经济发展的项目，包括直接开发利用野生动物（如鲸鱼和美洲野牛等），被认为很合乎逻辑，符合美国人的特点以及美国梦，甚至是神圣的。如果这些行为直接导致物种被破坏，或是导致独特的栖息地和生态系统的严重退化，那这些就是进行商业活动的代价。对于这些项目的支持者、政治家甚至一般社会成员来说，企业经济利益的重要性超过某些正在从地球上消失的动植物。

美国公众态度的变化以及有关濒危物种的立法，可以确切地追溯到1973年，那一年一件最重要的大事发生了：理查德·尼克松（Richard Nixon）总统签署的美国《濒危物种法案》立法通过。

《濒危物种法案》颁布前的野生动物保护法

可以肯定的是,《濒危物种法案》并不是美国历史上第一个野生动物法。事实上，野生动物管理的一些关键概念可追溯到欧洲的中世纪。例如，明确规定鱼和猎物（并不包括植物）为国王的财产（或者如通常所说的，为国家所有）。当需要管理、保护或恢复野生种群时，这是虽然古老但非常有用的措施。在美国，政府管理野生动物的权威很少受到挑战。另外，实施这一管理工作的方式却经常引起争议。

20世纪初，具有重大意义的野生动物法开始出现。为了保护动物繁殖，对狩猎活动进行季节性的禁止，还制定了“限钓制度”——在美国许多哺乳动物和鸟类的恢复状况已经取得了重大进展。1910年，由于被捕杀，鹭和白鹭的数量急速减少。成千上万的鸟类在繁殖季节被射杀，人们用这样的方式来获得鸟类精美的羽毛，加工成帽子上的装饰物。

根据新的野生动物法，国会还授权建立一个联邦野生生物保护机构——美国渔业及野生动物管理局（U. S. Fish and Wildlife Service, FWS），并呼吁建设国家野生动物保护区体系。这些体系逐渐发展成熟，对美国野生动物管理和保护起了重大作用，并为公众提供越来越受欢迎且可长久保持的户外休闲场所。

濒危物种概念的发展

野生动物法的这些早期进展能确保一些保护措施的有效实施，并对濒危物种概念的演进作出与时俱进的回应。例如，国家野生动植物保护区的设立，保护了许多植物和动物赖以生存的栖息地。但濒危物种的概念会使公众和立法者都面临管理和知识上的挑战。

美国最伟大的自然历史作家之一蕾切尔·卡逊（Rachel Carson）1962年出版的书《寂静的春天》（*Silent Spring*）使整个国家受到了震撼，推动了现代环保运动的开展。《寂静的春天》中“寂静”一词是作者的劝谏，即如果社会没有强有力的环境保护措施，那么就会如她在书中描写的那样，在黎明不会听到鸟儿啼叫。她关注工业污染物，特别是杀虫剂给生物界带来的严重影响。在随后几年中，自然保护组织蓬勃发展，成立了新的联邦和州级机构[如美国环境保护署（Environmental Protection Agency）]，并推出了许多环境保护法，包括美国《濒危物种法案》。

《寂静的春天》所传达的警示,《濒危物种法案》的施行，既有伦理意义，又有实用性。人们逐渐形成了一种观念，即每个物种有权在这个地球上生存，对于人类来说，在生物进化过程中引起独特物种灭绝是有悖道德的。通常伴随这个话题的是：在我们生活中，植物和动物物种的存在丰富了我们的人性，为了美学原因而努力保护自然是完全合理的，这个理由即使到了法庭上也是能站得住脚的。

濒危物种通常还是衡量我们所居住的地球生物圈是否安全的标准，减轻物种的生存压力，同时也能使我们自己生存的世界更加安全。在发行《寂静的春天》这本书的时候，没有一个物种比白头雕（美国的象征）能更好地说明这一点了。在 20 世纪 60 年代早期，在 48 个州中仅存有不到 500 对处于繁殖期的白头雕（尽管阿拉斯加的老鹰保持了较多数量）。对于其数量的急速下降有好多种解释，但使其处在灭绝边缘的主要原因是杀虫剂滴滴涕（DDT）的滥用。

联邦政府早在 1940 年就通过了《白头雕保护法案》（Bald Eagle Protection ACT）对白头雕进行了特别保护，随后白头雕被《濒危物种法案》列为濒危物种。根据《寂静的春天》的强烈要求，1972 年国会禁止使用滴滴涕作为杀虫剂，公众也迫切地关注着本国在所有鸟类中识别度最高的鸟类的命运，毕竟从某种意义上说，最能代表美国的物种，正处于危险当中。2007 年 6 月，在美国国会（U.S. Congress）大厦杰斐逊纪念碑前举行了重大的仪式，庆祝白头雕从联邦濒危和受威胁物种名单中被移除了。这一刻标志着在《濒危物种法案》的保护下，物种恢复获得成功。

在 48 个州中，现有多达 1 万对处于繁殖期的白头雕，公众可以为欣赏到国家神圣的象征在云中展翅高飞而感到自豪。

《濒危物种法案》的实际应用

在过去几十年里，通过《濒危物种法案》的法律管束，社会大众已经学会了如何拯救物种，如何使环境变得更加健康，更加适合生物生存。在《濒危物种法案》的规范下，名单上的濒危物种也正在慢慢开始恢复。动植物物种可能会根据其在野外的状况被列为濒危或受威胁，列为濒危的物种更为严重，面临着灭绝的危险。判定野生动物种群是否具有生存能力，通常需要靠研究、监测和掌握实地数据。因此名单编制过程至少应该以科学为基础。《濒危物种法案》成为令生物学家特别感兴趣的领域，并为激烈的哲学辩论奠定了基础，通常要利用科学事实来回应预期。

《濒危物种法案》由美国鱼类及野生动植物管理局和美国国家海洋和大气管理局（National Oceanic and Atmospheric Administration，NOAA）的国家海洋渔业局执行，后者负责海洋（海产的）濒危物种相关问题。列出受威胁和濒危物种的举措（立法提案程序）可由任一机构负责。不过个人或组织也可以敦促政府机构加紧列名单的进程。这种干预可以通过简单的请愿或再次通过法律行为的手段来进行。

一旦物种被列为濒危物种，就可以开始对其采取保护措施了，其中包括利用法律手段。可以对那些继续对物种或者其栖息地造成损害的个人或机构采取行动。包括逮捕、征收罚款、吊销或收回许可证。对于违反《濒危物种法案》的人，甚至可能判刑。

对已经在濒危物种名单上的物种一般要立即执行恢复计划，采取如条款所述的举措将濒危物种恢复到可存活的程度，就可以将该物种从濒危名单中移除了。物种恢复可能需要直接针对生物个体以及生物群进行工作，例如，通过启动捕获繁殖方案，对怀俄明州和其他西部各州的黑脚白鼬实施种群恢复。物种恢复可能还需要涉及栖息地，包括识别和保护赖以生存的栖息地，修复生态系统（如特有的森林、河岸或是海岸），使物种生命发展历程的基本阶段（如饲养、繁殖、寻找庇护）得以完成，恢复生物多样性。

另外一个被美国鱼类及野生动植物管理局和美国国家海洋和大气管理局使用的具有挑战

性的策略是《濒危物种法案》里规定的“栖息地保护计划”（HCP）。这是一种使濒危物种免遭不幸的积极主动的手段。如果在土地资产中包括了濒危物种的生存栖息地，开发商、矿工或木材公司可以利用“栖息地保护计划”向联邦当局和公众展示其开发行为不会威胁到相关物种。通常情况下，在这样的项目中常常会采用缓解原则，通过土地调剂平衡一个地方生存栖息地的损益。无论如何，“栖息地保护计划”试图寻找到适合的发展方式，且不会对自然造成不必要的消极结果。

美国《濒危物种法案》可以被州政府用来补充地方的条款从而保护物种。此外，通过实施《濒危物种法案》中的规定，并推进将执行权力从联邦机构下放到国家野生动植物管理机构的恢复计划，有可能保证当地的利益，保护敏感的环境并实施对当地环境的监测。

栖息地破坏一般被认为是动植物面临威胁最常见的原因，通常也是不可逆转的。但是古往今来，直接开采以及捕猎作为人类的生产生活方式，已经成为无数种生物的厄运。目前最令人震惊和棘手的例子，是以工业用途为目的的对海洋中鱼类和无脊椎动物的破坏性开采。依据《濒危物种法案》可以针对部分破坏性捕猎采取措施，但是更有效的法律是《濒危动植物物种国际贸易公约》或《华盛顿公约》（Convention on International Trade in Endangered Species of Fauna and Flora，CITES）。1973 年，美国批准了《华盛顿公约》，和《濒危物种法案》在同一年通过。事实上，随着时间的推移，这两部法律一直不断互补。《华盛顿公约》适用于现在全球都认可的国际贸易，例如象牙、海龟鳞片（龟甲）、稀有仙人掌植物、宠物鹦鹉和黑珊瑚等。作为一个多边条约，《华盛顿公约》尤为受到关注，在某种意义上，甚至超过《濒危物种法案》，因为它允许辩护，并且使科学家拥有能够影响该国野生动物保护政策的机会。因此，如果发现极为稀有的紫蓝金刚鹦鹉从巴西走私到荷兰，那么欧洲可能会以禁运巴西咖啡的方式实施制裁，直到其停止非法贸易。

作为濒危物种法律的典型代表，《濒危物种法案》使美国的物种得以恢复，并为恢复备受全球关注和重视的受威胁动植物作出了良好示范。《华盛顿公约》成为一个能帮助恢复受威胁物种的全球共享的法律机制。

撰 稿 人：Archie Carr Ⅲ

另请参阅：Carson，Rachel；Environmental Protection Agency，U.S.

参考文献

[1] Bald Eagle Protection Act of 1940，16 U.S.C. § 668-668d，1940.

[2] BURGESS B B. Fate of the wild：The Endangered Species Act and the future of biodiversity [M]. Athens：University of Georgia Press，2001.

[3] CARSON R L. Silent spring（40th anniversary ed.）[M]. Boston：Houghton Mifflin，2002.

[4] Convention on International Trade in Endan gered Species of Wild Fauna and Flora：www.cites.org.

[5] Endangered Species Act of 1973，7 U.S.C. § 136，16 U.S.C. § 1531 et seq，1973.

[6] Endangered Species Program，U.S. Fish and Wildlife Service：www.fws.gov/endangered.

[7] PRIMACK R. Essentials of conservation biology [M]. 4th ed.Sunderland，MA：Sinauer Associates，2006.

Environmental Defense Fund 美国环境保护协会

美国环境保护协会（Environmental Defense Fund, EDF）比20世纪60年代美国成立的任何环保团体更能显示世界公共利益发生的巨大变化，从20世纪20年代美国社会政治大动荡时期，到21世纪前10年的激进主义浪潮。在美国环境运动时期，从20世纪60年代末到70年代中期，国家制裁种族主义、越南战争和白宫内部人员的犯罪活动等，使广大公众参与了关于美国价值观和联邦政府责任的辩论。美国民众在与种族主义、战争和腐败的斗争中拓展了视野，开始关注其他问题。

没有任何社会事业比能带来改变和日益产生效果的环境运动更能引起人们的关注。美国环境保护协会成立的动因来自蕾切尔·卡逊（Rachel Carson）在1962年出版的《寂静的春天》（*Silent Spring*）。蕾切尔·卡逊警告说，滴滴涕（DDT）和其他持久性农药的滥用正在使鸟类逐渐消亡，她的话引起约翰·F.肯尼迪（John F. Kennedy）总统的关注，同时也引起了如全美奥杜邦协会（National Audubon Society）和国家野生动物联合会（National Wildlife Federation）这样的环保组织的恐慌。

工业界企图抹黑蕾切尔·卡逊，这激发更多环保主义运动。美国环保协会从一个仅有几名律师和科学家的小团队逐渐壮大，他们不愿接受即将失去白头雕和其他受威胁鸟类的现状，并且表示无法忍受主流环保协会对于滥用杀虫剂的缓慢反应。

1967年，在全美奥杜邦年度大会闭幕时，一名来自纽约的年轻律师维克多·扬纳科恩（Victor Yannacone）在议员席上提出质疑，要求获知奥杜邦为何不提出诉讼来防止猛禽灭绝。

在得到礼貌客套但没有实质性内容的回复后，扬纳科恩提出，他和他的朋友将会组织起来完成这项工作。扬纳科恩以及科学家查尔斯·沃斯特（Charles Wurster）等人已经为阻止滥用农药带来的危害而到法庭上诉了。

这是美国环保协会的起步。扬纳科恩迅速启动了其他法律活动，但罗德·卡梅隆（Rod Cameron）已经替代他做了，并与首席法律顾问李·罗杰斯（Lee Rodgers）一起推动了组织的发展壮大。美国环保协会在不合理使用杀虫剂方面取得的法律成果帮助了白头雕、鱼鹰和其他濒危鸟类得以恢复。

美国环保协会的一系列具有重大意义的法律工作（反对使用有破坏性滴滴涕和有毒物质，反对陆军工兵部队在佛罗里达州实施对河流造成破坏的工程等），推动建立了法律准则，让美国公民有权要求法院执行环境法。在自然资源保护协会（Natural Resources Defense Council），法律和社会政策中心（Center for Low and Society Policy），塞拉俱乐部法律保护协会（Sierra Club Legal Defense Fund）[现为地球正义组织（Earth Justice）] 和拉尔夫·纳德（Ralph Nader）年轻律师的努力下，美国环保协会使环境法成为保护自然和公共健康的强大工具。

在另外两名有创造力的环保协会领导人帮助下，美国环保协会成立了，并影响着美国国家环保行动的方向。在20世纪70年代初成为美国环保协会主席之前，阿利·沙尔特（Arlie Schardt）已经在《时代》（*Time*）杂志上提及了民事权利，并开展过美国民权同盟工作。当时，美国环境保护协会遭到了反环境政客的攻击，他们一再谎称美国环保协会的创始科学家之一是种族主义者。阿利·沙尔特对社会公平的承诺是毋庸置疑的。沙尔特迅速消除了该组织的债务，增强了其法律和科学能力。随后，他将美国环境保护协会从诉讼领域转移到了国家环境政策工作的前沿。他创建了美国环境保护协会的第一个立法和通信办公室。

沙尔特还利用美国环保协会的影响力，扩大和国家历史悠久的自然保护组织和新兴的积极环保组织之间的高水平合作关系。当越来越多的传统组织试图忽视诸如环境政策中心或地球之友那样政治强硬的团体，或者将其女性负责人从白宫和联邦机构有关国家环境领导人的会议中排挤出去，美国环保协会还是坚持要求其他活动组织继续进行谈判。

美国环保协会转变为在法庭内外使用有资质的律师和科学家的组织，政客和谈判专家游说国会和白宫直接进行经济利益活动，并帮助建立美国国家和全球环境议程。美国环保协会下一次转型的重点是关注经济学和商业市场，这是由弗雷德·克拉普（Fred Krupp）提出的，他于 1984 年担任美国环保协会的总裁。

弗雷德·克拉普意识到掌握经济学以及直接同商业界领袖合作可能给环境保护运动带来良好的效果。环保人士、大公司、工会联盟和其他经济利益集团的互利联盟已经存在了数十年，而且大多数环保组织仍在继续合作。但弗雷德·克拉普的策略使得追求利用商业谈判来解决环境矛盾成为美国环保协会的核心任务。他深入了解工业界对美国环保协会的定义方式，最终在关于全球气候变化的辩论中保留了传统观点，大多数工业企业、政府和公共利益集团都提议应减少温室气体的排放。美国环保协会试图充当工业企业的合作者和顾问，这一方面带来了一些成功和潜在的重要机会，但也令美国环保协会内部以及与其他环境组织之间出现了意见不一致的情况。

在长达几十年的工作中，美国环保协会帮助美国建立了环境法，拯救了许多美国标志性野生动植物，还通过禁止引燃汽油挽救了几代儿童免受灾难，并采用了卓越的法律、科学和分析技能来保护美国以及世界各地的自然环境和人类。面对气候变化和生物多样性等全球性问题时，大型环保团体与大型金融和工业企业合作，推行市场主导型的解决方案，其成功的概率尚不好判断。

环境保护主义者与工业界一道思考积极的解决方案，这是一项具有挑战性和潜在回报的工作，尽管在历史上，环境领导者试图在能源行业中挑选胜者并不总是成功的。工业企业推动了一些技术和替代燃料方面的发展，也被环保团体当作气候解决方案而得到称颂，实际上却制造了更多的温室气体排放，并且摧毁了更多的自然栖息地。

工业界在实际减少温室气体排放方面取得成功的意愿和能力，取决于公开其解决方案的环境效益和成本，以及强制执行环境标准。

基于市场的解决方案是否能保护地球免遭气候变化的严重影响仍有待观察。很可能，像美国环保协会这样的组织还需要继续使用其他工具，这些工具与工业界本身用于影响政策的工具相同：游说、诉讼和公共压力。

撰稿人：Joe Browder

另请参阅：Carson，Rachel；Union of Concerned Scientists

参考文献

[1] Environmental Defense Fund：www.edf.org.

Environmental Impact Statements 环境影响报告书

环境影响报告书（Environmental Impact Statements，EIS）可以供众多公共利益集团在开始实施可能威胁环境或文化遗产的项目或活动之前用于学习研究、思考和评估。环境影响报告书是一种相对较新的法律机制，它要求项目实施者认识到类似于道路建设、水坝建设和港口开渠这样的工程项目，能对生态和文化产生深远的、意想不到的影响，并在推土机和挖掘机开始工作之前，找出应对这些影响的策略。环境影响报告书的程序包括通过任何可行和适当的方式，与当事方接触并进行沟通，沟通是其关键组成部分。

起　源

在公共利益以及对环境关注度逐渐增强的情况下，在美国人约翰·缪尔（John Muir）和亨利·戴维·梭罗（Henry David Thoreau）和阿尔多·利奥普特（Aldo Leopold）等人的鼓励和启发下，《环境影响报告书》成为1970年美国环境保护运动一份重要的法律文件。大多数观察者都同意这种重大突破是由美国另外一位作家蕾切尔·卡逊（Rachel Carson）和她在1962年出版的书《寂静的春天》（*Silent Spring*）所推动的。环境影响报告书是具有法律约束力的文件，可以用来暂停开发进程，并结合加大公共投入，推进生物学、社会科学和许多其他学科的研究。

任何级别的政府部门都可能需要出具一份环境影响报告书。例如，一个市级政府可能会在新建停车场的程序中要求先写一份环境影响报告书。在新建燃煤发电厂颁发许可证之前，县级政府部门可能也会需要出示一份环境影响报告书。在提出开发木材的森林采伐新规则之前，州级政府也会要求先写一份环境影响报告书。在美国的国家级政府中，环境影响报告书是1969年《国家环境政策法案》（National Environmental Policy Act，NEPA）的核心。理查德·尼克松（Richard Nixon）于1970年1月1日签署法案，标志着美国开启了一个有环保意识和责任感的新时代。

专家认为作为一份非常直截了当、措辞有效的环境法规，《国家环境政策法案》的开篇序言为国民清晰地阐述了国家的环境保护政策，并且有说服力地表明了这个开创性法律的目的及其紧迫性，法案中提到并鼓励“生产应与人与环境之间和谐发展”，这个口号成为美国的国策（详细法规和其他有用信息请登录《国家环境政策法案》网站查看）。这些观点表明美国政府，更重要的是公众正在从生态学中汲取知识，比如，世界上存在的一切都与其他事物息息相关。环境影响报告书将成为识别和解决这些问题的必要手段。

佛罗里达州驳船运河报告书

在美国诞生的第一份环境影响报告书，起初并不是预备在最后得到联邦批准的，而是作为一个自然保护组织的法律文件，这就是佛罗里达州环境保护者组织的《跨佛罗里达驳船运河的环境影响：特别关注奥克拉瓦哈区域生态系统》（*Environmental Impact of the Cross-Florida Barge Canal: With Special Emphasis on the Oklawaha Regional Ecosystem*），该文件于1970年发布，与《国家环境政策法案》在同一年成为具有法律效力的文件。

自1930年以来，国会一直考虑在横跨佛罗里达半岛中段的运河上，从墨西哥湾到美国东海岸开凿一条运河以便驳船运输，到1936年，已经从墨西哥湾内陆挖了几英里长的一段运河，但随后因故中止了。第二次世界大战期间，国会正式授权恢复施工，但资金短缺和其他方面的限制因素阻碍了进度，之后，该项目在美国陆军工程兵团（U.S. Army Corps of Engineers）的指导下于1964年再次开工。

该项目的规模宏大到令人震惊，运河的建设将会毁坏佛罗里达州中部的一条壮观的河流——奥克拉瓦哈河。在生物学家和活动家马乔里·卡尔（Marjorie Carr）的引导与激励下，一些有环保意识的公民开始采取抵制行动，佛罗里达环境保护者组织就此成立。该组织成员包括生物学家、经济学家、律师和许多美国大学的教职员工。作为一个学术性团体，佛罗里达环境保护者组织很快就发现，要驳诉这令人敬畏的运河项目，需要用合理且科学的方式判断其利与弊，从对项目的评估出发来消除对该项目的猜测和推断，以验证或反驳完成该项目能得到经济回报的预期，预测和强调对野生动植物和水生态系统的危害，更好地呈现受威胁的河流的美学价值，这些最终都写进了环境影响报告书里。

这一策略对佛罗里达环境保护组织有效。在考虑了环境影响报告书之后，塔拉哈西市的州首府和华盛顿特区的政府当局转而反对驳船运河项目，不久，获得尼克松的审批。

跨佛罗里达州驳船运河项目在经济和环境效益评估方面都有极大的缺陷。其中有一点特别令人惊讶，也使人困扰。环境影响报告书的投稿者中，大多数是佛罗里达州的地质学和地下水文学领域内的优秀专家，他们提示：修建运河可能会切断沿线半岛上各点的石灰岩床。石灰岩是多孔基体，一旦被切断，运河水体可能会进入深层的地下水系统或地下蓄水层，从而污染地下水。因此，运河建设将会威胁到奥卡拉市附近的城市饮用水供应，甚至可能影响到南部奥兰多这样的大都市。正是这个意外的发现推进了环保影响报告书的进程。

美国环境保护局:《国家环境保护法案》的实施

美国环境保护局（Environmental Protection Agency，EPA）是联邦政府的一级机构，主要负责实施《国家环境保护法案》和复审环境影响报告书。美国每年需要进行环境影响评估审查的项目数量和种类多得令人吃惊。要了解环境影响报告书的授权范围，以及随着国家不断发展，可能出现的各种各样的影响环境的潜在因素，可以看一看环境保护局2008年审查的活动清单：

（1）纽约州经营核电站许可证重申。

（2）阿拉斯加州的美洲本地人生存必需品北极露脊鲸的狩猎配额。

（3）南大西洋地区恢复鲷鱼和石斑鱼计划。

（4）得克萨斯州轻轨建造计划。

（5）佛罗里达州－阿拉巴马州高速公路延伸计划。

（6）怀俄明州加压天然气管道的建设和运营。

（7）为开发月球、火星以及超越计划的飞行系统和地面基础设施开发。

（8）新墨西哥州圣菲国家森林的土地转让书。

（9）美国罗得岛州和马萨诸塞州风能项目开发。

（10）加利福尼亚州电力线路工程。

（11）科罗拉多州洛基山国家公园的麋鹿管理计划。

（12）华盛顿特区史密森尼博物馆（Smithsonian Institute）新设施建设。

这些项目都将被进行系统评估。审查人员将寻找三种潜在的影响：直接影响，如破坏白头雕栖息树；间接影响，如深层地下蓄水层的污染，且会危害到远离项目实地现场的居民；累积影响，所有细微影响的总和，其中任何一个虽然是可以承受的，但累积起来就有可能构成重大威胁。根据法律，对于每个项目，也会考虑“不采取行动的替代方案”，由审查人员判断不完成项目的后果是什么。在考虑风险的情况下，同样会考虑“其他合理的行动方针”，通过改变活动的位置或开发方式，或许可以实现项目的目标以及保护环境。当然，缓解措施、补充行动可能会弥补实施这些项目对环境造成的影响。

经过超过几十年的努力,《国家环境保护法案》和环境影响报告书通过仔细研究每一项新增的发展项目，帮助美国缓解了地理占用空间的压力，如每条新修的道路、每座新建的桥梁和每个新建的工厂。环境影响报告书可以为发展给出合理的建议，并引导社会稳步向着与自然和谐共处的关系发展。

撰 稿 人：Archie Carr Ⅲ

另请参阅：Carson，Rachel；Endangered Species Act；Environmental Protection Agency，U.S.

参考文献

[1] CLARK R，CANTER L.（Eds.）. Environmental policy and NEPA：Past，present and future [M]. Boca Raton，FL：St. Lucie Press，1997.

[2] Florida Defenders of the Environment.Environmental impact of the cross-Florida barge canal：With special emphasis on the Oklawaha regional ecosystem [M]. Gainesville，FL：Author，1970.

[3] National Environmental Policy Act：www.nepa.gov.

Environmental Journalism 环境新闻

环境新闻指与环境和生态系统的健康相关的事件、问题和状况的新闻报道。环境要素包括土地、空气和水，并且可以是自然形成的（如湖或森林）或是人工建造的（如水库或城市公园）。生态系统指在一个给定栖息地内，包括人类社会在内的息息相关的动物、植物和其他物种构成的系统，可能是自然形成的（如野生动物栖息地、产卵场所），也可能是人工建造的（如养鱼场）。

环境信息场所有很多，但环境新闻仅指通过新闻媒体发布的材料，其坚持专业的新闻实践，包括旨在以客观和平衡为目标的新闻实践。新闻指记者在报纸、杂志、广播和电视以及互联网上向广大读者和听众传播的信息，包括专业和小众出版物（如在线环境新闻服务和遵循新闻传统的区域环境期刊），但一般不包括宣传材料（如由环境团体出版的公共宣传手册或杂志）。

关于环境破坏的新闻报道常常集中在已经或可能造成环境和生态系统恶化的人类行为上，包括其对人类健康的影响。环境新闻也可以是纯粹解释性的，例如，描述空气污染如何从世界的一端传播到另一端，或将研究的细节聚焦在濒危植物的药用价值上。环境记者也在努力为人们提供有实用价值的新闻，如“绿色生活”小贴士。

这个基本描述掩盖了环境新闻相当复杂的本质。正如新闻专业人士克雷格·L. 拉美（Craig L. LaMay）和埃弗瑞特·E. 丹尼斯（Everette E. Dennis）所说，环境报道中可能包含了许多紧张局势，包括大量关于环境保护的相互冲突的公众观点和政治观点。此外，环境破坏被认为是一种超越各种界限的破坏事件，也就是说，环境事故通常也是一个政治、政府或经济事故，甚至涉及犯罪、运动或上述两个或多个的组合。关于环境的报道通常包含科学内容，因为需要解释环境问题出现的原因，说明它们已造成的或潜在的影响，以及该如何最好地解决这些问题。然而，环境新闻报道中的一个共同点是：都明确或含蓄地集中在人类行为对生物界中人类自身以及除人类之外的其他动植物的影响上。

起　源

环境问题，包括环境问题的发现和解决这些问题所付出的努力，是美国历史的一部分。因此，关于环境问题的新闻报道也是如此。媒体历史学家威廉·科瓦里克（William Kovarik）追溯美国环境新闻报道到1739年，安德鲁·布雷德福（Andrew Bradford）的《美国水星周刊》（*American Weekly Mercury*）和本杰明·富兰克林（Benjamin Franklin）的《宾夕法尼亚州公报》（*The Pennsylvania Gazette*）刊登了制革厂和屠宰场的废物进入费城码头小溪的事件，富兰克林反对这类事件的发生，因为这些废物有恶臭味并且对人类健康具有潜在的威胁，而布雷德福却认为富兰克林是在非难自由经营。在一系列案例研究中，科瓦里克和他的同事马克·纽齐尔（Mark Neuzil）记录了从19世纪中叶到20世纪初期大众传媒在环境报道中所采用的方式，包括杂志为制定制止过度捕杀野生动物法规所做的努力和《纽约世界报》（*New York World*）编辑沃尔特·李普曼（Walter Lippmann）在20世纪20年代帮助“镭女孩”所做的事，“镭女孩”是因在自己工作的工厂里镭中毒，并最终死亡的5位女性。其他研究人员追踪新闻关注到1910年的酸雨，并发现了1944年具有警告性的新闻报道，报道滴滴涕的危害，18年后的1962年《寂静的春天》（*Silent Spring*）出版，这是蕾切尔·卡逊（Rachel Carson）关于滴滴涕（DDT）和其他杀虫剂具有里程碑意义的一本书。研究还证实，保护国家森林的进步时代运动在20世纪最初10年受到了大量的新闻关注，这主要归功于美国第一位首席林务官吉福德·平肖（Gifford Pinchot）的公关工作。

然而，许多学者认为，这种早期的环境新闻报道是时有时无的，过分注重自然资源保护，过于轻率地专注于污染，不能被笼统地称为环境新闻的先驱。他们也忽视了与包括镭在内的常用化学品有关的潜在健康风险证据，在“镭女孩”开始常规处理镭的时候，科学界和工业界的人士就已经知道这些化学品的危害。此外，他们还记录了早期的环境报道记者的极度妥协，记者依赖于与公司建立的公共关系，但这些公司会使用森林以及其他自然资源和化学品来制造其产品。也许最重要的是，研究人员发现，早期的新闻报道没有明确地将人类行为与环境破坏联系起来，这也是常从当代环境新闻中得出的一个结论。

学者因此通常把美国环境新闻的诞生追溯到20世纪60年代（当时现代环境运动开始形成），并且经常精确定位到1969年，1969年《纽约时报》派遣记者格拉德温·希尔（Gladwin Hill）实时报道环境，其他新闻媒体紧随其后。1970年4月22日成为第一个地球日。当环境保护论成型后，学者发现，美国环境新闻报道将科学家和环境传播学者的观点看作20世纪最重要的思想之一，即地球上的所有生命都是相互联系的。

环境新闻

人们通常把环境新闻看作科学新闻的一个子类，环境新闻业早期与新科学界协同努力促进大众媒体报道科学研究，这被视为一种公共服务和宣传方式。例如,《国家地理杂志》（*National Geographic Magazine*）成立于1888年，工作人员主要是地理学家、气象学家、制图员、生物学家和工程师，旨在传播研究发现，以增加公民对其所居住世界的了解。但科学领域一直没能成为新闻记者的主要报道版块，直到第二次世界大战后，当催泪瓦斯和原子弹等武器造成的破坏激发了公众和新闻媒体对科学问题的兴趣，科学领域才成为新闻记者的主要报道版块。

起初，只有少数记者报道科学新闻。后来，诸如全国科学作家协会（National Association of Science Writers）等组织成立并开始努力培养记者和科学家之间的关系，以确保重要的发现以准确的形式向公众公布。接下来，在第二次世界大战、宇宙空间探索和“冷战”之后，大国间在科技领域的实力竞赛吸引了更多的记者投身到这一领域。虽然在第二次世界大战之前，美国仅有大约60名从业的科学作家，但到了1960年，近1500家美国日报和周末报纸中有近1/4的报纸都各自指派了一名全职或兼职记者报道科学、医学和技术新闻。另外，到20世纪60年代，科学记者热衷于报道关于人类与生态系统相互作用的研究。当时的普通科学新闻集中在天文学、动物学等诸多研究领域的发现上，并关注这些发现在日常生活中的应用。科学领域的基础知识至少是科学记者和环境记者的重要工具，他们都要掌握科学概念，将一些复杂的信息表达出来，表达不仅要精确，而且要能够吸引受众。此外，科学记者和环境记者不同于这样一些记者，这些记者报道的是人们更容易看到的地方，如市政厅和公立学校。然而研究人员大卫·鲁宾（David Rubin）和大卫·萨克斯（David Sachs）认为，环境新闻不同于科学报道，因为环境报道总会涉及报道污染对人类健康产生的直接和间接影响以及对当地物种造成的影响。

环境新闻的特殊性是由社会范式转变促成的，社会范式转变在20世纪60年代出现，并在20世纪70年代完成。诸如联盟石油（Union Oil）从加利福尼亚州圣巴巴拉海岸泄漏事件以及由于将数千吨化学废料倾倒到河水中造成的凯霍加河火灾，将公众对人类滥用自然资源的担忧推到高潮。政府机构、社会活动家、行业发言人、科学家和学者竞相表达他们对环境事件和环境问题的观点。在这个过程中，一个新的词汇和新的想法开始形成。“环境”，曾指一个人周围的社会环境，表示承认人性的存在，但是人类只是地球上众多物种中的一类物种，如果人类行为没有改变，人类将面临灭绝。

对于记者来说，他们开始意识到环境报道是一种迫切需要但又是新兴的领域，这就要求他们找到新的方法，通过对环境问题及其带来的风险之间的矛盾，包括科学解释在内的各种解释，来帮助受众理解报道内容。然而，新出现的“环境报道节奏”并不容易转入新闻编辑室的程序，在那里，节奏是跟随政府和其他社会机构组织的活动事件变化的。

评　论

但有些人说，这种转变仍在发生。环境记者必须在自己的新闻组织内争取对他们工作的重视，这种情况往往要求他们：①符合传统的新闻价值标准，如有冲突要素。②符合即时性或是最近发生的事件这一标准。③使用既定的新闻写作方法，包括在新闻文章的第一段或新闻广播的最初几秒内有大约30字以内的新闻总结。

传播学者发现，当记者坚持传统的新闻实践时，他们将环境主题作为孤立的高风险危机，而不是作为一些事件，这些事件是与社会授权的行为相关联的连续链中的一部分，例如过度消费和石油依赖。研究还表明，像许多记者一样，环境在记者很大程度上依靠政府和行业领导人提供素材，这种依赖有助于环境问题的现状介绍，却忽视其他观点，并且可能将责任从这些机构的领导身上转离。

研究人员还发现，整体来看，新闻媒体是一个发送矛盾信息的地方，既提倡节约又鼓励消费，淡化其流通地区的环境问题，同时侧重于远方较不严重的事情。传播学家艾伦·马祖尔（Allan Mazur）得出结论，即使当问题的证据充分清楚时，新闻媒体对环境问题关注的时间也是令人难以理解的短。

这些发现是重要的，因为研究还表明，大多数人，包括政策制定者，通过新闻媒体了解环境问题。这可能是因为环境不引人注目。大多数美国人没有亲身经历环境问题，而且许多这样的问题不是立即可见的，例如，空气污染和热带雨林被破坏。因此，人们普遍赞同，当新闻报道关注环境问题时，它们能引起关注，并可能转变人们的态度，促使其采取行动。同样，当记者忽视环境问题时，政府和公众也忽视它们。一些环境风险可能永远不会在新闻报道中出现，或者只在危机到来后才被报道出来，而此时已错过了避免危机的最佳时机。总的来说，新闻研究人员发现，新闻媒体对环境问题的报道方式可能会导致公众对环境问题的冷漠。

环境记者

环境记者自身已经开始努力来应对他们在报道环境问题时面临的固有挑战。这种努力可追溯到1970年，当时报纸记者成立了加利福尼亚州环境新闻作家学院（California Academy Environmental News Writers）。20年后，一个国家性质的团体环境记者协会（Society of Environmental Journalists，SEJ）成立并壮大，超过1000名成员加入到现在的记者行列中。这个团体的目标之一不仅是要产生更多数量的环境报道，而且还要改进其报道方法。为此，它一直坚持为记者提供特殊培训，其他各种组织也同样如此。

对环境记者协会历史的考察表明，关于环境的报道已经有了很长的历史，其主题可以被整齐地归类为“保护”与“污染”。环境记者报道的主题从酸雨到动物园，范围很广，并报道所有生活中会出现的中毒风险，与此相关的产品从儿童玩具到拆解船。它们还追踪畜牧场废物处理系统和污泥的影响，并评估与战争有关的环境成本。资深记者认为当代环境新闻比过去更复杂，尤其是随着生物恐怖主义的出现，这也是他们要报道的一个主题。

为了解美国环境新闻的状况，大卫·萨克斯曼（David Sachsman）、詹姆斯·西蒙（James Simon）以及乔安·M.瓦伦蒂（JoAnn M. Valenti）进行了一次全国人口普查，调查对象是世纪之交时在日报社和电视台工作的环境记者。他们发现，报社比电视台更有可能有一个记者定期报道环境。然而，这些记者报道环境所用的时间大多数都不超过他们工作时间的一半，因为他们还要执行其他任务，如报道突发性新闻。他们最常从国家环境质量办公室、地方环保团体和社会活动家获取报道素材。他们的报道最常站在政府的角度，虽然他们也经常从公民个体的利益出发。大多数受访记者反对环境记者应该倡导环境保护的观点，而更愿意坚持提供客观的报道。大多数受访记者还反对公共新闻方式，这种新闻方式要求记者与社区领导人一起解决环境问题。

荣誉和未来

尽管经历了挑战和批评，但环境新闻在相对较短的时间内已经走了很长的路。这一点的标志是普利策奖授予新闻机构的环境报道。1967年,《密尔沃基杂志》(*Milwaukee Journal*)和《路易斯维尔·库里耶杂志》(*Louisville Courier Journal*)分别赢得了普利策奖，以表彰它们倡导在威斯康星州实施更严格的水污染管制运动，呼吁更严格地控制肯塔基州的露天开采。上述两项举措被认为是国家资源保护工作中的“显著的进步”。《洛杉矶时报》(*Los Angeles Times*)因其关于海洋状态的系列报道赢得了2007年普利策奖。

然而，像所有新闻记者的采访领域一样，环境新闻有时要屈服于经济衰退。当新闻机构艰难营生时，环境报道可能是最先被淘汰的版块。对许多人来说，鉴于当今复杂的全球环境挑战，环境的脆弱性令人担忧。然而，与此同时，环境已经成为一个重要的新闻报道领域。接受过较好训练和拥有较多综合经验的记者，将继续报道环境新闻。

撰 稿 人：Jan Knight

另请参阅：Beat Reporting；Carson，Rachel；National Association of Science Writers；Newspaper Science Pages；Society of Environmental Journalists

参考文献

[1] ALLAN S，ADAM B，CARTER C.(Eds.). Environmental risks and the media [M]. London：Routledge，2000.

[2] LAMAY C L，DENNIS E E.(Eds.). Media and the environment [M]. Washington，DC：Island Press，1991.

[3] NEUZIL M，KOVARIK W.Mass media and environmental conflict：America's green crusades [M]. Thousand Oaks，CA：Sage，1996 .

[4] Nieman Foundation.Environment reporting：Exploring the beat [Special section] [J]. Nieman Reports，2002，56 (4)：30–89.

[5] RUBIN D M，SACHS D P. Mass media and the environment：Water resources，land use and atomic energy in California [M]. New York：Praeger，1973.

[6] SACHSMAN D B，SIMON J，VALENTI J M.Regional issues，national norms：A four-region analysis of U.S. environment reporters [J]. Science Communication，2006，28 (1)：93–121.

Environmental Justice 环境公正

美国的环境保护运动传统上侧重于资源保护和物种保护，而国际工作则更加广泛，并收入了环境公正的概念。环境公正工作一般可以定义为在人们生活、工作、尊崇和玩耍的地方，促进平等和公平地获取环境资源，支持法律下的平等保护，并公正地实施所有环境法规。环境公正涉及纠正社区由于安置有对环境产生危害的产业而承担的不合理负担。自20世纪60

年代后期以来，美国越来越多地将环境公正活动纳入环境运动的框架。环境问题的新闻报道有时受到环境公正活动的启发，环境记者需要意识到这个问题。

环境公正寻求突出和纠正自然资源的不公平分配以及通过基层行动和法律行为不合理地安置环境毒素行为。本词条记录了环境公正运动的起源、发展历史和成就，并提供了一些案例。

组　织

民权运动建立了一个组织，以解决某些特定人群因自身弱势或劣势而无法进入权力机构的不平等问题。以承认环境种族主义为基础，环境公正将环境权定义为公民权利。环境种族主义即社会不公正的表现，代表事件是：将不成比例的大规模健康和环境风险施加给有色人种社区。从历史角度来说，有色人种社区无法获得足够的财力、政治和法律资源来组织和反对在其社区建立有毒工厂。污染工业也被吸引到低收入社区和有色人种社区内，因为低收入社区和有色人种社区地租便宜，劳动力价格低，其他运营成本也较低。从全球来看，典型的例子是电子垃圾被从发达国家出口到发展中国家。

法律史

在美国，民权运动使用诉讼和大规模运动作为其变革工具，为环境公正奠定了基础。1964年的《民权法》（Civil Rights Act）鼓励消除种族歧视，禁止在公共设施内以及在政府和就业方面的歧视，对非裔美国人和妇女受到的歧视行为提供法律补救。

诉讼确立了国会行动的框架，为受影响的社区制定补救措施，激发了一场全国性运动。拉尔夫·阿巴斯卡尔（Ralph Abascal）于1969年代表加利福尼亚州6个移民农民提起的诉讼最终导致形成了国会听证会和1972年禁用有毒合成农药滴滴涕（DDT）。在20世纪70年代初，美国公共卫生服务部（U.S. Public Health Services）确定铅中毒严重影响了非洲裔美国人和西班牙裔社区，总统环境质量委员会承认种族歧视对贫穷的城市社区产生了不利影响，降低了其地区的环境质量。1979年的比恩诉西南垃圾管理公司（Bean v. Southwestern Waste Management Corporation）是美国的第一个涉及环境公正的诉讼，该诉讼指控颁发固体废弃物设施许可证的决定构成种族歧视，违反了第十四条修正案中的平等保护条款。

这些抗争在1982年引起国家注意，当时北卡罗来纳州沃伦县的居民抗议在其社区设置有毒废弃物填埋场的计划。垃圾填埋场是为了填埋被约11万升（3万加仑）含有多氯联苯（PCBs）的物质所污染的土壤，14个北卡罗来纳州县的路旁被非法喷洒了这些多氯联苯。多氯联苯是持久性有机污染物，其在动物和人体组织中的降解和积累速度高于被吸收和消除的速度。

当时，沃伦县是从90个被提议的地点中选择出来的，在该州非洲裔美国居民的比例最高。该县64%的人口是非洲裔美国人，在北卡罗来纳州的100个县中，人均收入排名第97位。舒克乡作为垃圾填埋场的地点，其75%的人口是非洲裔美国人。当地居民与国家民权组织者、非裔美国教会领袖、民选官员、环保活动家和劳工领袖共同联合，超过400名示威者在垃圾填埋场投入使用后的两周内被捕。虽然示威者没有成功阻止垃圾填埋场的设置，但他们将人们的注意力带到了对低收入有色人种社区的不公平待遇上，并围绕环境问题激发当地公民行动起来。几十年后，北卡罗来纳州被要求花费超过2500万美元对沃伦县多氯联苯垃圾填埋场进行解毒，这个过程在2003年完成。

沃伦县的抗议活动促使国会核心小组要求美国总审计局（U.S. General Accounting Office）调查设置有害废物填埋场的社区的种族构成。1983年美国总审计局《危险废弃物填埋场的选址及其与周边社区的种族和经济状况的相关性》（*Siting of Hazardous Waste Landfills and Their Correlation With Racial and Economic Status of Surrounding Communities*）研究报告指出，在美国东南部，4个有危险废弃物填埋场的社区中有3个都是住着大量非洲裔美国居民的社区。在这4个社区中，至少有26%的人口的收入低于联邦贫困线。

沃伦县的抗争也是联合基督教会（United Church of Christ，UCC）委员会于1987年编写的具有里程碑意义的《有毒废弃物和种族》（*Toxic Waste and Race*）报告的触发因素。在报告中，本杰明·查维斯牧师（Benjamin Chavis Jr.）提出了“环境种族主义”这一术语，定义为在以下方面存在种族歧视：官方通过战略会议批准在少数民族社区中存在危害生命的毒物和污染物，政府政策，不平等地实施法律和法规，并将少数民族利益相关者排除在主流环境团体、决策委员会以及其他委员会和监管机构之外。联合基督教会的研究强调了危险废弃物场所的位置和少数民族人口数量之间的直接相关性。联合基督教会确定了有色人种集中程度最高地区的商业危险废弃物设施数量最多，5个非裔美国人和西班牙裔人中有3个住在含有不受控制的有毒废弃物场所的社区。研究报告还表明，非洲裔美国儿童占所有铅中毒儿童的50%，农药中毒对西班牙裔农场工人及其家庭的影响最大。

在中西部地区，组织反铅中毒和反石棉中毒活动的基层人口数量显著。哈泽尔·约翰逊（Hazel Johnson）在芝加哥南部组建了社区恢复人士中心（People for Community Recovery，PCR）。约翰逊被称为“环境公正之母”，约翰逊率先组织清除当地家庭和学校内石棉的活动，并教育社区成员了解社区公共住房发展过程中铅中毒危害的记录。这些努力催生了芝加哥房屋委员会（Chicago Housing Authority）一系列有关铅的改革和延伸计划。

20世纪90年代是环境种族主义得到进一步证实、更加追求环境公正的时期。美国国会（U.S. Congress）通过了具有开创性意义的环境保护法——1990年的《清洁空气法案》（Clean Air Act），为环境损害诉讼提供了进一步的理论依据。然而，通过忽略关于毒素和污染物如何积累以及如何影响有色人种问题中存在的矛盾，环境保护局对外开放监督。为对国会黑人核心小组的一项指控作出回应，即黑人群体的需求得不到解决，环境保护局（Environmental Protection Agency，EPA）创建了一个环境公平工作组，两年后确定这些指控是真实的，少数种族群体和低收入群体经受了更大的空气污染、危险废弃物设施和农药的侵害。《环境公平：降低所有社区的污染危害》（Environmental Equity: Reducing Risks for All Communities）的报告建议更加重视环境公平，减少弱势群体受到的污染危害，并加大努力使有色人种社区和低收入人群社区参与环境政策的制定。根据报告的建议，环境保护局在1992年设立了环境公平办公室（Environmental Equity office），即现在的环境公正办公室（Office of the Environmental Justice），以支持与环境公正相关的活动和政策制定。

1994年2月，比尔·克林顿总统签署了12898号行政命令，《关于保障少数民族和低收入人群环境公正的联邦行动》（Federal Actions to Address Environmental Justice in Minority Populations and Low-Income Populations），指示联邦机构处理那些对少数民族和低收入人群的公共卫生和环境有不公正和不利影响的项目。该命令还鼓励人们积极获取公共信息，并且鼓励利益相关者参与到有关环境和人类健康的问题中去。

联合基督教会发布了其原始报告《有毒废弃物和种族20年：1987—2007》（Toxic Wastes and Race at Twenty：1987-2007）。该研究重申种族和地方的重要性。在设置了危险废弃物填埋场和污染工业的地方，仍存在显著的种族差异和社会经济差距。法律补救是不一致的，有色人种和低收入人群的社区仍然面临着不平等的法律保护。为此，环境社会学家罗伯特·布拉德（Robert Bullard）（被称为“环境公正之父”）提出由参议院超级基金和环境健康小组委员会（Senate Subcommittee on Superfund and Environmental Health）审议“关于对环境保护局环境公正项目的监督”（Oversight of E.P.A.S Environmental Justice Program），并附有一封包含100多项环境公正、民事权利、倡导健康和信仰团体签字的信函。该信函核准了2007年联合基督教会的报告并采纳其建议，以编纂12898号环境公正行政命令，恢复超级基金税，要求工业部门提供关于进入市场的有害化学品的安全数据，促进清洁生产和提高废弃物管理技术，并且重新建立一个基于1964年《民权法》（Civil Rights Act）第六章的证明歧视行为的私人诉讼权法。

文化史

环境公正运动由通常不认为自己是环保主义者的人参与。这些公民、基层组织者和倡导者在环境中拥有既得利益，但可能不会参与专门致力于自然保护的组织。虽然环保团体致力于强调物种灭绝和气候变化带来的困境，但环境公正运动力求将人性问题放到这些问题之上，并希望通过当地利益相关者的参与来解决社区的保护问题。

1989年，非营利性的墨西哥湾沿岸租户组织和路易斯安那州巴吞鲁日和新奥尔良之间的“100英里走廊”的居民带领了一支“中毒大军”通过该地区。曾几何时，人尽皆知的“癌症带”，有128家石油化工公司，因患癌率、畸形儿出生率和流产率最高而著名。有这些健康问题的大多数受害者是在密西西比河居住和工作的非裔美国人。

界定环境公正运动的社区主导倡议和基层行动主义者重塑传统的环境运动。1990年1月，9位黑人活动家写信给包括绿色和平组织（Green Peace）、世界野生动物基金会（World Wildlife Fund）、国家野生动物联合会（National Wildlife Federation）、自然资源保护委员会（Natural Resources Defense Council）、大自然保护协会（Nature Conservancy）和塞拉俱乐部（Sierra Club）在内的十大环保组织，要求非营利组织提高其员工和董事会成员的种族和民族多样性，并要求非营利组织就造成其社区环境危机与他们进行对话。

1991年，第一届全国黑人环境公正峰会在华盛顿特区举行，来自50个州的650多名基层和国家领导参加了峰会。峰会代表概述了17项“环境公正原则”，作为组织以及与政府和非政府组织相关的准则。这些原则之后被翻译成西班牙语和葡萄牙语，并在1992年里约热内卢地球峰会上分发。2002年，来自世界各地的1200多名基层、学术、教会和劳工组织的代表聚集在第二届全国黑人环境公正峰会上，参与人数增加了近200%，86次会议有一半以上由女性领导主持。

随着1992年在路易斯安那州的泽维尔大学（Xavier University in Louisiana）成立了环境公正深南中心（Deep South Center for Environmental Justice），环境公正实现了制度化。基于这样的想法，日常社区生活的知识必须与科学研究相结合，以制定有效的环境政策，环境公正深南中心促进科学研究人员以及政策制定者和社区之间的合作，合作侧重于在沿密西西比河走廊地区在环境、社会和经济公正领域发展少数群体领导力。

近期发生的环境事件

近期发生的环境事件表明，关于环境公正的抗争正在进行，并正引起更广泛的关注。2005年，路易斯安那州新奥尔良的卡特里娜飓风（Hurricane Katrina）事件凸显了在环境规划和环境灾害应急措施方面的社会经济差距。2007年联合国气候变化大会（United Nations Climate

Change Conference）试图制定一个应对气候变化的路线图，但它没有为减少温室气体排放制定具有约束力的目标，并且使用市场机制作为主要的变革手段。因为以农业为主的发展中国家最容易受到气候变化的影响，所以这些官方决策引发了活动家之间的讨论，目的是提高公民参与度以及制定出合理的气候参数和政策。日益增长的“绿色工作”运动扩大了环境公正，并利用就业作为社会变革的工具，通过在可再生能源产业、回收行业及其他环保工业转变蓝领工作以及创造就业机会，来振兴低收入人群社区和黑人社区。

总　结

环境公正要求我们重新考虑我们与自己及邻近社区的关系，并扩大我们对环境的理解，这关乎保护人类，也关乎保护野生动物。自然和毒素不存在边界，它们不会在低收入和高收入地区之间进行区分，也不会在白人社区和黑人社区之间进行区分。对环境的破坏将最终影响我们每一个人，我们的健康、社区、经济和自然资源都会为此付出代价。争取洁净的空气、干净的土壤和清澈的水源有益于我们每一个人。

被排除在环境讨论之外的低收入人群社区和黑人社区必须获得参与的工具和机会。因为环境问题是全球性的，每个社区都有自己的需求和方法，如果没有各社区之间的共同合作，就不能解决环境问题。承认和理解种族、阶级和性别的政治以及社会差异是将全球环境不平等模式转向面向所有人公正方向的根本。

撰 稿 人：P. Simran Sethi

另请参阅：NIMBY（“Not In My Backyard”）；Superfund

参考文献

[1] Bean v. Southwestern Waste Management Corporation，482 F. Supp.673，1979.

[2] BULLARD R. Dumping in Dixie：Race，class，and environmental quality [M]. Boulder，CO：Westview Press，1990.

[3] BULLARD R.（Ed.）.Confronting environmental racism：Voices from the grassroots [M]. Boston：South End Press，1993.

[4] Clean Air Act Amendments of 1990，42 U.S.C. § 7401 et seq，1990.

[5] CHAVIS B F，JR. Toxic wastes and race [M]. Boston：South End Press，1987.

[6] Civil Rights Act of 1964，Pub. L. No. 88–352，78 Stat. 241，1964.

[7] LEE C. Beyond toxic wastes and race [M]//R BULLARD（Ed.）.Confronting environmental racism：Voices from the grassroots. Boston：South End Press，1987：41–52.

[8] United Church of Christ Commission for Racial Justice.Toxic wastes and race in the United States：A national report on the racial and socioeconomic characteristics of communities with hazardous waste sites [M]. New York：Author，1993.

[9] United States Environmental Protection Agency.Environmental equity：Reducing risk for all communities（Vols.1–2）[R]. Washington，DC：Environmental Equity Workgroup，Office of Policy，Planning，and Evaluation，USEPA，1992.

[10] United States General Accounting Office. Hazardous and nonhazardous waste：Demographics of people living near waste facilities [M]. Washington，DC：Author，1995.

Environmental Protection Agency, U.S. 美国环境保护局

美国环境保护局（U.S. Environmental Protection Agency，EPA）成立于1970年，该局将自己描述为美国环境管理者。为了保护环境和人类健康，该机构从事6项主要活动：①制定法规以实施国会通过的环境法。②执行环境法律、法规和标准。③向国家、非营利组织和教育机构提供补助金。④研究环境问题。⑤协助污染防治和提供节能措施。⑥促进环境教育，使美国人从洁净的空气、干净的土壤和清澈的水源中获益。

在20世纪60年代，环境问题作为一种政治和社会关切出现。随着1962年蕾切尔·卡逊（Rachel Carson）的《寂静的春天》（*Silent Spring*）的出版以及1969年举行第一个地球日庆祝活动，环境保护局被视为执行联邦环境行动的机构。理查德·尼克松（Richard Nixon）总统在就职4个月后成立了环境质量委员会（Environmental Quality Council）。《国家环境政策法》（National Environmental Policy Act，NEPA）于1970年1月1日签署，确立了国家环境政策并确定了保护、维护和改善环境的目标。在利顿工业（Litton Industry）的创始人罗伊·阿什（Roy Ash）的促进下，旨在监督环境政策实施的自主监管机构美国环保局，清除了监管障碍，并于1970年12月2日成立。

美国环境保护局在土壤、空气、水源、人类健康以及生态环境5个战略目标下执行其任务，由14个总部办公室和10个管辖区构成，代理部门负责执行该机构制订的计划。一个关键的前提是环境保护局的决定要基于完整的科学数据以及合理的分析和解释。因此，国会于1978年成立了环境保护局科学咨询委员会（Science Advisory Board，SAB），负责向环境保护局提供相关科学事务的咨询。科学咨询委员会主要由科学家和专家组成，作为联邦咨询委员会，必须在《联邦公报》（*Federal Register*）上公布其会议结果，并为公众表达意见提供机会。

环境保护局为促进机构和公众之间有效沟通的努力包括发布信息，鼓励公众参与决策，以及对可能对环境和健康构成潜在威胁的实体执行公开的法律制裁。作为信息的发布者，环境保护局有相关出版物和网站，提供英文、西班牙文、中文、越南文和韩文版本信息。环境保护局为公众做的特别工作包括专为5~12岁儿童设置的环境儿童俱乐部（Environmental Kids Club）。环境保护局还设有一个教育中心，提供教育资源，以促进正式和非正式环境中的环境教育。每年，该机构还为公民制作一份绩效和问责报告。环境保护局的公共事务办公室是专门负责公共宣传和沟通的中心。公共事务办公室设有公共外联、媒体关系和网络通信部门。

除了基于健全、科学的环境决策，环境保护局还鼓励公众参与公共事务决策，以提高决策和审议过程的质量。经过2年的发展，该机构于2003年制定了一项正式的公众参与政策。该政策鼓励环境保护局的官员推动积极、有意义的公众参与；找到受影响的人群，与他们沟通，倾听他们的故事；让公众参与到寻找替代办法和解决冲突问题的过程中；并培养促进公众参与的伙伴关系。

该政策概述了促进公众有效参与的7个具体步骤，并声称“机构的所有决策应该倾向于能促进重大及有意义的公众参与”。国家环境出版物服务中心（National Service Center for Environmental Publication）遵循公共参与政策，并有一份20页的执行框架。具体的交流手段包括研讨会、社区会议、邮件列表以及使用联邦公报和媒体来宣传公众参与的途径。环境保护局的网站也为公众参与提供了机会。此外，若干环境保护局的规定包括了公众参与的程序纲要，涉及广泛，从信息自由法到非常具体的听证会规则，联邦杀虫剂、杀菌剂和杀鼠剂法。

环境保护局以及其他联邦机构和委员会负责执行相关法律，对可能造成环境损害的人，会强制公开其信息。环境保护局通过其执行和历史在线网络获取硬数据和合规数据，为信息搜索者提供包括设备检索、区域搜索、趋势分析及相关报告和资源的广泛的功能。由环境保护局主导的其他服务和基于网络的服务提供了特定领域的授权性环境公开数据，例如，环境事实数据库（用于水数据）和空气数据。

环境保护局对交流实践的突出贡献是其对风险交流领域的关注。1995年，环境保护局在几个办事处的重组中创建了国家风险管理研究实验室（National Risk Management Research Laboratory，NRMRL）。虽然交流不在该实验室的任务范围内，但风险管理专家承认风险管理包括风险评估和风险交流。风险交流是一个交流自然界潜在危害的过程，目的是帮助公众理解风险管理，从科学的角度形成危害意识，并参与到管理风险的决策中去。2007年，国家风险管理研究实验室出版的《风险交流行动：风险交流工作手册》（*Communication in Action*：*The Risk Communication Workbook*）标志着美国环境保护局采取了一项重要举措，该举措承认基于价值观、说服力、认知和数据呈现的风险交流概念。

美国环境保护局已经成为一个重要的联邦机构，是环境卫生和人类健康的保护者。通过集中的科学研究和实践工作，该机构努力降低和预防环境损害。作为沟通者，该机构致力于公开环境数据，使公众了解环境问题，并让公众参与到决策中去。

撰 稿 人：Joye C. Gordon

另请参阅：Environmental Impact Statements；Environmental Journalism；Government Public Information；Public Engagement；Risk Communication，Overview

参考文献

[1] National Environmental Policy Act，42 U.S.C. § 4321 et seq，1970.

[2] U.S. Environmental Protection Agency. Public involvement policy of the U.S. Environmental Protection Agency [EB/OL]. www.epa.gov/publicinvolvement/pdf/policy2003.pdf.

[3] U.S. Environmental Protection Agency.Performance and accountability report：Environmental and financial progress [EB/OL]. www.epa.gov/ocfo/par/2008par/par08report.pdf.

[4] U.S. Environmental Protection Agency. Risk communication in action：The risk communication workbook [EB/OL]. www.epa.gov/nrmrl/pubs/625r05003/625r05003.pdf.

[5] U.S. Environmental Protection Agency：www.epa.gov.

ETC Group
ETC 集团

近年来，诸如ETC集团［或称“侵蚀、技术和集中行动小组”（Action Group on Erosion，Technology and Concentration）］等民间社会组织，在科技问题的辩论中，以及在关于促进合理发展变革性科技及其在社会经济中的应用等全球政策对话中，发挥了越来越重要的作用。这个总部位于加拿大的宣传小组已经成功说服政府，并在全球范围内与国际机构进行了磋商。它将注意力集中在诸如植物遗传资源、生物技术、知识产权、生物剽窃、纳米技术、地球工程、合成生物学和人类基因组学等专题上。ETC集团是在加拿大和荷兰注册的民间社会组织，而ETC集团的盟友是美国的一个私人非营利组织。

在20世纪70年代初，帕特·穆尼（Pat Mooney）、霍普·尚德（Hope Shand）和卡里·福勒（Cary Fowler）成立了ETC集团的前身组织国际农村发展基金会（Rural Advancement Foundation International，RAFI），总部位于加拿大温尼伯。国际农村发展基金会是首批民间社会组织之一，倡导以发展中国家农民权利为基础的宣传研究，在为《粮食和农业植物遗传资源国际条约》（*International Treaty on Plant Genetic Resources for Food and Agriculture*）的游说方面发挥了重要作用。该条约于2004年6月29日生效。2000年，国际农村发展基金会转变为ETC集团，致力于促进在全球和区域层面惠及边缘化群体的技术开发和部署的宣传工作，但不进行与基层、社区或国家相关的宣传工作。因此，ETC集团致力于文化多样性和生态多样性的保护和可持续发展工作。为了实现这些目标，ETC集团开展了与政策相关的研究，领导教育规划活动，并是联合国经济与社会理事会（United Nations Economic and Social Council）、联合国生物多样性公约组织（United Nations Biodiversity Convention）、农业粮食组织（Food and Agriculture Organization）、联合国贸易与发展大会（United Nations Conference on Trade and Development）以及国际农业研究协商小组（Consultative Croup on International Agricultural Research）等组织的咨询者。

为了解该组织是如何随着时间的推移而演变的，以下列方式描述他们的工作可能会对解决疑问有帮助。第一阶段（20世纪70年代初至2001年），这个民间社会组织将其精力放在农业问题上，涉及农业生物多样性、粮食安全以及新兴生物技术对农村贫困人群的影响。第二阶段（2001—2008年），ETC集团将重点转向技术融合问题，重点关注纳米技术、合成生物学、地球工程和人类基因组学。

在其发展的第一阶段，ETC集团设法在对民间社会组织审查相对宽松的地区进行拓展。例如，在1981年，该组织研究了抗除草剂植物品种的发展是如何对粮食安全构成威胁的。ETC集团协同世界各地的民间社会组织，通过了解农药公司如何在全球范围内收购种子公司，以及他们如何同时开发专门与自主农药品牌合作的转基因植物，一起来探索这些问题。1998年，ETC集团发现，几个大型生物技术公司正在开发无菌种子专利技术，这也可能对粮食安全产生影响，并对发展中国家那些拥有家传种子保存技术的少数农民产生负面影响。通过这个组织的工作，这种所谓的终止器技术停滞在其商品化阶段。

ETC集团还在把人们的注意力聚焦于知识产权问题方面发挥了关键作用，并促使“生物剽窃”（*biopiracy*）这一术语形成。“生物剽窃”指跨国公司为其商业开发目的，不正当地获取资源拥有国及土著和地方社区的遗传资源和相关传统知识（通常是当地植物的遗传和基因组资源）。

2001年，ETC集团进入了其发展的第二阶段，发布了一份具有影响力的关于技术融合和纳米技术的报告。随后是关于食品和农业纳米技术以及纳米技术在医疗方面应用的专题报告，并于2007年主办了一项旨在为具有潜在危险的纳米材料产品设计一个国际标志的竞赛。ETC集团还在2006年开展了合成生物学讨论，在2008年开展了人类基因组学讨论，发表了关于合成制造DNA分子以及直接面向消费者的DNA检测用品的报告。2007年，ETC集团发布了一份关于地球工程的报告，批评了各种拟议的海洋施肥项目，这些项目是基于《气候变化国际公约》（*International Convention on Climate Change*）的《京都议定书》（Kyoto Protocol）拟议的以碳计量为目的的碳封存项目。

ETC集团是民间社会组织的典型代表，其工作重点是促进政策对话，帮助缩小发达国家和欠发达国家之间的差距。ETC集团强调公正性、公平性、文化敏感性以及可持续性，并在提高问题意识方面发挥了重要作用，这些问题通常报道率低或没有受到学术界关注。ETC集团将复杂的科学信息和尖端技术转化为与社会相关度高的信息，代表一个跨多个学科、涉及各种利益相关者以及具全球影响力的独特的科学传播品牌。

撰 稿 人：Michael D. Mehta

说　　明：民间社会组织一词在加拿大比在美国更普遍使用，指广泛的、正式和非正式的非政府组织和团体参与如政策制定等公民事务。

另请参阅：Agricultural Biotechnology; Nanotechnology, Regulation of; Resource Mobilization; Synthetic Biology and Genomics

参考文献

[1] ETC Group: www.etc.org.

Ethical, Legal and Social Issues (ELSI) 伦理、法律与社会议题计划（ELSI）

“伦理、法律与社会议题计划”（Ethical, Legal and Social Issues）字母缩写为ELSI（发音为Elsie），因是由美国国家卫生研究院（U.S. National Institutes of Health，NIH）为“人类基因组计划”（Human Genome Initiative，HGI）进行的独立研究而被普遍使用，“人类基因组计划”是一项规模宏大、跨国跨学科的科学探索工程，其目的是将人体内基因的密码全部解读，并绘制出人类基因图谱。它现在非常广泛地应用于涉及科学和技术变化的伦理、法律和社会问题的研究。ELSI研究与传播有两个直接联系。首先，ELSI研究的主题在科学传播和科技新闻的报道中通常具有至关重要的意义；其次，ELSI在美国国家卫生研究院和国家科学基金会

（National Science Foundation，NSF）的科学基金项目中有大量传播研究项目。

人们普遍认同，美国国家卫生研究院“人类基因组计划”将要面临许多新问题，这些问题超出美国国家卫生研究院在基础科学和医学科学领域资助的传统研究范围，其中包括将遗传筛查用于排除保险或就业情况、终止怀孕。此外，“人类基因组计划”本身在遗传决定论的推测形式上已经被认为具有广泛的文化意义，一般指在人类遗传学中，人的性格、品格、种族或民族身份特征存在差异。“人类基因组计划”的第一任负责人詹姆斯·沃森（James Watson）声称，人们曾经认为自己的命运由星星决定，现在他们知道“命运由我们的基因决定”。

因此，当美国国会（U.S. Congress）在1989年批准“人类基因组计划”的新资金流时，他们要求美国国家卫生研究院制订一个系统处理这些问题的计划。因此，ELSI问世。最初的ELSI支持一些研究和政策论坛，这些研究和政策论坛旨在密切跟踪由“人类基因组计划”主持下开展的基础科学工作。埃里克·云斯特（Eric Jungst）是美国国家卫生研究院ELSI的第一任负责人。各学科的科学研究人员都开始起草提议，这些提议可能会涉及人类遗传学领域的问题。在解决医学问题上，遗传学和基因组学变得越来越重要，ELSI倡议的目标扩大到涵盖与生物医学研究方面有关的许多社会和伦理问题。沃森最初宣布“人类基因组计划”5%的资金将用于ELSI的工作。虽然这个数字被缩减了一半，但这仍然是美国科学研究人员，尤其是那些强调伦理的人的研究资金的2倍多。因此，ELSI项目很重要，在一定程度上仅是因为它为社会科学家、哲学家以及其他影响范围更广的科学技术研究者创造了具有合法性和重要机遇的新时代。

扩展ELSI概念和活动

当“人类基因组计划”完成后，美国国家卫生研究院和美国能源部（U.S. Department of Energy）继续向这些机构支持的基础科学研究提出的伦理、法律和社会问题征询。ELSI已经成为一个术语，泛指研究科学和技术创新的具有更广泛含义的奖学金，而不必考虑这项研究是否通过使用ELSI首字母缩写来描述其项目的机构以获得资助。伴随着对农业生物技术的争议和在发现和管理诸如疯牛病过程中遇到的问题，ELSI的工作开始受欧洲科学机构和欧盟的资助，围绕疯牛病开展的基因组学、伦理学、环境学、经济学以及法学领域的研究，是ELSI最大的项目之一，缩写为GE^3LS，由加拿大基因组赞助。加拿大基因组项目因其规模大（GE^3LS项目经费超过500万加元）和强调将科学研究与正在进行的基因组研究和技术开发更密切地结合起来而与众不同。

随着ELSI概念的拓宽，相关研究也并没有从1989年美国国家卫生研究院的ELSI开始着手。美国国家科学基金会自20世纪70年代以来（尽管显著降低总美元承诺），通过一系列项目为这类研究提供了资金支持。蕾切尔·霍兰德（Rachelle Hollander）是美国国家科学基金会科学技术伦理价值观（EVIST）项目的主要设计师。科学技术伦理价值观项目在20世纪90年代被合并成一个更综合的项目，但是美国国家科学基金会仍在工程、科学和技术的社会维度中进行一个项目。美国国家科学基金会还致力于为国家纳米技术倡议项目（National Nanotechnology Initiative，NNI）下对纳米技术中社会和伦理问题的研究提供重要的资源承诺。国家纳米技术倡议项目和能源部的纳米技术资助利用了原来的ELSI缩略语，而美国农业部（U.S. Department of Agriculture）在2007年发起了首次关于纳米技术对社会和伦理影响的征文比赛。

纳米科学和纳米技术已证明是ELSI类研究的重点。美国国会于2003年通过了《美国21世纪纳米技术研究和发展法案》(U.S. 21st Century Nanotechnology Research and Development Act),从而创建了国家纳米技术倡议项目。虽然该法案没有提供新的资金支持,但它指示联邦机构制订一个协调计划来促进纳米技术的研究。该法案还指出,物理和生物科学研究必须伴随着预期和评估该科学领域将会产生的更广泛的社会和伦理影响的研究。这个前所未有的规范出台的两个主要理由,一个是由"人类基因组计划"赞助的ELSI研究的成功;另一个是公众抗议创造转基因生物的DNA重组技术在农业中的应用。美国国家科学基金会资助了几个小组,他们与国家纳米技术倡议项目一起从事与规范或政策相关的研究工作,包括一个大型的多学院参与项目,称作纳米技术社会中心(Center for Nanotechnology in Society),基地位于亚利桑那州立大学(Arizona State University)、加利福尼亚大学圣巴巴拉分校(University of California at Santa Barbara)、南卡罗来纳大学(University of South Carolina)、加利福尼亚大学洛杉矶分校(University of California at Los Angeles)和哈佛大学(Harvard)。

与这些项目相关的首字母缩略词反映了不同资助机构的官僚作风。专门为生物和物理科学领域提供资金的机构已制订了支持社会科学和人文科学研究的方案,这些研究涉及其特定的科学领域。事实上,在研究方法甚至是领域上常常会有重叠。因此,虽然从供资机构的角度来看,在ELSI(有关道德、法律和社会问题的研究)、GE^3LS(基因组学、伦理学、环境学、经济学以及法学领域的研究项目)、SDEST(科学和技术的社会维度)和SEIN(纳米技术中社会和伦理问题)都各有项目,但是实际上,社会科学家和人文学者都处于同一个松散的研究界,他们在所有这些项目中来回奔走。一些研究是确定地基于特定的社会科学或人文学科的,而其他研究显然是采用多学科和跨学科的方法。

ELSI研究的主题

考虑到ELSI研究的科学或技术创新的范围和种类,几乎不可能在中心主题或独特的研究方法方面描述ELSI研究的特征。然而,区分大部分ELSI研究与其他社会科技研究的一个特征是明确的规范性导向。不是所有的ELSI研究都关注伦理,所以大多数研究确实孤立地分析问题。ELSI研究通常确定可能被解释为有问题的或者要求研究团体或决策者作出回应的科学和技术的某些问题与含义。其他时候,他们强调关于科学本质、关于其监管和赞助或关于在环境和社会组织领域内发生的非预期后果的社会争论。一些ELSI研究对他们诊断出的问题和弊病制定了合理的应对措施。例如,ELSI研究呼吁立法禁止遗传信息在保险、就业领域的使用。

除规范性之外,很难再挑出一个词来描述有几十年研究历史的ELSI研究的其他特征。ELSI研究由哲学家、社会学家、政治学家、历史学家、经济学家、人类学家、地理学家、法律学者、语言学家和神学家以及由在物理和生物科学领域接受过培训的科学家进行。它展开了典型的内容和概念分析以及调查、档案研究、人种学调查、小组讨论和参与式观察。研究由个体研究者和来自多个学科的研究人员组成的合作团队进行。虽然基因科学在ELSI研究的主题中是不成比例的,但实际上每一种可想到的科学类型都可能成为ELSI研究的对象。在ELSI研究中只有很少数量的常规主题被特别提及。

第一,人体试验研究已经对生物医学和社会科学的研究过程产生了显著的影响。1979年,一个旨在保护人体受试者的生物医学和行为研究国家委员会(National Commission for the Protection of Human Subjects of Biomedical and Behavioral Research)发布了《贝尔蒙特报告》(*Belmont Report*)。该研究关注滥用人体试验的行为,如塔斯基吉梅毒研究,允许该病毒在非洲裔美国人的人体中进行试验，以便研究人员可以跟踪其进展。在认识到青霉素可以提供安全和有效的治疗之后，这种观察持续了很久。受试者认为他们正在接受治疗，但却从未获得过更有效的药物治疗。《贝尔蒙特报告》强调了这些和其他滥用人体试验的行为，并规定了人体受试者要知情并同意，机构委员会须审查关于使用人体试验的议定书。ELSI 风格的工作一直在持续改进并为研究过程制定适当的指南，特别是具有潜在敏感性的关于收集和使用个体及弱势群体遗传信息的研究。

第二，ELSI 研究揭示了科学技术可能与权力的不均衡纠缠在一起。这些研究尤其集中在技术先进的社会中个人隐私性质的变化。从获得卫星数据的遥感技术创新到射频识别创新，这些创新可以使一部分人利用金钱和特权获得关于他人活动的潜在有价值的信息。ELSI 研究催生了立法和相关政策的出台，严格限制监视技术在个人隐私范围内的使用。它还推动了相关团体的组建，以及劳工组织相关行动的开展。基因技术和电子技术对隐私的影响持续受到争议，这也是 ELSI 经常研究的对象。

第三，ELSI 研究在新政策和治理机制的出台中发挥了作用，旨在提高决策过程中公众参与的有效性。在这里，ELSI 研究与关注环境保护和赋予妇女和少数民族权力的社会运动相融合，但关于基于技术的公共工程项目管理者的这一有影响力的研究需要科学界更为广泛的参与。认识到少数民族人群过度暴露于工业污染物中这一问题后，人们开始呼吁环境公正。兰登·温纳（Langdon Winner）关于“社会的技术构成”的观点说明，选择推定的技术领域，如电话系统或电网，可以对社会相互依赖，对生活质量产生持久的影响。关于风险感知的研究暴露了以前与技术风险的监管无关的各种公众担忧。总的来说，这些担忧已经在科学民主化的目标下合并，并且已经开始了新的、用于实现这个目标的 ELSI 研究测试。

传播研究与 ELSI 研究的最后一类尤其相关。1996 年，国家研究委员会（National Research Council）发布了《了解风险》（*Understanding Risk*）报告，使人们逐渐意识到技术的风险。该报告强调了精心设计过的沟通过程的重要性，既为科学风险评估计划提供公共投入，也为避免严重的误解和新技术转化对公众造成危害而引起的公愤。ELSI 研究在某种程度上是了解风险的基础，而以沟通为中心的研究已经逐渐成为 ELSI 研究的核心。

撰 稿 人：Paul B. Thompson

另请参阅：Human Genome Project；Research Ethics，Overview；Watson，James D.

参考文献

[1] CLAYTON E W.Ethical，legal and social issues in genomic medicine [J]. New England Journal of Medicine，2003，349：562–569.

[2] MESLIN E M，THOMSON E J，BOYER J T. Bioethics inside the beltway：The ethical，legal，and social implications research program at the National Human Genome Research Institute [J]. Kennedy Institute of Ethics Journal，1997，7：291–298.

[3] MNYUSIWALLA A，DAAR A S，SINGER P A. “Mind the gap”：Science and ethics in nanotechnology [J]. Nanotechnology，2003，14：R9–R13.

[4] U.S. 21st Century Nanotechnology Research and Development Act，Pub. L. No. 108–153，2003.

[5] WYNNE B.Creating public alienation：Expert cultures of risk and ethics on GMOs [J]. Science as Culture，2001，10：445–481.

Eugenics 优生学

在19世纪末和20世纪初，对生物决定论的信仰成了优生学运动的基础。许多人将优生学视为一种世俗宗教，认为它为现代世界提供了一种新的、以生物学为基础的“十诫”。优胜者计划通过控制和改善社会下一代的遗传来创造更美好的世界，社会改良这个修辞让优生学与种族主义和种族偏见联系在了一起，维持社会现状，支持强者凌驾于弱者之上，本地人的利益高于外来者的利益。在以科学证据不足和作为不能为人们所接受的社会政策而被驳回之前，优生学被用于对抗大多数美国人的利益以及反对民主。更多当代遗传学和基因组学方面的进步是许多公共政策问题的核心，人们争论这方面的知识该如何使用。这一记录为当今关于遗传操纵的争论提供了宝贵的历史背景。

人类渴望构建一种解释，说明人类自身存在行为层次差异的原因，并渴望使下一代得到改善。这种愿望早在柏拉图的著作《理想国》（*Republic*）里已有呈现。在书中，苏格拉底（Socrates）解释说，人类的差异最应该理解为人类本质的反映。一个人的行为是他所做的事情的直接表达。由于这些本质在质量上是从铁和黄铜向上递增到银再到黄金的，所以在这个观点上，拥有它们的公民，其道德和公民素质也是如此。用柏拉图（Plato）或苏格拉底所不知道的术语来重述这个论点，即了解我们之所以是我们，是由我们各自的基因决定的；我们是由自己的生物遗传决定的。在此基础上，有些人认为，人类的改善主要取决于操纵和改善人类的生物遗传。

在20世纪初的美国，本地出生的盎格鲁－撒克逊（Anglo-Saxon）知识分子早就开始在快速的社会变革中为自己的地位感到担忧。自从内战结束以来，移民、城市化、犯罪和社会脱节改变了美国社会。生命科学也发生了快速变化，优生学家利用奥古斯特·魏斯曼（August Weismann）和乔治·孟德尔（Gregor Mendel）的作品来解决这些棘手的问题。在优生学家的大力支持下，通过了限制来自南欧和东欧移民的法律，把那些被认为是不适合的人隔离开来；反对种族间通婚；执行国家资助的绝育手术。超过60000名美国公民在非自愿的情况下进行了绝育手术。在优生学更普及的情况下，学校教科书称赞优生学，电影警告优生衰退，优胜家庭竞赛为那些推定为有优生优势的人提供奖牌。

虽然优生学与20世纪早期的科学知识并不发生矛盾，但是在20世纪20年代末它失去了科学支撑。优生学缺乏科学合法性，无视人权，与“欧洲大屠杀”的密切联系封锁了它的命运。到第二次世界大战结束时，20世纪初的优生学已在垂死挣扎。然而，21世纪父母们能够孕育完美后代的希望与分子遗传学和生育治疗的进步结合，使21世纪的新优生学成为可能。在受精卵的体外培育过程中进行尚未经过测试的基因修改程序，使改变和提高人类胚胎质量成为可能。这并不意味着回到过去的种族主义和反民主的优生学。如果，未来将有一个不同于过去并且在政治上可以接受、在道德上负责任的优生学，它必须保证跟随生命科学发展的步伐，维持一个与民主价值观相一致的公正社会愿景，并且能够令人满意地解决“人类操纵”这一伦理问题。

英国和美国的根

优生学由英国弗朗西斯·高尔顿（Francis Galton，1822—1911）于 1883 年提出，意思是“出身高贵的”。高尔顿注意到，与随机性相比，英国社会的领导人之间更有可能相互关联，从而得出结论，是统治阶级的优越生物遗传决定了他们的社会地位。高尔顿发现自然特性远比后天培养更重要，他倡导善择配偶，从而保证“最优秀的人”只会与“最优秀的人”结婚，更重要的是能够改良人种。

在美国，优生学是美国“进步时代”（1865—1918）的产物，它将正在发展的生物学与改良人类以及控制人类遗传的愿望联系到一起。优生学的支持者来自政治领域，敦促将科学应用于人种的改善，并集中采取 4 个主要政策举措：限制来自南欧和东欧的移民，隔离那些被社会认为是劣等的人，对所谓低能的人进行绝育手术，颁布禁止种族间通婚的法律。

正如丹尼尔·凯斯（Daniel Kevles）指出的，这种优生学的主要形式与本土主义和种族主义密切相关，并取得了巨大的成功。例如，1924 年，面对日益增加的东欧和南欧移民，国会（Congress）通过了一项移民改革法，要求在 1890 年的人口普查基础上实行配额制，这一时期美国人口中有很大一部分来自北欧和西欧。10 年后，这些配额将否认那些在第二次世界大战之前进入美国海岸的人。此外，在 1924 年，在最高法院（Supreme Court）的巴克起诉贝尔案中，优生学的支持者成功地使国家强制绝育合法化。在巴克案中，一个可怜的白人女孩被指控有一个弱智的母亲，自己也是一个弱智者，并生下一个弱智儿童。首席大法官奥利弗·温德尔·霍姆斯（Oliver Wendell Holmes Jr.）在代表多数法官的意见陈述书中提出，“三代的弱智已经足够了”，对这个白人女孩嘉莉·巴克（Carrie Buck）实行绝育手术。然而，与保罗·伦巴都（Paul Lombardo）报道的内容一样，人们对国家基因库纯度的关注超过了这一标志性案件的本身。嘉莉·巴克的女儿并不是弱智，而是一个获奖的小学生。法院判决中所说的三代弱智并不是事实。

到 20 世纪 30 年代，一个更温和、非种族主义、非先天论者的革新优生学取代了以往的优生学。革新优生学使用第一次世界大战期间优生学家开发的智商测试，关注得分优异的个人，而不是其所属的种族或家庭团体。与优生学不同，革新的优生学为人类发展中的环境提供了一个角色。革新的优生学支持通过将社会大部分有才之人的婚姻与环境的提高相结合促进人种改良，当时的高中科学教科书支持这种生物驱动，即以成绩为基础的优生学。虽然优生主义革新者集中在公立学校，根据他们假设的先天能力对公民进行分类，但他们不能避免基于阶级的测试本质或美国社会确定社会进步的隔离性质。无论消极的或积极的、传统的或革新的，优生学合法化了社会现状，支持强者优于弱者、本地人优于外来者。

美国优生学：应对社会和科学的快速变化

限制移民，隔离被推定为不合格的人群，支持政府实施的绝育政策，限制种族通婚，这些美国优生学的“胜利成果”表达出了当时基于种族主义或移民恐惧的社会焦虑。虽然这些社会焦虑确实发挥了作用，但是我们更可以将优生学成功地理解为在快速变化和现代化时期，社会和科学相互作用的结果。

社会和经济发展

美国优生运动发展的时期是技术、人口统计学和科学发生巨大变化的时期。例如，1870—1910 年，美国授予了 90 万项专利，专利是技术和科学进步的粗略衡量标准。当这些进步成果应用于工业中时，其影响之一就是美国经济规模和结构的转变。由于铁路、肉类加工和钢铁制造等行业创造出的财富高度集中，爱德华·哈里曼（Edward Harriman）、科尼利斯·范德比尔特（Cornelius Vanderbilt）和安德鲁·卡内基（Andrew Carnegie）等闻名遐迩。但这也是经济极度失衡的时期。在19世纪的最后10年，美国人口的前1%控制着全国50%以上的财富，而最底层的80%的人仅拥有1.2%的财富。此外，1873—1897年的经济不稳定造成了一系列经济萧条或“恐慌”等事件。

在南北战争后的几十年里，仍然有许多人移民至美国，掀起移民热潮。这些移民大多来自西方、东欧和南欧地区，移民定居在城市中心，遭受了工业革命之苦。1870—1900年，有1200万人移民到美国。1900—1914年，有1300万人移民到美国。截至1900年，移民人数占工业劳动力的一半以上。在总人口10万以上且成年人占90%的城市中，成年移民人口占有很大比重。虽然这些城市为移民提供了谋生之路，但是这些城市的犯罪率、疾病发生率和经济不稳定性也增加了。

然而，在19世纪后几十年和世纪之交这一时期，在美国面临的诸多挑战中，也许没有任何一个能像种族关系那样具有破坏性。1877年美国重建结束，随着对非裔美国人的暴力行为增加以及1896年普莱西诉弗格森案中最高法院裁定学校实行的教育种族隔离措施合法化，激进的种族主义蔓延到全国。

到21世纪，美国本土出生的盎格鲁-撒克逊精英的地位受到经济不稳定、城市化、不平等加深、移民和种族主义的挑战。这些问题需要一个修复方案来解决。而对于那些支持优生学的人来说，生物科学的快速发展似乎正为这样的方案提供了所需的工具。

生命科学的进步

19世纪末，是生物学的革命时期。反对关于人种改良的环保主义假说是发生的诸多变化之一。法国自然学家让-巴蒂斯特·拉马克（Jean-Baptiste Lamarck）认为，铁匠在锻造车间工作时练就的好身体可以传给他的孩子，作为“习得特性”。这表明社会进步可以通过改变环境而发生。但实验生物学使理论测试成为科学进步的核心。德国生物学家奥古斯特·魏斯曼（August Weismann）的实证研究推翻了拉马克主义。

魏斯曼的工作区分了与生物体一同死亡的体细胞和通过精子或卵子从父母遗传给后代的细胞。正如他所说的那样，种质是代代相传的，不受环境变化的影响。铁匠的孩子不是先天就具备强壮的肱二头肌。对于20世纪主流的优生学者来说，魏斯曼提出的生物决定论是人种改善的基础。如果种质无法改变，并代代延续，那么改善人种需要控制种质载体的行为。如果盎格鲁-撒克逊的种质被判定为优于移民或“低能者”，那么移民限制和绝育政策是合乎科学的。

在1900年，美国优生学家认为，人类生殖细胞细胞质的决定因素表现为多种复杂的道德、智力和社会特征。这些优生主义者在游说一系列社会政策时认为，单一的遗传因子控制着诸如智力、爱国主义、狡诈、贫困、造船能力和流浪倾向等特征，他们相信，通过控制遗传因子能够控制这些特征。然而，哥伦比亚大学（Columbia University）遗传学家在托马斯·亨特·摩根（Thomas Hunt Morgan）的领导下很快就发现，这些将孟德尔实验过分简单化的观点是错误的。

美国优生学的消亡

从20世纪20年代开始，摩根和他在哥伦比亚的学生开始了一系列关于果蝇遗传学的突破性研究。他们的研究揭示了果蝇染色体遗传的复杂性和环境在其遗传中的作用。暗示了人类智力和道德太复杂，不能用简单的孟德尔术语来理解或控制。孟德尔等人的主流观点认为，优生学是垂死的。然而，生物决定论的信念经常回归，要求在公共政策中能够使用基于钟形曲线的论据，并为复杂的人类行为设定基因。当然，在特定基因和医学条件之间存在直接和明确的联系。亨廷顿舞蹈病和唐氏综合征可以直接追溯到遗传和染色体错误。在这些及其他情况下，生物学决定人类的健康和行为。但是研究这个问题的遗传学家一致认为，复杂的人类行为并不能仅通过基因测试来证明。

结　论

虽然人类再次生活在深刻的科学和社会变革时代，20 世纪的优生学不可能再回归，但是，在受精卵的 DNA 中进行可遗传的永久性改变，实施可遗传的基因改造，或将成为可能。只要能够实现未来人类种质优化的目标，21 世纪新优生学的前景是值得重视的。父母已经使用胚胎植入前遗传学诊断来实现迈克尔·桑德尔（Michael Sandel）所说的“完美”的后代。正如《华尔街日报》（*Wall Street Journal*）报道的，调查显示，未来的父母表示有兴趣使用这种技术来选择其孩子的运动能力、身高或智力。

但我们必须谨慎行事，不要把潜在的新优生学视为 20 世纪早期的优生学。20 世纪流行的优生学与种族主义、阶级偏见、反犹太主义密切相关，而新优生学必须符合最严格的标准：坚持与民主价值观相一致的公正社会的愿景，并完满解决人类操纵的伦理学问题。

撰稿人：Steven Selden

另请参阅：Ethical，Legal，and Social Issues（ELSI）；Gene；Gene Therapy；Human Genome Project；Mendel，Gregor

参考文献

[1] Buck v. Bell，274 U.S. 200，1927.

[2] CRAVENS H. The triumph of evolution：American scientists and the heredity-environment controversy，1900–1941 [M]. Philadelphia：University of Pennsylvania Press，1978.

[3] DAVENPORT C B. Eugenics Record Office bulletin no. 9：State laws limiting marriage selection in light of eugenics [M]. Cold Spring Harbor，NY：Eugenics Record Office，1913.

[4] GALTON F. Inquiries into human faculty and its development [M]. London：J. M. Dent，1883.

[5] GAUTAM N. A baby please. Blond，freckles— hold the colic [N/OL]. The Wall Street Journal.（2009–02–12）[2009–02–18]. http://online.wsj.com/article/SB123439771603075099.html.

[6] GOULD S J. The mismeasure of man [M]. New York：W. W. Norton，1981.

[7] KEVLES D. In the name of eugenics：Genetics and the uses of human heredity [M]. New York：Knopf，1985.

[8] LOMBARDO P. Three generations，no imbeciles：Eugenics，the Supreme Court，and Buck v. Bell [M]. Baltimore：Johns Hopkins Press，2008.

[9] PAUL D. Controlling human heredity：1865 to the present [M]. Atlantic Highlands，NJ：Humanities Press，1995.

[10] PERNICK M. The black stork：Eugenics and the death of “defective” babies in American medicine and motion pictures since 1915 [M]. New York：Oxford University Press，1996.

[11] Plessy v. Ferguson，163 U.S. 537，1896.

[12] SANDEL M. The case against perfection: Ethics in the age of genetic engineering [M]. Cambridge, MA: Belknap Press, 2007.

[13] SELDEN S. Inheriting shame: The story of eugenics and racism in America [M]. New York: Teachers College Press, 1999.

Europe, Research System in 欧洲研究体系

欧洲、美国和日本是科技领域的三大国际重要角色，利用其庞大的资金、科学基础设施以及人员，在出版、知识产权和诺贝尔奖项方面实现了大量产出。随着科技和科技交流越来越全球化，欧洲在当代世界的重要性也越来越有目共睹。另外，欧盟为研究科技与社会的交流做出了重要贡献，也改善了欧洲科学家与欧洲大众之间的交流，以保证大众意识能够与快速发展的科学技术同步提升。

在承认古埃及和亚洲文化在数学和天文方面杰出成就的同时，说现代形式的科技基础很大一部分来自欧洲也是合理的。这不仅包括知识的巨大进步，同时还包括科学方法以及现代科技的社会组织发展的进步。公元前几个世纪，雅典数学家将数学研究发展成一种科学性的学科，也将严格证明或者明确的方法规则的思想发展起来，该思想被用来把现实和错误分隔开。17 世纪初，一位伟大的英国哲学家——弗朗西斯·培根（Francis Bacon）为经验主义的科技或者以系统观察和试验为基础的科学奠定哲学基础。包括望远镜和显微镜在内的重要的研究工具都被欧洲研究者首次发明并使用，其中包括意大利的伽利略·伽利雷（Galileo Galilei）、荷兰的安东尼·范·列文虎克（Antoni van Leeuwenhoek）和克里斯蒂安·惠更斯（Christiaan Huygens）。艾萨克·牛顿（Isaac Newton）在英国发展了他关于经验力学的理论。巴黎的路易斯·巴斯德（Louis Pasteur）以及柏林的罗伯特·科赫（Robert Koch）为现代医学打下了微生物学基础；奥地利的格里戈·孟德尔（Grego Mendel）为现代基因学打下了基础；苏格兰的詹姆斯·克拉克·麦克斯韦（James Clerk Maxwell）为电磁学理论打下了基础。大学仍然是全世界科学的主要组织，其现代形式也是由欧洲塑造的。

然而，20 世纪初，世界科技中心由欧洲转向美国，欧洲失去了领导地位。20 世纪 60—70 年代，日本也发展成重要的新兴科技国家，位于美国之后，居第二位（在各个世纪的比较中），但是如果欧洲被当作一个整体，那么日本就要退居第三位了。在接下来的数十年，欧洲、美国和日本将面对中国和印度快速现代化的挑战，中印两国在研究和发展系统上的拓展都显现了巨大的活力。与此同时，欧洲正在挑战美国在国际科技上的领导地位。在某种程度上，这是新角色（如中国）在国际上日益重要的原因，同时也是欧洲研究和发展系统效率改善的重要原因，是由欧洲研究的日益一体化和全球化以及欧洲研究和发展资金的高增长率决定的。

在这方面，“欧洲”主要指西部欧洲，尤其

是欧盟国家和一些与之密切合作的国家，如瑞士和挪威。数据表明欧洲的研究和发展能力主要集中于西部欧洲（这方面最突出的国家包括德国、法国、英国、意大利和瑞典），要注意到一些东部欧洲国家拥有训练良好的劳动力及经历丰富的科学家和工程师，并且在其重点发展的科技领域（如空间科技）中具有传统优势。

欧盟为研究提供资金，并创立了一套常规研究政策，旨在加强欧洲各研究组织之间的合作，增加欧洲内部研究者的流动性，欧盟为研究和发展提供的预算与大部分欧盟成员国的国际预算相比仍然有限。例如，欧盟委员会（European Union，EU）每年为整个欧洲的发展和研究系统分配55亿欧元，而仅德国政府就为德国的发展和研究系统划拨了170亿欧元。欧盟委员会为27个欧盟成员国的研究和发展提供的预算总计约810亿欧元。换言之，欧洲研究和发展的90%以上的经费仍然由国际预算根据国际发展和研究系统政策提供。然而这可能暗示欧洲（作为整体）在科技发展方面可以与美国、日本相媲美，但这并不完全正确——即使考虑到欧盟资金的影响比其产生的数字权重还要大。

另外，一些欧洲研究的协调性也出现在欧盟环境之外：数个欧洲研究组织［如欧洲粒子物理实验室（European Organization for Nuclear Research，CERN）和欧洲航天局（European Space Agency，ESA）］均由欧洲国家的单独协议提供资金，这些欧洲国家不包含在欧盟框架内。当谈及欧洲的整体性，同时明确欧洲研究仍然由27个单独的国际政策所主导的事实也是非常重要的，同时多国的巨大努力以及欧盟的公共政策、基金框架也同样重要。

欧盟的27个国家在国际上认可的科学出版物略多于美国。然而，不仅要考虑到出版物的数量，也要考虑其影响（通常由这些论文的被引用时间和频率所决定），人们也许认为美国研究系统与欧洲系统相比更加高产，即使在拥有几乎相同的政府基金的情况下。给予美国和欧洲的诺贝尔奖奖金的比例可以证明该观点的正确性。267位在物理、化学和医学领域的诺贝尔奖获得者都是美国人，而欧洲的诺贝尔奖获得者仅占35%。

美国研究和发展的高产出的原因如下：首先，大部分的欧盟研究分给27个国际研究系统，它们各自拥有不同的预算和政策。这导致了不协调的平行研究，也加大了把充足的资源集中到更大目标上的难度。即使欧洲科技研究的全部资金与美国大体相同（2005年，欧盟花费2011亿欧元，而美国花费2511亿欧元），欧洲系统的顶级成就产出效率依然较低：许多小型金字塔没有达到大型金字塔的相同高度，即使在建设中使用同样资源的情况下。其次，由于美国在科技领域处于领先地位，所以美国的大学及其他研究组织对于研究者来说比其他地方更具吸引力。美国的研究组织可以在世界各地的研究者中自由选择（这就是所谓的“智力流失”）。最后，美国研究系统为劳动力分工及专业化提供了更大的可能性，它也可能会加剧研究者之间的竞争，以此鼓励他们提高生产力，然而欧洲政治、文化和语言之间的分界线仍然使研究者对国际竞争望而却步。

欧洲研究组织

如何定义欧洲研究组织，这方面有两个标准：地理位置和政治法律组织。从广义的地理标准来说，所有位于欧洲境内的研究组织都可以被称为是欧洲的；从狭义的地理标准来说，只有被超国家的欧洲体（无论是欧盟还是欧洲国家之间特定的跨政府协议）管理资助的研究组织才能被称为是欧洲的。从这两个标准的结合上来说，研究组织的4个分类相互区别，下面会从最狭义到最广义的定义加以讨论：①由欧盟管理资助。②基于欧洲国家间的协议（不论是否是欧盟成员国）。③基于欧洲和非欧洲国家之间的协议。④具有民族性，换言之，即欧洲国家的大学及其他国家研究组织。谈及数量、预算和研究系统的潜力，最后的分类是目前为止最大的一个。然而，欧洲耗资过于高昂的研究工具和实验渐渐地由合资企业资助、管理。

欧盟管理、资助的组织

联合研究中心的总部位于布鲁塞尔（比利时），主站点位于伊斯普拉（意大利），其余的位于欧洲各地。研究中心有工作人员 2750 名，其年度预算为 35 亿欧元。联合研究中心是欧盟的一部分，作为一个伞式组织，服务于位于欧洲 5 个地方的 7 个不同的研究机构。其主要任务是用与决策和规则相关的科技知识支持欧盟发展，尤其在环境、气候变化、健康、核安全以及能量领域。

基于欧洲国家之间单独协议的组织

欧洲航天局的总部位于巴黎，研究中心分别位于几个不同的欧洲国家，有工作人员 1900 名，年度预算为 30 亿欧元。欧洲航天局是美国国家航空航天局（National Aeronautics and Space Administration，NASA）在西部欧洲的对等物，即使规模较小，但是它却是美国航空航天局在国际空间站（International Space Station，ISS）的合作伙伴。欧洲航天局也与俄罗斯航天局（Russian Federal Space Agency）有着密切的合作。欧洲航天局的主要成就包括“阿丽亚娜”“五型”火箭（Ariane 5 rocket）、国际空间站的“哥伦布”研究实验室以及“罗塞塔”空间探测器（用来研究小行星）的开发。欧洲航天局负责欧洲航天员的遴选和训练，虽然欧洲航天局还没有自己的人造航天飞行器，但这些航天员都参与到了美国和俄罗斯的空间任务中。

欧洲粒子物理研究所位于日内瓦，有工作人员 2650 人，年度预算为 98.6 亿瑞士法郎。欧洲粒子物理研究所是世界上最大的高能物理学中心。在该研究所所做的研究都是由加速亚原子粒子在碰撞到目标物或者其他颗粒之前以高速完成的。分析这些碰撞有助于研究者更好地理解物质的物理法则以及宇宙的发展演变。该设备被数以千计的来自世界各地的研究者使用。欧洲粒子物理研究所的一个团队是反物质的首个创造者（于 1995 年创造）。欧洲粒子物理研究所是新型大型强子对撞机（Large Hadron Collider，LHC）的生产地，大型强子对撞机是一种新型加速器，质子的光束在对撞机里向反方向加速（速度接近光速）。1989 年欧洲粒子物理研究所创造了万维网（World Wide Web）；其最初的目的是改善各个地区合作者之间的交流。

欧洲南方天文台（European Southern Observatory，ESO）的总部位于慕尼黑，其站点管理在智利，有工作人员 600 名，年度预算为 12 亿欧元。欧洲南方天文台管理着智利阿塔卡马沙漠（海拔 5000 米）3 个不同地区大量先进的光学望远镜及其他天文设施。这些地方的大气层干扰影响被降到最低，以便于天文观察。欧洲南方天文台的主要任务是研究南部天空，这项工作只能在赤道以南的地方完成。

欧洲分子生物学实验室（European Molecular Biology Laboratory，EMBL）的主站点位于海德堡，其他 4 个站点位于欧洲其他地方，有工作人员 1400 名，年度预算为 12 亿欧元。欧洲分子生物学实验室用分子生物学的方法进行基础研究，同时参与到研究者的高级训练中（如国际博士项目）。研究领域包括细胞生物学、发育生物学、基因表达、结构生物学以及生物信息。这些研究单元通过核心设施完成，合作伙伴和研究者也可以使用专业设备。欧洲分子生物学实验室的欧洲成员——以色列，也是成员国之一。

劳厄－郎之万研究院（The Institute Laue-Langevin，ILL）位于格勒诺布尔（法国），有工作人员 450 名，年度预算为 8 亿欧元。劳厄－

郎之万研究院是中子研究的领先机构之一，对于物质结构的研究意义重大，其中包括物质微结构和宏观特征之间的关系。劳厄－郎之万研究院的核心是高通量核研究反应堆——世界上强度最大的中子来源。并且该研究院提供大量设备用于不同的研究目的，让外部使用者在同行评审建议书的选择过程中（以学术科学为目的）或者通过收费方式（以生产为目的）也能够使用这些设备。

欧洲同步辐射中心（European Synchrotron Radiation Facility，ESRF）位于格勒诺布尔。有工作人员600名，年度预算为8亿欧元。同步辐射用于在原子和分子层面上研究物质的结构。不同于传统的X射线，同步加速器产生的辐射的形状似一束强烈聚焦的激光。该辐射中心管理着世界上3个最有效的同步加速器之一。由学术组织和相关科学领域的研究者使用，其中包括生物、化学、药学和物理领域。

联合欧洲环（The Joint European Torus，JET）位于卡勒姆（英国），有工作人员800名，年度预算为6亿英镑。根据欧洲聚变开发协议创立并加以管理，该协议的法律解释对欧盟委员会及大部分欧盟国家和瑞士的国家聚变研究组织有效。联合欧洲环是目前世界上最大的操作中的试验核反应堆。它被用于研究生产电力的核聚变，是根据“托卡马克”反应堆（Tokamak）设计的。创建一个核聚变反应堆充满了科技挑战，所以联合欧洲环需要在商业聚变反应堆被创建出来之前解决各种各样的难题。

欧洲国家的大学和研究组织

90%以上的欧洲研究能力和数以百计的独立组织都属于这个类别，在这部分仅做一个简短的总结。欧洲研究基础设施拥有一个共同要素（与其他地方一样），那就是大学。第一批大学于1200年前后在意大利（博洛尼亚）、美国（剑桥）、法国（巴黎）以及西班牙（萨拉曼卡）建立起来。许多欧洲大学面临着资金不足、研究生产力低的难题，当然顶尖的英国学府除外，但是极少有欧洲大学可以做到在国际上独树一帜。主要的问题在于欧洲缺少（与其他国家相比）在不同项目、实验和学位上的能力。此外，欧洲语言的大量使用也阻碍了学生和教师的流动性。这些都是目前亟须克服的问题。

欧洲国家的大学在研究中并不拥有主导地位。数个国家在大学系统之外还拥有大型、中等的研究组织以及研究实验室，而大学系统代表着一个国家研究能力重要的一部分（政府为其科研提供资金）。例如，法国的国家研究中心（Centre National de Recherche Scientifique in France）在全科技范围开展研究。该研究中心和大学一同管理自己的实验室及联合实验室，有研究人员11000名。德国有4个协会，分别致力于不同的研究目标，并且每个协会都各自以一位伟大的德国研究者来命名，分别为马克斯·普朗克协会（Max Planck Society）、弗劳恩霍夫协会（Fraunhofer Society）、赫尔姆霍茨协会（Helmholtz Association）以及莱布尼茨协会（Leibniz Association）。约27000名研究者在该研究中心和机构中工作，而这些研究中心、机构都属于以上4个协会。其他欧洲国家在大学系统之外也有类似的研究组织。举个有趣的例子，意大利的格兰萨索国家实验室（Gran Sasso National Laboratory）建在一座山的巨大山洞里，以此来避免在做实验的时候受到宇宙辐射的影响。

欧洲研究区

2000年，欧盟出台了欧洲研究区的构想。该构想是为了创造出一个跨欧洲的统一领域，以便研究能以几乎同样的方式加以协调、资助、管理，研究者也能够如同在自己祖国一般自由互动。在国际层面，欧洲研究区旨在把欧洲打造成一个充满竞争力的对手，一个拥有超强合作力的伙伴（在发展和研究领域上），并且在国际行动中成为领导者。

为了建立欧洲研究区，欧盟研究政策的大体策略是重组并在欧洲整个领域加大工作强度，在国家和国际领域协调这些工作。尽管部分步骤已经朝着这个方向进行，但是国家和机构上的困难仍然阻碍着欧洲研究区的最终建成。为了实现建成的目标，欧盟采取进一步措施，于2008年在区域发展新的项目，例如，知识产权的管理、欧洲研究者流动性和职业性的提高、泛欧洲研究基础设施的合法框架以及国际合作。

从1984年开始，欧盟研究政策已经通过一系列框架计划实施。第七框架计划的时间跨度为6年（2007—2013年），年度预算为530亿欧元。与第六框架计划相比增长了63%。但是欧盟研究和发展的花费按相对价值计算仍然较低，这是其主要弱势。2005年的数据显示，欧盟为研究和发展贡献了国内生产总值的1.8%，而美国和日本分别贡献了2.6%和3.3%。尽管欧盟成员国政府及欧盟委员会在2010年致力于将该年份的研究预算增长至国内生产总值的3%，但是这一目标并不容易实现，仅有两个成员国在2005年超出3%的目标，分别是瑞典（3.9%）和芬兰（3.5%）。

第七框架计划的70%都将用来促进欧洲和其他合作国家在已选优先区域的合作研究。与早期框架计划相比，第七框架计划在很多方面都有所创新。例如，支持第一个泛欧洲机构（欧洲研究委员会）的成立，该机构为基础研究提供资金。第七框架计划同时也资助联合技术倡议，这是一个产业驱动计划，是一个大规模且由多方资助的项目，大众和私人资金都对它给予了支持。

由于欧盟框架计划（Framework Programmes）在欧盟研究和发展的总预算中仅占据了5%，有些人可能认为欧盟研究政策的影响近乎没有。但是事实上，大多数由欧盟支持的项目都被重新资助（欧盟提供的预算仅占50%），第七框架计划控制整个欧洲研究基金的10%以上。此外，大部分成员国将其研究重点与框架计划挂钩，这样第七框架计划的资金就可以直接投入研究工作。根据国际委员会的报道，欧盟政策直接影响着欧洲开展的25%的研究。框架计划的另外一个主要影响在于欧洲研究者之间人际网络的加强，这个人际网络是通过为跨国合作提供有力动机而加强的。欧盟预算外研究项目的资金通常需要数个欧洲国家研究者的参与。

框架计划在预算、区域和融资机会领域有所扩大。第一个框架计划主要致力于应用研究及其成果转化，第七框架计划同样支持与欧洲研究系统紧密相关的成就，例如，研究者的培养和研究基础设施的发展。值得一提的是，第七框架计划也为玛丽·居里（Marie Curie）计划提供流动资金和培训津贴，非欧洲研究者同样可以获得这些资助。玛丽·居里计划的目标之一是为了减少上文提及的欧洲的智力流失，美国给予创造性高的研究人员以优越的工作机会，尤其是东部和中部欧洲国家的研究者。对于研究基础设施，第七框架计划预备用欧洲研究基础设施战略论坛支持欧洲散裂源、欧洲高性能计算设备和数个其他大规模工作的计划。

部分欧盟策略注重在社会语境下改善公众与科技的关系。很长一段时间以来，欧盟委员会都通过民意调查对公众对科学技术的认知和态度进行有规律的记录。许多欧洲决策者和研究负责人担心大众对科技创新的接受能力比美国、日本更低，而更加强烈的批判态度也许对国际科技经济竞争来说不是件好事。因此，欧盟在改善研究工作和欧洲大众之间的交流方面做出了巨大的贡献——通过将研究者和新闻工作者联系在一起的出版物和参考物以及对研究者的指导和媒体培训等形式。在第七框架计划中，有一章是“社会中的科学”，该章主要研究科学和社会的关系及延伸、公众对话和公众参与的主动性。这些活动在目标上可以说是模棱两可的，一些人认为它们是鼓励公众积极地对科技提出意见，而有些人则认为它们试图提高公众在科学管理中的地位。

总　结

将欧洲作为一个整体看，在国际层面上，它是世界第二大预算投入高昂、工作人员众多的科学研究体（位于美国之后、日本之前）。但是谈及与国内生产总值相关的研究和发展费用，欧洲远落后于美国和日本。然而，其研究生产力似乎比美国更低。欧洲丰富多样的文化，如语言、传统、研究基础设施以及研究和生产政策有可能促进创造力的发展，但是也可能降低研究效率。

即使是地理位置相邻国家的一个松散组织，将其理解为“一致”二字的代名词（在拥有协调性十足的、完整的国家研究和发展政策的情况下）也并不妥。欧洲在政策上也许比其竞争者（美国和日本）更加分散，协调性和连贯性更低。在欧洲研究区的指导下，欧盟尝试将研究领域更聚焦，旨在增强欧洲内部研究者的流动性，促进研究者跨国合作，增强研究和发展人员投身国际工作市场上的积极性，并且建立一个更加有效的欧洲研究基础设施，这样的设施没有任何一个欧洲国家可以独自负担得起。

欧洲研究和发展资源的最大市场占有率仍然由单个成员国控制。即使国家和欧盟水平之间平衡性的更大比重会向欧洲水平转移，欧洲研究系统在研究和发展政策方面作为一个地理单位或者统一组织，这样模棱两可的描述将继续存在着，至少目前会如此。

说　　明：该词条中讨论的绝大多数组织和计划都在万维网上可以找到。考虑到这些涉及的数量和 Web 地址的短暂性质，我们选择不将其全部包括在这里。然而，快速的互联网搜索应该在几乎所有情况下毫无困难地显示出来。

撰 稿 人：Hans Peter Peters and Michel Claessens

另请参阅：European Space Agency；Particle Accelerators；Scientific Method

参考文献

[1] European Commission.Science，technology and innovation in Europe. Luxembourg：Office for Official Publications of the European Communities [EB/OL].www.imamidejo.si/resources/files/doc/KS-EM-08-001-EN.pdf.

[2] European Organization for Nuclear Research：http：//public.web.cern.ch/public/Welcome.html.

[3] National Science Board，U.S.Science and engineering indicators 2008 [EB/OL].www.nsf.gov/statistics/seind08.

European Space Agency 欧洲航天局

欧洲航天局（European Space Agency，ESA）是致力于空间计划发展的欧洲组织，加拿大也根据协议内容参与其中的某些项目计划，由于各个国家之间的合作，欧洲航天局才能够开展任何一个单独欧洲国家无法完成的与航天相关的活动。欧洲航天局的指挥部主要致力于实施不同的航天计划，其中包括载人航天、科学、地球观察以及通信。在过去的几年里，沟通和教育在机构（法律事务和对外关系理事会）中起到至关重要的作用，现在已建立单独的沟通和教育部门。

欧洲航天局最初由 10 个创始成员于 1975 年建立，是由欧洲发射发展组织与欧洲空间研究组织合并组建的。这两个组织创立于 1964 年，旨在探索欧洲在航天领域可能合作的途径。这是第二次世界大战后复兴欧洲科学技术的最好方法，增强了欧洲在国际上的竞争水平。欧洲航天局的建立并没有任何军事目的。

欧洲航天局每个理事会的企业交流和教育部门都与团队和其他工作人员有着密切合作，这是为了保证媒体报道、教育材料以及活动能随时更新，与最新的科技发展同步。欧洲航天局官网是公共宣传的主要途径，包括邮件列表、新闻稿件和事件报道。

欧洲航天局的沟通和研究通常在与其他国际空间机构紧密合作的情况下开展，这些机构包括美国国家航空航天局（U.S. National Aeronautics and Space Administration，NASA）、日本航空航天勘探局（Japanese Aerospace Exploration Agency）。欧洲航天局有一点值得特别注意——机构的多文化主义，这就需要不同的传播策略（如各个国家不同的学校课程）和语言。

在大多数公共国际组织里，一系列原因促使服务范围不断扩大。首先，欧洲居民需要通过欧洲视角被告知航天领域的最新进展，这是公共资金给大众带来的好处，也是纳税人的权利，同时欧洲航天局也需要将欧洲航天计划的成果与利益向股东、决策者和欧洲居民展示。这样的资源共享有一个共同点，那就是为了将来的任务获得居民的支持和资助。在充满争议的、花费高昂的项目上［如国际空间站（International Space Station）］，欧洲航天局在支持其策略方法、提高欧洲居民福利上保持着高度的敏感。

欧洲航天局公共沟通的关键是不断地反映出大众在航天方面投资的公正性，这通常会受到社会演变的影响（“冷战”或金融危机期间，一个航天计划的关键信息应该多有不同）。欧洲航天局公共沟通的目的在于告知大众一个强有力的欧洲航天计划的好处以及面临的政治、经济和社会层面上的挑战。为了达到这个目的，欧洲航天局需要建立一个大众可见的企业形象，这一点美国航空航天局已经非常完美地做到了。

其次，欧洲航天局在提高欧洲学生的科学素养上已经获得了回报，提高学生的科学素养的目的主要是为了培养将来投身航天项目的人力资源——从专门致力于国际合作的工程师到律师、科学家和管理人员。保证欧洲劳动力市场上的高素质员工队伍的存在，是欧洲在全球范围内保持航天领先地位的必要条件。由于欧洲航天局是一个知识密集型组织，拥有高素质的专家是其中一个重要因素。这也反映在其大学生和研究生教育项目上，包括奖学金、工作机会以及学生实践。学生不局限于高校学生，同时也包括小学生及其教师，欧洲也在大力提高学生从小对于科学研究和技术学科的兴趣。

从更大的框架上来说，沟通和教育是欧洲航天局的基本任务，因为欧洲航天局应该为科学的文化自觉做出贡献，将建立知识型社会作为其长期目标，而且欧洲航天局也有能力在这方面发挥重要作用。欧洲航天局的沟通和教育满足了社会公众特别是学生和教育者的需求，在这方面，欧洲航天局计划激发更广泛受众对太空、科学和技术的兴趣，促进太空研究为公众带来更大福祉。

撰　稿　人：Cristina Olivotto

另请参阅：Europe，Research System in；National Aeronautics and Space Administration，U.S.；Particle Accelerators

参考文献

[1] European Space Agency：www.esa.int.

[2] RUSSO A，KRIGE J，SEBESTA L. A history of the European Space Agency，1958-1987 [M]. Noordwijk，the Netherlands：European Space Agency，2000.

Evaluation of Science Communication 科学传播评估

科学传播的项目什么时候起作用？我们如何知道科学传播已经起了作用？这些问题看似十分简单，却困扰了评价学者数十年。研究科学传播的专家所面临的种种挑战与研究策略交流活动的学者面临的问题相似。在同一个时间段，科学传播评价工作也参与到一些独特的挑战中，部分原因是为这些工作提供资源，另一部分原因是科学传播人员之间哲学观的不同，如商业广告领域的专业人士。这些挑战来自多方面，其中包括受众的定义、结果鉴定和测量问题。一些大规模项目评价，例如，与科学项目发现与突破或者科学中心项目相关的评价，为上述问题提供了进一步解答。

受众定义

科学传播工作的目标人群是谁？许多人记录了不同国家普通大众和科学家之间科学素养的不同。一些学者认为这样的不同会威胁社会正常发展，至少在某些方面这样的差异应该被缩小，便于科技政策通过民主方式实施。这样的立场表明了科学传播工作的需求，那就是向更多的受众传播信息。其他研究者则认为由于教育背景的限制和特殊兴趣的原因，科学传播工作的受众通常是大众人群中的一小部分。从这个角度来看，推荐的项目应该仅对相关选定组开放。

知道目标受众是哪些人对项目评价至关重要。如果一个项目计划向大众描述转基因食物的好处，那么合理的评价设计则会将重点放在对该群体显而易见的影响上。对于那些允许互动评估的评价设计，例如，根据人口细分或者其他群体特征评价项目影响，缩小项目研究范围也许更合适。例如，如果一个项目的目的仅仅是为了改善活跃选民对待科学教育政策的态度，那么如果将重点放在大众身上就会错过重要的调查结果。

另一种科学传播评价工作将记者或者决策人作为目标受众而非陪审员。学术文献记录了许多这样的工作，其中许多内容都是关于科学家和记者之间的隔阂的。尽管这两者间显著的不同在于教育背景和科学认知，但是一些证据表明这样的隔阂是可以克服的。对流行病学家和干细胞科学家的访谈表明了记者和编辑之间存在着广泛的互动，同时逐渐揭示了互动促成的相互理解（与过去相比）。挥之不去的担忧仍然影响着科学家和记者，前者担心被错误地引用和误传，而后者担心的是没有办法从所访问的科学家身上得到自己需要的信息。撇开这些具体的发现不谈，受众（包括科学家、记者或两者都包括）对科学传播项目的定义与大众之间的不同显而易见。抽样范围的识别有时候比这些工作更简单。例如，一个关于职业记者的人口普查而非抽样，有时候也是可能完成的，因为目标数量较少。同时，普遍性的限制有时候会随着调查出现；一个关于都市报刊科学记者的研究可能概括也可能无法概括记者从当地电视新闻站辞职的原因，因为新闻报道的长度与关注点不同。

评价哪个结果

科学传播评价专家面临的主要挑战包括对结果的疑问。与许多策略交流活动不同（这些活动通常涉及信仰），作为影响个人行为的手段，科学传播工作的成功因素更难被发现。例如，想出一种用科学新闻来改善大众对科学的理解的方法。许多科学家都不赞同类似项目属于战略工作范畴的说法，因为它们试图影响个人行为甚至科学家的一般名誉。为了学习而学习也许是这种观点最合理的目的。另一些人则认为科学研究的大众观念以及给予这些努力的支持并不是交流成功的合理指标。

这种情况在某种程度上阻碍了评估设计，但是科学传播项目的合理性是由科学相关信息直接或间接影响的理论模型确立的，恰当的评价明确地识别了变化多样的关系、与变量相关的方法，并且寻找实际的办法证明假设的关系。如果科学知识因其与支持持续获得科学研究资助的态度有关，那么，科学知识的获得则被认为是适宜的，如首先表现为为了获得知识而进行的科学传播的工作，还表现为另一个有用的方法，那就是知识的传播呈现出与科学研究经费的间接态度相关效果。

如果一个科学研究工作的目的不包含个人信仰、态度或者行为，那么就存在对结果评估的不同。例如，想象一下这样的工作影响着大众媒体报道的详细科学主题中的重点。所以学者进行内容分析以确定报纸以及电视新闻中关键词的顺序。而类似的研究也会反过来在对关键词进行评估的时候提出疑问。在内容分析的情况下，评估的结果是描述内容的变量，而不是人。

这一系列的可能性都强调思考在任何特殊科学传播评价中分析的合适单位的重要性。例如，研究公众对于气候变化的意见通常要评估随着时间推移人口水平的转变在有特殊信仰人口中的比例。用特殊方法研究天气变化信息的影响通常需要通过实验手段：一些人的工作是分析其中一组信息，并与不需要分析信息的另外一些人进行比较。在不同的例子中，影响纳米技术新闻报道的工作评价不需要将时间或者个人作为分析单位，只需要一篇新闻稿。误解分析单位（在活动的预期影响理论上最合适的对等物）可能导致评价失误。

调节因素

科学传播工作在公众中作用不同的原因有

很多，在评价研究中应该被着重强调的可能性却经常被人们忽视。例如，学者研究影响科学内容留存的因素后发现，那些跟科学密切相关的学者能够记录下更多科学内容。换句话说，科学知识丰富的人往往会变得更加丰富。

在不同水平上，大脑的化学差异似乎会影响到媒体风格的偏好，这是一种影响媒体项目评估的模式。感觉寻求倾向学说强调一种观点，认为个人生物结构的不同可以解释为什么有些人比其他人更喜欢刺激。寻求倾向更强烈的人也许比他人更喜欢快节奏、刺激的新闻内容（即使我们也知道这样的描述会降低整体理解）。在类似情况下，通过评估已知的个体差异因素来说明内容风格偏好中潜在变量的评价，在识别最终影响上比仅研究大众的一般影响更有说服力。

尽管人们对意识形态对科学信息的介入与解释产生的影响进行了广泛的评论，但关于政治和宗教观点对科学传播成果影响的证据仍然参差不齐。例如，尽管宗教视角与许多关于科学的信仰有关系，但许多评价学者在公众对科学材料的理解或接受方面没有发现预先认为可能存在的差异。虽然政治或者宗教意识形态可能会达到这样的程度，即某一特定陈述产生说服某一特定群体的效果，但是，评估学者可能并不一定会发现，由于这些立场的作用，传播项目与其他结果之间的关系存在差异。

科学传播与框架

除了个人水平的传播模式，我们还知道科学信息存在和构成的途径对受众的参与及理解有着明显的影响。研究者发现充足的内容对确定受众确信度十分关键。关于气候变化新闻报道的研究发现，读者是大量内容及背景的提供者，并且在阅读之后对全球变暖报道的确定性更加信服，然而对研究参与者及那些在科学辩论上发表观点的学者的报道准确性最低。

一些人认为这样的影响直接暗示了所有与特定主题相关的科学传播工作都不尽相同。反过来，类似的认知让部分人怀疑科学传播影响研究的普遍性。我们知道与媒体内容相关的科学范围很广，不论是发表的主题还是该主题设计的途径。结果就是，现在的科学传播评价文献并没有为科学传播是否影响个人认知或者其他结果提供一个具体的回答。研究报道中的一部分变化可能是由于内容设计方法的不同，这些不同在该领域发表的学术文章中没有充分论及。

确定框架的效果会带来重要的评估挑战。有些设计能够将表现在一个信息框中的效果与不涉及相关信息的控制组报告的效果进行比较，但从技术上讲，这种设计使研究人员无法从海量的信息中准确地梳理出能够证实其效果的处理与控制之间的信息差异。在这方面，可比较的消息框架的设计似乎显示了一些优势。

测量问题

测量是存在于许多项目评价中的挑战，科学传播项目也不例外。许多科学传播项目（比如亲临、记忆、信仰及态度）的主要变量通常不能被准确估测。自我报道的调查项目的依赖在某种程度上也是这种模式形成的原因。另外一个重要的因素是不完整的变量定义。

举一个信息保留的例子。我们知道的记忆不是完整的，人类的大脑使用许多相关但是却迥然不同的记忆系统，因此需要我们从多方面来思考记忆。所以评价者面临许多测量的选择，其中每一个选择都有不同的理论含义，但是有被忽略的可能。至于那些对探索现存内容基础记忆有兴趣的评价专家，至少有两个单独记忆表现性任务选择是相关的：一个是认知任务，另一个是回忆任务。我们知道这两种测量有联系。然而，认知与信息的独立回忆之间有明显不同。

就科学传播评价而言，被访者应该具备独立回忆的能力，当被问及一个有开放答案的问题时，在最初接触到详细项目及项目内容后能提供其细节。相比较而言，认知是一个更基础的能力，当以前的知识被再次呈现于被访者面前，认知就用来回答关于该知识的封闭型问题。然而回忆暗示着目前信息的相对高凸显度及高接受度，但是认知对过去认知参与的标准较之更低。单独回忆问题在采访中可能为被访者提供更敏锐的感觉，帮助他们辨识最凸显的信息。尽管估测认知需要更详尽地探索在过去某一时刻被简单译成编码的知识。确定这两种回忆中的一种可以利用评价，不仅要把它当作方便的功能，还应该依靠效果的模型以及考虑项目的预期影响。计划提高人类地震准备凸显特点的项目可能选择将重点放在单独会议，但是注重细节知识获得的项目可能更倾向于意识任务。

项目形式的影响

用于科学传播的媒介是否影响有效性？研究表明，项目模式并不一定意味着成功。有研究调查了演讲的特殊属性——这种演讲可能会增强效果，而非假设演讲效果中媒体之间的大量不同点，比如电视和网络节目之间内在的不同。这种改变在平台融合上与科技形势保持一致；越来越多的公众交流频繁发生，意味着一个简单的平台也越来越能够传播各种内容。

评估工作发现，广泛的记忆不仅包括网络上的项目内容，还包括电视节目的内容。通过电视来教授科学也行得通，但是有些学者发现对科学内容印刷呈现与互联网呈现理解之间的潜在不同，还有些报道了存在形式之间的大致不同（如果有的话）。但是个体在形态领域与偏好上的不同也许可以缓和这些影响。

过去科学传播评价的案例

美国国家科学基金会（U.S. National Science Foundation）近年来一直为许多科学传播评价项目提供资助。项目的科学发现与突破为科学报道提供了电视内容。这些项目的评价将重点放在各种结果上，并且计划用醒目的方式记录下影响。类似的研究通常都注重实验室外产生的影响，并且观察随着时间推移在大众身上产生的影响。用这些方法，类似的工作表明与过去的评价研究相比有所改善。

评价科学中心工作的研究者将报道内容的保留看作一个重要的结果。与上述讨论一致，他们也观察影响这种保留的可能因素，不仅发现过去的科学经验预示更多的报道保留，也发现了一般的教育背景与宗教信仰作用不大。尽管接触、记忆和知识的获得是最重要的结果，评价重点仍然放在其他相关的变量上。例如，调查科学发现与突破影响的研究者将与他人的科学与交流的感知能力看作一种可能的结果，这样的结果受科学新闻计划的影响。

这些案例的重点在于评价设计优先于项目实施对结果的最终效用产生的影响。许多这样的设计使用具有代表性的大规模调查，在可能的情况下将实验条件随机分配，应用包括个人水平及团体水平变量的多层次模型法同时预测可能的结构，而不是根据讨论组难以概括的发现来判断，这些发现是基于与参与者样本的交流。通过这些方法，科学传播工作的评价会越来越具有科学性。

撰稿人：Brian G. Southwell and Jessica Marshall

另请参阅：Audiences for Science；Conversation and Science Communication；Framing and Priming in Science Communication；Science Indicators，History of the NSB Project on

参考文献

[1] BROSSARD D，SHANAHAN J. Do they know what they read? Building a scientific literacy measurement

instrument based on science media coverage [J]. Science Communication，2006，28：47–63.

[2] CORBETT J B，DURFEE J L. Testing public (un)certainty of science：Media representations of global warming [J]. Science Communication，2004，26：129–151.

[3] EVELAND W P，DUNWOODY S. User control and structural isomorphism or disorientation and cognitive load? Learning from the Web versus print [J]. Communication Research，2001，28：48–78.

[4] MILLER J D，AUGENBRAUN E，SCHULHOF J，et al.Adult science learning from local television newscasts [J]. Science Communication，2006，28：216–242.

[5] SOUTHWELL B G，BLAKE S H，TORRES A.Lessons on focus group methodology from a science television news project [J]. Technical Communication，2005，52：187–193.

[6] SOUTHWELL B G，TORRES A. Connecting interpersonal and mass communication：Science news exposure，perceived ability to understand science，and conversation [J]. Communication Monographs，2006，73：334–350.

[7] TREISE D，WEIGOLD M F. Advancing science communication：A survey of science communicators[J]. Science Communication，2002，23：310–322.

Evidence-Based Medicine 循证医学

什么是循证医学和循证实践？根据国际组织科克伦协作组织（Cochrane Collaboration）和许多著名的研究者及专业人才，比如大卫·萨基特（David Sackett）、伊恩·查摩尔（Iain Chalmers）和保罗·格拉斯赞尔（Paul Glasziou）的观点，循证医学运用最佳依据以决定对患者的护理以及卫生服务的提供。

询证方法也可以运用到护理、综合医疗保健和其他形式的临床实践。循证医学目前被广泛使用，因为它可以用来收集临床决策的询证方法。

循证实践从相关研究的系统综述中整合了最佳临床证据，这些综述包含临床专业知识、病患偏好和价值观，以及实践最佳证据的使用和评价。循证实践的一个关键要素是通过评估研究质量和分析汇总的结果来理解多个研究的意义，从而全面总结其有效性和结果。

循证实践领域因为协作网而得到发展，协作网创立于1993年并且以英国的流行病学家阿尔奇·科克伦（Archie Cochrane）的名字命名。科克伦合作协会（Cochrane Collaboration）是一个国际非营利性组织，它对有关卫生保健干预措施有效性的证据进行系统审查。这些审查被用来帮助制定基于证据的卫生保健决策。这些审查程序是由全球数百位贡献者创建的。

综合证据不仅在国际层面上被运用到实践中，同时也包括国家及地区层面，大学和卫生服务机构可能拥有做证据综述的中心，而这些综述会告知并且回答循证实践具体的临床问题。参与这样工作的著名研究中心包括约克大学（Centre for Reviews and Disse mination at the University of

York）的审查和传播中心、数个麦克马斯特大学中心（Various MC Master University Centers）和牛津大学的循证医学中心（Centre for Evidence based Medicine at the University of Oxford）。

收集卫生保健决策的证据是一个复杂的过程，分为五个步骤。

循证实践的五个步骤

步骤一：制定一个可答复的临床问题

循证实践的基础工具是人口、干预、控制和结果问题。回答任何关于改善卫生保健结果的问题，我们需要知道人口和病患哪一组接受了治疗。干预或者实验治疗，以及对照、对比治疗都需要被告知。最后，我们需要知道对比或者估量哪个结果。

例如，有的人可能要求摄取维生素 D 补充（干预）的年老病患（人口组）与摄取钙补充的年老患者（比较或对照组）对比以改善肌肉强度和骨质密度（结果）。

人口、干预、控制和结果的方法也运用于诊断的问题上，它有助于判断临床实践问题的成分。接下来会在第二步使用这些成分来识别出回答问题的最佳证据。

步骤二：找到最佳证据

用人口与干预、控制和结果的方法制定可答复的临床问题后，下一步就是找到最佳证据。这要求系统地寻找医学和卫生保健研究的资源，包括联机医学文献分析和检索系统、护理学数据库、医学文摘资料库及科克伦图书馆（Cochrane Library）等数据库。循证指南的数据库也能用来搜索证据和指导。这些资源包括苏格兰校际指南网（Scottish Intercollegiate Guidelines Network）、英国国家医疗保健和临床卓越研究所（U.K. National Institute of Healthcare and Clinical Excellence）和新西兰指导小组。卫生专业机构可能也会创建自己的循证指南。

在寻找证据时，PICO 问题的元素被用来确定人口、干预、比较以及研究中用于回答原始问题的结果的相关性。

步骤三：批判地评价证据

循证实践的第三步是通过评价研究方法来评估这些研究的质量。评价一个研究方法质量能够帮助我们判定在该研究中出现偏差的风险，或者结果没有反映事实的可能性。一个研究的质量越低，出现偏差的概率就越大，结论的可信性就越小。

评价研究质量使用的要素取决于研究的类型，包括主体选择、盲法配置、随访及结果、公开和干预评估。盲法（也称掩盖）会导致参与者意识不到自己将接触哪种治疗。所有研究参与者适当的随机化（研究者的治疗被随机分配）及盲法有助于减少偏差，这些偏差可能破坏研究结果，导致研究结果错误。用来随访和估测结果的方法也同样十分重要，这些方法包括估测干预治疗、对照治疗的手段和工具。不合理地评估结果、干预和比较对照的方法，会给研究带来偏差和错误。在循证实践中，存在一个从高质量证据到低质量证据的质量连续统一体。概括地说，存在一个依据研究类型的证据等级，等级越高，产生偏差的概率就越小。

系统回顾和荟萃分析 系统回顾总结出最佳研究证据以解决详细的临床问题，这些问题运用已建立的规则将误差最小化。系统回顾有助于整理数量庞大的研究，再从研究中评估结果的一致性，分析研究的质量，最后协助决策的制定。然而，系统回顾通常要花大量时间来完成。从统计数据来看，荟萃分析是一项技巧，它结合不同的分析结果来确定治疗的整体效果。例如，我们可能发现数个与人口、干预、控制和结果问题相似的研究，每个研究结果都有不同程度的特殊效果（比如死亡率）。如果我们想知道一种药在死亡率上的整体效果，可以制定一份荟萃分析以得出最终的影响。荟萃分析的使用减少了对单个研究结果的依赖，它提供了所有证据被一起研究的可能性。

随机对照试验 随机对照试验是一种包含了干预治疗组和对照治疗组的试验，研究者将病患随机分配到其中一组。这是检测治疗的黄金标准。如果随机对照试验的使用方法恰当，在许多其他试验方法中可能出现的误差和缺陷都能被避免。若进行这些前瞻性研究，在研究开始前就应该将方法制定好，并且在研究发展时实时地将数据收集起来。然而，随机对照试验在伦理及逻辑上可能不可行，在某些案例上也由于其限制性导致无法运用到现实中。

对照试验 在对照试验中，研究者选择病患并将他们有计划地分配到干预组及对照组。对照试验属于前瞻性研究，它的主要问题在于组别之间在某些基线特征上有所不同，比如年龄、性别、疾病严重程度，而这些区别可能解释研究的结果。

队列研究 在队列研究中，研究的病患分为两组，一组接受治疗或者有治疗习惯（比如某药物或高脂饮食），而另一组没有接受任何治疗。这种治疗的结果属于前瞻性或者后瞻性研究。队列研究是一种强大的研究设计，对常见结果尤其有用，特别是那些不在伦理及逻辑上的研究，其病患被随机给予某些治疗习惯（比如吸烟）。队列研究的问题在于组别之间可能在基线特征上有所不同，这些区别可能解释研究的结果。对照试验的问题与队列研究相同，但是由于干预导致结果不同。

病例对照研究 病例对照研究包括两组病患：病例组和对照组。作为观察目标的病患被选择为病例组，通常是一种疾病或者情况（比如癌症、心脏疾病、流产）。而没有作为观察目标的病患被选择为对照组。病例组研究属于后瞻性研究，因为结果一定会发生在病例组待选病患身上，研究者回顾过去来确定哪一组的特殊曝险率有所增长。病例对照研究对罕见结果和一般曝险有所帮助，但是它们的误差发生率也较高。

病理研究和病例分析 病理研究和病例分析是循证实践中临床证据的最低水平。病理研究通常基于罕见事件，主要报告患者的诊断和治疗过程以及这些过程的结果。一份病例分析包括许多被分组的病理研究。这些研究属于后瞻性研究，可能提出假设，而对这些假设需要进一步研究。病理研究和病例分析不能用来确定一个治疗的最终效果，因为没有接受治疗的病患缺少参照物用来做对比。

步骤四：整理临床专业知识的证据以及帮助决策制定或过程改变的病患价值观

在这个步骤中，结合在步骤二和步骤三中被确定和评价的研究证据与临床专业知识及病患偏好有助于进行医疗实践决策。临床适用性与临床环境背景下证据的使用相关。循证实践必须结合科学严谨与临床实践的现实以达到效用。这就需要了解临床环境及其操作的方法，也需要在决策时将病患与消费者体验及偏好结合起来。即使在十分明确严格条件下的治疗，证据指向其较好的治疗效果，如果这些条件不能在实践中复制，那么该证据也可能无效，因为这些条件在研究环境外没有办法实现。识别并且将相关消费者和病患的经验（保健过程中的定性方面）结合起来也很重要，这些经验可以告知医疗保健实践。独立消费者在面对同样的研究证据时可能作出不同寻常的决定，这些决定都与适当干预有关，比如乳腺癌根治术或根治包皮环切术。消费者咨询委员会和消费者在保健过程上的输出在保健服务中越来越常见，这个迹象表明复杂过程的存在，并且这些过程需要只有病患才能提供的情境体验以使医疗保健更加有效。

步骤五：评价决策或者改变结果

这是循证实践中决定证据是否运用到临床

实践中的重要一步，对健康结果有积极作用。用相关的评价工具对变更进行正确评价，如果改善证据与实际的融合需要采取进一步措施或者研究进一步问题，变更才能被确定。

其他在医疗保健决策中使用的证据

健康技术评估与比较治疗的过程有微小的差异，且主要关注医疗设备、药物和外科手术有效性的评价：它们是否是诊断性测试、移植或者其他设备。对于诊断性测试，评价测试的敏感性及特异性以确定它们的准确性十分重要。敏感性用来估测患病人群或测试误诊人群（误诊为阳性）的比例，而特异性则用来估测无病患人群比例或测试确诊为阴性（诊断正确）人群的比例。

不仅需要发现治疗有效性的最佳证据，还要从卫生政策和治理视觉中发现最具成本效益的治疗。卫生经济学将经济学的工具和技术运用到医疗保健系统上，而将经济分析运用到卫生保健服务中的目的是使浪费最小化、使资源使用效率（为了最多的利益）最大化。成本效果分析告知医疗保健政策关于一个治疗是否应该实施。

循证实践的当前限制

循证实践要求很好的研究和方法，并以此来融合消费者的观点。循证实践领域在快速发展，但是仍然存在一些限制。在病患经验上缺少丰富的数据，而且将病患经验融入循证实践的方法仍须进一步发展。研究目前还不能回答所有问题，如缺少包含某些少数民族、妇女、某个年龄群、族群或者多种并发症人群的研究。其他问题还包括误差，而这些误差存在于被资助和发表的研究中。这使得产生的科学证据呈现偏差，而循证实践只能支持现有研究基础上的决定。例如，通常发现重要或者积极结果的研究都对出版有帮助，与那些没有识别影响的所谓的消极结果相反。循证实践的方法面临现有及未来限制的不断考验。

撰 稿 人：Henry Ko and Tari Turner

另请参阅：Health Communication，Overview；Health Literacy；Physician-Patient Communication；Scientific Method

参考文献

[1] Agency for Healthcare Research and Quality，U.S. Department of Health and Human Services：www.ahrq.gov.

[2] Centre for Clinical Effectiveness，Southern Health，Australia：www.mihsr.monash.org/cce.

[3] Centre for Evidence Based Medicine，University of Oxford，UK：www.cebm.net/index.aspx?o=1001.

[4] Centre for Reviews and Dissemination，University of York，UK：www.york.ac.uk/inst/crd.

[5] Cochrane Collaboration：www.cochrane.org.

[6] EGGER M，SMITH G D，ALTMAN D.（Eds.）.Systematic reviews in health care：Meta-analysis in context [M]. 2nd ed.London：BMJ，2001.

[7] Evidence-Based Medicine for Primary Care and Internal Medicine：http://ebm.bmj.com.

[8] HIGGINS J P T，GREEN S.（Eds.）. The Cochrane handbook for systematic reviews of interventions [M/OL]. Hoboken，NJ：Wiley. Available at www.cochrane-handbook.org.

[9] National Institute for Health and Clinical Excellence，UK：www.nice.org.uk.

[10] SACKETT D，ROSENBERG W M C，GRAY J A M，et al.Evidence based medicine：What it is and what it isn't [J]. The British Medical Journal，1996，312：71-72.

Exxon Valdez “埃克森·瓦尔迪兹号”油轮

关于“埃克森·瓦尔迪兹号”(*Exxon Valdez*)油轮泄漏的信息在400多个网站上出现。事件发生在几十年前，但大量石油泄漏至今仍然是个热门话题。1989年3月，约4164万升(1100万加仑)原油在美国阿拉斯加州威廉王子湾泄漏，这不仅是对生态系统，同时也是对大型石油公司埃克森(Exxon)的永久性破坏。当时“瓦尔迪兹号”撞上一处暗礁，大量原油渗漏，严重影响渔业的发展，数以千计的海鸟和带黑色黏性物的海洋哺乳动物受到生存威胁。此外，海岸线生态系统和当地文化也被破坏地无法修补。这是美国历史上最严重的石油泄漏事故，成为说明人为自然灾害严重性的最典型例子，也是不良企业公关的案例教材。

正常的危机传播规律是告知并且快速告知事实。埃克森公司的纽约公关人员用了10天的时间致歉，承诺会开始进行清理工作并持续清理。但是追溯到过去，很少有公司会道歉，对石油巨头的惩罚性赔偿的法律之争也是近期才出现的。

1994年，联邦陪审团下令给数千人赔偿共50亿美元，这是该国历史上最大的惩罚性赔偿。埃克森公司称《洁净水法案》(Water Act)没有提供惩罚性赔偿依据并且提出上诉，埃克森在赔偿方面已经花费了34亿美元。2008年2月的案件听证会后，美国最高法院(U.S. Supreme Court)在当年9月对此事作出裁定，最终终止了争斗，并且给了世界上收入最高的企业一个教训，这是32677名原告所期望的。最终裁决根据下级法院(已经将最初赔偿缩减一半)裁定，将惩罚性赔偿的25亿美元缩减到5.075亿美元。

大卫·苏特尔(David Souter)法官在多数人同意(5:3)的判决书中称埃克森案件“比玩忽职守更糟糕，但并非完全恶意”，并且规定惩罚性和补偿性赔偿的比例应限于1:1，这是海事案件的合理处理方式。史蒂芬·布雷耶(Stephen Breyer)法官、鲁斯·巴德·金斯伯格(Ruth Bader Ginsburg)法官和约翰·保罗·斯蒂文斯(John Paul Stevens)法官不同意这种说法。塞缪尔·阿利托(Samuel Alito)法官拥有埃克森的股份，他将自己置身于案件之外。美国阿拉斯加州深受打击的渔村通过新闻报道的方式谴责该裁决，现在他们以每加仑6美元的价格购买汽油为船只提供动力。

民众对前新泽西州标准石油公司[Standard Oil Company of New Jersey，即现在的埃克森美孚公司(Exxon Mobil Corporation)]的不满一直在于环境社团和反大企业社团，尤其是当地那些3万名阿拉斯加人中寻求生态、经济和法律损害(由浮油导致)补偿的人。生命和生计都被永久地改变了。前标准石油公司在第二次世界大战期间被指控与各国纳粹进行交易，所以改名为埃克森。该公司在后来的时间里一直保持良好的名声，其广告特点是运用卡通人物刺激消费者使用“虎”牌机油。20世纪70年代，在阿拉伯石油禁运期间，埃克森公司承诺这是为发生在跨阿拉斯加管道周围的事故所准备的。

显然，并不止如此。美国国家海洋和大气管理局(U.S. National Oceanic and Atmospheric Administration)在瓦尔迪兹漏油事件发生19年后所做的研究表明，残油仍然在水层表面下久久不散。科学家报道了成年鲱鱼数量、卵子和幼体的衰弱以及崩溃的免疫系统。鲱鱼作为其他物种的食物来源，已经没有办法回到瓦尔迪兹事件前的健康状态。一些埃克森公司雇用的科学家提出了一个维护物种生存健康的法案。水獭和鹰回到了最初的状态。自然也在努力恢复中。渔民的后代和他们赖以维持生计的鱼类由于原油残留物的原因中止了繁殖。阿拉斯加州的渔民认为被污染的水源是声波探测不到鲱鱼的主要原因。工厂则称鲸鱼是杀死所有鱼类的凶手。

1990 年的《美国石油保护法案》(The U.S. Oil Protection Act）是在瓦尔迪兹事件发生后通过的，规定油轮应在更多的拖船护送下通过海域，公民团体已经加强监督。瓦尔迪兹原则认为企业集团应该对环境的破坏担责，并且给予后人维持生计的能力，它作为道德协议被全世界认同。同时，约有 6000 名阿拉斯加州本地人、土地拥有者和其他目击瓦尔迪兹泄漏事件的人都在等待损失赔偿期间过世了。一位商业渔民于 2008 年 2 月在新闻挖掘者网站这样说道:"企业均无良心。"

当事故发生的新闻被第一时间传播，官员们指责船长醉酒驾船，在最后一段行驶中造成事故。新闻报道称约瑟夫·黑泽尔伍德（Joseph Hazelwood）在事故前喝了伏特加酒。所有人都知道黑泽尔伍德船长在油轮撞上布莱礁的时候离开了驾驶台，这违反了航海规则。黑泽尔伍德船长表示已经偏离海上航线以躲避冰川。石油渗漏到探测仪当中，最后导致 1200 千米海岸线的污染。媒体将受到污染影响的海鸟、水獭和海豹的明显变化公之于众；海滩被烂泥所覆盖；鲸鱼死亡率在不断上涨；完整的生态系统遭到严重破坏。

瓦尔迪兹事件发生后，埃克森公司［现与美孚石油公司（Mobil Oil）合并］继续获取了惊人的收益。石油价格上涨至超过 100 美元 / 桶，公司的收益也在 2007 年上涨到 406 亿美元。但是在发展方向方面有些偏转，报道显示，埃克森公司放弃了对红、白、蓝加油站的管理，将泵的站点标志和控制权交给独立所有者。更不可思议的是，洛克菲勒家族成员［企业大亨约翰·D. 洛克菲勒（John D. Rockefeller）的后代］在股东会议上推进了决议的通过，该决议支持公司更严肃地对待全球变暖，并且积极寻找代替的能源资源。然而优先提出的转变被彻底否定了，人们认为这个转变是用来避免未来瓦尔迪兹灾难和挽回企业形象的。

埃克森美孚航运公司（Exxon Shipping Company V. Baker）没有让涉及此事的人得到期望的满意结果。新闻标题陈述了最高法院的决定，它宣布这个灾难已经过去了。但是瓦尔迪兹事件对科学传播、灾难报道和环境报告的影响却是永久性的。

撰 稿 人：JoAnn Myer Valenti

说　　明：在本书即将出版时，埃克森公司终于同意接受 5 亿美元的赔偿判决。

另请参阅：Clean Water Act；Crisis Communication；Disaster Coverage

参考文献

［1］Clean Water Act，33 U.S.C. § 1251 et seq，1965.

［2］Exxon Shipping Co. v. Baker，490 F.3d 1066，9th Cir. 2007.

［3］LEBEDOFF D. Cleaning up：The story behind the biggest legal bonanza of our time［M］. New York：Free Press，1997.

［4］SMITH C. News sources and power in news coverage of the Exxon Valdez oil spill［J］. Journalism & Mass Communication Quarterly，1993.70（2）：393–403.

［5］VALENTI J M. Exxon's whipping cream on a pile of manure［M］//P PATTERSON，L WILKINS（Eds.）. Media ethics：Issues and cases. Boston：McGraw-Hill，2005，5th ed.，chap. 3.

Fear Appeals 恐惧诉求

恐惧诉求，指故意向人群传递一类信息，描述一种与个体相关且严重的威胁。恐惧诉求是激励诉求的一种类型，它可以大致被定义为一种增加让某个人从事特定行为可能性的信息。几乎任何人的情绪和需求，都可以被视作激励诉求的根据。情感诉求的例子很多，包括对遗憾内疚的诉求（如“喂养孩子”运动）、幽默诉求（如“人生苦短、赶快离婚”告示牌），还有对骄傲和爱国主义的诉求［如2008年约翰·麦凯恩（John McCain）参选总统提出的“佩林的权力”或“国家第一”的口号］。进一步看，生理需求可以用来捕捉人们的关注，比如性诉求（如人们善待动物而发起的“宁愿赤裸也不穿皮草”的运动）、时尚诉求用来满足社交需要（如微软的“我是PC”广告），自我表现的诉求可以用来满足自尊的需要［如好事达保险公司（Allstate Insurance）广告“‘站起来’就是你需要转瞬即逝的名气”］。

在美国，尽管恐惧诉求和其他类型的呼吁一样常见，但其却是最常见且被研究最彻底的一类，因为它涉及的问题与健康传播和环保传播直接相关。

恐惧诉求通常以运用丰富语言为特点（如展示子弹将骨头碎片从头骨拖过大脑的路径），人格心理学的语言（如“如果它能发生在我身上，那它也可能发生在你身上”），或图形和照片（如警察照片、X线片、受伤或者疾病的照片）。

恐惧诉求最经典的案例，是在20世纪80年代中期广为流传的，美国无毒品伙伴组织用“煎鸡蛋”为标志进行的预防吸毒运动（它的具体体现是：“这是大脑，这是毒品，这是你吸了毒品的大脑。”定格在一个煎鸡蛋的图片上）。

另一个案例是加拿大印在香烟包装上的信息（如“吸烟会导致肺癌”“烟草烟雾伤害婴儿”和“抽烟将导致阳痿”，这些信息通常是全彩色的鲜艳图形和图像，并包含了劝诫人们戒烟的技巧）。

本词条关于恐惧诉求。将简要介绍早期恐惧诉求理论和研究，然后深入讨论扩展的平行过程模型，它取代了早先的理论，解释了成功和失败的恐惧诉求信息。本词条将就那些希望更有效使用恐惧诉求或深入研究的内容得出结论。

早期的恐惧诉求理论

20世纪50年代，恐惧诉求理论第一次被正式提出，而扩展的平行过程模型则是此后几个恐惧诉求理论的集成和拓展（包括恐惧作为收购驱动模型、并行过程模型和保护动机理论）。尽管这些理论都把重要的元素引入了恐惧诉求，但每种理论都有一个或多个缺陷，而平行过程模型正是被设计用来解决这些缺点的。例如，恐惧作为后天的驱动模式假定，适度的恐惧唤醒可最有效地带来态度和行为改变，而过多的恐惧会适得其反。该模型提出了一种介于恐惧和态度、行为变化之间的曲线或反向 U 形关系。

然而，许多恐惧需求研究反驳了这个假说，并建议两个变量之间应是一种线性关系（即随着恐惧增加，态度或行为改变也会增加）。

虽然平行过程模型区分了个体集中精力和试图制定战略以避免危险或威胁（即危险控制）的情况，以及专注和试图控制恐惧（即恐惧控制）的情况，但它没有指出哪一种情况将占据主导地位，也并未说明是哪些具体因素会引起这些不同的反应。

最后，虽然保护动机理论承认响应恐惧诉求信息中建议的重要性，但它只专注于恐惧呼吁导致信息接收和危险控制过程。这一理论可以很好地解释恐惧诉求成功的原因，但它不能解释导致信息遭到拒绝的具体因素。而平行过程模型整合了这些和类似的恐惧吸引力理论和研究的最佳部分，并将扩展其解释效果，解释了恐惧诉求如何才可能获得成功或失败。下面将对平行过程模型进行详细讨论。

平行过程模型

平行过程模型关注的是感知威胁和感知效能对态度和行为变化的影响。感知的威胁包括个体感知的敏感性（即威胁会发生的可能性或概率）和感知的严重性（即威胁的感知程度或严重性）。而感知效能是个体对反应效能感（即所推荐的反应的安全性和有效性的感知）和自我效能感（即个体可以参与推荐的反应）的感知的简单化。下面提供了这些术语的示例。

根据平行过程模型，一个人对恐惧需求的反应取决于其对于威胁和效能接受的水平（图 F1）。平行过程模型假定，感知的威胁激发行动，知觉效能决定了行动的性质（即人们是否试图控制危险或控制他们的恐惧）。

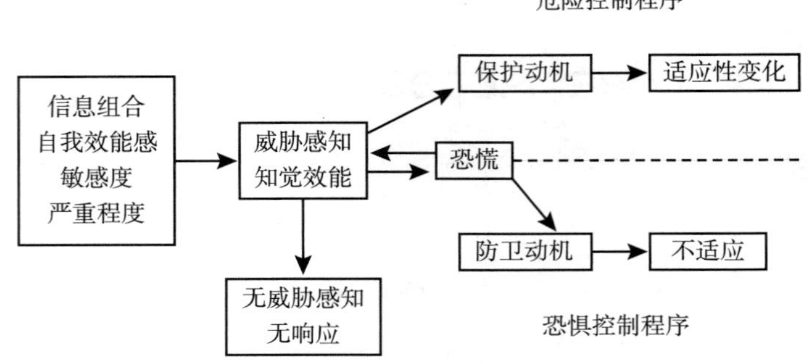

图 F1 扩展平行过程模型

数据来源：Adapted from Witte，K.（1992）. Putting the fear back into fear appeals：The extended parallel process model. Communication Monographs，59，p. 338. Copyright © 1992 by Taylor & Francis，Ltd. Reprinted by permission of the publisher. The journal Web site is www.informaworld.com

所以，有效恐惧需求信息不仅必须包含强烈威胁部分，还要包括强功效成分。比如，我们正在评估假设自行车安全恐惧需求信息的影响。数据显示，只有 1/3 的骑行者，在其全部或大部分行程中会戴上头盔，所以，目标或建议是希望影响可能去骑自行车且不戴头盔的人，以减少事故中头部受伤的影响或威胁。可能的结果有如下三种。

无响应

当感觉威胁小，即发生无响应。换句话说，如果一个人不相信其将易受威胁（例如，有人认为骑自行车者头部受伤并不常见，自己受伤的可能性极小），或者不相信威胁具有严重后果（例如，有人认为自行车事故通常只会导致轻微擦伤和瘀伤），则不会积极地注意这一信息，因此，也不会对此作出回应。在这种情况下，假定的信息无法促进对威胁的感知，因此信息接收者没有动机进行效能评估或响应。

不骑自行车的人会经历上述类似的过程，因为这种威胁与自身无关。这凸显了在开发和评估恐惧诉求信息时，对有倾向性受众传递清晰想法的重要性。不幸的是，研究者有时会选择普通人群进行测试，这必然不会出现任何效果。然而，当研究人员控制那些信息没有相关性的人（也就是我们的例子中，那些很少或从不骑自行车的人）的数量，效果反而更有可能出现。

恐惧控制响应

当威胁感大于效能感时，个体就会控制恐惧，这是一种自然反应，希望控制或限制某一程度的恐惧，而不是减少实际的威胁或危险。也就是说，如果一个人认为自己容易受到威胁（例如，有人认为，成千上万的严重自行车车祸发生在美国，自己出事的可能性也很大），并且认为这种威胁会导致严重的后果（例如，有人认为自行车事故可能导致颅脑外伤甚至死亡），则个体感知的威胁程度会很高。这种对威胁的高度感知激发其采取行动，并促使其参与效能评估。如果在进行评估时，测试人不相信建议的反应有效（或低反应效能，如某人认为自行车头盔在事故发生时不会提供更多保护，或不相信自己有能力参与建议）或自我效能较低（比如，有人认为自行车头盔太昂贵，超出其消费能力），那么，感知效能水平将会很低。在这种情况下，因为害怕是一种不舒服的状态，所以个体会采取措施减少恐惧，但不一定会减少实际的危险。

危险控制响应

当察觉到威胁和感知的能力都很高，人们就会进行危险控制。也就是说，人们会仔细考虑建议，并调整行为以减少危险的情况。在这种情况下，说服人提供假想的信息是一种减少威胁、实现目的的有效手段（例如，通过沟通让他们意识到自行车头盔可以防止头部受伤），并会促使个体采取行动（例如，通过沟通得知自行车头盔物美价廉）。只有当威胁感和效能感都很高时，一个人才会专注于解决问题，这可能会促使其行为向所倡导的方向改变。

结　论

针对诸多主题和不同人群的研究表明，有效的恐惧诉求信息不仅要证明严重威胁的存在，还必须包括一种减少威胁的手段，要有效且易行。平行过程模型还强调，在评估恐惧诉求信息的有效性时，要考虑和测量危险控制和恐惧控制反应的重要性，因为接收者不应答并不意味着信息不会以其他的、具影响力的方式影响他们。最后，在制定恐惧诉求信息之前，与预期的受众成员交谈也很重要，因为这可以确定什么是对他们最具威胁或最有效的内容。

撰稿人：Anthony J. Roberto and Kim Witte

另请参阅：Communication Campaigns in Health and Environment；Computer-Tailored Messages；Risk Communication，Overview

参考文献

[1] GASS R H，SEITER J S. Persuasion，social influence，and compliance gaining [M]. 3rd ed. Boston：Allyn & Bacon，2007.

[2] GOODALL C E，ROBERTO A J. An inconvenient truth：An application of the extended parallel process model [J]. Communication Teacher，2008，22：97–100.

[3] ROBERTO A J. Putting communication theory into practice：The extended parallel process model [J]. Communication Teacher，2004，18：38–43.

[4] SMITH S W, ROSENMAN K D, KOTOWSKI M R, et al. Using the EPPM to create and evaluate the effectiveness of brochures to increase the use of hearing protection in farmers and landscape workers [J]. Journal of Applied Communication Research, 2008, 36: 200–218.

[5] WITTE K. Putting the fear back into fear appeals: The extended parallel process model [J]. Communication Monographs, 1992, 59: 329–349.

[6] WITTE K. Fear as motivator, fear as inhibitor: Using the extended parallel process model to explain fear appeal successes and failures [M]//P A ANDERSEN, L K GUERRERO (Eds.).The handbook of communication and emotion: Research, theory, applications, and contexts. San Diego, CA: Academic Press, 1998: 423–450.

[7] WITTE K, ALLEN M A. meta-analysis of fear appeals: Implications for effective public health campaigns [J]. Health Education Behavior, 2000, 27: 591–614.

[8] WITTE K, MEYER G, MARTELL D. Effective health risk messages: A step-by-step guide [M]. Thousand Oaks, CA: Sage, 2001.

Feynman, Richard
理查德·费曼

理查德·费曼（Richard Feynman，1918—1988）出生于纽约皇后区。早年，费曼表现出非凡的数学能力，并进入麻省理工学院（Massachusetts Institute of Technology）学习。毕业后，他在普林斯顿大学（Princeton University）物理学专业深造并获得博士学位。费曼成为广为人知的科学教师、传播者、科普作家和科学家。

在深造博士学位时，费曼与他的第一任妻子艾琳·戈林鲍姆（Arline Greenbaum）相遇并结婚，当时，她已经被确诊患有肺结核。虽然费曼和艾琳经常因他在曼哈顿项目的工作而分隔两地，但他们的婚姻仍然很幸福。1945 年，艾琳最终因肺病去世。1952 年，费曼曾与玛丽·路易丝·贝尔（Mary Louise Bell）有过一段短暂的婚姻，但后来，他与格温妮丝·霍沃斯（Gweneth Howarth）结婚，并与她共度余生。他们在 1962 年诞下儿子卡尔（Carl），并在 1968 年收养了女儿米歇尔（Michelle）。

费曼有许多爱好和非科学的兴趣，包括开锁、打鼓、绘画和杂耍。他在 1988 年去世，留在人间的最后一句话是“我讨厌死两次”。因为他发现奄奄一息的感觉十分“无聊”。

物理学家费曼

在完成博士学位后，费曼在威斯康星大学麦迪逊分校（University of Wiscon-sin-Madison）获得教职，但是，他被导师罗伯特·威尔逊（Robert Wilson）推荐加入“曼哈顿计划”（Manhattan Project），这是一项美国在新墨西哥州洛斯阿拉莫斯实施的原子弹秘密开发计划。他被分配在汉斯·贝特（Hans Bethe）的理论物理部，负责监督人工计算组以及数学公式的开发。他最大的成就是提出了用于计算核裂变武器爆炸当量的“贝特－费曼方程”（Bethe-Feynman equation）。费曼带着热情观察了3次原子弹试验，但看到对广岛和长崎造成的破坏后，他因为原子弹对文明的彻底毁灭而变得沮丧。

由于他与曼哈顿项目的联系，第二次世界大战结束后，费曼得到了加入几个著名研究型大学的机会。他选择跟随汉斯·贝特进入康奈尔大学（Cornell University），教授理论物理学，并研究各种物理问题。他在这一时期的研究虽然有些折中主义，但他对带校徽旋转下落的盘子的观察，为他1965年诺贝尔物理学奖的项目——电动力学的研究奠定了基础。

1951年，费曼在寒冷的纽约伊萨卡做出决定，搬到气候更温暖的加州理工大学（California Institute of Technology）工作。在那里，他最著名的研究包括量子电动力学（因这项研究他在1965年与他人共同获得诺贝尔奖）、功能路径积分表述的量子力学的过冷液氦、超流性和中子弱衰变过程模型。他的研究也成为第一次大规模并行计算机系统的开发和纳米技术研究的重要组成部分。

在生命的最后几年，费曼因为参与罗杰斯委员会（Rogers Commission）调查1986年“挑战者号”（Challenger）灾难事件而再度出名。他了解到美国航空航天局（National Aeronautics and Space Administration）管理小组经常误解承包商工程师在航天飞机计划上所提出的安全数据，并震惊地发现，他们将把错误的数据当作航天的安全证据。费曼发现了更多其他的安全信息的误用，他重新计算了经常被引用的航天飞机安全因数，并将其准确率从1/100000提升到1/200~1/100。

科普者费曼

物理教学是费曼生活中的最大乐趣之一。他认为，科学应该与所有人接触，而且所有科学的话题都应用一年级大学生能理解的语言解释。为此，他制定了一些教学工具，包括费曼图，这是一张追踪粒子和辅助计算它们之间相互作用的地图。

20世纪60年代初期他与同事合作撰写的《费曼物理学讲义》（*Feynman Lectures on Physics*），已售出超过百万册，目前仍在被广泛传阅。他的许多其他讲座和会谈也被转录或编辑成书。

费曼写了许多关于物理学、生活和业余爱好的书，很多是专为大众设计的。他的著作经常叙述他生活中的趣事，但专注于使读者能够接触到的基础的科学或方法（有时非常复杂）。即使在去世几十年后的今天，他仍然是最丰富多彩和著名的科普人士。

费曼的远见卓识

1959年，费曼在加州理工大学做了一次《底部空间很大》（*There's Plenty of Room at the Bottom*）演讲，向世界介绍了“纳米技术”这个术语。他描述了许多利用纳米结构的设想，并推测了如何创建建造这些结构所需的机器。直到30年后，科学家才制造出第一台“费曼机器”，并主宰了此后纳米技术的研究，直到今天。

尽管费曼是公认的纳米技术“精神祖父”，但批评家指出，他并未将演讲中的研究继续下去，然而，他的确通过给实现纳米技术里程碑研究的研究员提供奖励的方式，促进了进一步的研究。他的演讲也确实影响了一些关键人物开发用于操纵单一原子的工具。在讨论费曼的影响时，诋毁者倾向于淡化他对纳米技术的贡献，相反，这些人又会受他陈述的影响。

费曼对纳米技术的贡献如何，将继续由科学史学家进行讨论。不可否认的是，费曼的确是世界一流的物理学家和科学传播者。

撰 稿 人：Ted Greenhalgh

另请参阅：Manhattan Project；Nanotechnology；Space Shuttle

参考文献

[1] BROWN L M，RIGDEN J S.（Eds.）.Most of the good stuff：Memories of Richard Feynman [M]. New York：Simon & Schuster，1993.

[2] FEYNMAN R P. Surely you're joking，Mr. Feynman：Adventures of a curious character（R LEIGHTON，Ed.）[M]. New York：W. W. Norton，1985.

[3] FEYNMAN R P. What do you care what other people think? Further adventures of a curious character（Ralph Leighton，Ed.）[M]. New York：W. W. Norton，1988.

[4] GLEICK J. Genius：The life and science of Richard Feynman [M]. New York：Pantheon，1992.

Food and Drug Administration, U.S. 美国食品与药品管理局

美国食品与药品管理局（U.S. Food and Drug Administration，FDA）是负责确保食品（肉类和家禽除外）安全和药品（如疫苗、化妆品、医疗器械、放射性产品、人体药物和兽药）安全的联邦政府机构。最初，这个机构叫作化学局（Bureau of Chemistry），1930 年更名为食品与药品管理局。虽然目前已被纳入卫生与公众服务部（Department of Health and Human Services），但在历史上，食品与药品管理局曾被安置在农业部（Department of Agriculture）、安全部（Federal Security）、公共卫生部（Public Health Service）和卫生、教育和福利部（Department of Health，Education，and Welfare），其前身是卫生与人类服务部。1862 年，查尔斯·M. 韦瑟里尔（Charles M. Weatherill）被任命为农业部首席化学家。1883 年，哈维·威利（Harvey Wiley）成为首席化学家，并推动联邦制定食品与药品法，这个转变增加了化学局对食品和药品的监管。

1906 年以前，美国政府主要关注特定人群的食品和药品安全。一次军队供应的劣质食品和药品导致疾病的公开丑闻，让《药品进口法》（Drug Importation Act）仓促出台。1848 年 6 月 26 日，经詹姆斯·K. 波尔克（James K. Polk）总统签署法令，美国在边境建立了海关实验室。这项法律的出台是应药剂师和医师的要求，因为他们质疑药品的复合度和纯度。

20 世纪初，很多美国家庭的生活和经济模式已经从农村转向城市，并影响到了就业、住房和消费，现成的食品很容易在市场上获得，然而这些产品的质量却备受质疑，而国家法案针对不同的食品和药品有不同的要求。在这个食品、药品爆炸的时代，对致盲睫毛染料、可疑的专利药品、发酵番茄酱等需要采取措施，以保证消费者使用的食品或者药品的质量。在《纯净食品与药品法》（Pure Food and Drug Act）诞生前四年的 1902 年，管理生物制品的生产和销售的《生物制剂控制法》（Biologics Control Act）也获得通过。

1906 年，《纯净食品与药品法》的通过，是由哈维·威利以及要求政府监管食品和药品安全的社会运动促成的，因此，该法也被简称为威利法（Wiley Act）。为了解防腐剂对人体的影响，并为联邦纯净食品和药品标准法案的建立提供案例证据，威利和其领导的化学家收集掺假食品和药品的样品，并进行食品添加剂实验。而且，威利还建了一个由支持医药改革的商界领袖、化学家、医生、妇女俱乐部和记者组成的食品药品大联盟。

随着农业部门化学家研究的深入，威利社会团体获得的支持与日俱增，记者和作家也开始通过宣传食品工业的问题，唤起美国公众的良知。

厄普顿·辛克莱（Upton Sinclair）是最著名的食品问题揭发派作家，他在《屠场》（*The Jungle*）中生动地描述了芝加哥屠宰场糟糕的卫生状况。《高力》（*Colliers*）杂志的塞缪尔·霍普金斯·亚当斯（Samuel Hopkins Adams）和《麦克卢尔氏》（*McClure's Magazine*）杂志的雷·斯坦纳德·贝克（Ray Stannard Baker）等作家，也发表关于食品安全和药品标准的文章。《女士家庭杂志》（*Ladies' Home Journal*）出版商赛勒斯·H. K. 柯蒂斯（Cyrus H. K. Curtis）和爱德华·巴克（Edward Bok）拒绝了获得专利药品和含高浓度酒精药品的广告。

《纯净食品与药品法》禁止掺假、无标、有毒或有害的食品、药品和酒类的制造和销售，并进行规范和管理。

今天的食品和药品管理局随1906年通过《纯净食品与药品法》而成立。苏珊娜·朱诺（Suzanne Junod）写道，1906年的法案改变了业务和生产实践，引进了卫生程序和新的设备，塑造了制冷等新产业，并推动改善药品和食品安全。她认为，这些业务的出现受益于早期的联邦法规，法规消除了腐败和弊端，并获得消费者信任和好感。

1938年，新的《食品、药品与化妆品法案》（Food, Drug, and Cosmetics Act）取代了1906年版，增加了公司的新药在上市前需要测试的要求。1937年秋天，磺胺导致107人死亡后，新版法律被递交国会（U.S.Congress），并进入总统议事日程。

FDA历史上其他关键事件：

1951年，国会通过了《达勒姆－汉弗莱修正案》（Durham-Humphrey Amendment），要求有害的药品只能在有处方的情况下和领有执照的保健提供者的照料下使用。

1958年，根据食品添加剂修订案，添加剂生产商必须在食品加入新添加剂前获得FDA批准。

1960年，《颜色添加剂法案修订案》（Color Additive Amendments）出台，规定在食品、药品、化妆品、医疗器械领域使用的任何染料，必须经过FDA批准后方可向公众销售。

1962年，《基福弗－哈里斯药品修订案》（Kefauver-Harris Drug Amendment）出台，实行更严格的药品监督。

1970年，第一份患者药品说明书开始使用。

1995年，FDA认为香烟是“毒品输送装置”。然而，这项管制行动随后在2000年由最高法院以5∶4的票数驳回。

2004年，食品过敏源标识和《消费者保护法案》（Consumer Protection Act）获得通过。对《食品、药品与化妆品法案》进行修订，要求在食品标签中列出所有可能成为主要食品过敏源的成分。

现在的FDA由各中心、办公室和附属组织组成，包括生物制品评价和研究中心（Center for Biologics Evaluation and Research）、器械和辐射健康中心（Center for Devices and Radiological Health）、药物评价和研究中心（Center for Drug Evaluation and Research）、食品安全和应用营养中心（Center for Food Safety and Applied Nutrition）、兽医学中心（Center for Veterinary Medicine）、毒

理学研究中心（National Center for Toxicological Research）、办公室（Office of Regulatory Affairs）、食品安全和应用营养联合研究所（Joint Institute for Food Safety and Applied Nutrition）、国家食品安全与技术中心（National Center for Food Safety and Technology）等。

撰 稿 人：Natalie Tindall

另请参阅：Drug Advertising；Food Safety；Health Communication，Overview

参考文献

[1] Food Allergen Labeling and Consumer Protection Act，Pub. L. No. 108-282，2004.

[2] Food and Drug Act，21 U.S.C. § 1 et seq，1906.

[3] Food，Drug，and Cosmetics Act，21 U.S. C. § 301，1938.

[4] GOODWIN L S. The pure food，drink，and drug crusaders，1879-1914 [M]. Jefferson，NC：McFarland，1999.

[5] JUNOD S W. Food standards in the United States：The case of the peanut butter and jelly sandwich [M]// D F SMITH，J PHILLIPS（Eds.）.Food，science，policy，and regulation in the twentieth century. London：Routledge，2000：167-188.

[6] MAEDER T. Adverse reactions [M]. New York：William Morrow，1994.

[7] Pure Food and Drug Act of 1906，21 U.S.C. § § 1-15，1906.

[8] YOUNG J H. Pure food：Securing the federal Food and Drugs Act of 1906 [M]. Princeton，NJ：Princeton University Press，1989.

Food Irradiation 食品辐照

食物延续着人类生存，也是文化发展的主要元素之一，但食物也可能有害。纵观历史，人类一直在努力寻找方法来安全有效地储存食物，包括腌制、发酵和压制成罐头。当新的食品技术被开发，风险传播者试图推进（或挑战）这些技术，并以有趣的方式把信息传递给媒体和公众。在一段时间里，食品辐照技术获得了媒体的高度聚焦。

对一般公众来说，食品辐照是一种相对较新的技术。它在20世纪80年代才成为头条新闻，并在21世纪早期备受争议。但事实上，这项技术的历史已超过百年，可以追溯到1905年英国的一项专利。1929年，美国雪茄生产商使用X射线技术，杀死在运输过程中危害雪茄的甲虫。但这些新机器不断崩溃，所以生产商转而求助于新发现的廉价杀虫剂来完成这项工作。

“冷战”时期，核技术获得提升，出现了更容易接近的放射性材料和更好的技术，这让事情开始发生改变。得益于更好和更可靠的核技术，对放射性物质实际应用的兴趣重新生发。早在1947年，食品辐照实验就在美国和其他国家出现。20世纪50年代，美国麻省理工学院（Massachusetts Institute of Technology）和华盛顿大学（University of Washington）等机构进行的辐照实验，经常得到美国原子能委员会（U.S.Atomic Energy Commission）的财政支持。

辐照技术即使食物受到电离能量保护的技术，这种电离能量放射性物质可以是钴-60、铯、X射线或高能电子束。电离辐射杀死了食物中的细菌（如大肠杆菌和沙门氏菌）以及果蝇等昆虫。许多水果和蔬菜的分子重组使它们免于变质或迅速发芽，这对于消费者来说意味着食品保质期的延长。

首个大型食品辐照工厂于1992年在佛罗里达州的马尔伯里附近开设。在马尔伯里工厂内，食品先被装载上传送带，然后运至处理室，并接受包含放射性物质（在这家工厂使用的是钴-60）的辐照。然后，这些食品接受电子辐射挣脱钴。在食品被辐照后（时长取决于政府指定的剂量、食品及其包装的厚度），被送出处理室并送到最后的目的地。

在让食品无菌且保存更长的过程中，可能会产生哪些危险？反对者认为会有以下问题：

首先，由于放射性物质的存在，辐照设施可能造成环境风险（在将放射性物质运送到这些设施的过程中）。其次，辐照在杀死有害细菌的同时，也会分解有益的营养素。同时，它会让食品生产者和制造商采取不良做法，改变一些食品的味道和品质。最后，有一种观点质疑，经过辐照的食品是否还能标记为“新鲜”：因为辐照已经成为一种常见的烹饪方法，比如像高剂量辐照的微波食品，如果剂量太低，辐照也没有太大用处。

1980年，一个由世界卫生组织（World Health Organization）、联合国粮食及农业组织（Food and Agriculture Organization）和经济合作与发展组织（Organisation of Economic Co-operation and Development）联合组成的委员会达成一致，10焦/千克的辐照剂量不会对消费者构成任何威胁，这是可以被接受的最高限度标准。而在一些国家，如荷兰和南非，辐照剂量上限为75焦/千克。在美国，食品辐照被认为是一种食品添加剂，虽然高达30焦/千克的辐照标准已被批准用于防止草药和香料的食源性致病菌，但多数食品的辐照水平仍然较低。

在美国，食品辐照经历了很长时间的争论。并非所有科学家都认同这是一种安全有效保证食品安全的方法。有人认为，杀死细菌的同时可能会伤害人类；另一些人称，它提供了一种虚假的安全感，因为辐照可能会杀死一些细菌，但不会对肝炎等病毒产生影响。此外，在20世纪70年代，涉及放射性物质的事故开始浮出水面。尽管如此，美国食品与药品管理局已经批准了对一些食品进行辐照，包括小麦、面粉和土豆。

未来的食品辐照将受到政府、新闻界和市场的影响，大多数美国政府机构都为辐照开了绿灯，政治压力可能会改变潮流，如果这个话题成为热门政治候选人的问题，它或许会让支持者保持沉默。新闻界对支持者和反对者都给予了空间，鉴于公众对这一过程缺乏了解，无论是赞成还是反对辐照，都很容易主宰公众的讨论。最后，市场已经向公众提供辐照产品。有些已经售出，而其他市场的适销性仍然存在。对于风险传播者来说，这将取决于各种机构和领域在食品辐照的成功或失败。

撰 稿 人：Toby A.Ten Eyck

另请参阅：Food Safety；Low-Level Radiation

参考文献

[1] BRUHN C M. United States consumer choice of irradiated food [M] // P LOAHARANU，P THOMAS

(Eds.). Irradiation for food safety and qualityLancaster.PA: Techomic Production, 2001: 169–173.
[2] DIEHL J F. Safety of irradiated foods [M]. 2nd ed.New York: Marcel Dekker, 1995.
[3] SAPP S, KORSCHING P F. The social fabric and innovation diffusion: Symbolic adoption of food irradiation [J]. Rural Sociology, 2004, 69: 347–369.
[4] TEN EYCK T A, DESERAN F A. In the words of experts: The interpretive process of the food irradiation debate [J]. International Journal of Food Science and Technology, 2001, 36: 821–831.

Food Libel Laws 食品诽谤法

无论是宣传商业品牌还是科学新发现，每次传播运动都有赖于合法性。由于缺乏可信度，隔离无家可归的人导致肥胖基因产生的故事不可信；美国国家航空航天局（National Aeronautics and Space Administration）的科学家指出，美国总统和火星政治运动组织进行会谈也缺乏可信性。这两个极端的案例因为缺乏合法性而被大部分人忽视，然而，有些故事的界限并不清晰。其中一些是诋毁人或事，包括食品工业受到威胁。而食品工业需要通过《食品诽谤法》(Food Libel Laws，也称《素食诽谤法和食品贬低法》）来反击这些诋毁。

随着大众传媒的兴起，"诽谤"这个词在日常使用中变得日益普遍。口头诽谤和文字诽谤可谓历史悠久。口头诽谤常与电视广播等媒体挂钩，而文字诽谤则与平面媒体（报刊等）相连。这两个词都表示虐待某人或某事，通常没有挑衅或正当理由。在美国法院，原告通常必须证明诽谤性或诽谤性陈述是专门为败坏声誉做的，而且没有证据支持这种陈述。这通常很难做到，因为任何指向最微小事实的证据都可能使诽谤诉讼变得毫无意义。

1989 年负面新闻中对苹果生长促进剂的诽谤，让一些国家开始起草诽谤法律，以保护食品生产者和制销厂商。这些法律最著名的一次尝试，是针对奥普拉·温弗瑞（Oprah Winfrey）在她的电视节目上宣布她将停止吃汉堡包。起因是一位观众警告这位脱口秀主持人和她的观众，疯牛病将通过某些方式进入美国肉类供应链。在一番争论之后，包括农业专员在内的得克萨斯州农业团体，要求根据《食品诽谤法》起诉温弗瑞。

温弗瑞被得克萨斯州饲养协会（Texas Cattlemen's Association）起诉，但最终在 1998 年获胜。在这场拉锯战的最后阶段，美国多个州（阿拉巴马州、亚利桑那州、科罗拉多州、佛罗里达州、佐治亚州、爱达荷州、路易斯安那州、密西西比州、北达科他州、俄亥俄州、俄克拉荷马州、南达科他州和得克萨斯州）已经通过类似的法律，1999 年，阿肯色州立法机关废除了《食品诽谤法》。

英国也有《食品诽谤法》。1990 年，麦当劳曾被绿色和平组织（Green Peace）起诉。据《快餐国家》(*Fast Food Nation*）的作者埃里克·施洛瑟（Eric Schlosser）说，英国的诽谤法对原告来说要容易得多，因为被指控诽谤的人或组织必须证明他们的陈述是正确的，除非他们自己是科学家，否则他们不能引用科学发现。

在后来被称为“麦当劳诽谤案”的诉讼中，3 位活动家为他们的行动道歉，而另外 2 位则决定抗争到底。诉讼从 1994 年开始，在 1997 年结束时，法官发现一些活动家传递的信息符合诽谤定义，而麦当劳则认为所有信息都是诽谤。最终，尽管麦当劳表示不会收钱，但法院仍判给麦当劳 60000 英镑的赔偿，此后，这一赔偿又降到 40000 英镑。

虽然诽谤法在防止恶意攻击名誉方面能发挥重要作用，但其在应用于某些大行业时会对风险沟通产生寒蝉效应。因为诽谤案件往往会产生消极影响，科学家以及可能感到有必要对某些做法或潜在危险发言的个人和组织可能会被威胁而保持沉默。例如，如果一位食品科学家指出，某些行业的做法可能会在美国各地带来传播有毒细菌的风险，然后根据《食品诽谤法》起诉这个行业。但此后，科学家及其所在组织可能受到攻击，因为这种做法让行业丧失了重要的消费者。被打击的还可能包括行业本身，因为许多食品科学家为食品行业工作，并从中获得资金。同时，考虑到食品工业与财政密切相关，以及很多人依赖这个行业生存，一些声明不能迅速获得甚至根本无法获得机构支持。

也有一些组织反对《食品诽谤法》。公共利益科学中心出版了《食品的申述：食品诽谤法律违宪》（*FoodSpeak*：*Coalition for Free Speech*），因为法律违反了第一修正案中关于言论自由的条款。《琼斯夫人》（*Mother Jones*）杂志（2004 年的订阅用户为 25 万人）也认为,《食品诽谤法》是对第一修正案权利的违背。比如在 1998 年 2 月 24 日的一篇文章中，他们提到 6 起食品诽谤官司，包括冰淇淋、啤酒和不会飞的大型鸟类。

食品诽谤法仅是诽谤和风险传播的一个领域。被追究责任或有争议的意见，可能会导致那些从事风险评估、管理和沟通的人进行自我检查。在其他商品上获得既得利益的机构可以考虑用这类法律来保护自己的销售，虽然其他团体可能会认为这类规章是由于其自身原因争取支持的一种方式，但无论这是特定商品（如绿色和平组织试图提高对环境问题的认识）还是与言论自由有关的权利，风险评估员、管理者和沟通者在处理和传播可能对其他个人、群体或行业造成伤害的信息时，会被认为是在进行口头诽谤和文字诽谤。

撰 稿 人：Toby A. Ten Eyck

另请参阅：Center for Science in the Public Interest；Food Safety；Nutrition and Media

参考文献

[1] ARNOLD A，SANDLIN J. Fear of food [M]. Bellevue，WA：Free Enterprise Press，1998.

[2] ATKINS R，MINTCHEVA S.（Eds.）.Censoring culture [M]. New York：New Press，2006.

[3] KRETKOWSKI P D. Food fights. Mother Jones [EB/OL].（1998-02-24）http：//motherjones.com/politics/1998/02/food-fights.

[4] SCHLOSSER E.Fast food nation [M]. Boston：Houghton Mifflin，2001.

Food Safety 食品安全

食品安全信息的传播非常复杂。在某种程度上，这是由于食品安全涵盖一系列不同问题，其中包括：食品的微生物污染（如家庭环境下的微生物污染）、营养成分和消费者食品选择的优化、有关食品加工技术优劣的有效讨论等，如食用农作物的转基因技术和应用于食品生产的纳米技术。此外，食品选择问题对所有消费者来说都至关重要。一方面，食品选择代表消费者经常重复的一类行为，可以视作消费者的习惯。受这类习惯的影响，对于自身经验范围以外或利用创新技术生产的食品，消费者往往会产生怀疑——这种现象被称为“新奇食品恐惧症”。另一方面，有关食品安全的信息传播，同时涉及消费某种特定食品所面临的风险和益处，对于不同的受众，将产生不同的影响，影响程度与不确定性程度相关。最后，民以食为天，选择安全的食品是一个事关生存且对生活品质产生潜在影响的问题。

对食品相关风险的认知和信息传播

与其他风险领域的研究一致，食品安全领域的风险认知和信息传播，应首先关注非专业人士对风险的认知与“专业”风险评估之间的差别，弄清差别背后的原因，以及这类研究结果给有效风险信息传播带来的启示。在风险认知方面，潜在食品风险的反常、可能产生灾难性结果的程度、个人感知到的接触某类潜在食品风险的无意识程度，将会增强人们对风险的认知。人们对不同食品潜在风险的反应，可以通过这些心理维度进行可靠预测。事实证明，针对不同类型的食品危害，心理维度具有系统性的差异。此外，消费者在认知和对食品危害作出反应方面的个体差异，以及有关风险的讨论，是实证调查的焦点之一。例如，风险认知、食品安全相关行为、消费者对食品安全事件的反应以及消费者对信息的使用，均取决于消费者的个性特征和与危害相关的变量。

另一个被广泛研究的有关消费者对食品安全认知的问题，是对食品风险信息的信任问题。这一领域的研究同样对食品风险管理具有启示作用。具体食品安全事件对消费者风险认知和行为（如在危机背景下）的影响，同样可以影响风险信息传播效率。例如，如果某个信息来源曾经对某食品安全事件处理不当，或者未能传播涉及技术风险评估和消费者担忧问题的准确信息，当这个信息源再次传递相关信息时，人们可能作出消极反应。

不同社会背景和不同地理区域的消费者，对食品风险的认知，以及对当地和国际监管机构的信任，存在文化和历史差异。这些差异意味着，消费者对食品安全信息的反应易于产生跨文化差异。消费者对风险的评估，存在个体差异（例如，个体认为选择安全或健康食品能够对自身健康状况产生影响的程度），这些个体差异也是影响消费者对信息传播作出反应的决定性因素。

尽管对食品相关风险的认知存在差异，但有证据表明，消费者对正常或熟悉的食品风险的关注度较低。因此，人们可能会作出不恰当和不健康的食品选择，或以不恰当的方式承担风险，例如，人们对家庭食品卫生规范比较熟悉，并且认为这方面的风险可以得到人为控制。

通过信息传递干预措施的发展避免家庭食物中毒事件的发生，就是一个鲜活的实例。食物中毒是严重的公共卫生问题。食品安全目标明确指出，要通过降低食源性疾病病例的数量促进公众健康的发展。从公众健康的角度来看，设置消费阶段的食品安全目标更具有现实意义，因为微生物负载决定疾病发生概率的过程，正是发生在这一阶段。为实现食品安全目标，可以通过改变消费者行为（如不恰当的食物存储方法和制作方法），降低食源性疾病的发病率。因此，只有采取适当有效的信息传递干预措施，才能实现提高公共卫生状况的目标。

家庭食品制作是一项人类活动，涉及人类经常重复的行为，这些行为嵌入个人的日常活动中，同时与个人的生活方式相关（如对健康食物的选择）。任何有关生活方式风险的讨论，都要考虑乐观偏误或不切实际的乐观这一重要因素。人们往往根据一般社会成员较少经历的特定生活方式危害，评估自身的个人风险，或者与另外一个具有类似人口统计特征的个人进行对比，进而评估自身的个人风险。在人们看来，食品生产技术带来的危害几乎不可避免，与技术危害相比，生活方式的相关危害（如家庭中的食物中毒、饮食不当导致的疾病）更容易造成乐观偏误。出现乐观偏误的人，往往不会采取预防措施使自己免受危害。

通常，食物中毒风险会使人产生乐观偏误。向最易受危害的个体传递专门信息，可以优化现有资源的利用，但如果无法确定最易受危害的消费人群，这种信息传递也无法完成。定向传播食品安全风险信息时，首先要区分或划分因态度因素和风险易感性而最易受害的消费人群，明确向这类受众传递信息的潜在障碍，并且优化风险信息的传播过程。如果对消费者的保护需要优化，了解决定消费者行为的社会－心理因素十分重要。例如，尽管消费者表面上知晓如何安全地制备食物，但其他因素（如乐观偏误或者习惯性食物制作方法）仍然有可能导致家庭食物中毒事件的发生。

此外，有一个共识是，某些人更容易采取不安全的食物制备方法。例如，有证据表明，年轻的单身男性最有可能做出受污染的饭菜。这表明，如果需要将风险信息定向传播给某类易感人群，则必须采用分层的风险信息传播策略。研究人员发现，将与食品安全相关的情绪暗示（如令人作呕）纳入食品安全信息，不但可以增强消费者对食品安全风险的认识，而且能够促进消费者采取正确行动，保护自身健康免受食物中毒之害。此外，研究人员还发现，在食谱中增加食品安全制作方面的信息，可以提高人们的食品安全行为。换句话说，食谱中的信息能够激活消费者的现有态度，对消费者保护自身健康产生积极影响。就此可以得出这样一个结论，消费者比以往拥有更多安全食品制作方面的知识，使其在制作食品过程中运用这类知识，具有至关重要的作用。在传播有关食品安全的信息时，有效利用食谱或者食品包装上的说明，可以激活消费者现有的食品安全知识。

风险－益处信息传播

在食品消费过程中，消费者常常会权衡消费某种食品可能产生的风险和益处。例如，在消费鱼这种食品时，消费者必须在吃鱼带来的健康益处（如 ω-3 脂肪酸对健康的益处）和可能的安全风险（如污染产生的不利影响）之间作出权衡。想作出明智的消费选择，消费者必须以风险和益处方面的信息为根据。接收到全面风险－益处信息的消费者，不会单方面理解风险和益处信息。一般来说，当对某个特定问题的风险认知提高时，对该问题的益处认知就会降低，反之亦然。但是，关于在食品选择过程同时涉及健康风险和健康益处的情况下消费者作出决策背后的根本认知机制，需要进行进一步的研究和探索。由于人们会有意识地避免自身不同信念之间的冲突，被人们认知的风险和益处可能呈现逆向关联性，即消费者很难同时认知同一食品危害的高度风险和高度益处。尽管如此，在选择具体食品时，消费者不得不同时确定食品的风险和益处。因此，对风险和益处信息同时进行有效传播，具有至关重要的意义。

下面这个例子可以说明风险－益处信息传播的复杂性。对于风险－益处对预期寿命的纯粹健康影响，以及风险－益处综合指标（生活质量、残疾调整生命年）方面的信息，消费者存在一定偏好，研究人员曾经对消费者的这类偏好进行过研究。研究报告称，消费者难以解释这些综合指标的认知复杂性。如何传播这类风险－益处综合信息，对未来研究提出了挑战。

此外，信息可以左右消费者对风险或益处的看法，而风险或益处信息的提供顺序会对这个过程产生影响。例如，首先提供的信息（风险信息或益处信息）将对消费者在特定食品方面的态度产生不同影响。风险－益处信息的传播可以影响消费者的态度，而消费者对于特定食品或食品生产过程抱有的初始态度将影响信息传播的影响过程。例如，如果某些信息与消费者对特定食品抱有的强烈态度相冲突，这类信息将不会引起消费者的注意。如果人们认为吃某种食物存在一定风险，人们将忽略这种食物能够带来的益处，反之亦然。同样，如果人们对某项食品加工技术抱有非常消极的看法，人们将只会关注这项技术的风险信息，而忽视这项技术能够带来的益处。

不确定性信息的传播

研究人员发现，不同类型信息的不确定性对公众具有较大影响，其中包括食品安全信息。例如，为避免由于缺乏了解导致的不确定性，某种危害发生之后的潜在影响或影响程度，都应该作为食品安全信息进行传播。公众还需要了解，为减少那些已知的不确定联系已经完成了哪些工作。消费者的实际感受是，监管机构拒绝提供不确定性信息。与此相符，研究人员已经识别出不确定性信息传播产生的各类问题。例如，个体在理解低概率和相关事件方面存在困难，在不确定的条件下，个体往往不会寻求概率信息。此外，启发式或认知决策规则可能影响对于食品安全问题相关不确定性事件的理解。例如，受可用性启发的影响，在评估未来事件的发生概率时，如果回忆起过去发生过的类似事件，人们将认为该未来事件存在较大的概率。如果要确保食品安全信息传播的透明性（即告知那些确实存在的不确定性），为消费者创造相关环境，使其能够对食品安全问题作出准确明智的决策，必须对不确定性进行有效的信息传播。

信任的作用

消费者对确保和管控食品安全的各类参与者和机构的信任，以及对不同消息来源提供的有关食品安全和食品相关风险信息的信任，对于有效的食品安全信息传播具有重要作用。消费者对风险和益处的认知，取决于他们对肩负保护消费者责任机构的信任，以及对负责供应链的食品产业和生产者的信任。其他维度上的信任，如消费者能够感知到的风险信息传播人员对公众福祉和消费者保护的诚实态度和关注程度，可能超过认知能力，成为食品安全问题风险认知和态度的决定性因素。事实上，消费者对食品危害或食品生产技术抱有的态度，将影响公众的信任对象。例如，如果消费者对某种潜在的有害活动持强烈对抗态度，那些与其态度一致的信息源所提供的信息，更容易博得消费者的信任，相反，那些与其现有态度不一致的信息源所提供的信息，将无法获得消费者的信任。

我们可以采取很多方法，提高消费者的信任度。例如，消费者对食品风险管理是否有效的判断，主要取决于消费者是否感知到，一些积极有效的消费者保护体系已经在发挥作用。因此，要建立并维持消费者对食品风险管理人员和机构的信任，在进行风险信息传播时，必须同时包含主动保护消费者的策略。风险 - 益处综合信息中涉及科学不确定性，提高这类不确定性的透明度，可以增加信息源头的可信度，以及食品风险分析过程的透明度。维持公众对食品风险监管活动的信任，需要提高信息传播过程的透明度和公开度。因此，有效传播风险（及益处）评估过程识别出的不确定性和变化性，已经变得越来越重要。

结　论

想有效地传播有关食品安全问题的风险信息，需要了解消费者的观念、需求和行为。向需求和利益诉求相似的特定消费者群体定向传播风险信息，能够实现最佳的传播效果。了解个体差异，如个体在食品安全信息方面的需求和偏好、不同个体处理食品风险（及益处）信息的方式，以及心理因素和其他个体差异对这些方式的影响，将有助于风险信息传播人员更加高效地提供和传播相关信息。

撰 稿 人：Lynn J. Frewer

另请参阅：Agricultural Biotechnology；Food Libel Laws；Nanotechnology；Risk Communication，Overview；Uncertainty in Science Communication

参考文献

［1］ALHAKMI A S，SLOVIC P.A psychological study of the inverse relationships between perceived risk and perceived benefit［J］. Risk Analysis，1994，14：1085–1096.

［2］FISCHER A R H，FREWER L J.Food safety practices in the domestic kitchen：Demographic，personality and experiential determinants［J］. Journal of Applied Social Psychology，2008，38：2869–2884.

［3］FREWER L，LASSEN J，KETTLITZ B，et al.Societal aspects of genetically modified foods. Entransfood［Special issue］［J］. Food and Chemical Toxicology，2004，42（7）：1181–1193.

［4］MILES S，SCAIFE V. Optimistic bias and food［J］. Nutrition Research Reviews，2003，16：3–19.

［5］NAUTA M J，FISCHER A R H，VAN ASSELT E D，et al. Food safety in the domestic environment：The effect of consumer risk information on human disease risks［J］. Risk Analysis，2008，28：179–192.

［6］VAN KLEEF E，HOUGHTON J R，KRYSTALLIS T，et al.Consumer evaluations of food risk management quality in Europe［J］. Risk Analysis，2007，27：1565–1580.

［7］VERBEKE W，VANHONACKER F，FREWER L J，et al.Communicating risks and benefits from fish consumption：Impact on Belgian consumers' perception and intention to eat fish［J］. Risk Analysis，2008，28：951–967.

Framing and Priming in Science Communication 科学传播的框架构建与基础构建

科学技术问题正日益成为政策问题，各方利益相关者都在试图影响这类问题的讨论过程。因此，科学传播者必须了解框架构建与基础构建等过程的重要性。框架构建与基础构建是媒体效应的两项理论，理论根源于心理学、传播学和其他社会学科。虽然二者经常呈现出关联性，但它们指代的是两个不同的过程。但是，对于科学技术信息的传播者而言，二者都具有非常重要的意义，因为它们都代表着强大的媒体效应，这些效应能够影响受众对科学问题的看法。此外，这两个过程可以作为战略工具使用，影响受众对复杂问题持有的态度，以及个体在应对新技术可能带来的风险时所作出的决策。

框架构建

科学传播者常须针对某一复杂科学问题撰写文章，为了使文章成为一篇具有说服力的演讲稿、报刊文章或博文，传播者大多会在问题涉及的众多维度中选取一个特定维度进行重点论述，这样才能使文章内容更加引人注目或更加贴近受众。为了突出自己对某个问题的个人理解，传播者将使用特定的比喻、视觉效果、符号及其他文化手段。在说服特定受众时（如通过演讲稿），传播者会有意识地采用这种方法，而在为科学期刊供稿时，传播者必须采用这种方法，否则将无法有效地阐述一个复杂的科学问题。采用这种方法之前，传播者将首先构建问题的框架，这与画家作画有异曲同工之妙，在呈现特定光线下的某个画面之前，画家会首先选定一个具体的框架。

在传播理论中，框架指传播者（学术期刊撰稿人或其他人）以能使受众产生共鸣的方式描述某一问题时采用的呈现模式。同一问题的不同框架，不仅在内容上存在差异，呈现模糊刺激（如复杂的科学问题）的方式也不尽相同。比如，一个关于某项新兴技术（如纳米技术）的新闻报道，可以以下一代塑料产品为例阐述这一技术，进而引出该技术可能带来的其他方面的技术突破。同一个新闻报道还可以以下一代石棉为例进行阐述，这种阐述可能对纳米技术进行具有很大区别的解释。虽然这些框架会对受众的理解产生不同影响，但受众可以利用这些框架理解纳米技术。

框架构建研究不仅局限在科学传播领域。例如，有关框架构建的正式论述，首先由社会学家欧文·戈夫曼（Erving Goffman）提出。20 世纪 70 年代，欧文·戈夫曼提出在面对信息时，个体可以应用社会共享的诠释方案，这类方案被他称为诠释框架。这些框架可以帮助人们对新信息进行分类，以及理解某个复杂的体系，这与传播学课本中为受众量身定制的框架类似，传播学课本中的框架可以帮助受众理解复杂的信息。

20 世纪 70 年代末至 80 年代初，心理学家丹尼尔·卡恩曼（Daniel Kahneman）（他因为这项研究获得了诺贝尔经济学奖）和阿莫斯·特沃斯基（Amos Tversky）通过实验证明，利用相同的信息内容，但以不同的方式呈现风险相关状况（损失或收益），受众会在最佳应对方式方面作出不一样的选择。换言之，同一类信息，选择损失或收益为框架，会让受众产生不同的理解，并让他们产生不同的行为倾向。他们的厌恶损失理论认为，与获益相比，避免损失的心理趋向具有更强的促进作用。

社会学和政治传播理论方面的研究，以及科学信息传播研究，都引入了大量由其他学科积累的框架构建研究成果。在1999年发表的一篇论文中，迪特勒姆·施费勒（Dietram Scheufele）提出了一个框架构建过程模型，尽管该模型是以政治信息传播为背景进行阐述的，但它可以应用于科学技术及其他领域的信息传播过程。在该模型中，他区分了框架构建过程和框架设置过程，框架构建指产生媒体框架的过程，而框架设置指媒体框架影响受众的过程。

媒体框架构建

文化规范、价值观、组织的压力和惯例等一系列不同的变量，都可以影响新闻的框架构建过程。新闻工作者自身的政治和意识形态取向，也能影响他们选择何种框架阐述新闻。此外，对新闻编辑室外的影响因素也需要重点考虑，因为不同的社会群体都试图通过框架的战略性应用，为某个具体问题塑造媒体话语。有关最新科技研究的新闻稿，通常会重点采用某些特定的框架。同样，倡导某一特定问题的不同利益方，其新闻稿也会强调一些特定的框架。另外，由政治家和企业家等组成的精英群体，也可能通过向媒体提供观点、其他信息传播方式和游说工作，参与框架的构建过程。

媒体框架设置

框架设置指受众受媒体框架影响的过程。在最基本的层面上，尤其是关于人们缺乏既有观点的创新型问题（如新技术），框架可以帮助人们弄清问题的主旨，并使人们对问题产生一定的理解。此外，框架还可以影响人们处理信息时大脑激活的模式（或范畴），进而帮助人们理解信息。在框架的帮助下，人们可以利用被激活的认知模式将自身的信仰、价值观和态度与相关的问题联系起来，从而达成对这一问题的判断。因此，需要指出的一点是，虽然媒体框架能够影响受众的态度，但那些依赖于倾向、模式和广泛个人特质的效应，将最终影响人们处理信息的方式。换言之，个体将通过自身的感知过滤（宗教信仰、道德模式、信任形式等）处理各种框架，这意味着任何一种框架都会对不同的人群产生不同的作用。

框架并不能始终成为个体解读或理解某一问题的方式；只有当框架与个体的现有模式协调一致时，才能产生框架效应。1997年，大卫·特克斯伯里（David Tewksbury）和文斯·普莱斯（Vince Price）阐述的信息处理应用模型和信息激活过程，揭示了框架效应的底层机制。在每个人的记忆中都存在一组独特的既有知识结构，某个特定的知识结构何时激活，取决于其长期和临时可访问性等特征，以及当前形势的突出属性。

当个体读到一个强调某个问题特定方面的新闻报道时，相关框架想法能否被该新闻报道的框架激活，主要取决于新闻框架中的信息和内容范围是否与该个体的知识结构相匹配。知识结构与新闻框架的协调一致性越高，新闻框架越有可能提供适用于问题解读的知识结构。因此，知识结构更有可能影响后续的决策和判断。换言之，个体不会被动地受新闻内容的影响，相反，他们会主动地解读媒体消息的相关内容，并且作出相应的判断。

基础构建

基础构建理论根植于认知心理学，在政治信息传播领域应用广泛。对这一理论的近期研究，在健康信息传播和科学信息传播领域进行了探索。框架构建理论以一个适用性模型为基础，而基础构建理论以基于记忆的（或基于可及性的）信息处理模型为基础。人们对某个特定问题作出决定并达成判断，依据的是当时最为可及的想法。如果第一个刺激已经使某些想法可及，个体将使用这些可及的想法形成判断。因此，基础构建意味着两项连续的认知任务相继执行。一个刺激将记忆中的特定节点激活。如果第二个相关的刺激发生，由于节点已经被激活，对这个新的刺激作出判断将变得更加容易。

因此，基础构建理论认为，媒体可以使人们更容易地想起某些问题或者某个问题的某些方面，进而可以影响受众对特定问题形成态度和判断时所依据的标准。应用于媒体和科学领域时，新闻内容可以通过媒体报道使某些问题变得尤为突出，提示受众在评估科学家或其他正在考虑的科学问题时，应使用哪些问题作为标准。因此，在作出后续判断时，这些突出问题将成为个体最为可及的想法。如果问题的提出顺序不太严谨，调查研究也是基础构建发生的一种背景。例如，如果要求受访者在确定对某项技术的支持程度之后，立即确定该项技术的风险程度，受访者将很可能将自己对该技术的支持考虑在内。

科学传播中的战略沟通工具框架与基础构建

框架可以应用在公共关系活动和其他战略传播工作中。选择能够与受众既有知识、信仰和文化价值观产生共鸣的框架，信息传播人员可以使自己传达的信息更具说服力。此外，通过为问题讨论设置专用词汇和比喻，他们还可以影响具体的讨论过程。例如，绿色和平组织（Greenpeace）广泛使用“转基因食品”这一术语，将食品生物技术定义为高风险技术，而孟山都公司（Monsanto Company）通过广泛的信息传播工作，不断宣扬食品生物技术有助于解决全世界的饥饿问题。

在综合性信息传播过程中，基础构建可以用来进行战略信息传播。例如，在一项活动中，为了向受众传递后续信息，可先以公告牌或推特消息的形式向受众作出预告。在全面开展活动之前，基础构建可以使活动的某些方面得到突出，进而提高活动的效率，对于公众完全未知的问题，效果尤为明显。

框架构建与基础构建

总之，框架构建与基础构建之间的主要差别，在于发挥相应作用的不同心理过程。框架构建的概念以适用性为基础，而基础构建的概念以可及性为基础。适用性效应指框架使信息或其他联系适用于某个问题或主题，可及性则指被激活的想法对后续评估产生的影响。

当然，框架构建与基础构建效应也是相互关联的，当新闻报道被推出之后，这两种效应可能同时发生。从长远来看，媒体曝光能否对受众在科技问题上持有的态度产生持续影响，将主要取决于框架构建与基础构建能否持续。

撰 稿 人：Dominique Brossard

另请参阅：Metaphors in Science Communication；Strategic Communication for Science and Technology

参考文献

[1] BROSSARD D，KIM E，SCHEUFELE DA，et al. Religiosity as a perceptual filter：Examining processes of opinion formation about nanotechnology [J]. Public Understanding of Science，2009，18(5)：546–568.

[2] GOFFMAN E.Frame analysis：An essay on the organization of experience [M]. Cambridge，MA：Harvard University Press，1974.

[3] KAHNEMAN D，TVERSKY A.Prospect theory：Analysis of decision under risk [J]. Econometrica，

1979，47（2）：263–292.

[4] Nisbet M C，Scheufele D A. The future of public engagement [J]. The Scientist，2007，21（10）：38–44.

[5] PRICE D，TEWKSBURY D. News values and public opinion：A theoretical account of media priming and framing [M]//G A BARETT ，F J BOSTER（Eds.）.Progress in communication sciences：Advances in persuasion.Greenwich，CT：Ablex，1997，Vol. 13：173–212.

[6] SCHEUFELE D.Framing as a theory of media effects [J]. Journal of Communication，1999，49：103–122.

[7] SCHEUFELE D，TEWKSBURY D. Framing，agenda setting，and priming：The evolution of three media effects models [J]. Journal of Communication，2008，57：9–20.

[8] TEWKSBURY D，SCHEUFELE D. News framing theory and research [M]//J BRYANT，M B OLIVER（Eds.）. Media effects：Advances in theory and research，2009.

Franklin, Benjamin 本杰明·富兰克林

本杰明·富兰克林（Benjamin Franklin，1706—1790），著名作家、人道主义者、发明家、音乐家、哲学家、出版商、科学家，美国开国元勋中最引人注目的一位。他是美国宪法的签署人之一，在美国建国之初，他是最具影响力的外交官。尽管科学经常被视作他的业余工作，但在电和照明领域的很多发现，为他在物理学发展史上赢得诸多荣誉。

作为 18 世纪启蒙时代的一大产物，人们倡导将理性作为文化生活权威的主要来源。在这段时期，富兰克林发明了避雷针、双焦距眼镜、富兰克林炉、马车里程表和玻璃琴。他曾经用优美、简明的散文传播自己非凡的成就。另外，他自学成才，在很多学科领域都成了专家，其中包括出版和新闻、科学和工程。至今，他仍然是美国创新精神和求知精神的代表，同时享有早期科学传播者的美名。

1706 年 1 月 17 日，本杰明·富兰克林在马萨诸塞州波士顿出生。富兰克林的学生生涯很早就结束了，但他受教育的经历却并未停止，他开始阅读手边的每本书，自学知识。在这个过程中，他自学了简单代数和几何、英语语法、几种外语、历史和科学。在哥哥詹姆斯（James）的印刷店里，他成了一名学徒工，随后到伦敦继续学习印刷。之后，他返回费城，开了一家自己的印刷店。1727 年 6 月，他帮助成立了一个俱乐部——共读社（Junto），该俱乐部由年轻人组成，每周五晚上聚会，互叙友情，提升自我。该俱乐部被认为是美国的第一个俱乐部。1729 年，他开始出版《宾夕法尼亚公报》（*Pennsylvania Gazette*）。1730 年，他与黛博拉·里德（Deborah Read）成婚。

宾夕法尼亚州的第一所大学和美国第一所城市医院都是在他的提议下创建的。此外，他还组建了美国第一所收费图书馆。1732—1758年，他每年都会出版一部《穷理查年鉴》（*Poor Richard's Almanac*），书中包含很多警世格言以及常识观点，此外，还有很多支持美国独立的言论。慢慢地，富兰克林成了美国最重要的新闻人之一。此外，他还是人们眼中最伟大的思想家之一。他的思想和智慧言论为美国成立奠定了基础。42岁时，富兰克林实现了财务自由。从此，他开始进行电学实验，并开启了自己在科学研究方面的职业生涯。

1750年，他给全世界最古老的科学组织——英国皇家学会（British Royal Society）写信，阐述自己的电学理论，认为电应分为正负两种。他编著的《电学实验与观察》（*Experiments and Observations on Electricity*）一书，于1751年在伦敦出版。富兰克林提出电从一地流向另外一地是每个人都能观察到的现象，产生这一现象的原因是，为了达到中性状态，负性材料“有意愿”向正性一方移动。他指出，电因此可以被正性铁棒吸引，并且会绕开路径上可能存在的障碍物。因此，在1752年，他进行了历史上著名的风筝实验：正如大量报道所述，他把一根铁丝绑在风筝上，暴风雨云发出的闪电，使他受到了电击。富兰克林的闪电导体为18世纪70年代的欧洲插上了想象的翅膀。

1753年，他获得了英国皇家学会授予的科普利奖（Copley Medal），这是当时科学界的最高荣誉。1756年4月，由于在电学理论方面的贡献，他成了英国皇家学会的成员。很多重量级的英国科学家都认为，富兰克林的科研成果已经可与18世纪著名科学家艾萨克·牛顿（Isaac Newton）的成就比肩。

1757—1762年，他担任宾夕法尼亚州议会（Pennsylvania Assembly）议员。其间，他曾前往英国旅行，作为人们熟知的科学家，他受到了英国人的礼遇。在伦敦期间，他利用一组装水的葡萄酒杯制成了玻璃琴。此外，亚当·斯密（Adam Smith）还曾就《国富论》（*Wealth of Nations*）向他请教。另外，他还与托马斯·马尔萨斯（Thomas Malthus）就第二版《人口论》（*Essay on the Principle of Population*）中涉及的人口统计和人口增加等问题进行过讨论。

印花税是英国议会（British Parliament）向殖民地征收的一种税费，富兰克林曾促使英国议会废除了饱受争议的《印花税法案》（Stamp Act），并因此成为美国英雄。1772年年底，哈钦森书信案（The Hutchinson Letters Affair）发生，当时富兰克林收到了一封匿名信。信由皇家马萨诸塞州州长托马斯·哈钦森（Thomas Hutchinson）写成，信中他请求英国派遣更多军队到波士顿，抗击美国的叛军。富兰克林将信给其他人传阅，第二年，这些信的内容被公布在《波士顿公报》（*Boston Gazette*）上。波士顿人对哈钦森的行径怒不可遏，将他遣返英国。然而，在承认自己泄露信件内容之后，富兰克林在英国名声扫地，不得不返回了美国。

1775年，当他重回费城之后，美国革命已经爆发。1776年7月4日，他参与起草了《独立宣言》（Declaration of Independence），并成为该宣言的签署人之一。后来，他被任命为大陆国会的邮电部部长，成为美国邮政服务的最高主管，大陆国会由来自13个殖民地的代表组成，在美国革命期间，大陆国会是美国的最高统治机构。

伦敦和巴黎的生活让富兰克林感到非常舒适，借着作为美国全权大使与英国及其他国家进行和平条约谈判的机会，他在欧洲定居。此外，他还帮助实现了与法国的结盟。此次结盟为美国在1783年的胜利提供了极大的帮助。1772年，富兰克林当选为巴黎科学院（Paris Academy of Science）外籍院士，这是一份极高的国际殊荣。在巴黎科学院，他参阅了很多文献，在一次公开研讨会上，他甚至遇到了著名的哲学家伏尔泰（Voltaire）。

到达法国时，富兰克林非常受欢迎，人们对他十分尊重，将他视为一名自然哲学家，称他为“富兰克林博士”。在巴黎期间，他拜访过孟格菲兄弟——约瑟夫·米歇尔（Joseph Michael）和雅克·艾蒂安（Jacques Ètienne），1783年8月，他们完成了全球首次热气球飞行。

如果说能源问题是当今世界的一个热点，那么富兰克林早在几百年前就曾设计出一个切实可行的节能办法。在巴黎，富兰克林撰写过很多论文，在1784年的文章《节约计划》（*An Economical Project*）中，他提出人们如果可以在夏天早起一会儿，就可节约很多蜡烛。他建议巴黎人民用阳光取代蜡烛，太阳升起后就起床，不要一直睡到中午。为此，他甚至计算出了3—9月间，如果人们日出而作、日落而息可以节省蜡烛的数量。这就是今天夏时制的起源，目前美国和世界上很多国家都在应用这种方法。

1785年，富兰克林回到了美国。作为一名代表，他参加了制宪会议，并且在1787年费城制宪会议讨论中，充当了协调人的角色。1790年4月17日，84岁的富兰克林在费城逝世。超过20000名哀悼者参加了他的葬礼。

撰稿人：Alejandro Manrique

参考文献

[1] COHEN I B. Science and the Founding Fathers—Science in the political thought of Thomas Jefferson, Benjamin Franklin, John Adams and James Madison [M]. New York: W. W. Norton, 1995.

[2] MEADOR R. Franklin—Revolutionary scientist [M]. Ann Arbor, MI: Ann Arbor Science, 1975.

[3] WRIGHT E.(Ed.). Benjamin Franklin, A profile [M]. New York: Hill & Wang, 1970.

Freelancing 自由撰稿人

自由职业者指为追求某个特定职业而进行自我雇用的个人，他们不会对一个单独的雇主作出长期的承诺。在科学传播领域，自由职业非常普遍，新闻工作及其他形式的科学写作、文案撰写、编辑和公共关系媒体咨询都属于自由职业。这其中的每一项工作都在传播科学信息方面扮演着重要的角色。

自由职业者通常都是各类传统新闻工作、大学公共信息相关工作和企业信息传播工作的从业者，在辞职之前，他们已经获得丰富的工作经验，并且和编辑建立了联系。另外一些自由职业者是具有科学家背景的作家。为了完成过渡并且获得竞争力，科学家经常会接受新闻基础知识、采访技巧和特稿写作方面的培训；参加专门的科学写作研讨会，并拿到科学新闻合作项目或学位证书。

与全职工作者相比，自由职业者通常可以享受到内容更丰富的工作，可以更自由地选择自己的工作时间。自由职业的经历可能带来更为广泛的工作内容组合，帮助工作人员建立起客户网络。而自由职业的主要缺点包括：获取工作的不确定性较强，现金流不稳定，不能获得雇主提供的福利，如养老金、医疗保险、带薪假期、病假和奖金等。

自由科学记者会把自己的文章提供给当地报纸、企业联合组织、杂志和数字媒体，从而获得稿费。自由科学记者的稿费标准从几分钱一个字到几块钱一个字不等。几十年来，杂志文章的业内稿费标准为一字一美元。如果一篇3000字的杂志文章需要一个月完成，撰稿人每个月完成一篇，一名经验丰富的自由职业者每年只能赚取36000美元的稿费，这样的工资只能勉强维持生活。因此，自由职业者必须承接大量工作任务，保留一份全职工作的同时进行自由职业，或者通过其他手段赚钱。

自由医学作家可以通过为医院、制药公司、政府机构、医学院或非营利组织撰稿（如患者知情手册、临床研究协议、规范性文件和药物调查宣传册等）赚取更多稿费。自由职业者还可以为医生代写文章或研究论文，或根据客户提供的材料，撰写深入的文案内容。

自由技术作家指为生物技术公司、制药公司和技术公司撰写高度专业化材料的作家。这类科学文章通常言简意赅，用最少的词语传达思想。成功的技术作家往往具备很强的组织能力，对细节有敏锐的嗅觉，同时非常了解受众的情况，知道该利用哪些背景知识，以及必须提供哪些信息。

自由科学营销作家主要为生物技术公司和制药公司撰写销售材料、新闻稿、年度报告、网站内容、目录和其他相关材料。虽然这类公司都有专门的营销人员，但自由科学营销作家对营销过程的深入见解可以让最终的结果更加高效。

自由职业首先是一项业务。尽管灵活的工作日程和丰富的工作任务对于选择职业的人具有较强的吸引力，但自由职业者的现实情况是，他们必须承担起企业家的责任——自己找工作、谈判合同、管理完成工作的时间、处理小企业面临的无数细节工作，包括登记许可、营销、记账、缴税、保险等。有时候，自由职业者会发现，如果能与一个或多个自由职业者或供应商合作组成一个虚拟机构，共同承担用户特定的长短期项目，或能为自己带来更大的收益。这种多功能的机构模式可以帮助自由职业者找到需要专业经验及技能且个人无力承担的工作。根据客户的需求和其他工作任务的到位情况，组成这种虚拟机构的人才基础可以扩展或收缩。

随着业务规模的扩大，自由职业者有时候需要雇用兼职或全职员工共同开展业务，自己要承担一定的管理职责。成为这种雇主之后，自由职业者必须从联邦政府处获得雇主识别号；留存、申报并缴纳工资税，并为员工提供补偿性保险等。

互联网的影响

技术创新为自由职业提供了诸多便利，但这并不意味着人们可以更加容易地获得成功。在互联网出现前，杂志行业主要依靠自由撰稿作家为出版物提供内容，因此根本不愿为全职作家提高工资和福利。报纸也是自由撰稿作家的一个重要渠道，尤其是在20世纪80年代末，有将近100家报纸每周都会发表一份科学专版。

在过去的几十年里，一切都发生了改变。互联网新闻、有线电视新闻、博客和播客等，使报纸和电视新闻广播行业实现了整合。随着读者和广告商将注意力转向新兴媒体渠道，很多历史悠久的杂志出现规模萎缩。这种趋势正在改变自由撰稿作家向公众传播科学信息时面临的挑战和机遇。受互联网影响，如今很多事情都已经变得更为简单，如寻找创意、研究报道背景、确定专家（如标记所有包含“全球气候变化”的新闻报道，在谷歌或电子图书馆上发起一项调查，追踪几十个在线消息来源）等。

越来越多的编辑开始愿意接收征询报道创意的电子邮件。依靠这种方式，作家可以更快地获得反馈，而无须等待通过美国邮政服务寄来的信件。monster.com、guru.com、elance.com等求职网站，可以为自由科学作家提供撰稿的机会，以及直接与潜在客户联系的机会。现有科学作家通过在线论坛［如国家科学作家协会（National Association of Science Writers,NASW）、环境新闻学会（Society for Environmental Joumalism）和美国医学作家协会（American Medical Writers Association）的论坛］在网上进行沟通，有助于他们取得成功。通过这种方式，自由职业者可以把握行业发展的动向，进而提高独立谋生的本领。

在某些渠道被关闭或压缩的同时，互联网也为众多自由职业者提供了更多机会。此外，技术的发展使自由职业者只要联上网，即可在世界任何地方工作。

会议新闻报道

每年都有数不胜数的科学、医学和技术会议举行，但大多数会议都不会被媒体报道，或者只有为数不多的媒体进行报道。这是因为，新闻机构近年来逐渐减少了记者的外地报道任务，转而选择报道少数“重要的”会议，如美国心脏协会（American Heart Association）、阿尔茨海默病协会（Alzheimer's Association）和神经科学学会（Society of Neuroscience）年度大会等。这为自由职业者创造了机会，自由职业者可以充当新闻通讯员，报道那些媒体关注较少的会议。

拥有大型交通枢纽和会议设施的大城市，对这类会议具有很强的吸引力，生活在这类城市的自由职业者可以成功地抓住这种赚钱的机会，而且无须负担差旅费用。这类会议的日程安排通常在几年之前就会公布，自由职业者将首先查看会议日程以及目标出版物，然后与编辑联系，提出可以作为现场通讯员提供新闻服务。自由职业者通常可以通过一个会议生成多个工作任务。因为一个会议通常只在一个城市举办一次，或者时隔数年后才能再次在该城市举办，所以当该会议再次举办时，所获得的工作任务只能视作之前任务的延续。因此，研究另外的会议并不时给新编辑打电话，便成为一个持续的过程。

还有一些自由职业者是“差旅战士”，他们年复一年地报道自己选择的会议，会议开在哪里，他们就去往哪里，哪怕世界各地也在所不惜。编辑非常重视作家的可靠性，在编辑看来，只有那些对某一科学领域有深入了解的作家才能提供见地深刻、分析透彻的新闻报道。有些自由撰稿作家通过差旅战士的方式，可以获得六位数的收入。但在一年当中，他们经常需要出差几百天，而且他们经常需要雇用一名助手，帮助他们预订机票和酒店，管理自己的任务安排，处理发票、税费和其他日常业务活动。

顾　问

一些以科学写作和科学传播为职业生涯起点的人，刚开始可能是大学的宣传部门负责人，或者供职于企业的信息传播部门。在这之后，这些人可能开始进行咨询工作。这种自由职业者侧重于与客户组织的所有公众相关人（也就是员工及其家人、客户、供应商、记者、校友、捐助人和政府监管者）建立关系。成功的顾问人员是高效的信息传播者，他们善于解决问题，能够了解不同的观点，并且有能力在千头万绪下保持冷静。顾问人员经常要承担危机沟通的职责。

此外，顾问人员还可以通过撰写新闻稿、年度报告和产品介绍，向科技公司提供支持。有时候，他们还在非营利组织、大学和研究机构承担临时工作，有时还与专业科技协会的领导合作，开展长期战略规划合作。自由撰稿作家需要解决的业务问题（商业计划、预算和合同谈判），也是咨询领域内的问题。自由撰稿作家所属的很多科技撰稿组织，也扮演着科学传播顾问的角色。此外，美国公共关系协会（Public Relations Society of America）的顾问学院（Counselors Academy）是一家专门为公共关系机构负责人和自由顾问人员提供相关资源的机构，利用这些资源，公共关系机构负责人和自由顾问人员可以使自己的公司得到壮大，同时增强自身的顾问技巧。

临时自由职业

自由撰稿作家需要几个月甚至数年的时间，才能建立起声誉和客户基础。因此，在成为自由撰稿作家之前，很多人都会在全职工作的同时，偶尔撰写一些文章。有些人甚至觉得，偶尔自由撰稿的日子充实且有利益保障，根本没必要成为全职的自由撰稿作家。一条值得借鉴的经验是，在放弃全职工作之前，必须积累半年到一年的积蓄，如果本人是家庭唯一的经济来源，积蓄的数额还应更大。这是因为，要确保自己获得稳定的工作量，需要花费一定的时间，而研究、采访及撰写文章所需的时间更多。另外，发票经过客户的会计周期，客户最终支付稿费，也需要花费一定的时间。这意味着在第一笔稿费入账之前，作家可能要等待数月的时间。

作家群体

由于自由职业会使人陷入孤军奋战的境地，加入专业的写作组织并成为其中的活跃分子，可以使自由撰稿作家获益。这类组织大多要求会员具备一定资历，比如已经发表过文章或由另外一名专业作家举荐。美国科学作家协会是一个比较著名的写作组织。这个美国科学作家组织的很多成员都是自由撰稿作家。该组织通过自由职业者委员会、在线工作库和邮件组（Listserv）向自由撰稿作家提供支持。此外，还有一个专门的网站，其中包含合同、健康保险、谈判、自助出版和其他各类资源。美国科学作家协会每年都会举办一次专业发展研讨会，专门针对很多与自由职业相关的主题进行讨论。

环境新闻学会的一大部分会员都是自由职业者。为了使训练有素的环境记者和编辑组成更为强大和紧密的网络，环境新闻学会为记者和编辑提供合同谈判、版权问题、时间管理和新闻报道出售方面的信息。环境新闻学会的网站上有一个专门针对（初级和专业级）自由撰稿人的板块，板块中包含免费的新闻、邮件组、作家目录、市场列表等信息。

美国医学作家协会专门为医学和科学信息传播领域的专业人士提供内容广泛的继续教育。该协会在全国各个地区及网上举办核心研讨会，这些研讨会有助于相关人员提高自身的编辑、写作、传播及文献使用技巧，同时可以帮助相关人员学习如何开发和管理制药行业、公共关系、广告、市场营销和网络多媒体方面的自由撰稿业务。

奖项和奖学金

出于营销的目的，获得相应的奖项有助于提高作家尤其是自由撰稿作家的声誉。在线新闻服务机构——新闻网（Newswise），有一份科学写作奖项的名单。很多这类奖项的竞争接受自由撰稿人的投稿。此外，新闻网还有一份新闻助学金和奖学金的名单，很多奖金对自由撰稿人开放。竞争奖学金的过程有助于提高自由撰稿人的写作技巧，并且与同行和编辑建立关系。

撰 稿 人：Lynne Timpani Friedmann

另请参阅：American Medical Writers Association；National Association of Science Writers；Society of Environmental Journalists

参考文献

[1] BLUM D，KNUDSON M，HENIG R M.（Eds.）.A field guide for science writers：The official guide of the National Association of Science Writers [M]. 2nd ed. New York：Oxford University Press，2005.

[2] HARPER T.（Ed.）. The ASJA（American Society of Journalists and Authors）guide to freelance writing [M]. New York：St. Martin's，2003.

[3] National Association of Science Writers.（n.d.）. All about freelancing [EB/OL].www.nasw.org/ resource/ freelancing.

Fuel Cell Technology 燃料电池技术

燃料电池是一种相对简单的装置，它通过化学过程将电子与原子分离，电子流动进而生成电流。氢是燃料电池最主要的电力来源，但在某些特殊情况下，其他元素也可以为燃料电池供电。燃料电池之所以引人注目，是因为其产能过程不会造成污染，尤其是不会产生温室气体。在燃料电池的整个工作过程中，只产生电能、热量和少量的水。因此，在关于未来能源问题的讨论中，燃料电池将继续成为焦点。此外，燃料电池将能量源转化为有用能量的效率非常高。燃料电池可以轻松实现 40% 以上的能量转化效率，相比之下，白炽灯泡将能源转化为光照的效率只有 5%，其余 95% 的能量都会损失掉。

1839 年，威尔士物理学家威廉·格罗夫（William Grove）建造了世界上第一个可运行的燃料电池。在此后的一个多世纪里，这项技术一直在稳步发展，但它真正引起人们的关注是在 20 世纪 60 年代，当时的美国国家航空航天局（U.S. National Aeronautics and Space Administration）在"双子星"飞船（Gemini Spacecraft）和"阿波罗"飞船（Apollo Spacecraft）上应用了燃料电池。这表明，人们可以依靠重量远小于传统电池的电源获得电力。

在氢燃料电池的工作过程中，经加压的氢原料首先被注入一组位于电池一端（正极）的小型通道中，在镀铂薄膜的作用下，在电池另外一端（负极）的通道中，氢原料被分离。氢原子可以通过镀铂薄膜到达电池的另一端，而电子不能穿过该薄膜。因此，这层薄膜被称为氢核放射膜或 PEM。电子被引导到外部电路中，可以产生电流，之后电子将到达电池的另外一端，与氢核和一些氧元素重新结合。与氢核和氧元素的结合，可以产生少量的水。在这个过程中，燃料电池还会产生热量。有时候，这种热量会造成问题，因为它会降低燃料电池的效率。但在另外一些情况下，这种副产品可以被收集起来，给水或建筑物加热。

燃料电池主要有三方面的应用：车载应用、固定式应用和便携式应用。车载应用受到的关注最多，因为在化石燃料造成全球变暖的背景下，政府和相关产业在不断寻求替代化石燃料的解决方案。一些顶尖的汽车厂商已经开始生产氢燃料电池驱动的车辆。这类电动汽车依靠氢原料获得动力，而不是依靠传统燃料电池。但是需要指出的是，燃料电池在车辆方面的应用也存在不可低估的问题。汽车需要体积庞大的燃料电池组，才能获得足够的驱动电力，这会使汽车的重量增加。此外，如果进行长途跋涉，行驶较长的里程，汽车必须装备一个很大的加压氢原料罐。最后，要使氢燃料汽车得到普及，就必须建设加气站等基础设施。这类建设并非难以实现，但摆在人们面前的是一个“先有鸡还是先有蛋”的困局：如果不能方便地加氢，人们就不会选择氢燃料电池汽车；同样，如果氢燃料电池汽车不够普及，投资者就不会投资加气站的建设。目前，个别国家的个别城市已经建起了加气站，未来是否会有更多的加气站出现，情况仍然不够明朗。

固定式应用虽然不及燃料电池车辆那般引人注目，但这类应用值得人们认真关注。如果住宅或商用建筑安装上燃料电池和一个可靠的氢原料源，就可以摆脱对本地或国家电网的依赖。这会产生很多种可能性。需要绝对可靠电源的医院和其他设施，可以将燃料电池作为备用电源，在电网出现故障时启用。在日本，有成千上万的家庭利用氢燃料取暖、照明、做饭，以及为所有电器供电。个别国家的少数建筑物，利用太阳能或风能从水或其他源头中分离出氢原料，然后储存起来备用，当太阳能和风能出现故障时，比如夜晚或者风速下降时，即可启用氢燃料电池。这些固定式应用表明，拥有可靠氢原料来源的燃料电池，可以成为稳定可靠的电力来源。此外，这些应用还展现出分布式能源的价值：氢原料可以在本地任何地方生产，因此可以最大限度地降低对本地或国家电网的依赖，相比之下，电网容易受到过载、人为失误或恐怖袭击的影响。

便携式应用同样引人关注。电视摄像机、双向无线电和其他一些设备，工作几个小时就需要很多的传统型电池。近年来，一些便携式燃料电池已经投入市场，这些电池由小型氢气罐提供发电原料。与普通电池相比，这类装置的供电时间更长，重量更轻。

挑 战

虽然氢燃料电池的运行不会对生态环境造成影响，但获取氢原料的过程面临着一些重大挑战。氢原料的主要来源是天然气、水和甲烷。每一种原料都需要耗费能源才能分离出氢气。如果这类必需的能源来自太阳能、风能、生物质能、水电或其他可再生的清洁能源，那么整个燃料电池系统就非常清洁。但在目前情况下，分离氢气通常使用的是传统能源，而这些能源几乎全部来自煤电和核电[①]。因此，虽然氢燃料电池工作过程的后端非常具有吸引力，但前端仍然存在生态污染问题。衡量氢燃料电池的效益时，必须考虑这一点。

另外的一系列问题来自储存和运输过程。氢元素是元素周期表中最轻的元素，在储存和运输过程中，需要具有极高气密性的容器。虽然并非无法实现，但相关问题仍然不容忽视。不过，如果氢气的分离过程在本地完成，运输成本就可以降至最低。

最后一个问题是燃料电池的使用寿命。氢气中的杂质会最终附着在质子交换膜（PEM）的铂催化剂上，从而降低燃料电池的效率。最大限度地提高氢气的纯度和铂的反应面，以及保护铂催化剂的措施，可以减轻这个问题带来的影响。

除了氢气，燃料电池中还将注入 10 多种不同的载能体。由于氢是世界上储量最为丰富的元素，因此氢受到的关注最多。然而，根据不同的储存和运输要求，以及温度、湿度等运行条件，一系列的载能体都可以服务于专门用途。

① 原文如此。但有常识错误，核电不是传统能源，而是新能源。——译者注

虽然燃料电池技术有可能帮助人类解决能源紧缺问题，但燃料电池技术引起的关注，仍无法与太阳能、风能和生物质能等可再生能源相比。为解决公众对燃料电池技术缺乏认识的问题，哥伦比亚州的南卡罗莱纳大学（University of South Carolina）创办了一所燃料电池与氢技术公民学院（Ctizens' School on Fuel Cell & Hydrogen Technology），学制两年半。但是，燃料电池技术群体的规模仍然较小，参与其中的工程师、技术人员和企业家数量较少。基于此，我们很难具体地想象出当该技术受到更多重视之后，会形成哪些更为广泛的社会问题。

未来发展方向

不过，我们仍然可以预测出一些可能出现的问题。与众多新兴技术一样，在形成规模经济之前，燃料电池技术的经济效益无法显现：将成功的燃料电池原型转变为大众可以负担的批量产品之后，投资人才可获益。这一点或许不需要政府的参与就可实现。一些国家的政府通过减税和其他措施，大力扶持太阳能产业。如果政府的扶持能够实现预期的太阳能规模经济水平，那么就可以考虑以同样的方式扶持燃料电池技术。但是，我们也不能理所当然地认为，国家或地方政府一定会扶持这项技术的发展。

另一个问题是，一种能源技术在与其他类似技术的关系中所起到的作用。燃料电池技术不是万能的灵丹妙药，无法解决我们面临的所有能源问题，其他新型能源技术同样如此。我们真正需要考虑的是，如何将一种技术与其他多项技术组合，形成一个大规模综合性的解决方案。

对于燃料电池技术，尤其是氢燃料电池技术而言，两个因素是显而易见的。第一，这项技术特别适用于分布式网络。远距离运输氢气，成本高、难度大，但在任何拥有天然气、水或其他氢元素资源的地方，都可以进行氢气的分离。很多种当地资源和方法，都可以用来进行氢气分离。同时，使用其他载能体的燃料电池技术，可能更适合于相应的当地条件。第二，燃料电池技术不是一项独立的能源技术。进入燃料电池的载能体，需要耗费能源才能获取，因此，未来燃料电池技术的发展，将取决于自身与载能体分离过程所需能源的关系。越能充分利用清洁可再生能源，降低对化石能源的依赖程度，燃料电池技术就越能成为清洁能源技术解决方案的组成部分。

撰 稿 人：Chris Toumey

另请参阅：Alternative Energy，Overview；Climate Change，Communicating；Solar Energy；Wind Power

参考文献

［1］OGDEN J. High hopes for hydrogen［J］. Scientific American，2006，295（3）：94–101.

［2］SERVICE R F. Platinum in fuel cells gets a helping hand［J］. Science，2007，315：172.

［3］WALD M L. Questions about a hydrogen economy［J］. Scientific American，2004，290（5）：66–73.

Galilei, Galileo
伽利略·伽利雷

伽利略·伽利雷（Galileo Galilei，1564—1642）的生活和工作在400年来已经被以不同的方式记述过无数次。他作为最早的现代科学家之一、天文学家、物理学家和意大利文艺复兴晚期人士，成为人们研究的对象。在这里我们将从社交角度入手，这个方面较少被人探讨过，而且与本书内容相关：公众传播对科学发展所起的作用。在伽利略的时代，我们现在所知的科学完全没有明确的定义，不论是学术实践还是人物和地点，都没有明确建立。这意味着对自然的研究存在着多种方式，而伽利略创立了自己的方法，并且利用他所能利用的所有交流方式来推广这种研究方法。

在17世纪初，伽利略在位于意大利北部的帕多瓦大学（University of Padua）当教师。他基本是靠自学完成数学学习的，然后用自己的智力能力和良好的人脉关系获得了这个教学职位。这在那个年代并不少见。在那个时代的大学里有着非常严格的规定：教师的工作是和学生浏览经典，顶多给出评论。数学家就像技术人员，将他们的知识用于设计防御工事或水力系统等的实际任务。另外，哲学家负责从理论上讨论自然界事物的本质和结构，如生命或宇宙。当时的社会结构使这两种专业领域没有交集。

伽利略在帕多瓦大学工作期间，当不忙于教学时，便研究物体的运动。为此，他阅读了前辈的工作记录，并进行了思考和实验。他很快就发现从古希腊和罗马继承的知识并不完全符合自己的观点。当然，他不能在大学里这么说，但是他和朋友讨论、写信给其他数学家，并教授给自己私下收的学生。而且因为他是个数学家，所以他肯定不能和哲学家讨论这个问题，他们是这个科目的主人。

那时的大学在可授科目和社会结构方面都相当局限。通过伽利略的信件，我们能够看出他一直在寻找解决的途径，他将目光锁定在了宫廷的席位。1610年，伽利略获得一项幸运的突破，在用望远镜进行的诸多早期观测中，他发现了围绕木星旋转的4颗卫星。他将这一发现献给美第奇家族，其家族奠基人科西莫一世（Cosimo）曾以朱庇特[①]形象自居。于是，伽利略在地理位置和职位两方面得以迁移：他从帕多瓦大学搬到了佛罗伦萨宫廷，并成为“托斯卡纳大公的哲学家和数学家”。

在新的职位上，伽利略有更多自由、更高薪水和强势宫廷的保护，而且有了哲学家头衔，可以和其他哲学家进行讨论。但他也有了新的职责，其中就包括用自然界的新奇事物和研究装置来娱乐宫廷成员。这就是为什么他所著作

① 木星英文名为朱庇特。——译者注

品需要面对各种读者：其他哲学家和数学家以及宫廷成员中的受教育阶层。

伽利略的生活从此开始了新阶段，他成为一个公众人物，不仅代表自己，还要代表他的赞助人。在随后的几年里，他撰写并发表了若干论文，其中讨论了我们现在称为物理学和天文学的相关主题。在他的论文中，他不仅展示了研究结果，还提出了获得结果的新方法。他在工作中奠定了我们现在称为现代科学的基础，其中结合了观察、实验、测量、比较，以及在理论和实践之间得出反馈结果。这违背了当时的既定工作方式，于是哲学家和神学家阶层很快便与他为敌。

一段时间之后，佛罗伦萨宫廷给予伽利略的资助便停止了。随后他去罗马寻求帮助，并获得了最早的科学团体之一——猞猁学社（Lincean Academy）的支持。在其支持下，伽利略发表了若干重要的工作成果，结识了许多重要人士。他又一次走了运，他的朋友巴贝里尼（Barberini）被选为教皇。利用这一优势，他获得了一本书的出版许可，在这本书中他讨论了具有争议的旧托勒密体系和新哥白尼体系对宇宙的阐释。

《关于托勒密和哥白尼两大世界体系的对话》（*Dialogue Concerning the Two Chief World Systems*）的内容所引起的后果不仅是麻烦和那次著名的审判。就像搬到佛罗伦萨宫廷后一直以来所做的那样，伽利略选择公开讨论他的观点。这样做是危险的，因为他所对抗的是宫廷制定的规则，而这次他并没有成功。然而总体而言，我们可以说他在对广大受众宣传自己与众不同的做事方法上做得还是不错的。

撰稿人：Susana Biro

另请阅读：Astronomy, Public Communication of; Censorship in Science; Kuhn, Thomas

参考文献

[1] ALLAN-OLNEY M. The private life of Galileo: Compiled principally from his correspondence and that of his daughter [M/OL]. Boston: Nichols & Noyes, 1870: www.archive.org/details/privatelifegali00allagoog.

[2] BIAGIOLI M. Galileo, courtier. The practice of science in the culture of absolutism [M]. Chicago: University of Chicago Press, 1993.

[3] DRAKE S. Galileo at work: His scientific biography [M]. Chicago: University of Chicago Press, 1978.

[4] GALILEI G. (1890–1909). Le opere di Galileo Galilei [The works of Galileo Galilei] (A FAVARO, Ed. 20 vols.) [M]. Florence, Italy: Tip. di G. Barbèra.

[5] Galileo Project: http: //galileo.rice.edu/index.html.

[6] SECORD J. Knowledge in transit [J]. Isis, 2004, 95: 654–672.

Gender Representations of Scientists 科学家的性别表述

大众媒体中的科学家是人们获取主流科学观点的主要信息来源。相对于和科学家进行直接互动，人们更有可能通过电视或电影看到科学家，或者在报刊上读到他们的消息。于是，大众媒体所描绘的科学家形象通常会给人们对科学和科学家的看法造成持久影响。科学家的媒体形象，尤其是在电视节目中出现的科学家形象，是成年人以及孩童和青少年了解科学家的主要信息来源之一。

大众媒体中科学家的性别表述传递并加强了对科学家的文化信念和期待，影响人们对科学、工程和技术劳动力中男性和女性角色的看法。科学传播研究人员使用了定量和定性研究方法，主要是内容分析、文本分析和专题分析，以调查各种大众媒体中科学家的性别表述，包括电视节目、电影、报纸、杂志、书籍和网站。科学传播研究通常通过比较媒体内容中呈现的男性和女性科学家数量上的差异，并研究对男性和女性科学家不同的描述方式来调查性别表述。

男性科学家和工程师的形象主导了美国过去和当代大众媒体。在多数媒体内容中，男性科学家的媒体形象数量不但比女性科学家多，而且他们在电视屏幕上占据更长时间，在纸媒上占据更大的版面。典型的科学家媒体形象是一个白人成年男性，身穿实验室白大衣或其他科学化着装，并指导着下属研究助理团队。科学家的媒体形象更频繁地展示男性科学家及其在科学工作领域中的更高地位，这进一步强化了长期存在的科学家性别偏见，即科学界是男性的领域，或者科学是更适合男性的专业。媒体内容中的男性科学家比例高于实际工作中的男性科学家比例。研究者提出在大众媒体中更频繁地展示更多数量的女性科学家，对于展示一个更均衡的科技工作者比例，以及改善社会的性别成见至关重要。

男性科学家形象比女性科学家形象出现的频率更高，这一现象在各种媒体中都有记录。马赛尔·C. 拉弗莱特（Marcel C. Lafollette）对1910—1950年的美国杂志的研究发现，在人物传记和访谈方面，男性科学家出现的频率比女性科学家要高很多。研究者南茜·西格瑞利（Nancy Signorielli）在其关于20世纪80年代美国黄金时段电视剧中美国男女职业的研究中指出，男性科学家数量远超女性科学家，二者比例为3∶1。艾尔弗里德·弗西奇（Elfriede Fursich）和E. P. 莱斯特（E. P. Lester）对于《纽约时报》（*New York Times*）“工作中的科学家”这一栏目的分析指出，其中所描绘的11名科学家中只有2名为女性科学家。

关于儿童电视节目中科学家性别表述的研究一直是这个领域内研究的重点，和其他类型的媒体内容一样，男性科学家比女性科学家出现得更频繁。一项针对20世纪80年代的儿童教育电视节目的研究表明，男性科学家角色数量多于女性科学家，比例为2∶1，然而，后来由玛瑞丽·朗（Marilee Long）及其同事进行的研究表明，在这些节目和其他儿童教育电视节目中，男女科学家出现频率或时间长度并没有区别。关于2006年播出的电视节目的研究发现，在卡通节目如《德克斯特的实验室》（*Dexter's Laboratory*）和《天才小子吉米历险记》（*The Adventures of Jimmy Neutron: Boy Genius*）、电视剧集例如《犯罪现场调查》(*CSI*),以及部分教育节目如《流言终结者》(*MythBusters*)中,男性科学家形象数量比女性数量多。所有电视节目中,男性科学家角色出现场次都比女性多。

混杂的信息

当女性科学家出现在大众媒体中时,她们的形象往往传递了错综复杂的混合信息,既表达了女性在科技方面的贡献,又会加剧传统的性别偏见。有些女性科学家被媒体描绘为异常聪明的非凡女性或者"超级女性",而其他女性科学家则被描绘为缺乏作为科学家所需的专业知识、技能和能力。在有些媒体形象中,女性科学家是实验室中既有能力又勤奋的研究人员,而另一些女性科学家形象则更多地因为其家政能力而受到称赞。有些女性科学家形象侧重于其作为模范妻子和母亲的一面,她们超强的精力和组织技巧同时使得其能够成为成功的职业人士,另一些更现实地侧重于女性科学家面临的如何兼顾工作和家庭责任的挑战;另一些描写要么完全忽略工作和家庭的平衡,要么着重于女性科学家放弃结婚生子的个人牺牲,以便全身心致力于事业;还有些媒体侧重于描写女性科学家的吸引力及其对工作场所内男性同事所造成的干扰,甚至将其描绘为毫无吸引力、人缘差、不善社交的孤家寡人。

挑战性别偏见

大众媒体所刻画的科学家职业地位同样表现出性别差异。媒体展示的科学家角色的职业地位反映出科学界内科学家所起作用的重要性。以往,媒体中的男性科学家形象都表现为科研工作场所的主要研究者或课题负责人。后来的男性科学家角色,例如,电视系列剧集《犯罪现场调查》中出现的男性科学家更多是协作或下属角色。对科研工作场所内的女性科学家的描述通常比对男性的描述更加多样化,多变的角色范围可由初级研究员或研究团队领导到研究助理甚至学生。随着时间推移,女性科学家专业地位的媒体形象似乎有所改善,她们开始更多地被表现为领导研究团队的主要科学家或者首席研究员,而不只是研究助理或下属。传统的性别偏见在以前一直将女性科学家置于从属于男性科学家的次要位置,而新的女性科学家媒体形象拥有更广泛的职业角色,挑战了传统的性别偏见。

反偏见或展示女性科学家形象以挑战传统性别偏见的性别表达开始出现在主流电影、美国公共广播电视公司(PBS)纪实电视节目,以及儿童电视广播节目中。一项对于20世纪90年代及以后的流行电影的文本分析和对于电影《超时空接触》(*Contact*)的案例研究表明,女性科学家的形象表述有所改善。电影中许多画面显示女性科学家在科学界占有高层职位,而且她们被表现为聪明、能干、坚决、独立的形象。然而在有些流行电影中,对女性科学家的描述仍然着重于她们的外表和女性特征,而且对她们与男性同事互动过程的描述也明显存在公然或隐含的对女性科学家的歧视。对于存在科学家角色的动画片、电视剧集和教育节目的研究发现,在关于科学工作领域的专业角色和婚姻家庭状态的描述中,对女性科学家角色的描写变得更加公平了。

对公众理解科学家的影响

社会科学的两个理论观点描述了大众媒体中科学家的性别表述对公众如何看待科学家的潜在影响。阿尔伯特·班杜拉(Albert Bandura)的社会学习理论解释了儿童了解性别角色的来源不只是父母、教师和同龄人这一系列行为榜样,他们也从电视节目和电影角色等媒体榜样中学习。桑德拉·L. 贝姆(Sandra L. Bem)的性别模式理论描述了媒体榜样如何影响对性别角色的认知。性别模式理论解释了贯穿童年时期直至青春期开始，儿童所形成的关于性别角色的特定观点与其所处的文化和社会所定义的一致。根据这个理论，儿童倾向于接受属于他们性别模式的与性别相关的信息。性别模式代表一组信息或记忆的知识网络，人们将其调用出来用以解释他们新学到的信息。而科学家的性别表述，则不仅是关于科学家和科学的信息来源，而且也是关于性别角色的信息来源。

基于这些理论观点，相关研究已经越过媒体内容的文献和分析，开始探索科学家的性别表述对公众对科学家的看法和对待科学的态度的潜在影响。研究调查了青少年对科学家的看法，以及青少年对针对女性科学家的成见性别表述和反成见性别表述的反应。这项研究结果表明，青少年将电视节目作为了解科学家的信息来源，而将媒体作为自己生活中重要信息来源的男孩对女性科学家持负面看法。这些研究结果说明不同性别的科学家形象对青年人具有一定程度的认识和态度影响。

大众媒体对科学家带有成见的性别表述巩固了科学、工程和技术行业是男性领域的观点，并且强化了这些领域工作人员中现有性别差距的观点。研究大众媒体对科学家带有成见的性别表述以及反成见的性别表述所带来的潜在影响，可能会有助于找出解决该领域内性别差异问题的方法，以及预测儿童未来对科学、工程和技术职业的兴趣。大众媒体的科学家性别表述和这些领域内的性别差距之间的联系似乎是设法增加这些领域内未来科学家数量的关键因素，其领域正开始出现人员严重短缺的问题。关于媒体内容中性别表述的科学传播研究不仅能帮助研究人员更好地理解应该如何向公众传播科学，还能帮助他们更好地制定改变科学家公众形象的策略，以便更好地改进科学、工程和技术领域内女性的形象表述。

撰 稿 人：Jocelyn Steinke

另请参阅：Children's Television and Science; Television Science

参考文献

[1] BANDURA A. Social cognitive theory of mass communication [M]// J BRYANT, D ZILLMANN (Eds.). Medio effects. Advances intheory and research, 2nd ed. Mahwah, NJ: Lawrence Erlbaum, 2020: 121–153.

[2] BEM S L. Gender schema theory: A cognitive account of sex typing [J]. Psychological Review, 1981, 88 (4): 354–364.

[3] FISCH S M, YOTIVE W, MCCANN BROWN S K, et al. Science on Saturday morning: Children's perceptions of science in educational and non-educational cartoons [J]. Journal of Educational Media, 1997, 23 (2–3): 157–167.

[4] FURSICH E, LESTER E P. Science journalism under scrutiny: A textual analysis of "Science Times." [J]. Critical Studies in Mass Communication, 1996, 13: 24–43.

[5] LAFOLLETTE M C. Eyes on the stars:Images of women scientists in popular magazines [J]. Science, Technology and Human Values, 1988, 13 (3–4): 262–275.

[6] LONG M, BOIARSKY G, THAYER G. Gender and racial counter-stereotypes in science education television: A content analysis [J]. Public Understanding of Science, 2001, 10: 255–269.

[7] SIGNORIELLI N. Television and adolescents'perception about work [J]. Youth and Society, 1993, 24 (3): 314–341.

[8] STEINKE J. Cultural representations of gender and science: Portrayals of female scientists and engineers in popular films [J]. Science Communication, 2005, 27: 27–63.

[9] STEINKE J, LAPINSKI M, ZIETSMAN-THOMAS A, et al.Middle school-aged children's attitudes toward women in science, engineering and technology and the effects of media literacy training [J]. Journal of Women and Minorities in Science and Engineering, 2007, 12 (4): 295–323.

[10] STEINKE J, LONG M. A lab of her own? Portrayals of female characters on children's educational science programs [J]. Science Communication, 1996, 18 (2): 91–115.

[11] STEINKE J, LONG M, JOHNSON M, et al. Gender stereotypes of scientist characters in television programs popular among middle school-aged children [M]. Paper presented to the Science Communication Interest Group, Association for Education in Journalism and Mass Communication. Chicago, IL, 2008.

Gene 基 因

生物学家目前将基因定义为 DNA 分子的片段，其包含指导特定蛋白质形成的必要信息。然而，这个概念在过去 100 年间屡次更改，备受争议。基因的概念最早形成于 20 世纪初期，人们认为它是存在于所有生物体内的一种实体部件，负责从亲代到子代的遗传传递。直到 20 世纪中叶，基因被鉴定为蛋白质，这种分子参与了引发生长、营养及具有生命特征的其他主要过程的化学反应。20 世纪 50 年代初，基因又被假定为与细胞核中发现的脱氧核糖核酸（DNA）相关，其逐渐成为生物医学研究的核心。

即使现在，许多物种的 DNA 化学成分序列以及蛋白质形成机制已被查明，关于基因的确切性质尤其是它决定我们命运的能力的学术和社会争议却仍然存在。当代基因科学发展的结果导致了重要公众政策问题的出现，而且对基因的文化痴迷持续反映在媒体报道中，包括与科技进展有关的热门新闻。

基因概念的起源

基因这个概念起源于对孟德尔定律（Mendel's laws）的所谓重新发现。1907 年，丹麦植物学家威廉·约翰森（Wilhelm Johannsen）根据格雷戈尔·孟德尔（Gregor Mendel）在 1866 年由豌豆实验所阐明的定律，使用"基因"一词来表述所有生命体内参与遗传物质传递的一些单体。20 世纪第一个 10 年中同时进行的另一项研究显示，这些单体实际上位于染色体（存在于每个植物和动物细胞内的一系列聚合体）上。那时有一个普遍的假说，认为基因由蛋白质构成，因为蛋白质是参与生物体所有已知进程的重要功能分子。

基因概念的形成促成了基因学的产生，基因学研究人员利用数学、物理和其他工具研究基因如何在世代间传递遗传性状，以及如果它们被诸如辐射等外部因素改变（也就是变异）时会发生什么。20 世纪上半叶，在科学界内外存在一个普遍的观点，即基因是指挥遗传的绝对力量。这种观点强化了诸如优生学等意图通过选择性繁育来改善家庭和社会命运的社会政治运动。优生学的建议产生于基因的概念出现之前，引发了诸如“优等血脉”和“劣等血脉”的分歧。但是这一新概念的出现看起来赋予了此提议科学意义，尤其是 20 世纪初至 20 世纪 40 年代。这些观点导致了在下层阶级中避免疾病的激进运动，以及在美国和纳粹德国针对残障人士或特定种族的“社会卫生运动”。

DNA 功能的发现

自 20 世纪 40 年代末以来，出现了实验证据表明 DNA 才是构成基因并参与遗传信息传递的物质，而非蛋白质。双螺旋结构假说强化了这一观点，并且在 20 世纪 50 年代中叶的一系列实验中得到证实。分子生物学诞生了，这是一种与遗传学研究截然不同的研究基因的新方法，从此遗传学研究方法便被称为“古典遗传学”（古典遗传学一直作为一个独立领域持续发展）。

分子生物学逐渐侧重于以 DNA 作为遗传材料时的物理和化学机制。20 世纪 50 年代后期，中心法则的形成强化了这种对 DNA 研究的侧重，根据中心法则，遗传信息总是从 DNA 传向蛋白质，而不是相反。在分子生物学学科发展壮大的第一个 10 年里，这个遗传作用的单向模型驱动了分子生物学家的实验性策略。

双螺旋结构将 DNA 描述为两条互相盘绕的链，每条链都由一序列化学单元（或者叫核苷酸）组成。基因是每个序列中的核苷酸片段，分子生物学最早的问题之一便是如何理解遗传密码，即 DNA 中的一个特定核苷酸序列如何指定一系列不同化学单元——氨基酸来形成蛋白质。

“人类基因组计划”

遗传密码在 1961—1967 年开始被破解，人们也开始了解基因指导蛋白质形成的方式。在接下来的 10 年中，出现了一系列研究 DNA 核苷酸序列的技术；自 20 世纪 70 年代末以来，确定了不同生物体的基因组或 DNA 分子特征——首先是简单病毒，然后是秀丽隐杆线虫、酵母和大肠杆菌。旨在明确人类 DNA 序列的“人类基因组计划”（Human Genome Project，HGP）在 20 世纪 80 年代中期首次被讨论，并于 1990 年正式启动。

“人类基因组计划”和 2000—2001 年人类基因组序列的后续测定结论提出了关于基因的新定义。基因不再是染色体中不确定的物理实体或 DNA 分子中不确定的核苷酸序列。它们是由一长串线性排列的腺嘌呤（缩写符号为 A）、胞嘧啶（缩写符号为 C）、胸腺嘧啶（缩写符号为 T），以及鸟嘌呤（缩写符号为 G）所构成的精确的信息序列，而 A、C、T 和 G 就是构成 DNA 分子的核苷酸。这些序列可以经由计算机处理并存储于数据库中，这项工作需要依靠新出现的生物信息学科来完成。

获得人类 DNA 序列的可能性增加了社会和科学界对基因信息力量的期待。政治首脑、杰出的生物学家以及媒体记者描绘了一个新纪元，在那里，演化的秘密和疾病的治疗方法将在我们的 DNA 序列中“读取”。有些社会学家对新形式的优生学提出了警告，数据库中的基因信息可能被用来歧视那些患有疾病或具有其他特质的人。

基因信息同时也成了财富和商机。“人类基因组计划”是在一个国际性公共财团和私人公司塞雷拉基因组（Celera Genomics）之间的竞争中完成的测序工作。尽管双方在项目结束时达成了一致，但 DNA 序列的所有权仍然引起了争议，并且仍未解决。一旦基因信息可以获得专利保护，所有从中衍生的成就——包括疾病的治疗方法都可以被私人所有，也会因此需要支付专利费用给测定序列的研究者。20 世纪 80—90 年代成立了许多生物科技公司，旨在使测序设备商品化，同时被商品化的还有基于特定 DNA 序列的诊断试剂盒和药品。

公众和科学界对基因信息力量的热情开始逐渐消退。“人类基因组计划”完成后不久，人们逐渐明白，识别 DNA 序列和获得演化秘密的线索以及找到治愈疾病的方法之间的转换并没有那么简单。社会科学家和自然科学家都在争论，应将基因组学转换为“后基因组学”，并由此产生一个新的基因定义。

测序本身并不能决定基因如何指导身体功能这一事实，指明了 DNA 与基因组外部其他组分互相作用的重要性。2000 年后发展的新的生物研究方法认为，在一个细胞内 DNA 不再是系统的中心，甚至不再是其原动力，它其实是一个永久连接蛋白质和其他细胞结构的元件。系统生物学家还认为细胞所处的环境十分重要，因为环境会影响基因的运作方式。

后基因组学还有一个特点是对遗传控制的全新理解。在“人类基因组计划”实施过程中，序列中不含有基因的部分（即不指导蛋白质合成的部分）被认为是功能不明的“垃圾 DNA”。我们的基因组中据估计大概有 10 万个基因。计划完成之后，这一数字缩减到 20000~25000 个，人类 DNA 序列的其余部分则参与到使那一小部分基因表达规范的过程中。因此，DNA 序列的大部分让基因发挥作用，保持不活跃状态，或者参与合成某种蛋白质。生物学家不再单独谈及基因，而会谈一排相连接的基因，或者不连续的 DNA 序列，即被内含子分隔的外显子可以根据调控像基因一样运作。

于是，基因是线形连贯的一串核苷酸的观点被取代了。现在的观点是，片段化的基因不再被认为是无条件运作的，而是与环境相协调的。如今，基因仍然是一个有争议的仍在发展中的概念。然而普遍性的认知是，基因是 20 世纪生物学最惊人的发现之一。

撰 稿 人：Miguel García-Sancho

另请参阅：Bioinformatics；Eugenics；Human Genome Project；Mendel，Gregor；Watson，James D.

参考文献

[1] BEURTON P J，FALK R，RHEINBERGER H J.（Eds.）. The concept of the gene in development and evolution：Historical and epistemological perspectives [M]. Cambridge，UK：Cambridge University Press，2000.

[2] COOK-DEEGAN R. The gene wars：Science,politics and the Human Genome Project [M]. New York：W. W. Norton，1994.

[3] FOX KELLER E. The century of the gene [M]. Cambridge，MA:Harvard University Press，2000.

[4] KEVLES D，HOOD L.（Eds.）. The code of codes: Scientific and social issues in the Human Genome Project [M]. Cambridge，MA: Harvard University Press，1992.

[5] MORANGE M. The misunderstood gene [M]. Cambridge，MA: Harvard University Press，2001.

[6] SARKAR S. Genetics and reductionism [M]. Cambridge，MA: Cambridge University Press，1998.

[7] SLOAN P R.（Ed.）. Controlling our destinies: Historical，philosophical，ethical and theological perspectives on the Human Genome Project [M]. Notre Dame，IN:University of Notre Dame Press，2000.

Gene Patenting 基因专利权

1953年对DNA双螺旋结构的发现彻底改变了生物医学界，催化了一系列全新学科的出现——从基因组学（研究全基因组的学科）到更为专业的领域，包括毒理基因组学、营养基因组学、药物基因组学，以及其他专业学科，这些学科在疾病预防、诊断和治疗方面都将带来重大改变。基因组学的发展是由“人类基因组计划”（Human Genome Project，HGP）催生的，该计划是1990年启动的一项前所未有的国际合作，旨在测绘人类基因组，了解疾病的遗传基础，并建立一个可自由访问的数据库以支持持续的研究和发展。其中一些进展成了争论的主题，如围绕基因专利权的争论，具有深远的医学、法律、科学和社会影响。虽然遗传学相关的争论时常出现在新闻和公众讨论中，但遗传信息的法定所有权本身是一个非常有技术性的主题，本词条将对其详细讨论。

专利系统最初是为了鼓励科学进步而建立的。专利是一种“消极权利”，通过将其他人排除在制造、销售或使用专利产品之外，来达到保护专利持有者产权的目的，同时通过允许自由访问获取发明的细节来推动进步。发明人在有限时期内（在美国和欧盟通常为20年）拥有专有产权，得以用其发明累积资本。作为这种保护的回报，发明家必须向竞争对手和公众披露发明的相关细节。保证公众对发明细节的访问权限旨在促进将来对产品的改良，避免重复研发以及随之产生的资源浪费。

虽然人们普遍认为现存专利系统是符合公众利益的，其对创新的贡献也已毋庸置疑，然而专利在人类基因组方面是否适用仍然面临激烈的争议。

可专利性的条件

在美国，可专利性的基本标准为新颖性、非显而易见性和实用性，在欧洲则为新颖性、独创性和工业适用性。这两种要求非常相近，差别主要在用词方面。根据这个定义，天然化合物、动植物的天然物种和抽象概念不能获得专利。人类基因的可专利性源自1912年的先例，对肾上腺素的分离和纯化获得了专利。肾上腺素这种激素不以此种特定形式存在于自然界中，并且在提纯后可以被用于人类的医学治疗。在此案例中法庭认为，一种物质在从自然界中被提纯后是可以授予专利权的，并且根据同一先例，尽管人类基因本身不可以取得专利，但是从中纯化或分离的DNA序列可以取得专利。

通常情况下很难明确地定义自然化合物和发明产物的区分标准。琳达·J. 德迈纳（Linda J. Demaine）和亚伦·X. 费勒梅（Aaron X. Fellmeth）在《科学》（*Science*）杂志上撰写文章，描述了在20世纪30年代纯化氧化铝的专利是如何遭到拒绝的，被拒理由为此物质只是比该化合物的天然形式纯度略高而已，不能被认为具有独特的创造性。然而，尽管活的生命体被认为是自然产生的现象，因此其不能获得专利，但这一点被1980年美国最高法院（Supreme Court）对戴蒙德诉查克拉巴蒂（Diamond v. Chakrabarty）一案里程碑式的裁决所改变。在此案中，由微生物学家阿南达·查克拉巴蒂（Ananda Chakrabarty）所递交的专利申请中涉及一种人工制造的细菌，这种细菌可以分解原油，并在处理原油泄漏方面有潜在应用价值。这项专利申请最初遭到了拒绝，理由是生物体不能获得专利。

关税与专利上诉法院（The Court of Customs and Patent Appeals）推翻了这一初步决定，随后，美国专利与商标局（United States Patents and Trademark Office）向最高法院上诉，而最高法院最终授予了专利。在5票对4票的最终决议中，最高法院认为经由基因工程改造的细菌是可具专利性的，因为它不是“天然存在”的，不是自然产物，而是由人工设计制造而成的，因此可以获得专利。虽然戴蒙德诉查克拉巴蒂案没有涉及人类基因，但在之后的案例中应用了同样的原则，认为如果将人类基因从自然环境中分离并且加以改造，即可获得专利。

在法庭作出这项决议的那段时期，基因组学研究还非常局限，直到千禧年之后，随着“人类基因组计划”的启动，基因专利成了激烈争议的焦点，在近代史上开启了最复杂的法律、伦理和公共政策上的进退两难的困境。

法律、公共政策和道德争议

“人类基因组计划”引起了一阵专利申请的狂潮。从2005年起，据估计全部人类基因的20%已被授予专利。一个普遍的反对基因专利的观点认为，考虑到现存专利系统的三个要求——新颖性、非显而易见性和实用性，基因并不一定具备可专利性的法律标准。

针对新颖性而言，专利局采用的方法是，尽管基因存在于自然界中，但是它们并不是现成的，需要进一步的工作才能将其分离出来，这些操作步骤足以体现其新颖性。然而，很多人并不赞同。一个普遍的观点认为基因已经存在于自然界中，所以天然存在的基因绝对不应该获得专利权。而可获得专利的是非天然存在的DNA序列，以及设计用于测序、分析或操作遗传物质的过程。

第二个要求是非显而易见性，在欧洲相应的标准称为独创性：申请者必须表明，与现有知识相比，其发明对于技术人员而言并非显而易见。在审查这项要求时，专利局会检查基因序列在被分离之前对于技术人员是否显而易见。

由于没有真正严格要求证明独创性，这种方式受到了强烈的批评，因为基因序列不显而易见这个事实本身并不能说明它是一项创新。而且，考虑到生物技术的进展，基因序列是否仍然能被认为是“非显而易见的”也引发了进一步的争议。批评者声称，过去识别基因序列的技术比较复杂，而且是劳动密集型工作，因此可以被认为是创新，但是在最新的测序技术下，仅仅是分离基因的过程不足以继续被视为申请专利权所需的独创性。

例如，数十年前，DNA必须先被修剪成小片段，然后复制、扩增，再测序。随着技术的进步，已无须进行复制这一步骤，而且可以通过名为聚合物链式反应的技术直接扩增DNA。更新的方法进一步免除了扩增步骤，并且可以对固定于特定表面的单个DNA分子进行测序。

第一个待测序的基因组为噬菌体的基因组，全长5375个碱基，该基因组测序工作的完成需要高强度工作，并且代表了该领域的一个里程碑。据估计，在那个时代要对更加复杂的大肠杆菌（*Escherichia coli*）进行测序需要上千年，人类基因组测序则需要上百万年。技术的发展使测序效率得到极大提高，所需成本也在不断降低。鉴于这些进展，一些作者指出，DNA序列的专利申请资格应该减少，独创性的标准应该更高。

满足专利权的第三个条件，在美国称为实用性，在欧洲称为工业适用性，专利申请者需要证明他们的发明具备实用目的并且有效。2001年1月，美国专利与商标局修订了这一要求，并宣布实施三方测试，要求实用性具体、实质并且可信。然而，实用性的概念本身就非常复杂，而且从未得到充分探讨。简·卡尔佛特（Jane Calvert）强调，新颖性和独创性是关于基因相关科学的内在，实用性则更多地与外部世界相关联，因此，必须在更广泛的社会、政治和道德框架内审查。

具有多重功能的基因使得实用性的概念更加复杂，有些功能的发现可能间隔数年之久，与多种疾病相关的基因也是如此。正是由于这个原因，卡尔佛特警告：基因专利使得专利持有者有可能对未来发现的基因功能要求专利权，即使在专利被授予之时这些功能还是未知的。举例说明，占了人类基因组97%的非编码DNA，最初被认为不具备任何重要作用，但是随后的研究表明其具有重要功能，例如塑造染色体的结构性组织，于是可以用作基因指纹识别的有力工具，然而最初此用途并未被发现。澳大利亚基因技术有限公司（Genetic Technologies Limited）对非编码DNA序列的专利权演变成了一场广泛论战的主题，许多研究者对此类专利的新颖性和独创性提出质疑，同时他们也认为，对于基因专利的实用性要求方面，不应仅要求具备理论上的应用可能性，还应设置更高标准的要求。

纳菲尔德生物伦理委员会（Nuffield Council on Bioethics）是一个位于英国的咨询组织，该组织认为，基于以上考虑，对DNA序列授予专利应成为常规之外的特例。有些作者认为DNA序列根本不该被授予专利，他们声称，由于专利系统原本是用于保护所有者投资的，鉴于使用现有的技术手段可轻易测定序列且无须大量投资，DNA序列获得专利权是不合理的，尤其是考虑到所谓的专利权所有者在将来可能获得丰厚的回报，但可能造成巨大的直接和间接公共成本。

更重要的问题也许并不是基因“发明”是否符合专利申请的法律标准，而是授予发明者的权利将对公众造成何种影响。基因专利的公共成本代表了来自公共卫生政策立场的反对基因专利的意见焦点。此意见认为虽然专利系统符合公众利益，但基因专利则不是，为基因相关产品授予专利时应给予区别考虑。遗传因素在医疗决策中起着越来越重要的作用，例如，预测复方治疗的副作用，在治疗过程中调整剂量或者选择药物，对基因的私人所有权使得所有者得以决定使用专利基因的诊断测试和药物的价格。

因此，基因专利将会增加医疗费用，许多医疗专业人士担忧这将使基因检测和相关治疗费用变得极为昂贵，对一些病患来说甚至无法负担，使得一些人无法获得或只能接受有限的医疗服务。基因专利还会导致领域内的研究成本增加，因为专利排除了他人开发替代测试和疗法的权利，除非获得许可并支付专利使用费。开发竞争性的同类检测方法能在个别情况下提供优秀并且价格更实惠的诊断工具，但是这种行为会引发问题。此外，对由不止一种基因突变引发的许多疾病而言，基因专利会降低发现突变与基因之间关联的可能性，而这些发现能在治疗和诊断方面给予患者帮助。

专利行为所带来的医疗保健成本还有可能因为专利堆叠而变得更高。专利堆叠指同一发明的不同方面以不同形式被授予专利，通常由若干不同的专利持有者获得。由于专利税需要付给所有专利持有者，专利堆叠会造成进度拖延和成本增加，这些最终将转嫁到消费者身上。

关于基因专利的伦理辩论代表了在生命科学领域最具争议的议题之一。主要争论围绕着这样一个事实，即专利项目被认为是专利持有者的知识产权，他对其财产拥有特定的权利，然而人类基因属于我们共同遗产的一部分，因此，基因应属于公众所有。哲学家大卫·雷斯尼克（David Resnik）曾经指出，一旦基因可以获得专利，人类将被视为财产，而将人类视为财产是不道德的，所以将专利授予人类基因这一行为也是不道德的。基于以上考虑，基因专利违反了一项最基本的道德原则，即任何人都不应拥有任何其他人，即使是其他人身体的某个部位或基因。

BRCA 法律诉讼

美国公民自由联盟（American Civil Liberties Union，ACLU）和非营利组织公共专利基金会（Public Patent Foundation）提起了一次诉讼，其焦点是基因的可专利性。分子病理协会（Association for Molecular Pathology）及其他起诉美国专利与商标局及其他的诉讼在 2009 年 5 月 12 日提起于纽约市联邦法庭，共有 12 个被告，包括美国专利与商标局、万基遗传公司（Myriad Genetics），以及犹他大学研究基金会（University of Utah Research Foundation）（万基遗传公司持有 BRCSA1 和 BRCA2 的专利权，这两个基因与特定类型的遗传性乳腺癌和卵巢癌相关）。

原告包括癌症病患、若干专业组织，以及健康和研究专业人员，他们认为，由于授予专利持有者的专有权和专利持有者所设置的价格，许多人负担不起这项能使一些病患做出足以改变人生的重要检查。

此专利赋予万基遗传公司对于 BRCA1 和 BRCA2 基因的独家权利，阻止他人在未取得许可并支付专利税时对这些基因进行进一步研究。万基垄断了这种基因检测，而且没有其他办法在不侵害万基专利权的前提下检测 BRCA 基因的变异。2001 年夏，万基遗传公司向全世界的若干机构发出信函，告知他们对 BRCA 基因变异的检测必须通过万基实验室进行，或者获得万基遗传公司的许可。此举引起巨大争议，受到了病患、医生、研究人员和政府部门等方面的批评。

该诉讼认为，对于BRCA1和BRCA2基因作为“自然产物”从一开始就根本不应该被授予专利权，并对所有基因专利提出质疑，称其阻碍了研究，并且认为此类专利授予一段信息垄断权，违反了保护自由交流知识的《宪法第一修正案》（First Amendment）。原告进一步声称，此类专利阻碍了可能拯救生命的测试和治疗方法的开发及商业化。苏菲·贾德（Sophie Gad）及其合作者 2001 年的一本出版物提供了一个例子：这些作者报道的是在一个法国 / 德国裔美国家庭中发现的先前不为人知的BRCA1基因重组。此变异最初在获得专利的万基遗传公司测试中并未被发现。

此次诉讼试图阻止基因在今后获得专利权，或者至少大幅限制专利持有人所获得的权利，约束他们阻碍发展的能力。截至目前所提到次数最多的 BRCA1/BRCA2 基因专利争议，有望对其他基因专利相关的未来决策和指导意见产生影响。

基于以上原因，人们认为专利可能并不是酬报基因发现和测序的最佳方式。有些作者建议，作为一个可能的解决方案，继续维持涉及基因或基因序列的发明专利，但是要确保基因本身或作为发明一部分的基因序列不能获得专利权。这样一来，既能保证发明者从自己的发明中获利的权利，又能使其他人在不受烦琐限制的情况下对相同的基因进行研究，有机会开发同类替代测试及治疗方法，确保公众利益。

另一种保护发明的途径是商业机密，这也是保护知识产权的另一种方式。然而，基于某些考虑，比如商业机密对于信息的大众传播而言更鼓励保密，这种方案估计会比当前的专利系统造成更多危害。其他的建议包括强制许可（即要求专利持有者以合理价格发放专利基因的使用许可权）以及实验使用免责（即进行非商业目的调查的研究人员可以免于侵权责任）。

1996年，美国颁布了一项被称为《甘斯克－弗里斯特法》（Ganske-Frist law）的修正案，保护医疗从业者在医疗机构、大学或诊所内进行医疗活动或外科手术时免受专利侵权诉讼，但是由于该法案不包括生物技术专利和基因诊断测试，有些作者建议对其进行修改。另一项建议被称为“专利共享”，即多个专利持有者向另一个或第三方发放专利许可，提供多项利益，例如减少获得单独许可的时间和成本，并能促进发展。看起来关于基因专利的很多顾虑都没有被现有专利系统解决，然而，将人类基因从专利系统中完全去除也不一定就能够解决这些问题。

对于人类基因专利的争论只是基因专利权论战的一个小侧面，其他的激烈争论在质疑来自植物和动物的基因、干细胞或通过基因工程改造的微生物是否可以获得专利，以及它们是否应该获得专利。所有这些议题都涉及巨大的公共利益，而且影响了几乎所有学科和生活的每个方面。

例如，黄金大米是一种可产生维生素 A 前体的改造品种，在发展中国家用于防止由维生素 A 缺乏所导致的多种紊乱。当科学家想制造这种黄金大米时，他们最终申请了大约 70 项专利，由 30 多个机构持有。随后一个人道主义委员会成立了，在某些国家免费发放专利许可。但是这个例子还是说明了所谓的“专利丛林”所带来的困境，众多互相重叠的专利给研究者的创新和进步带来阻碍。基因专利很可能在未来将继续作为一个挑战和争议而存在，在生物医学、法律和社会科学交界领域持续占据重要位置。

撰稿人：Dafna Tachover and Richard A. Stein

另请参阅：Gene；Human Genome Project；Venter，J. Craig

参考文献

[1] BURGE D A. Patent and trademark tactics and practice [M]. New York：Wiley，1999.

[2] CALVERT J. Genomic patenting and the utility requirement [J]. New Genetics and Society，2004，23（3）：301-312.

[3] CAULFIELD T，BUBELA T，MURDOCH C J. Myriad and the mass media：The covering of a gene patent controversy [J]. Genetics in Medicine，2007，9（12）：850-855.

[4] Committee on Intellectual Property Rights in Genomic and Protein Research and Innovation，National. Reaping the benefits of genomic and proteomic research：Intellectual property rights，innovation，and public health [M]. Washington，DC：National Academies Press，2006.

[5] DEMAINE L J，FELLMETH A X. Natural substances and patentable inventions [J]. Science，2003，300：1375-1376.

[6] Diamond v. Chakrabarty，447 U.S. 303，309，1980.

[7] GAD S，SCHEUNER M T，PAGES-BERHOUET S，et al. Identification of a large rearrangement of the BRCA1 gene using colour bar code on combed DNA in an American breast/ovarian cancer family previously studied by direct sequencing [J]. Journal of Medical Genetics，2001，38（6）：388-392.

[8] LEVENSON D. ACLU case against Myriad Genetics [J]. American Journal of Medical Genetics Part A，2010，152A（1）：viii.

[9] MARSHALL E. Biotechnology: Lawsuit challenges legal basis for patenting human genes [J]. Science，2009，324：1000-1001.

[10] Nuffield Council on Bioethics. The ethics of patenting DNA，2002：www.nuffieldbioethics.org.

[11] RESNIK D B. The morality of human gene patents [J]. Kennedy Institute of Ethics Journal，1997，

7（1）：43–61.

［12］SHAPIRO C. Navigating the patent thicket：Cross licenses，patent pools，and standard setting［M］// E JAFFE，J LERNER，S. STERN（Eds.）. Innovation Policy and the Economy，Vol.1.Cambridge：MIT Press，2001：119–150.

［13］THOMPSON A K，CHADWICK R F.（Eds.）. Genetic information：Acquisition，access，and control［M］. New York：Kluwer Academic/Plenum，1999.

［14］VERBEURE B，VAN ZUMMEREN E，MATTHIJS G，et al. Patent pools and diagnostic testing［J］. Trends in Biotechnology，2006，24（3）：115–120.

Gene Therapy 基因治疗

基因治疗是为了达到治疗目的而将患者细胞直接进行基因修饰的治疗手段。有两种可以用于个人的基因治疗干预。这些干预治疗可以用于个人的体细胞（即生物体内除了生殖细胞之外的任何细胞）或者被称为种系细胞的配子/生殖细胞。本词条简述体细胞基因治疗所产生的伦理和社会议题，并着重讨论种系基因治疗的相关议题。基因治疗的发展经常出现在新闻中，但是很少有对其的深入全面分析。

体细胞基因治疗有望治愈多种疾病，包括遗传性疾病、癌症及感染性疾病。在基因治疗中，一种被称为转基因的外源基因序列被用于人类受试者，目的是修正表型（表达的）或基因型（遗传的）异常，或提供具有新功能的细胞。迄今，人类基因治疗研究基本只限于体细胞修饰，因为这种基因改造只影响个体患者。相比之下，直接的种系基因治疗仍处于起步阶段。种系基因治疗影响的是生殖细胞系，因此也会影响子代的基因组。种系基因疗法曾被讨论作为通过卵胞质移植来治疗线粒体疾病（即线粒体 DNA 上的 DNA 偏差导致的疾病）的方法。另外，它还被用于创造转基因动物。

体细胞基因疗法处于新研究主题和治疗学现实之间的不明确的灰色地带。人类基因治疗的第一个 10 年已经证实，不存在一个快捷方法使人能够将足够多的遗传物质输送到正确的细胞内以产生持续的治疗效果，同时还没有来自运输遗传物质的载体或基因产物过表达的有害副作用。而且，体细胞基因治疗的临床效果和安全性一直存在争议，没有任何一种形式的体细胞基因疗法进入常规应用阶段。经过多年对体细胞基因治疗的专业讨论，一个伦理共识逐渐形成：将体细胞基因疗法视为传统医疗干预的延伸手段。因为涉及临床研究，所以此疗法所涉及的伦理问题在根本上与其他试验性疗法相同。这里所涉及的伦理问题是风险 – 收益比、招收病患的条件、知情同意流程、利益冲突以及对滥用的担忧。

然而，大部分对于人类基因疗法的伦理和社会批判都集中于种系基因治疗与生俱来的麻烦本质，即既具争议性又技术不友好。反对意见通常来自关于何为自然之物的观点，以及故意造成后代遗传改变的论点。然而，近年来有一个种系基因治疗的挑衅性先例，现在有若干儿童拥有3个生物学父母，这是名为卵胞质移植的医疗介入手段造成的结果。

种系基因治疗干预与体细胞基因治疗不同，前者造成的改变会被传递到接受疗法的人的后代身上。在许多支持体细胞基因治疗的官方声明中，禁止或推迟旨在发展人类生殖系基因治疗的研究目标中，这一特别的差异是唯一被提及的。然而，在这些官方陈述之后都有一个更长的争论。此争论围绕着4个要点：消除疾病、科学不确定性、社会风险以及后代问题。

消除疾病

由于体细胞基因治疗所伴随的难点，一直存在着将研发方向移至种系基因治疗的压力。关于基因疗法的伦理争论重新浮现，而且体细胞基因治疗和可遗传的基因修饰之间的道德分界线受到了质疑。

也有一些支持种系基因治疗的声音出现。这些意见支持特意进行的种系基因治疗，目的是为这种直接影响种系的治疗进行辩护，并且试图减少对体细胞基因治疗所导致的非故意造成的种系作用的关注。此外，他们认为种系基因治疗可能会成为一种有效果且高效率的治疗方法，能够用于治疗影响多种不同器官和其细胞类型的疾病。此疗法还可称为体细胞基因治疗的替代技术，用于治疗不可消除或不可分裂细胞呈现的疾病。种系基因治疗受到肯定，因为它确实可以治疗疾病并使患者痊愈。还有说法声称，种系基因疗法治疗比体细胞基因治疗更加高效，而且与体细胞基因治疗相比，种系基因治疗可能减少人类基因库中特定的遗传疾病发病率。

科学不确定性

种系基因疗法的反对者和支持者似乎在一个观点上存在这样一个共识，即在当前状态下，他们都不能接受此种疗法进入临床试验阶段。原因是种系基因治疗会给基因改造的个人及其后代带来太多无法预测的、不可避免的、巨大的长期风险。为了有足够正当的理由进行临床试验，关于种系基因治疗及其技术的若干重要问题需要得到解决。相关基因必须仅在适当的组织内稳定整合、正确表达，而且可靠地定位于染色体上的正确位置。

种系基因治疗的反对者认为，除非种系基因治疗是唯一选择，即疾病通过种系基因传播，否则没有正当理由使用此疗法。原因是，很多遗传疾病可以采用较低风险的携带者筛查，产前筛查随后堕胎，或者（也许）将来采用体细胞基因治疗。然而现有的阻碍是否能够阻止未来出现临床试验，仍然是一个疑问。

不论是有意还是无意，我们在人类疾病治疗方面已经跨越了体细胞治疗和种系基因治疗的界限。这种跨界是通过卵胞质移植完成的，即将富集线粒体的细胞质从一个卵细胞移植入另一个卵细胞内，以试图避免遗传性线粒体疾病。这个永久植入的新线粒体DNA已影响人类可遗传的基因改变。

社会风险

支持种系基因治疗的一个普遍观点是，从社会和经济角度来看，它比体细胞基因治疗效率更高，因为体细胞基因治疗需要一代一代人重复使用。可以说，种系基因治疗更符合当今逐渐广泛实施的疾病控制和健康促进模式。而且，种系基因治疗意图防御个体的疾病，而不是根据基因型来选择个体（后者可以无视众所周知的生物多样性），维护我们对道德平等价值观的承诺。

因此，与种系基因治疗相关的伦理议题有着更高层次的社会影响，因为此疗法可能会打开基因强化的大门，意味着修改特定的表型性状可以被用于制造改良人。种系基因治疗的批评者还提出，那些不符合所谓遗传正常的人是否有可能会被认为是异常，并需要进行治疗或矫正，而这样显然是不对的，或者至少是在伦理上存在质疑的。

考虑到不同形式的基因治疗的伦理层面，也有这样一种意见，如果我们允许体细胞基因治疗，我们便踏上了一条终将接纳种系基因治疗的不归路。如果我们允许通过改变个人基因组成来预防或治疗糖尿病和镰状细胞性贫血等疾病，健康和疾病之间的区别会逐渐变得模糊不清，最终导致我们无法区分正当医学治疗和道德上无法接受的优生学，即制造“改良”的人种。

后代的问题

种系基因修改能够遗传给后代的能力引起了较多的道德关注。种系基因治疗可能会改变人们对待人格、人类生殖本质以及亲子关系的态度。它还有可能会加剧针对残障人士的偏见。以优化为目的的种系基因治疗尤其是个问题。改进人类遗传基因组的企图有可能使人类生殖商业化，试图通过“矫正”基因来获得“完美”的孩子。有些类型的基因强化有可能导致有害的常态概念被不公正地强加于人。矛盾的是，种系基因修改技术最初研发的目的是用于治疗，但是这项技术同样也适合于强化应用。因此，继续发展种系基因疗法来治疗疾病或残疾将很难避免此种疗法被用于强化目的，即使这种用途被认为在道德上不可接受。

种系基因疗法的反对者拒绝承认使用此技术意味着改变未来人类的先决条件，而这种改变会破坏我们的道德共同体。基因干预后出生的孩子会被按照父母的意愿进行基因编程，根据德国哲学家尤尔根·哈贝马斯（Jürgen Habermas）所说，这将使他们无法像他们的父母一样拥有自主权。此观点的主要论据是：种系基因调整后的孩子不是“自己人生的主宰者”，一个由他人规划人生计划的人难以加入构筑我们伦理和社会的交流对话中去。在这些反对者看来，未来世代的人有权决定他们自己的命运，而种系基因干预法侵犯了个人及其后代拥有自己独特遗传身份的权利。

结　论

基因治疗的文化和社会用途远非科学知识所能及。我们如何看待生命，包括疾病和残疾、人类的才能和缺点、社会问题、亲属关系以及生活质量，所有这些都受到新的基因范型医学的影响。医学已经从解释基因导致的疾病转型为试图通过改变基因组成来促进健康。

撰 稿 人：Hannah Grankvist

另请参阅：Conflicts of Interest in Science；Ethical，Legal，and Social Issues（ELSI）；Risks and Benefits

参考文献

[1] HABERMAS J. The future of human nature [M]. Cambridge，UK：Polity Press，2003.

[2] JUENGST E T，GRANKVIST H. Ethical issues in human gene transfer：A historical overview [M]// R E ASHCROFT，A DAWSON，H DRAPER，et al.（Eds.）. Principles of health care ethics，2nd ed. Chichester，UK：John Wiley & Sonspp，2007: 789–796.

[3] WALTERS L，PALMER J G.The ethics of human gene therapy [M]. Oxford，UK:Oxford University Press，1997.

Gould, Stephen Jay
史蒂芬·杰伊·古尔德

史蒂芬·杰伊·古尔德（Stephen Jay Gould，1941—2002）是哈佛大学（Harvard University）的古生物学家、进化生物学家、教育家、哈佛大学比较动物学博物馆（Museum of Comparative Zoology）馆长、《自然史》（Natural History）杂志专栏作家，是一位文笔精湛受人仰慕的作家。不论是外行还是专家，几乎每个关注科学的人都阅读过他的作品。在职业生涯的最后几年，古尔德还在纽约大学（New York University）教授生物学和演化论。

古尔德在职业生涯中出版了 20 多本书，在演化论普及方面的名声堪比理查德·道金斯（Richard Dawkins）。他的《自达尔文以来：自然史沉思录》（*Ever Since Darwin：Reflections in Natural History*）汇总了 1977 年他发表在《自然史》杂志专栏中的文章；第二本杂志文集《熊猫的拇指》（*Panda's Thumb*）于 1980 年出版，并获得美国国家图书奖（National Book Award）。

古尔德在写作方面获得诸多奖项，1989 年出版的《奇妙的生命：布尔吉斯页岩中的生命故事》（*Wonderful Life：The Burgess Shale and the Nature of History*）是基于寒武纪动物群化石研究的关于早期生命演化的书，获得了 1991 年的安万特奖（Aventis Prize），并在同年获得普利策奖（Pulitzer）提名。在书中，他认为偶然性是地球生命演化过程中的决定性因素之一。在《生命的壮阔：从柏拉图到达尔文》（*Full House：The Spread of Excellence From Plato to Darwin*）（1997）一书中，古尔德再次具有革新性地提出，进步并不是演化的“目标”，书中使用 400 个棒球击球手命中率的消失作为实例。

古尔德还以强烈的社会责任感、反对神创论、长期关注科学和政治关系而闻名。他还深入参与反对阿肯色州州长关于学校在教授演化论的同时也教授神创论的提议。在《误测人类》（*The Mismeasure of Man*）（1981）一书中，他深入批判了暗示生物决定论的方法和动机。他认为不同人类族群之间的社会和经济差异与生物能力（如智力）无关。在这本书中，古尔德拒绝使用曾用于支持种族主义观点的基于伪科学理论的智商测试。

古尔德也作出过大量科学贡献，并赢得过 1975 年的查尔斯·舒切特奖（Charles Schuchert Award）和 2002 年的古生物学会奖章（Paleontological Society Medal），二者都由古生物学会（Paleontological Society）授予。古尔德和奈尔斯·埃尔德雷奇（Niles Eldredge）在 1972 年提出了一种对化石记录的新解释，即间断平衡学说。他们指出，根据化石记录，许多物种在相当长时期内几乎没有变化，然后突然被新物种取代。早期观点认为这种不连续性仅为化石记录存在的断代，但古尔德和埃尔德雷奇认为不连续性反映的是演化过程是长期稳定时期和快速演变时期交替出现的。如今科学家仍在争论化石记录显示的间断模式出现的频率，以及这种模式是如何形成的。

古尔德沉湎于形态学的传统（即研究生物体外形和构造的方法），强调生命体最重要的特征为能够连接彼此的相似性。在多数情况下，适应性是次要的或者不存在的。这一观点并未受到传统达尔文主义者的青睐，尤其是对那些进行实验研究快速繁殖生物的人，对他们来说自然选择非常重要。古尔德提出了“延伸达尔文主义”，认为当考虑到生物体的日常生活和微演化时，自然选择和适应性毫无疑问是重要的。但是从更长期的角度来看，偶然性等其他因素则明显开始起作用。2002 年，在将近 1400 页的著作《进化论的结构》(*The Structure of Evolutionary Theory*)出版两个月后，与腹部间皮瘤抗争了 20 年后，古尔德死于另一种致命癌症——肺癌。在最后一本书的第二部分，古尔德对当代达尔文主义提出了建设性的批判，并作出了自己对宏观演化理论的主要贡献。

撰 稿 人：Núria Pérez-Pérez

另请参阅：Dawkins, Richard

参考文献

[1] GOULD S J. The structure of evolutionary theory [M]. Cambridge, MA: Belknap, 2002.

[2] RUSE M. Mystery of mysteries. Is evolution a social construction? [M]. Cambridge, MA:Harvard University Press, 1999.

Government Public Information 政府公众信息

与科学和技术职能相关的美国联邦政府、州政府和地方政府机构经常雇用传播专家协助记者和公众了解政府规划信息。这些专家需要以通俗易懂的语言表述政府机构使用纳税人所交税款的信息；确保政府管理者可以得到适当的建议，了解与不同受众采用不同交流方式对政府事业的重要性；保证记者或公众提出的特定问题能够及时得到准确的回答。

这些专业的科学传播人士为各种不同类型的机构工作。例如，在联邦政府级别，一些组织直接进行科学研究，比如美国国家航空航天局(National Aeronautics and Space Administration, NASA)或美国国家标准技术局(National Institute of Standards and Technology, NIST)。有些机构为大学和其他组织提供研究资金，比如美国国家科学基金会(National Science Foundation, NSF)。还有很多联邦、州或地方级别的机构需要科技沟通人士帮助处理健康、食品安全、能源、环境、法律实施、军事和制造业相关规划事项，比如美国农业部(U.S. Department of Agriculture)、美国食品与药品管理局(U.S. Food and Drug Administration)和美国环境保护局(U.S. Environmental Protection Agency)。

根据美国人事管理局(U.S. Office of Personnel Management)的数据，截至 2008 年 12 月，共有约 9000 人作为公共事务专员、作家/编辑、技术作家、视听专家、编辑助理及展览专员受雇于联邦政府。这其中只有一小部分人专门负责科学和技术沟通。业内还有更多人在科学和技术相关任务方面为州政府和地方政府工作。

科学和技术机构内部的政府公共事务、交流或信息部门与大学或其他非营利组织内同类部门职能相似，通过与主要利益相关人士维持良好的关系来帮助机构圆满完成使命。利益相关人士有时被称为公众，是一群有着相同利益的人，他们的支持或反对会给机构的业绩造成严重影响，并能够加速或延缓任务进程。例如，新闻媒体，联邦、州或地方政府机构官员，国会议员或其他民选官员及其工作人员，学术机构或企业领导，研究人员，工程师以及其他技术专业人士，医生、护士和其他医护专业人士，或者更广义的公众群体，如教育者、父母、科学爱好者或学生。

双向传播

政府机构在决策过程和实施时努力保持开放透明的双向传播，定期提供政府活动信息，常规性地从利益相关者处寻求反馈，此种双向沟通是良好的政府公共事件或信息程序的特征标志。政府机构负有法律和道义上的责任，需要将政府行为信息详细告知公众，并寻求反馈意见、建议，以改进运营。

许多受雇于政府的科学沟通人士在媒体关系领域也有专长。他们与定期发表科技新闻的大众新闻媒体或行业技术刊物的记者保持良好的关系。这种关系有助于确保政府雇员将具体研究成果的新闻报道任务安排给可能会写此类新闻的记者，同样也可以帮助记者寻找政府专家做专题报道的采访。

这些人还经常培训政府机构的科学家和工程师，帮助他们提高沟通技能。如果没有此类培训，技术专家经常会在无意间使用术语来描述他们的研究工作，可能无法向记者提供足够的背景来撰写清晰准确的文章。政府公共信息专家帮助政府部门的科学家和工程师了解多数记者工作时的各种限制，比如严格的截稿日期、苛刻的编辑、解释复杂问题时的有限篇幅。多数政府部门研究人员很少和新闻媒体谈论他们的工作，有些对将会出现的广泛的公众曝光感到不安。如果没有这些机构的媒体关系专家所提供的保障和培训，许多政府科学家和工程师不会愿意参与媒体采访。

有些记者将公共关系专家，尤其是政府媒体关系专家看作阻止他们直接接触科学家和工程师的障碍。然而在多数政府科技部门中，媒体专家实际上增加了大众可访问的信息量。他们不止鼓励员工接受采访，还作为内部记者采访机构技术员工，并将其工作成果转化为通俗语言，制作成新闻、网页、时事通讯、杂志、博客、视频或者其他形式的报道。

许多不同背景的受众都从政府部门技术项目的通俗描述中获益。政策制定者可以通过这些资料更好地理解重要政策问题背后的科学原理，例如与温室气体排放、干细胞医学研究或濒危物种保护相关的规范制度。教育人士在政府公共信息产品方面使用通俗语言，持续使用最新科技成果信息来促进教材和课程的更新。制造业和服务业管理人员通过这些通俗易懂的概述可以了解最新研究成果，改进现有产品，开发新产品。甚至连科学家和工程师也能从这些政府技术成果报道中获益，了解自己研究领域之外的成果。最了不起的科学进展通常发生在边缘学科，而政府公共沟通有助于促进这些边缘学科间的信息分享。如果没有政府科学沟通专家将技术成果转化为通俗语言，许多研究成果将会留在数千份技术刊物中，失去被发现和使用的机会。

以前商业新闻媒体只面向多数受众，而现在的互联网则使政府机构能够向细分受众提供关于政府项目的详细信息。许多机构使用基于互联网的软件工具提供实时电子邮件或者手机通知，推送恶劣天气事件、健康问题、自然灾害或其他新闻主题，将有共同兴趣的民众互相联系起来，鼓励网站读者给机构项目留言评论或者向机构专家提问。

政府机构也开始逐渐在商业网站上开设账户，尤其是在社交媒体或社交网络，发布他们制作的视频、新闻、照片、博客、专题文章以及会议公告。这些新技术大幅提高了他们对政府出资进行的研究成果和其他科技相关项目成果的宣传能力。与此同时，社交网络工具使得众多与这些项目相关的人或者对其感兴趣的人可以向他们直接反馈意见，参与双向沟通，而这最终将有助于改进政府相关项目。

政府公共信息工作

政府的科学和技术机构中的公共信息职员接受了多方面的培训。大部分人拥有新闻、通信或英语专业的学士或硕士学位。有些拥有物理、化学、生物、环境科学或天文学等与他们就职的特殊职位相关的科学专业的学位。还有些人的学位与科学和新闻传播同时相关。有些大学的硕士学位或证书课程专门为科学和工程类毕业生提供成为科学记者的高级沟通技巧培训。这些毕业生中的一部分人最终将受雇于政府，成为科学信息专家。

尽管记者所学的许多技能也对政府科学传播人士有帮助，但是这种职业间还有着重要区别。记者作为中立的旁观者，为科学和技术专题撰写文章，制作广播节目或者视频。虽然他们也许专长于某一特定领域，诸如环境、健康或计算机技术，但他们每天都会与多个不同消息来源的不同机构沟通。他们的工作是尽可能真实地报道新闻，同时与消息来源保持一定距离，尽可能保持客观。

而政府科学传播人士撰写文章、制作广播节目或者视频、编撰演讲稿、制作网页和时事通信、为公众提供导览，目的是帮助他们所供职的政府机构更好地完成任务。他们是政府科学和技术相关项目的参与者，而非旁观者。他们通常非常了解被采访的科学家或工程师，能经常得到其技术工作进展情况的更新。公共信息专家对科学家工作成果的转述和宣传也许能促成与大学研究人员建立新的合作关系，或使得商业公司从政府机构申请购买专利权并生产出售新产品。一个技巧熟练的政府科学传播人士通常知晓与机构技术人员进行持续沟通的影响，他们是研究团队成功的重要贡献者之一。

政府公共信息员能够从专业机构提供的讲习班获得继续教育的机会，例如美国国家科学作者协会（National Association of Science Writers）、全国政府发言人协会（National Association of Government Communicators）以及技术传播学会（Society for Technical Communications）。大型科学社团也定期举办面向大众的科学技术传播实践方面的讲座和研讨班，例如美国科学促进会（American Association for the Advancement of Science）和美国化学学会（American Chemical Society）。

多媒体技术对政府公共信息专员而言开始变得越来越重要。现在下至学龄儿童上至资深决策人，互联网成了每个人的首选信息来源。随着宽带连接变得更加普遍，通常只有文本形式的内容逐渐以视频和音频形式出现。主要接受纸媒培训的记者现在经常撰写视频脚本，制作电台采访，或者制作包含照片、文本动画和音乐的幻灯片。这意味着政府公共信息专员也必须具备同样的技能。为了满足公众对这些内容的强烈需求，政府科学和技术部门目前在网站上提供常规性高质量多媒体内容。

伦理和法规要求

政府公众信息员所接受的培训中有一个重要元素，即伦理标准和法律要求的知识。政府公共信息专员确实是为公众工作的。为私有机构服务的公共关系专家可以选择是否向记者或公共提供所需信息，而政府信息专员通常必须要提供此类信息，他们受到伦理或法规或这二者同时的要求。

美国联邦和州法律法规详述了政府机构必须要提供什么样的信息，以及提供信息的方式需要如何满足残障人士、英语水平有限人士或其他特殊人群的需要。联邦级别的此类法律法规的例子包括《信息自由法案》(Freedom of Information Act)、总统签署的行政令、《联邦咨询委员会法》(Federal Advisory Committee Act)、《美国残疾人法案》(Americans with Disabilities Act)、美国国家档案和记录管理局(National Archives and Records Administration)发布的记录保留政策,以及《举报人保护法》(Whistleblower Protection Act)。

通常的专业和道德行为准则要求公共信息专员在报告机构研究成果时确保真实,不夸大成果,适当地在信息材料中提供意见和事实。例如,政府公共信息专员或政府合约商所提供的资料必须明确标注为政府资助信息。与科学和技术研究相关的资料,信息专员有义务保留任何重要限定词,以保证研究结果能够正确呈现。这在讨论医学研究结果时尤为重要,可以避免公众产生不现实的希望,误以为针对某一疾病的治疗方法即将面世,而实际上在有效疗法可应用之前也许还需要多年的研究。

近年来,为了实现政治目的而篡改科学信息的可能性引起了广泛的担忧。忧思科学家联盟(Union of Concerned Scientists)等组织已作出反应,指出广泛、不受限制地传播科学和技术信息对公共卫生和安全具有重要意义。2009年3月,奥巴马总统签署了一项行政令,禁止政务公务员压制或更改科学或技术发现及结论。此外,一些联邦科学技术机构和内阁部门制定了专门的公众交流政策,明确准许科学家和工程师向媒体或公众自由发表关于研究成果的言论,以保证科学诚信。这些政策肯定了公共信息专员帮助科学家和工程师向媒体描述其研究成果的重要作用。与此同时,此类政策明确允许技术专家无须获得政府公共信息员的许可,可以向公众解释他们使用公款进行研究的成果以及接受媒体的采访要求。因此,联邦政府科学沟通人士另一个重要的角色就是确保机构的科学家和工程师了解他们向公众说明自己研究成果的权利和义务。

撰 稿 人:Gail Porter

另请参阅:Department of Agriculture, U.S.; Environmental Protection Agency, U.S.; Food and Drug Administration, U.S.; National Aeronautics and Space Administration, U.S.; National Science Foundation, U.S.

参考文献

[1] BLUM D, KNUDSON M, MARANTZ HENIG R. A field guide for science writers: The official guide of the National Association of Science Writers [M]. New York: Oxford University Press, 2006.

[2] BORCHELT R E. Communicating the future [J]. Science Communications, 2001, 23: 194–211.

[3] DOZIER DM, GRUNIG L A, GRUNIG J E.Manager's guide to excellence in public relations and communications management [M]. Mahwah, NJ: Lawrence Erlbaum, 1995.

[4] National Aeronautics and Space Administration. NASA policy on the release of information to the news and information media [EB/OL]. [2009-02-09]. www.nasa.gov/audience/formedia/features/communication_policy.html.

[5] PORTER G J. (Ed.). Communicating the future:Best practices in communicating about science and technology to the public [M]. Gaithersburg, MD: National Institute of Standards and Technology, 2002.

[6] Union of Concerned Scientists. Federal agency media policies inconsistent: Some stifle, some support scientists sharing information with the press, new study finds, 2008: www.ucsusa.org/news/press_release/federal–

agency-media-policies-0152.html.

[7] U.S. Department of Commerce. Public communications, 2008: DAO 219-1. [EB/OL]. [2008-04-30]. http://dms.osec.doc.gov/cgi-bin/doit.cgi?204：112：08e5734262ec0a03bf925e749484c9eb24a509a90ab8daaf91019431a09f860：297.

[8] The White House.Memorandum for heads of executive departments and executive departments and agencies, subject：Scientific integrity, 2009. [EB/OL]. [2009-03-09]. www.whitehouse.gov/the_press_office/Memorandum-for-the-Heads-of-Executive-Departments-and-Agencies-3-9-09.

Greenpeace 绿色和平组织

绿色和平组织（Greenpeace）是最大的环境倡议组织之一，以引人注目的海洋环境问题抗议活动而闻名。该环保组织最为著名的是那些将自身置于险境的成员。1971 年，这个组织最初作为一个抗议团体成立于加拿大温哥华，并于 21 世纪初期成长为一个国际组织，拥有 5 艘船、280 万支持者、27 个国家和地区办事处，在 41 个国家从事活动。

在绿色和平组织数以千计引人注目的抗议活动中，他们曾经混入核试验场所，为鲸阻挡鱼叉，保护皮毛海豹免遭棍棒，阻止远洋驳船倾泻放射性废料。他们行动策略的灵感来源是非暴力直接行动，其根源为教友派的见证观点，以及圣雄甘地和马丁·路德·金的非暴力干预。绿色和平组织对非暴力行动的严格遵守导致了一些希望进行更加强势斗争的人士的出走，例如海洋守护者协会（Sea Shepherd Society）的创始人保罗·沃森（Paul Watson）。

绿色和平组织的策略还受到街头政治剧和索尔·阿林斯基（Saul Alinsky）、阿姆斯特丹的青年无政府主义者以及旧金山“挖掘者”的影响。他们利用全球媒体，将街头剧场和抗议策略提升到了一个新高度。绿色和平组织的创始人之一罗伯特·亨特（Robert Hunter）声称，其效果相当于一颗“思想炸弹”，即行动本身旨在制造一种戏剧化的新影响来取代陈旧观念。“思想炸弹”的一个最显著的例子就是推翻了英勇的捕鲸人形象，并用英勇的生态学家冒着生命危险拯救海洋温柔巨兽的形象取而代之。绿色和平组织在 1975 年 6 月进行了首次抗议捕鲸活动，之后，此方法获得了全世界的关注，并显著地改变了商业化捕鱼和捕鲸行为的政治形势。

绿色和平组织的领导者在 1971 年首次注意到激烈抗议的力量，当时美国在阿拉斯加阿留申群岛进行的核武器试验引起激烈争议，他们就此设想了一种新的抗议方式。他们包了一艘拖网渔船并行驶至核武器试验地区，期望美国政府取消试验。那艘拖网渔船本来名叫“绿色和平号”（*Greenpeace*），而该组织当时名为“不要兴风作浪”委员会（“Don't Make a Wave” Committee）①，当时的担心是核武器试验会引起潮波。“绿色和平号”拖网渔船于 1971

① “拒绝冲击波”委员会。——译者注

年 9 月 15 日驶离温哥华，在经历了被捕、其他耽搁以及冬季风暴的阻碍之后才得以返航。

美国政府于 2 个月后引爆了炸弹，绿色和平组织在美国国内并没有引起重视，然而加拿大媒体认为此次抗议活动具有远见并且有所裨益。法国核试验也是绿色和平组织早期抗议活动的一个显著目标。1972 年夏天，一艘绿色和平组织的小帆船驶入位于穆鲁罗阿环礁的法国核试验区域，与一艘法国战舰相撞后严重损毁，当时的抗议在全世界占据了媒体头版头条。绿色和平组织的反捕鲸运动开始于 1974 年，并为此培训使用配有舷外发动机的橡皮艇。1975 年的夏季运动始于在美国和加拿大太平洋海岸外的公海上与捕鲸船的对峙。6 月下旬，一艘配有加工设备的苏联捕鲸船险些用鱼叉射中了其中一艘橡皮艇，这次事件在国际捕鲸委员会（International Whaling Commission）于伦敦举办的一次科学会议上引发了媒体的狂热。绿色和平运动历史学家雷克斯·韦勒（Rex weyler）认为，为了拯救鲸所做的斗争改变了那一天。

绿色和平组织的活动家持续攻击对现存鲸的毁灭行为，并且提出证据证明即使是仅有的少许禁止捕捉未成年鲸的规定也没有得到遵守执行。与此同时，反对倾泻放射性废料和为获取皮毛而屠杀海豹的类似活动也在进行。到 20 世纪 80 年代初期，激烈的交锋加上激昂辩论的

图 G1 1976 年 7 月，绿色和平组织的麦克·贝利（Michael Bailey）在北太平洋阻止一艘苏联捕鲸船

结果是欧盟禁止猎海豹业，以及国际捕鲸委员会暂停了大部分捕鲸活动。同时这也在财政上获得了成功，绿色和平组织在 1978 年得以购买 417 吨级的“威廉·哈迪爵士号”（*Sir William Hardy*）调查船，并将其重新命名为“彩虹勇士号”（*Rainbow*），旨在向印第安人克里族的一个传说致敬。在这个传说中，当地球遭到人类破坏时，一群来自不同国家的自称“彩虹勇士”的人集结在一起保护大自然。

绿色和平组织在欧洲和美国取得成功后，决定在太平洋的穆鲁罗阿环礁抗议法国核试验。1985 年 7 月 10 日，当“彩虹勇士号”在新西兰奥克兰市进行补给时，一次爆炸撕裂了船体，船员费尔南多·佩雷拉（Fernando Pereira）被炸身亡，船随后沉没。法国对外安全总局（French Direction Générale de la Sécurité Extérieure, DGSE）的两名特工分别在 1985 年 7 月下旬和 9 月 22 日被捕，法国政府承认是他们的特工潜水安装了磁性水雷并炸沉了船。法国特工暂时进了监狱，但在法国政府威胁称要禁止新西兰出口商品进入欧盟后随即得到释放。法国政府向绿色和平组织道歉并赔付了 700 万美元，但是核试验继续进行，法国政府中也无人就此事被问责。

然而“彩虹勇士号”爆炸事件凸显了绿色和平组织建立 15 年来所取得的地位。到了 20 世纪 90 年代初期，绿色和平组织被认为是环境保护运动中的“绿色巨人”，在全世界各个角落针对每个可能的环境问题进行抗议。抗议行动通常都用引人注目或诙谐的方式突出主题，比如在华盛顿特区内政部大厅内倾倒“弹珠”，因为内政部长已经“失去理智”①。还有一次富有想象力的行动是让儿童在煤炭工业会议上分发哮喘呼吸器。1995 年，反对壳牌石油公司（Shell

① 美国习惯用语，“marbles”指弹珠，是孩子游戏中使用的非常小的圆形球。“losing one's marbles”指“失去理智”。——译者注

Oil Company）的非暴力抗议运动领袖、环保活动家肯·萨罗－维瓦（Ken Saro-Wiwa）被尼日利亚政府处以死刑，激起了国际社会对此事件的愤慨。

在其盛名之外，绿色和平组织并不总被看作严肃的环保团体，在合法或立法领域内的联合行动中通常都被排除在外。在20世纪90年代，绿色和平组织还因其经常歪曲问题而受到其他环境保护组织的批评，例如，在一次薄弱的海豚保护活动中向资助方收钱。绿色和平组织的创办者之一帕特里克·摩尔（Patrick Moore）是一个直言不讳的批评家，他在1986年从组织退出后开始为林业、核能和化学业工作。他批判了环境保护运动中的“恐慌策略”，在2008年批评绿色和平组织已经因为“极端主义和充满政治动机的日程”而迷失了方向。环保运动中的其他人则认为摩尔的批评太过自私而不予理会。

另一个针对绿色和平组织的批评者认为，在如此普遍的环境改造呼声中，这种专门吸引媒体注意的抗议活动看起来像是陈词滥调。尤其在美国和欧洲更是如此，在20世纪90年代初期的发展高峰过后，绿色和平组织进行了一次重大改组。不过绿色和平组织在21世纪初期仍然在国际层面继续发展，帮助地区和国际活动家发起针对各种议题的抗议活动，例如非洲的有毒废料、亚马逊流域的非法伐木、日本秘密售卖鲸肉、亚洲的核能以及太平洋的流网捕捞。尽管引起了众多争议和关注，绿色和平组织仍是环保团体想象力的来源。

撰 稿 人：Bill Kovarik

另请参阅：Environmental Journalism；Nuclear Power；Nuclear Weapons

参考文献

［1］BROWN M，MAY J. The Green peace story［M］. New York: Dorling Kindersley，1991.

［2］HELLER P. The whale warriors：The battle at the bottom of the world to save the planet’s largest mammals［M］. New York:Free Press，2007.

［3］WEYLER R. Greenpeace：How a group of ecologists，journalists，and visionaries［M］. 2004.

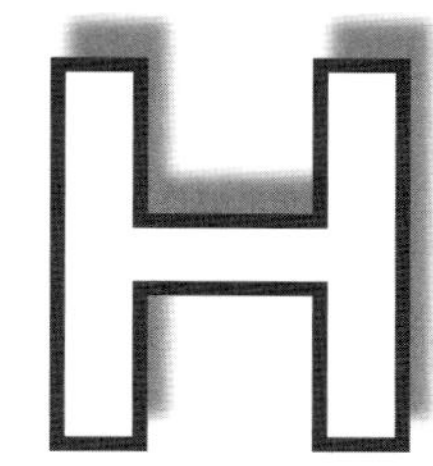

Hawking, Stephen 斯蒂芬·霍金

曾经有人将斯蒂芬·霍金（Stephen Hawking，1942—2018）称为爱因斯坦（Albert Einstein）之后最杰出的物理学家。很快他还被指出生于伽利略（Galileo Galilei）去世的300年忌日，并且在剑桥大学（Cambridge University）担任与艾萨克·牛顿（Isaac Newton）相同的教授职位。

如果可见的科学家指公众熟知的科学家，那么霍金就不只是一个可见的科学家，而是一个摇滚明星级的科学家。

霍金于1942年1月8日在英格兰的牛津郡出生，并在伦敦以北的圣奥尔本斯镇度过了他的童年。1959年，也就是他17岁那年，他获得牛津大学（Oxford University）的公开奖学金，并开始在那里学习。1962年，他获得牛津大学的一级荣誉学位，然后在剑桥大学开始了宇宙学博士学位的学习。在那里，他开展了其感兴趣的研究，如黑洞、奇点以及其他宏观或微观物理学领域。

1965年，霍金获得博士学位，并在剑桥大学的冈维尔与凯斯学院（Gonville and Caius College）开始理论物理学研究工作。在此他经常与数学家罗杰·彭罗斯（Roger Penrose）合作开展时空研究。霍金在1968年成为剑桥大学天文研究所的职员，与彭罗斯一起研究有关黑洞的数学和热力学。他在1974年当选为英国皇家学会（Britain Royal Society）会员，然后在美国加州理工学院（California Institute of Technology）当了一年的“费尔切尔德杰出学者”（Fairchild Distinguished Scholar）。1978年，他获得了理论物理学的顶级荣誉——由刘易斯与罗斯·斯特劳斯纪念基金会（Lewis and Rose Strauss Memorial Fund）颁发的阿尔伯特·爱因斯坦奖（Albert Einstein Award）。

他的工作主要集中在黑洞、粒子物理、量子引力和有关宇宙起源的其他领域，致力于建立一种大一统理论或万用理论，可将爱因斯坦的相对论与量子力学联系起来。20世纪80年代，他研究了关于宇宙大爆炸的问题。是否存在一次大爆炸，或者说是否存在能产生其他宇宙的宇宙？大爆炸是否有起点和终点？如果恒星坍缩结束时存在一个奇点，那么在宇宙最开始时是否也可能有一个奇点？霍金和彭罗斯认为答案是肯定的。

霍金获得了科学界很多最著名的奖项，包括英国皇家天文学会（Royal Astronomical Society）的爱丁顿奖章（Eddington Medal）、皮乌斯十一世金奖（Pius Ⅺ Gold Medal）、物理学研究所（Institute of Physics）的麦克斯韦奖章（Maxwell Medal）、富兰克林研究所（Franklin Institute）的富兰克林奖章（Franklin Medal）、英国皇家学会的金质奖章（Gold Medal）、保罗·狄拉克奖章和奖金（Paul Dirac Medal and Prize）、大英百科

全书奖（Britannica Award）和英国皇家学会的科普利奖（Copley Medal）等。他还获得了众多大学的荣誉学位，包括牛津大学、芝加哥大学（Chicago）、莱斯特大学（Leicester）、圣母大学（Notre Dame）、普林斯顿大学（Princeton）、纽卡斯尔大学（Newcastle）、利兹大学（Leeds）、塔夫茨大学（Tufts）、耶鲁大学（Yale）和剑桥大学。

霍金的生活以及他的生活与那些重大科学问题研究的相互联系，也许比其他任何现代的科学家都更具魅力。1973 年，霍金证明黑洞散发出微粒。然后他提出黑洞可以发射亚原子粒子（霍金辐射）的理论。2004 年，霍金说，他以前的黑洞理论错了——黑洞并非吞噬一切，物质可能被留下，而一部分质量则被送回宇宙。

霍金患有肌萎缩性脊髓侧索硬化症，也称葛雷克氏症。这一疾病是他在牛津期间第一次发现的，并在剑桥期间变得更加严重。当最初被诊断时，医生错误地预测他只能再活两年半。然而，随着疾病的进展，他最终需要轮椅和全职护理。1985 年因患肺炎而做的一次手术使他失去了声音。后来，利用一种被称为"均衡器"的设备，他可以通过安装在轮椅上的计算机和语音合成器进行交流。

霍金与 G.F.R. 艾利斯（G.F.R.Ellis）合作完成了《时空的大尺度结构》（*The Large Scale Structure of Space-Time*）。这是一本专业性很强的数学书，与其 15 年后的写作风格非常不同。1979 年，在他被任命为剑桥卢卡逊数学教授的同年，他与沃纳 · 伊斯雷尔（Werner Israel）合作编著了《广义相对论：爱因斯坦百年评论》（*General Relativity: An Einstein Centenary Survey*）。他于 1987 年出版了《万有引力的 300 年》（*Three Hundred Years of Gravitation*）。

1988 年，他出版了《时间简史：从大爆炸到黑洞》（*A Brief History of Time: From the Big Bang to Black Holes*，以下简称《时间简史》），这本书包括历史演变，以及他自己的理论如何合乎我们对宇宙学、广义相对论和量子物理学的理解。《时间简史》中提出的想法在科学世界中可能有其自身的重要性，但相比这本书的最终影响——霍金作为一名科学传播者的事业，它们不一定是最重要元素。

作为通往物理世界窗口的一本可读性图书，《时间简史》对于公众非常重要。它从一开始就是针对非专业读者的，最终成为一本畅销书，并通过杂志、电影和电视产生连锁反应。霍金有意识地为《时间简史》选择了非专业图书的出版路径，选择出版商班坦公司（Bantam），而不是像剑桥大学出版社（Cambridge University Press）那样的学术出版机构。这本书中出现唯一的方程是 $E=mc^2$（遵照出版商的建议，认为书中出现方程会影响图书销量）。

然后他出版了更多科学普及领域的书，包括《黑洞、婴儿宇宙及其他》（*Black Holes and Baby Universes and Other Essays*）、《时空本性》（*The Nature of Space and Time*）（与罗杰 · 彭罗斯合著）、《时间简史绘本》（*The Illustrated A Brief History of Time*）、《果壳中的宇宙》（*The Universe in a Nutshell*）、《时空的未来》（*The Future of Spacetime*）[与基普 · S. 索恩（Kip S.Thorne）、伊戈尔 · 诺维科夫（Igor Novikov）、蒂莫西 · 弗里斯（Timothy Terris）和阿兰 · 莱特曼（Alan Lightman）合著]、《在巨人的肩膀上：物理与天文学的伟大工作》（*On the Shoulders of Giants: The Great Works of Physics and Astronomy*），以及《万物理论：宇宙的起源和命运》（*The Theory of Everything: The Origin and Fate of the Universe*）。2005 年，[与莱昂纳德 · 蒙洛迪诺（Leonard Mlodinow）一起] 再版了《时间简史》，后来，他与女儿露西 · 霍金（Lucy Hawking）合作写了一本儿童读物《乔治开启宇宙的秘密钥匙》（*George and His Secret Key to the Universe*）。

霍金成了一个家喻户晓的名字，还曾经在受欢迎的电视节目上客串角色，他的《时间简史》持续吸引着读者。他作为一个传播者的贡献和作为一个名人的地位甚至可以与他作为一个科学家的声誉相提并论。

撰 稿 人：David Amber
另请参阅：Visible scientist

参考文献

[1] WHITE M, GRIBBIN J. Stephen Hawking:A life in science [M]. New York: E. P. Dutton, 1992.

[2] BOSLOUGH J. Stephen Hawking's universe [M]. New York: William Morrow, 1985.

[3] HAWKING S. A brief history of time: From the big bang to black holes [M]. New York: Bantam, 1988.

[4] FERGUSON K. Stephen Hawking: A quest for a theory of everything [M]. New York: Bantam, 1992.

Health Communication, Overview 健康传播概论

健康传播是传播领域的新兴学科。健康传播包括传播策略的实践和研究，用以预防疾病，并促进个体和公众的健康或生活质量。健康传播的研究和实践在过去几十年中得到了大幅拓展。全球范围内对发病率和健康问题意识的增加催生了医药、护理、社会学、心理学、法律和商业等学科研究的整合。健康传播研究者和从业者开发出不同的工具和方法，用于在个体层面干预有关健康的行为过程，推动社会内部医疗机构和医疗问题的系统性改进。

1975 年国际传播协会的健康传播部门（Health Communication Divisions of the International Communication Association）和 1985 年国家传播协会（National Communication Association）的成立，是两个关键的里程碑。2009 年，新闻和大众传播教育协会（Association for Education in Journalism and Mass Communication）的科学传播兴趣团体（Science Comunication Interest Group）也将关注重点扩展到科学、健康、技术和风险的传播。这些组织已经向在相对孤立领域工作的一整代研究人员传递了观点。1989 年，第一本专门关于健康传播的杂志——《健康传播》（*Health Communication*）创立，随后《健康传播杂志》（*Journal of Health Communication*）在 1996 年首次出版。在此之前，健康传播问题的研究成果发表在专门介绍其他社会科学或医学的杂志上，往往侧重于医学实践和传播过程之间关系的具体问题。然而，到 20 世纪 90 年代初，该领域被赋予了理论和方法上的严谨性，其特点是针对医疗提供者和消费者之间在各种情况下的交互作用，给出综合和复杂的观点。

关于健康传播的观点包括从发送者、渠道、接收者和反馈等角度对传播过程的分析。这些传播过程发生在个人、组织和社会层面的健康领域。在个人层面，健康传播可以帮助提高对健康问题及其解决方案的认识，为个人提供预防或治疗疾病的可行方法。医疗管理者、医生、护士、患者及其家庭成员之间的人际交流对于医疗的提供和患者预后至关重要。在组织层面，健康传播通常涉及医疗机构管理相关程序和政策，可能涉及解决医疗提供者之间的团体或系统冲突。在社会层面，健康传播解决社区问题，例如，健康的差异、社会网络的发展和支持团体的作用。健康传播影响公共议程，促进政策变化以改善医疗体系，并鼓励建立促进健康的社会规范。

通常由卫生委员会主持的美国联邦和州政府机构在促进有效传播方面发挥了主导作用。例如，美国卫生和福利部（U.S. Health and Human Services Department）的出版物《健康国民 2010》（*Healthy People 2010*）概述了一些聚焦于健康改善的健康传播策略的关键指标。该文件倡导与体育活动、健康体重、营养、性行为习惯、烟草使用、药物滥用、伤害和暴力相关的教育活动。健康传播的干预措施也超越了个人层面，以解决诸如贫困、环境问题等全球性问题，并需要对医疗体系进行改革。

媒体的作用一直是健康传播的一个重要方面。健康传播专业人员与媒体合作，推进他们的目标。媒体和健康传播人员之间协作的例子包括开发针对特定受众的健康促进活动。随着在线和社交媒体的出现，健康传播的策略发生了巨大变化。例如，远程医疗已经将医疗保健和健康传播的提供扩展到虚拟环境。

虽然健康传播理论和实践的发展历史相对较短，但已经达到了其发展的关键阶段。即便采纳了社会科学中各种传统理论的观点，健康传播仍侧重实际应用和实现方法。该领域在许多情况下都努力争取紧跟医疗保健领域科学和临床技术的快速发展。健康传播在减轻痛苦、降低死亡率、提高患者满意度和生活质量、促进公众身体和心理健康等方面具有巨大的潜力。鉴于健康传播过程的复杂性和多样性，不能过分强调对有效传播策略的需求。

个人层面的健康传播

在个人层面，存在 4 种主要的健康传播关系：①专业人员与患者。②专业人员与专业人员。③专业人员与家庭。④患者与家庭。例如，医疗专业人员和患者之间的传播会影响或受到冲突的价值观、力量差异、非共享意图和潜在误解的影响。

个人层面的传播是医疗有效性的关键决定因素。内部专业层面的传播往往涉及角色不确定性、误解、目标差异，以及有关稀缺资源合作与竞争性质的问题。医疗专业人员和患者家庭成员之间的人际交流可能会导致基于错误传播或错觉的误解。患者与其家庭成员之间的传播通常与应对和决策过程中的问题有关。不同利益群体（如医疗提供者、保险公司或其他政治相关方）之间的传播往往集中于利益冲突、资源分配或专业判断的问题。

人际冲突是传播过程中一个不可避免的方面。在学术文献中，冲突被定义为各方在认知的不相容性、信念、角色、价值观和目标方面的差异。健康传播过程往往会加剧冲突，部分原因在于其常常涉及生命和死亡、专业的认同以及个人和组织的财务稳定性。因此，解决紧张关系是健康传播的一个关键目标。已经有研究揭示了冲突的解决如何促进更好的医疗过程和结果。主动的传播能够推动解决的过程，并产生积极的结果。

机构层面的健康传播

医疗保健机构是患者和医疗保健提供者之间最常见的互动地点。利益相关者之间关系的性质受到规范、公约和制度文化的广泛影响。虽然表面看起来，医生和患者之间的互动关系好像并不复杂，但是牵涉其中的相关规范使这种关系发生了扭曲。例如，开展小型私人业务的医生可能意识到其在与患者的互动中具有相对自由，并且可以与患者进行更高水平的直接沟通，然而，美国医疗协会（American Medical Association）、保险公司等认证机构的利益以及来自同行、媒体和政府法规的意见可能会影响医生与其患者的沟通。

机构层面健康传播的基本挑战是为非专业的消费者协调和管理与日益复杂的医学科学实践相关的信息流，同时与广泛的利益团体建立人际关系。健康传播专家在开发基于团队的方法方面发挥了至关重要的作用，该方法建立了具有不同专业和技能的个人之间的合作。利用不同背景个体的优势，跨学科团队可以通过分享不同的观点来解决有关病患护理的复杂问题。健康传播的一项重要作用是帮助团队成员了解同行的观点，消除在高度专业的领域与他人合作所产生的偏见。

社会层面的健康传播

健康传播还有助于调解健康保健提供者、社会服务机构和患者或患者家庭之间的关系，使个人了解他们另外的可选方案（如互助团体和其他社交网络），是健康传播越来越重要的一项功能。这样，健康传播作为结构化医疗体系的补充，有利于增进社会的整体健康。例如，基于社区的社会互助团体有助于提升向医疗服务不足的人群提供健康信息的水平。

健康传播的专业人员已经认识到并且接受了医疗保健领域多样性问题的重要性。文化差异，加上社会经济、种族和生活方式的差异对健康传播专家提出了挑战，促使他们针对传播对象开发综合性方法。了解和解决多样性问题不仅带来了更好的医疗保健结果，而且还提高了效率。有大量研究证明，医疗体系未能解决不同背景的个人之间的传播差异。例如，制度文化有时妨碍服务于不同受众的医疗提供者之间的有效沟通。

在健康传播中，信息的传递和渠道的使用取决于诸如年龄、性别、种族背景、区域差异和社会经济状况等因素。例如，老年患者通常喜欢传统媒体渠道的传播方式，而年轻患者可能喜欢社交媒体等在线或新兴形式。妇女可能更倾向于对健康主题做展开性讨论，而男人可能更喜欢简明而直接的答案。认识和了解这些差异是健康传播的一个方面。随着像美国等国家人口构成的变化，文化差异的扩大和语言障碍发生率的增加对健康传播提出了越来越多的挑战。

诸如性行为、饮酒、吸烟、饮食、体力活动和常规筛查测试等行为因素，也带来了与健康传播密切相关的挑战。像艾滋病、酒精中毒和病态肥胖等疾病，常常关联着消极的成见或偏见，并且会被文化规范和媒体表现所加强。这些成见可能影响医疗人员开展和提供治疗的方式，以及医疗消费者的接受程度。健康传播研究人员提出了在医疗保健系统中减少成见或偏见的表达的策略。

《健康国民 2010》中讨论的一个艰巨任务是消除健康差距，研究人员已经证明这与健康素养有关。那些获得健康信息、医疗保健和其他社会支持与资源最少的人往往对健康问题知之甚少，因此更容易受到慢性病或未获解决的健康问题的影响。许多研究表明，在特定种族和族群以及非英语口语或阅读群体中，健康素养水平偏低。针对这些人群定制的健康信息和健康活动是克服健康差距的关键手段。然而，如果不改变医疗专业人员的观点并建立有效和高效的社会网络来支持这些获得医疗服务不足的人群，健康差距和健康素养差距就无法缩小。例如，培训医疗专业人员，使其具有针对不同人群的基本人际沟通能力，可以帮助克服医疗提供者与消费者之间的语言障碍和误解。

有效的健康传播运动

要开发有效的健康传播运动，需要结合理论和基于研究的案例开展大量的规划和审议工作。研究表明，健康运动和它们传递的信息在经过战略性规划后，具有最大的影响，特别是在短期内。例如，经战略规划的卫生干预降低了疾病的发病率，减少了吸烟等自我伤害行为以及其他不良的健康结果。

《健康国民 2010》确定了有效健康运动的几个特征：第一，它们应该是准确的。第二，内容应该向目标受众提供。第三，健康运动应该给出一种考虑到竞争观点的平衡观点。第四，它们应以一致的方式出现，以免造成混乱。第五，健康运动应考虑到文化、种族、语言和其他差异，以保证有效性。第六，它们应该基于最新和最可靠的临床证据和理论公式。第七，健康运动的设计应覆盖目标人群中最多的人数。第八，信息传递应该不断重复和加强。第九，内容应及时发布。第十，信息应该容易被目标受众理解。

要满足这些标准，可以通过测试和评估来实现。在开始阶段，包括调查及其他形式的分析方法在内的受众研究，可帮助健康运动计划者确保信息针对特定人群而设计。专题小组座谈和其他形式的试点测试也有助于改进信息，确保有效传播。健康信息的发布使用各种媒体渠道，包括广播、电视、报纸等，而且越来越多地采用新的分发形式，如互联网。根据受众的人口学和心理学特征的不同，某些媒体渠道可能比其他渠道更有效。例如，报纸或杂志上展示的健康运动往往对年龄较大、受教育程度较高的受众更有效，而广告牌或电视公共服务通告可能对年轻、文化程度较低的受众更有吸引力。

人们已提出很多健康运动的模型，应用的一些理论包括理性行为理论（TRA）、健康信念模型（HBM）和扩展并行过程模型（EPPM）。这些理论对于在个人行为层面工作的学者和医疗专业人员影响尤其大。健康信念模型指出，有 6 个因素影响个人对健康信息的接收：严重性认知、易感性认知、效益认知、障碍认知、行动线索和自我效能。前两个类别描述了接收者对行为干预的可能结果的评估。效益和障碍涉及个人对实现期望结果所需成本的计算。自我效能和行动与实现行为变化所需的信心和必要刺激有关。

相反，理性行为理论强调个人对行为改变的态度。理性行为理论表明，个人对健康相关行为的态度及其对行为结果的评价影响了对健康行为结果相对价值的评估；主观规范信念、在社交网络中遵守规范的动机以及执行给定行为的意图，都部分取决于个人对别人认为他们应该做什么的看法。关于资源或约束的个人理念也决定了个人对行为的控制和参与。最后，扩展并行过程模型重点关注信息接收者对健康威胁信息的反应。如果个人没有意识到威胁的显著性，往往忽略或回避信息。反之，如果认识到健康威胁是可怕的，个人会出于恐惧而采取建议的行为。

虽然这些理论对健康运动的发展产生了巨大的影响，但也有研究对这些模型提出了挑战。有学者指出，使用健康信念模型、理性行为理论和扩展并行过程模型设计的健康运动在获得较高的社会经济阶层认同方面具有明显更高的成功率。越来越多的健康传播学者和专业人士呼吁对健康传播运动进行彻底的重新考虑，以满足处于风险中和被边缘化的个体的需求，以实现改变整体行为的目标。

在策划健康运动和信息时，应特别注意覆盖处于风险中的人群。由于素养（包括健康素养）与健康传播运动的积极效益之间的相关性，这些人群受益的概率往往较低。经常发现，健康运动设计者和较低社会经济群体中的信息接收者之间的权力差异会导致运动失败，部分是因为被预订的接收者认为健康运动是对其进行支配和控制的尝试。

技术对健康传播的影响

通过公众健康运动传播健康信息，旨在改变个人的意识、态度和行为。诸如电视、广播、报纸和广告牌等大众传播渠道已经成为可保证预期传播效果的传统媒体渠道。非媒体渠道，包括社区干预项目，特别是通过集体干预措施支持个人的社区项目，也被认为是有效的。许多研究人员对比了大众媒体渠道与人际沟通之间的相对有效性，越来越多的研究表明多渠道策略是最有效的。

关于设计和实施有效健康传播的一个关键问题是使用适当的渠道和定制针对特定受众的信息。这种方法应根据目标受众的人口特征、心理、社会经济背景和特征、语言系统、媒体习惯、知识以及与健康有关的态度来确定。

例如，拉丁语媒体渠道，特别是电视和广播，已经有效地瞄准美国西班牙裔人口。健康传播渠道也在发展。虽然上一代倾向于通过与医疗保健提供者、报纸或电视的直接互动来接收健康消息，但是越来越多的消费者从互联网和其他新的媒体源接收健康消息。技术进步增加了媒体渠道的数量，从而允许更容易地访问通常针对特定人群定制的健康信息。然而，数字和无线革命也加重了基于社会经济和世代差异的健康素养差距。

交互式媒体可使个人快速而方便地获得健康信息和服务，促进健康信息在患者或其他健康信息消费者中广泛且有效地分发。虽然健康传播领域的技术进步可能跨越地理和文化差异的边界，但这种进步会造成一定程度的数字鸿沟，因为有人无法获得技术的进步。交互式健康传播和远程医疗应用程序的广泛使用也有可能因为有不准确、误导或在某些情况下冲突的信息而混淆视听。互联网上杂乱、互相矛盾的健康信息就是这样一个例子。信息的质量控制对于信息消费者来说似乎是一个挑战，因为他们会基于接收的消息做出决定。另外，一些与健康有关的政府或机构网站，特别是国家卫生研究院（National Institutes of Health）、国家医学图书馆（National Library of Medicine）和疾病控制中心（Centers for Disease Control Sites）的网站，则提供准确、有效和基于研究的信息。此外，由于隐私和保密问题，个人健康信息的收集对收集和管理这些信息的机构来说是新的挑战。

撰稿人：Jae-Hwa Shin

另请参阅：Communication Campaigns in Health and Environment; Health Communication and the Internet; Health Literacy; Knowledge Gap Hypothesis; Physician-Patient Communication

参考文献

[1] ATKIN C, WALLACK L. Mass communication and public health [M]. Newbury Park, CA: Sage, 1990.

[2] JACKSON L D, DUFFY B K. (Eds.). Health communication research: A guide to developments and directions [M]. Westport, CT: Praeger, 1997.

[3] HARRIS L M. (Ed.). Health and the new media: Technologies transforming personal and public health [M]. Mahwah, NJ: Lawrence Erlbaum, 1995.

[4] National Cancer Institute. Making health communications work (Publication No. NIH 89-1493) [M]. Washington, DC: U.S. Department of Health and Human Services, 1989.

[5] NORTHOUSE L L, NORTHOUSE P G. Health communication:Strategies for health professionals [M]. 3rd ed.Stamford, CT: Appleton & Lange, 1998.

[6] SHIN J H. Developing constructive and proactive conflict management strategies in healthcare [M].

Journal of Communication in Healthcare, 2009, 2 (1): 78-94.

[7] THOMPSON T L, DORSEY A, MILLER K I, et al.Handbook of health communication [M]. Mahwah, NJ: Lawrence Erlbaum, 2003.

[8] U.S. Department of Health and Human Services. Healthy people 2010 [M]. 2nd ed. McLean, VA: International Medical, 2002.

Health Communication and the Internet 健康传播与互联网

互联网对健康传播的影响是如此的全面，以至产生了一个新的学科，即用户健康信息学或电子健康。将健康教育、患者教育、医疗信息学和健康传播（在用户健康信息学之前的学科）部分整合到电子健康中，带来了丰富的机会和重要的挑战。

这些机会包括增强国民的健康素养，以及创造使健康传播从社会和商业营销演变到在各方面（如医疗提供者与患者的沟通、患者与患者的沟通、患者教育和对个性化医疗的支持）应用信息学的潜力。可能的挑战包括随着从互联网上找到的健康信息的猛增，互联网对医疗差异以及医疗提供者不便性程度的影响。

互联网对有关健康传播实践与研究的变革性影响与公众接受网络作为主要健康信息来源有关。美国国家癌症研究所（National Cancer Institute）的“健康信息国家趋势调查”（Health Information National Trends Survey, HINTS）发现，互联网首次超越其他大众媒体成为用户健康信息的主要来源。该报告还说，互联网上的健康信息有时被认为是比传统媒体更可信的来源，诸如电视和电台播放的健康新闻或信息以及来自报纸、杂志、书籍和小册子的纸质新闻/信息。皮尤的“互联网与美国人生活”的调查发现，70%的美国人（可访问互联网）表示他们常常在互联网上寻求医疗信息，而且调查表明美国消费者基于网络的健康信息搜索有上升趋势。

患者护理中的电子传播

除了大众性，健康信息与传播在互联网上的扩展依赖于其独特的属性和作为大众媒体的功能，以及信息技术在患者护理中的不断使用和潜力。在作为大众媒体的特性方面，互联网促进个人参与，实现信息定制，并且提供即时用户访问和搜索能力以管理大量的健康信息存储。互联网独一无二地混合了所有传统媒介（音频、视频、摄影、印刷品、显示屏和多媒体），使学习或上网更具吸引力。与使用传统媒体不同，通过互联网可在启动成本较低的情况下实现大众传播，向用户传递潜在的声音。

健康传播专家琳达·内哈瑟尔（Linda Neuhauser）和加里·克雷普斯（Gary Kreps）认为，与传统媒体相比，互联网通过使医疗保健组织直接与患者沟通，改变了直接面对用户的大众传播、大众健康教育、非商业性公共卫生干预和社会营销举措的潜在成本效益。具有成本效益的用户教育性且以健康服务为导向的网站目前在美国和其他国家的临床中心、医疗机构和供应商集团中蓬勃发展。

互联网还为人际健康传播提供了前所未有的资源，如将电子邮件以及博客和邮件自动分发系统用于具有共同疾病或病症患者的交互式病友团体。网络提供了一种具有成本效益的可访问媒介，使患者和医护人员能够交流信息、经验和情感，并且有助于创建跨越地域边界的通常有用且令人振奋的支持性团体。后者对于具有罕见疾病和病症的家庭和患者特别有利，同时也能促进具有类似社会文化和宗教背景的人们之间与健康相关的交流。

健康职业内的电子传播

互联网和信息技术的普及也可能改变电子健康和健康传播在公共卫生研究和常规临床实践中的效用。在互联网出现之前，健康传播举措主要侧重于非商业性公共卫生干预运动（如鼓励妇女做乳房 X 线检查）、社会营销和健康促进（如劝阻非法药物的使用），或者商业营销（包括直接面对消费者的药品广告）。在继续这些举措的同时，医疗信息学将电子健康首次扩展到临床决策。例如，在一些临床设置中，信息技术是医疗提供者检索患者信息和当前研究发现的工具，并且提供帮助医生作出艰难的临床决策的咨询资源。这些工具同样可以被患者使用，因此健康消费者能够检索他们的医疗记录——或许可直接链接到互联网上适合于个人医疗需求和文化水平的健康信息。

虽然对可交换医疗记录的访问带来了严重的隐私问题和挑战，但趋势仍然是将电子的患者医疗记录、患者健康记录和公共健康信息集成在一起。去身份信息的、聚合的、可互换的患者数据在网络上的可用性显著地改善了个人身体以及公共健康证据。此外，患者护理与为用户定制的健康信息、加强公共卫生研究、预防临床错误和改进临床决策等举措组合在一起，强化了电子健康在医疗保健服务系统内的实用性。

医疗护理和治疗慢性疾病（如糖尿病和关节炎）的高成本也迫使健康政策和医疗经济学转向早期检查、自我管理和预防保健。这些发展加速了电子健康向临床护理的扩展，因为它们通过定制的、基于互联网的健康教育和信息服务保持更新，建立医疗方和患者应对慢性疾病的健康教育及资讯服务。

与可能由遗传和分子医学产生的医学诊断、预防医学和临床干预方面的潜在革命相比，所有这些发展都是微不足道的。虽然对多个基因进行分析以确定缺陷及由其导致的健康风险的方法正处于形成阶段，但是诸如美国国立卫生研究院（U.S.National Institutes of Health）等主要医疗研究机构预期可在未来实现医疗保健的个性化预测性和预防性，所有这些都依赖于信息学分析工具和电子健康在患者教育中的使用。

总的来说，电子健康和医疗信息学将成为临床护理的基石，从而改变其实用性和重要性。健康传播将第一次不局限于向消费者宣传公共卫生挑战、更健康的生活方式和医疗产品广告。电子健康将健康传播的成果从群体转移到个人，并可能整合健康传播、循证护理和患者护理。

电子健康计划是否有效

然而，所有这些进展增加了证明个人和公共健康产出在治疗方面受到电子健康扩展应用影响的难度。虽然适度的证据表明，定制的健康传播干预可以帮助目标人群作出更好的临床决策，以及纠正患者的错误信息，鼓励人们寻求护理，扩大对健康信息的搜集，鼓励与医疗方沟通，改善患者对医疗方指示的遵守，并改变对寻求护理的态度，但没有证据表明基于电子健康的患者教育是医疗性的。然而，与健康教育、患者教育、健康传播（信息疗法和健康素养）相关的两个相对较新的子学科，将评估受治疗患者的临床结果是否来自健康信息干预（通过电子健康和其他方式）。

健康素养由美国医学研究所（U.S.Institute of Medicine）定义为个人具有获得、处理和了解作出适当健康决策所需的基本健康信息和服务的能力。提升健康素养的根本目的是在所有患者人群中提高对健康的功能理解。启动健康素养行动的前提是，大多数美国人，无论社会经济或教育状况如何，都很难理解健康和医疗信息、医生和医疗提供者的指示、医疗中心里的标识、处方标签和类似的传播。事实上，2003年进行的“全国成人文化素养评估”（National Assessment of Adult Literacy）是对国民健康素养进行的第一次全面、全国性的标准化评估，结果发现只有约12%的美国人对健康信息熟悉且具备功能性的理解。

美国公共卫生局办公室（Office of the U.S. Surgeon General）的初步研究报告表明，成人健康素养水平和一些健康服务的利用率（例如健康素养较高的成年人在医院中花费的天数少于健康素养较低的人群）以及一些临床结果（健康素养较高的成年人比健康素养较低的成年人更可能遵从免疫和筛查建议）之间有重要的联系。美国公共卫生局报告的其他有趣发现表明，健康素养水平可以比人口特征和环境因素（如年龄、收入、教育状况、城市或农村位置）更加可靠地预测成人如何使用临床和其他健康服务。人口和环境因素曾被认为是最好的预测指标。

虽然健康素养开始时被作为与电子健康相关的独立学科，但对健康素养和干预措施的评估正在吸引健康传播者和医疗组织的注意，这一评估被作为改善个人和公共卫生以及促进相关健康传播举措的战略。专门的健康素养工作加上电子健康工具可以改善健康结果，这一发现有可能精简和加强健康传播举措，更好地展示电子健康工作的临床效果。研究结果表明，基于传播的或信息化的干预可能带来临床益处，这一结果也可能加强医疗团体对电子健康和患者教育计划的投资。

电子健康和健康差距

尽管有健康素养和其他促进电子健康的因素，但一直存在逆趋势。用户健康信息学促成机会的同时还产生了有争议的问题，包括互联网过度使用（对应一些高度关注的受众）及其对临床护理的影响，以及互联网的使用不足（对应那些不太关注的受众）及其对健康差距的影响。

例如，一些有关电子健康在社会文化影响方面的批评指出，美国某些人群较少的互联网访问量，加上计算机硬件和软件的成本，造成了数字鸿沟。数字鸿沟反过来加剧了美国国内健康差距的恶性循环。类似于大众传播理论中已确立的知识鸿沟假设，在医疗保健中，信息丰富的人被认为可以获得丰富的医疗资源，包括互联网的使用，而医疗服务不足的受众明显不太可能使用计算机、访问互联网或使用电子健康服务。美国卫生和福利部（U.S.Department of Health and Human Services）将健康差距的恶性循环确定为关键的公共卫生、临床护理服务和社会文化挑战，因为急性、慢性和传染性疾病或病痛的发病率或死亡率在医疗服务不足的人群中更高。虽然健康差距的问题太大，暂时还无法解决，但电子健康领域未来的挑战之一是确保医疗服务不足的受众能获得网络健康服务。美国卫生和福利部优先改善低收入、少数民族和其他医疗服务不足群体的互联网使用，部分目的是解决美国健康差距的恶性循环的至少一个方面的问题。

在另一方面，一些医疗提供者也提出了电子健康的问题，他们发现一些互联网重度用户受到网络上健康信息和建议的影响太大。与医疗服务不足的受众很少使用互联网相比，网络健康资源也可能存在着不当影响和过度使用。

一些医生指出，有些患者认为互联网上的健康和医疗信息比医疗提供者、家庭和同事提供的健康信息和建议更为可信和重要。批评者谴责互联网在某些情况下的不良影响。在这些情况下，健康信息不是以证据为基础，而是推销不受监管的商业产品和服务（如一些维生素和营养补充剂），或提供绕过监管的医疗服务［如在国际网站上销售和分销未经美国食品与药品管理局（U.S. Food and Drug Administration）批准的药品和医疗设备］。

电子健康的未来

可以肯定，当互联网被用作基于证据的信息来源并促进传播，而不是作为医疗提供者被迫在临床护理和公共卫生干预中反驳的虚假信息或焦虑的来源，电子健康的未来将变得更加光明。消费者健康信息资源有潜在的临床颠覆性或可能干扰医疗保健提供者和患者之间的传播渠道。不过，更积极的是，医生和公共卫生关注的问题已经推动了服务的创新，例如网络健康基金会的批准，以确定基于网络的健康信息资源的准确性和证据基础。网络健康和类似服务寻求提供权威的医疗信息，但它们的存在凸显了电子健康的公共影响需要监督和引导，以确保其医疗作用。

最后，电子健康的未来取决于集成其子学科的研究，这些学科包括健康传播、大众传播、用户健康信息学、健康素养、风险感知、信息疗法、公众对科学的理解、健康教育和健康信息搜索。相关电子健康学科的单独发展可能会削弱集成性研究工作，以及通用术语、操作定义、概念基础和其他关键要素的开发，从而更加线性地、逐步地推进研究。虽然在电子健康的诸多学科分支之间建立共同话语存在很多挑战，但是有关电子健康在个人和公共卫生方面好处的示范将部分取决于共同的努力和多学科领导。

撰 稿 人：Robert A. Logan

另请参阅：Computer-Tailored Messages；Digital Divide；Health Communication，Overview；Health Literacy；Knowledge Gap Hypothesis

参考文献

［1］Health on the Net Foundation：www.hon.ch.

［2］Institute of Medicine of the National Academies. Health literacy：A prescription to end confusion［M］. Washington，DC：The National Academies Press，2004.

［3］KASSIRER J.Patients，physicians and the Internet［J］. Health Affairs，2000，19（6）：115-123.

［4］LOGAN R A.Health campaigns research［M］//M BUCCI，B TRENCH（Eds.）. Handbook of public communication of science and technology. New York: Routledge，2008: 77-92.

［5］National Assessment of Adult Literacy：http://nces.ed.gov/naal/health.asp.

［6］National Cancer Institute. Health information trends survey，2008［EB/OL］.［2008-10-24］. http://hints.cancer.gov.

［7］NEUHAUSER L，KREPS G. Rethinking communication in the e-health era［J］. Journal of Health Psychology，2003，8（1）：7-22.

［8］Office of the Surgeon General.Proceedings of the Surgeon General's workshop on improving health literacy：Health literacy，literacy and health outcomes，2006.［EB/OL］.［2008-11-05］. www.surgeongeneral.gov/topics/healthliteracy/pane11.htm.

[9] Pew Internet and American Life Project.Reports/health: The engaged e-patient population, 2008. [EB/OL]. [2018-11-05]. www.pewinternet.org/PPF/r/259/report_display.asp.

[10] SMITH E A, MALONE R E.Philip Morris' health information Web site appears reasonable but undermines public health [J]. Public Health Nursing, 2008, 25 (6): 554-564.

[11] U.S. Department of Health and Human Services.Healthy people 2010 (Conference ed., Vols. 1-2) [M]. Washington, DC: Government Printing Office, 2000.

Health Literacy 健康素养

健康素养的概念最初是作为改善健康状况和卫生系统的一种手段出现并获得不断发展的，因为许多研究报告清楚地将低水平的教育和识字能力与世界各地较差的健康状况和早期死亡相关联。

健康素养是个人与社会层面的知识、态度、行为和健康结果之间复杂关系的重要组成部分。如具有健康素养的人能够改善个人的健康决策，并从更健康的生活方式选择中获益。此外，具有健康素养的个人能更多地了解到社会、经济和环境方面的健康决定因素，并且更乐意从事可以改善这些决定因素状况的个人和集体行动。

健康素养越来越适用于世界各地卫生保健和健康研究系统中的实践，并与之越来越相关。自20世纪初以来，大部分健康事业的进步都是由于应用了免疫接种和预防医学等新知识和技术。健康素养作为基本技能和能力，能够使医疗系统和医疗人员推动这些新进展，并允许个人在日常生活中接受、理解和使用这些信息。

健康素养的证据基础包含重要的发现，即健康素养较低的人经常出现以下情况：

（1）较少遵守医疗制度。

（2）对自身健康的了解较少。

（3）对医疗和医疗条件的了解较少。

（4）对医疗信息的了解较少。

（5）对预防服务的了解和使用较少。

（6）不太可能在早期寻求医疗保健。

（7）不太可能向医疗专业人员提问。

（8）较差的自报健康水平。

（9）过多的住院治疗。

（10）支出的医疗费用增多。

（11）较差的健康状况。

（12）不太可能接受必需的脏器移植。

（13）早期死亡。

全球疾病负担持续从传染病转变为慢性疾病，进一步增加了健康素养的重要性。这种转变需要患者加强自我管理以及在行为和生活方式上改变。因此，越来越需要积极且知情的公众具有健康素养技能，以确保人们维持各自的预防和治疗计划（以此为例），包括为促进身体健康进行的适当的自我护理。自我护理和长期护理协议作为基本治疗方案持续出现，加上健康服务的削减（增加了自我护理的需要）以及获取护理复杂程度的日益增加，对可积极参与、具备健康素养的公众及其发挥的效用的需求大大增加。

此外，随着各国（特别是美国）设法应对关于医疗体系改革的持续需求（部分原因是疾病负担转变的驱动），健康素养开始在提供医疗改革的概念基础和方向方面发挥重要作用。如在2009年9月的美国医学研究所（U.S. Institute of Medicine，IOM）健康素养和预防保健研讨会上，有观点认为，对健康素养的全面了解可产生一些重要建议，推动现有的患者护理系统转换到包含预防保健的真正医疗系统。这些建议包括：

（1）确保所有健康传播与受众的识字水平相匹配。

（2）要求所有卫生保健工作者进行健康素养培训。

（3）建立贯穿一生的健康素养学习标准。

（4）为每个州建立卓越中心，开发和分享与当地情境相适应的最佳做法。

（5）将健康素养纳入国家卫生监督工作。

（6）专门建立示范项目，通过运用健康素养来减少健康差距。

（7）根据健康素养的原则，通过联合委员会（Joint Commission）制定并监督的医院经营标准。

（8）强调健康素养作为“健康国民2020”（*Healthy People 2020*）目标的解决方案。

（9）采用这些建议可降低成本，提高效率，消除健康差距。

支持由健康素养提升公众对医疗保健和健康研究系统的参与程度，几乎在当今所有关于健康、发展或环境的公共文件中都有。这一政策讨论导致一些人认为健康和健康素养应该被认定为人权，这也许是南非宪法以正式政策文件形式提出的最为明确的一个论点。

在将健康和健康素养视为人权时，给出了三个可能行动的领域。第一个层次是通过不干扰任何人的具备健康或健康素养的能力来尊重健康和健康素养的权利。第二个层次是通过确保没有人干扰个人具备健康或健康素养的能力来保护健康和健康素养的权利。第三个层次是通过环境的培育实现健康和健康素养的权利。这种环境鼓励人们过健康生活，预防疾病，不断提高自身健康素养技能，此外还要做好准备并且愿意在有任何因素试图阻止人们达到这些目的的情况下介入其中。

定义健康素养：转型中的领域

21世纪前十年，在学术和政策文献中仍然出现了一定程度上相互矛盾的多项健康素养定义。如美国医学研究所和“健康国民2010”文件将健康素养定义为个人获得、处理和了解作出适当健康决策所需的基本健康信息和服务的能力。美国卫生保健研究与质量管理处（A U. S. Agency for Healthcare Research and Quality）的工作将这一定义限于“患者的能力”。美国医学协会健康素养特别委员会（American Medical Association）将健康素养定义为一系列技能，包括在医疗保健环境中进行基本阅读和数字化操作所需的能力。

活跃在欧洲和世界卫生组织（World Health Organization）政策方面的研究人员伊罗娜·基克布施（Ilona Kickbusch）和丹妮拉·玛格（Daniela Maag），提供了一个以环境为导向的健康素养定义，即在日常生活中（无论是在家里还是在工作中），在社区中，在医疗体系、市场或政界当中，都有能力“作出正确的健康决定”。根据这一定义，健康素养被视为一种重要授权策略，用以增强人们对健康的控制，以及搜寻信息和承担责任的能力。然而，定义中的概括性表述并不以此作为衡量依据。此外，“正确”决定的概念与美国医学研究所的“适当”决定的目标同样需要进行判断。

加拿大的研究人员，特别是欧文·如特曼（Irving Rootman），同世界卫生组织一起给出了一种健康素养的定义，即人们发现、理解、评估和传播信息以便参与不同健康背景下需求的能力，目的是促进整个生命过程中的健康。克里斯提娜·扎卡杜拉斯（Christina Zarcadoolas）及其同事在他们2006年的《促进健康素养：理解和行动框架》（*Advancing Health Literacy：A Framework for Understanding and Action*）中提供了一个全面的定义。该定义既不限制其他定义也不与它们冲突，它将健康素养定义为人们发展的各种不同的技能和能力，用以寻求、理解、评估和使用健康信息和概念，从而做出明智的选择，降低健康风险，提高生活质量。

为了对健康素养的定义达成共识，一项包括美国和加拿大多个领域的研究人员和从业者参与的工作将健康素养视为确定所有人可以发现、了解、评估、传播和使用健康信息和概念的技能和能力，以使人们做出明智的选择，降低健康风险，合理利用医疗体系，减少健康的不平等，并在整个生命过程中提高各种情境下的生活质量。

对最常引用定义的回顾揭示了这些定义中几个共同的关键属性（表H1）。这一发现表明，至少在默认情况下，它们当中存在某种共识（尽管不言明），即健康素养是一个多维结构，达成共识的领域有可能存在于使用、理解、发现和评估等几种技能和能力方面。

表H1 常被引用的健康素养定义的属性

健康素养的属性	包含此项属性的定义的数量
技巧、性能、能力	5
理解	4
使用、决策、应用	4
寻找、接近、得到	4
评估、处理、评价	4
功能	2
阅读	1
计算能力	1
传播	1

健康素养的双面性

尽管美国在早期采取非常强有力的措施将健康素养描述为某种公众缺失的东西，但现在的研究和实践正在越来越多地将健康素养描绘为双边社会结构，因为它同时适用于公众和医疗专业人员（图H1）。

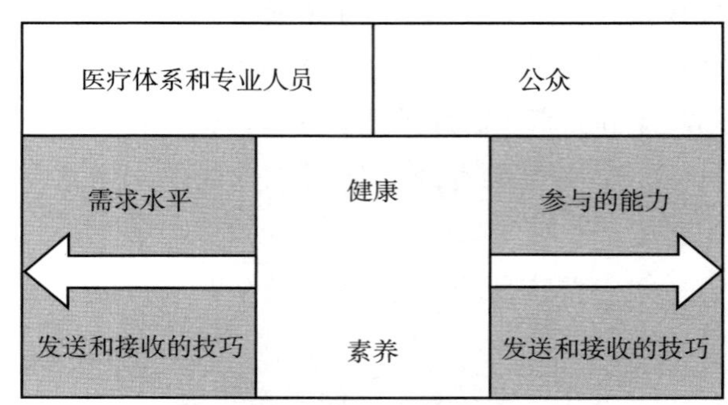

图H1 健康素养的两面性

在这种观点中，健康素养适用于医疗体系内任何部分的人，无论是外行人还是医疗专业人员，都适用于医疗体系本身。

如个人可以通过掌握、寻找、理解和使用信息所需的技能来具备健康素养。医护人员可以通过提高所有人对信息的理解和根据信息行事的能力来获得健康素养。医疗体系还可以通过提供平等、容易和有尊严地获取医疗服务和健康信息的机会以及交付这些服务和信息来实现健康素养。最终，许多的健康素养技能和能力同时支持个人、社区和医疗体系层面的成果。

健康素养领域和意识的增长

第一次在同行评议的学术文献中使用健康素养这个词是在1974年，与在1985年的第二次使用相隔约10年，该领域最近在同行评议期刊文章的数量上有了快速的增长（图H2）。目前，共有超过1300篇同行评议的文章发表，它们在标题、关键字或摘要中提及健康素养。然而，从客观的角度来看，美国科学信息研究所

（American Institute of Scientific Information，ISI）知识网数据库本身就有超过 3500 篇关于白尾鹿的文章。

该领域增长的另一个指标是订阅美国国家识字水平研究所（U.S.National Institute for Literacy）健康和素养方面邮件列表服务的人数（网址：http://www.nifl.gov/mailman/listinfo/Healthliteracy）。世界教育公司（World Education）的邮件列表服务经理朱莉·麦金尼（Julie McKinney）提供的数据显示，用户数量从 2004 年的近 500 个增长到 2009 年 4 月的近 1000 个，增长了近一倍。

最后，关于健康素养领域增长和影响的第三个指标是词组“健康素养”在报刊上出现的次数。在美国，主要报纸（由 Lexis / Nexis 数据库确定）在1999年只使用了这个词组20次。2007—2008年，这一词组出现在主要报纸上大约 140 次（图 H3）。

美国的健康素养水平

2003 年，美国国家教育统计中心（National Center for Educational Statistics）进行了全国成人识字水平评估（National Assessment of Adult Literacy，NAAL）。这种方法试图测量 16 岁以上的美国成年人的英语读写能力和健康素养水平。NAAL 从三个宽泛的方面（散文、文献和定量）评估了英语读写能力和健康素养。

NAAL 的英语读写能力中评估有 28 个问题

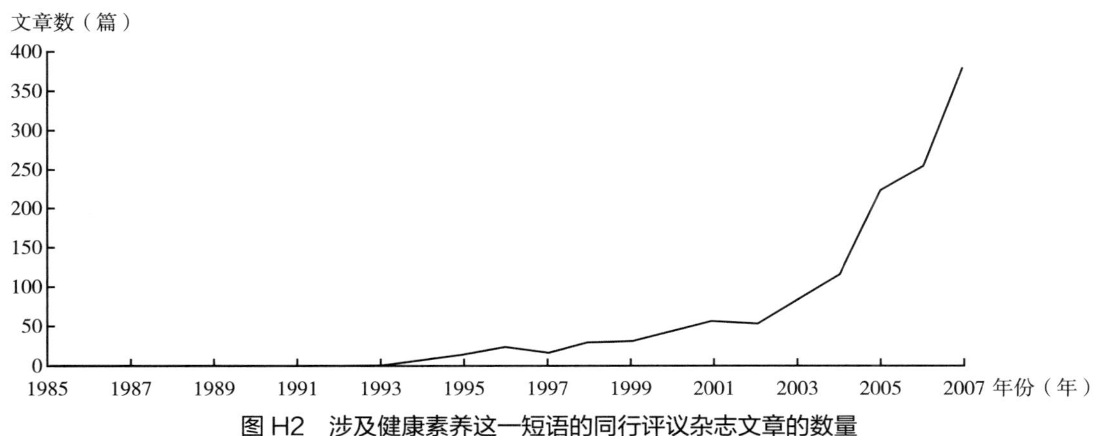

图 H2　涉及健康素养这一短语的同行评议杂志文章的数量

来源：数据库 PubMed，ISI Web of Science，Academic Search Premier，CINAHL，ECO，Ingenta，Science Direct

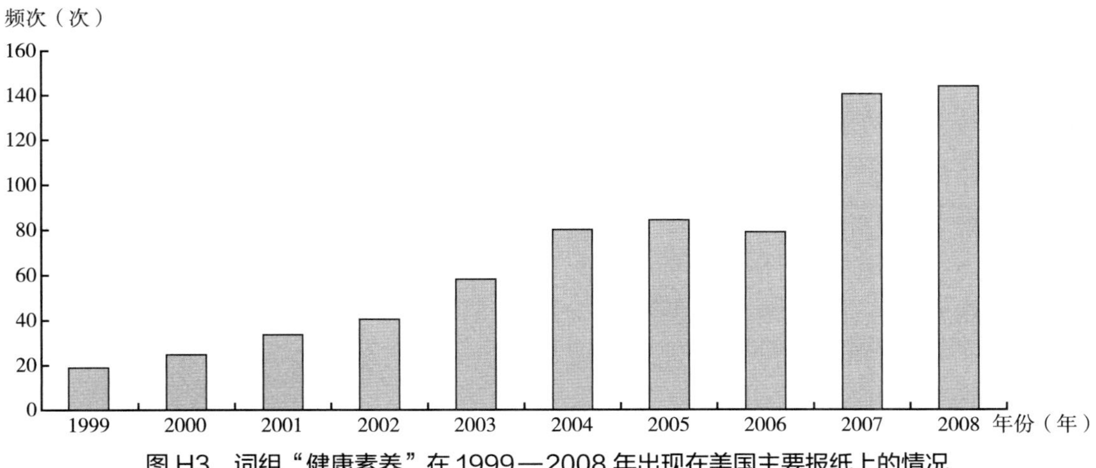

图 H3　词组“健康素养”在 1999—2008 年出现在美国主要报纸上的情况

来源：美国主要报纸的 Lexis/Nexis 数据库

（12 个散文问题，12 个文献问题，4 个定量问题），构成了其健康素养量表。这些问题涉及 3 个健康内容领域：临床（3 个问题），预防（14 个问题）和利用（11 个问题）（图 H4）。

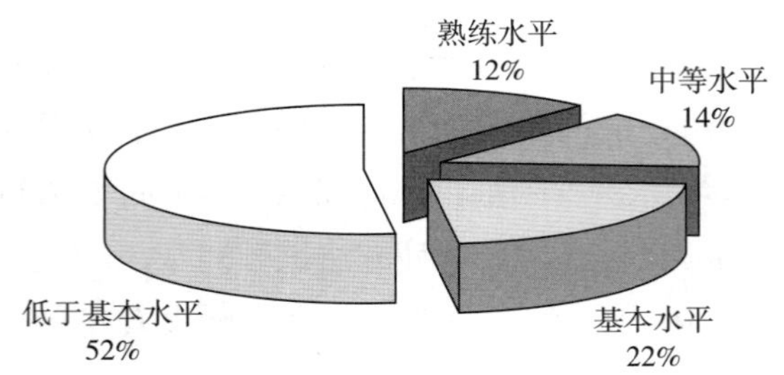

图 H4 由全国成人识字水平评估（NAAL）测量的健康素养水平

来源：美国政府数据

从对美国人健康素养的这一评估中可以得出两项至关重要的发现。第一，有 88%或者说 10 名中有近 9 名美国成年人的健康素养低于熟练水平。因此，健康素养显然是每个人都面临的问题。第二，随着健康素养的提高，人们认为自己越来越健康（图 H5）。

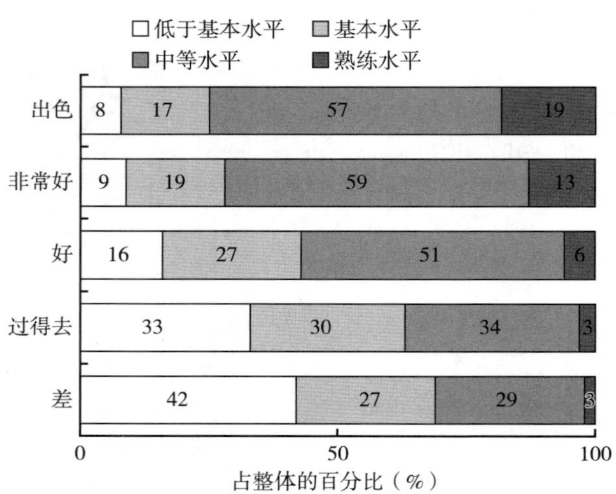

图 H5 由全国成人识字水平评估测量的自报健康与健康素养水平的关系

来源：美国政府数据

21 世纪早期，一系列期刊文章给出的结论支持了一种说法，即大多数美国人不具备理解绝大多数健康资料的必要技能。NAAL 数据清楚地表明，“大多数美国人”的健康素养低于健康素养的熟练水平。因此，对大多数美国人来说，“绝大多数健康资料”太难了，必须要达到健康素养的熟练水平才能理解。虽然这似乎比较极端，但唯一可能的解释是，那 300 项研究不正确，NAAL 是不正确的，或者衡量健康素养的方法受限，不能捕捉人们实际用于作出明智决定和改变健康相关行为的广泛技能和能力。

健康素养测量中的挑战

总的来说，值得注意的是 NAAL 的健康素养部分似乎仅评估在文本中查找信息的能力，有时还评估对该信息进行数字化应用的能力。从已发表的内容可以看出，其没有对批判性评价健康信息或使用此信息所需的技能进行评估。

此外的重要限制是，NAAL 的评估限定在个人技能上，而不是健康素养技能的实际使用背景。在这个意义上，NAAL 只能解决一半的测量问题。这个缺点不仅限于 NAAL，而是适用于当前所有的健康素养筛选程序。这些限制反映了评估健康素养在固有的方法论、认识论甚至政治经济方面都面临挑战，因为涉及衔接不同学科的观点和首选方法。因此，目前健康素养测量的状况应该说并不完整。

已尝试多种方式来建立对健康素养的测量——严格意义上，它们应该被称为筛选程序而不是真正的测量。在某种程度上，因为上文讨论的健康素养定义迄今没有被明确地用作健康素养测量的概念基础。因此，在健康素养的定义和实践中包含的技能和能力与在现有健康素养测量中评估的技能和能力之间存在着明显的不匹配。测量活动主要侧重于个人阅读健康相关资料或拥有健康相关知识的能力。

现有的健康素养测量与目前使用的健康素养课程内容之间也存在差异。越来越多的课程试图解决健康素养问题，它们针对着各种不同的受众和内容领域。

将这些课程的内容和目标受众与用于初步验证现有健康素养测量的内容和人群进行比较，也显示了健康素养测量与实践之间较大的不匹配。如对于健康素养课程的5种广泛的受众群体——医疗专业人员、大学学生、医学生、成人基础教育（ABE）、母语非英语者的英语课程（ESOL）和英语作为第二语言课程的参与者，以及一般公众，对现有的健康素养测量进行初步验证，最好的情况是从以上5种人群的2种中（ABE或ESOL学生和公众）选取验证对象。此外，健康素养课程的内容非常广泛且越来越多，现有的健康素养测量只涉及课程内容的1/4。

尽管数量稳步上升，但现有的健康素养测量与不断增加的理论和应用工作没有保持同步。现有的测量主要集中在评估个人在临床背景下不能做的事情。因此，人们可以做什么，健康素养与公众健康问题的相互作用，健康素养在预防健康状况不佳和慢性疾病方面的作用，以及健康素养的整体理论和概念框架仍然是不完整的。开发新的健康素养综合测量方法是健康素养研究与实践的重要和必要工作。在此完成之前，健康素养测量状况只能说是不完整的。

健康素养研究与实践的未来方向

显然，开发全面的健康素养测量方法是未来最迫切需要研究的领域之一。这项工作可以定位于开发简短易用的测量方法，能够反映出健康素养定义和健康素养课程中新出现的共识。创建有效且可靠的国家级数据集，以及评估越来越多的关于健康素养干预措施有效性的工作仍然受到妨碍，原因在于缺乏在多种环境和受众群体中可接受的健康素养测量方法。

美国公共卫生局局长办公室（U.S.Office of the Surgeon General）近期召开了健康素养讲习班，世界卫生组织最近召开了一次关于健康素养的国际会议，同时，世界各地的临床和公共卫生领域的研究人员和从业人员对健康素养越来越感兴趣。然而，由于缺乏对定义的共识，该领域仍然比较杂乱。

如由于缺乏全面而广泛共识的健康素养定义和衡量标准，许多人错误地认为健康素养只是对健康信息的理解。这是一种不准确的过度简化。健康素养是找到、理解、评估、传播和使用这种健康信息所需的技能和能力，而不仅是理解这种技能。基于对健康素养的误解产生的方法，注定无法使人们获得拥有更健康生活所需的技能和能力。更为不幸的是，这种方法持有一种自上而下的偏见，即指责人们不理解医疗专业人员，但事实可能是医疗专业人员在健康素养方面不善沟通。虽然有迹象表明，就全面的健康素养方法达成共识是有可能的，但仍然需要一些有组织的全球性努力来为达成共识铺路。

结　论

健康素养的核心是适用于世界各地临床和公共卫生专业人员的几条简单真理。其中的一项就是了解受众，包括已经拥有的受众群体以及想要覆盖的受众。了解受众（或患者，或社区）意味着从业者知道这类受众喜欢以何种方式接收信息，了解阻碍人们使用这些信息的因素，并与他们合作开发解决方案。

健康素养必然要求从业人员设法使他们的受众及早且经常地参与其中。最终的目标是让人们更加注意自身的健康，开展疾病预防，创建更加有效和公平的医疗体系。这种级别的赋权和参与不会是所谓的由健康素养技能得出的“适当决策”的结果。健康素养的主要目标可以更准确地描述为知情决策。

与适当决策相比，知情决策的目标基于下列证据（不仅健康素养是通用的，而且在整个科学技术研究和公共科学传播的历程中也是通用的）：

（1）人们不能被迫作出由医疗或科学系统定义的“正确”决定。

（2）科学一直在改变——今天对于一个人或一种情况来说是“正确的”，可能在今天或明天的所有情况下都不再正确。

（3）由研究系统产生的有关健康和科学的证据可能确实是全球性的，但是使用这种证据不可避免地要考虑本地情况。

（4）因此，所有人（公众和医疗专业人员）都需要健康素养技能，以便他们在生活和职业范围内做出明智的决定。

健康素养一直都存在，只不过研究和从业者在过去 20 年才开始确定这个概念。今天，临床和公共卫生领域的健康素养研究和实践都引起了广泛关注。该领域将继续证明健康素养干预措施的有效性以及研究如何制定更好的干预措施。健康素养干预措施可以且将针对医疗专业人员和广大公众，这反映了这一概念的双面性。健康素养很有可能帮助人们做出更明智的健康决策，帮助医疗专业人员更多地与公众进行有效的接触，帮助医疗体系降低成本、提高效能、减少健康上的不公平现象。

撰 稿 人：Andrew Pleasant

另请参阅：Health Communication, Overview; Health Communication and the Internet; Science Indicators, History of the NSB Project on; Science Literacy; Surgeon General, U.S.

参考文献

［1］KICKBUSCH I，MAAG D. Health literacy: owards active health citizenship［M］// M SPRENGER（Ed.）.Public health in Osterreich und Europa. Graz，Austria: Festschrift Horst Noack，2006: 151–158.

［2］KUTNER M，GREENBERG E，BAER J A. First look at the literacy of America’s adults in the 21st century（No. NCES 2006–470）［R］. Washington，DC: U.S. Government Printing Office，2005.

［3］NIELSEN-BOHLMAN L，PANZER A M，KINDIG D A.（Eds.）. Health literacy:A prescription to end confusion［M］. Washington，DC: Institute of Medicine of the National Academies，2004.

［4］NUTBEAM D. Health literacy as a public health goal: A challenge for contemporary health education and communication strategies into the 21st century［J］. Health Promotion International，2000，15（3）：259–267.

［5］PLEASANT A. A second look at the health literacy of American adults and the National Assessment of Adult Literacy［J］. Focus on Basics，2008，9（B）：46–52.

［6］PLEASANT A，KURUVILLA S. A tale of two health literacies? Public health and clinical approaches to health literacy［J］. Health Promotion International，2008，23（2）：152–159.

［7］ROOTMAN I，GORDON-EL-BIHBETY D. A vision for a health literate Canada: Report of the expert panel on health literacy［M］. Ottawa，ON: Canadian Public Health Association，2008.

［8］World Education. Health literacy special collection: Tools and resources for health literacy initiatives［EB/OL］. http://healthliteracy.worlded.org.

［9］World Health Organization. Closing the gap in a generation: Health equity through action on the social determinants of health: Final report of the commission on social determinants of health［M］. Geneva，Switzerland: Author，2008.

［10］ZARCADOOLAS C，PLEASANT A，GREER D. Advancing health literacy: A framework for understanding and action［M］. San Francisco: Jossey-Bass，2006.

Highway Safety
公路安全

公路安全是一门复杂的学科，而且可上升到一种艺术形式，普通司机可以从中感知工程师在道路设计上向他们传播的东西，政府政策和教育活动在法律和公共话语塑造方面传播的东西，以及公众驾驶文化对他们认知的增加。这一领域的科学和传播研究最终将对公民福祉以及他们生活和旅行的社区产生深远的影响。

公路安全是一个世界性的问题，据估计每年有120万人在道路交通事故中丧生，多达5000万人受伤。预计到2025年，每年将有近200万人在道路上丧生。人类运输条件的进步对发达国家和发展中国家都有影响。这种人类生命的普遍丧失和可改变生活的严重伤害的影响，现在被看作一种公共健康疫情，有时被称为“流动性疾病”。每年有40000起公路丧生事故发生在美国，这些机动车事故是34岁及以下年轻人死亡的主要原因。本条目探讨了机动车事故牵涉的因素和减少损失的解决方案，包括改善公路系统和改变驾驶人员的文化。

事故损失是可预测、可预防的

人的生命损失和由此造成的经济影响在许多国家已变得不可接受。与此同时，汽车保有量和旅游业在世界范围内不断扩大。近年来，交通伤亡增加最显著的在发展中国家，那里的道路非常拥挤，路况非常恶劣，机动车辆与行人、自行车、滑板车和畜力车等共用车道。在高收入国家，高速交通拥堵、分心驾驶、易受伤的摩托车驾驶以及老龄司机驾驶等问题极大冲击了为减少事故所做的努力。

加上对公众健康的深远影响，道路伤亡会对全球经济产生重大影响。全球每年造成的损失估计为5180亿美元。低收入国家和中等收入国家的经济损失超过了他们每年从中得到的经济发展资金额。在美国主要的大都市地区，交通事故造成的损失约为交通拥堵的2.5倍，其中交通事故造成的损失为1640亿美元，交通拥堵造成的损失为676亿美元。然而，社区和政府经常要求拿出更多的资金来缓解拥堵，而不是增强交通安全。

道路交通事故不仅是意外。它们是可预见进而可预防的事件。然而，无论是道路事故还是其解决方案都非常复杂。

解决全球的车祸事故

在全球范围内，世界卫生组织（World Health Organization）宣布道路安全为2004年的全球公共健康热门问题，并试图施行一套道路安全的系统方法，考虑的关键包括：道路使用者、车辆和基础设施。如今，世界银行资助道路安全项目，正如它提供资金应对危害健康的流行病，由此改善人类的生存状况。

2005年，美国交通法案《安全、负责、灵活、高效的运输公平法案：留给用户的遗产》（Safe，Accountable，Flexible，Efficient，Transportation Equity Act：A Legacy for Users，SAFETEA-LU）特别强调减少美国的道路死亡和重伤需要不同的利益相关者参与规划和实施有效的策略。这种想法的转变有助于推动涉及健康、公路和执法的混合学科领域的全民讨论，并促成美国汽车协会（American Automobile Association）邀请这些领域的专家提供意见性论文并发表在出版物《提高美国的交通安全文化：前进的旅程》(*Improving Traffic Safety Culture in the United States*: *The Journey Forward*)上。

澳大利亚和大多数西欧国家都实施了积极的、多学科综合治理的公路安全计划，因而显著降低了道路死亡率，以及公众对同胞在机动车事故中死亡的容忍度。这些国家通常制定零死亡的安全目标，并为安全法律建立公众和立法支持，这已被证明可改变司机的危险行为。交通罚款增加，公民和执法对高风险行为（如酒后驾车、超速行驶、闯红灯）的容忍降低。如澳大利亚设置并实现了一个目标，即在短短几年内通过这种积极的方法减少了一半的道路死亡人数。

确定车祸缓解策略

在美国，驾驶员的状态与行为这一因素在95%的车祸中起作用，也是造成67%车祸的主要因素。而经常被驾驶员指认为车祸原因的道路设计与天气条件，只是28%车祸的影响因素，并且起主要作用的仅占所有车祸的4%。车辆状况则在8%的车祸中起关键作用。

综合考虑这些因素，道路安全的解决方案不能只聚焦于驾驶员或道路设计。道路安全项目必须解决5个方面的道路安全问题：工程、执法、教育、应急响应和其他（驾驶员的行为及文化的影响）。

一般来说，造成道路死亡人数最高的因素也是最有可能减少致命事故的突破点，包括无约束的驾乘人员（不系安全带）、危险驾驶者、车道偏离事故（车辆驶离路面或跨越中线）以及年轻驾驶员。

实施车祸缓解策略

虽然关于车祸条件和结果具体方面的对策似乎足够明确，但这些措施不能直接实施，因为人类的行为非常难以捉摸。在2008年畅销书《开车经济学：我们为什么这样开车》[*Traffic*: *Why We Drive the Way We Do*(*and What It Says About Us*)]中，作者汤姆·范德比尔特（Tom Vanderbilt）将科学研究与对人类驾驶行为的复杂和混乱性的常见观察结合在一起，试图得出这个复杂应用科学领域的答案。这本书探讨了影响安全策略的制定及其实施和传播的社会氛围和文化。

人为因素和交通政策与执法的实施

在美国，一些经过验证和广泛实施的有关人类行为的政策已经减少了某些类型的车祸、创伤和死亡事故，但政府部门并没有充分执行且公众也没有充分遵守。下面是一些例子：

（1）尽管有关于安全带的法律，但美国公路死亡人员中有一半以上是因为没有系安全带。

（2）尽管数十年来的交通法律和醉酒驾驶文化已经发生了变化，但危险驾驶仍然促成了超过40%的致命车祸。

（3）美国的摩托车死亡人数近年来翻了一番，每年有超过5100人死亡，但在50个州中只有20个州要求所有骑摩托车的人要戴安全帽。

（4）所有致命车祸中，约有60%是车道偏离事故，尽管对司机来说留在路上似乎更为简单。

驾驶员的行为很难通过驾驶教育和公共宣传来改变，因为驾驶者倾向于低估风险，相信他们的驾驶技术是优越的，以为车祸只会发生在别人身上，并且希望其他驾驶者行为规范从而使自己的安全不会受到威胁。

此外，驾驶员的行为习惯很难改变，因为人们认为一些行为的好处比风险更高，如超速驾驶、闯红灯、不戴头盔、分心驾驶（发短信、使用手机）或在恶劣天气驾驶。在许多国家，基于行为的成功的安全计划包括一系列关键因素，如公众能意识到致命和重大伤害事故的后果，健全且实际的专业综合考试，多学科安全计划，用于循证决策的可靠数据，政治领导，以及支持的媒体。

全民安全文化发生的广泛变化，推动了一些国家制定了以下法律和政策：

（1）自动的超速和闯红灯执法摄像头。

（2）有效的行车违章罚款制度。

（3）驾驶员血液酒精含量标准在 0.05 以下。

（4）凡是酒驾的司机立即吊销驾驶证。

（5）随机进行酒精呼吸测试。

（6）强制摩托车和自行车骑手佩戴头盔。

（7）要求所有驾乘人员使用乘员保护装置（如安全带）。

（8）限制青少年司机的行驶权。

这些努力有助于改变我们对驾驶责任和不正规驾驶后果的态度，如公众不再接受在公共场所吸烟或醉酒驾驶一样，从而在我们的文化中实现社会行为的改变。

基础设施和道路改进措施的实施

对道路进行重大安全改进往往是耗资巨大的，在大多数情况下不具有成本效益。在资源有限的情况下使用数据来确定和实施适当的对策是一个永远存在的挑战。虽然今天的旅行者驾驶的里程与过去相比呈指数型增加，但现在的道路事故对整个道路系统来说多为稀有的随机事件。在 3~5 年有造成死亡和重伤的事故多发地，即使不对其做任何改进，可能也不会被认为在下一段时期仍是车祸高发区。衡量成本和收益的方法会指引资金投入到在轻微事故中不断有财产损失的地方，而不是发生过严重车祸、有人丧生的地方。

选择系统级的基础设施改善策略

建立一项全系统、低成本的改进政策可以有效地减少最严重和最常见的车祸，而不需要完全重建道路或在少数几个高撞车地点安装高成本的更新设备。这些政策决策使用的数据最好能将常见的车祸原因与行之有效的对策相关联。

例如，车道偏离可能在所有的道路上发生，甚至发生在没有明显需要司机驶离行车道的道路线形条件的情况下。安装 1.2~1.8 米（4~6 英尺）宽的铺砌路肩及隆声带，一方面可在司机离开路面前对他们进行提醒，另一方面可在车祸发生前为驾驶员提供纠正的空间。数据分析表明，这些改进降低了车祸的频率和严重程度。在具有一定交通规模（每天 3000 辆车）的道路上，通过政策加上路肩和隆声带的铺设将解决单一车辆驶离道路造成车祸的随机性，优化有限的可用安全资金的投资回报率。

实现系统级的基础设施改善策略

政策执行策略有机会实现将有限的安全改善基金首先用于需求优先级最高的地方，即通过数据分析确定的更高事故率的地点。虽然以系统性的方式铺设路肩、安装路肩隆声带要耗时数年，且很有可能发生为道路铺设新路面的情况，但是主要收益可以立竿见影，额外的收益也会随着时间的推移实现。如对于第一次修整 7~10 年的车祸数据可以确定农村的狭长道路具有非常高的由单车驶离路面造成的死亡和重伤事故率（例如，全国平均水平的 4~5 倍）。由于安全收益得到证实，所以应该确保加快安装额外的铺设路肩和路肩隆声带。类似的方法可以用于事故高发的农村弯道。

精心挑选的系统安全改进措施可以与某个机构的路面重新铺装项目集成，提升一些路段的安全性，即使受到影响的道路数量可能有限，也可实现有价值的累积改善。大多数机构都计划每隔 20~25 年进行一次路面重铺。随着时间的推移，低成本安全改进作为定期路面重铺的一部分工作，既是可管理的，又有成本效益。改进标识，部分弯道内侧路肩铺设，或将车道斜坡变平可以解决整个系统的不同需求。

未来的发展方向

公路机构安全改进计划是总的机构资金改善计划中很小的一部分。这些有限的资金最好瞄准系统级和低成本的安全改进。我们必须同样努力去改变安全文化，改变我们对危险驾驶的责任和后果的看法，如同我们处理其他健康风险的方式，如酒后驾车和在公共场所吸烟，即采用一种显著应用传播活动的策略。

所有在道路安全方面取得重大进展的国家都侧重于改变驾驶行为，这是造成死亡事故的主要因素。这些国家需要从根本上采取一些有争议的立法和执法政策，实现安全文化的改变。

例如，美国目前就没有足够的安全文化。如果世界各国都不着手开展改变安全文化的运动，交通死亡和重伤的数量将加重并延续这一公共健康流行病。

撰 稿 人：Thomas M. Welch

另请参阅：Communication Campaigns in Health and Environment；Optimistic Bias；Risk Communication，Overview

参考文献

[1] American Automobile Association Foundation for Traffic Safety. Improving traffic safety culture in the United States: The journey forward [EB/OL]. [2009-11-16]. www.aaafoundation.org/pdf/SafetyCultureReport.pdf.

[2] RODRIGUEZ L. Commu nicating highway safety: What works [EB/OL]. (2002-2) [2008-11-05]. www.ctre.iastate.edu/reports/chs.pdf.

[3] Safe，Accountable，Flexible，Efficient，Transportation Equity Act: A Legacy for Users，Pub. L. No. 109-159，2005.

[4] U.S. Department of Health and Human Services，Centers for Disease Control and Prevention. (n.d.).Motorvehicle-related injuries [EB/OL]. [2009-11-16]. www.cdc.gov/health/motor.htm.

[5] U.S.Department of Transportation，Federal Highway Administration: http://safety.fhwa.dot.gov/safetealu.

[6] VANDERBILT T. Traffic: Why we drive the way we do (and what it says about us) [M]. New York：Knopf，2008.

[7] World Health Organization. Violence and injury prevention and disability: World report on road traffic injury prevention [EB/OL]. [2009-11-16]. www.who.int/violence_injury_prevention/publications/road_traffic/world_report/en/index.html.

HIV/AIDS Prevention and Communication 艾滋病病毒 / 艾滋病的预防和健康传播

在过去的 30 年中，美国致力于控制人类免疫缺陷病毒（简称艾滋病病毒，英文缩写 HIV）和获得性免疫缺陷综合征（简称艾滋病，英文缩写 AIDS）的扩散，目前，各级政府、卫生机构、非营利组织和特殊利益集团已经认识到健康传播对他们工作的重要性。鉴于艾滋病病毒 / 艾滋病的感染涉及多方面的问题，需要采取多方面的措施来有效防止艾滋病病毒 / 艾滋病在高危人群以及整个社区的传播扩散。健康传播的形式包括人际传播、媒体传播和大众传播，其已经发挥并将继续发挥核心作用，以增长人们关于艾滋病病毒 / 艾滋病的知识，改变他们相关的态度，并影响其与毒品和性相关的高风险行为。

研究人员已经学会了选定目标受众，为这些受众制作（或使他们适应）特定的信息，并通过大众传播媒介和其他适当的渠道，以足够高的频率向他们传递这些信息，最终的干预效果令人备受鼓舞。显然，一条信息通常不会对多个目标群体都有效；随着目标受众在人口、心理和文化上差异变大，关于艾滋病病毒 / 艾滋病的干预预防信息也必须随之改变。例如，只是将有效的干预信息从英文翻译成西班牙文，而不考虑这些人群之间的文化差异，不利于实现成功传播所必需的共享意图。近 30 年的研究已经证明了这一点，这些研究针对多种目标受众，涉及与预防艾滋病病毒 / 艾滋病相关的各种教育和行为目标。

未来几年，艾滋病患者进行 20 年或 20 年以上治疗的平均成本相比于目前估计的高于 60 万美元的水平还会不断增加，而受到不同程度影响的州，如纽约州、佛罗里达州、加利福尼亚州和得克萨斯州，将承担这些成本的很大一部分，因此，有效的预防信息和其他干预措施将变得更加关键。由于面临数百万美元的损失和大量安危未定的生命，所以防止个人感染艾滋病病毒并控制这种感染在各类目标人群扩散的斗争仍将继续下去。

历史的角度

莫瑞·辛格（Merrill Singer）等研究人员断言：艾滋病不是“均等机会”疾病，感染艾滋病病毒不是随机事件。随着大都市地区的崛起，贫困的同心圆结构是从内向外产生的，经济衰退最严重的地区通常在给定城市的地理中心。该中心的生活环境（犯罪、非法药物的使用、失业、缺乏适宜的住房、营养不良、缺乏保健等）和社会心理学变量（性行为、宗教信仰、对家庭和政府的态度、感官寻求刺激的水平及其他）结合在一起增加了人感染艾滋病病毒的可能性。总之，地域及与地域相关的生活环境使得艾滋病病毒在某一人群中更有机会传播。由于这些原因，辛格将艾滋病列为“共现流行病群”（英文为 syndemic，涉及多种健康问题的共同出现）的一种，而不是一种流行病，并且他认为在某种程度上，想要取得与艾滋病病毒 / 艾滋病斗争的胜利，预防工作必须聚焦于改变上面提到的那些因素。

起初，“共现流行病群”这一概念并没有得到从事防止艾滋病病毒 / 艾滋病扩散的政府、卫生机构、媒体及非营利组织的认可。他们投入数百万美元用于开发干预措施，如为初中和高中课程设计的公共服务公告或教育材料，使全国的青年或一般人群了解艾滋病病毒。虽然这些努力在提高上述群体关于艾滋病病毒 / 艾滋病和其他性传播感染的意识和知识方面相当成功，但是对于高危人群（男同性恋者、少数族裔和注射吸毒者），几乎没有改变他们的态度和高风险的性与涉毒行为。

广为人们接受的传播原则认为，适当、正确地利用媒体信息和学校课程，可以提高一般人群及青年的意识和知识水平。对于那些低风险人群，几乎不需要改变现有行为或改变更深层次的态度或信仰。

然而，对于高危人群而言，情况并非如此，这些人群主要居住在艾滋病病毒/艾滋病病例数量占比极高的城市地区。对于那些生活在艾滋病病毒/艾滋病比较普遍的地方，处于高危险中的少数族裔、同性恋者及注射吸毒者，这些一般性的信息对限制或控制艾滋病病毒/艾滋病传播的作用很小。改变与感染艾滋病病毒/艾滋病相关的高风险的性和涉毒行为需要更加有针对性的方法，因为行为态度的目标难以实现。

近年来，乔治·W. 布什（George W. Bush）政府（2000—2008）采取了减少性传播疾病的ABC方法（禁欲、忠于一个性伙伴和正确使用安全套），其侧重于作为联邦政府资助学校干预措施组成部分的禁欲，其批评者认为性教育课程中有限的（甚至有时是缺失的）避孕信息反而提高了性传播感染和意外怀孕的发生率。此外，即使这种方法被赞成，同样的批评者还会认为，分配有限的可用资金中最重要的部分给生活在贫困圈以外的青年，这样效率低下且浪费。那些对ABC方法不满意的人转而致力于创建艾滋病病毒/性传播感染干预措施，重点是向其他受众传递与文化相关的预防信息，通常通过青年拘留中心、美国男孩和女孩俱乐部（Boys & Girls Clubs of America）等场所，以及其他服务于那些生活在经济萧条地区的人的场所。下面部分简要地总结了这三种尝试，强调了目标明确的人际关系、群体或大众媒体信息、干预措施或运动如何影响高危人群的危险药物和性行为。

社交网络

在艾滋病毒流行的早期阶段，男同性恋者成为主要目标人群，杰弗里·凯利（Jeffrey Kelly）引入了由埃弗里特·罗杰斯（Everett Rogers）的创新扩散理论框架衍生而来的“公众意见领袖”（POL）干预措施。这种方法首先在密西西比州和路易斯安那州的同性恋酒吧试行，其成败在于能否将期望的干预信息（与所有性伴侣一起使用安全套）渗透到相对封闭的系统中，通过该系统内被认为具有魅力的个体向该系统15%或以上的人群传递信息。研究人员确定了该群体的潜在领导者，并训练他们在酒吧中与性伴侣接近时提供安全套使用信息。最初，领导者穿戴类似于交通信号灯的饰针来吸引注意。如果被询问，领导者将提供干预信息，同时，安全套可随时供所有顾客使用。

在这个集中的环境中，“公众意见领袖”干预取得了成功；避孕套使用量增加。“公众意见领袖”已经被转用于其他危险人群（如生活在俄罗斯圣彼得堡大学宿舍的学生）并进行适应性调整，成败参半。

诸如注射吸毒者等所谓隐性人群的社会网络尤其难以定位，更不用说向其中渗透减少艾滋病病毒感染风险的信息。针头交换计划（NEP）是针对这类接触的一种方式，吸毒者通过该计划获得无菌针头来替换用过的针头。一些针头交换计划还提供止血带、毒品炊具、避孕套甚至食物。

针对目标受众制作适当信息的复杂性反映在最近的研究中，该研究比较了美国和俄罗斯的注射吸毒者对一系列常见艾滋病病毒/艾滋病知识型问题和使用避孕套的态度的回应。令人惊讶的是，不仅不同国家之间的回应显著不同，而且同一国家的不同性别之间也有差异。当注射吸毒者参与NEP计划时，对其实施简单的艾滋病病毒干预措施，可能是以往被忽视的一种有效传播艾滋病病毒/艾滋病知识的机会。

人际渠道

近年来，J.L. 金（J.L. King）的著作《低劣低下》（*On the Down Low*）引起了媒体对非洲裔美国人社区中一种常见现象的关注，即被认为是异性恋的男性开展地下同性恋活动。鉴于非洲裔美国人社区尤其是其教会中对同性恋的歧视，使用直接的艾滋病病毒风险降低干预措施来接触这些男性很难甚至不可能。这种情况下，一些研究人员已经将目标转向女性，即那些自认为与“低下”男子是长期的一夫一妻制性关系的女性。干预措施的施行首先是在美容院和教会等场所接触这些女性，在让她们了解非洲裔美国男性的“低下”行为后，鼓励她们正确和持续地使用避孕套。从所谓的改变模型的各阶段来看，在女性开始考虑改变行为之前（例如坚持与伴侣使用避孕套），必须产生对艾滋病毒风险的认知。这种方法通过对性伴侣的教育来间接地打击和预防艾滋病病毒 / 艾滋病的传播。

鉴于以短暂、匿名的同性恋性接触为目的的“聚会”不只是在非裔美国人中受到文化禁忌的困扰，因此上面这种方法的更新版本通过利用相同的或其他适当渠道，可能在其他目标人群中取得成功。西班牙裔男性可能是这样的一类人群，他们参加同性恋或双性恋聚会活动，同时作为性接触中的接收者，将这些行为排除在自己定义的同性恋概念之外。此外，需要说服西班牙裔男性在与妻子或女朋友的主要性关系中使用安全套，因为他们还参加了除此之外的有风险的性活动，这将是一个更高层次的复杂问题。

在任何关系中都透露个人的艾滋病病毒呈阳性状态，可能带来的问题更大。凯瑟琳・格林（Kathryn Greene）及其同事的一本书，从多个传播角度探讨了透露的优缺点。失业、被排挤和离婚是透露艾滋病病毒情况的潜在后果。另外，获得社会服务、教育他人以及寻找处理这种情况的途径可以在透露后对艾滋病病毒阳性个体的生活产生积极的影响。

大众媒体健康运动

在过去十几年中，各类政府部门和私营机构制作和传播一系列用于抗击艾滋病病毒 / 艾滋病在一些具体目标人群内及其之间传播的健康运动，并评估了其相对成败。塞思・诺亚（Seth Noar）及其同事在最近的研究中评估这些运动的影响并得出结论，在充分针对目标并遵循传播理论和原则的情况下，这些运动在达成既定目标方面是相当有效的。美国有三项这样的运动：针对 15 ~ 17 岁青少年的“避孕套：它们陪你去任何地方”运动（“Condoms：They Go Where You Go” Compaign）；“艾滋病毒：与之一起生活，请进行测试！”运动（“HIV：Live With It.Get Tested！”），针对艾滋病毒阳性个体占有比重高的城市地区青少年；“每位伴侣每次使用一个避孕套”运动（“Usea Condom.Every Partner.Every Time”）专为 18 ~ 26 岁有较高感觉追求的年轻人设计。虽然，这些研究人员希望在今后的运动中更加强调信息设计，但有针对性的媒体宣传活动确实能够作为抗击艾滋病病毒 / 艾滋病的手段。社交媒体（如 Facebook 或 Twitter）作为有针对性的消息定制渠道的潜力尚未深入探索。

结　论

世界各地的科学家寻求疫苗和药物阻止艾滋病病毒 / 艾滋病的蔓延并对已经感染的人们进行治疗的同时，公共卫生官员必须继续对人群进行教育，并鼓励在这方面安全的涉毒和性行为。传播在这项工作中的作用显然是至关重要的。传播学者开发和支持的各种各样的理论和原则，得出了一种必然的结论，即如果要特定目标人群实现他们期望的目标，必须构建与特定目标人群的特定知识、态度、信仰和文化观点相关的信息。显然，一种尺寸不可能适合所有情况：精心研究的、针对性强的信息在打击和控制艾滋病病毒 / 艾滋病的斗争中发挥着重要作用。

撰 稿 人：Kate Ksobiech

另请参阅：Diffusion of Innovations；Health Communication，Overview；Health Literacy；Online Media and the Sciences；Social Marketing

参考文献

[1] Centers for Disease Control and Prevention. Estimates of new HIV infections in the United States [EB/OL].(2008-8)[2008-07-30]. www.cdc.gov/hiv/topics/surveillance/resources/factsheets/pdf/incidence.pdf.

[2] GREENE K，DERLEGA V J，YEP G A，et al. Privacy and disclosure of HIV in interpersonal relationships:A sourcebook for researchers and practitioners [M]. Mahwah，NJ:Lawrence Erlbaum，2003.

[3] KELLY J A，ST LAWRENCE，J S，et al. HIV risk behavior reduction following intervention with key opinion leaders of population:An experimental analysis [J]. American Journal of Public Health，1991，81(2)：168-171.

[4] KING J L. On the down low:A journey into the lives of “straight” black men who sleep with other men [M]. New York:Broadway Books，2004.

[5] NOAR S M，PALMGREEN P，CHABOT M，et al. A 10-year systematic review of HIV/AIDS mass communication campaigns:Have we made progress? [J].Journal of Health Communication，2009，14(1)：15-42.

[6] PROCHASKA J O，DICLEMENTE C C. Stages and processes of self-change of smoking:Toward an integrative model of change [J]. Journal of Consulting and Clinical Psychology，1983，51：390-395.

[7] SINGER M. AIDS and the health crisis of the U.S. urban poor:The perspective of critical medical Anthropology [J]. Social Science Medicine，1994，39(7)：931-948.

[8] U.S. Department of Health & Human Services，Public Health Service.(n.d.). Making health communication programs work. National Institutes of Health，National Cancer Institute [EB/OL]. [2009-08-30]. www.cancer.gov/pinkbook.

Holography
全息摄影

全息摄影是在一块二维胶片上记录三维信息的科学。它的原理是记录光从物体散射的模式，而这种光的模式可以在查看全息图时被重现。全息一词来自希腊字 *holos* 和 *gramma*，意思分别为“全”和“消息”。全息摄影是几种三维呈现物体影像技术中的一种，吸引了在科学中心、博物馆和类似机构工作的科学传播者的关注。此外，对于全息摄影术的教学提供了一个传播物理学重要概念的机会。

全息摄影的历史

出生在匈牙利的物理学家丹尼斯·加博尔（Dennis Gábor，1900—1979），因其在全息摄影方面的贡献获得了 1971 年的诺贝尔物理学奖。加博尔受限于当时可用的光源，作为光源的汞弧灯缺乏生成高品质全息图所必需的相干性。20 世纪 60 年代，激光技术的发展大大促进了全息摄影术的发展，因为激光技术是制作高品质三维全息图的关键技术。全息摄影领域的重大进展是由苏联的尤里·丹尼西克（Yuri Denisyuk，开发了制作反射全息图的技术）以及美国的艾米特·莱特（Emmett Leith）和胡里斯·帕妮克斯（Juris Upatnieks，致力于制作透射全息图的技术）实现的；他们创建的三维全息图都与今天我们熟悉的全息图类似。

全息摄影的工作原理

在传统的摄影中，胶片介质或数字传感器捕获聚焦图像，记录每个点上光的强度值；对于彩色摄影，则记录其颜色。这样就得到了一种静态的二维图像。与此相反，在全息摄影术中，在感光板上形成的图像是未聚焦的图像。这种未聚焦图像的不同之处在于它是利用相干单色光（例如，由激光产生）记录的。首先，将“参考光束”照在感光板上，其根据光在任何一个点的相位产生一种图案。然后，第二束被称为“物体光束”的光被反射离开要记录的物体，同样照在感光板上。由于光线是单色的，两个光束之间发生干扰。这种干扰被记录在粒度很细的照相乳剂上作为明暗图案。然后通过处理感光板来固定图像。为了重现全息图，利用光源重新创建参考光束，并使光按某种方式从参考光束中衍射出来，重现最初由物体产生的光场，如此用户就可以看到对原始图像的三维呈现了。

在科学传播中使用

全息图为科学传播者推广那些三维展示特别重要的概念提供了一种非常直观的方式；此外，该技术还可作为一种令人振奋的媒介来传播一系列物理概念。全息摄影还有可能在一些原始对象不可用于展示的科学传播中使用，以实现三维物体的三维可视化。苏联对全息摄影进行了特别有效的利用，利用其对财宝和文物编目后保存为三维全息图。在 1985 年有一场特别值得注意的展览，题为“全息摄影，苏联的珍宝”。全息图特别适用于博物馆和科学中心的静态展示，用户闲暇时间可以在那里查看全息图。尽管如此，应仔细注意全息图的照明，以呈现最佳质量给观众。这将取决于用于生成原始全息图的技术。对于讲座或更多观众的场合，小的全息图可能面临显示方面的挑战，可以将小的副本分发传送用于查看。而大到可以被所有观众观看的全息图很可能是非常昂贵的。幸运的是，还有一系列其他技术是可用的，如下所述。

全息术的教学是讲授光的干扰、光波以及基本的光化学等基础物理知识的一种良好渠道。全息术成为这样一种可教科目的原因之一是，它既属于艺术又属于科学，所以吸引了广大观众。

其他三维成像技术

术语“全息摄影”指将未聚焦的三维图像编码到二维感光板的特定技术。许多其他三维成像技术常常被误解为全息技术，它们也可以被用于传播三维信息。其中一些可能适用于那些不适合全息技术的应用场合。

光栅成像

光栅图像是利用一系列柱状塑料透镜叠印的塑料图像。塑料透镜后面的图像由许多从不同视点沿直线拍摄的图像组成。将这些图像分成微细垂直条，然后将这些条散布开来。通常，图像被印刷在一个基底上，然后将该基底层压到一个预生产的透镜片上。观看该图像不需要借助任何眼镜或其他专用设备。

补色立体成像

补色立体图是一种三维图像，其右眼和左眼的图像是利用不同颜色的镜片编码的。通常情况下，利用红色 - 绿色或红色 - 青色组合。补色立体图通常编码到包含右眼和左眼信息的单个彩色胶片上或视频中。被红色透镜遮盖的眼睛看不到红色光投射的图像而青色图像会被看成是暗的。相反，由青色透镜遮盖的眼睛看不到青色的图像，但会将红色图像看成暗的。另外，当利用计算机生成补色立体图时，还可能编码有限数量的假色信息。

偏振三维成像

通过具有相对的偏振滤光器（安装在投影仪镜头上）的两台投影仪，投影到一块镀铝屏幕上，可以得到较大的彩色三维图像。然后，观众佩戴着匹配投影机上偏振透镜编码的偏光眼镜，以此确保左眼从一台投影仪接收左眼信息，右眼从另一台投影仪接收来自右眼的信息。不戴偏光眼镜看屏幕的观众将看到一种模糊的彩色图像。

体显示技术

体显示技术在一定体积内形成对图像的三维呈现。多种不同的技术可以用来实现此目的。在一个扫描体积显示器中，快速旋转或振荡显示可迅速更新关于图像某点在三维空间的信息。随着显示器扫过空间，它扫描的三维图像通过视觉暂留效应将图像切片拼接在一起，形成一种三维显示的效果。实现体显示的另一种替代方法是利用静态体积显示器。组成静态体积显示器的光发射元件一般在使用中是透明的，但被激活时，将发光或变得不透明。术语“像素”用以指示两维计算机图形空间中的点，术语“体素”被用作“体积像素”的缩略语。体积显示器被设定为使用脉冲激光器来创建盘旋空中的发光等离子体球，显示器还被设定将在大到 1 立方米体积内的任何地方生成点。

撰 稿 人：Gavin D. J. Harper

另请参阅：Effective Graphics；Science Centers and Science Museums；Visual Images in Science Communication

参考文献

[1] ACKERMANN G K，EICHLER J. Holography: A practical approach [M]. Chichester，UK: John Wiley

& Sons, 2007.
[2] SAXBY S. Practical holography [M]. 3rd ed. London: Taylor & Francis, 2003.
[3] UNTERSEHER F, SCHLESINGER B, HANSEN J. The holography handbook [M]. 3rd ed.Berkeley, CA: Ross Books, 1996.

House Science Committee, U.S. 美国众议院科学委员会

众议院科学委员会（House Science Committee），更精确的名称为美国国会众议院（U.S. House of Representatives）的科学和技术委员会（Committee on Science and Technology），是美国国会（U.S. Congress）和人民对苏联在1957年发射人造地球卫星后做出反应的产物，当时美国人民震惊地意识到美国处于落后地位。还有一个原因是美国国会认识到，第二次世界大战以来，联邦政府资助的研究与发展的规模和重要性不断变大、增强，而且国会没有相关机构全面处理这一新兴活动。自成立以来，众议院科学委员会接收科学和技术方面的信息，加以分析，并向外行的国会通报。

该委员会最初的名字是科学和航天委员会（Science and Astronautics），因为当时其认识到科学以及其对美国国家航空和航天局（National Aeronautics and Space Administration，NASA）管辖的重要性。NASA由该委员会建立并给予权力和资源，以便实现在航天领域赶超苏联。在很多年的时间里，人们通俗地称其为航天委员会（Space Committee）。其内部组织结构随着对重大事件的响应发生调整。在该委员会的历史初期，3个（共6个）小组委员会分管国家航空和航天局，但20世纪70年代能源危机期间，它包括2个能源小组委员会和1个环境小组委员会。现在，它有1个航天小组委员会，另一个是关于能源和环境的小组委员会，其被称为科学委员会（Science Committee）。

众议院科学委员会是众议院20个常设授权或立法委员会（不同于拨款、规则和特别目的委员会）中的一个。如通过立法，这些委员会为像NASA这样的机构提供执行项目的法律授权，同时给出关于怎么做和开支上限的总体说明，有时还给出明确的程序性限制，即什么事情不能做。

科学委员会管辖主题及范围：能源的研发和示范项目以及联邦民用能源实验室；航天研发；民用航空研发；环境研发；海洋研究；能源技术的商业应用；国家标准与技术研究所（National Institute of Standards and Technology，NIST）；NASA；国家空间委员会（National Space Council）；国家科学基金会（National Science Foundation，NSF）；国家气象局（National Weather Service）；外层空间，包括对其探测及控制；科学奖学金；科学研究、开发和演示。可以说，最后一项赋予该委员会制定国家科学政策的权力。

这是唯一一个关注科学、技术和太空的众议院委员会。不过，其他委员会管辖范围包括用于支持它们的主要关注点的研发活动。如三军委员会拥有对军事研发和军事太空的管辖权。参议院没有相应的委员会。

科学委员会以各种方式处理各种立法。《太空法》[Space Act，又被称为1958年美国国家航空航天法（National Aeronautics and Space Act）]的第一项授权就是创建国家航空和航天局，并根据需要偶尔修正。该委员会多年来每年都通过美国国家航空航天局的经费授权，但多年授权现在似乎成了定规。国家标准与技术研究所和国家科学基金会等其他机构以及能源研发项目也同样如此。科学委员会与众议院商业委员会（House Commerce Committee）围绕能源立法展开争论。商务委员会具有广泛的能源管辖权，包括核能和可替代能源，这两种技术都不是很成熟，需要更多的研究来提升水平，而科学委员会则声称对这类研究有管辖权。这两个委员将继续争论管辖权的分界线。

在其他问题上，两个委员会协同工作。20世纪70年代中期，当臭氧－氟利昂的问题出现时，商业委员会卷入了非常有争议的《清洁空气法案》（Clean Air Act，1977年）的再次授权问题中。需要研究以了解更多关于广泛使用的氟利昂是如何导致平流层臭氧层破坏的信息（臭氧层可保护地球不受有害紫外线的破坏）。因此，科学委员会在这一问题上提出了要求。因为商业委员会是如此的纠结于《清洁空气法案》，所以它将该问题交给了科学委员会，由其研究和监管整个臭氧层的氟利昂问题。随后，商业委员会将由科学委员会通过的语句以逐字逐句的方式纳入《清洁空气法案》中。类似的合作促成了《资源保护和回收法》（Resource Conservation and Recovery Act，1976）的通过。有一次，里根政府下令将一个遥感卫星项目（即LANDSAT）移交给私营部门，或者说实施商业化。为实现其管辖项目的成功商业化，科学委员会通过了一项法案，以确保过程的公平和开放。

该委员会普遍支持在其管辖范围的项目，甚至是跨党派方案。这对于航天项目来说尤为正确，因为这些项目可为议员的选区带来资金和就业机会，还可鼓舞议员和他们的选民。有时，委员会通过对机构提案采取合理怀疑态度，可以更好地支持机构。例如，NASA的航天飞机和空间站项目的花费比原本计划的成本高出很多，但完成的工作远少于最初的计划。

几乎所有的委员都缺乏正规的技术培训，通常40～50名委员中有1～2个（如果有的话）是例外。有这么一个故事，一名具有博士学位的新成员有一次请委员会书记员把他的听证会名牌由“先生”改为“博士”。书记员回答说，她很高兴这么做，但这样人们可能会因此认为该博士是工作人员（一般来说，工作人员已经接受过大量的技术培训）。经常有议员加入该委员会，因为在他们的选区有如国家航空航天局的大型机构、其他科学设施或承包商。

然而，到目前为止，该委员会并没有成功地、全面地或思想开阔地解决国家总体科学政策的问题。典型的努力仅是支持现状。许多学者认为目前的政策已经过时，其还是基于战后的万尼瓦尔·布什（Vannevar Bush）报告《科学——无尽的前沿》（*Science: The Endless Frontier*）。委员会在20世纪80年代后期通过广泛而持续的努力，就许多具体问题召开听证会和提交报告，但这些努力是分散的、不均匀的、缓慢的，而且是不以行动为导向。不等最终报告写完，新任委员会主席就会扼杀这些努力。

撰 稿 人：Radford Byerly Jr.

另请参阅：Senate Committee on Commerce，Science，and Transportation，U.S.；Space Program，Overview

参考文献

[1] Clean Air Act Amendments of 1977，42 U.S.C. §7401 et seq. 1977.

[2] FUQUA D. American science and science policy issues:Chairman's report to the Committee on Science and Technology，House of Representatives，ninety-ninth Congress，second session [M]. Washington，DC:Government Printing Office，1986.

[3] HECHLER K. Toward the endless frontier:History of the Committee on Science and Technology，1959–79. U.S. House of Representatives [M]. Washington，DC:Government Printing Office，1980.

[4] National Aeronautics and Space Act of 1958，Pub. L. No. 85–568，72 Stat. 426，1958.

[5] Resource Conservation and Recovery Act，42U.S.C. §6901 et seq. 1976.

Hubble Space Telescope 哈勃太空望远镜

除了天文学家埃德温·哈勃（Edwin Hubble），没有谁的名字更适合这个在过去 20 年里为我们的集体想象力带来如此深刻影响的望远镜的名字。1990 年，哈勃太空望远镜（Hubble Space Telescope，HST）成为第一个被送入轨道的光学望远镜，它彻底改变了人类观察宇宙的方式。在经过初期的不稳定后，这一历史上最著名的太空观测台注定要影响新一代的太空爱好者，并改变从专业天文学家到普通外行人的所有人的宇宙视角。哈勃望远镜引领了大众的想象力，并经常见诸天文和太空科学的新闻报道。

为什么需要太空望远镜

数千年来，眼睛是人类用来观察宇宙的唯一工具。它们是一对珍贵的天线，对波长从 380（紫 – 蓝光）~ 750 纳米（红 – 橙光）的窄带（光学带）非常敏感。这不是偶然的，这正是太阳发出的光的大部分辐射的频率范围，对此，达尔文（Darwin）进化论应该有详细的解释。

400 年前，伽利略（Galileo Galilei）开启了一个新的时代，他开始使用望远镜来辅助眼睛观察天空。在过去 4 个世纪中，随着望远镜的逐步改进，天文台在全球各地蓬勃发展。通常在那些寒冷且不舒适的建筑物中，在夜晚漫长的时间里，天文学家一直用眼睛对准目镜进行观察。随着时间的推移，所利用的望远镜镜面越来越多，同时观察越来越具挑战性。

天文学家的这种浪漫设想直到约 50 年前还有效。到 20 世纪初，科学家已经开始意识到电磁波谱中还有超出可见范围的其他频带，但大多数都被排除在天文研究之外。对于来自太空的辐射，实际上，地球的大气层是非常有效的过滤器。它可以阻止如 X 射线、γ 射线甚至大多数紫外线等有害频率的辐射到达地球。但是，这些未探索的不可见波段可以为天文学家提供丰富的天体物理信息，它们将在接下来的几年内被发现。

20 世纪 30 年代，天文学家发现了另一种可以穿透大气层的重要波段，即所谓的射电窗口。1930年，美国物理学家和工程师卡尔·詹斯基（Karl Jansky）建造了第一台射电望远镜［最初的目标是为贝尔实验室（Bell Laboratories）提供一种可识别影响电话声音传输的噪声源的方法］，自此，射电天文学的时代开始了。这一新学科是在第二次世界大战后发展起来的，在几十年中一直作为天体物理学中一些最惊人发现的来源，其中包括射电星系、类星体、脉冲星，当然还产生了宇宙背景辐射的概念。

但这些进展都非常缓慢。最终，美国国家航空航天局（U.S.National Aeronautics and Space Administration，NASA）投入资源，最重要的是大量卫星的发射，使得开发可用于太空探索的新技术成为可能。从那时起，太空望远镜的时代才真正开始。

1958年发射了第一颗卫星，作为对由美国主要科技竞争对手苏联发射的第一颗人造卫星“伴星号”（*Sputnik*）的反应。这颗卫星名为“探险者一号”（*Explorerl*），于德国出生的物理学家和工程师沃纳·冯·布劳恩（Wernher von Braun）为它的建造做出了奠基性贡献，这位物理学家还是前纳粹党卫军官员和臭名昭著的V2导弹之父。冯·布劳恩与参与纳粹导弹计划的其他500名工程师和技术人员一起，在战争结束时投降了美国人，而美国人在太空计划中为他提供了一个有吸引力的职位。

早期被送入太空的著名卫星之一是“自由号”（*Uhuru*，斯瓦希里语意为“自由”，这是为表达对肯尼亚热情好客的敬意，因为肯尼亚提出在庆祝独立纪念日时发射该卫星）。这是第一颗专门研究X射线天文学的卫星，它得出了第一套具有339个源的综合X射线源目录。

天文专用卫星的快速发展可以追溯到20世纪80年代和90年代，当时有数十颗研究各种辐射波长的卫星发射。终于，天文学家可用的“宇宙调色板”变得丰富起来，可涵盖所有可能的频率，从而打开了进入宇宙的新窗口。

天空中的眼睛

正是在太空望远镜蓬勃发展的那个时代，一个绕地球轨道运行的光学望远镜项目首先发起。该望远镜于1985年建造完成，但项目实际上可以追溯到20世纪70年代初。美国天文学家和理论物理学家莱曼·斯皮策（Lyman Spitzer）早在1946年就在其论文《地球外观测台的天文优势》（*Astronomical Advantages of an Extra-Terrestrial Observatory*）中提出：将望远镜放入太空具有许多优点。由于不可避免的光学现象，大气层模糊和扭曲了所有来自天体的光，所以，从地球可实现的角分辨率是有限的，而从太空直接捕获光将避免图像质量的降低。这种现象也可以解释为什么星星在晚上看起来闪烁不停。

虽然这个想法当时令人感到很离奇，但是，1969年，美国国家科学院（National Academy of Science）关于大型太空望远镜的特设委员会编写了一份题为《大型太空望远镜的科学用途》（*Scientific Uses of the Large Space Telescope*）的报告，他们在报告中研究了这一问题，并敦促修建这种设备。起初，没有足够的经费来实现这一设想。但是，由于项目规模的缩小（如缩小镜面的尺寸）、知名科学家的游说以及与新成立的欧洲航天局的合作，国家航空航天局最终获得了美国国会（U.S.Congress）对此项目的财政支持。

这种极其复杂设备在制造方面的延误使得相关航天器的组装直到1985年才开始。但是由于1986年“挑战者号”（*Challenger*）航天飞机的灾难，其发射被一再推迟。斯皮策梦想的望远镜最终于1990年4月24日发射。该望远镜被放置在569千米高的轨道上，每隔97分钟绕地球轨道运行一周，速度为8千米/秒。这是一种被称为卡塞格林反射镜（Cassegrain）的望远镜。光线射到望远镜的主镜（直径为2.4

来），然后被反射并遇到次镜。次镜使光线聚焦并穿过主镜中心的一个孔，该孔通向该望远镜的科学仪器。

我们有个问题

兴奋过后，天文学家的热情开始减退，因为几天之内，人们就发现哈勃望远镜返回地球的照片比预期的要模糊。数百万美元的经费打了水漂，至少看上去是这样。NASA 最后在主镜上发现了一个严重缺陷。它的一处边缘太过平坦，存在相当于人头发直径 1/50 的像差。这一偏差是由于在打磨镜子边缘时使用了一个校准错误的仪器造成的。

工程师及时提出修复方案，并在 1993 年 12 月的第一个维修任务中执行。所使用的系统被称为“空间望远镜光轴补偿校正光学组件”（COSTAR），这是一组补偿了像差的光学元件，可使哈勃望远镜的仪器正常工作。这次任务取得了伟大的胜利。

从那以后，哈勃望远镜开始向地球返回大量壮观图像，开始塑造我们对宇宙前沿的想象。这些照片是天文学传播者最好的帮手。近 20 年来，哈勃的图像不仅是科学发现的宝贵来源，而且还通过从 T 恤衫、杯子、海报到世界各地

图 16 最后一次维修后的哈勃太空望远镜。2009 年 5 月 19 日从“亚特兰蒂斯号”（*Atlantis*）航天飞机上释放后，继续在地球上空运行

来源：NASA，2009

数百万屏幕保护程序等几乎全覆盖投放广告的方式（美国和欧洲都有出色的传播策略），进入了我们生活的方方面面。这可能代表了当前成功传播策略的真正标志。

在另外四次维修任务（1997 年，1999 年，2002 年和 2009 年）中，升级和改进了 HST 的仪器并对其进行了例行维护。其中包括更换失效的陀螺仪（用于望远镜定向），更换太阳能电池板，以及抬升哈勃望远镜轨道（趋向于向地球缓慢下降）。实际上，望远镜的许多零部件都被设计成易于在维修任务期间拆卸和更换的。

哈勃的遗产及其未来

在 2009 年 1 月 1 日那期《自然》（*Science*）杂志上发表的一篇评论文章中，华盛顿大学天文学副教授朱利安·达尔坎东（Julianne Dalcanton）追溯了这一非凡仪器的历史。她将望远镜的成功归功于其所处位置，而不仅是分辨率，地球上普遍存在的光污染使得几乎不可能找到一个真正黑暗的背景，从中看到同样的图像。

因哈勃取得的科学进步是如此之多，以至于很难总结，从了解恒星的结构和演化，到探索黑洞及其与星系形成的联系，以及观察星系超过数十亿年的演化，并验证我们对宇宙膨胀的认识。最近，哈勃甚至给出了在太阳系外绕恒星运行的行星的第一个直接证据。但达尔坎东指出，最大的成功就是哈勃数据的民主化。哈勃望远镜收集的所有数据可在一年后供大众使用。

撰 稿 人：Luca Tancredi Barone

另请参阅：European Space Agency；Galilei，Galileo；National Aeronautics and Space Administration，U.S.；Space Program，Overview；Space Shuttle

参考文献

[1] Hubble Space Telescope: http://hubblesite.org.

[2] National Aeronautics and Space Administration. Gallery: LSpacecraft Hubble:final release over earth [EB/OL]. http://hubblesite.org/gallery/spacecraft/28.

[3] DALCANTON J. 18 years of science with the Hubble Space Telescope [J]. Nature，2009，457:41-50.

[4] LINDBERG CHRISTENSEN L，FOSBUY R，HURT R. Hidden universe [M]. Chichester，UK:John Wiley & Sons，2009.

[5] National Research Council (U.S.) Space Science Board Ad Hoc Committee on the Large Space Telescope. Scientific uses of the large space telescope [M]. Washington，DC: The National Academy of Sciences，1969.

[6] SCHILLING G，LINDBERG CHRISTENSEN L. Eyes on the skies: 400 years of telescopic discovery [M]. Chichester，UK: John Wiley & Sons，2009.

[7] SPITZER L，JR. Report to Project Rand:Astronomical advantages of an extra-terrestrial observatory [J]. Astronomy Quarterly，1990，7: 131-143.

[8] Star Witness News: http://amazing-space.stsci.edu/news.

Human Genome Project 人类基因组计划

自古以来，人类就对疾病和性状的遗传性兴趣颇深。希波克拉底（Hippocrates）认为，很多疾病都具有遗传性，而亚里士多德（Aristotle）则指出，同一对父母生出的孩子，不但会患上一些父母患有的疾病，而且会有很多相似的特征。最新的“人类基因组计划”（Human Genome Project）标志着一个新的时代已经到来。人们正以越来越快的速度发现与人类疾病相关的各类基因突变。自“人类基因组计划”启动以来，研究人员在几年的时间里就发现了乳腺癌、卵巢癌、结肠癌、系统性红斑狼疮、黄斑变性、前列腺癌、糖尿病、牛皮癣等一系列疾病的遗传基础。这些进步，使我们对临床状况的遗传学基础有了更深的理解，同时给基因测试领域带来了革命性变化。这种革命性变化为未来几十年实现新的进步以及产生新的争论提供了基础，并引发诸多爆炸性新闻。

人们普遍认为，生活在19世纪中期的奥古斯丁修道院修士、植物学家——格雷格·孟德尔（Gregor Mendel）是现代遗传学的开山鼻祖。通过不同种类的豌豆杂交培育豌豆的杂交品种，孟德尔发现杂交第一代会丧失掉某些性状，之后的杂交代中又会重新获得某些性状，而且这些性状在后代中出现的比例可以通过数学方法进行预测。他将每代都具有的性状称为显性性状，将那些不是每代都具有的性状称为隐性性状。托马斯·亨特·摩根（Thomas Hunt Morgan）

随后提出，生活细胞的细胞核中含有染色体，在染色体一些不连续的位置上存在小的元素集合，这些集合被称为基因，基因是遗传的基础。1953年，DNA双螺旋结构的发现帮助人们明确了遗传的分子基础。不到半个世纪，即1990年10月，为了深入了解人类的遗传基因，更好地了解临床状况的遗传学基础，一项大规模、国际性、多学科项目开始启动，这个项目就是“人类基因组计划”。

该计划耗资约27亿美元，被认为是20世纪意义最为深远的生物学成就之一。以该计划为标志，人类进入了崭新的时代——包含基因组学、蛋白质组学、转录组学、代谢组学和毒理基因组学的组学科学，在今天蓬勃发展。2000年6月26日，人类基因组初始草案宣告完成。2003年4月14日，“人类基因组计划”正式完成。从开始到完成，这个计划总耗时13年。美国国家人类基因组研究院（National Human Genome Research Institute，NHGRI）和美国能源部（Department of Energy，DOE）对这个大规模合作项目进行了协调。实际的测序工作在美国、英国、德国、法国、中国和日本等多国研究中心完成。

基因有多少

多年来，有关人类基因数量的争议始终存在。人类基因组由大约32亿个碱基对组成，按照之前的预测，大约可以编码100000个基因。但令人惊奇的是，人类基因组计划最终发现人类的基因数量仅为20000~25000个，远小于之前的预测。事实上，根据目前已知的很多物种都存在的C值矛盾，基因组的大小与复杂性无关。有一种叫变形虫的生物，它的基因组由大约6700亿个碱基对组成，超过人类基因组约200倍；另外一种单细胞生物——草履虫，其基因组大约可以编码25000个基因，数量与人类基因类似；黑腹果蝇大约有13000个基因；十字花科植物——拟南芥大约有28000个基因。

如今，科学家认为，生物体的复杂性并非由基因的数量决定，而是受一些其他因素的影响。其中一种假说指出，替代基因间接地扮演着重要角色。此外，人们在过去几十年中一直认为，一个基因只能编码一个蛋白质，但由基因到蛋白质的路径要更为复杂。每个基因首先产生一个信使RNA分子，随后，信使RNA上某些被称为内含子的区域被删除，而剩余的外显子将通过剪接过程结合在一起，进而形成蛋白质。直到近期人们才发现，由单个信使RNA编码出的外显子，在重新连接过程中将遵循一些特定的组合规律，通过这些组合，可以产生出几种不同的蛋白质，这个过程被称为选择性剪接。根据最新的估算数据，人类85%~95%的多重外显子基因会发生选择性剪接，很多疾病都与影响选择性剪接位点的基因突变相关。另外一种假说认为，生物体的复杂性由不同基因相互作用的错综混杂性决定，有充足的科学证据可以证明这一观点。

在“人类基因组计划”实施的同时，其他测序项目也先后得出了很多其他生物体的基因组序列，范围涵盖微生物病原体直至哺乳动物。这些基因组测序工作为不同物种基因组的比较分析提供了有力的支持，为深入了解物种进化和人类在全球范围内的迁徙提供了有价值的信息。

个体差异

“人类基因组计划”还回答了另一个长期存在的疑问：个体在DNA水平上存在哪些相似点和区别。人类基因组的测序显示，在DNA水平上，随机两个人的相似程度高达99.9%。然而，最令人感兴趣的部分是其余0.1%的染色体，个体间的差别正是源于这部分染色体。目前的报告称，在人类基因组的32亿个碱基对中，大约有310万个碱基对存在这类差别，这被称为单核苷酸多态性（SNP）。但是，科学家仍然在不断发现新的差异碱基对，其真实的数量预计可能达到1000万。

单核苷酸多态性决定个体的疾病易感性、药物副作用和对环境化学物质的敏感性。2002年10月，国际人类基因组单体型图计划启动，该计划的目的是对单核苷酸多态性进行收录，同时研究这类多态性与人类健康和疾病的关系。该计划提出，要对四大人口群体的基因组进行测序，其中包括：尼日利亚伊巴丹的约鲁巴族人；居住于东京的祖先来自日本不同地区的日本人；欧洲血统的犹他州居民；居住在北京的汉族人。2005年春，人类基因组单体型图计划报告称，已经识别出110万个SNP，从而完成了计划的第一个主要里程碑事件。同年的10月，计划公布的第二批数据中，又增加了210万个SNP。

最初，人们认为个体间的差异只表现在SNP上。但近年来，研究领域内出现了另外一种基因组变异来源。研究人员发现，很多基因或染色体区域在不同个体上的数量存在差别，这些基因或染色体区域小到含有1000个碱基对，大到含有数百万个碱基对。因此，一个人的拷贝数可能为1，其他人可能为6或7，或者更多。对于同时涉及单个染色体核苷酸数量超过SNP总数的遗传变异，拷贝数变异是一个主要来源。有一项调查报告了1447个拷贝数变异，约覆盖了人类基因组的12%。一些拷贝数变异出现在健康人身上，而另外一些则与癌症、精神病、自身免疫性疾病、艾滋病易感性和药物反应相关。例如，有一项研究表明，在对某些药物无反应的重度抑郁症患者中，有10%的人拥有某种基因的副本，而在一般人群中，拥有这种基因副本的个体不超过1%。

千人基因组计划和千元基因组

个体间的DNA变异可以用来解释为什么某些人更容易出现某些临床症状，为什么某些人会对相同药物产生不同的反应，以及为什么某些人会在治疗过程中出现不良反应。为了深入了解个体差异，美国国家卫生研究院（U.S. National Institutes）下属的国家人类基因组研究院（马里兰州贝塞斯达）、维尔康姆基金会桑格研究所（Wellcome Trust Sanger Institute，英国茵格斯顿）和北京基因组研究所（Beijing Genomics Institute，中国深圳）于2008年1月联合启动了千人基因组计划（1000 Genomes Project）。最新的DNA测序技术可以帮助人们以更快的速度和更高的准确度完成染色体的测序工作，在充分利用测序技术最新发展成果的基础上，千人基因组计划意在通过检验祖籍位于尼日利亚、肯尼亚、日本、美国、意大利和中国的约1200名个体的基因组，绘制出有关SNP和拷贝数变异的高分辨率地图。千人基因组计划是迄今为止最为详尽的人类基因组变异分析，按照该计划的进度，每24小时大约要完成相当于两个人的基因组的测序工作，该计划耗资预计为3000万~5000万美元。

如果没有近年来DNA测序方法的发展，这些进步将不可能实现。历史上的首次基因测序发生在1977年，当时采用的方法是由弗雷德里克·桑格（Frederick Sanger）开发出来的。凭借这套测序方法，弗雷德里克·桑格第二次获得了诺贝尔奖。首个被测序的基因组来自感染了大肠杆菌等细菌的φX174噬菌体，该基因组是单链基因组，含有5386个碱基对，只编码出11个基因。使用最新的测序技术，数以百万计的碱基对可以在几小时或几天的时间里完成测序。随着测序成本的降低，几家公司目前正在朝着千元人类基因组的目标迈进。千元人类基因组的目标是将个人的基因组测序成本降至1000美元。这将是遗传学研究的下一个里程碑事件，届时，医疗人员将根据个体的基因和基因组特性制定相应的医疗决策。

伦理、社会和法律影响

目前，美国有超过1300万人口正承受着15500种遗传障碍的影响，近30%的婴儿死亡与遗传病有关。随着越来越多的基因突变被发现，人们对临床状况和患者对化合物的反应理解越来越深，基因检测也迎来了发展的机遇。但是，随着大量遗传信息的曝光，伦理、社会和法律方面的重大挑战摆在了人们的面前。

目前，可以进行的基因检测大约有1200种，它们又可以分成几类，并且，这些类别往往相互重叠。新生儿筛查可以检测苯丙酮尿症等疾病，这类疾病如果被及时发现，通常可以治愈。诊断检测有助于确认依据临床表现或家族史疑似存在的遗传状况。预测性测试针对的是健康个体，这类个体没有临床疾病但随着时间的推移可能会患病，如BRCA1突变预示着个体患乳腺癌的风险增加，但无法确定是否或何时会患病。胚胎植入前的基因测试可以检测胚胎的基因突变，法医测试可以用来验亲或解决刑事调查问题，其他基因测试可以为医疗诱导提供相关信息，使患者对药物或环境毒素产生某些不良反应。

要时刻记得基因检测具有局限性，这一点非常重要。大多数变异都有预测价值，能够视作某种疾病的诱因，但除了极个别的几种变异，大多数变异都无法确定个体是否或何时出现特定状况。如BRCA1和BRCA2突变与乳腺癌和卵巢癌有关，对这两种突变进行检测具有很多益处。基因突变的携带者可以接受更为频繁的筛查，进行生育选择，改变自己的生活习惯，甚至决定接受预防性手术。尽管研究显示10%～15%基因突变的女性不会患病，但阳性检测结果仍然会使人们误认为自己一定会患病。此外，并不是所有的乳腺癌和卵巢癌都与基因突变有关，阴性基因测试结果会给潜在患者带去虚假的安全感，使潜在患者放松警惕，减少常规筛查的次数，从而丧失在早期检测出肿瘤的机会。

尽管人们正在以前所未有的速度发现越来越多的基因突变，我们仍然缺少对基因突变进行有效解释的能力。特定的基因突变往往与不止一种临床状况有关，如自闭症、精神分裂症、癫痫和智力障碍都与同一种染色体的缺失相关。同时，不同基因的突变往往与同一疾病相关，对特定突变的意义进行解释，通常是一项极具挑战的任务。

每种基因测试都将带来一定的伦理困境。囊性纤维化是一种隐性疾病，针对这种疾病的基因测试可以确定出无症状携带者，这类携带者没有这种疾病，未来也不会染上这种疾病，但有可能把携带的基因突变遗传给子女，如果配偶将突变的第二个副本遗传给子女，子女就将染上这种疾病。将来可以选择究竟是在儿童期或青春期事先了解自己的疾病携带状况，还是在成年之后，需要借助此类信息进行生育选择时进行了解 。另外，有一种临床状况叫作亨廷顿氏舞蹈症，该病症进行的是显性遗传——这意味着，一个基因突变副本就足以使携带者患病。对于有症状的患者，基因测试具有诊断价值，但对于临床健康的个体，基因测试只能确定个体是否存在这种基因突变，而真正的神经系统表现有可能在数十年后才发作。如果父母一方是突变携带者，子女在一生当中有50%的概率携有这种突变并患上相关的疾病。特别是在目前没有任何可行性治疗方案的情况下，针对这种累进式神经退行性疾病的测试是否对人们有益，值得人们广泛的讨论。

伦理讨论的另一个焦点是最近出现的直接面向消费者的基因测试，这种测试由公司直接推向消费市场，通常不进行相应的咨询工作，也没有卫生专业人员的参与。一项研究发现，有14家公司提供健康测试在线服务，而只有6家宣称提供咨询服务。此外，据报道，突变与疾病的关系并不能保证一定具有临床有效性。如数年前，一家公司曾向消费者直接提供apoE

基因测试服务，用来预测阿尔茨海默病的患病风险。但在当时，专业学会已经不建议进行这类测试，因为这种应用的敏感度和特异性并不充足。

可用的基因信息是否会被滥用，这个问题引发了人们热烈的讨论。有几种争论都围绕在遗传信息的状态上：基因测试结果是否与常规医疗和实验室检验结果具有相同的隐私度？基因测试结果是否需要更强的安全和保护措施？即使是遗传信息的构成也存在争议，而且理由相当充分。BRCA1 突变对应着乳腺癌的易感性，而家族史同样如此，患者的一个或几个一级亲属都可能属于乳腺癌易感人群。事实上，患者的家族史几千年来都是所有医学检测的基础，影响家庭成员的各种疾病，甚至患者父母或兄弟姐妹的死亡年龄都是家庭内部某些遗传疾病非常有力的指标。根据这一观点，遗传信息与医疗信息并无明显区别。另外，基因测试可以揭示其他家庭成员的疾病易感性，正因为如此，很多人认为基因信息应该比医学检验信息具有更高的私密性。

与其他生物样本不同，DNA 可以长时间保存，即使保存数年，仍然可以再次进行同一基因测试或进行新的测试。如在智利发现的安第斯木乃伊，距今已有 1500 年的历史，但通过该木乃伊受感染病毒的序列完成 DNA 扩增之后，研究人员获得了很多有关人口迁移的细节信息。再者，研究人员曾利用一名 1959 年的非洲患者的活检样本进行艾滋病毒扩增，并且证实在 20 世纪 80 年代全世界出现艾滋病毒之前的几十年里，人群当中已经出现过艾滋病感染病例。因此，围绕基因测试隐私性和机密性展开的争论，不但涉及实际的测试结果，而且涉及进行测试时使用的 DNA 样本。此外，有时在完成初始测试数年之后，需要对旧有的 DNA 样本进行重新测试，但由于届时可能很难找到该样本的提供者，因此将无法获得样本提供者的知情同意，这也是基因测试带来的一种困境。

基因测试的一个重要方面是“偶然发现”的概念。在临床医学当中，X 光检查常能够发现目标器官以外的一些身体异常情况，与临床医学面临的这种情况类似，基因测试也有可能揭示出初始测试目的以外的疾病易感性。如能够预测心血管疾病风险的某种基因突变，同时可用来预测阿尔茨海默病的患病风险。进行基因测试并发现患者测试目标之外的疾病易感性或另外一种疾病的卫生保健专业人员应承担何种业务，这一点尚不明了，尤其是越来越多的人已经认识到，自己有权接受基因测试并了解自己的健康状况，同时也有权回避自己不想了解的遗传倾向性。

基因和基因组信息的可及性，具有深远的社会影响和法律影响，虽然在全世界范围内已经通过了几项相关法律，但为了避免在健康保险、人寿保险和就业方面出现歧视，我们仍需要更多的立法监督措施。2001 年 2 月，美国平等就业机会委员会（U.S. Equal Employment Opportunity Commission）曾对伯灵顿北方铁路公司（Northern Railway Company）提起联邦诉讼，声称该公司在员工不知情以及未经员工允许的情况下，使用员工的血液样本进行基因测试，测试员工的腕管综合征易感性——这可能是此类案例当中报道最为广泛的一个。后来，该公司达成和解并同意终止测试。此外，工作场所测试也是卫生保健管理的一个重要工具，利用这一工具，可以在临床表现远未明显之前，发现受测目标因接触化学物质可能致病的早期迹象。据近期报道，一名已故员工的妻子起诉了丈夫的雇主，起诉理由为：丈夫在工作场所会接触到苯，苯可能导致白血病，丈夫的雇主曾经对员工进行过一个针对白血病早期迹象的测试项目，而该雇主并未将其丈夫纳入这一测试项目当中。

基因测试可以重塑医患关系和家庭动态。

虽然遗传信息具有隐私性，并且针对的是个人，但有时候也能揭示其他家庭成员的疾病易感性。这使得医务人员相当纠结，他们不得不在尊重患者私密性和提醒家庭成员风险之间寻求平衡。换句话说，他们不得不决定个人的隐私权是否胜过家庭成员的知情权。对于可能拥有其他家庭成员不具有的基因突变的受测个体，遗传信息是否为其个人所有，这一点尚不明确。根据遗传状况的定义，遗传状况在家庭内部传递并且影响整个家族，那么整个家族是否有权了解遗传状况，这一点也尚未可知。围绕这类难题展开的辩论引发了一系列相关讨论，甚至连基因测试过程中对家庭的定义也产生了不同观点。虽然有些学者建议以家庭为单位提供基因测试和相关的咨询服务，这样可以避免一些利益冲突，但另外一些学者指出，在很多家庭中，成年子女和父母分居，处在不同的地理区域内，向同一基因顾问或医师进行咨询根本不现实。伦理道德准则将在解决这些问题的过程中发挥根本性作用，所谓道德准则，也就是生物医学和社会科学未进行探索的方面。

撰 稿 人：Richard A. Stein

另请参阅：Crick，Francis；Gene；Mendel，Gregor；National Institutes of Health，U.S.；Venter，J. Craig

参考文献

[1] COULTHART M B，POSADA D，CRANDALL K A，et al. On the phylogenetic placement of human T cell leukemia virus type 1 sequences associated with an Andean mummy [J]. Infection，Genetics and Evolution，2006，6 (2): 91–96.

[2] FREEMAN J L，PERRY G H，FEUK L，et al. Copy number variation:New insights in genome diversity [J]. Genome Research，2006，16 (8): 949–961.

[3] GERANSAR R，EINSIEDEL E. Evaluating online direct-to-consumer marketing of genetic tests:Informed choices or buyers beware? [J]Genetic Testing，2008，12 (1): 13–23.

[4] GOLLUST S E，WILFOND B S，HULL S C. Direct-to-consumer sales of genetic services on the Internet [J]. Genetic Medicine，2003，5 (4): 332–337.

[5] GREELY H T. Legal，ethical，and social issues in human genome research.Annual Reviews of Anthropology，1998，27:473–502.

[6] HAYDEN E C. International genome project launched [J]. Nature，2008，451 (7177): 378–379.

[7] International HapMap Consortium. The International HapMap Project [J]. Nature，2003，426: 789–796.

[8] KAWANISHI C，LUNDGREN S，AGREN H，et al. Increased incidence of CYP2D6 gene duplication in patients with persistent mood disorders: Ultrarapid metabolism of antidepressants as a cause of nonresponse. A pilot study [J]. European Journal of Clinical Pharmacology，2004，59 (11): 803–807.

[9] KIM E，GOREN A，AST G. Alternative splicing:Current perspectives [J]. Bioessays，2008，30 (1): 38–47.

[10] LANDER E S，LINTON L M，BIRREN B，et al. Initial sequencing and analysis of the human genome [J]. Nature，2001，409 (6822): 860–921.

[11] LEVINE M，TJIAN R. Transcription regulation and animal diversity [J]. Nature，2003，424 (6945):

147–151.

[12] MEYERS B C，SCALABRIN S，MORGANTE M. Mapping and sequencing complex genomes:Let's get physical! [J]. Nature Reviews Genetics，2004，5(8)：578–588.

[13] PAN Q，SHAI O，LEE L J，et al. Deep surveying of alternative splicing complexity in the human transcriptome by high-throughput sequencing [J]. Nature Genetics，2008，40: 1413–1415.

[14] REDON R，ISHIKAWA S，FITCH K R，et al. Global variation in copy number in the human genome. Nature，2006，444（7118）：444–454.

[15] VENTER J C，ADAMS M D，MYERS E W. The sequence of the human genome. Science，2001，291 (5507)：1304–1351.

[16] WADE C H，WILFOND B S. Ethical and clinical practice considerations for genetic counselors related to direct-to-consumer marketing of genetic tests [J]. American Journal of Medical Genetics Part C: Seminars in Medical Genetics，2006，142C（4）：284–292，discussion 293.

[17] WEINSTEIN M，WIDENOR M，HECKER S. Health and employment practices:Ethical，legal，and social implications of advances in toxicogenomics [J]. American Association of Occupational Health Nurses Journal，2005，53（12）：529–533.

[18] WOROBEY M，GEMMEL M，TEUWEN D E，et al. Direct evidence of extensive diversity of HIV–1 in Kinshasa by 1960 [J]. Nature，2008，455（7213）：661–664.

Hurricane Katrina 卡特里娜飓风

根据美国国家飓风中心（National Hurricane Center，NHC）、国家气象局预测办公室（National Weather Service，NWS）和新闻媒体的报告，2005 年 8 月下旬，美国大部分地区都遭遇了“卡特里娜”飓风（Hurricane Katrina）。在经过墨西哥湾温暖水域的过程中，飓风的强度显著增强，给墨西哥湾沿岸，尤其是路易斯安那州和密西西比州带来毁灭性破坏。早在风暴来临前，相关部门就已发出预警和疏散令。尽管如此，仍有很多人在风暴中丧命，造成的财产损失高达数百亿美元。连续数周，风暴情况及其后续影响成了全国关注的焦点。在风暴过后的几年里，有关善后修复工作和沿海居民安置情况的报告始终没有中断。了解风暴形成的物理条件及其影响，对于传播工作具有重要意义。

风暴的历史

自 20 世纪 80 年代以来，由于可以通过各种媒体向更多的人传播相关信息，飓风的跟踪和预报明显提升。跟踪“卡特里娜”飓风的发展和移动情况，提前预测飓风可能的登陆地点，体现了当前我们在风暴预警方面的能力。

8 月 22 日，该风暴尚未形成，它只是横跨在巴哈马群岛东南部的一个热带低气压，随着强度的逐渐增强，8 月 24 日发展成为热带风暴，并被命名为卡特里娜。8 月 25 日（周四）下午，风暴达到飓风级别。此时，它正在向佛罗里达东南沿海靠拢，准备登陆。8 月 25 日下午 6:30，“卡特里娜”飓风在迈阿密地区首次登陆美国，最大持续风速高达约 130 千米 / 时（81 英里 / 时）。随着风暴在佛罗里达南部地区移动，这些地区迎来了强降雨，某些地区的降水量超过了 0.3 米（12 英寸）。受“卡特里娜”飓风的直接影响（狂风和洪水），佛罗里达州有 6 人丧命。8 月 26 日早上，“卡特里娜”进入墨西哥湾，在进入之前减弱为热带风暴。

到达墨西哥湾后，风暴再次迅速升级为飓风。当时，墨西哥湾水域异常温暖，为“卡特里娜”的增强提供了充足的能量。周五晚上，也就是 8 月 26 日，“卡特里娜”演变为二级风暴（表 H2）。

表 H2　热带风暴和“萨菲尔－辛普森”飓风等级分度，其中包含最大持续风速（1 分钟平均值），单位为千米 / 时，英里 / 海里

	风　　速
热带风暴飓风类别	62~118 千米 / 时（39~73 英里 / 时，34~63 kn）
1	119~153 千米 / 时（74~95 英里 / 时，64~82 kn）
2	154~177 千米 / 时（96~110 英里 / 时，83~95 kn）
3	178~209 千米 / 时（111~130 英里 / 时，96~113 kn）
4	210~250 千米 / 时（131~155 英里 / 时，114~135 kn）
5	251 千米 / 时（156 英里 / 时，136 kn）及更高

来源：国家气象局数据

到了 8 月 27 日早上，“卡特里娜”飓风已经发展成风速约为 185 千米 / 时（115 英里 / 时）的三级飓风。除风速越来越强之外，风暴的覆盖面积在 8 月 27 日几乎增大了一倍，强热带风暴与中心的距离达 257 千米（160 英里）。8 月 28 日，飓风改道西北方向，强度增强至五级，风速达到 269 千米 / 时（167 英里 / 时）；在当天的晚些时候，风速达到了 278 千米 / 时（173 英里 / 时），距离密西西比河三角洲东南约 314 千米（195 英里）。此时的“卡特里娜”变得异常巨大，从风暴中心开始，飓风强风延伸约 161 千米（100 英里），热带风暴强风延伸约 370 千米（230 英里）。

8 月 29 日早上，也就是周一，“卡特里娜”飓风改道向北。由于内部风暴的变化以及在路易斯安那州普拉克明的登陆，风暴强度骤减至三级，最大持续风力约为 233 千米 / 时（126 英里 / 时）。飓风的强度通常通过风暴中心的大气压以及风速判定，气压越低，风暴越强。在路易斯安那州登陆时，“卡特里娜”飓风的中心气压为 92 千帕（920 毫巴），气压极低。在所有登陆美国的飓风中，此项气压记录排名第三。风暴中心穿过三角洲地区后，从路易斯安那州和密西西比州的边界地区完成了最后一次登陆，最高持续风速约 195 千米 / 时（121 英里 / 时）。虽然“卡特里娜”已经减弱到四级以下，登陆时仅为三级风暴，但飓风的覆盖面积仍然巨大，飓风和热带风暴风距离风暴中心达 322 千米（200 英里）以上。

路易斯安那州的格兰德岛经受了地表测量的最强持续风力，风速为 140 千米 / 时（87 英里 / 时），同时官方阵风测量数值也达到最大的 183 千米 / 时（114 英里 / 时），但在飓风眼到达离风速表（风速测量装置）最近位置之前，风速表停止运行了两个小时。另一个位置在风暴潮到来之前测得的持续风速为 132 千米 / 时（82 英里 / 时）。根据密西西比州的非官方阵风报告，波普勒维尔的风速为 217 千米 / 时（135 英里 / 时），帕斯卡古拉的风速为 200 千米 / 时（124 英里 / 时），长滩的风速为 196 千米 / 时

（122 英里 / 时）。由于风暴覆盖面积巨大，东部阿拉巴马州的多芬岛也记录到了持续的强飓风。

当中心距离新奥尔良中心城区（最近位置）以东约 37 千米（23 英里）时，“卡特里娜”飓风减弱为三级风暴，但强风并未到达城区。

根据美国国家飓风中心研究人员的报告，新奥尔良大部分地区经受了一级或二级强度的地面风；由于高处的风力更强，高层建筑经受的风力比地面高出一个等级。

随后，“卡特里娜”继续向北 - 东北方移动，强度减弱至飓风强度以下。受飓风影响，路易斯安那州东南部和密西西比州西南部的广大地区出现了 0.2 ~ 0.25 米（8 ~ 10 英寸）的降水，路易斯安那州东部的小部分地区降水量达到了 0.25 ~ 0.3 米（10 ~ 12 英寸）。逐渐减弱的风暴为密西西比州中部地区带去了 0.1 ~ 0.2 米（4 ~ 8 英寸）的降水，其在向北移动的过程中，为田纳西河谷的部分地区也带去了 0.1 ~ 0.2 米（4 ~ 8 英寸）的降水。8 月 29—30 日期间，总共报告了 42 次龙卷风，这些龙卷风都出现在风暴中心路径以东地区。

风暴的主要影响

周五，即 8 月 26 日晚，根据美国国家气象局提供的准确信息，以及飓风将在新奥尔良、路易斯安那州、密西西比州格尔夫波特登陆的明确预期，路易斯安那州州长宣布该州进入紧急状态。周六，密西西比州州长宣布该州进入紧急状态。路易斯安那州、密西西比州和阿拉巴马州的部分地区，发出了自愿性和强制性的疏散令。

飓风卷起海水。由于飓风逆时针旋转，当风暴接近海岸时，风暴右前部的风暴潮内产生层层叠加的巨浪。“卡特里娜”飓风在密西西比州的最西侧登陆时，密西西比州海岸遭受了高度最高的风暴潮，其高度达 7.3 ~ 8.5 米（24 ~ 28 英尺），海浪岛、圣路易斯湾、帕斯克里斯琴和长滩地区均受到了影响。在密西西比州的部分地区，风暴潮的延伸距离达到了 9 ~ 19 千米（6 ~ 12 英里）。虽然风暴潮的高度在阿拉巴马州降到了 4.6 米（15 英尺），但密西西比州和阿拉巴马州的东部沿海地区遭遇的风暴潮依然非常严重。相比之下，佛罗里达州西北海岸经历的风暴潮要小得多。

飓风中心行进路径以西的地区，同样遭遇了破坏力极强的风暴潮，随着风暴中心的接近，层层巨浪不断涌向岸边。庞恰特雷恩湖是新奥尔良北部的一个盐水湖，该湖与墨西哥湾由一条相对狭长的极低地块隔开，当海水被推向岸边时，庞恰特雷恩湖也遭受了风暴潮的袭击。其东北部海岸遭遇的风暴潮高达 3.7 ~ 4.9 米（12 ~ 16 英尺）；新奥尔良以西的庞恰特雷恩湖南部边缘，风暴潮高达 3 ~ 4.3 米（10 ~ 14 英尺）。新奥尔良东部以及南部地区遭受了 4.6 ~ 5.8 米（15 ~ 19 英尺）的风暴潮。新奥尔良的大部分地区海拔都低于海平面，城市都是通过堤坝拦截才免受水淹，并利用工程系统向外泵水。当风暴潮来临时，其中一些堤坝直接被淹，另外一些堤坝的堤基受到海水侵蚀直接被风暴潮摧毁。周一，即 8 月 29 日早上，新奥尔良约 80% 的地区被洪水淹没，部分地区浸水达 6 米（20 英尺）。所有洪水从城市中退去，大概用了 6 周的时间。

由于墨西哥湾沿岸的滨外坡坡度较缓，新奥尔良市地势低洼，相关的防护设施无法抵挡狂风巨浪，这让飓风的影响力剧增。对于那些已经失去的沿海湿地，无法吸收并缓冲风暴的地区，以及存在住宅和商业建筑的地区，飓风的破坏随时可能降临。自“卡特里娜”飓风之后，公众进一步认识到了沿海湿地和堰洲岛的重要性。然而不幸的是，风暴已经给这些缓冲区造成了极大破坏。

“卡特里娜”飓风发生之前，科学家和应急工作人员早已充分认识到，飓风可能形成洪水，并对新奥尔良造成灾难性破坏。《皮卡尤恩时报》曾针对2002年6月强飓风的潜在影响发表过一系列文章，《国家地理》也刊登过风暴前一年的相关趋势。然而，尽管发布了疏散令，气象学家、政府官员和媒体代表不断呼吁，相关单位对飓风可能造成的灾难提前进行了报道，新奥尔良和其他受影响地区仍然有成千上万人停留在原地。很多居民经历过飓风，其中包括1968年袭击了密西西比海岸的五级飓风——“卡米尔”。在这类经历的驱使下，一些居民被疏散，但也有很多人觉得自己已做好充分准备。墨西哥湾的很多居民都通过“卡米尔”效应对“卡特里娜”飓风的潜在影响进行判断，他们认为“卡米尔”飓风都经历过了，其他飓风自然不在话下。尽管“卡米尔”飓风在登陆时是较为强大的风暴，但其强度远小于“卡特里娜”，最大风暴潮也低于“卡特里娜”，且其主要造成的是局部影响。

虽然身处飓风的影响区域，但仍然选择留在原地的一些人认为，此次飓风的风险不至于需要疏散。还有一些人则认为，他们没有搬家的资本。在风暴潮和洪水发生之后，之前未进行疏散的人大多需要救援。此外，那些已经疏散至其他地区的人，由于疏散地仍然处于受影响区域，所以不得不再次搬迁。政府对灾难的响应准备不足（但当地驻军的救援工作相当得力），引发了民众的强烈担忧。

“卡特里娜”飓风是美国历史上最严重的一次自然灾害和社会灾难，共造成1800多人丧生，80多万人流离失所（长期或短期），风暴造成的经济损失约为810亿美元，其中包括被保险的损失、未保险的财产和公共基础设施。

信息传播与“卡特里娜”飓风

美国国家气象局分支机构——美国国家飓风中心，对“卡特里娜”飓风的行进轨迹进行了预报，同时向沿途居民和政府发出了警告，要求他们要对此次风暴高度重视，这些工作完成得相当出色。从8月23日（周二）开始，佛罗里达州南部气象局就向公众发布了有关“卡特里娜”飓风的预报。虽然佛罗里达州监控和预警出的提前量小于预期，但当飓风在佛罗里达州登陆时，强度仍然相对较弱。在飓风登陆前，相关单位完成了对墨西哥湾沿岸广大地区的监控和预警，并在风暴潮来临的前一天进行了非常精确地预报。媒体对美国国家飓风中心进行了多次采访和报道，随着飓风不断地接近陆地，天气频道、互联网、国家电视网、本地新闻等媒体，对飓风进行了全方位的报道。

之后，新闻媒体继续对风暴过后数月乃至数年的善后修复工作进行了相关报道。在“卡特里娜”飓风过后的很长一段时间里，受灾地区需要不断清理遇难者的遗体，营救受困人员，向疏散人员提供帮助，大量设施需要重建。多位记者参与到“卡特里娜”飓风的相关报道中，在采取紧急行动的初期，很多记者都进行了现场报道（尤其是在新奥尔良）。需要特别指出的是，那些报道灾难的记者常常会出现心理反应，其中包括创伤后的应激症状。

研究表明，通过电视传播有关“卡特里娜”飓风的信息，受众最为广泛且受信任程度最高，对民众进行疏散的决定产生了一定的影响。对于民众而言，随着风暴的临近，一些特定的当地电视台或公众人物是他们信任的重要信息。然而，很多未进行疏散的人，对地方政府和州政府缺乏信任，而大部分疏散信息都来自地方政府和州政府。

在报道“卡特里娜”飓风灾后状况的过程中，尤其是报道新奥尔良的受灾情况时，新闻媒体出现了这样一种倾向：在报道中，有色皮肤居民和女性一般都是被救助的对象，而白人男性一般都是营救者——这一点曾广受诟病。有关抢劫事件的报道，少数人员往往被描绘成罪犯形象。另外一个重要问题是，在疏散到会展中心和超级穹顶体育会展中心的前几天里，新奥尔良地区流言四起（恐怖消息）。

尽管在报道“卡特里娜”飓风过程中存在一些问题，但新闻媒体和记者发挥的作用受到了公众的认可。国家电视台和其他媒体向国家的其他地区传达了信息，无论在本地层面还是在国家层面上，新奥尔良当地的记者都扮演了相当重要的角色。

撰稿人：Lisa M. Butler Harrington

另请参阅：Crisis Communication; Environmental Journalism; Environmental Justice; Risk Communication, Overview; Weather Reporting

参考文献

[1] KATES R W, COLTEN C E, LASKA S, et al. Reconstruction of New Orleans after Hurricane Katrina: A research perspective [J]. Proceedings of the National Academy of Sciences, 2006, 103 (40): 14653-14660.

[2] National Hazards Center. Learning from catastrophe: Quick response research in the wake of Hurricane Katrina (Special publication No. 40) [M]. Boulder: Institute of Behavioral Science, University of Colorado at Boulder, 2006.

[3] THEVENOT B. Apocalypse in New Orleans [J]. American Journalism Review, 2005, 27 (5): 24-31.

[4] Times-Picayune. Special report: Washing away. Five-part series, June 23-27 [EB/OL]. www.nola.com/hurricane/content.ssf?/washingaway/index.html.

[5] TRAVIS J. Scientists'fears come true as hurricane floods New Orleans [J]. Science, 2005, 309: 1656-1659.

India, Science and Science Communication in 印度科学与科学传播

印度是一个幅员辽阔、人口众多的古老国家，其自然地理环境丰富多样。在这个 3287263 平方千米的土地上，居住着超过 12 亿人。印度的文化与科技（即科学技术，S&T）历史悠久，至少可追溯到公元前 2750 年。1600—1773 年，印度受英国东印度公司（East India Company）影响，受制于大英帝国，直到 1947 年，印度独立，并于 1950 年成立印度共和国。最初，引入英语虽然存在争议，但可以肯定的是，在受英国殖民统治期间，英语的引入为印度科学发展打开了一扇崭新的窗口。随着社会对科技发展的关注和对科学思维方式的重视，科学传播变得越来越重要。

在印度，科学家十分受人尊重。在 40 名获得印度最高民间勋章，即巴拉特·拉特纳（Bharat Ratna，意为“印度宝石”，Gem of India）的人中，有 3 位来自科学及工程领域，他们分别是：M. 维斯维斯瓦拉雅（M. Visweswaraya，1861—1962）；钱德拉塞卡尔·文卡特·拉曼（Chandrasekhar Venkat Raman，1888—1970），同时也是诺贝尔奖得主；A. P. J. 阿布杜·卡拉姆（A. P. J. Abdul Kalam，1931—　），而后成为印度共和国总统（2002—2007）。有 8 名印度科学家或工程师曾任美国国家科学院（U.S.National Academy of Sciences）的外国院士，超过 40 名印度科学家曾任英国皇家学会（U.K.Royal Society）会员。

古印度时期的科学

早期的印度河流域文明源远流长，考古学家至今已在 1500 多个地方发掘了丰富的科学文化遗迹。这些遗迹产生于公元前 2750—前 1900 年，包括系统化的城市规划与构造、精美的青铜制品和雕塑作品。吠陀文化（约公元前 1500 年）出现在印度河流域文明之后，期间的遗迹包括洛塔尔港口（现位于印度古吉拉特邦）。从出土的海娜花、皂角、葡萄、油甘等可看出，印度当时的农业文明十分先进。公元前 5 世纪，印度的教育水平也毫不逊色，当时的教育中心位于那兰达大学（Nalanda University，位于现在的比哈尔）地区。恰拉克（Charak，约 2 世纪）和苏司陆（Sushrut，约 4 世纪）在阿育吠陀（Ayurveda，又称生命科学）等领域的成绩斐然。约有 300 多种不同的外科手术方法步骤和 100 多种仪器为世人所熟知；著名的外科手术教科书《苏司陆·吠陀本集》（*Sushrut Samhita*）中详细介绍了鼻整形术等技术。

事实上，阿拉伯数字是在印度诞生的，而后经由阿拉伯国家传到西方。5 世纪，阿耶波多一世（Aryabhata I）估算出地球和月球的直径，记录地球绕轴自转，计算出地球圆周与直径的圆周率（π）值，并精确到小数点后 4 位。与此同时，十进制概念诞生。到了约 7 世纪或 8

世纪时，婆罗摩笈多（Brahmagupta）研究出二阶不定方程的解法。到13世纪，包括纳佳遒纳（Nagarjuna，10世纪）在内的印度人在化学方面也取得了丰硕的成果。如今，位于印度梅劳里德高约7.2米（23英尺8英寸）的铁柱，历经1500多年却不生锈，这便是印度当时冶金技术的最好见证。阿克巴大帝（Akbar）统治时期（16世纪末）的文字史料还涉及一些天文数据，他的儿子贾汗季（Jehangir，1569—1627）系统地对鸟类、爬行动物和其他动物的行为进行了记录，还将陨铁打造刀剑的方法记录下来。在这个历史阶段，还留下许多建筑奇观，但在科学领域未有过多建树。1600年，东印度公司以商人身份进入印度，并逐渐得到统治权。

英国统治下的科学发展

1773年，英国政府派遣一名总督到印度，随后印度战火不断，此时科技发展并未被放到首要的位置。但是，军事部署客观上却促进了火箭的研究发展，这些发展是在提普苏丹（Tipu Sultan）王宫迈索尔（Mysore）的支持下进行的，并于1792年用于斯赫里朗格阿帕特塔纳战争（Srirangapatana battle） 中。1718—1734年，一个名为萨瓦伊·贾伊·辛格二世（Sawai Jai Singh II）的国王出于个人利益，建立了5座太阳天文台，其中有2座保存至今。1767年，东印度公司建立了印度测绘局（Survey of India），此举是为了便于进行税收和其他管理工作，而并非出于研究目的。1784年，孟加拉亚洲协会（Asiatic Society of Bengal）诞生。1847年，工程学院（College of Engineering）成立[如今被称为印度理工学院－鲁尔基（Indian Institute of Technology Roorkee）]，这是第一所工程技术院校，随后其他院校相继成立。

1853年，印度的第一列火车从孟买开往塔那，但当时工业和科学发展总体水平还未发生很大变化。1857年建成三所大学，分别在孟买、加尔各答和马德拉斯（即现如今的孟买、加尔各答和金奈）。同年，印度第一次为争取自由的战争爆发，史称印度士兵叛变。而后印度地质调查所（Geological Survey of India，GSI）与印度植物研究中心（Botanical Surrey of India）分别于1861年和1890年成立。1873年，印度加尔各答市引进有轨列车，后暂停运营，1900年又以电气形式再度启用，这款列车由安装在电杆上的电力线提供动力。此时，科学领域的研究还未受到英国政府的严格控制。加尔各答印度科学培养学会（Cultivation of Science in Kolkata）于1876年成立，培养出许多人才，其中P.C.罗（P.C.Ray，1861—1944）可称得上是印度化学及相关领域研究的始祖；而J.C.博斯（J.C. Bose，1858—1937）比意大利物理学家马可尼（Marconi）更早发明了无线传输。

印度于20世纪出现复兴，随着1902年科学咨询委员会（Board of Scientific Advice）成立，1904年《大学法》（University Act）诞生，印度引进了科学课程。数学家斯里尼瓦瑟·拉马努金（Srinivasa Ramanujan，1887—1920）的定理与论证引发了全世界关注，并受到英国剑桥大学（Cambridge University）G. H. 哈代（G.H.Hardy）的肯定，并于1918年成为英国皇家学会的一员。工业家J. N. 塔塔（J. N. Tata）的梦想是成立印度科学院（Indian Institute of Science，1909），他的梦想因为获得迈索尔（Mysore）国王赠地而得以实现。政府于1911年成立印度研究基金会（Indian Research Fund Association）。阿拉哈巴德大学（Allahabad University）的化学家萨提亚·普拉卡什（Satya Prakash）与他的同事于1913年创立了一个科学委员会（Vigyan Parishad），进行印地语研究期刊的出版。印度科学会议协会（Indian Science Congress Association，ISCA） 于1914年成立。J.C.博斯（J. C. Bose）于1917年成立加尔各答百色学院（Bose Institute in Calcutta），其成就被称为“复兴前的黎明”。1930年，拉曼（Raman）在光散射领域的研究获得诺贝尔奖（包括拉曼效应），并于1998年被美国化学学会（American Chemical Society）评为国际化学史上的里程碑式成果。S. N. 玻色（S. N. Bose）（基本粒子玻色子便是以其名字命名的）与梅格纳德·萨哈（Meghnad Saha）分别对玻色—爱因斯坦凝聚体及高温电离方程进行了理论研究工作。

1929年，印度农业研究委员会（Indian Council of Agricultural Research，ICAR）成立。20世纪30年代是印度民族主义时期。1938年，国家科学规划委员会（National Planing Committee on Science）经印度国会（Indian National Congress）审议通过成立，届时尼赫鲁（Nehru）担任主席。1940年，工业与科学研究委员会（Board of Industrial and Scientific and Industrial Research）成立，科学与工业研究理事会（Council of Scientific and Industrial Research，CSIR）于1942年成立。在此期间，在慈善家和工业巨头J. N. 塔塔与G. D. 比拉（G.D. Birla）等人的大力支持下，科学领域取得了不少成就。

印度独立后的科学

印度首任总理尼赫鲁（Nehru）毕业于剑桥大学科学系，其在执政中坚持实施科技发展的战略，并将此战略延续多年。原子能与航天领域的管辖一直由总理负责。尼赫鲁对科技的热情推动了1958年印度首个科技政策的出台。此时，政府虽主要将注意力放在食物、动力、水、健康等基本问题上，但基础科学在高等院校、印度的理工学院以及科研机构得到了繁荣发展，如坐落于班加罗尔的印度科学研究所。

印度科学与工业研究理事会现今已成为由总理担任主席的法定机构，并得以蓬勃发展。这一机构成立于1985年，在当时仅是科学和工业研究方面的一个小部门，由科技部（Science and Technology，S&T）管辖。CSIR下设有37所科研机构，研究课题丰富多样，涉及基础物理、医药和避孕药物、手动泵、飞行器等领域。随着联邦政府农业部部长担任主席，ICAR对94所科研机构和45所高等院校农业方面包括奶制品、禽肉和水产的研究和教育进行协调。印度农业研究委员会对印度的农业发展做出巨大贡献，到20世纪60年代，粮食实现了从严重依赖进口到有所盈余。

1954年，在成立原子能部门（Department of Atomic Energy，DAE）时，一名曾在剑桥大学接受过培训的工程师、物理学家卡文迪什（Cavendish）和霍米·J. 巴巴（Homi J. Bhabha）起到了关键作用。原子能部门设有5个研究中心、3个工业组织、5个公共事业单位和3家服务性组织，负责处理核能、核辐射，以及在能源、农业、工业等方面的应用。从基础科学到相关技术，甚至是核医学（塔塔纪念中心，Tata Memorial Centre）都由这一机构负责。印度是国际热核试验反应堆计划（ITER）的成员国。国际热核实验反应堆计划共有七个成员国，协作建立托卡马克反应堆，从而实现能源核聚变的运用。同时，印度也是日内瓦大型强子对撞机［也称为欧洲核子研究委员会（European Organization for Nuclear Research，CERN），CERN是一家进行核研究的欧洲组织］试验的参与方。

印度的核能源生产量仍然较少；煤炭仅能提供能源需求量的55%。煤炭由一个单独的部门负责，包括煤炭和褐煤储藏的勘探、开采、煤炭焦化方面的研究，合成油的生产以及其他煤炭相关的问题。石油和天然气部门（Ministry of Petroleum and Natural Gas）负责煤炭的勘探与管理工作。其公共部门单位，即石油和天然气集团（OiL and Natural Gas Corporation），负责石油的勘探及钻探，如今已有多家私营企业加入其中。这个集团也支持其他相关领域的研究。目前已引进了压缩天然气（每天8700万立方米），大大减少了污染。位于德拉敦的印度石油学会（Indian Institute of Petroleum，为科学与工业研究理事会分支机构）也处理石油相关问题方面的事务。

除天然气、石油、原子能、矿物以外的所有矿物质和煤炭皆由矿业部负责，同时还由印度地质调查所、印度矿山局（Indian Bureau of Mines）、印度斯坦铜业有限公司（Hindustan Copper Limited）以及矿产勘查集团公司（Mineral Exploration Corporation）等国营公共事业部门负责。印度地质调查所从 1861 年开始建立地质数据库，该所开展的工作包括地质测绘、勘探和冰河、环境、天然灾害、地震学等领域的地质研究。

另一位剑桥大学毕业生维克拉姆·A. 萨拉巴伊（Vikram A. Sarabhai）的梦想，促使航天部应运而生。印度迄今为止已具备向太阳发射卫星和发射地球同步人造卫星的能力。这些卫星将继续在通讯、气象预测、灾害预警和资源映射方面发挥重要作用。随着 2004 年教育实验卫星（*EDUSAT*）进入轨道，远程教育发展卓有成效。坐落在艾哈迈达巴德的物理研究实验室（The Physical Research Laboratory）参与了月球样品的研究。作为标志性成就，印度于 2008 年发射了"月船一号"（*Chandrayaan*，字面意思是"月球飞船"），使之绕月球轨道运行，并释放了一颗载有美国及几个欧洲国家有效负荷的月球探测器。

印度还研制了飞机、坦克、核潜艇及导弹，其中最新的导弹是"阿格尼"（*Agni*）系列导弹，其射程高达 3500 千米。对于该领域的研发主要是在 1958 年成立并由 50 家机构构成的国防研究与发展组织（Defense Research and Development Organisation）保护下的网络中进行的。

科技部成立于 1971 年。各邦和联邦属地的科技部（或称科技委员会）皆由科技部发起。科技部共组织 18 个自治辅助机构，这些机构研究的领域范围很广，从植物化石到物理学和天体物理学，再到心脏瓣膜等。除自治辅助机构之外，还包括坐落在德拉敦的印度测绘局，其下设有 18 个专业部门。在位于班加罗尔的高级科学研究所贾瓦哈拉尔·尼赫鲁（Jawaharlal Nehru）中心，有很多知名的科学伟人。科技部也为科学院、大会以及出版物提供支持。

印度海岸线长达 7516 千米，对于天然资源、海洋数据的需求以及其他因素，促使印度于 1981 年成立了海洋开发部（Department of Ocean）。但在 2004 年苏门答腊岛大海啸之后，相关部门重新构建，成立了印度地球科学部（Ministry of Earth Sciences）及 9 个下属机构。印度气象局（India Meteorological Department）是其中一个重要的机构。自 1981 年起，印度在南极建立了三个科考基地，2008 年在北极建立了希马德里科考站（Himadri）。

信息技术部（Department of Information Technology）由通信和信息技术部（Ministry of Communication and Information Technology）管辖，从事电子政务发展的促进，总部位于新德里国家信息中心（National Informatics Centre），各邦均设有分支机构，已渗透到印度境内的 28 个邦和 7 个联邦属地。

印度是第一个成立全国性生物信息学网络的国家。生物部（Ministry of Biotechnology）负责规范管理这一领域的发展。这一部门代表弱势群体和妇女，对如生物技术安全以及该技术运用之类的问题进行监管和调控，尤其是从医学角度进行相关监控工作。在水利部（Ministry of Water Resources）的管辖下，多个组织从事水资源相关的研究和协调。水利部通过中央水务委员会（Central Water Commission）以及 50 个分支机构进行研究工作。其另一下属机构，中央地下水委员会（Central Ground Water Board）负责水资源相关方法的标准化。环境和森林部（Ministry for Environment and Forests）负责对自然资源的保护，属联合国环境规划署（U. N. Environment Program）理事会之一；它为环境和森林领域的研究提供资金。也有很多非政府机构，其中包括新德里的塔塔能源研究所（Tata Energy Research Institute），该研究所的所长曾任政府间气候变化工作小组（Intergovernmental Panel for Climate Change）主席，也是2007年的诺贝尔奖获得者。几个机构正在对包括氢气在内的替代能源进行研究，其中包括原子能部，位于德拉敦的印度植物调查局（Botanical Survey of India）、印度森林调查局（Forest Survey of India）和位于加尔各的印度动物调查局（Zoological Survey of India）负责记录各种植物和动物物种，同时也对珊瑚礁、湿地和红树林进行研究。印度有99座国家公园、513个野生动物保护区、41个休耕保护区和4个自然保护区，另外还有39个动物园。坐落在北阿坎德邦阿尔莫拉戈西卡塔玛的喜马拉雅环境与发展G. B. Pant研究所（G. B. Pant Institute of Himalayan Environment and Development），主要针对喜马拉雅地区环境进行研究。有些邦设有自己本邦的研究中心，如古吉拉特邦在本邦甘地纳加尔成立的生态教育和研究基金会（Ecological Education and Research Foundation）。

卫生和家庭福利一直是印度发展的重中之重，一部分原因是其处于热带。1949年，印度研究基金协会（Indian Research Fund Association）进行重新设计，并加入新德里的印度医学研究理事会（Indian Council for Medical Research）。该理事会是由联邦卫生和家庭福利部（Health and Family Welfare）部长领导下的高级组织。理事会通过21个研究机构和5个区域中心推动医学方面的研究，并授予政府奖励津贴和研究奖。许多院校、机构以及高校也从事医学研究工作。肺结核、黑热病、疟疾、丝虫病、蚊媒病和人类免疫缺陷病（艾滋病，HIV/AIDS）等疾病通过研究和宣传活动已得到一定解决与控制。

印度由于其绵长的海岸线与山链，以及日照区广阔无边的土地，在水能、波能、风能、地热能和太阳能开发利用方面有巨大的潜力，水电站随处可见。新能源及可再生能源部（Ministry of New and Renewable Energy）下设多个自治组织，从事可再生能源、生物能（包括生物燃料）以及合成燃料等方面的工作。一些私营企业也涉足风力发电领域。

印度铁道部（Ministry of Railways）通过其设立在勒克瑙的研究设计和标准化组织推动研究工作，其是由中央标准办公室（Central Standards Office，成立于1930年）以及铁路试验和研究中心（Railway Testing and Research Centre，成立于1952年）组合而成的。

印度有许多学术协会，部分协会专门从事分支学科研究。最突出的协会是位于新德里的印度国家科学院（Indian National Science Academy），其前身为印度国家科学研究所（National Institute of Sciences of India），以及坐落在班加罗尔的印度科学院（Indian Academy of Sciences）和坐落在阿拉哈巴德的国家科学院（National Academy of Sciences）。INSA也负责与外国学术界之间进行的科学家交流项目。印度科学会议协会（Indian Science Congress Association，ISCA）每年都举行盛大的科学家见面年会。

印度独立后，国际合作方面也有一定的发展，虽然印度在研究出版方面的份额只占很低的比例，约2%，但印度已在几个特定领域遥遥领先。从2008年开始，科学方面的预算已经翻倍，并设立了许多鼓励优秀工作的奖项，包括每年由科学与工业研究理事会颁发的S.S.巴特纳格尔奖（S.S. Bhatnagar Awards）。为了鼓励年轻的科学家，印度国家科学院（INSA）与科学和工业研究理事会每年给年轻的科学家授予许多奖项。印度国家科学院和印度科学会议协会也设立了许多奖章、捐赠基金以及其他奖项，另外还有科研机构、私人依托以及其他组织设置的奖项。最杰出的科学家会得到上议院（Rajya Sabha）的提名。作为特例，著名的热电离萨哈方程发现者米格纳德·萨哈（Meghnad Saha）于1952年作为无党派独立候选人，赢得了议会选举。

印度的科学传播

《印度宪法》（Indian Constitation）第 51A（h）条认为，发展科学的秉性、人文主义、探求精神与改革精神属于基本职责。有鉴于此，印度独立后，传播科学是所有政府传播机构的职责之一。物理学家，卡林加（Kalinga）奖获得者纳伦德·K. 塞加尔（Narender K. Sehgal），作为印度科学的传播者，曾在写给联合国教科文组织（United Nations Educational, Scientific and Cultural Organization）的概念性文件中指出，每个人都应至少具备一些科技知识，即使每个人所掌握的基础知识可能不同。

历史科学传播实践

许多有关科学和数学的书籍是古印度时期编著的，并且大多数采用梵文编写，其中包括谜语的编写。可能由于书籍复制的约束性，导致没有可用于编写流行作品的著作。当时的书籍是手工刻在干燥的树叶上保存的，所以也可能是遭到了侵略者的破坏。早在 1866 年，阿里格尔穆斯林大学（Aligarh Muslim University）创始人赛义德·艾哈迈德（Syed Ahmed）便为印度语传播科学做出了巨大努力。J.C. 博斯（J.C. Bose，1858—1937）发表公开的试验性演讲。20 世纪早期，鲁奇·拉姆·萨尼（Ruchi Ram Sahni）进行了自行车科普演讲，他来自班贾布地区，是一位实验经验丰富的化学教授，师从英国物理学家欧内斯特·卢瑟福（Ernest Rutherford）。诺贝尔奖得主拉曼是科学课程的伟大演讲家。早在 1924 年，伟大的文学家拉胡尔·桑喀理椏央（Rahul Sanskrityayan）便发表了用印地语撰写的第一本科幻小说《二十二世纪》（*Baaiisavee Sadee*）。在一本纯印地语的文学杂志《萨拉斯沃蒂》（*Saraswati*）（以印度教的学神命名）中，刊登了 20 世纪上半叶许多著名作家创作的广受大众喜欢的文章。奥斯卡奖获得者兼电影业名人萨蒂亚吉特·雷伊（Satyajit Ray）编写了儿童科幻小说。随着不同技术的出现，科学传播的发展也实现了飞跃，印度产生了 4 名国际卡林加（Kalinga）奖获得者。为纪念拉曼首次获得诺贝尔奖，2 月 28 日被定为科学日。

如今的印度，出版物、展览会、直接互动、无线电广播以及电视节目均为印度常见的科学传播渠道。政府通过各个部门创立许多项目，但历年来，不仅有政府支持，非政府机构在科学传播方面也发挥了重要作用。

政府机构的科学传播

隶属于科学与工业研究理事会的印度国家科学交流和信息资源研究院（National Institute of Science Communication and Information Resources，NISCAIR）主要负责收集和管理科学信息，至今已出版 60 多种英文畅销科学书籍、28 种印地语畅销科学书籍以及多部百科全书。印度国家科学技术交流理事会（National Council for Science and Technology Communication，NCSTC）作为科技部的一个组成机构，是科技传播的最高级别机构，其为《印度科学传播杂志》（*Indian Journal of Science Communication*）出版提供资金。更重要的是，它为许多科学普及活动提供激励和支持，如全国少年科学大会（National Children's Science Congress）、科学活动研讨会、教师科学大会（Teachers' Science Congress）、科学型电影和科学传播培训研讨会等。

文化部（Ministry of Culture）下属的印度科学博物馆全国理事会（National Council of Science Museums，NCSM）是印度最大的博物馆和网络中心。自成立近 40 年，该理事会设立了 27 个科学中心和博物馆，每年接待数百万人次参观。在印度科学大会（Indian Science Congress）的年会上还组织了展览参观，大部分领导部门与组织皆在展览会上展示他们取得的成果。原子能部也专门组织展览会和宣讲活动，以便传播核能信息及其运用知识。

针对普罗大众的科普著述

由位于阿拉哈巴德的科学委员会发行的《科学》（*Vigyan*）是印度最古老的科普杂志，自1915年开始发行。还有许多其他著名的杂志，如位于新德里的国家研发集团（National Research Development Corporation）发行的双月刊杂志《创新发明信息报》（*Awishkar and Invention Intelligence*），同样位于新德里的科学与环境中心（Centre for Science and Environment）发行的《脚踏实地》（*Down to Earth*），喀拉拉邦民众科学运动（KSSP）的《有办法了！》（*Eureka*），印度科学会议协会的《普通人的科学》（*Vaigyanik*），巴巴原子能研究中心（BARC）的《科学家》（*Vaigyanik*，意思是科学家或科学性）、《科学进展》（*Vigyan Pragati*）和《科学记者》（*Science Reporter*）以及印度国家科学交流和信息资源研究院的《科学世界》（*Science ki Duniya*）。科学传播局（Vigyan Prasar）自1997年开始发行《梦想2047》（*Dream 2047*），自2002年开始发行《重要客户网络资讯》（*VIPNET Newsletter*），除此之外，还有区域性方言杂志，但发行量较少。印地语季刊《科幻小说》（*Vigyan Katha*，意思是科学幻想作品）自2002年开始发行，科幻作品与奇幻作品开始流行，风靡于各网络论坛，部分主题甚至引发全国性的讨论。印度农业研究委员会出版了一本畅销杂志《印度农业》（*Indian Farming*），一本半技术性杂志《印度农民》（*Indian Farmer*）和两本印地语期刊，印地语期刊中的一本是以园艺工作者、菜农、苗木培养工为受众出版的，另一本供农民阅读。通常局限于内部流通的资讯在科学机构随处可见，并且一些用印地语写成科学方面的博客也已出现。

科学传播局还出版了供外行人阅读的原创读物、重印本和译本，主要语言是印地语和英语。新闻和广播部（Ministry of Information and Broadcasting）的出版部门也出版了一种涵盖多种语言的科普书籍，本书令人赞叹不已。

报纸界的科普工作较为逊色，为科技保留的版面仅有约2%，且还有缩小的趋势。一些知名报纸，如，《印度人》（*Hindu*）、《印度斯坦时报》（*Hindustan Times*）和《电报》（*Telegraph*）每周仅刊登一次科普副刊讯息，但为科普保留的版面却逐渐缩小。《先锋报》（*The Pioneer*）通常在每周日的杂志上刊载科普方面的资讯。更为有意思的是，区域性方言报纸上为科技留出的版面比英语报纸大。在印度国家科学技术交流理事会的支持下，专门为科技创立的双周小报《科学的态度》（*Vaigyanik Drishtikonn*，意为科学态度）已发行了约9年。

广播节目从20世纪20年代开始播出，农场和家庭每天收听广播节目平均时长为60～100分钟，收听环保类广播节目的时长为5～7分钟。地方性训练机构对工作人员进行科普方面的培训。国家广播电台每周三晚间播出一档科学节目《巴拉蒂科学》（*Vigyan Bharati*），地方电台也是如此，甚至使用当地方言播出，其中多个以科学为基础的连载故事得到普遍赞誉。

从1959年开始，电视的传播范围开始扩大，并特别关注一些奇闻轶事，如1995年的日全食以及2005年的金星凌日。如《卡尔萨根的宇宙》（*Carl Sagan's Cosmos*）、《探索》（*Discovery*）以及《国家地理》（*National Geographic*，印地语配音）等国外电视节目的盛行是自然而然发生的。关于神迹的新闻也十分常见，但媒体同时会为这些现象提供科学性的合理解释，力求达到平衡。

非政府机构的科学传播

非政府机构在印度的科学传播上也起到了

重要作用。全印度民众科学网络（有 40 多家组织机构）以及喀拉拉邦民众科学运动拥有超过 4 万的个人会员。另外，由 70 个组织组成的印度国家科学技术交流理事会广播网已完成其在科普方面的开创性任务，并在印度各地区都有较强的影响力。印度公共知识和科学学会（Bharat Jan Gyan Vigyan Society）和印度人民科学学会（Bharat Jan Vigyan Society）也为印度科学传播带来了不可忽视的影响。

科幻小说的情节日渐丰富。在第八届全国性科幻小说作家大会的会议中，再次审议了阿萨姆语、班加拉语、印度语、埃纳德语、马拉雅拉姆语、马拉地语、旁遮普语和泰米尔语的地位。但是，似乎很久以后才出现真正意义上的印度科幻小说（即使是科学奇幻）电影。科学传播上出现的木偶戏、街头剧以及诗歌等体现了独特且流行的传媒方式。

针对年轻人的科学传播

历年来，针对年轻人的科学传播侧重于主题活动，如，2004 年是科学意识年，2005 年是物理年，2008 年是行星地球年，2009 年是天文年。许多如科学传播局的政府机构、印度地质学会等专业协会以及非政府组织的印度国家科学技术交流理事会广播网的机构都积极出版针对年轻人的书籍，设立相关的项目。

全国少年科学大会在印度国家科学技术交流理事会广播网的协调下，每年都会组织成百上千个针对 10 ~ 17 岁青少年的科学项目，且每个项目主题都是特定的，如“了解我们的环境”等，让孩子们根据特定的主题完成科学项目。印度生物技术部（DBT）通过 23 个邦的 DNA 俱乐部（DNA Clubs）找到相应的受众，参与学生有 30 万之多，环境和森林部通过 84000 个生态俱乐部（Eco Clubs）锁定受众，同时，他们还通过 10000 个左右的组织展开宣传。印度国家科学技术交流理事会广播网已设立约 10000 个 VIPNET 俱乐部（VIPNET-Clubs）。在印度科学大会举办期间，为学生召开的科学会议邀请被选中的学生对他们的项目进行讲解，听取知名中小学生科学专家的意见，并与知名专家互动。

青少年与诺贝尔奖获得者之间的互动属于一个新项目内容，这是由印度科技部最新提议的。2004 年，由印度科学博物馆全国理事会创办的科学列车之旅（Vigyan Rail）获得强烈反响。这个活动在列车车厢里展示了印度科学，自此之后，印度国家科学技术交流理事会延续了这一创意，创办了 2007 年的另一次列车之旅，展品由德国马克斯·普朗克科学促进学会（Max Planck Society）提供。这趟列车共行驶 15000 千米，路过了 57 个火车站，217 天里共搭载 220 万参观者。

对科学传播的认可

政府机构和非政府机构为科学普及与科学写作设立许多奖励及奖项，如印度国家科学技术交流理事会的国家奖（National Awards）、印度国家科学院的英迪拉·甘地奖（Indira Gandhi Award）以及其他丰富多样的奖项，其中包括邦政府、杂志、报纸和私人组织及其他非政府组织设立的一些奖项。除此之外，还有许多部门设立奖金，鼓励对科学普及和科学方面的写作，尤其是用本国语言写作。

结　论

古印度科学对全世界产生了影响，但由于多方面的原因，这一势头没能继续延续下去。19 世纪后期至 20 世纪初期，印度再次出现了一些出色作品。印度独立后，部分研究机构大幅发展。科技在农业、传播、卫生以及核能等领域的应用也给普通人的生活带来了明显的转变。科学传播态势呈现绝对增长，这一现象在将科研成果转化到民生方面起到了十分重要的作用。

撰 稿 人：Chandra Mohan Nautiyal

另请参阅：Bioinformatics；Nuclear Power；Particle Accelerators；Satellites，Science of；Science Centers and Science Museums

参考文献

[1] BHARGAVA P M，CHAKRABARTY C. The saga of Indian science since independence：In a nutshell [M]. Bangalore，India：University Press，2003.

[2] Indian National Science Academy. Pursuit and promotion of science：The Indian experience [M]. New Delhi，India：Author，2001.

[3] MISRA S G.（Ed.）. Hindi mein Vigyan Lekhan ke 100 varsh [100 years of science writing in Hindi]（Vols.1–2）[M]. Uttar Pradesh，India：Vigyan Prasar，2001.

[4] MUKHOPADHYAY P K. Sir J. C. Bose's diode detector received Marconi's first transatlantic wireless signal of December 1901（The "Italian Navy Coherer" scandal revisited）[J]. Proceedings of the IEEE，1998，86（1）：259–285.

[5] NAUTIYAL C M. A look at S&T awareness：Enhancements in India. Journal of Science Communication，2008，7（2）：A 01，1–10.

[6] Proceedings of the 8th National Conference for Science Fiction Writers at Aurangabad，Maharashtra，India [EB/OL].（2006–11）. www.vigyanprasar.gov.in/dream/dec2006/Eng%20December.pdf.

[7] RAJAGOPAL N R，QURESHI M A，SINGH B. The CSIR saga. New Delhi，India：Publication and Information Division，1991.

[8] SCHOLBERG H. The biographical dictionary of greater India [M]. New Delhi：Promila，1998.

Inductive Logic 归纳逻辑

所有的科学探索都依靠逻辑推理进行，而十分重要的是，科学传播人员需了解某一特定科学发现背后的逻辑类型。归纳逻辑是科学上常用的一种逻辑类型。要给归纳逻辑下定义，首先要了解一般意义的逻辑是什么，然后才有可能具体解释归纳逻辑的定义。

一般情况下，人们常将逻辑看作推理的原则和关系。逻辑注重论证，但并非是比较谁更愤怒，更确切地说，逻辑语义里的论证指在一组两个或两个以上的表述中，至少有一个表述（前提）被称为另一个表述成立（结论）的原因。

大部分情况下，归纳逻辑可以通过以下几个方面与演绎逻辑进行区分。演绎论证法的特征是其前提和结论之间存在一种必然关系，而归纳论证法为结论正确的可能性提供了思维上的支撑。因此，归纳论证法中前提和结论之间的关系是以概率为特征的。

归纳论证法有许多类，在统计论证只有唯一一种可能的情况下，其往往是归纳推理的很好例证。如有可能打出全垒打的击球运动员是击中更多的那个而不是击中少的。以迹象观察法为基础的论证通常是进行预测，但也属于常见的归纳论证法，天气预报便是很好的例子。其他归纳形式是政府机构的要求，其论据是否充分取决于其论证历史、论证质量以及论证能力。

历史和惯例可以作为有效的预测依据，但仅建立在二者相关的条件下。如在过去，太阳每天升起是一个事实，这可以作为太阳明天将继续升起的理由。过去看到太阳升起的论据为实证主义。这个论据来自人们的认识以及对大自然事实的记忆。在此情况下，以往（过去）的实践是对未来行为的实证预测，除非有其他证据或原因能有助于预测传统做法的变化。

同时，类推法也是归纳论证法的常用方法。如假设在生物学上，具有相同特征的动物的DNA往往比具有不同特征动物的更为相似。这种类推法非常适用于测试，医药研究中之所以选择白鼠为实验动物，是因为它们的免疫系统和人类免疫系统十分相似。实际上，通过类推法在白鼠身上进行的成功对抗疾病的研究，可用于开发相同或相似的治疗以帮助人类。

归纳逻辑是科学和技术研究的重要工具。科学家已不只是做预测而已了。归纳推理在学习事物发生规律或如何发生上也是至关重要的。如，一个人在面对功能出现问题或可能爆炸的太空飞船时，往往会进行创新性搜索，搜索可能解释功能障碍的假设。一旦有了一个理论，这个人便可以创造出验证理论的方法。

有些理论分析可能涉及演绎推理，包括相关定义、物理规律以及人们思维范畴。这些分析还可能与论证问题条件产生的特定结果的可能性有关。在理论科学上，学者们往往从原则出发，或从某一问题与其他原理或实证事实相对应的问题出发。理论科学更侧重于演绎证明，虽然对其的验证往往包括找出理论归纳证据的方法。而实证科学的工作往往侧重于归纳推理。

归纳推理的一个重要目的是考虑问题发生的原因。如一个人来到医生办公室时，医生会提出许多问题，以找出导致病症出现的问题与相关证据。给患者做诊断时，演绎推理往往是必要的，如通过患者的病症来判断其所属疾病类型。同时，诊断的关键要素取决于对最重要和相关症状的判断，并常常给予归纳推理，特别是由于症状是潜在病因的迹象。

对于患者病史上的某些因素只是不相关的事实，还是与潜在的相关症状有关，这些有时只能提供概率原因。对于医学、技术、汽车安全试验和任何能够预测或决定因果关系的领域都会做因果推理和研究。

关于哲学争论的结果是值得一提的，因为这包含了演绎推理与归纳推理之间的关系。虽然许多学者通常偏爱归纳，因其涉及一种被人们称为真理保护的东西——当前提正确时，结论当然也是正确的——而自称实证主义的学者则主张，因为有实证性的归纳证据，所以演绎规则是已知的。实证主义将这个观点打上了归纳法问题的标签。对于那些认为演绎产生的确定性大于归纳的人来说，就存在这样的问题。

持相左意见的学者采取多种方法进行解释。如了解宇宙的物理规律，或通过实证研究和归纳推理的经验来了解化学合成的过程，这之间并不矛盾。虽然任何一种方法都可能带来对宇宙新事物的学习，但演绎逻辑涉及的推理种类和归纳逻辑涉及的推理类型大相径庭。

撰稿人：Eric Thomas Weber

另请参阅：Deductive Logic；Scientific Method

参考文献

[1] COPI I M. Introduction to logic [M]. New York：Macmillan，1986.

[2] HURLEY P J. A concise introduction to logic [M]. 8th ed.Belmont，CA：Wadsworth，2003.

[3] TOULMIN S. The uses of argument [M]. New York：Oxford University Press，1994.

Information Seeking and Processing 信息搜索与处理

在科学传播的大背景下，对于信息搜索及处理的研究主要专注于能给人们带去科学资讯的方式，以及人们了解这些科学资讯后如何运用。对于无数从业人员来说，对这一领域的研究都是十分有价值的，包括有志于让公众（和政策制定者）对自身工作建立了解的科学家、教育家、科学博物馆管理人员，也包括致力于最大化发挥传播干预，从而让公众获知的学者们。搜索和处理往往可根据动机因素和花费的精力进行探究。

信息搜索

人们搜索信息的过程中，可以只花费很少的精力，但也可能花费大量的精力。因此，信息搜索往往是根据其强度而进行概念化的。强度可包括两个不同维度：①搜索每个信息源花费的精力。②搜索信息源总量。信息搜索可能涉及人与人之间的互动以及中介信息源——并且常常需将二者结合起来。在精力方面，信息搜索往往一分为二，分为主动和被动。相比而言，主动搜索是更加以目标为导向的行为，而被动搜索则是更仪式化的行为。在有大众媒介介入搜索的情况下，主动搜索具有被激化而运用非常规媒介的特征，受到特定动机因素的驱使，如解决问题或取得自主权等。主动搜索可能包括的内容有在互联网上用搜索引擎搜索气象变化信息等。而相形之下，被动搜索则具有更加常规、习惯性的特征，且还具有非一般化扫描自身环境之外的特定目标而驱动的特征。习惯性扫一眼早报或定期浏览某个网页这样的行为，就是一个被动搜索的例子。虽然被动搜索听上去可能有点自相矛盾，但被动搜索的含义是比完全没有搜索的行为更进一步，也就是捕获信息。这种一分为二，类似于使用和满足文献所带来的结果，引发了工具化媒介和仪式化媒介对这些术语的使用。

被动搜索可作为通向主动搜索的端口。激励因素往往决定了从被动到主动寻求的需求，包括对感知信息的需求或对感知信息渠道的需求，这些可帮助满足需求的可及性，以及不断变化的环境要求（多重任务、截止日期等）。在需求感知方面，个人相关性感知起到显著作用，因此，如果相关性增加（如有人生病），则搜索所花费的精力和搜索的信息源数量也会增加。多渠道信息搜索可能不仅涉及需访问的主要新闻媒体和互联网，还包括寻求家人、朋友和专家的帮助。在某些情况下，搜索可能不止一分为二，可能更多样。

在更好地了解信息搜索行为的摸索尝试过程中，必须十分小心，不能过度简化搜索行为，研究人员必须对潜在的差异来源进行解释说明。这就意味着研究人员必须考虑驱使信息搜索的目标以及搜索发生的实际情况。

另外，了解信息搜索的复杂性很可能也意味着了解信息搜索与信息处理和获取知识之间的关系。可以说，信息搜索在绝大多数情况下，对于信息处理是必要的先决条件——也就是说，一个人处理信息之前，他必须最先接触到信息。虽然有时个人可能会收到主动信息（如宣传栏、来路不明的电话、偶遇新闻报道等），总体来说，接触信息意味着这个人至少要打开电视、拿起报纸、拿起手机或将电脑接入互联网等。所以问题在于，信息搜索和信息处理之间有什么关系？通常情况下，如果一个人需要信息，可接触到或感知到的渠道不止一个，并且该渠道可用性强，与他对信息的处理强度、需求感知、便利性和有效性的强度相一致——也就是说，搜索的强度与他对所接触到的信息进行处理的程度成正相关。一个人搜索信息时越主动，越可能主动地对信息进行处理。如果可用渠道少，这种做法的程度或需要则进一步提高，然而，最终产生影响的是信息处理过程，而非信息搜索。因此，我们现在必须将注意力放在信息处理上。

信息处理

为了解信息处理的概念，首先要从社会心理学和心理学历史角度出发进行回顾。这些历史为这两门学科贡献了相似的信息处理即双重处理模型，描述了两种处理风格，从本质上说，分别是无意识与有意识。

第二次世界大战期间，军队要求英国心理学家提高飞行员对军用飞机复杂操控台的学习能力，主张远离行为主义，并将注意力放在信息处理上。通信技术对于此工作来说十分关键，因为当时对信息传输感兴趣的通信研究人员正在研究与电话接线员之间的信号切换技术。该研究对于那些对人类信息处理感兴趣的心理学家来说很有用处，因为他们认为，人类可被视为英国拓展的电话网络的信息接收器和发送器。

此后不久，这种以技术为基础的信息传送方式演变成了人类对信息处理的计算机隐喻。从此便出现了新型短时记忆、长期记忆、处理能力、信息恢复和信息存储的功能。但而后一些心理学家意识到，以技术为基础或以计算机模拟的信息处理是存在缺陷的。随着心理学家对大脑功能了解的日益加深，一个事实越发明显，即标准的计算机模拟不能解决生命体获取信息的方法。如生命体可以自动（有时是主观地）投入时间和资源，并对任务进行处理。有时，这种对于资源的分配很可能是在无意识的情况下产生的，而有时生命体必须有意识地调配精神资源来完成特定任务。由于这个原因，从 20 世纪 70 年代开始，对人类意识的研究成为资源配置和关注相关开发研究中的一个重要方面。

研究人员还应将这种有意识模式与自动模式进行对比，以处理注意力之外的活动。对于有意识的注意来说，有意识地处理是一种刻意行为，是不限制意识的，并需要注意的关注。另外，自动模式处理无意识行为，只要耗费很少意识资源或不需要耗费意识资源便可做到。习惯性接触某个刺激因素（或只是某个行动）是可能产生自动处理活动的促进因素。但有意识的处理行为更能引发主动学习，这是一个刻意的心理过程。

随着对心理学关注的不断发展，大众传播研究也发生了转变。对于受众效果感兴趣的媒体研究人员也从媒体影响的直接影响模型转向更加有限的影响模型。虽然第一次世界大战之后的情况似乎确认了直接影响模型［如德国迅速崛起的纳粹主义便是明显的本国国内与国外的政治宣传影响，还有于1938年大肆宣扬的广播播出的H. G. 威尔斯（H. G. Wells）的《世界大战》(*War of the Worlds*）的听众反应]，但后来的社会科学家给受众加上了轶事的标签。更为科学的研究表明，媒体的说服力取决于大量的调解力量，包括对于信息来源的认知。

20世纪后半叶，一个十分明显的现象是，大众传媒环境下的信息处理模型（至少）需说明两种处理模式：有意识的和无意识的。而另一个明显现象是，无论是否由有意识或无意识处理引发的传播效应（如说服力），都将受到多种变量的影响。这些因素都是发展至少两种信息处理理论的关键：精细加工可能性模型（ELM）和启发系统式模型（HSM）。

精细加工可能性模型理论系指单个个体屈服于说服性沟通的认知过程。这个理论是由理查德·派蒂（Richard Petty）和约翰·卡乔鲍（John Cacioppo）于1981年前后提出的。这一模型揭示了劝导的两条途径——核心途径和外围途径。核心途径包含努力进行的认知活动，并很有可能引起对信息的细致评估，而外围途径则包含简单暗示的使用，很有可能引起对消息内容的草率评估。这种线索可能包括对信息源的感知、对信息的设计元素等。由于核心途径需经过更多努力，依赖信息加工而非暗示，所以核心途径产生的态度转变比外围途径产生的更加持久，且更有可能引起行为上的改变。在处理过程花费的努力更多时，人们认为自己与对方共同努力将信息与他们所知信息整合在一起。但外围途径对于加工来说，尤其在短期内，当个人有实际条件或受加工限制时，对于信息发出者和接收者来说都是有效的。

与精细加工可能性模型类似，启发系统式模型指出了通向劝导的双向过程之间的区别。按照该模型创始人谢利·柴肯（Shelly Chaiken）所说的，这两个过程是以启发式和系统式来设计的。系统式处理是复杂的、分析性的，是需要付出努力的。然而，这种加工方式具有广泛性，并仍然有效。而从另一方面来说，启发式处理更侧重于简单的规则或快捷方式，以帮助处理人迅速且高效地完成判断。启发式处理倾向于只采用最低级别的努力与认知力。启发式处理避免了对信息内容进行详细的加工，相反，它侧重于信息的外围特征。除此之外还包括信息源的识别，这些特征包括专家来源（人们认为专家是可信的）、对信息源的喜爱程度（更喜欢的来源更可信）、信息格式（设计精巧的信息更可信）和信息长度（越长的信息越可信）。

这两种模型中使用需求感知来形成判断有可能是由外部压力（如感知到别人可能会询问信息相关的问题）或内部压力（如在处理信息的时间和精力有限的情况下，对收到信息的有效性进行评估或接收信息内容的需要）导致的。当一个人不认为深入的处理是非常重要的，或当个人希望避免相悖的信息时，两个模型都主张努力越少，带来的问题也可能越少。付出努力的多与少之间的区别类似于有意识地与自动进行双处理的区别，这在早期心理学中已有一定发展。正如有意识的处理一样，系统式的核心途径被视为是可控且刻意的。但是启发式和外围途径却很难与无意识的处理相匹配。这一理论为精细加工可能性模型和启发系统式模型提供了依据，使外围－启发式处理成为刻意且有意识的。

这一理论为精细加工可能性模型和启发系统式模型在信息处理概念化方面有许多相似之处。但有一明显区别是，启发式处理的定义比外围途径处理更狭窄且更明确。外围途径处理可能包括简单的决策暗示，可将启发式处理解释为通过使用储存模式、印象等汲取决策规则。两个模型之间存在的另一显著的差异是，启发系统式模型能够容许两种处理模式共存，而不需要进行权衡。也就是说，一个人可以同时进行启发式和系统地信息处理，并且能高效地取得成功。精细加工可能性模型并没有明确解决共存问题，而是更加支持将核心途径处理作为最理想的处理模式。启发系统式模型也解决了理论与方法上相关的问题。最后一个显著差异是除了对准确性的追求，启发系统式模型能够允许多个处理目的同时存在，而这是精细加工可能性模型强调的目的。启发系统式模型允许为保护自身地位而激发的处理，并且出于这一需求形成最初印象的处理。鉴于最后一点，启发系统式模型似乎不仅适用于倾向带来态度变化的信息，更适用于完全引入新概念的信息。

搜索和处理之间的连接

过去十年间，许多研究涌现，这些都发生在对某一科学或风险沟通情况下的信息搜索及信息处理的探讨。罗伯特·格里芬（Robert Griffin）、莎朗·邓伍迪（Sharon Dunwoody）和库尔特·诺伊维斯（Kurt Neuwirth）于 1999 年也开始这样的研究计划。这几位研究人员将上述的信息搜索和信息处理的概念整合到一个模型里，称为风险信息搜索和处理模型（RISP）。这一模型产生的目的在于将来自不同文献的重要信息集合到一起，用一种适用于一般情况下的风险沟通的方式进行连接。这个模型假定 7 种理论联系，这些理论联系是用于预测风险信息搜索和处理的：

（1）对风险特征的感知，如对可能带来伤害的感知。

（2）对风险的有效反应，如担心。

（3）对社会压力的风险感知（信息主观规范）。

（4）对风险所需信息量的需求（信息充足程度）。

（5）对不同媒体渠道的有效性和合法性的信任。

（6）信息收集能力感知。

（7）个人特征。

对于风险信息搜索和处理模型的支持有许多，因为这一模型解释了针对受到污染的可食用鱼类与饮用水问题有关信息搜索和信息处理之间的差异，还解释了五大湖的卫生情况以及与全球变暖相关的信息搜索。这些研究表明，上述 7 种因素皆是信息搜索和信息处理的显著的预测因素，且这些因素整合到一起能够解释两个概念之间 50% 以上的差异。

撰 稿 人：LeeAnn Kahlor

另请参阅：Risk Communication，Overview

参考文献

［1］EAGLY A H，CHAIKEN S. The psychology of attitudes［M］. New York：Harcourt Brace，1993.

［2］GANTZ W，FITZMAURICE M，FINK E. Assessing the active component in information seeking［M］. Journalism Quarterly，1991，68：630-637.

［3］GRIFFIN R，DUNWOODY S，NEUWIRTH K. Proposed model of the relationship of risk information seeking and processing to the development of preventive behaviors［J］. Environmental Research，1999，80：230-245.

［4］GRIFFIN R，NEUWIRTH K，GIESE J，et al. Linking the heuristic-systematic model and depth of processing［J］. Communication Research，2002，29：705-732.

［5］KAHLOR L，DUNWOODY S，GRIFFIN R，et al. Seeking and processing information about impersonal risk［J］. Science Communication，2006，28（2）：163-194.

［6］MCGUIRE W. Psychological motives and communication gratification［M］//J BLUMLER，E KATZ

（Eds.）. The uses of mass communication：Current perspectives on gratifications research.Beverly Hills，CA：Sage，1974：167-198.

［7］RUBIN A M. Ritualized and instrum ental television viewing［J］. Journal of Communication，1984，48：67-77.

Information Society 信息化社会

虽然对信息化社会这一主题的研究已经专项化且十分广泛，但这一课题仍然存在一些挑战。这个术语不仅涵盖多个不同种类，而且信息化社会是否存在也是颇受学术争议的话题。即使在认同此概念的人中（可能现在大部分人都认同此概念），也对其起源、性质以及政策含义展开了激烈的争论。但如果将免责放在一边，本节将尝试找到全球信息化社会争论的主要实证主义和规范性潮流。对于努力想掌握社会上的科学信息作用的人来说，这种观念十分重要，因为信息化社会理论的假设是：信息已成为高度发达的现代社会经济基础的一部分。

信息化社会的起源和解释

有人认为，为信息化社会下定义的保险方式是将信息化社会称为以信息为基础或中心的社会。但这种说法意味着每个过去和现在社会都符合这个定义。有关饮用水以及其他自然资源去向的知识对于原居民来说，曾经是并也将仍是文化和经济的中心。因此，对于这种情况更好的表达方式是：信息化社会是一个信息空前丰富的社会，在这个社会里有信息爆炸，因为这样捕捉到的是发达国家当代经验特有的一个方面。

这是日本的研究人员选择的路线，日本社会自称是领先的信息化社会。不仅是因为日本人发明了这个词［1964 年在报纸周刊《朝日新闻》（*Hoso Asahi*，意思是朝日放送）上第一次使用了信息社会[①]这个词］也因为日本不遗余力地尝试对信息爆炸进行测度，从而为信息化[②]提供了确凿的证据，以证明信息化社会的确正在到来。另外，正如谚语所说，一张图片经过估算，能够产生 80 个词的价值（并非是 1000 个），日本年度信息流调查计算了所有媒体的流量数量。最初的调查确认了日本正在经历集中的信息化进程。尤其是在电子媒体领域。调查也发现，点对点通信的繁荣与传统大众传媒大相径庭。事实也是如此，早在 20 世纪 70 年代，日本官员已有预测，继曼纽尔·卡斯特尔（Manuel Castells）［有时也称为“网络社会”（Network society）］之后，个人通信将会是信息化社会的核心，而当今社会正是如此。

对于西方的思想家来说，杰出的代表人士是丹尼尔·贝尔（Daniel Bell），他的著作《后工业社会的来临》（*Coming of Post-Industrial Society*）于 1973 年发表，并且通常被奉为信息化社会论题的基础课本。贝尔立场鲜明，简明扼要，勇于公然挑战，但却明确了其著作的

① Joho Shakai，意思是信息社会。

② Johoka，意思是信息化。

中心主题，即美国经济已经历了从工业生产向后工业服务和信息的重大转变。数据指向的方向已由先驱验证过，即经济学家弗里兹·马克卢普（Fritz Machlup）在《美国的知识生产与分配》（*The Production and Distribution of Knowledge in the United States*，1962）中提出的，后工业服务及信息业已经成为美国最大的产业。马克·波拉特（Marc Porat）等人在确立信息经济这一概念时做了额外的工作，从而证明，自1980年左右起，信息工作者的人数超过了非信息工作者。但是，贝尔却是在这一课题上写出细致且具有说服力的社会学说法的人。他的解释是，蓝领工人已让位于白领工人，多数人的生活已转变为人与人之间的斗争。这个比喻同工业革命一样重要，工厂和大规模生产（制造界的斗争）代替了农耕（与大自然界之间的斗争）生活。社会经济转变的核心是理论知识，而这一知识已取代了过去的试错发明法。按照贝尔的结论，我们所处的时代是新时代的初级阶段，是一个更加科学的时代。迄今为止，还未具体谈及计算机，但作为最卓越的信息化机器，计算机在信息化社会论题中扮演了重要角色。诚然，经济与社会的发展趋势已产生了世界上第一台计算机——电子数字积分器和自动计算器（Electronic Numerical Integrator and Automatic Calculator，ENIAC）。计算机作为一种多功能工具，加快了计算机成为主要角色的脚步，并使其成为一种象征。计算机的进化是从第二次世界大战后初期的巨型主机阶段，发展到20世纪60年代的自动化机器人阶段，再到20世纪70—80年代的信息技术阶段，目前是互联网和网络空间阶段，这些都是信息化社会命题的证据。

近代评论员指出，计算机、通讯和广播的汇流将是未来信息化的轴心，这将迫使商业和社会发生巨大动荡。但信息化社会不能与信息技术应用混为一谈，因为信息化社会已深植于贝尔和其他人的社会经济学元素中。

对信息化社会命题的批判

信息化社会这一命题在学术界遇到相当大的阻力，尤其是在其表现出乐观的形式时。首先，批判者不接受信息化这样一个实用型的定义。确切地说，工业社会究竟要到什么时候才能转变为信息社会？如果衡量的是信息就业或电脑普及，我们指绝大多数吗？为什么不是整体性？如果标准再提高一点儿，包括（比如）分布家庭机器人使用的比例，还是全职远程办公工人的比例？在此情况下，这个社会为索尼公司（SONY）的崛起留出空间了吗？这种吹毛求疵的反对意见反映了人们对于后工业时代的描述仍只是一种预测，一种对社会预测的探索，一个悬而未决的方法论争论，这些可用贝尔的《到来》（*Coming*）这一发人深省的副标题来解释。

另一个常受攻击的论点是，这一命题有愧于技术决定论，之所以站不住脚是因为信息技术莫名其妙地成了无坚不摧之力，指定了社会发展的方向。这种设想或多或少存在于有关新媒体和新技术的流行演讲中，严重低估了所有创新对人文环境的影响。如计算机起源于军事需要，由于不同社会体系的特定要求，如今才有所体现。可以说，是社会让技术成型的，而并非技术让社会成型。许多人甚至对这一命题的有效性产生怀疑，认为信息的性质几近失效。大多数信息系统并不能区分信息的真与假或有无意义。

但是这对于信号工程师来说并不重要，反而可能会对计划员和社会理论家造成很大麻烦。在最初的构想中，即使是脱衣舞表演者也被重新归类为信息工作者，为质疑这个假设，在此有必要给出一个提醒（批判者是这样宣称的），在社会进步的轨道上，信息化社会就是舒适地坐在工业社会上的。

在驳斥这些转变的说法时，左翼思想家争

论称，有一个从未受到过度破坏的基地，那便是精英的力量。虽然一些新的优势资源不断产生，但由于个人主义而诞生的权力阶级几乎没有发生任何动摇。生产方式、高压政治、传播媒体，甚至包括如今的网络空间，仍有很大一部分掌握在原来那些人手中。作为20世纪60年代的唯心主义命题，知识阶级并未在政治上以有效方式联合，尤其是在美国校园里。于是，信息革命只是一个定向的旋转，并不令人惊讶。现实主义者如是说，信息不是且不会是社会上的独立力量，而是分层经济、文化和政治权力关系的一个功能而已。那么问题则变为：这个信息社会是谁的信息社会？

无论这些批判的声音是否可取，后工业社会、信息社会和网络社会这些说法已坚守在学术界、政府和工业的词汇中。并且信息化社会命题的倡议者和反对者至少一致同意对正在进行的一些变化做出反应，这些变化是需要决策者深思熟虑后做出的。本章最后一部分将介绍主要政策的影响。

信息化社会议程的突出问题

上文预测的首要问题是信息的获取问题。如果信息已经取代土地和资本，成为财富的源泉（信息化社会最大化命题），或者说信息对于民众参与社会的重要性提高了（信息化社会最小化命题），那么，获取信息也就成了关键问题。有些人有意将信息时代称为访问权时代，但对于访问权的分配态度却表示极度不平等。各国政界分别讨论了信息鸿沟和数字鸿沟的存在，尤其是随着网络连接的扩大产生的鸿沟。早期的表现形式包括：为缺少信息的社区提供信息技术的直接接入——端口自由、社区赛博自助服务终端。这种技术已逐渐转变为更加精心设计的技术：以信息素养、教育和就业为中心。然而，社会上仍存在严重的不平等现象，尤其是在发展中国家的精英和大众之间。

但导致此问题产生的一部分原因在于访问权问题。从传统意义的合法产权上来讲，信息所有权已成为政策议题上一个容易造成分歧的问题。计算机创始人中流传着一句名言，即信息渴望自由，这虽然作为受欢迎的名言流传了下来，却在最后成为政治保守派理念中根深蒂固的以商品为中心的基础。如新闻记者和高校图书馆管理员不停提出要求，要求保证合法合理使用条款以保证版权，因为目前的趋势表现为更为严格的条款以及对于集团和客户而言的长久使用权。知识产权领域已显著扩大，对诸如基督教的有关鱼的符号、人类遗传密码等也要加以保护。但我们应该将这些信息视为私有商品还是公共资源呢？答案是必须完全依赖于涉及的信息类型；但从整体来说，目前在没有政策干预的情况下，大规模商品化将占上风。

人们常常感受到个人隐私受到威胁。一些人认为对隐私的保护是信息社会面临的首要伦理与法律问题。从某种意义上来说，监管是信息社会命题的对立面：如果说信息正在发生爆炸的话，那些个人信息将不能轻易取得。信息自由广泛传播（信息化的一个方面，和新技术无关）往往伴随立法来保护个人隐私。然而，即使对数据进行强有力的保护，仍有越来越多的人认为，个人隐私十分容易受到官方和商业入侵。同时，秘密情报服务也扩大了其影响，“圆形监狱”——公民自始至终都处于这样一个受到监视的情况下，或者说，至少不能确切知道自己何时被监视——这已成为不可逆转的现实，且构成了一种新型的贬值常态。

另一个重要的问题是主权问题。公民应在何种政治层面上采取行动，是地方、国家还是国际层面？实际，世界上只存在一个信息化社会，是一个形成了没有边界的技术社会。所以，如果全球化是未来的趋势，那或许我们应寻求一个世界政府，而这个概念却存在着强烈的反对意见。由于近代信息社会世界高峰会议

（World Summit on the Information Society）的成果无效，我们应专注于信息和电信政策的制定，一致同意，世界不应只用一种声音来对待社会正义问题。与此同时，强有力的区域性机构得到了发展，特别是欧洲委员会（European Commission），它以建立欧洲合众国（United States of Europe）为目标，如果用华丽辞藻来形容，那便是它已经站在信息化社会的前沿，然而，欧洲委员会惊人的野心已引起欧洲大陆公众的强烈反对。

当然，这些问题之间存在千丝万缕的联系，也有其他诸如平等的迫切要解决的问题，或是更为严重、复杂的问题。如果人工智能、机器人和半机械人控制了社会，我们该如何？中央集权的社会工程应该改造成广告商和其他市场活动者的解药吗？决策者们应该如何促进信息化社会向知识型社会转变——这是真正的目标吗？后工业社会的自由民主应为宗教和精神主义提供什么？贝尔到底预言了谁的复兴？

结　论

这样的说法也许更为保险：一个多方面的、全球性的信息化进程正在进行中。因此，这一点似乎很明确，那就是经过对信息化社会的合理解释，能够为社会技术环境提供一部分定义，传播专家们每天都在这个技术社会中工作。信息管理产生的溢价——希望以一种智能选择、逻辑说明以及评估的形式，而非宣导或操纵的形式，确保可以让新闻媒体和同源行业复兴。即使是身处信息爆炸之中的人，也可能因迷失于海量信息中而始终需要指导。

撰 稿 人：Alistair S. Duff

另请参阅：Digital Divide；Knowledge Gap Hypothesis；Technological Determinism；Technologica Literacy

参考文献

［1］BELL D. The coming of post-industrial society：A venture in social forecasting［M］. New York：Basic Books.（Original work published 1973），1999.

［2］CASTELLS M. The rise of the network society［M］. 2nd ed. Oxford，UK：Blackwell，2000.

［3］DUFF A S. Information society studies［M］. London：Routledge，2000.

［4］MACHLUP F. The production and distribution of knowledge in the United States［M］. Princeton，NJ：Princeton University Press，1962.

［5］MATTELART A. The information society：An introduction［M］. London：Sage，2003.

［6］SCHILLER D. How to think about information［M］. Urbana：University of Illinois Press，2007.

［7］WEBSTER F. Theories of the information society［M］. 3rd ed. London：Routledge，2006.

Information Subsidies 信息资助

信息资助这一术语指向记者或信息传播者提供新闻故事、报道、事实或其他形式的信息或情报资本，目的是影响读者、观众或信息接收人的观点或行为。这类信息由制作人提供补贴，一般使用户比本人亲自收集信息耗费的成本低。因此，得到信息资助的机构希望将得到信息后的状况与没得到信息资助的相比，能够从信息用户那里获得更大的影响力或权力，以及信息源竞争优势。所以，信息资助对于科技新闻来说尤为重要。

资助信息的价值取决于两个因素：在未来决策中如何减少不确定性，以及信息来源的可靠性或判定信息来源的可靠性。信息资助是有价值的商品，因为减少了记者收集信息所需的时间和成本。信息资助也为企业、政府或其他实体提供了表达立场的机会，从而直接参与到新闻传播过程中。通过提供信息资助运用影响力的过程在构建议程部分已有介绍。

1982 年，奥斯卡・甘地（Oscar Gandy）将信息资助定义为：以一种有控制的方式，以较低成本向他人提供信息来影响他人。研究人员认为，无论在何处，新闻内容的 15%～80% 应当来自信息资助者。但一些争论依然存在，如有关信息资助影响新闻记者和信息传播者的程度以及影响媒体内容的方式方面的争论。

议题设置

议题设置理论认为，媒体议题为公众设置了议题，而公众议题为政策设置了议题。媒体议题、公众议题和政策议题之间的关系是互相影响的，而非线性或方向关系。议题设置理论已经和媒体效应方面的研究紧密相连。研究人员也将议题设置与公众舆论和政策信息的发展相关联。

率先研究议题设置过程的研究人员麦克斯威尔・麦库姆（Maxwell McComb）和唐纳德・肖（Donald Shaw）认为，对于一个问题的新闻报道量与公众兴趣和重要程度的态度直接相关。他们发现，媒体发布问题的价值和选民兴趣之间存在直接的相关关系。根据他们对 1968 年北卡罗来纳州教堂山总统竞选的新闻报道的分析，研究人员发现媒体的议题设置功能现象。接着又有研究人员进行了更深层次的研究后认为，媒体对于创造如此强大和普遍的现象起决定作用（强大和普遍到让公众无法忽视其影响，即使是以一种微妙的形式报道）。对于媒体效应的信息资助感知和影响也反映了这种关系。专家认为，向媒体提供信息资助的社会工作者在议题设置的过程中具有强大的影响力。这一观点强化了媒体在引导公众认知和政策形成方面扮演的直观角色，其认为信息源影响媒体内容，因此（转而）影响了公众的认知和政策。

议题设置之外

甘地于 1982 年发表的里程碑式著作《超越议题设置》（*Beyond Agenda Setting*）中将信息资助一词定义为：通过为消费者和传播者降低信息成本，努力通过信息源提升信息消费。根据甘地所说，信息和知识具有有形的经济和政治价值。他将信息交流分为剩余和短缺两类。在他的表述中，广告商制造了信息剩余，而关于如健康的信息可能处于短缺状态。在资本主义社会，有经济实力的人用信息资助来保持他们的霸权地位的情况尤为明显。

关于信息资助的探讨表明，新闻媒体内容和新闻来源之间存在一种关系，而对于议题设置过程的分析主要在于认识大众传媒内容和受众认知之间的关系。议题介绍了大众媒体议题产生的整个过程，但从来源上看，信息资助是影响这个过程的重要因素。格拉迪斯（Gladys）和库尔特·兰（Kurt Lang）将信息资助看作是新闻记者和信息源共同设置议题过程的关系。他们认为，在理查德·尼克松（Nixon Watergate）的水门丑闻初期，新报界和官员信息源都起到了关键作用，但他们影响公众观点的权力却随着事件的展开渐渐消逝。其他学者证明，设置议题时，公众、新闻组织和新闻来源之间互相影响和互相作用的具体方面，从而进一步描述了议题设置理论和信息资助之间的关系。如朱迪思·特克（Judith Turk）便发表了信息源是如何通过可控信息资助进行发布，并且影响公众对于某一问题重要性的评论。根据甘地的观点，信息是根据市场原则销售或交易产生的有价值的商品。

甘地主张，信息源往往会选择性地降低信息的价格，从而提高其吸引力。信息提供者对于信息需求很敏感，他们尽力多提供，并倾向于压低价格或价值，但如果提供的信息过少，可能会让组织目标大打折扣。在信息需求和生产成本之间寻求平衡，在很大程度上说，传播取决于对目标受众兴趣的了解。信息源和信息传播者在把流行观点和信息用户意识形态进行匹配上拥有既得权利，因此，用于支撑当前生产和传播新动态时，更倾向于低成本。如今，从整体看来，甘地的表述似乎稍显简化，因为信息不仅是一个市场上销售和交易的商品。新闻记者往往对其读者要履行伦理责任，要发布最为准确和公正的观点。基于这个原因，新闻记者倾向于对符合组织发展目标的信息源保持多疑态度，他们往往对来自公共关系的信息资助非常谨慎，会从多个信息源处收集信息，在面对相互矛盾的信息或争论时尽力保持平衡。

然而赫伯特·甘斯（Herbert Gans）却主张，信息源对于新闻的形成作用更大。甘地一方面强调新闻来源或新闻资助之间的互相依赖，另一方面说明，新闻记者与新闻提供者也互相依赖。甘地的论点是，新闻记者通过省时省力的方式收集信息，从信息源和记者之间的关系中获益。而甘斯却将这种关系比喻成舞蹈，他主张在一般情况下，信息源是主导。其他研究人员，吉－华·沈（Jae-Hwa Shin）和格伦·卡梅隆（Glen Cameron）将新闻传播、收集和制作过程中的信息源和记者之间的合作与冲突程度的特征描述为“爱恨”关系。这项研究表明，信息源和记者在议题构建过程中的关系可以是建设性的。

信息源权力

并非所有信息源都试图通过向新闻记者提供信息资助来施加影响，从而达到信息平等。如政府和其他大型组织往往容易被人接受，因为媒体访问权有限，所以一般无法轻易获取政府和大型组织的信息。由于比较是不可避免的，新闻记者会提供更加重要或者不那么重要的信息。通常情况下，与一般的信息源相比，政府官员更真切地影响着信息源议题。学者丹尼尔·伯科威茨（Daniel Berkowitz）提出，相比之下，大型组织往往作为新闻信息源，因为他们拥有更高的可信度和更大的信息源权力。

信息源的可信度往往决定了记者是否得到资助。甘斯将公信力作为影响新闻机构的四大因素之一，特别考虑到这些机构是否使用不同渠道来提供信息。另外三大因素分别是：可靠度、诱因以及地理位置。提供信息资助的实体作为信息源权力和公信度来源，取决于公正客观的认知和时效性。信息源的权力和公信力可通过受众议题进行分析。甘斯指出，公众倾向于信任看似公正客观的信息源，记者倾向于认为学术界和政府信息源更加可靠，因为公众形成了一种固有的观点，认为他们都是不带偏见的，尤其是在与企业和宣传团体相比的情况下。信息资助的可信度也与新闻记者对新闻价值的判断有一定关系。调查表明，信息的可用性和有效性在新闻制作过程中发挥着重要作用。发掘信息源的能力为新闻故事的产生提供了强有力的促进作用，而不仅是信息。伯科威茨也发现，信息资助的有效性和影响力的关键在于当地的相关性以及视觉元素。资助的可信度感知也和时效性有关。这几个因素结合起来就形成了甘地给信息资助确定的经济概念。

根据甘斯所述，新闻记者倾向于使用他们经常互动的信息资助来源。那么，新闻记者和来源之间就形成了必不可少的共生关系，并在新闻内容上存在直接的或微妙的影响。记者和新闻来源之间的关系往往被表述成对立关系，同时也是共生关系。记者努力避免受到信息资助的影响，努力保持他们信息的客观性和可信度，并力求在新闻议题上取得影响力。由于存在时间限制和经济障碍，新闻记者和信息传播者通常认为依赖新闻资助的方式更加快速和高效。

以市场为导向的新闻业

新闻行业的实践越来越受到市场压力的驱使。为满足截稿期限的要求，以及为迅速选择相关信息，新闻记者和其他媒体传播者普遍依靠新闻资助。帕特里夏·科廷（Patricia Curtin）发现，被调查的记者中有 78% 得到新闻资助，尤其是从非营利组织和政府手中得到资助。其他调查约有 50% 的新闻故事直接来自新闻发布会和公共关系人士提供的信息资助。有些研究人员指出的比例更小，大约 15% 的新闻内容来自信息资助。但无论比例多少，通过调查可得知，信息资助对于新闻内容已产生了重大影响。

显然，信息资助在议题构建中起着重要作用。伯科威茨认为，新闻收集的成本和方便性导致新闻供应商依赖稳定的信息资助提供新闻信息。然而，有些人发出警告，截稿期限带来的时间压力和信息源的权力倾向于使记者和新闻传播者只依赖于少量的信息源，而冒着忽略竞争的风险。

根据约翰·麦克马纳斯（John McManus）1994 年在其作品中指出的那样，以市场为导向的新闻业对于新闻机构构成多重压力，可能会导致对新闻资助的过度依赖。过去十年里 24 小时的美国有线电视新闻网的发展、媒体机构集中于少数几个集团下、新闻商业化等，都迫使新闻传播者按照表面价值接受新闻资助。麦克马纳斯认为，这些压力已经使新闻记者们的道德标准降低，他尤其为记者失去客观性而感到担忧。

从另一方面来讲，沈和卡梅隆主张在充满观点的市场中争论，他认为，民主社会中，由于不同社会工作者的参与才促进了不同观点之间的竞争，这有利于建设性议题的形成。他们强调，不同信息源带来不同社会利益认知的宣传价值，同时削弱记者们的客观性。随着新媒体的出现，新闻源正在挑战传统新闻传播者的概念，力求直接到达受众。从这个角度来看，信息资助的流行和信息源所行使的权力已到巅峰。

撰 稿 人：Jae-Hwa Shin

另请参阅：Agenda Setting and Science；Public Relations and Science；Strategic Communication for Science and Technology

参考文献

[1] BERKOWITZ D. Television news sources and news channels：A study in agenda building [J]. Journalism Quarterly，1987，64：509–513.

[2] CURTIN P A. Re-evaluating public relations information subsidies：Market-driven journalism and agenda-building theory and practice [J]. Journal of Public Relations Research，1999，11（1）：53–90.

[3] GANDY O H. Beyond agenda setting：Information subsidies and public policy [M]. Norwood，NJ：Ablex，1982.

[4] GANS H J. Deciding what's news：A study of CBS Evening News，NBC Nightly News，Newsweek，and Time [M]. New York：Vintage，1979.

[5] LANG G E，LANG K. The battle for public opinion：The president，the press，and the polls during Watergate [M]. New York：Columbia University Press，1983.

[6] MCCOMBS M E，SHAW D L. The agenda-setting function of the mass media [J]. Public Opinion Quarterly，1972，36：76–187.

[7] MCMANUS J H. Market-driven journalism：Let the citizen beware? [M]. Thousand Oaks，CA：Sage，1994.

[8] SHIN J H，CAMERON G T. The potential of online media relations to address false consensus between source and reporter：A coorientational analysis of PR professionals and journalists in Korea [J]. Journalism& Mass Commun ication Quarterly，2003，80（3）：583–602.

[9] TURK J. Information subsidies and influence [J]. Public Relations Review，1985，7：10–25.

Institutional Review Board 机构审查委员会

美国卫生及公共服务部（Department of Health and Human Services，DHHS）规定，对人类进行研究活动的机构以及接受联邦资金的机构，必须指定一个专业的审查与监管委员会，即机构审查委员会（Institutional Review Board，IRB）。按照《美国联邦法规》（CFR）45 章 46 条规定，机构审查委员会必须保护人类受试者的权利。机构审查委员会制度是一个由需求产生的直接结果，这个需求是由联邦提供资金并涉及人类实验者的研究活动过程中，需要进行构建、审查、监管以及公众问责。机构审查委员会的首要责任是确保下属机构在进行研究时雇用的人类受试者的权利及福利。幸运的是，有关人类受试者的保护问题常成为突出的新闻事件标题，科学传播者们可以借此学习这些基本要求；以高校为主导的科学传播研究人员与所有其他使用人类受试者作为研究目的的研究人员一样，也必须接受这些规定的约束。

纵观历史，好奇心强的人们一直在寻找改善人类生存条件的方法。公元前 4 世纪的希波克拉底（Hippocrates）留下了“首先，不要伤害他人”这一誓言。虽然这是早期的警示性治疗原则，但却发生过多次人类作为研究对象而被过度利用的情况。第二次世界大战期间，纳粹进行的惨无人道的试验促使纽伦堡法案的确立，因此，关于人体研究的十条伦理规范守则才得以面世。

在美国，臭名昭彰的塔斯基吉（Tuskegee）研究将未经处理的梅毒传染给贫困的少数民族人群中，这些人都是不享受医保的人。该研究严重违反了政府赞助研究的伦理和道德原则，为强化问责原则，政府于 1974 年召集了针对保护人类受试者的生物医学和行为研究国家委员会（National Commission for the Protection of Human Subject of Biomedical and Behavioral Research）。1979 年，该委员会编写了《贝尔蒙特报告》（Belmont Report），对有人类受试者参与的研究和医学伦理进行统一审查。尽管已有联邦法律为机构审查委员会提供法律支持，但《贝尔蒙特报告》为人类受试者研究提供伦理和道德基础，并作为机构审查委员会政策的重要参考标准。

《贝尔蒙特报告》提出了三大基本伦理原则，且仍为所有人类受试者研究提供基础原则，即尊重个人、善待他人以及平等公正。尊重个人原则包括道德信念，即所有人必须自由独立地判断他们作为被研究的对象的能力和意愿。并非所有人都有能力或权利做出决定，在一些情况下，他们可能需要进行特别考虑或受到保护。这样的人可能包括年幼、智力低下、受到监禁或易受他人摆布或强迫的人。知情同意方法是尊重个人的关键，因为这一过程是为了保证参与者了解研究并自愿参加。

第二个原则是善待他人。这个原则要求研究人员不仅要保护研究参与人员免受伤害，同时也要努力保护他们的健康。机构审查委员会必须设法保证受试者得到最大程度的利益，且将受伤害的可能性降到最低。规范研究会带来一定程度的风险，但对实际参与者并无直接利益冲突，这是需要得到机构审查委员会的慈善审议的。对于慈善原则的适用性而言，一个全面的风险收益效果评估是至关重要的。

第三条道德原则是平等公正。而十分关键的前提是，最终受益于研究的小组或阶层不应该承担研究的责任和风险。历史上便有这样的案例，如支付不起医疗开发实验的患者、纳粹集中营里的囚犯以及塔斯基吉梅毒的研究者。因此，进行研究之前必须进行仔细审查，以确保受试者的选择是出于正当原因，并非完全由于他们方便参与，又或是因没有可行的替代品，又或是有其他可为人利用的漏洞。《贝尔蒙特报告》也明确了（为大众贡献知识的）研究和（改善患者个体或其他参与者的健康）实践之间的模糊分界。

该报告规定了当前针对人类受试者的联邦立法规定和规则设定。1991 年，16 个联邦部门和机构通过了针对联邦人类受试者研究的一套统一规定。食品药品监督管理局（Food and Drug Administration）有一套确保符合新药临床试验的机构审查委员会要求，同时也通过了一些自己所需的规定。这些统一规定称为人类受试者保护政策（Federal Policy for the Protection of Human Subjects）或基本法（common rule）。

美国国立卫生研究院（National Institutes of Health Office）采用《美国联邦法规》（CFR）45 章 46 条部分规定了与联邦资助的人类受试者研究有关的所有方面，包括对机构审查委员会的深层次要求。机构审查委员成员必须由至少五个不同背景和资质不同的会员组成，会员的背景和资质有利于机构研究活动进行审查。选择机构审查委员会会员时必须充分考虑种族、性别、群体心态、文化背景以及特殊或弱势群体等问题，并且需要能充分体现出这些利益。风险评估是一个基本的审查考虑因素，这是因为风险在很大程度上决定了机构审查委员会批准研究的审查机制、强度、频率、跟踪以及报告要求。

对于试验程序或试验用品具有明显风险级别的生物医学研究项目来说，机构审查委员会的监管需求可能是最有效的。然而，机构审查委员会也负责对所有人类受试者研究活动进行监管，包括可能带来其他伤害（如不安、心理创伤、情感抑郁、侵犯隐私、社会地位丧失、非法行为或失业等）的社会科学或行为研究。即使没有特殊原因能导致参与人员的上述或任何其他伤害，使用人类受试者的研究人员也必须申请得到机构审查委员会的监管。

由于最初规定的主要设计目的是管理生物医学研究，所以对于机构审查委员会来说，将这些规定应用于非医学研究活动是种特别的挑战。机构审查委员会体系并非由联邦出资，也未经联邦授权，通常是组织资源的延伸。对于机构审查委员会来说，应尽量减少烦琐监管带来的影响，同时顺应法律及道德的要求，以保护民众的利益和福利。

撰稿人：Gerald Jaax

另请参阅：National Institutes of Health，U.S.；Research Ethics，Overview

参考文献

[1] U. S. Department of Health and Human Services，Office for Human Research Protections: www.hhs.govlohrp.

Intelligent Design in Public Discourse 公共话语空间的智能设计论

可能在一些人看来，智能设计论是一种入侵，这是一种在宗教驱使的伪科学情况下，成功进行的进化论科研项目的入侵，或可视为促进多元化思想与教育的另一起源论。在电影、演讲、教科书、书籍、车尾标语贴、庭审案件、博物馆展览或所有上述相关的媒体报道中，公众辩论数量已十分惊人。在本部分内容中，我们将尝试记录辩论中双方使用的话语策略。辩论双方的主要立场和理论往往可从使用的词语中得知，如钟表匠的想法会是：人生如此复杂，所以就十分需要钟表设计师；查尔斯·达尔文（Charles Darwin）通过提出“血统的修改”以及“不可化约的复杂性”（智能设计论的概念，认为生物系统过于复杂）。本词条以智能设计论者和进化论者来称呼和辨认双方，这样的标签中包含了不同的立场。

一般而言，智能设计论者使用的主要沟通策略是将大部分公众拉进辩论中，以展现出智能设计论者（正如他们所设想的那样）能够以同等资格站在科学界辩场上争论。从根本上说，智能设计论者希望能够参与到公共场合的一场内部科学辩论中去，即使他们的立场具有公众影响（他们认为所有科学都是如此）。这一策略代表了科学和宗教相冲突的一种比较激进的背离，这是从伽利略·伽利雷（Galileo Galilei）出现时起直到科普斯审判案（Scopes Trial）为止的；智能设计论者一般不会寻求科学结论，但却力求争取公平的结论。而在大多数情况下，进化论者一直试着将智能设计者群体刻画成科学外行，因为他们的动机来自宗教，且无法提出任何积极、可验证的科学主张。但与智能设计论者不同的是，进化论者只是很不情愿地参与到公共辩论当中，主要是因为他们并不把这场辩论看作正当的科学争论。此外，他们也认为承认智能设计论进入科学这个事实本身就对主流生物学不利，尤其是在课堂上。

辩论语言

辩论双方使用的辩论语言能够让旁观者了解双方是如何维护本方立场以及如何攻击对方的。这些用语在试图跟踪辩论话语时十分有用，因为这场辩论已经在公共领域上演。虽然这些辩论用语未必代表双方的最佳表现，但却是发挥得最好的。

恶语相向

由于双方相互的冷嘲热讽，所有智能设计辩护者都成了“六日神创论者”，所有科学家都被描绘成唯物主义者、不信神的达尔文主义者。这些特征描述通常用来嘲笑对方，其中往往包含着“偷换概念”的谬误。站在进化论者的角度，理查德·道金斯（Richard Dawkins）把智能设计和其他形式的创造论科学归类为精神错乱，他也因此恶名昭彰。反之，智能设计的支持者们也嘲笑进化论者，如本·斯坦（Ben Stein）的电影《智慧设计论禁令》（*Expelled*），代表了其对进化论者和哲学意义的进化论的一些怀疑的表达。双方都试图夸张地描述对方，以此使自己显得合乎情理。

滑坡谬误：危险

科学：智能设计倡议者认为，学者和公众需要对科学知识、语言知识以及政治力量保持怀疑。他们经常引用历史上灾难性的实例，在这些例子中，往往是意识形态和政治承诺促进了科学的发展，如纳粹科学。他们提出，语言和科学知识本应具有的客观性往往掩盖了更大的意识形态、政治和典范动机问题。出于这个原因，公众应该对目前的科学保有怀疑态度，对可能的偏见进行调查。尤其是对进化论来讲，智能设计论者希望公众能够认识到进化论中暗含的宗教与教育分离论、哲学唯物主义和无神论。

宗教：生物进化论的拥护者坚称，无论是从动机还是从结论来说，智能设计论都是基于宗教的。从根本上说，把个人宗教信仰纳入科学研究可能导致得出已有预先判断的结论，从而可能使一个理论科学丧失可信度。另外，在公立学校的课堂中，智能设计论的内容被裁定为违反了 2005 年奇兹米勒诉多佛学区案（Kitzmiller v. Dover）第一修正案关于禁止确立国教的条款（Establishment Clause of the First Amendment）。智能设计辩护者则认为并非如此，并声称他们的理论并没有宗教动机，而只是提出了一个坚定的科学理论，并有实证研究支撑。

呼吁公平

依靠民主多元化的支持，智能设计论的倡议者们辩称课堂和公共领域应该有空间容纳多种理论存在，尤其是进化论和智能设计论。本着这一观点，不把智能设计论倡议者视为试图把进化论驱逐出公立学校课堂，而是允许两个理论为自己辩护。智能设计论的批评者称，只是为了多元化而允许课堂上有多种理论存在，是与有效的科学教育作对，要保证科学教育的公平性，我们不应教授每个课题和理论，而是应该教授有研究支持的当前最好的科学。

表达这一辩论语言的另一个方式是，一切都是可以争论的，似乎科学家用指出大量累积证据支撑进化论而要求“停止辩论”是不公平的，短语“把异议教给学生”是相同论点的学术变体。从一定程度来讲，这就意味着对于这到底属于宗教辩论还是科学辩论方面意见不统一：是进化论者提出了宗教主张还是智能设计论者提出了科学主张？智能设计论者经常试图通过一些模棱两可的例子获得进入科学辩论的机会，科学家主张公平不应当拓展到为每个人提供公正，只有当不同主张貌似合理时才可以。智能设计论者一次又一次地举出细菌鞭毛的例子，他们认为这个例子与不可化约的复杂性具有类似特征。他们认为，既然他们有了自己的理论依据，他们就有了更强的依据要求公平地使人相信自己理论的内容。

披着羊皮的狼

智能设计拥护者往往被进化论者批评用术语设计来掩盖神创论。在分析智能设计教科书《关于熊猫与人》（*Of Pandas and People*）时，国家科学教育中心（National Center for Science Education，NCSE）发现这本重装书完全复制了之前的创世论教科书《生物学和起源》（*Biology and Origins*），只有一点不同：把创造及其衍生词改成了设计。国家科学教育中心和其他进化论的拥护者因此控告智能设计论者只是通过一个新词汇和术语就把自己和科学创造论区分开来。智能设计论者辩称这种语言上的转化反映了大量支持他们的智能设计理论的科学研究。进化论拥护者通常引用基于希雅图的发现研究所（Discovery Institute）（推广智能设计的）著名的"楔子文件"（Wedge Document）作为智能设计论者试图通过智能设计把神创论"楔入"公共领域。

诉诸无知论证

习惯上说，诉诸无知论证多指"因为没证明是错的，所以是对的"或"因为没证明是对的，所以是错的"的论证。进化论者认为，智能设计论者并没有用正面论据支持他们的理论，而只是希望通过找出达尔文进化论的缺陷来达到证明自己的目的；然而即使缺陷的确存在，也并不能反过来证实智能设计的正确性。同时，进化论者声称，智能设计对于可以作为科学检测和实验对象的自然世界并未给出肯定的论断，因此这些智能设计必然是错误的。然而，智能设计论者辩称，他们已提出了许多以"无法简化的复杂性"为代表的可检验型肯定论断。他们也指出，进化论仅是一个"理论"，因此还有待考证。

论证框架

下述内容是一些用于这场论战的传统主题（修辞学上）的背景论证语境。我们之所以在接下来将其称为"框架"，是因为它们近乎一些为理解的论据提供了方法的亚结构。这些都提供了理解被引用论据的重要性的方法。如诉诸无知论证（您没有证明我是错的）如果意味着暗含假设的话，就有了不同的含义（我的立场无须证明）或弱者地位（证明对我们来说是不公平的责任）。

针对推定的争论

习惯上说，特定的辩论情况会把辩论者的责任以差异化的方式分配出去：谁承担举证责任？谁只需反驳？古老的罗马原则[①]包含的意思很简单：提出主张时，就带来了举证的责任。但在很多情况下，有一个先前就存在的信仰、事实、论点或原则（即现有观点），质疑者有举证之责，而现有观点持有者秉持推定（在有充分的理由推翻它之前，假定此推定正确）。而对于现有观点的持有者，从逻辑上来讲不需要为自己辩护，只需要戳穿漏洞、证明质疑者尚未履行自己的举证责任。在法律设定中，推定既给予较弱的一方（被告方）优势，又避免了平局产生的可能——若双方举证相当，推定方胜出。

① Qui dicit probat，意为主张需证明。

对于智能设计，在划分推定方时，同时打开并封闭了大量的辩论资源。如果进化论者是推定持有方，则他们无须为自己的观点进行辩护，只需攻击智能设计论者或神创论者就可以了。如果双方都有举证责任，那么他们的证据比例不相称（我们看到了神的行为，而对方没有看到），这样就有可能陷入僵局。在这个僵局中，辩论的旁观者就能合理地得出某一方的结论。科学家迅速地提出了自己的推定，虽然他们并不总能精妙地证明他们的主张是正当的。

这个框架在几种不同的传统主题上都适用。如“这只是个理论”这句话并不像是对科学理论下的定义，更像是一个没有论据的观点。“把异议教给学生”与智能设计和生物学的立场类似，都是力求争取同等地位。对于科学界来说，他们所说的“150年的科学研究”或“顺应过程的所有知识”常用于提出推论。这使得他们不情愿为生物学本身辩论，而只是攻击智能设计的观点本身。此外，从论证框架和举证责任角度来看，有关智能设计论者对于生物学之“无知”的观点才是最有意义的。如果标准的生物学正确，则只有无知的人才会质疑它，此时举证责任由此人承担。

弱势群体：我们应该站在哪一边

此种情况中并无明确推定意味，双方观点看起来都只像是基于自己的社会政治劣势寻求支持。那些根深蒂固、冷酷无情的大型科学机构会集结力量，使勇敢的信仰之士噤声，还是科学家们在反抗不满足于只控制美国公众生活各个方面的宗教狂热势力，勇敢地为理性辩护？显然，这些刻板印象已经基本形成，但在这场博弈中，对于“信息低层”用户而言，这些都为指明何方更值得同情，即指明方是“我方”，起到了重要作用。

民主与权威

另一个决定谁更值得同情的方法是通过民主和权威的框架来看。以稍微不同的方法运用这个框架，取决于用在哪一方。对于科学家来说，科学仍然沿袭着启蒙运动的影响，作为知识民主，在科学方法范围内，任何主张的观点和观点的主张者都是平等的。但宗教主张似乎并不遵从这个制度。它应被视为对知识民主权力主义的干扰：他们试图通过闯入其中来改变游戏规则，因此我们有充分的理由忽视他们。对于智能设计论者来说，科学辩论和政治辩论没有区别；唯一必要的入场券就是公民的身份——来辩论就好了。然后科学家就露出了权力主义者的嘴脸，认为自己高人一等，拒绝与自己不认同的人共事。大多数呼吁公平的声音或要求把异议教给学生的传统套路都由此框架而来：我们生活在民主里，所以一切都应允以争议。

倒退/从滑坡谬误到不堪设想

这个框架与“科学——宗教框架”共同作用，能使任一方让对方噩梦似的滑到对立面。对于科学家来说，宗教历史令人担忧——不仅说法不一、充满无法合理解决的分歧，而且充满如十字军东征、宗教战争和宗教审判这样的暴力。天主教会对伽利略坚守天体运行真理的迫害就是宗教荒谬的典型例证。然而，科学被描绘得毫无价值与界限：只是一条通往另一个世界（一个对科学可能产生的恐怖漠不关心的世界）的道路。科学怪人兰肯斯坦（Frankenstein）所创造的怪物、甚至纳粹分子的人种改良和人体实验，都是科学失控噩梦的化身。多亏有此框架为这些论点正名，否则这些从“宗教审讯即将降临”到“不敬上帝导致纳粹诞生”的广泛论点都会显得严重脱离主题，不着边际。

争论双方所使用的论点和框架都与己方在公共话语中的优势不谋而合。更重要的是，关于我们应该如何展开这种辩论的问题，仍然没有答案。无论如何，截至目前，公众传播和此类主题的辩论主要依赖这些因素还在进行着。所以理解这些因素可以帮助旁观者理解隐藏在表象之后的本质的东西。

撰稿人：William Keith and Julie Homchick

另请参阅：Big Science；Darwin，Charles；Dawkins，Richard；Galilei，Galileo；Scientific Method

参考文献

[1] BEHE M J. Darwin's black box：The biochemical challenge to evolution [M]. New York：Free Press，1996.

[2] CAMPBELL J A，MEYER S C.（Eds.）. Darwinism，design and public education [M]. East Lansing：Michigan State University Press，2003.

[3] DEMBSKI W A. Intelligent design：The bridge between science and theology [M]. Downers Grove，IL：Intervarsity Press，2007.

[4] DENNETT D C. Darwin's dangerous idea：Evolution and the meaning of life [M]. New York：Simon & Schuster，1995.

[5] Kitzmiller v. Dover Area School Distict，400 F. Supp. 2d 707，M.D. Pa. 2005.

[6] FORREST B，GROSS P R. Creation ism's trojan horse：The wedge of intelligent design [M].Oxford，UK：Oxford University Press，2007.

[7] FULLER S. Science v. religion? Intelligent design and the problem of evolution [M]. Cambridge，UK：Polity Press，2007.

[8] FULLER S. Dissent over descent：Evolution's 500-year war on intelligent design [M]. London：Icon，2008.

[9] ISAAK M. The counter-creationism handbook [M]. Berkeley：University of California Press，2007.

[10] JOHNSON P E. Darwin on trial [M]. Downers Grove，IL：Intervarsity Press，1993.

[11] Intelligent design argument. [Special issue] Rhetoric and Public Affairs，1998，1（4）.

[12] KITCHER P.Living with Darwin：Evolution，design，and the future of faith [M]. Oxford，UK：Oxford University Press，2007.

[13] LARSON E J. Summer for the gods：The Scopes trial and America's continuing debate over science and religion [M]. Cambridge，MA：Harvard University Press，1997.

[14] LARSON E J. The creation-evolution debate：Historical perspectives [M]. Athens：University of Georgia Press，2008.

[15] MILLER K R. Only a theory：Evolution and the battle for America's soul [M]. New York：Viking，2008.

[16] NUMBERS R L. The creationists：From scientific creationism to intelligent design [M]. Cambridge，MA：Harvard University Press，2006.

[17] PENNOCK R T.（Ed.）. Intelligent design creationism and its critics：Philosophical，theological，and

scientific perspectives [M]. Cambridge: MIT Press, 2001.

[18] PETTO A J, GODFREY L R. (Eds.). Scientists confront intelligent design and creationism [M]. NewYork: W. W. Norton, 2007.

[19] SCOTT E. Evolution vs. creationism: An introduction [M]. Berkeley: University of California Press, 2004.

International Science Journalism Associations 国际科学新闻协会

有人说，科学记者有如臭虫般蜂拥的趋势，或者有点像菲利普·马克特（Philippe Marcotte）和佛罗里安·索瓦若（Florian Sauvageau）形容的那样，他们的结群融合倾向源于他们的孤立感。他们渴望与其他类型的记者脱离，甚至与他们的消息来源脱离。非驴非马，不伦不类，科学作家倾向于成为一个独特的群体，常常在新闻编辑部里特立独行。若是在发展中国家，他可能在全国范围内都显得格格不入。

然而出乎意料的是，专为科学作家创立的互助体系近些年开始出现。虽然第一个全国性的团体，德国科学与技术记者协会（German Association of Science and Technical Journalists）于 1929 年成立，之后又于 1934 年成立了美国全国科学作家协会（U.S. National Association of Science Writers，NASW），但是，由世界科学记者联盟（World Federation of Science Journalists，WFSJ）2007 年发布的调查显示，55 个国家和地区的协会中大多数到 20 世纪 70 年代才开始形成，更有甚者，很多发展中国家的协会近十年才开始成立。

科学记者国际化

20 世纪末，全球科技新闻学高速而奢侈的繁荣在某种程度上反映了科学研究在向国际化转型方面的努力。随着世界变得越来越互联互通，像气候变化、水资源短缺、可持续发展和流行病这样的课题也越来越不分国界。全球范围的问题需要的是全球范围的解决方案，因此，众多科学记者希望建立一个高效的全球化网络，甚至是一个包含诸多新兴国际组织的世界性联盟，并通过它分享重要信息。

朝向国际化发展的第一步是西班牙作家曼努埃尔·卡尔沃·赫南多（Manuel Calvo Hernando）于 1969 年成立的伊比利亚美洲科学新闻协会（Ibero-American Association of Science Journalism，AIPC）。AIPC 把 20 多个拉丁美洲国家协会（有些协会非常小）与西班牙的一个基组联合在一起。它除促进记者们交流之外，还组织了培训项目，并同时赞助了一系列双边会议，为未来的国际化会议确立了基本形式。实际上，在 1977 年马德里大会上，委内瑞拉代表团就建议成立世界科学记者联盟。尽管此时已经形成了一个世界性的组织委员会，并且有了一些潜在资助方，包括联系过的联合国教科文组织（United Nations Educational，Scientific and Cultural Organization，UNESCO），由于政治、经济和语言的限制，第一个正式表达方式“世界联盟”的概念还是未能实现。

实际上，世界联盟这个概念甚至在更早之

前，在建立第一个真正的此类协会国际科学作家协会（International Science Writers Association，ISWA）时就已经形成，但此协会由记者个人组成，故最终被驳回。1966年，一些资深的科学作家和编辑［其中有英国广播公司（British Broadcasting Corporation，BBC）的戈登·拉特雷·泰勒（Gordon Rattray Taylor）、《自然》（*Nature*）的约翰·马多克斯（John Maddox）和《科学美国人》（*Scientific American*）的丹尼斯·弗兰纳根（*Dennis Flanagan*）］在伦敦开会，讨论建立一个松散型网络的好处。1967年，利用加拿大蒙特利尔的世界博览会（1967加拿大蒙特利尔世博会，EXPO 67）的机会，又有另外几名杰出的作家［包括《基督教科学箴言报》（*Christian Science Monitor*）的罗伯特·考恩（Robert Cowen）、美国国家科学院（U.S. National Academy of Sciences）的霍华德·路易斯（Howard Lewis）和《蒙特利尔每日星报》（*Montreal Star*）的弗雷德·波兰（Fred Poland）］加入了这个核心小组，他们进行了会面，拟定并审批了章程草案，选拔了官员，并进行了讨论，最终驳回了成立协会联合会的议案，而是支持成立国际科学作家协会，其为一个"个人会员制组织"（时至今日，也是如此）。马多克斯当选第一届主席。

在接下来的30年里，国际科学作家协会为全球科学记者，尤其是生活和工作在没有全国性协会的国家的科学记者，提供了与更广阔的科学界沟通的链接。国际科学作家协会最初只是为在外国居住或生活的盎格鲁人－美国人－加拿大团体的记者［包括著名的侨居在斯里兰卡的阿瑟·C. 克拉克（Arthur C. Clarke）］服务，并于20世纪80年代，积极地发掘新兴国家的青年记者。如今，这个组织已有约25个国家的200个会员，并通过网站为他们提供关于职位、培训和教育机会的信息，帮助制订计划，组织和召开科学传播类研讨会。

一个世界的联盟

虽然国际科学作家协会始终保持个人型组织，但是，协会型组织的概念仍然吸引着许多作家。1971年，《意大利晚邮报》（*Italy's Corriere della Sera*）的詹卡洛·马思尼（Giancarlo Massini）说服一群志趣相投的欧洲科学记者建立了一个真正的跨国组织，即使在当时只是一个地区性组织。会后就成立了欧盟科学记者联合会（European Union of Science Journalists' Associations，EUSJA）。

最初的联合会下属只有7个协会，但由于之后1989年的柏林墙倒塌，东盟国家的利益突起，这些国家现在都积极活跃在欧盟科学记者联合会的活动中。这些活动包括成员国之间的交流访问和针对年轻记者的培训。成员国（截至2009年）有阿尔巴尼亚、澳大利亚、克罗地亚、丹麦、爱沙尼亚、芬兰、法国、希腊、德国、匈牙利、爱尔兰、意大利、荷兰、波兰、罗马尼亚、俄罗斯、斯洛文尼亚、西班牙、瑞典、瑞士和英国。欧盟科学记者联合会的总部设在法国的斯特拉斯堡欧洲科学处，并且有了自己的秘书处。

世界联盟——欧盟科学记者联合会、国际科学作家协会和伊比利亚美洲科学新闻协会的先驱者，都为组织世界上第一个世界性科学记者大会起到重大推动作用，如果再费点力气的话，还有可能成立一个真正的世界性大会。虽然有了这些贡献，但第一次大会本质上来讲只是一个人的愿景和坚持的结果。

英国科学作家、世界旅行家、联合国临时顾问亚瑟·伯恩（Arthur Bourne），当时已经努力了近20年，力求建立一个真正意义上的由世界各地（尤其是那些新兴的非洲和亚洲国家）的记者组成的世界性大会。最终，在1990年下半年，伯恩（时任欧盟科学记者联合会主席）说服了联合国教科文组织在日本东京发起第一次世界大会。在日本企业界和慈善团体的帮助下，来自35个国家的50名记者受邀于1992年与日本的百余名同人会面。

如果没有东京会议取得的成功召开，和这场成功展示出的世界对一个世界性协会的需求，以及伯恩和其他人继续努力组织的回访，就不可能有7年后组织的第二届世界大会。第二次大会于1999年7月在匈牙利的布达佩斯召开，这次大会反映了科学新闻界由新技术带来的变化，以及欧洲社会由于苏联集团解体带来的变化。

布达佩斯会议的组织者及主办方《人民自由报》(*Nepszabadsa*)的科学编辑伊斯特万·帕卢格(Istvan Palugyai)，曾在东京会议上带头支持联合会概念。由此，他带头写下了布达佩斯宣言(The Declaration of Budapest)，针对提升全球科技新闻业的现状(和地位)向联合国教科文组织提出了八条建议。一条关键建议就是建立一个世界性联合会，把全国性和地区性的协会组织到同一把大伞下，连同一些其他事宜，定期召集国际性常规会议。

接下来的里程碑是2001年，日本科学作家和教师牧野贤治(Kenji Makino)在东京组织了一次有关科学和技术国际性的迷你会议，会上汇报了东京当时的新技术博物馆。会议结束时又倡议了下次世界大会的召开，但所附章程草案引发了一些争议，因为文件的签署人未必能够官方代表他们的国家协会。

第三次世界大会原定于一年内在巴西圣若泽杜斯坎普斯的淡水河谷大学(Universiade do Vale do Paraiba)召开。此时对于伞群协会的有效性的挥之不去的疑虑和对东京会议时唐突的介绍似乎已经消失不见，于是就正式地公布了世界科学记者联盟，包括完整的配套官员和章程草案，将在2004年蒙特利尔召开的下次会议上通过。

截至2007年4月，在澳大利亚的墨尔本召开的已经是第五次世界大会了，世界科学记者联盟已经是一个完善的实体，大约有24个成员组织、可持续的预算、活跃的拓展和辅导项目。第六次大会于2009年在伦敦举行，那时的世界科学记者联盟已经代表了世界各地的40个科学和技术记者协会，其旗舰项目是科学记者同行相助项目(*SJCOOP*)，该项目鼓励科学完善的作家协会和发展中国家新成立的作家协会之间合作。其中一个非常成功的合作是代表中东阿拉伯的科学记者协会(Middle East and North Africa)和来自美国的全国科学作家协会之间的合作。

值得一提的还有一个科学记者世界联盟，那就是环保记者国际联合会(International Federation of Environmental Journalists，IFEJ)，1993年成立于德国德累斯顿，印度环保记者论坛(Forum of Environmental Journalists of India)主席达瑞尔·D.蒙特(Darryl D'Monte)当选第一任主席。该联盟成员包括88个国家代表的协会和环保记者个人。

环保记者国际联合会与世界银行(World Bank)、全球环境基金(Global Environment Facility)、国际新闻社(InterPress Service)、保护国际(Conservation International)、英国广播公司、Dev电视(DevTV)、环境电视信托基金(Television Trust for the Environment)、《国家地理》(*National Geographic*)及其他几个伙伴一起，成为Com+计划[Com+ initiative，可持续发展传播者联盟(Communicators for Sustainable Development)]的创建成员。环保记者国际联合会与国际新闻社联合运营着一个有关可持续发展问题的临时特色服务，还有许多其他计划。

撰稿人：James Cornell

另请参阅：Clarke，Arthur C.; Council for the Advancement of Science Writing; National Association of Science Writers

参考文献

[1] CORNELL J. Report: Second world conference of science journalists meets in Budapest [J]. Science Communication, 1999, 21 (2): 200–202.

[2] CORNELL J. Report: Tokyo conference sets stage for third world conference—and a New World Federation of Science Journalists [J]. Science Communication, 2002, 23 (4): 463–466.

[3] DRILLSMA B. (Ed.). The barriers are down: EUSJA advances across Europe [M]. Strasbourg, France: European Union of Science Journalists'Associations, 2006.

[4] International Federation of Environmental Journalists: www.ifej.org.

[5] International Science Writers Association: www.internationalsciencewriters.org.

[6] MARCOTTE P, SAUVAGEAU F. Les journalistes scientifiques: Des éducateurs?Science journalists: Educators? [M]. Les Cahiers du journalisme, 15, École supérieure de journalisme de Lille and Université Laval, 2006.

[7] WHITE J. 2007 science journalist associations guide [M]. Gatineau, QC, Canada: World Federation of Science Journalists, 2007.

[8] World Federation of Science Journalists: www.wfsj.org.

Internet, History of
互联网的历史

互联网是一个极度灵活、迅速发展的通信设施。对于了解当今和未来生活中互联网的重要性，绝大多数研究人员都面临压力。本词条内容的编写目的有所不同：重点关注互联网的发展历程和时至今日的演化史。与许多其他复杂技术一样，互联网并不是一项单一的发明，由某一个人一朝一夕之间就发明出来的。本词条内容介绍了这个发展历程中几个关键事件和重要发展节点。

本词条开头是对互联网的明确定义，突出了互联网的特点，互联网比大多数人普遍认为的还要古老。在下文中，互联网的发展历程被划分为三个主要阶段（军事、学术和商业），并在最后一部分勾勒出一幅对于互联网当前现状和可能的未来发展的示意图。

互联网的定义

在日常会话中，大多数人将互联网这个词用作万维网（World Wide Web）的同义词。但是，这个通俗定义现在从技术角度来看是错误的："WWW"确实是互联网的一部分，但只是众多服务当中的一项而已（参见表 I1）。

鉴于这个背景，互联网更为精确的定义是什么呢？也许最简短的定义可以说成是：互联网是计算机网络组成的全球性网络。有些人增加了技术规范的描述，互联网包括以 TCP/IP 协

表 I1 互联网服务摘选和发明年份

互联网服务	发明年份（年）	技术协议	内容类型	通信结构
文件传送协议	1970	FTP	数据、文本	小组媒介（m–m）
电子信箱（E-Mail）	1971	POP3，SMTP	主要是文本	个人（1–1），小组（m–m）和大众媒介（1–m）
交谈（Chat）	1988	多人在线交谈系统（Internet Relay Chat Protocol，IRCP）	文 本	小组媒介（m–m）
万维网（World Wide Web，WWW）	1989	超文本传输协议（Hypertext Transfer Protocol，HTTP）	多媒体	大众媒介（1–m）

来源：作家出版社，数据来自雷纳等人（Leiner et al.，2003）

议为基础的全部传输（参见下文详细信息）。

在这个定义里有两点需要强调。第一，互联网是全球性的传输设施，为所有用户提供访问接口。换句话说，互联网和只向有限用户（同一所高校的学生和老师、同一家公司的员工等）提供访问接口的局域网（Local Area Networks，LANs）不同。第二，互联网是允许有不同的硬件和软件（包括操作系统）的各种计算机网络集成的中介网络。

根据这个拓宽定义，互联网的历史就不是从万维网发明开始算起（1989 年），而是更早：最早的互联网服务是文件传送协议（File Transfer Protocol，FTP），发明和最早使用于 1970 年。

要区分互联网发展历程的具体阶段并不容易，因为有很多发展进程平行进行，并没有一个明确的开始或具体的起点或终点。然而，确定各阶段对于突出关键动态和把长历史事件和数字系统结构化是很有裨益的。为简便起见，互联网发展历程可以划分成三个主要阶段：军事阶段、学术阶段和商业阶段。每个阶段以关键事件区分。

军事阶段：阿帕网（1969—1985 年）

互联网初期，军事目的和资源是最重要的。

回首过往，触发事件要追溯到“冷战”时期。1957 年，苏联成功研制并发射了第一颗人造卫星［名为“史泼尼克号”（*Sputnik*）］，导致了所谓的“史泼尼克危机”，美国当即意识到苏联的技术已经领先美国，达到了能够发射洲际导弹的水平。作为对这次危机的回应，美国增加了军事研发费用，以应对这一技术挑战。1958 年，美国创立了几个新的机构组织，不仅有美国国家航空航天局（National Aeronautics and Space Administration，NASA），还有不太被人们熟知的美国国防部（U.S. Department of Defense）下设的美国国防高级研究计划局（Defense Advanced Research Projects Agency）。该机构是现代互联网主要先驱阿帕网（ARPA-Net，Advanced Research Projects Agency-Net）的长期赞助单位。

阿帕网于 1969 年开始投入使用，最开始只连接以下机构的四个节点（也就是计算机）：加利福尼亚大学洛杉矶分校（University of California，Los Angeles）、斯坦福研究所增强研究中心（Stanford Research Institute's Augmentation Research Center）、加利福尼亚大学圣塔芭芭拉分校（University of California，Santa Barbara）和犹他大学（University of Utah）。

以经济的方法使用稀缺资源是阿帕网发展的一个关键驱动力。与当代相比，20 世纪 60 年代和 70 年代的计算机极为庞大（甚至能够填满整个大厅）且昂贵。将计算机高效连接是分享这一昂贵基础设施的方法之一。另一种使用网络本身的经济方法是使用分组交换技术。分组交换技术是一种网络通信方式，这项技术把信息单元分块放进数据包里，数据包在网络上按照可用连接分配的路径单独传输，然后再在最终目的地重新组合到一起。除经济的优势之外，分组交换也能够更好地保证安全高效的信息交换，即使节点网络出现故障，分组交换依然可以继续。这种安全性也正是阿帕网军方支持者所青睐的。如今，分组交换技术在互联网中仍被继续采用。

还有其他几个关键事件，也是互联网第一阶段的重要标志。1972 年，为 BBN[①] 公司工作的雷·汤姆林森（Ray Tomlinson）发明了电子邮箱。1973 年，互联网先驱温特·瑟夫（Vint Cerf）和鲍勃·卡恩（Bob Kahn）发明了任何计算机都允许接入的开放式协议，命名为 TCP/IP。1983 年，阿帕网停止使用旧协议（名为 NCP），切换为新的开放式协议 TCP/IP。最终，在 1985 年，阿帕网被分割成了两部分，一部分为 MILNET，用于军事；阿帕网为民事。军事阶段结束。

学术阶段（1985—1991 年）

互联网发展进程的第二个阶段可以被称为学术阶段。从军事阶段开始，许多学术机构（大学等）在互联网的发展中就已经有了强大的影响力。其中，1985—1991 年是这些学术机构影响力的巅峰时期。

这个阶段的关键发明是万维网，由在欧洲核子研究中心（European Organization for Nuclear Research，CERN）任研究员的蒂姆·伯纳斯 – 李（Tim Berners-Lee）、山姆·沃克（Sam Walker）和罗佰特·凯拉德（Robert Caillau）研发出来的。万维网于 1989 年创立，于 1991 年公开面世，开始广为大众使用。万维网的主要创新技术特征是互连的超文本文件，可通过超链接浏览。超文本文件可通过网页浏览器（火狐浏览器、微软网页浏览器等）进行阅读。

伯纳斯 – 李及其研发团队的主要动机是方便在 CERN 工作的不同国籍、学术背景迥异的研究人员沟通和交流。因此那些为了超文本编程而开发的软件从一开始的概念就是开放源代码软件。这里的超文本即所谓的超文本标示语言及其协议、超文本传送协议。虽然当时开放源代码软件这一术语并未开始使用，但互联网的开发者和当今开源运动的意图相同，都是想要把他们的软件源代码开放给公众，限制宽松，甚至说不保留版权限制。万维网创立的主要意图就是为了达到同一环境下不同媒体类型（图片、声音、视频、文本和动画）的集成。

商业化和通俗化阶段（1991 年至今）

互联网发展历程的第三个阶段，可以称为商业化和通俗化阶段。这个阶段始于 1991 年美国政府决定允许商业企业出现在互联网上开发新形式的业务（通常指电子商务）。从这项决定，互联网就在全体公众中迅速蔓延，比之前任何形式的媒体扩散得都快。互联网历史学家威廉·斯莱特（William Slater）认为，互联网的扩张速度十分迅猛，大大快于广播（38 年）和电视（13 年）的流行。举例来讲，仅 5 年时间，互联网就在美国赢得了 5000 万用户。互联网发展之快主要归因于以下几个要素。

第一个要素是硬件成本最近几十年间剧烈下降。根据摩尔定律阐述的观点，每 18 个月，最新的计算机芯片性能翻番、价格减半。该“定律”并无充分科学理论支撑，却是经验主义观察之下得到的普遍趋势。

让互联网加速扩张的第二个要素是互联网

① BBN 是一家先进的互联网服务供应商，为企业和其他组织提供网络服务和解决方案，并为政府和其他组织提供一系列的合同研究、开发和咨询服务。在 1995 年 11 月之前，该公司被称为 Bolt Beranek & Newman, Inc.，该公司因其计算机技术的研究和开发被认可。——译者注

软件的用户友好性和便利性。一种新的图形化浏览器软件的开发，使没有经过大量技术培训的人也能轻松地在网上冲浪。Mosaic 是第一个图形化浏览器，是由美国国家超级电脑应用中心（National Center for Supercomputing Applications，NCSA）的马克·安德森（Marc Andreessen）和埃里克·比纳（Eric Bina）开发的第一个图形化浏览器，并于 1993 年发布。Mosaic 又在国家超级电脑应用中心外部由相同的团队进行了进一步开发，并重新命名其为网景浏览器（Netscape Navigator）。网景和很多其他互联网公司一样，经历了一场由通胀预期引发的商业繁荣。这场互联网的商业炒作于 2000 年达到顶峰，随之而来的是“崩溃”，或者说是这些技术股价值的迅速缩水。

促进万维网迅速扩散的第三个要素是其多媒体内容。比之前以文字为主的互联网服务（参见表 1）相比，万维网打开了一个崭新的吸引人的开发和娱乐内容发布（音乐、视频和游戏等）的选项。这些多媒体选项是这项复杂技术不仅让一小部分技术和科学精英理解，也能让更大范围的公众理解的关键特征。

当前和未来趋势

所有上述有利因素带来的结果，就是我们今天能够看到的互联网在全球范围持续高速扩张的原因。2009 年，约 25% 的世界人口接入互联网。然而，世界各地区互联网接入（以及使用）却存在很大区别，这一点会在数字鸿沟主题下进行探讨和研究。许多工业化国家已经显露出市场饱和的迹象。根据 2009 年互联网世界（Internet World）网站的资料报告显示，2009 年，北美互联网普及率（互联网接入人口的比例）是 75%，紧接着是大洋洲 – 澳大利亚为 60%，欧洲为 50%。其他世界地区的平均普及率低一些（拉丁美洲：30%、中东地区：24%、亚洲：19%、非洲：7%），但这些地区的一些国家水平与北美相同（韩国 77%、日本 74%）。

互联网的未来会怎样？互联网发展历程的简短示意图标出了很多技术进步，这些技术进步并非长期规划的产物，在启动时也是无法预见的。开发新的商业基础设施用于发布多媒体内容，也不是涉及其中的美国军事或学术机构的意图。根据这一背景，任何关于互联网未来发展的说法都应审慎取信。不过，未来 10 年左右的趋势将围绕以下三点。

（1）继续扩散：互联网将会在世界各地继续扩张，延伸到当今很多工业国家。

（2）移动接入：越来越多的用户使用无线技术（移动手机、笔记本电脑通过 WLAN 等）接入互联网。这一趋势与正在建设基于无线技术的电信基础设施的地区（非洲等）尤为相关（无须首先建立完整的有线基础设施）。

（3）与其他媒体汇流：传统大众媒体（新闻、广播和电视）的内容将越来越多地通过互联网发布。其结果是，许多熟悉的技术差异（如电视机和电脑之间）和市场划分（如电视和广播公司之间）将会缓解或彻底消失。

虽然无法确定地预知互联网未来的清晰面貌，但是明确的是，这三点（继续扩散、更多无线接入和持续的媒体整合）是实际必然发生的。

撰 稿 人：Urs Dahinden

另请参阅：Cold War Rhetoric；Digital Divide；Media Convergence；National Aeronautics and Space Administration，U.S.；Online Media and the Sciences

参考文献

[1] ALESSO H P，SMITH C F. Connections：Patterns of discovery[M]. Hoboken，NJ：WileyInterscience，2008.

[2] Internet Society. (n.d.). Histories of the Internet [EB/OL]. [2009-09-07]. www.isoc.org.
[3] LEINER B M, CERF V G, CLARK D D, et al. A brief history of the Internet. [EB/OL]. [2009-09-07]. www.isoc.org/internet/history/brief.shtml.
[4] Miniwatts Marketing Group. Internet world stats: Usage and population statistics [EB/OL] [2009-09-07]. www.internetw orldstats.com/stats.htm.
[5] SLATER W F. Internet history and growth [EB/OL]. [2009-09-07]. www.isoc.org/internet/history/2002_0918_Internet_History_and_Growth.ppt.

Interpretive Communities 诠释共同体

对待科学最理想的处理方式是把它当作无须解释的活动的一部分。专门的术语和系统的科学方法创造了一个环境，在这个环境里，对话的双方完全理解彼此的意思，以致他们不必厘清对方话语的含义。这种科学沟通的精确性使一个意思从一方的大脑顺利传送到另一方的大脑。诠释共同体有利于解释科学上的沟通能够如此高效的原因，其设计目的是在专家之间传达意思几乎没有歧义和混淆，以及解释科学沟通的形象为什么总是与现实中科学文本遇到的情况一致的原因。

文学批评家斯坦利·菲什（Stanley Fish）引入了诠释共同体的观念，用来说明针对一个文本的特定含义是如何根植于具有共同兴趣和目标的特定读者群体中的。

一部文学作品可能并不具备让不同时期的所有读者都能理解的单一和客观的真实含义，但是，有着一套共同的诠释策略的某个读者社群，他们根据同一坐标看待某一文本，并且约定遵守相同的含义确定程序，却能统一地对这个文本达成共识。具有同一学科术语库和统一的目标和研究实践的科学家构成了一个此类的诠释共同体，使他们不必承担沟通内容的损失或对共享文本的含义展开激烈争辩。因此，最理想的科学沟通不会被深入的解释所干扰。

同一学科的科学家常常形成一个彼此完全互相理解的发言社群，但是，即使事实确实如此，也会有一个学科背景的科学家，必须与另一学科背景的科学家以及正在接受培训进入这一学科的学生沟通的情况，或者与非科学家沟通的情况。在这些情况下，对于描述、分析和评估科学家的沟通来说，多个诠释共同体的概念就变得特别重要了。

跨学科沟通和其他沟通隔阂

科学家必须时常与具有不同专业领域背景的同事、与其存在不同特定的学科兴趣、目标或专长术语库略有不同的专家沟通。学科背景迥异的科学家可能属于不同的诠释共同体，于是，他们更可能遇到跨学科的科学文本，而对于该文本的正确含义有着大相径庭的理解。如埃尔温·薛定谔（Erwin Schrödinger）的《生命是什么》（*What Is Life*）中的一小段，反简化论的物理学家诠释为作者认为新的互补物理定律将会在生物学体中被发现，而一些简化论主义的生物学家却把同一段落诠释为作者已经确认物理学的量子力学定律在生物中已经存在的证据。

同一文本的两种解读，在不同情况下形成的诠释共同体看来虽然是相反的，但却都完全符合文本内容。哪种解读最准确尚难以确定，也可能无关痛痒，因为两种诠释都让薛定谔取得了让物理学家和生物学家合作活细胞的物理形态的既定意图。

另一种科学家可能产生矛盾诠释的情况是，当某一学科发生了托马斯·库恩（Thomas Kuhn）所描述的从一种模式向另一种模式的革命性改变时。持有旧模式的人对阅读者接受新模式的阻止程度到了一个可以说占据了不可比拟的地位时，双方观点便无法完全接触。每一方都透过诠释共同体给自己戴的眼镜去看世界，而且，任何有关这一学科的标准文本都被以一种支持各自诠释共同体世界观的方式予以解读和再解读。

学科社群和模式是把读者根据认可同一文本的不同诠释的接收群体进行归类的方法。另一个可以用来识别多个诠释共同体的方法是地理。如查尔斯·达尔文（Charles Darwin）的《物种起源》（*Origin of Species*），在 19 世纪被以美国南北战争后的种族政治视野理解其意义的南美科学家和从对马尔萨斯的社会理论不满角度理解其意义的俄罗斯科学家得出两种完全不同的诠释。不同地域形成的不同见解，说明受到空间和地理因素局限而造成不同理解的意见分化的诠释共同体的存在。

对科学文本的诠释也会因为所处时间的不同而不同，19 世纪对于达尔文的《物种起源》的诠释，20 世纪对相同的文本进行诠释截然不同，并非因为思考模式的激进转变，而是因为现代读者的文化发生了累积的变化。接收信息的共时研究和历时研究表明，诠释群体对重要的科学文本诠释不同。无论是否受到学科、地理或历史的局限，不同诠释共同体的存在表明，科学文本并非始终像注释内容那样表面、肤浅，其含义跨越了学科、空间和时间发生了转移和转变。

诠释社群和科学教育法

诠释社群这一概念最初是菲什用来表述在教学中阅读一段文学作品的。教学中不要求对文字的特殊意义进行解释。他也知道要实现文学作品独特的客观意义是很难的。阅读可理解性的社会系统认为合理的读物将会透露他或他的学生所属的独特的文化或制度社群，给潜在的无政府主义的解构带来一定限制。

将诠释社群这个概念引申到科学社群研究上有助于解释学生是如何被训练得像科学家一样阅读的，他们开发的共享性实践方法可以让学生在阅读时专注于单个词语、表述行为的传统以及相关领域专家的流派风格。简言之，就像菲什的学生被训练得像文学批评家一样阅读，这些学生被教导成了某个特别的科学诠释社群的成员。如一项对研究生和教职工阅读同一篇科学性文章的研究表明，那些还没有完全参与这一诠释社群实践的人对他们所阅读的东西的批判较少，他们阅读的目的更多的在于理解文意而不在于检验其论点或质疑其结论。另外，学生在阅读时大都会逐行细看而不是像训练有素的讲师一样一目十行地看。据推测，在整个读研期间，只有准备做讲师的研究生才会学着像专家一样阅读。阅读训练的深入使得科学社群得以良好运作，同时，这一过程也使他们更倾向于用某个特别的科学规律来解释文化。

科学的大众传播

临时参训人员也能构成科学诠释社群。这样的社群之一就是记者，他们通常充当连接科学家和大众的桥梁。在制度、职业及社会价值的驱动下，记者在报道科学发展时一直用着同一套阅读框架。因此，即使不同的报道所讲述的科学大相径庭，他们所采用的主题，引用的故事可能都是一样的。当某个科学故事成为重要的公众话题时，就表示某些受欢迎的解释会在新闻媒介广为流传，同时，某个故事的发布也会给科学记者带来利益，这一利益甚至和那些作品被发表的科学家不相上下。

科学大众社群中可能存在分歧的另一方面就是政治意识形态。如气候变化疑论者社群内大都是保守主义者，而气候变化追随者社群内大都是自由主义者。即使阅读同一篇作品，这两个社群的成员对其中数据也一定会得出完全不同的结论。虽然科学一直被叙述成是不受政治约束的，但是当国家的重要政策诞生时，无论科学家还是公众成员都难免会受到众多有同样想法的人的意识形态的影响。

结 论

如同诗和经文的多种释义一样，科学的诠释社群这一概念缓和了科学的理想化形象，作为一个完美的沟通向量帮助科学作家传递着信息。但是在探索这一谜题的过程中，它却没有给科学文献赋予太多的解释。相反，它用共享的诠释策略在特别的社群内给科学文献赋予了一份特定的意义。不能忘记的是，如果这个社群经验丰富，那么他们所做的科学性交流就能起很大作用。大多数情况下，如果不与经验丰富的社群进行交流，同时又不支持科学家的其他纪律、规范、位置和时间，那么不同的诠释社群就会给科学文献赋予不同的解释。

撰 稿 人：Leah Ceccarelli

另请参阅：Audiences for Science；Climate Change，Communicating；Kuhn，Thomas

参考文献

[1] CECCARELLI L. Shaping science with rhetoric：The cases of Dobzhansky，Schrödinger，and Wilson [M]. Chicago：University of Chicago Press，2001.

[2] CHARNEY D. A study in rhetorical reading：How evolutionists read “The spandrels of San Marco.” [M]//J SELZER (Ed.).Understanding scientific prose. Madison：University of Wisconsin Press，1993：203–231.

[3] FISH S. Is there a text in this class? The authority of interpretive communities [M]. Cambridge，MA：Harvard University Press，1980.

[4] KUHN T S. The structure of scientific revolutions [M]. 2nd ed.Chicago：University of Chicago Press，1970.

[5] LEISEROWITZ A. Communicating the risks of global warming：American risk perceptions，affectiveimages，and interpretive communities [M]//S C MOSER，L DILLING (Eds.).Creating a climate for change：Communicating climate change and facilitating social change. New York：Cambridge UniversityPress，2007：44–63.

[6] LIVINGSTONE D N. Science，text，and space：Thoughts on the geography of reading [J]. Transactions of the Institute of British Geographers，2005，30：391–401.

[7] TEN EYCK，T A，WILLIMENT M. The more things change...：Milk pasteurization，food irradiation，and biotechnology in the New York Times [J]. Social Science Journal，2004，41：29–41.

[8] ZELIZER B. Journalists as interpretive communities [J]. Critical Studies in Mass Communication，1993，10：219–237.

Interviewing Scientists 采访科学家

很多记者一想到要采访科学家就有些泄气。有些记者担心自己很难理解科学家说的话；有些记者可能听说过科学家拒绝采访，或被动接受采访而只会讲一些难懂的术语，然后在看到面目全非的报道之后强烈反对；有些记者甚至怀疑他们找不到人采访。但是实际上，采访科学家是一件再简单不过的事情了。随着越来越多的联邦机构需要公众支持他们投资的科学家，越来越多的科学家明白了接受媒体采访的重要性。而且，由于学院和大学都想要推广他们的专业院系，并为他们的毕业生增加就业机会，更多的科学家都在接受与记者交流的训练。因此，现在越来越多的科学家已经能意识到了记者对清晰、通俗的解释和要点的需要，以及在截稿前尽快扭转晦涩难懂的局面的需要。科学社会也提供了越来越多的文章和工作室，指导科学家如何准备媒体采访以保证他们清晰简洁地把他们想要解释的内容表述清楚。

这意味着过去记者为了顺利完成采访而必须做的准备已经被做好了。当然，这并不是说他们可以毫不费力成功地完成一次对科学家的采访。他们还有大量的工作要做。但是记者不用再像过去一样因为这样的计划而气馁了。要想成功地完成一次采访，最重要的就是记住一句古老的名言：不打无准备之仗。

获取背景

首先，记者要提前了解所涉及的科学、其他记者对该科学家的采访，以及该科学家的作品或成就。

完成这项任务的一个办法就是去科学网站上查找相关资料，因为这些网站上总结了科学家正在做的研究以及为研究出资的人，同时还有提供简历（专业学者使用的简历）以及其他背景资料。记者可以从这些网站或互联网上下载自己想要探讨的文章。如果某个记者没有时间阅读这些有助于采访的作品，也可以略过详细内容，只看标题、摘要、结论和文章中的图表。记者可以从某篇文章的引言和讨论部分了解该研究对科学和社会的重要性。从结论中可以了解重要的说明及后续研究状况。另外还需要判断经费来源可能造成的影响，查阅文章正文部分和参考文献中提及的其他该领域能够对其研究发表意见的科学家的名字。最后，如果记者遇到了不熟悉的专业术语，也可以到科学辞典或百科全书中查阅。

记者可以在学术大全数据库或其他线上数据库中找到其他记者撰写的关于该科学家或其具体研究的报道，了解到同一领域的其他科学家，也可以是与采访主题没有直接关系的名气较高的专家，还有那些可以对该研究的质量或科学与社会影响做出评价的人。记者还需要关注其他记者处理疑难术语和概念的方式。

采访准备

大多数科学家都是办公室和实验室或试验场所两点一线的，因此给他们发邮件比打电话更容易收到回复。记者最好发邮件请求采访。这样才不会遭遇科学作家格兰达·崔（Glennda Chui）写的“电话捉人困境”。

记者要在邮件中说明事情、地点、时间。简单地说明采访的意图，如探讨研究成果及意义。他们还需要注明他们要完成的文章的主题，是一则发现故事、一个简介、一个趋势还是一个问题论述，同时要注明是为谁写的。另外，要说明采访需要多少时间。通常要写发现故事的话，采访时间要控制在 20～30 分钟。需要注意的还有，要说明采访进行的地点，最好是在科学家的工作区域进行，这样可以通过观察这个区域获取一些必要信息。最后，还要提及他们的截稿日期以及可以进行谈话的时间。

若科学家同意，记者便可请求其对研究进行简短的描述。如果可以的话，记者可以说明他们想要一些较为通俗易懂的信息。有些信息记者可能已经得到了，但是仍然可以再去咨询一下。另外，如果记者已经掌握了一些已有的内容，可以在谈话中说出来，让科学家明白他是提前做好了准备的。

记者应该有坚持不懈的品质。如果第一次发邮件没有收到回复，不要害怕再发一次。如果仍然没有回复，就可以试着打电话，再者，如果想对一位科学家或一位大学讲师“实时报道”，也可以在其在办公室的时间直接去拜访。当然，记者都不想被嫌弃，但稍微主动一些会大有裨益。

事先想好问题与评价

为了保证采访的时间得到充分利用，记者应该做到提前考虑要问的问题和要做的评价。一般来说，要避免提问只有肯定或否定答案的问题。取而代之的要准备开放式的问题。这样就不会对科学家产生预设方向的误导。

在开始采访前，一些科学作家喜欢和受访者讨论他的研究，这样做可以表明他们花了时间去了解这位科学家的成果。记者还可以找出一些他们格外感兴趣或值得讨论的部分提问受访者，以此作为铺垫。

某些科学作家喜欢用“是什么给了你做这个研究的灵感？”这个问题开始采访。如纽约时报科学家问答版块的主编克罗地亚·迪莱弗斯（Claudia Dreifus）就经常用这类问题作为开场。这样的问题可以问出一些已发表的正式的研究文献中所没有的信息，也是很好的暖场问题。

广播记者喜欢用暖场问题提问：“请用你的话说说你觉得这些成果有哪些地方对科学和社会有意义，为什么？”这些问题可能让某些科学家认为记者没有为采访做足功课，但如果记者之前已经准备了某些暖场评论，科学家就不会再这样想了。只有在这种情况下，这样的问题才是有效的。这样的问题可以让记者了解这位科学家自身是如何看待自己的研究的。

此外，关于研究背景的问题是必须问的。就像所有科学作家都会强调的一样，一项科学研究只是科学谜题的一小部分。记者在弄清楚研究成果之后，还要问清楚这些结果与之前的研究有哪些关联，这一点很重要。这项研究是否支持并拓展了之前的研究？如果这项研究结果与以前的研究成果相悖，是什么原因造成的呢？有些研究结论甚至与现有结论相悖，是因为新的研究使用的研究方式更为严格。虽然有时候也可能是其他原因造成的。有可能是经费来源的影响，因为研究成果通常是偏袒为研究出资的人的，企业投资进行的研究更是如此。

科技报道中很少涉及研究方法。尽管如此，有经验的科学作家还是会准备一些与研究方法相关的问题，以此确定研究的可靠程度。因为之前惨痛的教训让他们知道，即使某些研究通过了同行审查，也偶尔会存在严重的缺陷，因此，这样做只是为了弄清楚这项研究的特性。与研究方法相关的问题大都涉及研究人数、抽样程序、样本大小、测量方法使用和针对特定研究设定控制可能影响（或混淆）研究结果的无关变量的能力。

如果某记者无法准备关于研究方法论的问题，至少可以提问这项研究中无法解答的最重要的方面是什么，还有哪些是无法确定的？当记者问及科学上还未知和未确定的内容时，科学家很有可能会谈及这一研究的局限性，通过对这一问题的探讨，记者不仅可以决定他们故事的走向，还可以了解科学家的一些研究方法。研究设计的基本文本也有助于增加记者对研究方法论的了解。

同时，记者应该问一些风险效益问题。当研究涉及新的医疗手段或药物时，有经验的科学作家会准备一些可以缓和过分的要求的问题。如有没有什么危害？如果有的话，对什么人有危害呢？是不是对某些人相对有效果呢？这种新疗法或药物与现有替代疗法或药物相比有何不同？这种疗法何时可以临床使用？实际投入使用之后怎样收费？

如果记者是在做一个专题报告，他们还会想要追踪人们感兴趣的小故事以支持他们对这个主题（焦点）想要讲述的内容。记者可以询问被采访者是否回忆起了最初萌生研究的灵感、意识到自己发现了别人还未发现的东西或首次意识到这些发现的意义时的情形。随后，记者可以进一步问一些具体的问题——时间、想法和感觉、其他人的反应等。在回忆这些事情的时候，他们可能会注视一些有助于他们回忆的实物（书架上的书或门上的卡通图案）。记者应提前想好这些东西可能是什么。

无论要写的故事是什么类型的，有些概念都需要辅以解释。记者应该做好请科学家通过常见事物对比解释这些概念的准备。例如，记者可以这样问："你能用更为通俗易懂的方式解释一下这个程序吗？"

最后，记者应做好向被采访者询问能够对这项研究的特性和意义加以评论的其他科学家的准备。记者不能害怕问及相关研究结果的拥护者和反对者的名字。令人惊讶的是，无论是积极支持他们的研究的人还是对研究持有反对意见的人，他们的名字大多数科学家都愿意提供。

职业化采访

当记者到达采访现场时，首先会感谢科学家百忙之中抽空与他们探讨这一采访（说明名称）项目（详细说明）。然后做一些暖场性的评论，预演一些将要提出的问题，让科学家了解自己的回答应该侧重在哪个层面上。例如，如果他们要写出一则让大众感兴趣的故事，他们可以说：

我想要请教一些关于 x，y 和 z 相关的问题。我们的观众囊括各教育层次的人。当然，不是说我们的观众都是"傻子"，只是很多东西对他们来说是未知的。早先曾与我交流过的科学家发现将我视为这些观众的一员是大有裨益的。这些观众都很聪明，但是有些人只接受过高中甚至高中以下的教育。也有些人把我视为你们中的一员——人并不笨，但知识积累不如你们，因此需要很多帮助才能理解这些研究。如果你在跟我谈话时将我看作是这样的人，那我们就都能轻易理解你做的解释，也能做出一些通俗易懂的评论。

准备充分是好的，但是更重要的是要认真聆听。随着采访的展开，记者就不能只局限于事先准备的问题了。例如，不要照着记录去读问题。在采访中不可避免的需要一些变通以促进谈话的进行，为了有助于记者更好地理解科学，在聆听和对话的过程中要做一些记录。

记者应该对偶尔切换问题感到高兴。应该自如地跳出准备好的问题，尤其是当科学家对某个话题正热情高涨时。许多极佳的材料通常就是在这样的切换中获得的。记者可以看看表或者说："哇，时间过得真快！我希望各方面都有问到，因此，请允许我问一下……"以便自然地把采访拉回正题。

记者不能不懂装懂。中国有句名言：宁以

无知示人，勿以无知误己。这是对记者最好的建议，如果记者自己没有弄懂，就没法给其他人解释。因此，不能害怕表现得无知，或者打断科学家请求他用简单的语言讲述，甚至用画图来帮助理解。

做记录的动作不能太明显。如果记者能做到的话，可以在保持眼神交流的同时做记录。他们应该用自己的方式或者采取速记法，在间接引用的部分用括号标明，这样之后就能够区分出直接引用的内容。对于采访结束时还需要再问及的部分，记者可以在空白处标上问号并将那一页折个角。

应该准备一个录音笔。虽然不同科学作家对在采访中使用录音笔持不同意见。但是大多数人喜欢用录音记录，以便听得更明白。如果要用录音笔，在采访时应该告知科学家他们在用录音以保证记录的准确性。记者在听到确定会使用的内容时，要记录下时间点。这样在需要引用这段话或获取其他需要使用的信息时就不用把整段录音重听一遍了。

最后，在采访结束时，记者应检查一遍自己的记录，看看还有没有遗漏的问题。一个很好用的可以用于结束采访的问题是“还有哪些被我忽略了的方面呢？”当记者完成采访之后要对科学家表示感谢，并询问在写作时如果遇到问题的话是否可以打电话请教。记者应该找科学家要电话号，并确认和方便打电话的时间。

采访后跟进

事后做一次事实核实很重要。很多媒体不允许记者核实政治故事来源，但是允许记者核实科学故事来源。因此，如果允许的话，记者就应该再核实一下，告知科学家他们针对这件事需要写的内容以确认其准确度比想办法做一篇为大众感兴趣和理解的文章更重要。

很多科学作家在请科学家核实准确性时都不会把整篇文章发给科学家。他们通常会打电话给科学家，将文章中需要核实的事实部分读给他们听以节省时间，同时也给了他们提建议的机会。

一些关于科学新闻准确性的研究发现，科学家通常会发现一些记者在简化过程中忽视掉的错误。出于读者利益考虑，如果有必要的话，记者有责任说明某些概念不得不被简化的情况。

记者应该将文章（或文章链接）发送给科学家并致谢。礼多人不怪嘛。

撰 稿 人：S. Holly Stocking

另请参阅：Bioethicists as Sources；Scientist-Journalist Relations；Scientists as Sources；Visible Scientist

参考文献

[1] COHN V，COPE L. News & numbers：A guide to reporting statistical claims and controversies in health and other fields [M]. 2nd ed. Ames：Iowa State University Press，2001.

[2] DREIFUS C. Scientific conversations：Interviews on science from the New York Times [M]. New York：Henry Holt，2001.

[3] SCHWITZER G. Health news review.org：Grades for health news reporting [EB/OL]. www.healthnewsreview.org.

Invasive Species
入侵物种

随着国际旅游和贸易的增长以及全球气候的变化，物种从自然分布区进入到新的区域的传播也越来越多，这使得物种入侵发生的概率也越来越大。而这些物种入侵往往伴随着无法预知的结果。对于不同利益集团来说，他们之间有效的沟通手段是就入侵物种对环境、经济和社会带来的成本和利益达成共识，并告知解决它们所带来的风险和优先行动的决定。需要考虑的有导致物种入侵的因素、入侵物种带来的风险、对风险进行评估和管理的范式以及贯穿整个风险管理周期的沟通的重要性。诸多利益集团必须合作才能解决入侵物种问题，同时，风险洞察力和有效风险沟通也成为入侵物种管理越来越重要的组成部分。

外来入侵物种是国家自然保护联盟（International Union for the Conservation of Nature，IUCN）对所有被人类引进到“自然生长范围”以外的，快速繁衍，遍布该地，并对“当地生态系统和物种”产生负面影响的动物或植物等生命体的定义。人们对入侵物种的担忧源于其对生态的不良影响，有时这些担忧甚至会引发争议。尽管入侵物种在经济或社会方面的影响同样值得担忧，国家自然保护联盟却格外重视这些生态方面的影响。

虽然从历史上看，很多物种为了适应环境，会进行自然的迁徙。但是有资料记载的物种入侵很大程度上是由于人类的有意或无意引进造成的。由于国际贸易和旅游的增加，很多物种被人们无意间带入，再加上人们特地引进很多物种用作食物、纤维或药材，用于观赏，作为新奇事物或宠物，用于运动或用来对其他生态系统加以控制（却并未派上用场），这些都大大增加了物种入侵到新领域的概率。在澳大利亚，马尔科姆·耐恩（Malcolm Nairn）引导的一次检查发现，1971—1995 年繁殖出的 290 种植物中有超过 70% 是通过人类活动引进的。然而，并不是所有引入的物种都变成了有害物种。一个经验法则显示，接收地区有 10% 的物种是引进物种，这些引进物种中有 10% 被成功引进，这其中又有 10% 变成了有害物种。

成功入侵的特征

人们用描绘某些物种的发展历程（也就是发展、繁殖和死亡的模式）来定义可能具有侵略性的物种的特性。入侵物种通常被归类为有很高的潜在增长比的物种，它们生命周期短，有能力获得优先的资源分配，有助于繁殖。其他相关特性有繁殖体小（也就是种子、蛋或其他能够成长为新个体的部分尺寸很小）且通常能够在广泛的区域内得到有效传播。同时，某些物种在没有天敌的环境中也可能会变成入侵物种。

人们可以用生态群落的结构和动态模型来判断环境是不是对入侵者更有利。这种模型中的很多都能模拟一个生态群落被另一个取代的过程。总体来说，我们认为群落的骚乱有助于新物种的入侵，后期演替或物种丰富的社群则更能抵制入侵。

国际政策和规定

国际上用了很多方式来预测哪一物种更有可能成为入侵物种、它们可能会带来哪些影响以及怎样才能更好地管理它们。世界经济贸易组织的成员国认为，入侵物种风险的评估和管理必须与卫生和植物检疫措施应用协定（Application of Sanitary and Phytosanitary Measures，SPS 协定）中的规定一致，同时也鼓励依照其他标准进行评估。此外，其他国际组织和协定也对入侵物种带来的风险的管理表示担忧，如全球入侵物种项目（Global Invasive Species Program）和国际海事组织（International Maritime Organization）国际船舶压载水和沉积物控制和管理公约（International Convention for the Control and Management of Ships' Ballast Water and Sediments）。

预测入侵风险

如果入侵风险能被预知的话，对入侵物种的管理就会容易很多。大多数预知途径都可以针对某一物种造成的风险进行评估，虽然直到最近才有一些基于生态群落属性的评估方法被开发出来。

入侵物种大多数预测方法能够区分物种进入的途径（如被船舶集装箱或飞机乘客带入），以及评估物种进入、存活和在新区域遍布的可能性并评估可能造成的后果。这种预测通常都充满了不确定性，在做决定前需要加以考量。在无法承担预期风险的地方可以通过阻止或控制这些物种的进入、繁衍或传播，以及限制其影响来管理风险。确定一个风险接受水平很重要，这最终会成为在阻止不良影响和妨碍良性活动之间权衡的一个社会决策。在风险评估的所有阶段，与利益相关者的磋商很重要，双方的交流能给所有者提供解决办法并促进其对决策的接受。

在入侵的不同阶段进行成功处理的概率受多种因素的影响。某个物种要进入一个新的区域，就需要将其从现在栖息地运输到远方。这些物种在运输过程中可能需要人类的接触和广泛的分布，并且需要适应运输环境以存活下来。然后在新的地方找到合适的栖息地或寄主，这些物种就能够存活。如果想要大量繁衍后代，还需要克服物种密度低，遗传基因差异性小的问题。与其他原生物群落的物种相比，入侵物种的某些特性，如对其天敌有毒害等，能够增强其竞争力促进其繁殖。在大量繁殖前可能会经历很长的迟滞期，这期间它们会进化并适应当地环境，或者重复的引进增加遗传基因差异。繁殖体小或传播途径的存在都可能有助于传播，在有自然障碍的情况下，道路或受干扰区都有助于其传播。

肯尼斯·惠特尼（Kenneth Whitney）和克里斯托弗·加布勒（Christopher Gabler）在一次审查中发现，大多数预测某物种入侵的方案都着眼于该地区入侵史、已有物种分布、是否适合现有物种生活以及原生物种的潜在影响。根据本杰明·菲利普斯（Benjamin Phillips）引领的另一次调查，人们用一些方法绘制出了很多现有物种分布图，有简单的平滑线条，也有凸多边形组成的分布记录。人们通过两种方式来预测未来的分布。相关的统计方式被广泛使用在物种空间分布数据和新区的今后气候条件等环境变量中，以此来预测新区域的潜在分布。另外，机械学也为物种生理适应性和在不同环境中的适应性创建了模型。

可以将当前的统计学模型和历史传播率作为环境情况或种群动态的机械模型来预测物种的传播率。

物种入侵的生态影响

入侵物种可能会直接或间接对本土物种和生态系统造成影响。如果入侵物种是以本地物种为食的草食动物、叶食动物、肉食动物或寄生虫的话，就有可能造成直接影响。如果入侵物种能与本土物种杂交的话也会造成直接影响。而间接影响则可能会通过一系列机制产生。如入侵物种可能会成为引进其他物种（包括对本土物种有害的病原体）的媒介，与本土物种争夺资源，或者通过改变本土物种的天敌而造成的影响。

马克·肯尼斯（Marc Kenis）以舞毒蛾为观察对象，进行了一次关于外来入侵昆虫对生态的影响的考察。舞毒蛾是一种遍布北美东部森林的害虫。其幼虫以橡树（栎属植物）叶为食，会导致树木因落叶过多而死亡。舞毒蛾造成的橡树脱叶使以橡树叶为食的虎凤蝶、加拿大虎纹凤蝶的增长率和存活率降低。舞毒蛾的暴发也与当地其他飞蛾和蝴蝶感染寄生虫的比率增加有关。橡树脱叶和死亡导致了森林结构和物种构成的改变，进一步影响了整个生态系统的发展历程。

对入侵物种影响的量化和用来管理这些物种的措施通常是根据国家和国际法律和指导方针（SPS 协定）强制执行的。很多成本和脱离市场的利益都无法用金钱来衡量。有时候，入侵物种对当地生态系统或文化活动造成的影响并不像其对农业或人类健康造成的影响那样受重视。人们在努力弥补这一方面，如开发可以解释生态系统作用的框架，使人们能够将最重要的方面纳入考虑。

进化的重要性

目前，有些人对用于预测动态且不断进化的入侵物种的现有方案的有效性提出了质疑。惠特尼和加布勒的评论表明了进化变迁的重要性。两者都表明了物种的侵袭和接受社区的阻力。入侵种群可能会经历进化变革，因为存在不同种群和本地及其他引入的类群，小规模种群的杂交，以及典型的人口快速增长带来的新的选择压力。

例如，1935 年，澳大利亚引入了甘蔗蟾蜍和海蟾蜍，试图控制农业害虫，最后却弄巧成拙。本·菲利普斯和瑞克·谢利（Rick Shine）表示，甘蔗蟾蜍传播速度增加伴随着蟾蜍在入侵前的长腿的进化，首先到达某一地点形成缔造族群，从而获得适当的益处。此外，它们展示了与澳大利亚红腹黑蛇，澳洲黑蛇的共同进化，这增加了蟾蜍所拥有的新型毒素的抗性。

风险管理

以各种方式管理由入侵物种造成的不可接受的风险。及早采取措施防止潜在侵入物种的进入，可能比事后控制或根除一个已确定的物种的措施更为可取，且更具成本效益，并且通常要在国家边界或靠近边界处采取措施。可以采取措施确保车辆、货物、乘客或商品从潜在侵入物种中实现自由商定的承受限度，以达到可接受的风险水平。措施可能包括检查、商品认证、灭虫和检疫。

控制或根除已建立或蔓延的入侵物种的措施包括投毒、射击、切割、燃烧、诱捕和生物防治。措施还可能包括对受影响地区的生物体及其媒介的移动进行监管、监测，并进行公共宣传活动。

在生物安全统一体下，政府通常会面临如何最好地配置有限资源的艰难决策任务。这些决策要求对最濒危物种资源的高效配置以及对各种有影响力的控股集团进行平衡协调。

管理战略不仅要考虑到风险的程度，还应考虑到物种入侵的可能性和后果的不确定性程度。在不确定性较高的情况下，特别重要的是要采用适应性管理战略，使所适用的措施发生变化。

监视和监测

监视和监测方案是构成这些风险管理的一个重要组成部分。监视包括对特定种群的持续调查以查明物种的发生状况。监测包括正在进行的旨在探测物种数量变化的计划。越早发现潜在入侵物种的存在，可以实现早期干预并降低成本。监测还提供了学习关注系统的机会，并评估管理行动的有效性。抽样方案、数据收集、记录和分析可明确地针对原始风险评估中的不确定性领域，并为今后的政策发展提供证据。

监测可以支持应急计划，在预先确定的水

平上发现有入侵物种并触发紧急行动。这种计划对迅速应对入侵大有助益，同时可以限制一个物种建立的可能性。

传统意义上，分类知识在识别被认为构成不可接受的风险的物种方面发挥了重要作用。最近，基于 DNA 的方法已经开始使用。虽然存在一种能够快速筛选数百种物种的入侵物种芯片仍然是幻想，但约翰・达林（John Darling）和迈克尔・布鲁姆（Michael Blum）的评论表明，以 DNA 为基础的检测工具已经对管理入侵物种带来的风险做出了贡献。例如，侵入北太平洋的海星多棘海盘车，在 20 世纪 80 年代蔓延到塔斯马尼亚，并随后蔓延到了澳大利亚大陆的菲利浦海湾。压舱水是这个物种的幼虫的运输载体，并可能有助于扩大其范围。布鲁斯・迪哥（Bruce Deagle）和他的同事们开发了一种以聚合酶链反应为基础的方法检测压舱水的入侵物种的 DNA。

公众意识也可能是监视和监测计划的一个重要组成部分。知情公众为入侵物种的早期发现和管理做出贡献的潜力正受到越来越多的关注。

风险认知与沟通

通过科学和其他知识来管理入侵物种的行动。然而，社会的偏好以及人们对入侵物种所造成的风险的看法和态度也具有很大的影响力，并且正在吸引新的研究兴趣。例如，朱丽叶・施特龙贝格（Juliet Stromberg ）和他的同事最近重构了一个关于侵略性物种的概念，而科学家则抛弃了负面偏见的观点和语言。他们考虑了 20 世纪初在美国进口和广泛种植的怪柳属用作防风林和稳定土壤的情况。在 20 世纪中期，怪柳属的使用率很高，被列为该国第二大杂草，并占主导地位，这引起了人们的担忧。今天，怪柳属在改良的沿岸社区提供的生态系统服务的证据表明，根除管理工作有时是错误的。

未来，各国政府在预防和管理物种入侵方面是否成功将取决于公众对入侵物种的理解和他们的共同责任意识，以及他们支持入侵物种管理政策的意愿。沟通需要明智的、同情的思考来应对公众的关注。公众意识运动可以鼓励参与可取的行为，包括参与缓解入侵物种的扩散和影响的行动。政策制定的参与性办法也对与利益相关方的建设性接触至关重要。它们提高了决策的透明度和问责机制，启用了假设检验，并更全面地探讨了关注风险和管理风险的备选办法。

做出决定

利益相关者对入侵物种的环境、社会、经济成本和利益与社会不同部门之间存在差异。这些不同的价值观可以通过正式的决策分析与风险的科学理解相结合，琳恩・马奎尔（Lynn Maguire）已经证明了这一点，他注意了由波利尼西亚人后来被欧洲人带到夏威夷的野猪的例子。野猪损害了原生生态系统，是鸟类疾病的载体。欧洲和玻利维亚后裔的夏威夷人关注着这些负面影响，但野猪也在波利尼西亚的夏威夷人的文化活动中扮演着重要的角色。

不同的看法和价值观使得有效的沟通对于评估和管理入侵物种造成的风险至关重要，并强调了审议方法对决策的价值，这有利于促进利益相关方以及专家的参与和对他们的知识和价值观的思考。

入侵物种的未来

杰西卡・赫尔曼（Jessica Hellman）和合作者已经考虑到了与气候变化相关的入侵物种的问题，这可能会改变贸易和运输的模式，人类深思熟虑进口的商品以及意外运输物种的生存。气候变化还可能通过其他手段（风暴）成功改变扩散的频率，外来入侵物种的传播和建立种群定植模式可能也会受到影响。其中气候变化改变了入侵物种及与之有关的本土物种对于气候的喜好度。相比于本土物种，气候变化对于入侵物种更有利，因为入侵物种被认为更具有适应环境的特征（如广泛的环境耐受性，短的幼年期和长距离扩散机制），而本地物种更可能适应特定的地方条件。入侵物种造成的影响也可能被气候变化所改变，伴随着其分布范围的扩大和数量的增加，增强了生态系统和经济成本的影响。

气候变化可能需要重新考虑管理入侵物种的策略。在气候变化对入侵物种更有利的情况下，目前的机械和化学控制方法的有效性可能会降低。当前生物控制项目取得的长期成功也可能发生改变，生防因子通常选择入侵物种的特异性，气候的变化可能会改变有利于生防剂及其目标物存活的条件。在这个不确定的未来，入侵物种的管理将需要综合应用研究、长期思考和适应性管理，并重新强调监测和沟通。

撰 稿 人：Rochelle Christian

另请参阅：Climate Change，Communicating；Risk Communication，Overview；Uncertainty in Science Communication

参考文献

[1] DARLING J A，BLUM M J. DNA-based methods for monitoring invasive species：A review and prospectus [J]. Biological Invasions，2007，9：751–765.

[2] DEAGLE B E，BAX N，PATIL J G. Development and evaluation of a PCR-based test for detection of Asterias（Echinodermata：Asteroidea）larvae in Australian plankton samples from ballast water [J]. Marine and Freshwater Research，2003，54：709–719.

[3] HELLMAN J J，BYERS J E，BIERWAGEN B G，et al. Five potential consequences of climate change for invasive species [J]. Conservation Biology，2008，22（3）：534–543.

[4] International Union for the Conservation of Nature. Invasive species [EB/OL]. [2009-08-09]. www.iucn.org/about/union/secretariat/offices/iucnmed/iucn_med_programme/species/invasive_species.

[5] KENIS M，AUGER-ROZENBERG M A，ROQUES A，et al. Ecological effects of invasive alien insects [J]. Biological Invasions，2009，11（1）：21–45.

[6] MAGUIRE L A. What can decision analysis do for invasive species management? [J] Risk Analysis，2004，24（4）：859–868.

[7] NAIRN M，INGLIS A，TANNER C，et al. Australian quarantine：A shared responsibility [M]. Canberra，Australia：Department of Primary Industries and Energy，1996.

[8] PHILLIPS B L，CHIPPERFIELD J D，KEARNEY M R. The toad ahead：Challenges of modelling the range and spread of an invasive species [J]. Wildlife Research，2008，35（3）：222–234.

[9] PHILLIPS B L，SHINE R. An invasive species induces rapid adaptive change in a native predator：Cane toads and black snakes in Australia [J]. Proceedings of the Royal Society B-Biological Sciences，2006，273：1545–1550.

[10] STROMBERG J C，CHEW M K，NAGLER P L，et al. Changing perceptions of change：The role of scientists in tamarix and river management [J]. Restoration Ecology，2009，17（2）：177–186.

[11] WHITNEY K D，GABLER C A. Rapid evolution in introduced species，"invasive traits" and recipient communities：Challenges for predicting invasive potential [J]. Diversity and Distributions，2008，14

（4）：569-580.

[12] World Trade Organization. Agreement on the application of sanitary and phytosanitary measures [EB/OL]. [2009-08-14]. www.wto.org/english/docs_e/legal_e/15-sps.pdf.

Invisible College 无形学院

科学是一种通过从业者之间自由开放的交流而发展的社会活动。科学家之间的联系已超越了特定的机构、国家和学科，自 1645 年起就被称为无形学院（Invisible College）。这一术语描述了科学的基本结构是作为具有正式和非正式职能的通信系统。

第一次使用无形学院这一术语的是爱尔兰科学家罗伯特·博伊尔（Robert Boyle，又被称为“化学之父”）。他在给他导师的一封信中使用了这个词语，描述了一小群志同道合的自然哲学家（也被称为“美学家”）之间的互动。他指出，一群自然哲学家已经以某种形式开始了一系列关于自然世界的交流（大多数是通过字母进行），而这种形式正是无形学院的基本构造。

博伊尔（Robert Boyle）在爱尔兰的庄园里写作，花了大量的时间进行研究。他给其他业余调研者分享了他的诸多发现。在知识和社会酝酿的时代，这些早期的交流在伦敦举行会议时已经开始通过信件传播。17 世纪中期，新的发现颠覆了很多学术世界。伽利略（Galileo Galilei）和其他早期的天文学家对望远镜的改进实现了对天体运动更精确的测量。这些运动遵循可预测模型，能够通过科学观测和研究发现。这些发现挑战了亚里士多德派“上天超乎人之理解，神圣且永固”的信条。

随着亚里士多德（Aristotelian）派世界观逐渐让位于早期天文学家和化学家的计量与预测，自然经验探索的趣味传遍了欧洲。欧洲的 5 个城市几乎同时建立了科学学会和科学院。这些学会旨在通过印刷文字，促进意见的交流、实验规则的制定和结果的分享。1630—1830 年，超过 300 个科学期刊创刊。学者普赖斯（Derek de Solla Price）发现，由此以来，科学文献的增长率呈指数级增长，科学期刊的数量每隔 50 年增长 10 倍。

博伊尔所指的 17 世纪中期无形学院包括了生物学家罗伯特·胡克（Robert Hooke）、数学家威廉·威康特·布鲁克尔（William Viscount Brouncker）、牛津大学和剑桥大学（Oxford and Cambridge）未来学院院长约翰·威尔金斯牧师（Reverend John Wilkins）和才华横溢的天文学家兼圣保罗大教堂（St.Paul’s Cathedral）建筑师克里斯多佛·雷恩（Christopher Wren）等名流。这个无形学院是在英国发生重大政治争斗时出现的。内战始于 1642 年，并在接下来十年的大部分时间里将英国分为两个阵营：试图捍卫议会在税收等事务上的传统角色的议员，以及支持更强大君主制的保皇党。但是早期的实验学家（作为个人而持有不同的政治观点的人）抛开了这些分歧，通过实验来追求他们对“明智境界”的共同兴趣。最终，他们的讨论引起了迄今为止一直存在的最古老的科学会英国的皇家学会（Royal Society）的注意。

知识革命

在政治革命和内战期间，皇家学会的准成员是各类革命者。他们提出许多有关自然的基础问题，挑战了当时的宗教和学术正统。最初他们只是通过私下介绍进行非正式的会面，并偶尔进行通信。17 世纪 50 年代后期，无形学院的团体开始常规性的在伦敦的格雷沙姆学院（Gresham College）见面。1660 年，雷恩的一场鼓舞人心的讲座后，这个初级的聚会小组决定成立一个促进物理数学实验学习的学院。他们把 Nullius in verba（别把任何的话照单全收，自己去思考真理）作为他们的格言（意指不依赖别人的言论），表明他们已准备好去检验并寻求真理，而不是接受已有的看法。知识的外部实效性和社会开放性标志着它在知识史上是独一无二的，并为至今仍在持续的知识革命创造了条件。

今天，在一个质疑已有知识成为文化常态的时代，我们很难充分理解这些无形学院实验派成员在公开宣布他们对科学的忠诚时的勇气。但他们这样孤注一掷的行为得到了回报。1660 年年初，在共和时期持续了 11 年后，英国君主制复辟。新国王查理二世（Charles Ⅱ）对此团体的工作颇感兴趣，很大程度上是由于他与坚定保皇党人威康特·布鲁克尔（Viscount Brouncker）之间的友谊。1662 年，国王授予了这个社团皇家宪章，英国皇家学会由此成立。

英国皇家学会的成员唤醒了沉睡数世纪之久的科学世界观。当寻求自然世界客观意义的方法在 17 世纪广为流传时，这些成员用互相论战的形式质疑传统思想，并通过重复性的、有文献证实的实验来寻找答案。不知名的男性牧师或大学里的数学家（并没有证据表明女性也参与其中）孤身奋战，相互推动，以扩展知识的边界。正如托马斯（Thomas）在 1772 年版《皇家学会历史》（*History of the Royal Society*）中所描述的，这些人“没有准则和固定的方法”，只是更倾向于在彼此之间交流有关他们所发现的信息。

这些运动催生了一个新的知识时代，对艾萨克·牛顿（Isaac Newton）《自然哲学原理》，[*Philosophice Naturalis Principia Mathematica*《自然哲学数学原理》（*Mathematical Principles of Natural Philosophy*）] 的承认标志了一场科学革命的诞生。该著作由英国皇家学会会长塞缪尔（Samuel Pepys）在 1687 出版，随着它的出版，亚里士多德眼中的神圣天体被带入了人类的探究范围，并表现出遵守数学的可辨识定律。更广泛地说，后来的历史学家一定能注意到，长期被亚里士多德学派所阻碍的新学问终于在这次有机会进入大学了。同时，有关这些自然哲学的新学问数量也开始激增。

这个时代的发现至今仍在科学史上具有史诗般的意义。然而，社会对开放的承诺的意义、对记录和传播科学发现的重视以及对科学传播的贡献的重要性并未广泛承认。这些社会创新与他们所支持的科学方法一样，都十分具有开创性。与中世纪神秘的炼金术士相反，英国皇家学会是开放地运行的。英国皇家学会的成员与可能发现同道中人的地方实验主义者通信（但他们似乎并没有关注中国，尽管当时中国的科学体系已经建立）。特别的一点是，英国皇家学会第一书记亨利·奥尔登伯格（Henry Oldenburg，长居伦敦的德国布莱梅人）致力于找到最有哲思和好奇心的人全世界奔波。

在欧洲大陆，亨利·奥尔登伯格联系的人包括发表动力学研究的芬兰人克里斯蒂安·惠更斯（Christian Huygens）、在著作中认为已知的经院学派（从亚里士多德思想得到灵感的中世纪哲学家群体）智慧下存在未经证实的假设的法国人勒内·笛卡尔（René Descartes）、与艾萨克·牛顿大约同时发明了微积分的德国独立工作者戈特弗里德·莱布尼茨（Gottfried von Leibniz）等。此外，亨利·奥尔登伯格还与意大利和法国的类似社团成员建立了通信。正如斯普拉特（Sprat）对英国皇家学会成员的描述，他们进行的国家间的科技通信是如此之多，以至于如果来泰晤士河的运输船没有带来关于实验和商品的消息，人们会觉得不正常。

学院的普遍性

这种对于远距离意见交换的重视表明了早期的现代科学具有的几种普遍意义。大师主要是受过教育的绅士，他们为自己的工作找到了赞助人，或是自己足够富有能够负担得起自己调查、通信和参加科学会议。因此，他们的研究不受政府支持的需要的限制。这个时代的大多数册子和信件，连同罕见的书，都是用拉丁语写的，实验的结果可广泛地供国家中受过教育的人使用。大多数思想家将其工作宽泛地视作和其他人一起理解自然的工作的一部分，而不是针对某一特定领域的研究。所以，早期的现代科学只有极少的制度、政治或学科要求。这些背景在某种程度上持续到18世纪，但随着科学的进步，社会和政治背景不可避免地发生了改变。

最早的无形学院是在英国发展起来的，但它并不单纯是英国内部的现象。当时，很多大陆主义鼓吹者出于战争和社会因素聚集于英国，其中最有影响力的一位是扬·阿莫斯·考曼斯基（Jan Amos Komensky）。人们更熟知的是他的拉丁名夸美纽斯（Comenius）。通常认为是他创立了欧洲现代科学教育。1630年，他是摩拉维亚（今捷克共和国内部）的一名部长和教育家。他的作品引起了一位名叫塞缪尔·哈特利布（Samuel Hartlib）的人的注意。哈特利布之于17世纪，就像网站门户之于今天，他出生于普鲁士的埃尔宾（现在是波兰的一部分），在德国接受教育，后于17世纪30年代移民到伦敦以逃避30年的战争。语言天赋驱使之下，他成了一名情报员，在伦敦传播新闻、书籍和手稿。作为一个情报员，他接触到了许多知识阶层分子。

哈特利布对夸美纽斯的普及教育著作印象深刻，他以个人名义安排牛津大学出版了这部作品，并说服了一些议员邀请夸美纽斯先生到伦敦进行正式访问。在收到许多信件后，夸美纽斯同意了国会议员的要求，并安排了一次伦敦旅行，与政府成员和学者一起讨论了他关于教育和科学的观点。

1641年9月，载着夸美纽斯的货船从伦敦码头抵达汉诺威。正如命运所安排的，最近这个码头有三艘船是抵达苏格兰的。对于夸美纽斯和哈特利布来说不幸的是，要离开码头的船上载着重要的人：国王查理一世（Charles Ⅰ）和他的家人。他们在国会革命起义前逃离了伦敦。这次起义带来了1641年的伟大复兴，但使得政府不再有时间与一位维亚教士谈论教育政策。

潮汐和天气的原因使夸美纽斯不愿意在伦敦度过1641—1642年的冬天（这段时间里，他撰写了一篇最著名的文章“光之路”）。在等待政府回归和更好的天气之余，无论哪个先出现，他都有充足的时间来撰写有关教育的重要论述，以及与哈特利布在伦敦组织的一小群知识分子见面。在接触的这些人中，有一位夸美纽斯的熟人，一位与他信仰同一教派的德国侨民，名叫西奥多·哈克（Theodore Haak）。哈克高兴地在他家里举办了一个小型集会，向伦敦的知识分子介绍了著名的夸美纽斯。这次集会包括了像约翰·伊夫林（John Evelyn）、雷恩（Christopher Wren）、博伊尔（Robert Boyle）和威康特·布鲁克尔（Viscount Brouncker）这样的艺术家。一些历史学家认为，正是在这次会议上，实验学派的无形学院的想法被率先提出。而向这些英国实验主义者提出这一想法的，正是夸美纽斯本人（这一历史，即夸美纽斯在提出无形学院概念中的作用及德国国民在组织皇家学会成员第一次会议方面的作用，在英国皇家学会的官方历史记录中并不常见）。

新的无形学院

最近的物理学、生物学和社会学等方面的研究揭示了新的“无形学院”的产生途径。格兰诺维特（Mark Granovetter）的作品《弱关系的力量》（“The Strength of Weak Ties”）提出了一种研究人际关系网中行为的方法，再加上其他证据，科学家倾向于一起在相对密集的关系网或无形学院工作，于是，了解这些关系网作用的新方法就出现了。这些研究还发现，无形学院往往集中在少数杰出的学者中，这些学者往往都是社交关系网的中心人物，也是他们学科的看门人。虽然在这项研究的早期阶段，许多研究是从库恩（Kuhn）处获取的灵感，集中研究迅速变化的科学领域的社会结构。很快研究人员就发现，这样的密集群体并不存在于新兴领域，在科学上十分普遍。因此，对于当代研究来说，有趣的问题不在于这样密集的相互作用的学者群体是否确实存在，而是这些群体如何在独特的科学领域中彼此联系。正如戴安·科恩（Diane Crane）所指出的，学者们通常通过各种优势联系起来，同时连接到几个不同的关系网。

因此，无形学院在21世纪继续运作，现在被理解为是创造知识的基本结构。无形学院在全球的扩展，正如科学在国际层面发挥着关系网的作用。与国家级科学的机构管理，政策引导的运作方式不同，没有任何全球性的科学部门在全球范围内与个人对接。然而，大多数的科学家都与国外同事合作。越是精英的科学家就越有可能成为全球无形学院的积极成员。这些联系是科学家通过自身的兴趣进行自我组织形成的，因此呈现出一种突现的特征，类似于信息社会中具有社会联系特征的其他交流关系群体。

事实上，拥有跨越全球的自组织网络是21世纪初科学的显著特征。这些关系网构成了不局限于某一机构或学科的研究者的无形学院。与科学家合作不是因为他们被告知应该这么做，而是因为他们想这样做；不是因为他们在同一个实验室从事非同一个领域工作，而是因为他们有互补的洞察力、数据分析或技能。这些关系网将通过继承和改进20世纪国家政治的职责，推动21世纪科学的发展。科学民族主义，即资助科学并宣称其为国家资产的科学主义，是20世纪科学的一个重要特征。然而国际层面的无形学院正在重新定义21世纪的科学。

撰稿人：Caroline S. Wagner

另请参阅：Galilei，Galileo；Kuhn，Thomas；Royal Society；Scientific Journal，History of；Scientific Societies

参考文献

[1] ANDRADE E N DA C. A brief history of the Royal Society，1660–1960 [M]. London：Royal Society，1960.

[2] BUTTERFIELD B. Origins of modern science：1300–1700 [M]. London：Free Press，1957.

[3] CHUBIN D E. Sociology of sciences：An annotated bibliography on invisible colleges，1972–1981 [M]. New York：Garland，1983.

[4] CRANE D.Invisible colleges：Diffusion of knowledge in scientific communities [M]. Chicago：University of Chicago Press，1972.

[5] GRANOVETTER M. The strength of weak ties [J]. American Journal of Sociology，1973，78（6）：1360–1380.

[6] PIAGET J. John Amos Comenius on education [M]. New York：Teacher's College Press，1968.

[7] PRICE D J DE S. Little science，Big science [M]. New York：Columbia University Press，1963.

[8] STIMSON D. Scientists and amateurs: A history of the Royal Society [M]. New York: Greenwood Press, 1948.
[9] WAGNER C S. The new invisible college: Science for development [M]. Washington, DC: Brookings Press, 2008.

Issues in Science and Technology 《科学与技术问题》

《科学与技术问题》(*Issues in Science and Technology*)是一本专门用于引导与科学、工程和医学相关的公共政策的认识和讨论的杂志。该杂志成立于1984年，由美国国家科学院(National Academy of Science)、国家工程学院(National Academy of Engineering)、医学研究所(Institute of Medicine)和得克萨斯大学达拉斯分校(University of Texas at Dallas)联合出版，每季度一本，并在网上发布。其话题范围相当广泛，涵盖从纳米生物技术到国防、社会科学、气候和教育等领域。据该刊官方网站(http://www.issues.org)发表的文章看，均具有分析当前科学、技术、健康政策议题，建议政府、业界、学术界及个人采取行动解决紧迫问题的特点。其范围涵盖科学政策(如何扶持研究型企业健康发展)和政策科学(如何高效利用科学实现社会目标)，并侧重于后者。该刊凭借2008年8000份的出版销售量和一份能够追溯至1996年的在线档案，为研究人员、政府官员、商界领袖和其他公共政策相关人士提供了一个话题论坛。

该刊中的每卷都集专题文章(4000~5000字)、视角(2000~2500字)、简短新闻、编辑评论、给编辑的信、书评和档案为一体。其中被称作档案的特别章节主要展示视觉相关主题，如艺术品、照片或其他与此刊物广为相关的主题。

专题文章往往更长且更加深入，并会对问题提出具体的政策建议，而观点文章则更短，针对较新出现的问题，政策建议较少。

人们可在线查阅一些往期期刊文章的特别收录篇。其中主要划分为气候、竞争意识、教育、能源、环境、外交政策、国家安全、公共卫生、实际数字、运输和大学机构等门类。

本杂志于1984年由弗兰克·普雷斯(Frank Press)引导创立。弗兰克·普雷斯曾在总统卡特任期(1977—1980)内担任美国总统科学顾问兼美国科技政策办公室(U.S. Office of Science and Technology Policy)主任。同时，他也是美国国家科学院(National Academy of Science)院长，并曾在1981—1993年担任国家研究委员会(National Research Council)主席。

撰 稿 人：Deborah L. Illman
另请参阅：National Academies, U.S.

参考文献

[1] Issues in Science and Technology: www.issues.org.

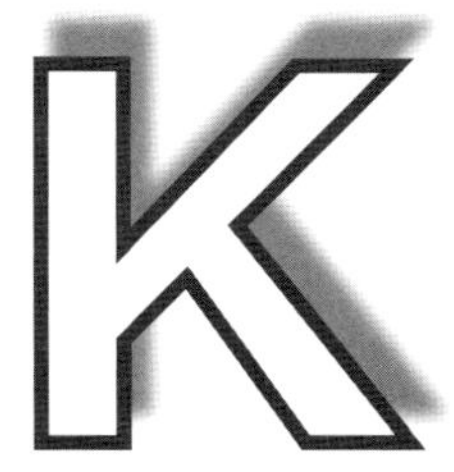

Knowledge Gap Hypothesis
知识沟假说

知识沟假说由美国明尼苏达研究小组（Minnesota team）的菲利普·J. 蒂奇纳（Philip J. Tichenor）、乔治·A. 多诺霍（George A. Donohue）和克拉丽斯·N. 奥里恩（Clarice N. Olien）提出，20世纪70年代标志着这一假说的正式概念形成。知识沟假说提出社会经济地位较高的人往往比社会经济地位较低的人以更快的速度从媒介获取信息，并且这两类人之间的知识沟随着时间的累积将呈扩大而非缩小的趋势。知识沟假说并不意味着社会经济地位较低的人完全无法获取信息，但社会经济地位较高的人相对来说知识量增加更多。这两类人之间的知识差距会导致如学者维斯瓦纳特（Kasisomayajula Viswanath）和约翰·芬尼根（John Finnegan）所指的信息“富人”和“穷人”的出现。

历史基础

知识差距并不是新事物，它一直存在于群体之中，因而成为知识沟假说的基础。知识沟假说的早期基础证据是1947年由赫伯特·H. 海曼（Herbert H. Hyman）和保罗·B.希茨利（Paul B. Sheatsley）最先发现的。在公共宣传活动研究中，他们观察到信息和知识几乎很少被同等地传播到所有社会群体。类似意见指出，教育程度高的人比教育程度低的人能够更好地获取信息和知识。对知识沟假说的早期知识贡献也可以从农村社会学、创新扩散、舆论和宣传活动的新兴文献研究中找到。关于媒体的社会结构影响和知识沟引发问题的理论化也可以从论述大众媒体影响的文献中看到。然而，是蒂奇纳，多诺霍和奥里恩在1970年发表的研究著作《大众传播流动和知识差别的增长》（*Mass Media Flow and Differential Growth in Knowledge*）中首次检验了教育程度或社会经济地位等因素是否影响知识获取的差异。

但是，知识沟文献呈现出相互矛盾的证据。一些研究表明，大众传媒产生的信息增加了知识差距，而其他研究并没有发现扩大知识差距的证据。除了这些矛盾的研究结果，许多研究者还反对社会经济地位可能影响学习能力这一可能性。因此，明尼苏达小组修订了知识沟假说，后来，其他人做出进一步改进来解决这些问题。知识沟假说继续在世界范围内引发了广泛的兴趣。

假　定

知识沟假说的一个核心点是有关知识的获取和控制，学者们认为这是社会权力和社会行动的基础。正如弗朗西斯·培根爵士（Sir Francis Bacon）所说：知识就是力量。蒂奇纳、多诺霍和奥里恩确定了几个预测，即为什么知识差距会出现并随着媒体水平的提高而扩大流入社区。另外需要注意的是，在知识沟假说的初始概念中，教育被用作社会经济地位的指标。受到更多正规教育的人被假定拥有更好地沟通技巧（较高的阅读和理解能力）。此外，已经更好地获取信息的人被认为能够更好和更容易地存储信息，汲取这一存储或背景知识，并能够意识到一个首次被提出的话题。受教育程度高的人常被视为具有更多相关社会背景（也就是说有更多涉及群体和更多人际与他们交往讨论问题）。受教育程度也通常决定了一个人对信息的选择性接触、接受和保留，有些学者认为这些是获取知识的先决条件。最后，在一般情况下，大众传播信息流迎合那些具有更高社会教育程度和更高社会经济地位者的兴趣和口味。

知识沟假说的应用

除了蒂奇纳、多诺霍和奥里恩的突破性研究，其他一些重要的贡献来自赫伯特·H. 海曼、保罗·B. 希茨利、詹姆斯·S. 艾特马（James S. Ettema）、F. 杰拉尔丁·克莱恩（F. Geraldine Kline）、布伦达·德文（Brenda Dervin，1980）、塞西莉·加齐亚诺（Cecilie Gaziano，1983）、维斯瓦纳特、约翰·芬尼根、莎巴（Shoba Ramandahn）和艾米丽·康托斯（Emily Kontos，2007）。这些学者以及其他人的著作，提出了知识沟假说的形式化、精细化和扩大化的重要基础。

虽然由蒂奇纳、多诺霍和奥里恩提出的知识沟假说最初主要适用于公共事务和科学新闻，在美国和世界各地，知识沟理论也被用来审视政治、教育、空间研究、环境、国际问题、大众媒体问题，以及健康方面的知识。

目前，美国的健康问题受到极大关注。一些知识沟理论的应用已经用来审视与健康相关的问题，如饮食和心血管疾病、健康宣传活动、吸烟行为、分娩和婴儿发展。例如，2008 年，明尚·什姆（Minsun Shim）的一项研究中使用美国国家癌症研究所（National Cancer Institute）的 2003 年全国健康信息趋势调查（Health: Information National Trends Survey，HINTS），这项调查定期在全国收集美国公众使用癌症相关信息的代表性数据，研究人员应用知识沟假说审视使用互联网获取癌症信息的情况。这项研究通过教育、种族以及后来的差距来审视在线搜索癌症知识信息的差异。数据支持的假设是教育程度高的群体和白人比他们的对比者更有可能使用互联网获取癌症信息，并且在线信息搜索在一定程度上扩大了不同教育群体之间癌症知识的差距。

未来的工作

未来知识沟的应用应该继续专注于新媒体技术的飞速发展，包括传统媒体（报刊、电视、广播）和新媒体（计算机、互联网、手机、音乐播放器、光盘、视频、音频）的融合。新信息的风潮和信息传递的机会正在兴起，从而使信息超越了时间和空间，延伸了信息范围和传播能力。然而，挑战依然存在。数字鸿沟——那些能够和不能获得最新信息技术的人之间的感知差距，仍将成为一个重要的问题。研究还表明，教育程度更高和收入更高的群体比社会经济地位低的群体更容易获取传统媒体和新媒体的信息资源，这表明，数字鸿沟的持续存在，并导致不同群体之间持续的知识差距。

学者还呼吁更多的考察，通过利用剖面、面板和时间趋势研究来更好地审视变化，寻求解决知识计量问题。旨在阐明减少知识差距和消除不平等传播因素的研究也较为稀少。一些建立在知识沟假说基础上的近期健康传播领域很有前景的工作，将社会流行病学方法与大众传播的结构性方法相结合，提出了一些关于传播不平等如何造成健康不平等的明确观点。

维斯瓦纳特、拉马纳坦（Ramanadhan）和康托斯（Kontos）在 2007 年提出的健康传播的结构影响模式，进一步探讨了传播不平等。这种不平等被定义为在宏观层面，不同社会群体在生产信息、传播信息和利用信息方面的能力差异；在个人层面，不同社会群体获取信息、处理信息以及对信息采取行动的能力差异。这种新兴的框架假定了健康结果的社会决定因素和广泛的大众和人际传播因素之间的联系。在快节奏和不断变化的社会和信息形势下，知识沟假设及其修正代表了一个站得住脚的透镜，运用它审视这些社会、信息和技术方面的变化和挑战。

撰稿人：Sherrie Flynt Wallington

另请参阅：Communication Campaigns in Health and Environment；Digital Divide；Health Communication and the Internet；Health Literacy；Information Seeking and Processing

参考文献

[1] COLEMAN J S，CAMPBELL E Q，HOBSON C J，et al. Equality of educational opportunity（No. OE–38001）. Washington，DC：U.S. Department of Health，Education，and Welfare，Office of Education，National Center for Education Statistics，1966.

[2] DERVIN B. Communication gaps and inequities：Moving toward a reconceptualization.[M]//B DERVIN，M J VOIGHT（Eds.）. Progress in communication science. Norwood，NJ：Ablex，1980：2.

[3] DIMAGGIO P，HARGITTAI E，NEUMAN R，et al. Social implications of the Internet [J]. Annual Review of Sociology，2001，27：307–336.

[4] DONOHUE G A，TICHENOR P J，OLIEN C N. Mass media and the knowledge gap：A hypothesis Reconsidered [J]. Communication Research，1975，2：3–23.

[5] ETTEMA J S，KLINE F G. Deficits，differences，and ceilings：Contingent conditions for understanding the knowledge gap [J]. Communication Research，1977，4（2）：179–202.

[6] EVELAND W，SCHEUFELE D. Connecting news media use with gaps in knowledge and participation[J]. Political Communication，2000，17（3）：215–237.

[7] GAZIANO C. Knowledge gap：An analytical review of media effects [J]. Communication Research，1983，10：447–486.

[8] GAZIANO C. Forecast 2000：Widening knowledge gaps [J]. Journalism and Mass Communication Quarterly，1997，74（2）：237–264.

[9] HYMAN H H，SHEATSLEY P B. Some reasons why information campaigns fail [J]. Public Opinion Quarterly，1947，11：412–423.

[10] KWAK N. Revisiting the knowledge gap hypothesis：Education，motivation，and media use [J]. Communication Research，1999，26（4）：385–413.

[11] SHIM M. Connecting Internet use with gaps in cancer knowledge [J]. Health Communication，2008，2（35）：448–461.

[12] STAR S A，HUGHES H M. Report on an educational campaign：The Cincinnati Plan for the United Nations [J]. American Journal of Sociology，1950，55（4）：389–400.

[13] TICHENOR P，DONOHUE G，OLIEN C. Mass media flow and differential growth in knowledge [J]. Public Opinion Quarterly，1970，34：159–170.

[14] VISWANATH K，FINNEGAN J R. The knowledge gap hypothesis：Twenty-five years later [M]//B BURLESON (Ed.).Communication yearbook，Vol.19. Thousand Oaks，CA：Sage，1996：187–227.

[15] VISWANATH K，RAMANADHAN S，KONTOS E Z. Mass media and population health：A macrosocial view [M]//S E GALEA (Ed.).Macrosocial determinants of population health. New York：Springer，2007：275–294.

Kuhn, Thomas 托马斯 · 库恩

托马斯 · 库恩（Thomas Kuhn，1922—1996）普及了科学中“范式”这一术语，它改变了许多科学家和其他人看待科学探究的过程。他的理论和描述对科学教育、社会学以及科学史应用于科学哲学的方式产生了深远影响。虽然这些影响中很多都存在争议，但库恩在很大程度上被视为对科学过程本质的当代认识发展中的核心人物。

托马斯 · 塞缪尔 · 库恩于 1922 年 7 月 18 日出生于俄亥俄州辛辛那提市，在哈佛大学（Harvard University）学习物理学，1949 年获得博士学位。他曾在哈佛大学科学哲学和科学史系担任助理教授。1956 年转入加州大学伯克利分校（University of California，Berkeley）哲学系。1964 年接替了 M. 泰勒 · 派恩（M. Taylor Pyne）教授在普林斯顿大学科学史和科学哲学的职位。后来库恩在麻省理工学院（Massachusetts Institute of Technology，MIT）成为教授，并于 1983 年在那里被任命为哲学劳伦斯 · 洛克菲勒教授（Laurence S.Rockefeller Professor）。

在 1947 年开始攻读博士学位时，库恩被要求教授人文本科学生一些简单的科学概念，作为科学课程常规教育的一部分。这就是库恩在 1991 年接受《科学美国人》（*Scientific American*）记者采访时所描述的“找到了”时刻。在为学生寻找案例时，库恩阅读了一些亚里士多德关于物理学基本原理的著作，但是他最初并没有理解，因为这与他熟悉的牛顿著作是如此的不同。但是经过反思后，库恩认识到亚里士多德（Aristotle）的观点与牛顿（Newton）的观点仅有少许不同，他们都是正确的，只是通过不同的框架得出了相同的观点。

这个关键性的认识使库恩将研究领域从物理学转到了科学史和科学哲学。在研究生期间库恩完成了他最著名的著作《科学革命的结构》（*The Structure of Scientific Revolutions*）。最初作为专论发表在《统一科学国际百科全书》（*International Encyclopedia of Unified Science*）上，1962 年作为书籍出版。从那时起，它已经被翻译成十几种语言，并一直作为科学史和科学哲学学生的基本读物。

通过《科学革命的结构》的出版，库恩普及了通常与语言学领域有关的“范式”这一术语。库恩提出了范式指导研究和科学工作。他将科学形容成一个由三部分组成的结构：前范式科学、常规科学和科学革命。前范式科学或前科学描述了根据现象搜寻信息，这一时期没有共同的背景或理论。通过前范式科学开展的工作产生了常规科学。

常规科学是科学家在现有知识上建立的，即核心范式。库恩将科学家在常规科学范畴内的工作描述为“难题解决者”。范式为科学家提供要去解决的问题。任何与现有范式不适应的结果不断积累，直到现有范式被认为无法解释问题。这就产生了库恩所说的“危机”，一个新范式的形成。新范式整合了之前的所有知识和矛盾结果，从而解决了危机。这一最后阶段被称为科学革命。

库恩的科学的结构支持了其观点，科学并不以线性方式取得进步，即从一部分知识通向另一部分，然后下一部分，直到所有信息被获知；相反，它经历了激进的变革时期，核心观点和理论经常受到挑战，甚至一度被丢弃。这一更激进的变革时期又被称为“范式转变”。

我们如何在一个特定的范式内看待科学，会被我们的社会文化信仰塑造，也能影响我们如何评估不同模式下构建的科学。库恩把这种现象称为“不可通约性论题”。他与奥地利的科学哲学家费耶阿本德（Feyerabend）同时提出了这一观点。其论文指出，通过一个范式检验的科学与另一个不同范式下发展的科学是“不可通约”的，它们没有任何共同的测度或语言。

库恩的观点在科学、哲学以及后来更普遍的共同体中引发了广泛的兴趣。然而，他的观点并不总是被赞同。库恩暗示，科学家可能不会始终遵循规则做出决定，这与占支配地位的观点形成鲜明对比，如科学方法和理性选择是科学的基础。一些人认为，库恩建议的其他方式意味着科学是非理性的。库恩关于科学史对科学哲学非常重要的观点也遇到了阻力。这些意见对那个年代（20 世纪 60 年代初）来说是非常不寻常的，因此产生了许多争论。库恩职业生涯的大部分在进一步衔接和发展他在《科学革命的结构》和不可通约性论题中的观点，后者则经历了自我转变。

库恩从哥伦比亚大学（Columbia University）、圣母大学（Notre Dame）、芝加哥大学（Chicago）、帕多瓦大学（Padua）和雅典大学（Athens）等机构获得了荣誉学位。1954 年被任命为古根海姆研究员（Guggenheim Fellow），1982 年被授予科学史领域的乔治 · 萨顿奖章（George Sarton Medal）。库恩因患支气管和喉癌于 1996 年 6 月 17 日在家乡马萨诸塞州剑桥家中去世，享年 73 岁。

撰 稿 人：Merryn McKinnon

另请参阅：Scientific Consensus；Scientific Method

参考文献

[1] HORGAN J. Profile：Reluctant revolutionary [J]. Scientific American，1991，40：49.

[2] KUHN T S. The structure of scientific revolutions [M]. 3rd ed.Chicago：University of Chicago Press，1996.

[3] KUHN T S. The road since structure：Philosophical essays，1970–1993 [J]. Chicago：University of Chicago Press，2000.

Land Grant System, U.S.
美国政府赠地制

美国政府赠予州立高等院校土地制度已经支持科学和技术传播近150年了。最初是针对工薪阶层公民的农业和机械技术教育，学校如此命名是因为它们最初是由联邦土地给予各州的拨款资助的。土地赠予学校已经作为首个学术机构受到关注：①向普通公众传播科学。②将科学发现转化为应用实践和技术。③向该领域专业人士传播专业技术和其他与传播相关的创新。赠地引发了科学和技术传播的学术计划，开展关于这一传播用途与效果的社会科学基础研究项目，并继续开拓通过大众和人际媒体向适当的细分公众传播科学和技术创新。

随着合作推广计划的正式化，强调公众传播的赠地制在20世纪初得到了大幅提升，此命名是因为他们真正的目的是大学里的知识经过校园到达社区，更为重要的是，在当时，这些社区中还包括农场和牧场。19世纪60年代，农业从一开始就是大学赠地的重点，是大多数推广计划的重要力量。紧随其后的是机械技术教育，从工程到景观建筑再到最终的家政学，包括广泛的家务、育儿和社区发展技能。自然资源教育随着林业、矿业和渔业的发展而发展。

包含艺术和人文学科的传统教育在学校发展中处于从属地位，它扩大了学生的知识和文化范围。这些学生大多来自中等家庭且往往是家庭中最先接触高等教育的（大部分人完成的是中学教育）。在多数机构中，基础科学项目（如物理）的存在主要是为应用科学（如工程机械）服务的。

起　源

在1862年莫里尔法案（Morrill Act）下成立的给高等学校赠地制度，主要是对因全国发展而需要扩大农业和技术教育机会的响应。学费和开支一直保持在低位，低于那些新成立的为上层中产阶级服务的州立大学，那些大学更加强调艺术、人文和基础科学，通常包括像法律和医学的职业学院。私立学校拥有大量上流社会的学生。

联邦政府赠予每个州公共土地资助大学机构后，进一步的联邦拨款继续进行，但各州负责建设、维护以及其他一些经营费用。各州在新建学校的选址和组织方面呈现多样化。有的选择建立致力于创新方案的全新校区，选址往往在需要它们的地区中极具竞争力。一个早期的例子是现在被称为埃姆斯爱荷华州立科技大学（Iowa State University of Science and Technology）的学校，其建立在现有爱荷华大学（University of Iowa）约16千米（100英里）外。其他机构合并到现有公立大学，如威斯康星大学（University of Wisconsin）。这些情况往往在典型无特权的新来者和成熟者之间制造了校园裂痕，伴随着社会阶层矛盾和关于技术课程与传统课程的争论。

1890 年，第二轮赠地大学在南方种族隔离州创建，特别为非洲裔学生。今天这些历史上的黑人大学与取消种族隔离的赠地大学（有时被称为“1890 赠地”）并存。1994 年，29 个大部分在西部的美国原著部落学院也获得了赠地指派。

在赠地历史中尤为重要的还有两年关于科学技术交流。1887 年，联邦哈奇法案（Hatch Act）创建了农业试验站项目，这为联邦和与其配对的州带来资助学院创新农业研究的资金。这项研究是与国家农业问题有关，并证明是提高作物产量、改善牲畜健康、改进耕作方法以及相关进步的高级生产工具。该实验站为学院提供了一个物理研究基地，致力于智力活动和发现的资助承诺，扩大了学校以往的教学基地。这也引发了通过试验站学报和其他出版物传播研究结果的需要，这些学报或出版物的读者通常是其他研究人员、农业政策制定者以及正在成长的教育程度高的农业生产者。

随着合作推广局（Cooperative Extension Service）的创建，1914 年的史密斯—利弗法案（The Smith-Lever Act）正式确定了赠地制度的服务和推广责任。直到那时，许多赠地和政府机构对推广计划做出了改变，将重点建设校内外示范乡。合作推广局将那些合作机构统一成工作关系，包括农业美国能源部（U.S.Department of Agriculture，USDA）及个别州和县级机构。

传播和扩大

一个成功的传播教育体系届时开始形成并将持续到 21 世纪。赠地机构在农业、家政学、人类发展、社会发展、自然资源、工程和相关领域的研究至少在一定程度上是反映现实世界的问题。更多依赖于基础研究结果的应用研究对策被学术专家引入该领域用来测试。较成功的解决方案被培训成自己专业领域的教育者，与推广代理商共享。这些代理商通常以县为主，与合适的客户合作以教育和训练他们提高有关产品和服务的最有效的实证技能，包括新玉米种子品种、耕作方式、育儿实践、家庭食品安全、土地开发实践以及水质保护。

这些县级代理商与研究专家和他们的支持者进行了大量互动。代理商获知来自实验站的最新研究结果，也可以寻找专家咨询关于自己县或个人农场的具体问题。与此同时，代理商向本县的公众传播相关信息，真正地解答个人疑问。在 20 世纪的大部分时间里，大众传媒在帮助专家和官员传播信息方面发挥了核心作用。实验站工作人员依靠研究公报系统向其他研究人员和代理商传播研究结果，同时，代理商通过报纸、广播、电视、地区和专业杂志以及其他出版物告知公众。每周新闻栏目和每日广播节目是这个系统的重要内容，特别是在农业方面，因此得到农业生产者的密切关注。

在沟通过程中，人际互动和群体互动同等重要。媒体在认知建构方面扮演了更加信息化和有用的角色，而实际影响和行为改变需要一个强大的社会要素。推广代理商特别接触了那些在社区中被视为在特定专业领域较有影响力的人，有时也被称为变革推动者，他们帮助联系和影响他人以改进措施和技术。创新扩散和应用等社会变革模式很受欢迎也看似有效，特别是在农村社区。扩散模式需要以相对缓慢的速度将新做法传遍这样一个群体，从创新者到早期和晚期采用者，每个人都用自己特定的社会、经济和心理能力去改变。赠地学校引起了许多社会影响和传播理论与实践的研究，并在后来以他们的方式进入更普遍的市场和消费者研究。基于推广教育的关键是将研究概念和做法不断转化成终极用户的语言，这些终极用户包括农业生产者、家庭主妇以及其他能够将产品应用于自身需求和实际状况的社区人员。无论是个人还是团体，实际动手操作培训的都是这个系统的支柱。

新挑战

随着不同程度的努力和成功，推广传播技术引入20世纪末的电子革命。大量的努力在一定程度上取决于当时由于推广计划更加普遍而引起的资源相对减少。一些高度精通计算机技术的赠地学校更容易将资源转移到自己的推广部门，而其他学校则勉强维持。在许多情况下，工作人员及其专业素养是重要的考虑因素。20世纪80年代和90年代初，通信技术实验在一些赠地学校比比皆是，从用户使用的电话“声讯”信息检索系统到互动有线电视再到穿越各州会议地点的视频会议，但另一些学校则走向没落。借助邮件以及互联网的远程教育成为大部分学校的重要内容，然而，考虑到进一步需要的成本，这种尝试影响力的充分评价很糟糕。

培训计划甚至允许县级代理商学习有效地使用台式电脑收发电子邮件、上网以及在90年代出现的电脑排版。然而，到了世纪之交，互联网的普及、计算机成本下降以及易用性影响了绝大多数推广工作。而且即使在宽带使用受阻的农村地区，居民也需要互联网。进入21世纪的第一个十年，有效的推广网站、易使用的数据库、电子邮件和网络聊天是推广传播和教育的支柱。此外，人们开始意识到成本效益，开始补偿减少的推广人员和整体预算。在很多成功的传播变革中起作用的是致力于农业、自然资源和生命与人类科学的传播卓越协会（Association for Communication Excellence），它最初是一个农业学院编辑组织，现在发展成为一支整合了教育工作者、研究人员、专业职业传播者以及信息技术人员的力量。

用于推广的财政支持减少［目前由美国农业部洲际研究、教育和推广合作局（USDA Cooperative State Research，Education and Extension Service，CSREES）正式资助］，一部分原因是农业，尤其是小规模农业在美国经济中的地位降低。另一部分对减少推广支持产生重要影响的是20世纪末出现的与农业经济大幅度产业化相似的农业信息私人基础设施。即使是中小规模的农场经营者也倾向于从区域供应合作社和其他经销商处寻求和获得关于实践的建议，这些区域供应合作社和其他经销商容易从厂家代表及其他农场实践专家那里获得现成的信息和建议。无论是印刷、电子还是基于互联网的信息，都能像从推广得到的信息一样被证实并很好地呈现，而且更容易获得。较大的生产者更依赖于专门顾问，他们考察企业的经营，为具体做法提出有针对性的建议，有时进行复杂的测试和实验以求获得最佳生产结果。

虽然有些人质疑基于经销商或顾问建议背后的动机，但这些信息的有效性和准确性往往是相当高的。原因之一是，这些信息的研究基地往往是提供推广信息的同一赠地学校。虽然一些人提出批评，他们看到来自推广及相关机构的信息来源更加“大众化”与私人和以盈利为目的的企业之间的分歧，但其他人声称，这些正在发生的不仅是公共领域和私人领域之间的相互依赖，更为一方在一定程度上依赖于另一方提供最广泛的以证据为基础的信息基地成为可能。

21世纪初，赠地大学的传统特性努力调整角色，以进一步超越农业和工程领域，更多进入环境、能源、可持续发展、公共卫生、人类和社会发展以及全球竞争力等领域。当然，这些变化反映了更加重视当代问题。21世纪赠地的愿景战略规划是努力坚持适当的应用研究以及随着主要赠地大学的趋同，在更广泛的学科上推广任务，与其他州立大学竞争。

撰稿人：Garrett J. O'Keefe

另请参阅：Agricultural Journalism；Association for Communication Excellence；Department of Agriculture，U.S.；Diffusion of Innovations

参考文献

[1] ANDERSON G.（Ed.）. Land grant universities and their continuing challenge [M]. East Lansing：Michigan State University Press，1976.

[2] JENKINS J W. A centennial history：A history of the College of Agricultural and Life Sciences at the University of Wisconsin-Madison [M]. Madison：University of Wisconsin Press，1991.

[3] KERR N A. The legacy：A centennial history of the state agricultural experiment stations，1887–1987 [M]. Columbia：University of Missouri Press，1987.

[4] National Association of State Universities and Land Grant Colleges. 2009 strategic opportunities for cooperative extension [M]. New York：Author，2009.

[5] NEVINS A. The state universities and democracy [M]. Urbana：University of Illinois Press，1962.

[6] Seevers B，Graham D，Gamon J，et al. Education through cooperative extension [M]. New York：Delmar，1997.

[7] WOLF S A.（Ed.）. Privatization of information and agricultural industrialization [M]. New York：CRC Press，1998.

Latin America, Science Communication in 拉丁美洲的科学传播

由于拉丁美洲的几个国家在文化、经济、社会和历史上的多样性，因此这一地区的科学传播没有同质性。虽然拉丁美洲的科学传播历史（与其他许多地区一样）不能被完全规划，但众所周知，巴西等国在该领域有着悠久的历史。例如，《帕特里奥塔报》（*O Patriota*）已报道了 19 世纪初（1813 年）的科学问题，巴西的印刷禁令一经取缔，在同一世纪其他报纸也追随此趋势。巴西人传播科学的漫长传统还在继续，值得注意的是 19 世纪后半叶诞生了公共会议，而且科学家为了传播科学问题在 1923 年建立了第一个巴西电台。拉丁美洲早期科学传播的一个重要工具是自然历史博物馆，19 世纪在阿根廷、巴西、智利、乌拉圭等国家创立，这些国家的自然历史会在这些博物馆中展示。然而，在此期间，科学传播对大多数地区的社会影响非常有限，主要传播的对象是精英阶层。

第二次世界大战结束后，由于个体对科学新闻报道的热情以及吸引一些国家参与的有组织运动的共同努力，报纸和杂志开始发表关于科学技术的文章。第一次科学新闻研讨会于 1962 年在智利召开，由拉丁美洲传播高级研究国际中心（International Center of High Studies in Communication for Latin American，CIESPAL）提供支持。1965 年，阿根廷科学记者协会（Argentinean Association of Science Journalism）成立，由物理学家、科学记者雅各布·布赖洛夫斯基（Jacobo Brailovsky）负责。1969 年，伊比利亚美洲科学记者协会（Iberoamerican Association for Science Journalism）成立，由西班牙科学记者曼努埃尔·卡尔沃·埃尔南多（Manuel Calvo Hernando）指导。另一个科学新闻的热衷者也是伊比利亚美洲科学记者协会的共同创始人阿里斯蒂德·巴斯蒂达斯（Arístides Bastidas）推动了委内瑞拉科学传播的发展，他于 1968 年在主流报纸《国民报》（*El Nacional*）创立了周日科学栏目，并于 1971 年创建了科学记者圈。

这一运动在拉丁美洲的主要国家中创造了有利于科学新闻工作和培训报道科学故事的新闻记者的良好氛围，哥伦比亚、智利以及巴西都创建了自己的国家级协会。其中创建巴西协会（Brazilian Association）的是何塞·雷斯（José Reis），他被认为是巴西科学新闻领域的关键人物。由于他的重要地位，巴西政府于 1978 年创建了何塞·雷斯科学传播奖（José Reis Prize for Science Communication）。这一面向科学新闻的有组织运动后来辐射到其他国家，如 2005 年到了秘鲁、厄瓜多尔和哥斯达黎加，2007 年到了玻利维亚，其中一些国家以网络形式代替。科学记者网络于 2007 年在阿根廷创建，由目前年青一代的 110 名记者组成，除了其他活动，还持续举办电子论坛。

1990 年，一个拉丁美洲和加勒比地区的科普网络“Red Pop”诞生了。该网络不仅限于科学新闻工作。其主要目标是加强思想交流和促进合作。其会议在不同的国家每两年召开一次，自网络建立以来一直是商讨的重要论坛，特别是对科学中心的讨论。

20 世纪 90 年代，实体操作科学博物馆成为重点，墨西哥和巴西投入大量资金创建此类设施。巴西至少创建了 100 个实体操作科学博物馆，规模和预算各不相同，虽然主要还是集中在大城市。智利、哥伦比亚和乌拉圭也应该通过实体操作博物馆强调公众参与科学的创新体验。科学博物馆国家协会（National Associations for Science Museums）也再一次在巴西和墨西哥成立。

一些国家采取的一项重要措施是巩固支持科学传播的国家政策。两个国家已经开始了这一进程：智利和巴拿马。智利于 1995 年创建了名为“探险”的科学与技术非正规教育的国家计划，与国家科学和技术研究委员会（National Commission for Scientific and Technological Research）结合，针对全社会特别是儿童和青少年营造科学文化。年度预算为 500 万美元，该计划包括多项活动，如科学周、印刷出版物、会议、展览等。巴拿马名为“火花”（*Destellos*）的计划于 1997 年创立，并与国家科技局（National Secretary of Science and Technology）建立联系。

2004 年，巴西政府建立了一个国家科普部门与科学技术部（Ministry of Science and Technology）相结合，其目标如下：支持非正规科学教育活动；支持实体操作科学博物馆（包括科学卡车、船和巴士的移动计划）；提升科学报道的质量；创建全国科技周；推动科学节的建立；支持科学传播者的培训。预算从 2004 年的 750 万美元增长到 2008 年和 2009 年的每年约 1500 万美元。

遵循拉丁美洲将科学技术作为国家发展工具的观点，哥伦比亚政府在 2005 年制定了社会参与科学、技术和创新的国家政策（National Policy of Social Engagement on Science, Technology, and Innovation，西班牙语：Política Nacional de Apropiación Social de la Ciencia, la Tecnología y la Innovación）。此政策有五个主要行动方针：传播哥伦比亚科学、技术和创新，为科学传播者提供培训，推动公民参与科技，支持、加强、满足社会公众兴趣和需要的科学文化，评估科学参与活动。每年的经费预算约为 260 万美元。

乌拉圭在 2007 年制订了科学文化普及计划，

预算20万美元，与创新、科学和技术发展部门（Unit for Innovation，Science，and Technology for Development）相联系，后来转而与教育和文化部（Ministry of Education and Culture）相结合。

虽然科学传播领域已经被承认，但墨西哥没有针对此领域的国家计划。在墨西哥，作为拉丁美洲科学传播的一个关键举措，值得关注的是科学传播总局（Directorate General for Science Communication，西班牙语：Dirección General de Divulgación de la Ciencia），与墨西哥国立自治大学（National Autonomous University of Mexico）相联系。它创建于1997年，是该地区最早具备完整科学传播基础设施的机构之一。包括两个科学博物馆、一个青少年杂志、科学传播者培训以及书籍和多媒体出版。

许多拉美国家开展的另一项活动是科学周，这项活动由个体和机构在全国范围内开展（虽然活动的实际影响因不同国家而异）。在拉美第一个举办科学周的国家可能是智利，创建于1995年并在2009年举办了第15届。随后，玻利维亚、哥伦比亚、墨西哥、阿根廷和乌拉圭等国家开始组织他们自己的科学周。巴西是拥有最令人印象深刻数字的国家：2004年第一次科学周活动，整个巴西有1842个活动加入；2008年，在450个城市和小城镇举办了11000个活动。

目前，拉美通过不同方式成为广泛多样的科学传播活动平台：博物馆、科学中心、电视、广播、杂志、报纸、书籍、戏剧等。许多会议都在此区域组织，反映了更多地区分享经验和培训的需要。关于培训，可以看到这一领域的专业化趋势，阿根廷、巴西、哥伦比亚、厄瓜多尔和墨西哥等国家正在建立一些长期课程。虽然本词条距离成为拉丁美洲科学传播的完整地图相去甚远，但希望它能成功地展现该地区活动的概况。

撰 稿 人：Luisa Massarani

作 者 注：Thanks to Diana Cazaux，Valeria Román（Argentina），Cristina Pabón，Laura Guachalla（Bolivia），Ildeu de Castro Moreira（Brazil），Eduardo Rey，José Santiago Arellano（Chile），Lisbeth Fog，Ximena Serrano，Marcela Lozano（Colombia），Margoth Mena Young（Costa Rica），Ernesto Márquez（Mexico），Zoraida Portillo（Peru），Gustavo Riestra（Uruguay），and Acianela Montes de Oca（Venezuela），who helped with compiling this information.

另请参阅：International Science Journalism Associations；Mexico，Science Communication in

Latour, Bruno 布鲁诺 · 拉图尔

作为训练有素的哲学家、人类学家布鲁诺 · 拉图尔（Bruno Latour，1947—　）已成为科学技术研究领域最有影响力的理论家之一。他可能以行动者网络理论的主要创始者之一而著称。从他科学技术社会领域的第一本书《实验室生活》（*Laboratory Life*）出版［1979年，与史蒂夫 · 伍尔加（Steve Woolgar）合著］开始，拉图尔一直寻求将科学事实和技术制品建

构中的关注与科学技术在社会中广泛影响力的关注结合起来。拉图尔的作品不仅在科学技术、政治、宗教和法律等领域独一无二，而且在各种交叉学科的影响力也无与伦比，包括科学技术研究、人类学、哲学、政治学、社会学、灵长类动物学、昆虫学等。

铭文装置的力量

《实验室生活》是基于拉图尔在加州拉贺亚索尔克生物研究所（Laboratory of the Salk Institute for Biological Studies）进行的田野调查。在书中，拉图尔和伍尔加引入“铭文装置”的概念来表明实验室仪器或仪器配置，使实验材料转化成数字、图表或跟踪记录，科学家利用它们生产知识。知识的科学生产是将事物放入一种模式。科学家利用各种设备，包括仪器、计算机和书面文件，把他们的研究对象放入科学模式，其中最著名的就是同行评议的科学论文或信函。从最初的也许几乎不可理解的在实验室中产生的记录痕迹到最后一个条目，再到后来也许被纳入公认的科学知识体系，科学铭文在认识形态上发生了巨大的变化，即某种知识的可能性或必要性所达到的程度。虽然科学家通常会以适当的不确定性表达他们对实验室中产生的第一个铭文的解释，但后来在科学参考链中的铭文通过对声明真实性的更高承诺来表达。

实验室生活也是一个对实验室研究这一理念的反思性研究。拉图尔和伍尔加的结论是，科学家和科学人类学家之间唯一的区别是，他们（科学家）有一个实验室。换句话说，科学铭文装置连同减少铭文形式的技术是比人类学家和其他希望研究工作中的科学家的人可获得的更具有强大说服力的工具。如果一个人质疑某一科学信息，他必须理顺和重新诠释所有铭文和所有构成指定信息的铭文装置。

虽然拉图尔和伍尔加没有得出如此深刻的结论，但强大的科学铭文装置也提出了科学家和普通民众之间的不对等问题。在公开辩论中，科学家用他们处置的铭文装置使科学对象说话，而普通公众往往求助于极少且极不可靠的铭文。许多当代问题，如气候变化、臭氧层损耗、基因改造和技术风险，在很大程度上可能是由科学技术的铭文装置造成的。

在 2001 年达姆施塔特学术会议（Darmstadt Colloquium）的报告中，拉图尔利用术语“社会性科学实验”来表明这些问题，科学铭文似乎从科学家使用的铭文装置中溢出，成为错综复杂的社会经济和政治争论。他认为，现在的实验室已经将其铭文装置网络延伸到整个地球，我们比以往任何时候更需要用其他类型的证据和经验来平衡科学铭文。我们必须认识到科学信息是民主进程的资源，而不是公开争论中需要驳斥或论战的声明。

“关注事件”对科技传播影响的重要性

拉图尔通过科学技术研究和行动者网络理论的特殊见解重新思考社会理论和政治哲学。在《我们从未现代过》（*We Have Never Been Modern*）中，他认为两个二分法构成了现代社会的基础。首先，自然和社会的划分规定了自然和文化的不同法则。现代社会强调人文主义依赖于这种自然和政治力量的特殊分离。其次，在“纯化”工作中存在着隐藏的二分法，它将人类从自然中分离，由此使第一个二分法成为可能，转译工作引发了跨越自然和文化对立的混合网络建设。在拉图尔的现代化进程解释中，转译工作对知识和力量两种单独秩序的建立是必要的，但后来就被遗忘或隐藏了起来。

作为启蒙运动的继承者，现代社会已经将所有关于自然的知识连同客观事实之物的概念授权给科学。现代性宪法依赖科学注入社会关于自然客体和进程不争事实的观点。然而，由于科学技术研究学者已经证明，科学本身是一个不确定的、部分客观的、进行中的社会过程。

此外，许多科学调查对象完全陷入社会中的人类决策。这意味着，转译工作，也就是科学和政治共同融合的代表，成为开放民主社会的核心。

根据拉图尔所言，事实之物的特有观点是现代性宪法的一个不成功的副产品。这一术语是用来区分哪些可以争论和哪些不能争论的。向公众传播事实之物是一个简单且单向的过程。既然事实之物可能不存在争论，这一过程存在于将科学确定性传达给更广泛的受众。

拉图尔提出了另一个概念来代替事实之物，即关注事件。这个概念在公众中开辟了一个对科技传播犹如对话式的理解。关注事件是由于科学技术的不确定性在某种程度上引发的公共问题。关于关注事件，科学和技术无法提供直接的解决方案。相反，科学技术是关注事件内在问题的一部分，必须汇聚来自生活许多不同领域的不同资源去解决：科学、技术、政治、法律、经济等。

争论是关注事件的重要构成元素，争论依据如何识别有关问题和问题解决方法，争论考虑到那些恰当的事实和方法，争论关于前进过程中牵涉的人物。这样的争论往往会激发新的行动者和新的行动者结构。他们甚至与陈述的适当专业知识和适当方法问题相关。

科学技术传播是关涉之物的核心，而事实之物主要参与可靠科学知识的生产状况，关涉之物强调传播中的知识。运动、转译和传输等过程并非微不足道，但知识转化占据中心地位。在这些过程中，科学家和工程师必须与其他行动者就科学技术对象的正确理解和含义进行谈判。这可能卷入冲突和变化，同样可能相互理解与和谐。这或许是把科学技术纳入民主的唯一途径。

撰 稿 人：Kristian Hvidtfelt Nielsen

另请参阅：Actor-Network Theory；Science，Technology，and Society Studies；Uncertainty in Science Communication

参考文献

[1] LATOUR B. We have never been modern [M]. Cambridge，MA:Harvard University Press，1993.

[2] LATOUR B. What rules of method for the new socio-scientific experiments? [EB/OL]. (2001-03) [2009-06-04]. www.bruno-latour.fr/poparticles/poparticle/p095.html.

[3] LATOUR B. Politics of nature:How to bring the sciences into democracy [M]. Cambridge，MA: Harvard University Press，2004.

[4] LATOUR B，WOOLGAR S. Laboratory life:The social construction of facts [M]. London:Sage，1979.

Logical Positivism 逻辑实证主义

在第一次世界大战之前的几年，一个数学家、一个社会学家和一个物理学家经常会一起在奥地利维也纳的不同咖啡馆见面，在一个亲切、友好的气氛中讨论哲学。大部分他们讨论的核心是信仰的本质——一个被称作认识论的哲学领域。我们如何辨别“虚构”和“真实”？无论是从科学角度还是传播角度，这个问题都是试图界定真实的核心。

战争使团体活动暂时搁置，小组解散并各奔东西。直到1922年，数学家汉斯·哈恩（Hans Hahn）回到维也纳并劝说一个刚被评为归纳科学哲学的教授加入，重新开始以往的讨论。这位先生就是德国的莫里茨·石里克（Moritz Schlick），他已经发表了一系列论题，从新奇的狭义相对论到真理与逻辑的本质。正是有了这个团体，维也纳学派成立了。

由石里克担任主席，这一集会于1928年正式成立为厄恩斯特·马赫协会（Ernst Mach Society），纪念这位奥地利物理学家和哲学家，他曾将自然规律说明描述成实验数据概要。这个社团的成员，包括最初的哈恩、奥托·纽拉特（Otto Neurath）和菲利普·弗兰克（Phillip Frank），数学家、哲学家和物理学家库尔特·哥德尔（Kurt Gödel）、古斯塔夫·伯格曼（Gustav Bergmann）、鲁道夫·卡尔纳普（Rudolf Carnap）、理查德·艾德勒·冯·米塞斯（Richard Edler von Mises）和哈恩的妹妹（奥托·纽拉特的妻子）奥尔加（Olga）。马赫的影响力清晰地反映在社团大多数成员分享的共同哲学——评估实证主义和逻辑在评价观念力量中的价值。

维也纳学派宣言

维也纳学派哲学有两个特征。第一是只能根据我们的观察去描述自然规律。这种以经验为依据的方法被称为实证主义，由马赫进行基本阐述，他在有生之年通过宣称科学中没有未观察到的猜想而与原子论者竞争。这并不是说，没有经过直接观察的提议是错的或不可能的，而是规律的构想应该是一个基于事实的简约表达的简单活动。

实证主义悠久多变的历史可以追溯到观察和理性分别在描述现实方面发挥作用的古老修辞学。这个术语本是19世纪中期由法国社会学家孔德（Comte）发明的，他对自己的同胞在革命后焦虑经历的研究产生了现代世俗人文主义。他描述了社会的三个阶段：神学阶段（诉诸更大权力，无论是神还是历史的）、形而上学阶段（诉诸人权或个人权利）、实证阶段（诉诸客观的或科学的）。

然而，这一观点的结果是，只有两种理念——那些能够简化成可体验的事件和那些不能简化成可体验的事件，后者被称为实质上的形而上学，被确定为实质上无意义的概念，因而在科学上是无用的。

语言与逻辑实证主义

可以说，维也纳学派讨论的目的是把科学统一在思想或实践的单一体系下。这一过程要么将被定义为所有陈述降低到可观察的性质，因而受到科学分析和讨论支配，要么被定义为不可观察的、形而上学的性质，因而被拒绝。

伴随着科学的一个持久性的问题就是语言，它通常会导致逻辑谬误和错误推理，更不要说将描述性质与主体本身混为一谈。这方面的一个例子是术语“爱”，尽管它是一种情感状态的描述，但通常贯穿着生理性质。这个问题也可能导致错误的理念产生，即只有理性才能在没有观察的情况下创造有用的知识，这一概念被称为综合知识。

奇怪的是，数学通常纯粹基于理性并可以认为是综合知识的一种形式，因此应该被逻辑实证主义拒绝，哲学在本质上是分析性的。因此，维也纳学派认为数学推论是先验推理中唯一合乎科学并富有成效的形式。

正是在某种程度上通过语言描述本质才将形而上学与逻辑实证主义区分开来。鲁道夫·卡尔纳普（Rudolph Carnap）的文章《通过语言的逻辑分析消除形而上学》（“The Elimination of Metaphysics Through Logical Analysis of Language”）深入研究了语言的重要性及其如何影响科学探究。在书中，考虑到它们没有经验等价性，他将许多词语形而上学的应用解释为“毫无意义”。即使在今天，这是对准科学某些领域的指控——所谓的索卡尔事件（Sokal Affair）以物理学家安德鲁·索卡尔（Andrew Sokal）20 世纪 90 年代中期的著名骗局命名，意在表明某些领域，如后现代文化研究，往好里说是没有其他科学那么吹毛求疵，往坏里说就是伪科学，呼应了科学探究中语言的感知意义。

逻辑实证主义去向何方

虽然第一次世界大战见证了维也纳学派的第一次解散只是暂时的，但第二次世界大战却见证它的终结。那时候多数成员逃到美国，国家社会主义者在德国掌权，尽管石里克在 1936 年被他的一名学生杀害。

逻辑实证主义有批评者，虽然它的倡导者大部分将它作为一种哲学，而不是一个不言而喻的科学体系来捍卫，所以声称任何同义反复或逻辑矛盾的出现不需要证明。

逻辑实证主义最著名的批评家是奥地利出生的哲学家卡尔·波普尔（Karl Popper）。他认为，证实背后的原则太严格，冒着排除可能有价值的观点的风险。取而代之的是，他提出了证伪——通过被反驳的能力来评估一个观点的价值。举例来说，如果没有办法观察到一个潜在的现象（即使在理论上），那么将证明这个想法是假的，是没有科学价值的。

一个明显的例子支持了他的担忧，马赫反对的原子理论。在许多情况下，原子能是不可观察的，用来描述它们的语言被认为是形而上学的，尽管如此，随着技术进步，原子理论越来越为人们所接受。逻辑实证主义意味着将以这种理由解散，而证伪也只能做到这样，一旦做出观测就否定了假说。

具有讽刺意味的是，爱因斯坦（Einstein）声称马赫可以被看作爱因斯坦广义相对论的先驱，尽管马赫自己拒绝这一理论假定的非经验性和形而上学性。

卡尔纳普以前的学生希拉里·普特南（Hilary Putnan）认为，不可能将观察与理论区分开。假定所有观测严格来说在本质上是主观的，只有在研究合作中我们同意或不同意观察到的性质，不使用理论术语去描述观察是不可能的。因此，形而上学概念的界定不像逻辑实证主义要求的那样是非黑即白的问题。

今天，逻辑实证主义被认为对我们理解语言发挥了至关重要的作用，它对科学的作用以及为分析哲学的进步建立了基础，贯穿整个 20 世纪后半叶并发展至今。

撰 稿 人：Mike McRae

另请参阅：Popper，Karl；Scientific Method；Two Cultures

参考文献

[1] HOLTON G. Science and anti-science. Cambridge，MA: Harvard University Press，1993.

[2] Zalta E N.（Ed.）. Stanford encyclo pedia of philosophy［EB/OL］. http://plato.stanford.edu.

Love Canal 拉夫运河

1976年夏天，一群愤怒的业主突然造访纽约市尼亚加拉大瀑布每周市议会会议。他们抱怨的不是税收上涨、垃圾回收或街道维修，而是一连串不寻常的投诉，包括患病儿童、垂死的宠物和枯萎的草坪和花园，难闻的工业气味渗透到他们家里的地下室。最终，业主的投诉使人们第一次看到环境噩梦，国家开始意识到不当废物处置的危险。媒体对这些事件的后续报道有助于提高国家环境意识和塑造环境新闻的新兴领域。

此后，被称为“拉夫运河”（*Love Canal*）的地区成为全国环境问题最严重的地区之一，引起了一连串的相互指责、企业否认以及决策失误。最终，华盛顿在1980年做出回应，美国国会（U.S.Congress）实施了超级备用金垃圾清理计划（Superfund Waste Cleanup Program）。与此相应，总统吉米·卡特（Jimmy Carter）在纽约州尼亚加拉大瀑布市中心区举行的典礼上签署了具有里程碑意义的法律。纽约州卫生署（New York State Health Department）在1978年给州长休·凯里（Hugh Carey）的报告中直言不讳地总结了整个噩梦般的磨难。报告指出“拉夫运河”是“公众健康的定时炸弹”。

拉夫运河的历史可以追溯到19世纪，当时企业家威廉姆·T. 拉夫（William T. Love）吸引了很多的投资者开始修建一条连接尼亚加拉河上游和下游的运河。利用创造了著名尼亚加拉大瀑布的同一悬崖的海拔落差，拉夫预想修建一条水道成为水力发电的典范。他预想工业将会涌向该地区来利用丰富的电力资源。但是，当路易斯·特斯拉（Louis Tesla）发现了一种通过交流电来长距离输送电力的方法后，工业便不再需要邻近发电地点了。拉夫的梦想破灭了。靠近尼亚加拉河上游的一小段运河成了当地孩子的游泳池。

同时，城市的命脉——化工业持续增多，为该地区提供了就业机会并为主要税收来源。到了20世纪20年代初期，规模最大的公司胡克化学公司（Hooker Chemical）在其河边建造工厂迅速投入生产，但是来自杀虫剂、除草剂以及其他有毒有机化合物生产中的垃圾和副产物却没有地方处理。被遗弃的拉夫运河成为有吸引力的备选地。它靠近工厂，而且那时候人烟稀少。

胡克化学公司向长约619.6米（2000英尺），宽约18.3米（60英尺）的运河河道中填满了有史以来各种有毒的副产物。邻居们记得看到一辆接一辆的卡车满载成桶的有毒化学品。工人们将数千吨有毒混合物直接倾倒在水中，把圆桶取回工厂再次使用。当地的孩子们继续在肮脏的河水中游泳，直到被化学物质烧伤和不明原因的皮肤发炎人们才意识到危险的存在。

1953 年，河道填埋后，胡克化学公司将拉夫运河所有权以 1 美元的价格出售给尼亚加拉大瀑布教育董事会（Niagara Falls Board of Education）。董事会希望在小学后面建一个操场，为安置来自城市新兴化学工业工人的新家园服务。这次交易，根据 1980 年《尼亚加拉瀑布公报》（*Niagara Falls Gazette*）的系列报道，根本不包含关于土地赠予内容的警告。公司副总裁巴恩·克劳森（Bjarne Klaussen）在 1952 年写道：他觉得董事会为了满足扩大的需求做了一件好事，他表示他的公司有兴趣与董事会合作。第 99 街小学建成后，废弃的运河成了学生们的操场，并成为蜂拥到新地区工薪阶层家庭的开放区域。

第一个警示发生在 1975—1976 年的特别严酷的冬季后。融雪和春雨填满了化学垃圾场，有毒污染物开始渗透到表面。地下水携带着有毒混合物流到相邻房屋的地下室。大人们开始担心，孩子们在户外玩耍后病倒，家庭宠物垂死，后院花园堆满了枯死的蔬菜植物。那时这些家庭闯入了 1976 年的市议会会议，高度焦虑——虽然这一群体中没有人知道这预示着什么。事实上，来自尼亚加拉县卫生局（Niagara County Health Department）的首次官方回应是建议分发电风扇驱散难闻的工业气味。

最终，纽约州卫生部（New York State）开始记录疾病、流产和先天缺陷——所有这些都与渗透到那些普通家庭的有毒废弃物有关。1978 年，纽约州宣布政府资助该地区的疏散。235 个家庭在政府资助下离开这一地区。在随后的分析中，纽约州科学家确认了超过 200 种有毒化合物，包括剧毒的二噁英、苯，以及其他 10 种致癌物——这些都是杀虫剂生产的废弃副产物。但拉夫运河灾难远未结束。在由家庭主妇转变为活动家的洛伊斯·吉布斯（Lois Gibbs）的领导下，处于紧急疏散区外的家庭迫切需要救援，他们担心孩子面临的持续威胁，以及由于靠近臭名昭著的化学垃圾场而导致的财产价值下降。

1980 年，卡特总统宣布拉夫运河联邦紧急令，为额外的 700 多户搬迁让路。同期，清理工作开始，如拆除房屋，并采取措施来封装掩埋有毒废物。胡克化学公司现在隶属于西方化学公司（Occidental Chemical），面临着无数州和联邦的诉讼，同样地，政府机构试图恢复清理费用和赔偿金。

如今的拉夫运河地区是一块贫瘠的荒地，被一个壮观的铁丝网围住。处理厂从有毒垃圾场周围的地下排水系统收集有毒地下水。周边的一些家庭已经搬迁。但是，迄今为止，拉夫运河仍然象征着与非法化学废弃物处理有关的环境和健康灾难。虽然成千上万的其他垃圾倾倒场已在全国范围内被确定，拉夫运河仍然是非法工业废弃物处理的象征。美国环境保护局（The U.S. Environmental Protection）的约翰·迪根（John Deegan）在 1980 年告诉《华盛顿邮报》（*Washington Post*），他不相信这个国家能够从拉夫运河事件中完全觉醒。

撰 稿 人：Rae Tyson

另请参阅：Community "Right to Know"; Environmental Journalism; Environmental Justice; Superfund

参考文献

[1] BECK E C. The Love Canal tragedy. EPA Journal. Washington, DC: U.S.Environmental Protection Agency [M/OL]. (1979-01) [2008-12-31]. www.epa.gov/history/topics/lovecanal/01.htm.

[2] GIBBS L M. Love Canal: My story [M]. New York: Grove Press, 1982.

[3] GIBBS L M. Learning from Love Canal: A 20th anniversary retrospective [M/OL]. [2008-12-31].

http：//arts.envirolink.org/arts_and_activism/LoisGibbs.html.

[4] New York State Department of Health. Love Canal：Public health time bomb（Special report to the Governor and Legislature）[EB/OL]（1978-09）[2008-12-31]. www.health.state.ny.us/environmental/investigations/love_canal/lctimbmb.htm.

[5] University at Buffalo，The State University of New York.（n.d.）. The Love Canal collections. UniversityArchives [EB/OL]. http://ublib.buffalo.edu/libraries/specialcollections/lovecanal/index.html.

[6] U.S. Department of Justice. Occidental to pay $129 million in Love Canal settlement（Press release No. 638）[EB/OL].（1995-12-21）[2008-12-31]. www.usdoj.gov/opa/pr/Pre_96/December95/638.txt.html.

Low-Level Radiation 低强度辐射

低强度辐射可谓是好坏参半。在医学上它可以用作放射治疗来拯救癌症患者的生命，但当人们长期接触低强度辐射也有致癌的可能性。此外，它在许多领域的使用产生了放射性废物处理的问题。低放射性废物不能与其他垃圾扔到一起，根据废物的类型，它们必须被安全地储存或掩埋数百年。辐射始终是一个公众关注且一直有新闻价值的话题，因此科学传播者需要了解这一问题。

几乎没有人过多担心低强度辐射。大多数公众的注意力都集中在高强度辐射接触，它可能来自核爆炸、“脏弹”或核电站事故，如1979年宾夕法尼亚州三英里岛核事故和1986年苏联切尔诺贝利核电站更加严重的事故。但是，很多低强度辐射来源也有可能造成健康风险，包括天然存在的放射性气体或持续接触人为放射性排放物。

什么是低强度辐射？它发生在哪里

辐射的自然存在形式是“背景辐射”，人们一直在接触不同程度的背景辐射。根据全国辐射防护与测量委员会（National Council on Radiation Protection and Measurements，NCRP），自然存在的辐射形式平均占美国接触人口的82%。这些接触来自多种源头，如来自外层空间的宇宙辐射，来自食物和水中摄取的以及身体自身的内部辐射，辐射也存在于土壤和岩石中的放射性矿物中。到目前为止，最大的背景辐射（52%）来自氡，一种产生自土壤中铀的无色无味的放射性气体，它可以渗透到房子、空气和水中。足够高浓度时，氡的放射性粒子会损伤肺部的一层细胞并导致肺癌。根据美国国家癌症研究所（National Cancer Institute）研究表明，在美国，氡是导致肺癌的第二大原因，并与每年15000～22000例肺癌死亡有关。

据美国全国辐射防护与测量委员会调查研究，人为低强度辐射约占总背景辐射的18%，在美国医疗X射线和核医学占人为辐射的大多数。其他辐射可能来自建材，如纽约中央火车站的花岗岩，以及电脑屏幕、烟雾探测器和烟草制品等消费品。低强度辐射还来自核电站和核武器设施，如 1951—1962 年发生于美国的核武器地上测试的弥漫沉降物。但是，根据美国全国辐射防护与测量委员会调查研究，对于大多数人来说，这些来源只占人为背景辐射的一小部分。

除非他们居住或工作在核能或核武器工厂附近，或者他们家中有氡，大多数人多通过医疗，如牙科 X 射线和诊断测试接触低强度辐射。

对健康影响的争论

接触低强度辐射对健康有害的风险多年来一直是科学的不确定性和不同意见的主题。科学家早就知道，接触非常高水平的电离辐射，在几天之内可引起严重疾病和死亡，并且低剂量的辐射可能对健康造成影响，如癌症可能需要多年才能发展。电离辐射包括 X 射线辐射和 γ 射线辐射，可通过使分子中的原子释放电子变成离子而引起活细胞的损伤。这个过程可以在短时间内导致高剂量的细胞死亡或生殖过程中错误，即较长时间内较低剂量的突变。这些突变最终会导致癌症。

虽然这些影响对高水平辐射剂量是明显的，许多科学家质疑是否存在来自长期的或持续接触低剂量辐射的健康影响风险。科学争论的焦点是接触多少低强度辐射就会影响健康。

科学家已经开发出这一问题的两种主要风险模型：一种为，任何接触、任何剂量（不管多少），随着时间的推移可能会证明对个体有害，这第一个模型被称为线性无阈值模型。另一种风险模型通常被称为阈值模型，即存在一个水平或阈值，低于这个最小辐射剂量将不会造成损害。这种风险模型（实际上这一组有几种不同模型）认为，经过一段时间由低强度辐射引起的少量损害会自然修复并存在很小的危害风险。这是一个超越了阈值概念的复杂科学争论的简单解释，也适用于化学制品接触。

多年以来，许多关于来自低剂量辐射潜在健康影响的研究和报告已经完成。1999 年，美国能源部（U.S. Department of Energy）资助了一系列细胞和分子对低剂量 X 射线反应和 γ 射线反应的长期科学研究。这项研究的目标之一是试图确切回答阈值问题，但这些研究的成果与阈值效应相混淆。自 1972 年以来，美国最负盛名的科学组织之一，国家科学院电离辐射生物学效应委员会（Biological Effects of Ionizing Radiation，BEIR），定期研究积累关于低强度辐射效应接触人群的科学数据。

在 2005 年发表的第七期健康风险系列报告中，BEIR 第七次委员会一致认为，多数可获得科学信息的研究支持线性无阈值风险模型指出即使是“最小剂量”也可能增加人类风险。然而生物机制尚未被完全探明，报告指出，电离辐射能量可导致分子结构的复杂变化，包括身体细胞内的 DNA，身体修复机制很难将这种变化纠正。经过一段时间，这可能导致癌症的发展，特别是在“实质”器官，如乳腺或前列腺。BEIR 第七次报告强调患癌症的风险较小，与 100 例癌症患者中有 42 例是其他原因导致的相比，估计 100 例中有 1 例是由一个单独的低强度辐射接触导致的。根据报告，与其他遗传性疾病相比，儿童从接触低强度辐射的父母那里遗传健康影响的风险非常小。

尽管这是一份最新报告，但一些科学家仍然相信至少对于某些类型的癌症存在一个阈值，而且研究还在继续进行。对阈值概念的两种解释都有政府管控保护公民的含义，对线性无剂量模型来说需要更严格的暴露管理。由于这场科学争论和其他重要的社会、政治和经济因素，许多国家都采取了不同的允许低强度辐射暴露的标准，包括对核电站工人和公民的标准。例如，主要依赖核电作为其能源来源的法国和日本，比美国允许更多的辐射暴露。

低水平放射性废物问题

健康问题不是与低强度辐射有关的唯一问题。还有一个主要问题是处理产生于美国的大量放射性废料。根据美国国家科学院（U.S. National Academies）加强低活性放射性废物调控和管理委员会（Committee on Improving the Regulation and Management of Low-Activity Radioactive Wastes）研究表明，虽然这些低水平放射性废物的辐射危害目前远低于核燃料和高水平放射性废物，但如果控制不当，它们会引发长期和严重的健康风险。

许多来自美国经济领域（包括国防、私营产业、医疗和研究机构）不同类型的低水平放射性废物需要长期储存或掩埋，直到它们的放射性元素衰变到安全水平。

商业低水平放射性废物来源于核电站和其他产业、医疗和研究机构。根据加强低活性放射性废物调控和管理委员会调查，防护鞋套和服装、拖把、抹布、设备和工具、实验室仪器、工艺设备、反应器、水处理残留物，以及一些硬件等典型低水平放射性废物在全国每个州都会产生。

轻微放射性碎片、碎石、被污染的土壤可能产生于废弃的核电站场所和核武器设施的清理现场。铀和钍的开采与冶炼产生了大量放射性废物堆、过程残余物以及被污染的土壤和设备。在商业采矿、磷肥和化肥生产、石油和天然气生产、燃煤和废水处理的残留物中也发现了低水平放射性废物。

根据加强低活性放射性废物调控和管理委员会的研究，联邦和州政府对于如何处理、存储和管理这种低水平放射性废物是复杂的、不一致的和混乱的。目前的管理主要是基于行业类型所产生的废物，而不是基于废物造成的危险程度来处理、存储和处置。除了政府机构，其他有权决定如何存储低水平放射性废物的包括产生废物和必须为其处置买单的组织、核废料储存设施运营商和他们的工人以及居住在废物设施附近和废物运输路线沿途的居民。

在哪里存储这些废物是一个主要问题。美国国会（U.S. Congress）于 1980 年通过了《低水平放射性废物政策法》(Low-Level Radioactive Waste Policy Act)，并于 1985 年进行了修订，要求各州负责处理大多数商业性低水平放射性废物。该法要求建立一个州际契约制度来开发和管理处置设施。大多数州同意组建由 3~8 个州组成的紧凑型组织，这些州将在该组织内的一个州确立一个废物站点，来自契约中的所有低水平放射性废物将进入这个站点，直到它被填满，然后该契约中的另一个州开设另一个站点。虽然基于此形成了 10 个契约，但没有开发新的站点。经济学、政治学和具有重要意义的公众对废物储存设施在人们“后院”选址的抵制，终止了这一方案。

美国只有三个商业站点接受各类低水平放射性废物，所以需要长途运输路线。巴恩韦尔是南卡罗来纳州的一个站点，多年来一直源源不断地接收许多州产生的废物。然而，由于容量缩小，这个站点于 2008 年 7 月 1 日起不再接收来自任何州的废物，当然除了契约内的州——南卡罗来纳州、新泽西州和康涅狄格州。另外两个低水平商业废物处置设施一个在犹他州的克莱夫，其接收来自所有州危害度最低类型的低水平放射性废物，另一个在华盛顿州的里奇兰附近，其接收来自华盛顿州、俄勒冈州、爱达荷州、蒙大拿州、怀俄明州、犹他州、阿拉斯加州、夏威夷州、内华达州、巴恩韦尔州的所有种类的低水平放射性废物，现在 36 个州的废料产生者没有对更危险的低水平放射性废物的处置选择，如那些来自核电站的废料。美国管理核生产和废物的核管制委员会（Nuclear Regulatory Commission）建议这些产生者在较长时间内现场存放低水平放射性废物。对核电站来说，这将在他们已经就地存储的高水平放射性废物基础上增加更多的废物，因为技术和政治问题阻碍了内华达州建设的尤卡山，它是被指定的美国高水平放射性废物处置点。

虽然没有面临高水平放射性废物储存的主要技术问题，但低水平放射性废物储存也存在超出限制能力的问题。这些问题涉及公众对政府机构和商业组织保护公众健康能力的不信任。市民关注地下水污染的风险和长期暴露对站点工人和附近居民可能造成的健康风险，不管这些废物是储存在商业站点还是核电站。他们还担忧低水平放射性废物长距离运输到储存设施，不仅涉及隐患也关系到国家安全。货车运输和一大批遍布全国的存储地点为恐怖分子寻找材料建造“脏弹”提供了可能目标。

过去，尽管有广泛的货币和其他激励措施，许多州的公众对设立低水平放射性废物站点的抵制情况被证实是激烈的，几乎击败了接受它们的所有努力。由于公众对低放射性废物的持久和广泛关注，来自加强低活性放射性废物调控和管理委员会的主要建议是，政府机构努力提高关于低水平放射性废物公共知识的理解水平，充分考虑公民意见，并让他们直接参与有关低水平放射性废物管理和处置的决策。

撰稿人：Sharon M. Friedman

另请参阅：Chernobyl；Department of Energy，U.S；Nuclear Waste；Nuclear Weapons；Three Mile Island

参考文献

[1] Committee on Improving Practices for Regulating and Managing Low-Activity Radioactive Waste. Report in brief，improving the regulation and management of low-activity radioactive wastes.Washington，DC：National Academies Press [EB/OL].（2006–03）http://dels.nas.edu/dels/rpt_briefs/Low_level_Waste_final.pdf.

[2] Committee to Assess the Health Risks from Exposure to Low Levels of Ionizing Radiation. Reporting Brief，BEIR VII：Health risks from exposure to low levels of ionizing radiation. Washington，DC：National Academies Press [M/OL]. http://dels.nas.edu/dels/rpt_briefs/beir_vii_final.pdf.

[3] National Safety Council. Understanding radiation in our world [M/OL].（2005–07）. www.nsc.org/safety_home/BringSafetyHome/Documents/Understanding Radiation.pdf.

[4] U.S. Environmental Protection Agency. RadTown USA [EB/OL]. www.epa.gov/radtown/.

Mad Cow Disease（BSE）
疯牛病（BSE）

牛脑海绵状病（Bovine spongiform encephalopathy 或 Mad Cow Disease），俗称疯牛病，引起了全球性的争议，人们可能希望清楚地证明其是一种极具传染性和致命性的人类疾病，但这种证实是非常困难的。在全球范围内，不到 200 个病例被指认为感染了疯牛病。感染被认为导致了名为变异克雅氏病（vCJD）的人类疾病。人类变异克雅氏病与之前公认的经典克雅氏病（CJD）有所不同。患有 vCJD 的多是年轻人，平均年龄为 28 岁（而患有 CJD 的人平均年龄为 68 岁）；疾病持续时间为 13~14 个月的两倍（而 CJD 的持续时间为 4~5 个月）；与老年痴呆相比，患者表现出更加突出的精神症状。

在所有物种中，该疾病均会引起某些类型的神经系统症状。在牛类中，疯牛病通常发生在 4 岁以上的母牛中，导致其行走困难、焦躁不安或焦虑症、体重减轻以及超敏反应。所有被感染的动物无论是否经过治疗都会死亡。动物被感染的年龄和临床症状是对高危动物监视的有用工具。

已确定许多不同种类的哺乳动物，包括人类，具有类似于疯牛病的疾病，统称为传染性海绵状脑病（TSE）。受感染的天然宿主包括貂、猫（家养或圈养的大型猫科动物）、尼亚拉和大捻角羚（非洲羚羊），以及北美鹿科动物，如麋鹿、长耳鹿、白尾鹿和马鹿。在美国和欧洲，自 18 世纪 30 年代以来，已经发现了感染 TSE 或痒病的绵羊。

简　史

1986 年和 1987 年，英国在开始披露关于疯牛病的报道，并证实了在牛体中鉴定出新型独特神经系统综合征的新闻。但后来才发现，事实上，与此事件有关的新闻是在 10~20 年前饲养牛的一个配给包括牛和羊的肉骨粉（MBM）的报道中就有涉及。这在当时是一个常见的做法，因为肉骨粉中的高蛋白质含量和高蛋白作物如大豆粉的缺失。

全国性的申报制度一旦在英国形成，更多病例将被申报。1993 年 1 月，每周申报的发生在牛中的新疯牛病病例数达到峰值 800 例。其他国家如马尔维纳斯群岛和爱尔兰也在 1989 年开始申报病例，随后葡萄牙和瑞士在 1990 年开始申报。截至 2009 年，仍有几个病例申报，但疫情似乎接近尾声。申报病例的前 5 个国家分别是英国（183841 例）、葡萄牙（875 例）、瑞士（453 例）、西班牙（412 例）和德国（312 例）。在北美，加拿大申报了 15 例，美国仅申报了 3 例本国病例。

第一个美国疯牛病病例于 2003 年 12 月 25 日得到确认，并被美国农业部（U.S.Department of Agriculture，USDA）称为“偷了圣诞节的牛”。

农业部负责处理这一问题，并向公众传播关于风险的情况。2005年6月，美国第二例发生在得克萨斯州一头12岁本土出生的母牛中。2006年3月，美国第三例在阿拉巴马州一头10岁的母牛中得到证实。基因测试表明，最后一种情况是自发性的，而不是由于喂养被污染的肉骨粉饲料造成的。这是令人欣慰的，因为美国的饲料禁令自1997年以来一直生效。

针对美国第一个病例，美国农业部开始了一个密集检验高风险牛的计划。从2004年6月1日到2006年9月20日，共检验了787711头牛，如前所述，仅发现了两个病例。检验程序非常昂贵，包括去除大脑，并运送到爱荷华州埃姆斯省的国家兽医服务实验室（National Veterinary Services Laboratory），以及脑切片显微镜检查，寻找典型的海绵状病变。2006年，美国改变了检测系统，每年检验约40000头高风险牛。这一级别的检验仍然非常敏感，专为发现疯牛病而设，如果患病比例超过1/1000000将被发现。

传染过程

当被称为朊病毒的传染性蛋白质颗粒接触正常的非传染性朊病毒时，则认为已被感染。当新蛋白质作为细胞功能的正常组分被产生，感染性朊病毒与正常朊病毒相互作用，导致蛋白分子错误折叠。许多有机分子由于被不同的折叠而改变了功能。大脑中错误折叠的朊病毒蛋白的集结导致斑块积累，当在显微镜下检查大脑时，斑块看起来像透明的孔。这种外观正是病变名字的由来：海绵状，因为这些病变看起来像海绵中的孔。

通常预期传染病会发生在其他感染动物的疾病传播到易感染的动物。这个过程是否适用于疯牛病还不清楚，而作为TSE的自发形式，如库鲁，已经在人类中被确认。然而，在英国一个可能的来源是绵羊，因为它们占主导地位，且对肉骨粉的供应贡献巨大。羊会患上一种称为痒病的传染性海绵状脑病，类似于疯牛病。痒病传到牛身上可以适应新宿主。然而，没有证据显示痒病可以直接传染给人类。

美国阻止动物和人类接触行动

由于牛的生产者美国农业部和美国食品和药物管理局（U.S.Food and Drug Administration，FDA）采取的早期行动，美国的牛和人类的危险已经大大降低。自1989年以来，所有来自疯牛病国家的反刍动物和反刍动物产品都被禁止进入美国。

1996年，牛的养殖者实施了自愿禁止反刍动物任何产品的喂养，1997年，美国食品药物管理局使禁令成为一项规定，并开始在饲料加工厂执行。2004年，美国农业部食品安全检验局（USDA Food Safety Inspection Service）开始要求所有30个月以上的牛必须移除特定风险物质。美国食品和药物管理局将饲料禁令扩大到包括从哺乳动物到反刍动物的任何饲料。2008年的一条规定禁止使用未经检验和通过人类消费的整个屠体，除非该牲畜不足30个月或已经将大脑和脊髓除去。美国农业部实施的另一个疯牛病“防火墙”包括无法行走的动物禁令，因为无法行走可能是疯牛病的一个症状。美国农业部禁止任何无法行走的动物作为人类食品供应。

自从vCJD于1996年被首次确认以来，美国仅发现了3个vCJD病例。这3名患者已经在美国境外度过了他们的大部分时光。相比之下，2008年美国有27人死于雷击。因此，将任何疾病都归咎为美国肉类消费的可能性被认为是非常渺小的。

至于变异克雅氏病是否真的归结为疯牛病感染动物的肉类消费，仍然存在一些疑问。与其他传染性疾病不同，无法直接证明一个特定病患食用了被感染的肉导致变异克雅氏病。证据是间接的，但目前被美国疾病控制和预防中心（U.S. Centers for Disease Control and Prevention）称为“强有力的”。最有说服力的试验表明，三只猴子被注入了感染了疯牛病的牛脑组织，产生了类似于人类患病的症状。需要注意的是，在这项研究中的研究者要引起疾病，必须直接注入（而不是饲喂）脑组织（而不是肉）到猴子的中枢神经系统。然而，其他流行病学证据支持了全国变异克雅氏病病例的增加与疯牛病有关。病例的数量和发病时与牛的疯牛病疫情相一致。此外，没有申报疯牛病病例的国家也没有申报任何人类变异克雅氏病病例。

对 30 个月及更年长的被感染的牛进行详细研究已清楚地表明，只有动物的某些部分具有感染性质，包括脑、颅骨、眼睛、三叉神经节、脊髓以及脊柱。除了这些组织，其他的特定风险物质包括所有牛的扁桃体和回肠末端。目前，这些特定风险物质不允许进入食品供应链。这种做法大大降低了任何实际或可能存在的风险。

撰 稿 人：H. Scott Hurd

另请参阅：Centers for Disease Control and Prevention，U.S.；Department of Agriculture，U.S.；Food and Drug Administration，U.S.；Food Safety；Risk Communication，Overview

参考文献

[1] Kehrli M E，JR，O'ROURKE K I，et al.Pathobiology and diagnosis of animal transmissible spongiform encephalopathies: Current knowledge，research gaps，and opportunities（Government white paper）[M]. Beltsville，MD: Interagency Working Group on Prion Science，Subcommittee on Pathobiology and Diagnostics，2007.

[2] U.S. Department of Agriculture，Animal and Plant Health Inspection Service.（n.d.）. Bovine spongiform encephalopathy（BSE）[EB/OL]. www.aphis.usda.gov/newsroom/hot_issues/bse/surveillance/bse_disease_surv.shtml.

[3] U.S. Department of Health and Human Services，Centers for Disease Control and Prevention. BSE（Bovine spongiform encephalopathy，or mad cow disease）[EB/OL]. www.cdc.gov/ncidod/dvrd/bse/.

[4] U.S. Food and Drug Administration，Center for Veterinary Medicine. November 2008 update on feed enforcement activities to limit the spread of BSE（Government white paper）[M]. Rockville，MD:Author，2008.

[5] World Organisation for Animal Health. Geographical distribution of countries that reported BSE confirmed cases since 1989 [EB/OL].www.oie.int/eng/info/en_esbcarte.htm.

Manhattan Project 曼哈顿计划

“曼哈顿计划”（Manhattan Project）是 1942 年由美国军队控制建造第一枚原子弹的战时计划的代号。3 年后，美国在日本广岛和长崎投下了两枚原子弹，造成了毁灭性伤害。这种武器的开发和部署永久性地改变了世界政治动态，并塑造了“冷战”时期的文化焦虑。“曼哈顿计划”在战争期间耗资20亿美元，动员了成千上万工人，建立了作为研究主导形式的大科学以及将物理学置于军工复合体组成的核心部分。在简要概括了该项目的起源和发展后，此条目重点介绍了科学家和军方试图控制此计划工作传播的方式。

原子能研究的战时组织

政府参与核能研究始于1939年10月，当时的金融家亚历山大·萨克斯（Alexander Sachs）说服富兰克林·D.罗斯福（Franklin D.Roosevelt）总统，德国可能正在计划制造原子弹。萨克斯向总统递交了一封由匈牙利物理学家利奥·西拉德（Leo Szilard）起草，爱因斯坦（Albert Einstein）签名的信件。西拉德和他在哥伦比亚大学（Columbia University）的同事证明，当一个铀原子被中子轰击分裂时，会产生更多中子。如果有足够的铀，原则上可能导致一个自持的链式反应，释放出比铀量大得多的能量。研究结果证实了西拉德长期以来担心的铀裂变可以用来制造一个非常强大的炸弹。在给罗斯福的信中他指出，德国已经停止铀的所有销售。罗斯福同意设立铀咨询委员会（Advisory Committee On Uranium），后来被称为Section-1或S-1。该委员会将监督盟军研究核武器制造的可行性和可能性。

到美军1941年年底参战时，S-1负责总预算为30万美元的16个独立研究项目。研究结果表明，铀的同位素铀235和新发现的钚元素可以用作炸弹的主要成分。到1942年6月，生产这两种物质的实验室方法已准备好扩大，以提供制造炸弹所需的数量。该计划当时作为美国陆军工程兵团（Army Crops of Engineers）的一个新管区，完全在军方控制下，在曼哈顿总部第一任主任之后，指定为曼哈顿工程区（Manhattan Engineer District）。

1942年9月，莱斯利·格罗夫斯（Leslie Groves）被任命领导曼哈顿区。格罗夫斯之前的任务是监管五角大楼的建设。他与一些工业承包商合作，在三个独立的地点建立广泛的核研究和生产设施：田纳西州的橡树岭、华盛顿州的汉福德、新墨西哥州的洛斯阿拉莫斯。除研究实验室和世界上最大的工业厂房外，所有三个地点都包括容纳工人及其家属的新城镇。在战争结束之前，橡树岭是7.5万人的家园。

自1943年开始，许多“曼哈顿计划”的科学家迁居到洛斯阿拉莫斯国家实验室（Los Alamos），该实验室由深具感召力的物理学家罗伯特·奥本海默（Robert Oppenheimer）担任主任。在无限资助下，科学家能够为他们遇到的技术难题寻求多种解决方案。因此，他们设计和生产了两种类型的武器——其中一个铀235炸弹被称为“小男孩”（*Little Boy*），另一个钚弹被称为“胖子”（*Fat Man*）。后者于1945年7月16日在阿拉莫戈多“三位一体”（*Trinity*）试验场进行试验，30名科学家在一旁观看。爆炸当量相当于18600吨三硝基甲苯（TNT），几乎比预测的要强大4倍。当奥本海默后来被问及当他看到爆炸的火球想到什么时，他引用了著名的《薄伽梵歌》（*Bhagavad Gita*）中的句子：“现在我成了死神，是世界的毁灭者。”

在三位一体试验发生的同一时间，“小男孩”原子弹被装上开往日本的船。8月6日，未经测试的原子弹在广岛上空引爆。三天后，“胖子”原子弹在长崎上空引爆。当日本投降的消息在几天后抵达美国时，原子弹预示着快速而果断地结束了战争。截至1945年年底，估计有21万人死于这两次爆炸和原子弹释放的辐射。多年之后，不断有人死于辐射遗留的影响。

1946年12月，曼哈顿工程区被终止，其设施和活动被重新分配到新创建的原子能委员会（Atomic Energy Commission）。今天，曼哈顿的五个场所已被指定为历史地标性建筑并成为游客的旅游景点。

与“曼哈顿计划”相关的不同传播文化的讨论可以归纳为四个交叉阶段：1942 年曼哈顿区成立之前，核科学家的早期自我审查；1942 年以后，官方保密和军方实施的划分管制时期；战争结束时，为计划成为公共知识做准备的媒体管理时期；从 1944 年开始，科学家试图重新获得对核政策的控制。

自我审查

在欧洲战争爆发前的几年中，核物理学的发展在科学界迅速传播并在新闻界广泛报道。报纸很快推测出铀裂变可能被用作能量来源，甚至可能导致世界毁灭性的爆炸。然而，一些记者表示许多科学家怀疑裂变在实验室之外没有任何意义。例如，科学服务通讯社向读者保证，对世界被炸毁的恐惧不是来自新科学，而是来自 H.G. 威尔斯（H. G. Wells）等作家的幻想。

当利奥·西拉德在 5 年前第一次描述链式反应原理时，他确实受到了 H.G. 威尔斯的小说《解放全世界》（*The World Set Free*）的启发。从 1939 年 1 月开始，西拉德担心希特勒可能会迫使德国的科学家制造原子弹。他呼吁同事们采取自愿审查制度，以防止新的研究成果透露至德国。有人反对说，公开交流信息是科学的一个核心原则，但许多美国物理学家同意采用这样一种制度，即将文件交给期刊以确定优先权，但与此同时要求推迟出版。期刊编辑也同意这样一个计划，但此计划在 1939 年春天宣告失败，当时法国物理学家弗雷德里克·约里奥–居里（Frédéric Joliot-Curie）在《自然》（*Nature*）期刊上公布了实验结果，表明连锁反应是可能的。

铀咨询委员会不愿意执行对科学出版物的审查。然而，从 1940 年年初开始，一些关键的结果被要求自愿禁止出版，国家研究委员会（National Research Council）在 1940 年 6 月还建立了一个更加正式的制度。有关核裂变的论文现在提交给一个特别委员会。敏感性文章将只在有限数量的研究人员中发布，最终发表时，他们要提交原始交稿日期，以确认作者的优先权。

安全分区制度

当格罗夫斯 1942 年控制曼哈顿地区时，试图强制执行严格的分区政策，分类信息将仅在需要知情的基础上传播。陆军和海军的分类和划分程序已被铀咨询委员会采用，作为说服军方的一种手段，可以将机密交托给平民科学家或工程师。然而，格罗夫斯的功劳在于将程序扩展到一个独特的安全系统，后来成为和平时期安全计划的基础。当原子能委员会接管曼哈顿工程区时，产生了美国唯一限制信息传播的法规，并继续采用同样的安全制度。

在格罗夫斯的安全政策下，严格控制曼哈顿地区的访问。所有居民的通信都被审查，并通过广泛的代码词汇进一步控制语言。科学家在未经高级管理者许可的情况下被禁止与其他地点的同事交谈，但实际上他们经常违反规则。在全面实施区隔化的生产工厂中，诸如修改仪表以提供虚假读数的措施确保了工人们不知道他们正在生产什么。区隔政策意味着，理论上只有十几个人知道计划的各个方面。甚至是一些高级行政官员也不知道该计划的存在。

格罗夫斯还引入了反间谍措施，防止信息传递给德国人和苏联盟国。电话被监听，办公室安装麦克风，并且招聘工作人员秘密监视。军队反情报部门对奥本海默进行特别密切观察，因为怀疑他早先与共产党有联系。1943 年 6 月，一份反间谍报告建议不要批准他在洛斯阿拉莫斯洛杉矶国家实验室担任管理职位。格罗夫斯认为奥本海默的存在是不可或缺的，他行使权力并下令奥本海默被授予安全许可。格罗夫斯对利奥·西拉德不太信任，尽管经过几个月的监视一无所获，但仍然坚持让他继续接受调查。与此同时，理论物理学家克劳斯·福克斯（Klaus Fuchs）却能够将信息传递给苏联，而没有被曼哈顿区的安全机构怀疑。

格罗夫斯认为保密是必要的，不仅是出于安全的原因，也是为了防止科学家因为与目前任务没有直接关系，但却会引起科学家兴趣的其他科学问题分心。然而，科学家们反对这种区隔制度，当对自我审查进行争论时，他们援引思想的自由交流是科学交流的理想状态。他们认为，阻止科学家之间自由交谈会拖延甚至阻碍他们的工作进展。科学家们成功地破坏了格罗夫斯的政策，无论是通过个人的违规行为还是通过更正式的方式，最为显著的是奥本海默为所有曼哈顿的科学家们推出了每周的研究研讨会。战争结束后，奥本海默称，即使没有参与计划的物理学家也已经知道了这件事，但是为了国家安全必须保持沉默。虽然科学家抵制格罗夫斯的安全协定的具体形式，但大多数人都认为一定程度的保密是必要的。

媒体关系

如果格罗夫斯仅希望在区域内限制传播，那么他则期望媒体完全沉默。从 1943 年开始，曼哈顿地区经营自己的审查办公室，监测超过 400 家报纸和杂志以及很多广播电台。1943 年 6 月，第一批备忘录被发送给编辑和广播公司，禁止所有关于原子研究的报道。这份备忘录本身不能提到“曼哈顿计划”或原子弹，所以取而代之的是全面禁止提及诸如铀、原子能或放射性物质等关键词。

然而，由于禁令措辞模糊存在一些违规情况。到 1944 年，格罗夫斯已经记录了 104 条公开提到的项目以及自 1939 年以来的相关主题，包括自审查制度分发以来的 77 条。汉福德和橡树岭存在军事设施已经成为常识。结果，曼哈顿工程区在这两个地点改变了对媒体的态度，任命有经验的报业雇员担任公关人员。编辑们对一系列无害信息和误导性信息感到满意，而这些地点的终极目的仍然是秘密。相比之下，即使克利夫兰出版社（Cleveland Press）的专栏作家杰克·雷柏（Jack Raper）在 1944 年准确地确定了这个实验基地的目的，洛斯阿拉莫斯仍然不被媒体所知。

1945 年春天，随着制造原子弹即将完工，格罗夫斯为计划的公开做准备，授权纽约时报科学记者威廉·劳伦斯（William L. Laurence）广泛访问包括洛斯阿拉莫斯实验室在内的曼哈顿工程区。第二次世界大战前，劳伦斯曾对核物理发展进行过热烈报道。他现在开始为战争部门撰写新闻稿，对这一角色与作为记者的责任之间的冲突没有明显的伦理关系。

“三位一体”测试需要特别谨慎的媒体规划，尽管位置偏僻，但爆炸很可能在一段距离之外可见。此事件中，在距离超过 161 千米（100 英里）的地方观察到了爆炸发出的光。参加测试的劳伦斯预先准备了四篇新闻稿，以涵盖所有的可能性。最严重的一篇报道了灾难性爆炸杀害许多资深科学家。最温和的，也是实际被采用的一篇报道则声称弹药库爆炸。报纸被阻止详细报道事件，至少一名记者被联邦调查局（FBI）的特工约见，劝说她不要进一步追踪这一事件。

广岛爆炸使原子弹的存在大白于天下。早在 1945 年 7 月，曼哈顿工程区就准备了该计划的官方历史，由物理学家亨利·史密斯（Henry Smyth）撰写并在爆炸后出版。战争部（War Department）还通过一系列新闻稿管理该计划的信息，这些稿件在“三位一体”测试之前的两个月由劳伦斯撰写。当“胖子”原子弹被投掷时，劳伦斯当时也在长崎上空的飞机上。他报道说当原子弹被“制造成一个活生生的东西”时，就如雕塑家自豪地创造一般，令人肃然起敬。劳伦斯的描述利用了一个新时代黎明的宗教意象，将在第二次世界大战后的几年内极大地影响着核形象。

战争部设法控制所有来自广岛和长崎的消息。记者们只有在军队护卫陪同下才被允许进入城市，但澳大利亚记者威尔弗雷德·伯切特（Wilfred Burchett）在无人陪同的情况下访问了广岛。他在伦敦《每日快报》（*Daily Express*）的头版报道的“原子能灾难”是关于被轰炸城市放射性疾病的首次报道。因为报道而赢得普利策新闻奖（Pulitzer Prize）的劳伦斯在《纽约时报》（*New York Times*）作出回应，他否认辐射正在杀人并重申官方表态这些报道是日本的宣传，尽管另一名《纽约时报》的记者，同样叫威廉·劳伦斯，恰巧在几天前撰写了一篇放射性疾病的目击者报道。《芝加哥日报》（*Chicago Daily News*）记者乔治·威勒（George Weller），像伯切特一样于1945年9月在无人陪同下偷偷进入长崎。他的4篇关于放射性疾病的报道全部被审查，直到2002年才得以发表。

科学家的行动主义

从1944年夏天开始，一些曼哈顿科学家，特别是那些处于芝加哥冶金实验室，现在西拉德所在位置的科学家，开始关注原子弹如何被使用。他们试图通过组织若干委员会和请愿来影响对日本实施的决定和后来的核政策。随着新闻泄露了新成立临时委员会的建议，他们的担忧日益加剧。核心政治家、管理者和四位核科学家包括奥本海默在内组成的委员会负责制定未来原子能政策的计划。1945年6月1日，临时委员会第一次会议结束，建议在没有警告的情况下尽快将这枚原子弹放在日本的军民混合目标上。

作为回应，由诺贝尔奖（Nobel Laureate）得主詹姆斯·弗兰克（James Franck）担任主席的芝加哥科学家委员会的一份报告阐述了国际管制核武器的情况，并呼吁不对平民使用这种炸弹。报告认为，原子弹应该以公开演示代替沙漠测试，以警告日本人。弗兰克报告于6月11日提交给战争部长亨利·斯廷森（Henry Stimson），但他将其转交给了临时委员会的科学小组，他们不知道日本人已经准备投降了，结果他们认为除了军用原子弹“没有其他可接受的选择方案”。西拉德试图向杜鲁门（Truman）总统周围的各个实验室提出抗议使用原子弹，但还是无济于事。7月17日的版本载入了68位科学家的签名，但格罗夫斯阻止将其转交给总统。

接下来的几年里，人们对美国在日本投掷原子弹的决定进行了激烈的辩论。许多曼哈顿科学家加入芝加哥同事们新成立的原子能科学家联合会（Federation of Atomic Scientists, FAS），争取将原子能研究从军队控制中解脱出来。他们定期在公开会议上发表讲话并为杂志诸如原子能科学家联合会自己的《原子科学家通讯》（*Bulletin of the Atomic Scientists*），撰写有关核军备竞赛的危险的文章。奥本海默成为一位备受瞩目的公众人物，其写道“拥有强大力量的邪恶”。他建议科学家组建一个国际机构来监督核设施的各个方面。西拉德除正在进行的政治努力外，还转向虚构试图将核武器危险带回家的小说。

尽管出现了科学家的行动主义，但分类核武器的研发仍然在洛斯阿拉莫斯和其他地方继续。今天，“曼哈顿计划”通常被引用于呼吁定向的研发计划，例如，“曼哈顿全球变暖计划”或“曼哈顿艾滋病计划”，这个缩写清空了曼哈顿计划可怕后果的历史，并消除了在该项目上工作的科学家的痛苦和困境。

撰稿人：Felicity Mellor

另请参阅：Big Science；Cold War Rhetoric；Nuclear Weapons；Oppenheimer，J. Robert；Teller，Edward

参考文献

[1] HALES P B. Atomic spaces:Living on the Manhattan Project [M]. Urbana, IL:University of Chicago Press, 1997.

[2] HEWLETT R G, ANVDERSON O E. A history of the United States Atomic Energy Commission, Vol. 1: The new world 1939/1946 [M]. University Park: Pennsylvania University Press, 1962.

[3] HUGHES J. The Manhattan Project [M]. London:Icon Books, 2003.

[4] KEEVER B A D. Top secret:Censoring the first rough drafts of atomic-bomb history [J]. Media History, 2008, 14 (2):185-204.

[5] RHODES R. The making of the atomic bomb [M]. London:Simon & Schuster, 1986.

Maverick Science and Journalism 特立独行的科学与新闻

记者如何将科学家之间的争议问题的本质传播给受众呢？新闻的功能主要是一种翻译吗？即记者可否试图用一种对普通公众来说更简单的术语来反映一个科学争议？记者们的一个普遍观点是他们“仅报道事实”？还是新闻的功能不仅是转换？即记者对准确代表科学观点的平衡性关注很少，而对可能提高科学争议的新闻价值标准关注更多？后一个新闻功能将科学争议转化为更有新闻价值的报道，对一般观众来说是有趣的，因为当科学在故事中扮演重要角色时，这种描述可能特别容易夸大或被轻视。

通过撰写用于广播和印刷的报道，记者将有关各种问题的信息传播给观众、听众和读者。基于科学和技术的问题经常引起有趣的报道，因为科学和创新的重要结果往往是无法预料的、间接的和不可取的。这些报道通常也涉及创新、新思路、过程或技术，在许多方面定义了人类的进步。

风险传播

风险传播用于告知个体危害的存在、性质、严重性或可接受性。对于任何科学或技术问题，暴露于有关风险的大众媒体信息，连同个人经历和人际传播，可能导致个体对私人和公共风险（以及行为结果）的感知，作为一系列信息和影响暗示的结果。大众媒体是这一过程的核心，因为它们无所不在，并且能够在很大程度上通过认知和框架效应影响受众。媒体在风险传播中发挥作用的一个例子是疫苗接种可能引发儿童自闭症的报道。对来自英国和美国的279篇报纸文章的内容进行分析，研究员克里斯托弗·克拉克（Christopher Clarke）发现两国记者在帮助读者解读事件时所使用的框架存在很大差别。虽然许多文章包含记者试图平衡关于疫苗接种是否会引起自闭症的观点，但许多其他文章没有包含这种平衡。在这种情况下，尽管科学研究在两个国家形成了共同的阶段性成果，但是报纸读者可能会对疫苗安全性形成不同的理解，这取决于他们所在的国家。

一些因素使涉及风险问题的大众传播变得复杂。大众媒体有时会扭曲与个人有关的各种风险。对于他们来说，科学家有时会在确定研究结果的可靠性之前就寻求发表。结果，根据其他科学发现来解释的时候，往往是矛盾的。受众可能会对基于科学或技术的信息产生偏见。根据艾伦・马祖尔（Allan Mazur）的研究，大众媒体对科学争议报道的增加与对这些问题持负面看法的公众比例的增加呈正相关。此外，公众在区分风险严重性方面做得不好，而且由于检测技术更加灵敏，越来越多的小型风险被公布。

对于记者来说，嵌入风险和不确定性问题使得其写出具有更高新闻价值的报道。它们对大多数人来说更直观有趣。咖啡、胆固醇、生物技术、水力发电水坝、氡气等对报道来说看似平淡的话题，因为提高风险或不确定性会变得更加有趣。发行量最大的报纸、杂志和谈话电视节目主要通过涉及个人或公共风险故事的煽情而受到欢迎。事实上，科学家和技术专家之间的争议以及概率的性质有时会鼓励新闻记者“玩”故事，并撰写半开玩笑的报道。传媒机构也可以直接倡导少数人的科学观点，这被科学界认为是不负责任的新闻。

科学范式及其传播

科学知识的积累不仅通过检验假设和发现客观事实，而且通过社会影响。当足够庞大的科学家群体认为理解研究现象的某种方式最有可能通过实证检验来证实，信息就变成了科学事实。范式（广义的理论假设）是社会建构论，因为信任维系在一起，同样因为怀疑而被抛弃和推翻。一个对范式构成威胁的相反论据被范式支持者强烈抵制，这些支持者从维护范式观点中获得声望、可信度和一致性。

因此，科学具有基于经验证据和代替证据的理论说服力。科学界和学科的历史可以被看作是科学家偶然智力发挥作用的印记，他们当时持有的少数观点与大多数在相关领域工作的科学家的信仰相矛盾。大多数科学家将努力通过智力和个人反击（如信誉）来压制少数观点的科学家。

记者接受的培训是，依靠科学权威人士进行解释，并将与科学话题有关的适当程度风险与公众联系起来。记者也同样接受不相信权威的培训。当记者提出与消息来源完全不同的意见时会发生什么？传统的新闻解决方法是相互之间画引号，让专家为科学话语权“决一胜负”。科学家除了拥有公正无私的公众形象，还可以充满激情和有力地倡导自己的观点，同时批评竞争科学家的工作。威廉・查克（William Check）将这种记者的平衡趋势称为“政治模式报道”，记者试图以民主和平等的方式呈现事件的各方观点。如果没有确认科学事实的方法，记者会呈现双方观点并让受众自己做选择。

新闻规范与规则

正如美国国家研究委员会（U.S.National Research Council）对于风险传播问题的报告得出的结论，记者经常寻求描绘最极端冲突的权威性立场。在美国等国家，由于新闻的客观性规范，记者被教导要对比权威专家之间的不同观点，这要求记者不偏不倚地收集信息，并以准确地反映新闻来源的方式撰写基于该信息的报道。在新闻编辑室，客观性规范是通过运用新闻规则，例如，平等空间规则，平等准入规则和获取报道另一方规则来实现的。记者通过运用这些规则试图准确地反映一个科学争议，平衡了相互对立的权威人士的观点，试图呈现一个“客观”的事件。因此，涉及风险的事件可能经常使受众处于一个相当不确定的状态，他们是否应该以及在何种程度上担心某种风险或采取预防措施。

为了达到客观性的报道，记者应该做什么？他们使用相互冲突的权威立场，或者当不能快速找到相冲突的技术来源时，他们默认“普通老百姓”为新闻来源，为他们的报道提供平衡性。例如，在写一篇关于龙卷风可能性的报道时，他们会将一个大气科学家或一个气象学家的警告与一个对威胁一笑了之的女人或一个说他对此事没有时间的男人进行平衡。结果呢？在读者的解释中，科学风险被有效地抵消了，正如像你一样的人正在用自己的经验来判断即将来临的威胁是不可能的。科学家表现得不知所措，外行人却很明智。当存在一个降低其风险接触的简单、方便和成本中等的选择时，他们可能会采用它，正如在超市购物时决定选择黄瓜，而不是可能携带沙门氏菌的西红柿。但是，在没有这样的选择的情况下，我们大多数人会采取与事件方式一致的保守行为方式。

特立独行的科学案例

基于科学或技术的事件的平衡报道并不总是可取的。在政治模式报道中，记者依靠相互竞争的权威人士来传播与事件有关的风险，可能特别不适合向一般受众传播尚未得到科学家广泛支持的科学理论。特立独行的科学是只被一个或少数几个科学家认为可信的非正统的科学理论；特立独行者是非正统科学理论的直言不讳的支持者。他们通常得不到成百个，有时是上千个具有相关专业知识科学家的信任。一个没有人相信的科学理论被科学界忽视，因为它不太可能得到实践证据的支持。怀疑不是捏造理论或使其验证无法实现，但怀疑对记者来说，暗示着大多数科学家认为这个理论极不可能得到支持。对于重视客观性专业规范的记者来说，有必要将特立独行者的观点与绝大多数人的观点进行平衡。关于特立独行的科学事件中的新闻“平衡”本身可以是一种偏见；记者可能无意中对特立独行者的观点给予信任，有时会是过度的信任。

有时，在关于特立独行的理论的新闻报道中引用非专业人士（一个家庭男主人表示对微波辐射的关心），可以将特立独行者的想法作为自己的想法，使该理论看起来对非科学家受众来说更加可信和可靠。记者简单引用关于特立独行理论的免责声明或来自代表相关科学机构权威人士的确认，实际上可能只是打断这些事件，而并不是在事件语境下反驳特立独行者。

大众传媒的受众可能也倾向于同情特立独行的科学家，甚至引以为傲。平衡和冲突事件的结果，往往类似于“大卫和歌利亚”（David and Goliath）的斗争，一个看似聪明独立的科学家抵制一个顽固保守的科学机构，其代表主观地攻击个人的可信性和创造力。由于美国非常重视个性特征，美国大众媒体的受众成员倾向于“支持弱者”，并暂停他们的怀疑。作为一个特立独行者，在不同想法之间做出不寻常的联想以及做出意想不到事情的本质是一个美国企业家的珍贵特质。

特立独行理论可能最终被证明是正确的，或者至少可以说服一大批重要的科学家，这个理论优于主导理论，代表了托马斯·库恩（Thomas Kuhn）所谓的“范式转变或科学革命”的开始。但是革命理论的可能性总是微小的。每个案例都是一个阿尔弗雷德·魏格纳（Alfred Wegener）（德国气象学家，在20世纪20年代被嘲笑，直到1930年去世之后，他在1915年提出的大陆漂移理论才慢慢被普遍接受），很多特立独行的理论并没有被认可。

根据大多数科学信仰构建的文章对记者来说是一个很好的策略，并且更重要，因为风险的科学评估与同样风险的公共评估之间存在着广泛的差异。专家通常根据存在的危险程度狭义地确定风险。一些公众可能会以个人的恐惧或愤怒程度，以及对经济、社会和政治因素的反应来确定风险。与科学家不同，一般公众往往把科学和迷信结合在一起，几乎没有明显的矛盾。因此，对于公众来说，相信一个特立独行者和一个非常不可能的理论，是一个比较简单的决定，只要特立独行者被认为是可信的。而可信性正是媒体报道归因于特立独行者和其想法。

娱乐、新闻及风险

记者有时候表现的另一个变革性功能就是对特立独行者及其特立独行理论进行半开玩笑的报道。并非所有的新闻事件都是认真的。特立独行者的个人特征和颠覆性倾向对记者和编辑来说具有相当的吸引力。几乎可以肯定，特立独行是有新闻价值的。在撰写这些报道时，记者假设受众会意识到许多事件的隐含信息，有争议的特立独行者有一些非常不寻常的想法，尽管不可靠，但仍然有新闻价值。特立独行的个性，特立独行者一意孤行，有相当科学机构的怀疑——所有这些条件都显示了新闻价值，新闻记者撰写文章是为了娱乐而不是告知。随着新闻预算的下降以及媒体组织中新闻部门与娱乐部门的界限模糊，可以预期对特立独行科学家的关注会越来越多。

实际上，准确地判断风险——记者认为受众有能力去区分什么可能、什么不可能的假定可能会被质疑。一项调查表明，那些报道特立独行者及其观点的记者本身对特立独行者持怀疑态度，并不相信他们的理论。但他们仍然通过运用标准的新闻规范和规则撰写出特立独行理论的平衡报道。这样一来，新闻平衡可能会在对科学状态误解的情况下变成偏见。

撰 稿 人：James W. Dearing

另请参阅：Rhetoric of Science；Risk Communication，Overview；Scientific Consensus；Scientific Method

参考文献

[1] CHECK W A. Beyond the political model of reporting：Nonspecific symptoms in media communication about AIDS [J]. Review of Infectious Diseases，1987，9（5）：987–1000.

[2] CLARKE C E. A question of balance：The autism-vaccine controversy in the British and American elite press [J]. Science Communication，2008，30（1）：77–107.

[3] COVELLO V T，WINTERFELDT D，SLOVIC P. Communicating scientific information about health and environmental risks：Problems and opportunities from a social and behavioral perspective [M]//J C DAVIES，V T COVELLO，F W ALLEN（Eds.）.Risk communication. Washington，DC：The Conservation Foundation，1987：108–134.

[4] DEARING J W. Newspaper coverage of maverick science：Creating controversy through balancing [J]. Public Understanding of Science，1995，4：341–361.

[5] DUNWOODY S，NEUWIRTH K. Coming to terms with the impact of communication on scientific and technological risk judgments [M]//L WILKINS，P PATTERSON（Eds.）.Risky business：Communicating issues of science，risk，and public policy. New York：Greenwood Press，1991：11–30.

[6] KUHN T. The structure of scientific revolutions [M]. Chicago：University of Chicago Press，1962.

[7] MAZUR A. Media coverage and public opinion on scientific controversies [J]. Journal of Communication，1981，31：106–115.

[8] MERTON R K. Social theory and social structure [M]. New York：Free Press，1968.

[9] National Research Council. Improving risk communication [M]. Washington, DC: National AcademyPress, 1989.

[10] PLOUGH A, KRIMSKY S. The emergence of risk communication studies: Social and political context [J]. Science, Technology, & Human Values, 1987, 12 (3–4): 4–10.

McClintock, Barbara 芭芭拉 · 麦克林托克

芭芭拉 · 麦克林托克（Barbara McClintock，1902—1992）是一位细胞遗传学家，她以在玉米基因中发现了转座子（一个衍生自“转位”的术语）而闻名。1983 年，她是第一位独立获得诺贝尔生理学或医学奖（Nobel Prize in Physiology or Medicine）的女性。她在遗传学领域的工作，如今在遗传学、细胞学和分子生物学的研究中仍然具有重要意义。她是面对同行或公众的不认可和性别歧视而坚持不懈的人，其成功为科学传播者提供了一个重要教训，最重要的发现并不总是被最快认可，也不是最明显的，即使是在现在也同样如此。

早期生活和大学

芭芭拉 · 麦克林托克出生在康涅狄格州哈特福德，父亲托马斯 · 麦克林托克（Thomas McClintock）是一名医生，母亲萨拉 · 麦克林托克（Sara McClintock）是一位钢琴家、诗人和画家。父母让她遵循自己的兴趣，而不是对她施加严格的管制，甚至允许她离开学校，如果她想做其他事情。这在很大程度上塑造了她成人后的性格，她追求所爱仅是因为喜欢而已。

麦克林托克想上大学，尽管她的母亲在当时是一个相当开明、有教养的女子，起初还是持反对意见。萨拉已经说服了芭芭拉的姐姐马乔（Marjorie）和米尼翁（Mignon），不要去上大学，尽管马乔获得了瓦萨大学（Vassar）的奖学金。最后，在芭芭拉连续工作 6 个月并且晚上还进行自学之后，她的母亲作出让步，同意她去美国康奈尔大学（Cornell University）。

麦克林托克在康奈尔大学不断成长，并在那里继续研究生学习，1927 年获得了植物学和遗传学博士学位。直到 1932 年离开康奈尔大学，她一直担任研究助理和植物学教师。

然而，她在研究生院获得学位并不容易，并非没有遇到任何问题。她最初被告知，因为她是一名女性不能报名学习遗传学。但是女性被允许在植物学系学习，所以她注册就读细胞学（细胞研究），同时增加了植物育种系的课程，将这两个兴趣领域相结合。1931 年，麦克林托克和她的同学哈丽特 · 克莱顿（Harriet Creighton）联合发表了一篇题为《玉米属中细胞学和遗传学交叉的相关性》（*A Correlation of Cytological and Genetical Crossing-over in Zea Mays*）的论文。这篇论文可以在《动态基因组》（*The Dynamic Genome*）中找到，由尼娜 · 费多罗夫（Nina Fedoroff）和大卫 · 博特斯坦（David Botstein）编辑。

通过使用约翰 · 贝林（John Belling）研发的新的染色技术，麦克林托克能够通过长度、图案和形状来描述玉米染色体的特征。她继续进行实验和发表文章，巩固了已经发现的细胞学和遗传学之间的联系。然而，到40多岁时，麦克林托克的观点被一些科学家认为太过新奇和激进而被忽视，并且她密集而复杂的写作风格使她的文章难以阅读。

1939年，她当选为美国遗传学会（Genetics Society of America）副主席，1944年，成为美国国家科学院（National Academy of Sciences）院士，并于1945年担任遗传学会（Genetics Society）主席。

发现转座

麦克林托克于1941年搬到纽约冷泉港，在华盛顿卡内基研究所（Carnegie Institution of Washington）遗传学部门的资助下，在那里种植玉米，继续进行实验。她的研究基本上不受战时计划影响，工作一如既往地继续。事实上，其他战时问题，如天然气短缺和食物限量供应，据说在这一时期除工作之外，在冷泉港几乎什么也没有。

她在冷泉港的农作物成果使她发现了“转座”的概念。以前，人们认为染色体元素被固定在某个地方，就像一根绳子上的珠子，但麦克林托克发现，它们可以移动到新的位置。她注意到在植物的核和叶子上有一些其他人没有考虑到的奇怪图案和色彩斑点，发现了基因之间的控制和调节系统。她重复了6年多的实验，以确定她的结果，然后撰写了一篇关于转座遗传因子的简短论文，题为《玉米中的基因行为起源》（*The Origin of Behaviour of Mutable Loci in Maize*），发表在《美国国家科学院学报》（*Proceedings of the National Academy of Sciences*）上。她试图在夏季的冷泉港研讨会上提交论文，但遭到了沉默和误解。1956年，她试图再次进行阐释，但直到现在她的工作也难被其他人理解。

1960年，研究人员雅克·莫诺（Jacques Monod）和弗朗索瓦·雅各布（Francois Jacob）创建了一个基因调控分子机制的模型。他们提出，蛋白质合成是由一个操纵基因和一个调节基因调控的，而不是由以前曾经认为的结构基因本身调控。麦克林托克对这项新成果和她自己成果的相似之处感到高兴，因为现在科学界肯定能够理解麦克林托克关于玉米的工作。但是，尽管发表了关于这个主题的另一篇论文，她仍然不能使人们充分了解或理解“转座”。

1960年冷泉港研讨会是麦克林托克为了得到同行理解的最后一次尝试。她感到孤立，而且年轻的分子生物学家的想法变得越来越成功。尽管如此，她继续工作，坚信自己是正确的。她在1967年获得了金伯遗传学奖（Kimber Genetics），并在1970年获得国家科学奖（National Medal of Science）。

认可与诺贝尔奖

到1976年，细菌中的转座因子（称为转座子或“跳跃基因”）已经有很多文献记载，但还没有得出匹配麦克林托克对玉米转座因子研究的结论。然后，在1976年关于DNA插入因子、质粒和附加体的冷泉港会议上，其他研究者终于提到了细菌和玉米之间的相似之处。20世纪70年代后期和80年代初期的科学家终于认识到“跳跃基因”的重要性。

1981年，在70多岁时，麦克林托克获得了八项殊荣，包括一些金钱奖励。接下来，1983年10月10日，她因为30年前的研究发现，获得了诺贝尔生理学或医学奖。

尽管年事已高，她仍然继续从事玉米科研工作，直到1992年9月2日去世，享年90岁。麦克林托克的工作与今天的研究仍然有关，科学家仍在从她的转座子发现中学习。她还因为虽然面对性别歧视却取得重大成就而被认为是女性科学家的楷模。

撰 稿 人：Jessica Nash

另请参阅：Gene; Gene Patenting; Gene Therapy

参考文献

[1] FERDOROFF N, BOTSTEIN D. The dynamic genome: Barbara McClintock's ideas in the century of genetics [M]. Cold Spring Harbor, NY: Cold Spring Harbor Laboratory Press, 1992.

[2] FOX KELLER E. A feeling for the organism: The life and work of Barbara McClintock [M]. New York: W. H. Freeman, 1983.

[3] FOX KELLER E. The century of the gene [M]. Cambridge, MA: Harvard University Press, 2000.

[4] HEILIGMAN D. Barbara McClintock: Alone in her field [M]. New York: W. H. Freeman, 1994.

[5] MCCLINTOCK B. Barbara McClintock–Autobiography [EB/OL]. [2009-05-10]. http://nobelprize.org/nobel_prizes/medicine/laureates/1983/mcclintock-autobio.html.

[6] WATSON J D. A passion for DNA [M]. Oxford, UK: Oxford University Press, 2000.

Mead, Margaret 玛格丽特·米德

玛格丽特·米德（Margaret Mead，1901—1978）是20世纪著名的文化人类学家和科学普及者之一。她是一位备受争议的公共知识分子，其将原始社会的理论应用于当代文化，影响着包括女性主义和环境主义在内的渐进社会运动。

科学研究学者雷·古德尔（Rae Goodell）称玛格丽特为人民的人类学家，并在《公众科学家》（*Visible Scientists*）中将她描述为美国研究团体的一员，其中包括卡尔·萨根（Carl Sagan）和莱纳斯·鲍林（Linus Pauling），他们在20世纪中期为广大受众普及和解读科学问题。

1901年12月16日，米德出生于宾夕法尼亚州费城的一个学术家庭，她是家中长女，父亲是经济学教授，母亲曾是社会学家。她考入迪堡大学（Depauw University），一年后转到巴纳德学院（Barnard College），1923年获得硕士学位。

1929年，米德通过对波利尼西亚文化稳定性的研究，获得哥伦比亚大学（Columbia University）博士学位。她师从弗兰茨·博阿斯（Franz Boas），一位将人类学建立成一门科学的关键人物。这位老师作为哥伦比亚大学人类学系主任，他对米德的工作影响最大，与此同时，她还与有较大影响力的人类学家鲁思·本尼迪克特（Ruth Benedict）合作。

《萨摩亚人的成年》

米德的研究重点是太平洋岛屿文化的人种学，她的研究考察主题包括儿童抚养、青春期、性行为、性别角色和两代人之间的冲突等。她的工作是将这些问题与现代美国社会进行比较，引起了公众的共鸣。她认为，人类学特别适合普及和广泛的媒体报道，因为它侧重于公众。

她的第一本书《萨摩亚人的成年》（*Coming of Age in Samoa*）介绍了1925—1926年她在美属萨摩亚塔乌岛上与当地人一起工作的田间考察结果。这是一本畅销书，被翻译成多种语言并加印数十版。它将她和她的科学专业提升成为公众意识。从它对萨摩亚年轻女孩的分析我们发现，青春期是平稳过渡时期，没有美国青少年中常见的情绪或心理危机。萨摩亚女孩也更趋于性解放。

这本书清新易读的风格促成了其广泛流行（米德本打算写给教师的）。这也是她对人类学的一个最初贡献，因为她从文化决定论的角度解释了她的数据，其中个体的性格和价值观在很大程度上是由文化塑造的，而不是生物学，这是当时人类学的普遍观点。米德还修订了原稿的介绍和结论，并补充了两章，讨论这一发现对美国儿童抚养的影响。

米德开创了文化人类学领域，这一领域关注人类文化的历史和发展。她的文化决定论思想传播到其他学科，包括文学、历史学、心理学和社会学。

她经常从她用来写作畅销书的同样研究中发表技术作品：除了《萨摩亚人的成年》，她还写了一篇萨摩亚文化的学术报告《马努阿的社会组织》（*The Social Organization of Manua*）。她的 44 部著作中有超过 20 部面向普通读者，1970 年，她因所做的科学普及工作被授予教科文组织（UNESCO）卡林加奖（Kalinga Prize）。

她的第二部针对大众读者的书《新几内亚儿童的成长》（*Growing Up in New Guinea*），确定了她作品的流行散文风格，评论家将其比作文学叙事，而不是传统的学术报告。这本书是基于她对马努斯 (Manua) 的研究，当时是阿德默勒尔蒂群岛，现在是巴布亚新几内亚的一部分。

米德是第一位从跨文化角度研究幼儿抚养和妇女的人类学家。总体而言，她进行了 20 多次重大考察，开创了收集人类学数据并使用影像来记录访问情况的方法。在巴厘岛，她拍摄了 3 万多张照片。她促使了她所研究的许多文化语言工作内容的发展。她还对北美原著文化进行了第一手分析。

有争议的研究

米德的田野调查受到其他人类学家的批评，他们认为她的研究过于主观，她选择了主体来支持她的假设，她的写作风格轻率、印象主义且主观，她专注于性行为以增加读者群，而原始社会和现代社会之间的比较使她的人类学专业知识超越了局限。

其中最尖锐的批评家是澳大利亚人类学家德里克 · 弗里曼（Derek Freeman），他在《玛格丽特 · 米德与萨摩亚——一个人类学神话的形成与破灭》（*Margaret Mead and Samoa: The Making and Unmaking of an Anthropological Myth*）和《玛格丽特 · 米德命运的恶作剧》（*The Fateful Hoaxing of Margaret Mead*）中，对米德在萨摩亚的研究提出了质疑。他认为，年轻的被调查者故意误导了米德，还有米德并没有充分处理人类行为的生物学界限。米德和弗里曼的对立一直持续直到她去世，但争论在人类学中尚未达成共识。

她的学术职务和荣誉反映了她在科学界的地位。1954 年，她成为哥伦比亚大学的兼职教授，并于 1968—1970 年在福特汉姆大学（Fordham University）担任社会科学系主任和人类学教授。她是自弗朗茨 · 博厄斯（Franz Boas）以来，担任美国科学促进协会（American Association for the Advancement of Science）会长的第二位女性和第一位人类学家。此外，她还在哥伦比亚大学、瓦萨学院（Vassar University）和纽约大学授课。她曾两次拒绝在哥伦比亚大学担任全职终身教授。

美国自然史博物馆

米德毕生都与纽约的美国自然史博物馆（American Museum of Natural History）联系在一起，她在那个建筑物顶层的一系列房间里工作，并使用英国制作的高脚杖，这成了她的特征（她的踝关节数次骨折）。1926 年任助理馆长，1964 年任副馆长，1969 年任名誉馆长。博物馆给了她一个可以普及人类学的职位。该博物馆于 1984 年开放了太平洋人民的玛格丽特 · 米德展厅，展出了大约 1500 件文物。

除了研究、教学和馆长工作，米德还参加了围绕社会问题的公开辩论。她不断扩大自己的专业知识范围，包括女性性行为、种族关系、人口控制、暴力、毒品、性行为、酗酒、教派、公民自由、环境恶化和核扩散等紧迫的社会问题。她认为目前关注的是一个人类学家的合法研究领域。

她的《三个原始部落的性别与气质》（*Sex and Temperament in Three Primitive Societies*）成为一部有影响力的妇女解放运动文献。书中记录了她在巴布亚新几内亚的塞皮克地区进行了为期两年的田野调查，她研究了男性和女性之间的气质差异在多大程度上是天生的，又在多大程度上是由文化决定的。她将所分析的文化与当时美国的性别预期对比，发现了不同的性别行为模式：如德昌布利（Tchambuli，现改为 Chambri），男人在感情上依赖于占主导地位的女性。

第二次世界大战期间，她作为美国政府的人类学家研究饮食习惯问题。在这个时候，她撰写了她第一本关于美国文化的书《保持你的火药干燥》（*And Keep Your Powder Dry*），其中研究了美国人的文化特征和态度，帮助国家应对战时挑战。

古德尔指出，米德了解新闻媒体的组织惯例和要求，对记者来说是一个非常有价值的消息来源，因为她有措辞天赋且倾向于避免经常降低科学家公开评论影响力的修饰词和免责声明。

1973 年，米德当选为美国国家科学院（National Academy of Sciences）院士。她获得了 28 个荣誉学位和 40 项杰出科学和公民奖，其中包括维京人类学奖章。她曾被授予总统自由勋章。

玛格丽特 · 米德论文和南太平洋民族志档案展在美国国会图书馆（U.S. Library of Congress）华盛顿特区举办，包含了超过 50 万件展品，重点展示了米德的手稿、信件、田野笔记、日记、图纸、照片和广播录音等藏品。

米德写了一部自传《黑梅果之冬：我的早年岁月》（*The Margaret Mead Papers and South Pacific Ethnographic Archives*，1972 年），记录了她从出生到第二次世界大战初期的生活。她结过三次婚：分别与罗塞 · 克里斯曼（Luther Cressman）、里欧 · 福群（Reo Fortune）和格列高里 · 贝特森（Gregory Bateson），并与贝特森有一个女儿玛丽 · 凯瑟琳（Mary Catherine）。1978 年 11 月 15 日，玛格丽特 · 米德因癌症在纽约辞世。

撰 稿 人：Declan Fahy

另请参阅：Visible Scientist

参考文献

[1] FREEMAN D. Margaret Mead and Samoa：The making and unmaking of an anthropological myth [M]. Cambridge，MA：Harvard University Press，1983.

[2] FREEMAN D.The fateful hoaxing of Margaret Mead：A historical analysis of her Samoan research [M]. New York：Basic Books，1998.

[3] GOODELL R. The visible scientists [M]. Boston：Little，Brown，1975.

[4] MEAD M. Coming of age in Samoa：A psychological study of primitive youth for Western civilization [M]. New York：William Morrow，1928.

[5] MEAD M. Growing up in New Guinea：A comparative study of primitive education [M]. New York：William Morrow，1930.

[6] MEAD M. The social organization of Manua [M]. Honolulu, HI: Bernice P. Bishop Museum, 1930.
[7] MEAD M. Sex and temperament in three primitive societies [M]. New York: William Morrow, 1935.
[8] MEAD M. And keep your powder dry: An anthropologist looks at America [M]. New York: William Morrow, 1943.
[9] MEAD M. Blackberry winter: My earlier years [M]. New York: William Morrow, 1972.

Media Convergence 媒介融合

在技术意义上，媒介融合是关于集成和互操作性，通过“智能”平台应用和设备交付的计算网络，信息和通信技术以及固有适应性的数字形式的信息。促进媒介融合的过程也是塑造社会实践和文化价值的过程，我们生产和消费数字媒体传播科学和政治、体育等的方式正在发生变化。人们曾经有机会通过各种“传统”传播渠道整理和过滤科学信息，现在数字技术也在这方面发挥了重要作用。

从终端用户角度来看，包括消费者和贡献者——媒介融合包含对多流（在这个例子里）科学内容进行编码和解码的数字技术。这涉及将链接和聚合文本、静止图像、移动图片、数字模拟、声音、音乐或其他任何组合发送到终端用户选择的一个或多个设备和平台，诸如移动电话或个人数字助理。这些媒介可以通过用户选择设备上指定的与用户个人资料匹配的反馈“自动”定制和消费；更改您的个人资料，并重新安排要下载的内容或重新排列您收到的聚合内容。

本词条介绍了当前的媒介融合景象，特别侧重于传播科学的意义。其中有两个值得铭记的注意事项。第一，所选案例说明了一些数字媒体对科学的实现潜力，但也是持续的潜力。这些选择必然数量较少，并在这里通过非融合媒介、印刷或电子书进行描述。第二，试图描绘一个在技术、社会、经济、政治、法律和文化方面快速发展的景象。讨论媒介融合的任何词条都不能声称是未来的证明，但希望这将为那些第一次面对这些问题的人提供有用的介绍。

本着信息时代的精神，读者应该用自己的学术能力去寻找更多媒体融合的案例，也许将它们应用于随后的学术背景（艺术、人文、社会科学或自然科学）或实际应用领域（作为实践型科学家、媒体专业人员、科学传播学生或感兴趣的公民）中。

在大众媒体中表达科学

报纸或杂志将如何呈现一个科学报道？如何在电视或电台播放科学问题？这些在过去至少相对来说是有简单答案的问题。例如，报纸中的科学涉及某人投递或从报摊购买的印刷品。这些印刷品具有相当标准化的形式，包括新闻、评论、社论、特写、信函、卡通和讣告等。科学新闻不得不在这些印刷媒介上与政治、经济和体育竞争版面，迄今为止科学新闻独立明确。

随着数字技术和媒介融合的引入，并未改变全部情况。科学事件仍然出现在印刷报纸上，现在它们虽然仍然需要竞争版面，但它们也在全天候滚动新闻媒介形势下在多平台融合新闻编辑室为时间和空间而竞争。现在许多报纸的网络版常常按照一贯的方式制作文字和图片，但也通过音频、照片廊、动态图像、计算机模拟和图形、网络测验和词汇表的形式提供额外的内容，链接到其他选定和推荐的网页、网站等。某人曾经读报纸翻页，现在可以“选择并点击”，他们还可以观看、收听、订阅摘要，甚至做出贡献——例如，通过评论一篇文章，并常规地选择内容直接下载到他们选择的设备上。因此，科学传播研究者不是在谈论的消费者，而是媒体的科学用户，这并不奇怪。同样，作为一名媒体专业人员意味着什么？这一概念正在被重新考虑，可能需要额外的技能去制作多种形式的数字科学内容。

与此类似，现在有更多机会在“数字广播”（更精确地称作多平台音频）上收听广泛的体裁——例如，通过网络台式计算机、数字电视、数字广播以及播客订阅或下载到用户所选设备。这些趋势中至少有一些是多功能的，并且可以选择附加的网络内容，现在可以同时收听、“阅读”和“观看”广播节目。你甚至可以选择制作自己的科学主题播客，追随许多业余广播爱好者的惯常脚步，并通过博客、短信和电话实时为广播做贡献。

同时，数字电视引入了从“播放”到电视机和借助网络的附加数字专用频道，而“回放”措施可以让观众突破频道时间表的限制。正如詹姆斯·贝内特（James Bennett）所说，数字电视最有趣的发展或许是能够挑选额外的点播内容。虽然目前范围有限，但这些发展有可能改变我们在电视上观看科学的方式。

媒介融合对科学意味着什么

媒体这一词语对科学来说一直是多元的——自古以来，科学信息就被谈论、绘制和撰写。没有媒体，科学将无法存在。正如斯科特·蒙哥马利（Scott Montgomery）所指出的，当科学信息通过翻译更加可用，印刷和传播不需要抄写员时，也正是我们现在所说的现代科学开始蓬勃发展的时刻，这并不是巧合（当然，其他因素在现代科学发展中也很重要）。最近，引进数字技术的科学媒体数量有所增长。那么，发生了什么变化？

在某些方面，融合包括并非不同于它们对应的非融合媒介形式：这些媒介形式的设备主机通常提供相当标准的计算设备，如能够在给定设备上或网络上搜索数字存储（在内）的内容。融合意味着现在可以通过多个设备和应用程序存储、检索、过滤、共享和聚合相同的数字内容。它也能够以多种形式呈现，例如，相同的文本可以被打印，呈现为一系列链接网页，或将“屏幕阅读”变成口头陈述。所有这一切在点击鼠标时发生。以前某人可能需要多个设备来传播科学，现在他们能够依靠一个或至少比以前少得多的设备来生存，甚至他们可以在使用无线时“移动”，通过使用一个相当标准的网络化台式计算机启动或停止设备。

这些发展需要以多种形式获得相同内容的技术解决方案，尽管大多数技术对最终用户来说仍然是“黑盒子”。但是，用户确实需要适应它们传播科学的方式，需要一定程度的信息素养（和再充实技能的能力）和购买促进媒体融合的设备的愿望。事实上，某些设备的精心推广和文化崇拜是媒体融合越来越受欢迎的两个原因，确保了一个连续市场升级到最新模式。

这种经济现实通过社会实践和发展文化规范得到加强。例如，在信息时代发生以下情况会非常没面子：在任何时间内脱离电子联系；没有足够数量的在线“朋友”，并知道他们的位置和他们在做什么；无法知道一个人的精确位置和如何到达你的下一个目标；在重要新闻（全球或国内，体育场或其他方面）的最新进展方面成为局外人；缺乏在一瞬间拍摄和分发数字图片的能力。而所有这一切可以通过同一个网络设备来完成。

整合媒体，改变做法

许多媒体专业人员、科学家、其他利益相关者以及公民遵循的通过数字媒体生产、消费、共享、互动和创造科学形象的方式也在不断发展。例如，促进融合的媒体正在改变至少一些科学家与同行一起研究和交流科学的方式，以及这种科学信息如何在公共领域中分发和共享。这样的发展需要“公共”网络，因特网、“私人”网络、内域网、SMS（用于文本消息收发的短消息服务）、文件传输站点或其他受密码保护的网站。

因此，科学家现在可以使用相同的设备或通过在不同地点工作的科学家团队协调的一系列设备或“现场”远程工作进行数据的收集、分析和输出。或者，他们可以在距数据收集点一定距离的地方工作，从远程传感器、望远镜等访问、共享和分析数据。

同时，斯特凡诺·科齐尼（Stefano Cozzini）分析了网格技术对科学的重要性，这有利于分布式网络计算。实质上，这涉及在两个或更多机构之间连接安全计算基础设施、实验设施和数据存储，以解决复杂的科学挑战。科齐尼指出，这些发展正在增加解决高能物理学、天文学、气象学和计算生物学中复杂问题的机会。

同样，媒体和出版业正在通过新的社会实践来适应和促进消费，这种做法将市场覆盖范围扩大到超越国界限制的传统大众。这些新市场包括可以在地理上划分的消费者，他们从许多国家下载或上传（并且可能对其做贡献）代表科学的事物。然而，对于融合商业模式至关重要的是，至少这些消费者中的一些也愿意消费（并且支付）关于科学调查特定领域的大量融合信息。尽管它们的绝对数量较小，但这些消费者是通过促销策略进行定位的，这些促销策略通过品牌产品组合促进营销协同：一旦这些纪录片被购买，在电视上播放并接收其他节目的内容后，就会在选择的设备和平台上进行节目的自动更新，依次类推。另外，消费者可以免费获得一些“招揽顾客的廉价品”，但是需要额外支付费用。

在这种情况下，媒介融合有可能向那些具有或不具有科学正式资格条件的人员提供定制的科学知识包，并且有可能来自一把舒适的扶手椅甚至是车库里的临时实验室。随着时间的推移，这可能进一步扩大关于谁是“科学专家”的想法，包括那些在一个科学主题中没有正式资格的人。

通过数字媒介生产和消费科学

科学是如何为数字媒体生产和通过数字媒体消费的变化对于早期采用者而言是深刻的，早期采用者包括许多科学出版商，一些科学机构和科学家，几乎所有媒体行业公司和团体，为他们工作的专业人士，以及其他公民消费者。这些变化将继续被感觉到，正如晚期采用者被迫接受广播电视（电视和广播）媒体的数字电视转换。但是，正如这本百科全书所说明的那样，至少在可预见的未来，印刷媒体仍将通过手动翻页来阅读。

正如马修·查默斯（Matthew Chalmes）所指出的，一些科学家（以及媒体专业人士和公民，对于这个问题）将比其他人更愿意接受这些变化，而且人们不应忽视数字技术变化带来的挑战。例如，信息富有者和信息贫困者之间的“数字鸿沟”概念表明，缺乏科学或其他方面的信息获取可以加强先前就已存在的结构性不平等，因为它可以创造新的结构性不平等。信息素养技能，对于驾驭克里斯汀·博格曼（Christine Borgman）所描述的数据洪流是必不可少的，也比其他人更容易一些。正是在这种情况下，对于那些希望在信息时代学习科学传播的人来说，对媒体融合的一些了解是至关重要的。

结 论

数字技术的引入及其促进融合的能力意味着我们在科学传播的生产和消费方面有更多的媒体和更多的选择。这为科学传播学者带来了几个挑战。我们如何理解这些过滤和整理科学信息的渠道数量的增加？我们能够提供适当的理论解释为科学而不断变化的媒介融合过程以及丰富的新现象和不断演变的社会实践吗？我们能轻松地描绘出媒体行业吗？那么以往基于媒体形式的分类法是否有意义？我们应该越来越依赖商业和公共服务媒体之间，或精英和流行品牌或标题之间的区别吗？同时，科学传播研究人员继续寻找可靠和有效的方法来收集转瞬即逝和暂时性数据。显然，科学传播因媒介融合发生了改变。科学传播学者和从业者面临的挑战是继续发展相关技能，保持领先地位。

撰 稿 人：Richard Holliman

另请参阅：Internet，History of; Online Media and the Sciences

参考文献

[1] FREEMAN D. Margaret Mead and Samoa: The making and unmaking of an anthropological myth [M]. Cambridge，MA: Harvard University Press，1983.

[2] FREEMAN D. The fateful hoaxing of Margaret Mead: A historical analysis of her Samoan research [M]. New York:Basic Books，1998.

[3] GOODELL R. The visible scientists [M]. Boston: Little，Brown，1975.

[4] MEAD M. Coming of age in Samoa:A psychological study of primitive youth for Western civilization [M]. New York: William Morrow，1928.

[5] MEAD M. Growing up in New Guinea: A comparative study of primitive education [M]. New York: William Morrow，1930.

[6] MEAD M. The social organization of Manua [M]. Honolulu，HI: Bernice P. Bishop Museum，1930.

[7] MEAD M. Sex and temperament in three primitive societies [M]. New York: William Morrow，1935.

[8] MEAD M. And keep your powder dry:An anthropologist looks at America [M]. New York: William Morrow，1943.

[9] MEAD M.Blackberry winter:My earlier years [M]. New York: William Morrow，1972.

Medical Journalism 医学新闻

医学新闻是通过媒体或专业媒体收集医学主题信息的过程和产物。本词条介绍了医学新闻的范围，确定所需的技能，指出一些可能出现的问题，并简要讨论了医疗记者的教育。

医学新闻范围

医学新闻可以涵盖各种各样的话题、媒体和体裁。医学新闻的主要议题包括医学研究发现、疾病暴发、其他公共卫生问题、健康生活和卫生政策。传统意义上，医学新闻主要包括报纸健康报道。然而，今天的医学新闻出现在广泛的媒体上，不仅包括报纸、还包括消费杂志、健康专业杂志、广播、电视和网站。它也出现在医学期刊的新闻栏目。医学新闻的体裁包括新闻故事、各种类型的特写故事（概述故事、叙事和简介）、专栏和调查故事。

技　能

医学新闻所需的技能包括辨别事件看法、收集信息、评估信息和制作作品的能力。

好的医学新闻始于一个好的故事想法。最近公布的可以帮助预防或治疗主要疾病的研究结果往往具有新闻价值，当前疾病的暴发、最近发现的对公共卫生的威胁、新暴露的医学问题、新公开的公共疾病和卫生政策当前或可能的发展。医学特别报道的主题可以包括当前关注的疾病、重要医学研究人员和健康专业人员的成就，以及卫生保健方面的问题。

采集信息对于高质量的医学新闻是至关重要的。在大众媒体中，大多数关于医学研究的报道是基于医学期刊中新发表的文章。医学期刊也是其他医学故事的信息来源。此外，医学故事的信息来自政府机构，如美国国家卫生研究院（U.S. National Institutes of Health）、疾病控制和预防中心（Centers for Disease Control and Prevention），以及食品和药物管理局（Food and Drug Administration）。其他信息来源包括美国癌症协会（American Cancer Society）、美国心脏协会（American Heart Association）、医学和其他卫生专业学校、医院和其他卫生保健机构、制药公司和其他与卫生保健有关的公司。

这些来源的大部分信息现在可在互联网上获得。然而，好的医学新闻也需要采访，如为了获得最新的信息、更多的观点和增加人们的兴趣。采访对象通常包括研究人员、卫生保健提供者、患者、卫生管理人员、医学伦理学家及（许可的）患者的家人和朋友。

评估已采集信息对于决定在医学故事中是否包含这些信息以及如何呈现这些信息是非常重要的。在评估中，对研究设计和统计的基本理解会有很大帮助。在评估医学信息时要考虑的问题如下：来源是否可信？这一研究是否足够大，是否精心设计？研究发现有不止一种可能的解释吗？不同研究发现之间是否一致？

在医学新闻中，报道作品需要遵循科学写作的各种原则。特别适用于医学新闻的方面，包括明确解释概念、结合人们兴趣、有效地呈现数字和规模，以及注明进一步的信息来源。因为医学报道中的信息会影响健康决定，所以事实核对尤为重要。

问 题

医学新闻可能出现专业伦理和其他问题。伦理问题的例子包括什么故事主题最适合公众健康，如何在写作时尊重患者隐私，以及如何选择能够准确沟通而不耸人听闻的画面。例如，当一些患者的朋友或家人为了获得资源而寻求媒体关注时，有时会出现公平问题。

语言选择的敏感性问题也会出现。例如，通常应该避免否定个人（“精神病患者”）或通过疾病（“糖尿病人”）定义人的措辞；一个指导方针是“把‘人’放在第一位”（如“精神疾病患者”或“糖尿病患者”）。同样，应该避免使用泛泛的措辞（如“癌症病人”，而不是“癌症患者”）。为了表述准确和避免产生心理敏感，诸如轮椅之类的辅助工具应该被表述为启用而不是必须依赖（“使用轮椅”而不是“只能坐轮椅”）。

医学新闻学中出现了一些使用和风格方面的专业特点。一个例子是尽量减少“突破”一词的使用，因为医学的进步通常反映在长期研究中。其他例子包括切记疾病名称不要大写，专有名词（类风湿性关节炎对帕金森病）的部分除外，基本上使用通用名称而不是药物品牌名称，将品牌名称而不是通用名称大写。好的医学新闻还需要适当地使用常见彼此易混淆的术语（发病率和患病率，预期寿命和寿命，以及精神病学家和心理学家）。

教育和机构

传统意义上，大多数医学新闻记者都是一般新闻出身。然而，有些医学记者已经接受了像医生或其他卫生专业人士的教育。越来越多的医学新闻由具有本科或研究生教育背景，特别是医学新闻或科学新闻教育背景的人来完成。为医学记者服务的组织包括医学记者协会（Health Care Journalists）。

撰 稿 人：Barbara Gastel

另请参阅：American Medical Writers Association；Career Paths，Medical Writing/Medical Journalism；Government Public Information；Interviewing Scientists

参考文献

[1] ALBERT T. Medical journalism：The writer's guide to getting published [M]. New York：Radcliffe Medical Press，1995.

[2] COHN V，COPE L. News and numbers：A guide to reporting statistical claims and controversies in health and other fields [M]. 2nd ed. Ames：Iowa State University Press，2001.

[3] GASTEL B. Health writer's handbook [M]. 2nd ed. Ames，IA：Blackwell，2005.

[4] LEVI R. Medical journalism：Exposing fact，fiction，fraud [M]. Ames：Iowa State University Press，2001.

Mendel, Gregor 格雷戈尔 · 孟德尔

格雷戈尔 · 孟德尔（Gregor Mendel，1822—1884）是一位奥古斯丁时期的修道士和植物学家，他因为制定了一系列规范不同代植物遗传特征的规律而被认为是遗传学的奠基人。在 19 世纪 50 年代和 19 世纪 60 年代的一系列豌豆试验中，他证明了大小和颜色等特征在不同亲本的杂种植物中独立地进行组合。他还证明，在某些差异特征的遗传中存在着分级结构。例如，高茎豌豆和矮茎豌豆之间的杂交总是产生高茎豌豆，并且给定的特征可以遗传给更远的后代，尽管没有在后代豌豆中明显地显示两个高茎植株由于它们的祖先而产生一个矮茎植株。20 世纪初期，长时间被人遗忘后孟德尔定律被重新解释，并被纳为遗传学的核心，该学科研究基因如何传递物种的不同遗传特征。

孟德尔出生在奥地利西里西亚的一个小镇，目前是捷克共和国的一部分，19 世纪中叶属于奥地利帝国。童年时，他将家庭农场的动物和植物护理与正规教育相结合。他的宗教生涯始于 21 岁，当时家人无法资助他的学业，将他送到布鲁诺市（Brünn，现在的 Brno）的圣托马斯修道院（Abbey of Saint Thomas）。由于他的智力超群，孟德尔被送入维也纳大学（University of Vienna），学习物理、数学和自然科学。

由于身体和心理健康状况不佳，孟德尔的学位成绩并不完全令人满意。返回布鲁诺（1856 年）三年后，他在修道院所属的小块园地开始了豌豆实验，并致力于农业变种杂交。孟德尔杂交了不同类型的豌豆，观察了它们后代的异同。孟德尔将不同类型的豌豆杂交并观察它们后代的相似点和差异点。通过数千次重复操作，他获得了大量的记录，使他能够量化传输特性的后代。

孟德尔应用组合数学来确定某些特征（绿色或黄色、圆粒或皱粒）在不同植物杂交后经过其他特征传递给后代的频率。他得出结论，从传递的频率来看，存在显性和隐性特征。显性总是优先传递，但是隐性特征可以由后代传递给更多代，尽管在其一生中仍然不可见。例如，如果绿色是显性特征，黄色是隐性特征，绿色和黄色植物的后代总是绿色的，但可以有黄色的后代。

孟德尔在 1866 年布鲁诺自然史学会上介绍了他的实验结果，并在会后将实验结果发表在《布鲁诺自然史学会会刊》（*Proceedings of the Natural History Society of Brünn*）。然而，由于这本出版物的本地性以及当时生命科学的情况，导致孟德尔的结论大部分被忽视。只有 7 年前，1859 年，查尔斯 · 达尔文（Charles Darwin）发表了《物种起源》（*The Origin of Species*），并引发了越来越多对不同生物进化机制的争论，其中包括动物和植物。尽管孟德尔意识到了这场辩论，但他在论文中几乎没有提到，这导致孟德尔定律与 19 世纪末主要议题之一的生命科学没有联系。宗教机构越来越反对达尔文主义和进化论，进一步阻碍了这种联系。

达尔文自己在 1868 年假设了一种与孟德尔不同的遗传理论，被称为泛生论。根据这一理论，身体中的细胞产生了一系列被称为泛生粒的粒子，其移动到生殖器官并参与从亲代到后代的特征传递。1868 年，孟德尔担任圣托马斯修道院院长，由于不断加重的行政事务使他逐步放弃了自己的研究。

孟德尔的研究成果仍然在主流生命科学界之外，直到 20 世纪的第一个十年。当时，许多新兴遗传学领域的研究人员把它们用于孟德尔定律的重新发现。19 世纪末期的显微镜观察将染色体鉴定为位于细胞核中的一系列颗粒，并参与胚胎发育和后来成年期的细胞分裂。1907 年，丹麦植物学家威廉·约翰森（Wilhelm Johannsen）第一次提出基因的概念，它作为公认的单位位于染色体上并参与遗传。从那时起，越来越多的研究者，其中包括威廉·贝特森（William Bateson）、T.H. 摩尔根（T.H.Morgan）和 R.A. 费舍尔（R.A. Fisher）采用基因作为物理实体，根据孟德尔定律指导从亲代到子代的遗传性传递。

这种重新发现使孟德尔被视为遗传学的奠基人，即使他的基因概念是 50 年前通过实验阐述的。从 20 世纪 10 年代到 20 世纪 30 年代，孟德尔定律扩展到动物和人类，并促进了诸如优生学运动，这些运动旨在改善社区和家庭的遗传结果。大多数优生学家的捍卫者持有一个决定论观点，根据这一观点基因无条件地塑造了一个群体的遗传命运。他们的建议涉及了从进步社会医学项目（社会主义遗传学家寻求避免普通劳动者的疾病）到反动和极权政策，例如，美国残疾人和纳粹德国少数民族人口的绝育。

从 20 世纪 30 年代到 40 年代，孟德尔定律和进化理论之间的联合在所谓的现代综合中得以实现。根据这种观点，显性特征和隐性特征之间的重组是从亲代到后代的遗传性传递期间变异的来源。达尔文自然选择机制使适应性好的后代在特定环境中一代接一代地生存。例如，在苏联西伯利亚，只有那些在基因上更适应寒冷气候的人才能生存，并能够将其特征传递给后代。

基因仍然是染色体中不确定的实体，直到 20 世纪 40 年代末和 50 年代初，脱氧核糖核酸（DNA）被发现，其结构首先由詹姆斯·杜威·沃森（James D.Watson）、弗朗西斯·克里克（Francis Crick）和其他人描述，基因是其重要组成部分。这被认为是从古典到分子遗传学的转折点，也是对孟德尔定律背后的物理和化学详细解释的开始。

撰 稿 人：Miguel García-Sancho

另请参阅：Darwin，Charles; Eugenics; Gene; Watson，James D.

参考文献

[1] ALLEN G E.The ideology of elimination：American and German eugenics，1900–1945 [M]//F R NICOSIA，J HUENER（Eds.）. Medicine and medical ethics in Nazi Germany. New York：Berghahn Books，2002.

[2] CORCOS A F，MONAGHAN F V.（Eds.）. Gregor Mendel's experiments on plant hybrids：A guided study [M]. New Brunswick，NJ：Rutgers University Press，1993.

[3] DUCHESNEAU F. The delayed linkage of heredity with the cell theory [M]//S MÜLLER-WILLE，H J RHEINBERGER（Eds.）. Heredity produced：At the crossroads of biology，politics，and culture，1500–1870. Cambridge：MIT Press，2007：293–314.

[4] FALK R，SARKAR S. The real objective of Mendel's paper：A response to Monaghan and Corcos [J]. Biology and Philosophy，1991，6（4）：447–451.

[5] HARWOOD J. Linkage before Mendelism? Plant breeding research in Central Europe，c. 1880–1910 [M]//H J RHEINBERGER，J P GAUDILLIÈRE（Eds.）.Classical genetic research and its legacy：The mappingcultures of twentieth century genetics. New York：Routledge，2004：9–20.

[6] MONAGHAN F V，CORCOS A F.The real objective of Mendel's paper [J]. Biology and Philosophy，1990，5（3）：267–292.

Merton, Robert K.
罗伯特·K. 默顿

美国社会学家罗伯特·K. 默顿（Robert K. Merton，1910—2003）也许在传播学研究和社会学方面最为著名，因为他敦促研究人员集中精力解决“中等范围”的问题，而不是试图发展广泛、抽象的“大理论”，试图解释难以或无法进行实验的许多社会现象。默顿认为，社会科学家最好是研究那些可以收集经验数据的更小、更易于解决的问题。

我们所熟知的大众传播学者后来形成的“议程设置”观点可以被认为是中等层次理论，例如，媒体问题议程影响大众问题议程的概念是一个聚焦在狭窄范围现象理论的例子，它已经通过实证研究被清楚地证明。默顿建议，我们可以通过研究中等层次问题，逐渐建立起创造更多关于社会总体理论的信心。默顿也被认为是焦点小组的发明人，这一研究方法至今在媒体研究领域非常重要。但从科学传播专家角度来看也许最重要的是，默顿作为第一批分析科学社会组织的社会学家之一，作出了更加特别的贡献。

作为一个功能学派的社会学家，默顿倾向于将社会视为一个相互关联的机构和职业集合，它们通常一起工作（或运行）以满足社会的各种需求。功能主义集中分析了这些机构以及它们如何适应更广泛的社会结构，而不是（更狭窄地）个体如何互动的特殊动力或（更广泛）试图将社会作为一个整体来解决的阐述，例如，权利分配问题。因此，功能主义者应该是倡导中等层次实证研究的人，这是有道理的。

功能主义在“明显的”和“潜在的”功能之间的区别意味着那些明确的、明显的功能，与隐藏的、不明显的、经常是无意、需要通过深思熟虑的分析才能揭示的功能相对应。潜在功能也被带入媒体内容分析，人们通常只认识一些信息的表面含义，而其他信息隐藏在下面且需要有效的解释和分析才能揭示。

重要的是，默顿关注社会的“功能失调”及其功能性。由于其假设社会的不同部分一起顺利运作，功能主义被批判为接受甚至隐含地支持社会制度现状，而不是解决它的问题。然而，“功能失调”观点明确承认社会结构的所有元素不一定有助于和谐，为分析社会冲突和社会变革打开了大门。

默顿分析的一组特别重要的机构是科学机构。在这方面，他因为对科学共同体之间广泛共享的道德原则或价值观的阐述而被铭记，他称之为科学的“精神气质”。他对科学社会组织这方面的兴趣与他对社会化进程更感兴趣是一致的，也就是说，他关心人们如何学会成为特定社会群体的成员，并在这一过程中接受这些群体的规范和价值观。默顿被认为是科学社会学的奠基人。

默顿提出的“科学的精神气质”概念包括四个原则：普遍性（通过普遍标准对事实进行评估）、公有性（科学知识的共同所有权）、无私利性（正在进行的科学活动不关心直接的个人私利）和怀疑主义（依赖科学共同体对工作进行评价的程序）。然而，随着科学欺诈案例宣传的增加，一些学者对这四项原则是否仍然支撑着当今的科学事业产生了质疑，这一事业已经越来越私有化和商业化。

默顿，出生在一个东欧裔工人阶级家庭，

在南费城温和的气候中长大，作为乔治 · 辛普森（George Simpson）的学生，他在坦普尔大学（Temple University）开始了他的社会学研究生涯。后来他进入哈佛大学（Harvard）与许多著名的社会学家一起学习，其中包括塔尔科特 · 帕森斯（Talcott Parsons），其在这里获得了社会学博士学位，并从事了几年的教学工作，然后转到图雷因大学（Tulane）和哥伦比亚大学（Columbia）授课。1942—1971 年，他在哥伦比亚大学担任应用社会研究所（Bureau of Applied Social Research）副所长。他被另一位哥伦比亚社会学家和该所创始人保罗 · 拉扎斯菲尔德（Paul Lazarsfeld）称为"一生的朋友"。如今我们仍然可以感觉到他对媒体研究的影响。

默顿于 1934 年与苏珊娜 · 卡哈特（Suzanne Carhart）结婚，1968 年离婚，1993 年，默顿与社会学家哈里特 · 齐默曼（Harriet zimmerman）结婚。默顿是美国社会学领域一位非常著名的人物，赢得了许多重要奖项，包括成为美国国家科学院（U. S. National Academies of Science）院士，获得古根海姆奖学金（Guggenheim Fellowship）和国家科学奖（National Medal of Science），并赢得麦克阿瑟奖（MaCArthur Fellow）。

默顿的著作有《社会理论和社会结构》（*Social Theory and Social Structure*），《科学社会学》（*The Sociology of Science*）和《站在巨人的肩上：山德安后记》（*On the Shoulders of Giants*：*A Shandean Postscript*）①。后者摆脱了一贯的学术模式以艾萨克 · 牛顿（Isaac Newton）的激发性引用为基础，在这一过程中照亮了默顿自己的学术生涯和知识社会学研究之路。

撰 稿 人：Susanna Hornig Priest

另请参阅：Agenda Setting and Science；Scientific Ethos；Scientific Journal，History of；Scientific Publishing，Overview；Scientific Societies

参考文献

[1] BARAN S，DAVIS D. Mass communication theory：Foundations，ferment，and future [M]. 5th ed.Boston：Wadsworth，2008.

[2] KAUFFMAN M，ROBERT K. Merton，versatile sociologist and father of the focus group，dies at 92. The New York Times，p. B7 [N/OL].（2003-02-24）[2009-12-01]. www.nytimes.com/2003/02/24/nyregion/robert-k-merton-versatile-sociologist-and-father-of-the-focus-group-dies-at-92.html.

[3] MERTON R K. Social theory and social structure [M]. New York：Free Press，1968.

[4] MERTON R K. The sociology of science：Theoretical and empirical investigations [M]. Chicago：University of Chicago Press，1979.

[5] MERTON R K.On the shoulders of giants：A Shandean postscript [M]. Chicago：University of Chicago Press，1993.

[6] SZTOMPKA P. Trust in science：Robert K. Merton's inspirations [J]. Journal of Classical Sociology，2007，7（2）：211-220.

① 有一种学术期刊名为《山德安》（*Shandean*），是一本研究劳伦斯 · 斯特恩（Lawrence stern）的人生、工作和时代的刊物，创立于 1989 年，其对斯特恩生活和写作的各个方面进行研究，展现了现场的新发现，赢得了无与伦比的声誉。——译者注

Metaphors in Science Communication 科学传播的隐喻

隐喻在科学传播中具有基础性作用，事实上，它们在科学的理论化和实践中占据不可或缺的地位。根据许多理论家的观点，它们可以被定义为根据另一个目标（目标 Y）通过绘制源（域 X）和目标（域 Y）之间的关系，描述、解释或体验一个实体、概念或现象（域 X）和目标（域 Y）。隐喻的经典例子是“人生是一段旅程”，“DNA 是一个代码”。

隐喻对于教学和学习新奇、复杂或抽象概念很重要。在科学中，隐喻被描述为具有三种能力：解释性、组成性和交际性。当用于科学传播时，隐喻被假定为具有两种类型为两种不同功能（解释性功能和组成性功能）服务。一种基本类型的隐喻被视为教育学或解释学。这些隐喻被认为是为了加强洞察力和理解力，促进科学相关资料的可记忆性。因此，教学隐喻被假定为在传播科学时最好地服务于描述和解释的过程。

实质上，教学隐喻的教学性和解释性的优点在于构建与信息接收者已知主题相关的新概念或观念。然而，关于教学隐喻的功能和使用存在忧虑和各种意见。例如，如果用来解释的隐喻过高估计了现有接受者的知识水平，则传播者增加了接受者误解隐喻的风险。因此，在使用特定教育学隐喻之前，建议评估接受者相关知识内容的数量和类型。科学传播专家经常建议使用多个隐喻来提高解释的准确性。

科学隐喻的另一种类型对应于科学隐喻的第二个功能，被认为是理论建构性的。理论建构性隐喻被认为是科学理论语言组成中的一个重要因素，建议表现在所有概率下都难以用文字术语表达的科学结构和相关命名。理论建构性隐喻通过鼓励接受者考虑两个域之间的相似性或映射以及想象新域的关系来起作用。

考虑到它们各自的功能，对于教学隐喻和理论建构性隐喻是否作为排他性语言形式存在，人们的观点是不同的。也许一些隐喻可能发挥两者中的任一作用，这取决于应用或使用的情况和背景。

最后，正如作者蒂姆·吉尔斯（Tim Giles）指出的，隐喻在科学话语中发挥着基本交际功能。隐喻作为科学传播中的主要修辞策略，用于传播科学的优雅之处是它们可以被有效地选择并指向一系列科学信息接收者。它们是科学家与科学家交流的基础。隐喻是本土语言启发法——由科学家来向具有相同专业知识背景的其他人解释，以及构建从一个科学研究领域到另一个科学领域的桥梁。

使用隐喻，与公众分享科学与隐喻在科学实践中的作用以及科学家之间的相互作用一样重要。它们被科学家用来形容复杂的概念和外行人或“一般”公众一起理解或“误解”科学。隐喻的启发性本质是允许科学家通过隐喻本质来向外行受众解释科学，它们使隐喻域之间的映射或转移成为可能。实际上，人们已经意识到隐喻在吸引公众对各个科学领域的兴趣、获取公共和政府财政支持、公众评议科学以及政府对科学实践的指导方针考虑方面的传播效果。一个受欢迎的阐释科学的隐喻也可以是一个对公共支持和政策问题有效的和有说服力的隐喻。隐喻对表达信息的固有效果有助于记者使科学具有新闻价值、时尚和流行，并且使其被接受

（或在某些情况下被拒绝）的可能性增加。隐喻已经成为并将继续是发现、理论化和传播科学的一个基本且不可或缺的力量。

撰 稿 人：Bryan B. Whaley

另请参阅：Discourse Analysis and Science；Rhetoric of Science

参考文献

[1] BROWN T L. Making truth：Metaphor in science [M]. Urbana：University of Illinois Press，2003.

[2] CHENG D，CLAESSENS M，GASCOIGNE T，et al.（Eds.）.Communicating science in social contexts：New models，new practices [M]. New York：Springer，2008.

[3] GILES T D. The missing metaphor [J]. Journal of Technical Writing and Communication，2001，31（4）：373–390.

[4] GILES T D. Motives for metaphor in scientific and technical communication [M]. Amityville，NY：Baywood，2008.

[5] GROSS A G.The rhetoric of science [M]. Cambridge，MA：Harvard University Press，1990.

[6] HELLSTEN I，NERLICH B. Genetics and genomics：The politics and ethics of metaphorical framing [M] //M BUCCHI，B TRENCH（Eds.）.Handbook of public communication of science and technology. New York：Routledge，2008：93–110.

[7] KNUDSEN S. Scientific metaphors going public [J]. Journal of Pragmatics，2003，35：1247–1263.

[8] KNUDSEN S. Communicating novel and conventional scientific metaphors：A study of the development of the metaphor of genetic code [J]. Public Understanding of Science，2005，14：373–392.

[9] LOPEZ J J. Notes on metaphors，notes as metaphors：The genome as musical spectacle [J]. ScienceCommunication，2007，29（1）：7–34.

[10] MCREYNOLDS P. Motives and metaphors：A study in scientific creativity [M]//D E LEARY（Ed.）. Metaphors in the history of psychology. Cambridge，UK：Cambridge University Press，1990：133–172.

[11] VAN BESIEN F. Metaphors in scientific language [M]. Communication & Cognition，1989，22（1）：5–22.

Mexico, Science Communication in 墨西哥的科学传播

公众科学传播在墨西哥具有悠久的传统。早在 17 世纪殖民时期，墨西哥科学家和历史学家卡洛斯・迪・锡古恩萨辎・贡戈拉（Carlos de Sigüenza y Góngora）就出版了一本小册子，其中提出了科学论据证明彗星是一种自然现象，没有超自然现象。新西班牙的第一个科学期刊《墨西哥文学期刊》（*Diario Literario de México*）和《墨丘里奥信使》（*Mercurio Volante*）在 18 世纪面市。

公众科学传播主要与墨西哥的大学和研究机构有关。然而，有些项目是由科学家、传播者和个人或团体调查人员等个人行为承担的。这种传统在印刷出版物，特别是书籍和期刊中出现。在过去的几十年里，科学新闻在印刷和数字媒体的补充材料中偶尔出现。全国不同地区建立了互动科技博物馆，并在非正式环境中探索创新传播渠道，如科学咖啡馆、巡回研讨会和展览。在过去的 10 年中，研究生课程已经建立，为公众科学传播提供了专业准备。

1980 年，墨西哥国立自治大学（National Autonomous University of Mexico, UNAM）成立了大学科学传播中心，今天被称为科学传播总局（Dirección General de Divulgación de la Ciencia, DGDC）或科学传播理事会（General Directorate for the Dissemination of Science, UNAM），这是该国科学传播制度化的一个重要里程碑。

1986 年，墨西哥科学技术传播协会（Mexican Association for Dissemination of Science and Technology, SOMEDICYT）成立，目的是整合各个机构和个人发展的各种项目和行动，来促进墨西哥的公众科学传播。

墨西哥公众科学传播的主要趋势

从事科学研究的墨西哥大学有向公众传播科学的项目。各个机构的目的和范围因各自的资源而异。科学传播总局自成立以来已经在印刷媒体出版了一些图书作品集、期刊《你怎么看》（*Cómo ves*）、广播和电视节目中制定了科学传播项目。科学传播总局还在本国首都建立了科技博物馆。它还帮忙宣传来自世界各地的科学和技术发现，以及国家研究人员的成果，特别是在联合国研究机构工作的研究人员的成果。

全国其他大学和研究中心，例如，国家理工学院（National Polytechnic Institute），瓜达拉哈拉大学（University of Guadalajara）和下加利福尼亚大学（University of Baja California）都有传播项目，主要以传播本机构科学家的研究成果为目标。

在墨西哥，阻碍这项工作的一个问题是缺乏多维项目，将科学职业推广与公众科学传播趣味性结合起来，以及在征询相关公共问题中，科学知识在与利益相关群体对话中形成全面解决方案方面发挥着决定性作用。这些问题的例子包括环境和健康挑战、水管理和替代能源的使用。

墨西哥传播的主要科学主题

墨西哥科学传播者关注的主要主题是与科学学科（来自基础研究）相关的主题，例如，物理学、天文学、生物学、化学和数学等。其他重要主题是与区域或全球问题（来自应用研究）有关的：生物技术、污染、全球变暖等问题，以及更普遍意义上的健康和技术。

机构和协会

墨西哥科学技术传播协会有120名正式成员。它每年都组织全国科学和技术传播大会（National Congress for the Dissemination of Science and Technology），会集了全国大多数科学传播者。

墨西哥科技博物馆和科技中心协会（Mexican Society for the Dissemination of Science and Technology, AMMCCYT）、墨西哥科学院（Mexican Academy of Sciences）和国家科学技术委员会（National Council for Science and Technology, CONACYT）也是重要的机构。墨西哥天文馆协会（National Council for Science and Technology, AMPAC）代表来自全国38个天文馆，其中11个在墨西哥城。1980年9月23日，它在国家理工学院的恩里克埃罗天文馆（Luis Enrique Erro planetarium）被合并成了一个非营利性组织。

科学和技术咨询委员会（Advisory Committee for Science and Technology）为墨西哥总统办公室（Mexican President's Office）提供专家意见。国家科学技术委员会也很重要，大多数国家科学协会以及公立和私立大学都投入资源来传播他们的专长。

公众科学传播媒体

墨西哥作家的图书

墨西哥作家出版了大量书籍专门用于公众科学传播。特别值得一提的是“所有的科学”（*La Ciencia para Todos*）丛书，由经济文化基金（Fondo de Cultura Económica）出版，针对幼儿读者，由ADN编辑；由政治出版社（Editorial Paidós）出版的“色度”（*Croma*）丛书；墨西哥国立自治大学出版的“你怎么看”丛书。

期　刊

在墨西哥期刊中，试图向普通受众传播科学主题的《你怎么看》是最受推崇的，事实上，它被作为这类出版物的国家标杆。针对比较年轻的受众，这一出版物在墨西哥国立自治大学科学传播总局的支持下与墨西哥科学家和传播者合作，不间断地出版了10年。

其他传播科学信息的墨西哥出版物包括墨西哥科学院的期刊《科学》（*Ciencia*）、国家科学技术委员会的《科学与发展》（*Ciencia y Desarrollo*）、由墨西哥国立自治大学理学院出版的《科学》、国家理工学院的《教友》（*Conversus*）。还有一些由国立大学出版的期刊，其全部或部分页面专门用于科学主题的传播，例如由韦拉克鲁斯大学（University of veracruz）出版的《科学与人》（*La Ciencia y el Hombre*）和普埃布拉自治大学（Autonomous University of puebla）出版的《分子》（*Elementos*）。一些教育机构和研究中心拥有包含科学信息的电子杂志。此外，《国家地理》（*National Geographic*）、《非常有趣》（*Muy Interesante*）和《现状》（*Quo*）等国际杂志的西班牙语版本也在其国内传播，通常有墨西哥制作的部分。

除了前面提到的期刊出版物，墨西哥传播者也通过不同的形式活跃在网络空间：科学家和科学传播者发布的博客、科学通讯社网站以及其他专门用于公众科学传播的网页。一些例子包括由塞尔吉奥·雷古莱斯（Sergio de Régules）创建的题为“影像与科学”（Imágenes en la Ciencia）网站，由马丁·邦菲尔（Martín Bonfil）创建的“科学的趣味”（La Ciencia por Gusto）和由卡洛斯·恩里克·奥罗斯科（Carlos Enrique Orozco）创建的“北风”（El Cierzo）。

报　纸

墨西哥发行的大多数报纸都为科学信息预留了一定空间，无论是印刷版还是电子版，但很多都不是特别规律。专门报道科学的版面和副刊就更少了。一项对全国发行的294种报纸的调查发现，只有69种报纸为科技信息预留了特定空间，只有4种报纸设置了科学主题副刊。大部分的信息报道来自国际机构。

在全国报纸中，定期报道科学问题并拥有专业科学记者的4家报纸脱颖而出:《每日新闻报》(*La Jornada*)、《环球报》(*El Universal*)、《改革报》(*Reforma*)和《千年报》(*Milenio*)。

广播和电视

公共广播主要是大学电台，历来比商业电台投入更多时间来进行公众科学传播，但公共广播电台的听众水平较低。近年来，一些广播联盟在规划中列入更多的科学新闻和报道，并有专门的科学主题节目，如恩里克·加南(Enrique Ganem)的解释器(El Explicador)，由MVS电台播放。一些联盟采用的方案是与大学合作制作科学片或科学新闻节目，这部分内容可以在广播电视台收听到，通过XEW电台或无线图像(Radio Imagen)。

然而，相较于体育、政治、经济和娱乐，广播对科学的报道时间还很不足。

以上情况在电视中也是一样。国内着眼于制作科学节目的，无论是节目还是纪录片，通常出自公立大学或由联邦政府、州政府资助的文化频道。墨西哥国立自治大学电视台11频道(由国家理工学院运营)和22频道约瑟夫·高登(José Gordon)的优秀节目《电子羊[①]》(*La Oveja Eléctrica*)。颠覆性科技(以下简称“电子羊：颠覆性的科学”)——为公众科学传播专门留出播放时段。商业频道播出的科学节目往往是外国作品，最广泛的报道可以在有线电视频道上找到，如探索频道和《国家地理》。这一节目的质量尽管如此，但遗憾的是它几乎完全忽视了这个国家的科学，只有在有新闻价值事件需要报道时才会在重要时段播出，如甲型H1N1流感暴发期间。

科技博物馆

据墨西哥科技博物馆和科技中心协会公布，墨西哥目前有24个博物馆和传播中心致力于科学技术。它们分布在全国17个不同的州，其中6个博物馆或传播中心位于墨西哥城。这些中心的主要目标是教育儿童和青年，通过与长期和临时展览的互动，丰富他们的科学文化，以及发展有趣的研讨会和其他活动，使参与者了解该地区和国家的科学环境。近年来，这些中心被视为教学资源，经常有支持正规教育的特定任务。他们还对科学传播者的专业结构进行了研究。

科学咖啡馆

咖啡馆科学是一个根源于法国的项目，但现在遍布了墨西哥全国各地。一个由文化促进办公室(Cultural Promotion Office)和瓜达拉哈拉大学(ITESO University)科学和文化传播硕士学位计划组织的哈利斯科州项目特别值得一提，因为它已经成功运行了5年。来自全国各地的科学家参加了非正式谈话，这里鼓励听众积极参与对话。

专业化与研究

科学传播者的专业发展主要发生在研究生教育计划中。该领域的先驱是1998年在哈利斯科州瓜达拉哈拉大学开设的科学和文化传播硕士学位计划。它建立在社会文化方法的基础上，旨在为学生提供元素，使他们能够思考和了解科学与实践之间的关系，例如，科学知识的生产、对社会生活不同领域的影响、纳入社会生活的技术发展和具体方法，以及社会参与者在日常实践中给予这些关系的意义。随后，墨西哥国立自治大学的哲学研究生计划内设立了科学传播专业。这两个计划都包括对公众科学传

① 电子羊是一个分布式计算项目，用于动画和演化分形火焰，这些火焰依次分布在网络计算机上，作为屏幕保护程序显示。——译者注

播的研究，并承担了有助于这一学术领域知识建设的项目。十余年来，墨西哥国立自治大学还开设了科学传播学位课程吸引学生。

撰稿人：Susana Herrera Lima and Estrella Burgos

另请参阅：International Science Journalism Associations；Latin America，Science Communication in；Science Café；Science Centers and Science Museums

参考文献

[1] Consej Nacional de Ciencia y Tecnología.（n.d.）. Ciencia y desarrollo [Science and development] [EB/OL]. www.conacyt.gob.mx（in Spanish）.

[2] Dirección General de Divulgación de la Ciencia.（1998–2007）. Collección divulgación para divulgadores [Collection of materials for popularizers] [M].Mexico City，Mexico：Universidad Nacional Autónoma de México.

[3] Dirección General de Divulgación de la Ciencia.（n.d.）. Cómo ves? [You see?] [M]. Mexico City，Mexico：Universidad Nacional Autónoma de México.

[4] Fondo de Cultura Económica and Consej Nacional de Ciencia y Tecnología.（n.d.）. La ciencia para todos [Science for all] [M]. Mexico City，Mexico：Author.

[5] Instituto Tecnológico y de Estudios Superiores de Occidente.（n.d.）. Nautilus [EB/OL]. www.nautilus.iteso.mx（in Spanish）.

[6] Universidad Nacional Autónoma de México.（n.d.）.Cienciorama [EB/OL]. www.cienciorama.unam.mx（in Spanish）.

Muir, John 约翰 · 缪尔

约翰 · 缪尔（John Muir，1838—1914）被认为是美国环保运动的创始人之一，该运动演变成我们现在所知的环境保护主义。缪尔出生在苏格兰，但在威斯康星州长大，他有一位非常严格的基督教父亲。缪尔在威斯康星州读大学，学习了一些课程，激发了他对自然的兴趣。他没有毕业，而是选择走向美国南部。在这次旅程之后，他搬到了加利福尼亚州。

缪尔最终定居在约塞米蒂地区。他的经历激励并确认了他运用自然精神观点补充传统基督教的倾向。他考察约塞米蒂国家公园（Yosemite），将大自然视为圣殿。他在该地区承担了各种工作，培养了他对周围壮观地层地质起源的兴趣。与此同时，他关心着家畜和游客造成的环境掠夺。缪尔的观点是，这种唯利是图的追求是一种对上帝最神圣的创造物的破坏。

缪尔成了一个狂热的登山者。在探险中，

他推测约塞米蒂国家公园的特征是冰川运动的结果，但这不符合他那个时代的主流理论。然而，他的猜测确实开始引起科学界的注意。缪尔最为著名的是他描绘和捍卫自然环境保护的作品和帮助建立了塞拉俱乐部（Sierra Club）。

缪尔受过良好教育并受到超验主义文学运动的影响，超验主义文学以直觉来理解为经常将自然界视为上帝意图的铭文。但是，缪尔的文学努力也正是通过自己的双手——基于他自己对自然的体验而形成的。他在加利福尼亚和阿拉斯加的山区旅行时开始通过撰写旅行文章补贴收入，这些都发表在东方的报纸或文学月刊上。这些文章开始引起公众注意，他因此获得了一些认可。当时的美国印刷媒体读者对新西部故事感兴趣，而缪尔朴素而流畅的写作风格非常适合大众口味。

他最重要的成就是让人们意识到将约塞米蒂保留为一个国家公园的原因。《世纪杂志》（*The Century Magazine*）的发行人罗伯特·安德伍德·约翰逊（Robert Underwood Johnson）说服缪尔仿照黄石国家公园（Yellowstone）写两篇文章，提出将约塞米蒂纳入国家公园。这些文章发表在1890年秋天的杂志上。从经济利益出发的政治反对最终消失，创建公园的法案通过了。后来，缪尔试图保留附近的海奇–海奇峡谷，希望其作为旧金山的水源。虽然缪尔作为主人邀请西奥多·罗斯福（Theodore Roosevelt）总统在约塞米蒂一起露营旅行，但他没能说服后来的政府，峡谷最终被毁。这场论战失败后不久，缪尔去世了。

缪尔的其他显著成就包括建立塞拉俱乐部，前身是阿帕拉契亚山区俱乐部（the Appalachian Mountain Club），一个登山运动爱好者协会的典范。缪尔被选为塞拉俱乐部的首任主席。该组织已经发展成为美国最杰出的环保组织之一。

缪尔还与保存与保护的争论有关。他想保存自然空间，保持它们的自然状态。另一些人倾向于保护，试图保护环境着眼于人类继续使用它们。保护倾向于占主导地位，因为吉福德·平肖（Gifford Pinchot）等保护倡导者是被政府任命的，负责监督政府的森林和其他财产。但保存并没有完全失败，因为越来越多的国家公园被纳入整个1900年保存区名单。

从科学技术传播的角度来看，缪尔代表了一个有意思的典范。他接受过一些科学培训，但没有作为一位科学家的专业资格。尽管他关于约塞米蒂冰川起源的理论证明是正确的。缪尔是少数对政府政策施加重大影响的“业余”科学家之一。在某些方面，他与蕾切尔·卡逊（Rachel Carson）相似，蕾切尔·卡逊的开创性著作《寂静的春天》（*The Silent Spring*）引起了现代环境运动。卡逊拥有作为生物学家的高等学位，但她与缪尔都拥有对自然的强烈热爱和通过书面文字传播的杰出能力。缪尔的约塞米蒂运动可以说是第一个通过大众媒体实现的环境目标。卡逊的运动遵循了类似的轨迹：发表于有影响力的文学月刊[在这个案例中是《纽约客》（*The New Yorker*）杂志]，其次是有影响力的书籍。在卡逊的案例中，这个问题最终也在电子媒体中呈现，这在缪尔那个时代并不存在。但他们都拥有通过讲述故事实现媒体传播环境事实的能力，并通过以前对自然的描述性工作为他们的作品赢得了观众。

缪尔森林是加利福尼亚州金门国家娱乐区的一部分。缪尔说，在世界上任何森林里，这个区域的红木森林是最好的爱树者遗址。

撰 稿 人：James Shanahan

另请参阅：Carson，Rachel；Environmental Journalism

参考文献

[1] FOX S. The American conservation movement：John Muir and his legacy [M]. Madison：University of Wisconsin Press，1985.

[2] MUIR J. Features of the proposed Yosemite National Park [J]. The Century Magazine，1890，40（5）：656–667.

[3] MUIR J. Our national parks [M]. Boston：Houghton Mifflin，1901.

[4] MUIR J. Stickeen：The story of a dog [M]. Boston：Houghton Mifflin，1909.

Nanotechnology
纳米技术

被视为一种变革性的甚至革命性的技术，纳米技术研究得到了美国和世界上许多国家政府的大量资助。

尽管纳米技术不如预期的那么受公众关注，但随着其产品在市场中的不断涌现，这项技术也不断出现在各大新闻报道中。当然，与纳米技术风险和利益冲突相关的知识也在不断增长。美国、英国和其他一些国家推广纳米技术产品的战略中，强调了这一技术的公众传播和公众参与。

对于外行而言，充分理解纳米技术较为困难。我们知道，在医学、电子、材料学、环境科学或其他领域，科学家和工程师对原子和分子的操控能力越大，其塑造物质世界的力量就越大。一个世纪以来，科学家已经逐步了解了各类原子和分子，过去 30 年，一类被称为“扫描探针显微镜”的仪器大大提高了科学家获得包括分子、蛋白质和病毒在内的原子级超精表面三维结构的水平。特别是“扫描隧道显微镜”及“原子力显微镜”产生的科学图像能够获得复杂的对照实验结果，为科学家下一步操控这一尺度的物质奠定基础。

纳米技术便是基于上述实验及相关系列技术的简称。“纳”是一个科学前缀，意为“十亿分之一”，而纳米就是十亿分之一米（或写成 10^{-9} 米）。例如，氢原子的直径为 1/10 纳米，水分子约为 1/3 纳米，DNA 分子约为 2 纳米，而最小的病毒约 15 纳米。我们所说的纳米技术就是以操控和制造这一微小尺度物质相关的几十个相关技术的集成。对于纳米技术（nanotechnology，简写为 nanotech）还有一个公认的定义，这一定义由三部分组成：①它针对在至少一个维度上小于 100 纳米的物质。②在催化、磁性或导电性等方面，它与大尺度的物质表现出完全不同的性质。③纳米技术将产生能够投入应用的新材料，这意味着，对纳米技术的探索满足的不仅是科学上的好奇心。

尽管原子和分子具有不可捉摸的性质，但纳米技术仍然无法突破某些极限，毫无疑问，这一系列的纳米技术将在影响所有新材料上具有无限潜力。

纳米技术和科学传播

纳米技术为科学传播带来了严峻的挑战，特别是向几乎没有科学背景的人解释这项技术。

不过，纳米技术将影响我们每个人，无论你有没有深厚的科学背景，都将与这一技术的发展利益相关。我们难以想象去测量十亿分之一米大小的物质，更难以解释，更难以进行忠实于原物的视觉上的描绘。纳米技术具有以下 3 个特征，对于应对其在科学传播中的挑战非常重要。

第一，纳米技术不局限于单一科学学科。有关这项技术的科学研究是基于“纳米”这个尺度来定义的。因此，与纳米技术研究直接相关的科学学科应当包括原子物理学、量子物理学、合成化学、催化化学、微生物学、分子生物学、化学工程和材料科学等。

第二，纳米技术应算作一个“通用技术平台”，与手机这样的单一技术不同。也不是“聚合酶链式反应”这样的单一过程，而是一系列用于控制纳米级物质的技术、过程和仪器。如同我们已经熟知的生产线和商业电网。

第三，纳米技术是一种新兴技术。但它本身仍处于变化中，我们对它的认识并不完整，特别是它将如何改变我们的社会条件和物质生活尚无定论。即便纳米科学的理论相对成熟，但纳米技术的应用还没有开展起来。因此，讨论关于纳米技术在我们生活中扮演的角色和伦理具有极高的风险。

上述三个特征（纳米技术定义的依据是尺度而非学科，它是一种通用技术及它是一种新兴技术）无疑使纳米技术成为一个典型的多义词。这意味着，不同的人对纳米技术会有不同的看法。科学本身具有普世价值和普遍意义，但对其结果的期待却是非常个性化的，这些期待往往过于夸张而被视为一种媒体炒作。例如，有人期待纳米技术将提供一套神奇的工具，使人类摆脱疾病和老化等常见的问题，让人类成为超人。但是，对于固守传统的人和人文主义者，纳米技术有可能导致人类社会的终结。他们认为，这一切将从个人隐私的暴露开始。对于有人期待纳米技术会产生环境修复的奇迹，他们则认为，纳米技术只会带来环境灾难。同时，他们还认为纳米技术会加剧贫富差距。

在这些炒作中，纳米医学是一个较为突出的领域。纳米技术在医学上的应用给予我们令人惊叹的希望，包括尺度更小、更快、更准确的诊断，几乎没有副作用的靶向治疗，用于修复受损组织的平台，延长人的寿命，癌症的治愈，甚至不再死亡。其中，只有少量的诊断和治疗产品接近临床实践，大部分的技术应用仍是遥遥无期。这样的情况会带来一系列的疑问：我们怎样才能知道哪些是现实、哪些仍是幻想？患者在何时能期待纳米药物的治愈？什么才是影响纳米医学向前发展的主要因素？

我们看到，无论哪些是现实哪些不是，纳米医学都激发了人对纳米技术的强烈期待。对于那些现在身体健康但却不知道是否会永远健康的人来说，他们自然希望纳米医学在未来的10年或20年内会对他们的生活有更深远的影响。当前医疗条件下还不能被治愈的患者则迫切希望纳米药物帮助他们尽快摆脱疾病。鉴于纳米医学能发展出更好的治疗，它常常被认为是高级的技术。然而，令人遗憾的是，在同样程度上，纳米医学也正在唤起我们对未来生活的许多不切实际的奢望。

仔细考虑一下，上述那些关于纳米医学的炒作，都让人怀疑其是否建立在纳米技术发展的现实基础上。或者，这只是表达了一部分人对未来的希望和恐惧，这些情感都与纳米技术本身无关，只是毫无意义地针对纳米技术而已。另一个问题是技术本身和炒作表达之间的变化关系。当纳米技术的有益应用已经进入我们的生活时，反纳米技术者是否还会怀疑呢？

将来是否有可能出现反对者的抵抗——政策制定者或非专业人员会觉得被夸张的承诺所欺骗？因此，社会科学家一直关注纳米技术带来的希望和信任问题。此外，技术本身和炒作之间关系的不停变化，也不一定决定了某一种形式的炒作能够完全战胜其他形式，或者存在中间派调和各种形式的炒作。

这提醒我们，还应当以历史的视角来看待这件事：“能指”与“所指”之间的关系会随时间改变。这可能是因为与相对稳定的“所指”相比，“能指”在变化，反之亦然；也可能因为二者在同时变化。[①] 因此，人们期待，理解纳米技术的方式会发生变化。

“能指”和“所指”的关系也会存在争议，人们经常会争论“能指”的意义是什么。最终，“能指”和“所指”的关系可能带有政治的意义。在权衡这些相互竞争的猜测及有关纳米技术的预测中，人们领会了明确或暗示性假设的思想内涵，以及形成定义、标志性图像和权威含义的争议，更不用说优先获得政府资助。

纳米技术的视觉表征

第二个有趣的传播问题涉及视觉图像。当纳米技术中一些令人兴奋的进展向公众传播时，新闻往往是伴随着分子或原子引人注目的视觉形象。大众科学媒体通过肉眼能看到的小块物体描述纳米尺度的物体，实现纳米级的“可视性”。但前提是，人类肉眼能看到如此小的东西。然而，这些被媒体呈现出来的物体没有一个如真正照片中的物体一样是可见的。这是因为用扫描隧道显微镜制作照片的过程与摄影或电子显微镜完全不同。这便提出了一个新的问题，即物体和物体图像之间究竟是什么关系：什么是忠实的再现？技术过程如何影响图像的真实性？

用扫描隧道显微镜制作图像的方法如下。将一根一端只有一个原子宽的超细金属探针置于距离原子表面小于 1 纳米的范围内，电流从表面流向尖端，使电子从表面移动到尖端，这被称为“隧道”。当表面有一个凹陷（原子间的间隙）时，电子从尖端移动到凹陷以维持稳定的电流。当表面有凹陷（如原子间的间隙）时，尖端就会进入凹陷以保持稳定的电流。当有地形标高时（如一个分子或凸起的表面），尖端会上升到标高之上。隧道效应信号除了受地形影响，也有一些例外，但扫描探针显微镜是收集原子表面地形三维数据的最佳方法。

这意味着这些工具可以通过记录地形变化而不是视觉印象的数值数据“知道”表面。然后，软件将数据转换为简单的二维图像。这些通常是灰色阴影，但它们可以通过从浅灰过渡到纯黑的任何颜色描绘。以这种方式成像的物体比可见光的波长小，因此它们不会反射任何颜色，也没有阴影使它们看起来立体。成像为创建的颜色、阴影等三维效果。

整个过程从开始到结束产生的差别如此之大，以至于一个原子或一个分子的图片几乎不可能像我们认为照片即实物那样忠实于物体。如果有人问：“这就是原子的样子吗？”诚实的回答是：“不，这是我们能创造的最好的近似。”很少有人认为原子和分子是虚构的，但没有一张原子的图片或一个模型相当于一个真实物体的照片。有人警告说，使用扫描探针显微镜制作图像的过程可能会导致对颜色等变量的过度操纵，这等于失实陈述。但事实上根本就没有一张简单直观的原子照片。我们可以获得的仅是原子介导的视觉诠释。

为什么要传播纳米技术信息

第三组问题我们要讨论的是为什么研究机构要将关于纳米技术的信息传播给公众。其主要原因是大家都不想做一个科学上的外行，所以向公众传播纳米技术方面的知识是很有必要的。当然还有其他方面的原因。

自 20 世纪 70 年代末以来，尤其是在美国和英国，公众对政府资助的科学研究关注和支持程度可能未达到预期。因此，在英国产生了“公众理解科学”（Public Understanding of Science）运动，它是一系列向公众传播科学以加强公众支持科学研究的运动。但是这一运动并没有得到大家的认可。第一，这是一种单向传播方式，即科学家说话，非科学家被动地听，科

① 在索绪尔的语言学理论中，“能指”意为语言的声音和形象，“所指”是语言的意义本身。例如，“tree”这个单词，发音就是它的“能指”，“树”的概念就是“所指”。——译者注

学家认为这样就可以使公众支持科学。第二，它不太现实，大多数人不愿意作为一个接受者被动接受单向传播。第三，事实上，公众对科学研究的支持在很大程度上取决于公众自身对科学的理解。

美国的相关研究计划则关注“公民科学素养”的主题。过去40年中的大规模调查显示，公众对科学知识的理解程度并不高，调查结果与英国一样严峻。在这种标准下，成年美国人只有很少一部分具有丰富的科学知识。所以，像纳米技术这样复杂的话题的传播，就会面临更加严峻的挑战。即使公众支持科学研究的意愿强烈，公民科学素养却不容乐观。

英国最近出现了被称为“上游公众参与”的概念，其基本思想是，在每个决策成为既成事实之前，或科学技术研究的早期阶段，非专业人士的意见可能会影响决策。这个程序是由兰卡斯特大学（Lancaster University）的一组研究人员开发的，因此又被称为“兰卡斯特话语”（Lancaster Discourse）。

美国对“如何让公众在科学政策决定中发声”有着不同的经验。众多利益相关者和倡导团体在其中发挥了积极的作用。最有代表性的例子便是同性恋活动家参与艾滋病及艾滋病相关流行病学的研究和临床试验。另一些典型案例包括非科学家在国家卫生研究所（National Institutes of Health）的审查小组服务，环保主义者影响环境政策的制定，咨询委员会与剑桥大学（Cambridge）、曼彻斯特大学（Manchester University）等专业机构一起参与重组DNA的安全程序的研究。

上述过程结合了两种民主方式，即利益相关的民主和参与式民主。对于前者，大多数人由于惰性，可能会对某一特定事物或政策问题不感兴趣，但当某一政策可能影响到自身时就会积极关注，对于后者，非专家也可以对政策制定产生影响或积极作用。利益相关者民主和参与式民主适用于科学政策以及许多其他政策问题。这两种民主方式也可以使非专家有获取、理解和部署技术信息的能力。

促进上游参与

虽然鼓励公众参与是美国官方纳米技术政策的一部分，但迄今为止的美国经验是众多独立事件和实验的总和，这些事件和实验被统称为科学民主化。这些方法被推广为向公众提供科学知识方案的重要的和积极的替代方案，仅用于获得对科学研究的不加批判的支持。纳米技术不一定比其他科学更适合“上游参与”或民主化，但它却在非专家中获得了较多关注。所以，由于历史巧合，纳米技术已经成为一个能够让非专家在建立科学政策的过程中扮演更积极、更有建设性角色的机制或平台。例如，使用调查研究和焦点小组来衡量或模拟关于纳米技术的公众舆论，以及形成作为非专家深入探讨纳米技术的政策指导。

在美国，帕特里克·哈米特（Patrick Hamlett）采用丹麦及其他地方开发的模式，开展了一系列关于纳米技术的协商会议。哈米特的项目已经试验了传统的面对面会议和计算机介导（“键盘到键盘”）会议两种模式的综合，另外，在多个站点进行同步共识会议以增加此过程的代表性，增加参与者的数量和种类。

另一种方法是召集大量公众，然后分成小组讨论纳米技术。2007—2008年，在波士顿、哥伦比亚、伯克利、圣路易斯等地举行的纳米科学教育非正式论坛及纳米未来论坛中都采用了这种方法。

南卡罗来纳州纳米技术公民学院（The South Carolina Citizens'School of Nanotechnology）[①] 也提

① 公民学院（Citizens' School）：高收入家庭的孩子每年需要300小时以上的时间来照顾老年人和参与校外活动以丰富社会经验。而低收入家庭的孩子则需要200小时。（信息来源：https://www.citizenschools.org/our-model）——译者注

供了一种不同的模式——有限数量的参与者在一定时间内与科学家面对面对话，参与者从中获得参与科学政策讨论的知识和信心。科学家也能在这个过程中了解到他们平时难以接触到的外行人的价值观和关注点。

批判性学者的作用

目前，纳米技术已经不仅是一门公众参与度较高的科学，也引起了人文和社会科学学者的注意，许多人已经通过研究获得了包括转基因生物体、人类基因组计划和技术辅助施肥在内的专门生物技术知识。纳米技术不能被简单理解为“生物技术”，研究纳米技术的方法也不是只有生物技术。这一新科学技术能被更具批判性的人文社科学者所熟知，比只在其研究者中讨论更加有益。

一些人文社科学者关注纳米技术塑造物质世界的独特力量——它改变了社会、文化、政治和经济格局，一些则认为纳米技术是一种新兴技术，或是研究广义新技术的案例（或以上两者都是）。纳米技术也可以被看成是研究宏观问题的典型案例，如科学技术如何与社会、文化、政治或经济相互作用。

当然，这两种研究视角都必须建立在纳米技术已经实现的基础上。这一点似乎很明显，但事实上，跨学科领域的科学技术社会研究有时被发现提交了虚假的评论和技术。人文社科研究在增强我们对纳米技术的理解上具有不可否认的优势，研究者可以通过现象探索历史、社会动力学、文化意义、政治动力学及其经济后果，帮助我们最终发现有趣的现象。

撰 稿 人：Chris Toumey

另请参阅：Deliberative Democracy；Nanotechnology，Regulation of；Public Understanding of Science；Upstream Engagement；Visual Images in Science Communication

参考文献

[1] BINNIG G，ROHRER H. The scanning tunneling microscope [J]. Scientific American，1985，253：50–56.

[2] MACNAGHTEN P，KEARNES M，WYNNE B. Nanotechnology，governance，and public deliberation [J].Science Communication，2005，27（2）：268–291.

[3] Nanotech：The science of the small gets down to business [J]. Scientific American，2001，285（3）：[Special issue].

[4] ROBINSON C. Images in nanoscience/technology [M]//D BAIRD，A NORDMANN，J SCHUMMER（Eds.）. Discovering the nanoscale. Amsterdam：IOS Press，2004：165–169.

[5] Royal Society and Royal Academy of Engineering. Nanoscience and nanotechnologies：Opportunities and uncertainties [M]. London：The Royal Society，2004.

[6] TOUMEY C. National discourses on democratizing nanotechnology [J]. Quaderni，2006，61：81–101.

Nanotechnology, Regulation of 纳米技术监管

纳米技术在1~100纳米尺度上实现，只有几个原子或一个生物分子大，如蛋白质。纳米尺度的物质具有新的性质，且这一新技术目前已经在诸多产品中广泛应用。它可能给社会带来重大利好，也可能带来文化上的风险和伦理上的挑战。通过本词条，我们来讨论纳米技术的监督和管理问题。纳米技术准确而清晰的监管及其监督的信息传播，对于为利益相关者和公众提供知识、做出明智的决定发挥了较大作用。迄今，纳米技术尚未成为巨大的新闻热点，或许在公众眼中的地位并不那么重要，但鉴于其潜在利益和风险，它很可能在未来几年受到更多的关注和讨论。因此，今天的监管将影响未来的结果。

应用和优势

纳米技术的实质是纳米尺度的物质通过不同的连接方式构成比纳米尺度更大的物质。纳米尺度的物质具有更活泼的反应性质、更强的导电性和渗透能力。自然中就存在纳米粒子，基于现有的科学认识和技术水平，科学家已经能够控制纳米级物质并创造新产品了。

纳米技术目前已经被应用于健康医药、食品和农业、化学产品制造、环境科学和修复等方面。医学科学家正在研究纳米级的树状复杂有机大分子，以特异性靶向用药来破坏癌细胞，消除化疗带来的副作用；材料科学家正将纳米材料应用于太阳能电池板以降低成本；农业科学家正在开发基于纳米技术的传感器，用于检测环境条件，实现定时适量喷洒化肥、水或农药。同时，氧化铁纳米颗粒正被用于从饮用水中去除砷及其他有毒污染物。比钢铁强度更大的碳纳米管（由碳原子制成的薄壁管）已经被用于制造网球拍、建筑材料和计算机等日常消费品。目前，应用纳米技术制造的产品不只局限于化学纳米材料，逐渐转变为更灵活的、应用在人类和自然发展中的新型结构。

目前，日本、美国和欧盟仍是纳米技术研究发展的领头者。美国第一大纳米技术资助项目——“国家纳米技术计划”（National Nanotechnology Initiative，NNI）的资助金额已经从2000年的4亿美元上升为2008年的超过13亿美元。这笔资金一半以上划拨给了美国国防部（U. S. Department of Defence），剩余的大部分划拨给了美国国家科学基金会（National Science Foundation）、能源部（Department of Energy）和国家健康研究所（National Institutes of Health）。大多数公共机构都说明了纳米技术在其多样化的产品和应用中发挥了什么作用。

担忧和风险

科学家指出，过去一个世纪中，人类生活在人为创造的纳米粒子显著增多的环境中，他们一直在探究与纳米技术产品相关的重要安全问题。目前已经有很多关于应该投入多少资金到纳米技术风险研究的辩论。一些学者和从业者认为目前投入环境健康与安全研究与纳米技术相关的问题上的资金过低。安德鲁·梅纳德（Andrew Maynard）在伍德罗·威尔逊项目（Woodrow Wilson Project）的新兴纳米技术项目中表示，2006年，为风险相关研究提供资金约为NNI总预算的1%。在环境卫生和安全问题上的资金投入过低，导致超过500种纳米技术产品充斥市场，但很少关注关于人类和生态系统在纳米粒子中暴露水平、健康效果及环境运输等问题。

已经有一些实验室研究表明，由于其较高的表面积与质量比和更大的反应性，纳米颗粒在较低浓度下比其较大的对应物具有更高的毒性。纳米颗粒也更容易通过人类组织和生态系统渗透到比它们更小尺寸的物质当中。很多实验已经研究过巴基球（由60个碳原子组成，形状像足球）、碳纳米管、银或二氧化钛的毒性。巴基球被证明对鱼和水生有害微生物有毒性。二氧化钛纳米颗粒可以用作商业防晒剂，银纳米颗粒则在细胞培养实验中显示出其具有损害细胞的功能而被用作抗菌剂。纳米粒子在吸入后容易迁移到动物的肺组织中，进而从肺迁移到血液中。碳纳米管则可引发炎症、毒理学肺和皮肤损伤等。

毒理学专家认为，因其独特的性质，纳米材料会导致值得关注的特殊安全问题。2008年，日本、欧盟和美国等国家和地区的政府组织提议增加用于纳米技术的环境卫生和安全研究资金。

同时，纳米技术还会带来社会、文化、经济和道德方面的问题，这些问题可能与风险和安全相关，也可能无关。公平和正义的伦理原则也与纳米技术相关，它要通过风险分配来监督人类社区和生态系统的利益。另一个更广泛的监督问题是消费者和患者应有权利知晓并选择是否应用纳米技术生产的产品，这是与“知情”有关的道德自主原则。

当前的监管方法

监管是监督的一个组成部分，其范围仅限于风险与成本以及批准技术产品的商业决策带来的益处。纳米技术监管条例目前仍然基于传统产品的相关规定。当前关于纳米技术监管的主要争议在于纳米技术产品是否应慎重考虑，如果应当，那么是否需要实行新的法律法规。截至2008年，美国还没有具体的法律或机制来监督纳米技术产品。欧盟（European Union）正在根据新的“化学品注册、评估、授权和限制规定”（Registration，Evaluation，Authorisation and Restriction of Chemicals，REACH）对纳米材料进行单独处理。无论其监管前景如何，与其他新兴技术相比，就其不确定性而应采取的最佳管理方式而言，纳米技术引起了公众同等的兴趣。

在美国，大多数通过纳米技术生产的化学产品或普通产品上市前不需要测试或检测安全数据。例如，如果与某种化学品有相同分子式的其他产品已经上市，美国环境保护局（U.S.Environmental Protection Agency, EPA）就不一定完全根据《有毒物质控制法》（the Toxic Substances Control Act，TSCA）来管治制造该纳米材料。如果美国食品和药物出现安全问题，食品与药物管理局（U. S. Food and Drug Administration, FDA）也只对应用了纳米技术且没有上市前批准过程的化学品进行调查。

然而，美国环境保护局和食品与药物管理局都已经积极参与到了围绕纳米技术监管的政策和计划的制订当中。2007年，美国环境保护局决定实行一个管理纳米材料的自愿制度，改变了过去相关数据只能由特定机构来收集的旧规定，但这一制度并没有对监管批准的标准给出正式要求。同年，食品与药物管理局发布了一份关于监管纳米药物、器械、食品和生物制品政策的文件。食品与药物管理局表示，当目前的法律法规足以同时覆盖纳米尺寸和较大尺寸产品时，将不会特殊看待纳米材料产品。此外，食品与药物管理局不支持对纳米技术产品采用强制标记制度，并且认为制造商不需要告诉相关机构他们是否正在使用纳米技术。

食品与药物管理局决定对含有银纳米颗粒的农药进行监管试验。银纳米颗粒可以杀死微生物并保持产品新鲜，目前正被用于洗衣机、冰箱、袜子和食品包装材料等生产，但这些产品进入市场前并没有进行测试。不过，几个环境管理机构和其他利益集团都认为，银纳米颗粒释放到环境中会造成很多潜在影响，要求食品与药物管理局对相应产品的上市进行监管，这一观点已经引起了人们的关注。2007 年，该机构决定监管纳米银在杀虫剂、杀真菌和杀鼠剂方面的应用。该法规要求对纳米银注册或代理的产品进行上市前测试。同时，为了适应这一政策，制造商必须声明产品具有杀死害虫的作用。因此，一些生产纳米银材料的公司开始从产品中取消害虫杀伤索赔这一项，以避免接受正式监管。

最近，又出台了关于纳米材料监督的非联邦等级的规定。位于加利福尼亚州的伯克利通过了一个条例，该条例要求制造或使用纳米颗粒的公司要提交一份书面材料，材料需根据毒理学描述该设施如何处理纳米材料。位于马萨诸塞州的剑桥也在考虑颁布类似条例，并成立了一个健康咨询小组为其提供建议。纳米材料的自愿合作风险管理也已启动。非营利环保组织与杜邦公司（Dupont）合作制定了纳米材料的风险分析框架。而在国际上，经济合作与发展组织正在帮助各国建立伙伴关系并分享有关纳米材料安全性的数据，与国际标准组织一起努力实现制定纳米材料的安全标准。

监管和监督建议

一些利益相关者以过去其他新兴技术（如生物技术）的负面经验为依据，对纳米技术的监管表示怀疑。几个利益集团反对目前自愿接受纳米技术监督的办法。国际技术评估中心（International Center for Technology Assessment）与其他几个非营利组织机构合作制定了规范纳米材料的原则，包括公共透明度和上市前测试等应强制性地由专家独立完成。该中心也提交了反对食品与药物管理局的法律请求，他们认为该政策缺乏对化妆品和掺入纳米颗粒的防晒剂上市前进行安全性测试的强制管理。

一些学者提出，应专门为纳米技术的正式监管出台新法律。其中之一由克拉伦斯·戴维斯（Clarence Davies）在 2007 年提出，他指出，《美国有毒物质管理法》《职业安全与健康法》（Occupational Safety and Health Act, OSHA）及《联邦食品、药物和化妆品法案》（Food, Drug and Cosmetics Act, FDCA）应当充分应对纳米材料方面的风险局限性。其他学者和组织认为，尽管目前的环境和健康法规很多，但某些方面的解释和应用还需要改进。美国律师协会（American Bar Association）认为《美国有毒物质管理法》（TSCA）、《美国农药管理法》（FIFRA）、《清洁空气法案》（Clean Air Act）、《清洁水法案》（Clean Water Act）、《资源保护法和恢复法》（Resource Conservation and Recovery Act）和《综合环境响应、赔偿与责任法案》（Comprehensive Environmental Response，Compensation，and Liability Act）能为美国环境保护局提供充分的法律权力来调节纳米化学品的应用，并应对纳米技术可能带来的风险和益处进行评估。

在 2008 年的一篇文章中，加里·马尔尚（Gary Marchant）、道格拉斯·西尔维斯特（Douglas Sylvester）和肯尼思·雅培（Kenneth Abbott）建议采用反身、渐进和合作的方式进行风险管理，这是监督的一个组成部分，它是基于“软法”，包括产品管理、研究人员职业道德、利益相关者的参与和透明度，以解决纳米技术的定义不确定性以及人类健康和环境风险的不确定性。这种方法是一种解决公众担忧，给予纳米技术充分信任，以获得更多关于纳米技术对人和自然影响的具体信息。

目前，制造商掌握了大部分关于纳米技术产品信息及其安全信息，同时对这些业务信息保密。他们也需要对纳米技术产品的安全问题负主要责任。根据国际风险治理委员会（International Risk Governance Council）2006 年作出的《工业的角色》（*Role of Industry*）报告，行业团体认为目前还没有明确的关于纳米技术产品的数据和标准，当前知识不足的状态并不足以设置新的强制性联邦法规。但是，一般而言，当监督权掌握在具有利益冲突的人手中时，公民会对某项技术监督缺乏信心。有研究表明，人们对于政府或行业对纳米技术相关风险的监管持怀疑态度。大多数纳米技术研究的参与者认为自愿标准远远不够，应该实行强制性监管，以让公众获得更多信息，并增加纳米技术产品的安全测试。

为了探讨关于以上几个或其他监督政策问题，多名学者呼吁将“上游公众参与”作为一种整合公众关于纳米技术进入决策的早期观点的机制。目前，已经对纳米技术进行了一些公共参与的尝试，但尚未形成公众期待的系统模式。这一差距使得通过传统媒体来进行准确的纳米技术科学传播显得更加重要。

撰 稿 人：Jennifer Kuzma

另请参阅：Environmental Protection Agency, U.S.; Food and Drug Administration, U.S.; Nanotechnology; Risks and Benefits; Technology Assessment

参考文献

[1] American Bar Association. Section of environment, energy, and resources, Nanotechnology Briefing Papers [EB/OL]. [2008-06-30]. www.abanet.org/environ/nanotech/.

[2] DAVIES C J. EPA and nanotechnology: Oversight for the 21st century (PEN 9) [M]. Washington, DC: Project on Emerging Nanotechnologies, 2007.

[3] International Risk Governance Council. Survey on nanotechnology governance, volume B. The role of industry [EB/OL]. [2008-06-30]. www.irgc.org/IMG/pdf/Survey_on_Nanotechnology_Governance_-_Part_B_The_Role_of_Industry-2.pdf.

[4] KUZMA J.Nanotechnology oversight: Just do it [J]. Environmental Law Reporter, 2006, 36: 10913-10923.

[5] MACOUBRIE J. Nanotechnology: Public concerns, reasoning, and trust in government [J]. Public Understanding of Science, 2006, 15: 221-241.

[6] MARCHANT G E, SYLVESTER D J, ABBOTT K W. Risk management principles for nanotechnology [J]. Nanoethics, 2008, 2: 43-60.

[7] PARADISE J, WOLF S, RAMACHANDRAN G, et al. Developing oversight frameworks for nanobio-technology [J]. Minnesota Journal of Law, Science, and Technology, 2008, 9 (1): 399-416.

[8] PRIEST S H. Misplaced faith: Communication variables as predictors of encouragement for biotechnology development [J]. Science Communication, 2001, 23 (2): 97-100.

[9] ROCO M C, BAINBRIDGE W S.Societal implications of nanoscience and nanotechnology: Maximizing human benefit [J]. Journal of Nanoparticle Research, 2005, 7: 1-13.

[10] WILSDON J, WILLIS R. See-through science: Why public engagement needs to move upstream. London: Demos [M/OL]. [2008-06-30]. www.demos.co.uk/files/Seethroughsciencefinal.pdf.

Narrative in Science Communication 科学传播中的叙事

叙事或讲述故事在如何做好科学工作，尤其是如何传达给公众方面起着重要的作用。然而，大多数科学家并不喜欢对自己的工作进行叙述，更倾向于简单呈现科学事实和过程，但公众却期待叙述。相比于科学家，媒体更愿意为公众提供有关科学研究的故事。

故事，通常分为开始、中间和结束三部分。人物在叙述中起重要作用，尤为重要的是主角及其反对者，各种角色都为情节服务。一般而言，故事分为两个基本流派，即喜剧和悲剧。大多故事能够形成一个“叙事弧”，主角面临一些挑战，克服各种困难，最终迎来了结局。此外，大多数故事多以经验教训或道德升华结束，读者应该从叙事中得到这一最终信息。

当然，除本词条提到的内容外，叙事还有更多其他的理论，它们大多应用在各种文学与戏剧评论中。总之，叙事在科学以及其他各个方面都占据着重要地位。

科学家会叙事吗

通常情况下，科学家会坚守严格的程序，且受科学方法的约束。在制定研究方向和做报告的过程中，科学家会回顾以往关于该问题的其他文献，确定要研究的新问题，根据一定规则进行研究，并且以最直接的方式报告结果。在这样的情况下，科学报告的主要目标是在现有理论的基础上推导新理论，将叙事的要素引入科学报告被认为不符合科学研究的标准。虽然科学研究中常常包含有趣的叙事，但在同行评议的学术杂志中刊登科研报告等文章，就要进行严格筛选以消除任何叙述元素，否则这篇文章将被视为不符合标准。所以，在这样的报告中，所谓的“叙事”是相当简单的。以前的研究者发布某些结果，他们提出未回答的问题，后续的研究者来回答这些问题，科学由此得以继续前进。

然而，科学家也是普通人，难免使用叙述这种普通人的兴趣或习惯。1985 年，《传播杂志》（*Journal of Communication*）提出了一个“人的故事性”理论（Homonarrans），即人类是一个会讲故事的物种。其中沃尔特·费舍尔（Walter Fisher）认为，叙事是人类推理的主要手段。他提出，人们通常会用自己的思想或经验对当下遇到的问题进行评价，这些经验来源于以往发生过且再次发生的概率较高的经历。也就是说，如果一个人听到的故事与他们的生活经验、社会文化知识相吻合，人们会更容易相信其真实性。

费舍尔和其他一些学者认为，这是一种很自然的人类处理信息的方式。事实上，心理学家和其他社会科学家正重新将叙事定位为存储和使用信息的首选方式。但科学往往把叙述推到后面。弗朗西斯·培根（Francis Bacon）算是科学方法早期发展中最有影响力的人，他认为科学家应该从观察开始，再从归纳推理中得到事实或规律。虽然他的方法后来也经过了较大的修正，但仍然存在“什么才是最适当的科学方法”之争论，但有关叙事的争论最终也没能成为焦点。总之，科学家更倾向于用“理性”和“技术性”的话语来介绍他们的发现或成果。

而公众和媒体，特别是当前的大众媒体，则主要依靠叙事这种方式。新闻的主要呈现形式是故事，人们更喜欢寻找能与他们的经验产生共鸣的故事，而不是通过挖掘枯燥的科学数据得出他们认为有效的结论。

这样的矛盾使科学传播陷入困境：科学家用理性和技术术语来阐述成果，而记者和公众希望依靠叙事获取和传播信息。这样，科学家和媒体之间的沟通会存在问题，甚至会引起公众对科学传播的不满。

科学存在“元叙事”[①] 吗

科学家当然不能只通过叙事来介绍特定学科的历史。人们为了叙述科学，采取的传统手段之一便是通过回顾学科发展的历史或科学家本人经历来展现科学以不断积累的方式进步——每位科学家的贡献就像是一块小积木，与他人的成就一起不断地积累。但只通过叙事无法描述出历史的全部真相。科学家认为的历史只是沿着他们研究的领域最合理的路径来实现最有希望产生的结果。

托马斯·库恩（Thomas Kuhn）在《科学革命的结构》（*The Structure of Scientific Revolutions*，1970）中表明了历史、叙事、社会和文化在科学发现中如何发挥重要作用。他认为，科学通过革命性的“范式”发生转变和推进。这种范式将作为一种普遍共识，指导科学家选择科学问题、方法以及他们将如何对结果作出报告。但世界观并不仅限于经验观察，还会受到哲学、社会学和历史文化的影响。例如，希腊天文学家对天体的观察和理论是由当时的哲学、历史和文化共同指导的，是通过经验主义得出的结论。尽管这些理论在许多方面很成功，但直到哥白尼时代，科学家才开始反思古典天文学的诸多假设，掀起了“哥白尼革命”。那时，人类的认识才开始向新的“日心说”发展。当然，“日心说”新范式也面临了诸多的困难，如来自天主教会的反对。

总之，在库恩看来，科学革命并不是“渐进性创新”（他认为这只是在解决之前提出的问题），而是“突破性的创新”。这就要挑战和改变原有的科学家叙述的故事，赋予科学新的研究方法。因此，科学的发展既受到主要文化叙事的限制和指导，也改变了这些叙事的过程。

科学传播、风险传播与其他当代科学叙事困境

20世纪以来，科学技术在社会、经济和政治的发展中起到了越来越重要的作用。因此，关于科学和技术重要性的“主要叙述”会经常出现在我们的教育系统、媒体系统和其他话语领域中。与此同时，有关于叙事的争议还没有消失。在美国，福音派基督教的兴起使科学在诸如创造宇宙、生命权（堕胎）和进化理论等方面的权威地位被动摇。在世界各地，复兴的宗教激进主义依然存在较大影响。总之，并不是每个人都能接受科学通过叙事来解决所有重要问题的观点。

即使在受科学影响最大的公共领域，依然存在着科学如何进行传播的困难。这让我们又回到了关于叙事的讨论。人们接收科学信息的主要媒介是媒体，但是由于媒体总喜欢将科学新闻包装成故事，所以“科学话语”（理性或技术性话语）和“媒体话语”（叙事或故事形式）并不总是相称的。

“科学传播”通常被看作是为读者获取科学信息进行的“翻译”。长期以来，人们认为“缺失模型”解释了科学传播需要做什么。公民缺乏真正具有科学性的信息，科学家可以简单地向他们提供缺乏的信息。然而，科学社会学和科学传播工作表明，如果公众只是缺乏科学知识，科学传播就不是问题。首先，已经明确的

① 元叙事通常被称为“大叙事”。这一术语在批判理论，特别是在后现代主义的批判理论中指对历史的意义、经历和知识的叙述。——译者注

是，科学家自身获得科学成果的方式仍然受到社会、制度和文化的影响。科学知识中至少一部分来自“社会建构”。同时，公众有能力理解科学信息，但科学家需要以除科学研究报告以外的方式来呈现这些信息。也就是说，人们接收信息的方式仍然主要依赖叙事，因此，有效的科学传播必须考虑叙事。

关于气候变化的传播中有一个案例。在撰写本词条时，绝大多数气候科学家都同意气候变化正在发生，并且由人为因素引发。同时，仍然有相当一部分公众不承认气候变化，甚至认为这是一个骗局。那么，要如何解释这种现象呢？20 世纪 70 年代初，安东尼·唐斯（Anthony Downs）提出，一个问题的提出要经历“注意力周期”，公众对具有潜在危险后果的问题首先会感到震惊，随后，由于解决这个问题的成本过高，公众就会逐渐对该问题失去兴趣。其他学者对安东尼·唐斯的理论进行了测试，发现叙事因素在注意力变化中发挥了作用。科学常常通过媒体传播，这依赖于叙述。但科学本身不足以长期为媒体提供“故事素材”，因此，除了结果，由该结果引发的政治和经济争议最终可以替代原始数据和结论的报告。还有，如果预测的后果不会很快实现，媒体耸人听闻的预言则会被视为愚蠢的、歇斯底里的呐喊。最后，既得利益者可能希望通过低估某一科学发现的价值，来影响媒体对这一问题的报道。

公共关系效应和工业中的科学也会对科学的有效性提出质疑。因此，自 20 世纪 80 年代后期以来，气候变化一直是公共和媒体的热议话题。但多年来，各种声音造成了混乱，最初的注意力已经减弱，最终导致公众缺乏对这一问题采取具体行动的压力。总之，就算科学家想要忽略叙述在公众理解以及对科学问题采取行动方面所起的作用，他们也不应该这样做。在这种观点下，科学家需要更加注意记者如何构建问题以及公众如何接受问题。如果他们不重视叙述，他们的研究再真实有效也难以被公众注意，还可能使决策者以满足政治或经济需要的方式来解决问题。

涉及叙述的另一个领域是“风险传播”。这是关于科学家和决策者谈及的关于危害的信息对公众进行的传播。科学界更倾向于依靠一种技术 / 理性形式的论述，会将其中危险和风险精确地传达给相关的受众。然而，公众不一定像科学家那样理解风险。通常情况下，公众会看到更危险的东西，他们会担忧危险失控或有更多由风险产生的“恐惧”。目前，科学家为公众提供风险信息的平台主要是各种论坛式的交流，双方都认为这是一种信息完全互换的方式，但事实上，这种方式使双方存在着本质上的分离。科学家觉得他们准确地统计了每个个体受伤害的机会，等于完成了他们的工作。但是在公众看来，这个过程中一旦有偏见或不公平发生就会觉得被欺骗了。科学家认为很重要的“专家”立场，而公众却并不十分在意，公众更希望科学家能够给出与自己逻辑相符的意见（而非给出所谓的专家结论）。尽管科学家指出公众的期待不合逻辑，但大多数人并不会按照他们所谓的正确逻辑来思考问题。此外，由于媒体经常以一系列叙事的形式来呈现科学，公众接收到的也不是纯粹的科学信息。通常，媒体的主要关注点是科学家之间的争议以及争论问题中的政治和经济方面，而不是科学本身。

虽然“纯粹的”科学话语没有包含我们通常所认为的叙事，但叙事在科学传播过程中的作用不可忽视，从科学知识的产生到受众的接收都离不开叙事。要改进科学家与公众之间的沟通还有漫长的路要走。

撰 稿 人：James Shanahan

另请参阅：Deficit Model；Discourse Analysis and Science；Kuhn，Thomas；Rhetoric of Science；Risk Communication，Overview

参考文献

[1] DOWNS A. Up and down with ecology—the "issue-attention" cycle [J]. Public Interest, 1972, 28: 38-51.

[2] FISHER W. The narrative paradigm: In the beginning [J]. Journal of Communication, 1985, 35 (4), 74.

[3] KUHN T. The structure of scientific revolutions [M]. Chicago: University of Chicago Press, 1970.

[4] MILLER S. Public understanding of science at the crossroads [J]. Public Understanding of Science, 2001, 10 (1): 115-120.

National Academies, U.S. 美国国家科学院

美国国家科学院（National Academies）是由四个非营利荣誉社团构成的联合体，致力于推进科学和技术的进步并将其应用于社会生活为人类谋福祉，其中的每个社团都是由从事科学和工程研究的杰出学者组成的。

美国国家科学院中的第一个重要机构是国家科学院，由亚伯拉罕·林肯（Abraham Lincoln）总统于1863年建立。为了适应科学技术在公共生活中发挥的日益重要作用，美国国家科学院后来又纳入了美国国家研究委员会（National Research Council，NRC）、美国国家工程学院（National Academy of Engineering，NAE）和美国医学研究所（Institute of Medicine，IOM）这三个机构。现在的美国国家科学院是这四个机构的统称。由于其在世界上的重要地位，美国国家科学院及其国家研究委员会（National Research Council）所有涉及科学政策和科学教育的广泛议题的报告和出版物，都具有很大的影响力，他们得出的结论和发现总会定期出现在新闻中。

美国国家科学院主要负责对所有政府部门提出的观点进行审查和报告。它拥有约2100名会员和380名外国专家，其中包括近200名诺贝尔奖（Nobel Prize）获得者。该院由12名成员（议员）和5名官员组成的委员会管理，均从学院的成员中产生。

美国国家工程院主要研究课题为工程、技术和生活之间的关系，其研究对于国家的工程具有指导作用。美国国家工程院有自己独立的研究内容，即检查工程和技术中的重要问题是否存在偏差。美国国家工程院有超过2000名成员，包括来自国外的专家及商界、学术界和政府的高级专业人士，他们都是目前世界上顶级的工程师。

美国医学研究所相当于国家的健康顾问，它通过提供有关生物医学科学、医学和普遍有利于健康的科学建议，以改善国家的健康战略。该所有近1700名会员，其中约80名为外国专家。

美国国家研究委员会在上述三个国家研究机构的主持下运作，相当于这些机构的操作部门。美国国家研究委员会的使命是调整政府决策和公共政策，通过向官员、政策制定者和公众提供建议来提高公众的教育和理解水平，促进涉及科学、工程、技术和健康的知识的传播。美国国家研究委员会由美国国家科学院、美国国家工程学院和美国医学研究所共同管理。此外，美国国家研究委员会还负责管理一些奖学金的发放。

美国国家科学院中的每个团体都是非营利组织，由同一行业中的杰出人才组成。因此，能够成为这些学院的院士是科学、工程或医学领域赋予个人的最高荣誉之一，他们将始终是某一领域中最高成就的保持者。

美国国家科学院通过委员会组织个人开展工作，这些研究者能够向联邦政府和公众提供专家意见，并且愿意为处理关键的国家问题贡献时间和精力。历史事实也证明，委员会的审议结果在许多不同领域的政策决定中起到了关键指导作用。国会（U.S.Congress）和行政部门都会在立法和发布行政命令方面考虑采取他们的建议。这些成员都在政府的正式框架之外工作，以确保提供独立的分析。

组成美国国家科学院的四个机构都不能直接获得联邦政府的拨款。个别项目可由联邦机构、基金会、其他政府和私人机构资助。美国国家科学院所有研究工作的负责人都是由全世界最杰出的科学家、工程师和其他专业人士共同组成的国家科学院成员。

学术委员会在做某项正式报告前，必须在学术共同体层面和国家研究委员会层面通过严格的同行评议。每份报告必须建立在坚实的证据基础上，并要经过多次专家的意见补充。而负责准备这些报告的委员会则由合适的专家组成。委员会成员的选拔也是一个复杂的过程。从众多自愿报名的人员中选出一部分候选人，提出拟议的提名和拟定的领导小组，并获得学院院长的批准，最后获得 NRC 主席的正式任命。这样复杂的选拔过程旨在确保没有涉及委员会组成的特定偏见或潜在利益冲突。

委员会会议可以以公开或非公开的方式召开。在委员会工作的信息收集阶段，成员可以听取非委员会成员或与学院有关的雇员、官员或代理人的意见。这些会议一般会向公众开放，而审议过程（包括讨论要列入报告的具体结论或建议）通常是非公开的。这样做的目的是避免在公众压力下审议人员产生偏见，同时也能使委员会成员在审议过程中自由地确定或改变自己的立场。

整个过程（确定委员会人员、召开会议和审议过程）通常为了促使委员会成员达成共识。如果公布的数据不足以支持结论，委员会可以利用其集体知识和现有数据对结论提出质疑。一旦 NAS 的报告草案完成，它就将接受相关学院的政策以及美国国家研究委员会报告审查委员会（NRC Report Review Committee，RRC）的审查。评审内容由审查办公室提供给研究人员，这个过程是非公开的。研究人员必须在文案最终确定之前做出适当的修改，并提供修改理由。

撰 稿 人：Aldemaro Romero

另请参阅：Issues in Science and Technology；Royal Society

参考文献

[1] The National Academies：Advisors to the nation on science，engineering，and medicine：www.nation-alacademies.org.

National Aeronautics and Space Administration, U.S. 美国国家航空航天局

美国国家航空航天局（National Aeronautics and Space Administration, NASA）是美国政府的一个独立机构，其主要任务是进行空间探索、科学发现和航空研究。它由一位总统任命并由美国参议院（U. S. Senate）确认的管理员领导，并在国会（U.S.Congress）内向参议院的商务（Senate Committee on Commerce）、科学和交通委员会（Science and Transportation）以及科学和技术委员会（House Committee on Science and Technology）进行报告。美国国家航空航天局的成就经常出现在新闻中，该机构也通过其网站向媒体和其他受众传播关于其活动的信息，包括新闻资料和活动概况介绍。同时，它还有自己的有线电视频道美国国家航空航天局电视，并在类似播客或推特（Twitter）等网络平台上推出美国国家航空航天局在新媒体技术方面的新闻。

第二次世界大战后，美国国防部（Department of Defense，DOD）开始大力推进火箭和平流层以上科学领域的研究。飞机研究工作是由国防部和国家航空咨询委员会（National Advisory Committee for Aeronautics, NACA）进行的。由于苏联在航空方面取得了诸多成就（如人造卫星），德怀特·D. 艾森豪威尔（Dwight D. Eisenhower）总统呼吁世界重新关注空间科学。美国第一次成功的太空任务是由国防部发射的亚轨道火箭“*Jupiter CRS-40*”。其搭载的卫星于1957年8月8日发射，首次实现了整流罩进入太空后的回收。1958年1月31日，发射搭载了“探险者1号”（*Explorer I*）有效载荷的亚轨道火箭“*Jupiter CRS-29*”，并在太空进行了首次测量辐射的科学试验。“探险者1号”由爱荷华大学（University of Iowa）詹姆斯·范·艾伦教授（James Van Allen）研发，范·艾伦辐射带（Van Allen Radiation Belt）就是以他的名字命名的。

艾森豪威尔总统在呼吁进行轨道卫星研究时，授权这一研究计划由民用组织而不是军事组织进行。1958年10月1日，经过美国国家航空航天局审议同意后，美国国家航空航天局吸纳了国家航空咨询委员会，并一同接收了其拥有的8000名员工、1亿美元预算和3个主要研究设施，美国国家航空航天局的航空研究项目也增加了空间探索。截至本词条编写时，美国国家航空航天局的研究设施已经从3个增长到了10个，年度预算超过170亿美元。

在关注航空领域的同时，美国国家航空航天局在空间探索上开展了全面的航天、月球和行星探测、遥感卫星对地观测、引力波研究等。为促进不同研究方向之间的协同合作，美国国家航空航天局设立了四个“任务委员会”（分别负责航空、科学、空间操作和勘探系统的研究），分别负责自己分管领域内的实验设施的管理，其管辖范围分布在美国各地。

肯尼迪（John F. Kennedy）总统根据林登·约翰逊（Lyndon B. Johnson）副总统提出的建议，决定吸取苏联在空间研究方面的优秀经验，宣布实施人类登月计划。“水星计划”（Project Mer cury）是历史上第一个公开的人类航天计划，旨在了解人类是否能够承受除地球以外的其他空间的环境。这个方案使用了三种不同的火箭系统，被命名为“小乔”（*Little Joe*）和“红石”（*Redstone*）的火箭提供了初步测试，火箭上搭载了几只黑猩猩进行同步轨道飞行。载人飞行使用的是“阿特拉斯”火箭（*Atlas*）作为助推器。1961年5月5日，小艾伦·B.谢泼德（Alan B. Shepard Jr.）成为第一个在宇宙中进行了15分钟亚轨道飞行的美国人。1962年2月20日，小约翰·H.格伦（John H. Glenn Jr.）成为第一个进入地球轨道的美国人。

继“水星计划”后，美国又实施了“双子座计划”（Project Gemini），1965—1966年共进行了10次载人飞行。这个由Titan Ⅱ火箭提供动力的程序完善了轨道空间飞行的操作程序，包括会合与对接、舱外太空行走操作和再入与恢复。1965年6月3日，小爱德华·H.怀特（Edward H. White Jr.）成为第一个实现太空行走的美国人。

“水星计划”和“双子座计划”的成功，为“阿波罗计划”（Project Apollo）实现人类在月球上行走奠定了基础。“阿波罗计划”由“土星V”火箭提供动力。迄今为止，这是人类唯一一次离开地球轨道，在更远的太空进行探索。当然这一计划耗费了巨额的成本。1967年1月，“阿波罗号”起飞时在地面上爆炸，没能完成登月计划，罗杰·B.查菲堡（Roger B. Chaffee）、维吉尔加斯·格里森（Virgil Gus Grissom）和小爱德华·H.怀特（Edward H. White Jr.）三名宇航员在此次事故中牺牲。1969年7月20日，尼尔·阿姆斯特朗（Neil Armstrong）成功登月，成了在月球上行走的第一人。1972年12月13日，尤金·A.塞尔南（Eugene A. Cernan）再次登月，成为迄今为止最后一个在月球上留下足迹的人。阿波罗－联盟测试项目（Apollo-Soyuz Test Project）则成功测试了美国和苏联航天器之间的会合和对接程序。

自20世纪80年代起，美国国家航空航天局将主要精力放在了航天飞机计划上，致力于将人类和卫星等带入低地球轨道。航天飞机，又被称“太空运输系统”，它以固体火箭为助推器，并在穿梭火箭和外部燃料箱组成的复杂推进系统的共同作用下，将飞行器运送到太空。随后，它滑翔回地球，进入飞机跑道着陆。飞船甲板中间的实验舱中留有一定空间，太空实验室等模块也可以安装在货舱中，便于增加实验的灵活性。到目前为止，美国国家航空航天局的专项研究非常成功，成功探索了空间环境对物质科学、物理科学、神经生物学、免疫学、发育生物学和植物生理学的影响，并在国际上具有深远影响。例如，STS-87（1997年5月）在飞船甲板中间的实验舱进行了一个试验，由来自美国和乌克兰的专家团队和来自美国、乌克兰和日本的宇航员合作开展工作。然而，由于“挑战者号”（STS-51L，1986年1月28日）和“哥伦比亚号”（STS-107，2003年2月1日）以失败告终，共有14名宇航员在计划中丧生，航天飞机计划的弊端被凸显出来。

1984年，美国国会授权建造一个新的空间站，类似于车辆站点的航天器中转站，由俄罗斯、日本、欧盟（European Union）和其他国家的国际伙伴共同建成。穿梭火箭、俄罗斯航天器以及后期欧洲航天局（European Space Agency）发射的航天器都会定期为空间站提供补给。

美国国家航空航天局所从事工作的主要目的和重点项目是人类的空间探索，它的成功并不局限在这一领域。来自太空探索的技术创新已经在计算和通信方面取得了突破；“哈勃”空间望远镜（Hubble Space Telescope）的研制和发射为人类窥视广阔的空间提供了一个新的窗口；陆地卫星系列通过遥感技术为地球的生态学提供了新的内容；气象卫星已成为天气预报的重要工具。当然，美国国家航空航天局仍然把“航空航天”视为自己工作的重中之重，有关推进系统、空气动力学和复合材料研究始终会对军用和民用飞机的制造产生影响。50多年来，美国国家航空航天局始终保持着开创空间探索，进行航空航天科学发现的初心。

撰 稿 人：James A. Guikema

另请参阅：Colonizing Other Worlds；European Space Agency；Hubble Space Telescope；Space Program, Overview；Space Shuttle

参考文献

[1] U.S. National Aeronautics and Space Administration：www.nasa.gov.

National Association of Science Writers 国家科学作家协会

国家科学作家协会（National Association of Science Writers，NASW）成立于1934年，是美国最大的，致力于科学作家专业利益的组织。根据该协会网站所述，国家科学作家协会于1955年正式成立，其章程是通过媒体向公众传播关于科学的准确信息。也就是说，国家科学作家协会的宗旨就是争取科学新闻的自由流动。

国家科学作家协会基于某领域同行是以对某一问题进行非正式讨论为目的的组织，到现在已经拥有2600名成员。该组织的工作包括举办年度讲习班、出版季刊、开设网站、管理资金和奖学金，促进各个科学和工艺领域的科学写作。随着其规模不断扩大，国家科学作家协会还促进成员间的合作，创造包括线上线下的各种合作机会，将遍布美国和多个国家的科学作家聚集在一起。

国家科学作家协会的工作主要由志愿者担任。其执行委员会由4名官员和11人董事会组成，任期2年。其中，官员必须从事新闻工作。多年来，国家科学作家协会的成员囊括了美国大多数主流报纸、广播、杂志和网站的工作人员。任何具有良好信誉的国家科学作家协会会员都有资格成为董事会成员。为准确反映成员的需要和利益，委员会随着各领域发展趋势和速度的不同而发生变化。志愿者联络人成了国家科学作家协会和其他新闻组织之间的桥梁。

任何人如果想成为国家科学作家协会的成员都可以通过申请来实现，申请人需要提供自己已经参与出版的工作证明。具有正规会员资格的人包括：在职记者、作者、编辑、制片人、公共信息官员、科学写作教育者、电影编剧或制作人以及博物馆展品和其他旨在向公众宣传科学和技术的工作者。同时，国家科学作家协会也设立了学生会员资格，促进青年人对某领域的兴趣，学生会员不需要履行像普通会员一样的严格申请过程。对于目前在新闻或科学计划中注册的或在学校报纸上担任记者或编辑的学生，都有成为学生会员的资格。

国家科学作家协会规定，国家科学作家协会及其成员在使用会员资格时必须按照组织的目标行事，符合最高的新闻标准。国家科学作家协会不具有政治立场，不允许以组织或组织成员的名义赞同候选人、支持具体立法或从事其他与任何政治事件有关的活动。但是，国家科学作家协会可以对与新闻、信息自由和其他公共政策辩论有关的问题持有立场，这些问题与成员根据新闻工作的最高标准行事的能力有关。

国家科学作家协会的成员主要专注于专业发展。国家科学作家协会年会通常在能够承办大型专题技术讲座、能为学者们提供良好交流平台的地方举行。其他地区也会举办类似的较小规模的讲习班。国家科学作家协会赞助旅行奖学金为相关会员参加年度会议以及其他会议提供资金支持。自 1952 年以来出版的季刊《科学作家》(*Science Writers*)会关注会员和专家的报告中相关的问题和争议。会员还有相关的工作便利，可以使用帮助自由职业者获得报酬的投诉系统以及享受专业的电子邮件和网络托管服务。国家科学作家协会还定期增加其他会员服务，反映会员不断变化的需求。

国家科学作家协会会执行一系列计划，特别是鼓励学生成员进入某一领域，包括在国家会议上一对一指导和年度实习展会，吸引了大量潜在的投资者和学生。

国家科学作家协会赞助了于 1972 年成立的年度科学社会奖，来表彰在该领域做出杰出贡献的人。奖励包括不同额度的奖金，以奖励那些用写作和多媒体手段解决科学与社会关系问题的项目。这些奖项仅由国家科学作家协会资助，没有任何其他的专业或商业支持。

为了在全球范围内促进科学写作，国家科学作家协会本身也是世界科学记者联合会(World Federation of Science Journa lists)的成员，并参与联合会在世界各地举办的聚会。作为其国际活动的一部分，国家科学作家协会最近与阿拉伯科学记者协会(Arab Science Journalists Association)合作，促进新的科学写作小组的发展，增加跨文化、跨国界的学习与交流。

撰 稿 人：Tinsley Davis

另请参阅：American Medical Writers Association；Career Paths，Medical Writing/Medical Journalism；Career Paths，Science/Environmental Journalism；Council for the Advancement of Science Writing

参考文献

[1] National Association of Science Writers：www.nasw.org.

National Development, Science and Technology in 科学技术在国家发展中的作用

目前，大规模的科学与技术以及相关的信息、知识和新闻都集中在发达国家。21 世纪初，世界各国进行了很多国际科学技术合作项目，包括在瑞士日内瓦进行的欧洲核子研究组织(Conseil Européen pour la Recherche Nucléaire, CERN)的大型强子对撞机项目(Large Hadron Collider)，位于法国卡达拉什的国际热核实验堆(International Thermonudear Experimental Reactor, ITER)，以及国际空间站等。这些合作花费了数十亿美元，聘用了数千名拥有高级学位的科学家和工程师进行精心规划、协调和项目管理。这些项目主要由发达国家参与和领导。

与这些由发达国家主导的国际合作项目相比，发展中国家的科技活动处于较初级的阶段，例如，改善科学教育，研发可替代昂贵进口材料的本土资源，以及在适当的技术水平上进行创新。许多发明者是为生活或生意的需要而进行的发明创造，他们仍然继续原有的工作，但是会利用本地的易得材料创造有用的装置，适应使用者的需要。然而，一些违反物理学定律、为历史上的重要问题提出“梦幻般”解决方案的“发明”故事会偶尔出现在媒体上，这反映了许多发展中国家的媒体从业者和公众对科学理解的水平较低。

由于科技对国家的经济发展至关重要，发达国家和发展中国家之间在这一领域上的差距将会导致它们之间的贫富差距继续加大。也就是说，现在世界上不同国家之间的差距，主要是各国在经济及其他各方面所采取的差异性科技政策和战略的结果。当然，发展中国家与发达国家之间的差异也不绝对，科技活动的分布并非总是如此，其中还有更加复杂的历史因素。

简　史

历史上，中世纪晚期前，西欧人在科学技术上落后于中东、南亚和中国。西方的科技崛起开始于文艺复兴和科学革命时代，结束于工业革命期间。西方人从东方的科学技术中汲取了大量的经验，例如，西方利用了中国的火药、磁罗盘、马具和印刷机，以及来自中东的风车和水车。在数学方面，西方和整个世界所采用的数字系统都是一致的，数字体系的名称中就体现了其来源——印度－阿拉伯语系。在科学方面，将地球定义为太阳系中心的哥白尼学说，实际上也是在中东已有的思想基础上提出。然而，为发展现代科学做出主要贡献的仍然是西欧人。这里的商人和资本家创造了一个有利于形成关于自然、社会和人类在事物秩序中的角色的新观念的环境。最终，在科技的帮助下，欧洲人能够从文艺复兴时代开始进行世界范围的经济和政治统治。直到现在，欧洲在世界的经济政治方面仍然扮演着重要角色。

社会因素影响科学的发展，同时也受到其反作用，科学会影响社会的发展，这在19世纪中叶至20世纪初的工业革命时期体现得尤为明显。特别是与早期开发的简单技术不同，以电磁学为基础的物理学技术（包括电报和早期无线通信）需要在理解迈克尔·法拉第（Michael Faraday）和詹姆斯·克拉克·麦克斯韦（James Clerk Maxwell）的发现的基础上进行。新技术的发展促进了新行业的产生，促进了资本和信息的流动，此外更精确的测量技术也促进了科学的发展。因此我们可以看到，从19世纪中期开始，科技发展对社会确实产生了重大且长远的影响。

工业革命使英国、法国、德国和荷兰等很多欧洲国家的经济快速增长，也促进了19世纪末美国和日本这两个新兴工业化国家的经济增长，这种快速增长推动了两国之间的政治竞争，而这样的竞争也扩散到对其他国家的控制中。当时，非洲、美洲和亚洲的一些成为殖民地的国家都会受到其保护国或其他较发达国家在科学技术等方面的影响。正如伊恩·英克斯特（Ian Inkster）在1991年出版的《历史中的科学与技术》（*Science and Technology in History*）中所说，殖民地的初期工业化，主要来源于保护国对其的开发利用，对于新工业来说，市场和原材料来源需求的降低意味着殖民地扩张速度的减缓。因此，正是由于需求不大，发展中国家在应用科学和工程领域几乎没有增长。一个曾被殖民的国家实施的科学事业，强烈地依赖于其殖民国家的科学，这间接传达出殖民者的文化“优越性”。

与印度的情况相反，在菲律宾，其第二个殖民国美国将主要精力放在了建立高等教育、卫生、农业等公立机构上，科学和技术领域发展甚微。这主要是由于在该国实行了300多年殖民统治的第一个殖民国西班牙本身并没有在18世纪和19世纪参与席卷欧洲的科学和工业革命。而在20世纪初，由于美国人刚刚从德国、法国和英国学习到科学知识，他们也无法将科学传递到菲律宾。

20世纪上半叶，两次世界大战相继爆发，特别在第二次世界大战期间，发达国家之间的冲突发生在了发展中国家的土地上。这一时期对世界科技的发展影响巨大。两次战争都使用了当时最先进的武器，在第二次世界大战期间，参战国还将科学研究首次应用到了军事行动当中。美国的“曼哈顿计划”（Manhattan Project）表明，这些由数百名科学家和军事人员共同进行的科学前沿领域的定向军事研究（在此期间主要指“核裂变研究”）可以在短时间内实现美国雄心勃勃的目标。第二次世界大战结束时，原子的力量被释放。讽刺的是，核武器的巨大威力使各个国家都不敢轻举妄动，间接地维持了世界和平。因此，最终的结果是，战争间接导致了前殖民地的独立。

新殖民时期，即“冷战”时期，世界分为两个阵营——苏联和东欧集团与美国和其西方盟国。在此期间，科技水平又有了大幅提高，武器和空间科技的竞赛促进了更有效的核武器——氢弹的诞生，更好的运载系统导弹的研发还促使了卫星通信技术和月球着陆技术的发展。经济和军事竞争加快了一系列技术的发展，例如，微电子学、材料科学以及重组DNA技术的进步也促进了新行业的产生。发达国家的大学不断扩大自身的规模，争取更多的基础和应用研究资金，并将研究成果应用于工业。但除了“冷战”对手之间的战争，“代理战争”也开始在一些现在已经独立的发展中国家产生（如越南和阿富汗）。

20世纪80年代末，苏联和东欧集团开始解体，最终导致了与意识形态对手之间关系的瓦解。“冷战”时期，空间和核技术逐渐由激烈的竞争转向合作。例如，目前的国际空间站项目的前身是1986—1996年出现的“和平号航天飞机计划”（Shuttle-Mir Program）[①]。后来被归为第三世界国家的前殖民地则没有在科技方面取得实质性进展。到20世纪末，只有极少数发展中国家的人的生活达到了可与西方先进技术工业社会相比，甚至与之竞争的水平。印度和中国是世界上人口最多的两个国家，但是直到20世纪90年代，这两个国家才逐渐融入世界市场。不过，这两个国家已经取得了相当大的经济进步。中国现在是“世界工厂”，印度是世界上最重要的信息技术服务提供商。

发展中国家科技发展的全球计划

上一节的历史回顾表明，科技是发达国家和发展中国家共同的财富。虽然当前大多数发展中国家并没有足够的资源参与大规模的科研活动，但发展中国家也有了更多机会参与科技活动。此外，正如欧洲在文艺复兴时期的经历所显示的，科技的下一个重大发展可能不是来自类似于哈佛或剑桥这样的发达国家的组织，而是来自发展中国家的某个组织或机构。发达国家的决策者和领导人也明白这一点，他们愿意为发展中国家的科技发展提供援助。

当今的全球经济中，帮助发展中国家改善科学和工程教育对发达国家的发展大有裨益。例如，发展中国家的业务流程外包和定位制造等实践活动降低了业务成本，提高了跨国公司的利润。跨国公司还可以通过在具有强大的科学和工程计划的发展中国家建立项目以降低自身研发成本，如英特尔（Intel）和微软（Microsoft）都在印度和中国建立了研发部门。

除了有利于长期发展，帮助发展中国家改进其科技对发达国家也有着直接的好处。在世界经济高度一体化之前，许多发达国家，特别是美国，吸引了大量来自发展中国家的科学和工程学研究生。而这些学生当中有很大一部分留在美国成了大学教师或从事其他工作。如果其在本国接受的教育达不到美国学术机构的标准，他们将不能获得美国大学研究生

① “和平号航天飞机计划”是俄罗斯和美国的合作空间计划。——译者注

资格。在一些发展中国家，由于如洛克菲勒（Rockefeller）和福特（Ford）等基金组织的援助及美国"富布赖特–海斯计划"（Fulbright-Hays Program）的支持，一些本科或更高的学习阶段的留学生就能在海外的大学获得更好的教育、教学资源，提高自身能力。

还有一些高水平的专业培训方案展开。例如，亚历山大・冯・洪堡基金会（Alexander von Humboldt Stiftung）允许发展中国家拥有博士学位的学者，作为"洪堡学者"利用一年到两年时间在德国大学的实验室开展研究。位于意大利的里雅斯特阿卜杜勒・萨拉姆国际理论物理中心（Abdus Salam International Center for Theoretical Physics）提供了各种长短期计划[该研究中心由诺贝尔奖（Nobel Prize）获得者阿卜杜勒・萨拉姆（Abdus Salam）创办，由意大利政府、国际原子能机构（International Atomic Energy Agency）和联合国教科文组织（United Nations Educational, Scientific and Cultural Organization）及其他组织提供资金]。东盟（Association of Southeast Asian Nations, ASEAN）通过与欧盟（European Union, EU）合作共同开发课程材料，以此促进东盟成员国所属的科学、数学和工程学院学术部门的发展。亚洲实行了更广泛的欧盟计划和亚洲联盟计划，为175个机构提供了支持。另一个欧盟计划为发展中国家的公民提供了奖金数额超过千万的"伊拉斯谟斯"奖学金（Erasmus Mundus scholarships），并为获奖者提供在欧洲学习的机会。世界银行的"新千年科学启动项目"（Millennium Science Initiative）为发展中国家提供贷款，用于改善高层次科学和技术研究，旨在减轻发展中国家的"人才外流"问题。

另一个更为重要的问题是日益增加的信息和数字鸿沟，这使发展中国家的儿童与发达国家相比处于明显的不利地位。这一现象具体体现为一台笔记本电脑对一个孩子成长的影响。对此，麻省理工学院（Massachusetts Institute of Technology, MIT）媒体实验室创办者尼古拉斯・尼格罗庞特（Nicholas Negroponte）主导了一项计划，获得了信息技术公司和半导体公司的联合支持。该计划的目标是生产便宜的笔记本电脑（价值约100美元）提供给发展中国家的儿童。

发展中国家科技计划的成功案例

韩国和中国台湾地区等曾经被殖民的国家和地区，是如何实现巨大的经济增长和科技进步并最终跻身世界前列的呢？又是什么因素导致一些前殖民国家始终处于经济停滞、科技落后的水平呢？科技发展在这些国家的经济中发挥了怎样的作用？是它们的经济发展促使科技取得了巨大的进展吗？虽然其中一些国家在其宪法中有提及科技，但并没有证据表明政策对科技具有一致的影响。那么，又该如何解释上述差异呢？显然，历史和环境发挥着重要的作用。即使有过类似历史、位于同一大地理环境的发展中国家，最终也会朝着不同的方向发展。

如今，发展理论家普遍同意，国家创新体系是解释一个国家发展成败的决定性因素。大体来说，创新体系可以定义为有助于一个国家财富积累和知识产生的制度或安排。创新体系中主要的机构包括政府、教育系统和私营部门；重要政策包括社会经济政策、土地法以及学术界、工业界和政府机构之间的关系调整。其中，领导者也发挥着关键作用。例如，在韩国，科技发展的主要领导者是朴正熙（Park Chung Hee），他从20世纪60年代初到1979年主持了该国的工业化。

20世纪50—60年代，一些新独立的发展中国家和地区采取了进口替代政策以保护新兴产业的方法。如韩国和中国台湾地区通过关税和进口配额鼓励人民使用当地产品，这与许多拉丁美洲和亚洲的国家和地区不同。早前，韩国和中国台湾地区的当局人士就意识到有限的本土市场无法维持工业发展，他们开始寻求出口以维持工业增长。与工业不断增长却又面临发展迟缓的地区不同，韩国和中国台湾地区的出口压力迫使当地工业不得不提高生产效率、降低生产成本、提高产品质量。这是韩国和中国台湾地区与其他发展中国家和地区之间的一个主要区别。

韩国和中国台湾地区都有效地实行了产业政策，当局为特定的行业提供直接支持和激励，这也可以理解为通过行业间的竞争选出其中有发展的行业进行扶持，从而确定整体的行业发展方向。这与“自由主义经济学”中的观点相悖，后者认为当局的唯一作用应该是提供有利的宏观经济环境，应由私营部门根据市场需求确定哪些行业应当向前发展。由于韩国和中国台湾地区跟随其殖民者日本实施了这一有益的工业政策，它们才能够分别在半导体、电子、造船、汽车及零件制造等方面取得巨大进展，成为经济比较发达的国家和地区。不过，这些政策也并非始终有效，这两个地区另一个成功之处是知道在什么时候改革，目前，他们已经修改了这些政策。

除了采取以出口为导向的战略和实行有效的工业政策，韩国和中国台湾地区都实施了世界银行称之为“基本权利”的措施。它们在诸如电信和道路等基础设施建设上投入了巨资，向各级教育投资的速度也远高于大多数国家和地区。它们在培养生产和技术人员、科学家及具有高等教育水平的工程师上集中花费精力。到 20 世纪 80 年代，韩国和中国台湾地区每 10 万人中的研发人员占比虽然仍落后于最发达的国家和地区，但已经比世界上大多数国家和地区高得多。这些投资使这两个地区对跨国公司具有更大的吸引力。此外，韩国和中国台湾地区外汇储备金高，故容易降低资金成本，其资本能够负担工业发展的需求。

韩国和中国台湾地区使用的最重要的战略是技术采购，这一战略很久之后才被其他发展中国家和地区认可。在全球开始要求保护知识产权之前，发展中国家和地区一直在对来自发达国家的技术进行“逆向工程”[①]。而韩国和中国台湾地区对知识采取的方法却不同，如与跨国公司的合资企业达成许可协议，甚至直接购买技术。这其中一个非常有效的策略是：如果本地的公司能够更便宜地生产产品，那么跨国公司将会愿意将制造技术转移到发展中国家和地区的公司，条件是该产品未来要以跨国公司的品牌名称进行出售。鉴于韩国和中国台湾地区在技术教育上投入的大量资金，它们逐渐有能力采取这一策略，并加以广泛使用。韩国和中国台湾地区当局还建立了研究和培训机构，使大学能适应应用领域的发展。

随后，跨国公司会把原始设计制造系统转移到这些国家和地区，当地公司则可以根据跨国公司的总体要求进行自由设计。最后，当地公司可根据为跨国公司设计产品积累的经验开创自己的品牌，即可以使用自己的品牌名称销售产品。这时，整个制造过程都由本国公司自主开展。

韩国和中国台湾地区之间的一个主要区别是，韩国的经济增长集中于大型企业集团的发展，这符合日本的发展模式。中国台湾地区的战略重点则是中小型企业的增长，更接近德国的增长模式。但是，不管将行业中哪个部门的增长放在首位，这两个成功的案例基本上遵循了以下战略：①较早的出口导向。②有效的工业政策。③尊重基本的知识产权。④技术采购。韩国和中国台湾地区在对科技进行投资的同时也制订了工业增长方案。科技投资在工业达到技术复杂化的阶段时得到了回报，这与科学和工程方面的先进知识分不开。

---

① 逆向工程是一种产品设计技术再现过程，即对一项目标产品进行逆向分析及研究，从而演绎并得出该产品的处理流程、组织结构、功能特性及技术规格等设计要素，以制作出功能相近，但又不完全一样的产品。——译者注

自由贸易、知识产权和发展中国家

现在，其他发展中国家在努力改善其经济的同时，也面临着威胁和机会。威胁来自自由贸易和严格的知识产权保护。严格的知识产权保护制度使技术成本变得更加昂贵，难以进行“逆向工程”。货物和服务的自由流通使发展中国家的工业更难与发达国家竞争。诸如配额和关税等障碍不能再用于保护地方工业。同时，由于许多发展中国家过去没有保护知识产权，也导致其工业发展迟缓，开放竞争有可能迫使其变得高效。但更可能的是，许多现有的公司将无法生存。

严格的知识产权保护将导致发展中国家（地区）更加认真地学习和研究科学，这是促进发展的好机会。发达国家在科学方面相当开放，也十分地尊重知识。如前所述，发展中国家有许多机会可以利用发达国家的开放政策来加强高等教育。互联网也帮助人们更容易地获得所需要的任何方面的材料，如访问在线期刊、数据库和档案。现在，发展中国家的科学家不再与其同行隔离。他们身处先进科技观念的世界，又掌握相对较少的信息，有潜力像文艺复兴时期老派学者如饥似渴汲取知识以满足他们的想象力。因此，下一个科学上的重大发展更可能发生在发展中国家。

撰 稿 人：Jose A. Magpantay

另请参阅：Cold War Rhetoric；Science Communication and Indigenous North America

参考文献

[1] HOBDAY M. Innovation in East Asia：The challenge to Japan [M]. Northampton，MA：dward Elgar，1997.

[2] INKSTER I. Science and technology in history：An approach to industrial development [M]. New Brunswick，NJ：Rutgers University Press，1991.

[3] SAPOLSKY H. Science，technology，and military policy [M]//I SPIEGEL-ROSING，D DE SOLLA PRICE（Eds.）. Science，technology and society：A cross-disciplinary perspective. BeverlyHills，CA：Sage，1977：443–471.

[4] TERESI D.Lost discoveries：The ancient roots of modern science—from the Babylonians to the Maya[M]. New York：Simon & Schuster，2003.

[5] WAGNER C S，BRAHMAKULAM I，JACKSON B，et al. Science and technology collaboration：Building capacity in developing countries? [M].（RAND Science and Technology Report MR–1357.0–WB）. Santa Monica，CA：RAND，2001.

National Institutes of Health, U.S. 美国国立卫生研究院

美国国立卫生研究院（National Institutes of Health，NIH）位于马里兰州贝塞斯达，是美国负责开展和支持卫生方面相关研究的主要机构。科学家的主要工作是预防疾病、改善民众健康状况。迄今为止，美国国立卫生研究院已经挽救了美国和世界无数的生命。据研究数据显示，2008 年，美国国立卫生研究院预算为 290 亿美元，共雇用了 18000 名职员，其中 6000 名是科学家。信息的广泛公开也是美国国立卫生研究院主要活动的一个重要组成部分，因此，关于美国国立卫生研究院研究的新闻也在教育和其他公共领域得到了广泛的宣传。

美国国立卫生研究院也曾致力于改善医疗保健制度。19 世纪 80 年代，美国国立卫生研究院的历史记录显示，国会（U.S. Congress）曾规定对从欧洲移民进行霍乱和黄热病的筛查，防止疾病从被感染的移民身上蔓延至整个国家，形成大范围的流行病。根据联邦疾病控制和预防中心（Centers for Disease Control and Prevention）提供的信息，霍乱的传播包括饮用受污染的水或食用受污染的食物，主要症状包括呕吐、脱水、肌肉痉挛和肌肉塌陷。而黄热病可以通过蚊虫叮咬进行传播，初始症状包括发热、寒战、恶心和疲劳，紧接着会形成更加严重的症状。一些空间狭窄且不卫生的客船很可能是这些疾病的滋生地。

1887 年，著名微生物学家路易斯·巴斯德（Louis Pasteur）和美国国立卫生研究院的第一任主任约瑟夫·金荣（Joseph J. Kinyoun）博士在史坦顿岛的一个实验室中成功实现了霍乱病毒的隔离，防止了该病毒扩散到纽约市。同时，抵达埃利斯岛的患病移民也实现了隔离。金荣的研究为美国国立卫生研究院今天的工作奠定了基础。

1930 年 5 月 26 日，赫伯特·胡佛（Herbert Hoover）总统签署立法，正式在华盛顿特区市中心建立美国国立卫生研究院，1935 年，国会批准了位于贝塞斯达的一块 45 英亩（约 182108 平方米）的地域，对美国国立卫生研究院进行扩建。

作为美国卫生和人类服务部（U.S. Department of Health and Human Services）的 13 个机构之一，美国国立卫生研究院由 27 个研究中心和研究所组成，它们承担美国国立卫生研究院的医学研究任务。例如，国家癌症研究所（National cancer Institute），国家眼科研究所（National Eye Institute），国家心脏、肺和血液研究所（National Heart，Lung，and Blood Institute，NHLBI）都隶属于美国国立卫生研究院。每个机构都致力于对特定疾病或人体的一部分进行科学研究，以降低人们患病的概率；或对特定健康相关的社会问题进行研究，如药物滥用。

除了本身隶属于总部的科学家要开展科学研究，该机构还向 3000 多所大学和医学院校的超过 325000 名研究人员提供了近 5 万项竞争性资助，这些机构正在努力寻找癌症、糖尿病和其他疾病的治疗方法。有超过 100 名曾受美国国立卫生研究院资助的科学家获得了诺贝尔奖（Nobel Prize）。他们的医学发现对社会产生了巨大影响，并在实际医疗中被广泛使用。例如，1977 年，一组美国国立卫生研究院的研究人员和合作者发布新闻，建议妇女定期进行乳腺检查，达到早期预防乳腺癌的目的。20 年后，新研究表明，某些年龄组的妇女确实应当定期对乳房进行 X 射线检查。

事实上，受美国国立卫生研究院资助的研究已经在以下方面取得了实质性的进步：①心脏和中风死亡率从 1975 年的 51% 降至 2000 年的 40%。② 1995—2001 年与艾滋病相关的死亡人数下降了 70%。③预期寿命从 1900 年的 47 岁增加到了 2000 年的近 77 岁。④美国国立卫生研究院生产的疫苗使许多传染病的传播受到了抑制，如百日咳、风疹和曾夺去数百万人生命的球菌肺炎。

美国国立卫生研究院也解决其他与健康有关的问题。例如，2009 年 6 月，美国国立卫生研究院发布了一项研究，其结论认为，小学进行全校范围内的预防计划可以减少学生的问题行为。研究显示，参加过 1—4 年的学校预防计划的五年级学生与没有参加计划的学生相比，参与药物滥用、暴力或性行为的可能性会降低约 50%。这项研究得到了国家药物滥用研究所[（National Institute on Drug Abuse）国立卫生研究院的一个下属机构］的支持。

美国国立卫生研究院的研究经费也支持与不发达国家或发展中国家的研究人员合作建立研究和培训中心，以预防和控制心脏病、肺部疾病和糖尿病一类的慢性病。截至 2009 年，国家心脏、肺和血液研究所计划在建立合作卓越中心（Collaborating Centers of Excellence, CCOE）网络中授权签订了总价值 3400 万美元的 10 份合同。合作卓越中心由低收入或中等收入发展中国家的研究机构组成，与至少一个发达国家的学术机构成为合作伙伴，相互配合，共同致力于在全球范围内解决慢性疾病。孟加拉国、中国、危地马拉和印度都是建立合作卓越中心的国家。根据世界卫生组织（World Health Organization, WHO）的数据，心肺疾病、癌症和 II 型糖尿病已经占全世界死亡人数的 50% 以上。

撰 稿 人：Kim Smith

另请参阅：Cancer Prevention and Risk Communication；Centers for Disease Control and Prevention，U.S.；Health Communication，Overview；Health Literacy；Public Health Service，U.S.

参考文献

[1] Centers for Disease Control and Prevention.（n.d.）. What is cholera?［EB/OL］.www.cdc.gov/nczved/dfbmd/disease_listing/cholera_gi.html#What is cholera.

[2] Centers for Disease Control and Prevention.（n.d.）. What is yellow fever?［EB/OL］. www.cdc.gov/ncidod/dvbid/yellowfever/YF_FactSheet.html.

[3] HAMOWY R. Government and public health in America［M］. Cheltenham，UK：Edward Elgar，2007.

[4] LEUCHTENBURG W. Herbert Hoover：The 31st president，1929–1933［M］. New York：Henry Holt，2009.

[5] A Short History of the National Institutes of Health：http://history.nih.gov/exhibits/history/index.html.

National Science Foundation, U.S. 美国国家科学基金会

美国国家科学基金会（National Science Foundation，NSF）由美国国会（U.S.Congress）于1950年创建。作为一个独立的联邦机构，美国国家科学基金会建立之初是为了在健康卫生、经济发展、人民福利和军事国防等领域提供经费，广泛促进科学进步。随后，美国国家科学基金会开始集中支持科学和工程的基础研究，将健康卫生、军事国防等其他领域的工作分给了不同的机构。如今，美国国家科学基金会是唯一一个能够支持所有非医学研究领域的美国联邦机构。美国国家科学基金会是世界上最重要的基础科学资金供应机构，2008年，其预算已经超过60亿美元。特别是在美国，很大一部分传播较广、关注度高的科学进步都来自美国国家科学基金会的资助，美国国家科学基金会也是所有科学和教育领域背景统计的主要数据来源，包括有关科学素养和公众理解科学的统计数据。

虽然美国国家科学基金会的预算来自美国国会，但该机构远离政治，很少因政治因素引起预算受限。不仅如此，美国国家科学基金会通常能够在国会上获得两党支持，有时国会审批给美国国家科学基金会的资金甚至超过其申请的数额。多年来，美国国家科学基金会的预算一直稳步增长，尤其在1957年苏联发射人造卫星和20世纪80年代世界范围的科技大发展时期，其提供的支持显著增加。接受美国国家科学基金会资助的大多是美国的学院和大学。虽然美国国家科学基金会总预算不及美联邦研发预算的5%，但它向约20%的美国高等教育学术机构提供了资金支持。

美国国家科学基金会的总部设在弗吉尼亚州阿灵顿，员工总人数约1700人，由1名董事监督，其与24名国家科学委员会（National Science Board）的委员共同合作。董事和董事会成员的任期为6年，由美国总统直接任命，并由美国参议院（U.S.Senate）确认。董事会每年举行6次会议，确定基金会的一般政策。

除了资助传统学术研究领域的项目，美国国家科学基金会还支持一些被传统领域认为是高风险的新兴领域。这些领域可能与传统领域完全不同，或有来自不同学科科学家之间的新型合作。美国国家科学基金会有时也支持国际企业。美国国家科学基金会的部分资金还会用于从公共宣传项目到各级正规教育的项目。

作为其任务的一部分，美国国家科学基金会向美联邦确认将要资助的科学领域，并制定解决这些需求的计划。为此，美国国家科学基金会不断收集关于美国和其他国家研究活动的信息。数据包括：关于公众对美国和世界整体科技发展的理解水平的信息，从小学到博士后的教育水平、国家和国际学院、大学的人口统计、美国的研究和发展的具体情况，世界各国的工业在科学及科学相关领域的影响和需求。美国国家科学基金会的报告通过其网站以印刷品或电子文件的形式公布。

对申请人的资助，通常是由负责不同计划的董事通过复杂竞争来决定。过程如下：①美国国家科学基金会宣布资助机会，包括申请指南和申请期限。②收到申请书后，项目主管从美国和世界各地的大学邀请评审专家进行评审，专家提交评审意见。③项目主管提出若干建议，提交部门主管审查。④部门主管作出最终决定，并提交。⑤拨款和协议司审查拨款与合作协议中的具体科研业务。⑥项目主管与受助方讨论细节，宣布最终决定。

申请制的优点是判断具有一系列标准，即使这些标准因项目不同而有所不同，但通常都包括申请书的科学严谨性、社会影响、创新水平、科学家的学术背景、良好的计划和预算。美国国家科学基金会会根据经费的可用情况，把经费投入最好的科研项目中。一些特别类型的项目可以完成首期资助后继续接受资助。

现在，美国国家科学基金会对由两个或更多机构之间的合作项目给予了越来越多的优先权，特别是如果某一个机构拥有较大数量的曾被认为是科学领域的少数群体成员。同时，根据具体的学科，也会考虑研究人员的性别等情况。例如，传统上认为在数学和工程方面，妇女和残疾人相对弱势，因此，更有可能使其所在的机构得到资助。

目前，美国国家科学基金会受到越来越多关注的另一个领域是涉及跨学科的项目，这些项目将带来不同的视角，解决人类生活中的具体问题。

美国国家科学基金会同样支持那些提高各个年龄段人群科学素养的项目，包括教授涵盖儿童到成人年龄范围的科学知识及更正式的教育项目。

关于奖项，美国国家科学基金会设立了涉及科学和工程基础设施的相关奖项。例如，国家科学总统奖章（President's National Medal of Science）、数学和科学教学卓越总统奖（Presidential Awards for Excellence in Mathematics and Science Teaching）、科学家和工程师总统早期职业奖（Presidential Early Career Awards for Scientists and Engineers）以及科学、数学和工程指导的总统奖（Presidential Awards）。

撰 稿 人：Aldemaro Romero

另请参阅：Big Science；National Academies，U.S.；Science Indicators，History of the NSB Project on

参考文献

[1] National Science Board，U.S. Science and engineering indicators [EB/OL]. ww.nsf.gov/statistics/seind08/.

[2] National Science Foundation，U.S. About the National Science Foundation [EB/OL]. www.nsf.gov/about/.

Nature
《自然》

《自然》(*Nature*)杂志是自然出版集团(Nature Publishing Group,NPG)的旗舰期刊,也是全球负有盛名的科学杂志。它成立于1869年,其编辑工作独立于出版商。正如它的同行《科学》(*Science*)杂志一样,《自然》杂志周刊会发布所有科学领域的重要发现,因此被称为"多学科期刊"。2000年,该杂志进一步明确了其定位,将杂志重新定位为"迅速出版"涉及任何科学领域的重要成果、报告及讨论科学界的新闻和问题。

《自然》在汤姆森路透(Thomson Reuters)《2007年期刊引文报告》(*Journal Citation Reports 2007*)中的6426个期刊中排名前10。它不仅以其关于基础研究,特别是生命科学相关的论文而闻名,还因其关于科学发展和研究政策的新闻报道而闻名。

《自然》的组成

《自然》的总部在伦敦,其出版商自然出版集团是麦克米伦集团(Macmillan)的一个部门,隶属于德国霍尔茨布林克出版集团(German publishing group Georg von Holtzbrinck)。与其他基于社会科学的主要竞争对手相比,《自然》的印刷流通量要低得多,但电子出版的高速发展可能使流通数字变得不再那么重要。此外,《自然》还围绕专门的研究领域出版了大量著名的子刊。

目前,《自然》家族包括15个研究期刊,如1992年首先推出的《自然－遗传学》(*Nature Genetics*)、《自然－评论》(*Nature Reviews*)《自然－临床实践》(*Nature Clinical Practice*)以及《自然－实验手册》(*Nature Protocols*),同时还包括科学实验的在线资源。所有《自然》的子刊独立运作。

近期,自然出版集团在亚洲拓展了新的在线产品,如《自然－中国》(*Nature China*)和《自然－印度》(*Nature India*)。正如文献计量分析所显示的,《自然》具有比科学本身更广泛的国际范围。2007年,自然出版集团又推出了名为《自然预备版》(*Nature Precedings*)的免费预印版本,允许研究人员在初步研究结果基础上进行非正式交流。

在科学传播中的作用

由于以下原因,《自然》被认为是与科学传播最相关的期刊。①高影响力(引用频率的度量和相关性指标)。②高流通水平。③多学科导向。④专业新闻服务。正如其在网站上所宣布的,《自然》通过印刷和广播等途径,确保科学成就以最大的曝光度面向全世界的大众媒体。由于它在研究者中间的影响力,《自然》及其子刊对于科学家的职业发展大有裨益。与其他高影响力期刊的发展趋势类似,《自然》出版的频率在过去10年中略有增加。由杂志社统计的数据表明,《自然》在2007年共收到10332份论文,其中7.82%被发表。

编辑过程

《自然》的编辑寻找的是在某一特定领域具有巨大影响且有趣的文章。与其他科学杂志不同,《自然》没有外部编辑委员会,它的编辑团队受过严格的科学训练,能对文章的刊发作出决定。作者提交的文章首先会进行分类，只有一小部分提交的稿件会被接收，其他文章则因与刊登文章标准不符立即遭到拒绝。文章的研究质量、新颖性和广大读者群的潜在兴趣是编辑部评判的标准。文章通常会发送给 2～3 个编辑。通过编辑审核后，文章还需要经过校稿编辑和其他相关工作人员的核对才能最终出版。

同行评议系统

1967 年，在约翰·马多克斯（John Maddox）任编辑期间,《自然》首个正式的同行评议系统投入使用。过去，在杰克·布林布尔（Jack Brimble）任编辑时，论文只是随机分发给科学家进行审查。正如许多社论所表示的，马多克斯被称为《自然》的一个革新者。他以科学家和科学记者的经历，首次提出了对论文进行“双重评价”的观点。

与其他学术期刊一样,《自然》也不得不处理那些被证明是虚假的已被发表的论文。著名的例子有物理学家简·亨得利克浩（Jan Hendrik Schön）的一系列论文，以及德国乌尔姆大学（Ulm University）教授弗里德黑尔姆·赫尔曼（Friedhelm Herrmann）和德国吕贝克大学（Lubeck University）癌症学教授马里恩·布拉奇（Marion Brach）在生物医学领域合作发表的论文。经过韩国科学家黄禹锡（Woo Hwang Suk）及其同事在《科学》杂志发表了关于克隆和干细胞研究领域的高度公开的欺诈案件，虽然这与《自然》无关，但杂志社仍然开始针对数据提交制定更严格的审查制度，防患于未然。还有一个例子，是关于制定处理有关克隆研究论文的特殊审查制度。自 2006 年以来，任何克隆实验必须在出版前由独立团队进行重复试验。

2006 年 6 月,《自然》进行了一次公开的同行审议，使同行审议系统更加透明，更具互动性。由于论文作者参与这项工作不多，来自公众的意见质量也不高，某一研究的正确性无法通过这种方法得到 100% 的保证。尽管如此，编辑们还是可以从中获得一些经验和借鉴。

作为科学新闻信息源的《自然》

与《科学》一样,《自然》被普遍认为是科学新闻的通讯社。该杂志分为科学论文和科学新闻两部分，旨在提高公众对不同科学领域的理解水平。

像其他世界著名期刊一样,《自然》为注册记者提供新闻稿服务，提醒他们定期发布单篇论文。新闻稿杜绝抄袭现象，记者必须通过抄袭审查，否则将会从邮件名单中被删除。当然，通常情况下，发生抄袭的概率还是很低的。有一个例外是 1997 年出版的研究——著名克隆羊“多莉”（“Dolly”），这项研究在正式出版前就引起了诸多关注。从杂志的角度来看，提前提供禁止发布的信息使记者有足够的时间来深入调查研究故事。但禁止提前发布也有其不足之处，科技记者文森特·基尔南（Vincent Kier nan）认为，这使得从科学到公众的信息流通不畅，且其目的在于最大限度地扩大了杂志的影响力。

《自然》和 Web 2.0

自然出版集团一直是 Web 2.0 技术应用的先驱，其网络服务正在快速扩张。其初始建设基于网络的日常新闻节目“自然新闻”，随后，自然网络作为一个社交平台，提供播客和视频流，自 2008 年 11 月起可以在 YouTube 网站传播。2006 年 11 月，作为一家科学杂志,《自然》罕见地启动了如“第二人生”一类的虚拟空间，后来被命名为“伊洛伊西群岛”。专业在线编辑可以在这一虚拟世界组织研讨会。《自然》网站正在转变成一个多媒体平台，吸引作为主要读者群的广大科学家以及非科学家的关注。

《自然》网站 2008 年被提名为年度威比奖（Webby Awards）的最佳科学网站。2007 年,《自然》和其竞争对手《科学》因在科学期刊界占有特殊的地位，被授予了阿斯图里亚斯王子传播和人文学奖（Prince of Asturias Award for Communication and Humanities）。

撰 稿 人：Martina Franzen

另请参阅：Embargo System；Peer Review；Science；Science in Virtual Worlds

参考文献

[1] ABBOTT A. Wissenschaft bei einer internationalen Fachzeitschrift I [Science in an international journal I]: Between peer review and a science journalism generator [M]//H WORMER (Ed.).Die Wissensmacher. Profileund Arbeitsfelder von Wissenschaftsredaktionen in Deutschland [The knowledge makers: Profiles and fields of scienceeditorial departments in Germany]. Wiesbaden, Germany: VS Verlagfür Sozialwissenschaften, 2006: 299–313.

[2] ACKERSON L G, CHAPMAN K. Identifying the role of multidisciplinary journals in scientific research [J]. College & Research Libraries, 2003, 64: 468–478.

[3] FRANZEN M. Torwächter der Wissenschaft oder Einfallstor f ü r die Massenmedien? Zur Rolle vonScience und Nature an der Schnittstelle von Wissenschaft und Öffentlichkeit [Gatekeeper of science or gatewayfor the mass media? The role of Science and Nature at the interface of science and the public] [M]// S STÖCKEL, W LISNER, G RÜVE (Eds.). Das Medium Wissenschaftszeitschrift seit dem 19. Jahrhundert. Verwissenschaftlichung der Gesellschaft—Vergesellschaftung von Wissenschaft [The mediumof the scientific journal since the 19th century: Scientific transformation of society—Socialization of science]. Stuttgart, Germany: Franz Steiner Verlag, 2009: 229–252.

[4] GARFIELD E. Nature: 112 years of continuous publication of high impact research and science journalism [J]. Current Comments, 1981, 40: 5–12.

[5] KANEIWA K, ADACHI J, AOIKI M, et al. A comparison between the journals Nature and Science [J]. Scientometrics, 1988, 13 (3–4): 125–133.

[6] KIERNAN V. Ingelfinger, embargoes, and other controls on the dissemination of science news [J]. Science Communication, 1997, 18 (4): 297–319.

[7] MADDOX J. Valediction from an old hand [J]. Nature, 1995, 378: 521–523.

[8] Peer review and fraud. Nature [Editorial], 2006, 444: 971–972.

[9] Standards for papers on cloning.Nature [Editorial], 2006, 439: 243.

Nelkin, Dorothy 多萝西 · 尼尔金

多萝西 · 尼尔金（Dorothy Nelkin，1933—2003）是一位社会学家，也是一名多产的作家，她记录下了科学、技术和社会之间的紧张关系。带着对自然的好奇心和作为社会科学家的研究技能，她探讨了诸如创世论、动物权利立法和基因测试等复杂的争议。她的研究也促使人们更好地了解媒体和科学家应当如何塑造公众对科学和技术的认识。她共出版了 26 部著作，并作为共同作者或编辑在许多杂志上发表了文章。她的写作以其对新闻事件的关注、细节和可读性而闻名，在学术和公共领域都有很高的关注度。科学研究、生物伦理学和科学技术的政治学者从她的研究中获益，许多科学顾问委员都会请教她专业知识。

1933 年 7 月 30 日，尼尔金出生在马萨诸塞州波士顿，在布鲁克林长大。她的父亲亨利 · L. 沃尔弗斯（Henry L. Wolfers）和母亲海伦 · L. 沃尔弗斯（Henry L. Wolfers）一起在波士顿创办和经营了亨利 · L. 沃尔弗斯照明公司（Henry L.Wolfers Lighting Company）。尼尔金于 1954 年从康奈尔大学（Cornell University）获得哲学学士学位，成了她家庭中的第一个大学生。大学期间，她遇到了著名物理学家和大学教授马克 · 尼尔金（Mark Nelkin）。他们于 1952 年 8 月 31 日结婚，育有两个女儿，丽莎（Lisa）和劳瑞（Laurie）。此后的十几年，她一直是一名全职的家庭主妇。直到 1963 年，多萝西 · 尼尔金开始继续追求她的研究梦想，1970 年，她出版了第一本书《季节：移民劳工系统的重要因素》（*Season: Aspects of the Migrant Labor System*）。第二年，她又出版了另外三本书。

尼尔金的学术生涯在许多方面都有着不寻常的成就。虽然未获得过比学士更高的学位，但尼尔金在康奈尔大学和纽约大学（New York University）都获得了学术职位。1963—1972 年，她在康奈尔大学担任研究员，1972—1989 年，她通过资格考核，成为社会学教授。同事们相当信任她，帮助她一起创立了科学技术研究系。1990 年，她开始在纽约大学担任社会学教授和法学系教授。直到去世前，尼尔金都被认为是纽约大学成就颇高的大学教授之一。尼尔金职业生涯的另一特点是跨越了严格的学术界限，她在社会科学和人文科学方面受过教育，同时也在科学方面有着卓越的天赋。她曾解决过包括艾滋病和生物技术等领域的很多科学问题，也对社会问题抱有同样的热情。可以说，她能够进入 20 世纪 60 年代的学术界不得不说是一个意外：作为一名没有高学历的全职妈妈，她成功了。

随着在国际上的声誉逐渐提高，她越来越多地参与社会学、法律、科学研究、公共卫生期刊和科学组织委员会编辑委员会的工作。她成为《公众理解科学》（*Public Understanding of Science*）创始编辑委员会成员、科学社会科学学会（Society for the Social Studies of Science）创始成员、美国科学促进会（Advancement of Science）会员及国家科学院医学研究所（National Academy of Sciences' Institute of Medicine）成员。她于 1983 年和 1984 年分别获得了古根海姆和罗素 · 萨吉奖学金（Guggenheim and Russell Sage Fellowships）。她是美国联邦政府人类基因组计划（Human Genome Project）的顾问，也是国家科学教育中心（National Center for science Education）的支持者。1981年，她在公开讲授创世论时，为麦克莱恩上诉阿肯色州公共教育委员会案件（*Mclean V. Arkansan Public Board of Education*）中的原告作证。当她在法庭上被问及为什么会来作证时，尼尔金表示是争论引起了她的兴趣。她解释说，她想知道人们如何利用科学合法地表达他们的论点。她还说，她的工作经常会让处于社会底层的人民担心科学研究会威胁他们的价值观。

尼尔金的大部分工作反映了公众的敏感性，由于没有机会参与，公众对有关科学或技术的决策越来越不满意。在早期的科研中，尼尔金研究了移民工人的权利和核电厂在美国和欧洲的地位及许多其他问题。她在《科学教科书的争论：平等时间的政治》（*Science Textbook Controversies: The Politics of Equal Time*）中质疑，为什么在科学享有如此广泛可信度的时候，还要在学校继续教授创世论。

在《销售科学：新闻如何报道科学技术》（*Selling Science: How the Press Covers Science and Technology*）中，尼尔金把注意力转向了科学新闻的包装。尼尔金曾在这部在科学传播历史上有巨大影响的书中写道，记者和科学家都在批评一些图片胜过内容的科学新闻报道。她发现，科学报道被隐含竞争关系所主导，她怀疑这种戏剧性的描述是否真的会增加公众对科学家的敬畏、崇敬以及对科学报道的兴趣。她指出，记者以过度乐观的态度报道了许多科学发现，忽视了可能在实验室产生的负面效果。一直以来，尼尔金对社会情境下的个体运作非常感兴趣，本书中她分析了新闻和科学领域的内部文化。她解释说，这两种职业都对客观性持尊敬的态度。记者的工作受到竞争、截稿期限压力和受众兴趣的限制，而获得商业资助的科学家需要寻求正面新闻报道以获得更多研究经费。因此，良好的公共关系和阻止风险信息的倾向使得公众对科学缺乏真实的了解。尼尔金提供了宏大的图景，来说明个人需求是如何塑造公众对科学了解的。

尼尔金在职业生涯的后期将研究重点转移到生物技术的课题上。在《危险诊断：生物信息的社会力量》（*Dangerous Diagnostics: The Social Power of Biological Information*）中，尼尔金和共同作者劳伦斯·坦克雷迪（Lawrence Tancredi）发出警告，雇主和医疗保险公司可能会滥用从基因测试中获得的信息。医学研究者在其他书籍中也对人类组织器官市场及人类行为完全由基因决定的趋势敲响了警钟。

评论者都认为尼尔金能够以一种有趣、全面且有吸引力的方式来报道复杂的科学问题。她源源不断的好奇心和艰苦而不懈的工作激励了学生和学者。尼尔金引发了对很多有关科学热点问题的公共讨论，是科学与公众之间相互关系的终身观察者。

撰稿人：Ellen J. Gerl

另请参阅：Newspaper Science Pages；Public Understanding of Science；Scientist-Journalist Relations

参考文献

[1] LINDEE M S. Obituary: Dorothy Nelkin (30 July 1933–28 May 2003). New Genetics and Society, 2004, 23 (2): 131–135.

[2] NAGOURNEY E. Dorothy Nelkin, 69, expert on science and society, dies [N]. The New York Times, 2003-06-02 (A16).

[3] NELKIN D. Selling science: How the press covers science and technology (Expanded ed.). New

York: W. H. Freeman.(Original work published 1987), 1995.
[4] RAYMOND J G. The body business [N]. The Washington Post, 2001-04-11 (C9).

Newspaper Science Pages 报纸的科学版

报纸，特别是日报，通常会将其内容分成多个版面。常见版面包括地方新闻、商业、体育和生活方式等方面的新闻。有些版面每天都会有，有的则可能每周或每两周一次。将报纸分成多个版面提供给不同读者，能够提高内容对读者的导航作用，主要关注商业报道或体育新闻的读者可以直接转向这些版面。同时，报纸也能在这些特定版面上出售广告，帮助广告商向定向受众传达信息。例如，家庭和花园版面通常每周一版，报纸可以向提供木材或草坪服务的公司销售该部分的广告空间。将内容组织成版面还能使报纸的内容突出，促进特定的覆盖区域。科学、健康和技术内容常见于日报每周的版面。不过，由于报纸行业的竞争巨大，这些专栏的数量正在下降，广告的利润也有所下降。

1978 年,《纽约时报》(*New York Times*)设立了科学新闻版面，称为《科学时报》(*Science Times*)版。1986 年，公共信息科学家协会(Scientists' Institute for Public Information)的一项调查发现，有 66 份日报设立了每周一次的科学版面，另有 80 份设有科学栏目。但 20 世纪 90 年代中期达到高峰之后，设有科学栏目的报纸数量明显减少，这一现象并不局限于小报，像《达拉斯晨报》(*Dallas Morning News*)和《波士顿环球报》(*Boston Globe*)等美国 20 大流通报刊也不同程度地缩减了科学专栏的数量。科学新闻栏目的下降被归因于 20 世纪 90 年代后期计算机零售广告下降、媒体收入普遍下降以及随后的员工裁员等。

经过对《科学时报》版多年的研究发现，该专版的规模在 20 世纪 80 年代和 20 世纪 90 年代初一直处于增长状态，到 1995 年达到平均 9 版的峰值，到 2000 年缩减到 7 版。虽然总页数减少了，但科学内容明显增加。从平均 6 版减到平均 2 版，总版面的缩减是广告急剧减少的结果。20 世纪 80 年代中期到 90 年代中期，计算机零售商广告占《科学时报》广告的 95%。到 2000 年,《科学时报》中只有一半以上的广告与计算机相关，而与健康相关的广告已经攀升至 46.5%。

对科学报道的影响

早期对独立科学专栏的批评认为，这些专栏将导致科学新闻的“孤立化”：将科学集中在每周的专栏中，而从报纸的其余部分剥离了科学新闻。争议点在于，科学新闻的这种孤立化实际上会降低科学新闻对一般读者的曝光度，读者可以选择完全跳过这个特定的版面。然而，对一些设有科学专版报刊的研究发现，这类报纸上科学报道更多，甚至翻了一番。正如预期，有科学专版的报纸刊登的科学新闻比没有科学专版的报纸更多，但是，科学专版的影响不只是科学报道的数量增加。研究发现，具有科学专版的报纸会增加其他非科学报道的数量和长度，并增加包括科学报道在内的整份报纸的插图数量。

科学专版对报纸进行科学报道的另一个影响是深度和广度方面的影响。许多美国报纸都倾向于更多地刊登医药和健康新闻，而较少强调其他科学领域，如工程、技术和基础研究等。这也是对科学报道普遍主要的批评——过分强调以消费者为导向的健康新闻，以及在医疗新闻之外的其他重要科学发展。在设立了科学专版的报纸上，医学和健康报道仍然是非科学版面上刊登最多的科学新闻，技术和基础研究方面的报道就更少了。

未来发展

科学专版数量的减少对于美国报纸科学新闻的未来发展或对科学的普遍报道有负面影响。科学专版的设立扩大了科学报道的范围并改进了科学新闻在日报上的报道深度和广度，减少科学专版则可能导致报道数量和质量对应下降。目前，科学新闻报道并不能反映美国科学研究的多样性和实际情况，科学专版数量的减少不利于解决这个问题。科学专版的减少和科学记者数量的减少紧密相关。越来越多的科学记者转行成为自由职业者或为在线出版物工作。更讽刺的是，科学新闻向网络的迁移引起了人们对科学新闻"孤立化"的进一步担忧：对科学新闻感兴趣的人转向专业网站，一般新闻读者接受的科学新闻报道越来越少。

长此以往，有经验的科学记者数量的减少将不仅影响国家科学报道的传播，还将直接影响地方科学新闻的传播。在线服务和其他未被削减的每日科学专版仍将涵盖主要的科学故事，但其他规模较小的、地区性的及报道小范围研究工作和具体群体的科学报道便可能得不到广泛传播，这将是科学报道的主要缺陷之一。

撰 稿 人：S. Camille Broadway

另请参阅：Audiences for Science；Beat Reporting；Career Paths，Science/Environmental Journalism；Popular Science，Overview；Scientists Institute for Public Information

参考文献

[1] BADER R. How science news sections influence newspaper science coverage：A case study [J]. Journalism Quarterly，1990，67（1）：88–96.

[2] CLARK F，ILLMAN D L. A longitudinal study of the New York Times Science Times section [J]. Science Communication，2006，27（4）：496–513.

[3] CORNELL J.The rise and fall—and possible rise again—of science journalism [M]//B GALLAVOTTI（Chair），Communicating energy. Symposium conducted at the meeting of the First International School of Scientific Journalism and Communication，Erice，Italy，2009.

[4] DAWSON J. The devolution of a science page [J]. Nieman Reports，2002，16–17.

[5] PINHOLSTER G，O'MALLEY C. EurekaAlert! Survey confirms challenges for science communicators in the post-print era [Comment] [J]. Journal of Science Communication，2006，5（3）：1–12.

NIMBY（“Not In My Back Yard”）邻避症候群

NIMBY（“这是个好主意，但别弄在我家后院”）是“Not In My Back Yard”首字母的缩写，意为“邻避症候群”。它是心理学中反映态度与行为不一致现象的概念，同义词还有“NIMBY 综合征”，这样的患者通常被称为“NIMBY”。详细了解 NIMBY 对了解公众对有争议的技术和环境规划决策的反应来说很重要。

在文献中正式使用 NIMBY 一词的历史可追溯到 1980 年，当时这个词出现在《基督教科学箴言报》（*Christian Science Monitor*）中。那时，它已经在许多大型的公开会议上被广泛使用。NIMBY 的本质是贬义的，以前常用来形容公司决策不合理和自私，只有某项发展的支持者会将其对手称为 NIMBYs。然而现在，这个词语已经不再具有原来的贬义。

有利于世界却不利于邻居的发展

关于 NIMBY 态度最明显、最直接的例子是反对几乎所有人都同意的新建场所的决策，除了长期居住在新建场所附近的居民。例如，机场、爵士俱乐部、高速公路、屠宰场、监狱和风电场等建筑，都会为整个社区带来巨大利益的发展项目，但也会对其附近的居民带来影响，包括噪声、废气、污染、交通不畅、犯罪或其他副作用。因此，反对新建这些场所不是不合理，但显然这种反对的理由是出于私利的。

罗格斯大学（Rutgers University）规划学教授弗兰克·J. 波普（Frank J.Popper）创造了术语 LULU（Locally Unwanted Land Used，译为“地方不期望的土地利用”）来代指这种发展项目。他于 1981 年发表在《规划》（*Planning*）上的文章《选址 LULUs》（“Siting Lulus”）对专业的规划人员产生了重大的影响。与 NIMBY 不同，LULU 不存在贬义，所表达的现实是，一些项目有益于世界但不利于周围的居民。不过，在选址争议中，人们对中性词的需求不大，这可能也是它的流通并没有 NIMBY 广泛的原因。

对世界发展有好处但对附近居民不利的发展项目往往最终会建设成功，其中最大的争议点恐怕是如何建设以及在哪里建设。以下是几点影响因素。

（1）选址强制。在普遍的事件中，发展项目的选址在反对能力较弱的社区中不能被成功推翻，如比较贫困或少数民族聚集的地区。环保争议运动与 NIMBY 的概念密不可分。1987 年，联合教会的基督委员会（United Church of Christ's Commission for Racial Justice）为种族正义发表了研究报告《美国的有毒废物和种族》（Toxic Wastes and Race in the United States），这项研究的发布具有里程碑式的意义。研究显示，在哪些地方安置有毒废物的决定主要影响因素不是附近居民的经济实力，而是其区域的种族。曾经发生过泄漏和管理不善的“烟囱”设施[①]对世界发展没有多大好处，对居住在这里的人们而言却非常有害，所以这些设施大多建在反对能力较弱的社区之中。

（2）市场机制。目前，决策者已经设计了各种市场机制作为选址压迫的解决之道。例如，荷兰的反向拍卖要求选址机构以社区提供的最低“卖价”来决定最终的选址地点。由于市场

① 比喻像烟囱一样只对很小一部分人有利，对周围以及社会大多数人都不利的设施。——译者注

选择是自愿的，没有投标的社区就一定不会得到发展。与选址压迫的结果一样，市场机制通常最终会将地方性项目放在反对能力较低、出价低的社区中，这些可能低于富裕社区出价的社区就会付出相应的代价。

（3）发展未开发地区。因为富裕社区有能力决定选址，而贫困社区又在道德上占据高地，所以选址机构有时会试图把地方性项目放在没有人的地区。但这通常不会有很好的效果。首先，未开发地区越来越难找到，而且很多发展项目需要建设在人口密集区或基础设施附近。同时，破坏原始土地并不是理想的解决方案，也不能保证成功。在许多地区，保护未受破坏土地的居民力量几乎与保护富裕社区的居民一样强大。

（4）地方性项目权衡。负责选址的机构经常会提出某种方案来平衡哪些社区将获得哪些地方性项目。如果人们接受在其居所附近建设一个机场，发电厂和监狱项目也有可能获得通过。选址机构往往在已有的选址经验基础上进行全面的权衡。超过应有配额的社区应该从备选地址中删除（即使他们希望在附近建设该设施，以此防止社区面临贫困而降低生活质量，如防止穷人贩卖器官），而在贫穷的社区附近建设"坏"设施会受到全社会的讨伐。

地方性项目权衡并不难得出结论，它是确定选址最公平的方式。相比之下，市场机制是在所有出价低的社区中进行选择，发展未开发地区难以实现的主要因素是原始土地的保持。不过，上述三种办法并没有成为常用的公共政策，地方性项目选址策略仍然首选选址压力。

近来，曾经有效的强制选址不起作用了，贫困社区的反对能力也更差了，这导致地方性项目不用再担忧选址问题。这或许会成为更好的选址方式——一个既有利于世界发展又不会危害周围居民的选址策略。

不利于所有人的发展

通常，对一些有争议的发展项目持反对意见的群体不只有上文中提到的 NIMBY。例如，对核电厂和危险废物焚化炉的反对是基于这些技术在根本上就存在某些缺陷的观点，即它们本身就不应该被建设。有些人试图将这种反对观点称为"NIABY"（不在任何人的后院），而不是简单地用 NIMBYs 来表达。

NIMBY 本身并没有什么可批评的。社区居民有权保护自己，不为他人的利益而牺牲自己以及周围人的利益。但和阻止对社区居民有害的项目比起来，阻止对世界有害的项目具有更高的优先级。因此，如果将 NIABYs 简单地归为 NIMBYs 中的一类，不仅弱化了其内涵，也不够准确。

通常，NIABYs 和 NIABY 会同时出现。例如，反对将 X 项目修建在任何地方的国家和国际组织会帮助反对将 X 建在自家附近的组织。当地人也会借此机会对全球性原则有更深的了解。事实上，那些提供帮助的国家或国际组织有的确实相信那些小组织成员的热情，有的只是将这种扶持作为一种战术。

NIMBY 和 NIABY 在政治上是两种不同的现象。赌场和堕胎诊所的反对者通常只是小范围的、局部的反对，而发电厂和焚化炉的反对者通常是大范围甚至全球性的。事实上，大多数关于 NIMBY 及相关现象的文献可追溯到 20 世纪 90 年代或更早的时候，而从 21 世纪起，此方面的文献主要是关于低收入公寓、精神病院等的选址困难。

像地方性项目一样，NIABY 也不是一个贬义词。但现在已经出现了另一个含有贬义的词——BANANA（绝对不要靠近任何人建设），这个词目前已经开始在小范围流行起来了。

NIMBY 和 NIABY 之间的主要区别是动机的范围，以下是一些具体的区别。

（1）我不赞成建设 X 会对其他事情有好

处。例如，核能反对者有明确的理由反对内华达的放射性废物处置库。事实上，如果没有地方放废物，其对植物可能会有更大的危害，甚至会带来持续性的影响。这种反对情况很可能与 NIABY 发生混淆。放射性废物储存库的反对者其实既可以是为了自己的目的而反对，也可以是为提倡核电替代品而反对，或两者都有。

（2）我不赞成关于 X 计划的具体细节。一个计划的整体可能是好的，但反对者可能会反对其中的某些细枝末节。NIMBY 和 NIABY 都会在反对中指出手头提案的细节缺陷。他们经常不能完全阻止它，但却成功地弥补了一些缺陷，使其变成一个更好、更安全的计划。这可能是他们的目标，或者说是对该计划的一种让步。

（3）我不赞成创建过多的 X，以及匆忙地建设。也就是说，我们可能确实需要一些 X，但是目前我们更急需 Y 和 Z，应该将建设它们的计划提前。在整个 20 世纪 80 年代和 90 年代，垃圾填埋场的反对者提出了各种 NIMBY 和 NIABY 式论点。但是，事后看来，他们最强的论据是以减少垃圾源头和增加回收作为减少浪费的手段，这才是减少垃圾填埋需求的正确途径。在已经填埋后寻求减少填埋的策略，确实会为思考除填埋以外更好的解决方案争取时间。

（4）我不赞成你选择的 X 建设的位置。我们不应该将核电站放在地震带或住宅区附近。NIMBYs 总是会有这样的观点：X 不应该在我的附近，它存在危害。同时，强制性的选址而非由市场决定的方式更加不正确。当一个选址机构花费几年时间制定精确的标准，找到最好的位置建造 X，结果却是我的后院，这会使那些反对者有更强烈的动机来反对这一选择标准、加权方式或具体应用。反对者认为，可能其他地方才是 X 最好的建造位置。

（5）我不赞成你的实施过程。很多时候，当地居民被强制告知应该问什么、不该问什么。

最后一个要点及其具体流程需要详细阐述。想象一下，一个房主在一天的工作后回到自己的家，却发现有陌生人在他们的后院野餐。"走出我的后院！"他会要求。"为什么？"陌生人问，"我们做了网站分析，你的后院是我们野餐的黄金地段。我们做了风险评估，我们的野餐不可能对你的后院造成任何重大的永久性损害。"但事实上，他们没有经房主许可，也没有邀请房主去野餐，他们甚至不会告诉房主他们正在吃什么，或许他们还会获得个意外福利——房主很漂亮。

当然，这个例子也有不恰当之处，并以业主的财产"后院"来比喻不十分准确（业主有法律权利来禁止别人侵犯自己的财产）。二者在原则上略有不同，修建 X 的情形不一定是业主拥有的后院被侵占的问题，"后院"有可能是开发商的财产，被侵犯的是业主的邻居或社区。但是，无论是自家财产还是开发商财产，被外人入侵的感觉是一样的。

这是许多 NIMBY 争议的关键所在。如果一个社区新获得的土地被视为所有者的土地或居民的社区，那我们应如何调和个人根据社区的权利，来行使他们想要的自身的权利以及共同规划整个社区的未来？有一种历史悠久的平衡两者的方法——分区法。例如，在两个方向上分配权利，并在过程中实施特定的、适当的政治政策。当人们争取阻止在附近新建垃圾倾倒或堕胎诊所等危险设施时，他们就是在进行一种最典型的民主传统行动。民主国家有时也会行使强制措施，尽管如此，对过程异议的最佳反应仍是自愿选址。

权利、物质和愤怒

在任何选址争议中都存在着 3 个相互矛盾的权利：①开发商有权利利用他们的土地做他们想要做的事情；②社区有权利控制开发商在他们的附近做什么；③城市、州、国家等更大的机构会限制社区的权利，也是强迫社区获得更大利益的权利。

无论对社区或世界是好还是坏，这种冲突发生在对所讨论的发展项目是明智还是不明智的实质性分歧的背景下，也是在情绪愤怒的背景下。如果不考虑各方权利和发展，强制选址比自愿选址更容易引起愤怒。同样，不公平选址也会比公平选址引起更多的愤怒。市场机制比强制选址更公平，即使是强制性的过程，至少可以通过对受害者进行补偿而变得更公平一些。诸如控制、信任、恐惧等各种其他强制因素也影响了 NIMBY 反应的可能性和强度。

在大多数情况下，居民们反对地方性项目或者说 NIMBY 主要是由于愤怒。当愤怒程度高的时候，居民就会站出来维护自己的权益。他们声称双方所讨论的“发展”实质上是不明智的，这样的“发展”对附近居民和整个世界都有百害而无一利，并在此基础上加强他们对权利的主张。这些权利要求可能正确，也可能错误。或者说，这样的诉求可能与只考虑科学问题相比更多地取决于民众的观点和价值取向，“正确”和“错误”并不是衡量一个发展项目的正确标准。但是，无论反对者的论据是否强大，他们反对的原因通常更多的是情绪上的愤怒而非事情的本质，这是非理性的。

那些试图阻止某个发展项目的人，或认为该发展项目不正确的人，应该试图扩大这种愤怒情绪的影响力，引发更有力的 NIMBY 反应。相反，那些寻求健全发展项目的人则应该尝试减弱这种愤怒，达到抑制 NIMBY 反应的目的。一个聪明的反对者会强调开发者的独裁与不负责任，而一个聪明的开发人员应努力保持谦卑、负责和诚实。

当涉及 NIMBY 的问题时，权利通常被分裂，物质通常有争议，而愤怒的增强或减弱才是决定结果的因素。

撰 稿 人：Peter M. Sandman

另请参阅：Community “Right to Know”；Environmental Impact Statements；Environmental Justice

参考文献

[1] LESBIREL S H，SHAW D.（Eds.）. Managing conflict in facility siting [M]. Cheltenham，UK：Edward Elgar，2006.

[2] POPPER F J. Siting LULUs [J]. Planning，1981，47（4）：12–15.

[3] POPPER F J. The great LULU trading game [J]. Planning，1992，58（5）：15–17.

[4] SANDMAN P M. Getting to maybe：Some communications aspects of siting hazardous waste facilities [J]. Seton Hall Legislative Journal，1986，9：437–465.

[5] SANDMAN P M.Siting controversial facilities：Some principles，paradoxes，and heresies.Consensus，2 [M/OL]（1992–06）.www.psandman.com/articles/siting.htm.

Nuclear Power
核 能

自19世纪末起，科学家开始探索物质的结构和组成。此后一段时间，他们便开始尝试利用原子内所包含的巨大能量。例如，阿尔伯特·爱因斯坦（Albert Einstein's）提出质能方程 $E=mc^2$。早期，科学家推测，这种能量的释放可能曾导致宇宙大爆炸。他们还预测，如果适当地加以控制，原子释放的能量可以用于驱动车辆或发电。例如，1904年，英国化学家弗雷德里克·索迪（Frederick Soddy）宣称，由1品脱[①]的铀产生的能量可以支撑一艘船从英国到澳大利亚的往返航行。由于核能利用始终存在争议，且相关报道定期出现在新闻媒体上，本词条旨在提供理解这一努力目前状况下所需的一些资料。

首次重要的核能使用是1945年7月，第二次世界大战结束前的一个多月，美国在日本的广岛和长崎投放了两枚原子弹。这两枚原子弹的爆炸是通过铀原子和钚原子分裂形成，其在短期内夺取了约21万人的生命。铀通过所谓的"富集"的过程产生（将在后面的章节中讨论），钚是铀燃料核反应堆运行的副产品，与其他产品分离后制成原子弹。第二次世界大战后，由于美国和苏联及其盟国间一直在进行核军备竞赛，核反应堆仅用于以钚为原料的原子弹生产。

后来，科学家研究出了用铀燃料反应堆在生产原子弹燃料的同时进行发电的工艺，建造了一种两用反应堆。苏联和英国分别于1954年和1956年建成了首个两用反应堆，同时生产钚并用核能进行发电。1957年，美国开始在宾夕法尼亚州码头市运营世界上首个专门用于发电的核电站，所应用的反应堆为西屋电气公司（Westinghouse Electric Corporation）为建造核动力潜艇设计的反应堆，这样的反应堆曾用于1955年开始服役的"鹦鹉螺号"（*Nautilus*）核潜艇。

民用核电厂

从1957年首次建造的民用核电厂到2007年年底，50年间，世界各地已经建造了约558个核电厂。在此期间，根据国际原子能机构（International Atomic Energy Agency, IAEA） 提供的数据，其中119座反应堆被永久关闭，建成25年后的宾夕法尼亚州码头市核电站的大多数反应堆也变成了核废料。一些工厂在事故后关闭，如乌克兰的切尔诺贝利4号机组反应堆在1986年遭受气体爆炸后就关闭了。其他工厂也存在操作问题，最常见的就是超过预期寿命。核电厂的预计寿命可能因国家而异，如美国，美国核管理委员会（Nuclear Regulatory Commission, NRC）许可工厂运行40年，之后还可以再延长20年。

2008年，全世界有30个国家，共运营了439个核电厂，产能约37.2万兆瓦，相当于世界总电力消耗的近16%。美国拥有104个核反应堆和世界上最大的核运营商，但由于美国的电力需求过高，核电只能满足其需求的20%。法国拥有59座反应堆，总产量排在第二位，这些工厂供应该国78%的电力。日本拥有的反应堆数量排名世界第三，其中有55座正在运行。截至2008年，全世界还有另外的35个核电厂在

① 度量单位，约等于454克。——译者注

建造中，其中7个在俄罗斯（俄罗斯已经运营了31个核反应堆）、6个在印度（印度已经有17个核电站）、6个在中国（中国目前有11个核反应堆在运行）。此外，还有56个国家正在运营着284个小型的用于科研的反应堆，而军事反应堆（包括200多个用于推进潜艇和船舶的反应堆）主要由世界9个有核国家中的一些国家管理。

目前，我们尚不清楚2008年核反应堆建设活动是否意味着核电力的逆转。除法国以外，许多国家都在1979年宾夕法尼亚州的三英里岛核事故和1986年的切尔诺贝利核灾难之后，对核电力来源采取了控制措施。事实上，包括意大利和德国在内的一些国家选择了放弃核电。德国宣布将在2021年前关闭反应堆（2008年为17个，产能占全国电力的28%）。在大多数国家，公众的负面态度加上经济表现的疲弱，使核工业陷入了困境。但是，从2005年开始，全球变暖的观点进入了公众的视野，人们对核电的态度也发生了变化。

全球变暖和新的核辩论

自20世纪80年代起，一些科学家开始向全世界发出警告，诸如汽油驱动的机动车和煤电厂等导致的化石燃料的广泛使用，会将二氧化碳和其他温室气体排放到大气中，并以很快的速度使全球变暖。现在，公众越来越意识到这一问题的严重性，2004年，几个长期反对核电的著名环保人士宣布了全球变暖威胁的严重性，他们认为需要核电来解决这个问题。英国著名环保人士詹姆斯·洛夫洛克（James Lovelock）提出，地球是一种能够像生物一样进行自我调节的体系，他称这种调节体系为“盖亚”（Gaia）[①]。2004年5月，他在《独立报》（*The Independent*）社论中写道，全球变暖是目前全人类面临的“最大危机”。他认为，虽然可再生能源或许对解决该问题有贡献，但核能仍然是“唯一可立即获得且不会进一步导致全球变暖的资源”。

虽然大多数环境组织在反对核电，但核工业及核技术的支持者仍然因为洛夫洛克和与他一样的人对核电的赞同感到振奋。支持者对核技术“复兴”讨论得很多，用在LexisNexis数据库中搜索主要出版物中这一术语出现的次数来判断。“复兴”在2005年的文章标题中仅出现了8次，在2006年出现了17次，在2007年出现了24次。核技术支持者认为，许多证据表明人类行为是气候变暖的主要因素，这加强了他们的立场。例如，2007年，全球数千名科学家对政府间气候变化专门委员会编写的4份报告发表了关于全球变暖的精准预测。

核电支持者认为，与燃烧诸如煤等化石燃料不同，核发电不产生温室气体。他们提出，到2030年，国际能源署（International Energy Agency）预计全球电力需求将增长30%~50%，需要建设大型核电厂来满足全球需求。反对者则反驳道，核电不应被视为解决全球变暖的一种途径，因为扩大核电将增加核武器扩散的风险；核废料问题尚未解决，存在事故或恐怖袭击的风险；为核工业提供的资金和公共补贴可以更好地用于可再生能源技术的研发。

核燃料循环：核电和核武器如何制造

想要了解有关核电力辩论的事实，最重要的是对铀和核燃料循环有基本的了解，包括在地面采用铀生产电力或武器所涉及的步骤，以及最终对废料的处理。

铀是一种致密的银灰色金属，是地球上发现的92种天然元素中最重的一种。铀原子的原子序数为92，反映了原子核中的质子数及围绕原子核的电子数。而元素的原子量等于核中质子加上中子的数量。地壳中发现的天然铀

① 盖亚：希腊神话中的大地之神，是众神之母，所有神灵中德高望重的显赫之神，她是混沌中诞生的第一位原始神，也是能创造生命的原始自然力之一。——译者注

主要有两种，这两种的原子组成不同，分别是铀 -238（约占 99.3%）和铀 -235（约占 0.7%）。因为容易发生裂变，铀 -235 是被用于核能生产的铀原子，这意味着它可以通过分裂（或裂变）维持链式反应。在核反应堆中，铀 -235 通过原子裂变释放的能量加热水产生蒸汽，再通过涡轮机转变为电。如下文所述，铀 -235 也是被用于核武器的两种元素之一。

采矿是核燃料循环的第一步。世界上许多国家都有天然铀，截至 2007 年，加拿大始终是铀的最大生产国。根据澳大利亚铀信息中心（Uranium Information Centre, UIC）提供的数据，排在第二位的是哈萨克斯坦，其拥有全世界最大的天然铀储量。在同一地点岩石中铀的含量也不同，一些富含沉积物的岩石中铀量占有很大的比例，而其他岩石可能只含有不超过 0.1% 的铀。矿石运到磨机进行处理后提取铀，通常能生产出含铀量超过 80% 的氧化铀（通常称之为“黄饼”，核反应燃料重铀酸铵或重铀酸钠的俗称）。随后，“黄饼”被运送到转化工厂，转变为六氟化铀气体，这一过程被称为所需元素的富集。

铀浓缩是核电和核武器生产的必经阶段。二者都需要更高浓度的铀 -235 原子进行链式反应，其在一种情况下发电，在另一种情况下则形成核爆炸。转化过程产生的六氟化铀气体可用于铀 -238 和铀 -235 原子的分离。实现分离的最现代的方式是使用高度复杂的圆柱形离心机，通过快速搅拌可以将稍重的铀 -238 原子推至外壁，在中心收集到较轻的铀 -235 原子。铀原子要通过几百个离心机进行长达数月的离心作业，直到铀 -235 的浓度达到核发电厂期望的 4%～5%，或达到核弹期望的约 90%。专家介绍，在将铀 -235 浓度提高到 4% 的水平时，大部分富集任务已经完成，因此，最需要关心的就是铀浓缩厂是否有潜力将铀浓缩至核炸弹需要的高浓度。一个主要的例子是针对伊朗铀浓缩设施的争议，该国领导人表示，铀浓缩设施可用于民用，但美国和其他国家认为这些铀浓缩设施可用于制造炸弹。

随后，用于发电厂的低浓度六氟化铀气体被转换回固体氧化铀，送入燃料制造设施中。其将被压制成陶瓷颗粒，并在高温下焙烧，然后封装在称为“燃料棒”的金属管中。随后，将约 3.7 米（12 英尺）薄的指状尺寸燃料棒放置在燃料组件中，投放数量取决于反应器尺寸，一般的反应器可以容纳几十到几百根燃料棒。最后，核电厂反应堆启动可受控制的链式反应，当铀 -235 原子分裂时，它们的能量将水转变为驱动发电涡轮机的蒸汽。

反应堆中的连锁反应有核发电和制造核武器两种用途，正如它们在两用反应堆中的作用一样。例如，切尔诺贝利核电站就是这样一个两用反应堆。在链式反应期间，一些铀 -238 变成钚 -239，而原子序数为 94 的钚元素与铀 -235 一样可以裂变，可用于制造核弹。物理学家利用经验法则计算出，在铀反应堆中 1 兆瓦的裂变每天可以产生 1 克钚。然后，以目前的统计数字计算，世界上正在运行的 439 个反应堆每天可产生约 372 千克钚，每小时产量超过 15 千克。这一过程会使在燃料棒中产生的钚、铀 -238、一些未裂变的铀 -235 以及在裂变过程中产生的其他元素混合。

燃料棒在反应器中使用时间的长短根据目的不同而不同。在只生产用于制造武器的钚的反应堆中，燃料棒通常仅使用几个月，以减少那些不期望裂变产物的副产物；在严格的民用动力反应堆中，燃料棒可以留存 2 年。用过的燃料被称为乏燃料。如果乏燃料中的钚用于炸弹或再用作反应堆燃料，则必须在后处理厂中与其他材料分离。后处理厂一般由拥有核武器的国家经营。

根据旨在阻止核武器扩散的倡议，杰拉德·福特（Gerald Ford）总统和吉米·卡特

（Jimmy Carter）总统成功地推动了 1979 年美国普通乏燃料后处理的禁令。今天，该禁令仍然受到一些倡导者的挑战。他们指出，包括法国、英国、俄罗斯和日本等在内的几个国家都拥有乏燃料后处理能力，能够分离出钚，并将其作为混合氧化物燃料用于反应堆。钚通常可以取代这种燃料中的铀 -235。但在美国，普通乏燃料被认为是高水平放射性废物，并规定只能永久处置。然而，到目前为止，对乏燃料处理的分歧阻碍了内华达州尤卡山垃圾场投入使用。对废反应堆燃料进行再处理的国家仍然需要处置高水平放射性废物。到目前为止，还没有一个国家能够为这类废物开辟一个永久处置场。

核电的优缺点

许多核电的倡导者也承认核电技术存在问题，但他们认为全球变暖的威胁更大，所以，至少目前，我们必须接受核电。斯图尔特・布兰德（Stewart Brand）是 1968 年创刊的《全球概览》（*Whole Earth Catalog*）的创始人，他在 2005 年 5 月的一篇技术评论文章中提出了这样一个观点："核技术肯定有问题。"他写道，从事故到废物的储存、建设的成本和武器使用的可能性都存在问题。但他认为，这些问题都可以解决，包括核扩散问题。为了阻止武器扩散，他建议国际社会共同建立一个反应堆燃料供应商，回收乏燃料进行加工。他表示，这可能是一个当前不切实际的想法，但很可能是未来的发展趋势。但是，由于世界目前存在核"富人"和"无产者"的现实，并且各国都只关心自己的利益，这便阻碍了其他方面提出的方法和类似方法。例如，伊朗非常直接地拒绝将铀浓缩给包括其盟友俄罗斯在内的其他供应国。

核技术的反对者以切尔诺贝利事故为例，认为世界各地核反应堆数量的增长可能导致严重事故，这是由于技术问题或操作者操作失误造成的。而支持者认为，到目前为止，切尔诺贝利事故类型的反应堆已经没有再建造了，而且自 1986 年以来也没有再发生大规模的事故。如使用卵石床设计的现代反应堆本质上可以避免反应堆堆芯熔化这类问题。卵石床反应堆由几十万个网球状的铀制成的"卵石"组成，是正在开发的第四代核反应堆之一。而像前核管理委员会成员彼得・布拉德福德（Peter A. Bradford）一样的反对者则认为，核工业的安全隐患始终存在，可能发生在任何意想不到的地方。

同样，核支持者和反对者在核废物和恐怖主义威胁的问题上也存在争议。物理学家布鲁斯・史密斯（Brice Smith）在 2007 年 11 月和 12 月刊的《原子科学家通报》（*Bulletin of the Atomic Scientists*）中总结了辩论的要点，认为核电的风险只能通过气候变化问题的复杂性以及解决气候变化问题面临的挑战来解决，并且核技术的风险与其过高的费用投入也有关。

核反应堆价格高。在美国，很多专家提出，一个典型的 1000 兆瓦反应堆可以产生足够的电力以供应 400 万 ~ 1000 万个美国家庭（这取决于该国的部分地区使用空调等电器以及反应堆的实际运行时间），这样的反应堆成本介于 2.5 亿 ~ 40 亿美元。但是成本超支可能发生在任何地方，例如，芬兰在 2002 年建造反应堆的成本为 23 亿美元，而在法国，这一数字翻了一番（还是在没有考虑欧洲美元价值下跌的情况下）。

另一个要考虑的问题是，到底建多少座核反应堆才能真正对减少全球变暖产生重大影响。要解决这个问题，就必须要区分发电和其他产生温室气体的能源消耗。例如，2008 年 4 月，美国环境保护局（U.S.Environmental Protection Agency）发布的一份报告得出结论，美国的燃煤发电厂占全国二氧化碳排放量的 41%；车辆燃油占二氧化碳排放量的 33%，其中超过 60% 归因于个人车辆的汽油消耗。

前核管理委员会成员布拉德福德在 2006 年 10 月的一次演讲中指出，即使在未来 50 年内以 15% 的年增长率建造新的核电厂，能使全球核电产量翻三倍，这也无法使必须排放的温室气体减少 10%～15%。他表示，当把老核电厂的退役计算在内，目前核反应堆的年增长率只有 5% 左右。此外，布拉德福德认为，核电厂的大量增加必然伴随建设另外 15 个铀浓缩厂，相当于 14 个尤卡山核废物处置库和后处理厂。他引述了自然资源保护委员会（Natural Resources Defense Council）的估计，核电工业增长将花费 2 万亿～3 万亿美元。他认为，这样大的金额可以更好地支持发展更低风险的可再生能源。

撰 稿 人：Len Ackland

另请参阅：Chernobyl；Climate Change，Communicating；Nuclear Waste；Nuclear Weapons；Three Mile Island

参考文献

[1] BRAND S. Environmental heresies [J]. Technology Review，2005，108（5）：60–64.

[2] DEUTCH J，MONIZ E J，ANSOLABEHERE S，et al.The future of nuclear power：An interdisciplinary MIT study. Cambridge，MA：Report for Massachusetts Institute of Technology[EB/OL].[2009-01-01]. http://web.mit.edu/nuclearpower/pdf/nuclearpower-full.pdf.

[3] GARWIN R L，CHARPAK G. Megawatts and megatons：A turning point in the nuclear age? [M].New York：Knopf，2001.

[4] LOVELOCK J. Nuclear power is the only green solution [J]. The Independent，2004.

[5] MAKHIJANI A. Carbon-free and nuclear free：A roadmap for U.S. energy policy [M]. Takoma Park，MD：IEER Press，2007.

[6] REZEK J. Interview：Brice Smith [J]. Bulletin of the Atomic Scientists，2007，63（6）：22–27.

[7] WEART S R. Nuclear fear：A history of images [M]. Cambridge，MA：Harvard University Press，1988.

Nuclear Waste 核废料

美国国会（U.S.Congress）于 1987 年指定内华达州西部的尤卡山为唯一的美国核反应堆燃料和高层核废料的地质处置库。但是，20 多年过去了，这一处置库仍然没有开放。以尤卡山为代表的核废料问题受到媒体的长期关注，这建立在长期的争议和一系列复杂的技术论点上。虽然为建造尤卡山的地下处置库已经花费了数十亿美元来保障安全，但内华达州还是认为它会危害国民的健康和安全，促使人们在国家通过铁路或公路运输核废料就是潜在的危险。2007 年年底，内华达州参议院（Senate Nevada）多数党领袖哈里・里德（Harry Reid）成功地将能源部（Department of Energy, DOE）的尤卡山预算削减了 1.08 亿美元，并决定裁员 2400 人。

与此同时，根据美国核管理委员会（Nuclear Regulatory Commission, NRC）的数据，美国核反应堆已经生产了超过54000吨的乏核燃料。美国核武器计划中的9000多万加仑高水平放射性核废料也在等待处置。所有这些废料都含有高放射性元素，如钚和铯。由于没有一个永久的存放地点，核废料都被暂时储存在美国的104个运行核反应堆、指定的外地设施及美国能源部的核武器场址中。虽然政府和核工业官员表示临时存储没有安全问题，但核电的反对者认为缺乏永久性核废料处置是放弃核电的主要原因。此外，由于尤卡山规定最多可处置7万吨核废料，这一场地可能在开放后不久就被填满。

在美国，缺乏一个为世界上最大数量核电厂的高水平放射性核废物库提供处置的场所，其他29个国家运行的共335个反应堆同样也存在这一问题。即使在法国，5个核反应堆提供了全国78%的供电，他们也仍在研究在法国西北部的布尔实验室（Bure Laboratory）处理高水平放射性核废物对地下黏土沉积物的影响。2006年，法国立法要求开设一个永久性处置场地，但这一决定已经又延迟了10多年。芬兰构建了一些被认为是最复杂的地下储藏室结构，但2020年之前将不会开放。这些核反应堆核心产生的核废料只是人类通过各种方式使用来自原子核能量产生的放射性副产物之一。

核废料分类

各国将核废料进行分类，制定适当管理规则，以保护人类健康。例如，美国根据核废料源于制造核武器还是来自包括核电在内的商业活动进行区分。在法国，分类则是基于辐射的类型和元素的放射性半衰期（该材料总数的一半通过衰变由不稳定的放射状态变成更稳定的材料所需的时间，如用于制造核弹的钚239半衰期约为24000年）。

各种各样的核企业从地壳中开采铀，粉碎后再从矿石中提取铀。铀的两个主要应用是制造核武器和核发电，生产阶段和副产品处理被称为核的“燃料循环”。生产阶段将随着核技术的其他应用变化，但多数阶段都会产生某种放射性废物。

本词条将通过美国的分类方式来说明不同类型的核废料及其处理方式。由于采用的措施不同和进行的活动范围不同（例如采购或再处理来自核反应堆的燃料），每类废料的总量及其放射性难以计算。然而，核废料的大多数放射性源自乏燃料和核武器生产后的废物，大部分废料来自矿山、磨矿尾矿和低水平放射性废物。

铀矿开采和废弃物

铀及其经历半衰期衰变时产生的元素可能对健康和环境产生危害。美国西部的许多地区都可以发现铀矿开采的尾矿。美国环境保护局（U.S. Environmental Protection Agency, EPA）在2006年的一份报告中估计，地表铀矿开采的废弃物的范围是10亿～80亿吨，来自地下开采的废弃物范围达到了500万～1亿吨。对尾矿产生危害的估计结果反映出我们迄今为止对该问题的关注度过低。自2007年国会听证会对纳瓦霍人健康受到铀矿尾矿影响关注后，媒体近期也发表了一些相关话题的文章。但到2008年年初，似乎尾矿也没有得到清理。

产生含有至少80%铀的“黄饼”尾矿具有较高浓度的镭，其衰变时还会产生放射性的氡气从而加重风险。尾矿的危害已经被确认，并开始受1978年订立的《铀矿尾矿辐射控制法》（Uranium Mill Tailings Radiation Control Act）的管制。尾矿总量预计已超过2.6亿吨。在犹他州莫阿布的科罗拉多河附近有一个约526091平方米（130英亩）的特别大的尾矿装置，可以处理1600万吨废料，已经被纳入联邦政府的尾矿清理计划中。现代铀矿通常是现场设施，这大大减少了尾矿废料的量。这种方法是在岩层中钻井，并利用液体将铀溶解在地下水中，再泵送到地表。位于各地的尾矿装置将截获这一过程中的核废料。

低放射性废物

美国核管理委员会将不是由铀碾磨产生的低水平放射性废物分为4类：A、B、C和大于C。A类放射性最低。低水平放射性废物包括核工人使用的污染手套、衣服、含有放射性物质的实验室动物的尸体及一些用于核武器生产设施的退役设备。根据1980年出台的《低放射性废物政策法》(Low-Level Radioactive Waste Policy Act)，个别国家需要负责低水平放射性废物的处理，大多数州之间建立了紧密的合作关系以发展区域设施。截至2007年，已经有3个处理低水平放射性物质的设施，分别位于南卡罗来纳州巴恩韦尔、华盛顿汉福德、犹他州克莱夫。其中，最为活跃的是位于犹他州克莱夫的能源方案公司(Energy Solutions，以前被称为Envirocare)。储存在这些地点的低水平放射性废物总量超过约1.3亿立方米(4.75亿立方英尺)。根据NRC的数据，2005年处理的约11.3万立方米(400万立方英尺)和约2.0×10^{16}贝可(530000居里)的低水平放射性废物中，有约11万立方米(390万立方英尺)由上文中提到的能源方案公司进行处理。

根据2008年4月朱迪·法伊斯(Judy Fahys)的一篇文章，2008年夏季，《盐湖城论坛报》(*Salt Lake Tribune*)有言论称，位于盐湖城以西约136.8千米(85英里)的能源方案公司将是唯一一个仍然接受交付的低水平放射性废物处理场。2008年年初，一些私营公司开始从海外进口一些核废料，例如，一家公司计划从拆除的意大利核反应堆进口2万吨核废料，这引起了人们的争议。

核武器生产的超铀废物

超铀(或TRU)废物是含有钚单质或钚元素的核废料，其原子序数大于铀。这种核废料由美国核武器生产期间产生。据估计，这种废料约有25万立方米。政府在新墨西哥州卡尔斯巴德附近建立了永久处置场，称之为“废物隔离试验厂”(WIPP)。它从1999年3月开始运行，接受来自其他核武器处置场的“货物”。大部分核废料来自科罗拉多州丹佛附近已经拆除的洛基公司(Rocky Flats)炸弹厂，该厂处理钚并使其成为能够引爆热核武器的核弹。2008年4月，WIPP已经在盐层中储存了大约58000立方米的超铀废物，在地下存储高度超过约304.8米(1000英尺)。随着时间的推移，盐的自然运动将会包裹住废物。

武器生产的高水平放射性核废料

美国用于生产核武器的放射性物质(包括钚)产生的放射性废料中，有约23320万升(5300万加仑)存储在华盛顿州东南部汉福德地区的177个巨大的像炼油罐一样的容器中，有约16280万升(3700万加仑)储存在南卡罗来纳州萨凡纳河的49个容器中。政府的主要军事核反应堆都在这两个地方运行。据美国能源部估计，萨瓦纳河的清理工作将在2025年完成，耗资321亿美元，汉福德的清理工作将于2035年完成，耗资600亿美元。汉福德清理被广泛认为是武器中最复杂、最具挑战性的工作。

来自民用反应堆的高水平放射性核废料

陶瓷铀芯被包裹在称为燃料棒的薄金属管中，并且通过数百个框架中类似保龄球棒组件布置，使核反应堆正常工作。燃料棒中有4%~5%可分裂(裂变)的铀235原子，在该过程中释放的能量将水加热成用于涡轮发电机的蒸汽。但是链式反应还会将燃料棒中的铀-238转化为钚和其他裂变产物，使燃料棒在1~2年不可再用，并且必须从反应器中移除。这种已经用过的乏燃料中含有约95%的铀-238、1%

的钚、1% 的未裂变铀 235 和 3% 的高水平放射性裂变产物。乏燃料通常会被放入核电厂的储存池中，辐射水平得以降低。在几个月或几年后，乏燃料被清除。

在法国等国家，燃料棒将会被再处理，分离钚和铀供进一步使用。但在美国，目前还不允许进行民用后处理，使用过的燃料棒被视为高水平放射性废物。NRC 指定储存池为两种可接受的储存方法之一。另一种方法则是将燃料棒储存在干燥的储存桶中。储存地点由 NRC 许可，可以在反应堆场地内部或场外的其他地方。

该机构目前已经在 30 个州许可设立独立的存储设施。其中一个设立在犹他州西部的戈休特印第安（Goshute Indian）部落地区，一直存在争议。私人燃料储存（Private Fuel Storage，一个由 8 家公共事业单位组成的财团）计划在戈休特土地上的 4000 个桶中储存 4 万吨乏燃料。2006 年年初，美国核管理委员会批准了该许可证后，内政部和犹他州都提出了反对，这也成为长久以来诉讼的主题。反对者关注的是，鉴于在本词条开始时提到的尤卡山抗议，临时存储很可能变成永久存储。

未来核废料

对核废料和核武器扩散的关注是核电工业增长面临的两个巨大挑战。但即使没有更多的核电厂建设，核废料也会增加。目前，由 30 个国家经营的 439 个反应堆将继续生产乏燃料以及低水平放射性的核废料，只要这些反应堆在生产，就一定会有废料产生，需要特定的地方进行处理。当工厂彻底关闭时，这些储存处就将成为废料存储地。如果发生所谓的“核复兴”，核浪费问题会变得更加严峻。

撰 稿 人：Len Ackland

另请参阅：Chernobyl；Nuclear Power；Nuclear Weapons；Three Mile Island

参考文献

［1］ACKLAND L. Making a real killing：Rocky Flats and the nuclear west［M］. 2nd ed. Albuquerque：University of New Mexico Press，2002.

［2］LONG M E. Half life：The lethal legacy of America's nuclear waste［J］. National Geographic，2002，202（1）：2–33.

［3］SMITH B. Insurmountable risks：The dangers of using nuclear power to combat global climate change［M］. Takoma Park，MD：IEER Press，2006.

［4］U.S. Nuclear Regulatory Commission：www.nrc.gov.

Nuclear Weapons 核武器

核武器的力量已经得到了人们的普遍认可，但其还有巨大的发展空间。战略家卡尔·冯·克劳塞维茨（Carl von Clausewitz）认为，战争本质上是一种社会活动，是一种像语法规则一样的说服方式，而不是严格的逻辑。他也曾思考过现在的竞争性“战争”和真实战争的特殊性。核武器在这两种战争形式中都有着非常重要的作用，即竞争品和沟通工具。

核武器的研究需要两个有组织的沟通：有组织的大科学研究和20世纪工业中有组织的生产。这两种组织出现在同一个历史时刻，导致科学研究和工业生产以前所未有的规模应用于最具破坏性的武器的发明。推动这项发明的纳粹组织在核武器产生威胁之时消失了，在日本还留存了一些纳粹传统。历史学家认为，使用核武器的主要目的是发出一种信号，即向苏联发出关于美国军事力量的声明。物理学家罗伯特·奥本海默（Robert Oppenheimer）在内的其他评论家则已经注意到，一旦这些发明技术成为可能，那么使用就是不可避免的。

这些沟通到目前为止仍然存在争议，而“冷战”过程主要就是通过核武器或者故意，或者意外的沟通。美苏军备竞赛通过互相威胁、互相应对对方的规则、武器系统、部队部署以及战略姿态的形式来开展。在国防战略家看来，主导这一危险对话形式最合理的模型可能就是克劳塞维茨的“理想”战争模型的一种。同时，批评家和抗议者提出了关于核武器非常可怕的未来情景，并进行了道德方面的反对，并试图找到核战争真正的影响。20世纪80年代出现的“核批评”运动建立在“核灭绝将会是最终结果”这一原则的基础上，被视为一种组织社会和文化等其他各个方面的“先验能指”。因此，文学评论家艾伦·纳达尔（Alan Nadel）认为，“遏制”的“冷战”原则已经超越了美国针对苏联制定的政策预期，以维护国家安全的名义，遏制社会规范、公民价值观和行为等。

许多“冷战”学者认为，持续了40年的“冷战”没有再次使用核武器，是因为“冷战”双方的对话形式相对简单，两个主要行动者对“冷战”的规则有共同的理解。在这期间，“核俱乐部”的成员数量很少，他们分别从属于两个超级大国。在该框架内，双方就包括军备控制、核试验、民防措施和导弹防御系统等议题进行了“核对话”。在这些领域，传播学者从不同的方面研究了“冷战”的实践和理论问题，包括总统见面的对话方式、谈判和冲突管理、公共话语以及科学和技术的对峙。

核对话的方式也随着“冷战”的结束而改变。又有很多新国家加入了“核俱乐部”，而“核俱乐部”的老成员国以威胁等方式进行反对，以此在世界舞台上展现他们的地位。由于核贸易与核知识传播变得越来越全球化，现在又出现了对非核国家行为者获取核技术的关注。同时，超级大国对核废料和“核对话”导致的影响进行了承诺，承诺内容包括对环境和公共健康的损害以及在核秘密保护下所做的民主妥协，如今，这样的承诺越来越能彰显出力度。

以上4个相互关联的主题在核话语中相互作用并持续出现。一种宗教意义上的神秘是人们对开发并利用核武器的科学家的感受，无论在物质上还是精神象征上，核武器都具有无与伦比的威慑力，而其发展、部署以及大部分政策制定都在保密情况下进行。终极的科学原理，或者说是假定的必然性规律，指导并推进了核武器的发明及扩散，并保证最终能够在未来使用。在核武器被发明出来60多年后，人们制定了世界各地国际关系、国家安全政策和军事预算的最高标准，因全球恐怖主义和大规模毁灭性武器的扩散产生的恐惧以核蘑菇云的形象达到顶峰。从斯坦利·库布里克（Stanley Kubrick）小说《奇爱博士》（*Dr. Strangelove*）中的“末日机器”（Doomsday Machine）到萨达姆·侯赛因（Saddam Hussein）在伊拉克的“仍在冒烟的枪口”①（Smoking Gun），核武器传递的信息与武器本身一样强大。

撰 稿 人：William J. Kinsella

另请参阅：Manhattan Project；Oppenheimer，J. Robert；Physicians for Social Responsibility；Teller，Edward；Union of Concerned Scientists

参考文献

[1] CHERNUS I.Dr. Strangegod：On the symbolic meaning of nuclear weapons [M]. Columbia：University of South Carolina Press，1986.

[2] KINSELLA W J.One hundred years of nuclear discourse：Four master themes and their implications for environmental communication [M]//S L SENECAH (Ed.).Environmental communication yearbook，Vol.2.Mahwah，NJ：Erlbaum，2005：49–72.

[3] NADEL A. Containment culture：American narratives，postmodernism，and the atomic age [M]. Durham，NC：Duke University Press，1995.

[4] RUTHVEN K. Nuclear criticism [M]. Carlton，Australia：Melbourne University Press，1993.

[5] TAYLOR B C. Nuclear weapons and communication studies：A review essay. Western Journal of Communication，1998，62 (3)：300–315.

[6] TAYLOR B C，KINSELLA W J，DEPOE S P，et al. (Eds.). Nuclear legacies：Communication，controversy，and the U.S. nuclear weapons complex [M]. Lanham，MD：Lexington，2007.

[7] WEART S. Nuclear fear：A history of images [M]. Cambridge，MA：Harvard University Press，1989.

Nutrigenomics 营养基因组学

1953年，DNA双螺旋结构的发现标志着人类了解遗传学的新开始。最近，人们关于人类基因组计划（Human Genome Project）的知识正在呈指数级增加，人们开始意识到遗传是很多

① “仍在冒烟的枪口”是西方国家在讨论萨达姆·侯赛因是否确实在伊拉克进行了杀人行动时使用的说法，意为：是否有“确凿证据”。——译者注

疾病的成因。这些进展促使基因检测出现，目前，基因检测已经被应用在1200多种医疗中。这些信息与健康有关，因此常受到媒体的关注，文章通常以新闻报道的形式出现，帮助读者理解各种重要的概念。

除了鉴定与人类疾病相关的大量基因，人类基因组测序也揭示了一个有趣的事实：任何两个不相关的个体的DNA有99.9%是相同的，而剩余的0.1%为变异位点，也被称为“单核苷酸多态性”（Single nucleotide polymorphisms, SNP）。整个人类基因组中已经鉴定出约310万个SNP，预计的实际数量约为1000万。这些不同的位点非常重要，它们能解释为什么个体对相同的营养物和环境化学物反应不同，为什么在不同个体身上会观察到相同药物有不同的影响。

遗传因素与越来越多的疾病相关联，不过我们必须牢记，大多数疾病并不仅由我们的染色体决定，而是由遗传和环境影响之间的复杂相互作用共同作用。环境因素各种各样，包括营养素、吸烟、酒精、药物、微生物、辐射、化学品和社会影响，这些因素都会影响我们的发展，影响我们是否容易感染疾病。换句话说，基因并不能决定我们的命运。人类一生暴露在各种不同环境中，食物摄取被认为是对疾病影响最大的因素。

在不同的历史时期和社会条件下，营养摄取对人类健康的重要性都被广泛认可。最近的分析估计，2005年，世界上33%的成年人超重或肥胖，到2030年，这一数字可能超过57%，预计营养科学也将会成为公共卫生的重点。在营养科学和基因组学相互融合的过程中，营养遗传学和营养基因组学这两个新的领域逐渐形成。虽然“营养遗传学”和“营养基因组学”这两个术语经常互换使用，但前者主要研究的是随机的遗传变异（如SNP）如何影响个体对特定膳食化合物的反应，而营养基因组学主要研究和了解食物组分如何调节个体基因表达的变化。

营养物和人类基因组

营养物以双向方式与人类基因组相互作用。食物成分不仅提供能量，还能通过复杂的机制控制基因表达。同时，我们的个体遗传也会影响我们的营养选择。通过检查个体对食物化合物反应的差异，营养基因组学有望解释营养物质是怎样通过基因与环境的相互作用导致诸如肥胖、Ⅱ型糖尿病、心血管疾病和癌症等复杂疾病，并促进营养物质个性化的发展。虽然以前也有许多关于单个基因和特定营养物之间关系的研究调查，但营养基因组学开启了更广泛的研究，同时涉及了几种营养物和多个基因，以期更准确地反映其在各种条件下生物体上发生各种情况的可能性。

在某些代谢条件下，基因测试可以为膳食改善提供帮助和建议，如果膳食改变尽早开展，有时能够挽救生命。苯丙酮尿症是常见的基因与营养相互作用导致的疾病之一。每1万个新生儿中就会有1位苯丙酮尿症患者，这种疾病是由于人体苯丙氨酸羟化酶的缺乏导致了氨基酸苯丙氨酸的血液水平升高，这种物质对神经系统有毒并会导致严重的脑损伤，甚至延缓身体发育。当前没有有效的治疗方法，但如果在出生后不久就限制患者苯丙氨酸的摄入，能够预防这些并发症。

更复杂的情况是家族性高胆固醇血症，这是一种会遗传的代谢障碍疾病，美国有超过50万人患有这种病，全世界患者总数超过1000万。高胆固醇血症的成因是编码低密度脂蛋白（LDL）受体的基因发生突变，导致来自血浆的LDL胆固醇（“坏胆固醇”）的摄入量减少，而LDL水平升高会使患者易患心血管疾病和中风。目前已经发现了超过700种LDL受体基因的突变情况，甚至具有相同突变的个体有时也会表现出不同的临床症状。一项研究调查了犹他州一些家庭中几代患高胆固醇血症并携带该基因突变的个体，结果显示，在1880年之前出生的4名男子都活到了62~81岁，而他们的孙子均死于冠状动脉疾病，平均寿命45岁。除了基因突变的因素，饮食和生活方式等环境因素也是造成疾病的重要因素。

另一个能够说明遗传信息如何指导饮食选择的例子是亚甲基四氢叶酸（MTHFR），这是一种主要负责生产叶酸（维生素B9）的酶。MTHFR中的单碱基对将胞嘧啶（C）改变为胸腺嘧啶（T），相对应的，在合成的蛋白质中，缬氨酸就取代了丙氨酸，这种变化可能会导致神经管缺陷、神经精神病症、增加心脏畸形风险。MTHFR的多态性也可能导致结肠癌。将纯合子（同一位点上的两个等位基因的基因型相同的个体）发生这种突变的个体称为TT基因型，当这种个体能够摄入足够量的叶酸时，患结肠直肠癌的风险将会降低30%~40%；相反，当膳食叶酸摄入量不足时，患结肠、直肠癌的风险会相应提高。遗传测试可以揭示这种多态性的存在，以此影响个体膳食叶酸需求，从而进行适当的膳食干预。

另一个有趣的例子是鱼油供给。鱼油一直被认为有保护心脏的功能，但最近的一项研究表明，不同个体对食用鱼油的反应却不同，即其体内LDL胆固醇的变化相同，有的降低了40%有的增加了113%，有的介于两者之间。其中涉及了多个基因，载脂蛋白E（ApoE）基因就是其中之一。ApoE蛋白是脂质代谢中的中心参与者，两个SNP共同参与创建了3个主要变体：同种型的E2、E3和E4，其中E4会增加阿尔茨海默病和心血管病症的风险。最近，当用这一基因的同一异构体去预测头部创伤后脑损伤的严重性时，人们陷入了争议，有关此争议的公开讨论集中在头部损伤对后遗症的预测。

伦理和法律意义

如前面的例子所示，涉及一种医学病症的突变可能同时导致其他病症风险的增加。随着越来越多基因组数据的出现，如何以最准确和最有意义的方式解释研究结果就显得更加重要。最近的调查预测，到2010年，有33%的美国消费者可能收集并使用营养基因组的信息，这表明这个话题将会成为越来越重要的健康传播议题。揭示基因与饮食联系能够使人们增强健康意识并主动监测自己的健康状况，也会对人们的具体行为产生影响，如营养摄入的改变、更频繁的疾病筛查或不同的生殖选择。

目前，还没有足够的信息能够解释特定突变如何与疾病的发生相关联，虽然信息量不断扩大，但我们理解这些信息的能力却有限。同一种基因多态性可能与多达7种在不同条件下产生的不同结果。例如，在之前描述的MTHFR的情况下，同一种多态性可能导致静脉血栓、精神分裂症、抑郁症、胃癌、中风和冠状动脉疾病等不同病症，并且，在不同的条件下，同一种多态性既可以是风险因素，也可以是保护性因素。即使在相同的条件下，一种特定的多态性也不一定是疾病发生的决定性因素。例如，属于多种途径的52个基因在某种程度上与Ⅱ型糖尿病相关，其中14个已经通过了至少4项研究证实，随着研究的深入更多关联将会被发现。同时，与一个群体中的特定条件相关的基因不一定与其他群体相关，解释数据时需要非常小心。例如，调查显示，与类风湿性关节炎相关的遗传因素在高加索人和韩国人身上的影响不同。

因此，当考虑营养基因组学相关的基因测试对客户的直接可用性时，我们对于基因组信息有限的理解能力尤其重要。目前，约30家公司都计划将与健康相关的直接客户基因测试进行商业化，并直接向客户提供结果，通常这一过程不涉及医疗卫生的专业人员，也不需要专业人员提供咨询。一项研究报告显示，目前已经有 7 家公司正在对 56 个基因进行单核苷酸多态性（SNP）测试。其中 24 个都没有经过书面形式的审查，而剩余 32 个基因的 SNP 与疾病关联研究中，仅有 38% 具有统计学显著性，其余的研究只有中等程度的相关性。另一项调查研究显示，24 家直接向客户提供基因测试的公司，产品会提出诊断测试（如揭示家族性黑蒙性痴呆基因携带者的状态）和预测测试（如罹患乳腺癌或亨廷顿病的风险）等营养学试验，测试结果将降低需要医生参与和提供术前或术后咨询的可能性。

2006 年，美国政府责任办公室（U.S. Government Accountability Office，GAO）从 4 个网站购买了直接面向客户的基因测试产品，并提交了几个人的 DNA 样本进行分析，根据他们不同的生活方式和个人特征获得了结果。调查报告称，这种测试具有误导性，它们在医学上的结论还是模糊的、未经证实的。例如，测试结果会报告客户可能具有较高的患心脏病的风险。并且，大多数建议不是基于个性化的遗传图谱，而是代表一般健康建议。如其中两个网站基于测试结果向客户建议购买昂贵的个性化营养补充剂，这种补充剂比美国政府责任办公室报告的类似于抗氧化剂和维生素的市场价格高很多。还有另一个网站建议购买一种可以“修复受损 DNA”的昂贵的营养补充剂，基于现有的医学和科学发现还没有产品具有这样的效果。这些例子都表明，基因测试的市场需要更加强有力和积极的监管。

还有必要认识到，大多数基因检测并不是真正的诊断工具，它仅具有预测意义，并且只是提供关于个人整个生命中的疾病易感情况的信息。在这种情况下，公共教育是根本性的，需要强调的是，大多数疾病是由基因之间复杂的相互作用，以及基因与生物体内外环境共同作用导致的，理查德·卢温特（Richard Lewontin）在他的书中将这种情况形象地称为“三重螺旋”（2002）。

撰 稿 人：Richard A. Stein

另请参阅：Gene；Human Genome Project；Toxicogenomics

参考文献

[1] BERGMANN M M，GORMAN U，MATHERS J C. Bioethical considerations for human nutrigenomics [J]. Annual Review of Nutrition，2008，28：447–467.

[2] GENUIS S J. Our genes are not our destiny：Incorporating molecular medicine into clinical practice [J]. Journal of Evaluation in Clinical Practice，2008，14（1）：94–102.

[3] GERANSAR R，EINSIEDEL E. Evaluating online direct-to-consumer marketing of genetic tests：Informed choices or buyers beware? [J]. Genetic Testing，2008，12（1）：13–23.

[4] GODARD B，OZDEMIR V. Nutrigenomics and personalized diet：From molecules to intervention and nutri-ethics [J]. OMICS，2008，12（4）：227–229.

[5] Government Accountability Office. Nutrigenetic testing：Tests purchased from four Web sites mislead consumers [EB/OL]. [2009-09-04]. www.gao.gov/products/GAO-06-977T.

[6] JANSSENS A C，GWINN M，BRADLEY L A，et al.A critical appraisal of the scientific basis of commercial genomic profiles used to assess health risks and personalize health interventions [J]. American Journal of Human Genetics，2008，82（3）：593–599.

[7] JONGBLOET P H，VERBEEK A L，DEN HEIJER M，et al.Methylenetetrahydrofolate reductase

(MTHFR) gene polymorphisms resulting in suboptimal oocyte maturation: A discussion of folate status, neural tube defects, schizophrenia, and vasculopathy [J]. Journal of Experimental and Clinical Assisted Reproduction, 2008, 5 (5): 5-12.

[8] KAPUT J, NOBLE J, HATIPOGLU B, et al. Application of nutrigenomic concepts to type 2 diabetes mellitus [J]. Nutrition, Metabolism and Cardiovascular Diseases, 2007, 17 (2): 89-103.

[9] KELLY T, YANG W, CHEN C S, et al. Global burden of obesity in 2005 and projections to 2030 [J]. International Journal of Obesity, 2008, 32 (9): 1431-1437.

[10] LAU F C, BAGCHI M, SEN C, et al. Nutrigenomic analysis of dietgene interactions on functional supplements for weight management [J]. Current Genomics, 2008, 9 (4): 239-251.

[11] LEE H S, KORMAN B D, LE J M, et al. Genetic risk factors for rheumatoid arthritis differ in Caucasian and Korean populations [J]. Arthritis &Rheumatism, 2009, 60 (2): 364-371.

[12] LEWONTIN R. The triple helix: Gene, organism and environment [M]. Cambridge, MA: Harvard University Press, 2002.

[13] LOVEGROVE J A, GITAU R. Nutrigenetics and CVD: What does the future hold? [J]. Proceedings of the Nutrition Society, 2008, 67: 206-213.

[14] ORDOVAS J M, CORELLA D. Nutritional genomics [J]. Annual Review of Genomics and Human Genetics, 2004, 5: 71-118.

[15] RIES N M, CASTLE D.Nutrigenomics and ethics interface: Direct-to-consumer services and commercial aspects [J]. OMICS, 2008, 12 (4): 245-250.

[16] SAVULESCU J. Compulsory genetic testing for APOE Epsilon 4 and boxing [J]. Genetic Technology and Sport, 2005, 1 (4): 136-146.

[17] WILLIAMS R R, HASSTEDT S J, WILSON D E, et al. Evidence that men with familial hypercholesterolemia can avoid early coronary death: An analysis of 77 gene carriers in four Utah pedigrees [J]. Journal of the American Medical Association, 1986, 255 (2): 219-224.

Nutrition and Media
营养与媒体

媒体在向美国公众提供营养信息方面发挥了重要的作用。本词条主要描述媒体如何影响食品摄入的相关行为，以及卫生专业人员如何使用媒体向公众传达营养信息。

媒体影响了美国人对政治、文化和健康方面对食物的思考和理解，对形成和传播关于营养的文化规范大有裨益，也为营养教育提供了平台，创建了食品广告和产品推广渠道。如今，有关营养的信息已通过各种媒体进行传播，包括纸质材料、广播、电视和互联网。

媒体对健康的影响

大众媒体对个人和集体会产生积极或消极的影响。媒体可以提供与健康状况有关的营养信息，例如，健康网站或报纸杂志健康专栏上的营养信息，这些信息对于受众有积极的影响。媒体也有可能传达负面的健康信息，例如，含糖谷物和饮料的促销活动，特别是针对儿童的促销广告。

食品广告和商业营销

美国人每年都会看到成千上万条食品广告。这些广告中大多数都在宣传不健康的食物和饮料。1997 年的一则报道显示，某食品公司在广告投放上花了 110 亿美元。媒体中大量的食品广告和商业营销会影响儿童和成人的饮食和购物行为。

有证据表明，商业食品营销可能会降低小学生将健康产品与非健康产品区分开的能力，也会影响儿童的食物偏好。许多研究表明，食品广告已经影响了儿童在学校或便利店购买食物时的选择。

儿童的食物偏好反馈到广告内容上又会进一步影响他们家庭的购物选择和饮食习惯。研究表明，孩子观看电视花费的时间与他们在便利店要求购买食物的频率成正相关。

同时，电视节目和电影中的食物也会对成人和儿童的饮食行为产生影响。高热量低营养的食物选择更有可能出现在电视和电影的广告中，这会鼓励消费者吃一些不健康的食品，最终导致糖尿病或肥胖。一项研究发现，高脂肪和高糖的食物在电影、电视中出现的频率明显高于水果和蔬菜出现的频率。

媒体与身体形象

媒体极大地影响了美国人对身材的审美。肥胖或超重的人物往往被描绘为不受欢迎且不成功的，而瘦的人则饱含积极的意味。电视上超重和肥胖的人物明显少于现实生活，电视上几乎 1/3 的妇女体重不足就是证据。虽然研究人员还没有发现看电视和进食障碍之间的直接关联，但研究表明，长时间接触媒体确实会增强人们对自己身材的不满。

媒体促进营养信息

利用媒体提高公众意识，广泛传播营养教育信息，倡导改变公共政策已被证明是很有效的战略。

社会营销

通过使用市场研究、产品定位、定价、空间分布和促销等技术手段，社会营销计划旨在影响人们摄取营养的行为，以改善个人健康。

社会营销活动的主要目的是促进健康饮食。例如，国家精益项目（Project LEAN）通过公共服务公告（Public Service Announcement, PSA）和各种其他传播渠道来促进低脂饮食。该活动的结果表明，公益广告与其他公共关系和传播策略相结合能够促使媒体关注和意识到低脂肪饮食的重要性。“加州儿童节——5 天电力游戏”是一项社会营销活动，旨在增加儿童及其家庭的水果和蔬菜消费量。该活动通过学校和社区的媒体对水果和蔬菜进行宣传，让更多的儿童爱上吃水果和蔬菜，这一活动最终确实增加了水果和蔬菜的消费量。

虽然社会营销活动在促进尚未形成习惯的儿童的健康饮食方面表现出一些效果，但是针对成人的效果却不明显。

媒体宣传

媒体倡议运动的重点是设置议程并制定公开辩论，将解决方案纳入营养问题的新闻报道中。媒体倡议的目标对象是决策者、倡导者和其他普通民众，他们能参与到变革的政治进程中。目前，媒体倡议已被用于倡导学校和社区的政策变革，增加健康食品的摄取，同时减少摄取高卡路里低营养食品。由于它试图改变的是社会行为或政策环境而不是改变个人行为，因此媒体倡议不同于其他类型的健康传播。

因为大多数营养问题都很复杂，并且已经深入地嵌进了社会组织的行为习惯中，所以需要长期且不断发展的宣传战略。促进良好的生活方式需要每个人都能采取健康的饮食方式，社会营销活动可以帮助他们了解最有效的方法，但要取得实质效果，人们必须找到能够负担得起的健康食品，这需要更多的政策变化。媒体倡议可能是一个非常有用的工具，帮助营养倡导者为这些政策的决策者提供建议。

媒体在调节食品营销方面的作用

目前，全美各地的国会和州立法机构正在考虑利用媒体来促进特定食品的政策策略的制订和实施。例如，爱荷华州参议员汤姆·哈金（Tom Harkin）于 2005 年 5 月提出了立法建议：恢复联邦贸易委员会（Federal Trade Commission）的权威，规范向儿童提供食品和饮料产品的广告。不断增强人们对新媒体和传统媒体对儿童影响的理解，可以提供更多保护和促进儿童健康的途径。

撰稿人：Lisa Craypo，Sally Lawrence，and Sarah Samuels

另请参阅：Center for Science in the Public Interest；Communication Campaigns in Health and Environment；Health Communication and the Internet；Health Communication，Overview

参考文献

[1] ALCALAY R，BELL R. Promoting nutrition and physical activity through social marketing：Current practices and recommendations［M］. Sacramento：University of California，Davis，Center for Advanced Studies in Nutrition and Social Marketing，2000.

[2] Center for Science in the Public Interest. Pestering parents：How food companies market obesity to children［EB/OL］.［2009-07-12］. www.cspinet.org/pesteringparents.

[3] DORFMAN L. Using media advocacy to influence policy［M］//R J BENSLEY，J BROOKINS-FISHER（Eds.）. Community health education methods：A practical guide.3rd ed. Sudbury，MA：Jones & Bartlett，2008：383-410.

[4] HASTINGS G，STEAD M，MCDERMOTT L，et al. Review of research on the effects of food promotion to children（Prepared for the Food Standards Agency）［M］. Glasgow，Scotland：University of Strathclyde，Center for Social Marketing，2003.

Nye, Bill 比尔·奈

比尔·奈（Bill Nye，1955— ）曾经进过圣海伦斯山的火山口，试图解释火山如何工作。他曾在湖上跳跃，试图说明空气压力；他甚至还曾在一个冷冻柜里脱掉裤子，表明感冒的原因不是低温，而是细菌。比尔·奈已经从一个科学家转变为漫画和教育媒体制作人，主要向公众展示科学如何影响人们的日常生活。比尔·奈最出名的电视节目是艾美奖（Emmy Award）获奖作品——《科学小子比尔·奈》（*Bill Nye the Science Guy*）。20世纪90年代，这个节目里夸张的漫画形式、MTV风格的节奏以及比尔·奈作为主持人独特的穿衣风格，成为很多年轻人喜爱的娱乐方式。这一计划向孩子们展示了科学是一种很“酷”的东西，它还针对儿童的教育节目制定了新的标准。比尔·奈一直在做与普及科学相关的努力。他撰写儿童科学书，为各个年龄段的人创造游戏和媒体产品，这些产品甚至会出现在电视购物节目中。迪士尼的艾波卡特中心（Epcot Center）专门为他设立了“比尔·奈科学家”的展览。

比尔·奈出生于1955年11月27日，父母分别是内德·奈（Ned Nye）和杰奎琳·杰金斯－奈（Jacqueline Jenkins-Nye），从小在华盛顿特区长大。年轻的比尔·奈对事物如何运作十分着迷。他曾拆开过自行车，用橡皮筋修理动力玩具飞机使其可以向左转。随着美国太空计划越来越多地出现在公众视野，他也随年龄增长喜欢上了飞机研究。在华盛顿西德维尔中学（Sidwell Friends School）上学期间，他接受了《人物》（*People*）的采访，并告诉记者彼得·卡林（Peter Carlin）自己是学校科学俱乐部的成员，是一个热爱科学的“书呆子”。后来，他获得了康奈尔大学（Cornell University）机械工程学士学位。在康奈尔大学，他选修了卡尔·萨根（Carl Sagan）的天文学课程，并与喜剧演员史蒂夫·马丁（Steve Martin）和他的母亲一起，列出了著名天文学家的名单。而1942年，马丁的妈妈凭借自己的数学和科学技能被美国海军密码学部门录取。毕业后，比尔·奈在西雅图担任过波音公司（Boeing Corporation）和美国森德斯特兰德数据控制公司（Sundstrand Data Control）的工程师。在波音公司，他发明了一种能用于747飞机的液压共振抑制管。

到西雅图之后，他的喜剧天赋逐渐被发掘。他开始独立创作漫画，1986年，他以作家和演员的身份开创了当地最受欢迎的电视喜剧节目《活灵活现》（*Almost Live!*）同年，他创建了体育电台（KJR）的节目——《科学家的特点》（*The Character of the science Guy*）。1992年，他为当地的美国公共电视台（PBS）制作了“科学小子”角色的电视节目。一年后，他与迪士尼公司（Disney Company）睡美人城堡项目联合组织签订了一项协议。《普吉特海湾商业杂志》（*Puget Sound Business Journal*）报道称，该协议将“古怪的科学助推器”（the Quirky Science Booster）送进美国电视市场。孩子们每天都可以在公共和商业电视台观看到关于科学家的节目。

1993—1998年，比尔·奈一直在由迪士尼和西雅图公共电视台虚拟和VHF数字频道9（KCTS–TV）共同创办的组织里工作，主要从事写作和广播方面的工作，并获得了极大的肯定。国家科学基金会（National Science Foundation）和公共广播公司（Corporation for Public Broadcasting）都为他的项目提供资金。孩子们喜欢寓教于乐的电视和广播节目。他开办的电视节目在美国和加拿大共收获了超过400万观众。《纽约时报》（*New York Times*）写道，1997年2月的行业评分结果显示，比尔·奈创办的一系列节目是6～11岁儿童最喜欢的联合教育节目。在其播出的5年期间，该节目共赢得了28个艾美奖。1999年，安纳伯格公共政策中心（Annenberg Public Policy Center）的一项研究指出，《科学人比尔·奈》是一档优秀的教育节目。研究还表明，该节目的受众群体中有很大一部分是妇女和少数民族，这有助于抵制人们“科学家都是白人”的刻板印象。

诸如《奇异先生的世界》（Mr. Wizard's World）、《比克曼的科学世界》（Beakman's World）和《牛顿的苹果》（Newton's Apple）等针对儿童

的电视教育节目都涵盖了科学主题，但《科学人比尔 · 奈》不同——“他是一个活跃的、代表20世纪90年代的超级先生。”《纽约时报》这样写道。酷炫的图形和特技经过剪辑后能一直持续26分钟。比尔 · 奈在节目里跳迪斯科、蹦极，甚至用跳伞来阐释自己的观点。同时，他还展示了自己做的实验，并教孩子到厨房橱柜中找到小苏打、醋及其他配料自己做实验。

最重要的是，比尔 · 奈有一个诀窍——他能够使复杂的主题简单化。他的每个节目都能使观众集中精力，每个实验都能发挥增强主题的作用，有助于观众对1～2个关键点留下深刻印象。这一系列的电视节目包括行星科学、物理科学和生命科学3大类。与《国家科学教育标准》（National Science Education Standards, NSES）相关的有100集，范围从有关飞行的第一章到有关运动的最后一章。

《科学人比尔 · 奈》品牌包括电视节目、书籍、视频、DVD和游戏。比尔 · 奈撰写或与人合著了5部儿童读物。他的第一部作品《科学人比尔 · 奈的大爆炸科学》（*Bill Nye the Science Guy's Big Blast of Science*）于1993年完成。依靠国家科学基金会的支持,《科学人比尔 · 奈》教室系列于1997年正式发布。《冷酷的科学游戏：人和生态系统》（*The Way Cool Game of Science: Populations and Ecosystems*）于2007年发布，这是他创造的诸多互动游戏之一。

他一直担任许多针对成年观众的电视节目主持人，例如，在探索“科学”频道播出的《比尔 · 奈的视角以及史上100个最重大发现》（*The Eyes of Nye and The 100 Greatest Discoveries*）系列节目。2008年，探索“绿色星球”频道播出了以比尔 · 奈为主持人的剧集《生活大小事》（*Stuff Happens*）。这部剧里，观众能看到熟悉的比尔 · 奈的实验室外套以及他的实验和观点，如早餐吃培根对环境和世界的影响。

除电视角色之外，比尔 · 奈还喜欢自己动手进行科学实验。他小时候曾试图发明一个由自行车驱动的真空吸尘器，拥有两项教育工具的专利，以及试图进行包括为芭蕾舞者改进脚趾鞋的其他发明。他曾在康奈尔大学做过客座教授，拥有伦斯勒理工学院（Rensselaer Polytechnic）和古彻学院（Goucher College）的荣誉博士学位。

比尔 · 奈用幽默、简单实验和日常生活的例子，向非科学家传达科学的工作原理及其重要性。他对所有关于科学的东西都饱含热情。比尔 · 奈在自己的科学家计划中经常提醒观众：什么是“科学规则”。

撰 稿 人：Ellen J. Gerl

另请参阅：Children's Television and Science; Television Science

参考文献

[1] CARLIN P. Force of nature: Emmy-winning Bill Nye mixes science and silliness to make quality TV for kids [J]. People, 1996, 46 (17): 69.

[2] GOLDBERG C.Pondering fire, infinity and a head of lettuce (Cool!) [N]. New York Times, 1997-04-09 (C1).

[3] HARRISON L. "Science guy" goes national with syndicated kids'series [J]. Puget Sound Business Journal, 1993, 14 (19, Sec. 1): 16.

[4] TRUMBULL M. "Science guy" mixes facts and fun [J]. Christian Science Monitor, 1995, 87 (47): 12.

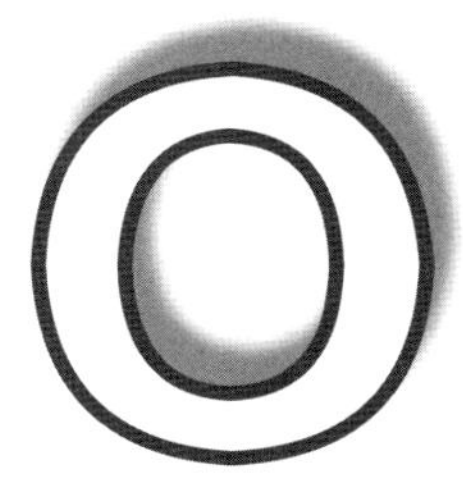

Obesity Epidemic 肥胖流行病

超重和肥胖成为公共健康面临的巨大挑战。近期数据显示，美国 61% 的成人超重（体重指数大于 25，见下面的定义），34% 的成人肥胖（体重指数大于 30，根据美国卫生局 2009 年的统计）。加拿大和英国的肥胖指数略低（大约有 1/4 的成人为肥胖），但是不论在发达国家还是发展中国家，其长期发展的趋势都差不多：越来越多的儿童、未成年人和成年人超重。这个趋势带来的结果之一就是过去几年里大众传播对这个议题越来越关注。政策制定者杜撰了肥胖流行病这一术语，用以指代这个简单明晰但有时候也容易产生误导的相关挑战。

本词条首先对超重和肥胖进行精确的界定。从医学和经济学的角度对其进行描述，并把社会建构主义和框架作为从科学传播的角度对肥胖流行病进行批判性分析的一个较好的理论视角。肥胖可以通过聚焦于个人层面或社会层面的政策来缓解。最后一部分阐述肥胖传播的机遇和挑战。

超重和肥胖的界定

肥胖通常被界定为严重超重。这个用语的定义通过重量不足、正常重量、超重和肥胖之间界限的量化指标进行区分。世界卫生组织（World Health Organization，WHO）和该领域的大多数专家以体重指数（Body Mass Index，BMI）作为个体体重与身高之间关系的简单指标。体重指数是用体重千克数（w）除以身高米数（h）的平方得出的数值。下面用标准单位和米制单位加以举例说明：一个体重为约 77 千克（170 磅）、身高约为 1.8 米（6 英尺）的成人的体重指数为 23.0。

其计算公式如下：

BMI=77 千克 /（1.8 米）^{2} ≈ 23.8 千克 / 平方米

这个结果是重量不足、正常体重还是超重呢？通过与世界卫生组织给出的标准进行对比，表 O1 给出了答案。

根据表 O1 的标准，上述体重指数为 23.0 的成人的体重是正常的。同样是这个人，如果其身高不变，体重增约为 83.9 千克（185 磅），而其体重指数约为 25.1，那么他就被认为是超重并有肥胖的征兆，但是如果他体重约为 100.2 千克（221 磅），他就被认为是肥胖的（其体重指数约为 30.1）。

那些对自己体重指数或对米制单位不熟悉，且手头没有计算器的人可以用众多在线体重指数计算器来计算自己的体重指数，这些在线计算器可以利用标准单位和米制单位换算，很容易地计算出体重指数［2009 年美国国家心脏、肺和血液学研究所（National Heart，Lung，and Blood Institute）提供的计算方法］。

表 O1 依据体重指数划分的成人体重不足、超重和肥胖

分类	体重指数（千克 / 平方米）
严重消瘦	<16.00
中度消瘦	16.00~16.99
轻度消瘦	17.00~18.49
轻体重	<18.50
健康体重	18.50~24.99
超重	≥ 25.00
预肥胖	25.00~29.99
肥胖	≥ 30.00
轻度肥胖一级	30.00~34.99
中度肥胖二级	35.00~39.99
重度肥胖三级	≥ 40.00

来源：世界卫生组织（2009）

超重的医学视角

超重和肥胖是能量摄入（营养）与能量消耗（身体运动）不平衡导致的。如果能量的摄入超过能量消耗，身体就会把能量以脂肪的形式储存起来，而脂肪则和体重的增加有关系。如果能量的摄入少于消耗，身体就会通过消耗脂肪提供能量，从而引起体重的下降。这一生理学机制对于食品供应失常以及长期饥饿的前现代社会的生存来说是至关重要的。但是到了现代社会，同样的过程促使了由于缺少运动以及食品供应过量而导致的超重和肥胖的出现。

超重和肥胖对健康的影响非常大，包括心脏病、某种类型的癌症、Ⅱ型糖尿病、哮喘、关节炎、呼吸系统疾病以及心理障碍（如抑郁）。

超重的经济学视角

超重和肥胖还导致了一系列严重的经济问题：美国 1998 年全部医疗支出的 9.1% 用在了超重和肥胖方面。这个数字仅限于直接的医疗支出（如与肥胖相关的预防、诊断和治疗），不包括与发病率（由于生产力的减少而造成的损失、活动限制、缺勤及卧床休息）和死亡率（夭折导致的未来经济收入的损失）相关的间接性支出。

肥胖问题的社会建构与框架

到目前为止，我们只把肥胖问题看作是一个医学问题。然而，需要更广泛的视角来补充这种狭隘且孤立的描述，即需要融入包括可选择的问题界定、随机解释以及遏制肥胖的责任的考量等额外的角度。

来自现实的社会建构以及风险的社会放大效应的理论方法可以作为这个广泛视角的一个基本背景。在社会建构主义里，框架方法是一个更具体的概念，对于更好地理解有关肥胖问题方面可用的竞争性问题界定以及政策建议来说是至关重要的。根据传播学者罗伯特·恩特曼（Robert Entman）的定义，框架被界定为选择现实的某些方面，用来识别特定的定义，理解起因、道德视角和处理方面的考量。正如下面的内容将会显示的那样，肥胖问题有多种框架。简单地说，由包括阿比盖尔·萨吉（Abigail Saguy）和雷内·阿来米琳（Rene Almeling）在内的学者提出的下列 4 个主要框架是十分著名的。

戏剧框架：肥胖被描述为威胁当代社会的一种流行病。这个框架由一系列的医疗机构提出，并且对于引起公众对这个问题的关注、把它放到媒体议程当中以及动员参与者讨论并提出抵制肥胖的措施来说，这个框架是重要的。肥胖"流行病"这种提法是一种隐喻。字面意思是，肥胖并不是一种流行病，因为它不是一种传染病，也不能迅速地在人与人之间进行传播，但是"流行病"这个概念的隐喻性用法表明我们需要采取迅速且果断的对策。

说教框架：肥胖被认为是个人行为和责任的问题。这个框架使肥胖问题去政治化，并且更有可能让肥胖者污名化，因为他们应该对自己的身材负主要责任。

进展框架：在这个框架内，肥胖被描述为一种可以通过速战速决的方式（如具体产品，无论是食品、药物还是外科手术）解决的问题。进展框架也使这个问题去政治化，并将它变成了一个技术和经济问题。

冲突框架：肥胖被看作是以损害公众健康为代价而追求经济效益最大化的食品生产企业造成的社会问题。这个框架鼓励公众参与辩论，并且对食品工业采取更积极的监管措施。

上述用于肥胖问题的框架绝不是完整的，但是它却表明这些不同的框架不仅提供了对这个问题的不同界定，而且提出了不同的原因、责任以及解决这个问题的策略。在下文有关抵制肥胖的策略方面，请记住这些区别。

从个人层面上解决肥胖问题

由于与超重和肥胖问题的医疗和经济相关性的增加，公共健康政策也把这个问题放在了自己议程的重要位置。一系列针对个人层面或结构层面的策略是重要的。下面4项干预措施在个人体重管理的层面上是重要的。

（1）通过减少卡路里的摄入而降低能量的摄入。

（2）通过更多的运动增加能量消耗。

（3）通过药物治疗降低能量摄入。

（4）通过外科干预减少能量摄入。

大多数研究人员赞同持续地减重无法通过节食实现，而是必须要通过饮食行为及体育锻炼这种长期的生活方式的变化才能得以保持。这样的生活方式变化不仅是个人喜好和选择的问题，而且需要社会层面上（如通过告知公众肥胖的危害并鼓励公众采取健康生活方式的长期公共卫生信息运动）公共健康干预的支持。

其他两种类型的干预（药物和外科手术）存在各种副作用、医疗风险以及昂贵的费用支出问题，因此这两项干预更适合那些体重指数超过35的严重肥胖者的小部分人群。

社会层面上解决肥胖问题

前面提到的个人策略被认为是向着正确的方向前进的第一步也是必要的一步，但是超重和肥胖的发生概率持续增加并不断蔓延这一事实凸显了社会层面上采取额外的补充性政策的需求。社会层面上抵制肥胖政策的目的在于创造一个帮助个人维持正常体重的环境。社会政策包括一系列的监管干预（见表O2）。

表O2　抵制肥胖干预措施

序号	措施	界定/目的
1	公开披露	要求食品生产企业和餐馆公开食品营养成分
2	侵权行为赔偿	对欺诈行为、虚假申报和不合理的危险产品进行起诉
3	监督	为监测人口健康、反馈、活动警报和临床建议提供数据
4	对儿童和成人食品营销的监管	监管媒体、网络、“广告游戏”、角色授权以及隐形营销
5	征税	对高卡路里、低营养食品征收重税
6	学校和工作场所政策	取消自动售货机，提供更健康的食谱，鼓励更多的运动，开展健康/体育教育
7	环境和分区的“创造”	制定分区法以限制快餐连锁店的盛行，扩展消遣的机会，鼓励更健康的生活方式
8	食品禁令	要求食品企业从食品中移去对健康构成威胁的特定成分
9	治疗肥胖措施的规定	对健康保险就涉及肥胖行为、药物和外科治疗方面承保的立法

来源：改编自格斯坦（Gostin）（2007）和奇斯马鲁（Cismaru）（2008）

表2呈现了9类抵制肥胖的监管干预措施。其中有些措施聚焦于信息需求和传播需求，包括制造必要的信息，促进正确信息的传播，限制对儿童和成人健康有消极影响的误导性信息和食品的营销。只有一种策略类型明确地采用了以把健康“成本”（象征意义上的）转换成市

场成本（字面意义上的不健康食品价格的增加）为目标的经济刺激。政策的其他类别包括：涉及肥胖的行为，药物的肥胖的流行范围的立法，通过健康保险进行的肥胖手术治疗。

哪个国家应该采取哪种抵制肥胖的政策？近期对美国、加拿大和欧盟（European Union）所采取的各种策略的概述显示带有很强经济影响的干预（侵权行为的赔偿责任、征税、食品禁令、有关肥胖治疗的规定）很少被采用。另外，我们对这些措施的效果以及相关费用还知之甚少。鉴于公共政策与肥胖的高度相关性以及可能采取的政策的多元化，需要开展更多的政策评估研究。

有关肥胖的传播：机遇与挑战

作为公共传播的一个议题，解决超重与肥胖的问题为就职于政府机构、专业的非营利组织或媒体中专业传播人员带来了一系列的机遇与挑战。帮助把这个议题放到传播议程中的重要机遇包括以下几个方面。

（1）把超重和肥胖作为重要的议题。面临这个问题的大多数公众当然给专业传播人员提供了一个扩大受众的机遇。从这个角度看，超重和肥胖是消费者沟通的问题，这些问题出现在帮助消费者在现代社会中管理自己日常生活的各种媒体形式和产品中。这些媒体形式和特殊媒介着眼于食物采购、烹饪、节食和运动等方面。

（2）新研究的持续进展。另外一个传播机遇就是营养研究，这个不断拓展与深化的领域，持续地让新的研究和见解转变成新闻报道。

另一方面，也存在很多挑战。

（1）平衡复杂性与简单性。与其他研究领域相比，肥胖问题的科学背景非常复杂，并且要求对背后的医学和心理过程有深入的了解。很多研究只关注一个具体的方面（如补充维生素）而忽视了发生作用的其他因素。另外，营养研究中彼此竞争的范式（如低碳水化合物和低脂肪之间的竞争）使得保持一个平衡的视角十分困难。进而，食品工业及其各种分支（包括与乳制品、肉类、酒精等相关的）在推广某些饮食推荐而阻碍其他建议方面有着强烈的经济利害关系。

这个复杂的情况和大多数普通人的利益恰恰相反，普通人既不愿意也不能详细地理解营养研究的复杂性。尽管有着复杂的研究发现，但是专业传播人员应该对具有清晰行为建议的简单且实用的信息需求加以认真对待。

（2）在肥胖传播中促进一种批判性的视角。很多公司提供产品和服务来抵制肥胖。在把他们的创新塑造为一种进展，一种为复杂的问题提供简单解决方案的“灵丹妙药”方面，有着强大的经济利益。这种过于乐观且不实际的框架在媒体中随处可见，但是却缺乏开展批判性的和调查性的传播来揭示健康和营养政策的后台进程，包括考虑游说组织如何影响抵制肥胖的公共政策建议。这个批判性的辩论很大程度上不仅出现在营养研究的专业杂志上，而且在普通媒体上也有所体现。

（3）把肥胖变成一个社会科学的议题。引起肥胖的主要物理过程很简单且很容易理解。大多数抵制肥胖的政策面临的挑战存在于社会科学和行为科学方面，既涉及个人动机，又涉及为推动健康管理和减肥所需要的结构变革。此外，有些证据显示肥胖在各社会群体中分布是不均匀的。老年人、低收入群体以及在某些国家的男性超重比例较高。在抵制肥胖的运动中，这些社会群体如何才能最有效地加以解决？在以这些特定群体为目标的传播中，如何避免使他们蒙羞的风险？在社会科学中，有关这些问题开展的大量研究需要学界更多的关注，同时也需要更多的媒体报道。

撰 稿 人：Urs Dahinden

另请参阅：Framing and Priming in Science Communication；Surgeon General，U.S.

参考文献

[1] Centers for Disease Control and Prevention, National Center for Health Statistics, Office of Communication. NCHS—2007 press release—New CDC study finds no increase in obesity among adults; Butlevels still high [EB/OL]. [2009-06-01]. www.cdc.gov/nchs/pressroom/07newsreleases/obesity.htm.

[2] CISMARU M.Counteracting obesity: Developing a policy framework to guide action [J]. International Journal of Public Health, 2008, 53 (6): 311-316.

[3] Division of Nutrition, Physical Activity and Obesity. Weight management research to practice series [EB/OL]. [2009-06-01].National Center for Chronic Disease Prevention and Health Promotion, www.cdc.gov/nutrition/professionals/researchtopractice/index.html.

[4] ENTMAN R M. Framing: Toward clarification of a fractured paradigm [J].Journal of Communication, 1993, 43 (4): 51-58.

[5] FINKELSTEIN E A, FIEBELKOM I C, WANG G. National medical spending attributable to overweight and obesity: How much, and who's paying? [EB/OL]. [2009-06-01]. http://content.healthaffairs.org/cgi/reprint/hlthaff.w3.219v1.pdf.

[6] GOSTIN L O. Law as a tool to facilitate healthier lifestyles and prevent obesity [J]. Journal of the American Medical Association, 2007, 297 (1): 87-90. Doi: 10.1001/jama.297.1.87.

[7] National Heart, Lung, and Blood Institute. Calculate your BMI—metric BMI calculator [EB/OL]. [2009-06-01]. www.nhlbisupport.com/bmi/bmi-m.htm.

[8] NESTLE M. Food industry and health: Mostly promises, little action [J]. The Lancet, 2006, 368 (9535): 564-565.

[9] Office of the Surgeon General. Overweight and obesity: At a glance [EB/OL]. [2009-06-01]. U.S. Department of Health and Human Services: www.surgeongeneral.gov/topics/obesity/calltoaction/fact_glance.html.

[10] PIDGEON N.The social amplification of risk [M]. Cambridge, UK: Cambridge University Press, 2003.

[11] SAGUY A C, ALMELING R. Fat in the fire? Science, the news media, and the "Obesity Epidemic" [J]. Sociological Forum, 2008, 23 (1): 53-83.

[12] World Health Organization.Global database on body mass index [EB/OL]. [2009-06-01]. http://apps.who.int/bmi/index.jsp?introPage=intro_3.html.

Occupational Safety and Health Administration, U.S. 美国职业安全与健康管理局

根据美国劳工统计局（U.S.Bureau of Labor Statistics）2007 年的数据显示，每百名雇员中就有约 4.6 人遭受过与工作场所相关的伤害及患病，这是自 1973 年以来最低的工伤率。负责制定工作场所安全标准、执行工作场所检查以及对用人单位进行处罚的联邦机构是美国职业安全和健康管理局（Occupational Safety and Health Administration, U.S.，OSHA）。该局设在劳工部（Department of Labor）内，劳工部部长对其负主要责任。2006 年，美国职业安全和健康管理局有 2000 多名员工，包括对 38579 个工作场所进行检查的 1100 名巡视员。虽然每次有工作场所安全问题出现的时候，该局的名字就会出现在媒体上，但是该局的全部活动和责任却鲜为人知，包括那些撰写新闻的人以及阅读新闻的人。本词条将提供一些有关该局历史和作用的背景材料。

自 1970 年以来，从政府内部及美国商业的视角来看，该局已经成为一个占有优势且存在争议的机构。通过研究执行商业组织及劳工组织批准并支持的标准，设定人体工程学标准、建立可容许暴露极限、执行技巧防护、采用“锁定 / 挂牌”（一种保养程序，在进行保养之前，工人必须使机器处于关闭或“锁定”状态）以及执行知情权标准（一种迫使雇主公开发布工作场所化学性危害信息的标准），该局对工作场所的改变起到了辅助作用。

1971 年之前美国的职业安全

《美国职业安全与健康法》（Occupational Safety and Health Act）于 1970 年通过，并于 1971 年 4 月 29 日开始生效。然而，该法并不是最小化或消除不健康工作环境的第一次努力，也不是对安全措施进行合法化的第一次尝试。

在州级政府和联邦政府层面，安全法规是由预防措施和被动措施拼凑而成的。虽然到 1920 年，每个州都有了与职业安全和健康相关的法律，但是还没有有关工业安全的直接且全面的联邦法律。有关特定工人和工业的法律在 19 世纪末及 20 世纪初期和中期开始制定，包括成立矿务局（Bureau of Mines），要求有轨电车配置安全设备以及制定雇佣童工的法规。各州也在这些领域制定了法律。在 20 世纪 60 年代以前一直维持着这种状态，1968 年 11 月 20 日，固结煤炭公司（Consolidation Coal Company）位于西弗吉尼亚法明顿的 9 号煤矿发生爆炸，导致 78 人死亡。在这次事故发生后的两年时间里，国会（U.S.Congress）通过了一系列矿山安全法和建筑安全法。到 1970 年，有关工作安全和健康的综合性联邦法律由国会通过，并由理查德 · 尼克松（Richard Nixon）总统签署生效。

1970 年的《美国职业安全与健康法》

《美国职业安全与健康法》涉及 50 个州、哥伦比亚特区、波多黎各、维京群岛、美属萨摩亚及其他美国境内和联邦的 600 万个工作场所和 9000 万雇员。这一法律不适用于那些有具体的州或联邦机构规定的职业安全和健康标准的工作场所。为了遵循《美国职业安全与健康法》的要求，雇主必须遵守该法律的两个条款：①确保工作场所避免可能会导致死亡或严重危害的危险。②遵守职业安全与健康管理局执行的标准，包括维持安全条件以及采取安全实践以降低工作场所的危险。

这一法律给予雇主和雇员创造一个安全、无危险的环境的权利。要求雇主告知雇员他们在职业安全与健康管理局中的众多权利。在全国各地，职业安全与健康管理局的信息海报张贴在餐厅的公告栏上、咖啡室里或人流量大的工作区域内。雇员在职业安全与健康管理局的规定中拥有很多权利，包括：为新的标准请愿，在标准咨询委员会任职，对职业安全与健康管理局的标准进行司法审查，向职业安全与健康管理局进行投诉，拥有雇主引文的副本以及雇主发布的有关工伤和疾病的年度摘要等。

对该机构的批评

在有争议的《美国职业安全与健康法》获得立法通过以及职业安全和健康管理局成立之后的几年里，这二者仍然是争论的焦点。争论的一个来源就是立法本身。自其通过以来，就没有过任何重要的、更新的修正案附件。职业安全和健康管理局被指责对覆盖的工作场所开展实地检查，以及发布引文和处罚。职业安全和健康管理局把违法行为分类为不严重的、严重的、故意的以及重复的，处罚的上限是70000美元。有些批评人士指责该机构更关注数据采集，而非真正的检查，并且宣布该机构在强制执行以及对雇主的惩罚方面是无效的。1970—2004年，该机构只向美国司法部提交了19个案子，而其中只有9个案子将至少一个被告送进了监狱。其他批评人士认为该机构在制定新标准方面花费了太长时间。如工会将职业安全和健康管理局送上了法庭，试图通过司法行为推动新法律的颁布。

撰 稿 人：Natalie Tindall

另请参阅：Government Public Information; Medical Journalism

参考文献

[1] BALLAM D A. The Occupational Safety and Health Act's preemptive effect on state criminal prosecutions of employers for workplace deaths and injuries [J]. American Business Law Journal, 1988, 26: 1-27.

[2] MINTZ B W. OSHA: History, law, and policy [M]. Washington, DC: Bureau of National Affairs, 1984.

[3] ROTHSTEIN M A.Occupational safety and health law [M]. Eagan, MN: Thomson West, 2008.

[4] SCHNEID T D.Corporate safety compliance: OSHA, ethics, and the law [M]. Boca Raton, FL: CRC Press, 2008.

[5] STENDER J H.Enforcing the Occupational Safety and Health Act of 1970: The federal government as a catalyst [J]. Law and Contemporary Problems, 1974, 38 (4): 641-650.

[6] WEIL D. Assessing OSHA performance: New evidence from the construction industry [J]. Journal of Policy Analysis and Management, 2001, 20 (4): 651-674.

Office of Science and Technology Policy, U.S. 美国科技政策办公室

美国总统多年来一直听取白宫内外的非正式科学顾问的建议，如万尼瓦尔·布什（Vannevar Bush）在罗斯福（Roosevelt）执政时期承担的角色促成了第二次世界大战后有重要影响的科学政策蓝图:《科学：无尽的前沿》（*Science: The Endless Frontier*）。但是直到吉拉德·R. 福特（Gerald R. Ford）执政，国会（U.S.Congress）才正式将白宫科技政策办公室（White House Office of Science and Technology Policy，OSTP）设立为《1976 年国家政策、组织和优先顺序法案》（National Science and Technology Policy，Organization，and Priorities Act of 1976）的一部分（公法 94–282）。

在为总统和总统办公室的其他人员就与国内外事务相关的科技问题提供建议方面，1976 年的法案为科技政策办公室提供了广泛的授权。1976 年的法案还授权科技政策办公室开展跨机构合作，以推动和执行有效的科技政策和预算，以及为了达到这个目标而与私人机构、州政府、联邦政府、学术机构和其他国家开展合作。

根据 1976 年的法案，科技政策办公室负责人要得到参议院的批准。近期，科技政策办公室负责人还担任科技特别助理或类似职务，但这不是硬性要求，实际上在乔治·W. 布什（George W.Bush）执政期间，科技政策办公室负责人约翰·马伯格（John Marburger）并没有科技特别助理，而他们的继任者约翰·霍尔德伦（John Holdren）在奥巴马执政期间既是科技政策办公室负责人，又是总统的特别助理。担任特别助理并不需要参议院的批准。到目前为止，科技政策办公室的历届负责人都是受过正规训练的物理学家（不包括代理负责人和临时负责人）。

在 1976 年法案的庇护下走马上任的第一个科技政策办公室负责人是 H. 盖福德·斯特弗（H.Guyford Stever），当公法 94–282 [《1976 年国家政策、组织和优先顺序法案》] 通过的时候，他担任的是总统的科学顾问，并一直持续到 1977 年。从那时开始，其他 15 人担任过科技政策办公室负责人以及代理负责人。

科技政策办公室负责人由美国总统提名并通过参议院批准的 4 位副主任协助，他们分别负责该办公室内的 4 个部门。1976 年的法案并没有对这些副主任的职权范围进行明确规定，但是大部分都围绕着环境、国家安全（近期一些行政机关称为国土安全）、国际问题、科学和技术议题。如健康问题处于科学部门的监管之下，国家航空和航天局（National Aeronautics and Space Administration，NASA）一般隶属于技术部门，气候变化属于环境部门等。基于行政管理的需求，科技政策办公室通常有约 50 名雇员，很多人来自其他联邦机构。科技政策办公室的办公场所各异，或是距离白宫很近的旧行政办公大楼，又或是距离白宫几个街区的其他联邦机构办公区。

在 2008 年总统选举期间，当时还是候选人的巴拉克·奥巴马（Barack Obama）保证，如果当选，除任命一名科学顾问之外，他还将任命一名总统的技术顾问，想必其也会受到 1976 年法案的管辖。但是在撰写这个词条时，他还没有做出这个任命。

国家科学技术委员会

根据 1993 年 11 月 23 日签署的第 12881

号美国总统行政命令，美国科技政策办公室下属的国家科学技术委员会（National Science and Technology Council，NSTC）得以成立。在总统掌管的行政机关内，这个内阁级的委员会是对组成联邦研究和发展事业的多元主体协调科技政策的主要途径。在总统的主持下，国家科学技术委员会由副总统、科技政策办公室负责人、内阁秘书、对科技负有重要责任的有关机构负责人以及白宫其他的官员组成。实际上，国家科学技术委员会的工作由这些委托人授权给政府部门内的项目执行人员。国家科学技术委员会取代了早期同样由科技政策办公室管辖的协调机构联邦科学、工程和技术协作委员会（Federal Coordinating Committee for Science，Engineering and Technology，FCCSET）。

国家科学技术委员会的主要任务是跨越包括管理和预算办公室（Office of Management and Budget）在内的行政部门、各个机构和其他部门，为联邦科学和技术投资制定明确的国家目标。国家科学技术委员会的工作由4个主要委员会构成，这些委员会松散地与科学技术政策局（The Office of Science and Technology Policy，OSTP）的4个部门（科学部、技术部、环境和自然资源部、国土和国家安全部）联系在一起。这4个委员会中的每个都负责监督科学和技术不同方面的小组委员会和工作组，并负责协调整个联邦政府的工作。

总统科技顾问委员会

总统科技顾问委员会（President's Council of Advisors on Science and Technology，PCAST）于1990年由乔治·H. W. 布什（George H. W. Bush）总统命名，并由乔治·W. 布什总统在2001年签署的第12881号美国总统行政命令中将其纳入了法典。总统科技顾问委员会使总统科学和技术顾问委员会的传统走向正式化，该传统可以追溯到杜鲁门（Truman）执政时期，这是从事研究和发展的私人部门领导者可以向联邦科学活动提供他们专业知识的一个途径。备受关注的是，尼克松（Nixon）总统解散了这个团体［当时被称为总统科学顾问委员会（President's Science Advisory Committee）］，且在他任职期间再也没有重组这个机构。

总统科技顾问委员会由一位主席主持工作，并由美国科技政策办公室的执行负责人进行管理。奥巴马总统打破了这个传统，他任命了两位主席，分别是来自斯隆－凯特林癌症中心（Memorial Sloan-Kettering Cancer Center）的哈罗德·瓦默斯（Harold Varmus）及来自博德研究所（Broad Institute）的埃里克·兰德（Eric Lander）。

撰 稿 人：Rick Borchelt

另请参阅：National Aeronautics and Space Administration，U.S.；Office of Technology Assessment，U.S.

参考文献

［1］Bond J，Schaefer M，Rejeski D，et al. OSTP 2.0 critical upgrade（Enhanced capacity for White House science and technology policymaking：Recommendations for the next president）［M］.Washington，DC：Woodrow Wilson International Center for Scholars，2008.

［2］BUSH V. Science：The endless frontier（A report to the president by Vannevar Bush，Director of the Office of Scientific Research and Development）［M］. Washington，DC：Government Printing Office，1945.

［3］JASANOFF S. The fifth branch：Science advisers as policymakers［M］. Cambridge，MA：Harvard

University Press，1994.

[4] National Science and Technology Policy，Organization，and Priorities Act of 1976，42 U.S.C. 6601 et seq.1976.

Office of Technology Assessment, U.S. 美国技术评估办公室

美国技术评估办公室（U.S. Office of Technology Assessment，OTA，存在于 1973—1995 年）是美国国会（U.S.Congress）对具有重要科学和技术内容的公共政策议题进行分析的一个机构。和它的姊妹机构——美国国会研究服务部［Congressional Research Service，国会图书馆（Library of Congress）的一部分］、总审计室［General Accounting Office，现在是审计总署（General Accountability Office）］和美国国会预算办公室（Congressional Budget Office）一样，技术评估办公室为国会成员提供信息和分析结果，以支持他们履行立法和监督职责。技术评估办公室的研究是为无技术背景的受众解释复杂技术问题的，通常是解决具有争议的议题，并且可向媒体和公众提供信息（另有规定的除外），该机构在美国内部和国际上对告知和教育公众发挥着重要作用。到 1995 年该机构关闭的时候，它已经发布了超过 750 份报告，如今，大部分工作报告都可以在一些网站上找到，包括普林斯顿大学（Princeton University）的网站和美国科学家联合会（Federation of American Scientists）的网站。

本词条将阐述技术评估办公室的历史、使命、结构和运作方式，并讨论该机构对国会、科学和技术传播的贡献。

历史与使命

1972 年，《技术评估法案》（Technology Assessment Act）通过后，国会认为技术的应用对自然环境和社会环境具有很大且越来越重要的影响，包括有益的启示和不利的影响。但在解决、理解和评估这些影响方面所做工作却十分有限。这个问题的解决依赖于政府行政部门提供的信息和分析，这些部门在帮助国会思考可供替代的管理方案上没有动力。

让国会采取独立手段来解决科学和技术问题的努力可以追溯到 20 世纪 60 年代中期，在接下来的几年里，召开了一系列有关这个主题的听证会。在此期间，国会成员应付着一系列高技术项目，如超音速运输和反弹道导弹系统，并且倡议者和反对者就技术的合理性、有效性以及环境后果提供的争议性技术论据使国会成员感到沮丧。部分原因是为给解决这些问题提供一种手段，国会于 1972 年通过了一项需要成立技术评估办公室的法案。在接下来的一年里，技术评估办公室获得了修建新办公场所的拨款，并于 1974 年开始办公。

《技术评估法案》要求技术评估办公室就技术应用可能带来的益处和不利影响提供早期的指导意见。然而，国会的主管——他们的规划远景很少延伸到很远的未来——将那个议程拓展成了更广泛的使命，对具有重要科学和技术内容的当前议题进行公共政策分析。这种演进使得学术上的“技术评估”共同体十分懊恼，他们把这看作对他们眼中的该机构主要目标的一种放弃。

监　管

技术评估办公室受国会技术评估委员会（Technology Assessment Board，TAB）监管，该委员会由6名参议院议员和6名众议院议员组成，每名授权代表在多数党成员和少数党成员之间按比例分配。主席和副主席来自参众两院，轮流担任。技术评估办公室的主任是技术评估委员会的列席成员。

该委员会的组织结构（完全代表两个政党，无论每个议院的组成是什么）提供了一个确保技术评估办公室的运行和成果尽可能不受政治偏见左右的机制。除了选择技术评估办公室主任，技术评估委员会还审批技术评估办公室研究项目的启动以及研究报告的发布。虽然技术评估委员会唯一的功能是监督技术评估办公室，没有其他的财政资金支配权和政策制定权，但是资深的国会成员，包括主席及主要委员会的少数党成员，通常会填补这个空缺。

技术评估办公室解决的议题的复杂性以及该机构提出的政策选择的本质，要求技术评估办公室对每项主要研究投入大量的员工和分析资源。对该机构的需求都是由来自委员会的研究要求管理的，国会的基本立法工作都是在这些委员会开展的。因而，技术评估委员会对来自原国会委员会主席的要求进行回应。几乎在所有的情况下，这些要求由委员会中的少数党成员共同签署，因为技术评估委员会不大愿意批准没有两党共同支持的请求。技术评估委员会自己可以开展研究项目，或应技术评估办公室主任的要求开展研究项目（技术评估办公室主任也可以在特定成本阈值下采用自由裁量权启动某项工作）。技术评估委员会保证技术评估办公室服务于整个国会，而不仅是几个委员会。

技术评估委员会对发布一份报告的许可并不表示委员会成员个人赞同报告中阐述的所有内容，而是表明该研究是根据确保其具有技术精确性、公平性及恰当性的过程而开展的。技术评估委员会对技术评估办公室报告发布的每一项许可几乎都是通过协商一致的方式决定的，只有个别例外的报告采取投票表决的方式。

《技术评估法案》还建立了技术评估咨询委员会（Technology Assessment Advisory Council），其组成人员包括10位著名的科学家和技术专家，以及总审计室的负责人和国会研究服务处（Congressional Research Service）的负责人。该委员会负责就技术评估办公室工作的质量和公平性为技术评估委员会及其负责人提供建议。

结构和过程

在其顶峰阶段，技术评估办公室有超过200名雇员，其中半数以上有博士学位，这些人被分配到涉及面广泛的公共政策议题项目中（表O3显示了技术评估办公室在1990年的部门和项目列表，该列表不包括行政办公室）。研究人员往往专注于一个独立的项目，以确保项目可以在一系列涉及技术议题和政策议题的研究中建立机构记忆。跨学科的团队对技术评估办公室

表 O3　技术评估办公室部门和项目（1990）

能源、材料和国际安全部门
能源和材料项目
工业、技术和雇用项目
国际安全与商业项目
健康和生命科学部门
生物应用项目
食品和可再生能源项目
健康项目
科学、信息和自然资源部门
海洋和环境项目
科学、教育和交通项目
通信和计算机技术项目

来源：编辑自技术评估办公室《1991财年提交国会的年度报告》（*Annual Report to the Congress*, *Fiscal Year 1991*, 1992年3月），第24页

进行评估，如有需要，临时雇员或外包商会提供专业知识。

表 O3 中的项目表明，技术评估办公室处理的所有问题都有隐含的科学和技术问题，这些议题绝不仅限于传统上认为的科学和技术政策。技术评估办公室解决实质上出现在国会每个委员会面前的议题，而不仅是对技术机构进行监督的委员会所面临的问题。

和每项研究相联系的是外部技术专家顾问团和政策利益相关者。顾问专家为研究可能影响到的利益相关者主张权益，扩展该议题合理性观点的范围，担任信息源角色，在必要的方法论方面提供专业知识、建议和评论。顾问团在研究开展的过程中定期会面，以评论研究计划、评估工作进展、审查报告草案。顾问团成员并不对最终报告负责（这是技术评估办公室的专职和责任），也不要求或期望他们达成共识。然而，技术评估办公室会认真地对待他们给出的评论。

技术评估办公室的报告会交给外部专家审阅。通过让顾问团成员和其他外部评论者参与研究过程，技术评估办公室能够充实其机构内部的专业知识，为国会提供建议的职能使得它可以吸引国内（甚至世界）顶级专家参与合作。当技术评估办公室的研究对外发布时，在帮助把研究的发现传播给他们自己的专业共同体和机构、公众以及国会方面，顾问团成员占据了有利位置。

技术评估办公室的评估建立了共同的科学和技术基础，不同的政策提议可以据此而提出。然而，考虑到被选举出的国会成员的特权，技术评估办公室并不提出政策建议，而是阐述和分析一系列政策选择，这些政策选择对于决策者而言涉及不同的价值观、利益和优先性。很多不同的政策结果可以和科学兼容，就像在国会辩论中一项给定政策的赞成者和反对者都引述同一份技术评估办公室报告来捍卫他们各自的立场一样。这样的案例表明技术评估办公室有助于提升话语权，避开那些可以解决的科学和技术议题，并且着眼于当选的国会成员所做的选择上。

消 亡

1996 年，选举后准备好的第一件事改变了国会参众两院的多数党比例，技术评估办公室的经费被取消了。1995 年 9 月底，该办公室停止办公。无论解散技术评估办公室的原因是整个机构的象征性撤销，预算的缺失，国会对信息渠道控制集权化的需求，对技术评估办公室处理极端高调且政治上存在争议话题的不满（如导弹防御），还是其他一些原因，就算在有关技术评估办公室的国会辩论期间的声明中有对该机构的能力、工作质量等表示过担忧，但这种声音也是少数。该机构的反对者（包括国会以外的人员）认为国会已经被淹没在信息的洪流中，技术评估办公室研究花费的时间过长以至于不能发布研究报告，技术评估办公室的研究常常不能解决立法过程中出现的主要争执点，技术评估办公室员工为他们的学术同行而非政策制定者撰写报告。支持者反驳说淹没国会的信息过剩是对成立一个可以帮助国会整理这些信息的机构予以支持的理由，而非反对的理由，对新技术的启示以及政策选择的合成进行综合考察以处理这些内容使得快速周转行不通，国会有不需要技术评估办公室提供的深度分析而获取快速周转建议的其他机制，外部专家对技术评估办公室报告的运用为国会提供了他们价值的独立验证并且扩充了技术评估办公室的信息。

技术评估办公室的立法权限还一直有效，重新恢复该机构的运行需要解决经费的问题。然而，率先由众议院议员拉什·霍尔特（Rush Holt）在共和党和民主党占多数的过去几届国会期间尝试恢复该机构经费的努力都以失败告终。

遗 产

在技术评估办公室存在的23年里，留下了法律成果和公众传播的大量记录。对于一个没有提出建议的机构的立法影响是困难的，并不是所有的技术评估办公室报告都有同等的影响力，但是，技术评估办公室报告常规地促进了立法和国会监督。有时候，国会辩论和投票会围绕一份技术评估办公室报告中的选择进行系统安排。技术评估办公室报告在对来自新技术的新颖政策议题设定框架方面还充当指南或“路线图”。很多报告因其分析、综合性或陈述而获得人们的好评，也有很多报告在其发布多年后仍被引述和引用。

技术评估办公室的信息传播以多种方式到达国会：它的报告被直接递送给提出要求的委员会成员；摘要和情况说明书会分发给每位国会成员；技术评估办公室专家在委员会听证会上举证，并在非正式的场合对委员会的单个成员及其员工进行陈述。

技术评估办公室还和外部公众广泛地交流：技术评估办公室专家和国会成员在官方发布报告后共同参加媒体发布会；报告摘要会发放给广大的个性化定制的利益群体，媒体通稿也会发给一般媒体以及专业媒体，完整的报告可以通过政府印刷办公室（Government Printing Office，GPO）获取。实际上，有些技术评估办公室报告是政府印刷办公室的畅销资料。媒体把技术评估办公室视为一个对研究的任何议题的结果都没有既得利益的技术上可信赖的机构。学术界和其他学者用技术评估办公室报告开展教育和研究。利益群体和感兴趣的公众在自我宣传以及与国会的交流中依赖技术评估办公室报告，为技术评估办公室接触国会提供了间接的途径。

技术评估办公室影响国会的第三个机制是通过开展研究的过程。技术评估办公室顾问团经常有因缺乏兴趣或渠道而从来没有彼此直接交流过但怀有各种不同观点的人。虽然顾问团未被要求或期望达成共识，但是有时候一起解决问题的过程会促使达成共识——并且这些共识可以为国会提供决策依据。

在很大程度上，作为其产品公共性质的结果，技术评估办公室的影响还延伸到了美国以外的国家和地区。技术评估办公室的成果在海外拥有热心的读者群，并且技术评估办公室为英国、法国、德国、荷兰、丹麦和欧盟（European Union）议会建立国会技术评估办公室树立了榜样。这些机构仍然存在，体现着技术评估办公室的遗产，直到美国国会试图重新恢复技术评估办公室的那一天。

撰 稿 人：Gerald L. Epstein and Ellen Mika

另请参阅：Government Public Information；Science and Politics；Technology Assessment

参考文献

[1] Bimber B，Guston D H.（Eds.）. Technology assessment：The end of OTA [Special issue] [J]. Technological Forecasting and Social Change：An International Journal，1997，54（2-3）：125-286.

[2] BLAIR P. Technology assessment：Current trends and the myth of a formula（Plenary remarks at the first meeting of the International Association of Technology Assessment and Forecasting Institutions，Bergen，Norway，May 2，1994）[EB/OL]. [2009-07-27]. http://fas.org/ota/technology_assessment_and_congress/blair.

[3] EPSTEIN G.Restart the Congressional Office of Technology Assessment. Science Progress [EB/OL].（2009-03-31）[2009-07-27]. www.scienceprogress.org/2009/03/restart-ota.

[4] MORGAN M G, PEHA J. (Eds.). Science and technology advice for Congress. Washing ton, DC: Resources for the Future, 2003.
[5] Office of Technology Assessment Archive: www.fas.org/ota.
[6] Technology Assessment Act of 1972, 2 U.S.C. 471, 1972.

Online Media and the Sciences 网络媒体与科学

网络媒体形式多样，可以界定为通过网络连接起来的所有媒体（如通过互联网、内网或支持文本信息的短信服务）。用简单的技术语言来说，网络需要在计算机设备之间互相连接，并具有互操作性，同时可以有效存储、检索、恢复和共享（同步或异步）数字信息。需要的话，这一切都可以在不同的地点和时间获得。

网络媒体的发展对各领域知识的获取具有深远的影响，而不仅是科学知识。如现在可以通过统一的资源标识符或统一资源定位器（一种连接到互联网资源的编码地址），从不同地理位置的设备上获得在线数字信息（如科学研究机构的主页），并通过网络发送给用户。在兼容的设备上（如个人电脑、个人数字助理、PDA 或手机）安装应用程序（如网络浏览器），然后读取和重组这些数字信息（如主页的标题总出现在顶部，左对齐；搜索功能位于页面底部，左对齐等）。

网络媒体中关于科学的信息无处不在，这些传播的形式也被广泛使用。网络媒体用户，如科学家、媒体从业人员、其他相关人员（专利律师、杂志编辑等）以及个人用户已经使用（并将继续使用）网络媒体来传播科学。因此，要研究当代科学传播就需要了解网络媒体。

本词条对网络媒体和科学给出了初步的定义，并通过一些例子来阐释在分析和描述网络媒体与科学中运用的概念。当然，网络媒体是科学传播中一个飞速发展的领域，运用这些方法发现新的想法、寻求其他的示例则是读者应该做的事。

但有一点需要注意，把网络媒体定义为新生事物时要慎重。事实上，虽然网络媒体不断地涌现出不同的形式，但“网络”和“新”并不总是同义词。许多网络媒体的形式发展已经很完善，电子邮件就已经存在了 40 多年。其他新媒体形式是已有媒体的延展，如无论是在线还是下载观看，展示科学实验的网络视频和许多关于同一事件的模拟电影的文体风格是一样的。不同的是网络视频是通过加载并被用户下载观看的，与网络媒体相关的社会实践一直在变化，而媒体的形式变化却不大。

转移、信息饱和与个性化

网络媒体用户可能在时间和空间上发生转移（虽然并不一定要这么做），如果用户可以连接相关的网络，他们很多人可以获取同样的数据信息。用户还可以通过网络为某些网络媒体做出自己的贡献，这种情况通常是异步实现的（虽然有可能甚至有时还很需要同步或接近同步传播）。网络媒体能随时、随地、在任何兼容的联网设备上使用，这种观点有时会出现在促销宣传材料中，但对于那些经常使用网络媒体的用户来说，这很快就成为现实了。当然，不是所有人都会经常上网。正如荷兰学者詹梵·迪杰克（Jan van Dijk）认为的，“数字鸿沟”仍然是所有公民面临的重要问题。

这在现实中又是如何实现的呢？假设有一名英国某大学的化学专业本科生［我们称他为比特（Peter）］。在一个周四下午（格林尼治时间下午2点），比特登录网页学习无机化学的某个知识，收到了一封来自美国同样也在学化学的朋友的邮件［我们称她为米歇尔（Michelle）］。比特在学习的时候，米歇尔喝着冷饮坐在草坪上享受阳光，通过无线网在PDA上玩网络游戏。在同一个周四的下午（美国东部时间周三下午2点），米歇尔在线学完同样的无机化学材料后，给比特发了条信息以示庆祝。比特学完后，通过网络电话应用程序给米歇尔发信息回复她的邮件，查看了自己喜欢的社交网站上的信息，在博客上发了新消息，然后关上电脑。

比特和米歇尔的例子表明，线下传播存在时间和空间限制，如你需要在特定的时间和地点去见你的同事，但这不适用于网络传播。同样的，网络媒体传播可以是积极主动的（如主动搜寻资料）、反馈性的（如收到信息后可能采取的行动），也可以是创造性的（如撰写信息）和智能的（如内容自动上传到用户所选设备上的文件夹）。根据不同的情境，这种交流可以是一对一、一对多和多对多的形式。但这并不意味着时间和空间维度不会影响网络媒体上的交流。现在人们可以获得大量的信息，不受广播日程和出版时间的限制，这为网络媒体的产生和消费提供了多种形式。

因为担心信息过度负载，人们利用各种复杂的方式来管理信息，包括记录用户日常需求并自动更新。可能最常用的方式就是简易信息聚合。用户申请后，简易信息聚合提供内容更新，如某组织最新的消息，或最近更新的播客、博客等。同样，用户也可以订阅出版物的最新信息，如最新的科技期刊，并直接发送到自己的邮箱。

科学活动中的网络媒体

当今的网络媒体已经深刻地改变了科学家开展研究、与其他科学家和利益相关者进行沟通以及科学在公众领域中传播的方式。最明显的例子就是同行评议科学出版物的开放存取以及给科学出版公司和企业带来的挑战，促使对方重新思考其商业模式。

在其他方面，分布式计算通过大型数据库建模解决复杂问题；开放式笔记本使科学家（和其他人）可以看到纯正科学以及自己和他人实验室混乱的状态；“合作研究室”为科学家提供机会，利用计算和传播技术获取共享设备、仪器、数据，以及与他人沟通的机会；远程网络使科学家不用亲自在场也能照常收集数据，能从危险或难以到达的区域搜集数据；在线应用程序使更多的用户（包括在某领域没有受过科学训练的人）收集和录入可以建模的数据。目前有大量的技术可以帮助不同受教育程度的人学习科学，数据存储促进了可再度利用数据档案和论文（印刷前后）的校对和检索，有助于从网络资源库里筛选和检索相关的一次文献、二次文献和所谓的“灰色”文献（即未出版或难以查找的文献）。

但不是所有的科学家或所有科学领域都同等程度地把网络媒体纳入自己的日常工作。在这个持续迅速发展的领域中，跨学科的信息获取有时是零散、不连贯的。对特殊应用程序的热情在某一学科可能行得通，但在其他学科未必如此。一部分是因为这些群体的实践和需求不同，还取决于他们共享信息和开展合作的意愿。

对目的的适应性

为特殊目标研制的数字技术在不断发展，

网络媒体的数量也随之大幅增长。通过一系列利益相关者的使用和深度研发，网络媒体形式开始分化、聚合和混合。这些利益相关者包括商业企业、公共服务广播和开放源码社区的用户。在所有情况下，利益相关者都会为特殊的目的努力开发成功的应用程序和产品：创造利润、履行公共服务职责、为了更美好的人性等。事实上，利用分布式社区，如研制和使用开放源程序软件和应用的社区来适应和深入研发数字技术，只在网络上获取合作所需的资源时才有可能。当然，不是所有的尝试都能成功，每个成功的研发至少对应一个失败的例子，如VHS盒式磁带播放器的成功，对应Beta大尺寸磁带录像系统的失败。

网络 1.0 技术

充分利用网络媒体的潜能极大地促进了交互性（如通过社交网络的构建）、自动化智能（利用语义网技术）、创造性（利用用户生成内容）等，但不能一味地用这些方法来夸大宣传网络媒体。许多网络媒体平台可以视为叙述性媒体，类似于传统的广播媒体和印刷媒体。叙述性媒体成功地报道事件，讲述故事，为学生搭建学习新科学概念的平台，充当可查询的科学信息存储库，履行其他常见的功能。

这些形式的网络媒体都可以被称为网络1.0技术，即点击下载或基于图书馆版本的网络，该版本最初是在20世纪80年代后期蒂姆·伯纳斯－李（Tim Berners-Lee）为在知名的欧洲核研究组织机构（European Organization for Nuclear Research，CERN）工作的科学家研制的。但这一特性只有通过最新升级版的网络2.0技术（允许用户参与和互动）和网络3.0技术（语义、智能、社交网络）才能体现。总的来说，网络1.0、2.0和3.0技术实现了蒂姆·伯纳斯－李对网络最初的设想。

网络1.0技术现已与交互式、智能化和创造性的网络技术无缝对接，产生了相关内容的信息包。线性网络媒体包括网络视频、播客和在线报纸文章。戴安娜·劳里劳德（Diana Laurillard）认为，这些形式本质上还是叙述性的，用户无法调整或与他们互动，除非使用非常有限的几种方式，如暂停、重启播客或进入下一章。但它们可以在网络上被共享，并作为相关应用程序更大的信息包的一部分，用户可以添加评论和采取其他的行动。

网络 2.0 技术

各种形式的网络媒体都需要互动和参与，无论是通过文字、语音、静止和移动的影像，还是这些形式的组合。这些形式可以不受传统印刷媒体和同行评议的学术期刊的约束。利用这些形式的科学家不仅能更真实地传播科学，描述科学工作中的困境和科学文献中的错误，而且能突破科学学科界限与其他学科群体进行沟通。这一点至关重要，因为大多数网络媒体都是采用公开发表的方式，关键在公开上。这就意味着，可以超出初始目的反复利用这些方式，如作为科学新闻的来源。

在公共领域可以交互的网络媒体之一就是博客（weblog）。博客（来源于之前的“网络日志”一词），可以被看作一种交互式的日记，其中包括定期发文，通常按照倒序的形式呈现和保存。任何人（或任何组织、公司、科学机构等）只要有电脑，具备使用博客软件的技巧，就可以定期发表和更新文章，这种用户生成的交流方式允许（事实上可以说是鼓励）受众给予反馈或发表评论。从这个意义上来说，博客从严格意义上的叙述性媒体（受众接收信息就像阅读图书那样）转变为更加富有互动性和参与性的媒体。博客包括文本、图像、音频和网络视频。

总的来说，这种媒体形式被称为“博客圈”，一个包括所有博客和相关内容的总称，这说明博客是作为一个连接的共同体（或所有相关共同体）或社交网络而存在的。

网络 3.0 技术：语义和智能的网络

网络媒体上的智能与传统意义的智能不同，它与语义或网络 3.0 技术相关，即社交网络。这些术语描述了网络技术和网络设计变化的趋势，其目的是为了提升网络的创造性、共享性和参与性，同时促进信息的深度重建和管理。网络 3.0 技术与之前的网络 1.0 技术和网络 2.0 技术同时存在。

网络 3.0 技术提升了之前的技术，为不同媒体自动生成相同或类似的科学信息。如现在可以使用扩展标记语言标签来生成各种信息。最终生成的文本可以自动把同样的信息处理为不同的格式，如可以打印的 PDF 文档、带链接的网页（包括网络术语、内嵌图像和音视频、各种媒体资源链接）以及数位无障碍资讯系统，为有特殊需求的用户提供附赠有声书。作者编制文本和相关的资源，包括图片和音频（为“屏幕读取”版本用户提供的替代文本），但之后这些印刷、语音或在线文本都会自动更新。同样，语义网络可以利用相关领域知识来推断“不同群体”的智慧，对用户之前使用网络媒体的情况进行追踪，自动发送量身定做的建议以满足用户需求。

准则、传统和责任

传播技术的发展对科学领域的传播传统构成了挑战。网络媒体传播科学信息的许多方式并不总受科学家欢迎，导致这种现象存在的一部分原因是现有的社会实践。如推行同行评议以提升开放性和透明度的尝试就遇到了科学家的反对，他们希望保持现有的准则和传统，如匿名评审。而且，一直以来网络信息的安全、谁能获得科学信息、拥有哪些信息、付费获取部分科学数据库等问题也引起了科学家的担忧。新传播方式的涌现也带来了新的权利和责任问题。

但是，有些实践正在发生着变化，推进了跨国合作、研究机构之间和跨学科的协作。在网络环境下，数据、工具和设备得以反复利用。科学开展和传播得更及时、更公开和更具真实性。同时，传统的科学论文仍然具有重要的地位，这是因为它是固定的、经过证实并存档的文件，也是确立优先权的主要方式之一。换句话说，有些实践发生了变化，而其他一些却保持原样不变。

结　论

网络媒体深刻地改变了科学家开展研究和传播研究的方式。其中包括不同的应用程序、平台、设备的获得等，以及科学家如何利用信息获取和传播技术在（不同的）团队中发挥作用。科学家传播研究结果的方式（把论文发表在公开的存储库、博客和其他途径），以及与公众沟通的方式，都随着网络媒体的发展在不断变化着。本词条正是介绍了这样一个有趣且发展迅速的领域。

撰 稿 人：Richard Holliman

另请参阅：Digital Divide；Internet，History of；Media Convergence；Science in Virtual Worlds

参考文献

[1] ALLAN S. Online news：Journalism and the Internet [M]. Maidenhead，UK：Open University Press，2006.

[2] BERNERS-LEE T. Weaving the Web：The original design and ultimate destiny of the World Wide Web by its inventor [M]. New York：HarperCollins，1999.

[3] GARTNER R. From print to online: Developments in access to scientific information [M]//R HOLLIMAN, J THOMAS, S SMIDT, et al. (Eds.). Practising science communication in the information age: Theorising professional practices. Oxford, UK: Oxford University Press, 2009: 99–111.

[4] HUANG S, KAMEL BOULAS M, DELLAVALLE R. Scientific discourse 2.0. [J]. European Molecular Biology Organization, 2008, 9 (6): 496–499.

[5] LAURILLARD D. Rethinking the teaching of science [M]//HOLLIMAN R, SCANLON E. (Eds.). Mediating science learning through information and communications technologyLondon: RoutledgeFalmer, 2004: 26–50.

[6] MANDVIWALLA M, PATNAYAKUNI R, SCHUFF D.Improving the peer review process with information technology [J]. Decision Support Systems, 2008, 46: 29–40.

[7] SONNENWALD D H, WHITTON M C, MAGLAUGHLIN K. Evaluating a scientific collaboratory [J]. ACM Transactions on Computer-Human Interaction, 2003, 10 (2): 150–176.

[8] VAN DIJK J. The deepening divide: Inequality in the information society [M]. Thousand Oaks, CA: Sage, 2005.

Opinion Leaders and Opinion Leadership 舆论领袖与舆论引导

约翰·斯图亚特·穆勒（John Stuart Mill）首先提出个人影响力的重要性和具有影响力的个人和群体的作用。一个世纪后有学者详细阐释了舆论引导这一话题。其中伊莱休·卡茨（Elihu Katz）和保罗·拉扎斯菲尔德（Paul Lazarsfeld）认为，舆论领袖和其他类型的领袖不同，他们不一定是有至高权威的个人，他们是改变知识、态度和行为的催化剂，他们有能力推动思想、行为和创新的传播扩散，在广告、营销和传播领域，对舆论领袖有过广泛的研究。

研究人员试图确定谁是舆论领袖，以及他们在各自社会体系中对他人的影响程度。许多学者已经确定他们的作用（与他人互动而产生创新的“感染能力”），结构的位置（与他们所影响的人相比，其他与之沟通的人能力相对弱），沟通行为（如大众媒体曝光率与社会系统信息来源的连通性）以及他们的个性心理特征（如偏好冒险、创新性、开放性）。无论通过哪种特点来识别，舆论领袖一般和群体的其他成员一样，有着同样的社会背景，经常需要就专业性强的议题给出建议。其他人需要他们提供推荐、咨询和建议，虽然舆论领袖不是社会体系中第一个采用新想法的人，但他们还是相对比较早地采用了新的观点或创意。

舆论领袖一词有很多近义词，这些个人有着不同的称谓：可信任的人、舆论经纪人、创新者、思想领袖、开创者、有影响力的人、网络创业者、社会模范、变革促进者等。这些标签意味着他们给出的建议远超出同龄人提出的简单的建议。他们还建议将权力或责任委托给寻求建议的人。

舆论领袖的特征

研究人员对舆论领袖的社会经济特征、个性和沟通行为进行了总结。最常被引用的特征包括：相对较高的社会经济地位、更多的社会参与、更高的媒体曝光率、更强的国际化趋势和比追随者有更多的创新性行为。和其他人相比，他们不太抗拒变革。

根据观点、产品、创新研究的不同，舆论领袖也具有不同的特征。如在一项关于大学校园时尚领袖的研究中，发现舆论领袖更具有国际化视野，更能融入同龄人的社交群体，在社交活动中更活跃，也更合群。在农村的公众中，与非领袖人群相比，舆论领袖被认为具有更高的社会经济地位，更积极参与社交事务，更善于运用大众媒体和其他资源来获取信息，在新观点和新实践方面更具有创新性。

也有学者研究了舆论领袖的心理特征，如他们倾向于个性化。有个性的人会表现得更自信、自尊，有能力抵挡像批评和拒绝这样强大的社会抑制，有强烈的标新立异的需求。人们通过对某产品和议题积累更丰富的知识，培养更强的兴趣来使自己变得有个性。舆论引导与个人的创造力、好奇心和消费风险意识成正相关性。

研究人员采用几种不同的方法来识别舆论领袖及在不同社会语境下他们的特点。这些方法如下。

（1）社会计量方法。询问应答人从哪里获取某领域的建议或信息。

（2）关键知情人方法。利用社会系统中消息灵通的个体来任命某一议题的舆论领袖。

（3）自我指定法。依靠应答者来评估他自身在某议题领域对他人的影响。

询问不同性格特点的受访者舆论领袖与他人互动和影响他人的程度，通常采用自我指定法。营销和广告研究人员十分喜欢通过这种方法来区分与不同产品和技术传播相关的舆论领袖的特点。

舆论领袖与创新扩散

舆论引导是创新在社会体制扩散过程中的一个重要环节。根据埃弗雷特·罗杰斯（Everett Rogers）的理论，扩散是新思想、物体、发明或实践随着时间的推移在社会体系的成员中传播（或扩散）的过程。罗杰斯详细说明了扩散进程的五个阶段。

（1）获取知识。当个体接触到一项创新成果，并明白如何起作用时便获取了知识。

（2）说服阶段。当个体对该创新形成支持或反对的态度时便出现了劝说。

（3）决定阶段。当个体参与促使其选择使用或拒绝该创新的活动时便形成了决定。

（4）实施阶段。当个体践行一个新观念时便出现了实施。

（5）确认阶段。当个体对已经做出的创新决定进行强化时便产生了确认。

一般认为，舆论领袖在创新过程中的说服阶段发挥关键的作用。人们一般通过大众传媒资源获取创新信息，之后会指望身边有过创新体验的同伴来决定该项创新是否对他们有益。因此，舆论领袖在提升社会体系中创新采用的比例方面起到了至关重要的作用。

在扩散过程中，舆论领袖作为所在群体的榜样，他们的行动是催生迅速而持久行为变化的重要决定因素。事实上，有推测说新观念、技术或实践的信息首先是通过大众媒体传播给舆论领袖的，他们通过人际沟通技巧将创新推广给更为广泛的受众，这个过程通常被称为信息的两步流程理论。

两步流动理论最初是保罗·拉扎斯菲尔德、伯纳德·贝雷尔森（Bernard Berelson）和黑兹尔·高德特（Hazel Gaudet）在《人民的选择》

（*The People's Choice*）一书中提出来的。该书是基于1944年开展的一项关于总统竞选中人们如何做出选择的调查创作的。该理论认为，来自媒体的信息经过两个不同的阶段。第一，密切关注大众媒体及信息的个人（舆论领袖）接收信息。第二，舆论领袖把媒体的实际信息和他们自己对媒体信息的理解传递给他们能影响到的其他人。“个人影响力”一词由此提出，用来指代干预媒体直接信息和受众根据信息采取行动之间的过程。该研究发现，舆论领袖在促使人们改变态度和行为方面具有很强的影响力。

但是后来舆论领袖的界定发生了变化，涵盖了当地或更为广泛的社会群体中的组织。无论是个人还是组织，舆论领袖都负责把新观念或创新引入社会，并设定改变规则的阶段，以便可以大规模地开展创新。这是基于已经确立的命题，即当人们长时间地进行互动，他们的行为就会产生一些共同的期待和准则，他们的行动也源于这些准则和期望。虽然舆论领袖对群体中其他人有个人影响，但这种影响力比较微妙，并不具有支配作用。

舆论引导的基本动机

到目前为止，许多研究几乎都毫无例外地把关注重点放在了舆论引导的作用上，即舆论领袖对人们的影响上。对于识别舆论引导背后的动机，或分析为什么会出现舆论引导，人们关注甚少。

识别舆论领袖的性格特点，如教育背景、社会经济地位和媒体使用偏好等，能极大地帮助变革推动者准确找到提升推进扩散过程的人群。但是，仅关注舆论引导的这一个方面，即谁是舆论领袖，并不能了解舆论引导的全貌。“他们知道什么”和“谁知道他们”同样重要。只有同时关注这三个方面才能更加清楚地了解为什么这些人能首先成为舆论领袖。

某人的邻居阅读了更多的报纸，或有更高的社会经济地位，是否听了邻居的推荐他就会去购买某种产品？更有可能的是，舆论领袖对他人的影响是来自他人认为该领袖知识水平及参与创新的程度。研究人员发现，对某个议题的了解、讨论以及对该议题或创新表现出来的兴趣程度，都和舆论引导有很强的关联性。也就是说，持久参与创新就会产生舆论引导。

另外一些重要方面还包括舆论领袖与来自不同社会体系成员的关系，他们在社会体系内部的影响力取决于他们与所属社会体系外部的联系。罗纳德·伯特（Ronald Burt）解释说，舆论领袖更准确地说是舆论经纪人，他们跨越社会界限，在不同群体之间传播信息。

舆论引导界定的演变

最初，舆论领袖对创新扩散影响的界定以及广泛开展的研究，均基于人际关系对同龄人带来影响这一主要的前提。但自20世纪中期以来，创新一直在逐步改变着引入创新的社会准则。这样一来，就需要重新审视舆论引导的界定，根据这些新的准则来决定舆论领袖的作用，以及谁具有舆论领袖的特征和能力。

例如，在农业领域，农村社会学家彼得·柯辛格（Peter Korsching）和托马斯·霍本（Thomas Hoban）发现，农户按照重要性递减的顺序，选择可信的资源来影响他们的创新决定过程：①已经利用新实践或新技术并取得成功经验的其他农户。②提供技术或建议如何使用新技术的当地农业经销商。③为农户提供农业信息、技术支持和资金支持的当地政府部门。但是，有研究显示，在创新扩散的决定阶段，农业社区更多地依赖于衍生关系（通常是非人际关系），而不是人际资源。农业杂志和其他大众传播渠道在现代农业社区发挥了舆论引导的作用。事实上，出版的和在线的农业杂志与时事通信不断增强的精确性已经取代了人际资源的可信度和知识性。

农村社会学家发现，与过去的研究结果相反，其他（利用人际关系）的农户已经不再被认为是最可靠的土壤保护信息来源了。相反，非人际的资源土壤保护服务取代了这一角色。大众媒体作为说服农户采取土壤保护措施的主要机构，也变得越来越重要。这些发现表明，新传播技术、其他技术创新以及许多社会体系变化带来了新的沟通方式，对舆论引导的界定也提出了新的挑战。

舆论引导在农业发展中的应用表明，舆论引导一直都是帮助农业创新扩散的主要概念。但是，该概念的有效性在许多其他情境下也得到了证实，如广告、应用心理学、商业、消费者行为学（如能源节约、时尚和化妆、运动和旅游）、政治科学（尤其是围绕选举的行为）、外交事务、卫生保健、信息科学、公众舆论、公众或社会政策、社会学（尤其是涉及人际信息交流、组织行为、社交网络和冲突解决的内容）及专业服务（如财务和寻求捐赠）。只要人们在做决定的过程中面对不确定情形时仍然向朋友和有影响力的人寻求建议，对不熟悉的议题和做法形成观点和态度时寻求帮助，那么舆论引导就仍然是一个重要的研究领域。

撰 稿 人：Lulu Rodriguez

另请参阅：Conversation and Science Communication；Diffusion of Innovations；Trust and Attitudes

参考文献

[1] BURT R.The social capital of opinion leaders [J]. The Annals of the American Academy of Political and Social Science，1999，566：37–54.

[2] KATZ E，LAZARSFELD P. Personal influence：The part played by people in the flow of mass communications [M]. New Brunswick，NJ：Transaction Publishing，1955.

[3] KORSCHING P，HOBAN T.Relationships between information sources and farmers'conservation perceptions and behavior [J]. Society and Natural Resources，1990，3：1–10.

[4] LAZARSFELD P F，BERELSON B，GAUDET H. The people's choice：How the voter makes up his mind in a presidential campaign [M]. New York：Columbia University Press，1944.

[5] MYERS J，ROBERTSON T.Dimensions of opinion leadership [J]. Journal of Marketing Research，1972，9 (1)：41–46.

[6] ROGERS E. Diffusion of innovations [M]. 5th ed.New York：Free Press，2003.

[7] VALENTE T，DAVIS R. Accelerating the diffusion of innovations using opinion leaders [J]. The Annals of the American Academy of Political and Social Science，1999，566：55–67.

Oppenheimer, J. Robert 罗伯特 · J. 奥本海默

作为20世纪具有代表性的科学家，理论物理学家尤里乌斯 · 罗伯特 · 奥本海默（Julius Robert Oppenheimer，1904—1967）曾是洛斯阿拉莫斯国家实验室（Los Alamos Laboratory）的主任。该实验室位于偏远的新墨西哥州的大沙漠里，在那里设计并制造出了第二次世界大战中炸毁日本广岛和长崎的原子弹。关于他的传记研究将他的一生列为当代科学与美国历史上管理科学、技术权威和军事力量三者交汇的关键点。

学者、作家和科学记者从不同的角度解读奥本海默，认为他的思想代表了现代科学和技术的核心思想理念，包括科学政治家的角色、科学知识分子的功能、科学的政治权威、科学的道德性、科学与人文主义之间的紧张关系以及科学家个人良知与国家利益之间的冲突。

核时代的象征

罗伯特 · 容克（Robert Jungk）在《比1000个太阳更明亮》（*Brighter Than a Thousand Suns*）一书中对原子弹的发展进行了描述，书中奥本海默被刻画成一个典型的悲剧人物，这样的主题在之后的传记、历史研究、小说、戏剧和电影中多次出现。社会学家查尔斯 · 索普（Charles Thorpe）在《奥本海默：一位悲情的知识分子》（*Oppenheimer*: *The Tragic Intellect*）一书中声称，该书的主人公代表了原子能和大众传媒时代的科学，包括广播、电视、《时代》（*Time*）以及《观看》（*Look*）上的科学。

奥本海默于1904年4月22日出生在纽约一个富裕的德国犹太移民家庭。就读于纽约伦理文化学校（Ethical Culture School），1925年毕业于哈佛大学（Harvard），并在英国剑桥大学（Cambridge University）物理学家欧内斯特 · 卢瑟福（Ernest Rutherford）著名的卡文迪许实验室（Cavendish Laboratory）学习。1927年在德国哥廷根大学（Georg-August-Universität）获得博士学位。在欧洲，他与当时几位著名的物理学家共事，包括马科思 · 玻恩（Max Born）、保罗 · 埃伦费斯特（Paul Ehrenfest）和沃尔夫冈 · 泡利（Wolfgang Pauli）。他们为当时新兴的量子力学做出了重要贡献。

1929年，美国加州大学伯克利分校（University of California，Berkeley）和加州理工大学（California Institute of Technology）均授予他学术头衔。作为20世纪30年代杰出且高产的理论学家，他突出的教学和科研能力，以及能够激发学生的热情，促使美国理论物理学派的产生。

所有的研究都将奥本海默视为一个复杂而又神秘的人物。他是一位监管制造战争摧毁性武器的和平主义者。他是一位从未得过诺贝尔奖（Nobel Prize）或对科学发展做出过重大标志性贡献的杰出科学家。他是一位被政府公开讨伐的爱国人士。他是一位高个、清瘦、思路清晰、有教养、有魅力、有审美情趣且训练有素的学者，他对语言、文学、艺术、灵性、国际事务、食品都有着浓厚的兴趣。朋友、学生和同事都叫他Oppy、Oppie或Opje。在他们记忆中，他那双蓝眼睛闪烁着热情，总戴着他那标志性的卷边帽，这个形象曾在1948年《今日物理》（*Physics Today*）首刊的封面出现过。

20世纪30年代前，奥本海默对政治毫无兴趣，但在整个20世纪30年代的10年中，欧洲法西斯主义抬头、西班牙内战、个人人际关系和国内经济危机导致他教过的几位有才华的年轻物理学家失业，受这些因素的影响，他投入了自由与左翼的事业当中。

洛斯阿拉莫斯

面对纳粹分子可能研制出威力巨大的武器的威胁，美国总统富兰克林 · 罗斯福（Franklin Roosevelt）于 1941 年实施了“曼哈顿计划”（Manhattan project），设计和制造原子弹。一年后，奥本海默成了这一计划主要研究基地洛斯阿拉莫斯实验室（Los Alamos Laboratory）的负责人。该计划可能是有史以来耗资最为庞大的科学研究项目。

奥本海默在该实验室的选址上做出了贡献。洛斯阿拉莫斯实验室位于海拔约 2225 米（7300 英尺）的山顶，实验室人员戏称其为“小山包”。奥本海默成功地说服了其他人，达成共识：原子弹研究应该通过科学家的紧密合作来进行，其中包括物理学家、化学家、工程师、数学家和冶金学家。绝大部分的资深科学家都是奥本海默亲自招聘的，他向这些研究者承诺，这一计划将结束战争，愿为物理学史上具有历史性意义的项目做出自己的贡献。

1943 年，奥本海默正式成为实验室主任，在那里，科学家和军方人员一起工作。到 1945 年 6 月，包括研究人员家属在内，总人数达到了历史最高水平 8750 人。在那里工作的科学家把他们的成功归功于奥本海默渊博的科学知识和他强势而充满魅力的管理风格。

1945 年 7 月 16 日，奥本海默在新墨西哥州沙漠中见证了被称为“三位一体”计划第一颗原子弹的爆炸。事后他回忆说，当时他脑海中闪现出对他世界观影响深远的印度教经文《薄伽梵歌》（Bhagavad Gita）中的一句话：“我是死亡，世界的毁灭者。”这句话充分体现了科学知识潜在的毁灭性。

四名科学家组成了小组，讨论在人口密集区对军事打击目标使用原子弹，作为小组的一员，奥本海默默许了在日本城市中使用原子弹。接下来的两个月内，原子弹投放在了日本的广岛和长崎，8 月 10 日日本宣布投降。

虽然他为自己在原子弹项目中发挥的重要作用而欢欣鼓舞，并声称从不后悔自己的这一角色，但他战时的工作一直困扰着他。1984 年《时代》杂志引用了他的一句话：“从某种原始的意义上来说，没有任何粗俗、幽默、夸张的词语能抹去物理学家所意识到的罪行。这是他们无法失去的认知。”1947 年，美国总统哈利 · S. 杜鲁门（Harry S. Truman）接见他时，奥本海默说他觉得自己的双手沾满了鲜血。

奥本海默案件

第二次世界大战结束后，奥本海默担任美国政府高级科学顾问，任职期间，他开始关注使用原子弹引发的复杂的道德问题。作为原子能委员会（Atomic Energy Commission，AEC）咨询委员会主席，奥本海默反对研制威力更大的氢弹。他还倡导在民众控制下实现原子能国际化。

他的反对态度激怒了政府、军队和科学界的重要人物，其中包括物理学家爱德华 · 泰勒（Edward Teller）和原子能委员会主席路易 · 斯特劳斯（Lewis Strauss）上将，他们开始策划政治阴谋将奥本海默赶出政府机构。这场运动在 1954 年原子能委员会的安全听证会期间达到了顶峰，当时也正是美国反共情绪最为高涨的时候。奥本海默之前的左翼朋友都再次被调查，因为在战时有人代表苏联接近他来获取原子能信息，而他当时没有及时告诉军方情报人员对方的名字。

原子能委员会人事安全委员会剥夺了奥本海默的机密工作许可，公布了长达 993 页的文件，详细披露了他个人和早期政治生活的细节，并得出结论说他“性格有重大缺陷”。这一决定结束了奥本海默对美国政府科学政策产生影响的时代。

科学知识分子

之后，奥本海默在世界各地做关于科学的哲学思想以及科学与社会关系的巡回演讲。他将自己描述成一名自由的人文主义者和公众道德学家。他将科学视为一种职业，声称应该由政治家而不是科学家来决定对科学的利用。他的演讲文集《开放的思想》（*The Open Mind*，1955）倡导在全球对原子能进行控制，并探讨技术性暴力如何成为现代科学的一个核心问题，他还反对“以科学为动力促进发展”这一启蒙运动思想。

1943 年 11 月，奥本海默在英国广播公司（British Broadcasting Corporation,BBC）做了里德讲座（Reith Lectures），他将科学描述成自由民主价值的体现。他希望科学和科学思想能促进文化的发展。科学家和普通听众之间之所以存在误解，是因为历史上对科学的定位就是一项精英分子的事业，只有科学从业者才能完全明白科学工作。讲座的某些部分非专业人士难以理解，但其诗歌质量获得了人们的称赞，讲座最终出版成书《科学与共识》（*Science and the Common Understanding*，1954）。

战后，奥本海默在物理学的学术领域仍然具有很大的影响力。1947 年，他被任命为普林斯顿大学高等研究所（Institute of Advanced Study at Princeton）所长，他在那里一直工作到 1966 年退休。他培养了众多年轻的物理学家，包括弗里曼 · 戴森（Freeman Dyson）和默里 · 盖尔曼（Murray Gell-Mann）。后来，他担任了物理学资深教授，阿尔伯特 · 爱因斯坦（Albert Einstein）也曾担任过该职务。1963 年，林登 · 约翰逊（Lyndon Johnson）总统授予他著名的恩里科 · 费米奖（Enrico Fermi Award）。这是原子能委员会的最高奖项，这意味着公开恢复了奥本海默的名誉。

因为在洛斯阿拉莫斯实验室的贡献，奥本海默获得了总统嘉奖和杰出工作奖章（Medal for Merit）。他也是美国国家艺术和科学学院（National Academy of Arts and Sciences）、美国物理学会（American Physical Society）、英国皇家学会（Britain's Royal Society）、美国国家科学院（National Academy of Sciences）和美国哲学学会（American Philosophical Society）的成员。更多奥本海默的讲座收录于《科学与文化随想》（*Some Reflections on Science and Culture*）、《秋千架：物理学家的三个危机》（*The Flying Trapeze*：*Three Crises for Physicists*）、《非同寻常的常识》（*Uncommon Sense*）和《原子和虚空：科学与社区的论文集》（*Atom and Void*：*Essays on Science and Community*）等书中。奥本海默与凯瑟琳（基蒂）· 普宁 · 哈里逊（Katherine Kitty Puening Harrison）结婚，并育有彼特（peter）和凯瑟琳（katherine）两个孩子。1967 年 2 月 18 日，奥本海默因喉癌去世，享年 62 岁。

撰 稿 人：Declan Fahy

另请参阅：Manhattan Project；Nuclear Weapons

参考文献

[1] BERNSTEIN J. Oppenheimer：Portrait of an enigma [M]. London：Gerald Duckworth，2004.

[2] BIRD K，SHERWIN M J. American Prometheus：The triumph and tragedy of J. Robert Oppenheimer [M]. New York：Knopf，2005.

[3] CASSIDY D C.J. Robert Oppenheimer and the American century [M]. New York：Pi Press，2005.

[4] The eternal apprentice [N]. Time，1948-11-08（52）.

[5] JUNGK R. Brighter than a thousand suns [M]. London：Victor Gollancz，1958.
[6] MCMILLAN P J. The ruin of J. Robert Oppenheimer and the birth of the modern arms race [M]. New York：Viking Press，2005.
[7] OPPENHEIMER R J. Science and the common understanding [M]. New York：Simon & Schuster，1954.
[8] OPPENHEIMER R J. The open mind [M]. New York：Simon & Schuster，1955.
[9] OPPENHEIMER R J. Some reflections on science and culture [M]. Chapel Hill：University of North Carolina，1960.
[10] OPPENHEIMER R J. The flying trapeze：Three crises for physicists [M]. London：Oxford University Press，1964.
[11] OPPENHEIMER R J. Uncommon sense [M]. Basel，Switzerland：Birkhauser Verlag AG，1984.
[12] OPPENHEIMER R J. Atom and void：Essays on science and community [M]. Princeton，NJ：Princeton University Press，1989.
[13] RHODES R. The making of the atomic bomb [M]. New York：Simon & Schuster，1988.
[14] THORPE C. Oppenheimer：The tragic intellect [M]. Chicago：University of Chicago Press，2006.

Optimistic Bias
乐观偏差

乐观偏差（也称非现实的乐观主义）指人们倾向认为，与其他人相比自己更可能经历积极的事件，不太可能经历消极的事件。例如，许多人认为他们未来感染艾滋病、离婚以及试图自杀的概率比同龄人小。同时，他们还认为自己未来保持健康、获得专业嘉奖和经济上富裕的概率比同龄人大。乐观偏差在个人风险意识中是一种普遍现象。就这点而言，它对人们如何对待科学技术传播有着重要的影响，因为科学技术传播通常包含健康、生理和环境风险的信息。

乐观偏差可以通过直接或间接的方式来衡量。我们可以让个人直接告知他们认为自己未来经历某事件（如被雷电击中）的可能性是低于、等同于还是高于其他有类似特点的人群（如同年龄或同性别的人）。或者，我们可以问两个不同的问题，一是让个人告知他们自身经历某事件的可能性，二是让他们预计和他们类似的人经历同样事件的可能性。两个答案的区别可以用来间接衡量乐观偏差。

虽然乐观偏差通常都是在个人层面上进行衡量的，但很难判断具体的个体在进行相对风险判断时是否真的存在偏差。一名大学生认为她被雷电击中的可能性比她同龄人低，根据她实际所处的风险状态，这种判断有可能是准确的，也有可能是不准确的。但是，实际的风险通常难以确定。因此，许多研究人员建议，最好在群体层面来测量乐观偏差。原理很简单：不是每个人都比一般人更幸运。如果群体中的成员准确地判断其相对风险，那么他们低于平均风险和高于平均风险的估算就会相互抵消，从而导致群体平均数没有自己和他人的区别。如果群体判断概率低于平均数（也就是说，群体中绝大部分成员认为他们遭遇风险的概率低于群体的平均值），我们就知道该群体作为一个整体存在乐观偏差。

在很多需要人们进行风险判断的领域都存在乐观偏差。对于那些罕见、不熟悉和个人行为可控的风险（如自杀），乐观偏差表现得尤其突出。这种倾向也存在于不同年龄段和社会经济背景的人群中。人们为什么会在风险判断时产生不实际的乐观想法呢？一个很流行的解释是，人们持有乐观偏差是因为他们需要保持一个积极的自我意识。人们通常往下与那些比自己不幸的人进行对比，这样他们就会自我感觉良好。与别人相比，认为自己不太可能遭受潜在的危害，相反还可能有好的运气（即使这样会扭曲现实），这是另外一种对比的方式，人们以此用来提升自我价值的感知。

除了动机因素，乐观偏差也可能来自对风险判断的认知误差。如人们可能错误地把某高风险的个体作为比较对象，仅因为他们很容易就想起该个体（也许是因为他长期接收不切实际的媒体宣传）。他们也可能意识不到让他们处于低风险的预防性因素可能同样适用于其他人。虽然用来解释乐观偏差的动机和认知通常被视为相互竞争的因素，但很可能在某个特定情形下，自我提升的动机和认知误差都是导致乐观偏差的原因。

研究人员普遍认为，乐观偏差有很重要的行为含义。个人风险判断是自我保护行为的重要动力。当人们认为与其他人相比自己不太可能面临某一风险时，他们采取预防措施的动机就会降低。例如，有研究表明，那些认为自己不太可能感染艾滋病的人更可能有高危性行为。显然，乐观偏差的这种影响对促进人们采取防范性措施是不利的。

既然乐观偏差对行为产生影响，那么风险传播的一个重要目标就是减少这种偏差。不幸的是，到目前为止我们还不知道如何才能有效降低乐观偏差。有资料显示，基于信息的方法，如提供个性化的风险反馈，可能在一定程度上降低乐观偏差。但也有研究显示，人们很擅长使用替代策略，如最小化更正后风险因素的重要性，来保持他们认为的高于其他人的优越感。

虽然，人们一般对偏差不太适应，但有研究者认为乐观偏差有其优势。如对个人风险的乐观错觉能帮助人们减缓焦虑和紧张。对当前问题持乐观的态度也可以鼓励人们更努力地去解决问题。乐观偏差的利与弊，仍是一个有争议的话题。

撰稿人：Xiaoquan Zhao

另请参阅：Risk Analysis；Risk Communication，Overview

参考文献

[1] TAYLOR S E，BROWN J D. Illusion and wellbeing：A social psychological perspective on mental health [J]. Psychological Bulletin，1988，103：193-210.

[2] WEINSTEIN N D. Unrealistic optimism about future life events [J]. Journal of Personality and Social Psychology，1980，39：806-820.

[3] WEINSTEIN N D. Optimistic biases about personal risks [J]. Science，1989，246：1232-1233.

[4] WEINSTEIN N D，KLEIN W M.Resistance of personal risk perceptions to debiasing interventions [J]. Health Psychology，1995，14：132-140.

Pandemics, Origins of
流行病的起源

自古以来，传染病可能致使帝国瓦解，决定战争的结局，甚至决定人类的命运。时至今日，传染病仍然是医学和经济社会中的一个重大挑战，至少每年全球死亡人数的25%是由传染病造成的。公元前430年左右，伤寒病导致伯罗奔尼撒半岛战争期间1/3的雅典士兵死亡，使得雅典沦陷。6世纪的查士丁尼瘟疫造成每天死亡近万人，导致当时已知人口的总数减少了至少1/4。14世纪期间出现的黑死病也造成了5000万人殒命。1918—1919年的西班牙大流感导致全球5000万~1亿人丧生。

目前，已知的人类病原体约1400种，调查人员预计，到2020年还会有10~40种新的病原体被发现。在目前已知的病原体中，超过60%会导致动物传染病：它们会自然地传染给其他物种，通常不会引发疾病，但是偶尔会获得越过本物种界限而在人类身上生存的能力，从而引发疫情，给医学和经济社会带来全球性影响。

艾滋病的起源

1980年，即世界卫生组织（World Health Organization）正式宣布在全球范围内消除天花取得重要胜利的同一年，第一例感染了新的且异常类型肺炎的患者被诊断出来。这标志着历史上最具破坏性的感染病的出现，即艾滋病病毒（HIV/AIDS）传染病。据估计，仅2007年就出现了约270万新感染艾滋病病毒的患者，相当于每10秒就有一个人被感染。在一些非洲国家，艾滋病病毒被认为可以将人均寿命缩减约15年。

艾滋病病毒的起源一直存在争议。该病毒共有两种菌株，在全球范围内的主要病毒是艾滋病病毒1型以及艾滋病病毒2型。最早的艾滋病病毒1型感染是在1959年采集的样本上发现的，来自一个生活在非洲的班图（Bantu）男性。人类并不是这种病毒的天然宿主。这种病毒从何而来？它又是如何传播给人类的呢？目前没有支持下列观点的证据，即艾滋病病毒起源于猴免疫缺陷病毒，这是一种可以自然地传染给非洲很多不同的非人灵长类动物的反转录酶病毒，并且这种病毒又在多种不同的场合从非人灵长类动物身上传播给了人类。在一种病毒感染了一个特殊的黑猩猩亚种泛类人猿之后，艾滋病病毒1型开始出现，并进一步传播给了人类。艾滋病病毒2型被认为是一种由乌黑白眉猴传播的类似病毒。这两种动物都被捕杀并在市场上当作野味贩卖，甚至还有些被当作宠物饲养。有一种假说认为，和宠物的近距离接触，在捕猎和屠杀过程中对血液和血液制品的接触，以及食用未合理烹饪的受感染的肉，都促使了这些病毒向人类的传播。

艾滋病病毒并不是唯一一个来源于动物的反转录酶病毒。最近跨物种传播对于另外一个病原体来说也变得很明显，即人T细胞白血病病毒（HLTV），据估计，该病毒感染了全球约2000万人。虽然感染了人T细胞白血病病毒的大部分人群并没有征兆，但是感染了人T细胞白血病病毒1型（这也是我们研究最多的一个病毒类型）的人约有1%~4%会在接下来的20~30年出现T细胞白血病或淋巴肿瘤，其他人则会出现神经系统的持续退化症状。针对非洲中部地区捕杀野味猎人的一些研究表明，在捕杀非人灵长类动物的过程中接触其血液和体液为人T细胞白血病病毒的跨物种传播提供了绝佳的机会，并且会加速人类的感染。

重症急性呼吸综合征的起源

2002年11月，在中国广东地区开始出现的呼吸道感染病例成为21世纪第一个病毒大规模暴发的事件。该病毒几周之内就扩展到中国的很多城市以及全球30多个国家和地区，感染者人数超过8000人。

对潜伏期和传播途径的不了解加剧了该病毒爆发初始阶段的恐慌。由于全球范围内采取了空前的公共卫生措施，除了造成直接的健康危害，疫情还带来了重要的经济社会影响。2003年年初，泰国的酒店要求来自特定国家的旅客利用分隔的入住柜台办理手续，新加坡的罗马天主教堂（Roman Catholic Church）暂停了神父听取教徒的忏悔以防止病毒的传播，瑞士政府采用了限制入境的措施，当年有40万游客取消了他们前往越南旅游的计划。

结果表明，病毒（SARS-CoV）是由冠状病毒科的一个包含有与呼吸系统和胃肠系统传染病相关的衣原体引发的。这个新病原体是如何在人体内出现的？是什么因素导致它实现了“物种的跨越”？首批患者的观察，厨师或动物屠宰者，表明这种病毒和生鲜市场存在关联的可能性很大，这些地方出售活体动物、鸟类和鲜肉，并为病原体的跨物种传播提供了理想的环境。

初步调查表明，来自生鲜市场的各种各样的动物种类（特别是果子狸和貉）携带的病毒和感染人类的病毒类似。随后，一些研究对果子狸可能是致使人类感染的元凶的观点给予了支持。另外，同蔬菜经销商相比，很多动物商贩和参与屠杀动物的人体内有该病毒的抗体，这表明他们曾经接触过该病毒。

随后的调查结果表明，果子狸只是该病毒的一个放大的物种，菊头蝠是该病毒传染的另一个因素。和冠状病毒高度相关的病毒——蝙蝠冠状病毒从一些菊头蝠中被分离出来，它们似乎是该病毒的天然宿主。类似的冠状病毒随后在欧洲、北美洲和非洲的蝙蝠中也被识别出来。蝙蝠是如何把这些病毒传播给人类的？包括叮咬和抓挠在内的直接接触是最明显的传播机制，长久以来，人们就知道蝙蝠能把病原体传播给人类，如狂犬病病毒有时候还会带来致命的后果。重要的是，很多蝙蝠的咬伤不痛不痒，因为它们的牙齿较小，因此简单的检查并不能发现这些痕迹，很容易被忽略。但是直接的接触对于感染来说并不是必然条件，病原体还有可能通过节肢动物传播，通过最终传播给人类的蝙蝠和其他动物的接触传播，甚至有可能通过气溶胶传播。

捕杀蝙蝠和吃蝙蝠肉被认为是导致该冠状病毒传染的另外一种机制。除了把很多不同种类的动物放得很近以及它们与人之间距离过近，类似捕食蝙蝠的行为也被认为是促进了冠状病毒跨物种传播的原因。

埃博拉病毒和马尔堡病毒

虽然对于很多传染病而言，我们在病原体来源的动物宿主方面积累了大量的知识，但是实际情况并非都如此。埃博拉河为目前已知的最厉害的病毒之一提供了名字，介于50%~90%的死亡率使其成为有史以来最厉害的一种致死的传染病病毒。自1976年出现第一例埃博拉出血热以来，非洲地区已经出现了好几次病毒大暴发。所有的疫情都出现在赤道两侧纬度10度之间的区域。

除了人类，非人灵长类动物也会感染埃博拉病毒。1994年年末，象牙海岸的塔伊国家公园（Tai National Park）里的野生黑猩猩群体中的一些成员消失了，随后它们中一部分成员的尸体被找到。在对一只黑猩猩完成检查后的几天时间里，一名研究人员患病，实验室测试证实她感染了埃博拉病毒，在黑猩猩的生物体组织中也发现了这种病毒。据报道，这次病毒大暴发导致黑猩猩的死亡率高达25%，这表明，这种动物很可能不是该病毒的宿主，但是它们能通过其他途径感染，并且也有可能会传染人类。

埃博拉病毒是纤丝病毒科的一种，该科病毒的名字来源于拉丁语“filum”，在电子显微镜下，该病毒看起来像一条线。该科病毒的另外一个代表就是马尔堡病毒。其已知出现的历史可以追溯到1967年8月，当时正在马尔堡、法兰克福和贝尔格莱德研究脊髓灰质炎活疫苗的研究者被一种异常传染病感染而患病。所有的患者都与乌干达恩德培的灵长类基地进口的青猴（即黑长尾猴）有过直接接触，这些青猴（事后表现出）感染了马尔堡病毒。从那时候开始就出现了一些不定期的传染病例。

2004—2005年发生在安哥拉威热省的马尔堡病毒暴发，导致356人死亡。一名荷兰游客在度完三周假后回到荷兰，她在乌干达期间曾经钻过洞穴，2008年6月她因感染了马尔堡出血热入院治疗，随后不治身亡。美国出现的第一个病例是从乌干达返回的一名游客，他在接受治疗后得以康复。

埃博拉病毒和马尔堡病毒从何而来，一直都是一个研究人员期待解开的谜题。自从第一次埃博拉病毒暴发以来，已经测试了约8000种脊椎动物，30000种无脊椎动物，甚至还测试了一些植物品种。果蝠和食虫蝙蝠身上的病毒浓度很高，但是它们却没有病症。这是一个重要的发现，因为允许病毒复制而不会染病的物种很有可能是这种病毒的天然宿主，它可以使该病原体复制、持续存在并继续感染容易患病的物种。对该病毒呈阳性的很多蝙蝠物种来自一个以前曾报道在人群中暴发埃博拉病毒的广泛地理区域。

流　感

虽然流感病毒是第一批被分离出来的人类病毒，并且对该病毒的研究也有几十年的历史了，但是它们的生物学特性仍然有很多谜题待解。季节性流感每年都会发生，并且通常会在儿童、老人和身体状况不佳的人群中引发严重的疾病。另外，该病毒通常以影响全球人口的流行病形式出现，并且在所有年龄群体中都会产生很高的死亡率。在20世纪共出现三次大流感：1918—1919年的西班牙大流感，1957—1958年的亚洲流感，1968—1969年的中国香港流感。

流感病毒的两个特点使其成为特别具有杀伤力的病原体。第一个特点是，和DNA病毒相比，它在复制过程中具有很高的变异率，这和所有的RNA病毒一样。结果，流感病毒逐渐将一些微小的变化融入基因及其产生的蛋白质中，这个过程就是抗原漂移。这些微小的变化使得每个病毒都和前一个病毒略有不同，使其逃过人体的免疫系统，这也解释了为什么在一个流感季节中感染的个体在后续的流感暴发期会再度感染。第二个特点和一些病毒（A型）的基因组片段相关，它使有机体感染的两种病毒可以互换一个或多个基因。这个被称为抗原转移的过程比抗原漂移更少见，并且会产生更极端的后果。抗原转移在20世纪只发生过三次，分别引发了上文所述的三次大流感。

鸟类是A型流感病毒的天然宿主。和普遍认知相反，人类流感病毒并不能轻易地感染鸟类，同时，鸟类流感病毒也并不能轻而易举地感染人类。然而，猪却很容易感染上述两种病毒，这也是为什么它们被看作不同病毒和后续能感染人类或其他物种的新菌株之间的基因进行重组的“混合容器”的原因。

研究表明，那些本职工作需要接触动物和鸟类的个体，如兽医、农民、肉类加工工人和动物市场工作人员，产生流感病毒抗体的概率更大。此外，跟动物的偶然接触有时候也与感染存在着关联，如 1988 年使一位孕妇感染致死的猪流感，就有可能源于她曾经参加了威斯康星县的农产品交易会。

耐甲氧西林金黄色葡萄球菌

一个引起全球高度关注的细菌病原体是金黄色葡萄球菌。金黄色葡萄球菌感染对所有年龄群体的人都会产生影响，估计在美国每年有 40 万名患者因此住院治疗，而每年住院治疗的患者中有 19000 人死亡。在甲氧西林商业化应用后不久，第一个耐甲氧西林金黄色葡萄球菌菌株被发现，这些年该病菌引发的流行在很多国家呈现上升趋势。从历史上来看，耐甲氧西林金黄色葡萄球菌通常是从身体状况不佳或长期住院的患者身上分离出来的，它成为众所周知的与医疗保健相关的耐甲氧西林金黄色葡萄球菌。然而，在过去的几十年里，耐甲氧西林金黄色葡萄球菌的流行病学发生了重大的变化，因为在社区内身体状况明显良好的个体患病数目出现了增加，这里并没有致病因素，这些病毒被称为社区获得的耐甲氧西林金黄色葡萄球菌。在一些医院，社区获得的耐甲氧西林金黄色葡萄球菌菌株甚至开始取代与医疗保健相关的耐甲氧西林金黄色葡萄球菌分离株。

同时，耐甲氧西林金黄色葡萄球菌逐渐成为家畜的主要致病病菌，这些家畜包括狗、猫、马、猪和鸡。一些作者认为在报道说动物感染数目增加时，社区获得的耐甲氧西林金黄色葡萄球菌的激增并不仅是一种巧合。在一些县域内开展的调查表明，养猪的农民体内包含的耐甲氧西林金黄色葡萄球菌的风险要高于那些本职工作不需要接触动物的人，同时，他们的家人也有致病的风险。如从农民家庭成员的体内分离出过耐甲氧西林金黄色葡萄球菌，而他们并不直接接触动物，这表明这种人畜共患的耐甲氧西林金黄色葡萄球菌有直接人际传播的可能性。兽医和宠物主人是另外两个人畜共患传染病的易感群体。

泡沫病毒

一个我们了解相对较少的病原体组是泡沫病毒，该病毒已经在很多非人灵长类动物身上被发现，包括大猩猩、狒狒和黑猩猩，家畜中也有，如猫和牛。目前被研究最广泛的一个类型是猿泡沫病毒，这种病毒会感染非人灵长类动物，并且似乎和疾病没有关联。作为跨物种传播事件的一个后果，这种病毒可以在人类中引发持续的传染。

泡沫病毒属于反转录酶病毒科，该科还包括艾滋病病毒，但是让这种病毒在该科中独树一帜的原因是，到目前为止并不确定它们和任何的人类疾病存在关联。这组病毒是否意味着一场新的传染病和流行病的开端？这还很难说，还没有几个被感染的患者被报告或研究。对该病毒有职业风险的人群包括动物园工作人员、兽医、实验室研究人员和猴子庙的雇员。捕杀非人灵长类动物为该病毒的传染提供了其他的途径，参与屠杀动物的个体和普通大众相比，有更多的泡沫病毒抗体。

拥有灵长类宠物、同参与演出的猴子有直接接触以及生态旅游，是增加非职业性接触和消遣性接触的危险因素。此外，据说和任何其他系统相比，对猴子庙的参观提供了一个人与非人灵长类动物频繁接触的环境，从而使得这些病毒能够接近人类。鉴于每年有约 70 万游客参观巴厘岛的4个大型猴子森林，研究人员估计约有2100名游客感染了该病毒。这个数字还是保守的估计，因为这还不包括其他地区的猴子庙。

基于在被感染者配偶的体内并没有检测到该病毒的事实，这种病毒在人际间的传播被认为不会发生，但是这一结论只是在对极少数被感染者进行检查的基础上得出的。

泡沫病毒与人类疾病之间的联系尚不清楚，也存在争议，部分原因是报告的感染数量有限。研究人员已经观察到的会导致细胞变化和导致许多种类细胞死亡的这些细菌的能力与对应疾病之间的关联性，但是，研究结果表示两者之间存在差异。一个有趣的问题是，未来泡沫病毒是否与人类的慢性疾病存在关联？我们今天所观察到的是否只是一个可能的传染病或流行病的开端，与从非人灵长类动物传播给人类并且随后和人类疾病相关联而酿成惨剧的那些病毒类似？

撰 稿 人：Richard A. Stein

另请参阅：Avian Flu；Crisis Communication；Risk Communication，Overview；Severe Acute Respiratory Syndrome

参考文献

[1] CHENG V C，LAU S K，WOO P C，et al. Severe acute respiratory syndrome coronavirus as an agent of emerging and reemerging infection [J]. Clinical Microbiology Reviews，2007，20（4）：660–694.

[2] FORMENTY P，BOESCH C，WYERS M，et al. Ebola virus outbreak among wild chimpanzees living in a rain forest of Côte d'Ivoire [J]. Journal of Infectious Diseases，1999，179（Suppl. 1），S120–S126.

[3] FORMENTY P，HATZ C，LE GUENNO B，et al. Human infection due to Ebola virus，subtype Côte d'Ivoire：Clinical and biologic presentation [J]. Journal of Infectious Diseases，1999，179（Suppl. 1），S48–S53.

[4] GAO F，BAILES E，ROBERTSON D L，et al. Origin of HIV–1 in the chimpanzee Pan troglodytes troglodytes [J]. Nature，1999，397（6718）：436–441.

[5] JONES-ENGEL L，ENGEL G A，SCHILLACI M A，et al. Primate-to-human retroviral transmission in Asia [J]. Emerging Infectious Diseases，2005，11（7）：1028–1035.

[6] LAU S K，WOO P C，LI K S，et al. Severe acute respiratory syndrome coronavirus-like virus in Chinese horseshoe bats [J]. Proceedings of the National Academy of Sciences of the United States of America，2005，102（39）：14040–14045.

[7] MAHANTY S，BRAY M.Pathogenesis of filoviral haemorrhagic fevers [J]. Lancet Infectious Diseases，2004，4（8）：487–498.

[8] MURRAY S M，LINIAL M L. Foamy virus infection in primates [J]. Journal of Medical Primatology，2006，35（4–5）：225–235.

[9] SCHILLACI M，JONES-ENGEL L，ENGEL G，et al. Characterizing the threat to the blood supply associated with nonoccupational exposure to emerging simian retroviruses[J].Transfusion，2008，48(2)：398–401.

[10] SMITH T C，MALE M J，HARPER A L，et al. Methicillin-resistant Staphylococcus aureus（MRSA）strain ST398 is present in Midwestern U.S.swine and swine workers [J]. PLoS One，2008，4（1）：

e4258.

[11] WEBSTER R G. Wet markets—A continuing source of severe acute respiratory syndrome and influenza? [J].Lancet，2004，363（9404）：234–236.

[12] WEBSTER R G，SHORTRIDGE K F，KAWAOKA Y. Influenza：Interspecies transmission and emergence of new pandemics [J]. FEMS Immunology and Medical Microbiology，1997，18（4）：275–279.

[13] WOOLHOUSE M E，HOWEY R，GAUNT E，et al. Temporal trends in the discovery of human viruses [J]. Proceedings of the Royal Society B：Biological Sciences，2008，275（1647）：2111–2115.

[14] YU H，ZHANG G H，HUA R H，et al. Isolation and genetic analysis of human origin H1N1 and H3N2 influenza viruses from pigs in China [J]. Biochemical Biophysical Research Communications，2007，356（1）：91–96.

Particle Accelerators 粒子加速器

粒子加速器利用电磁能场来控制带电粒子的速度和方向。这些可以被加速的粒子包括电子、质子、各种电离原子，甚至是奇特的粒子，如正电子和反质子。最简单的粒子加速器就是我们熟悉的电视接收机。阴极射线管电视机工作的原理是利用电子枪发射高速电子，以垂直和水平的偏转线圈控制高速电子的偏转角度，最后，高速电子击打屏幕上的磷光物质使其发光，通过电压来调节电子束的功率，就会在旧型号的电视屏幕上形成明暗不同的光点，光点组合形成各种图案和文字（新型电视的工作原理不同）。如今，用在各种不同科学设备中的粒子加速器在尺寸、能量、造价、复杂性、变异性和目的方面大不相同，但是其工作的基本原理很简单。

埃蒙德·威尔森（Edmund Wilson）估计，如果把所有的直线加速器（线性粒子加速器）、回旋加速器、同步加速器对撞机计算在内的话，全球有超过 1 万台运行中的粒子加速器。粒子加速器在物理学研究中占有十分重要的地位，通常也会成为新闻报道中科学发现的一部分。最著名的粒子加速器是高能粒子加速器，所以本词条首先讨论高能粒子加速器，然后以它们被开发的时间顺序来探讨其他加速器。最后一部分讨论粒子加速器在一些大众文化中的形象以及相关的技术话题。

高能粒子加速器

粒子加速器是任何一个参与科学传播工作的人都十分感兴趣的事物，因为它们形成了一个微观世界，而通过这个微观世界，人们可以观察到科学和政治之间、科学和公众之间、跨越国界的科学之间以及科学和技术之间的相互依存关系。在这方面最明显的例证就是高能粒子加速器。高能粒子加速器运行的经费高达数千万美元，而每个加速器都雇用了成千上万的研究人员。大多数粒子加速器建在地下的隧道内，除了主要的设施入口及对引导粒子的磁场和低温系统进行维修的定期维修站，在地表上是看不到它的存在的。全球目前有5台正在运行的高能粒子加速器[①]。第6台高能粒子加速器，也就是所谓的超高能超导对撞机（Superconducting Super Collider），于20世纪90年代开始建造，但是在其竣工前就被放弃了。

自2009年9月第一次试验束产生，全球最具能量的加速器变成了欧洲核子中心（European Organization for Nuclear Research，CERN）的新一代大型强子对撞机（Large Hadron Collider，LHC）。大型强子对撞机可以加速线圈中反方向运动的质子，直到其与前面一组具有14万亿电子伏能量的探测器发生碰撞。大型强子对撞机的初始目标是收集希格斯玻色子存在及其特性的数据，希格斯玻色子又被称为“上帝粒子”（God Particle），其名称来源于莱昂·莱德曼（Leon Lederman）的一本书。希格斯玻色子被认为是大一统理论的关键，该理论可以用来解释4种基本力，即强核力、弱核力、电磁力和引力。希格斯玻色子被认为是给粒子赋予了质量，从这个意义上说，它有助于我们理解为什么在大爆炸之后宇宙几乎完全被物质而非反物质所充满，这违背了对称性预测。大型强子对撞机光束线和探测器的建造始于1995年，由于超导磁铁的问题以及实际费用超过了起初预计费用3倍多而使得其建设工作被推迟了。

大型强子对撞机的建设工作遭遇了一些质疑，这与早期位于纽约的布鲁克海文国立实验室（Brookhaven National Laboratory）建设相对论重离子对撞机（Relativistic Heavy Ion Collider，RHIC）时遇到的情况类似。有些人担心这可能会产生小型黑洞，并且可能造成不可控的后果。粒子物理学家反复地解决这些争论，后来则是通过任命两个独立的评估委员来开展这项工作。反对者试图通过在美国法院和欧盟人权法院（European Court of Human Rights）发起诉讼的方式来阻止大型强子对撞机的建造，2008年夏季，两个法院均对该案予以驳回。

欧洲核子中心的设施位于瑞士的日内瓦附近，是20个欧盟成员国协同合作的成果，还有另外8个国家以观察员的身份参与其中（参与并提供项目相关的经费，但是不发挥决策作用）。最初的12个成员国于1954年开始协作；成员的数量随着1990年“冷战”结束开始增加。欧洲核子中心实现了很多个第一次，包括W玻色子和Z玻色子的发现，该中心的主任卡洛·鲁比亚（Carlo Rubbia）因此获得了1984年的诺贝尔物理学奖[（Nobel Prize）该组织第二次获得诺贝尔奖是1992年，因其发明并发展了粒子探测器]。

这个粒子加速器综合体如今还建有用来研究反物质的粒子减速器，1995年这里制造出了第一个反氢原子。也许该中心实验室最著名的成果就属万维网（World Wide Web）了：超文本标记语言被创造出来以实现数据共享，包括视频资料。该项目开始于1989年，1993年该实验室宣布将它提供给任何感兴趣的人免费使用。目前正在开展的分布式数据处理项目（融合到当代的探测器的功能中）很有可能会进一步变革分布式计算。

其他高能粒子加速器包括俄罗斯布德科尔研究所（Budker Institute in Russia）的正负电子对撞机、日本高能加速器研究机构（High Energy Accelerator Research Organization，KEK）的电子－正电子和质子－质子对撞机、德国电子同步辐射加速器中心（Deutsches Elektronen-synchrotron/German Electron Synchrotron，DESY）的电子－质子对撞机和美国费米实验室（Fermilab）的质子－反质子对撞机[②]。在大型强子对撞机开

① 最新数据是6台。——编者注

② 中国的北京正负电子对撞机重大改造工程，即BEPC Ⅱ，也在此列。——编者注

始运行之前，这些加速器是能量最高的加速器，并于1995年负责发现和测量T夸克，这确证和改进了物理学的标准模型。费米实验室不仅对物理学做出了贡献，它在艺术、建设和环境科学上也有贡献。如美洲野牛种群在美国中西部和北部地区最后一块可持续的草原生态系统上日益繁盛起来。

费米实验室还因其治理结构［其高校科研协会（University Research Associates，URA）被芝加哥大学（University Chicago）取代，高校科研协会作为支持单位］及其家庭友好型的雇佣政策而闻名，这项雇佣政策使得费米实验室40%的工作人员都是女性（这和整个物理学家群体形成鲜明对比，女性只占这个群体的12%）。费米实验室获得了为大型强子对撞机的建造提供最复杂磁铁的合同。其中一个磁铁的损坏导致大型强子对撞机建造工期延误，进而其光束线没有实现于2008年9月正式运行的计划。

加速器的种类

由于可以用粒子加速器这类复杂的工具来开展科学研究，所以科学传播者对于粒子加速器也有一定的兴趣。直线加速器通常被称为线性加速器，于20世纪30年代首次出现。最大的一个是伯克利国家实验室（Berkeley Lab）的先进光源实验室（Advanced Light Source division），它被用于发现（更确切地说是建造）很多最重的原子，这些原子如今都列在了化学元素周期表中（每所中学的化学课本中都有这个漂亮的表格）。线性加速器在制造同位素方面也是有用的，如用在一些医学成像程序中的重同位素。其不足是利用直线加速器产生的能量水平的限制：要获得更高的能量就需要有更长的电磁体以确保粒子能持续地加速。

磁铁的长通道很难确保在如此长的距离保持笔直，即使地壳轻微的移动也会对其产生影响（在建造长输管道的时候也面临这个挑战，如阿拉斯加管道系统）。此外，还涉及优先使用权和政府间合作的问题。一个被提议建设的国际直线加速器往往在技术规范方面十分完善，但是关于经费和选址的细节仍有待研究。

一般来说，如果一个粒子加速器要获得更高的能量，那么电磁体不仅要用来对粒子进行加速，还要改变粒子的方向以确保它们进行回旋运动，并在这个过程中被多次加速从而获得所期望的能量。第一个采用这种技术的粒子加速器是同步回旋加速器。同步回旋加速器如今主要被用于紫外线和X射线谱所产生的激光一样的能量束。在不损害物体而对其内部进行成像方面，这些X射线是非常有用的。如最近发现了一本在中世纪写成的迄今为止不为人知的福音书，其发现过程就是“欧洲同步辐射设施”（European Synchrotron Radiation Facility，ESRF）完成的。

有关加速器的争议

一旦超导超级对撞机（Superconducting Super Collider，SSC）建设成功，它将远超大型强子对撞机（与欧洲核子中心27千米的大型强子对撞机相比，其距离是87千米）。该对撞机的建设项目始于1983年。1993年，在耗资22亿美元完成第一个23千米隧道的建设后，美国国会（U.S.Congress）通过投票决定中断该项目。在公众的印象中，该项目是美国科学政策的重大失误，但是这个重大失误是在于启动了这个项目还是中断了这个项目，对此则没有达成共识，在项目被终止的主要原因方面也没有达成共识。

当然，造价的不断攀升（从40亿美元到140亿美元）是其中一个因素。造价不断攀升的一个主要原因是建造隧道的费用以及超导磁铁的问题（根据合同，这个磁铁由费米实验室提供）。该项目被取消的其他原因包括更广泛的政治趋势，启动这个项目的共和党政府和国会于

1992 年被民主党政府和国会取代，它们都致力于减少联邦开支和保持预算平衡。

该项目是一个大科学项目，所以，它通常被用来和国际空间站进行比较，并把它视为当时正在建设的可以与国际空间站相媲美的项目。此外，鉴于人们认为需要支持更多的“小科学”项目（即那些预算费用少于 100 万美元且可以在大学或私立部门现有设施基础上开展的项目），开展大科学研究项目的整个理念都遭到质疑和批评。最好将大科学受欢迎程度的下降和“冷战”的结束结合在一起去理解，因为一般大科学的出现会受到“没有硝烟的战争”的竞争驱动。该项目的管理也由于时间和金钱的产出效率低下而备受批评（如一个圣诞聚会给人们留下的印象是该项目政治上的支持者成为负面新闻报道的对象）。

然而，可以说该项目的最终破产与项目最初所采用的传播策略有关。在何处建造这个超导对撞机是一个具竞争性的政治运动，38 个州提出申请并解释为什么应该选址在它们那里（有些州内部也彼此竞争）。当最终的地址选定为得克萨斯州（位于达拉斯的南部）时，对该项目的支持声音几乎一下子淹没在它成了“得克萨斯分肥项目”的谴责声中。

该项目基于地方荣誉和经济发展的诉求被向与科学无关的受众“极力地推销”。该项目的卖点就是它是确保美国科学处于全球领先地位的一种方式，各州之间对地点的竞争也是基于地址的选择将会具有全球意义这个理由，而这并没有激发后来的合作。类似的是，人们认为该项目能以把游客带到选址地区的形式带来经济效益，并且在产生副产品（如以前加速器中用过的超导磁铁可以被用来建设磁悬浮列车，德国和日本的磁悬浮列车就是那样）方面带来经济效益，但是对经济效益的关注招致了公众对分肥项目的批判。

简而言之，将一项科学研究项目以其所要解决的研究问题之外的优点为基础，呈现给感兴趣的公众，这可能不是一种有说服力的策略，无法在粒子加速器长期使用出现的问题和涉及的多种挑战中持续下去。这将为下一代粒子加速器，即国际直线对撞机（the International Linear Collider，ILC）吸引大量资金的谈判提供了一个有趣的观察机会。在选址的过程中不疏远没有被选中的国家，也不牺牲非科学诉求的报道提供的可见性。

大众文化中的粒子加速器

由于各种各样的与机器本身沾点边的原因，粒子加速器成了科学传播者比较感兴趣的话题。粒子加速器激发了科幻作者、电影导演和电视导演的想象力。如畅销书《达·芬奇密码》(*Da Vinci Code*）的作者丹·布朗（Dan Brown）撰写了一部小说《天使与魔鬼》(*Angels & Demons*)，在该书中，欧洲核子中心既是故事背景的一部分，也是核心的剧情元素（虽然欧洲核子中心被虚构得面目全非）。

与核辐射相关的独特的辉光是切伦科夫辐射。从技术上来说，辐射的辉光应该是深且鲜艳的蓝色而不是通常所描述的绿色［如 20 世纪 70 年代电影中描述的那样，如《哥斯拉》(*Godzilla*）中的描述］，并且从技术上来说切伦科夫辐射是粒子加速的产物，而不是核衰变的产物，所以在现实世界中观测这种辉光的最好方式就是参观粒子加速器。利用正电子和反质子作为素材（反物质的基本组成元素）的科幻电影数不胜数。早期《星际迷航》(*Star Trek*）中提到的反物质是一种能量来源，但却没有提到为了制造反物质，我们使用了带有独立储存环的粒子加速器。

撰 稿 人：Karen Taylor

另请参阅：Big Science；Europe，Research System in

参考文献

[1] CAMPAGNARI C, FRANKLIN M. The discovery of the top quark [J]. Reviews of Modern Physics, 1997, 69: 137–211.

[2] LEDERMAN L.The God particle: If the universe is the answer, what is the question? [M]Boston: Houghton Mifflin, 1993.

[3] MCALPINE K. Large Hadron Rap. Voiceover by W Barras, with images from particlephysics. ac.uk, space.com, the Institute of Physics, NASA, Symmetry, Marvel, Einstein Online, and Physics World [EB/OL]. www.youtube.com/watch?v=j50ZssEojtM.

[4] RIORDAN M. A tale of two cultures: Building the Superconducting Super Collider, 1988–1993 [J]. Historical Studies in the Physical & Biological Sciences, 2001, 31: 125–144.

[5] TAUBES G. Nobel dreams: Power, deceit, and the ultimate experiment [M]. New York: Random House, 1988.

[6] TRAWEEK S. Beamlines and lifetimes: The world of high energy physics [M]. Cambridge, MA: Harvard University Press, 1994.

[7] WEINBERG S.Dreams of a final theory: The search for the fundamental laws of the universe [M]. New York: Pantheon, 1992.

[8] WILSON E. An introduction to particle accelerators [M]. London: Oxford University Press, 2001.

Peer Review 同行评议

同行评议，又称为“审稿工作”，是一个由本领域其他学者对学术著作进行评估以确保或提升其著作质量的过程。同行评议被用于确保科学和技术论文的合法性以及就某个提案做出经费资助的决定。评审者的判断能帮助编辑或经费资助群体来决定提交给杂志社、出版社、委员会、基金会或政府机构的著作或提案能否被出版或被资助，以及哪些文章最值得在学术会议上进行报告。

同行评议的目标是确保用于出版、评估或资助的学术著作能根据其价值进行评判，而不仅是根据作者的名声或其所属机构进行评判。正如布鲁斯·泰尔（Bruce Thyer）描述的那样，从长远来看，让恰当领域的专家在这些稿件出版前对其进行阅读和评估可以提升这些出版物的质量。确实，有些人认为同行评议是使所有的学术成就（尤其是科学方面的）进步的主要过程，因为它创造了一个只有最好的著作才能被广泛分享的环境。

根据埃莉诺·赫姆利斯基（Eleanor Chelimsky）的看法，使用同行评议的最早记录出现于1665年，那时英国皇家学会（British

Royal Society）要求《哲学汇刊》（*Philosophical Transactions*，世界上最古老的持续出版的科学杂志）上的文章在出版之前都要由其会员进行评审。然而，直到20世纪中期，同行评议才取代了编辑对论文进行评审的模式，并成为主流科学和医学期刊最常见的审稿形式。

虽然同行评议被广泛使用，但它也并非顺风顺水，毫无争议。赫姆利斯基阐述了同行评议的三个主要问题：①对效率的质疑，或者说用在寻找合适的专家来对文稿进行审读并提出评论上的时间和精力。②对同行评议过程中作者或申请者的公平性及公正性的质疑。③对功效的质疑，即同行评议是否为每个领域都提供了最优秀的作品。

鉴于同行评议在科学和技术领域有着广泛的支持，对于同行评议是否能够确保学术成就的争论也有很长的历史了。《美国医学协会期刊》（*Journal of American Medical Association*）于2002年开展的研究表明，同行评议在很大程度上未经检验，它的效果也是不确定的。在某些情况下，同行评议会产生负面效果。如大卫·沙茨（David Shatz）指出有些高被引的论文，甚至某些因其研究成果在后来获得诺贝尔奖（Nobel Prize）的作者的论文，起初是被同行评议拒稿的。

公开审稿和盲审

常用的同行评议方法有两种：公开审稿和盲审。在公开审稿过程中，作者的身份会向评审者公开，在有些情况下，评审者的身份也会向作者公开。

对于在同行评议程序中将作者的身份向评审者公开，最常见的担忧是评审者可能出现的偏见和缺乏客观性。根据沙茨的观点，评审者可能出现的偏见包括因个人的嫉妒而对作者产生的消极偏见以及因朋友关系或对作者个人地位的同情而产生的积极偏见。沙茨注意到，有些评审者会认为某一特定群体中的一个成员所做的工作会优于或劣于其他群体的某一成员的工作。尽管如此，有些资助机构［包括美国国家科学基金会（U.S.National Science Foundation）］可能会利用评审者知道作者身份的一种评议程序来决定基金申请，因为作者的声誉及其成就可能会成为合法性审查的因素。即使在评审者知道作者信息的情况下，作者通常也不会知道评审者的信息，一些领域的期刊出版物也会利用这个体系。

在多数情况下，对于可能出现的评审者偏见的解决方案是盲审或匿名评审，这在期刊出版物和会议评审中十分常见，在这个过程中不会把文稿作者的信息或作者所属机构的信息提供给评审者。为了降低作者识别出评审来源的可能性，被称作双盲评审的程序通常会受到青睐。这就要求不仅要向评审者隐去文稿作者的信息，还要向作者隐去评审者的信息（也就是说，避免作者和评审者知道彼此的名字或所在机构）。马克·威尔（Mark Ware）的调查显示，双盲评审通常被看作最有效的评审体系。

然而，双盲评审也许无法克服评审者偏好导致的思想意识偏见。另一种担忧是匿名评审者也许对自己的评论不负责任，并且有可能会纵情于肆意的批评。对于公开评审和盲审来说，评审者的选择也是一个批评的焦点。令人担忧的是，即使双盲评审也有可能被一小部分群体控制，而这个群体在性别、年龄、地域或学术机构方面也许不能完全代表他们正在评审的作者的同行群体。

同行评议的替代性方法

电子出版技术为开发替代性的评审方法提供了机遇。根据威尔的看法，公众的同行评议让所有的读者都可以对一篇文章进行审查和评议，而不仅是由编辑遴选出来的评审者来进行。有些在线开放获取期刊，如《公共科学图书馆》（*PloSONE*）以传统的预审同行评议方式来发表文章，而其他期刊，如《菲利卡》（*Philica*）则为读者提供了就文章进行合作、评论或批评的工具，它没有预审同行评议。在诸如物理学和天文学这样的领域中，有些人认为不利用传统同行评议方法的在线成果，如《预印本文献库》（*arXiv*）在重要性方面将会超过同行评议的出版物。

亚当·凯普尔（Adam Keiper）和《新亚特兰蒂斯》（*The New Atlantis*）这本在线杂志的编辑认为，这场革命使科学出版物中的传统同行评议受到了质疑。然而，2006 年，《自然》（*Nature*）开展了一项公众同行评议的实验，它在文章发表之前把预评审的手稿发布到网上征求意见。一则新闻报道说《自然》在 2006 年年底终止了这项实验，原因是网络的拥堵（每周约有 5600 个页面浏览量）和对评议质量的忧虑。报道中说，很多评论都是流于表面的，最多的也只是说“干得好”。

虽然公众同行评议获得了来自更广泛人群的评论，并且使得这个评论过程变得生动、透明和（有希望）有效率，使它看起来有一些好处，但是这种评议方法还不常见。为了作者、评论者和编辑的利益，需要对以网络技术加强同行评议的方式多加考虑。

撰稿人：Yue Hu and Katherine E. Rowan

另请参阅：Merton，Robert K.；Royal Society；Scientific Journal，History of；Scientific Publishing，Overview；Scientific Societies

参考文献

[1] CHELIMSKY E. Peer review：Reforms needed to ensure fairness in federal agency grant selection：Report to the chairman，Committee on Governmental Affairs，U.S. Senate [M]. Washington，DC：U.S. General Accounting Office，1994.

[2] JEFFERSON T，ALDERSON P，WAGER E，et al. Effects of editorial peer review：A systematic review [J]. Journal of the American Medical Association，2002，287：2784–2786.

[3] KEIPER A，NICOL C，LEVIN Y，et al. Rethinking peer review [J]. The New Atlantis，2006，13：106–110.

[4] MERTON R K，ZUCKERMAN H. Institutionalized patterns of evaluation in science [M]//R K MERTON (Ed.).The sociology of science. Chicago：University of Chicago，1973：460–496.

[5] SHATZ D. Peer review：A critical inquiry [M]. New York：Rowman & Littlefield，2004.

[6] THYER B A. Successful publishing in scholarly journals [M]. Thousand Oaks，CA：Sage，1994.

[7] WARE M. Peer review benefits，perceptions and alternatives [M]. London：Publishing Research Consortium，2008.

Physician-Patient Communication 医患交流

医生和患者的互动是一个二元的交流，在这个过程中双方为了一个共同的目标进行交流。医生和患者的交流（以下简称医患交流）是多方面的，很多因素对双方交流如何发展产生影响，同时，双方对这些因素也都有所体会。医生和患者的某些特征在医患交流中发挥了重要作用，这些特征包括性别、年龄、族裔、社会经济地位、健康状况和健康素养。医患交流涉及语言交流和非语言交流，这些方式可能影响患者遵循医疗建议的能力以及患者对医疗护理的满意度。

医患交流是科学传播的一种形式，因为患者需要了解自己的身体状况以及相关的治疗选择，以便能够积极参与，做出理性决策，并积极地遵照执行。然而，很多社会因素和情感因素会影响医生和患者间的信息交流。研究者在影响医患交流的因素以及改变这种二元沟通交流的方式方面进行了大量的研究。不言而喻，让患者感觉自己在和医生一起商定治疗方案以及在治疗过程中是通力合作的，使其真实地参与到自己的治疗过程中是重要的。患者的参与可以通过人道主义的医疗护理以及医生对患者富有同情心的临床态度（以患者为中心的交流方式）来实现。

医生和患者的特点

很多研究关注医患交流是如何受到医生和患者的性别影响的。黛博拉·洛特（Debra Roter）和朱迪丝·豪尔（Judith Hall）发现，在医患互动过程中，与男性患者相比，女性患者可以从医生那里获得更多的信息和交流机会，并且通常会有更多的参与式问诊。研究表明，与男性医生相比，女性医生会给她们的患者提供更积极的陈述，询问更多的问题，开展更多的“反向通道式”交流（如通过点头或说“嗯”以给患者回应），进行时间较长的问诊，而且会询问更多的社会心理问题。总之，与男性医生相比，女性医生在和患者交流生活问题以及探讨情感问题等方面投入更多，也会让患者和她们探讨更广泛的身体和社会心理问题。研究还表明，同性的医患组合和异性的医患组合相比，更容易产生不同的交流模式；在医患均为男性的组合中，医生会比患者说得多，而在医患均为女性的组合中，双方的发言量倾向于一致。

年龄在医患交流中也是一个重要的因素。与年纪较轻的患者相比，年纪稍大的患者（通常是 65 岁及以上的患者）的参与程度较低，但是医生在他们身上花费的精力更多，也会给他们提供更多的信息，这也许是由于年纪稍大的患者通常有更多的生物医学问题需要探讨。与年纪稍大的患者相比，医生对中年患者会有更多的非语言性回应，也更倾向于平等主义，医生不会主宰诊疗过程，在人际距离上也会更近一些，他们会采用更共享的“反向通道式”交流，也更愿意采用互动交流的方式。

民族性在医患交流中也发挥着重要的作用。丽莎·库伯－帕特里克（Lisa Cooper-Patrick）及其同事的研究引起了人们对少数族裔医生与非少数族裔患者之间交流不协调的关注。少数族裔患者表示他们的医生较少采用参与式的决策，与白人患者相比，非洲裔美国患者获得参与诊疗过程的机会更少。研究还表明，医生可能在对患者进行症状诊断、行为预测及治疗方式选择中无意识地带有一定的种族偏见（也就是说，种族和族裔成见）。研究还发现，与非白人患者相比，白人患者会获得更高质量的照料、更多富有同情心的陈述、更多的信息以及更长的问诊时间。

患者的社会经济地位也会影响医生与患者之间的交流。受过良好教育的患者比那些受教育程度低的患者更容易从专业医护人员那里获得较多信息，经济收入水平高的患者比经济收入水平较低的患者从医生那里能获得更多的信息以及更详尽、有用的解释，后者在诊断过程中问的问题也较少，虽然研究表明他们想得到的信息比提供给他们的更多。教育背景良好且年轻的患者更容易从医生那里得到更多的诊断信息。受教育水平较高的患者比受教育水平低的患者更固执己见并且会更有力地表达自己的想法和需求。研究表明，在医患有效交流方面，社会经济地位差异带来的障碍要大于种族差异。然而，少数民族与较低社会经济地位的相关性会混淆上述研究发现。

患者的健康状况对医患交流也有一定的影响。结果不乐观的患者通常可以从医生那里获得更多的解释说明，并且在诊断的过程中医生也会花更多的时间。一般来说，与不太焦虑的患者相比，在医患互动中比较焦躁不安的患者会获得更多的诊断信息和程序性信息。但是其他的研究表明，医生会对感到痛苦的患者用更多厌烦的语气，并且与那些身体健康的患者相比，医生会对生病的患者用更愤怒的语气交流，这也表明医生对这些患者可能有积极的、正面的提供信息的行为，但是通过自己的语气却产生了更消极的情绪性影响。

非语言交流

就像口头语言在交流互动中非常重要一样，非语言交流也会影响医患交流的效果。研究表明，超过 70% 的医患交流都是通过非语言渠道进行的，如语音声调、眼神、姿势、面部表情和交互距离。苏珊・米尔莫（Susan Milmoe）、罗伯特・罗森塔尔（Robert Rosenthal）、霍华德・布兰（Howard Blane）、莫里斯・查菲茨（Morris Chafetz）和欧文・沃尔夫（Irving Wolf）开展的早期研究将语音声调作为医生成功影响酒精中毒患者接受他们劝诫的一个重要非语言指标。弗兰克・伯尼尔（Frank Bernieri）和罗伯特・罗森塔尔后来开展的研究强调了医患“互动同步性”的重要性，即在互动中行为所呈现的相互响应的程度，如同步的动作、相似的节奏、协调的动作以及姿势的“对照”。这项研究表明，当医患双方在互动同步方面有效果时，患者认为这种访问比同步程度低时包含更多的共鸣和温暖。

医患交流的结果

很多医患交流的结果都被考察过，但是其中被研究最多的还是患者的满意度及他们对治疗建议的坚持。研究发现，当医生表现得十分客气、善于倾听，以及当患者被鼓励采用非侵害性的、友好的方式谈论自己的社会心理问题时，患者对医疗问诊最容易获得满足。实际上，与更多地把交流局限在生物医学本质相比，在医患交流中以探讨社会心理议题模式为特色的医患互动，会让患者得到最大的满足。

对患者坚持治疗方法的研究结果表明，有 1/4 ~ 1/2 的患者没有坚持采用治疗建议。患者对治疗方法的坚持对于健康结果是十分重要的，并且医患交流是影响患者是否遵循治疗方案的主要因素。更积极的谈话、更多的意见分享和患者的参与往往会让患者更好地遵循治疗方案。一般来说，当医生在与患者进行讨论时表现得热情、反馈得积极时，双方就会有更多的机会一起做出相关决定，因而降低了患者可能出现的焦躁不安，也提升了患者遵循治疗方案的概率。总体来说，影响患者遵循治疗方案的两个重要因素是患者对治疗方案的信任以及患者贯彻治疗方案的能力。当医生能够有效地和患者交流时，他们可以就患者对治疗方案的信任以及他们采用治疗建议的可能性进行评估。

什么是好的交流?

在医生和患者交流方面，有很多有效的方式。研究发现了几个改善医患交流的模型和方法。践行人道主义且以患者为中心的医生能更好地考虑患者的需求和偏好，并能在临床判断中获得患者的参与。这些实践原则的核心就是移情的元素——对患者正在变化的感受十分敏感的一个过程，同时也会在感情上和患者建立关联。美国内科医学理事会（American Board of Internal Medicine）将人道主义界定为包含尊重、正直且有同情心的品质。人道主义的一个重要维度就是以患者为中心表达关切、尊重以及善解人意的交流态度和行为。安东尼·萨奇曼（Anthony Suchman）、凯瑟琳·马卡基斯（Kathryn Markakis）、霍华德·贝克曼（Howard Beckman）和理查德·弗兰克尔（Richard Frankel）的工作也概述了改善医患交流的一些认知策略和行为策略，包括对患者感觉的精确理解、与患者有效的交流，以及专心于患者情感体验的能力和动机。

布鲁斯·兰伯特（Bruce Lambert）和他的同事认为以患者为中心的照料方式应该聚焦于患者对病痛的经历，这涉及尊重患者的价值观、喜好和需求；协调并整合对患者的治疗；对患者进行教育并使他们能够做出正确的决定；情感的支持和对不安情绪的缓解；使家庭成员和朋友参与到治疗过程中。

通过研究，共同的（或参与式的）治疗决定也被看作让患者参与做出治疗决定以及让他们认为对自己的治疗方案具有责任感和支配权的一种有效传播工具。在对参与式决定的研究中，谢莉·卡普兰（Sherrie Kaplan）、芭芭拉·甘德科（Barbara Gandek）、谢尔顿·格林菲尔德（Shelden Greenfield）、威廉姆·罗杰斯（William Rogers）和约翰·威尔（John Ware）表明，年纪较大的和较小的患者的参与式问诊最少，而与非少数族裔患者和女性患者相比，少数族裔患者和男性患者的参与式问诊也较少。研究还表明，在患者身上花费更多时间的医生反过来也更容易使患者更多地参与治疗方案的制订。对医生问诊技巧的培训也会影响患者在问诊中的参与。接受过问诊技巧培训的医生在问诊过程中不会主导整个局面，他们会问更多的问题，也更容易从患者那里探出精确的信息，同时还会有更高的患者满意度。

结　论

医患交流涉及很多影响交流成效以及患者治疗结果的因素。在鉴别这些因素并把它们作为改善医患交流的工具方面，相关研究已经取得了长足的进步。健康传播研究者还将继续考察医患关系，以便改善患者的满意度、强化他们对治疗方案的遵循以及改善照护患者的结果。

撰 稿 人：Summer L. Williams and M. Robin DiMatteo

另请参阅：Conversation and Science Communication；Health Communication，Overview；Health Literacy

参考文献

[1] BERNIERI F J，ROSENTHAL R. Interpersonal coordination：Behavior matching and interactional synchrony [M]//R S FELDMAN，B RIME (Eds.). Fundamentals of nonverbal behavior：Studies in emotion and social interaction. New York：Cambridge University Press，1991.

[2] COOPER-PATRICK L, GALLO J J, GONZALES J J, et al. Race, gender, and partnership in the patient-physician relationship [J]. Journal of the American Medical Association, 1999, 282 (6): 583–589.

[3] DIMATTEO M R. Variations in patients' adherence to medical recommendations: A quantitative review of 50 years of research [J]. Medical Care, 2004, 42 (3): 200–209.

[4] HALL J A, ROTER D L, RAND C S. Communication of affect between patient and physician [J]. Journal of Health and Social Behavior, 1981, 22 (1): 18–30.

[5] KAPLAN S H, GANDEK B, GREENFIELD S, et al. Patient and visit characteristics related to physicians' participatory decision-making style. Results from the Medical Outcomes Study [J]. Medical Care, 1995, 33 (12): 1176–1187.

[6] LAMBERT B L, STREET R L, JR, et al. Provider-patient communication, patient-centered care, and the mangle of practice [J]. Health Communication, 1997, 9: 27–43.

[7] MILMOE S, ROSENTHAL R, BLANE H, et al. The doctor's voice: Postdictor of successful referral of alcoholic patients [J]. Journal of Abnormal Psychology, 1967, 72 (1): 78–84.

[8] ROSENTHAL R, BLANCK P D, VANNICELLI M. Speaking to and about patients: Predicting therapists' tone of voice [J]. Journal of Consulting and Clinical Psychology, 1984, 52 (4): 679–686.

[9] ROTER D L, HALL J A. Physician gender and patient-centered communication: A critical review of empirical research [J]. Annual Review Public Health, 2004, 25: 497–519.

[10] SUCHMAN A L, MARKAKIS K, BECKMAN H B, et al. A model of empathic communication in the medical interview [J]. Journal of the American Medical Association, 1997, 277 (8): 678–682.

Physicians for Social Responsibility 医生与社会责任

一组来自马萨诸塞州波士顿的医生试图分析核武器的医学意义，包括他们认为的环境中存在锶 -90 会给人们带来的危害，因此，医生与社会责任（Physicians for Social Responsibility, PSR）这个非营利组织于 1961 年应运而生。

锶 -90 是一种放射性同位素，它是核反应堆中铀元素和钚元素发生裂变反应的副产品。20 世纪 50—60 年代开展的核武器试验向空气中释放了大量的锶 -90，因此锶 -90 也被视为核废料中最危险的一种副产品。由于锶 -90 的化学性质与钙元素非常类似，它可以富集在骨头和牙齿中，因而医生与社会责任组织曾参与对儿童牙齿中锶 -90 存在情况进行记录的早期研究。

根据 1998 年发表于领先的医学期刊——《美国医学协会期刊》（*Journal of the American Medical Association*）中的基于历史视角的一篇文章，医生在 20 世纪 50 年代“冷战”期间通常是美国政府策划核战争事件中民防系统“闪避和掩护”积极的伙伴。当时的著名医学期刊发表了探讨民防系统准备方法的文章。

但是在 1962 年，著名的期刊《新英格兰医学》(*New England Journal of Medicine*) 出版了阐释热核武器战争的医学后果的专刊。新成立的医生与社会责任组织分析了由国会原子能联合委员会（Joint Congressional Committee on Atomic Energy）假设的对美国的核袭击，并对大量的伤亡和医疗基础设施的大规模损坏进行了预测。这篇文章的作者与针对该文章发表的社论的作者都认为，对于核战争唯一有效的医疗干预就是全面禁止核武器，并且医生（由于他们对患者和公众健康的责任）在推动废除核武器的工作方面肩负特殊的责任。

在经历了 1962 年古巴导弹危机的紧张局面以及 1963 年英国、美国、苏联签订《部分禁止核试验条约》(Limited Test Ban Treaty）之后，公众对于这个话题的兴趣淡化了，该条约终止了在大气层、海底和空间开展核武器测试。新闻报道表明，医生与社会责任组织也开始衰落，直到 1977 年，生于澳大利亚的儿科医师海伦·考尔迪克特（Helen Caldicott）移居波士顿并加入该组织。作为该组织的主席，考尔迪克特由于其抵制核武器的热情以及出色的演讲能力而闻名于世，这既增加了该组织的曝光率，也为她自己赢得了一个增加曝光率的发言人平台。该组织的会员人数开始猛增，会员基础不断扩展，但是由于该组织自我主义以及激进主义风格的冲突（有人认为这是不可避免的）导致考尔迪克特于 1983 年离开了该组织。

同时，对地下核测试和一系列国际活动和政策的担忧表明，人类在核战争中可以逃生，核武器也是可以被战胜的。作为该组织创办者之一的美国医生伯纳德·劳恩（Bernard Lown）同苏联医生叶甫根尼·恰佐夫（Evgueni Chazov）以及其他人一起于 1980 年成立了防止核战争国际医生组织（International Physicians for Prevention of Nuclear War）。这个组织和医生与社会责任组织通力合作，其目标是就核战争的危害向政策制定者、医学共同体以及公众提出警醒，进行教育。

1982 年，美国总统罗纳德·里根（Ronald Reagan）为一个为期 7 年的活动争取了一笔超过 40 亿美元的国会拨款，以增加民防系统的规划。跟随着其前任的脚步，里根政府基于美国联邦紧急事务管理局（U.S. Federal Emergency Management Agency，FEMA）的断言制订了一个危机搬迁计划，该管理局认为如果居住在大城市人口密集区的人们可以被疏散至更偏僻的农村社区，那么他们中的大部分人都会在大规模的核战争中幸存下来，因为大城市人口密集区最有可能成为核打击的目标。

直言不讳的公众以及对搬迁计划持反对意见的国会成员对利用像瓶颈一样的全国交通系统来大规模转移人口的可行性提出了质疑。时任医生与社会责任组织董事会成员的哈佛大学公共卫生学院（Harvard School of Public Health）的詹妮弗·利宁（Jennifer Leaning）博士在 1983 年参与编著了图书《假冒方舟：核战争的危机搬迁》(*The Counterfeit Ark*：*Crisis Relocation for Nuclear War*)，该书对那些认为人们可以在核战争中幸免于难的计划进行了详细的分析，并断言联邦紧急事务管理局的人口搬迁策略在技术和道义上都是存在缺陷的。最终，该计划得到的认可度非常有限。

1985 年，防止核战争国际医生组织获得了诺贝尔和平奖（Nobel Peace Prize），这被看作对全体医生运动的一种认可。今天的医生与社会责任组织仍然隶属于这个国际组织。医生与社会责任组织作为消灭核武器以及核战争所有可能性的持续性努力的一部分，力求通过强调和促进利用和平方式来解决争端，以此降低美国外交政策上军事打击的作用，如通过外交途径。它还试图消灭核能的使用以及确保核废料的安全处理。

在全国性董事会以及以华盛顿特区为基地的员工的支持下，该组织发展成为一个由遍及美国的分会、医学院和公共卫生学院的学生分会和“网络积极分子”组成的草根网络。长期以来，它始终如一地出版联邦报告评论，为联邦机构提供医学专家，组织并参加研讨会和专题讨论会，提供国会证词，开展公共倡议活动，并出版报告、情况说明书以及以医学共同体和非医学共同体为目标对象的大量教育资料。

除了致力于核领域的工作，该组织的愿景和使命陈述中还有应对针对健康威胁和生命威胁的一系列努力的理念——为一个公平、和平的世界而奋斗。1992 年，医生与社会责任组织对自己的使命进行了拓展，纳入了环境健康特别是全球气候变化，环境毒素，空气、水和食品污染，推广可持续能源解决方案、能源安全和可再生能源的未来等。虽然全球安全、环境和健康是其核心活动，但是该组织认为这三方面都和社会公正的问题有直接关系。如医生与社会责任组织认为用于战争的费用和挪用其他领域的资源有着错综复杂的关联。医生与社会责任组织的成员也参与到了很多领域的社会公正议题中，如医疗改革、贫穷、人际暴力、国际贸易、农业政策、课税公平等。通过其努力，医生与社会责任组织着眼于外部环境、慢性疾病和人类健康的总体影响之间的相互关联。

撰 稿 人：Bonnie Bressers

另请参阅：Nuclear Weapons；Social Justice；Union of Concerned Scientists

参考文献

[1] FARROW L，SIDEL V W. From Hiroshima to mutual assured destruction to abolition 2000 [J]. Journal of the American Medical Association，1998，280（5）：456–461.

[2] KEYES L C，LEANING J.（Eds.）. The counterfeit ark：Crisis relocation for nuclear war [M]. Cambridge，MA：Ballinger，1983.

[3] Physicians for Social Responsibility：www.psr.org.

[4] STOCKER C.Caldicott’s crusade changes course：Putting personal turmoil behind her，the impassioned activist turns to ecological battles [N]. The Boston Globe，1989–12–05（69）.

Planetary Protection 行星保护

太阳系的太空探索计划不仅涉及火箭、航天员和星球，探索规划者还必须考虑在太空探索中对行星的保护，避免人类活动引起对星球以及其他太阳系天体的交叉感染。自太空探索项目开展之初，科学家就意识到了由地球发射的宇宙飞船和设备会无意中将微生物带上太空，很可能由此对外太空造成污染。在 20 世纪 50 年代末期的人造卫星时代，国际上开始就这些问题进行协商，并于 1967 年最终促成了《联合国外层空间条约》（United Nations Outer Space

Treaty，OST）的通过。该条约规定对外层空间和其他天体的探索必须避免对行星造成有害的污染，引进来自太空的物质不能对地球环境造成不利的影响。行星保护（Planetary Protection，PP）政策成为美国和其他国家开展太空探索项目的重要内容，但很少出现在新闻报道中。

在很多方面，行星保护类似于人类地球上控制外来害虫或致病生物传播的政策，从而防止人为地传播可能有害的或非自然宿主、自然栖息地或生态系统的外来入侵的物种。宇宙飞船和设备上这种“搭便车”式的微生物或生物污染物可能会给地球之外的环境带来不可逆转的变化。这些“搭便车”的物种不仅可能干扰其他天体自然状态下的科学研究，也会影响对外星土著生命（如果其确实存在的话）的研究。因此，即使我们还不确定是否存在外星生命，行星保护政策也可促使我们采取一种刻意保守的方式，目的是为了确保对地球之外的探索不会实质性地干扰当地的环境和可能存在的生命。

行星保护这一术语通常有几种不同的用法。它可以正式指代基于《联合国外层空间条约》提出的国际和国家政策，目的在于尽量减少飞往太空的宇宙飞船把地球微生物和生物污染物传播出去（即向外污染），以及控制可能危害地球居民或生物圈的外星生命形式或物质返回地球（即返回污染）。行星保护也指航天机构实施的管理要求和控制手段，规范发射之前和返回地球时的宇宙飞船和飞行活动，从而实现合约设定的政策目标。最后，行星保护还可以指那些以防范向外及返回污染为目的的用于清洁和准备宇宙飞船的措施和方法。在现行的政策下，行星保护计划既适用于行星也适用于月球、小行星、彗星和太阳系中的其他天体。

到目前为止，已经有90多个国家签署了《联合国外层空间条约》，承诺在进行或参与太空探索时遵守条约的规定。事实上，国际空间研究委员会（Committee on Space Research，COSPAR）推荐并负责监督行星保护政策。委员会得到了来自各太空大国的科学家和专家的支持，定期检查最新的科学发现和方法，并对行星保护政策做出相应的修订。在美国，国家航空航天局（National Aeronautics and Space Administration，NASA）发布为美国机器人和人类太空探险项目开展的太阳系探索活动的具体指南和要求。美国国家航空航天局下设的行星保护办公室（Planetary Protection Office，PPO）负责落实行星保护政策、制定符合政策指南的标准和程序、开展必要的研发以及确保探索活动满足相应的要求。美国国家航空航天局定期与国家研究委员会（National Research Council，NRC）下设的空间研究委员会（Space Studies Board，SSB）进行商讨，听取专家关于行星保护的建议。

行星保护政策的实施

将《联合国外层空间条约》的目标转化成对太空探索活动具体的要求和管理，这是一个持续的过程，需要综合大量科技信息以及各种方法和措施。在最初的规划阶段，需要对每项提议的太空探索活动进行审核，并将其列为行星保护中Ⅰ~Ⅴ类中的一项，每类都规定了严密性、必须遵循的程序、可采用的控制措施以及探索活动各阶段需要提供的文件材料。这些类别体现了太空探索中需要展开的各种活动，以及目标地是否有存在生物的可能性（是否可能存在本土的或来自地球的生物体）。类型Ⅰ适用于对了解化学进化没有直接科学价值的天体，如金星和一些小行星，因此没有必要做特殊的保护，也没有可以适用的行星保护规定。类型Ⅱ适用于对化学进化有重大科学价值的天体，包括彗星、月球、土星、火星、木星、天王星、海王星、柯伊伯带天体和碳粒小行星。类型Ⅲ（通过飞近探测和轨道飞行器进行研究）和类型Ⅳ（包括登陆宇宙飞船和设备）适用于前往对化学进化或生命起源有重大意义的天体，或科学家认为如受到污染很有可能会对未来生物实验有影响的天体（如金星、欧女星及木卫二）的探索任务。类型V适用于所有从太阳系天体返回地球的太空探索。

机器人航天任务规定

关于机器人太空计划，行星保护要求包括了发射前、飞行中、活动结束时和返回地球各阶段的各种程序和措施。例如，机器人宇宙飞船停泊在“干净的房间”，科学设备和零部件可以通过加热灭菌来减少生物负载（微生物的数量）。发射前在太空飞行器中进行生物检定测试，以确保生物负载量水平达到规定的行星保护标准。必要时也会强制要求遵循操作规定（如使用设计的轨道寿命来避免过早对行星造成影响，或调整航天器轨迹来避免对其他天体不必要的影响）。除了遵循向外飞行的向外污染控制措施，返回地球的机器人飞行活动还必须考虑可能带来的返回污染。

所有往返的太空计划都被归在类型V。从认为没有生物存在可能性的天体返回的太空计划被列为“不受限”的地球返回计划，没有额外的要求。根据国际空间研究委员会的建议，对于前往可能存在生命的金星或欧女星的往返太空计划采取了保守的方法来保护行星。在没有得到最终证实之前，美国国家航空航天局将返航的样本和飞行器都视作潜在的危险物。任何返回地球的样本物质，包括土壤、灰尘和气体，都需要经过一系列严格的检测，包括对其物理化学特性、生命迹象探测和有害生物的评估等，之后才可以从样本接收装置中严格的生物隔离区释放出来。通过一系列的国际研讨，制定了处理返回的金星样本的初步测试协议，这些协议将在开始真正实施金星样本返回航天任务时予以更新并形成正式文件。虽然科学家认为释放和传播被污染的生命体的概率很低，但还是需要保证有特殊的装备、人员和处理方法来降低可能发现的生物体带来的有害影响。特殊的处理和隔离也是避免与外星污染物接触的重要手段，这些污染物可能影响原始样本的科学价值和完整性。

载人航天任务的规定

在“阿波罗计划（Apollo Program）”中，登月航天员和月球样本返回地球时首次对外星物质进行了隔离。首次登月着陆之前，在机构间返回污染委员会（Interagency Committee on Back Contamination，ICBC）的帮助下制定了详细的处理协议并研发了特殊的隔离装置。飞行器坠落到太平洋后，样本和航天员都被转移到了月球物质回收和回归航天员检疫实验室（Lunar Receiving Lab，LRL），也就是现在位于得克萨斯州休斯敦的约翰逊宇航中心（Johnson Space Center）。他们在那里被隔离并接受了一系列检测。虽然事后看来，当年的“阿波罗”隔离方案在实施中存在诸多问题，但那次经历为后来的无论是机器人还是载人航天任务都提供了大量有价值的信息。

由于月球上并未发现外星生命，所以今后的月球航天计划就不被要求严格执行行星保护措施。相比之下，周期长的载人金星登陆计划面临三重挑战：保护行星环境不受有害的向外污染、整个任务中保护航天员的安全以及保护地球不受返回污染。目前已经达成共识，需要在科学、工程、操作、医学以及行星保护组织之间建立早期的合作计划，这也被认为是金星探索的最首要的行星保护任务。最后，行星保护政策将融合最新的发展研究以及前期机器人月球和金星飞行任务的发现。毫无疑问，载人金星航天任务的行星保护要求和当年“阿波罗计划”中使用的截然不同。

行星保护与未来

在过去几十年里，太空探索和天体生物学

研究大大拓展了我们对地球以及地球之外的生命和可能性的认知，同时，我们也更好地了解了微生物的能力和地球上微生物引起的疾病。所以，这些知识也增加了公众对带到地球上的外星物质可能带来的风险和伦理问题的担忧。之前关于样本返回任务的讨论就已经证明了在整个航天任务中与公众开诚布公、全面沟通的重要性。显然，在样本返回任务的前期、中期和后期，无论是机器人航天任务还是载人航天任务，行星保护的细节都至关重要。期待公开的文件和未来的媒体报道都能体现这一点。

在太阳系探索过程中可能发现真正的外星生命形式，这使人们对“其他”生命的意义和伦理含义产生了疑问。如果证实外星生命与我们熟知的地球生命完全不同的话，我们是否应该重新考虑行星保护政策、修改对其他生命形式权利的观点、重新思考我们对其及其环境的责任？根据国家研究委员会 2006 年发表的关于向外污染的建议，美国国家航空航天局与国际空间研究委员会以及其他机构合作，计划举行国际研讨会，从更为广泛的伦理视角探讨行星保护政策，而不只是考虑科学和生物安全信息。今后，行星保护政策有可能得以修订，明确包括伦理的考虑，促进新增或修改对行星环境以及可能存在的生物群的保护。

在过去几年中，有人认为行星保护规定使太空探索计划变得更加复杂，可能会增加不必要的成本，干扰航天任务的执行，影响科学目标的实现。但行星保护不是可以选择的，而是根据国际条约和合理的科学信息提出来的，旨在确保太空探索能为科学与社会带来益处。人类对整个太阳系的探索还在继续，行星保护政策及其修订也会继续。复杂的技术潜能，加上人们对微生物的多样性以及极端环境下生命的了解，使科学家相信未来在太阳系中的探索任务可能会发现有着自身独有的本土生物的环境，正是这些环境支持那些需要在苛刻条件下才能生存的“搭便车”地球物种。因此，在对太阳系中其他星球的持续研究中，在避免对行星环境和可能的生命形式造成污染方面，行星保护条款显得尤为关键。

撰 稿 人：Margaret S. Race

另请参阅：Astrobiology；National Aeronautics and Space Administration，U.S.；Search for Extra-terrestrial Intelligence；Space Program，Overview

参考文献

[1] Committee on Space Research. COSPAR planetary protection policy [EB/OL]. http://cosparhq.cnes.fr/Scistr/PPPolicy (20-July-08).pdf.

[2] HOGAN J A，RACE M S，FISHER J W，et al. Life support and habitation and planetary protection workshop，final report (NASA/TM-2006-213485) [R]. NASA，Ames Research Center，Moffett Field，CA，2006.

[3] KMINEK G，RUMMEL J D，RACE M S. (Eds.). Planetary protection and human system research and technology，joint ESA-NASA workshop report (ESA WPP-276) [R].Nordwijk，the Netherlands：ESTECH，2007.

[4] National Aeronautics and Space Administration，Planetary Protection：www.planetaryprotection.nasa.gov.

[5] National Research Council.Evaluating the biological potential in samples returned from planetary satellites and small solar system bodies：Framework for decision making [M]. Washington，DC：National Academies Press，1998.

[6] National Research Council. The quarantine and certification of Martian samples [M]. Washington, DC: National Academies Press, 2002.

[7] National Research Council. Preventing the forward contamination of Mars [M]. Washington, DC: National Academies Press, 2006.

[8] National Research Council. Assessment of planetary protection requirements for Mars sample return [M]. Washington, DC: National Academies Press, 2009.

[9] RUMMEL J D, RACE M S, DEVINCENZI D L, et al. (Eds.). A draft test protocol for detecting possible biohazards in Martian Samples returned to Earth (NASA/CP-2002-211842) [R]. Moffett Field, CA: NASA, Ames Research Center, 2002.

Planned Behavior, Theory of 计划行为理论

数十年来学者们一直很感兴趣：人为什么会选择某种而不是另外一种行为方式？个人的态度在其中起了什么作用？社会压力是否是一个决定性因素？过去的经历重要吗？显然，许多科学、健康和环境传播者对于影响人的行为很感兴趣，无论是涉及加强锻炼、节约能源、做乳腺X线检查还是植树。如果传播者知道哪些因素与某种特定行为最相关，就有可能去影响结果。

最具影响力也最受支持的预测人类行为的社会心理理论是计划行为理论。在全球数以百计的研究中，该理论成功地预测了各种语境下的行为，而且越来越具有特异性。总的来说，这个模型取得了很好的成绩，只用3个变量便能解释行为中30%～50%的变异量。

计划行为理论模型认为，态度、主观规范和知觉行为控制这3个独立的变量可以预测行为的应变量（又称行为意图）。计划行为理论被认为是一种审慎的处理模式，因为它暗示人的观念和随后的行为是在仔细考虑所有信息后形成的。当然，人的行为并不总是理性的和经过充分分析的，这也是人们对该模型提出的一个批评。不合理的决定、习惯性行为及无意识的行为无法用该理论来解释。计划行为理论认为人的行为完全受个人控制，所以这一理论最适合解释意志行为，却很难预测那些需要技巧或超出个人控制的行为。

计划行动理论起源于20世纪60年代，心理学家马丁·菲什宾（Martin Fishbein）和其他人一起调查了态度引起的行为的心理过程。20世纪70年代，菲什宾和另外一位心理学家伊塞克·艾奇森（Icek Ajzen）一起提出了理性行为理论，这是一种节制性模型，认为人按照某种方式的表现是由他对待该行为和社会规范的态度决定的。计划行为理论则通过增加第三个独立变量，即知觉行为控制，进一步发展了理性行为理论。

在设计该理论的测量时，伊塞克·艾奇森强调“一致性原则”，认为每种态度和行为都有以下的行为因素：目标（行为）、环境和时间。

该理论还认为如果用同样程度的特异性来衡量态度与行为，两者之间的关联最大。

该理论被用来预测大量与健康相关的行为，包括运动、吸烟、饮食、癌症筛查、酒精摄入、吸毒、器官捐献及艾滋病预防。该模型也越来越多地被用于预测各种环境行为，如垃圾回收、反核运动和水资源保护。计划行为理论的另一个用途是预测科学研究的传播和使用，以及向普通公众传播科学的意愿。计划行为理论也被用来预测网络环境下的行为和消费者行为。

计划行为理论变量

“行为”这一应变量（或结果变量）有时用“行为意向”来衡量，因为人们习惯参与他们意图实施的行为。之前的研究已经发现，如果在短时间内对行为与行为意向进行同水平的特异性衡量，两者之间有着紧密的相关性。研究可能首先会问与行为意向相关的问题（如“你下周使用公共交通的可能性多大”），紧接着就会询问具体行为（如“你上周使用了公共交通工具吗”）。

态度是一个人对目标行为的全面评估，或对该行为是正面还是负面的评价。如如果一个人认为吃水果和蔬菜很重要，也让人很享受，那么他就很可能会真的去吃。有研究者推荐衡量两种不同的态度：工具型态度（某种行为是否值得或是否有价值）以及体验型或情感型态度（该行为是否让人愉悦或是否有趣）。有些行为可能包含很强的情感（或基于情绪的）成分，如害怕某个医疗程序或感到尴尬。

主观规范是个人对他人认为自己是否应该进行某种行为的感知。这一变量评估个人实施某种行为所感到的社会压力。例如，如果你相信邻居认为节约用水很重要，这可能会促使你也节约用水。有学者还提出了两种不同的测量社会压力的方法：强制性社会规范（或社会对他人认同的感知）和描述性社会规范（或对他人实际行为的感知）。例如，“如果我在课堂上再融入些可持续性，同事们可能会认可”，这就是强制性规范。而“我的同事们已经在他们的课堂上增加了可持续性”则是描述性规范。这两种方法都采用了可感知的社会压力，但方式不同。

知觉行为控制是个人认为自己对某种行为控制的程度。因此，如果你认为自己能很好地控制某种行为，你就更有可能进行那种行为。但是在一定程度上，知觉行为控制既能感知人的实际控制力，也能衡量对自身能力的信心。自信这个概念以多种方式衡量过，包括对行为难易程度的感知，感知的自我效能（或者说认为自己能成功实施某种行为的自信），是否掌握了实施该行为所需要的资源、技能和机会。其中备受一些学者青睐的途径是，既考虑控制的“内在”形式（信息、人际交往技能和情绪）也考虑外在的控制因素（障碍和对他人的倚赖）。通过对以往研究的全面回顾，马克·康纳（Mark Conner）和保罗·斯帕克斯（Paul Sparks）没有找到证据可以简单地区分或匹配“内在”和“外在”因素。最后他们提出的一个新观点是，把知觉行为控制分为两项不同的内容：全面感知的可控能力以及自我效能（下文将继续讨论）。

附加的独立变量

有学者提议在计划行为理论中额外增加独立变量，从而更好地解释研究背景中的条件和语境。艾奇森曾经说过，计划行为理论在原则上是可以包括附加变量的，如果这些变量能帮助预测态度、主观范式和知觉行为控制之外的意向或行为。

附加的规范成分

规范压力不仅来自社会也来自个人信仰。个人除了感受自我效能和控制，以及邻居和朋友带来的社会压力，还可能感受到伦理或道德上的责任。道德规范是判断实施某种行为或对某种责任的个人情感在道德上是否正确的标准。道德规范提供了超出社会价值的规则，而且能影响人的意向。斯塔夫罗斯·基里亚基迪斯（Stavros Kiriakidis）开展的一项研究发现，在预测年轻罪犯再次犯罪的意图方面，个人规范的作用很小，但却很重要。

越来越多的研究探究道德规范在环境行为中的作用。环境行动和问题通常包括集体的或群体的商品，如空气和水。因此，个人在评价环境行为时会觉得有道德责任去考虑其他人类和非人类世界。根据规范激活理论，环境行为的一个很重要的前提是激活个人道德规范。如果个人意识到存在环境问题（以及会带来的负面影响），并相信环境状况正给他看重的事物带来威胁，如对自身的威胁（包括健康威胁）、对他人的威胁和对生物圈的威胁，他的个人道德规范便会被激活。研究者发现，道德规范对于个人对环境问题的认识相当重要，其中一项研究还发现道德规范是人们是否打算改变他们驾驶行为的一个重要因素。

自我认同

如果人与某一群体有很强的认同感，那么该群体所表现的规范自然就可能对他的行为产生很重要的影响。这意味着自我认同可能是计划行为理论中另外一个值得考虑的规范性成分，尤其是如果个人把既定目标行为看作实现其社会角色的标准。自我认同也是购买行为的一个重要组成部分。但艾奇森和菲什宾总结认为，有些情况下最好把自我认同视为衡量意向的一种可选方法。

过去行为

虽然过去行为并不能直接导致之后的行为，但频繁的或重复性的行为很可能与未来的行为存在很紧密的联系，甚至会把这种行为变成习惯。此外，重复某种行为就会像知觉行为控制一样提升对控制力的感知。有人建议，在考虑了其他计划行为理论变量后，再调查过去行为是如何增加我们对该行为了解的，但如果将它视为与其他预测变量同样重要的话则需要谨慎些。

有研究提出，对于类似骑自行车这样的惯性行为，过去骑自行车的经历可能是预测之后行为的主要原因。行为变成习惯后，人很可能会利用简化的决定原则，将过去的行为视作信息的来源，从过去行为中获得的信息会在该行为发生的情境中自动被激活。

自我效能

人们倾向于从事他们具备自我效能或觉得自己能从事的行为。因此，自我效能被定义为个人感知自己能成功完成某一行为的自信。它不同于感知行为控制所测量的对行为的识别控制和控制点（是否认为他本人或他人能完成该行为）。有研究者提醒人们不要把自我效能看作感知的行为难易程度，因为那可能会与情感态度的测量重叠。

信息查询或处理

有学者认为应该增加信息变量，如信息查询、信息处理或信息接触的程度，作为行为和行为意向之间的重要衔接。与系统的信息处理不同，探索式模型认为，信息的“深层处理”可能会显示出更多令人深信不疑并因此影响行为的信仰。

在一项包括信息变量的计划行为理论测量中，有研究发现，信息效果（信息查询、接触和关注）非常清楚地预测了态度和规范，这三个变量帮助预测了保护水资源的意向。还有研究发现，大众传媒信息是影响确立社会规范甚至态度的主要来源。有一项研究发现，参与政府项目的意向很大一部分原因是对政府信息的了解。

研究设计

在康纳和斯帕克斯所写的计划行为理论与健康行为的文章中，以及艾奇森的个人网站上，都能找到关于计划行为理论模型测量的有用指南。一般建议测量同一水平的特异性，对每个变量建立多项测量办法，从而提高其可信度。如一份调查问卷可能包括对某一行为态度6个不同的问题。典型的问题包括李克特（Likert）等级量表，以1～7的标尺来表示锚点，如强烈同意/强烈不同意、完全正确/完全错误、可能/不可能。也可以使用语义差异量表，以双极形容词作为端点，如有害/有益、好/坏、无价值/有价值、舒服/不舒服。

计划行为理论的数据分析通常包括相关分析和回归分析。一般知觉行为控制和态度能解释行为中很大一部分的可预测变量，而主观规范则是最弱的预测因素。

存在的问题与批评

尽管计划行为理论获得了全面的成功，但学者们注意到了该理论及其用途存在的几个问题。最常见的批评可能就是，该理论认为所有行为都是理性的，因此，绝大部分研究都没有关注情绪或情感可能起到的作用及非理性的决定。

为解决这一问题，有研究测试了“预期的情感反应”，这是一种消极的、基于认知的情绪。如果我们认识到自己采取另外一种行为，那么现在的处境会好得多，这种反应就会出现。如果目标行为令人不愉快或与消极的情绪相关联，这种因素可能会变得尤为重要。

测量计划行为理论存在的另外一个问题是，充分评估要求的所有变量需要进行大量的提问，这在很多调查环境下都很难实现。调查越长，反馈比例和参与度也就越差。

还有一个相关的问题，即如何提问从而发现显著的信念。有一个建议是，进行启发式研究或试点来确认相关的行为、规范和控制信念。向个人描述目标行为，并询问一些一般性的问题，如他们认为哪些有利或不利的因素与行为相关。研究者再利用这些结果提出更多有效的问题。斯蒂芬·萨顿（Stephen Sutton）和他的同事利用启发式研究确认了未来“行动上更为活跃”的潜在信念，而且发现被采访者认定的信念与那些关于优劣的传统问题引出的结论大相径庭。

另外一个制约因素是，计划行为理论研究更倾向于依靠自我报告，显然这对于所有社会科学调查研究来说都是一种限制。至少，学者们可以通过采取实际的措施，或在可能的情况下进行直接观察，来补充完善行为的自我报告。

行为干预

采用计划行为理论开展的研究通常也会确定需要改变的认知目标，但不能就如何改变这些信念提出建议。通过回顾行为改变的干预研究，发现有一半的研究采用了计划行为理论来真正提出干预的措施，其余的都只是借用这一理论来评估干预对改变意向的效果。但这一模型适用于行为干预。

艾奇森和菲什宾认为，对行为结果背后的信念进行有说服力的沟通是改变态度的关键。萨顿确定了影响意向的三种不同的方式：改变现有的突显信念，把现有的不突显的信念变成突显的信念，建立新的突显信念。另一策略是直接提升自我效能，如创造机会帮助个人掌握经验及观察别人的成功。

计划行为理论作为一种工具，已经被普遍用于分析劝说性传播问题和提出干预策略，无论这些问题是否涉及环境行为、健康行为及传播者可能需要进行改变的其他类型的行为。

撰 稿 人：Julia B. Corbett

另请参阅：Information Seeking and Processing

参考文献

[1] AJZEN I. Constructing a TPB questionnaire：Conceptual and methodological considerations [EB/OL]. [2008–08]. http://people.umass.edu/aizen.

[2] AJZEN I，FISHBEIN M. The influence of attitudes on behavior [M]//D ALBARRACIN，B T JOHNSON，M P ZANNA（Eds.）. Handbook of attitudes and attitude change：Basic principles. Mahwah，NJ：Lawrence Erlbaum，2005：173–222.

[3] ARMITAGE C J，CHRISTIAN J.（Eds.）. Planned behavior：The relationship between human thought and action [M]. New Brunswick，NJ：Transaction Publishing，2003.

[4] CONNER M，SPARKS P. Theory of planned behaviour and health behaviour [M]//M CONNER，PNORMAN（Eds.）. Predicting health behaviour，2nd ed. Philadelphia：Open University Press，2005：170–222.

[5] HARLAND P，STAATS H，WILKE H. Explaining pro-environmental intention and behavior by personal norms and the theory of planned behavior. Journal of Applied Social Psychology，1999，29（12）：2505–2528.

[6] KIRIAKIDIS S P. Application of the theory of planned behavior to recidivism：The role of personal norm in predicting behavioral intentions of re-offending [J]. Journal of Applied Social Psychology，2008，38（9）：2210–2221.

[7] KNUSSEN C，YULE F. "I'm not in the habit of recycling"：The role of habitual behavior in the disposal of household waste [J]. Environment and Behavior，2008，40（5）：683–702.

[8] SUTTON S. Using social cognition models to develop health behaviour interventions：Problems and assumptions [M]//D RUTTER ，L QUINE（Eds.）. Changing health behaviour. Buckingham，UK：Oxford University Press，2002：193–208.

[9] SUTTON S，FRENCH D P，HENNINGS S J，et al. Eliciting salient beliefs in research on the theory of planned behaviour：The effect of question wording [J]. Current Psychology：Developmental，Learning，Personality，Social，2003，22（3）：234–251.

Popper, Karl 卡尔·波普尔

卡尔·雷蒙德·波普尔（Karl Raimund Popper，1902—1994），英籍奥地利思想家，20世纪公认的最具影响力的科学哲学家之一。因《开放社会及其敌人》（*The Open Society and Its Enemies*）在英语国家的出版一举成名，这部作品被他自己称为“对战争的贡献”。之后出版的《历史决定论的贫困》（*The Poverty of Historicism*）和《科学发现的逻辑》（*The Logic of Scientific Discovery*）更是极大地提升了他作为深刻而敏锐的思想家的知名度，他激进的观点开启了人类对科学本质新的认识。他的名字因而屡屡出现在有关科学方法的讨论中。

生平与职业

波普尔出生在奥地利维也纳的一个中产阶级家庭，父母是犹太后裔。1928年，他在维也纳大学（University of Vienna）获得了心理学博士学位。担任过一段时间教师，也积极参与当时维也纳闻名世界的丰富多彩的学术活动。波普尔深受当时科学界、心理学和哲学领域著名大师的影响，包括西格蒙德·弗洛伊德（Sigmund Freud）、卡尔·马克思（Karl Marx）、阿尔弗雷德·阿德勒（Alfred Adler）和阿尔伯特·爱因斯坦（Albert Einstein）。他非常崇拜以莫里茨·石里克（Moritz Schlick）为核心的著名的维也纳逻辑实证主义学派，1922年，石里克被任命为维也纳大学归纳科学哲学教授。波普尔从未受邀成为任何知名学术圈的成员，毫无疑问这是他一直渴望的，后来，他对逻辑实证主义的目标和方法也变得越来越挑剔，最后，波普尔甚至打算发表声明，声称他为某些运动的终结负有责任。

由于纳粹的上台，1937年波普尔前往新西兰坎特伯雷大学（Canterbury University College）任职。在此期间他出版了《开放社会及其敌人》。1946年，他返回欧洲在伦敦经济学院（London School of Economics）教书，1949年被任命为逻辑和科学方法教授。他在那里的工作对后来的科学哲学发展起到了非常巨大的影响，尤其是《科学发现的逻辑》的出版，书中波普尔关于科学知识的创新思想备受瞩目。

波普尔个子不高，是一位聪明有时又有些自大好斗的思想家，他主要关注的是人类理性在科学和政治生涯中表现出来的本质特点。与在维也纳时一样，在英国，波普尔发现自己很大程度上也被放逐到了哲学运动的边缘（通常被称为分析性哲学），该运动的主要代表人物是奥地利逃亡者路德维希·维特根斯坦（Ludwig Wittgenstein），波普尔只见过他一次，但视他为自己终生的对手。

1958—1959年波普尔担任亚里士多德学会（Aristotelian Society）主席，获得了许多荣誉，包括获封爵位，成为英国皇家学会（Royal Society）和英国科学院（British Academy）院士，荣获奥地利金质荣誉勋章（Australian Grand Decoration of Honor in Gold）、美国政治科学学会利平科特奖（Lippincott Award of the American Political Science Association）以及为欧洲文明做出卓越贡献的松宁奖（Sonning Prize）。1969年，他从科学院卸任，但他一直颇具影响力并活跃在学术界，直到1994年去世。

科学的本质

波普尔将自己的哲学立场描述为批判理性主义，从而将其置于笛卡尔（Descartes）、戈特弗里德·莱布尼茨（Gottfried Leibniz）及伊曼努尔·康德（Immanuel Kant）等思想家关于人类知识起源这一关键问题的传统之中。批判理性主义这一术语也表明了他反对弗朗西斯·培根（Francis Bacon）、约翰·洛克（John Locke）、戴维·休谟（David Hume）等人提出的古典经验论，以及在此基础上衍生出来的对科学知识的描述，即"归纳法优越论"或"观察主义"。归纳法优越论者认为，通过一系列的归纳推理可以从实验观察中推导知识，这些分析能验证假设并将假设转换为科学的普遍规律，这一观点连像艾萨克·牛顿（Isaac Newton）这样的科学权威都认同。

波普尔则反对这一观点，他认为：第一，所有的观察都预先假定理论，因此观察本身就含有理论。归纳法优越论者假设的"纯"观察或没有理论的观察并不存在，因此也不能作为科学调查出发点；第二，正如休谟之前所认为的那样，归纳性推论在形式上是无效的，因为按照这样的推理得出的结论超出了假设中包含的证据；第三，任何情况下验证科学的普遍陈述从逻辑上来说是不可能的。

从积极的一面来看，波普尔强调了所有经验学习中反复试验的作用，并认为这种方法是基于证实与证伪在逻辑上一个至关重要的不同。尽管观察不能确定普遍的或规律性的命题的真实性，但波普尔认为能通过找到特例证明其错误。对波普尔来说，证实与证伪之间的"逻辑不对称"是基本的也是根本的特征，相应地，他提出理论系统只有是可辩驳或可证伪的才是科学的。

波普尔拒绝承认推论优先论者提出的观察的作用，他认为科学的理论系统根本不是从经验中推导出来的，也不可能通过经验来证实：科学中的严格证明是来自纯数学的一个谬误的外推。相反，在波普尔看来，科学理论是不折不扣的推测或假设，通过创造性的想象形成，从而解决问题。他一个著名的观点是，科学就像人生命的其他部分一样，基本上就是解决问题。但是，波普尔也承认经验的重要功能，他认为，科学中实验测试的关键作用在于向我们展示什么理论是错误的，而不是什么理论是正确的，虽然一个成功地通过重要测试的理论可以说是"经过证实的"，可以被认为是相对其错误的对手而言合理的选择。

波普尔对证伪逻辑和其应用方法论做了区分。他认识到，观察不可能没有错误，在实际的科学实践中，在面对相互矛盾的实证证据中，理论通常被保留下来。相应的，他承认在方法论中需要纳入可证伪性，即一系列用来确保科学命题是可证伪的原则。这些方法论的原则在科学中起着至关重要的作用：它们禁止那些专门用来避免理论被证伪而提出的非科学特设性理论变体。在这里波普尔并不是想说科学中不允许理论的调整或变更，事实上有些情况下变化是必要的也是值得的。但仅是为了避免理论证伪而设计的变更一定会被视为非科学的"免疫策略"。

有时波普尔会称之为"划界"理论。波普尔认为，心理分析理论用一些泛泛的术语来表达，从而排除了证伪的可能性。任何形式或类型的人类行为显然是可以用该理论的术语来解释清楚的，这就说明这不是"禁止性的"（即不排除任何其他情形），因此就不是真正的经验性的或可证伪性的。

波普尔认为，人类知识的增长是一个动态的过程，在该过程中互为对手或相互矛盾的理论体系得以检测，那些最能抵挡住批判性评价的理论将受到青睐。因此，他必然会用达尔文（Darwin）理论的观点来进行解释，因为排除不合适假设的竞争就类似于达尔文物竞天择的思想。

这促使波普尔提出了一个革命性的知识论，他将人类知识视为适应这一生物过程的延续。与在他之前的苏格拉底（Socrates）一样，波普尔强调从错误中学习的重要性。对他而言，即使一个备受推崇的科学理论被证伪也不能被视为否定或作为怀疑的依据。相反，这一理论应该被视为对人类知识积极的贡献，能促进和引领人类寻求更好、更具解释力的理论。

为开放社会的辩护

在《开放社会及其敌人》以及《历史决定论的贫困》两本书中，波普尔阐述了他对自由民主的辩护，把“历史决定论”看作古代和现代社会中政治专制主义形式的核心理论设想。他认为“历史决定论”指历史似乎有一个“计划”，历史进程有其逻辑结构，并朝着既定的目标（历史目标）不可逆转地前进。他认为这个观点极其有害，而且相信这点在柏拉图（Plato）、格奥尔格·W. F. 黑格尔（Georg W. F. Hegel）和马克思的社会和政治理论中都是显而易见的。波普尔还认为，与之相关还有一个观点，即社会科学的主要任务是预测性的，传播关于未来社会政治事件和进程的知识。

波普尔抨击了以上两种学说，认为它们都是建立在自然科学预测性本质这一错误观点之上的。根据这一错误观点，像日食这样的现象的无条件预测是很典型的，而事实上这种现象比较罕见，也只存在于那些独立于其他星系且自身存在周期性规律的星系中（如太阳系）。此外，由于历史进程在一定程度上是由人类知识的增长来决定的（如大家所看到的，由不同形式技术的发展来决定），从原则上来说不可能预测知识未来的状态，因此，也就不可能存在人类历史的预测性科学。波普尔认为，形而上学的非决定论和历史的非决定论是共存的。

从积极的角度来看，波普尔对于消极的功利主义有很强的道德感（尽量减少伤害），而一定程度上受经济学家弗里德里希·哈耶克（Friedrich Hayek，他的伦敦经济学院的同事和终生的朋友）的影响，他强烈推崇个人主义、市场经济学和自由民主。自由民主认为公民的核心权利是通过选举程序改变统治秩序。

批判性评价

波普尔从来就不缺批评者，但是对他而言，最大的挑战可能来自美国科学哲学家托马斯·库恩（Thomas Kuhn）的思想。库恩认为，他定义的“常规科学”本质上是一项极其保守的活动，科学家试图用已经存在的“范式法则”或世界观所提供的概念来解释相应的现象，从而解读大自然。他还提出，常规的科学只有在世界观被认定有效的情况下才能开展。相应的，在他看来，波普尔认为科学通过批判性的尝试来证伪理论这一观点，从根本上就是错的。

伊姆雷·拉卡托斯（Imre Lakatos）试图在波普尔和库恩的立场中寻求折中，他认为放弃科学理论不是因为证伪的结果，而是因为与这些理论相关的研究项目没有成果或者退化了。保罗·费耶阿本德（Paul Feyerabend）批判所有科学方法论的合理描述，首次倡导了无政府主义的口号：怎么都行。

有争议的是，当代科学哲学界一致认可拉卡托斯的方法：一般来说人们承认可证伪在逻辑上的重要性，但很少会有思想家像波普尔那样赋予它那么重要的地位。但是，即使最严厉的批评家也会承认，自实证主义衰退以来，波普尔在科学哲学领域有着主导和决定性的地位，他与伯特兰·罗素（Bertrand Russell）一起被认为是20世纪最坚定、最有激情的理性主义思想家，他的这一重要地位很少遭到质疑。

撰 稿 人：Stephen Thornton

说　　明：本词条的部分改编自 Thornton，

S.（2006）. Popper，Karl. In M. Cohen（Ed.），Essentials of philosophy and ethics（pp. 231–234）. London：Hodder Arnold.

另请参阅：Deductive Logic；Inductive Logic；Kuhn，Thomas；Logical Positivism；Scientific Method

参考文献

[1] ACKERMANN R. The philosophy of Karl Popper [M]. Amherst：University of Massachusetts Press，1976.

[2] FEYERABEND P. Against method [M]. 3rd ed.London：Verso，1993.

[3] LAKATOS I. Falsification and the methodology of scientific research programmes [M]//I LAKATOS，A MUSGROVE（Eds.）. Criticism and the growth of knowledge. Cambridge，UK：Cambridge University Press，1970：191–196.

[4] MAGEE B. Popper [M]. London：Fontana，1977.

[5] O'HEAR A. Karl Popper [M]. London：Routledge，1980.

[6] POPPER K R. The open society and its enemies [M]. 2 vols. London：Routledge，1945.

[7] POPPER K R. The poverty of historicism [M]. London：Routledge，1957.

[8] POPPER K R. The logic of scientific discovery [M]. London：Hutchinson，1959.

[9] POPPER K R. Conjectures and refutations：The growth of scientific knowledge [M]. London：Routledge，1963，1965，1969.

[10] STOKES G. Popper：Philosophy，politics and scientific method [M]. Cambridge，UK：Polity Press，1998.

Popular Science, Overview 大众科学概述

本词条对大众科学采用一种广泛的界定，它指我们在业余时间“消费”的科学，这种“消费”通常是出于个人原因而非职业原因。它是为了获得娱乐的科学：体验自然的神奇，就那些对你来说重要的议题做进一步了解，接受好友的建议或只是简单地由于某份促销材料吸引了你的眼球。

虽然大众科学这个词通常都是和纸媒相关的，但是大众科学可以存在于任何形式的媒介中。通常大众科学并不是虚构作品中明确展现的科学。虚构的手段可以被大众科学所采用，但是其产品在特征上是非虚构的。大众科学新闻也不是虚构作品中明确展现的科学，虽然这两个领域在很大程度上有重叠。

大众科学通常是由科学共同体的成员（至少是其支持者）生产的。实际上，大众科学因为对科学的过度支持而受到指责。但是，这也是进行反思的空间，在反思的过程中可能对科学观念、机构或人员进行评论。此外，它使得科学家可以跨越他们自己的专业知识领域进行对话，或就同行评议的各种不同结构阻止的某些议题发表看法。对于某些人来说，这个领域也有助于实现民主需求，提供了一种和公众进行直接对话的承诺。这一切对大众科学的生产者及其受众来说都是非常有吸引力的。然而，出于同样的原因，大众科学也可以是一个具有争议的领域，什么可以以及什么不可以被公开地描述为科学，对这一边界的认识仍然存在巨大分歧。

定位大众科学

大众科学是什么，或者说大众科学意味着什么，是难以一锤定音的。当对这个话题进行思考或者谈论的时候，值得注意的是不同的人可能对大众科学采用非常不同的界定。实际上，一些学者认为大众科学这个术语缺乏意义上的连贯性，所以把它作为一个分析范畴是不切实际的。

大众科学的（多）媒介

当这个术语被用来描述当代图书销售的一个类别，大众科学有时候被理解得非常严格：那些既不是教材又不能摆在科幻小说书架上的科学图书。然而，也有几种杂志明确表示它们属于大众科学，包括自1872年开始出版的这一类型的同名杂志《大众科学》（*Popular Science*）。此外，还有几种大众科学图书变成了纪录片。反过来也是如此，纪录片的副产品变成了图书［如卡尔·萨根（Carl sagan）的《宇宙》（*Cosmos*）］。类似于其他出版领域，大众科学日益从博客延伸到图书，或从图书延伸到博客。大众科学杂志和报纸栏目还制作播客。它们还会用部分或整篇文章来发博客，大众杂志《种子》（*Seed*）和《发现》（*Discover*）都聘请了知名度高的科学博主在它们的平台发表博客。

大众科学的大量副产品还包括博物馆展品、现场秀和玩具。很多大众科学作家会游学，有些还售卖品牌服装，《坏科学》（*Bad Science*）网站甚至还销售支持麻风腮三联疫苗的婴儿围兜和反对庸医的内裤。就像印刷版的大众科学作品受到纪录片的启发一样，也有一些以展品为基础的图书以及一些大型博物馆的品牌图书。有些学者认为这些产品不仅通过与图书交叉推销的方式与大众科学联系起来，而且它们本身就是大众科学产品。博物馆展品有时候也涉及《星际迷航》（*Star Trek*）或《007》（*James Bond*）的“科学”（Science of…），不依赖于是否涉及大众科学的图书。

这种产品面向公众的推广方式往往颇为相似，但我们不应该忽视媒体的差异：基于展品的大众科学还是应该通过博物馆的研究角度来审视，这就像当思考青少年科学文献的时候，要将为儿童受众撰写大众科学作品的细节铭记于心。然而，还值得注意的是，作为大众科学一部分的所有这些产品的状况，以及它们与这个类型中其他产品的关联。

大众科学，桥梁还是界限

不去思考大众科学媒体的形式，也许对这个“滑溜溜的”术语进行控制更好的方式是，问一下相对于科学和社会的其他方面大众科学应该位于何处。这个问题的答案也同样缺乏严谨的界定：居于科学和社会中间的某个地方。实际上，很多大众科学最大的问题和争议来源于大众科学所处的有些尴尬的位置。大众科学不能是严谨的科学；这种实践的关键是纯粹的科学文化对于非科学家来说太困难、太深奥，甚至很无趣。同样，大众科学对自己也过于严肃，以至于它不能被看作流行文化。所以，大众科学从流行的想法以及科学的想法中获得自己的身份，同时也让自己远离这两者。

大众科学处于这种中间位置的原因是其至

少明确地表示允许在科学和公众中间存在桥梁。然而，有些学者，尤其是斯蒂芬·希尔加德纳（Stephen Hilgartner）认为大众科学强调了存在着一个急需弥合的知识沟的观点。所以大众科学可以被看作代表科学共同体开展的思想劳动：只邀请非科学家参与，以便于强化那些较聪慧的职业科学家和其他人之间的界限。科学史学家艾琳·法伊夫（Aileen Fyfe）和伯恩哈德·莱特曼（Bernhard Lightman）反对这种分析。二人将大众科学的受众定义为一种形象，至少在19世纪的情境中，他们是热切且有影响力的消费者，他们了解专业知识以及所提供的竞争性观点的范围和形式，并利用自己的消费选择来表明他们信任谁以及信任到什么程度。

可以说，法伊夫和莱特曼对消费者力量的假定略微有些乌托邦式的观念，但是他们对将大众科学简单地看作霸权式活动这一观点的批评是值得考虑的。至少，它促使我们去问为什么非科学家可能会选择消费大众科学，如果他们只是被告知自己低人一等的话。因此，值得注意的是，对于公众为什么选择消费特定的大众科学产品，仍然没有进行过研究。

大众科学简史

大众科学和科学本身一样古老，至少和科学专业知识存在于某些有别于世界其他地方的共同体这种意识一样古老。英国皇家研究院（Royal Institution）通常被视为开展早期大众科学的一个组织。该组织于1799年在伦敦成立，它的明星人物包括汉弗莱·戴维（Humphry Davy）和迈克尔·法拉第（Michael Faraday），在该组织的实验室里开展研究的科学家会在晚上或在圣诞节做公开讲座。与这种非常有建制性的大众科学形式相反，19世纪中期，在与皇家研究院相隔几条街的地方做讲座的约翰·亨利·派珀（John Henry Pepper）会将法拉第和戴维的工作作为自己演示和创作图书的基础，同时会配上比例尺、速度、气味、颜色以及旋律。虽然法拉第的遗产通过电磁学延续下来，但是派珀的遗产可以通过游乐场旋转木马、电影效果和科学的戏法进行追踪。

19世纪，大众科学的另外一条主线就是以工人为对象的讲座和出版物。法拉第和他的同代人为那些时间充裕且自由的人提供了适度的经历：外界人的科学，通常是为孩子和妇女准备的。如粉笔的自然历史这类话题的讲座，依据的观点是非科学家有需要或渴望了解科学知识。法拉第的生平故事就是皇家研究院不只是为富人开展研究的证据（他来自工人家庭，他自己就是受戴维讲座的启发进入科学领域的）。尽管如此，维多利亚时代大众科学印刷品的繁荣往往被认为是中产阶级人数增加的结果，这值得我们对当今以及维多利亚时代大众科学的社会定位进行反思。

时光飞逝，20世纪，各种科学和技术话题激发了小型的大众科学出版的繁荣：相对论、太空竞赛、遗传学、核能、生物化学以及实验心理学。虚构的手段并不新鲜，它成为维多利亚时代儿童大众科学的一部分。然而，20世纪物理学面对的特殊挑战使得一些科学作家把建立在科学规律之上的奇异故事作为描述一种只能通过先进的设备和数学才可以亲身体验的地方的方式，如乔治·伽莫夫（George Gamow）的《汤普金斯先生历险记》（*Mr. Tompkins*）系列。然而其他人则对比喻和类比使用的适当性表示担心。

科学家还将大众科学作为一个机会，在专业领域的学科之外或日益发展成为学科的跨领域中进行科学问题的讨论，如埃尔温·薛定谔（Erwin Schrödinger）的《生命是什么》（*What Is Life*）、爱德华·威尔逊（Edward Wilson）的《社会生物学》（*Sociobiology*）以及理查德·道金斯（Richard Dawkins）的关于拟子的理论。类似的是，我们可以把大众科学看作科学家对科学哲学以及科学在社会中的角色进行反思的一个空间。那些在科学政策领域开展研究的人也会公开地谈论这个话题。C.P. 斯诺（C.P. Snow）关于“两种文化”的演讲和万尼瓦尔·布什（Vannevar Bush）有关扩展存储器的文章是经常被引用的两个例子。随着 20 世纪的发展，大众科学文献开始更批判性地反思现代化进程的影响，蕾切尔·卡逊（Rachel Carson）1962 年出版的《寂静的春天》（*Silent Spring*）可能是在这种辩论中利用科学写作的最著名的范例了。

20 世纪 80 年代一般被看成大众科学图书蓬勃发展的时期。这种陈述的真实性是极具争议的，但是一些家喻户晓的名字出现在这个时期。史蒂芬·霍金（Stephen Hawking）可能是这十年的象征，鲁珀特·谢尔德雷克（Rupert Scheldrake）更具争议的形象可能是最具启发性的案例研究。在他 1981 年的著作《生命的新科学》（*The New Science of Life*）被广泛地评价为最好也不过是拉马克式的，而最坏也不过是伪科学的。当时《自然》（*Nature*）的主编约翰·马多克斯（John Maddox）暗指该书是烧书时的一个候选对象（谢尔德雷克随后将其引用于宣传材料上）。批判人士认为谢尔德雷克出版了一本畅销书，因为他的想法太疯狂以至于难以出现在学术期刊中，但是谢尔德雷克自己则认为这种形式可以让他直接同公众进行交流对话。他后来的著作以人们在家里做的回波移动实验为基础。

谢尔德雷克的故事就伪科学这个词出现在大众科学近期历史中的频率（以及它激起的愤怒）为我们提供了一个案例，同时引发了就外行公众可能会被误导以及对科学权威的主张产生激烈争论方面的一些担忧。

科学的自传

博杜安·叙尔丹（Baudouin Jurdant）通过将大众科学描述为科学的自传而提出了一个特别有力的比喻。如果我们将科学定义为科学家所做的工作，是通过很多成员的工作而渐进地累积的一个复杂实体，那么“科学的自传”就是由很多科普人员渐进累积的一项工作，因为他们确定了在公众面临的多种科学问题中应该选择的问题。从这种方法出发，大众科学有助于对科学的公众定义进行塑造。可以说这是这个领域如此具有争议以及偏离于科学正统观点的人遭受如此严厉指责的一个原因。

局外人权威

在研究自传和大众科学方面一个更加直接的方法来自文学学者伊丽莎白·利恩（Elizabeth Leane）。她研究那些存在于很多的畅销物理书中的科学家的个人自传和传记，并且认为这些科学家的特征通常通过小说中科学家的刻板印象的典故进行建构。有意思的是，她认为虚构的科学家是社会局外人（经常因为对科学的负面评价而受到批评），而非虚构的科学家被认为具有特别权威性。如利恩认为理查德·费曼（Richard Feynman）为自己建构了一种“在社会方面天真”的形象。在要求给自己的茶中添加柠檬和奶油这些轶事背后是一个心不在焉的教授的漫画形象，同时也看到了《皇帝的新衣》里小男孩的形象。一种能在前方找到效率、真实和（道德上）正确方式的位于不必要的或残忍的社会实践之外（或之上）的角色。类似的是，她讨论了科学家混乱的形象如何在塑造反叛身份方面发挥作用，他们中的很多人都是具争议性的人物：他们不仅是作为研究者的科学家，还是钱德勒式的私人调查员，独立地开展工作，不受正统观念的束缚，浪漫地反其道而行之。

不过，大众科学不仅由科学家撰写。有很多大众科学作品是新闻记者的成果，大众科学作品的生产者认为自己是一个能够质疑科学权威的局外人。然而，正如科学新闻报道一样，非科学家撰写通俗科学的内容倾向于支持科学。然而，和科学新闻报道一样，非科学家撰写大众科学作品往往表现出支持科学的倾向。比尔·布莱森（Bill Bryson）是一位旅行作家，他于2003年在《万物简史》（*A Short History of Nearly Everything*）中开始尝试科学写作。他在明显的外行（普通老百姓）大众科学叙述方面提供了有趣的案例研究。布莱森因对造访他的人和地点提出讽刺的幽默而知名，但是当他转向科学的时候，他的风格发生了十分明显的更加虔诚的变化。这本书调侃科学的地方，也是带着一定程度的情感的。值得注意的是，这本书还充满了他和科学专家讨论以及他阅读大众科学的参考资料（虽然他否认这本书是对霍金的致敬）。

布莱森专业知识的缺乏被认为是向非科学家读者发出"科学是有趣的而且是门外汉可以获得的"这样一种信号，但是依旧保留了真正的知识来源。对于社会学家或科学的社会史学家来说可能有几个例外，如《傀儡》（*Golem*）系列及图标图书《科学革命》（*Revolutions in Science*）系列，但是这是个别情况，并且可能证明了当非科学家撰写科学传记时，遵循授权版本的规则。

网络记录的自传

我们可能会认为数字媒体使得大众科学更具宣传性的风格出现了中断。可以说，来自实验室的博客使人们对科学家的生活有了更直接的认识，增强了实验室获得公众直接反馈的可能性。但是，博客这种即时性、短期的介质丧失了以长篇专题文章或图书作品为很多大众科学提供延伸的反思，实际上关闭了对科学开展更细致入微的公众辩论的可能性。相似的是，传播范围较窄的大众科学意味着内容会走向那些已经感兴趣并且已经具有一定知识的人，而不是向新的多元的受众打开科学的大门。看看那些通过网络进入出版行业的大众科学作家，饶有趣味的是这在很大程度上是科学家在揭穿他们认为的伪科学、"飘绿"或就科学的滥用而扰乱民心的真相，他们在大众科学领域曾是最成功的，如菲尔·普莱特（Phil Plait）的《糟糕的天文学》（*Bad Astronomy*）、本·戈尔达莱（Ben Goldacre）的《坏科学》（*Bad Science*）及大卫·麦凯（David MacKay）的《免除地狱的焰火》（*Without Hot Air*）。从很多方面来说，大众科学在网络2.0时代的成功是因为其充当了科学自传相当传统的记录者。

结　论

本词条将大众科学看作业余科学，这是一个奇怪且经常不一致的领域，可能会受到身份危险的困扰：既不必然是科学，也不必然是流行文化，但同时又是这二者。因而大众科学是一个可能与很多其他科学传播领域相交叉的涵盖性术语，它自己没有什么分析性焦点。大众科学通常为科学展现了一个积极的公众形象，就谁可以在这个过程中代表科学发声引起了激烈的争论。它还提供了一种空间形式的自由，在这个空间里，科学家和科学传播者可以围绕他们的专业知识以及跨专业进行交流。大众科学还提出了社会阶层分化的问题，以及新媒体技术如何改变（或没能改变）大众科学产品类型的问题。然而，最重要的问题是：大众科学在多大程度上可以被看作科学和社会其他部分之间的桥梁或障碍？

大众科学是一种宣传方法还是一个共享观点的空间？即使在更具宣传性的模式中，也有证据表明大众科学的创作者也强烈地认为，非科学家在了解科学期间有可能发现一些有价值的东西。我们应该记住，并不是所有科学普及人员都是科学家。实际上，很多人都受到了局外人视角的激发，并且能成功地在现代社会利用大众科学来对科学传播做出重要的贡献。并不是所有人都会赞同这些观点，但是大众科学如果没有争议就什么都不是。总之，应该注意谁是大众科学的受众，他们怎样理解其内容，他们为什么在业余时间首先选择去做那些和消费科学一样奇怪的事情。也许只有通过对这些受众更充分的理解，科学传播才能充分揭示大众科学在社会中的地位。

撰稿人：Alice Bell

另请参阅：Audiences for Science；Newspaper Science Pages；Science Centers and Science Museums；Science in Magazines

参考文献

[1] BROKS P.Understanding popular science [M]. Maidenhead，UK：Open University Press，2006.

[2] FYFE A，LIGHTMAN B. (Eds.). Science in the marketplace：Nineteenth-century sites and experiences [M]. Chicago：University of Chicago Press，2007.

[3] GREGORY J，MILLER S. Science in public：Communication，culture and credibility [M]. New York：Plenum Press，1998.

[4] HILGARTNER S.The dominant view of popularization：Conceptual problems，political uses [J]. Social Studies of Science，1990，20 (3)：519–539.

[5] JURDANT B. The popularization of science as the autobiography of science [J]. Public Understanding of Science，1993，2 (3)：365–373.

[6] LEANE E.Reading popular physics：Disciplinary skirmishes and textual strategies [M]. Hampshire，UK：Ashgate，2007.

[7] LEWENSTEIN B. Was there really a popular science "boom"? [J]. Science，Technology & Human Values，1987，12 (2)：29–41.

[8] MELLOR F. Between fact and fiction：Demarcating science from non-science in popular physics books [J]. Social Studies of Science，2003，33 (4)：509–538.

[9] SECORD J. Portraits of science：Quick and magical shaper of science [J]. Science，2002，297 (5587)：1648–1649.

[10] TURNEY J. The word and the world [M]//E SCANLON，E WHITELEGG，S YATES (Eds.). Communicating science：Contexts and channels. London：Routledge，1999：120–133.

Popular Science and Formal Education 大众科学与正规教育

大众科学既是实现科学教育的手段，又是科学教育的最终目标。一方面，对媒体中的科学进行理解的能力以及意愿是科学素养的一个重要特点，这也是过去几十年来科学教育的首要目标。另一方面，在学校的科学教育中，大众科学也被当作一种教育策略，通常是通过确立科学与日常生活的相关性来提高学生的兴趣以及动机，同时也作为教授特定概念、更新教学材料以及传授科学本质的一种方式。

科学素养的重要性已经被20世纪90年代的重要教育文件所强调，这些文件包括美国科促会（American Association for the Advancement of Science）的基准和《面向全体美国人的科学》（*Science for All Americans*），以及美国国家研究委员会（U.S. National Research Council）的标准。科学素养的一种界定认为它是批判地阅读并理解大众媒体中科学文本的能力。英国的报告《飞跃2000：科学教育的未来》（*Beyond 2000: Science Education for the Future*）特别呼吁将媒体中的科学融入学校科学教育，以帮助学生获取这种能力。然而，这种政策层面上的激情通常并不能转化为可操作的系统化行动。将大众科学融入学校科学教育的行动只是零星出现和坊间传闻。基于此，下面的简要回顾都是以教师为中心的，因为在正规科学教育中是否使用大众科学、使用频率以及使用方式完全取决于教师。

在几种证据的基础上，我们知道教师在教学过程中使用了大众科学，这些证据包括发表在教育期刊上的教育策略报告，报告记录了学校科学教育和日常课堂的联系，并确认在课堂中使用大众科学案例的研究。然而，很少有研究系统地检验在传统的科学课堂中引入大众科学的问题。在北爱尔兰开展的一项针对50所高中科学教师的研究中，大多数教师声称他们在课堂中通过各种教学策略来使用媒体。他们这样做通常是出于展示科学与日常生活关联的个人动机。一项加拿大的研究发现，被访的24名教师都在课堂中使用媒体，而生物教师使用媒体的频率要高于物理教师和化学教师。这些教师通常使用平面媒体，目的是展示科学、技术与社会的关系。然而，一份由迪克拉·埃尔巴兹（Dickla Elbaz）撰写但没有发表的论文发现，以色列的高中生物教师对把大众科学融入课堂教育所持的积极态度和他们的实际教育活动之间存在着不一致性，在他们的教学活动中，大众科学往往是缺失的。该研究中的教师主要是将媒体中的科学作为提升学生动机的一种工具以及一种课外活动，他们并没有意识到这在提升基本科学素养以及批判性思考技能中的作用。

很多教师确实在正规教育中用到大众科学。下面对这些努力的目标的评述没有考虑教育性节目，因为这些节目都是为了达到教学目的事先策划的，相反我们把焦点放在了以更广大公众为受众的媒体产品上。

发展批判性思维

一个具备科学素养的人应该能够批判地评估媒体中的科学主张并能够对涉及个人议题以及国家政策的决定进行评估。不幸的是，研究表明很多学生和成年公民缺乏对媒体报道的科学进行评估的基本技能。很多人对科学方法没有意识，因而也无法对科学主张和伪科学主张进行区分。研究还发现，学生往往对媒体中的科学而非原本由新闻记者武断地认定的科学有更高的确定性。研究人员发现，流行的平面媒体上的很多科学文章缺乏专家建议的读者在批判性阅读时应该具备的某些信息。此外，学生自发要求的信息只是偶尔出现在简讯中。

培养概念性学习

概念性学习是对事实、定义和原理的学习。媒体是科学知识不断更新的源泉，这些新的知识可能与科学教育课程相关，并且可以成为科学课程的补充。流行电影有时候也被用在上下文丰富且有趣的情节中以阐释科学和数学概念。教育者利用《夺宝奇兵》(*Indiana Jones*) 之《法柜奇兵》(*Raiders of the Lost Ark*) 来教授算数，利用其他电影来教授物理学，如《生死时速》(*Speed*) 以及《绝世天劫》(*Armageddon*)。与流行的犯罪题材系列电视节目《数字追凶》(*Numb3rs*) 相伴随的是一档名为《我们每天都在利用数学》(*We All Use Math Every Day*) 的教育节目，该节目《数字追凶》片段中的数学为学生提供教育资源。赢得了真人秀竞赛《幸存者》(*Survivor: Gabon*) 的 57 岁物理教师罗伯特·克劳莱（Robert Crowley）说他正在以《幸存者》中面临的挑战为基础研发高中物理学课程。

诉诸情感领域

把学校里的科学教育和现实世界中的科学联系起来是教师试图引发学生兴趣的一种方式。研究表明，不打算专门从事科学的学生无论在智力参与方面还是在个人满足感方面都对这种策略表现得更加积极。从长远来看，对大众科学的积极态度会使学生成为终生学习者，有些人会在一生中独立自主地跟踪科学新闻。

展示科学的本质

与课本相比，媒体中的科学使得公众有更多的机会观察“正在形成的科学”以及有争议的科学。同时，它也为社会中的科学提供了一个更宽泛的语境，并且将科学与技术、经济、医学和其他人类活动关联起来。土耳其的职前教师课程利用来自新闻媒体的剪报来教授科学的本质。

对依靠媒介的科学的影响进行评估

科学教育的媒体展示的现实意义不仅在学习科学的时候显而易见，而且在评估学习效果的时候也一样。学生是否能够阅读和理解媒体中的科学？研究人员建议把大众科学作为学生科学素养水平以及批判思维能力的一个评估工具。在正规学校体系中，以色列的社会科学研究课程对科学技术的表述很少用在大众科学中常见的轶事描述，学生在学习结束时提交的以大众科学为主要内容的作业文本也是如此。

总而言之，科学内容在大众媒体中的出现表明对于那些希望丰富日常教学活动的教师来说，大众科学本身就是一个有潜在价值的资产。

撰 稿 人：Ayelet Baram-Tsabari

另请参阅：American Association for the Advancement of Science (AAAS); Children's Television and Science; Communicating Science to Children; Popular Science, Overview; Science Literacy

参考文献

[1] JARMAN R, MCCLUNE B.A survey of the use of newspapers in science instruction by secondary teachers in Northern Ireland [J]. International Journal of Science Education, 2002, 24 (10): 997–1020.

[2] KACHA M R, GUILBERT S M, BISANZ G L.Do teachers ask students to read news in secondary science? Evidence from the Canadian context [J]. Science Education, 2006, 90 (3): 496–521.
[3] KORPAN C A, BISANZ G L, BISANZ J, et al. Assessing literacy in science: Evaluation of scientific news briefs [J]. Science Education, 1997, 81 (5): 515–532.
[4] NORRIS S P, PHILLIPS L M.Interpreting pragmatic meaning when reading popular reports of science [J]. Journal of Research in Science Teaching, 1994, 31 (9): 947–967.
[5] ZIMMERMAN C, BISANZ G L, BISANZ J, et al.Science at the supermarket: A comparison of what appears in the popular press, experts' advice to readers, and what students want to know [J]. Public Understanding of Science, 2001, 10 (1): 37–58.

Postmodernism and Science 后现代主义与科学

“后现代主义”一词最早出现在20世纪70年代后期，用来描述20世纪科学变化的特点。对知识有序的探索有其独特而自然的发展过程，它以理性治国的方式为人类的普遍进步提供基础。而后现代主义对这一观点提出了质疑。在这一点上，后现代主义认为科学权威有多种来源，这使得科学传播变得很复杂，因为有可能人们虽然支持科学，但反对官方的科学公告和科普文献中主导性的“现代主义”叙述。

“现代主义”这一名称更迭多次，从哲学界的“实证主义”到更为通俗的“进步”。但是，后现代主义者并没有否认知识的重要性，他们认为知识是社会和个人身份的组成部分。他们否认知识具有某些超情境的能力，能作为目标或规定性的理想来衡量人类的进步。在这一点上，后现代主义反对把知识视为评价其他事物的规定性标准。米歇尔·福柯（Michel Foucault）强调知识具有体现和自我约束的特点也说明了这一立场。一般来说，鉴于我们认知的困境，即让·弗朗索瓦·利奥塔（JeanFrançois Lyotard）最初所说的“后现代状况”，社会认识论试图重建知识的规范性。

“启蒙运动”这一术语通常指后现代主义反对的（如果不能说削弱的话）西方思想史的趋势。但是，后现代主义的主要反对者，如尤尔根·哈贝马斯（Jürgen Habermas），他们所说的启蒙运动与该运动在18世纪的创始人伏尔泰（Voltaire）、德尼·狄德罗（Denis Diderot）、大卫·休谟（David Hume）和伊曼努尔·康德（Immanuel Kant）界定的不同。事实上，在某些重要方面，18世纪的启蒙运动很像当代的后现代主义：①双方都惋惜大学把现状合法化。②双方都通过反语、讽刺、嘲弄和调侃的方式来打破学术表达的传统。③双方都欢迎文化的多样性，尤其是当这些文化与那些想当然的欧洲传统相去甚远时。④双方都对行为持非常怀疑的态度，通常混淆社会和学术秩序积极的基础，就像标志性的启蒙运动项目《百科全书》（*L'Encyclopédie*）一样，书中相互参照的词条经常自相矛盾，迫使读者不得不自己做出判断。

后现代主义在时间上的模糊性体现在许多相关的“结束”状态，所有的状态都包括一个具有讽刺性的逆转，从而使未来转变成了过去。丹尼尔·贝尔（Daniel Bell）率先在20世纪70年代推广了“后现代主义”一词，可以认为他认可了所有的“结束”状态，除去有讽刺性的逆转。

（1）科学的终结。科学越来越专业化和科技化，需要消耗更高昂的物质和人力资源费用，随之而来的是更多的公众监控，以及越来越多的对投资回报率的质疑。其结果是，通过计算机模拟高科技可能回到一种旨在模拟自然而不是预测和控制自然的艺术的角度。这也带来了多元文化推动的典型低科技含量的“替代”科学。

（2）经济学的终结。资本经济发展了生产力，消除了绝大多数形式的物质匮乏，但新的匮乏又出现了，它反映了人在类似证书这样的非物质或表示地位的商品上的不足，只要其他人在努力获取，他就永远不会觉得满足。这就是“地位性商品”问题。

（3）政治学的终结。越来越多的人获得了投票的权利，那么投票的价值就相应降低了，因此发达国家公众领域互动这一特征便转化为大众传媒表现形式以及个性化的消费模式。互联网代表了这种无政治意义的未来，但是它也被用来发展后公众“生活方式政治”，其本质可能与宗教和自然环境这种现代化之前的意义来源有关联。

（4）历史的终结。如果社会组织所有可能的形式都在人类历史中的某个节点得到检验，而且只有民主最为强健的话，那还需要做什么才能确保我们不再退步？这个问题最早是弗里德里希·尼采（Friedrich Nietzsche）针对格奥尔格·W. F. 黑格尔（Georg W. F. Hegel）的进步愿景提出来的，即把物种中最先进的“最后的人类”降到仅是守护者。作为回应，弗朗西斯·福山（Francis Fukuyama）1992年出版了颇具影响力的《历史的终结与最后一个人》（*The End of History and the Last Man*），对未来提出了一个综合性的视角，旨在把雅典人对荣耀的渴望引入资本主义对创新的无限追求中。

也许对后现代主义最精确的描述就是，它为以下问题提供了一系列的答案：若你否认启蒙运动一定会成功，会出现什么情况？注意，这并不是说启蒙运动已经失败了，而是它遇到了很多阻碍——有些能够被克服，而有些可能无法被克服。启蒙运动在过去的200多年里的发展程度是否与它获得的资助成正比？有以下四个逻辑上都有可能的答案。

（1）启蒙运动已经充分开展，现在该转向其他方面。这是最为熟悉的后现代主义态度，与利奥塔本人和理查德·罗蒂（Richard Rorty）存在紧密的关系。利奥塔认为，系统的研究已经越来越大胆和自由，但其结果并非启蒙运动所承诺的连贯而统一的世界观。相反，人们发现了许多相互交叉而整体上又相互推翻的视角。至少，这个结果削弱了大学作为公共论域的地位。在罗蒂看来，坚持启蒙运动思想导致了公众对科学传播期待的放大，而没有达到这些期待只会引发公众强烈的反科学反应。因此，除了不断挖掘各种特殊项目，罗蒂也会敦促每个项目在确定自身目标时要足够谦虚，这样才能在期待中存活下来。

（2）启蒙运动已经充分开展，取得的成就推动了其持续发展。斯蒂芬·图尔敏（Stephen Toulmin）和雅克·德里达（Jacques Derrida）就持有这种观点。观点认为，持续追求启蒙运动具有的讽刺意味是，其只会导致那些最能反映后现代状况的后果。然后，人们可以接受“后现代伦理”，并学会接受这些后果。图尔敏认为，后现代科学启蒙于牛顿（Newtonian）范式的构建，随着它的自我毁灭（或自我解构），最终在20世纪初被相对论和量子力学取代。一直以来，科学探究都是一项旁观者的运动，因为人们力求解读的现实维度并不能暗示探究者的地位。但是，一旦物理学开始解释非常细微和迅速的现象，显然研究者的存在（或称为“参照系”）就参与了研究对象的构建。对于德里达来说，理性本身（非物理学）就涉及了这种自我颠覆的行为。德里达指出，一厢情愿的想法引发了这样一种观点：批判理性的无情应用最终会揭示无可怀疑的思想的基础。下面两种场景中有一种非常可能出现：可以在任意点阻止批评，这样一来其他的就变成了思想实际存在的基础；或者批评可以不间断地进行下去，以一种尖刻的怀疑态度表达出来。休谟和康德用完全不同的方式促进了第一个观点的发展，而德里达却推崇第二个观点，通过展示语言试图表现自身时其表现能力如何崩溃的。显然，如果进一步思考就会发现，思想的先验条件和写作作为表达言语的媒介所受的限制相差无几。

（3）启蒙运动应该但却没有充分开展。批判理论家［法兰克福（Frankfurt）流派］和批判理性主义者［卡尔·波普尔（Karl Popper）的追随者］虽然常持有不同看法，但他们却一致认为，后现代状况是导致追求启蒙运动理想中重复工作的主要原因。现代主义者相信理性可以打破我们所处时代的神话和意识形态。毫不意外，当今首要的批判理论家哈贝马斯显然受到利奥塔的抨击。在哈马贝斯看来，信息爆炸是知识不同分支相互孤立的特征，其使得每个知识体系代表了从现实“整体”分割出来的一部分。但是，探究的整体感在类似大学、公众领域甚至科学机构也不明显，被认为是过于投入公开的批判性传播。批判理性主义者持有同样的思想，但用不同的方式诊断我们现有的顽疾，也就是说，实际行为不吻合既定的理想。因此，针对托马斯·库恩（Thomas Kuhn）关于科学改变的著名论述，波普尔做出了回应，他反驳说：只有在极其罕见的“变革性”阶段，科学才会与社会生活其他形式中主导的从众心理联合，一起来实现“有原则的批评”这一理想。从后现代的立场来看，哈马贝斯和波普尔是“伟大”或“宏伟”描述的传播者，拒绝接受当代知识体系不可避免的多样性和碎片化。事实上，他们的理想太脱离现实，利奥塔声称只能通过加强集权政体才能实现这些目标。这一极权主义政权在面对自发的自我构建的行为准则时，矛盾地迫使人们产生了一些基于坚定信念的“开放”意识。利奥塔噩梦般的场景前身是1789年法国大革命之后启蒙运动引发的恐怖统治。

（4）启蒙运动并未充分开展，而且有着充分的理由！布鲁诺·拉图尔（Bruno Latour）和科学技术研究领域的其他人认为，“我们从未现代过”（拉图尔所著畅销书的书名），因为启蒙运动只不过是意识形态的烟幕弹，科学家和他们的哲学祝福者把科学实践那些世俗的社会特征隐藏在其背后。尽管现代主义者利用“实证主义”和“进步”这样的修辞，科学也从未有过统治社会其他方面的地位。这就意味着，后现代主义只不过是对那些不存在的疾病的不必要治疗。相应地，就像最初对待宗教的特性一样，启蒙思想家以同样的方式对待他们认为科学具备的特征。两者都不再变得神秘。可以确定的是，与宗教一样，围绕科学特殊的认知状态的意识形态不一定是必然的，甚至是不正常的。继库恩之后，关于历史进步的英雄故事可能需要涉及普通科学家有限的日常活动和更大的社会范围，否则他们会发现这些日常活动与他们所关心的事情格格不入。但是，拉图尔忽略了一点，启蒙运动的捍卫者通常将它视为一个尚未完成的项目，而不是对已有世界的描述。那么，相关的问题就是：考虑到目前已有的失败，该计划是否值得继续探寻？

撰 稿 人：Steve Fuller

另请参阅：Logical Positivism；Skepticism；Social Epistemology

参考文献

[1] ADORNO T. (Ed.). The positivist dispute in German sociology [M]. London: Heinemann, 1976.
[2] AHMAD A. In theory: Classes, nations, literatures [M]. London: Verso, 1992.
[3] BELL D. The end of post-industrial society [M]. New York: Basic Books, 1973.
[4] DERRIDA J. Of grammatology [M]. Baltimore: Johns Hopkins University Press, 1976.
[5] FOUCAULT M. The order of things [M]. New York: Random House (Original work published 1966), 1970.
[6] FUKUYAMA F. The end of history and the last man [M]. New York: Free Press, 1992.
[7] FULLER S. Kuhn vs. Popper [M]. Cambridge, UK: Cambridge University Press, 2003.
[8] FULLER S. Social epistemology [M]. Bloomington: Indiana University Press, 2003.
[9] FULLER S. The philosophy of science and technology studies [M]. London: Routledge, 2006.
[10] HABERMAS J. The philosophical discourse of modernity [M]. Cambridge: MIT Press, 1987.
[11] HABERMAS J. The structural transformation of the public sphere [M]. Cambridge: MIT Press (Original work published 1962), 1989.
[12] JAMESON F. Postmodernism, or the cultural logic of late capitalism [M]. London: Verso, 1991.
[13] LATOUR B. We have never been modern [M]. Cambridge, MA: Harvard University Press, 1993.
[14] LYOTARD J.-F. The postmodern condition [M]. Minneapolis: University of Minnesota Press (Original work published 1979), 1983.
[15] RORTY R. Philosophy and the mirror of nature [M]. Princeton, NJ: Princeton University Press, 1979.
[16] SARDAR Z. Postmodernism and the other [M]. London: Pluto, 1997.
[17] TOULMIN S. Return to reason [M]. Chicago: University of Chicago Press, 2003.

Precautionary Principle 预警原则

预警原则是欧盟（European Union）环境和健康政策主要的监管工具之一，对其成员国政策有着重要的影响。这一视角有时与其他国家和地区（包括美国）通用的立场正好相对，即只有在有确凿科学证据证明其危害时才可以限制使用技术。可是，在有理由相信会存在风险时，许多具体界定的预警原则摆出了更为积极的姿态。这种视角上的不同通常隐藏在不同的国际环境或健康政策背后，因此，对政策尤其是国际政策感兴趣的科学传播者需要熟悉预警原则。

现在，欧盟在环境保护、消费者保护和健康保护方面都使用了预警原则。至少有一个成员国（法国）在其新的环境宪章中正式载入了预警原则。此外，在过去的20多年里，在欧洲海岸线之外的地区，预警原则受欢迎的程度有了很大的提升，成为包括《生物多样性公约》(Convention on Biological Diversity, CBD) 在内的一系列国际合约的基础。引用预警原则的多边协议包括 1992 年《联合国气候变化框架》(United Nations Framework on Climate Change, UNFCC)、1994 年关于硫排放的《奥斯陆协议》(Oslo Protocol) 以及 1996 年旨在保护地中海海水不受来自陆地污染物污染的《锡拉丘兹修订协议》(Syracuse Amendment Protocol for the Protection of the Mediterranean Sea Against Pollution from LandBased Sources)。

预警界定

预警原则出现于 20 世纪 70 年代，最初是在瑞典和德国提出的，重点关注环境和健康风险。在过去 10 多年，欧盟爆出了一系列食品丑闻，从英国鸡蛋里的沙门氏菌到比利时鸡饲料中的二氧杂芑、疯牛病、法国被污染的血以及手足口病，从而使得消费者和管理者都惧怕风险。这一新的环境给传统的依靠专家知识判断风险的模式带来了挑战。于是欧洲的监管者倾向于依靠预警行动来重建民众信心。

如何界定预警原则呢？预警原则通常是在面对不确定时为保证“安全而不是事后后悔”做出的努力。但是，除了这个宽泛的描述，并没有任何其他对预警原则做的界定。瑞典作家贝・桑丁 (Per Sandin) 列出了关于预警原则的 19 条构想，从有迹象显示某项技术可能出问题时采取行动的要求到行业在产品投放市场前证明产品完全“安全”等。但是，1992 年《里约热内卢环境与发展宣言》(*Rio Declaration on Environment and Development*) 提出了最通用的定义，声称只要环境面临“严重或不可逆转的破坏”，就应该采用预警的途径来保护环境，而且“缺乏足够的科学确定性”不能作为推迟环保行动的借口。

另一个常见的界定来自 1998 年在美国威斯康星州举行的环境会议。这版定义也声称，即使在还没有被科学完全证实的情况下也要采取行动控制对环境和人类健康的威胁。对于预警原则定义最缜密的分析则是由乔纳森・B. 维纳 (Jonathan B. Wiener) 和米迦勒・D. 罗杰斯 (Michael D. Rogers) 提出的。他们认为预警原则有三个不同的界定。

(1) 第一种定义。不确定并不能为不作为辩护。从根本上说，预警原则就是允许在没有充分证据（即缺乏科学确定性）的情况下对某个特定风险场景进行监管的原则。

(2) 第二种定义。不确定可以成为采取行动的理由。这个版本的预警方式更加强势。

(3) 第三种定义。不确定可以要求转移负担和修改所提供证据的标准。这个版本的预警原则最为强势。它认为因为存在不确定的风险，所以要求禁止可能存在风险的活动，直到活动的倡导者证实该行为零风险（或具有可接受的风险）。

通常在不确定性很大的情况下启用预警原则。运用这一原则的关键在于风险的强度和不可逆转性。运用预警原则就意味着推迟使用某项技术“直到找到更多的证据”，而不是直到确定危害再实施监管。

实践中的用途

尼古拉斯・阿什福德 (Nicholas Ashford) 发现，预警原则非常有用，因为它避免了其他“理性”途径，如成本 / 收益分析导致的各种长时间的延误。相反，预警原则可以真正引领更为迅速的科技转移。另外，凯斯・桑斯坦 (Cass Sunstein) 认为，预警原则只能处理“瘫痪”和风险厌恶，因此在处理技术风险时没有多大帮助。安德里亚斯・克林克 (Andreas Klinke) 和奥特文・雷恩 (Ortwin Renn) 则采取了折中的态度，他们提议，根据不确定性的程度和性质，采用诸如“降至实际条件可能的最小值”或以预警原则这样的风险评价代替物来应对未知的情形。

美国政策制定者越来越关注欧盟对预警原则的使用，他们认为这个概念是对“科学”风险分析这一主要监管手段的威胁。欧盟与美国最大的分歧在贸易方面。关于健康和安全标准，欧洲委员会（European Commission）根据预警原则来解读《卫生和植物检疫标准协议》（Sanitary and Phytosanitary Standards Agreement，SPS Agreement）。委员会认为，欧盟实际上有能力选择和制定它认为必要的安全标准，而不在意其他国家怎么说，也没有必要一定基于完备的科学依据或正式的风险分析。这就是著名的政治科学家贾恩多梅尼戈·马琼（Giandomenico Majone）提出的“孤立主义立场”。但是美国的学术界指出，美国也受预警决定的影响。他们证实，在 20 世纪 70 年代美国的法规中也有预警的内容，但最后证明要满足那些内容成本极高且漏洞颇多，因此在 1980 年一件涉及苯的臭名昭著的案件中，最高法院做出判决，认定监管必须依据风险的科学证明，之后相关预警的内容就被舍弃了。

大西洋两岸关于风险的讨论特别关注欧洲及北美洲哪个贸易集团更有预警性。如有些理论家，像威利特·坎普顿（Willett Kempton）和保罗·P. 克雷格（Paul P. Craig）认为，从整体上来说欧洲比美国更具有预警性，而其他人则认为预警的水平是发生转变的，之前美国人极度警惕，现在则是欧洲人如此。贸易集团在某些场合会更警惕，而在其他场合则并非如此。如一直以来人们都在争论，认为欧洲似乎比美国更担心类似转基因生物或牛肉里的激素，而美国似乎比欧洲更在乎新药获批和献血这样的风险。有假设认为，在形成监管文化方面欧洲落后美国 30 年，因此，欧洲项目需要花较长的时间来提出合适的、改进的监管指导方针，摈弃那些被错误界定的预警原则。弗雷德里克·鲍德（Frederic Bouder）发现，全球监管领域存在“网球运动”现象（如对药品的监管），大西洋两海岸的监管者相互影响。

公众舆论的作用

监管者犹犹豫豫无法做出正确决定时，公众舆论则是一个强有力的推动，尤其是对那些可能带来巨大或灾难性损失的风险还不确定的项目。公众“呼吁采取行动”和本能地抵制监管性调节两者之间的关系并不明晰，但可以假设实际上这些呼吁可能引发“迅速修复”的结果（即简单的预警决定而不是复杂的风险评价方法）。戴维·沃格尔（David Vogel）曾描述过公众对风险的意识或容忍在面临不确定情形时可能会如何影响监管决定，政府在遵从公众舆论方面宁求稳妥也不愿涉险，即使在没有科学依据证明其危害的情况下也是如此。

研究了为什么强势版的预警原则如此受欢迎后，桑斯坦提出，有五个关键的认知因素使人们做出更谨慎的决定，并产生安全错觉。人们更愿意“安全而不是事后后悔”，因此可能会为以下原因轻易放弃其带来的益处。

（1）厌恶损失。相比收益人们更不喜欢损失。

（2）善良本性的神话。与毒理学家不同，人们倾向于相信自然界本质上是温和的，而事实是它充满了危险。

（3）可及性法则。人们关注那些可以感知的风险而忘却其他的。有些危害不论从数据上来看是否重要，总是会凸显出来的。

（4）概率忽略。人们更关注结果而不是概率。

（5）系统忽略。不是每个人都能预见风险的相关影响和潜在益处。对于同样的问题专家和非专家会从不同的视角来看。

结论和未来方向

预警原则没有统一的界定，其影响有许多不同的观点，因此仍然很难确定它的特点。绝大多数预警原则的研究都是定性分析。因此有时候会指责学者们选择性偏差。但是，有人尝试通过对比美国与欧洲的预警原则，对案例研究进行定量分析。研究的目的是准确描述欧洲和美国风险监管体系中观察到的预警模式。根据詹姆斯·K. 海米特（James K. Hammitt）、乔纳森·维纳、布莱登·斯瓦德洛（Brendon Swedlow）、丹妮丝·考尔（Denise Kall）以及周正（音译 Zhou Zheng）合作完成的一项分析，这个新颖的定量分析方法代表了这一领域与之前工作相比取得的主要进展。更好地了解预警原则的运用能帮助实现科学的决定和面对不确定因素时保持谨慎之间的平衡。

撰稿人：Ragnar E. Löfstedt and Frederic E. Bouder

另请参阅：Risk Analysis；Technology Assessment

参考文献

[1] ASHFORD N A. Incorporating science，technology，fairness and accountability in environmental，health，and safety decisions [J]. International Journal of Occupational Medicine and Environmental Health，2004，17（1）：59–67.

[2] BOUDER F. Regulating risks resulting from the lengthening of the QT interval：A regulatory tennis game across the Atlantic [J]. Journal of Risk Research，2007，10（3）：385–412.

[3] HAMMITT J K，WIENER J B，SWEDLOW B，et al.Precautionary regulation in Europe and the United States：A quantitative comparison [J]. Risk Analysis，2005，25：1215–1228.

[4] KLINKE A，RENN O. A new approach to risk evaluation and management：Risk-based，precaution-based and discourse-based strategies [J]. Risk Analysis，2002，22（6）：1071–1094.

[5] LÖFSTEDT R E. Risk communication in the 21st century [J]. International Public Management Journal，2004，7（3）：335–346.

[6] LÖFSTEDT R E，VOGEL D. The changing character of regulation：A comparison between Europe and the United States [J]. Risk Analysis，2001，21（3）：399–405.

[7] MAJONE G. Regulating Europe [M]. New York：Routledge，1996.

[8] SANDIN P. Dimensions of the precautionary principle [J]. Human and Ecological Risk Assessment，1999，5（5）：889–907.

[9] SUNSTEIN C. Beyond the precautionary principle（Public Law and Legal Theory Working Paper No. 38）[C]. Chicago：University of Chicago Law School，2003.

[10] VOGEL D. The new politics of risk regulation in Europe（Discussion Paper 3，Centre for Analysis of Risk and Regulation）[C]. London：London School of Economics and Political Science，2001.

[11] VOGEL D. The politics of risk regulation in Europe and the United States [M]//H SOMSEN，J SCOTT，L KRAMER（Eds.）. The yearbook of European environmental law，Vol. 3. New York：Oxford University Press，2003：1–43.

[12] WIENER J B，ROGERS M D. Comparing precaution in the United States and Europe [J]. Journal of Risk Research，2002，5（4）：317–349.

Pseudoscience 伪科学

“伪科学”一词指那些被认为是非科学的领域，但它们渴望提升为科学或希望夺取科学的地位，并利用科学的高文化地位来推动非科学的结果（如销售产品和服务）。伪科学是一个贬义词。很少或者没有人会自称“伪科学家”，被指责从事伪科学的人通常会极力地为自己辩护。有人害怕伪科学，认为其会阻碍科学的发展，导致对科学认知的错误。公众之所以对各种形式的伪科学有较强的兴趣，是因为一些非理性的思考和奇特的信念。传播学学者研究了已经公布的对伪科学是一种修辞策略的指控，科学家确立并维护科学与伪科学的界限，从而尽量减少新兴伪科学的威胁，以及在大众媒体中伪科学的内容和影响。

早在17世纪，科学哲学家就开始设定区分科学与伪科学的标准，对伪科学的关注到20世纪达到了顶峰，各种划界项目，如证实主义、证伪主义和相对主义得以推进、重新审定、否认或纳入。简而言之，现在还没有一个明确的划界标准被广泛认可。相反，人们认为划界要依靠许多相互关联的因素（包括科学因素，有些模型中还包括社会因素），除非是事情发生后，否则很难运用。事实上，划界面临的挑战令人却步，有哲学家认为划界项目本身已经不再有用。传播学学者和从业者并不需要坚持这种哲学上的讨论，但需要注意，浅显易懂的划界标准的缺失可能会妨碍公众对伪科学指控的了解，这种妨碍反过来又会诱使各方在大众媒体平台或司法场合利用对伪科学的指控。

在普通和专业文献中流传的对伪科学的指控很少有详细的理论阐述，也许这正体现了区分科学与伪科学固有的复杂性。似乎仅使用伪科学一词就足够了。传播学学者使用该词语，将它作为一种修辞上的抨击手法。与科学技术的学术研究相关，传播学学者还研究了科学技术专业群体为维护其科学家和专家地位而开展的划界工作。这种边界工作经常通过大众媒体对有关伪科学的争议的报道反映出来，而且很可能是通过这些报道完成的。但是，很少有人关注科学的民间哲学，它为非专家提供处理被指控是伪科学的新闻和信息的条件。

传播学学者也努力去了解伪科学对大众媒体消费者的广泛吸引力。在那些受欢迎的伪科学虚构描述中存在一种倾向，将科学家描绘成坚定的卫士，捍卫的是权利而不是科学诚信，将伪科学家刻画成比科学家更能准确地看待世界且更有人情味的新贵，他们就像失败者，发起对危险的科学正统的高风险战斗，并最终赢得了胜利。

伪科学一直都是电视纪实剧的焦点。事实上，伪科学和传统的科学纪录片市场几乎是一样大的。在电视纪实剧中，伪科学传播者通常被刻画成创新者，他们在重大问题上（如外星智慧生命的存在或出现）表现出来的远见和知识，比科学家提供的乏味、不确定且技术性强的解释要好得多（而实际上这些节目并不邀请科学家参加）。

伪科学也是各种小报新闻的主料。即使是更为精英的新闻媒体偶尔也会刊登未加甄别的故事来折磨科学家读者，如关于鬼故事、不明飞行物、看见奇异生物（如巨足野人）、未经检测的医学治疗方法以及其他被认为是挑战科学诚信的犯罪行为。

伪科学的特点被越来越清晰地描述出来了。但是这些描述的影响和社会意义还没有得到充分理解。格兰・斯帕克斯（Glenn Sparks）和威尔・米勒（Will Miller）提出，对超自然现象的信念（如相信可以与死去的人沟通）与收看展现超自然现象的电视节目两者之间有必然的联系。心理学中有大量的研究分析这种非常普遍的超自然现象信仰，以及超自然信仰与宗教信仰的关系。

社会理论学家很早就注意到，对相对不太富裕且受教育程度不太高的人群来说，一般的伪科学、伪科学新闻及娱乐产品有着不相称的高吸引力。并且，这些理论家怀疑，伪科学与政治运动结合在一起的话，就会成为一种非理性的危险形式。1954 年，西奥多・阿多诺（Theodor Adorno）将报纸上的占星术视为一种非理性思维，这种非理性思维往往与公众接受从属社会地位有关，这种接受似乎是威权主义的必要条件，如果不是充分条件的话。这种担忧如今依然存在。

很多研究都没有将各种不同的研究线索联系起来，进而形成关于伪科学的传播行为模型。事实上，尽管伪科学信仰和行为导致的危害很值得关注，但没有学者关注一般意义上的伪科学。不可信的心理健康疗法既常见又很危险。据说伪科学会不恰当地影响刑事和民事法庭的诉讼程序。南非政府质疑 HIV 病毒导致艾滋病这一说法，并拒绝控制该疾病的传统建议疗法，这其中就涉及了伪科学。也有研究者认为那些会利用伪科学挑战科学共识的人把气候变化研究政治化了。

美国国家科学基金会（National Science Foundation，NSF）监督民众对各种形式伪科学的信仰，包括占星术、超感觉力以及幽灵。据说约有 25% 的美国成人相信占星术的准确性。而且约有同样比例的成人认为占星术是一种科学。美国国家科学基金会认为，后者充分说明了相当一部分人群缺乏对科学探索的基本了解。虽然人们希望国家科学基金会提出更为精细的理论模型，但是很少有人质疑伪科学的信念与科学认知完全相反这一假设。

本词条并没有列出通常被认为是伪科学的做法，那样的清单会很长。从我们大多数人熟悉的名称（如占星术）到很多读者觉得晦涩的名称（如分子行为精神病学）。伪科学一词与垃圾科学这样更为通用的词汇一并成为流行词汇，这使得问题变得更加复杂。也许伪科学一词因为其希腊拉丁词根会更加复杂，从而无法证明其适宜性，尤其是已经有了类似废物和垃圾这样具有强烈效价反应的词汇。

无论是从科学的还是非科学的角度，关于如何准确区分科学与伪科学都没有统一的看法，但人们普遍认为，伪科学的流行以及人们对它的信仰会确保对其不断地进行监管，作为社会指标和有趣的问题，对它的关注在大量学术领域中有着广泛的启发作用。

撰 稿 人：William Evans

另请参阅：Climate Change，Communicating；Public Understanding of Science；Science Indicators，History of the NSB Project on；Science Literacy；UFOlogy

参考文献

[1] ADORNO T W. Adorno：The stars down to earth and other essays on the irrational in culture [M]. London：Routledge，1994.

[2] GIERYN T F. Cultural boundaries of science：Credibility on the line [M]. Chicago：University of Chicago Press，1999.

[3] HANSSON S O. Science and pseudo-science [M]//E N ZALTA (Ed.). The Stanford encyclopedia of philosophy.

[4] LAMONT P. Paranormal belief and the avowal of prior skepticism [J]. Theory and Psychology, 2007, 17: 681–696.

[5] National Science Board. Science and engineering indicators 2008. Arlington, VA: National Science Foundation [EB/OL]. www.nsf.gov/statistics/seind08/start.htm.

[6] NISBET M C, SCHEUFELE D A, SHANAHAN J E, et al.Knowledge, reservations, or promise? A media effects model forpublic perceptions of science and technology [J]. Communication Research, 2002, 29: 584–608.

[7] SHERMER M. Science and pseudoscience [M]//D M BORCHERT (Ed.).Encyclopedia of philosophy, 2nd ed.Vol. 8. Detroit, MI: Gale Research, 2006: 669–673.

[8] SPARKS G, MILLER W. Investigating the relationship between exposure to television programs that depict paranormal phenomena and beliefs in the paranormal [J]. Communication Monographs, 2001, 68: 98–113.

[9] TAYLOR C. Defining science: A rhetoric of demarcation [M]. Madison: University of Wisconsin Press, 1996.

[10] WEINGART P, MUHL C, PANSEGRAU P. Of power maniacs and unethical geniuses: Science and scientists in fiction film [J]. Public Understanding of Science, 2003, 12: 279–287.

Psychometric Paradigm 心理测量范式

心理测量范式是用来解释外行（非专业人士）感知各种危害的研究途径。研究结果表明，非专业人士在进行直觉性风险评估时采用定性信息（如对恐惧和新奇的感知），而不是类似可能性的统计数据信息。使用心理测量范式开展研究得出的“认知图”已经成为风险感知研究的标志。工程师、公共政策研究人员以及涉及公众风险反应的其他人员通常依靠心理测量范式来更好地了解非专业人士的风险感知。这种了解仍然是许多风险传播实践途径的基础。

20 世纪 70 年代，核能的支持者强调核事故发生的可能性非常小，但那些不理解非专业人士依旧反对，反对的原因是他们认为核能可能会给环境带来持久的灾难性影响。“什么样的安全才是安全”这个问题已经成为主要的研究议题。工程师琼西·斯塔（Chauncey Starr）在他那项影响了新范式的开创性研究中使用体现偏好来回答这个问题。他假定社会通过尝试 – 错误法在某项技术或行为的风险和收益中获得了最佳平衡。根据这一方法，如果一项新技术与已经广为采纳的技术拥有类似的风险 –

收益比例，那就应该接受它。

斯塔的结论遭到了诸多批评：被接受并不意味着可以被接受；计算收益与风险的方法以及类似“自愿”这样的概念都存在问题；没有考虑到技术受益人群可能不是承担技术风险的人群。但斯塔的研究途径确实具有独创性，因为其考虑了社会的偏好。巴鲁克·费斯科霍夫（Baruch Fischhoff）、保罗·斯洛维奇（Paul Slovic）、莎拉·李奇特斯坦（Sarah Lichtenstein）、斯蒂芬·里德（Stephen Read）和芭芭拉·库姆斯（Barbara Combs）并不认同斯塔的观点，他们提出了另一种研究范式，也就是心理测量范式。心理测量范式依靠的不是表现出来的偏好，而是表达出来的偏好。

在采用心理测量范式的研究中，参与者要根据几个不同的评定量表来评估一系列的危害。如参与者评价每个危害后果的严重性（后果致命的可能性）和新奇度（风险是新产生的还是熟悉的）。大部分研究使用了 8 ~ 15 个评定量表，参与者对危害的评价通常为 15 ~ 30。最初的研究采用了各种不同的危害，从吸烟和吸食咖啡因到核能和持有手枪。心理测量范式也被用来检测非专业人群对同类危害的风险感知，如食物危害、道路危害及不同纳米技术的运用危害。

大部分的研究都简化了评定量表、危害以及参与者三者之间的信息结构。计算所有参与者的平均值，采用主成分分析法分析根据危害矩阵设定的评定量表。危害作为分析单位，评定量表的数量也减至 2 或 3 个主成分。大多数研究报告了两个主成分：忧虑风险和未知风险。缺乏控制、导致致命后果和存在可怕潜能的量表与主成分“忧虑风险”存在较高的关联度。延时影响的量表、感知的新奇度和感知的科学知识均与“未知风险”这一主要成分紧密相关。通过计算因子得分来分析危害，得到的数值为认知图提供了基础。认知图描述了每项危害的忧虑风险和未知风险数值。位于高忧虑风险和未知风险象限的危害（如核能），即使很小的事故都可能是高信号。高信号的可能性指公众把风险相关的事故视为警告信号。新规出台或消费者的变化导致很高的媒体关注度和更高的成本，可能就是其后果。

很多国家都采用了心理测量范式，如美国、挪威、波兰、法国、中国和瑞士。绝大部分研究得出了相似的结果。但是很难解释各国之间表现出的不同，因为这些研究采用随机取样而不是便利取样。因此无法得出是否存在跨文化差异的结论，或者观察到的差异是否由研究中使用不同的样本引起。

发展心理测量范式是为了解决为什么人对不同危害的感知不一样这一研究议题。但是，有研究者使用这一范式来研究为什么不同人群对同一技术的反应不同。心理测量范式并不能很好地回答后者。

另外，心理测量范式也遭到了很多批评。该研究途径基于表达出来而非表现出来的倾向。绝大多数研究采用主成分分析法来分析聚合数据。含蓄的聚合数据意味着关键的个体差异没有得到体现。但有研究证明，风险感知存在较大的个体差异，应该采用其他技术对所有的数据进行分析。基于总数据得出的结果来解释个人对风险的反应可能具有误导性。风险感知研究的标志认知图可能过于简化了非专业人群的风险感知。心理的、社会的和文化的因素也可能会决定人如何感知不同的风险。因此，可能需要几个认知图来解释非专业人群的风险感知。尽管遭到批评，但心理测量范式仍然被广泛使用，它能基于定性的特征为人的风险感知提供有用的观点。

撰稿人：Michael Siegrist

另请参阅：Risk Analysis；Risks and Benefits

参考文献

[1] FISCHHOFF B, SLOVIC P, LICHTENSTEIN S, et al. How safe is safe enough? A psychometric study of attitudes towards technological risks and benefits [J]. Policy Sciences, 1978, 9 (2): 127–152.

[2] SIEGRIST M, KELLER C, KIERS H A L. A new look at the psychometric paradigm of perception of hazards [J]. Risk Analysis, 2005, 25: 211–222.

[3] SLOVIC P. Perception of risk [J]. Science, 1987, 236 (4799): 280–285.

[4] STARR C.Social benefit versus technological risk [J]. Science, 1969, 165 (3899): 1232–1238.

Public Communication of Science and Technology 公众科学技术传播

公众科学技术传播是用来描述科学家和非科学家之间交流的众多术语之一。这一术语被用于描述：谁负责传播？传播服务于什么样的目标？这一术语有着自己的优势，它可以被翻译为多种语言且能大体上保留其原有含意。同时它还是关注这个领域的学者和从业者经常使用的一个重要的国际性网络的名称。

公众科学技术传播这个术语出现于20世纪80年代末，是对应该如何称呼科学和技术传播领域反复出现的挑战的一种回应。“科学传播”撇开了技术。“科学和技术传播”虽然解决了这个问题，但是仍然有些模糊——它是否涵盖了所有形式的传播（专家间的传播、实验室内的传播、对政客的传播以及对公众的传播）？即使是在对非科学家进行传播这个较狭窄的领域内，学者和传播者在20世纪中期也使用过一系列术语：大众科学、公众理解科学、科普。在其他语言中，也使用过像divulgacion（西班牙语）以及vulgarisation（法语）这样的术语。

在20世纪80年代中期，随着一些学者开始关注同非科学家进行交流，关于术语的一些问题更加清晰地成为被关注的焦点。所有这些术语强调从科学家到非科学家的单向信息传递，其目标通常是使科学更“大众化”或更“易于理解”。其中很多术语具有一种把科学信息“笨蛋化”以使它更容易被理解的含义，特别是法语中的vulgarisation这个术语。总体而言，这些视角被称为“缺失模型”，因为它们强调了公众在科学信息方面是“缺失的”（或者说“不足的”）这种假设。

然而新一代的学者对这个假设提出了质疑。这些新的学者越来越对科学和社会的互动感兴趣，特别是对非科学家如何同科学家就涉及科学的社会争议问题进行交流感兴趣，如核电、生物技术、科学的企业控制和环境污染等。科学家通常认为这些争议的出现是因为对处于危险境地的技术议题的误解，但是社会科学家和激进分子强调这些争议在一定程度上涉及社会价值和诸如“能源独立”或者“更好的食品”这样的科学主张之间的盘根错节。一个社会群体认为的“更安全的食品”对于另一个群体来说可能是“对食品体系的更多企业控制”。这些议题有政策和经济的因素，这些因素要求传播更多的信息，而不仅是对它所暗示的科学信息进行“科普”。

从对科学传播固有的政治性质的日益加深的理解中，出现了这个新的术语。1987 年，法国媒介学者佩里埃·法亚尔（Pierre Fayard）对公众参与科学共同体的辩论进行了分析。其分析主要集中于法国，也包含一些其他欧洲国家，他将这种新的公众参与与使欧洲大部分地区感到困扰的 1968 年政治动荡联系起来。这种动荡通常出现在高校学生的抗议和游行示威中。为了对这些压力做出回应，法亚尔说，一种新形式的传播出现了：面向公众的科学传播。这种新的形式不仅包括为普通公众进行信息简化，还包括科学家和非科学家之间的互动，强调双向的传播。为了进一步验证这一观点，法亚尔于 1989 年 5 月在法国普瓦泰大学（University of Poitiers）组织了一次会议。这个会议催生了一个新的组织，该组织（几年后）最终成为公众科学技术传播国际网络（International Network on Public Communication of Science and Technology，PCST）。

虽然法亚尔起初的概念集中于面向公众的科学传播的政治情境，但是这个新的组织迅速地采取了稍微宽泛的视野。该国际网络的成员包括科学记者、科学博物馆专家、科研院所和政府机构的公共信息官、参与拓展活动的科学家以及研究科学传播的学者。其成员是国际性的，虽然这个组织的发源地在欧洲，但是它发展得很快并吸引了澳大利亚、拉丁美洲和亚洲其他地区的重要成员。

从这种多样性来看，这个组织把“公众科学技术传播”看作一个包罗万象的术语，并且易于翻译成其他语言。由于其含有“公众”这个词，所以它有别于专家间在相关领域的交流。由于它含有“传播”这个词，所以它又强调所发生行动的互动本质（当然因为它说到“科学和技术”，所以也受到一些关于局限性的质疑：其是否包含数学？是否包含工程？环境或能源又如何？）。如今，公众科学技术传播网络每两年举办一次国际会议，最近的几次会议分别在韩国、丹麦、瑞典和印度举行。在国际会议间隔的那一年还会召开小型会议，该网络还资助一系列公众科学技术传播研究者和实践者的出版物。

虽然公众科学技术传播网络活动范围广泛，但是公众科学技术传播并没有被普遍地认为是一个具有特定含义的术语。相反，它似乎只是偶尔地出现在这个领域的著作中，只是作为描述这个宽泛的研究范畴的很多方式中的一种。同时，期初激发了创造这个术语的政治参与感，如今更频繁地通过“公众参与科学”来表述。

撰 稿 人：Bruce V. Lewenstein

另请参阅：Deficit Model；International Science Journalism Associations；Popular Science，Overview；Public Engagement；Public Understanding of Science

参考文献

[1] BUCCHI M.（Ed.）. Handbook of public communication of science and technology [M]. New York：Routledge，2008.

[2] CHENG D，CLAESSENS M，GASCOIGNE T，et al.（Eds.）. Communicating science in social contexts：New models，new practices [M]. New York：Springer，2008.

[3] FAYARD P. La communication scientifique publique：de la vulgarisation à la médiatisation [Public communication of science：Popularization and mediatization] [M]. Lyon，France：Chronique sociale，1988.

[4] International Network on Public Communication of Science & Technology：www.pcstacademy.org.
[5] WYNNE B. Sheepfarming after Chernobyl：A case study in communicating scientific information[J]. Environment，1989，31（2）：10–15，33–38.

Public Engagement 公众参与

科学与技术传播者通常会努力让社会个体参与到有关经济、环境和健康的风险与收益的决策制定中。这样的参与一般通过公众集会和本词条讨论的其他方式进行，参与能提高决策的质量，让社会更加接受和满意所做的决定。也许最重要的是，许多民主思想也强调，需要让公民有机会听到影响他们自身的决定，这样他们可以说出自己的担忧，或者给予决策制定者支持。处理得当的话，公众参与能实现这样双向的沟通。公众参与也可能让公民听取来自他们同胞的意见。此外，有几个与“公众参与”交替使用的常用表达，如公众参加、公民参与及公众咨询，有时也会使用“利益相关者”一词，虽然其不像“公民”或“民众”那样具有包容性。

有些公众参与只包括科学技术决策者和参与者之间的单一联系，但在许多情况下，参与代表了沟通与行动之间持续不断的过程。“公众参与”一词不能用来描述本质上纯粹是教育性质的行为，也不能用来描述支持现有立场的具体的运动。“延展”一词有时指参与或竞选型的行为，在更多情况下指后者，指单向而不是双向传播。对公众参与感兴趣的人一般会通过公众会议这样的事件来直接参与，或间接参与，即决策者通过新闻媒体这样的机构间接地参与互动。传播技术的变革，尤其是互联网的兴起，对公众参与行为有着深远的影响，但起关键作用的因素却是类似的。

通常政府负责组织公众参与活动，但所有的组织机构，包括私人公司和非政府组织（Non-governmental Organizations，NGOs），可能都需要赞助公众参与。大型公司，尤其那些组织的活动对单个社会群体有重大影响的公司，通常会采用常规的公众参与作为维持积极社会关系的手段。虽然科学传播常常作为公众参与的主要工作，但在其他领域个人也发挥了主要的作用。参与公众管理、政治科学，尤其是政治理论工作的人群为公众参与的相关知识作出了极大的贡献。

本词条讨论了科学技术公众参与的历史和法律依据，描述了高质量和低质量的参与；讨论了目前公众参与思想的趋势，尤其是商议民主的概念；描述了几种常见的公众参与形式。

背　景

在美国，1946年《行政程序法案》（Administrative Procedures Act）是最早确保公众参与决策的法律条文。各级政府的科学机构（当地的、地区/州和全国的）最为积极地使用公众参与技巧。这些机构授权进行的工作，无论是关注公众健康、环境保护还是经济发展，通常使机构与希望获得信息或有机会发表言论的公民有直接的接触。传统的新英格兰式公众集会就是公众参与机制最有说服力的范例，但欧盟（European Union）和其他国家都有各自的传统和规则。在国际上，《联合国奥胡斯公约》（Aarhus Convention on Access to Information，Public Participation in Decision-making and Access to Justice in Environmental Matters，Aarhus Conventions）将国际上对公民在科学技术讨论中的角色期待编成了法典。在大多数国家，现行的法律通常包括以下的规定：必须公开集会时间、地点和会议议程以及公众场合讨论的类型。

虽然各组织有关于公众参与价值的规定和政策，但如果决策制定者没有达到预定的期望还是会出现问题。大部分公众参与的学术和普通讨论的关注点都集中在一些事例上，如决策制定者在最后一刻邀请公民讨论，或者其没有明显的愿望来真正倾听公民意见。在有些情况下，公众参与真正的组织者（如政府职员）可能会努力去听取不同的观点，但眼睁睁地看着这些结果最终被决策制定者（如政治领导）打了折扣或完全无视。最糟糕的是，有些机构可能仅将公众参与视为一个机会来说服听众接受一个已经确定的做法。在这种情况下，公众参与被公众教育或公众宣传取代了。另外，组织者可能会面临指责，认为他们利用公众参与来拖延决定时间。

相比之下，高质量的公众参与包括早期与公民互动，努力确保参与者获取所有需要的信息，以及有充分讨论其他可能性的机会。对于参与者来说，能够从决策者那里获得额外的信息，指出仍然存在不确定性、需要开展新研究的领域，是相当重要的。组织者自身也应该清楚寻求公众信息的目的，并倾听和回应公众合理的愿望和担忧。主办方应该清晰地表明决策制定者将如何使用公众参与的结果。研究者托马斯·拜尔勒（Thomas Beierle）和杰瑞·凯福德（Jerry Cayford）考察了许多因素，并将其作为成功的公众参与大型研究的一部分。

一般来说，以科学技术为出发点的参与目标不仅是发现公众的需要，而且是做出成本最小化、社会收益最大化的决定。最后，希望一个公平的流程能给决策制定者带来永久的支持，他也许需要做出某些人会反对的选择（如垃圾场的选址或渔场的关闭），但真正来自公众参与的决定只代表了一种可能的结果。期待其对社会和个人层面的影响。

公众参与的间接影响

关于社会影响，有资料显示，如果参与者认为参与过程公平，那么这种感知有助于对决定的满意度和对决策者的支持。感知公平或正义可以包含多层意思：决策程序允许公民提出意见和建议，且程序完整；受影响的人群充分获得相关信息，决策制定者值得信任、尊敬，本人公允没有偏见。参与也许也能帮助决策者和参与者形成共同的集体认同感，这种共有的认同感有利于未来的合作，新形成的信任纽带可以代表一种“社会资本”。

公众参与在个人层面也有影响。研究表明，公众参与对公民有改变性的影响。知识增长是更多参与的一个明显的结果，另一个潜在的影响包括参与者更强的内在与外在功效感。内在功效指个人认为自己能理解和管理议题，外在功效指个人认为他们能对自己之外的事物产生影响。并且通过参与的过程，个人能与其他公民或决策者建立起人际信任。关于风险，参与之后个人能更高或更低地感知风险，这取决于涉及的实际议题。虽然可能很难改变观点，但是参与者可以适度调整自己的观点，或帮助他人更好地解释为何他们会持某一特定的观点。

谁参与

公众参与的影响力和谁参与也有关联。与决策有既定利害关系的人当然比那些没有利害关系的人更可能赢或者输。但是令组织者常常感到遗憾的是，只有积极分子或具有狭隘利益的人才会抓住公众参与的机会。虽然提供一个公平的过程非常重要，但对于这样的人不太可能产生太多影响。当然也有公众担忧导致广泛参与的情况。

凯瑟琳·A.麦克马斯（Katherine A. McComas）、约瑟夫·A.阿尔瓦伊（Joseph A. Arvai）和约翰·C.贝斯勒（John C. Besley）提出了一系列影响参与者的因素。一般来说，年长和受教育程度更高的人群更可能参与，可能因为他们有更高的内在功效意识。受教育程度更高收入更高的人群在工作中的灵活性可能更大，有更强的能力来承担参与可能产生的成本，如交通费和托儿费。对社会有更强依赖感的人可能比那些依赖感不强的人参与得更多。此外，与某一议题利害关系有限的人也可能出于公民责任感或被社交群的其他人要求而参加活动。有人认为，收入更高的人群与社会存在更强的利害关系，因此他们参与是更合理的。但也有反对意见认为，与之不相称的是，政府的许多决策影响了那些个人资源少的人群，因为这些个体无法利用自己的资源来避免决策带来的影响。但目前看来，拥有更多个人资源（无论是经济的还是非经济的资源，如社会关系、内在功效）的人，他们参与的比例要高于平均数。

科学技术传播研究的核心主题是信任和自信，但很难预测参与的人群是否会认为组织者更值得信任。有人参与可能就是因为他们想让不被信任的决策者承担责任，而其他人参与可能是因为他们想支持被信任的决策者。就像许多其他问题一样，这要取决于实际的问题。但是如上所述，希望高质量的参与最终可以提高信任。

审议转向

近来，关于公众参与的大部分研究都集中在审议这一概念以及政治理论的一个相关领域审议理论。正如约翰·盖斯提尔（John Gastil）和彼得·莱文（Peter Levine）所说，审议理论代表了在政治哲学家如何看待政府与公民关系问题上的一种转变。代议制是公民选举候选人代表他们进行辩论并做出决定，审议制则要求公民更多地直接参与。对有些人而言，在难以远距离传播的时代，代议制就足够了。根据这种观点，现代无处不在的传播技术使得公民可以在管理上承担更积极的角色。反对的观点则指出，大部分公民没有兴趣花时间在管理上。无论哪种情况，审议的概念都越来越体现了众多科技传播专业人士设计和实施公众参与活动的方法。

与审议制相关的许多规范与现行的科技公众参与做法一致。如对审议感兴趣者看重决策制定过程和信息获得的公开性。他们还期待高质量的参与可以为个人和社会群体带来高质量的决策和观点改变。因为这些影响，所以有研究者认为审议制能提供更高质量的“公众舆论”。

但是，“审议转向”特别强调参与过程中讨论或对话的质量。在这点上审议做法强调需要提供论坛，这样参与者可以在公众领域环境下交换观点，社会理论学家尤尔根·哈贝马斯（Jürgen Habermas）称之为非强制性的“理想的言语环境”，可以充分表达思想，同时允许讨论者挑战和完善论点。在这点上，希望个体可以通过公开观点，提出非狭隘的利益诉求。参与审议者必须找到或能获得其他参与者同意决策的原因。审议概念最明显的一个问题是，由于某些因素导致的不平等，如某些群体的历史边缘性处境，不可能创造一个环境让所有参与者真正有同样的能力来提出他们可能喜欢的观点。

但是，作为一种理想状态，审议概念提供了一种方法，将科学技术传播者让公众参与的各种活动进行分类。虽然这种形式的参与很少涉及审议，但后来提出的参与模式将增强审议放在了前面。关于公众参与最经典的讨论提出了类似的连续状态，同时也指出，一般说来随着公众参与的增加，决策者更需要减少对他们负责的决策的控制。在某些情况下，这可能就需要发展出新的管理形式。任何关于公众参与的讨论都应该考虑：谁能参与；谁制定日程；参与者可以获得什么信息，以及真正讨论的机会有多大。有些因素可能也重要，如事件的时间安排和宣传，但这些因素并不取决于参与的形式。此外，组织者通常会使用不止一种形式的参与方式。

参与形式

公众舆论调查 / 研究

科技决策者可以利用收集好的个人看待某一事物的数据来尝试解决公众可能担心的问题。大型随机问卷调查是一种常用的获取信息的方法，但焦点小组或一对一单独访谈的方式也能提供有用的信息。就审议而言，与其他任何社会科学研究一样，通常研究人员决定谁来参与，参与者在调查或讨论的内容上几乎没有发言权。在某些情况下，参与者可能获取有限的信息，参与部分讨论，但仍然需要在研究组织所允许的范围内。这样的话，公众舆论研究只能勉强被认为是一种公众参与机制。

公众评论期

科技管理者也可以提供某种类型的机制来搜集对提案或想法的评论。公众评论期通常被写入公众参与的规则中。在一般情况下，决策人提供获取文件的途径，要求自己选择参加的相关方（无论是个人还是组织）在规定时间内提交他们的评论。在有些情况下，组织者也会要求具体的调查对象提供评议。在过去，可能需要去办公室或图书馆查阅提案；现在，互联网使绝大部分类型的信息都能更为广泛地传播。但有些相关方还是有可能没有听说过评论期，或无法获得相关的信息。当然，正如之前提到的，组织者对于传播什么信息有着主要的控制权，没有什么能阻止其他人在非官方的场合发布信息。并且在许多情况下只有组织者才能接触到所有的评论。就审议而言，公众评论期一直以来都被认为是公众参与比较受限的方式。但是，如今的许多在线工具使得感兴趣的群体能分享、讨论和评论额外的信息。

可用性环节

公众参与的另一种常见形式可能会使参与者想起高中的科学展览会，组织者辟出一块空地，挑选的专家在展亭或展位前解答一个或多个大家关心的话题。参加者可以在展位间来回走动，并直接与在场的专家进行交流。这样的活动是为了促进个人与专家之间的讨论，但是也有可能多个人在听并参与对话。因此，表达不同的观点或参与大量审议的机会微乎其微。参与者可以向专家提出自己的问题，但由组织者来决定提供什么样的信息以及如何提供。

公众集会 / 听证会

公众集会和听证会可能是公众参与最常用的形式。在许多情况下，法律规定了这些集会应该遵循的程序，但是，各自的形式有很大的不同，其中就包括不同程度的真正的审议。参与的人群可以很广，组织者制定会议议程，决定参会者可以获得的信息。最常见的会议形式包括专家给听众做一个或多个陈述，随后听众提问，这样就限制了讨论的范围。有时这种会议被称为“市民大会”。

利益相关者参与

在有些情况下，尤其是某一问题长时间存在时，决策者可能会成立半永久性的“利益相关者”顾问小组，他们代表参与当前事件所有的关键人员。这些小组可能会定期会面，要求他们在决策制定和与受影响群体沟通方面起到关键作用。与这些群体有关的主要危险在于，利益相关者可能无法充分或适当地代表他们声称支持的群体的利益。有人担心利益相关者会被组织者吸纳过去，或者这种形式本身会使重要议题脱离公众的范围，从而降低外界的关注。

审议论坛

在21世纪初涌现了许多不同的审议论坛，如公民陪审团、共识大会、规划基层组织等。非政府组织如全民开讲（America Speaks）和国家议题论坛（National Issues Forum，NIF），也在组织审议中扮演重要角色。组织者有时包括政府，但许多其他类型的组织已经采用了审议的思想来促进公民辩论。不同的名称和组织者的存在，说明了涉及审议程序的事件形式各种各样，有些审议程序（如公民陪审团）要历时好几个月，有的一天就能结束。正如之前提到的，审议性参与与非审议性参与的区别在于：强调对话以及控制权转移给参与者。经过最初的情况介绍后，要求参与者提出他们认为需要增加信息和专家证明的方面。从实用的角度来看，希望把议程控制权交到参与者手中通常意味着，这样的活动仅限于组织者从众多申请者中选出的一小部分人群。这些参与者通常需要负责完成用于公众传播的某种形式的报告或共识声明。但有些非政府组织可能为了参与者自身的利益举行审议活动，这与政策程序没有直接的联系。

撰 稿 人：John C. Besley

另请参阅：Citizens Jury；Consensus Conference；Deliberative Democracy；Deliberative Polling；Town Hall Meetings

参考文献

[1] BEIERLE T C，CAYFORD J. Democracy in practice：Public participation in environmental decisions [J]. Washington，DC：Resources for the Future，2002.

[2] GASTIL J，LEVINE P. The deliberative democracy handbook：Strategies for effective civic engagement in the twenty-first century [M]. San Francisco：Jossey-Bass. 2005.

[3] MCCOMAS K A，ARVAI J L，BESLEY J C. Linking public participation and decision making through risk communication [M]//R L HEATH，D H O'HAIR（Eds.).Handbook of crisis and risk communication. New York：Routledge，2008：364–385.

[4] RENN O，WEBLER T，WIEDEMANN P M. Fairness and competence in citizen participation：Evaluating models for environmental discourse [M]. Dordrecht，the Netherlands：Kluwer Academic，1995.

[5] ROWE G，FREWER L J. A typology of public engagement mechanisms [J]. Science Technology& Human Values，2005，30（2）：251–290.

Public Health Service, U.S. 美国公共卫生署

美国公共卫生署（U.S. Public Health Service，PHS）对公共健康传播起着非常重要的作用。该机构的建立可以追溯到1798年，当时美国国会（U.S.Congress）通过了约翰·亚当斯总统（John Adams）签署的《患病和残疾海员救助法》（Act for the Relief of Sick and Disabled Seamen）。一年后，该法案适用对象拓展至在美国海军服役的人员。这两项举措表明人们认为商业海员和海军的健康是国家经济和国防利益不可或缺的。后来被称为海军医院服务部（Marine Hospital Service，MHS）的宗旨在近百年间一直保持，基本不变。

根据历史学家约翰·L. 帕拉斯坎多拉（John L. Parascandola）的观点，海军医院服务部存在一系列问题，从而导致了1870年的重组和集中化管理，一年后任命约翰·梅纳德·伍德沃斯（John Maynard Woodworth）为首位督导医生［后被称为美国卫生部（U.S.Surgeon General）部长］。直到1879年去世，伍德沃斯才离任。他为重组系统创建了军队模式，要求医生穿着制服，授予他们类似军队的阶衔，组建专职队伍，根据事件可以派往系统内部不同的医院。最后于1889年以立法的形式成立了美国公共卫生署服务军团（U.S. Public Health Service Commissioned Corps，PHSCC）。作为美国穿制服提供服务的机构之一，现有卫生专业人员6000多人，服务在健康护理的相关领域。

最早负责监督的卫生部部长伍德沃斯认为，海军医院服务部的职责不应只是满足商业海员和美国海军对健康和医疗的需求，毫无疑问，当今美国不断增长的健康和医疗需求证实了他的这一看法。不断增长的需求推动国会采取行动，如1878年的一项早期案例，在密西西比山谷肆虐的黄热病致使约2万人死亡。那年国会颁布了《国家检疫法案》（National Quarantine Act，NQA），规定了海军医院服务部检疫隔离疾控中心的职责。

海军医院服务部疾病防控的责任不断扩大，很快它就有权在美国东西海岸和美国－墨西哥边境到达点对新移民进行医学检查了。到目前为止最大规模的检查发生在纽约的埃利斯岛。约70%的新移民从那里进入美国境内。数量如此庞大的移民导致只能采用外观医学检查的方式，移民排队依次通过时衣服上会留有粉笔的印迹。据美国医学协会（American Medical Association，AMA）一家伦理杂志的报道，有些入境的决定更多的是依据他能否满足国家对不熟练劳工日益增长的需求，而不是他是否患有“讨厌或危险的传染病”。

海军医院服务部这一名称于1902年更改为公共健康和海军医院服务部（Public Health and Marine Hospital Service），1912年又更名为公共卫生署。两度更名说明了其在公共健康领域不断扩大的使命，包括影响人类健康的疾病和系统，如工业卫生、农村卫生条件、污水处理和航道水质污染。

第一次世界大战给公共卫生署服务军团带来了新的挑战。有的医生被派去了军队，大部分则负责保证军队的要塞、基地以及附近的社区没有疾病发生，包括性传播的疾病。而工业战争则再次强调了工作场所的健康和安全需求。1918年，公众健康官员面临1918—1919年的流感大暴发，军队进一步加剧了这场灾难性的流行疾病，因为军队与其他人群密切接触，将这一致命的疾病传到了其他国家。

根据帕拉斯坎朵拉的历史记载，公共卫生署的工作领域在战后继续扩大，包括了麻风病防治，联邦监狱系统的健康和医疗条件建设，土著印第安人的健康、心理健康和滥用药物问题防控。1935 年的《社会保障法》（Social Security Act）使得公共卫生署建立了美国国家和地方健康部门体系，并且一直延续到今天，提供了广泛的公共卫生创新和服务。

但需要注意的是，1932 年，美国公共卫生署联合塔斯克基学院（Tuskegee Institute），发起阿拉巴马州梅肯郡男性奴隶未治疗梅毒的研究。研究涉及 600 名贫穷的黑人，其中 399 人患有梅毒。患有梅毒的人并未被告知，也没有得到治疗，包括服用标准的治疗药物盘尼西林。这项研究原本计划持续 6 个月，但一直延续到媒体的报道并引起全国公愤后才于 1972 年得以终止。学术研究和大众媒体认为，按照《华盛顿邮报》（*Washington Post*）健康栏目编辑的话来说，这项研究就是一场"医学种族歧视"。人们认为这也是为什么许多非洲裔美国人不相信并拒绝参加公共卫生项目、类似艾滋病药物的治疗以及医学研究。

第二次世界大战期间，公共卫生署继续扩展其服务，那时由医生组成的传统队伍中已经增加了牙医、护士、医学研究者、其他健康护理专业人士和工程师。在那之后的数十年发展中，出台了一系列立法法案，并对管理和项目做出了改革，包括 1968 年和 1995 年两次重要的管理重组。

如今，公共卫生署归属于美国卫生与公众服务部（U.S. Department of Health and Human Services，HHS），该机构主要负责保护国民的健康。美国卫生部部长担任公共卫生署服务军团的负责人。

如今，服务军团的健康护理专业团队服务于美国和全球许多与健康相关的联邦机构，参与应对过 2004 年印度尼西亚的海啸和地震以及 2005 年发生在美国的卡特里娜（Katrina）和丽塔（Rita）飓风。军团如今的使命体现了它的历史变革：迅速而有效地对公共健康需求做出回应，在公共健康实践中起主导作用，推进公共健康学科的发展。

撰 稿 人：Bonnie Bressers

另请参阅：Research Ethics，Overview；Surgeon General，U.S.

参考文献

[1] BATEMAN-HOUSE A，FAIRCHILD A. Medical examinations of immigrants at Ellis Island [J]. Virtual Mentor，2008，10（4）：235–241.

[2] PARASCANDOLA J L. Public health service [M]//G T KURIAN（Ed.）.A historical guide to the U.S.government. New York：Oxford University Press，1998：487–493.

[3] TRAFFORD A. The ghost of Tuskegee [N]. The Washington Post，1997–05–06（A19）.

[4] U.S. Department of Health and Human Services：www.hhs.gov.

[5] U.S. Public Health Service：www.usphs.gov.

Public Relations and Science 公众关系与科学

“公众关系”一词与流行文化中的欺骗以及推销和宣传等简洁有力的行为联系在一起。如果许多调查和轶事证据都具有欺骗性的话，我们为什么还会认为它在科学传播中起作用呢?答案就是本词条科学的公众关系的主题。

作为一个开篇的概述，拒绝或排除之前提及的公众关系的认知并不容易，但公众关系学者能够也确实在推崇这样一种观点，即公众关系是一门专业的学术型学科，能帮助组织进行规划、定位、实现共同的社会责任，构建互利的关系，并为一个良好运行的社会做出努力。为了实现这个目的，公众关系能推动人们接受科学尝试，认识其合理性，有资金支持，并且传播科学的发现和争议。这一点通过风险管理和传播的讨论能得到充分证实。

公众关系也可以定义为包括规划、研究、宣传、推广的管理功能，以及帮助机构倾听、欣赏和恰当回应个人和群体的合作决策，而后者正是机构在努力实现其使命和愿景过程中需要培养互利关系的对象。在解读该定义时，我们要记住科学，重点关注机构如何以及为什么想或需要与重要的市场、受众和公众进行关于科学和科学发现相关事项的沟通。

企业可能需要销售产品。科学是产品品质的一个主要部分（直接或间接）。产品是否在某些方面有害？是否含有有害的成分（如铅）？是否有副作用？是否像促销信息声称的那样有效？产品是药品还是儿童的玩具？科学能帮助消费者明白自己遇到的风险，这些风险或吸引他们使用或使他们远离某种产品。在反对现有环境政策、鼓励大幅度变革的积极分子组织的公众传播活动中，科学也发挥了作用。不只是企业，激进的非政府组织和政府机构也参与公众关系，他们利用科学程序和发现来丰富议题讨论、告知公众和个人政策。各种组织，包括非营利性倡导团体、政府机构和健康医疗公司以及其他商业机构，都利用公众关系的策略、技巧和工具开展了基于科学的公共健康活动。

根据这个框架，我们可以从一般的公众关系讨论发展到研究公众关系如何利用科学，以及科学家又如何利用公众关系来与重要的市场、受众和公众进行沟通。开展这些讨论的基本原则就是一个有力的论点，即社会自己组织起来对风险进行综合管理、创建机构以及开展对话来实现目标。传播、文化、机构、伦理和科学都是讨论社会合理管理风险的关键点。与这一概念以及危机风险传播研究和实践相关，一些思想流派得以形成，从而形成了一个完整而复杂的研究与实践群体。讨论的核心是风险、危害和益处三者之间科学和文化的平衡，也就是这个艰巨的问题所要表达的：多安全才是足够安全?

了解风险的方式

风险评估和传播的心智模型对科学提出了一个问题：应该掌握哪些事实以及该如何解读这些事实？这种风险的思维范式认为，科学非常细致地从伦理的角度全面、精准地解读各种风险，并得出准确的结论。传播在降低知识、理解与认同空缺方面起到了关键的作用，即科学家与普通公众在理解、评价风险以及根据对风险的科学计算来采取行动等方面认同（或不同）的程度。这种风险评估、管理和传播方法的原理集中在科学与普通认知和认同之间差距的大小和原因。各种关于风险产生原因的概念被称为心智模型，科学家和非科学家的心智模型是不同的。这种方法把风险界定为一种概率的评估，能预测风险发生的可能性、程度以及可能的风险承受者。但是，该模型不能预测某种特定的风险会在多大程度上具体影响谁。

风险的感知评估或心理评估会造成并加剧这种认识上的不足。感知框架不仅会带来风险预测的动态结论，还能提示为什么不同的人群在面临不同风险时有不同的反应，这也许和合理的科学完全相反。考虑到这样的解释和个人的选择，人们以积极或者消极的态度看待他们遇到的风险。影响结果的一个因素是出现风险导致污点的可能性。研究者还考虑了其他几个能预测人们对风险反应的变量：导致灾难的可能性、熟悉度、了解程度、不确定性、可控性、曝光的自愿程度、对儿童的影响、对表现的影响、对未来几代人的影响、罪犯身份、恐惧、对机构的信任、媒体关注度、事故记录、公平、益处、可逆性、个人风险和身世。这些因素会导致一国对另一主权国发起战争，如世贸中心被袭后美国发起对伊拉克的战争以打击恐怖主义。在该事件中丧生的人数（3000人）被认为比美国每年死于交通事故的人数（约4万人）更引人注目、更陌生、更失控。因此在这种情形下，风险感知导致了对一国采取行动，难以想象如果该行动针对一项更可能杀害公民的行业的话，情形会如何。

这一矛盾使我们关注了风险的文化解读，这也是学者乌尔里希·贝克（Ulrich Beck）提出的“风险社会”思想的根本原理。风险社会范式的支持者要解决的问题是：为什么不同类型的个人反对不同的风险，并因此来预测不同社会如何组织起来解读和管理风险。关于如何才能实现这一点，一直都存在争议。正如不同的思想流派对整体管理风险有着不一样的看法，对于风险的解读也各异一样。在提出机构而不是个人如何看待风险这一问题时，詹姆斯·坦西（James Tansey）和斯蒂夫·雷恩（Steve Rayner）指出，文化解读风险这一关键导致了人们对风险管理的不同反应。从文化理论的角度来看，风险传播强调意义共享和相互信任，而不是定量信息的准确传递。

这些讨论导致了社会上对风险的扩大化很敏感（不同参与者分享、讨论和解读风险的方式不同，以及在这个过程中有时会夸大风险）。如果得克萨斯州休斯敦的居民连续几天都在观看、阅读和讨论飓风卡特里娜（Katrina）在新奥尔兰引起的危害的话，那么，将来风暴袭击他们所在地时就很有可能反应过度，就像2005年发生飓风丽塔（Pita）那样。制度、解释和评估都是动态的、回应性的，保护和传播社会不同阶层认为对自己，也包括他们认为对他人最有利的东西。

对于每个风险社会而言，最核心的是基础结构，人们通过它们解读和评估风险，并对风险做出反应，根据这样的评价形成社会构建的反应。这种基础结构方法认为，通过不同的方式，在正式和非正式的场合，人们谈论和权衡着各种风险，最后得出的结论可能具有各自的特质并且相互矛盾。有作者提出，行业、政府和非政府组织为了这些目标共同努力，而不是单独作战，这带来了严峻的挑战。很难实现基础结构讨论和决策的公正性。相互竞争的利益和冲突的解释具有分裂的影响，会导致冲突，无论是捏造的还是真实的。有些组织主动地应对风险，有的则是被动地做出反应。在网络覆盖的行为主体中，如行业、政府和激进的非政府组织，无论是讨论、辩论还是单向的传播，都重点关注分析问题以及提出私人和公众领域政策。类似化工制造这样的行业对风险管理有特殊要求，他们采取了社区建议委员会这样的项目来促进社会的参与，就像政府机构要求举行公众听证会一样。

这些关于风险的讨论重点在风险产生的认知参与程度、不确定性、信任问题、风险与收益、风险容忍、控制（负责任的、回应性的、思考性的以及出于正直的品德）、冲突和一致的利益、知识、了解以及恐惧。对话的结果是支持或反对风险源（和提供解释的其他组织），以及风险源能够满足或超出其责任控制风险发生和强度的期望。这些问题可以根据风险承受者、风险制造者、风险缓和者和仲裁者的描述来进行评估。出现风险时，对于有些组织来说就会出现危机，他们的角色和责任涉及风险的伦理和有效管理、减缓和传播。无论是风险还是危机，一旦成为社会对话的一部分，就会导致公众对政策议题的讨论，同时也是该讨论的结果。

到目前为止，本词条对科学与公众关系的关系从宏观社会和概念层面进行了细致描述。接下来的两部分具体涉及单向（从源头到目标）和双向（互动和对话型）的传播。作为讨论的基础，需要记住公众关系会定期使用科学，包括议题之间积极的较量。目前，最好的一个实例就是关于全球变暖或气候变化的争议，包括其真实性、原因（自然的或是人为的/工业引起的）、后果、缓解和适应的最佳途径。公众关系也被用来促进科学，建立私人部门和公共部门科学研究，正如对胚胎干细胞研究的较量一样。公众关系也用在科学应用的较量中，如乔治·威斯汀豪斯（George Westinghouse，如今广泛使用的交流电的倡导者）与托马斯·阿尔瓦·爱迪生（Thomas Edison，直流电倡导者）之间的“电流之争”。将科学发现运用到具体的议题上，这是科学对公众关系的支持，也是环保主义者常用的策略。公众关系传递科学和科学家的声音，人们经常可以看到健康或安全专家受邀在电视新闻节目中讨论某个话题。

单向传播

心理模式方法是公众健康活动的基本原理，采用这种方式时，公众关系就会充当多种传播角色：问题监管、情境分析、相互适应评估、信息和意思翻译以及信息设计，以帮助科学家更有效地与非技术人员背景的公众进行沟通。公众关系的一个作用是帮助有需求的市场、听众和公众获得科学发现，以便做出明智的决定。这些决定包括个人的健康选择（如使用防晒霜）、购买产品（如从众多产品中选出有效而又没有或很少副作用的防晒霜）。这些都是通过专业的传播公布于众的科学内容。

早在现代风险传播设计讨论之初，单向传播的方式就得以充分发展和推广。这些方式适用于风险感知的心理模式和心理动力学。为了建议和引导专业的风险传播，学者凯西·罗文（Kathy Rowan）提出了CAUSE模式。该模式的首字母分别代表了信心（confidence）、意识（awareness）、了解（understanding）、满意（satisfaction）和执行（enactment）。公众健康和安全运动一直都采用单向传播。当资源是一种主要的变量，对话是一种假设的而不是主要的基础时，其战略逻辑重点就在如何使资源更有效地传达和传播。

单向传播的方式主要具有信息设计、媒介选择和战略定位三个特点。例如，公众卫生运动通常针对高危行为和高危人群，他们容易将承担风险当作寻求刺激的一种表达方式。可是具有讽刺意味的是，烟草的警告可能会吸引那些对承担风险采取宽容态度的青少年，他们给其他年轻人做了创新的榜样。通过公众关系战略进行设计和传播的有针对性的信息，其效果取决于是否能调整适应目标听众的心理测量学。

双向传播

双向的科学传播没有具体的时间起点，但在20世纪80年代，随着美国国家研究委员会（National Research Council）发表的《改进风险传播》（*Improving Risk Communication*）而得到了很大的推广。该书重点讲述了风险民主的逻辑和面临的挑战。风险民主认为，受风险影响的人群应该表达他们的观点，更多地了解这些风险（知晓逻辑的社会权利）。这些学术和应用研究的焦点在于对话、基础结构和衍生出的意思。主要包含一些概念，如合作决策、明智的决策，没有因为偏爱某些人而给他人增加风险，尤其是在风险承担者并不知晓或了解该风险时。公众关系已经并将继续在双向传播中起关键的作用，其通常通过社会关系名义进行专业实践。

结　论

公众关系服务于科学，科学指导公众关系有责任的实践。无论问题涉及科学资助政策，还是利用科学帮助市场、受众或公众做出是否购买的明智决策，公众关系都能满足严峻的挑战。它依靠科学发现来传播产品和服务的信息，无论是倡导支持癌症研究还是对环境无害的昆虫控制。通过建立基础结构，培养共同的认知作为合作决策的基础，公众关系能够更好地传播风险。它意识到风险如何产生危机。在这种情况下，科学通常能够提供重要的见解，或者解释为什么决策不能满足社会责任带来的挑战。在问题管理中，危机和风险管理成为公共政策讨论的一部分。在各种对话中，公众关系能应对重大的挑战。

撰 稿 人：Robert L. Heath

另请参阅：Climate Change，Communicating；Psychometric Paradigm；Risk Communication，Overview；Strategic Communication for Science and Technology

参考文献

［1］BECK U. Risk society revisited：Theory，politics，and research programmes［M］//B ADAM，U BECK，J VAN LOON（Eds.）.The risk society：Critical issues for social theory. Thousand Oaks，CA：Sage，2004：211–229.

［2］DONOHEW L，PALMGREEN P，ZIMMERMAN R，et al. Health risk takers and prevention［M］//D ROMER（Ed.）.Reducing adolescent risk：Toward an integrated approach. Thousand Oaks，CA：Sage，2003：164–182.

［3］DOUGLAS M. Risk and blame［M］. London：Routledge，1992.

［4］FISCHHOFF B，SLOVIC P，LICHTENSTEIN S，et al. How safe is safe enough? A psychometric study of attitudes towards technological risks and benefits［J］. Policy Sciences，1978，9：127–152.

［5］HEATH R L，COOMBS W T. Today's public relations：An introduction［M］. Thousand Oaks，CA：Sage，2006.

［6］HEATH R L，O'HAIR H D.（Eds.）. Handbook of crisis and risk communication［M］. New York：Routledge，2009.

［7］KASPERSON R E. The social amplification of risk：Progress in developing an integrative framework［M］//S KRIMSKY，D GOLDING（Eds.）. Social theories of risk. Westport，CT：Praeger，1992：153–178.

［8］MORGAN M G，FISCHHOFF B，BOSTROM A，et al. Risk communication：A mental models approach［M］. Cambridge，UK：Cambridge University Press，2002.

［9］National Research Council.Improving risk communication［M］. Washington，DC：NationalAcademy Press，1989.

[10] PALENCHAR M J，HEATH R L. Strategic risk communication：Adding value to society [J].Public Relations Review，2007，33：120-129.

[11] RICE R E，ATKIN C K. Public communication campaigns [M]. 3rd ed. Thousand Oaks，CA：Sage，2001.

[12] SJOBERG L. Factors in risk perception. Risk Analysis，2000，20：1-11.

[13] SLOVIC P. Perception of risk：Reflections on the psychometric paradigm [M]//S KRIMSKY，D GOLDING (Eds.). Social theories of risk. Westport，CT：Praeger，1992：117-152.

Public Understanding of Research 公众理解研究

虽然“科学”和“研究”两个词很多时候可以交替使用，但有时却有不同的含义。科学通常指确定的知识体系以及通过不带偏见的观察和系统的实验来探索知识。研究指从事研究的活动以及研究的成果。但是“科学”一词通常意味着客观、确定和稳定，而“研究”意味着探索未知的、不确定的甚至可能有争议的领域。科学哲学有许多公认的方法，而研究哲学却只有少数的零散尝试。

公众理解研究和公众理解科学几乎有着相同的含义，但是仍然可以识别出二者重要的不同点。就传播实践和学术研究而言，公众理解研究与公众理解科学的发展相比较落后。在不同语境下公众理解科学有许多不同的含义，公众理解研究几乎没有一个属于自己的固定的含义，经常和公众理解科学按照一样的方法使用。即便如此，人们还是尝试过界定和使用公众理解研究。

有时用公众理解研究来强调前沿研究，也就是在研究界事实和数据存在很大质疑的那些发现，包括涉及研究的社会文化内涵的数据。事物的真相总是存在争议，人们可能会认为这正是科学最令人兴奋的地方。在这一点上，公众理解研究不仅促进了公众参与科学，而且推动了公众对科学研究的讨论。

此外，公众理解研究还可用来凸显重点在研究过程的传播和宣传活动。科学方法这一概念被专门且很正式地界定为用来指代研究科学哲学的途径，相比之下，研究则被认为（在实践中）在技术、方法、流程、方案和程序上更加开放。这样，人们认为对于没有太多科学哲学知识的普通民众来说，公众理解研究能使他们更自在地面对属于科学知识生产的方法和技术的事物。本词条将考察一些公众理解研究的具体创意。

多机构和多媒体的公众理解研究倡议

2000 年，美国国家科学基金会（National Science Foundation，NSF）教育与人力资源董事会策划了一个新的公众教育倡议，涉及与国家科学基金会其他董事会的合作、多机构协作和行业合作。显然，该倡议旨在通过各种媒体平台定期告知公众正在进行的研究。这一举措是为了补充国家科学基金会其他相关的活动，以支持传播研究及传播科学与工程信息的教育与培训。

国家科学基金会－公众理解研究与现行的非正式科学教育和科学素养形成对比。有人认为，这种努力的重点是传达对科学的基本理解，而不是审查当前正在进行的研究。国家科学基金会－公众理解研究是为了通过观察前沿知识形成的研究过程、讨论这些研究可能的应用，观察当前研究的范围。非正式的科学教育通常是事后用简单而理想化的方式呈现已经形成的知识和科学过程，国家科学基金会－公众理解研究则是为了同时呈现研究实际发生的过程，包括挫折、绕弯路、分歧以及新发现与探索新方向可能具有的积极和消极的方面。

为了加强公众理解研究与正在进行的研究之间的联系，国家科学基金会采取了多媒体协作的方式，通过多种不同传播媒体，广泛传播主要研究领域的信息。因为人们一般从多种渠道获取科学研究的信息，所以公众理解研究的教育者和传播者需要相互协作才能共同关注广泛的已经认可的研究领域。这样，公众理解研究不仅能传达给不同的受众，还能为那些不止使用一种传播途径的人提供对研究广度和深度更为深刻的理解。

特别值得一提的是，国家科学基金会－公众理解研究努力让研究者和普通公众参与到新研究的伦理、社会和相关政策内涵的对话中。公众理解研究不是展示已经做出巨大贡献的最资深的科学家，而是向公众介绍更为宽泛的、在不同领域工作的研究者。公众应该能为参与的研究者提供随时的反馈，以确保公众理解研究满足公众的利益需求、解决与公众相关的问题以及大家共同关心的问题。此外，教育者和传播者可以利用公众提供的反馈，评价传播信息的有效性。

博物馆与公众理解研究

在国家科学基金会－公众理解研究项目之前，科学博物馆和科学中心就已经对传播当代研究产生了兴趣。1996 年，伦敦科学博物馆（Science Museum of London）专门针对这一主题组织了名为“此时此地”（Here and Now）的首届国际会议。参会人员包括国际科学博物馆和科学中心的负责人以及其他媒体（主要是电视台、广播电台和互联网）代表。所有参会人员都认为，博物馆需要向新的合作者和新的公众开放才能适应公众理解研究的要求。公共理解研究是博物馆改变其机构孤立和学科惯性、增强与其他公共和商业机构联系的机会。公众理解研究也是使更广泛的公众与研究者和博物馆共同参与科学传播的途径。专注于公众理解研究，博物馆就可以把自己定位为公共场所，研究者和市民可以平等地聚集在一起，从科学的、技术的、政治的、社会的、经济的和道德的角度思考研究现状以及面临的宽泛选择。

“此时此地”举行后的第三年，诺贝尔博物馆（Nobel Museum）和瑞典研究院科学历史中心（Swedish Academy’s Center for History of Science）在瑞典的斯德哥尔摩组织了另一场会议，这次会议被称为“博物馆与现代科学”（Museums and Modern Science）。绝大部分参会人员采取的方式都是从历史的角度和以目标为出发点。有人认为，公众理解研究可以看作科学历史研究的新途径，突出分歧、辩论以及现代科学的社会与伦理内涵，而不是把科学描绘成只用理性方法的纯发展。也有人强调，博物馆需要利用他们收集、保存和呈现物品这一核心能力来解决公众理解研究的问题。

作为国家科学基金会－公众理解研究的一部分，2002 年秋天，明尼苏达科学博物馆（Science Museum of Minnesota）组织了一场名为“博物馆、媒体和公众理解研究”（Museums, Media and Public Understanding of Research）的会议。此次会议首次明确提到了与博物馆相关的公众理解研究。三个一般性的挑战在某种程度上代表了公众理解研究的含义：①从事公众理解研究的人员应该重点关注科学研究中当代的、未完成的以及与社会相关的问题。②他们应该注意研究者实际做研究的过程。③他们应该努力支持公众对话和公众参与。更具体地说，这意味着博物馆和科学中心的教育者需要随时了解最新发展，迅速对现有的展览补充新的材料；他们需要采用可能有益于新目标的新的展示和传播方式；接近相关专家群体时，他们需要应对最新研究议题中那些陌生且不直观的特性。

通过当代科学技术中心（Current Science and Technology Center，CS&T），波士顿科学博物馆一直都在积极地发展新的教育能力。当代科学技术中心的主要特点是展示的舞台，在那里每天都会为家庭、青少年或成人观众提供依靠多媒体提升效果的展览。这样，中心员工就不得不同时扮演多种新的角色：研究者、教育者、新闻工作者、表演者、多媒体制作人以及论坛组织者。话题宽泛，从干细胞研究、天体生物学到纳米技术、人工智能，当代科学技术中心通过不断变化的展示内容、客座研究者讲座、科学剧院、展览、多媒体和网页等展现有新闻价值的科学和技术成果。

撰稿人：Kristian Hvidtfelt Nielsen

另请参阅：National Science Foundation，U.S.；Public Engagement；Public Understanding of Science；Science Centers and Science Museums；Upstream Engagement

参考文献

［1］CHITTENDEN D，FARMELO G，LEWENSTEIN B V.（Eds.）. Creating connections：Museums and the public understanding of research［M］. Walnut Creek，CA：AltaMira Press，2004.

［2］Current Science and Technology Center，Museum of Science，Boston：www.mos.org.

［3］FARMELO G，CARDING J.（Eds.）. Here and now：Contemporary science and technology in museums and science centres［R］. Proceedings of a conference held at the Science Museum，London，November 21–23，1996. London：Science Museum，2000.

［4］FIELD H，POWELL P. Public understanding of science versus public understanding of research［J］. Public Understanding of Science，2001，10（3）：421–426.

［5］LINDQVIST S，HEDIN M，LARSSON U. Museums of modern science［M］. Nobel Symposium 112，1999，Stockholm，Sweden. Canton，MA：Science History Publications，2000.

Public Understanding of Science 公众理解科学

公众理解科学是一种激情、一个问题、一个范式，也是一个谜。对于那些在与非科学家进行科学和技术传播中发现快乐和价值的人来说，它是一种激情；对于那些担心公众对于科学和技术的知晓度远远不够的科学家、教育者和政客来说，它是一个问题；对于那些把它看作精英主义的且对科学和社会其他部分的关系持自私自利观点的评论者和批评者来说，它是一个范式；同样重要的，对于那些在这个领域从事研究、出版和教学的科学传播专家来说，它是一个待解的谜题。

公众理解科学这个短语是非常模糊的。“公众”可能指代各种类别的人群（通常，个人组成的一个团体在其能力范围内充当着公众）抑或是一个以协商性的社会和政治交流的独特形式为特色的抽象空间（如“公域”一词）。而“理解”可能指代各种不同的正式知识或非正式知识，也可能指代许多其他的东西，或多或少与建构密切相关，包括意识、兴趣、专注甚至同情。“科学”可能指代一种或所有的特定科学、基于科学的技术以及科学探索的过程（包括像科学方法这样的理想化事物）。鉴于这个术语中每个词所代表的多种可能性，“公众理解科学”这个合成词引发越来越多的争议也就不足为奇了。

历史回顾

公众传播科学的历史和科学本身一样悠久，但是实质上在第二次世界大战之前人们对公众理解科学并没有明确的关注，同样在20世纪的最后25年之前，这个领域也鲜有组织做过努力。如在英国，著名的自然哲学家和他们的追随者早在17世纪就向普通公众发表演说并撰写科普文章；一些专业的学会，如英国皇家科学研究所（Royal Institution of Great Britain）和英国科学促进协会（British Association for the Advancement of Science，BAAS），于18世纪晚期和19世纪承担起了科普事业。20世纪，专业科学新闻领域开始迅猛发展，但是直到20世纪80年代早期，英国皇家学会（Royal Society）才就这个主题召集了一个工作组，成立了一个委员会，公众理解科学才成为科学共同体认真对待的对象。

与英国的情况类似，这种发展模式也出现在了欧洲、北美洲的一些国家以及澳大利亚。如在美国，第二次世界大战一结束，商业出版商、科学学会、科学记者和政府机构都为了更好地促进公众的理解而迅速地致力于科普的开展。1951年，美国科学促进委员会（American Association for the Advancement of Science，AAAS）发布了一项新的政策声明，声明在该组织的目标中增加了促进“公众”对科学方法在人类进程方面的作用有所“理解和鉴赏”的内容。20世纪80年代晚期，科促会特成立了公众理解科学和技术委员会（Committee on Public Understanding of Science and Technology），自那时开始，这个领域的一些活动迅速地扩展开来。

对公众理解科学的普遍担忧不断上升的指标，是由国家调查机构设立的公众对科学和技术态度研究所提供的。美国国家科学基金会（National Science Foundation，NSF）在20世纪70年代早期将公众理解的常规调查列为其“科工指标”的一部分，几乎在同一时间，欧盟委员会（European Commission）也开始把不定期的调查作为“欧罗巴晴雨表”系列调查的一部分。欧洲第一次开展的大规模公众理解科学全国性调查出现于1987年，它是英国在这个领域的一个大型研究项目的一部分，欧盟委员会在此之后开始采集时间序列数据。此时，很多工业化国家也参与到旨在监测公众对科学和技术的兴趣、知识和态度的民意调查工作中（通常采用的是来自20世纪80年代的英裔美国人的标准化题目）。

早期公众理解科学的拥护者给出了四种被广泛用于支持公众理解科学的理由：①科学理由，表明科学本身能从更好的公众理解中受益——通过聘用激情四射的年轻人到专业领域工作而直接受益，也可以通过随着科学认知事物水平的不断提升出现的政治支持而间接受益。②文化理由，强调科学在提供生活的意义和价值方面的辅助作用，如几乎与创造性艺术的方式类似。③实践理由，指出理解科学的多种效用——在工作场所、在家里、在个人健康及与安全相关的关系方面等。④政治理由，由于科学和很多重要的政策议题直接相关（如能源、卫生保健及国家安全政策），所以这个理由表明公众理解科学需要民主功能的恰当发挥。

科学素养和对科学的态度

有关公众理解科学在特定人群中状况的大多数经验性认知，来自定量的社会调查。这些调查的优势在于它们可以为整个人群提供统计上显著的信息，然而，它们只限于采集可以通过封闭式答题问卷快速获得的信息。纵观所有的发达国家，调查研究揭示了一个相当一致的模式：有相对较高层次的自述兴趣，较低层次的正式知识（如对需要通过学校或大学科学考试获得的知识），并且总体上对科学和技术有相对积极的态度。这种一般化需要严格的限定条件。如自述的兴趣可能反映个人对科学重要性的认知与他们在科学方面的意图行为或实际行为相差不多，或是前者比后者多。而对实际知识的测量很低，那些与科学探索过程相关的问题测量结果一般较高。最后，对科学和技术的态度总体上是积极的，对具体的科学和技术相关议题的态度则更加复杂。

调查研究发现，兴趣、知识和一般态度之间存在密切联系（也就是说，那些更感兴趣的人往往知道更多的科学，并且对科学有更加积极的一般态度）。然而，在兴趣、知识和对科学以及技术相关议题的具体态度方面没有简单的相关性；若存在不同的话，那些有更多兴趣和知识的人往往对具体议题有界定更清晰的态度（无论是积极的还是消极的）。与那些生活在科学和工业较发达国家的人相比，生活在科学和工业都不太发达的国家的人往往总体上对科学有更大的兴趣和更积极的态度。这种后工业化效应也许反映了不太发达国家公众科学认知的志向性特征，以及公众舆论对与科学在较发达的国家的多元应用相关的成本与风险变得更敏感的趋势。

对公众缺乏科学理解的担忧充斥在这个话题的文献中。因而，大量的注意力不可避免地集中在这个问题上，即什么构成了足够水平的公众理解科学？在英语国家，科学家、教育者、社会科学家和文化批评家一般通过引用“科学素养”这个概念来解释这个问题。科学素养一般指公民通过了解科学而具备的在充满复杂科学和技术的世界里更好地生活的能力。话虽如此，评论家对这些东西是什么有很大的分歧。如文学评论家小E.D.希尔施（E.D. Hirsch Jr.）着眼于通用的、普遍共有的知识的重要性；美国政治科学家乔恩·D.米勒（Jon D. Miller）将更大的关注点放在了基本词汇、对科学过程或方法的理解以及对科学在社会中地位的鉴赏这三者的功能性混合方面；历史学家和社会学家通常主张公众对历史社会学家史蒂芬·夏平

（Steven Shapin）所说的“正在形成的科学”进行更好的理解。

美国科促会的“2061 计划”是一个由科学素养的指导观念塑造的公众理解科学项目。“2061 计划”旨在满足孩子们的科学教育需求，他们出生在上一次在夜空中看到哈雷彗星（Halley's Comet）的年代（1986 年），并且有可能活到再次见证哈雷彗星回归地球的 2061 年。根据第一份关键项目报告——《面向全体美国人的科学》（*Science for All Americans*），“具有科学素养的人”应该意识到科学、数学和技术是优势和局限性相互依存的人类事业，理解科学的关键概念和原则，熟悉自然界并且意识到其具有多样性和统一性，为了个人目标和社会目标来利用科学知识和科学思维方式。

现在，为了促进学生在课堂上对科学的理解，“2061 计划”开始提供课程材料和支持服务。另外一个类似的行动是“21 世纪的科学”（Twenty First Century Science），这是一个英国开发的科学课程，目标是满足所有未来公民的需求——那些打算或不打算从事科学职业的人。

对缺失模型的批判

过去的 20 多年来，在普通公众中对人们所认为的低水平的科学素养进行改善的努力备受批评。根据一些社会科学家（以及一些科学家和科学政策制定者）的看法，这种努力被设定在盛行的缺失模型的框架内，根据这个模型，科学和公众之间关系存在的唯一问题就是公众不能利用科学充分地理解事物。人们认为这个框架反映的事情和对当代世界中科学的权威以及公共合法性的担忧相差无几，并且据说它过于依赖一种从科学到公众的自上而下的单向传播策略，这可能特别不适合特殊群体有关特殊科学和技术的需求。

像这样的批评部分是基于从在具体人群中开展的人类学研究和其他研究（主要是定量研究）中获得的见解，这些研究发现它们必须在真实世界里处理科学与技术的问题。抽象的、脱离情境的“书本”知识毫无用处，而这正是科学素养文献的一个特征。相反，它们强调特殊公众在多大程度上把非正式的、高度具体的和高度情境化的知识带入他们与科学和科学家的交流中，以及通过制度上嵌入的科学来体现对相关社会经历的专家观点和建议的特殊态度。如在英国开展的一项针对羊农对 1986 年切尔诺贝利放射性沉降物事件后引入有关限制措施的科学建议的研究中，社会科学家布莱恩·温内（Brian Wynne）发现受影响的普通人展示出了大量且高度相关的“本土知识”，以及对自身社会关系和相互依存性的反省意识。

对公众接受科学的实际情况进行实地调查以及更严格的工具性或功利性的考虑，会降低人们对“公众理解科学缺失模型”的信任度。此外，更严格的工具性或功利主义理由也发挥了一定作用。就像我们看到的那样，许多早期公众理解科学工作的一个主要动机就是试图动员公众支持科学。然而，意想不到的是，20 世纪 80 年代末 90 年代初的实践性公众理解科学项目的迅速扩散恰巧与发达国家很多地方出现的对科学和基于科学的决策越来越多的公众质疑同时出现。面对公众对科学信心的持续恶化，很多公众理解科学从业者开始质疑这种单向的、缺失模式的传播的有效性。确实，整个 20 世纪 90 年代，在有关公众理解科学的很多专业讨论中，信任（或者说缺乏信任）的议题迅速地取代了知识（或者说缺乏知识）的问题。对这个议题的重构使得对双向传播的理解优先于态度，甚至多元的传播优先于单向的传播，科学家和公众之间相互理解的建立要优先于在非科学家中培养科学素养。缺失模型非常迅速地被科学和公众之间关系的对话模型取代了。

这种变迁的一个明显指标是术语的变化，即从公众理解科学到公众参与科学。如 1999

年，英国上议院科学委员会（U.K. House of Lords Science Committee）拒绝把它开展的科学与公众之间关系的调查称为公众理解科学的一种努力，相反更倾向于使用科学与社会这个更温和的术语，以此命名的报告被认为是在欧洲建立了公众参与科学的对话模型。五年后，科学与社会这个术语也被英国政府选定为讨论科学的公众维度的政策题目。这个政策文件不遗余力地避免为公众理解科学这个短语做任何的背书（甚至是使用），而更偏好"对话"和"参与"这样的词语。早在一年前，美国科促会的首席执行官艾伦·莱什纳（Alan Leshner）就在宣布设立美国科促会新的公众参与科学技术中心（Center on Public Engagement with Science and Technology）的过程中表达了类似的情感。

然而，还不清楚从公众理解科学到公众参与科学的修辞的变化是否与实践的变化相匹配。实际上，很多早期的公众理解科学活动强调了科学家和公众之间对话的重要性，相反，今天在公众参与科学这个旗帜下发生的很多事情与10年或者20年前在公众理解科学旗帜下发生的类似活动在本质上难以区分。从某种程度来说，这个领域是时尚变迁的牺牲品，但更重要的是，公众理解科学仍然是一个把很多相关的兴趣结合起来的广泛运动。那些关注基础教育的人不太可能放弃公众理解科学这项事业，就像那些关注民主参与的人不会放弃公众参与这项事业一样。鉴于在全球不同文化情境中发挥积极作用的其他议程，只有一件事是确定的，那就是对科学公众维度的关心长存。

撰 稿 人：John Durant

另请参阅：American Association for the Advancementof Science（AAAS）；Public Understanding of Research；Royal Society；Science Indicators，History of the NSB Project on

参考文献

[1] American Association for the Advancement of Science.Science for all Americans. Oxford，UK：Oxford University Press，1990.

[2] House of Lords Select Committee on Science and Technology. Science and Society，3rd report [R]. London：Author，2000.

[3] LESHNER A. Public engagement with science [J]. Science，2003，299：977.

[4] LEWENSTEIN B. The meaning of "public understanding of science" in the United States after World War II [J]. Public Understanding of Science，1992，1：45–68.

[5] Royal Society of London.The public understanding of science（Report of a Royal Society ad hoc group endorsed by the Council of the Royal Society）[M]. London：Author，1985.

[6] SHAPIN S. Why the public ought to understand science-in-the-making [J]. Public Understanding of Science，1992，1：27–30.

[7] WYNNE B. Public understanding of science：New horizons or hall of mirrors? [J].Public Understanding of Science，1992，1：37–43.

Public Understanding of Science（Journal）《公众理解科学》（杂志）

《公众理解科学》（*Public Understanding of Science*）是关注科学与技术公众传播这一广泛领域的学术杂志之一。该杂志于1992年首次出版，定位于国际视野（最初几年，杂志的论文摘要以英文、法文和西班牙文发表），概念指向不拘一格。根据美国科学信息研究所（Institute for Scientific Information，ISI）的跟踪调查，该杂志的影响力一直高居同类杂志榜首。

20世纪80年代，随着公众理解科学这一领域的发展，《公众理解科学》杂志得以创刊。在那之前，该领域的研究只是零星地出现在各类杂志上。有的刊登在类似《科学》（*Science*）与《自然》（*Nature*）这样的科学杂志上，其他的则刊登在该领域分支的一些期刊上，如《舆论季刊》（*Public Opinion Quarterly*）、《新闻季刊》（*Journalism Quarterly*）和《馆长》（*Curator*）。随着研究者越来越直接关注科学传播，难以在学术论坛上相互交流就变得更加明显了。在网络普及和电子期刊盛行之前，除了共有的杂志，学者们几乎没有其他交流观点的途径。

1985年英国皇家协会（Royal Society）发表了其颇具影响力的报道《公众理解科学》，随着一系列研究项目的展开，这一问题变得更加突出。科学历史学家约翰·杜兰特（John Durant）当时已经在伦敦帝国学院（Imperial College London）担任公众理解科学的教授，同时也在伦敦科学博物馆的科学传播部门任职。他在全球招募了一支编辑团队，1992年1月，该杂志推出了创刊号。杂志宣布将致力于涵盖科学、技术、医学与公众之间关系的“所有方面”。杂志宣布其感兴趣的议题包括公众理解和态度调查、感知、大众表象、科学和半科学信仰体系、学校中的科学、科学教育和科普历史、科学与媒体、科幻小说、科学游说、展览的评价性研究、科学信息服务、对科学的抗议（所谓的反科学）、发展中国家的科学以及“合适技术”。总之，是一个宏大的议题。

一系列的“启动视角”讨论缩小了关注点。这些讨论的绝大部分都针对同一个问题：普通公众应该了解的科学技术知识中哪些是合理的和必需的？这个问题的规范性本质到了后来才越来越清楚，正如潜在的社会力量问题一样。到底谁来决定大家“应该”知道什么内容呢？在正规的学校体制外该由谁来执行这些“应该”的内容呢？杂志上给出的答案各不相同，从科学界到公共政策制定到当地社区再到个人。在随后的10年间，虽然很多使用这两个术语的人没能明白真正的参与意味着权力从科学界完全转移，但还是经常提及缺失模式与参与模式之间的区别。杂志成功的关键在于它回答了这些问题。在它发行的最初15年里，10篇引用率较高的文章中有5篇讨论参与和权力的问题。引用率最高的文章是社会学家布莱恩·韦恩（Brian Wynne）在杂志发行第一年发表的《误解误会》（*Misunderstood Misunderstandings*）。文章认为，“公众对科学的接受”与公众对科学的信任度及科学的信誉密切相关，因此与社会关系密切相关，每个因素都涉及具体的利益，并与公众参与模式相容。但是“引用率最高”的榜单上再往下的两篇就是政治科学家乔恩·米勒（Jon Miller）发表的《科学素养测评》（*Measurement of Civic Science Literacy*，1998）。文章详细阐述了如何测评和解释科学知识与态度，这一视角完全是基于缺失模式提出来的。

杂志刊登的大部分文章都涉及公众与科学在不同场景下互动的案例研究，包括基因咨询、疯牛病、气候变化、纳米技术和其他有争议的社会与科学议题。还有许多文章也探讨了科学新闻实践、科学博物馆实践以及新兴的技术，如科学商店和共识会议。

在学术界，一些杂志因为采用了特殊的研究途径或研究问题而知名。但到目前为止，《公众理解科学》一直在努力避免采用这一方法。一位编辑说，杂志在方法上可以是包罗万象的，而另外一位编辑强调了杂志跨越学术传统和国际社会的重要作用。由于该杂志的"跨学科关注"，在科学信息研究所《杂志引用报告》（*Journal Citation Reports*）所追踪的杂志中一直跻身"科学历史与哲学"杂志的前五位。当然，正是它的跨学科性，也要求它是一份经常位列前十的"传播"杂志。该领域其他的杂志，如《科学传播》（*Science Communication*），也采用了类似的模式，充分显示了科学公众传播领域广为认可的重要性。

撰 稿 人：Bruce V. Lewenstein

另请参阅：Deficit Model；Public Engagement；Public Understanding of Science；Royal Society；Science Communication

参考文献

[1] BAUER M. Editorial [J]. Public Understanding of Science，2009，18（4）：378–382.

[2] DURANT J. Editorial [J]. Public Understanding of Science，1992，1（1）：i.

[3] EINSIEDEL E. Editorial [J]. Public Understanding of Science，2004，13（1）：5–6.

[4] LEWENSTEIN B V. Editorial [J]. Public Understanding of Science，1998，7（1）：1–3.

[5] WYNNE B. Misunderstood misunderstandings [J]. Public Understanding of Science，1992，1（3）：281–304.

Recombinant DNA 重组 DNA

重组 DNA（rDNA）是一种通过分子生物技术将不同的 DNA 序列组合在一起的人造 DNA。科学家首次使用人造 DNA 技术是在 1973 年，斯坦利·N. 科恩（Stanley N. Cohen）和他的同事发表了一篇论文，详细论述了分离和放大基因或 DNA 片段并将其注入细菌的技术。从有机体中分离出来的基因可以转移到另一有机体并正常运行，这一发现为生物学的进一步重大研究，尤其是为研究基因以及它们在活体里的生化过程中的作用打开了大门。基因转移技术在制药和食品行业具有重要的应用价值，这已经成为日常生活的一部分。在不同类型的活体中使用基因重组技术并由此产生了变异个体，围绕这些变异个体展开的议题也提供了分析日常生活中的科学进步、科学与普通公众的关系和科学与社会中传播的作用的契机。

基因特征被人为地进行改变的植物、动物和微生物被称为转基因生物。这一技术的另外一个常用术语是基因转移，遗传转换则是形成这种生命形式的过程。被转移的基因被称为“外源基因”，与“内源基因”区分开来，后者通常指自然存在于宿主基因组中的基因。重组的 DNA 分子可能来自从不同生物体分离出来或新合成的 DNA 片段，它们通常不会同时出现。因此，重组 DNA 有时也被称为嵌合体的重组 DNA。嵌合体是一种神话物种，身体由不同的动物部位构成。

技术层面

通过限制性内切酶将 DNA 序列切成片，从而得到重组 DNA。限制性内切酶是源自细菌的天然的剪刀，能够按照分子链精准位点（限制性内切点）来切分 DNA，每种酶的切点不同。得到的基因组片段可以重新组合在一起，通过重组反应形成新的结构，过程中要加入源自微生物的自然的重组酶类。限制性内切酶的发现是生物学尤其是基因工程中一项重要的突破。发现限制性内切酶的科学家维尔纳·阿尔伯（Werner Arber）、丹尼尔·纳森斯（Daniel Nathans）和汉密尔顿·史密斯（Hamilton Smith）在 1978 年获得了诺贝尔医学奖（Nobel Prize for Medicine）。自 1970 年该研究小组首次发现限制性内切酶后，人们研究了超过 3000 种限制性内切酶，如今约 600 种酶在进行 DNA 改造和操作的实验室中被固定使用。

能够进行开（启动子）关（终止子）切换的外源基因具有特定的序列，能够让它在宿主细胞（核糖体结合）中运行，转换到新的有机体后，外来基因便可以对重组蛋白进行遗传编码。

应　用

过去十多年进行了几个基因组序列项目，

旨在了解不同微生物、植物、动物以及人类的基因组结构，识别其基因，研究过程中获得了大量的数据。接下来就是运用这些基本的知识来了解基因的功能，以及DNA重组技术交互（功能性基因组，除了实验室和基于计算机的分析），将DNA序列转移到活的有机物中，更有利于进行更广泛和可靠的分析。基于基因转移的功能性基因组已成为当今基因研究最具前景的领域之一，尤其在微生物和植物方面。

在医学领域，人类起源的许多基因已经成功转移至大肠杆菌、酵母和哺乳动物细胞培养菌，生产出很多人类蛋白质。治疗糖尿病的胰岛素是美国食品药品管理局（U.S. Food and Drug Administration，FDA）批准的首个使用重组DNA技术的商业健康医疗产品。目前约有100种以此方式制造的产品用于人类医疗，包括血友病A型和B型男性患者的遗传因子、人类生长荷尔蒙、治疗贫血的红细胞生成素、甲状旁腺素、几种单株抗体、干扰素和白细胞介素及治疗免疫缺陷和在移植或化学疗法后可以使用的其他因子。

基因工程也被广泛地运用到食品行业中，利用微生物生产氨基酸、蛋白质、淀粉及糖类产品，作为加工助剂和最后成品的成分。如今，借助于重组DNA技术生产添加剂、维生素、鲜味剂以及防腐剂的生物技术方法已经取代了之前的化工生产方法。生产奶酪、面包、烘焙食物、酒精饮料和果汁的行业是该技术的主要使用者。

动物饲料也包含植物成分，如大豆、玉米、油菜籽、棉籽、小麦、黑麦和燕麦，这些植物中都植入了其他基因，可能含有由基因改造的微生物提炼出来的添加剂和酶。为了克服传统遗传改良的局限，植入植物的基因具有了新的特性，如抵抗疾病或昆虫、质量或营养价值提升、产量提高、抗旱以及对除草剂有耐药性。经过基因重组的还有人类消费的普通的植物，如草莓、西红柿、玉米、大豆、水稻、芥花和棉花。近年来，转基因植物也被用来生产制药的材料。

转基因动物在疾病抵抗力、营养价值以及生长速度等方面具有优势。某些动物可以作为人类器官移植的来源，“生物制药”动物可以用来制造类似胰岛素的药品。荧光鱼是一种体内含有水母荧光蛋白质而发出鲜艳荧光的斑马鱼，荧光鱼是第一个人们可以公开购买作为宠物的转基因动物。

风险感知

重组DNA出现之后，紧随其后的是许多科学家开始担忧所运用的技术和取得的进步的能力。他们问自己这些会给人们的生活带来什么样的影响。最主要的担心是重组DNA可能会无意中产生危险的新生物，从而威胁公众健康。1975年，在美国加利福尼亚州阿西洛马举行了著名的重组DNA阿西洛马会议，科学家讨论了他们的工作对社会的影响。他们对风险进行了细致审查，认为风险很小，并且提出了指导方针来管理新的科学知识。这次会议是科学与社会历史上的里程碑，成功地获得了公众对科学界的信任，增强了共识，使科学家能继续开展重组DNA技术的研究。科学界当仁不让地承担起了责任，除了这个道德正确的行为，媒体的参与也是使公众产生信任而不是怀疑的关键。

但是，公众对重组DNA风险的争议一如既往，牵涉了直接利益相关者和一般社会民众。全世界范围内都存在这样的担忧，虽然不同的洲不同的国家质疑的程度相同。调查表明，通常对于基因用于医学目的的担忧要少些，而在食物中利用重组技术的争议很多。研究显示，基因工程风险感知并不直接和科学知识水平相关，而与提议创新的重大意义、效用的印象、对倡导者的信任以及伦理道德感等有关。

人们一致认为，生物技术切分和重组不同物种DNA的能力是一种不合适的行为，会导致变异的重组有机物。令人吃惊的是，无论在科学上是否可能实现，这种担忧被描述成各种不同的动植物杂交生物体，发表在媒体和网络上。其中草莓 - 鱼怪兽就是转基因技术反对者提出的最流行的反转基因有机物标志之一。

我们的文化以不同的方式，一直在传达着科学创新所导致的社会担忧。大卫·柯南伯格（David Cronenberg）1986 年执导的电影《变蝇人》（*The Fly*）中，男主人公和苍蝇的基因组在一次草率的科学实验中被重组。同样，在山姆·雷米（Sam Raimi）2002 年执导的《蜘蛛侠》（*Spider-man*）中，主人公无意中被基因改变的蜘蛛咬伤后发生了变异。两部影片都展现了人与动物 DNA 重组所带来的惊人的变化。有趣的是，两部影片都是翻拍的 20 世纪 50 年代和 60 年代的电影，那时公众对科学的担忧主要集中在物理研究的创新上。

爱德华多·卡克（Eduardo Kac）被誉为转基因艺术之父，转基因艺术是一种利用基因工程来连接艺术、科技和社会的艺术形式。他的代表作之一于 1999 年 9 月在奥地利林茨 O.K. 当代艺术中心（O.K. Center for Contemporary Art）展出。《创世纪》（*Genesis*）中的一句话鼓励人类高于自然的至高无上的权力：让人类支配海上的鱼类、空中的飞禽和地球上每个生命吧！翻译成 DNA 编码区序列就是合成“艺术家基因”，然后移植到细菌里。在艺术画廊里，参观者可以打开紫外线灯扮演上帝，制造细菌中真实的生物变异。

结　论

社会对重组 DNA 技术应用充满担忧，这恰恰证明了这是该领域研究进一步发展的关键。只有全面了解重组 DNA 技术风险感知的各种理性和感性问题，才能在科学和社会之间建立良好的沟通。技术需求及对社会担忧的意识之间正确的平衡也是科学界的关键。让技术改进与普通公众的并非技术角度的担忧保持一致，便可实现这一平衡。如通过采用同一物种的基因转移（基因内方法）而不是不同物种的基因（转基因方法），从而减少外来基因物质的影响。

重组 DNA 技术采用的术语以及术语的使用和误用都是非常重要的方面。恰当的术语对于缜密的科学方法、科学知识和技术进步以及普通公众的意义解读都是至关重要的。例如，“基因转移”可能比“基因改造”更加合适，后者强调的是“改变本质”这一含义。

撰 稿 人：Lucia Martinelli

另请参阅：Agricultural Biotechnology；Asilomar；Food and Drug Administration，U.S.；Synthetic Biology and Genomics

参考文献

[1] BARINAGA M. Asilomar revisited：Lessons for today?［J］. Science，2000，287（5458）：1584–1585.

[2] LORENZET A，NERESINI F. Science，risks and social representations. The IPTS reports，European Science and Technology Observatory［EB/OL］. http://ipts.jrc.ec.europa.eu/home/report/english/articles/v0182/SCI2E826.htm.

[3] MARTINELLI L，MARIN F. A trans-disciplinary approach to face the plant gene transfer technique：From laboratory to society［M］//F MOIFINO，F ZUCCO（Eds.），Women in biotechnology，creating interfaces. Dordrecht，the Netherlands：Springer，2008：277–284.

[4] MYSKJA B. The moral difference between intragenic and transgenic modification of plants［J］. Journal of Agricultural and Environmental Ethics，2006，19：225–238.

Religion, Science, and Media 宗教、科学与媒体

科学和宗教代表了理解世界的主导世界观和明确的方法论。科学和宗教之间的关系虽然复杂且常常被误解，却是在社会讨论和考察中从未停止过的课题。在某些历史时期，宗教和世俗间只存在微小的差别。而在其他的时期，这些观点的不同声音受到压制，引起公开争论，有时，还引发科学家和宗教领袖间的剧烈冲突。在调查期间迫害科学家，封锁天文学家伽利略（Galileo）的声音，反对进化论的教育（1925 年的特定范围内）就是其中的例子。

科学和宗教的关联有一个沟通的维度，如果不去关注信息的传播和准确性，是无法理解的。媒体如何描述科学与宗教，对公民来说是非常重要的，因为他们要去选择和试图理解这个更大的社会。

历史背景

在时间的长河里，对科学和宗教之间的关系的感知是不同的。例如，在古埃及，神处于文化的中心，实际上生命的所有方面都与宗教有关。虽然如今人们要划分他们的生活，将宗教和世俗领域区分开来，古埃及却没有做过这样明确的划分。化学的一个用途是在寺庙里保存尸体以使去世的人能够进入来世。工程是用于建设宗教建筑的，如寺庙、金字塔、方尖石塔和狮身人面像。同样，早期希腊的医学领域是有宗教目的的。像埃及人一样（他们在古希腊之前就如此），古希腊人也把他们的研究与发现归功于对神的崇拜。

到了启蒙运动时期，科学和宗教间的区分才变得明显起来。启蒙运动既是一个历史时期，也是一个社会运动，这一时期产生了科学方法和现代大学，产生了基于于理性的世界观，直接挑战以宗教为主导的思想。当市民极力要去适应未来的竞争时，这种对抗把新的重点放在沟通上。

由于活字印刷术的产生，人们想了解科学和宗教的愿望与日俱增。当书籍的利用成为可能时，对宗教与科学联系的研究更加紧密，提供了新的机会和选择。艾萨克·牛顿（Isaac Newton）的著作《自然哲学的数学原理》（*Philosophiae Naturalis Principia Mathematica*）和丹尼斯·狄德罗（Denis Diderot）的著作《百科全书》（*L'Encyclopédie*，1751—1772）为人们提供了新的观点。托马斯·霍布斯（Thomas Hobbes）的《列维坦》（*Leviathan*）和让－雅克·卢梭（Jean-Jacques Rousseau）的《社会契约》（*The Social Contract*）等政治著作也起到了相同的作用。巴勒斯·斯宾诺莎（Baruch Spinoza）的著作向宗教权威提出质疑，而戈特弗里德·莱布尼茨（Gottfried Leibniz）则试图同时接纳精神和科学。

18 世纪晚期和 19 世纪早期，由于宗教激进主义者基督教传道人担心现世主义侵蚀的影响，科学与宗教的联系问题再次登上美国的中心舞台。如果科学思想想要削弱宗教的价值观或质疑《圣经》（*Bible*），科学思想就会遭到怀疑。

在当代社会，宗教与科学之间的联系是以不同方式显现的。1990 年的冲突型文化战争为更为宽泛的科学和宗教描述让路。虽然对艾滋病的防御、干细胞研究和学校里进化论的教学等问题的激烈争论一直在持续，并被宣传，但现代媒体也传递多样化观点。美国皮尔论坛（Pelv Forum）的数据显示，大多数的美国成年人在一定程度上尊重科学，而其余的仍然热衷于各种传统信仰。因此，一些媒体机构，如《每周宗教和伦理学》（*Religion and Ethics Newsweekly*）的有线电视节目就试图平衡地介绍宗教与科学的关系。

由于当代媒体在对科学和宗教的描述时没有一个独立的主导观点，一些学者就使用了后现代的这一术语。如流行电影就代表了诸多观点。根据卡尔·萨根（Carl Sagan）的原著改编的电影《接触》（*Contact*）和电影纪录片《宗教的荒谬》（*Religulous*）将宗教中信奉正统基督教的人描绘成无理反对科学发现的人。但是电影《THX1138》《少数派报告》（*Minority Report*）和《我，机器人》（*I Robot*）就描述了现代机器和技术进步的危险。其他的一些电影或许少了一些陈词滥调，但是把问题留给了观众去解答。这类的电影包括《千钧一发》（*Gattaca*）、《黑客帝国》（*The Matrix*）和《银翼杀手》（*Blade Runner*）。

当今时代，伪科学的兴起模糊了科学和宗教的界限。不明飞行物就是其中一例，它是一种新时代的宗教、占星术和神秘学。因特网是一个企图将以前各自独立的域名综合起来的产物。宣称具有相容性的伪科学企图绕过科学方法的实验和应用这一必经之路。虽然有拥护者提出这种综合现象会引出新的技术，科学家却确切地识别出很多风险，指出伪科学会导致对世界的虚假猜想。从科学沟通的角度看（在科学沟通方面）伪科学的流行引发了一项新挑战，在公众的平台上，这些对科学的替代主张（声音）强烈地挑战着科学，其中一些直接对传统科学的权威性提出质疑。

多样化视角

现在的宗教对科学还没有形成统一的观点。相反，科学家对宗教的职能和相关性却持有一致的意见。然而，不同的观点在媒体上没有被清晰地传递，而一些新闻报道又常常过分简单化或夸大这些观点的差异。这里有三个关于宗教和科学关系的主要观点，它们还没有被充分地注意。

第一个观点是相融性。其认为科学与宗教是和谐融洽、可以互补的。佛教赞成这一观点，很多的自由新教也持相同的观点。这一观点在过程神学中有具体阐述，或者说所有自然发生的事情都具有神的目的。这个观点的基础是阿尔弗雷德·诺斯·怀特黑德（Alfred North Whitehead）的著作，它认为神的指令与自然规律之间存在着一致性。过程神学已经在犹太教中找到这一观点的出处，并受到众多犹太教祭司的布教。

第二个观点是不相容性。此处两个观点同时容纳于一个对立的环境中。例如，史蒂文·哥德堡（Steven Goldberg）的著作《科学的诱惑》（*Seduced by Science*）认为，基于信仰的声音应是公共话语中至高无上的。另外，理查德·道金斯（Richard Dawkins）的著作《上帝的迷思》（*The God Delusion*）认为，宗教的特性总体上是与科学和社会不相关的，是对科学和社会有害的。不相关性的观点通常与几个宗教派别的宗教激进主义分支有关联，如保守派新教、福音派教义和伊斯兰宗教激进主义等教派的分支。然而，这些团体的观点各不相同，如福音派教义根据对进化论理论的不同观点而被划分开来。宗教激进主义通过科学发现去证明某些宗教信仰的理由。

第三个观点是认识到科学和宗教的不同，它们各自独立，但也承认彼此的价值。历史上科学家包括宗教信徒和非信徒。伽利略做出了伟大的科学贡献，但他也尊重教堂的道德作用。牛顿既是科学家又是神学家，而阿尔伯特·爱因斯坦（Albert Einstein）宣称他是一个宗教非信徒。这种分离的观点也存在于一些宗教大学。那些学校开展宗教教育和活动，同时开设科学课程，包括自然世界的方法研究。如巴黎圣母大学（University of Notre Dame，天主教）、杨百翰大学（Brigham Young University，摩门教）和贝勒大学（Baylor University，浸礼会教）。

关于科学和宗教关系的这些观点为什么没有得到充分研究，是一个日益引人关注的话题。新闻媒介因其过于简单的报道遭到批评，正在努力去改善对这一主题的报道。鉴于科学和宗教是一个复杂的领域，要细致和准确地报道二者之间的关系就具有挑战性。要炒作话题或特意制作某些具有轰动效应的话题，由于财政压力使得这项任务变得更加困难。

出于上述原因，一些组织如宗教新闻记者协会和世界科学记者联合会对媒体专业提供资源和教育计划。他们的目标是，对于重要的哲学、价值观和思想的相互作用这一话题做出具有实质性对话的报道。

公众眼中的问题

不少问题使宗教与科学的关系成为当下关注的热点话题，如环境保护主义，学校中进化论的教学和宗教对健康的影响。环境保护都是科学家和宗教领袖关注的问题。蕾切尔·卡逊（Rachel Carson）的著作《寂静的春天》（*Silent Spring*）出版发售后，引起了社会对生态问题的广泛关注。20世纪70年代关于新出现的能源危机的新闻报道同样引起了社会对生态问题的广泛关注。到20世纪90年代，科学界和宗教界共同组织了关于环境窘迫状态的公众讨论。1997年，在《数十亿计》（*Billions and Billions*）中，卡尔·萨根呼吁各宗教教派联合起来，参与阻止环境污染的发生和对资源的过度使用。

例如，在很多犹太教和基督教的传统中，有一个关于地球的悖论，这是一个科学家和新闻记者都难以完全把握的点。这个普遍的但不一定无处不在的悖论基于这样一个观点：一方面，地球是神圣的，必须给予保护；另一方面，地球又是应为个人所利用和为神的目的所服务的。这个主张的基础是《圣经》的教诲：地球的精神应得到尊重，但是又必须为人类的利益所用。社会上对这一观点的看法很不一致，一些人强调保护，另一些人则侧重于尊崇神的意志。然而，很多基督教徒和犹太教徒拒绝所谓尊崇神就意味着滥用环境的观点。

在东方哲学中，神明和自然的关系是没有二元论观点的。佛教主张世间万物相克相生、相辅相成。一个人若要照顾自己，也必然会尊重和保护自然。印度教对环境的观点尊重所有的生物，因为灵魂通过生命的再生浮现在任何一个生命形式上。所有的生物都有灵魂。由于这个原因，素食主义是一种常见的现象。包括万物有灵论哲学，美国本土宗教也认为精神存在于自然中间，并不仅限于人类。神道是日本的本土宗教，也主张这一观点。

环境保护主义作为一个科学和宗教关联的元素，是一个对新闻记者来说具有挑战性的报道领域。要做好这个专题的报道需要具备良好的有关比较宗教的应用知识，掌握新科学的趋势和发展动向。

也许宗教和科学之间最剧烈的冲突是关于公立学校的进化论教学的争论。有一个事件可以说明这一冲突，即1925年的斯科普斯案（Scopes Trial）。在美国民权同盟（American Civil Liberties Union）的帮助下，田纳西州高中教师约翰·斯科普斯（John Scopes）为他有权在科学课的教学中教授进化论而争辩。能言善辩的律师克拉伦斯·达罗（Clarence Darrow）在法院和新闻界都成功地为这场争论做了辩护，在混乱的教条争论和革新论之间做了选择，但这场关于在课堂上教授进化论的争论至今仍然存在。

1996年，田纳西州议会想引入立法规定：进化论只能作为理论进行教学，同时必须给予神创论同样的关注，或对于神在数千年前就创造了世界的信仰给予关注。虽然这一法案并未奏效，但是接下来的争论证实这个文化冲突是根深蒂固的。自1996年起，限制教授进化论的争论在数个州都有耳闻，包括北卡罗来纳州、佐治亚州和俄亥俄州。辛西娅·麦丘恩（Cynthia McCune）2003年对田纳西州的这场争论的研究指出，双方的参与者在向公众公开立场方面都产生了影响。

随着智能设计的引入，这个争论达到了新的复杂程度。进化论的反对者试图用一个脱离过去的标记、不含六天创世界的宗教激进主义定义的、更为广泛的概念来替代神创论，从而扩展相关的争论。智能设计的一般论点是宇宙的复杂性使人类起源的智能设计成为必然，而不是需要一个自然进化的过程。这场争论在理论界和学术界都有支持者，虽然2006年由贾斯汀·马丁（Justin Martin）、凯·特拉梅尔（Kaye Trammel）、达芙妮·兰德斯（Daphne Landers）、珍妮·瓦鲁瓦（Jeanne Valois）和泰瑞·贝利（Terri Bailey）所做的研究指出，新闻报道倾向于把智能设计说成是宗教而非一个科学概念。

智能设计争论的这一现象说明，一场关于科学和宗教的公开争论随着时间的推移扩大了它的维度和复杂性。要向公众解释这场公开辩论，记者需要熟悉科学和宗教两方面的概念。智能设计的兴起表明主要参与者以新的方式把科学和宗教的语言结合起来。

公众对宗教与健康的关系的理解很难厘清，这是一个从科学数据中可以归结不同结论的领域。这些问题的中心在于宗教行为与改善精神和身体健康之间是否有着主动性的关联。宗教中典型的要求就是通过宗教承诺减少酗酒、吸毒和压力。因此，关于祈祷、《圣经》学习研究和参加一个宗教团体能够减少精神障碍，加强某些疾病的预防意识等论据就被提了出来。

然而，很多医学从业人员对上述实例持怀疑态度，他们认为宗教有时也是下列事件发生的原因：拒绝救助生命的治疗，不去看医生，父母不接受给孩子注射疫苗。一些研究报告了一种功能失调关系，指出宗教信仰与自杀、低寿命预期和早孕的更大风险有关。

医学与宗教之间的联系显然是两个必须仔细考察的存在矛盾证据的领域。为了使国民能够从猜想中分辨出有效的结论，新闻工作者必须越来越熟练地比较和判明各种诉求中使用的方法。

结　论

科学与宗教的关联是复杂的，不容易简单地还原成单纯的范畴或做简单的区分。关于二者之间的理想关系有多种观点，它不仅存在于宗教派别中，也存在于科学领域内。要总结这些关系并展示给公众，记者必须不断地提高解释科学数据的技能，掌握各种理论的细微区别。在当今社会，信息资源无处不在，选择呈现多元化，那么科学和比较宗教学很可能都将继续成为新闻报道中的重要内容并备受关注。

撰 稿 人：Daniel Stout

另请参阅：Creationism；Galilei，Galileo；Intelligent Design in Public Discourse；Pseudoscience；Sagan，Carl

参考文献

[1] COWARD H.Pluralism in the world religions：A short introduction [M]. Oxford，UK：Oneworld Publications，2000.

[2] LINDBERG D C，NUMBERS R L.（Eds.）. God and nature：Historical essays on the encounter between Christianity and science [M]. Berkeley：University of California Press，1986.

[3] MARTIN F D，TRAMMELL K D，LANDERS D，et al. Journalism and the debate over origins：Newspaper coverage of intelligent design [J]. Journal of Media and Religion，2006，5（1）：49-61.
[4] MCCUNE C A.Framing reality：Shaping the news coverage of the 1996 Tennessee debate on teaching evolution [J]. Journal of Media and Religion，2003，2（1）：5-28.
[5] MCGRATH A E. Science and religion：An introduction [M]. Oxford，UK：Blackwell，1999.
[6] REDONDI P.Galileo heretic [M]. Princeton，NJ：Princeton University Press，1987.
[7] STANNNARD R.（Ed.）.God for the 21st century [M]. Radnor，PA：Templeton Foundation Press，2000.

Reproductive Medicine 生殖医学

生殖医学是关于生殖问题的诊断、处理和预防的医学领域。生殖医学要解决的问题有：性教育、安全性行为、妊娠、生育控制、不孕、绝经和影响生殖系统的疾病治疗，包括通过性传播的疾病和内分泌疾病。生殖医学的医生一般都受过产科和妇科的训练，他们是经过解剖学、内科学、生物化学、内分泌学和病理学训练的医生。

与生殖医学有关的问题在各种形式的媒体上都有广泛的报道，包括电视新闻、时事新闻报道、报刊文章、电视纪录片、互联网教育和意见论坛。这些报道的主题常常是存在争议的话题。曾经，美国很多的媒体报告都传播苏莱曼（Suleman）八胞胎诞生的故事和同性夫妇获得辅助生殖技术的事件。

怀孕与节育

当一枚女性配子（卵母细胞）与一枚男性配子（精子）在女性的输卵管结合后，妊娠就发生了。这一过程的医学术语为受精，通常在输卵管的壶状体内发生。一旦配子在受精过程中结合，雄性配子和雌性配子的细胞核就会融合在一起，从而形成一个受精卵。然后当这个新形成的受精卵在输卵管向子宫移动过程中，经历一系列的细胞分裂，即卵裂。受精后 5—6 天，这个胚胎就进入子宫腔，然后将自己植入到子宫内膜壁上。正常妊娠情况下，移植入的胚胎继续在子宫内分裂发育，为期平均 38—40 周。有些妊娠将产生不止一个胚胎，即多胞胎。在发达国家，大多数的妇女将由产科医生或助产士监控孕期。

节育和避孕工具的使用降低了妊娠的可能性。很多形式的避孕工具现在都可使用，一些大家较为熟知的形式有绝育、口服避孕药、子宫内放置避孕工具或隔板以及避孕套。但最彻底的、最有效的节育方式是绝育。绝育方法涉及外科手术，可以是男性的输精管切除术，也可以是女性的输卵管结扎术，这些方法使个人永久性地不能生育。绝育术一般要夫妇双方考虑好不想再要孩子时方可采用。口服避孕药又称节育药丸，在妇女的 21 天和 28 天经期内服用雌激素或孕激素。这种方法通过暂时停止妇女的排卵达到预防妊娠的作用。子宫内避孕器是一很小的塑料或金属片，医生将它放置在输卵管内，子宫内避孕器改变了输卵管的内环境以致受精无法发生，如果妊娠确实发生，就要预防植入发生。隔板是一个带有弹性圈的柔软的橡胶或塑料的杯状物，它固定在子宫颈上，在物理上干扰精子从阴道通过。当与精子被杀死的精液结合使用时，一般可以阻止受精发生。男性避孕套是一个很薄的塑料护套，将它套在勃起的阴茎上，阻止精液射出进而防止精液进入阴道。

非医学的节育方式包括自然的家庭计划生育（又称安全期避孕方法），这一方式的基础是确定所谓的子宫排卵周期的安全期，在安全期内不太可能发生排卵。假如排卵的精确日子因月和因人而变幻不定，这种形式的节育一般无效。

如果担心意外怀孕，使用房事后用的女用口服避孕药（处方用药）也是可行的，既可预防受精发生，也可终止受精卵的植入，这两种情况要视妇女开始服药的时间而定。在有些国家，一种叫作 RU486 的避孕药也是有效的，它可以中止意外妊娠。避孕药通过阻止受体出现在子宫内膜上而使植入的胚胎不着床。子宫内膜脱落后，胚胎也随之失去。围绕着 RU486 的使用引起过一场大规模的公开辩论。

除了男性避孕套，没有哪个所列示的节育方法可以提供对性传播疾病（如艾滋病）的防护措施。此外，迄今开发的每种避孕方法都存在许多缺点。有些可能会产生意料之外的副作用，而另一些被认为是不道德的，甚至在某些国家被认为是不合法的。一些医生已经呼吁开发多种节育方法，特别是针对迅速蔓延的艾滋病。一些科学研究目前正开发新型节育技术，包括男性避孕药的开发、免疫避孕药具、宫腔镜消毒法、杀精子剂、这些都含有抗病毒和抗细菌活动的效用，用以帮助预防艾滋病感染。

不孕症与人类生殖

人类的生殖和妊娠的发生是一个复杂的过程。很多夫妇受孕怀孩子是有困难的，面临着努力受孕、怀上孩子的巨大挑战。据估计，美国有 15%~30% 的夫妇不孕。在人类生殖中发生作用的下列任何一个因素受到损害都会导致不孕，如卵母细胞和精子的健康、输卵管的健康及卵子着床能力等因素。

女性不孕的另外一些原因还有因盆腔炎导致的输卵管阻塞；由于体重过高或过低引发的无法排卵；荷尔蒙不平衡以及性传播疾病，如衣原体被抑菌病。相比于有些病例，这些不孕是可以医治的，既可以外科治疗也可以内科药物治疗。男性不育也是常见的。男性不育的最主要病因是精子计数低，大部分的精子呈异常形态移动。在大部分的病例中，男性的不育是遗传性的。这些男性的生成健康有效的精子所需要的基因信息是缺失的。此外，放射性物质作用，睾丸温度高，损伤、疾病后或化学制剂引发的输精管堵塞都会造成男性不育。

不孕指一对夫妇至少在一年内无法成功地受孕。当输卵管的堵塞不明显，体重又是正常的，那么可以对女性施用两种激素组合治疗，即促卵泡激素和黄体酮激素。已知这种治疗可以产生多发排卵，因此可增加一对夫妇受孕双胞胎的机会。当单纯用激素疗法不能导致怀孕，通常在试管技术中使用的许多方法可以辅助生殖过程。这种辅助生殖技术包括试管受孕、输卵管内配子移植术和人工授精（用丈夫或精子捐献者的精子）。通过现代组织培养方法建立一个模拟人体内环境的液体培养基能够实现辅助生殖技术顺利进行。这种方法也能够使配子和分裂期胚胎在人体外维持生存，并能成功地冰冻和储存这些胚胎。

在试管受孕的过程中，卵巢在促卵泡激素和黄体化激素的共同作用下，引起卵巢多排卵并生成多个成熟的配子。在排卵前将这些成熟的配子取出（通过腹腔检查取出或经阴道取出）。放置于模拟女性输卵管环境的培养液里，卵子可以继续生长。然后，卵细胞与浓缩的精子结合形成受精卵。在培养基中培养2~4天后，将胚胎移入妇女的子宫里。如果胚胎着床成功，就会像正常受孕过程一样，胚胎在子宫内正常发育，妊娠过程继续直至分娩。

基于妇女年龄的原因，试管受孕的成功率一般很低，只有15%~20%的夫妇能够成功怀孕。输卵管内配子移植术可以研发成为一个克服低成功率（如试管受孕）技术的方法。输卵管内配子移植术与试管受孕类似，只是卵细胞和精子在结合后被立刻放置到输卵管内。对于卵细胞和精子不能进入输卵管的夫妇（因为卵细胞在子宫和输卵管之间就消失或精子无法到达输卵管），这项技术特别适用。因为输卵管内配子移植术是只有一个操作步骤的医疗过程，所以费用也低于试管受孕。

人工授精是由医生将精子放置到阴道中。将夫妇自己的精子或匿名精子捐献者的精子人工放置到阴道进行受精怀孕的。有时，夫妇自己的精子和捐献者的精子一起被放入妇女阴道。如果男性的精子数量少，此法特别有效，因为这种方法是在一段时间内将精子集中起来，然后浓缩到足以让卵子受孕的水平。

更年期

年龄在48 ~ 55岁的妇女都会经历更年期，此期间卵巢和子宫的周期停止。更年期开始时，月经周期变得不规律，但是只要还有月经，妇女就还有可能怀孕。更年期常常伴随激素水平的改变，一般会引起身体的不适，包括发热潮红、夜间出汗、疼痛、易怒、头疼、失眠、疲倦和压抑。妇女更年期症状因人而异，不同人之间存在很大的不同。有些妇女呈现一个或多个症状，而有些妇女可能完全没有表现。更年期在40岁之前出现，术语称作早熟绝经。

子宫内膜异位

大约有10%的生殖年龄期妇女患有子宫内膜异位，她们受其影响并感到疼痛。在女性的生殖道内，卵巢和输卵管之间有一个小的开口。有时月经流量的一部分向后带至输卵管，再经过这个开口进入腹腔。然后这种错位的组织将自己植入不同的器官和组织的表面，在这里这个错位的组织作为一个正常的内膜组织生长和发挥功能。这样，身体的其他部位也可以感受到月经的不适。通过腹腔镜直接检查腹腔的器官就能确诊子宫内膜异位。治疗时可用切除子宫内膜植入物，也可用药物限制雌激素的生成，进而停止子宫月经周期，对严重的病例，可行卵巢切除术。

媒体报道中的生殖医学

2009年1月28日，美国妇女纳迪亚·苏莱曼生下八胞胎，全部存活，这是美国报道的第二例八胞胎生育。这个六男两女的八胞胎是通过使用捐献者精子的试管受孕技术受孕的。苏莱曼被植入以前保留下来的体外受精的六个胚胎。这六个胚胎都被成功植入，其中两个胚胎又各自分裂成同卵的双胞胎。八胞胎的诞生引起了各国媒体的广泛报道，开始了对有关的道德准则命题的广泛争论，如将六个胚胎植入了一个已经有了几个孩子、年龄已经35岁的妇女体内这一事件所暗含的道德问题。关于在实施单次体外受精技术时，限制植入的胚胎数目的争论是最为主要的。此外，如果母亲没有工作，更多争论的焦点将集中在纳税人必须部分资助抚养孩子的费用这一事实上。

之后，同样是接受六胞胎试管受孕的夫妇受到大量媒体的关注。虽然大多数开展试管受孕技术的医疗机构并不根据患者的婚姻状况和性取向拒绝为患者治疗，但是一般要求这些医疗中心听从关于严格遵守政府有关同性夫妇取向的指导。有关同性夫妇同样接受试管受孕的问题也引发了广泛争论。

撰 稿 人：Jacinta Sagona

另请参阅：Abortion；Health Communication, Overview；HIV/AIDS Prevention and Communication

参考文献

[1] LARSEN W J. Human embryology [M]. New York：Churchill Livingstone，1993.

[2] SCHWARTZ J L，GABELNICK H L. Perspectives on sexual and reproductive health [J].Current Contraceptive Research，2002，34 (6)：310–316.

[3] World Health Organization. Reproductive health [EB/OL]. www.who.int/topics/reproductive_health/en.

Research Ethics, Overview
伦理学研究概述

科学记者和其他的科学信息的传播者常常把研究中发生的各种道德争论作为报道的主题，或以其他方式回应这些争论，如要求篡改数据，随意对待研究课题等。当研究道德的课题被提出来时，“人类主题研究”的讨论紧随其后也被提了出来。然而，道德研究涵盖了一个更广阔的领域，包括那些涉及人类参与研究或不道德行为表现的问题。研究道德包括构建研究应如何进行的价值观、规章、指导原则和规则。此外，虽然上述观点倾向于研究道德的重点就是关于不当行为的形式，但它不仅限于不当行为。研究道德还要强调研究的更为积极的方面，包括如何更有创造性，如何营造更有学术氛围的环境，以及如何维持公众信誉。

术语“研究伦理”和“负责任的研究行为”常常可以交换使用，但是它们并不总是意味着同样的事情。如在有些教科书里，前者指研究的更加理论化的和哲学化的维度，比如伦理理论在解决一个特别的研究问题中是否有用。从另一方面看，后者的重点放在对研究的承诺的层面，它涉及研究者、管理者和其他人应如何坚持遵守法律、法规和机构治理研究的指导原则。当一位学者使用研究伦理的术语时，多倾向于哲学层面和执行层面两方面都强调。

有几种主要资源可以帮助那些正在努力探索符合道德规范的研究行为的研究者，这些资源包括职业组织、机构指导原则、新闻政策、政府法规以及法律的道德规范。研究行为的伦理学讨论也出现在学术出版物和其他涉及科学交流和公众传播的网站上。

重要的历史事件

虽然没有罗列详细的研究实例清单，但下面的讨论凸显了近几十年的研究行为伦理的实例和事件。对研究伦理的课题的兴趣和增长大部分始于第二次世界大战。一部分源自参与研发原子弹和其他类型武器的研究者的任务。但是对研究道德的辩论更普遍地发生在对纳粹行动的反应事件上。纳粹研究者对人体进行了各种残酷的、痛苦的、常常是致命的试验。这一事件最终导致《纽伦堡法典》(Nuremberg Code)的制定，该法典是一套构建人类主体研究实践的指导原则。《纽伦堡法典》所包含的最重要的道德价值观是在试验开始前必须获取人类参与者的自愿同意。

用于有关人类的研究应遵守的法规和指导方针大部分是在应对美国公共卫生署(U.S. Public Health Service)梅毒研究项目中制定出来的。该项研究是1932—1972年进行的，主要在阿拉巴马州的塔斯基吉科研机构(Tuskegee Institute)实施。该研究道德缺失的表现为：患有梅毒病约399名非洲籍男性既没有获知这个事实，也没有接受医学治疗。虽然研究开始时还没有预防梅毒病的预防治疗，但是盘尼西林已经研制出来，并于1940年开始使用，而它没有被用于这些研究中的患病个体。

梅毒病研究事件之后，联邦政府成立了国家保护生物医学与行为研究委员会(National Commission for the Protection of Human Subjects of Biomedical and Behavioral Research)。1979年，委员会发布了《贝尔蒙报告》(*The Belmont Report*)，该报告强调在开展受试人研究的实验时，坚持尊重人、行善、公正的道德原则的重要性。简单地说，尊重人就需要信守一个有自主能力的人要决定他或她的生命的决定。行善涉及保护其他人的利益。在这份报告中，公正涉及的理念是研究的利益和责任应该公平分配。根据《贝尔蒙报告》中的伦理观点，政府颁布了一套被称为共同原则的法规，它规范对联邦(政府)资助受试人研究资金的使用。大学或其他类型的机构的审查委员会的授权是用于保证研究人员须遵循“共同原则”和其他的受试人研究的法规和指导原则。

至于对受试动物的研究，检查这一类型工作的很多基础设施已于20世纪70—80年代建立和完善。一个主要的发展是要求联邦政府资助的机构都设立一个动物照料和使用委员会(Institutional Animal Care and Use Committee, IACUC)，该委员会的责任是检测动物受体研究。设立这一机构的一部分原因是为了回应一些有争议的研究，如宾夕法尼亚州立大学(University of Pennsylvania)实验性头部损伤实验室(Experimental Head Injury Laboratory)所进行的研究，在这里，研究人员对动物头部故意施暴损伤。原则上，一般认为由研究获取的知识应帮助研究人员更好地理解头部创伤的自然后果。但是，当关于宾夕法尼亚头部创伤研究的信息传达至公众时，众人皆知实验中的动物并不总是以被尊重的方式对待的。

20世纪80年代中期，一个与公众道德观相关的事件引起了学术界、联邦政府和大众媒体的注意，主要是因为它涉及诺贝尔奖(Nobel Prize)获奖者大卫·巴尔迪莫(David Baltimore)。巴尔迪莫和他的一位同事特丽莎·伊玛尼西－卡里(Thereza Imanishi-Kari)共同执笔一篇文章，该文重点是一项长期的研究不端行为调查。博士后玛格特·奥图尔(Margot O'Toole，该实验室研究员)声称她的老板在做本文提到的研究时不当地处理了数据。好几个联邦政府部门，包括国家健康机构(National Institutes of Health，NH)、国会(U.S.Congress)和秘密的服务机构，都有调查该事件的责任。1996年，一个政府委员会澄清了伊玛尼西－卡里(Imanishi-Kari)的不当行为，认为她虽然可能很粗心，但是没有研究不当行为的罪行。

1989年，国家健康机构出台了一项政策：申请训练补助资金的研究者需要解释受训者是如何接受关于负责任的研究行为的教育的。国家健康机构的建议涵盖面较广的研究主题，如人类受试者研究、动物受试者研究、利益的冲突和数据管理。同样向国家科学基金会(National Science Foundation，NSF)综合研究生教育和研究培训项目(Integrative Graduate Education and Research Traineeship，JGERT)申请资金的研究者需要说明如何向学生教授负责任的研究行为这一科目。

虽然大多数引起全国新闻注意的明显的研究不当行为的案例发生在生物科学领域，但是简·亨德里克·薛恩（Jan Hendrik Schön）的案例清楚地说明了错误行为在非生物学领域里也是存在的。薛恩是贝尔实验室（Bell Labs）以前雇用的一名物理学家，1998—2001 年有过不少不同形式的研究不当行为。贝尔实验室发现了他的行为后，他受到了一家国内委员会的调查，之后被雇主解雇。这个委员会发现舍恩没有遵守关于研究记录的要求，还在很多不同的场合制造或创造数据。在不当行为被揭露后，薛恩发表的文章，包括在《科学》(*Science*）与《自然》(*Nature*）上发表的文章都被重新审查。

引起全球广泛关注的另一个案例涉及黄禹锡（Hwang Woo Suk），一位韩国科学家，从事干细胞和克隆技术的研究工作。他和他的同事试图克隆人类细胞，发表文章声称他们已经成功地实现了这一目标。但是 2005 年有材料揭露他的工作存在很多瑕疵，包括一些出版文献含有捏造的数据。他已被其雇主首尔大学（Seoul National University）解聘。此外，据称他还贪污研究资金，有报道称他可能强迫女性同事捐献卵子为他的研究所用。

研究伦理学领域的主题区域

由于研究伦理的定义在一定程度上有所不同，相应的主题区域也被认为局限于各自的范围内。有一种选择主题的方法是由研究诚信办公室（Office of Research Integrity，ORI）提出主题，此法影响很多研究机构的研究合规性和研究道德计划。研究诚信办公室隶属于美国卫生部（U.S. Department of Health and Human Services），该部的主要服务职责是监察美国公共卫生署资助的研究项目中的不当行为。该机构规定在研究行为领域内简要规划出如下 9 个基本区域：①动物福祉。②实验室科学。③利益和承诺的冲突。④数据的获取、管理、分享以及所有权。⑤受试人。⑥导师和受训者的责任。⑦同行评议。⑧出版责任与责任作者。⑨研究的不当行为。虽然这些资源研究中心核心区的重点常常关联到研究合规性，但与研究伦理学的内容有很多重叠部分。

关心动物福祉的一个关键点是决定在试验中使用一个特殊物种的动物是否合理。其他相关的问题有：是否可以使用一个不太复杂的物种、利用如计算机模拟之类的形式替代实验是否合适等。

在与其他研究人员共同工作的协作科研领域出现了伦理问题。例如，当需要分享实验设备时，学生可能会因为使用设备而产生争论。另一个例子是在不同机构就职的教授共同开展工作时可能会对发表数据的时间有不同意见。在整个研究团队的意见达成一致之前就发表数据可能会引发伦理问题。

利益和义务的冲突涉及对是否履行了专业职责的关注。简而言之，利益的冲突指两个或多个相互冲突的利益可能影响人们专业判断客观性的情况。尽管已经有关于金钱对决策影响情况的关注，但利益冲突未必都有经济性利益成分。

义务的冲突指两项或多项义务可能会影响个人充分完成专业任务的能力。例如，一位担任实验室主任的教授如果还想创办一家新公司的话就可能会面临义务的冲突。在这种情况下，如果时间不足以完成两项工作，那么教授在学术机构中的职责与其在新公司中的角色之间就会出现义务的冲突。

在数据采集、管理、分享和拥有这一领域的伦理问题包括：谁可以获得数据？如何决定哪些数据可供发表哪些数据不可公开？在电子数据库或实验记录本中记录数据的正确方法对研究人员而言也很关键。关于数据所有权的问题包括研究人员或其雇主是否能从研究项目中获得知识产权。

人类主体研究的焦点在于，当人作为受试

者参与试验时要确定应如何对待他们。研究者及其他相关人员应该考虑的一个关键伦理问题是，如何确定每个决定参与研究的人的同意书是通过正确方式得到的，其中包括对研究的利益和风险的清晰阐述。

在指导员 / 实习员的职责中应说明研究者在其职业生涯不同阶段应承担的任务。例如，指导员的职责包括尊重实习员并对其工作要求给出清晰的描述。相应的，诸如本科生和研究生等实习员应以诚实的态度按时完成工作，并且避免浪费实验室资源。

当涉及资金和出版时，同行评议应包括评审系统中所有人的责任。例如，刊物编辑人员需要选择拥有相关专业知识的评审专家来审查交来的稿件。与此相关的是，评审者应该只审查其能力范围之内的稿件或建议书，并尽可能给出客观的评审意见。

考虑出版及相应的作者责任时应考虑的伦理问题有：为项目作出了贡献的研究人员应如何共享出版的名誉。例如，可能有人会问，一个负责收集数据的本科生的名字在研究成果发表时是否应该出现在作者之列。更为深入的问题是，作者的一个主要责任是遵循刊物的发稿策略，而这有可能包括要披露相关的利益冲突。

学术不端行为是一个专用词语，指违背科研诚信的、玷污名誉的并且可能破坏公众信任的行为。总体而言，联邦法规和管理机构的政策定义了三种形式的学术不端行为：捏造、弄虚作假和剽窃。捏造指在未开展相关工作的情况下虚构或报道数据，例如，以欺骗方式提供数据，以期证明研究结论比实际更为可信；剽窃指将他人工作以本人名义提交。

对上述几个方面并未给出一个详尽无遗的清单，这些只是关于科研伦理问题的文章、对话和争论中的一些典型观点。

科研伦理方面的新议题

除了上节提及的问题，在科研伦理方面还有许多新话题，包括专业主义、研究人员的社会责任和双重用途考虑。

关于专业主义，其总体的、首要的因素是开展某类特定研究是否符合其特定专业的定义。例如，一些学者质疑研发人类克隆技术是否符合生物制药工程专业的伦理定义。

关于研究人员的社会责任，主要指研究人员是否有责任关注其研究可能给社会带来的伦理、政治和社会影响。例如，机器人技术的发展可能改变社会的工作模式，因而对于研发此类技术的研究人员是否应该意识到这种可能性也有争议。

“双重用途”一词有多种定义方式，但其主要关注点是同一知识或技术在应用中可能存在有益和有害两种情况。例如，病毒感染人体的研究既可能产生医药治疗的结果，同样也可能有危险的用途。

简而言之，当伦理研究者的定义不断变化时，科研伦理的范畴也在不断发展。研究者个人及研究机构将继续面临层出不穷的、与其研究相关的伦理挑战。

撰 稿 人：Jason Borenstein

另请参阅：Institutional Review Board；Public Health Service，U.S.；Science and Engineering Ethics；Scientific Ethos

参考文献

[1] Committee on Science，Engineering，and Public Policy，National Academy of Sciences，National Academy of Engineering，and Institute of Medicine.On being a scientist [M]. 3rd ed. Washington，DC：National Academies Press，2009.

[2] MACRINA F.Scientific integrity: An introductory text with cases [M]. 3rd ed. Washington, DC: American Society for Microbiology Press, 2005.

[3] SHAMOO A E, RESNIK D B. Responsible conduct of research [M]. 2nd ed. Oxford, UK: Oxford University Press, 2009.

[4] WHITBECK C. Ethics in engineering practice and research [M]. Cambridge, UK: Cambridge University Press, 1998.

Resource Mobilization 资源调动

科学传播工作者有时会将公众注意力引向一个问题，改变公众观点，或引发（抑或让公众简单地理解）社会行为。资源调动是出自社会学的一个观念：当一个人或组织将金钱、朋友、知识或其他的物质用于发起某些事情时，上述行动才会产生。社会充满了潜在的资源（经济、社会和文化资源），虽然不一定会均匀分布。此外，不是每个人都有能力和知识去有效地利用这些资源。资源动员提供了一个理论框架，让我们可以研究社会运动、政府机构和大众媒体如何创造、维持和挑战社会结构，同时，对于科学传播工作者而言，资源调动提供了一个有用的概念，有助于其了解为什么有一些问题能转化成为公开辩论的主要议题，而其他的问题则普遍被忽视。

资源动员是更大型活动过程中的一个阶段，是为组织一项活动或引发一个事件必须产生的一个过程，如组织一次抗议集会反对原始森林的砍伐。第一，在参与者中间对形势必须有一个一致的意见。如果意见不统一，很可能组织起来的团体会分裂或逐渐消散，发起的初始能量也会丧失。第二，参与者必须愿意付出时间和精力去应对形势。每个人都可能认为砍伐古老用材林是一个坏主意，但是如果没有一个人愿意在寒冷的细雨中站到推土机的前面，或写信给当地报纸的编辑，就不会有希望从一个更大的选区内产生能扭转趋势的反对意见。

第三个组成部分是动员合适的资源对建议行动提供支持。如果每个人都同意写信给编辑但是没有人有时间去将此事坚持到底，那么就等同于他们的资源在这次斗争中无效。在记录中已经支持这个项目的某出版物的编辑可能仅发表一封来自反对者代表的信，如果真是这样的话，这个木材公司就会认为没有人明确表态反对砍伐，就是没有人关心此事。最后的因素是该群体必须能够将自己与其他的群体区分开来或保持距离。如果一个团体（组织）决定使用看起来类似于其他组织［很可能是一个更受到认可的国家集团，像绿色和平组织（Greenpeace）或奥杜邦（Audubon）］的标记或策略，潜在的盟友就可能认为他们自己的努力（包括资金赞助）将被输送到对应的更加知名的团体，结果就会是一旦自己的资源被消耗殆尽，当地组织无法维持任何一种集体行动。

如上所述，这里谈的基本有三种类型的资源：经济、社会和文化资源。经济资源通常被认为是钱和财富。俗话说钱能买到爱情（你想要的东西）、政治地位和媒体广告（后两者似乎没有第一个那么精确）。如对食品辐照的研究发现，一家有辐照食品的公司可以有足够的经济资源去获取地方媒体的注意［如刊登一篇标题为“辐照食品公司从当地雇用500名新雇员”（“Food Irradiation Company Set to Hire 500 New Employees from the Local Area”）的文章］，或者能够威胁从媒体机构撤资广告赞助，不再支持媒体，又或者安排会见当地的记者，把标题放在显著的位置［如制造一个事件让记者采访食品和药品管理当局（Food and Drug Administration），发言人用中性的语言讲述辐照的历史］。钱还可以收买好的律师，或者当诉讼受到威胁时用现金直接解决。

虽然钱是重要的，但是个人和团体也能够去寻找其他的社会资源来塑造他们在新闻中呈现的方式。一个公司的董事长可以与这个城市的市长和地方政府的代表成为朋友，或许与他们在周末去打高尔夫球，可以利用打高尔夫球的时间去分享（探讨）关于地方报纸的意见。一些政府发言人可能在他们职业生涯的某一阶段当过记者，反之亦然。

这样的社会和职业的关联说明社会资本对媒体所要报道的内容具有潜在的影响作用。记者一般通过他们的工作来发展其他形式的社会资本。他们常常依靠朋友、家庭成员、过去的资源、其他事件或其他记者来为可能的新闻报道出主意。还有一个便捷问题，当记者需要满足截稿时间要求时，对熟悉的资源采访通常更容易一些。当政府机构和行业利益寻找人为他们代言时也是这样做的。有些组织（企业或公民维权团体）寻找可信任的人代表他们发言。

第三种可用于动员的资源是文化。文化资源的概念在一定程度上指理解一部分社会系统是如何运作的，不管那个系统是大众媒体、法院、政府机构，还是流动的杂货店。职业活动家（维权者）知道什么可以制造一个好的新闻故事。活动家以及商业利益者可以提醒记者举办吸引媒体注意的活动。例如，在路易斯安那州举行的反对食品辐照的游行示威以人们穿着牡蛎外衣（牡蛎是新奥尔良等地区的文化美食的一部分）为特征，参与者讲述什么是新鲜的海鲜食品，这是路易斯安那州经济的主要部分。谈论牡蛎是当地经济的声音，可能对一名想在晚间新闻中填补消息的记者有用。

政府机构和行业团体也利用文化资源推进他们的议事日程。包括为记者提供便利采访，参加他们的终稿审核，以及为他们提供办公场地。在国际领域，让驻不同国家大使馆的成员创造一个文化资本形式，可以较容易地收集东道国的信息，加强与本国的协商。在这种环境下获得经济和社会资源可能特别有帮助。

一些学者将文化和象征性资源分开，这对于理解如何将社会事件变为新闻特别有用。文化资源也可以是获取的地位，如受教育程度。获取哈佛大学（Harvard）学位的人可能被认为比其他只有一般小地方的大学学位的人更有资格做科学家和代言人。血统关系也许能提高可信度，无论对记者还是受众。反过来，这种现象在确保面试结果方面也同样有效。一位在大学工作的科学家在一个学期里必须要完成写作、发表文章和教授两个班课程的任务，他也许没有时间与地方刊物的记者交流，但会很高兴与有更高声望和有较大发行量的《纽约时报》（*New York Times*）的记者对话。另外，象征性资源意味着有能力以一定的方式动员一定的象征事物代表自己或自己的事业。宣称在渔猎金枪鱼时不应捕杀海豚是一回事，但是实际上显示金枪鱼捕捞活动中伤害了海豚的照片和视频会产生更大的影响。

动员资源并不是成功的保障。就获取媒体关注来说，很多集团都能够获得报道，只是发现他们可能被描绘成疯子或报道内容与全部事实脱节。经济利益也会阻碍调动信息的扩散。

有一个故事涉及一个关注全球抵制活动动向的组织。一名来自《今日播报》(*Today Show*)节目的记者与该组织取得联系，她特别想报道最大的对抗美国公司的抵制活动。该记者被告知，就财务损失来说，最大的抵制活动是对抗通用电气公司（General Electric，GE）的活动，因为它与持种族隔离政策的南非政府有密切的关系，而《今日播报》节目在NBC上通用电气公司出资赞助的时间段内播出，所以该记者说她必须给节目组回电以确认能否播出，在打完电话后，她表示决定转而访问第二大的抵制活动，这个抵制活动是针对耐克公司（Nike）的。最终《今日播报》节目的报道是关于鞋子的故事，而不是关于通用电气公司的工业产品。

抵制活动本身是一个大规模资源调动的有趣案例，常常是由很少的团体组织的。这些团体抵制一切东西，可能因为工作质量低下而抵制食品和服装，也可能因为研发武器而抵制相关的电气公司。对于试图改变社会面貌来说，开展抵制活动的组织因其松散特性只能起到非常微小的作用。有些团体通过与互联网用户签约试图突破这个限制，这样他们就能将抵制通知直接发送到个人邮箱，然后引导个人消费者将抵制信息发送到目标公司或机构。这种方法被用到电子邮箱服务中，达到迫使公司关闭其系统的目的。鉴于目前社会对电子通信的依赖，这种干扰对业务非常不利。

资源调动对想在社会环境内改变或挑战现状的任何团体都是重要的，对那些想维持业务现状的企业也是重要的。17世纪中后期，第一个印象派画家利用社会和文化资源获得进入巴黎沙龙的资格。如果不去联系那个时期其他已经成名的画家，或了解沙龙是怎样组织的话，那么现代世界就不可能了解马奈（Manet）、莫奈（Monet）或塞尚（Cézanne）的作品。在像纽约这样的大都市里的低收入居民，通过开展活动集中他们的经济资源，联合在一起是能够迫使出租协议变更的。

最后，如果团体或个人在某些方面缺乏资源，也可以创造出来。显然筹集资金是创造经济资源的主要策略。但是，社会和文化资源通过持续的教育和意识竞赛也能创造出来。一些团体如抵制酒驾妈妈，常常利用无辜死亡的案例宣传其动机；首选安全食品组织（Safe Tables Our Priority，STOP），利用因消费了被大肠杆菌污染的快餐食品汉堡而致死的儿童死亡案例，去游说采用更加严格的食品规则和法则。这些新闻报道使人们团结起来去争取更多的社会和政治关注。资源调动在社会环境中是一个积极的过程。

撰 稿 人：Toby A. Ten Eyck

另请参阅：Actor-Network Theory；Agenda Setting and Science；Public Relations and Science

参考文献

[1] BAGDIKIAN B H. The media monopoly [M]. 4th ed.Boston：Beacon Press，1992.

[2] LANGMAN L. From virtual public spheres to global justice：A critical theory of internetworked social movements [J]. Sociological Theory，2005，23：42-74.

[3] PIVEN F F，CLOWARD R A. Poor people's movements [M]. New York：Vintage Books，1977.

[4] PUTNAM R D. Bowling alone [M]. New York：Simon & Schuster，2000.

Rhetoric of Medicine 医学修辞

医学与保健在现代人类生活中发挥着重要作用。从出生到死亡，医院和诊所、医生和护士、医疗行业工作人员和保险机构、交替出现的治病专家、药房和健康中心等构成了一个复杂交错的网络，协同工作用以改善民众的健康和福祉。国家健康科学中心（National Center for Health Statistics）的统计数据显示，仅美国就有近 16% 的 GDP 花费在保健医疗上，这说明医学和保健在公民每日生活和国家事务中占有显著的位置。虽然医学是治疗身体和精神的一个专门行业，但是其医疗实践充分依赖于修辞或策略语言才能完成日常操作。通过追踪研究符号的使用来实现医学和健康相关目标的学者的研究工作，本词条回顾了修辞对医学的重要性。研究反映了医学修辞和有关医学的修辞如何促进医学专业身份的形成、促进医疗保健的协调，以及促进生物医学知识的产生。

修辞学研究及其对医学的作用

修辞学艺术的研究和实践有着古老的历史，并已更新修正并为现代社会所用。虽然修辞学的正式教学可以追溯到古希腊，但许多古代文化的零散资料为提高演讲的有效性和艺术性提供了训诫。即便如此，修辞学的起源常常与 5 世纪古希腊哲学家的教学有所关联，当时的哲学家建立了劝说的原则，它传遍了当时的罗马帝国，形成了西方修辞学传统的大部分基础。修辞学通常被假想为市民艺术，用于法庭、集会及公共节日中的游说，因而修辞学就成为一种为了达到某种效果而使用的语言。希腊 - 罗马修辞学传统为分析医学修辞提供了丰富的词汇。其中“契机”是在合适的时间发言的概念，“气势”是适当回答争论的概念，“气质”是特定的感动促成听众的信仰和行动的概念。这三个概念可以用于分析修辞学运用中时间的安排、适当性的确定以及各种特质对医学修辞的影响。

但是在大众传媒全球化的社会背景下，有组织的医学修辞对话情境越来越多，现代修辞学理论也结合了大众媒体传播、组织动态学、权利、知识和全球化的理论。20 世纪，修辞学的定义从市民演讲术扩展到任何一个人类符号的使用，包括形象修辞学、商业发言和新兴媒体。

近几十年来，有一群学者从名为科学修辞的新型多学科领域中认识到语言对医学相关实践的意义，并研究有说服力的语言如何培养人们对健康和医学的专业化理解。作为一个学术上的倡议，科学修辞于 20 世纪 70 年代后期兴起，用以分析科学家如何劝说自己和如何表述其他的科学事实和过程。医学是特殊的行业、特殊的科学，需要让涉及领域更为广泛的学者来研究，而不是仅由专门钻研科学话语的修辞学者来研究。因此，调查领域的医学修辞在某种程度上作为科学修辞的一个分支出现，部分来自没有接受过科学修辞训练的修辞学家的医学话语研究，部分来自将医学和健康的社会理论转换成修辞术语的翻译。

一般来说，医学话语的修辞学研究是人性化的、定性的，并且是以在特定情况下产生的文本为重点的。术语“文本”指一系列的劝说范例，这些范例取自对话的记录、现场表演、打印的演讲文本、医学电视连续剧和非言辞表达的符号。对一个劝说运用要求索赔的特别案例，使用修辞学理论的行为或归纳总结如何运作修辞的理论称为修辞学评论。它包含了那些研究医学修辞理论的人使用的主要方法学。传统研究领域里的北美研究者一般来自语音通信和英语专业，与此同时，同一领域的其他学者也对医学文本进行定性研究，这些医学文本类似于修辞学者的文本，在这些文本中他们通过诠释语言和语境来探索修辞学特别案例的动态。

医学修辞的范围

虽然医学修辞常在医生和患者关系方面得到学术上和公众层面上的广泛讨论，但医学修辞是一套复杂的受到下列因素影响的异质的象征性实践，如制度规范、强制措施、时间、预算限制以及对医学修辞和健康的社会和文化上理解的影响。医学修辞是在临床上人际交往的一系列的背景下发生的。它是由公民、健康保健专业人员、广告中介机构、制药工厂、辩护团体以及大众媒体等创造和解释的。因为医学专业之外产生的修辞学在形成对健康和医学的理解上起到重要的作用，所以医学修辞这一标签可能会被误导，使得一些学者提前将健康修辞学作为一个替代术语。为了一致，本词条中的医学修辞不论其出发点如何都特指医学的修辞学和关于医学的修辞学。

医学术语由不同的医学流派组成。作为修辞学的特定类型和等级，医学修辞包含内容、方式、组织和目的。例如，医疗问讯的文体包括由医生主导的问话和患者的回答。虽然文体常常会隐蔽于日常实践的背景之中，但是可以把实践归纳成为可识别的、熟悉的单元来完成其社会的和意识形态的功能，从而使医患之间的互动规范化。医疗形式的文体显示出医疗行业日益官僚化的趋向，可以尝试提供将复杂的医疗实践转化成表格、数字和复选框等便捷方式。在诊所出现的医学修辞的形式包括案例演示、医疗问讯、诊断与开处方以及疾病分类手册和病历表。而诸如直接面向消费者的广告、药物说明书和卫生宣传之类的医学文体则基于公众关系和医药厂商的需求而形成，保险公司和保险手册则揭示了其中的商业利益。医学题材的戏剧、惊悚片、卫生与健康类报刊以及补充性和替代性的医疗手册反映了同时也形成了健康行为和医学信仰的综合认知状况。

医学中的修辞与自认形成

学者们早就认识到语言能够帮助人类解释自己和其他事物。言词和非语言信号在群体内和群体外形成界定范围，通过关联和非关联给人们定位。例如，患者援助会借助于创造“幸存者”的身份来帮助患者战胜疾病。在医学领域，因为语言选择的不同而分出了“供给者”和“患者”这样的不同角色。对于患者用外行话所描述的事物，供给者则往往用关于疾病过程的生物医学知识给予说明，从而反映出医学的制度性权威。

修辞学也约束了一个职业的从业人员，有利于增强集体性的价值观和认同感。在毕业时，医学学生背诵希波克拉底（Hippocratic）誓言的某一个版本，他们使用辞藻华丽的或礼仪性的修辞，在仪式上将自己与自己从事的行业联系起来，从而强化尊重患者和同事的价值观。当护理和其他专业协会采用道德准则时，他们也举行仪式宣称共同的价值观，如团体性和爱心精神。同样，医学文体强化和提高医疗健康从业者的职业认同，从而建立职业内外界限的规则。

患者也选择利用战略性的语言去明确他们自己的位置和角色，有时利用社会学家塔考特·帕森斯（Talcott Parsons）称作“患者角色”的词汇。扮演患者角色的人倾向于对他们的病情采取生物医学的理解，从而免于必须承担的责任。修辞学者已经探索到人们是怎样利用符号来表达他们的疾病的。叙述事情和讲述故事是这一过程的核心。例如，患者寻找可以选择的外科手术医生时，必须说服外科手术团队，他们是这种外科手术可行的候选人，然后可以讲述一个故事使手术要求合理化。研究指出“康复”这一词汇对疾病叙述的讲述方和倾听方都有作用，叙述还能进一步用来抵制一个限制身份认同的主要健康信息。此外，从社会层面上看，我们所讲述的关于健康和福利的故事，通过新媒体和大众媒体扩大了影响，可以培养公众强有力的健康信念并明确自身身份，其同时具有积极和消极的作用。有关厌食症的网站提供了一个平台，使患有饮食性疾病的人可以在这个网站发布或阅读进入网站的文章，挑战饮食失调是无法对付的观点，以战胜疾病为特征的疾病叙述更能坚定患者战胜疾病的信心。

修辞与关怀协调

战略语言选择对于协调患者护理极为重要。芭芭拉·沙夫（Barbara Sharf）建议医患之间的交流应被看作“人与人之间的修辞”，在此处每个参与者都试图说服对方从而获得信任。在临床上，一批利益相关者常规地利用修辞去考虑治疗计划，诊断特别医疗状况的性质（当结果不确定时尤为如此）。这些问题应如何用语言来构建才能更适于鼓励利益相关者做出不同的治疗决定？风险的感知对结果产生决定性的影响。“死亡临近”相对于“你的肝脏功能不足”所传递的是对病情严重程度的不同的评估。

“生命维持治疗”婉转话语被限制使用之后，很多公民在医院死亡、生命终结时的劝说就形成了医学修辞研究中的一个重要部分。技术的发展提高了救治以前注定要死去的患者的能力，而生活方式疾病的扩展导致了棘手的生命周期伦理和交际困境。迈克尔·海德（Michael Hyde）提出了这样一个理论：将即将发生的死亡作为一个“修辞中断”，它触发了良心呼唤，使身处其中的人有责任承认和见证即将失去的生活，而丽莎·克拉宁（Lisa Keränen）和朱迪·西格尔（Judy Segal）的研究发现：当制度性修辞形式替代了人际关系的交流形式时，在生命终结时个人的选择机会正在减少。

医学修辞与知识的产生

医学修辞还包括认识方式和情感。这种情感可用罗伯特·斯科特（Robert Scott）的专用语“修辞就是认识论”来体现。也就是说修辞塑造了我们在世界上看问题、理解问题和采取行动的方法，也由此构建和产生了知识。命名一个医疗状况或进行一个诊断的行为意味着我们是怎样认识和理解这种状况的，因为命名代表着医学术语所包含的经验，它将注意力引向对解剖和疾病的主要生物医学上的理解。一个患有一系列模糊症状的患者可能对一种情况有不同的理解，并可能被他人视为异类，此时这种状况被认为是抑郁症，而不是慢性疲劳综合征。每个标签对某种状况的自然属性做出一定的理解。定义与命名的作用类似，它使首选认识和规则更加正式化。将死亡的生物医学定义从心跳和呼吸的停止转向脑死亡标志着对死亡的新的认识，以及使一套确定死亡的修改程序合法化，由此也改变了我们对死亡的认知。

隐喻是一个涉及比较两个不同实体的语言工具，它暗示着所知晓的事物。隐喻给文化理解编码，促进观察世界的特殊方式，因而能够实现和约束行动。出自医学人文学和医学修辞的大量隐喻研究已经列出了有关疾病和健康的隐喻如何影响我们的思想和行动。西格尔（Segal）在其研究文献中用“医学战争”“商业医疗保健”和“人体机器”等隐喻揭示出每个隐喻是如何约束我们制度性的应对行为的。在此意义上，生物医学知识的产生从未脱离过权威关系。

结　论

用于协调行为和为决策提供便利的修辞学，或称符号的战略性使用，在医疗健康中从医患关系到传播健康信息都发挥着重要的作用。研究医学修辞的学者为医疗话语提供了丰富的人文解读，说明了医学语言如何识别身份、促进健康协调，并创造生物医学知识。

撰 稿 人：Lisa Keränen

另请参阅：Health Communication and the Internet；Physician-Patient Communication；Rhetoric of Science

参考文献

[1] BERKENKOTTER C. Genre systems at work：DSM-IV and rhetorical recontextualization in psychotherapy paperwork [J]. Written Communication，2001，18：326–349.

[2] CHESEBRO J W. Illness as a rhetorical act：A cross-cultural perspective [J]. Communication Quarterly，1982，30：321–331.

[3] DERKATCH C，SEGAL J Z. Realms of rhetoric in health and medicine [J]. University of Toronto Medical Journal，2005，82：138–142.

[4] HYDE M J. Call of conscience：Heidegger and Levinas，rhetoric and euthanasia [M].Columbia：University of South Carolina Press，2001.

[5] KERÄNEN L. "Cause someday we all die"：Rhetoric，agency，and the case of the "patient" preferences worksheet [J]. Quarterly Journal of Speech，2007，93：179–210.

[6] LYNE J. Contours of intervention：How rhetoric matters to biomedicine [J]. Journal of Medical Humanities，2001，22：3–13.

[7] SCOTT J B. Risky rhetoric：AIDS and the cultural practices of HIV testing [M]. Carbondale：Southern Illinois University Press，2003.

[8] SEGAL J Z. Health and the rhetoric of medicine [M]. Carbondale：Southern Illinois University Press，2007.

[9] SHARF B. Physician-patient as interpersonal rhetoric：A narrative approach [J]. Health Communication，1990，2：217–231.

[10] U.S. National Center for Health Statistics.Health，United States，2007 (with chartbook on trends in the health of Americans) [EB/OL]. [2008–07–25].www.cdc.gov/nchs/data/hus/hus07.pdf.

Rhetoric of Science
科学修辞

修辞是在特定的场合找到“可能的劝说方式”的一种语言艺术，自亚里士多德（Aristotle）提出后，修辞一直作为西方文学教育传统的一个基石发展演变至今。科学修辞这一术语对于那些坚持认为说明式和劝说式沟通壁垒分明的人或许是个悖论。科学应该是完全真实而又客观的，而劝说的典型特征由于其未知性且激励人们进行劝说的目的与目标各异，因此科学与劝说是相悖的。然而，前沿科学总是充满了未知和日新月异的理念，现代经济政治结构与科学技术盘根错节，以至于在日常实践中已经无法界定“纯信息”的界限。从劝说功能角度考虑科学沟通引发了对科学用辞的作用及其使用策略的种种思考。本词条首先讨论了科学用辞的使用环境和所要劝说的听众，其次分析了经典证明模式中的修辞策略，最后探讨了在这些经典模式中如何创造科学修辞。

受　众

有效的修辞取决于受众的知识。劝说并非抽象的，而是在具体的个体间产生的。此外，劝说极少一蹴而就，需要一段时间的多源与多种消息。不同的受众可能接受科学修辞的情况也不同。美国的受众普遍高度接纳以科学为特征的修辞。一般来说，科学家被列为最受信赖的信息来源。然而，对所谓“科学”修辞的认知可能会因人而异。关于科学与非科学之界限或更常见的专家与非专家之界限，目前尚无定论。

历史上，科学修辞中最大的争议是关于何种程度的科学可称为修辞。探讨这一争议的一个有效方式是考虑科学家面对的各种受众。例如，关于象牙喙啄木鸟的科学书籍的目标受众（象牙喙啄木鸟曾一度被认为已灭绝，但后来又屡屡被发现，因而遭到质疑）很可能是普罗大众或所有对生态系统及其政策影响感兴趣的间接利益相关者。这或许就是一个明显的利用科学修辞进行交流的例子。在上述案例中，劝说的目标包括鼓励更多的人将观鸟作为一项业余爱好，支持鸟类可能的栖息地的保护工作，增加对探险考察的赞助，并令读者确信这种类型的研究“算作”一种科学。此处考虑到的科学修辞功能的目标受众顺序是从最明显的修辞性到最有争议的修辞性。

间接利益相关者（利益相关公众）

这种类型的科学修辞的受众指更为广泛的作为公民或消费者的个体。作为公民，我们都是科学修辞的利益相关者，因为我们资助了大部分科学研究（通过纳税），我们有权支持或反对依据科学研究而定的政策。作为消费者，我们可以接受或拒绝以各种方式利用科研成果的新产品，例如汽车、互联网或奶牛产的牛奶（这些奶牛可能已经被注射了激素以实现增产）。

直接利益相关者（企业、居民等）

这种类型的科学修辞的受众指与践行科学的团体互动的机构和团体。例如，大型组织（一般由科学家组成）及公司（一般由非科学家掌管的公司）中研究和开发部门通过协商以维持更大程度的自由度和自由选择以期获得稀缺资源的研究已屡见不鲜。技术转让是另一个可观察科学修辞的场合，当事各方谈判未来的控制和新发展的利润潜力。虽然这种团体可能不易明确地定义或结构化，但是比个别公民单独行事更有效率，因此，诸如确定潜在危害以及关键资源保护（如当地河流）的可接受程度和安置，这些问题涉及的科学修辞所针对的目标便是他们。

学　生

学生是科学修辞的目标受众之一，旨在教授具体内容的同时，让学生养成公认的科学思维习惯。科学素养是重要的社会价值。与访问科学博物馆的游客类似，成人也会被当成科学修辞的“学生”。流行的或某些商业科学杂志也属此类受众导向型，旨在说服和教授个人具体科学研究项目的价值和科学事业更为普遍的价值。

基 金 会

说服基金会（无论是在行业间还是政府中）接受某一研究问题的特定方法的价值是科学修辞中经常研究的一个方面。自格雷格·迈尔斯（Greg Myers）1990 年发表专著《生物学写作》（*Writing Biology*）以来，研究这种修辞学的常见方法是将某一研究提案的多个草案与递交给各个基金会的提案相比较。针对基金会的科学修辞虽可从书面文本材料中找到借鉴，但人际沟通也是这种修辞的一个重要组件。

科学之科学性

科学可视为特定科学界成员之间共享的真理、理论和实验程序的集合。例如，物理学领域包括本科和研究生核心课程中教授的物质、用于操作粒子加速器的技术、运动方程以及其他不计其数的理念。因此，只有当某位科学家成功说服科学界其他同人接受新理论、原理或技术为物质集合的一部分时，物理学才能进步。这种有说服作用的修辞产生于科学杂志中，也存在于会议和人际沟通的初级阶段。如果我们将科学视为一个基于团体的认同集合，科学修辞就成为赋予科学以科学性的一个重要特征。

内　部

在某种程度上，语言和认知相互联系，科学修辞（从个人层面）也可构成践行科学的基本要素。这一论点因其与定义相关而最简单明晰。定义引导人们特定的思维和讨论某一目标或概念的方式，并且定义可以利用各种不同的修辞策略来制定。科学传统通常倾向于根据种类加物种战略进行定义（如豹是以斑点和冲刺速度快为特征的猫科动物），但使用方面的定义也包括操作策略（如椅子是可以坐的东西），以及其他各种策略。爱德华·夏帕（Edward Schiappa）在其出版的一本书中探讨了围绕定义问题的六项科学和公共争议的历史。从科学修辞观念的角度来理解的重点在于，当一个团体仅相信某一定义，其他同等定义的观念就被拒之门外。

证明模式

证明模式是必须考虑与特定受众关系的辅助材料的来源。受众认为某一信息有说服力的原因可能并非是其话题所固有的。在各种证明模式的相对重要性方面，科学修辞可能被认为与政治言论存在差异，但并不能避开真相这一不言自明的障碍。鉴于需要支持材料，可以在各种证明模式中找到和分析辅助材料的系统方法。受众可能会被符合其逻辑的论据说服。同样，受众也可能会被合乎其情感的论据说服。一般认为，主要的证明模式或受众可能被说服的原因是基于他们对修辞者的感知。

可 信 度

可信度是修辞者（演说者或发言人）的感知特征，这里的修辞者可能是个人或组织。科学精神的早期研究，例如社会学家罗伯特·K. 默顿（Robert K. Merton）所做的研究，强调客观和距离。有研究表明，科学家可以有效地培养出一种充满激情和政治参与的精神。这一点已被证明对许多科学家大有裨益，包括致力于全球变暖研究的诸如政府间气候变化专门委员会（Intergovernmental Panel on Climate Change，IPCC）的科学家、太空科学家［如火星探路者（Mars Pathfinder）］和涉足其他科学探索领域的科学家。利用科学道德的有效策略一直是评定机构资质所强调的要点。肯尼思·伯克（Kenneth Burke）指出，在历史上科学的一个关键特征是“坦诚至上”，这造成了质疑科学时最常见的一种反驳战略，即质疑可能存在研究偏见。

情　绪

情绪是受众感受到的情感。一般来说，科学修辞的特点之一理应是避免感情用事。但要激励受众至少需要引起他们的情感共鸣。克雷格·沃德尔（Craig Waddell）早在 20 世纪 60 年代就写道，要想说服非科学界受众，科学修辞通常主要依赖于激发他们感受到希望、自豪和自信。借助于恐惧或愤怒感进行劝说也可以视为科学修辞的有效方法，即便其中有限的目标受众是内部人员。

逻　辑

逻辑是与主题相关的理由和证据。逻辑被认为是科学修辞最重要的因素，但支持这一论点的证据却很少，深入研究可参考马尔切洛·佩拉（Marcello Pera）1994 年出版的《科学之话语》（*The Discourses of Science*）。逻辑通常分为两大类：艺术和非艺术证明。艺术证明是由特定的修辞者（无论是个人还是团体）所采用的论证话语。非艺术证明指“发现”，包括经验性证据和证词（如对先前作者的引用）。自弗朗西斯·培根（Francis Bacon）开始，理想的科学修辞便主要依赖于各种非艺术证明。然而，艺术证明似乎对有效的科学修辞更为重要。例如，在环保沟通工作中，人们注意到当修辞者能够将自己的立场摆在“中间”时，能实现最有效的环保宣传，这种中立是介于强烈支持环保的和其他不那么支持环保的立场之间的。

创造科学修辞

修辞的产生是为了理解如何创造劝说用语而非分析这些语言，虽然很多科学修辞的研究侧重于分析而非制定规范，但最基本的观点是：科学修辞，至少是在西方大众中，能达到最有效的劝说效果。科学修辞的创造过程可被用于生成劝说性质的信息，无论这些信息是否属于传统科学学科用语。

发　明

人们至少有三种方式可以将科学修辞与发明联系在一起（这里的发明是我们在寻找或创造我们将在修辞中使用的说服性技巧的过程）。首先，科学修辞的发明性在于其受众是科学所针对的公众。科学界既要求同时又禁止某些论证策略。例如，与方法论有关的话题，无论其隐晦或明确，都是必需的，而与实验室长时间研究所产生的问题有关的话题通常是不被允许的。其次，科学修辞的发明性在于其具有认识论性质：先前论著中所著和已被接受的结果成为具有说服力的论据源。最后，科学修辞的发明性在于其塑造了我们的基本思维方式，诸如动量等概念改变了我们认识世界的方式，从而决定了我们能够找到或创造对应类型的相关劝说策略。对于一般的语言也有同样的论据，以语言命名的类别塑造了我们对周围世界的认知［萨丕尔－沃尔夫假说（Sapir-Whorf hypothesis）］。科学是这些类别的主要来源。

安 排

科学修辞不仅包括对科学文章内容的考量，而且包括如何组织这些文章。现代科学文章必须包含文献综述、方法论、结果和分析，这样的分工旨在表明所述新结论的推定顺序。现在，通常需要使用汇总表、图表或其他视觉元素，这是基于各种技术和信息密度的要求而产生的，同时也受到了在愈加重视觉效果的文化中的图表的直接影响。期刊文章正确的修辞策略是从反信函写作规范逐步发展而来的（期刊文章即由此演变而来）。在其他类型的科学修辞中，文章组织安排主要由所要发表的论坛和媒体决定。因此，科教类电视节目应符合有关科学和科学家的一系列限定角色或类型，同样，报刊以有限的方式组织科学故事也更容易。

体 裁

科学修辞的体裁分明，但自相矛盾的是其通常被认为是“自然的”，因此对读者来说是不可见的。科学修辞体裁的关键特征包括使用被动语态、大量使用对冲、多用短句和大词、频繁的互文参照（正式引用和间接的隐含假设）且尽量不使用代词。科学修辞体裁的演变与其劝说的目的和针对的受众有关。18 世纪，实验是在公众场合进行的，受众可以参与设置和采集数据。无论是谁做了实验，公众都能够亲自在第一时间观察到结果，这对科学信誉的提高至关重要。尤其值得注意的是，在 18 世纪，修辞学家强调“经验”是最有效的劝说形式，所有其他形式的修辞的有效性都视其能否与经验（记忆、描述等）相类比而定。如果实验科学的目标是无人为的干涉，那么被动语态则非常有用，因为其隐藏了句子的主语（人类），仅强调观察的结果。同样，不使用代词也是重要的，因为其掩盖了“我们”（读者）仍然是能够被说服或不被说服的个体，以及科学家依然是人的这一事实。

科学体裁的集中使用，如频繁使用短句和参考文献等，有助于说服读者，笔者是中立的且只传达必需的最低限度的信息，而没有任何赘述以帮助受众想象故事的细节和读者本应熟悉并同意的许多密切相关的观点（知名期刊的可用空间不足也是这种风格的促成因素之一）。这种熟悉的关系成为说服力的一个关键因素，也是托马斯·库恩（Thomas Kuhn）所说的“常态科学”与“科学革命”的区别。最具革命性的科学著作会最为严格地延续这种先前已被接受的科学风格，这可能看似很讽刺。相反，最为强调新颖性且常与先前说服性修辞相悖的科学言论通常会出现在结果报告这种相当常规的文章中，以至于在文章开头和结尾（两个任何在言辞中都重要的部分）必须明确表明研究结果的重要意义或差异。科学体裁的这一方面与古人给出的建议是一致的，即使用与主题对比鲜明的风格。

在与修辞学最密切相关的风格元素方面，例如使用数字和特写，科学风格理应避免创造任何新奇或想象。隐喻是避免这种修辞格的绝佳手段中最明显的例外。珍妮·法恩斯科奇（Jeanne Fahnestock）探讨了其他修辞格的使用情况，如对偶、顶真和叠叙法，发现它们在科学修辞中呈现出了跨学科和历史时代的特点。

记 忆

记忆在修辞中被称为“失去的教规”，因为通常认为我们今天所采用的归档方法消除了人类记忆的作用。有证据表明，至少在美国，科学修辞的记忆极少，且在很大程度上是无关紧要的。在高中教育过程中，我们都接触到了科学修辞，教育我们认同诸如地球绕太阳公转一周是一年的观念。针对美国成年人的调查表明，只有不到 30% 的人记得一年代表了地球绕太阳轨道一周的时间。对所有学生应该接触哪些科学几乎没有什么共识，所以测试对其他科学话题的记忆不甚明晰，但是整体科学素养偏低的情况本身就是许多科学修辞的话题。

发 表

科学修辞可以出现在许多地方。科学期刊是发表科学修辞的重要渠道，也是科学修辞被研究最广泛的领域，部分原因在于诸如"文献计量学"方法的监管机构可以产生关于科学的量化数据。几乎所有其他的科学修辞的发表方式都不那么"科学"，毕竟它们不是由科学家直接创造的，而是由科学传播专家创造和发表的。科学修辞发表变得日益重要。尼科·斯特尔（Nico Stehr）指出，这种专业技能在先进社会中越来越重要。

新电子媒体当然是科学修辞的重要传播渠道。在这方面，一个有趣的案例研究是维基百科（Wikipedia）在与物理学相关的科学修辞中发挥的作用和制定的规范。物理学家经常在发表科学修辞方面做出开创性的工作：在欧洲核子研究组织（European Organization for Nuclear Research，CERN）工作的科学家发明了万维网（World Wide Web），在洛斯阿拉莫斯国家实验室（Los Alamos National Laboratory）工作的物理学家引进了预印本存档的概念，维基百科物理相关主题的材料首次实现了引入专家渠道来控制质量。物理维基和维基百科其他部分的区别在于，物理版块"拥有"的主题被明确地标记（分配责任），通常还附带讨论页面，并且这些页面经常被相对较多的物理学家审查和编辑。

撰 稿 人：Karen Taylor

另请参阅：Audiences for Science；Public Understanding of Science；Science Literacy；Scientific Ethos；Scientific Method

参考文献

[1] ARISTOTLE. On rhetoric：A theory of civic discourse（G Kennedy，Trans.）[M]. Oxford，UK：Oxford University Press（Original work published 4th century BCE），1991.

[2] BURKE K. A rhetoric of motives [M]. Los Angeles：University of California Press，1969.

[3] FAHNESTOCK J. Rhetorical figures in science [M]. Oxford，UK：Oxford University Press，2002.

[4] KUHN T. The structure of scientific revolutions [M]. Chicago：University of Chicago Press，1962.

[5] MERTON R K. The sociology of science：Theoretical and empirical investigations [M]. Chicago：University of Chicago Press，1979.

[6] MYERS G. Writing biology：Texts in the construction of scientific knowledge [M]. Madison：University of Wisconsin Press，1990.

[7] PERA M. The discourses of science（C. Botsford，Trans.）[M]. Chicago：University of Chicago Press，1994.

[8] SCHIAPPA E. Defining reality：Definitions and the politics of meaning [M]. Carbondale：Southern Illinois University，2003.

[9] STEHR N. Knowledge societies [M]. Boulder，CO：Paradigm，1994.

[10] WADDELL C. The role of pathos in the decision-making process：A study in the rhetoric of science policy [J]. Quarterly Journal of Speech，1990，76（4）：381-400.

Risk Analysis 风险分析

风险分析是对人们如何处理人类所面临的危机及其价值取向的研究和实践。沟通是风险分析固有的特征，讨论是否存在危机、告知科学家或积极分子威胁程度有多大，如果可能的话，沟通可以决定应对方法。沟通不仅限于权威机构（如政府、企业、科学家）和公众之间，尽管这是许多专业人士的共同理念。有效的风险沟通需要兼顾风险分析的其他因素，同理，风险分析的其他因素也须在明确风险沟通的重要性前提下才能有效。

风险分析所涵盖的危机通常是实体性的（如物种入侵、恐怖主义、伤亡、疾病、财产损失或由于自然灾害导致的生态破坏、空气中的化学物质或微生物、饮用水或食物）。实体性危机是早期风险分析的重点，现在仍是其研究的重点。但是，也可以将非实体性的危机纳入风险分析（如社会网络的破坏、社会地位或权力的丧失以及道德暴力）。例如，17 世纪早期的概率研究专注于赌博、投资及金融风险分析。社会学家认为，非实体影响可能与引起关注和预防行动的物理效应同等重要甚至更为重要。因此，风险分析包括了自然、技术和社会危害。机遇也是风险分析的一部分，例如，在河边建设可能会遭受洪水破坏，但也有其优势，如肥沃的土壤、水景的美学价值等。然而，在实践中，风险分析更强调危机而非机遇。这种趋势导致了种种失衡。例如，某一行动的风险程度评估在风险管理中常受到更多关注，而非该行动带来的利益评估。

尽管曾有组织尝试增强其专注性，如成立于 1980 年的风险分析学会（Society for Risk Analysis，SRA），但专业风险分析实际上是对学科、方法和行动的宽泛研究。这种广度和多样性来源各异。专业风险分析师可能会使用任何领域的理论和方法，主要包括自然科学（如物理、化学及生物学）、工程、社会和行为科学（如经济学、社会学、心理学、政治学）、人文学科（如哲学和伦理学）以及专业领域（如法律）。就这些学科的相关理论、方法和定义达成一致意见可谓极具挑战性。例如，不希望发生的事件或结果的概率乘积是风险的一种常见定义。然而，尽管屡屡尝试，但风险的公认定义尚未达成，并且鉴于使用该术语的目的各异，所以这种达成可能永远不会实现。

尽管许多用于某一风险分析的工具（如估计风险大小的工具）可以有效地应用于另一种风险，但由于风险分析师应对的风险多种多样，仍然会对增强其专注性构成障碍。例如，评估化学健康风险和微生物健康风险的方法是相似的，但后者却必须考虑到微生物一旦进入体内就会进行繁殖的能力。专业风险分析师之间的另一个差异源自一些风险分析师从事的实践性研究，以帮助面临危害的组织进行决策（如在政府、企业和激进组织中的工作人员），而其他人则从事学术分析，研究人们（包括其他专业人员和普通公民）处理危害的方式和原因。如果风险分析师能够从对比的角度学习并重新审视自己的理念，那么这些专业差异和沟通可能成果显著，但这些差异确实对整个风险分析领域构成了挑战。

风险分析不仅是一项专业活动，也存在于普通百姓日常活动中。民众的风险分析可称为

"民间风险分析"，其不如专业人士的分析那么明确和详细。例如，普通人不会习惯于"需要分析风险"才能过马路，而是直接利用经验和观察来快速估计风险和收益是否平衡从而决定即刻走过去而不是再等会儿。同样，人们利用种种策略来协商处理法律、同事和陌生人的社会危害；确定是否服用药物或戒酒；如何驾驶汽车、使用炉灶和施用农药；或者在自己的生活中担当风险管理者。民间风险分析是基于个人积累的社会和个人习得之经验，就像专业风险分析一样，在某些条件下可以以自己的方式表现得相当专业，因此不应该视其为贬义的。专家和民间风险分析的相对价值取决于所使用的环境，这种相对价值往往是争议本身。

风险分析领域多种多样，关于风险分析的信息和沟通在学术文献和社会中星罗棋布。不同学科之间的沟通、危害、职业角色和公民角色是风险分析的主要组成部分，为讨论风险分析研究和提出实际改进措施提供了机会。目前公认的（尚存异议）风险分析子领域的分类方法，是以风险识别、风险评估、风险管理和风险传播划分的。这些子领域构成了专业实践中使用的方法以及学术研究中的主题，而风险感知主要是一个学术性的子领域，尽管它的许多研究结果可以用于辅助其他子领域的专业实践。

风险识别

风险识别是人们判断某一事件、活动或技术是否可能产生威胁的过程和结果。在非常有限的情况下，这一过程可能是自然而然的，例如，有人会在视线边缘的影子角度突然变化时感到畏惧，因为这可能意味着攻击者或其他对象正快速向其靠近。其他情况涉及非常微妙和系统的方法，正如科学家可能认定某一种化学物质与已被发现具有致癌性的其他化学物质具有相同结构一样，这便意味着该物质也可能致癌。化学风险识别可能包括如何表征化学物质在体内分解成代谢物，以及化学物质或其代谢物如何扰乱特定毒性途径，从而产生可能的健康影响。观察事件之间的相关性是风险识别的常用手段之一。历史上，生活在湿地附近的人经常发烧，致使医生推测沼泽产生了"不良空气"（"疟疾"一词的起源）导致了疾病。医生约翰·斯诺（John Snow）在 19 世纪就发现，霍乱病例似乎集中出现在伦敦的某个水泵附近，并由此得出结论：水泵或水与霍乱有关。请注意，"识别"并不一定意味着所识别的风险真实存在或风险程度很高，在上述案例中，人们只是怀疑风险而并未认定其致命。影子靠近时退缩和化学结构的相似性都不能证明其真正有害。在疟疾案例中，后来证实这种疾病并非由湿地空气导致，而是由静水中繁殖的蚊子携带的寄生虫导致的。在霍乱案例中，井水确实携带引发霍乱的细菌，斯诺博士除去泵的手柄确实抑制了疾病的传播，当时他或其他人并未被启发去研究细菌存在的原因，隔了几十年才有人进行研究。

风险识别是专业风险分析中最不系统的部分。已有不少试图发现"潜在威胁"的尝试，但是这些更明确的风险识别方法的价值尚不能确定。探测小行星和其他天体的轨道是否可能与地球轨道相交，甚至其轨道可能足够大到引发灾难性的碰撞，关于此类的新的和正在进行的研究有不少，这又是系统性风险识别的另一个例证。将风险识别系统化（若非常规性的）并非易事，它取决于可能受到威胁（对一个人的威胁可能是另一个人的机会）的受害者身份。潜在风险和潜在原因的简单相关性并不一定表示其中存在因果联系，但由于几种不同的风险和原因会同时出现，这些联系常常被掩盖。许多潜在的风险对于人类的感官或技术传感器来说是不可见的，甚至可能在政治或其他冲突的情况下，导致风险识别纠纷长期存在（如气候变化是否已经发生？可能的原因是什么？会在何时对谁产生什么样的影响？)。在特定个人或机构的“风险议程”中（他们认为是已证实的或怀疑确有威胁的事物）在任何给定期间内增加或减少的风险往往相对较少。但随着时间的推移，随着人类经济、技术、价值观以及“自然”过程和分配的变化，风险识别可能会在风险议程中逐渐发生转移。例如，20世纪的几十年里，传染病在较发达经济体中已不再困扰人们。目前艾滋病（AIDS）、重症急性呼吸综合征（SARS）、禽流感、猪流感和埃博拉病毒（Ebola）是全球几大主要的流行病。

风险评估

风险评估是人们判断某一事件、活动或技术实际上是否构成威胁以及其危害程度的过程和结果。常见的专业实例是评估人类接触污染物的危害。风险评估师利用如下信息：环境中污染物的存在，实验动物如何应对不同水平的污染物，以及（如果数据有效）目前接触污染物人群的发病率。结论可能是，在给定水平下终身暴露于污染物中患癌症的风险（平均而言，是美国人平均危险的1/3左右）为百万分之一。同理，尽管存在不同的证据和不确定性，仍然可以评估从微生物或其他人类（政治、恐怖主义或金融）到人造生态系统再到人造结构（工程）对人体健康的风险，同样可评估人类所重视的其他事物面临的其他威胁。风险评估师通常对不良事件或结果的严重程度作出评估。同时，他们也可以根据具体问题以及提供的工具和信息作出其他评估。例如，风险评估师可能会估计某种事件或结果发生的可能性；确定接触途径（呼吸、触摸、饮食或饮酒）或失败途径（部件故障导致建筑物或其他结构坍塌，或无法操作机器）；评估哪些人类亚群（根据年龄、居住地、性别或种族）或其他物种最容易受到这类接触造成的健康影响。

风险评估一部分基于科学，另一部分受要求风险评估的背景所限，还有一部分基于专业判断和规范。例如，一处以前用于工业的大型房地产，现在要开发为商业和住宅两用。该土地似乎受到各种化学物质的污染，因此风险评估人员必须确定这些物质的含量是否会对人体健康构成威胁。这项任务的一部分需要确定这些化学品在环境中的占比和分布情况。对当地的空气、地表水（池塘、溪流）、地下水（地下岩石和土壤孔隙）、土壤甚至该房产上或附近的植物和动物都需要采集多个样本，才能掌握该化学物质的情况。在某些情况下，取自人类的样品可能有用，这些样品是否来自血液、尿液、头发或其他身体部位取决于所寻求的化学物质、接触该化学物质的时间段及其在人体中的分解速度和人们愿意提供这类样品的方式。测试这些样品中含有多少化学物质，其灵敏度和准确度有多高，该处房产计划的波动将决定某些种类的样品可能特别有用。例如，是否有婴儿（多容易接触和食用土壤）居住在这里或居民是否会在土壤中种植蔬菜。

检查这种土地利用问题的风险评估师还需要建立剂量－反应关系：给定化学品将产生多大的健康影响？可用的信息（可能不可用）可以来自人类或动物。流行病学家分析的来自人类的数据通常源自职业（工作场所）研究，但有时也针对灾害（如第二次世界大战中广岛和长崎核弹袭击后的辐射数据）或暴露程度非常高的人群（例如，法罗群岛的人以当地丰富的鱼为食）。他们估计剂量－反应关系的能力受到几个因素的限制。例如，是否可以准确地确定相关的化学物质的剂量？这些估计往往取决于人们的记忆，有可能并不可靠；职业或其他机构记录也可能不完整；或用计算机模拟化学品从已知或可疑来源（如工厂烟囱）到潜在的暴露点的结果和传输过程，这些模型可能会排除某些相关因素。是否能准确地将被研究人群的健康影响归因于暴露于这种污染物而不是其他健康的“压力源”？

流行病学家试图对其他因素可能对观察到的健康造成影响的可能性进行统计学分析，但是测量难度、研究人员没有考虑到关键的混杂因素的可能性及健康影响在被研究人群中的普遍性，都可能导致某种化学物质产生的影响太微弱以至于无法观察。如果人类研究不可用或不足，毒理学家也可能会分析研究动物。由于研究实验室里的动物能够仔细记录哪些动物暴露于哪些化学物质及其化学剂量，如此一来避免了一些测量难题，但又造成了其他问题。例如，动物是否是理想模型，可以用来确定何种剂量会对给定的人体器官（如肝脏、肺）产生给定影响？在某些情况下，答案是肯定的，但在另一些情况下，相关性就不太清晰了，并且一种物种在给定剂量下发现不同的效应推定对另一物种的影响可能会进一步混淆剂量－反应关系。如果肿瘤在某一剂量下比另一剂量下呈现更高的水平，这些肿瘤是否相关？这在某种程度上取决于研究人员如何划分相关性（如致命与偶发性），部分取决于风险评估师正在尝试解决的问题（例如，偶发性肿瘤对计算化学品对癌症发病率而非癌症死亡率的影响更为重要）。

流行病学家和毒理学家都必须学会如何将一些人和实验动物可能接触的高剂量推定到大多数人在常规环境中接触的剂量较低这一问题：剂量－反应关系是否相同？对于致癌物质，美国环境保护署（U. S. Environmental Protection Agency）决定进行风险管理，即环境健康风险评估将采用线性无阈值剂量反应关系。换言之，任何剂量的致癌物，无论剂量多么小，都视为会导致癌症，无论概率有多小。关于这一点的科学证据并没有缓解持续数十年针对这一问题的严重分歧，部分是因为一种方法对另一种方法的经济和健康影响非常惊人。某些化学物质，尤其是非致癌物质通常被认为具有阈值剂量，在这些剂量以下，无法观测到其对健康的影响，但是对这一说法目前也尚存有争议。在特定暴露环境中哪些人群最可能受到健康影响这一问题，或如何调整数据和风险估算方法中的不确定性以纠正风险评估，可能也会产生进一步的分歧。

对化学风险评估技术的简短描述仅暗示了沟通在界定风险评估师行为、如何做到以及如何了解和使用其对风险大小和概率的估计方面的重要作用。与风险分析的其他方面相比，对风险评估的长期关注部分原因是对科学和技术交流感兴趣的人需要了解专业风险分析的最具技术性的层面，但部分原因也是这项技术任务颇具争议性。随着利益集团不断争辩理想的风险科学的内容，一些学者认为可以创造更多的“技术性”风险分析，风险管理者可以声明他们的决策无关政治、经济和社会选择，而仅源于科学。

风险管理

风险管理指人们如何应对风险。降低风险（通过改变技术或改变人们的行为方式降低风险）和防范风险（例如，禁止潜在的危险技术或活动）因其被广泛讨论而成为大多数人可以想到的风险管理方法。承受风险可能是常见的办法。这通常就需要确定危险活动或技术的好处远远超过其危害，但事实上又不总是能确定。例如，个人可能进行“风险”娱乐活动，如跳伞或攀岩，却从不明确地衡量其个人利益或成本；机构和国家也可能接受某些风险。其他风险管理方法包括风险传播（如保险）和风险转移（如汽车安全，即车辆设计、公路设计或驾驶员行为都曾受到关注，每个环节都明确自己的风险和责任）。每种方法都需要考虑最终可以容忍哪种或哪几种风险。“风险可接受性”这一概念可能具有争议性，尤其是在其他人替我们做决定的情况下，或者风险活动受益者变成了遭受风险者之外的其他人时。

如果选择降低风险等一般方法，则会出现如何降低风险的问题。降低风险的方法有多种（如工程解决方案、技术禁令或改变个人行为），还有采用这种降低风险方式的许多其他方法（无论是通过直接监管、金钱奖励还是说服）。决定使用何种方式降低风险可能需要正式分析所考虑的每个备选方案的利益、成本、风险和制约因素，包括受危害者、受益者及成本效益等因素。但是，并不能每次都进行这种分析，选择何种方式及其因素有时可能会受到诸多限制（或招致争议）。风险管理还包括实施风险管理方法的过程，以及对是否实现预期目标的评估。由于不同的选择会支持或反对不同群体的利益，风险管理策略的决策人也可能会有争议，或在某些情况下，这些策略可能会违反群体价值观。因此，沟通本质上涉及风险管理的全过程和结果。

风险传播和风险感知

历史上，当政府和企业风险管理者越来越注意到"公众"不接受他们对危害、危害程度以及应该如何应对这些危害的讲述时，风险传播应运而生。风险管理者希望传播能解释事实并说服公众其决策是正确的。这一目标已被证明既难以实现又争议不断。于是便出现了几个替代观点，强调告知人们什么是"正确的事情"；或在某些或所有风险识别、风险评估和风险管理决策之前及时传播；或所有利益相关群体都参与与风险分析相关的决策过程。但是，一方面，仍然存在有说服力的风险传播，尤其是在应急管理和公共卫生方面，官员认为危害大，因此普通公民和官员都须采取行动（如撤离或接种疫苗）以便减轻危害，且（面对紧急情况）必须迅速行动；另一方面，一些分析师强调，传播可能导致更大的不确定性或争议性，或保护了强者的利益而非弱势群体。传播的方式同样多样化，包括使用或避免特定的话语，纠正有关危害起因的错误观念，使用促进公平或谨慎的特定程序，或让多方参与联合决策，以解决需要多种专业知识和考虑各种价值观的问题。

风险感知是风险分析研究的子领域，部分是由公众的制度关注和风险传播推动的。这一术语最初代表着对被误读或有偏见的风险观念的关注，相比之下，任何使用该术语的人都应该有"真实的"理解。风险感知这个用法还是很常见的，例如，大多数风险科学家都不认为自己有对风险的"科学观念"，尽管许多学者认为，正如"公共观点"描述了公众的观点一样，这是描述科学家观点的准确方法。这是否意味着对风险的所有观点都有效或错误尚存争议。风险感知也被认为是人类对于风险的信仰、态度和行为的更为中立的术语，是社会和行为科学家感兴趣的话题。风险感知的解释包括认知（涉及人们的想法或认知方式）、情感、经济、政治、意识形态或文化等原因。除了作为一个研究课题，许多风险分析师都认为，风险管理者、传播者和评估者需要了解这些因素才能有效地工作，尽管这一信息可能是迄今影响最大的风险传播专业实践。

风险分析是一个动态过程，吸引专业人士和大众参与其中，探讨如何从机遇中发现危害、判断危害的高低程度，做出更好的风险管理选择，以及当沟通可能会促成合作提高成果效率或造成冲突使人衰弱时，是否能且如何与其他人沟通这些问题。本词条引用了上述争议问题来说明我们处理自然、技术和社会危害的社会意义，以及风险分析对于科学和技术交流的重要作用。

撰 稿 人：Branden Johnson

另请参阅：Risk Communication，Overview；Risks and Benefits；Society for Risk Analysis；Technology Assessment

参考文献

[1] KAMMEN D M，HASSENZAHL D.Should we risk it? Exploring environmental，health and technological problem solving [M]. Princeton，NJ：Princeton University Press，2001.

[2] KRIMSKY S，GOLDING D. (Eds.).Social theories of risk [M]. Westport，CT：Praeger，1992.

[3] Society for Risk Analysis：www.sra.org.

Risk Communication, Overview 风险传播概论

风险传播指对不确定的损失或危险达成共识的过程。风险传播产生于20世纪70—80年代，涉及多学科领域。在这20多年中，公众、科学家、工程师、企业领导和政府官员发现有多达21000吨有毒废物埋在纽约尼亚加拉大瀑布拉芙运河附近；宾夕法尼亚州爆发了三英里岛（Three Mile Island）核事故；印度的博帕尔（Bhopal）灾难导致数千人因意外泄漏的危险化学品而死亡。这些灾难使得研究如何开展风险传播成为现实。

多学科领域

风险传播研究涉及许多学科，包括沟通、文化研究、决策学、工程学、伦理学、金融学、地理学、健康传播学、法律学、语言学、管理学、医学、政治学、公共关系学、心理学、修辞学和社会学。风险传播研究刊载于多学科期刊《风险分析》(*Risk Analysis*）以及数百种其他期刊[如《健康心理》(*Health Psychology*）与《灾害》(*Disasters*）中]。关于健康与环境风险传播的研究也常见诸知名期刊，包括《科学传播》(*Science Communication*)、《公众理解科学》(*Public Understanding of Science*)、《健康传播》(*Health Communication*)、《传播学》(*Journal of Communication*)、《新闻学和大众传播季刊》(*Journalism and Mass Communication Quarterly*)、《通讯专题》(*Communication Monographs*)、《应用传播学报》(*Journal of Applied Communication*)、《公共关系研究杂志》(*Journal of Public Relations Research*）等。

定　义

风　险

在金融和商业中，风险一词有多重含义。有时指投资的波动性，或使用金钱会导致某种不可预测的损失或收益的可能性。财务风险管理师往往负责投资策略。

在社会学、自然科学和技术领域，风险往往被视为特定危害严重程度的指标，或其对人类或环境造成不利影响的可能性。例如，人们可以通过施用一种新型农药来保护农作物免受害虫的残食，但如果不按说明书使用农药，或是在缺乏生产基础设施的地区制造农药，使用这种农药可能反而有害。针对农药、转基因生物、加工食品、疫苗接种和核能等的风险和好处，人们向来莫衷一是。正是由于这种不一致性，关于这些问题的风险管理与传播才显得更具挑战性。

风险传播

美国国家研究委员会（U.S. National Research Council，NRC）将风险传播定义为个人、团体和机构之间交流信息和意见的过程。美国国家研究委员会表示，风险传播涉及多种信息，但这些信息严格意义上说并不都是关于风险的，如提出意见、法律分析和风险管理安排的信息。美国国家研究委员会解释说，风险传播不仅是一种单向的专家至新手的沟通过程。相反，例如，一个要求家长戒烟的孩子可能对戒烟的决定影响更深，而不是医生或医学协会的建议。

除风险传播外，还有几个相关的学术领域，包括风险感知和风险管理、灾害社会学、危害沟通、警告研究、应急管理、卫生传播、危机传播、危机信息学及工业卫生学。这些领域和风险传播之间的界限非常模糊，似乎每个都关注那些感知、分析、讨论和管理潜在危害现象的情况。那些对风险传播持怀疑态度的人则认为这是对伤害公众的组织的危机控制和形象恢复工程。其他人认为它是一个能够深化理解并改善对损失和伤害传播的领域。

为什么会特别关注某些危害却忽视其他

正如彼得·桑德曼（Peter Sandman）所著，人们感觉到的风险往往不是致命的，而致命的风险可能并不令人不安。例如，核电厂泄漏事故、恐怖袭击和加工食品的污染问题引起了相当广泛的关注和民愤，然而，由于这些问题而死亡或受到伤害的人数远远少于每天因吸烟和汽车事故等死亡的人数。根据美国疾病控制和预防中心（U.S. Centers for Disease Control and Prevention）的数据，4700 万美国人中有一半吸烟者将会死于烟草相关疾病。根据美国国家公路交通安全管理局（U.S. National Highway Traffic Safety Administration）的说法，4—33 岁的人在汽车事故中更容易丧生。

对风险感知的研究表明，在大多数情况下，最令人不安的并不是受伤或死亡的人数，而是其他人对一群人施加的风险及风险活动造成的潜在的长期广泛而又难以补救的后果。这种感知模式表明，也许正是因为熟悉的伤害来源似乎为人们所熟知且易于理解，它们的危害才往往被低估。

提高或降低关注度的传播过程

在风险感知研究的基础上，尼克·皮金（Nick Pidgeon）、罗杰·卡斯帕森（Roger Kasperson）和保罗·斯洛维奇（Paul Slovic）共同提出了风险的社会扩张和衰减框架（Social Amplification and Attenuation of Risk Framework，SARF），以解释社会和传播机构在传播过程中如何夸大一些危害而淡化其他风险。

例如，1989 年在阿拉斯加州威廉王子之声的埃克森·瓦尔德兹（Exxon Valdez）原油泄漏事故中约 4160.0 万升（1100 万加仑）原油污染了约 1609.1 千米（1000 英里）原始海岸线。媒体生动地报道了该事故中原油浸泡的鸟类和哺乳动物令人难忘的图像及当时埃克森的首席执行官劳伦斯·罗尔（Lawrence Rawl）并没有立即前往现场的事实。根据 SARF，这些因素中的每个都会强化公众的愤怒，导致埃克森·瓦尔德兹成为前所未有的漏油事件而广为人知。相比之下，在洛杉矶以北约 273.6 千米（170 英里）的加利福尼亚海岸的瓜达卢佩沙丘也发生了溢油事件。这个 38 年的溢漏或渗漏事故发生在 20 世纪 50 年代到 1998 年。据托马斯·比米什（Thomas Beamish）所述，尽管石油工人、监管机构和当地居民都知道，但直到 20 世纪 90 年代末，该原油溢漏事件才引起公众恐慌。许多因素都能引起关注，比米什解释说，在 20 世纪50年代，石油工人只把小型慢性泄漏看作生产中的正常现象。媒体报道很少，政府监管机构因其没有管理慢性泄漏的制度而未做出回应。甚至在沙丘附近冲浪的人眼睛被灼伤都被认为是正常现象。

石油泄漏是数百种危害的一类，人际关系、组织和大众传播过程被放大或低调处理。许多人记得卡特里娜飓风（Hurricane Katrina）是美国2005年最严重的灾难，在这场风暴灾难中的遇难者有1300人。而根据比利时布鲁塞尔的国际灾害数据库（International Disaster Database）记录，同样在2005年巴基斯坦发生地震，遇难者多达7.3万人。可见，危害发生地点和传播方式会影响其被发现、回忆、讨论和管理的程度。

固有的紧张关系和风险传播中的主要发现

由于风险传播的情况涉及不确定的损失或损害，会受到可预见的紧张局势的明显影响。这些紧张关系与所有人类沟通（即来源、消息、主题、渠道和语境）的组成部分相关，并且以“原因”（CAUSE）一词中的字母作为标志。第一，人们沟通不确定的危险时，很可能会缺乏信任或信心（CAUSE中的字母C）。第二，对于那些应该了解危险的人来说，唤醒其意识（CAUSE中的字母A）通常具有挑战性。第三，即使有了意识，对危险的深刻理解（CAUSE中的字母U）也可能不全面。第四，风险传播会造成人们的意见不一致，需要建立令各方满意（CAUSE中的字母S）的解决方案。第五，由于风险传播要求人们从统一意见转向实施行动（CAUSE中的字母E），因此也涉及激励行动。

对信使和机构的信赖

缺乏信任或信心是造成风险传播紧张关系的主要原因。如乌尔里希·贝克（Ulrich Beck）等学者所认为的，管理风险的人与受其影响的人之间的差距会永远存在。对风险传播的研究表明，解释人们感知风险的方式时，对机构或组织缺乏信心的重要性超过了其他因素。研究人员克雷格·特朗博（Craig Trumbo）发现，关于核反应堆的知识反映了附近居民对核反应堆的态度，但对于坚定认为其安全的人来说，对其管理的看法可能是一个更强大的因素。苏珊娜·霍妮阁·普瑞斯特（Susanna Hornig Priest）、海因茨·邦法德利（Heinz Bonfadelli）和玛丽亚·鲁桑宁（Maria Rusanen）的其他研究表明，公众对媒体、行业和环境团体等信托机构的信任在对生物技术观点预测中是个强大的参考指标，而非基因学知识的衡量标准。

生物技术是人类开展食品和药品活动的广泛类别的统称。孟山都的转基因Bt玉米是一种生物技术产品，通过将对昆虫有害的土壤中微生物的基因转入玉米基因组中实现。普瑞斯特、邦法德利和鲁桑宁发现，在美国，相较于对政府或环保组织，民众对工业的信任更高。这也解释了为什么美国对生物技术的接受度比欧洲更高。相比之下，在希腊等国家，由于民众对当地传统农业的自豪、对环保组织的支持和对工业的不信任，对生物技术的抵制也普遍存在。

对获得信心的研究激励了组织把这个过程看作一个获得单一媒体发言人信任的功能，更是对维持组织或机构的“信誉基础”的持续挑战。公共关系研究员罗伯特·希思（Robert Heath）创造了“信誉基础”。但希思和桑德曼都认为一个组织的活动越透明或“可监控”，受众对其发布的信息就越信赖。

在紧急情况下建立风险意识

即使面临诸如即将到来的龙卷风这种肉眼可见的大危机，形成危机意识也至关重要。人们一般认为自己的环境是中立的，且不会致命。这种信念阻止了其搜寻相反的证据。因此，他们接到电话、广播或电视发布的警告信息时，经常选择忽略它们。一旦说服了他们相信某些事情是错误的，他们会立刻与朋友和家人沟通以便了解他们的反应。这种行为在非暴力的情况下是可以理解的，且值得赞扬，但在极短时间内却会招致危险。1965年托马斯·德拉布克（Thomas Drabek）在科罗拉多州丹佛市研究了南普拉特河洪水的受灾者。他发现，60%的受访者在接到撤离警告后，首先要告诉邻居和家人，了解别人如何看待这一警告的可信度，然后再做打算。

正如德拉布克和其他灾害和警告研究员所发现的那样，人们只有在与受信任的同辈交谈并在环境中找到符合新风险信息的证据后才会认真对待这种警告。紧急预警系统需要适应人类的解读需求。警告通过多个渠道发布、由受信任的朋友或家庭成员发布，并且由于有机会演练和反馈而被理解，由此能达到最佳效果。在一些危机中，如大学校园枪杀案以及2007年加利福尼亚州的森林大火，社交媒体充当了分享和确认风险信息的平台。根据简奈特·萨顿（Jeannette Sutton）、莱西娅·帕连（Leysia Palen）和伊丽娜·什克洛夫斯基（Irina Schklovski）的解释，2007年森林大火的应急管理人员监督了社交媒体（除了许多其他渠道）才得以及时扑灭大火保护人们岌岌可危的家园。当时人们都在通过社交媒体来通知朋友正在步步侵蚀的大火。

复杂风险信息的深度理解

研究人员还分析了人们误解复杂风险材料的方法，并对减少误解的方法进行了研究。使受众面临三种混乱场景：①在科学背景下具有精确含义的熟悉的词汇。②设想复杂的结构、数值信息和过程。③克服与既定科学界不一致的隐含理论。

作者经常通过提供定义和例子来解释关键术语，但研究表明，多采取以下几个步骤会使解释更有效：①有效解释关键的风险术语，注意一个术语不是其字面意思（气候不等于天气）。②解释它的作用（气候是一段时期内的平均天气状况，如伦敦和百慕大之间的差异）。③提供一系列不同的例子（潮湿寒冷的和炎热干燥的气候）。④讨论一个虚假的例子，指出其虚假的原因（几天内温度的短暂变化是天气而不是气候的情况）。

受众难以设想复杂的风险现象，如癌症的形成过程、基因改造或数值风险信息。已有研究找到了辅助步骤。一个常见的步骤是用隐喻和类比来解释复杂性，或者利用简单的标题使效果视觉化。史蒂芬·沃洛辛（Steven Woloshin）、丽萨·M. 施瓦兹（Lisa M. Schwartz）和H. 吉尔伯特·韦尔奇（H. Gilbert Welch）的研究表明，数字频率有时比百分比或概率更清晰。学者内森·迪克克曼（Nathan Dieckmann）、保罗·斯洛维奇和埃伦·M. 彼得斯（Ellen M. Peters）发现，风险叙述对于数学水平低的决策者影响较大，他们与数字呈现的数据形式相比更熟悉恐怖袭击的概率。也许更重要的是，正如心理学家保罗·斯洛维奇所述，没有完全中立的方式来提供风险信息。如果一条消息说有一种药物具有副作用的概率为5%，这句话与说该药物有95%的机会没有副作用被感知的信息不同。因此，风险信息应以多种方式呈现。

风险科学思想难以理解的第三种方法是，一些成熟的科学知识与强大的理论间存在不一致性。虽然大家对常识理论都心照不宣，但它们却能引导行为。研究人员发现，如果不是简单地解释既定的科学理论，而是先就基本常识观念达成共识，然后再讨论与该观念相悖的熟悉的经验会更有效。没有系好安全带的司机可能会想起上次他不得不猛踩刹车，也许导致后座上的书向前飞打中他的头部。重要的是，人际沟通研究表明，人们不会接受未经请求的风险建议。换句话说，像上述选择了解物理学法则如何适用于安全带使用情形的司机可能比倾听未请求给予的建议更容易接受风险信息。

旨在加深对如何认知风险的理解的一个重要研究方向是“精神模式”。格兰德·摩根（Grande Morgan）、巴鲁克·费斯科霍夫（Baruch Fischhoff）、安·博斯特罗姆（Ann Bostro）和辛西娅·J. 阿特曼（Cynthia J. Atman）开发了一个专家面试系统，让受众决定其应对风险的方式。借助这种方法，朱莉·唐斯（Julie Downs）、万第·布鲁音·德布鲁音（Wandi Bruine de Bruin）、巴鲁克·费斯科霍夫、布拉德福德·海塞（Bradford Hesse）和艾德·梅巴克（Ed Maibach）分析了癌症专家和心理模型，探索了两组可接受的隐喻修辞。他们发现的一个区别是，将癌症视为必须消除的“污染物”似乎对外行人来说是明智的，但这种看法似乎对专家来说是危险的。某些癌症扩散非常缓慢，最好的治疗方案可能是进行监测或遏制。但这些研究人员推测，遏制这种隐喻修辞可能会使人们坚持选择激进的治疗方法，如预防性乳房切除术。相比之下，癌症是“尚未发生的事故”的想法这一隐喻，却可以让参与者理解并得到专家的支持。在考虑的时候，受访者指出，像事故一样，癌症发病往往是由几个因素导致的，有些甚至可以预防。总体而言，心理模型方法描述了概念，可以在使用前测试风险信息。

创建对建议的满意度

有两种研究广泛探索了人们从认知风险到对某些风险管理方法感到满意的方式。其中一个探讨了劝说、态度变化和社会营销研究。另一个则侧重了解受危害影响的人的目标和价值观，然后找到符合这些价值观的风险管理解决方案。

第一类研究涵盖了学者埃弗雷特·罗杰斯（Everett Rogers）和许多其他人对使用意见领袖进行干预的研究。意见领袖研究侧重于信使而非信息。这种方法将意见领袖置于一个支持所需变革的团体，并协助他们分享观点或展示被建议的行为。意见领袖研究鼓励食品罐头、减少土地侵蚀和安全性行为。

其他形式的劝说研究侧重于消息而非信使。根据学者金·威特（Kim Witte）的扩展并行流程模型（EPPM），当人们认为问题严重时，会更倾向于采取推荐的措施，更易受影响，如果建议的措施是有效的，他们便会采取。前两种方式是通过引起人们的恐惧和担忧。要使这些诉求有效而又不会诱发宿命论，就应该将另外两个信念（被称为“效力”诉求）的信息包罗其中，即有效和可能的建议。借助于 EPPM 模型，桑迪·史密斯（Sandi Smith）及其同事发现，如果说服草坪护理工相信他们的听力可能会受到设备噪声的永久伤害而听力保护非常有效且容易，他们会更愿意在工作中使用听力保护设备。

罗伯特·格里芬（Robert Griffin）、郑阳（Zheng Yang）、艾伦·胡恩（Ellen ter Huurne），弗朗西斯卡·伯娜（Francesca Boerner）、雪莉·奥尔蒂斯（Sherry Ortiz）和莎伦·邓伍迪（Sharon Dunwoody）研究了有关寻求和了解风险信息的功效概念。20 世纪 90 年代末，生活在密尔沃基地区的 1/3 以上人口都遭受了百年一遇的大型洪灾，造成数百万美元的财产损失。研究人员想知道什么会鼓励居民寻求关于洪灾威慑的信息。利用风险信息处理模型他们发现，对当地政府防洪负责人的失望导致了人们主动寻求洪灾信息。此外，有效的信念，如坚信人可以亲自获取和了解有关这一危害的信息，正如当时同辈们期望他们应了解当地洪水风险信息一样，都是信息寻求的预测因素。这些结果表明，运动不仅要提供风险信息，还要鼓励受众认识到同辈们期望他们博闻广识、有能力获取和了解风险信息。

用特定方法唤起大众满意的第二种方法是帮助团体组织确定其价值观和其关注点，然后对这些关注点进行研究。凯瑟琳·麦考罗斯（Katherine McComas）、约瑟夫·阿瓦尔（Joseph Arval）和约翰·贝斯利（John Besley）研究了公众参与风险决策的过程。作为该研究的一部分，他们描绘了各种利益相关方的角色。在行业或政府控制之下，受影响的公众的角色可能是表面的（如回答调查或提出意见），但公众只是被简单地告知或评论他人做出的决定。公众也可以更具实质作用（如在咨询委员会任职），这在工业部门或政府协助公众定位废物设施或应对海平面上升的案例中体现得很充分。

以激励行动降低风险

第五种类型的风险传播研究考察了如何使人们从仅同意行动推进到采取行动。许多研究领域确定了相关的因素。尼尔·韦恩斯坦（Neil Weinstein）、朱迪斯·里昂（Judith Lyon）、彼得·桑德曼（Peter Sandman）和卡拉·奎提（Cara Cuite）的"预防性采纳过程模型"描述了人们从不知道某些危险到具有意识、从不屑一顾或有意识并准备实施的阶段。他们通过审查呼吁房主进行住宅氡测试的情况来测试其模型。测试结果显示，由于阶段不同而影响各异。相较于已决定氡浓度测试的人，强调氡风险的信息对那些对氡测试犹豫不决的人影响更大。相反，说明氡浓度测试简单易行的信息对于那些决定采取行动的人比那些尚未决定的人来说更为重要。

其他方面的研究确定了从想要改变到实际行动这一过程的困难。当现有行为模式经仔细研究并被证明容易而又有吸引力时，社会支持的健康行为被引进时，更可能发生变化。例如，梅兰妮·布斯－巴特菲尔德（Melanie Booth-Butterfield）已经分析了戒烟以及似乎仍然存在的难以改变的因素。

下一步

风险学者巴鲁克·费斯科霍夫建议风险传播研究不要从研究风险管理者的需求开始，而是要先了解受危害影响的人的价值取向。他不是通过调查直接获取有关这些价值的信息，而是呼吁将受影响的各方看作正式委托方，如此一来他们的关切便能得到全面的考量。最后，一旦风险研究完成，应在实施传播之前研究共享风险的方法。要创造这样环环相扣的规则世界，还有许多工作要做。

撰 稿 人：Katherine E. Rowan

另请参阅：Crisis Communication；Metaphors in Science Communication；Public Relations and Science；Risk Analysis；Social Amplification of Risk Framework

参考文献

[1] BEAMISH T D. Silent spill：The organization of an industrial crisis [M]. Cambridge：MIT Press，2002.

[2] BECK U.Risk society：Towards a new modernity（M. Ritter，Trans.）[M]. Thousand Oaks，CA：Sage，1992.

[3] BOOTH-BUTTERFIELD M. Embedded health behaviors from adolescence to adulthood：The impact of tobacco [J]. Health Communication，2003，15：171–184.

[4] DIECKMANN N，SLOVIC P，PETERS E M.Use of narrative evidence and explicit likelihood by decision-makers varying in numeracy [J]. Risk Analysis，2009，29：1473–1488.

[5] DOWNS J S，BRUINE DE BRUIN W，FISCHHOFF B，et al. How people think about cancer：A mental models approach [M]//R L HEATH，H D O'HAIR（Eds.）. Handbook of risk and crisis communication.

New York: Routledge, 2008: 507–524.

[6] DRABEK T E, HOETMER G J. Emergency management: Principles and practice for local government [M]. Washington, DC: International City Management Association, 1991.

[7] FISCHHOFF B. Public values in risk research [M]//H KUNREUTHER, P SLOVIC (Eds.). Annals of the American Academy of Political and Social Science: Vol. 545. Challenges in risk assessment and risk management. Thousand Oaks, CA: Sage, 1996: 75–84.

[8] GRIFFIN R J, YANG Z, TER HUURNE E, et al. After the flood: Anger, attribution, and seeking of information [J]. Science Communication, 2008, 29: 285–315.

[9] HEATH R L, O'HAIR H D. (Eds.). Handbook of risk and crisis communication [M]. New York: Routledge, 2009.

[10] LOWRANCE W W. Of acceptable risk [M]. Los Altos, CA: William Kaufmann, 1976.

[11] MCCOMAS K A, ARVAL J, BESLEY J C. Linking public participation and decision making through risk communication [M]//R L HEATH, H D O'HAIR (Eds.).Handbook of risk and crisis communication. New York: Routledge, 2009: 364–385.

[12] MORGAN M G, FISCHHOFF B, BOSTROM A, et al. Risk communication: A mental models approach [M]. Cambridge, UK: Cambridge University Press, 2002.

[13] National Research Council. Improving risk communication [M]. Washington, DC: National Academies Press, 1989.

[14] PIDGEON N R, KASPERSON R, SLOVIC P. (Eds.). The social amplification of risk [M]. Cambridge, UK: Cambridge University Press, 2003.

[15] PRIEST S H, BONFADELLI H, RUSANEN M.The "trust gap" hypothesis: Predicting support for biotechnology across national cultures as a function of trust in actors [J]. Risk Analysis, 2003, 23 (4): 751–766.

[16] ROGERS E M.Diffusion of innovations [M]. 5th ed.New York: Simon & Schuster (Original work published 1962), 2003.

[17] ROWAN K E, BOTAN C H, KREPS G L, et al.Risk communication education for local emergency managers: Using the CAUSE Model for research, education, and outreach [M]//R L HEATH , H D O'HAIR (Eds.). Handbook of crisis and risk communication. New York: Routledge, 2009: 168–191.

[18] SANDMAN P M.Responding to community outrage: Strategies for effective risk communication [M]. Fairfax, VA: American Industrial Hygiene Association, 1993.

[19] SLOVIC P. (Ed.).The perception of risk [M]. Sterling, VA: Earthscan, 2000.

[20] SMITH S W, ROSENMAN K, KOTOWSKI M, et al.Using the EPPM to create and evaluate the effectiveness of brochures to increase the use of hearing protection in farm and lawn care workers [J]. Journal of Applied Communication Research, 2008, 36: 200–218.

[21] SUTTON J, PALEN L, SCHKLOVSKI I. Backchannels on the front lines: Emergent use of social media in the 2007 Southern California fire. Proceedings of the Information Systems for Crisis Response and Management Conference (ISCRAM) [M]. Washington, DC, 2008.

[22] TRUMBO C W.Risk communication [M]//A KENT (Ed.). Encyclopedia of library and information science. New York: M. Dekker, 2001: 290–324.

[23] WEINSTEIN N D, LYON J E, SANDMAN P M, et al. Experimental evidence for stages of health behavior change: The precaution adoption process model applied to home radon testing [J]. Health Psychology, 1998, 17: 445–453.

[24] WOLOSHIN S, SCHWARTZ L M, WELCH H G. Risk charts: Putting cancer in context [J]. Journal of the National Cancer Institute, 2002, 94: 799–804.

Risks and Benefits 风险与收益

人们在日常生活中面临着周围环境中的诸多风险。例如，驾车偶发车祸受伤的风险以及载氯气的货运列车撞车后的环境污染风险。鉴于这些风险也带来了诸多好处，人们在一定程度上也能接受其负面危害，毕竟开车比走路更快更方便，化工行业需要氯气来生产塑料消费品，此类好处不胜枚举。

本词条谈及的风险指危害可能带来某些负面影响的概率。危害的好处可被称为积极后果。当然这里所讨论的风险是狭义的，风险评估通常还包括考虑其他因素，如后果的不确定性、活动本身以及此活动的收益。相比之下，当风险代表着获得积极的后果的机会时，风险也就拥有了积极的意义。

人为风险总是伴随着一些好处。如果风险能带来某种好处，社会便可能会愿意承受这些风险。当然，这并不适用于诸如地震之类的自然灾害，这类危害只伴有风险而不会为我们带来任何好处，但由于我们通常不能阻止其发生，这些危害仍然笼罩着我们。本词条关注的风险和收益与医疗、环境、自然灾害以及事故有关。

本词条描述了用于评估风险和收益的几种方法。然后，探讨风险与收益之间如何实现平衡。最后，讨论了媒体在向公众传播风险和利益方面的作用。

评估风险和收益

专家和公众对风险和收益的评估方法不同。因此，他们各自对这两个因素及其之间的关系有着不同的观点。危害研究领域的专家，如核电站的核科学家，主要应用多重评估程序来分析潜在的风险和收益，以便定量地确定某项活动是否可以被社会和环境接受。他们会考虑危险活动所涉及的几个方面，如果可能的话，对其进行量化，然后总结成一个总体评估。评估所涵盖的方面包括：事件的可能性、后果的类型、风险的不确定性、将遭受伤害的群体、是否存在极易受伤害的群体、受害者人数、后果的延续时间、随着时间的推移和其他危害的产生而导致的累积影响、风险及其成本的可逆性、危害的好处及其替代品。因此，危害的收益是风险评估的一部分。

专家用成本效益分析这种具体方法来衡量风险和收益之间的平衡。成本效益分析是将事件的总预计成本（即风险）与预期的总收益相加。两者都用货币表达，但如果人们侧重于质量方面，如人的生命，这种方法可能就相当具有争议性了。只有当利益大于其成本时所涉及的活动才会被推荐。成本效益分析还可以用来决定应该选择哪种替代方案。与成本相比具有最大预期效益的替代方案将会被选中。专家和政治家经常利用这种分析决定某一新活动是否值得引入。

在通常情况下，公众似乎通过一种不同的方法来评估活动的风险和收益。他们对风险和收益的看法可能与专家不同。非专业人士评估某一活动时，似乎倾向于依赖该活动的定性特征，如后果是否可怕，他们是否熟悉这个活动等。此外，不同于专家风险评估时仔细斟酌所获取的活动相关信息，非专业人士似乎并不会这么做。因为斟酌所有可用的信息和知识可能需要较高的认知水平，所以非专业人士经常通过直观判断来实现这一目的。几位学者的研究表明，当人们被要求直接评估活动的风险和收益时，这种观察危险活动的方法会导致预期风险和效益之间的轻微负相关。研究发现，人们会假设具有很大收益的活动几乎没有风险，如服用抗生素。反之亦然，他们似乎认为高风险的活动很少有好处，如持有枪械。此外，这方面的研究还表明，可自愿选择活动这一点似乎并不影响其接受度。人们所表达的评估方法偏好的这一发现似乎与规定的评估方法偏好相矛盾，即如果更大风险的活动也具有更多的好处，社会接受它们，并且自愿性解释了某些具有相似益处但风险更高的活动接受度更高的原因。

有人提出“经验法则”即所谓的“情感启发法”可以解释这种评估某一活动的预期风险和收益之间的反向关系。当人们应用“情感启发法”时，他们依赖于活动在他们的脑海中引起的总体感觉。如果这种情绪或影响是积极的，他们便会认为该活动几乎没有风险而且好处多多；当他们遇到负面情绪时，他们会认为该活动风险很高，没有任何好处。

总而言之，专家和公众依靠不同的方法评估活动的风险和收益。因此，他们可能对社会可接受的活动有着不同的看法。

平衡风险和收益

据建议，社会应该在大多数危险活动中平衡风险和收益。核能是一个典型的风险－收益平衡的例子。相较于事故或未来核废料问题的风险，社会更看重便宜而又易于获取的能源价值，因此核能技术现在被广为接受。

基于社会风险利益平衡这一想法，工程师昌西·斯塔尔（Chauncey Starr）在其一篇现在被称为经典的文章中指出，通过将接触不同危险每小时的死亡率与该危险每人每年的经济效益相关联，可接受活动的风险与其预期的收益之间存在正相关关系。这就是所谓的揭示偏好法。他的研究结果表明，公众对自愿和非自愿活动的接受程度不同。似乎人们愿意为自愿活动承担的风险高于非自愿活动的风险，尽管这些活动的收益可能相同。

当社会中引入新的活动（如纳米技术）时，可能需要一段时间才能达到这种风险－收益平衡。尝试平衡这两个因素时，可能会出现几个困难，总体可以归结为公平问题。第一个困难是，风险和收益可能对社会中不同的活动者或团体产生不同的后果。某些活动者可能会体验到某一活动的好处，而其他人则会面临风险。例如，在城市中驾驶汽车会为车主带来好处，却对居住在这些城市的人造成危险，这些人都将生活在含有潜在危险的细颗粒聚集的废气中。第二个困难是，同一活动的风险和收益类型可能有所不同。某些活动可能导致人们的健康面临风险，如煤炭行业，同时其也会为煤炭行业的矿工带来经济收益。第三个困难是，风险和利益往往出现的时间不同。收益可能是立竿见影的，而风险可能会发生在将来的某个时候。这种情况会引发争议，因为发起活动的人认为，届时将会开发出一种防止未来风险的技术，而其他人则可能认为未来的解决方案不太乐观。

与上述困难相关的是，活动的风险和收益的不确定程度可能也是不同的。如果一项活动的收益是确定的，尽管其风险可能仍然不确定，却仍会被接受。风险 – 收益平衡的第四个问题是不同的行为人对风险和收益的评估会不同。如前所述，民众经常利用风险和收益的定性特征进行评估，而专家主要依靠定量评估。这就可能造成一个问题，尤其是如果一般民众不能控制某种活动，他们又认为这一活动的危害是自然而然产生的，也就是说，他们认为危害是不受其控制的。核能和日光浴是这方面的两个典型案例，这两种危害都涉及辐射的风险。20 世纪 80 年代，非专业人士认为，核能风险大于其带来的收益，这种技术可以视为一种非自愿和不可控制的风险。另外，他们认为日光浴的益处比风险更多。人们可以自己控制自己接触日光浴危害的机会，并将其视为自愿活动。实际上每年由于暴露于核辐射而死于皮肤癌的人数要比因日光照射而死于皮肤癌的人数少得多。

如果社会中的某些群体认识到某一活动的风险和收益之间的不平衡性，则该群体可能不接受此活动。这种不平衡需要通过减少风险、增加收益，加强对行为负责人的信任来解决，或者，如果认为这种不平衡是出于误解，还可通过过向这些群体提供明确的信息来解决。

媒体的风险和收益

通常来说，媒体认为消极消息比正面消息更有新闻价值。针对危害的新闻故事内容的研究报告显示，媒体似乎更倾向于报道危害的风险，而非其收益。但例外的是，媒体也经常披露与当前接受的知识或政府对危险的警告相矛盾的正面消息。换言之，负面消息和矛盾的积极消息有更多的象征价值而不是好处。例如，说“某某不会造成伤害”不如说“某某害人匪浅”有趣。而且，媒体认为，危害的益处往往对人们来说是显而易见的，如服用抗生素的好处。

研究发现，有关风险的媒体报道常与公众对危害的意见相关。关于危害的文章越多，由于这种危害而死亡的人数估计值就越高。但是，相关性并不意味着因果关系。其他研究人员发现，媒体对危害的报道只会导致议程设置。报告会影响一般市民的看法，而不是引导他们如何去看待这个问题。新闻报道也有可能放大现有的影响，如使人们对核能的消极看法变得更加负面，反之亦然。

结　论

风险和收益大都与人为风险相互关联。尽管可能会因为不对等问题而困难重重，社会通常试图找到两者之间的平衡，促使人们接受危险活动。专家和普通民众评估风险和收益的方法不同是最大的问题。相较于危险活动的好处，媒体更倾向于报道其风险。如此一来，可能会影响人们对危害的看法，也可能会加剧他们现有的态度。

总而言之，社会引入或确定新的危险活动时，应考虑到三个主要行为者：专家、非专业人士和媒体。负责任的行为者应该根据专家评估和非专业人士的看法来管理活动，同时考虑媒体对活动报道的影响。

撰 稿 人：Vivianne H. M. Visschers

另请参阅：Psychometric Paradigm；Risk Analysis；Risk Communication，Overview；Trust and Attitudes

参考文献

[1] FINUCANE M L, ALHAKAMI A, SLOVIC P, et al. The affect heuristic in judgments of risks and benefits [J]. Journal of Behavioral Decision Making, 2000, 13: 1–17.

[2] FISCHHOFF B, SLOVIC P, LICHTENSTEIN S, et al. How safe is safe enough? A psychometric study of attitudes towards technological risks and benefits [J]. Policy Sciences, 1978, 9: 127–152.

[3] KITZINGER J. Researching risk and the media [J]. Health, Risk & Society, 1999, 1: 55–69.

[4] National Research Council. Improving risk communication [M]. Washington, DC: National Academy Press, 1989.

[5] SINGER B E, ENDRENY P. Reporting hazards: Their benefits and costs [J]. Journal of Communication, 1987, 37: 10–26.

[6] STARR C. Social benefit versus technological risk: What is our society willing to pay for safety? [J]. Science, 1969, 165: 1232–1238.

Role Models in Science 科学中的榜样

榜样这一术语是由美国社会学家罗伯特·K. 默顿（Robert K. Merton）引入习惯用语的，而默顿本人则因对科学社会学的研究以及科学与社会、宗教及文化环境之间的相互作用的研究而闻名。这一术语首先被应用于20世纪60年代对医科学生的社会化的研究中，现在它被广泛地用于个体如何影响其他人员的社会行为的概念化方面。本词条描述了榜样的目的、影响和效果，以及对科学技术传播的启示。

榜样的特征

有关榜样的定义有好几种。其中一种将榜样看作教师，拥有通过示范进行教授，他人通过观察可以学习的特征，因而榜样也被称为模范。另外一种界定将榜样描述为两人之间的互动关系，这其中像价值观中感知到的相似性、个人特征和生活方式这样的因素是十分重要的。后一种描述被认为对密切的人际关系和职业关系来说是特别相关的，如研究生和他们的导师团队之间的关系。

通常人们会选择和他们相似的人作为榜样，如有共同性别、种族、年龄、毗邻关系、生活方式和家庭关系。他们可能还会选择那些有类似的领域或专业的人作为榜样，如那些拥有相同兴趣领域的人。当类似的选择无法使用时，或者当这种不同被认为会产生更大的职业价值或文化价值时，个体会选择和他们自己根本不同的那些人作为榜样。

虽然很多人会从他们了解的人中选择自己的榜样，但是他们也有可能把自己想象成陌生人或小说中的人物。遥远的榜样这一术语描述的是那些他们个人不太了解的模范或只能通过中间媒介（如电视或电影）间接知晓的人。遥远的榜样的使用比较常见。美国一项针对6000名成人开展的调查显示，热门艺人和体育明星被频繁地当作榜样。虽然超过半数被调查者能够说出一个科学方面的榜样，但是这些被提到的榜样都是过世了的。

榜样的目的

人们认为榜样为个人表现和行为提供了一个可以和当下以及未来的自己进行对比的理想化模型。研究表明，社会比较或者说自己和其他人比较，是个体评估他们当下能力的一种手段。人们也阐述了在创造"未来的自己"方面的榜样作用，在这里榜样描述了如何实现未来的成就，以及这样做让我们觉得自己未来的前景变得更实际。

榜样可能是积极的，也可能是消极的，并且研究发现，积极的榜样和消极的榜样都会激励个体去实现目标。积极的榜样是强调实现卓越成就的策略并刺激其他人也追求卓越的人。相反，消极的榜样通常是那些遭受过某种形式的失败或厄运的人，这也会促使个体避免出现类似的结果。在人们生命和职业生涯的不同阶段，可能会选择不同类型和来源的榜样，这反映了他们需求和自我评价的变化。

榜样的采用

来自社会心理学领域的研究表明，榜样的影响会随着榜样的可用性、与模范的相关性以及榜样的成就的可到达性的不同而不同。当模范将他/她看作获得了巨大成就的切合实际的多维度个体时，人们更可能将个别人士看作榜样。理想的榜样一般被认为应该是这样的人，即稍微有些年长，比模范处于更高级的职业阶段，并且达到了模范所期望达到的目标——在某项事业上水平很突出但模范通过自己的努力并非不可能达到这一水平。

榜样的影响

榜样被认为具有多种积极影响，如提供希望、激情和动力，作为信息的来源，为个体技能和选择提供确证，并在相关的领域展示个人效能。榜样的影响在公众不同的生命阶段会有所不同。例如，在青年时期，和同龄人相比，对榜样的认同与更高的学术成就、更强的自尊、更强的种族认同以及降低风险性的行为有关系；对于研究生来说，研究已经证明以导师（刻意地为他们提供支持和指导的经验丰富的个体）的形式存在的榜样会增加他们发表文章的数量和提交会议论文的数量。

国家的、文化的和社会的价值会影响人们予以回应的榜样的类型。对个体来说，人们在达到其目标方面会有不同的策略，因而在积极追求时会选择积极的榜样，而在积极地避免出现失误时则会选择消极的榜样。这种差异可能反映了主流文化：研究表明，来自更关注宣传策略和个人成功的文化中的个体最有可能受到积极榜样的激励，而消极榜样代表个体不会产生任何影响的不利结果。相反，来自那些将自己看作相互依存网络的一部分的文化中的个体，在避免出现不利结果方面有着更强的取向，并且他们更容易受到消极榜样的激励，这些人既强调了失败的可能性，也强调了避免出现失败的策略。

角色模型也会产生负面影响，通过突出不同的成就策略而非自然本能的选择，削弱了原始动机。那些致力于成功并使用晋升策略来实现目标的人，当他们面对榜样时，可能会失去动力，因为事实证明，他们可能会失败。那些努力避免失败的着眼于预防措施的个体同样也可能会被那些表明他们可能会取得成功的榜样削弱。

榜样和自尊

人们提出了榜样和自尊之间的关联，因为榜样有积极和消极两方面的效果。自尊被界定为人们自我感觉的一种方式，以及他们现实中的自己与理想中的自己的区别，并且人们发现自尊和不良后果存在负相关性，如焦躁和不安、较差的学术成就以及反社会的行为。

人们通过自己和他人的比较来评估、提高、证明或改善自我，这种社会比较可以影响个人的自我评估，特别是处在不确定性或竞争性环境中时。社会比较涉及自己和他人进行积极或消极的对比，或者吸收他人表现的某些方面。

有些自相矛盾的是，对自己拥有较高的自我评价实际上可能会降低从他人身上获取灵感的能力。如果我们认为某人比我们表现得更好或更成功，这种与我们的表现进行的上行比较可能是沮丧、嫉妒或受挫的一种来源。另外，如果我们认为自己比他们更好或更成功的话，与他人的失败进行的下行比较能提升我们对自己相对地位或价值的认可。

吸收他人表现的一些方面同样可能存在着深远的影响。一方面，如果我们感觉我们和他们类似，那么他人的成功就可以作为我们灵感的来源，并且可以引发一种兴高采烈的感觉；另一方面，如果我们认为我们和他们极其相似会遭遇同样的下场，那么他们的失败可能会使人沮丧，甚至让人感到备受威胁。对社会比较进行的研究表明，模仿和我们在心理上接近的榜样对自尊有着更深远的影响。

研究还表明，只有当个体没有直接地想起自己的局限性时，杰出的榜样才可以激励个体。对他人成功的模仿要求我们将他人的成功看作可以获得的，并且我们没有将自身的局限性看作获取成功的一种阻力。动机和自我形象是紧密相连的，最好的榜样可能是那些在模仿者中提供了一种积极的自我形象的人，因而为他们提供了追求更高目标的动机。

榜样和性别

拥有榜样的可能性在性别上似乎没有明显的差异。男性和女性都倾向于选择同性作为自己的榜样，虽然女性比男性更容易同时把男性和女性作为自己的榜样。众所周知，大学生更倾向于选择其教职工中的同性作为自己的榜样，研究表明，性别上的匹配可能对学生后来的职业发展和学术成就有积极影响。研究人员发现，与博士生导师性别相同的博士生比与导师性别不同的博士生在毕业后会继续发表更多重要的学术成果。

关于女性拥有同性别职业榜样的益处，有较好的文献记录，这是对女性职业路径和经历的一系列调查所展示的结果。在一项研究中，与选择男性作为榜样的女研究生相比，在教职工中选择同性榜样的女研究生认为自己在学习过程中有更高的自尊、方法、途径、工作承诺和职业抱负。其他研究表明，杰出的女性榜样要比男性榜样更能鼓舞女性，而对于男性而言，榜样的影响则不明显。

榜样的社会地位对男性和女性产生影响的程度也存在着不同。男性倾向于认为他们自己更容易受到著名的或遥远的榜样的影响，而女性似乎更容易受到她们自己所了解的榜样的影响。2007 年一项针对 Y 世代个体的研究表明，男性特别倾向于选择那些象征着传统文化特质的人作为榜样，如有男性和女性行为规范的人。

科学教育和榜样

就很多领域而言，如在科学和数学中，与职业上的榜样接触和互动被认为在录用新生和保持其兴趣方面是重要的。

然而在科学领域中，来自弱势群体的个体在识别那些和他们在心理上有相似性的榜样方面可能有一定的困难。女性和那些来自少数民族群体的人在科学领域里都是弱势群体，并且更有可能分别拥有和其性别以及种族不同的榜样。这两个群体还往往对其科学能力缺乏信心，并且研究人员发现，在追求科学以及科学相关职业方面，影响非裔美国学生和女生的态度的主要因素就是其与科学家的接触。

在类似的榜样可以获得的地方，（学生的）参与度和留校率都会增加。例如，美国传统的黑人教学型大学培养出的黑人科学家和工程师的比例是失调的，出现这种情况的原因就是这些学校里黑人榜样的占比较高。

研究人员呼吁开展一些对科学中的性别和种族刻板印象发起挑战的干预性项目，以及通过鼓励科学家和学生进行更直接的互动来直接地创造更好的榜样。目前已知这些项目在改变学生对科学、数学和技术职业的态度方面很有效。有些国家，包括澳大利亚和英国，先后开展了全国性的科学顾问和榜样项目，旨在提升学生在科学和工程领域的总体留校率。

撰 稿 人：Bobby Cerini

另请参阅：Children's Television and Science；Gender Representations of Scientists；Merton，Robert K.

参考文献

[1] EVANS M A，WHIGHAM M，WANG M C. The effect of a role model project upon the attitudes of ninth-grade science students [J]. Journal of Research in Science Teaching，1995，32 (2)：195–204.

[2] GIBSON D E. Developing the professionalself-concept：Role model construals in early，middle and late career stages [J]. Organization Science，2003，14 (5)：591–610.

[3] GIBSON D E. Role models in career development：New directions for theory and research [J]. Journal of Vocational Behavior，2004，65：135–156.

[4] HILL O W，PETTUS W C. Three studies of factors affecting the attitudes of blacks and females toward the pursuit of science and science-related careers [J]. Journal of Research in Science Teaching，1990，27 (4)：289–314.

[5] LOCKWOOD P，KUNDA Z. Superstars and me：Predicting the impact of role models on the self [J]. Journal of Personality and Social Psychology，1997，73 (1)：91–103.

[6] LOCKWOOD P，MARSHALL T C，SADLER P. Promoting success or preventing failure：Cultural differences in motivation by positive and negative role models [J]. Personality and Social Psychology Bulletin，2005，31：379–392.

[7] Museum of Science and Industry. The state of science in America [M]. Chicago：Chicago Museum of Science and Industry，2007.

[8] STAPEL D A，KOOMEN W. I，we，and the effects of others on me：How self-construal level moderates social comparison effects [J]. Journal of Personality and Social Psychology，2001，80 (5)：766–781.

Royal Society 皇家学会

皇家学会（Royal Society）在其300多年的历史中，对科学传播的发展起到了重要的作用。虽没有法律明文规定，但皇家学会就其传统和功能而言扮演着英国国家科学院的角色。它在许多方面类似于美国国家科学院（U.S.National Academy of Sciences），并与其在诸多国际事务上保持着密切合作，然而在某些重要方面却又与之不尽相同。

皇家学会的创建

皇家学会全称为促进自然知识的伦敦皇家学会（Royal Society of London for Improving Natural Knowledge），于1660年年底在伦敦建立。在此之前的20年是英国历史上前所未有的动荡时期。内战不断致使家毁人亡，直到1649年国王查尔斯一世（King Charles Ⅰ）被斩首才得以结束，英国从此由君主制转向共和制，即所谓的奥立弗·克伦威尔（Oliver Cromwell）治下的保护国（Protectorate）。1658年克伦威尔去世时，其儿子理查德（Richard）继任护国主，但上任未满一年便下台了。随后几个月时局动荡，民众惶惶不可终日。之后，国王查理二世（Charles Ⅱ）从非洲大陆流亡回来，于1660年年初恢复了君主制。

这一时期也是科学发展的重要时期，正是在这段时期，通过系统的观察和实验来研究自然世界的方法开始发展起来。催生这一现象的原因有许多，但其中最关键的推动力便是内战期间及其后在牛津和伦敦私下会面的科学家团体，最终在1660年年底建立了一个促进物理-数学实验学习（Promoting of Physico-Mathematical Experimental Learning）的学院。他们认识到皇室可以庇护其刚创立的组织，以及他们打破成规建立知识新认知方法的使命，便迅速利用其社会关系获得了复辟国王查理二世的庇护。自那时起，它便被称为皇家学会。

科学家之间的沟通

讨论交流最新科学成果是皇家学会的核心任务。学会成员每周定期会面以观察新的实验，并讨论最新的研究结果。学会一丝不苟地记录着所有事务，甚至现代科学早期的材料，大部分至今仍可以在皇家学会档案馆中查阅到。

学会成员也会与伦敦以外的同行交流。亨利·奥登堡（Henry Oldenburg）是该学会最早的研究员之一，对这项工作极其勤勉，以至于他被认为是系统科学传播的创始人之一。奥登堡出生于德国，是一名神学家，后担任私人家教，他曾周游欧洲，会英语、法语、意大利语、拉丁语、荷兰语及其母语德语6种语言。在专事科学研究之前，他的智力不仅弥补了缺少具体的科学专业知识的缺憾，更令他于1662年被任命为学会秘书。他在整个欧洲建立了广泛的学者关系网，这些学者会及时告知他们的研究进展。在学会的每周例会上会宣读他们的信函，并将其记录在一本书中。此举不仅能传播他们的研究，更有助于确定优先事项——这对现在的研究人员来说是一件非常重要的事情。奥登堡任秘书的15年间留存的信件在1965—1986年出版时足足有13卷，可见这一举措的影响之深。仅皇家学会就拥有近1500项此类信件。

不久之后，皇家学会开始将往来信函和其他材料一起刊载在定期刊物上，以便向更广大的受众传播这些信函和优先目标。这些材料的印刷出版也促使其传播范围扩大。科学杂志应运而生。1665年《皇家学会哲学汇刊》(*Philosophical Transactions of the Royal Society*)开始发行，它是世界上发行时间最长的未间断的科学杂志。现在，它是皇家学会杂志7种主要刊物之一，每年发表约1600篇论文。此外，奥登堡希望期刊出版可以保证自己和学会的收入来源，至少对学会而言。事实上，对于走类似路线的许多科学学会来说，这就是其收入的主要来源。

在另一项创新举措中，奥登堡很快发现有必要进行同行评议，以帮助他排除光怪陆离的想法(如鹅在树上产卵的报告)，找到真正有价值的研究。他还发现了同行评议的一些危害。例如，罗伯特·胡克(Robert Hooke)是裁判小组三名成员中唯一一位对艾萨克·牛顿(Isaac Newton)的研究报告提出意见的人，这些评论意见被公开，对改善两人之间的关系几乎没有任何帮助。

向公众传播科学

积极致力于向公众传播科学是一个引人关注的问题。它的出现受许多趋势的影响，包括参与式民主的需要，支持技术型劳动力以实现国家繁荣的需求，以及科学在现代生活的方方面面日益普及。皇家学会的关键时期是20世纪80年代初，当时，任命沃尔特·博德默(Walter Bodmer)为大型工作组领导，负责研究公众对科学的理解情况。当时，博德默是皇家癌症研究基金(Imperial Cancer Research Fund，ICRF)的主任，之后又任职于英国主要的癌症研究机构。皇家癌症研究基金是依靠捐赠获取收入的慈善机构，因此其深切地明白与公众交流的重要性。

博德默在1985年发表的报告中重申了公众认识的重要性，研究了塑造公众认知情况的因素，并为致力于提高公众认识的各个机构和部门提出了许多建议。然而，最重要的建议或许也是最有可能实施的建议，是向皇家学会本身提出的，并且通过它向整个科学界传播。该报告呼吁皇家学会为公众了解其“重大活动”提供更多机会，将其作为实现国家福祉的“紧迫任务”，呼吁整个科学界参与其中。

因此，作为英国最高的科学机构，皇家学会宣称专业研究科学家为提高公众的认知花费时间和精力是值得的甚至是有必要的。这与公众不在皇家学会考虑范围时的情况截然不同。皇家学会言出必行，创建了一个重要的年度奖以表彰促进公众认知的成就，支持全国各地的倡议拨款计划，大力开展面向公众的讲座计划，向公众开放年度展览，大力支持学会400多名研究员成为熟练的科学传播员，还有许多类似的举措。这种文化转变现在已经不断渗入，上述活动还在持续进行。

科学与社会

当然，促进公众对科学的理解并不等同于赢得公众对科学的支持。1996年，皇家学会与公众理解科学委员会(Committee on Public Understanding of Science，COPUS)就这一话题共同发表了一篇研究调查报告《了解科学就是爱科学吗》(*To Know Science Is to Love It?*)，报告重点阐释了公众态度和科学与社会之间互相影响的复杂问题。1998—1999年的英国大辩论以及后来转基因植物的使用都加剧了这一问题，以至于2000年上议院发表报告彻底探讨了这一问题。在大型私人捐赠的资助下，皇家学会推出了“社会中的科学”(Science in Society)计划。关注的重点并非公众认知而是公众参与，不是单向解释而是双向对话。科学传播变得愈加复杂。

在传统意义上，所谓的公众认知依然很重要。这也是皇家学会总体工作计划的重要内容，是包括博物馆界在内的所有公众传播媒介关注的重点。皇家学会的科学传播工作也强化了公众对话，两者在不同的背景下可适应不同的需求。尤其是当学会认为所讨论事项极具公众利益时，公众对话会影响相关公共政策的制定。贫化铀、口蹄疫、纳米技术和合成生物学这些项目都显示了公众对话不仅有可能而且必定会对政策造成影响——有时会产生令人惊讶的结果。2004 年，皇家学会的纳米技术报告被广泛认为是将公众对话融入独立科学政策咨询的典范。

因此，英国皇家学会作为英国的国家学院，认为沟通是其工作的核心，包括不同科学家之间（以及不同时代的科学家之间）的交流，科学家与非科学家之间的沟通，科学家和决策者之间的沟通以及科学家和媒体之间的沟通。作为世界上最活跃和最具影响力的国家科学院之一，它责无旁贷。

撰 稿 人：Peter Collins

另请参阅：National Academies，U.S.；Public Understanding of Science；Scientific Journal，History of

参考文献

[1] GRIBBIN J. The fellowship：Gilbert，Bacon，Wren，Newton and the story of a scientific revolution [M]. London：Allen Lane，2005.

[2] HALL A R，HALL M B. Why blame Oldenburg? [J]. Isis，1962，53：482–491.

[3] HALL M B. Oldenburg and the art of scientific communication [J]. British Journal for the History of Science，1965，2：277–290.

[4] House of Lords，Select Committee on Science and Technology.Third report：Science and society [M]. London：Author，2000.

[5] KLUG A.Address of the President，Sir Aaron Klug，O. M.，P. R. S.，given at the anniversary meeting on 30 November 1999 [J]. Notes and Records of the Royal Society，2000，54（1）：99–108.

[6] Royal Society. Public understanding of science（Report of a Royal Society ad hoc Group Endorsed by the Council of the Royal Society）[M]. London：Author，1985.

[7] Royal Society and Royal Academy of Engineering. Nanoscience and nanotechnologies：Opportunities and uncertainties [M]. London：Royal Society，2004.

Sagan, Carl 卡尔・萨根

卡尔・萨根（Carl Sagan，1934—1996）可能是20世纪最著名的科学普及者。他最为著名的作品是公共电视台（PBS）的13集系列片《宇宙》（*Cosmos*），他是1997年由朱迪・福斯特（Jodie Foster）主演的电影《超时空接触》（*Contact*）的同名小说和很多大众科学图书的作者。他通过俘获人们的想象力并传递科学的重要性和兴奋感使科学（特别是天文学和行星科学）被普通公众理解，他的这种能力使得他成为异常成功的传播者。他还开创了外空生物学，对地球之外的生命进行研究，在他的职业生涯中还做出了很多其他重要的科学贡献。

求学和早期研究

萨根于1934年11月9日出生于纽约的布鲁克林。1951年，他进入芝加哥大学（University of Chicago），时年16岁。1954年，他大学毕业并获得文学学士学位。那时，芝加哥大学要求所有的本科生在选择专业领域前都要接受广泛的文学教育。在分级的时候，萨根选择了物理学专业，并于1955年获得理学学士学位。1956年，他获得了理学硕士学位并在芝加哥大学攻读天文学博士学位。

在攻读博士学位期间，萨根为行星科学这一领域做出了两项重要贡献——虽然二者都违背了当时流行的理论，但却被证明是正确的。1956年，在美国科促会（American Association for the Advancement of Science）年会期间，萨根勇敢地就著名的荷兰裔美国天文学家杰拉德・柯伊伯（Gerard Kuiper）有关季节性的植被变化引起了金星表面黑暗地带变化的假设表达了不同的意见。萨根认为这种变化可能是由巨大的尘埃风暴吹拂浅色的尘埃穿过黑暗熔岩区域造成的，而这个观点在后来得到证实。

萨根也不赞同金星和地球是双生子的流行看法。那时，很多人认为位于金星大气层之下的是一个孕育着生命的温暖且草木繁盛的星球。然而，在射电望远镜获悉的新数据显示了来自金星的强大微波资料后，萨根认为金星受到其大气层中二氧化碳和水蒸气所引起的失控的温室效应的影响，导致其表面极度炎热（估计其表面温度在300℃左右）。虽然科学共同体起初反对这一观点，但萨根的假设后来被机器人航天器的测量证实。人们发现金星表面的实际温度约462℃——这种环境对于曾经认为那里存在的丰富生命来说太难生存了。

1960年，萨根在芝加哥大学获得了天文学和天体物理学博士学位，他的博士论文是《行星的物理学研究》（*Physical Studies of Planets*）。1961年，萨根有关金星的论文发表在《科学》（*Science*）（最值得尊重的同行评议期刊之一）上。这引起了哈佛大学（Harvard University）的关注。1963

年，他接受了哈佛大学为他提供的天文学助理教授一职。大约在那个时候，萨根开始就行星计划为国家科学院（National Academy of Sciences）和国家航空航天局（National Aeronautics and Space Administration，NASA）提供咨询服务，并且在自己后来的职业生涯中一直从事该服务工作。

外空生物学的先锋

萨根童年时对科幻的痴迷促使他一直在就人类在宇宙中是否是孤独的及生命是否还存在于其他地方等问题进行探索。他对其他星球上存在生命的可能性的兴趣在他整个大学期间一直持续着。当萨根还是芝加哥大学的本科生时，该校的一名化学研究生史坦利·米勒（Stanley Miller）在著名的美国化学家与诺贝尔奖（Nobel Prize）得主哈罗德·克莱顿·尤里（Harold Clayton Urey）的指导下开展了一项具有里程碑意义的实验，他们通过该实验能够从模拟生命出现之前的地球环境（无机分子汤）中合成氨基酸——生命构成的基石。

这令萨根产生了极大的兴趣，并在其获得了博士学位之后的20世纪60年代，在米勒（Miller）和尤里（Urey）的工作基础上做了一个实验。萨根的实验不仅生成了氨基酸，还有一些糖和核酸。与米勒和尤里的早期成果一道，萨根的发现对生命可能源于普通的化学过程和物理过程进而在合适的条件下可以在任何地方形成的观点提供了强有力的支持。

由于其对外空生物学的兴趣，萨根于1961年受邀参加了“搜寻外星智能计划”（Search for Extraterrestrial Intelligence，SETI）的第一次会议。参会者讨论了对可能存在于银河系的智慧文明的数量进行估算的方式，以及如何更好地与他们进行交流的方式。萨根终其一生都是搜寻地外文明计划的强力支持者，并于1980年帮助美国创立了行星协会（U.S. Planetary Society）以推进太阳系的探索并支持“搜寻地外文明计划”。

萨根于1968年离开哈佛大学，成了位于纽约伊萨卡的康奈尔大学（Cornell University）行星研究实验室（Laboratory for Planetary Studies）主任。1969年，他受邀为“先驱者10号”（*Pioneer 10*）宇宙飞船搭载的一块金属板编写信息，以防太阳系之外的智能生物发现它。“先驱者10号”计划于1972年发射，在利用木星的引力作用把它弹出太阳系外之前将飞越木星来测量木星的磁场。萨根和美国天文学家兼“搜寻地外文明计划”的创始人弗兰克·德瑞克（Frank Drake）一起设计了一块约15.2厘米 ×20.3厘米（6英寸 × 8英寸）的金属板。他们用脉冲星（太空中一个发出脉冲无线电波的天体）的位置来标记宇宙飞船发射的时间和地点。与一个左手以友好问候的方式举起的裸体男性及他旁边的裸体女性图像放在一起的还有一幅展示“先驱者10号”轨道的太阳系的图画。

1970年，萨根被任命为康奈尔大学天文学终身教授。他还参与过探索火星的“维京计划”（Viking Missions to Mars），以及飞越木星并持续它们在外太阳系任务的“旅行者计划”（Voyager Missions）。

对科学的乐趣进行传播

1973年，萨根出版了第一本著作《宇宙联系：地外视角》（*The Cosmic Connection: An Extraterrestrial Perspective*），他在书中阐述了自己对宇宙（过去、现在和未来）和我们在宇宙中位置的看法。与大多数科学图书不同，《宇宙联系：地外视角》是一部短文集，并采用了随和的具有人情味的风格。萨根对太阳系和宇宙的魅力的描述采用的是抒情散文的措辞，这是其他一些有关科学的作品不会采用的向普通公众交流并激发他们兴趣的一种方式。

这本书的出版取得了巨大的成功，萨根突然发现自己暴露在了公众面前，在会议上发言，撰写文章，接受采访并在电视上出镜。1973 年 6 月，《滚石》（*Rolling Stone*）杂志刊载了对萨根的采访，这极大地提升了他“公民科学家”的声望。同年的晚些时候，萨根应邀在强尼·卡森（Johnny Carson）主持的《今夜秀》（*Tonight Show*）中出镜。和大多数科学家不一样，萨根精力充沛、诙谐幽默又善于言谈，观众很喜欢他。他对行星的描述使观众感觉自己好像真的站在遥远的世界，萨根担任他们的导游。萨根的名望大幅提升，1974 年，他登上《时代》（*Time*）杂志的“正在崛起的 200 位领袖”名单。

萨根的第二本重要著作是《伊甸园的飞龙：人类智力进化的思考》（*The Dragons of Eden: Speculations on the Evolution of Human Intelligence*，出版于 1977 年）。该书讨论了大脑、人类智力及二者的进化，且与萨根对地球之外的智能生命的展望的兴趣明显相关。这本书的出版又是一次巨大的成功，并于 1978 年获得了普利策大众非虚构类作品奖（Pulitzer Prize）。

1978 年，萨根开始投身于《宇宙》的制作，这是一档由萨根合著并担任主持的介绍造访其他行星和探索太空乐趣的公共广播电视台的 13 集系列节目。萨根希望这部系列片可以讲给每个人——年轻人、老人、科学家和非科学家，所以他花费了大量的时间来确保每个细节都让自己满意。这个节目最先进的特效与萨根绘声绘色的描述使它在 1980 年秋季播出时便一炮而红。该系列片获得了艾美奖（Emmy Award）和皮博迪奖（Peabody Award），同时，该系列片的同名图书迅速地占据了《纽约时报》（*New York Times*）畅销书榜单的榜首，并且在该榜单上保持了超过一年半的时间。

《宇宙》的成功令人惊愕（特别是对科学电视节目来说），全球 60 个国家的 5 亿观众收看了该系列节目。《宇宙》使人们对宇宙的广袤和复杂产生了强烈的视觉感受，这正是萨根想要传达的，并且很多人将该系列节目看作萨根最伟大的成就。通过《宇宙》，萨根开启了科学奇迹的新时代，以史无前例的方式来传播太空探索的重要性和兴趣。

萨根还撰写了小说《超时空接触》（*Contact*），该书出版于 1985 年，于 1997 年被改编成了电影。《超时空接触》的主角是“搜寻地外文明计划”的科学家艾莉·阿罗维（Ellie Arroway），她实现了萨根一直想要实现的事情——与地外智能生命接触。萨根还撰写了很多其他大众科学图书，包括《暗淡蓝点》（*Pale Blue Dot*，1994）和《魔鬼出没的世界：科学，照亮黑暗的蜡烛》（*The Demon-Haunted World: Science as a Candle in the Dark*，1996）。他的最后一本书《亿万又亿万：卡尔·萨根的科学沉思与人文关怀》（*Billions and Billions: Thoughts on Life and Death at the Brink of the Millennium*，1997）于 1996 年 12 月他因罕见的骨髓病离世后出版。卡尔·萨根的激情以及他激励人们并激发人们对科学兴趣的能力，使得他成为他那个时代最伟大的科学传播者之一。

撰 稿 人：Amelia A. Williamson

另请参阅：Astronomy，Public Communication of；Search for Extraterrestrial Intelligence；Television Science；Visible Scientist

参考文献

[1] DAVIDSON K. Carl Sagan：A life [M]. New York：Wiley，1999.

[2] POUNDSTONE W. Carl Sagan：A life in the cosmos [M]. New York：Henry Holt，1999.

[3] SAGAN C. The planet Venus：Recent observations shed light on the atmosphere，surface，and possible biology of the nearest planet [J]. Science，1961，133：849-858.

[4] SAGAN C. The cosmic connection: An extraterrestrial perspective [M]. Garden City, NY: Anchor Books, 1973.
[5] SAGAN C. The dragons of Eden: Speculations on the evolution of human intelligence [M]. New York: Random House, 1977.
[6] SAGAN C. Cosmos [M]. New York: Random House, 1980.
[7] SAGAN C. Contact: A novel [M]. New York: Simon & Schuster, 1985.
[8] SAGAN C. A pale blue dot: A vision of the human future in space [M]. New York: Random House, 1994.
[9] SAGAN C. The demon-haunted world: Science as a candle in the dark [M]. New York: Random House, 1996.
[10] SAGAN C. Billions and billions: Thoughts on life and death at the brink of the millennium [M]. New York: Random House, 1997.
[11] SPANGENBURG R, MOSER K. Carl Sagan: A biography [M]. Westport, CT: Greenwood Press, 2004.

Satellites, Science of 卫星科学

很多现代的全球通信系统依靠的是卫星技术。在最普遍的意义上来说，卫星是在太空中绕另外一个天体飞行的所有物体，所以说，地球是太阳的卫星，月球是地球的卫星。然而，当思考今天的卫星时，出现在我们脑海中的是绕地球飞行的许多人造卫星。这对于数目众多的现代技术系统来说是至关重要的。它们不仅能让我们进行洲际交流，而且还监测地球的天气、寻找气候变化的证据、帮助我们制作精确的地图及跟踪任何东西（武器、敌人和快递包裹）的运动。

在轨道中的任何物体实际上都是一颗卫星，从航天员在使用过程中掉落的扳手到国际空间站（International Space Station，ISS）。截至 2009 年，有 500 多颗人造卫星在轨运行，太空监测网（Space Surveillance Network，SSN）追踪的直径大于 10 厘米（棒球大小）的不同人造物体（大多数被称为“太空垃圾”）有超过 8000 个。太空监测网自 1957 年以来已经在太空中追踪到了超过 245000 个物体，这一年苏联发射的人造卫星成为有史以来的第一颗人造卫星。

每颗人造卫星在其寿命周期中都要经历不同的阶段。首先它必须被设计、制造和测试，然后它要被发射到具体的轨道中，它还要被恰当地部署和激活。由于它要完成在很多轨道的运行，所以要有常规的使用寿命，开展它被赋予的任务。当卫星达到它有效寿命的终点时就会被处理掉。在这个时间轴上的任何一点，都有出现错误的概率。

设 计

根据型号及尺寸的不同，一颗卫星可能具有一种或多种功能。国际空间站是目前在轨的最大人造物体。它在地球上的重量约30.4万千克（67万磅），长约73.2米（240英尺）。它最多可以容纳6人生活，并且可以开展很多类型的无重力（微重力）实验。因为没有一个单独的火箭可以将这个庞然大物托举上去，所以只能在太空中每次建造一个模块，其开始于1998年的“曙光号”（*Zarya*）模块和“团结号”（*Unity*）模块。另一个极端的例子是重量少于0.9千克（2磅）的皮星。因为向轨道中输送每盎司（1盎司≈0.03千克）的东西都需要大量费用（卫星越重，发射的难度越高，费用也越贵），所以在设计卫星的过程中质量通常是主要的考量因素。

卫星设计的另外一个重要方面是它的目的。对于卫星需要完成的每项任务而言（通信转播、天文学、天气观测），它都需要搭载具体的设备（发射器、接收器、望远镜，也许还有热成像摄像机）。这些设备通常被称为卫星的有效载荷。所有的设备，加之需要为它充电的电池或太阳能电池板以及对它进行控制的电子器件，需要尽可能小且轻以降低总成本。各种子系统也需要设计，诸如姿态确定及控制、通信、指令与数据处理、电源、热能以及制导与导航。

对于一个卫星的任务来说，另一个需要考虑的问题是利用一颗还是多颗卫星。一颗单独的卫星设计和建造起来造价较低，但是也有一些原因使我们考虑在一项任务中同时使用多颗卫星（称为卫星系统），如一个卫星系统不太容易受到任何单个个体失败的影响。如果只利用1颗卫星而它停止工作了，那么整个任务就失败了，但是如果有10颗卫星而其中1颗失败了，还是有可能开展整体的任务。偏好卫星系统的另一个原因与覆盖面有关。一般来说，轨道越低，卫星能“看到的”面积就越小。然而，到达高轨道要更多费用。通过多颗卫星，我们可以一次看到地球上更多的东西，即使是从较低（且较便宜）的轨道。这也是为什么有些通信卫星采用卫星系统布局的原因，即为了充分地发挥功能（100%覆盖地球），铱星系统需要66颗卫星处于它们恰当的轨道。

总体设计过程涉及某个公司、政府机构或者界定卫星任务和投资的其他实体。然后工程团队就会制作有详细规格的符合需求且费用不会超过预算金额的设计图纸。在设计阶段非常容易出错，期望的功能在不超出预算的情况下无法实现的情形通常是十分普遍的。这个项目可能会被抛弃，也可能通过增加预算或压缩任务范围来使这个项目在设计过程中进行迭代。

制造与测试

一旦设计完成，卫星进入制造和测试阶段。一个单一的实体从零开始生产一个完整的卫星的情况是不常见的，虽然对于皮星来说这是可能的。通常，一颗卫星是用很多不同公司制造的元件组装起来的，涉及从光学专家到电子器件专家等。在太空中控制卫星的电子器件同那些运行家庭电脑的电子器件是不同的。地球的表面有大气层和范·艾伦（Van Allen）辐射带的保护，可使其免遭强烈辐射。范·艾伦辐射带是地球磁场的产物，它有助于各种形式的辐射远离地球表面。在近地轨道的物体从它那里只能获得部分益处，而在中间地球轨道的物体几乎得不到任何保护。来自太阳和星际空间的剧烈辐射迅速地降低了大多数电子器件的效能。由于这个原因，在太空中的所有电脑和其他电子器件必须“硬化”或屏蔽这种形式的干扰。这个过程既增加了成本，又增加了卫星的重量。

在理想情况下，一颗卫星的所有元件在它们被送入轨道前都应该进行测试。然而，测试过程不是没有风险的。一时的疏忽就会破坏价值数百万美元的设备。如很多卫星都在震动台上进行测试，以观察它们能否承受火箭发射过程中产生的抖动。然而，如果震动台被不小心地设置成了产生比卫星所能承受的震动更大的状态，那么卫星很有可能会在测试过程中被震得粉碎。

然而，不测试卫星元件的后果同样具有毁灭性。最著名的例子就是哈勃太空望远镜（Hubble Space Telescope）。它的主镜面没有被正确地成型——在直径 2.4 米的镜面上，会有约 2 微米的变形，这严重地降低了它的效能。最终，由航天员为它安装了一套矫正的光学元件，但大多数卫星不能依靠这种在轨的技术机制。对于大多数卫星来说，如果在轨的时候出现了严重的元件失效，就会迅速地变成无用且昂贵的“太空垃圾”。

发　射

一架航天飞机面临的最明显风险来自发射过程。迄今，让一个物体进入轨道的唯一方法就是将它搭载在一个化学驱动的火箭上，无论它是三角翼火箭还是航天飞机。火箭发生的故障有很多种。火箭可能会爆炸或无法发射。它可能会脱离目标，那时就需要被炸毁以保护人类栖息地。它可能到达了轨道，但是并没有到达其有效载荷所预期的轨道。同时，它还有可能存在部署问题，卫星可能无法彻底与火箭的末级分离。另外一个顾虑就是（为了节省成本）很多卫星和同一个火箭上的其他卫星共享有效载荷空间。任何一颗卫星的失败都会阻碍其他卫星的正确部署。

如前所述，卫星必须以它们被发射的时候能够抵御施加给它们的巨大压力的方式进行制造。一般来说，一颗卫星能够承受稳态加速度以及高频振动的 5~7 个重力（也就是地球表面重力的 5~7 倍）。航天员和战斗飞行员受训承受的加速度就是这种类型的——根据国家航空航天局（National Aeronautics and Space Administration，NASA）所说，“阿波罗 16 号”的全体航天员在重新进入地球大气层的过程中经历了 7.19 个重力。那意味着每个航天员短暂地觉得自己的体重是地球上的 7 倍多——约 589.7 千克（1300 磅）。

随着技术的成熟，货架发射变得更加可靠。例如，三角翼火箭在其操作头十年里的成功率达到 92%，在其近十几年的操作过程中，成功率达到了 99%。它仍然是一个本身就具有风险的过程，并且保险通常占宇宙飞船建设和发射成本的很大一部分。

发射卫星的火箭有很多不同的种类。一般来说，火箭越大，它所搭载的重量越大，并且它能到达的距离也越远。有史以来最大的火箭是“土星五号”（*Saturn V*），它能产生约 340.2 万千克（750 万磅）的推力，除了运送“阿波罗”航天员的任务，还将约 4.5 万千克（10 万磅）的宇宙飞船送到了月球轨道。相较而言，早期的“阿特拉斯”火箭只能产生约 16.3 万千克（36 万磅）的推力。然而，在重量和距离之间必须进行权衡。如果“土星五号”火箭只需要把物体运送到近地轨道，它能往那个距离运送约 11.3 万千克（25 万磅）。一般来说，会采用足以把卫星运送到预定轨道的火箭（当然，也要考虑价格）。

在　轨

卫星设计和部署中的一个主要部分就是确定卫星运行的正确轨道并且将它运送到那里。所有轨道的形状都像是一个椭圆，主星（对于人造卫星来说通常指地球）处于这个椭圆的一个“中心点”上（圆是椭圆的特例，它有稳定的半径，并只有一个“焦点”，也就是圆心）。为了描述任一个给定的轨道，我们需要用到 6 个参数。

前三个参数比较容易理解。第一个参数是椭圆的半长轴（它有多大）。第二个参数是椭圆的偏心率，或者说它和正圆有多大程度的不同（正圆的偏心率为零）。第三个参数是描述椭圆平面（“画在白纸上的”轨道）和一些参考平面之间角度的倾角，通常是地球的赤道。

现在几何形状有点不太直观。第四个参数是升交点赤经，试想一下地球根本不会转动，而是静静地固定在太空中。卫星在椭圆的轨道上围绕着地球运动，倾斜于地球的赤道。在某些地方，卫星将达到轨道的最南端并且开始再次向北运动（相对于地球表面而言）。随着它沿轨道向北运动，它将会达到一个直接位于地球赤道上方的点（升交点）。这个升交点参数表明的是卫星在那个点上与赤道相交的经度。当然，地球也在转动，但是轨道设计者和科学家设计了一个不会转动的任意参考系统，使这种测量方法有效。在那个系统中，“经度”被称为“赤经”，以与地图上的经线相区分。

第五个参数是近地点幅角，有时候也被称为近心点角。因为卫星的轨道通常不是正圆，有时它距离地球表面比较近，有时又很远。最接近地球表面的点被称为近地点或近心点。试想一下在地球的中心与最近的那个点画一条直线，再从地球的中心与前述的“升交点”之间画一条直线，这两条线之间的夹角就是近地点幅角。

第六个参数是真近点角。随着卫星绕轨道飞行，这个参数也会随着时间发生变化。试想一下在任何一个特定时间从地球的中心和卫星之间画一条线，测量一下这条线与之前那条近地点的线之间的角度，即真近点角（这个名称来源于采用不同参数时，另外两个被称为“偏近点角”和“平均近点角”）。

我们为什么需要这些计算呢？因为卫星有 6 个“自由度”。也就是说，在任何给定的时间，卫星可以处于任何的位置（用 3 个维度进行测量，*x-y-z*），并且它可以进入这 3 个维度的任何一个。实际上，我们可以在其轨道的任何一个点上简单地记录其位置和速率（仍然涉及 6 个数字），并且那将完全地确认其轨道。然而，那也会让数学计算非常困难，甚至更加不直观。上述 6 个参数看起来很困难，它们实际上让事情对于设计和模拟轨道动力学的人来说变得更加容易。

在制作这些轨道模型中有很多假设。在最基本的情况下，模型假设地球是均匀的球形，这是不对的（它在赤道的地方更鼓，在极点有些平，它上面还有山脉）。同样，难以将作用于一颗卫星的所有作用力都考虑进来：不仅是地球的重力，还有月球和太阳的重力，以及来自如太阳风的压力。由于所有这些力量，通常不足以将卫星送入轨道并希望它停留在那里。大多数卫星都有小型推力器，以便可以使它对使自己脱离轨道的不同作用力进行修正，这个过程被称为“位置保持”。当这些推力器耗尽燃料时，卫星就只能任由这些因素摆布了。这是导致卫星生命周期结束的一个主要因素。

在大多数情况下，理解轨道的大类就足够了：近地轨道、中间地球轨道以及地球同步轨道。位于近地轨道的卫星绕着地球作快速运动，约每 90 分钟绕地球一圈。它们处于地球表面之上 60.9—1931.2 千米（100—1200 英里）。然而，在任何给定的时间它们都不能“看到”地球的全部，甚至不能看到地球的一半。试想一下乘飞机飞行，虽然乘客在约 9.1 千米（3 万英尺）的高度比他们驾驶汽车时可以看到更广的地面，但是他们显然不能一眼看到地球的整个半球，位于近地轨道的卫星也一样。为了覆盖整个地球，我们需要处于地球同步轨道的卫星。中间地球轨道通常不太理想，主要由于前述的辐射环境。一张有各种卫星围绕着地球旋转的立体图会显示出在近地轨道有一层卫星，在中间地球轨道上有一些，在地球同步轨道上又有一层。

位于地球同步轨道的卫星完全保持在地球表面的某一地点（每 24 小时运行一圈，和地球自转的周期完全一样），其位于这个地点之上的约 3.5 万千米（2.2 万英里）之上。同样，为了跟踪这个点，它们必须位于赤道之上（倾角的度数为零）。这些卫星被称为“对地静止卫星”。虽然发射费用比较昂贵，但是这个轨道是非常理想的。能共享那个轨道的卫星数量不多。国际电信联盟（International Telecommunication Union）已经采取了行动来为不同的任务分配轨道空当。其他的轨道不会采用这种监管方式，即便如此，偶尔也会引发冲突。如 2009 年 2 月，美联社（Associated Press）报道了一个铱星通信卫星与一颗失去作用的俄罗斯通信卫星“宇宙 2251 号”（*Kosmos-2251*）发生了碰撞。这使得两颗卫星都发生了损坏，并且产生了大量的卫星碎片。

生命结束

最终，卫星不再发挥功能的时刻终会到来。它们可能耗尽了推进器燃料，电池电量可能会耗尽，太阳能电池组可能会被冻住，它们不再能够跟踪太阳，或可能发生的一些其他事情。有些卫星的任务是有限的，一旦任务完成，它们就没有其他用处了。如果卫星只是简单地留在轨道上，它会继续在轨道上转圈，这就有可能引发上述的危险性碰撞。如果你等待足够长的时间，近地轨道上的卫星将最终返回地球，通常在它们穿过大气层的时候就会燃烧殆尽。当然，这要视卫星及其轨道而定，那可能需要很长的时间。在中间地球轨道和地球同步轨道上的卫星位于大气层之上，它们将永久地留在那里。它们可能会占据其他卫星可能会更好地加以利用的轨道空当。考虑地球同步轨道这项不动产的拥挤程度和理想之选，这是特别重要的。

在理想情况下，进入卫星轨道、采集无功能的卫星并将它运回地球是很好的。这样它们就对其他卫星或地球表面没有威胁了。国家航空航天局正在这么做，但是，这很罕见且昂贵。针对近地轨道卫星更廉价且更负责任的选择是在它还有一些控制力的时候使其脱轨（确保它在进入大气层的时候被燃烧掉）。这方面的标准是在其操作寿命的最后 25 年内完成的。对于中间地球轨道和地球同步轨道卫星来说，解决方案是将它们移动到更高、较少使用的轨道中去，在那里它们将不会与其他有操作任务的卫星发生冲突。然而，很多卫星在设计的时候并没有考虑寿命末期的问题，这些卫星在无任何控制的情况下返回地球的过程中慢慢地销蚀。

撰 稿 人：Karen Burnham

另请参阅：Clarke，Arthur C.；Hubble Space Telescope；National Aeronautics and Space Administration，U.S.；Space Program，Overview；Space Shuttle

参考文献

[1] Associated Press. Two orbiting satellites collide 500 miles up [N]. 2009-02-11.

[2] ELBERT B R.Introduction to satellite communication [M]. Boston：Artech House，2008.

[3] LARSON W J，WERTZ J R.（Eds.）. Space mission analysis and design [M]. Boston：Kluwer Academics，1992.

[4] MAINI A K，AGRAWAL V. Satellite technology：Principles and applications [M]. Hoboken，NJ：Wiley，2007.

[5] NASA Orbital Debris Program Office. Orbital debris mitigation standard practices [EB/OL]. [2009-06-12]. http://orbitaldebris.jsc.nasa.gov/library/USG_OD_Standard_Practices.pdf.

[6] VALLADO D A. Fundamentals of astrodynamics and applications [M]. New York: McGraw-Hill, 1997.
[7] WERTZ J R. (Ed.). Spacecraft attitude determination and control [M]. Boston: Kluwer Academic, 1978.

SciDev. Net 科学发展网

因其网址 SciDev. Net 而广为人知的科学发展网（Science and Development Network）是一个专门为发展中国家提供科学和技术方面可靠且权威信息的非营利组织。

科学发展网络向决策者、研究人员、媒体和公众提供科学和技术信息，并且提供了一个讨论科学和技术如何在全世界减少贫穷、改善健康以及提升生活标准的平台。

科学发展网还通过鼓励坚定的个人和组织成立区域网来促进发展中国家科学和技术传播能力的建设，并为其提供实践指南和专业研讨会。

科学发展网的新闻报道是其网站的核心，网站上的文章每日都会更新。通过与编辑和助理编辑团队合作，由自由撰稿人组成的全球网络确保了对突发科学新闻及时且准确的报道。

该网站还发布较长的新闻特写，对确定国际科学议程的观点、人物和项目进行考察，以及旨在提供信息并引发辩论的意见和评述。在网站上可以自由获取发表在著名期刊《自然》(*Nature*)、《科学》(*Science*) 及其他顶尖科学期刊上的精选论文和文章，以及来自其他声誉较好渠道的项目摘要。

科学发展网为特定话题提供概述，以把最新消息与关键问题的分析结合起来，并提供有深度的信息，还通过其“话题入口”提供延伸资源。每个入口都被分成副主题，以帮助用户迅速且容易地获得信息。话题入口和副主题入口都包括相关的新闻和评论文章、政策评论和其他相关组织的注释链接以及通过互联网可以获取的关键文件的概要。话题包括农业和环境、气候变化和能源、健康、新技术、科学和创新政策以及科学传播。

科学发展网还提供“区域性入口”，将新闻、特写和评论文章集合起来，并且提供与中国、拉丁美洲、加勒比海地区、中东、北非、南亚、东南亚以及撒哈拉以南非洲相关的链接和告示。

科学发展网的访客可以用中文、英文、法文或西班牙文注册为期一周的免费邮件。这些邮件的内容包括过去一周添加到网站中的所有素材的概要，以及有关工作、研究资助和事件的相关告示。

科学发展网的所有材料都可以在知识共享归属许可协议（Creative Commons Attribution）2.0 的许可下免费复制。根据这个许可的条款，任何人都可以被允许复制、分发、展示和开展这项工作，或进行衍生创作，只要对原始作者和科学与发展网络表示鸣谢即可。科学与发展网积极地鼓励通过各种渠道复制这些素材，并且总是积极地对此提供协助。

科学发展网将科学与技术信息的有效传播

看作社会和经济发展的一个重要因素。该组织力求通过在发展中国家为科学家和记者举办能力建设培训班来改善科学传播，同时提供线上指南，以及如何参与同科学传播直接或间接相关的各种活动的实践建议。它包含的话题有在科学会议上进行报道、在电视上进行科学新闻报道、如何开设科学博客、传播统计学与风险等。

自2001年上线以来，科学与发展网希望确保其活动直接地反映发展中国家从自身观点来提出的需求。通过增加这些国家中自由记者以及其他撰稿人的数量，这个目标已经部分实现了。

科学发展网源于《自然》期刊的新闻员工［经济资助来源于英国的维康基金会（Wellcome Trust）］设立的对1999年在布达佩斯举办的世界科学大会（World Conference on Science）进行报道的一个项目。这个项目广受欢迎，因而促使人们探讨成立一个致力于报道和分析在发展中的科学和技术的作用的永久网站。这项动议于2000年10月在意大利特里亚斯特举办的发展中国家科学院会议（Academy of Sciences for the Developing World，TWAS）上得到了认可和批准。

紧随特里亚斯特会议的是英国国际发展部（U.K.Department for International Development，DFID）同意对为期六个月的规划阶段提供经费支持，这个阶段开始于2000年11月。在规划阶段结束时，已经从国际援助机构和基金会那里为一个全职员工及位于伦敦的一间独立办公室筹集了足够的经费。科学发展网的官方网站也于2001年12月3日正式上线。

自上线以来，该网站就在持续地扩展。科学与发展网定期添加话题“聚光灯”，很多都成了特定主题的副主题，如“快速指南”和“新闻焦点”，此外还有越来越多的常规新闻报道。一个增强型的重新设计的网站也于2008年1月上线。

区域网络也在撒哈拉以南非洲、拉丁美洲、南亚以及中国启动，每个区域网络都把和科学与发展网有共同目标的个人和组织集中起来。科学发展网络还计划未来在中东、北非、西非以及东南亚设立区域网络。

在与国际科学院委员会（InterAcademy Panel）的合作中，科学与发展网于2001年2月在多巴哥举办了第一次媒体中的科学研讨会。从那时开始，它便与各种伙伴开展合作，为记者和其他专业传播者举办专业的科学传播研讨会。

科学发展网的资助方有英国国际发展部、瑞典国际发展合作署（Swedish International Development Cooperation Agency）、加拿大国际发展研究中心（International Development Research Center）以及荷兰外交部（Dutch Ministry of Foreign Affairs）等。

撰 稿 人：Clair Grant-Salmon

另请参阅：Health Literacy；Nature；Science

参考文献

［1］Science and Development Network：www.scidev.net.

Science《科学》

美国的期刊《科学》(*Science*)创刊于1880年，是全球最引人注目的期刊之一，它的引用率可以反映这一情况。在汤森路透(Thomson Reuters)提供的2007年《期刊引证报告》(*Journal Citation Reports*)中,《科学》在影响评级方面位于所有科学期刊的第14位。自1900年以来，美国科促会(American Association for the Advancement of Science，AAAS)这个非营利组织每周出版一期《科学》期刊，而科促会成立于1848年。《科学》有十多万名订阅者，加上传阅的读者，其浏览量估计有70万人次。与它的商业同行《自然》(*Nature*)一样，作为一个跨学科的期刊,《科学》充当了促进学科之间观念转移的中介。它为全世界的科学发声，并且消除不同学科之间的壁垒。除了发表原创的科学研究论文,《科学》还发布旨在总体上更可读且有趣的新闻和各种形式的分析。

编辑流程

《科学》坚持编辑自由，这个政策受到其前主任兼主编詹姆斯·麦基恩·卡特尔(James McKeen Cattell)的鼓励。与《自然》一样,《科学》的发表主题着眼于分子生物学和遗传学的前沿研究。在审稿人指南中阐述的《科学》的使命表明，论文应该在它们的领域中具有普遍意义、新颖且重要，并具有影响力，也要促进科学理解。这一观点使它们比那些发表在专业期刊中的论文具有更广泛的认可度。

为了对论文的重要性进行评估以证明在《科学》中发表是正当的,《科学》的编辑人员(包括20多位训练有素的拥有博士学位的科学家)向审稿编辑委员会征求意见，该委员会有来自不同研究领域的120多位顶尖科学家。从丹尼尔·E.科什兰(Daniel E. Koshland)担任主编的时代(1985—1995年)开始，对原创性论文就进行了分类；一定比例的手稿在没有进行深入审查之前就被拒稿了。在这个初始的审查阶段，所提交的手稿根据它们的“潜在意义、质量和兴趣”被评估，这些常见问题出现在《科学》网站的声明中。如果手稿满足初步发表标准(当前大约占到所有手稿的25%)，就会被发送给该领域的至少两名专家进行审稿。审稿意见通常是不一致的，发表与否最终取决于编辑，他们可能会让作者根据审稿人的意见进一步修改稿件。显然，编辑在决定是否将该文章在《科学》上发表的过程中发挥了关键的作用。

《科学》不会在其网站上展示任何的人口统计学特征，但是根据某些评论性文章，向《科学》提交的论文数量在1994—2008年几乎翻了一番，从6200篇到12000篇(这个趋势在其他高影响因子的期刊中也存在)。根据产品广告媒体工具包的统计，接受率约为6%。

经　费

《科学》的总部位于华盛顿特区，它还在英国剑桥有欧洲办公室。它部分的再融资来自科促会的会员费和其他订阅费。此外，与其他生物医学期刊一样,《科学》也依靠广告来获取收入，广告为《科学》贡献了60%—70%的收入。由于向大学销售网站许可证,《科学》的印刷版订阅量从1996年的16万份下降到了2009年的13万份，但是，它的实际用户却在增加。

《科学》网络版和印刷版

提交手稿电子版加速了总体上的出版流程。自 2001 年开始，精选的论文会于印刷在《科学快讯》(*Science Express*) 上之前进行在线发表。由于有了新的电子分销渠道，通过像简易信息聚合提要和电子邮件提醒这样的渠道可以定期就发表的论文通知订阅者。在弗洛伊德·布卢姆 (Floyd Bloom) 担任主编时,《科学》于 1996 年开始将每期的全文放到互联网上。往期的数字化内容也可以在《科学》网站上获取。另一个特征是该网站的科学职业版块，它会为科学家提供职业建议和有关资助机会的信息。根据科学媒体工具包的数据，每周《科学》网站会收到 2695084 个在线页面请求。和自然出版集团 (Nature Publishing Group) 类似，美国科促会也设立了隶属于《科学》的几种新专业期刊（印刷版和网络版），在这些新刊中，只有《科学信号》(*Science Signaling*)（于 2008 年更改了名称）依旧存在。

提供新闻

《科学》最受欢迎的一个栏目就是“年度科学突破”(Breakthrough of the Year)。在每年年末,《科学》的职员都会挑选科学进步来提名年度科学突破第一名和第二名。如 2008 年的这个荣誉授予了将皮肤细胞重编程为干细胞的成就。与《自然》一样,《科学》也分成科学论文部和新闻部，两个部门都由专业的科学作家负责。新闻部门的报道包括新发现、经费、科学政策和科学名人。除了在印刷版中有每周的新闻版块，在线平台《科学此刻》(*Science Now*) 也提供每天的新闻，并吸引了大量的读者。

《科学》作为科学新闻的渠道

与《自然》一样,《科学》也充当了国际科学新闻的一个重要渠道，并且通常被用来获取正在进行的研究信息。根据发表具有普遍意义的论文的编辑政策,《科学》发表的很多条目都被记者看作是具有新闻价值的。在《科学》的新闻版块中并行编辑的新发现进一步促进了向广大公众的传播。每周,《科学》都为注册记者提供新闻资料，宣布即将发行的一期中与他们最相关的论文。这种以限时禁发形式预先选择的重要论文可以通过在线新闻服务 EurkAlert!（由美国科促会主办）获取。《科学》每周五发刊，执行严格的限时禁发政策。记者必须正式同意遵守《科学》的禁令。这一政策在很多学术期刊中很常见，特别是在生物医学领域，该政策应该是为了确保媒体报道的广泛性和精确性，使记者有时间来组织经充分研究的新闻，而不是在《科学》出版之前“抢先登出特快消息”。供媒体使用的有关新研究发现的评论被严格限制在刊物出版前一周提供给媒体。在发表某篇论文的决定做出之前，如果作者把正在被考虑的文章提供给媒体的话，那么作者就是在冒风险。

但是限时禁发制度总体上也受到各种批评。批评者之一就是文森特·基尔南 (Vincent Kiernan)，他认为限时禁发制度主要服务于期刊宣传的最大化。

发展概况

《科学》曾因为发表了后来被证明是欺骗性的论文而陷入尴尬的境地。最著名的欺骗性案例就是黄禹锡 (Hwang Scandal) 丑闻。2004—2005 年,《科学》发表了一个韩国研究团队提交的两篇被媒体大肆宣传的论文，在论文中他们宣布成功地克隆了人类胚胎并且产生了患者专用的干细胞。首尔国立大学 (Seoul National University) 进行正式调查之后，两篇论文都被撤销了。此外,《科学》委托了一个内部审查委员会来对处理这些论文的编辑进行评估。该委员会得出结论：编辑过程与编辑标准相一致，但是建议对所谓的高风险论文（即那些可能获得更多公众关注的论文）设立更严格的审查程序。

电子出版的新趋势在信息获得性和内容方面都影响了期刊出版中的传统题目。《科学》开始拓展其系列产品，诸如播客、视频、在线讲座等多媒体工具和其他特色产品可以在网络上获取，对于注册用户来说，原创的研究论文也可以在发表后的12个月免费获取。2007年，《科学》和它的英国同行《自然》一起被授予了阿斯图里亚斯王子奖的交流和人文奖（Prince of Asturias Award for Communication and Humanities），以表彰其对于科学和公众的重要传播功能。

撰 稿 人：Martina Franzen

另请参阅：American Association for the Advancement of Science（AAAS）；Embargo System；Nature；Scientific Journal，History of

参考文献

[1] ACKERSON L G，CHAPMAN K. Identifying the role of multidisciplinary journals in scientific research [J]. College & Research Libraries，2003，64：468–478.

[2] American Association for the Advancement of Science：www.aaas.org.

[3] BLOOM F. The Koshland years—A decade of progress [J]. Science，1995，268：619.

[4] FRANZEN M. Torwächter der Wissenschaft oder Einfallstor f ü r die Massenmedien? Zur Rolle von Science und Nature an der Schnittstelle von Wissenschaft undÖffentlichkeit [Gatekeeper of science or gateway for the mass media? The role of Science and Nature at the interface of science and the public] [M]//S STÖCKEL，W LISNER，G RÜVE（Eds.）. Das Medium Wissenschaftszeitschrift seit dem 19. Jahrhundert. Verwissenschaft–lichung der Gesellschaft—Vergesellschaftung von Wissenschaft [The medium of the scientific journal since the 19th century：Scientific transformation of society—Sociation of science]. Stuttgart，Germany：Franz Steiner Verlag，2009：229–252.

[5] GARFIELD E. Science：101 years of publication of high impact science journalism [J]. Current Contents，1981，39：5–12.

[6] KENNEDY D. Responding to fraud [J]. Science，2006，314：1353.

[7] KIERNAN V. Ingelfinger，embargoes，and other controls on the dissemination of science news [J]. Science Communication，1997，18：297–319.

[8] Science magazine：www.sciencemag.org.

[9] VOGEL G. Wissenschaft bei einer internationalen Fachzeitschrift II：Journalism at a Magazine-within-a-magazine [M]//H WORMER（Ed.）. Die Wissensmacher. Profile und Arbeitsfelder von Wissenschaftsredaktionenin Deutschland [The knowledge makers：Profiles and fields of science editors in Germany]. Wiesbaden，Germany：VS Verlag für Sozialwissenschaften，2006：315–329.

Science and Engineering Ethics 《科学与工程伦理》

《科学与工程伦理》(*Science and Engineering Ethics, S&EE*)是一本力图对科学和技术的伦理维度进行考察的跨学科的国际性学术期刊。其包括与出版伦理以及科学传播的伦理相关的议题。该期刊的一些其他主要议题包括伦理准则、计算机伦理、公共政策、新兴技术伦理和科学自由。尽管大多数科学和伦理出版物着眼于生命科学,但是《科学与工程伦理》相当独特。该刊物包含生命伦理学领域的文章,但是其大部分内容是关于那个领域之外的议题的,此外,还有那些传统伦理学期刊或生命伦理学期刊可能不涉及的话题,如军民两用技术。

该刊创始于1995年1月。创办《科学与工程伦理》的动力很大程度上源于美国科促会(American Association for the Advancement of Science, AAAS)于1993年举办的以在科学和技术领域教授伦理学为主题的研讨会。在那次会议之后,《科学与工程伦理》的创办者决定创办这份期刊。他们想为实践科学家和工程人员提供识别和分析伦理议题并同时从人文领域的学者(如哲学家和社会科学家)那里得到智力贡献的机会。

该刊有着多元的读者,他们的专业知识和教育背景各异。它致力于让广泛的个体可以获取这本期刊。作者和读者涵盖很多技术领域,从计算机技术和电子工程到生物医学工程、神经科学以及遗传学。此外,哲学家、律师、社会科学家和教育学者都会成为该刊的作者或读者。出现这种情况的部分原因是《科学与工程伦理》涉及的议题是学术共同体和非学术共同体都感兴趣的。

在学术方面,该刊含有与教学法和研究都相关的文章。如它有对在科学和工程中教授伦理学的原因进行解释的文章,有对最适合于完成把伦理考虑纳入研究目标的恰当方法进行解释的文章。为了达到这个目的,在《科学与工程伦理》上发表论文的作者在涉及工程伦理问题的时候会考虑案例研究和伦理理论用途的各自优点。相关方面涉及谁具有适当的专业知识来教授主题,主要的候选人可能是工程师或伦理学家。

该刊在研究伦理这个领域里也有相关的业务。例如,剽窃是研究共同体的一个普遍担忧,这也是很多文章涉及的一个话题。此外,利益冲突和同行评议也是研究伦理所要探讨的核心领域。至于前一个问题,《科学与工程伦理》的作者考察了不同利益冲突政策的优点以及学术-产业伙伴关系的伦理维度。在国家科学院(National Academies)2002年发布的《科研诚信:创造一种提升负责任的研究行为的环境》(*Integrity in Scientific Research: Creating an Environment That Promotes Responsible Conduct*)报告中,《科学与工程伦理》期刊被列为有关研究诚信文章的关键刊物。

该刊还涉及非学术人员感兴趣的话题,包括实践工程师、产业科学家以及政策分析人士等。它旨在为从业者提供一个讨论与他们的职业领域相关的伦理指南和标准的渠道。如几个作者的某次交流着眼于计算机专业人员是否在"行善"方面具有积极的责任。换句话说,潜在的问题是:是否应该有一个超越已经建立起来的指南和要求的伦理义务,阐明人们应该"不造成任何伤害”并且积极地帮助公众。作者提出的有关职业实践的其他问题包括如何在工程设计中管理风险和不确定性，以及工程人员从事军工技术在伦理上是否合适。

该刊每年出版4期，通常包括1～2期专刊，每期专刊着眼于一个核心话题。2008年12月出版的一期专刊，致力于讨论生态伦理这个话题，每篇文章的作者阐明了可能有助于处理政策挑战的不同哲学框架和视角。2001年12月的专刊考察了导师制对负责任的研究行为的积极影响，作者讨论了有效的导师制对研究环境的影响，以及导师为受训者提供伦理指导的责任。2000年12月专刊的焦点是科学共同体之间的传播及跨越科学共同体的传播，其中包括讨论与记者进行互动的文章，以及就技术问题告知公众的文章。

《科学与工程伦理》对原始研究论文实行双盲评审程序。它还考虑接受其他形式的书面作品，包括书评、会议报告、社论和信件。该刊为未来的作者提供了电子提交程序，相关的链接可以在该刊网站上找到。此外,《科学与工程伦理》提供“在线优先”选择，以便读者可以在纸质刊物印刷之前获取即将发表的文章。

该刊的创始人和联合主编是斯蒂芬妮·J.博德（Stephanie J. Bird）和雷蒙德·斯皮尔（Raymond Spier）。博德是一名在试验中训练有素的神经科学家，与科学和技术相关伦理议题实践和应用的独立顾问。在此之前，她是麻省理工学院（Massachusetts Institute of Technology）教务长的特别助理。斯皮尔是英国萨里大学（University of Surrey）的科学和工程伦理学名誉教授。此前曾任职微生物学教授。该刊的编委会包括来自不同国家的成员，如来自美国、英国、意大利、比利时和日本的成员。所以说,《科学与工程伦理》是一本国际性刊物。

撰 稿 人：Jason Borenstein

另请参阅：Institutional Review Board；Research Ethics，Overview；Scientific Ethos

参考文献

[1] Science and Engineering Ethics：www.springer.com/philosophy/ethics/journal/11948.

Science and Politics 科学与政治

近年来，公众对科学越来越政治化的关注日益增加。换言之，科学家和其他人声称，政治体系参与（甚至有些人说是干涉）了科学的方向和实践，这是前所未有的。然而，科学和政治之间的相互影响已有一个世纪之久。本词条考察了政治环境如何影响科学研究，科学和科学家如何在政治环境中工作。本词条最后讨论了这种关系的转变，特别谈及出现了一些新参与者，他们对科学作为现代指导思想的作用提出了质疑。

在美国，自19世纪以来政府就对研究进行资助，因而在重要的方面影响着科学议程。也许这方面最典型的案例就是第二次世界大战期间的研究，当时军方为了研发原子弹投入了大量经费在科学研究中。从第二次世界大战开始，美国政府就越来越深入地参与科学研究，并且在一系列领域继续影响着研究的优先性。政府影响科学研究优先性的一个常见方式是通过资助具体的科研计划，如 20 世纪 60 年将人类送上月球的努力以及 20 世纪 70 年代开展的针对癌症的斗争。20 世纪 80 年代，美国国会（U.S. Congress）选择了资助“人类基因组计划”（Human Genome Project），这是一项绘制并测序人类基因组的计划，几乎在同一时间，美国国会决定不再资助超导超级对撞机（Superconducting Super Collider）。这些决定对于美国在生物医学和高能物理研究中的相对实力具有重要影响。到 20 世纪末，国立卫生研究院（National Institutes of Health ，NIH）这个主要负责资助生物医学研究的政府机构有了大幅度的发展，而物理学研究的经费则有所下降。

政府的资助不仅影响了对特定话题的科学关注，而且影响了科学研究的地点以及所选择的研究问题。资助人类基因组研究的过程需要国会、国立卫生研究院和能源部（Department of Energy，DOE）就如何开展研究、如何分配经费以及将经费分配给哪些部门进行协商。如果在国会成员管辖范围内的那些在“冷战”期间卷入过辐射研究的能源部实验室不被包括进来的话，很多国会成员就会拒绝支持这个项目。当然，这并不奇怪，因为他们想保持伴随着联邦资助的研究中心而来的工作和荣誉。最终，这个项目面向技术成就（也就是对基因组进行绘制并测序）而非生物医学（也就是把基因与疾病关联起来）的定位反映了能源部赞助的联邦实验室的角色，在历史上，它们在细胞和分子水平上分析放射效果方面具有分子生物学的专业知识。

政府影响

政府还以多种方式影响科学实践和科学发现，包括通过研究规则和知识产权法。如美国政府制定了大量的规章对研究中使用的动物和人类进行保护。基于伦理准则的这些规章影响了可能提出的研究问题的种类、研究方法甚至可能获得的研究结果。它们要求任何获得联邦研究经费资助的机构都要有机构审查委员会，该委员会评估涉及人类参与者的所有研究，并且要求研究人员修改他们的研究项目，以便减少对研究对象的伤害。在这些情况下，科学的自由和研究的神圣性被保护参与者福利的政府侵犯了。实际上，即使是在美国这个自由市场和科学自由不受约束的国家，政府多年来也对科学事业产生了影响。

当我们用比较的视角来进行考察时，政府和政治体系对科学研究的更广泛影响就变得更加清晰了。虽然众所周知不同国家有不同的创新和产业政策，但是国家的政治安排也会对科学实践和科学理解产生深刻的影响。如考虑一下英国和美国的科学家对预防乳腺癌的药物它莫西芬的价值是如何回应的。起初，两个国家的研究者都参与了对它莫西芬预防乳腺癌的效果进行研究的国际临床实验，然而，1998 年，美国的科学团队突然退出了这项研究，他们认为它莫西芬被证明具有明显的疗效，他们在伦理上不再继续这项研究了。很快，美国食品药品监督管理局（U.S. Food and Drug Administration，FDA）批准了在美国有乳腺癌风险的人可以使用这种药物。同时，英国的科学家还在继续研究，他们认为这种药物的益处还不清晰，并且这项研究需要继续开展。几年以后，英国团队结束了这项研究，并得出结论：它莫西芬提供的益处有限，而且讨论了中风和子宫内膜癌增加的风险。英国国家卫生署（British National Health Service，NHS）随后决定不将它莫西芬作为预防癌症的药物。受限于两个国家不同的政治、科学和医学政策，英国和美国的科学家及政府官员以不同的方式阐释了研究结果。在英国，有关什么药物被批准的决定和政府可能必须支付它们的使用费用这个现实紧密相关。相比之下，在美国，药物的使用费用（在影响和服务两个方面）由保险公司和消费者承担。

就像政治体系影响科学的结构和科学实践一样，科学也影响着政治实践。在过去的一个世纪里，随着科学获得的社会声誉和公信力，它成为政府证明其决策正当性的一种重要方式。如官僚机构基于科学证据和科学专业知识制定了高技术性的决策制定过程。因为公众通常相信科学知识是正确的、可信的、公正的，所以如果官僚机构能够以此为基础制定决策，那么它就可以保持公信力和政治合法性。如前面提到的食品药品监督管理局，它批准了它莫西芬药物在美国的商业化和使用。该机构雇用了在科学上训练有素的人员来采集并评估每种药物的风险和益处，并且将科学咨询委员会的成员（由特定领域备受尊敬的科学专家和医学专家组成）集中起来阅读这些信息并提供建议。这些程序被称为“监管审评科学”，因为政府参与了以制定政策为目的的科学工作。

科学和决策

考虑到科学在决策中的作用，科学家在争议中发挥越来越大的作用就不足为奇了。政治辩论中的行动者总是会援引科学话语和科学发现，甚至是科学专业知识，作为支撑其立场的公信力的手段。虽然我们可能会假设增加科学在决策中的作用来产生更理性的过程，但是有些评论者担心以这种方式将政治争议转变为科学争议会削弱科学的威信，同时也会产生较差的决策。决策者通常会让科学家参与政策决定，而没有意识到科学也可以做出决策，政策最终取决于价值。当科学家给出超出证据支持的建议时，他们会受到对手的攻击，这些人可能不仅批评个体科学家得出的结论，而且会以这个事件来对他们领域的客观性提出更大的挑战。

让科学更集中于政策可能还会削弱公众参与的机会。公民只能在非常有限的基础上参与那些因其高技术本质而影响日常生活的重要科学和技术政策议题的讨论。如果在这些辩论中增加科学的显著性，它将不能从决策过程中去掉价值。相反，在这些议题中纳入更多的科学证据和专业知识只是简单地掩盖了这些方面，并且使公民阐述他们的关切并参与这个过程变得更加困难。如有关监管温室气体排放的辩论。过去的十几年里，有关监管的辩论着眼于下列科学问题：气候变化正在发生吗？它是由人类活动引起的吗？其后果是什么？实际上，即使科学共同体在很大程度上对气候变化的发生概率及其消极影响达成了共识，但是政治讨论仍然对应该采取什么措施激烈争论，且通常是用科学的术语。这个科学焦点实际上阻止了我们以价值为基础来解决这个辩论。

只要科学家在政策制定过程中被看作专家，他们就不得不在知识把关人、有明确利益的专业人员和公民等角色之间进行协商。如美国有关干细胞研究的讨论。干细胞研究是存在争议的，因为它提出了生命何时开始以及在试验中是否有伦理边界的难题。在有关这项工作是否应该被资助以及如何资助甚至是开展的辩论中，科学家既被认为是可以讨论这个研究领域前景的专家，又被认为是其生活将受到该研究影响的利益集团的成员。这种双重角色使科学家陷入了复杂且矛盾的境地。考虑到他们的职业兴趣，他们有可能推动这个科学领域并且强调其益处，而作为专家，他们则被期望就这个领域对未来科学和医学的价值进行清醒且中立的评估。实际上，很多观察家开始担心在获得对这个研究领域进行资助的热情中，科学家可能夸大了它的前景。

科学家还作为在道德上关心世界状况的公民进行集体动员。从 20 世纪 50 年代开始，一些“左倾”的科学家开始摆脱过去几十年中高度关注的军事研究。这些科学家认为他们对世界有和其他公民一样的社会责任。他们希望参与对有关环境、妇女和少数族裔的地位、削减核武器和世界和平等流行的观念进行挑战的正在出现的政治抗议运动，他们试图找到利用他们的科学专业知识来使这些事业受益的方式。总体而言，这些新的群体为科学家提供了将他们的工作和精力同他们作为公民的个人道德和政治关切关联起来的机会。然而，在这里也是一样，科学家面临着进退两难的选择。一方面，他们注定要成为自然的冷静观察者，而另一方面，他们是参与将某种政策凌驾于其他政策之上的公民。

新兴的介质

近几十年来，出现了各种各样的新参与者来斡旋科学和政治之间的关系。这些参与者包括以利益为焦点的民间团体，他们对科学密集型领域中公共决策的本质和范围提出了议题，包括环境、妇女健康和知识产权。他们认为当科学似乎是客观且理性的时候，它还有可能会损害公共利益。如20世纪70年代的妇女健康运动指出，大多数科学家是男性，这导致他们对女性的关注特别麻木。实际上，在当时，大多数药物和医学设备（甚至是那些针对女性的）也只在男性身上进行测试。激进分子（他们中很多没有科学或医学背景的人）在那时不仅为在生物医学研究中更多地关注女性的需求进行斗争，而且要求女性对她们自己参与医药和卫生保健进行管理。她们呼吁“知识就是力量”，这也表明如果女性对科学和医药了解得足够多，她们将能够参与决策，并且能决定决策是否真的符合她们的最大利益。

为了获得对政治环境的影响，这些团体的成员通常尽力成为科学专家。如20世纪80年代，艾滋病激进分子自学流行病学、微生物学和免疫学知识，并且开始利用这些知识来质疑艾滋病研究的过程、临床试验的程序和医药审批政策。他们认为，不仅政府应该资助更多的研究，而且科学家和政府官员都应该重新思考临床试验和药物审批的标准。激进分子建议，在测试艾滋病药效时有一个“控制组”在道德上可能是有问题的，如当人们因患这种疾病迅速地死亡时。他们还认为食品药品监督管理局应该在严峻的情况下有一个快速的药物审批程序，如那些遭受艾滋病困扰的患者在这个过程中能更快地获得药物，但是也承担更多的风险。总而言之，他们把只有科学家可以参与有关科学的讨论这个观点问题化了，并且认为患者的视角应该被包括进来，不仅因为他们理解科学，而且因为他们对后果承担了明确的风险。

随着这些新的参与者学会了科学的话语和概念，他们也试图在决策过程中动摇科学的核心地位。他们认为其他形式的知识，包括伦理和经验也同样重要。艾滋病激进分子和乳腺癌激进分子都认为在做出研究资助经费决策的地方应该有他们的一席之地，因为他们拥有独特的“经验性”专业知识。与研究这种疾病的科学家不一样，他们从患病者的视角来理解这种疾病，因而他们可以提供独特的见解和判断。

同时，一些团体开始认为伦理专业知识也应该在科学和技术决策中发挥作用。如随着生物技术和纳米技术对自然和技术之间、人类和动物之间的传统区别提出了挑战，很多人认为决策不仅要以可以做什么为基础，而且要以应该做什么为基础。实际上，生物伦理在过去几十年来促进了政策讨论。针对美国在利用人类测试对象的科学研究中的多个公共丑闻，一组非科学的专家（如哲学家和律师）认为实验室的活动应该受到外部的监督。此后不久，对于在研究中使用人体测试对象的规章就出台了，总统行政部门召集了永久性的生物伦理咨询委员会，对当时的生物医学议题提出建议。在随后的几年中，这种结构安排被全球的很多政府效仿。总而言之，在过去的几十年里，非科学家在科学和技术的政治、实践和政策方面发挥了越来越大的作用，宣称科学中的“专业知识”并不取决于具体学科的正规教育和实验室经验。

有些观察者担心，在科学领域中这些新的参与者的崛起是科学在当代社会中的公信力削弱的迹象，并且这将动摇传统上给予科学家的重视和尊重。迄今，实际情况看上去并非如此。科学家在美国仍然是最受尊敬的群体之一。此外，即使纳入了各种专家和利益相关者，科学知识仍然被视为理性的、客观的，仍然是大多数公共政策制定的基础。然而，这些不同的声音的纳入会带来两个重要的益处。首先，它为政府和科学家都提供了额外的合法性，可以让他们阐明有关科学的决策是考虑公众利益的。其次，科学政策能够以更注重社会后果的方式进行制定，从而产生让公众更接受也更有用的更好的科学。

撰 稿 人：Shobita Parthasarathy

另请参阅：Climate Change，Communicating；Human Genome Project；Manhattan Project；Stem Cell Controversy；Superconducting Super Collider

参考文献

[1] COOK-DEEGAN R. The gene wars：Science，politics，and the human genome [M]. New York：W. W. Norton，1996.

[2] DAEMMRICH A. Pharmacopolitics：Drug regulation in the United States and Germany [M]. Chapel Hill：University of North Carolina Press，2004.

[3] EPSTEIN S. Impure science：AIDS，activism，and the politics of knowledge [M]. Berkeley：University of California Press，1996.

[4] EZRAHI Y. The descent of Icarus：Science and the transformation of contemporary democracy [M]. Cambridge，MA：Harvard University Press，1990.

[5] GIERYN T. Cultural boundaries of science：Credibility on the line [M]. Chicago：University of Chicago Press，1999.

[6] GUSTON D. Between politics and science：Assuring the integrity and productivity of research [M]. New York：Cambridge University Press，2007.

[7] HILGARTNER S. Science on stage：Expert advice as public drama [M]. Palo Alto，CA：Stanford University Press，2000.

[8] JASANOFF S. The fifth branch：Science advisers as policymakers [M]. Cambridge，MA：Harvard University Press，1998.

[9] JASANOFF S. Designs on nature：Science and democracy in Europe and the United States [M]. Princeton，NJ：Princeton University Press，2007.

[10] Kleinman D. Politics on the endless frontier：Postwar research policy in the United States [M].Durham，NC：Duke University Press，1995.

[11] MOORE K. Disrupting science：Social movements，American scientists，and the politics of the military，1945—1975 [M]. Princeton，NJ：Princeton University Press，2008.

[12] PARTHASARATHY S. Building genetic medicine：Breast cancer，technology，and the comparative

politics of health care [M]. Cambridge：MIT Press，2007.

[13] PIELKE R. The honest broker：Making sense of science in policy and politics [M]. New York：Cambridge University Press，2007.

[14] PORTER T. Trust in numbers：The pursuit of objectivity in science and public life [M]. Princeton，NJ：Princeton University Press，1996.

[15] SAREWITZ D. How science makes environmental controversies worse [J]. Environmental Science & Policy，2004，7：385-403.

[16] SAREWITZ D，PIELKE R A，JR，et al. (Eds.). Prediction：Science，decision making，and the future of nature [M]. Washington，DC：Island Press，2000.

[17] SCOTT J. Seeing like a state：How certain schemes to improve the human condition of failed [M]. New Haven，CT：Yale University Press，1999.

Science and the Giant Screen
科学与巨幕

巨幕电影通常被称为IMAX，它是在日本大阪举行的1970年世博会期间于富士展览馆（Fuji Pavilion）首映的《虎之子》（*Tiger Child*）影片中使用的一种强调视觉的传播模式。如今，这些视觉显示形式的特点包括专门设计的2维（2D）或3维（3D）影院，多层屏幕以及环绕音响系统。巨幕影院历来就与教育场所或历史场所相联系，如科学中心、博物馆和文化场所，但是随着其总体安排从原先的以教育为重心转移到以娱乐为重心，独立的影院越来越常见。2009年，全球约有350个巨幕影院，其中略多于一半隶属于机构场所。

巨幕中的“巨”指胶片帧的尺寸、剧院的大小和电影体验的本质。由加拿大的IMAX公司研发的巨幕影片通常因其画面的尺寸和极度清晰性而著称，根据学者查尔斯·R.阿克兰（Charles R. Acland）的说法，它可以通过运动、旅行和情感参与使观众的观影体验比现实更真实。巨幕胶片帧含有的信息约为35毫米胶片帧的10倍，其纵横比为1.435∶1，而美国电影艺术与科学学院（Academy of Motion Picture Arts and Sciences）的屏幕纵横比为1.33∶1。

巨幕电影可以在球幕和平面荧幕上放映，其范围在高30米（平面荧幕）到直径30米（球幕）。传统的巨幕影院宽约为22米，高约为16米，或者说屏幕大小约为352平方米；最大的球幕和平面荧幕的屏幕尺寸分别是1180平方米和1051平方米。这两种剧院的配置与传统的35毫米剧院空间相比，观众可以在一个较陡峭的角度直接面对屏幕。评论员塔娜·沃伦（Tana Wollen）认为，致力于模仿人类的视觉，大屏幕的全景图像占到人类横向视野的60～120度，纵向视野的40～80度（180度横向视野，125度纵向视野）。

由于需要专业的捕捉技术和展示技术，巨幕电影利用重达110千克的专有IMAX镜头进行拍摄，并且用把高强度的氙弧灯与水平头硬盘上的波状环行运动结合起来的独特投影系统播放影片。虽然，为了保护图像区域，巨幕电影的音频存储于一个与影片同步的至少6声道的独立音轨上，包括对话、音乐和特效，但一卷巨幕影片的直径仍然超过1米，重量达到80千克。巨幕电影的音频通过影院空间的数个扬声器发出，它们安置在能够让观众注意到屏幕上的动作的地方。

这种高分辨率的影片进行营销的前提是给观众带来一种被融入或沉浸到电影动作中的体验。一项由芭芭拉·弗拉格（Barbara Flagg）开展的观众调查显示，观看巨幕影片的观众通常被吸引的主要原因是“在场的”感觉。巨幕电影的这种沉浸式特征是屏幕和影像尺寸的一种功能，这已被证明在观众对所呈现内容的反应上具有一定的影响。

在那里的感觉（即所谓的在场）最有可能是大脑对视觉刺激产生的进化反应。斯坦福大学（Stanford University）的教授拜伦·李夫兹（Byron Reeves）和克利福特·纳斯（Clifford Nass）认为，人类进化到对世界可以做出反应在这个世界里，所有视觉摄入的都是真实的物体，因此人类会对媒介做出社交反应和自然反应，包括有意的和下意识的。从心理学上来说，一个影像的尺寸通过对与周边视觉激活相关的生理反应的激发改变了观众对内容的反应，在他们看来，对变化的环境的扫描的一个重要组成部分可能意味着风险。

在场感进一步被作为巨幕体验一部分的环绕立体声系统所强化，因为音频影像对于产生在场的完整错觉是不可或缺的，正如传播学学者弗兰克·比奥卡（Frank Biocca）和本·德兰尼（Ben Delaney）所认为的那样。这种空间音效通过提供与物体和它们的环境相关的信息强化了视觉表象的逼真性。鉴于大屏幕为观众提供了环绕立体声的内容，音频保真度改善了体验的真实性，并且增加了观众与所呈现的信息之间的情感关系。

巨幕上的科学

巨幕电影通常在博物馆、科学中心或历史性空间播放，或者与它们结合起来播放，这些影片历来就强调对观众的教育。因为这些场所通常依赖于它们的巨幕影院所产生的收益，所以影院的所有者在指导影片的内容方面作为把关人发挥着重要的作用。因而往往把焦点放在强化或拓展该机构使命的对象上。在有记录可查的电影中，10部票房最高的IMAX影片（根据一个电影评分网站的资料）中有8部是与科学有关的。包括《执着的梦想》(*The Dream Is Alive*)、《珠穆朗玛峰》(*Everest*)、《为了飞翔》(*To Fly!*)、《国际空间站》(*Space Station*)、《南极物语》(*Antarctica*)、《生命的海洋》(*The Living Sea*)、《海豚》(*Dolphins*)以及《回到白垩纪》(*T-Rex: Back to the Cretaceous*)。

将焦点放在科学上的巨幕电影可以被分为广泛的主题类别：动物、太空、水域、地点/目的地以及环境。动物电影往往着眼于一个单一的、大型的动物物种，如熊［《熊》(*Bears*)］、狮子［《狮王争霸》(*Roar: Lions of the Kalahari*)］和狼［《狼》(*Wolves*)］，不过也拍摄过一些较小物种的影片，如海狸［《海狸》(*Beavers*)］和多个物种的电影［《热带雨林里的昆虫》(*Bugs!*)以及《海洋部落：海豚与鲸鱼》(*Dolphins and Whales*)］。太空电影，包括《执着的梦想》《宇宙心》(*Destiny in Space*)和《国际空间站》，其通常是与国家航空航天局（National Aeronautics and Space Administration，NASA）联合拍摄的，并且被很多人看作标志性的巨幕电影。这些影片中的几部是由航天员在执行太空任务的过程中拍摄的，因而，例证了巨幕电影能把观众带到他们“未曾去过的地方”的能力，这也是一种与巨幕电影有关的常用口号。

有关水域的影片往往着眼于海洋生命和海洋探索[《深海火山》(*Volcanoes of the Deep Sea*)、《海洋世界》(*Wild Ocean*)]有些电影，如《大峡谷》(*Grand Canyon Adventure*)，虽然没有被归类为水域影片，但是却把水资源保护和河流保护作为主题。有关地点或目的地的影片是那些有关特定地点的影片，如《狂野的澳大利亚：边缘》(*Wild Australia: The Edge*)、《刘易斯、克拉克与通向太平洋之路》(*Lewis and Clark: Great Journey West*)及《维京传奇》(*Vikings*)。虽然这些通常不被看作科学电影，但是它们中的很多影片拥有与特定地点的环境或生态相关的主题元素。被归类为环境影片的代表作包括《热带雨林》(*Tropical Rain Forest*)、《失落的世界》(*Lost Worlds: Life in the Balance*)和《海湾的飓风》(*Hurricane on the Bayou*)。

鉴于巨幕电影与机构场所的关系，巨幕科学电影倾向于促进家庭友好型的科学内容，因为这些影片的主要消费者是学龄儿童，他们将观看影片作为郊游、家庭活动或旅游观光的一部分。在极少情况下，观众会抱怨电影的内容存在挑衅性或攻击性，如《人体》(*Human Body*)开诚布公地讨论人类的发展,《狮王争霸》采用的狮子打斗的图像对于某些年轻观众来说有些过于激烈，或者某些涉及“成人”主题的影片。

不过，巨幕电影为参与提供了视觉权威，并使观众对科学内容感到愉悦。当影片将直接来自科学研究的形象纳入其中的时候尤其如此，如在电影《活力太阳》(*SolarMax*)中采用了卫星捕捉到的日冕和太阳风,《漫游火星》(*Roving Mars*)中哈勃望远镜(Hubble telescope)的影像,《深海火山》和《别有洞天》(*Journey into Amazing Caves*)中真正地出现在屏幕上的生命科学家。或者当数字技术被用来反映事件或现象以强调科学信息时，如《人体》中的人类生理与进化，以及《宇宙之旅》(*Cosmic Voyage*)中的10的次方以及宇宙尺度。

无论这个媒介通过强调电影的视觉冲击的特点是它的一个功能，还是要求有更大的视觉处理的屏幕尺寸所带来的一个后果，所有的以科学为基础的巨幕电影的共同点都是让观众参与的潜力，特别是在科学的视觉化过程中。虽然巨幕电影在为了戏剧效果而牺牲内容方面饱受争议，但是对视觉处理在学习中的作用的研究表明，巨幕上的科学视觉对影响公众的科学认知和科学知识具有巨大的作用。一个动作的视觉化可以等同于真正执行的同一动作，从而让观众通过自动的、无意识的模拟过程来体验世界。鉴于巨幕电影的参与性和情感性，那些在认知之前就被在情感上加以处理的视觉以及那些用同样的情感内容重复地接触的视觉形象增加了观众知觉变化的可能性，巨幕电影有就科学进行告知、参与和教育的潜在能力。

实际上，对以科学为基础的巨幕电影的评估指出，无论是学生还是成人观众，在观影后有关科学的认知出现了显著的提高。当在观影之后观众被评估研究者弗拉格问到有关科学的认知的时候，答案表明巨幕电影提高了观众对特定领域的认知[《特别效果：一切皆有可能》(*Special Effects*)、《胜地》(*The Greatest Places*)、《珊瑚礁》(*Coral Reef Adventure*)、《别有洞天》《鲨鱼岛》(*Island of the Sharks*)]，拓展了科学家的形象，他们超越了穿白大褂的研究人员[《别有洞天》《风暴之舰》(*Storm Chasers*)、《珍·古道尔的野生黑猩猩》(*Jane Goodall's Wild Chimpanzees*)]，积极地影响了他们对科学的兴趣(《海豚》《风暴之舰》)，对雨林有了更积极的态度[《热带雨林》(*Tropical Rainforest*)]，并对科学的思考产生了长久的影响(《珍·古道尔的野生黑猩猩》《海豚》)。

然而，充当营销卖点的这个媒介的特征也影响了影片的结构，并且根据某些观察家的看法，也影响了观众认同影片角色的能力，因为这些影片高度依赖于主观镜头。沃伦还认为，大型图像对较长扫描时间的需求要求较长的镜头和较慢的步伐，从而对表演、对话、叙述以及将影片转换成较小格式都产生了影响。

至于科学内容，巨幕电影被认为并不是强调科学，而是如评论家乔安娜·普勒格（Joanna Ploeger）描述的那样，强调了“科学旅游”，它既鼓励科学的商品化，又打造了科学的观众，而不是科学的参与者。它们对全景影像的强调可能会鼓励一种避免自然界的矛盾且复杂现实的“明信片环保主义”的发展，阿克兰这样认为。在某些情况下，制度性把关也对科学内容具有直接的影响，如在美国，据说影片《加拉帕戈斯群岛》（*Galapagos*）、《深海火山》和《宇宙之旅》因为提到了进化而没能在某些科学中心上映。并且特定的主题，如数学和技术，在巨幕电影中的代表性不足。

如今，以数码的方式将35毫米的胶片翻录成巨幕影片的技能减少了早期以教育为重点的巨幕电影，上述的这种技能开始于2002年的《阿波罗13号》（*Apollo 13*），还有一些其他电影，如《蜘蛛侠2》（*Spiderman 2*）、《黑客帝国2》（*Matrix Reloaded 2*）、《哈利·波特》系列（*Harry Potter*）、《查理和巧克力工厂》（*Charlie and the Chocolate Factory*）、《斯巴达300勇士》（*300*）以及《蝙蝠侠》（*Batman: The Dark Knight*）。

这导致了对巨幕产业的更多争议，人们担忧巨幕品牌的价值和影响被这种向娱乐影片的转向削弱。然而，鉴于像博物馆和科学中心这样的机构场所（它们的使命与科学相关）在日间提供教育性的、以科学为基础的内容的趋势，尽管越来越多的这种场所开始在夜晚播放娱乐性的巨幕影片，但以科学为基础的巨幕影片的未来发展也不太可能有危险。

撰 稿 人：Mary Nucci

另请参阅：Science Centers and Science Museums; Science in the Movies; Visual Images in Science Communication

参考文献

[1] ACLAND C R. IMAX in Canadian cinema: Geographic transformation and discourses of nationhood [J]. Studies in Cultures, Organizations and Societies, 1997, 3: 289–305.

[2] ACLAND C R. IMAX technology and the tourist gaze [J]. Cultural Studies, 1998, 12 (3): 429–445.

[3] BIOCCA F, DELANEY B. Immersive virtual reality technology [M]//F BIOCCA, M R LEVY. (Eds.). Communication in the age of virtual reality. Hillsdale, NJ: Lawrence Erlbaum, 1995: 3–14.

[4] DEAN C.A new screen test for IMAX: It's the Bible vs. the Volcano. The New York Times, 2005-3-19 [N/OL]. www.nytimes.com/2005/03/19/national/19imax.html?_r=1.

[5] FLAGG B. Lessons learned from viewers of giant screen films [M]//E KOSTER (Ed.), Giant screen films and lifelong learning: Complete symposium proceedings. Giant Screen Theater Conference, New York City, 1999.

[6] FLAGG B. Beyond entertainment: Educational impact of films and companion materials [J]. The Big Frame, 2005: 50–66.

[7] PLOEGER J. Techno-scientific spectacle: The rhetoric of IMAX in the contemporary science museum [J]. Poroi, 2004, 3 (2): 73–93.

[8] REEVES B, NASS C L. Image SIZE [M]//B REEVES, C NASS (Eds.).The media equation: How

people treat computers, television and new media like real people and new places.California: CSLI Publications, 1996: 193–202.

[9] WOLLEN T. The bigger the better: From Cinemascope to IMAX [M] //P HAYWARD, T WOLLEN (Eds.). Future visions: New technology on the screen. London: British Film Institute, 1993: 10–30.

Science Café 科学咖啡馆

科学咖啡馆（Café Scientifique/Science Café）是一个用来指代普通人和科学家进行面对面交流的非正式场合的活动，这些场合包括咖啡馆、酒吧、餐馆和其他公共场所。科学咖啡馆旨在使非科学家参与有关科学和技术发展的对话（有时候是决策）的范围更广的运动的一部分。这些运动，有时候又被称为公众参与科技，包括一系列其他的参与机制，如共识会议、公共论坛、市民大会以及市政厅。

科学咖啡馆于1998年由邓肯·达拉斯（Duncan Dallas）引入英国的利兹，他是受到创立于法国的咖啡哲学的启发而萌生出这个想法的。从20世纪90年代开始，全球组织了成百上千场科学咖啡馆活动，成千上万名科学家和普通公众参与其中。在某种程度上，科学咖啡馆的目标是以普通公众和专家间对话的双向模式取代陈旧的单向的科学传播模式。单向的传播模式有时候又被称作“缺失模型”，通常普通人被认为欠缺准确的科学知识，因而科学专家和专业的科学传播人员应该通过策略性的传播活动来“纠正”这种缺失。相反，参与模型认为普通人和科学家可以通过对话互相学习，而且普通人（不只是科学家）也能给这些对话活动带来有价值的知识、观点和问题。

虽然有些参与模型（如共识会议）是为了促进公民影响公共决策的能力，但是科学咖啡馆模式还有更加适中的目标：通过提供可以自由地谈论科学议题的非正式的、便利的场合来促进普通人和科学家之间的对话。换句话说，对话本身就是科学咖啡馆活动的目标。虽然这些对话与政策没有直接的关联，但是却可以促进普通人与科学家进行协商和交流的能力建设，从多元且竞争性的视角来培养同理心，以及理解并批判地分析复杂的社会科学议题。

从理论上来说，科学咖啡馆可以涵盖任意的科学和技术话题，任何人都可以组织科学咖啡馆活动，有些人甚至将科学咖啡馆活动看作“草根”活动。组织者和汇报人一般在这种活动中不获得任何报酬。理想的状态是，科学咖啡馆活动要适应该活动举办地的情境、文化以及社区的利益。在全球来说，科学咖啡馆活动有着多种多样的创新形式。这种活动通常在学术环境之外的一个令人感到舒适且便利的社区场所举办。在科学咖啡馆活动中，科学家通常就某个科学话题做简短的发言，然后与活动参与者进行讨论，通常是边喝咖啡边谈。科学咖啡馆也鼓励科学家采用交互式的演讲风格，而不是单向的报告和投影展示，并鼓励他们用没有科学术语的平实语言进行交流。

在实践中，科学咖啡馆的组织者通常是研

究机构、政府部门或其他机构（如科学博物馆）的学者以及公共拓展活动专家，他们比那些身处这些机构之外的人更有可能了解科学咖啡馆的宗旨，更容易接触到科学家和专家，并且具有用来组织和推动这项活动的资源和能力。成功地组织科学咖啡馆需要付出大量的时间，更重要的是，还需要大量的实用知识和技巧。英国的科学咖啡馆活动得到维康基金会（Wellcome Trust）这个慈善研究基金会的经费支持，同时还得到活动举办地相关组织和机构的支持。美国的一些科学咖啡馆活动也得到国家科学基金会（National Science Foundation，NSF）的赞助，并且与私人组织及投资者进行合作。同样，在加拿大一般聚焦于健康议题的科学咖啡馆活动也会得到加拿大健康研究所（Canadian Institutes of Health Research，CIHR）以及其他组织和公司的共同赞助。组织者和赞助者的学术背景、组织资源以及视角会影响科学咖啡馆活动选择的话题、科学家、活动形式、活动场所和目标受众的类型。

对科学咖啡馆活动的正式评估几乎没有，出现这个状况的部分原因是它是一个相对较新的活动形式，它这种去中心化的组织使得科学咖啡馆活动难以被掌控（和评估），而且对这些活动的最重要结果是什么也没有达成共识。无论如何，全球各种科学咖啡馆网站上的文本、对科学咖啡馆活动组织者的非正规调查和他们自己的叙述都表明，这些活动成功地使众多科学家和普通人参与关于各种科学议题的对话。在全球参加科学咖啡馆活动的科学家和普通人的惊人数量确实表明，科学传播从单向传播方式转向了双向对话的模式。

在线的科学咖啡馆活动材料也凸显了科学咖啡馆活动“社区导向”的本质，这强调了科学咖啡馆活动没有自上而下的议程。然而，有些批判者认为科学咖啡馆活动对话题和参与活动的科学家的选择受到那些自上而下的组织以及企业赞助方的选择和视角的严重影响。其他人也表示科学咖啡馆的组织者和科学家仍然或明或暗地采用老一套的“缺失模型”或单向的公共关系方法，并没有就咖啡馆对话为公众提供有意义的内容和方向，并且这些活动的首要目的是促进科学而不是帮助人们批判地分析科学和技术的发展。此外，非正式的评估表明，科学咖啡馆活动的参与者往往是那些已经对科学具有浓厚兴趣或已经参与到科学中的群体，其中很大一部分参与者都是在科学相关领域学习或工作的人。除了科学咖啡馆网站上散落的材料和非正规问卷调查，没有证据证实或反驳这些主张。

科学咖啡馆是让普通人和科学家参与科学和技术双向对话的一种前途光明的机制。将它置于宏大的社会政治情境中，科学咖啡馆在建立公民参与科学并与科学家交流的能力建设方面有可能发挥重要的作用——理论上，从长远来看是为了让公民做好参与更广泛社会对话以及参与科学和技术发展相关决策的准备。如果组织者在活动构建中纳入那些能对科学咖啡馆活动的演讲者、内容以及对话活动的本质和方向提出真知灼见的公众的话，科学咖啡馆便更有可能发挥这些重要的社会作用。

撰 稿 人：Maria Powell

另请参阅：Consensus Conference；Deficit Model；Deliberative Democracy；Public Engagement；Town Hall Meetings

参考文献

[1] DALLAS D. Café scientifique—Déjà vu [J]. Cell，2006，126（2）：227-229.

[2] LEHR J L，MCCALLIE E，DAVIES S R，et al. The value of “dialogue events” as sites of learning:

An exploration of research and evaluation frameworks [J]. International Journal of Science Education, 2007, 29 (12): 1467–1487.

Science Centers and Science Museums 科学中心与科学博物馆

当代科学中心与科学博物馆提供了一系列引人注目且令人眼花缭乱的体验，以向青少年、成人以及家庭参观者展示复杂的科学世界。它们将参观者“输送”到一个精力旺盛的学习空间，一个有科学现象、现场演示、互动展品、基于电脑的多媒体活动、基于藏品的活动以及利用实验场所里的科学设备进行探索的多元游乐场中。此外，参观者还可以感受大画幅的IMAX影片、天象仪展示、现场戏剧表演、展厅参观和演讲，或者同富有创新性的动力学展品进行互动交流。

这种包围式的、娱乐的且具有教育性的环境对观众来说是轻松的。对发生在这些场所中的科学传播的各种维度和类型进行研究则较为困难。为了帮助破译不断变化的科学传播环境，本词条简要地对科学中心和科学博物馆拥有的传播资源进行评估，同时对成为这些场所内展览以及基于项目的科学传播特征并驱动其发展的六个关键科学传播维度进行考察。

当将科学博物馆行业作为一个整体来思考的时候，我们非常清楚科学博物馆内的科学传播是复杂且迷人的，并且这种传播能惠及的全球人数令人惊叹。根据博物馆行业的估计，每年超过2亿人造访世界各地的科学中心和科学博物馆。每位参观者都能直接被这些场所创造的科学传播体验和环境影响。在考虑到体验的深度和广度时，几乎没有其他类型的科学传播渠道能与科学中心和科学博物馆的覆盖范围或影响力相媲美。40多年前，仅有几十个科学中心和科学博物馆，新的场馆呈现了爆发式的增长，如今北美洲就有超过400家科学博物馆和科学中心，全球则接近1500家。虽然当前有数量众多的科学中心，但是它们中的大多数都源于20世纪60年代首倡创新模式的“模式属”机构。旧金山探索馆（Exploratorium）和加拿大多伦多的安大略科学中心（Ontario Science Center）是被全球其他地方广泛模仿的两种早期模式。

科学中心和科学博物馆迅速发展的共同体在全球科学传播中占据了一个独特的“生态位”。科学博物馆非正规的、自我指导的、激发科学探索的环境为科学传播的发生创造了一个独特情境。科学博物馆将基础科学的复杂性、新兴科学同提高公众素养和促进公众参与科学联系起来。博物馆创造的互动的、物理的、基于物体的体验以将科学、科学现象和科学议题情境化的方式使公众更容易获取科学知识。科学博物馆在弥合不同的科学观点方面是专业能手，同时在创造融合了物理的、互动的（做实验）、个人反思（感知/感觉）以及抽象的和参与式认知（思考）的学习体验方面也是专业能手。

鉴于这些场所极大的普及程度以及它们在对公众进行正规和非正规科学教育方面承担的责任的不断增加，为了对博物馆内的学习体验进行更好的理解和设计，一些重要的教育研究和参观者研究正在进行当中。同样还没有进行系统性考察的是对通常发生在博物馆内的科学传播类型的识别、理解以及如何设计一套科学传播策略以更好地对当今博物馆所拥有的使命、复杂学习以及参观者参与的目标予以最好的支持。

在任何一个科学博物馆中，科学传播都是显性传播和隐性传播的结合。博物馆的展品和环境是用来传播特定观念和内容的，然而它们也不可避免地会为自发的、未预料的以及参观者发起的传播创造机会。惊奇、高兴以及自发性通常是隐性传播的结果。只有将有意的传播和自发传播结合起来才能使科学博物馆的体验在个人层面上变得丰富且有意义。最成功的博物馆展品和项目就是在显性传播和隐性传播之间达到平衡的那些。

旧金山探索馆创始人弗兰克·奥本海默（Frank Oppenheimer）通常强调展品作为让参观者参与个人发现的途径的重要性。为了实现这个目标，展品通常并不会设计得“极其简单”或只用来展示一种效应。相反，好的展品展示的科学现象（如光的折射）可以让参观者以设计者都没有想到的方式来探索这种现象。

在科学博物馆中通常会发生什么类型的科学传播？人们在一个特定的博物馆内如何更好地理解或刻画这些科学传播类型的特征？在对科学中心和科学博物馆丰富的传播环境进行考察时，下列传播维度能够代表且帮助描述博物馆科学传播的轮廓，同时也反映了它的总体使命和一系列组织价值。因为在任何一个组织中这些传播维度都可以通过不同的程度来展现，这些维度通过以下连续性的方式来描述。

（1）从说教式到非说教式。

（2）从叙述式到非叙述式。

（3）从倡导到中立。

（4）从确定性科学到新兴科学。

（5）从博物馆权威到参观者权威。

（6）从科学的过程到科学的产品。

在特定的博物馆中识别这些传播维度时，值得注意的是并没有一个正确的或首选的传播维度。实际上，对于任何特定的博物馆或科学中心来说，很有可能在不同的展区会有不同的传播类型。正在转型、不断变大或经历展览策略变化的博物馆通常都能在它们的传播简介中体现这种转变。一个案例就是正在从传统的基于藏品的透视性展览向更具互动性、主题性并基于当前科学议题的展览转变的自然历史博物馆。对一系列传播维度的利用为分析一个机构的科学传播偏好提供了简单的工具，并为开始评估科学传播的意图在多大程度上与参观者体验的目标和结果相匹配提供了手段。

说教式连续性

在博物馆中，显性的科学传播范围从说教式的到非说教式的。经典的自然历史博物馆和基于物体的科学博物馆通常在说教方面的比例较高，这是因为这些场馆就是用来教授某个概念或现象的。它们通过一些解释性标签副本、视频脚本或博物馆馆员 / 志愿者的导览讲解来展示物体或藏品。在更具说教式的展品中，参观者通常很少有机会与展品进行积极的互动或者对于提供的信息给出一个新的视角。参观者是科学传播的接受者而不是科学传播或对话中的积极倡导者。在非说教式的展品中，博物馆的参观者通常受邀就某个展品或项目给出一些新的视角、理念以及个人情境，以便为其他参观者带来更好的体验。在非说教式特点较突出的展品或项目中，参观者的传播以及观点实际上已经成为这些展品或项目必不可少且十分重要的一部分。

虽然说教式的陈述涉及直接的教化以及通过被编辑的脚本和通常封闭式的传播方式“告诉参观者”，但是非说教式的陈述涉及基于探索的学习、基于问题的学习、与参观者进行对话以及非脚本化或开放式的传播。

叙述式连续性

参观者在科学博物馆或科学中心中体验的大部分展品都是非线性且不连续的。分开的展品组件也许会通过一般的方式来布置，如根据内容主题或学科，但是对于路过这个展品的参观者来说并没有唯一的入口或路径。参观者可以在任何地点开始或结束，并且依旧可以“获得”展品的相关内容。与这种类型相反的就是叙述性的且基于议题的展品。这种类型的展品通常会由一个较强的叙述性故事情节来组织。当你处于这件叙述风格的展品中间时，你立刻就会知道正在阐述的故事并且可以充分地利用它，你需要按照设计者的初衷来体验这件展品。位于华盛顿的国家大屠杀博物馆（National Holocaust Museum）就是具有较强叙述性且遍布着说教式展品的典型。

叙述性展品是连续的，并且具有较强的故事情节，非叙述性的展品具有非线性和主题性的特点。

倡导连续性

博物馆越来越倾向于展示那些具有社会、政治、文化和伦理启示的更具争议性的科学议题和其他发展议题。通过主题性的基于议题的展品［如由明尼苏达科学博物馆（Science Museum of Minnesota）完成的以种族为话题的展览：我们是如此不同吗？以及以水为主题的展览：水=生命］可以看出，博物馆正开始以提高参观者的参与度、提高展览与参观者生活的相关性和连接性，以及将博物馆定位于倡导性角色而非严格中立以不偏不倚的方式来设计科学议题。一些针对参观者的研究表明，博物馆参观者并不认为博物馆像以前那样在对科学的争议性议题展示中做到了不偏不倚，尽管博物馆在努力实现其视角的中立性。一个从致力于争议性话题的博物馆中演化而来的操作性标准表明，当一半的参观者认为博物馆支持某个观点而另一半认为博物馆支持相反的观点时就达到了这个项目或展品的中立性了。

倡导性的方法涉及以特殊的方式为科学议题设定框架，以及展示这个议题并提出基于科学的解决方法，中立性的方法则试图在展示科学对象、事实和现象时做到中立或“非框架”。

新兴科学连续性

一些博物馆开始在其展品中布置更多新兴的当代科学研究议题、争议性议题和新进展，而非着眼于众所周知的或确定的科学。当呈现某个争议性科学议题的两面性时，对当代科学议题进行传播会对找到既尊重又平衡的方法提出挑战，并且一旦展品设计完成，就要与新兴科学保持同步的信息更新。尽管存在这些挑战，更多的博物馆还是将当代科学传播看作他们常规展品和项目工作的一部分。波士顿科学博物馆（Museum of Science in Boston）中当代科学和技术展区在通过日常的展示、播客和视频直播来展示新兴科学议题和内容方面做出了引领性的努力。

强调确定性科学的方法会聚焦于以盖棺定论为特色的完备科学（包括历史科学），强调新兴科学的方法则聚焦于“未完成的”科学、新的研究发现和议题以及还尚无定论的科学。

权威连续性

在决定博物馆展品的内容以及编写博物馆展品和项目的信息方面谁具有发言权？从传统上来说，这种权威（如果不是排他的）主要存在于界定展品内容的博物馆、馆长和项目工作人员手中。只要科学博物馆和科学中心聚焦于科学现象、事实和确定性的理念，这种权威就很容易保持。博物馆从主要展示确定性科学向让参观者参与新兴科学议题和争议的变迁，根本地改变了“权威”的平衡性，并且邀请（如果不是要求）更多的社区投入和参与，同时共享对内容的控制。

在什么内容、谁的视角以及主要成果目标方面，博物馆专家和社区之间的张力已经成为试图与观众和社区更相关且开放的博物馆进行科学传播的一个关键性考验。“参观者话语权”这个概念在博物馆展品和项目策划中变得十分流行，并且已经改变了博物馆产业的科学传播动力机制。2007年由凯瑟琳·麦克莱恩（Kathleen McLean）和温迪·波洛克（Wendy Pollock）主编的图书《博物馆展品中的参观者话语权》（*Visitor Voices in Museum Exhibitions*）详细列出了博物馆如何创造性地在展品中采用参观者提供的内容。在自由科学中心（Liberty Science Center）的“平民展览”（Exhibit Commons）展区，参观者受邀创造内容，包括视频辩论、对话以及电子展览的程序再设计。

虽然在“博物馆权威”方法中，博物馆控制着内容，并且承担着作者的角色，但是在“参观者权威”模型中，博物馆和社区共同分享控制权，博物馆担任编辑的角色，参观者的话语权受到重视。

科学连续性的过程

应该传播科学的什么东西？是它的过程和本质，还是科学产品、科学事实以及科学结果？博物馆是否根据科学开展的方式以及科学方法将科学的本质作为了解世界的一种训练有素的方式来进行呈现和传播？抑或博物馆是否正在传播有关科学的更多产品、已知的现象以及我们所珍视的物体和科学事实？大多数科学博物馆和科学中心聚焦于呈现已知的科学事实、现象和科学产品这一相对简单的任务。有效地传播科学的本质和科学用来建构我们对自然世界进行理解的过程和方法，是相对困难的。随着更多的博物馆承担起了呈现当代科学议题的挑战，传播科学本质的努力也随之增加。如波士顿科学博物馆“调查”展品邀请参观者参与实验和活动，以使参观者像科学家一样思考和采取行动。

“过程”模型强调做科学的过程以及科学的方法，“产品”模型则强调科学的产品、科学的事实、对科学来说是重要的其他现象以及物体。

根据这六个维度对科学博物馆进行分析，为这些机构的科学传播组合提供了一个原始的评估，也为理解博物馆内传播的复杂性提供了一种途径，并在博物馆改变和制定战略规划和展览决策时为传播的偏好设计提供易于理解的词汇表。如将某件展品的传播组合与参观者学习以及满足度的已评估水平相比较，可能为博物馆员工提供一个有趣的见解，因为他们也在寻求办法来改善的参观者的整体体验。额外的探索活动也有可能表明，在满足不同年龄或文化群体受众方面有更适合的传播组合，传播维度的哪种组合能够更好地发挥作用。

科学博物馆和科学中心正在改变——在某些情况下是根本性地改变。虽然随着时间的推移，一些优秀的科学博物馆仍然保持着原来的展览哲学和方法，但是一些具有引领性的科学博物馆开始积极地对有不同传播目的的新展品和项目样式进行试验。如安大略科学中心希望将自己改造成一个21世纪的博物馆，它正在从一个较为传统的科学中心转变为一个使参观者能更多地参与科学过程（特别是社会面临的当前科学议题和挑战）的社区变革推动者。越来越多新建的或重新设计的科学博物馆承担了这种改变者的角色——一种在其共同体中重新定位自己的角色。

不是满足于制造科学的“惊人之举”，而是成为让参观者来体验的科学娱乐场所。这些创新性的科学博物馆正在寻求一种可以提升公众参与科学的传播策略，这种策略会对那些影响到居民和经济健康领域的更明智的、以证据为基础的决策进行支持。当代博物馆的再定位对于很多场所来说需要彻底改变自身的项目和展品焦点，毫无疑问，这会对这些场所在将来使观众全情参与过程中所有用到的科学传播范围和类型产生较大影响。

撰 稿 人：David Chittenden

另请参阅：Communicating Science to Children；Framing and Priming in Science Communication；Public Understanding of Research；Public Understanding of Science；Science and the Giant Screen

参考文献

[1] CHITTENDEN D，FARMELO G，LEWENSTEIN B V.（Eds.）. Creating connections：Museums and the public understanding of current research [M]. Walnut Creek，CA：AltaMira，2004.

[2] FALK J H，DIERKING L D，FOUTZ S.（Eds.）. In principle，in practice：Museums as learning institutions series：Learning innovations series [M]. Walnut Creek，CA：AltaMira，2007.

[3] MCLEAN K，POLLOCK W.（Eds.）. Visitor voices in museum exhibitions [M]. Washington，DC：Association of Science-Technology Centers，2007.

Science Circus 科学马戏团

科学马戏团是以娱乐的、剧场的形式向观众展现科学主题的表演或展览的互动的（通常是运动中的）科学传播方式。科学马戏团是一种用来传达科学和技术的奇妙之处以及推动科学发现的过程的传播方法。

科学马戏团的范畴从聚焦于一个特定主题的个人表演者，如里斯·托马斯（Rhys Thomas）的以物理为焦点的杂耍马戏团，到展现多元科学和技术主题的互动展品和表演的结合。

1941 年，通用汽车（General Motors）开始了其巡回的科学马戏团，其重点放在了展示科学的进步，其中包括在 1939 年纽约世界博览会（New York World's Fair）上发布的著名的未来世界展（Futurama）的一部分。这个马戏团包括了用 20 多辆汽车运输的一个大帐篷和一些杂耍表演，它被称为“进步展览”（Parade of Progress）。通用汽车的主席说，这个马戏团的目标是提升公众对研究重要性的认识，并为新技术的发展提供不断增加的经费。

对于教师来说，作家艾琳娜·奥康内尔（Elena O'Connel）和珍妮丝·科赫（Janice Koch）将科学马戏团描述为参观者可以参与互动，并且以支持学生的探索性发现和学习为目标的一系列站点。“科学马戏团”这个题目有时候也被用于短期的科学节，如那些在美国和英国的高中和大学举办的活动。

马戏团还被用作科学中心展览的焦点，利用人们对魔术绝技的迷恋来激发他们对这些魔术背后的科学的兴趣。安大略科学中心（Ontario Science Center）向北美洲的其他博物馆和科学中心出租了一个大型的以马戏团为主题的展览。

今天，壳牌科学马戏团（Shell Questacon

Science Circus）是科学传播这个学科领域里全球最知名的科学马戏团之一。它是一个典型的马戏团，因为它由一队旅行表演者来运行。它和澳大利亚国立大学（Australian National University，ANU）建立了长期的联系，并且每年培养的科学毕业生的一部分会成为表演者。通过将马戏团的表演和在澳大利亚国立大学的理论工作相结合，表演者可获得科学传播专业的研究生文凭。

澳大利亚是第一个拥有科学马戏团的国家。科学马戏团于 1985 年首次出现在堪培拉的一个老旧的拉家具的货车上。"旅行的马戏团"这个构想来自迈克尔·戈尔（Michael Gore），他还成立了澳大利亚国家科学技术中心（Australian National Science and Technology Center），也就是 Questacon。他的目标是和居住在偏远地区的澳大利亚人共享该中心成功的科学表演。由于在澳大利亚首都地区巡游广受欢迎，该马戏团于 1988 年获得了壳牌公司的赞助，从而实现了持续性的巡游展览。它在澳大利亚全国 300 多个地方出现过，并且每年有近 10 万人参与。

旅行的马戏团与静止的科学表演或科学节相比的一个优势在于，其使难以到达现场的观众参与了进来。壳牌科学马戏团访问澳大利亚的农村地区和原住社区，表演者也会接受跨文化的培训。

在《科学传播的理论和实践》（*Science Communication in Theory and Practice*）一书中，克里斯·布莱恩特（Chris Bryant）认为可以通过观众态度的变化来证实壳牌科学马戏团产生的影响。他认为利用"马戏团"这个术语将科学实验和展品在观众的心目中包装成了一种表演。他认为科学马戏团的吸引力在于观众对来自这些表演的惊奇的感觉，它强调了可接近的科学而非魔术。

撰 稿 人：Cobi Smith

另请参阅：Australia，Science in；Communicating Science to Children；Science Theater

参考文献

[1] O'CONNELL E，KOCH J. A second-grade exploration：Guiding students in active and extended scientific inquiry [M]//S K ENGER，R E YAGER（Eds.）. Exemplary science in grades PreK–4. Arlington，VA：National Science Teachers Association Press，2006.

[2] STOCKLMAYER S M. What makes a successful outreach program? An outline of the Shell Questacon Science Circus [J]. International Journal of Technology Management，2003，25：405–412.

[3] STOCKLMAYER S M，GORE M M，BRYANT C.（Eds.）. Science communication in theory and practice [M]. Dordrecht，the Netherlands：Kluwer Academic，2002.

[4] THONE F. "Science circus" housed in tents without inside supports [J]. The Science News-Letter，1941，39（7）：110.

Science Communication 《科学传播》

共有两种期刊成了当今发表科学传播学术成果的重要出版物。其中一种（也是本词条的标题）就是《科学传播》（*Science Communication*）。另一种是《公众理解科学》（*Public Understanding of Science*）。这两种刊物都是由塞奇出版社（SAGE Publications）发行的，《科学传播》起源于美国，而《公众理解科学》起源于英国。

虽然从表面上看《科学传播》创刊于1994年，但是该刊实际上源于早期的期刊《知识：创造、扩散与使用》（*Knowledge: Creation, Diffusion, Utilization*），该刊首次问世于1979年。《科学传播》的第一任主编马歇尔·C. 拉福莱特（Marcel C. LaFollette）曾经对这种演变进行了分析，并且提供了指导。《知识：创造、扩散与使用》生来就具有一个宏大的议程：将社会科学成果应用于传播、政策和政治。一个名为知识利用学会（Knowledge Utilization Society）的组织为这本刊物提供了一定的订阅者基数。

拉福莱特是一位著名的科学传播学者，于1991年担任《知识：创造、扩散与使用》的主编，对该刊的原始目标具有强烈的使命感，同时对特别强调理解科学传播的过程将有助于做出重要的知识贡献也有着同样强烈的意识。向这个新焦点的变迁于1994年成熟了，当时拉福莱特宣布该刊的名字将进行变更，同时将新的焦点放到与科学相关的更广泛的传播过程中，从专业领域内专家之间的传播到向普通公众进行中介性的科学传播，以及传播信息对科学政策的影响。拉福莱特将这种变迁看作这本已有的出版物进入下一阶段的标志，而非创办了一种新的刊物，所以《科学传播》第1期的读者会发现他们阅读的是第16卷第1期。

在《科学传播》第1期中，拉福莱特为该刊设计了广泛的议程，明确地表示“科学传播”不是“科学教育”的同义词，并且拒绝当时流行的把受众问题化的传统。相反，她强调学术研究应该把传播过程作为目标，并且反映相应的伦理视角，也就是说，传播既是知识生产的一个关键组成部分，也是专家的道德责任。她引进了三个资深的责任编辑——克里斯·福尔曼［Chris Foreman，当时就职于布鲁金斯学会（Brookings Institution）］、卡罗尔·L. 罗杰斯［Carol L. Rogers，马里兰大学（University of Maryland）］以及霍莉·斯托金［Holly Stocking，印第安纳大学（Indiana University）］——来帮助推动该刊向科学传播领域的转变。

但是拉福莱特还想确保该刊仍然完全地留在科学研究学者这个较大的共同体之内。她想确保作为《科学传播》基础的对科学传播过程的探索仍然被视为与把科学作为一种认知的方式密切相关，与科学的社会结构密切相关，与科学政策密切相关的活动。为实现这个目标，她向各个学科的学者征集学术文章，并且确保她的编辑顾问委员会涵盖同样广泛的学者。

对这本科学传播期刊的欣然接受没有比1998年9月那一期（第20卷第1期）表现得再明显的了。那一期是该刊创刊20周年的纪念专刊，主编和编委会成员发表了19篇反思性论文。这些文章对一系列事情进行了考察，从社会中知识的分配到环境政策改革，再到活跃的“公民科学”运动的萌芽，因而这期在对“传播”的界定方面达到了异乎寻常的广度。

同年，拉福莱特把《科学传播》的主编权交给了期刊起初的资深编辑卡罗尔·L. 罗杰斯。由专业的科学传播者转变为马里兰大学学者的罗杰斯接受了这 19 篇周年论文所提出的挑战，并且试图给该刊打上她个人的烙印。在成为专业科学传播者之前，她曾长期担任美国科促会（American Association for the Advancement of Science，AAAS）传播办公室负责人，罗杰斯的大部分职业生涯都用在了美国公众参与科学比较积极的组织当中。她对科学新闻过程的理解是无与伦比的，并且在美国科促会的工作经历使她对科学文化和科学政策议题有着不寻常的关注。

在罗杰斯担任主编的 9 年里,《科学传播》更加重视依靠媒介发挥作用的科学信息及其影响，包括对互联网上科学相关信息和咨询的影响进行考察。这种定位鼓励该刊发展成为科学传播研究共同体的一个小众的期刊，这在美国很大程度上源于新闻主义和大众传播的学术基础。

这个科学传播研究共同体虽然规模还相对较小，但在过去的 20 多年里已经在呈指数级增长。出现这种增长的部分原因在于有像《科学传播》这样的渠道的存在。20 世纪中期，这个领域的少数学者会在跨学科的一系列期刊中发表论文。对 20 世纪 70 年代发表的科学传播研究论文进行搜索，研究人员可以找到 10 多份期刊，从《美国医学会期刊》(*Journal of the American Medical Association*）到《新闻季刊》(*Journalism Quarterly*)，再到《美国社会学家》(*The American Sociologist*)。在谷歌出现之前，刊发渠道很多元，以至于学者不得不保留自己的注释性书目以便找到相关的成果。

当《公众理解科学》于 1992 年创刊时，一切都发生了变化，随后是《科学传播》于 1994 年出现。突然，科学传播学者发现另一个（而且是全新的）重要成果开始出现在这两份期刊上。如今，这两份期刊是科学传播研究共同体必读的出版物。

2007 年，罗杰斯把《科学传播》的主编权移交给了另一位著名学者苏珊娜·霍妮阁·普瑞斯特（Susanna Hornig Priest）。在作为主编刊发的第一期中（2007 年 12 月），普瑞斯特认为该刊的焦点在于对全球的科学传播专业人员都具有相关意义的“可靠的、理论驱动的学术成就”。在一定程度上,《科学传播》今天所付出的努力仍然忠实于该刊首任主编马歇尔·拉福莱特在 20 世纪初所奠定的哲学基础。

根据其定义，科学传播过程仍然很广泛且跨多学科，所以对这些过程的理解需要多学科的投入。此外，该刊从来没有偏离其把对科学传播过程的理解与专业的实践和政策结合起来的目标。该刊自 2008 年第 30 卷开始采用了一个新的副标题“连接理论与实践”(*Linking Theory and Practice*)。历任三位主编的每一位都会对期刊每一期的部分文章进行评论，为讨论科学在社会中的地位以及科学和传播之间的互动关系提供一些思考。《科学传播》因而成为科学传播学者以及这些学者同其进行互动的各种共同体之间的一个重要的平台。

撰 稿 人：Sharon Dunwoody

另请参阅：American Association for the Advancement of Science（AAAS）；Public Understanding of Science

参考文献

[1] SAGE Publications Academic Journals：www.sagepub.com/journals.nav.

Science Communication and Indigenous North America 科学传播与北美洲原住民

虽然一般认为“当代”科学与“本土”信仰之间的冲突是过去的事情，但事实并非如此。本词条考察了科学与另类文化和信仰体系之间的关系——特别是北美洲原住民印第安人（或者说美洲原住民）科学的文化体系和信仰体系。科学在北美洲文化中占据核心地位，有时候会与宗教信仰发生冲突。我们认为这是在神创论是否应该在科学课上教授、胚胎干细胞研究是否道德的争议中逐渐发生的。科学观点通常与我们所说的“非西方的”信仰发生冲突，包括那些在欧洲探险者和殖民者到达美洲之前就居住在北美洲大陆的人的信仰。在这些冲突中，新闻通常发挥了重要的作用，如那些涉及神创论和干细胞研究的冲突。

当代科学观

当代科学思维根植于了解（认识论），以描述和预测我们这个世界如何运作的实证方法为基础。实证主义观点是理性且客观的，它的前提是科学知识起源于获取证据和验证假设。科学哲学家的典型代表是伽利略·伽利雷（Galileo Galilei），他对罗马天主教堂（Catholic Church）有关地球是宇宙核心（地心说）的观点提出了挑战，并且用来自数学和天文学的科学方法证实了哥白尼关于太阳是宇宙的核心（日心说）的假设。支持经验主义并反对宗教和政治世界观的伽利略被认为是当代科学观之父。根据托马斯·库恩（Thomas Kuhn）的观点，通常被称为“逻辑”的实证主义的科学方法主导了认识论思想的当前范式。作为库恩开拓性的工作，《科学革命的结构》（*The Structure of Scientific Revolutions*）认为科学传统是通过发现支持流行范式或科学观的证据得以发展的。这个范式中的一个根本性前提是科学、宗教以及政治是分离的。也有人认为这种分离（理性科学思维和文化人文主义思维之间的分离）导致了科学是独立于价值和信仰的这一假设的产生。这种观点展现在有关科学的争议中（如人类克隆、转基因食品以及对死亡的界定），特别是那些被大众传媒夸大的争议。

科学和新闻的关联

大众传媒学者指出，当代新闻实践遵循和科学思想一样的路径，记者在试图传达事实过程中将客观调查证据作为客观世界的真相。就像科学家一样，记者试图在宗教和政治之间开辟一条通道，以揭示潜在的真相。与科学家类似，新闻记者试图在宗教和政治中切开一个小口来揭示真相。以“不偏不倚的”方式呈现信息的实践，因而也遵循了与科学调查类似的路径，但是批判者也指责说这种对新闻报道采用的方法将科学和科学家作为凌驾于其他观点之上的权威，因而新闻范式贬低了或者忽视了与宗教、社会价值以及本土思维相关联的人文主义世界观。对过去 20 多年来科学和科学家在新闻报道中的作用进行考察的学者清晰地阐释了经验主义范式和科学家本身在新闻报道中占据的特权地位。科学家通常在使经验主义和人文主义对抗的新闻报道中具有“最终的话语权”。

除了以这种方式占据“特权地位”，科学还通常被描绘成价值中立的东西。也就是说，它表达的观点是客观事实，不知为什么是和人文价值相分离的。然而，并非所有人都同意这个观点。学者们将这些存在分歧的观点与科学理性和文化理性进行了对比。

根据这种辩证观点，科学理性包括实证主义、客观性、事实和证据，而文化理性的特点则是虚构、感觉、主观性和宗教信仰。科学理性假定事实可以从价值或道德中分离出来，而文化理性则包括人性化的证据。此外，文化理性主义者坚信科学是有情境的，就这种意义而言是人类决定了如何在共同体和社会习俗的情境下来阐释科学发现的。

一个恰当的例子：有关肯纳威克人的争议

对 1996 年在华盛顿肯纳威克附近的有 9000 年历史的上古遗者，或者说肯纳威克人，的骨架的发现和法律斗争，是阐释这两种世界观间存在冲突的一个当代的例子。有些人认为这个骨架的发现具有重大的科学价值，因为这是在北美洲发现的最古老的且最完好无损的骨架之一。科学共同体的成员希望研究这些骨化石，但是当地的美洲印第安人部落的成员对于祖先被亵渎的可能感到愤怒。

当这一新闻通过大众传媒扩散到世界各个角落的时候，这个议题的利益相关者开始集结各自的力量，在美国法院主张拥有肯纳威克人骨架的权利。一些西太平洋地区的部落，包括乌玛蒂拉部落（Umatilla）、聂斯波斯部落（Nez Perce）、科尔威尔部落（Colville）、万阿波部落（Wanapum）和雅克玛部落（Yakama），共同提起诉讼并要求将该骨架交给（在他们看来，应该是归还给）这些部落。他们认为这副骨架应该受到《美国原住民坟墓保护和归还法》（Native American Graves Protection and Repatriation Act，NAGPRA）的保护。这个在 1990 年由美国总统乔治·H.W. 布什（George H. W. Bush）签署的法案被认为是阻止盗墓行为和售卖原住民人工制品的关键措施。一位印第安人领袖告诉记者，肯纳威克人应该免受科学审查，他们的宗教禁止对遗物进行科学测试，除非得到他们部落明确的允许。反之，由八位科学家组成的一个联合体也对拥有研究这副骨架的权利提起诉讼，他们认为这副骨架对科学的贡献大大超过任何文化或宗教的关切，他们的一位发言人表示，把这副骨架归还给部落并重新安葬可能会给科学带来“无法挽回的损失”。这起诉讼认为美国宪法第一修正案（First Amendment）给了科学家研究这些骨架的权利，这意味着他们可以自由且公开地获取从这副骨架中采集的信息。对这项持续了八年的法律斗争的媒体报道，清晰地阐释了科学理性和文化理性之间的裂缝。对科学家来说，肯纳威克人被以不同方式描述成“科学的无价的礼物”，并且也是“全球非常重要的化石”。根据一则新闻报道的观点，将骨架归还部落会“损害科学”。而原住民的观点则被看作宗教的或精神的。在新闻报道中，印第安人被描述成“反科学的”且“生活在过去的世界里的”。当 2004 年美国上诉法庭的评判小组做出了支持科学家对肯纳威克人骨架进行研究的决定时，一份报纸将这个决定放到了一场以“科学获胜”为结局的科学和宗教斗争的框架里。

美洲印第安人和科学

美洲印第安人的激进分子指责媒体在进行有关肯纳威克人的报道时“完全搞错了”。被骨架归属的斗争进一步放大的科学和文化之间争议的公共话语，使得那些居住在北美洲的原住民和那些征服了这片土地的人们之间持续了几个世纪的争议再次浮出水面。媒体报道通常沿着征服的路线进行，这些报道也映射出了西方电影中所展示的牛仔与印第安人对抗的叙事情节，在这些电影中美洲印第安人被士兵和移居者处决了。对肯纳威克人的争论沿着战争的框架和情节进展下去，在这里科学主张战胜了原住民的权利。此外，媒体话语中的战争比喻手法使得印第安人和非印第安人对立起来，而宗教也被刻画成科学的对立面。

这种争议通常转向发展的问题，并指控卷入法律诉讼的印第安人顽固不化且不断在倒退，而科学家则是有远见卓识的。但是一群践行科学方法的美洲印第安人却不这么认为。来自北美洲的一些印第安人教授和科学家聚集在一个会议上谈论数学和科学同本土思维方式的交集，许多发言者指出，当有关科学的争论出现时，地点、背景、伦理以及本体论的重要性就会被忽视。

凯斯·詹姆斯（Keith James）将这些会议发言收集进了2001年出版的著作《科学和美洲印第安人共同体》（*Science and Native American Communities*），他在书中写道，虽然科学家和政客将发展作为优先选择，但他们忽视了共同体的价值和准则。如很多参会者将与土地的关系看作理解科学价值是如何被揭示出来的关键，并且这种知识可以与传统的科学方法配合起来以更好地理解和解决社会问题，而不是把本土的观点和科学经验主义分离开来。他们认为决策者如能把这种视角整合进一个更整体的方法中来解决问题，会是更加明智的。也就是说，文化理性和科学理性对所有世界观都具有影响，科学几乎不能缺少文化准则和价值。

展　望

一些科学传播学者注意到了一种从客观的、价值中立的科学和新闻范式观点向包括分歧的甚至是竞争的世界观的更加多元方法转变的趋势。克利福德·克里斯蒂安斯（Clifford Christians）、约翰·P. 弗雷（John P. Ferre）和马克·P. 法克勒（Mark P. Fackler）在他们有关伦理和新闻的著作中认为，新闻消费者正在媒体中寻找的不仅是事实，还有有意义的分析。随着新闻组织发现将自己看作信息仲裁者的独立作者和博主在与他们争抢读者，这种观点得以进一步发展。各种渠道和资源给读者和观众提供了更加多元化的信息，因而也提供了更多的可供选择的观点——不仅是传统媒体反映的科学理性和文化理性之间的二元论。

此外，原住民通过设立自己的部落网站和新闻论坛来提高自己的可见度，并且把科学传播的管理掌握在自己的手中，进而把其主张定位于反映他们本土文化的本体论中。如位于华盛顿特区的美洲印第安人国家博物馆（National Museum of the American Indian），从包容多种原住民声音的本土视角来展示历史。虽然传统博物馆历来只对原住民进行偷窥式的一瞥，但是新的博物馆通过邀请部落并为他们提供阐述自己故事的机会而与传统博物馆的做法形成鲜明的对比。此外，部落报纸和新闻通讯在网络上也越来越多，极大地拓展了他们的覆盖范围，这些通讯包括美国西部的平头通讯部落的 *Char-Koosta* 以及东南部的 *Seminole Tribune*。

在肯纳威克人的案例中，乌玛蒂拉部落联盟（Confederated Tribes of the Umatilla）在对法院的决定进行批判方面发挥了引领性作用，并且通过互联网来发布意见书和新闻稿来阐述他们对这个争议性话题毫无保留的意见。所以，虽然科学视角在主流媒体报道中与本土观点和人文主义观点相对立，但是一些北美洲部落通过掌控他们自己对科学、政治和文化的观点改变了新闻报道的框架和内容。

撰 稿 人：Cynthia-Lou Coleman

另请参阅：Galilei，Galileo；Kuhn，Thomas；Logical Positivism；Religion，Science，and Media

参考文献

[1] CHRISTIANS C, FERRÉ J P, FACKLER M P. Good news: Social ethics and the press [M]. New York: Oxford University Press, 1993.

[2] DELORIA V, JR, WILDCAT D R. Power and place: Indian education in America [M]. Golden, CO: Fulcrum Resources, 2001.

[3] JAMES K. (Ed.). Science and Native American communities [M]. Lincoln: University of Nebraska Press, 2001.

[4] KUHN T S. The structure of scientific revolutions [M]. Chicago: University of Chicago Press, 1962.

[5] THOMAS D H. Skull wars: Kennewick Man, archaeology, and the battle for Native American identity [M]. New York: Pantheon, 2000.

Science Documentaries 科学纪录片

任何对当代公众参与科学技术的评估，都需要了解指导科学与形象之间关系的具体情况（纪录片、插图、电影）。近年来，科学的可视化成为各学科领域科学家的一个重要工具。然而，科学可视化展示越来越重要的作用与对这个领域为数不多的研究之间没有对应关系。对科学传播的分析主要集中于书面（以文本为基础的）信息。这种不平衡可能是因为分析可视化素材的方法比那些分析影像的方法更发达。这种研究的缺乏会在很多层面上引发问题——从生产劣质的视听元素到在观众中形成误解。就科学、技术和医学如何通过动态图像向公众展示的特异性，以及对让这种方式更加有效而采用的技术进行考察，可能会对阐释科学传播的不同中介性过程产生重要影响。

电视可能是普通公众获取科学信息的主要渠道。然而，电视的影像比单纯地把科学成就传播到公共领域里要更多。因此，科学被如何呈现不仅是一个美学和创造性的问题。目前已经开展了一些对电视上的科学的研究，但是，这些研究往往是针对具体的节目或主要是在有线电视网大规模铺设前开展的。在这种情境下，并且因为纪录片是在观众中更流行的一个类型，所以监测这些节目并对它们如何以媒介的方式影响科学进行考察，是很有意义的。

纪录片的界定

纪录片是一个以尝试“记录”现实为基础的复杂类别，它没有清晰的边界。约翰·格里尔逊（John Grierson）的“纪录片是对现实的创造性处理”是被普遍接受的一种界定，但争议仍在持续，一个严格的分类仍然遥遥无期。纪录片是于20世纪20—30年代由一些电影先锋人物［格里尔逊和泽加·维托夫（Dzega Vertov）等］开发出来的一种独特的媒介。纪实手法使用的一个重要原则是对现实高度美化的叙述要比虚构手法能更好地指导对当代世界的阐释。

不同的节目制作人开发的各种主题和风格的纪录片产生了多种变体和子类型。当代纪录片和电视形式存在一些重叠之处，批评家和理论家继续就现在常见的场景技术和戏剧性在多大程度上让事实和虚构之间的“界限变模糊了”并因而为了戏剧性地讲故事而牺牲了事实精确性进行着辩论。

对这种新形式的纪录片进行辩护的一个观点就是，与那些在“事实性”节目中提供的事实相比，它只是从不同的视角来呈现事实而已，它自己也是主观的，并且受到编辑选择和叙述结构的影响。另外，我们不应忘记纪录片的历史就是在真实地记录现实这个前提下建立起来的，并且意味着这种形式为观众创造了很多期望。

纪录片发展趋势：特征及专题有线电视频道的崛起

媒介产品和形式的全球化过程对科学纪录片的发展做出了决定性的贡献。对这个过程的理解和探索频道（Discovery Channel）的发展密切相关。探索传媒公司（Discovery Communications，Inc.，DCI）是一个全球性的媒体和娱乐公司，起初是一个单一的频道，于1985年开播，如今，探索传媒公司已经有了遍及全球175个国家的28个网络娱乐品牌，提供35种语言的节目，全球累积的用户数量超过15亿（2009年8月4日的数据）。

探索频道在全时播放纪录片上取得的成功既影响了广播电台又影响了有线电视的竞争对手。在探索频道开播以前，大多数有关自然、科学和技术议题的纪录片都是在公共经费和企业赞助的补贴下制作的，而不服从于不受约束的市场力量。虽然探索传媒公司的全球化是产业化趋势的案例典范，但是这只是众多媒体机构全球活动浪潮的一部分——包括它在科学和自然内容方面的直接竞争者国家地理频道（National Geographic Channel）。辛西娅·克里斯（Cynthia Chris）指出，探索频道在商业电视上播放纪录片的规模史无前例，从而建立了一个新的定位需求，并且激发了观众和制片人对非虚构节目形式的兴趣。

当前纪录片趋势的特色是依靠可靠的技术来最大化地吸引观众。它往往强调煽情主义，并培养非虚构类节目的娱乐价值。分析人士认为，纪录片在影院的放映越来越成功。这一趋势涉及的节目与20世纪60年代早期和70年代的节目没有什么共同点，那时纪录片的特点是更多地关注社会议题和争议性议题。

对纪录片内容的分析显示，它们在很大程度上避免当前的争议性问题，从而给人们的印象是：总体上对科学和科学家秉持着不置可否的态度。纪录片通常以与自然灾害、超自然现象、司法科学、基于现实的犯罪故事和有毒动物相关的科学为特色。全神贯注于煽动性的话题、基于现实的形式以及历史重现，体现了全行业的再生产过程。

也许在过去数年里发生这种变迁的最明显的就是自然纪录片了。老派的纪录片通常涉及的对自然栖息地中壮观的动物行为的观察，让位于由“尖牙利爪”和“终极杀手”所主导的“壮观场面”。向自然纪录片这种新的风格的转变，完全是消费者驱动的。观众似乎在寻找可识别的故事，以及强大的、以人为基础的叙述。这些节目旨在通过讲述故事而非呈现事实来吸引无拘无束的观众。实际上，纪录片在商业上取得的成功可能源于纪录片叙述形式方面的转变。

修辞和因素有助于增加纪录片信息的影响力

为了吸引和说服多元化的普通受众，在科学家和其他解说人员的陈述中纳入了各种说教性的和说服性的要素。现在转向被认为是呈现科学的特有的纪录片风格和技术。

不同的学科视角，包括电影研究、科学传播和符号学，一直在努力探索纪录片影像在修辞学上发挥作用以及它们被用来操作的专门视觉“语法”的方式。修辞不是把影像作为什么的证据，而是可以把我们的注意力吸引到影片所“捕捉到的”事件的非常广泛的可能行动和后果上。影片修辞处理的往往是观点性议题和聚焦的议题。修辞考察了话语如何被建构以达到特定效果的方式。修辞是一种运用给观众“强加”一个虚拟世界的叙事技术和表征技术的说服艺术。

对于任何一部成功的电影或纪录片而言，导演都必须在主角和观众之间建立起一种关联。这种关联可以通过任意数量的手段来实现。每个场景都必须将观众置于一个非常具体的思维模式中，这也是权威性和视觉修辞发挥作用的地方。

要理解这对观众的认知产生的效果，对话语修辞的研究和评估极其重要，并且为研究观众被话语的真实性和趣味性打动提供了一个独特的工具。

科学节目所采用的修辞，将改变观众对科学节目中呈现的科学的理解。如电视记者通常被批评说对科学展现了一种太过于庆祝性的版本，他们主张某些东西是“全新的”“令人吃惊的”或“你将首次见到的”，不必对科研项目的相关性进行解释——观众仅通过这些术语就能理解其重要性。

除了一般的修辞影响，通常还会分析其他两个与推论相关的影响：发言人的特征及其与观众的互动，即所谓的3C：可信度、说服力和吸引力。发言人的可信度涉及的基本维度是品格和能力，这两个基本维度都可以通过陈述的权威模式在节目中加以强化。科学及其讲述与权威感的形成及表达是同义词。所传达的印象是科学能够掌控所有的事情。

对纪录片进行普及化的有效性不仅取决于它传播事实的知识的能力，因为观众还会根据它传递的情感价值对其做出接受或拒绝的行为。鉴于此，对纪录片进行普及必须利用试图在观众中对话语产生积极态度的数种资源。这意味着发言人必须与观众建立一种有效的利益共同体，这是一个多种修辞手法发生作用的过程。信息必须符合观众的口味，这成为任何普及化的话语奏效的关键要素之一。

叙述的力量

当我们描述人类活动的时候，通常会讲述有关他们的故事。将过去的事件安置到把这些事件次序化以及简化以赋予它们新的意义的因果序列（故事）中。当选择一个情节以对科学史进行次序化梳理的时候，我们给它们一个本质和过程都不太清晰的整体。

在掩盖可能会破坏一个故事原意的差距和矛盾性经历方面，叙述是成功的。不管其目的是什么，它都避免不了使用权利：它不可避免地确定谁将被授予发言权，谁将保持沉默，相关的和不相关的议题以及被赋权的和被剥夺权利的群体。一种强有力的叙述会重建常识以让偶发性事件看起来是注定的，人为的东西看起来是自然的。

在叙事技术中出现了几种简化的方式，从建立影片的故事线到消除科学争议。另一个重要的叙事资源是拟人化，科学家和制片人通常会批评这种方式，但是比恩韦尼多·里昂（Bienvenido León）正确地指出，如果谨慎运用，拟人化可以成为有用的工具。

纪录片对它们所报道的世界呈现了一个简化的图像。毫无疑问普及化依赖于简化，因为这可能是获取大规模普通观众的唯一方式。

任何影片都需要一个故事线（或者说脉络）来保持观众的注意力，并引导他们看完结局。

然而，简化科学并非易事，你需要知道在简化方面你能走多远。有些科学家认为简化不可避免地意味着对现实的曲解。相反，其他一些人则认为用相对简单的术语有可能为科学议题提供一个真实的解释。

在把人类形式和态度的属性赋予那些实际上并不拥有这些属性的事物的帮助下，普及人员通常会取得成功。这个技术基于的假设使人们能更容易地理解什么和其他人相关。一般来说，科学家对这种拟人化并不认同，因为他们认为这会导致对世界的错误理解。然而，在大众观众中一些科学概念具有优势的原因在于它们涉及对人类世界的拟人化表征。

在戏剧技巧中，故事构建是与保持观众注意力以及制造争议和悬念的特别相关的手段。戏剧性结构在纪录片的普及化方面能够很好地发挥作用，虽然它们往往在试图制造单一的艺术话语方面避免了科学知识的多种衍生物。然而，利用戏剧技巧并不意味着对现实的扭曲。电影制片人可以自由地找到在戏剧中顺利运转的世界的要素。并且，幸运的是，科学充满了故事、争议和悬念。

撰 稿 人：José Azevedo

另请参阅：Rhetoric of Science；Science in the Movies；Television Science

参考文献

[1] AUSTIN T，DE JONG W.（Ed.）. Rethinking documentary [M]. London：Open University Press，2008.

[2] BOON T. Films of fact：A history of science in documentary films and television [M]. London：Wallflower Press，2008.

[3] CHRIS C. All documentary，all the time? Discovery Communications Inc. and trends in cable television [J].Television & New Media，2002，3（1）：7–28.

[4] LEÓN B. Science on television：The narrative of scientific documentary [M]. Bedfordshire，UK：Pantaneto Press，2007.

Science Fiction 科幻

对于很多热心科学的专业人士而言，对科学领域的兴趣是由玛丽·雪莱（Mary Shelley）、H. G. 威尔斯（H. G. Wells）、儒勒·凡尔纳（Jules Verne）、艾萨克·阿西莫夫（Isaac Asimov）、亚瑟·C. 克拉克（Arthur C. Clarke）和罗伯特·海因莱因（Robert Heinlein）的科幻作品或以科学为其有趣叙事核心的其他作家催生的。科幻小说、短篇小说、电影和广播剧中个人角色和整个社会投机性的且在智力上可获得的科学成就，不仅以娱乐的方式持续地让那些对被解放出来的技术和未来世界充满梦想的年轻人全神贯注，而且为这些技术可能出现的地方以及它们将被用于何处提供了文学动力和社会情境。技术创新被认为没有道德地位，而科幻是探索人类与科学和技术伦理关系的更有效且更令人激动的方法之一。

科学、技术与猜测

作为文学流派，科幻和幻想小说以刺激读者对神话般的过去或神话般的未来的兴趣的方式来利用背景和时间的障碍和机遇。科幻在中世纪欧洲风格的世界里几乎普遍存在的情况与其他时期文学作品的区别在于：有荒诞生物的存在，它们的性质与当前科学上切实可行的以及中世纪和黑暗时代的历史期望相违背。另外，科幻在未来的背景没有历史期望，且其推测的技术只受限于想象力和作者关于这种技术在已知的理论科学框架内是否能说得通或合乎情理的偏好（以及对读者态度的认知）。正是作者的这种选择将发生在一艘太空飞船上或一个城堡中的叙事虚构作品与发生在一艘太空飞船上但在文本中对飞船的运动和事情发生的可能性进行科学解释的虚构小说区别开来。

作者选择对渐进性科学可能创造未来技术的手段进行解释，有可能对数学和科学的代际兴趣产生一定的作用，并且为探索人文主义的科学成果提供一种方式。虽然成人的现实和意料之外的争议会成为悬停飞行器、数英里长的移动人行道和机器人烹饪餐食这些青春梦想的严酷障碍，但是经典科幻［包括《摩登家族》（*The Jetsons*）和《星球大战》（*Star Wars*）］所描述的许多虚构技术，在现代社会中有着近似的表征。在手提电话和《星际迷航》（*Star Trek*）的通讯员之间增加了相似性，电子游戏与奥尔斯德·赫胥黎（Aldous Huxley）的“假期”相似，或者对克隆的各种虚拟描述，过去的科幻以来自过去文学猜想的观点的形式或以技术标签的形式对当前的技术有着挥之不去的影响，就像唐（Don）和艾伦·尼尔森（Alleen Nilsen）在把20世纪90年代的电脑术语同科幻文本中的数据进行对比时发现的那样。因而科幻在促进科学理念方面的作用是巨大的，即使是极具猜测性的。如果没有那些对看上去不可能的（时间旅行、超空间）、令人恐惧的（外星人入侵、机器人接管、弗兰肯斯坦怪物）或无拘束的（远距离传送、温控服装）技术展开想象的作家，进入科学领域的动机以及改善人类生存的现代主义伦理很可能会消退。

当然，并非科幻中的所有科学都是推测性的，虽然科幻有时候不被看作是严肃的文学，但是库尔特·冯内古特（Kurt Vonnegut）指出，经过深思熟虑的科幻通常会对技术有启发作用。很多文学作品通过完成日常任务或终身情感的技术和人类技能的混合来传播科学。菲利普·罗思（Philip Roth）在《美国牧歌》（*American Pastoral*）中把制作一副皮手套描绘为既需要对皮革的属性有科学的理解，又需要有艺术家的触觉。维克多·雨果（Victor Hugo）在《悲惨世界》（*Les Misérables*）中通过与叙事微不足道的结合讨论了战争和下水道设计的科学。建筑，包括其科学和高超的艺术，在安·兰德（Ayn Rand）的《源泉》（*Fountainhead*）中发挥了关键作用。赫尔曼·梅尔维尔（Herman Melville）在《白鲸记》（*Moby Dick*）中对捕鲸的描写、苏·蒙克·基德（Sue Monk Kidd）的《蜜蜂的秘密生活》（*The Secret Life of Bees*）中的养蜂业的形象及欧内斯特·海明威（Ernest Hemingway）在《太阳照常升起》（*The Sun Also Rises*）中对在西班牙潘普洛纳的斗牛比赛之前被驯服的平静的公牛简短但中肯的解释，都构成了通过科幻叙事提出的科学或技术知识。

科幻和科学革命

但是在科幻中科学传播的上述现实主义例子似乎并没有像技术上先进的、未来主义的社会版本（无论是低迷的还是乌托邦的）那样激励创新性的科学家。作为一种智力活动的纯科学不容易在经典文学中找到重要的位置，部分原因在于科学家担心充分地普及科学会降低科学思想的价值，加深对自然的研究和对人性研究之间的认知鸿沟，所以持续地对此进行抵制，如C. P. 斯诺（C. P. Snow）、托马斯·赫胥黎（Thomas Huxley）、马修·阿诺德（Matthew Arnold）和托马斯·库恩（Thomas Kuhn）所讨论的那样。通过对未来的科学技术进行推测，科幻在激发年轻科学家的同时也避免了把那些参与具体科研工作看作目前可行且有益的不满。

此外，运用了科学的科幻是有价值的，因为它让读者“看到了”人文与科学的互动——在没有外行对科学感知的不可知性产生厌恶的情况下瞥见了科学的美感。从历史角度来看，因为起初的宗教桎梏是从科学中分离出来的（一般认为从16世纪开始于哥白尼），理性之美需要与以前感知的神圣的美感和权威相匹配，在这个伪装下，文学在文艺复兴和启蒙时期伴随着科学繁盛起来。1882年，马修·阿诺德认为科学可以而且确实破坏了祖先的信仰和文化。因而，文学是至关重要的，因为它帮我们把现代科学和我们对美及社会行为的感觉关联起来。19世纪中期，随着知识学科在不同的研究领域画出了更清晰的界限，科学通过它的实证主义方法获得了认同，并且开始被认为是独立于人文的，最终为了事实而避开美感或在事实中找到了美感。科幻诞生在同一时期，它的诞生被一些人认为是对现代主义到来的一种回应，因为它成了一种手段，凭借这种手段科学可以被用来试探性地探索现代人性的深处或被批判为是冷冰冰的、冷漠无情的以及危险的［如乔治·奥威尔（George Orwell）、威廉·吉布森（William Gibson）、菲利普·K. 迪克（Philip K. Dick）、娥苏拉·勒瑰恩（Ursula LeGuin）、玛格丽特·阿特伍德（Margaret Atwood）和道格拉斯·亚当斯（Douglas Adams）］。

激发科学技术

如保罗·阿尔康（Paul Alkon）讨论的那样，早期科幻作者描述的推测性技术影响了19世纪和20世纪的科学议程，并且继续影响着当前的科学分析。虽然这些最“激动人心”的创新（时间旅行、星际旅行、类人机器人和超便捷技术）可能（或不可能）远在光年之外，但这些技术在科幻中被描绘的方式因其强大且持续的影响而变得值得研究。

时间旅行

在常见的科幻主题中，时间旅行常被用来展开叙事。威尔斯的《时间机器》（*The Time Machine*）和马克·吐温（Mark Twain）的《亚瑟王朝里的美国人》（*A Connecticut Yankee in King Arthur's Court*）开创了对把我们在时光中传递进行探索的先河。时间旅行主题大量地存在于过去几十年的科幻中，有诙谐幽默地［《回到未来》（*Back to the Future*）、《阿比阿弟的冒险》（*Bill and Ted's Excellent Adventure*）］也有严肃地［《时光倒流七十年》（*Somewhere in Time*）——也是理查德·马特森（Richard Matheson）的一本小说］描写时间旅行的影片。几十部中篇小说和长篇小说围绕着时间旅行这个主题。其中一部展望了时间的替换版本［艾伦·莱特曼（Alan Lightman）撰写的《爱因斯坦的梦》（*Einstein's Dreams*）］，另一部将不自觉地穿越时间旅行当作谈恋爱的一种方式［奥德丽·尼芬格（Audrey Niffenegger）撰写的《时间旅行者的妻子》（*The Time Traveler's Wife*）］。时间旅行通常被描述为在肉体上是给人印象深刻且困难重重的。尼芬格笔下的时间旅行主角每次随机地穿越时都会失去所有的衣服。时间旅行科幻中一些最扣人心弦的特点是人们遭遇到的概念循环，因为想象到的问题和矛盾，如在丽芙卡·加千（Rivka Galchen）所写的短篇小说《不同的区域》

（*The Region of Unlikeness*）中对祖父悖论进行了相当详尽的解释，该悖论将阻止时间旅行者回到过去杀死他（她）的祖先。

星际旅行

人类可能在月球、太阳系或银河系之外进行旅行的观念是科幻的重要组成部分，很多这种叙事依靠的是星球之间的联系和旅行。在银河系内和银河系外旅行的物理限制对于非科学家来说要比时间旅行更容易实现，学生从小就学习了光速，并且用计算器能够轻易地计算出需要花多长时间抵达位于地球数光年之外的宇宙的其他地方。尽管计算起来很容易，但是光年的距离仍然深不可测。虽然并不总是用科学上可行的术语进行解释，但是科幻作家发明了可以克服宇宙绝对距离的未来技术，如核聚变驱动的飞船能够跳入“多维空间”，大多数科幻作家将这个术语当作能够“比光速还快的”旅行的一种中介。阿西莫夫在《基地》（*Foundation*）系列对这些技术进行了解释，它们通过《星球大战》和其他星际旅行故事成为人们所熟知的术语。道格拉斯·亚当斯的《银河系漫游指南》（*The Hitchhiker's Guide to the Galaxy*）系列描述了飞船上的主要人物利用“无限不可能”在太空中的跳跃。因为我们持续地从哈勃太空望远镜（Hubble Space Telescope）看到了一些画面或目睹了“流浪者号”旅行到火星，所以加速太空旅行的科幻发明仍然保持着它们的吸引力。

机器人

只提到亚当斯有关太空飞船的推测性技术而没有认识到控制那种技术的手段的话是不完整的。一个“具有人的特性”的内置机器人（在这个故事中拥有这种特性的每个机器人都）持续地令人类恼火。在当今世界，自动化制造工艺利用了机器人的属性，机器人吸尘器打扫家用地板，小型机器人用于满足家庭娱乐，比尔·盖茨（Bill Gates）预测：在不久的将来机器人将无处不在。但是迅速发展的计算机和计算化机器（它们处理信息的速度和精确性只有非人类的机器能够完成）仍然在现实世界（下象棋的机器人深蓝）和众多的科幻叙事中引发了对高级人工智能最终将取代人类的担忧。这些担忧是阿西莫夫《机器人》三部曲的精髓，在这些作品中，故事围绕着必须遵守机器人定律（Laws of Robotics）的人造的、高智能机器人所引发的争议展开，该定律阻止机器人给人类带来任何伤害。阿西莫夫发明的规则促进了他每部小说的进展，这些定律对于今天机器人技术的发展仍然具有重要影响。

超便捷技术

当然，尽管有来自对制造机器人的担心，但是机器人在科幻作品中经常被描述为一种超便捷技术。正如在科幻中描述的那样，机器人能为人类提供更多的休闲时间，由它们执行单调乏味的日常任务或需要体力的项目。对于很多科幻读者或观众来说，协助日常枯燥的任务是推测性技术比较吸引人的方面之一。打扫房间、烹饪餐食、通勤、购物、绿化，甚至在很多科幻作品中通过非人类的手段脱衣服或穿衣服，很大程度上消除了日常生活必需品对故事的影响，同时又描述了如果这些任务由非人类的手段来完成的话生活将会是什么样。或者说，在对未来持悲观看法的情况下，表明了没有机器人或人类关注，这些令人厌烦的家务将会变成什么样。当前的技术通过移动电话和手提电脑可提供在任何地方的信息交流和传播。微波炉可以在几分钟内烹饪丰盛的食物，众多其他的“省时技术”或“生产力强化技术”也很常见。追踪一个国家不断增加的人口（有时候很便捷和恰当，有时候也不尽然）对于有些科幻化的技术创新来说是一项普通的活动，虽然全社会还没有达到菲利普·K. 迪克的（Philip K. Dick）的小说《少数派报告》（*Minority Report*）中考察的乌托邦式的争议，但在小说中能够预见人类动机的超自然生物能够阻止犯罪。

未来方向

当前的技术通常可以追溯到对科学的虚构性描述，这表明当把科学原理和想象力结合起来的时候创新就会扩散。很多科学家认为科幻激发了他们进入数学领域或科学领域的兴趣，在这些领域中他们可以努力创造他们年轻时在科幻中遇到的充满想象力的科学。和经典的科幻一样，大多数20世纪晚期和21世纪的科幻把人文因素和对科学问题或目前的梦想外推到未来的场景或故事中。时间旅行、星际旅行、机器人、便捷技术将一如既往地吸引读者的注意力。如当代基因测序、纳米科技、"定制婴儿"和克隆、迫近的全球变暖或能源短缺都是科学/人文叙事方面吸引人的主题，通过激励科学家提出科学和技术解决方案的这个循环还将继续下去。

撰 稿 人：Paul Walker

另请参阅：Asimov，Isaac；Clarke，Arthur C.；Public Understanding of Science；Science in the Movies；Television Science

参考文献

[1] ALKON P K. Science fiction before 1900：Imagination discovers technology [M]. New York：Routledge，2002.

[2] DISCH T M. On SF [M]. Ann Arbor：University of Michigan Press，2005.

[3] LANDON B. Science fiction after 1900：From the steam man to the stars [M]. New York：Routledge，2002.

[4] PIERCE J J. Foundations of science fiction [M]. New York：Greenwood，1987.

[5] ROBERTS A. The history of science fiction [M]. New York：Palgrave Macmillan，2006.

Science in Advertising 广告中的科学

在多种多样的科学传播形式中，广告因其侧重于说服而独一无二。虽然会有人认为所有的传播都会牵涉到对人们的想法和情感的一定程度的影响，但是在广告中这些说服性的目标更加重要。广告可以更具体地被界定为说服人们使用付费的大众传媒的一种尝试。广告商可以从众多的媒体中为其信息购买时间或空间，包括电视和广播节目、报纸、杂志、户外广告牌和网站。当目标受众对于个人以及面对面的传播来说大很多时，组织通常就会利用大众传媒。当依靠新闻报道或其他形式的媒体接触不可能让组织对信息进行一定程度的控制时，广告在这方面特别有优势。本词条聚焦于旨在就科学和技术议题对公众进行说服的广告。本词条考察了这些活动背后的赞助商、策略以及公众如何解析这种类型的广告。

技术宣传的赞助商

广告是有策略的。它旨在服务于组织的利益，通常它涉及就产品或服务的收益对人们进行说服。广告还被用来就某个议题或观点对人们进行说服，在这种情况下，广告的目的是培养人们对某个组织的目标产生某种积极的公共舆论。技术宣传聚焦于与科学相关的议题、组织或活动。与危害存在一定关联的能源、环境以及高科技产业是技术宣传的焦点。企业、产业协会和非营利组织通常会赞助这种广告。

很多技术宣传活动都是由公司赞助的。如巴斯夫（BASF）是一个在“我们不生产您购买的很多产品，但我们让您购买的产品更出色”这句口号的指导下投放一些广告的大型化学公司。这些活动侧重于巴斯夫技术的好处，并通过如更安全的防晒霜、更耐用持久的桥梁以及更具安全性的安全帽等产品来强调其安全性的结果。广告还可以通过减少柴油机废弃排放、更具能源效率的住宅和可生物降解的塑料袋等技术来强调公司对环境的积极影响。像很多其他参与技术宣传的公司一样，巴斯夫将这些努力称为企业广告，这实际上反映的是对组织和其活动的强调，而非对特定产品所开展的营销活动。

除了企业，行业协会也是技术宣传广告的重要赞助方。这些组织，如美国化学协会（American Chemistry Council，ACC），代表的是一个行业部门的利益。美国化学协会的会员由100多家化学公司（包括巴斯夫）以及大型的业界厂商组成，如拜耳（Bayer）、陶氏化学（Dow）、杜邦（DuPont）、礼来公司（Eli Lilly）、默克制药（Merck）和孟山都（Monsanto）。该协会“必不可少的生活”运动（Essential 2 Living）将塑料制品推广为必要的日常用品，如汽车安全气囊、手机、隐形眼镜和冲浪板。这项运动通过主张更熟悉的生活方式的图像而似乎有意地淡化这个产业的高技术本质。和很多产业协会一样，美国化学协会将它的广告运动称为公共教育。虽然产业的运动可能为某个给定的技术的贡献提供一些信息，但是这些运动旨在说服公众，并且促进产业友好型的态度，而不是就技术及其影响提供一种均衡性的教育。

对赞助方的认同是行业协会广告的一个深层次问题。有些协会的名字被批评在其会员的真正性质方面误导公众，外围组织这个术语描述了那些给公众制造一种独立的印象，并因而更加可信的组织名称。如美国人的平衡能源选择是一个会员包括煤矿企业、煤炭运输企业和电力生产企业的行业团体；生物信息技术委员会（Council for Biotechnology Information）是由参与生物技术驱动作物研发的公司组成的（包括巴斯夫和美国化学协会的其他公司）。隐形外围组织指在赞助方的动机方面有意地欺骗公众的协会名称。如国家湿地联盟（National Wetlands Coalition）是一个由开发商和石油天然气公司［如埃克森美孚公司（Exxon Mobil）］组成的实际上致力于削弱政府对湿地保护的组织。研究表明，隐形外围组织可以对该团体和被鼓吹的议题产生积极的影响。然而，如果赞助方和它们的真正动机被揭露，公众对该团体和企业赞助商的态度就会转变，并且对这些议题的态度会恢复到运动开展之前的水平。

真正区别于行业组织的非营利组织也参与技术宣传。如世界自然基金会（World Wildlife Fund，WWF）制作了着眼于全球变暖及其对濒危物种（如北极熊）影响的广告。和大多数非营利组织一样，世界自然基金会依靠媒体机构捐赠的时间和空间来播放其广告，这意味着其技术宣传依靠的是无偿的公益广告。对于媒体宣传没有大额的预算，非营利性广告与企业和产业的信息相比不那么流行也就不足为奇了。

此外，公益广告不可能对产业大肆抨击。媒体组织依靠企业客户来赚取广告收益，而不讨好企业客户的信息会带来危害。如世界自然基金会的公益广告着眼于全球变暖的影响以及对濒危物种的影响，而非产业在导致这些问题方面的作用。

目的、目标受众和信息内容

品牌性广告的目的是对最终促进其销售的某种产品或服务产生一种积极的态度。对于技术宣传来说，积极的态度也直接指向有形的结果，但是这种期望的结果通常涉及减少或抑制某种行为。大多数技术宣传的最终目标是避免公众要求政府干涉企业的活动并最终限制这种干涉。在某些情况下，技术宣传有可能是积极主动的，以与组织利益相一致的方式来提升公众的意识并对某个议题进行界定。如在气候变化完全进入公共议程之前，埃克森美孚公司多年来一直将全球变暖刻画为一个可疑的科学主张。积极主动的行动也可以被用来建立对一个组织的善意，从而帮助这个组织经受住各种批判并呼吁对未来可能出现的问题进行监管。在其他时候，这些行动解决的是公众对企业活动的关切并试图影响政策辩论和立法结果。如克莱斯勒公司（Chrysler Corporation）利用技术宣传来减缓汽车污染防控的实行，美国电力公司（American Electric Power）也采取类似的策略来弱化露天开采和煤炭工业的污染法案。虽然这些活动通常聚焦于削弱对严格立法的支持，但是包括美国电力公司在内的一些活动则是积极地支持鼓励工业发展的立法。类似的是，目的在于对这些立法进行支持的非营利性活动是与它们组织的目标一致的。技术宣传广告的目标受众有时候是特定群体，如立法者，但是更多的时候是广大公众，特别是当它们的目标是影响广泛的舆论的时候。这意味着绝大多数目标受众对于相关的科学议题的知识只有外行水平，虽然这些努力有时候被称为公众教育，但是技术宣传在告知公众方面的作用可以说是微乎其微的。这些广告中提供的通常都是缺乏事实性的信息或缺乏科学相关性的信息，相反，其焦点在于阐述赞助商的活动的利益并把它们与社会价值联系起来。巴斯夫对旨在降低柴油机废气的技术进行宣传的广告以一辆校车的巨幅照片为特写，并问道："如果校车对于车内的每个人都更加健康将会如何？"当然健康的好处是这个广告的焦点，就其本身而言这也是一种被尊重的结果，并且该广告进一步把巴斯夫的技术和关爱儿童、保护下一代联系起来。贯穿在很多技术宣传中的另一个主题是对某种可以克服障碍的决心的坚信不疑，这种有价值负载的信息似乎常常最小化了环境或能源问题的真正范围。那些被精确地描述为一种危机的东西被看作通过一点的艰苦努力和一种积极的态度就可以克服的问题。

虽然价值得以强调，但是巴斯夫的广告几乎没有提供有关柴油机废气控制技术的任何信息，因而也使公众对其实际的环境影响无从评价。无论这种技术是否真正用于（以及在多大程度上用于）校车或其他交通工具，没有指标显示减少了多少有害气体的排放以及有多少巴斯夫的资源真正用在了这方面。夸大企业环境行动的程度和效果的广告被称为漂绿。这种夸大的主张也许会给人留下一个企业志愿性的努力使得政府的管制变得没有必要的印象。对这种漂绿行为的进一步批判是，虽然广告宣称这些企业在改善环境，但是他们往往把这些问题的责任转向自己的行业之外，通常聚焦于要依靠个体的责任心来解决环境问题。

对技术宣传的公众解读

技术宣传广告没有为公众提供实质性的信息供他们思考。这有可能是由于对价值的强调超过了对事实的强调这样一种战略决策，以及广告信息受制于时间和空间的限制和公众通常对于广告给予的关注很少。在所讨论的技术方面，普通公众不能利用专家拥有的个人知识，因而他们对信息进行批评的能力就非常有限。这就引发了普通公众如何解读技术广告以及他们的解读如何影响广告的说服性效果的问题。对这个议题的研究表明，公众利用自己对这些广告赞助商的了解以及他们对说服性策略的常识来对技术宣传广告做出回应。具体来说，研究发现，对技术宣传广告的解读取决于对赞助商诚信以及信息可信度的感知。诚信是对赞助商致力于大型社区福祉的感知，包括对赞助商在自己内部以及对监管者是负责任的信任的感知。对信息可信度的感知聚焦于广告的目的、在描述赞助商活动方面的透明度以及对赞助商的识别。研究发现，公众对赞助商诚信度和信息可信度的强烈感知会对赞助商和广告产生积极的态度。这些结果的出现可能受到两种不同受众动机的驱动：批判地评估这些广告的动机以及认同广告的积极价值和主题的动机。研究表明，受众做出了帮助他们理解赞助商（以及未来可能采取的行动）的判断。同时，受众在对有关解决潜在巨大问题的诱人信息的认同方面得到了积极的回应。

结 论

鉴于普通公众接受并消费科学信息的数量相对有限，对广告作为信息提供者的角色进行考虑、对这些信息的内容以及受众对此如何反馈进行考虑就变得很重要。聚焦于科学相关议题的技术宣传广告通常受到企业或行业协会的赞助，并且旨在培养对赞助商以及这些活动的积极态度。作为一种科学传播形式，它们的显著特点是相对缺乏科学相关信息或缺乏它们所宣传的技术活动的真正影响。相反，这些广告侧重于益处和社会价值。

研究表明，公众是基于对赞助商诚信度和广告信息可信度的感知来解读这些技术宣传广告的。这些感知影响了受众对这些广告的批判性评价以及对广告中正面主题的认同，这反过来又影响了说服性的效果。企业对技术宣传的利用以及普通公众对这些信息的反应提出了一系列的伦理问题。当隐形外围组织在赞助商的身份或目的方面欺骗了广大公众或当漂绿的行为歪曲了亲环保行动的影响时，就出现了明显的违反伦理的行为。在缺乏有意义的科学信息的情况下利用广告去说服公众，也会出现伦理问题。然而，似乎公众对于这些信息很关键，并且在缺乏这些信息的情况下，考虑广告是否值得信任以及是否来自一个可信赖的渠道也很关键。

撰 稿 人：Janas Sinclair

另请参阅：Communication Campaigns in Health and Environment；Drug Advertising；Third-Person Effect

参考文献

[1] BOSTDORFF D M，VIBBERT S L. Values advocacy：Enhancing organizational images，deflecting public criticism，and grounding future arguments [J]. Public Relations Review，1994，20（2）：141-158.

[2] MILLER B，SINCLAIR J. Community stakeholder responses to advocacy advertising：Trust，accountability，and the Persuasion Knowledge Model（PKM）[J]. Journal of Advertising，2009，38（2）：37-52.

[3] MILLER B，SINCLAIR J. A model of public response to marketplace advocacy [J]. Journalism and Mass Communication Quarterly.

[4] PFAU M，HAIGH M M，SIMS J，et al. The influence of corporate front-group stealth campaigns [J]. Communication Research，2007，34（1）：73-99.

[5] SINCLAIR J，IRANI T. Advocacy advertising for biotechnology：The effect of public accountability on corporate trust and attitude toward the ad [J]. Journal of Advertising，2005，34（3）：59-73.

[6] SINCLAIR J，MILLER B. Understanding public response to technology advocacy campaigns：A persuasion knowledge approach [M]//L KAHLOR，P STOUT（Eds.）.Understanding science：New agendas in Sciscience communication. New York：Routledge，2005.

[7] STAFFORD E R，HARTMAN C L. Environmentalist-business collaborations：Social responsibility，green alliances，and beyond [M]//G ZINKAN（Ed.）. Advertising research：The Internet，consumer behavior and strategy. Chicago：American Marketing Association，2000：170-192.

Science Indicators, History of the NSB Project on 美国国家科学委员会科学指标项目的历史

美国国家科学委员会（National Science Board，NSB）的《科学和工程指标》（*Science and Engineering Indicators*）系列报告是罗伯特·麦克纳马拉（Robert McNamara）在肯尼迪（Kennedy）和约翰逊（Johnson）执政期间引入联邦政府的计划、规划、预算系统（planning，programming，and budgeting system，PPBS）的成果之一。1964年，林登·约翰逊（Lyndon Johnson）总统命令联邦政府采用计划、规划、预算系统。在1968年对《国家科学基金会法案》[National Science Foundation Act（Pub. L. NO. 90-407）]进行的修订中，对国家科学委员会增加了一项要求，就美国的科学状况向总统和国会提供年报。这项法定要求促成了1972年一系列《科学指标》（*Science Indicators*）报告的产生，并且于1987年修正为当前的《科学和工程指标》系列报告——科学传播者广泛采用的数据来源。

虽然国家科学委员会自1969年开始就发布年报，但是对这些报告并没有以专题报告的形式进行组织。在国家科学委员会的一名成员罗杰·海恩斯（Roger Heyns）提出建议之后，该委员会命令其员工撰写《科学指标1972》（*Science Indicators 1972*）专题报告并整理成一系列章节，分别报告新开发的科学和科学产出的各种不同“指标”，效仿早些年社会指标运动的做法。在传送1973年报告（《科学指标1972》）的公函中，国家科学委员会主席H. E. 卡特（H. E. Carter）认为这个项目的目标是为实现国家目标开发旨在揭示美国科学和技术“优势和劣势”的指数。

该报告的前五章纳入了迄今开发的主要指标，包括科学投入、科学人员、学生数量、设施以及一些国际比较。两个额外章节的其中一章呈现了与科学相关的意见和态度的调查数据，这些结果被认为不是“按纯定量处理所能解决的”。虽然1968年对《国家科学基金会法案》的修订明确要求为社会科学研究提供经费，但是似乎从这些措辞中可以看出国家科学委员会对态度测量的“科学”性质持某些保留意见。

有关公众对科学态度的前三章分别出现在1972年、1974年和1976年的《科学指标》报告中，该报告以从作为其定期综合调查一部分的民意研究公司（Opinion Research Corporation）购买的由约20个问题组成的多套问卷为基础。这些早期问题的著作权还不清楚，并且在最初的几年里这个小规模的科学指标工作人员团队没有人对与公众态度相关的章节承担明确的责任，国家科学委员会显然也没有将它作为指标项目本身的一部分。社会科学研究委员会（Social Science Research Council，SSRC）收录的指标对早期态度测量的质量存在着大量的批评。《科学指标1978》（*Science Indicators 1978*）报告并没有收录与公众态度相关的章节。

作为国家科学基金会（National Science Foundation，NSF）科学指标员工和社会科学研究委员会领导人深入讨论的结果，国家科学基金会于1978年发布了征求建议书，征求更多地根植于社会科学文献中并反映当前社会科学实践的对公众的科学和技术态度进行概念化和测量的新方法的建议书。在经过全国性遴选之后，全国舆论研究中心（National Opinion Research Center）的建议书被采纳了，乔恩·米勒（Jon Miller）和肯尼斯·普瑞维特（Kenneth Prewitt）被任命为学术带头人。一种新的方法和问卷被设计出来，并于1979年开展了全国性的个人访谈调查，该研究的结果报告发布在《科学指标1980（*Science Indicators 1980*）》中。国家科学基金会于1981年资助了第二次全国调查，利用北伊利诺伊大学（Northern Illinois University）的公众舆论实验室（Public Opinion Laboratory，POL）遴选的全国电话抽样进行调查，其结果报告发布在《科学指标1982》（*Science Indicators 1982*）中。

自1980年开始，国家科学委员会发布《科学和工程指标》双年度报告，并且对广泛地用于美国公共政策研究和讨论的众多时间序列报告的出版提供支持，这已经被其他国家广泛地争相效仿。在对这项工作进行支持方面，国家科学基金会对引文分析以及对有关科研人才和公众态度的调查进行采集的大量研究进行了资助。

虽然国家科学基金会没有在1983年授权开展新的调查（在随后几年中出现的双年序列都遵循这样的做法），来自宾夕法尼亚大学（University of Pennsylvania）安嫩伯格学院（Annenberg School）的乔治·格伯纳（George Gerbner）教授委托乔恩·米勒和舆论实验室为另外一个项目开展了一项类似的调查。格伯纳教授同意来自他这个调查的部分数据作为《科学指标1985》（*Science Indicators 1985*）公众科学态度的基础。

随后，国家科学委员会表示将把“公众科学态度”章节作为指标报告的一个重要组成部分，并且国家科学基金会为由乔恩·米勒主导的后续1985年、1987年、1990年、1992年、1995年、1997年和1999年全国性调查提供经费支持，通过与咨询委员会合作，米勒引入了“议题关注度”的概念，并且建构了公众对一般科学和技术的态度以及对具体应用的态度的时序测量方法，如核能、太空探索和转基因。在这个调查中开发的核心组的态度和知识题目被40多个国家采用、调整和使用。

在2000年，国家科学基金会的员工改变了投标规则，并且选择了一个厂商来开展其机构内部设计的调查。另外的调查开展于2001年、2003年、2005年和2007年。虽然一些以前的时间序列报告不再保留于《指标》（*Indicators*）系列中，但是《科学和工程指标》报告仍然由国家科学委员会持续地两年发布一次。

撰稿人：Jon D. Miller

另请参阅：Attentive Public；National Science Foundation，U.S.；Public Understanding of Science

参考文献

[1] ANDREWS F M, WITHEY S B. Social indicators of well being [M]. New York: Plenum Press, 1976.

[2] GILMARTIN K J, ROSSI R J, LUTOMSKI L S, et al. Social indicators: An annotated bibliography of current literature [M]. New York: Garland, 1979.

[3] MILLER J D. The American people and science policy [M]. New York: Pergamon Press, 1983.

[4] MILLER J D. Scientific literacy in the United States [M]//D EVERED, M O'CONNOR (Eds.), Communicating science to the public. London: Wiley, 1987: 19–40.

[5] MILLER J D. The measurement of civic scientific literacy [J]. Public Understanding of Science, 1998, 7: 203–223.

[6] MILLER J D. Who is using the Web for science and health information? [J].Science Communication, 2001, 22 (3): 256–273.

[7] MILLER J D. Public understanding of, and attitudes toward, scientific research: What we know and what we need to know [J]. Public Understanding of Science, 2004, 13: 273–294.

[8] National Science Board. Science indicators [R]. Washington, DC: U.S. Government Printing Office, 1973, 1975, 1979, 1981, 1983, 1986.

[9] National Science Board. Science and engineering indicators [R]. Washington, DC: U.S. Government Printing Office, 1988, 1990, 1992, 1994, 1996, 1998, 2000, 2002, 2004, 2006, 2008.

Science in Magazines 杂志中的科学

杂志，从光鲜亮丽的消费者杂志到技术贸易杂志，是向公众进行科学和技术传播的重要媒介。过去，大多数学者将杂志界定为一种包含一个特定主题或多个主题的报道或文章的定期出版的印刷品。然而，数字化时代对杂志的构成进行了重新的界定。杂志不再只是一种纸质媒介，现代杂志还包含为读者提供印刷版本不能实现的更多互动性、扩展的内容、每日更新及包括很多其他特征在内的在线版本。在线的格式很好地适用于对科学快速变化的本质进行报道的杂志。结果，很多杂志持续地强化它们在网络上的存在感。

杂志提供了针对目标受众的专业化内容。编辑知道读者的人口统计学特征以及心理学特征，并且因地制宜地提供相应的报道。这种情况对于报道科学话题的杂志也同样适用。虽然一些大众感兴趣的科学杂志有对一切科学事件都充满激情的广泛读者群，如《科学新闻》(*Science News*)、《探索》(*Discover*) 以及《科学美国人》(*Scientific American*)，但是更多的杂志服务于一个有限且界定明确的人群，如《天文学》(*Astronomy*) 和《考古学》(*Archaeology*)。

读者在他们倾心的杂志（印刷版或网络版）上寻找的不仅是科学和技术方面的突发新闻，他们希望这种媒介可以对身处科学发现背后的人进行解读、分析和深入的报道。本词条聚焦于包含科学报道的范围广泛的杂志，其中有些杂志不“只是”有关科学的。

杂志的作用

杂志向它们的受众传递信息，为受众提供娱乐并教育他们。杂志也发挥其他重要的作用。试想一下，有些家庭几十年如一日地收集《国家地理》（*National Geographic*）杂志，将这种杂志当作百科全书。或者想象一下那些主要周刊的周年纪念号是如何帮助读者了解在过去的一年、十年甚至一千年的重要事件的，如《生活》（*Life*）1997年的特刊。作家卡罗琳·凯奇（Carolyn Kitch）在她2005年的图书《过去的页面：美国杂志的历史和记忆》（*Pages From the Past: History and Memory in American Magazines*）中写道，杂志对美国生活提供了一种重要的社会评论，为国家文化提供了一种公共史学。她发现技术的积极方面是《时代周刊》（*Time*）、《新闻周刊》（*Newsweek*）、《美国新闻与世界报道》（*U.S. News and World Report*）以及《生活》用来描述20世纪的几十年的六个常见主题之一。

杂志还有助于对公众心目中的东西设定议程。例如，研究人员认为《纽约客》（*New Yorker*）在1960年连载蕾切尔·卡逊（Rachel Carson）的《寂静的春天》（*The Silent Spring*）强有力地推动了有关农药危害的全国辩论。与其相类似，《美国医学协会期刊》（*Journal of the American Medical Association*）这个有影响力的行业杂志于1962年刊发了《受虐儿童综合征》（*The Battered Child Syndrome*）后，引起了其他媒体的注意。根据学者芭芭拉·尼尔森（Barbara Nelson）的看法，持续增加的媒体报道让公众用新的眼光看待虐待儿童的问题，并认为这是一种可以防控的状况。

杂志的另外一个作用是社区建设。像《今日化学家》（*Today's Chemist at Work*）这样的杂志和其他行业刊物能够在职的专业技术人员聚集到一起。由个体组成的特定群体在阅读像《体育场》（*Palaestra*）这样的以残疾人为读者对象的杂志或像《糖尿病防治》（*Diabetes Health*）这样的以糖尿病患者及其看护者为对象的杂志时，会找到与他们有同样关切的其他人。

杂志的类型

教科书一般将杂志分为三种类型：消费类杂志、行业杂志和机构杂志。在机构杂志这个类别中存在着很多由专业学会出版开展同行评议的科学期刊，有的是与私人出版商合作出版的，本词条对这种期刊不作详细探讨。《科学》（*Science*）是一个众所周知的例子，其隶属于美国科促会（American Association for the Advancement of Science，AAAS），它虽然也刊发与科学和科学政策相关的新闻，但是同行评议的科学文章才是其主要内容。当然，读者在这三类杂志中都可以找到科学和技术方面的报道，不只是在机构刊物中。

根据美国杂志出版人协会（Magazine Publishers of America）的统计，美国的消费类杂志超过7000种。通过订阅、在报刊亭销售以及免费赠阅，这些杂志提供了读者普遍感兴趣的内容或专业读者感兴趣的内容。刊登读者普遍感兴趣的科学的杂志如《科学美国人》，它是于1845年创立的一份商业型周报。早期，该杂志中有很多关于专利和发明的报道，包括1877年托马斯·爱迪生（Thomas Edison）发明留声机的新闻。今天，它已经成为一本月刊，科学家可以在这里和公众分享技术发现和研究成果。《科学新闻》《探索》和《大众科学》（*Popular Science*）只是报道读者普遍关注的科学话题的众多杂志中的3种。很多消费性杂志报道更加专业的大众科学文章，如《天文和望远镜》(*Sky & Telescope*)和《连线》(*Wired*)。

行业杂志又被称为专业性商业杂志，它迎合专业领域或行业中的读者需求。据估计，美国出版的这种类型的杂志超过9000种。从获取广告收益来看，计算机和电子器件类杂志首屈一指。无论话题是计算机工程还是航空学，都有可能找到一本这方面的行业杂志。如《真空技术与涂装》(*Vacuum Technology & Coating*)杂志认为它是一个“适合工程和科学共同体阅读的高科技科学期刊和务实的行业杂志的混合体”。有些非常有名的“只有关科学的”杂志可能被认为是科学共同体的行业刊物，如《自然》(*Nature*)，它是一个私人出版商出版的杂志，与特定的科学学会没有关联。

机构杂志包括那些由协会和学会出版的杂志(很多科学期刊就是如此)，以及公共关系杂志。公共关系杂志是由企业、非营利机构和政府机构出版的。协会和学会通常将它们出版的杂志提供给其会员以作为入会的一种福利。有些协会和学会也会将它们的期刊通过报刊亭和订阅渠道向非会员出售。《国家地理》《塞拉》(*Sierra*)和《史密森尼》(*Smithsonian*)就是相关协会和学会出版的以科学为重点的杂志。一般来说，公共关系杂志的目标是描述它们机构的工作或产品。医院、大学和非营利研究机构出版了很多教育和告知他们的读者同时又宣传这个机构的高质量杂志。如根据其网站显示，《海洋杂志》(*Oceanus Magazine*)强调的是伍兹霍尔海洋研究所(Woods Hole Oceanographic Institution)科研人员的工作，并报道诸如海洋生命、深海探索以及相关政策的话题。

话　题

如今的大众杂志和行业杂志覆盖种类繁多的科学话题。此外，编辑和记者在决定如何处理一个特定话题时也面临着很多的选择。如《哥伦比亚新闻评论》(*Columbia Journalism Review*)在2008年7月和8月刊发的有关气候变化的文章表明，作者可以从不同的角度来阐述全球变暖问题：科学的领域、交通问题、技术、政策、经济和国际议题。

在以女性读者为目标的大众杂志中，个人健康和健身通常获得较多关注。这些杂志的编辑知道忙碌的读者没有时间阅读大篇幅的技术性文章，如《妇女之友》(*Women's Day*)和《悦己》(*Self*)。杂志中的报道必须提供有利于读者生活的有用信息，因而，健康小贴士、疾病预防和家庭健康是常见的话题。其他的健康杂志，包括《健康》(*Health*)、《预防》(*Prevention*)和《男性健康》(*Men's Health*)，也会报道大众心理的话题、自然疗法以及有关新医学研究的信息，尤其是与个人健康相关的信息。

读者普遍感兴趣的杂志涉及更广泛的科学话题，包括医学，如《科学美国人》《大众科学》和《探索》，它们的读者大多数都是男性。双周刊《科学新闻》有自己的新闻倾向，报道最新的科学和研究发现。自然历史、计算机技术和天文学是读者可以在消费类杂志中找到其他话题的几个例子。

行业杂志一般向在特定科学或技术领域工作的读者传播科学。因此，它们的话题聚焦于近期的研究进展、政府决策以及该领域的重要人物。如《光谱学》(*Spectroscopy*)的目标受众是材料分析专业人士。在其中的一期中，读者可以找到有关便携式红外设备的介绍性文章以及对1895年伦琴(Wilhelm Röntgen)发现的X射线对世界影响的历史回顾。

出现在杂志中并以儿童为目标读者的科学话题通常包括动物、自然、生态、科学的奥秘和地理学。儿童杂志《挖掘》(*Dig*)迎合了年轻人，特别是那些受到考古学激发的年轻人，但是其他的通常涉及广泛的议题。相反，像《天才少年》(*Highlights*)这样的普通儿童杂志通常以科学故事为特色。

杂志通常也会利用读者的兴趣来制造一些特别的主题。致力于环境话题的绿色议题就是一个例子。它们不仅局限于以科学为主体的杂志中，而且还出现在大量的消费类刊物中，包括《新共和》（*The New Republic*）、《户外》（*Outside*）以及《琼斯母亲》（*Mother Jones*）。《哥伦比亚新闻评论》是对媒体进行批判的杂志，其《2008 年绿色主题指南》（*2008 Green Issues Guide*）发现这些议题中的大多数内容都是高质量的。

实际上，研究表明消费类科学杂志在向普通公众解读技术信息方面做得很出色。一项开展于 1995 年的研究考察了一系列消费类杂志，目的是评估它们在处理乳腺癌技术信息方面做出的效果。在这项研究中，研究人员克里斯汀·莫隆基埃洛（Christine Morrongiello）和芭芭拉·施特劳斯·里德（Barbara Straus Reed）发现，以科学为导向的杂志《预防》《健康》和《科学新闻》很少出现纰漏，并且一般来说，与他们研究的其他杂志相比，上述杂志也是读者获取健康信息的最好渠道。其他的研究也注意到，杂志，特别是技术刊物和科学刊物，是公众获取科学实践方面相关信息的较好渠道。

文章形式

有关科学的杂志文章有很多不同的形式和规模。50~300 字以内的短篇通常出现在杂志的前半部分，而封面文章通常有 2000 多字。1946 年 8 月 31 日，《纽约时报》整版报道了“广岛原子弹爆炸”的相关消息，该文有 31000 字，当然这是特例。特定杂志的常规读者期望杂志内容的连贯性，他们习惯了编辑遴选的每一期连续的特定文章类型以及方法。这些常见的文章类型包括服务、调查、人物简介、叙述和散文。

服务性文章描述了杂志中报道的大量科学内容。这些文章给读者提供了他们可以在日常生活中采用的信息、有关科学发现和趋势的新闻以及专家的建议。这种类型的文章还包括以逐步的解释为特征的指引性文章。

调查性科学新闻可以追溯到出现于 20 世纪初的新闻窃听事件。调查性科学新闻包括试图揭露不道德行为的文章、对研究结果的分析文章以及通常通过深入的采访和报道来回应社会关切的文章。这种类型的文章长度要超过典型的服务性文章特写。因而，编辑有时候会以连载的方式刊登这些调查性文章。

人物简介性文章详述个人的生活，无论这些人是名声在外还是默默无闻。编辑知道读者喜欢读到与人相关的文章。对在实验室中或在野外做出科学发现的人进行描述，通常为技术性话题增加了人情味，这种方法是科学家和非科学家读者都非常喜欢的。人物简介性文章的长短不一，可以从不足 1000 字的人物剪影到 5000 字甚至更多的特写。

叙述性文章以讲故事的方式呈现信息。这些文章采用了很多小说创作技术，如对话、场景设置以及性格发展，在向读者展现科学这一职业中那些自然地产生于竞争性环境中的活泼个性和冲突方面，叙述性文章是一种理想的形式。一篇叙述性文章试图通过让读者接近这种戏剧和张力而产生一种情感上的体验。

散文的范围涵盖从对话题高度个性化的讨论到以大量的报道为支撑的对议题的批判性评论。分析和阐释是散文的特色。作者的个人风格也得到了展示。通过这种形式，作者有更多的自由展现自己的智慧、幽默或沉思的本质。散文中的话题无所不包，没有禁忌，很多于科学相关的散文似乎聚焦于博物学、野外以及其他户外的题材。

读　者

在杂志的海洋中，读者被界定为在一个议题上花费约半小时时间的人。杂志读者的数字统计会考虑到报刊亭的销量、订阅量以及传阅的比率，它代表的是通常不会购买杂志的次级受众。对于决定杂志内容的编辑和想吸引广告的出版商来说，谁阅读这些刊物是他们主要的关注点。一般来说，大多数研究表明，大众科学杂志的读者主要是收入中等偏上的接受过大学教育的男性。

在《生物科学》(*Bioscience*) 2006 年 8 月的一篇文章中，记者玛格丽特·威特海姆 (Margaret Wertheim) 提到，8 种最畅销的科学杂志 [《科学新闻》《大众科学》《连线》《博物学》(*Natural History*)、《天文学》《科学》《科学美国人》和《探索》] 共有约 1700 万读者。她对这些杂志订阅者的分析表明，这些人大多数是有着中上等社会经济地位的受过大学教育的 40 多岁的男性。在这些杂志的订阅者中，22% 是女性。

其他研究也描绘了类似的景象。如研究表明 20% 的美国成年人"关注"科学政策。这个群体主要是男性，且比不关注的人群要年轻一些，并且他们在大学阶段至少上过一门于科学相关的课程。在这个群体中，约有一半人经常阅读一份或几份科学杂志，如《国家地理》或《今日心理学》(*Psychology Today*)，不到 10% 的人经常随手翻看一般的科学杂志，如《自然》和《探索》。

值得注意的是，阅读最畅销的女性普遍感兴趣的杂志以及健康和体育健身刊物的女性人数也数以百万计。很多这类杂志在每期都会有一篇或几篇与科学相关的报道。

儿童也是科学报道的消费者。一小部分刊物专门是为这个年轻的人群提供科学主题内容的。比如《你的大后院》(*Your Big Backyard*) 把注意力集中在学龄前儿童。那些为 8~14 岁的孩子出版的刊物包括《国家地理》(儿童版，*National Geographic for Kids*)、《缪斯》(*Muse*) 和《园林看守者》(*Ranger Rick*)。它们大多数都提供适合青少年阅读的内容。

在线杂志

杂志出版商意识到他们的产品不能只是一种印刷刊物，而是应该成为包括印刷版和数字版在内的品牌的一部分。对于公众来说，他们可以通过新的且更多的途径从他们喜欢的杂志上获取科学信息。

对《国家地理在线》(*National Geographic Online*) 的观察显示了编辑是如何充分利用网络来向熟悉互联网的公众进行传播的。从 2000 年开始，该在线杂志两次获得美国杂志编辑学会 (American Society of Magazine Editors) 的全国"最佳网站"(General Excellence Online) 大奖。只要点击几下，读者就可以通过视频与露脊鲸近距离接触，然后再看一篇关于世界奇迹的摄影文章。读者，或者通常将网络受众称为观看者，可以在线做拼图游戏，上传照片做测试题，还可以通过交互式地图规划线路。

自 19 世纪 20 年代就是科学狂热分子主打杂志的《科学新闻》的印刷版于 2008 年从周刊改版为双周刊，同时在《科学新闻在线》(*Science News Online*) 网站上每日更新其内容。《科学新闻在线》编辑汤姆·西格弗里德 (Tom Seigfred) 认为，印刷和在线这两种展现形式之间的关系是"共生的"。在线网站非常适合科学新闻的日常报道并由此引起读者对纸质刊物的关注。纸质刊物则刊登在线网站中最好的文章和新的特写，此外，它也向读者提供线上内容之外的其他信息。另外，在线杂志和纸质杂志都为 2003 年 7 月开通的《科学新闻》(儿童版) 提供内容。这个网站的目标人群是中学生，它还提供一系列的游戏、实验和科幻作品。

对科学进行报道的杂志的编辑认为，网络所具有的动画和互动特点为解释复杂的话题提供了新的机遇。对持续进展的科学报道进行每日更新的能力也向公众强调了科学是一个过程。博客则为阅读纸质杂志的读者提供了一个和杂志中出现的记者以及科学家进行在线交流的平台。打开播客，读者可以听到科学家和专家在探讨热点话题。

对于很多出版商来说，杂志的纸质版很有可能仍然是其拳头产品，一本充满图片的雅致杂志会被忠诚的读者在闲暇时细细研读，并被送给他们的朋友传阅，被放在书架上留给下一代。但是有学者认为，未来的杂志产业会越来越把在线杂志作为传播科学话题更快更有效的方式。

撰 稿 人：Ellen J. Gerl

另请参阅：Newspaper Science Pages；Popular Science，Overview；Television Science

参考文献

[1] BLUM D，KNUDSON M，HENIG R M.（Eds.）. A field guide for science writers [M]. 2nd ed.New York：Oxford University Press，2005.

[2] BRAINARD C. At Scientific American，shirt now matches socks [EB/OL].（2007-07）[2009-01-07]. Columbia Journalism Review. www.cjr.org/behind_the_news/at_scientific_american_shirt_n_1.php.

[3] BRAINARD C. What's New at Science News... [EB/OL].（2008-05）[2009-01-07]. Columbus Journalism Review.www.cjr.org/the_observatory/whats_new_at_science_news.php.

[4] JOHNSON S，PRIJATEL P. The magazine from cover to cover [M]. 2nd ed. New York：Oxford University Press，2007.

[5] KITCH C. Pages from the past：History and memory in American magazines [M]. Chapel Hill：University of North Carolina Press，2005.

[6] MILLER J A. The Web birth of Science News for Kids [J]. Science Writers，2004，53（2）：11-13.

[7] MOGEL L. The magazine：Everything you need to know to make it in the magazine business [M]. 4th ed.Pittsburgh，PA：GATF Press，1998.

[8] NELSON B. Making an issue of child abuse：Political agenda setting for social problems [M]. Urbana，IL：University of Chicago Press，1984.

[9] RUSSELL C. Climate change：Now what? [J]. Columbia Journalism Review，2008：45-49.

[10] WERTHEIM M. Who is science writing for? [J]. Bioscience，2006，56（8）：640-641.

[11] WILSON M. Do green issues make green? The profitability of magazines' new springtime fad [EB/OL].（2008-6）[2009-01-07]. Columbia Journalism Review.www.cjr.org/the_observatory/do_green_ issues_make_green.php.

Science in the Movies 电影中的科学

在现代的西方社会中，几乎每个人都会去看电影。电影中经常对科学家进行描述，观影的公民会对电影中描述的科学和科学家进行理解。当然，科学家也会去看电影。这都是对电影、摄影中科学和科学家的表征严肃对待的好理由。至少从三个视角来说这是正确的：它们为理解公众对科学的认知提供的见解；它们对公众的科学认知产生的影响；它们对科学本身产生的影响。

大众电影是所谓的隐性科学传播的一个案例，也就是说，这是一种对科学及其包括在这种文化产品中的感知的目标、影响、价值，但不包括其显性目标之中的科学传播的一种有效且强大的传播形式。

电影反映了科学如何渗透大众文化，有时候是被大众文化所渗透。从这个意义上来说，它们代表了从事科学和技术研究的研究人员和像记者或科学展览开发人员那样的从业者所掌握的一种强大的工具。

研究电影中的科学：研究者的视角

尽管电影与大众文化存在着明显的相关性，但是只有几个研究人员对电影在科学传播中的作用，以及它对公众科学认知的影响开展了扎实的工作，虽然情况似乎正在改观，但是对讨论这个真正的研究分支所必需的“临界点”还未达到。此外，有可能从几个视角对电影在科学传播中的作用进行研究，有些视角彼此之间差别很大，并且需要具有不同的能力。这个新兴分支领域的先锋人物，戴维·柯比（David Kirby）确定了四个主要的研究问题。

（1）生产：科学的表征如何在电影文本中进行建构？这包括对在电影生产中相互作用的主要角色（科学家和制片人）的利益进行分析。

（2）内容分析：有多少科学，以及什么样的科学会出现在大众电影中？这包括对电影中的科学进行定量分析和定性分析，以及对制作电影的科学家的主要特点进行分类。

（3）文化意义：大众电影中科学和技术的文化阐释是什么？这包括更多的情景化内容分析，以及尝试把科学中的电影视为不同时代，国家或者文化环境中科学的公共关系的一种表达的框架分析。

（4）媒体效果：电影中对科学的虚构描述对公众科学素养，以及公众对科学的态度有什么影响？这不仅包括就电影对科学的公众认知的影响进行分析，还包括电影对科学本身的潜在影响。

利用电影中的科学：从业者的视角

对于科学传播者来说，为什么了解电影文化是重要的呢？专业的科学传播者如何利用电影呢？

第一，电影可以作为工具来使用。电影和公众的“想象”相关，它们代表广泛共享的文化参考。电影可以被记者用来吸引读者关注，以及有利于使复杂话题简单化。典型的案例可以参考《星际迷航》（*Star Trek*）系列中有关瞬间移动的情况，以及《侏罗纪公园》（*Jurassic Park*）中有关克隆的情况。

第二，电影可以被作为一种社会学工具。电影可以被视为一个通过它能够分析和阐释与科学和技术相关的社会关切和社会变迁的透镜。有关气候危机的电影，如《后天》（*Day After Tomorrow*），或者与环境相关的纪录片，如美国的《难以忽视的真相》（*An Inconvenient Truth*）或者法国的《家园》（*Home*）等在票房上的成功都是电影如何预示公民兴趣趋势的清晰案例。

第三，电影可以被作为教育性工具。电影节选通常会在课堂，展览或者科学博览会上作为阐释一种自然现象的有用方式，并且通过虚构表征和科学阐释之间的比较来激发调查。通过展示卡通形象违反了很多自然法则的方式来介绍自然法则是一个有效且普遍的例子。

科学与影院：开端

科学和电影之间的关联要比电影本身更久远。“第七种艺术”的诞生日期现在公认是1895年12月28日，这是卢米埃尔兄弟（Lumière brothers）的《工厂的大门》（*La Sortie des usines Lumière*）放映的日期。然而，历史学家在是什么驱动力使得这个事件成为可能方面存在着分歧：电影是需求驱动的还是机遇驱动的技术。他们在电影是由艺术和娱乐产业推动的，还是由科学和技术推动的观点上也存在着分歧。

无论如何，确定无疑的是一些独立研究者的科学需求在电影的早期发展中发挥了重要作用。卢米埃尔兄弟通往这项发明的道路与众不同，是由一个天文学家、一个生理学家和一个服务于科学目的的摄影师所铺就而成的。

这个天文学家就是皮埃尔·朱尔·塞萨尔·让森（Pierre Jules César Janssen），使他更出名的事件是在太阳光谱中发现了氦元素的存在。1883年，让森想要对金星掠过太阳表面这个罕见的天文事件进行研究。为此，他开发了一个新的科学设备：一个可以产生一系列供后续进行详细研究并可以和同事共享图像的摄影“旋转器”。

在同一时期，一个把其研究致力于理解鸟类和人类运动的著名法国生理学家，艾蒂安·朱尔斯·马雷（Etienne Jules Maray），为了其研究目标而开发了一个显示连续影像的日益复杂的系统。同时，在大洋的彼岸，摄影师埃德沃德·迈布里奇（Eadweard Muybridge）被要求为理解马是如何运动的来开发一种技术。如今全球闻名的奔跑的马的序列图像于1878年首次成为《科学美国人》（*Scientific American*）的封面特写。这些图像解决了一个科学难题，更重要的是，它们显示出这个制作动态图像的技术既在技术上已经完备，且在社会上也有需求。

如果电影摄影技术的很多技术先驱确实是作为科学仪器而开发的话，那么很明显的是它持续的成功在于它在娱乐行业中的作用。

十分有趣的是，在很大程度上决定了电影作为一种讲故事的工具而非一种科学工具的命运的是一个虚构的科学家——巴本福伊利斯（Barbenfouillis）。他在首批成功的商业电影之一《月球旅行记》（*Le voyage dans la Lune*）中领导对月球进行一次科学探险。该影片由乔治·梅里爱（Georges Méliès）于1902年执导并进行诠释。巴本福伊利斯教授成为电影叙述中的一系列科学家的第一人。

刻板印象的模式化：电影中的科学家

根据普遍的刻板印象，电影中的科学家大多数都是疯狂的、坏的和有危险的。相反，一些以数百部电影为基础的研究清晰地表明“疯狂的科学家”只是科学家进入电影史的众多方式之一，并不必然是最相关的。

几个研究人员试图绘制虚构影片中科学群体的图像，这是一种只会产生一般结论的有用实践，因为它必然地依赖于有关科学界定的一系列假设（如果医学是科学，每个电影中的医生都是科学家吗？）以及所考察的电影类型（只有一小部分科幻电影真的是关于科学的）。如位于德国的彼得·魏因加特（Peter Weingart）和他的研究团队提出了四个主要类型：古怪的科学家、作为英雄或冒险家的科学家、专业人士和疯狂的科学家（可以进一步被分为痴迷者、意外的疯狂科学家和乌托邦统治者）。澳大利亚研究人员罗莎琳·海恩斯（Rosalyn Haynes）提出了七个分类：邪恶的炼金术士、高贵的科学家、愚蠢的科学家、冷酷无情的研究人员、作为冒险家的科学家、“疯狂的、坏的、危险的”科学家，以及无助的科学家。

由法国研究人员亚历克西斯·马提奈（Alexis Martinet）和雅克·儒阿诺（Jacques Jouhaneau）开展的有趣分析把这些刻板印象的表征和现实生活中对科学家的感知关联起来。他们的结果清晰地表明科学家的表征越现实，他（她）越能以正面英雄的形象出现；反之亦然，电影中大多数疯狂的科学家都明显地被认为是虚构的、不可信的角色。

对电影中的科学家感兴趣的主要原因与他们具有的可以为引人注目的情节的发展提供支撑的很多特点相关：他们是特殊的人群，如可以获得其他人不能获得的信息或者见解；掌握较大的鲜为人知的权力；通常能够预见甚至预测事件；体验过极度兴奋和发现的时刻；通常领先于他们的时代，并因而被既定体制所误解，为了真理的胜利他们必须努力让自己的声音被听到等。

然而，科学家在屏幕上的首要特点是他们的矛盾心理。他们在理解世界的欲望方面是好人，但是当他们试图掌控这个世界的时候就成了恶魔。因而，有关科学家的最常见情节涉及知识和权力之间的不稳定的平衡。

知识向权力的转变会产生非常戏剧性的后果，例如，很多以想统治世界的科学家为特色的“B级电影”，或者模仿歌德（Goethe）《魔法师之徒》（*sorcerer's apprentice*）的反复出现的角色。然而，饶有趣味的是在大多数情节中，一个外部事件如何对处于善意的行为的后果负责。这一令人不安的因素可能是一个笨拙的助手的错误，如梅尔·布鲁克斯（Mel Brooks）的《年轻的弗兰肯斯坦》（*Young Frankenstein*）中的马蒂·费尔德曼（Marty Feldman），或是来自军事或经济压力的影响，如李安（Ang Lee）的《绿巨人》（*The Hulk*），在这部电影中，接近军事或私人资助的研究是导致布鲁斯·班纳（Bruce Banner，一位为公共部门工作的生物学家）意外地变异成穿短裤的绿色巨人的主要原因。

但是知识向权力的转变也可能产生积极的后果，如“灾祸预言科学家”预测并最终面临正在到达的灾难［《活火熔城》（*Volcano*）、《天地大冲撞》（*Deep Impact*）、《龙卷风》（*Twister*）］或者促使与外星人接触［《超时空接触》（*Contact*）；《第三类接触》（*Close Encounters of the Third Kind*）］或者确认科学真理［《万古流芳》（*The Story of Louis Pasteur*）］的“固执的科学家”的情况。后者是在科学传记电影中最常见的情节。

伟大科学家的传记

过去的伟大科学家的传记可以被看作是他们自己的一个类型和流派，在风格和情节方面非常同质化。为了（依据他们的使命）忠实于这些历史人物，拍成电影的传记往往着眼于科学家的生活，而非他（她）的科学成就，但是也往往会强调一些反复出现的特征。

几乎不可避免地把科学家和对新出现的有关世界的新视角无法接受的保守当局（教会、学术圈、政治机构或者全社会）之间的冲突搬上荧幕。这也不可避免地以科学家的胜利为结局，从而向世界传递了新的真理，通常是可供实践目的使用的知识。

第二个方面是特别关注于发现的时刻，总是倾向于把它呈现为一个集中在空间和时间里的启发性时刻。引人注目的冲突和一个好的高潮是好的情节的必要组成部分。历史上的科学家以发现的时刻（高潮）和与当局的斗争（冲突）提供了一个精美的版本，因而电影产业如此关注他们就一点也不奇怪了。

从数量上来说，电影中描述的最受欢迎的科学家是路易斯·巴斯德（Louis Pasteur）、居里夫妇（Pierre and Marie Curie）、本杰明·富兰克林（Benjamin Franklin）、阿尔伯特·爱因斯坦（Albert Einstein）、伽利略·伽利雷（Galileo Galilei）、托马斯·爱迪生（Thomas Edison）和查尔斯·达尔文（Charles Darwin），他们每个人都在三个以上的重大影片中出现过。由威廉·迪亚特尔（William Dieterle）执导的《万古流芳》（*The Story of Louis Pasteur*）值得特别关注。由保罗·穆尼（Paul Muni）饰演巴斯德的这部电影起初被制片人看作是有关“一个法国送奶工”的无趣故事。但是它赢得了三项美国电影艺术与科学学院奖［简称奥斯卡金像奖，Academy Awards］并且在商业上取得了巨大成功，为伟大科学家的其他几部传记片铺平了道路。巴斯德也许是电影屏幕上最具有代表性的科学家，他还是由让·爱泼斯坦（Jean Epstein）在 1922 年执导的版本以及由萨卡·圭特瑞（Sacha Guitry）在 1935 年执导的另外一个版本的主角。镭的共同发现者居里夫人（Marie Curie）也出现在几部电影中，著名的一部是《居里夫人》（*Madame Curie*），由葛丽亚·嘉逊（Greer Garson）担任主角并获得了 7 项奥斯卡提名。而托马斯·爱迪生在《少年爱迪生》（*Young Tom Edison*）和《伟人爱迪生》（*Edison, the Man*）中分别由米基·鲁尼（Mickey Rooney）和斯宾塞·屈塞（Spencer Tracy）扮演，这是在 1940 年拍摄的伟大的美国发明家的两个自传。

有几部电影则把情节建立在历史人物的基础上来发展其独立话语。在《美丽心灵》（*A Beautiful Mind*）中，故事是以数学家约翰·纳什（John Nash）的生活为基础的，但是由罗素·克劳（Russell Crowe）饰演的纳什更多的是一个典型而非一个真正的历史人物，该影片在天才和精神障碍上开发了一种话语，这非常不忠实于真正的纳什，他从来没有认可这部电影。《纳粹狂种》（*The Boys From Brazil*，1978）是一部有关克隆的虚构电影，其基于的假设是纳粹科学家约瑟夫·门格勒（Josef Mengele）逃出了德国，并且领导了一个克隆阿道夫·希特勒（Adolf Hitler）的计划。

有些电影试图重建最近科学史上的一个特定时刻。如《穿越天体的男孩》（*I ragazzi di via Panisperna*）中的情况，该电影是有关恩里科·费米（Enrico Fermi）在飞往美国实现他的第一个核裂变反应试验之前在罗马的工作。再如，《不简单的任务》（*The Dish*）中的情况，该影片是有关一个小型的澳洲天文台参与“保证阿波罗十一号”（*Apollo XI*）登陆月球的通信任务的。

拿《我的美国叔叔》（*Mon Oncle d'Amerique*）［由阿仑·雷乃（Alain Resnais）于1980年执导］来说，一位现代科学家亨利·拉波希特（Herni Laborit）的研究成为科学和人类行为的电影阐释之间一个独特对话的电影的真正主角。

社会视角的一种科学

有几种方法被用来追踪科学和科学家在整个虚构电影的历史中存在的情况，这可以基于不同时代一个主要的科学话题的鉴别，基于对特定话题的分析（这两种方法都是由戴维·柯比提出的），基于科学家的角色［就像克里斯多夫·福瑞玲（Cristopher Frayling）的作品中的描述］等。

一个由考察科学家出现的方式组成的有趣方法似乎嵌入在整个社会中。我们可以想象一下这个故事发生在 1923 年，埃克斯博士（Doctor Ics）发明了一种能让巴黎在雷内·克莱尔（René Clair）的《沉睡的巴黎》（*Paris qui dort*）中入睡的重射线。当被发现的时候，这个科学家正全神贯注于他的计算。他认为他的射线不会伤害任何人，他只想能够不被打扰地工作。当被促使着对全世界发出警示时，他用了最幼稚的词语，“我没有想过！”当这个问题被解决了之后，他再次要求一个人独处并且赶走了实验室里的每一个人。

埃克斯博士在良性的变化中代表着典型的“象牙塔中的科学家”。科学家和社会的这种轮廓清晰的区别在战前的电影中很常见，并通常由实验室的独立场景进行表示。实验室可以设置在一个堡垒中［如玛丽·雪莱（Mary Shelley）电影版的《弗兰肯斯坦》（*Frankenstein*），在 1931 年的续集中鲍里斯·卡洛夫（Boris Karloff）充当这个怪物的角色并对后世产生了重要影响］；一个岛屿上［如在 H.G. 威尔斯（H. G. Wells）的小说《莫洛博士岛》（*The Island of Doctor Moreau*）的各种版本中：从由查尔斯·劳顿（Charles Laugh-ton）担任主角的 1932 年版本《失魂岛》（*The Island of Lost Souls*）到由伯特·兰卡斯特（Burt Lancaster）和马龙·白兰度（Marlon Brando）进行诠释的后续版本］；甚至是在一颗遥远的星球上［如在 1956 年的《禁忌星球》（*Forbidden Planet*）中，一个科学家把自己禁锢在牛郎星 –4（Altair–4）上研究超级智能的秘密］。这些物质场所的特点是它们与外部世界的界限，栖息于此的科学家的特点是他们希望与社会保持距离。

这种因未知的原因而简化的表征随着时间的推移而不断演化。科学发展和社会认知如何在屏幕上互动的一个早期例子就是弗列兹·朗（Fritz Lang）在 1927 年执导的幻想电影《大都会》（*Metropolis*）。洛宏（Rotwang）这个早期的且非常有影响的“疯狂科学家”［他在很大程度上受到斯坦利·库布里克（Stanley Kubrick）1964 年的作品《奇爱博士》（*Dr. Strangelove*）的鼓舞，共享了很多细节，如戴黑手套的手］象征着科学和权力之间的复杂关系。洛宏被一个大型工厂的所有者雇用了。他首先制作了一个机器人以镇压工人的暴乱，然后在为一个多愁善感的竞争者复仇的计划中又让这个怪物对准了工厂的所有者。

第一部直接考察科学与社会关系的电影是《白衣人》（*The Man in the White Suit*）。自学成才的化学家希尼·斯特拉顿（Sidney Stratton）［由亚利克·基尼斯（Alec Guinness）饰演］窃取了他作为清洁工使用的化学工厂的设备。他最终成功地研发出了坚不可摧且自清洁的纤维。他的发明没有如他所愿那样引发人们的热情，相反却招致了担心和恐惧。一个由纺织工人和纺织行业所有者建立的联盟试图阻止他研发将改变市场并导致很多人失业或者金钱损失的产品。在影片高潮阶段，唯一一个能够阻止他的人是一个质问科学家为什么不能“让事情顺其自然”的年迈的洗衣女工，她想知道一旦衣服不再需要清洗了，“洗衣服的工作”会变成怎样。尽管是作为一个有趣的喜剧，但是这部影片在其最核心的情节中把科学家和其他社会部门之间的互动设置为会影响新的发现或者会被新的发现所影响。

在大卫·柯南伯格（David Cronenberg）1986 年执导的电影《变蝇人》（*The Fly*）［对 1958 年库尔特·纽曼（Kurt Neumann）执导的邪恶电影的翻拍］中，实现了物体和生物时空传送的物理学家赛斯·布朗多（Seth Brundle）［由杰夫·高布伦（Jeff Goldblum）饰演］被描述为一个局外人，他生活在一个只有物理组成的独立世界里。然而，该故事也强有力地基于他与一个记者之间的争议性关系。希望其工作不被打扰但同时又意识到需要与全社会保持双向关系的科学的斗争是该影片的一个重要的情节副线。

科学知识的产品及其扩散传播之间的问题也在霍华德·霍克斯（Howard Hawks）的喜剧《妙药春情》（*Monkey Business*）中有所考察，该影片的亮点是由加里·格兰特（Cary Grant）饰演的心不在焉但非常谨慎的化学家与一个公司领导之间几次让人捧腹的对话，该公司提出了对一种仍然有待于完成的科学发现开展具有冲击力的广告活动。

在2004年的生态灾难影片《后天》中，这种斗争消失了，因为处理与社会的关系成了科学研究工作的一个固有成分。第一个场景旨在介绍在社会中的科学舞台上所有的相关角色。杰克·霍尔（Jack Hall）[由丹尼斯·奎德（Dennis Quaid）饰演]教授于一次有关气候变化的国际会上在政界人士面前发言。在这场社会辩论中的所有角色都一一呈现：科学共同体、石油生产商、第三世界国家、认为经济优先于环境的美国副总统、会场外的抗议者，以及报道这个事件的媒体。科学和社会之间的界限完全消失了。这在像《千钧一发》(*Gattaca*)这样的电影中体现得更明显：在一个所有东西都经过科学规划的世界中，包括爱情和出生，科学就是社会。

撰 稿 人：Matteo Merzagora

另请参阅：Narrative in Science Communication；Popular Science，Overview；Public Understanding of Science；Role Models in Science；Visual Images in Science Communication

参考文献

[1] CRICHTON M. Ritual abuse，hot air，and missed opportunities [J]. Science，1999，283 (5407)：1461-1463.

[2] FRAYLING C. Mad，bad and dangerous? The scientist and the cinema [M]. London：Reaktion Books，2005.

[3] HUPPAUF B，WEINGART P. (Ed.). Science images and popular images of the sciences [M]. New York：Routledge，2007.

[4] KIRBY D A. Cinematic science [M]//M BUCCHI，B TRENCH (Eds.). Handbook of public communication of science and technology. New York：Routledge，2008：41-56.

[5] MARTINET A. (Ed.). Le cin é ma et la science [Science and cinema] [M]. Paris：CNRS Edition，1994.

[6] MERZAGORA M. Scienza da vedere. L'immaginario scientifico sul grande e sul piccolo schermo [Watching science：The scientific imaginary on movie and TV screens] [M]. Milan，Italy：Sironi editore，2006.

[7] PERKOWITZ S. Hollywood science [M]. New York：Columbia University Press，2007.

[8] WOOD A. Technoscience in contemporary American film：Beyond science fiction [M]. Vancouver，BC，Canada：University of British Columbia Press，2002.

Science in Virtual Worlds 虚拟世界中的科学

早在互联网存在之前，斯坦福大学（Stanford）、麻省理工学院（Massachusetts Institute of Technology，MIT）和英国埃塞克斯大学（Essex University）的计算机科学家就利用虚拟世界在互联网的前身阿帕网（ARPANET，Advanced Research Projects Agency Network）上进行交流。20世纪70年代末期，这些早期的虚拟世界完全是以文本为基础的，在功能上还很原始，并且只有一小部分有特权的人才能使用。如今，任何一个有计算机和标准互联网连接的人都可以访问虚拟世界。虚拟世界拥有推动全球科学传播、合作与教学的图形能力和功能能力。

实际上，众多高中教师、大学教授、科学家和公共知识分子现在都利用三维虚拟世界来传播他们所研究学科的原理。当被要求描述他们使用虚拟世界的经历时，很多专业人士认为虚拟世界环境并没有什么了不起的，如《第二人生》（*Second Life*），并且虚拟世界是未来的潮流。简而言之，现在科学共同体中的很多人认为虚拟世界将会成为21世纪全球科学传播和教学的重要工具之一。如今的科学传播者需要理解当代虚拟世界到底是什么，个人如何进入虚拟世界，如何在虚拟世界交流，以及在这些令人着迷且日新月异的网络世界的发展中艺术和科学将会发挥什么作用。

虚拟世界的界定

现代虚拟世界是可以通过万维网（World Wide Web）进行访问的大规模的模拟环境。一般来说，虚拟世界可以分为两个截然不同的群体："游戏"虚拟世界和"社交"虚拟世界。这两个虚拟世界是通过它们的总体目标来区分的：第一个类型主要用于打游戏，第二个类型几乎完全是为了交流。

游戏虚拟世界，又被称为大型多人在线游戏和大型多人在线角色扮演游戏，包括《魔兽世界》（*World of Warcraft*）、《无尽的任务在线冒险》（*Ever Quest Online Adventures*）和《模拟人生在线》（*The Sims Online*）等。由于具有庞大而复杂的现象环境，游戏虚拟世界成为大多数社会科学研究本身的一个焦点。然而因为它们的主要目的是为了游戏，而不是交流，游戏世界通常不用于广泛的科学话语。为了了解虚拟世界是如何被用来传播科学的，我们必须转向社交虚拟世界。

到目前为止，社交虚拟世界包括的在线环境有在那里（*There*）、赛我网（*Cyworld*）和《第二人生》。社交虚拟网络缺乏传统游戏或视频游戏的基本属性：它没有得分点，没有需要完成的目标或任务，没有需要遵守的规则，也没有总体的游戏叙事。相反，设立《第二人生》这样的社交虚拟网络的真正目的是让用户像在现实生活中存在一样存在于虚拟网络中。也就是说，用户通过虚拟世界网站下载一个软件，从程序"进入"社交虚拟世界。然后，每个用户都创建一个小型的、三维的角色，或者说"用户头像"，这代表他（她）在虚拟环境中的"实体"呈现。

利用鼠标和键盘上的方向键，社交虚拟世界的用户就可以指导他（她）的头像来制作虚拟物品，和其他用户控制的头像进行社交，并执行非结构化的互动，比如独立地探索三维环境。在这方面，三维环境可能含有现实生活中存在的任何东西：虚拟的道路、城市、树木、岛屿、河流、山谷、汽车等。所有这些虚拟物品在像《第二人生》这样的虚拟世界中是很常见的，并且通过虚拟头像对虚拟环境的简单探索就可以轻易地遇到这些东西。

虚拟头像的界定

从本质上来说，用户头像是用户创造出来以浏览虚拟环境的一个三维角色。用户头像可以拥有男性、女性或变性的美学特征。他们的头发、皮肤、眼睛颜色、衣着，甚至身高和体重都可以更改和操纵以满足每个用户的具体要求。当然，某个用户的头像不是必须在形式上是人形的。实际上，一些虚拟世界的用户创造了动物性的角色来代表他们在虚拟世界的形象（如猫、狗，甚至是神秘生物）。

不管个人的头像看起来像什么（动物性的或人形的），每个头像都以同样的方式充当了虚拟世界中用户代理的“具体化”延伸。用户控制着他（她）的头像，让它跳跃、眨眼、挠头、制作、运输、布置虚拟物体、跳舞、伸展身体，以及接近其他头像，以便他们交流或“聊天”，跟现实生活中的人基本一样。通过这种方式，第二人生和其他社交虚拟世界能够充当在线科学话语的一种手段，因为用户可以从“看到”彼此的能力中直接受益，并能够读到彼此的“身体”语言，以及操控三维物体——从虚拟的盖格计数器到虚拟的有机分子。当同以前所有形式的在线传播，包括即时消息、社交网络、博客和聊天室进行比较时，显然虚拟世界的“具体化”层面是一种完全独特的现象。这也是很多个体认为对未来基于网络的科学传播大有裨益的虚拟世界的一个方面。

《第二人生》中的传播

《第二人生》是当代原型化的虚拟世界。以前没有任何的虚拟世界，能像《第二人生》这样大规模交流。自《第二人生》2003 年面世以来，来自全球的数百万用户登录并且指挥着他们的头像进入《第二人生》环境中的三维场所。一旦进入当地区域，用户就可以输入信息或者语音进行聊天。他们可以在虚拟世界中创作数字艺术和音乐，或者导入他们在现实世界中制作的艺术和音乐来同其他人分享。自从《第二人生》有了经济运行和虚拟货币之后，用户还可以制作用现实世界中的货币进行购买和销售的任意数量的三维虚拟物品，比如虚拟汽车或房屋，这种货币被称为林登元（*Linden Dollars*）。

实际上，只需简单地利用贝宝（PayPal）账户，任何《第二人生》用户都可以将真正的货币兑换成林登元，然后用林登元在《第二人生》中购买和销售虚拟物品。虽然这不是进入《第二人生》世界的强制性条件（在撰写本文时，所有的《第二人生》用户账户都是完全免费的），但是值得注意的是少数《第二人生》用户已经通过销售虚拟物品，如虚拟服装、虚拟土地和虚拟公寓，赚了相当数量的真金白银，据说多的已有几百万美元。对于商业教育者，企业家和私人投资者来说,《第二人生》虚拟环境的这种特殊方面代表着不为人知的机遇。

这也是为什么在 2006 年年初一系列现实世界中的商业公司参与《第二人生》的原因。耐克（Nike）、旁蒂克（Pontiac）、美国服饰（American Apparel）、喜达屋酒店集团（Starwood Hotels）和戴尔电脑（Dell Computers），这些都是选择在《第二人生》虚拟环境中给自己的品牌打广告的现实世界的公司。其他一些现实世界中的公司，如可口可乐（Coca Cola）、百事（PepsiCo）和丰田（Toyota），试图完全在《第二人生》以电脑为中介的疆域内对它们产品的虚拟版进行营销，已经取得了不同程度的成功。然而，不仅有营利性机构在《第二人生》中建立自己的形象，很多非营利性的教育团体也进入了虚拟领域中。

《第二人生》中的教育和科学

《第二人生》已经成为一系列全国科学拓展项目的家园，包括国家航空航天局（National Aeronautics and Space Administration，NASA）、美国海洋及大气管理局（National Oceanic and Atmospheric Administration，NOAA），以及国家医学图书馆（National Library of Medicine）的项目。最近一段时间以来，一些大学也选择进入《第二人生》。大学正式地（作为整个机构）或者非正式地（以院系为基础）进行了这项工作。虽然有多少大学目前参与了《第二人生》还没有确切的数字，但是在 2008 年大约有 400 所美国和全球大学［包括哈佛（Harvard），麻省理工学院和俄亥俄大学（University of Ohio）］在《第二人生》中建立了自己的某种形象。

为了“建立一种形象”，很多大学选择在《第二人生》是中购买虚拟土地，甚至是它们自己的虚拟岛屿，然后在这些虚拟土地上建立真实校园的模型。一旦它们的《第二人生》校园建立起来，很多大学则在虚拟环境中提供了可授予学分的课程——化学、物理学、室内设计、时装设计、地质学、音乐、艺术、戏剧、生物学、新闻学和法律，以及很多其他学科的课程。

为了教授虚拟课程，大学教授通常和他们的学生一起建立头像，然后像他们在现实生活中一样开设模拟课堂。学生被要求在预定的时间立刻“传输”他们的头像到模拟的《第二人生》大学校园的某个特定建筑物内。在达到指定地点后，学生会指示自己的头像就座于有时候看起来像是传统报告厅的地方。然后，学生可以收看和收听他们教授的虚拟头像在讲授课程，通常是在他们现实生活中舒适的家里。

另外，很多利用《第二人生》来试图丰富他们课程的教师通过把《第二人生》中三维模拟空间变成巨大的体验式学习环境而影响了这种三维模拟空间。这些教育者为学生建构了探索和学习的大型三维环境，而不是简单地在《第二人生》中再造已有的校园设施的模拟版。同传统课堂中初选的“被动式”学习相反，这种体验式的三维环境为学生提供了以完全交互式的形式进行学习的机会。

《第二人生》中的科学传播项目

2007 年，堪萨斯州立大学（Kansas State University）的地质学助理教授艾丽斯·托腾（Iris Totten）获得了一笔来自马里昂·考夫曼基金会（Marion Kauffman foundation）的资助，建立和实施一个名为地质世界（GeoWorlds）的体验式《第二人生》学习环境。在地质世界中，学生通过利用自己的头像在模拟的史前地带里游历来学习地球科学的各种知识。通过点击各种植物、动物和地质构造，带有选中物体说明的文本框就会出现在学生的屏幕上。学生还可以指导自己的头像在这种环境中观看教学视频，或者执行那些进一步加深他们对主题理解的任务，比如拾荒式搜索。据托腾称，这个项目提供给学生（通常会通过标准的讲座和阅读材料来学习地球科学）的交互性水平似乎是非常可取的。

与此类似，丹佛大学（University of Denver）的环境材料实验室（Environmental Materials Laboratory）物理学家兼主任罗伯特·阿梅（Robert Amme）利用《第二人生》来加强环境管理和核废料管理的远程教育课程。虽然阿梅并不打算用完全的以《第二人生》为基础的课程来取代全部的传统课堂，但是他认为这种与学生互动水平的提高，接触有毒核物质的个人健康风险水平的降低，以及“动手的”学习体验是远程教学的益处。除其他活动之外，阿梅的学生还利用《第二人生》来学习如何处理虚拟的核废料，如何利用虚拟的盖革计数器和便携的伽马射线探测仪，以及如何排查模拟的核事故。

德克雷尔大学（Drexel University）化学助理教授让－克劳德·布拉德利（Jean-Claude Bradley）是另一个利用《第二人生》来补充其课程的科学教师。布拉德利利用《第二人生》来教授有机化学中的基本概念。具体来说，选择参与布拉德利博士《第二人生》学习活动的学生能制造并模拟一个三维有机分子模型的内部运作机制。通过这种方式，学生可以通过互联网来互动地学习化学（和其他学科），并且至少他们在现实生活中开展同样任务有某种程度的物理“涉身性”。对于远程教育来说，很多人担心这会让很多学生感到他们同老师和同学比较疏远，《第二人生》提供了一种全新的在线传播备选方案。

结　论

被称为《第二人生》的在形象上和功能上复杂的虚拟世界的出现标志着虚拟世界技术的历史进入了一个新的篇章。虽然这个特殊的虚拟世界的未来还不清晰，但是作为整体的虚拟世界几乎必然地将继续繁荣。

来自国际商业机器公司（IBM）的专家推测《第二人生》，或者相似的东西，将会是三维互联网浏览器的下一种类型。因而，我们就不用输入 www.amazon.com 并浏览亚马逊（Amazon）的网站了，相反，互联网用户将“远距离传输”他们的头像到亚马逊的虚拟商店中，和虚拟店员交流，并购买虚拟服装，这些购入的物品将被运送到用户真实世界的家里。

虽然虚拟世界的这种可能性仍然处于推测之中，但是虚拟世界在用户可访问性和图形的复杂性方面仍将继续发展，从而使得它越来越成为商业、教育、科学、艺术和交流的可行工具。

撰稿人：Chance York

另请参阅：Online Media and the Sciences; Visual Images in Science Communication

参考文献

[1] BARTLE R A. Designing virtual worlds [M]. Berkeley, CA: New Riders, 2004.

[2] BOELLSTORFF T. Coming of age in Second Life: An anthropologist explores the virtually human [M]. Princeton, NJ: Princeton University Press, 2008.

[3] GUEST T. Second lives: A journey through virtual worlds [M]. New York: Random House, 2007.

Science Literacy 科学素养

为了理解“科学素养”的含义，首先要思考“素养”的更广泛的含义。有两种方式可以对素养进行概念化的界定：一种是素养意味着“学识”。具有素养的人就是那些受过良好教育并且对艺术、文学、政治，也许还包括科学具有广泛的知识和意识的人。另一种是更具体，具备素养意味着可以阅读和书写。在这个范围内，素养与科学，以及公众具有关联性，科学素养涉及公民对科学阅读、理解和表达观点的能力。有时候，科学素养也和“公众理解科学”

这个术语互用，一个更有用的界定可能是“非专家理解科学事物”。

哲学家和教育家约翰·杜威（John Dewey）在20世纪30年代认为公民可以很好地接受他所认为的科学态度的特点，包括开阔的心智、智力的一致性、观察，以及对观念进行测试的意愿。这里的建议表明公民应该能够在他们处理社会议题、政治，以及公共事务的方面运用其科学思维。这关系到我们现在所说的科学素养，它以更狭窄的方式反映了有关公民能力，以及民主政治的更一般化的辩论。

西方式民主国家（当然不同民族国家有不同的民主形式）中的大多数人对政治知之甚少，并且很多人根本不关心政治。这种情形对于科学知识可能也是一样的。民主政治要求公民通过投票或者对其他更直接的政治行动形式的参与来表达自己的喜好，无论是出于利己还是利他的目的。逐渐地，公民被期盼着能够对有关科学的政治重要性和社会重要性的议题形成一定的观点。比如，全球选民都面临的重要政治议题之一就是气候变化，以及如何应对。为了做出我们“应该”对气候变化采取什么行动这个最理智的决定，选民应该对科学有充分的了解以领会采取行动（或者不采取行动）的替代路径，以及与个人和集体价值观相关的每种行动的相对优势。这是为什么科学素养对公民来说是值得获取的东西的主要规范性理由。简单地说，所知不多的公民可能会做出失误的决定——在某种意义上说他们不能把自己的最佳利益与恰当的科学政策选择关联起来。

一个规范的科学素养概念欢迎争议和利益冲突。对民心的竞争发生在不同的利益相关者之间，而科学素养的用法在不同群体中也是不同的。第一个利益群体是科学教育共同体，涉及内容、效果、科学教育的改革。

第二个和第三个利益群体由社会科学家、公共舆论研究人员和科学社会学家组成。这些行动者希望理解素养、态度和行为之间的关联，是什么决定了人们对科学和技术的支持和反对程度，科学权威是如何建立的，以及在理解科学是被如何认识的方面什么样的社会情境是重要的。

第四个利益群体由“非正规的”科学教育者或者说科学传播者组成。在这个群体名单中，也许还要加入新的一类人，即公众参与专家和公众参与咨询人员，或者是马丁·鲍尔（Martin Bauer）和他同事所谓的“天使”，他们斡旋的空间“并不是天地之间”，而是在对科学不再抱有希望的公众和那些涉及科学、工业和政策的不同机构之间。科学素养为这些利益群体对科学和社会之间关系的愿景进行竞争提供了基础。科学教育者把具有科学素养的年轻人群体看作是科学自身进步所需要的必要因素。有些社会科学家希望理解素养如何影响对科学的态度和信任，而其他人则希望解构科学素养这个理念。科学传播者可能把科学素养看作是对媒体信息的接受而产生影响的一些东西。另外，“天使”希望用参与和双向的对话来替代科学素养，因为科学进步本身是由公众所具有的知识和信任所驱使的。

实证的可操作性

在第二次世界大战以前，研究人员就开始为“科学态度”设计实证性的指标，测试题目来自起初用于在教育环境中对在校学生进行的评估，但是直到20世纪50—60年代美国才更加具体地关心公众的科学素养水平，部分是对于“空间竞争”紧迫性的一种反应。具有文化且对科学持赞成态度的公民被认为是为美国提供人力资本的必要因素，同时也是使美国领先苏联所必须具有的积极公众情绪的要素。试图衡量美国公众科学素养的第一次全国调查于1957年开展。从那时开始，北美、欧洲以及其他地区开展的常规调查被用来评估各国成人的科学素养水平。

在这项实证工作中，科学素养的概念融合了三个主要的维度。乔恩·D. 米勒（Jon D. Miller）是科学素养调查发展中的一个关键人物，他首先认为公民需要理解科学过程和方法、控制实验的逻辑、测量法、可能性等。其次是理解科学相关的讨论和辩论，公民需要对基本的科学知识（如原子、细胞、重力和辐射）有所了解。最后是公民需要对科学政策议题有所了解并掌握一定的知识。这意味着人们应该意识到执行特定政策行为时潜在风险和收益的分布，如核裂变发电与化石燃料发电。对这三个要素中每一个的实证方法都被开发出来，并且有些经常出现在调查中，虽然对科学政策知识的调查通常要比前两部分少很多。

对科学方法的理解通常是通过让被访者用自己的话阐述"科学地研究某些事情"意味着什么的方式来进行衡量的。一般来说，受访者的回答被逐字地编码以便于区分那些理解了什么是控制实验、假设验证的人和那些对此模糊不清的人。同时也采用封闭式问题。近期美国国家科学基金会（U.S. National Science Foundation）利用一系列指称治疗方法的图片来对受访者进行测试，他们需要从一系列选择中推导出实验的目的。对基本科学建构理解的测量是通过直接地询问受访者对某些科学术语理解多少的方式来进行的，比如 DNA、分子和辐射。

从 20 世纪 80 年代末期开始，研究人员试图在是非选择题的形式中利用客观的方法来记录受访者对一系列科学知识的理解。其中有一些题目较简单。比如，一个现象就是将近一半的美国人可以正确地说出地球绕着太阳每年公转一圈。西欧国家调查也得到了类似的结果。结合这些针对科学素养的各种测试方法，我们可以发现只有约 1/4 的美国人有足够的素养可以阅读、跟踪典型科学新闻媒体的专题报道，以及对这些报道形成理智的观点，比如《纽约时报》（*New York Times*）的"周二科学版"（Science Tuesday）。

科学素养和社会冲突

公众有时候被认为缺乏那些让他们充分参与现代民主的科学理解。然而，对于科学素养缺乏的原因和后果的争论往往过于强烈。所谓的公众理解科学的缺失模型认为公众对科学缺乏理解实际上起源于对新兴科学和技术本质的社会冲突。比如，对核电站和转基因食品的抵制被认为是对此缺乏了解和非理性的恐惧。简单地说，消极的公众情绪被认为是由于忽视而引发的。对这种看法也有一些实证性的证据予以支持。在对科学的积极态度和更高的科学素养之间存在着虽小却持续的相关性。然而，社会科学家一般不认为素养是决定科学态度的关键因素。公众的知识和态度是相关的，但是似乎它们互动的方式更加复杂，并且和其他情境性因素有关，如科学议题的体制性嵌入，和特定个体的相关性，公民和科学家间信任的程度和共享价值的程度，或者对特定科学发展的或应用的支持。

布赖恩·温（Brian Wynne）认为"科学的肢体语言"是有关科学的社会冲突的问题，而未必是科学本身的问题。与这个观点一致，一大批实证性的工作（大部分都是定性）聚焦于不同的知识形式。可以把标准的科学理解进行情境化的本土实践性知识被认为在人们对科学和技术发展如何形成自己的观点方面是重要的。比如，业余鸟类学家有关鸟类的本土知识可能在设计新的路线图过程中对一般的科学专业知识形成挑战。

科学素养为何重要

毫无疑问，科学素养作为正规教育的一个方面具有重要的作用。接受过科学训练的年轻人对于整个国家的经济发展来说是重要的。但是科学素养让普通公众在公共领域内了解科学的作用受到了利用低信息理性主张的舆论形成的新理论的质疑，无论这种知识是被界定为“教科书的”知识还是本土的、情境的，或者制度性的知识。从这个角度看，信息和知识并不总是非常相关的，特别是对某一部分公众来说。低信息理性把人们是认知的“吝啬鬼”当作铁律。理性行为的过程是对决策成本的最小化，而且只需要使用最低层次的必要信息（面对人们时间和资源上多种需求的竞争）。

某些替代性提示可以充当取代需要更多努力的认知投入的捷径，如果这些替代性提示存在的话，则理性的公民将会采取这个策略。比如，人们在做出独立判断的时候可能会引用某大学里科学家有关合成生物学潜在危害的陈述，而不是投入一定的资源来获取充分的信息和理解。此外，人们会根据感性的倾向来选择那些他们认为相关的信号和提示，比如宗教和政治价值或者社会价值。如果这个解释是正确的，不断地提升不同公众科学素养总体水平对民主决策质量的影响将没有预期的大。

这种舆论形成的描述是素养准绳和态度之间观测到的相关性普遍较低的一种解释。还有其他一些解释：其中一个是科学的知识未必会让公民预先倾向于对科学持一种特定的规范性看法，相反会导致更具有抵制性的、更完善的观点；另一个是科学素养和其他个体特征、态度和信仰相互作用，比如政治立场和信任。就知识和对特定科学政策的支持之间简单相关性的评估会把这个程序背后的复杂网络掩盖。

另一个解释是“在线更新”假设。这种假设认为，人们利用最新获取的信息持续地更新自己的态度和观点，但是这些信息不会持续很久。因而，结果就是发现科学知识和对科学的态度之间的低相关性，因为知识准绳并没有抓住促使人们产生态度的真正信息。

尽管在科学素养的本质和重要性上存在着不确定性，甚至可能是因为这种不确定性，科学素养这个概念仍然处于科学传播研究和一般社会科学研究的中心。对于科学教育者来说，理解科学素养的成因和后果也会变得更加重要，因为科学在促进经济和社会变革中承担了越来越重要的作用。

撰 稿 人：Nick Allum

另请参阅：Audiences for Science；Deficit Model；Health Literacy；Popular Science and Formal Education；Technological Literacy

参考文献

[1] ALLUM N，STURGIS P，TABOURAZI D，et al. Science knowledge and attitudes across cultures：A meta-analysis [J]. Public Understanding of Science，2008，17（1）：35–54.

[2] BAUER M，ALLUM N，MILLER S. What can we learn from 25-years of PUS research? Liberating and expanding the agenda [J]. Public Understanding of Science，2007，16（1）：79–95.

[3] DEWEY J. The supreme intellectual obligation [J]. Science Education，1934，18：1–4.

[4] HOFF A G. A test for scientific attitude [J]. School Science and Mathematics，1936，36：763–770.

[5] House of Lords Select Committee on Science and Technology.Science and society；Third Report of the Session 1999–2000 [M]. London：Author，2000.

[6] IRWIN A，WYNNE B.Misunderstanding science? The public reconstruction of science and technology [M]. Cambridge，UK：Cambridge University Press，1996.

[7] MILLER J D. Science literacy：A conceptual and empirical review [J]. Daedalus，1983，11：29–48.

[8] MILLER J D. Public understanding of, and attitudes toward, scientific research: What we know and what we need to know [J]. Public Understanding of Science, 2004, 13 (3): 273–294.

[9] National Science Board. Science and Engineering Indicators—2008 [M]. Arlington, VA: National Science Foundation, 2008.

[10] VISSER P S, HOLBROOK A L, KROSNICK J A. Knowledge and attitudes [M]//W DONSBACH, M W TRAUGOTT (Eds.). Handbook of public opinion research. Thousand Oaks, CA: Sage, 2008: 127–140.

[11] WYNNE B. Knowledges in context. Science, Technology and Human Values, 1991, 16 (1): 111–121.

[12] ZIMAN J. Public understanding of science [J]. Science, Technology and Human Values, 1991, 16: 99–105.

Science magazines 科学杂志

科学杂志也被称为大众科学杂志，它是致力于详细报道当前科学和技术进展，以及科学和社会议题的大量发行的出版物。科学杂志的读者大多是由专业的研究人员和对科技感兴趣的非专业人员组成的。杂志内容主要包括着眼于科学的报道、封面文章、采访、信件、评论、照片、专栏、评论性文章，这些内容通常是主流新闻媒体的原始资料。全球著名的科学杂志包括《科学美国人》(*Scientific American*)、《新科学家》(*New Scientist*) 和《连线》(*Wired*) 等。

科学杂志通常是支持科学事业的。科学社会学家认为这些出版物是他们所谓的科学传播的主导或者翻译模式的一部分，或者说是“权威阐述”的一部分，因为由科学家生产出的可信赖的知识会通过杂志转译给非专业人士。科学普及被认为是科学研究结束后开始的工作。

作为翻译模式的一部分，科学杂志传统上服务于科学的制度性目标。这些出版物强调科学探索有关自然的可靠知识的能力，强调其找到解决人性问题的功利主义方法的潜能，并且提升其作为一项需要政治和公众支持的事业的地位。有人批判说科学杂志的内容旨在用新发现、发明和所谓的突破来取悦读者，而非对科学政策或者科学研究的社会启示进行批判性评估。

对翻译模式的批判认为科学杂志是科学传播这个连续体的一部分，并且知识生产的原始形式是以不同的受众为目标的。科学杂志会影响正规的科学过程，因为研究人员通过阅读杂志来了解他们专业领域之外的进展。这种通俗的理解会融入正在进行的研究工作中。因而，对于科普结束于哪里，而科学开端于哪里的问题并不清晰。

欧洲和美国的出版史

在过去的两个世纪里，科学杂志在欧洲和

美国发挥了不同的作用。由于19世纪后半叶大众传媒和科学专业化的出现，科学杂志开始在伦敦和巴黎繁荣起来。苏珊·希茨－佩因森（Susan Sheets-Pyenson）描述了出版商、社会改革者，以及志愿团体如何创造了廉价的科学杂志来传播那些富有且悠闲的社会精英阶层用来改善他们生活质量的科学知识。科学杂志还通过给读者提供激进的政治文学的替代品来增加社会的稳定性。

然而，英语期刊并不是单独地反映了同时代学院科学或者高等科学的关切。它们促进了包罗万象的业余科学，因而通过建立科学调查的规则，并通过倡导任何人都可以开展的归纳主义的实验性科学来培养一种“低等”的科学文化。

英语杂志被分为一般科学出版物、自然历史出版物和机械出版物。这些杂志包括《大众技工》（*Penny Mechanic*）、《知识观察员》（*Intellectual Observer*）、《科学杂志》（*Magazine of Science*）、《大众科学评论》（*Popular Science Review*）和《大众科学杂志》（*Magazine of Popular Science*）。19世纪60年代后，科学变得更加专业化，虽然它们还持续关注业余科学，但科学期刊越来越聚焦于高等科学以及专业研究人员。20世纪初，英语出版物包括《知识》（*Knowledge*）、《征服》（*Conquest*）和《扶手椅科学》（*Armchair Science*）。《发现》（*Discover*）杂志出版于1920年并由C.P. 斯诺（C.P.Snow）担任主编，它强调的是科学在鼓励知识分子和道德发展方面的潜能。

法语期刊并不提倡业余科学，相反它们报道的是专业学院科学方面的工作。早期的杂志向读者提供实践性话题的有用知识，包括农业、园艺和卫生学。这种类型的出版物的一个例子就是《常识杂志》（法语为 *Journal des connaissances usuelles*，英语为 *Journal of common knowledge*），它一度拥有13.2万名订户。1852年之后，一种新形式的期刊开始取代有用的知识刊物，这种期刊聚焦于传播专业化学院科学的工作。法语中的术语“vulgarisation”（类似于英语中的 popularization）被用来描述向普通公众翻译专业的科学知识。随着法国社会城镇化和工业化的不断提高，像《科学之友》（法语为 *L'Ami des science*，英语为 *The friend of science*）和《所有人的科学》（法语为 *La Science pour tous*，英语为 *Science for all*）这样的出版物强调科学的功利性应用。

在美国，19世纪中期到20世纪初期，科学杂志成为传播新兴的科学文化形象的主要渠道。这些杂志把由业余爱好者和资深研究人员组成的新兴科学共同体作为主要目标，它们把科学置于美国文化之中。马修·惠伦（Matthew Whalen）和玛丽·托宾（Mary Tobin）认为，有些杂志强调了科学和美国文明之间的共同特点：自我修养、自我教育、道德进步和知识的实际应用。

《科学美国人》是于1845年发行的一份周报，它的副标题是《工业和事业的促进，机械和其他进展的期刊》（*The Advocate of Industry and Enterprise, and Journal of Mechanical and Other Improvements*）。在1850年，该杂志成立了第一个美国专利代理（U.S. Patent Agency）分部并向发明者提供建议。类似的是，《大众科学月刊》（*Popular Science Monthly*）成立于1872年，其目标在于公众教育，其第一期登载了英国哲学家赫伯特·斯宾塞（Herbert Spencer）的一篇文章，他呼吁科学家应该学习一些社会学知识。这个杂志传统上的竞争对手是《大众机械》（*Popular Mechanics*），该杂志是于1902年创立的一本月刊，它关注技术和工程，旨在提升读者的技术能力。这些杂志的目标是在着眼于商业的同时对读者进行教育。在19世纪和20世纪的世纪之交，随着科学变得更加有组织性，这些出版物也开始趋向于专业化。

在第二次世界大战之后，美国的领导人强

调需要大众的科学理解以协助工业的进展，商业出版商看到了科学杂志领域中的商机。在1935年，麦格劳－希尔（McGraw-Hill）出版了《科学画报》（*Science Illustrated*）这本以大众为目标读者的时尚月刊，它也是《大众科学》月刊的一个竞争者，但是三年后它变成了折页的形式，主要原因是广告的缺乏。商业上成功的杂志以科技精英为目标受众，如《科学美国人》。

近期历史和当代的发展

在19世纪70年代晚期和80年代早期，美国科学杂志行业迅速扩张。新出现了三本杂志：《探索》《奥秘》（*Omni*），以及由美国科学促进会出版的《科学80》（*Science 80*），这本杂志会根据出版年份逐年更改其名称，如《科学81》（*Science 81*）、《科学82》（*Science 82*）等。这些杂志利用吸引人的图片和戏剧性的陈述来吸引读者和广告，其目标受众范围要比《科学美国人》更广。

此时此刻，其他的科学杂志也在出售。《科学文摘》（*Science Digest*）是于1937年创刊的一本月刊，并从1959年开始被赫斯特公司（Hearst Corporation）收购。《科学新闻》（*Science News*）由科学服务社（Science Service）于1922年首次出版。科学服务社是致力于传播科学领域可靠信息的科学新闻联合服务机构。《科学新闻》以科学专业人员和对科学感兴趣的普通读者为对象，是由科学和公众学会（Society for Science & the Public）出版的双周刊。科学和公众学会是一个致力于公众参与科学的非营利组织。

然而，到20世纪80年代中期，这些有竞争力的科学杂志在经济上陷入了困境。广告收益的下滑是导致《科学86》（*Science 86*）和《科学文摘》停业的主要原因。这两本杂志把其订阅者的名单卖给了《探索》杂志。在90年代初，美国的科学杂志的发行量不足100万份。在1995年，《奥秘》出版了其最后一期印刷版，而那时它的发行量超过70万。由阁楼出版社（Penthouse Publications）出版的结合了大众科学和科幻小说的杂志通常刊载伪科学和超自然话题的另类故事。它因其科幻部门而闻名，其作者包括威廉·吉布森（William Gibson）、斯蒂芬·金（Stephen King）、艾萨克·阿西莫夫（Isaac Asimov）、威廉·巴勒斯（William Burroughs）和乔伊斯·卡罗尔·奥茨（Joyce Carol Oates）。在1998年以前，《奥秘》继续完全在网络上进行出版。但是仍然有一些科学杂志保持下来。下面列出的这些杂志都是仍在出版业领先的当代科学杂志。

《科学美国人》

每月出版的《科学美国人》是美国科学杂志中学术性和技术性的代表。它的受众是技术科学精英和对创新感兴趣的受过教育的普通读者。它的大部分文章都是由承担在文章中描述的科研工作的研究人员撰写的。在该杂志中刊登被认为是科学地位的一种标志。

该杂志由发明家鲁弗斯·波特（Rufus Porter）创立，于1846年卖给了艾尔弗雷德·伊利·比奇（Alfred Ely Beach）和奥森·德赛·穆恩（Orson Desaix Munn）。该杂志由穆恩家族通过穆恩公司（Munn & Company）拥有并出版了近一个世纪。该杂志于1948年被卖给了杰拉德·皮尔（Gerard Piel）、丹尼斯·弗拉纳根（Dennis Flanagan）[他们二人都是《生活》（*Life*）杂志的前任编辑]和唐纳德·米勒（Donald Miller）。这几个新的老板设立了这本当代杂志的愿景，相信一旦科学的技术成就以容易理解的方式呈现给科学精英和知识精英，科学的社会重要性就会变得很明显。布鲁斯·列文斯坦（Bruce Lewenstein）认为这本杂志把科学观作为世界的救世主。

编辑了这本杂志的弗拉纳根认为，科学是科学家做的东西，而不是非科学家认为研究人员应该做的东西。在撰写文章的时候，编辑和科学家组成团队，大约有 120 位诺贝尔奖（Nobel Prize）得主为该杂志撰写过文章，包括阿尔伯特·爱因斯坦（Albert Einstein）、弗朗西斯·克里克（Francis Crick）、乔纳斯·索尔克（Jonas Salk）和纳斯·鲍林（Linus Pauling）。

1986 年，该杂志被卖给了德国霍尔茨布林克出版集团（Verlagsgruppe Georg von Holtz-brinck）。它共有 15 个英语以外的版本：意大利版的名称是 *Le Scienze*，西班牙版的名称是 *Cien-cia*，法语版的名称是 *Pour la Science*，德语版的名称是 *Spektrum Der Wissenschaft*，发行量大概有 73.2 万份。它在 2001 年进行了重新设计，越来越强调对技术的报道。当前的专栏作家包括经济学家杰菲里·D.萨克斯（Jeffrey D. Sachs）和《怀疑论者》（*Skeptic Magazine*）杂志的创始人迈克尔·舍默（Michael Shermer）。

着眼于心理学的《科学美国人心智》（*Scien-tific American Mind*）每年出版六期，并且以特殊科学话题为单一主题的刊物每季出版一次。创立于 1996 年的《科学美国人》网站（Scientific American.com）每月有 200 多万用户，并且该网站上有新闻、博客、档案、播客、讨论和科学方面的职位信息。

《新科学家》

《新科学家》创立于 1956 年，这是一本向专业科学家和感兴趣的非专业人士报道国际科学和技术的英国周刊。该杂志的报道强调新兴科学同日常生活的相关性，以及社会文化的重要性。编辑称它为一本“观念杂志”，发表研究假说和完善的理论，并且通常发表有关推测性话题的技术性文章和哲学文章。它的社论针对当前的政治问题提供了一种科学的视角。

其第一篇社论发表于 1956 年 11 月 22 日，该文认为这份刊物旨在凸显科学的经济重要性，以便英国仍然成为一个全球的金融大国。在纪念《新科学家》50 周年的社论中，该杂志把其持久存在的秘诀归功于科学持续的影响和成功。该社论还认为读者只是简单地欣赏“理解自然的天赋”。

目前,《新科学家》最终被出版公司里德·爱思唯尔（Reed Elsevier）收购。它有英国版、美国版和澳大利亚版，并且还在拓展新的市场，包括印度的市场。它的发行量大概有 17 万份。2008 年,《每日电讯报》（*Daily Tele-graph*）的前科学编辑罗杰·海菲尔德（Roger Highfield）成为该杂志的第九任主编。当前的专栏作家包括哲学家 A. C. 格雷林（A. C. Gray-ling）和理论物理学家劳伦斯·克劳斯（Law-rence Krauss）。

《新科学家》杂志的网站（www.newscientist.com）创立于 1996 年，网站上有关于科学话题的博客和专题报道，目前每月有超过 210 万的用户。它在印刷版和网络版中还有一个发布科学相关职位广告的扩展版。该杂志中定论版的问题和答案汇编出版在《定论》（*The Last Word*）、《有什么东西吃黄蜂吗》（*Does Anything Eat Wasps?*）、《为什么企鹅的双脚不会冻住》（*Why Don't Penguins' Feet Freeze?*）、《如何封存你的仓鼠》（*How to Fossilise Your Hamster?*）、以及《北极熊会感到孤单吗》（*Do Polar Bears Get Lonely?*）中。

《连线》

《连线》于 1993 年创刊于旧金山，它起初是一本对技术进行报道的月刊。该杂志从经济和文化视角报道新兴的技术，在 20 世纪 90 年代促进了互联网的普及和推广。该杂志因其自由主义和自由市场意识形态而闻名，作为数字文化的先驱和技术精英的最爱，它获得了深受人崇拜的地位。

该杂志预示着发展网络文化的到来，并因而推动一个被互联网所解放的乌托邦式的全球民主社会。它认为其主要影响发生在加拿大媒介理论家马歇尔·麦克卢汉（Marshall McLuhan）身上。该杂志的作者包括作家威廉·吉布森（William Gibson）、迈克尔·克莱顿（Michael Crichton）、布鲁斯·斯特林（Bruce Sterling）、尼尔·斯蒂芬森（Neal Stephenson）和道格拉斯·卡布兰（Douglas Coupland）；专栏作家包括学者尼古拉斯·尼葛洛庞帝（Nicholas Negroponte）和劳伦斯·莱斯格（Lawrence Lessig）。自2001年开始，该杂志把它的关注点拓展到对技术如何影响文化、娱乐、政治和商业考察上。

现在，该杂志由康泰纳仕（Condé Nast）所有。该机构于1998年从其创始人路易斯·罗塞托（Louis Rosetto）和简·梅特卡夫（Jane Metcalfe），以及其他投资人那里收购了《连线》。它的发行量大概有70万份，并且将近有1100万的用户每月会访问该杂志于1997年开发的网站（www.wired.com）。英国版和意大利版于2009年上市。

《大众科学》和《大众机械》

《大众科学》起初名为《大众科学月刊》，目前它着眼于技术、创新和消费电子产品。传统上，它提供的信息鼓励了业余科学。《大众科学》的法人是邦尼公司（Bonnier Corporation），它在9个国家以5种语言发行，总发行量达到130万。它的网站（www.popsci.com）于1999年上线。

《大众科学》的竞争对手是《大众机械》，后者着眼于报道新技术和以消费者为中心的技术和工程的通俗解释。其发行量大约有120万。2005年，该杂志发表了一篇揭露几种“9·11”阴谋论的文章。和《大众科学》一样，该杂志的读者主要是男性。《大众机械》在20世纪50年代中期以后成为赫斯特公司的一部分。

《发现》

《发现》是一本美国的大众科学月刊，与《科学美国人》相比，它的目标读者是更一般的接受过教育的人，但是与《大众科学》和它以前的竞争对手《奥秘》相比,《发现》的内容更加注重以研究为导向。该杂志因出现在封面以及文中插图上的吸引人的照片和图片而闻名。在其文章中通常以一个科学家为特色，并且知名科学家也对该杂志的随笔有所贡献。

该杂志由时代公司（Time，Inc.）于1980年创办，但是后来又卖给了迪士尼公司（Walt Disney）。它现在的所有者是由小鲍伯·古乔内（Bob Guccione Jr.）担任首席执行官和出版人的发现媒体公司（Discover Media），该公司于1995年买入了《发现》杂志。该杂志在2006年进行了重新设计。目前发行量大约为87万。它的网站（discovermagazine.com）每月有120多万用户，并且设有一些与科学相关的博客。

其他英语的科学杂志包括由英国广播公司（British Broadcasting Corporation，BBC）出版的月刊《焦点》（*Focus*）和澳大利亚的《宇宙》（*Cosmos*）。法国的科学月刊包括于1913年开始发行的《科学与未来》（*Science et Avenir*）和《新发现》（*Science & Vie*），其发行量大约有33万。《非常有趣》（*Muy Interesante*）是一本著名的西班牙语杂志。

当代科学杂志现在面临着新的挑战，包括在全球范围内报纸和杂志销量的下降，以及从印刷媒体、广播媒体和网络媒体的融合中出现的新商业出版模式。

撰稿人：Declan Fahy

另请参阅：Newspaper Science Pages；Popular Science，Overview；Television Science

参考文献

[1] BARTON R.Just before Nature：The purposes of science and the purposes of popularisation in some English popular science journals of the 1860s [J]. Annals of Science，1998，55：1–33.

[2] BOWLER P J. Experts and publishers：Writing popular science in early twentieth-century Britain，writing popular history of science now [J]. British Journal for the History of Science，2006，39（2）：159–187.

[3] BUCCHI M.Science and the media：Alternative routes in scientific communication [M]. London：Routledge，1998.

[4] FRIEDMAN S M，DUNWOODY S，ROGERS C L.（Eds.）.Scientists and journalists：Reporting science as news [M]. Washington，DC：American Association for the Advancement of Science，1986.

[5] HILGARTNER S.The dominant view of popularization：Conceptual problems，political uses [J]. Social Studies of Science，1990，20（3）：519–539.

[6] LEWENSTEIN B V.The meaning of "public understanding of science" in the United States after World War II [J]. Public Understanding of Science，1992，1：45–68.

[7] NELKIN D.Selling science：How the press covers science and technology [M]. New York：W. H. Freeman，1997.

[8] New Scientist is 50（and counting）[J].New Scientist，2006，18（2578）：5.

[9] SHEETS-PYENSON S.Popular science periodicals in Paris and London：The emergence of a low scientific culture，1820–1875 [J]. Annals of Science，1985，42：549–572.

[10] SHENKER I.Popular science，at 100，still advises：Do it yourself [N]. The New York Times，1972–4–25（p. 45）.

[11] WYATT S.Danger! Metaphors at work in economics，geophysiology，and the Internet [J]. Science，Technology & Human Values，2004，29：242–261.

Science on Radio 广播中的科学

广播的成功和长久存在归因于一系列因素，但是其核心在于人们喜欢听别人讲故事。那些故事可能是发生在当今世界的，也有可能是关于火星表面为何曾经有过液态水的。讲故事是所有广播节目的核心，并且广播报道的线性本质（有开头，有中间，有结尾）使得广播成为科学新闻的一种完美媒介。通常科学传播被描述为难以理解，并且充满了行业术语。为了理解科学，一般认为信息的接收者需要有核心知识作为基础。但是广播节目打破信息的直接方式要求作者采用一个科学话题，一步一步地界定术语，并且提供科学的故事。额外的声音，无论是正在研究中的动物的声音，科研器械发出的声音，还是用来阐释科学话题的音效，通常都能比印刷的新闻为科学话题赋予更好的活力。

除行业术语和听众需要具备一定的核心知识来理解一个话题这些问题之外，在广播中报道一个科学话题的最大障碍是用来讲述故事的时间总量。广播报道的时间可以短于45秒，那些有关科学的报道也一样，因此，广播从业者的压力在于如何准确且简单地写好脚本。

无线电广播是用来呈现一系列不同现象的奇怪用词之一。无线电是接收电磁波并把它转换成声音的设备。还有无线电波和无线电识别标识。但是对于我们在本文中的目的而言，无线电是对声音进行分布的设备。通常这种声音是人的声音，并且起初这种声音的分配是通过调制的电磁波来进行分配的。如今电脑常常成为我们的“无线电”，并且声音的分配已经超越到了无线电传输器，转移到了互联网上。

作为一种媒介，无线电广播在其存续能力方面是无可比拟的。开始时，它是把人们聚集起来的重要途径。实际上，无线电在传播信息方面采用的是一种舒适且双方自愿的方式，以至于美国总统富兰克林·D.罗斯福（Franklin D. Roosevelt）把他在大萧条期间发表的30次晚间广播讲话命名为《壁炉边谈话》（Fireside Chats）。当电视出现的时候，有人认为广播终结了。实际上，电视只是简单地把无线电从卧室中转移到了汽车里。即使今天，广播节目也是随着下午和晚间的“驾驶时间”而定的。互联网再次在分布和产品上给广播带来了挑战，也促进了广播的革命。从模拟向数字化的转变使得音频文件相当容易地在电脑之间传送。音频文件的数字化还使得广播电台把自己的节目“搬到”互联网上，听众不再需要很靠近广播电台发射器来收听节目了。很快，便携式的数字音频播放器就出现了，它使得听众可以从电脑上“剪切”音频文件并随身携带到任何地方。有些人甚至能够接入无线网络，并且播放音频流，基本上把一个小型的手提电脑变回了我们过去所说的一台无线电。

但是互联网对广播的真正影响不在于分配，而在于节目的生产。广播的简化（它被收听和分配）意味着有接收设备和网络连接的任何人都可以成为一个广播人员。因而产生的广播节目通常被称为播客，这个名字源于著名的数字音频播放器——苹果的随身听。这种便携式的播放器由一个名为iTunes的软件进行支持，这个软件使得任何人都可以容易地播放原始音频素材。

结果，无线电广播在相当大的程度上实现了民主化。不仅成百上千的个人开设了播客，而且大学、非营利性科学倡议团体、科学杂志和电视节目，甚至是个体科学家都进入了这个行列。迅速且容易地在播客上分配视频已经实现。

广播中的科学的挑战在于找到达到最大可能听众的方式，并同时讲述有趣且有教益的故事。有关科学的广播报道是根据其长度进行分类的。

一个非常常见且流行的科学广播节目是《科技短波》（*short newsbreak*）。这类节目通常短于2分钟。它们可能是有关突破性科学新闻的标题，通常是已经在科学期刊中发表的新发现或者新理论。其他较短的科学广播节目依靠的是听众的参与并试图回答一些基本的科学问题，比如天空为什么是蓝色的？较短广播科学新闻节目的例子包括美国科学促进会（American Association for the Advancement of Science, AAAS）制作的2分钟广播节目《为什么呢》（*Why Is It?*），以及在得克萨斯州奥斯汀市制作的《大地与天空》（*Earth and Sky*）。

在广播中的科学上，一种不太常见的形式是较长的新闻特写。其长度从3分钟到30分钟不等，这些广播报道通常不仅包括对科学新闻本身的讨论，而且还加入了把这些新闻置于一定情境之中的其他声音，甚至有时候还有对主要结论的质疑。有关科学的广播特写也是每周普通新闻节目的一个组成部分，比如由国际公众电台（Public Radio International）制作的《美国生活纪实》（*This American Life*），或者成为特定科学节目的内容的一部分，比如国家公共广播电台（National Public Radio）的每周环境节目《地球生活》（*Living on Earth*），英国广播公司（British Broadcasting Corporation）的《科学在行动》（*Science in Action*），独立的节目《赤裸的科学家》（*The Naked Scientists*），以及由加拿大广播公司（Canadian Broadcasting Company）制作的北美地区最老的一档广播科学节目《怪癖与夸克》（*Quirks and Quarks*）。

较长的节目是一个主持人对嘉宾进行参访的半小时或者半小时以上的脱口秀。着眼于科学的脱口秀包括一系列不同的话题和从生物学跳跃到物理学的不同科学学科。这些节目还会播放科学家自己的演讲。有时候，这些节目可能会有一种历史的视角或者详细地描述一项科学突破。通常，这些节目会把一个事件的周年纪念日作为设定他们讨论的方式，比如人类首次登月纪念日。这些节目的例子包括国家公共广播电台的《科学星期五》（*Science Friday*）和纽约公共广播电台（WNYC）的《广播实验室》（*Radiolab*）。此外，热门的脱口秀节目也会讨论科学话题，如威尔广播电台（WHYY）的公共广播节目《清新空气》（*Fresh Air*）。

并不是所有广播上的科学节目都着眼于当前的新闻，还有通过叙述性的虚构故事来传达科学信息的很多科学广播戏剧和儿童节目。

如何就一个科学话题制作一档有效的广播报道呢？下面提供一些想法。科学基本上是累加性的，即一种发现以另一种发现为基础；有时候它也是删减性的，即一种发现会消解以前持有的观点。广播报道通过其线性的讲故事风格能非常有效地讲述从 A 到 B 的发现。很多广播记者和科学家一起检查他们报道的精确性，他们会力促科学家用恰当的比喻或者其他语言技巧来正确地讲述故事。通常，找到一个没有介入当前发现的科学家对新闻进行评论可以为该报道提供一种令人愉悦的情境。然而，给那些不同意某种观点的少数科学家太多权重并忽视那些赞同此观点的大部分科学家也面临着一定的风险。这方面的案例包括气候变化的科学和进化论，通常那些“嗓门大”的少部分人比支持这一观点的大量科学家获得了更多的媒体关注。

除了讲故事，广播还能利用声音，这是一种吸引听众的特别有效的方式。广播对听众想象力的整体依赖打开了一个只能在广播中实现故事中可能性的新世界。利用不是人类言语的声音能够让听众参与故事中——这在科学报道中，非常有价值。

科学传播中遇到的障碍是如何在告知公众的同时又不让他们感到厌烦。广播对试验中的声音、被研究的动物的声音、被利用的技术设备的声音甚至是实验室的大门打开和关闭的声音的利用都能够提升听众的认知水平。

一档优秀的广播报道给广播听众带来的想象成为把广播作为一种有效的科学传播形式的关键。着眼于“讲故事”能让听众坚持听下去并且让科学得以传播。

撰 稿 人：Aries Keck

另请参阅：Climate Change，Communicating；Creationism；Narrative in Science Communication；Scientific Consensus；Scientists as Sources

参考文献

[1] DEMICHELE J. Science on the radio [J]. Journal of Young Investigators，2002，6(5).

[2] LAFOLLETTE M. A survey of science content in U.S. radio broadcasting，1920s through 1940s：Scientists speak in their own voices [J]. Science Communication，2002，24：4–33.

Science Shops 科学商店

科学商店指公民社会组织（civil society organizations，CSO）可以把与当地问题相关的研究委托给它的研究机构的外延性机构。科学商店这个术语是荷兰语“*wetenschapswinkel*”的字面翻译。然而，它并不是一个常规性的商店，它不仅涉及自然科学，还涉及社会科学和人类学（在荷兰语中，它们都是 *wetenschap*）。有时候也会用到其他的一些名称，如知识点，社区知识交流，基于社区的研究中心，社区大学伙伴关系，交换等。

一个最好的有关科学商店的界定是生活常识网站（Living Knowledge）上的国际科学商店网络所提供的。它把科学商店界定为一个可以就社会成员提出的问题和关切“提供独立且具有参与性研究支撑”的组织。这个“商店”只提供研究支撑（或者直接以研究为基础的支撑，如教育项目），而不是提供其他的志愿性社区工作。所提供的研究支撑既是独立的（科学目标是客观的），又是具有参与性的（这种研究在其所处的情境下是适用的，而从公民社会组织中获取的知识会用在这个项目中）。

因而，知识得以共享，而新的知识则通过合作产生。科学商店的功能是“提供”，而不是“销售”，所以它们在给公民社会组织服务的过程中没有经费方面的障碍。最终，科学商店基于来源于科学之外的实际关切而开展研究，而不是基于纯粹的好奇心或者和商业利益相关的关切。

1948 年的《联合国人权宣言》（United Nations Declaration of Human Rights）第 27 条第一款阐明，所有的人应该“参与其社区文化生活”，这是人们的一项权利，包括对艺术的欣赏，以及对科学进步所产生的利益的获取。实现上述目标的一种途径就是科学研究的互动性传播，而这些研究考虑的是应该开展哪些研究，以及这些研究结果应该如何使社区受益。科学商店就是实现这个目标的一种好的实践方式。

起　源

科学商店于 1974 年起源于荷兰的乌德勒支和阿姆斯特丹。一群年轻的教职工和学生希望打开“象牙塔”的大门并且使教育活动从单纯的理论知识采集转变为更加具有项目导向性和基于问题的学习。同时，环境议题在社会中越发明显。因而基于科学知识的交流既有潜在需求，又有实际的供给。学生和教职工组成工作组开始帮助学校周边的组织来解决土壤污染的问题。他们在报纸上刊登广告，并且在团队成员中采集要调查的问题。

在5年的时间里，荷兰的各个大学都有专职人员开始从事这种志愿性的活动。虽然没有明文规定大学里应该有科学商店，但是科学部长确实建议荷兰的各个大学应该提供2—5个职位给科学商店的工作人员。在20世纪80年代初期,《自然》(*Nature*)和《科学》(*Science*)中有关科学商店的社论获得了广泛的关注。在德国、奥地利、北爱尔兰和丹麦，类似的动议都取得了成功(在德国和奥地利让科学商店成为大学的一部分有些困难)。很多其他国家也曾经有过科学商店，如法国和比利时。

20世纪90年代中期出现了由互联网创造的科学商店的第二波高潮，虽然大学中科学商店的不断商业化也使得一些科学商店关张歇业，但更多的国家开始设立科学商店。加拿大研究理事会(Canadian Research Councils)基于荷兰的科学商店模式开始给基于社区的研究联盟(Community-Based Research Alliances)提供经费赞助。荷兰外交部(Dutch Foreign Ministry)也为罗马尼亚的一个环境科学商店网络提供经费支持，并把它作为支持罗马尼亚新型民主的一个方式。

2000年，欧盟委员会(European Commission)开始对作为弥合科学和社会分歧的一种方式的科学商店产生兴趣。他们新任的科学和社会理事会开始支持科学商店网络。这使科学商店之间可以共享好的经验并形成国际性网络，即“生活常识”组织。通过这个网络，科学商店开始和罗卡研究所(Loka Institute)建立的美国/加拿大基于社区的研究网络(U.S./Canadian Community-Based Research Network)联系起来。

这个网络使网站、杂志和数据库的设立以及全球性会议的组织的成立成为可能。同时也为共同的项目研究和成员交流奠定了基础。21世纪见证了由科学商店组织的暑期学校，以及更多国家设立科学商店的努力，包括中国和日本。

组　织

很多科学商店都是所在大学的一个办公室，无论它是一个部门(接近学生和职员)还是处于学校的中心层面(从“外部”更容易发现)。其他的科学商店则是独立的非营利组织(正规的非政府组织)，与研究所存在或不存在联系。科学商店的经费有多种来源，如大学自有经费或者政府拨款。非营利性的科学商店通常在很大程度上依赖于项目拨款，其经费也可能会通过捐赠获得。

科学商店涉及协调科学知识的“供给”与“需求”之间的关系，虽然供给与需求这两个词语可能并不是描述知识在社会和大学中呈现的真实伙伴关系的最佳方式。为研究服务创造“需求”的社会伙伴(有时候被称为“客户”)是公民社会组织，社会中正规或者非正规的群体。它们包括社区组织、邻居群体、志愿组织、环保组织、自然保护组织、患者组织、劳工组织、宗教组织或者少数族裔组织，还包括非营利组织，如学校、博物馆，甚至还有当地或者区域性的权威部门和公共服务机构。然而，在某些情况下,“需求”是缺位的，比如在那些社会组织并不完善的国家，以及那些本土活动并不常见的中央集权国家。

通常，科学商店会遵循下面的一些标准来接受某种请求：这个问题不是商业导向的，其结果是公开的，社会伙伴能够利用这些研究结果实现其使命和“公共福祉”。社会伙伴或者“客户”提供的研究经费会逐个地进行评估，通常这种研究是不收费的或者收费低廉。大多数科学商店并不接受个人的请求，因为接受个人的请求会消耗较多的时间且无法给社会带来重大影响。

知识的“供给”在大学里的科学商店中是最容易的，它们通常可以让学生在教职工的监督下通过参与这些研究来获得学分。这可能会成为某个已有课程作业的一部分，或者作为一个名为“科学商店项目”的选修课。但是它通常会成为学士、硕士或者博士论文的主题（或者某个章节）。对于导师来说，这项工作是他们教学任务的一部分。因为这些是大学的“核心业务”，这些研究工作并不需要额外的经费支出。如果某个科学商店需要聘用专业的研究人员，特别是如果这个项目无法产生出科学著作或者出版物，则需要有较高的预算来创造这种需求。

为了使工作顺利开展，科学商店的协调者需要做好以下 10 项工作流程。

（1）获取 / 吸引客户并且识别出新的社会相关性的问题。

（2）和客户一起搞清楚这些问题（如有必要，绘制出情况的图表并重述这些问题）。

（3）做一些决定是否接受这些请求的基础研究工作，基于现有的知识或者科学问题的陈述提出简短的建议。把这些问题细分为小的问题，并加入理论性的要素。

（4）找到科学指导者或者合作导师，识别出合适的课程、实习课或者论文周期。

（5）找到一个学生或者研究人员，并在需要的时候提供经费。

（6）保持沟通并管理项目进程。

（7）在获得科学机构的许可之后，推动其可用的呈现方式或者出版研究结果（通过科普报告、小册子、网站、研讨会或者新闻发布会的形式）。

（8）支持客户推行这些结果和建议并跟踪其后续行动（这可能包括参加利益相关者的会议、法律程序、召开会议，以及帮助公民社会组织建立跟踪性研究建议）。

（9）建立一个跟踪研究或者研究主题的目录（以供科学出版和未来研究参考）。

（10）（与学生，导师和客户一起）进行评估。

千变万化的案例

这些案例取自 21 世纪的荷兰：评估了动物测试伦理委员会的工作，考察了灵长类动物测试的替代方案，绘制了气候变化对沙丘生态系统影响的地图，采集了农药的尘土标本，研究了在建有水力发电站的河流中保护鱼类的最佳方法。后者也致使权威部门否决了那些缺乏鱼类保护措施的水力发电站的“绿色”电站的性质（因而削减了税收优惠）。

三个案例研究（硕士生的科学论文）帮助公民社会组织在有关工业化生产中利用农产品的辩论里确立了自己的位置。由此，一篇同行评议的科学论文得以发表，并且还完成了一份这个区域如何实现可持续发展的总体报告。其中一个学生还获得了荷兰皇家化学学会（Royal Dutch Chemistry Society）颁发的环境化学领域最佳论文奖；还可能会依赖后续的研究来改善生物生产的途径。

一篇博士论文是关于夜间风力涡轮机噪声的。权威机构否决了基于电脑模型推导出来的问题，该研究被证明是错误的。5 年后，这项研究最终促进了政策的改变，人们再也不会被控犯有提供虚假意见的罪行了。该博士论文的大部分章节都在科学期刊中发表出来。作为一个识别后续研究主题的案例，对于特定人群（如孕妇、儿童和移民）使用药物的风险的一般研究源于特定情况下特定药物的研究需求。

一所农业大学向当地的园艺人员所做的报告描述了他们的花园在生态、文化和社会方面的价值，因而鼓励当地植物种植方面的变革。大学针对有机农场的农场主开展了市场调查，一项针对移民女性的工作项目帮助她们生产和销售适合欧洲口味的木薯产品。技术型大学则设计了身体不便的人可以使用的自行车，以及可以放上轮椅的家用秋千，在建筑项目中工作的学生还为园艺协会设计了新的酒吧式建筑。

科学商店和科学传播

科学商店是一种互动形式的科学传播。通过听取公民社会的关切，并且把这些关切作为研究的信息输入端，公民社会对研究议程具有逆流而上的影响。这也符合科学传播的民主动机。当然，科学商店还利用科学传播的传统手段来阐述其研究成果。

科学商店还有利于完成研究机构的扩展性活动组合，如大学。传统上，这些活动组合受到基于文化动机（分享科学的奇妙、创造公共意识）或者经济动机（传递给更多的潜在学生、从工业领域获得更多经费支持、证明花在科学上的经费的合理性）的科学传播的控制。在这方面，大学有维持其网站运行、举行新闻发布会，并组织活动的公共关系部门；它们有博物馆或者科学中心，并且积极地教育新生。有些还有技术转移部门，并且和工业领域联系紧密。

由于科学商店并不会带来大量收入，一些大学把科学商店当作其“第三项使命”的部分原因在于其公共关系动机（应用于地区性的研究可以获得新闻舆论的好评）或者社会责任动机（以可见且直接的方式给地区做一些事情或者给纳税人一些反馈）中。然而，传授给学生的实践研究技能和他们不断提高的社会意识也是十分重要的。学生会获得有价值的研究和传播技能，以及社会和政治意识。教授和研究人员也可以获得有关公民社会组织的知识，并且给未来的理论分析和学术出版获取一些案例素材。

给一些研究赋予社会意义可以激发很多教职工和学生。此外，对于参与科学商店的教授来说，其监督职能也是教育责任的一部分。所以，实际上所有的参与人员都做了他们应该做的工作：教育、学习和研究。这也是为什么科学商店能够以较低的费用运行的原因，为什么科学商店还可以为非营利部门服务的原因。其不足方面在于要找到一个学生参与科学商店的工作需要耗费大量时间，以及即使大多数项目都会产生好的结果，但是一开始是难以预测的（不好的或者没有完成的项目是不会被发表出来的）。

公民社会组织能从除科学商店之外无法获取的项目中得到益处。这使得他们可以改善自己的服务、产品或者政策，也可以让他们获得公众或者媒体的关注，取得法律上的成功或者影响政策的发展。尤其是，即使这些组织无法实现其在政治上的目标，至少他们的声音得以表达并且其想法可以通过科学研究的途径得以检验。这使得公民社会组织充分地参与自下而上塑造社会的过程中来。

撰 稿 人：Henk A. J. Mulder

说　　明：“民间社会”（civil society）一词通常是指不属于正式政府的志愿组织，如基层社区团体，非营利宣传和志愿者团体以及非政府组织。

另请参阅：Citizen Science；Public Engagement；Upstream Engagement

参考文献

[1] Living Knowledge：The International Science Shop Network：www.livingknowledge.org.

Science, Technology, & Human Values
《科学、技术与人类价值观》

《科学、技术与人类价值观》(Science, Technology & Human Values)是科学社会学研究学会(The Society for Social Studies of Science)的官方期刊。它发表社会语境中有关科学和技术的各个学科的论文。该期刊于1972年在哈佛大学(Harvard University)以"公共科学概念计划通讯"(Newsletter of the Program on Public Conceptions of Science)的名称出现,这是由美国国家科学基金会(U.S. National Science Foundation)赞助,由杰拉德·霍尔顿(Gerald Holton)主导的一个项目。该刊的第一任主编威廉·布兰皮德(William Blanpied)邀请关注公众理解科学问题的各个学科的研究人员为其供稿。霍尔顿和布兰皮德把这份通讯置于科学的价值嵌入性和理性这个持续争议的领域之中。早期的刊物提供近期文章的目录和相关期刊、专业团体和课程的列表。

通过1974年10月的第九期通讯,哈佛大学该项目的新任执行主任薇薇安·谢兰斯基(Vivien Shelanski)和布兰皮德成为该期刊的共同主编。该通讯有时会发表短评。科学和技术研究这个领域的很多开创者都在该刊上发表过早期的文章,如约瑟夫·本戴维(Joseph Ben-David)的论文《关于科学的传统道德》(*On the Traditional Morality of Science*),多萝西·尼尔金(Dorothy Nelkin)的《改变科学的形象:旧框框的新压力》(*Changing Images of Science: New Pressures on Old Stereotypes*)。

随着哈佛大学的项目演化成科学、技术和公共政策的进展,该通讯也发生变化。在主编谢兰斯基的领导下,该通讯的第17期将名称改为《科学、技术和人类价值观通讯》(*Newsletter on Science, Technology, & Human Values*)。1978年秋季的那一期,先前的通讯变成了评论季刊,马赛尔·考特沃斯基·拉福莱特(Marcel Chotkowski LaFollette)加入了主编的团队。不久之后,麻省理工学院(Massachusetts Institute on Technology, MIT)的科学、技术和社会项目成为该通讯的赞助商。1983年,该通讯被约翰·威利出版社(John Wiley Publishers)收购并更名为《科学、技术与人类价值观》(*Science, Technology & Human Values, ST&HV*)。在这段时间里,《科学、技术与人类价值观》继续着眼于让科学及其公众参与,以及描述和分析科学的政治环境和政策环境的当代议题。该领域的文章目录仍然存在,并且其话题范围包括秘密和国家安全,以及同行评议和科学建议方面。

1988年,哈佛大学和麻省理工学院的赞助商找到了科学的社会研究学会(Society for Social Studies of Science, 4S),讨论接管该期刊的赞助问题。该学会赞助了该期刊第13卷的出版;把它移交给了赛格出版社(SAGE Publications);把其刚起步的期刊《科学和技术研究》(*Science and Technology Studies*)整合到《科学、技术与人类价值观》之中;任命苏珊·科岑斯(Susan Cozzens)为主编。科岑斯申明该期刊将致力于国际上和方法论上的多元化。

科岑斯通过录用有关伦理、知识产权、数据共享、优先性设定、隐私、风险、技术和军备竞赛、公共参与以及技术评论的论文继续着《科学、技术与人类价值观》发表有关公众认知和争议的文章的传统。明确的女性主义视角的文章第一次出现在该期刊中，科岑斯找到并且汇报了科学和技术研究的几位女性创始人。定量的、认知的和修辞的研究开始出现，对哲学和历史的关注越来越多。通过对诸如让激进团体恰当的参与、把民俗方法学作为技术专家的意识形态，以及社会建构主义的政治相关性这样的话题的交流，这个领域的承诺成为该期刊中文章的一个辩论对象。

1994年，奥尔加·阿姆斯特丹斯卡（Olga Amsterdamska）接管主编一职，科学的社会研究学会开始实行主编五年轮值制度，并且由北美和欧洲的编辑部人选交替担任主编。在阿姆斯特丹斯卡的管理下，生物技术及其各种衍生物继续吸引《科学、技术与人类价值观》作者的极大关注，这些作者从不同的视角探讨这个话题。虽然很多文章仍然着眼于当前的政策议题，但是更普遍的是从话语的视角而非政策分析的视角。如女性主义的视角仍然通过1995年的女性主义和建构主义专刊进行呈现。文章的话题范围从生态学到医学，到城市设计，以及太空技术，通常考察的是技术话题与社会话题的交叉。案例研究和定性研究方法成为主导。在阿姆斯特丹斯卡担任主编期间，就科学研究的学术共享议题爆发了所谓的科学战争，这在当时及其后来的期刊文章中有所体现。人类学方法在1997年和1998年的专刊中都有所体现。1998年有关人、动物和机器的专刊让读者深入了解了实验室生活。

从1999年第一期开始，埃尔斯沃斯·R.福尔曼［Ellsworth R.（“Skip”）Fuhrman］担任该刊的主编，他把这个领域作为一个既具有政治性又具有认识论意义的项目，并且承诺会支持方法论的多元性。有关科学和工程教育的更多文章开始得以发表，与此同时出现的是更多地关注技术和环境，而非科学或者医学。公众参与和认知再次成为该刊的一个重要主题，并没有丧失早期科学的社会研究学会的主编领导下引入的新的焦点。

从2003年冬季的那一期开始，尤莱克·菲尔特（Ulrike Felt）出任该刊的新主编。菲尔特继续着该刊对科学和技术当代发展的文化、伦理和政治分析混合的传统。对社会正义更多关注的早期呼吁体现在该刊2003年技术和不平等那一期中，并且该刊通过2004年的伦理与工程设计专刊重回工程实践领域。它继续发表对环境议题和医学的发展提供批判性视角的案例研究文章。2009年1月，苏珊·利·斯塔尔（Susan Leigh Star）和杰弗里·鲍克（Geoffrey Bowker）出任该刊新主编。

总之，在其40多年的出版历程中，《科学、技术与人类价值观》为反映科学和技术发展的伦理、文化和政治维度的一系列学科的研究提供了一个虚拟的聚集场所。其起初的主编会在如今的《科学、技术与人类价值观》中发现很多熟悉的地方，特别是在对植根于当代话题的伦理和社会理论的详细案例研究中，以及在其讨论科学、技术与社会的学术著作的核心角色中。

撰 稿 人：Susan E. Cozzens

另请参阅：Office of Technology Assessment，U.S.；Public Engagement；Public Understanding of Science；Research Ethics，Overview

参考文献

［1］BLANPIED W A. Reflections on the first decade［J］. Science，Technology，& Human Values，1982，7（40）：6–7.

［2］COZZENS S E. Female founders of STS［J］. Science，Technology，& Human Values，1993，18（4）：403–407.

Science, Technology, and Society Studies 科学、技术与社会研究

科学、技术和社会（以下简称STS）是一个试图更好地理解科学、技术和社会彼此进行塑造的过程的跨学科领域。STS研究呼吁关注下述三个类别并对这三个类别过于简化的观念进行批判：①科学知识和实践的本质。②技术发展的过程。③科学和技术在人类经历中的角色。STS中一个反复出现的主题就是科学发现和技术进步并不会自动地促进社会的全面进步。因而，这个领域的大部分工作聚焦于实现潜伏于新知识、新技术和新工具中的积极潜能，以及避免不合意且意外的后果和其他负面结果。

传播通过多种多样的途径进入对STS的互相塑造之中。科学共同体内部和科学共同体之间的传播对于科学发现和技术创新来说是重要的。范围从科学教科书和新闻报道到广告、文学和艺术的科学话语，既反映又塑造了我们把科学理解为文化的一个必要方面，公共政策的一个重要议题，以及伦理思考的一种激励。作为一个研究领域，STS结合了科学和技术嵌入在社会情境中且在人类选择和价值发挥关键作用的过程中得以进化的观点。STS的洞察力提醒我们应该对科学和技术知识，其起源和应用，其人类关切和价值的根源，以及专业知识的局限性提一些问题。本词条把STS放在了相关领域的情境下，对STS的核心议题和概念进行了回顾，同时也强调STS和传播之间重要的交集。

在相关领域情境下的STS

STS这个缩写有两个不同但相互关联的意思：科学、技术和社会，以及科学和技术研究。对于本词条的目的来说，这两个意思是相同的，虽然一些STS学者对二者进行了区分。做出这些区分的一个动机是科学、技术和社会在20世纪60年代末期和70年代初期成了一种社会运动的标签，并且仍然被用来当作出现于20世纪80年代的一个学科的名称。科学和技术研究这个术语是后来才出现的，并且试图把STS的学术追求和社会运动区分开来。认识到在实现社会目标的过程中需要涵盖技术的负面效果和谨慎地使用技术的可能性不断地激励着接纳这两种含义的STS学者。然而，这个领域已经不再与社会行为主义密切相关了。

值得尊重的STS知识先驱包括科学史、科学哲学、技术史、应用伦理学和职业伦理。STS也吸收、利用了一系列其他学科，并且和它们共享一些知识领域，包括社会学、人类学、语言学、媒体研究、女性研究、公共政策、文学、艺术和政治。实际上，STS是一个更加融合的领域，而非界定完善的知识体系。有效地对不同的学科流派进行整合以让它们汇集到特定的STS学术部门是一个持续的挑战。STS的广度和模糊不清的边界使得STS这个领域可以发挥一个把具有不同知识但志趣相同的人联系在一起的论坛的功能。

STS中的教育活动全面覆盖从K-12到大学，还包括一些旨在提升各种名头的科学素养、技术素养和公众理解科学的非学术项目。在大学阶段，STS项目通常起源于聚焦在大学生工程和科学教育的环境中，教职工试图在工程和科学教育中把人文和社会科学同萌芽期的科学家和工程师的兴趣及未来职业关联起来。STS相关的高级学历出现的时间还不到20年。即使是今天，该领域中从事STS研究项目的很多教师和研究人员的最终学历还是传统的人文学科、社会科学、工程或科学。虽然STS在美国的高等教育阶段发展良好，但是该领域中最有意思的发展出现在欧洲，在那里STS和公共政策，以及工业实践紧密地联系在一起。

没有一个单个的专业学会允许STS学者以连贯且综合的方式来对付他们的同行。科学的社会研究学会（Society for Social Studies of Science，4S）、欧洲科学和技术研究协会（European Association for the Study of Science and Technology，EASST）也许是最接近发挥这种功能的两个组织了。STS研究和分析通过其他一系列学会得以扩散和传播，这些学会包括文学、科学和艺术学会（Society for Literature，Science，and the Arts），哲学和技术学会（Society for Philosophy and Technology），人文和技术协会（Humanities and Technology Association），科学史学会（History of Science Society），技术传播学会（Society for Technical Communication），技术史学会（Society for the History of Technology），电气和电子工程师协会（Institute of Electrical and Electronics Engineers，IEEE）中的技术的社会启示分会（Society on the Social Implications of Technology）。

STS中的关键议题和概念

很多有关科学和技术传播，以及作为这个传播基础的思维模型，倾向于过度简化复杂的关系和现象。STS的研究和分析聚焦于有关科学和技术的共有假设，以确立这些假设的效度和局限性。对这些假设及其局限性的认知可以让个人在科学和技术传播方面成为一个老练的生产者和受众。

科学和技术间模糊的关系

很多有关科学和技术的讨论认为二者间存在着明确的边界。虽然科学和技术间存在着重要的区别，但是二者在历史上和实践中是相互交织。科学技术与社会将这种关系概念化为沿着从纯科学的理想化概念扩展到技术作为工具的极简实用主义概念的排列组合。工程作为应用科学的概念介于这两个极端之间。对二者关系的更完整的观点认为科学知识是当代工程不可或缺的一部分，并且技术的进步，比如望远镜和显微镜，通常在科学发现、新数据的采集，以及推广的新理论制定中发挥了重要作用。

一个相关的问题是把科学和科学家当作一个包含技术和工程人员并且使得它们黯然失色的综合性术语的趋势。虽然科学在技术和工程之前成为一门大学课程和一种职业是事实，但是同样明显的是手工灵活性的实践以及有目的的设计和建设与人类本身一样古老。此外，一些科学知识的分支起源于期望理解某项重要技术背后的道理或者使某项技术更加优化，就像热力学和蒸汽机这样的案例。认识到这种关系复杂性的科学传播者和受众最好设身处地的对科学和技术进行批判性且富有成效的思考。

客观性，公共知识和“情境化知识”

科学的权威来源于对科学知识是客观且绝对可靠的信仰和理想。科学知识是“公共的”，但是这并不意味着每个公众都对科学知晓很多。相反，之所以说它是公共知识，是因为它是通过严格的同行评议这个公开程序，并通过对出版物和其他公共论坛对结果的认真审查得以发展和证实其有效性的。要求可观察、可衡量的数据，可重复的实验和结果，允许利用公认的推理标准和证据对科学发现进行独立的验证。

这些确保客观性的努力会让下面的事实变得模糊，所有的科学家都是处于特定立场中的人类观察者并且受制于他们发现自我的组织情景和文化情景的影响和限制。这些影响和限制影响着有关跟踪的问题和数据阐释的决策，二者都是与价值中立的事业相对立的有价值负载的事业。例如，女性主义的科学研究记录了生物学家利用男性和女性之间生物学差异的观察结果和数据来证明传统上性别和社会角色的正当性，这种方法记录于“生物宿命论”这个短语中。STS 研究和分析呼吁关注下面的事实，科学和工程通常是拥抱客观性的理想，但因为人类的局限性而必然地以选择性的方式来处理数据和经历的科学家和工程人员的活动。

技术作为一种“事物”与技术作为一种人类活动

有关技术的传播利用技术这个词语来表示两个非常不同的概念，每个概念都反映了一种特定的心智模型。在把技术这个观念作为工具或者设备方面其意思是有限的，如锤子、枪、手机、音响系统、手提电脑或者监控探头。STS 学者把这些有形的、制造出来的具有人类创造力的产品称为人工制品。还有一个更宽泛的意思，即当人们把一个社会视作是技术性的或者谈及技术改变商业或者传播的时候。这种宽泛的意思反映了技术性人工制品在广泛的人类活动中的重要作用，我们对技术解决人类问题的能力的信任，重新配置我们做事的方式以及充分利用新技术所提供的潜能的趋势。在其最基本的形式中，这种意义上的差异可以被表达为技术作为“事物”和技术作为人类活动之间的区别。当然，“事物”在人类活动中发挥了重要作用。但是，根据 STS 提供的视角，设备和工具并不是在真空中发展或者使用的，谈论它们仿佛的样子是一种误导。作家和演讲者通常并不明确他们使用的是哪种意思，并且在没有发出任何信号的情况下从一个意思跳转到另一个意思。

社会建构与技术决定主义

社会建构和技术决定主义都试图更好地理解技术的有形方面和无形方面之间的关系。技术决定主义把技术看作是沿着必由之路发展的一种自发性力量。从这一观点来看，技术独立于社会而发展，但是对社会具有重要影响。技术决定主义精确地反映了技术的人类经验的几个特征。例如，一旦社会对汽车运输所需的基础设施进行投入，并且采用了个人乘车旅行作为日常生活组成部分的生活方式，那么它看起来就是“自然的”。如果我们用改变它的观点来分析这个体系的话，很容易认为自己受到先于我们出现的人们的选择的限制。同样，还有很多认为人们利用电邮来开展业务是不可避免的。在这样的情境下，即便我们在绝对意义上有所选择，我们还是经历了技术决定主义。

科学和技术的“社会建构”为技术决定主义提供了另外一种选择。与技术决定主义一样，社会建构认识到技术在人类经验中的重要作用，以及有关技术的先前决定的抑制效应，然而，社会建构讲述了一个完全不同的故事。这种通常被称为社会建构论的方法在 STS 中有与社会科学中采用的宽泛术语社会建构主义相关但不同的意义。社会建构论对科学和技术发展的阐释着眼于特定的理论、设备或者技术是如何起源、如何发展、如何被推销，以及如何被接受或者被拒绝的。在特定的设备获得稳定的形式、意义或者在人类活动中发挥作用之前，社会建构论就开始了。当故事情节以这种方式构建时，很明显，人类的选择和社会价值观会显著影响技术的发展以及随后公众对技术的接受或拒绝的态度。社会建构强调技术演化过程中固有的偶然性。它详细地叙述了个人和群体（通常称为行动者或者代理人）合作以创造技术性人工制品以及让这些人工制品有用且赋予其意义的社会结构的过程。

社会技术体系作为 STS 中的一个核心概念

社会技术体系这个概念是最有用的 STS 分

析工具之一。它以技术的心智模型为基础，在该模型中，技术被视为在有组织的、目标导向的活动中联系人和人工制品的一个体系或者网络。因为它们把社会和技术联系在一起，因而社会技术体系天生就是异质性的，也就是说，由彼此千差万别的个人和事物组成。社会技术体系的技术层面包括设备和技术，以及物质世界（自然过程和人工制品）如何运作的知识。为了分析社会技术体系的社会部分，我们对组织层面进行了区分，这不仅包括正式的组织，如企业、政府和教育机构，还包括消费者和使用者。对技术性人工制品进行资助、发展、制造、实施、传播相关知识、监管、做决策或者使用的任何群体或者个人都是特定社会技术体系组织维度的组成部分。其文化层面包括价值、伦理准则、假设、期望，以及我们通常描述成“世界观”的全部信念和目标。社会技术体系整合了这三个不同但高度相关的要素。对社会技术体系的仔细审查表明它们难以确立、难以管理，一旦确立就难以改变。

社会技术体系思维提供了很多优势。它克服了前述的很多难点。它还要求我们着眼于技术在其中发挥主导作用的特定实践，并且阻碍对技术性人工制品在人类经验中的作用进行一般化。例如，它帮助我们理解和管理相互塑造这个过程的固有复杂性，并且理解为什么先进技术不会自然地转变为全面的社会进步，这只发生在组织层面上。这意味着这个体系技术层面的创新必须与创新同步进行，或者必须与组织和文化层面的已有情况相兼容。

STS 作为科学传播学者和学生的一种资源

STS 可以通过两种相关但不同的方式成为科学传播学者和学生的一种资源。首先，因为 STS 着眼于科学和技术的关系，以及它们发展的情境，所以它通过把科学和技术置于特定的人类活动中并凸显了其中值得关注的人类价值观、信仰和选择，从而建构了科学和技术中的问题。其次，STS 为批判性思维提供了工具，很多工具都是以直接指向专家的问题且其答案对于非专家具有相关性的方式出现的。通过对有关科学和技术的普遍预设的真理和局限性的认识并超越与它们相关的简化的概念，STS 有助于阐明在刻意地使用科学和技术来达到社会目标方面面临何种风险以及需要什么。

撰 稿 人：Kathryn A. Neeley

另请参阅：Latour，Bruno；Technology Assessment；Upstream Engagement

参考文献

[1] BARON N S. Always on：Language in an online and mobile world [M]. Oxford，UK：Oxford University Press，2008.

[2] HUBBARD R. The politics of women's biology [M]. New Brunswick，NJ：Rutgers University Press，1990.

[3] JOHNSON D G. Social construction of technology [M]//C MITCHAM (Ed.).Encyclopedia of science，technology，and ethics. Detroit，MI：Gale Research，2005：1791–1794.

[4] MARX L. Does improved technology mean progress? [J]. Technology Review，1987，90 (1)：33–41，71.

[5] NYE D E. Does technology control us? [M]//Technology matters：Questions to live with. Cambridge：MIT Press，2006：17–32.

[6] NYE D E. How do historians understand technology? [M]//Technology matters：Questions to live with. Cambridge：MIT Press，2006：49–66.

[7] WETMORE J M. Distributing risks and responsibilities：Flood hazard mitigation in New Orleans [J]. Social Studies of Science，2007，37（1）：119–126.

Science Theater 科学剧场

戏剧作品可以探索科学和科学家人性的一面，包括科学的伦理、道德或政治意义，同时让观众参与到叙事中。戏剧也具有在文化情境下传播科学思想的潜力。由著名的化学家转行成为剧作家的卡尔·杰拉希（Carl Djerassi）说他想通过虚构的描述“把科学事实”偷偷地送入“不具备科学素养的公众”的头脑中。杰拉希和少数研究科学剧场的学者认为，如果叙事是令人信服的，科学的表征是准确的，那么科学剧场可以成为提高公众理解科学或增加对科学议题认识的一种有说服力的形式。

许多因素增加了观众通过戏剧参与科学话题的可能性。首先，戏剧表演的直观性和亲密性可以非常感人，因此科学戏剧具有激起观众对复杂科学问题情绪的能力。类似地，戏剧的叙事风格可以保持观众对这些议题的兴趣。科学戏剧可以为科学信息提供文化情境和历史情境，将科学家置于可识别的环境中。最后，戏剧还可以让观众把科学家看作是有人情味的，从而减少科学家和公众之间感知的边界。

克里斯汀·谢普德-巴尔（Kirstin Shepherd-Barr）是为数不多的几本致力于科学剧场的图书之一——《舞台上的科学》（*Science on Stage*）的作者。她认为克里斯托弗·马洛维（Christopher Marlowe）在16世纪末撰写的《浮士德博士的悲剧史》（*The Tragical History of Doctor Faustus*）是第一部科学戏剧，虽然从今天的眼光来看该剧中很多的内容都不被认为是科学。谢普德-巴尔认为“科学的数量”在这部戏剧中并不重要，而是将科学“融入戏剧中的质量”才是最重要的。她认为如果没有《浮士德博士的悲剧史》，现代科学戏剧将不会存在，并认为作者马洛维对“原型科学家”的使用有助于在“戏剧性、科学和颠覆”之间建立起在对科学的其他戏剧化处理中一再地发现的新联系。

科学剧场可以分为两大类：剧场中的科学和科学教育中的剧场。剧场中的科学，融入了科学主题和问题的剧场作品，被呈现为艺术或娱乐。另外，科学教育中的剧场是教育中的剧场的子领域，其中戏剧艺术被用在教育环境中来促进学习。

剧场中的科学

科学剧场的两个分支并不是相互排斥的，事实上，它们有共同的祖先——活剧报（Living Newspaper）。活剧报使用一种戏剧的格式来讨论有争议的事件或紧迫的时事。哈利·弗拉纳根·戴维斯（Hallie Flanagan Davis）率先在美国把活剧报的形式作为联邦戏院计划（Federal Theatre Project，FTP）的一部分。联邦戏院计划是美国第一个，也是唯一一个由联邦赞助的国家剧场节目，并且从1934年到1939年是作为公共事业振兴署（Works Progress Administration，WPA）的一部分而存在的。弗拉纳根·戴维斯认为将时事戏剧化可以为有意义地解决当时的紧迫议题提供一种方式，这通常包括与科学和医学相关的议题。弗拉纳根·戴维斯对时事的表面处理和创建“博物馆艺术”都不感兴趣。她确立联邦戏院计划的目标是深入探讨这些议题，并为观众提供一个思考这些议题的机会。由联邦戏院计划开发的两个科学戏剧是1938年关于梅毒的《螺旋菌》（*Spirochete*）和1939年关于医院内部运作的《医药秀》（*Medicine Show*）。在联邦戏院计划解散后，1948年弗拉纳根·戴维斯用活剧报的风格撰写了当时有关原子弹的制造的著名的科学戏剧之一：$E=mc^2$。

大约在同一时期，联邦戏院计划创作了许多活剧报，贝尔托尔特·布莱希特（Bertolt Brecht）写下了戏剧历史上著名的科学戏剧之一，《伽利略传》（*Life of Galileo*）。布莱希特最著名的是为了提升观众的意识而对社会最可怕的和最令人不安的方面进行考察的社会戏剧，如1944年的《高加索灰阑记》（*Caucasian Chalk Circle*）。《伽利略传》最初写于1938年，后来修改过两次，一次是在1946年，当时是为了由查尔斯·劳顿（Charles Laughton）担任主演而改编；另一次是在1956年，也就是布莱希特创造了所谓的柏林版的时候（今天最常用的版本）。三个版本都表现了伽利略（Galileo）与天主教会的冲突，以及为了安抚教会而最终撤销了他的理论。但是在每个版本中伽利略的动机都有所改变，第一个版本被认为是最准确的，他被描绘成了英雄，即使在改弦易辙之后他仍然私下坚持自己的理念。第二个版本是在第二次世界大战之后改编的，考虑到原子弹的问题，它被改写成了有关科学家伦理责任的声明。在第二个版本中，伽利略并没有为了全世界能够拥有他的知识而英勇地继续推广自己的作品，相反，他和教会合作并且在教会的暴政中发挥了一定的作用。第三个版本被再次修改，它将伽利略塑造成了一个享受自己残酷行为的暴君。

布莱希特对《伽利略传》的修订是作者在结合科学史的同时，如何利用科学和科学家来表达他们对道德议题的看法的一个例子，如战争和个人责任。《伽利略传》的第一稿是关于科学对教条的胜利的，但在这个新的版本中，他改变了脚本和角色来讲述一个屈服于政治压力并让自己成为统治阶级工具的科学家的故事。布莱希特认为研发了原子弹的科学家是国家自愿的傀儡，并且用修订版的《伽利略传》来揭露科学家有责任向权力讲真话。

现代科学剧场仍然是一个剧作家与围绕着科学的复杂道德议题和政治议题角力的场所。《实验气泵》（*Experiment with an Air Pump*）由希拉·斯蒂芬森（Shelagh Stephenson）首次创作于1997年，是与工业时代开端以及生物技术时代出现的科学及医学伦理问题的斗争。一些戏剧阐明了科学和医学给人类带来的损害，例如，玛格丽特·埃德森（Margaret Edson）于1999年创作的《智慧》（*Wit*）讲述的是医疗行业对待癌症患者的非人性化方式；布莱恩·弗尔（Brian Friel）于1999年创作的《莫利·斯威尼》（Molly Sweeny）中，一个盲女准备接受恢复视力的手术，但她从情感上还没有准备好重见光明的生活。有些戏剧关注的是思想而不是伦理道德，如由汤姆·斯托帕德（Tom Stoppard）于1993年创作的《阿卡迪亚》（*Arcadia*）。还有一些戏剧关注的是政治意义和对科学的战争，如由杰罗姆·劳伦斯（Jerome Lawrence）和罗伯特·E. 李（Robert E. Lee）于1995年创作的《承受清风》（*Inherit the Wind*）。《承受清风》基本上取材于1925年著名的科普斯审判案，该剧十分受欢迎，以至于它于1960年被拍成了电影，由斯宾塞·屈塞（Spencer Tracy）和吉恩·凯利（Gene

Kelly）担任主演。

由迈克尔·弗雷恩（Michael Frayn）于2000年创作的《哥本哈根》（*Copenhagen*）是当代戏剧中很著名且广受赞誉的科学戏剧之一。以物理学家维尔纳·海森伯格（Werner Heisenberg）和他的导师尼尔斯·玻尔（Niels Bohr）的历史为基础,《哥本哈根》对两人之间最后会面的性质提供了几种阐释，这种会面发生在第二次世界大战期间美国把原子弹投向广岛之后。该话剧试图追寻海森伯格的脚步来揭露关于这次会面的性质的真正历史奥秘。在话剧刚开始的时候，海森伯格和玻尔确立了一个规则，他们必须以玻尔的妻子玛格丽特（Margrethe）能够理解的方式来讨论他们的科学理论。通过让两个角色可以和玛格丽特讲话，以及让玛格丽特在不懂的时候可以提问的方式，弗雷恩把玛格丽特这个角色变成了观众的代理人。

观众代理是科学戏剧中一个受欢迎的惯例，这个角色被用来阐明观众可能需要的内容和人物。代理是剧场中的科学解决向非专家解释技术信息这个问题的一种方式，这个问题是所有形式的科学传播都熟悉的。除代理之外，科学戏剧也经常采用隐喻来描绘科学概念。在《哥本哈根》中，海森伯格从能够认识自己的方面来解释不确定性原理——一个复杂的物理理论，他试图不仅解释科学，还试图唤起不确定性在哲学上的重要性。在《阿卡狄亚》中，托玛西娜·卡弗利（Thomasina Coverly）通过询问她的导师为什么一旦覆盆子果酱和布丁搅在一起就不能把它们分离开的方式来表达她对时间本质的观点。

科学戏剧也采用舞蹈设计和程式化的非自然的机制来表达复杂的想法。例如，以艾伦·莱特曼（Alan Lightman）1992年的小说为基础的戏剧《爱因斯坦的梦想》（*Einstein's Dreams*）以一系列描绘可能启发了这位著名科学家的白日梦的小插曲为特色。这些风格的选择往往使得科学戏剧的创作者能够更好地表达复杂或抽象的概念。这种抽象性和象征性而非具象性的科学剧场的传统可以追溯到活剧报和弗拉纳根·戴维斯的戏剧 $E=mc^2$。

科学教育中的剧场

戏剧已经成为一种流行的教育工具，并且被用来教授从如何对付霸凌到天文学等各种东西。教育中的剧场可以采取几种形式。在一种形式中，教育者或艺术家在研讨会之前表演一场短剧。研讨会旨在让学生把他们从戏剧中学到的东西应用到实践中去。在其他教育中的剧场项目中，学生积极地参与让他们体验科学的戏剧的制作或角色扮演过程中。当学生进行角色扮演或把他们自己的戏剧作为一种学习体验时，其目的不仅是知识的传播，它也可以激发对伦理和政治问题的讨论。这种形式的教育中的剧场经常利用保罗·弗雷勒（Paulo Freire）1968年的作品《受压迫者教育学》（*Pedagogy of the Oppressed*），该书呈现了一种让弱势群体参与批判性实践的方法，其目标是授权他们对自身状况的理解并且制造一个改善那种状况的计划。继弗雷勒之后，奥古斯都·波瓦（Augusto Boal）提出了《被压迫者剧场》（*Theatre of the Oppressed*），在这个理念中她呼吁打破演员和观众之间的隔阂。和布莱希特一样，波瓦试图创造一种观众可以被社会意识所唤醒的表演，而非被动地接受戏剧角色在他们面前所说的台词。

活剧报是那些试图进行授权和教育的教育中的剧场项目的前身。像《螺旋菌》这样的演出为开诚布公地讨论性传播疾病这样的戏剧铺平了道路,《螺旋菌》公开且诚实地谈到了梅毒。今天，一群新的健康教育中的剧场着眼于发达国家和发展中国家的艾滋病（HIV/AIDS）。这些项目旨在促进被艾滋病重创的社区之间的社会变革。

南非的艾滋病戏剧教育项目，于20世纪90

年代初在祖鲁兰大学（University of Zululand）开发出来以对年轻人开展艾滋病毒和艾滋病的教育。利用弗雷勒的原则创建的艾滋病戏剧教育项目是一个为13岁到25岁的学生设计的由四个阶段组成的项目。在第一阶段，一群受过培训的教育者，包括教师、演员和护士访问学校，并通过与学生和教师的互动来为学校制订一个计划。在第二阶段，这个群体表演一个处理艾滋病相关问题的戏剧。在第三阶段，教育者与学生和教师举行戏剧工作坊，在讨论戏剧制作过程中出现的议题的同时教他们基本的戏剧技能。第四阶段是为这个项目的结束举办庆祝活动，学生为“学校开放日”创作戏剧、诗歌和艺术作品。家长和社区成员受邀参加开放日，为学生教育其家庭成员并在产生社会变革中发挥作用提供了一种机会。

虽然健康教育中的剧场项目经常在试图衡量它们对意识和态度影响的研究中获得褒贬不一甚至是互相冲突的结果，但是对这个特定项目的一项研究表明在提升人们对艾滋病的意识和理解，以及积极地影响态度方面，健康教育中的剧场要比单独的文学作品更成功。这项研究的结果并不是被普遍接受的，一些学者认为即使存在更大的意识及态度的变化，危险性行为可能也不会发生任何变化。值得注意的是，遏制危险性行为，如无保护的性行为，并不是艾滋病戏剧教育这样的项目的唯一目标。除预防疾病外，这些项目通常还努力消除禁忌，建立一个能够公开讨论艾滋病毒和艾滋病的社区，帮助社区接受那些被艾滋病毒感染的人或艾滋病患者，并且以尊重和庄严的目光来对待他们。

科学教育中的剧场并不总是政治性的。在美国，教学艺术家通常与课堂教师合作来丰富核心课程。艺术家通常会对学校进行特定次数的访问，并引导班级开展那些可以让学生思考和理解科学的活动。作为教学艺术家，在课堂中工作的演员可能会使用与艾滋病戏剧教育这样的项目同样类型的角色扮演来帮助儿童理解基本科学概念，如天气模式或原子结构。课堂教师经常说许多学生，特别是那些通常被认为“有问题的”学生，对那些利用戏剧的形式来展现的科学概念表现出了更大的兴趣。

学者认为剧场中的科学和科学教育中的剧场都能激起对科学的兴趣，然而，在这两种戏剧的用途之间有一些显著差异。科学教育中的剧场是统一的学科的一部分，它运用教师和艺术家的具体教育目标。科学教育中的剧场和健康教育中的剧场的体验通常被精雕细琢，并以科学和健康教育为明确目标。与科学教育中的剧场不同，剧场中的科学并不是一个领域，而是谈论具有某些共性的一类戏剧的一种形式。虽然科学教育中的剧场来源于解释科学概念这种渴望，但是剧场中的科学通常受到因科学进步而引发的社会危机的刺激。这意味着与科学教育中的剧场不同的是，剧场中的科学很少被明确地作为公众理解科学的一种辅助，事实上，它经常探索科学的黑暗面，象征着科学复杂的、偶尔令人不安的本质。

撰 稿 人：Megan K. Halpern

另请参阅：Popular Science，Overview；Science Circus；Science Fiction

参考文献

[1] JACKSON A. Theatre，education and the making of meanings：Art or instrument? [M]. Manchester，UK：Manchester University Press，2007.

[2] SHEPHERD-BARR K. Science on stage：From “Doctor Faustus” to “Copenhagen” [M]. Princeton，NJ：Princeton University Press，2006.

[3] BRECHT B. Life of Galileo. Methuen drama [M]. London：Methuen，2001.
[4] EDSON M. Wit [M]. London：Faber & Faber，1999.
[5] ELLIOTT L，GRUER L，FARROW K，et al. Theatre in AIDS education—a controlled study [J]. AIDS Care，1996，8（3）：321-340.
[6] FRAYN M. Copenhagen [M]. New York：Samuel French，2000.
[7] FRIEL B. Molly Sweeney [M]. New York：Dramatists Play Service，1998.
[8] LAWRENCE J，LEE R E.Inherit the wind [M]. New York：Random House，1955.
[9] POLIAKOFF S. Blinded by the sun and sweet panic [M]. London：A&C Black，2003.
[10] SCHROEER D. Brechts Galileo：A revisionist view [J]. American Journal of Physics，1980，48（2）：125-130.
[11] STEPHENSON S. An experiment with an air pump [M]. London：A&C Black，2003.
[12] STOPPARD T. Arcadia [M]. London：Faber & Faber，1993.

Scientific Consensus 科学共识会议

短语“科学家赞同……”在大众媒体中无处不在。这些声明被用来销售药品、激励保护措施，并就卫生应急事件提醒公众。这些具有政治或经济动机的声明很少是完全正确的，即使当科学家真的赞同时，“科学家赞同”的断言也掩盖了为达成共识而付出的巨大努力。

科学家仍然被激励着去达成共识。简洁的定义、可识别的单一致病因子和优美的证据都是疯狂的，甚至是杂乱无章的搜索或者多年深思熟虑且单调乏味的调查的可预期的结果。兴奋的谈话、多元理论和竞争预计将消退，最终留下简单的事实性陈述（如X是Y的原因或X等于Y）分布于教科书中，并通过语法的硬化防止其被拆开。这种语法理论上仅用于那些已被共同体协定和论证的仪式所批准的结论。或者说，共同体至少希望事实性陈述是他们看起来的那样——表明疯狂的或单调乏味的搜索调查已经告一段落并且已经达成共识。

然而，正如意见一致是目标一样，分歧就是科学进步的催化剂。虽然每个学科都包含一系列核心的观察、程序，以及被普遍认为是准确、有用和真实的理论作为学科的课本知识，但如果没有分歧，将没有哪个学科会取得进步。所有优秀的科学家都希望发现一个尚未解决的问题、一个尚未发现的病原、一种新的疾病、一种将会打破和挑战现有共识的新方法。所有研究科学上的一致性的优秀传播学学者都希望找出科学家说服彼此的方法，使他们相信他们自己对一致性的挑战是可信的，包括从微小的改变到异端邪说。

有关科学共识的理论

传播研究人员与其他科学研究学科的研究人员一起研究科学的社会维度，并且反对在今天看来是天真的一种观点：科学是一个完全客观、归纳的过程。客观主义认识论认为共识是归纳法和技术方案的自然结果。如果科学的基本方法涉及数据的概括，那么共享数据必然会在理智地采取行动的科学家之间达成共识。然而，客观主义认识论并没有对科学史上的那些时刻进行解释：科学家坚持那些今天来看是不正解的理论。

例如，为什么一些科学家基于颅骨的大小便认为女性和有色人种没有白种男性聪明？那些自称科学家的人怎么能认为人类被分为不同的种类，那些拥有白色皮肤的人被认为是优于其他人类的“种类”？这些和其他不太让人震惊的错误理论表明科学家和所有人一样，会受到文化偏见、政治承诺和语言的摇摆的影响。

因此，如果科学不是完全客观的，那么科学知识是如何产生的呢？一个重要的解释是成熟的科学是范式的，也就是说，通过共享实践和观察，一个领域开发了用于发现和解决出现的问题的一系列方法和解释性理论。只要方法和理论是可靠的，任何领域的科学家都共同致力于这种范式。但是，当出现了不能用范式的工具来研究或预测的异常状况时，就必须开发新的方法和理论，而且旧的范式最终也会瓦解。

科学的“客观性”可以被认为是一种对当前范式下不能解决的异常问题进行认知的训练有素的能力，这种能力要么能够发展出可能解决异常问题的新方法和新理论，要么愿意接受由他人引入的新方法和新理论。然而，科学家可能会坚持共识，甚至是教条，并不是因为它是绝对正确的，被证明毋庸置疑，而是因为它在他们科学共同体的文化和实践中，甚至是整个文化中是如此的根深蒂固。当伽利略（Galileo）坚持认为哥白尼（Copernicus）是正确的时候（太阳是太阳系的中心，而地球不是太阳系的中心）他面对的是他的科学同行和宗教领袖。然而变迁并不总是突然的，有些科学共识的变迁几乎难以实现，受共识背后高度的社会、经济、文化投资的影响。

技术突破的确消除了分歧时期和停滞时期。聚合酶链式反应的发展扩大了一个样本中 DNA 的数量，从而使得法医学中更大确定性和一致性出现的可能性。然而，即使在这种情况下，技术突破也是源于社会力量的结合，包括实验室的社会环境、调查者之间的社会协商和拨款资助的政治性。所有这些过程都要遵循规则，有些是心照不宣的，如礼貌和尊重的规则，还有一些是官方的，如对稿件的同行评议和资助申请进行监管的规则。

在科学共识的社会维度投入精力的研究人员（包括传播学者）认为，将辩护看作是个人内心活动的过程是误导的，辩护是由个人保持客观和理性的能力单独决定的。但是，研究科学共识发展的人也许不同意科学社会维度的力量有多么强大。有些人认为社会过程可能为真正的辩护提供了客观可靠的途径。其他人则具有更纯粹的社会建构主义的观点：所有科学知识都来自社会过程，并且向客观性和可靠性这样的概念本身就是社会建构。

语言和科学共识

即使在科学领域，语言使用也是深深地植入社会行为中的，并且深深根植于参与知识生产的文化力量之中。科学传播，无论是研究者之间的非正式谈话和电子邮件交流，还是期刊中的正式书面报告，都参与了对共识的挑战和对分歧的解决之中。实验室的非正式话语空间包括谈话和实验笔记，对调查和发现连续且不断变化的书面观察结果。一些研究者发现，递归的直接观察和用来描述实验室中观察的语言有助于影响和指导研究者对现象的理解，也有助于对他们发现了什么及其重要性达成一致意见。

科学调查的正式书面报告也参与了对科学共识进行挑战并施加影响之中。那些为解释一种异常现象而提供新理论或为一个对普遍接受的理论产生威胁的问题提供解决方法的研究者必须遵循历经过去两个世纪演变而来的科学修辞学的规范——一些学者确认的某种宏观的话语范式。通过排列、风格、演示和归因这些规范来展示他们的专业水准。他们必须提供证据并为其重要性进行辩解，同时将他们的贡献置于可信的研究项目的情境下。他们绝不能表达一种不受他们证据支持的确定性。

因为绝对证据通常超出了任何实验的界限，以一份报告中的证据为基础的大多数主张，即使加入了不断增加的数据库时都不能在任何绝对意义上得到证明。设置这种限制的规则的目的是为了确保那些做出的陈述不会比它们的证据实际上揭示出来的东西表现出更大的确定性。话语规则旨在防止误解。

共识在语言上是可追溯的

一般来说，任何科学领域的科学文献都是对那个领域从猜测到事实转变的记录，因为这些文献包含了依据科学修辞规则所做的陈述。更多的推测性陈述包含较多的对冲，如“X 可能被认为是导致 Y 的一种可能原因”。更事实性的陈述包含较少的对冲，甚至没有对冲。

通常情况下，一个实验报告引言部分的第一句是事实性论述，因为它展示的是一个领域对即将讨论的问题所持有的共识。较少的事实性陈述往往出现在讨论部分，作为对启示和未来可能性的推测。例如，在以前曾经健康的年轻人中存在一种神秘的免疫缺陷（后来被称为获得性免疫综合征）的第一次报告中，作者以围绕着导致免疫缺陷的因素方面存在一般共识陈述的临床论文开始，讲述器官排斥、癌症治疗和营养不良。这些事实性陈述被用来确认这种疾病的新颖性和严重性，以及处理关于免疫缺陷起因的共识。更多关于感染的可能原因和途径的推测性陈述出现在讨论部分。

挑战共识

即使实验室证据是明显的，那些声称威胁正统观念的作者也很容易被忽略掉。巴斯德研究所（Pasteur Institute）团队的情况就是如此，该团队由让·吕克·蒙塔尼埃（Jean Luc Montagnier）领衔，他们的证据表明从艾滋病患者中分离出来的病毒是一种新发现的病原，与罗伯特·盖洛（Robert Gallo）领衔的国家癌症研究所（National Cancer Institute）的美国团队于 1983 年宣布的艾滋病致病病毒不同。世界上大多数病毒学家驳回了法国团队的证据，因为法国团队分离出的病毒不符合共识。然而，巴斯德团队是正确的，在该实验室发现艾滋病致病新病毒 20 多年后，蒙塔尼埃于 2008 年被授予诺贝尔奖。在用他们的证据表明引起艾滋病的病毒是一种未知病毒而对抗越来越多的共识时，法国团队遵循了一丝不苟的科学修辞规则。他们没有夸大自己的发现，并且从来没有在一个事实语法中表达他们的主要诉求。

然而，由国家癌症研究所的罗伯特·盖洛领衔的美国团队也许已经歪曲了那些规则。当然这也可以理解，因为在 20 世纪 80 年代早期寻找艾滋病病因的压力非常大。断言艾滋病的病因是盖洛在 20 世纪 70 年代发现的一种致癌病毒，该发现来自位于国家癌症研究所的盖洛实验室，如果他们的主张是正确的话，那么这种强势的修辞将能够更好地服务于更大的善。即使盖洛从艾滋病患者中分离出了一种与他发现的致癌病毒类似的病毒，他还是错误地声称艾滋病病毒与他发现的致癌病毒属于同一个病毒科。

不幸的是，盖洛的文件中包含的声明带有确定性。主张艾滋病与他发现的病毒之间存在关联的论述缺乏对冲以及将释放出产生于实验室观察的不确定性的信号的限定词。几个实验室检测到了盖洛发现的病毒与从艾滋病患者中分离的病毒之间的明显区别。致癌病毒可以容易地在细胞培养物中生长，因为它能够引起细胞增殖。法国团队发现的病毒的行为表现得更像是可以杀死人类免疫细胞的病原：在培养物中，它杀死细胞而不是增殖细胞，因此它很难培养。即便如此，盖洛的大胆和自信的风格吸引了许多信徒，导致国立卫生研究院（National Institutes of Health）院长于1984年公开宣布盖洛已经发现了艾滋病的病因，并且激励了基于一个癌症模型的无效临床治疗。

挑战一个范式

有时，对共识的挑战会威胁整个范式以及整个领域的基本理论假设。提出位于主流共识之外的解释和解决方案的科学家面临相当大的修辞学挑战。位于旧金山的加利福尼亚大学（University of California）的神经学家和生物化学家史坦利·B.布鲁希纳（Stanley B. Prusiner）的情况就是如此，他于1982年大胆地提出了在科学领域中被认为是异端邪说的观点，在动物和人类中检查感染性的脑部疾病。他指出这些疾病是由不含有核酸的病原引起的，这一主张违反了现代微生物学的中心法则——DNA对于所有生命形式的复制或繁殖是必需的。

布鲁希纳采取了一个大胆的方法来提出这一新的理论并反对主流共识。他于20世纪80年代初在几个期刊中发表了一系列论文集，文中以一种实事求是的风格提出了他的新观点，在标题和引言中指出一种新的病原是引起大脑疾病的原因，人们期望在这方面找到对标准病毒理论的忠实叙述。他也积极推广一个涵盖他的理论的新术语，最终导致了该领域传统病毒学术语的大规模替代。布鲁希纳提出的不含有核酸病原的理论尚未最终确立，但是这种想法确实把这个领域从病毒范式转向了蛋白质范式，同时吸引蛋白质生物学家和遗传学家去探索蛋白质结构和遗传机制在感染性神经疾病上是如何相互作用的。

结　论

如果说之前讨论的例子有启示的话，那就是科学修辞参与了挑战和塑造科学共识或范式的社会力量中。共识信念是客观可靠的信念形成过程的结果，还是一种纯粹的社会建构？关于这个问题，传播学者和科学修辞学的学者会说，无论是哪一种情况修辞过程都是必要的。无论是源于社会的还是经验主义的，客观的可信度的构成仍然需要通过科学修辞的资源来传递。展示方法论的可信度或理论的可信度从来都不是简单地显示或演示某种既定现象的问题，如“眼见为实”。科学家必须从科学语言和科学修辞可用的资源中选择是什么构成了他们工作中的客观可信度。

撰 稿 人：Carol Reeves

另请参阅：Kuhn，Thomas；Rhetoric of Science；Scientific Method；Uncertainty in Science Communication

参考文献

[1] GROSS A G，HARMON J E，REIDY M S. Communicating science：The scientific article from the 17th century to the present [M]. Oxford，UK：Oxford University Press，2002.

[2] KITCHER P. Science，truth and democracy [M]. Oxford，UK：Oxford University Press，2003.

[3] LAKATOS I，WORRALL J，CURRIE G.（Eds.）. The methodology of scientific research programmes：Vol. 1. Philosophical papers [M]. Cambridge，UK：Cambridge University Press，1980.

[4] LATOUR B，WOOLGAR S. Laboratory life [M]. Princeton，NJ：Princeton University Press，1986.

[5] LONGINO H. Science as social knowledge [M]. Princeton, NJ: Princeton University Press, 1990.
[6] REEVES C. Rhetoric and the AIDS virus hunt [J]. Quarterly Journal of Speech, 1998, 84(11): 1–22.
[7] REEVES C. An orthodox heresy: Scientific rhetoric and the science of prions [J]. Science Communication, 2002, 24(1): 98–122.
[8] REEVES C. The language of science [M]. New York: Routledge, 2005.

Scientific Ethos 科学的精神气质

传播学者将精神气质作为一种修辞建构和一种社会或文化型构。一种在修辞上建构的精神气质旨在激发受众对演讲者和作家正确的判断力、良好的道德品质和善意的信心和信任。亚里士多德（Aristotle）认为，以上这些都是道德示范的组成部分。为了争取大量的、多样化的受众，演讲者和作家必须利用良好品质的普遍观念。精神气质也被理解为人们对于良好品质或道德品质的基本态度，这种品质可以由某种文化的成员随时分享，与这种文化的世界观相互交叉融合，以及通过各种社会机制得到发展和维护。

科学的精神气质更具体地是指演讲或文本中科学品质在修辞上建构的映射，以及对科学和科学家的品质在文化上驱动的观念。本土建构的科学精神气质以多种有趣的方式与文化建构相互对立和相互融合。

界定科学和科学家正确的判断力、善意和良好的道德品质的伦理价值是由科学实践产生的，并得到更广泛的文化规范的支持。在所有的科学领域，实际的欺诈行为会通过专业途径和司法途径得到谴责和惩罚，而诚实的科学家要确立科学公信力必须通过实验报告、公共演讲和资助提案中建构的精神气质来说明他们遵从整个科学共同体的道德承诺。那些承诺包括无私、去人格化、尊重和怀疑。

一个出现偏见、教条、自恋或党派政治倾向的科学家将不会被认为是可信的，即作为一个拥有正确的判断力、善意和良好的道德品质的科学家。例如，即使一个科学家给出了可信的、合乎伦理的研究报告，但是如果该报告未能体现合作人员的功劳而是自我吹嘘，他（或她）也有可能招致同行的愤慨。

即使是最看似技术性的论据，也出现了可信赖的科学精神，并且会在获得有关期刊出版和赠款资助的有利决策方面成为一种决定性因素。在某种程度上，一种科学精神气质通常通过文本特征建立起来。被动语态会将语气去人格化，从而把注意力从行动者及其所在机构上转移开来，并关注所考察的现象，同时也阻碍了自我吹嘘的任何语言策略。适当地使用对冲术语来减少确定性，表明了作者的无私。遵循引文的仪式显示了对公共生产的知识和同行工作的尊重。当科学家承认自己研究中的缺陷并对数据的阐释提供替代性方案时，他们也展现出了无私。

类型、长度要求、期刊、潜在受众、主张的本质，以及其他社会因素（包括科学家在科学共同体的地位）都会计算到如何最好地建立可信度的决策中。

情境或个人禀赋可能导致科学作者对他们想要传达的精神气质做出非凡的选择。提出直面科学文化和大众文化信念的革命性主张的科学家可能在这两个领域中都会吸引到道德方面的投资。自相矛盾的是，这些情形可能会要求作者在听取非传统的想法时传统一些，并且在说服那些实际上不是非常激进的观众时甚至具有激进的创造性。

三个历史上的事例

也许在这种挑战方面最引人注目的例子就是查尔斯·达尔文（Charles Darwin）1859 年的著作《物种起源》（*Origin of the Species*）。虽然进化或后代渐变的观点并不新颖，但是达尔文自然选择的理论挑战了科学同行之间的经验主义思维模式，科学同行对他持怀疑态度，并坚持认为他缺乏对实际样本的证据和密切观察来进行适当的归纳以支持他的主张。自然选择也与上帝计划中人类居于首位的更广泛的文化信仰相矛盾。

对达尔文修辞学的主要研究揭示了达尔文是如何利用修辞学上的归纳法来面对这种反对意见的，他通过一系列的类比将不同类别的证据以及读者头脑中有意向的文化知识和信念连接在一起。通过对类比和其他资源的利用，达尔文建立了一种让他的观点在赢得读者支持上发挥决定性作用（即使不是即刻的赞同）的科学上的和个人的公信力气质，善意和正确的判断力。

报道一个期待已久的发现或解决一个棘手问题的科学作者可能会将这些人的特征描述为自信、具有个性和大胆，而不是怀疑、无私和谨慎。弗朗西斯·克里克（Francis Crick）和詹姆斯·沃森（James Watson）在 1953 年发表于《自然》（*Nature*）期刊的论文中公布了 DNA 的双螺旋结构，作为一项开创性研究，他们避免了通常所用的惯例来对科学散文去个性化，而是传递了一种冒犯了一些观众自信的、略微无礼的科学品质。

论文的第一句话“我们希望提出一种脱氧核糖核酸（DNA）的结构”强调了渗透在整篇论文中的他们自己的机构和一种绅士语气。在他们的模型提供的“相当大的生物利益”的大胆声明中激发出了高度自信。克里克和沃森并没有对莱西斯·鲍林（Linus Pauling）提出的 DNA 模型表示敬意，而是毫不犹豫地将其称为“不够好”。大胆自信、无畏的精神气质是耐心、温和与谨慎的科学品质的对立面。修辞上建构的科学精神气质的研究旨在确定激发作者做出选择的因素，以及这些选择对观众可能产生的影响。

在一场争议中，当科学作者为科学共同体对他们主张的有效性而进行竞争时，可能出现两种相反的科学精神气质——大胆和谨慎。这种争议的一个事例发生在 20 世纪 80 年代初期，当时的医学科学试图确定艾滋病的病因。两个研究小组，其中一个来自美国国立卫生研究院（National Institutes of Health）的国家癌症研究所（National Cancer Institute），另一个来自巴黎的巴斯德研究所（Pasteur Institute），都发表了从艾滋病患者血液中分离出病毒的报告。美国团队的精神气质是大胆、自信和自我吹嘘。该团队的领导者鲍勃·盖洛（Bob Gallo）作为人类 T 细胞白血病病毒的发现者享有国际知名度。法国团队由一个不知名的人物让·卢克·蒙塔尼耶（Jean Luc Montagnier）领导，该团队的精神气质是谨慎、间接和尊重。

虽然美国团队相信他们已经发现了艾滋病的病因，并在文章中显示了这种信心，但他们是错误的。尽管法国团队有令人信服的证据表明他们发现了真正的艾滋病病毒，但在一个关键的时间段内，由于他们声明中出现的谨慎和迟疑的品质使他们没能引起人们的注意。

描述了错误病毒的美国团体使公共卫生官员和临床医生相信他们的发现是正确的，因而导致了误导性的大众宣传，更导致了无效的实验性治疗。

另一个类似的事例发生在研究传染性神经疾病，如疯牛病，以及它在人类中的变异性疾病的领域，如克雅氏病。在20世纪80年代初，加利福尼亚大学旧金山分校（University of California at San Francisco）的神经学家史坦利·布鲁希纳（Stanley Prusiner）提出了一种高度非正统的理论，即这些疾病是由不含DNA的感染性蛋白质颗粒引起的。在实验报告中，他建构了一种大胆的企业家风气，当教条不再起作用时，他会舍弃教条，并考虑可能性较小但更有趣的可能性。

他的反对者，即那些德高望重且长期涉足该领域的学者，因他的这种自负感到震惊，公开反对这个他们认为的异端理论。一个特别的资深科学家告诫他，当通过常规方法能对更简单、更容易的解释进行更好的支持时，急于完成一个新颖的观点是不必要的。在做出这个主张方面，作者表现出了一种尊重共同性，以及知识积累背后缓慢但可靠的过程的温和的、有耐心的科学家的精神气质。他当然没有兴趣兴风作浪。然而，布鲁希纳遭遇到了该领域发展进入死胡同的时期。虽然看起来很明显（病毒是最可能的原因），但是传统的解释并没有产生出任何有效的治疗。即使非常小的病毒也可能引起所有的损害，但是在被感染组织的高浓度样本中没有分离出任何病毒，也没有检测到任何病毒核酸。

因此，布鲁希纳大胆的策略引发了人们对他的主张的关注，并且在该理论的实质证据出现之前，这个策略可能已经诱使该领域从病毒到蛋白质的重大知识变迁。事实上，多年来，布鲁希纳自信的精神气质掩饰了大量证据缺乏的状况，甚至到了今天，他最初的想法还没有被明确证明。然而，该想法开启了一些领域的新的研究系列，布鲁希纳也因此荣获1997年的诺贝尔奖（Nobel Prize）。

明星科学

在科学共同体之外，科学精神气质的文化型构来源于各种社会机制。在文化上与公共事件，如原子弹开发、太空项目、登月计划，第一个试管婴儿或第一个克隆动物等关联的个人科学成就有助于形成同把科学家视为英雄或者根据结果把他们视为疯子、不道德的或者对科学进展的社会反响过于天真的相对立的观念。当对公共卫生问题进行报道时，如艾滋病和癌症，媒体沉迷于对科学家的戏剧性文化叙述，把他们描述为寻找线索的侦探，道德战争中的勇士和发现新世界的勇敢探险家。

明星科学家有助于科学精神气质的文化型构。他们可能把科学家的公共精神气质作为英雄式的，并且利用他们自己的文化修养对公共政策直言不讳，尽管有时会带来不幸的后果。DNA双螺旋模型的共同发现者之一詹姆斯·沃森曾在几个场合公开地提出是遗传而非环境差异解释了人类种群中不同的智力水平。他认为白人和亚裔学生智力测试的得分高于非洲裔的学生的趋势是基于遗传的人类种群智商的差异，尽管遗传学家普遍认为智商测试存在缺陷，并且智商的组内差异比组间差异更大。

受社会达尔文主义和优生学运动的影响，沃森认为科学家在道德上一定要设计基因治疗以消除身体和精神疾病，并均衡智力水平。虽然受到其他科学家和评论家的严厉攻击，但沃森仍然得到了一些公众成员的赞扬，这些人无法将权威的科学精神气质与他的批评者认为他具有的已经过时的科学精神气质分离开来。

结　论

科学精神气质的广泛文化映射进入了某种文化成员持有的事情或者应该是某种方式的更

一般的想法中。在美国，个人主动性和责任感是广泛分享的价值观，所以科学往往被误解为个人的一个论坛而非公共成就的论坛就不足为奇了。然而，进入到个人主义崇拜之中的科学家在公开发表观点时可能会伤害他们的科学同行，并且更糟的是，可能无法就科学事业对公众进行教育。当科学家在提供公共卫生新闻、自然灾害警告或提出如何对冥王星进行分类的论点时，外行受众期望他们看起来权威且自信，这导致了明星医生和明星科学家的崛起。作为来自科学世界的信使，他们必须永远不能犯错，免得降低公众对科学家发现的事实总是正确的信任，这实际上是一种误导。

撰 稿 人：Carol Reeves

另请参阅：Crick，Francis；Darwin，Charles；Rhetoric of Science；Visible Scientist；Watson，James D.

参考文献

[1] CAMPBELL J A. Why was Darwin believed? Darwin's Origin and the problem of intellectual revolution [J]. Configurations，2003，11：203-237.

[2] HALLORAN S M. The birth of molecular biology：An essay in the rhetorical criticism of scientific discourse [J]. Rhetoric Review，1984，3（1）：70-83.

[3] REEVES C. Rhetoric and the AIDS virus hunt [J]. Quarterly Journal of Speech，1998，84（11）：1-22.

[4] REEVES C. An orthodox heresy：Scientific rhetoric and the science of prions [J]. Science Communication，2002，24（1）：98-122.

[5] REEVES C. The language of science [M]. London：Routledge，2005.

Scientific Journal, History of 科学杂志的历史

科学书籍先于科学杂志出现，并且是 16 世纪自然哲学家之间主要的交流方式。我们很难想到除安德雷亚斯·维萨里（Andreas Vesalius）的《人体构造》(*De Humani Corporis Fabrica/On the Fabric of the Human Body*）和尼古拉斯·哥白尼（Nicolaus Copernicus）的《天体运行论》(*De Revolutionibus Orbium Coelestrium/On the Revolutions of the HeavenlySpheres*）这两本之外对科学很重要的著作了，这两本书均出版于 1543 年。在随后的几个世纪里，书籍依然很重要。17 世纪出版了罗伯特·胡克（Robert Hooke）的《显微图谱》(*Micrographia*）和艾萨克·牛顿（Isaac Newton）的《自然哲学的数学原理》(*Principia*)，18 世纪出版了牛顿的《光学》(*Optics*）和安托万·拉瓦锡（Antoine Lavoisier）的《化学基本论述》(*Elementary Treatise on Chemistry*)，19 世纪出版了查尔斯·莱尔（Charles Lyell）的《地质学原理》(*Principles of Geology*）和查尔斯·达尔文（Charles Darwin）的《物种起源》(*Origin of the Species*)，20 世纪出版了西奥多·杜布詹

斯基（Theodore Dobzhansky）的《遗传学与物种起源》（*Genetics and the Origin of Species*）和大卫·拉克（David Lack）的《达尔文雀》（*Darwin's Finches*）。然而，很明显的是，科学杂志中聚集的科学文章逐渐地让科学书籍的重要性黯然失色。几个世纪之后，杂志和文章都有所变化，杂志服务于日益多样化的科学共同体，而文章则服务于有效传播的需要。

17 世纪

在 17 世纪，信函被认为是对科学发现进行快速传播的第一种选择是可以理解的，并且信函这种媒介的局限性很快被感知到也是可以理解的。在法国和英国都存在这种观念，巴黎和伦敦分别是各自的科学活动的中心。在 1665 年，丹尼斯·德萨洛（Denis de Sallo）开始出版《学者杂志》（*Journal des Sçavans / Journal of the Learned*），亨利·奥登伯格（Henry Oldenburg）创办了《哲学汇刊》（*Philosophical Transactions*）。科学杂志及其文章诞生于为能够同时满足两种需求提供一种传播媒介的需求：向越来越多的受众尽可能快地传播科学新闻，以及为科学发现建立优先信用。在这些早期的努力中，涌现了三个继续标明科学传播界限的特征：在句法和词语选择方面的一种风格或一种独特的模式；描述的一种形式或其中文本、表格和图像被排列的一种表现形式或一种独特的顺序；在支持知识主张方面对证据进行争论或罗列的方式。

在 17 世纪，法国和英国的科学散文风格在这最早的两本杂志和法国皇家科学院（Acad émie Royale des Sciences）的《回忆录》（*Mémoires*）这本在 17 世纪与 18 世纪最著名的法国科学杂志中并没有明显差异。那种风格已经开始映射客观性。文字的点缀基本上不存在，并且有一种偏向于完全客观的表达方式——偏好调查对象胜于调查者。至于文章的描述性特征，法国和英国之间也没有什么区别。虽然很明显没有共同的演示系统，但是人们在如今杂志的文章中随处可见一个已经客串的系统的要素：明确说明内容的文章标题、情景化一个研究问题的导言，以及提出一种知识主张的结论。在这些最早的杂志中也出现了引文、小标题以及带编号的图片和表格，但这些仅仅是偶尔出现的，没有统一的格式。

总的来说，无论 17 世纪科学杂志的作者是哪国人，他们都在对自然界经验性知识的共同追求方面满足国际性读者的需求。然而，却有一些在性质上是国家性的趋势。不过大陆科学的旗舰性事业——法国皇家学院，对弗朗西斯·培根（Francis Bacon）建立一个科学事实与人工制品博物馆的梦想并不感兴趣，因为他们早期关于动植物的工作表明，他们对理论论据的关注要比皇家学会（Royal Society）强得多。此外，法国的大科学家高度强调把定量化、视觉表征以及目击者观察和实验结果作为理论的基石。虽然大规模的科学专业化直到 19 世纪中期才发生，但是法国科学的初始专业化在法国科学院的最初几年以及其会员通常发表他们研究成果的两本期刊，即《学者杂志》和《回忆录》中就很明显了。相反，尽管同皇家学会联系密切，早期的《哲学汇刊》还是会发表其共同体内部和外部人员的文章，包括海员、医生、世界旅行者和欧洲大科学家发给编辑的科学通信。幸亏其创始人和首任编辑亨利·奥登伯格在《哲学汇刊》扉页承诺它发表有关世界各地的“事业、研究和体力劳动”的报告。该杂志中的观点赞成报道根据实验观察导出的事实，而不是理论性解释。

18 世纪

在 18 世纪，专业杂志首次出现于法国和德国。在法国，有《化学纪事》（*Annales de Chimie/ Annals of Chemistry*）和《物理学观察和回忆录》

(*Observations et Mémoires sur la Physique/Observations and Memoirs on Physics*)。德国是科学共同体的一个新加入者，它有《化学年鉴》(*Chemische Annalen/Annals of Chemistry*)、《天文年历》(*Astronomisches Jahrbuch/ Astronomical Year-book*)和一本矿业杂志《伯格曼杂志》(*Bergmanisches Journal*)。无论科学文章发表在哪种杂志上，它们都展现出了至今仍然发挥作用的三个中心趋势。第一，科学风格从偶尔且公开的社会风格和个人风格转变为几乎全部的非个人风格。这种转变是通过多种方法实现的：更少的个人代词同更多的被动动词而非主动动词的结合，更少的任何种类的文学措辞，以及减少表达人类行为而不是自然行为的动词。第二，科学风格变得比口头语更加有象征性。在这种风格中，复杂的名词短语开始在主体位置中取代简单的短语。第三，描述性特征摆脱了人们在信件或新闻项目中期望的最低条件。很明显这种转换是更好地展现复杂信息（如标题、配图、引用编号系统和视觉画面）的各种形式要素，用于更好地表达复杂的信息（如标题、图片说明和图形），以及帮助读者理解的文章的实质性要素（如对一个研究问题进行陈述和情境化的引言，以及对一种新的知识主张进行陈述和情境化的结论）。

在 18 世纪，可以在杂志风格和表现上发现一些显著的国家差异。一般来说，法国比英国或德国更接近 20 世纪和 21 世纪的规范。这绝非偶然：17 世纪法国科学是一个小规模的专业事业，并一直延续到 18 世纪，而在同一时期，英国科学则保持了业余爱好者与专业人士和绅士专家自由交融的健康组合。英国实践的结果是，向皇家学会以及其他英国科学学会的许多通信实际上是指向一个学术性群体的信件。这样一来，他们的传播实践主要是通过写信规范所形成的，其次是通过叙事规范形成的。德国的实践比法国更接近于英国。这是可以理解的，因为在 18 世纪末期德国科学的科学共同体正在形成。尽管存在这些国家性的差异，但 18 世纪末三个国家所有的科学共同体都出现了更新的惯例，并且处于取代旧的惯例的过程中。

总的来说，18 世纪的论证与 17 世纪并没有很大的不同。所有三种语言所强调的重点都是建立观察的事实，法国人对数学和理论表现出强烈的兴趣。视觉表征还通过类似于 17 世纪所使用的方法支持作者建立观察事实的努力，主要是数据表和现实主义的绘图以及自然和人造物体的原理图。

然而，在 18 世纪的最后 25 年，对科学及其新的事实和解释的论点方面，似乎发生了重要的事情。在这段时间里，化学被永久地改变了；地质均变论成为一种可行的理论；电学和古生物学成为科学；在工业革命的推动下，应用科学开始快速发展。在这最后 25 年里，在科学论证方面，对观察结果进行报告和系统化，以及证明实验结果的标准有所提高。这种变化的发生归因于几个合流的现象：天文观测的准确度和精确度的提高，生物学和地质学分类更复杂的系统化，以及对实验中方法严格性的更大关注。由于数学论证渗透到许多不同的科学分支中，以及与特定科学相关的因果解释的出现，一些科学解释也发生了改变，例如，化学中的燃素理论和物理学中的交互引力。最后，在此期间，视觉素材不仅描绘和记录了新的事实，它们也在很大程度上通过几何图表和原理图的形式代表了基于计算的预测和形象化的理论。

19 世纪

在 19 世纪，德国、法国和英国出现了自然史和物理科学的第一批专业杂志。例如，《显微解剖学档案》(*Archiv für Mikroskopische Anatomie/Archive for Microscopic Anatomy*)、《药学与化学学报》(*Journal de Pharmacie et de Chimie/Journal of Pharmacy and Chemistry*)和《伦敦昆虫学会会刊 》(*Transactions of the Entomological Society of*

London）。此外，在19世纪，科学杂志的数量不仅是稳步增加，而且是急剧增加：1700年的杂志数量还不到10个，1800年大约为100个，到1900年则达到了1万个。

在某些方面，19世纪杂志中出现的文章的典型散文看起来更接近于17世纪的风格，而不是20世纪和21世纪那些高度压缩的、中性的、单调的散文风格。此外，隐含的受众仍然包括狂热的业余爱好者和言简意赅的专业人士。个人的、公开争论的，以及新闻的要素仍然至关重要。然而，这种趋势主要是面向当前的规范。一个主要的表观系统正在成熟。它的形式要素有意义地分离和协调着科学文本中的各种交流单元：题目和作者信誉、标题、隔离于文本的方程式、用神话提供的视觉图像，以及标准化为格式和位置的引用。同时，在本质上主要面向读者的要素是：阐述将会发生什么的引言，对过去发生了什么进行总结的结论，并偶尔提出接下来会发生什么。

19世纪科学杂志中的论证实践越来越多地受到一种对于事实精确性的控制，加之对更加清晰理论化的系统性，导致更加清晰的理论化。例如，分类学成为对生命物质进行的科学：对物种进行命名的林奈双名制精确地描述了所讨论的物种占据的概念空间。而在生物学中，理论有时可以使用生物分类数据表，在另一种历史科学，即地质学中，整个行业经历了从描述到理论、从科学事实到科学原因的转变。在物理学和化学的案例中，这种转变稳步地朝着一个方向前进：将定性经验转化为定量的事实并在实验与理论之间建立一种永久的互易性。这种互易性也存在于生理学这种生物科学中，问题不在于这种科学是否是生物学还是物理学，而在于实验方法与准确的理论化相结合的时机是否成熟。

但是，在各种科学融合成一个能够解释整个自然界的单一理论方面是没有意义的，相反，每种科学都存在适合它本身的解释性结构。这些解释过去是且现在也是化学解释、地质学解释、物理学解释、生物学解释。随着科学的发展，它们会产生分歧而不是融合。化学家开始关注元素的性质和它们结合形成化合物的方式。地质学家开始参与地球物理特征的描述和阐述历史因果关系。物理学家越来越多地关注基本实体和基本力量之间关系的数学性描述。生物学没有成为一门科学，而是一种科学的联合，一个非常多元的事业的集合，从分类学到生理学再到进化论。在一个单一的学科里，没有那么多劳动的分工，有的是在概念上共同之处越来越少的学科的松散联合体。

然而，尽管存在这些差异，但19世纪杂志的论证程序对于科学来说是普遍的，所有人都致力于将观察和实验结果转化为科学事实。19世纪初，这项工作是通过准确的现象描述完成的，后来，相同的工作通过使用越来越复杂的科学仪器的精确测量来完成。所有的科学也转向用准确的理论化来解释事实。在不同情况下，通过探索给定情况下科学推理的极限，语言论据和视觉论据成为将事实与理论联系起来的一个桥梁。

20世纪

20世纪见证了科学杂志数量的增加，超越了皇家学会创始人的视野，并达到了早期法国皇家科学院成员无法想象的专业化程度。《物理评论》（*Physical Review*）的简明史揭示了20世纪文献中专门的研究信息的显著繁殖力和突变率。康奈尔大学（Cornell University）物理学家爱德华·尼科尔斯（Edward Nichols）于1893年推出了这本杂志，并于1913年纳入美国物理学会（American Physical Society）中。该杂志最初包含了未删节的研究文章、短篇通讯和书评。1894年发行的6期共有747页，包括不足20篇文章和20篇短评和书评。在1900—1960年，每年出版的文章数量大约每15年就翻一番；1960—1965年再次翻了一番，超过2000篇文章，大约14000页。在1970年，该评论被细分为四个部分，每个部分作为单独的杂志发行：A刊，一般物理学；B刊，固态物理；C刊，核物理；D刊，粒子和场。1947年的A刊比当年所有的《物理评论》都要长。A刊和C刊于1975年被再次细分为5个子部分。1993年,《物理评论》开创了另一个专刊：E刊，统计物理学、等离子体、流体，以及相关的跨学科专题。目前，A刊到E刊每年充满了数以万计的信息丰富的页面，刊载了全世界美国物理学会4万名会员的数千篇文章。虽然《物理评论》在数量上比17世纪发表的所有文章多很多，但它只是全球科学文献的一小部分。值得注意的是，在20世纪，英语成为科学的主导语言，这体现在许多不仅起源于欧洲，而且起源于俄罗斯、日本和中国的许多杂志中。

尽管在专业内容上有所不同，但20世纪科学杂志中的文章表现出共同的文体特征。这些文章的句子比前几个世纪的句子更短，句法上更简单，也就是说，每句话的从句更少。同时，携带句子内容的信息有所增加，因为句子越来越多地围绕着一个中心名词、缩略语和首字母缩略词、数学表达式、量化图和引用而利用带有多重定语的复杂名词短语。在这种句子高度简练的风格中，物质世界控制着核心位置。这种现象一个高度可见的标志是高度依赖英语科学散文中的被动语态——将事物和抽象放在主体位置的语态。其他标志包括个人代词或其他形式的个人表达的低使用率，以及表达非人的自然行为而不是人的行为的动词的频繁出现。个人的、争论的以及新闻的要素在很大程度上是没有的。在所有情况下，风格通过采用自然语言的资源对描述一个复杂物质世界的特殊需要做出反应：它将这个物质世界越来越多地摆在句子中的特殊位置上，即主体地位；它把名词短语的结构作为越来越多的认知内容的载体；它通过减少句子长度和每个句子相应的从句数量来简化句法。

20世纪科学文章最显著的一个特点是它的呈现方式：一个有关标题、图形图例、编号引文和编号方程的精细的定位系统。这个灵巧的定位系统还允许科学家读者更容易地在文章的各种组件之间浏览，这样他们可以提取理论、方法、结果和结论的期望信息，而不必从头到尾地读取文本。这个标准布置就像地图一样，允许读者轻松地将注意力集中在选定的部分。这节省了科学家的阅读时间。

与前几个世纪相比，作为在一些研究前沿的情境下引证的结果，20世纪的科学论证有两个定义明确的、同等重要的分层：语言和视觉。语言分层通常由设置问题的引言、有关研究设备和解决问题的程序的详细信息、从利用这种设备和这些程序而推导出来的事实、对事实的理论解释和由这些程序产生的新知识主张的总结组成。与前几个世纪相比，作为现代科学文章每一部分的基础的引证模式表明论点本身既是社会的，又是个人的。论点也转向视觉：方程式利用数学的符号语言来解释世界如何运转；借助行和列中展示的数据对事实和解释进行安排；图表描述了数据趋势和因果机制；原理图总结了理论建构；照片和图片展示了物体的性质和研究实验室。实际上，由风格和展示方式启动和促使的语言和视觉的交互构成了现代科学争论实践的核心。

21世纪

在21世纪，网络杂志出版是主流的新趋势，通常与印刷杂志同时出现。美国物理学会分别在1998年和2005年推出了两个仅在线发表的物理杂志。虽然网络出版对写作风格没有太大的直接影响，但展现形式是另外一回事。基于网络的科学文章看起来与当前的印刷版本明显不同。网络出版加速了文章的模块化。现在网络链接允许读者更容易地获取他们最感兴趣的资料，不管是一个摘要、图形或表格、文献目录信息，还是同一作者的传记和其他出版物。模块化排列的基本单元已经变得更加独立，因为科学家已经认识到，他们所写的实际上是一个超文本文档，很少会被反复阅读。网络也改变了文本的“互文性”状态：读者能够从一篇文章找到引用它的文章，也能从这篇文章找到它引用的文章。相关链接向读者提供了作者在研究项目过程中收集的额外数据，以及更详细的方法描述。图像也经历了类似的变化：有用于生成图形的数据和方法的相关链接，还有能移动并产生声音的图像，以及让科学家读者可以从不同角度操纵以观看的三维图像。彩色摄影和图表正在蓬勃发展，特别是在天文学和分子生物学等专业中。编辑和平面设计师将继续把科学杂志及其文章的呈现形式用于新的主要媒介：通过网络把电脑屏幕和全球的科学杂志图书馆连接起来。

结　论

随着时间的推移，科学杂志已发展为一个旨在满足不断变化且不断新兴的科学共同体的需求的复杂网络。同时，科学文章已经演变成体现其当代具体化特征的复杂的风格、呈现和论点。当然，这种演变并不意味着当前的具体化比 17 世纪或 18 世纪的那些“更好”。进化理论与任何意味着连续改进的进步概念是不相容的，例如，一种说法是，尼安德特人好，克罗马农人更好，智人最好。任何进化理论所能容忍的“更好”的唯一概念是“更适应”当时主导的条件。科学杂志的历史支持这样一种假设：科学杂志当前的传播实践和争论性实践成为并将继续成为变化和选择性生存的一种结果。

撰 稿 人：Alan G. Gross and Joseph E. Harmon

另请参阅：Royal Society；Scientific Method；Scientific Societies；Visual Images in Science Communication

参考文献

[1] ATKINSON D. Scientific discourse in sociohistorical context：The Philosophical Transactions of the Royal Society of London，1675–1975 [M]. Mahwah，NJ：Erlbaum，1999.

[2] GASCOIGNE R M. A historical catalogue of scientific periodicals，1665–1900，with a survey of their development [M]. New York：Garland，1985.

[3] GROSS A G，HARMON J E，REIDY M. Communicating science：The scientific article from the 17th century to the present [M]. New York：Oxford University Press，2002.

[4] HALLIDAY M A K，MARTIN J R.（Eds.）. Writing science：Literacy and discursive power [M]. Pittsburgh，PA：University of Pittsburgh Press，1993.

[5] HYLAND K. Hedging in scientific research articles [M]. Amsterdam：John Benjamins，1998.

[6] KRONICK D A. A history of scientific & technical periodicals：The origins and development of the scientific and technical press，1665–1790 [M]. Metuchen，NJ：Scarecrow Press，1976.

Scientific Method 科学方法

对于那些解释科学发展的人来说，通常对是什么让科学探索与众不同予以理解和传播是非常必要的。科学不同于其他形式的调查，如哲学或数学，虽然科学经常借用其他学科。从传统上来说，解释是什么让科学变得独一无二涉及对通常被描述为科学方法的东西进行解释。这意味着有一套将科学推理与其他调查模式区分开来的明确的程序或策略。然而，近年来，那些描述科学本质的人已经意识到，事情比原来想象的更加复杂和微妙。虽然很明显，许多科学家拥有各种各样的目标、方法和实践，但大多数评论家都认为，有一系列将科学方法定义为一个神话的整洁且简单的原则。要理解这一点，对引发现代科学思想的关键历史事件进行考虑是有所帮助的。

科学革命

在人类历史中，人们已经知道并接受了科学调查研究的各种维度。例如，亚里士多德（Aristotle）提供了物理学、生物学和宇宙学的详细理论。然而，在这段历史的大部分时间里，科学与宗教推理、哲学推理或神奇的推理没有明确的区分。一次重大的转变发生于科学革命期间，它从 16 世纪持续到 18 世纪中叶。

在 1543 年，波兰天文学家尼古拉斯·哥白尼（Nicolaus Copernicus）出版了一本书，该书对地球是固定的且处于宇宙中心的主流观点发起了挑战。作为地心说设想的替代观点，哥白尼坚持认为，各种观察都表明太阳位于宇宙的中心，地球围绕太阳转动。哥白尼的理论遇到了巨大的阻力，部分原因是它意味着人类不是宇宙的中心。天主教会禁止出版宣传日心说的任何书籍。然而，这个理论在 17 世纪中期被广泛地接受。这在很大程度上是由于像约翰尼斯·开普勒（Johannes Kepler）这样的天文学家的理论得到了重大发展。

开普勒改进了哥白尼行星运动的理论，伽利略·伽利雷（Galileo Galilei）引入了对这个理论也有所影响的显著的方法论的变化。通过对望远镜设计的巨大改进，伽利略继续做出了一些证实日心说模型的天文发现。也许更重要的是，伽利略开发了一个包含地球动力学的更全面的自然运动理论，并且该理论也是以实验观察为基础的。伽利略的科学着重强调把数学，特别是几何学作为对移动物体的动力学进行建模的方法。由于他在描述物理现象时的假设检验和数学严格性的热诚投入，许多人把伽利略当作第一位真正的现代物理学家。

物理学的进一步发展源于思想家的贡献，例如，弗朗西斯·培根（Francis Bacon）和雷内·笛卡尔（René Descartes）。培根重申了亚里士多德归纳法的重要性，由此可通过重复的观察来揭示自然规律。与此相反，笛卡尔知识的概念不再强调观察的作用，而是强调来自基本原理的演绎推理的关键作用。两个人都提倡“机制”，其观念是物理世界像机器一样运行，其中复杂物理系统的行为是由于其组成的微小颗粒（“微粒”）的类律行为。

艾萨克·牛顿（Isaac Newton）的工作把科学革命推向了高潮，其全面系统的物理学被认为是科学理论化的范式。他于 1687 年出版的标志性著作《自然哲学的数学原理》（*Principia*）

把前辈学者的想法汇集成一个适用于天体领域和地球领域的宏伟的、总体的理论体系。虽然伽利略暗示同样的原理适用于天体和地球上的物体，但他没有开发一个包含两者的系统理论。相比而言，牛顿表明普遍的法则既解释了行星的轨道又解释了坠落到地球上的物体的行为，如平方反比定律。牛顿物理学表明了在揭示现实的终极本质方面仔细观察、数学分析、假设检验和逻辑推理的强大作用。科学思想中的其他重要发展都包含了许多这些相同的方法论原则，如罗伯特·波义耳（Robert Boyle）在化学中的贡献，或者后来阿尔伯特·爱因斯坦（Albert Einstein）的狭义相对论。

几个核心思想通常与科学的方法论有关，一般来说，归入两个主要的体现形式：①仔细、有时是辅助的观察和严格实验的重要性。②对某种抽象形式论（像几何学这样的数学系统或是一个以归纳规则和演绎规则为基础的逻辑系统）的需要，这种抽象形式论可以组织观测数据，对世界的动力学建模，以及适当地利用结果得到更多解释性和预测性的理解。第一个原则形成了被称为经验主义的知识理论的基础。经验主义者坚持观察是形成知识的基石，但大多数人也认识到原始数据需要通过推理来进行系统化。这套原则成了开始于20世纪早期和中期的对科学方法和科学推理进行更加激烈的尝试的背景。

逻辑经验主义：科学 = 逻辑 + 观察

在对科学方法进行界定方面，也许最具野心的尝试起源于位于维也纳的一群在两次世界大战之间被称为“逻辑经验主义者”的思想家的工作。他们的核心主张之一就是只有对世界的陈述（而非同义重复）在某种意义上是可验证的时候，它们才是有意义的。也就是说，至少在原则上需要有一种能够对断言的东西进行验证的观察。这个观点被用来界定和促进科学方法，因而扩展了早期经验主义者有关世界的知识建立在我们感知的基础上的观点。许多逻辑经验主义者也提出了这样的观念，即用逻辑规则来对我们应该处理我们的认知进行指导。其中大部分来自卡尔·亨佩尔（Carl Hempel）的著作，他在20世纪50年代发表了一些关于科学解释和证明的逻辑的重要的、有影响力的作品。

为了理解亨佩尔和其他人认为是科学推理核心的观察和逻辑之间的关系，请参考下面这个简单的例子。下面是教科书中演绎论证的结构：

1. 所有的人都是凡人。
2. 苏格拉底（Socrates）是人。

因此，苏格拉底是凡人。

这是一个通用的三段论，其中前提1和2在逻辑上导出了结论3。它有一个有效的形式——我们知道如果前提是真实的，结论必须是真实的。论点的抽象形式可以通过以下方式进行模式化：

1. 所有P都是Q。
2. X是P。

因此，X是Q。

现在考虑一个科学推理的小花絮。假设你在实验室中构造某种类型的设备，关键部件是必须精确地装配到插槽中的一个铜杆。在早上你安装铜杆时，它完全适合。不久之后，空调坏了，温度上升到更高的水平。在清洁铜杆后，你尝试重新安装它，但它不再适合。你对铜杆进行了测量并发现它比以前稍微长了一点。你考虑可能的解释并最终回忆起了一个你曾经学过的科学原理：所有的铜在加热时都会膨胀。当把这和你对铜杆实际上因为空调坏了而被加热的知识结合起来的时候，谜题就解开了，并且你对铜杆变长的原因有了一个令人满意的解释。

在这个科学推理的小片段中，你利用一个科学原理对轻微的异常进行了解释。需要解释的现象实际上是铜杆因某种原因膨胀了。人们有时将这称为被解释项——对需要解释的东西的语句表达。解释由两个进一步的事实（或因素）来完成：所有加热的铜都膨胀，并且铜杆是加热的铜的实例。我们可以这样表示这个解释的整体结构：

A. 所有加热的铜都膨胀。

B. 该铜杆是加热铜的实例。

C.（这解释了为什么）铜杆膨胀了。

现在很容易看到科学推理和逻辑之间的联系。注意，这个解释策略的整体形式与以前提出的演绎三段论完全一样。解释项 A 和 B 类似于前提 1 和 2，被解释项 C 看起来像是逻辑论证的结论。亨佩尔认为涉及法则和具体观察的科学解释一起导致了观察到的现象，就像前提带来了逻辑论证中的结论一样。这被称为科学解释的“覆盖律”模型。

然而，对于亨佩尔来说，科学与逻辑之间的联系并不停止于解释。科学的另一个关键方面是预测。假设我们推理的起点不是 C，即观察到我们的铜杆已经膨胀，而是 A 和 B。鉴于所有的铜在加热时都膨胀这个事实，以及知道我们实验室中的杆是铜的，我们就可以推测出它在加热时确实会膨胀。换句话说，陈述之间的预测关系也可以通过相同的逻辑形式来获取——A 和 B 使得我们可以预测 C，因为它们在逻辑上导出了 C。

科学的其他重要方面是什么？ 参考一下归纳公式和法则的实证检验。对 C 和 B 表达的这类条件的重复观察会驱使我们形成像 A 这样的普遍通则。此外，对 C 和 B 的进一步观察——在这个例子中是被加热的铜会膨胀——让我们确认了 A。这里要注意的是，推理是归纳的而不是演绎的，因为 B 和 C 可能是真的，而 A 是假的。然而，如果我们认为 A 是需要测试的科学假说，那么当加热时观察到的铜膨胀就支持了这个假设。如果产生了不同的结果——如果加热的杆没有膨胀，那么我们就不能证实 A，也许会让我们拒绝它。

在“玩具”例子中，我们看到了一个有关科学的几个关键维度的本质非常可信的故事，特别是解释、预测和假设检验。这表明科学就像一个逻辑机器，它将观察作为输入，然后转动演绎推理和归纳推理的曲轴，产生理论、解释、预测和科学的其他维度。对于亨佩尔和其他人来说，科学方法似乎可以简化为一个由逻辑和观察数据所驱动的一个直接的微积分。

不幸的是，许多评论家（包括亨佩尔）很快意识到，这个简单的描述有一些严重的问题。一个众所周知的困难就是覆盖律模型使得太多的东西被视为科学解释。根据亨佩尔的看法，我们可以使用旗杆的高度和太阳的位置来解释旗杆影子的长度：前两者引出了后者。但请注意，我们可以改变影子和旗杆的角色，并得到另一个导出：用阴影的长度和太阳的位置推导出了旗杆的高度。在覆盖律模型上，这意味着影子的长度和太阳的位置也应该解释旗杆的高度；但直觉上，它们并没有。尽管太阳和旗杆决定了阴影的长度，但是太阳的位置和阴影长度不会决定旗杆的高度。这种因果组合可以说是科学解释的核心，但它被排除在亨佩尔的涵盖律模型之外。

已经出现了对亨佩尔模型的各种其他批评，今天很少有人认为它是完全正确的。然而，对逻辑经验主义最有趣的批评之一更多地跟它强调归纳推理有关。奥地利哲学家卡尔·波普尔（Karl Popper）专注于是什么把真正的科学方法与伪科学区分开的这个问题。波普尔赞同科学方法涉及观察和逻辑推理的结合这种想法。但他拒绝一个好的科学理论是通过证实性观察而得到强有力验证的理论这种主张。事实上，波普尔断然否定科学家试图证实他们的理论。相反，在他极具影响力的1963年的著作《猜想与反驳》(*Conjectures and Refutations*)中，波普尔坚持认为真正科学的标志是可证伪性，即一种理论被证明是错误的可能性。

波普尔将西格蒙德·弗洛伊德(Sigmund Freud)的精神分析理论与爱因斯坦的相对论进行对比。虽然似乎前者可以解释任何观察到的行为实例，从而使得失验几乎是不可能的，但是后者提出了可能驳斥该理论的冒险的预测。对于波普尔来说，这意味着弗洛伊德的理论实际上不是科学的，而爱因斯坦的理论体现了位于真正科学的核心的可证伪性。波普尔拒绝接受科学原理通过归纳推理或是被制定或是被确认的观点，甚至声称归纳推理实际上不存在！他坚持认为科学家首先推测假设，之后利用观察的证据来验证这些假设。如果理论通过验证，那就暂时接受该理论，直到对它进行再次验证。但是如果它没有通过验证，那么它就被抛弃了。

在真正的科学家中，几乎没有科学哲学家有像波普尔一样的影响力，而如今听到研究人员说科学的标志是可证伪性的并不罕见。波普尔把逻辑经验主义者对科学的看法作为一种把观察与逻辑结合起来的机器，但几乎是单枪匹马地否认归纳推理和理论确证是科学方法的核心部分。大多数哲学家今天相信，虽然波普尔提供了重要的见解，但他严格的否证主义并不能准确描述科学中发生了什么。波普尔的理由中的问题之一是一个单独的证伪观察很少会导致一个理论被抛弃这个事实。事实上，存在很多这样的时候，即一个可能证伪的观察导致的并不是对核心理论的拒绝，而是对或是关于世界的或是关于实验设计的某些背景假设的拒绝。各种重要的发现源于让异常结果与理论相一致的努力。因此，具有讽刺意味的是，波普尔对科学方法的看法似乎被对真正科学的关注证伪了。然而，他确实有助于为从把科学作为一种纯粹逻辑驱动的、理性事业的逻辑经验主义者的图景中偏离开来设置了舞台。

科学方法的当代视角

1963年，科学史学家托马斯·库恩(Thomas Kuhn)出版了20世纪重要的著作之一——《科学革命的结构》(*The Structure of Scientific Revolutions*)。这部著作从根本上改变了人们看待科学的方式。在库恩之前，人们谈论的科学革命指的是前面讨论过的单一时期。但库恩强调说有很多革命，导致了我们世界观的巨变。从托勒密(Ptolemy)的地心说到哥白尼的日心说的变迁就是这样一种革命，而其他的革命包括从牛顿物理学到爱因斯坦相对论的变迁，以及达尔文的进化论所带来的变化。

库恩分析的一个核心方面是科学学科的工作经历的各个阶段。大多数时候，科学家忙于他所谓的“常规科学”。在这个漫长的阶段，研究人员完全接受一些大规模的理论框架或“范式”来收集数据并解决各种难题(不符合理论的异常发现)。随着时间的推移，越来越多的这种异常发现不断累积，直到出现了一个危机阶段。在危机期间，一些研究者开始怀疑现有的范式，并开始构思一个能更好地解释事实的新的现实模型。当发现一个模型时，革命或“范式变迁”就发生了，因为旧的框架被抛弃，转而采用新的体系。随着新范式被广泛接受，常规科学的一个新的稳定阶段便开始了，并周而复始。

对于库恩来说，科学革命涉及的不仅是一种理论对另外一种理论的简单取代。因为范例充当了一种类似于全局性的世界观，它们随之带来了关于该学科的概念的、术语的、方法论的，甚至是观察性的承诺的假设。在某种程度上，不同的范式对什么是好的科学带来了不同的预设。逻辑经验主义者声称，相互竞争的理论框架之间的判别是一个纯粹的客观过程，在这个过程中，观察和逻辑会促使科学家果断地接受或拒绝一个给定的理论。但库恩坚持认为，这忽视了一种理论既可以渗透进科学家的世界观又可以渗透到世界应该被如何调查的各种观念中的方式。例如，库恩引用了认知的心理学观点以表明观察受到观察者的理论信念和假设的显著影响。当分析实验结果时，如果致力于一个范式的一个科学家从字面上看到的东西不同于致力于另一个范式的科学家，那么观察不能作为一个能很容易地解决争端的公正仲裁者。认知的“理论负载”的程度削弱了它作为真理客观指南的作用。

这些和类似的考虑致使库恩坚持认为科学的发展较少是由逻辑和纯粹的观察（当然远不及亨佩尔和波普尔假设的那样）驱动的，而更多地是由历史、社会、政治、文化、宗教甚至经济因素所驱动的。什么是值得的实验可能取决于什么实验可能获得经费；决定一个异常是否被认为值得研究可能取决于一个受欢迎的研究人员说了什么。库恩的分析中的一个极端元素是他主张在面向科学的真理方面没有真正的进展。进步意味着固定的措施或客观的准则，以让我们能够确定我们与真相的接近程度。但是如果在范式变迁期间根本标准发生了变化，并且研究人员发现他们位于一个不同的世界，那么就没有这样的准则。

即使库恩的支持者也对他阐释的最后一个方面进行了批评。虽然许多作家对库恩强调科学的非理性维度表示同情，但大多数人认为现代理论，如生物学或物理学，给我们提供了一个比过去的理论更准确的现实模型。在库恩之后的著作中，已承认我们的理论在今天有比过去的理论有更多的解决问题的潜力，但是拒绝认为它们更接近真理。

在库恩之后，其他作者也离开了把科学方法作为一个明确界定的协议的观念。例如，保罗·费耶阿本德（Paul Feyerabend）在 1975 年出版了一本著作——《反对方法》（*Against Method*），声称对科学的历史分析表明没有服务于对科学家进行指导的固定方法论原则贯穿于科学进展的主要阶段。随着非常不同的方法论原则和假设的繁荣，费耶阿本德继续倡导一种无政府主义或“万事皆可”的方法。其他科学评论家，特别是来自社会学和女性主义的科学评论家，主张科学是一个兴趣驱动的事业，更多地受到各种社会议程的指导，而非任何明显的方法论原则。

今天，一种微弱的共识正在出现，即由逻辑经验主义者提供的和由像库恩和费耶拉本德这样的人提供的科学观念中存在着某些有价值的东西。许多人认为在强调观察和各种形式主义（如演绎逻辑和归纳逻辑）在科学中发挥核心作用方面，逻辑经验主义者在很大程度上是正确的，同时在主张这是对科学和其他形式的调查进行区分方面也基本上是正确的。但是在认为科学方法可以归结为一套明确界定的基于逻辑的原则方面，或者认为好的科学总是客观和理性的方面，他们可能过于太真了。因此，后来的评论家在提醒我们关注科学实际开展的混乱方式以及理论选择如何没有逻辑经验主义者假定的那么理性方面是正确的。像库恩这样的人在揭露发挥作用的社会和文化因素种类方面是正确的。同时，大多数人会说，当它导致科学不涉及方法论标准这种主张或者对一个理论的接受纯粹是社会学的主张时，它走得太远了。大多数人也拒绝接受科学没能让我们对世界有更准确且更彻底的理解的主张。

通过引入对科学方法的规范性叙述和叙述性叙述之间的区别，人们很容易描述当前视角的特征，也就是说，建议逻辑经验主义者呈现好的科学应该理想中是什么样子的，而库恩和费耶阿本德告诉我们实际上科学是什么样子的。但这将忽视双方都主张为规范性叙述和叙述性叙述提供阐述的方式。实际上，在事情进展顺利时不密切观察实际上发生了什么事情的情况下，很难看到我们是如何对恰当的科学方法获得了一种良好的感觉的，例如，当有一个重大的科学发现或对某些深层奥秘有了成功的解释时。当我们确实考察了这样的事件时，越来越明显的是，它们涉及对逻辑经验主义者所讨论的一些核心原则的依赖，如通过适当的观察来对假设进行确认。但它们也涉及库恩和其他人强调的一些非理性的、文化的和社会的因素的存在。也许，最好不讲这种科学方法，好像它是一套明确的规则和程序，而最好是要讲研究这个世界的科学的方法。

撰 稿 人：William Ramsey

另请参阅：Deductive Logic；Inductive Logic；Kuhn，Thomas；Logical Positivism；Popper，Karl

参考文献

[1] BACON F. The new Organon (M. Silverthorne, Trans.) [M]. Cambridge, UK: Cambridge University Press, 2000.

[2] COPERNICUS N. On the revolutions of the heavenly spheres (E. Rosen, Trans.) [M]. Baltimore: Johns Hopkins University Press, 1992.

[3] DESCARTES R. Discourse on the method for rightly directing one's reason and searching for truth in the sciences (P J OLSCAMP, Trans. and introduction by) [M].Indianapolis, IN: Bobbs-Merrill, 1965.

[4] FEYERABEND P. Against method: Outline of an anarchistic theory of knowledge [M]. Atlantic Highlands, NJ: Humanities Press, 1975.

[5] GALILEI G. Dialogues concerning the two chief world systems, Ptolemaic and Copernican [M]. Berkeley: University of California Press, 1967.

[6] HEMPEL C. Aspects of scientific explanation and other essays in the philosophy of science [M]. New York: Free Press, 1965.

[7] KELLER E F, LONGINO H. (Eds.). Feminism and science [M]. Oxford, UK: Oxford University Press, 1996.

[8] KUHN T. The structure of scientific revolutions [M]. 3rd ed. Chicago: University of Chicago Press, 1996.

[9] LAUDAN L. Progress and its problems: Toward a theory of scientific growth [M]. Berkeley: University of California Press, 1977.

[10] NEWTON I. The principia: Mathematical principles of natural philosophy (I B COHEN, A M WHITMAN, TRANS.) [M]. Berkeley: University of California Press, 1999.

[11] POPPER K. Conjectures and refutations: The growth of scientific knowledge [M]. London: Routledge & Kegan Paul, 1963.

[12] SALMON W. Four decades of scientific explanation [M]. Minneapolis: University of Minnesota Press, 1989.

[13] SHAPIN S, SCHAFFER S. Leviathan and the air-pump: Hobbes, Boyle, and the Experimental Life [M]. Princeton, NJ: Princeton University Press, 1985.

Scientific Publishing, Overview 科学出版概述

科学探究的结果的发表对于科学进步来说是至关重要的。为学术社群发表科学研究结果也是商业出版商、非营利出版商、学术团体、越来越多的科学家所开展的一项价值数万亿美元的全球性事业。编辑过程和出版过程服务于质量控制的目的，同时也服务于传播的目的。为非专业人员出版的科研成果是科学出版的一个独立方面。

发表科学探究的结果有几个目的。它能够促进信息的广泛传播，就像其他的出版活动一样。另外，它确保这些科研成果的细节能够被精确地记录在案，同时它可以被用来对一项新的发现或者观点确立所有权或者首发权，(尤其是）它把这个发现呈现给其他科学家来分析、评估并影响未来的科学探究，包括旨在对现有出版物中断言的东西进行重新测试的新研究的启动。对个体科学家或者科研机构的重要性的评估往往用发表出版物的质量和数量来判定。

科学出版的类型

科学出版最常见的类型包括图书、同行评审期刊论文、会议论文集、简报，以及某些领域中自己在电子文章网站上粘贴的预印版文章，协同实验室或者机构知识库。而同行评审期刊论文一直被认为是传播科研成果的主要途径。

科研成果的迅速传播对于科学进步来说是至关重要的。和较短的通讯相比，足以成书的专著的出版是传播科研成果不太常见的一种方式。期刊论文通常能够更迅速地付诸印刷，并且更加普遍地接受严格的同行评议，从而也让它们较为可信。虽然撰写向广大公众解释科学的专著在非科学领域可能被广为赞赏，但是这很少获得与同行评议的期刊论文相一致的学术尊重，并且这甚至可能对一个科学家的职业生涯有害，如果它仅被认为是科普的话。

在科学期刊（学术刊物）上发表研究成果，遵循已有的审稿实践（让同一领域的其他科学家，或者同行，来评估提交的成果的精确性和价值以决定它是否适合出版）被认为是传播科学的最受尊敬的手段。个体科学期刊的质量由对编委会和评审的质量的看法和其他科学出版物提及这些文章的程度所决定。科学发现可能也会以会议论文形式呈现，经修改后被发表出来。通常会议出版物被认为不如同行评议的期刊文章正式，并且可能只传播了初步的或者简化的成果。因而，会议论文和正式的期刊文章具有不同的重要性。

在科学传播中，简报（或者对研究结果的短篇报道）的使用要早于科学期刊的发展，它如今仍然有几种形式。起初，个体科学家利用简报来向其他人传播自己的发现。早在16世纪，科学家就对重要的简报印刷多个副本以在同行中进行分发。简报仍然被作为快速传播科学发现的一种形式。在某些领域，有一些专攻快速出版的成熟的“简报期刊”，如物理学和有机化学。新近以来，科学家采用了为在科学家之间快速传播科学简报而专门创建的电子邮件范本和邮件列表。

预印本和预印本库

长期以来，科研论文的草稿就在科学家之间传阅。此外，科学预印本（一篇期刊文章被发表之前的打印版）通常是共享的，虽然在某种程度上这种实践已经被把论文粘贴到网络预印本库、机构的数字知识库和个人的学术网站所替代。然而，在某些情况下，预印本的分发可能受到即将发表该论文的期刊版权的限制。

预印本库是一个互联网数据库，研究人员可以把研究结果的早期报告粘贴上来。它们的主要吸引点之一是从提交到索引的周转时间较短以及在这些数字档案中对文章进行展示。一份研究报告正式发表在同行评议科学期刊中可能需要数个月的时间，而一篇文章可能在它提交的当天就可以出现在数字档案中。对这些数据库投入的控制水平是有差异的，有些要求是正式的会员，有些则对谁可以提供文章没有限制。这些预印本库几乎很少有正式的评审程序。

1991 年，洛斯阿拉莫斯国家实验室（Los Alamos National Laboratory）的保罗·金斯帕格（Paul Ginsparg）为保存该实验室的预印本并让别人可以获取这些文章而开发了一种服务。后来发展成为了公共科学图书馆（arXiv.org），数学、物理学、计算机科学、定量生物学和统计学领域一个开放获取的在线文章集合。2009 年，公共科学图书馆的集合以每月 5000 篇论文的速度在增长，并且每日的使用率达到几万次，目前该集合的所有者和管理者是康奈尔大学（Cornell University）。仅在其成立几年之后，它就成为获取高能物理领域最新研究报告的优秀场所。虽然其他领域也建立了其他预印本库，但是其规模都不如物理学和其他定量分析研究活动的公共科学图书馆大，或者像它一样无处不在。

其他预印本网站包括特定领域网站、特定主题网站和会员组织网站。有些网站的建设是对资助机构的一种回应，即要求让研究结果报告能够被自由且公开地获取。近年来，以大学为基础的机构知识库也被建立起来，以让当地科学家的研究报告能够被自由地获取。这为大学承担了明显的公共关系功能，以及（可以说）服务了更一般意义上的科学的利益。

开放获取和科学出版

虽然第二次世界大战以来人们认识到了科学信息数量的爆炸式增加，但是直到 20 世纪 80 年代科学出版的数量以及费用才成为获取当下研究成果的一个真正重大的障碍。至少从 20 世纪 80 年代以来，发表一篇科研论文的费用每隔 7~10 年就会翻一番。除此之外，随着专业领域的不断发展，科学出版物的数量也在迅速增加，试图向科学家提供其工作所需的研究报告的机构面临危机。

开放获取运动力图扫除获取学术信息的经济障碍，这些障碍在所谓的发展中国家特别严重。在信息获取和使用方面，开放获取模式采用的是基于社区的方法而非基于版权的方法。作者发表的论文或者其他材料可以允许其他人自由使用。要考虑开放获取的问题，一份文件的作者（版权所有者）发表一份允许在恰当归因的情况下免费使用该文件的声明。作者还同意该文件在至少一个免费浏览的在线资源中能够获取到。

这不同于以前的“共有权利”模式，作者会把版权让渡给出版商以换取在科学期刊中发表论文。科学出版商则利用版权的所有权来限制那些购买了该期刊的人们。虽然个体科学家通常可以通过他们机构的图书馆来获取需要的科学信息和科学论文（特别是在北美和西欧）但是其机构也需要通过订阅以及授权费的方式来为此项特权支付昂贵的费用。发展中国家的学者可能仅隶属于经济上不能让他们获取到传统期刊或者知识库的机构。

21 世纪的前 10 年见证了科学研究文献开放获取运动的一些发展，特别是在医学领域。有时候资助方也要求他们支持的研究结果能够在开放获取的网站上找到。然而，开放获取运动的未来经济动力还不清晰，特别是对于人文科学和社会科学来说，它们通常没有大规模经费的支持，因而也可能无法找到支持开放获取出版的经费（在开放获取中，出版费通常由学者个人承担，而非出版商）。最后，成果的发表需要动用资源，对那些研究受到大量资金支持的人的限制预示着在支持资金赞助研究方面新的不平等。

撰 稿 人：Heidi Lee Hoerman

另请参阅：Scientific Journal，History of

参考文献

[1] COX J，COX L. Scholarly publishing practice：Academic journal publishers' policies and practices in online publishing [M]. 3rd ed. Brighton，UK：Association of Learned and Professional Society Publishers，2008.

[2] FJÄLLBRANT N. Scholarly communication：Historical development and new possibilities [C/OL]//. Paper presented at the 18th IATUL Conference：Scholarly Communication in Focus，Trondheim，Norway. [2009-08-10]. the International Association of Technical University Libraries Web site，www.iatul.org/doclibrary/public/Conf_Proceedings/1997/Fjallbrant.doc.

[3] SUBER P. Open access overview：Focusing on open access to peer-reviewed research articles and their preprints [C/OL]//The SPARC Open Access Newsletter. [2009-11-30]. www.earlham.edu/~peters/fos/overview.htm.

Scientific Societies 科学学会

科学是一种社会建制。在17世纪，罗伯特·波义耳（Robert Boyle）杜撰了“无形学院”这个词语来指代“自然史”中有共同兴趣的个体组成的非正式联盟。在当代，如果对科学感兴趣的个体觉得自己是社会的一部分，受到尊重，被鼓励提出问题，并与从事与自己类似研究的同行保持一定的关系，就会得到极大的帮助。17世纪，科学学会诞生并且支持着它们的会员。从艾萨克·牛顿（Isaac Newton）和英国皇家学会（British Royal Society）的时代到当今时代，通过支持对世界更深入了解的探索，科学学会让科学家和普通人都受益匪浅。

根据玛莎·奥恩斯坦（Martha Ornstein）的观点，意大利被认为是17世纪科学学会的诞生地。苏珊娜·泽勒（Suzanne Zeller）认为科学学会共有三种原型：①成立于1660年的帮助会员共享科学活动并影响科学政策的一个精英组织——皇家学会（Royal Society）。②于1831年在约克成立并作为一个更民主的组织的英国科学促进会（British Association for the Advancement）。它在不同的地点召集会议并且资助会员根据兴趣开展科学探索活动。③本土的自然历史学会反映了维多利亚文化中业余自然主义者传统的普及，包括那些专注于植物学、昆虫学、地质学和天文学的学会。

泽勒注意到鼓励科学专业化的力量偏好于精英学院。马克·施瓦茨（Mark Schwartz）、小马尔科姆·L. 亨特（Malcolm L. Hunter Jr.）和P. 迪·波斯玛（P. Dee Boersma）认为科学学会运动通过欧洲并最终拓展到了全球各地，因而促进了科学知识的发展、知识的交流，以及科学的多元化。在21世纪，很多著名的科学学会在地域上也从本地会员的经常性聚会扩展成了拥有同行评议期刊、年度学会会议，以及在很多情况下有高端政策会议的国际组织。

科学学会的使命

科学学会通常有两个层次的使命：一个是个体层次，服务其会员；另一个是集体层次，让更广泛的共同体受益。

根据施瓦茨、亨特和波斯玛的看法，科学学会通过以下三种途径让其会员受益：①通过出版物和会议实现信息交流。②共同利益的集体表征。③职业网络和职业认同。另外，科学学会还通过明确阐述行为准则，以及制定出版最佳研究成果的标准和机制向其会员提供支持。

通过把科学知识从研究人员传播给更广泛的科学共同体的方式，科学学会运营的期刊在促进科学方面发挥了重要作用。出版物是开展科学研究的一个重要方面，并且为科学家在战略上指导其研究内容、强调问题，以及界定新的探索领域提供了机会。作为主要科学出版机构的科学学会有责任决定这些提交的成果是否值得出版。

很多科学学会都有行为准则，这些准则描述了科学家职业角色中的行为标准，以及为对学术不端行为进行审查提供了标准。这些准则大概代表了科学家这个职业的典范和核心价值。然而，最大的限制在于很多科学学会面临着通过纪律程序或者惩罚措施来执行这些准则的难度。很多科学学会选择把它们的行为准则主要用于教育目的。

大多数科学学会的一个特殊使命就是促进公众理解与科学和技术相关的议题。这是一个重要的目标，不仅因为科学学会拥有澄清这些议题的专业知识方面的会员，还因为这些科学学会有把多元的专家群体集中起来的基础设施和资源。卡罗尔·罗杰斯（Carol Rogers）认为，科学学会的非营利性、免税身份使得它们可以有更高的社会目标，而不是仅服务于其特定选民的需求。罗杰斯认为，通常科学学会确保了会费、出版收益、会议注册费、个人和企业捐赠，以及来自公共资本和私人资本的拨款。

自17世纪以来，科学学会一直通过学会运营的出版物致力于支持科学家，并且让知识更容易获取。但是根据施瓦茨、亨特和波斯玛的观点，电子时代将会彻底改变科学学会在对科学研究进行传播中发挥的作用。

随着电子出版的兴盛，一些议题和问题也随之出现，如重复投资、从所有权向原始资料所有权的转换，以及对长期获取信息的关注。虽然合作伙伴和普通公众可以通过电子出版物更容易地获取信息，但是电子出版也存在一些问题，如如何保护研究成果、研究参与者和研究人员自己的权利等。

另一个有关当代科学学会的问题是新的传播技术的发展可能会导致科学学会失去其会员。这个发展过程可能会导致科学学会在个体使命及其共同使命方面失败，因为没有了会员，科学学会或成为营利性企业或者消失。施瓦茨、亨特和波斯玛认为大量的潜在会员现在已经开始通过机构的图书馆或者向在网络上与他们有共同职业兴趣的大多数个人的邮箱地址发送邮件的方式来获取科学学会出版的期刊文章，而不必成为某科学学会的会员了。如果信息交流和职业网络不再是个体成为会员的动机，当人们可以通过其他途径以更小的支出获得同样产品的时候，那么不成为会员将会是成本最小化的选择。

为了在21世纪蓬勃发展，科学学会需要重新考察其角色。它们不能再简单地只作为期刊出版方或者学术会议组织方。代表研究专业人员的科学学会应该促进相互支持、尊重，并鼓励其会员维持一个高产的职业环境，同时也要改善研究的完整性，从而使得其会员能够继续深化并丰富对自然世界和社会世界的理解。

撰稿人：Yue Hu and Katherine E. Rowan

另请参阅：American Association for the Advancement of Science（AAAS）；Invisible College；Merton，Robert K.；Scientific Journal，History of

参考文献

[1] American Association for the Advancement of Science，U.S. Office of Research Integrity [R]. The role and activities of scientific societies in promoting research integrity：A report of a conference. Washington，DC：Author，2000.

[2] CRANE D. Invisible colleges：Diffusion of knowledge in scientific communities [M]. Chicago：University of Chicago Press，1972.

[3] ORNSTEIN M. The role of the scientific societies in the seventeenth century [M]. Chicago：University of Chicago Press，1928.

[4] ROGERS C L. Science information for the public：The role of scientific societies [J]. Science，Technology，& Human Values，1981，6：36–40.

[5] SCHWARTZ M W，HUNTER JR，M L，et al. Scientific societies in the 21st century：A membership crisis [Editorial] [J]. Conservation Biology，2008，22：1087–1089.

[6] ZELLER S. Inventing Canada：Early Victorian science and the idea of a transcontinental nation [M]. Toronto，ON，Canada：University of Toronto Press，1987.

Scientist-Journalist Conflicts 科学家与记者的冲突

科学家和记者并非总是和谐的关系，这对于社会来说并不好，因为他们保持和谐融洽的关系对于向公众传播科学知识来说是十分重要的。科学家和记者是科学传播的重要组成部分，但是一般而言他们之间会有一些差异，从而导致紧张的社交关系。这种情况会出现在争论、冲突和口水战中。如今，科学发现已经成为一个主要的驱动力并且公众需要知道这些科学发现会如何影响他们的日常生活，因此，科学家和记者之间没有亲密的关系就无法完成相关的工作。但是科学家和记者的观点有时会完全不同，以至于出现冲突。这也导致了巨大传播代沟的出现，并且会损害向社会传播科学和技术的过程。必须从概念、实践和专业层次上理解和解决这种冲突。

例如，在很多有关科学和媒体的会议中，人们很容易想到就科学家和记者彼此进行一系列的抨击和抱怨的议题展开一些实质性的探讨。科学家抱怨记者哗众取宠、把事实搞错、曲解科学家的观点，并且还会“炒作”。记者则批判科学家没有用可理解的语言进行阐述、不回电话、期望科学和自己受到特殊礼遇、不单刀直入地提供答案等。科学和媒体间的关系是不可预知的，因为二者所持的准则就像是一条直线的两个端点，永远没有交集。

人们越来越相信，只有在商业或者经济上具有可行性的事情才可以在今天这个快速发展的、由商业制约和影响的世界里继续维持下去。而事情已经达到了商业规则对科学被研究和被传播的方式带来根本性变化的地步。媒体的主要功能是就当代发生的事件对公众进行告知和教育，媒体的首要功能已经变成了挣钱。当我们打开电视观看某个频道的时候，它并不会赚钱；而当广告商购买广告时间的时候，它就会赚钱。广告商很少为环保的专题节目或者对鼓励人们在民主进程中更加理性的讨论或者对“科学气质”的谆谆教诲节目买单。

什么引发了冲突

1995 年 10 月 24 日，当全日食正在逼近的时候，清晨阳光明媚，确保了可以观测到一个完美的钻戒型日环。著名的物理学家亚什帕（Yashpal）教授正在印度国家电视台（Doordarshan）对这个事件进行现场评论，此时的气氛让人兴奋不已，所有的人都希望见证这个 20 世纪伟大天象的高潮，他们专注地盯着电视屏幕。在亚什帕教授刚刚宣布日环开始形成之后不久，该电视频道就开始插播了一个品牌鞋子的广告。亚什帕教授持续不断地吼叫要求终止广告而让公众观看这个壮观的日环，但是电视台工作人员继续播放这个广告。观众看到的不是“耀眼”的日环，大多数时间他们只能看到“耀眼的鞋子”！尽管在安排这次日全食的直播节目中该电视频道付出了巨大努力，但是由于大众媒体的商业优先性，以及缺乏媒体专业人员的恰当定位，所有的努力都白费了。这个事件也引发了对科学家与记者间冲突的很多关注。

在当今时代，人们越来越注意到科学家和记者间的冲突的事件，而其起因则是多重的。并非所有的时候都要由媒体一方承担责任，科学家和科研机构与媒体互动和相处的方式也是重要的。科学家和记者位于许多科学传播任务的核心，这些任务的范围从对一个会议进行报道或者撰写一个采访稿到对一项突破进行报道或在儿童中进行科普。导致科学家与记者产生冲突的一些重要原因总结如下。

二者对彼此的职业都极度冷漠。事实是二者对彼此的职业都不认同，各自的特性是造成当下状况的首要原因。每一方都认为另一方需要理解自己工作所处的环境和境况。他们的方法都是不可变通的，从而也产生了误解，最终导致了冲突的出现。一个科学家在狭窄的科研领域花费数年时间，然后用数月的时间来准备一篇研究论文，最后在经过严格的同行评议之后得以发表。另一方面，突发新闻只需数小时就可以出现在大众媒体中，而媒体记者每天会报道很多这样的新闻。

在建立互信方面几乎没有付出任何努力。这可能是因为彼此都认为自己比另一方更能为社会服务。在这个过程中，双方都没有注意到双方都是相当重要的这个事实。记者错误地引用以及泄露“非正式”信息的来源是导致这种紧张关系和产生不信任的部分原因，虽然他们没有得到这样的授权。新闻赞助的实践当然也对这种原本紧张的关系造成了伤害。科学家和记者都用怀疑的眼光看待对方，因而二者之间需要建立信任。双方共同工作是十分重要的。科学政策制定者和上层管理者应该在鼓励和维护科学家与媒体之间的信任关系上更加谨慎。

缺乏培训和定位。毫无疑问，科学家和记者拥有不同的技能，但是他们对彼此领域的理解和欣赏则是相当欠缺的。对彼此优先性和环境的更好定位可以帮助他们更好地避免这种情况。有些组织确实已经处在解决这种境况的路途之中，并且设法避开可能会导致彼此误解的一些项目。

一般来说，科学家和记者都倾向于报道不太成熟的科学研究。公众意识较强的科学家可能会泄漏那些未经同行评议且未正式发表的研究的一些信息，而业余的记者也可能不理解报道那些未成熟的研究项目的意义。

存在着态度差异和文化差异。不可否认，科学家和记者隶属于不同的专业文化。一方不得不誓死追求精确性和准确性，另一方则需要通过清楚、明确的语言让大众清晰地理解复杂的概念。科学通过长期、艰苦且精心界定的过程得以进步，然而新闻需要的是快速且满足较短的截止日期，同时其事实需要尽快地传达出去。对于科学家来说，科学的事实或者结果是神圣的，但是记者会通过为读者提供有意思的矛盾来吸引读者的兴趣。理解这种区别对双方来说都是有益的。记者这种煽动性的、调查的和批判的方式是引起科学家愤怒的一个原因，科学家在完全确信之前会对一些细节持保留意见也是引起记者焦躁不安的一个原因。双方都应该认识到这并不是故意的，而是他们彼此专业需求的结果。

专业需求的干涉。科学家还对自己的同人负有责任。他们有义务遵循科学共同体采用的程序和过程。记者则遵循他们为之工作的组织的编辑政策。通常，这些都要受到经济和商业现实的管理。

例如，印度的科学和工业研究理事会（Council of Scientific and Industrial Research）是一个由40多个国家实验室组成的公共研究部门，它已经出台了一个只有研究实验室的主管才有权力向媒体谈论有关科学议题的规定。这个法令限制了科学家与媒体的互动，因而限制了他们一起工作的机会。

近期，印度环境和林业部（Indian Union Ministry of Environment & Forests）根据世界银行（World Bank）的一个方案召开了一次研讨会，探讨改善媒体有关生物安全相关议题的报道质量，但是没有新闻记者参加。

双方都对彼此抱有不切实际的期望。科学家和记者在各自领域通常都有一些无法突破的局限性。有时候，各方都对彼此有一些不切实际的期盼。无法满足这些期盼导致了误解的出现，并最终引发了激烈的冲突。科学家有时候可能希望记者把自己一夜之间变成巨星，而记者有时候则希望从科学家那里获得现成的“材料”。双方的需求和期望都是不切实际的。

著名的天体物理学家贾因特·V.纳里卡（Jayant V. Narlikar）讲述了一个记者找到他并打算把他做过的一个口头报告写成书面材料的经历。他表示这份报告的文字版已经有了。让他意外的是，该记者的手上已经有了这份报告，并且希望纳里卡为记者的报道做一个100字左右的简述。纳里卡认为虽然满足媒体的要求是有可能的，但是填鸭式的方式是十分困难的。

近期举办了某个会议的组织者不得不在会上把科学家和记者安排在不同的分论坛中，因为他们无法继续平静地讨论，也许这是让所有的事情都通过新闻审查的镜头来呈现这种过度热情的趋势的一个结果。另一方面，在英国皇家学会（Royal Society）于伦敦举办的一个科学传播会议期间，一个研究机构的新闻发言人很高兴地宣布报纸原封不动地刊载了她提供的新闻通稿。该研究机构、科学家和新闻发言人看到这些可能会感到高兴，但是显然这份报纸没有尽到自己的责任和义务。

科学家希望记者定期地联系他们以获得更

新的资料和信息，而记者则希望科学家要及时告诉他们最新的科学进展。二者在这方面都出现了错位；相反，他们都需要前进一步并打破僵局。

科学新闻中的来源审查是有争议的。科学家希望科学新闻真实且正确，还要以积极的心态被报道，他们甚至希望在付梓印刷之前能够再检查文稿内容。但是记者如何向科学家解释他们为了让事情看起来更轻松、更惬意而在这些文稿中添加的一点具有人情味的花絮？科学家当然不会赞同。在允许科学信源对记者撰写的文稿进行核查的争议已经如箭在弦。很多科学家忍耐不住要对事实之外的东西进行检查并指导这个新闻应该如何撰写，但是记者则不希望科学家对自己如何写稿指手画脚。

在“媒体社会”中，科学与媒体的结合对于有效的科学传播是重要的，但是科学家和记者在谁对文稿的科学内容拥有最终决定权方面持不同的意见。在像印度这样的国家里，科学报道的比例比较低（约 3.4%），一个记者是否愿意把成稿拿给科学家审阅完全取决于记者同科学家的私人关系。

沉溺于不道德的且非法的实践是有害的。欺诈性言论、对研究的不实陈述、剽窃、数据造假、操纵标本，以及对科学家的非正当的偏见引发了记者激烈的探讨并且最终可能引发冲突。科学家几乎不会对记者的调查方法给予支持，虽然科学方法也声称是调查性的。记者进行的游说、敲诈、耸人听闻和桃色新闻使得科学家对记者避而远之，进一步损害了他们的关系。一些分析认为，在期刊中发表医学研究文章的众多作者都和药物公司有着千丝万缕的商业联系，这种利益冲突也会促使一些研究人员为了迎合药物公司的需求而伪造研究结果。

到底是谁的爱好？开展科普创作和科普活动的科学家在他们的同行中并没有获得足够的认可，记者对此付出的努力也没有得到赏识，虽然他们的贡献对于整个社会来说是重要的。这个现象是科学的传播事业的一个巨大阻碍。双方的挫败感造成了巨大的损失，而科学则是彻底的失败者。科学家认为科学传播是记者的工作，而很多记者也认为让他们撰写有关科学的文章是不公平的，因为大多数记者都没有科学背景。

获得联合国教科文组织（United Nations Educational，Scientific，and Cultural Organization，UNESCO）卡林加奖（Kaling Prize for Science Popularization）的法国天体物理学家让・欧杜斯（Jean Audouze）教授在一次采访中说他是在退休之后才进入科学传播领域的，因为现在他不再需要任何的职位晋升了。在德国林道举行的诺贝尔奖（Nobel Prize）得主大会上，来自纽约的诺贝尔医学奖得主冈特・布罗贝尔（Gunter Blobel）教授说，向公众传播科学“不是我们喜好的事情”，而应该是记者的工作。

对冲突、危机、危险、边界议题和科学政治学的报道是具有挑战性的。偶尔的“界限”使得偏离纯科学事实的情况已经成熟，并且出现一种鼓励向强硬立场转移的情况。尝试着去清晰地理解气候变化争议的人发现他们陷入了涉及既定利益和商业利润的政治驱动的科学的泥潭之中。科普杂志《新科学家》（*New Scientist*）近期拒绝了一个自由撰稿人提供的有关气候变化辩论的稿件，理由是其中一个研究人员是某勘探公司的顾问。

科学政治学是一个引发科学家与记者冲突的议题，同时有时候由于制造了阻挠对真相探索的困惑而备受谴责。科学记者关心的是，与飓风和全球变暖有关的问题在政治上是如何被误解为对某些人有利的。信源和媒体都需要谨小慎微，并且在责备对方之前做到更加透明。记者和科学家应该协商对政策问题进行提炼，而不是受到政治性信息的误导。

在宗教敏感性区域的大众媒体中处理科

学是一项相当困难的工作。例如，当一个所谓的牛奶奇迹发生时（据说人们看到偶像喝“牛奶”），人们一般不愿意接受这样一个事实：没有奇迹，但表面张力的原理是产生这种幻觉的原因。当一篇文章的作者率先在电视上做科学探索节目的时候，他受到了一些来自宗教激进主义组织的威胁。甚至有些科学家和记者对科学探索节目表示不满。类似的是，一个报道了克隆问题的巴基斯坦电视节目制片人不得不额外小心以防该电视网络被认为是在为克隆技术这个观念做宣传。

一些组织提供了不平等的立足点。科学作家协会可以为铺平二者彼此理解的道路提供一个平台。这种形式的讨论会没有必要把科学家和科学记者区分开来。但是这些组织所采用的规章制度则是完全不同的一番景象。有些科学新闻记者协会不允许科学家成为其会员，同时其他的协会也不会把他们与其他会员相提并论。

有些欧洲的科学新闻记者协会的记者会员拒绝接受新闻发言人和科学作家成为其组织的会员。类似的是，世界科学记者联盟（World Federation of Science Journalists，WFSJ）也不接受那些领导机构中科学记者不占大多数的科学作家协会为其会员单位。世界科学记者联盟的执行理事让－马克·弗莱利（Jean-Marc Fleury）主张需要融入新闻的批判主义以便“保护”普通公众的“利益”。

科学背景重要吗？过去，非科学家的专家把从事科普创作或者采写科学新闻作为一个职业或者一项爱好。随着科学和技术专业化，以及跨学科方法的快速发展，在全球范围内出现了有关科学新闻记者是否有必要拥有科学学位的辩论。在知识革命和工作多元性不断增加的时代，人们会争论持续一种单一的专业知识模式和对知识发展多元的视角哪个更重要。大多数人可能会觉得科学学位不应该是成为科学新闻记者的前提条件，然而有些记者认为如果他们有科学背景的话情况会更好一些。

理解两种文化

英国物理学家和小说家 C. P. 斯诺（C. P. Snow）在他的《两种文化》（*Two Cultures*）中提出了他看到的科学家和他们的艺术同行之间不断扩大的隔阂。大体上，在今天的情境下，我们可以把斯诺的关切应用于科学家和记者之间的隔阂。源于二者之间的一系列冲突都是错误的、不合理的、不合逻辑的、不足的、一知半解的、错误的、推测的结果。然而，科学家和记者间的冲突导致了公众科学和技术传播的不足。

科学家往往抱怨记者美化了研究结果，不理解科学家的局限性，提供了误导性的报道，在对科学信息的“翻译”中产生了歪曲，对科学不了解，有时候缺乏基本技能，在报道方面犯错误，对后续消息不感兴趣，很少接受过科学或者科学新闻训练，往往报道缺陷和不足，试图让报道美味、刺激且具有轰动性，以及在未核实事实的情况下就进行报道。

记者往往抱怨科学家夸大对研究结果的主张，在宣传上过于慎重，担心官方的许可和精确性，不理解时间的限制，坚持对最终稿或者复印件进行验证，过度敏感（甚至是简单的问题也会伤害他们），不了解媒体，不理解媒体是如何工作的，往往提供有太多技术行话的“重量级”信息，以及提供没有媒体价值的新闻稿。

《科学》（*Science*）的印度通讯员帕瓦拉·巴格拉（Pallava Bagla）说科学家通常不擅长拓展活动，并且把媒体视为“必要之恶”。他提出印度的大多数科学家认为媒体是“一种让人讨厌的干扰”，这种态度掩盖了他们没有向广大公众传播自己研究工作的能力。但是他们也认为编辑通常在“首页上主打科学和技术报道”方面也“不够大胆”，他们坚持认为科学是不能帮助提高销量的“软行业”。记者可能会认为即使是好的科学报道也会因为高级编辑不感兴趣而被淘汰。

沙朗·邓伍迪（Sharon Dunwoody）和迈克尔·瑞恩（Michael Ryan）在1983年开展的一项研究表明，这两个专业群体在工作模式和价值体系方面是不同的。然而，德国研究人员汉斯·彼得·彼得斯（Hans Peter Peters）在1995年发现科学家与媒体接触的频率要比人们通常所想象的更频繁，也更顺畅，但是如果顺畅的互动意味着记者没有忠实于他们应具有的批判性的责任的话，那么这种顺畅的互动并不是好的互动。作者采集的调查数据表明，93%的科学家认为记者会歪曲信息，58%的科学家认为报道是耸人听闻的，而87%的记者认为科学家不合作，78%的记者认为新闻稿没有媒体价值，62%的记者说无法访问到科学家，51%的记者认为科学家参与了争论或者冲突。

解决冲突

也许科学的方法本身就是解决科学家与记者冲突的一种工具。学者认为忠于科学方法是衔接两种职业的共同主线。科学家的工作开始于一个问题或假设，然后采集数据、分析数据并通过试验来验证，最后得出一个结论。类似的是，记者的工作开始于一个问题或者一则突发新闻，然后从不同的信源采集信息，从不同的视角分析信息，通过各种渠道验证信息，最后形成一篇报道。总体而言，科学家和记者的方法、过程和工作方式实际上是类似的。但是时间因素的确不同：科学研究是一个缓慢且稳定的过程；而新闻则是一个匆忙且不均衡的过程。通过对这个事实的理解，以及对科学和新闻方法的通用性的体会，两个专业群体都可以对改变当前的状况有所贡献。

让一个科学传播者或者科学爱好者充当科学家和记者之间的中间人也有助于化解这种冲突。对科学家和记者进行培训和激励也有助于促进互信。科学家和记者职业角色互换，可能有利于对工作环境和文化的相互理解。科学记者协会和科学院在建立纽带和为定期互动提供共同平台方面一起工作。背后的秘密就是一个让科学家和记者都更好地参与科学传播中的互动的动力机制，因为二者都有进行科学传播的责任。

科学家和记者在科学报道方面的持续张力和冲突根源于历史上建构的职业认同，合作是最佳口号。科学家和记者之间冲突的本质不是个人方面的，而是职业方面的。科学共同体需要更好地理解媒体，并体谅媒体文化。记者也需要对科学开展的方式、科学家是如何工作的、他们的局限性和科学的职业背景有适当的理解。实际上，科学家和记者之间有一种共识。这个共识就是事情能够且应该越来越好，科学家和记者在改善科学新闻方面能够找到可行的办法。

撰稿人：Manoj Patairiya

另请参阅：Conflicts of Interest in Science；Religion，Science，and Media；Science and Politics；Scientist-Journalist Relations；Snow，C. P.

参考文献

[1] BAGLA P. Good science journalism and barriers to it：An Indian perspective [C/OL]//Paper presented at Science and the Media：An international workshop，Tobago，West Indies.www.scidev.net.

[2] CROK M. Science popes and conflict of interests [M]. Natuurwetenschap & Techniek，2005.

[3] CUTTER A G. Journalists：Must they remain neutral in conflict? [J]. United Nations Chronicle，1999，36（2）.

[4] DUNWOOD Y S，RYAN M. Public information persons as mediators between scientists and journalists

[J]. Journalism Quarterly, 1983, 60(4): 647-656.

[5] NAUTIYAL C M. A look at S&T awareness—Enhancements in India [J]. Journal of Science Communication, 2008, 7(2).

[6] PATAIRIYA M. Science communication in India: Perspectives and challenges [M/OL]. (2002-03-20). www.scidev.net.

[7] PATAIRIYA M. Challenges and prospects of science communication in South Asia [J]. Indian Journal of Science Communication, 2007, 6(1): 9-16.

[8] PETERS H P. The interaction of journalists and scientific experts: Cooperation and conflict between two professional cultures [J]. Media, Culture & Society, 1995, 17: 31-48.

[9] REED R. (Un-)Professional discourse? Journalists' and scientists' stories about science in the media [J]. Journalism, 2001, 2(3): 279-298.

Scientist-Journalist Relations 科学家与记者的关系

科学家与记者之间的关系微妙且复杂。近年来大多数大学和科学机构都设有新闻办公室，发布日常的新闻稿，以使他们开展的科学活动能够得到报道。而在20世纪70年代，人们普遍认为科学家的工作是开展科学研究，而不是跟记者交流。

现在越来越多的人已达成共识：公众要更好地了解科学发现和医学进展等内容，科学共同体有责任协助培养出对科学熟悉且能够对科学议题做出判断的公众。显然，其中一种办法就是利用大众媒体。每个专业科学学会都会支持科学家让更广泛的公众参与科学，使其积极地参与到媒体宣传以进一步实现公众理解科学的目标。

形成鲜明对比的专业文化

对记者来说，科学是一个好题材。科学记者通常声称自己有最好的工作，因为他们报道的大多数都是好消息，而不像其他记者经常报道犯罪、灾难以及麻烦缠身的政客内容。科学家和记者有着共同的利益，过去的30年也见证了二者关系的改善。

然而，这并不意味着进展会很容易。合作之路上的困难在于两个群体管理各自工作时不同的职业道德标准。虽然科学家和记者都把精确性作为他们职业的关键，但是他们获取这种精确性的方式却是不同的。而二者的争端也往往来源于此。

虽然这两种职业存在差异，但是都非常有竞争性。二者都看重首先发表一条既定信息的价值，但是路径却不一样。对于科学家来说，首先要在同行评议期刊中发表研究成果，期刊的知名度越高越好。而对于记者而言，"特讯"是至关重要的——首先播出或者印发才是关键。在很多时候，记者认为等待一个同行评议期刊发表科研结果的要求有点过分，也许在等待期间其他人会首先发表这项成果。

很多科学家对文章过快地出现在媒体上持怀疑态度。有些期刊编辑也会拒绝对已经在大众媒体中宣传过的内容进行发表，甚至会因此撤销已经被接收并准备发表的研究论文。当然，互联网带来了很大变化，因为很多科学出版物会迅速地发表一些重要的研究论文，几乎是在收到积极评审意见的那一刻，这避免了一些困难。然而，必要的张力仍然存在。

当一方不能理解另一方的职业道德标准时，麻烦就来了。下面是一个真实的案例：一个记者和一个科学家为某个独家报道工作了好几个月——科学家同意不跟其他记者讨论这个事情，记者承诺在所有的结果都被同行评议之后再发表这篇报道。然而，这位科学家于一次有另一位记者恰好也在现场的鸡尾酒会上讨论了他的工作，他惊讶地发现第二天的报纸上出现了有关他研究工作的报道。这让科学家感到很尴尬，原来的那个记者失去了一个很好的报道，并且浪费了好几周的时间。毫无疑问，同那个会来自第一个记者的工作报道相比，这个“快而粗糙”的报道显然不够完整。

早期的关联

媒体、公众和科学之间的关系有很多有趣的故事。例如，在澳大利亚的科学兴起的初期，科学研究的结果被日报传遍整个国家，当时常规科学记者非常缺乏。法兰兹·鲍亚士（Franz Boas）对人类学最初的田野调查是由一家德国报社资助的，因为该报社想发表来自现场的报道。维多利亚时代科学原理的伟大阐释者迈克尔·法拉第（Michael Faraday）于 1850 年 4 月 27 日至 6 月 1 日在皇家研究所（Royal Institute）做了六次有关大众科学的周五晚间讲座。实际上，在他的一生中他共作了 100 场这样的讲座，参与者不仅有普通公众，还有大文豪。查尔斯·狄更斯（Charles Dickens）请求对法拉第的演讲进行重写并出版在《家常话》（*Household Words*）上，并且获得了许可。法拉第的演讲十分成功，以至于被认为这为皇家学会（Royal Society）奠定了良好的财政基础。圣诞演讲的传统持续至今，这也是由法拉第在 1825 年开创的。

美国科学促进会（American Association for the Advancement of Science，AAAS）、英国科学促进协会（British Association for the Advancement of Science，BAAS）、澳大利亚和新西兰科学促进协会（Australian and New Zealand Association for the Advancement of Science，ANZAAS），以及一些像欧洲科学基金会（European Science Foundation）这样的组织都把公众更好地理解科学作为其职权的一部分。查尔斯·达尔文（Charles Darwin）的观点广泛地为人所知并迅速地引起争议的一个原因就是它不是首先出现在一本科学期刊上，而是出现在一本旨在教育普通公众的写作上乘的图书中（它首先是在一次科学会议上宣布的）。

到 19 世纪末，科学家正逐渐成为一个专业的职业，开展科学研究是有偿的，并且需要经费支持其开展活动，甚至需要大量的经费。似乎向普通公众解释科学变得更加困难了，并且很多科学家从通过活动向公众传播他们的想法转向了把更多的时间用在科学本身上。大学和学院的科学课程是为了培养更多的科学家，而不是培养文科学生。不止一位科学家回忆起，曾经有很多无法通过艰辛道路而成为合格科学家的学生被所谓的入门课程“淘汰”。

一段时间以来，科学家被劝阻不要跟媒体交流。成为一个“公共科学家”不能得到大型科学共同体的认可；有很多人怀疑后来的公共科学家如巴里·康芒纳（Barry Commoner）和卡尔·萨根（Carl Sagan）——没有被授予科学奖励是因为他们的公共角色，如被选为著名的国家科学院（National Academy of Sciences）院士。

再思考科学的作用

然而，在两次世界大战期间，植根于科学的行动已经开始改变这种动态。第一次世界大战中的化学和第二次世界大战中的物理学都向公众表明了科学对我们生活的社会具有重大影响。特别是在第二次世界大战后，随着在日本广岛和长崎扔下的两颗原子弹，科学家自己开始意识到他们的科学对世界具有如此破坏性的影响，以至于他们应该更认真地考虑他们从事的研究的社会情境和启示。原子科学家联合会（Federation of Atomic Scientists）[现为美国科学家联合会（Federation of American Scientists）]、《原子科学家公报》（*Bulletion of the Atomic Scientists*）中题为“末日丧钟”（Bulletin of the Atomic Scientists）的警世文章，以及废除核武器为宗旨的“帕格沃什运动”则是这种认识的产物。

到 1957 年，科学家和其他人开始担心放射性沉降物的危害，特别是在骨骼中采集到了锶 -90（它会取代钙）——沉降物中一种放射性成分。核信息委员会（Committees of Nuclear Information）成立，旨在告知公众这种危害。大约在同一时间，美国希格玛赛科学荣誉学会（Sigma Xi Science Honor Society）的出版物《美国科学家》（*The American Scientist*）发表了美国科学促进会的促进人类福祉科学委员会（Committee on Science for the Promotion of Human Welfare）的《科学的完整性》（Integrity of Science）报告。除其他事物之外，该报告呼吁科学共同体承担起向公众“泄露”其信息的责任，以便公众可以在愈加依赖科学和技术的社会中做出明智的决策。这些趋势还推动了科学家公共信息研究所（Scientists' Institute for Public Information，SIPI）的成立，以促进科学家与记者的互动。

然而，尽管呼声不断高涨但很多科学家还是不太愿意同公众进行交流，特别是与媒体交流。很多科学家和其他专家拒绝在促进信息从科学共同体向公众传播方面付出努力，他们认为科学家应该把所有的时间都用在科研上，尤其是在媒体总是会曲解科学的情况下。很多科学家担心被错误地引用，并因此招致同行的蔑视。尽管存在着各种阻力，但越来越多的科学家还是呼吁向公众传播更多的信息，毕竟科学事业是由国家财政支持的。

1966 年，曾经为纽约报纸《先驱论坛报》（*Herald Tribune*）供稿的科学作家厄尔·尤拜耳（Earl Ubell）在纽约加入了哥伦比亚广播公司（WCBS），作为当地电视台第一个报道科学和医学的记者。1978 年 11 月 14 日，《纽约时报》（*New York Times*）第一次出版了《科学时代》（*Science Times*），标志着一个重要的转折点出现。虽然这是“第二版”的最后一期，但为了赢得更多读者，《纽约时报》又进行了一次改版，从传统的两版改为四版，并通过报纸引发争议观点，这种做法获得了立竿见影的效果。教师们在课堂上把它分发给学生，医生和科学家也很满意。周二的读者量增加了，并且因为来自电脑公司的广告，这个版块开始获利。

注意到在特别版块中强调科学新闻的首次努力取得了成功，很多报纸开始如法炮制。在 20 世纪 80 年代末科学版块鼎盛的时期（如果可以这样说的话），多达 100 份日报有至少一整页的单独的科学版块。很多电视网络也开始报道科学，有些还有专门的记者，其他的则把它作为普通新闻的一部分。

敲响警钟

在《科学时代》首次亮相四个半月之后，也就是 1979 年 3 月 28 日，三英里岛核设施事故发生了。尽管实际上没有额外的放射物泄漏到核电站之外——这与 1986 年 2 月 26 日发生在乌克兰的切尔诺贝利核电站事故不同，那次事故导致大量的放射性物质被释放到大气中，并给欧洲和其他地区带来了巨大伤害——但是在公众一方引起了极大的恐慌。恐慌之一是安全壳结构内正在形成会爆炸的“氢气泡”，会把放射性微粒传向四面八方。

其实，这个“氢气泡”只是一种传言，危险从来就不存在。安置在核电站一辆卡车里的技术专家很清楚地知道这是一种传言，但是因为不允许他们和媒体交流——再次是因为担心媒体——他们便没有向公众提供让人安心的真实信息。

这对于科学共同体来说是一个警钟。如果他们不能同报道这些议题的媒体进行交流，那么科学的清晰性将无法实现。如果科学家能对来电寻求信息的记者给予回应的话，那么科学将会被更好地理解。三英里岛事故和围绕着它的讨论，包括对该事故以及后果的大量报道，帮助科学共同体达成了共识，即科学家以负责任的方式与媒体交流是一个好主意。

围绕着人类基因组计划（Human Genome Project）和其他活动的科学界近期发生的事件强化了公众理解科学是重要的这种观念，同记者交流以产生报道是一件好事。然而，在诸如终身教职决定和学术地位提升这样的事情上给予的考虑微乎其微，这仍然是事实。在很大程度上，企业科学家和政府科学家在接近媒体方面甚至受到更严格的限制。

近期及未来趋势

截至2009年，大部分报社放弃了科学版，只有《科学时代》等几个报社仍然在坚持。除医学新闻之外，电视上的科学报道量也在下降，很多地方把科学报道删除了。很多报社在某些情况下用健康记者和医学记者取代了科学记者。实际上，很多报纸中报道的科学都是与健康相关的或是与医学相关的，即使是这些也被裁掉了。

很多普通记者也不时地做科学新闻报道，有些还因此摘得奖项。另一方面，传统上所谓的科学新闻正在下降，这方面的报道也在减少。这在一定程度上归因于印刷媒体的总体下降——报纸和杂志的发行量急剧下降，有些已经完全消失了——但即使是作为一般新闻一定比例的新闻报道，里面的科学报道也很少。

因此而导致的一些空白被科学博客填补了，很多博客都是科学家自己撰写的。虽然这是一种受欢迎的趋势，并且为感兴趣的公众提供了一个获取信息的地方，但是它不能取代对某项具体研究的社会后果和政治后果进行分析的独立记者。大众媒体报纸或者杂志中的科学不仅能引起那些可能没有足够的兴趣去搜索科学博客的人的关注，而且还能让他们对常规新闻版面中出现的文章感兴趣并且从中获得信息。

社会需要一个把科学研究的结果通俗化并传递给广大公众的机制，也需要一个把给定的研究或者整个领域置于特定情境的机制。目前，这个机制仍然是新闻。科学新闻的下降，导致观察家开始质问是什么在取代了它的位置。我们并不缺乏让科学的进展突出出来的伦理、社会以及政治问题，如果公众要在民主社会中恰当地发挥作用，那么他们就必须掌握信息。无论互联网是否能够发挥大众媒体此前在报道重要科学新闻方面的作用，其特点仍然是一个有待回答的问题。

撰稿人：Alan H. McGowan

另请参阅：Newspaper Science Pages；Public Understanding of Science；Scientist-Journalist Conflicts；Scientists' Institute for Public Information；Three Mile Island

参考文献

[1] FRIEDMAN S M, DUNWOODY S, ROGERS C L. (Eds.). Scientists and journalists: Reporting science as news [M]. Washington, DC: American Association for the Advancement of Science, 1988.

Scientists as Sources 作为信源的科学家

在1961年的新书《形象：美国假事件指南》(*The Image: A Guide to Pseudo-Events in America*)中，丹尼尔·布尔斯廷(Daniel Boorstin)把在科学、技术和社会科学领域勇敢的创新者描述为“在我们理解之外的昏暗处”工作的人。这种情况从未向今天这么真切。考虑一下干细胞研究的进展或者对一种蛋白酶如何能够解释细胞分裂在癌症中出错的原因的研究就知道了。尽管科学的本质是复杂的，但是公众对科学信息的兴趣在持续增加，从而使得作为科学解释者的科学记者的作用越加重要。越来越多的人开始转向新闻媒体寻求有关健康和其他科学议题的相关信息。实际上，在健康科学领域，很多人把新闻媒体当成指导有关健康话题和健康问题的首要信息来源。

记者的主要作用是找到并发布公众希望和需要的信息。为了向公众提供科学信息，他们必须与多元的科学家群体建立起可靠且可信的联系。换句话说，科学记者需要有科学家(和其他研究人员)作为信源。

考察科学家与记者关系的研究结果和坊间证据描述了二者之间不和谐的画面。而目前的认知存在着一些妨碍科学家参与公众传播的障碍。

几十年来，记者考虑最多的是科学家的工作过于复杂且难以向受众“翻译”。这个议题的另一方面，科学家也认为记者无关紧要。新闻媒体并不被认为是专业的科学文化中的一个因素，所以科学家们认为协助记者的工作是不必要的——如果没有损害他们职业声誉的话。

虽然一些人仍然认为科学家与记者的互动是负面的，但是传播学者和其他研究人员认为很多科学家和记者的关系与以往相比更具有合作导向。

实际上，过去的30年里，科学家与记者的互动在持续地增加。很多国家也出台了改善科学与媒体之间关系的战略，这种举措通常是由各种专业团体发起并赞助的。这些年来科学相关的媒体内容数量在持续地增加，并且科学新闻也成为新闻职业中一个公认的分支。很多大学提供了科学写作课程，一些对科学传播感兴趣的学生也纷纷选择了这类特殊的课程。当前，科学和健康报道是新闻中的一个最让人兴奋且持续增加的“生态位”——科学记者到处旅行、会见聪明且有趣的人、对各种新的科学发现及进展进行报道。

沿着相同的路线，更多的大学也为公共教育和科学活动专业的学生提供相关课程。这些课程旨在帮助未来的科学家学会更有效地与记者和公众交流互动。这些课程中提供的培训包括如何与新闻媒体合作。

改善科学家和记者交流的一些努力似乎取得了成效。记者和科学家越来越通力合作，并且这种合作越来越被认为能获得积极的评价。比如，一些国家的生物医学研究人员说他们与新闻媒体的合作在过去几年来明显地增加。相对于消极的观点来说，很多科学家也把他们与媒体的合作看作是以积极为主的，而非大多是负面的。

尽管有了这些进步，很多新闻系学生对在科学传播领域谋求职业的这种想法仍然表示出了不情愿。毕竟，精确且详尽地报道科学是一项复杂的事业。显然，像技巧娴熟的科学家一样，技巧娴熟的记者也需要培训、支持和激励。为了精确且详尽地报道科学，记者必须知道去哪里找到信源，并且在把科学家当作信源的时候必须理解其中的关键议题。沙朗·邓伍迪（Sharon Dunwoody）在其 1982 年的图书中的一个章节（作为信源的科学家）里对典型的科学家信源进行了描绘。现在看来是对这种写照进行重新考察并更新的时候了。

找到科学家

知道科学家在哪里工作是重要的，因为这会影响他如何能被新闻媒体访问到；不同的机构在媒体采访方面有不同的政策。知道这些信息还有助于为记者了解这些研究是如何被资助的提供关键信息，进而透漏出资助机构的一些信息。

科学家很少有为自己工作的。实际上，大多数科学家都就职于机构：大学、私人公司、政府实验室。私人公司通常在信息保护方面非常慎重，而不愿分享信息。很多就职于企业的科学家认为他们与其他公司就职的科学家分享的或者让公众可以获取的信息量是十分有限的。这种动力机制会阻碍科学家和记者之间信息的自由交流。

研究表明，当来自企业科学家那里的信息出现在新闻媒体的时候，记者们也倾向于忽略这些信息。在 20 世纪 70 年代末，一些英国研究人员把提供给新闻机构的信息与科学记者决定报道为科学新闻的信息进行了比较。结果让人大吃一惊。虽然科学记者获得的大多数信息来自产业界，但是新闻报道中采用的信息只有一小部分来自产业渠道。换句话说，企业科学家提供的信息最终被记者用于纸媒或者广播媒体上的非常少。这可能会让那些试图让自己组织的“新闻”卖出去的公关关系人员感到沮丧，因为记者会对这些“信息补偿”保持正当的怀疑，并且寻求其他的信源来验证这些信息的正确性。

不幸的是，有些指标显示当前的新闻媒体过于依赖企业和产业提供的新闻材料。一些人担心科学新闻通过写得很好的新闻通稿和手册被频繁地直接“灌输”给媒体；也有人担心这种实践会减少记者亲自操刀撰写新闻的比例，因而把更多的权力留给了撰写新闻通稿的人。在某些情况下，新闻报道和新闻通稿之间的界限开始模糊，有些记者偶尔会直接在其新闻报道中引用新闻通稿，而没有找到信源；另外一些记者可能会把企业或产业界发布的新闻通稿视为公共关系部门试图控制新闻报道的一种做法，因而避免逐字逐句地采用，甚至是根本不用。

有人认为部分问题在于力量的均势出现了偏移。制度化的宣传手法越来越高端，同时新闻编辑部则在压缩其全职的科学记者。科学新闻彰显了科研机构对新闻进行塑造的权力以及他们在提供“均衡性”报道方面自身伦理责任之间的张力。

有关大学开展商业赞助研究的诚实性的问题也在不断上升。2006 年 3 月，《大西洋月刊》（*Atlantic Monthly*）上一篇题为《受束缚的大学》（*The Kept University*）的文章探讨了这个问题。

该文认为大学本身越来越像营利性企业，而非高等教育的机构。在大学中，针对药物的企业赞助的研究与独立研究之间的不同证实了这个主张。作者认为同没有收到医药企业赞助的大学研究相比，医药企业支持的研究更可能会报道那些对企业有利的成果。

因为科学被认为既是客观事实，又运行于能满足最佳利益的社会中，因而记者也许很少会问到其科学信源的动机。一些研究人员建议记者应该就补偿性科学新闻问他们自己在其他类型的新闻报道（如政治报道）中会问的同样类型的关键问题。

科学家的类型

过去50年来，社会科学家一直是最受记者欢迎的科学信源。研究表明，更多的是社会科学家，而不是物理学家或者生物学家在媒体报道中出任信源。社会科学家作为信源的流行可以归因记者的报道类型，即主要是广泛的社会议题而不是单一的、个人的议题或者事件。逐渐地，科学家充当起了研究机构之外产生的知识的专家渠道，有关政治和行政决策以及其他事件的专家渠道。研究人员对社会和政治话题的评论越多，社会科学家比自然科学家出现在媒体报道上的频率也会越高——虽然自然科学家偶尔会被邀请对当前的议题进行恰当的或者不恰当的评论。

有些人认为，媒体中科学家出任专家的趋势越来越强是对20世纪60年代主导的实证主义科学范式予以抛弃的直接后果，该范式要求在事实和价值判断之间有明确的区分。可以认为，这种变迁扩大了任何专家都可以进行评论的话题的范围，而同时也确保了他们可以以专家的身份这样做。越来越多的科学家认为他们有资格对广泛的议题进行评论，同时越来越多的记者也为科学家（包括社会科学家）提供这种评论的机会。这是否存在问题可能取决于人们对社会中科学家的看法——单一领域的专家还是公共知识分子。

很多编辑和新闻主任喜欢社会科学报道，因为这些报道很容易和读者的日常生活关联起来从而更吸引读者。至于事关人类利益的报道或者其他以个人经历为特色的报道，编辑和新闻主任似乎也认为相对于像物理学或者生物学这样的自然科学报道来说，社会科学报道更容易被理解。尽管一些学者警告说这种假设是误导性的，这会是编辑要求记者进行更多的社会科学报道而非自然科学报道的一种动机。

可信性

随着科学报道的不断增加，对于记者而言，在提供可靠的信息和观点方面该信任谁的问题也在凸显出来。很多研究人员发现在西方社会存在着一种悖论，即记者对专家信任下降的同时却在大量地采用专业知识。如前所述，从实证主义科学范式向事实和其他判断的区分不太严格的范式的转移会导致信源（包括科学家和社会科学家）可以对一系列更广泛的话题提供专业知识。

记者会因为多种原因而求助于科学家：提供事实、增加可信性、展示客观性。对专业知识和新闻进行考察的一些研究把专家渠道的资历作为影响为什么选择某个特定信源（包括科学家）的重要因素。有些学者认为记者根据某个科学家的名声和资历来选择信源会增加提出的论点的权重，会影响某个事件如何被解读以及对未来讨论议程进行控制。此外，其他学者也注意到，对记者（包括科学记者）来说看重的不仅是资历，而且还是深厚的资历。即使年轻且知名度不高的科学家愿意与记者进行交流互动，但是有头有脸的、隶属于某机构的专家还是会被当作信源。为了保证可信性，记者认为只有知名科学家才可以成为专家。

研究表明，记者对科学共同体内知名科学

家的工作会给予更多的考虑，较少考虑那些属于少数或者处于边缘领域的科学家的工作。其中的一种解释是记者对信源的依赖性很强，并且不愿意因为转向与信源意见不一的科学家而疏远了其信源。一些科学记者可能开始像他们的传统信源那样去想问题，认为主流之外的科学家是不值得媒体关注的。虽然记者的这种做法会增加其报道的可信性，可不幸的是，这也意味着少数的精英控制了流向公众的信息。

一些记者会让科学家们对立起来，很多时候对分歧存在的原因不提供或者很少提供讨论，也不提供其情境。通常记者避而不谈冲突意见在科学上被接受的相对程度。这种观点 / 对位法使得科学看起来比科学家所认为的样子更具争议且更不确定。一个典型的例子就是气候变化的争论。有些人认为一些边缘科学家其中，很多得到了产业的资助且被认为是对争议的产生具有重要作用的人被摆在了与主流的、可信的科学家同等的地位上。还有人认为在社会上重要且在经济上持续的议题可能特别倾向于采取这种报道类型，比如气候变化——也就是说，这些报道使得大多数科学家都同意或肯定的问题显得更有争议或不确定。

科学家作为信源的组合画像仍在持续。他可能是一个曾经被媒体采访过不止一次的知名科学家。很可能他是一个就职于政府机构或者大学的社会科学家，对其他议题而非自己的研究工作进行评论。

最后，对科学、健康、环境和技术进行报道的记者认为从字面上来说知道渠道新闻和其他信息来自哪里是重要的。很多科学记者建议整理一份有科学家联系方式的名单。记者认为，建立这种关系会花费时间，但是却十分有价值。同时，对于那些想报道科学的记者来说，做一些家庭作业也是必要的。这意味着要对报道的科学领域有所了解，并且对要采访的科学家的背景有所了解，包括查阅这些研究是如何被资助的。

随着全球范围内新闻编辑部经费的持续压缩，允许记者们报道新闻的时间也在持续减少。当前的媒体商业模式让记者疲于奔命，即给记者安排更多的工作但让他们对某一话题进行深入思索的时间较少。这种模式对于能够建立多元的科学家信源或者学习充足、必要科学知识的大多数科学记者来说并不是好事情。科学记者想为公众呈现精确的信息，必须尽全力克服这种障碍。

撰 稿 人：Lesa Hatley Major

另请参阅：Conflicts of Interest in Science；Information Subsidies；Interviewing Scientists；Scientist-Journalist Relations

参考文献

[1] BOORSTIN D. The image：A guide to pseudo-events in America [M]. New York：Atheneum，1961.

[2] DUNWOODY S. The scientist as source [M]//S M FRIEDMAN，S DUNWOODY，C L ROGERS (Eds.). Scientists and journalists：Reporting science as news. New York：Free Press，1986.

[3] PRESS E，WASHBURN J. The kept university [J]. The Atlantic Monthly，2006，3：39-54.

Scientists' Institute for Public Information 科学家公共信息研究所

1979年3月28日是科学家与记者关系中的一个重要转折点。当天，美国的三英里岛核设施发生了严重的事故。虽然最后确定没有发生辐射的泄漏，但是在事故发生初期，公众、政府和媒体都惊恐万分，也不知何去何从。

这一事件使得科学家意识到媒体无论如何都会对科学以及科学和技术相关的话题撰写新闻报道，而不管科学家是否与媒体合作，但是如果这种合作发生的话，科学家会让情况有所好转。

这个事件的结果就是84个新闻组织打电话给科学家公共信息研究所（Scientists' Institute for Public Information，SIPI）寻求信息来源，以告诉他们三英里岛发生了什么事，以及当天出现在《纽约时报》（*New York Times*）上的相关报道的后续情况。科学家公共信息研究所能够为其副总裁佛莱德·杰罗米（Fred Jerome）提出的为寻求科学渠道的记者提供推荐服务的理念找到经费支持。科学家公共信息研究所的媒体资源服务（Media Resource Service，MRS）诞生了。

科学家公共信息研究所的起源可以追溯到1947—1948年成立的一些组织，这些组织对1945年科学研究应用导致的在广岛和长崎投放原子弹的事件表达了关切。随即还有其他一些组织成立，这些组织的指导原则是告知公众。在1958年以后，被称为核信息委员会（Committee for Nuclear Information），后来更名为环境信息委员会（Committee for Environmental Information）的组织成立，其目的在于把放射性沉降的危险以及后来有关环境议题的信息告知公众。1963年，作为23个这种当地组织协调机构的科学家公共信息研究所成立。1974年，大多数当地委员会都解散了，科学家公共信息研究所开始组织一系列特别行动小组把众多议题告知公众，包括核电、农药、健康护理、遗传等问题。

1979年，科学家公共信息研究所成为那个时候大多数新闻记者耳熟能详的机构。1980年，它获得了福特基金会（Ford Foundation）的资助媒体资源服务开始运营。随后几年由安德鲁·W.梅隆基金会（Andrew W. Mellon Foundation）、卡内基基金会（Carnegie Corporation）和其他基金会等资助。当被问到如何找到科学信息渠道的时候，那时候的大多数记者都是简单的一句话——打电话给科学家公共信息研究所。

科学家公共信息研究所是如何工作的

在开始这项服务的时候，科学家公共信息研究所的员工通过邮件的方式向他们可以掌握的精读科学期刊、精读科学会议的与会者和参与者发送问卷，并采用很多其他的方式来联系那些可能会有所帮助的专家。这个问卷询问了专家的专业知识、他们在哪里就职并让他们提供自己发表的文章列表。因为科学家公共信息研究所想在一些争议性话题上给记者提供一系列负责任的看法和观点，那些填写问卷的专家还被要求就当前突出的问题发表观点和看法，包括核电和有毒废物。他们还被要求推荐他们认为合适的科学家。

和预料的一样，直到多次邮件联系之后有些专家才返回他们的答卷，但是没有一个人拒绝参与这项工作。根据其专业知识及争议内容对专家的反馈进行归档，当需要的时候可以容易地检索到专家信息。

媒体资源服务的工作方式如下：记者拨打免费电话，媒体资源服务工作人员记录下记者想要报道的相关信息，包括截止日期（这个信息需要在一个小时、一天内提供，还是什么时间）。然后该工作人员到档案中寻找合适人选，随后拨打专家电话以了解其是否愿意接受这个请求或者他们认为谁更合适，如果他们推荐了别人，则会问专家推荐的人选是谁，在什么时间方便接受采访（假设记者有一定的弹性时间）。然后记者在双方确定的截止日期之前再次来电并且获得自己需要的信息。媒体资源服务工作人员会对其中50%的来电进行跟踪以确认记者是否已和专家取得联系，以及专家的反馈是否对记者有所帮助。不愿意提供帮助的专家则会被从联系名单中删除。

在传播消息以及获得科学写作共同体的信息方面，科学家公共信息研究所的副总裁在科学写作圈子里十分活跃，如在科普作家协会（National Association of Science Writers）、科学写作促进委员会（Council for the Advancement of Science Writing）和美国科学促进会（American Association for the Advancement of Science, AAAS）年会等。媒体资源服务还会制作贴有其免费电话号码的小标签，记者们可以贴在电话上以备不时之需。到20世纪90年代，美国的各家新闻编辑部中都至少有一个人知道科学家公共信息研究所及其所提供的服务。

科学家公共信息研究所的工作效果

科学家公共信息研究所的工作之所以能够发挥作用并且赢得记者群体的信任，其中一个原因是其成立了媒体顾问委员会。除科学家公共信息研究所的主席沃尔特·克朗凯特（Walter Cronkite）外，委员会成员还有时任哥伦比亚广播公司（CBS）《晚间新闻》（*Evening News*）的制片人汤姆·贝泰格（Tom Bettag）、时任《纽约时报》（*New York Times*）国内副主编兼黑人记者协会（National Association of Black Journalists）（该协会也是科学家公共信息研究所的董事会成员）的创办人保罗·丹尼（Paul Delaney）、《新闻周刊》（*Newsweek*）的科学编辑沙朗·贝格丽（Sharon Begley）、《华尔街日报》（*Wall Street Journal*）的科学编辑杰里·毕肖普（Jerry Bishop）、美联社（Associated Press）的科学编辑保罗·雷布恩（Paul Raeburn）[他后来是《商业周刊》（*Business Week*）的科学编辑]以及科学写作促进委员会的主任本·帕特鲁斯基（Ben Patrusky）等。在设计项目、提供建议以及确保信誉等方面，这个委员会的助益很大。

一些涉及科学的不幸引发的事件导致科学家公共信息研究所接到了如潮水般的来电。这些事件包括"挑战者号"（*Challenger*）航天飞机的失利、切尔诺贝利核事故，以及博帕尔毒气泄漏事故。在这种情况下，科学家公共信息研究所的工作人员不得不转换成另外的工作模式，科学家公共信息研究所全员都动员起来，当记者来电的时候，他们会立即给出回应，专家们也不会被事先通知。随着媒体如何处理这些情况的信息被传播出去的时候，作为一个可靠的、公正的信息来源的独立机构，科学家公共信息研究所声名远播，也许这是这些可怕事件中的唯一一个好消息。

另一个让人们知晓科学家公共信息研究所的方式就是通过新闻通讯《科学家公共信息研究所视野》（*SIPIScope*），它是免费提供给记者和其他感兴趣的人员的，包括新闻学院和传播学院的专家。它为获取在其他地方无法取得的信息的重要渠道。如它对大众市场上报纸的新闻版面数量做定期的调查，是获得这些数据的唯一来源。它还对重要的科学专家和科学政策专家进行采访，如众议院科学委员会（House of Representatives Science Committee）的主席乔治·布朗（George

Brown)、戴维·帕卡德(David Packard)、时任斯坦福大学的校长唐·肯尼迪(Don Kennedy)等。该通讯还刊载一些有关科学写作专业方面的报道。在通讯可以传播重要信息的时代，它成为该领域的一个重要工具。它传播了其他地方无法获得的信息。

科学家公共信息研究所还开展一系列媒体圆桌会、早餐会、午餐会和晚宴，其目的在于让媒体记者和科学家彼此建立联系。这些活动包括：和国防作家团体(Defense Writers Group)一同参议，这个团体每月召开一次早餐会，总能产生出好的报道；为电视记者举行非正式的国家安全晚餐讨论会(因为是非正式的会议，所以可以在没有摄像机的情况下进行非正式的和提供情报的讨论)；就儿童健康和福利、环境、科学和刑事司法等议题召开午餐会等。

为了指导这些讨论，科学家公共信息研究所就一些议题建立了一系列咨询委员会，如国家安全、儿童健康与福利、环境、科学、刑事司法。这些委员会都是由各领域的一流专家组成的，他们同意帮助寻找问询服务所需的专家，就很多讨论会提出话题并推荐专家，为科学家公共信息研究所的总体发展提供建议。

针对电视专业人员的拓展活动

由于注意到来电咨询的电视记者数量相对较少(除前面提到的科学和技术相关悲剧发生时它们被电话咨询淹没的情况之外)，科学家公共信息研究所决定在接触电视方面做出更多的努力。第一步是在广播电视新闻主管联合会(Radio-Television News Directors Association, RTNDA)的区域性会议或全国性会议上组织一些分会场，向有疑问的观众传播科学。这使得在《电视新闻：前沿》(*TV News: The Cutting Edge*)上出现了一系列重要的周末会议。

为了吸引更多的电视从业人员，这些会议会在度假胜地举办，其目标群体是当地电视台的新闻总监(有时候这些总监会派首席记者参加)。这些人与一流科学家，包括一些诺贝尔奖(Nobel Prize)得主打成一片，听他们的简短发言，并且提出问题。媒体资源服务主席沃尔特·克朗凯特(Walter Cronkite)将第一次活动的邀请通过录影的方式在广播电视新闻主管联合会内部渠道进行播放，得到了电视圈的关注。

40多位新闻主任和记者不仅参加了这些分论坛，而且还与他们选择的科学家进行了一对一的访谈(科学家公共信息研究所提供摄像机和工作人员)，并带回一些参考资料。电视从业人员和科学家整个周末都待在一起。结果，每家电视台都至少播出了一个报道。有些电视台还利用这些信息开设了名为《从前沿开始》(*From the Cutting Edge*)的系列节目。话题范围从有关垃圾的科学和技术到寻找致癌基因，这都表明该会议具有一定的广度。

也许最重要的对话发生在周六晚上的酒店套房里，直到深夜(甚至是凌晨)还是人声鼎沸。很多参与者认为这是该会议期间最有意思的一段时间，因为记者们可以有机会同他们不可能接触到的专家进行非正式的交流，科学家也了解了电视记者的生活，对他们日常的要求有了一定的了解。

结　论

作为一个非营利组织，科学家公共信息研究所的经费由政府和私人基金会拨款组成，也有来自企业和个人的捐赠。到目前为止最重要的经费来源是私人基金会拨款。到20世纪90年代中期，私人基金会群体对科学家公共信息研究所开展的这种活动——在向媒体提供科学信息和渠道方面采取无党派的、不偏不倚的方式——的热情衰退了。科学家公共信息研究所也无法从其他渠道获得经费以扭转经费下滑的势头，不得不于1997年停止运营。

科学家公共信息研究所的成就是什么？如何评价其影响？用一位在新闻学院就职的经验丰富的评论家的话说，科学家公共信息研究所的主要成就是在科学和新闻两个方面促进了美国与科学普及相关的服务活动的合法性。科学家公共信息研究所为科学新闻提供了身份以及相关信息的数据库，此外其出版的通讯也记录了科学新闻的潮起潮落。

科学家公共信息研究所在这个领域的成功标志着科学和新闻在对“科普”的态度方面的变化，同时也在一定程度上造成了这种变化。虽然早在 20 世纪 80 年代初，只有其他一些类似的活动，但是后来多了起来，如 EurekaAlert、美通社采访热线（Profnet）、环境新闻学会（Society of Environmental Journalism）的活动以及其他旨在把科学家和记者联系起来的活动。现在还仍然充满活力的组织和活动包括科普作家协会、科学写作促进会非常成功的年度项目——科学新视野（New Horizons of Science）（其出现早于媒体资源服务）以及美国科学促进会的媒体伙伴计划（Media Fellows Program）。

在报刊发行量持续下降（报纸本身也在下降）、电视网络和电视台危机四伏（这些渠道中科学报道的数量也在下降）以及互联网上可资利用的信息量大大增加的世界里，科学传播的未来还不清楚。然而，社会和经济对科学和技术的依赖性不断增强，科学和技术中已包含更多的伦理、社会和政治议题，这些都使科学传播的重要性比以往任何时候都要大。

撰 稿 人：Alan H. McGowan

另请参阅：American Association for the Advancement of Science（AAAS）；Scientist-Journalist Relations；Scientists as Sources；Three Mile Island

Scientists' Understanding of the Public 科学家对公众的理解

从科学的角度对公众进行界定有好几种方式。本词条讨论了三种不同类型的公众界定：科学史学家确认的以科学家和公众之间的历史关系为特征的公众；代表了部分通过定量调查获得信息的自然科学家的当代公众概念；由社会科学家提出的对公众定义方式的当代批判。

科学家与公众之间的历史关系

自 17 世纪以来，科学家和更广泛的公众之间的关系发生了巨大变化。在过去，科学家和非科学家之间并没有明确的区分。科学家或自然哲学家的社会功能几乎与社会其他领域的学者没有区别。今天，出于实用的目的，通过公众成员所不具备的相关认知技能和实践技能的途径对科学职业进行了界定。对于科学家和非科学家来说，这些技能似乎是科学知识生产的必要条件。

由于社会中的科学的历史的功能性差异，公众被简单地界定为由于某种原因缺乏或者不能使用科学家的社会群体共享的学科专业能力的人。从这种差异的基础属于特定历史情境和区域情境这个意义上来说，科学家和公众之间的差距是一种文化差距。一般来说，在启蒙运动中，公众舆论这个普遍的观点通过鼓励尽可能多的人参与科学而模糊了科学与公众之间的差异。19 世纪见证了大众科学消费的兴起，这在很大程度上仍然基于这样的观点：所有的成年人共有让更广大的公众能够充分理解科学，并从这种理解中受益的同样的判断能力。

20 世纪出现了科学与公众之间的差距日益增长的看法。作为基础科学缩影的量子物理学和广义相对论在文化汇中的主导地位导致了科学家和公民之间的差距进一步拉大。20 世纪物理学的见解与日常经验之间的断裂导致科学家和科学传播者认为，科学与公众舆论在根本上是截然不同的。作为体现在阿尔伯特·爱因斯坦（Albert Einstein）的文化特征中的科学家或物理学家被视为一种活在常人以外世界的特殊人群。随着原子弹的发明和科学在“冷战”政治中的登场，科学与公众之间的分裂似乎完成了。科学被理解为在认知上和技术上拥有巨大的力量，但其前提是它脱离公共影响而完全自主地推行。实际上，与普通公众相比，科学家与军队和政府变得更为一致。

尽管把科学和公众隔离开来的差距越来越大，但是它们之间的关系却从未完全断绝。在民主社会，科学家需要公众让对科学的追求和公共资助合法化，而公众期望科学可以为他们提供应用科学和经济收益。因此，科学与公众之间的关系不仅是在能力和认知方面存在着日益扩大的差距，而且是在呼吁自主性的科学家和要求透明的公众之间永无止境的谈判。

从科学的角度看公众理解科学

科学家和科学机构经常哀叹科学与公众之间日益扩大的差距。在这种情况下，他们确认了公众缺乏对科学理解的信念。通常，他们做出了公众理解科学的呼吁，是希望更多的公众理解科学将自动地促使更多的公众欣赏科学。他们的理由是，只有人们在科学理论和方法方面更多地理解科学，他们才能自然地倾向于支持科学。根据这种观点，揭露科学的不确定性和争议只会增加公众对科学和科学机构的不信任。因此，公众缺乏对科学的理解可能被解释为科学共同体与公众就自主性和透明性进行协商的方式之一。

一些定量的调查试图以科学的方式评估公众对科学的理解，以及公众对科学和技术的态度。在这种情况下，调查研究人员从成年人口中选择具有统计代表性的样本，并将公众定义为成年人口中拥有个人信念或意见的集合。在人口和时间跨度方面最全面的调查是由美国国家科学基金会科学资源统计处（U.S. National Science Foundation's Division of Science Resourc-es Statistics）代表了国家科学委员会（National Science Board）开展的科学和工程指标（Science and Engineering Indicators）调查，以及由欧盟委员会（European Commission）的公共舆论分析（Public Opinion Analysis）部门开展的与科学和技术相关的欧洲晴雨表（Eurobarometer）调查。

调查发现，自 20 世纪 90 年代以来，美国人的科学知识水平几乎没有什么变化。《欧洲晴雨表 224：欧洲、科学和技术》（*Eurobarometer 224：Europeans，Science，and Technology*）发现，相比于 1992 年，在 2000 年更多的欧洲人能够提供标准化科学测验的正确答案。然而，在欧洲各国之间有相当大的变化。美国和欧洲的实际知识水平是可比较的，并且似乎比其他国家稍好一些，如日本、俄罗斯和中国。在不同国家之间，实际知识与正规教育水平、收入水平，以及所学科学和数学课程的数量呈正相关。

与实际科学知识的水平不同，最近几年，美国人对科学过程的理解似乎略有改善。《欧洲晴雨表 224：欧洲，科学与技术》的调查不包括与科学过程或方法有关的问题。相反，它试图评估欧洲人认为什么样的主题是科学的，从而出现了三个不同的群组。第一组包括被视为高度科学的科目，即医学、物理、生物学、天文学和数学。被认为有些科学的主题包括心理学、经济学、占星术、顺势疗法和历史，然而，欧洲人却认为占星术这个问题与科学毫无关系。

虽然从科学的角度来看，公众对实际科学信息和科学过程的理解是缺乏的，但公众对科学技术的态度通常是积极的。美国人一贯且大幅度地支持过去的成就和科学技术未来的前景。自 1979 年开展调查以来，这种支持就是显而易见的。在美国，人们对科学和技术对人类有益的态度要比欧洲、俄罗斯和日本更积极一些。结果表明，欧洲人对科学和技术的某些方面非常乐观，而对其他方面则保持怀疑。虽然科学技术可能带来好处，但欧洲人对于它可以解决世界上的所有问题并没有抱有高的期望。中国人和韩国人对科学技术的积极态度堪比美国，甚至可能超越美国。

缺失模型及其批评

在定量调查的帮助下，科学家和政策制定者倾向于认为公众在科学知识方面存在巨大的缺陷。这种思维通常被社会科学家和其他人认为是关于公众的“缺失模型”。它建立在现代主义启蒙的假设上，即为了民主社会的繁荣，公众必须在一定程度上理解科学。它还有一个与科学政策制定密切相关的教育议程。如果公众对科学的理解存在着缺失，就需要通过教育的手段来解决，这不仅是巩固未来的科学政策。科学知识和对科学和技术的态度是关键的建构，因为知识被认为与对科学和技术的支持呈正相关。然而，前面提到的调查只是证明了公众对科学的理解与欣赏之间复杂和不稳定的关系。近几十年来，公众被认为对科学知之甚少，但他们仍然非常支持科学的发展。

在对缺失模式的批判中，社会科学家提出了对公众理解的替代性方法。在对公众和公众知识进行界定方面，大多数替代性方法都是以情境而非认知为基础的。对公众的情境化理解是把公众视为源于特定的社会情境或文化情境中的。作为一个推论，这里存在着许多异质的、临时的公众，而不是基于公共舆论这个观点上的可量化的实体。同样，这种理解表明科学与公众之间的关系不是一维的。相反，有很多种方法来配置这种交互性。对什么是科学、什么是公众的定义完全取决于情境。组成“公众”的三个有些交互的公众模式需要特别注意。

第一，有一种观点认为“公众”是一个公开辩论的场所或论坛。在这方面，公众不是个人意见的集合，而是在个人和集体层面上使意见形成的背景。最好地体现对公众理解这个概念的是公共领域这个观点。公共领域通常被理解为由社会生活中的许多不同领域组成，人们可以聚在一起自由讨论和识别社会问题，并通过这些讨论进而影响政治行动。公共领域是个人和群体自由地聚集在一起讨论共同关心的问题，并在可能的情况下达成共同判断的交流空间。原则上，任何人都应该能够在公共领域发表自己的意见。在现实中，事情是不同的。可以说，在现代民主国家，公共领域最重要的部门是大众媒体。因为大多数大众媒体以商业的形式运作，它们争夺公众的注意力，并且必须仔细选择让公众听到哪些声音和报道。尽管这种商业“新闻”存在偏见，但大众媒体仍然是在涉及科学信息的公众辩论和决策制定中最有影响力且在社会上普遍存在的方式之一。

第二,“公众”可以根据正在讨论的议题或问题来定义。一旦一些人意识到某些联合行动可能导致超出直接参与行动者预期的不同结果，并且这些人开始在知识和情感上关心这些结果时，他们便形成了公众。公共问题是临时的和不稳定的，这导致自发的群体无法以令人满意的方式处理它们。为了以更系统和更有组织的方式处理结果或外部效应，必须形成特殊的机构并采取措施。因此，由间接地和严重地被影响的公众组成的主要群体被取而代之，并由分析和规范个人和群体联合行动的多少，有些专业的代表组成的二级公众实现了政治有效性。关于科学和技术，公众只形成于识别和关心科学信息和技术创新产生的更广泛的社会结果过程。

第三，“公众”可以被理解为科学和技术的用户。虽然在缺失模型中，公众被定义为关于科学和技术的信息接收者，但是以用户为中心的模型在界定公众时强调积极的调用和代理。在理解科学技术的过程中，人们从来不是简单地掌握科学信息，而是利用各种信息来理解他们的日常世界，并从他们自己的文化框架中理解相关的自然和文化现象。在使用或调用科学技术的过程中，人们可能（或不可能）形成可以被认为是关于科学技术的公众的稳定性群体。

撰稿人：Kristian Hvidtfelt Nielsen

另请参阅：Audiences for Science；Dewey，John；Public Understanding of Science；Science Indicators，History of the NSB Project on

参考文献

[1] BENSAUDE-VINCENT B. A genealogy of the increasing gap between science and the public [J]. Public Understanding of Science，2001，10（1）：99–113.

[2] DAVIES S R. Constructing communication：Talking to scientists about talking to the public [J]. Science Communication，2008，29（4）：413–434.

[3] EINSIEDEL E F. Understanding “publics” in the public understanding of science [M]//M DIERKES，C VON GROTE (Eds.). Between understanding and trust：The public，science and technology. Amsterdam：Harwood Academic，2000：205–216.

[4] FELT U. Why should the public “understand” science? A historical perspective on aspects of the public understanding of science [M]//M DIERKES，C VON GROTE (Eds.). Between understanding and trust：The public，science，and technology. Amsterdam：Harwood Academic，2000：7–38.

[5] NEIDHARDT F. The public as a communication system [J]. Public Understanding of Science，1993，2（4）：339–350.

[6] SHAPIN S. Science and the public [M]//R C OLBY，G N CANTOR，J R R CHRISTIE，et al.（Eds.）. Companion to the history of modern science. London：Routledge，1990：990–1007.

[7] YOUNG N，MATTHEWS R. Experts' understanding of the public：Knowledge control in a risk controversy [J]. Public Understanding of Science，2007，16（2）：123–144.

Search for Extraterrestrial Intelligence 搜寻地外文明计划

搜寻地外文明计划是一项吸引了广泛且持续的公众关注的科学探索。自科学家第一次谈论搜寻地外文明计划以来，关于该计划的媒体报道就非常多，并且搜寻地外文明计划的科学家密切关注着记者对于他们的工作进行了什么报道。

在 19 世纪，天文学家首先学会了记录天体的光谱，并且发现它们是由地球上相同的东西组成的，包括组成生命的元素。查尔斯·达尔文（Charles Darwin）的进化论进一步加深了生命起源于自然过程的结果的这种思想。20 世纪中期，科学家发明了射电天文学。从那以后，搜寻地外文明计划的科学家就一直在搜寻地外技术起源的信号。

标准的搜寻地外文明计划技术是使用基于地面的射电望远镜，并结合专门开发的多通道信号处理器，来监听和识别源自地外技术的信号。搜索无线电信号的两种标准模式把识别出的行星作为拥有恒星的最佳备选，并对发出重要信号的天空区域进行巡查。其他搜寻地外文明计划的方法包括寻找一颗恒星上存在技术的光学（涉及可见光）的证据或红外证据。

对地外智能生命证据的科学搜索开始于 1959 年 9 月 19 日英国《自然》（*Nature*）杂志发表的一篇论文，该文章描述了一个“搜寻星际通信”的概念。这篇文章的作者是物理学家朱塞佩·科可尼（Giuseppe Cocconi）和菲利普·莫里森（Philip Morrison）[当时就职于康奈尔大学（Cornell University）]。此文为通过使用射电望远镜来监听地外技术所产生的信号以搜索外星智能生命的证据提供了科学和技术基本原理。当时，科学共同体对星系、恒星和行星的起源、进化和性质足够了解，对科可尼和莫里森的建议中看起来似乎合理的射电天文技术足够了解，一个搜寻地外文明计划的科学家团体开始组建。

1960 年，天文学家弗兰克·德瑞克（Frank Drake）在西弗吉尼亚州格林班克的国家射电天文台（National Radio Astronomy Observatory，NRAO）首次使用射电望远镜搜索地外智能起源的信号。德瑞克的奥兹玛计划（Project Ozma）观察了两个临近的类日恒星——鲸鱼座天仓五（Tau Ceti）和波江座天苑四（Epsilon Eridani），以在窄范围的无线电频谱中监听信号。1961 年，通过与国家研究理事会（National Research Council）的空间科学委员会（Space Science Board）合作，德瑞克在国家射电天文台举办了首次关于搜寻地外文明计划的科学会议。这次会议的一个结果就是以其创作者弗兰克·德瑞克的名字命名的德瑞克方程。

德瑞克方程——$N=N\times(f_p\ n_e\ f_l\ f_i\ f_c\ f_L)$ 实际上并不是一个方程式。它是一个启发式的工具，一种用于估计银河系中有多少行星可能存在智能生命的技术。这种技术基于许多的假设，银河系中通讯文明的估计数量也绝对不是一个精确的值，可能的答案是从零到数百万甚至更多。

N^* 是银河系中恒星的数量（估计范围从 1000 亿到 4000 亿，包括数以百亿计的类日恒星），f_p 是在这些恒星中可能有行星的比例，n_e 是那些可居住的行星的比例，f_l 是在那些可居住的行星中可能存在生命进化的比例，f_i 是实际上已经进化出智能生命的有生命的行星的比例，f_c

是这些行星上智能生命形式能够通过无线电信号进行通信的比例，f_L 是在通信文明存在（或者存在过）的过程中具有智能无线电通信生命的比例。为每个变量赋值比数学运算更具推测性。

除了美国，包括阿根廷、澳大利亚、印度和苏联在内的一些其他国家也参与到搜寻地外文明计划研究中。1961 年，第一届国际搜寻地外文明计划研讨会在苏联举行。1964 年，天文学家尼古拉·卡达谢夫（Nikolai Kardashev）进行了第一次苏联搜寻地外文明计划搜索。20 世纪 70 年代，美国国家航空航天局（National Aeronautics and Space Administration，NASA）进行了一些搜寻地外文明计划研究，并在 20 世纪 80 年代建立了一个为期 10 年的搜寻地外文明计划研究和开发计划，最终形成了一个可操作的搜寻地外文明计划项目。国家航空航天局的高分辨率微波测量（High-Resolution Microwave Survey）于 1992 年 10 月在波多黎各的阿雷西博天文台（Arecibo Observatory）和加利福尼亚州南部的国家航空航天局深空网络（Deep Space Network）站开始运行。1993 年，美国国会（U.S.Congress）取消了该项目，而国家航空航天局从那时开始再没有启动任何一个搜寻地外文明计划项目。

在美国国家航空航天局的项目被取消后，美国的搜寻地外文明计划研究改为由私人资助。行星协会（Planetary Society）——一个空间探索的倡导团体，为在美国和阿根廷开展无线电和光学搜寻地外文明计划项目筹集私人资金。位于加利福尼亚州山景城的搜寻地外文明计划研究所有一个由私人捐赠支持的搜寻地外文明计划研究中心（Center for SETI Research）。该中心目前的搜寻地外文明计划项目是位于加利福尼亚州的艾伦望远镜阵列（Allen Telescope Array）——以其主要捐赠者，微软共同创始人保罗·艾伦（Paul Allen）的名字命名。2005 年，美国国家航空航天局为一名搜寻地外文明计划的研究员提供了一笔经费，以开展一个名为“复杂的电子技术标记探测”的项目。2008 年，国家航空航天局对空间科学研究计划建议书征求意见并进行了修改，以便在太阳系起源（Origins of Solar Systems）研究项目的范围内纳入“探测和表征包括那些可能拥有智慧生命的其他行星系统”。

虽然不明飞行物学（UFOlogy），即不明飞行物体的研究的支持者可能将搜寻地外文明计划与不明飞行物和外星人到访地球联系起来，但两个领域之间并没有联系或协作。搜寻地外文明计划被普遍接受为一个被美国国家科学院（U.S. National Academy of Sciences）、国际空间研究委员会（Committee on Space Research）和国际天文学联盟（International Astronomical Union）承认的合法研究课题，并且由有资质的科学家开展工作。尽管如此，由于科学或其他原因，也有少数科学家声称这是不值得的。

搜寻地外文明计划的批评者倾向于挑剔搜寻地外文明计划中的“地外”。科可尼和莫里森在他们开创性论文的标题中用了“星际”而不是“地外”通讯。搜寻地外文明计划的科学家往往避免使用某些特定的术语，如外星人。1992 年，国会工作人员说服国家航空航天局官员重新命名其搜寻地外文明计划的微波观测项目（SETI Microwave Observing Project），即高分辨率微波调查。许多搜寻地外文明计划的科学家更喜欢将其目标描述为“地外技术”，而不是“地外智能”。

搜寻地外文明计划面临着其他挑战。人类可能无法识别地外智能生命及其存在技术方面的证据。无论能否被识别出来，它可能只存在于科学家永远不能探测到它的任何信号的远离地球的某处。如果科学家确实发现了一个信号，他们必须证明它来自一个地外技术源头，这个程序并不简单。此外，总有一些人认为信号的验证不等同于地外智能生命存在的证据。

搜寻地外文明计划的最大挑战是搜索空

间的大小。搜寻地外文明计划的技术，包括无线电和光学望远镜、信号检测设备以及信号处理系统，自搜寻地外文明计划启动以来已得到大幅提高。尽管如此，目前的技术只能搜索到银河系的一小部分。而宇宙拥有数十亿个星系（估计从125亿到500亿）。虽然科学家在50多年的研究中极大地扩展了我们对宇宙的认知和理解，但是宇宙作为一个整体仍然在很大程度上未被探索。

撰 稿 人：Linda Billings

另请参阅：Alien Abduction；Astrobiology；Astronomy，Public Communication of；National Aeronautics and Space Administration，U.S.

参考文献

[1] BOVA B，PREISS B.（Eds.）. First contact：The search for extraterrestrial intelligence [M]. New York：NAL Books，1990.

[2] SHKLOVSKII I S，SAGAN C. Intelligent life in the universe（P. Fern，Trans.）[M]. San Francisco：Holden Day，1966.

[3] SWIFT D W. SETI pioneers：Scientists talk about their search for extraterrestrial intelligence [M]. Tucson：University of Arizona Press，1990.

Senate Committee on Commerce, Science, and Transportation, U.S. 美国参议院商业、科学与交通委员会

在美国参议院（U.S. Senate Commerce）16个常设委员会中，美国参议院商业、科学与交通委员会（U.S. Senate Commerce，Science and Transportation Committee）拥有最广泛的管辖权。举几个例子来说，该委员会负责和运输、州际商业、消费者保护、运动、标准和测量、传播、科学，技术和太空、海岸带管理、海洋政策、海洋渔业、天气和技术研究相关的所有事情。这个委员会的决策通常会成为新闻。

该参议院委员会成立于1816年，是第一批实质性的常设委员会之一。传统上，常设委员会拥有永久地位和建议参议院立法变化的立法管辖权或者权威。在刚成立的时候，这个委员会的名称是商业和制造商委员会（Committee on Commerce and Manufacturers）。起初，这个新的委员会负责编制统计报告，调查港口和运河建设、进出口商品。1887年的《州际商业法案》（Interstate Commerce Act）是该新成立的委员会批准的著名的法案之一。该法案提出对铁路运费和服务实行联邦控制。

多年来，该委员会被多次进行改组和重命名。从1955—1977年的20多年来，该委员会由华盛顿州的民主党人士参议员沃伦·G. 马格努森（Warren G. Magnuson）担任主席，他一直在争取制定机动车安全标准。该委员会于20世纪70年代末和80年代初主要在做航空公司和货运业的解除管制。在20世纪80年代末，在密苏里州共和党人士参议员约翰·C.丹佛斯（John C. Danforth）的管理下，该委员会通过推动为卡车司机和汽车司机发放牌照的统一系统提升高速公路安全性。为了跟上20世纪90年代技术发展的步伐，该委员会把其焦点转移到了支持与电信行业的变化相关的立法。例如，该委员会修订了电话、广播和印刷业的法规。在20世纪80年代末有线电视装机率暴涨以及公众向国会（Congress）投诉之后，该委员会通过1992年《有线电视消费者保护和竞争法案》（Cable Television Consumer Protection and Competition Act）帮助国会恢复了有线电视装机率的价格监管。

原则上，几乎被引入到参议院的每一项立法都先要被送到参议院的一个相关的委员会进行审议。例如，如果国会必须要审查国家航空航天局（National Aeronautics and Space Administration，NASA）的预算申请，并且立法者需要解决一项立法建议（草案）以修改和扩展国家航空航天局的活动，那么这项草案将被提交给参议院商业、科学与交通委员会处理。

该委员会由几个小组委员会组成，以在其管辖权内协助全体委员会处理具体任务。2009—2010年，这些小组委员会，包括航空操作与安全小组委员会（Aviation Operations，Safety，and Security），消费者事务、保险和机动车安全小组委员会（Consumer Affairs，Insurance，and Automotive Safety），州际商业、贸易和旅游小组委员会（Interstate Commerce，Trade，and Tourism），海洋、大气、渔业和海岸警卫队小组委员会（Oceans，Atmosphere，Fisheries，and Coast Guard），科学、技术和创新小组委员会（Science，Technology，and Innovation），航天、航空和相关机构小组委员会（Space，Aeronautics，and Related Agencies），地面交通、商船基础设施和安全小组委员会（Surface Transportation and Merchant Marine Infrastructure，Safety and Security）。

在审议了一项法案之后，该委员会和它的小组委员会对来自非委员会专家的信息进行考察。通常它们会要求执行机构提交书面建议，并且举行听证会。国会听证会包括对这个问题的优缺点的口头证词，以及国会成员对证人进行提问。在听证会期间，那些赞成和反对一项立法行为（或措施）的人有机会表达他们的观点。如摩托罗拉公司（Motorola）的一个代表强调通过新技术和无线通信改善公共安全和第一应急响应的重要性。一个工会领导人会对铁路安全表示担忧，并且建议对违反安全守则的铁路公司提高罚款。美国电影协会（Motion Picture Association of America）的首席执行官会证实视频游戏、电视和电影现存的分级系统是否准确地评价它们对儿童的恰当性。

除了它的立法角色，该委员会和相关的小组委员会还会采集信息并调查全国性问题或者不正当行为。它还负责对政府项目、机构和它们的活动执行国会监督权。如该委员会将安排听证会，以就联邦通信委员会（Federal Communications Commission）与电视相关的审查活动进行评估。

在赞同一项议案修正案之后，该委员会将投票表决是否把立法法案发回给参议院全体，通常会带有一份书面报告和建议。有时候，该委员会需要对涉及的提议进行不止一次的审查。2007年，该委员会批准了《来电显示真相法案》（Truth in Caller ID Act），该法案指明通过电信服务传送主叫识别失真的信息是违法行为。2007年，该法案失败了，因为参议院全体从来没有对它进行过投票。2009年，该法案被再次引入参议院，并交由同一个委员会处理。

在21世纪的前10年中，美国参议院商业、科学与交通委员会一直专注于一系列热点话题，如洁净煤技术、未来无线电和互联网、进口药品的安全，以及气候变化对海洋资源的影响。

西弗吉尼亚州参议员杰伊·洛克菲勒四世（Jay Rockefeller IV）在2009—2010年的第111届国会期间当选商业、科学与交通委员会主席。洛克菲勒通过着眼于帮助经济、改善安全、建设全国性技术基础设施、推动清洁能源研究和保护美国消费者，为该委员会设定了优先事项。

撰稿人：Sergei A. Samoilenko

另请参阅：Highway Safety；House Science Committee，U.S.；National Aeronautics and Space Administration，U.S.；Senate Committee on Environment and Public Works，U.S.

参考文献

[1] TARR D R，O'CONNOR A. Congress A to Z [M]. Washington，DC：CQ Press，2008.

[2] U.S. Senate Committee on Commerce，Science，and Transportation：http://commerce.senate.gov/public.

[3] ZARKIN K A，ZARKIN M J. The Federal Communications Commission：Front line in the culture and regulation wars [M]. Westport，CT：Greenwood Press，2006.

Senate Committee on Environment and Public Works, U.S. 美国参议院环境和公共工程委员会

美国参议院环境和公共工程委员会（U.S. Senate Committee on Environment and Public Works）是美国参议院（U.S. Senate）16个常设委员会之一。与其他常设委员会一样，该委员会拥有永久地位，并且可以创建新的法律，以及在总体上建议参议院立法的变化。环境和公共工程委员会负责处理一系列与环境和基础设施相关的问题。这使得它成为涉及与科学和技术相关的值得报道的议题的几个著名的参议院委员会之一。

为了监督华盛顿特区联邦大厦的发展，该委员会起初由参议院于1837年成立，当时的名称是公共建筑和场地委员会（Committee on Public Buildings and Grounds）。20世纪，该委员会的管辖权扩展到包括更多元的议题，如州际高速公路系统、防洪和导航事务。

1963年，该委员会被授予创建新法律的责任，以实现空气污染控制和水污染控制，农村和社区经济发展，以及自然灾害救助。

20世纪70年代被认为是该委员会最富有成效的时期，在这期间它成功地推动了一些具有里程碑意义的立法。1970年1月1日，理查德·尼克松（Richard Nixon）总统签署了《国家环境保护法案》（*National Environmental Protection Act*），该法案把很多空气污染物置于监管之下。在1970年《清洁空气法案》（Clean Air Act）和1972年《水污染法案》（*Water Pollution Act*）被批准之后，该委员会的名声越来越大。1970年的《清洁空气法案》帮助大幅度地降低了机动车污染。这项立法为新机动车的排放标准制定了截止日期和惩罚措施。与该委员会的工作相关的很多其他议题，如酸雨和全球变暖，也成为公众和政府的关注点。在20世纪80年代，该委员会与里根政府发生了冲突，因为白宫试图削减开支并放宽对企业的管制。20 世纪 80—90 年代，该委员会着眼于和水利项目、港口和高速公路相关的议题。20 世纪 90 年代早期带来了与《清洁空气法案》相关的另外一项行动，以及对联邦高速公路项目的更多关注。

该委员会还有几个小组委员会。2009—2010 年，这些小组委员会包括儿童健康小组委员会（Children's Health）、清洁空气和核安全小组委员会（Clean Air and Nuclear Safety）、绿色就业与新经济小组委员会（Green Jobs and the New Economy）、监督小组委员会（Oversight）、超级基金、毒物和环境健康小组委员会（Superfund，Toxics，and Environmental Health）、运输与基础设施小组委员会（Transportation and Infrastructure）、水和野生动物小组委员会（Water and Wildlife）。

几乎被引入到参议院的每项立法都先要被送到参议院的一个委员会进行审议。如美国参议院环境和公共工程委员会将收到在特定地点建设新联邦大厦的立法建议（草案）。

在考虑一项草案的过程中，委员会和它的小组委员会可能会考察他们从外部专家那里获得的信息，以及来自各执行机构的书面建议，并举行委员会听证会。一般来说，国会听证会涉及对正在考虑的议题的口头证词，国会成员也会对证人进行提问。如水和野生动物小组委员会可能会就评估饮用水中铅的监测并建议采取紧急措施和长期解决方案举行听证会。

除发挥立法作用之外，该委员会还开展凸显全国性问题或者揭露官方错误行为的调查。它负责对相关政府项目和机构执行国会监督权。如该委员会可以提出一种方案，以监控和测试学校里的有毒空气污染或者调查环境保护署（Environmental Protection Agency）对限制机动车污染进行监管的决定。

在向全体委员会提交草案以采取行动之前，专门的小组委员会通常会进行修改。在通过建议的最终版本之后，该委员会将就对策、书面报告和它的建议进行投票表决以决定是否提交参议院全体。

在 21 世纪的前 10 年中，对降低能源消耗解决方案的需求、对应对全球变暖以及影响公众健康的有毒材料的项目的支持变得特别突出。该委员会还积极地监管着空气排放标准和机动车燃油标准。在第 111 次国会（2009—2010 年）上，该委员会主席加州参议员芭芭拉·鲍克塞（Senator Barbara Boxer of California）宣称她支持《清洁电力法案》（Clean Power Act）以降低电厂的主要污染物的排放。

气候变化是摆在该委员会面前的最具争议性的议题。2008 年，该委员会举办了两次关于北极熊这个濒危物种的状况的听证会，因为与全球变暖相关的冰块融化，北极熊的栖息地在锐减，在不久的将来该委员会将考虑采取重大的新立法措施来解决全球变暖的问题。

撰 稿 人：Sergei A. Samoilenko

另请参阅：Clean Air Act；Clean Water Act；Environmental Protection Agency，U.S.；House Science Committee，U.S.；Senate Committee on Commerce，Science，and Transportation，U.S.

参考文献

[1] History of the Committee on Environment and Public Works. S. Doc. No. 100-45，100th Cong.，2nd Sess.1988.

[2] TARR D R，O'CONNOR A. Congress A to Z [M]. Washington，DC：CQ Press，2008.

[3] U.S. Senate Committee on Environment and Public Works：http：//epw.senate.gov/public/index.cfm.

Sigma Xi 西格玛赛

西格玛赛（Sigma Xi）由想为科学家和工程师建立一个荣誉学会的一位工程教学人员和几位工程科系学生于1886年在康奈尔大学（Cornell University）成立。1974年，西格玛赛同美国科学研究协会（Scientific Research Society of America）合并；它当前的官方正式名称为西格玛赛，科学研究协会（Sigma Xi，The Scientific Research Society）意味着这两个组织的合并。

西格玛赛在北美和全球的高等学校、政府实验室和工业研究中心有500多个分会。这些分会中有很多都有促进科学研究和科学理解的定期项目。通过这些分会，西格玛赛完成了它表彰科学成就、鼓励和推动原创的科学调查，以及促进科学、技术和社会之间动态互动的使命。位于北卡罗来纳州三角研究园区的全国办公室会组织年会，引导对重要话题的研究，表彰杰出的研究人员和传播人员，并从总体上管理该学会的各项事务。

西格玛赛向那些对科学做出重要原创贡献的人开放会员资格。通过同行评议并在专业期刊发表两篇或者更多原创研究论文有资格成为正式会员。候选人的提名由西格玛赛的一个会员和另外一个支持这种提名的人共同完成。会员权益包括和其他会员进行社交、建立伙伴关系、并得到认可。

西格玛赛如何推动科学的发展

每个西格玛赛分会都在其所处的机构用自己的方式推动科学的发展。例如，堪萨斯州立大学西格玛赛分会（Kansas State University Chapter of Sigma Xi）有一个年度颁奖晚宴，在这个晚宴中，新会员会被授予荣誉称号或者奖项，同时，会员或嘉宾还会就受众感兴趣的科学话题发表讲演。奖项会颁给在中等教育阶段的科学教育方面表现优秀的个人，可能会颁发给在科学会议上发表研究成果的一个学生，颁发给论文质量优异的一名毕业生，颁发给专业出版物被评为优秀的一名初级成员或一名资深成员。初级成员和资深成员都会在接下来的12个月内某个时间举办的研讨会上向会员和大学共同体报告他们的研究。此外，还会举办科学咖啡馆活动，以鼓励对公众感兴趣的科学话题进行对话和促进公众理解，如干细胞研究。

西格玛赛的全国办公室为分会代表团提供一定的经费支持，以便年度西格玛赛会议可以让来自大多数分会的一个或者多个代表出席。该年会包括演讲和论坛，以推动对重要话题的公众理解，以及就该协会的一些事务采取行动。

全国奖项被授予在研究上取得成就的人以及向普通公众传播科学方面表现卓越的人。超过200名获得过诺贝尔奖（Nobel Prize）的会员被加入到位于三角研究园区西格玛赛中心（Sigma Xi Center）的荣誉殿堂（Hall of Honor）。每年通过著名的讲师项目会遴选大约300位会员来做演讲。西格玛赛还运行一个媒体资源服务项目（Media Resource Service），以把记者和愿意就新闻和封面报道接受采访的科学家和工程师联系起来。

近期西格玛赛项目的一个例子就是《应对气候变化》（*Confronting Climate Change*）报告，该报告由一个科学家小组委员会完成，这个委员会由西格玛赛召集并由密苏里植物园（Missouri Botanical Garden）园长兼西格玛赛前主席彼得·H. 雷文（Peter H. Raven）担任委员会主任。该报告于 2007 年 2 月发布，其摘要发表在 2007 年 5—6 月的《美国科学家》（*American Scientist*）杂志上；同时在西格玛赛的网站上也可以获取到。非营利组织联合国基金会（United Nations Foundation）赞助了这项研究。

西格玛赛奖

西格玛赛对科研人员、记者和推动科学发展与公众理解科学，以及推动创新的其他人员的专业工作予以表彰。威廉姆·波克特科学成就奖（William Procter Prize for Scientific Achievement）被授予对科学研究做出突出贡献，以及具备向其他学科领域的科学家传播科研成果能力的人。对科学和社会做出突出贡献的个人会被授予约翰·P. 麦戈文科学与社会奖（John P. McGovern Science and Society Award）。沃尔斯顿·查布创新奖（Walston Chubb Award for Innovation）是对创造力的表彰和鼓励。乔治·布利亚雷洛奖（George Bugliarello Prize）颁给在《美国科学家》上发表散文、评论或者分析性文章的人。为了鼓励青年研究人员提升研究质量，西格玛赛还有一个专门的青年研究人员奖（Young Investigator Award）。

《美国科学家》

西格玛赛的所有会员都会收到《美国科学家》，每两个月一期。除了刊登该协会的事务，它还刊登一系列读者感兴趣的科学和工程方面的专题文章。如 2007 年 11—12 月那期包含了一篇有关“更安全的沙拉”的专题文章，讨论了可能被像沙门氏菌这样的病原体污染了的水果和蔬菜的问题，以及消费者在新鲜食物的准备过程中应该采取什么样的食品安全实践。同时还有与科学和工程相关的重要新书的书评。

当西格玛赛所开展的重要研究的成果问世的时候，这些结果也会出现在《美国科学家》上。如 2007 年 9—10 月的那期有关于全球化的研讨会结果的摘要，《确保全球从事科学和工程的劳动力》（*Assuring a Globally Engaged Science and Engineering Workforce*）。这项由西格玛赛组织的活动包括了 70 名研究人员、教师和产业代表，他们在 3 天的研讨会期间同大约 40 名国家科学基金会（National Science Foundation）员工进行了接触。

结　论

西格玛赛这一科学研究协会有着悠久的历史，包括对促进科学和工程研究的发展做出了重要的贡献。有会员资格的青年研究人员会在年度晚宴上进行表彰，并且其他会员也会鼓励他们开展研究。在这个跨学科研究变得越来越重要的时代，西格玛赛帮助会员们彼此建立社交关系，并且推动他们对科学的理解。

撰 稿 人：Larry E. Erickson

另请参阅：Public Understanding of Science；Science Café；Scientific Societies

参考文献

[1] FONSECA J M，RAVISHANKAR S. Safer salads [J]. American Scientist，2007，95：494-501.

[2] SIGMA XI. Confronting climate change [M]. Research Triangle Park，NC：Author.

[3] SIGMA XI. Embracing globalization [M]. Research Triangle Park，NC：Author.

[4] SIGMA XI. About Sigma Xi：Overview. www.sigmaxi.org.

Skepticism
怀疑论

现代怀疑论的起源可以追溯至古希腊。在今天，怀疑论可以指代一种教条，或者一种批判性探索的方法，或者被视为科学调查的同义词。它的基础是这样一种认识论，否认绝对真理的可能性，而是基于感官的易错性和理性的必要性，由此更好地理解为什么我们看到的只是我们所做的。与它截然相反的哲学是教条主义，教条主义认为有些真理或者结论是绝对的，是不容置疑的。

在公元前5世纪，哲学家德谟克利特（Democritus）认为存在两种知识形式，“一种正统的，一种不纯粹的”。“不纯粹的”知识据说涉及五种感官，但是其他形式的知识取代了这些被证明是不充分的知识。

“易错的感知”这个概念成为古代世界几个哲学流派的基础，并且通常被称为感官怀疑论。一群被称为智者派的流浪教师宣扬知识是相对的，并且我们认为是真理的东西仅是更理性的任何陈述的集合。智者高尔吉亚（Gorgia）把他的推理建立在下述事实的基础上，对一个事件的认知在不同人之间会有差别，甚至是同一个人在不同场合也会产生不同的认知。因为知识取决于我们对现实的认知，所以不太可能区分出哪些反映了真理的观察。

另外一个名叫普罗泰戈拉（Protagoras）的著名智者认为人是“万物的尺度”。换句话说，就其本质而言，知识无法同我们对知识的认知区别开来。由此可推论，因为认知是一种主观体验，所以知识在本质上也不会是客观的。

哲学怀疑论又被称为“皮浪主义”，这是由埃涅塞德摩斯（Aenesidemus）创立的一种思想流派，以公元前4世纪的哲学家皮浪（Pyrrho）命名。有人认为，只有当个人意识到不可能绝对确定地知道任何事情时，才能找到个人的和平与安宁。这个学派的理论如此极端，以至于它的核心信仰都不能脱离自己的哲学，产生了一个有趣的悖论。皮浪主义的目标是达到一种心神安宁的状态（摆脱焦虑的自由），个人只着眼于事情看起来的样子，而不踌躇于无论如何都永远不能去证明的可能性。

公元3世纪的内科医生和哲学家塞克斯都·恩披里柯（Sextus Empiricus）撰写了有关哲学怀疑论的本质的大量著作。然而，他自己对特定情境下绝对知识的可能性持乐观态度。因为教条的怀疑论是一个自相矛盾的概念，塞克斯都认为他既不相信绝对知识，也不相信它的不可能性。相反，他主张怀疑论应该涉及对主观认知的本质的质疑、对客观世界的质疑，以及对二者之间关系的质疑。怀疑可以被引入这三个层次的任何一个之中。

科学和怀疑论

我们今天描述为“科学”的方法论是被数个世纪的学院文化所影响的理想、实践和价值的结果。亚里士多德（Aristotle）对西方世界对自然界研究的影响是巨大的——他反对用实验来检验想法，认为这不足以复制一个事件的“确切原因”。正因如此，直到中世纪实证检验才被视为决定哪种想法有可取之处的重要实践。

在11世纪的波斯帝国，艾布·哈米德·穆罕默德·伊本·穆罕默德·图西－安萨里（Imam Abu Hamid Muhammad ibn Muhammad al-Ghazali）

完全抵制古希腊的学说，认为这些学说是异端邪说。他提倡用数学和演示来支持他对自然事件的解释。或许具有讽刺意味的是，安萨里的怀疑论致使他产生了一种“机缘论”的哲学，在这种哲学中，我们感知到的所有事情都直接起因于上帝的行动。像方济会修士奥卡姆（Ockham）的威廉（William）和法国人勒内·笛卡尔（René Descartes）这样的哲学家也建立了与虔诚的宗教信仰相结合的怀疑论形式。

毫无疑问，在亚里士多德怀疑论的这个时期出现的很具影响力之一的经院哲学家就是奥卡姆的威廉。从他那里我们得到了奥卡姆剃刀这个格言，这个概念在现代科学中仍然是一个有用的工具。

奥卡姆拒绝接受原型、形而上的表现以及普遍形式的理念，认为只有“事物”是存在的。换句话说，柏拉图（Plato）认为在所有的狗之外存在一个无形但完美“狗”的形式；奥卡姆认为只有狗，任何更抽象的东西只是头脑中的一种想法。[有些人把奥卡姆的威廉的本体论（或者对现实的信仰）称为“唯名论者”，意思是一个对象的抽象只是一个名称]。这个观点后来产生了概念主义哲学。这种方法的一个扩展是废除了对不被观察所支持的多余的解释的需求。对于奥卡姆来说，宇宙中唯一绝对的是上帝。除此之外，只有被观察到的才能被证明是真的存在。

奥卡姆把这称为“*Entia non sunt multiplicanda sine necessitat*”，大概应该翻译为“任何事物都不应超越必然性”（nothing should be multiplied beyond necessity）。这被界定为“本体论的简约”。然而，幸亏有近代像伯特兰·罗素（Bertrand Russell）这样的科学哲学家，它已被扩展成除非它能不证自明或者能够通过直接或间接的途径被感受到，否则我们不应该严肃地认为存在某些东西。

勒内·笛卡尔于1637年发表的《谈谈方法》（*The Discourse on the Method*）是把科学作为一种哲学和一种方法的首批重要著作之一。在这本著作中，他从三个基本真理开始解决教条的怀疑论的悖论。他认为，应该在推理之前对任何其他事情都进行质疑。

他的名言“我思故我在”（*Je pense, donc je suis*/ I think, therefore I am）强调了第一个绝对真理。毕竟，如果一个人想要表达质疑，他必须去做这种质疑。第二个真理是理性的存在，因为正是通过推理一个人才会首先表达这种质疑。第三个真理是上帝的存在，他通过利用各种本体论观点对此进行了支持。

《谈谈方法》成为随后几个世纪科学哲学的基础，因而也保持了怀疑的理想，即在利用方法建立一种信仰之前先从质疑开始。

现代怀疑论

今天，怀疑论者这个词带有许多不同的内涵，这取决于它所使用的社会情境。通常，这可以理解为描述一个接受了与大多数人所持有的主张相反立场的人，如“气候变化怀疑论者”。存在着很多把自己描述为关于一个或者更多特定信仰的怀疑论者的个人和组织。

19世纪，欧洲和北美的唯心主义运动越来越受欢迎，在这种运动中，灵媒会组织通灵会，并宣称可以在大量付费观众面前和死者交流或用其他方式展示他们超感官的能力。魔术师通常使用手段用来使人们相信他们看到了超自然事件。但很多魔术师对这种欺骗行为感到生气，要么谈论这些自命的灵媒的不诚实，要么亲自揭穿一些较受欢迎的行为。

就其本身而言，揭穿已经和怀疑论密切相关。然而，虽然很多人可能认为有必要积极地揭露错误的主张，不过这远不是所有自称为怀疑论者的人所歌颂的本质特征。

如今，怀疑论已经代表了在任何信仰体系方面呈现科学证据的必要性。这在对超自然现象及所谓的伪科学主张方面提供支持的科学证据的积极需求方面，在本质上似乎是科学的然而缺乏关键证据的主张方面特别明显。像科学探索中心（Centre for Inquiry）、怀疑论者协会（The Skeptics Society），以及詹姆士·兰迪教育基金会（James Randi Educational Foundation）这样的组织促进了对偏爱很多主张的不存在有说服力的科学证据的公众意识，以及推动了在公众中有更高科学素养的需求。

怀疑论通常和批判思维这个术语互换使用，但是批判思维代表了对一个主张的要点或者一种信念是否真实的可能性进行评估所用到的更多的认知技能；怀疑论则是把科学视为决定一种主张的确是真的可能性有多大的手段的哲学。

现代怀疑论延续了古代的哲学怀疑论，因为二者在考虑到我们认知的可证伪性方面都保持怀疑的必要性。皮浪主义认为这有损于与寻求事实相关的事情，现代怀疑论者倾向于认为科学能为对一个主张是真实的可能性的信心提供工具，虽然保留了新的证据总是可能揭示一种潜在误解的事件中的确定性。

撰 稿 人：Mike McRae

另请参阅：Alien Abduction；Scientific Method

参考文献

[1] DESCARTES R. Discourse on the method for rightly directing one's reason and searching for truth in the sciences（P. J. Olscamp，Trans. and introduction by）[M]. Indianapolis，IN：Bobbs-Merrill.（Original work published 1637），1965.

Snow, C. P.
C. P. 斯诺

查尔斯·珀西·斯诺（Charles Percival Snow，1905—1980）在1959年的著作《两种文化及科学革命》（*The Two Cultures and the Scientific Revolution*）中表达了他对涉及与艺术（或人文）文化相比的科学和技术文化的观点。他在公众理解科学方面非常有影响力，并且有时候被视为科学重要的捍卫者之一。他的重要性在于他是一个受训为科学家的重要且成功的小说家，因而作为一个兼顾科学和人文方面的专家，他的观点是有权威性的。在有关艺术与科学的辩论在今天是否仍有意义方面存在一些问题，C.P. 斯诺的生平考略有助于解释他的观点是如何形成的。

查尔斯的父亲，威廉·爱德华·斯诺（William Edward Snow），是一个合格的教堂风琴手，但是他却不能依靠拉风琴赚钱谋生，他受雇于英国莱斯特（Leicester）的一个鞋厂做文书。威廉·爱德华·斯诺于1897年同埃达·索菲亚·罗宾逊（Ada Sophia Robinson）结婚，并育有四子，查尔斯排行第二。他们的父亲是工人阶级，母亲是中产阶级。在他的小学教育阶段，斯诺就读于一所私立学校，是一对未婚的姐妹经营的只收取适度学费的庄园学校（Beaumanor School），即使这个家庭在这方面存在着勉强度日状况。在初中阶段，他获准进入市议员牛顿的男孩文法学校（Alderman Newton's Boy's Grammar School），在那里他通过第一学年的高分数展示出了能力。斯诺深受教员和同学们的欢迎，他在学术上非常优秀，并且是一个优秀的板球手。斯诺的牛津高级地方考试（Oxford Senior Local Examination）结果非常优秀。他获得了市议员牛顿学校（Alderman Newton's School）的实验室助理一职，这让他有时间为考大学而做准备。有一次，当斯诺被要求在一节课之后拆除设备的时候，他只是简单地伸开双臂抱住仪器，径直地把它扫进自己面前的抽屉里。斯诺被认为在实践方面“无药可救了”。有一次在他对碱性孔雀绿做完准备之后，他的双手、脸和头发都被染成了绿色。有些人甚至推测说他缺乏实践能力是导致他在 20 世纪 30 年代离开研究领域的真正原因。

在斯诺 20 岁的时候，就读于莱斯特大学学院（University College，Leicester），在那里他用两年时间获得了化学专业一类伦敦大学校外学历。然后他继续在莱斯特大学用一年时间攻读物理学（红外光谱学）硕士学位。在成功完成上述学业后，他被授予有竞争力的 Keddey-Fletcher-Warr 奖学金，并且能够继续开展研究，不过这次是在剑桥（Cambridge）的卡文迪什实验室（Cavendish Laboratory），他在那里获得了博士学位，博士论文的题目是《简单双原子分子的红外光谱》（*The Infra-Red Spectra of Simple Diatomic Molecules*）。他说自己的论文只是增加了一个导论的“一些考究的论文”。然后他获得了剑桥大学基督学院（Christ's College，Cambridge）奖学金，在那里他获得教学职务。他从红外光谱研究转向了晶体学。后来他开始了学术生涯，并且于 1932 年出版了第一部小说《帆船下的死亡》（*Death Under Sail*）。然而，他的兄弟菲利普（Philip）认为斯诺“不能照顾他自己”。

一个有意思的问题是斯诺是一个物理学家还是一个化学家。当然，在他获得第一个学位的时候，他是一个化学家。随着他在博士阶段以及后来研究课题的转变，他通常会被认为是一个物理化学家。大多数作家认为斯诺是一个物理学家，就像他自己认为的那样。

在他新的职业生涯的早期，他的研究显然出问题了，这是一个在他大多数传记中往往被一笔带过的事件。斯诺过早地宣布他生产出了人工合成的维生素 A。有人认为斯诺的结论是完全错误的，但他没有撤回自己的文章，他的遁词通常被认为是不令人满意的。斯诺在他自己的研究方面没有发表其他学术论文，虽然他在 1934 年出版了一本有关一个科学家逃离科学的小说《搜》（*The Search*），并且当选为基督学院的导师。

1934 年，他开始在《自然》（*Nature*）上发表科学文章，然后是《旁观者杂志》（*The Spectator*）。1937 年，他成为《探索发现》（*Discovery*）的主编。查尔斯被任命成立皇家学会（Royal Society）的一个附属委员会来组织科学家为战争效力。这是他从科学研究转向科学管理的开端。1940 年，《陌生人和兄弟们》（*Strangers and Brothers*）系列的第一部出版。这个系列共 11 本著作，直到 1970 年才完成，这个系列树立了斯诺的文学美誉。1940 年 9 月，他成为劳工部（Ministry of Labour）的兼职雇员，以雇佣科学家为战争效力。1942 年，他被任命为劳工部技术人员工作处的负责人。1945—1960 年，他被任命为公务员事务专员，继续创作《陌生人和兄弟们》系列，并且被任命为英国电子公司（English Electric Company）董事会成员。

1950 年，斯诺同小说家帕梅拉·罕丝芙德·约翰逊（Pamela Hansford Johnson）结婚；1952 年，他们有了一个孩子菲利普·查尔斯·罕丝芙德·斯诺（Philip Charles Hansford Snow）。被认为是他所有著作中最著名和最受欢迎的《院长》（*Masters*）出版于 1951 年。1959 年，斯诺在剑桥大学发表了题为《两种文化及科学革命》（*The Two Cultures and the Scientific Revolution*）的演讲，这成为他出名的基础。他的观点是（并且一直是）很多争议的来源。1964 年，他成为终身莱斯特男爵斯诺（Baron Snow of Leicester），并且随后加入哈罗德·威尔逊（Harold Wilson）的政府，担任技术部（Ministry of Technology）议会秘书。1965年，他在接受眼部手术的过程中突然心脏骤停，从技术上来说他死了将近四分钟。他说“我没有给你带来任何”关于另一个世界的“消息”，所以仍然是“一个虔诚的无神论者”。1980 年 7 月 1 日，斯诺死于溃疡穿孔，他的骨灰葬于基督学院的院士花园（Fellow's Garden）中。

有关科学和艺术（人文或古典）优缺点的辩论存在已久。在 18 世纪，被认为有教养的人要具备艺术知识和科学知识。到 19 世纪末，艺术和科学之间的分歧开始出现，同时还有关于古典教育和英国公立学校里科学教育各自优点的争论。作为科学捍卫者的 T.H. 赫胥黎（T. H. Huxley）坚信真正的文化应该通过专门的科学教育获得。作为艺术代言人的马修·阿诺德（Matthew Arnold）则回应说他的道德知识总是对他忽视自然科学而安慰他。因此，斯诺在他的论文中并不具有很大的独创性，即两个群体之间存在巨大的鸿沟。

然而这篇论文的简洁性，以及中等教育和高等教育往往把课程分成人文课和科学课这个事实给了斯诺公信力。此外，大众心理学方面的一些著作，如利亚姆·郝德森（Liam Hudson）1966 年的《相反的想象》（*Contrary Imaginations*），表达了科学学生和艺术学生的思维过程根本不同的观点（分别涉及聚合思维和发散思维）。教育学家往往赞同斯诺的观点，因而认为这两个学科领域都能吸引具有一定思维风格的人，并且能够进一步发展这些独特的风格。文学批评家 F.R. 利维斯（F. R. Leavis）对斯诺和他的观点进行了无情的批判和人身攻击，他声称这本著作缺乏“知识的区别”，写得很差，使斯诺得到了公众同情心。

50 年后，“两种文化”的观点并没有激怒人们，虽然它仍然是一个持续辩论的焦点。斯诺经历过科学文化和人文文化，他作品的质量见证了他对这两种文化理解的深度。现在中等教育和高等教育课程在投入方面更为多样，现在不存在两种文化了，而是多种文化。

撰 稿 人：William P. Palmer

另请参阅：Public Understanding of Science；Scientific Ethos

参考文献

[1] HALPERIN J C P. Snow：An oral biography：Together with a conversation with Lady Snow（Pamela Hansford Johnson）[M]. Brighton，Sussex，UK：Harvester Press，1983.

[2] LEAVIS F R. Nor shall my sword：Discourses on pluralism，compassion and social hope [M]. London：Chatto and Windus，1972.

[3] SHUSTERMAN D C P. Snow [M]. Boston：Twayne，1991.

[4] SNOW C P. The two cultures and the scientific revolution [M]. Cambridge，UK：Cambridge University Press，1959.

[5] SNOW C P. The masters [M]. Harmondsworth，Middlesex，UK：Penguin，1960.

[6] SNOW C P. Science and government [M]. New York：Mentor，1962.

[7] SNOW C P. The two cultures and a second look：An expanded version of the two cultures and the scientific revolution [M]. Cambridge，UK：Cambridge University Press，1969.

[8] SNOW P. Stranger and brother [M]. London：Macmillan，1982.

[9] WEINTRAUB S. Snow, Charles Percy, Baron Snow (1905–1980) [M]//H C G MATTHEW, B HARRISON (Eds.). The Oxford dictionary of national biography, Vol. 51. Oxford, UK: Oxford University Press, 2004: 491–494.

Social Amplification of Risk Framework 风险框架的社会放大

风险框架的社会放大于1988年被首次提出，它起因于克拉克大学（Clark University）[罗杰·卡斯帕森（Roger Kasperson）和他的同事]和俄勒冈州尤金的决策研究[保罗·斯洛维克（Paul Slovic）和他的同事]的风险传播研究者之间的一次合作。当时，风险认知和传播领域包含一系列被学科和方法分裂的相互竞争的思想流派。意识到该领域正在解决的很多问题实际上是跨学科的，风险框架的社会放大代表着提出一个整合性框架的首次系统性尝试，该框架能对来自很多科学和风险传播研究中的发现进行解释。一个特别关注是把来自媒体的研究和传播研究、心理学方法和文化方法带到风险认知、危害易损性和地理环境，以及决策科学之中。

社会放大描述了不同的社会主体如何获得、阐释、发送和修改有关风险的信息。它认为这种信号经历了可预测的转变，因为它们以或者增加（放大）或者降低（衰减）信息的容量和强度的方式通过各种社会扩大站的过滤。这个框架还对位于社会和社区中的风险认知以及响应的背后的动态社会过程提供了一种解释。这种方法带来了社会情境是重要的这种非常清晰的信息：个人的风险认知和行为受到个体生活的日常情境、他们认同的群体，以及他们周围的并对他们收到的信息施加影响的制度情境和文化情境的影响，无论是风险回避还是风险承担。在随后的20年里，也吸收利用了其他研究传统，如政治科学和组织研究，因为这个框架已经被用于一系列传统现象和案例研究。

风险框架的社会放大的起源

在他们于1988年发表在《风险分析》（*Risk Analysis*）杂志中的重要文章中，罗杰·卡斯帕森和他的同事观察到受到公众关注并带来担心的危害，即便专家们认为风险较低也会成为争议的主题以及社会政治活动。他们把这种现象称为风险放大，这方面的例子包括20世纪70年代对核电和放射性废物储存的日益关注；20世纪90年代对转基因食品的争议；几个国家对疯牛病的回应；各种放射性和化学污染事件；对所谓的千禧年计算机病毒的反应。一种相反的现象也被强调，这些研究人员把它称为风险衰减。专家认为非常重要的危险却没有明显引发公众的反应或者强烈抗议。这方面的例子包括20世纪50—60年代对吸烟的态度，对家庭中氡气的态度，对全球气候变化威胁的态度。当然，这个名称强调了担心的放大，但是重要的是要记住，这个框架是对公众关切和争议的强化和衰减进行解释的一种尝试。

该框架的宗旨是，要使“风险事件”在世界上产生影响，必须有人将其传达给其他人。

风险事件的导致不需要任何实际的伤害来“符合资格”，因此，除了实际的事故，还包括更多的小事故、媒体报道，甚至次要的或科学的叙述风险问题的可能。风险传播被认为是这样一个过程，这些风险事件根据不同的风险信号（图像、标志或符号）被描绘和展现出来。这些符号反过来又被一系列心理的、社会的、组织的和文化的现象所改变和影响。如我们对环境风险或者技术风险的感受是对不确定的未来的一种映射。因此，这不仅是对物理伤害的一种想象的经历，而且是群体和个人学习产生自己对风险事件阐释的方式的结果。

风险框架的社会放大的一个优势是它清晰地突出了危险的现实和我们对这些危险进行理解的社会建构的本质之间必要的认识论张力和本体论张力，这些张力通常隐含在很多风险研究中。也就是说，虽然许多重要的环境危险和健康危险是切实存在的，并且有造成严重损害和伤害的能力，但是我们对此的认知和理解只能通过社会传统设定的语言和分类进行描述。在这些术语中我们看到，风险不是对真正伤害的感受，而是对人和环境带来某些潜在物理伤害的未来（仍不确定的）可能性的一种映射。

放大这个比喻改编自经典的传播和信息理论的传者－受者模型。这描述了当电子信号穿过电子网络和设备的时候它们如何以各种方式被修改。社会放大通常从两个阶段进行描述。

第一个阶段描述了不同的社会主体如何接收、阐释、发送和修改有关风险的信息。特别是，这种信号在通过各种社会放大站的时候受制于可预测的变换的影响。这种变换会增加（放大）或者降低（衰减）一个信息的容量或者强度，重新阐释或者重新评估它的重要性，并导致社会系统中其他行动者产生不同的阐释。放大站的范围从个体到社会群体和运动，甚至是整个机构。这方面的例子包括个体科学家和科学机构、记者和大众媒体、利益群体和他们的成员、政府和企业。我们知道个体受到他们对风险信息阐释的一系列心理试探和偏见的影响，而群体和组织也通过社会规则和组织文化展现出阐释和行动的特殊惯例。在新闻中，一个突出的惯例就是在报道任何争议性话题时通过呈现相反的观点来寻求“平衡”，即使是科学证据的权重强烈地偏向于一方。

有时候，隐含信息被相互竞争的行动者在这个过程中以相反的方式进行阐释。气候变化的科学向我们表明，人类活动引起地球变暖有很高的确定性。但是，作为个体，我们很容易以心理学家所谓的“乐观偏见”（这可能不会影响到我）来看待气候变化。另外，环境组织一直认为全球变暖是事实，并且通常通过一系列灾难性的画面和图标（北极熊、冰盖正在融化，等等）试图把它描述为一个非常紧急的环境问题。相反，社会中的其他行动者，包括一些能源公司和持怀疑主义观点的游说团体，试图强调其中牵涉的科学的不确定性，或者质疑个体气候科学家的动机。这也就难怪很多人对这个重要的议题感到困惑了。气候变化这个案例还强调了这样一种事实，在某个议题触碰到根深蒂固的意识形态立场或者大规模的经济利益的地方，被衰减了或者被放大了的相互竞争的“风险”版本既是关于这个问题的政治学的，又是关于不容争辩的事实或者科学。

社会放大框架的第二阶段主要针对风险强化过程。社会放大描述了某些事件如何导致了次级后果的“涟漪”扩散，其影响可能会超出初始事件的范围。这种次级影响包括市场萎靡（可能通过消费者避免购买某个产品或者相关的产品）、呼吁实行法规限制、诉讼、公众反对、丧失公信力和信任、设施或者共同体的污名化以及投资者撤资。2001 年对美国的恐怖袭击导致很多国家出现了一系列次级的行为、社会和经济后果。在美国，部分乘坐飞机旅行的人员转向（相对风险较高的）陆路交通形式导致恐怖袭击的次年因陆路交通而丧生的人数净增了1500人。

批 判

随着时间的推移，出现了一些针对风险框架的社会放大的一般性批评。这个框架的一个缺点是它可能太过于宽泛而不能接受任何的直接实证测试，特别是有意扭曲。从经典科学哲学的角度看，有资格被视为理论的东西需要能够以可测试的方式提出关键概念和它们的关系的具体说明，并且可以提出证伪性假设。在现实中，社会放大背后的社会过程和组织过程通常过于复杂，以至于它难以详细说明简单的假设。如此一来，社会放大可能根本就不是一个理论，而是一种对涉及风险认识和传播的相关现象，以及风险形象，框架和信号的社会过程进行描述和组织有用的分析工具。鉴于此，它现在通常被称为一个框架而非一个理论。

虽然把风险的社会放大框架视为一种框架而非一个理论，但是在整合其他理论和研究方面，以及鼓励对风险现象进行更具互动性和全面性的阐释方面，社会放大仍然是一个富有成效的范本。2003年拉杰夫·高达（Rajeev Gow-da）向《风险的社会扩大》（*Social Amplification of Risk*）所提供的论文，成功地利用来自政治科学的公认的政策窗口理论和风险的社会放大框架一起描述了20世纪90年代美国的政策选择在梅根堪卡（Megan Kanka）死于一个假释的恋童癖手上之后的一段时间里是如何定型的，这反映在美国有关儿童保护的所谓的《梅根法案》（Megan's Law）的辩论中。

成为这种方法的基础的通信工程模型也一直处于讨论之中，该模型把首要的关注置于过于简单的风险传播的概念化之上，作为一种单向的信息传播。也就是说，它意味着简单的信息流动从风险事件和渠道经过传感器，然后到达接受者处。最近对媒体研究和风险研究的思考，特别是受到更多的后现代主义概念的启发，表明社会风险认知的发展也许一直都是任何风险传播的多方之间更具互动性的和更具阐释性的过程的结果。这里特别危险的是这种方法可能（无意地）把接受能力差的公众或者一个信息不畅或哗众取宠的媒体污蔑为所有风险传播问题的起源。在现实中，传播者和其他任何人一样，都是这个阐释和交换过程的一部分。

放大的比喻本身可能会被用来表明总是存在着一个轻易地附属于风险事件的基线或者"真实的"风险，然后被放大的社会过程以某种方式被扭曲。很显然，这个框架的支持者不希望表明总是存在这样一种单独的真实基线，特别是在放大很容易发生的很多充满政治意味的争论中。然而，在"如果人们认为某些事情将会像它们原来那样发展"的众所周知的社会学观察的变体中，显然风险认知通常会有真实的后果，这些后果可能是源于前面描述过的第二阶段风险放大效果的直接（通常在技术风险分析中进行处理）或者间接结果。只因为这个原因，风险管理者和政府监管者一直敦促严肃地对待放大这个概念。一个相关的问题是并不是所有的风险放大效果都是意外，因为会最终产生对以前被忽视但非常严重的危害的监管的充足政治压力。灾害的即刻后果通常为需要花费很多年才能产生的保护性安全法律的出台提供了机会。

风险框架的社会放大的价值和贡献

在随后的几年里，这个框架对激发一系列领域的新思考和研究特别有帮助，包括在驾驶的风险认知中心理意象和耻辱的作用，以及在风险的组织放大和衰减这个以前被忽视的领域，特别是为什么组织中的人们不能认识即将出现的意外事故和灾难的信号的问题，尽管可以获得警告信息。最后，一个正在发展的研究领域是有关风险和信任的。对风险管理机构的信任和信心（或者不信任）是风险放大和衰减这个动力机制的一个重要决定因素。

在风险的社会放大上，累积性研究的一个关键发现是没有一个单一的因素会导致风险认知的放大或衰减。相反，这通常是一系列因素组合的结果，如一个特别可怕的后果、受害人的视觉影像、许多人处于危险之中、持续的利益团体的关注、对隐匿实情或者谴责的怀疑，以及引人注目的名人的卷入。2006 年，俄罗斯人亚历山大·利特维年科（Alexander Litvinenko）在伦敦被放射性钋致死就是一个很好的例子。他的死亡导致全球主要媒体在很长一段时间里对这个问题的关注。这一系列事件中呈现出来的大量因素被认为是风险报道的媒体放大的触发器。

我们还对导致特定风险事件极端衰减的因素类型有更好的理解。尽管在风险承担者和更一般意义上的社会上存在着严重后果的可能，但是被衰减的风险实际上悄无声息，通常会继续发展直到达到灾害的程度。罗杰和珍妮·卡斯帕森（Jeanne Kasperson）把高度衰减的风险视为“隐匿的危险”，并且描述了这可能会维持下去的多种方式。像气候变化这样的全球不明性风险涉及一系列复杂的过程（区域间的交互关系、缓慢的累积、长时间滞后、扩散效果）。在政治分裂和不平等的世界中，它们的出现往往也削弱了其在社会中的信号力量。意识形态风险大抵上还在隐藏，因为它们存在于嵌入在社会网络中的衰减后果、提升相关利益或者理想化特定信仰的价值和假设之中。全球范围内成千上万的人（包括很多无辜的行人和骑行者）死于交通事故很少成为持续关注的焦点，恰恰是因为个人交通在文化上和意识形态上都和“现代的”生活方式相关。边际性风险发生在那些处于文化、社会或者经济边缘的人身上，他们在那里遭受到的风险距离那些处于中心或者主流地位的人很远，或者被那些处于中心或者主流地位的人掩盖住了。在他们享受有限权益和别无选择的应对手段时，很多处于这种边际地位的人已经非常虚弱或者极度脆弱。价值威胁性风险改变了人类秩序、生活方式和基本价值，但是因为技术变革的步伐大大超越了社会机构反应并适应的能力，所以目的上的不协调、政治意愿和被指导的努力会阻碍有效的对策，而风险会增加。

这个框架新应用的最后一个领域涉及参与性过程和风险。邀请公众成为风险管理问题的决策过程的一部分是欧洲和北美环境政策领域的一个主要近期目标。于是，协商机制和参与机制在风险管理领域变得越来越重要，并且在可预见的未来即将会是这样，特别是随着对新出现的技术的研究和应用，如纳米技术或者合成生物学。参与可以被视为决策者和公众之间恰当的双向风险传播的一种工具，被视为向社区赋权的一种方式，以及被视为把公众价值和伦理评价整合进决策的一种手段。美国国家研究理事会（U.S. National Research Council）在把公众参与视为一个特定的分析 - 协商过程方面特别有影响力。

在参与的情境下，风险的社会放大框架对于思考有关科学和技术的公共协商动力机制非常有帮助。有些研究试图调查协商过程是否会导致对话参与者风险认知的放大或者衰减。在有关纳米技术（非常小的材料和机器的科学与技术）这个新兴领域的工作方面，包括英国卡迪夫（Cardiff）和美国加利福尼亚圣芭芭拉（Santa Barbara）的研究团队一起联手调查英国和美国让公民在一个研讨会中参与像新兴技术这样的话题的过程是否可能会放大风险的认知。这个研究表明，在目前的纳米技术情境下对话不会导致关切的放大，因为当前对科学进展的收益和信仰的认知由对新兴风险议题的认识所主导。在其他情境下，比如垃圾焚烧，确实发现风险放大是对话和辩论的一个后果。再次，如前所表明的那样，每个案例中呈现的具体因素需要结合起来去考虑，对于某些新兴的技术风险而言，很有可能的是人们对它了解得越多，对它的关切也越多。

总之，风险的社会放大不应该被视为一种理论，而应该视为一个分析框架。在这种作用中，它为对研究发现进行组织整理提供了一个基础，这些发现能让健康和环境风险领域的决策者和研究人员对重要的人类、社会和文化因素更敏感，并且为应对未展开的风险议题的动力机制而设计风险传播工作或者参与的时候把这些因素考虑进去。通过向仍然被有关风险评估和管理的各种现有的技术手段所影响的社会的、文化的和受众相关的议题施加影响，风险放大模型为风险传播和管理领域的政策和实践做出了真正的贡献。

撰 稿 人：Nick Pidgeon

另请参阅：Risk Communication，Overview；Risks and Benefits；Technology Assessment

参考文献

[1] GIGERENZER G. Out of the frying pan into the fire：Behavioral reactions to terrorist attacks [J]. Risk Analysis，2006，26：347-351.

[2] GOWDA M V R. Integrating politics with the social amplification of risk framework：Insights from an exploration in the criminal justice context [M]//N F PIDGEON，R K KASPERSON，P SLOVIC (Eds.). The social amplification of risk. Cambridge，UK：Cambridge University Press，2003：305-325.

[3] KASPERSON J X，KASPERSON R E. The social contours of risk：Vol. 1. Publics，risk communication and the social amplification of risk [M]. London：Earthscan，2005.

[4] KASPERSON R E，RENN O，SLOVIC P，et al. The social amplification of risk：A conceptual framework [J]. Risk Analysis，1988，8：177-187.

[5] National Research Council. Public participation in environmental assessment and decision making [M]. Washington，DC：National Academies Press，2008.

[6] PIDGEON N F，HARTHORN B，BRYANT K，et al. Deliberating the risks of nanotechnology for energy and health applications in the US and UK [J]. Nature Nanotechnology，2009，4：95-98.

[7] PIDGEON N F，KASPERSON R K，SLOVIC P. (Eds.). The social amplification of risk [M]. Cambridge，UK：Cambridge University Press，2003.

[8] RENN O. Social amplification of risk in participation：Two case studies [M]//N F PIDGEON，R K KASPERSON，P SLOVIC (Eds.). The social amplification of risk. Cambridge，UK：Cambridge University Press，2003：374-401.

Social and Behavioral Science Reporting 社会与行为科学报道

与自然科学研究相比，社会和行为研究很少获得媒体关注。由于对研究结果产生影响的需求不断地增加，这个议题近年来变得特别重要。确实，越来越多的提议要依据其实际收益来判断研究的价值。因此，有人建议决策者增加和改善社会科学知识用途的一个关键要素在于把研究结果有效地传播到学术圈之外。

毫无疑问，为什么社会科学家对社会科学知识在大众媒体中呈现的方式感到不满有很多原因。与自然科学知识的情况不同，在报道社会科学知识方面没有专业背景的记者（除经济学之外）。另外，社会科学家对媒体处理他们研究的方式以及他们在“让信息被了解”上面临着困难的抱怨很常见。社会科学知识是在报道种类繁多的其他话题的过程中被传播的，比如商业、政治和犯罪。社会科学知识是“不可见的”，以至于它通常不被认为是社会科学知识。这在“社会事实”方面尤为明显。比如，由社会统计学家传播的人们持续地“摄取”的知识，在某种程度上，人们必然不会意识到这种统计所依赖的社会研究。

几个典型的研究问题从这些担忧中涌现出来，例如，媒体使用社会科学研究的程度如何？使用社会科学研究知识的决定因素是什么？研究发现到底是如何在媒体中体现的？

通过主要着眼于什么能被视为社会科学知识“大众调节”的不足，这个系列的研究回避了一个更根本的观察，即社会科学知识已经成为记者持续地解决各种各样话题无所不在的，以及准世俗的资源。换句话说，不管对记者和社会科学家之间的关系进行分析多么有意思，但是这对于理解社会科学知识在当代社会中的位置是不够的。鉴于此，我们认为反身性论题为社会科学报道的分析引入了一个急需的第二类方法。

反身性已经成为在很多方面描述现代社会特征的一个重要概念。专家主张的多元化，以及他们通过大众媒体对日常生活的侵扰被视为社会发展或者反身性的一个重要基础。对反身现代性的理论家来说，外行在或多或少连续的基础上挪用了专家知识，如安东尼·吉登斯（Anthony Giddens）和乌尔里希·贝克（Ulrich Beck）等。在“去传统习性的”和“个性化的”社会中，外行把曾经是理所当然的东西问题化，并且持续地挪用关于他们实践的新知识——包括专家知识，因而这种知识成了他们实践的组成部分。

这是相关的，因为它让我们可以描述社会科学知识和日常语言之间的“紧密性”，换句话说，让我们理解社会科学和它的“对象”之间的根本反身性，理解社会科学知识和常识之间的循环关系。

总之，在分析社会科学的社会报道方面可以找到两个范围的问题：一方面是与所谓的社会科学的媒体化相关的问题；另一方面是与外行挪用社会科学知识的过程相关的问题。

社会科学报道

被选择进行媒体报道的社会和行为话题似乎是由适用于其他任何事情的新闻价值的同样标准所决定的，并且这些话题往往已经存在于公共领域中，主要是因为它们的话题相关性和娱乐价值而被选中。对把它变成新闻的研究只是那些已经做了的事情的一小部分，更多的选择似乎取决于个体新闻记者的判断，以及取决于大学新闻办公室工作人员的事业心，这在过去几年里获得了越来越多的重要性。传统上媒体对争议和冲突的强调意味着假冒的调查和不好的研究经常会成为新闻。

有关科学的报道过程是大众媒体组织机构的一种反映，也是新闻亚文化的一种反映。参与信息流通的记者已经被社会化成了一种亚文化，在这里价值和规范不同于科学中的那些价值和规范。显然，记者并不是在社会环境之外工作的。他们遵循被社会化的框架，而这种框架使他们成为大众传播机构的一员。

新闻工作的结构和标准操作程序不仅对媒体报道社会科学方式的最常见抱怨提出了需求，而且是这种最常见的抱怨的基础。虽然在自然科学新闻报道方面有相似的抱怨，但是社会科学的本质也会带来一些细微差别。接下来将阐述有关社会科学报道的四个主要问题。

过分简化

最经常提到的批判就是过分简化。记者的任务是撰写能吸引大众的带有人情味的简短而有趣的报道。媒体对简洁性和奇异性的要求创造了与社会科学之间的持久张力。大众传播领域力求简洁性，过多的内容就会被删除。显然，一个新闻报道要比社会科学期刊中的一则讨论更简短、更简化。科学信息往往是复杂的，行话的使用也是为了获得精确性。鉴于此，从科学的角度来判断，对科学信息和社会科学信息的媒体报道往往不精确就不足为奇了。

同时，他们可能会对个人故事更感兴趣，很多社会科学家不太喜欢一般意义上的社会科学报道。大多数社会科学家认为报道通常是不准确的，并且极其令人失望，因而向公众呈现了社会科学不好的一种形象。他们认为，这种媒体呈现模式的后果可能就是损害了对社会科学研究的公众支持。

终局性和不确定性

记者和社会科学家之间源于这种差异的另外一个内在应变就是什么是有价值的。记者往往过于强调当前结论的确定性，他们希望对研究结果有一种终结的感觉。媒体报道对结论性的追求源于新闻实践的状况。记者力图获得影响，他们需要让一个报道足够引人注目且确凿以便能够付梓印刷。在大众传播领域，时效性是非常重要的，并且这产生了对当下的关注。所有的记者都在和他们的同事竞争有限的版面空间。为了赢得竞争，他们必须让报道听上去很重要，因此通常会增加戏剧性，会牺牲累积性探究和共同探究的感觉。

相反，在科学中，信息的重要性则更有价值。与此相关的是科学信息从来不被认为是最终的或者结论性的。科学家试图把他们的研究置于前人先前已经有所贡献的社会环境中，因而产生了参考文献、脚注、参考书目、文献综述等整个学术结构，以告诉使用者现在和过去的关联。大众传播的世界用更非历史的框架进行操作。因而，科学家指责媒体记者以暗指确定性的方式撰写报道。

在科学报道中，新闻价值的使用导致了“突破”综合征：记者把每一个新的研究都戏剧化为一项科学突破，而科学家则把该研究视为一条长曲线上的短暂现象。在社会科学中，记者往往过于强调当前结论的确定性，媒体中的文章通常比它们实际上听起来要更确定。社会科学家有持续探索的意识，而记者缺乏持续探索的意识，他们希望把最终的结论简单地呈现出来。

在截止日期的压力下，同时伴随着记者强调最新消息的传统观念，大多数记者并不会通过提供相反的视角来对报道进行平衡。记者试图理解矛盾的数据是非常罕见的。大众传播领域强调对不寻常的或者不同的事件的报道。与此相应的是，“狗咬人”这样的老故事不再是新闻了，而“人咬狗”才是，后者被认为有新闻价值。相反，科学家在他们研究的东西中寻找的是规律或共性。异常情况或负面案例可能会吸引关注，但之后却被用来寻找一组不同的常规模式。对于应该考察什么和传播什么，新闻领域和科学领域中的操作性规范是不同的，二者分别强调的是连续的独特事件和一般规律对立的两端。

对方法论能力和理论能力的认知

社会和行为科学不被认为是一种专业的新闻领域，很少有记者精通社会科学理论或方法论。鉴于此，一项研究的质量并不是记者选择对哪项研究进行报道的主要标准。作为多面手，他们不能发展出专业的知识和技能来评估他们着手处理的很多领域的证据，在很大程度上他们必须依赖专家。也许只有每个子领域的专家才能发现每篇报道中可以引述其言论的理想的社会科学家，即便如此，在对专家的选择上可能也不完全一致。新闻工作机构并不允许大多数记者建立一个可能会让他们成为最适合的社会科学家的专业联系网络。他们在时间的约束下开展工作。进而他们受到对“可引述的”专家的需求的限制——那些能够迅速地给予回应的人和那些能够提供简洁明了答案的人。

从这个角度而言，社会科学报道可能比其他形式的科学写作更有问题，媒体把社会科学报道看作是一项需要大量训练和培训的专业。对社会科学的报道被认为是任何一个记者都可以做的事情，它涉及一系列记者，而很少有记者有对社会科学完全通晓的动机。期望他们对社会科学研究提供一种全面的、独立的评估就是在期望超出了新闻机构能提供的东西。

社会科学家通常抱怨记者在对研究的选择和对引述专家的选择方面缺乏对社会科学的批判。他们抱怨记者接受了太多的事实，当研究质量很差的时候他们也认为这是高质量的研究，并且接受了那些并不是专家但获得了较高媒体关注的人的专业知识。媒体记者避免技术细节，通常不能把研究发现置于社会情境中。需要对位于研究发现背后的假设和界定给予更多的新闻关注。当社会科学家出现分歧的时候，批判性判断的问题就变得特别显著。例如，我们希望记者对为什么一个社会科学家认为某种类型的暴力在下降而另一个专家则认为这种类型的暴力在上升做一些解释。

偏差选择

当只有一小部分社会科学进入媒体中时，不可避免的是对社会科学新闻的选择是有偏见的。哪种偏见占了上风？答案是特定的选择标准似乎占了上风。记者根据同公众兴趣的明显关联来选择社会科学——日常生活、经济状况、社会趋势或者政治事件。他们更偏好有定量数据的研究，而非有反思性的、历史性的或者理论性的工作。定量数据的吸引力显而易见，这些研究听起来更有权威性。记者和我们一样都习惯了排名、名义测验等定量的方法，并且他们用数据为一则报道赋予公信力。

社会科学家对社会问题的关切，以及记者把他们自己视为“民众领袖”（他们呼吁给他们帮助改善世界的机会）的交汇也往往会给新闻报道赋予改革派的口吻。

但是，需要强调的是这种偏见并不会自然地产生曲解。对媒体的社会学研究已经注意到媒体报道从早期对不精确性的关注或者对媒体报道的偏见转向了更具社会建构主义的方法，在这种方法中所有的理由都被视为参与选择和陈述表达的必然因素：我们关注某些事情而不关注其他事情，而记者和我们每个人都一样也积极地理解这些事件，而不是简单地报道发生了什么。实际上，报道的撰写方式有很多种，而这些方式都是对世界的解释，而非简单地呈现世界本身。

当我们认识到记者通常面临着多元价值彼此权衡的时候，这就变得特别重要。

记者在他们的文章中并不只是简单地关注精确性，他们还关注受众可理解的和感兴趣的报道的创作。此外，让受众对素材感兴趣可能需要以把认为受众关注什么和这些受众的目前思考关联起来的方式去阐释。

当然，研究人员和记者通常对什么是权衡取舍的正当解决方案持不同看法。然而，在很大程度上，这些不同会反映两种职业“世界”制约因素的变化。对媒体偏见的任何判断都必须考虑两种职业任务之间重要的差异，以及相似性。

在对社会科学媒体报道的四种主要批判（过分简化、过早妄下断语、缺乏对报道的社会科学的方法论能力和理论能力的关注，以及偏差选择）进行考察之后，我们发现这并不无道理。记者确实往往会简化，会提供一种终局性和确定性的不恰当的印象，会在他们对选择研究内容和专家时把专业知识看作理所当然，并且会从可供使用的社会科学库进行非随机的选择。

从某种程度上来说，这些差异反映了两种职业之间工作定位和条件的不同，并且他们在一定程度上为研究人员抱怨媒体曲解和记者不能把更多的学术工作看作是有价值的提供了解释。

反身性和外行挪用社会科学知识

当同有关“知识社会”的理论相比时，“反身现代性论文”的一个兴趣恰恰是它强调社会科学知识的重要性，而其他理论往往完全着眼于技术科学知识和自然科学知识。有关社会科学知识重要性这个论点的概念要点是制度反身性这个观念。正是在这种意义上，特别是吉登斯（Giddens）反复地主张社会科学知识作为“现代性的制度反身性”核心的重要意义。吉登斯有关社会科学在现代社会中构成角色的立场挑战了一种广泛传播的观点，这种观点由主要指向自然科学的重要性及其技术应用是现代社会利害攸关的转型的主要原因组成。在这一点上，吉登斯非常明确：与自然科学相比，社会科学更深入地牵扯到现代性，因为就有关社会实践的知识来说，对这些实践进行长期不断的修正是现代制度的一个组成部分。

应该更多地关注社会科学知识渗透到日常生活的很多认识到的和没有认识到的方式，特别是关注大众媒体中社会科学知识的泛在性。我们需要放弃社会科学知识的媒体调节会导致其系统性曲解的观点，以及关注社会科学知识在日常生活中的泛在性涉及社会科学知识的普及过程。

社会研究已经渗透到我们的日常生活中，它是新闻、广告和市场研究的素材，这表明越来越多的人在他们个人生活或者职业生活过程中常规地使用社会科学知识。社会科学知识的扩散并不遵循一个逻辑进路，即从科学共同体内科学发现的扩散到面向广大公众的科学知识的科普版本的扩散。社会科学知识在大众媒体中是泛在的，并且越来越多的人能够“挪用”那种知识。

挪用的观念指出了外行利用科学知识和专家知识的方式的积极特点和创造性特点。挪用这个概念和媒体研究中使用的概念相关，在媒体研究中挪用的观念充当了反对人们被动地“吸收”媒体信息的观点的作用。在反对这种观点方面，人们认为对媒体产品的接受是一个积极的过程，这涉及“信息”的转化，以把它们用于日常生活的实践情境中。

沿着这个论点，专家知识可以被视为通过大众媒体扩散的特定类型的信息。就其本身而言，外行的挪用涉及和更一般的媒体产品同样的积极过程。外行代理人利用科学知识和专家知识以及在日常生活过程中“重构技术信息”的方式的积极特点和创造性特点在有关“公众理解科学”的研究中被充分地论证了。因而挪用社会科学知识和新形式的“科学学问”完全不同。相反，它指的是外行对他们生活很多方面的问题意识化，以及他们自我身份的反身性建构。

在现代社会中，科学和研究的新动力机制意味着一种新的知识生产形式正在伴随着传统的形式出现。实际上，它对知识生产和知识使用之间的明确区别提出了挑战。这两种类型中的社会科学知识的“生产者”和“使用者”都需要重新界定。在传统观点看来，社会科学知识的“使用者”是决策者和其他处于权威地位的人；生产者则是在不同环境（大学、政府部门、商业研究公司等）中工作的社会科学家。

在一个高度媒介化的环境中，社会科学知识潜在“生产者”的范围本身就在扩展，并且超出了学术社会科学家这个严格受限的范围。媒体中的社会科学知识不仅由被确认为是社会科学家的人来传播，而且也由记者、政客、激进分子，以及那些明确或者不明确地利用社会科学知识来为他们对特定社会议题的阐释进行合法化和宣传的很多其他行动者来传播。

对什么是“社会科学知识”以及什么不是设置限制越来越困难。例如，有些人把各种商业机构开展的民意测验排除在社会科学知识这个类别之外。然而这些民意测验通常以社会科学家在他们自己的定量研究中所采用的同样“科学”方法为基础。一大部分经验主义的社会调查是在大学之外开展的，是在独立的研究所、营利性或者非营利性研究机构、中央政府或者地方政府的研究部门，以及产业组织或者商业组织的研究部门中开展的。当社会科学被视为由越来越多的行动者所生产和理解的主导的“社会上的话语”时，把“社会科学知识”这个类别局限于大学里由学术社会科学家所生产的知识会产生对现代社会中社会科学的重要性丧失的风险。

再进一步，也许可以说社会科学知识在很大程度上同它的“生产者”断开了，并且陷入到了遍布现代日常生活的一系列专家系统中。这把我们带到了第二点，即对社交世界的表征的竞争越来越激烈，并且人们在日常生活所面临的社会议题方面必须面对多元且相互矛盾的专家主张。社会科学家是表征市场中的“竞争者”，与他们一道的还有在直接的社会科学领域之外生产专家知识的各种人。

吉登斯认为可以在自助文学中找到对这种现象的充分阐释。自著书籍的作者通常被视为他们所经历的特定议题的“专家”，从这个立场出发，他们和科学家以及专家一起进入这个议题的公共辩论之中，他们通常强烈反对科学家以及专家的观点。根据吉登斯的看法，被认为是有效专家知识的东西不一定是来自科学研究的系统性知识，例如，它也指那些以个人经验为基础的知识。因而，一个拥有普通外行人不具有的技能或者知识的任何人都可称为专家。

社会科学家必须承认作为日常“反身性资源”的社会科学知识的影响是巨大的，但是也要承认他们无法控制外行挪用社会科学知识以理解他们自己生活的过程。在全社会扩散社会科学概念和观点不会停止，它不能被社会科学家轻易地控制。

最后，人们意识到社会科学家对他们生产的社会科学知识的使用无法控制后，提出了责任这个重要的问题。社会科学家应该就如何对他们生产的知识维持一种责任感的问题进行讨论，而不是试图对使用过程进行控制，因为这些知识将被使用的方式在很大程度上不在他们的掌控范围之内。

撰稿人：José Azevedo

另请参阅：Beat Reporting

参考文献

[1] BULMER M. Social science and social policy [M]. London: Allen & Unwin, 1986.

[2] FENTON N, BRYMAN A, DEACON D, et al. Mediating social science [M]. London: Sage, 1998.

[3] GIDDENS A. The consequences of modernity [M]. Cambridge, UK: Polity Press, 1990.

[4] HASLAM C, BRYMAN A. (Eds.). Social scientists meet the media [M]. London: Routledge, 1994.

[5] WEISS C, SINGER E. Reporting social science in the national media [M]. New York: Russell Sage Foundation, 1988.

Social Epistemology 社会认知论

对知识产生的方式的研究，对知识友好的环境的研究，对知识如何、在何处、何时在社会群体中传播的研究，更重要的是，对社会群体如何获得最好的知识的研究，都有可能是社会认知论这个多学科领域的中心问题。有关知识的问题长久以来就是哲学的分支（被称为认知论）的起源。在哲学这个领域中，传统上其重点是确定个体如何及在什么条件下能够获得好的知识，“好”意味着真，或者可靠，甚至是同个体拥有的知识相兼容。然而，这些重点越来越同对知识的社会本质的兴趣结合在一起，后者来自那些研究传播学、社会学、社会心理学、历史学、知识管理、政治学和教育学的人们。此外，女权主义评论家指出，知识是一种尊称，通常它只适用于在特别的、被性别化的社会情境中人们所持有的信仰。这种观点通过把阶级和种族添加到与某些甚至值得被认为是知识的相关社会维度中得到了详细的阐述。

社会认知论是一系列方法的标签，这些方法大概只是通过它们对认知论社会层面而非个体层面的关注而被统一起来的，被概括地界定为“人们如何知道”。当然，科学对于社会认知论者来说是特别重要的，因为科学知识（在某些情况下尽管是有问题的）被认为是所有知识都应该渴望的“黄金标准”。同样，在科学知识进行传播的方式，以及对某些形式的科学和技术知识传播的缺乏方面，甚至是绝对保密方面，存在着很多担心。

传 播

社会群体通过各种传播途径，如图书、谈话、互联网、电视等，进行知识的交易。那么，社会认识论这个术语起初源于图书馆科学领域就不足为奇了。在20世纪60年代，一个领先的图书馆学家杰斯·谢拉（Jesse Shera）为一个探究图书管理员如何成为那些寻求知识的人和像图书馆这样的知识库之间有效的调停者的项目杜撰了这个术语。谢拉对信息技术的新兴力量特别感兴趣，并且因在鼓励图书管理员“拥抱技术”的同时又警告他们“不能成为其仆人”而出名。对于谢拉来说，就后来的社会认知论者而言，调停知识的观念不是用来描述知识使用的当代形态的（如一个网站获得多少“点击量”），而是用来调查为什么某些人首先被互联网（而不是一本书）所吸引，是否互联网提供了他们需要的信息，信息的起源是否能够被考察，那些信息和其他知识之间的关联是否能够被获取到，信息是否以允许它被有效地使用并分享的形式存在。一旦调停者知道这些问题的答案，那么人们就可以开始规范地开展工作了，也就是说，鉴于已经知道了那些寻求知识的人的细节，就可以为知识如何能被更好地调停而制订计划和规则。

这种公共调节的动力机制对于科学传播来说特别强烈。科学传播者在观察和反应科学知识的传播/不传播的方式上有独特之处，无论他们是记者，还是私人企业中的、非政府组织中的或者就职于以科学为基础的机构中的公共关系专家。反复做出的关键发现之一就是科学研究者对研究进行传播的目标与受众认为他们想要或需要在该研究方面了解的东西之间的不匹配。不过在这种情境下科学传播者的实际问题举不胜举，在社会认知方面也是如此。谁的知识应该成为科学传播的驱动力？研究者之间以及一系列受众之间更好的科学传播能够改善社会结果和科学结果吗？回答这些问题非常困难，但是确实是值得提问和回答的。社会认知论的研究表明这存在着各种各样的答案，取决于规范承诺。

规范承诺在每一个主张中都带有一个“应该”。例如，科学传播者应该对受众已经知道的科学给予更多关注吗？读者对这种主张的反应取决于他们认为他们知道科学传播者做了什么，“更多的关注”会产生什么影响，以及围绕着这个主张的目前事态。换句话说，一个人认为应该发生的事情同一个人认为已经发生的事情之间存在着很强的关联。目前这对于科学传播来说是一个难题，因为它是一个充满了某一方面学问的领域，并且刚刚开始被经验性地理解。然而，科学传播者作为知识的调停者，通常对科学应该如何更好地传播抱有强烈的观点。社会认知论者的工作就是对这些观点进行测试。如果一个科学传播者认为专家应该推动科学传播，那么社会认知论者需要问在这种情况下什么是一个更好的体系。如专家们对他们能够控制信息流动的情境感到很高兴，但是受众学到的东西较少。所以，如果你的规范承诺是创造知道更多知识的受众，那么专家驱动的体系就会失败。如果你的承诺是让专家高兴，那么这个体系就会成功。

评　估

社会认知论可能对于提出有关规范承诺的问题特别有帮助的地方在于评估领域。怎么才算是好的科学传播呢？社会认知论不是用一系列有效的技术或者方法来回答这些问题，而是从知识政策的观点来考察这个问题。也就是说，在科学传播中，什么是确立和应用评估系统的最佳方式？从知识政策的视角来看，评估中一个重要的观念就是那些呼吁进行评估的人不应该是那些从事评估工作的人。举个例子，在法律审判中，同一个人不能同时是律师和法官。然而，在科学传播领域，通常那些传播科学的人也被要求他们用有关是否、如何以及何时能够成功地自我评价来证明他们做法的正当性。类似的是，从知识政策的视角来看，科学传播者应该对那些既展示他们研究工作的消极影响又展示其积极影响的研究特别感兴趣。这不是一个弥合理论和实践的问题，而是科学传播的可能基础会是什么的关键信息。最后，还有一个极其重要的价值问题。从社会认知论的视角看，有很多为什么科学传播应该被珍视的原因。其中一些原因可能包括传播信息的积极效果，因为有些专家认为这是一件值得做的事情，因为科学传播可能会鼓励对一些研究或者科学的结果进行批判性的审问，甚至因为学习科学会很有趣。但是这些原因中的哪些能指导科学传播？什么组织和机构应该能够决定这些原因中的哪些去指导科学传播？这些不是道德问题，而是社会认知论和知识政策中的一些问题。

把知识政策和实际的公共政策关联起来对社会认知论也是十分重要的。在20世纪80年代末至90年代，美国、英国和欧洲的政府开始认真地考虑能够推动公众理解科学的政策。随之而来的辩论提出了社会认知论者可以开始回答的很多问题。这些辩论在像气候变化和新技术的影响这样的议题中继续着，有些研究人员宣称他们对自己的研究的影响没有足够的“话语权”。政府对此做出的回应是，通过告诉专家他们需要“随时待命”并且就研究的技术层面给政府提供建议，但他们不应该觉得自己“高高在上”，自己真正地制定了政策。科学传播者常陷于这两种辩论之中。一方面，传播者被指控他们通过不恰当地尊重科学家的观点而协助政府“对科学家进行封口”。另一方面，传播者被批判给专家太多的时间，以及公然地影响同研究相关的政策的公共辩论。在这里，关键是要认识到虽然科学传播能够承担起知识调解的角色，但是它不只承担知识调解的角色。因而，根据社会认知论的看法，对于传播者来说，拥有强烈的规范承诺，以及对他们在知识政策和公共政策中的角色有清晰的愿景是重要的。

修辞和传播

获取知识是社会认知论中一个重要的研究领域。然而，对于一个人用他获得的知识做什么事情也提出了重要的问题。传播技术和修辞是知识共享的一种方式。尽管在净化科学语言、让科学语言“非修辞化”或者仅传播“事实”方面有周期性的广泛尝试，但是大多数社会认知论者承认信息的修辞包装，发布信息的时机，对传播渠道的控制，以及对“谁会在何时知道什么”的控制都是理解知识如何流传的关键。

新闻和其他形式的大众传播为社会认知论的这个方面提供了重要的研究案例。根据一项民意调查，西方国家的很多人倾向于优先从他们个人可以获取到信息的网站、电视、朋友、报纸、广播和专家那里获取科学和健康方面的资讯。获取信息的途径从报纸向电视然后向网站的转变对于信息的传播来说有重要的启示。决定受众何时获取信息或者让他们对可能改变他们对特定议题的思考方式或行为方式的相关信息认识的不再是每周的或24小时的新闻周期了。很多互联网观察家认识到，在线媒体的潜在交互性意味着受众可以对一系列议题的信息做出贡献、做出反应，甚至是共同生产。在传统的认知术语中，这改变了知识获取的很多问题。当更多的人参与进来时，有关记者或者其他信息渠道的可靠性的问题会被更广泛地传播，他们的培训是开放的问题，并且各种既得利益可能更难以发现。

然而，为了扭转这种趋势，社会认知论者通过传统的大众媒体来源让人们关注知识的历史收缩问题。这里的一个关键案例就是气候变化。随着有关全球变暖的辩论在20世纪80年代末变成了气候变化的辩论，对于在气候变化辩论中感兴趣的受众和研究人员来说，有可能利用交互的网络媒体（包括网站和后来的博客）来迅速地传播信息，并且与传统媒体相比，可向更广泛的受众传播信息。这会产生一系列效应。有关气候模型的信息的范围和质量，以及对它们的阐释大大增加。但是同时，低质量的信息也在传播，并且可能混淆了在任何时间做出的判断。规范承诺的问题然后会以这种方式被提出来：我们应该珍视开阔且多元的观点还是更加同质性的更高质量的观点？传统的认知论者会指出我们应该选择任何一个有更大可能性会给我们提供真实信息的那个。但是，鉴于那个难以实现的目标，以及在像气候变化这样复杂议题的案例中，可能有很多真理（例如，可能在某一时刻，人类正在导致气候变化以及现有的模型不足以帮助我们预测会发生什么两个说法都是正确的）。随着这类复杂问题的兴起，这可能会为推动一系列阐释提供了一个理由，科学传播者通常是那些在提供这些阐释中有自己定位的人。

撰 稿 人：Joan Leach

另请参阅：Climate Change，Communicating；Online Media and the Sciences；Research Ethics，Overview；Science and Politics；Scientific Method

参考文献

[1] CODE L. What can she know? Feminist theory and the construction of knowledge [M]. Ithaca，NY：Cornell University Press，1991.

[2] FULLER S. The knowledge book [M]. Stocksfield，UK：Acumen，2007.

[3] LONGINO H. Science and social values [M]. Princeton，NJ：Princeton University Press，1990.

[4] PROCTOR R，SCHIEBINGER L.（Eds.）. Agnotology：The making and unmaking of ignorance [M]. Stanford，CA：Stanford University Press，2008.

[5] SOLOMON M. Social empiricism [M]. Cambridge：MIT Press，2001.

[6] ZANDONADE T.（2004，March 22）. Social epistemology from Jesse Shera to Steve Fuller [EB/OL].（2004-03-22）[2009-11-17]. The Free Library，www.thefreelibrary.com/Social epistemology from Jesse Shera to Steve Fuller-a0125151311.

Social Justice 社会正义

科学和技术传播面临的很多问题涉及谁来承担因变化而产生的成本与收益的问题。对社会正义的讨论解决了有关公平的人类关注的基本问题，就此而言，社会正义是有关科学和技术在社会中影响的现代辩论的重要组成部分。很多讨论是以约翰·罗尔斯（John Rawls）1971年的著作《正义理论》（*A Theory of Justice*）的政治哲学为基础的，但是包括了一系列方法论。有些作家着眼于对不公正的具体案例提供历史性的描述或者基于案例研究的描述，而其他人则利用社会科学方法来评估公平认知和结果之间的关系，如对决策的满意度。社会正义的核心是关于隐性排斥和社会权力的问题。一般而言，社会正义讨论提供了一个框架，通过这个框架可以对科学和更广泛的文化的关系进行批判性的考察。

通过利用社会正义或者环境公正这样的术语，采取一种批判的或者文化的视角的学者成功地把注意力引向了传统上的边缘人群，如非裔美国人和贫困地区的农村人口，通常是经济变革中首当其冲的受害者这样一种事实。肮脏的工厂（如密西西比三角洲的化工厂）和资源采掘业（如西弗吉尼亚的煤矿）通常位于这种地区（国家），因为居民没有什么选择权利，也因为他们没有社区资源来成功地反对大型企业。如一些人认为新技术可能会取代低技术劳工或者动摇社区、生活方式，然而发达国家通过一系列的实践剥削欠发达国家的问题仍然在深入讨论中。例如，这可能包括在制造新药物的过程中利用当地植物材料（生物剽窃），或者没能提供基本的医疗资源，如艾滋病或者抗疟药物。研究表明女性和非白人通常感知到更高水平的环境风险。那些认为自己被歧视的人可能也感知到了更高的风险水平。

传播者和研究员还利用社会正义的理念来探究种族主义、性别主义、以兴趣性为基础的歧视、阶层性的动力学，以及一系列与社会权力相关的其他话题。对于科学和技术传播来说，会特别关注于科学（或科学媒体内容）中女性和少数民族的代表性不足的议题，不能以文化上敏感的或者有效的方式进行传播的议题，以及更一般而言，在讨论伴随着科学变迁或者技术变迁时出现的健康、环境、经济及社会风险中社会的多元性参与的需求的议题。技术的新领域，特别是核技术、生物技术和纳米技术，为社会正义讨论提供了大量的机会。

一些针对正义的社会科学方法着眼于理解公平认知在个体如何看待科学决策和决策者方面发挥了什么作用。特别是，对公众参与的研究含蓄地或明确地利用正义的概念来理解个人与科学的互动。社会心理学的研究已经表明个人经历的不公平要比实际上的不公平更强烈，并且在公平认知方面有可能存在至少四种维度，所有的维度都似乎与科学和技术传播相关。这包括对结果公平、程序公平、人际公平和信息公平的关注。结果公平，也被称为分配公平，关注的问题是一个决策的各方是否都认为他们得到了预期的结果（公正），以及是否各方都认为他们得到了想要的东西。相反，程序公平解决的是那些受到决策影响的人是否认为他们在决策过程中，以及与决策过程的质量相关的问题中有发言权。人际公平包括个人对决策者是值得信任的、尊重人的以及不偏不倚的认知。信息公平解决的是对决策者提供了获取所有相关信息的途径的认知。

来自其他领域的证据表明非结果公平（如程序公平、人际公平及信息公平）在人们如何看待决策者方面发挥了核心作用，但是科学和技术传播研究强调结果公平和非结果公平都十分重要。然而，确保高质量的公众参与科学和技术的努力反映出对非结果公平的重要性的认知。总体而言，只要在结果和机会中存在着不公平，对于传播者来说，在他们的行动和研究中认识到、考虑到并且解决社会正义的问题就仍然很重要。

撰 稿 人：John C. Besley

另请参阅：Environmental Justice；NIMBY（“Not In My Back Yard”）；Public Engagement

参考文献

[1] BESLEY J C，MCCOMAS K A. Framing justice：Using the concept of procedural justice to advance political communication research [J]. Communication Theory，2005，15（4）：414–436.

[2] RAWLS J. A theory of justice [M]. Cambridge，MA：Harvard University Press，1971.

[3] RAWLS J. Justice as fairness：A restatement [M]. Cambridge，MA：Harvard University Press，2001.

[4] SATTERFIELD T A，MERTZ C K，SLOVIC P. Discrimination，vulnerability，and justice in the face of risk [J]. Risk Analysis，2004，24（1）：115–129.

Social Marketing 社会营销

社会营销是一个为增加消费者人群中亲社会行为的可接受性而对项目进行设计、执行和控制的过程。菲利普·科特勒（Philip Kotler）和爱德华多·罗伯托（Eduardo Roberto）在 1989 年提出，营利性营销学原理对亲社会事业的应用依赖于：①系统性定位以及通过对特定人口统计学特征、情境特征和行为特征的识别来确定人口细分以最大化信息影响和每次个人接触的成本的权衡；②对来自原型社会产品代表性人群的以消费者为基础的研究和反馈的利用；③通过评估对变革计划的管理。

社会营销已经成为世界上应用最广泛的社会变迁模型之一，因为我们当中那些致力于社会改良的人已经认识到超越了商业产品和服务的营销观念的广泛适用性。营销也以同样的方式在企业的运行中承担着重要意义，如丰田（Toyota）、谷歌（Google）和网飞（Netflix），社会营销使大型非营利组织和机构的很多努力得以定型，如世界银行（World Bank）、美国国际开发署（U.S. Agency for International Development）、美国疾病控制和预防中心（U.S. Centers for Disease Control and Prevention）。社会营销方法可以应用于什么类型的社会问题呢？在英国，政府的国家社会营销中心（National Social Marketing Centre）成立了 10 个示范基地以对有关戒烟、男性生活方式的改变、糖尿病控制、酒精使用和母乳喂养的优势进行执行和评估。如珍妮弗·杜利（Jennifer Dooley）、桑德拉·C. 琼斯（Sandra C. Jones）和肯德拉·德马雷（Kendra Desmarais）所言，在加拿大，艾伯塔省将社会营销模型应用于一系列因它们对需求、目标受众喜好、信息的定位、品牌树立、创意开发的综合性方法而知名的癌症预防和癌症筛查运动，以及把一种整合方法应用于活动内或各种活动之间的学习以便作为一个整体的健康服务能够受益。

社会营销的一个标志是行为改变方法中的全面性。这意味着——再次借用于营销科学——这个运动或者信息只是社会营销努力所做的一部分而已。“顾客是上帝”的营销真理被铭记于心，以至于顾客的愿望、需求、偏好和行为模式指引着服务和产品的发展、这些服务和产品的生产和分布，以及持续的流程改善，就像商业产品公司一样。这种对细节的关注意味着当社会营销方法表现出色的时候，几乎没有留下任何机会或者猜测。商业营销绝不是随意的，它是关于对消费者关注的控制、对形象和信息的控制，以及对满足消费者期望和需求的服务和产品的控制。也许社会营销方法最具特色的方面就是它借助于营销科学的对消费者的关注。因为它们以对目标受众的愿望和感觉需求的详细理解为前提，所以为目标受众提供的内容似乎更多的不是取决于改变目标，而是取决于目标受众表现出的兴趣。营销人员的角色是通过后者来“销售”前者。

社会营销项目对环境因素进行了认真的先验分析。社会营销的视角把目标受众概念化为消费者，并且试图建立“品牌”忠诚度，建立同社会产品及产品支持的网络相关的理想状态的认知。对社会营销努力的决定来自有关愿望（目标受众表达了什么价值，他们同这些价值有什么积极关联）、需求（威胁到目标人群的客观问题或危险是什么）、与不健康行为相关的目前实践（心理和社会学上的需求被那些可能被改变或完善的行为满足）、社会和媒体环境（目标受众关注什么问题和品格，他们关注或者参与哪种媒体）、竞争（哪种活动或者企业信息吸引了重点人群的关注）和潜在伙伴（哪个组织有我们可以获取的既有服务或者产品发行渠道，也许我们的努力补充了其他变革机构提供的服务，并因而加强他们的项目组合）的数据。

社会营销作为一种事务性科学

当赛百味（Subway）告诉电视观众要“吃新鲜的”，它实际上要做什么？一个营销科学家会说三明治企业参与了一笔交易的提议：你给他们 5.49 美元，他们给你的究竟是什么？特别的蔬菜吗？你确实得到了三明治，但是这笔交易实际上更像是你把钱用在了你同它们的形象建立起关联的积极事情方面。你购买到了自己感觉良好的食物，你的行为（支付 5.49 美元）强化了你认为是重要的某些理想或者愿望，不管它是低脂食物，还是对快餐馆的选择，还是青年文化，等等。我们的行为并不总是反映我们那些行动与我们的信仰不一致的理想或者欲望。赛百味提供给你的交易是对“正确”理由而感到良好的一种调和。行为强化了信仰（当然，这只会持续一天，它们期望你明天还会来进行下一次交易）。

所以社会营销把营销人员（那些在机构中工作以为目标受众创造和提供交易的人）概念化为向目标受众成员提供他们愿意“购买”（承担获取产品和服务的费用，如金钱、时间、努力或自我形象）的产品和服务的代理人。艾伦·安德利森（Alan Andreasen）在 1995 年提出，因为它们更多地着眼于行为改变，所以这种交易很容易适用于各种社会变革目标。

社会营销的关键要素

对社会改良的社会营销方法包含了几个关键要素。

（1）受众细分，对人群中一个或者更多的同质的（类似的）局部受众的识别。目标受众是被认真进行细分的一类人，从而使得这个分类中的人比不在该类别中的人彼此有更多的共同点。这种区分使得社会营销人员在系列方面获得更具体的细节：①对细分受众获取更多的有关愿望、需求、行为和信仰的信息。②发展更精确地适合这些现有特征的信息和形象。③选择能最好地到达目标人群的传播渠道和分配渠道。

（2）资源管理，对一个项目的人员、材料和开销进行管理的过程。在社会营销模型中，所开展的活动有点像冰山，大部分存在都是你看不到的。对社会营销中资源的控制包括对开展按部就班的社会营销活动的人员进行激励和奖励，对持续地寻求更好地开展工作的方式进行反馈或者质量改善，不以起初计划为基础而是以对正在发生的活动的监测为基础，以及对目标受众给予回应。

（3）发展规划，通过对 5P（产品、价格、地点、促销和定位）的考虑来完成对社会产品的设计。5P 是社会营销中最容易辨认的部分。对产品的决策（我们销售什么，我们提供什么，我们的产品是有形的还是有实体基础的，如低脂乳制品）是至关重要的，因为行为改变常常是嵌入在产品中的。对于社会产品来说，价格通常具有非货币属性，如备受众当作一种收益的来自其他人的行为、感觉或者反映。地点指的是以目标受众自己的方式提供产品或者服务的重要性，也就是说，通过他们已经获取到的传播渠道，或者在潜在使用者方便的地方提供社会产品或者服务。促销关系到在信息中用到的传播工具，包括内容（是否会用恐惧诉求、是否只表明积极的预期行为、是否把特定组织的身份同信息关联起来）。定位指社会营销人员必须澄清的心理演算，以便产品与市场匹配在目标受众心目中是最佳优化。新的社会产品对感觉到的问题的解决方案，必须被认为是有优势的，并且值得行为改变所付出的代价。定位是框架中一个智力发展和信息发展的过程。一种现存行为被认为是消极的，并且直接和公认的问题存在关联。新的社会产品被认为是能够解决这个问题并且因而能让潜在的使用者受益的。

（4）评估，对项目进行的系统性分析以判断其价值。也许与其他任何类型的行为改变方法不同的是，社会营销把评估作为回答5P战略性问题的手段，以及对改善一种社会营销努力的有效性和机遇进行评估的手段。因为从根本上来说营销以对消费者的精确知识为基础，因而形成性评价就非常重要，这是因为通过形成性评价的各种活动，社会营销人员能够了解目标受众，以及他们对社会产品原型的可能反应和初步反应。同社会变革的其他典型方法相比，过程评估也被看得很重，因为知晓一个项目在哪里会失效，为什么一个新产品的推出会比预期得慢，或者一个城市会比另一个城市对一种活动的反应表现得更积极，以及对此立即采取纠正行为都是社会营销模型的重要组成部分。

（5）预编程序数据采集，在设计之前对可能会影响项目的因素进行调查。优秀的社会营销人员会倾听细分受众的代表所表达的愿望。在社会营销中，推广所提供的产品或者服务的努力是对营销人员所期望达到的信仰、态度和愿望的回应。然而，潜在的营销研究还能走得更远。对需求、机会和竞争中的地位进行环境扫描（在总体上或在特定地理区域内）是构建有效的营销方案的关键性资产。社会网络分析可以通过把社会部门中的复杂组织串联起来的方式被用于描绘社会部门中交错的关系结构的图谱。分发策略可以进行试用测试以在正式发布产品或者服务之前进行微调。可以采集用户和目标受众对一个社会产品优缺点认知的实时信息以改善促销策略，以使其强调个性化、认同和积极反应的可能性。持续不断地着眼于目标受众、用户，以及分销商对营销产品或服务的体会可以对社会营销建立起一种“全面质量”方式，以延长一种社会营销努力的期限。

撰 稿 人：James W. Dearing

另请参阅：Communication Campaigns in Health and Environment；HIV/AIDS Prevention and Communication

参考文献

［1］ANDREASEN A R. Marketing social change：Changing behavior to promote health，social，development，and the environment［M］. San Francisco：Jossey-Bass，1995.

［2］DOOLEY J A，JONES S C，DESMARAIS K. Strategic social marketing in Canada：Ten phases to planning and implementing cancer prevention and cancer screening campaigns［J］. Social Marketing Quarterly，2009，15（3）：33–48.

［3］KOTLER P. Social marketing and the broadening of marketing movement［M］//A SINGHAL，J W DEARING（Eds.）. Communication of innovations. Thousands Oaks，CA：Sage，2006：136–144.

［4］KOTLER P，ROBERTO E L. Social marketing：Strategies for changing public behavior［M］. New York：Free Press，1989.

Society for Risk Analysis 风险分析学会

成立于1980年的风险分析学会（Society for Risk Analysis）是一个国际的、多学科的组织，它涉及对人类健康危害的评估、表征和管理，同自然环境和建筑环境相关的风险，以及发展与风险相关的政策。然而，风险分析学在公共政策问题上不采取任何立场。

该学会着眼于一系列风险，主要是由自然力、人类活动以及由化学制剂、生物制剂和物理制剂带来的风险。这些利益的相交是该组织的另一个重点：对风险的传播，特别是在专家和公众之间的传播。

风险分析学会大约有2000名会员，他们中的大多数来自学术界、政府和工商业界。自1981年以来，该组织就开始举办年会。每次会议都专门地致力于讨论风险分析的一个特定主题，包括21世纪的风险分析、民主社会中风险的评估和管理、跨文化的比较，以及对风险的分析、传播和认知。然而，不管给定的会议核心主题是什么，一系列风险相关的话题都会在研讨会上和数百个报告中进行探讨。

举办会议的地点每三年会在华盛顿特区、美国东部的一个城市和西部的一个城市之间轮换。风险分析学会还共同赞助与风险相关的各种国际会议。

在风险分析学会内，会员组建了小组，有时候是易变的专业小组，每个小组就他们对风险分析和管理的特定兴趣提出一个焦点并组织一次论坛。这些小组帮助策划风险分析学会的年会和特别会议，他们关注的话题包括生物性压力源、决策分析、剂量反应、接触评定、生态风险评估、经济与效益分析、新兴纳米材料、风险政策和法律，以及风险传播。在每次风险分析学会年会期间，有些小组会为提交给他们的研究者颁发最佳学生研究奖。

最悠久的一个小组是风险传播专业组（Risk Communication Specialty Group，RCSG）。该小组成立于1990年，目的是推动专家和普通公众之间风险信息传播的研究；促进学者、学生和从业者之间的学术合作和观点交流；在推动该领域发展方面建立领导机制。这个小组的成员为他们对风险传播的关注带来一系列理论的、方法的和实践的视角。例如，风险传播专业组的典型兴趣包括大众媒体对风险的报道、信任与公信力、公众参与、受众风险认知与信息处理、社会影响，以及对各种风险传播努力的评估。1998年，风险传播专业组就学生的风险传播论文发起了一项年度盲审竞赛。

除专业小组外，多种多样的，甚至不断变化的区域性机构也隶属于风险分析学会，每个组织都有自己的官员和活动。这些组织包括风险分析学会在美国和全球各地的一系列分会，以及致力于为风险相关研究、政策和实践提供更具有文化多元性论坛的国际“部门”［如风险分析学会－欧洲和风险分析学会－日本（SRA-Europe and SRA-Japan）］。如通过与风险分析学会－欧洲和风险分析学会－日本，以及其他对此感兴趣的组织的合作，风险分析学会联合赞助了2003年在比利时布鲁塞尔召开的世界风险大会（World Congress on Risk）。

风险分析学会围绕着其旗舰性的同行评议期刊《风险分析：国际期刊》（*Risk Analysis: An International Journal*）发展起来，该刊创立于

1981年3月。这本期刊主要致力于原创文章，并且吸引了该领域很多德高望重的学者投稿。只有一小部分内容被分配给了其他素材，如评论、社论、书评和读者来信。多年来，《风险分析：国际期刊》发展并保持了一种多学科的研究方法，除以生物科学和工程、物理科学和工程为基础的研究之外，大量的文章来自行为科学和社会科学领域，特别是风险传播研究。该刊起初是一本季刊，其出版频率已经从1994年的每年6期增加到2009年的每月1期。风险分析学会还出版《风险通讯》（*Risk Newsletter*），这是一本含有组织信息的季度性刊物，如会议通知和该学会的会员选举信息。

该学会起初由位于田纳西州的橡树岭国家实验室（Oak Ridge National Laboratory）的遗传毒理学家罗伯特·B. 卡明（Robert B. Cumming）创立。

撰 稿 人：Robert J. Griffin

另请参阅：Risk Analysis；Risk Communication，Overview；Risks and Benefits

参考文献

[1] THOMPSON K M，DEISLER P F，JR，et al.Interdisciplinary vision：The first 25 years of the Society for Risk Analysis（SRA），1980-2005 [J]. Risk Analysis，2005，26（6）：1333-1386.

Society for Technical Communication 技术传播学会

技术传播学会（Society for Technical Communication）是全球最大的致力于技术传播领域的专业组织。它的会员包括作家、编辑、插画师、网页设计者和开发人员，以及一系列向广大受众传播复杂的科学和技术信息的其他专家。它的目标包括改善技术传播的实践，并在专业情境下传播技术的价值。通过其出版物、网站和地方分会的会议，该学会成为技术和科学写作及传播领域的从业者和教育者的一个重要渠道。虽然很多在职的技术传播者并不是技术传播学会的会员（技术传播学会估计仅在美国就有10万名在职的技术传播者，而技术传播学会的全球会员大约有2万人），但是技术传播学会这个组织的历史，其使命和出版物，它对该领域的创新及专业标准的重要性的强调都反映了技术传播领域本身的发展。

历 史

虽然技术写作可能和写作本身一样古老，但是直到20世纪中期技术写作本身才成为一门学科，并且技术传播学会的发展象征着这个职业的成熟。只要书面语言存在，人们一直撰写的文本就可能成为技术指南。当印刷术广为传播的时候，不计其数的包含各个话题的手册就被印刷出来，包括烹饪、军事科学等各领域。著名的历史技术作家有杰弗里·乔叟（Geoffrey Chaucer）和伽利略·伽利雷（Galileo Galilei），但当时的技术作家中大多数是鲜为人知的或匿名的。直到20世纪中期，巨大的技术发展突然驱动了对技术手册和指南的需求，技术写作才成为一种职业。

1953年，麻省理工学院（Massachusetts Institute of Technology）一群技术作家和编辑成立了技术作家学会（Society of Technical Writers），这是技术传播学会的前身。第二个组织于次年在南加利福尼亚州成立，即技术出版学会（Technical Publishing Society）。到1960年，这两个组织和技术作家和编辑学会一起合并成为技术作家和出版人学会（Society for Technical Writers and Publishers），并于1971年更名为技术传播学会。

凯特·聂兰（Cate Nielan）认为，在20世纪50—60年代，国防工业对于这个职业非常重要，很多大学在那个时候开始提供技术写作课程。但是1980—2000年的20年见证了这个领域最具爆发性的增长，这受到20世纪80年代个人电脑的发展和90年代互联网的发展的驱动。技术传播学会的会员数量在那段时期也翻了一番，并且新的工作职位也被增加到技术传播学会提供给其会员的材料中，包括多媒体艺术家、网页和内网页面设计师，以及信息架构师。这些工作职位反映了这个职业、技术和传播的多方面特征。

当前的使命和出版物

技术传播学会在其网站上清晰地阐明了自己的使命：试图推动让企业和他们的顾客受益的技术传播这个领域的“理论和实践”。该组织特别强调职业标准和伦理标准。因为对于在职的技术传播者来说还没有正规的认证，如会计、工程或者医学，所以技术传播学会在界定有时候被大型组织忽略的一种职业方面发挥了重要作用。该学会还通过在一系列不同产业中提供技术传播者的价值的证据来倡导支持这一职业。技术传播学会的使命中另外一个重要方面就是它对学术项目的支持；它提供低廉的学生会员价格、名誉兄弟会和学生竞赛，并且具有技术写作或者技术传播项目的大学也有同本地区的常规分会保持密切联系的学生分会。

技术传播学会运行一个范围广泛的网站，并且出版一本行业月刊《内部通信》（*Intercom*）、一份月度电邮通讯《联络线》（*Tieline*）和一份同行评议的季刊《技术传播》（*Technical Communication*）。《内部通信》发表能够立刻被在职人员使用的内容，如有关最新工具和产业趋势的信息，有关作为独立顾问的建议或者在不确定的时期保护你的工作的建议。它的内容反映了技术传播实践的当前情况，其作者通常都是在职的专家和活跃的技术传播学会会员。《联络线》就产业发展提供更简短的新闻，以及有关社会的一些更新信息。《技术传播》发表具有明确实际应用的定量研究和定性研究，以及书评和其他技术传播相关期刊中近期文章的短评。技术传播学会为研究提供经费支持，并且主办一个大型的年会。此外，它的竞赛也对卓越的会员进行突出报道和表彰。

很多专业技术传播者是作为多学科团队的一分子而开展工作的，并且他们可能是一个部门或者机构中唯一的一个技术传播者。对于这些从业者来说，技术传播学会发挥了同其他在职人员保持联系的功能，因而为他们提供社交机会，培训他们紧跟最新的技术和趋势，甚至是目前薪资方面的信息。该学会开展年度的薪资调查，并且根据区域、教育水平和工作年限进行分解，并把这些数据提供给会员。和月度分会会议一起，这些服务能帮助专业人员维持并改善他们的技能，维护自身权益，并且同其他在职人员保持联系以避免职业倦怠。在基本上是由技术创新所界定的这个职业中，技术传播学会为会员提供了一个专业知识网络，以帮助他们与传播市场的不断变化保持同步。

撰 稿 人：Denise Tillery

另请参阅：Career Paths，Medical Writing/Medical Journalism；Career Paths，Science/Environmental Journalism；International Science Journalism Associations；National Association of Science Writers；Technical Communication

参考文献

[1] DURACK K T. From the moon to the microchip: Fifty years of technical communication [J]. Technical Communication, 2003, 50: 571–584.

[2] NIELAN C.A brief history of the STC [J]. Intercom, 2003, 50: 8–9.

[3] Society for Technical Communication. (n.d.). Telling our powerful story [EB/OL]. [2009–06–05]. www.stc.org.

Society of Environmental Journalists 环境新闻记者协会

总部位于宾夕法尼亚州费城附近的环境新闻记者协会（Society of Environmental Journalists）提供的最重要的东西就是供记者彼此学习和分享经验的虚拟网络（以及年会期间一个面对面的网络）。每天，环境新闻记者协会的会员会向他们的同行提各种问题，从特定话题的最佳渠道到有用的网站，或其他事情，如哪种录音机更适合用来开展电话采访或者面谈。会员会定期同网络上的同事分享他们的经验和见解，他们通常会对一系列环境和自然资源问题给出令人印象深刻的解释。

除保持一种在线状态以及出现在只有会员可以看到的网络之外，环境新闻记者协会还在扩展其原始的项目活动，这些活动旨在完成其通过改善环境报道来推动公众对环境问题的理解的使命。例如，分发给会员的双周《内情通报》（*Tip Sheet*）会提供新闻线索和渠道建议，该群体还分发并维持一个有关环境新闻报道的每日摘要和数据库。

有关环境的传播打开了一个像科罗拉多大峡谷、赋予生命的地球大气层或者地球最深且最少开发的海底一样宽广的世界。就像住宅充满尘螨或者含铅窗台和墙壁毒害孩子健康一样，环境问题就在我们身边。环境是一个由科学家、工程师、律师和公民活动家定义的广泛领域。每个群体都展示了自己的重要技能和能力。但与尽可能广泛或专业的受众沟通的能力往往不在这些能力之列。但是向最广泛的受众或者最专业的受众进行传播的资质并不在这些能力中。这种情况亟须有效的传播技能——写作、报道、编辑、广播、公共演说、撰写播客，甚至更多。这些技能如此珍贵，但是通常在这些高度复杂、有技术性且有时候具有争议的领域中又如此匮乏。

1990 年，对这种现实的深刻认识把约有 15 名记者的创始团队集中到了华盛顿特区的一个拥挤会议室内。习惯了对全国的其他环境记者在干什么一无所知，他们对于打算干什么也没有想法：他们正在产生一个在 10 年里将有超过 1000 名国内和国际会员的社区会员网络组织。它将被视为全国最有效的新闻会员组织之一。

在其成立的最初 20 年里，环境新闻记者协会因其监督所有事情的志愿者会员的广泛网络而著称，这些事情包括一个充满活力的专题通信服务和网站、一份精美的季刊、有关如何批判地“报道”的资源，以及与一系列环境话题相关的专家资源列表。环境新闻记者协会每年的旗舰性活动都基于大学的年会，它不仅常常吸引了数百名顶尖的记者和编辑，还常常成为顶尖的新闻制造者。环境新闻记者协会的秋季年会招待政府官员和好莱坞明星、企业高管、顶尖的研究者和学者，以及公民积极分子。

2002 年，该组织的志愿者董事会形成了《第一修正案》（First Amendment）特别工作组，以解决这个领域中关系到新闻采集的话题，如信息自由的问题和知情权的问题。最近来，其会员参与了一个庆祝《信息自由法》（Freedom of Information Act，FOIA）的周期性的“《信息自由法》周五”活动，以鼓励会员提出《信息自由法》申请来展示对这个基本的知情权法律的需求及其效用。

自 2002 年 10 月以来，该组织的志愿者会员开展了一项令人印象深刻的环境新闻奖竞赛。获得表彰的优秀环境报道涉及广泛的媒体类别，在 2008 年秋，环境新闻记者协会准备首次采用公开竞争的方式来出版获得了 1 万美元的蕾切尔·卡逊环境图书奖（Rachel Carson Environment Book Award）的有关环境的非虚构类作品。

在大众媒体新闻不断强大、具有经济实力且公众对环境议题具有浓厚兴趣的时期，环境新闻记者协会成立并且开始发展壮大。然而，那个时期是周期性的，并且从那时起媒体产业的经济状况和公众对环境议题的兴趣也有顶峰期和低谷期，而与新闻业务相关的经济学通常见到的低谷期要比顶峰期多很多。

尽管环境新闻记者协会的名称是有限定性的，但是实际上并不是所有的会员都满足“环境记者”这个传统的界定。因为很多新闻机构压缩其编辑部内专业报道人员，而青睐报道一般新闻的记者，所以环境新闻记者协会近几年的会员数量稍微有些平缓，在 2008 年约 1400 人。环境新闻记者协会会员的作用可能会变成继续反映总体的新闻趋势，因为越来越多的自由职业者和较少的记者是都市日报的代表。从一开始，广播界的会员就只占到这个组织会员总数的一个很小比例。

对于那些没有满足这个组织活跃会员资质等级的在职记者来说（在其网站上有详细信息），环境新闻记者协会还有非正式会员和学术类会员。作为一个非营利组织，环境新闻记者协会在网络上会公布其年度内部服务收入报告，该组织 2008 年的年度预算在 100 万美元之内。环境新闻记者协会在其网站上解释，它的项目和运行经费是由基金会、营业收入、媒体公司捐款、年会的大学赞助商，以及临时的区域性活动提供的。该组织不寻求或者接受来自非媒体企业、政府机构或者环保组织的礼物或赠款，但是它确实接受被这些机构雇佣的个人的捐款。它的营业收入来源于会议注册费、会议参展商和广告费、会费、邮件列表租赁费，以及它的季刊《环境协会季刊》（*SE Journal*）的订阅费。

对于环境新闻这个领域的专家以及新人来说，环境新闻记者协会适中的年度会费为他们打开了获取大量信息资源的大门，也为他们打开了同记者、作家和其他传播者的群体进行真正社交的大门。他们共同的主线就是对国家的健康和经济福祉异常重要的一系列话题提供有效的信息。

撰 稿 人：Bud Ward

另请参阅：American Medical Writers Association；Environmental Journalism；National Association of Science Writers

参考文献

[1] Society of Environmental Journalists：www.sej.org.

Solar Energy 太阳能

太阳能是以辐射的光和热的形式，被各种技术直接或者间接地利用的来自太阳的能量。在试图满足社会对电力生产的需求方面，这种形式的能量被越来越多地加以利用，并且对大规模太阳能生产的可行性的讨论有些时候可能在新闻媒体和公众讨论中占据了突出的位置，因为像煤炭和石油这些化石燃料的供应在减弱，并且气候变化（有专家认为同化石燃料的消耗有关）成为一个更加明显的现实。然而，值得一提的是，即使人类不使用像太阳能光伏电池这样“积极地”开发太阳能的技术，太阳能也通过它传入天气系统的能量、对大气的加热以及它作为自然界能源的来源而每天都对我们产生着影响。通过光合作用，植物每年都捕获到大量的太阳能。

太阳能可以通过两种方式加以利用：被动的或主动的。被动式设计是在建筑中常用的一种方法，设计者确定建筑物方向的方式是让它们在天气寒冷的冬季可以利用太阳能，并且在炎热的夏季可以阻挡阳光。像聚光太阳能“灶具”这样的设备就是被动式设计的简单例子。另一种方式是通过先进技术，如太阳能光伏或者光化学电池来“积极地”利用太阳能，以把它转变成电能或者在某些情况下变成机械能（这反过来也可以用于驱动电机并产生电能）。

对太阳能量的传播

在对太阳能的潜能进行传播时，重要的是要突出虽然按照当前的使用速度很多不可再生的燃料来源，如化石燃料，在不远的未来将枯竭，但是太阳能在50亿年内是不会耗尽的。同样值得注意的是地球有丰富的太阳能，每一分钟到达地球的阳光所产生的能量足够满足人类一整年的需求。对可用的太阳能的丰富程度与我们实际应用的数量之间规模的差异的传播在一定程度上阐明了这种技术的潜能。

如果全球沙漠面积的4%（相当于戈壁沙漠大小的一块区域）被铺上太阳能光伏，其产生的电能将能满足地球上所有人类的全部能源需求。一些组织正在调查在沙漠区域建设远程太阳能聚光器并把电能输送到有更大需求的地方的可能性。有关如何更实际地演示这种技术的观点将在本词条的后面提到。

对太阳能科学和技术历史的传播

虽然自20世纪中期以来数十年来技术只发展到目前的水平，如现代的太阳能光伏电池，但是很多太阳能技术背后的基本原理早就为人所知了。然而，还需要现代材料能够把这些原理发展成能够产生效用的实际设备。

古希腊人和罗马人就已经掌握了被动式太阳能设计的基本原理。例如，苏格拉底（Socrates）发现面朝南的房子，阳光可以“在冬季穿过门廊”。人们发现罗马建筑的南立面被安装上了玻璃或者云母，以让阳光穿透。古希腊和罗马的历史学家记录了公元前212年，时值围困锡拉丘兹期间，一个名为“取火镜”的设备［据说是阿基米德（Archimedes）设计的］被用来把太阳能聚焦于附近停泊的战舰上，并把它们引燃起火。

瑞士科学家贺拉斯·索绪尔（Horace de Saussure）在1767年阐述了“太阳能灶具”背后

的原理。据说英国天文学家约翰·赫歇尔（John Herschel）于19世纪30年代在非洲探险时利用一个太阳能盒式炊具来烹饪食物。埃德蒙·贝克勒尔（Edmund Becquerel）在1839年发现了光伏效应这个阳光被转换成电能的过程。1861年，奥古斯丁·伯纳德·摩夏（Augustin Bernard Mouchot）演示了第一个太阳能驱动的引擎，集中来自太阳的能量以产生蒸汽，并反过来驱动蒸汽机车。阿尔伯特·爱因斯坦（Albert Einstein）因为他对光电效应的研究而获得了1921年的诺贝尔物理学奖（Nobel Prize for Physics）。在1953年，贝尔实验室（Bell Laboratories）开发了第一个硅太阳能电池。科学家杰拉德·皮尔松（Gerald Pearson）、达里尔·恰宾（Daryl Chapin）和凯尔文·福勒（Calvin Fuller）完成了这一工作。

演示太阳能

在对太阳能进行传播方面，其中一个挑战就是让太阳能的能量对受众来说成为有形的东西。至少在抽象意义上来说，一个克鲁克斯辐射计就是一种能够被用来传播太阳能的能量的工具，它包括一个部分被抽真空的密封的玻璃灯泡和可以围绕着一个垂直主轴旋转的一组叶片。落在辐射计灯泡上的阳光会导致叶片以与光的总量成正比的方式旋转。

然而，没有比实际的演示更好的了。例如，利用太阳能给某些能实现一些有用功能的东西，如音乐系统或电视可以在观众能够理解的现实中进行演示。虽然对太阳能的抽象可视化，如用电压或者电流计来演示“光电效应”，但是它没有传播太阳能所拥有的为我们日常生活提供效用的丰富潜能。

除非一个演示装置接受直流电，作为大多数太阳能装置必要部分的一个变频器需要利用来自太阳能电池板的直流电并把它变成交流电波形（电能被传递给家庭和商业的通常形式），以及增加电压。一个变频器还能监测和调节输出的电能质量。一个同电网完全断开的演示装置需要一个能够产生交流电流的单体式逆变器。

在更大的范围内，一些正在教人们太阳能技术的人可能会考虑让他们所教授的建筑成为太阳能技术潜力的可见象征。教育建筑和其他公共建筑中的太阳能装置通常是对公共领域中可见的“产生电能的”计量表的改造，它对该装置产生了多少累计电能，以及在那个时刻正在产生多少电能提供了一个可视化的指标。

为了展示太阳能的不同应用，利用太阳能发电是相对简单的。黑色塑料袋中的水吸收太阳能而升温；用一系列镜对称面来建造一个太阳能炊具，它可以把广阔范围的太阳能聚集起来以烹饪食物；和锡箔卡纸一样简单的东西可以形成一个有效的聚能器。

电视节目《流言终结者》（*Myth Busters*）试图复制阿基米德的“取火镜”的技艺，但是失败了。然而，一个非常直观的实验是由麻省理工学院（Massachusetts Institute of Technology）开展的，它被作为其课程的一部分，该实验让学生把129面镜子进行定位，以把太阳的光线集中到一个罗马战舰的模型上。他们成功地引燃了战舰的木材，因而为这种历史解释增添了一些真实性。让这种演示回到太阳能技术的实际应用这个问题，对在沙漠地区聚集太阳能电站以产生能够利用高压直流连接把产生的电能输送至需求量更大区域的兴趣日趋浓厚，高压直流连接能够把电能有效地传到更远的距离。这个电站由大量的追踪太阳的镜子组成，它们散布于一个广大的区域内并且能够追踪太阳并把太阳能聚焦于一个中心塔上。这种技术已经成功地布置在了全球一系列原型上，并且还有许多已经准备把这种技术投向市场的公司。

表明太阳能可以由生物以生物质的形式被“储存起来”也是非常必要的。与光合作用相关的一次对话会讨论植物的叶子如何成为利用太阳能并把它转化成可储存的化学能的“天然太阳能电池”。这可能导致有关我们如何生产一系列生物燃料，包括沼气、液体生物燃料和来自植物的生物质的讨论，以及这些生物燃料如何成为储存便于使用的太阳能的有效方式的讨论。

太阳能的商业化

最后，重要的是要认清开发利用太阳能的科学和技术所面临的挑战，以及支持采用和广泛引进太阳能所需的商业模式。同很多有较低资本成本和较高累积运行成本的传统能源相比，太阳能技术的成本是“前载费用”，也就是说，投资的大部分是以建立和制造这项技术的资本成本的形式存在的，它的维护费用很低，并且没有持续的燃料成本。

认识到商业化的挑战明显不同于太阳能设备面临的材料科学挑战和物理科学挑战是理解我们为什么不用更多已有的太阳能的关键。虽然不断地有关于太阳能光伏材料的新进展，但是现有的技术已经是较为成熟的、被实际应用证实的且经济实惠的。

撰 稿 人：Gavin D. J. Harper

另请参阅：Alternative Energy，Overview；Climate Change，Communicating

参考文献

[1] ELLIOTT D. A solar world(Schumacher Briefing No. 10)[M]. Dartington，UK：Green Books，2003.

[2] German Solar Energy Society.Planning and installing photovoltaic systems：A guide for installers，architects and engineers [M]. London：Earthscan，2008.

[3] German Solar Energy Society. Planning and installing solar thermal systems：A guide for installers，architects and engineers [M]. London：Earthscan，2008.

[4] HARPER G D J. Solar energy projects for the evil genius [M]. New York：McGraw-Hill，2007.

[5] KEMP R J. Practical photovoltaics [M]. Ann Arbor，MI：Aatec Publications，1995.

Space Program, Overview 太空计划概述

数以百计的人造机器围绕地球轨道飞行以开展民用、商用或军用的具体任务。正如以这种方式围绕着行星运行的像围绕着太阳系运行的行星被称为卫星一样，它们一般也被称为卫星。还有其他空间机器参与对太阳系的探索中，并且实质上其范围涉及科学任务的所有范围，这些任务帮助我们理解我们住在何处，以及我们如何成为更大宇宙的一部分的本质。地球的卫星和探查器一起被称为航天器。围绕地球的卫星群计算机模拟使这个星球看起来像一个虚拟蜂巢，已经稳步地从相对稀少发展到普及。现在，太空中的为人类服务的机器与现代社会的运作密不可分，对现代社会的存在至关重要。今天的通信系统严重地依赖于这个卫星系统，

太空项目本身也经常成为新闻。

应该说自从有历史记录以来，月球和恒星就让人类深深着迷。尤其是月亮，在太空时代之前，它离我们非常近，但却遥不可及。异想天开和千载难逢这样的表达反映了这种沮丧。有一个古老的故事，有人问一个书呆子，得克萨斯和月亮哪个更远一些？他回答说："得克萨斯，我能看到月亮，但是却看不到得克萨斯"。

实际上，可以被共同地称为国际空间项目的几个国家的太空项目蓝图在成为事实之前很长时间就被写成了科幻小说。早在公元160年希腊讽刺小说家萨莫萨塔的路西安（Lucian of Samosata）写了有关月球旅行的第一个著名故事《真实历史》（*Vera historia*）（*True History*），在这个故事里他用分别来自老鹰和秃鹫的各一只翅膀飞离奥林匹斯山的方式把他的英雄送入了月球。

进入太空的想法在文学中一直处于蛰伏状态，这种情况直到1865年才有所改观，当时儒勒·凡尔纳（Jules Verne）发表了他史诗般的探险小说《从地球到月球》（*From the Earth to the Moon*），在这部小说中年轻的宇宙旅行者被从一个大炮中发射出去，并很快就到了月球。这个小说后来被称为科幻的一个里程碑，因为它用了大量的真正科学。凡尔纳把大炮置于佛罗里达州的坦帕，因为地球赤道的自转速度是最大的。天然速度给以向东方向发射的太空火箭提供了额外的动力。肯尼迪航天中心（Kennedy Space Center）在地球另一端位于大约同一纬度并非偶然。在指出了前往太空的方式之后，是H.G. 韦尔斯（H. G. Wells）紧随凡尔纳，于1898年的《世界大战》（*War of the Worlds*）中描述了1898年火星人对地球的袭击。反过来，那也引发了其他人撰写的通俗小说和太空戏剧的井喷式发展，这些人包括德加·赖斯·巴勒斯（Edgar Rice Burroughs）、C.S. 福雷斯特（C. S. Forester）、赞恩·格雷（Zane Grey）、鲁德亚德·吉卜林（Rudyard Kipling）、罗伯特·海因莱因（Robert A. Heinlein）、艾萨克·阿西莫夫（Isaac Asimov）和亚瑟·C. 克拉克（Arthur C. Clarke）。克拉克1968年的作品《2001：太空漫游》（*2001：A Space Odyssey*）被拍成了一部经典影片。

和其他领域一样，当然也包括战争，宇宙小说通常会激发那些真正地参与"真实世界"太空项目的人。俄罗斯农村地区的授课教师康斯坦丁·E. 齐奥尔科夫斯基（Konstantin E. Tsiolkovsky）就受到了《从地球到月球》的启发，他构想出了液体提供动力的火箭引擎。而克拉克著名的具有科学精确性的非虚构类著作《太空探险》（*The Exploration of Space*）完成于1951年，他说当航天员告诉他阅读这部作品是帮助他们决定选择从事这个职业的一个早期因素时，他深感欣慰。那一年还见证了航天历史的另一个重大事件。第一届航天年会（First Annual Symposium on Spaceflight）于10月在纽约的海登天文馆（Hayden Planetarium）举办。《柯里尔》（*Collier*）杂志的一个编辑，科尼利厄斯·瑞恩（Cornelius Ryan）参加了会议并且被人类在太空中居住和工作的现实概念深深地感动，他委托当时的一些著名思想家为该杂志1952—1954年撰写8篇系列文章。他们包括策划出V-2弹道式导弹的德国火箭奇才韦纳·冯·布劳恩（Wernher von Braun），他长期的合作伙伴维利·莱（Willy Ley），哈佛大学（Harvard）天文学家弗莱德·L. 惠普尔（Fred L. Whipple）及其他人。这些系列文章也于1952年被结集成书——《跨越太空边疆》（*Across the Space Frontier*），这相当于美国太空计划发展的实际蓝图：用可重复利用的航天飞机的发展来建立一个永久的空间站，对月球或火星的探险可以从这个空间站进行发射。

太空时代开始

太空时代开始于1957年10月4日，当时在苏联发射了一个重达约83.5千克（184磅）的抛光球体，它被称为人造卫星，意思是同行者。这个小型航天器的飞行是苏联在宣传上的重大胜利，也代表了美国的失败，这两个国家自第二次世界大战以来就是全球技术很先进的国家。然而，真正让人担心的并不是这个用哔哔声把全球带入太空时代的小航天器，而是把它送入轨道的巨大的R-7火箭。美国军事战略家知道能够把人造卫星这么重的东西送入轨道的火箭也能够把热核弹头发射到美国的任何地方。因此，美国的领导人和他们北约里的一些盟友决心建立自己的远程携带核弹头的弹道导弹。

1961年，约翰·F. 肯尼迪（John F. Kennedy）总统发布了一项要求美国在十年内让人类登陆月球的命令。十年时间听起来可能很长，但这项任务需要前所未有的规划、创造力，以及设计和建造航天器及其他设备的新航空航天产业与国家航空航天局（National Aeronautics and Space Administration，NASA）之间的密切配合，后者的成立时间仅比其能够运行这个项目早三年。

所有的事情都取决于逻辑进展和不断增加复杂性。第一个载人的航天器是幽闭恐惧症者的噩梦：它是一个名为“水星”的约2.9米（9.5英尺）长的圆锥体，它建造在飞行员弯曲的座椅周围，并且塞满了各种仪器。和加入国家航空航天局之前的大多数战斗机飞行员一样，航天员的命运就是他们工作环境的空间只够有效地开展工作，没有多余的地方。当俄罗斯航天员穆萨·K. 马纳罗夫（Musa K. Manarov）在狭小的和平号（*Mir*）空间站里连续飞行了366天时，他打破了持续性的纪录。他在1992年美国空军学院（U.S. Air Force Academy）的一次会议上说“我绝不会再做那种事了”。他的一个同事对在这种狭隘拥挤的地方长期生活有一个妙语，“这肯定是一个谋杀的秘方”。多年以后，当相对宽敞的国际空间站（International Space Station）被设计的时候，这个问题被考虑进来。“月球或破产”系列中的第二个航天器是一个两人的双子舱，它比“水星”航天器稍微大一些。第三个也是最后一个航天器是“阿波罗号”（*Apollo*），它有三名航天员。“阿波罗号”航天器共前往过月球10次。当“阿波罗十一号”（*Apollo XI*）于1969年7月20日登陆静海区域的时候，它创造了历史，该航天器的着陆器名为鹰（*Eagle*），它搭载了航天员尼尔·A. 阿姆斯特朗（Neil A. Armstrong）和小埃德温·E. 奥尔德林（Edwin E. Aldrin Jr）。埃德温众所周知的绰号是巴兹（Buzz）[①]，这是他的姐姐费伊（Fay）给他起的。当她们还是孩子的时候，他不能发出“brother”的音，所以她叫他“buzzer”[②]。

今日太空计划

与那些登陆火星并最终登陆土星和木星的卫星的任务一样，登陆月球的连续任务也遵循一个逻辑上渐进的次序。首先要有一次飞越，在这个过程中一个侦察的航天器飞越这颗行星并拍摄其地形的初步照片发回地球，所以科学家可以对这个地方看起来什么样有一些了解。下一阶段包括让轨道飞行器围绕这个新大陆飞行以找到安全的着陆地点。找到着陆地点后，在第三阶段会发射机器人登陆器，以确保某些着陆是安全的，并且为最终人类的登陆开展科学取样。这是“凤凰号”火星探测器（Mars North Pole）和它的几个“前辈”打算要做的事情，它于2008年5月25日登陆靠近火星北极的地方。

但是平淡无奇的太空计划在离我们的家园更近的地方进行，并且让我们回到地球中来。对发生在地球另一端的城市，州和国家的事件的电视报道成为可能，因为通信卫星可以从很高的轨道上传递图像。并且它们也让身处弗吉尼亚的某个人和身处日本的朋友通过手机进行

① 发出的嗡嗡声——译注。

② brother与buzzer的发音类似——译注。

交流成为可能。晚间新闻中显示暴风雪掠过中西部地区，加利福尼亚州的森林火灾，以及掠过加勒比地区的飓风的画面都是由气象卫星拍摄的。全球定位系统（Global Positioning System）卫星可以让驾驶员得到精确的方向以便找到目的地。还有被称为陆地卫星的值得信赖的机器人，它们监视着我们如何利用（或者滥用）我们的星球，以及自然对它有什么影响。这些于1972年首次开始工作的卫星提供了暴涨的河水，地震损害的程度，巴西雨林的破坏和建设高速铁路的最佳位置的清晰图像，这只是四个例子。与气象卫星计划一样，陆地卫星计划由美国政府在非营利的基础上继续运行，因而完全是一个民用计划。

“商业”航天事业和盈利有关系，这是那些建造并发射通信卫星的人做的事情。现在有一个几乎没有进行但是却有很大前景的新的营利性事业：太空旅游。这项事业由俄罗斯人首创，他们在2001年（在克拉克电影中的人物出现的那一年）用“联合号”（*Soyuz*）航天器把一个叫丹尼斯·蒂托（Dennis Tito）的加利福尼亚亿万富翁送入了国际空间站，据称他花了2000万美元。随后是其他富有的冒险家。三年后，一个名为“宇宙飞船一号”（*SpaceshipOne*）的美国火箭在6天内两次触碰到太空的边缘，使得其成为第一个那样做的私人研制的运载工具。第二次飞行时间是2004年10月4日（苏联人造卫星发射47周年），并且向上飞奔了约112.6千米（约70英里）。在注意到这些成就的过程中，成立了维珍国际航空公司的英国百万富翁理查德·布兰森（Richard Branson）打算成立一个名为维珍银河（Virgin Galactic）的公司，并将以19万美元一位的价格把“成千上万的乘客”送入太空进行短途旅行。充满无限想象力的巴兹·奥尔德林（Buzz Aldrin）成立了一个将航行它自己的星载旅行客车的名为星际争霸企业（Starcraft Enterprises）的咨询公司，他把这个列车命名为天鹰座。公共运输已经从地球表面攀升至空中，它必将飞得更高。

太空作为地球的延伸，军队前往那里是很自然的事情。随着太空的可接近性不断加强，美国和苏联都发射了侦察（或者间谍）卫星，以收集情报和核战争中的定位打击目标，并且开展所有民用类型的任务，如通信、测绘和导航（虽然这些都是为军用而专门设计的）。此外，美国空军和苏联的竞争对手都发展了所谓的反卫星能力，这将用于让它们在战时攻击并摧毁敌人的航天器。中国也有太空计划，并在测试反卫星设备。美国空军已经宣布了它将像英国皇家海军（British Royal Navy）在18世纪和19世纪利用战舰来保护它的商船一样，向地球轨道发射武器以防止美国的民用航天器和商业航天器遭到袭击的计划。

撰 稿 人：William E. Burrows

另请参阅：Clarke, Arthur C.; National Aeronautics and Space Administration, U.S.; Satellites, Science of; Science Fiction; Space Shuttle

参考文献

[1] CLARKE A C. The exploration of space [M]. New York: Harper, 1951.

[2] CLARKE A C. 2001: A space odyssey [M]. New York: New American Library, 1968.

[3] RYAN C. (Ed.). Across the space frontier [M]. New York: Viking Press, 1952.

[4] VERNE J. From the Earth to the moon [M]. Newark, NJ: Newark Printing and Publishing, 1865.

[5] WELLS H G. War of the worlds [M]. London: Heinemann, 1898.

Space Shuttle 航天飞机

美国国家航空航天局（U.S. National Aeronautics and Space Administration，NASA）所谓的航天飞机系统是一个旨在把人和货物从地球运往近地轨道并返回的小型可重复利用的航天器舰队。在21世纪，它的主要功能是建设国际空间站（International Space Station，ISS）并为它提供服务。典型地称为航天飞机的东西由一个轨道飞行器，一对固体火箭助推器和一个外部液体燃料罐组成。每个飞行器都由三个被整合进轨道车的液体燃料航天飞机主发动机提供动力。从设立之初开始，无论是顺境还是逆境，美国的航天飞机项目都是大量媒体报道的目标。

国家航空航天局的航天飞机舰队包括至少五个轨道飞行器，在1981—1992年，这些飞行器按照下列顺序被发射："哥伦比亚号"（*Columbia*，OV-102）、"挑战者号"（*Challenger*，OV-099）、"发现者号"（*Discovery*，OV-103）、"亚特兰蒂斯号"（*Atlantis*，OV-104），以及"奋进号"（*Endeavour*，OV-105）。"挑战者号"于1986年1月发射期间爆炸。"哥伦比亚号"在2003年2月返回地球途中爆炸。国家航空航天局的第一批实验性航天飞机任务有2名航天员，现在通常有7名航天员。

从官方上来说，国家航空航天局的航天飞机系统指的是太空运输系统（Space Transportation System，STS）。随着时间的推移，在国家航空航天局的内部和外部，舰队及其个体轨道飞行器都被称为航天飞机。航天飞机飞行任务的番号都以"太空运输系统"开始，并跟着一系列数字编号。如"挑战者号"的最后一次飞行任务被命名为STS-51，"哥伦比亚号"的最后一次飞行任务被命名为STS-107。

在航天飞机系统开发过程中，国家航空航天局首先建立一个名为"企业号"（Enterprise）的试验样品飞行器来进行地面演示和飞行演示。"企业号"不是用来发射的，它目前存于弗吉尼亚州尚蒂伊的国家航空航天博物馆的史蒂文·F. 乌德沃尔哈齐中心（Steven F. Udvar-Hazy Center）。在"挑战者号"和"哥伦比亚号"分别于1986年和2001年的事故中爆炸之后，国家航空航天局还剩下三个仍可运行的轨道飞行器，分别是"亚特兰蒂斯号""发现者号"和"奋进号"，并没有建设任何新的飞行器。

国家航空航天局最后三次预定的航天飞机飞行任务分别被命名为STS-130、STS-131和STS-132，它们都是旨在为国际空间站服务的，并且预计于2010年发射。STS-132将是国家航空航天局向国际空间站的第34次发射任务。在2010年之后有关航天飞机系统的操作计划还不确定。美国也没有把人类送入太空的其他途径，国家航空航天局同俄罗斯航空局（Russia's Space Agency）签订了运输航天员的协议，在它完成另一个太空飞行系统之前将由俄罗斯航空局运输美国的航天员前往国际空间站。

国家航空航天局的航天员队伍位于得克萨斯州休斯敦的约翰逊航天中心（Johnson Space Center，JSC），它为航天员乘组提供航天飞机飞行任务。根据任务的不同，航天飞机机组人员包括俄罗斯航天员、其他几个国家和太空机构的代表，以及一些公司的"有效载荷专家"。为这些飞行任务而接受培训的航天员乘组主要来自约翰逊航天中心和佛罗里达的国家航空航天局肯尼迪航天中心（Kennedy Space Center，KSC），但有些飞行任务要求在俄罗斯的星城（Star City）航天员训练中心进行交叉培训。

联合太空联盟（United Space Alliance）是一个由波音公司（Boeing Company）和洛克希德马丁公司（Lockheed Martin Corporation）共同拥有的有限责任公司，该联盟在国家航空航天局的协议之下运营航天飞机系统。所有的航天飞机任务都从肯尼迪航天中心发射，该中心有一个包括两个航天飞机发射台（LC-39A 和 LC-39B）的发射建筑群、一个飞行器装配大楼、一个轨道飞行器处理设施以及一个旨在把轨道飞行器从装配大楼运往发射台的“爬行”车辆。

国家航空航天局的约翰逊航天中心有一个航天飞机飞行任务控制中心，在那里机构和承包商员工，以及外国航天机构和其他组织的代表共同参与对在轨运行的任务的监测。

来自当地媒体［包括《近日佛罗里达报》（*Florida Today*）和《奥兰多哨兵报》（*Orlando Sentinel*）］、行业媒体［包括《航空周刊与空间技术》（*Aviation Week & Space Technology*）和《太空新闻》（*Space News*）］，以及主流媒体（包括报纸、杂志、电视、广播台和全球的新闻网络）的记者聚集到肯尼迪航天中心报道发射和着陆情况，并且有些记者还对约翰逊航天中心的任务运行进行报道。这个航天飞机新闻队伍的核心小组已经学会了说航天飞机工人的美国国家航空航天局“常备军”的缩略语和行话。

肯尼迪航天中心在航天飞机发射建筑群附近有一个媒体中心，可以让记者对发射一览无遗。国家航空航天局的媒体运行只是其广泛且运行良好的公共事务机构的一部分，它的公共事务机构满足了记者有关太空项目信息的需求。

航天飞机的组成、运营和维护

航天飞机轨道飞行器是一个尺寸和形状与 DC-9 商业飞机类似的、可重复使用的三角翼航天飞机。根据国家航空航天局的观点，一个轨道飞行器的设计寿命是执行 100 次任务。一个轨道飞行器的组成部分包括含有一个带飞行甲板的三级乘员舱的前段机身、气闸、11 个窗口、升降翼、含有一个可以向太空打开门的有效载荷舱的中段机身、后断机身、轨道舱操纵系统／反应控制系统舱、在重返地球大气层时屏蔽液体燃料航天飞机主发动机的热量的机身襟翼、垂直尾翼、乘组逃逸系统、热防护系统（通常指航天飞机的瓷砖，在进入大气层和着陆时屏蔽轨道飞行器的热量）、电力系统和辅助动力单元、环境控制和生命保障系统、液压系统、起落架系统、警告系统、通信系统（同地面通信系统和卫星通信系统相连）、航空电子设备、辐射监测仪、摄影设备、健身器材。

位于美国的一系列公司同位于加利福尼亚州丹尼的国家航空航天局航天飞机的总承包商洛克威尔国际公司（Rockwell International）［原北美洛克威尔公司（North American Rockwell）］签订了生产各种轨道飞行器结构组件的合同。洛克威尔的空间运输系统部门（Space Transportation Systems Division）生产机身前段的上部和下部、乘员舱、前锋反应控制系统和机身后段。加利福尼亚圣地亚哥的通用动力公司（General Dynamics）生产机身中段。机翼（包括升降副翼）由位于纽约州贝斯佩奇的格鲁曼公司（Grumman）生产。位于纽约州法明代尔的菲尔柴尔德共和公司（Fairchild Republic）生产垂直尾翼（包括方向舵／减速器）。

洛克威尔国际公司在俄克拉荷马州的塔尔萨生产轨道飞行器的有效载重舱门，在俄亥俄州的哥伦布生产机身襟翼。舱尾轨道操纵系统／反应控制系统舱由位于密苏里州圣路易斯的麦克唐纳道格拉斯公司（McDonnell Douglas）生产。洛克威尔国际公司的洛克达因公司（Rocketdyne Division）是轨道飞行器主引擎的制造商。所有的部件都被运往位于加利福尼亚州帕姆代尔的洛克威尔国际公司的场地进行组装。根据国家航空航天局的观点，大约有250个主要的二级承包商向洛克威尔国际公司提供系统和部件以对轨道飞行器进行组装。一旦组装完成，轨道飞行器就通过陆路运往国家航空航天局的德莱顿飞行研究中心（Dryden Flight Research Center）[该中心位于加利福尼亚的爱德华兹空军基地（Edwards Air Force Base）]，然后与舰载飞机对接并空运到肯尼迪航天中心（由于在航空航天产业中对所有权的不断巩固，很多国家航空航天局航天飞机承包商和二级承包商的名字可能会发生改变）。

每个轨道飞行器由整合进飞行器的三个液体燃料航天飞机主发动机和一对在发射台同飞行器对接的固体火箭助推器提供动力。一个液体燃料航天飞机主发动机有约4.2米（14英尺）长，喷嘴末端的直径有约2.25米（7.5英尺），总量大约为约3150千克（7000磅）。液体燃料航天飞机主发动机是在20世纪70年代由位于阿拉巴马州亨茨维尔的国家航空航天局马歇尔太空飞行中心（Marshall Space Flight Center）研发的。液体燃料航天飞机主发动机准备在坐落于肯尼迪航天中心的轨道飞行器处理设施（下文将对此进行描述）内的航天飞机主引擎处理设施发射。轨道飞行器的主要液体推进剂是氢、氧、联氨、甲基联氨和四氧化二氮。从发射台同轨道飞行器对接的一个外部液体燃料罐中把液体燃料加入液体燃料航天飞机主发动机中。

固体火箭助推器提供了轨道飞行器摆脱地球引力所需要的80%的动力。每个固体火箭助推器由四个称为固体火箭发动机的充填固体燃料部分组成。一旦引燃，固体火箭助推器就会燃烧，直到其燃料耗尽。空的固体火箭助推器会被抛弃，并且在降落伞的协助下落入大西洋。固体火箭助推器外壳和降落伞会被船只回收并翻新以便重复使用。空的外部液体燃料罐不会被回收和重复利用。一旦被抛弃，它们就会分裂成碎片并坠入海洋。回收的固体火箭助推器组件会在约翰逊航天中心进行清理，并通过铁路运往国家航空航天局位于犹他州的承包商阿里扬特技术系统公司（Alliant Techsystems）重新填充燃料。

航天飞机轨道飞行器可以在肯尼迪航天中心或者国家航空航天局的德莱顿飞行研究中心（Dryden Flight Research Center）着陆，这取决于天气条件。国家航空航天局开始时的航天飞机系统计划包括从加利福尼亚州范登堡空军基地（Vandenberg Air Force Base）发射任务，但是这一计划还没有被制定出来。有一次航天飞机飞行任务STS-3，于1982年3月30日着陆在新墨西哥州白沙的诺斯拉普地带（Northrup Strip）。

国家航空航天局维护着一个位于法国伊斯特尔空军基地（Istres Air Base）、西班牙萨拉哥仨空军基地和莫龙空军基地（Zaragoza and Moron Air Bases）的越洋中辍降落场地（Transoceanic Abort Landing，TAL）的网络。这个越洋中辍降落网络曾经包括西非冈比亚共和国（Republic of the Gambia）的班珠尔国际机场（Banjul International Airport）和摩洛哥的本格里空军基地（Ben Guerir Air Base），但是这些场所现在不在该网络中了。

为了保证航天飞机任务的发射和登陆安全，以及确定何时安全地发射和登陆，国家航空航天局利用一个庞大的标准名单，包括“启动实施天气”和“着陆任务结束天气”，以解决气温、风向、降水、闪电、云层和能见度的问题。位于肯尼迪航天中心的航天飞机设施包括有两个发射平台（LC-39A和LC-39B）的39号发射塔、一个着陆场、一个轨道飞行器处理设施和一个飞行器装配大楼。发射平台39A和39B起初是为阿波罗任务的发射而建造的，后经改装后用于航天飞机发射。

轨道飞行器在轨道飞行器处理设施中进行准备，这是一个高技术的机库，测试、修理和完善都在这里完成。在轨道飞行器处理设施中，大型卧式有效载荷被安装到轨道飞行器的货舱中，而立式有效载荷则在发射台进行安装。一旦轨道飞行器处理设施中的工作完成，轨道飞行器就被运送到飞行装配大楼，在那里轨道飞行器与外部液体燃料罐和固体火箭助推器进行对接。组装好的航天飞机用一个称为履带平板车的大型履带式车辆运往发射平台。一旦航天飞机被放到了发射平台，国家航空航天局就开始执行“飞行准备监测”。这个检测的结果会决定是否发射。

航天飞机系统的完整数据（包括尺寸、重量、速度和有关轨道飞行器、轨道车、外部液体燃料罐、液体燃料航天飞机主发动机、航天飞机发射台和任务的其他细节）不会在这里提供，因为它们数量庞大并且可以在国家航空航天局网站上获取。对这些任务的航天员乘组的描述也可以在网络上获取到，因为它们是个体任务的新闻资料包。

政治学和经济学

在对国家航空航天局的航天飞机项目进行研究和报告的过程中，有必要了解航天飞机系统的历史起源和发展，制造航天飞机的国家航空航天局的文化，以及制定有关载人航天的决策的政治和文化环境。航天飞机发展和运行的政治学、经济学和航天飞机发展、运行的科学技术一样复杂，甚至有时候更有意思。理解航天飞机对一个太空运输系统来说非常重要。

国家航空航天局起初被认为是外交政策的一个“冷战”工具。在后“冷战”时期的环境中，它仍然服务于外交政策和其他政策目标。从一开始，国家航空航天局就与它的产业伙伴及其他拥护者一起努力在美国政治经济体制中巩固太空项目。航天飞机系统的策划和发展同国家航空航天局的其他民用太空计划一样，并且与白宫和国会（Congress）的航天工业相呼应。

在美国政府于1958年成立国家航空航天局之前，航天工业的策划者和工程师就在考虑类似于航天飞机的太空运输系统的想法。国家航空航天局于20世纪60年代末提出建立一个可重复利用的、实验性的太空运输系统，并于1969年“综合发射和再入飞行器”概念的调试研究。国家航空航天局和航天工业共同体建构了对可重复使用的太空运输系统的需求（以美国进入太空、在太空中占据领导地位并且主导太空为基础的需求），然后竭尽全力地谋求政治支持和公众支持。支持者认为可重复利用的运载工具会降低天空运输的成本［当时是用一次性发射运载工具“土星五号”（Saturn V）］，并且能够实现更多的常规发射业务。研究表明研发可完全重复使用的运载工具的早期成本会非常高，所以备选方案得到了考虑。

国家航空航天局起初建立了肯尼迪航天中心发射场来使阿波罗项目执行“土星五号”一次性发射运载工具的发射任务，该发射场位于卡纳维拉尔角北部的梅里特岛。1975年7月，在对美国和苏联联合的阿波罗－联盟试验项目（U.S.-Soviet Apollo-Soyuz Test Project）总结的基础上，肯尼迪航天中心的发射台被调整以支持航天飞机业务。约翰逊航天中心的任务控制中心从阿波罗号转向了航天飞机。实质上，每个国家航空航天局的场地中心都在航天飞机的发展和运行中发挥了作用。甚至在航天飞机任务开始执行之前，国家航空航天局及其承包商就能够向感兴趣的官员说明航天飞机项目经费如何在几乎所有的50个州之间进行分配。

国家航空航天局的航天飞机系统起初被看作是能够服务于一个大型的围绕地球轨道运行的基础设施的实验性航天器的舰队。预算的制约使得白宫、国会和国家航空航天局就建设空间站达成一致很久之前建立了一个小型的轨道飞行器舰队。从历史上来看，航天飞机系统总是比预定的时间要晚，并且总是超出预算。早在1971年，白宫管理及预算办公室（White House Office of Management and Budget）就命令国家航空航天局降低航天飞机开发的成本。到1977年，液体燃料航天飞机主发动机的发展已经落后于预定时间了。

然而，航天飞机发展研究表明，1980年，国家航空航天局每年要发射48次航天飞机任务。理由是高发射率将证明航天飞机舰队运营和维护的正当性，并且每次发射都将压缩成本。

国家航空航天局于1981年4月12日开展了首次航天飞机任务，两名航天员组成的乘组飞行了2天。1984年，该机构提出了建立空间站的计划，并且按照白宫的指示同其他国家进行合作。1985年至1986年1月，即挑战者事故的前一年，国家航空航天局达到了其年度发射频率的最高峰，共发射了9次。2003年，“哥伦比亚号”事故调查委员会（Columbia Accident Investigation Board）认为，长期的航天飞机预算制约是这次事故的一个促成因素。直到20世纪90年代末，空间站的建设才开始，并且在2009年仍然在建设之中，其再次落后于计划的时间并且超出了预算。

建造轨道飞行器、运行和维护航天飞机系统，以及发射单独任务的预估费用多年来已经大不相同，国家航空航天局的预估趋于在低端的规模上。建设一个单独轨道飞行器的预估费用在10亿~20亿美元，甚至更多。单独一次发射的预估费用从100万~10亿美元，甚至更多。航天飞机的支持者从一开始就认为轨道飞行器建设的高成本将会通过它们的可重复使用来回收。而事实是从航天飞机运行以来，航天飞机的发射频率就远远低于预计的频率，因而意味着每次发射的费用都比预计的高很多。对保持航天飞机系统正常工作的大批技术工人的维护也是一笔不小的开支。

任何对轨道飞行器建设、单次发射、任务操作和航天飞机项目年度运行和维护的确定性费用进行牵制的人都会发现这是一个充满挑战的工作。多年来，与航天飞机系统相关的各种费用从国家航空航天局预算的一端移到另一端，从而使得追踪多年来航天飞机费用的变化十分困难。此外，随着时间的推移，一些可能被定义为航天飞机成本的成本可能已列入了国家航空航天局其他项目中。

有关航天飞机发展和运行费用的最可靠信息来自美国政府问责局（U.S. Government Accountability Office）和国会预算办公室（Congressional Budget Office）。获取航天飞机费用和运行的可靠历史信息的另一个渠道是国会的技术评估办公室（Office of Technology Assessment，OTA）。虽然技术评估办公室于1995年停止运营了，但是它的报告储存在互联网上。国家研究委员会（National Research Council）的航空和航天工程局（Aeronautics and Space Engineering Board）也不时地检查航天飞机的费用使用情况。

虽然国家航空航天局把航天飞机系统作为一个长期人类探索项目的必要组成部分来进行推动，但是多年来对这个系统的目的进行了广泛的辩论，从一个当局到下一个，从一个国会到下一个，同时也在航天工业共同体内。实际上，多年来航天飞机的任务已经发生了变化。航天飞机被认为是适于日常发射业务的未经证实的研究工具和“太空车”。国家航空航天局在完成前四次飞行之后宣布了航天飞机系统的“运行”。在其运行的最后一年，这个“运行”的系统仍然受到一些问题的限制，需要延迟发射、升级，以及其他修改和完善。

国家航空航天局预期航天飞机系统将成为美国的太空运输系统，因而能够发射军事卫星、商业卫星和科学卫星，并最终取代美国空军的运载火箭。空军运载火箭和商业运载火箭制造商拒绝向国家航空航天局交出自己的地盘，并且在挑战者事故之后，国家航空航天局剥离了发射军用有效载荷和商业有效载荷的业务。

国家航空航天局把航天飞机系统作为通过受过训练的、技巧娴熟的航天员在轨道上执行复杂的操作来对太空中的科学飞船和商业飞船进行维修、保养，甚至是拯救的一个手段。国家航空航天局已经利用航天飞机完成了几次拯救、保养和维修任务，其中最著名的是服务于哈勃空间望远镜（Hubble Space Telescope）的任务。然而对于航天飞机的研发人员来说，建设能够在太空中操作的有效载荷并不是常见的做法，主要是因为航天飞机成本和进度的不确定性。

国家航空航天局还把航天飞机系统作为微重力环境下开展科学实验和商业实验的一个实验室来进行推广。不经常的发射、昂贵的延迟发射，以及“哥伦比亚号”事故中摧毁的商业公司拥有的加压实验室模块都有效地压制了这个市场。国家航空航天局为国际空间站提供了一个国家实验室，以供开展科学研究和商业研究，但是因为国际空间站仍然未完工，并且要根据航天飞机任务来使用，同时鉴于航天飞机的运行预计很快就会停止，所以这种营销努力的后果还有待观察。

未　来

国家航空航天局没有建设任何新的航天飞机轨道飞行器的计划。2004 年，乔治·W. 布什（George W. Bush）总统宣布了他有关人类探索太阳系的长期计划，该计划要求到 2010 年结束航天飞机的运行，并且为人类重返月球建设新的太空运输系统。与布什总统的计划一致，国家航空航天局启动了名为“星座”（*Constellation*）的下一代太空运输系统，该系统涉及建设一个新的名为“阿瑞斯”（*Ares*）的运载火箭，以及一个名为“奥利安”（*Orion*）的新的乘组运输舱。这个系统和用于阿波罗登月任务的“土星五号”系统很相似。根据国家航空航天局的说法，“星座”系统是“可重复使用的”，虽然它的运行更像是阿波罗时代“土星五号”乘组的运输舱系统，而不是地球轨道的航天飞机系统。在写本文的过程中，星座项目本身就已经落后于计划时间，并且超出预算了。新闻报道总统 2011 年的预算并没有要求该项目继续开展。

2009 年，巴拉克·奥巴马（Barack Obama）总统要求对国家航空航天局载人航天的方案进行审查，包括把航天飞机的运行延长几年，完成落后于预计时间且超出预算的“星座”系统的建设，或者寻找其他途径。白宫科技政策办公室（White House Office of Science and Technology Policy）让国家航空航天局成立专家委员会进行为期 90 天的研究。这个未来人类太空飞行方案委员会（Committee on Future Human Space Flight Options）也被称为奥古斯汀委员会（Augustine Committee），这是用该委员会的主席、洛克希德马丁公司退休的首席执行官诺曼·奥古斯汀（Norman Augustine）的名字命名的。该委员会得出结论说如果国家航空航天局在其现有预算的基础上每年不另外增加 30 亿美元的话，它是不能完成“星座”项目的，就算增加预算，该项目也不能按期完成。该委员会建议拓展同其他国家空间机构的合作，并且考虑购买商业的太空服务。

白宫、国会和国家航空航天局继续努力解决航天飞机系统在其使用寿命到期之后该如何做的问题，以及在目前的预算限制内一个替代性的太空运输系统显然是无法建设的问题。

同时，航空工业共同体继续主张延伸航天飞机项目的使用寿命，并且继续“星座”项目的工作。

例如，在布什总统著名的“视野”（Vision）演讲发表后，波音公司和洛克希德马丁公司随即成立了太空探索联盟（Coalition for Space Exploration），该联盟由在航天飞机项目中有既得利益的公司和几个“伙伴协会”组成。后者包括太空探索公民（Citizens for Space Exploration）——国家航空航天局载人航天项目的一个宣传组织，它把自己描述为“草根”组织，但是更像是“人造草皮”（Astroturf）。

在对国家航空航天局载人航天项目的目前状况进行研究和报告的过程中，重要的是要考虑信息来源的利益和动机。

撰 稿 人：Linda Billings

另请参阅：Feynman，Richard；Hubble Space Telescope；National Aeronautics and Space Administration，U.S.；Satellites，Science of；Space Program，Overview

参考文献

[1] Congressional Budget Office：www.cbo.gov.

[2] National Aeronautics and Space Administration，Constellation Program：www.nasa.gov/mission_pages/constellation/main/index.html.

[3] National Aeronautics and Space Administration Contractor，Shuttle Mission Press Kits：www.shuttlepresskit.com.

[4] National Aeronautics and Space Administration History Division of Space Shuttle：http://history.nasa.gov/shuttlehistory.html.

[5] National Aeronautics and Space Administration Johnson Space Center，Shuttle Mission Press Kits：www.jsc.nasa.gov/history/shuttle_pk/shuttle_press.htm.

[6] National Aeronautics and Space Administration Kennedy Space Center，Space Shuttle：http://science.ksc.nasa.gov/shuttle/missions/missions.html.

[7] National Aeronautics and Space Administration，Space Shuttle：www.nasa.gov/mission_pages/shuttle/main/index.html.

[8] National Research Council's Aeronautics and Space Engineering Board：http://sites.nationalacademies.org/DEPS/ASEB/index.htm.

[9] Office of Technology Assessment Publications：www.princeton.edu/~ota/ns20/pubs_f.html.

[10] SMITH M. Space shuttle [M]. Newbury Park，CA：Haynes，1985.

[11] SMITH M S. NASA's space shuttle program：The Columbia，tragedy，the Discovery mission，and the future of the shuttle（RS21408）[M]. Washington，DC：Congressional Research Service，2006.

[12] TRENTO J J. Prescription for disaster：From the glory of Apollo to the betrayal of the shuttle [M]. New York：Crown，1987.

[13] WILLIAMSON R A. Developing the space shuttle [M]//J M LOGSDON（Ed.）. Exploring the unknown：Selected documents in the history of the U.S. civil space program，Volume IV：accessing space（NASASP-4407）. Washington，DC：History Division，National Aeronautics and Space Administration，1999.

[14] United Space Alliance：www.unitedspacealliance.com.

[15] U.S. Government Accountability Office：www.gao.gov.

Spiral of Silence and Science 沉默的螺旋与科学

沉默的螺旋理论由德国民意测验家伊丽莎白·诺尔-诺依曼（Elizabeth Noelle-Neumann）首次提出，迄今为止已经40多年了，该理论如今持续吸引人们的兴趣并且保持着其相关性。该理论涵盖了个人、组织和社会层面，假设了一个社会建构主义的立场（也就是说，它认为我们感觉到的现实是社会产生的），并且包括媒体中介传播和人际传播的要素。该理论的核心是认为一个人自己的观点和（尤其是）自己表达这些观点的意愿受到其他人观点的影响。虽然没有明确地作为媒体影响的理论，但是沉默的螺旋理论在一定程度上以对人们依靠媒体获取信息的理解为基础（包括有关其他人如何思考的信息）。

在其简单且静态的形式中，该理论的工作原理如下：先前的经验会激励个体去避免社交孤立，并且人们会开发和利用有时候所谓的“准统计官能”来评估其他人观点的分布，因而当他们感到在争议性话题上目前或者未来的多数意见有可能反对他们的观点时，就会对自己的观点保持沉默。类似的是，认为目前或者未来的趋势有利于自己的人更倾向于表达自己的看法。

在该理论的动态形式方面，随着时间的推移，个人会减少或者增加他们表达自己与他们所认为的主流观点相一致的观点的倾向。当个人的意见被认为属于少数的时候（虽然从外部观察者的视角来看，可能属于实际上的多数），他们表达意见的可能性就会下降，这是出于恐惧被社会孤立而采取的行动，因而他们保持沉默而不去冒险。反过来，保持沉默改变了对观点相对分布的认识，这会导致更多的人陷入沉默。该理论就是以这个结果的螺旋而命名的。

描述到目前为止，沉默的螺旋理论似乎表明一旦一个螺旋被启动，所有赞同少数观点的人最终都会陷入沉默。然而，不会彻底消失的少数意见的实证存在需要进一步阐述。为了解决这个问题，诺尔-诺依曼把同主要群体和参考群体的强关系，以及选择性地接触支持性的媒体内容作为促进对压力的抵制的社会支持的重要渠道来遵守。对可能存在的制裁置之不理并继续对某些话题发表看法的个人被标记为“中坚分子”或“先锋派”。前一个术语指的是他们对变革或者镇压的抵抗，后一个术语指的是他们对变革的拥护。

此外，诺尔-诺依曼对变化缓慢的情形与观点变迁迅速的情形进行了区分。通常十分确定的规范和习俗就是前者的一个例证，在这些规范和习俗中，最明显的就是个人必须表达绝大多数人所支持的观点（反对同类相食）否则会面临社会制裁。后者涉及观点不太确定、存在争议或者动荡不定的情形（按需堕胎），在这种情况下，如果可能，个人会尝试去表达不让个人被孤立的意见。似乎能把这两种相当不同的状况结合起来的就是强制性规范（也就是说，基于道德信仰而在社会上要求的观点和行动）的存在或者出现，因为多数意见是一个现成的指数。

媒体机构的作用

一条连接许多先前观点的线是媒体机构的假定影响。诺尔-诺依曼认为，媒体通过改变个人的认知在间接地影响态度、观点和行为方面发挥了重要作用。这在很大程度上归因于个人在获取距离他/她比较遥远的事情的大多数信息方面对媒介化传播的依赖性。此外，媒体的三个特征（一致、泛在性和累积效应）在对个人产生深远影响方面也发挥了作用。

一致指的是决定了大众媒体内容的记者的价值，这被认为在各个渠道之间是统一的，并且通常认为在偏好特定方面或者派别方面存在着系统性偏见。泛在性包含的观念是大众媒体在个人的生活环境中无所不在。累积效应指同样的内容重复地在媒体中出现的现象。这三个特征会通过多种方式对个人产生影响。

首先，内容在不同渠道、时间和空间上的一致性意味着选择性感知的“保护机制”不太可能发挥作用，因而会影响公民所拥有的信息类型（选择性感知可能意味着我们会感知到同媒体建议不同的舆论范围，也许是与我们自己的观点更一致的。然而，如果媒体的内容总是一致的，那么这种可能性不大）。其次，当采集和分发新闻（议程设置程序的一部分），以及利用常见的参考框架来决定对所报道的问题达成广泛共识时，一致的应用选择的新闻实践就会发挥作用，这可能也不可能与实际的多数意见相符。议程设置和框架，同社论和评论专栏的结合，提供了赞成某些观点的现成论点，而忽视或者低估其他可能的议题主张。这反过来影响人际关系讨论的方向，并进一步弱化对以个人的社会成员身份为基础的意见形成的其他可能的影响，以及为支持这个议题的一方提供事实渠道。

因而产生的信息环境被称为舆论气候，它使得个人感受到了有关手头话题的社会环境多么危险，并且有时候会激发出被社会孤立的恐惧感。进而，媒体对偏见内容的生产意味着个人可能根据不精确的信息对意见的分布形成不完美的认知，这再次影响直言不讳的可能性。

对于两个主要的媒体——电视和报纸，诺尔-诺依曼认为，电视对公共舆论的认知有更大的影响。她断言说，这是因为在看电视的时候观众对与自己观点相一致的内容的选择性接触要比阅读报纸的时候更难。电视与报纸这两个渠道传播了相当不同的内容，她把这种情况称为“双重舆论气候”。

互联网（在该理论提出时互联网还不存在）似乎对该理论有几方面的影响。首先，人们在网络上积极地寻找信息的程度有可能会强化选择性过程，提供社会支持的新渠道，并且提供人际讨论中有用的观点和信息。这可能意味着，随着时间的推移，传统媒体会不再受欢迎并失去受众，对“沉默效应”必需的争议的程度应该有更高的门槛。正如网络欺凌和恐吓案例证明的那样，互联网在多大程度上孤立人们，或加大人们遵守规则的压力，很可能取决于一个人的使用模式。

在更广泛的社会层面上，诺尔-诺依曼认为公共舆论过程，包括沉默的螺旋，通过大众媒体发挥作用，它促进社会融合，为社会提供了共同基础并且确保社会的存续；通过共识的产生来促进社会稳定；确定社会将遵循的优先性；通过争取共识、捍卫准则，或者根据需要批准新规范来授予其合法性。

在这方面，就这个螺旋如何启动提出问题似乎是合理的。答案似乎是变化通常会引发争论。当价值、习惯、习俗或者权力联盟因为新发现、生活条件的改变、危机、权力转移或者意识的觉醒而受到威胁时，这个螺旋式的过程就会发生。在这种情况下，争议随之而来，并且媒体会报道这种纷争。因而带来的争议会对个人发出警告，因为之前话语的良性领域现在变得咄咄逼人；他们面临问题是直言不讳还是沉默不言。

沉默的螺旋理论与科学议题

起源于启蒙运动的规范式民主理论认为，通过对事实的认真审视，对所有观点给予慎重的考虑并采取以迁就和共识为基础的解决方法能够理性地解决争议性的话题。然而，沉默的螺旋理论基于20世纪50年代和60年代的社会科学发现，这些发现表明，从众的强大压力能够而且确实会发生。在此期间发生的事件，以及产生的更多的证据表明，在古典意义上，决策往往不是最优理性的，这挑战了启蒙运动的观点，即非最佳理性的公共话语总是支配着讨论和辩论，其他力量也在起作用。

科学，包括理论科学和应用科学，是一种创造新知识和新技术能力的活动，它可以相对容易地看到这些创新和社会变迁之间的关联。同时，科学被认为是理性的和非争议性的，科学引发的变化会增加我们的能力，然而这些新的能力有时候被认为挑战了人们现有的价值观和生活方式，像沉默的螺旋理论所表明的那样。例如，医学技术的进步使得我们可以开展安全的堕胎。那些更珍视按需堕胎的控制和选择的人对此表示支持，而从生命角度考虑的人表示反对，结果就造成了社会冲突和争议。实际上，挑战或者有可能挑战既有价值的技术，包括避孕、生殖医学、转基因食品、利用人类胚胎干细胞的研究、人类克隆、人机融合这些领域的发展，现在产生的争议或者在不远的未来有可能产生的争议得到了沉默的螺旋所期望启动的水平。

有时候，科学和科学证据成为广泛的、持续进行的政策辩论的一部分。也许最明显的例子涉及赞成某一特定政策结果的科学家所做出的真理主张的特权性质。因为某些议题固有的复杂性，这种主张有时候被用来强迫非科学家把来自“雇佣专家”错误的或者曲解的研究发现接受为事实。然而，当另一方带来自己的专家时，这个过程往往会得到修正，而这个问题通常仍处于正常的、相对无争议的讨论领域。

在公共领域中，科学的另一方面涉及党派试图取消科学的合法地位以通过利用旨在影响辩论的条款并因而影响舆论气候的技术来提升期望的议程。以下几个案例表明了这一点。那些赞成砍伐森林的人试图把这个辩论置于“常识”管理的框架内，因而降低了对科学专家的需求。全球变暖的否认者强调科学预测的内在不确定性，并且利用明确定义的协议来宣称在延缓和避免气候变化方面缺乏需要立即采取弥补措施的科学共识。对学校教授进化论表示反对的人利用诸如公平和同等时间的社会规范来主张创造“科学”应该在课堂上被给予同样的强调，它把达尔文（Darwin）的进化论视为伪装的宗教。这些主张都有助于创造螺旋。

在机构的层面上，对主流反应的担心会导致信息主动抑制和舆论审查的尝试。在科学领域中，这通常涉及公共卫生和健康的问题，如烟草使用对健康影响的案例。私人机构和公立机构都通过一定的机制来限制信息的传播，如保密协议和官僚规章，有时候只能通过告密者（观点仍然强烈的“中坚分子”）的意愿来让这些信息引发公众的关注。

虽然社会面临的大多数议题并不是都具有很大争议，但是仍然有一些案例，在这些案例中，争议水平很高和道德上“负载的”话语主导了这场辩论且同时沉默的螺旋有可能会影响意见表达的程度。此外，这种影响最有可能被那些没有意识到螺旋效果的人所感受到。通过学习正式的学术理论或者对激进的公共关系运动的事实策略的体验而对这种效果产生了反身意识的人，在抵抗甚至是扭转这种效果方面处于最佳的状态。直言不讳的选择始终在那里。如前面的讨论所强调的那样，作为一种人类活动的科学并不是存在于真空中的，而是处于更广泛的政治情境和文化情境中，这是科学家和关心科学的人所忽视的东西。

撰 稿 人：Kurt Neuwirth

另请参阅：Agenda Setting and Science；Censorship in Science；Framing and Priming in Science Communication；Rhetoric of Science

参考文献

[1] GLYNN C J, HAYES A F, SHANAHAN J. Perceived support for one's opinions and willingness to speak out: A meta-analysis of survey studies on the "Spiral of Silence" [J]. Public Opinion Quarterly, 1997, 61(3): 452–463.

[2] MCDEVITT M, KIOUSIS S, WAHL-JORGENSEN K. Spiral of moderation: Opinion expression in computer-mediated discussion [J]. International Journal of Public Opinion Research, 2003, 15 (4): 454–470.

[3] NOELLE-NEUMANN E. The spiral of silence: Public opinion, our social skin [M]. 2nd ed.Chicago: University of Chicago Press, 1993.

[4] NOELLE-NEUMANN E, PETERSEN T. The spiral of silence and the social nature of man [M]//L L KAID (Ed.). Handbook of political communication research. Mahwah, NJ: Lawrence Erlbaum, 2004: 339–356.

[5] NEUWIRTH K, FREDERICK E, MAYO C. The spiral of silence and fear of isolation [J]. Journal of Communication, 2007, 57 (3): 450–468.

[6] PRIEST S H. A spiral-of-silence analysis of biotechnology opinion in the United States [J]. Science Communication, 2006, 28 (2): 195–215.

[7] SCHEUFELE D A, SHANAHAN J, LEE E. Real talk: Manipulating the dependent variable in spiral of silence research [J]. Communication Research, 2001, 28 (3): 304–324.

Stem Cell Controversy 干细胞争议

干细胞是身体的实用和修复单元，在整个生命周期中对器官和组织的维护和再生起着核心作用。成年干细胞来自像在数十年来用于各种医学疗法的骨髓移植这样的组织渠道。相比之下，人类胚胎干细胞直到 1998 年才被人们首次发现。在 10 年间，这个领域的研究已经成为美国众多政治争议的对象。这些争议通过媒体报道引起了公众的广泛关注，因而反映了在这个问题上各方利益相关者的传播工作。

早在 20 世纪 60 年代，科学家发起了主要来自骨髓移植和脐带血的干细胞的研究工作，其应用主要聚焦治疗癌症。不过，对来自动物胚胎的干细胞的研究工作逐渐地在科学家中产生了一种流行的看法，也就是对于研究来说人类胚胎干细胞可能比来自成人组织来源的干细胞有更大的潜力。考虑到这种前景，从 20 世纪 70 年代开始，美国的科学家就敦促联邦政府资助人类胚胎干细胞的研究，但是在获得国会（Congress）或者总统的支持方面收效甚微。1993 年，前任总统比尔·克林顿（Bill Clinton）

的当局指示国立卫生研究院（National Institutes of Health，NIH）为来自体外受精的胚胎研究提供经费资助。然而，国会的共和党成员插手此事，通过了阻止联邦经费用于涉及人类胚胎的任何和所有研究的预算条款。

1998 年，两个私人经费赞助的大学科学家团队首次成功地从人类胚胎中分离出了干细胞。与成人组织不同，胚胎干细胞是未分化的，因而意味着这些人体的修复单元还没有被编程为具体的大脑、皮肤、心脏、肺或者其他的身体组织。科学家认为，人类胚胎干细胞的发现是找到治疗一系列健康问题的新方法的关键一步，包括艾滋病、多发性硬化症、糖尿病、阿尔茨海默病、帕金森症、脊髓损伤和心脏病。1999 年，国立卫生研究院发布了一项法律裁定，把国会对人类胚胎研究的禁令阐释为准许对人类胚胎干细胞株的研究进行联邦资助。2000 年 8 月，在总统竞选期间，国立卫生研究院发布了指南的终稿，并且该机构开始接受胚胎干细胞研究的资助申请。同月，共和党总统候选人乔治 · W. 布什（George W. Bush）在媒体采访中公开表明他反对联邦资助这方面的研究工作。

2001 年，布什总统进行了对人类胚胎干细胞资助的问题的讲话得到媒体关注。8 月 9 日布什在全国电视声明中表示联邦经费将允许用于支持人类胚胎干细胞的研究，但是仅限于利用已有的 60 个干细胞株的研究。布什认为，这些干细胞的集合在道德上是适宜的，因为在制造干细胞的过程中已经破坏了胚胎。2002—2003 年，有关人类胚胎干细胞研究的辩论仍然是一个顶级的政治议题。使辩论火上浇油的问题是，支持扩充经费的倡议者对布什授权用于研究的 60 个干细胞的适当性表示质疑，因而警告顶尖科学家有可能会转向国外开展研究。

新闻报道也表明私人公司的科学家为了干细胞提取而成功地“克隆”出像人类胚胎一样的细胞。2002 年，辩论更加激烈，附属于雷尔（Raelian）邪教的一个公司宣布他们用克隆的胚胎让几个妇女怀孕了，但这种主张从来没有被确认，并且现在被普遍认为是一个恶作剧。然而，在那个时候，为了对这些克隆相关声明的媒体报道进行回应，国会的立法者引入了竞争法案。这个更具限制性的法案禁止了所有性质的人类克隆，包括那些仅用于实验室中医学研究的人类克隆。第二个法案使得所谓的复制性克隆失去了法律效力，但是允许“体细胞核转移”，通常指代医学克隆或者“治疗性”克隆的科学术语。

在这个被称为治疗性克隆的过程中，来自患者成年细胞的细胞核被提取出来，并且置于被移走了细胞核的人类卵细胞中。电荷被施加到人的卵子上，刺激卵细胞发育成胚胎。干细胞然后被从“克隆”的胚胎中提取出来，并且破坏了胚胎。从理论上来说，从治疗性克隆过程中创造的潜在组织在基因上同最初患者的组织是相同的，因而在作为任何疗法的一部分而进行植入的时候不太可能被排斥。国会没有通过对复制性克隆研究或者治疗性克隆研究进行监管的规章，美国在这个领域也没有明确的联邦政策。

2004 年，人类胚胎干细胞辩论再次获得了政治和媒体的关注。2004 年年初，由黄禹锡（Hwang Woo Suk）领导的韩国科学家在《科学》（*Science*）期刊中发表文章，称他们是第一个利用治疗性克隆过程分离出人类干细胞的科学家团队。这个事件获得了广泛的媒体关注，并且激发了来自科学家和经费倡导者的争论，即美国在研究方面落后于其他国家了。《科学》期刊的前主编唐纳德 · 肯尼迪（Donald Kennedy）在《纽约时报》（*New York Times*）中说美国对干细胞研究的这些限制很有可能会给其他国家在这个领域带来巨大优势。然而，在 2005 年年末，黄禹锡及其团队被证明伪造了与这篇论文相关的证据。

同样在2004年，支持对研究进行扩展的倡导者花费了2000多万美元来通过“加利福尼亚州干细胞研究和治疗行动”（California Stem Cell Research and Cures Initiative），投票建议加利福尼亚州在未来10年将配置30亿美元州政府拨款以支持加利福尼亚州的科学家开展干细胞研究。2004年秋天，民主党候选人约翰·克里（John Kerry）在政治广告和总统辩论中把布什总统对人类胚胎干细胞研究的经费决策的折中方案同当局决定对伊拉克开战的决定，以及从有关气候变化的国际协定中撤出进行了对比。克里和民主党同僚认为，人类胚胎干细胞的决定是当局在重要的政策决定上利用意识形态原则而非科学专业知识的又一个案例。在2004年的选举中，民主党打算让干细胞问题充当一种“楔入战略”，一个他们可以用来获得温和派和独立人士支持的问题，在那些选民和他们更保守的伙伴之间插入一个“楔子”。

2006年7月，国会通过了推翻布什总统限制经费资助政策的法案，从而使得原本可能被体外受精诊所抛弃的涉及从胚胎中新获得的干细胞株的研究可以获得联邦的支持。然而，该法案没有达到推翻布什总统第一个任期内后续否决权的2/3的支持率。在宣布这项行动的时候，布什总统出现在全国电视新闻发布会上，被具有象征意义的所谓的雪花婴儿所包围，被生物学上的代理父母所收养的用体外受精诊所的胚胎所培育的儿童。

随着总统的否决权成为一个具有很高可见度的事件，2006年秋天，在国会选举和州选举中，民主党人再次把人类胚胎干细胞作为一个政治上的楔入战略。政党领袖向选民承诺，在民主党掌控国会的前100天，干细胞的资助将会作为六个项目议程的一部分被投票通过。明显地受到帕金森症影响的演员迈克尔·J. 福克斯（Michael J. Fox）出现在全国的电视广告中，为民主党国会候选人和州长候选人背书。

在密西西比州，亿万富翁慈善家吉米（Jim）和弗吉尼亚·斯通威尔（Virginia Stowers）捐赠了3000万美元用来支持《第二修正案》（Amendment 2），这是一项将修改州宪法以保护密西西比州科学家开展人类胚胎干细胞研究的权利，以及州居民获得人类胚胎干细胞相关治疗的权利的州政府的投票计划。相较之下，反对投票计划的人花了大约30万美元。在媒体报道和政治辩论中，投票计划与密西西比州的美国参议院（U.S.Senate）竞选紧密相关。结果，民主党候选人克莱尔·麦卡斯基尔（Claire McCaskill）的支持者以绝对优势赞成修改州宪法，而赞成共和党候选人吉姆·塔伦特（Jim Talent）的投票者反对这一行为。在麦卡斯基尔投放的电视广告中，迈克尔·J. 福克斯告诉投票者，他抱有“治愈的希望”，而塔伦特则想“判定”提供这种希望的科学“有罪”。作为回应，保守派的广播节目主持人拉什·林堡（Rush Limbaugh）声称从表面上来看，福克斯“夸大了”帕金森症的影响。最终的投票结果是51∶49。在超过200万张选票中获得5万的支持票，这个获胜的概率大约等同于麦卡斯基尔在参议院选举中获胜的概率。

2007年6月，民主党占大多数的国会再次通过将推翻布什总统干细胞政策的法令，最后换来的仅是总统否决了这项法案。在2007年11月，两个发表的研究对从成年皮肤细胞中制造出的诱导多功能干细胞进行了描述。这些被编程的成年细胞被认为是具有来自胚胎的细胞的未分化的属性。很多保守派人士很快地宣布诱导多功能干细胞的发现为人类胚胎干细胞研究提供了一个道德上没有问题的备选。实际上，在一份官方声明中，乔治·W. 布什政府将这一发现部分归功于自己，称总统对这个研究的有限资助的立场，是在鼓励科学家寻找一种道德上可以接受的替代方法。

然而，科学家和很多民主党人士强调，鉴

于有关诱导多功能干细胞研究的不确定性，仍然需要联邦政府对人类胚胎干细胞研究的支持。从政治上来说，诱导多功能干细胞的发现似乎抑制了对干细胞辩论的媒体关注和公众关注。记者可能是生平第一次注意到来自人类胚胎干细胞的疗法仍然存在于遥远的未来，其即时的应用主要是对疾病进行模拟的基础研究。对于民主党人士来说，由于有了人类胚胎干细胞研究的道德上可接受的备选方法，这个问题在作为竞选楔入战略上不再具有同样的潜力了。结果，在2008年的总统竞选和国会竞选中，这个话题就很少被提及了。

2009年3月，新当选的总统巴拉克·奥巴马（Barack Obama）在一次全国电视讲话中宣布：他将命令国立卫生院为自2001年以来获得的胚胎干细胞株的研究提供经费支持。然而，重要的是，奥巴马授权国立卫生院制定资助指南的具体细则。同年，该机构宣布它将只对从体外受精诊所余下来的胚胎中获得的干细胞的研究进行支持，从而禁止对只以研究为目的而制造的胚胎干细胞或者通过医学克隆手段获得的干细胞株的经费资助。2009年年末，在法律规定和行政决定推迟了5年之后，加利福尼亚州在支持干细胞研究方面发布了第一份具有重大意义的州立基金。然而在受到资助的14个项目中，只有4个真正涉及胚胎干细胞株的研究工作。相反，其余的经费优先分配给了那些具有更大的直接临床结果的成年干细胞应用。《纽约时报》把资助决定描述为对来自人类胚胎干细胞研究的成果仍然处于"遥远未来"的"心照不宣"。

撰 稿 人：Matthew C. Nisbet

另请参阅：Abortion；Cloning；Research Ethics，Overview；Science and Politics

参考文献

[1] KOROBKIN R，MUNZER S R. Stem cell century：Law and policy for a breakthrough technology [M]. New Haven，CT：Yale University Press，2007.

[2] LYSAGHT T，ANKENY R A，KERRIDGE I. The scope of public discourse surrounding Proposition 71：Looking beyond the moral status of the embryo [J]. Journal of Bioethical Inquiry，2006，3（1-2）：109-119.

[3] NISBET M C，BROSSARD D，KROEPSCH A. Framing science：The stem cell controversy in an age of press/politics [J]. Harvard International Journal of Press/Politics，2003，8（2）：36-70.

[4] ZARZECZNY A. CAULFIEND T. Emerging ethical，legal and social issues associated with stem cell research and the current role of the moral status of the embryo [J]. Journal Stem Cell Reviews and Reports，2009，5（2）：96-101.

Strategic Communication for Science and Technology 科学与技术的战略传播

科学家和科学执行机构的工作很重要的一部分就是对其研究成果进行传播。大多数科学的传播的特点是同行传播，其中很多都是通过学术期刊、专业会议，以及在技术研讨会和专题研讨会中进行的。很多研究人员会抵抗对他们的研究工作进行公众传播，或者会感到不自在。但越来越多的社会压力和政治压力促使科学家和科研机构不仅要向公众传播他们开展的研究，而且还要确保公众传播取得扩展公众对更广泛科学事业支持的预期效果。换句话说，目的不仅在于传播，而且在于有战略性地传播。

在很大程度上，本词条探讨的是开展研究的机构或者资助研究的机构内的战略性传播，如大学、企业或者政府机构。在过去的几十年里，大多数这类机构都聘请了科学作家或者其他科学传播者来承担就该机构、该机构的使命，以及研究等向非科学领域的公众进行传播的工作。然而，大多数科学传播者只被授权去做一些战术性的和日常的决定，如是否写一篇新闻稿或者拍一个视频？哪篇报道作为该机构杂志的主打？把新闻报道放到网上、印刷出来或者二者兼有？这些科学传播者中很少有人被授权对该机构开展的科学传播类型、科学传播者在该机构中的作用、机构同受众或者公众的关系、机构资源对传播的承诺等做一些战略性的决定。科学和技术的战略传播开始于让科学传播者出现在机构的决策层，并且他们在决策层中必须能够帮助设定机构的政策和优先性，并且予以贯彻执行。

传播的战略方法意味着要能认识到机构自己所处的新闻环境和信息环境，机构希望传递的关键信息，信息所针对的目标受众和他们如何获取并使用信息，信息的预期后果（意识，理解，行为），信息在获得这些预期后果方面的作用，以及机构的传播功能如何融入组织的政治和文化中。

谁是受众

对于战略传播来说，机构首先需要采取的第一步就是识别其首要利益相关者。这部分是出于成本的考虑，而另一部分原因在于传播很少被看作是机构中的一种战略组成因素，大多数科研机构在科学传播中都采用了“一刀切”的方式。然而这“一刀切”千差万别，有时候它意味着把信息和传播途径“简化到”难度最低的，受众可以理解的程度；有时候它意味着传播已经写完的，面向爱好科学和技术的信息消费者而不需要翻译的非常技术性的信息。当被问到机构的目标受众是谁，并且公司的首席执行官或者传播经理回答是“普通大众”的时候，这就是彻底的“一刀切”方式。

实际上，并不存在普通大众这一群体，因为有很多大众，每个大众都有自己的信息需求，对机构有着自己的取向和关系。同样，每个受众也有自己偏好的信息获取行为。有些是有动机的信息获取者，如考虑上市新技术的公司的利益相关者或者获取医学信息的新确诊的癌症患者。对于有动机的信息获取者来说，机构需要做的只不过是提供信息获取的方式，因为信息获取者无论如何都会获取他们需要的信息，翻译并理解这些信息。

但是对于大多数科研机构来说，有动机的

信息获取者非常少，并且在很多机构认为是他们信息的首要目标群体的利益相关者受众（决策者、社区领袖、资助机构的规划官员，以及国会议员或成员）中更是少之又少。这些被动的信息获取者有可能需要一个获取信息的理由，一种帮助他们从特定机构找到或者关注信息的策略，以及对信息进行大幅的翻译以便让没有科学或者技术背景的人更容易地获取。

战略传播要求机构明智地创造一种能对高投入、高产出的策略和低投入、低产出的传播活动进行平衡的传播组合。如旨在向当地议员这一个人传播的实验室参观活动需要一年或者上百个小时的策划，但是这却会带来更多的经费或者更多的认可。相反，在行业杂志上发布一篇新闻稿可能会同时让很多人看到，但是这些人未必是任何一个在战略上重要的利益相关者。一个在战略上管理完善的传播组合可能更看重分立的、高回报的活动，而非那些宽泛的、非主流的传播。即使后者可能会用更少的钱实现更多的受众覆盖。

考虑到这一点，在这里需要指出的是“教育公众”很少会成为一个组织切实可行的目标，更不要说战略性目标了。首先，“教育”在战略上来说是一个太宽泛的术语。教育的意思是增强意识，提高认知性理解，改变态度或行为？虽然科研机构应该尽可能地开放且透明，并且公众也能够通过获取研究发现和新闻来提高自己的科学素养，但是几十年的传播学术研究都没有发现持续有成效的传播活动确保能够提升广大公众的科学素养。

例如，对某机构拓展活动组合的战略性分析可能表明，一半的预算都用在了生成新闻稿并将其发送到大量分发传播列表，以期媒体机构可以使用这些素材，而实际上你真正想针对的目标受众是你所在的州国会（Congress）代表团的国会议员的助理。这个问题的战略性方法可能是把传播手段转移到为这些助理生产更具有针对性的传播手段，可能是包含恰好可能对他们有价值的信息的一个定制的网页或者电子通讯。另外，坚持用新闻发布的方法，是一种有效地利用时间来把主任或者首席执行官给国会议员手写的书信同你剪切下来的重要新闻文章一起送进国会的手段。

把研究作为战略传播的主要指标

战略传播计划的核心是承诺尽可能多地了解一个机构最初的公众意识，其受众的本质和他们如何寻找或者获取信息，以及他们如何处理那些信息。在没有受众及其信息需求基本信息的情况下是无法开展战略传播的。应该在传播活动或者过程的两端开展研究并且在二者之间尽可能地做到切实可行。

形成性研究描述的是对受众特征和行为进行识别以从中形成传播策略的前端工作。形成性研究以对你头脑中的传播类型已知的学术文献或者实践文献进行回顾为开端。例如，如果你正考虑为网络用户发起一种播客服务，那么知道最近皮尤研究中心（Pew Research Center）的数据是非常重要的，这些数据表明播客在少量高档网络用户之外并不流行。例如，如果你打算向焦虑的当地社区成员传播研究传染病的一个拟建立中心的重要使命的话，那么了解当前的研究发现是很有用的，这些发现表明当通过音频（广播或电视）而非书面文字（报纸或网站）进行传播的时候，推荐信是非常有效的。

战略传播的第二步是一种名为环境扫描的形成性研究。目前机构的利益相关者如何看待这个机构？它是否有一定的声誉（好的还是坏的）？媒体、博客和利益相关者的想法是否有会对机构产生影响？采集并追踪媒体报道的趋势是开展环境扫描的最简易方式，而大多数研究机构都止步于此。对剪报的跟踪为利益相关者受众想法中占上风的议题提供了一种有失偏颇的视角，对剪辑的过滤是透过记者和编辑的新闻判断来完成的。但是如果这些剪辑被系统地分析，那么这些方法确实可以允许对一些议题进行粗略的追踪。至少采集到的剪辑应该对其口吻（对机构正面的，负面的，或者中性的）、关键词/主要议题、机构的目标信息是否出现在剪辑中进行分析。如果发布的新闻稿意欲传递一个关键信息，但是产生的100个新闻报道中包含了目标信息之外的所有信息，那么这种战略在到达媒体方面显然是成功的，但是在提升特定信息方面则是失败的。对新闻发布方式进行战略再思考是恰当的。

为了平衡新闻简报对争议性主题或者哗众取宠主题的偏差，这个阶段的形成性研究还应该包括同关键利益相关者举行的焦点小组；对利益相关者意识、知识、态度和行为的基础调查以测量信息吸收和利用的成功；与对组织十分重要的领袖、决策者进行采访或者讨论。来自焦点小组和调查的具有很高价值的信息包括利益相关者需要知道的东西的特征，他们一般如何定位这些信息（在哪里看，怎么看），他们信任哪些信息渠道，以及他们计划如何使用他们获得的对你所在的机构重要的信息。

例如，皮尤研究中心（Pew Research Center）出版的数据表明，在新闻获取方面，人们可以分为三类：传统主义者（主要使用传统印刷媒体和广播新闻）、网络新闻使用者（netnewsers）（几乎所有的新闻内容都来源于网络），以及综合者（二者兼有）。每类群体都有自己的人口统计学特征，这些特征可能会使得其成为特定传播类型的有吸引力的利益相关者。如网络新闻使用者往往很年轻且受过良好的教育，因而他们成为在线招聘或者在线教育的目标人群；相反，传统主义者一般收入低，且对科学和技术兴趣不高，因而也不太可能是传播的受众，如为支持新科学设施而进行捐赠。对这类新科学设施进行传播的战略性方法不太可能包括过于强调电视新闻或者广告。焦点小组和“测试式的”调查可能有助于确认哪些战略性受众属于哪个传播群体。

战略信息开发

在已有了这些形成性研究数据后，战略传播的下一步就是信息开发。无论对机构信息的传播策划有多好，矛盾的或者让人迷惑的信息显然不会达到传播的目标。机构的信息必须一致（每个人都应该有同样要讲述的“故事”），精确（通常称为“电梯演说”，能够在立法者搭乘电梯去到四楼的听证会房间或者办公室期间完成传播）且有说服力（信息应该与受众的价值、态度或信仰产生共鸣，只有在首先完成形成性研究之后才能得知）。

机构通常不会花时间充分考虑他们的信息。一个战略性科学传播者将帮助机构制定既精确又容易理解的叙述方式。对于很多科学家、工程师和研究人员来说，现在的趋势制造了充满警告、免责声明和判断的过于复杂的叙述。而大多数受众所需要的是马上获得更简单且更精确的信息，它不仅需要传递有关科学的基本信息，而且还要提供理解这些信息并且把它同他们的世界观相融合的情境。

框架是一种用于战略性信息开发的工具。对框架的战略性应用（把来自已知心理概念的一种心理捷径用于你希望人们所理解的科学概念或者研究概念）能够帮助不谙世故的受众更好地理解困难的或者复杂的议题。如把DNA描述为“人体的蓝图”可以让并不了解遗传的利益相关者对抽象的概念有所了解。另外，对干细胞研究进行传播的机构可能会对使用“体细胞核移植”（虽然这对于大多数受众来说这没有任何先验意义）而非“治疗性克隆”做出战略性的决策。在公众的脑海里“克隆”这个词本身所携带的内涵、意义和干细胞研究毫不相关。

信息如何部署或者如何传播扩散是战略传播的最后一个构成要件。研究一般支持这个老套的俏皮话“冗余从不伤害”；如果受众从一些不连续的时间框架内获得多元信息的话，他们通常会注意到并且保留这些信息（从情理上讲，你也不想让受众对你的信息感到疲倦）。通过可信任的或者可靠的渠道传播信息也要求有战略性决策。虽然在全国性晚间网络新闻上发布报道可能会得到可观的受众，但是科学决策者仍把网络节目作为最不可信的新闻渠道。如果发布的信息以生意伙伴或者投资方为目标受众的话，晚间新闻广播可能是一个好的选择；如果以联邦资助机构的项目管理者为目标受众的话，晚间新闻广播只是浪费金钱和时间。

谁为科学代言

在传播战略完成并贯彻实施之前，机构还需要做出最后一项战略性决定：谁是机构的发言人？在某种程度上，这些决定会根据传播的本质、机构中传播者（研究人员）的技巧，以及讨论中的利益相关者需求的不同而不同。

例如，在媒体关系情境中，大多数记者需要与发表了研究成果的研究人员直接对话。大多数时候这也是最佳选择。然而，有时候在战略上这不是最好的方法。也许被提问的研究者语言水平不高，也许他/她不想和媒体交流，也许以往的经历告诉你这个人不能或者不会努力让没有科学背景的人理解其研究内容。这时候的战略就是引导记者向科研团队中语言水平较好的更年轻的成员提问，或者在该机构中找另外一位不厌恶媒体的科学家，或者在记者采访之前先进行一下简单的沟通，做一些解释性的工作。

一般来说，如果传播是直接地来自责任主体（在前一个例子中就是对研究负责的人，或者是就社区关系的问题负责做出机构性回应的人，或者是政府机构中对政策发展负责的人），那么这种传播就是最可信的，也是最值得信赖的。在极少数情况下，机构的战略需求最好由一般的发言人而非某一方面的权威或者责任人来满足。然而，在战略上完善的传播组合中，机构的所有部门都能发挥作用。

（1）在机构项目层面上，有关传播的日常战术性决定会出台，传播部门的成员需要理解其工作切合该机构战略活动的大环境。通过对影响利益相关者受众的意识、态度和行为的产品（新闻发布，音视频，社区活动）传播的具体目标的识别来解决机构的战略性目标。

（2）在功能层面上（机构的总体传播水平或者公共关系项目），不同级别的战略性议题会得到解决。在这个层面上，识别目标受众和制定关键信息的战略性决定会出台，并且会进行环境扫描以确定新兴的或者热点议题的特征。

（3）在组织层面上，传播部门成员的战略性功能是对利益相关者的需求和期望进行管理咨询，并且帮助机构针对这些期望和需求整合其目标和行为，以达到所需要的或者恰当的程度。

（4）最后，在社会层面上，一个机构的传播功能将有助于培养对科学的支持，并且把科学当作一项事业来理解，还可以对科学的目标和社会需求进行整合。这个层面上的战略功能最好通过培养与战略性受众的长期关系实现，而不是通过“销售网点”的传播活动实现，如新闻发布会、年报、信息性的视频等。

处理危机

在日常操作或者日常的科学传播中，很多机构都制定，并且坚持优秀的战略性传播目标和活动。不幸的是，这些深思熟虑且成功的战略通常会在机构面临危机或者要求对争议性科学议题做出回应的时候被置于一边，如干细胞研究、生物防卫，动物实验等。在面临这种压力的情况下，大多数机构会让步于事件的自然趋势，并为了保护自己的利益而团结起来，保持低调。

然而，在战略上来说，这不是最好的方法。

开放传播、透明、直截了当而非对争议视而不见或者拖延和无视战略性受众（如媒体或者社区活动）对一个机构来说几乎总是会更具有战略性价值。另外，在事件快速发展的危机事件中，让信息快速地传播到需要的人群中的需求要超过其他战略性考虑，只要这些信息一致且连贯。

处理危机的最好战略就是提前做好预案；制定一系列规则、任务和预期；把这个落实到书面上，并且同高级管理者一起经常性地对其进行审核、修订。

撰 稿 人：Rich Borchelt

另请参阅：Audiences for Science；Crisis Communication；Evaluation of Science Communication；Framing and Priming in Science Communication；Public Relations and Science

参考文献

[1] BORCHELT R E. Communicating the future：Report of the research roadmap panel for public communication of science and technology in the twenty-first century [J]. Science Communication，2001，23（2）：194–211.

[2] GRUNIG J E，GRUNIG L A. Guidelines for formative and evaluative research in public affairs [M]. Gainesville，FL：Institute for Public Relations，Commission on PR Measurement and Evaluation，2001.

[3] NISBET M C，MOONEY C. Science and society：Framing science [J]. Science，2007，316（5821）：56.

String Theory 弦理论

弦理论假设物质的基本构造不是像科学家先前所认为的点粒子，而实际上是微小的振动的弦。物质由原子构成，而原子由质子、中子和电子构成。质子和中子由称为夸克的亚原子粒子构成。根据弦理论，每个基本粒子都由具有特定振动模式的弦构成。弦理论被媒体广为报道，并且因其是振动的弦的“宇宙交响乐”说法和理论需要的额外维度而俘获了人们的想象力。

弦理论不仅解释了物质的基本构造，而且还解决了物理学两大理论——广义相对论（在非常大的尺度上十分精确）和量子理论（在非常小的尺度上十分精确）之间的冲突。弦理论能够为物理学提供一个统一的理论，如果弦理论是正确的，那么它将从根本上改变我们对宇宙的理解。然而，还有很多怀疑主义者，并且在弦理论被接受为真正的“万物理论”之前还有很长的路要走。

爱因斯坦的广义相对论

1905 年，爱因斯坦（Einstein）提出了狭义相对论，该理论认为所有的匀速运动都是相对的，物理学定律在所有的参照系中都是一样的，无论你处于静止状态还是以恒定的速度在移动。然而，狭义相对论只适用于一种特殊的情况——观察者彼此之间以恒定的速度在移动。1916年，爱因斯坦把他的理论扩展为广义相对论，该理论纳入了加速运动和重力。该理论统一了狭义相对论和牛顿（Newton）的万有引力定律。爱因斯坦断言空间和时间形成一个单一的连续体，并且他把重力看作空间－时间几何的一个属性。于1919年日食期间开展的测试证明了爱因斯坦理论的正确性。

广义相对论在非常大的尺度上（天文级别）是十分精确的，但是当试着把它用于非常小的尺度（超微级别）时，它就落败了。为了描述非常小的尺度上的事物，科学家需要量子理论。

量子理论

量子理论于20世纪20年代首次提出，是用来解释宇宙的微观特性的。1923年，法国物理学家路易·德布罗意（Louis de Broglie）假定爱因斯坦对光提出的波粒二象性还适用于物质，并且所有的粒子都有波的特性。贝尔电话公司实验室（Bell Telephone Company Laboratories）的实验物理学家通过展示电子形成干涉图像（这是波的一个特性）的实验证实了德布罗意的理论。

1926年，德国物理学家马克斯·玻恩（Max Born）断言电子波必须从概率方面来理解。他认为在具有高震级的波的一些点上更有可能发现电子，而在具有低震级的波的一些点上不太可能发现电子。这意味着在基础层面上，物质必须以概率的方式进行描述，而不是以经典物理学的绝对方式进行描述。因而，科学家只能预测一个物理学问题的可能后果，而不是哪种后果将会真的发生。

很多科学家，包括爱因斯坦，对量子理论的意义深表担忧，但是一个又一个实验证实了这个理论。然而至于是什么决定了一个特定粒子遵从特定路径的原因还没有共识。对此的澄清直到20世纪40年代才出现，当时美国物理学家理查德·费曼（Richard Feynman）对英国物理学家保罗·狄拉克（Paul Dirac）早在20世纪30年代提出的观点进行了扩展，他认为每个粒子实际上从其起始位置到终止位置同时遵循每一种可能的轨迹。他说在所有的路径中，除了一个之外都彼此抵消，以至于我们真正看到的轨迹是牛顿运动定律所预测的那一个，这也是为什么日常物品似乎遵循了一个可预测的轨迹。

虽然费曼的假定似乎有些离奇，德国物理学家维尔纳·海森堡（Werner Heisenberg）提出了一个更加惊人的主张，测不准原理是量子理论的标志性特征。1972年，海森堡声称人们不能同时知道一个粒子的位置和速度，只能精确地知道二者之一。换句话说，你对其中一个测得越精确，对另一个进行测量所获得的结果就越不精确。这个测不准原理引起了一种称为量子隧穿的效应。当你向一堵墙投掷橡皮球的时候，你期望它可以反弹回来。然而，根据量子隧穿效应，组成这个球的粒子的微小的概率波实际上穿过了墙面。这意味着虽然这个概率非常小，但是投向一堵墙的橡皮球实际上直接穿过了墙面而非反弹回来发生的概率不是0。

量子理论看起来很棒，因为它在数学上是合理的，并且被认为是非常精确的。到1928年，科学家已经计算出了决定量子理论的大多数方程和规则，并且能够利用这些方程和规则在微观领域做出异常精准的预测。然而，当科学家尝试着把量子理论与广义相对论结合的时候，他们发现这两个理论（二者在各自领域都异常精确）是根本不相容的。

冲　突

广义相对论在非常大的尺度上有效，但是当尝试着把它用于较小的领域时，它开始不适用了。根据广义相对论，如果在空间的某一特定部分中没有质量，那么这个空间将是平坦的，并且不管把它缩放到什么程度它仍将是平坦的。然而，当进入微观领域的时候，量子理论使事情发生了变化，因为万物都受到量子涨落的影响。所以虽然广义相对论表明真空空间的引力场为 0，但是量子理论表明虽然其平均值为 0，但其真实值则因为量子涨落而上下起伏，焦点变得越狭窄，涨落越大。因而，除了对最小尺度进行研究的时候，时间 - 空间结构似乎是平坦的。这两个根本理论之间未解决的争议导致了对自然更深层次理解的探索，以及对能把二者结合起来的理论探索。

统一和万物理论

1984 年，美国物理学家迈克尔・格林（Michael Green）和约翰・施瓦兹（John Schwartz）把弦理论作为一个可能的解决方案。根据弦理论，宇宙真正的基础成分是微小的，一维的振动弦。弦的长度非常小，比一个原子核小一万亿亿倍。每个基本粒子（夸克、电子等）由以特定方式振动的弦组成，而粒子的属性（质量和电荷）由特定的振动模式决定。

在第一次弦理论革命期间（1984—1986 年），弦理论吸引了很多科学家，并且似乎能够解决广义相对论和量子理论之间的冲突，进而将这两个伟大的理论结合。然而，为了结合量子理论和广义相对论，弦理论需要额外的空间维度。为了让弦理论发挥作用，除三个空间维度（长、宽、高）和一个我们所感受到的时间维度之外，还需要至少 6 个空间维度。这意味着宇宙共有 10 个维度，有些科学家表示难以置信。

到 20 世纪 80 年代末，科学家对弦理论的兴趣渐渐消失。科学家发现决定弦理论的精确方程异常困难，并且只能提供近似方程的近似解。这个近似解不能充分地回答很多根本问题，并且进展特别缓慢。弦理论也分裂成了五个不同的版本，进展更加缓慢。很多物理学家感到沮丧，并且放弃了弦理论研究，转向了其他研究领域。

1995 年，科学家对弦理论的兴趣再次膨胀，当美国物理学家爱德华・威滕（Edward Witten）发现了把弦理论的五个版本统一起来的方式之后，弦理论的第二次革命到来了。通过对这五个版本的结合，科学家能够比单独地利用这五个中的任何一个更好地回答一些问题并且揭示弦理论的特征。威滕还发现对 10 个维度的原有计算是错误的，事实上，还需要一个空间维度，总共达到 11 个维度。科学家仍然在深入地研究弦理论，有些科学家认为在成为真正的“万物理论”上有着巨大的希望。

批判和替代性理论

自从弦理论问世以来，很多著名的评论家提出了反对意见。大多数批评性观点的核心是弦理论用了太长的时间来研究（科学家已经在这方面用了 20 多年时间），以及这个理论没有做出能够在试验中进行测试的确切预测。这种批评认为科学家可能永远不能真正地证明弦理论正确与否，因为它尚未做出任何能被证明或者反驳的预测。有些批评甚至认为弦理论根本不是科学，以及它实际上让物理学家远离了更重要的科学研究。

虽然批评似乎有些道理，但是科学家能够寻找支持弦理论的间接证据，并且将用大型强子对撞机（Large Hadron Collider，LHC）来进行研究，它是全球最大的能量最高的粒子对撞机，位于瑞士日内瓦附近的欧洲核子中心（Europe's CERN）。超对称性是大多数当前弦理论版本的关键特征。它表明每个粒子都有一个较重的伴粒子，科学家希望利用大型强子对撞机可以找到这种对称性的粒子。弦理论家也希望通过大型强子对撞机探测到弦理论预测的某些额外维度。

目前，弦理论的最主要替代理论是圈量子

引力理论，该理论认为宇宙由不能被再分成更小的任何东西的小块组成。圈引力源于广义相对论，而弦理论源于量子理论。和弦理论一样，圈引力也没有被实验所证实，并且也面临着很多批评。

虽然弦理论似乎能够解释物质的基本构造，并且可能把物理学的广义相对论和量子理论两大理论统一起来，但是在成为科学家一直在寻找的大一统理论之前，弦理论还有很长的路要走。不可否认，它已经抓住了大众的想象力。

撰稿人：Amelia A. Williamson

另请参阅：Einstein，Albert；Feynman，Richard；Particle Accelerators

参考文献

[1] GREENE B. The elegant universe：Superstrings，hidden dimensions，and the quest for the ultimate theory [M]. New York：W. W. Norton，1999.

[2] GREENE B. The fabric of the cosmos：Space，time，and the texture of reality [M]. New York：Knopf，2004.

[3] GRIBBIN J. The search for superstrings，symmetry，and the theory of everything [M]. Boston：Little，Brown，1998.

[4] HALPERN P. The great beyond：Higher dimensions，parallel universes，and the extraordinary search for a theory of everything [M]. Hoboken，NJ：Wiley，2004.

[5] MUSSER G. The complete idiot's guide to string theory [M]. New York：Penguin，2008.

[6] PEAT F D. Superstrings and the search for the theory of everything [M]. Chicago：Contemporary Books，1988.

Superconducting Super Collider 超导超级对撞机

超导超级对撞机（Superconducting Super Collider，SSC）原本能成为全球最大且最昂贵的粒子加速器。1983 年 7 月，美国能源部（U.S. Department of Energy，DOE）批准了建立对撞机的方案。10 年之后，建成了长约 24140 米（15 英里）的隧道并花掉近 20 亿美元。尽管高能物理共同体进行了大量的游说工作，但国会（Congress）还是取消了这个项目。日益增加的费用，对管理不善的指控，新的美国总统上任，未能吸引到国际伙伴，苏联的解体等原因导致了该项目的终止。然而，有些科学家把该项目的终止阐释为美国公众和政客对科学怀有敌意的证据。因为超导超级对撞机对科学家在公众的科学态度的认知上产生的影响，以及作为涉及大科学的广泛政治游说、媒体在科学共同体内发表异议的作用和公众抗议群体就科学设施选址所采取的行动的一个案例，所以从科学传播的视角来看，超导超级对撞机的案例非常有意义。

超导超级对撞机将用超导磁铁来加速一个周长约83686米（52英里）的隧道中来自相反方向的两束质子。磁铁的线圈的尺寸和强度意味着在发生撞击之前每束质子的能量将达到20万亿电子伏，从而使得撞击能量比现有的加速器高一个数量级。撞击产生的能量将被转换为以前未被观测到的亚原子粒子。特别是，物理学家希望探测到希格斯玻色子—— 一个根据理论把电磁力和弱作用力结合起来的例子——如果做不到这一点，就要找到新的意想不到的物理领域。

美国应该建造一个能够探测这种高能量的新的加速器的想法由费米实验室（Fermilab）主任利昂·莱德曼（Leon Lederman）于1982年在科罗拉多州斯诺马斯举办的一个美国粒子物理学家会议上首次提出。莱德曼早期曾对一个类似的名为非常大的加速器的类似加速器的国际方案有所贡献。像一位物理学家所说的那样，这个项目象征着“跨意识形态领域的国际合作”。相反，这个新的提议，被莱德曼称为“Desertron”，是一个旨在让美国获得竞争优势的国家主义项目。虽然莱德曼仍然谈论国际合作，但是Desertron将位于美国本土，并且让美国在粒子物理学领域“领跑世界”。

当欧洲核子中心（Europe's CERN）在1983年6月宣布发现了$W^{\pm}$和Z矢量玻色子的时候，美国引领高能物理的决心成型了。能源部的高能物理咨询委员会（High Energy Physics Advisory Panel，HEPAP）建议应该开始Desertron的工作（现已更名为超级超导对撞机并耗资20亿美元），而不是继续当时在布鲁克海文国家实验室（Brookhaven National Laboratory）建设的较小加速器的工作。虽然决定放弃较小的交叉存储加速器（Intersecting Storage Accelerator）——伊莎贝尔（ISABELLE），让承担执行方案起草任务的高能物理咨询委员会的子委员会产生了分歧，但是《纽约时报》（*New York Times*）开展的调查显示物理学家普遍赞成这个新加速器的提议。

然而，报道对超导超级对撞机表示支持的《纽约时报》文章中也预测到了未来的冲突。物理学共同体内部的分歧很快就在《今日物理》（*Physics Today*）这份杂志有时激烈的辩论中变得明显起来。都获得了诺贝尔物理学奖（Nobel Prize in Physics）的利昂·莱德曼和谢尔登·格拉肖（Sheldon Glashow）通过诉诸粒子物理学的本质来证明超导超级对撞机的合理性，他们认为物质的结构是所有现象的基础，因而粒子物理学影响所有的其他科学。其他物理学家则认为对物理学的“小科学”方法更有效率，并且向把宗教激进主义的吸引力作为前提的还原主义观点发起了挑战。在批判者中，最直言不讳的是另一个诺贝尔奖得主，普林斯顿大学（Princeton University）的理论物理学家菲利普·安德森（Philip Anderson），他公开表示粒子物理学不仅与现实生活无关，而且与其他科学也无关，同时他还认为这个项目将导致其他科学领域财政支持的流失。

1987年，在里根（Reagan）政府于1月批准开展这个项目之后，媒体对超导超级对撞机的兴趣大大增加，现在它将耗资44亿美元。尽管某些高级政府官员因为感觉对撞机的费用过于昂贵而反对这个项目，但是能源部用这个项目的优势说服了总统。在里根的总统任期内，他成了联邦政府资助那些可以被作为国家至高无上象征的巨型项目的一个狂热分子。与战略防御计划（Strategic Defense Initiative）以及空间站（Space Station）一样，作为全球最大的加速器，超导超级对撞机将通过表明美国的技术优势来服务于里根的“冷战”政策。

有了总统的批准，能源部宣布开始选址。受到提供4500个新的建筑工作岗位和2500个永久职位的承诺的诱惑，企业领导和政客把超导超级对撞机看作是刺激萧条区域经济的手段。批判者抱怨说这个项目是《新共和》（*New Re-*

public）杂志所说的“分肥项目”政治的典型案例。联盟中有一半的州都提交了申请，申请书的总重量达到3吨。已经是费米实验室粒子加速器所在地的伊利诺伊州被广泛地认为是该项目的领跑者，但是其他州也着手提高自己的配置。亚利桑那州以29万美元的价格获得了参与一个顶级游说公司6个月的资格。纽约州的300万美元竞价包括把阿迪朗达克（Adirondacks）吹捧为粒子物理学家的天堂的一个保险杠贴纸[①]和一个小册子。一个太空狂热分子甚至提议把该加速器放到太空中，这个提议被能源部立即否决了，因为它无法满足所有的标准。

在选址进行的同时，该项目还面临着新形式的反对：不想让他们的家园和农田被征用或破坏的当地居民。媒体中报道的关于赢得超导超级对撞机的州还将成为能源部正在选址的核废料存储场的谣言，以及对加速器将产生低强度辐射的担心进一步助长了人们的担忧。在几个州中，居民组成了“公民反对在此建设对撞机”（Citizens Against the Collider Here，CATCH）分部。该组织部分分部的成员包括以地质评估和环境评估为基础而转发观点的科学家和工程师。在纽约州韦恩郡被作为8个入围场所之一后，该组织在这个地方变得异常活跃。州长库默（Cuomo）通过向5万个家庭邮寄简讯的形式对此做出了回应，以图争取支持。两周后，他屈膝投降并且退出了竞争。

1988年11月10日，在乔治·H.W.布什（George H. W. Bush）当选总统两天后，能源部宣布超导超级对撞机将建在沃克西哈奇，这是得克萨斯州埃利斯郡一个有1.8万人口的小镇。该地位于达拉斯以南约40233米（25英里）处，石油经济的崩溃使得该区域受到了严重的打击。得克萨斯州参议员费尔·格兰姆（Phil Gramm）是一份控制联邦开支近期法案的共和党共同作者，他把自己对预算约束的坚持置于一旁，转而庆祝沃克西哈奇的当选。格兰姆声称超导超级对撞机将带来一次高新技术的经济繁荣。《达拉斯晨报》（*Dallas Morning News*）也对沃克西哈奇的当选欢欣鼓舞，声称它将给该区域带来数百万人，并且每年将推动当地经济增长3亿美元。

然而，地址的确定意味着来自其他州国会议员的支持会减少。伊利诺伊州参议员阿兰·迪克森（Alan Dixon）抗议对撞机应该到后任总统收养之州的决定依据的是“政治考虑而非价值考虑”。能源部部长约翰·赫林顿（John Herrington）坚持认为这个决定实际上是由科学家顾问委员会做出的，并且沃克西哈奇满足了所有要求的标准。从地质上来说，这个区域柔软却坚强的泥灰土会让隧道的建设相对容易，更重要的是，得克萨斯州是唯一一个提供10亿美元的费用以支持该项目的州。

1990年，得克萨斯州开始征集1.6万公顷土地赠予该项目，包括大约150座房屋和整个博兹社区，这里将成为实验室建筑的所在地。次年，该项目开始动工。

虽然国会和白宫都在原则上批准了超导超级对撞机，但是国会仍然需要每年都对该项目的预算需求进行审批，并且高能物理学家常常出现在国会委员会面前对超导超级对撞机的建设提出需求。重新设计导致预估费用稳步地上升到1989年的59亿美元和1991年的82.5亿美元。尽管费用持续攀升，但是当局就国外为这个项目提供的经费保证有助于确保这个时期国会投票获得较大支持。然而，1992年早期，紧随着苏联的解体，一个纯国家主义项目的吸引力进一步下降，没有任何外国协助的消息被泄露出来（期间与日本进行过旷日持久的谈判）。随着美国深深地陷入经济危机中，以超导超级对撞机的1/3费用来自非联邦政府渠道为条件而通过了1990年预算的众议院（House of Representatives）投票出台修正案，

① 汽车保险杠贴纸是一小块纸或塑料，上面有文字或图片，专为贴在汽车后座而设计。——译者注

决定终止该项目。

尽管众议院投票反对超导超级对撞机，但是参议员的支持占了上风，并且批准了预算。然而，当比尔·克林顿（Bill Clinton）于 11 月当选总统的时候，该项目失去了布什当政期间曾经提供的猛烈游说。这次选举也削弱了得克萨斯州国会代表团的势力，超导超级对撞机成为新当局表示平衡预算的意图的一个高调目标。1993 年 6 月，众议院再次投票终止该项目，这次他们获得了更大的优势。

在这个时候，该项目还受到了管理不善的指控。在众议院投票后的几天内，媒体广泛报道了众议院能源和商务监督和调查小组委员（House Energy and Commerce's Subcommittee on Oversight and Investigations）的一份报告，该报告得出结论说运行这个项目的财团，大学研究协会（Universities' Research Association）不能管理这个账户。随着对这个项目的担心不断增加，能源部试图寻求更大的控制，因而加剧了同管理这个项目的物理学家的张力。到 1993 年，超导超级对撞机的实验室主任、物理学家罗伊·舒维特（Roy Schwitters）和能源部项目主任约瑟夫·西普里阿诺（Joseph Cipriano）不再往来了。当《纽约时报》对舒维特的一个随意性评论报道后，二者的关系恶化了，他把能源部的管理不善描述为"C 等生的复仇。"

随着国会的支持开始衰退，超导超级对撞机的倡议者参与了公关攻势中。国家超导超级对撞机协会（National Association for the Superconducting Super Collider）安排了一个多达 7 名获得诺贝尔奖的物理学家出席的新闻发布会。利昂·莱德曼和理论物理学家史蒂文·温伯格（Steven Weinberg）都撰写了有关粒子物理学的大众科学图书，以作为对超导超级对撞机的抗辩。超导超级对撞机的其他支持者对对撞机可能产生的副产品做出了不切实际的主张，其中一个国会议员声称高能研究将产生"病毒，甚至可能是艾滋病的治疗方法。"

然而，所有的游说都无济于事。虽然参议员继续支持该项目，但是这次众议院拒绝屈服。1993 年 10 月 21 日，国会同意该年度的预算安排用于终止这个项目。合约被取消，隧道被回填。沃克西哈奇的场地被赠予郡当局，并最终被出售、废弃。

对于很多物理学家来说，他们认为超导超级对撞机的终止是公众中反科学态度不断增加的一个证据。受到他宣传超导超级对撞机经历的推动，温伯格加入众所周知的科学战争中，向他认为损害了公众对科学信心的科学社会学家和其他批评人士提出批判。莱德曼也认为超导超级对撞机的终止是一个更大的问题的征兆。在 1994 年一封致同行物理学家的公开信中，他把这个项目的终止归因于他认为来自很多渠道的"令人担忧的反科学、反理性情绪"。他敦促科学共同体对那些能促进公众理解科学的项目进行投资，通过媒体、电影，甚至是利用"谷物包装盒"和"麦当劳的餐垫"向公众"宣传科学"。莱德曼自己为一个有关虚构的实验室主任的电视连续剧筹集了 15 万美元。这个电视剧从未被生产出来。同时，超导超级对撞机在《得克萨斯州之洞》（*A Hole in Texas*）这部由赫尔曼·沃克（Herman Wouk）在 2004 年撰写的小说中确实实现了一个虚构的来世。

当欧洲核子中心在 2008 年启动新的大型强子对撞机（Large Hadron Collider）的时候，人们还记得超导超级对撞机。美国媒体把这台欧洲的机器比作超导超级对撞机，指出美国的对撞机可能会产生更高的能量，而高能物理学家则利用这个机会来哀叹美国粒子物理学的衰落，他们把这归因于超导超级对撞机的终止。

撰 稿 人：Felicity Mellor

另请参阅：Big Science；Cold War Rhetoric；Particle Accelerators

参考文献

[1] Kevles D J. The death of the Superconducting Super Collider in the life of American physics. The physicists：The history of a scientific community in modern America [M]. 2nd ed. Cambridge，MA：Harvard University Press，1997：ix–xlii.

[2] LEDERMAN L M. An open letter to colleagues who publicly opposed the SSC [J]. Physics Today，1994：9–11.

[3] Riordan M. The demise of the Superconducting Super Collider [J]. Physics in Perspective，2000，2：411–425.

[4] RIORDAN M. A tale of two cultures：Building the Superconducting Super Collider，1988–1993 [J]. Historical Studies in the Physical and Biological Sciences，2001，32（1）：125–144.

[5] WEINBERG S. Dreams of a final theory [M]. New York：Vintage，1994.

Superfund 超级基金

超级基金这个名称起初指代的是《综合性环境反应、赔偿与责任法案》（Comprehensive Environmental Response，Compensation and Liability Act，CERCLA）所设立的修复信托基金。在吉米·卡特（Jimmy Carter）总统任期的最后几周,《综合性环境反应、赔偿与责任法案》于1980年12月11日由即将卸任的国会（Congress）通过。“超级基金场地”这个短语指的是那些含有有害物质并且被企业或者政府机构所抛弃的地方，其中包括垃圾填埋场，废弃矿井，老旧生产基地，甚至是以前的军事综合体。通常，一个地点可能有数百个“潜在的责任方”，因而使得协调工作非常困难，如垃圾填埋场的案例。一个单独地点的修复可能需要数年且花费数百万美元。

超级基金活动通常在环境新闻中是主导性的话题，并且理由充足。根据公共廉政中心（Center for Public Integrity）对这些场所的分析和2000年对美国人口普查数据显示，近一半的美国人口居住在距离环保局（Environmental Protection Agency，EPA）所列的活跃的或者提议的超级基金场地约16093米（10英里）之内。然而今天，这些并不是真正的“基金”，更不是“超级”基金了。支持这项努力的税收已于1996年过期，并且信托基金也于2003年把钱花光了。如今，用环境保护局超级基金网站的话来说，“超级基金”仅是指用来处理“废弃的危险废物地点”的更广泛的项目。

从1980年开始，这个基金由联邦消费税（价值附加）提供经费，每42加仑（约159升）一桶的汽油课税0.72美分，每吨4.82美元的化工原料课税22美分（共有42种原料被课税；税负最高的是二甲苯，它是一种工业酒精）。多年来，这个名单有所扩展，并且税负有所增加，最高的时候是 1986 年，达到每桶美国产原油课税 8.2 美分，每桶进口石油制品课税 11.7 美分。在一场国际贸易申诉之后，这个税额变为每桶 9.7 美分，而不管其来源。这相当于每加仑（3.785 升）汽油课税不多于 0.33 美分。

国会的动机十分明显。《综合性环境反应、赔偿与责任法案》在拉夫运河崩溃之后被签署为一项法律。拉夫运河是很多危害公共健康的危险废物地点中最臭名昭著的一个。但是没有专门解决这个问题的联邦法律。收拾残局的工作被留给了州政府，但是州政府没有开展这些工作的技术资源或经费资源。《综合性环境反应、赔偿与责任法案》让环保局命令责任方“修复”这些危险地点或者环保局自己进行修复，然后向责任方索赔。

修复，不是清理

修复通常被认为是一种清理。但是什么程度才算是干净？通过简单地把人们转移走以降低人们对危险的接触又如何呢？也许可以通过购买他们房屋的方式以让他们离开。这正是在拉芙运河和密苏里的时代海滩的问题上所采取的措施，该海滩被用来控制尘土飞扬土路的润滑油中的多氯联苯污染。但是哪个地点、什么污染物应该首先被清理？哈德逊河河底中沉积的多氯联苯（人们可以不吃污染的鱼类，但是却会损害旅游业，并且对人口密集区域的环境具有未知的影响）还是蒙大拿州利比市传播透内石（一种石棉）并让很多人生病的蛭石矿？那么很多小公司呢？他们宣称自己是负责任的一方（因此有责任支付清理费用），因为他们的部分废物可能会终结于不安全的填埋场中，也许因为他们自己也会被废物运输公司欺骗。

从一开始，这个议题，以及新的里根（Reagan）政府对环保费用公开的敌意，让这个法律在执行时步履蹒跚。截至 2008 年 3 月，根据环保局自己的计算，超级基金只把超级基金国家优先列表上列出的 1581 个地点中的 324 个修复到可以从名单中消除的程度。在 2007 年中期，环境保护局又把 700 多个地点列为“建造完成”。也就是说，物理清理体系都已到位，直接威胁都被消除了，并且所有的长期威胁都得到了控制，但是并不是所有给定地点的修复目标都达到了。有些“建造完成”地点只有在某些用途方面被认为是安全的。

超级基金如何运作

超级基金场所可以被各方发现，包括记者，受影响的公民，州立机构和环保局地方办公室的工作人员。一旦被发现，这些场所就会被列入综合性环境反应、赔偿与责任信息系统（Comprehensive Environmental Response，Compensation，and Liability Information System，CERCLIS），环保局电脑化的清单中。尤其场所能被环保局之外的其他权威机构所修复。环保局认为，社区参与，强制执行和应急响应在这个过程中随时可以出现。超级基金项目由位于华盛顿特区的环保局的固体废物与应急反应办公室（EPA’s Office of Solid Waste and Emergency Response，OSWER）执行。在固体废物与应急反应办公室中，应急管理办公室（Office of Emergency Management）处理短期的应急响应，超级基金修复与技术创新办公室（Office of Superfund Remediation and Technology Innovation）管理超级基金国家优先列表上的场所，固体废物与应急反应办公室中的联邦设施响应与再利用办公室（Federal Facilities Response and Reuse Office）负责监管工作。环保局把《综合性环境反应、赔偿与责任法案》的权威概括为设立涉及关闭的和抛弃的有害废物场所的禁令和要求，提供对在这些场所释放有害废物负责人的责任，并且设立信托基金以便在找不到责任方的时候进行修复。

该法授权解决释放的短期移除，或者需要立即响应的受威胁的释放（如近乎灾难性故障的一个泄露的废水池），以及用环保局的话来说，源于有害物质释放的“永久且显著地”减轻风险的更常见的长期行动，虽然这些有害物质的释放很严重但是不被归为“立刻的生命威胁”。这些行动只能在环保局超级基金国家优先列表上的场所中开展。《综合性环境反应、赔偿与责任法案》还对国家意外事故计划（National Contingency Plan）进行修订，该计划对需要立即响应的危害物质的释放，以及受到威胁的释放提供指导，并且设立超级基金国家优先列表。

让一个场所出现在超级基金国家优先列表并不容易。这些场所通过名为灾难分级系统（Hazard Ranking System，HRS）的程序评定彼此的等级并且对现有场所的规格评定等级。这个系统考察的是污染物、它们潜在的扩散能力，以及危害人类社群的可能性。灾难分级系统是一个利用来自最初的，有限的调查（初步评估和场所检测）的信息来评估给人类健康或者环境带来威胁的场所相对潜力的一个打分的筛查系统。环保局官方的超级基金网站发布消息“数以万计”的场所被进行了评估。环保局设计了一个修复的方案，对工作进行监管（或者亲自做这项工作），并确认最终的安全水平。环保局还在需要立即采取行动的地方进行应急的清除行动；寻找潜在的责任方；请求社区和国家参与。

在这种情况下，环保局遵循国家石油和危险物质污染一致性计划（National Oil and Hazardous Substances Pollution Consistency Plan），一组适用于对危险物质释放做出反应的所有联邦机构的规章。任何个人或者机构都可以请求环保局利用初步评估申请（Preliminary Assessment Petition）开展初步的评估（在环保局超级基金网站上有PDF版的文档，见附录B）。

一个重要的方面是灾难分级系统并不决定经费的优先权；被采集的用来决定灾难分级系统的信息不足以决定污染的程度或者对特定场所的恰当响应。同样，如环保局指出的那样，得分最高的场所并不必然首先获得环保局的关注。那将要求停止应变措施已经开始的现场工作。环保局依靠补救调查/可行性研究中通常延续初始名单的更细节的研究。

自1997年以来，环保局每年召集两次国家风险优先小组（National Risk-Based Priority Panel）（由来自10个区域的技术代表组成）会议，以决定哪个场所需要即刻的经济关注。这个会议对公众是封闭的，来自这些会议的场所名单“在执行上是保密的”，并因而不受联邦《信息自由法案》（Freedom of Information Act）的限制。灾难分级系统对与以现场情况为基础的风险相关的因素赋予数值。这些因素被分成了三个类别：①一个场所向环境中释放或者有可能释放危险物质的可能性。②毒性和废物的数量。③受到释放所影响的人和敏感的环境。

在灾难分级系统下，四种不同的途径也可以被赋予分值，如地下水迁移、地表水迁移、土壤位相和大气迁移。在对这些途径的分数进行计算之后，利用一个公式把它们结合起来以决定场所的总体分数。在这个程序下，即使只有一个途径的分数很高，这个场所的分数也会很高。这是重要的，因为有些极度危险的场所只通过一种途径带来威胁。

历　史

联邦法律起初是由国会议员詹姆斯·佛罗里奥（Congressman James Florio，D-NJ）的工作人员起草的。它仿照的是新泽西州的超级基金法律，该法律已经运行好几年了。新泽西州这部法律的主要起草者是格伦·鲍尔森（Glenn Paulson）博士，他于1974—1979年担任新泽西州环境保护部（New Jersey Department of Environmental Protection）的科学事务助理专员，后来成为美国奥杜邦学会（National Audubon Society）的一个高级雇员。鲍尔森对新泽西的环保人士说正是他的政策让尽可能多的新泽西场所被列入超级基金国家优先列表中，以便联邦政府，而非州政府，能够对修复买单。当然，因为新泽西是很多化工厂和制药厂的所在，并且因为这里是全国人口最稠密的州，所以灾难分级系统以州政府的“偏好”开展工作。到 2008 年，新泽西共有 115 个场所入选到名单中，超过其他任何一个州。相反，另一个化工活动和炼油活动的中心——路易斯安那州，只有 11 个场所入选。

根据联邦环保局的超级基金网站显示，历史上大约有 70% 的超级基金清理工作由相关的责任方支付费用。然而，有些时候清理工作的费用并不是由责任方承担的，因为找不到责任方或者它们无法支付。环保局的数据表明，在《综合性环境反应、赔偿与责任法案》通过的最初 5 年里，共收集了 16 亿美元。1995 年财政年度是美国财政部（U.S. Treasury）征收超级基金税的最后一个完整年度。到 1996 年财政年度年底，投资信托基金的余额是 60 亿美元，但是自从该基金被耗尽了之后，对“孤儿”场所的资助需要来自其他基金，特别是国会的拨款。

在 2007 年的《日渐缩减》(*Wasting Away*) 报告中，公共廉政中心发现与 1995—2000 年的前 6 个财政年度相比，来自公司对场所清洁的偿还款降低了一半。在 1998 财政年度到 1999 财政年度的巅峰期，超级基金的信托基金每年达到 3.2 亿美元。

因为对来自信托基金的钱分配于何处的决定是由环保局总部决定的，所以当赔偿费用进入信托基金中的时候，环保局官员无法保证这些钱将支付给哪些场所。超级基金经费不足，此时特别账户使得那些场所的修复工作得以进行，但是很多场所的启动工作完全没有经费支持。截至 2007 年，超级基金国家优先列表上大约有 400 个场所没有可以对修复进行起诉的已知责任方。

撰 稿 人：Steven S. Ross

另请参阅：Environmental Journalism；Environmental Justice；Environmental Protection Agency, U.S.；Love Canal

参考文献

［1］KLUCAS G. Leadville：The struggle to revive an American town［M］. Washington，DC：Island Press，2004.

［2］SCHNEIDER A，MCCUMBER D. An air that kills：How the asbestos poisoning of Libby，Montana，uncovered a national scandal［M］. New York：Penguin，2005.

［3］U.S. Environmental Protection Agency. Superfund：Cleaning up the nation's hazardous wastes Sites［EB/OL］. www.epa.gov/superfund/index.htm.

Surgeon General, U.S. 美国卫生局局长

美国卫生局局长（U.S. Surgeon General）充当"国家的医生"、有关美国公共卫生和预防医疗问题的首席发言人和公共倡导者的角色，因而经常出现在有关争议性公共卫生话题的媒体报道中。这个人由美国总统任命，任期是四年，并且由美国参议院（U.S. Senate）确认。

美国卫生局局长的职位被今天的很多美国人所熟知，这在一定程度上得益于 1964 年卫生局局长有关吸烟与健康的报告。但是，卫生局局长的历史和作用可以追溯到 1978 年，当时国会（Congress）认为国家的经济利益与在商船上工作的海员的健康和医疗状况紧密相关，因而建立了广为人知的海军医院服务部（U.S. Marine Hospital Service）。

1870 年，把松散的海军医院服务部重现新整合进一个全国医院体系导致了监管外科医生（后来称为卫生局局长）的产生以对其进行管理。海军医院服务部后来被称为美国公共卫生署（U.S. Public Health Service）。

自从约翰·梅纳德·伍德沃德（John Maynard Woodward）于 1871 年被任命为第一任监管外科医生以来，美国卫生局局长的作用发生了巨大的改变。早期的卫生局局长把公共卫生服务的范围扩展到了照顾商船船员之外，还处理广泛的公共卫生议题，如传染病和农村环境卫生。例如，第二任监督卫生局局长约翰·B. 汉密尔顿（John B. Hamilton）任期在很大程度上先后被 1878 年的黄热病和 1892 年的流行霍乱所影响，并且汉密尔顿的大部分工作都是处理围绕着隔离检疫的话题，这种实践遇到了一些阻力，至少部分原因是它涉及联邦政府的干预。卫生局局长办公室还积极地关注媒体效果问题，如接触电视暴力对儿童的影响。

因为他们的知名度和对预防措施、公共卫生的承诺，卫生局局长不会不知道争议性话题，他们通常会发现自己面临着政治反对和公共舆论。1929 年，第五任卫生局局长休·S. 卡明（Hugh S. Cumming）断言说吸烟会引发紧张和失眠，1957 年 6 月 12 日，卫生局局长勒罗伊·E. 伯尼（Leroy E. Burney）强调他自己的角色是公共卫生的倡议者，并且成了宣布吸烟引发肺癌的第一位联邦政府官员。1964 年 1 月 11 日，伯尼的继任者卢瑟·L. 特里（Luther L. Terry）发布了第一份获得广泛公众关注和媒体关注的报告《吸烟与健康：咨询委员会对卫生局局长的报告》(*Smoking and Health*: *Report of the Advisory Committee to the Surgeon General*)，这份报告由私人保健医生和公共卫生从业者的联盟公众撰写，并最终使得国会出台法律，要求香烟包装上标明健康警示语。几十年里随之而来的卫生局局长报告促进了该办公室抵制烟草的努力，并且这些努力如今仍在持续。

吸烟仅是卫生局局长所承担的争议性话题之一。如于 1936—1948 年担任卫生局局长的小托马斯·帕伦（Thomas Parran Jr.）忽视了社会禁忌并且开展了一场抵制性病的运动。帕伦还是国家健康保险的一个坚定的倡导者，这个议题几十年来一直是具有争议的。另一个案例就是于 1948—1956 年出任卫生局局长的莱纳德·A. 舍勒（Leonard A. Scheele）于 1951 年发布了一项要求在公共用水中添加氟素的建议，他号召进行数十年的研究。这一举措强化了卫生局局长作为公共卫生倡导者的作用，但是氟化的问题仍然饱受争议。

虽然卫生局局长对公共卫生的总体贡献非常重要，但是不得不注意到坦斯基吉（Tuskegee）对非裔美国人的梅毒研究开始于1932年，即卫生局局长卡明任期期间。这个是美国历史上臭名昭著的滥用的医学研究案例。该研究在后续的卫生局局长任职期间仍然在继续开展，并一直持续到1972年。

认为公共卫生署（Public Health Service）的组织结构已经过时的林登·B.约翰逊（Lyndon B. Johnson）总统要求暂停这项研究。1968年，对该机构的重大重组在很大程度上降低了卫生局局长的行政职责，从而为卫生局局长成为关于国家的健康问题的更明显且更积极主动的发言人铺平了道路。有一些职责于1987年的另外一次机构变迁中进行了整合，如对由6000名公共卫生专家组成的公共卫生服务团（Public Health Service Commissioned Corps）的人员体系的监督。

非常著名的卫生局局长之一是C.埃佛莱特·库普（C. Everett Koop），他于1982—1989年出任该职务。库普的参议院确认被推迟了，因为担心他会用这个办公室来推动反堕胎议程——他不是其确认存在争议的最后一任卫生局局长，但是库普因其坦率地反烟草倡议而知名。也许更重要的是，库普成为解决艾滋病的首席联邦发言人。他撰写了1986年有关艾滋病的卫生局局长报告的大部分内容，并且被认为在将艾滋病辩论从道德问题转为公共卫生问题方面有很大贡献。然而，他的批评者也没有保持沉默。库普表示罗纳德·里根（Ronald Reagan）总统也许是被迫每天向库普“开火”。但是根据美国卫生与公共服务部（U.S. Department of Health and Human Services）提供的信息显示，库普对这些和其他议题的高知名度，包括器官移植和残疾人的权利，也许有助于让卫生局局长的角色变得更重要。

如果卫生局局长通常看到对过去的对立观点进行定位的需求，那么该办公室的政治化只会增加。在经过对保守运动认为的议题（包括堕胎权利、学校的性教育和计划生育）的争议性立场旷日持久的辩论之后，乔伊斯琳·埃尔德斯（Joycelyn Elders），于1993年9月8日被参议院确认，成为出任该职务的第一个非裔美国人和第二个女性。14个月之后，因其严肃的风格和对综合性健康教育的承诺而知名的埃尔德斯被迫辞职，因为对学校中性教育话题的争议性评论。

然后，于2002—2006年出任该职并同其他机构共同发起一项呼吁美国人更多地了解他们家庭健康历史的动议的理查德·H.卡莫纳（Richard H. Carmona）于2007年告诉众议院监督和政府改革委员会（House Oversight and Government Reform Committee）说他一再因为政治考虑而被迫弱化或取消他的公共卫生报告。乔治·W.布什（George W. Bush）当局的官员否认了这项指控，虽然前两任卫生局局长都支持卫生局局长卡莫纳的陈述，他们分别是在里根当政期间出任该职的库普，以及在克林顿当政期间和乔治·W.布什当政的第一年（1998—2002年）出任该职的大卫·萨切尔（David Satcher）。这三人都向国会委员会抱怨过他们认为的卫生局局长办公室地位的下降。他们的证词在参议院举办有关将会成为卡莫纳继任者的小詹姆斯·W.霍辛格（James W. Holsinger Jr.）的听证会前两天出现，霍辛格有争论的表态因为一篇1991年他自己担任作者的文章而被一些人认为是对同性恋怀有敌意。霍辛格否认该论文代表了他当前的思想，并且发誓说如果承受政治压力，他将辞职，但是他的任命从来没有被参议院表决。

撰稿人：Bonnie Bressers

另请参阅：Abortion；Anti-Smoking Campaigns；HIV/AIDS Prevention and Communication；Public Health Service，U.S.；Research Ethics，Overview

参考文献

[1] HARRIS G. Surgeon General sees 4-year term as compromised [N]. The New York Times，2007-07-11 (1).

[2] JEHL D. Surgeon General forced to resign by White House [N]. The New York Times，1994-12-10 (1).

[3] U.S. Department of Health & Human Services，Office of the Surgeon General：www.surgeongeneral.gov.

Surveys 调 查

对于了解公民对科学和技术了解多少，他们对科学和技术的潜在风险和受益如何看待，以及他们对新兴技术或者特定应用的研究持有什么态度而言，人群调查是非常重要的工具之一。

样本调查被界定为对地理上分散的人口进行的系统性研究，它通过采访某些特定成员的样本来试图概括总体人口的特征。在这个定义中，有两个术语是特别重要的："系统性"和"概括性"。这两个术语都适用于几乎所有类型的大规模调查，包括通过网络或者邮件开展的调查，计算机辅助电话访问调查（Computer Assisted Telephone，CATI），计算机辅助个人调查（Computer Assisted Personal Surveys，CAPI），这只是最常见的调查技术中的几个例子［更完整的概述参见唐·迪尔曼（Don Dillman）2007年的著作《邮件和网络调查》(*Mail and Internet Surveys*)］。

作为系统性数据采集的调查

系统性地研究一群人的想法是样本调查的第一个主要目标。因而，调查通常依靠标准化的问卷从众多的受访者那里采集可靠且有效的信息。在这种情境下，信度指代的是同样的工具（应用于类似的样本）会产生出一致的结果的观点。但是只有信度是不够的，如一个一致性的问卷很有可能会测试出错误的概念。因而效度就增加了第二个质量标准，它指的是问卷不仅要提供一致性，而且要确保对人们的行为、态度等进行无偏见的精确的测量。效度涉及一个问卷是否测量了其设计者打算测试的东西。

信度和效度在调查过程中与一系列因素相关。但是在建构问卷的时候，有两个方面是特别重要的：问卷的总体结构和具体问题的措辞。

在编制问卷的时候，第一个问题就是问卷的长度。如果一个调查需要很多时间去完成，那么它的未完成比例将会很高。不幸的是，倾向于不回答冗长调查的受访者并不是人口的一个随机子集。相反，他们往往年轻、比较机动且有全职工作。结果，太长的调查工具通常会产生被人口中特定人群的系统性无反应所困扰的样本，并因而会对概括性产生限制（调查结果不能轻而易举地用于完成调查的人群之外）。

第二个涉及问卷编制的问题就是问题的编排方式。结构完善的问卷通常首先问容易回答的问题，敏感性的或者让人为难的问题放在后面。调查工具中最常见的一个缺陷在于铺垫效应（或者顺序效应），从而带来某些问题会让特定的考虑（如，一项具体技术的风险或者受益）在受访者的头脑中更重要的观念，并因而影响他（她）对后面问题的回答。

当问受访者是否一项具体技术的风险会超过其益处时，这种顺序效应通常就会出现。首先，对问题的回答通常会根据铺垫效应或者通常所谓的“答题顺序效果”而产生偏见。如首先问受访者益处是否超过风险，然后以“风险超过益处”或者“风险与益处基本相当”的顺序提供回答选项所产生的结果同把“风险超过益处”作为第一个选项所产生的结果会有很大不同。可接受的回答通常是那些放在第一个选项中的答案。其次，种种形式的测量会促使受访者对几种风险和益处的相对重要性做出主观性的总结式判断。不幸的是，这种判断通常是有失偏颇的，因为人们对一个话题往往倾向于记住那些不利的信息，而非有利的信息。

除问卷结构之外，具体问题的措辞在开发有效的工具方面也是至关重要的变量。特别是，结构完善的问卷会采用避免偏见的语言和术语。这种偏见可能源于某些语言相较于其他人来说某些受访者有可能更容易理解（如更有可能被特定的种族或者受过教育的群体所理解的术语），或者有利于一开始就对科学和技术比较感兴趣或了解更多的受访者。会带来这些潜在偏见的任何措辞都会带来系统性的测量误差，因为它在人口的所有子群中没有产生同样有效的结果。

概括性的重要性

有关系统性测量误差的问题对于研究者从样本中概括出一般人群特征的能力是尤其重要的。这既是一个统计学问题，也是一个实质性问题。

从统计的角度来说，调查旨在让研究者从观察到的样本数据（如 52% 的样本支持对具体技术进行更多研究）中对未观察的人口参数（如整个人口中赞成这种研究的具体比例）做出推论。对于以概率取样（给人口中每个人被选入样本同样的、已知的可能性）为基础的调查来说，误差的范围为在样本中观察的数据同人口总体数据的接近程度，以及特定的研究人员对这种推论（通常计算为 95% 的确定性）能做什么提供了一个指标。对于上一个例子来说，± 3% 的误差范围因而意味着我们有 95% 的把握确定人群中支持更多研究的真实水平位于 49%~55%。需要注意的是，虽然在样本中发现的比例为 52%，但这并不保证大多数人都支持开展更多的研究。

但是对调查结果的概括性不仅是对统计数据的考察，特别是对像纳米技术或者干细胞研究这样的科学议题来说。鉴于社会动力学、科学复杂性和普遍认识的缺乏之间的相互作用，有些人担忧一开始就利用大规模调查来理解公众对科学和技术反应的恰当性。这些担忧通常处于下列两个对任何类型的调查都十分重要的类别之一：第一，我们要怎么处理那些对我们感兴趣的话题没有充分意识的或者知识积累的人？第二，在一个短短的调查中我们能获得一个议题的所有复杂性吗？

有关未意识到的受访者的问题不只是有关科学和技术的民意调查的问题。政治调查通常表明大多数美国公众不能精确地认出总统候选人，甚至也不能分辨出像枪械管制这样相对简单的议题。实际上，对政治和科学议题的态度形成（至少对很多公民来说）和对特定问题具体细节的意识或者知识没有太大关系。

为了确保所有的受访者都对被研究的技术有同样最小限度基准的理解，调查通常把对该议题的简短介绍作为问题的一部分。在理想情况下，这种介绍是综合的，但是通过就技术的特定风险或者益处对受访者的铺垫效应而不会对后续问题的答案产生影响。

当然，在电话采访中，不太可能问很长的问题，或者不太可能在不让受访者厌烦或者失去信心的情况下阐述大量的介绍性背景信息，否则他们会挂掉电话。因而对某个话题以前的认识所产生的影响进行控制的理想方式就是直接地询问受访者他们是如何知道的或者他们知道多少。以前的研究已经表明在认为自己对与科学和技术相关的特定议题方面不甚了解的受访者和认为很了解这些方面的受访者的态度和认知方面存在着差异。结果，对科学和技术进行的任何调查都应该包括这些措施，尤其是随着研究人员越来越以认知和其他相关变量为基础来考察社会中不同人群的意见形成的差异。

第二个问题是电话调查可以获得多少细节的问题，这个问题的提出通常与对科学和技术的调查结果进行实质性的概括有关。实际上，有些人认为标准化调查的系统性本质同深入且情境化地理解公民如何同新兴技术进行互动的需要存在着直接的冲突。

当然，这些批评在一定程度上是正确的。比如，电话调查在长度和对单一话题可以提问的问题数量方面存在着局限性。受访者以自愿性为基础参与调查，并且他们花费大量的时间同采访者通电话。如果研究人员对某个特定问题提问过多或者采访过长的话，那么人们往往会感到厌烦，甚至是愤怒并挂掉电话。这不仅是总体上会让受访者人数过少的问题。如前所述，如果采访过长或者谈及太多的细节，那么通常会带来样本的代表性问题，那些选择退出采访的人很可能不同于那些继续接受采访的人。

在这种情况下，我们获得的最终结果就是不再能够代表总体人口的一个样本。当然，那也会损害调查的效度，因为它不再是调查原本期望的那样了。也就是说，采集一个特定人群中每个人的意见，不仅仅是那些对给定的议题更感兴趣的人或者那些恰巧有更多的时间来回答调查者问题的人。

结果，理解调查的本来面目是重要的：让研究人员以非常系统且（理想上）概括性的方式来了解对科学和技术的行为，知识水平和公众态度的一种数据采集方法。这带来了与调查能够提供的数据的复杂性相关的权衡问题。特别是，大规模人口调查涉及一大群受访者之间的社会模式，并且很少关注一个特定受访者信仰体系的潜在复杂性和这种复杂性在其一生中是如何发展的。

调查也可能被局限于他们允许有多少因果推论。这对于在某一时间点采集数据的横断面调查是存在问题的，这描述了典型的调查工作。比如，横断面调查可能表明接触报纸中的科学新闻同科学素养存在着统计上的相关性，但是他们通常不能对这种关联的方向提供结论性的证据。换句话说，知识渊博的受访者是否更有可能阅读报纸中的科学板块，或者说接触科学新闻是否促进了对科学的学习？这些问题的答案通常是由其他研究方案所提供的，有些是基于调查的，有些则不是。

在以调查为基础的研究方法中，让研究人员对因果性做出一些推论的方法是纵向的调查设计。这种调查分为三个类别。趋势研究利用对不同样本的多个数据集合来追踪随着时间的推移而对同一问题的回答。虽然趋势研究能帮助研究人员找到总体水平的变化，但是却不能对个体受访者随着时间的演进而出现的变化提供深入的见解。同组研究通过对完全一样的受访者提供长时间的多次数据集合解决了这个问题。最后，队列研究关注的是在人们生命的特定时期内社会化或者其他影响的效果。比如，在对科学和技术的兴趣层次方面和他们一生中的科学媒介使用方面，于人类第一次登月期间上大学的受访者和于 20 世纪 90 年代上大学的受访者之间是否存在着差异？为了回答这些问题，队列分析考察了通常根据年龄进行界定的不同亚群（或者队列），并且随着他们年龄的增长进行对比。

撰稿人：Dietram A. Scheufele

另请参阅：American Association for Public Opinion Research；Science Literacy

参考文献

[1] DILLMAN D A. Mail and Internet surveys：The tailored design method [M]. 2nd ed.New York：Wiley，2007.

[2] PATTERSON T E. The vanishing voter：Public involvement in an age of uncertainty [M]. New York：Knopf，2002.

[3] SCHEUFELE D A. Messages and heuristics：How audiences form attitudes about emerging technologies [M]//J TURNEY (Ed.). Engaging science：Thoughts，deeds，analysis and action. London：The Wellcome Trust，2006：20–25.

[4] ZALLER J，FELDMAN S. A simple theory of survey response：Answering questions versus revealing preferences [J]. American Journal of Political Science，1992，36 (3)：579–616.

Sustainability 可持续性

可持续性在与环境保护相关的概念中拥有广泛的公共合法性，它是科学家和社会活动家长期以来一直倡导的试图去鼓励谨慎地使用资源的方式。可持续性的前提是对环境的重视，是社会和经济发展不可或缺的一部分，自然资源是包括农业在内的产业的基础，并且只有维持这种基础人类才能持续发展。在建议社会如何能够让众生都满足自己的需求并表达自我的同时保持人类和其他物种的多样性方面，可持续性是一个系统性的概念。可持续性的观念在围绕着环境和经济发展的互动的公共话语方面有可能仍然处于重要的位置。

系统科学和规范价值之间的内在结合使得可持续性这个概念复杂化了。在 20 世纪的最后 10 年，这个概念在公共部门和私人部门受到追捧。1987 年世界环境与发展委员会（World Commission on Environment and Development）出版了《我们共同的未来》（*Our Common Future*），可持续性的观念通过可持续发展这个术语进入大众词汇中。使用这个术语的出版物数量呈爆发式地增长。在 1992 年于巴西里约热内卢举办的联合国环境与发展大会（United Nations Conference on Environment and Development）之后，可持续性成了全球发展政策的核心，于 2002 年在南非约翰内斯堡举办的永续发展世界高峰会议（World Summit on Sustainable Development）期间仍然发挥核心作用。

虽然现代意义的可持续性观念只有几十年的历史，但是更广泛的概念在人类历史的进程中不时地被应用。对部落文化的研究表明，在决定人类占据的生态系统的可持续特征的局限性上，以及他们在这种局限性中安全地生存方面，人类有着普遍的能力。狩猎文化就是一个恰当的例子，对人口水平和游牧部落的生活方式加以控制以使群体移动到下一个狩猎场时资源可以恢复。然而人类社会似乎几乎很少依靠那种能力。虽然在土地和生物资源的利用上实现可持续性的需求在古希腊时期的著作中已有体现，但是人类文明似乎一直被环境崩溃所困扰着。

消除人与自然的二元论

与20世纪和21世纪那些导致了人与自然之间感知到的二元论的环境保育或保护的尝试不同的是，可持续性对环境的生物中心主义价值观和人类中心主义价值观都提供了有吸引力的尝试。生物中心主义的视角反映了自然的平等主义观念，并且促进了因为所有生命形式都同样珍贵因而众生都平等地需要得到关注和保护的规范性理想。人类中心主义的视角则夸大了人类的重要性，并且促进了人类处于宇宙中心，因而人类主导自然的规范性理想。

虽然这两种价值体系通常存在冲突，但是可持续性是一个旗帜，两者在它的指引下可以共同地探索有关自然和生态完整性的伦理问题。生物中心主义的语言可以详细说明保护自然的职责，但是在与技术文明在很大程度上取代自然秩序的环境进行互动方面却没有提出指导性的意见。人类中心主义的语言能详细说明对资源的保护以备未来之用，但是却不能在那种义务中建立任何生态完整性的概念，可持续性对包括人性在内的生态完整性进行了概念化，而非试图用生物中心主义视角来取代人类中心主义视角（反之亦然），它建议把人类的关切整合到我们对更大生物圈的思考中。比如，可持续发展这个术语用所有生命形式之间深度互相连接的生物中心主义假设来支持人类中心主义的论点，即未来几代人的福祉取决于对自然资源的保护。

挑战和承诺的模糊性

可持续性的公众形象主要阐述为可持续发展。1987年，世界环境与发展委员会的与会人员把可持续发展界定为在不降低后代“满足他们自己需求”的同时满足当前人类的需求。这种界定最大的优势在于其模糊性，同时这也是其最致命的弱点。这种模糊性不仅导致了很多争论，而且还表明了重要的权力差异和政治关系。如土著群体的一些倡导者利用可持续发展来主张这些群体有权利保护自然资源的野生形式免受破坏。其他人则利用同样的概念来主张那些保护未开发地区的人不公平地拒绝了土著群体对他们一直使用的自然资源的获取。

与面向可持续性的一系列令人费解的视角相关的价值观和信仰的冲突不足为奇。政府、私人企业、自然资源机构、解决冲突的专业人员和很多环保游说团体全心全意地把可持续性接纳为同时支持环境保护和经济发展的一种手段。随着可持续性倡导者把这个概念植根于他们个人的道德情感中，而不让其价值观和政治同那些易于理解的情感相关联的时候，可持续性的众多意义持续地演化出来。从互联网上公开获取的来自美国能源部（Department of Energy，DOE）的言辞表明了可持续性这个术语的主流用法。2008年，能源部认为其国家能源政策办公室（National Energy Policy Office）负责确保“一个安全且可持续的能源未来”，并且负责创造“高效能源的可持续发展伙伴关系”。该办公室承诺，通过推动生产和利用“可靠的、实惠的和对环境负责的”能源方式来兑现可持续性。

把可持续性理念作为只有好处而不产生任何风险的事情的主流看法致使很多早期的倡导者再次反思他们对可持续性无条件的支持。在许多竞争性的阐释中，可持续性被很多环境科学家、社会理论家和环境保护倡导者所嫌弃。极端的生态主义者最终因其隐性的人类中心主义而拒绝了世界委员会（World Commission）对可持续发展的界定，并且很多环境伦理学家也拒绝了这种界定而赞成“生态系统可持续性”。很多行动主义者在发现这对减缓发展速度没有作用时也抛弃了这个概念。把可持续性的批判性评估作为环境管理的概念性框架被概括进了这样的一个主张中：它只是一个模糊性的概念，这个概念让虚假同盟的联盟以协作的方式捏造和支持有助于促进生物多样性的公共政策，而最坏的情况就是它无法减缓为人类生存提供所需的基础资源的环境系统无法改变的退化。

科学传播者和其他社会科学家通常对下列两种可持续性视角之一加以倡导：①对可持续性进行重新界定以消除模糊性。②对模糊性进行刻意的维护。那些试图消除模糊性的人通常会引述对更大的清晰性和结构的需求，以避免具有多种且相冲突的议程驱动的阐释所带来的许多问题。他们认为对可持续性的这种再界定将更直接地着眼于人与自然的关系，因而要求人类把自己作为自然的一部分，而不是与自然分离。他们认为这种再次澄清的关系将促进更大的伦理责任。那些倾向于维持模糊性的人认为，对可持续性保持一种相对抽象且模糊的方法可以使得相冲突的利益能够在政策领域找到一个更精确的术语无法实现的共同之处。他们认为对于共同体来说创造自己贯彻实施的术语或者他们自己的操作性定义是至关重要的。他们还认为可持续性的哲学模糊性带来了修辞上的优势和范围，这可以用来鼓励在抵制当前资源开发模式方面产生替代性的术语。

为实现可持续性进行传播

可持续性不仅是一个与科学上界定的系统（生态的和社会的）相关联的概念，而且是一个涉及传播的价值的概念。传播的作用不仅可以通过把自然作为社会精英和被剥夺公民权的人之间的一个嫌隙而阻止对可持续性的企图，而且能够通过建议通常被认为是社会经济实践的社会责任和通常被认为是物质（或物理）过程的健康生态系统之间进行整合的可能性而促进合作。

对可持续性的传播研究着眼于通过鼓励学者和自然资源管理者聚焦发生于人类和自然之间、物质和符号之间、主体和客体之间的问题来促进向可持续性的转变。也就是说，他们把可持续性的传播作为激励个人、人类文化，以及文化和地球的当代关系进行批判性考察的途径。例如，对可持续性进行传播应该让人们能够接近因当代社会对技术的投入而使得人类可以掌控自然的复杂难题，同时又削弱地球对人类生命予以支持的能力。它能够让人们对依赖无数人类的躯体以维持其运行的社会经济体系的恰当性进行质疑，同时又参与使这些躯体物化的活动中。人类和他们的创造物，包括但不限于企业，在物质上和象征意义上都发挥着作用，同时既是主体又是客体。出于这些原因，对可持续性实践的传播不能忽视介于传播研究传统框架之间的空间。

植根于公开扩散的传播的概念为解释我们如何进行传播以实现可持续性提供了一个特别恰当的模式。虽然这种传播愿景的混乱和不精确性可能会对分散、冷漠且单向的指令激发出混乱的景象，但是它在晚期现代社会中对社会互动提供了一种现实主义的视角。它还鼓励我们把每个人都理解为能够对实际后果做出选择的人，并且尊重其他人而不排除他们的差异。对来自企业、人、动物或者河流的扩散的公报做出反应，要求我们具有复杂的阐释技巧。对物质生命之间的思想和感情进行扩散，为包括但不限于人类在内的社会进行概念化打开了新的可能性。虽然这种传播模式不会保证可持续性，但是它可能会加强我们对不可持。

通过公众参与迈向可持续性

因为人类越来越认识到环境问题的重要性，并且普通公众表达出对发展相关的决策进行参与的欲望，所以有建设性地结合公共利益的问题成为很多政府机构、私人企业和利益集团的一个核心问题。很多国家都有要求利益相关者参与解决重大环境问题的法律。虽然《国家环境政策法案》（National Environmental Policy Act，NEPA）的管辖权仅限于联合国（United Nations），但是其影响是深远的，很多国家的法典中都能找到这个法案的影子。全球名义上的民主国家中的监管机构现在都被要求识别并邀请感兴趣的公众代表对将影响环境的重大行动提出评论。对有关可持续性决策广泛参与的支持者认为，公众能最好地判断并代表他们的利益，并且参与的过程将进一步提升公众参与民主的能力，降低公众无力与异化的感觉，且提升治理机构合法性。因而，公众广泛地参与发展决策被认为通过创造反映公众价值且培养个人和集体赋权的政策而让社会受益。对公众参与同发展相关的决策活动的期望表明，这很有可能会产生被广为接受的明智决策（前提是为参与者提供了对科学和技术信息进行考察的充足机会）。

然而，稀缺且有时候是脆弱的不可再生资源的存在同大多数公众输入过程的协商结构的结合会导致以关于分布式分配这个短期问题为核心的争议，而非追求所有参与者的互利互惠和可持续结果。鉴于此，对发展问题完全自愿的办法不可能会达到可持续的结果。自然资源保护论者不能不加选择地依靠公众参与来实现可持续性，相反应利用公众参与来增加政府的公信力，鼓励更多的公民参与，并且在主张灵活性和创新性的两极化的政治危机中推动达成共识。

推动达成共识和消除差异不同。因为自然不会维持永久的平衡状态，甚至是永久的张力状态，所以可持续性应该更恰当地被认为是一种弹性的而非千篇一律的。不是要防止灾难，相反可持续性组织（人类的和其他的）演化出了恢复方式。找到传播规模问题的方式也必须是可持续性努力的一部分。如对气候变化恰当反应的讨论要求一个更大空间和更长时间的框架，而非只讨论当地的树木法令。以这些注意事项为框架，公共参与可能会有助于促进可持续性。

在社会的众多部门间传播可持续性

可持续性要求实现社会众多部门的参与或依从性。通过促进环境保护的积极的大众文化，以及推动环境友好型产品生产的消费者导向的市场驱动力，产业和零售商对他们的需求做出了回应。如果企业想要把这个新的绿色市场逼入绝境，它们就不能等待环保法律和规章来要求它们的顺从。相反，有些企业正在通过绿色的外观（所谓的刷绿）或者通过诸如减少污染、提高能源效率、设定企业范围的环保目标这样的行动或者重新思考产品材料的方式对可持续性采取积极主动的方法。这种变换的案例包括企业自觉且公开地选择用可持续性回收的食品和纤维来制造产品或者在其产品或者包装中加入可回收的材料。

大众文化也加入了传播可持续性的努力中，和好莱坞精英一起承诺践行绿色生活方式。如《绿色星球》（*Planet Green*）或者《家庭和花园》（*Home and Garden Television*）等电视节目，传播可持续生活的做法，服装设计师正在向衣酷适再生时尚转变。众所周知的 3R 环保口号（节俭、回收、再利用）作为大众文化的一部分也再次获得关注。人们被鼓励着在购物时使用环保袋，在买外带咖啡时使用可重复使用的马克杯，以及使用生态友好型的或者可回收的家庭用品，如清洁剂和纸制品。

企业营销策略也反映了绿色的大众文化。

企业必须在社会建立的规范里运行以与公众保持完全的合法性。向企业社会责任转变就是实现公众合法性所采用的一种策略。因为可持续性的需求动员企业大肆宣传它们产品和服务“更绿色”的方面，因而它们反过来对一些营销活动投入经费，这些活动旨在让公众相信购买特定品牌的产品、食品和洗漱用品将消除与消费型社会相关的环境问题。利用可持续性作为一种修辞学策略，绿色营销或者“漂绿”在消费者和供应商之间阐释了一个反馈回路。如当企业把某个产品宣传为环境友好型或者“绿色”的时候，它们传播的主张是绿色是一件好事。这可能会鼓励消费者去寻找其他绿色产品。作为企业社会责任的一部分，绿色营销可能会真正地有助于可持续性。

传播正当的可持续性

有意识地尝试去实现一个正义的社会能通过缩小物质机构的需求和社会实践之间的差距来促进可持续性。把公正同可持续性联系起来的一个策略就是主张在确保另外的正义社会的可持续性方面有附加价值。在这个观点方面，可持续性这个目标只有在更基础的目标被满足之后才能实现。这意味着对一个体系可持续性的主张在其他规范性理由（如代际平等或国际平等）上被判断为有价值的时候才能实现。这个主张很复杂且容易受到持续辩论的影响，但是增加可持续性不会造成任何额外的复杂性。在这种情况下，可持续性作为维护文化上被验证的价值的手段获得了重要性。

我们可以设计并且栖息于人们和企业有合理权力的民主社会之中。类似的是，我们可以设计并栖息于一个正义且可持续的社会中。生命科学家通过发现如何以企业高管注意的形式来代表地球的需求能够有所帮助。传播研究人员通过直接地解决社会经济结构带来的挑战能够有所帮助，而这种社会经济结构使人类与其他物种，甚至是与同一个物种的成员相冲突。

我们有可能显著地改变限制我们可持续性的当前实践。通过协同地强化国内和国际监管体制，以及通过扩展真正的民主治理的机会，我们开始意识到那种可能性。我们的物质存在，以及我们的社会经济生活，越来越依赖于理解和培养实践的能力，而这些实践使与可持续性一致的大规模决策得以实现。

结　论

在罗伯特·考克斯（Robert Cox）2006年的图书《环境传播与公共领域》（*Environmental Communication and the Public Sphere*）中，他把环境传播描述为理解环境和我们自己与自然的关系的“实用且本质的载体”。他把环境传播作为用来建构问题及协商社会回应的“媒介”。环境传播是构成性的，因为它为人类提供一个理解自然和环境议题的框架。它塑造了自然的价值观和认知，并且对环境威胁进行了界定。

就可持续性来说，环境传播强调了人与自然关系的复杂性。它把人类作为自然的一部分，而不是不受他们环境的系统性界限影响的一个单独实体。环境传播在其动员社会采取以特定的现实为基础的行动能力方面是实用主义的。这种行动不是促进了可持续性，就是给可持续性设置了障碍，但是它通常以某种方式对被视为给社会、自然或者二者兼而有之带来的威胁做出了回应。在全球范围内呼吁可持续性在本质上是一种不管个人动机和政治动机的行动倡议。可持续性的传播和虚假同盟的合作将决定可持续性能否拥有一个美好的未来。

撰稿人：Tarla Rai Peterson and Andrea Feldpausch

另请参阅：Architecture, Sustainable；Climate Change, Communicating；Environmental Justice；Public Engagement；Risk Communication, Overview

参考文献

[1] AGYEMAN J. Sustainable communities and the challenge of environmental justice [M]. New York: New York University Press, 2005.

[2] COX R. Environmental communication and the public sphere [M]. Thousand Oaks, CA: Sage, 2006.

[3] DAILY F, HUANG S. Achieving sustainability through attention to human resource factors in environmental management [J]. International Journal of Operations & Production Management, 2001, 21 (12): 1539-1552.

[4] LÉLÉ S, NORGAARD R B. Sustainability and the scientist's burden [J]. Conservation Biology, 1996, 10: 354-365.

[5] MAY S K, CHENEY G, ROPER J. (Eds.). The debate over corporate social responsibility [M]. Oxford, UK: Oxford University Press, 2007.

[6] PETERSON M N, PETERSON M J, PETERSON T R. Moving toward sustainability through integration of social practice and material process [M]//R SANDLER, P C PEZZULLO (Eds.). Environmental justice and environmentalism: The social justice challenge to the environmental movement. Cambridge: MIT Press, 2006: 189-221.

[7] PETERSON T R. Sharing the earth: The rhetoric of sustainable development [M]. Columbia: University of South Carolina Press, 1997.

[8] RYDIN Y. Can we talk ourselves into sustainability? The role of discourse in environmental policy process [J]. Environmental Values, 1999, 8: 467-484.

[9] WOOLLARD R G, OSTRY A S. Fatal consumption: Rethinking sustainable development [M]. Vancouver, BC, Canada: University of British Columbia Press, 2000.

[10] World Commission on Environment and Development. Our common future [M]. Oxford, UK: Oxford University Press, 1987.

Synthetic Biology and Genomics 合成生物学与基因组学

合成生物学的定义还没有普遍接受的版本。一般来说，日常使用中的描述包括了这项事业的生物学特征和工程学特征。实践者通常从功能上对其进行界定，包括设计和建设新生物成分的能力，以及重新设计现有生物体系的能力。无论采用何种定义，合成生物学在新闻和其他形式的公共辩论中注定会成为一个未来的议题。

由于各种原因，合成生物学作为一种新出现的技术是充满争议的。总的来说，与合成生物学相关的技术不仅有可能实现对生物的复制进行改造，如病毒，而且在未来还有可能改造出完全不同的细胞。

合成生物学与基因工程

促进合成生物学本身总体实践的技术会促使一些关切或者争议的出现。DNA 的再合成反应，有时候被称为合成基因学，被用来对病毒、基因“从头开始”建设，并且完成各种生物的基因图谱。此外，合成生物学还可以利用整套的标准重组 DNA 技术。这些技术本身有时候就被用于具有争议性的应用，如在转基因作物方面。这样一来，合成生物学因其涉及的程序和所产生的结果而具有争议性。

很多研究人员，包括合成生物学家和工程师，以及社会科学和人文科学学者，考察了合成生物学和合成基因学的有关方面来理解在安全性、监管的需要以及社会影响方面这种方法及其应用是否不同于以前引入的技术，有何不同。

此外，有关知识产权的问题，特别是与所有权相关的问题，出现在哲学分析和伦理分析（合成生物真的是新的吗？如果是新的，那么它们可以被“拥有吗”？）以及新兴的“开放获取”共同体中。

合成生物学的科学和工程要素

合成生物学是建立在一系列生物技术和工程方法上的。即使是面临着构建 DNA 并把它插入到细胞中的新方法，一套关键技术仍然和 35 年前发展的“重组 DNA”技术基本相同。“剪切和粘贴”中小型 DNA 片段的能力（最大尺寸大约为一个单独基因的大小）仍然是关键。

然而，产生越来越大的 DNA 片段的技术和同时制造很多新的 DNA 片段的能力已出现在日常的生物学和工程中，包括对整个基因和基因组从头合成的选择。在制造基因组方面，研究人员有很多不同的选择。他们可以购买小片的 DNA（长度大约为 100 个核苷酸），这被称为寡核苷酸，并且在他们自己的实验室里对其进行连接。或者他们可以从专业公司购买全长的基因，甚至是基因组（从 500 个核苷酸到数以万计的核苷酸）。后一种方法比前一种方法要贵很多，但是更直接且不需要太多技巧。

2002 年，埃克哈德·威姆（Eckard Wimmer）和他的同事利用从商业供应商那里购买的寡核苷酸制造了传染性的脊髓灰质炎病毒。其合成时间和后续的步骤用了大约一年的时间。2003 年，汉密尔顿·史密斯（Hamilton Smith）和他的同事制造了一个名为 phiX174 的噬菌体，其基因图谱比脊髓灰质炎的基因图谱稍小一些。这个噬菌体的制作时间只用了两周。从那时起开始，出现了一系列不同的合成技术，包括对支原体基因组染色体的全长复制。迄今为止，这种染色体还没有被用来制造活的微生物细胞。

从头开始完整地合成真核细胞也是很多研究人员的目标，并且在制造真核细胞的（细胞器）成分方面取得了进展。然而，这个领域几乎所有的研究人员都认同制造真核细胞还需要数十年，甚至更长的时间。

有几种合成生物学方法产生了明显的实际应用。杰伊·柯斯林（Jay Keasling）和他的同事制作了能产生高浓度青蒿酸的细菌，这是抗疟药物青蒿素的前体。他们通过对已有的酶途径的修改和组合产生出了该细菌，但是并不是所有的都内生于最终被制造出来的细菌中。虽然通过传统的重组 DNA 方法有可能对这些基因进行再造和组合，但是由于时间太长使得这项工作基本上不可能完成。

最后，除为每个实验购买独特的 DNA 之外，在合成生物学共同体这边，人们还试图提供标准化部件或者“基因盒”。这方面的一个例子就是生物积木，它是由一个非营利性的生物积木基金会提供的部件集合。

应用和潜在益处

对合成生物学中的争议性问题进行理解和分析的关键在于能够列举出这种技术能够带来的益处（如果没有潜在益处，那么由此可见任何风险水平都是不可接受的）。

至少一些利用合成生物学可以获得的应用同那些利用成熟的重组 DNA 技术获得的应用非常类似，包括基因转殖、基因敲除等。然而，这里只讨论利用合成生物学技术的大类应用。前面讨论的青蒿酸案例就是这样的一个例子。另外一个案例是杜邦公司（DuPont）的索罗那聚合物。通过对利用合成生物学技术制造的细菌的采用，糖分可以被发酵为一种单体分子，而这个单体分子可以形成一种被用来制造纤维和纺织品的聚合物，这些纤维和纺织品的属性同石油产生的聚合物有很多相同之处（有些人说改善了很多）。

其他的应用包括在一步或者很少的步骤之内把类似的整合生物工艺作为产生替代化石燃料。考虑到替代能源制品的成本效益，关键要确保在原料和燃料之间的步骤越少越好。研究人员正在考虑对一系列酶途径进行合并以便能够在尽量少的步骤内分解纤维素来制造乙醇。

风险和潜在的身体伤害

正如当前的实践者对早期合成生物学的发展界定的那样，人们认识到这种技术的发展会给社会带来新的风险。这些实践者和其他人还意识到其中很多的担忧和 30 多年前对重组 DNA 技术所表达的担忧一样或者类似。这些担忧在通常被称为阿西罗马（Asilomar，以会议的地点命名）的会议上找到了焦点，该会议于 1975 年在加利福尼亚召开。阿西罗马会议特别地考虑了源于重组 DNA 技术的实验室安全问题。阿西罗马会议没有考虑转基因生物泄漏事故对环境造成的直接的、更广泛的损害，参会人员也没有讨论生物安全问题：组织者特别地决定不考虑这些问题，因为生物安全问题本身就已经难以解决了。

虽然在过去几年里有建议说合成生物学需要“另外一次阿西罗马会议”，但是这并没有实现，并且因为各种原因也不会实现，其中一个原因是起初的阿西罗马会议的关切是仅由科学家解决的，而当前的政策思路通常要求更广泛的共识。然而，值得注意的是，如今在这个领域工作的研究人员正在讨论一系列自治的方法来确保他们开展的研究对工人和社会都是安全的。

关于生物安全问题的某些方面已经进行了充分的讨论，在美国和其他地方，某些方面通过自我管理进行了处理，并且在某些情况下至少从潜在能力上通过监管进行了处理。比如，一个重要的问题是一个假想的生物恐怖分子从商业 DNA 合成公司订购用来制造病原性病毒的 DNA 的可能性。随着科技的发展，最终软件将能够筛查这些订单。美国政府的几个部门正在考虑开发这种软件是否值得，以及是否可能把利用这种软件作为开设这样的公司的前提条件。通过鼓励工人只从为了避免恶意而对订单进行筛查的公司订购 DNA 的方式，合成生物学共同体本身在这个问题上也在采取自我治理的方式。在 2006 年的第二届国际合成生物学会议上，对这些问题进行了比较深入的讨论。在那次会议之前，分发了一份框架文件，并且召开了几次市政厅讨论会。但是，对有关研究人员从 DNA 合成公司购买材料的行为没有做出具体的决定。

除了生物安全问题，实验室工人的安全也是潜在的问题。如其在美国目前实践的那样，生物安全可以追溯到 1975 年阿西罗马会议所做出的指南，该指南旨在处理重组 DNA 技术的安全问题。该指南在过去的 30 多年里进行了多次调整，因为有关安全的信息不断地增加。然而，这些指南没有考虑合成生物学的一个典型特征：在一个单独的生物里把数十个甚至是成百上千个基因结合成全新的组合。如何开展这种风险评估、如何监控这种实验是环境健康和安全，以及科研管理共同体当前正在考虑的问题。

在美国，几个联邦机构正在研究特别令人关注的合成生物学安全问题。此外，合成生物学共同体也在通过把教育和非正规互动与学生和这个领域的新手结合起来的方式来培养工人的良好研究实践，包括伦理问题和安全问题。

额外的社会影响和问题

作为一项具有争议性的技术，合成生物学引起了很多不同利益相关者的关注。对生物安全的起初关注正在几个论坛中得到解决。随着这些问题的解决，更大的神学、哲学和环境问题正在出现。

无论是意外泄露还是故意释放，任何转基因生物对环境的潜在影响都会被非常详细地讨论，特别是有关转基因作物的问题。因为合成生物体可能含有不能在同一个生物体中同时表达出来的不同基因，它对环境的影响是难以确定的（值得注意的是，在大多数情况下，工程改造的生物体要比野生生物体在自然环境中表现得更差。然而，偶尔也会发现一个可开发的环境生态位）。

哲学关切和神学关切着眼于生命的意义，“创造生命”有意或毫无意义。这个研究是否狂妄自大、不可一世？合成生物学和神学领域的领导人都认为“扮演上帝”的论点至多也只是过于简单化，更糟糕的是，最终会出现一些真正的毫无结果的问题。其他人认为这些本身是合法性的问题，在美国和其他地方在任何情况下引入任何新的监管体制都需要考虑这些问题。

在合成生物学中新兴的一个问题就是知识产权的问题。虽然这些问题在整个现代科学（也许特别是生物学）中是普遍的问题，但是合成生物学对于理解研究、发现、收益和所有权之间的交叉关系是一个特别有意思的案例。就像它目前实行的那样，合成生物学的很多领导者从一开始就坚持材料应该轻松且公开地获取到。同时，这些技术的潜在应用显然是能够促使研究人员和投资者面向某种形式的知识产权保护以帮助实现经济收益的类型。一些社会科学研究者正在研究这些问题的细微差别。

无论个人或者公司是否能从合成生物学获取收益，最主要的问题仍然是通过这些技术能否改善社会。无论这被塑造为一种总体的经济利益、健康改善、污染防治，还是只是简单地研究环境的改善，对总体社会收益的关切将持续存在，并且要求认真的记录和研究。

撰 稿 人：Michele S. Garfinkel

另请参阅：Agricultural Biotechnology；Asilomar；Bioterrorism；Recombinant DNA

参考文献

[1] BÜGL H，DANNER J P，MOLINARI R J，et al. DNA synthesis and biological security [J]. Nature Biotechnology，2007，25：627-629.

[2] DE VRIEND H. Constructing life：Early social reflections on the emerging field of synthetic biology (Working Document No. 97) [M/OL]. The Hague，the Netherlands：Rathenau Institute. www.lisconsult.nl/images/stories/Downloads/wed97_constructing_life_2006.pdf.

[3] GARFINKEL M S，ENDY D，EPSTEIN G L，et al. Synthetic genomics：Options for governance [EB/OL]. www.jcvi.org/cms/fileadmin/site/research/projects/synthetic-genomics-re-port/synthetic-genomics-

report.pdf.

[4] RAI A, BOYLE J. Synthetic biology: Caught between property rights, the public domain, and the commons [J]. PLoS Biology, 2007, 5: e58.

[5] SMITH H O, HUTCHISON III, C A, et al. Generating a synthetic genome by whole genome assembly: φX174 bacteriophage from synthetic oligonucleotides [J]. Proceedings of the National Academy of Sciences USA, 2003, 100: 15440–15445.

Technical Communication 技术传播

技术传播涉及可以使人采取行动的技术信息的管理方式。这是一个广泛的定义，因为该领域因先进的电子通信而飞速发展。仅在几十年前，“技术传播”的合理定义主要侧重于把一些科技思路“转换”为一种简明的、能被认可的文本而已。当时所谓的技术写作大多是指收集来自工程师、软件开发者等的技术信息，而后转换成书面文章。技术传播主要是为程序、规范、软件和机械研发生产者提供参考文件。

20 世纪 90 年代以来，计算机和网络的迅速发展戏剧性地改变了技术传播的方式。现在，技术传播涉及管理学知识、信息结构及工程学知识。信息传播者需要掌握相关知识，组织、处理和整理海量信息资料，以使其最大限度地发挥作用。虽然把科技信息撰写成书面文章依然是技术传播中的重要组成部分，但在过去，管理信息的技能与编写技术信息的技能同样重要。现在，技术传播迅速地向网络计算机管理方向发展，用户可以轻松地访问和利用网络计算上现存的流动信息。

从某种层面上讲，技术传播活动自古就有，而作为专业性的技术传播则是近期才兴起的，是有区别的。

技术传播作为传播活动的历史

一定意义上讲，技术传播活动的历史可以从人们向别人介绍他们的工具、武器、地区，或技术活动开始算起。古代的一些书画或者文字记载可以被称为技术传播的一种方式，如天文、历法、地图、图文与教材。这类科技文献几乎能从所有的古文明中找到，如古埃及、中国、中美洲（玛雅）、墨西哥（阿兹特克）、美索不达米亚（巴比伦）文明等。事实上，古代的插图以及关于工具、武器、设备、农业活动、地志、灌溉系统以及武器的文字记载可以追溯到几千年前。古希腊人和古罗马人以其复杂的技术传播形式记载和传播帝国间的建筑学、水文学、科学、工程学、医学、战争冲突等。甚至中世纪的一些关于自然、魔法和神话之类的书籍都可以算得上是一种技术传播形式，因为这些书籍详细记载了如何利用规则和方法去实现某些特定目标的过程。

随着活字印刷术和造纸术的问世，15 世纪，技术传播应运而生。因印刷成本、纸价降低，包括科技信息在内的各种书籍和小册子迅速、广泛地传播开来。在印刷机问世之前，科学技术类文章都是手抄本，很难广泛快速地传播。那些手抄技术书籍数量有限，一般都是用来放在图书馆中珍藏的。当时罗马天主教对手抄书的传播非常警觉，认为有违他们的教义。正如历史学家伊丽莎白·爱森斯坦（Elizabeth Eisenstein）在文献中所记载的，印刷机的发明以及廉价纸张的出现，在很大程度上打破了这种人为的阻碍。同时，印刷业的兴起也提供了新的职业，如职业作家、编辑、插画师、校对、索引编写者等。这些在现代技术传播中仍然是基础职业。出版业同时带动了科学期刊的发展，这些期刊侧重报道科研成果和科学发明的进展动向。此类杂志诞生于17世纪中期，如世界上最早的期刊巴黎的《学者杂志》（*Journal des scavans*）和伦敦的《皇家学会哲学通讯》（*Philosophical Transactions of the Royal Society*）。在这些杂志上发表的都是科技方面的文章，详细论述科学实验、研究成果，还附有图表说明。期刊所发表的文章都要经过由专家学者组成的班子严格认真地编辑审稿。期刊编辑还推出了“纯语言”条例，即坚持客观叙事的风格。这种风格在当代技术传播方面仍然被广泛采纳和利用。

19世纪中期（1862—1877年），《莫里尔法案》（Morrill Acts，亦称《土地赠拨法案》）通过后，技术传播又向前迈进一大步。根据《莫里尔法案》，美国各州有机会获得土地建造学校，重点促进农业、机械学（工程）、军事科学等有利于科技发展的专业学院的建设，包括爱荷华州立大学（Iowa State University）、普渡大学（Purdue University）、罗格斯大学（Rutgers University）、密歇根州大学（Michigan State University）、宾夕法尼亚大学（Pennsylvania State University）、奥本大学（Auburn University）及明尼苏达大学。这些学校不仅造就了新生代的工程师和农业专家，同时也为许多新兴技术领域的学术研究和出版业提供了基础。随着技术信息的沟通与传播的不断增长，这些大学都根据需要增设了文学写作和科技写作等方面新的基础教学课程。

早在20世纪初，一些工程学院就开始有了技术传播课程（有时被称为“工程师英语课”），尤其是在密歇根大学、麻省理工学院（Massachusetts Institute of Technology）、塔夫茨大学（Tufts University）、伦斯勒理工学院（Rensselaer Polytechnic Institute）。最初，这些课程都开设在工程系，重点是工程管理学中通常应用的知识，如教学形式、用法、式样、语法和模式。这个领域最早的教材是T.A.理查德（T. A. Rickard）于1908年所著的《技术写作指南》（*A Guide to Technical Writing*）和塞缪尔·钱德勒·厄尔（Samual Chandler Earle）于1911年写的《科技写作的理论与实践》（*The Theory and Practice of Technical Writing*）。到20世纪20年代和30年代，大学里的英语系和通信系开始为工程和科学专业的学生开设科技写作与科技报告课程。

技术传播作为专业领域的历史

技术传播历史学者认为第二次世界大战是技术传播成为单独领域的起始点。第二次世界大战期间，大量的新机器和新科技的涌现大大超出工程师写作论文的能力。一些大公司，尤其是西屋电气（Westinghouse）和通用电气公司（General Electric），索性在公司内部开展科技写作的教学部门，以便写出支持其产品所需的报告文章。当然，工程师必须能写技术报告和专业通信，但公司往往还配有具备专业背景的职业撰稿人。这些新的科技写作者中有些人以前就是工程师，后来转行从事专业写作，另一些人则不是工程师，被雇佣来专门写作机械方面的文件。越来越多的公司发现招聘非工程师编写专业文章比用工程师写作成本更合算。于是第二次世界大战后技术传播有显著发展，到20世纪50年代初，该领域成立的技术传播专业组织多达867个。1957年，多家技术传播组织成立了科技作家和编辑协会（Society of Technical Writers and Editors，STWE），即现在的技术传播学会（Society for Technical Communication，STC）。1958年，电器和电气电子工程师协会（Institute for Electrical and Electronics Engineers，IEEE）也开始出版发行自己的期刊，刊载工程学方面的论文和演讲报告，期刊背后是一个非常专业的组织机构。技术传播作为一个学术研究领域在20世纪70年代开始蓬勃发展。1970年，科技写作与传播杂志正式出版发行。1973年，科技写作教师协会（Association of Teachers of Technical Writing）成立并开始出版期刊《工程写作与言论交流》（*Transactions on Engineering Writing and Speech*），即现在的《专业传播议事录》（*Transactions on Professional Communication*）。

这些期刊迎合了日益增加的学者发表技术专著和学术项目技术传播的需要。这些项目及其教师团队从英语系、通信学系和工程学院获取更多的支持。从这个意义上说，技术传播专业只是课程的一部分，由其他院系代为授课。技术传播项目的腾飞是20世纪70—80年代的事情，技术传播领域可以授予硕士和博士学位，促进了课程的发展和激励人们致力于该领域的研究与教学。同样是20世纪70—80年代，商用和个人用计算机的普及加快了技术传播向专业和学术领域发展。计算机成为人们写作和设计文档的新工具。更重要的是，计算机制造和软件工业为从事技术传播的人员提供了新的机会，他们就计算机的硬件和软件撰写文章。有关软件开发的论著是技术传播学者的重要成果。从20世纪90年代中期至今，互联网的出现和快速发展给技术传播领域带来革新，给技术传播者创造了大量新机会，他们可以就工作范围写出网络文章网。他们的文件和其他技术信息可以根据需要编写或发表，而且网络文章能够快速更新和修改。因此，技术文档变得更加灵活、适用和互补。此外，现在大量技术信息的急剧扩充，技术传播人员不得不变身为“信息管理员”“知识工程师”或“信息建筑师”，而不是简单的技术信息写作者。从网页、博客及维基百科分享技术成果和服务的用户越来越多。与此同时，包括音频、视频在内的多模态文本的普及替代了书面文本。今天的技术传播者是信息提供者也是信息流的管理者。

当前技术传播的趋势

作为一种活动、一种职业，技术传播目前正在经历着巨大的变革。新媒体和新的应用程序常规性地改变着技术信息的产生和管理。网络计算机是该领域诸多趋势和变化的背后推手，也包括下述领域的趋势和变化。

内容管理系统和结构编程

今天的技术传播者在信息流管理方面要和提供新技术文档一样付出努力。内容管理系统，包括网站开发、软件、结构编程、可延伸标记语言编程、层叠样式表、在线文档和在线帮助，都允许技术传播人员及其他人不间断地更新和修改现有信息。以前，每一款新机型改变程序或升级软件包必须更换全新的文档版本。现在，技术文档放在网上，然后会不间断地更新，以反映产品和程序的变化。

用户生成内容

一些顶级的技术传播是用户生成的产物，而不是由专门公司产出的。用户创建网站、博客、维基、播客、视频、推特等平台，并帮助这些网络平台在回答故障修理问题的同时展示产品的使用和修复说明。因此，技术传播者不需要开发解决与产品问题相关的所有文件，用户自己在创建更加有效的在线文件来满足他们的特殊需要。这使技术传播者在为产品文件采纳一些好的建议的同时能够填充和矫正那个信息。

全球化与本土化

全球经济与互联网的到来对技术传播者提出了新的职责要求。需要将产品文件和服务项目翻译成多语种，技术传播者必须了解文化价值观、喜好和禁忌。本土化是与全球化相关联的一种趋势。作为产品和服务进入一个新的市场，技术传播者必须懂得如何迎合当地的核心价值观以及特殊文化和群体的需求来使他们的技术文档“本地化”。

单一来源与多模式文件管理

单一来源在多重形式媒体中的使用（印刷、

音频、视频、多媒体），传送相似或相同的内容。单一来源集中在信息方面，然后将信息从一个源头发布出去，使之更加容易更新和管理。单一来源还可以让用户决定什么媒体最方便他们访问需要的信息。因而，文件编制越来越多样化，用户可以选择最适合他们的一种或多种媒体。

环境传播

随着国际社会开始讨论一些长远话题，比如全球气候变化、资源管理、水资源保护、垃圾处理、生态环境保护等，环境的重要性在技术传播中日益凸显。环境文本包括环境影响报告、国家资源清单和环境管理计划。同时，引导企业从事可持续性环保活动的“ISO-14000”标准为这些环境文件的实施和程序提出了新的责任。一个机构要得到“ISO-14000”认证，必须提交一个环境管理系统报告，整个认证过程需要3年时间。要达到这些标准需要大量的技术文档和技术传播。

可用性的测试和营销

使用者和客户通过计算机网络互动的技能为增加可用性测试和营销打开了多个大门。“不忘听众”一词已经成为技术传播的口头禅。今天，与网友实时互动并立即修改文件的技能赋予了技术传播者提炼和更好地运用产品使用性测试结果的能力，同时这也为产品营销和服务开启了新的大门。技术传播者觉得他们通过为产品和服务编制文件越来越多地涉及用户营销问题。

视觉设计

不久前，技术作家负责文字写作，然后由平面设计师设计和制图。今天，技术传播者往往借助出版软件负责文档设计。对技术传播者而言，正确地设计文档的能力，不论是打印文档还是电子版文档，都与句子和段落的写作一样重要。此外，由于文本发展成为交互式和多模式，技术传播者更觉得自己较之作家更像生产者，因为文本的视觉元素需要调整为能让用户在文本中自如地浏览。

结　论

技术传播的去向大家可以预测。现在甚至有人呼吁将技术传播的名称改为知识工程、信息结构或知识管理，以体现职责的变化和新岗位的描述。

作为一种活动，技术传播会继续扩展和进入高端。新技术和新媒体意味着该领域的持续演变。一个没有解答的问题是谁会不断地编写哪些内容。不久前，英语技术沟通者假设他们的职业是安全的，因为技术文档主要是用英语的，这项工作对外包者来说是困难的。随着新兴经济体继续成长，尤其是中国和印度，技术传播者发现他们的工作可以被外包。与此同时，用户内容生成的趋势意味着提供产品与服务的公司不必再为客户提供完整的文件，用户将填补这个空白。随着时间的推移，技术传播者有可能会转换为知识工程师、信息结构师或知识管理者。他们的角色是少写文本，多加管理现存信息，建立储存和使用这些信息的系统结构。技术传播领域仍将发生巨大的变化。

撰稿人：Richard Johnson-Sheehan

另请参阅：Effective Graphics；Land Grant System，U.S.；Scientific Journal，History of；Society for Technical Communication

参考文献

［1］BEEBE L，MEYERS B. Digital workflow: Managing the process electronically［J］. Journal of Electronic Publishing，2000，5（4）. doi:10.3998/3336451.0005.403.

[2] CONNORS R. The rise of technical writing instruction in America [J]. Journal of Technical Writing and Communication, 1982, 12(4): 329–352.

[3] EISENSTEIN E. The printing press as an agent of change [M]. Cambridge, UK: Cambridge University Press, 1980.

[4] JOHNSON-SHEEHAN R, MORGAN L. Conservation writing: An emerging field in technical communication [J]. Technical Communication Quarterly, 2009, 18(1): 9–27.

[5] KRETZENBACHER H. Looking backward—looking forward—still looking good? On style in academic communication [M]//F MAYER (Ed.). Language for special purposes: Perspectives for the new millennium. Tubingen, Germany: Gunter Narr Verlag, 2001: 443–458.

[6] MALONE E A. Historical studies of technical communication in the United States and England: A fifteen-year retrospection and guide to resources [J]. IEEE Transactions on Professional Communication, 2007, 50: 333–351.

[7] O'HARA F. A brief history of technical communication. Proceedings of the Society of Technical Communication 2001 Conference [EB/OL]. www.stc.org/ConfProceed/2001/PDFs/STC48–000052.pdf.

[8] Society for Technical Communication.Brief history of the Society for Technical Communication [EB/OL]. www.stc.org/about/history01.asp.

Technological Determinism 技术决定论

在我们的日常生活中，通信技术发挥着日益重要的作用。根据皮尤互联网（Pew Internet）和美国人生活研究项目（American Life Project）调查，技术已成为美国家庭日常生活中的一个重要特征，有84%的家庭至少有一部手机，77%的家庭至少有一台电脑。从传统上来讲，电视一直是家庭中最普及的通信工具，超出98%的美国家庭拥有一台电视机，而且互联网的使用也在明显增加。随着这一技术在社会中的普及，关于通信技术给我们生活带来影响的问题也随之出现。

技术决定论观点认为，通信技术对拥有它们的社会产生着巨大和直接的影响。技术决定论认为，让世界产生变化的主要因素是技术。技术主宰社会，这个因果关系是理解技术决定论的核心。这一观点认定技术是带来各种影响的根本原因。以这个角度历史地看，只有通过技术的变革才能了解技术决定论在世界上的变化。技术决定论已被广泛应用于各种方面，如轧棉机、火车，甚至核武器，日常生活中无处不在的通信技术，激发许多学者将“技术决定论”作为一个窗口来了解通信技术是如何改变世界的。

概念界定

技术术语有很多含义。通常技术是指机器

或设备，有时候它意味着产品或技术工作。再广义一点，技术也可以称得上是艺术——不是真正意义上的艺术，而是做某些事情的技巧。因此，技术意味着去做或者完成某些实际上的，或者工业上的事情。因此，这个观点比把其中一种技术简单地界定为机器的看法要宽阔得多。这样，技术可以被认为是一种工具，根据这个理念很多事情都可以被称为技术了。

决定论一词不像技术一词那样常用。决定论的含义是人类的行为是不自由的，是必定由外部因素——原因和动机所决定的。决定论认为任何事情的发生都是有因果关系的，而不是由人任意选择的。

综上所述，技术决定论认为，技术是决定人类活动的主要外部力量，即一个事件链的发生是技术生产的结果。技术决定论的重要特征是某个事态发展过程中的必然作用和反作用，是技术所铺就的必然道路，一旦事物开始运转就不能偏离这条路径，技术对社会的影响是超越人类意志的。因此，技术决定论认为技术是主导人类文明的盲目力量。技术对社会产生的影响是没有计划性的。技术在盛行，技术深深地融入人们生活的方方面面，难以分割。因此，当我们寻求了解社交界时，技术决定论告诉我们必须从技术开始。

技术决定论与通信技术

通信技术给现代生活带来隐忧。印刷技术的诞生带来了宗教改革；报业使得民族国家理论可行；电视让我们变得愚钝或与世隔绝；互联网将彻底改变世界。换言之，通信技术决定了我们的生活方式。

在检验通信技术的作用上最杰出的两位学者是哈罗德·英尼斯（Harold Innis）和马歇尔·麦克卢汉（Marshall McLuhan）。这两位作者论点的核心是通信技术直接并戏剧性地影响着人们的生活方式。在其1951年出版的著作《传播的倾向性》（*The Bias of Communication*）中，英尼斯提出，通讯媒介将在基于媒体时间和空间的社会里将“知识传播”具体化。“时偏”指的是有些通信技术能够超时保留信息。时偏－媒体是持久的、巨大的和不可移动的。例如，把一条信息雕刻在石头上可以保留很多年，而且不容易被搬来搬去。时偏－媒体倾向鼓励一种具有面对面互动特权和礼仪的社会。空偏－媒体指的是能够在空间被移动的通信媒体。空偏－媒体倾向轻便、可移动的形式。例如，作为一种通信技术，纸比石头要容易运输，但不能超时保存。通信技术的偏向可以从根本上决定社会功能。例如，在新信息技术里时间和空间偏向都会出现。在全球即时通信方面，现代社会越来越与全球市场联系在一起，是一种很容易与电子通信的空间偏向自然联系到一起的现象。理解技术决定论的第二个重要方式是马歇尔·麦克卢汉受到英尼斯的影响后，他在学术上所作出的贡献。他的一句名言是：“媒介即信息。”他认为，真正的信息是一种特殊的媒介，一个特定媒介的真正信息，如电影、绘画或电视，不是其信息内容，而是媒介自身所传播的信息。例如，电影和绘画都可以是同一个领域的花朵，但是它们将通过在不同媒体中的创建而传达非常不同的信息。麦克卢汉认为，撇开内容不说，与诸如电影、广播、电视等电子媒体相比，印刷语言呈现的是一种根本不同的思维习惯。“媒介就是信息”的说法是技术决定论的一个经典例子。技术媒介的信息包含通信内容。技术进步所传达的信息超越了创作者或演说者的预期。也就是说，技术本身就是传播信息。

由于媒体在社会中的流行，通过通信技术非常容易了解世界。一个人可以一整天泡在通信技术中，无论是广播、电视、MP3播放器、手机，还是电脑和互联网。这些通信技术交织在我们的日常生活里，可以理解为它们决定着我们的现代生活方式。技术决定论认为现代新闻的要素是何地、何时、何因及何事。

技术决定论的变化

“软”决定论是技术决定论的一个重要变化。“软”决定论是一种观点，即技术在现代世界对社会变革的主要影响，但其他因素，如社会、政治、经济和文化问题支配着这些变革发生的方式。就“软”决定论而言，其力量不在于技术本身，而在于更大规模地展现和采用一项科学技术的社会局面。“软”决定论仍然侧重于技术对社会的影响，但认为这种影响可能被其他因素复杂化。

“软”决定论认为，要了解技术历史，必须看人类活动者及其行为对提高这一技术的推动力。技术不是凭空出现的，而是一个复杂的（有时还是长期的）、一系列人类抉择的过程。虽然技术仍是“软”决定论研究的主要课题，但其产生变革的力量还是可以被控制的。

反对意见

虽然在20世纪早期，技术的力量被认为是直接的和巨大的，但在20世纪80—90年代，技术决定论被质疑得越来越多。特别是学者开始重新审视人员和机构在通信技术开发和采用方面的作用后。与技术决定论相反，学者开始探索技术的社会成因。也就是说，产生一种特定技术的政治、社会、经济及文化因素是什么？在因果关系中，这些学者试图了解技术是一种效果而不是起因。他们不认为技术本身具有能动作用，这种能动作用依然体现在科研人员和研究机构中，这才是技术的动因。由特里沃·芬奇（Trevor Pinch）和韦博·贝尔克（Wiebe Bijker）两位学者于1984年提出的“技术社会结构论”就是反对决定论观点的一个例子。虽然技术决定论认为由技术驱动的事件是不可避免的过程和线性的过程，但“技术社会结构论”模型表明，技术进步可以最好地被理解为一个多方向的影响过程。也就是说，不同的群组对一个特定的技术产品提出具体意见，并影响着技术的使用方式。“技术社会结构论”已经适用于多种通信技术，如互联网和手机。

综上所述，一个共同的原理就是，人类是技术创新与采用的最终驱动力。技术对社会的任何影响都取决于人们如何理解和使用技术。

结　论

对技术在社会中的作用达成微妙的理解的挑战之一是确定性的故事主导公众空间。故事吸引公众的关注，因此最引人注目的故事往往占上风。新闻标题越是确定，其故事越有吸引力。如一个确定性的标题可能是：电子游戏使孩子发胖。这固然是一个哗众取宠的标题，但未必是准确的。更准确说法应该是，久坐不动地玩游戏而不锻炼的孩子则很可能会出现身体超重的状况。然而，这种准确的说法不容易起一个好的标题，反映了技术和人之间的复杂关系。尽管需要更精确地理解社会和技术间的相互影响，但技术决定论一直是用来分析技术对社会影响力的一个重要框架。

虽然当代大多数学者认为技术的影响力必须在一个更广泛的经济、政治、社会、文化框架下形成并情景化，但是技术决定论提出的深刻见解对我们观察和理解技术采用的后果，包括预期中和意想不到的后果，有着特殊的价值。把关注的重点放在技术的影响力上，就更容易看到其意想不到的后果。虽然世界上一些特定的技术或人工制品会随着时间的推移而改变，但关于技术的各种调节效应的争论还会继续。技术不是铁板一块，也不是在真空中产生的。技术不是被统一采用和使用的。如不同的人在不同的时间以不同的方式使用互联网。因此，它可以在不同环境中有不同的影响。技术决定论的最重要的观点是强调技术会影响我们。

但作为学生、学者和研究人员应该判定技术是如何影响我们以及我们如何影响技术的。

撰 稿 人：Lee Humphreys

另请参阅：Diffusion of Innovations

参考文献

[1] ELLUL J. The technological society（J Wilkinson，Trans.）[M]. New York:Knopf，1976.

[2] INNIS H. The bias of communication [M]. Toronto，ON，Canada: University of Toronto Press，1951.

[3] MCLUHAN M. Understanding media: The extensions of man [M]. New York: McGraw-Hill，1965.

[4] MEYROWITZ J. No sense of place: The impact of electronic media on social behavior [M]. New York:Oxford University Press，1985.

[5] PINCH T J，BIJKER W E. The social construction of facts and artefacts:Or how the sociology of science and the sociology of technology might benefit each other [J]. Social Studies of Science，1984，14（3）: 399–441.

[6] SMITH M R，MARX L.（Eds.）. Does technology drive history: The dilemma of technological determinism [M]. Cambridge: MIT Press，1994.

Technological Literacy 技术素养

要充分地理解技术素养这个概念，首先有必要了解技术这个词语。一般来说，技术指对自然的修正改善以满足人类的需求。这种非常宽泛的界定被科学家、工程师和其他参与技术创造的人所接受。但是大多数美国人眼中的技术则要狭窄得多。他们考虑的主要是信息技术，而非整个人为建造的世界。如 2001 年盖洛普公司（Gallup）开展的调研中，当问到“提到技术这个词语时头脑中首先想到的是什么”时，近 70% 的成人认为是电脑（2004 年的调查结果也一样）。第二个最常见的回答是电子设备，其比例为 4%。国家技术素养中心（the National Center for Technological Literacy，NCTL）开展的研究表明，儿童对什么是技术的看法也十分有限，相当多的儿童把技术同需要用到电才能运行的东西关联起来。在国家技术素养中心的一个调查中，超过 30% 的小学生认为闪电是技术，大概是因为上面提到的关联（即需要用到电）。将近 80% 的小学生无法把一辆自行车或者一座桥梁看作是技术。

把技术和电脑联系起来并没有错。电脑只是历史上很有变革性的技术之一。但是电脑绝不是发挥关键作用的唯一技术。国家工程院（National Academy of Engineering）在 2000 年发布了认真审查的 20 世纪 20 项重要的工程成就，其中就包括电脑，但是有 7 项技术（电气化、汽车、飞机、水净化和水资源分配、电子电路、广播电视、农业机械化）在重要性上要高于电脑。如上述名单所示，技术不仅包括个人的、有形的人工制品，而且还包括那些人工制品只是其组成部分的大型系统。对技术真正包容性的观点还应该包括需要对这些产品进行设计、制造、操作和维修的人员和基础设施。

鉴于多种原因，和前几代人相比，如今很少有人对技术有直接的、亲身的体验，除成品之外。现在更没有人去捣鼓、拆卸或者试图维修我们的技术产品了，这些活动在过去曾培养了人们对人类建造世界的熟悉感。相反，大多数利用技术的人对技术是如何运行的、采用技术的意义，甚至是技术来自何方都知之甚少。因此，随着技术在我们的生活中越来越重要，它也变得越来越难以接近，并且在一定程度上越来越无形。我们的教育体系也加剧了这种情况，教育体系在大多数情况下并没有把技术作为一个学科来对待。一个例外就是对电脑和网络的采用，这是联邦政府和州政府大力推动的一个领域。但是即使是在这方面，所付出的努力也只是聚焦于用这些技术来改善教育，而非就技术本身对学生进行教育。结果就是很多基础教育（K–12）的教师几乎完全把技术等同于电脑和相关的设备，因此也就错误地认为他们的学校已经教授了技术。

这样就出现了一种有意思的悖论。我们处于高技术的社会中，我们依赖于技术——有些人说我们痴迷于技术。同时，成人和儿童都对技术的关键特征、技术如何影响社会，以及人们如何影响技术的发展的了解少得可怜。很多人甚至对日常生活用到的技术没有充分了解。这表明公民不具备就技术做出深思熟虑的决定的能力，或者不具备对技术进行批判性思考的能力。简言之，作为一个社会，我们不具备“技术素养”。

界定技术素养

那么什么是技术素养呢？对这个概念进行思考的一种有益方式就是把它看作是更基本的素养的组成部分，这个更基本的素养由小E.D. 赫希（E. D. Hirsch Jr.）在1988年出版的新书《文化素养：每个美国人都需要知道的事情》（*Cultural Literacy：What Every American Needs to Know*）中进行了推广普及。作者注意到在每个社会和每种文化中，具备素养的人能够共享一个可以让他们彼此交流并了解周围世界的知识体系。一个具备素养的人所知道的事情在不同的社会和不同的时代会有所不同，因而对素养没有绝对的界定。然而，在21世纪早期，文化素养似乎需要大量的技术内容。

一些组织试图界定技术素养并且描述其特征。如2000年，国际技术教育协会（the International Technology Education Association, ITEA）出版了《技术素养标准：技术学习的内容》（*Standards for Technological Literacy: Content for the Study of Technology*）。国际技术教育协会代表了美国大约3万名技术教育教师，提出这个标准的部分原因是让其会员更明晰他们在促进接受基础教育的学生在技术理解方面的作用。被作为课程和评估发展的一种工具，这个文件对技术素养的界定把“管理、评估和理解技术”的能力纳入进来。它在五大类中包含20个标准。

（1）技术的本质。

（2）技术和社会。

（3）设计。

（4）一个技术世界所需的能力。

（5）人为设计的世界。

2002年，国家工程院和国家研究理事会（National Research Council）出版了《从技术上来说：为什么所有美国人都应该知道更多的技术》（*Technically Speaking: Why All Americans Need to Know More About Technology*）报告。该报告由来自不同领域的20位专家委员担任作者，这些领域包括工程，科学、数学和技术教育，非正规教育，产业，技术史，职业发展。该委员会提出了技术素养可视化的三维模型，后来对评估技术素养的方法进行检查的委员会对模型进行了细微的修改（图1）。

该模型认为技术素养的三要素（知识、能

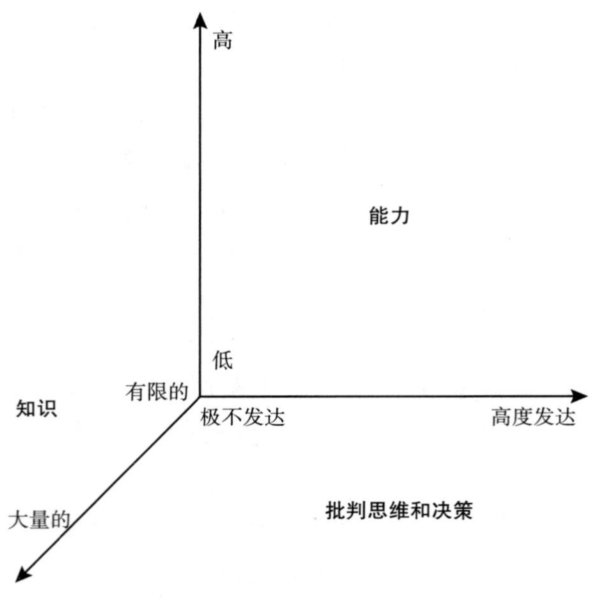

图 T1　技术素养的三个维度

来源：国家工程院和国家研究理事会（2006）

力、批判思维和决策）的每个都是连续的。也就是说每个人都具有这些特征的独特组合（表 T1）。

当然，在现实中这三个维度是相互依赖且不可分割的。没有知识的人就不可能拥有技术能力；而不理解技术的一些基本特征就无法做出周全的决策。能力维度也必须在一定程度上受到知识的牵制。同样，技术素养“做”的成分必然会导致对技术世界特定方面的新理解。

表 T1　具备技术素养的人应该有的特征

知识
（1）认识到技术在日常生活的普遍性 （2）理解基本的工程概念和术语，如系统、约束、取舍 （3）熟悉工程设计过程的本质及其局限性 （4）了解一些技术塑造人类历史以及人类如何塑造技术的方式 （5）了解所有的技术都有一定的风险，只有一些风险可以被预计到 （6）认识到技术的发展和使用涉及取舍的问题，以及成本和收益的平衡 （7）理解技术反映了社会的价值和文化
批判思维和决策
（1）就技术的风险和收益提问一些与自我及他人相关的问题 （2）以系统的方式对技术的收益、风险、成本和取舍可用的信息进行权衡 （3）恰当地参与有关技术发展和使用的决策
能力
（1）有一系列的动手技能，比如操作一系列家用和办公设备，用计算机进行文字处理，利用网络搜索信息 （2）在家庭和工作中能能够识别并维修一些简单的设备和技术问题 （3）可以利用与概率、比例和估计相关的基本数学概念来就技术的风险和收益做出理性的决策 （4）可以利用设计思维过程来解决日常生活中遇到的问题 （5）可以从多种渠道获得关注的技术议题相关的信息

来源：国家工程院和国家研究委员会（2006）

测量技术素养

那么问题自然就出来了，美国人的技术素养如何呢？虽然有一些间接证据，给出的答案是“不太好”，如盖洛普的调查，但事实上几乎没有数据可以直接度量我们这些美国人指哪些人。《技术统计：评估技术素养的方法》（*Tech Tally: Approaches to Accessing Technological Literacy*）这份 2006 年的报告共找到了 28 个用来评估技术知识和技能水平的评估工具，其中包括一些在美国之外采用的。其中 20 个工具旨在用于基础教育的学生，6 个用于校外成人，还有 2 个用于基础教育的教师。值得注意的是只有一少部分工具是明确地首先用于评估技术素养的，该报告认为没有一个工具真正地从事了这项工作。

为了促进技术素养评估的推进，必须下大力气界定要包括的技术内容以及置于这些被评估的技术内容的认知需求的边界。在教育领域，这往往是通过设计一个“概念框架”的方式实现的，然后用这些框架来指导实际测试题目的制定。位于华盛顿特区的国家评估管理理事会（the National Assessment Governing Board，NAGB）正在设计这种框架的过程中，该框架将是 2012 年学生技术素养试点评估的基础。国家评估管理理事会对全国教育进展评估（the

National Assessment of Educational Progress）进行监管，这是对学生在数学、科学、阅读、历史和其他科目方面的成绩进行定期的、大规模的、以样本为基础的一套测量工具。如果这次试点评估的结果表明可以实现技术素养的有效测量，那么国家评估管理理事会也许会决定把技术素养作为日常全国性评估的一个组合要素。

任何技术素养评估所面临的挑战都有如何衡量能力维度，或者说“做”的维度。这个维度包括能够展示动手的技能以及能够利用迭代设计过程来解决问题之类的东西（表1）。传统的评估方法依赖于多选题、简答题和开放式问题的形式，没有一个有助于获取能力维度的复杂性。从理论上来说，可以给受试者提供一些动手实验或设计联系，但是这类活动在研发、管理和“赋值”方面的成本和难度都很高。基于电脑的评估方法，包括模拟、电子设计组合，以及基于电脑或者网络的游戏都在技术素养能力维度的评估中具有一定的潜力。

具备技术素养

在过去几十年里，课程开发者、工程专业协会、专业教师团体、科学中心和其他组织都致力于一些改善技术素养的方案，虽然那不是他们的明确目标。这些方案从项目扩展到了为课堂制定演示材料，为电视节目和博物馆展览设计展品。

在基础教育中，技术通常是科学教育的一个主题。实际上，两套全国科学教育标准都表明科学素养拥有很大的技术内容。近期国家评估管理理事会科学评估框架的修订版本也强调了这一点，它要求10%的测试题目要与技术设计议题相关。这个新的测试拟于2009年首次实施。技术教育者让基础教育课程中包括技术相关内容方面发挥了越来越重要的作用，而技术教师是尝试提升美国技术素养的重要资源。

虽然技术素养不同于技术熟练程度，一个技术领域的课程和技能发展却可以导致对技术总体上的本质、历史及其作用有更好的理解。因而，虽然技术准备教育、职业教育、从学校到就业项目主要是以就业为导向的，但是也可以强化技术素养的一些特性。

通过培养一些对技术感兴趣的教师和研究者，高等教育可以在支持技术素养的人力基础设施方面发挥一定的作用。虽然不像以前那么受欢迎，但是科学、技术与社会（STS）的本科生和研究生项目为人类和技术之间复杂相互作用的集中研究提供了机会。类似的主题也出现在致力于技术史、技术哲学和技术社会学方面的学术项目中。此外，几十个工程院校的教职工也开发了一些旨在让非工程专业的学生了解技术概念和实践的课程。

成人和儿童可以在课堂之外学到很多有关技术世界的东西。这种非正规学习可以出现在博物馆和科学中心；可以通过电视、广播、报纸和网络；可以通过参与科技相关的竞赛，如由工程师迪恩·卡门（Dean Kamen）启动的科技启发与确认项目（For Inspiration and Recognition of Science and Technology，FIRST）。

结　语

有强有力的证据支持这样一种观念，即对技术的作用、本质和历史更多的了解可以让所有美国人受益。在过去几十年里，一系列文件和论坛清晰地阐述了技术素养的问题。如有关基础教育全国性评估的发展已经取得了某些进步。然而，总的来说，很多决策者和教育者似乎没有意识到技术素养的重要性，更不用说大多数公众了。这种失策的后果难以直接地测度出来，但是显然其后果是消极的。

撰 稿 人：Greg Pearson

另请参阅：Public Understanding of Science；Science Literacy；Technology Assessment

参考文献

[1] BUGLIARELLO G. The intelligent layman's guide to technology [M]. Brooklyn, NY: Polytechnic Press/Polytechnic University, 1987.

[2] DYRENFURTH M J, KOZAK M R. (Eds.). Technological literacy: 40th yearbook [M]. Peoria, IL: Glencoe Division, Macmillan/McGraw-Hill, 1991.

[3] HIRSCH E D, JR. Cultural literacy: What every American needs to know [M]. New York: Vintage Books, 1988.

[4] International Technology Education Association.Standards for technological literacy: Content for the study of technology [M]. Reston, VA: Author, 2000.

[5] National Academy of Engineering and National Research Council. Technically speaking: Why all Americans need to know more about technology [M]. Washington, DC: National Academies Press, 2002.

[6] National Academy of Engineering and National Research Council.Tech tally: Approaches to assessing technological literacy [M]. Washington, DC: National Academies Press, 2006.

[7] RUTHERFORD F J, AHLGREN A. The designed world [M]//Science for all Americans. New York: Oxford University Press, 1990: 107-126.

[8] RUTHERFORD F J, AHLGREN A. The nature of technology [M]//Science for all Americans. New York: Oxford University Press, 1990: 25-37.

Technology Assessment 技术评估

技术评估指一组相关和不断发展的专业实践，旨在了解技术变革对社会的影响以及创新的过程和结果。某些形式的技术评估，试图通过建立网络把技术开发人员、潜在用户和可能受技术变革影响的其他群体连接在一起以便直接影响创新过程。其他比较间接的途径是：通过开发和分析可替代的创新方案，提出一套可供决策者参考的选项。如开发信息的方法显示，在技术评估的所有不同方法中，必须包含以科学为基础的独特沟通形式，这种独特的沟通形式是那些在某方取得创新成果，有知识的利益相关者之间的双边和多边沟通。

方 法

技术评估并没有与特定的方法论或一套分析工具存在密切联系。相反，它的特点是利用各种方法绘制未来的可能创新的过程。技术评估通常包括可替代性技术选择或创新途径的比较。

技术创新和社会变革是一个复杂的过程，这个过程以不同的途径支持不同的利益相关者，其后果往往是无法预料的。创新可能通过对各种市场及其他传播手段的技术评估来实现。它以不同的概率发生，有时与其他技术有着复杂的和相互依存的关系。有时经验可以是创新过程的指南，而定量预测方法可以作为技术评估的一部分被采纳。这类例子有：逻辑曲线对生产率的描述；对投资回报前景的经济核算；类似摩尔定律的经验法则（摩尔定律推测在成本不变的情况下，集成电路的晶体管每两年翻一番）。这种计量方法是分析假设，是以从历史例证中挑选的实例为依据的。

由于缺乏确定性或预测性的创新理论，技术评估通常采用的代表性预测方法基本上靠人的判断力。不同的方法依赖于专家、利益相关者或公众、分析师本身的判断。在技术评估中，分析师为了进行比较分析和评估，采用一套方法论的工具选择和收集数据，以及开发创新方案。这些方法论工具包括文献探讨、调查、实地考察、研讨会、联谊活动和专家访谈。这些定向方法通常是由未来趋势和结果的可用量化预测所支撑的。它所强调的是知识领域的跨界沟通，以支持民主进程的明智决策，让技术评估有别于其他探索了解技术变革过程的相关做法。技术预测一词往往是用来描述类似于技术评估的实践活动的，它采用共同的方法对技术创新进程提供预测。这两个术语各自阐述的实践没有明显的区别。技术预测有时被当作一种更广义的分析实践，其中包括技术评估。另一方面，技术预测在影响工业企业或政府机构决策的研究方面又是狭窄的。然而，技术评估在历史上与支持立法程序有关，其产品考虑了不同选民和创新成果的利益相关者的观点和需求。

历　史

“技术评估”这个术语是在20世纪70年代初出现的，当时它的做法在美国实行了制度化，根据1972年通过的《技术评估法条款》(Pub. L. No. 92-484）成立了技术评估办公室（Office of Technology Assessment，OTA）支持美国国会（U.S. Congress）。该法案指出，技术的含意应该在制定公共政策时被“预期、理解和尊重”。在20世纪80年代，受美国经验的影响，五个西欧国家（荷兰、法国、德国、英国和丹麦）成立了议会技术评估机构。欧洲议会于1987年正式成立了科技选择评估小组（Scientific Technological Options Assessment，STOA）。2008年，欧洲议会技术评估合作伙伴（European Parliamentary Technology Assessment Partners，EPTA）成立，参与方包括来自技术评估组织的10个成员国、科技选择评估小组、2个地区议会（加泰罗尼亚和佛兰德斯），以及来自4个国家和欧洲议会理事会的特邀成员。因第104次国会投票决定撤回该机构的资金，美国的技术评估办公室于1995年关闭。这一行动是共和党国会根据一个名为“美国合约”的新红头文件推行的系列改革中的一部分。然而，技术评估办公室的消失不是一个简单的由国会指出的削减问题。有些人批评技术评估办公室的研究深度和长远性，无论是书面的还是时间上都不够，也许还有承诺对多种创新途径和多角研究的必然结果问题。在有些批评者中，有一个额外的意识形态承诺，即一个不受约束的市场应该主导创新进程。

技术评估方式

自1995年技术评估办公室关闭以来，技术评价实践已经从产品导向“分析模式”转向相互对话的“过程模式”，即在创新成果利益相关者之间的互动对话。技术评估的前期工作是提供“客观”的或政治中立的报告，以告知公众及其决策代表开展相关工作去规范或引导政府的技术投资。“过程模式”的工作是在公共利益相关者中通过在技术发展中组合社会知识和价值观设定技术变革进程和设计技术革新早期阶段的程序。某种意义上讲，这种渐进的转换是由于制度和政治的因素，是为了区分美国与欧洲议会民主制的不同，欧洲重技术评估实践现在处在中心地位，行政与立法部门的分支机构之间关系的差异也受到重视。另外也部分地受到科学技术与社会领域的现代学者的影响，这些学者包括历史、哲学、技术社会学，以及新兴的经济发展学领域。也许科学技术与社会领域的关键学术思想是技术不能被理解为一种自主的、对社会有影响的外部力量。相反，技术和社会必须以历史学家托马斯·休斯（Thomas Hughes）的话来理解，即无缝网络。有学者谈论其为技术与社会的“共同演进”。其他方法将技术作为一种社会结构，即使用工具作为社会定位的人类行为。

在评估创新成果在制度体系的采纳方面所起的引领作用时，有必要探讨复杂的技术与社会变革之间相互影响。网络调查分析结果表明，在所有的创新过程中都有政治因素。这些调查分析方法与技术评估程序的实施是一致的，技术评估程序追求创新成果，这些成果将受到大多数公民的支持和认可。同时，在制定一项创新计划时要预计和尊重少数人群的利益，要考虑到创新可能会给他们带来的影响。就其效果而言，这样的技术评估必须在项目的研究和开发早期阶段进行，充分做好商业广告推介和评估。休斯还在书中介绍，技术动力的概念在这里是很重要的。技术动力的理论指出，一旦技术成熟，它们更像一种自发的力量来影响社会，因为它们集聚了强大的网络并与其他社会力量相互作用。然而，在创新过程早期的决定可能难以像技术成熟期那样发挥主导作用。因此，让利益相关者在发展进程早期参与技术评估，从而让技术评估成为一种重要传播方式、谈判方式和分析方式。不同的术语用来区分不同风格的技术评估，但在讨论产品品牌和过程的讨论上大多数是一致的。如产品导向的实践中往往被插上传统标签。传统的技术评估有时分为认知性技术评估、战略性技术评估和流程导向技术评估。认知性技术评估主要关注的是没有被关注和没有预期到的后果；战略性技术评估主要是支持政策决定；流程导向技术评估有时会被贴上“现代”标签，因为它是从传统方法中演绎出来的，同样被纳入技术评估范畴。

建设性技术评估是由荷兰技术评估组织（Netherlands Organization of Technology Assessment，NOTA）和丹麦科技委员会（Danish Technology Board）授权的。建设性技术评估从科技研究获得专项基金，用来研发技术的社会构建以及在创新进程前期宣传阶段雇用利益相关者影响技术设计思路。

未来方向

议会技术评估中心已从美国转移到了欧洲，这为技术评估业务进展提供了外界（环境）支持。寻求技术评估办公室恢复或找到代理立法分支机构的多方努力收效甚微。然而，最近在美国的活动可能代表了技术评估的一个新的进程，它借鉴了欧洲的进程导向研究经验，但在政治层面上不会认可议会的技术评估机构的恢复。

2005 年，美国国家科学基金会（U.S. National Science Foundation）给亚利桑那州立大学纳米技术研究中心（Arizona State University's Center for Nanotechnology in Society）拨款 600 多万美元，支持一项技术评估的 5 年计划，以发展和应用实时技术评估。正如其倡导者所描述的那样，实时技术评估吸收了建设性技术评估法的实践经验，同时借鉴了人类基因组计划（Human Genome Project）伦理，以及法律和社会影响研究计划的研究成果，旨在把技术评估和技术开发整合成一个研究和开发项目，把科学家、工程师、社会科学家和其他利益相关者纳入一个明确而又反射性的技术开发和创新过程中，发挥纳米级科学和工程管理试验平台的作用。在这种模式下，技术评估将成为一种分散式的活动，不是一个单独的技术评估机构，而是由国会拨款支持的整体研发活动。

经过 40 年的发展，技术评估保持着自己的客观理解，分析技术变革中的社会影响对创新过程与结果所产生的影响。其实践者一直致力于一个包容性和民主化的过程，传达和考虑各利益相关者在创新成果中的知识和利益。技术评估的实施是动态的，它们一直致力于技术评估的发展进步，吸收同国家语境下的科技研究和各种教材中的新理论知识。面对不断加快的创新步伐，一个不断发展的全球通信网络，以及在解决全球性问题，如全球健康、安全、可持续性的环境保护问题方面，政府需要以工艺技术为基础的解决方案。技术评估可能会将继续推出一些新的形式，扩展其对技术创新与社会变革进程中的民主管理。

撰 稿 人：J. Scott Hauger

另请参阅：Deliberative Democracy；Nanotechnology；Office of Technology Assessment，U.S.；Public Engagement；Science，Technology，and Society Studies

参考文献

[1] CHUBIN D. Filling the policy vacuum created by OTA's demise. Issues in Science and Technology Online [M/OL] [2008-09-01]. www.issues.org/17.2/stalk.htm.

[2] GUSTON D H，SAREWITZ D. Real-time technology assessment [J]. Technology in Society，2002，24:93-109.

[3] HENNEN L. Participatory technology assessment: A response to technical modernity? [J]. Science and Public Policy1999: 303-312.

[4] HUGHES T P. The seamless web: Technology，science，etcetera，etcetera [J]. Social Studies of Science，1986，16 (2): 281-292.

[5] HUGHES T P. The evolution of large technological systems [M]//W E BIJKER，T P HUGHES，T J PINCH (Eds.). The social construction of technological systems: New directions in the sociology and history of technology. Cambridge: MIT Press，1989:51-82.

[6] MORGAN M G，PEHA J M. (Eds.). Science and technology advice for Congress [M]. Washington，DC: RFF Press，2003.

[7] RIP A，MISA T J，SCHOT J. Managing technology in society:The approach of constructive technology assessment [M]. London:Pinter，1995.

[8] RODEMEYER M，SAREWITZ D，WILSDON J. The future of technology assessment. Washington，DC:Woodrow Wilson International Center for Scholars，Foresight and Governance Project [M/OL] [2008-08-20].www.wilsoncenter.org/news/docs/techassessment.pdf.

[9] SCHOT J，RIP A. The past and future of constructive technology assessment [J]. Technological Forecasting and Social Change，1996，54:251-268.

[10] VAN DEN ENDE J，MULDER K，KNOT M，et al. Traditional and modern technology assessment: Toward a toolkit [J]. Technological Forecasting and Social Change，1998，58:5-21.

[11] VAN EIJNDHOVEN，J C M. Technology assessment: Product or process? [J]. Technological Forecasting and Social Change，1997，54:269-286.

[12] WOOD F B.Lessons in technology assessment:Methodology and management at OTA [J]. Technological Forecasting and Social Change，1997，54:145-162.

Television Science 电视科学

电视是西方世界公众用于了解科学研究的主要信息渠道。科学知识不仅在电视上得以传播，而且还在电视上建构。许多科学家和科学教育者认识到这一点，他们利用电视来提高学科的形象的同时将科学思想向更多的公众进行传播。

电视上的科学内容有不同的类型。《通常的嫌疑人》(*Usual Suspects*)是纪录片、杂志和教育电视，但科学也可以出现在戏剧、新闻、现实和游戏节目中，科学试验与博物学知识也会在科幻片中得以传播。诸如《新星》[*NOVA* 美国公共广播公司(PBS)，1974年开通的无线电广播节目]和《地平线》[*Horizons*，英国广播公司(BBC)始于1964年的无线广播]之类的纪录片都是那些具有献身精神的科学家创造的卓越先例，他们的目标主要是对科学有特殊兴趣的观众。《新星》能充分利用一小时的时间，采用单一主题的形式，让观众感觉到自己掌握了一门新的学科并真正学到一些知识。《地平线》的使命是为科学家和哲学家提供一个平台，传播他们的观察和观点。许多科学杂志也采取了类似的做法，但不是就某个主题深度挖掘，而是通常粗略地涵盖几个主题。例如，德国科学娱乐杂志类节目《伽利略》(*Galileo*)，其特点是经常出现“有意图的多相性”，对某些冷门话题到治疗阿尔茨海默病的新医疗项目等系列短小题材，做一些折中性报道。教育电视台电视节目，如《科学人比尔·奈》(*Bill Nye the Science Guy*)以及更早时候的先驱《奇异先生》(*Watch Mr. Wizard*)，不仅利用多种形式传达科学信息，而且具有强大的教育意义，同时还兼顾年轻公众的接受能力。德国电视台《聪明秀》(*Clever*)节目以不同的方式成功地将娱乐和游戏“打包”推出，这个节目是在宝贵的黄金时段播出的经典范例，而且覆盖全球，在泰国、意大利和挪威都有转播。今天在电视节目上解析科学题材是一种挑战，因为自20世纪70年代的“黄金时代”科教频道激增，大多数科学杂志和纪录片也是在这期间出现的。直到20世纪80年代，电视以地面频道为主，旨在迎合不同受众的需求。然而，在这期间一个频道要满足所有需求的理念被各种利基色彩的有线频道所替代，每个频道仅针对某些特定观众群。

今天，很容易在科学和自然频道找到一个前所未有的、与科学相关且内容丰富的节目，例如《探索杂志》(*Discovery*)、《国家地理》(*National Geographic*)、美国航空航天局电视(NASA TV)，以及普通公共服务广播。然而，他们服务的主要对象通常是一些科学爱好者。这表明他们仅是为了自己的目的而利用科学，没有像设计车辆那样有计划性地去取得公众对科学的理解，这实际上更容易与那些漫不经心的公众区别开来。全国和地方的新闻都在播放与当前科学相关的节目。这些可能是一种类型的科学新闻——从大型强子对撞机的第一次实验到自闭症可能与基因有关的新发现。然而，他们也可能是“新闻中的科学”类型——就是对科学或医学领域已经发生和正在发生的重要事件的报道。如果一位总理中风或者婴儿配方食品缺少某种必须维生素这样的事件发生，某位科学家可能会突然出现在工作室充当解说员或评论员。天气预报员也可能采用对观众有感染力的方式播报全球变暖的消息。其他比较新颖的科学－载体方式，包括电视剧和戏剧表演。这里要讲的一个早起的鸟儿（晨鸟）的故事就是电视剧《马盖先》（*MacGyver*）[①]，剧中马盖先成为一名超级机智的特工，他用科学教育知识和才智以非暴力方式一路披荆斩棘解决各种问题。当今，在深受欢迎的医学和犯罪系列剧中［如《豪斯医生》（*House MD*）、《犯罪现场调查》（*CSI*）、《数字追凶》（*Numb3rs*）等］，贯穿（转达）许多特定科学内容和有关科学方法的信息。这些电视剧没有强调科学具体事实，但是强调科学的方法和思维。然而，科学的方法并不常见于科学家喜欢的描述方式：例如，《X档案》（*X-Files*）就被科学作家理查德·道金斯（Richard Dawkins）指为超越常规的思维方式。

现实证明，或许在最意想不到的地方会发现科学家。英国广播公司的《野蛮科学》（*Rough Science*）节目中，5位科学家面对的挑战是，把他们的集体科学知识应用到实际求生的情节剧中。后来，罗伯特·考利（Robert Crowley），一位57岁的科学家兼物理教员，他在实地演练中赢得幸存者挑战（Survivor: Gabon），这与他的科学知识和谋略是分不开的。

美版电视连续剧《郎才女貌》（*Beauty and the Geek*）给年轻人提供了播送时间和漂亮室友，他们中的许多人有相关的科学专业背景，但这些人可能不那么英俊或像自己所希望的那样擅长社交。像《郎才女貌》那样的节目在感化科学家的同时，实际上可能有损他们的公众形象，这和他们以刻板的套路接受科学训练有关。在他们的试题库里许多游戏与科学相关，但很少是纯粹的科学游戏节目。英国广播公司的《大保险杠科学问答》（*The Big Bumper Science Quiz*）可能是一个值得一提的例外。

某些早间和午夜节目，如午夜节目《大卫·莱特曼》（*Late Show With David Letterman*），安排的节目单是娱乐科学。他们新近扩大的一个所谓的“实验节目”就是以科学为由头博得众人捧腹。《流言终结者》（*Mythbusters*）和《天才》（*Brainiac: Science Abuse*）利用科学反串手法成为这一栏目的经典例子。澳大利亚广播节目在探索频道播出的《流言终结者》充斥着与都市神话题材相关的科学研究，如大象是否怕老鼠；在雨中跑步是否比行走更少遭受雨淋等。与此相似的版本是英国广播公司的《好莱坞科学》（*Hollywood Science*），根据电影中的著名片段改编而成，它以科学的角度去看是否真的按其所描述的那样发挥作用。

电视上的科幻小说也应该有符合自己特点的短评作品，最有可能的是穿插一些诸如平行宇宙、光年、机器人，以及一些在“客厅”克隆（室内复制）的节目。《星际迷航》［*Star Trek*，原始系列版本、新一代版本（Next Generation）、“外太空9号”（*Deep Space 9*）、“旅行者号”（*Voyager*）和“企业号”（*Enterprise*）］不遗余力地给他们的科幻小说加入科学外观和内涵，使之像一本具有相应知识的技术手册。电视上的科幻小说不仅激发了新技术在现实世界中的应用，而且给科学家和工程师在未来科学技术研究方面带来技术突破的灵感，其最好的例子是具有“星际迷航”功能的StarTac手机。《太空堡垒卡拉迪加》（*Battlestar Galactica*）描述了展望后世界末日的现实版：太空浩瀚，而其中能够支撑人类生存的星球非常有限，几乎无法用技术术语来解释这个“救星”的不解之谜。就这个意义而言，《太空堡垒卡拉迪加》所描绘的自然科学实际上比在别的地方所看到的更加接近现实世界。

不同科学主题的电视传播范围

不是所有的科学话题都有相同的电视覆盖率。热门话题所涉及的通常是一些美丽的风景或有趣的镜头，常见于自然历史节目，如《翠

---

① 美国电视剧《百战天龙 MacGyver》，1985年开播——译者注。

鸟的私生活》(*The Private Life of the Kingfisher*)(英国广播公司播送的第一个彩色版本电视节目)和由大卫·爱登堡(David Attenborough)制作的《地球生活:自然历史》(*Life on Earth: A Natural History*)。很“酷”并有使用价值的科学技术,特别是应用在医疗和环境问题方面的题材运营得很好,在宇宙学方面采用美丽和令人印象深刻的图像也受人欢迎。根据科学频道统计的数据,卡尔·萨根(Carl Sagan)电视连续剧《宇宙》(*Cosmos*)在全球60多个国家播出,拥有超过5亿的观众。

古生物学和人类进化节目一般都需要有可供相机拍照的骨头以及具体图解,同时要论述一个重大问题:我们是谁?我们从哪里来?英国广播播公司的大型纪实片《人类的攀升——科学进化史》(*The Ascent of Man*)即是一例。

没有让人感到非常“惊叹”的事实以及和人类生活没有密切关系的科学就会成为宣传方面的难题。规模也事关重要。在电视上,一切都必须与屏幕规格和节目播出时间框架相匹配,无论是关乎1毫秒之差还是相距70亿年的现实,所描述的事物无论是纳米级的细微还是银河系般的浩瀚都要如此。快镜头、慢镜头,或者使用动画和成像的方式来辅助完成这种调整。科学突破的重要性和新奇性不会总是引起重视并得以有效地传达给电视机前的公众。例如,化学工程在《新星》节目几乎被放弃,工程节目处理不均衡,强调大型工程,忽视较小规模的项目。绝大部分电视科学研究投向儿童教育电视和科学纪录片,这两个类型的节目受到一部分特定公众的青睐,而另一部分人则不屑一顾。电视界对科学投入的学术研究很少,主要停留在统计与科学相关问题播放时间的量化上。

教育类节目中的科学影响

美国儿童和青少年看电视花费的时间与他们在科学方面的学习成绩呈负相关关系。然而,教育节目已被证明对孩子们在具体科学知识、探索和观察行为、解决数学难题、科学家的观念以及对科学的态度这些问题上,产生显著的影响。这些从主持人的演示到(电视)杂志纪录片,再到星期六上午的卡通片等不同形式的节目中都得到印证。然而,每个版本都有各自的长处和短处,某些类型的科学题材较之于其他更为合适。电视不是自定节奏的,因此从某种意义上说,电视观众的认知需求高于其他媒体受众的认知需求。当视觉和语言信息成功地结合在一起,又在不同环境下重复其概念的情况下,科学方面的学问就更为明显了。在讲一个连贯的故事时,分段叙述以及科学内容相互印证,以避免认知上的超载也是非常重要的。

经过对教育电视的《认清现实》(*Get Real!*)栏目的评估、研究表明,在故事情节中安插科学内容,不明显地打上“科学”的标签的情况下,五年级学生对电视科学栏目都很感兴趣而且从中学到更多知识。许多这方面的事例表明,科学是一项妙趣横生的活动。显然,提供信息的方式固然很重要,但从某种程度上讲,观众从中受益匪浅的是他们能够预先掌握知识和认知技能,提高连贯性观察能力。研究还表明,与别人一起看电视可以提高学习效率。

科学电视对成人观众的影响

所有的电视,而不仅是教育节目,都有教学的潜能。成人科学节目往往是独立的,不会像儿童节目那样为知识和技能的影响而特地定制。成人科学节目无须得到观众的充分关注,观众可能是一边吃饭或做饭,一边看电视。然而,特别是从长远看,成人科学节目仍然有重大的影响力,但很少有针对性地对成人观众进行电视科学研究的。这很可能是由于对电视科学信息的正规渠道认知度较低,同时也有方法上的困难。最近递交给美国国家科学研究委员会(U.S. National Research Council)的一份委托报告,就非正规环境下的科学知识提出了异议，称多数研究未能发现具有重要意义的、一致性的和有价值的影响力。然而，其中一项研究发现，当地新闻中的科学与健康节目录制了大量素材充实的故事回放和信息储存，从而提高观众的现有科学和健康意识，或促使他们为自己缺乏学识的现状制订新的计划。许多主题大体上保留了对（科学）故事的认可，但实质内容却不多，而且所有涉及转基因和神经科学实质性话题的回放率更低。这可能说明一个问题，即某些观众首先是通过本地新闻接收新科学概念的。

科学电视的实质

关于公众对科学的理解问题，如果科学所指的只是科学内涵、论据与解释是不够清楚的，这些（内涵、论据与解释）与科研成果或科研过程——科学方法和通常被称为“科学性质”的问题大体相关。许多人提出更为重要的是，后一种理解能够提高公众能力对科研问题做出明智决定。电视传递两种类型的信息，可是有些对科学性质的陈述是不够明确的，甚至是不经意的。简·格雷戈瑞（Jane Gregory）和史蒂夫·米勒（Steve Miller）认为，关于电视科学，来自社会的信息是，科学家往往以我们无法真正领会或理解的方法去解决问题。他们声称，这种类型的信息对电视科学促进公众了解科学的实际形成没有太大的帮助。

社会学家哈利·柯林斯（Harry Collins）在英国广播公司的两个科学节目中担任编审，第一个是谈论“边缘科学”——神圣起源的布块（都灵裹尸布）的可能性，另一个是解说高能物理学的。具有讽刺意味的是，边缘科学节目让人们看到的是，科学家不同意这个推断的结论，它允许对一些不确定和不完善的科学进行探索。另一方面，关于高能物理学的高级视觉科学范围节目则提出，当科学正确运转的时候它就是一个必然的发生器。

电视媒体科学在学生对科学本质的认知方面有重大影响力。戈西·丁格拉（Koshi Dhingra）专门研究了高中学生是如何看待纪录片、杂志形式的电视节目、网络新闻、戏剧或科幻小说所传递的科学知识的。学生对科学性质的理解是，如视觉科学节目所描述的那样包含实验性的知识，称视觉科学为固定事实的主要部分。那些被传媒报道的综合科学，特别是那些受明显存在争议的话题所困扰的学者，可能会在一个服务于隐秘议程的新闻报道上做出结论。然而，现有的研究表明，这不是事实，结论是根据媒体可选方案和人的信念或态度而做出的。

一项对全国晚间新闻［美国广播公司（ABC）、哥伦比亚广播公司（CBS）、美国全国广播公司（NBC）］的研究指出，以 1980—2003 年在美国电视台播放的转基因食品问题为例，网络新闻就此事的报道最少，而且缺乏连贯性，这说明新闻编辑对转基因食品问题存在意见分歧。

商业和教育间紧张的利益关系

自 20 世纪 40—50 年代以来，生产者和广播公司一直声称，教育公众的问题不关他们的事。直到 1975 年，美国联邦政府才开始对公共电视项目投入大量资金。然而，到 1990 年才颁布《美国儿童电视法》（U.S. Children’s Television）。同时，科学节目在很大程度上仅局限于公共电视或专用的有线电视频道。

由沃尔特·迪士尼工作室（Walt Disney Studios）打造的迪士尼乐园（Disneyland），在 1954 开始进入黄金时期。在开始的 16 个季度，迪士尼乐园把占计划 20% 的项目设计为科学、自然、空间或技术主题。学者马塞尔·拉夫勒特（Marcel LaFollette）对早期美国电视广播就其科学含量做了全面调查，认为商业网点对迪士尼乐园没有积极响应，而且其他规划和科学节目错过了这段黄金时期。

由于商业吸引力相对较少，今天的许多与科学相关的节目都是由科学相关机构和利益相关者资助的。政府资金只用于支持“科学中心”制定节目，英国广播公司和《开放大学的粗糙科学》（*University's Rough Science*）栏目也是这样。

撰 稿 人：Ayelet Baram-Tsabari

另请参阅：Children's Television and Science；Popular Science，Overview；Science Documentaries；Science Fiction；Science in Magazines

参考文献

［1］CLIFFORD B R，GUNTER B，JILL L. Children's memory and comprehension of two science programmes［J］. Journal of Educational Media，1997，23:25–50.

［2］COLLINS H M. Certainty and the public understanding of science:Science on television［J］. Social Studies of Science，1987，17（4）:689–713.

［3］FISCH S M.Children's learning from educational television［M］. Mahwah，NJ：Lawrence Erlbaum，2004.

［4］GREGORY J，MILLER S. Science on television［M］//Science in public：Communication，culture，and credibility. New York：Basic Books，1998：121–123.

［5］LAFOLLETTE M C. Science on the air：Popularizers and personalities on radio and early television［M］. Chicago：University of Chicago Press，2008.

［6］MARES M.–L，CANTOR J，STEINBACK J B. Using television to foster children's interest in science［J］. Science Communication，1999，20（3）：283–297.

［7］MILLER J D，AUGENBRAUN E，KIMMEL L G. Adult science learning from local television newscasts［J］. Science Communication，2006，28（2）：216–242.

［8］National Research Council. Learning science in informal environments：People，places，and pursuits（P BELL，B LEWENSTEIN，A W SHOUSE，et al.）［M］. Washington，DC：National Academies Press，2008.

［9］SILVERSTONE R.Narrative strategies in television science—a case study［J］. Media，Culture and Society，1984，6：377–410.

Teller, Edward 爱德华 · 泰勒

爱德华 · 泰勒（Edward Teller，1908—2003），素有“氢弹之父”的称谓，他把自己的一生献给了核科学的发展。他是在公共社会和科学领域中一位有争议的人物，泰勒对科学的贡献改变了国家发动战争的方式，发展了国防战略和提出可替代能源。他的著作，包括对氢离子的性质的开创性研究，为当今面向世界的许多关键性的核能和核武器问题打下基础，而且他的影响力依旧影响着公众的科学理念。

泰勒于 1908 年 1 月 15 日出生在匈牙利布

达佩斯一个富裕的犹太人家庭，他自己是一个数学天才，后来对物理产生浓厚的兴趣。1926年，他离开匈牙利到德国卡尔斯鲁厄学习化学工程。在那里，他被推荐研究量子力学新理论，由于他在这一领域的兴趣使然，于1928年转学到慕尼黑大学（University of Munich）。

泰勒在慕尼黑的时候，在一次有轨电车事故中失去了右脚。他在疗伤期间和学习用假肢走路期间暂时停止了研究。他从伤病中恢复过来后又转到莱比锡大学（University of Leipzig）和沃纳·海森堡（Werner Heisenberg）一起学习，海森堡是广为人知的位居量子物理学研究前沿的科学家。

泰勒在1930获得物理学博士学位后，在德国中部的哥廷根大学（University of Göttingen）开始了他的职业生涯，成为该校的研究顾问。在这里，他发表了第一篇关于“氢分子离子”的论文。这是最早论述分子的文章之一，泰勒著作的大部分内容至今仍然广泛地被用于对氢分子的解读。

政治事态对泰勒的生活产生了重大影响。1934年，由于阿道夫·希特勒（Adolf Hitler）掌权，泰勒移居丹麦，那里的犹太科学家前景看好。他进了理论物理学研究所，该研究所对诸如尼尔斯·波尔（Niels Bohr）等著名科学家来说已经有家的感觉了，波尔带领一个团队进行探索原子秘密的研究。就是在这里，泰勒有幸遇上另一位政治难民——物理学家乔治·伽莫夫（George Gamow）。1935年，泰勒在华盛顿特区乔治华盛顿大学（George Washington University）加入了伽莫夫的团队。他们创立了伽莫夫－泰勒定律，就放射性衰变过程中亚原子粒子反应进行分类。他们还试图将原子能反应知识应用于天体物理学。

1939年，希特勒统治的德国发现核裂变，引起世界其他地方的物理学家担忧，担心希特勒掌握了世界上最强大武器的钥匙。美国总统富兰克林·罗斯福（Franklin Roosevelt）呼吁科学界积极地将他们的知识和研究应用于捍卫他们所知道的自由。因此，在随后的2年里，曼哈顿计划（Manhattan project）启动了——全美国最好的理学家们抢在德国之前研发了原子弹。

在新墨西哥洛斯阿拉莫斯的一个绝密的实验室中，在物理学家J.罗伯特·奥本海默（J. Robert Oppenheimer）的领导下，泰勒的工作是研究如何利用核裂变所产生的极端热量激发核聚变过程。他的尝试因制造简易裂变装置困难而受阻，并在失望中放弃。泰勒关于核爆炸的影响力计算方法被采纳了，然而，让曼哈顿计划团队感到欣慰的是，一颗原子弹的爆炸只会影响一个有限的区域，而不是像人们所担心的那样会波及全球。

泰勒继续为核聚变和热核武器的研发而执着奋斗，但未能获得成功。1946年，他在一次研讨氢弹可行性的会议上颇有争议地提交了一份过于乐观的论文。他的计算方法得到波兰数学家斯塔尼斯拉夫·乌拉姆（Stanislaw Ulam）的检验，但乌拉姆与其搭档康奈鲁斯·埃沃瑞特（Cornelius Everett）都发现泰勒对氘和氚的估计标准都太低，无法用于设计工作。

1949年，苏联引爆了自己的原子弹，导致美国总统杜鲁门（Truman）直接插手洛斯阿拉莫斯实验室（Los Alamos Lab）研发核聚变武器。这个举措遭到了曼哈顿计划的许多科学家的反对，两个物理学家阵营之间开始出现裂缝。由于泰勒过分的立场，加上易怒多刺的个性，他疏远了许多同事。在他同事罗伯特·奥本海默接受安全审查期间，他又一次受到排斥。在1950年的听证会上，泰勒在证词中暗示奥本海默不适合持有安全许可证，导致奥本海默的安全许可证被取消。

乌拉姆一直致力于氢弹的设计，1951年，泰勒采纳了乌拉姆的一些建议，终于完成了一项百万吨级氢弹的可行性设计。虽然这个成果被公认为泰勒－乌拉姆设计，但两个科学家在设计中的具体贡献却从未明确公开，导致了他们自20世纪50年代开始在公开场合和机密文件中的争论。

1952年，第一颗氢弹“Ivy Mike”在太平洋埃尼威托克环礁上引爆成功。泰勒为寻求核武器发展争取一个独立的设施而继续游说。他的梦想通过原子能委员会（Atomic Energy Commission）实现了，他们在加利福尼亚北部建立了劳伦斯·利弗莫尔实验室（Lawrence Livermore Lab），由泰勒担任顾问，后任副主任，最后任主任。

除了倡导核武器发展，泰勒还是推动核火药非军事用途检查的力量之一。例如，用于建筑目的的“犁铧计划”（Operation Plowshare）。泰勒提出了利用核爆炸在阿拉斯加修建一条运河。考虑到项目建设中的财力可行性、野生动物和土著人的潜在生态风险问题，该项目没有推行下去。

泰勒是坚持科学教育的忠实卓越的倡导者。1960年，他辞去了实验室主任的职务，成为加利福尼亚大学（University of California）的物理教授。他继续为原核立场游说，20世纪70年代推动核能作为替代能源；80年代赞成颇具争议性的战略防御导弹系统。在他的职业生涯中，他出版了十几本从能源问题到与国防战略有关的著作。

1975年，泰勒在加利福尼亚帕洛阿尔托的斯坦福大学（Stanford University）的胡佛战争、革命与和平研究所（Hoover Institute for the Study of War, Revolution and Peace）任高级研究员。泰勒一生在物理领域的贡献赢得许多奖章，包括2003年7月获得的总统自由勋章——这是美国的最高荣誉奖。他于2003年9月9日在大学校园的家中去世，享年95岁。

撰 稿 人：Merryn McKinnon

另请参阅：Manhattan Project；Nuclear Power；Nuclear Weapons；Oppenheimer，J. Robert

参考文献

[1] HERKEN G. Brotherhood of the bomb：The tangled lives and loyalties of Robert Oppenheimer，Ernest Lawrence，and Edward Teller [M]. New York：Henry Holt，2002.

[2] TELLER E. The hydrogen bomb project [M]//J E ROSENZWEIG (Ed.). Science，technology，and management. New York：McGraw-Hill，1962:41–48.

[3] TELLER E，SHOOLERY JL. Memoirs：A twentieth-century journey in science and politics [M]. Cambridge，MA：Perseus，2001.

Tenure System 终身教职制度

科学传播者需当心！历史表明，对科学真理的追求有时会使传播者和科学家都陷入困境。在17世纪初，意大利人伽利略·伽利雷（Galileo Galilei）应聘为威尼斯帕多瓦大学（Padua in Venice）的数学教授。当时，地中海是科学研究中心。1608年，来自佛兰德斯的商人到那里卖小望远镜。出于好奇，伽利略很快就学会了制造我们现在称作望远镜的东西，而且比那些商人卖的小望远镜的功能要强大得多。用他的望远镜，人们可以提前2小时识别抵达威尼斯的船只。

当他把望远镜对准天空的时候，伽利略发现了比以前报道的更多的恒星。他还发现了四颗环绕木星的卫星。最重要的是，他证实了尼古拉斯·哥白尼（Nicholas Copernicus）在去世那年（1543年）发表的研究报告是正确的，其研究结果认为地球不是天体的中心，而是和其他行星一起围绕太阳转。问题是，这一发现与罗马天主教会教义相悖。1632年，伽利略出版了一本书，书中对哥白尼思想做了正反两方面的论述。教会头目关闭印刷店，买断伽利略的新著，并把他送往宗教法庭，这迫使他放弃追求，在软禁中度过余生。可能部分原因是伽利略遭受命运打击，当时地中海地区的科学研究开始衰退，逐步向北欧转移。

伽利略死于1642年，同年艾萨克·牛顿（Isaac Newton）在英国出生。牛顿用数学和他研发的微积分方法构思了万有引力的概念，他首次通过准确计算证实了“月亮围绕地球运转”的提法。他26岁成为剑桥大学（Cambridge University）的数学教授，但不能得以继续晋升，因为他是不接受三位一体教义的无神论者。

纵观历史，科学与政治及宗教当局之间的关系是不和谐的。在政府或教堂的独裁统治下，大学里的科学家可以轻易地被解雇或情况更糟，如果他们的理论或发现被认定为有违公认的教义。但英国拒绝了全能的帝王理念，新的更宽容的思想在欧洲盛行。约翰·斯图亚特·穆勒（John Stuart Mill）的自由主义思想认为，科学和社会在一个思想自由的市场环境中茁壮成长，而真理从来没有最终拥有，必须不断地被发现。德国的教学自由理念和教学自由使教授潜心做研究而不用担心受审查。

1915年终身教职制宣言

到了20世纪初，确实存在保护教授教学和课题研究自由的思想，但直到1915年才上升为一种政策，当时美国大学教授协会（American Association of University Professor，AAUP）的一个教授团体发表了一份关于终身教职制概念的公告。终身教职制的宗旨是鼓励全体教员的言论和研究自由。一般情况下，7年的试用期满后，教授将由他们的同行和大学的行政管理部门对他们的教学和研究能力进行评估。那些符合教职终身制条件的人将会与大学签订一份终身教授的合同，这个合同可以因某些特定原因毁约，如不道德行为、不称职或玩忽职守。

这样做的目的是促进教师自由讨论以及对一些敏感的，甚至是不受欢迎的问题的研究，让科学而不是政治或宗教来支配这些活动。教会大学可以保留其宗教观点，但这必须在教师应聘时阐明。坚持美国大学教授协会的终身教职制概念的弗里茨·马克卢普（Fritz Machlup）强调，终身教职并不是为教师的利益而做的，而是为了社会从一个自由和开放的探究成果中受益，这种方式不用担心得罪某个占主导地位的社会群体或暂时的社会心态。

1915年，当美国大学教授协会提出终身教职制宣言时，很少有学术机构提出类似“终身教职制”的任何建议。但许多机构有过被政治和宗教团体试图控制达尔文进化论和圣经讨论结果的经历。在美国大学教授协会的教授发表终身教职制宣言之后，这些教授纷纷接到了学校机关的传召，有些因为其口头或书面的宣言被解雇或威胁会被解雇。1916年，哈佛（Harvard）的新校长A. 劳伦斯·豪厄尔（A. Lawrence Howell）因拒绝处罚一个有亲德言论的教授而成为头条新闻，这个行为居然影响一个公共机构的巨额遗赠。

1940年终身教职制原则

1940年，美国大学教授协会和大学校长们修改并提高了原有的原则。这得到了更多人的认可，而且1940年的声明至今仍被许多人视为学术终身制的标准。在20世纪60—70年代，更多的机构提供终身职位。到2005年，超过210个学术机构，包括美国大多数重点大学，至少给了某些大学教授终身制职位。从1915年年初开始到1965年，美国大学教授协会收到了3000多份关于学术自由、终身教职制，以及学术的合法程序问题的投诉。

如拉尔夫·布朗（Ralph Brown）和乔丹·库兰（Jordan Kurland）在他们1993年的讨论中指出的那样，1940年，美国大学教授协会文件阐述了学术自由的四个基本原则。第一，声明高等教育机构的存在，如文件所指的那样，是为了公共利益，而不只是为了个人目的；第二，提出为了实现这一目标，学术自由是必不可少的；第三，认为对学术自由而言，学术终身制是必不可少的，反过来讲，学术的终身教职制是绝对必要的；第四，学术自由的原则要兼顾到职责与权利。

终身教职制主要是大学内部的一种管理制度。大学以外，如法院，宪法修正案第一和第十四条也为终身制和非终身制教授提出某些保证言论自由、某些保护程序的条款。1967年，在凯伊西安诉董事会案（*Keyishian v. Board of Regents*）中，评议委员会布伦南（Brennan）法官把保护学术自由作为第一修正案的核心内容。然而，这些修订条款没有像终身教职合同和定义程序所做的那样写明所保护的范围。在近几十年里，许多大学的合同和法定的终身教职管理得以发展，制定了赖以遵循的程序，以确保公平待遇和法定诉讼程序。获得终身教职的绝大部分指定标准和审核程序是内部和外部同行对候选人的研究和教学进行评估的依据。如违反这些程序，当事人有可能会被告到大学以外的法庭。

终身教职制的争议

在大学里，终身教职并不是总能保证享有学术自由的。在1949年“冷战”时期，共产主义威胁备受关注，华盛顿大学（University of Washington）的三位终身教授因参加共产党被大学董事会解雇（另外三人可以留下，但他们必须每年进行忠诚美国的宣誓）。尽管他们的同事坚持认为那三个人没有违反终身教职的任何政策足以使他们遭解雇，但该大学校长认为共产党和那些认为大学没思想自由的理念是紧密相关的。这和20世纪50年代麦卡锡时期一些教授被指控为共产主义者的事件如出一辙。

在爱荷华州立学院［Iowa State College，现在的爱荷华州立大学（Iowa State University）］，1943年爆发了一场大规模论战，一个经济学专业的研究生写了一本小册子，想说明战争时期应该减少黄油消费，这样牛奶生产可用于其他用途。在这本小册子中指出人造奶油比动物黄油在营养价值和口感上更佳。奶制品集团要求大学校长开除参与出版这本小册子的学生和经济学系的终身教职教师及同行。经济学院认为该作品是可靠的，它是从国家战略生产利益角度考虑主张减少战时黄油生产的。校长拒绝开除任何人。然而，大学委员会决定取消出版，并声明其中大部分材料容易被误解。结果一年之内，26 个经济学教授中有 13 个——其中几个是终身教授——包括后来的诺贝尔奖（Nobel Prize）获得者西奥多·舒尔茨（Theodore Schultz）都离开了爱荷华州。由此看来，终身教职制保护的是就业，而不是学术自由。

学术自由所受到冲击还涉及生物进化论。1926 年，著名的约翰·斯科普（John Scopes）审判涉及田纳西一位教进化论的高中老师约翰·斯科普，他认为人类是由低等动物进化而来的。这位老师输掉了官司。关于进化论的争论仍然在以不同方式继续。例如，2007 年爱荷华州立大学助理教授吉列姆·冈萨雷斯（Guillermo Gonzalez）被剥夺了物理和天文学的终身教职资格。他出版了一本推崇智能设计的书，书中提出进化论对于宇宙的发展没有足够的统计资料，而是由一种更强大的力量——上帝所造的。

尽管大学极力否认他关于智能进化的观点构成他终身教职被拒的原因，但是有人质疑这是关键因素。事实上，这所大学的 120 位教授签了一份声明，批评智能进化理论，有些物理和天文学教师通过电子邮件发表看法，提出冈萨雷斯的智能进化观点对其终身教职带来问题。在这个案例中，有人认为获取终身教职的过程应全面严格评价候选人，他们认为冈萨雷斯是根据神创论提出所谓的“非科学”的理论。另外也有人说，一伙有终身教职的人利用这个机会拒绝一个合格，但不同意他们观点的候选人。

终身教职制的近期发展

现在几乎所有的主流大学都允许某种形式的终身教职制。然而，在 2005 年在大学教书和做研究的人员中只有 32% 的人被任命为终身教职或终身教职职位（1969 年这一比例为 55%）。在过去的 20 多年里，大学里终身教职的数量并没有减少，但大大增加了应聘博士后学位、可续签合同的短期讲师、兼职，以及其他编制的非终身教职人员和教员的数量。有人认为终身教职将会在不久的将来逐渐消失，不是因为它会被废除，而是因为有资格拥有这一职位的合格人数太少而变得无足轻重。美国大学教授协会有一份“指责管理部门”的清单，以美国大学教授协会的看法，其中有令人不满意的学术自由和终身教职规程。截至 2009 年 1 月，共有 46 个研究机构（大部分为小型机构）在这份“指责管理部门”清单上。

除了终身教职制本身，61% 的终身教职核准机构现在也采用某种形式的后-终身教职审批，拥有这种终身教职的教职员工必须定期进行绩效考核。虽然有人担心“终身教职后”的评审可能是消除终身教职的一种办法，但从长远看大多数“终身教职后”评审是积极的。有时候，“终身教职后”评审仅限教职员工的院系，而且结果不上报行政管理部门。

终身教职的反对者认为，因为年轻教师需要已经取得终身教职的教师的提携，他们不敢有过激立场，甚至可能会避开那些难以获得评估或者不占优势的多学科交叉领域，这肯定会限制学术自由。另有人认为，根据现在的终身教职制要求，仅强调出版著作只会导致数百个新期刊，而不是新知识的产生。还有人注意到，在当今的社会中，很少有人期待保住终身工作岗位，难道教授能够例外吗？2005 年的《高等教育年鉴》（*Chronicle of Higher Education*）调查发现，四年制大学的校长有 53% 赞成用长期合同制度取代终身制。新兴的网络院校，如凤凰城大学（University of Phoenix），根本没有终身教职这一说。

终身教职制能保证学术自由吗？诸如弗里兹·马克卢普（Fritz Machlup）等人则认为，终身教职制奠定了学术基础。马克卢普承认，一个终身合同可能会导致学术界“死气沉沉”或者使人在今后的职业生涯中丧失热情和生产力，但他强调，在找到更好的解决方案之前，终身教职制在保护学术自由方面仍然是很重要的。在许多最知名的学术机构中，终身教职制仍然是招聘教师的最主要模式。

撰 稿 人：Eric A. Abbott

另请参阅：Censorship in Science；Intelligent Design in Public Discourse；Science and Politics

参考文献

[1] BROWN R S，KURLAND J E. Academic tenure and academic freedom [M]//W W VAN ALSTYNE (Ed.). Freedom and tenure in the academy. Durham，NC：Duke University Press，1993：323–355.

[2] CARLSON S. Advocate of intelligent design loses appeal in tenure fight. Chronicle of Higher Education [EB/OL] (2007–06–03). www.chronicle.com/article/Advocate–of–Intelligent–Design/38966.

[3] EUBEN D R.Legal issues in higher education. In Managing faculty productivity after tenure [EB/OL]. (2005–10–24).www.aaup.org/AAUP/protect/legal/topics/productivity.thm?PF=1.

[4] FOGG P. Presidents favor scrapping tenure [J]. Chronicle of Higher Education，2005，52 (11)：A31.

[5] JOUGHIN L. (Ed.). Academic freedom and tenure：A handbook of the American Association of University Professors [M]. Madison：University of Wisconsin Press，1967.

[6] KREBS P M. The future of tenure [J]. Academe，2008，94 (5).

[7] MACHLUP F. Defending tenure：A guide for friends of academic freedom [M]. Washington，DC：American Association of University Professors Bulletin，1964.

[8] METZGER W P. The 1940 statement of principles on academic freedom and tenure [M]//W W VAN ALSTYNE (Ed.). Freedom and tenure in the academy. Durham，NC：Duke University Press，1993：3–77.

[9] MONASTERSKY R. Intelligent design and tenure. Chronicle of Higher Education [EB/OL]. (2008–02–07). www.chronicle.com/article/Intelligent–Design–vs–Tenure/26239.

[10] SHAW B N. Academic tenure in American higher education [M]. Chicago：Adams Press，1971.

[11] University of Washington Board of Regents. Communism and academic freedom：The record of the tenure cases at the University of Washington [M]. Seattle：University of Washington Press，1949.

[12] VAN ALSTYNE W W. Academic freedom and the First Amendment in the Supreme Court of the United States：An unhurried historical review [M]//Freedom and Tenure in the Academy. Durham，NC：Duke University Press，1993：79–154.

Third-Person Effect 第三者效应

第三者效应，也被称为第三者效果认知，由社会学家 W.P. 戴维森（W.P.Davison）于 1983 年首次进行了概念化。它是这样一种观念，即个人倾向于认为其他人要比自己更容易受到媒体信息的影响。虽然该理论适用于多种传媒信息，但在重大的健康类和危机类信息传播中体现得尤为突出。如个体可能会认为有关新药的广告或者某些像烟草那样有害的信息对其他人而非对他们自己有强烈的影响。

戴维森在第二次世界大战期间参与了一些心理学实验，而第三者假说似乎就来自他在那个时期遭遇到的情况。戴维森举了一个被美国军队占领的孤岛的例子，在这个岛屿上，日本军队空投了一些宣传材料，这些材料旨在扰乱美军的士气。士兵们并没有受到这些材料的影响（当他们看到的时候就知道这是宣传攻势），而岛屿上的指挥官由于担心这些信息会影响士兵，因而撤走了一些士兵。戴维森认为指挥官之所以采取这种措施是因为他们认为这种宣传会使得士兵们放弃阵地。他把这种观念——认为其他人比自己更容易会受到信息的影响——称为第三者效应，因为这涉及人们做出有关其他人或者第三人的判断。

第三者效应的概念可以通过让一组人来观看或者阅读媒体材料（一则新闻、广告或者其他材料）的方式进行说明。在观看完信息后，观众被要求在一个五分制的量表上标出这些信息对他们产生的影响，并另外单独地就他们认为的这些信息对观看了此信息的其他人的影响进行评估。第三者效应研究表明，通常大多数人认为此类信息对别人的影响要比对自己的影响大。虽然还没有完全解释清楚，但这种趋势已经有据可查。这种效果对社会具有重要的启示。

很多实验利用上述方法来测试第三者效应，然后每对问题的实验结果被简化为单一的数字。这被称为第三者效应评分。第三者效应的得分由第二个问题的结果减去第一个问题的结果得出。如果结果是正数，则存在着第三者效应。这是因为正数表明某个人认为该信息对其他人的影响要大过对自己的影响，而这种效果通常都会发生。在一些情况下，也会出现负数。这被称为反第三者效应或者第一者效应。如果得分是零，则表明某人认为该信息对别人的影响程度与对自己的影响程度一样，这有时候也被称为镜子现象或者共识效应。

由戴维森提出的第三者效应假设会带来潜在的破坏性影响。戴维森列举的一个例子聚焦于风险规避。他认为在股市中进行投资的人会根据第三者效应对流言做出反应。个人可能知道媒体中的流言是错误的，但是由于认为其他投资者会受到媒体报道的影响而抛售股票。受到第三者效应影响的个体也因而会抛售股票以在他们认为的其他更容易上当的投资者所引发的股票暴跌之前先发制人。具有讽刺意味的是，这随后可能会引起股票价格的下跌，即使抛售了股票的投资者认为这些流言是假的。在这种情况下，第三者效应就在股票市场中引发了一个自我实现的预言。

另外一些研究人员认为存在于所有人中的另外一种心理倾向，即乐观偏见，可能会引发第三者效应。乐观偏见表明，个体认为其自身及其周围环境要比他们看待他人及他人周围环境更乐观一些。他们倾向于认为自己不太会经历负面事件，这体现在“这不太可能发生在我身上”的看法。然而，存在着乐观偏见的人不会把这种看法延伸到自身之外的其他人。所以，信息的负面效果被看作其他人更容易经历的情况，而自己不容易遇到。

第三者效应在行为方面的一个主要焦点在于其与审查的关系，这也是第一个广泛研究的行为领域。研究一般把高水平的第三者效应与更大可能性的审查关联起来。认为媒介信息对别人的影响要大过对自身影响的人更倾向于认为这些信息应该被加以审查，估计是为了防止其他人遭受这些信息所带来的负面效果。此外，个人认为对信息进行审查是没有必要的。如因为第三者效应，陪审团可能会过高地估计诽谤的影响。陪审团成员可能认为一条信息不会影响他们，但是却倾向于认为其他人会容易上当受骗且有可能受到影响。结果，与不持有这种想法的人相比，他们可能更关注诽谤指控。

审查行为在诸多内容和很多情况下都被发现和第三者效应存在着关联，包括明确的性素材、饶舌音乐、暴力、涉黄、否定大屠杀的广告、赌博广告、电视暴力、千年虫病毒、VCD光碟、身体形象和电视真人秀。随着审查与第三者效应研究的完善，有关行为的其他领域也开始更深入地拓展，比如投票行为和购买意图。

研究人员还不清楚是什么导致人们在第三者效应的情况下做出反应。其中一个看法是父权主义理论。如一个个体听到一则负面消息并且认为这不会影响到他自己，但他们可能会认为这会对其他人产生影响。因而，该个体会认为需要对这些信息进行审查以保护他人。这种保护性的反应有时会被称为保护动机理论，并成为父权主义理论的核心。虽然这在第三者效应的行为方面是一种貌似合理的假设，但是却并没有被普遍接受。其中一个简单的原因可能是父权主义理论在传播学研究中并不常用。

作为第三者效应研究的重点，广告获得了很多的关注。早期的研究表明与非广告形式的信息相比，以广告的形式存在的信息会产生不同层次的第三者效应。这表明个体拒绝承认广告对他们产生影响，因为这样做会使得他们看起来更容易上当受骗。另外（或者是这样的理由），一个亲社会的、非广告形式的信息可能不会对个人的自我带来挑战，因而在让个体承认其受到影响方面不会带来更多的障碍。

同时也有研究发现，社会距离对第三者效应会带来影响，因而对二者关联的思考也有所进展。在第三者效应方面，社会距离的推论是当对其他人根据距离进行区分的时候，更远的他者会产生更大的第三者效应。比如，人们倾向于认为与自己的邻居相比，处于遥远地方（地理上而非社会上的距离）的他者更容易与其具有更多的不同。因而，这种假设就是在遥远国家的其他人更容易出现第三者效应。

社会距离作为第三者效应的推论也受到了批评。一些人认为听到某个消息会认为处于遥远地方的人没有听到这个消息，并且这可能导致统计显著性上的不同。这一发现表明第三者效应的社会距离推论是没有调查其预计要调查的调查工具所产生结果，这是一个永真的问题，而不是其他群体真的被看作是在社会上存在着距离。

随着组内以及组外概念的引入，新近的研究重新界定了社会距离概念。这一思路认为人们把其他人看作是组外成员，而把自己看作是组内成员。这表明只有在社会上存在距离的成员是组外成员时，社会距离才是适用的。一些研究还探讨了存在着正向结果的不同组外之间的关系，而这一概念也被拓展到了网络信息和非网络信息的考虑当中。

撰 稿 人：Stephen A. Banning

另请参阅：Health Communication，Overview；Risk Communication，Overview；Science in Advertising

参考文献

[1] BANNING S A. Third-person perceptions and political participation [J]. Journalism & Mass Communication Quarterly, 2007, 83 (4): 785-800.

[2] DAVISON W P. The third-person effect in communication [J]. Public Opinion Quarterly, 1983, 47:1-15.

[3] MEIRICK P C. Topic-relevant reference groups and dimensions of distance: Political advertising and first-and third-person effects [J]. Communication Research, 2004, 31 (2): 234-255.

[4] PERLOFF R M. The third-person effect: A critical review and synthesis [J]. Media Psychology, 1999, 1 (4): 353-378.

Three Mile Island 三英里岛事件

1979 年 3 月下旬，宾夕法尼亚州哈里斯堡附近的三英里岛核电厂 2 号核反应堆发生了故障，导致大都市爱迪生核反应堆芯部分融化。三英里岛事故可以说是在美国商业核电行业史上最大的事故，当然也是最广为人知和影响最大的事故。自那以后，美国核建设停滞不前。

三英里岛事故也是危机通报原则的极好例证。三英里岛的许多危机传播课程在那场特殊事故之前就建立得很好。许多即时紧急状态、附近紧急状态及可预见的紧急状态都在危机处理课中讲得很清楚。然而，通过危机通报原则看待三英里岛事故还是有教训可循的。主要在下述 7 个方面。

要重视沟通

几乎所有的专家都认为，三英里岛事故后果并不严重，但并不意味着它不是一起严重错误。已经发生的错误就不能再错了（不能重复同样的错误）。分析师通过电脑分析对三英里岛事故情况进行模拟抽样调查，结果发现整个核堆芯熔化了，这会带来真正的大灾难。所幸的是，现实比模拟的情况好得多，三英里岛事故没有对人们健康产生大的影响。

三英里岛事故绝不是核电历史上唯一有惊无险的实例。但是，三英里岛事故有惊无险的“唯一”在于：它在几周内吸引着美国公众的关注力；没有被广泛记住它是一次公共健康灾难；它依然是潜在的严重核风险象征；它的结果对核工业本身已经产生了毁灭性的影响。尽管有了埃克森·瓦尔迪兹号（*Exxon Valdez*）油轮泄漏、全球变暖、石油峰值以及两个海湾战争等重大事件，但美国依然没有助力核复兴。虽然公众对核工业的抵制情绪在小布什总统执政晚期就已经减弱了，但仍然是发展核工业的重要障碍。主要原因不是切尔诺贝利（所有美国人都太容易无视别国的灾难），而是三英里岛。三英里岛事故中真正错在哪里了？错在信息通报。

专业通信人员在三英里岛是不起眼的。负

责事故管理的杰克·赫因（Jack Herbein）是大都会爱迪生公司（Met Ed）工程管理副总裁，他在被问责时问到，为什么一贯忽视来自公共关系专家布莱恩·费边（Blaine Fabian）的建议。（危机信息通报尚未被发明）他回答说，“公关不是真正意义上的领域，不像工程学，是每个人都可以干得了的。”这种态度使大都会爱迪生公司和核电工业付出了高昂代价。而且这种态度还在核工业领域占上风，也是造成通信一再失误的原因。核电支持者们因缺乏危机信息通报的经验而一直在搬石头砸自己的脚。

危机警报出错

在三英里岛事故发生的最初几小时及几天时间内，并没有人确实知道发生了什么状况。这促使大都会爱迪生公司维持常态，根据他们当时所知道的情况发送最平安无事的声明报告。因而，当消息变得更糟糕的时候，大都会爱迪生公司不得不赶紧向公众和当局实事求是地说，“这比我们想象得要糟。”这违反了危机信息传播的基本原则，在危机警报问题上总是出错。

第一次发出的危机通报一定要高度谨慎，这是后面信息通报可能用到的形式，“不像我们担心的那样糟糕”，而不是“比我们想象得更糟”。在过去的几十年，无数的公司和政府机构犯了同样的错误。它的代价是信息源彻底失去信誉，而且由于对信息源的反应明显不够，在危机跷跷板另一边的其他人会做出国际反应。

这就是为什么宾夕法尼亚州长迪克·索恩伯格（Dick Thornburgh）下令让孕妇和学龄前儿童疏散。大都市爱迪生公司坚持说泄漏地点的辐射浓度不足以让民众疏散——他们说的本来是对的。但是，大都市爱迪生公司从一开始就低估了事故的严重性。当宾夕法尼亚危机管理机构领导人从直升机穿过烟羽流的数据中误判了辐射浓度，认为这可能是在人口居住地区非事故现场的原因，索恩伯格甚至没有对“不再可信的设施”进行检测（这些设施可能会显示危机管理机构错误理解形势）。他决定“安全比说对不起更好”，于是下令疏散。

与大都市爱迪生公司相反，宾夕法尼亚卫生部采取了一种适当谨慎的态度。卫生部门担心放射性碘 -131 可能会从核电站溢出，并积存在草地上，奶牛吃了这些草地上的草，最后进入当地的牛奶里。在 2 周时间里，卫生官员几次发出警告，敦促人们不要喝牛奶。与此同时，他们一直进行牛奶检测没有发现任何碘 -131 放射物质。他们的公告由“牛奶里很可能有碘 -131”，到“牛奶里可能有碘 -131”，再到“牛奶里似乎没有碘 -131，但让我们再做一项更全面的检测来确定是否可信”。当卫生部门宣布牛奶可以安全饮用的时候，几乎每个人都相信这是真实的。虽然卫生部门的谨慎短期内损害了乳品行业，但由于卫生官员把人的健康看得比乳制品行业短期利润重要，乳品行业利润很快反弹。这对疯牛病（牛海绵状脑病，或疯牛病）和牛肉产业，“非典”和旅游业，以及禽流感和家禽业都是一个典范。

不要说谎，不要只讲一半的事实

企业及政府机关都会尽量避免公开扯谎，然而他们通常又都会觉得他们有资格说一些技术精准但存在误导的话——尤其是在出现危机而他们力图让人们保持冷静的时候。除了道义，这在策略上往往会适得其反。人们只知道一半的真相，他们会感觉没被一视同仁地看待，这反而会加剧他们的焦虑。在危机情况下人们很少惊慌失措，他们会很紧张，但会设法使自己行为理智起来，甚至变得无私。但是，在当局者努力避免出现恐慌而不实话实说的时候，造成恐慌的就是这些自相矛盾的说法了。

宾夕法尼亚中部核电站深陷困境。紧急冷却系统已被错误关闭，控制装置中的氢气泡有可能爆炸，这种状况有可能导致核反应堆芯的熔毁。在危机中，好多事情在出错，大都市爱迪生公司却在新闻发布会上声称电厂在“根据设计方案进行冷却”。几个月后，公共关系总监在被问到以什么来证实这个声明时，他解释说，核电场的设计中有在严重事故中生存的自保功能。他们的设计是为了保护公众的，即使是许多事情在错误地运行的情况下。所以，即使三英里岛核电站有许多事情出错，但反应堆还在，而且电厂还在“根据设计继续冷却”。虽然他其实没有说谎，但他的误导性声明也无从挽回公司的信誉。

希望媒体让人放心

平时，记者们都倾向于使新闻报道尽可能地带有戏剧性，他们哗众取宠的能力好像是天生的。但在危机事件报道上则不然——此时记者与其新闻消息的源头会结成联盟，试图误导人们并提供充分的安慰以便使人们保持冷静。凯梅尼委员会（The Kemeny Commission）[吉米·卡特（Jimmy Carter）总统任命的调查小组，调查在三英里岛事故中“公众的知情权”到底有多少]进行的民意调查结果是，在事故发生的第一周，通讯社和主要报纸进行了报道。委员会所希望的轰动效应报道没有得到证实。在新闻稿件方面，是“令人震惊”还是“让人放心”，接受调查的60%的人选择了“让人放心”。如果切入技术问题，除某些信息渠道不当的稿件和关于当地居民一般恐惧描述的短文，对“技术”报告的放心多于担忧，比例为73%和27%。

这个在当时看起来好像不是这样的，至少有如下三个原因：

（1）受惊的人们选择负面信息，而不是正面信息；某些通信专家认为，在危机中，需要三个好消息来平衡一个坏消息。

（2）类似于“曾经认为安全的东西可能会也可能不会变得有害”的信息会被人们当作示警，与关注“可能有害”或关注“可能无害”的人数基本无关（试想，今天晚上科学家在你最喜欢的食物是否致癌的问题上意见不统一）。一些学者认为，公众对高风险的新技术的恐惧心理是与报道量成正比的，而不是其特点。三英里岛是一个很大的话题，即使内容是可靠的，但内容本身是惊人的。

（3）最重要的是，让人过度放心的内容恰恰是令人恐惧的。公众，特别是当地公众，可以看出当局深陷忧虑和十分困惑。在这种情况下，当公众看到当局者在电视上坚称“核电站正在根据设计逐渐冷却下来，一切事情都在掌控之中”时，只会使事态更加糟糕。

在三英里岛事故中记者并不反对指责他们隐瞒信息来源。但他们不愿意报道——甚至不愿意去注意——他们自己会发生什么的消息何等频繁以及他们下一步要发生的事有多可怕。

保持简单

复杂现象简单解释的必要性不只是危机通报的原理，而且是任何传播方式的基础。但有两件事情在危机中改变。

第一，听众在沮丧的时候没有耐心面对复杂状况；冷漠的人不明白新闻在说些什么的时候会停止收听，有兴趣的人会问到底怎么回事；受到惊吓或愤怒的人会认准有人试图忽悠他们，因此变得更加恐惧和愤怒。

第二，在危机情况下要保持简单的原因是：当他们沮丧的时候消息往往表述得更复杂。这里有些是无意的，空话和华丽的辞藻掩盖着说话人的焦虑。有些是故意的。三英里岛核电站核管理委员会（Nuclear Regulatory Commission，NRC）的官员们担心（结果证明是错误的）堆芯里的氢气泡会爆炸并导致熔毁 。当他们把这些“可能性”告诉记者时，他们用一种多音节的词陈述这件事，给记者的印象是他们是在否认而非承认此事。

专家对公众和新闻媒体谈论三英里岛事故所用的技术术语比他们自己互相交谈所用的还要多。核工程师之间紧急通话时的记录通常比新闻发布会上的讲稿简单易懂。如他们在对话时说："看样子我们遇到巨大的堆芯熔毁问题"——然后对媒体就相同问题谈看法时用词太过于技术性，以至于没有一个记者能听懂消息。可以肯定的是，专业术语是专业通信者的真正传播工具，对那些进行过必要训练的人传达准确而简洁的意思。但专业术语也是一种成员徽标，标志着专业人士和其他人之间的不同身份。特别是在危机中，这是避免恐惧和避免传达恐怖信息的方法。

注意愤怒

对风险认知的研究表明，人们对某些情况的危险程度的判断多由情绪上的诸多因素得出结论，诸如抑郁、恐惧、记忆和信赖，较少从事故中的实际技术性（事态的严重程度和概率）上判断。这些因素通常被称为愤怒因素。人们容易从事态中准确地觉察到激起愤怒的问题，然后他们就会误解事故中的技术"危险"。单就危险性的大小而言，愤怒的高风险比低风险更值得关注。

在险情问题上，任何灾难现场记者都是不请自到的一类人。记者在三英里岛事故上心情很沮丧，在聚满记者的屋子里，州政府新闻秘书突然出现并要求转移到另一个话题。显然，当地居民很可能已经发现了事故的严重性（但值得注意的是，像往常一样，没有产生恐慌）。

在三英里岛事故上引起最大愤怒的缘由是完全的不信任，越来越多的人认为，大都会爱迪生公司的高管，可能还包括核管理委员会的官员没有把他们所知道的事情都讲出来（这些人当时并不了解全部应知情况，也是后来才意识到的。政府官员可能因为承认自己不清楚情况，承认自己虽然希望了解全部事实但实际并不了解，而减少危机后人们对他们的指责）。

和通常危机情况一样，人们的担忧主要是不信任引起的。但是，激起人们对三英里岛事故的愤怒也有很多其他因素。其中有以下几个方面。

（1）可知性。专家在这个问题上的分歧是，由"可知性"产生的愤怒和恐惧比一般的不确定性要多——而且专家在核辐射低于对健康产生影响的水平上争论不休。一些专家称即使很小的核辐射物泄漏也会致癌。另一些专家认为，小计量的辐射实际上有利于健康（所谓的毒物兴奋效应的假设）。核辐射的"可知性"的另一个方面是它的不可检测性。许多在三英里岛的记者戴上了核辐射监测仪，少数特许的普通公民也有。即使如此，他们还是很紧张。一位记者评论说，如果辐射是紫色的，而不是看不见的，他会感到更舒服。另一位资深的战地记者指出："在一场战争中你可能会担心自己受到打击。这里让你担忧的事情是你可能已经被攻击了（受到核辐射了）。"

（2）控制。帮助人们应付危机的最重要和最困难的方法是派些事情让他们去做。记者们忙着报道三英里岛事故，这使他们陷入恐惧的困境。另一方面，当地居民几乎无事可做，只有跟听媒体报道。这种无能为力的感觉造成了很多不必要的恐惧。一种被考虑到又被驳回的可能是碘化钾的扩散，可以使甲状腺摄入大量碘。如果三英里岛事故过多排放碘化钾（事实证明没有），可有利于预防某些甲状腺癌。但真正的问题是沟通问题。是暗示碘化钾扩散可能存在严重放射性泄漏问题而引起人们的恐慌，还是给人们某些防护措施使其自我保护从而消除忧虑呢？前者的争论获胜了，碘化钾存放在仓库里了。

（3）恐惧。癌症是一种令人非常恐惧的病症。在致癌物中，辐射是一个特别可怕的来源。据专家计算，在三英里岛周围释放到空气中的颗粒物和其他污染物属于正常范围，三英里岛事故的辐射释放量在1979年监管标准致死线以下。因此，通过关闭一些工厂，三英里岛事故可能会改善当地的污染状况！尽管有这些数据，专家还在与住在附近的居民定期进行电话和电子邮件沟通，或正在考虑搬到这个地区，就（该地区）是否安全问题找到答案，但是很多人仍然认为是不安全的。

（4）记忆。自20世纪50年代早期以来，核灾难一直是科幻小说的创作重点。几乎每个经历过三英里岛事故的人都已经在电影、小说和漫画书中看过许多核反应堆失控的故事，所以很容易相信一场核堆芯熔毁灾难就发生在离他们不远的地方。一部以核恐怖为主题的电影《中国综合征》（*The China Syndrome*）刚刚开播。核管理委员会的高管哈罗德·登顿（Harold Denton）到现场后抽出一个晚上时间在哈里斯堡看了这部电影，几百名记者和他一起去的。

注意宣传

大多数政府机构和企业对危机状况做出反应的方式是封锁消息。怕错误的人会说出错误的事，他们会选定一两个发言人并认定没有任何别的人可以胜任通报工作，他们极力控制信息传播渠道，很少或者根本不让其他机构做到消息灵通。

授权很多发言人肯定有缺点，大多数风险通报专家的口号是“用一个声音说话”。但是采用“一个声音”的方式劣势大于优势，这种方式几乎都是失败的，用在三英里岛事故中也是一样失败。记者拍下了大都会爱迪生公司员工的车牌号码，要了他们的住址，并在下班时间去他们家里访问。不可避免的是，许多人在谈话中会出现表述不连贯且经常出错（即使是他们知道的事情）。然而，关于核管理委员会及公共部门的特定信息，他们表示在更新自己的相关信息方面遇到麻烦，那些知道事情经过的人都在忙于应付事故，无法向他们通报（这里的教训是：需要有技术专家在现场，他们的具体工作是在危机管理人员和危机解释人员之间收集情况）。州政府感到自己的信息很不完整，新闻秘书保罗·克里奇洛（Paul Critchlow）只得让一名员工充当事实记者，试图就正在发生的事情找到思路，以应付媒体和政府官员的问话。当公用部门和联邦政府试图用一个声音说话的时候，当地反核运动全体闭嘴了。在这次事故中，数百名记者呼吁三英里岛哈里斯堡办事处（Harrisburg office of TMI Alert）警惕该地区的主要反核运动组织。他们得到了一个录音信息说员工为了自身安全离开了事发小镇。

当今世界全时段（每周7天，每天24小时）的新闻覆盖以及互联网的作用，使得信息如同逃出了瓶子的鬼怪一样无处不在。如果官方隐瞒信息，我们就从非官方来源获取。如果官方用一个声音说话，我们会像猫闻到老鼠的气味似的，寻求其他更强硬的声音，并找到他们。但1979年宾夕法尼亚中部的危机信息也是无法控制的。即使在古登堡前时代，中世纪（原始）村庄里的每个人都知道麻烦出炉的时间。信息就不是瓶子里的鬼怪。让人们了解情况并让他们说话是一个明智的策略，这比让他们成为愚民（希望他们不是）更好。

三英里岛事故不是以危机通报出错的例子而被记住的，它是以核电站出错后所发生的一切为例子被记住的，虽然事故中没有造成一个人死亡，而且三英里岛事故有文件可查的健康影响以及心理影响指数都控制在非常严格的范围。用“谷歌搜索”检索“三英里岛灾难”，可以显示304000个条目。这就是危机通报出问题时发生的一切。

撰 稿 人：Peter M. Sandman

说　　明：本词条得到了原作者的许可进行修改。原文见：Three Mile Island—25 Years

Later. Safety at Work，April 24，2004，pp. 7–11.

另请参阅：Chernobyl；Crisis Communication；Exxon Valdez；Nuclear Power；Severe Acute Respiratory Syndrome

参考文献

[1] Kemeny Commission. Report of the public's right to information task force of the President's commission on the accident at Three Mile Island（#052–003–00734–7）[R/OL]. Washington，DC：U.S. Government Printing Office（1979–10）. www.threemileisland.org/downloads/192.pdf.

[2] RUBIN D M. How the news media reported on Three Mile Island and Chernobyl [J]. Journal of Communication，1987，37（3）：42–57.

[3] SANDMAN P M，LANARD J. Crisis communication：Guidelines for action [Handouts for CD-ROM/DVD] [M/OL]. Fairfax VA：American Industrial Hygiene Association. www.psandman.com/ handouts/AIHA–DVD.htm.

[4] SANDMAN P M，PADEN M. At Three Mile Island [J/OL]. Columbia Journalism Review，1979，43–58.www.psandman.com/articles/3–mile.htm.

[5] STEPHENS M，EDISON N G. News media coverage of issues during the accident at Three Mile Island [J]. Journalism Quarterly，1982，59（2）：199–204，259.

Town Hall Meetings 市民大会

在美国，市民大会是美国最常见的有公众参与的会议。这些会议每年举行数千次，美国的人口调查显示，40% ~50%接受调查的人在过去的 12 个月中参与了某种形式的市政厅会议的公众听证会。市民大会也被称为公众会议和公众听证会，经常以科学技术传播、环境或危机管理为主题。如都市区域分区委员会可举行会议，讨论对新土地用途的许可或现有土地使用变动；州县卫生或环境代理机构可能举行会议，公布地方公共卫生问题的信息，如空气质量或有毒废物地点方面的报告；联邦政府可能以咨询委员会工作程序召开会议听取科学顾问的建议，或者就科学、技术或与医疗卫生有关的问题向利益相关者征求意见。虽然市民大会有可能发表“民主行动”报告，但这并不意味着这些会议完美无缺。

今天的市民大会是从新英格兰市政会议起源的，某些市民大会依旧每年召开一次会议讨论城市管理问题。根植于民主传统，市民大会必然要体现“自由”的符号，象征美国人拥有神圣的自由权利，包括言论自由和集会自由，公民聚集在一起公开、自由地发表自己的意见和对政府的看法。市民大会也是公众规范表达意愿的体现，也就是说，在一个由公民授权的民主国家里公民享有话语权。除了符合民主原则，当公民提出重要信息或对现有问题发表评论的时候，市民大会对这些问题的决策有实质性的影响。此外，市民大会也是公民收集关于他们所在社区、地区、州或国家时事信息的场所。最后，市民大会有利于确保决策的合法性及可接受性，公民相信会议组织者要建立公平、公正的决策程序的意图是真诚的。虽然市民大会经常以决策制定为目的召开会议，但不是所有的会议都是为决策制定而举行的。当然，他们可能召开会议，就发展建议、提供信息、项目审查，以及寻求投入问题进行讨论。市民大会有很多用途，为许多受众提供服务。服务对象包括没有专业知识的受众或未经过技术培训的市民、企业者、特殊利益集团、记者、公职人员，以及其他科学家和技术专家。由于任何人都可以举行市民大会，所以受众各不相同，基本上包括诸如宗教组织、邻里协会和其他公共利益集团这一类的非政府组织。即使如此，大部分市民大会与公共部门或市政机构有关，如教育局、地方规划委员会、城市规划委员会，以及各县、州和联邦政府机构。甚至争夺美国总统位子的政治候选人也会利用“市民大会”的名义从事他们与公众对话的某些演讲（竞选演说）。

虽然市民大会不是一级组织机构，但共同特点都是向所有公众开放。还有，因组织者的关系，市民大会的组织构成很不相同。市民大会的一个重要区别是合法的还是自发举行的。自发的市民大会，如由公民或其他非政府组织举办的会议，不用必须遵循法律要求，可以是非正式的。举例来说，自发的会议不必在事先通知美国联邦政府开会地点，他们可以不遵循正式的议程或讨论程序，即类似罗伯特程序规则。有组织的会议，意指遵照法律要求召开的市民大会，必须遵循与公众集会性质相关的、直接的或间接的具体限制。与自发性会议相比，有组织的会议往往更正式，必须有正规的公民告示，并遵循从一个会议到另一个会议之间基本一致的讨论程序。

因会议组织者不同，市民大会的地点可能也不同。选址范围从高中礼堂到教堂、市政会议厅、酒店宴会厅等。主要要求就是选择一个足够的空间，以满足参加会议的人数需求。有人指出，如果会议涉及当地问题，选择在交通便利，或在离居民不远的地方举行会议也是很重要的。如前所述，市民大会可以有不同级别，如社区会议、联邦政府的会议等。由于新的通信技术的出现，大规模的公民大会可以通过互联网或卫星连接的方式召开。然而，这些通过传媒召开的市民大会还无法真正替代现场市民大会。

虽然会议形式区别很大，但是有政府主持召开的会议有一个共同点，就是与会者可以坐着面向大会发言人或小组发言人。在某种技术推介后，观众应邀对会议记录的内容提问或评论。就会议形式而言，某些市民大会更倾向大型的通信传播方式（网络可视电话会议）。在其他方面，上述形式可以构成通信传播型的市民大会，也许最正式的会议应该是裁决听证会。这类会议经常有专家和证人参加，他们要向正式法官提供证词。由政府举行的不十分正规而最具互动的市民大会是具有开放性或实用性的会议。在这类会议上，市民会收到由与会技术专家或代理机构官员带来的类似广告的传阅资料。通常情况下，在这种使用性会议之后应该召开一次更传统意义的市民大会，但有时候没有这么做。这种形式的会议意在市民与专家或官员之间有更多的面对面的讨论或对话，而不是通常意义上的大规模的集会。

在过去的几十年里，研究人员力图检查市民大会的有效性。某些研究受到批评言论的尖锐批评，他们说市民大会不是科学传播与公众参与的有效方法。谈到公民的评论对议题的影响力问题，有些批评者认为政府机构主导的这些会议效果甚微。其他人质疑代理机构所收到意见到底采纳了多少。最后，就允许市民拥有均等的机会、以便有人听取其关注或为其答疑这方面而言，还有人质疑传统的会议形式是否能做到公平。在有关科技事宜的会议上这一点更为实际，因为相比于公民意愿，此类会议似乎会赋予科学证据更多的权重。关系到这些批评，有人质疑不良的市民大会是否会在公民与公共官员之间的关系方面产生长期的负面影响，如信任感的减少或增加对科学技术风险的关注。考虑到市民大会仍将是民主景观中的重要组成部分，进一步的研究是必要的，以调查其对公众参与科学技术的正反两方面的影响。

撰 稿 人：Katherine A. McComas

另请参阅：Citizens Jury；Consensus Conference；Deliberative Democracy；Deliberative Polling；Risk Communication，Overview

参考文献

[1] BRYAN F. Real democracy：The New England town meeting and how it works [M]. Chicago：University of Chicago Press，2004 .

[2] CHESS C，PURCELL K. Public participation and the environment：Do we know what works? [J]. Environmental Science & Technology，1999，33 (16)：2685-2692.

[3] MCCOMAS K，BESLEY J，TRUMBO C. Why citizens do and don't attend public meetings about local cancer clusters [J]. Policy Studies Journal，2006，34：671-698.

[4] National Research Council. Public participation in environmental assessment and decision making. Panel on Public Participation in Environmental Assessment and Decision Making [M]. Washington，DC：National Academies Press，2008.

Toxicogenomics 毒理基因组学

遗传学和基因组学进展，特别是人类基因组计划获得的大量信息，促进了毒理基因组学的出现。在毒理学和基因组学之间出现的这门新学科有望提高我们对化合物和基因组之间相互作用的复杂程度的理解，而这些方法在几年前似乎是不可想象的。毒理基因组学是“组学”科学扩群的最新成员之一，它连接基因组学、转录组学、蛋白质组学和代谢组学。所有的进展都将深刻地改变我们对生命科学多方面思考的方式，有望在未来几年取得更多这方面的新进展。

反映在环境毒污染或药物治疗的不同个体间的差异一直存在。例如，某些人对抗生素或蜂毒有致命的过敏反应，而另一些人则没有反应或者仅有很轻微的不利反应。长期接触苯（汽油和烟草烟雾中所含的一种化学物质，某些工业和相关的生产也会出现这种有毒物质），某些个体可能会因此中毒得病，包括白血病，而另一些有接触的人群则没有明显反应。

历史上，弄清生物体对化学化合物的反应

一直是毒理学的重点课题。要取代分别描述单个化学物质对基因有限数量的影响，毒理基因组学提供了这种可能，即同时测量由数千个基因和多种条件下的几种化学物质引起的扰动。

我们的基因组：重要的 0.1%

从人类基因组计划（Human Genome Project）中得到的一个重要发现是，所有的人在 DNA 水平上至少有 99.9% 是相同的。这剩下的 0.1% 标志着个体间的差异，这个差异就是为什么某些个体更容易受到特定疾病或药物的不良影响的答案，这也许是基因组中最具说服力的部分。在人类基因组中约 32 亿个碱基对里，有 1 亿个被称为单核苷酸多态性（或单核苷酸多态性）的个体差异，相当于每 100 个到 1000 个碱基对里就有一个单核苷酸多态性出现。

单个的单核苷酸多态性 –SNP 能够导致几种潜在的后果。有时候，它可能不会有任何影响。但在另一种情况下，可能会导致一种突变，产生一种功能低的蛋白质。假如这种蛋白质带有药物代谢性降解，其活性的降低可能导致药物浓度的延迟失活和增加循环，以及治疗过程中的不良反应。此外，一个单核苷酸多态性 –SNP 可能产生一种增高活性的蛋白，然后这种高活性蛋白变为代谢治疗性化合物的概率变高，使得其在生物体内存留时间变短，不能达到预期的治疗效果。

个体基因组变异与对药物和化学物质反应的差异之间的关系越来越密切。例如，特殊的单核苷酸多态性 –SNP 会在服用伊立替康，一种治疗结肠癌的化疗药物的患者中增加腹泻的可能性。同样地，DNA 修复基因差异和与苯诱发的毒性有关，这也是监测（毒物存在）风险时的重要预测工具。另一种职业性失调病是慢性铍病。仅对有接触这种金属的特定（DNA 修复基因差异）人群的家庭成员检测，结果发现他们从接触这种金属的人员的衣服残留的“铍尘”中受到二次感染。几个多态性似乎影响着这种慢性疾病的易感性，这会导致肺瘢痕病，进而导致包括肺癌和心脏病在内的并发症。

药物不良反应

药物毒副作用问题使医疗和公共卫生面临严峻的挑战，不仅在制药过程中，在药物失效案例中 44% 以上的因素源于毒副作用，这还是在药物商业化之后。据估计，仅在 1994 年，美国超过 220 万名住院患者对药物有不良反应，超过 10 万人因此丧命，被列为第五大死亡原因，超过糖尿病和肺炎致死人数，而这还仅仅是保守估计。其他西方国家报道的数据是 2%~6% 的住院治疗患者有药物副作用反应。

虽然研制一种新药需要投入 5 亿~17 亿美元，经过 12~15 年的研究和开发，但新批准的治疗化合物中还是会有 4% 由于毒性而最终从商业用途中撤出。及时确认药物的不利影响，在制造过程或临床试验中尽早剔除问题化合物，以保证研究工作瞄准疗效。在 1975—1999 年，548 种药物中有 16 种从市场上下架，对 45 种药物增加了限制或缩小治疗用途的警告标签。自 1998 年以来，美国停用了 19 种导致患者意外死亡的药物。

历史上，动物模型（实验）有助于疾病与治疗方面的几个基本概念的发展。然而，在这种情况下经常提到的一个缺点是，尽管动物和人体在基本方面有许多相似之处，但动物的不同物种之间、动物和人类之间的重要差异，使得利用动物模型（实验）所做研究难有可信度高的结果。例如，丁基羟基甲苯，用于某些化妆品和药品的添加剂，可能诱导大鼠，而不是小鼠，有出血反应。另一项研究检查了几百种化合物对大鼠和小鼠器官的不同影响，显示只有约一半的大鼠致癌物质在小鼠的相同身体部位具有致癌性，而且将小鼠致癌物对大鼠进行影响测试的结果也是这样的。这种困难不仅存在于了解特定化合物是否在动物和人类产生相同的毒性作用方面，而且也存在于观察跨物种药效剂量的预测中。

用几个事例说明，几种特定药物对人体已造成严重不良影响，虽然它们都通过了动物模型（实验）。在2004年9月30日停用之前，抗炎症药物万络可能与许多心脏病发作、中风和死亡有关，但大量报道显示，动物模型（实验）结果证明这种药对心脏有保护作用。一种用于治疗慢性炎症和白血病的药物在初期试验中经过对6名志愿者的临床试验后被放弃了，这6名患者用药后病情加重并进入重症监护病房，但是在动物实验时用了更大剂量的药物没有出现明显的不良反应。另一项临床试验，一种有利于慢性乙型肝炎的抗病毒药物的临床实验在13周后终止了，因为毒性在一个患者体内扩大，在接下来的几个星期里，5个患者死亡，只有2个患者在接受肝移植手术后存活。这种不良影响还是发生了，尽管在几个动物模型（实验）中，甚至长期用药，都没有出现肝毒性问题。

毒理基因组学的影响

重要的是要认识到，有没有“无风险”的药物。大多数临床药物有副作用，会在不同患者身上有不同程度的反应。作为预测工具，毒理基因组学可以识别药物副作用对某些个体的风险并在临床症状发生前及早发现离散变化。治疗剂的筛选是毒理基因组学中直接的应用程序之一，对进一步试验和开发过程中化合物呈现最好安全特性的识别很有帮助。根据新近评估，以毒理基因组学取代传统毒理学的评估方法，对新化合物的安全性测评时间将由几年缩短为几天，成本将会大幅下降。一个与之相关的例子是，对肝毒性的预测，这是很常见的药理副作用之一，也是1992—2002年27%的药品从美国和欧洲市场下架的原因。传统毒理学主要是靠对酶的测量，这种酶是从肝细胞里分泌到血液后又受到损伤的。但这种酶只有在受到损伤后才能被检测到。通过检查基因组（染色体）中的扰动，毒理基因组学能够组织受损和（或）临床发病之前的早期阶段确诊不良反应。毒理基因组学还开启了测量全球基因组反应的可能性，以剂量依赖性方式（即在接触到不同计量的化学药品后）和在敏感时间点的形态（即在接触化学药品后的不同时间点）进行检测。例如，对乙酰氨基酚类药物长期以来被认为是产生肝毒性和住院患者急性肝功能衰竭的主要原因。然而，近期一项分析发现近100个不同基因对这种药物有不同的反应。另一项研究显示，某些变化早在用药15分钟后就发生了。毒理基因组学不仅揭示了有无改变，同时揭示了其反应机理。例如，尽管胰岛素被认为在肝脏和卵巢引起改变，但遗传学表明，不同的机理会在这两个器官里造成不同的毒副作用。在探索几种药物之间的潜在相互作用，或同时发生多重化学药品反应时，了解作用机理是特别重要的。

挑　战

尽管前景可观，但毒理基因组学像其他许多新研究项目一样，伴随着多种挑战，最重要的挑战是来自其固有的跨学科和多学科研究，用于数据收集和分析需要的大量的资源，以及缺乏连贯性的研究。总之，这不是一个简单的问题。在基因歧视的背景下，对职业暴露人群进行化学化合物毒性的可能性预测有着重要的伦理和法律意义。职场基因测试最广为人知的例子是平等就业机会委员会（Equal Employment Opportunity Commission）对伯灵顿北方圣达菲铁路公司（Burlington Northern and Santa Fe Railway Company）的诉讼案，该公司在工人不知情，以及科学文献未显示遗传变异测试与身体状况之间有关的情况下，对他们进行了一项类似于腕管综合征的测试。毒理基因组学将在毒物侵害诉讼中有着重要的实用价值，即法律范畴，是由私人原告就职业暴露引起的毒物质伤害提起诉讼、寻求赔偿的法律行动。在证明中，原告必须证明“因果关系”或换言之，证明原告接触到的物质是已知的对人类有不良影响的（一般因果关系），具体职业暴露和伤害是由被告的行为或不作为（特殊因果关系）引起的。虽然有了现存的医学和科学研究方法，诉讼理由也符合法院的标准，但要证明因果关系是非常困难的，特别是从职业暴露到临床表现的取证，可能需要几年时间。结果，原告的伤害赔偿诉求往往被拒，因为很难证明这些标准。而根据基因表现的变化即时采取指纹检测毒化合物，毒理基因组学可能在职业暴露、化合物质和特定伤害之间起到更好的连接作用，也可能会更清楚地反驳这种连接。在更复杂的案件中，毒理基因组学可以在“潜伏期的职业暴露”诉讼中提供必要的证据，虽然疾病还没有临床表现，但原告可对已经加重了的风险寻求货币赔偿，包括对未来疾病检查和必要的疾病监控所需的费用。

虽然在侵权法中，原告一般不能对潜在的未来伤害提出诉讼，但近年来，发生过几次这样的法律诉讼。然而，法院要求提供“现有伤害”和“明显的风险增加”的证据，使这些诉案几乎不可能赢得官司。而毒理基因组学研究进展可以通过揭示基因表现的变化，证实某种疾病的发展情况，使这几个案件有可能胜诉。

总的来说，毒理基因组学可以彻底改变有毒物质的侵权诉讼并在不能获得其他调查工具的时候提供科学依据。我们已有能力检测、解读以及预测人类基因组与特定治疗的相互作用或环境中的化合物的持续增多，因此医疗领域和法律领域都将因这一新兴学科而发生深刻的变化。

撰 稿 人：Richard A. Stein and Dafna Tachover

另请参阅：Gene；Human Genome Project

参考文献

[1] AARDEMA M J, MACGREGOR J T.Toxicology and genetic toxicology in the new era of “toxicogenomics”: Impact of the “-omics” technologies[J]. Mutation Research,2002, 499:13 - 25.

[2] BARAHMANI N,CARPENTIERI S,LI X-N,et al.Glutathione S-transferaseM1 and T1 polymorphisms may predict adverse effects after therapy in children with medulloblastoma[J]. Neuro-oncology 2009,11(3):292 - 300.

[3] BLOMME E A G,YANG Y,WARING J F.Use of toxicogenomics to understand mechanisms of druginduced hepatotoxicity during drug discovery and development[J].Toxicology Letters,2009,186:22 - 31.

[4] EICHELBAUM M, INGELMAN-SUNDBERG M, EVANS W E.Pharmacogenomics and individualized drug Therapy[J]. Annual Reviews of Medicine, 2006,57: 119 - 137.

[5] GATZIDOU E T, ZIRA A N,THEOCHARIS S E.Toxicogenomics: A pivotal piece in the puzzle of toxicological research[J]. Journal of Applied Toxicology, 2007,27(4):302 - 309.

[6] GIACOMINI K M，KRAUSS R M，RODEN D M，et al.When good drugs go bad［J］. Nature，2007，446（7139）：975-977.

[7] GOLD L S，STONE T H，MANLEY N B，et al.Target organs in chronic bioassays of 533 chemical carcinogens［J］. Environmental Health Perspectives，1991，93：233-246.

[8] GOODYEAR M. Learning from the TGN1412 trial［J］. British Medical Journal，2006，332：677-678.

[9] LAN Q，ZHANG L，SHEN M，et al.Large-scale evaluation of candidate genes identifies associations

between DNA repair and genomic maintenance and development of benzene hematotoxicity [J]. Carcinogenesis, 2009, 30 (1): 50–58.

[10] LASSER K E, ALLEN P D, WOOLHANDLER S J, et al. Timing of new black box warnings and withdrawals of prescription medications [J]. Journal of American Medical Association, 2002, 287 (17):2215–2220.

[11] LAZAROU J, POMERANZ B H, COREY P N. Incidence of adverse drug reactions in hospitalized patients: A meta-analysis of prospective studies [J]. Journal of the American Medical Association, 1998, 279(15): 1200–1205.

[12] MAYOR S.Inquiry into adverse events in trial blames drug, not study design [J]. British Medical Journal, 2006, 332: 870.

[13] NEED A C, MOTULSKY A G, GOLDSTEIN D B. Priorities and standards in pharmacogenetic research [J]. Nature Genetics, 2005, 37: 671–681.

[14] PERLIS R H, MISCHOULON D, SMOLLER J W, et al. Serotonin transporter polymorphisms and adverse effects with fluoxetine treatment [J]. Biological Psychiatry, 2003, 54 (9): 879–883.

[15] PETROS W P, EVANS W E. Pharmacogenomics in cancer therapy: Is host genome variability important? [J].Trends in Pharmacological Sciences, 2004, 25 (9): 457–464.

[16] SCHULTE P A, LOMAX G.Assessment of the scientific basis for genetic testing of railroad workers with carpal tunnel syndrome [J]. Journal of Occupational and Environmental Medicine, 2003, 45 (6): 592–600.

[17] SUTER L, BABISS L E, WHEELDON E B. Toxicogenomics in predictive toxicology in drug development [J]. Chemistry and Biology, 2004, 11 (2): 161–171.

[18] ZBINDEN G. The concept of multispecies testing in industrial toxicology [J]. Regulatory Toxicology and Pharmacology, 1993, 17: 85–94.

Toxic Substances Regulation 有毒物质监管

21 世纪，工业城市日常社会生活的重要组成部分是大量化学品的使用。美国大约有 83000 种化学品被列入商业用途。有些是非常危险和有毒的；有些是人造的，含有致癌物质。1976 年，美国国会（U.S. Congress）努力控制对人类健康不合理的风险和对环境造成不利影响的有害化学品，通过了《有毒物质控制法》(Toxic Substances Control Act，TSCA)，授权美国环保局（Enviromental Protection Agency，EPA）控制这些化学物质。《有毒物质控制法》规定美国环保局有举证责任，明示某种化学物质对人体健康或环境构成风险，并分别制定了两项控制化学品的授权条款。

（1）新化学品。1979 年或以后生产的大约 21000 种化学品被定义为新化学品，如果是环保局认定的没有充分信息表明其有合理评价效果的新化学品，在补齐有效信息之前，美国环保局可以限制其生产和使用。《有毒物质控制法》没有直接要求化学工业对新化学品提供不良信息，而是要求环保局必须在化学品公司提供信息之前首先提供某种物质可能存在风险的检验证明。

（2）现有的化学品。1979 年前生产的 62000 种化学品被定义为现有的化学品。如果有合理的根据推断出某种化学品构成极大的风险，美国环保局可以对其进行监管。环保局必须证明某种化学品存在风险，然后对其制定管制条例，这种条例对化学工业不构成重大负担。但这种要求是极其困难的，环保局对现有化学品采取这种行动的先例极少。因此,《有毒物质控制法》主要是对新化学物质加以控制。

《有毒物质控制法》给予环保局一种重大的责任担当。最权威的是《有毒物质控制法》给予该机构（环保局）举证权。在 1979 年之前被列入美国现有商业用途的 62000 种化学物质中，只抽查了 200 种进行安全评估。而这些被抽查评估的化学物质中有 8 种（占 4%）被禁止在以后的商业中使用。如果按照与这相同的比例对 83000 种化学品进行推算，即有 3320 种化学物质可能被排除商业用途。但这样的事情不会发生，因为美国环保局没有这方面的信息资源，而且受到诸多法律要求方面的阻碍。我们的工业社会最初没有自我治理或监管监督机制，这导致了有些毒性物质，甚至那些多年前就被禁止使用的有毒物质，仍然出现在不应该出现的地方，包括新生儿的血液和尿液中。

《有毒物质控制法》引发了化工行业和监管机构之间的对立。新闻报道中许多环境方面的故事是关于化学物质的，这些化学物质是美国环保局遵照《有毒物质控制法》条例下令控制的。

《有毒物质控制法》限制的特定有毒物质

多种特定有毒物质被写进《有毒物质控制法》及其修订本中多达数年。本章节仅就这几种具体案例进行概述。

多氯联苯

1976 年的原始法案指出，1978 年 1 月 1 日后，凡生产、分销和使用多氯联苯的（封闭方式行为除外），都将被禁止。该法案还授权美国环保局规范多氯联苯的处置。美国环保局发布了多氯联苯处理法规和对环境中多氯联苯污染的限制，并与通用电气及其他公司就多氯联苯污染场地，如哈得逊河上游一带的修复问题进行了谈判。多氯联苯对健康的主要影响是致癌，以及其他各种不良影响，如对免疫系统、生殖系统、神经系统、内分泌系统等产生影响。多氯联苯在环境中存留时间特别长。早在 1978 年《有毒物质控制法》前就禁止油性涂料含有多氯联苯。

由于涂料易受风化，多氯联苯严重污染了周围的土壤。挪威研究人员对儿童游乐场土壤污染问题做出这一结论。

石　棉

1986 年,《有毒物质控制法》修订本中将石棉作为应急用品，而 1990 年再次修订版本授权环保局落实在学校消除石棉。修订后的法案要求委派可信赖的人员去检查和补修所有含石棉的材料。当格雷斯公司（W.R. Grace Company）未按《有毒物质控制法》的规定通知美国环保局的时候，其违反规定的行为上了全国新闻头条。根据 2008 年 3 月的法律诉讼和庭外和解的结果，该公司被迫支付 2.5 亿美元赔偿其从 1963—1990 年在蒙大纳利比的蛭石矿开采中所造成的污染。这是联邦超级基金计划有史以来的最大一笔强制性清理赔付。利比污染造成了

1200名居民和前煤矿工患有与石棉相关的疾病。

石棉是一种被公认的致癌物质，会导致肺癌和间皮瘤——胸部和腹腔的致命肿瘤。据环保局称，蛭石通常不含石棉，但在利比矿床中含有天然石棉。利比的石棉污染被认为是美国史上最严重的污染物暴露案例。工人在煤矿穿的衣服上携带石棉灰尘，回家时，导致所有家庭成员感染毒物。来自矿山的材料被用于修建高中跑道和一个小学的溜冰场，以及给花园施肥都造成了污染。清理费用可能是不确定的问题，虽然蒙大拿联邦地区法院2003年裁定拨付美国环保局超过5400万美元的清理费用，但由于格雷斯公司已经申请了破产保护，这个裁决没有得以执行。

氡

1988年，对室内氡的治理成为《有毒物质控制法》的另一个重点问题。氡是一种自然产生的、无味的气体，超过安全水平线后会导致肺癌。在美国全国范围都发现了氡浓度超高的家庭，特别是采矿作业区附近的，或使用含氡建筑材料的家庭。氡气也与某些岩层和其他地质条件有关。关于室内氡污染的法规要求美国环保局发布一项指南，告知公民氡的健康风险，在学校和联邦建筑中进行氡水平的检查，并且彻底检查氡气减轻状况。

铅

与美国发生的儿童铅中毒相比，大规模的利比石棉中毒案可能是微不足道的。1992年，美国国会将降低铅接触法令写进《有毒物质控制法》。铅及其化合物只是化学物质中的一组，但从广度和深度上看，与社会问题相关联的铅是一种高产量的物质（每年超过100万磅），在油漆和汽油中含有铅。美国环保局受权检测环境中的铅污染源，控制产品（包括油漆和玩具）的含铅标准并制订国家计划，以监测和减少铅中毒。众所周知，铅暴露会导致一些严重的负面影响，特别是儿童的发展。可以看出，含铅涂料通常被认为是铅中毒的罪魁祸首。从18世纪90年代到1978年，当铅被禁止用于涂料后，还有约600万吨的铅用在了涂料生产中（铅基涂料也是油基涂料且含多氯联苯）。

然而，在第二次世界大战后的快速发展时期，汽车用的燃料汽油中，每加仑汽油含铅量约为2克，市中心地区是交通最拥堵的地方，也是铅排放量大的地方。与含铅涂料相比，铅通过汽车尾气无形地排放到环境中，是一个更严重的问题。从20世纪20年代到1986年，大约600万吨铅被用作美国燃料添加剂，直到铅添加剂被淘汰。在20世纪60—70年代，几乎整个美国城市人都处在不必要和不能承受的铅暴露环境中。

《有毒物质控制法》第403节要求环保局制定住宅里的铅含量标准。铅生产工业极力辩护土壤里的含铅标准要大大高于实证性研究规定的标准。在明尼苏达和新奥尔良州的儿童和土壤的研究表明，土壤的铅含量超过80 ppm（1 ppm=1毫克/升），高于儿童平均血液铅含量10微克/分升的承受标准（2009年美国制定的铅中毒指南）。铅生产行业认为，在铅含量超过100 ppm的城市，土壤的清理费用估计为4000亿美元或更多。故最终条例规定，儿童玩耍场所的裸露土壤中铅含量标准不得高于400 ppm，其他指定属性的地区不得高于1200 ppm。

从研究者的视角，作者认为：美国土壤铅含量标准将使美国最年轻的公民中有一部分，主要是生活在城市内部的那部分，持续承受非必须且难以容忍的铅尘的毒害，这些铅尘是从20世纪开始逐渐积累到住宅房屋上的。正如美国环保局政策的批评者指出，美国儿童的健康“输给”了铅业的利益顾忌（铅业关注自己的利益而忽视美国儿童的健康）。根据《有毒物质控制法》，美国环保局既没有解决人类健康问题，

图 T2 新奥尔良市土壤铅含量地图

来源：作者研究资料；克里斯托弗冈萨雷斯地图

注：卡特丽娜飓风（Hurricane Katrina）后收集的 5467 个样本中，新奥尔良人口普查区的土壤含铅量为中等值 286。半数含铅量超过 400 毫克 / 升，但环保局总结说这是"历史性铅含量"，在这个标准上它没有清理管辖权

也没有解决环境问题。

污染和有毒物质防治办公室

1990 年，环保局根据《有毒物质控制法》成立了污染和有毒物质防治办公室（Office of Pollution Prevention and Toxics，OPPT）。发展了一大批管理项目，包括以下内容。

汞

因为汞容易在正常大气温度下蒸发，所以它没有地理边界。煤炭燃烧是产生汞的主要来源。汞积累在鱼的食物链中，通过生物放大作用，因其脂溶性存留在微小生物体里，被大一些的生物体消耗吸收，汞一直被传送与积累在最大的捕食者的组织中。作为食物金字塔顶端的生物，人类继续吸收越来越多的汞。在涂料中加入汞作为防腐剂和防霉剂是由乳胶漆传承的工艺。外墙涂料中含有大量的汞，某些室内涂料也含有足以引起肢体疼痛症（汞中毒病）的汞。1991 年，在一个孩子被诊断为肢体疼痛症后，美国环保局禁止在乳胶漆中使用汞（如醋酸苯汞）。

铬化砷酸铜

在 20 世纪 70 年代，用铬化砷酸铜（CCA）处理过的木材大量进入美国市场，1998 年创 1600 万立方米的年生产高峰。大量用铬化砷酸铜处理过的木材被用于甲板、室外篱笆围墙、娱乐设施，以及诸如电话杆、铁路枕木之类的商业项目。值得急切关注的是儿童暴露（污染物中毒）问题，用铬化砷酸铜处理的木材修建的娱乐建筑物，以及木材近地和地下土壤都含三氧化二砷。2003 年年底，制造商自愿与环保局达成协议，停止用铬化砷酸铜处理木材。然而，在住宅和公共住宅建筑上仍然有大量的用铬化砷酸铜处理的木材。废旧木材被风化腐朽后，其最终填埋场地中有铬、铜、砷等元素，会严重污染地下水。因此，国家有关铬化砷酸铜防腐木材的遗留物管理要求在未来极其重视这一问题。

持久性有机污染物和内分泌干扰化学品

持久性有机污染物是指在自然环境中存在的有毒物质，积累在食物链中，而且能够长途传输。多氯联苯衍生物是持久性有机污染物之一。内分泌干扰物是有毒物质，仿制并破坏动物及人体激素系统，后果往往是影响发育。由于全球对生物多样性保护的关注，这两类化学物质对传统化学品管理构成挑战，包括许多杀虫剂。《斯德哥尔摩公约》（Stockholm Convention）就“减少12种持久性有机污染物和防止持久性有机污染物在环境中进一步积累”问题达成一项国际协议。许多不同的机构及农业、医药和化妆品行业对各种内分泌干扰物的视角各不相同，这将需要几年的时间来制订一个统一的和有效的调节计划。美国环保局正在建立筛查和检验程序，但还没有建立内分泌干扰物监管框架。

新生的有毒物质

许多有毒物质或许是慢性疾病的重要诱因。“环境工作组”提供了一份报告，他们对10人血样中的413种化学物质进行检测，平均有287种为商业化学品。有两个例子可以说明，双酚A和氟化物用于硬塑料和食品容器加工，已在小儿尿液中查出含有这两种化学成分。这类毒物仿制雌激素，经对动物实验研究证明，其与前列腺、乳腺、生殖异常和某些癌症有关系。美国环保局正在收集数据，但是《有毒物质控制法》要求它提出一项“最小伤害方法”管理行动以减少污染数据。专家在双酚A是否对人体有害问题上意见不一，但加拿大在限制使用，多个州和地方政府积极禁止销售含有双酚A的产品，如婴儿塑料奶瓶、食品容器和杯子。

卤族元素包括氟、氯、溴和碘，这些都是有毒的。直接接触牙齿的含氟牙膏有防蛀牙的作用，但氟化水作为一种防止蛀牙的方法被认为是不科学的。在水里含氟和不含氟的条件下龋齿下降率是相同的。饮用含氟的水，每个儿童摄入的氟含量大于安全摄取标准。美国牙科协会（American Dental Association）已对用氟水制造婴儿配方奶粉的问题发出警告。氟斑牙（斑驳牙釉）病患者约占美国市民的30%，是过量氟暴露的标志。由氟化物引起的慢性健康问题的各种症状中包括假性关节炎和肌腱炎。儿童血铅增高与水中的氟化物也有关。氟化物不在环保局监管范围，但在牙膏包装上可以发现黑色毒性警告，表明牙膏属于食品和药物管理局（Food and Drug Administration）的监管范围，说明书表明存在交叉管理情况，由多方“巡回管理”。

温室气体是对地球气候的威胁，因此，这些化学物质（二氧化碳、甲烷、氢氟碳化物、全氟化碳等）对所有生物和整个地球环境造成极大的威胁。纳米化学品及其材料的出现是对健康和环境带来新威胁的又一项内容。迄今，美国国会和监管机构尚未做出令人鼓舞的回应。虽然《有毒物质控制法》是美国对有毒化学品管制的主要项目，但很多人认为是无效的。

有毒物质控制法之外：其他途径

在19世纪和20世纪的工业城市社会发展之前就需要有一个类似《有毒物质控制法》的控制有毒物质的框架。

现在，世界人口日益都市化，生命本身的可持续性取决于环境的质量。积累的各类毒素是直接影响到本地区甚至全球的人类健康和可持续发展的一种遗留问题。除了美国，一些国家政府也在更加积极地管理这些风险。

例如，挪威采取预防措施防止城市环境中对儿童有害的毒化品暴露，通过国家清洁土壤计划对所有幼儿园、小学的娱乐场地，以及所有的休闲场所的有毒物积累进行新的检测，如有必要立即修复。根据《有毒物质控制法》，美国环保局将多氯联苯、汞、铅、砷等列入有毒物名单，有针对性地进行检测。挪威土壤中含铅标准是 100 ppm，国家在探讨是否降低这一标准，但会确保对儿童是安全的。

化学工业的权力，严格地说改变地球生命保障系统的化学，不是随意可以触碰的。有了这种权力就有不可估量的责任。“欧盟化学品注册、评估和授权框架”（Registration Evaluation and Authorisation of Chemicals，REACH）程序可能对有毒物质控制问题有更明智的方法。根据“欧盟化学品注册、评估和授权框架”规定，对化学品公司的举证责任是确保化学品不会对人体健康或环境造成危害。化工公司有资源和专业知识来做到这一点，而且必须把承担对产品的安全举证责任放在中心地位，安全保证的监管是合适的政府角色。化学家故意毒害自己孩子的世界是难以想象的。化学家必须认识到他们的责任，用他们的技能提供清洁产品，利用“绿色化学”取代现在的混乱现象。

撰稿人：Howard W. Mielke

另请参阅：Climate Change，Communicating；Environmental Protection Agency，U.S.；Hurricane Katrina；Nanotechnology，Regulation of；Superfund

参考文献

[1] ANSELL C，BALSIGER J. The circuits of regulation：Transatlantic perspectives on persistent organic pollutants and endocrine disrupting chemicals [EB/OL]. [2009-05-26].www.biosafetyandbiodiversity.eu/publications/ansell_balsiger_final.pdf.

[2] Comparison of U.S. and Recently Enacted European Union Approaches to Protect Against the Risks of Toxic Chemicals：www.gao.gov/new.items/d07825.pdf.

[3] Environmental Protection Agency，Office of Pollution Prevention and Toxics：www.epa.gov/oppt.

[4] Environmental Working Group：www.ewg.org/kidsafe.

[5] Fluoride Action Network：www.FluorideAlert.Org.

[6] MCCALLY M.（Ed.）. Life support：The environment and human health [M]. Cambridge：MIT Press，2002.

[7] MIELKE H W，ANDERSON J C，BERRY K J，et al.Lead concentrations in inner-city soils as a factor in the child lead problem [J]. American Journal of Public Health，1983，73（12）：1366-1369.

[8] OTTESEN R T，ALEXANDER J，LANGEDAL M，et al.Soil pollution in day-care centers and playgrounds in Norway：National action plan for mapping and remediation [J]. Environ Geochem Health，2008，30：623-637.

Translational Research 转化研究

转化研究强调更有效地将基础研究成果转移到实践应用中。在过去的10余年里，转化研究从生物科学－医疗实践领域到其他领域得以蓬勃发展，将科学发现用于个人、组织和社会问题的修复和预防。转化研究的重点是如何更快地、有效地和有力地将研究成果转送给最终用户。传播理念和技巧是这个过程中的关键组成部分。

转化研究领域的传统，且依旧最为活跃的仍然是健康科学，健康科学中最突出的重点是将实验室的最新发现转化为诊断、治疗和对人体临床试验的预防措施。其次，与转化领域密切相关的是将成功的临床试验转移到常规临床实践。这两个方面共同构成了健康科学方面的转化研究“从试验台到病床”的视野。虽然这个过程的第一阶段可以有很多沟通议题，通常被称为1型转化，但这些议题在第二阶段或2型组成部分中甚至发挥更多的作用。而且，近年来，2型转化阶段的扩大已经远远超出社区健康医疗设置的临床实践本身，预防信息程序和干预措施，公共卫生政策，以及其他具有成熟的通信理论和研究应用程序的场所。最近扩展到超越健康领域的转化研究概念和模式只是提升了“从研究到实践”的常规状况下对沟通远景的需求。

尽管如此，现在对转化研究的定格仍然停留在联邦卫生机构和联合组织，尤其是工业。美国国家卫生研究院（National Institutes of Health）将转化研究的重点放在优先的中心地位，无论是在其所属的研究单位还是在全国性的学术站点。更为实际的是，美国卫生保健研究与质量局（Agency of Healthcare Research）的知识移植/实施方案向转化项目提供技术援助，也是国家和地方（医疗卫生）案例经验的传播平台。地方性的合作伙伴已经接受了从研究到实践的努力，往往扩展到诸如公共安全和环境保护与修复等问题上。

虽然对转化研究有多种不同的定义，但最普遍的看法是它与疾病控制与预防中心（Centers for Disease Control and Prevention）的性质相同。疾病控制与预防中心有权审查下列各种因素，即将有效且实际的转化研究推行到日常实践和计划项目中去，评估这一过程中的知识使用、决策，以及主要实施者的影响力。主要问题是，基础研究人员之间缺乏互动传播，应用研究人员和从业者团体间各自坚持不同的方法和标准、不同的最终目标，甚至不同的概念和定义。转化健康促进R2P（从研究到实践）干预措施中的一个重大障碍衍生到程序的几个方面。基本研究通常瞄准具体技术控制设置的功效，固有效力是最重要的。于是，成功的技术就被带到这个领域，在那里这些成功技术的整体效应试验和采纳（也就是外部有效性）得以评估，但其结果往往不尽如人意。多把重点放在形式的和种群方面的混合功效与有效性研究也许有助于缩小这类转化差距。

尽管不太常见，但另一种转化研究可以从最终用户提出的问题，以及对该领域现实问题的可能解决方案入手。解决方法就是在试验过程中提出更多的对照试验，对特定学科基础知识可能有帮助，于是回到现场条件下保证更好的疗效。这种模式可能更加适合工业应用或联合企业－学术单位。在最终用户为科学家生产商的需求寻找解决方案的情况下，转化有望更加有效。

（1）公共卫生学者史蒂芬·沃尔夫（Stephen Wolfe）最近对1型和2型转化研究的区别做了解释，批评美国联邦卫生基金对2型方程式极不重视并且支持很少。沃尔夫认为利用1型研究的发现改善医疗保健是至关重要的。他还呼吁2型研究的行为科学家、心理学家、通信和营销专家加强合作。其他人响应了这一观点，把转化研究看作与健康相关的多种场所有效干预措施中的焦点，而且更多地依靠团队合作——健康和社会科学研究人员，以及政策专家间的合作。像“交互系统框架”这样的防治支持系统，试图整合有关信息，如研究中的发现、给最终用户技术援助及后续支持等，以示更全面的承诺和做出跨界合作方面的努力。

“疾病控制中心”有一个重要的分类流程，即在转化研究中发挥履行、宣传和传播的作用：

（2）履行指策略和行动，旨在将适当的实践与特定的设置结合起来。例如，初级保健诊所、小学、奶牛场或食品加工厂。这个过程打算针对特定的目标，特别是环境的研究结果，以加速积极变化，比如引荐干预措施，以减少疾病风险或提高产品质量。在一个特定类型的场地，成功转化通常依赖于组织层面的有效沟通，尤其是行政管理方面的沟通。经常被要求进行现场演示和培训。

（3）宣传是向适当人群更大范围公布有效的实践措施，根据他们的需求和实际使用情况决定是否采用实践措施。这类群体可能是跨地域的，需要有效的通信工具与他们沟通并提高他们的意识、常识、积极性，以及遵守实践措施。公众中的这类事例应该包括那些预防保健资源服务不够的、经济上更危险的或者安全受到威胁的人群。重点是如何将验证过的研究成果转化为可接受的和实用的方法推广给人们，以沟通方式促进这些方法的有效性和实用性。运用很可能更自愿些，而学习则比实际行动中的相互作用要少。涉及社会营销和量身定制的公共信息计划的技术往往是可行的。

（4）这里讲的传播所强调的是更广泛地运用或采纳利益相关者和适当人群的研究实践，这往往比在实施和传播的情况下的特点更少。履行和传播可以是在推广过程中传播创新实践的一部分，需要由社会相互作用与联络，市场营销，法律法规和政策辅以完善。人际交往会在传播过程中发挥更大的作用，如变换代理人或别的有影响力的人，社交网络，以及较小程度上在媒体渠道和正规宣传程序上的努力。传播研究的历史根源可以追溯到20世纪，随着时间的推移，用户的重点在于采纳创新，人们的品牌意识最初往往是被媒体激发的，但最终在社会多层面采纳的实践活动是由人际关系和相互作用使之更加活跃的。转化R2P的情况是，接纳更可能多的是用户如何认可实践问题，比如其相对成本和有效性、复杂性和与用户价值和需求的兼容性，以及前面提到的因素。

近年来，通信研究人员和其他社会科学家参与了转化问题，大都关注前面概述过的传播过程。履行过程往往更多地通过政策和（或）监管手段完成，然而，传播可能是一个依靠文化体系、社会干预和政策的，更加被动的改变途径。宣传提出一个更协调、积极的，以及针对最终用户的沟通策划计划。

传播研究一词是近些年才出现的，意思是行为研究和大量的基于通信的技术，以及旨在加强最终用户采纳循证（医学）实践的进程。该术语还暗指，关于循证行为实践如何应用于转化过程的研究可能更适用于推动人们采纳他人实践，尤其是与健康相关的实践。研究者承认缺乏对传播过程的实证研究，指出已在实施中的为数不多的研究不太系统，缺乏相互协调。足够资金的需求是一个反复性的问题，如那些有效的发布场所。

术语学仍成问题，仅举一例，转化是健康

和医学领域的首要术语，然而许多行为科学家倾向于将传播作为关键术语，尽管这两个词经常被交替使用。在某些文章中“传播”一词被等同于很多人说的“执行”，即使有人尝试将“传播”与“扩散”区分开来，这两个词有时候也会融汇为一个意思。

未来的转化研究在各个方面的工作的议程是艰巨的。现在正在解决的问题，包括如何确保实践或产品的真实性，以及“供”或“被”最终用户应用的精确度。实践应该在保持其有效性的同时，在特定情况下进行什么程度的修改或调整。创新的维护或继续使用往往需要监测和强化。一次性的使用通常实用性不高。总体而言，没有任何理由说转化研究模式仅限于医疗机构，因为其有一定的普遍性。从医疗保健机构所学到的比目前许多其他公认的更适用，包括环境实践、公共安全和公共福利。反过来，更广泛的应用范围应该具备更加有效的转化过程的知识。

撰 稿 人：Garrett J. O'Keefe

另请参阅：Diffusion of Innovations；National Institutes of Health，U.S.

参考文献

[1] CLACKSON T.Translational research in academia and industry [J]. Experimental Biology and Medicine，2006，231：1685–1689.

[2] DEARING J. Evolution of diffusion and dissemination theory [J]. Journal of Public Health Management Practice，2008，14：99–108.

[3] GLASGOW R E，LICHENSTEIN E，MARCUS A C. Why don't we see more translation of health promotion research to practice? [J]. Rethinking the efficacy-to-effectiveness transition. American Journal of Public Health，2003，93：1261–1267.

[4] KERNER J，RIMER B，EMMONS K. Dissemination research and research dissemination：How can we close the gap? [J]. Health Psychology，2005，24：443–446.

[5] SUSSMAN S，VALENTE T W，ROHRBACH L A，et al. Translation in the health professions：Converting science into action [J]. Evaluation and the Health Professions，2006，29：7–32.

[6] WANDERSMAN A，DUFFY J，FLASPOHLER P，et al.Bridging the gap between prevention research and practice：The Interactive Systems Framework for dissemination and implementation [J]. American Journal of Community Psychology，2008，41：171–181.

[7] WOLFE S.The meaning of translational research and why it matters [J]. Journal of the American Medical Association，2008，299：211–213.

Trust and Attitudes 信任与态度

信任是相互合作的基础，信任也是好的态度形成的关键因素，因此，它在人们对新技术的接受过程中扮演着重要的角色。绝大多数人无法评估科技发展的利益与风险，因为他们缺乏这些评估过程所必需的基本知识。因此，他们不得不依靠专家的评估。对于有争议的领域，如基因技术或纳米技术，专家们意见不同。显然，非专业人员在很大程度上无法对专家在科技上的争议做出判断。只能凭借信任直觉选择他们所相信的专家。正如德国社会学家尼克拉斯·卢曼（Niklas Luhmann）指出的那样信任是降低复杂性的一种方法，我们在现代社会所面临的错综复杂的事物的特征就是高度发达的劳动力分工。我们宁愿冒风险信任专家并接受他们的评估，也不愿去学习各领域的科技知识。只有在高度的不确定性，或者以高度的个人道德重要性为特征的情况下，信任才是最重要的。

信任在各种社会科学领域受到审视（检验），如心理学、大众传播学、营销学，以及风险管理学。这一研究表明信任的态度形成与合作的重要性。合作有了不同的测评方法，如购买一个产品的意愿或接受风险管理政策的意愿。态度也是一种广义的概念。最初，态度被定义为对一个具体事例的整体评价，即由消极到积极的评估。对不熟悉的各类实体的人而言，信任对态度的形成可能会产生重大影响。这种情况适用于许多有争议的新兴技术。

信任的不同形式

对于如何定义信任，研究者之间并没有达成共识。在实验性的研究过程中，采用过不同尺度来衡量信任。这也是为什么在研究过程中信任与合作（或态度）之间存在相对差异的一个原因。因此，区分不同的信任形式是很重要的。

普通信任概念，或者广义的人际信任概念，是由心理学家朱利安·罗特（Julian Rotter）提出的。普通信任首先发展为人格变量，它是测量大多数人或陌生人非特定信任的尺度。普通信任度高的人愿意与那些从未有过相互作用的人合作。实验研究结果表明，普通信任度高的参与者可能更愿意与那些无名之辈合作，而不愿意与普通信任度低的人合作。公民参与和普通信任看来是相关的，普通信任已被视为一种社会资本形式。普通信任的名目已被纳入诸如综合社会调查和世界价值观调查之类的大规模调查活动。

另一种类型的信任，主要受社会心理学领域的检验，这就是人际信任。这种信任形式包含人与人之间的相互作用的程度。夫妻之间的信任或同事之间的信任可以被看作是人际信任。这种类型的信任仅限于人际关系，因此，它与大众传媒研究不相关。

我们不得不经常依靠那些与我们不曾有相互作用的人。这一现象被蒂莫西·厄尔（Timothy Earle）和乔治·茨维特科维奇（George Cvetkovich）赋予了社会信任一词。特定的政治家或政府机构的信任就是社会信任的范例。社会信任是建立在有道德含义的信息基础之上的，表明信任方与受托方之间相同的意图和价值观。人们容易信任那些与之分享价值观或意图的人。

信任是以过去的经验或者能力为基础的。为了区分基于价值观相似的信任与基于能力的信任的不同，后者被打上了信心的标签。信心是基于经验、证据或过往表现的。例如，如果一个人在一定时间内实现了我们预期的目标，我们就会根据其行为加深对那个人的信任。信心需要对过去的行为有一定程度的熟悉或了解，或有控制未来行为的某种手段。社会信任和信心都与科学传播密切相关。

经验主义文学观点认为，在特定的研究中衡量信任的方式可以归类为普通信任、社会信任或信心。然而，这并不意味着所有的研究者都认为分清信任和信心的区别是必要的或有用的。还有，在价值观的相似性还是工作能力问题上的持续讨论对合作的建立更为重要。

态 度

态度的概念一直被用来解释人们的行为和公众对新技术的反应。态度是由对事物的情感、行为和认知反应所形成的。态度是对客体的全面评价。如评价维度有好与坏或愉快与不愉快。最初，态度的意义是对事物的一个整体的积极或消极的评价。态度为我们的行为提供指导，并影响人们对新信息的评价。大众传播中传达的信息是由人们原有的态度决定的。

最广泛使用的态度概念化是一种期待值模式，是由马丁·菲什拜因（Martin Fishbein）和爱斯科·阿杰恩（Icek Ajzen）发展的。与客体相关的特性决定了对客体的态度。属性的主体重要性因客体与特性相关联的力度而加倍重要。这些产品的终结性指数等于一个人的态度。计划行为理论和这种模式的变化，一直被用来解释不同领域的人们基于不同态度的行为。

保罗·斯洛维奇（Paul Slovic）和他的同事们还介绍了“情感启发式”概念。这种启发式的概念与态度的本义密切相关。根据“情感启发式”，人们将情感与对物体从积极态度到消极态度联系起来。非专业人士的评估，如对利益感知和风险感知的评估，是在危险引起的情感因素的基础上进行的。如人们对核能抱有积极情感，相较于那些对核能持消极态度的人而言，他们对核能评估的结论是低风险高效益。然而，人们对物体显露积极或消极情感问题仍然有待解决。

态度通常可以通过问卷调查来检测。已经研发了新的方法对内隐态度进行测定（例如，内隐联想测验，简称 IAT）。自动评估的响应延迟是用来评估内隐态度的。自我报告测量（即问卷调查）与内隐态度往往有微相关性。这表明，内隐态度与自我报告测量是不同的。为了更好地了解人们的行为受内隐态度影响的重要性问题仍有待解决。

信任和对新技术的接受

与他们熟悉的科技相关的利益与风险，人们是知道的。对新的科技，比如基因科技、纳米技术，绝大多数人无法评估其风险与收益。信任是帮助人们评估与新科技相关的利益与风险的启发方式。基于共同的价值观，人们要么信任科技的反对者，要么信任科技的支持者。因此，信任将决定人们在某一特定技术上的定位。绝大多数，但不是所有的研究人员确信，信任是对新物体的态度形成的一个重要因素，如在接受新技术方面。然而，信任与感知风险和感知利益之间的关联分析在交叉研究中差别很大。主要有以下三个原因：①与常见的危害相比，信任对评估新的危害更为重要。风险感知在基因技术或纳米技术的复杂发展中是非常重要的，但不像在驾驶汽车中那样重要。②各研究过程中对信任的不同衡量。用一般信任度评估的研究（如政治家的一般信任、其他人的一般信任的）不难发现，信任和态度之间的相关性相对较低。而在工业和政府机构调节某种特定风险时衡量社会信任度的研究中，所看到的相关性就高得多。③这个问题的道德重要性也是一个关键变数。在危险情况下道德含义较低，如氡（问题），科技信息是重要的，而信任却显得不那么重要了。另一方面，看到核能风险一面的时候，道德含意就很重要了。因此，信任是第一位的，而且比科技信息更为重要。

社会心理学研究认为，人们强调权衡道德信息比强调能力信息往往要强烈得多。因此结论是，由以往业绩，以及其他与信心相关的信任状况表明，信任比感知信心更为重要。然而，应该强调的是，并非所有的研究人员都持这种观点。有一些研究者坚持认为，合作能力比共同价值观或信任更加重要。

信任文学弱点的实际情况是相互关系要在绝大多数研究中经受检验。这只是为因果关系提供了一个小小的测试。因此，要排除可供选择的模式是不可能的。一些作者提出建议，由于人们对物体的态度有可能是积极的也可能是消极的，其结果是，对物体的所有评定都是相互对照的。根据这一观点，信任反映出以前的态度和信任与其他变数之间的相关性，如对风险的感知是人为的。

信任的不对称性

一些作者声称，建立信任困难，毁之容易。这一说法已被作者冠以信任的不对称性，而且提出了几种解释，其中，消极偏见是解释之一。人们通常对负面事件比对正面事件掂量得多一些。守信用的行为几乎不需要判别，因为即使是靠不住的人有时也会表现出可信的行为。另一方面，不靠谱的行为有助于我们区分哪些人是可信赖的，哪些人是不可信赖的。一些经验主义的研究表明，对人们的信任度评级受到负面影响比正面影响大得多。关于信任不对称的另一个解释是验证性偏差。这种观点主张，新信息通常是在符合已有的信念方式下演绎的。大多数人对多数危险持消极态度，因此人们可能更愿意接受负面信息。

有些经验支持这种假设，在研究中考虑到信息效价和预先态度，人们发现消极偏见和积极偏见都可能导致信任的不对称性。值得注意的是，对信任的不对称研究没有考虑道德信息和绩效信息之间的重要性或区别。有人认为，信任对高度重要的问题可能是相对稳定的（其中道德信息占主导地位），但对不太重要的问题（其中绩效信息是最相关的）则不然。未来对信任的弹性以及普遍信任的不对称性研究是必要的。

结　论

大多数研究人员认为，信任对于接受新技术来说很重要。而实际上，研究人员之间对信任的概念化没有达成一致。同一个标签可用于不同的概念。在影响信任的因素方面也缺乏共识。信任文学的观点认为，在实证研究中对一般信任、人际信任、社会信任或信心进行判断。对信任和信任的由来缺乏共同的框架阻碍了人们在这一领域的研究。

撰 稿 人：Michael Siegrist

另请参阅：Risk Communication，Overview；Risks and Benefits

参考文献

[1] EARLE T C，CVETKOVICH G T. Social trust：Toward a cosmopolitan society [M]. Westport，CT：Praeger，1995.

[2] POORTINGA W，PIDGEON N F. Prior attitudes，salient value similarity，and dimensionality：Toward an integrative model of trust in risk regulation [J]. Journal of Applied Social Psychology，2006，36：1674-1700.

[3] ROTTER J B. Interpersonal trust, trustworthiness, and gullibility [J]. American Psychologist, 1980, 35: 1–7.
[4] SIEGRIST M, EARLE T C, GUTSCHER H. Trust in cooperative risk management: Uncertainty and scepticism in the public mind [M]. London: Earthscan, 2007.
[5] SLOVIC P. Perceived risk, trust, and democracy [J]. Risk Analysis, 1993, 13: 675–682.

Two Cultures 两种文化

两种文化一词指人文科学和自然科学之间不同的世界观，有关两种文化的谈论至少可追溯到17世纪，两种文化一词是在1959年由英国唯物学家与小说家C.P.斯诺（C. P. Snow）在剑桥大学（Cambridge University）里的演讲，演讲的题目为《两种文化和科学革命》(*The Two Cultures and the Scientific Revolution*）中提出来的。随着时代的变迁，现在这种差异的实质最有可能在所谓的科学之战中体现出来。在过去的25年里，教育和媒体发起名为"公众理解科学"和"科学传播"之类的创始方案，人们认为这种提法是为了试图弥合最新版本的两种文化问题。

关于艺术与科学的两种文化对抗问题，最先是作为合适的批评标准的争议出现于17世纪。当时被认为是中世纪晚期古人和现代人之间争论的延续。古人主张以整个作品为"试金石"的方法评判任何一种需要鉴定的新作品。这种解释学方法成为人文学科的核心。作者通常本着这种观点，即近期作品不是详细陈述早期作品的细节，就是达不到"原创"作品规定的标准。相比之下，现代人认为只有在以后的作品中更好地体现和发展"原型"，完整的作品才有价值。这是自然科学进步的基础，在这个基础上把作品作为一种可测试的假设或者草拟的底稿，经过一段时间后底稿变成作品。

德国社会学家沃尔夫·莱佩尼斯（Wolf Lepenies）研究了从18世纪开始，为了弥补后期艺术与前瞻性科学之间的时代巨大差异而进行的尝试研究。他用进步的"第三种文化"措辞来描述历史的多学科，归结为社会学，这个领域以"人文主义"和"自然"之间不同方法论上的纷争为特点，最显著的是在质和量上的处理方法。他以理想的"第三种文化"为特征，其历史学科本源是社会学，这一领域仍然以"人文主义者"与"自然主义者"之间的各种方法论争端为特征，以定性和定量方法的不同为最显著特征。但即使在19世纪社会学出现争议之前，"自然史"和"民间历史"也引起了更为广泛接受的混合风格的有正式组织形式的研究，如英国启蒙作家伊拉斯莫·达尔文（Erasmus Darwin）和亚当·弗格森（Adam Ferguson）的作品。

今天这种精神仍然存在，例如，文学代理人约翰·布罗克曼（John Brockman）建立的网站"边缘"(网址 www .edge.org）就是专门致力于促进"第三文化"。从某种意义上讲，与卡尔·马克思（Karl Marx）、马克斯·韦伯（Max Weber）埃米尔·涂尔干（Émile Durkheim）等社会科学家的理论与发现相比，社会生物学家和进化心理学家的推测更容易被人们接受。

两个文化问题在19世纪的英国取得特别共鸣，因为艺术与科学间的区别明显迎合了阶级界限。1851—1875年，人们通常认为是学校督学及诗人马修·阿诺德（Matthew Arnold）将德语“Kultur”一词转化为英语“culture”，同时将词语“野蛮人”和“庸人”推广，分别用于形容当他们进入政治和经济领域时所表现的病态的“艺术”和“科学”意识。对阿诺德而言，“野蛮人”是上层阶级“公校”（在美国指私立学校）的产物，他们进入军队后想体验大英帝国的罗马荣耀，却不了解这两个时期的不同情况，其结果是无人受益的鲁莽冒险。相比之下，非利士人来自新兴中产阶级，对哪些政策可能起作用（或不起作用）有敏锐的眼光，但他们没有足够深刻的价值意识去权衡支配那些成果。因此，非利士人最终价值观是急功近利，其结果是粗俗（虽然更趋向和平，生命意识与现代人的消费者文化相同）。阿诺德对两种文化的铸造反映了维多利亚时代的普遍态度，甚至被奉为赫伯特·斯宾塞（Herbert Spencer）的历史社会学双相理论，斯宾塞提到“工业”和“军事”文化的无尽循环，与阿诺德对非利士人和野蛮人的贬义是一样的。

如前所述，作为现代社会问题的当代“两种文化”概念，是C. P. 斯诺在1959年著名的演讲《两种文化和科学革命》中提出来的。虽然比较平凡，但斯诺本人在两种文化中都小有成就，他既是一位训练有素的物理学家，又是一位有出版成果的小说家。在第二次世界大战后，他为英国科学政策提出过建议。如斯诺所见，问题与行政部门，更普遍地在政治文化部门，受过系统科学训练的权威人物有关。一方面，公众不习惯掌握科学家在政策问题上提出的专业知识；另一方面，科学家不习惯处理如此广泛地触动人们根本价值的问题。这个问题出现在新“原子时代”的背景下，这时候的人们面对科学希望和恐惧都趋于夸张和放大。这个判断不是孤立的，斯诺的观点受到大洋彼岸的哈佛大学（Harvard University）校长詹姆斯·布赖恩特·科南特（James Bryant Conant）的支持，詹姆斯在科学规划中的普通教育是为了让非科学家在以科学为基础的项目和政策方面通过智力测试，因为他们被要求在未来几年内达到这一要求。托马斯·库恩（Thomas Kuhn）开始了“文化－跨接”教学生涯。

虽然斯诺本人推断两种文化苦于相互之间的互不理解，他的演讲给人文学者造成的清晰印象是，这个问题应该主要由他们负责。特别是那个可怕的非职业拥护者——批评家F. R. 利维斯（F. R. Leavis）在1962年演讲之后，人们通常认为斯诺争辩的问题是，人文主义者倡导的精神目标历史性地被物质需求所取代，而物质需求只有科学才能满足。然而，斯诺拿出了一个更加不偏不倚的观点，即尽管科学技术对于人类生存来说是非常必要的，但科学训练未能引导道德想象力，特别是有关悠久的文化传统，这些文化传统产生的深层次价值冲突需要不断协商。人文学科是这一说法的自然归宿。因此，斯诺想象中的文职人员需要具备人文主义者的目的意识和科学家的手段意识。

在这里把斯诺脑海中的人看作是“典型的科学家”和“典型的人文主义”是很重要的，他们的世界观需要进行桥接。这种对照反差不是在苍白的技术统治论者和精英文学家之间形成的。更确切地说，是在类似约翰·德斯蒙德·贝纳尔（John Desmond Bernal）（在本段结束部分所介绍的）和乔治·奥威尔（George Orwell）［自由记者，现在人们主要知道他是《1984》（*1984*）和《动物农场》（*Animal Farm*）的作者］之间的对照。第二次世界大战结束后的10年里，英国广播公司（BBC）电台经常在科学家和人文主义者之间就“文明的未来”举办辩论。有些值得注意的例外［如迈克尔·普兰尼（Michael Polanyi）］，科学家争辩，由科学唯物主义制定的路径是利用技术手段解决政治问题的必然趋势。这反过来，还可以消除因旷日持久的政治辩论带来的不稳定性，这种不稳定性被认为是法西斯主义聚众请愿的根源。这些持强硬立场的马克思主义者中最突出的是X射线晶体学家约翰·德斯蒙德·贝纳尔：他公开承认自己是苏联的支持者，而且可能是奥威尔的奥布赖恩（O'Brien）角色模型。奥布赖恩是“老大哥”（独裁政府）1984年的发言人，他对人文科学的自由和尊严公开表露蔑视。

斯诺演讲中的主要制度遗产是跨学科研究项目的兴起，目的在于丰富科学家的教育。这些都是在曼彻斯特、萨塞克斯成立的，而且最显著的是爱丁堡在20世纪60年代中期对哈罗德·威尔逊（Harold Wilson）与斯诺的“科学革命”呼吁成功联手的反应，“科学革命”是对期待已久的英国战后经济繁荣提出来的，英国战后经济繁荣使得工党在1964年得以执政。这些科学研究项目的共同点是一个受到正规科学训练的员工在库恩、波兰尼（Polanyi）和人类学家玛丽·道格拉斯（Mary Douglas）著作的影响下而自学成才的社会科学家。这方面的典范是爱丁堡大学（University of Edinburgh）“科学研究小组”，动物遗传学教授的脑力劳动的产物，是斯诺、贝纳尔、康拉德·沃丁顿（Conrad Waddington）的共同朋友。他建议任命前射电天文学家和英国广播公司制片人大卫·埃奇（David Edge），埃奇后来又任命了许多科学研究创始人，包括巴里·巴恩斯（Barry Barnes）、大卫·布鲁尔（David Bloor）和史蒂夫·沙宾（Steve Shapin）。到1970年，埃奇已能够在科学研究培训新近毕业生更“相关”的职业道路问题上展现他的影响力。

然而，此后不久，爱丁堡科学研究组创办了研究生课程，这可以说是一种本质的转变，将科学研究转变为研究领域，而不是科学高度专业化教学的改良。这种指令性的重点转变，经过持续30年的理论和方法论潮流的改变是爱丁堡大学早期毕业生之一哈利·柯林斯（Harry Collins）的观点，他主张“相对论的经验纲领。”这一转变为20世纪90年代初开始进行的科学战争播下了种子，一些杰出的科学家［特别是诺贝尔奖（Nobel Prize）获得者物理学家温伯格（Steven Weinberg）］开始指责科学研究通过同化正常社交生活习惯，或更糟糕的是原始部落的生活习惯破坏科学的社会权威性。这种指责也不是没有价值，它更加普遍地反映了“冷战”结束后不加批判地支持国家资助的大型科学项目，如粒子加速器。这标志着生物医学科学的优势大于物理科学，因为生物医学可以轻易提供更多市场导向的，甚至是直接定制的科学基金投入。科学研究出现了科学的重新定位合法化，向更加明确的社会性有求必应的方向发展。当然，这一领域研究人员的服务已经能够满足政策制定者的更多需求。

20世纪90年代，科学家极力以企图毁誉科研部门研究人员的方式重新获得主动权（文化研究部门更为普遍），他们的做法是对将研究人员所写的事实和理论束之高阁。有趣的是，这些“科学勇士”［其中最著名的有科学行政管理者保罗·格罗斯（Paul Gross）、数学家诺曼·莱维特（Norman Levitt）、物理学家艾伦·索卡尔（Alan Sokal）］却认为他们的攻击是从右翼的反科学控制手中拯救科学战略的一部分，对他们而言是社会的内在进步力量，这些右翼的反科学控制可能是来自华盛顿特区的共和党政权，或是来自几个民族主义、宗教叛乱集团中的某一个，抑或是来自发展中世界的种族主义运动团体。关于两个文化问题的历史，这一时期引人注目的是相对成功地将不可通约的价值差异转化为重要的技术能力。在这方面，科学战争完成了斯诺最初关注的学术归化。不是争论哪种形式的知识应该在统治社会中富有权威，现在这个问题摆在二阶项，也就是说，谁被授权为社会的哪种知识形式代言。也许最积极的制度发展即将在两个文化问题的“科学传播”计划兴起阶段到来，其范围可以从公共关系到更重要的科学事务。与半个世纪前的原始科学研究项目一样，这些往往由训练有素的科学家转移到人文科学和社会科学来占据一定位置。

撰 稿 人：Steve Fuller

另请参阅：Big Science；Kuhn，Thomas；Particle Accelerators；Public Understanding of Science；Snow，C. P.

参考文献

[1] ARNOLD M. Culture and anarchy and other writings (S COLLINI，Ed.) [M]. Cambridge，UK：Cambridge University Press，1993.

[2] BROCKMAN J. (Ed.). The third culture [M]. New York：Simon & Schuster，1995.

[3] COLLINS H，PINCH T.The golem [M]. Cambridge，UK：Cambridge University Press，1993.

[4] FULLER S. Thomas Kuhn：A philosophical history for our times [M]. Chicago：University of Chicago Press，2000.

[5] FULLER S. The philosophy of science and technology studies [M]. London：Routledge，2006.

[6] GROSS P，LEVITT N. Higher superstition：The academic left and its quarrels with science [J]. Baltimore：Johns Hopkins University Press，1994.

[7] GROSS P，LEVITT N，LEWIS M. (Eds.). The flight from science and reason [M]. Baltimore：Johns Hopkins University Press，1996.

[8] LEPENIES W. Between literature and science [M]. Cambridge，UK：Cambridge University Press，1988.

[9] ROSS A. (Ed.). Science wars [M]. Durham，NC：Duke University Press，1996.

[10] SNOW C P. The two cultures and the scientific revolution [M]. Cambridge，UK：Cambridge University Press，1959.

[11] SOKAL A. Beyond the hoax [M]. Oxford，UK：Oxford University Press，2008.

[12] SOKAL A，BRICMONT J. Intellectual impostures [M]. London：Phaidon，1998.

[13] SORELL T. Scientism [M]. London：Routledge，1992.

[14] WEINBERG S. In search of a final theory [M]. New York：Athenaeum，1992.

[15] WERSKEY G. The visible college [M]. 2nd ed. London：Free Association Books，1988.

UFOlogy
不明飞行物学

“科学”的标准定义是：对物理世界的研究。毋庸置疑，正统的科学诸如物理学和天体物理学正日趋复杂化，科学的人生观和世界观也随之复杂化，尤其是对于非专业人士而言。一些只可能间接观察到的现象，如暗物质和暗能量，平行宇宙和多元宇宙以及可能与地球生命迥异的“异灵”，正充斥在相关的发现、主张或理论中。而在现今条件下，科学家和非科学人士一样，恐怕难以确认正统科学和伪科学的边界，也难以判断如何评估有争议的主张。

据自诩为不明飞行物学家的人宣称，不明飞行物学是针对不明飞行物的科学研究。总而言之，科学界尚未承认不明飞行物学为一门科学。论及不明飞行物学时，人们通常建议相关的研究者和报道者仔细评定其资料来源和相关声明。

对学者而言，可在研究文化权威性和科学合理性的社会构成时，将不明飞行物学当作一个有趣案例。因为不明飞行物学家尚未能成功地将该领域的研究确立为一门科学学科，也未能论证其研究方法为科学方法，所以将不明飞行物学仅作为一个社会现象来看待的学者更多是依据权威科学文献来分析该领域的（如是什么、源于何处、如何应用及定义边界）。

对新闻工作者而言，关于不明飞行物学的报道尚需进行相当严格的审查。哗众取宠的传统新闻观以及关注局外人、劣势群体和离奇事件的业界惯例导致不明飞行物学仍将在大众传媒中占有一席之地。所幸报道不明飞行物学的新闻工作者会对其资料来源和相关声明进行彻底的背景调查、事实审核及验证，从而在一定程度上有所把控。

将针对不明飞行物的研究命名为一门学科，仅仅是努力将该领域研究科学合法化的一小步。作为诸如不明飞行物学家的“边缘”科学家，其常规策略是积累传统科学合法化的标志性因素，如成熟度、同等级别的学术刊物及专业学会主办的年度会议等。

不明飞行物学家为使其研究领域及其本人的研究者身份合法化而采取的一个策略是将不明飞行物描述为自然世界中的一个现象，从而将其框定在正统科学的边界之内。为此不明飞行物学家采用了诸如观察、数据采集、保持记录和分析报告等标准科学方法。他们援引官方档案记录作为证据，指出美国空军、美国政府及其他国家政府机构都曾对声称目击不明飞行物的事件进行研究，这些研究大多集中在20世纪下半叶。天文学家J.艾伦·海尼克（J. Allen Hynek）是美国一些关于不明飞行物的官方记录的始作俑者。作为正统科学博士学位获得者和西北大学（Northwestern University）的教授，他曾在20世纪60年代以顾问身份参与了美国空军的不明飞行物研究工作，并以相关证人身份出席国会。

为使不明飞行物学合法化，一个自称为"草根"不明飞行物交互网（Mutual UFO Network，MUFON）的组织于1969年成立，自行出版刊物，组织会议并出版会议文集。与之相对应的是奇异事件科学调查委员会（Committee for Scientific Investigations of Claims of the Paranormal，CSICOP），现更名为质疑探查委员会（Committee for Skeptical Inquiry），这是一个多年来一直致力于揭露不明飞行物相关事件真相的组织。

自诩为不明飞行物学家的人宣称自身为正统的研究人员，且其研究领域为正统科学。他们的典型论点是："真正的科学"可以解释不明飞行物的奥秘。质疑方则拒不认可关于不明飞行物的声明和主张，把不明飞行物学列为伪科学。但是，将不明飞行物学科学合法化的努力一直在继续。鉴于通俗文化中对不明飞行物和外星造访地球的执念，关于这些声明和主张的争论恐怕难以在短时间内解决。

一些不明飞行物学家给自己设立了双重身份，分别为其"正统"职业和不明飞行物学工作准备了两套并行的自我介绍、个人履历和网址信息。宣扬不明飞行物学的组织机构可能只存在于纸面上（或网络上）。关于不明飞行物的报告和书籍必须经过详细审查，其严谨程度和严格程度可参照不明飞行物学家在评估自身信誉度和权威度方面的标准。有时候"真实"的声明也有可能是伪装的作秀。

新闻业界对不明飞行物学的贡献也值得斟酌。尽管许多新闻工作者以嘲讽的态度报道不明飞行物事件，且并未将其归入科学范畴，但这一主题的新闻覆盖率毫无疑问促使不明飞行物学多年来一直引人关注（可参考"宣传无坏事"的老说法）。

许多关于不明飞行物和不明飞行物学的报道是为有关这一主题的图书、电影或电视系列片进行广告宣传的产物。例如，2002年Syfy频道启动了一场说服政府官员认真对待不明飞行物和不明飞行物学的广告宣传活动，事实上这是该频道为以绑架为主题的系列短片《劫持》（*Taken*）所进行的广告闪电战。同时这次宣传活动也是根据美国新闻业界俱乐部（National Press Club）对华盛顿特区工作的简要指示，围绕乔治华盛顿大学（George Washington University）学术论坛罗泊民意调研项目的试运作开展的。该项目由电视台出资，由华盛顿的公关游说公司珀德思特马通（Podesta Mattoon）负责开展相关工作。

此外，近几年来互联网也在很大程度上推动了关于不明飞行物和不明飞行物学的信息资源的扩散。同时，围绕谋划组织世界范围内的关于不明飞行物的会议和其他"新闻"事件也逐渐形成了一个小型的产业。

一些不明飞行物学的支持者将寻找地外文明计划与针对不明飞行物和外星劫持的研究相互关联，而SETI科学家则将其正统的科学研究与超出科学边界的目击不明飞行物和外星劫持的研究区分开来。还有一些不明飞行物学家主要研究与外星劫持相关的主题，而另一些则不认可关于外星劫持的声明。

人们通常会将科学机构的态度作为科学正统性的判断依据，例如，美国国家科学院（U.S. National Academy of Sciences）、美国国家科学基金会（U.S. National Science Foundation）、美国先进科学协会（American Association for the Advancement of Science）、美国航空航天局（U.S. National Aeronautics and Space Administration）都未承认不明飞行物学。另一方面，阴谋论者则坚持"政府掩盖"不明飞行物问题，不过他们尚未能给出论据支持这一说法。

似乎尚未有公认的教育机构为不明飞行物学提供学位教育，也还没有关于这方面的大学教材，公认的正统的科学团体中也没有关于不明飞行物学的分支、委员会或兴趣小组。

科学界甚至几乎不会提及不明飞行物学。

少数特别的个例有：1998年出版的由慈善家劳伦斯·洛克菲勒（Laurance Rockefeller）资助、被《科学》（*Science*）杂志称为经过权威认证的“高级物理学家”小组所展开的“不明飞行物现象”研究结果。该项研究由斯坦福大学（Stanford University）物理学教授彼得·斯塔洛克（Peter Sturrock）牵头，斯塔洛克教授是一位正统科学领域的科学家，同时是一家精英机构的成员，在不明飞行物学界也广为人知，他还是科学探索协会的奠基人之一，大多数科学家将其专业领域归为“边缘”科学。不出意料的是，这项研究似乎也说明，正是一些不明飞行物的目击事件使得相关科学研究合理化。

撰 稿 人：Linda Billings

另请参阅：Alien Abduction；Maverick Science and Journalism；Pseudoscience；Search for Extraterrestrial Intelligence；Understanding Expertise

参考文献

[1] BERGER P L，LUCKMANN T.The social construction of reality：A treatise in the sociology of knowledge [M]. New York：Doubleday，1966.

[2] COLLINS H M，PINCH T J. Frames of meaning：The social construction of extraordinary science [M]. London：Routledge & Kegan Paul，1982.

[3] DEARING J W. Newspaper coverage of maverick scientists：Creating controversy through balancing [J]. Public Understanding of Science，1995，3：341-361.

[4] GIERYN T F. Cultural boundaries of science：Credibility on the line [M]. Chicago：University of Chicago Press，1999.

[5] HYNEK J A. The UFO experience [M]. New York：Marlowe，1998.

[6] SMITH M S. The UFO enigma（Revised and updated by G D HAVAS，Report No. 83-205 SPR）[M]. Washington，DC：Congressional Research Service，1983.

[7] WALTERS R G. Scientific authority in twentieth century America [M]. Baltimore：Johns Hopkins University Press，1997.

Uncertainty in Science Communication 科学传播中的不确定性

不确定性是科学所特有的。即使科学家在特定的研究发现中信心满满，但是其研究结果在新的证据面前总是可以修改的。我们用科学的强大工具所探知的结果不是绝对的，而仅是具有概率意义的，没有任何一个单独的研究是放之四海而皆准的。研究结论是有依情况而定的，取决于所研究的群体、所采取的措施、所利用的仪器，以及很多其他的因素。总之，绝对的“证据”是不存在的。

当科学家在期刊发表文章或者会议报告中

汇报其研究成果的时候，会为研究的不确定性留有余地。虽然很多科学家会对自己的研究结果抱有信心，但根据科学共同体内的传播规范，他们也有义务指出他们研究结论中的某些方式可能是不成熟的。这意味着在向其他科学家提交的正式报告中通常要包括限定词和注意事项来缓和科研结果中确定性的词语和陈述，以及详细说明他们得出结论的方式可能取决于他们采用的方法和其他因素。

很多科学新闻中没有根据的确定性

但是当科学从科学共同体之内扩散到广大公众中时，根据科学传播学者的看法，上述限定词和注意事项通常就消失了。此外，媒体报道通常只会呈现那些做了这些研究的科学家的阐释，而对那些可能不同意这个研究结果的其他科学家的意见只字不提。很多报道还没有提到研究方法，而这可能会揭示其研究的局限性。最终，对科学新闻的研究表明很多媒体报道会忽视研究的科学情境，而这种情境可以表明研究结论是否符合在这个话题上前人所开展的研究的结论。因此，向广大公众报告的新兴科学研究的结果往往比事实上更为肯定。

许多科学新闻中的确定性结果远非学术界的兴趣所在。当为一种危及生命的疾病或者一种新技术的益处提供了不切实际的希望时，这个问题就会特别突出。当创造了对一种风险所确保的恐惧更多（或者更少）恐惧时，这也是有问题的。另外，当媒体所报道的研究结果看起来有些出尔反尔的时候，这些报道就会损害科学本身的公信力，因为紧随某些确定的科学报道之后的是同样确定的自相矛盾的叙述。比如，当某天一个十分确定的研究得出结论说一种常见的农业添加剂有严重的毒性，此后不久，另外一个具有同样确定性的研究得出结论说这个添加剂的毒性不像很多人担心的那样大，相关知识短缺的公众很容易得出科学家尚不知自己所言的结论。

某些科学新闻中没有根据的确定性

虽然大多数科学新闻都会以一些有问题的方式来放大科学的确定性，但是从这些发现中推断出新闻媒体通常传递了更多的科学确定性的结论可能是错误的。在许多其他情况下，科学新闻所传递的科学确定性要比研究所保证的确定性少一些。

典型的案例就是烟草，受到烟草企业支持的科学家强调烟草和肺癌之间关联的数据的不确定性，多年来这些科学家与那些认为烟草和肺癌之间有关联的科学家在媒体中得到了相同的关注度。最近，十几个受到企业支持的科学家夸大了人类活动和气候变化之间科学关联的不确定性。与此类似，他们和那些研究结果支持这种关联的数以千计的独立科学家获得了同样的权重。通过声称达尔文进化论的“弱点”而主张智能设计的极少数科学家获得的媒体关注也与跨多个学科的证据的重要性（以及科学看法）极其不成比例。

当没有对不同观点一定程度的科学接受度时，新闻媒体中的这种不偏不倚通常会给人这样一种印象，要存在比实际中更多的科学上的不确定性，并且会在具有个人意义或者公众意义的议题上带来更多的公众困惑。

没有根据的确定性尤其经常出现在对簿公堂的案件中。对抗式的法律体系倾向于把一个法律冲突中的双方专家整成一队，通常不考虑科学证据的相对权重，然后记者在力求不偏不倚的努力中，对双方都进行报道，通常不提及让公众理解那些权重的情境。

负责任地表达科学的不确定性的方式

为了避免科学新闻中对科学不确定性的扭曲所产生的问题，近年来，科学家、公共信息官和记者同样呼吁更加关注对科学的不确定性的报道。在最常见的建议中，既具有证据又有经验的是下列六个。

从仍然存疑的或者仅是推测性的事情中找到众所周知的事情。在充分研究的事情中，对科学足够了解才可以让你把基于达成一致的证据而得出的结论同那些仍然有适度不确定性的结论，以及那些完全是推测性的结论区别开来。政府部门也有共识小组，这个领域的专家会集中起来决定在这个议题上已经知道了什么。如果这些小组操作得当，他们会为科学中达成一致的“已知”（大多数或者“共识”观点），以及达成一致的不确定性提供见解。如果这样的小组工作不到位，就会敦促个体科学家清晰地把众所周知的从不确定的或者仅是推测的事情中区别开来。

避免单一渠道的新闻。科学家可能看不到自己研究的局限性，所以要寻找那些在所讨论的学科领域中有专业知识的额外资源。外部资源不仅有助于识别出哪些是已知的、不确定的、仅是推测的，而且还可以讲出这些研究结果的重要性。

提供限定词和注意事项。在陈述新的研究结果时，利用“表明”（suggests）或者“可能”（may）等限定性的语言，如“新的研究结果表明（一种独特的治疗方法）能够帮助减缓患有（一种特殊疾病）的患者的症状。”避免使用“证据”这些固化的语言。

同样，如有可能，在呈现个体研究的时候还要包括一些明确的注意事项。所以，如果某项研究为将来治愈某种疾病提供了希望，但是没有即刻的实用价值，就要解释清楚在该研究的实用价值清晰可见之前还需要额外研究的种类（科学家强调他们的研究结果是基于动物数据的。在搞清楚人类是否会受益之前，需要开展耗时数年的人体试验）。

另一方面，如果某研究具有即刻的实用价值，也要说明白这个研究没有告诉我们的，特别是在某人根据这些研究结果做出决策之前需要知道什么。如如果研究结论对某个独特的治疗方法或者技术的风险释放出了危险信号，那么这些研究结果不适用于哪些人群（基于这个特定的研究，还不清楚这种疗法是否会以同样的方式影响非西班牙裔）？

把研究结果置于更大的科学场景中。表明新的研究如何同大范围的科学知识相契合。这个研究发现是否驳斥了之前大部分的研究结果（这个研究结果公然抗拒对更年期的妇女进行治疗的传统科学智慧）？还是它们确证并拓展了之前的研究结果（这个研究发现充实了全球变暖与人类活动相关的日益增加的科学共识）？除非有让人信服的理由这样做，否则当一小部分科学家对持续发展的科学共识存在争议时，在这种情况下就要抵制住以记者的“平衡性”为借口而给予双方同等时间的诱惑。

详细说明利益冲突。如果存在潜在的利益冲突——这种冲突会影响科学发现中对确定性程度的阐释——就要详细地加以说明。所以，在全球气候变化的案例中，指出努力夸大全球变暖科学不确定性的少数科学家的大多数资助都来自化石燃料企业就变得越来越重要，这受到更加独立的普遍观点的威胁。企业赞助并不必然意味着与不确定性相关的主张都是肮脏的。但是，提到这些利益冲突确实可以提醒公众注意对有关科学研究发现的确定性或者不确定性的主张有潜在重大经济影响的事情。

对采用的研究方法进行描述。至少要包括这个研究是如何开展的一些观点，即使只是一两句而已。这会给公众提供一些观点，知道科学是如何开展的，以及充实所提供的任何注意事项背后的理由。

这些举措未必矫正与传播科学的不确定性相关的所有问题。即使当科学传播者样样事情都作对，对一种危险极度恐惧或者对一种治疗方法极度渴望的人也不会以最佳的方式来阐释科学主张。但是，这种策略有助于提高公众对科学动态的、或然的本质的理解，以及在科学的不确定性（确定性）方面有时候是经济驱动的主张的理解。在这种情况下，科学传播有助于创造做出更好个人决策和公共决策的必要条件。而不进行此类科学传播活动是维持公众无知和困惑状态的一个手段。

撰 稿 人：S. Holly Stocking

另请参阅：Scientific Method

参考文献

[1] FRIEDMAN S M，DUNWOODY S，ROGERS C L.（Eds.）.Communicating uncertainty：Media coverage of new and controversial science [M]. Mahwah，NJ：Lawrence Erlbaum，1999.

[2] STOCKING S H，HOLSTEIN L W. Manufacturing doubt：Journalists' roles and the construction of ignorance in a scientific controversy [J]. Public Understanding of Science，2009，18：23–42.

[3] WELCH-ROSS M K，FASIG L G.（Eds.）. Handbook on communicating and disseminating behavioral science [M]. Thousand Oaks，CA：Sage，2007.

Understanding Expertise 理解专业知识

如何判断人们是否拥有所需的专业知识？人们所追寻的专业知识到底是什么？专业知识这一术语的定义似乎足够明确。专业知识仅掌握在部分人手中而其他人并不知悉。专业知识通常会涉及某个专业，如微生物学、天体物理学、法学或护理学等。有些人可能还会将其他一些更为常见的行业也归入专业知识的范畴，例如，管道系统、油漆喷涂、超市导购或听音辨歌等。就科普而言，专业知识的关键意义在于科普工作者需要将科学家的专业知识以易理解和可应用的方式提供给非专业人士。

人们希望借助科学家的专业知识来帮助自己，以便对涉及科技信息而自己又缺乏相关知识和信心的事情做决定。例如，对于高龄亲属而言，哪一种癌症治疗方案能最大限度地提高生存率和改进生存质量？或者，对于政府公务员而言，制定二氧化碳排放标准以多少为适当？

决策研究的结果表明，当人们根据自身已有知识不能确定自己可以做出正确选择时，会倾向于寻求专家意见。其结果就是人们希望有专业知识的人可以提供建议。换言之，当面对不确定性时，人们倾向于听从权威的意见。

专业知识一词的词源学分析也确认了这一观点。专业知识一词在拉丁语系中的词根与专家经验、验证等词的词根相同，都是“exper”。其中第一个音节“ex”是“没有”的意思，第二个音节“per”据说源自“peril”（危险）一词。因此，“专业知识”一词可理解为与避免（或意识到）危险有关。

当人们处于需要决策而又担心决策错误的

境地，就会转而求助于与自己相比似乎更不容易出错的人。这一现象是著名的社会学家艾弗雷特·休斯（Everett Hughes）在其1951年发表的著名论文《工作中的错误》（*Mistakes at Work*）中提出的。他的这一发现与另一项研究的结果完全相符，那是一项针对一些社团的特定决策流程的发展变化而开展的研究，这些社团通过这样的决策流程来确定（社团中）该为错误决策承担责任的人。这种判责流程被称为“责任判定”，亦即法庭上的“定责”。法官和陪审团会决定谁是罪犯，同样，在基于科学的决策中也有责任人。例如，在调查医院患者死亡原因或宇宙飞船爆炸原因时就要定责。可想而知，人们为了避免担责就会去寻找和咨询具有相关专业知识的人。

人们如何知道该找哪位专家呢？没有人能带着百科全书走来走去，对比百科全书检查答案和观点的正确性。要如何证明那些说得头头是道的人是真正了解其所谈论的话题，还是仅凭臆断？站在非专业人士的角度，如何分辨哪个专家拥有相关的专业知识，以及如何判断专家的知识水平确实高于非专业人士？要求一个非专业人士去测试一个专家就像让学生去测试老师一样困难。虽然有些人有些时候会发现专家的错误或其在专业知识上的局限，但这并不是所有人普遍都能做到的。

针对谁拥有所需的专业知识这一问题，可以通过分辨专业能力和专家地位来处理。“专业能力”指专业知识水平，但其他人难以评估；“专家地位”则代表权威程度，赋予某些他人看来似乎具备专业能力的人，即使无人可以完全确定。

总而言之，专业知识指人们在决策涉及大多数人都不熟知的特定科学领域时，为避免因决策错误而担责，需要依赖的他人所拥有的相关知识体系。人们要找到拥有专业知识的专家，只有通过认真倾听和仔细评估，才能判断他人的专家地位。一旦其专家地位被认可，则其权威性也就随之得到承认。

自古人们就会搜寻值得被称为专家的人物。例如，古希腊人尊崇颇善言辞辩论之人，且因而形成了“辩术”（或称“修辞学”）。古人将辩术作为一种说服他人的手段，现在这一词语却隐含贬义，指代空洞的花言巧语。而在古代的定义中，这一词语蕴含逻辑学和煽情术，并且体现说话者本人性格真诚、知识渊博、值得尊敬。

在传统的非洲部落中，那些所谓巫医的言行举止就被认为具有能够体现专家地位的特征。英国社会人类学家爱德华·伊凡·普利查德（Edward Evans Pritchard）在20世纪30年代曾进行过一项典型的研究，将非洲巫医的习惯做法与当代英国专业人士相比较。此类研究的结果构成了“确认专家的25个方法”之类的文章的核心内容，包括可以吸引他人注意、有特定服饰和装备、正规的咨询流程、讲述成功案例，以及将貌似矛盾之处转化为对自身知识水平的有利证实。

拥有专业知识的人（或希望他人认为自己拥有专业知识的人）所表现出来的这些特征，有助于他人将其确认为专家（即使不是真的专家）。此类特征类似于信号，牵引着人们的本能反应，促使人们服从权威。很多此类特征都是以强硬的、有说服力的方式掌控交流，因此对许多掌握专业知识的女性而言，要获得专家地位更为困难。

在某些情况下，人们会认为这些彰显权威性的特征足以置信，从而断定某人［姑且称为珍妮（Jane）］拥有专家地位。而在另一些情况下，人们会断定其他人［姑且称为吉姆（Jim）］才应该拥有专家地位。在第二种情况中，虽然珍妮仍然具备专业知识，但是人们却并未如此断定。原因可能是他们并不信服珍妮，或者认为珍妮的知识并不适用。

这种专家地位的不确定性或者说视情而变性，被文化人类学家称为临时性或协议性。通过这一术语，“专家地位的协议状态”意味着他人咨询和专家答复之间的交流情况，包括相互之间分享知识和见解，以及权威性的表现情况。这种专家地位的协议过程就是人们评估某人言行举止及相关信息的过程。正是通过这一过程。人们断定某人是否拥有关于所涉及领域的正确的专业知识，即使某人甚至不能完全理解这一领域真正的专家解释。

这一现象意味着科普工作者在协助传递科学家的专业知识以便他人理解之外，还可以在专家地位的协议过程中起到辅助作用，帮助非专业人士判断到底应该听从谁的建议，判断到底谁真正拥有相关专业知识。另一方面，如果科普工作者能够介入专家的“表现”过程，或者说能够帮助缺乏“表现”能力的专家（鉴于许多科学家都很谦虚），则非常有助于评估科学家拥有专业知识的实际情况。科普工作者之所以能够发挥这一作用，是因为当决策需要用到专业知识时，非专业人士要确定谁是拥有相关专业知识的专家的难度很大。

撰 稿 人：William D. Rifkin

另请参阅：Gender Representations of Scientists；Interviewing Scientists；Scientists as Sources

参考文献

[1] COHEN E. Tranquility for the decision maker [M]//L NADER，T W MARETZKI (Eds.)，Cultural illness and health：Essays in human adaptation. Anthropological Studies (No.9). Washington，DC：American Anthropological Association，1973：89–96.

[2] EVANS-PRITCHARD E E. Witchcraft，oracles and magic among the Azande [M]. New York：Oxford University Press，1976.

[3] GLUCKMAN M. (Ed.). The allocation of responsibility [M]. New York：Humanities Press，1972.

[4] Hughes，E. C. (1951). Mistakes at work. The Canadian Journal of Economics and Political Science/Revue canadienne d’Economique et de Science politique，17 (3)，320–327.

[5] RIFKIN W D. How to spot an “expert” [Transcript of the radio program Ockham’s Razor，Australian Broadcasting Corporation，Radio National] [EB/OL]. (2001–07–08) [2009–07–07] www.abc.net.au/rn/ ockhamsrazor/stories/2001/323986.htm.

[6] RIFKIN W D，MARTIN B. Negotiating expert status：Who gets taken seriously [J]. IEEE Technology and Society Magazine，1997，16 (1)：30–39.

[7] TANNEN D. Talking from 9 to 5：Women and men in the workplace：Language，sex and power [M]. New York：HarperCollins，1994.

[8] WADDELL C. (Ed.). And no birds sing：Rhetorical analyses of Rachel Carson’s Silent Spring [M]. Carbondale：Southern Illinois University Press，2000.

Union of Concerned Scientists 忧思科学家联盟

忧思科学家联盟（Union of Concerned Scientists，UCS）的历史比其他美国环境组织的历史都要长久，其演变进程反映了美国国内关于科学的地位和科学家的作用对环境政策的影响一直存在的争议。当下，忧思科学家联盟致力于保护科学的健全性，其措施主要有两种：一是尽力使科学免受政治干扰；二是尽力将科学应用于解决环境问题。为达到此目标，该组织研发了基于科学知识的信息及其传播系统。

20 世纪 60 年代前，在美国人眼中科学对社会的作用主要体现在工业和规模化农业生产中。20 世纪中叶之后，似乎是基于科学的经济合理化发展趋势，从根本上促使了大多数美国自然生态保护政策的出台，保护美国国内那些尚未被破坏的自然环境。野生动植物保护组织开始关注生物学家的意见：鸟类能够捕食多少害虫或野草；为何农民控制鼠害的成本远远高于家禽被食肉动物捕食的损失；许多名不见经传的树木的经济用途；为保证食物链的完整以满足人类渔牧所需而保护某些栖息地的必要性。甚至第一个经美国国会（U.S. Congress）批准作为风景区的国家公园，就是因其拥有标志性野生动植物，可以为当时刚刚平定的西部地区吸引游客和投资商。

1947 年，当美国政府购得洼地沼泽之后，建立了第一个国家公园以保护生态系统的完整性，尽管这一决策是联邦政府投资上游水利项目以解救南弗洛里达州破产的农庄主和不动产投资商的举措之一。即便是考虑到其与公认科学的且可以改善经济效益的水利项目之间的关系，总体而言，保护自然环境的科学主张仍然是建立国家公园的主要动因。

1962 年，蕾切尔·卡逊（Rachel Carson）出版的《寂静的春天》（*Silent Spring*）一书指出，仅生物科学本身即可证明，由于诸如保护农作物的杀虫剂之类的持久性毒剂的滥用，鸟类食物链顶端已经被此类工业科学成就所破坏。也是在那个无序的年代，致力于核武器研究的科学家让我们拥有了足以毁灭处于地球食物链顶端的人类的能力，这也同样见证了科学的滥用。正是那些指点宇宙的物理学大师，因为科学工作者参与到第二次世界大战和越南战争的武器研发之中而焦灼不安，才启动了忧思科学家联盟的组建，让大科学有效地介入环境政策之中。亨利·肯德尔（Henry Kendall）及其麻省理工学院（Massachusetts Institute of Technology）的同僚于 1968 年成立了忧思科学家联盟，并发表了一份宣言，开篇即称科技知识被滥用在越南战争及其他危及人类自身生存的活动当中。受 20 世纪战争及“冷战”的多方刺激所建立起来的全球工业体系也吸引了急切的关注，要求科学和科学家应对工业经济对全球气候变化所产生的影响这一难题。作为一支反对大规模杀伤性武器的政治力量，忧思科学家联盟的出现使得已经存在的科学与社会之间的冲突关系更加紧张。科学家关于应用科学知识可能带来的后果的表述，在相关政策的争执过程中是否得到了较为认真或特别的对待？对于今天的忧思科学家联盟而言，保护科学的健全性本身就已成为一项与他们高度关注的能源政策、交通技术和全球气候变化同等重要的任务。

几个世纪以来，关于运用科学实现社会和

经济目标的争论一直存在。历史上不乏商人用科学作为工具进行资本化运作或销售其产品。人类早期很多对地球的探索活动是由政府出资的，因为当时的贸易公司说服了欧洲的统治者，让他们相信远方大陆的香料可以治愈瘟疫。在美国，烟草公司声称只要“有一卡车香烟就不会有一个人咳嗽”；电力公司声称煤炭燃烧生成的有毒废物可安全地应用于清除水内污染物；而生物燃料的投资者则表示，毁坏树林和草原改为种植能源植物可以为全世界提供更多的燃料，而且产生较少的温室气体排放。

当科学家的研究成果显示烟草制品可致人丧命、煤炭燃烧后的废物会在水中留下危险的有毒物质，以及使用生物燃料相比石油会生成更多的温室气体时；即当科学家的研究会促成关于保护大众健康和防止水污染的提案，或者会要求真实、透明地评估各种燃料对气候的影响时，科学家的意见会较少被采信。对忧思科学家联盟而言，要保护科学的健全性，一个关键就是要在科学研究工作涉及政治经济利益时，防止对科学研究的压制，以及对科学家的报复。

在20世纪80年代，许多产业及其政界支持者发动了一场复杂的、涉及美国乃至全球的公关大战，歪曲丑化支持保护野生物、生态系统和大众健康的联邦机构、专业学会和公益研究组织，并且将其开展的反映工业对全球气候变化影响的研究称为“虚假科学”。在美国政府内部，对科学家的威胁已成为了超乎党派的惯例。在20世纪90年代，克林顿－戈尔（Clinton-Gore）当局用严厉手段限制那些研究内容与白宫优先发展目标相抵触的科学家的工作。21世纪初期，布什政府也联合工业界的“虚伪科学”宣传活动，在几乎整个政府范畴内压制与白宫的社会和环境政策意向不合的科研工作。

忧思科学家联盟及其他环境组织致力于重建美国政府的科学和资源管理能力，现在正面临着自身科学健全性的挑战。有迹象表明，美国似乎正在恢复对科学的尊重和对环境价值的关注。现在的问题是科学家的研究工作能否仅凭其科研内容而再次得到应有的评价和尊重，而不会因为科学家的个人主张或其涉及政治意向的职业身份而受到质疑？抑或忧思科学家联盟和其他环境组织是试着给由工业界资助并从工业界获得回报的研究人员贴上“虚伪科学家”的标签，还是进一步确认科学必须为政治服务？

撰 稿 人：Joe Browder

另请参阅：Carson，Rachel；Science and Politics

参考文献

[1] GELL-MANN M. The quark and the jaguar [M]. New York：W. H. Freeman，1994.

[2] Union of Concerned Scientists. Union of Concerned Scientists：Citizens and scientists for environmental solutions [EB/OL]. www.ucsusa.org.

Upstream Engagement 上游参与

上游参与是一个专用词汇，特指在新兴技术进入研发正轨之前，就让技术投资方与（大多数）公众进行相关交流的举措。除建立传播缺失模型的要求之外，科学与技术传播工作者还将会经常遇到让他们对上游参与有所作为的要求（传播缺失模型指的是公众因为缺乏对科学知识的了解故而在理念上与科学家完全不同的情况）。为此，人们对科学教育提出了更高的要求，以便缩小公众与科学家的理念差距，而不是探究公众对技术背景的认知。以上游参与的形式进行双向交流看似简单，实则不易实现。因为上游参与这一说法非常新奇，目前少有成功的案例，且在很大程度上其实施有赖于完美的方案设计，故而人们对于上游参与的概念和实践都还在争论不休。本词条先就上游参与的几个关键因素稍作讨论，然后以皇家学会（Royal Society）和皇家工程学院（Royal Academy of Engineering）2003 年关于纳米科学和纳米技术的调查为例，说明这些关键因素的作用，最后一节则论述公众上游参与所面临的主要挑战。

上游参与简而言之就是一种对话和探讨，是针对有潜在破坏性的或有争议的技术，在其研发早期，尤其是在重大应用和推广普及之前，在公众、利益相关者、相关科学团体，以及决策者之间就该技术所开展的讨论和评议。这样的探讨对技术的发展途径会有潜在影响。

上述定义点明了上游参与的三大关键因素：第一，除公众的参与之外，决策机构的参与对于政策的影响至关重要。第二，科学团体的参与应在科学家与公众之间形成双向的分享和学习交流；第三，上游参与的流程和时限都应能保证其对技术的发展确有潜在影响。

这意味着一种新型的互动，仅将下游（生产结束后）的问题前移到技术研发阶段，并不能达到上游参与的目的。与传统的下游参与关注科学和技术对社会已经产生的影响相对应，上游参与意在评估技术与社会之间可能发生的相互影响，一字之差两者的意义大不相同。只有强调“相互影响”而不是“事后影响”，公众参与的作用才不会局限于讨论生产完成之后带来的问题。另外，强调“相互影响”意味着可以对技术如何适用于社会进行设计（而不是认为社会只能被动接受技术）。严格说来，这也为探讨技术和社会的关系提供了更为广泛的视野。对于许多关于科学发展方式和途径的更为传统的探讨而言，上游参与提供了一种新的模式，其关注的主题在传统讨论中未曾涉及过。而这种新的探讨模式可能会涉及技术所体现的权力关系，以及股份公司与民生和社会利益的平衡和掌控。

上游参与的提倡者认为，让公众、投资方和科学家在技术研发早期共同商讨技术发展路线有助于重组科学与社会的关系。尽管上游参与这个隐晦的说法不过是指技术发展的一个线性过程，这也并不意味着技术会按单一途径发展。相反，大家相信（科学和技术研究领域，简称科研界普遍相信），潜在的技术共同发展模式就是科学与社会既不断变化又相互影响的发展模式。

因为有在早期就让公众参与其中的潜在可能性，同时也因为其对重大社会变革的潜在作用，纳米技术成为上游参与的一个特殊案例。

纳米技术案例

纳米技术是关于极微小物质的科学与工程，涉及物质在原子层级的构造和操控。纳米技术一词源于人们所使用的长度单位“纳米”（nm），1 纳米为 1 米的十亿分之一。

纳米技术的有趣之处在于，当物质在 100 纳米以下时，其基本化学特性或电子特性将会改变。例如，珠宝之中所使用的金属银是典型的惰性金属，但在纳米形态下，银的化学性质极为活跃，且具有抗菌特性。因此，现在市场上的创伤敷料中就含有纳米银材料。物质的这种特性改变可能导致未来 10~50 年化学界和物理界新材料、环境、医药和信息技术领域一系列重大的新进展。但是这些潜在的先进技术也有很多不确定性，可能带来一些潜在的风险。当常规元素在纳米结构下表现出不同的化学特性时，有可能给人体健康或环境带来不可预知的危害。而且，纳米技术可能带来更广范围的社会、伦理和政府管理问题，例如，基于纳米技术的传感元件和系统所进行的隐蔽监视可能带来社会风险。

案例研究：RS/RAEng 关于纳米科学和纳米技术的调查

2003 年，英国政府让皇家学会和皇家工程学院针对纳米技术与健康、安全、环境、伦理和社会的牵连关系及相关不确定性开展一次联合调查。皇家学会和皇家工程学院成立工作小组和秘书处，代表学会和学院耗时一年完成了此项调研。其调研报告《纳米科学和纳米技术：机遇及不确定性》（*Nanoscience and Nanotechnologies: Opportunities and Uncertainties*）于 2004 年印刷出版。

独立的工作小组中不仅包括学会和学院中纳米科学与工程分会 / 分院的工作人员，而且吸纳了社会科学、伦理学领域及消费者保护协会和环境组织中的专家，从而涉及超出独立工作小组范围的广泛的利益相关者，这对于证据收集而言是一个关键因素。在调查期间，学会和学院采用了评审会和专题研讨会上与会者的书面和口头呈词。其中评审会与会者包括：监督管理机构代表、工业界代表、公众参与专家、社会民生代表、科学家和工程师。专题研讨会则包括纳米技术的环境和健康问题专题会等。

为何视 RS/RAEng 的调查为上游参与

正是上节所述的调查过程使得大家认为此次调研为上游参与，并且调查后学会和学院提出了一系列的建议（后面会对其中两条建议进行简要讨论）。众多利益相关者的合作得到了两个结果：一是将讨论的参与者范畴从专家群体扩展到了其他群体。二是将讨论的学术范畴从仅考虑科学问题扩展到了其他问题。

首先，调查工作使得关于纳米技术的讨论波及当时对该领域没有涉入或涉入不深的群体。例如，尽管有些诸如“侵蚀、技术及关注行动小组”（Action Group on Erosion，Technology and Concentration，ETC）之类的团体已经关注纳米技术达数年之久，但还有些类似“地球之友”（Friends of the Earth，FoE）和“英国国家消费者委员会”（National Consumer Council）的组织在调查开展之前并未深入接触过这一领域。因此，调查过程本身对于这些有相关利益的民间和社会团体而言就是一次关于纳米技术的学习，从而扩展了公众参与的范畴。其次，调查工作小组所涉及的广泛专业领域将调查的范畴扩展到了纯科学领域之外。这意味着在纳米技术发展早期就开始探讨与之相关的潜在社会问题和伦理问题，而不是仅在生产结束后关注其影响。

这两个扩展结果在后期的调研报告中也有所

反映。对于与纳米技术相关的科学与社会关系的上游参与，调研报告同时以明确和含蓄两种方式给出了建议。在调研报告《纳米科学和纳米技术：机遇及不确定性》中，共有 21 条涉及广泛领域的建议，建议的重点（第 19 条）是在有充足资金支持的条件下就纳米科学和纳米技术的发展开展公众对话。其他一些建议也触及了上游参与的核心理念，即重组科学与社会的关系。其中一条（第 17 条）建议是在培养纳米科学家时要将对社会因素的考虑纳入教育内容。

倡导公众对话的第 19 条建议并不是独一无二的关于此类对话的提议，其不寻常之处在于提出建议的时机很早。而第 17 条建议虽并未直接指向上游参与，但其关于伦理和社会因素应该纳入纳米技术工作人员培训内容的建议体现了上游参与的精髓。这也反映了科学与社会关系的挑战，科学并非不受价值观影响，也不可能与技术的社会性无关；相反，这些因素在技术发展过程中都应予以考虑。

推动上游参与所面临的挑战

尽管学会和学院在早期利益相关者之中的调查取得了初步成绩，但上游参与的实际操作过程中本身就存在许多值得探讨的问题。有些问题是关于如何在技术发展早期就让公众参与其中（学会和学院报告中的第 19 条建议），另一些则更困难，涉及如何从总体上重组科学与社会的关系（参见学会和学院报告中的第 17 条建议）。

早期公众参与的问题

在技术发展初期，人们对其基本没有了解，因而早期公众参与在实际操作上是有问题的。这给科学技术传播工作者带来了一个很大的挑战，即参与和影响的矛盾状态：技术研发早期是最有可能受到潜在影响的时期，但此时公众对技术缺乏了解，又没有产品可供参考，因此人们难以对新兴技术形成概念。可是如果等到产品已经充斥于日常生活，技术也已经广泛传播了，那么技术发展途径已经形成，对其施加潜在影响的最优时机也已经错过了。

由此引出了在早期就技术发展进行对话的另一个更深层次的问题，即由于个人观点和企图不同，早期对话对技术发展的影响可能有利有弊。这就需要考虑公共参与的基本法则：如何从多个可信来源中平衡信息；如何在更广泛的领域内展开讨论，以便使讨论公开化而不是封闭化，让讨论涉及一些似乎超出范畴的方面。就纳米技术这一案例而言，这意味着不仅探讨科学问题，而且探讨不确定性和可能出现的社会影响，还意味着超出技术讨论范畴，探讨纳米技术如何适用于人们理想的社会环境之中。

重组科学与社会的关系

对上游参与而言，关于理想社会和技术如何适用于理想社会的讨论是非常重要的，但这并不是实现科学与社会和谐关系的途径。需要注意的是，过去大家认为，人们反对新兴技术是因为公众参与的缺失，而不是公众对科学理解的缺失（又可以创建出一个科学传播的缺失模型）。此外，当技术处于早期研发阶段时，公众围绕对未来社会的各种（恐怕没有可比性的）构想而展开的讨论可能导致更大的意见分歧。

最后，上游参与的最本质特性是敢于设想重组科学与社会的关系。正如学会和学院调研报告中的第 17 条建议所体现的，上游参与意味着科学家与公众一样参与讨论。科学家也不会只考虑其工作可能带来的后果，还要思考构成其工作的价值，以及这些价值如何通过其工作增值。这种对科学界内部自我反思的要求（虽在科技研究领域流行但对于保守思想而言显然是一种挑战），意在支持科学中立且不受价值观影响的理念。

因此，上游参与这一概念提出了一些鼓舞人心的观点，不仅让公众而且让整个社会都参与到技术的共同发展之中。然而，这一概念现在仍处于引人思考的阶段，远没有“万事俱备”。

撰 稿 人：Tee Rogers-Hayden

另请参阅：Deficit Model；Nanotechnology；Public Engagement；Royal Society；Science，Technology，and Society Studies

参考文献

[1] PIDGEON N，ROGERS-HAYDEN T. Opening up nanotechnology dialogue with the publics：Risk communication or “upstream engagement.” [J]. Health Risk and Society，2007，9：191–210.

[2] ROGERS-HAYDEN T，PIDGEON N. Moving engagement “upstream”? Nanotechnologies and the Royal Society and Royal Academy of Engineering’s inquiry [J]. Public Understanding of Science，2007，16：345–364.

[3] Royal Society and Royal Academy of Engineering. Nanoscience and nanotechnologies：Opportunities and uncertainties [M]. London：Author，2004.

[4] WILSDON J，WILLIS R. See through science：Why public engagement needs to move upstream [M]. London：Demos，2004.

Vaccines, Fear of
疫苗恐惧

对疫苗的恐惧源自对已知的或所谓的疫苗副作用风险的了解。除已知的疫苗副作用（疼痛、注射位置起红疹、发烧或肿胀）之外，还有些人认为疫苗会导致哮喘、自闭症、糖尿病、多发性硬化症、婴幼儿猝死综合征及其他一些问题。研究显示，大多数父母（约占70%）拒绝给孩子接种疫苗的原因是认为疫苗可能带来伤害。与其他药物一样，疫苗并非百分之百安全，尽管产生严重不良反应的情况很少。但是因为预防性疫苗通常用于健康人群，对疫苗安全性的要求要比对药物的安全标准高得多，而且大多数疫苗都在各种生长问题首次出现的年龄阶段使用，专家就这一点指出，同时发生的事情之间并不一定有因果关系。科学传播者必须真正了解疫苗的益处和风险，以便就疫苗安全性问题给出准确的说明。

20世纪早期，美国每年有数以千万计的人感染天花、白喉、脊髓灰质炎、百日咳或麻疹。人们对这些疾病的恐惧使其很少关注疫苗的潜在副作用。但现在情况不同了。在很多国家，疫苗已经根除天花，消灭脊髓灰质炎。作为免疫接种的成果，过去的一些幼儿常见病现在在美国已经很少见了，例如，水痘、麻疹、腮腺炎、风疹、破伤风、白喉、b型嗜血杆菌流感和狂犬病。因为这些疾病在社会中已经难得一见，感染此类可防疫的疾病的风险降低了，对疫苗副作用的恐惧情绪就增多了。

疫苗安全——关注及风险感知

研究显示，有些因素会导致风险更难以承受或是更令人不安。例如，人为风险（疫苗副作用）比自然风险（感染疾病）更难以接受；给儿童带来风险比给成人带来风险更令人不安；益处不明显（疫苗预防了看不见的疾病）的风险比益处已知的风险更难接受。

实例之一是麻疹和麻腮风疫苗。数年来美国已经不再流行麻疹，因此对于感染这一疾病的风险认知远低于对麻腮风疫苗不良反应的风险认知，尤其是在出现了毫无事实根据的将麻腮风疫苗与自闭症关联的说法之后。在这种情况下，父母会断定注射麻腮风疫苗的益处不大，因此没有理由去承担孩子会有不良反应的风险。这些导致了疫苗接种率降低，并且导致了2008年美国麻疹大流行（其病源来自瑞士）。卫生部门因此发布警告，其他防疫类疾病距我们也只有一段航程之遥而已。

经验和知识是决定人们风险感知能力的两个重要因素。一方面，那些本人经历过或身边有人经历过疫苗不良反应的人比无此经历的人会感知到更多的疫苗风险；另一方面，感染过防疫类疾病的人则更认可疫苗的作用。

当代疫苗恐惧

20 世纪 70 年代，一些反疫苗组织传播了一种认为百日咳（百白破，DTP）、白喉、破伤风疫苗会给幼儿造成大脑损伤的恐惧。研究显示，在免疫接种受此影响而减少的国家之中，百日咳的发病率比维持高接种率的国家提高了 10~100 倍。

20 世纪 90 年代晚期,（在一些研究人员的支持之下）某些团体积极活动，增加人们对疫苗（尤其是麻腮风疫苗和汞基防腐的硫汞撒）可能导致自闭症的担心。正如所有其他科学争论一样，在疫苗安全性问题首次提出时，科学家没有必需的数据来确认或否定这一问题。这样的数据需要数年的时间来收集和研究。事实上，2001 年药物免疫安全审核委员会（Medicine's Immunization Safety Review Committee） 的研究机构首次研究了这一疫苗与自闭症的问题，因为缺乏足够证据而无法得出明确结论。2004 年当该委员会再次召集相关会议时，已有大量科学数据使其可以断定疫苗不会导致自闭症。

尽管绝大多数科学团体停止了对所谓的疫苗与自闭症关联的担忧，但在大众观念中仍留有这样的恐惧。不管科学证据如何反证其不存在，媒体报道中仍继续声称疫苗与自闭症有关。这是因为健康风险容易制造出好的媒体故事。

评估疫苗恐惧

疫苗安全对于接种幼儿及成人的健康而言是必须且有效的保护。但是，接种时间安排和疫苗的广泛使用使得疫苗很容易成为各种问题的“替罪羊”。因此，科学传播者必须仔细审核每一个关于疫苗风险的说法。

疫苗风险传播专家建议，对于疫苗恐惧应询问以下问题：恐惧是基于科学数据（权威科学刊物上发表的大量正规研究成果）还是基于奇闻趣事（如某家孩子生病的故事)？恐惧是基于事实还是个人观点？恐惧是否基于有效假设？恐惧是否得到相关专家的支持？是否有其他原因可能导致人们所恐惧的结果？

撰 稿 人：Diego Pineda

另请参阅：Health Literacy；Risk Communication，Overview

参考文献

[1] ALLEN A. Vaccine：The controversial story of medicine's greatest lifesaver [M]. New York：W. W. Norton，2007.

[2] GUST D A，STRINE T W，MAURICE E，et al. Underimmunization among children：Effects of vaccine safety concerns on immunization status [J]. Pediatrics，2004，114（1）：e16–e22.

[3] MYERS M G，PINEDA D. Do vaccines cause that?! A guide for evaluating vaccine safety concerns [M]. Galveston，TX：Immunizations for Public Health，2008.

[4] SALMON D A，MOULTON L H，OMER S B，et al. Factors associated with refusal of childhood vaccines among parents of school-aged children：A case-control study [J]. Archives of Pediatric and Adolescent Medicine，2005，159（5）：470–476.

Venter, Craig 克雷格 · 文特尔

克雷格 · 文特尔（Craig Venter，1946— ）是一位企业科学家，因其对人类基因组测序的研究、海洋微生物及其基因的研究，以及近年来对生命合成工程的研究而出现在国际新闻头条中。他的专利因为涉及与 DNA 有关的知识产权问题而引起国际上的关注和猜测。

文特尔于 1946 年 10 月 14 日出生于犹他州盐湖城。他在学校时成绩不太好，对动手建造活动更感兴趣。越南战争期间他应征入伍，在美国海军做一名义务兵。越南战争的死亡激起了他研究生命价值的动力和决心。

战后回国，文特尔进入圣迭戈的加利福尼亚大学（University of California），于 1972 年获得生物化学专业科学学士学位，之后于 1975 年获得生理学和药理学博士学位。毕业后在布法罗的纽约州立大学（University of New York at Buffalo）工作，1984 年转至美国全国卫生研究所（National Institutes of Health，NIH）。经过一段时间的专业肾上腺素研究之后，他对基因组学的潜在价值产生了兴趣。

在全国卫生研究所工作期间，文特尔卷入了第一次专利争议，内容与其研究的基因图谱表达序列标签和 DNA 比例的应用有关。公众反对设立与人类 DNA 有关的专利，导致全国卫生研究所撤销了相关专利应用。

文特尔是全基因组散弹枪法测序研究的先驱，这种 DNA 序列研究方法比传统方法速度更快，但批评者认为其在制作有效基因组图谱方面不够精确。1992 年，文特尔创建了基因组研究学院（The Institute for Genomic Research，TIGR），使用散弹枪法开展测序研究。1995 年，其研究团队发表了第一个非病毒有机物，即可以引发脑膜炎的细菌型流感嗜血杆菌的完整基因组。过去人们曾经误以为该病菌会引发流感。

1998 年，文特尔与人联合成立了塞利拉公司（Celera）并担任总裁。成立该公司的目的是验证用散弹枪法给人类基因组测序是否比政府资助的国际合作项目“人类基因组计划”（Human Genome Project）的测序工作更快。2000 年，通过与加州大学伯克利分校（University of California at Berkeley）的研究人员合作，该公司发表了果蝇及其重要的典型物种黑腹果蝇的基因组。2000 年 6 月，塞利拉公司和人类基因计划小组同时在白宫公开发表了人类基因组测序工作的共同进展。当场美国总统比尔 · 克林顿（Bill Clinton）和英国首相托尼 · 布莱尔（Tony Blair）就这一项成果对人类的重要性发表了讲话。一周后，文特尔与其身后的公共基因组工作领导人弗朗西斯 · 柯林斯（Francis Collins）一起登上了《时代》（*Time*）杂志封面。2001 年 2 月，文特尔的研究团队与政府资助的基因计划小组在《科学》（*Science*）与《自然》（*Nature*）上分别发表了人类基因组草图。

在评论文特尔的自传时，《纽约时报》（*New York Times*）称文特尔为“媒体宠儿”。文特尔数次与记者和出版机构合作发布与其科学研究有关的新闻。人类基因组计划的科学家批评文特尔及其塞利拉公司的公关做法，称文特尔以其底层身份或异端个性取得了人类基因组研究的成功而赚取公众关注。文特尔则在其自传中对此予以反驳，称他的公关团队只有一人，就是黑泽·科瓦尔斯基（Heather Kowalski），称其媒体战略是诚实坦率地对待记者。

除人类基因组研究工作之外，文特尔将其对航海的爱好与其对基因学的热爱相结合，用他的“方士 2 号”（Sorcerer 2）游艇进行探险考察，开展海洋微生物取样和基因序列研究。2003 年在马尾藻海进行试航之后，从 2004 年到 2006 年他进行了环球航行。这次航行得到探索频道的支持，并拍摄了纪录片。

2005 年，文特尔与人共同创办了基因合成（Synthetic Genomics）公司，目的是生产转基因微生物或合成微生物，如清洁燃油。2006 年，他又创建了 J. 克雷格·文特尔研究所（J. Craig Venter Institute），这是由四个已有的非营利组织合并而成的非营利机构。

随后，文特尔又因为与合成有机物及其成分有关的专利而再度引发了关于“谁拥有生命”的大论战。2006 年，J. 克雷格·文特尔研究所申报了关于实验室支原体基因组的专利，这是该研究所当时在研究的主要以合成方式生成的细菌。2008 年，该研究所宣称，通过化学构建完整细菌 DNA 之后再合成的方式，完成了创造整体合成有机物的第二阶段研究工作。

2007 年，文特尔成为个人基因组测序第一人，其成果发表在《普洛斯生物》（*PLoS Biology*）杂志上。

撰 稿 人：Cobi Smith

另请参阅：Gene；Gene Patenting；Human Genome Project；National Institutes of Health，U.S.；Synthetic Biology and Genomics

参考文献

[1] DIZIKES P. The unraveling. The New York Times [EB/OL]. (2007-11-11) [2009-06-12]. www.nytimes.com/2007/11/11/books/review/Dizikes-t.html.

[2] OLSON M. The Human Genome Project：A player’s perspective [J]. International Journal of Molecular Biology，2002，319 (4)：931-942.

[3] SHREEVE J. The genome war：How Craig Venter tried to capture the code of life and save the world [M]. New York：Ballantine，2005.

[4] SULSTON J，FERRY G. The common thread [M]. London：Corgi，2003.

[5] VENTER J C. A life decoded [M]. New York：Penguin，2007.

Visible Scientist 大众科学家

大众科学家这一说法特指那些在专业学术圈之外具有可见性、为广大公众所熟知的科学家。根据 1977 年雷·古德尔（Rae Goodell）的开创性研究，20 世纪下半叶的大众科学家不仅在数量上较以前大大增多，而且在其流行特征上也有所变化。当代科学家的“大众可见性”源自其不仅具有科研能力，而且具有配合，甚至开发大众媒体工作套路的能力，将其相关专业信息直接传递给公众。这些科学家的成功意味着其不仅是专业科学人士，而且成了公众人物。

根据汉斯·彼得·彼得斯（Hans Peter Peters）及其他人的研究，媒体选择“科学专业人士”来就某一话题作评论的标准与科学界的评判标准未必一致：记者选择专家的关键因素包括他们在学术界之外的可见性（例如，咨询委员会的顾问、政治家、科普工作者）、可接触到受限资源的情况、是否有接受记者访谈的时间、个人是否有趣、是否愿意对广泛的题材进行评论，以及其作用是否易于判定（例如，是否属于某个有声望的机构或是否曾获得特定奖项和荣誉）。

但是，科学家的大众可见性的分布情况与传统资源和酬劳（诸如声望或发表成果的机会）在科学界的分布机制近似。社会学家罗伯特·莫顿（Robert Merton）将这种分布机制命名为马太效应，借用《马太福音》（*Matthew's Gospel*）中的一段话“凡有的，还要给他叫他多余；没有的，连他所有的也要夺走”。在科学上，这一原则被称为积累效应，意指已经拥有特权地位的人更易获得成倍的回报。根据莫顿的这一研究，地位越高的科学家，其科研成果越容易得到公众关注。

例如，基于对观察数据的分析，莫顿及其研究团队发现，如果给科学期刊投稿的作者中有诺贝尔奖（Nobel Prize）得主或是有非常著名的学者，则其稿件会更多地被录用。与之相似的是，在科学家获得诸如诺贝尔奖的大奖之后，其文章被引用的频率也会比之前高得多。莫顿以大物理学家罗德·雷利（Lord Rayleigh）的一个小故事为范例证实了此结论。有一次给英国先进科学协会（British Association for the Advancement of Science）投稿时，在作者一栏不小心漏掉了雷利的名字，当时协会委员会没有录用这篇文章。但是后来发现了遗漏作者的问题，文章就立刻被录用了。

1996 年，在化学家哈里·克罗特（Harry Kroto）因其对碳 -60 结构的研究获得诺贝尔奖之前的几个小时，他就此项研究申请政府资助刚被相关的研究委员会驳回。诺贝尔奖一公布，该委员会立即推翻了自己的决定。这一事实是由科学传播专家简·格里高利（Jane Gregory）和斯蒂文·米勒（Steven Miller）披露的。莫顿认为造成这些现象的原因是对资源“认知”的缺乏和分配形式的固化。他认为马太效应从个人职业生涯角度来看是机制障碍，尤其对于处于事业发展早期的人而言更是如此；但对于整个科学体系而言是有效的，至少可以便于在提交给期刊的海量的论文中进行快速选择。在某些情况下，一些大众可见性高的科学家的名字可以引导学术界对某项创新发现的关注，否则有些创新发现可能被忽视。

科学家的媒体可见性呈金字塔形分布，与科学界内其他资源和酬劳的分布非常近似。在金字塔顶端是少数“名人”，类似于斯蒂芬·霍金（Stephen Hawking）、J. 克雷格·文特尔（J. Craig Venter）和理查德·道金斯（Richard Dawkins）的大众科学家，人们经常向他们咨询科学问题甚至非科学问题；在他们之下是为数众多的偶尔会被垂询的科学家。科学家的可见性服从于反馈回路的马太效应，亦即可见性和媒体知名度越高的科学家越引人注目，得到更多媒体宣传。正如哈里特·扎克曼（Harriet Zuckerman）的研究所示，诺贝尔奖恐怕就是一个缩影，反映出业内认可和媒体宣传二者在一定条件下是如何相互增益、自我复制、交叉重叠和互为强化的。

如今，各个层面的发展趋势都在凸显甚至在一定程度上放大大众科学家的重要性和受关注程度。总体而言，新闻工作方式的变化（编辑减少和服务外包）和文化的变迁正在使媒体的公众话题聚焦于少数公众人物，媒体名人也有了更为巨大的影响力和号召力。

从更为专业的层面来说，在科学传播领域，研究机构正在发展自己的新闻办公室和公关职能，以对媒体施压，宣传其活动并影响公众的日常生活。在这种情况下，大众科学家就成为更强有力的战略资源。近期的几项研究都反映出了切实发生的科学“媒体化”以及媒体标准和工作方式中越来越多的科学调查导向。就大众可见性而言，这也使得大众科学家成为媒体明星或名人，连其风流韵事也被媒体所关注，而且会被问及远远超出其专业领域的问题。

撰 稿 人：Massimiano Bucchi

另请参阅：Dawkins，Richard；Hawking，Stephen；Scientists as Sources；Venter，J. Craig

参考文献

[1] GOODELL R. The visible scientists [M]. Boston：Little，Brown，1977.

[2] GREGORY J，MILLER S. Science in public：Communication，culture，and credibility [M]. New York：Plenum Press，1998.

[3] PETERS H P. Scientists as public experts [M]//M BUCCHI B. TRENCH (Eds.). Handbook of public communication of science. London：Routledge，2008：131-146.

[4] TERRILL B. Communication by scientists or stars? [M]//M BAUER，M BUCCHI (Eds.). Journalism，science and society：Science communication between news and public relations. London：Routledge，2007：183-192.

[5] ZUCKERMAN H. The scientific elite：Nobel laureates in the United States [M]. New York：Free Press，1977.

Visual Images in Science Communication 科学传播中的视觉形象

视觉形象在科学传播中有非常重要的作用。将科学信息以视觉形象的方式表现出来，有助于人们概括大量复杂数据，理解各种设备设施，获取所传播的科学理念。通过图片、图纸及其他视觉形式，可以向大众或专业人士传播科学概念、事实和过程。视觉形象可以把复杂的科学过程和某些肉眼看不见的科学现象揭示出来。照片、插图、动画等可以使难以理解的科学概念生动、形象，从而引发兴趣、促进理解。但是，这种形象化的描述方式也可能带有欺骗性，导致误解或误用。

科学传播的视觉形象包括表格、图纸、照片、动画（电影、录像、电脑动画和宽屏影像产品）、博物馆展品、电脑生成的图片、全息图像、模型乃至雕塑。科学传播的视觉形象应用于各种场合，从学术期刊和教科书到电视、报纸、杂志和互联网等大众媒体。展示这些视觉形象的技术从简单的素描到高清晰的数字动画。大多数的科学领域都有其典型的视觉形象，从数学（几何图形、不规则图形和黄金分割）、物理学（光、结构和材料）到天文学（色斑图、低能成像技术和光谱）、化学（光学图像和核磁共振技术）、地球科学（声呐图像和地震剖面图），以及人体科学（X光片、磁共振成像、正电子成像术）等，不胜枚举。在新兴的纳米科学技术中，在人类肉眼不可见的尺度上所发生的一切都可以通过精密仿真工具以人工表现方式展现于人前。

科学的视觉形象——历史尚不久远

追溯到史前时期，使用视觉符号和形象传播科学观点、事实和过程就已经有一段不短的历史了。数百乃至数千年来，人类就通过地图和图画将天文、地理和数学等科学形象化了。例如，现存最古老的地图之一就是1155年绘制的。地图上绘有中国西部地区，包括一部分长城。数千年来，人们也对天堂做了许多描绘。亚历山大·马沙克（Alexander Marshack）备受争议的符号表示法起源理论认为，古代骨化石上留下的标记显示了早期人类对月亮运动周期的观察。在旧石器时代晚期这些可能就是最早形式的科学记号了。

在数学领域，欧几里得（Euclid）著名教材《元素》（*Elements*）一书的残片中就有他绘制的几何原理图，这出现在公元100年。包含科学内容和植物及动物种群图解的混编绘本也已存在很长时间了。在生物科学领域，1665年罗伯特·胡克（Robert Hooke）的《缩微图》（*Micrographia*）就是一个著名的例子，包括其用显微镜和望远镜所观察到的内容的详图。19世纪，约翰·詹姆士·奥杜邦（John James Audubon）给北美的鸟类绘制图画并编目。因为横跨了科学和艺术领域，奥杜邦对鸟类学的贡献众所周知。也有些人认为生物绘画的源头可以一直追溯到一万年至两万年前奥米塔米拉岩窟和拉斯科岩洞中的动物壁画。

但是，最有名的早期科学绘图大概是列奥纳多·达·芬奇（Leonardo da Vinci）所做的那些图画。达·芬奇远远超越了他所处的时代，其科学绘画涉及解剖学、动物学、植物学、地质学、光学、建筑学、土木工程、地理、古生物学、空气动力学和流体力学。其中最有名的包括人体解剖图和飞行机械图，直至今天仍备受推崇。

利用摄影技术研究动作可以追溯到1872年，从伊德维尔德·缪布里奇（Eadweard Muybridge）开始。其后20年，缪布里奇对人和动物运动动作的研究留下了人类肉眼从未见过的图像。19世纪80年代，奥地利科学家恩斯特·马赫（Ernst Mach）用电筒完成了飞行物、声波和气流的曝光。马赫和缪布里奇的工作预示了高速摄影、电影和电视动画的出现。

当代媒体视觉形象

在当今的报纸、杂志、连环画、网站、影片和电视中，科学的视觉形象可以有启蒙的作用，但也可能有误导的后果。以现代引发争论的议题之一“全球变暖”为例，由前美国副总统、诺贝尔奖（Nobel Prize）得主阿尔·戈尔（Al Gore）主演的电影《难以忽视的真相》（*An Inconvenient Truth*）中，就使用了多种形式的视觉信息来支持全球变暖理论。尽管电影已经尽量传递正确的科学知识，但其中仍有一部分视觉形象在细查之下显出误导性。尽管有大量的科学数据支持全球变暖理论。但鉴于电影中一些不准确的说法，英国仍以法律程序将该影片列为有误导性且片面的电影行列。

另一个大量存在科学不准确性和误导信息的领域是营养学。还有一个就是减肥产品的广告：人们对其中所展现的视觉信息应该持有一定程度的怀疑，因为“减肥前”和“减肥后”

的人体形象通常会被用来证明减肥产品的效果。

但是有误导性的或不准确的科学视觉形象也并不都是有害的，有时甚至可以说是对科学有益的。例如，恩斯特·海克尔（Ernst Haeckel）于1874年所作的胚胎图，用来支持其备受争议的关于个体生物发展可以比拟种族整体进化发展的理论，尽管该胚胎图不准确且有伪造部分，但仍然推动了进化论的发展，并且被采纳用于教科书中长达100多年。另一个现代的事例是关于牛海绵体中毒或称疯牛病及其他相关疾病的调查。尽管那些用来支持药剂普列昂导致牛海绵体中毒这一理论的视觉材料过于简陋且不正确，但是虽然其在将现象视觉化的过程中有些问题，这种调查还是引起了大家的兴趣，并推动了关于普列昂疾病的研究。

印刷媒介

人们在看报纸时，可能会发现一些不同形式的科学传播的视觉形象：天气图、商务及经济数据图表，以及一些科学界时事的照片。1978年，《纽约时报》（*New York Times*）开始出版《科学时代》（*Science Times*）专栏，专门报道科学新闻，每周二出版。科学信息成为报纸内容中很受欢迎的部分之一，其中通常会有不少各种形式的五颜六色的视觉形象。

科学期刊文章中的视觉表现内容自17世纪开始出现。甚至在1655年法国和英国科学期刊起源之前，就有一些视觉表现形式已经被成熟应用了，其中包括表格、图纸和示意图。到18世纪，视觉形象对于科学刊物上的讨论而言已经非常重要了。人们不再认为文字足以说明一切，而是认为视觉的表格形式、示意图或其他视觉形象可以明确科学事实，提供有说服力的论据。到19世纪，科学信息中的视觉形象已经是必不可少的。表格是科学文章中最常用到的视觉形象，植物和动物图解也同样常见。这种在科学文章中视觉形象无处不在的情况不仅延续到了21世纪，而且愈演愈烈。表格虽然占据了其中相当大的一部分，但摄影类视觉形象表现出较以前更大的作用。

几乎在任何一本流行杂志中都可以发现科学传播的视觉形象，专业的科学出版物中亦是如此。这些视觉形象中有一部分的作用是给读者提供关于科学的最好的视觉展现。例如，《自然》（*Nature*）杂志在1869年11月4日创刊时宣称自己为“科学绘本周刊”，自那以后视觉形象一直是其中心内容。其竞争对手，在托马斯·爱迪生（Thomas Edison）及其后亚历山大·格雷汉姆·贝尔（Alexander Graham Bell）的资助之下于1880年创刊的《科学》（*Science*）杂志，是美国科学促进协会（American Association for the Advancement of Science）的期刊，在使用视觉形式表述科学现象方面也是不惜篇幅的。

《国家地理》（*National Geographic*）是另一个著名的视觉导向的科学期刊，尤其以其刊出的照片而闻名。《国家地理》创刊于1888年，是国家地理学会（National Geographic Society）的期刊。早期版本篇幅较短，技术性强，视觉形象少。1905年，《国家地理》刊出了第一张照片；1908年，刊物的一半内容都配有照片；1910年，首次刊出了彩色照片，是关于中国和韩国、朝鲜地区的24页彩图，这也是当时所有杂志中刊发的最大的系列彩色照片。自那以后，《国家地理》就在刊发照片方面以多项第一而闻名。很多其他杂志和刊物也为其内容配上视觉形象，包括《大众科学》（*Popular Science*）、《科学画报》（*Science Illustrated*）、《发现》（*Discover*）、《美国科学人》（*Scientific American*）以及各个科学领域及其分支的科学期刊，如《动物学期刊》（*Journal of Zoology*）或《有机化学期刊》（*Journal of Organic Chemistry*）。

大规模市场推广的“真实冒险”故事和相关的非小说体裁的文章也引入了图示、照片和其他视觉表现形式来描述科学现象。例如，

1950年索尔·海尔达尔（Thor Heyerdahl）在《康提基号：孤筏重洋》（Kon-Tiki：Across the Pacific by Raft）一书中，讲述了他和另外五个人如何出发去探索南美人乘轻木筏沿太平洋洋流向西航行数千里后，定居波利尼西亚群岛的证据。虽然海尔达尔的这次探险成功了，并且带回80张旅途中的黑白照片（其中一些显示了从海中抓捕的人们从未见过的鱼类，后以印加太阳神的名字命名），但是，大多数科学家仍然相信南太平洋的定居者是自西向东来源于亚洲的。

与科学主题相关的书籍通常都有一些不同形式的视觉形象。例如，斯蒂芬·霍金（Stephen Hawking）于1988年出版的《时间简史：从大爆炸到黑洞》（*A Brief History of Time*：*From the Big Bang to Black Holes*）一书中就有许多黑白照片和示意图。同样，关于历史事件的书中也有很多视觉形象。例如，约翰·巴里（John Barry）于2004年出版的《大流感：最致命的流行》（*The Great Influenza: The Story of the Deadliest Pandemic Ever*）一书中就有很多关于流行疾病的黑白插图。在科学家的传记中，如保罗·霍夫曼（Paul Hoffman）于1998年出版的关于天才数学家保罗·厄多斯（Paul Erdös）的书《钟爱数字的男人：保罗·厄多斯探索数学真理》（*The Man Who Loved Only Numbers*：*The Story of Paul Erdös and the Search for Mathematical Truth*）中，也有许多表格和示意图。

动　画

电影可以以各种体裁向大量观众传播科学理念。从《太空英雄》（*The Right Stuff*）等喜剧到《时间机器》（*The Time Machine*）等科幻片，再到《回到未来》（*Back to the Future*）等喜剧，这些吸引了广大观众的影片通常都更注重娱乐性的设计，而不追求科学的准确性。与此不同的是，纪录片则在本质上是基于事实的，尽可能追求科学的精确性。社会学家和人类学家也使用影片作为其野外笔记的视觉补充方式。部分此类以研究为导向的影片也设法打入了主流市场。其中较为有名的一部早期人种论影片是1922年由罗伯特·弗拉哈迪（Robert Flaherty）拍摄的《北方的“熊”》（*Nanook of the North*），这是第一部时长达到常规影片应有长度的纪录片。尽管有些批评意见认为弗拉哈迪不该播放某些内容，但更多的是表扬该影片以现实主义手法，描绘了加拿大北部本土居民在现代技术和其他西方影响改变其文化和生活方式之前的生活。

作为大众传媒形式的一种，电视与其他视觉媒介不同的是，它有强烈的既视感，同时它可以面向更为广大的群体进行科学普及。它可以实时播出科学新闻和科学事件，例如，通过电视播放美国国家航空航天管理局（National Aeronautics and Space Administration，NASA）及其自20世纪60年代至今的航天任务，使得火箭科学、天文学和天体物理学得到了普及。除了在全世界数以千万计的观众面前播放诸如登陆月球之类的历史事件之外，日常电视节目中也有很多基于科学的视觉传播，包括使用多普勒雷达技术的每日天气图和每周气象图，以及诸如埃克森美孚（Exxon Mobil）公司、辉瑞（Pfizer）公司和通用电气（General Electric）公司的电视商业广告中使用的科学的视觉形象。

最初，电视科学节目不过是讲课或电视采访之类的形式。早期的一个例外是《魔法先生》（*Watch Mister Wizard*）节目（1951—1966，1972—1976），播放在一个实验室中进行的真实实验。自那之后，出现了一些优秀的电视节目，向大众传播科学。美国公共广播体系（Public Broadcasting System，PBS）播出了《雅克·库斯特海底世界》（*The Undersea World of Jacques Cousteau*）、《新星》（*Nova*）、《卡尔·萨根的宇宙》（*Carl Sagan's Cosmos*）及其他一些创新的科学和自然类娱乐节目；英国广播公司（British Broadcasting Company，BBC）也制作了一些原创的科学和自然类节目，包括开创性的《人类的攀升》（*The Ascent of Man*）和近年的《行星地球》（*Planet Earth*）。面向儿童的科学节目有《科学人比尔·奈》（*Bill Nye the Science Guy*）、《科学小孩西德》（*Sid the Science Kid*）和《牛顿的苹果》（*Newton's Apple*）。现在的有线电视所提供的国家地理（National Geographic）频道、历史（History）频道和发现（Discovery）频道，更是丰富了科学节目的种类。

新兴媒体

典型的新兴媒体形式是数字式传播或称电脑传播，经常与全球化和虚拟环境相关联。类似谷歌（Google）、阿尔塔·维斯特（Alta Vista）或问道之类的互联网搜索引擎几乎可以在瞬间就定位数以百万计的与科学相关的网站。在运用传统媒体之外，科学家和科学组织通过网站和其他新兴媒体形式拓展了渠道。例如，NASA的网站以一批多媒体产品而自傲，包括照片、视频、播客、三维资源、新闻聚合、博客，以及《世界书籍百科大全》（*World Book Encyclopedia*）在线版。

无线便携设备，如黑莓和苹果手机，以及诸如平板电脑的其他无线媒体，可随时随地传递图像。互联网站可借助于虚拟现实技术传播任何科学知识。例如，苹果手机可以下载多个与科学相关的应用软件。在本词条编写之时，苹果手机可以下载的应用包括发现频道的电视系列长片和短片、图片画廊和科学新闻头条；大众科学传媒集团（网址：www.popsci.com）的科学发展最新新闻、小机械和绿色技术，以及视学（Vision learning）公司赞助的科学术语词汇表和主要科学家小传等。

计算机社会网络公司，如第二生命（Second Life）公司，则提供视觉的、互动的虚拟环境，主要是科学现象的视觉表现形式。从核电站和天文馆的再现，到互动化学博物馆和虚拟的生物医药实验室，多数都用于教育目的。与科学主题有关的潜在视觉形象在新兴媒体环境下数不胜数。

科学视觉形象的常见形式

表格、曲线图和示意图

此类视觉形象通常使用行和列的格子布局形式，其中表格以二维形式展现科学信息。行和列组合形成表上的各个单元格。每个单元格中有两个或多个变量的关系信息，例如，因变量和自变量之间的关系。元素周期表就是一个很好的例子，它以实用的结构形式对各种化学元素及其特性进行分类，划分体系并相互比较。

科学数据曲线图通常是沿两个维度，或称两根轴（x轴和y轴）绘制的多个数据点。在三维情况下，还有第三个维度或称第三根轴，即z轴。三维空间既可以用普通绘图技巧表现，也可用电脑成像技术表现。公告板、橡皮圈、高顶图钉等是普通绘图技巧中常用的工具，可以让人们看见甚至感觉到数据之间的空间相关性。因为可供触摸和感知数据集的构成，这些普通绘图技巧在教育盲人学生时尤其有用。在电脑屏幕上建立三维图形的软件可供使用者将图形旋转，以便从不同角度观察数据。

更为常见的二维图也有多种形式，直线图、散点图、条状图和柱状图。直线图通常展示两个或多个因素随时间变化的对比。例如，绘制高温的逐日变化用直线图就可以轻易做到，沿水平维度排列日期，沿垂直维度标上温度即可。散点图可表示两个或多个数量变量之间的关系，根据变量与水平和垂直维度的关系标出数据点即可。这种图在数据量大的情况下尤其实用，可以反映各变量之间关系变化的程度和方向，以及异常值的存在情况。

条状图通常用来展示在不同范围内的频率。这种图形易于理解，图中包含高度或长度不同的条块，用条块来反映频率。通常沿水平轴设置不同范围，沿垂直轴标出频率，当然也可以互换过来。条状图也有几种类型，包括组式条状图、合成条状图和排列式条状图。柱状图与条状图类似，但其典型功能是展示数量变量在各个数值范畴组（如 0~5、6~10、11~15 等）中的分布情况。绘制柱状图时，各个数值范畴组沿水平轴设置，各组数量变量的分布频率沿垂直轴标明。

示意图与曲线图类似，有时这两个词也可以互换使用。其类别包括饼状图、流程图、组织机构图、时线图和地图，都是饼图的不同形式而已。饼图用来显示部分与整体的关系。饼图为圆形（像饼一样），分割为片，反映出部分与整体的比例变量，用百分数显示相互之间的比例。流程图以图形形式绘制一系列事件或程序，图中包括起点、终点、输入、输出和路径，通常均以基本符号表示。组织机构图显示组织中各部门之间的关系及指令链情况。时线图是按先后顺序呈现各事件之间的时间关系。

出版物中经常使用地图以不同色彩标出各地区的信息。例如，美国地图就以蓝色、红色或紫色来标示各州，以显示行政区域划分。有些类型的示意图是某些学科领域所特有的。市场营销和经济学领域就有一些专用示意图。例如，k 线图用来反映价格随时间变动的情况，而卡吉图则用来跟踪显示股票价格。热力学专业中使用相图来展示均衡条件下的相位。

插图和图片

插图和图片可以展示很多科学现象，例如，动物、昆虫、植物、微生物和原子构造。在科学类文本中使用此类图形的目的有很多，其中之一就是可以代替大段文字描述。除可以节省空间之外，插图还可以在读者的脑海中留下生动的形象，从而促进记忆和学习。插图可以提升科学教材的质量，让学习不太单调乏味，激发兴趣并吸引注意力。

人们通常会把照片与精确、真实和反映实际情况联系起来，因为照片呈现的是人物、地点和事件的实况。但是，在科学的视觉形象领域内，照片经常被用来呈现问题。一方面，对于科学目的而言，照片的真实度在很大程度上并不总是最佳的，因为照片中也许会包含太多无用的、不相关的信息，甚至引起困惑。另一方面，如果照片的采光、色彩、景深、边缘剪裁和其他因素不理想的话，可能导致照片效果或真实度不够好。摄影技术，例如快速摄影和彩色摄影，都会夸大会歪曲真实情况。照相机镜头、数字相机和闪光灯技术也可能改变科学现象的真实度。化学胶片和数字胶片的处理技术又增加了图像改变的尺度。除了这些问题之外，一个多世纪以来科学家一直都对摄影成像技术感兴趣。

19 世纪晚期，福克斯・塔尔博特（Fox Talbot）及其他摄影师开始对肉眼不可见的现象感兴趣。这正好与科学界不断增长的对微生物精确信息的需求相契合，新的摄影技术因而发展起来，以供蜂窝结构和晶体生成研究所用。同时，天体摄影术也开始出现，为太阳、月亮及其他星球成像。到 19 世纪 80 年代，奥地利和德国摄影师成功拍摄到了夜晚天空中闪电的各个阶段的清晰图像。自那以后，各个科学领域利用多种摄影方法来向专业的及非专业的观众进行科学传播。

科学摄影术的一个特别领域是高速摄影。1908 年，亚瑟・沃森顿（Arthur Worthington）以高速成像法摄制的牛奶泼溅图就是几个鲜为人知的科学摄影经典之一。沃森顿的开创性工作与其后 20 世纪 30 年代哈罗德・艾哲顿（Harold Edgerton）的工作相比较就相形见绌了。在改进沃森顿技术的基础上，艾哲顿的高速成像术使用频闪观测仪可以每秒拍摄 3000 张照片。

通过此类高速成像术可以拍摄出以前从未见过的情景：子弹打爆气球、原子弹爆炸、蜂鸟拍打翅膀，以及血液在毛细血管中流动。艾哲顿的摄影作品不仅在艺术博物馆中展出（例如，1937年纽约现代艺术博物馆的首次摄影展中就展出了他著名的冠状奶滴照片），而且为物理学家提供了更好的分析流体力学、空气流动和发动机工作的手段。现在的高速摄影技术已经可以在1秒钟拍摄1万张照片。发现频道的电视系列片《穿越时间》（*Time Warp*）将一些引人入胜的科学成像术呈现在广大观众面前，例如，高速成像的小狗饮水、水泡在人脸上爆开、生鸡肉加热后肉丝爆开等。

电视成像技术包括以电子手段制作的动画——通常使用相机、记录媒介（数字芯片、光盘、模拟录影带）以及监控仪。此类视频影像除了在诸如电视之类的大众传媒中使用，还应用于医疗检测器具及其他科学领域。摄影技术的微小化发展使得医生可以观察到人体中肉眼难以看见的部分，从而进行腹腔镜外科手术或是使用腹腔镜进行诊断。在药片药丸形式的可吞咽微型相机的助力下，医生可以看见人体消化系统的各个部位，否则无以得见（纳米技术确保了该项技术的进一步提升，可以制造出更小的摄像头）。其他领域的科学家也使用微型相机来观察难以看到的区域。例如，"狼蛛"相机就是一种侦测用摄像头，带广角镜头和配有电池的微小发光二极管。这个相机装在滚动的火柴盒大小的玩具上，节肢动物学家马丁·尼古拉斯（Martin Nicholas）将其置入狼蛛洞穴里。这样尼古拉斯就可以在相机拍摄的同时实时观看影像。要探索肉眼难以直接观测的现象，相机小型化并不是唯一的途径，另外两个例子是深海探头和夜视技术。

成像和模型

成像也叫数字成像或计算机成像，是一个广泛的领域，包括数字摄影、扫描和图像合成，以及位图图像的修饰。从为建立三维数字模型和分子结构模型而设计的软件，到制作高质量气象学图像的软件，科学现象的计算机成像有多种类型和形式。医学领域的计算机成像包括多种人体检测技术，如正电子成像术、磁共振成像和计算机化X射线分层造影。卫星成像是一种远程图像传感技术，也可以在计算机辅助下进行数字图像处理。

模型是展现事物如何工作（或可能如何工作），以及展现某个概念或程序如何运作（或可能如何运作）的视觉表现形式。一个模型应该是一个复杂得多的实况的典型简化形式。科学理论和科学程序的模型可以有多种视觉形式，从简单的线条示意图到复杂的分解图和计算机生成的动画。在化学和生物学领域，使用球状、柱状和弹簧状模子来建立三维分子结构模型。在全世界的牙医和其他医生诊所，以及医学教室里到处可见人体解剖模型。给儿童玩要用的解剖模型玩具也是常见的科学传播的视觉形象之一。

甚至声音也可用于制作服务于科学目的的视觉形象。声呐和超声技术可以为诸如海洋学、地球科学和医学诊断等学科领域提供有用的视觉形象——胎语图就是一个常见的令人信服的实例。在气象学领域，多普勒雷达使用声音生成图像，识别天气类型，还使用多普勒效应分析远方物体。将微波信号定向发送至目标物，对产生的反馈进行分析，确定信号经过物体反射后的改变情况。根据信号频率的改变可以对目标物相对于雷达的速度给出高度精确的测量值。除气象学之外，多普勒雷达还应用于诸如放射学和军事防空等多个领域。

撰稿人：Lawrence Mullen

另请参阅：Climate Change，Communicating；Effective Graphics；Mad Cow Disease（BSE）；National Aeronautics and Space Administration，U.S.；Nutrition and Media

参考文献

[1] DARIAN S. Understanding the language of science [M]. Austin: University of Texas Press, 2003.

[2] EARNSHAW R A, WISEMAN N. An introductory guide to scientific visualization [M]. Berlin, Germany: Springer-Verlag, 1992.

[3] GROSS A G, HARMON J E, REIDY M. Communicating science: The scientific article from the 17th century to the present [M]. New York: Oxford University Press, 2002.

[4] HODGES E R S. (Ed.). The guild handbook of scientific illustration [M]. 2nd ed. New York: Wiley, 2003.

[5] KEMP M. Visualizations: The nature book of art and science [M]. Berkeley: University of California Press, 2000.

[6] LAFOLLETTE M C. Making science our own: Public images of science 1910–1955 [M]. Chicago: University of Chicago Press, 1990.

[7] MARSHACK A. The roots of civilization: The cognitive beginnings of man's first art, symbol and notation [M]. New York: McGraw-Hill, 1972.

[8] PAUWELS L. (Ed.).Visual cultures of science: Rethinking representational practices in knowledge building and science communication [M]. Lebanon, NH: Dartmouth College Press, 2006.

[9] REMINGTON R R, FRIPP R S P. Design and science: The life and work of Will Burton [M]. Burlington, VT: Lund Humphries, 2007.

[10] TUFTE E R. The visual display of quantitative information [M]. Cheshire, CT: Graphics Press, 1983.

Watson, James D.
詹姆斯·D. 沃森

詹姆斯·杜威·沃森（James Dewey Waston，1928—　）是出生于美国的分子生物学家，也是国际公认的在活细胞原子核中找到脱氧核糖核酸（DNA）分子双螺旋结构的第一人。在生物医学的历史上，1953 年的这个成就至关重要，因为自此该领域的研究人员都认可 DNA 是地球上所有物种的遗传基因的物质构成。同时，科学界和全社会都逐渐开始关注 DNA，知道 DNA 是决定细胞和人体生长及功能的微小分子。1962 年，沃森和同样确定了双螺旋结构的弗朗西斯·克里克（Francis Crick）、莫里斯·威尔金斯（Maurice Wilkins）一起荣获了诺贝尔医学奖（Nobel Prize in Medicine）。同时也因为其 1953 年的自传事件和最近关于基因和种族的公开表态而卷入了争议。

沃森生于芝加哥，是一个有过人天赋的学生。在完成动物学的本科学位之后，他转到了印第安纳大学（University of Indiana）并在萨尔瓦多·卢瑞尔（Salvador Luria）的监督下开始了博士阶段学习。在沃森转去印第安纳的时候（1948 年），基因学家主要是为辐射或其他改变基因的资源提供单体有机物［瑞尔的团队用的是噬菌体病毒］，并进一步分析这种基因改变有机体机能和外表特征的结果。这个时候基因物质的本质依然是未知的，直到 20 世纪初期传统基因学家提出的基因由蛋白质形成的假设才被广为接受。

沃森完成了博士学位后（1950 年），很快就转到了在英国剑桥的卡文迪许实验室（Cavendish Laboratory），该实验室新成立了生物分子结构研究学校。在那里，沃森开始与物理学家克里克一起工作，克里克把 X 光晶体学技术用于蛋白质。在晶体被 X 光辐射以后，获得了结晶形式的分子的 3D 结构。在穿过晶体的时候，X 光发生衍射，亦即改变了其轨迹，然后在感光版上形成黑点。这样就可以通过计算衍射的样式来假设分子的结构。

在 20 世纪 50 年代早期，不同学科的研究者开始分析 DNA 的结构和特性。从 20 世纪晚期开始，DNA 被认为是在细胞的原子核中的难以理解的物质。在 20 世纪的前 10 年里，生物学家对 DNA 不感兴趣，将其视为一种相较于蛋白质比较不活跃的物质，因为不像蛋白质那样作用于所有细胞的化学反应中。然而，到 20 世纪 40 年代中期，奥斯瓦尔德·埃瓦里（Oswald Avery）和合作者在洛克菲勒研究院（Rockefeller Institute）提出了第一个证据，证明 DNA 是遗传基因和细胞中第一实用的搬运工。哥伦比亚大学（Columbia University）的厄文·查加夫（Erwin Chargaff）在 1951 年表示 DNA 的组成是化学碱基腺嘌呤、胞嘧啶、鸟嘌呤、胸腺嘧啶，且它们展现出有规则的比例，腺嘌呤与胸腺嘧啶的数量相近，鸟嘌呤与胞嘧啶的数量相近。

沃森和克里克开始合作确定 DNA 的 3D 结构。同时（1951 年），生物物理学家莫里斯·威尔金斯（Maurice Wilkins）和萝瑟琳 · 富兰克林（Rosalind Franklin）在伦敦大学国王学院（King's College，London）也开始研究DNA，通过X光证据假定DNA可能是螺旋结构。在发表了著名的蛋白质红血素的埃尔法螺旋结构之后，琳娜斯 · 柏苓（Linus Pauling）在加利福尼亚科技研究所（California Institute of Technology）也在观察DNA。可见当时大家已经相信DNA是个螺旋分子，但具体的排列依然不清楚。

沃森和克里克与威尔金斯和富兰克林取得联系后，求得了一系列后者得到的X光照片。在剑桥大学（Cambridge University）及其他地方的化学家的帮助下，他们通过点的式样推断出最合理的DNA组成排列。这些化学专家的验证是至关重要的，因为这让沃森和克里克可以从可能的原子和分子之间的化学键来测试和判断不同结构的合理性。通过与儿童拼图玩具相似的硬纸板和黄铜片，他们做出了双螺旋的DNA模型。

1953年4月，这个DNA的双螺旋结构发表在《自然》（*Nature*）周刊（英国著名杂志，也是世界上最早的国际性科技周刊）上。文中沃森和克里克对双螺旋的主要论证是碱基A和T、碱基G和C的化学互配能力。这种能力使得碱基黏在一起，当两两接触时，一条双螺旋通过A和T、G和C的连接抓住另一条。从互配能力的论证，沃森和克里克假设了一个DNA的复制机制，也就是一条链含有足够的信息来重建另一条链。这个特征随后几年被荷赛－凯斯（Hershey-Chase）和米塞尔森－斯达尔（Meselson-Stahl）实验确认，证明DNA是遗传物质。

沃森在阐释了双螺旋之后不久离开了剑桥，并于1956年在哈佛大学（Harvard University）任职。他在那里研究基因代码机制，即DNA怎样传递蛋白质的信息。1968年他成为位于纽约长岛的冷泉港实验中心（Cold Spring Harbor Laboratory）的主任，该中心有开会探讨基因和DNA的传统。同年他出版了《双螺旋》（*The Double Helix*）一书，以自传的形式揭露了1953年成就背后的竞争、野心和较量。

这本书得到生物医学界的领军人物（包括威尔克林和克里克）的认可，书中提及剑桥研究人员未征得富兰克林明确同意就用了她的DNA图片。富兰克林于1958年因癌症去世，因此未能获得诺贝尔奖（该奖项仅在科学家生前颁发）。从那之后，她被视为被遗忘的双螺旋结构发现者和科学领域歧视女性的象征。

过后不久沃森被卷入争议之中，他表现得像一个反传统的科学权威。1988年他被任命为近期已经立项的人类基因组项目的领导，这是一个国际合作项目，目的是确定人类DNA的碱基序列。1992年，当美国联邦政府开始考虑将人类DNA序列纳入专利的可能性时，沃森辞职。最近，当媒体宣称如果不满意生前基因检查结果就应该允许流产，以及宣称有色人种智力低下时，都引用了沃森的研究；后一个观点引发了相当多的公众争议。2007年沃森辞去了冷泉港实验中心主任一职，一年后又被提名为该中心名誉主任，发挥着顾问的作用。

撰稿人：Miguel García-Sancho

另请参阅：Crick，Francis；Gene；Gene Patenting；Human Genome Project；Mendel，Gregor

参考文献

[1] DE CHADAREVIAN S. Designs for life：Molecular biology after World War II [M]. Cambridge，UK：Cambridge University Press，2002.

[2] NUGENT H. Black people "less intelligent" scientist claims [N]. London Times，2007-10-17.

[3] OLBY R. The path to the double helix：The discovery of DNA [M]. New York：Dover，1994.

[4] WATSON J D. The double helix：A personal account of the discovery of the structure of DNA [M]. New York：W. W. Norton，1980.

Weather Reporting 天气预报

动画开始的时候是一个穴居人在墙上画广义的象形符号，一群旁观者在仔细观察。穴居人用担心的语气解释着白天在持续变长、地球在危险地变热、气候在变化。然后观众中有人叫起来："那是夏天，你个笨蛋。"

这就是人类第一个气候报告和大众对它的反应。

快进到1941年，第一个美国电视天气预报员是一个动画的卡通人物，一个名叫伍利（Woolly）的小羔羊唱着："会热，会冷，会下雨，会好转。什么天气都会有。我是巴特妮（Botany）的小宠物羊，预报明天的天气。"（因为这个天气预报是由巴特妮的"连接建议和论据"项目资助的）。在天气预报成为公众关注和统计分析的对象之前，我们只能凭空想象当时观众对这些早期天气预报的反应。

随后，在20世纪50—60年代，令人着迷的，甚至可以说是"性感的"女性在基本没有经过科学培训的情况下在电视上直播电视天气预报，成了趋势。现在女性在这个大约1500名员工的专业组织中仅占15%。21世纪早期，很多领域共同推动提升天气预报人员的科学素质，即使是指责很多天气预报员错误判断气候危机的批评家也认为有此必要。他们的意见是在几个预报天气的科学小组中，保留一个对全球变暖持怀疑论的小组，并将其观点也传递给观众。

尽管电视天气预报看起来时而科学时而愚蠢，但无人置疑它对社会的潜在影响或者说对公众的重要性。1999年5月，当65个龙卷风在6个小时之内毁坏了俄克拉荷马州（Oklahoma）中部8000多座建筑，而死亡人数却意外很低时，学者赞扬国家天气服务中心事先发出的警告给人们预留了平均32分钟的逃生时间，同样值得称赞的是当地电台和电视台都对预警作了全面报道。4年之后，当另一个龙卷风突然发生在堪萨斯城时，电视天气预报又一次因为拯救了生命而得到称赞。另一个真实实例是2005年飓风活跃期间的天气预报效果，尽管1800多人在卡特里娜飓风（Hurricane Katrina）中失去了家园，但预报及时挽救了数以千计的人。

电视和观察/预警体系的合作大大降低了因气候事件导致的死亡率（暴洪除外）。但在世界上其他地方未必如此。例如，在像缅甸等不能得到准确天气预报的地方，即使一个中等的旋风如2008年5月的热带气旋纳吉斯，也可以夺走几十万人的生命。然而也有批评意见认为，无须因为观众想要看见关于恶劣天气的新闻，就经常安排预报员到暴风雨中心去做报道，虽然到目前为止这种做法也只是偶尔出现新闻汽车被毁，还没出现过现场工作人员伤亡。

在极端气候事件期间，天气频道会预留线路定期接收相关记录。这通常是指8000万人甚至更多观众都关注的天气突发情况。从历史上有名的龙卷风突发事件、2008年年初创纪录的冬季大雪，到2007年加利福尼亚南部的旱灾和蔓延的大火，似乎总是这一个或那一个极端天气事件来吸引猎奇观众的注意。

当然人们也确实关注天气。根据观众调查，天气是各地电视新闻节目中最重要的部分。电视顾问的研究也确认，观众在当地的新闻节目中最感兴趣的就是天气。天气预报员在电视市场中非常重要，以致相互竞争的电视台经常从邻镇高薪挖走顶尖的天气预报主持人，尽管法律上为了阻止此类行为而专门设立了非竞争条款。好的天气预报员有掌控局面的实力，特别是在紧急情况下。

作为非常有名的天气传播者，电视天气预报员的作用在美国社会中也许是显而易见的，而且很多时候他们也做其他与科学相关的专题报道。作为新闻室里唯一的经过科学培训的人（如果曾受过培训的话），很多电视天气预报员（经常）被喊去做评论员，评论的话题涉及广泛的领域，常常超出其气象学专业之外。天气预报员的报道所涉及的广泛科学领域可以从与气象学有关的全球气候变化，一直到其他诸如天文学、癌症、板块构造、火山作用等与其专业领域基本无关的专业。

意识到天气预报员这一角色的作用在不断增长之后，美国气象学会（American Meteorological Society，AMS）组织了针对电视天气预报员的培训，以提升其除天气预报之外的能力，让他们成为“电视台科学家”——这也是最近引发研究和争议的话题。这个新生的研究领域源自混乱的天气预报发展史，尤其是通过电视传媒的天气预报史。

历 史

没有人会误将在纽约 WNBT 电视台（后更名为 WNBC 电视台）以唱歌的方式做第一个天气预报的小羊伍利当作电视科学家。早期的电视天气预报经常被观众认为是在严肃的新闻之间插播的轻松节目，而在天气预报史的后期又出现了这一趋势。

在那个蠢萌的小羊之后，科学家逐渐在这个领域占据了主导地位。第二次世界大战期间有数千士兵接受了气象学方面的训练，20 世纪 40 年代后期这些士兵退伍后出现在地方台的新闻节目里。那时的气象新闻节目很严肃，与现在那些充斥着图表的华丽风格的天气预报完全不同。

随着 20 世纪 50 年代电视的爆炸性增长和竞争的加剧，电视天气预报经历了其最猛烈的、无拘无束的发展时期。因为大多数数据和预测都是直接从国家天气服务体系得到的，曾经有一段时期电视台将各种木偶、服装、动物或其他噱头都用于演示天气预报，以增加其娱乐性。

正是在这个时期，女性首次突破了这个行业由男性“一统天下”的壁垒。1955 年，女性在电视天气预报员中占大多数。但是这些女性天气预报员中有很多人承担着一项特殊任务——她们被迫扮演性对象。《花花公子》（*Playboy*）杂志 2003 年的全国网络民意调查中列出的“最性感”女性天气预报员选项显示出，部分女性天气预报员会继续扮演这样的角色；近期的研究也表明，即使到现在这一问题仍对女性天气预报员有严重的影响。

在 20 世纪 60—70 年代天气预报发生了快速的变化，这主要得益于人造卫星和雷达成像等先进技术的应用。那些我们现在视为平常的红、黄、绿参差相交的诱人线条那时才刚刚出现。新技术“玩具”不断发展，更增强了这些浅显易懂而又作用强大的工具。例如，人造卫星引发了现代生活很多变化，最为突出的就是天气预报，而各式雷达也成为非常好的天气预测和诊断工具之一。同时，“乐谈新闻”在这段时间发展起来，鼓励新闻主持人之间有更多的互动，对于天气预报员而言更是如此，人们又一次期待他们可以给每天的严肃新闻带来轻松愉快的插曲。

今天的电视天气预报员所要承担的任务可能比上述历史中的所有角色还要多，因为现在的工作还要求他们擅长图文制作、撰写科学报告、参与社区和志愿活动等。近期的同业调查数据（2008 年）显示，电视天气预报员通常一天中要花费将近半天（47%）的时间准备当天预报要用的图表，另外 15% 的时间用于给市民或学校做演讲。有些天气预报员每年要做 100 场以上的公众演讲。那些继续维持“传统”形象的早期天气预报员无须面对这些要求，可是谁还记得用油印的毫巴单位图表或是在简略美国地图上用太阳和云朵磁贴来进行天气预报的情形呢。

令人吃惊的是，在需求、视觉效果和潜在影响都确定的前提下，关于天气预报这一领域的学术研究仍非常缺乏。综合类图书《电视天气预报》（*Television Weathercasting*）的作者罗伯特·汉森（Robert Hensen）于1990年曾写道，他被电视天气预报这个严肃问题被忽略的程度“惊到了”。这种情况虽有所改变，但也只是最近几年在少数几家学术性出版物中有提及。

研　究

尽管天气预报已成为现代大众传媒不可缺少的部分，但在传统杂志中仍只有很少量的学术文章论及这一方面。新闻业领域可能没有其他哪个方面在学术和职业之间表现出如此大的分割。

例如，《广播和电子传媒杂志》（*Journal of Broadcasting and Electronic Media*）上还没有发表过一篇关于天气预报的业内评论文章；诸如《大众传播评论》（*Mass Communication Review*）这样受人关注的杂志上也仅发表过四篇关于天气报告的文章，而且都是在1976—1982年的短短几年内发表的。根据这些文章中的研究结果，观众更喜欢从电视获取天气信息；他们通常满足于当地的天气预报，即使记不住多少内容；《今日美国》（*USA Today*）关于天气的网页将许多观众的注意力从其他媒体吸引过来。这些文章都发表在25年以前，而新闻业和气象业都又有了很多的改变。

现在关于天气预报的研究大多都发表在业内专题杂志上，如《公众理解科学》（*Public Understanding of Science*）和《科学传播》（*Science Communication*）；或是发表在以业内专家为读者的出版物上，如美国气象学会的《美国气象学会学报》（*Bulletin of the American Meteorological Society*，BAMS）和国家天气协会（National Weather Association）的《国家天气文摘》（*National Weather Digest*）。偶尔会有诸如《气候变化》（*Climatic Change*）之类的杂志刊出一篇文章，说明因为全球变暖话题使得天气预报在新闻播放中呈“爆炸式”发展。

但是，为天气预报行业提供了最具启发性的研究视角的，是《公众理解科学》和《科学传播》。其刊登的调查文章不仅指出如今女性天气预报员的比例低（15%），而且发现她们的绝大多数排班都在周末，而不是作为有名望的主持人或气象学家被排班在黄金时段。天气预报员中女性仅占15%的这一低比例与电视新闻主管中女性占比36%、通讯记者中女性占比29%都不相匹配。有些学者称后两者的占比说明女性已经打破了新闻界的“玻璃天花板”，而对于女性天气预报员而言还存在着“色键天花板”（这里“色键”指天气预报员身侧基于墨绿色壁面的用于报道天气的混合图形）。

此外，调查研究显示女性获得国家气象学会批准印章的数量（27%）远远低于男性（54%）。国家气象学会印章是新闻主管决定是否聘任和升职时的依据。这一低占比也反映了女性在这个男性主导的领域上升空间受限。

20世纪50年代末期，当电视天气预报员看起来像是拿着雨伞的小丑或是在床上呢喃明日天气的小女人，而不像是气象学家时，美国气象学会开始以督察身份给天气预报员颁发印章。1959年第一批印章授予那些达到了“完善、明确、专业”要求的天气预报员。第一个拿到美国气象学会印章的女性出现在1972年，在她之前已经有95个男性拿到了印章。

尽管在过去的50年里经过了很多变化并几乎一直受到争议（包括未能获得印章的天气预报员的起诉），但是美国气象学会印章在今天依然有影响力。

1982年2月，国家天气协会（National Weather Association，NWA）设计了另一种天气预报员印章。1976年成立的国家天气协会与美国气象学会相比，是一个非正式组织，初期其印章不要求气象学位或通过笔试，从而可以让更多的天气预报员加入。现在已经要求通过笔试，并且取证后要求持续培训。

美国气象学会和国家天气协会的印章现在在方法和审核上的主要要求都极其相似，但是一篇发表在《国家天气文摘》（*National Weather Digest*）上的业内调查研究反映，天气预报员对这两项认证有着强烈的和极不相同的观点，他们认为两者的细微差别有可能造成观众流失，尽管观众可能根本没有看见或并不理解天气预报员名字旁边那带有字母的印章。不过专家中关于这些自愿参与调查的对象也有激烈的争论，认为他们的观点仅源于各自不同的经历。

因为人们意识到，要想成为成功的现代电视天气预报员需要掌握一系列独特的技术，所以涌现出了各种培训项目。这些项目把气象科学和沟通技巧结合在一起，成为新的广播气象学。其中规模最大的一次培训是1987年在密西西比州立大学（Mississippi State University）进行的，超过1500名学员。其中很多学员都参加了一个相应的项目，以便在工作的同时参加培训。因为学员培训后能获得印章，故而新闻管理部门通常会承担这项特殊教育的经费。鉴于传统气象学教育中女性学生人数一直都很少，在该领域工作的很多女性都通过这类培训来争取获得印章。

调查数据显示，只有约一半（54%）的电视天气预报员有气象学/大气科学学位，这与1982年的一个更小范围的业内取样调查结果相符。由此可见，专业教育并不是成为成功的天气预报员的唯一途径。总体来说，在接受调查的天气预报员中近四分之三有学士学位，近五分之一有硕士学位，远高于美国社会平均值。而将天气预报员发展成为“电视台科学家”的推进工作，意味着这个已有良好教育背景的专业群体将面临更多的课程和培训，以便保持其执业资质，并获得更好的职业发展。

结　论

电视天气预报是一个独特的行业。成为一个好的科学家只是工作的一部分，而不用上电视的气象学家则很少了解电视节目的业务要求。像早期电视天气预报中允许或鼓励的那样仅仅当一个娱乐性的表演者，也已经不能完全满足工作要求了。

电视天气预报员在科学和新闻之间优美地舞蹈着，与社会文化中其他职业群体相比，他们更是显于人前，而且在突发紧急气象时拯救生命。现在他们的工作又延伸到了科学报告、当志愿者、现场演讲等与当地社团有关的活动中，甚至很多风和日丽连雷达都休息了的时候，他们还要满足人们娱乐的需要。

关于天气预报员对科学和社会的作用，现在还只有粗浅的理解。引用一个与天气有关的隐喻的说法：要了解这些涉及多个领域的专家，就像要了解无限的天空一样。

撰 稿 人：Kris Wilson

另请参阅：Climate Change，Communicating；Hurricane Katrina

参考文献

[1] American Meteorological Society. AMS station scientist [EB/OL]. www.ametsoc.org/station-scientist/index.html.

[2] HENSON R. Television weathercasting：A history [M]. Jefferson，NC：McFarland，1990.

[3] National Weather Association. NWA broadcaster's seal of approval information [EB/OL]. www.nwas.org/seal.html.

[4] WILSON K.Television weathercasters as prominent science communicators [J]. Public Understanding of Science，2008，17：73-87.

Wind Power 风 能

在可预见的将来，对能源的需求将持续上升，这种对能源的需求在现在和将来都是以电力的形式存在的。越来越多的媒体和公众开始直接讨论对我们现有能源资源的可行性替代。到2020年，预计世界电力需求年增长率至少有3%。与世界上的大部分国家一样，美国正在研发新型可持续发展的（有时也指可更新的）能源资源，以便对现有发电厂使用的煤炭、核能、天然气等能源形成补充。其中一种最经济的且技术上最可行的可持续电能供应方式就是风能。

风能在古代就已经被用来驱动机械完成诸如提水灌溉或将谷物磨碎成粉的任务，对风能更好的利用方式是将其包含的机械能量转化为电的形式，以利于更方便、更高质量地远距离传输。现代技术使用高度专业的涡轮机和相应的电力转化电路与控制器来收集可用的风能，并将其转化为电力。持续上升的能源价格和不断上涨的对电力的需求为风能利用的扩张创造了良好的环境。风能发电的价格一般是每千瓦4~6美分，与全新安装的燃煤火力发电厂的发电价格相比便宜得多。美国能源部（U. S. Department of Energy，DOE）已明确制订了“在2030年实现全美电力的20%由风能提供”这一目标，这意味着现有的风力发电量将由16吉瓦提升到300吉瓦以上，为此在美国能源部的网站上提供了大量关于风能利用的信息。

风力发电的好处还有很多。现代发电厂需要大量冷却水；燃煤火力发电厂还大量排放含氮、硫的废气、二氧化碳和一些重金属如水银；而风力涡轮机不需要任何冷却水，也不会排放任何金属或废气，因此风力发电是一种非常清洁且环境友好的电力生产形式。风力资源丰富的地区一般都地广人稀，而在这些偏远乡村生活的人们可以通过风能的发展而获利，这包括当地不断增长的税收收入、土地租金收入，在风能建设和安装期间创造的就业岗位，以及潜在的当地加工和维护工作岗位等。

风能最大的不足之处在于它是一种间歇性能源，典型的例子是冬天风力强发电量大，而由于空调和灌溉等原因最需要电力的几个月却在夏季。现在还没有大规模存储电能以备不时之需的技术。另外一些风能的不足之处包括旋转的风力涡轮机叶片发出的噪声、对鸟和蝙蝠的伤害，以及视觉效应对陆地、海边风景的破坏等。还有一个潜在的不利因素是风力资源一般存在于偏远的地方，即使现在开始大力建设输变电基础设施，也难以改变那些几乎没有输电线路的偏远地区的窘境。

风力涡轮机利用作用在叶片上的空气动力学升力产生扭矩，驱动与发电机相连的转轴。大型风力涡轮机采用增速齿轮箱，使得涡轮叶片的低速旋转转换为发电机轴的高速旋转。新一代的发电机设计则允许取消这一增速齿轮箱（这其实是风力涡轮机中最昂贵且最容易出故障的子系统）。发电机的输出电流必须经过电力转换电路的调制，才能成为可用的电网输出形式。为此电力转换调制系统和涡轮机控制系统必须充分考虑自然界时刻变化的风速和风向。对于大型风力涡轮机而言，其控制系统可以改变涡轮叶片的桨距、角度及旋转轴的朝向。

现有风力涡轮机的发电能力从几千瓦到 2.5 兆瓦不等，最大的风力涡轮机叶片长度达到 40 米（130 英尺），其转子处于距地面 20 米（260 英尺）以上的高度，大多数商用的风力涡轮机，包括那些联入电网的风机，一般采用水平轴、桨叶型设计，空气流动方向与旋转轴平行。这些水平轴风力涡轮机一般有三片叶片，奇数叶片数有利于提高涡轮的动力稳定性，而叶片选择三片这一数量是因为这对于与风相互作用的叶片表面而言最优，可避免太多叶片阻碍了风的流动。另一种垂直轴风力涡轮机的旋转轴采用与地面垂直的设计，包括与旋转轴顶部和底部相连的两到三片中间呈弓形的叶片，类似于打蛋器。垂直型与水平型相比，其优势在于无须建造支撑塔，增速齿轮箱和电力设备可以在地面上设置，也无须复杂的控制系统来保护和调节涡轮叶片的方向。但垂直型的不利之处在于贴近地面，风速较低，且由于地面效应产生的涡流使得其工作效率较低，而且在对其转子轴承进行维护时需要拆解整个涡轮机。

水平轴风力涡轮机的设计有两种类型，按其指向分为上风型（转子面对风的来流方向）和下风型（支撑塔处于上风而转子面向下风）。上风型的好处是气流不会受到支撑塔的影响，而下风型的设计则会使涡轮转子处于背风面。但是，上风型涡轮的叶片必须制造得更为坚固，从而也比下风型的叶片更为沉重。

不管风力涡轮机是如何设计的，理论上从风的流动中可提取的最大能量是风全部能量的 59%（贝茨上限）。同时，由涡轮机叶片从风中提取的能量在特定风速范围内与风速的立方（u_{wind}^3）成正比。因此，平均风速的微小改变可以导致风力涡轮机产生能量的大变化。这也是为什么人们费尽心力来选择风力涡轮机的恰当安装地点。风力涡轮机叶片起动的最小风速称为切入速度，小型风力涡轮机的切入速度一般为每秒3.5 米左右（即每小时 8~10 英里）。涡轮输出的功率与实际风速高于切入风速的程度相关。此外，还有一个上限风速规定，只有低于这个风速时，风力涡轮及其支撑塔才能免于被风吹坏。

撰 稿 人：Jerry L. Hudgins

另请参阅：Alternative Energy，Overview；Biofuels；Fuel Cell Technology；Solar Energy

参考文献

［1］BLAABJERG F，CHEN Z. Power electronics for modern wind turbines［M］. San Rafael，CA：Morgan & Claypool，2006.

［2］GERTMAR L. Power electronics and wind power［J］. Proceedings of the 2003 EPE Conference，paper，2003，1205：1–29.

［3］MANWELL J F，MCGOWAN J G，ROGERS A L. Wind energy explained：Theory，design，and application［M］. Hoboken，NJ：Wiley，2002.

［4］U.S. Department of Energy：www.energy.gov.

［5］WISER R，BOLINGER M. Annual report on U.S. wind power installation，cost，and performance trends：2007［R］. Washington，DC：U.S. Department of Energy，Energy Efficiency and Renewable Energy，2008.

Appendix A 附录 A

条目列表

科学传播课程

设定本附录的目的是供大家查询关于科学新闻、科学写作、科学传播及健康和环境领域的大学或学院学术科目或课程。附录分为两个部分：第一部分介绍美国境内的课程，其中包括由威斯康星–麦迪逊大学（University of Wisconsin-Madison）教授厦伦·丹伍迪（Sharon Dunwoody）汇编的最新相关信息（经同意后采用）；第二部分是选编的国际课程指南，列出的国际课程重点倾向于至少有部分内容用英文授课的科目，且只能算是基础入门，因为并不全面。更为全面的资料，尤其是关于欧洲课程的清单，可查阅由欧洲委员会（European Commission）出版的《欧洲科学新闻专业培训指南》（*European Guide to Science Journalism Training*），网址为：http://ec.europa.eu/research/conferences/2007/bcn2007/guide_to_sciencejournalismen.pdf.

美国课程指南

亚利桑那州立大学（科目）

Arizona State University（Course）

瓦尔特·克罗恩凯特新闻及大众传播学院

Walter Cronkite School of Journalism & Mass Communication

文学学士/硕士学位

BA/MA

http://sciencewriting.asu.edu

修习 JMC 445/HON 494 科目既可获得毕业学分，也可获得荣誉学位学分，还可满足克罗恩凯特学院重点主修课程的选修要求。该科目要求学生撰写数篇长度约为 500 个单词的文章，可取材于多个科学专业，文章结尾应有一个或一系列重要的、有深度的、与健康和医学有关的观点。本科目面向希望能为专业探讨健康和医学问题的网站提供文章的学生，以及希望能服务广大读者和公众的学生。

Ed Sylvester

602-496-4210

ed.sylvester@asu.edu

波士顿大学（课程；马萨诸塞州）

Boston University（Program；Massachusetts）

传播学院

College of Communication

科学硕士学位

MS

http://www.bu.edu/com/jo/science

此为波士顿大学研究生课程，修习时间为三个学期，其中包括一个暑假跟教授实习。修习完成可以获得科学硕士学位的学分。波士顿大学声称其并没有什么“理想的”新生招收标准，申请成功的学生包括量化分析专业的博士生、对科学感兴趣的英文专业学生，以及想要进入科学报道、科学编辑或科学出版行业的职业记者。除在本校区的现场授课之外，鼓励学生参加波士顿－剑桥学区内几个相邻院校的同一课程。

Douglas Starr

617－353－4239

dstarr@bu.edu

Ellen Ruppel Shell

eshell@bu.edu

查普曼大学（课程；加利福尼亚州）

Chapman University（Program；California）

施密特科学学院

Schmid College of Science

科学硕士学位

MS

http://www.chapman.edu/cs/HealthComm

查普曼大学健康传播专业科学硕士学位是一个一年速成的研究生课程，通过大量的理论学习和研究，提升学生传播的知识积累和技能，修习毕业以后可从事的职业包括教师、研究员，以及学术机构、政府、非营利组织或企业的政策专家。为该课程设计的科目主要教授学生人文传播理论和方法，以及评估重要的传播学专题，例如，如何传播令人不安的新闻；媒体传播的精确度；数字传播；公众宣传；文化间敏感度；健康素养；人际关系质量等。

Lisa Sparks

714－997－6703

sparks@chapman.edu

克利夫兰州立大学（系列课程；俄亥俄州）

Cleveland State University（Sequence；Ohio）

传播学院

School of Communication

文学学士学位

BA

http://www.csuohio.edu/undergradcatalog/class/certificates/sciwrite.htm

传播学院的科学写作专业学位课程可为本科生和专业工作者提供学习传媒写作、科学报告、科学方法和当代科学专业知识的机会。在传播学院和科学学院参加该课程的学生将要学习当代科学理念和方法研究工作所需的知识。获得学位的学生可掌握向广大公众阐释复杂理念和利益关系的必备工具。

Michael Rand

216－687－5076

m.rand@csuohio.edu

科罗拉多州立大学（课程）

Colorado State University（Program）

新闻及技术传播系

Department of Journalism and Technical Communication

文学学士／科学硕士／博士学位

BA/MS/PhD

http://www.colostate.edu/dept/TJ

技术传播新闻专业文学学士学位课程于 1972 年由国家批准设立。系内专业细分为计算机媒体传播、新闻编辑新闻学、电视新闻和视频传播、公共关系，以及特殊技术传播。各个专业有各自的要求，同时鼓励学生跨专业学习更多科目，以便获得更为广泛的知识。此外，还会组织学生参加一次职业传媒机构的实习。

Ananda Luttet（BA）

970－491－5484

Ananda.Luttet@colostate.edu

Norma Tamez（MS/PhD）

970－491－5132

Norma.Tamez@colostate.edu

哥伦比亚大学（课程；纽约）
Columbia University（Program；New York）
地球及环境科学系和新闻学研究生院
Department of Earth & Environmental Sciences & Graduate School of Journalism
文学硕士/科学硕士学位
MA/MS
http://www.ldeo.columbia.edu/eesj

哥伦比亚大学为地球及环境科学新闻专业提供双硕士学位。学生首先进入地球及环境科学系，学习该专业科学课程。这些学生与那些立志成为当代领先的环境科学家的学生共同学习，并完成一项科学研究项目。同时，不断练习搜寻和发现含有大量科学知识的新闻报道点。之后，这些学生转到新闻学学院，攻读新闻学。他们要完成新闻学专业科学硕士学位的学习，包括一个关于科学或环境专题的新闻学研究生项目，以及新闻报道和写作科目。经过 21 个月的专业课程学习，毕业生可以获得双硕士学位，分别为地球及环境科学专业和新闻学专业。

Kim Kastens
845-365-8550
eesj@ldeo.columbia.edu

康奈尔大学（课程；纽约）
Cornell University（Program；New York）
传播系
Department of Communication
科学学士/科学硕士/博士学位
BS/MS/PhD
http://www.comm.cornell.edu

康奈尔大学传播系位于农业及生命科学学院内，该学院是世界闻名的基因研究、组织社会学、应用贸易及经济学、生物技术等多个推动生命科学和可持续发展的专业研究基地。传播系在康奈尔大学建立了跨学科协作的最高纪录，鼓励学生选修其他各系的科目以完成传播学专业课程。

Katherine McComas
607-255-6508
kam19@cornell.edu

乔治・梅森大学（课程；弗吉尼亚州）
George Mason University（Program；Virginia）
传播系
Department of Communication
文学学士/文学硕士/博士学位
BA/MA/PhD
http://comm.gmu.edu

乔治・梅森大学传播系提供传播专业多个本科文学学士学位课程，修习科目方向包括健康传播、风险传播和科学传播。提供 33 学分的文学硕士学位课程，修习内容包括健康、风险和危机传播的理论研究和实践。提供 60 学分的博士学位课程，专业方向为健康和战略传播研究。这些学位课程为学生提供强大的理论支撑和多样的方法基础，以便其研究传播在推动健康、预防疾病、提高医护质量，以及风险评估和危机管理中的作用。教师将和学生一起开展关于消费者和供应商关系的研究，以及关于组织传播、传媒体系、健康宣传、新信息技术、传播政策和健康传播干预等领域的研究。

Gary Kreps
703-993-1090
gkreps@gmu.edu

洪堡州立大学（科目；加利福尼亚）
Humboldt State University（Course；California）
新闻和大众传播系
Journalism and Mass Communication Department
文学学士学位
BA

http://www.humboldt.edu/~jmc

该科目为大学高年级（大三、大四）学生提供就当前科学和环境议题进行深度报道的机会。

Mark Larson

707-826-3261

Mark.Larson@humboldt.edu

印第安纳大学（课程）

Indiana University (Program)

新闻学院 / 公众及环境事务学院

School of Journalism/School of Public and Environmental Affairs

文学硕士 / 博士学位

MA/PhD

http://journalism.indiana.edu

新闻学专业文学硕士学位，重点为科学写作。该课程为常规文学硕士课程，但对科学写作（包括但不限于健康和环境写作）感兴趣的学生可选择参加科学写作研习班和讨论小组，最多可在校外修习三门科学专业科目，包括一门风险传播课程。硕士毕业后学生可就业于报纸、杂志、网络新闻媒体，或从事非营利性质的公共关系工作。该新闻学专业文学硕士学位（MA）与环境科学硕士学位（MSES）是联合学位培养课程，可培养同时具备环境科学及报道和写作能力的信息专家。

Lesa Hatley Major

812-855-4982

lhmajor@indiana.edu

爱荷华州立大学（课程）

Iowa State University (Program)

格林利新闻传播学院

Greenlee School of Journalism and Communication

科学学士 / 科学硕士学位

BS/MS

http://www.jlmc.iastate.edu

格林利学院科学、技术及风险传播专业本科生课程包括科学和 / 或技术专业课，以及大众传播专业课，如出版业（报纸杂志）、电子传媒（广播、有线及新闻媒体）、公共关系、视频传播和广告。科学硕士课程的主要目标是将学生培养成为科学、技术和风险传播领域领先的研究员、教育家、传播战略家和实践家。

Thomas Beell (Undergraduate)

515-294-0499

tbeell@iastate.edu

Eric Abbott (Graduate)

515-294-0492

eabbott@iastate.edu

约翰·霍普金斯大学（课程；马里兰和哥伦比亚特区）

Johns Hopkins University (Program; Maryland and District of Columbia)

赞维尔·克里格艺术及科学学院写作专业、先进学术专业文学硕士学位

Master of Arts in Writing Program, Advanced Academic Programs, Zanvyl Krieger School of Arts and Sciences

文学硕士学位

MA

http://advanced.jhu.edu/writing

该课程包含 9 个科目，要求学生以多种体裁写作，包括专题、说明、叙事、散文、传记、简介和分析等，作为给杂志、报刊专栏、书籍章节的文章。科目修习完成后要求在前期写作课程基础上提交一篇最终论文。对写作新生要求先修习两到三门重要的写作基础课，然后参加三个研习班撰写出一个有价值的作品，再选修两三门课，最后完成最终论文。在职作家 / 写手可以跳过写作基础课，另选其他选修课、研

习班或独立研究项目。

Mary Knudson

301-495-9379

mknudson@jhu.edu

理海大学（课程；宾夕法尼亚州）

Lehigh University（Program；Pennsylvania）

新闻及传播系

Department of Journalism and Communication

文学学士学位

BA

http://www.lehigh.edu/journalism/sciwrit/index.html

科学与环境写作专业本科生课程主要为希望从事科学、环境、医药、健康、技术和工程类写作并以普通大众、科学家和工程师为其读者的学生开设。除了要学习与上述领域相关的写作技巧之外，学生还会学到媒体分析、研究和风险传播方面的知识和技能。该专业要求修习四门科学与环境写作课、四门通用新闻专业课，高年级学生要在学生报社进行一年的实习，还要修习四门科学课。科学与环境写作课也可以仅供选修。

Sharon M. Friedman

610-758-4179

smf6@lehigh.edu

新奥尔良洛约拉大学（课程；路易斯安那州）

Loyola University New Orleans（Program；Louisiana）

大众传播学院（环境传播中心）

School of Mass Communication（Center for Environmental Communication）

文学学士学位

BA

http://www.loyno.edu/lucec

新奥尔良洛约拉大学的该课程聚焦于环境问题的以下几个方面：①理解科学；②学习研究技巧；③情境重要性；④认识问题的多个方面（科学、政治、社会和公正、工程、情感等）；⑤传播的公平性；⑥推动环境问题的多项因素。

Robert A. Thomas

504-865-2107

rathomas@loyno.edu

马凯特大学（课程；威斯康星州）

Marquette University（Program；Wisconsin）

迪德里希传播学院

Diederich College of Communication

文学硕士学位

MA

http://www.marquette.edu/comm/grad/specializations.shtml

关于健康、环境、科学及可持续发展等领域的传播课程，是本学院包括新闻、广告及公共关系、广播及电子传播，以及传播和修辞学等专业的毕业生攻读文学硕士学位的必修课程。通过该专业整个硕士阶段的学习，学生将掌握必需的理论、研究和基本专业知识，从而可以理解组织内部及社会内人际间科学、健康和环境传播的流程、作用和效果；并将这些应用于面向不同观众的技术和专业信息的传播，尤其是面向非专业人士和外行观众。

Robert Griffin

414-288-6787

Robert.Griffin@Marquette.edu

麻省理工学院（课程）

Massachusetts Institute of Technology（Program）

科学写作研究生课程、写作及人文研究课程

Graduate Program in Science Writing, Program in Writing and Humanistic Studies

科学硕士学位

MS

http://web.mit.edu/sciwrite

麻省理工学院科学写作研究生课程学时一年，毕业后授予科学硕士学位。该课程内容宽泛，教授各种体裁的科学写作，从新闻报道到纪实文学再到科学类电视节目。该课程始终强调科学写作是一种文学技巧，是表达的美学，语言、结构、体裁都很重要。没有什么“理想的”新生招收标准，申请成功的学生包括量化分析专业的博士生、对科学感兴趣的英文专业学生，以及其他形形色色的学生。最重要的是申请者应热爱写作，也热爱科学故事。

Shannon Larkin

617-253-6668

sciwrite-www@mit.edu

俄亥俄迈阿密大学（课程）

Miami University of Ohio（Program）

英文系

English Department

文学学士学位

BA

http://www.muohio.edu/batsc

技术和科学传播文学学士课程教授学生常规的写作、出版设计和电子传播技能。该课程要求学生有技术或科学专业背景：学生可在环境科学、计算机科学或医药健康科学中选择其一。学生需要选修其他系的相关科目来满足这一要求。该课程主要科目包括科技写作基础、可视化修辞学、编辑、报告和建议书、文献及使用，以及最终的核心课（实践课）。可能有实习安排，并非必要要求。

Jean Lutz

513-529-5221

lutzja@muohio.edu

密歇根州立大学（课程）

Michigan State University（Program）

骑士环境新闻学中心

Knight Center for Environmental Journalism

文学学士 / 文学硕士 / 博士学位

BA/MA/PhD

http://ej.msu.edu/index2.php

密歇根州立大学的课程是一个关于环境、科学、健康和医药新闻学的综合课程，从本科生阶段开始一直到研究生和博士生阶段为止。该课程的教学科目包括环境报道、科学和医学写作、自然写作、计算机辅助报告、环境调研报告、环境视频制作、环境广播报道、荒野写作等。密歇根州立大学还为在职记者提供进修班，进修内容包括计算机辅助报告、自然摄影、五大湖区环境问题报道、土地使用情况报道等。

Jim Detjen

517-432-1415

detjen@msu.edu

Barb Miller

mille384@msu.edu

纽约大学（课程）

New York University（Program）

新闻系，科学、健康及环境报道专业课程

Department of Journalism, Science, Health and Environmental Reporting Program

文学硕士学位

MA

http://journalism.nyu.edu/sherp

纽约大学科学、健康及环境报道专业课程于 1982 年设立，是此类课程中历史最长、最好的课程。该课程的 300 多位毕业校友已经在美国乃至全世界领先的科学、环境及健康类记者中形成了一张关系网，其中包括著名报纸杂志的记者、广播电视报道员和自由撰稿人。近些年的毕业生中越来越多的人在网络公司工作。仅有少数通过申请的学生（典型数量为 15 人）可以修习这一安排紧密的专业定制课程，历时 16 个月（44 个学分），修习科目包括出版和多媒体报道、新闻伦理学、科学新闻专题、科学素养，以及先进科学报道、医药报道和环境报道。

Daniel R. Fagin
212-998-7970
dan.fagin@nyu.edu

北亚利桑那大学（课程）
Northern Arizona University（Program）
传播学院
School of Communication
科学学士学位
BS
http://www.nau.edu

北亚利桑那大学环境传播课程介绍环境问题传播的各种渠道，包括所有大众传媒渠道，如报纸、广播和电视的报道，并提供各种形式的学习，如学习小组、研习班、公开评论会等。此外，该课程还有一门独特的专业课，以视听和文学形式提供环境信息。该课程的核心科目强调深度阐释研究和面向消费者的写作。

Lea Jane Parker
928-523-4661
Lea.Parker@nau.edu

俄亥俄州立大学（课程）
The Ohio State University（Program）
传播学院
School of Communication
文学学士学位/博士学位
BA/PhD
http://www.comm.ohio-state.edu

本课程的专业方向和选修科目如下。风险传播方向：学生学习如何设计风险传播、如何付诸行动，以及如何评估行动效果；健康传播方向：学生学习医疗卫生和传播之间的关系；人际间健康传播、大众媒体健康传播及网络健康传播方向：学生学习如何将当前及未来技术应用于健康传播，尤其是在处理医患关系和健康广告中可应用的技术；科学传播方向：学生学习科学传播的结构、意义和内涵，重点是价值、心态、社会结构和传播对公众感知科学技术的影响。

Carroll J. Glynn
614-292-0451
glynn.14@osu.edu

俄亥俄大学（课程）
Ohio University（Program）
传播研究学院
School of Communication Studies
科学学士/文学硕士/博士学位
BS/MA/PhD
http://coms.ohiou.edu

俄亥俄大学的健康传播课程涉猎广泛，允许学生修习从医疗卫生的人际间传播（医患传播、社会支撑等）到大众传媒广告宣传和健康文化的各个层面。传播研究学院更偏向于人文传播，根据学生兴趣从人文科学和社会科学角度学习。俄亥俄大学的该课程并非大众传播类课程，尽管也有些学生选修了传媒劝导信息学。

Scott Titsworth
740-593-4828
titswort@ohio.edu

宾夕法尼亚州立大学（课程；宾夕法尼亚）
Penn State University（Program; Pennsylvania）
传播艺术及科学
Communication Arts & Sciences
文学学士/文学硕士/博士学位
BA/MA/PhD

http://cas.la.psu.edu/index.htm

宾夕法尼亚州立大学的传播艺术和科学专业在行业内具有领先水平。其课程同时强调人文科学和社会科学研究方法。除各类修辞学研究之外，还有以下传播科学课程：①人际传播：亲子传播、生命传播、家庭动态、离婚及家庭传播体系、亲密关系中的高危行为、揭露和逃避的辩证关系、不确定性和信息管理；②文化传播：群体传播、种族和个性、国家间传播、种族和健康；③健康传播：社会影响、健康宣传、医患传播、医疗卫生体系中的组织传播、健康信息设计。宾夕法尼亚州立大学还提供传播、决策和组织传播的小型培训。

Thomas Benson

814-865-5232

t3b@psu.edu

罗格斯新泽西州立大学（科目）

Rutgers, the State University of New Jersey（Course）

传播及信息学院

School of Communication & Information

文学学士学位

BA

http://comminfo.rutgers.edu

该科目每学期都开课，供已经修完基础写作和报道的高年级新闻专业本科生选修。科目内容包括科学、健康和医学写作，重点是出版类，但也教授电视、广播和网络博客及其他领域（电影、博物馆）的科学写作。

Marsha Bergman

732 932-7500，ext. 8150

marshab@rutgers.edu

斯基德莫尔学院（科目；纽约）

Skidmore College（Course；New York）

英语系

English Department

文学学士/科学学士学位

BA/BS

http://cms.skidmore.edu/english

该科目让学生练习环境新闻的写作和报道技巧，让他们对其他环境记者的工作进行评论并从中学习。作业包括每周一次的当前环境新闻讨论、一些短篇写作和一个大的项目报告。

Dale Willman

518-580-5150

dwillman@skidmore.edu

斯蒂文斯技术学院（系列课；新泽西州）

Stevens Institute of Technology（Sequence；New Jersey）

科学写作中心（Center for Science Writings）

http://stevens.edu/csw

本学院自2005年起聘用资深科学记者约翰·霍根，为有志成为科学家、工程师和物理学家并愿意在业余时间进行写作的学生授课，包括书籍、文章、评论、建议和论文等的写作。

John Horgan

201-216-5057

jhorgan@stevens.edu

得克萨斯农工大学（课程）

Texas A&M University（Program）

兽医学和生物医学学院

College of Veterinary Medicine & Biomedical Sciences

科学硕士学位

MS

http://www.cvm.tamu.edu/vibs/stjr/index.shtml

本课程致力于为学生打造坚实的科学新闻专业和科学专业的基础知识。每个学生都需要完成两个专业的研究生课。学生有三门科学与技术新闻专业的必修课，可选择一些科学新闻或相关领域的选修课和大学内开设的各类科学类科目。本课程为小专业、高度个性化的课程，每个学生根据其兴趣和今后的目标选择相关科目。通常学生会选择以实习方式毕业，也可以选择论文答辩方式。该课程主要面向研究生，但也对有兴趣的本科生和在职人员开放。

Barbara Gastel

979-845-6887

bgastel@cvm.tamu.edu

阿拉斯加费尔贝克斯大学（科目）

University of Alaska-Fairbanks (Course)

新闻系

Journalism Department

http://www.uaf.edu/journal

本课程全称为：面向报纸杂志的科学写作。学生（根据导师的指导）选择各自的专题，只要符合以下两个条件都可以通过：①包含某类科学知识；②有面向大众的合理的出版需求。

Brian O'Donaghue

907-474-7761

ffbpo@uaf.edu

加利福尼亚大学圣克鲁兹分校（课程）

University of California, Santa Cruz (Program)

物理及生物科学学院

Division of Physical and Biological Sciences

研究生文凭

Graduate Certificate

http://scicom.ucsc.edu

加利福尼亚大学圣克鲁兹分校的科学写作课程是一个独立的一年制授研究生文凭的课程，面向想要将职业发展途径改为科学写作的科学家，而不是想要学习专业知识的记者。教学的重点首先是如何向报纸杂志和网络提供令人信服的新闻报道和流畅的叙述，其次是公共信息写作，主要是导师指导的实习过程。实习对于本课程而言非常关键，所有学生都必须在三个学期中的前两个学期完成兼职的报道和写作实习。

Robert Irion

831-459-4475

scicom@ucsc.edu

科罗拉多大学波尔德分校（课程）

University of Colorado at Boulder (Program)

新闻及大众传播学院，环境新闻中心

Center for Environmental Journalism, School of Journalism and Mass Communication

文学硕士/博士学位

MA/PhD

http://www.colorado.edu/journalism/cej

通过与本大学的跨学科研究生文凭课程“环境政策与社会”合作，新闻及大众传播学院为学生提供了这个可以获得新闻学硕士学位的课程，主攻环境新闻方向，因此要求学生有环境政策专业的文凭。本课程学习时间为一年半到两年，时间长短取决于选修课选择的是大众传播研究还是新闻采集。要拿到学位学生必须在科罗拉多大学波尔德分校环境政策专业的 40 多个科目中完成至少 18 个小时的课业，其中包括两个综合讲座。

Doña Olivier

303-492-4114

cej@colorado.edu

佛罗里达大学（课程）

University of Florida (Program)

新闻及传播学院

College of Journalism and Communications

文学学士/文学硕士/博士学位

BA/MA/PhD

http://www.jou.ufl.edu/grad

佛罗里达大学的这一课程不仅面向想要获得科学和健康类专业知识的记者，而且面向想要在科学和健康组织，如美国国家航空及航天管理局（NASA），从事公共事务和公共信息工作的人，以及需要向大众传播其科研工作成果的专家和科学家。

Debbie Treise

352-392-6557

dtreise@jou.ufl.edu

乔治亚大学（课程）

University of Georgia（Program）

格雷迪新闻及大众传播学院

Grady College of Journalism and Mass Communication

文学硕士学位

MA

http://www.grady.uga.edu/knighthealth

格雷迪学院的该研究生课程教授学生为广大读者/观众撰写和制作有效的健康和医学新闻的技能，并让学生深入理解健康的不公平状态是如何产生的。该文学硕士课程学制两年，无毕业论文要求，核心科目为专业化的职业培训和大众传播研究，主要关注方向是分析媒体与大众健康之间的关系。通过选修格雷迪学院的这些科目，学生可以提高专业的媒体传播技巧，具体科学方向则由学生根据个人爱好和职业目标在乔治亚大学的其他系和学院选修三门相关科目来决定。

Patricia Thomas

706-542-1210

pthomas@uga.edu

豪斯顿大学（课程；得克萨斯）

University of Houston（Program；Texas）

杰克瓦伦提传播学院

Jack J. Valenti School of Communication

文学学士/文学硕士学位

BA/MA

http://www.valenti.uh.edu

健康传播专业的学生将在此学习必要的知识和技能，以期成为更有作为的卫生保健消费者和倡导者。学习内容包括健康宣传设计、实践和评估的基本知识。通过研究、理论和实践应用相结合，学生可获得与正向的健康产品和成功的医疗卫生谈判相关的传播策略。对卫生保健传播专业有兴趣的学生可选修人际传播、群体、组织、文化传播和计算机媒介传播等广泛的方向；对提升公共健康感兴趣的学生可选修性别角色、媒介、定制信息、网络健康等与媒体健康宣传的设计、实施和评估有关的方向，推动人们健康行为的改进。

Zhiwen Xiao

713-743-2873

zxia2@central.uh.edu

爱荷华大学（科目）

University of Iowa（Course）

新闻及大众传播学院

School of Journalism and Mass Communication

文学学士/文学硕士/博士学位

BA/MA/PhD

http://www.uiowa.edu/jmc

设立本科目的目的是让学生了解大众媒体在教育公众和推动健康宣传方面的潜能和局限性。学生会学习关于信息类和娱乐类大众传媒对健康行为效应的研究和理论，了解大众传播理论、模型和假设对公众健康及相关问题的影响。在此过程中还会涉及大众媒体的结构分化，以便学生对于健康相关的新闻、娱乐和广告有更深的理解。

David Perlmutter

319-335-3486

david-perlmutter@uiowa.com

堪萨斯大学（课程）
University of Kansas（Program）
威廉·艾伦·怀特新闻及大众传播学院
William Allen White School of Journalism and Mass Communications
科学学士/科学硕士学位
BS/MS
http://www.journalism.ku.edu

本课程为大纲课程，因此学生要上两门概论性质的公共科目（大课），还要学习伦理学和宪法第一修正案。写作课分新闻传播和传播策略两个部分，跨出版（报纸杂志）、网络和电视三个方向。本科生可选择新闻传播或传播策略作为其主课，其中选择新闻传播的学生可选修科学—环境传播科目，这是与环境研究学院合开的课；选择传播策略的学生可选修社会营销学，最终需要为真实客户设计一个综合性的、基于研究的传播策划案。

Simran Sethi
785-864-4755
simran@ku.edu

明尼苏达大学（课程）
University of Minnesota（Program）
新闻及大众传播学院
School of Journalism and Mass Communication
文学硕士学位
MA
http://www.sjmc.umn.edu

健康新闻学文学硕士专业课程是一个创新课程，将新闻学和大众健康这两个专业领域结合起来。该课程面向有新闻学、公共健康、医学和科学专业背景的学生。有新闻学背景的学生入学后将学习公共健康和医学研究方面的基础知识，选修流行病学、生物统计学或环境健康等科目；有健康科学背景的学生入学后将学习新闻学和传播学的基本原理，选修先进报道和媒体伦理学之类的科目。

Heather Meyers Larson
612-625-0120
sjmcgrad@umn.edu

内布拉斯加大学林肯分校（科目）
University of Nebraska-Lincoln（Course）
新闻及大众传播学院
College of Journalism and Mass Communications
http://journalism.unl.edu

内布拉斯加大学林肯分校科学写作科目教授学生新闻学、科学和工程专业知识，以满足其今后工作中必不可少的科学和技术传播需要。该科目自 2004 年秋季开始设立，有三个课时，是面向高年级（大三、大四）本科生和所有研究生的选修课。

Carolyn Johnsen
402-472-5840
cjohnsen2@unl.edu

内华达大学，拉斯维加斯（科目）
University of Nevada, Las Vegas（Course）
汉克·格林斯潘新闻与媒体研究学院
Hank Greenspun School of Journalism & Media Studies
文学硕士学位
MA
http://www.unlv.edu/Colleges/Greenspun

本科目供研究生选修，全称为“科学及健康传播”，主要教授传播理论和研究的应用，以便学生了解科学、健康、环境和技术类信息向公众传播的过程。授课重点是媒体传播，同时也涉及其他传播形式的相互关系和作用，有时也会讲授本科目“科学新闻学”中的部分内容。

Susanna Priest
702-895-5146
susanna.priest@unlv.edu

内华达大学，里诺（课程）
University of Nevada, Reno（Program）
里诺新闻学学院
Reynolds School of Journalism
文学硕士学位
MA
http://journalism.unr.edu/graduateprogram

本研究生课程学制为三个学期，内容聚焦于利用新媒体工具向公众传播环境问题。学生将向本大学环境科学院的科学家和环境分析师学习环境专业知识，然后将其学到的环境专业知识应用于包括互动对话、计算机游戏和社会传媒等在内的多种形式的传播报道中。

Todd Felts
775-784-6531
mfelts@unr.edu

新墨西哥大学（科目）
University of New Mexico（Course）
英文语言文学系
Department of English Language and Literature
文学学士/文学硕士/博士学位
BA/MA/PhD
http://www.unm.edu/~english

这是新墨西哥大学单独设立的科目，全称为“英文 413/513 科学、环境及医学写作”。一年开课一次，由有工作经验的兼职导师授课，且导师与相关行业职业性的非学术机构保持长期联系。本科目既是本大学本科生课程“专业写作”的一个科目（可作为主课也可作为副课），也是研究生和博士生课程“修辞学及写作”的一个科目。

Scott P. Sanders
505-277-0754
ssanders@unm.edu

北卡罗来纳大学教堂山分校（课程）
University of North Carolina at Chapel Hill（Program）
新闻及大众传播学院
School of Journalism & Mass Communication
文学硕士学位
MA
http://www.jomc.unc.edu/medicaljournalism

北卡罗来纳大学教堂山分校的该研究生课程学制两年，学习内容为医学和科学新闻学。课程重点是教授学生今后在各种形式的传媒中从事医学和科学新闻学工作所需的技能，包括出版、广播（电视及无线电）和网络传媒。从医学和科学新闻学专业毕业的研究生今后可选择从事多媒体视听或出版行业的工作。

Tom Linden
919-962-4078
linden@unc.edu

南卡罗来纳大学（系列课）
University of South Carolina（Sequence）
新闻及大众传播学院
School of Journalism and Mass Communications
科学学士/科学硕士/博士学位
BS/MS/PhD
http://www.jour.sc.edu

新闻及大众传播学院为研究生设立了科学技术新闻学；危机传播；健康、科学和媒体；风险传播等科目。学生可以选修这些科目，最终获得由新闻及大众传播学院、阿诺德公共健康学院和图书馆及信息科学学院联合颁发的跨学科的健康传播专业研究生文凭。

John Besley
803-777-3764
jbesley@sc.edu

田纳西大学（课程）
University of Tennessee（Program）
新闻及电子媒体学院

School of Journalism and Electronic Media
科学学士 / 科学硕士 / 博士学位
BS/MS/PhD
http://www.cci.utk.edu/jem/sciencecommunication

田纳西大学科学传播课程教授学生关于科学、医学、健康、技术和环境的专业写作技能；关于科学、医学、健康、技术和环境的传播研究方法；以及将这些融会贯通的方式。本科生可选修科学新闻学，有传播学学士学位的学生也可继续进修科学新闻学。研究生和博士生最终可获得传播学科学传播方向的硕士学位和博士学位。

Mark Littman
865-974-8156
littmann@utk.edu

华盛顿大学（系列课）
University of Washington（Sequence）
海洋学
Oceanography
http://faculty.washington.edu/illman

该系列课名为科学与技术写作，包括三个科目，涉及重要新闻写作到专题、叙事、简介、评论和论文等各个方面。其中秋季开课的科目为面向大众的科学技术写作；冬季开课的科目为科学技术新闻及专题写作；春季开课的科目为科学技术原创纪实写作。

Deborah L. Illman
206-616-4826
illman@u.washington.edu

威斯康星大学—马迪逊（课程）
University of Wisconsin-Madison（Program）
新闻及大众传播学院
School of Journalism and Mass Communication
文学学士 / 科学学士 / 文学硕士 / 博士学位
BA/BS/MA/PhD
http://www.journalism.wisc.edu

作为美国科学与环境传播专业历史悠长的培训课程之一，新闻及大众传播学院的该研究生课程要求 30 个学分，毕业生多成为科学 - 环境新闻领域和传播策划领域的知名人士。除传统领域（报刊、电视和万维网）之外，本课程更多地聚焦传播体系，侧重教授学生理解观众、学习如何解释复杂的概念和过程，如何评估论据，以及如何讲述引人入胜的科学故事。

Sharon Dunwoody
608-263-3389
dunwoody@wisc.edu

威斯康星大学—马迪逊（课程）
University of Wisconsin-Madison（Program）
生命科学传播系
Department of Life Sciences Communication
科学学士 / 科学硕士 / 博士学位
BS/MS/PhD
http://lsc.wisc.edu

本科生课程包括音频、视频、可视化文字和网络媒体的写作及信息制作，以及传播宣传的策划、设计和效果评估。生命科学传播专业研究生课程可提供硕士和博士两个学位，分为三个方向：①面向今后在科学传播领域从事专业工作的学生，仅需参加相应科目的学习，提供硕士学位；②要求完成全部科目作业，并提交原创研究论文，提供硕士学位；③与新闻和大众传播学院联合管理的理论研究专业，提供博士学位。

Larry Meiller（undergraduate contact）
608-262-0122
meiller@wisc.edu
Dietram Scheufele（graduate contact）
608-262-1506
scheufele@wisc.edu

国际课程选编指南

澳大利亚国立大学（系列课）

Australian National University（Sequence）

医学、生物学及环境科学学院和物理学学院的公众科学意识中心

The Centre for the Public Awareness of Science in the College of Medicine, Biology & Environment and College of Physical Sciences

科学学士/研究生证书/硕士预科/科学硕士/副博士/博士学位

BSc/Graduate Certificate/Graduate Diploma/MSc/MPhil/PhD

http://cpas.anu.edu.au

医学、生物学及环境科学学院和物理学学院的公众科学意识中心是澳大利亚学术涉猎最为广泛的科学传播中心，位于堪培拉的澳大利亚国立大学。研究生在此可以学到许多新方法和新举措，激发公众科学想象力，以及针对21世纪人们所关心的科学问题鼓励人们做出有理有据的决策。中心致力于将新一代高品质的科学家培养成为技能娴熟的科学传播工作者，向人们传播科学、技术和相关的媒体信息知识。

Will Grant

+612 6125 0241

scicomm.gradprog@anu.edu.au

英国卡迪夫大学（课程）

Cardiff University, United Kingdom（Program）

社会科学学院；新闻、媒体和文化研究学院；技术学院

School of Social Sciences; School of Journalism, Media, and Cultural Studies; Techniquest

科学硕士学位

MSc

http://www.cf.ac.uk/socsi/degreeprogrammes/postgraduate/taughtmasters/index.html

本课程是由社会科学学院、新闻、媒体和文化研究学院，以及技术学院联合设立的，授课地点位于卡迪夫科学发现中心。本课程教授的内容包括新闻和媒体研究、公众理解科学，以及科学传播的专业知识，同时注重理论研究和实践技能。教授所用模型涉及科学研究的组织和经费；科学创新报道及不同媒体的辩论；科学技术竞争中群众、专家和媒体对决策的作用等。此外，学生还可获得为出版社、广播和电视公司实际制作专题报道的实习机会，也可选择向学生或普通群众的各类观众进行科学演讲。

Robert Evans

+44（0）29 2087 4294

socialscience-masters@cardiff.ac.uk

荷兰代尔夫特理工大学（课程）

Delft University of Technology, Holland（Program）

应用科学

Applied Sciences

科学硕士学位

MSc

http://www.sec.msc.tudelft.nl

该科学教育和传播研究生课程综合利用荷兰三所理工大学的教育和研究资源，聚焦于技术知识传播的策略设计、中观层面的科学传播、理论联系实际，以及教育与科学传播一体化。

Caroline Wehrmann

+31（0）15 27 81070

C.Wehrmann@tudelft.nl

瑞士：苏黎世联邦理工大学；苏黎世大学；巴塞尔大学

ETH Zurich, University of Zurich, University of Basel, Switzerland

植物科学，苏黎世—巴塞尔植物科学中心

Plantscience, Zurich-Basel Plant Science

Center
科学硕士学位（科目）；博士学位（课程）
MSc（Courses），PhD（Program）
http://www.plantscience.ethz.ch/index_EN

植物科学专业课程是巴塞尔大学、苏黎世大学和瑞士联邦理工大学的一项跨学科合作项目。植物科学中心可为学生提供植物科学专业的硕士和博士文凭。设立该科目的主要目的是增加年轻科研人员对科学与公众之间传播障碍的了解，让学生能够体验到（这也许是他们职业生涯中唯一的一次）如何接触公众和与公众对话。但本科目并不以培养科学传播工作者为目的。

Melanie Paschke
+41（0）44 632 60 22
Info-plantscience@ethz.ch
English and Dutch

伦敦帝国学院（课程）
Imperial College London（Program）
人类学系
Humanities Department
科学传播硕士学位 / 科学媒体制作硕士学位
MSc Science Communication/MSc Science Media Production
http://www.imperial.ac.uk/humanities/science-communicationgroup

帝国学院科学传播系设立了两门科学传播研究生课程，面向科学专业毕业想进入媒体或其他传播领域工作的学生。参加科学传播研究生课程的学生可被推荐入相关领域做全职或兼职工作。科学媒体制作研究生课程侧重于电视、广播行业，只推荐全职工作。两门课程都注重科学传播研究和科学社会性研究中理论分析和实践技能的结合。课程鼓励学生发展创造力和关键能力，以新颖的、富有想象力的方式进行科学、技术和医药传播。学生毕业后多能成功进入传播领域工作，包括广播电视制作、新闻出版业、博物馆、科学决策机构、公众参与科学组织，以及公共关系领域等。

Liam Watson
0207 594 8753
liam.watson@imperial.ac.uk

印度科学传播学会（系列课）
Indian Science Communication Society（Sequence）
科学新闻专业硕士预科
Diploma in Science Journalism
http://www.iscos.org

位于勒克瑙的印度科学传播学会与印度国家科技部科学技术传播委员会一起设立了该培训系列课程，培养科学作家、科学传播工作者和科学记者。此系列课程可为印度在科学前沿工作的科学家和专家搭建与普通群众沟通的桥梁；这些普通群众一边享受着科学的福利，一边不得不承受科技进步所带来的弊端和不幸。该科学和新闻专业系列培训课历时一年，主要内容包括：科学新闻基础、科学新闻体裁、科学新闻技术、用于科学新闻的大众传媒，以及其他科学新闻领域的知识（详细的课程表在学生注册时提供）。

V. P. Singh
91+522 2321205
info@iscos.org
English and Hindi

墨西哥瓜达拉哈拉耶稣大学（ITESO）（课程）
Instituto Tecnológico y de Estudios Superiores de Occidente, Mexico（ITESO）（Program）
科学与文化传播硕士学位
Master’s Degree Program in the Communication of Science and Culture
社会文化系

Departamento de Estudios Socioculturales
文学硕士学位
MA
http://www.maescom.iteso.mx

该专业课程从社会文化角度研究科学的公众传播，帮助学生在社会背景下理解科学技术的社会产物与社会生活的关系，以及社会行动者赋予这一关系的意义。学生将学习如何设计旨在推动科学文化的科学传播。

Carlos Enrique Orozco Martínez or Susana Herrera Lima
（52）33 69 34 34 ext. 3304
maescom@iteso.mx
Spanish

墨西哥国立自治大学（课程）
National Autonomous University of Mexico（Program）
科学普及专业硕士预科／研究生证书
Diplomado en Divulgacion de la Ciencia Graduate Certificate
http://www.dgdc.unam.mx/diplomad.html

科学普及专业硕士预科教育课程面向希望掌握传播技巧的科学专业学生，以及希望了解科学知识、增长科学文化的传播专业学生。该课程理论联系实际，由多位教授授课，学时为240小时，涉及多种传播方法。学生需要提交最终的设计作品。

Elaine Reynoso
52 55 5622 7338
52 55 5622 7336
elareyno@universum.unam.mx
Spanish

英国开放大学（课程）
The Open University, United Kingdom（Program）
科学与社会专业科学硕士学位／科学与社会专业硕士预科文凭
MSc in Science and Society / Postgraduate Diploma in Science and Society
http://www3.0pen.ac.uk/study/postgraduate/qualification/f48.htm

科学和社会专业硕士课程面向希望在研究生阶段进一步探索科学和社会领域的学生。利用开放大学的创新教学方法，该课程所开设的三门科目（信息时代的传播科学、当代科学学习问题、专题模型）给学生提供了随时随地研究当代科学传播与科学教育问题，以及研究（上游）公众参与的机会。要获得学位或文凭，学生必须完成一系列相应的研究生课业要求。前面列出的三门科目中有两门由教授授课，但“专题模型”必须由学生运用前两门科目所学的知识和技能独立研究完成。

Richard Holliman
+44（0）1908 654646
r.m.holliman@open.ac.uk

意大利国际高等研究院
SISSA, International School for Advanced Studies, Italy
高等研究院跨学科实验室
Interdisciplinary Laboratory for Advanced Studies
科学硕士学位
MSc
http://mcs.sissa.it

该课程学制两年，面向有科学或人类学专业背景、有一定表达和传播能力、对科学知识的发展和应用感兴趣的学生。课程的目的是为各个领域培养科学传播工作者：出版界、广播电视界、网络界；传播机构和团体；传统传播和多媒体传播；博物馆和展厅管理等。课程的核心科目包括新闻学、传播理论和技巧、科学和素养、写作技巧、生物学、数学和物理学、神经科学、地球和环境科学、科学传播理论、风险传播、书籍写作、博物馆管理、影像、医学传播、科学和电影、科学传播案例研究、不确定性分析、科学研究和技术创新。

Nico Pitrelli

+39 040 3787462

pitrelli@sissa.it

韩国西江大学（课程）

Sogang University，South Korea（Program）

科学文化学院

Academy for Scientific Culture

文学硕士/研究生证书课程

MA/Certificate Program

http://scom.kofac.or.kr/academy/en/index.htm

科学文化学院设立了两个相关课程：一个是为期 10 周的研究生进修证书课程，另一个是科学传播专业文学硕士学位课程。前者面向科学家、工程师、科学与公众关系管理者、政府公务员和科学专业教师等，侧重于培训各种传播技巧，学习结束后合格者获得科学传播领导力研究生进修证书。后者学时不低于两年，不仅有理论和跨学科的科目学习要求，而且要求完成学术论文，目的是培养科学传播专家。前者的生源主要是科学记者、广播/电视科学节目制片人、科学展览管理者、科学与公众关系管理者，以及未来的学者等。这两个课程都强调公众对科学传播的认知。

Hak-Soo Kim

+82 2 705 7933

scicomm@sogang.ac.kr

English and Korean

瑞士联邦理工大学—苏黎世（科目）

Swiss Federal Institute of Technology-Zurich（Course）

科学硕士/博士学位

MSc/PhD

http://www.ethtools.ethz.ch/courses/SC/WCM

该科目致力于提高学生面向非专业读者的写作技巧，打造学生个人写作风格，并教给学生有效叙述的写作方法。该科目对刚参加工作的科研人员很有意义，因为他们将逐渐需要与公众、政治家和媒体进行对话。

Barbara Paerli

+41 44 632 39 46

barbara.paerli@rektorat.ethz.ch

English and Dutch

以色列技术学院

Technion—Israel's Institute of Technology

科学技术教育系

Department of Education in Technology and Science，Technion

http://moodle.technion.ac.il

当前舆论认为，科学家应该参与到公众关于科学问题的讨论之中，且科学家应该经过相关的培训。在实践课上，学生会学习如何将信息组织成适合读者的形式，练习写作和讲解科学问题；在理论课上，学生学习理解公众的知识水平和公众对科学知识的学习意愿，了解相关的知识资源所在，并学习不同的科学传播模型。

Ayelet Baram-Tsabari

972-（0）4-8295484

Hebrew

荷兰格罗宁根大学

University of Groningen，the Netherlands

数学及自然科学

Mathematics and Natural Sciences

科学硕士学位

MSc

http://www.rug.nl/ec

科学传播硕士课程将在单个科学领域（如

生物学、化学、天体物理学）高度专业化的本科学生转变成为科学传播专业的硕士生。该课程学制两年，包括 6 个月的原科学领域研究课；14.5 个月的传播和专题课［演讲和写作技巧、传播设计、研究方法、科学背景、科学（传播）政策、风险传播、公众对话］，其中包含一次短期的指定校外作业和一次短期的科学传播研究；3.5 个月的选修课和 / 或实习。所有科目均由来自各个科学系和文学系的专家来教授，客座教授由来自广播电视公司、博物馆和科学中心的记者和从业人员担任。

Gerrit Roorda
+31（0）50 363 3981
g.roorda@rug.nl
Henk Mulder
+31（0）50 363 4436
h.a.j.mulder@rug.nl
Dutch

新南威尔士大学（课程）
University of New South Wales（Program）
科学系
Faculty of Science
科学学士学位
BSc
http://www.scom.unsw.edu.au

新南威尔士大学的传播专业本科课程要求学生学习一门科学类主课，以及人际和组织传播、社会中的科学等核心科目。学生要完成传播专业的学习，必须选择两门与传播有关的科目，包括社会学、多媒体、外国语言、绘画、摄影等。此外还需要完成实习任务，实习时间为每周一天，累计 100 个小时。

Will Rifkin
+61 2 9385 2748
willrifkin@unsw.edu.au

新西兰奥塔哥大学（课程）
University of Otago, New Zealand（Program）
科学传播中心
Centre for Science Communication
传播专业科学硕士学位
MSciComm
http://www.sciencecommunication.info

该课程仅面向研究生（即使是有进修意向的本科生也不可参加），目前有 30 个在读传播专业科学硕士学位的学生，另外还有 14 个已经填写了 SCOM406 申请表的学生。科学传播中心希望招收以下三类学生：①有科学背景但不打算直接参与科研、更愿意推动科学发展的学生；②有文学艺术背景并希望将自己的创造能力用于科学普及的学生；③准备从事科学研究且认识到需要提高自身传播技巧的学生。

Lloyd Davis
+64 3 479 7654
sciencecommunication@otago.ac.nz

西澳大利亚大学（课程）
University of Western Australia（Program）
生命及物理科学系
Faculty of Life and Physical Sciences
科学学士 / 科学硕士 / 教育学硕士 / 博士学位
BSc/MSc/MSc-Education/PhD
http://www.science.uwa.edu.au/science_communication

西澳大利亚大学科学传播专业面向希望从事公共事务和 / 或信息教育领域科学传播工作的人。该课程要求学生提供一个作品集，包括文章、书评、海报、说明书、网页、播客、数字电影和咨询报告。学生会学习演讲技巧，并参加短期展览的设计、实施和组织工作。许多研究生参加了不脱产项目，一个学期参加一门课的学习，要拿到学位共需要完成四门课。也有些学生参加了脱产项目，需要一年时间拿到硕士预科。

参加脱产项目的学生还可以再增加一个科学传播的研究项目，然后获得科学传播的硕士学位。

Nancy Longnecker
+61 8 6488 3926
Nancy.Longnecker@uwa.edu.au

西英格兰大学，布里斯托尔（课程）
University of the West of England, Bristol（Program）
生命科学及科学传播
Life Sciences Science Communication
科学硕士学位
MSc
http://www.scu.uwe.ac.uk/index.php?q=node/81

该硕士课程有脱产和不脱产两种形式。脱产生和不脱产生学习的科目相同，但脱产生要学习四个教学模型，不脱产生仅需学习两个模型。因此，脱产生要上的课包括科学与社会、科学、公众与媒体，四个模型（科学指导实践、科学写作、科学广播和科学传播的新机遇）；不脱产生则从中选择两个模型进行学习。

Clare Wilkinson
+44（0）117 32 82146
science.communication@uwe.ac.uk

荷兰特温特大学（课程）
University of Twente, the Netherlands（Program）
ELAN 学院行为科学系
Faculty of Behavioral Sciences, Institute ELAN
科学硕士学位
MSc
http://www.graduate.utwente.nl/sec

该科学硕士课程学制两年，120 个 EC 学分，面向有科学学士学位的学生，是一个覆盖先进科学技术和传播学的综合课程。进入该课程学习，既要将本科阶段的知识加深，又要将知识面拓宽，从而成为科学技术与传播的专家和全才。主要科目有大众传播、传播科学、危机传播和风险传播，以及科学传播研究，此外还需注重科学传播与新技术之间的关系。作为其具备科学技术与传播综合能力的证明，学生需要提交论文。

Carin Vrugterman
053 489 3589
lerarenopleiding@gw.utwente.nl
English and Dutch

Appendix B 附录 B

注释参考书目

A

Abortion
堕胎

BALKIN J M. (Ed.). What Roe v. Wade should have said: The nation's top legal experts rewrite America's most controversial decision [M]. New York: New York University Press, 2005.

《Roe v. Wade 可能会说：美国顶级立法专家改写国内最有争议的决策》

依据 1973 年的资源，11 名宪法学者对这一具有里程碑意义的案例提出了模拟法律意见。

GINSBURG F D. Contested lives: The abortion debate in an American community [M]. Berkeley: University of California Press, 1998.

《关于生命的争议：一个美国社区内关于流产的争论》

从北达科他州法戈市关于一家流产诊所的地方争斗来审视流产冲突和妇女行动主义。

MCDONAGH E L. Breaking the abortion deadlock: From choice to consent [M]. New York: Oxford University Press, 1996.

《打破流产僵局：从选择到同意》

适用的法律原则如自我防卫、同意和使用致命暴力、主张妇女有权利终结妊娠以及申请政府堕胎流产资金援助等。

SALETAN W. Bearing right: How conservatives won the abortion war [M]. Berkeley: University of California Press, 2003.

《生育权：保守派如何赢得流产战争》

本书认为保守势力成功地曲解了人工流产合法运动的隐私对话，将流产监管转换成流产的权利。

Active Audiences and Science
积极受众与科学

GRUNIG J E. A situational theory of publics: Conceptual history, recent challenges and new research [M]//D MOSS, T MACMANUS, D VERCIC (Eds.), Public relations research: An international perspective.London: International Thomson Business Press, 1997: 3–48.

《公众关系研究：国际视野》

《公众情境理论：概念历史、近期挑战及新的研究》

阐述作者的公众情境理论，根据公众的沟通行为，把所谓的大众划分为与特定因素有关的组类。影响信息搜索和处理的因素包括问题识别、限制识别和参与程度等。

LEE S，RODRIGUEZ L. The four publics of antibioterrorism information campaigns：A test of the situational theory [J]. Public Relations Review，2008，34：60-62.

《公众关系评论》

《反生物恐怖主义运动宣传的四类公众：一次关于情境理论的测试》

报告关于生物恐怖主义观众视角的研究结果。问题识别和参与程度显示出与信息搜索正相关。

Actor-Network Theory 行动者 – 网络理论

CALLON M，LASCOUMES P，BARTHE Y.Acting in an uncertain world：An essay on technical democracy [M]. Cambridge：MIT Press，2009.

《不确定世界中的行动：关于技术民主》

卡隆、拉斯库姆斯和巴特概述了在极度依赖知识和技术的社会里构建对话的民主制度。他们分析了以实验室为基础的研究和由专家与民间参与者组成的异构联盟在野外开展的研究之间的相互作用。

LATOUR B.Science in action [M]. Cambridge，MA：Harvard University Press，1987.

《行动中的科学》

在这篇很多人认为是 ANT 圣经的文章中，拉图尔批判性地审视了 20 年来对科学、技术和社会之间关系的研究，并提出了一个新的以行动者—网络理论为基础的研究途径，即应该去探索正在进行中的科学和技术而不是已成产品的科学和技术的研究理念。

LATOUR B.Reassembling the social：An introduction to actor-network-theory [M]. Oxford，UK：Oxford University Press，2005.

《重组社会：行动者—网络理论导论》

开展 ANT 研究 20 年之后，拉图尔又重新阅读了该研究的原则和方法论策略。ANT 的实用导言提醒读者注意社会学的技术性质和技术的社会学特点。该导言通透且发人深省。

LAW J，MOL A. (Eds.).Complexities: Social studies of knowledge practices [M]. Durham，NC：Duke University Press. (2002).

《复杂性：知识实践的社会学研究》

这本论文集所收集的论文重点介绍了多种知识形式的产生方法及其相互作用，对经济学、医学、生态学和航天等多个领域做了详细的深度分析，且全部都涉及 ANT 原则如何考虑知识过程的流动特性。

Africa, Science in 非洲科学

United Nations Education，Scientific and Cultural Organization，Science in Africa：www.unesco.org/science/science_africa.pdf.

联合国教育、科学和文化组织

该网址提供联合国教育、科学和文化组织主持的，在非洲开展的科学和技术、生物保护和世界遗产的工作名录，列在“非洲的科学：2010 年前联合国教科文组织对非洲科技发展的贡献”名录下。

Agenda Setting and Science 议程设置与科学

MCCOMBS M，SHAW D. The agenda-setting function of the mass media [J]. Public Opinion Quarterly，1972，36：176-187.

《公众意见》季刊

《大众传媒的日程设定功能》

在 1968 年的选举背景下，日程设定理论经历了第一次真正的考验。该理论研究将北卡罗

莱纳州教堂山地区的事件日程与心意未决选民分类做了比较。

NISBET M，HUGE M. Attention cycles and frames in the plant biotechnology debate：Managing power and participation through the press/policy connection［J］. Press/Politics，2006，11（2）：3-40.

《新闻与政策》

《植物生物技术争论中的关注周期和范围：通过新闻和政策的联系管控权力及参与程度》

文章以近期案例说明日程设定与框架如何反映对科学问题的关注周期，以及这些科学问题最终是怎样在政策范围内得以解决的。文中还列出了关于日程设定、框架及科学的相关研究的参考书目。

Agricultural Biotechnology 农业生物技术

BROSSARD D，SHANAHAN J，NESBITT T C.（Eds.）. The public，the media and agricultural biotechnology［M］. Oxfordshire，UK：CAB International，2007.

《公众、媒体和农业生物技术》

这是一本来自不同作者的研究文集，这些作者对相关问题持有不同的观点，包括美国和欧洲对生物技术的反应、媒体的作用，以及对公众意见和媒体间关系的理解的几种理论模型。

FEDEROFF N，BROWN N M. Mendel in the kitchen［M］. Washington，DC：Joseph Henry Press，2004.

《厨房里的孟德尔》

本书由杰出的分子生物学家为非专业读者所著，提供了有关传统和现代科学育种技术的基本科学知识，包括 rDNA 生物技术，回顾了关于转基因食品的主要食品安全和环境争议问题，指出这些问题目前基本没有科学支持。

JASANOFF S. Designs on nature［M］. Princeton，NJ：Princeton University Press，2005.

《对自然的设计》

关于文化和社会因素对生物技术公众接受度和监管的影响，美国、德国和英国进行了一次里程碑式的广泛的历史性考察。

PRIEST S H. A grain of truth：The media，the public and biotechnology［M］. Lanham，MD：Rowman &Littlefield，2001.

《一个真相：媒体、公众与生物技术》

本文审视了美国公众对生物技术各个方面的关注，以及生物技术与媒体宣传和科学素养的关系。

Agricultural Communicators of Tomorrow 未来全国农业传播者

RHOADES E，RICKETTS J，IRANI T，et al. Critical thinking dispositions of agricultural communication students［J］. Journal of Applied Communications，2005，89（1）：25-34.

《应用传播学杂志》

《农业传播学生的批判性思维倾向》

这项研究基于对 12 所大学的农业传播学生的批判性思维倾向所做的调查。结果指出，在农业传播学生中，很少一部分（约 1%）可归类为具有强批判性思维倾向，而部分（约 30%）可归类为具有弱批判思维倾向。

TELG R W，IRANI T. Integrating critical thinking into agricultural communication curricula［J］. Journal of Applied Communications，2005，89（3）：13-22.

《应用传播学杂志》

《将批判性思维融入到农业传播课程中》

这篇定性研究检验了农业传播学教师关于将批判性思维方式融入农业传播学课程中的建议。在农业传播学课程中实施批判性思维的建议包括提供参与实际项目的机会；把案例研究结合进课程；吸收不同的观点，而不仅是支持农业的态度；重视分析信息，而不仅是发现信息等。

TOOMEY A C，TELG R. Critiquing the contest：Assessing the benefits of a collegiate academic competition［C/OL］//Proceedings of the 106th annual meeting of the Southern Association of Agricultural Scientists，Agricultural Communication Section. Atlanta，GA 2009.（2009，4，27）. http://agnews.tamu.edu/saas/2009/toomey.pdf.

《南方农业科学家协会农业传播分会第 106 届年会文集》

《批评竞争：大学学术竞争效益的评估》

从竞争参与上看，该项研究的目的是评估《未来的批评与竞争》中国家农业传播员的作用。主导竞争的学术和专业组织应考虑评价潜在的竞争参与者的偏好和利益，以确定他们的竞争是否应该继续，是否应该改变或者被限制。

Agricultural Journalism 农业新闻学

PAWLICK T F. The invisible farm：The worldwide decline of farm news and agricultural journalism training. Chicago：Burnham，2001.

《看不见的农场：全球农业新闻和农业新闻业培训的衰落》

本书记录了公众对于现代农业中所发生的变化的有限认知，包括动物栖息地的破坏、生物多样性的减少、污染和土质恶化等紧迫的问题。

Alcohol, Risk Communication for 酒精危害传播

LEDERMAN L C，STEWART L P，RUSS T L. Addressing college drinking through curriculum infusion：A study of the use of experience-based learning in the communication classroom［J］. Communication Education，2007，56（4）：476-494.

《传播教育》

《通过课程灌输解决大学酗酒问题：一个对在交际课堂上的体验式学习的应用的研究》

大学酗酒的超高比例是大学校园中危险酗酒的主要原因。这项研究表明，利用体验式模拟学习方式能够改变与危险酗酒相关的信仰和行为。

PERKINS H W，WECHSLER H. Variation in perceived college drinking norms and its impact on alcohol abuse：A nationwide study［J］. Journal of Drug Issues，1996，26（4）：961-974.

《药物问题杂志》

《大学饮酒标准认知规范的变化及它对酒精滥用的影响：一项全国范围的研究》

这项里程碑式的研究指出，大学校园饮酒的认知标准是造成危险酗酒的原因。将重度饮酒认知为正常饮酒会使学生饮用比他们自身状态能够接受的饮酒量更多的酒。

WECHSLER H，NELSON T F. What we have learned from the Harvard School of Public Health College Alcohol Study：Focusing attention on college student alcohol consumption and the environmental conditions that promote it［J］. Journal of Studies on Alcohol and Drugs，2008，69（4）：481-490.

《酒精和毒品研究杂志》

《我们从哈佛大学公共卫生学院酒精研究中学习到的：关注大学生酒精消费和促成酒精消费的环境情况》

通过一项长达 14 年的对大学校园酒精饮用的研究，研究者得出如下结论：校园危险酗

酒由诸多因素引起，包括校园环境、社会环境、人口统计学因素和抗酗酒政策。没有发现社会上的规范饮酒运动能够减少校园酗酒。

Alien Abduction
外星人绑架

BILLINGS L. Sex! Aliens! Harvard? Rhetorical boundary-work in the media（a case study of the role of journalists in the social construction of scientific authority）[C]. Indiana University，2005.（Available from ProQuest Dissertations and Theses database）

《性！外星人！哈佛？夸张的领域—媒体的工作—在科学权威的社会构建中新闻工作者的作用案例研究》

科学和媒体在现代生活中起到重要作用，理解科学的文化权威性和媒体在维持现代生活中的作用也非常重要。本案例研究由哈佛医学院精神病学教授主导，考察了一项关于平板媒体报道的争议。

JACOBS D M.（Ed.）. UFOs and abduction：Challenging the borders of knowledge [M]. Lawrence：University of Kansas Press，2000.

《不明飞行物与绑架：挑战边界知识》

雅各布是坦普尔大学历史系副教授，也是诸多关于不明飞行物及外星人绑架著作的作者。本书包含“不明飞行物学和学术界：作为一个学术学科的不明飞行物现象”“研究方向”“约翰·麦克做出的贡献”等章节。

Alternative Energy, Overview
替代能源概论

BROWN L R. Plan B 2.0：Rescuing a planet under stress and a civilization in trouble [M/OL]. New York：W. W. Norton，2006. www.earth-policy.org/Books/PB2/Contents.htm.

《计划 B2.0：营救压力下的地球和困境中的文明》

作者设计了一个具体的拯救文明计划，与常规的商业性 A 计划不同，B 计划提供的生存战略聚焦于替代行动。

KRUPP F，HORN M. Earth：The sequel：The race to reinvent energy and stop global warming [M].New York：W. W. Norton，2008.

《地球：后果：重新发明能源和停止全球变暖的竞赛》

环境保护基金会董事长 Fred Krupp 和新闻记者 Miraim Horn 推荐了一个以商业为导向的解决全球变暖和能源短缺的方法。作者赞成二氧化碳排放的总量管制和碳贸易管理办法。

Alternative Medicine
类医学

BODEKER G，BURFORD G. Traditional，complementary and alternative medicine：Policy and public health perspectives [M]. London：Imperial College Press，2007.

《传统、补充及类医学：政策与公众健康观察》

本书各章节由各个发展中国家政策、公众健康问题和传统、补充及类医学方面的学者和专家编撰。

Commission for Scientific Medicine and Mental Health：www.csmmh.org.

科学、医药及精神健康委员会

科学医学医药和精神健康委员会设立于2003 年，旨在严格审查类医学的申请。该委员会出版两份同行评审杂志，用于对类医学治疗心理和精神疾病的效用进行科学评价。

National Institutes of Health National Center

for Complementary and Alternative Medicine：http://nccam.nih.gov.

国家补充及类医学中心国家健康研究所

本网站提供有关健康状况和补充及类医学治疗的相关信息。可在公众医学网页（PubMed）查找研究结果、获取补充及类医学，可在公众医学网页搜索到所有关于补充及类医学的文献，以及国家补充及类医学中心国家健康研究所的资助和培训信息。

Quackwatch，Inc.：www.quackwatch.org.

呱呱观察

呱呱观察是一个非营利性组织，始建于1996年，该组织申明的使命是"与对健康相关的欺诈、神话、流行、谬误和不当行为做斗争"。

Weil Lifestyle，LLC：www.drweil.com.

Andrew Weil 是一个很受欢迎的、可获取综合医疗信息的网站，有新闻、文章、关于维生素和补品的建议，并销售维生素和营养品。

WHORTON J C. Nature cures：The history of alternative medicine in America［M］. New York：Oxford University Press，2002.

《自然疗法：美国类医学的历史》

James C. Whorton 追踪了从 19 世纪到 21 世纪的美国各种形式类医学的起源。

American Association for Public Opinion Research 美国公众舆论研究会

American Association for Public Opinion Research：www.aapor.org.

美国公众舆论研究协会

除了关于该组织的基本信息，这个用户界面友好的网站是一个有价值的资源库，它提供了美国公众舆论研究协会关于道德和实践的建议和指导，包括如何设计和准备调查的问题，如何计算反馈率，以及当提交设计报告时应包括什么样的细节（如最低披露界限）。

American Association for the Advancement of Science（AAAS） 美国科学促进会（AAAS）

American Association for the Advancement of Science：www.aaas.org.

美国科学促进会

美国科学促进会官网包含下列信息：该组织的历史、机构、管理、计划、学术奖金、论文、美国及国际科学政策等。该网站是一个面向媒体和公众的科学研究的新闻传播窗口。

American Medical Association 美国医学协会

American Medical Association：www.ama-assn.org.

美国医学协会

美国医学协会官方网站提供如下信息：该组织的年度会议文集，关于卫生保健和卫生保健改革的最新问题，协会成员和相关人员感兴趣的其他新闻，以及供医生、医学学生和患者使用的各种资源。该网站包括与美国医学协会出版刊物的链接，可通过 pubs.ama-ama.org 获取协会的刊物。

American Medical Writers Association 美国医学作家协会

American Medical Writers Association：www.amwa.org.

美国医学作家协会

该网站被称作"医学传播工作者的资源库"，其不仅提供该组织的联系信息，还为会员和想要学习医学写作专业的人员提供各类资源，包括研讨会计划等信息。

Anti-Drug Campaigns
禁毒运动

ELLICKSON P L，MCCAFFREY D F，GHOSH-DASTIDAR B，et al. New inroads in preventing adolescent drug use：Results from a large-scale trial of Project ALERT in middle schools［J］. American Journal of Public Health，2003，93：1830–1836.

《美国公共卫生杂志》

《预防青少年使用毒品的新进展：中学 ALERT 项目大规模实验结果》

在对来自 55 所中学的约 4300 名学生做了实验前调查问卷和试验后调查问卷之后，对 ALERT 项目进行了评价，结果表明 ALERT 计划项目有助于在限制中学生抽烟、饮酒和吸食大麻。

HORNIK R C，JACOBSOHN L S，ORWIN R，PIESSE A，et al. Effects of the National Youth Anti-Drug Media Campaign on youths et al. American Journal of Public Health，2008，98：2229–2236.

《美国公共健康杂志》

《面向青少年的全国青少年反毒品宣传运动效果》

以年龄在 8~18 岁的青少年为样本，对使用毒品的认知（如态度、标准）和行为进行调查，用以评估全国青少年抗毒品宣传运动的效果。还将就大麻的使用标准和实际使用情况开展规模更大的宣传运动。

LYNAM D R，MILICH R，ZIMMERMAN R，et al. Project DARE：No effects at 10-year follow-up［J］. Journal of Consulting and Clinical Psychology，1999，67：590–593.

《咨询与临床心理学杂志》

《DARE 项目：10 年跟进没有效果》

大约 1500 名学生在 1987—1988 年参加了 DARE 计划，并在参加该项计划后接受 5 年的随访检测。最终大约完成了 1000 人的检测。在 DARE 项目参与者和对照组中没有发现明显的差异。

Anti-Smoking Campaigns
禁烟运动

HORNIK R C. Public health communication：Evidence for behavior change［M］. Mahwah，NJ：Lawrence Erlbaum，2002.

《公共健康传播：行为改变的迹象》

本书审议了涉及宣传运动的概念问题，并列举实例证明多次健康卫生宣传运动的效果，其中不少章节重点讲述了反吸烟运动。

U.S. Department of Health and Human Services. The role of the media in promoting and reducing tobacco use［M］. NCI Tobacco Control Monograph Series Vol. 19. Washington，DC：U.S. Department of Health and Human Services，National Institutes of Health，National Cancer Institute，2008.

《促进和减少烟草使用中媒体的任务》

这本专著详细讲解了反吸烟媒体宣传运动及其效果，其中第 11 章叙述了以前反吸烟宣传的内容，第 12 章评议了反映宣传效果的证据。

Architecture, Sustainable
节能环保建筑

ALREAD J，LESLIE，T. Design-tech：Building science for architects［M］. Burlington，MA：Architectural Press，2007.

《设计技术：建筑师的建设科学》

本书主要面向非科学家读者介绍美观的、成功的建筑设计科学，书中使用简洁的语言以简单易懂的方式介绍了一系列建筑科学的概念。

BROWN T S. The science of building［M］.

Charleston，SC：BookSurge，2006.

《建筑科学》

本书是自行出版的，提供了关于工程科学的有效且简洁的指导，可用于建筑设计参考。本书清晰、简明地介绍了固体材料、电路、管道、取暖、通风等方面的知识，以及一系列其他的建筑科学问题，不会使初学者望而生畏。

MC MULLEN R. Environmental science in building［M］. New York：Macmillan，2007.

《建筑中的环境科学》

本书介绍了隐藏在建筑中的科学和技术知识，以及建筑中的环境状态管理科学。

Asilomar
阿西洛马会议

BERG P，BALTIMORE D，BRENNER S，et al. Summary statement of the Asilomar Conference on recombinant DNA molecules［J］. Proceedings of the National Academy Science，1975，72（6）：1981-1984.

《美国国家科学院会议文集》

《重组 DNA 分子阿西洛马会议纪要》

这份原始报告出自著名的阿西洛马会议，公开承认 DNA 研究是有风险的，并提出了相对应的遏制风险策略作为主要管理原则。

HINDMARSH R，GOTTWEIS H. Recombinant regulation：The Asilomar legacy 30 years on［J］. Science as Culture［Special issue］，14（4）：299-412.

《科学文化》

《分子重组监管：阿西洛马遗产 30 年》

《科学文化》杂志的这一期特刊是关于阿西洛马遗产的，包括其在澳大利亚、欧洲、以色列和新西兰的影响的案例研究。

Asimov, Isaac
艾萨克・阿西莫夫

ASIMOV I，ASIMOV J J. It's been a good life［M］. Amherst，NY：Prometheus，2002.

《美好生活》

这是一本由阿西莫夫的妻子珍妮特・杰普森・阿西莫夫从三卷艾萨克・阿西莫夫自传文集中缩编而成的自传体著作。书中还有一些新增的内容，有些取自以前未出版的信件。

Isaac Asimov Home Page：www.asimovonline.com.

艾萨克・阿西莫夫

该网站提供各种关于阿西莫夫的有用的资源，如短篇传记、书评，以及推荐阅读列表等。

Association for Communication Excellence
卓越传播协会

American Association of Agricultural College Editors. AAACE：Origin and development，1913—1967［M］. Champaign：University of Illinois，1967.

《起源与发展 1913—1967》

本书是为纪念在农业、自然资源、生活和人文科学等领域的优秀传播工作（包括美国农业大学编辑协会的优秀工作）而在协会的第 50 届年会之际出版的，书中追溯了协会的历史，并就专业和组织面临的挑战进行了简短有趣的讨论。此外还包括对当今重要的农业传播媒体的描述，如展览、广播和电视等。

Association for Communication Excellence in Agriculture，Natural Resources，and Life and Human Sciences：www.aceweb.org.

农业、自然资源、生活和人文科学领域的优秀传播协会

农业、自然资源、生活和人文科学领域的优秀传播协会网站是一个不断更新的资源网站，提供关于即将召开的国际会议和特别研讨会的信息。该网站提供在线的时事通信和会员目录，以及对该组织的评论和获奖项目的信息，应用传播杂志的读者和作者的信息等。

CARNAHAN，W. E. The presidents of ACE [M]. Columbus：The Ohio State University，1993.

《ACE 主席》

这本特别出版物表彰在农业、自然资源、生活和人文科学方面的交流杰出协会 80 年中的会长，他们代表 31 个州和克伦比亚地区。图书收录了该组织的从创始直至 1993 年的每一位主席的黑白或彩色相片，以及他们的专业背景和对 ACE 的独特贡献的信息。

Asteroid Impacts 小行星撞击

CLEMENS E S. Of asteroids and dinosaurs：The role of the press in the shaping of scientific debate [J]. Social Studies of Science，1986，16：421–456.

《科学的社会学研究》

《关于小行星和恐龙：新闻界在科学争论形成中的作用》

本文探讨了凭借一种什么方式，把撞击灭绝假说的争论通过专业和流行刊物传播给各个学科领域的读者。克里曼斯认为沟通的组织有助于科学争论的形成、构建和发展。

GLENN W. (Ed.). The mass extinction debates：How science works in a crisis [M]. Stanford，CA：Stanford University Press，1994.

《大灭绝的辩论：危机中科学如何起作用》

本文集收录了来自一系列学科领域的投稿，包括一些相关学科的科学家的文章，讨论在小行星撞击引起恐龙灭绝的假说的争论中科学家的观点和行为。

Astrobiology 天体生物学

DICK S J，STRICK J E. The living universe：NASA and the development of astrobiology [M]. New Brunswick，NJ：Rutgers University Press，2004.

《活生生的宇宙：NASA 与天体生物学的发展》

这本由历史学家撰写的权威性著作对科学家和美国空间研究所在创建天体生物学中的相互作用进行彻底而引人入胜的叙述。这个历史性的讲述对把天体生物学创建为一门科学中的行政管理过程和科学的人性品格都记录成文。

GRINSPOON D. Lonely planets：The natural philosophy of alien life [M]. New York：HarperCollins，2003.

《孤独的星球：外星人生活的自然哲学》

该书获得笔耕中心美国文学奖，作者自称是行星科学家和天体生物学家，本书描述了外星人生活的自然哲学。作者是一名优雅的娱乐作家，他认为外星人的生活是科学的、历史的和有信仰的。

Astronomy, Public Communication of 天文学大众传播

FERRIS T. Seeing in the dark [M]. New York：Simon & Schuster，2002.

《黑暗中注视》

该书向读者介绍了业余天文学家的奇妙世界，以及这些业余天文学家对科学知识的贡献。书中收录了业余天文学家的故事和活动，并有对天文学爱好者有用的附录。

LIGHTMAN B. Constructing Victorian heavens：

Agnes Clerke and the "new astronomy." [M]// B GATES, ASHTIER (Eds.), Natural eloquence: Women reinscribe science, Madison: University of Wisconsin Press, 1997: 61–65.

《自然的雄辩：女性载入科学》

《构建维多利亚的天空：艾格尼丝·克拉克和新天文学》

这本文集收录了女性科学家和女性科学英文作家的传记及其对科学的历史性贡献，代表科学普及的这一部分历史（其中女性功不可没）已有一定的研究。其中，史蒂芬·杰伊·古尔德的简介有助于了解这一阶段的历史。

Attenborough, David
大卫·爱登堡

ATTENBOROUGH D. Life on Air: Memoirs of a broadcaster [M]. London: Random Hom House, 2002.

《空中的生活：一个广播员的回忆录》

大卫·阿滕伯勒的回忆录详细地记录了从他早期在霍德和斯托顿出版社工作到后来制作纪录片的职业生涯。这本书充满了故事，包括他所遇见的人和动物、旅行所到过的地方等。

Attentive Public
热心公众

ALMOND G A. The American people and foreign policy [M]. New York: Harcourt Brace, 1950.

《美国人民与对外政策》

该书是第一个提出关注民众这一理念的。它以平装书的形式改版，重点放在民众对外交政策的关注上。乔恩·米勒、唐纳德·迪瓦恩和其他人使用这个基本模式去考察对政策关注的广泛性和对特定问题群的关注，如能源、种族和生物医药。

MILLER J D. The American people and science policy [M]. Elmsford, NY: Pergamon, 1983.

《美国人民和科学政策》

本书是第一个应用对科学和科学政策关注模式的。本书所讨论的问题并非只是关注民众，它还详细地讨论了关注的逻辑及其在政治系统中的作用。

MILLER J D. Public understanding of, and attitudes toward, scientific research: What we know and what we need to know [J]. Public Understanding of Science, 2004, 13: 273–294.

《公众理解科学》

《公众对科学研究的认识和态度：我们知道什么和我们需要知道什么》

这篇摘要文章提供了关于关注的时序数据和与科学传播有关的很多其他可变因素。它阐述了很多关于这些研究方法的理论基础，讨论了有关将科学传播到公众的未来研究的需要。

MILLER J D, KIMMEL L G. Biomedical communications: Purposes, audiences, and strategies [M].New York: Academic Press, 2001.

《生物医学传播：目的、听众与战略》

本书的重点是告诉公众如何获取关于个人健康事宜和生物医学政策问题的信息。它可能是对关注一系列实质性问题的最广泛的分析。它对科学传播者特别有用，因为它弥合了个人健康关注的问题，又涉及了更广泛的公共政策关注的问题。

MILLER J D, PARDO R, NIWA F. Public perceptions of science and technology: A comparative study of the European Union, the United States, Japan, and Canada [M]. Chicago: Chicago Academy of Sciences, 1997.

《公众对科学和技术的认识：欧共体、美

国、日本和加拿大的比较研究》

本书首次研究了全国性的科学政策关注，还研究了与公民科学素养和其他各种与科学传播相关的因素。

Audiences for Science 科学受众

GASKELL G，EINSIEDEL E，HALLMAN W，et al. Social values and the governance of science [J]. Science，2005，310：1908–1909.

《科学》

《科学的社会价值和管理》

这篇文章设想了未来欧洲和美国的人口被分为两类，即在科学政策的制定中起到了科学家作用的人和没有起到此作用的人，并对此提出了数据支撑。

STURGIS P J，ALLUM N. Science in society：Re-evaluating the deficit model of public attitudes[J]. Public Understanding of Science，2004，13（1）：55–75.

《公众理解科学》

《社会中的科学：重新评价公众态度缺失模型》

借助元分析方法，本文揭示了科学知识与公众对各类科学发展和科学问题的态度之间的统计关系。

Australia, Science in 澳大利亚的科学

Australian Vice Chancellor Committee. Beyond backing Australia's ability：The AVCC response[M/OL]. [2008–11–5]. www.universitiesaustralia.edu.au/documents/publications/AVCC–Response–to–BAA2. pdf.

《支撑澳大利亚的能力之外：AVCC 的回答》

这篇报告记录了澳大利亚在科学和创新方面战略性投资的重要性，建议对投资设立特别的目标，并详细介绍了其他政策。

Commonwealth Scientific and Industrial Research Organisation. The history of CSIRO：A summary of CSIRO's history and its achievements [M/OL]. [2008–11–5]. www.csiro.au/org/CSIROHistoryOverview.html.MICHIE M. Why indigenous science should be included in the school science curriculum [J]. Australian Science Teachers Journal，2002，48（2）：36–40.

《CSIRO 的历史：CSIRO 历史及成就概述》

记录了 CSIRO 自 1916 年建立科学与工业咨询委员会，41 名科学家在租借的房屋中工作，发展至今成为世界上著名的国家科学研究所的过程。

Council of Rural Research & Development Corporations' Chairs：www.ruralrdc.com.au.

乡村研究与开发公司董事委员会

本网站叙述了澳大利亚 15 个乡村研究与发展公司在过去 25 年中在农业、林业和渔业提高双倍生产效率中的作用。

Tropical Savannas CRC.（n.d.）. Fire agreement to strengthen communities [M/OL]. [2008–11–5]. www.savanna.cdu.edu.au/view/250363/fire–agreement–to–strengthen–communities.html.

《巩固社区的消防协议》

本文叙述了一个在能源利益和土著传统权益者之间形成的独特的伙伴关系，该组织实施消防管理的实践，用于限制野火蔓延从而减少温室气体排放。

Avian Flu 禽流感

U.S. Department of Health and Human Services：

www.pandemicflu.gov.

美国卫生与人文服务部

这个由美国政府建立的跨部门的网站提供关于全球性流行性感冒及其发展情况的最新信息。该网站包括综合性的新闻档案室，提供对世界卫生组织发布的信息的直接链接。

World Health Organization：www.who.int/en.

世界卫生组织

该网站是一个主要的国际卫生组织的网站，提供广泛的最新信息和全球各种健康问题的统计信息，包括关于正在流行的疾病威胁的信息。

B

Beat Reporting
专题报道

SHOEMAKER P，REESE S. Mediating the message：Theories of influence on mass media content［M］2nd. White Plains，NY：Longman，1996.

《调解消息：影响大众传媒内容的理论》

本书是一本杰出的引导著作，以媒体理论为基础，其水平达到了影响新闻内容的产生的程度。它试图把各种理论观点和研究流派统一起来，有助于理解为什么媒体内容成为其所呈现的方式。

Big Science
大科学

DE SOLLA PRICE D. Little science，Big Science...and beyond［M］. New York：Oxford University Press，1963.

《小科学，大科学……与超科学》

这是一本使用了大科学这一术语的典型的文本著作。普莱斯既是一位历史学家也是一位物理学家，他为一个新的动力学提出了一个有说服力的论点，这个新动力能使科学以指数级的速度发展，并伴有令人震惊的作用。

GALISON P，HEVLY B.（Eds.）. Big Science：The growth of large-scale research. Stanford［M］. CA：Stanford University Press，1992.

《大科学：大规模研究的增长》

这是一部极为有用的关于大科学的论文集，内容来源于由彼得·格里森组织的讨论会。彼得·格里森是斯坦福大学的教授，现在是哈佛大学的名誉教授。

WEINBERG A. Reflections on Big Science［M］. Cambridge：MIT Press，1967.

《对大科学的思考》

这是另一本启用大科学术语的经典著作。这位批评家的作品常被人引用，他开启了关于科学是否已经发展到如此宏大的争论。

Bioethicists as Sources
作为媒体专家的生物伦理学家

GOODMAN K W. Philosophy as news：Bioethics，journalism and public policy［J］. Journal of Medicine and Philosophy，1999，24（2）：181-200.

《医学与哲学杂志》

《作为新闻的哲学：生物伦理学、新闻学和公共政策》

这篇文章特别强调在多大程度上生物伦理学家在新闻中的出现会影响到公共政策和个人决策，对记者和新闻来源给予了特别的责任。

ROSENFELD A. The journalist's role in bioethics［J］. Journal of Medicine and Philosophy，1999，24（2）：108-129.

《医学与哲学杂志》

《新闻工作者在生物伦理学中的作用》

本文作者认为，科学新闻工作者对生物学伦理问题已经具有了预警作用，这个作用随着公众意识的增加和生物伦理学的发展成为公认的专业而递减。该作者提出了让新闻工作者和生物伦理学家能够一起合作的方法。

Biofuels
生物燃料

MASTNY L.（Ed.）. Biofuels for transport：Global potential and implications for sustainable energy and agriculture［M］. Sterling，VA：Worldwatch Institute，2007.

《用于运输的生物燃料：对可持续能源及农业的全球性潜在影响》

这种合成能源是一个很好的事物，它奠定了现在及未来在运输中使用生物燃料的基础。除审视生物燃料的经济性、能源安全和环境影响外，本书还讨论了市场问题和政策建议，最后讲到一系列针对具体国家的案例研究。

Bioinformatics
生物信息学

CLAVERIE J-M，Notredame C. Bioinformatics for dummies［M］. Hoboken，IN：Wiley，2003.

《虚拟生物信息学》

这是一本针对有分子生物学知识基础的读者的导论书籍。它涵盖了广泛的复杂生物资料工具的实践和理论的各个方面，叙述清晰而幽默。

LESK A M. Introduction to bioinformatics［M］. Oxford，UK：Oxford University Press，2008.

《生物信息学导论》

自第三版开始，本书增加了基因序列。本书的读者对象主要是本科生和在读研究生。它选择了重要的信息核心，按入门水平的程度清晰地讲述生物信息学。作为增编，书中链接了相关网站的生物信息学网络资源。

Bioterrorism
生物恐怖主义

ALIBEK K，HANDELMAN S. Biohazard：The chilling true story of the largest covert biological weapons program in the world—told from inside by the man who ran it［M］. New York：Random House，1999.

《生物危害：关于世界上最大的转化生物武器项目的不寒而栗的真实故事——由运营该项目的内部人士透露》

本书记录了一场生物恐怖袭击的潜在影响，这是由一位经历过苏联生物武器项目的人讲述的。

Bovine Somatotropin（BST or BGH）
牛生长激素（BST 或 BGH）

LEISS W，POWELL D. Mad cows and mother's milk［M］. Montreal，QC，Canada：McGill-Queen's University Press，1997.

《疯牛和母乳》

本书讨论了食品问题和危机传播的相互联系。关于牛生长激素的这一章特别强调了对这种合成物的监管。

Breast Cancer Communication
乳腺癌信息传播

ANDRYKOWSKI M A，MUNN R K，STUDTS J L. Interest of learning of personal genetic risk for cancer：A general population survey［J］. Preventive Medicine，1996，25（5）：527-536.

《预防医学》

《对患癌症的个人基因风险的学习兴趣：常规人口调查》

这项研究证明，人们对学习个人基因易染

病体质引发乳腺癌的可能性表现出很高的兴趣，尽管对许多人的理解程度是否能够足以充分利用实验结果这一状况存有质疑。

C

Canada, Science Communication in 加拿大的科学传播

GAMBLE D. The Berger Inquiry: An impact assessment process [J]. Science, 1978, 199: 946–952.

《科学》

《伯杰的调查：影响评估程序》

本文记录了加拿大围绕北方煤气管道建设的问题进行的调查，也称麦肯齐山谷管道调查。作者认为该项调查考虑了社会、技术和环境等公众关心的问题，并预言无论结果如何该项调查过程都将会有持续性的国家影响。

TURNBULL L, AUCOIN P. Fostering Canadians'role in public policy: A strategy for institutionalizing public involvement in policy (Research Report P|07). Ottawa, ON, Canada: Canadian Policy Research Networks, 2006. www.cprn.org/doc.cfm? doc=1404&1=en.

《培育加拿大在公共政策中的作用：公众参与政策制度化策略》

本报告提出了吸引加拿大公民更充分地参与政策制定的流程建议，包括提高有效性、合法性、社会凝聚力，以及尽可能地减少公众对政策制定过程中的不满。

Cancer Prevention and Risk Communication 癌症预防及风险沟通

EDWARDS A, ELWYN G, MULLEY A. Explaining risks: Turning numerical data into meaningful pictures [J]. British Medical Journal, 2002, 324 (7341): 827–830.

《英国医学杂志》

《风险解说：将数字数据转为有意义的图片》

本文提出风险传播应该是医生与患者之间的互动过程，在此过程中风险信息的提示应尽可能地清晰明确（并包含视觉信息），这样就能够做出更为明智的决策。

JULIAN-REYNIER C, WELKENHUYSEN M, HAGOEL L, et al. Risk communication strategies: State of the art and effectiveness in the context of cancer genetic services [J]. European Journal of Human Genetics, 2003, 11 (10): 725–736.

《欧洲人类基因杂志》

《风险传播策略：癌症基因服务的技巧和效果》

本文讨论了近期的癌症基因咨询，这些咨询涉及个性化服务，为每个患者提供全面的、客观的和正确的信息，以及考虑该领域内的科学挑战和未知事项。

SCHWARTZ L M, WOLOSHIN S, WELCH H G. Risk communication in clinical practice: Putting cancer in context [J]. Journal of the National Cancer Institute Monographs, 1999, 25: 124–133.

《国家癌症研究所期刊》

《临床实践中的风险传播：真实情境中的癌症》

本文为各种不同的医患之间的风险传播提供了通过下列方法改善传播的策略性建议：应为所有的医生和病患提供更多的信息，应为面向公众的风险传播工作者的人提供指导。

VERNON S. W. Risk perception and risk communication for cancer screening behaviors：A review［J］. Journal of the National Cancer Institute Monographs，1999，25：101-119.

《国家癌症研究所期刊》

《癌症筛查行为的风险感知和风险传播：评审》

这篇文章讨论了风险的个人感知如何预示患者就癌症的筛选做出决策，并讨论了干预是否有效。相对于其他类型的癌症筛选，其研究为风险感知和乳腺癌筛选之间的关系提供了更多的信息，证据表明干预在改变风险感知上是有效的。

Career Paths, Medical Writing/Medical Journalism
职业路径，医学写作与医学新闻

GASTEL B. Health writer's handbook［M］. 2nd ed. Ames：Iowa State University Press，2005.

《健康作家手册》

本书为公众写作医疗卫生专著提供指导。所涉及的领域包括收集和评估信息、草拟文章、确定教育和职业机会等。

IVERSON C，CHRISTIANSEN S，FLANAGIN A，et al. AMA manual of style：A guide for authors and editors［M］. 10th ed. New York：Oxford University Press，2007.

《AMA 体裁手册：作者和编辑指南》

虽然本书是一本体裁手册，但是向医疗写作和编辑提供了很多的指导。它特别有助于为科学杂志进行写作和编辑的人。

Career Paths, Science/Environmental Journalism
职业路径，科学 / 环境新闻

National Association of Science Writers：www.nasw.org.

全国科学作家协会

全国科学作家协会是科学新闻工作者和其他作家的国家级领导组织。该网站有新闻、邮件列表，以及其他服务器资源（包括年会信息）等。

Society of Environmental Journalists：www.sej.org.

环境新闻工作者协会

环境新闻工作者协会是北美仅有的报道环境的新闻工作者组织。其常规功能是报道协会成员关系、工作、比赛、会议信息，以及该领域的其他消息。

Carson, Rachel
蕾切尔・卡逊

CARSON R. Silent spring［M］. 40th anniversary ed. Boston：Houghton Mifflin，2002.

《寂静的春天》

这本非常有名的著作记录了不适当使用农药（如 DDT）对环境造成的危害。它首次在《纽约客》上连载，因为向公众披露信息而知名，且被公认为开启了环保和绿色运动。

Carver, George Washington
乔治・华盛顿・卡弗

KREMER G R（Ed.）. George Washington Carver in his own words［C］. Columbia：University of Missouri，1987.

《乔治・华盛顿・卡弗自述》

这本文集通过论文、信件和回忆录给读者一个机会去了解乔治・华盛顿・卡弗。内容包括他对同事、朋友和他施教过的学生的应答，以及他在塔斯基吉度过的艰难岁月的描述。

Legacy of George Washington Carver（Iowa

State University): Web site available at www.lib.iastate.edu/ spcl/gwc/home.html.

乔治·华盛顿·卡弗的遗产

该网站提供了很多有关卡弗生活的信息，包括书目、图片，由卡弗编著的著作，以及在塔斯基吉州和路易斯帕迈尔时和他的导师之间的通信记录。

MCMURRY L O. George Washington Carver: Scientist and symbol [M]. New York: Oxford University Press, 1981.

《乔治·华盛顿·卡弗：科学家与象征》

琳达·麦克默里的著作是公认的最好的有关乔治·华盛顿·卡弗的传记。作者直观地叙述了卡弗的生活经历以及他所象征的美国文化。麦克默里还捕捉到了卡弗复杂的和成就良多而被神话了的科学家的鲜明而矛盾的内在特点。

Censorship in Science 科学中的审查制度

COLLINS H, PINCH T. The golem [M]. New York: Cambridge University Press, 1998.

《活假人》

本书收集了关于很多科学争论的报告，包括记忆的研究、路易斯巴斯德的著作、鞭尾蜥蜴的性生活等。作者揭示了一些科学著作是怎样被推向科学争论的。

VAUGHN J. Environmental politics: Domestic and global dimensions [M]. Belmont, CA: Wadsworth, 2006.

《环境保护政策：美国国内和全球维度》

本书是关于环境保护政策深层次治理的著作，提供了关于政策的压力、如何应用于濒危物种的诸多案例。

Center for Science in the Public Interest 公共利益科学中心

Center for Science in the Public Interest: www.cspinet.org.

公众利益科学中心

公众利益科学中心网站提供涉及面很广的信息，包括组织的使命、活动、资助等，并提供“科学完整性”(Integrity in Science) 项目的链接。

Centers for Disease Control and Prevention, U.S. 美国疾病预防控制中心

Centers for Disease Control, U.S.: www.cdc.gov.

美国疾病控制与预防中心

该网站内容包括（或可链接到）大量关于以下内容的信息：CDC 组织机构、预防疾病和伤害的提示、关于当今健康状态的讨论，以及可以 A 到 Z 进行索引的关于公众健康的文章，内容包括特殊疾病、毒性物质、工作环境、传播策略等。

Chernobyl 切尔诺贝利

BURLAKOVA E B, NAIDICH V I. 20 years after the Chernobyl accident:Past, present, and future [M]. New York: Nova Science, 2006.

《切尔诺贝利事故 20 年后：过去、现在与将来》

本书审查了低辐射率事故及其对健康引起的后果，包括年龄早熟。然后利用这项知识去评估苏联遭受切尔诺贝利事故危害后公众的健康状况。

PERROW C. Normal accidents:Living

with high-risk catastrophes [M]. Princeton, NJ:Princeton University Press, 1999.

《常规事故：与高危灾难共存》

查尔斯·佩罗的这本书中认为，在某种程度上，人们现在已经接受工业事故为现代生活的一部分，由于这一令人吃惊的论调，该书广为人知。

Children's Television and Science 儿童电视与科学

LAFOLLETTE M C. A survey of science content in U.S. television broadcasting, 1940s through 1950s[J]. Science Communication, 2002, 24(1): 34–71.

《科学传播》

《20 世纪 40—50 年代的美国电视广播科学内容的调查》

本文展示出先驱广播机构是如何证明严肃的科学计划节目也可以戏剧化或娱乐化的。这个早期的节目设计有时把事实和戏剧情节混合起来。本文对早期的电视广播的科学内容作了回顾，对它在近期趋势方面的影响也进行了讨论。

STEINKE J, LONG M. A lab of her own? Portrayal of female characters on children's educational science programs [J]. Science Communication, 1996, 18 (2): 91–115.

《科学传播》

《一个她自己的实验室？儿童科学教育电视节目中女性角色的描绘》

这项关于儿童电视系列节目中女性角色的研究发现，女性是男性的两倍以上，而女性科学家是男性的两倍。但 86 名女性中，有 68 名被描绘成次要角色，如学生和助手。

Citizen Science 公民科学

IRWIN A. Citizen science: A study of people, expertise and sustainable development [M]. London: Routledge, 1995.

《公民科学：关于人民、专家与可持续发展》

该书回顾了科学与社会相互作用的发展情况，利用案例研究引入公民科学的概念，认为应将公民的观点和知识作为科学研究过程的一个部分，用以建立科学、社会与环境之间的可持续关系。书中介绍了一例理想类型的公民科学的科学商店的案例研究。

LEADBEATER C, MILLER P. The pro-am revolution: How enthusiasts are changing our economy and society [M]. London: Demos, 2004.

《自革命：热情人士是怎样改变经济和社会的》

对于非专业的热情人士是如何根据专业的标准，为他们爱好的专业领域做贡献而成为半专业人士的问题，本书做了富有深刻见解的研究。

PHILLIPS T, LEWENSTEIN B, BONNEY R. A case study of citizen science [M]// C DONGHONG, J METCALFE, B SCHIELE (Eds.).At the human scale: International practices in science communication. Beijing, China: Science Press, 2006: 317–334.

《人文尺度：科学传播的国际实践》

《公民科学案例研究》

本篇介绍了一项由科内尔鸟类实验室率先开展的城市公民科学项目，并将其作为研究公民科学的案例，解释如何加强公众对鸟类生物、生态和科学过程的理解，以使涉及此项目的公民和科学家都受益。

RATCLIFFE M, GRACE M.Science education for citizenship: Teaching socio-scientific issues[M].

Maidenhead, UK: Open University Press, 2003.

《公民科学教育：教授社会－科学问题》

本书介绍了科学公民关系的概念及其与学校正规科学教育的关系。作者建议，教授社会科学问题是一种保证在校科学教育能与未来公民生活的关联更加紧密的方式，并提供了各种实践方法将其纳入科学教学。

Citizens Jury
公民陪审团

GASTIL J, LEVINE P. (Eds.). The deliberative democracy handbook: Strategies for effective civic engagement in the 21st century [M]. San Francisco: Jossey-Bass, 2005.

《审议民主手册：21 世纪有效公民参与策略》

这本手册为从业者和理论家提供了相关资源，所涉及的广泛案例研究详细说明了公民参与公共政策制定的作用。

Clarke, Arthur C.
亚瑟·C. 克拉克

MCALEER N. Arthur C. Clarke: The authorized biography [M]. Chicago: Contemporary Books, 1992.

《亚瑟·克拉克：授权传记》

本书由著名科幻小说作家雷·布拉德伯里作序，根据对卡拉克本人及熟知他的人的采访，编撰了亚瑟·卡拉克丰富的生活。作者在正文中纳入了克拉克的小说类及非小说类的作品内容。

Clean Air Act
清洁空气法案

V.S. Environmental Protection Agency. The plain English guide to the Clean Air Act (Publication No. EPA-456/K-07-001) [EB/OL]. www.epa.gov/air/caa/peg.

《清洁空气法简明英语指导》

该指南介绍了《清洁空气法案》，解释了它的主要条款，记录了该法的成就和面临的挑战。成就包括最常见的空气污染物和出自大型工业源的空气有毒物质下降、清洁汽车、引发大多数臭氧层破坏的化学产品的生产停止等。面临的挑战包括能源消费和动力车使用大幅增加等。

Clean Water Act
清洁水法案

ADLER R W, LANDMAN J C, CAMERON D M.The Clean Water Act 20 years later [M]. Washington, DC: Island Press, 1993.

《清洁水法实施 20 年后》

本书评估了 1972 年水清洁法颁布 20 年后的成功与失败，指出其解决了水对人类和生态健康的影响以及传统的水质指标问题。

NOVOTNY V, BROWN P. (Eds.).Cities of the future: Towards integrated sustainable water and landscape management [M]. London: IWA, 2007.

《未来的城市：面向整合可持续用水与景观管理》

本文集是基于 2006 年在美国举办的国际翼展研讨会汇编而成的。相关学者和其他专家探讨了都市水质、水文学与绿色都市发展的相互作用。

Climate Change, Communicating
气候变化传播

KOLBERT E. Field notes from a catastrophe: Man, nature, and climate change [M]. New York: Bloomsbury, 2006.

《一场重大灾难的现场笔记：人类、自然与气候变化》

在众多关于气候变化的流行书中，本书是非常好的书之一，也可说是最好的一本。纽约作家伊丽莎白·科尔伯特将读者带入了气候科学家的生活中，展示了研究是如何开展的，解释了气候现在和将来可能的影响。本书还描述作家应如何以一种清晰和引人入胜的手法撰写 气候问题。

MAIBACH E，ROSER-RENOUF C，LEISEROWITZ A. Global warming's six Americas 2009：An audience segmentation analysis [EB/OL]. http://climatechange.gmu.edu.

《全球变暖六个美国人的观察：观众的细分分析（2009 年）》

本报告非常详细地叙述了六个美国目标观众的价值观、信仰、行为，以及利用媒体的形式；传播工作者可以通过该报告去理解他们正在寻求进而开展研究的群体，从而增加了他们传播信息的潜在有效性。

MANN M E，KUMP L R. Dire predictions：Understanding global warming：The illustrated guide to the findings of the IPCC [M]. New York：Kindersley，2008.

《可怕的预言：了解全球变暖：IPCC 发现的说明指南》

IPCC 的第四份评估报告是一份深入浅出的介绍，由 IPCC 首席作者之一的迈克尔·迈尔和最为广泛采用的地球系列教科书的首席作者李·孔普所撰写。它涵盖了气候科学的基础知识、气候变化的原因、预计的影响、适应与减缓、伦理与社会后果等。通过图表、数据、图像等生动地解释了这些观点。

MOSER S C，DILLING L.（Eds.）. Creating a climate for change：Communicating climate change and facilitating social change [M]. New York：Cambridge University Press，2007.

《创造变革气氛：传播气候变化和促进社会变革》

本书由众多工作在气候变化传播领域的领先学者所著，它总结了广泛的相关文献，描述了许多传播障碍，推荐了吸引与影响观众的方法。

Cloning
克隆

HARAN J，KITZINGER J，MCNEIL M，et al. Human cloning in the media：From science fiction to science practice [M]. London：Routledge，2008.

《媒体中的人类克隆：从科幻小说到科学实践》

本书提供了一个有关人类克隆的科技研究和媒体文化研究的综合分析。作者讨论了人类克隆的科学和文化系谱，涉及的操作者，以及社会和神武伦理学的意义，讨论建立在各种数据和观点的基础上。

Stanford Encyclopedia on Philosophy. "Cloning"：http://plato.stanford.edu/entries/cloning.

《斯坦福哲学百科全书——克隆》

这本有高度使用价值的在线百科全书叙述了有关人类克隆争论的最重要的问题。

Cold War Rhetoric
"冷战"修辞

BROCKRIEDE W，SCOTT R L. Moments in the rhetoric of the cold war [M]. New York：Random House，1970.

《冷战用辞的重要纪念时刻》

这是第一个整本都在讨论"冷战"用辞的书，它假设了一个修辞观点包括人际关系、理念和情境维度。作者评估了 1947 年杜鲁门主义的演讲、苏联总理尼基塔·赫鲁晓夫访问美国时发表的讲话和肯尼迪 1962 年古巴导弹危机时所做的行政应对。

MEDHURST M J，BRANDS H W.（Eds.）. Critical reflections on the cold war：Linking rhetoric and history［M］. College Station：Texas A&M University Press，2000.

《对冷战的批评反应：连接修辞和历史》

马丁·梅德赫斯特在总结篇中评述说，“冷战”是人类、事件及其象征意义的“复杂综合体”。历史学家、政治科学家和交流学者用多种研究文集阐明了梅德赫斯特的观点。

MEDHURST M J，IVIE R L，WANDER P，et al. Cold war rhetoric：Strategy，metaphor，and ideology［M］. East Lansing：Michigan State University Press，1997.

《冷战用辞：战略、隐喻和意识形态》

本书审视了“冷战”对话的战略、隐喻方法和意识形态维度。案例研究中详细介绍了德怀特·艾森豪威尔的“为了和平的原子弹”的发言、肯尼迪与大气试验的重新开启、默罗麦卡锡的“现在看看”，以及美国外交政策和“冷战”理想主义的用辞。

Public Papers of the Presidents. The American Presidency Project，University of California，Santa Barbara：www.presidency.ucsb.edu.

加州大学圣芭芭拉分校美国总统项目

约翰·伍利和格哈德·彼得斯创建并监管美国总统项目，其中包括了总统公开文件。由哈里·杜鲁门、德怀特·艾森豪威尔、约翰·肯尼迪和罗纳德·里根所述的有关“冷战”的发言都可在这个网站的条目中查找，可按日期、题目和发言者轻松检索。

Colonizing Other Worlds 太空殖民

BILLINGS L. Ideology，advocacy，and space flight：Evolution of a cultural narrative［M］// S J DICK，R D LAUNIUS（Eds.）. Societal impacts of space flight.Washington，DC：National Aeronautics and Space Administration，2007：483-500，NASA SP-2007-4801.http://history.nasa.gov/sp4801-part2.pdf.

《太空飞行的社会影响》

《思想意识、宣传和太空飞行：文化叙述的演变》

这篇论文最早在一次国家航空航天管理局历史大会上提出，回顾了 50 多年有关航空探索的用辞，考察了一批主要术语和概念的可能定义，如空间前沿的内涵等。

PYNE S J. Seeking newer worlds：The future of exploration［R］.Sarton Lecture，American Association for the Advancement of Science，Denver，CO，2003. www.public.asu.edu/~spyne/FUTURE.pdf.

《寻找更新的世界：探索未来》

作者是一位有成就的历史学家和熟练的作家，他将空间探索作为一个文化现象进行考察，把所谓的空间探索时代与其他历史时期的探索进行比较，并认为空间探索的过去和未来必将会有所不同。

Communicating Science to Children 面向儿童的科学传播

BUCKINGHAM D. The making of citizens：Young people，news and politics［M］. New York：Routledge，2000.

《公民的作为：青年、新闻与政治》

这本大卫·白金汉所著的关于娱乐教育、性教育、数字媒体和儿童对电视的反应的著作值得推荐给任何一个想把科学传播给儿童的人。

TURNER S. School science and its controversies；or，whatever happened to scientific literacy?［J］.

Public Understanding of Science，2008，17（1）：55–72.

《公众理解科学》

《学校科学及其他争论；或者，科学素养发生了什么》

本文是关于学校科学近期历史的非常有用的入门书，其明确的目标读者为国际读者和那些没有教育研究专业知识背景的读者。

Communication Campaigns in Health and Environment
健康与环境问题的传播活动

O'KEEFE G J，SHEPARD R L.Overcoming the challenges of environmental public information and action programs［M］// J DILLARD，M PFAU（Eds.）.The handbook of persuasion：Theory and practice Thousand Oaks，CA：Sage，2002：661–690.

《劝导手册：理论与实践》

《克服环境公共信息和行动计划的挑战》

这是一部 800 多页，共 34 章的综合手册中的一章，是一部关于劝导的信息运动理论、实践和研究的手册。本章重点关注的是有效环保运动设计中的特殊困难。

RICE R E，ATKIN C K.Public communication campaigns［M］. 3rd ed. Thousand Oaks，CA：Sage，2001.

《公共传播运动》

最新的这一版本是非常实用的关于探索战略运动选择的文集，约 30 章，很多章节是基于案例研究的，并由运动设计和评价研究中的一些知名人士撰写。

Community "Right to Know"
知情权共同体

FLORINI A，STIGLITZ J E. The right to know：Transparency for an open world［M］. New York：Columbia University Press，2007.

《知情权：一个开放世界的透明度》

本书展现了一个对知情权的概念和形势的非常广泛的评估，重点放在对披露所有类型的政府和团体秘密的世界性的障碍。

The Right-to-Know Network：www.rtknet.org.

知情权网站

这是一个非常方便的知情权数据库，包括但不限于毒性释放数据查询。该网站还提供了与重点关注知情权和其他有价值资源的组织的链接。

Computer-Tailored Messages
计算机定制信息

GOODMAN B，RUSHKOFF D.（Writers & Directors）.The persuaders［Television series episode］［M］//R DRETZIN，B GOODMAN，M SOENENS（Producers）.Frontline. Boston，MA：WGBH Educational Foundation，2003.

《前线》

《劝导者》

《劝导者》是一部片长 90 分钟的纪录片，该片审视了营销实践的改变如何影响美国的文化和政治。纪录片的最后两个片段讨论了政治和商业中的定制和小范围播送的利用。该片可在线免费观看，观看网址：www.pbs.org/wgbh/pages/frontline/shows/persuaders.

NOAR S M，BENAC C，HARRIS M. Does tailoring matter? Meta-analytic review of tailored print health behavior change interventions［J］. Psychological Bulletin，2007，133：673–693.

《心理学学报》

《定制事务、定制健康行为改变干预的元分析审查》

本文是一份 57 例定制研究的元分析，这些定制研究涉及受不同理论观点指导的众多课题和目标观众。它提供了关于定制讯息的总体效果和缓解这些效果的因素分析。

NOAR S M，HARRINGTON N G，ALDRICH R S.The role of message tailoring in the development of persuasive health communication messages ［M］//C S BECK.（Ed.）.Communication yearbook 33. New York：Lawrence Erlbaum，2009：73-134.

《传播年报第 33 期》

《定制讯息在劝导健康传播发展中的作用》

本章提供了讯息定制的文献综述，包括数个开创性研究和近期的元分析的综述，以及数十个示范性定制项目的简要介绍。

Conflicts of Interest in Science 科学中的利益冲突

COOK D M，BOYD E A，GROSSMANN C，et al. Reporting science and conflicts of interest in the lay press ［J］. PLoS ONE，2007，2（12）：e1266.

《法律出版社中的科学报告与利益冲突》

这些作家报告了 1152 篇关于科学的新闻报道的内容分析。虽然很多篇的报道中报告了资金来源和其他的财务关联，但是在报告财务关系的报道中，大约 1/4 以上的信息可以从学者期刊里的公开可利用的材料中获取。

DAVIS M. Introduction ［M］//M DAVIS，A STARK.（Eds.）.Conflict of interest in the professions.New York：Oxford University Press，2001：3-19.

《职业中的利益冲突》

《导论》

合作编辑迈格尔·戴维斯推介了本书，其中 17 个章节介绍了从法律、商业、金融到健康保健，以及学术跨不同职业的利益冲突。

MERTON R K. The sociology of science：Theoretical and empirical investigations（N. W. Storer，Ed.）［M］. Chicago：University of Chicago Press，1973.

《科学社会学：理论与市政研究》

本书是罗伯特·默顿的关于科学社会学的经典论文集，由诺曼·斯托勒汇编和推介。本书包括了默顿对标准的科学结构的洞察力，原著于 1942 年首次发行。

Consensus Conference 共识会议

JOSS S，DURANT J（Eds.）. Public participation in science：The role of consensus conferences in Europe ［M］. London：Science Museum，1995.

《公众参与科学：共识大会在欧洲的作用》

本书描述了这样一个过程：呼吁增强公众参与科技政策的活动促进了在丹麦、荷兰和英国召开共识大会和经验积累。本书还研究了这一过程的价值。

Conversation and Science Communication 对话与科学传播

HILGARTNER S. The dominant view of popularization：Conceptual problems，political uses ［J］. Social Studies of Science，1990，20：519-539.

《科学社会学研究》

《科普主导观念：概念化问题和政治用途》

本文对努力提高科学教育在普及公众对科学的理解中的作用的长期争论进行了概述。

HWANG Y，SOUTHWELL B G. Can a personality trait predict talk about science? Sensation seeking as a science communication targeting variable [J]. Science Communication，2007，29 (2)：198-216.

《科学传播》

《根据个性能预测其对科学的表述吗？以直觉探索作为科学传播的目标变量》

作者描述了根据个人的个性差异来预测其表述科学的差异，并解释其原因。

WAGNER W. Vernacular science knowledge：Its role in everyday life communication. Public Understanding of Science，2007，16 (1)：7-22.

《公众理解科学》

《方言科学知识：方言在日常生活交流中的作用》

沃尔夫冈·瓦格纳强调讨论背景的重要性，并指出了影响科学研究转化为日常谈话的重要制约因素。

Council for the Advancement of Science Writing 科学写作促进委员会

Council for the Advancement of Science Writing：http://casw.org.

先进科学写作委员会

本网站提供了有关最新项目和资源的详细信息，包括关于科学计划、研究团体和获奖机会等的新信息。

Creationism 神创论

EVE R A，HARROLD F B. The creationist movement in modern America [M]. Boston：Twayne，1991.

《现代美国的圣灵论者运动》

本书聚焦于 20 世纪美国的创造宇宙说。它记录了试图停止在公立学校教授进化论的提议并提出了对科学的担心。

YOUNG C C，LARGENT M A. Evolution and creationism：A documentary and reference guide [M]. Westport，CT：Greenwood，2007.

《进化论与创造宇宙说：纪实和参考指南》

这本指南从 40 篇重要的原始文件中取材，这些重要文件全部出自于过去 200 年间关于进化论（创造宇宙论）的争论，并按照时间顺序排列。

Crick, Francis 弗朗西斯·克里克

OLBY R. Francis Crick：Hunter of life's secrets [M]. Cold Spring Harbor，NY：Cold Spring Harbor Laboratory Press，2009.

《弗朗西斯·克里克：猎取生命秘密的人》

这是一部学术性、综合性的传记，它以弗朗西斯·克里克的个人论文为基础，由一位 DNA 双螺旋方面的科学历史学家编著，该历史学家自 1970 年开始与克里克一起工作。

RIDLEY M. Francis Crick：Discoverer of the genetic code [M]. New York：Atlas Books/HarperCollins，2006.

《弗朗西斯·克里克：基因密码的发现者》

这是一部关于弗朗西斯·克里克的有趣并简短的传记。尽管标题有误导（克里克没有发现基因密码），但这本书还是描述了克里克长期坚持破译 DNA 密码的工作。

Crisis Communication 危机传播

ANTHONISSEN P. Crisis communication：Practical PR strategies for reputation management and company survival [M]. London：Kogan Page，2008.

《危机传播：名誉管理与公司生存的实践公关策略》

这部著作向读者展示了如何将一个危机转变为一次机会，如何通过编辑世界各地的作者的作品避免一次灾害。这是一个充满了实践的、颇有价值的危机传播建议资源。

COOMBS W T. Ongoing crisis communication: Planning, managing, and responding [M]. Thousand Oaks, CA: Sage, 2007.

《行进中的危机传播：计划、管理和应对》

本书给公共关系专业的专职人员和大学学生提供了对危机传播处理的各种多学科视角。

Cultivation Theory and Science 培植理论与科学

GERBNER G. Science on television: How it affects public conceptions. Issues in Science and Technology, 1987, 3: 109–115.

《科技问题》

《电视上的科学：它是如何影响公众观念的》

本文把培育理论特别应用到科学和科学家的电视描述中，并认为这些电视表达可能会培育出消极观念。

GERBNER G, GROSS L. Living with television: The violence profile. Journal of Communication, 1976, 26 (2): 173–199.

《传播期刊》

《与电视共存：暴力形象》

这个经典研究代表了许多培育理论的重要、基本观点，强调关于暴力电视描绘的研究结果。

MORGAN M, SHANAHAN J. Two decades of cultivation research: An appraisal and meta-analysis [M] // B R BURLESON (Ed.). Communication yearbook 20. New York: Routledge, 1997: 1–46.

《传播年鉴》

《培育研究 20 年：评价及元分析》

本文回顾了自乔治·格布纳和他的同事开始引入"培育研究"这个概念后 20 年间所做的研究工作，并得出了关于常规培育效果的结论。

D

Darwin, Charles 查尔斯·达尔文

BOWLER P J. Evolution: The history of an idea [M]. 3rd ed. Berkeley: University of California Press, 2003.

《进化论：一种思想的历史》

本书是一部主要由爱尔兰科学历史学家撰写的著作，是一部关于达尔文及其历史的非常优秀的导论。它通过将进化论与当时社会和历史背景联系起来，解释了进化论的理论和证据。

Complete Work of Charles Darwin Online: http://darwin-online.org.uk.

查尔斯·达尔文在线著作全集

该网站包含 77000 页可检索的正文和 188000 个电子图像，目前可在英国剑桥大学的网站查阅到。

DARWIN C. Autobiographies (M NEVE & S MESSENGER, Eds.) [M]. New York: Penguin, 2002.

《自传》

达尔文的回忆录讲述了他的生涯和杰出的科学成就，包括他的家庭和他同时代人的生动有趣的轶事。

Darwin Correspondence Project: http://www.

darwinproject.ac.uk.

达尔文通讯项目

这个收藏包括约 9000 封达尔文的书信，该项目于 1974 年在英国剑桥大学动物学家西德尼·史密斯的帮助下由弗雷德里克·伯克哈特创建。

Dawkins, Richard 理查德·道金斯

DAWKINS R. The selfish gene［M］. 2nd ed. Oxford，UK：Oxford University Press，1989.

《自私的基因》

本书阐述了理查德·道金斯的观点：基因利用组织自我繁衍。该书因其清晰的表述而受到广泛的好评，它改变了很多人对进化论的认识。

Deductive Logic 演绎逻辑

HURLEY P J. A concise introduction to logic［M］. 8th ed. Belmont，CA：Wadsworth，2003.

《简明逻辑导论》

这是一本被广泛使用的逻辑课程教科书，该书强调演绎推理，同时也讨论非正式的逻辑和归纳法。

Deficit Model 缺失模型

Gross A G.The roles of rhetoric in the public understanding of science［J］. Public Understanding of Science，1994，3（1）：3–23.

《公众理解科学》

《修辞在公众理解科学中的作用》

在本文中，艾伦·格罗斯审视了修辞在分析和创建公众理解模型中的作用。格罗斯认为缺失模型是两种公众理解模型中的一种，而情景模型则是第二种。缺失模型反映科学必须适应公众需求和公众的局限性，而情景模型则是使科学适合公众的兴趣。

Deliberative Democracy 协商民主

FISHKIN J，LASLETT L. Debating deliberative democracy［M］. Malden，MA：Blackwell，2003.

《辩论协商民主》

本书是由广泛的学者（包括无神论者）的文献组成的，它将协商民主与环境伦理和相关的科学问题联系起来。

GUTTMAN A，THOMPSON D. Why deliberative democracy?［M］. Princeton，NJ：Princeton University Press，2004.

《为什么需要协商民主》

本书对协商民主所涉及的问题做了清晰的解释，考虑了它在生化伦理和卫生保健中的作用。本书也分析了协商民主的目的、原则和道德基础。

Deliberative Polling 协商式民意调查

FISHKIN J S. The voice of the people：Public opinion and democracy［M］. 2nd ed. New Haven，CT：Yale University Press，1997.

《人民的声音：民意与民主》

本文提出了协商概念的哲学和历史背景局限性，因为它与意见质量有关。还介绍了早期使用协商民意测验解决这些局限所做的努力。

MCCOMBS M E，REYNOLDS A. The poll with a human face：The National Issues Convention experiment in political communication［M］. Mahwah，NJ：Lawrence Erlbaum，1999.

《当面民意调查：政治传播在民族问题会议中的尝试》

这次编撰的这卷书的各个章节对以 1996 年

美国联邦选举中大规模的协商事件为主的许多研究，以及与协商有关的关键概念的讨论，做了详细的阐述。

Department of Agriculture, U.S. 美国农业部

U.S. Department of Agriculture：www.usda.gov/wps/portal/usdahome.

美国农业部网址

作为美国农业部的官方网站，该网站提供了与非常广泛领域相关的政府部门的信息，包括食品和营养、可更新能源、商品市场，以及农村发展等。

Department of Energy, U.S. 美国能源部

U.S. Department of Energy：www.doe.gov.

美国能源部网址

美国能源部官方网站提供了大量的与能源相关的信息，不仅有关于能源部的工作、活动和国家实验室的信息，还包括可消费能源的储备，各个州的新闻，以及关于能源问题的形势报告。

Dewey, John 约翰·杜威

DEWEY J. Democracy and education [M]. New York：The Free Press，1944.

《民主与教育》

本书最初发表于 1916 年，它代表了杜威关于民主与教育主题的经典论述，杜威对哲学教育的影响被认为是最很大的。

Diffusion of Innovations 创新扩散理论

DEARING J W，MAIBACH E，BULLER D. A convergent diffusion and social marketing approach for disseminating proven approaches to physical activity promotion [J]. American Journal of Preventive Medicine，2006，31 (Suppl. 4)：S11–S23.

《美国预防医学杂志》

《已证实为促进体育活动有效方法的用于传播的融合扩散和社会营销方法》

当有人尝试将扩散概念用于影响创新扩散速度的时候，所引起的扩散干预与营销科学有很多的相同之处。本文是创新扩散和营销科学的姐妹篇，用于促进循证创新的发展。

KATZ E，LAZARSFELD P F.Personal influence：The part played by people in the flow of mass communications [M]. New York：Free Press，1955.

《个人的影响：人们在大众传播潮流中所起的作用》

即使个人直接从媒体来源如因特网接受关于创新的大部分信息，然而通过人际网络的影响而获取重要的创新信息（这些创新需要行为改变）仍然是接受创新的关键所在。这部具有里程碑意义的书展示了人际关系在很大程度上介入了大众传媒。

ROGERS E M. Diffusion of innovations [M]. 5th ed.New York：Free Press，2003.

《创新的扩散》

为了广泛地开展创新，多学科领域和许多国家的研究人员都对扩散展开了研究。本书对扩散过程做了明确的综述，重点是在这一过程汇总人们所发挥的作用。

Digital Divide 数字鸿沟

NORRIS P. Digital divide：Civic engagement，information poverty，and the Internet worldwide[M].

New York：Cambridge University Press，2001.

《数字鸿沟：公民参与、信息贫乏与互联网世界》

本书将主题定义为数字鸿沟，并以民主的潜力和不足来分析互联网。互联网只是反映而不是转变既定的社会制度的结构特征，但是它可以提供新的了解政治制度的方法，并提供其他的联系方法。

SUNSTEIN C R.Republic.com 2.0［M］. Princeton，NJ：Princeton University Press，2007.

《共和 .com》

本书认同了新的传播技术方法，特别是互联网，把社会分解成不断缩小的生态单位。它重新将个性化的报纸评估为能够逐步降低民主话语效力的东西。

VAN DIJK，J A G M.The network society：Social aspects of new media［M］. Thousand Oaks，CA：Sage，2006.

《互联网社会：新媒体的社会面》

在这本开拓性的著作中，作者详细地叙述了传播媒体网络是怎样作用于大众社会使其转变成为一个网络社会的。如同书中所叙述的那样，这种转变是渐进的和演进的，而不是革命性的。

Digital Rhetoric and Science 数字修辞与科学

BAZERMAN C. Shaping written knowledge：The genre and activity of the experimental article in science［M］. Madison：University of Wisconsin Press，1988.

《形成书面知识：科学实验文章的体裁与活动》

本文从各种不同分析视角，对科学类文章中的一个体裁即实验研究论文进行了重点研究。

CRAWFORD S Y，HURD J M，WELLER A C. From print to electronic：The transformation of scientific communication［M］. Medford，NJ：Information Today，1996.

《从打印到电子设备：科学传播的转变》

虽然有些过时，但是这本书很好地介绍了数字媒体正在改变着科学传播的方法，书中包括一个没有传统杂志科学传播的投机模式。

ZIMAN J. Public knowledge：The social dimension of science［M］. Cambridge，UK：Cambridge University Press，1968.

《公众知识：科学的社会维度》

本书提出一个重要观点，即科学天性就是公共的或社会的，因而科学不能没有传播而单独地发生。

Disaster Coverage 灾难报道

CHUI G. Earth sciences［M］//D BLUM，M KNUDSON，R M HENIG（Eds.）. A field guide for science writers.2nd ed. Oxford，UK：Oxford University Press，2006：236-242.

《给科学作家的现场指导》

《地球科学》

本文提供了关于科学写作和实用营销技巧的指导，以及科学作家的评论，包括科学写作方面的技巧和方法。文中还有一个章节提供了关于在组织和机构内进行科学传播的大量信息。

GUNAWARDENE N，NORONHA F.（Ed.）. Communicating disasters：An Asia Pacific resource book. Bangkok，Thailand：UNDP Regional Centre in Bangkok and TVE Asia Pacific［EB/OL］. www. tveap. Org.

《灾难传播：一部亚太资源著作》

本书回顾了 2004 年亚洲海啸后的通信，包含援救人员、组织机构代表和媒体专职人员的观点。

Discourse Analysis and Science
话语分析与科学

GEE J P. Introduction to discourse analysis: Theory and method [M]. New York: Routledge, 1999.

《话语分析导论：理论与方法》

该书是杰姆斯·吉对话语分析的总体介绍，对于对此领域感兴趣的读者来说是一本很好的入门书，书中也清晰地解释了如何去研究话语和社会制度之间的关系。

HALLIDAY, M A K.Writing science: Literacy and discursive power [M]. Pittsburgh, PA: University of Pittsburgh Press, 1993.

《写作科学：文化素养与话语权》

哈利戴广泛的研究始于艾萨克·牛顿和查尔斯·达尔文，他解释了专业科学语言如何能使这门科学发展成为一个学科。

LATOUR B, WOOLGAR S. Laboratory life: The social construction of scientific facts [M]. Princeton, NJ: Princeton University Press, 1986.

《实验室生命：科学事实的社会构建》

虽然这本书被描述为民族志研究更为恰当，但是在萨尔科研究所工作实验室开展的这项研究说明了话语分析的一些方法，尤其是按照这些方法所做的科学事实的陈述，被不断地介绍和引用，逐渐地发生了演变。

MYERS G. Writing biology: Texts in the social construction of science [M]. Madison: University of Wisconsin Press, 1990.

《生物学写作：科学的社会构建教科书》

当这两位著名的科学家撰写方案提议和研究文章时，他们对写作实践做了深入研究，这是一项与话语分析和科学传播有关的重要工作。该项研究指出在社会制度、社会习惯、价值观和科学语言之间存在正相关性。

Drug Advertising
药物广告

ANGELL M. The truth about the drug companies: How they deceive us and what to do about it [M]. New York: Random House, 2004.

《关于药品公司的真相：他们是如何欺骗我们的及我们要对他们做什么》

本书由颇有声望的新英格兰医学杂志主编撰写，记录了制药公司在做广告产品方面的主要投资。

PETERSON M. Our daily meds: How the pharmaceutical companies transformed themselves into slick marketing machines and hooked the nation on prescription drugs [M]. New York: Farrar, Straus & Giroux, 2008.

《我们的日常用药：制药公司如何将自己转变成熟练的营销机器并让国家为处方药买单》

一位前《纽约时报》记者采访了制药产业。作者认为今天的制药公司首先是以营利为目的，披露了包括每年十万人的死亡都是用了医嘱开具的处方药所致等令人不安的结果。

E

East Asia, Science Communication in
东亚科学传播

CHEN D-S, DENG C-Y. Interaction between citizens and experts in public deliberation: A case study of consensus conference in Taiwan [J]. East Asian Science, Technology and Society: An International Journal, 2007, 1: 77–97.

《欧洲研究传播》

《基于需要的科学传播》

本章回顾了中国科学技术协会是如何努力工作，通过不断的培训和咨询、手把手地教授、科学博物馆和流动宣传车，以及危机传播等不同的渠道，去改善科学与技术的推广普及状态，并满足生活在不同条件下的不同人的需要。

ISHIZU S，SEKIYA M，ISHIBASHI K-I，et al. Toward the responsible innovation with nanotechnology in Japan：Our scope［J］. Journal of Nanoparticle Research，2008，10：229–254.

《纳米研究杂志》

《日本纳米技术创新责任：我们的责任范围》

本文讨论了日本科学家、政府、公司和消费者组织相互作用和配合，发展纳米技术，并提出建议，对科学家来说至关重要的是要告知公众纳米技术产品的优劣势，以维持公众的信任和提高公众的科学素养。

KIM H-S.A new model for communicative effectiveness of science［J］. Science Communication，2007，28（3）：287–313.

《科学传播》

《科学交流效应新模型》

作者利用朝鲜和韩国的调查数据，发现公众缺乏科学鉴赏能力，并提出公众理解科学的概念不再适合了。作者提出了一个新的公众参与模式，目的是改善科学传播的效果。

LEE K. Making environmental communications meaningful to female adolescents：A study in Hong Kong［J］. Science Communication，2008，30（2）：147–176.

《科学传播》

《开展环境传播对女性青少年的意义：香港的一项研究》

本项研究调查了3035例香港女性青少年，发现在应对回收广告时，香港女性青少年更容易被情绪所鼓动，而做出非理性判断。这可能是由于集体主义的原因，他们更依赖于他人，而较少自己采取行动。

Effective Graphics
有效图形

HOLMES N. Designer's guide to creating charts and diagrams［M］. New York：Watson-Guptill，1990.

《绘制图表和示意图的设计者指南》

本书是《时代》前艺术编辑所著的经典书目，该书介绍了如何用图表来展示信息和如何使信息容易记忆，以及如何为大众媒体观众带来娱乐性。

TUFTE E. The visual display of quantitative information［M］. 2nd. Cheshire ，CT：Graphics Press，2001.

《量化信息的可视显示》

本书是关于信息图表的经典书籍，批评过度图像化的信息是“差图”，推崇清晰、简单的图形，认为它们的风格更适用于学术期刊和演示文稿。

Einstein, Albert
阿尔伯特·爱因斯坦

CALAPRICE A，LIPSCOMBE T. Albert Einstein：A biography［M］. Westport，CT：Greenwood Press，2005.

《阿尔伯特·爱因斯坦：传记》

这本自传比起很多其他的自传篇幅短但要点多，按易于阅读的方式编撰，在书的开篇附有一个实用的时间表，并提供了一个关于爱因斯坦的生活和职业生涯的提纲。

ISAACSON W. Einstein: His life and universe [M]. New York: Simon & Schuster, 2007.

《爱因斯坦：他的生平与宇宙》

这部综合深入的传记的特点是在书的开篇附有一个"主要角色列表"，该表提供了一个了解爱因斯坦生活中主要人物的快速参考指南。

Embargo System
禁发制度

KIERNAN V. Embargoed science [M]. Champaign: University of Illinois Press, 2006.

《被禁科学》

这本书部分内容基于日报记者的系列采访，展示了关于科技新闻的禁载、如何帮助从自限量发行的强大杂志中获取主要材料，以及最终对公众产生的对科学和医学相关新闻的强烈但可能不健康的影响。

Endangered Species Act
濒危物种法案

BURGESS B B. Fate of the wild: The Endangered Species Act and the future of biodiversity [M]. Athens: University of Georgia Press, 2001.

《野生世界的命运：濒危物种法与生物多样性的未来》

这是一部有着良好文笔的对《美国濒临物种保护法》进行阐述的著作，包括了围绕该法的政策、执行机构和解决未来挑战的法律适应性。

Convention on International Trade in Endangered Species of Wild Fauna and Flora: www.cites.org.

《野生动植物濒危种群国际贸易公约》

这个网站提供该公约的目的、功能等非常全面的资源，包括案例与目录物种的信息、成员关系、近期问题等（这是一个国际公约，参与成员是单一民族国家）。可提供资源部分包括数据库、手册、国家报告，以及其他相关的链接。

Endangered Species Program, U.S. Fish and Wildlife Service: www.fws.gov/endangered.

《美国渔业和野生动植物服务局濒危物种计划》

该网站是关于《美国濒危物种保护法》的有价值的资源网站，内容包括当前新闻、呼吁公众参与的应急决策信息等，还提供众多工具和可下载的报告。此外，还有一个"儿童乐园"。

Environmental Defense Fund
美国环境保护协会

Environmental Defense Fund: www.edf.org.

美国环境保护协会

该网站阐述了美国环境保护协会的组织理念及其对科学和科学家策略的应用，利用市场力量，促使企业部门参与寻找环境问题的解决方案。

Environmental Impact Statements
环境影响报告书

CLARK R, CANTER L. (Eds.). Environmental policy and NEPA: Past, present and future [M]. Boca Raton, FL: St. Lucie Press, 1997.

《环境政策与 NEPA：过去，现在和未来》

这本被广泛引用的书根据 28 位作者提供的分析，回顾了《国家环境政策法》的成功与失败——过去，将来与未来展望。

National Environmental Policy Act: www.nepa.gov.

《国家环境政策法案》

这个网站提供了经修订后的 1969 年法案的全文，并与每一个相关的联邦政府机构的网站相连接，提供其他有用的详细信息，包括当前联邦环境影响评估程序和案例的信息。

Environmental Journalism
环境新闻

ALLAN S，ADAM B，CARTER C.（Eds.）. Environmental risks and the media［M］. London：Routledge，2000.

《环境风险与媒体》

在一系列的探索研究中，本书探讨了环境新闻报道对公众对环境危害的认知的影响。并对传统新闻实践和如何改进提供了宝贵的经验。

LAMAY C L，DENNIS E E.（Eds.）. Media and the environment［M］. Washington，DC：Island Press，1991.

《媒体与环境》

这本出自过去和当前新闻业专家的文集探讨了环境新闻行业持续存在的问题，包括客观性和主观性的争论。每一位作者都对那些想从事环境记者工作的人提出了鼓励和经验。

NEUZIL M，KOVARIK W.Mass media and environmental conflict：America's green crusades［M］. Thousand Oaks，CA：Sage，1996 .

《大众媒体与环境冲突：美国绿十字军东征》

马克·纽齐尔和威廉·库瓦里克强调了自19世纪中叶以来报纸和七大媒体在环境保护中的作用，包括南北战争后野生动物的保护、十字军东征和1820年号召公众关注镭放射。以史为鉴，作者更好地了解了当前的新闻实践和社会对环境问题的态度。

Environmental Justice
环境公正

BULLARD R. Dumping in Dixie：Race，class，and environmental quality［M］. Boulder，CO：Westview Press，1990.

《废品倾倒在迪克西：种族、等级与环境质量》

这本书以洛特·布拉德1979年为（比恩西南废品管理公司）诉讼案辩护所做的初期研究为基础，对美国的环境种族主义做了历史记录。

United Church of Christ Commission for Racial Justice.Toxic wastes and race in the United States：A national report on the racial and socioeconomic characteristics of communities with hazardous waste sites［M］. New York：Author，1987.

《美国的有毒废品与种族：关于有危险废弃物场所的社区的种族和社会经济特征的国家报告》

原始报告，连同更新版本《20年来的有毒物品和种族》可参见网址：www.nccecojustice.org/ toxicwasteandrace.htm。网站提供关于环境公平的综合定义和需要改变环境不公平的行动信息。

Environmental Protection Agency, U.S.
美国环境保护局

U.S. Environmental Protection Agency：www.epa.gov.

美国环境保护局

这是美国环境保护局官方网站，它提供关于该局基本情况、环境、相关科学、技术、法律、法规等的一般信息和新闻。

ETC Group
ETC 集团

ETC Group：www.etc.org.

ETC 集团

这是该组织的官方网站，称作 ETC 集团。该网站提供接近该组织观点的技术问题的新闻和报告。

Ethical, Legal and Social Issues（ELSI）伦理、法律与社会议题计划（ELSI）

CLAYTON E W.Ethical，legal and social issues in genomic medicine［J］. New England Journal of Medicine，2003，349：562–569.

《新英格兰医学》

《染色体医学中的伦理、法律和社会问题》

这篇论文简要地介绍了由染色体的产生而引起的伦理、法律和社会问题。它包括了与人类基因组计划相关的早期工作。

MESLIN E M，THOMSON E J，BOYER J T. Bioethics inside the beltway：The ethical，legal，and social implications research program at the National Human Genome Research Institute［J］. Kennedy Institute of Ethics Journal，1997，7：291–298.

《肯尼迪伦理研究所杂志》

《华盛顿特区里的生物伦理：国家人类基因研究所内的伦理学、法律和社会问题研究计划》

作者介绍了国家卫生部的伦理、法律和社会问题研究计划，检验了它如何与保护受试人的伦理研究联合起来发挥作用。

MNYUSIWALLA A，DAAR A S，SINGER P A“Mind the gap”：Science and ethics in nanotechnology［J］. Nanotechnology，2003，14：R9–R13.

《纳米技术》

《注意空白区域：纳米技术中的科学与伦理》

本篇短文回顾了新兴技术的一些领域，作者认为需要一种与人类基因组开发中的伦理、法律和社会问题研究计划相配套的科研模式。

WYNNE B.Creating public alienation：Expert cultures of risk and ethics on GMOs［J］. Science as Culture，2001，10：445–481.

《科学的文化》

《创造公众异化：风险专家文化与转基因生物伦理》

布莱恩·温是伦理、法律和社会问题研究的批评者。在这篇文章中，他认为在创造“风险与伦理专家”时，伦理、法律和社会问题的工作剥夺了公众声音，削弱了科学的民主指导。

Eugenics 优生学

GOULD S J.The mismeasure of man［M］. New York：W. W. Norton，1981.

《人的错误计量》

本书批驳了以颅骨尺寸、形状或 IQ 测试得分来衡量智力的理念，认为 IQ 测试仅能捕获被测者一小部分的能力，并且提出这些衡量智力的测试手段目的是为有钱有权者维护自身地位。

SANDEL M. The case against perfection：Ethics in the age of genetic engineering［M］. Cambridge，MA：Belknap Press，2007.

《对抗完美的案例：基因工程时代的伦理》

作者是一位政府驻哈佛的教授和生物伦理董事委员会的前成员，他以生命是一种礼物为前提，反对基于世俗观念的人类是受基因操纵的观点。

Europe, Research System in 欧洲研究体系

European Commission.Science，technology and innovation in Europe. Luxembourg：Office for Official Publications of the European Communities［EB/OL］.www.imamidejo.si/resources/files/doc/KS–EM–08–001–EN.pdf.

《欧洲的科学，技术与创新》

欧洲委员会提供与欧洲研究活动和成就相关的研发投资、人事管理、生产力和竞争，以

及七大常规统计指标的详细信息。

European Organization for Nuclear Research：http://public.web.cern.ch/public/Welcome.html.

欧洲核研究组织

这个网站提供关于欧洲核研究组织的设施与教育、环境与技术转让项目，以及科技活动等的大量信息。还提供访问其他组织及其专家的链接入口。

National Science Board，U.S.Science and engineering indicators 2008［EB/OL］.www.nsf.gov/statistics/seind08.

《2008 年科学与工程指南》

该文件汇编了美国国内和国际上的一些统计数据，包括非常实用的关于研究投资、研究产出率、公众对研究的态度、教育成就等方面的数据资源。

European Space Agency
欧洲航天局

European Space Agency：www.esa.int.

欧洲航天局

欧洲航天局的门户网站提供关于欧洲观测点的空间新闻和信息。公众可以免费下载或订购各种教育和交流资料（如小册子、通讯资料袋、教育资料袋和磁带录像）。媒体职业工作者可在此订阅邮寄清单并了解新闻事件。

RUSSO A，KRIGE J，SEBESTA L. A history of the European Space Agency，1958—1987. Noordwijk，the Netherlands：European Space Agency，2000.

《欧洲航天局的历史，1958–1987》

这本书详细地叙述了欧洲航天局的历史。它提供了详细的信息，对引发欧洲航天局产生的影响因素做了批评性分析，并解释了重要的欧洲科学机构——欧洲航天局的决策过程。

Evaluation of Science Communication
科学传播评估

CORBETT J B，DURFEE J L. Testing public (un) certainty of science：Media representations of global warming［J］. Science Communication，2004，26：129–151.

《科学传播》

《科学的确定性与不确定性的公众测试：全球变暖的媒体表现》

这篇被广泛引用的文章表明，提出全球变暖研究的情境不同（如是否强调矛盾和争议），会影响公众对结果的解读。

MILLER J D，AUGENBRAUN E，SCHULHOF J，et al.Adult science learning from local television newscasts［J］. Science Communication，2006，28：216–242.

《科学传播》

《成人从地方电视新闻中学习科学》

大多数的美国成年人都认识到电视作为新闻来源的重要性。这篇文章揭示了地区电视新闻故事对科学和健康话题的影响。

Evidence-Based Medicine
循证医学

Cochrane Collaboration：www.cochrane.org.

科克伦合作协会

科克伦合作协会是一个包括卫生保健工作者和研究人员的国际合作机构，主要对当前有助于卫生保健决策最优论据做系统评审，还协调改进循证护理实践方法及做普及活动的研究。

HIGGINS J P T，GREEN S. (Eds.). The Cochrane handbook for systematic reviews of interventions［M/OL］. Hoboken，NJ：Wiley. www.cochrane–handbook.org.

《科克伦干预系统评估手册》

《科克伦干预系统评估手册》是对执行系统评估的研究者的官方指导和参考手册。

National Institute for Health and Clinical Excellence，UK：www.nice.org.uk.

英国国家卫生医疗质量标准所

英国国家卫生医疗质量标准所是优秀的健康保健机构之一，它为英国的卫生保健服务提供各种健康保健干预措施的循证指导。

Exxon Valdez
“埃克森・瓦尔迪兹号”油轮

LEBEDOFF D. Cleaning up：The story behind the biggest legal bonanza of our time［M］. New York：Free Press，1997.

《清理：我们时代最大的合法财富背后的故事》

本书提供了关于泄露事件后复杂诉讼的广泛的技术细节资料。作者用小说的形式，以数千页的记录和与众多主要执行者的谈话为基础来撰写这个纪实报告。

F

Fear Appeals
恐惧诉求

GOODALL C E，ROBERTO A J. An inconvenient truth：An application of the extended parallel process model［J］. Communication Teacher，2008，22：97–100.

《传播导师》

《难以忽视的真相：扩展并行过程模型》

这篇文章解释了扩展并行过程模型如何应用于真相，鼓励观察者采取措施预防全球变暖。

WITTE K. Putting the fear back into fear appeals：The extended parallel process model［J］. Communication Monographs，1992，59：329–349.

《传播专著》

《在恐惧诉求中的恐惧：扩展并行过程模型》

在这篇文章中，金・威特首次提出用扩展并行过程模型去解释恐惧诉求的成功与失败。文中介绍了恐惧诉求的理论和研究历史，以及扩展并行过程模型最初的情况。

WITTE K，ALLEN M. A. meta-analysis of fear appeals：Implications for effective public health campaigns［J］. Health Education Behavior，2000，27：591–614.

《健康教育行为》

《恐惧诉求的元分析：有效公众健康运动的含义》

本文通过对 98 例恐惧诉求研究的元分析，对恐惧诉求的文献做了综合的审查和合成编辑。其结果指出：高威胁和高自我效能导致最大的行为改变，反之高威胁和低自我效能则引起最大的防御反应。

WITTE K，MEYER G，MARTELL D. Effective health risk messages：A step-by-step guide［M］. Thousand Oaks，CA：Sage，2001.

《有效的健康风险信息：步步引导》

本书详述了行为变化理论是如何发展的，包括恐惧诉求文学总论、对几个突出的行为改变理论的审视，以及对计划评估方法和常见类型的讨论。

Feynman, Richard
理查德・费曼

GLEICK J. Genius：The life and science of Richard Feynman［M］. New York：Pantheon，1992.

《天才：理查德·费曼的生活与科学》

这本传记的内容如其标题，不仅讲述了理查德·费曼个人情况，同时还在他所发展的革命性的物理学背景中讲述了他的生活和工作情况。

Food and Drug Administration, U.S.
美国食品与药品管理局

GOODWIN L S. The pure food，drink，and drug crusaders，1879–1914［M］. Jefferson，NC：McFarland，1999.

《纯洁的食物、饮料和药品改革者 1878 — 1914》

这本由一位退休的药剂师和历史学家撰写的书，记录了 1906 年《纯食品与药品法案》的颁布情况，包括维权组织（尤其是妇女组织）强烈要求采用该项法律的活动。

Food Irradiation
食品辐照

DIEHL J F. Safety of irradiated foods［M］. 2nd ed.New York：Marcel Dekker，1995.

《辐照食品的安全》

本书是关于辐照食品的世界范围的研究和商业应用的概述，探讨了那些关于食品放射性安全的、矛盾的、夸大的、曲解的，并使人困惑的术语。

Food Libel Laws
食品诽谤法

ATKINS R，MINTCHEVA S.（Eds.）.Censoring culture［M］. New York：New Press，2006.

《审查文化》

虽然这不是一本关于食物的书，但它是一本非常好的文集，关于我们的观点是如何被拿来反击我们自己，以及群体是如何被禁声的。对于有兴趣知道为什么某些声音会出现在媒体上而其他声音无法宣之于众的读者，本书值得一读。

SCHLOSSER E.Fast food nation［M］. Boston：Houghton Mifflin，2001.

《快餐国家》

这是过去几年中很受欢迎的食品行业书籍之一。它很好地讲述了从牧场主到快餐行业，不同群体如何感受到对他们行为的新闻报道。

Food Safety
食品安全

MILES S，SCAIFE V. Optimistic bias and food［J］. Nutrition Research Reviews，2003，16：3–19.

《营养研究综述》

《乐观倾向与食品》

这是关于在食品选择方面的乐观倾向的综述。

NAUTA M J，FISCHER A R H，VAN ASSELT E D，et al. Food safety in the domestic environment：The effect of consumer risk information on human disease risks［J］. Risk Analysis，2008，28：179–192.

《风险分析》

《国内环境中的食品安全：消费者风险信息对人类疾病风险的作用》

本文介绍了关于食品问题及其对国内卫生实践和疾病风险行为影响的风险传播研究。

VERBEKE W，VANHONACKER F，FREWER L J，et al.Communicating risks and benefits from fish consumption：Impact on Belgian consumers' perception and intention to eat fish［J］. Risk Analysis，2008，28：951–967.

《风险分析》

《鱼类消费的风险和利益传播：对比利时消费者观念和食用鱼类的倾向的影响》

这项研究考察了一些与风险 – 利益传播和关于鱼类消费的食品选择相关的问题。

Framing and Priming in Science Communication
科学传播的框架构建与基础构建

SCHEUFELE D.Framing as a theory of media effects［J］. Journal of Communication，1999，49：103–122.

《传播杂志》

《传媒效果理论的框架》

这篇文章指出使用一个程序模型来理解创立框架的方法并影响观众。作者总结了对框架的前期研究，确定了四个程序：框架的建设、框架的设定、个体层面的处理和观众对新闻工作者的反馈。

Franklin, Benjamin
本杰明·富兰克林

COHEN IB. Science and the Founding Fathers—Science in the political thought of Thomas Jefferson，Benjamin Franklin，John Adams and James Madison［M］. New York：W. W. Norton，1995.

《科学与其创立者——在托马斯·杰斐逊、本杰明·富兰克林、约翰·亚当斯和杰姆·麦迪逊的政治思想中的科学》

本书作者是哈佛大学的科学历史教授，他研究了科学思想与创立美国宪政的人的政治思想之间的联系。

Freelancing
自由撰稿人

HARPER T.（Ed.）. The ASJA（American Society of Journalists and Authors）guide to freelance writing［M］. New York：St. Martin's，2003.

《美国新闻工作者与作家协会（ASJA）对自由撰稿的指导》

这本著名的指南是一本论文集，它对包括自由撰稿人在内的许多科普作家必须精通的任务提供了广泛的指导，同时还提供有关特定媒体的信息。

Fuel Cell Technology
燃料电池技术

OGDEN J. High hopes for hydrogen［J］. Scientific American，2006，295（3）：94–101.

《美国科学》

《对氢的高度期望》

这篇文章讨论了氢燃料电池作为原油持续消费替代物的使用，本书除了介绍开发价格适宜、耐用、利用这项技术能长距离行车使用等内容外，还概述了提供所需基础设施的挑战。

G

Galilei, Galileo
伽利略·伽利雷

BIAGIOLI M. Galileo，courtier. The practice of science in the culture of absolutism［M］. Chicago：University of Chicago Press，1993.

《廷臣伽利略：专制主义文化中的科学实践》

作者在 17 世纪意大利宫廷生活背景下介绍了伽利略的生活和声望，并介绍了宫廷赞助制度对科学演讲的影响。

DRAKE S. Galileo at work：His scientific biography［M］. Chicago：University of Chicago Press，1978.

《工作中的伽利略：他的科学传记》

这部传记在伽利略的家庭、教育和职业生涯的背景下介绍了他的生活和科学贡献。

Gender Representations of Scientists
科学家的性别表述

LAFOLLETTE M C. Eyes on the stars:Images of women scientists in popular magazines [J]. Science, Technology and Human Values, 1988, 13 (3-4): 262-275.

《科学技术与人类价值》

《紧盯明星：大众杂志中的妇女科学家形象》

这项研究记录了 1920 —1955 年的杂志传记中对妇女科学家的描绘。这些描绘沿袭了固有的书写模式：妇女科学家的科学职业生涯意味着极大的个人牺牲。那些能在家庭和职业之间都获得成功的女科学家被描绘为“超级科学家”。

LONG M, BOIARSKY G, THAYER G. Gender and racial counter-stereotypes in science education television: A content analysis [J]. Public Understanding of Science, 2001, 10: 255-269.

《公众理解科学》

《科学教育电视里女性和种族的反刻板形象：对立分析》

这项自 1990 年开始的关于儿童科学教育项目的研究包括一项对科学家性格和种族的分析研究。这项研究发现男性科学家在荧幕中有全面的呈现，因为他们较早于女性科学家在电视中出现。

STEINKE J. Cultural representations of gender and science: Portrayals of female scientists and engineers in popular films [J]. Science Communication, 2005, 27: 27-63.

《科学传播》

《性别与科学的文化表现：流行电影里的女性科学家和工程师的形象》

这项研究通过 1991—2001 年美国流行电影中女性科学家和工程师的形象分析了性别表现的文化代表性。这篇文章注意到男性科学家和工程师的更强的代表性并探讨了女性科学家和工程师的描写如何强化了科学的性别差异的刻板印象。

Gene
基因

COOK-DEEGAN R. The gene wars: Science, politics and the Human Genome Project. New York: W. W. Norton, 1994.

《基因战争：科学，政治与人类基因组计划》

本书记录了人类基因组计划的发起，包括公共和私营部门的种族基因组测序。由一位在 1986—1988 年指导美国基因探索的技术评估研究的机构的博士生撰写。

KEVLES D, HOOD L. (Eds.). The code of codes:Scientific and social issues in the Human Genome Project [M]. Cambridge, MA:Harvard University Press, 1992.

《密码中的密码：人类基因组计划中科学和社会问题》

这是本提供了各种观点的人类基因组计划的选集，内容取自于广泛的科学家、学者和社会批评家的文献。

Gene Patenting
基因专利权

Committee on Intellectual Property Rights in Genomic and Protein Research and Innovation, National. Reaping the benefits of genomic and proteomic research: Intellectual property rights, innovation, and public health [M]. Washington, DC: National Academies Press, 2006.

《收获基因组和蛋白质组研究的利益：知识产权、创新与公共卫生》

这部著作指出人类基因材料的专利申请和授权作为知识产权的延伸应先于相关的治疗的开发而产生。该报告推断这项限制目前对生物化学研究的意义小于对将来的意义。

SHAPIRO C. Navigating the patent thicket: Cross licenses, patent pools, and standard setting [M]// E JAFFE, J LERNER, S STERN (Eds.). Innovation Policy and the Economy, Vol.1.Cambridge: MIT Press, 2001: 119–150.

《创新政策与经济》

《驶过专利丛林：穿过授权、专利池与标准设立》

这篇论文收录在系列丛书中的第一卷。这套系列丛书探索公共政策和创新之间的关系，政策如何影响科学和技术创新，然后科学和技术又如何相应地影响经济增长。

THOMPSON A K, CHADWICK R F. (Eds.). Genetic information: Acquisition, access, and control [M]. New York: Kluwer Academic/ Plenum, 1999.

《基因信息：获得性、介入与控制》

这本文集使用了各种理论和学科框架，思考了与基因信息控制、获取等相关的问题。

Gene Therapy
基因治疗

HABERMAS J. The future of human nature [M]. Cambridge, UK: Polity Press, 2003.

《人类的未来》

在这本书里，一位有影响力的德国哲学家布尔根·哈贝马斯，讨论了人类基因工程容许性的问题。他关心社会是否有权利严格地去规范基因工程，或者是否应该把它留给个人选择，换言之留给市场选择。

WALTERS L, PALMER J G.The ethics of human gene therapy [M]. Oxford, UK:Oxford University Press, 1997.

《人类基因治疗的伦理学》

生物伦理学家勒罗伊·沃尔特斯和律师朱莉·帕默围绕基因治疗和基因增强讨论了一些困难的伦理和公共政策问题。本书对非科学家来说通俗易懂，介绍了 DNA、基因和细胞的结构和功能，以及基因治疗的技术问题。

Gould, Stephen Jay
史蒂芬·杰伊·古尔德

RUSE M. Mystery of mysteries. Is evolution a social construction? [M]. Cambridge, MA: Harvard University Press, 1999.

《秘密之秘密：进化是一种社会构建吗》

鲁斯在本书中提出了一系列进化论理论家和大众化作家的思想，分析了社会思想影响他们每个人的方式，其中第七章讲述古生物学，就是写给史蒂芬·杰伊·古尔德的。

Government Public Information
政府公众信息

BORCHELT R E. Communicating the future [J]. Science Communications, 2001, 23: 194–211.

《科学传播》

《传播未来》

美国国家航空航天局的乔治·马歇尔太空飞行中心让一个有 15 个成员的工作组负责制定一项研究策略以解决科学交流的重大问题，从而明确最佳的实践。这篇文章就是他们的报告。

PORTER G J. (Ed.). Communicating the future:Best practices in communicating about science and technology to the public [M]. Gaithersburg, MD: National Institute of Standards and Technology, 2002.

《传播未来：面向公众的科技传播的最好实践》

这是一本论文集，收录了 2002 年在马里兰州盖瑟斯堡召开的向公众传播科技最优实践大会的所有文章。

Greenpeace
绿色和平组织

WEYLER R. Greenpeace: How a group of ecologists, journalists, and visionaries [M]. 2004.

《绿色和平：一群生态学家、新闻工作者和幻想家如何改变世界》

本书由一位该组织的早期成员撰写。该书记录了那些 1970 年首先在温哥华汇集的活动家如何逐渐发展成一个国际上公认的组织的过程。这个组织今天几乎等同于新环境和抗核试验。

H

Hawking, Stephen
斯蒂芬・霍金

HAWKING S.A brief history of time:From the big bang to black holes [M]. New York: Bantam, 1988.

《时间简史：从大爆炸到黑洞》

这本短小精炼的著作是史蒂芬・霍金最为著名的人气著作，持续畅销。该书以 200 页的篇幅解释了宇宙、空间、时间和不确定性概念。

Health Communication, Overview
健康传播概论

U.S. Department of Health and Human Services. Healthy people 2010 [M]. 2nd. McLean, VA: International Medical, 2002.

《人民健康 2010》

这本被广泛引用的报告提出了美国的追求目标——至 2020 年要创造更多健康人口。

Health Communication and the Internet
健康传播与互联网

Institute of Medicine of the National Academies. Health literacy: A prescription to end confusion[M]. Washington, DC: The National Academies Press, 2004.

《健康素质：终结混乱的一副处方》

这篇报告帮助开启了一个新的研究领域，并促成了一个由多家医院、医药公司、政府机构和基金会集合而成的组织，其目的是提升国民健康素养。本报告也间接运用电子医疗的潜在影响以改进公众对健康和医药的理解。

National Cancer Institute. Health information trends survey, 2008 [EB/OL]. [2008-10-24]. http://hints.cancer.gov.

《健康信息趋势调查》

这是一次公众如何利用和查询健康信息的最为综合的调查。除了可作为一般参考，这组数据（包括所有的研究发现和原始问题）都能被下载和用于个人研究。

U.S. Department of Health and Human Services. Healthy people 2010 (Conference ed., Vols. 1–2) [M]. Washington, DC: Government Printing Office, 2000.

《人民健康 2010》

这份综合报告间接说明了电子医疗在改进国民公众健康及个人健康条件上的潜在作用，以及电子医疗对健康条件差异的影响。报告还讨论了促进全国健康素质的必要性。现在已开始准备的是 2020 年将更直接地解决电子医疗的任务。

Health Literacy
健康素养

PLEASANT A. A second look at the health literacy of American adults and the National Assessment of Adult Literacy [J]. Focus on Basics, 2008, 9 (B): 46–52.

《聚焦基本素质》

《再探美国成人的健康素质和全国成人健康素质的评估》

这篇文章评价了 2003 年美国的全国成年人素质评估的设计和效果，以及对如何报告这些数据做了讲述。

PLEASANT A, KURUVILLA S. A tale of two health literacies? Public health and clinical approaches to health literacy [J]. Health Promotion International, 2008, 23 (2): 152–159.

《国际健康促进》

《两种健康素养的故事？公共卫生与健康素养的医疗介入》

这篇文章所述的实证研究可能是迄今为止关于健康素养两面性的最具体的论据，论证了公众和卫生保健工作者如何运用其健康素养技能，从同一信息得出不同应用。

ZARCADOOLAS C, PLEASANT A, GREER D.Advancing health literacy: A framework for understanding and action [M]. San Francisco: Jossey–Bass, 2006.

《提升健康素养：理解及行动框架》

本书提供了一个用于了解健康素养的综合健康素养体系，建立了医疗健康素养干预，并评价了医疗健康素养。

Highway Safety
公路安全

VANDERBILT T. Traffic: Why we drive the way we do (and what it says about us) [M]. New York: Knopf, 2008.

《交通：为什么我们会如此驾驶（这又反映了什么）》

关于驾驶中的安全与风险问题，本书试图以读者友好模式阐释人的感知为何会被蒙蔽、判断为何会被误导的情况。

HIV/AIDS Prevention and Communication
艾滋病病毒 / 艾滋病的预防和健康传播

GREENE K, DERLEGA V J, YEP G A, et al. Privacy and disclosure of HIV in interpersonal relationships:A sourcebook for researchers and practitioners [M]. Mahwah, NJ: Lawrence Erlbaum, 2003.

《人际关系之间 HIV 的隐私与公开：研究者和实践者的原始资料集》

本书围绕着关于他或她将其 HIV 的状态公开给家庭、朋友和性伴侣而做的个人决定的过程所表现的多角度问题提供了思考视角。对 HIV 公开的类型、如何公开和后续的结果等都做了讨论，给读者提供了更多的看待这个复杂问题的个人观点。

NOAR S M, PALMGREEN P, CHABOT M, et al. A 10-year systematic review of HIV/AIDS mass communication campaigns: Have we made progress? [J].Journal of Health Communication, 2009, 14 (1): 15–42.

《健康传播杂志》

《对 HIV/AIDA 大众传播运动 10 年来的系统观察：我们有进步吗》

这篇文章总结了通过大众传媒进行的 HIV

预防运动传播的结果。文中的多页图表有助于读者快速了解，以药物注射者和高端人群为受众的宣传中，哪些类型的传播活动有全球化趋势。

U.S. Department of Health & Human Services, Public Health Service.（n.d.）. Making health communication programs work. National Institutes of Health, National Cancer Institute［EB/OL］.［2009-08-30］. www.cancer.gov/pinkbook.

《开展健康传播项目工作》

这本人文著作现在完全可以在线获取。它提供了一个实施的步骤，用一个易于理解的形式，去规划、设计、构建和评价卫生健康传播计划。附录提供了宣传资料的线索，为有兴趣了解和执行医疗健康传播计划的任何人提供其他可利用的资源。

Holography
全息摄影

ACKERMANN G K, EICHLER J. Holography: A practical approach. Chichester, UK: John Wiley & Sons, 2007.

《全息摄影术：一个实用方法》

本书通过更加先进的技术，对全息摄影术从最基础的知识到较为先进的技术，本书全息摄影术提供了实用介绍。作者按照适于作为大学教科书的水平撰写，书中还包含了可以帮助我们理解全息摄影术背后的科学的实验。

SAXBY S. Practical holography［M］. 3rd ed. London: Taylor & Francis, 2003.

《实用的全息摄影术》

这部关于全息摄影术主题的大部头的书是按照浅显易懂的方式编写的。本书涵盖了非常详细的一系列关于全息摄影术的不同的技术和实用信息，还涵盖了全色域设置。

UNTERSEHER F, SCHLESINGER B, HANSEN J. The holography handbook［M］. 3rd ed.Berkeley, CA: Ross Books, 1996.

《全息摄影术手册》

本手册是全息摄影发烧友必读书目，它通过实际操作的经验为只有一点或没有科学基础的人提供了全息摄影技术的简明直白的介绍。本书为获取全息摄影的成功也做了综合性的阐述并提出了行之有效的策略。

House Science Committee, U.S.
美国众议院科学委员会

HECHLER K. Toward the endless frontier: History of the Committee on Science and Technology, 1959-1979. U.S. House of Representatives［M］. Washington, DC:Government Printing Office, 1980.

《走向无尽的前沿：科技委员会历史 1959—1979》

这本有 1072 页纸的详细著作是了解关于 1959—1979 年科技委员会历史信息的最好资源。

Hubble Space Telescope
哈勃太空望远镜

Hubble Space Telescope: http://hubblesite.org.

哈勃太空望远镜

这是哈勃太空望远镜的官方网址，网站有完整的更新信息，可免费观看壮观的太空。

Star Witness News: http://amazing-space.stsci.edu/news.

见证星空新闻

这个在线报纸的首页用通俗易懂的语言、图表和说明带给你出自哈勃太空望远镜的最新信息。

Human Genome Project
人类基因组计划

GERANSAR R，EINSIEDEL E. Evaluating online direct-to-consumer marketing of genetic tests:Informed choices or buyers beware?［J］. Genetic Testing，2008，12（1）：13–23.

《基因组测试》

《评估网上直接面向消费者市场的基因组测试：信息选择还是买方关注》

这些作者讨论了几家提供直接面向消费者的基因组测试的公司，并研究了如下几个问题：卫生保健提供者的参与，遗传咨询的可行性和基因关联测试的有效性。

GOLLUST S E，WILFOND B S，HULL S C. Direct-to-consumer sales of genetic services on the Internet［J］. Genetic Medicine，2003，5（4）：332–337.

《基因组医学》

《互联网上的基因服务直销》

塞赖卜·格勒斯特和实验室人员研究了网上销售基因组测试的可行性，并讨论了伦理和应用法则。

International HapMap Consortium. The International HapMap Project［J］. Nature，2003，426：789–796.

《自然》

《国际人类基因组单体型图计划》

这个国际人类基因组单体型图共同体的第一个重要出版物介绍了人体基因中单核苷酸多形性的映射，提供了单核苷酸多形性的基本信息。

REDON R，ISHIKAWA S，FITCH K R，et al. Global variation in copy number in the human genome. Nature，2006，444（7118）：444–454.

《自然》

《人类基因组中复制数目的全球变异》

作者研究了 270 个来自 4 个不同种群的个体，制作了第一个人类基因复制数目变异的图谱，揭示出这些都提供了除单核苷酸多态性外个体之间基因组变异的重要来源。

WEINSTEIN M，WIDENOR M，HECKER S. Health and employment practices:Ethical，legal，and social implications of advances in toxicogenomics［J］. American Association of Occupational Health Nurses Journal，2005，53（12）：529–533.

《美国职业健康护理协会杂志》

《健康与就业实践：毒理基因组学进步的伦理、法律和社会意义》

Hurricane Katrina
卡特里娜飓风

National Hazards Center. Learning from catastrophe: Quick response research in the wake of Hurricane Katrina（Special publication No. 40）［M］. Boulder: Institute of Behavioral Science，University of Colorado at Boulder，2006.

《从灾害中学习：卡特里娜飓风中的快速应对研究》

科学家迅速应对了卡特里娜飓风，本书中的 18 个章节是从不同的视角，基于对人们应对卡特里娜飓风的举措所进行的社会科学研究而著。它不仅提供了对这个特别灾害的观点，还提出了以后在其他的灾害中可以应用的观点。

THEVENOT B. Apocalypse in New Orleans［J］. American Journalism Review，2005，27（5）：24–31.

《美国新闻评论》

《新奥尔良之世界毁灭》

这篇文章回顾了新奥尔良行文如何报道卡特里娜飓风的影响的。灾害是伤害灾区居民的感情的，灾害的专业报道者必须要有对受到灾害直接影响的居民的同情心。

Times-Picayune. Special report: Washing away. Five-part series，June 23–27［EB/OL］. www.nola.com/hurricane/content.ssf?/washingaway/index.html.

《特别报告：冲洗一空》

这个系列报告是一个重要的前兆预警，它介绍了因严重的飓风打击新奥尔良而引发的现有的和潜在的损害，这些在三年多后已被卡特里娜飓风所证实。

I

India, Science and Science Communication in
印度科学与科学传播

BHARGAVA P M，CHAKRABARTY C. The saga of Indian science since independence：In a nutshell［M］. Bangalore，India：University Press，2003.

《独立后的印度科学传奇：坚果壳内》

这是一篇非常优秀的对印度科学的评论文章。第一位作者 Bhargava，P. M. 在印度细胞分子生物学的发展中发挥了至关重要的作用。该书追溯了自古印度至 2001 年的科学发展，其内容还触及了诸如在课程中引入吠陀占星术等问题。

Inductive Logic
归纳逻辑

TOULMIN S. The uses of argument［M］. New York：Oxford University Press，1994.

《争论的作用》

虽然很多用于逻辑学课程的知名教科书都介绍了广泛的各种类型的归纳推理的内容，但这本由史蒂芬·图尔明撰写的书将写作重点放在推理上。

Information Seeking and Processing
信息搜索与处理

EAGLY A H，CHAIKEN S. The psychology of attitudes［M］. New York：Harcourt Brace，1993.

《态度心理学》

本书提供了一个对态度的深入讨论，其中有一个长达 42 页的章节常被引用，这一章内容介绍、描绘和分辨了精细加工的可能性和启发式的系统处理这两种模式，并对两种模式的优劣都给予了分析。

Griffin R，Dunwoody S，Neuwirth K. Proposed model of the relationship of risk information seeking and processing to the development of preventive behaviors［J］. Environmental Research，1999，80：230–245.

《环境研究》

《搜索和处理风险信息与预防行为发展的关系模型建议》

这一开创性的研究文章讨论了作者关于风险信息的搜寻和处理模型的理论基础。文章将模型的图表与基本概念一并展示并给予简短说明。

MCGUIRE W. Psychological motives and communication gratification［M］//J BLUMLER，E KATZ（Eds.）. The uses of mass communication：Current perspectives on gratifications research. Beverly Hills，CA：Sage，1974：167–198.

《大众传播的用途：心理满足研究的现代视角》

《心理动机与传播满足》

本书讨论了那些驱使信息搜寻和处理的个体的特性、需求和预期。作者查阅了关于动机的文献，研究了这一主题的 16 个案例。

Information Society
信息化社会

BELL D. The coming of post-industrial society: A venture in social forecasting [M]. New York: Basic Books. (Original work published 1973), 1999.

《后工业社会的到来：社会预测的冒险》

本书是该领域的巨著，内容通俗易懂。作者丹尼尔·贝尔是由新闻记者转向社会学家的。本书自发行开始，就获得了广泛讨论和评论。

DUFF A S. Information society studies [M]. London: Routledge, 2007.

《信息社会研究》

这部研究巨著旨在对提出信息社会理论的学派竞争提供一个综合观点和评价。它包括日本所做的贡献的详细资料。

WEBSTER F. Theories of the information society [M]. 3rd ed. London: Routledge, 2006.

《信息社会理论》

这部平装书预设为大学课程的标准教科书，该书按照一系列的信息社会理论来划分章节。

Information Subsidies
信息资助

GANDY O H. Beyond agenda setting: Information subsidies and public policy [M]. Norwood, NJ: Ablex, 1982.

《超越日程设定：信息补贴和公共政策》

本书阐述了公司、政治家和其他支持者是如何向大众媒体提供补充信息来影响公共政策，最终形成政策争论的过程。

LANG G E, LANG K. The battle for public opinion: The president, the press, and the polls during Watergate [M]. New York: Columbia University Press, 1983.

《为民意而战：水门事件中的总统、新闻界和民意调查》

这例对水门事件公开辩论的案例研究叙述了议程构建的过程，在此过程中新闻媒体与其他的机构共同参与公共议程的制定。

Institutional Review Board
机构审查委员会

U.S. Department of Health and Human Services, Office for Human.

美国公共卫生部人类研究保护办公室

该机构网站提供关于受试人保护的广泛的信息，包括 45CFR（美国联邦法院，Code of Federal Regulations）46 的在线版本，内容涉及受试人保护、对参与研究的受试人保护的贝尔蒙伦理原则和指导的报告，以及国际资源（包括纽伦堡密码和赫尔辛基宣言）。

Intelligent Design in Public Discourse
公共话语空间的智能设计论

BEHE M J. Darwin's black box: The biochemical challenge to evolution [M]. New York: Free Press, 1996.

《达尔文的黑盒子：对进化的生物学挑战》

一位科学家认为生命是如此复杂以致无法像达尔文主张的进化那样发生——即“无法简 化的复杂”。本文作者的态度是在细胞层面的复杂的生化过程是不能通过渐进选择而产生的。

FORREST B, GROSS P R. Creation ism's trojan horse: The wedge of intelligent design [M].

Oxford，UK：Oxford University Press，2007.

《神创论的特洛伊木马：智能设计的契机》

作者将智能设计运动与传统的神创论思想联系起来，分析了支持者的策略。随着在宾夕法尼亚州多佛的一个高度公开的联邦案例的重大挫败，这项运动被重新组织起来，继续其旨在改变在公立学校教授科学的意图。

Intelligent design argument. [Special issue] Rhetoric and Public Affairs，1998，1（4）.

《修辞与公共事务》

《智能设计的争论》

这期特刊展示了几个智能设计的支持者的立场和主张科学社区的支持者的反应。特刊的最后一篇文章提供了一个观点，认为应强调将智能设计作为修辞进行分析的观点。

International Science Journalism Associations 国际科学新闻协会

DRILLSMA B.（Ed.）. The barriers are down：EUSJA advances across Europe [M]. Strasbourg，France：European Union of Science Journalists' Associations，2006.

《门槛降低：整个欧洲的 EYSHA 进展》

本书可向 EUSJA 网站订购，参见网址：www. eusja.org. 它记录了该组织的历史和它的建立过程。

International Science Writers Association：www.internationalsciencewriters.org.

国际科学作家协会

该网站提供成员信息，公布重要事件，并链接科学新闻。在仅成员可使用的区域还提供工作信息，发布补助、奖励信息和接近国际科学作家协会的时事通讯。

Internet, History of 互联网的历史

ALESSO H P，SMITH C F. Connections：Patterns of discovery [M]. Hoboken，NJ：WileyInterscience，2008.

《连接：发现的模式》

本书概述了互联网的历史和计算机的历史，作者运用系统的观点，强调了二者之间日益增长的相关性。它还提供了一个丰富的资源，如具体的事实、数字和详细的指数，使该书成为一个特别有用的参考书籍。

LEINER B M，CERF V G，CLARK D D，et al. A brief history of the Internet. [EB/OL]. [2009-09-07]. www.isoc.org/internet/history/brief.shtml.

《互联网简史》

这篇有趣的论文从很多开发互联网的人的观点出发展示了互联网的历史。文章不仅提供了很多相关的个人、机构和技术的详细资料，还提供了一些有关长期发展趋势的基本思考。

SLATER W F. Internet history and growth [EB/OL]. [2009-09-07]. www.isoc.org/internet/history/2002_0918_Internet_History_and_Growth.ppt.

《互联网的历史与发展》

这篇报告介绍了很多互联网历史中重要的技术阶段和开发这些技术的开拓者。而且，本文用很多引人入胜的形象化方式解说了互联网的迅速发展。

Interpretive Communities 诠释共同体

FISH S. Is there a text in this class? The authority of interpretive communities [M]. Cambridge，MA：Harvard University Press，1980.

《该类型中有文本吗？诠释共同体的权威》

一个文献理论家研究了读者和一个文本之间的关系。这是一本最常被引用的作为创立解释机构概念的著作。

Interviewing Scientists
采访科学家

COHN V，COPE L. News & numbers：A guide to reporting statistical claims and controversies in health and other fields [M]. 2nd ed. Ames：Iowa State University Press，2001.

《新闻？数字：医疗卫生及其他领域统计索赔与争议的汇报指南》

本指南由两位受尊重的医学和科学作家撰写，用于解答由新闻工作者代表卫生科学的消费者咨询的问题。

DREIFUS C. Scientific conversations：Interviews on science from the New York Times [M]. New York：Henry Holt，2001.

《科学交谈：纽约时报的科学采访》

这本由《纽约时报》特约作者克劳迪亚撰写的文集包含了对这个国家顶级科学家（包括史蒂芬·杰伊·古尔德）的提问和回答。除其他事项外，对杰出的女性科学家的采访详细叙述了她们在长期的成功的职业生涯中所遇到的性别歧视的情况。

SCHWITZER G. Health news review.org：Grades for health news reporting [EB/OL]. www.healthnewsreview.org.

《健康新闻评论非营利组织：卫生新闻报告等级》

这个网站是由一个前卫生新闻记者和卫生新闻专业教授开放，由为知情医疗而设立的非营利性基金赞助，它准确地、完整地和公平地评估新闻事件。用于排列事件的标准涵盖了大多数健康新闻事件报道中所需的因素。

Invasive Species
入侵物种

International Union for the Conservation of Nature. Invasive species [EB/OL]. [2009-08-09]. www. iucn.org/about/union/secretariat/offices/iucnmed/iucn_med_programme/species/invasive_species.

《入侵物种》

自然保护国际联盟建于 1948 年，是世界第一个全球性的环境组织。该联盟共同协调全球入侵物种计划，该计划能使社区改善病虫害防治和控制系统，以及确定新工具开发的优先权。

World Trade Organization. Agreement on the application of sanitary and phytosanitary measures [EB/ OL]. [2009-08-14]. www.wto.org/english/docs_e/legal_e/15-sps.pdf.

《关于卫生与植物检验检疫应用的协议》

世界贸易组织是唯一的处理国与国之间贸易法则的全球性国际组织。其中心是 WTO 协定，由大部分世界上的贸易国家谈判和签署并由其国会 / 议会批准而生效。

Invisible College
无形学院

WAGNER C S. The new invisible college：Science for development [M]. Washington，DC：Brookings Press，2008.

《新的无形学院：为发展之科学》

在本书中瓦格纳记录了全球科学网的兴起，这个网构成了今天的无形学院，创造了单独学习的机会。她还对发展中国家的政策制定者提出建议，希望将这种趋势纳入国家的发展。

K

Knowledge Gap Hypothesis
知识沟假说

ETTEMA J S，KLINE F G. Deficits，differences，and ceilings：Contingent conditions for understanding the knowledge gap [J]. Communication Research，1977，4（2）：179–202.

《交流科学》

《缺失、差异与天花板：理解知识鸿沟决定条件》

本书作者介绍了动机因素作为可变预期知识鸿沟。他们认为在高水平的 SES 与低水平的 SES 群体之间的差异不一定是由较少正式教育和经济匮乏的作用所引起的，可能是由不同的动机水平、兴趣和有特点的明确主题所致。

GAZIANO C. Knowledge gap：An analytical review of media effects [J]. Communication Research，1983，10：447–486.

《交流研究》

《知识鸿沟：媒体效应的分析评估》

这篇论文考察了关于知识鸿沟的研究证据，分析了 58 例研究特例。指出了这些研究中的理论和方法论的差异，得出了关于媒体对知识差异的作用和使知识鸿沟可能发生或不可能发生的条件的一些结论。

HYMAN H H，SHEATSLEY P B. Some reasons why information campaigns fail [J]. Public Opinion Quarterly，1947，11：412–423.

《民意调查》

《关于信息运动失败的一些原因》

以美国的国家范例为基础，这项经典的研究巩固了知识鸿沟的假说。作者认为，即使交流的物理障碍得以去除，心理障碍仍将存在。有兴趣的人们获得更多的信息，人们接受那些与当时的态度相匹配的事实，以及人群以不同的理解解释相同的信息。

TICHENOR P，DONOHUE G，OLIEN C. Mass media flow and differential growth in knowledge [J]. Public Opinion Quarterly，1970，34：159–170.

《民意调查》

《大众媒体流域知识的差异增长》

本文作者综合了发展知识鸿沟假说的几个前期研究，他们认为大众媒体的信息进入一个社会体系时，有较高 SES 的人群比有较低 SES 的人群会以较快的速度获取这些信息。

VISWANATH K，FINNEGAN J R. The knowledge gap hypothesis：Twenty-five years later [M]//B BURLESON（Ed.）.Communication yearbook，Vol.19. Thousand Oaks，CA：Sage，1996：187–227.

《交流年鉴》

《知识鸿沟假说：25 年以后》

这篇文章回顾和评论了知识鸿沟假说过去 25 年的发展。基于一个综合的观点，作者鉴别了可能影响知识鸿沟现象的可变因素和需要进一步研究的区域。作者把知识鸿沟假说作为一个科学研究计划进行了评价。

Kuhn, Thomas
托马斯・库恩

KUHN T S. The road since structure：Philosophical essays，1970 —1993 [J]. Chicago：University of Chicago Press，2000.

《结构之后的道路：1920—1993 年哲学论文》

库恩的这本有影响力的著作的最新版本表述了在应对科学进化中的异常时，科学的过程和模型的作用，这些都引向新模型的产生和科学的进步。

L

Land Grant System, U.S.
美国政府赠地制

NEVINS A. The state universities and democracy [M]. Urbana: University of Illinois Press, 1962.

《州立大学与民主》

本书叙述了美国州立大学的历史及其在提倡民主化教育中的早期作用。全书中都涌动着作者对教育的使命和激情。

SEEVERS B, GRAHAM D, GAMON J, et al. Education through cooperative extension [M]. New York: Delmar, 1997.

《通过外延合作开展教育》

这是合作推广教育和实践的综合计划，包括关于计划发起、计划目的、主要项目和教授、学习以及评估等的策略和信息。

Latour, Bruno
布鲁诺·拉图尔

LATOUR B. We have never been modern [M]. Cambridge, MA:Harvard University Press, 1993.

《我们从未曾现代化》

如果我们把“现代”定义为拥抱科学，拉图尔（毫不夸张地）认为我们根本从来没有进入现代。很多当代问题体现着混合的特性，即关于科学的一些争论和关于社会的一些争论是融合在一起的。

LATOUR B, WOOLGAR S. Laboratory life: The social construction of facts [M]. London:Sage, 1979.

《实验寿命：事实的社会构建》

这是一部经典著作，书中讨论了科学“发现”是如何在实验室社会环境中构建起来的，其方式是通过进行任意主题的社会性对话，然后观察其“结果”。

Logical Positivism
逻辑实证主义

Zalta E N. (Ed.). Stanford encyclopedia of philosophy [EB/OL]. http://plato.stanford.edu.

《斯坦福哲学百科全书》

想查询关于哲学争论进一步的信息，包括科学哲学的争论的信息的学者（无论是学生还是高级学者）将发现这个免费的在线百科全书是个宝贵资源。

Love Canal
拉夫运河

University at Buffalo, The State University of New York. (n.d.). The Love Canal collections. University Archives [EB/OL]. http://ublib.buffalo.edu/libraries/specialcollections/lovecanal/index.html.

《热爱运河文集》

这个大学档案文集是一部关于纽约州西部环境问题的各种文件的文档库，特别强调要热爱运河。包括新闻剪报数据库。

Low-Level Radiation
低强度辐射

National Safety Council. Understanding radiation in our world [M/OL]. (2005-07). www.nsc.org/safety_ home/BringSafetyHome/Documents/Understanding Radiation.pdf.

《了解我们世界中的辐射》

这是一本供外行人使用的辐射指导用书，有 100 页。

U.S. Environmental Protection Agency. RadTown USA [EB/OL]. www.epa.gov/radtown/.

《美国拉德镇》

作为一个提供关于世界上辐射信息的活跃的互动网站，美国拉德小镇是一个虚拟社区，它可以呈现多种辐射资源，就像人们每天可以遇见它们一样。

M

Mad Cow Disease (BSE)
疯牛病 (BSE)

U.S. Department of Agriculture, Animal and Plant Health Inspection Service. (n.d.). Bovine spongiform encephalopathy (BSE) [EB/OL]. www.aphis.usda.gov/newsroom/hot_issues/bse/surveillance/bse_disease_ surv.shtml.

《牛脑海绵体病》

这个网站对于美国农业部为在美国境内的疯牛病的动植物健康检疫服务的监督和检测工作提供详细的信息。

Manhattan Project
曼哈顿计划

HALES P B. Atomic spaces:Living on the Manhattan Project [M]. Urbana, IL:University of Chicago Press, 1997.

《原子空间：在曼哈顿计划中谋生》

由建筑史学家彼得 · 黑尔斯撰写的这部曼哈顿文化历史考察了三个主要的曼哈顿社会地理学内容，重点是当地人对土地征用和迁移到该地的工作者和家庭的争论。

HUGHES J. The Manhattan Project [M]. London:Icon Books, 2003.

《曼哈顿计划》

在这本短小的书中，科学史学家杰夫 · 修斯认为曼哈顿项目在科学的组织方面并不是像它有时表现的那样是根本的改变；相反，该项目加速了向已经在发展的大科学的靠近。

Maverick Science and Journalism
特立独行的科学与新闻

CLARKE C E. A question of balance: The autism-vaccine controversy in the British and American elite press [J]. Science Communication, 2008, 30 (1): 77–107.

《科学传播》

《一个平衡问题：英国与美国精英媒体关于自闭症疫苗的争论》

这篇文章研究了关于报道自闭症和疫苗之间所谓的联系上使用“平衡”这一新闻定义的效果。它讨论了新闻准则与职业道德的含义。

DEARING J W. Newspaper coverage of maverick science: Creating controversy through balancing [J]. Public Understanding of Science, 1995, 4: 341–361.

《公众理解科学》

《关于独立特行的科学的新闻覆盖率：创建通过平衡的争论》

本文探索独立特行的科学家和独立特行的科学在新闻消息中出现在公众面前的方法，其中用了三个案例：地震预报、艾滋病的替代理论、科尔融合 / 冷聚变的发现。

McClintock, Barbara
芭芭拉 · 麦克林托克

FERDOROFF N, BOTSTEIN D. The dynamic genome: Barbara McClintock's ideas in the century of genetics [M]. Cold Spring Harbor, NY: Cold Spring Harbor Laboratory Press, 1992.

《动态基因：基因世纪中芭芭拉 · 麦克林托

克的理念》

本书是由了解麦克利托克的人，以及与她一起工作过的人撰写的文集，是一个有深度的科学信息的重要来源，其中包括关于麦克林托克性格的回忆。

FOX KELLER E. A feeling for the organism: The life and work of Barbara McClintock［M］. New York: W. H. Freeman, 1983.

《对有机体的感情：芭芭拉·麦克林托克的工作与生活》

这本描写麦克林托克 1983 年前生活的全面传记，内容深入到麦克林托克的成长过程和个人生活，同时结合了一些科学信息。它适合没有科学基础的读者阅读。

Mead, Margaret
玛格丽特·米德

MEAD M. Coming of age in Samoa: A psychological study of primitive youth for Western civilization［M］.New York: William Morrow, 1928.

《萨摩亚的未来：西方文明的原始青春心理学研究》

这本文字优美的书在世界范围流行。书中认为西方国家希望青少年所面临的情感挑战是文化性挑战而不是生理性挑战。而在萨摩亚，情况似乎不同。对于米德这个具体发现的正确性始终存在争议，但是她关于性别角色的一般观点却一直得到认可。

MEAD M. Sex and temperament in three primitive societies［M］. New York: William Morrow, 1935.

《三类原始社会中的性与特质》

这卷为人熟知的书中论述了米德对三个不同的社会——阿拉佩什人、蒙杜古马人和昌希里人所做的研究，每种社会对男人和女人的社会角色都有着显著的不同的预期。书中明确了米德自己的预期，即文化就是驱动力。

Media Convergence
媒介融合

BENNETT J.From flow to user flows: Understanding "good science" in the UK digital television landscape［M］//R HOLLIMAN, E WHITELEGG, E SCANLON, et al. Investigating science communication in the information age: Implications for public engagement and popular media. Oxford, UK: Oxford University Press, 2009: 183–204.

《调查信息时代的科学传播：公众参与和公共媒体的含义》

《从流通到用户流量：了解英国数字电视规划中的"好科学"》

在这一章里，作者对英国电视的科学节目做了严格的考察，重点放在《非自然的历史》（科学电视节目）案例上，并将他的观点与现在英国关于新兴数字电视发展前景中公共广播服务的角色转变的讨论联系起来。

CHALMERS M.Communicating physics in the information age［M］//R HOLLINAN, J THOMAS, S SMIDT, et al. Practising science communication in the information age: Theorising professional practices. Oxford, UK: Oxford University Press, 2009: 67–80.

《信息时代的科学传播实践：职业实践理论化》

《信息时代的通信物理》

在这一章里，作者研究了物理传播中处理现代传播问题的方法。他考察了互联网 2.0 技术，发现在接受这项技术方面一些物理学家比非科学家显得更加犹豫。

MONTGOMERY S.Science and online

world: Realities and issues for discussion [M]// R HOLLIMAN, J THOMAS, S SMIDT, et al.Practising science communication in the information age: Theorising professional practices Oxford , UK: Oxford University Press, 2009: 83–97.

《信息时代从事科学学交流：理论化的专业实践》

《科学与网上世界：现实与问题讨论》

在本章，作者提供了对科学通信将遥远的过去伸展到不久的将来的观察视角。蒙哥马利不认为互联网一定是一种获取物质的力量，而是认为数字技术必须在现存的社会关系和依存关系上予以考虑。

Medical Journalism
医学新闻

COHN V, COPE L. News and numbers: A guide to reporting statistical claims and controversies in health and other fields [M]. 2nd ed. Ames: Iowa State University Press, 2001.

《新闻与数字：医疗卫生及其他领域统计索赔与争议的汇报指南》

本书提供了在理解和评估医学和其他研究中的探索，是一本设计和统计方面的通俗易懂的指南。

GASTEL B. Health writer's handbook [M]. 2nd ed. Ames, IA: Blackwell, 2005.

《医学卫生写作指南》

本书是一本教授公众写作医学卫生著作的指南。包括为所涉及的领域收集和评估信息、草拟文稿、确定教育和就业机会等。

Mendel, Gregor
格雷戈尔·孟德尔

CORCOS A F, MONAGHAN F V. (Eds.). Gregor Mendel's experiments on plant hybrids: A guided study [M]. New Brunswick, NJ: Rutgers University Press, 1993.

《格雷戈尔·孟德尔的植物杂交实验：引导研究》

这个版本包括孟德尔 1866 年首次出版的文章翻译和作者的解释性评论，还有传记和科学材料的介绍，以及图解说明。

DUCHESNEAU F. The delayed linkage of heredity with the cell theory [M]//S Müller-Wille, H J Rheinberger (Eds.). Heredity produced: At the crossroads of biology, politics, and culture, 1500–1870. Cambridge: MIT Press, 2007: 293–314.

《遗传性的产生：生物学、政治与文化的十字路口》

《遗传性与细胞理论的延时连接》

这是一本讲述自 16 世纪早期（比孟德尔和达尔文早很多）开始探索遗传学的概念，并将它与农业育种和进化论关联的最新的历史说明书。

Merton, Robert K.
罗伯特·K. 默顿

BARAN S, DAVIS D. Mass communication theory: Foundations, ferment, and future [M]. 5th. Boston: Wadsworth, 2008.

《大众传播理论：基础、发展与未来》

这本媒体研究理论的概论记叙了社会学家如罗伯特·孟德尔、保罗·拉扎斯菲尔德和其他社会学家的巨大贡献。

SZTOMPKA P. Trust in science: Robert K. Merton's inspirations [M]. Journal of Classical Sociology, 2007, 7 (2): 211–220.

《经典社会学杂志》

《科学中的信任：罗伯特·莫顿的灵感》

这篇文章认为孟德尔的科学精神的四个原

则是相信社会是科学存在的基础，但受到所谓“后学术科学”兴起的挑战，这一说法涉及主要投资、私有化和商业化，结果是科学中的信任将会被侵蚀掉。

Metaphors in Science Communication 科学传播的隐喻

GILES T D. Motives for metaphor in scientific and technical communication［M］. Amityville, NY：Baywood，2008.

《科技交流中象征语言的动机》

作者考察了构建论证的历史案例和现代争论案例（克隆），在这些争论中的隐喻有着认识论上的重要意义。他认为在科学交流中隐喻的应用值得在教学上得到更多的重视。

Muir, John 约翰·缪尔

MUIR J. Our national parks［M］. Boston：Houghton Mifflin，1901.

《我们的国家公园》

缪尔采用描写性文章的方式，旨在劝说美国公众了解保护自然环境的重要性。

MUIR J. Stickeen：The story of a dog［M］. Boston：Houghton Mifflin，1909.

《斯提金：狗的故事》

这是缪尔非常流行的著作之一，是一个勇敢的狗跟随缪尔进行危险的登山旅行的故事，是缪尔展示其作为一个大众传媒者的娴熟技巧的范例。

N

Nanotechnology 纳米技术

BINNIG G，ROHRER H. The scanning tunneling microscope［J］. Scientific American，1985，253：50–56.

《美国科学》

《管道扫描显微镜》

这本书清晰地解说了制作原子表面三维形象的主要设备之一。发明制作这台设备的科学家也因此获得诺贝尔奖。

MACNAGHTEN P，KEARNES M，WYNNE B. Nanotechnology，governance，and public deliberation［J］.Science Communication，2005，27（2）：268–291.

《科学传播》

《纳米技术，管理和公众讨论》

这是英国关于公众参与讨论的代表性发言，它包括了影响科学和科学政策的预期结果认知。

Nanotech：The science of the small gets down to business. Scientific American，2001，285（3）：［Special issue］.

《美国科学》

《纳米技术：小众科学商业化》

本文为读者提供了不久的将来纳米技术应用的有价值的范例，包括纳米医学、纳米电子和纳米制造。

TOUMEY C. National discourses on democratizing nanotechnology［J］. Quaderni，2006，61：81–101.

《札记》

《使纳米技术民主化的国家级对话》

这是一篇关于美国与英国对于公众表达关注纳米技术时在公众参与和民主化科学的理论与实践方面的历史和比较的文章。

Nanotechnology, Regulation of 纳米技术监管

DAVIES C J. EPA and nanotechnology：Oversight

for the 21st century（PEN 9）[M]. Washington，DC：Project on Emerging Nanotechnologies，2007.

《EPA 与纳米技术：在 21 世纪的监督》

在这篇报告中，作者支持修改纳米技术监管的办法，它包括现行法律的改革或制定新的法律。该报告的重点是美国环境保护局（EPA）和在美国《有毒物质管理法案》之下的新的化学监管的作用。然而，关于监管的更广泛的原则还在讨论中。

KUZMA J.Nanotechnology oversight：Just do it [J]. Environmental Law Reporter，2006，36：10913-10923.

《环境法律报告》

《纳米技术监管：就这么监管》

这篇文章主张一个基于现行法律和规则的监管办法，以及指导性文件、行政命令和涵盖了过度产品和潜在危机的政策。应该制定一个类似于监管生化技术的协调框架以指导纳米发展的监管。

WILSDON J，WILLIS R. See-through science：Why public engagement needs to move upstream. London：Demos [M/OL]. [2008-06-30]. www.demos.co.uk/files/Seethroughsciencefinal.pdf.

《透视科学：为什么公众参与需要向上游移动》

在这篇重要的报告中，作者强调了早期的公众参与科技管理对话的必要性。纳米技术被当作了一个增加公众参与决策过程的机会的实例。

Narrative in Science Communication 科学传播中的叙事

DOWNS A. Up and down with ecology—the “issue-attention” cycle [J]. Public Interest，1972，28：38-51.

《公众兴趣》

《随生态沉浮——“关注事件”的周期》

这是一篇常被引用的，并且有影响力的理论，研究了媒体对科技问题，特别是环境问题的关注，为什么会是周期性而且不定时发生的；通常在一个争议初步确定后产生，而在这个争议的解决过程中出现困难或者因为解决方式昂贵而衰落。

MILLER S. Public understanding of science at the crossroads [J]. Public Understanding of Science，2001，10（1）：115-120.

《公众理解科学》

《公众如何理解处于十字路口的科学》

随着在英国开展加强努力以提高“科学素养”的活动，米勒讨论了传播科学所面临的挑战，包括与传统的缺失模型相关的问题。

National Academies, U.S. 美国国家科学院

The National Academies：Advisors to the nation on science，engineering，and medicine：www.nationalacademies.org.

美国国家科学院为国家提供科学、工程和医药方面的咨询

这是国家科学院网站的首页，通过链接标记“关于国家科学院”与其 4 个下属科学院相连。很多国家科学院研究所的出版物都可以在线阅读，包括国家科学院出版社出版的著作。

National Aeronautics and Space Administration, U.S. 美国国家航空航天局

U.S. National Aeronautics and Space Administration：www.nasa.gov.

美国国家航空航天管理局

这个网站提供关于国家航空航天局（NASA）的活动的广泛信息，是为各种观众包括学生、教育者到政策制定者、新闻媒体及 NASA 的雇员获

取信息而设立的。与该部门的使命相符，这个网站不仅信息量巨大而且图解丰富。

National Association of Science Writers 国家科学作家协会

National Association of Science Writers：www.nasw.org.

国家科学作家协会

这个全国科学作家协会（NASW）的官方网站为科学作家、教师、公共信息专业人员，以及撰写年会信息和专业新闻的人提供技巧和资源。

National Development, Science and Technology in 科学技术在国家发展中的作用

HOBDAY M. Innovation in East Asia：The challenge to Japan［M］. Northampton，MA：Edward Elgar，1997.

《东亚的创新：对日本的挑战》

本书详细地介绍了技术获取战略，它给很多亚洲国家的企事业单位带来利益，使他们赶超了主要竞争者。创新理论应用于一系列的案例研究，引出了霍布戴的结论。

TERESI D.Lost discoveries：The ancient roots of modern science— from the Babylonians to the Maya［M］. New York：Simon & Schuster，2003.

《失去的探索：现代科学的古代根基——从巴比伦到玛雅》

科学作家迪克 · 特里萨记述了从过去的文明到今天的跨各个领域的科技知识的贡献，呈现了一个常常被忽视或被遗忘的历史，而不是西方科学的详细历史。

National Institutes of Health, U.S. 美国国立卫生研究院

HAMOWY R. Government and public health in America［M］. Cheltenham，UK：Edward Elgar，2007.

《美国政府与公共卫生》

作者 Hamowy 对联邦政府如何开始参与美国的公共卫生和当前政府参与公共卫生服务的启示进行了深入的分析。

LEUCHTENBURG W. Herbert Hoover：The 31st president，1929—1933［M］. New York：Henry Holt，2009.

《赫伯特 · 胡佛：第 31 任美国总统（1929—1933）》

本书研究了胡佛的复杂个性，他在经济大萧条之前声名鹊起，但大萧条之后人气急转直下，他处理经济衰退的政策以失败告终。

National Science Foundation, U.S. 美国国家科学基金会

National Science Board，U.S. 2008.Science and engineering indicators［EB/OL］. ww.nsf.gov/statistics/seind08/.

《科学与工程学指南》

这是最新的系列报告，由美国国家科学委员会每两年出版一次，内容是关于科学教育与研究的状况。出版形式有三种：在线、印刷品和 CD。其中第七章包含了关于公众态度的广泛信息，有时还有关于媒体消费和媒体影响的研究。

National Science Foundation，U.S. 2008. About the National Science Foundation［EB/OL］. www.nsf.gov/about/.

美国国家科学基金会

这是美国国家科学基金会官方网站，在“关于机构”页面上提供了关于该机构的组织结构和职能的概况。该机构主页 www.nsf.gov 常常及时地报道国家科学基金资助的新兴科学研究

结果的新闻，以及链接项目的详细信息和获取基金资助机会的相关新闻。

Nature
《自然》

Nature：www.nature.com.

自然

这个网站是为享有盛誉的同名杂志及其姊妹出版物设立的，它与各种其他的自然出版集团项目链接，包括集团的第二生命项目到同行评审实验的解说。

Nelkin, Dorothy
多萝西·尼尔金

NELKIN D. Selling science：How the press covers science and technology（Expanded ed.）. New York：W. H. Freeman.（Original work published 1987），1995.

《销售科学：媒体如何报道科学与技术》

这本书是最新的出自对科技新闻工作感兴趣的人的观点的著作，它记录了 20 世纪科学大众媒体报道兴起的社会历史。特别值得注意的是纳尔金汲取了科学和新闻工作的概念的客观性的联系。

Newspaper Science Pages
报纸的科学版

CLARK F，ILLMAN D L. A longitudinal study of the New York Times Science Times section［J］. Science Communication，2006，27（4）：496–513.

《科学传播》

《〈纽约时报〉科学时报版的纵向研究》

《纽约时报》的科学时代版面是著名的科学版面之一，至少在纽约州是这样。这篇文章呈现了 1980—2000 年的 20 年间科学版面的历史。

NIMBY（“Not In My Back Yard”）
邻避症候群

SANDMAN P M. Getting to maybe：Some communications aspects of siting hazardous waste facilities［J］.Seton Hall Legislative Journal，1986，9：437–465.

《西东大学立法期刊》

《可能：关于处理有害废弃物的设备的传播》

这本书展现了作者早期应用风险传播原则处理危险废物设施的尝试。

Nuclear Power
核　能

DEUTCH J，MONIZ E J，ANSOLABEHERE S，et al.The future of nuclear power：An interdisciplinary MIT study. Cambridge，MA：Report for Massachusetts Institute of Technology［EB/Ol］.［2009–01–01］. http://web.mit.edu/nuclearpower/pdf/nuclearpower–full.pdf.

《核电的未来：麻省理工的跨学科研究》

这本书审查了保留依赖核电作为部分解决气候变化挑战的选择的障碍。作者注意到解决一些重要问题的必要性，如成本、安全性、废弃物的储存、核扩散等。

MAKHIJANI A. Carbon-free and nuclear free：A roadmap for U.S. energy policy［M］. Takoma Park，MD：IEER Press，2007.

《碳自由与核自由：美国能源政策路线图》

这是一项综合性的研究，它包括了二氧化碳零排放在 30~50 年内可以实现的目标，继而以发展风能、太阳能和其他可替代能源来减少依赖国外石油的消费。

Nuclear Waste
核废料

ACKLAND L. Making a real killing: Rocky Flats and the nuclear west [M]. 2nd. Albuquerque: University of New Mexico Press, 2002.

《制造真实的杀伤武器：洛基弗拉茨工厂及西部的核》

通过那些最有影响的人（管理者、工人、活动家和居民）的观察视角和观点讲述了对位于丹佛郊区的核武器工厂的研究。

U.S. Nuclear Regulatory Commission: www.nrc.gov.

美国核管理委员会

这个核管理委员会网站提供了关于该委员会的活动和政策的广泛信息，包括一个对建设尤卡山高级废弃物设施的许可申请的链接。

Nuclear Weapons
核武器

KINSELLA W J.One hundred years of nuclear discourse: Four master themes and their implications for environmental communication [M]//S L SENECAH (Ed.).Environmental communication yearbook. Mahwah, NJ: Erlbaum, 2005 (Vol.2): 49–72.

《环境传播年鉴》

《核对话 100 年：四个主题及其对环境传播的影响》

本章从连贯对话的角度研究了核传播，重点放在神秘、潜能、安全和实现这四个主题上。回顾了关于核语言、核对话和核用辞的传播理论和相关评述。

TAYLOR B C. Nuclear weapons and communication studies: A review essay. Western Journal of Communication, 1998, 62 (3): 300–315.

《西方传播杂志》

《核武器及传播研究：评审》

本文综述了后“冷战”时期出现的核传播理论，为“冷战”后传播理论的拓展奠定了基础。

TAYLOR B C, KINSELLA W J, DEPOE S P, et al. (Eds.). Nuclear legacies: Communication, controversy, and the U.S. nuclear weapons complex [M]. Lanham, MD: Lexington, 2007.

《核遗留问题：传播、争论和美国核武器复杂化》

本书研究了“冷战”武器生产的材料和核遗留问题，以及美国核武器生产复杂化的过去、现在和可预期的将来，重点放在民主和公共审议问题上。

Nutrigenomics
营养基因组学

BERGMANN M M, GORMAN U, MATHERS J C. Bioethical considerations for human nutrigenomics [J]. Annual Review of Nutrition, 2008, 28: 447–467.

《营养学年报》

《人类营养基因组学的生物伦理学讨论》

作者对新兴的营养基因组学、个性化营养，以及与研究基因与饮食相互作用相关的重要伦理概念和社会意义作了基本概述。

GERANSAR R, EINSIEDEL E. Evaluating online direct-to-consumer marketing of genetic tests: Informed choices or buyers beware? [M]. Genetic Testing, 2008, 12 (1): 13–23.

《基因测试》

《评估基因测试的在线直销市场——基于信

息的选择还是购买者需谨慎》

这项研究分析了几个提供直接用于消费者的营养基因实验和（或）做这类广告的公司，讨论了几个重要的概念，如涉及卫生保健专业的概念、咨询服务的可利用性，以及临床有效性和不同试验的可利用性。

KAPUT J，NOBLE J，HATIPOGLU B，et al. Application of nutrigenomic concepts to type 2 diabetes mellitus. Nutrition，Metabolism and Cardiovascular Diseases，2007，17（2）：89–103.

《营养、新陈代谢和心血管疾病》

《将基因组学概念应用于Ⅱ型糖尿病治疗》

这项研究以Ⅱ型糖尿病为案例，举例证明几个营养基因组学概念，揭示出属于几个细胞通路的 52 个基因是最有可能引发糖尿病的基因，或是与糖尿病有关联的基因。

KELLY T，YANG W，CHEN C S，et al. Global burden of obesity in 2005 and projections to 2030［J］. International Journal of Obesity，2008，32（9）：1431–1437.

《国际肥胖期刊》

《2005 年全球肥胖负担及展望 2030 年》

这是对全世界几个不同地区的人口进行研究的数据分析，包括发达国家和发展中国家，揭示出超重和肥胖表示着严重的健康负担，预示着今后几十年将影响更多的成年人。

ORDOVAS J M，CORELLA D. Nutritional genomics. Annual Review of Genomics and Human Genetics，2004，5：71–118.

《基因组及人类基因年报》

《营养基因组》

这些作者研究了几个医学疾病的基因和营养相互作用的关系，包括心血管疾病和癌症。他们强调跨学科发现的重要性，有利于更好地理解基因与饮食因素之间的相互作用。

Nutrition and Media
营养与媒体

Center for Science in the Public Interest. Pestering parents：How food companies market obesity to children［EB/OL］.［2009–07–12］. www.cspinet.org/pesteringparents.

《父母的烦恼：食品公司如何向孩子宣传肥胖》

2003 年 11 月的新闻发布会提供了一个由公共利益科学中心（CSPI）撰写的超长报告的链接，是关于向儿童推销低营养食品的详细资料。

DORFMAN L.Using media advocacy to influence policy［M］//R J BENSLEY，J BROOKINS-FISHER（Eds.）. Community health education methods：A practical guide.3rd ed. Sudbury，MA：Jones & Bartlett，2008：383–410.

《社区健康教育方法：实践指导》

《通过媒体宣传影响政策》

这是由洛丽·多尔夫曼撰写的关于媒体宣传的著作，它补充了 13 个关于如何从事社区健康教育和宣传的章节。其他的章节涵盖了从多元文化能力到发展有效演讲的社会营销学等方面的主题。

O

Obesity Epidemic
肥胖流行病

Division of Nutrition，Physical Activity and Obesity. Weight management research to practice series［EB/ OL］.［2009–06–01］.National Center for Chronic Disease Prevention and Health Promotion，www.cdc.gov/ nutrition/professionals/

researchtopractice/index.html.

《体重管理研究及实践》

这篇文章介绍了一个有说服力的传播案例，总结了针对一般公众体重管理的最新科学进展。

SAGUY A C，ALMELING R. Fat in the fire? Science，the news media，and the "Obesity Epidemic." Sociological Forum，2008，23（1）：53-83.

《社会学论坛》

《既成事实？科学新媒体和"肥胖流行病"》

这项研究对肥胖症的媒体报道提出了批评性的分析，认为媒体过于简单地跟随科学提供的框架进行报道。

Occupational Safety and Health Administration, U.S. 美国职业安全与健康管理局

MINTZ B W. OSHA：History，law，and policy [M]. Washington，DC：Bureau of National Affairs，1984.

《职业安全和健康管理局：历史、法规和政策》

明茨是劳工部律师办公室的前律师，他编辑了用于了解联邦政府机构的涉及面广泛的案例法和立法文件。明茨研究了美国职业安全和健康管理局的繁杂历史，探讨了如何看待职业安全和健康政策、职业安全和健康政策如何形成，以及美国职业安全和健康管理局与法院系统、舆论法庭如何履行职责。

ROTHSTEIN M A.Occupational safety and health law [M]. Eagan，MN：Thomson West，2008.

《职业安全与健康法规》

本书由汤姆森西法律出版社出版，详细地介绍了具体的法律条款，并对职业安全和健康法案的各个方面做出司法解释。

SCHNEID T D.Corporate safety compliance：OSHA，ethics，and the law [M]. Boca Raton，FL：CRC Press，2008.

《法人须遵守的安全规定：OSHA、道德规范与法规》

这本实用手册是作者为公司安全主任和管理人员所写的。作者 Schneid 概述了职业安全和健康管理局（OSHA）的历史，以及该机构的检查、惩罚方法与程序；讨论了工人的补偿、企业的合规问题；讲述其他关于安全的联邦法律（如《美国人残疾法案》《家庭医疗休假法》《公平劳 动标准法案》和《民权法》第 7 条等）。

Office of Science and Technology Policy, U.S. 美国科技政策办公室

BUSH V. Science：The endless frontier（A report to the president by Vannevar Bush，Director of the Office of Scientific Research and Development）[M]. Washington，DC：Government Printing Office，1945.

《科学：无边界》

这篇著名报告的正文，是由在富兰克林 · 罗斯福领导下的科学研究和发展办公室主任撰写的，它促成了美国国家科学基金会的建立。报告全文可在网上查阅，参见网址：www.nsf.gov/about/history/vbush1945.htm.

Office of Technology Assessment, U.S. 美国技术评估办公室

BIMBER B，GUSTON D H.（Eds.）. Technology assessment：The end of OTA [Special issue] [J]. Technological Forecasting and Social Change：An International Journal，1997，54（2-3）：125-286.

《技术预测和社会变化国际期刊》

《技术评估：技术评估办公室的终结》

这些由技术评估办公室（OTA）工作人员和技术评估学术委员会的资深人士撰写的论文探讨了 OTA 将要终结技术评估的教训，重新审视技术评估的定义是否会基于 OTA 曾经的工作而定，审视技术评估是否是预测和理解技术后果的智力活动。

BLAIR P. Technology assessment：Current trends and the myth of a formula（Plenary remarks at the first meeting of the International Association of Technology Assessment and Forecasting Institutions，Bergen，Norway，May 2，1994）[EB/OL]. [2009-07-27]. http://fas.org/ota/technology_assessment_and_congress/blair.

《技术评估：当前趋势和公式神话》

这是由技术评估办公室（OTA）资深工作人员所做的关于 OTA 的历史、机构和发展历程的概述。结尾的评论把 OTA 的工作与托马斯·杰斐逊的哲学相关联。

EPSTEIN G.Restart the Congressional Office of Technology Assessment. Science Progress [EB/OL].（2009-03-31）[2009-07-27]. www.scienceprogress.org/2009/03/restart-ota.

《科学进步》

这是个要求为技术评估办公室进行资金储备的宣传片。该片指出，OTA 的立法授权仍然保留着，只需要批准一笔资金拨款就能恢复其职能。

MORGAN M G，PEHA J.（Eds.）. Science and technology advice for Congress. Washington，DC：Resources for the Future，2003.

《提交国会的科学与技术建议》

本书回顾了技术信息对于国会的必要性和作用，回顾了当年创建技术评估办公室（OTA）的动因、OTA 终结的教训，分析了可替代 OTA 向国会提供服务的几种方式。

Office of Technology Assessment Archive：www.fas.org/ota.

技术评估档案办公室

这个网站提供了 OTA 历史中所产生的所有出版物的完整档案和大量的支撑文件，这是其他网站无法提供的。

Online Media and the Sciences
网络媒体与科学

ALLAN S. Online news：Journalism and the Internet [M]. Maidenhead，UK：Open University Press，2006.

《在线新闻：新闻业与互联网》

本书对在线新闻和影响当代新闻业的因素做了广泛的分析，以南亚海啸和卡特里娜飓风的报道为例，讨论了公民新闻通过网络媒体兴起的现象。

BERNERS-LEE T. Weaving the Web：The original design and ultimate destiny of the World Wide Web by its inventor [M]. New York：HarperCollins，1999.

《织网：万维网发明者的原创设计和终极目的》

本书由万维网研发背后的物理学家和现万维网财团人员所撰写，书中叙述了网络的发明过程，并讨论了互联网背后的历史和哲学。

GARTNER R. From print to online：Developments in access to scientific information [M]//R HOLLIMAN，J THOMAS，S SMIDT，et al.（Eds.）. Practising science communication in the information age：Theorising professional practices. Oxford，UK：Oxford University Press，2009：99-111.

《信息时代的科学传播：理论化专业实践》

《从印刷到在线：接触科学信息的发展》

在这一章里，作者讨论了电子信息手段对科学传播的影响，并通过以图表列出开放式期刊和馆藏资料的方式讨论了公众对信息公开的诉求。

VAN DIJK J. The deepening divide：Inequality in the information society［M］. Thousand Oaks，CA：Sage，2005.

《割裂深化：信息社会的不平等》

本书作者是通信领域的领先专家之一，书中探索了不均等获取网络信息的诸多问题。作者展示了网络机会不均等有着与文化、心理学和经济等因素相关的细微差别，以及它在先进国家和发展中国家分别是如何运作的。

Opinion Leaders and Opinion Leadership 舆论领袖与舆论引导

KATZ E，LAZARSFELD P. Personal influence：The part played by people in the flow of mass communications［M］. New Brunswick，NJ：Transaction Publishing，1955.

《个人影响：大众传播流中人的作用》

本书认为媒体在劝导大众的过程中可能只起到有限的作用：媒体和观众之间存在很多不同的干扰变量。在这些变量中作者强调了披露、记忆和认知的选择过程，以及人际沟通的影响。

LAZARSFELD P F，BERELSON B，GAUDET H. The people's choice：How the voter makes up his mind in a presidential campaign［M］. New York：Columbia University Press，1944.

《人们的选择：总统大选时选民如何抉择》

这项对 1940 年总统选举的投票决策研究使读者感到震惊，因为该研究揭示出非正式的个人直接接触在作为影响源方面比大众媒体更为重要。该研究奠定了两步流程假说的基础，断言媒体是通过舆论领袖来影响大多数公众的。

ROGERS E. Diffusion of innovations［M］. 5th. New York：Free Press，2003.

《创新的扩散》

这是一部了解一个新的理念、工艺和技术如何从创新到实用的标准教科书和参考书。罗杰斯叙述了预测一项新发明是否和如何获取成功的采纳机制，并分析了采用者的种类、技术特性和舆论领袖的影响。

Oppenheimer, J. Robert 罗伯特 · J. 奥本海默

JUNGK R. Brighter than a thousand suns［M］. London：Victor Gollancz，1958.

《比一千个太阳更明亮》

本书由一位深入涉足和平运动的作者撰写。书中描写了这样一些科学家，他们发现了核聚变，然后又与核聚变引发的后果不断抗争。其中，有一篇重点描写了奥本海默。

THORPE C. Oppenheimer：The tragic intellect［M］. Chicago：University of Chicago Press，2006.

《奥本海默：一位悲情的知识分子》

用作者自己的话说，这是一部关于奥本海默的社会学传记，是一部在文化和历史背景下叙述奥本海默在洛斯阿拉莫斯洛杉矶国家实验室度过的岁月及其最终失败结局的著作。

Optimistic Bias 乐观偏差

WEINSTEIN N D. Unrealistic optimism about future life events［J］. Journal of Personality and Social Psychology，1980，39：806-820.

《人性与社会心理学杂志》

《关于未来生活的不切实际的乐观主义》

这是一项开创性的研究，证实了涉及一系列积极和消极生活事件的乐观偏差，确定了使乐观偏差显著化的几个条件。

P

Pandemics, Origins of
流行病的起源

GAO F，BAILES E，ROBERTSON D L，et al. Origin of HIV-1 in the chimpanzee Pan troglodytes troglodytes［J］. Nature，1999，397（6718）：436–441.

《自然》

《源自黑猩猩的原始 HIV-1》

报告指出 HIV-1 是由至少三个独立事件引起的结果，即类人猿的免疫缺陷病毒 SIVcpz 感染了生活在非洲的一种黑猩猩，然后又传给人类。

JONES-ENGEL L，ENGEL G A，SCHILLACI M A，et al. Primate-to-human retroviral transmission in Asia［J］. Emerging Infectious Diseases，2005，11（7）：1028–1035.

《新型感染性疾病》

《从亚洲灵长类动物到人类的反转录病毒传播》

作者利用分子学和血清学方法，证实在印度尼西亚巴厘岛的第一次从动物到人类的泡沫病毒传播。

LAU S K，WOO P C，LI K S，et al. Severe acute respiratory syndrome coronavirus-like virus in Chinese horseshoe bats［J］. Proceedings of the National Academy of Sciences of the United States of America，2005，102（39）：14040–14045.

《美国国家科学院论文集》

《中国马铁菊头蝠类冠状病毒重度急性呼吸综合征》

作者已识别出这种冠状病毒，称其为蝙蝠 SARS 冠状病毒，与引起 SARS 爆发的病毒有关，并指出在香港港口隔离的中国马铁菊头蝠中有 84% 带抗体。

SMITH T C，MALE M J，HARPER A L，et al. Methicillin-resistant Staphylococcus aureus（MRSA）strain ST398 is present in Midwestern U.S.swine and swine workers［J］. PLoS One，2008，4（1）：e4258.

《美国中西部生猪及生猪产业工人感染抗甲氧西林金黄葡萄球菌（MRSA）ST398》

作者指出，美国中西部生猪生产系统中有很高比例的生猪被感染抗甲氧西林金黄葡萄球菌（MRSA），并警告农业养殖畜类是这种细菌的宿主。

YU H，ZHANG G H，HUA R H，et al. Isolation and genetic analysis of human origin H1N1 and H3N2 influenza viruses from pigs in China［J］. Biochemical Biophysical Research Communications，2007，356（1）：91–96.

《生物化学及生物物理研究传播》

《对中国猪源人体 HN1 和 H3N2 流感病毒的隔离和基因分析》

2005—2006 年，作者在中国的八个省份进行了对猪流感病毒的监控，提供流感病毒种间传播证据，强调增强流感病毒监控的必要性。

Particle Accelerators
粒子加速器

LEDERMAN L.The God particle：If the universe is the answer，what is the question?［M］Boston：Houghton Mifflin，1993.

《上帝的粒子：若答案是宇宙，那么问题是

什么》

任何一个想要了解更多物理学标准模型、了解最小粒子研究如何与宇宙学和天文学紧密相关的人都将受益于这本书。莱德曼从研究的最小尺度到最大尺度引申至哲学和神学的思考。

MCALPINE K.Large Hadron Rap. Voiceover by W Barras, with images from particlephysics. ac.uk, space.com, the Institute of Physics, NASA, Symmetry, Marvel, Einstein Online, and Physics World [EB/ OL]. www.youtube.com/watch?v=j50ZssEojtM.

《大型强子的说唱》

最新一代粒子物理学家为了彰显自己的价值和大型强子对撞机的重要性而制作这段视频，展示了加速器是如何工作的、其目的是什么等基本概念。视频中采用了工作现场的录像片段，一播出就获得超过 550 万人的点击访问。

Peer Review
同行评议

CHELIMSKY E. Peer review: Reforms needed to ensure fairness in federal agency grant selection: Report to the chairman, Committee on Governmental Affairs, U.S. Senate [M]. Washington, DC: U.S. General Accounting Office, 1994.

《同行评议：确保联邦机构拨款选择过程中公平性的必要改革：美国参议院政府事务报告》

作者审视了联邦政府机构内同行评议过程的公平性，并提出虽然同行评议显示出工作合理、良好，但相关机构需要采取进一步的措施以保证在选择评议员、组织实施评议工作和提供资金等方面具有公平性。

KEIPER A, NICOL C, LEVIN Y, et al. Rethinking peer review [J]. The New Atlantis, 2006, 13: 106–110.

《新亚特兰蒂斯》

《反思同行评议》

《新亚特兰蒂斯》杂志编辑鼓吹新技术给同行评议系统带来的变化，认为互联网将彻底改变传统的同行评议流程。

SHATZ D. Peer review: A critical inquiry[M]. New York: Rowman & Littlefield, 2004.

《同行评议：批判性研究》

本书探讨了一系列问题，包括对杂志投稿盲审的支持和反对意见，所谓的同行评议保守派，偏见和匿名性，未经同行评议的工作的价值，以及互联网时代同行评议的未来。

WARE M. Peer review benefits, perceptions and alternatives [M]. London: Publishing Research Consortium, 2008.

《同行评议的益处、认识和替代方法》

基于对 3040 学术案例的国际调查，这篇报告描述了同行评议的实践情况。调查中既发现了大家一致认同的同行评议的益处，也发现了不满情绪和对替代方法的诉求。

Physician-Patient Communication
医患交流

DIMATTEO M R. Variations in patients'adherence to medical recommendations: A quantitative review of 50 years of research [J]. Medical Care, 2004, 42 (3): 200–209.

《医疗保健》

《患者遵守医嘱的变化：50 年研究的量化审核》

本文分析了对 1948—1998 年发布的依从率所做的跟踪研究。在 500 多例此类元分析的基础上，作者计算出平均非依从率为 25%，并讨论了可能影响依从率的因素。

LAMBERT B L，STREET R L，JR，et al. Provider-patient communication，patient-centered care，and the mangle of practice［J］. Health Communication，1997，9：27–43.

《健康传播》

《医患交流，以患者为中心的护理和错误实践》

作者探讨了以患者为中心的护理运动及其面临的挑战，包括需要更好地整合有关健康的社会心理学和生物学概念。以患者为中心的护理全程都尊重患者，但是缺乏能够连接这两者的一体化理论。

ROTER D L，HALL J A. Physician gender and patient-centered communication：A critical review of empirical research［J］. Annual Review Public Health，2004，25：497–519.

《公众健康年度评审》

《医生性别及以患者为中心的交流：实证研究的批判性审核》

本文总结了医生性别及与患者交流之间关系的研究数据。这些实际数据表明，女性医生的患者就诊时间比男性医生的约长 10%（2 分钟），并且女性医生会进行更多的以患者为中心的交流。

Physicians for Social Responsibility 医生与社会责任

FARROW L，SIDEL V W. From Hiroshima to mutual assured destruction to abolition 2000［J］. Journal of the American Medical Association，1998，280（5）：456–461.

《美国医学协会期刊》

《从广岛到相互毁灭机制再到 abolition 2000 废除核武器组织》

作者在领先的医学院工作，同时是医生与社会责任（PSR）组织和预防核战争国际物理学家（International Physicians for the Prevention of Nuclear War）组织成员。本文从医学视角回顾了核武器时代——从广岛原子弹爆炸善后到 2000 年之前的历史。

Physicians for Social Responsibility：www.psr.org.

医生与社会责任

通过医生与社会责任（PSR）组织网站可以了解组织的起源、发展和宗旨理念。该网站还提供相关资源的链接和相关问题的新闻报道。

STOCKER C.Caldicott’s crusade changes course：Putting personal turmoil behind her，the impassioned activist turns to ecological battles［N］. The Boston Globe，1989–12–05（69）.

《波士顿球报》

《考尔德科特的圣战改变进程：将纷扰置于身后，激情活动家转向生态斗争》

作者为《波士顿环球报》（Boston Globe）的记者，也是多年来探索抗核运动对考尔德科特本人及其生活的影响，以及考尔德科特对抗核运动影响的记者之一。

Planetary Protection 行星保护

Committee on Space Research. COSPAR planetary protection policy［EB/OL］. http://cosparhq.cnes.fr/ Scistr/PPPolicy（20–July–08）.pdf.

《COSPAR 行星保护政策》

本文件对国际太空研究委员会制定的行星保护五类保护领域和行星保护政策的其他部分给出了定义。

National Aeronautics and Space Administration，Planetary Protection：www.planetaryprotection.nasa.gov.

美国国家航空航天局

该网站概述了美国国家航空航天局关于生

物学交叉感染的政策，并解释了这些政策是如何实施的。该网站还为这些领域的责任者（从实验室技师到设计师和工程师）提供了美国和欧洲行星保护课程的链接。

Planned Behavior, Theory of
计划行为理论

AJZEN I. Constructing a TPB questionnaire: Conceptual and methodological considerations [EB/OL]. [2008-08]. http://people.umass.edu/aizen.

《编制 TPB 问卷：对概念和方法的考虑》

这是通过马萨诸塞大学伊塞克·艾奇森计划行为理论（TPB）研究网站可获得的几个有用的资源之一。该网站还有与该模型相关的其他参考文献和资源。

CONNER M，SPARKS P. Theory of planned behaviour and health behaviour [M]//M CONNER，PNORMAN (Eds.). Predicting health behaviour，2nd. Philadelphia：Open University Press，2005：170–222.

《预测健康行为》

《计划行为及健康行为理论》

该书由两位社会心理学家汇编出版，是一本研究文集，主要是研究有助于理解健康行为的社会认识模型，包括计划行为的理论。还有些章节关于健康信念模型、保护动机理论、级理论，以及执行意图的作用等。

Popper, Karl
卡尔·波普尔

POPPER K R. The logic of scientific discovery [M]. London：Hutchinson，1959.

《科学发现的逻辑》

本书被称为是波普尔对科学哲学最重要的贡献，部分内容由 Logik der Forschung 翻译。

POPPER K R. Conjectures and refutations：The growth of scientific knowledge [M]. London：Routledge，1963，1965，1969.

《猜测和驳斥：科学知识的增长》

这本文集收录了关于科学哲学的一系列文章，是波普尔著作中最易于理解的代表作。

Popular Science, Overview
大众科学概述

FYFE A，LIGHTMAN B. (Eds.). Science in the marketplace：Nineteenth-century sites and experiences [M]. Chicago：University of Chicago Press，2007.

《市场中的科学：19 世纪的遗迹和经验》

这本书并不仅是为了 19 世纪的学者所创作，它包含了一套用一些新的方法分析大众科学的有趣的案例研究。

HILGARTNER S.The dominant view of popularization：Conceptual problems，political uses [J]. Social Studies of Science，1990，20 (3)：519–539.

《科学的社会研究》

《大众主流观点：观念问题和政治应用》

这篇论文对于理解历史上的大众科学是一个关键性的起点，同时也非常适用于大多数当代的大众科学。

LYOTARD J F.The postmodern condition [M]. Minneapolis：University of Minnesota Press，1983.

《后现代状况》

本书最初由魁北克高等教育基金委员会委托编写。本书最早使用了“后现代”这一名词的当代用法，用以指代 20 世纪科学创新的多种混合来源，其中大多数是大学校外机构和参与多学科合作的国家和工业部门。

TYRNEY J.The word and the world [M]// E. Scanlon E. Whitelegg S.Yates Communicating science: Contexts and channels.London: Routledge，1999：120–133.

《传播科学：背景与渠道》

《文字与世界》

虽然特尼的主要关注点是写书，但其中有很多观点可以用于交叉媒体。他在这个话题（交叉媒体）上著述颇丰，为许多科学传播教科书提供了大众科学导论。

Popular Science and Formal Education 大众科学与正规教育

ZIMMERMAN C，BISANZ G L，BISANZ J，et al.Science at the supermarket：A comparison of what appears in the popular press，experts' advice to readers，and what students want to know [J]. Public Understanding of Science，2001，10（1）：37–58.

《公众理解科学》

《超市中的科学：大众媒体所呈现的、专家建议给读者的、学生们想知道的三者之间的对比》

作者调查了大众印刷出版物的科学内容，得出结论：大多数与科学相关的文章是以新闻摘要的形式呈现的，而学生想要找的信息却一般没有刊载。

Postmodernism and Science 后现代主义与科学

BELL D. The end of post-industrial society[M]. New York：Basic Books，1973.

《后工业社会的终结》

这是使“后现代主义”这一术语得以流行的第一本重要著作，在这里贝尔认同“知识型的后工业社会是在战后福利国家出现的”的观点。然而，他认为后现代主义在很大程度上是对现代主义的改良而非摒弃。

Precautionary Principle 预警原则

HAMMITT J K，WIENER J B，SWEDLOW B，et al.Precautionary regulation in Europe and the United States：A quantitative comparison [J]. Risk Analysis，2005，25：1215–1228.

《风险分析》

《欧美的预警管理：量化对比》

作者根据对 100 例随机抽样危机的系统分析，比较了美国和欧洲预警管理的力度。与一些学者可能预期的相反，没有证据表明对所研究的预警等级存在清晰和一致的差异。

LÖFSTEDT R E，VOGEL D. The changing character of regulation：A comparison between Europe and the United States [J]. Risk Analysis，2001，21（3）：399–405.

《风险分析》

《变化中的管理特征：欧美之间的比较》

作者认为存在一个突变时期，这段时期内美国的消费者和环境议题已失去了凸显性和争议性，而欧洲的风险监管变得更加严格。

Pseudoscience 伪科学

ADORNO T W. Adorno：The stars down to earth and other essays on the irrational in culture[M]. London：Routledge，1994.

《阿多诺文集：星星落到地球上及其他关于文化中的非理性的文章》

阿多诺是对大众媒体评论分析方面的重要人物，它评估了报纸占星术文章关于《星星降临地球》（这是一篇转载在本章的论文）的吸引程度。编辑史蒂芬·克鲁克所做的优秀介绍文章将有助于不熟悉阿多诺的读者能理解他的复杂而又才华横溢的分析。

HANSSON S O. Science and pseudo-science [M]//E N ZALTA (Ed.). The Stanford encyclopedia of philosophy.

《斯坦福哲学百科全书》

《科学与伪科学》

除由无数的各种伪科学主张的支持者创立的网站外，互联网还主办了与伪科学有关的令人印象深刻的学术分析的文集。汉森的评论对于有兴趣探索哲学家怎样界定科学与伪科学的方法的读者来说是一个良好的参考。

LAMONT P. Paranormal belief and the avowal of prior skepticism [J]. Theory and Psychology, 2007, 17: 681–696.

《理论及心理学》

《超自然信仰和对预先怀疑论的公开宣示》

拉蒙特深入地探索了讲述奇异经历者的一个共同的特性，即他们在经历奇异事件之前总是会怀疑这个奇异事件。按照这个方法，拉蒙特回顾了大多数能找到的关于见证者和写作者是如何倾向于详细叙述超常经历的研究。

National Science Board. Science and engineering indicators 2008. Arlington, VA: National Science Foundation [EB/OL]. www.nsf.gov/statistics/seind08/start.htm.

《2008 年科学及工程指南》

美国国家科学基金每两年都发布关于美国科技状况的报告，这些报告包括一定时间内公众理解科技的章节。这些报告提供了关于科技素养、科学利益和对科学新闻关注的数据。

SHERMER M. Science and pseudoscience [M]//D M BORCHERT (Ed.).Encyclopedia of philosophy, 2nd ed.Vol. 8. Detroit, MI: Gale Research, 2006: 669–673.

《哲学百科全书》

《科学和伪科学》

谢默注意到在关注如何鉴别伪科学的哲学家中长期进行的争论。为了给记者和其他非专业人士提供实用性的指导，谢默为那些与科学共识有冲突的主张提供了 10 个应该被问及的问题。例如，“这些主张被其他的来源证实了吗？”

Psychometric Paradigm
心理测量范式

FISCHHOFF B, SLOVIC P, LICHTENSTEIN S, et al. How safe is safe enough? A psychometric study of attitudes towards technological risks and benefits [J]. Policy Sciences, 1978, 9 (2): 127–152.

《政策科学》

《多安全才够安全？面对技术风险和利益的心理测量研究》

这篇论文是早期风险感知研究的经典研究之一，它有助于解释心理测试研究概念和明确主要兴趣的维度。

SLOVIC P. Perception of risk [J]. Science, 1987, 236 (4799): 280–285.

《科学》

《感知风险》

这是另一篇经典文章，呈现了关于不同的人群如何对一个危险活动宿主的风险进行评价的数据，总结出“未知风险”和“恐惧风险”解释了大量的变化。

Public Communication of Science and Technology
公众科学技术传播

BUCCHI M. (Ed.). Handbook of public communication of science and technology [M]. New

York: Routledge, 2008.

《科学与技术的公众传播手册》

这本文集集结了关于科学与技术的公众传播的众多观点，思考关于国家发展、新传播技术、公众参与、公共关系、特定传播媒体的角色，以及许多相关主题的问题。

Public Engagement
公众参与

BEIERLE T C, CAYFORD J. Democracy in practice: Public participation in environmental decisions [J]. Washington, DC: Resources for the Future, 2002.

《实践中的民主：环境决策中的公众参与》

这篇综合性的文章广泛回顾了关于在环境议题中公众参与的研究，本文还尝试提取对于不同程序导致成功与失败的因素。

GASTIL J, LEVINE P. The deliberative democracy handbook: Strategies for effective civic engagement in the twenty-first century [M]. San Francisco: Jossey-Bass. 2005.

《协商民主手册：21 世纪有效公民参与策略》

这个版本的手册进行了对众多具体类型的协商论坛的回顾，对在公众参与中协商所处的地位进行了全面的讨论。

MCCOMAS K A, ARVAI J L, BESLEY J C. Linking public participation and decision making through risk communication [M]//R L Heath, D H O'Hair (Eds.).Handbook of crisis and risk communication. New York: Routledge, 2008: 364-385.

《危机与风险传播手册》

《通过风险传播连接公众参与和决策》

本文是一本已出版著作的其中一章，重点介绍了协商的不同层次，从中有望培养出不同的公众参与形式。本章还强调了能够增强和减弱公民参与可能性的因素。

RENN O, WEBLER T, WIEDEMANN P M. Fairness and competence in citizen participation: Evaluating models for environmental discourse [M]. Dordrecht, the Netherlands: Kluwer Academic, 1995.

《公民参与中的公平与竞争：环境对话评估模型》

本文为评价和讨论关于环境决策中的公众参与的方法提供了常常被引用的构架系统。文章还叙述了一系列关于这一主题的不同研究。

ROWE G, FREWER L J. A typology of public engagement mechanisms [J]. Science Technology& Human Values, 2005, 30 (2): 251-290.

《科学技术与人类价值》

《公众参与机制类型学》

该文章指出可以通过关注一些因素，如培育信息流的机制、信息传递，以及参与者协议等，就能够了解不同的组织公众参与方式的影响范围。

Public Health Service, U.S.
美国公共卫生署

BATEMAN-HOUSE A, FAIRCHILD A. Medical examinations of immigrants at Ellis Island [J]. Virtual Mentor, 2008, 10 (4): 235-241.

《虚拟指南》

《埃里斯岛移民医疗检查》

在美国医学协会在线伦理杂志的这篇文章里，作者勾勒出历史上在埃里斯岛的医学检验过程，并将讨论延伸至现代对移民的医学检查实践。

PARASCANDOLA J L. Public health service

[M]//G T KURIAN (Ed.).A historical guide to the U.S.government. New York：Oxford University Press，1998：487–493.

《美国政府历史指南》

《公众健康服务》

在这一章里，历史学家约翰. L. Parascandola 追溯了自 1798 年开始至 1990 年代中期美国公共卫生服务的历史。

TRAFFORD A. The ghost of Tuskegee [N]. The Washington Post，1997–05–06 (A19).

《华盛顿邮报》

《塔斯基吉的鬼魂》

这是《华盛顿邮报》健康版面的编辑写的一篇专栏文章，详细叙述了关于对黑人男性中未治疗的梅毒的研究所引起的持续影响。她认为这项研究是非洲裔美国人常常拒绝医疗照顾的原因，并且“向从免疫到器官捐赠驱动的公共 (健康) 倡议投下了阴影”。

Public Relations and Science
公众关系与科学

BECK U. Risk society revisited：Theory，politics，and research programmes [M]//B ADAM，U BECK，J VAN LOON (Eds.).The risk society：Critical issues for social theory. Thousand Oaks，CA：Sage，2004：211–229.

《风险社会：社会理论的关键议题》

《风险社会再访：理论、政治和研究项目》

优里克 · 贝克一直致力于发展危机社会主题，他也最先清晰地表达了关键部位风险管理已在当今复杂社会的各种组织中发挥作用。

DONOHEW L，PALMGREEN P，ZIMMERMAN R，et al. Health risk takers and prevention [M]// D ROMER (Ed.).Reducing adolescent risk：Toward an integrated approach. Thousand Oaks，CA：Sage，2003：164–182.

《降低青春期风险：一种综合方法》

《健康风险承担者及预防》

DOUGLAS M. Risk and blame [M]. London：Routledge，1992.

《风险与责备》

作者作为一名人类学家和在有关风险的文化理论讨论中的先驱，她将自己的所见表达为与此理论相关的社会科学研究中必要的反思。

HEATH R L，O’HAIR H D. (Eds.). Handbook of crisis and risk communication [M]. New York：Routledge，2009.

《危机及风险传播手册》

这本综合性的著作探讨了危机和风险的主要理论，以及对于其来源、信息、渠道和背景的主要挑战。本书包括了风险学者 Ortwin Renn，Katherine Rowan，Vincent Covello，Ingar Palmlund，and Katherine McComas，以及由风险文化理论家 James Tansey and Steve Rayner 等做出的贡献。

MORGAN M G，FISCHHOFF B，BOSTROM A，et al. Risk communication：A mental models approach [M]. Cambridge，UK：Cambridge University Press，2002.

《风险传播：心智模型法》

这些作者被认为是风险传播的心智模型法的主要开发者和倡导者，他们促进了以制订传播策略为目的的基于风险现象的非专家模式的研究。

SLOVIC P. Perception of risk：Reflections on the psychometric paradigm [M]//S KRIMSKY，D GOLDING (Eds.). Social theories of risk. Westport，CT：Praeger，1992：117–152.

《风险的社会理论》

作者在发展用于进行风险心理测量解释的风险传播协议方面是非常重要的领导者之一。他的研究有助于将心理测量的观点发挥至极致。

Public Understanding of Research
公众理解研究

CHITTENDEN D，FARMELO G，LEWENSTEIN B V.（Eds.）. Creating connections：Museums and the public understanding of research [M]. Walnut Creek，CA：AltaMira Press，2004.

《创建连接：博物馆和公众理解研究》

本书解释了公众理解研究的概念是如何告知人们科学博物馆的作用的，同时指出了这种做法带来的机会、挑战和缺陷。

Current Science and Technology Center，Museum of Science，Boston：www.mos.org.

科学博物馆现代科学与技术中心

这个网站提供事件的日程安排表，包括当前现场直播、广播和录像带的链接，因此那些即使不在波士顿的人也能获取报道的主题，并收听和观看该网站的众多节目。

Public Understanding of Science (Journal)
《公众理解科学》（杂志）

American Association for the Advancement of Science.Science for all Americans. Oxford，UK：Oxford University Press，1990.

《美国人的科学》

提供地图集、标准检查程序、蓝图和各类设计，使科学服务于所有美国人，同时也为愿意接受挑战的教师提供资源。

Royal Society of London.The public understanding of science（Report of a Royal Society ad hoc group endorsed by the Council of the Royal Society）[R]. London：Author，1985.

《公众理解科学》

这是一份有助于在英国发起公众理解科学运动的报告。报告提出公众理解科学是非常重要的，应通过各种方法执着追求，包括大众媒体和科学博物馆。

R

Recombinant DNA
重组 DNA

LORENZET A，NERESINI F. Science，risks and social representations. The IPTS reports，European Science and Technology Observatory [EB/OL]. http://ipts.jrc.ec.europa.eu/home/report/english/articles/v0182/ SCI2E826.htm.

《IPTS 报告：欧洲科学技术观察》

《科学，风险及社会表现》

本文概述了严肃对待公众关注的观点。它解释了社会表述的性质和公众讨论科学问题的方法，这些方法与纯粹的科学争论大不相同。

MYSKJA B. The moral difference between intragenic and transgenic modification of plants [J]. Journal of Agricultural and Environmental Ethics，2006，19：225-238.

《农业与环境伦理学期刊》

《植物基因内修改和转基因修改的道德差异》

本文概述了考虑使用基因内修改替代转基因修改的原因，包括要尊重公众的关注，减少风险和不确定性，显示出对自然的尊重，因为自然从来不会被完全控制。

Religion, Science, and Media
宗教、科学与媒体

LINDBERG D C，NUMBERS R L.（Eds.）.

God and nature: Historical essays on the encounter between Christianity and science [M]. Berkeley: University of California Press, 1986.

《上帝与自然：基督教与科学相遇的历史论文》

这是一部收录了 18 篇论文的文集，探究了诸如伽利略的审讯、达尔文主义、神创论等问题和论战。本书采用了辨证论的方法，认为宗教与科学在整个历史进程中始终是相互影响的。

MCGRATH A E. Science and religion: An introduction [M]. Oxford, UK: Blackwell, 1999.

《科学与宗教：概论》

本书是一本详细的概论，探究了神学与科学的不同之处。它还讨论了历史上神学与科学汇聚的各个时间段。

REDONDI P. Galileo heretic [M]. Princeton, NJ: Princeton University Press, 1987.

《异端伽利略》

这是一部关于审讯伽利略的传记性的图书，不仅探究了日心说给天主教带来的困境，还记述了宗教领袖对原子构成物质的核心这一科学观点的反应。

Reproductive Medicine
生殖医学

SCHWARTZ J L, GABELNICK H L. Perspectives on sexual and reproductive health [J]. Current Contraceptive Research, 2002, 34 (6): 310-316.

《现代避孕用具研究》

本文概述了近期正在研发中的新避孕用品，同时也描述了节育措施开发过程中的争论。

World Health Organization. Reproductive health [EB/OL]. www.who.int/topics/reproductive_health/en.

世界卫生组织

这个通用信息网站列出了世界卫生组织在改善生殖健康和全球基础上的医学问题等方面的目标。该网站提供了情况说明书和获取技术信息的链接。

Research Ethics, Overview
伦理学研究概述

SHAMOO A E, RESNIK D B. Responsible conduct of research [M]. 2nd ed. Oxford, UK: Oxford University Press, 2009.

《开展负责任的研究》

《开展负责任的研究》(第二版)广泛地介绍了在开展研究过程中产生的一般性伦理挑战。内容包括导师、著作者、公私合作、知识产权和同行评议，行为不当、利益冲突，动物和人类受试对象，以及与基因研究有关的问题，如克隆和干细胞的利用。

Resource Mobilization
资源调动

Piven F F, Cloward R A. Poor people's movements [M]. New York: Vintage Books, 1977.

《穷人的运动》

这本书对很多社会科学家来说是关于资源动员的关键著作。它设计了很多获得成功的运动，包括早期的工会和民权运动。

PUTNAM R D. Bowling alone [M]. New York: Simon & Schuster, 2000.

《独自打保龄球》

这是被广为阅读的关于社会资本理念的书之一。帕特南认为美国人正在失去社会资本，因为他们不再对发展与其他人民的关系感兴趣。我们不再参加保龄球联赛和发展关系，而是终身独自打保龄球。

SEGAL J Z.Health and the rhetoric of medicine [M]. Carbondale: Southern Illinois University Press, 2007.

《健康与医学修辞》

本书对医学修辞研究提供了清晰的理论说明，也提供了一系列的案例研究，曝光了在疾病分类、健康照料政策，以及死亡与濒死等领域内劝说内容的核心。

Rhetoric of Medicine
医学修辞

DERKATCH C, SEGAL J Z. Realms of rhetoric in health and medicine. University of Toronto Medical Journal, 2005, 82: 138-142.

《多伦多大学医学杂志》

《健康与医学方面的修辞分类》

本文是为医学学生和非专业人士撰写的，为健康与医学方面的修辞作用提供了有益介绍。

Rhetoric of Science
科学修辞

BURKE K. A rhetoric of motives [M]. Los Angeles: University of California Press, 1969.

《动机修辞学》

这个在修辞领域内享有盛誉和被广泛引证的作者分析了劝说的成分，也分析了在社会中常见的多种形式的符号表达的认同特性。

MYERS G. Writing biology: Texts in the construction of scientific knowledge [M]. Madison: University of Wisconsin Press, 1990.

《写作生物学：科学知识建构中的文本》

这是一部关于科学修辞学的劝说特征研究的较著名的著作之一，在这部著作里，迈尔斯研究了两个科学家成功获取美国国家科学基金会经费资助的案例中所使用的修辞。

Risk Analysis
风险分析

KAMMEN D M, HASSENZAHL D.Should we risk it? Exploring environmental, health and technological problem solving. Princeton, NJ: Princeton University Press, 2001.

《我们应该冒险吗？探索环境、健康和技术问题的解决》

本书为环境、健康、技术问题风险分析集结了相关理论和方法，在教授应用统计学时利用案例研究和已解决的问题演示风险与决策分析。具体的主题包括公开评估、计量响应关系、动物数据外推至人类、建模、管理与预估不确定性等。

KRIMSKY S, GOLDING D. (Eds.).Social theories of risk [M]. Westport, CT: Praeger, 1992.

《社会风险理论》

这卷编辑成册的书籍涵盖了风险分析的社会、文化和心理学理论，讨论了在风险评估中科学的作用，回顾了考虑风险管理问题的架构（主要出自决策分析）。

Society for Risk Analysis: www.sra.org.

风险分析学会

除了组织具体的信息，该网站还提供风险分析术语的词汇表，链接学术的、政府的、非营利性和商业性的与风险分析有关的网站，以及工作机会。这个网站还提供《风险分析》刊物，这个网站的官方杂志，以及《风险研究期刊》等相关的链接。

Risk Communication, Overview
风险传播概论

BECK U.Risk society: Towards a new

modernity（M. Ritter，Trans.）. Thousand Oaks，CA：Sage，1992.

《风险社会：迈向新的现代性》

作者认为当代风险的不均衡性，如来自转基因食品或环境污染，是当代“风险社会”的基本特性。

FISCHHOFF B. Public values in risk research [M]//H Kunreuther ，P Slovic（Eds.）. Annals of the American Academy of Political and Social Science：Vol. 545. Challenges in risk assessment and risk management. Thousand Oaks，CA：Sage，1996：75–84.

《风险研究中的公共价值》

《美国政治与社会科学院年报》

作者认为专家应改善风险传播的研究，将重点放在那些承受灾害损伤的人的价值、关心和沟通需求上。

LOWRANCE W W. Of acceptable risk [M]. Los Altos，CA：William Kaufmann，1976.

《可接受的风险》

这是一本关于风险传播分析的书，出自一位化学家的观点。该书包括一例DDT的案例研究，解释了为什么这种杀虫剂在第二次世界大战中和战后被看做是现代奇迹，然后在蕾切尔·卡森的《寂静的春天》出版后给人以不同的印象。

MORGAN M G，FISCHHOFF B，BOSTROM A，et al. Risk communication：A mental models approach [M]. Cambridge，UK：Cambridge University Press，2002.

《风险传播：心理模型方法》

作者解释了为什么专家的和初学者的灾害的概念有差异，他们提供了描述这些差异的模式和使用这些结果开发有效解释材料的方法。

Risks and Benefits
风险与收益

FINUCANE M L，ALHAKAMI A，SLOVIC P，et al. The affect heuristic in judgments of risks and benefits [J]. Journal of Behavioral Decision Making，2000，13：1–17.

《风险和收益的情感启发式判断》

非专业人士的风险观念被认为是可以由与灾害相关的启发式情感来解释的。如果灾害主要引起的是正面的感觉，人们就会把灾害看成是利益而非是风险，反之亦然。

FISCHHOFF B，SLOVIC P，LICHTENSTEIN S，et al. How safe is safe enough? A psychometric study of attitudes towards technological risks and benefits [J]. Policy Sciences，1978，9：127–152.

《政策科学》

《多安全才够安全？面对技术风险和利益的心理测量研究》

这篇里程碑式的文章作为首批这方面的研究之一，论证了采用风险的定性特征来解释非专业人士的风险感觉。虽然该项研究因其聚合数据的使用而受到批评，因为它可能增加了研究的解释方差，但是这项研究的主要发现对于风险感知研究依然具有很高的价值。

National Research Council.Improving risk communication [M]. Washington，DC：National Academy Press，1989.

《改善风险传播》

这本实用导向型的著作旨在弥合风险传播领域里专家与从业者之间的分歧。本文确认了风险传播中可能出现的困难，也推荐了解决这些问题的方法。风险传播应看作是一个引导做出明智的决定的双向交流过程。

Role Models in Science
科学中的榜样

Evans M A，Whigham M，Wang M C. The effect of a role model project upon the attitudes of ninth-grade science students［J］. Journal of Research in Science Teaching，1995，32（2）：195-204.

《科学教育研究》

《角色模型项目对九年级科学学生态度的影响》

这篇文章叙述了一个学校利用女性角色模式实行干预计划以改变九年级学生对科学、数学和技术教育的态度。参与干预的女生和男生的态度得分得到改善，高于其他未参与本项目的人。

LOCKWOOD P，MARSHALL T C，SADLER P. Promoting success or preventing failure：Cultural differences in motivation by positive and negative role models［J］. Personality and Social Psychology Bulletin，2005，31：379-392.

《个性与社会心理学》

《促进成功或防止失败：正向或负向作用模型中动机的文化差异》

作者报告了一项研究，观察负面角色模型与正面角色模型对不同种族文化成员的影响，既有对个人的也有对集体的。结果表明种族群体成员关系决定了哪一种角色模型更有影响。

Royal Society
皇家学会

GRIBBIN J. The fellowship：Gilbert，Bacon，Wren，Newton and the story of a scientific revolution［M］. London：Allen Lane，2005.

《会员：吉尔伯特、培根、雷恩、牛顿以及科学革命的故事》

这本书通俗易懂地讲述了皇家学会的起源，它的历史背景和成为西方科学奠基之父的人员。

HALL A R，HALL M B. Why blame Oldenburg?［J］. Isis，1962，53：482-491.

《为什么怪奥尔登堡》

本文记述了在保护奥尔登堡不受“他应为胡克与牛顿关系不良负责”这一思想的影响背景下，牛顿对胡克评论其著作的反应。

KLUG A.Address of the President，Sir Aaron Klug，O M，P R S，given at the anniversary meeting on 30 November 1999［J］. Notes and Records of the Royal Society，2000，54（1）：99-108.

《皇家学会备注和记录》

亚伦·克鲁格在 1999 年皇家学会主席演说中叙述了皇家学会的功能，引用了起源于科学杂志的材料。

S

Sagan, Carl
卡尔·萨根

Davidson K. Carl Sagan：A life［M］. New York：Wiley，1999.

《卡尔·萨根：生平体纪》

本书是一本详细、深入的自传，引人入胜地向读者介绍了萨根的一生，从专业角度和个人角度为读者描绘了一幅关于萨根的综合图像。

SPANGENBURG R，MOSER K. Carl Sagan：A biography［M］. Westport，CT：Greenwood Press，2004.

《卡尔·萨根：传记》

这本相对比较简洁的传记首先提供了一个大事年谱，将萨根一生工作和生活中的重要事件按时间列出提纲，便于读者了解萨根。

Satellites, Science of
卫星科学

ELBERT B R.Introduction to satellite communication [M]. Boston: Artech House, 2008.

《卫星通信概述》

本书提供了关于卫星通信和卫星网络综合性概述，包括应用和发射方式。尽管大部分内容涉及技术，但本书是面向非工程师读者的。

SciDev. Net
科学发展网

Science and Development Network: www.scidev.net.

科学与发展网络

科学与发展网络的网站提供各类“新闻、观点和信息”，均涉及科学技术与世界发展的关系。

Science
《科学》

Science: www.sciencemag.org.

科学

该网站除了包含与杂志有关的新闻和经过同行评议的科学论文，还提供投稿常见问题和科学传媒工具产品介绍。

Science and Engineering Ethics
《科学与工程伦理》

Science and Engineering Ethics: www.springer.com/philosophy/ethics/journal/11948.

科学与工程伦理

该网页是出版商首页，包括一些信息介绍、相关内容链接和作者指导等。

Science and Politics
科学与政治

JASANOFF S. Designs on nature: Science and democracy in Europe and the United States [M]. Princeton, NJ: Princeton University Press, 2007.

《设计自然：欧美的科学与民主》

本书作者是一位著名的且广受尊敬的评论员，主要评论了民主社会中科学与政策的关系，包括不同文化背景下生物技术的相关法规和管理。

PARTHASARATHY S. Building genetic medicine: Breast cancer, technology, and the comparative politics of health care [M]. Cambridge: MIT Press, 2007.

《制造基因药物：乳腺癌、卫生保健技术和比较政治》

本书通过乳腺癌易感基因 BRCA 检测，详细分析了在美国和英国的政策和政治环境下，人们所理解的基因造成易发性乳腺癌的暗含之意。

Science and the Giant Screen
科学与巨幕

ACLAND C R. IMAX technology and the tourist gaze [J]. Cultural Studies, 1998, 12 (3): 429-445.

《文化研究》

《IMAX 技术和游客凝视》

本文分析和评论了 IMAX 技术在再引入中的作用，作者称之为“游客凝视”，即相对于呈览之物将观览之人当作游客。

DEAN C.A new screen test for IMAX: It’s the Bible vs. the Volcano. The New York Times, 2005-3-19 [N/ OL]. www.nytimes.com/2005/03/19/national/19imax.html?_r=1.

《纽约时报》

《IMAX 的一种新屏幕测试：圣经对火山》

这是一篇新闻评论，内容主要关于部分

IMAX 影院，包括一些科学博物馆，拒绝放映有关进化论及相关科学主题的影片，以避免冒犯部分观众。

PLOEGER J. Techno-scientific spectacle: The rhetoric of IMAX in the contemporary science museum [J]. Poroi，2004，3（2）：73–93.

《波鲁瓦》

《技术 – 科学镜片：当代科学博物馆中的 IMAX 修辞》

本文记录了科学在大屏幕上展现的市场涌入和娱乐价值观，并称其将观众变成了“科学观光客”。

Science Café
科学咖啡馆

DALLAS D. Café scientifique—Déjà vu. Cell，2006，126（2）：227–229.

《细胞》

《科学咖啡馆——似曾相识》

这篇短文用第一人称讲述了科学咖啡馆运动，作者就是英国此项运动的奠基人之一。本文既不是综述也不是专业评估，只有关于科学咖啡馆发展的地点、缘由和历程的介绍。

LEHR J L，MCCALLIE E，DAVIES S R，et al. The value of “dialogue events” as sites of learning: An exploration of research and evaluation frameworks [J]. International Journal of Science Education，2007，29（12）：1467–1487.

《科学教育国际期刊》

《现场学习‘对话活动’的价值：探索研究及框架评估》

本文主要描述了公共参与科技（Public Engagement with Science and Technology，PEST）运动，探索了运动中“对话活动”（如科学咖啡馆）的作用。文中描述了几种对话活动中可以采用的学习，超出了简单的关于科学问题的学习。

Science Centers and Science Museums
科学中心与科学博物馆

CHITTENDEN D，FARMELO G，LEWENSTEIN B V.（Eds.）. Creating connections: Museums and the public understanding of current research [M]. Walnut Creek，CA：AltaMira，2004.

《创建连接：博物馆和公众理解当前研究》

本书探索了公众理解研究，科学博物馆或科学中心的作用，包括什么起作用什么不起作用。全书 20 多章，提供了多种不同的视角，作者都是优秀的评论员和实际工作者。

Science Circus
科学马戏团

STOCKLMAYER S M，GORE M M，BRYANT C.（Eds.）. Science communication in theory and practice [M]. Dordrecht，the Netherlands：Kluwer Academic，2002.

《科学传播理论及实践》

本书包括 Shell Questacon 科学马戏团及相关科学中心的案例研究，作为互动性科学传播的范例。此外还有一些关于科学传播理论和科学新闻学的章节。

Science Communication
《科学传播》

SAGE Publications Academic Journals：www.sagepub.com/journals.nav.

SAGE 学术出版期刊

这是 SAGE 集团出版的学术期刊的网站，包括《科学传播》和《公众理解科学》。与大多数杂志网站一样，本网站中有专为投稿者提供的信息。

Science Communication and Indigenous North America
科学传播与北美洲原住民

CHRISTIANS C，FERRÉ J P，FACKLER M P. Good news：Social ethics and the press［M］. New York：Oxford University Press，1993.

《好消息：科学伦理学与出版》

作者在书中讨论了新闻单位在面向各类机构传播有意义的信息的过程中所起的作用。

DELORIA V，JR，WILDCAT D R. Power and place：Indian education in America［M］. Golden，CO：Fulcrum Resources，2001.

权力和地位：印第安教育在美国

作者是美国本土历史、政治和认识论专业的一流学者，本书以图示的方式展现了关于美国本土的知识。

JAMES K.（Ed.）. Science and Native American communities［M］. Lincoln：University of Nebraska Press，2001.

《科学及美国本土机构》

这是一本由本土美国（Native Americans）出版的文集，内容是关于美国科学、教育和印第安的问题。本书提供了一个让人们从土著视角了解科学的机会。

KUHN T S. The structure of scientific revolutions［M］. Chicago：University of Chicago Press，1962.

《科学革命的构成》

作为一本大家公认的开创性图书，本书作者将卡尔·波普尔的科学构成理论延伸到社会学领域，而科学家通常只在基础科学领域（有时也意味着是有限的科学领域）内工作。

Science Documentaries
科学纪录片

CHRIS C. All documentary，all the time? Discovery Communications Inc. and trends in cable television［M］.Television & New Media，2002，3（1）：7–28.

《电视及新媒体》

《全程全纪录？发现传播公司和有线电视的发展趋势》

本文记录了发现频道自 1985 年开始播出之后的发展，作者描述了发现频道及相关商业活动是如何利用大家认为非时尚的资源来创造商机，并由此创建了一个帝国的。

Science Fiction
科　幻

DISCH T M. On SF［M］. Ann Arbor：University of Michigan Press，2005.

《关于科幻》

作者提供了多篇关于该题材的文章，包括书评、经典著作回顾、已逝科幻作者的讣告性评论，以及关于这种文学形式的作用、地位、影响和意义的评论。

PIERCE J J. Foundations of science fiction［M］. New York：Greenwood，1987.

《科幻基础》

通过对科幻作品基础元素的主题评论，作者将科幻的发展与早期作者的想象文学联系起来，并探索了科幻与其他文学之间的联系，以说明科幻对哲学和科学的重要性。

ROBERTS A. The history of science fiction［M］. New York：Palgrave Macmillan，2006.

《科幻历史》

作者从古希腊宇宙学开始讲述科幻的历史，

随后通过黑暗时代、文艺复兴时期和启蒙运动时期对 20 世纪“黄金时代”和新波浪时期的影响，总结了近 20 年来科幻体裁的多种代表性模式。

Science in Advertising
广告中的科学

BOSTDORFF D M，VIBBERT S L. Values advocacy：Enhancing organizational images，deflecting public criticism，and grounding future arguments［J］. Public Relations Review，1994，20（2）：141–158.

《公众关系评审》

《价值宣传：提升组织形象、改变公众批评、奠定未来争论》

本文从呼吁价值分享的角度讨论了问题争辩的普遍概念，并提出了三个目标：提升组织形象，改变组织批评和（或）组织政策、产品及服务，以及构建未来话语的前提。

PFAU M，HAIGH M M，SIMS J，et al. The influence of corporate front-group stealth campaigns［J］. Communication Research，2007，34（1）：73–99.

《传播研究》

《公司隐形运动的影响》

针对公司隐形广告的影响进行了实验测试，其中有些涉及对公众态度的技术辩护。广告能让公众对公司及其产品而不是对公司持有人产生肯定的心态，而公司丑闻的披露则会破坏这种心态，使公众对公司产品和公司持有人转为否定态度。

SINCLAIR J，MILLER B.（in press）. Understanding public response to technology advocacy campaigns：A persuasion knowledge approach［M］// L Kahlor，P Stout（Eds.）.Understanding science：New agendas in science communication. New York：Routledge，2005.

《理解科学：科学传播的新日程》

《理解公众对技术宣传广告的反馈：知识劝导法》

书中探讨了技术宣传中公众对宣传的反馈情况，通过基于劝导理论的模型确定了可计量性和信任，而不是过去认为的对广告信息批判性评价的动机是影响结果的关键因素。

Science Indicators, History of the NSB Project on
美国国家科学委员会科学指标项目的历史

ANDREWS F M，WITHEY S B. Social indicators of well being［M］. New York：Plenum Press，1976.

《幸福社会指标》

本书是非常重要的关于美国社会指标概念和测量的文献汇编，其中包含许多科学传播工作者引用的社会进步指标。

MILLER J D. Public understanding of，and attitudes toward，scientific research：What we know and what we need to know［J］. Public Understanding of Science，2004，13：273–294.

《公众理解科学》

《公众对科学研究的理解及其态度：我们知道什么和我们需要知道什么》

本文报告了 20 年来公众理解科学和公众媒体消费系列指标随时间变化的情况，是很好的有助于理解 20 世纪下半叶科学传播发展趋势的基本概述文章。

National Science Board. Science and engineering indicators. Washington，DC：U.S. Government Printing Office，1988，1990，1992，1994，1996，1998，2000，2002，2004，2006，2008.

《科学与工程指标》

NSB 指标系列提供了关于 20 世纪下半叶的科学，以及公众感知科学的最大的综合数据库，该系列实际追溯到了 1973 年，之前的报告以“科学指标”的名字出版，很多报告都可以从网站 www.nsf.gov/statistics 获得。

Science in Magazines
杂志中的科学

BLUM D，KNUDSON M，HENIG R M.(Eds.). A field guide for science writers [M]. 2nd ed. New York：Oxford University Press，2005.

《科学写作现场指导》

这本著名的指导书是由美国科学作家协会正式出版的，收录了科学作家关于其写作工作的经验。出版该书的目的是为当今和未来的科学作家提供资源。

KITCH C. Pages from the past：History and memory in American magazines [M]. Chapel Hill：University of North Carolina Press，2005.

《过去的书页：美国杂志的历史和记忆》

基于对 60 多份通俗消费者杂志的分析，作者探讨了杂志在为美国创建分享标识和分享记忆方面的作用。

Science in the Movies
电影中的科学

HUPPAUF B，WEINGART P. (Ed.). Science images and popular images of the sciences [M]. New York：Routledge，2007.

《科学的科学形象和流行形象》

这本文集的 4 个篇章都是关于科学和电影的，包括对科学家在科幻电影中的几种主要代表性类型的评论。

KIRBY D A. Cinematic science [M]//M Bucchi，B Trench (Eds.).Handbook of public communication of science and technology. New York：Routledge，2008：41-56.

《科技公众传播手册》

《电影科学》

作者重点研究了好莱坞影片中顾问和遗传学的作用，本文探讨了电影院在公众传播科学，以及在科幻电影中科学代表性的演变过程中的作用。

MERZAGORA M. Scienza da vedere. L'immaginario scientifico sul grande e sul piccolo schermo [Watching science：The scientific imaginary on movie and TV screens] [M]. Milan，Italy：Sironi editore，2006.

《看科学：影视屏幕上的科学想象》

本书共有六篇文章，都是关于电影中的科学的，还有关于 200 多部科学及科学家主题电影的评论。

PERKOWITZ S. Hollywood science [M]. New York：Columbia University Press，2007.

《好莱坞科学》

本书作者是一位热爱电影的科学家，他写的这本书是一本兼具娱乐性和趣味性的读物，主要介绍了美国的电影院和科幻电影。

Science in Virtual Worlds
虚拟世界中的科学

BARTLE R A. Designing virtual worlds [M]. Berkeley，CA：New Riders，2004.

《设计虚拟世界》

本书提供了关于虚拟世界的历史和综述，作者描述了 1978 年出现的第一个虚拟世界或称“多用户地牢”(multiuser dungeon，MUD)，包括关于虚拟世界的设计和构建的细节。

BOELLSTORFF T. Coming of age in Second

Life: An anthropologist explores the virtually human [M].Princeton, NJ: Princeton University Press, 2008.

《第二人生时代的来临：一位探索虚拟人的人类学家》

作者在第二人生（Second Life）用了两年的时间，以名为“Tom Bukowski”的虚拟身份，记录了其在“虚拟世界内”的活动，并对第二人生的其他用户进行了采访。他以学术研究方法探索了其中的种族和性别问题，以及阶级冲突、文化和政治问题。

GUEST T. Second lives: A journey through virtual worlds [M]. New York: Random House, 2007.

《第二人生：虚拟世界一游》

本书从新闻记者的视角对第二人生及其他虚拟世界做了说明，谈论的主题从虚拟艺术到虚拟性，并给出了统计数据、背景介绍，以及个人在第二人生虚拟世界中的经历阐述。

Science Literacy
科学素养

ALLUM N, STURGIS P, TABOURAZI D, et al. Science knowledge and attitudes across cultures: A meta-analysis [J]. Public Understanding of Science, 2008, 17 (1): 35–54.

《公众理解科学》

《不同文化中的科学知识和态度：元分析》

本文基于 40 个国家近 200 项研究中的科学素养数据，探讨科学态度与世纪科学知识之间的关系，并认为这一关系值得深入研究。

Science Magazines
科学杂志

HILGARTNER S.The dominant view of popularization: Conceptual problems, political uses [J]. Social Studies of Science, 1990, 20 (3): 519–539.

《科学的社会研究》

《科普主导观点：概念问题和政治用途》

本文讨论了科普的“主导观点”，认为科普分为两个阶段：首先是科学家研发出新的知识，然后将其普及传播。科普被视为简化或扭曲的过程。

LEWENSTEIN B V.The meaning of “public understanding of science” in the United States after World War II [J]. Public Understanding of Science, 1992, 1: 45–68.

《公众理解科学》

《美国第二次世界大战后“公众理解科学”的含义》

本文追溯了美国从“公众欣赏科学”到“公众理解科学”的变化，并讨论了其对以下四类机构的影响：商业出版社、科学团体、科学新闻工作者和政府机构。

NELKIN D.Selling science: How the press covers science and technology [M]. New York: W. H. Freeman, 1997.

《贩卖科学：出版物中科学技术的覆盖率》

这本有名的著作探讨了科学新闻业在美国的兴起历史，认为科学在新闻中只起了促销的作用而不是关键的作用；此外还探讨了科学界与新闻界关于“客观性”概念的历史互动。

Science on Radio
广播中的科学

DEMICHELE J. Science on the radio [J]. Journal of Young Investigators, 2002, 6 (5).

《年轻调查者杂志》

《广播中的科学》

本文就优秀科学广播和采访节目，以及优

秀的科学报道者做了很好的概述，打破了广播只有音乐和脱口秀节目的神话。

Science Shops
科学商店

Living Knowledge：The International Science Shop Network：www.livingknowledge.org.

《生活知识：国际科学商店网》

该网站资源页面提供基于科学商店及相关机构网站所做的研究报告，其中对科学商店的概念和使命做了说明，并提供了很多关于此类专业网络的其他信息、资源和相关链接。

Science, Technology, & Human Values
《科学、技术与人类价值观》

BLANPIED W A. Reflections on the first decade［J］. Science，Technology，& Human Values，1982，7（40）：6–7.

《科学、技术与人类价值观》

《关于第一个十年的思考》

本文回顾了该杂志出版以来的第一个十年。作者认为该杂志见证了严谨的跨学科研究如何让人们理解科学、技术和社会的关系，理解公众政策的内涵。

Science, Technology, and Society Studies
科学、技术与社会研究

BARON N S. Always on：Language in an online and mobile world［M］. Oxford，UK：Oxford University Press，2008.

《总是开机状态：网络和手机世界中的语言》

本书分析了信息技术，尤其是网络和手机技术，以什么方式影响到或没影响到写作和口头交流。包括对新语言技术在这方面如何发挥作用的详解，强调了有必要就何时、怎样使用这些技术做出清醒的抉择。

HUBBARD R. The politics of women's biology［M］. New Brunswick，NJ：Rutgers University Press，1990.

《妇女生物政治学》

本书认为自然本身就是历史和文化的一部分，书中问了三个关键问题：我们如何得知、我们知道什么，以及我们如何运用所知道的。本文从科学批判主义的尤其是女权主义的视角，以生物学为例论证了科学、技术和社会的相关性。

JOHNSON D G. Social construction of technology［M］//C MITCHAM（Ed.）.Encyclopedia of science，technology，and ethics. Detroit，MI：Gale Research，2005：1791–1794.

《科学、技术和伦理百科全书》

《技术的社会构建》

该章节概述了技术的社会构建，将之与技术决定论进行对比，探讨了社会构建的特定理论，以自行车为例解释了社会构建的作用原理，确定经济、法规和文化为相关社会因素，思考了社会构建与伦理的关系。

WETMORE J M. Distributing risks and responsibilities：Flood hazard mitigation in New Orleans［J］. Social Studies of Science，2007，37（1）：119–126.

《科学的社会研究》

《风险和责任分配：减轻新奥尔良洪涝灾害》

本文运用社会技术体系概念分析减轻洪涝灾害，论证了传统责任制概念在大型社会技术体系中的问题所在，强调了传播的作用。

Science Theater
科学剧场

JACKSON A. Theatre，education and the

making of meanings: Art or instrument? [M]. Manchester, UK: Manchester University Press, 2007.

《剧场、教育和意义制作：艺术还是工具》

作者探讨了剧场被当作教育工具应用于很多领域包括健康、医疗领域和科学领域。书中还讨论了剧场到底是艺术形式还是教育工具。

SHEPHERD-BARR K. Science on stage: From "Doctor Faustus" to "Copenhagen." Princeton, NJ: Princeton University Press, 2006.

《舞台上的科学：从浮士德到哥本哈根》

作者探索了科学剧场的历史，讨论了多个领域如医药和数学的科学剧场，还分析了科学与剧场良好匹配的可能原因。

Scientific Consensus
科学共识会议

LATOUR B, WOOLGAR S. Laboratory life. Princeton, NJ: Princeton University Press, 1986.

《实验生活》

本书是一本非常有名的著作，通过人种志学研究方法调研实验科学的实际研究方式，探讨实际研究人员之间的交流是如何在整个科学发现过程中紧密联系的。

REEVES C. The language of science [M]. New York: Routledge, 2005.

《科学的语言》

本书概述了关于科学用辞在单个文本中的使用及误用的知识，探讨了语言和科学之间的关系。

Scientific Ethos
科学的精神气质

CAMPBELL J A. Why was Darwin believed? Darwin's Origin and the problem of intellectual revolution [J]. Configurations, 2003, 11: 203-237.

《构造》

《为何相信达尔文？达尔文的 < 物种起源 > 与智力革命的问题》

本文运用达尔文的《物种起源》来探究科学保守观点和激进观点之间的紧张关系，以及原有理论的变化方式。

Scientific Journal, History of
科学杂志的历史

GROSS A G, HARMON J E, REIDY M. Communicating science: The scientific articlefrom the 17th century to the present [M]. New York: Oxford University Press, 2002.

《传播科学：从 17 世纪至今的科学文章》

本书是对英文、法文和德文科学文章的发展历史的调研，描述了几种当代科学论证形式的出现，并推测其未来发展。

Scientific Method
科学方法

KUHN T. The structure of scientific revolutions [M]. 3rd ed. Chicago: University of Chicago Press, 1996.

《科学革命的构成》

本书是关于科学历史和哲学的非常重要的著作之一，作者认为，科学的历史涉及一系列广大范围的理论或范例。因为范例可能影响到科学家所信奉的理念、观察和方法论原则，所以科学思想并不是简单地由观察结果和逻辑推理所驱动的。

POPPER K. Conjectures and refutations: The growth of scientific knowledge [M]. London: Routledge & Kegan Paul, 1963.

《猜测和驳斥：科学知识的增长》

这本重要的文集收录了波普尔的文章和谈

话，其中包括他极有影响力的文章《科学：猜测和驳斥》。文中波普尔展示并论证了他关于科学理论有独特的可检验性的观点，以及科学并不依赖于归纳推广的观点。波普尔还探讨了涉及正式性、科学语言和公众舆论等其他领域的一些主题。

SHAPIN S，SCHAFFER S. Leviathan and theair-pump：Hobbes，Boyle，and the Experimental Life［M］. Princeton，NJ：Princeton University Press，1985.

《利维坦和排气泵：霍布斯、波义耳和实验生活》

在这本很有影响力的探究科学文化的书中，作者以波义耳的排气泵实验为例，探讨了波义耳方法论中的政治和社会因素。本书支持科学知识在很大程度上是社会构成部分的观点，并论证了研究科学历史可以揭示详细的科学方法。

Scientific Publishing, Overview 科学出版概述

COX J，COX L. Scholarly publishing practice：Academic journal publishers' policies and practices in online publishing［M］. 3rd ed. Brighton，UK：Association of Learned and Professional Society Publishers，2008.

《学术出版实践：学术期刊出版商在网络出版方面的政策和实践》

2008年有一项针对学术出版商在网络出版方面的政策和实践的调研评估，本书列出了调研和评估结果，调查反馈率很高，其中包括来自大多数主要科学期刊出版商的调查结果。最后，书中还将此次调研的结果与早期曾开展的两次调研的结果相对比，分析其变化和趋势。

FJÄLLBRANT N. Scholarly communication：Historical development and new possibilities［C/OL］// Paper presented at the 18th IATUL Conference：Scholarly Communication in Focus，Trondheim，Norway.［2009-08-10］. the International Association of Technical University Libraries Web site，www.iatul.org/ doclibrary/public/Conf_Proceedings/1997/Fjallbrant.doc.

《学术交流：历史发展及新的可能性》

本文写于网络出版的早期，主要概述了科学出版的历史，说明了科学出版的目的，科学交流的类型，并以伽利略为例介绍了科学回文和密码的使用，以便限制初始科学发现的传播。

SUBER P. Open access overview：Focusing on open access to peer-reviewed research articles and their preprint［C/OL］//The SPARC Open Access Newsletter.［2009-11-30］. www.earlham.edu/~peters/fos/ overview.htm.

《SPARC开放存取通讯》

《开放存取概述：聚焦经过同行评议的研究论文及其预印本的开放存取》

本文概述了开放存取运动的历史，让才接触这一概念的人对此有所了解，并介绍了许多细节。作者列出了1966—2008年开放存取发展的大事时间表，可在维基网（http://oad.simmons.edu/oadwiki/Timeline）查到其不断更新的版本。

Scientific Societies 科学学会

American Association for the Advancement of Science，U.S. Office of Research Integrity［R］. Therole and activities of scientific societies in promoting research integrity：A report of a conference. Washington，DC：Author，2000.

《科学协会在推动研究完整性方面的作用及相关活动：大会报告》

本报告回顾了与科学协会在推动伦理行为和伦理准则方面的作用和活动相关的近期历史，

并给出了研究结论和措施建议。

ORNSTEIN M. The role of the scientific societies in the seventeenth century. Chicago: University of Chicago Press, 1928.

《17 世纪科学协会的角色》

这本关于科学协会的名著开篇是伽利略、哈维、培根和笛卡尔等 17 世纪著名科学家的传记，后面是关于重要科学协会的发展、首个科学期刊，以及早期大学的内容。

Scientist-Journalist Conflicts
科学家与记者的冲突

NAUTIYAL C M. A look at S&T awareness—Enhancements in India [J]. Journal of Science Communication, 2008, 7 (2).

《科学传播期刊》

《科技认知——在印度的提升》

本文分析了印度科学普及的现状，探讨了印度科学技术传播的需要，并认为农村群众正在从科学传播活动中受益。

PATAIRIYA M. Science communication in India: Perspectives and challenges [M/OL]. (2002-03-20). www.scidev.net.

《印度的科学传播：认知和挑战》

本文记叙了印度科学传播运动的历史背景，探讨了当今媒体及其未来发展。

Scientist-Journalist Relations
科学家与记者的关系

FRIEDMAN S M, DUNWOODY S, ROGERS C L. (Eds.). Scientists and journalists: Reporting science as news [M]. Washington, DC: American Association for the Advancement of Science, 1988.

《科学家与记者：像报道新闻一样报道科学》

这本文集尽管有些过时，但其中关于科学新闻故事的一些重要问题、战略和挑战的文章及分析仍适用于当今社会。

Scientists as Sources
作为信源的科学家

BOORSTIN D. The image: A guide to pseudo-events in America [M]. New York: Atheneum, 1961.

《影像：美国的伪事件指南》

本书描述了美国文化的变化所导致的，在一段时期内对事件的重现或仿真比原始事件本身还要重要的现象。

DUNWOODY S. The scientist as source. [M]// S M FRIEDMAN, S DUNWOODY, C L ROGERS (Eds.). Scientists and journalists: Reporting science as news. New York: Free Press, 1986.

《科学家与记者：像报道新闻一样报道科学》

《科学家作为信源》

本章作者通过一系列研究给出了科学家的画像，探究了与记者一起工作的科学家的态度，辨析了科学家作为公众角色的收益和成本。

PRESS E, WASHBURN J. The kept university [J]. The Atlantic Monthly, 2006, 3: 39-54.

《大西洋月刊》

《保留大学》

本文探讨了越来越多的大学以营利公司的模式进行管理，从而给高等教育的最高价值和公平公正带来了风险。

Scientists' Understanding of the Public
科学家对公众的理解

DAVIES S R. Constructing communication: Talking to scientists about talking to the public [J]. Science Communication, 2008, 29 (4): 413-434.

《科学传播》

《构建传播：告诉科学家如何与公众交流》

本文探讨了科学家和工程师与公众交流的各种方式，作者认为这种交流的主要框架形式是单向交流，这种与公众的交流是困难的且存在潜在的危险。

Search for Extraterrestrial Intelligence 搜寻地外文明计划

SHKLOVSKII I S，SAGAN C. Intelligent life in the universe (P. Fern，Trans.) [M]. San Francisco：Holden Day，1966.

《宇宙中的智慧生命》

这本卡尔·萨根的早期书作实际上是一位苏联天体物理学家早期著作的英文改编版本，尽管其中有些内容随着行星探索研究的发展已经过时，但仍有许多资料目前还是有参考性的。

Sigma Xi 西格玛赛

SIGMA XI. Embracing globalization. Research Triangle Park，NC：Author [EB/OL]. www.sigmaxi.org.

《研究三角公园》

《拥抱全球化》

摘要参见《美国科学家》(American Scientist) 2007 年，9—10 月期。

SIGMA XI. About Sigma Xi：Overview [EB/OL]. www.sigmaxi.org.

《关于西格玛赛：概述》

这篇关于西格玛赛的文章登在该组织网站的主页上，网站内容包括组织简介及相关活动，还有一些相关链接。

Snow, C. P. C. P. 斯诺

SNOW C P. The two cultures and the scientific revolution [M]. Cambridge，UK：Cambridge University Press，1959.

《两种文化及科学革命》

这本关于科学文化与人文文化教育划分的专著探讨了这两种文化的贡献，这是一个至今依然在热议的话题。

Social Amplification of Risk Framework 风险框架的社会放大

KASPERSON J X，KASPERSON R E. The social contours of risk：Vol. 1. Publics，risk communication and the social amplification of risk [M]. London：Earthscan，2005.

《风险的社会轮廓第一卷：公众、风险传播和风险的社会放大》

本卷是由 Roger 和 Jeanne Kasperson 多年来发表的重要论文组成的文集，内容主要是关于不同社会放大模型的组成，是非常有价值的资源。

KASPERSON R E，RENN O，SLOVIC P，et al. The social amplification of risk：A conceptual framework [J]. Risk Analysis，1988，8：177–187.

《风险分析》

《风险的社会放大：概念框架》

本文概述了风险框架的社会放大，在《风险分析》期刊中还有一系列关于此概念的同行批评性文章，也是很有用的资源。

PIDGEON N F，KASPERSON R K，SLOVIC P. (Eds.). The social amplification of risk [M]. Cam-bridge，UK：Cambridge University Press，2003.

《风险的社会放大》

该汇编作品源自在英国召开的一个研讨会，会上回顾了这一概念出现 15 年来的发展情况。

汇编中的章节由优秀研究人员所著，内容涉及概念的形成、不同情境下风险放大的案例研究，以及对认识论、政府管理和公众参与作用的反馈。

Social Justice
社会正义

BESLEY J C，MCCOMAS K A. Framing justice：Using the concept of procedural justice to advance political communication research［J］. Communication Theory，2005，15（4）：414–436.

《传播理论》

《构建正义：运用程序公平概念推进政治传播研究》

本文在科学与政治传播的情境下探究如何运用社会公平心理学理论，尤其是传播学者在决策研究中应考虑人们对程序公平及相关处理的看法。

RAWLS J. A theory of justice［M］. Cambridge，MA：Harvard University Press，1971.

《正义理论》

这一经过更新改版的经典政治哲学教材详尽阐述了政治体系设计中应注意公正的地方，并讲解了一些重要概念，例如，“原始位置”和“无知之幕”等对于理解如何构思公平管理程序非常关键的概念。

SATTERFIELD T A，MERTZ C K，SLOVIC P. Discrimination，vulnerability，and justice in the face of risk［J］. Risk Analysis，2004，24（1）：115–129.

《风险分析》

《面对风险时的歧视、脆弱和公正》

本文从经验出发，论证了诸如性别、种族等变量在人们感知环境中的健康风险时所起的作用，这在科学与技术传播中是至关重要的。

Social Marketing
社会营销

ANDREASEN A R. Marketing social change：Changing behavior to promote health，social，development，and the environment［M］. San Francisco：Jossey-Bass，1995.

《社会变革的营销：改变行为以便推动健康、社会、发展和环境》

这本关于社会营销的书既可供初学者理解社会营销，也可供资深用户使用。全书分为“预备”和“实操”两大部分，前半部分强调理解“消费者”概念，后半部分说明如何运用该理论。

Society for Technical Communication
技术传播学会

DURACK K T. From the moon to the microchip：Fifty years of technical communication［J］. Technical Communication，2003，50：571–584.

《技术传播》

《从月球到微芯片：技术传播 50 年》

本文回顾了过去 50 多年的技术传播历史，从打字机到可降解纸张再到电脑文字处理系统。

Society of Environmental Journalists
环境新闻记者协会

Society of Environmental Journalists：www.sej.org.

环境新闻记者协会

该组织网站提供大量关于该组织的信息，包括出版物信息、成员信息、会议信息和职业信息。其中有一个特别的部分仅对协会成员开放，提供 Listserv 程序接口、成员指南和一些工具。

Solar Energy
太阳能

HARPER G D J. Solar energy projects for the

evil genius [M]. New York: McGraw-Hill, 2007.

《恶魔天才的太阳能项目》

本书通过实操项目让读者理解太阳能的潜力，包括使用业余水平的设备制造简单的光电池和光化学电池。这些项目的实用性设计不仅可以验证太阳能的潜力，而且可以向读者传播光电池背后的科学和技术。

KEMP R J. Practical photovoltaics [M]. Ann Arbor, MI: Aatec Publications, 1995.

《实用的光电池》

本书是对太阳能的深入、全面的介绍，包括光电池设备背后的物理学知识、不同太阳能材料和对未来的预测；还有组装太阳能电池阵的实操建议和综合性补充参考资料的清单。

Space Program, Overview
太空计划概述

CLARKE A C. 2001: A space odyssey [M]. New York: New American Library, 1968.

《2001：太空奥德赛》

尽管直到同名电影放映之后该书才出版，但实际上这本“现代经典”科幻作品是与电影制作同时完成的。书中和电影中都强烈批判了现代计算机技术，并就人类史前及未来时期技术的作用提出了严肃的、不可思议的观点。

VERNE J. From the Earth to the moon [M]. Newark, NJ: Newark Printing and Publishing, 1865.

《从地球到月球》

这部经典的早期科幻作品已多次再版，其书中内容对于现在的美国太空项目而言仍有意义。

Space Shuttle
航天飞机

SMITH M. Space shuttle [M]. Newbury Park, CA: Haynes, 1985.

《航天飞机》

本书是太空痴迷者的福音，书中充斥着 NASA 航天飞机系统的数据，以及真实的和想象的先驱。

SMITH M S. NASA's space shuttle program: The Columbia, tragedy, the Discovery mission, and the future of the shuttle (RS21408) [M]. Washington, DC: Congressional Research Service, 2006.

《NASA 航天飞机项目：哥伦比亚悲剧、发现使命及航天飞机的未来》

本报告由资深分析家所著，回顾了过去太空飞行人员的宿命、哥伦比亚事故调查委员会的发现，以及航天飞机重返飞行的历程，而现在对于国会而言最重要的问题是成本问题。

TRENTO J J. Prescription for disaster: From the glory of Apollo to the betrayal of the shuttle [M]. New York: Crown, 1987.

《灾难提示：从阿波罗的荣耀到航天飞机的背叛》

本书作者自称为调查报告专家，对“挑战者号”事故作了简短的说明，并在历史背景中对其进行了分析。

WILLIAMSON R A. Developing the space shuttle [M]//J M LOGSDON (Ed.). Exploring the unknown: Selected documents in the history of the U.S. civil space program, Volume IV: accessing space (NASASP-4407). Washington, DC: History Division, National Aeronautics and Space Administration, 1999.

《探索未知：美国民用航天项目历史文件选编第四卷：接近太空》

《研发航天飞机》

NASA 历史出版物中的本章节由研究人员编写，为 NASA 航天飞机项目的演变和发展提供了很好的历史视角。

Spiral of Silence and Science
沉默的螺旋与科学

NEUWIRTH K，FREDERICK E，MAYO C. The spiral of silence and fear of isolation［J］. Journal of Communication，2007，57（3）：450–468.

《传播杂志》

《沉默的螺旋和怕被孤立》

这篇文章认为，在过去的一些研究中低估了趋同的压力。作者所采用的数据来自 2002 年美国国会选举，以美国是否应该攻入伊拉克为例，探索舆论环境研究理论中的怕被孤立和其他相关变量。

NOELLE-NEUMANN E. The spiral of silence：Public opinion，our social skin［M］. 2nd ed.Chicago：University of Chicago Press，1993.

《沉默的螺旋：公众舆论，我们的社会肌肤》

本书作者是第一位清晰阐述“沉默的螺旋”理念的学者，本书基于首次提出这一理论的德文原著（1980 年出版）所编写。第二版图书对十年来出现的新问题做出了回答。除本书作者的新作之外，书中还收录了其他知名学者关于公众舆论的文章。

PRIEST S H. A spiral-of-silence analysis of biotechnology opinion in the United States［J］. Science Communication，2006，28（2）：195–215.

《科学传播》

《美国生物技术领域内沉默的螺旋分析》

本文是为数不多的为关于沉默的螺旋的科学辩论提供经验论据的文章之一，以美国生物技术舆论为例，分析数据来源于舆论调查。

Stem Cell Controversy
干细胞争议

KOROBKIN R，MUNZER S R. Stem cell century：Law and policy for a breakthrough technology［M］. New Haven，CT：Yale University Press，2007.

《干细胞世纪：技术突破后的法规和政策》

本书可读性强，探讨了发现干细胞后未来医疗的潜在可能性所带来的复杂的政策问题。

Strategic Communication for Science and Technology
科学与技术的战略传播

BORCHELT R E. Communicating the future：Report of the research roadmap panel for public communication of science and technology in the twenty-first centur［J］. Science Communication，2001，23(2)：194–211.

《科学传播》

《未来传播：21 世纪科技公众传播路线图研究报告》

本文概述了经 NASA 空间科学实验室马歇尔太空飞行中心特许的一个 15 人工作小组的研究发现，他们的研究目的是发现科学传播的大问题，包括学术研究的定位、现有最佳技术实践的确定。

String Theory
弦理论

GREENE B. The elegant universe：Superstrings，hidden dimensions，and the quest for the ultimate theory［M］. New York：W. W. Norton，1999.

《优美的宇宙：超弦、隐维和探求终极理论》

本书作者是著名的弦理论学家，书中就广

义相对论、量子理论和这两种理论的冲突如何导致了弦理论的发展给出了清晰且易于理解的阐释。书中还有一个专业词汇表。

GREENE B. The fabric of the cosmos: Space, time, and the texture of reality [M]. New York: Knopf, 2004.

《宇宙构造：空间、时间和世界的本质》

这是作者出版的关于弦理论的第二本流行书，书中包括该领域最新的研究成果。该书通过生动的例子和清晰的阐释，为普通读者提供了有用又有趣的信息。书后附有专业词汇表。

MUSSER G. The complete idiot's guide to string theory [M]. New York: Penguin, 2008.

《弦理论傻瓜指南》

本书浅显易懂，是关于广义相对论、量子理论和弦理论等复杂概念的入门书籍，面向完全没有知识基础的读者。

Superconducting Super Collider
超导超级对撞机

RIORDAN M. A tale of two cultures: Building the Superconducting Super Collider, 1988–1993 [J]. Historical Studies in the Physical and Biological Sciences, 2001, 32 (1): 125–144.

《物理和生物科学历史研究》

《两种文化的故事：建立超导超级对撞机》

本文探讨了超导超级对撞机（SSC）项目反映出的来自复杂军事工业的高能物理学家和工程师之间针对大规模项目管控的持续斗争。作者认为项目管理的问题应归咎于两组工作人员之间文化的碰撞。

WEINBERG S. Dreams of a final theory [M]. New York: Vintage, 1994.

《终极理论的梦想》

该书作者试图通过物理学解释让读者认识超导超级对撞机的价值，改版后书中内容包括项目取消之后的编后记。

Superfund
超级基金

U.S. Environmental Protection Agency. Superfund: Cleaning up the nation's hazardous wastes Sites [EB/ OL]. www.epa.gov/superfund/index.htm.

超级基金：清除国内有害废弃物的网站

美国 EPA 网站提供与 NPL 的接口，以及关于污染物和相关法规的信息。网站中有超级基金定位工具，便于搜索附近的站点，还有关于如何组织社团开展相关活动的指导信息。

Surgeon General, U.S.
美国卫生局局长

HARRIS G. Surgeon General sees 4-year term as compromised [N]. The New York Times, 2007-07-11 (1).

《纽约时报》

《美国卫生局局长见证四年来的妥协》

作者在报告中给出了美国卫生局前局长理查德·科莫纳对众议院监督与政府改革委员会的呈词，然后探讨了加强局长办公室力量的途径，声明其曾反复承受要求阻止或削弱大众健康报告的政治压力。

JEHL D. Surgeon General forced to resign by White House [N]. The New York Times, 1994-12-10 (1).

《纽约时报》

《美国卫生局局长被迫辞职》

记者介绍了导致美国卫生局局长乔依琳·艾德思辞职的事件，认为她关于毒品和性欲的直白发言使其成为保守派反对的目标，最终导致她离开该职位。

U.S. Department of Health & Human Services, Office of the Surgeon General: www.surgeongeneral.gov.

美国卫生与人文服务部卫生局局长办公室

美国卫生局局长办公室官方网站提供关于该办公室的信息，包括办公室历史和历任局长简介、大众卫生优先政策、公开报告和出版物等。

Surveys
调 查

DILLMAN D A. Mail and Internet surveys: The tailored design method [M]. 2nd ed.New York: Wiley, 2007.

《邮件及互联网调查：定制设计方法》

该书被确认为调查研究的标准教材之一，从方法论的角度详尽地阐述了关于采样、问卷设计和调查实施的各类问题，他的方法被统称为“定制设计法”。

SCHEUFELE D A. Messages and heuristics: How audiences form attitudes about emerging technologies [M]//J TURNEY (Ed.). Engaging science: Thoughts, deeds, analysis and action . Lon-don: The Wellcome Trust, 2006: 20–25.

《参与科学：思想、行动、分析与措施》

《信息与启发：观众对新兴技术的态度是如何形成的》

本章概述了观众如何理解科学和技术相关问题，驱动因素是如何发挥影响的，以及如何在基本不了解相关信息的大众之中进行公众舆论调查。

Sustainability
可持续性

COX R. Environmental communication and the public sphere [M]. Thousand Oaks, CA: Sage, 2006.

《环境传播与公共领域》

本书叙述并分析了环境传播领域的理论，包括环境运动、环境修辞学、媒体和网络传播，公众参与和争议解决，风险传播、环境公平和绿色市场。

MAY S K, CHENEY G, ROPER J. (Eds.). The debate over corporate social responsibility [M]. Oxford, UK: Oxford University Press, 2007.

《关于企业社会责任的争论》

本书由 30 多个不同作者编撰的独立篇章构成，提出了与企业社会责任相关的问题和挑战。书中包括全球范围内的案例研究和理论

Synthetic Biology and Genomics
合成生物学与基因组学

BÜGL H, DANNER J P, MOLINARI R J, et al. DNA synthesis and biological security. Nature Biotechnology, 2007, 25: 627–629.

《自然生物技术》

《DNA 合成及生物安全》

本文从盈利企业的视角探讨了为人熟知的对于生物技术的社会关注，并从生物安全团体的视角关注这些盈利公司的生物技术是否可能被恶意使用。

DE VRIEND H. Constructing life: Early social reflections on the emerging field of synthetic biology (Working Document No. 97) [M/OL]. The Hague, the Netherlands: Rathenau Institute. www.lisconsult.nl/ images/stories/Downloads/wed97_constructing_life_2006.pdf.

《构造生命：新兴合成生物技术的早期社会反响》

本文概述了针对合成生物技术的现有及潜

在的社会关注，包括多个国家和地区的观点，涉及生物安全、生物稳定、伦理学、知识产权和哲学领域。

SMITH H O，HUTCHISON III，C A，et al. Generating a synthetic genome by whole genome assembly：φX174 bacteriophage from synthetic oligonucleotides [J]. Proceedings of the National Academy of Sciences USA，2003，100：15440–15445.

《美国国家科学院文集》

《通过整个基因组组装生成合成基因组：源自合成寡核苷酸的 φX174 噬菌体》

当其他研究者还在验证合成中小型病毒的理论可行性时，这一研究团队已经在数周时间内用便宜的初始材料完成了合成工作。

T

Technical Communication 技术传播

CONNORS R. The rise of technical writing instruction in America [J]. Journal of Technical Writing and Communication，1982，12（4）：329–352.

《技术协作及传播期刊》

《技术写作指导在美国的兴起》

本文追溯了在美国大学科技写作如何发展成开设课程和配有教材的独立的专业学科的发展历史。

EISENSTEIN E. The printing press as an agent of change [M]. Cambridge，UK：Cambridge University Press，1980.

《身为变革代言人的印刷出版业》

本文作者的知名著作是关于欧洲移动印刷出版业的创新和社会与科学领域中基本而广泛的变革之间的关系的，本书正是其中最著名的作品。

O'HARA F. A brief history of technical communication. Proceedings of the Society of Technical Communication 2001 Conference [EB/OL]. www.stc.org/ConfProceed/2001/PDFs/STC48-000052.pdf.

《技术传播协会 2001 年年会文集》

《技术传播简史》

本简史从时间上追溯和揭示了技术传播和科技写作领域的开启，从远古时代的写作到 14 世纪科技调查的兴盛一直到现代的发展。

Technological Determinism 技术决定论

ELLUL J. The technological society（J. wilkinson，Trans.）[M]. New York:Knopf，1976.

《技术社会》

原版于 1954 年出版，本书是支持技术决定论很好的学术著作之一。作者在书中描述了科技对社会产生影响的暗淡画面。

MEYROWITZ J. No sense of place: The impact of electronic media on social behavior [M]. New York:Oxford University Press，1985.

《消失的地域感：电子媒体对社会行为的影响》

基于对 Marshall McLuhan 和 Erving Goffman 著作的广泛描述，本书奠定了结合技术决定论和媒体及传播科技的传媒理论的基础。

SMITH M R，MARX L.（Eds.）. Does technology drive history?: The dilemma of technological determinism [M]. Cambridge: MIT Press，1994.

《科技是否驱动历史？技术决定论的难题》

这一精彩的论文集涵盖了技术在历史中扮演的角色的诸多方面，特别强调了技术决定论在关于人类历史和科技发展的关系上与其他理论的细微差别。

Technological Literacy
技术素养

National Academy of Engineering and National Research Council. Technically speaking: Why all Americans need to know more about technology [M]. Washington, DC: National Academies Press, 2002.

《就技术而言：为什么所有的美国人都应该更了解技术》

本书认为在我们这个拥有大量科技，同时又极度依赖科技的社会，我们和技术的关系变得几乎看不见了，因为几乎大部分的美国人都把这种关系看成是理所当然了。本书最后一章给出了正规教育和非正规教育中科技教育的具体建议。本文和国家科学院的其他文档均可在网上免费访问。

RUTHERFORD F J, AHLGREN A. The nature of technology [M]//Science for all Americans. New York: Oxford University Press, 1990: 25–37.

《面向全体美国人的科学》

《科技的本质》

对所有美国人而言，为了实现丰富的、幸福的生活，需要理解哪些科学知识、形成什么样的思维习惯，本文给出了具体建议。关于工程和技术的资料集中在关于引用资料的两章内。

Technology Assessment
技术评估

HUGHES T P. The evolution of large technological systems [M]//W E BIJKER, T P HUGHES, T J PINCH (Eds.). The social construction of technological systems: New directions in the sociology and history of technology. Cambridge: MIT Press, 1989:51–82.

《技术系统的社会构建：社会学和科技史的新方向》

《大型技术系统的演变》

本章阐述了极有影响力的技术发展势头。

MORGAN M G, PEHA J M. (Eds.). Science and technology advice for Congress [M]. Washington, DC: RFF Press, 2003.

《给国会的科学和技术谏言》

这本文集源自 2001 年的一个关于“创建制度性安排，为美国国会提供科技建议”的研讨会，该研讨会得到广泛支持，美国科学政策机构也积极参加。文章探讨了美国技术评估办公室的终结，以及在科学、工程和政策机构之间进行技术传播的新模式。

WOOD F B.Lessons in technology assessment: Methodology and management at OTA [J]. Technological Forecasting and Social Change, 1997, 54:145–162.

《技术预测与社会变革》

《科技评估的经验教训：方法论和技术评估办公室管理，科技预言和社会变革》

这是关于美国技术评估办公室的历史、发展和寿命的文章，由办公室的一位高级职员所著。文中探讨了技术评估（TA）的持续重要性，因为科学和技术在社会中不断扩展，所以建议研究新的方法论。

Television Science
电视科学

LAFOLLETTE M C. Science on the air: Popularizers and personalities on radio and early television [M]. Chicago: University of Chicago

Press，2008.

《空中的科学：电台和早期电视中的科普者和个性特征》

本书是对美国早期电视节目和广播节目中科学内容的综合调查，探讨了娱乐价值观和教育价值观之间的紧张关系。

National Research Council. Learning science in informal environments：People，places，and pursuits（P BELL，B LEWENSTEIN，A W SHOUSE，et al.）. Washington，DC：National Academies Press，2008.

《在非正式的环境中学习科学：人、地域和追求》

本书的第八章讨论了关于媒体作为科学学习情境和工具的最新研究和思考。

Teller, Edward
爱德华·泰勒

TELLER E，SHOOLERY JL. Memoirs：A twentieth-century journey in science and politics［M］. Cambridge，MA：Perseus，2001.

《回忆：20 世纪科学和政治历程》

泰勒的自传对其一生及其工作作了综述，讲述了那些在 20 世纪核科学和国防战略发展中起了作用的事件、人物和计划。

Tenure System
终身教职制度

KREBS P M. The future of tenure［J］. Academe，2008，94（5）.

《学苑》

《终身教职制度的未来》

这是《学苑》杂志上关于终身教职制度现有理论及其未来发展的诸多论文中的一篇。

METZGER W P. The 1940 statement of principles on academic freedom and tenure［M］//W W VAN ALSTYNE（Ed.）. Freedom and tenure in the academy. Durham，NC：Duke University Press，1993：3–77.

《学术界的自由和终身教职制度》

《关于学术自由原则和终身教职制度的 1940 年宣言》

本宣言被认为是大部分院校实行终身教职制度的基础。根据 AAUP 网站数据，100 家职业和学科机构已经为此宣言背书。

Third-Person Effect
第三者效应

DAVISON W P. The third-person effect in communication［J］. Public Opinion Quarterly，1983，47：1–15.

《大众点评季刊》

《科技传播中的第三者效应》

本文是第三者效应理论的奠基论文，也是所有后续研究的基础。本文论点清晰，有说服力，即使实验报告不够缜密，仍为他人的工作铺平了道路。根据本文发表之后的研究结果表明，本文作者的理论是非常准确的。

PERLOFF R M. The third-person effect：A critical review and synthesis［J］. Media Psychology，1999，1（4）：353–378.

《媒体心理学》

《第三者效应：批判和综述》

本文评估了前期的第三者效应研究工作，是第一篇以可信的论据证明第三者效应是“确定的”而非“推断的”。相比其他关于第三者效应的文章而言，作者谨慎的学术态度提高了这项开创性研究的可信度。

Three Mile Island
三英里岛事件

Kemeny Commission. Report of the public's

right to information task force of the President's commission on the accident at Three Mile Island (#052-003-00734-7) [R/OL]. Washington, DC: U.S. Government Printing Office (1979-10). www.threemileisland.org/downloads/192.pdf.

《公众关于总统三英里岛事故委员会工作信息工作组知情权报告》

在三英里岛事件发生数周后，这份关于所谓凯梅尼委员会（Kemeny Commission，由 John Kemeny 牵头）的报告是对机构和记者行为的最权威的说明。

SANDMAN P M，PADEN M. At Three Mile Island [J/OL]. Columbia Journalism Review，1979，43-58.www.psandman.com/articles/3-mile.htm.

《哥伦比亚新闻学综述》

《在三英里岛》

当记者都在报道三英里岛事件时，本文作者在关注报道者，以及相关机构，所得到的结果写在这篇文章中，主要是关于新闻业界行动和反应的"内部故事"。

Town Hall Meetings
市民大会

BRYAN F. Real democracy: The New England town meeting and how it works [M]. Chicago: University of Chicago Press，2004.

《真的民主：新英格兰市政会议及其工作机制》

本书作者描述了其 28 年来在佛蒙特州实地考察的超过 1500 次的市政会议，认为市政会议中的民主，也是新英格兰州实行的民主，可能是与 2500 年前的希腊类似的真的民主的最贴合表现。

MCCOMAS K，BESLEY J，TRUMBO C. Why citizens do and don't attend public meetings about local cancer clusters [J]. Policy Studies Journal，2006，34：671-698.

《政策研究期刊》

《公民参加或缺席关于本地癌症患者群体的公众会议的原因》

本文聚焦于针对利用公众会议进行风险传播的多年调研结果，特别检视了一项涉及 7 个团体的研究中，来自与会者和未参会者的关于为何参加或缺席当地癌症患者群体调查公众会议的开放式反馈信息。

Toxicogenomics
毒理基因组学

GIACOMINI K M，KRAUSS R M，RODEN D M，et al. When good drugs go bad [J]. Nature，2007，446 (7139)：975-977.

《神经肿瘤学》

《谷胱甘肽 S- 转移酶的 M1 和 T1 多态可用于预测治疗儿童神经管细胞瘤中的不良反应》

本文揭示了个体基因差异有可能用于预测治疗儿童神经管细胞瘤（一种中枢神经肿瘤）中的不良反应，如对认知能力的影响。

LAZAROU J，POMERANZ B H，COREY P N.Incidence of adverse drug reactions in hospitalized patients: A meta-analysis of prospective studies[J]. Journal of the American Medical Association，1998，279 (15)：1200-1205.

《自然》

《当好的药物产生坏的作用》

作者描述了不良药物反应的广泛影响和后果，并讨论了降低这些不良药物反应的危害的可能性。

PERLIS R H，MISCHOULON D，SMOLLER J W，et al. Serotonin transporter polymorphisms and adverse effects with fluoxetine treatment. Biological

Psychiatry，2003，54（9）：879–883.

《生物精神病学》

《血清素转运酶的多态性及氟西汀疗法的不良反应》

本研究显示，在接受抑郁症氟西汀疗法的个体中，那些拥有血清素转运酶上游基因第 44 碱基对缺失的个体，在接受治疗后更容易出现治疗导致的失眠和情绪激动。

SCHULTE P A，LOMAX G. Assessment of the scientific basis for genetic testing of railroad workers with carpal tunnel syndrome［J］. Journal of Occupational and Environmental Medicine，2003，45（6）：592–600.

《职业和环境医学杂志》

《关于对患腕管综合征的铁道工人进行基因测试的科学基础评估》

作者回顾了已有的研究论文，论证腕管综合征和为铁道工人测试的特定基因单核苷酸多态性（SNP）值之间的关联是否有科学依据，并且揭示了进行此类基因测试的决定完全没有科学证据。

Toxic Substances Regulation
有毒物质监管

Comparison of U.S. and Recently Enacted European Union Approaches to Protect Against the Risks of Toxic Chemicals：www.gao.gov/new.items/d07825.pdf.

《欧盟最新实行的有毒化学物质风险预防方法与美国方法的比较》

这份报告概述并比较了控制有毒化学物质的美国国会 TSCA 法规框架和欧盟 REACH 政策规则，一个关键的差异是化学物质安全性的职责分配。

MCCALLY M.（Ed.）. Life support：The environment and human health［M］. Cambridge：MIT Press，2002.

《生命的支撑：环境与人类健康》

本书是一本论文汇编，关于多种化学物质排放到环境中及人类接触后对健康的影响。同时，本书也是一本关于环境健康和毒理学的很好的入门书籍。

MIELKE H W，ANDERSON J C，BERRY K J，et al.Lead concentrations in inner-city soils as a factor in the child lead problem［J］. American Journal of Public Health，1983，73（12）：1366–1369.

《美国公共卫生杂志》

《城市内土壤铅含量是儿童铅中毒的影响因素之一》

本文是关于马里兰州巴尔的摩的首创经典文章，证明了城市土壤中金属的地理分布和统计特征。

Translational Research
转化研究

KERNER J，RIMER B，EMMONS K. Dissemination research and research dissemination：How can we close the gap?［J］. Health Psychology，2005，24：443–446.

《健康心理学》

《普及研究与研究普及：如何填补这之间的缺口》

本文概述了行为科学在普及研究，以及定义和概念问题中的重要作用。

WANDERSMAN A，DUFFY J，FLASPOHLER P，et al.Bridging the gap between prevention research and practice：The Interactive Systems Framework for dissemination and implementation［J］. American Journal of Community Psychology，2008，41：171–181.

《美国社区心理学杂志》

《连接疾病预防的研究和实践：普及和执行互动系统框架》

本文提供了一个用于介入治疗的互动系统框架，目前在几个疾病控制中心的 R2P 项目中应用。

WOLFE S.The meaning of translational research and why it matters [J]. Journal of the American Medical Association，2008，299：211-213.

《美国医疗协会杂志》

《转化研究的含义和重要性》

本文对健康科学领域转化研究的增长及强调 2 型研究的必要性给予了评论。

Trust and Attitudes 信任与态度

SIEGRIST M，EARLE T C，GUTSCHER H. Trust in cooperative risk management：Uncertainty and scepticism in the public mind [M]. London：Earthscan，2007.

《合作风险管理中的信任：大众心目中的不确定性和怀疑主义》

本文是优秀的信任研究专家所呈现的关于风险管理中的信任的理论和经验研究成果。

SLOVIC P. Perceived risk，trust，and democracy [J]. Risk Analysis，1993，13：675-682.

《风险分析》

《风险认知，信任和民主》

这篇文章是首批关于信任和风险的文章之一，强调了信任不对称。

Two Cultures 两种文化

FULLER S. The philosophy of science and technology studies [M]. London：Routledge，2006.

《科学和技术研究中的哲学》

本书探索了两种文化问题的相当不稳定的哲学基础，重点关注紧跟科学战争的科学和技术研究。该领域不仅被描绘为对自然科学的无知，而且对其有彻底的敌意。

ROSS A.（Ed.）. Science wars [M]. Durham，NC：Duke University Press，1996.

《科学战争》

本书正式为科学战争命名，收纳了多篇原始论文，其作者既有科学家也有人文学家。这些文章探讨了包括索卡事件在内的社会环境中的不幸问题，还有一些特殊的文章是受委托而写，在一定程度上为索卡事件辩护。

U

UFOlogy 不明飞行物学

COLLINS H M，PINCH T J. Frames of meaning：The social construction of extraordinary science [M]. London：Routledge & Kegan Paul，1982.

《意义框架：特殊学科的社会构建》

本书中社会科学家 Harry Collins 和 Trevor Pinch 出于兴趣探讨了介于正规和非正规学科之间的边界模糊领域内的学术研究。

GIERYN T F. Cultural boundaries of science：Credibility on the line [M]. Chicago：University of Chicago Press，1999.

《科学的文化边界：网络可信度》

本书汇编了关于科学和非科学社会构建的信息和娱乐案例研究，作者认为人们应该用文化图谱（cultural maps）来区分科学和非科学。

HYNEK J A. The UFO experience［M］. New York：Marlowe，1998.

《亲历不明飞行物》

该书面向大众市场，于 1972 年首次出版，讲述了不明飞行物学家的观点。全书分为三个部分：不明飞行物现象、数据及问题、我们的目的。第一章标题为“科学的笑声”。

SMITH M S. The UFO enigma（Revised and updated by G D HAVAS，Report No. 83–205 SPR）［M］. Washington，DC：Congressional Research Service，1983.

《不明飞行物之谜》

该报告作者为国会研究服务中心分析专家，报告中提供了美国政府研究不明飞行物现象的相关信息。本报告态度公正，既没有鄙视、批判，也没有鼓励和认可。

Uncertainty in Science Communication 科学传播中的不确定性

FRIEDMAN S M，DUNWOODY S，ROGERS C L.（Eds.）.Communicating uncertainty：Media coverage of new and controversial science［J］. Mahwah，NJ：Lawrence Erlbaum，1999.

《传播不确定性：新闻媒体覆盖率和科学辩论》

本书由顶级科学传播学者编著，是关于科学传播不确定性重要思想的标志性读物。除了可供大学本科生学习，该书也是意图研究科学公众传播不确定性的社会科学家的必读书目。

STOCKING S H，HOLSTEIN L W. Manufacturing doubt：Journalists' roles and the construction of ignorance in a scientific controversy［J］. Public Understanding of Science，2009，18：23–42.

《公众理解科学》

《制造怀疑：记者的角色和科学辩论中的忽视》

本文提供了一个案例研究，养猪业贸易协会为了煽动公众对威胁到该行业的科研工作的抵触情绪，发表了关于专业用语的声明，以增加其迷惑性和不确定性。记者对这些声明的运用可反映其对自身角色和读者的认知，以及其科学知识水平。

WELCH-ROSS M K，FASIG L G.（Eds.）. Handbook on communicating and disseminating behavioral science［M］. Thousand Oaks，CA：Sage，2007.

《行为科学传播及扩散手册》

这本由心理学家编著的手册面向意图通过促进公众理解的方式传播其科学发现的社会科学家，其中各章的作者中既有社会科学家，也有科学传播学者。其中有一章重点探讨了科学的复杂性和不确定性，其他章节中也有很多涉及了这一领域。

Understanding Expertise 理解专业知识

COHEN E. Tranquility for the decision maker［M］//L NADER，T W MARETZKI（Eds.），Cultural illness and health：Essays in human adaptation. Anthropological Studies（No.9）. Washington，DC：American Anthropological Association，1973：89–96.

《文化的疾病和健康：关于人类适应性的论文》

《平稳的决策者》

本文引人入胜地分析了决策问题，尽管其所选择的范例是传统非洲部落中的决策流程，但从表面上看与其他社会的差异较大。

EVANS-PRITCHARD E E. Witchcraft，oracles and magic among the Azande [M]. New York：Oxford University Press，1976.

《阿赞德人中的巫术、神谕和魔法》

著名社会人类学家 E. E. Evans-Pritchard 研究了非洲的“巫医”，并从巫医的行为策略中看到了其祖国（英国）的一些职业性行为。

RIFKIN W D. How to spot an “expert” [Transcript of the radio program Ockham's Razor，Australian Broadcasting Corporation，Radio National] [EB/OL].（2001-07-08）[2009-07-07] www.abc.net.au/rn/ ockhamsrazor/stories/2001/323986.htm.

《如何确定专家》

该广播稿以半开玩笑的态度提供了一些可供人们确定专家或非专家的提示。

TANNEN D. Talking from 9 to 5：Women and men in the workplace：Language，sex and power [M]. New York：HarperCollins，1994.

《朝九晚五的谈话：女人和男人在工作时：语言、性和权力》

本书以简单易懂的方式分析对比了美国女性和男性的谈话方式，作者介绍了人们如何追逐权力，以及如何通过谈话策略施加影响。

Union of Concerned Scientists 忧思科学家联盟

GELL-MANN M. The quark and the jaguar [M]. New York：W. H. Freeman，1994.

《夸克和美洲虎》

当忧思科学家联盟的物理学家参与美国环境政策辩论中时，本书作者作为科学作家，领导了一项关于大沼泽地国家公园的研究，同年他获得了诺贝尔物理学奖，有助于他在分析生物系统、能源和气候变化时运用其物理专业知识。

Union of Concerned Scientists. Union of Concerned Scientists：Citizens and scientists for environmental solutions [EB/OL]. www.ucsusa.org.

《忧思科学家联盟：致力于解决环境问题的公民和科学家》

忧思科学家联盟网站中有该组织的报告、环境新闻、相关链接，以及对个人行动的建议。促成忧思科学家联盟成立的麻省理工学院教职员工 1968 年宣言也可在该网站查阅。

V

Vaccines, Fear of 疫苗恐惧

MYERS M G，PINEDA D. Do vaccines cause that?! A guide for evaluating vaccine safety concerns [M]. Galveston，TX：Immunizations for Public Health，2008.

《大众健康免疫接种》

《疫苗会带来什么后果？评估疫苗安全问题指导手册》

本文的写作目的是就疫苗安全性问题给出基于科学知识的回答，并尽量提供“事实”，以便为想要了解疫苗接种风险和益处的家长提供不偏不倚的信息。

Venter, Craig 克雷格·文特尔

SHREEVE J. The genome war：How Craig Venter tried to capture the code of life and save the world [M]. New York：Ballantine，2005.

《基因组战争：克雷格·文特尔如何抓捕生

命密码拯救世界》

本书记录了在解码人类基因组背后的政治、人格和科学问题，以及基因组项目所带来的知识产权难题。

Visible Scientist
大众科学家

GOODELL R. The visible scientists [M]. Boston: Little, Brown, 1977.

《大众科学家》

作为杜撰出这一专用语的人，作者详细解释了"大众科学家"现象，他认为并不是因为科学家的科研能力，而是因为其与公众交流和参与公众辩论的能力，才决定其是否能成为大众科学家。

Visual Images in Science Communication
科学传播中的视觉形象

GROSS A G, HARMON J E, REIDY M. Communicating science: The scientific article from the 17th century to the present [M]. New York: Oxford University Press, 2002.

《传播科学：从17世纪至今的科学论文》

本书系统分析了17世纪至20世纪的科学论文及其词汇和图表，重点针对科学讨论内容中使用的词汇和视觉形象类型，以及科学论文的展示形式。

HODGES E R S. (Ed.). The guild handbook of scientific illustration [M]. 2nd ed. New York: Wiley, 2003.

《科学图表指导手册》

本指导手册通过600多幅图示逐步指导科学图表的制作，作者都是顶级插图作者、科学家和企业专家。手册中包括计算机基本图表、壁纸、建模等，并以图示的方式说明分子学、天文学、三维建模和地球科学。

W

Watson, James D.
詹姆斯·D. 沃森

OLBY R. The path to the double helix: The discovery of DNA [M]. New York: Dover, 1994.

《双螺旋的进程：发现DNA》

这是一本经典的生物学历史著作，记录了从19世纪晚期到1953年的研究发展历程，在对未来科技成就的展望中讲述过去的历史。

WATSON J D. The double helix: A personal account of the discovery of the structure of DNA[M]. New York: W. W. Norton, 1980.

《双螺旋：发现DNA结构的自述》

这本重要的汇编包括一篇关于原著出版之后辩论情况的序言、1968年所著的评论、重新出版的1953年论文，以及后续的科学文章。

Weather Reporting
天气预报

American Meteorological Society. AMS station scientist [EB/OL]. www.ametsoc.org/station-scientist/ index.html.

美国气象学会

该网站刊登了美国气象学会对广播气象学家的定义，通常指一个电台或电视台的天气预报员中经过科学培训的播报员。这项政策推动了广播气象学家在电台或电视台参与各类与科学相关的话题的广播，而不是局限于天气预报。

National Weather Association. NWA broadcaster's seal of approval information [EB/OL]. www.nwas.org/seal.html.

国家天气协会

该网站刊登了国家天气协会天气预报员资格徽章的获得、维持，以及使用规定和流程。

Wind Power
风　能

MANWELL J F，MCGOWAN J G，ROGERS A L. Wind energy explained：Theory，design，and application［M］. Hoboken，NJ：Wiley，2002.

《风能概述：理论、设计及应用》

本书是关于风能生产的综述类教材，尽管书中有许多技术细节，但没有太多工程培训和技术背景的读者也可理解。

U.S. Department of Energy：www.energy.gov.

美国能源部

该网站提供大量关于能源、资源的信息，包括风能，以及能源部最近关于可持续资源的研发活动。

索 引

E

F

G

H

J

K

L

M

N

O

P

Q

R

S

T

W

X

Y

Z